구성 및 특징

핵심이론

시험에 출제되는 핵심 내용만을 모아 효율적인 학습이 가능하도록 구성하였습니다. 반드시 알아야 할 내용에 대한 충실한 이해와 체계적 정리가 가능합니다.

빈출개념

시험에서 자주 출제되는 개념들을 표시하여 중요한 부분을 한 눈에 들어올 수 있도록 하였습니다. 합격에 필요한 핵심이론을 깔끔하게 학습하시기 바랍니다.

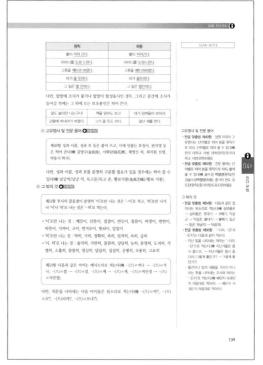

한눈에 쏙~

흐름이나 중요 개념들이 한눈에 쏙 들어올 수 있도록 도표로 정리하여 수록하였습니다. 한눈에 키워드와 흐름을 파악하여 수험에 도움이 되도록 하였습니다.

실력 up

더 알아두면 좋을 내용을 실력 up에 배치하고, 보조단에는 SEMI – NOTE를 배치하여 본문에 관련된 내용이나 중요한 개념들을 수록하였습니다.

목 차

9급공무원
국어

나두공

나두공

2025 출제기조 전환대비
현장직무형 예시문제

국 어

제1차

정답 및 해설 26p

01 〈공공언어 바로 쓰기 원칙〉에 따라 〈공문서〉
의 ㉠~㉣을 수정한 것으로 적절하지 <u>않은</u> 것
은?

〈공공언어 바로 쓰기 원칙〉

- 중복되는 표현을 삼갈 것.
- 대등한 것끼리 접속할 때는 구조가 같은
  표현을 사용할 것.
- 주어와 서술어를 호응시킬 것.
- 필요한 문장 성분이 생략되지 않도록 할 것.

〈공문서〉

한국의약품정보원

수신 국립국어원

(경유)

제목 의약품 용어 표준화를 위한 자문회의
참석 ㉠ <u>안내 알림</u>

---

1. ㉡ <u>표준적인 언어생활의 확립과 일상적인
   국어 생활을 향상하기 위해</u> 일하시는 귀
   원의 노고에 감사드립니다.
2. 본원은 국내 유일의 의약품 관련 비영리
   재단법인으로서 의약품에 관한 ㉢ <u>표준
   정보가 제공되고 있습니다.</u>
3. 의약품의 표준 용어 체계를 구축하고 ㉣
   <u>일반 국민도 알기 쉬운 표현으로 개선하
   여</u> 안전한 의약품 사용 환경을 마련하기
   위해 자문회의를 개최하니 귀원의 연구원
   이 참석해 주시기를 바랍니다.

① ㉠: 안내

② ㉡: 표준적인 언어생활을 확립하고 일상적
인 국어 생활의 향상을 위해

③ ㉢: 표준 정보를 제공하고 있습니다.

④ ㉣: 의약품 용어를 일반 국민도 알기 쉬운
표현으로 개선하여

02 다음 글에서 추론한 내용으로 적절하지 <u>않은</u>
것은?

'밤하늘'은 '밤'과 '하늘'이 결합하여 한 단어
를 이루고 있는데, 이처럼 어휘 의미를 띤 요
소끼리 결합한 단어를 합성어라고 한다. 합
성어는 분류 기준에 따라 여러 방식으로 나
눌 수 있다. 합성어의 품사에 따라 합성명사,
합성형용사, 합성부사 등으로 나누기도 하
고, 합성의 절차가 국어의 정상적인 단어 배
열법을 따르는지의 여부에 따라 통사적 합성
어와 비통사적 합성어로 나누기도 하고, 구
성 요소 간의 의미 관계에 따라 대등합성어
와 종속합성어로 나누기도 한다.

합성명사의 예를 보자. '강산'은 명사(강)
+ 명사(산)로, '젊은이'는 용언의 관형사형
(젊은)+명사(이)로, '덮밥'은 용언 어간(덮)+
명사(밥)로 구성되어 있다. 명사끼리의 결합,
용언의 관형사형과 명사의 결합은 국어 문
장 구성에서 흔히 나타나는 단어 배열법으
로, 이들을 통사적 합성어라고 한다. 반면 용
언 어간과 명사의 결합은 국어 문장 구성에
없는 단어 배열법인데 이런 유형은 비통사적
합성어에 속한다. '강산'은 두 성분 관계가 대

등한 관계를 이루는 대등합성어인데, '젊은이'나 '덮밥'은 앞 성분이 뒤 성분을 수식하는 종속합성어이다.

① 아버지의 형을 이르는 '큰아버지'는 종속합성어이다.
② '흰머리'는 용언 어간과 명사가 결합한 합성명사이다.
③ '늙은이'는 어휘 의미를 지닌 두 요소가 결합해 이루어진 단어이다.
④ 동사 '먹다'의 어간인 '먹'과 명사 '거리'가 결합한 '먹거리'는 비통사적 합성어이다.

03 다음 글의 ㉠의 사례가 포함되어 있지 않은 것은?

존경 표현에는 주어 명사구를 직접 존경하는 '직접존경'이 있고, 존경의 대상과 긴밀한 관련을 가지는 인물이나 사물 등을 높이는 ㉠ '간접존경'도 있다. 전자의 예로 "할머니는 직접 용돈을 마련하신다."를 들 수 있고, 후자의 예로는 "할머니는 용돈이 없으시다."를 들 수 있다. 전자에서 용돈을 마련하는 행위를 하는 주어는 할머니이므로 '마련한다'가 아닌 '마련하신다'로 존경 표현을 한 것이다. 후자에서는 용돈이 주어이지만 할머니와 긴밀한 관련을 가진 사물이라서 '없다'가 아니라 '없으시다'로 존경 표현을 한 것이다.

① 고모는 자식이 다섯이나 있으시다.
② 할머니는 다리가 아프셔서 병원에 다니신다.
③ 언니는 아버지가 너무 건강을 염려하신다고 말했다.
④ 할아버지는 젊었을 때부터 수염이 많으셨다고 들었다.

04 다음 글의 ㉠~㉢에 들어갈 말을 적절하게 나열한 것은?

소설과 현실의 관계를 온당하게 살피기 위해서는 세계의 현실성, 문제의 현실성, 해결의 현실성을 구별해야 한다. 우리가 살고 있는 이 입체적인 시공간에서 특히 의미 있는 한 부분을 도려내어 서사의 무대로 삼을 경우 세계의 현실성이 확보된다. 그 세계 안의 인간이 자신을 둘러싼 세계와 고투하면서 당대의 공론장에서 기꺼이 논의해볼 만한 의제를 산출해낼 때 문제의 현실성이 확보된다. 한 사회가 완강하게 구조화하고 있는 '가능한 것'과 '불가능한 것'의 좌표를 흔들면서 특정한 선택지를 제출할 때 해결의 현실성이 확보된다.

최인훈의 「광장」은 밀실과 광장 사이에서 고뇌하는 주인공의 모습을 통해 '남(南)이냐 북(北)이냐'라는 민감한 주제를 격화된 이념 대립의 공론장에 던짐으로써 [㉠]을 확보하였다. 작품의 시공간으로 당시 남한과 북한을 소설적 세계로 선택함으로써 동서 냉전 시대의 보편성과 한반도 분단 체제의 특수성을 동시에 포괄할 수 있는 [㉡]도 확보하였다. 「광장」에서 주인공이 남과 북 모두를 거부하고 자살을 선택하는 결말은 남북으로 상징되는 당대의 이원화된 이데올로기를 근저에서 흔들었다. 이로써 [㉢]을 확보할 수 있었다.

	㉠	㉡	㉢
①	문제의 현실성	세계의 현실성	해결의 현실성
②	문제의 현실성	해결의 현실성	세계의 현실성
③	세계의 현실성	문제의 현실성	해결의 현실성
④	세계의 현실성	해결의 현실성	문제의 현실성

05 다음 진술이 모두 참일 때 반드시 참인 것은?

> • 오 주무관이 회의에 참석하면, 박 주무관
> 도 참석한다.
> • 박 주무관이 회의에 참석하면, 홍 주무관
> 도 참석한다.
> • 홍 주무관이 회의에 참석하지 않으면, 공
> 주무관도 참석하지 않는다.

① 공 주무관이 회의에 참석하면, 박 주무관도
참석한다.

② 오 주무관이 회의에 참석하면, 홍 주무관은
참석하지 않는다.

③ 박 주무관이 회의에 참석하지 않으면, 공
주무관은 참석한다.

④ 홍 주무관이 회의에 참석하지 않으면, 오
주무관도 참석하지 않는다.

06 다음 글을 이해한 내용으로 가장 적절한 것
은?

> 이육사의 시에는 시인의 길과 투사의 길을
> 동시에 걸었던 작가의 면모가 고스란히 담겨
> 있다. 가령, 「절정」은 크게 두 부분으로 나누
> 어지는데, 투사가 처한 냉엄한 현실적 조건
> 이 3개의 연에 걸쳐 먼저 제시된 후, 시인이
> 품고 있는 인간과 역사에 대한 희망이 마지
> 막 연에 제시된다.
> 우선, 투사 이육사가 처한 상황은 대단히
> 위태로워 보인다. 그는 "매운 계절의 채찍에
> 갈겨 / 마침내 북방으로 휩쓸려" 왔고, "서릿
> 발 칼날진 그 위에 서" 바라본 세상은 "하늘
> 도 그만 지쳐 끝난 고원"이어서 가냘픈 희망
> 을 품는 것조차 불가능해 보인다. 이러한 상
> 황은 "한발 제겨디딜 곳조차 없다"는 데에 이
> 르러 극한에 도달하게 된다. 여기서 그는 더
>
> 이상 피할 수 없는 존재의 위기를 깨닫게 되
> 는데, 이때 시인 이육사가 나서면서 시는 반
> 전의 계기를 마련한다.
> 마지막 4연에서 시인은 3연까지 치달아 온
> 극한의 위기를 담담히 대면한 채, "이러매 눈
> 감아 생각해" 보면서 현실을 새롭게 규정한
> 다. 여기서 눈을 감는 행위는 외면이나 도피
> 가 아니라 피할 수 없는 현실적 조건을 새롭
> 게 반성함으로써 현실의 진정한 면모와 마주
> 하려는 적극적인 행위로 읽힌다. 이는 다음
> 행, "겨울은 강철로 된 무지갠가보다"라는 시
> 구로 이어지면서 현실에 대한 새로운 성찰로
> 마무리된다. 이 마지막 구절은 인간과 역사
> 에 대한 희망을 놓지 않으려는 시인의 안간
> 힘으로 보인다.

① 「절정」에는 투사가 처한 극한의 상황이 뚜
렷한 계절의 변화로 드러난다.

② 「절정」에서 시인은 투사가 처한 현실적 조
건을 외면하지 않고 새롭게 인식한다.

③ 「절정」은 시의 구성이 두 부분으로 나누어
지면서 투사와 시인이 반목과 화해를 거듭
한다.

④ 「절정」에는 냉엄한 현실에 절망하는 시인의
면모와 인간과 역사에 대한 희망을 놓지 않
으려는 투사의 면모가 동시에 담겨 있다.

07 (가)~(라)를 맥락에 맞추어 가장 적절하게 나열한 것은?

> (가) 다음으로 시청자의 마음을 사로잡을 수 있는 참신한 인물을 창조해야 한다. 특히 주인공은 장애를 만나 새로운 목표를 만들고, 그것을 이루는 과정에서 최종적으로 영웅이 된다. 시청자는 주인공이 목표를 이루는 데 적합한 인물로 변화를 거듭할 때 그에게 매료된다.
>
> (나) 스토리텔링 전략에서 제일 먼저 해야 할 일이 로그라인을 만드는 것이다. 로그라인은 '장애, 목표, 변화, 영웅'이라는 네 가지 요소를 담아야 하며, 3분 이내로 압축적이어야 한다. 이를 통해 스토리의 목적과 방향이 마련된다.
>
> (다) 이 같은 인물 창조의 과정에서 스토리의 주제가 만들어진다. '사랑과 소속감, 안전과 안정, 자유와 자발성, 권력과 책임, 즐거움과 재미, 인식과 이해'는 수천 년 동안 성별, 나이, 문화를 초월하여 두루 통용된 주제이다.
>
> (라) 시청자가 드라마나 영화에 대해 시청 여부를 결정하는 데 걸리는 시간은 8초에 불과하다. 제작자는 이 짧은 시간 안에 시청자를 사로잡을 수 있는 스토리텔링 전략이 필요하다.

① (나)-(가)-(라)-(다)

② (나)-(다)-(가)-(라)

③ (라)-(나)-(가)-(다)

④ (라)-(나)-(다)-(가)

08 〈지침〉에 따라 〈개요〉를 작성할 때 ㉠ ~ ㉣에 들어갈 내용으로 적절하지 않은 것은?

〈지 침〉

- 서론은 중심 소재의 개념 정의와 문제 제기를 1개의 장으로 작성할 것.
- 본론은 제목에서 밝힌 내용을 2개의 장으로 구성하되 각 장의 하위 항목끼리 대응되도록 작성할 것.
- 결론은 기대 효과와 향후 과제를 1개의 장으로 작성할 것.

〈개 요〉

- 제목: 복지 사각지대의 발생 원인과 해소 방안

Ⅰ. 서론
　1. 복지 사각지대의 정의
　2. _____㉠_____

Ⅱ. 복지 사각지대의 발생 원인
　1. _____㉡_____
　2. 사회복지 담당 공무원의 인력 부족

Ⅲ. 복지 사각지대의 해소 방안
　1. 사회적 변화를 반영하여 기존 복지 제도의 미비점 보완
　2. _____㉢_____

Ⅳ. 결론
　1. _____㉣_____
　2. 복지 사각지대의 근본적이고 지속가능한 해소 방안 마련

① ㉠: 복지 사각지대의 발생에 따른 사회 문제의 증가

② ㉡: 사회적 변화를 반영하지 못한 기존 복지 제도의 한계

③ ㉢: 사회복지 업무 경감을 통한 공무원 직무 만족도 증대

④ ㉣: 복지 혜택의 범위 확장을 통한 사회 안전망 강화

09 다음 글의 빈칸에 들어갈 결론으로 가장 적절한 것은?

신경과학자 아이젠버거는 참가자들을 모집하여 실험을 진행하였다. 이 실험에서 그의 연구팀은 실험 참가자의 뇌를 'fMRI' 기계를 이용해 촬영하였다. 뇌의 어떤 부위가 활성화되는가를 촬영하여 실험 참가자가 어떤 심리적 상태인가를 파악하려는 것이었다. 아이젠버거는 각 참가자에게 그가 세 사람으로 구성된 그룹의 일원이 될 것이고, 온라인에 각각 접속하여 서로 공을 주고받는 게임을 하게 될 것이라고 알려주었다. 그런데 이 실험에서 각 그룹의 구성원 중 실제 참가자는 한 명뿐이었고 나머지 둘은 컴퓨터 프로그램이었다. 실험이 시작되면 처음 몇 분 동안 셋이 사이좋게 순서대로 공을 주고받지만, 어느 순간부터 실험 참가자는 공을 받지 못한다. 실험 참가자를 제외한 나머지 둘은 계속 공을 주고받기 때문에, 실험 참가자는 나머지 두 사람이 아무런 설명 없이 자신을 따돌린다고 느끼게 된다. 연구팀은 실험 참가자가 따돌림을 당할 때 그의 뇌에서 전두엽의 전대상피질 부위가 활성화된다는 것을 확인했다. 이는 인간이 물리적 폭력을 당할 때 활성화되는 뇌의 부위이다. 연구팀은 이로부터 ⬚⬚⬚⬚⬚⬚는 결론을 내릴 수 있었다.

① 물리적 폭력은 뇌 전두엽의 전대상피질 부위를 활성화한다
② 물리적 폭력은 피해자의 개인적 경험을 사회적 문제로 전환한다
③ 따돌림은 피해자에게 물리적 폭력보다 더 심각한 부정적 영향을 미친다
④ 따돌림을 당할 때와 물리적 폭력을 당할 때의 심리적 상태는 서로 다르지 않다

[10~11] 다음 글을 읽고 물음에 답하시오.

'크로노토프'는 그리스어로 시간과 공간을 뜻하는 두 단어를 결합한 것으로, 시공간을 통합적으로 이해하기 위한 개념이다. 크로노토프의 관점에서 보면 고소설과 근대소설의 차이를 명확하게 파악할 수 있다.

고소설에는 돌아가야 할 곳으로서의 원점이 존재한다. 그것은 영웅소설에서라면 중세의 인륜이 원형대로 보존된 세계이고, 가정소설에서라면 가장을 중심으로 가족 구성원들이 평화롭게 공존하는 가정이다. 고소설에서 주인공은 적대자에 의해 원점에서 분리되어 고난을 겪는다. 그들의 목표는 상실한 원점을 회복하는 것, 즉 그곳에서 향유했던 이상적 상태로 ㉠돌아가는 것이다. 주인공과 적대자 사이의 갈등이 전개되는 시간을 서사적 현재라 한다면, 주인공이 도달해야 할 종결점은 새로운 미래가 아니라 다시 도래할 과거로서의 미래이다. 이러한 시공간의 배열을 '회귀의 크로노토프'라고 한다.

근대소설 「무정」은 회귀의 크로노토프를 부정한다. 이것은 주인공인 이형식과 박영채의 시간 경험을 통해 확인된다. 형식은 고아지만 이상적인 고향의 기억을 갖고 있다. 그것은 박 진사의 집에서 영채와 함께하던 때의 기억이다. 이는 영채도 마찬가지기에, 그들에게 박 진사의 집으로 표상되는 유년의 과거는 이상적 원점의 구실을 한다. 박 진사의 죽음은 그들에게 고향의 상실을 상징한다. 두 사람의 결합이 이상적 상태의 고향을 회복할 수 있는 유일한 방법이겠지만, 그들은 끝내 결합하지 못한다. 형식은 새 시대의 새 인물이 되어야 한다고 생각하며 과거로의 복귀를 거부한다.

10 윗글에서 추론한 내용으로 가장 적절한 것은?

① 「무정」과 고소설은 회귀의 크로노토프를 부정한다는 점에서 공통적이다.

② 영웅소설의 주인공과 「무정」의 이형식은 그들의 이상적 원점을 상실했다는 공통점을 가지고 있다.

③ 「무정」에서 이형식이 박영채와 결합했다면 새로운 미래로서의 종결점에 도달할 수 있었을 것이다.

④ 가정소설은 가족 구성원들이 평화롭게 공존하는 결말을 통해 상실했던 원점으로의 복귀를 거부한다.

11 문맥상 ㉠의 의미와 가장 가까운 것은?

① 전쟁은 연합군의 승리로 돌아갔다.

② 사과가 한 사람 앞에 두 개씩 돌아간다.

③ 그는 잃어버린 동심으로 돌아가고 싶었다.

④ 그녀는 자금이 잘 돌아가지 않는다며 걱정했다.

12 (가)와 (나)를 전제로 할 때 빈칸에 들어갈 결론으로 가장 적절한 것은?

(가) 노인복지 문제에 관심이 있는 사람 중 일부는 일자리 문제에 관심이 있는 사람이 아니다.
(나) 공직에 관심이 있는 사람은 모두 일자리 문제에 관심이 있는 사람이다.
따라서 _____.

① 노인복지 문제에 관심이 있는 사람 중 일부는 공직에 관심이 있는 사람이 아니다

② 공직에 관심이 있는 사람 중 일부는 노인복지 문제에 관심이 있는 사람이 아니다

③ 공직에 관심이 있는 사람은 모두 노인복지 문제에 관심이 있는 사람이 아니다

④ 일자리 문제에 관심이 있지만 노인복지 문제에 관심이 없는 사람은 모두 공직에 관심이 있는 사람이 아니다

13 다음 글의 ㉠~㉣ 중 어색한 곳을 찾아 가장 적절하게 수정한 것은?

수명을 늘릴 수 있는 여러 방법 중 가장 좋은 방법은 노화 문제를 해결하는 것이다. 이 방법은 인간이 젊고 건강한 상태로 수명을 연장할 수 있다는 점에서 ㉠ 늙고 병든 상태에서 단순히 죽음의 시간을 지연시킨다는 기존 발상과 근본적으로 다르다. ㉡ 노화가 진행된 상태를 진행되기 전의 상태로 되돌린다거나 노화가 시작되기 전에 노화를 막는 장치가 개발된다면, 젊음을 유지한 채 수명을 늘리는 것은 충분히 가능하다.

그러나 노화 문제와 관련된 현재까지의 연구는 초라하다. 이는 대부분 연구가 신약 개발의 방식으로만 진행되어 왔기 때문이다. 현재 기준에서는 질병 치료를 목적으로 개발한 신약만 승인받을 수 있는데, 식품의약국이 노화를 ㉢ 질병으로 본 탓에 노화를 멈추는 약은 승인받을 수 없었다. 노화를 질병으로 보더라도 해당 약들이 상용화되기까지는 아주 오랜 시간이 필요하다.

그런데 노화 문제는 발전을 거듭하고 있는 인공지능 덕분에 신약 개발과는 다른 방식으로 극복될 수 있을지 모른다. 일반 사람들에 비해 ㉣ 노화가 더디게 진행되는 사람들

의 유전자 자료를 데이터화하면 그들에게서 노화를 지연시키는 생리적 특징을 추출할 수 있는데, 이를 통해 유전자를 조작하는 방식으로 노화를 막을 수 있다.

① ㉠: 늙고 병든 상태에서 담담히 죽음의 시간을 기다린다

② ㉡: 노화가 진행되기 전의 신체를 노화가 진행된 신체

③ ㉢: 질병으로 보지 않은 탓에 노화를 멈추는 약은 승인받을 수 없었다

④ ㉣: 노화가 더디게 진행되는 사람들의 유전자 자료를 데이터화하면 그들에게서 노화를 촉진

14 ㉠을 평가한 내용으로 적절한 것만을 〈보기〉에서 모두 고르면?

흔히 '일곱 빛깔 무지개'라는 말을 한다. 서로 다른 빛깔의 띠 일곱 개가 무지개를 이루고 있다는 뜻이다. 영어나 프랑스어를 비롯해 다른 자연언어들에도 이와 똑같은 표현이 있는데, 이는 해당 자연언어가 무지개의 색상에 대응하는 색채 어휘를 일곱 개씩 지녔기 때문이라고 할 수 있다.

언어학자 사피어와 그의 제자 워프는 여기서 어떤 영감을 얻었다. 그들은 서로 다른 언어를 쓰는 아메리카 원주민들에게 무지개의 띠가 몇 개냐고 물었다. 대답은 제각각 달랐다. 사피어와 워프는 이 설문 결과에 기대어, 사람들은 자신의 언어에 얽매인 채 세계를 경험한다고 판단했다. 이 판단으로부터, "우리는 모국어가 그어놓은 선에 따라 자연세계를 분단한다."라는 유명한 발언이 나왔다. 이에 따르면 특정 현상과 관련한 단어가 많을

수록 해당 언어권의 화자들은 그 현상에 대해 심도 있게 경험하는 것이다. 언어가 의식을, 사고와 세계관을 결정한다는 이 견해는 ㉠ 사피어-워프 가설이라 불리며 언어학과 인지과학의 논란거리가 되어왔다.

〈보기〉

ㄱ. 눈[雪]을 가리키는 단어를 4개 지니고 있는 이누이트족이 1개 지니고 있는 영어 화자들보다 눈을 넓고 섬세하게 경험한다는 것은 ㉠을 강화한다.

ㄴ. 수를 세는 단어가 '하나', '둘', '많다' 3개 뿐인 피라하족의 사람들이 세 개 이상의 대상을 모두 '많다'고 인식하는 것은 ㉠을 강화한다.

ㄷ. 색채 어휘가 적은 자연언어 화자들이 색채 어휘가 많은 자연언어 화자들에 비해 색채를 구별하는 능력이 뛰어나다는 것은 ㉠을 약화한다.

① ㄱ
② ㄱ, ㄴ
③ ㄴ, ㄷ
④ ㄱ, ㄴ, ㄷ

[15~16] 다음 글을 읽고 물음에 답하시오.

한국 신화에 보이는 신과 인간의 관계는 다른 나라의 신화와 ㉠ 견주어 볼 때 흥미롭다. 한국 신화에서 신은 인간과의 결합을 통해 결핍을 해소함으로써 완전한 존재가 되고, 인간은 신과의 결합을 통해 혼자 할 수 없었던 존재론적 상승을 이룬다.

한국 건국신화에서 주인공인 신은 지상에 내려와 왕이 되고자 한다. 천상적 존재가 지상적 존재가 되기를 ㉡ 바라는 것인데, 인간들의 왕이 된 신은 인간 여성과의 결합을 통해 자식을 낳음으로써 결핍을 메운다. 무속신화에서는 인간이었던 주인공이 신과의 결합을 통해 신적 존재로 ㉢ 거듭나게 됨으로써 존재론적으로 상승하게 된다. 이처럼 한국 신

화에서 신과 인간은 서로의 존재를 필요로 한다는 점에서 상호의존적이고 호혜적이다.

　다른 나라의 신화들은 신과 인간의 관계가 한국 신화와 달리 위계적이고 종속적이다. 히브리 신화에서 피조물인 인간은 자신을 창조한 유일신에 대해 원초적 부채감을 지니고 있으며, 신이 지상의 모든 일을 관장한다는 점에서 언제나 인간의 우위에 있다. 이러한 양상은 북유럽이나 바빌로니아 등에 ⓔ 퍼져 있는 신체 화생 신화에도 유사하게 나타난다. 신체 화생 신화는 신이 죽음을 맞게 된 후 그 신체가 해체되면서 인간 세계가 만들어지게 된다는 것인데, 신의 희생 덕분에 인간 세계가 만들어질 수 있었다는 점에서 인간은 신에게 철저히 종속되어 있다.

15 윗글을 이해한 내용으로 적절하지 <u>않은</u> 것은?

① 히브리 신화에서 신과 인간의 관계는 위계적이다.

② 한국 무속신화에서 신은 인간을 위해 지상에 내려와 왕이 된다.

③ 한국 건국신화에서 신은 인간과의 결합을 통해 완전한 존재가 된다.

④ 한국 신화에 보이는 신과 인간의 관계는 신체 화생 신화에 보이는 신과 인간의 관계와 다르다.

16 ㉠~㉣과 바꿔 쓸 수 있는 유사한 표현으로 적절하지 <u>않은</u> 것은?

① ㉠: 비교해

② ㉡: 희망하는

③ ㉢: 복귀하게

④ ㉣: 분포되어

17 다음 대화를 분석한 내용으로 가장 적절한 것은?

> 갑: 전염병이 창궐했을 때 마스크를 착용하는 것은 당연한 일인데, 그것을 거부하는 사람이 있다니 도대체 이해가 안 돼.
>
> 을: 마스크 착용을 거부하는 사람들을 무조건 비난하지 말고 먼저 왜 그러는지 정확하게 이유를 파악하는 것이 필요해.
>
> 병: 그 사람들은 개인의 자유가 가장 존중받아야 하는 기본권이라고 생각하기 때문일 거야.
>
> 갑: 개인의 자유로운 선택이 타인의 생명을 위협한다면 기본권이라 하더라도 제한하는 것이 보편적 상식 아닐까?
>
> 병: 맞아. 개인이 모여 공동체를 이루는데 나의 자유만을 고집하면 결국 사회는 극단적 이기주의에 빠져 붕괴하고 말 거야.
>
> 을: 마스크를 쓰지 않는 행위를 윤리적 차원에서만 접근하지 말고, 문화적 차원에서도 고려할 필요가 있어. 어떤 사회에서는 얼굴을 가리는 것이 범죄자의 징표로 인식되기도 해.

① 화제에 대해 남들과 다른 측면에서 탐색하는 사람이 있다.

② 자신의 의견이 반박되자 질문을 던져 화제를 전환하는 사람이 있다.

③ 대화가 진행되면서 논점에 대한 찬반 입장이 바뀌는 사람이 있다.

④ 사례의 공통점을 종합하여 자신의 주장을 강화하는 사람이 있다.

[18~19] 다음 글을 읽고 물음에 답하시오.

영국의 유명한 원형 석조물인 스톤헨지는 기원전 3,000년경 신석기시대에 세워졌다. 1960년대에 천문학자 호일이 스톤헨지가 일종의 연산장치라는 주장을 하였고, 이후 엔지니어인 톰은 태양과 달을 관찰하기 위한 정교한 기구라고 확신했다. 천문학자 호킨스는 스톤헨지의 모양이 태양과 달의 배열을 나타낸 것이라는 의견을 제시해 관심을 모았다.

그러나 고고학자 앳킨슨은 ⊙ 그들의 생각을 비난했다. 앳킨슨은 스톤헨지를 세운 사람들을 '야만인'으로 묘사하면서, ⓛ 이들은 호킨스의 주장과 달리 과학적 사고를 할 줄 모른다고 주장했다. 이에 호킨스를 옹호하는 학자들이 진화적 관점에서 앳킨슨을 비판하였다. ⓒ 이들은 신석기시대보다 훨씬 이전인 4만 년 전의 사람들도 신체적으로 우리와 동일했으며 지능 또한 우리보다 열등했다고 볼 근거가 없다고 주장했다.

하지만 스톤헨지의 건설자들이 포괄적인 의미에서 현대인과 같은 지능을 가졌다고 해도 과학적 사고와 기술적 지식을 가지지는 못했다. ⓔ 그들에게는 우리처럼 2,500년에 걸쳐 수학과 천문학의 지식이 보존되고 세대를 거쳐 전승되어 쌓인 방대하고 정교한 문자 기록이 없었다. 선사시대의 생각과 행동이 우리와 똑같은 식으로 전개되지 않았으리라는 점은 매우 중요하다. 지적 능력을 갖췄다고 해서 누구나 우리와 같은 동기와 관심, 개념적 틀을 가졌으리라고 생각하는 것은 잘못이다.

18 윗글에 대해 평가한 내용으로 가장 적절한 것은?

① 스톤헨지가 제사를 지내는 장소였다는 후대 기록이 발견되면 호킨스의 주장은 강화될 것이다.

② 스톤헨지 건설 당시의 사람들이 숫자를 사용하였다는 증거가 발견되면 호일의 주장은 약화될 것이다.

③ 스톤헨지의 유적지에서 수학과 과학에 관련된 신석기시대 기록물이 발견되면 글쓴이의 주장은 강화될 것이다.

④ 기원전 3,000년경 인류에게 천문학 지식이 있었다는 증거가 발견되면 앳킨슨의 주장은 약화될 것이다.

19 문맥상 ⊙~ⓔ 중 지시 대상이 같은 것만으로 묶인 것은?

① ⊙, ⓒ

② ⓛ, ⓔ

③ ⊙, ⓛ, ⓒ

④ ⊙, ⓛ, ⓔ

20 다음 글의 밑줄 친 결론을 이끌어내기 위해 추가해야 할 것은?

문학을 좋아하는 사람은 모두 자연의 아름다움을 좋아하는 사람이다. 자연의 아름다움을 좋아하는 어떤 사람은 예술을 좋아하는 사람이다. 따라서 예술을 좋아하는 어떤 사람은 문학을 좋아하는 사람이다.

① 자연의 아름다움을 좋아하는 사람은 모두 문학을 좋아하는 사람이다.

② 문학을 좋아하는 어떤 사람은 자연의 아름다움을 좋아하는 사람이다.

③ 예술을 좋아하는 어떤 사람은 자연의 아름다움을 좋아하는 사람이다.

④ 예술을 좋아하지만 문학을 좋아하지 않는 사람은 모두 자연의 아름다움을 좋아하는 사람이다.

국 어

제2차

정답 및 해설 32p

01 〈공공언어 바로 쓰기 원칙〉에 따라 수정한 것으로 적절하지 **않은** 것은?

〈공공언어 바로 쓰기 원칙〉

- 주어와 서술어의 호응
  - ㉠ 능동과 피동의 관계를 정확하게 사용함.
- 여러 뜻으로 해석되는 표현 삼가기
  - ㉡ 중의적인 문장을 사용하지 않음.
- 명료한 수식어구 사용
  - ㉢ 수식어와 피수식어의 관계를 분명하게 표현함.
- 대등한 구조를 보여 주는 표현 사용
  - ㉣ '-고', '와/과' 등으로 접속될 때에는 대등한 관계를 사용함.

① "이번 총선에서 국회의원 〇〇〇명을 선출되었다."를 ㉠에 따라 "이번 총선에서 국회의원 〇〇〇명이 선출되었다."로 수정한다.

② "시장은 시민의 안전에 관하여 건설업계 관계자들과 논의하였다."를 ㉡에 따라 "시장은 건설업계 관계자들과 시민의 안전에 관하여 논의하였다."로 수정한다.

③ "5킬로그램 정도의 금 보관함"을 ㉢에 따라 "금 5킬로그램 정도를 담은 보관함"으로 수정한다.

④ "음식물의 신선도 유지와 부패를 방지해야 한다."를 ㉣에 따라 "음식물의 신선도를 유지하고, 부패를 방지해야 한다."로 수정한다.

02 다음 글을 이해한 내용으로 적절하지 **않은** 것은?

조선시대 기록을 보면 오늘날 급성전염병에 속하는 병들의 다양한 명칭을 확인할 수 있는데, 전염성, 고통의 정도, 질병의 원인, 몸에 나타난 증상 등 작명의 과정에서 주목한 바는 각기 달랐다.

예를 들어, '역병(疫病)'은 사람이 고된 일을 치르듯[役] 병에 걸려 매우 고통스러운 상태를 말한다. '여역(癘疫)'이란 말은 힘들다[疫]는 뜻에다가 사납다[癘]는 의미가 더해져 있다. 현재의 성홍열로 추정되는 '당독역(唐毒疫)'은 오랑캐처럼 사납고[唐], 독을 먹은 듯 고통스럽다[毒]는 의미가 들어가 있다. '염병(染病)'은 전염성에 주목한 이름이고, 마찬가지로 '윤행괴질(輪行怪疾)' 역시 수레가 여기저기 옮겨 다니듯 한다는 뜻으로 질병의 전염성을 크게 강조한 이름이다.

'시기병(時氣病)'이란 특정 시기의 좋지 못한 기운으로 인해 생기는 전염병을 말하는데, 질병의 원인으로 나쁜 대기를 들고 있는 것이다. '온역(溫疫)'에 들어 있는 '온(溫)'은 이 병을 일으키는 계절적 원인을 가리킨다. 이밖에 '두창(痘瘡)'이나 '마진(痲疹)' 따위의 병명은 피부에 발진이 생기고 그 모양이 콩 또는 삼씨 모양인 것을 강조한 말이다.

① '온역'은 질병의 원인에 주목하여 붙여진 이름이다.

② '역병'은 질병의 전염성에 주목하여 붙여진 이름이다.

③ '당독역'은 질병의 고통스러운 정도에 주목하여 붙여진 이름이다.

④ '마진'은 질병으로 인해 몸에 나타난 증상에 주목하여 붙여진 이름이다.

17

03 다음 글의 중심 내용으로 가장 적절한 것은?

플라톤의 『국가』에는 사람들이 살아가면서 가장 중요하게 생각하는 두 가지 요소에 대한 언급이 있다. 우리가 만약 이것들을 제대로 통제하고 조절할 수 있다면 좋은 삶을 살 수 있다고 플라톤은 말하고 있다. 하나는 대다수가 갖고 싶어하는 재물이며, 다른 하나는 대다수가 위험하게 생각하는 성적 욕망이다. 소크라테스는 당시 성공적인 삶을 살고 있다고 사람들에게 잘 알려진 케팔로스에게, 사람들이 좋아하는 재물이 많아서 좋은 점과 사람들이 싫어하는 나이가 많아서 좋은 점은 무엇인지를 물었다. 플라톤은 이 대화를 통해 우리가 어떻게 좋은 삶을 살 수 있는지를 보여준다.

케팔로스는 재물이 많으면 남을 속이거나 거짓말하지 않을 수 있어서 좋고, 나이가 많으면 성적 욕망을 쉽게 통제할 수 있어서 좋다고 말한다. 물론 재물이 적다고 남을 속이거나 거짓말을 하는 것은 아니며, 나이가 적다고 해서 성적 욕망을 쉽게 통제할 수 없는 것은 아니다. 그렇지만 누구나 살아가면서 이것들로 인해 힘들어하고 괴로워하는 경우가 많다는 것은 분명하다. 삶을 살아가면서 돈에 대한 욕망이나 성적 욕망만이라도 잘 다스릴 수 있다면 낭패를 당하거나 망신을 당할 일이 거의 없을 것이다. 인간에 대한 플라톤의 통찰력과 삶에 대한 지혜는 현재에도 여전히 유효하다.

① 재물욕과 성욕은 과거나 지금이나 가장 강한 욕망이다.
② 재물이 많으면서 나이가 많은 자가 좋은 삶을 살 수 있다.
③ 성공적인 삶을 살려면 재물욕과 성욕을 잘 다스려야 한다.
④ 잘 살기 위해서는 살면서 가장 중요한 것이 무엇인지 알아야 한다.

04 다음 글의 ㉠~㉣ 중 어색한 곳을 찾아 가장 적절하게 수정한 것은?

언어는 랑그와 파롤로 구분할 수 있다. 랑그는 머릿속에 내재되어 있는 추상적인 언어의 모습으로, 특정한 언어공동체가 공유하고 있는 기호체계를 가리킨다. 반면에 파롤은 구체적인 언어의 모습으로, 의사소통을 위해 랑그를 사용하는 개인적인 행위를 의미한다.

언어학자들은 흔히 ㉠ 랑그를 악보에 비유하고, 파롤을 실제 연주에 비유하곤 하는데, 악보는 고정되어 있지만 실제 연주는 그 고정된 악보를 연주하는 사람에 따라 달라지기 마련이다. 그러니까 ㉡ 랑그는 여러 상황에도 불구하고 변하지 않고 기본을 이루는 언어의 본질적인 모습에 해당한다. 한편 '책상'이라는 단어를 발음할 때 사람마다 발음되는 소리는 다르기 때문에 '책상'에 대한 발음은 제각각일 수밖에 없다. 여기서 ㉢ 실제로 발음되는 제각각의 소리값이 파롤이다.

랑그와 파롤 개념과 비슷한 것으로 언어능력과 언어수행이 있다. 자기 모국어에 대해 사람들이 내재적으로 가지고 있는 지식이 언어능력이고, 사람들이 실제로 발화하는 행위가 언어수행이다. ㉣ 파롤이 언어능력에 대응한다면, 랑그는 언어수행에 대응한다.

① ㉠: 랑그를 실제 연주에 비유하고, 파롤을 악보에 비유하곤
② ㉡: 랑그는 여러 상황에 맞춰 변화하는 언어의 본질적인 모습
③ ㉢: 실제로 발음되는 제각각의 소리값이 랑그
④ ㉣: 랑그가 언어능력에 대응한다면, 파롤은 언어수행에 대응

05 다음 글의 핵심 논지로 가장 적절한 것은?

판타지와 SF의 차별성은 '낯섦'과 '이미 알고 있는 것'이라는 기준을 통해 드러난다. 이 둘은 일반적으로 상반된 의미를 갖는다. 이미 알고 있는 것은 낯설지 않고, 낯선 것은 새로운 것을 의미하기 때문이다.

판타지와 SF에는 모두 새롭고 낯선 것이 등장하는데, 비근한 예가 현실에 존재하지 않는 괴물의 출현이다. 판타지에서 낯선 괴물이 나오면 사람들은 '저게 뭐지?'하면서도 그 낯섦을 그대로 받아들인다. 그렇기에 등장인물과 독자 모두 그 괴물을 원래부터 존재했던 것으로 받아들이고, 괴물은 등장하자마자 세계의 일부가 된다. 결국 판타지에서는 이미 알고 있는 것보다 새로운 것이 더 중요한 의미를 갖는다. 이와 달리 SF에서는 '그런 괴물이 어떻게 존재할 수 있지?'라고 의심하고 물어야 한다. SF에서는 인물과 독자들이 작가의 경험적 환경을 공유하기 때문에 괴물은 절대로 자연스럽지 않다. 괴물의 낯섦에 대한 질문은 괴물이 존재하는 세계에 대한 지식, 세계관, 나아가 정체성의 문제로 확장된다. 이처럼 SF에서는 어떤 새로운 것이 등장했을 때 그 낯섦을 인정하면서도 동시에 그것을 자신이 이미 알고 있던 인식의 틀로 끌어들여 재조정하는 과정이 요구된다.

① 판타지와 SF는 모두 새로운 것에 의해 알고 있는 것이 바뀌는 장르이다.
② 판타지와 SF는 모두 알고 있는 것과 새로운 것을 그대로 인정하고 둘 사이의 재조정이 필요한 장르이다.
③ 판타지는 새로운 것보다 알고 있는 것이 더 중요하고, SF는 알고 있는 것보다 새로운 것이 더 중요한 장르이다.
④ 판타지는 알고 있는 것보다 새로운 것이 더 중요하고, SF는 알고 있는 것과 새로운 것 사이의 재조정이 필요한 장르이다.

06 다음 빈칸에 들어갈 말로 가장 적절한 것은?

로빈후드는 14세기 후반인 1377년경에 인기를 끈 작품 〈농부 피어즈〉에 최초로 등장한다. 로빈후드 이야기는 주로 숲을 배경으로 전개된다. 숲에 사는 로빈후드 무리는 사슴고기를 중요시하는데 당시 숲은 왕의 영지였고 사슴 밀렵은 범죄였다. 왕의 영지에 있는 사슴에 대한 밀렵을 금지하는 법은 11세기 후반 잉글랜드를 정복한 윌리엄 왕이 제정한 것이므로 아마도 로빈후드 이야기가 그 이전 시기로까지 거슬러 올라가지는 않을 것이다. 또한 이야기에서 셔우드 숲을 한 바퀴 돌고 로빈후드를 만났다고 하는 국왕 에드워드는 1307년에 즉위하여 20년간 재위한 2세일 가능성이 있다. 1세에서 3세까지의 에드워드 국왕 가운데 이 지역의 순행 기록이 있는 사람은 에드워드 2세뿐이다. 이러한 근거를 토대로 추론할 때, 로빈후드 이야기의 시대 배경은 아마도 [   ]일 가능성이 가장 크다.

① 11세기 후반　　② 14세기 이전
③ 14세기 전반　　④ 14세기 후반

07 (가)~(다)를 맥락에 맞게 순서대로 나열한 것은?

북방에 사는 매는 덩치가 크고 사냥도 잘한다. 그래서 아시아에서는 몽골 고원과 연해주 지역에 사는 매들이 인기가 있었다.

(가) 조선과 일본의 단절된 관계는 1609년 기유조약이 체결되면서 회복되었다. 하지만 이때는 조선과 일본이 서로를 직접 상대했던 것이 아니라 두 나라 사이에 끼어있는 대마도를 매개로 했다. 대마도는 막부로부터 조선의 외교·무역권을 위임받았고, 조선은 그

러한 대마도에게 시혜를 베풀어줌으로써 일본과의 교린 체계를 유지해 나가려고 했다.

(나) 일본에서 이 북방의 매에 접근할 수 있는 길은 한반도를 통하는 것 외에는 없었다. 그래서 한반도와 일본 간의 교류에 매가 중요한 물품으로 자리 잡았던 것이다. 하지만 임진왜란으로 인하여 교류는 단절되었다.

(다) 이러한 외교관계에 매 교역이 자리하고 있었다. 대마도는 조선과의 공식적, 비공식적 무역을 통해서도 상당한 이익을 취했다. 따라서 조선후기에 이루어진 매 교역은 경제적인 측면과 정치 · 외교적인 성격이 강했다.

① (가) － (다)－(나) ② (나)－(가)－(다)
③ (나) － (다)－(가) ④ (다)－(나)－(가)

08 다음 글에서 추론한 내용으로 가장 적절한 것은?

『성경』에 따르면 예수는 죽은 지 사흘 만에 부활했다. 사흘이라고 하면 시간상 72시간을 의미하는데, 예수는 금요일 오후에 죽어서 일요일 새벽에 부활했으니 구체적인 시간을 따진다면 48시간이 채 되지 않는다. 그렇다면 『성경』에서 3일이라고 한 것은 예수의 신성성을 부각하기 위한 것일까?

여기에는 수를 세는 방식의 차이가 개입되어 있다. 구체적으로 말하면 우리가 사용하는 현대의 수에는 '0' 개념이 깔려 있지만, 『성경』이 기록될 당시에는 해당 개념이 없었다. '0' 개념은 13세기가 되어서야 유럽으로 들어왔으니, '0' 개념이 들어오기 전 시간의 길이는 '1'부터 셈했다. 다시 말해 시간의 시작점 역시 '1'로 셈했다는 것인데, 금요일부터 다음 금요일까지는 7일이 되지만, 시작하는 금요일까지 날로 셈해서 다음 금요일은 8일

이 되는 식이다.

이와 같은 셈법의 흔적을 현대 언어에서도 찾을 수 있다. 오늘날 그리스 사람들은 올림픽이 열리는 주기에 해당하는 4년을 'pentaeteris'라고 부르는데, 이 말의 어원은 '5년'을 뜻한다. '2주'를 의미하는 용도로 사용되는 현대 프랑스어 'quinze jours'는 어원을 따지자면 '15일'을 가리키는데, 시간적으로는 동일한 기간이지만 시간을 셈하는 방식에 따라 마지막 날과 해가 달라진 것이다.

① '0' 개념은 13세기에 유럽에서 발명되었다.
② 『성경』에서는 예수의 신성성을 부각하기 위해 그의 부활 시점을 활용하였다.
③ 프랑스어 'quinze jours'에는 '0' 개념이 들어오기 전 셈법의 흔적이 남아 있다.
④ 'pentaeteris'라는 말이 생겨났을 때에 비해 오늘날의 올림픽이 열리는 주기는 짧아졌다.

[09～10] 다음 글을 읽고 물음에 답하시오.

생물은 자신의 종에 속하는 개체들과 의사소통을 한다. 꿀벌은 춤을 통해 식량의 위치를 같은 무리의 동료들에게 알려주며, 녹색원숭이는 포식자의 접근을 알리기 위해 소리를 지른다. 침팬지는 고통, 괴로움, 기쁨 등의 감정을 표현할 때 각각 다른 ㉠ 소리를 낸다.

말한다는 것을 단어에 대해 ㉡ 소리 낸다는 의미로 보게 되면, 침팬지가 사람처럼 말하도록 하는 것은 불가능하다. 침팬지는 인간과 게놈의 98 %를 공유하고 있지만, 발성 기관에 차이가 있다.

인간의 발성 기관은 아주 정교하게 작용하여 여러 ㉢ 소리를 낼 수 있는데, 초당 십여 개의 (가) 소리를 쉽게 만들어 낸다. 이는 성대, 후두, 혀, 입술, 입천장을 아주 정확하게 통제할 수 있기 때문에 가

능한 것이다. 침팬지는 이만큼 정확하게 통제를 하지 못한다. 게다가 인간의 발성 기관은 유인원의 그것과 현저하게 다르다. 주요한 차이는 인두의 길이에 있다. 인두는 혀 뒷부분부터 식도에 이르는 통로로 음식물과 공기가 드나드는 길이다. 인간의 인두는 여섯 번째 목뼈에까지 이른다. 반면에 대부분의 포유류에서는 인두의 길이가 세 번째 목뼈를 넘지 않으며 개의 경우는 두 번째 목뼈를 넘지 않는다. 다른 동물의 인두에 비해 과도하게 긴 인간의 인두는 공명 상자 기능을 하여 세밀하게 통제되는 ② <u>소리</u>를 만들어 낸다.

09 윗글에서 추론한 내용으로 가장 적절한 것은?

① 개의 인두 길이는 인간의 인두 길이보다 짧다.
② 침팬지의 인두는 인간의 인두와 98 % 유사하다.
③ 녹색원숭이는 침팬지와 의사소통을 할 수 있다.
④ 침팬지는 초당 십여 개의 소리를 만들어 낼 수 있다.

10 ⊙~② 중 문맥상 (가)에 해당하는 의미로 사용되지 <u>않은</u> 것은?

① ⊙ ② ⓛ
③ ⓒ ④ ②

[11~12] 다음 글을 읽고 물음에 답하시오.

방각본 출판은 책을 목판에 새겨 대량으로 찍어 내는 방식이다. 이 경우 소수의 작품으로 많은 판매 부수를 올리는 것이 유리하다. 즉, 하나의 책으로 500부를 파는 것이 세 권의 책으로 합계 500부를 파는 것보다 이윤이 높다. 따라서 방각본 출판업자는 작품의 종류를 늘리기보다는 시장성이 좋은 작품을 집중적으로 출판하였다. 또한 작품의 규모가 커서 분량이 많은 경우에는 생산 비용이 ⊙ <u>올라가</u> 책값이 비싸지기 때문에 자연스럽게 분량이 적은 작품을 선호하였다. 이에 따라 방각본 출판에서는 규모가 큰 작품을 기피하였으며, 일단 선택된 작품에도 종종 축약적 윤색이 가해지고는 하였다.

일종의 도서대여업인 세책업은 가능한 여러 종류의 작품을 가지고 있는 편이 유리하고, 한 작품의 규모가 큰 것도 환영할 만한 일이었다. 소설을 빌려 보는 독자들은 하나를 읽고 나서 대개 새 작품을 찾았으니, 보유한 작품의 종류가 많을수록 좋았다. 또한 한 작품의 분량이 많아서 여러 책으로 나뉘어 있으면 그만큼 세책료를 더 받을 수 있으니, 세책업자들은 스토리를 재미나게 부연하여 책의 권수를 늘리기도 했다. 따라서 세책업자들은 많은 종류의 작품을 모으는 데에 주력했고, 이 과정에서 원본의 확장 및 개작이 적잖이 이루어졌다.

11 윗글에서 추론한 내용으로 가장 적절한 것은?

① 분량이 많은 작품은 책값이 비쌌기 때문에 세책가에서 취급하지 않았다.
② 세책업자는 구비할 책을 선정할 때 시장성이 좋은 작품보다 분량이 적은 작품을 우선하였다.
③ 방각본 출판업자들은 책의 판매 부수를 올리기 위해 원본의 내용을 부연하여 개작하기도 하였다.
④ 한 편의 작품이 여러 권의 책으로 나뉘어 있는 대규모 작품들은 방각본 출판업자들보다 세책업자들이 선호하였다.

12 밑줄 친 표현이 문맥상 ⊙의 의미와 가장 가까운 것은?

① 습도가 올라가는 장마철에는 건강에 유의해야 한다.

② 내가 키우던 반려견이 하늘나라로 올라갔다.

③ 그녀는 승진해서 본사로 올라가게 되었다.

④ 그는 시험을 보러 서울로 올라갔다.

13 갑~병의 주장을 분석한 내용으로 적절한 것만을 〈보기〉에서 모두 고르면?

> 갑: 오늘날 사회는 계급 체계가 인간의 생활을 전적으로 규정하지 않는다. 실제로 많은 사람이 사회 이동을 경험하며, 전문직 자격증에 대한 접근성 또한 증가하였다. 인터넷은 상향 이동을 위한 새로운 통로를 제공하고 있다. 이에 따라서 전통적인 계급은 사라지고, 이제는 계급이 없는 보다 유동적인 사회 질서가 새로 정착되었다.
> 을: 지난 30년 동안 양극화는 더 확대되었다. 부가 사회 최상위 계층에 집중되는 것에 대한 우려가 커지고 있다. 과거 계급 불평등은 경제 전반의 발전을 위해 치를 수밖에 없는 일시적 비용이었다고 한다. 하지만 경제 수준이 향상된 지금도 이 불평등은 해소되지 않고 있다. 오늘날 세계화와 시장 규제 완화로 인해 빈부 격차가 심화되고 계급 불평등이 더 고착되었다.
> 병: 오랫동안 지속되었던 계급의 전통적 영향력은 확실히 약해지고 있다. 하지만 현대사회에서 계급 체계는 여전히 경제적 불평등의 핵심으로 남아 있다. 사회 계급은 아직도 일생에 걸쳐 개인의 삶에 큰 영향을 미친다. 특정 계급의 구성원이라는 사실은 수명, 신체적 건강, 교육, 임금 등 다양한 불평등과 관련된다. 이는 계급의 종말이 사실상 실현될 수 없는 현실적이지 않은 주장이라는 점을 보여 준다.

〈보기〉
ㄱ. 갑의 주장과 을의 주장은 대립하지 않는다.
ㄴ. 을의 주장과 병의 주장은 대립하지 않는다.
ㄷ. 병의 주장과 갑의 주장은 대립하지 않는다.

① ㄱ ② ㄴ
③ ㄱ, ㄷ ④ ㄴ, ㄷ

14 (가)와 (나)를 전제로 결론을 이끌어 낼 때, 빈칸에 들어갈 말로 가장 적절한 것은?

> (가) 축구를 잘하는 사람은 모두 머리가 좋다.
> (나) 축구를 잘하는 어떤 사람은 키가 작다.
> 따라서 [＿＿＿＿＿＿＿].

① 키가 작은 어떤 사람은 머리가 좋다.
② 키가 작은 사람은 모두 머리가 좋다.
③ 머리가 좋은 사람은 모두 축구를 잘한다.
④ 머리가 좋은 어떤 사람은 키가 작지 않다.

15 다음 글의 ⊙과 ⓒ에 대한 평가로 올바른 것은?

> 기업의 마케팅 프로젝트를 평가할 때는 유행지각, 깊은 사고, 협업을 살펴본다. 유행지각은 유행과 같은 새로운 정보를 반영했느냐, 깊은 사고는 마케팅 데이터의 상관관계를 분석해서 최적의 해결책을 찾아내었느냐, 협업은 일하는 사람들이 해결책을 공유하며 성과를 창출했느냐를 따진다. ⊙ 이 세 요소 모두에서 목표를 달성하는 것은 마케팅 프로젝트가 성공적이기 위해 필수적이다. 하지만 ⓒ 이 세 요소 모두에서 목표를 달성했다고 해서 마케팅 프로젝트가 성공한 것은 아니다.

① 지금까지 성공한 프로젝트가 유행지각, 깊은 사고 그리고 협업 모두에서 목표를 달성했다면, ㉠은 강화된다.

② 성공하지 못한 프로젝트 중 유행지각, 깊은 사고 그리고 협업 중 하나 이상에서 목표를 달성하는 데 실패한 사례가 있다면, ㉠은 약화된다.

③ 유행지각, 깊은 사고 그리고 협업 중 하나 이상에서 목표를 달성하는 데 실패했지만 성공한 프로젝트가 있다면, ㉡은 강화된다.

④ 유행지각, 깊은 사고 그리고 협업 모두에서 목표를 달성했지만 성공하지 못한 프로젝트가 있다면, ㉡은 약화된다.

16 다음 글의 ㉠을 강화하는 것만을 〈보기〉에서 모두 고르면?

> 신석기시대에 들어 인류는 제대로 된 주거 공간을 만들게 되었다. 인류의 초기 주거 유형은 특히 바닥을 어떻게 만드느냐에 따라 구분된다. 이는 지면을 다지거나 조금 파고 내려가 바닥을 만드는 '움집형'과 지면에서 떨어뜨려 바닥을 설치하는 '고상(高床)식'으로 나뉜다.
> 중국의 고대 문헌에 등장하는 '혈거'와 '소거'가 각각 움집형과 고상식 건축이다. 움집이 지붕으로 상부를 막고 아랫부분은 지면을 그대로 활용하는 지붕 중심 건축이라면, 고상식 건축은 지면에서 오는 각종 침해에 대비해 바닥을 높이 들어 올린 바닥 중심 건축이라 할 수 있다. 인류의 주거 양식은 혈거에서 소거로 진전되었다는 가설이 오랫동안 지배했다. 바닥을 지면보다 높게 만드는 것이 번거롭고 어렵다고 여겼기 때문이다. 그런데 1970년대에 중국의 허무두에서 고상식 건축

의 유적이 발굴되면서 새로운 ㉠ 주장이 제기되었다. 그것은 혈거와 소거가 기후에 따라 다른 자연환경에 적응해 발생했다는 것이다.

〈보기〉

ㄱ. 우기에 비가 넘치는 산간 지역에서는 고상식 주거 건축물 유적만 발견되었다.

ㄴ. 움집형 집과 고상식 집이 공존해 있는 주거 양식을 보여 주는 집단의 유적지가 발견되었다.

ㄷ. 여름에는 고상식 건축물에서, 겨울에는 움집형 건축물에서 생활한 집단의 유적이 발견되었다.

① ㄱ, ㄴ ② ㄱ, ㄷ
③ ㄴ, ㄷ ④ ㄱ, ㄴ, ㄷ

[17~18] 다음 글을 읽고 물음에 답하시오.

> 일반적으로 한 나라의 문학, 즉 '국문학'은 "그 나라의 말과 글로 된 문학"을 지칭한다. 그래서 우리나라에서 국문학에 대한 근대적 논의가 처음 시작될 무렵에는 (가) 국문학에서 한문으로 쓰인 문학을 배제하자는 주장이 있었다. 국문학 연구가 점차 전문화되면서, 한문문학 배제론자와 달리 한문문학을 배제하는 데 있어 신축성을 두는 절충론자의 입장이 힘을 얻었다. 절충론자들은 국문학의 범위를 획정하는 데 있어 (나) 종래의 국문학의 정의를 기본 전제로 하되, 일부 한문문학을 국문학으로 인정하자고 주장했다. 즉 한문으로 쓰여진 문학을 국문학에서 완전히 배제하지 않고, ㉠ 전자 중 일부를 ㉡ 후자의 주변부에 위치시키는 것으로 국문학의 영역을 구성한 것이다. 이에 따라 국문학을 지칭할 때에는 '순(純)국문학'과 '준(準)국문학'으로 구별하게 되었다. 작품에 사용된 문자의 범주에 따라서 ㉢ 전자는 '좁은 의미의 국문학', 후자는 '넓은 의미의 국

23

문학'이라고도 칭할 수 있다.

하지만 이런 절충안을 취하더라도 순국문학과 준국문학을 구분하는 데에는 논자마다 차이가 있다. 어떤 이는 국문으로 된 것은 ⓜ 전자에, 한문으로 된 것은 ⓗ 후자에 귀속시켰다. 다른 이는 훈민정음 창제 이전과 이후로 나누어 국문학의 영역을 구분하였다. 훈민정음 창제 이전의 문학은 차자표기건 한문표기건 모두 국문학으로 인정하고, 창제 이후의 문학은 국문문학만을 순국문학으로 규정하고 한문문학 중 '국문학적 가치'가 있는 것을 준국문학에 귀속시켰다.

17 윗글의 (가)와 (나)의 주장에 대해 평가한 내용으로 가장 적절한 것은?

① 국문으로 쓴 작품보다 한문으로 쓴 작품이 해외에서 문학적 가치를 더 인정받는다면 (가)의 주장은 강화된다.

② 국문학의 정의를 '그 나라 사람들의 사상과 정서를 그 나라 말과 글로 표현한 문학'으로 수정하면 (가)의 주장은 약화된다.

③ 표기문자와 상관없이 그 나라의 문화를 잘 표현한 문학을 자국 문학으로 인정하는 것이 보편적인 관례라면 (나)의 주장은 강화된다.

④ 훈민정음 창제 이후에도 차자표기로 된 문학작품이 다수 발견된다면 (나)의 주장은 약화된다.

18 윗글의 ㉠~㉧ 중 지시하는 바가 같은 것끼리 짝 지은 것은?

① ㉠, ㉢   ② ㉡, ㉣
③ ㉡, ㉧   ④ ㉢, ㉥

19 다음 빈칸에 들어갈 말로 가장 적절한 것은?

갑, 을, 병, 정 네 학생의 수강 신청과 관련하여 다음과 같은 사실들이 알려졌다.

- 갑과 을 중 적어도 한 명은 〈글쓰기〉를 신청한다.
- 을이 〈글쓰기〉를 신청하면 병은 〈말하기〉와 〈듣기〉를 신청한다.
- 병이 〈말하기〉와 〈듣기〉를 신청하면 정은 〈읽기〉를 신청한다.
- 정은 〈읽기〉를 신청하지 않는다.

이를 통해 갑이 [＿＿＿]를 신청한다는 것을 알 수 있게 되었다.

① 〈말하기〉   ② 〈듣기〉
③ 〈읽기〉   ④ 〈글쓰기〉

20 다음 글을 이해한 내용으로 가장 적절한 것은?

언어의 형식적 요소에는 '음운', '형태', '통사'가 있으며, 언어의 내용적 요소에는 '의미'가 있다. 음운, 형태, 통사 그리고 의미 요소를 중심으로 그 성격, 조직, 기능을 탐구하는 학문 분야를 각각 '음운론', '문법론'(형태론 및 통사론 포괄), 그리고 '의미론'이라고 한다. 그 가운데서 음운론과 문법론은 언어의 형식을 중심으로 그 체계와 기능을 탐구하는 반면, 의미론은 언어의 내용을 중심으로 체계와 작용 방식을 탐구한다.

이처럼 언어학은 크게 말소리 탐구, 문법 탐구, 의미 탐구로 나눌 수 있는데, 이때 각각에 해당하는 음운론, 문법론, 의미론은 서로 관련된다. 이를 발화의 전달 과정에서 살펴보자. 화자의 측면에서 언어를 발신하는 경우에는 의미론에서 문법론을 거쳐 음운론의 방향으로, 청자의 측면에서 언어를 수신하는 경우에는 반대의 방향으로 작용한다. 의사소통의 과정상 발신자의 측면에서는 의미론에, 수신자의 측면에서는 음운론에 초점이 놓인다. 의사소통은 화자의 생각, 느낌, 주장 등을 청자와 주고받는 행위이므로, 언어 표현의 내용에 해당하는 의미는 이 과정에서 중심적 요소가 된다.

① 언어는 형식적 요소가 내용적 요소보다 다양하다.
② 언어의 형태 탐구는 의미 탐구와 관련되지 않는다.
③ 의사소통의 첫 단계는 언어의 형식을 소리로 전환하는 것이다.
④ 언어를 발신하고 수신하는 과정에서 통사론은 활용되지 않는다.

제1차 정답 및 해설

정답

01 ②	02 ②	03 ③	04 ①	05 ④
06 ②	07 ③	08 ③	09 ④	10 ②
11 ③	12 ①	13 ③	14 ④	15 ②
16 ③	17 ①	18 ④	19 ②	20 ①

해설

01 ②

[정답해설]

대등한 것끼리 접속할 때는 구조가 같은 표현을 사용해야 한다는 〈공공언어 바로 쓰기 원칙〉에 따라 ⓒ은 '관형사 + 명사'의 구조인 '표준적인 언어생활의 확립과 일상적인 국어 생활의 향상을 위해' 또는 '주어 + 술어'의 구조인 '표준적인 언어생활을 확립하고 일상적인 국어 생활을 향상하기 위해'라고 수정하는 것이 적절하다.

[오답해설]

① ㉠에서 '안내'는 '어떤 내용을 소개하여 알려줌'의 의미이고 '알림'은 '알리는 일'로 그 의미가 중복된다. 따라서 중복되는 표현을 삼가야 한다는 〈공공언어 바로 쓰기 원칙〉에 따라 '알림'을 삭제한 것은 적절하다.

③ ⓒ이 포함된 문장에서 주어는 '본원은'이므로 서술어는 '제공되다'라는 수동형이 아닌 '제공하다'라는 능동형이 되어야 한다. 따라서 주어와 서술어를 호응시켜야 한다는 〈공공언어 바로 쓰기 원칙〉에 따라 '표준 정보를 제공하고 있습니다.'라고 수정한 것은 적절하다.

④ ㉣에서 '개선'의 대상이 생략되어 불분명하므로 '의약품 용어를'이라는 목적어가 추가되어야 한다. 따라서 필요한 문장 성분이 생략되지 않도록 해야 한다는 〈공공언어 바로 쓰기 원칙〉에 따라 '의약품 용어를 일반 국민도 알기 쉬운 표현으로 개선하여'라고 수정한 것은 적절하다.

02 ②

[정답해설]

'흰머리'는 용언 어간과 명사가 결합한 합성명사가 아니라, 용언의 관형사형(흰) + 명사(머리)로 구성된 합성명사로, 앞 성분(흰)이 뒤 성분(명사)을 수식하는 종속합성어이다.

[오답해설]

① '큰아버지'는 용언의 관형사형(큰) + 명사(아버지)로 구성되어 있고 앞 성분(큰)이 뒤 성분(아버지)을 수식하는 종속합성어이다.

③ '늙은이'는 용언의 관형사형(늙은) + 명사(이)가 결합하여 한 단어를 이룬 합성어로, 어휘 의미를 지닌 두 요소가 결합해 이루어진 단어이다.

④ 동사 '먹다'의 어간인 '먹'과 명사 '거리'가 결합한 '먹거리'는 국어 문장 구성에 없는 단어 배열이므로 비통사적 합성어이다.

03 ③

[정답해설]

건강을 염려하는 행위를 하는 주어는 '아버지'이므로 '염려하다'가 아닌 '염려하신다'로 존경 표현을 한 것은 '직접존경'에 해당한다.

[오답해설]

① 주어인 '고모'를 높이기 위해 긴밀한 관련이 있는 인물인 '자식'을 '있으시다'라고 높인 것은 '간접존경'에 해당한다.

② 주어인 '할머니'를 높이기 위해 신체의 일부인 '다리'를 '아프셔서'라고 높인 것은 '간접존경'에 해당한다.

④ 주어인 '할아버지'를 높이기 위해 신체의 일부인 '수염'을 '많으셨다'라고 높인 것은 '간접존경'에 해당한다.

04 ①

[정답해설]

㉠ 문제의 현실성: 1문단에서 '그 세계 안의 인간이 자신을 둘러싼 세계와 고투하면서 당대의 공론장에서 기꺼이 논의해볼 만한 의제를 산출해낼 때 문제의 현실성이 확보된다.'고 하였으므로, 밀실과 광장 사이에서 고뇌하는 주인공의 모습을 통해 '남(南)이나 북(北)이나'라는 민감한 주제를 격화된 이념 대립의 공론장에 던진 최인훈의 「광장」은 '문제의 현실성'을 확보했다고 할 수 있다.

㉡ 세계의 현실성: 1문단에서 '우리가 살고 있는 이 입체적인 시공간에서 특히 의미 있는 한 부분을 도려내어 서사의 무대로 삼을 경우 세계의 현실성이 확보된다.'고 하였으므로, 작품의 시공간으로 당시 남한과 북한을 소설적 세계로 선택함으로써 동서 냉전 시대의 보편성과 한반도 분단 체

제의 특수성을 동시에 포괄한 최인훈의 「광장」은 '세계의 현실성'을 확보했다고 할 수 있다.

ⓒ 해결의 현실성: 1문단에서 '한 사회가 완강하게 구조화하고 있는 '가능한 것'과 '불가능한 것'의 좌표를 흔들면서 특정한 선택지를 제출할 때 해결의 현실성이 확보된다.'고 하였으므로, 주인공이 남과 북 모두를 거부하고 자살을 선택하는 결말은 남북으로 상징되는 당대의 이원화된 이데올로기를 근저에서 흔든 최인훈의 「광장」은 '해결의 현실성'을 확보했다고 할 수 있다.

05 ④

[정답해설]

'오 주무관이 회의에 참석하면, 박 주무관도 참석한다.'는 명제가 참이고, '박 주무관이 회의에 참석하면, 홍 주무관도 참석한다.'는 명제가 참일 때, '오 주무관이 회의에 참석하면, 홍 주무관도 회의에 참석한다.'라는 명제도 참이라는 결론을 도출할 수 있다. 이때 어떤 명제가 참일 경우 그 대우도 반드시 참이므로, '오 주무관이 회의에 참석하면, 홍 주무관도 회의에 참석한다.'라는 명제의 대우인 '홍 주무관이 회의에 참석하지 않으면, 오 주무관도 참석하지 않는다.'는 반드시 참이된다.

명제 : P → Q (참) ⟺ 대우 : ∼Q → ∼P (참)

06 ②

[정답해설]

3문단에 "이러매 눈감아 생각해"에서 눈을 감는 행위는 외면이나 도피가 아니라 피할 수 없는 현실적 조건을 새롭게 반성함으로써 현실의 진정한 면모와 마주하려는 적극적인 행위로 읽힌다고 서술되어 있다. 그러므로 「절정」에서 시인은 투사가 처한 현실적 조건을 외면하지 않고 새롭게 인식함을 알수 있다.

[오답해설]

① 2문단에서 투사 이육사가 처한 상황은 "매운 계절의 채찍에 갈겨 / 마침내 북방으로 휩쓸려"온 것처럼 대단히 위태로워 보인다고 하였으나, 그런 극한의 상황이 봄, 여름, 가을, 겨울의 뚜렷한 계절의 변화로 드러나 있지는 않다.

③ 1문단에서 「절정」은 투사가 처한 냉엄한 현실적 조건을 제시한 3개의 연과 시인이 품고 있는 인간과 역사에 대한 희망이 제시된 마지막 연의 두 부분으로 크게 나누어지는 것을 확인할 수 있으나, 투사와 시인의 반목과 화해가 나타나 있지는 않다.

④ 1문단에서 「절정」은 크게 두 부분으로 나누어지는데, 투사가 처한 냉엄한 현실적 조건이 3개의 연에 걸쳐 먼저 제시된 후, 시인이 품고 있는 인간과 역사에 대한 희망이 마

지막 연에 제시된다고 서술되어 있다. 그러므로 「절정」에는 냉엄한 현실에 절망하는 시인(→ 투사)의 면모와 인간과 역사에 대한 희망을 놓지 않으려는 투사(→ 시인)의 면모가 동시에 담겨 있음을 알 수 있다.

07 ③

[정답해설]

(라)에서 시청자를 짧은 시간 안에 사로잡기 위해서는 스토리텔링 전략이 필요하다고 하였고, (나)에서 그러한 스토리텔링 전략에서 제일 먼저 해야 할 일은 로그라인을 만드는 것이라고 하였다. 그러므로 (라) 다음에 (나)가 와야 한다. 또한 (가)에서 다음으로 시청자의 마음을 사로잡을 수 있는 참신한 인물을 창조해야 한다고 하였고, (다)에서 이 같은 인물 창조의 과정에서 스토리의 주제가 만들어진다고 하였다. 그러므로 (가) 다음에 (다)가 와야 한다. 이를 종합해 볼 때, (라)-(나)-(가)-(다)순으로 나열하는 것이 글의 맥락상 가장 적절하다.

08 ③

[정답해설]

〈지침〉에 따르면 본론은 제목에서 밝힌 내용을 2개의 장으로 구성하되 각 장의 하위 항목끼리 대응되도록 작성하라고 지시되어 있다. 즉, 제목인 '복지 사각지대의 발생 원인과 해소 방안'에 따라 II-2의 ⓒ에는 II-2에 제시된 '사회복지 담당 공무원의 인력 부족'에 대한 해소 방안이 들어가야 한다. 그러나 '사회복지 업무 경감을 통한 공무원 직무 만족도 증대'는 II-2에 제시된 '사회복지 담당 공무원의 인력 부족'에 대한 해소 방안과 관련이 없으므로 ⓒ에 들어갈 내용으로 적절하지 않다.

[오답해설]

① 〈지침〉에 따르면 서론은 중심 소재의 개념 정의와 문제 제기를 1개의 장으로 작성하라고 지시되어 있다. I-1의 '복지 사각지대의 정의'는 중심 소재의 개념 정의에 해당하므로, I-2의 ㉠에는 문제 제기에 해당하는 '복지 사각지대의 발생에 따른 사회 문제의 증가'가 들어가는 것이 적절하다.

② 〈지침〉에 따르면 본론은 제목에서 밝힌 내용을 2개의 장으로 구성하되 각 장의 하위 항목끼리 대응되도록 작성하라고 지시되어 있다. 즉, II가 '복지 사각지대의 발생 원인'이므로 II-1의 ⓛ에는 III-1의 '사회적 변화를 반영하여 기존 복지 제도의 미비점 보완'이라는 해소 방안의 대응 원인인 '사회적 변화를 반영하지 못한 기존 복지 제도의 한계'가 들어가는 것이 적절하다.

④ 〈지침〉에 따르면 결론은 기대 효과와 향후 과제를 1개의 장으로 작성하라고 지시되어 있다. IV-2의 '복지 사각지대의 근본적이고 지속가능한 해소 방안 마련'은 향후 과제

에 해당하므로, Ⅳ-1.의 @에는 기대 효과에 해당하는 '복지 혜택의 범위 확장을 통한 사회 안전망 강화'가 들어가는 것이 적절하다.

09 ④

[정답해설]

신경과학자 아이젠버거는 뇌의 어떤 부위가 활성화되는가를 촬영하여 실험 참가자가 어떤 심리적 상태인가를 파악하려는 실험을 진행하였다. 연구팀은 실험 참가자가 따돌림을 당할 때 그의 뇌에서 전두엽의 전대상피질 부위가 활성화된다는 것을 확인하였고, 이는 인간이 물리적 폭력을 당할 때 활성화되는 뇌의 부위와 동일하다는 것을 확인하였다. 그러므로 제시문의 빈칸에 들어갈 결론은 ④의 '따돌림을 당할 때와 물리적 폭력을 당할 때의 심리적 상태는 서로 다르지 않다'가 가장 적절하다.

[오답해설]

① 인간이 물리적 폭력을 당할 때 활성화되는 뇌의 부위도 따돌림을 당할 때의 뇌의 부와와 마찬가지로 전두엽의 전대상피질 부위임을 앞에서 이미 언급하고 있다. 그러므로 물리적 폭력은 뇌 전두엽의 전대상피질 부위를 활성화한다는 내용은 앞의 내용과 중복되므로 적절하지 않다.

② 따돌림을 당할 때 활성화되는 뇌의 부위와 물리적 폭력을 당할 때 활성화되는 뇌의 부위가 전두엽의 전대상피질 부위로 동일하다고 밝히고 있으나, 물리적 폭력이 피해자의 개인적 경험을 사회적 문제로 전환하는지는 제시문의 내용을 통해 확인할 수 없다.

③ 따돌림을 당할 때 활성화되는 뇌의 부위와 물리적 폭력을 당할 때 활성화되는 뇌의 부위가 전두엽의 전대상피질 부위로 동일하다고 밝히고 있으나, 따돌림이 피해자에게 물리적 폭력보다 더 심각한 부정적 영향을 미치는지는 제시문의 내용을 통해 확인할 수 없다.

10 ②

[정답해설]

2문단에서 고소설의 주인공은 적대자에 의해 원점에서 분리되어 고난을 겪는다고 하였고, 3문단에서 박 진사의 집으로 표상되는 유년의 과거는 이상적 원점의 구실을 하며 박 진사의 죽음은 그들에게 고향의 상실을 상징한다고 하였다. 그러므로 영웅소설의 주인공과 「무정」의 이형식은 그들의 이상적 원점을 상실했다는 공통점을 가지고 있음을 알 수 있다.

[오답해설]

① 2문단에서 고소설의 주인공이 도달해야 할 종결점은 새로운 미래가 아니라 다시 도래할 과거로서의 미래인 '회귀의

크로노토프'라고 하였다. 반면에 3문단에서 근대소설 「무정」은 이러한 회귀의 크로노토프를 부정한다고 하였다. 그러므로 고소설은 회귀의 크로노토프를 긍정하고 「무정」은 부정한다는 점에서 서로 다르다.

③ 3문단의 '두 사람의 결합이 이상적 상태의 고향을 회복할 수 있는 유일한 방법이겠지만, 그들은 끝내 결합하지 못한다.'에서 이형식과 박영채의 결합은 이상적 상태의 고향을 회복하는 것을 의미한다. 즉, 「무정」에서 이형식이 박영채와 결합했다면 새로운 미래로서의 종결점에 도달하는 것이 아니라 과거로서의 미래에 도달할 수 있었을 것이다.

④ 2문단에서 '그들의 목표는 상실한 원점을 회복하는 것, 즉 그곳에서 향유했던 이상적 상태로 돌아가는 것'이라고 하였으므로, 가정소설은 가족 구성원들이 평화롭게 공존하는 결말을 통해 상실했던 원점으로의 복귀를 거부하는 것이 아니라 회복하는 것임을 알 수 있다.

11 ③

[정답해설]

㉠의 '돌아가는'은 '원래의 있던 곳으로 다시 가거나 다시 그 상태가 되다.'라는 의미이다. 마찬가지로 ③의 '그는 잃어버린 동심으로 돌아가고 싶었다.'에서 '돌아가고'도 '원래의 상태가 되다'라는 의미이므로 ㉠과 그 의미가 유사하다.

[오답해설]

① · ② '전쟁은 연합군의 승리로 돌아갔다.'와 '사과가 한 사람 앞에 두 개씩 돌아간다.'에서 '돌아가다'는 모두 '차례나 몫. 승리. 비난 따위가 개인이나 단체, 기구, 조직 따위의 차지가 되다.'라는 의미로 사용되었다.

④ '그녀는 자금이 잘 돌아가지 않는다며 걱정했다.'에서 '돌아가다'는 '돈이나 물건 따위의 유통이 원활하다.'는 의미로 사용되었다.

TIP 돌아가다 〈동사〉

I.

1. 물체가 일정한 축을 중심으로 원을 그리면서 움직여 가다.
   예 바퀴가 돌아가다.
2. 일이나 형편이 어떤 상태로 진행되어 가다.
   예 일이 너무 바빠서 돌아가서 정신을 차릴 수가 없다.
3. 어떤 것이 차례로 전달되다.
   예 술자리가 무르익자 술잔이 돌아가기 시작했다.
4. 차례대로 순번을 옮겨 가다.
   예 우리는 돌아가면서 점심을 산다.
5. 기능이 제대로 작동하다.
   예 기계가 잘 돌아간다.
6. 돈이나 물건 따위의 유통이 원활하다.
   예 요즘은 자금이 잘 돌아간다.

7. 정신을 차릴 수 없게 아찔하다.
   예 머리가 핑핑 돌아간다.
8. (주로 '-시-'와 결합한 꼴로 쓰여) '죽다'의 높임말.
   예 할아버지께서 돌아가셨다.

Ⅱ. 「…에/에게,…으로」
1. 원래의 있던 곳으로 다시 가거나 다시 그 상태가 된다.
   예 아버지는 고향에 돌아가시는 게 꿈이다.
2. 차례나 몫, 승리, 비난 따위가 개인이나 단체, 기구, 조직 따위의
   차지가 된다.
   예 사과가 한 사람 앞에 두 개씩 돌아간다.

Ⅲ. 「…으로」
1. 일이나 형편이 어떤 상태로 끝을 맺다.
   예 지금까지의 노력이 수포로 돌아갔다.
2. 원래의 방향에서 다른 곳을 향한 상태가 된다.
   예 입이 왼쪽으로 돌아가다.
3. 먼 쪽으로 둘러서 가다.
   예 그는 검문을 피해 일부러 옆길로 돌아갔다.

Ⅳ. 「…을」
1. 어떤 장소를 끼고 원을 그리듯이 방향을 바꿔 움직여 가다.
   예 모퉁이를 돌아가면 우리 집이 보인다.
2. 일정한 구역 안을 이리저리 왔다 갔다 하다.
   예 고삐를 뗀 소가 마당을 돌아가며 길길이 날뛰고 있다.

12   ①
[정답해설]
제시문의 내용을 논리 기호로 단순화하면 다음과 같다.

| (가) 노인복지 문제 일부 ∧ ~일자리 문제 |
| (나) 공직 → 일자리 문제 ≡ ~일자리 문제 → ~공직 |
| (결론) 노인복지 문제 일부 ∧ ~공직 |

그러므로 (가)와 (나)를 전제로 할 때 빈칸에 들어갈 결론은
①의 '노인복지 문제에 관심이 있는 사람 중 일부는 공직에
관심이 있는 사람이 아니다'가 가장 적절하다.

TIP 정언 삼단 논법

(대전제) 모든 사람은 죽는다.	P → Q
⇓	
(소전제) 소크라테스는 사람이다.	R → P
⇓	
(결론) 그러므로 소크라테스는 죽는다.	R → Q

13   ③
[정답해설]
2문단에 따르면 현재 기준에서는 질병 치료를 목적으로 개발
한 신약만 승인받을 수 있다고 하였으므로, 노화를 멈추는 약
을 승인받을 수 없는 이유가 식품의약국이 노화를 질병으로
보지 않기 때문이라고 추론할 수 있다. 그러므로 ⓒ을 '질병
으로 보지 않은 탓에 노화를 멈추는 약은 승인받을 수 없었
다'로 수정한 것은 적절하다.

[오답해설]
① 노화 문제를 해결하는 것은 '인간이 젊고 건강한 상태로
   수명을 연장할 수 있다는 점'에서 기존 발상과 다르다고
   하였으므로, ㉠을 '늙고 병든 상태에서 담담히 죽음의 시
   간을 기다린다'로 수정한 것은 적절하지 못하다.
② ⓛ이 포함된 문장에서 '젊음을 유지한 채 수명을 늘리는
   것은 충분히 가능하다'고 서술되어 있으므로, ⓛ에는 '젊
   음을 유지한 채 수명을 늘리는 것'과 관련된 조건이 들어
   가야 한다. 그러므로 ⓛ을 '노화가 진행되기 전의 신체를
   노화가 진행된 신체'로 수정한 것은 적절하지 못하다.
④ ⓔ이 포함된 문장에서 '이를 통해 유전자를 조작하는 방식
   으로 노화를 막을 수 있다'고 서술되어 있으므로, ⓔ에는
   '유전자를 조작하는 방식으로 노화를 막는 것'과 관련된
   내용이 들어가야 한다. 그러므로 ⓔ을 '노화가 더디게 진
   행되는 사람들의 유전자 자료를 데이터화하면 그들에게서
   노화를 촉진'으로 수정한 것은 적절하지 못하다.

14   ④
[정답해설]
ㄱ. 눈[雪]을 가리키는 단어를 4개 지니고 있는 이누이트족이
   1개 지니고 있는 영어 화자들보다 눈을 넓고 섬세하게 경
   험한다는 것은 특정 현상과 관련한 단어가 많을수록 해당
   언어권의 화자들이 그 현상에 대해 심도 있게 경험한다는
   것을 의미하므로, ㉠의 '사피어-워프 가설'을 강화한다고
   평가한 것은 적절하다.
ㄴ. 수를 세는 단어가 '하나', '둘', '많다' 3개뿐인 피라하족
   의 사람들이 세 개 이상의 대상을 모두 '많다'고 인식하는
   것은 언어가 의식과 사고를 결정한 것이므로, ㉠의 '사피
   어-워프 가설'을 강화한다고 평가한 것은 적절하다.
ㄷ. 특정 현상과 관련한 단어가 많을수록 해당 언어권의 화자
   들이 그 현상에 대해 심도 있게 경험한다고 하였으므로,
   색채 어휘가 많은 자연언어 화자들이 색채 어휘가 적은
   자연언어 화자들에 비해 색채를 구별하는 능력이 뛰어나
   야 한다. 그런데 색채 어휘가 적은 자연언어 화자들이 색
   채 어휘가 많은 자연언어 화자들에 비해 색채를 구별하는
   능력이 뛰어나다는 것은 이와 반대되므로, ㉠의 '사피어-
   워프 가설'을 약화한다고 평가한 것은 적절하다.

15 ②

[정답해설]

2문단에 따르면 한국 건국신화에서 신이 지상에 내려와 왕이 되고자 한 것은 천상적 존재가 지상적 존재가 되기를 바라는 것이라고 하였으나, 신이 인간을 위해 지상에 내려와 왕이 되었는지는 알 수 없다. 그러므로 '한국 무속신화에서 신은 인간을 위해 지상에 내려와 왕이 된다.'는 ②의 설명은 윗글을 이해한 내용으로 적절하지 못하다.

[오답해설]

① 3문단에서 다른 나라의 신화들은 신과 인간의 관계가 한국 신화와 달리 위계적이고 종속적이라고 전제한 뒤, 히브리 신화에서 신은 언제나 인간의 우위에 있다고 서술되어 있다. 그러므로 히브리 신화에서 신과 인간의 관계는 위계적이라고 할 수 있다.

③ 1문단에 따르면 한국 신화에서 신은 인간과의 결합을 통해 결핍을 해소함으로써 완전한 존재가 된다고 하였고, 2문단에서도 인간들의 왕이 된 신은 인간 여성과의 결합을 통해 자식을 낳음으로써 결핍을 메운다고 서술하고 있다. 그러므로 한국 건국신화에서 신은 인간과의 결합을 통해 완전한 존재가 된다고 할 수 있다.

④ 2문단에 한국 신화에서 신과 인간은 서로의 존재를 필요로 한다는 점에서 상호의존적이고 호혜적이라고 밝힌 반면에, 3문단에서 신체 화생 신화는 신의 희생 덕분에 인간 세계가 만들어질 수 있었다는 점에서 인간은 신에게 철저히 종속되어 있다고 서술되어 있다. 그러므로 한국 신화에 보이는 신과 인간의 관계는 신체 화생 신화에 보이는 신과 인간의 관계와 다르다는 것을 확인할 수 있다.

16 ③

[정답해설]

ⓒ의 '거듭나다'는 '지금까지의 방식이나 태도를 버리고 새롭게 시작하다'라는 의미이고, '복귀하다'는 '본디의 자리나 상태로 되돌아가다'를 뜻하므로 서로 바꿔 쓸 수 없다.

[오답해설]

① ㉠의 '견주다'는 '둘 이상의 사물을 질이나 양 따위에서 어떤 차이가 있는지 알기 위하여 서로 대어 보다'라는 의미이므로, '둘 이상의 사물을 견주어 서로 간의 유사점, 차이점, 일반 법칙 따위를 고찰하다'는 의미인 '비교하다'와 바꿔 쓸 수 있다.

② ㉡의 '바라다'는 '생각이나 바람대로 어떤 일이나 상태가 이루어지거나 그렇게 되었으면 하고 생각하다'라는 의미이므로, '어떤 일을 이루거나 하기를 바라다'는 의미인 '희망하다'와 바꿔 쓸 수 있다.

④ ㉣의 '퍼지다'는 '어떤 물질이나 현상 따위가 넓은 범위에 미치다'라는 의미이므로, '일정한 범위에 흩어져 퍼져 있다'라는 의미인 '분포되다'와 바꿔 쓸 수 있다.

17 ①

[정답해설]

갑과 병은 마스크 착용에 대해 '윤리적 차원'에서 접근하고 있지만, 을은 두 번째 발언에서 마스크를 쓰지 않는 행위를 윤리적 차원에서만 접근하지 말고, '문화적 차원'에서도 고려할 필요가 있다며 남들과 다른 측면에서 탐색하고 있다.

[오답해설]

② 갑이 두 번째 발언에서 '개인의 자유로운 선택이 타인의 생명을 위협한다면 기본권이라 하더라도 제한하는 것이 보편적 상식 아닐까?'라고 말한 것은 앞서 말한 병의 의견을 재반박한 것이지 자신의 의견이 반박되자 질문을 던져 화제를 전환한 것은 아니다.

③ 갑은 전염병이 창궐했을 때 마스크를 착용하는 것은 당연하다며 마스크 착용을 찬성하고 있고, 을은 마스크 착용에 대한 찬성 혹은 반대 입장을 밝히지 않고 있다. 병은 개인의 자유만을 고집하면 결국 사회가 극단적 이기주의에 빠져 붕괴한다며 마스크 착용을 찬성하고 있다. 그러므로 대화가 진행되면서 논점에 대한 찬반 입장이 바뀌는 사람은 없다.

④ 을은 두 번째 발언에서 어떤 사회에서는 얼굴을 가리는 것이 범죄자의 징표로 인식되기도 한다고 사례를 제시하며, 마스크를 쓰지 않는 행위를 문화적 차원에서도 고려할 필요가 있다고 하였다. 이는 사례의 공통점을 종합한 것이 아니라 다른 사례를 제시한 것이다.

18 ④

[정답해설]

2문단에 따르면 앳킨슨은 스톤헨지를 세운 사람들을 '야만인'으로 묘사하면서 이들은 과학적 사고를 할 줄 모른다고 주장하였다. 그러므로 기원전 3,000년경 인류에게 천문학 지식이 있었다는 증거가 발견되면 앳킨슨의 이러한 주장은 약화될 것이다.

[오답해설]

① 1문단에서 천문학자 호킨스는 스톤헨지의 모양이 태양과 달의 배열을 나타낸 것이라는 의견을 제시했지만, 스톤헨지가 제사를 지내는 장소였다고 언급한 적은 없다. 그러므로 스톤헨지가 제사를 지내는 장소였다는 후대 기록이 발견되면 호킨스의 주장이 강화될 것이라는 평가는 적절하지 않다.

② 1문단에서 천문학자 호일이 스톤헨지가 일종의 연산장치라는 주장을 하였는데, 연산장치는 숫자 사용과 밀접한 관련이 있다. 그러므로 스톤헨지 건설 당시의 사람들이 숫자를 사용하였다는 증거가 발견되면 호일의 주장은 약화(→ 강화)될 것이다.

③ 3문단에서 글쓴이는 스톤헨지의 건설자들이 현대인과 같은 지능을 가졌다고 해도 수학과 천문학의 지식이 보존되고 전승될 문자 기록이 없었으므로 우리와 똑같은 과학적 사고와 기술적 지식을 가지지는 못했다고 주장하고 있다. 그러므로 스톤헨지의 유적지에서 수학과 과학에 관련된 신석기시대 기록물이 발견되면 글쓴이의 주장은 강화(→ 약화)될 것이다.

19 ②

[정답해설]

ⓒ의 '이들'은 '스톤헨지를 세운 사람들'을 가리키고, ⓔ의 '그들'은 '스톤헨지의 건설자들'을 가리킨다. 그러므로 문맥상 ⓒ과 ⓔ의 지시 대상은 동일하다.

[오답해설]

㉠의 '그들'은 1문단에서 언급한 '천문학자 호일', '엔지니어인 톰', 그리고 '천문학자인 호킨스'를 가리킨다.

ⓒ의 '이들'은 앞서 언급한 '호킨스를 옹호하는 학자들'을 가리킨다.

20 ①

[정답해설]

제시문의 내용을 논리 기호로 단순화하면 다음과 같다.

• 문학 → 자연의 아름다움
• 어떤 자연의 아름다움 ∧ 예술
(결론) 어떤 예술 ∧ 문학

삼단 논법을 통해 '예술을 좋아하는 어떤 사람은 문학을 좋아하는 사람이다.'라는 결론을 이끌어내기 위해서는 '자연의 아름다움'과 '문학'의 관련성을 언급하는 문장이 들어가야 한다. 그러므로 ①의 '자연의 아름다움을 좋아하는 사람은 모두 문학을 좋아하는 사람이다.'가 빈칸에 들어갈 말로 가장 적절하다.

제2차 **정답 및 해설**

정답

01 ②	02 ②	03 ③	04 ④	05 ④
06 ③	07 ②	08 ③	09 ①	10 ①
11 ④	12 ①	13 ②	14 ①	15 ①
16 ②	17 ③	18 ④	19 ①	20 ①

해설

01 ②

[정답해설]

"시장은 시민의 안전에 관하여 건설업계 관계자들과 논의하였다."라는 문장은 여러 뜻으로 해석될 수 있는 중의적 문장이 아니므로, 중의적 표현을 삼가기 위해 별도로 수정할 필요는 없다.

[오답해설]

① '국회의원'과 '선출되었다'는 피동의 관계에 있는 주어와 서술어가 되어야 하므로, 목적어인 '○○○ 명을'을 주어인 '○○○ 명이'로 수정한 것은 적절하다.

③ '5킬로그램 정도'가 '금'을 수식하는 지, '보관함'을 수식하는 지 분명하지 않으므로, '금 5킬로그램 정도'라고 수식어와 피수식어의 관계를 분명하게 밝혀 수정한 것은 적절하다.

④ "음식물의 신선도 유지와 부패를 방지해야 한다."는 '음식물의 신선도 유지를 방지해야 한다.'는 잘못된 의미가 포함될 수 있으므로, 대등한 관계를 사용하여 "음식물의 신선도를 유지하고, 부패를 방지해야 한다."로 수정한 것은 적절하다.

02 ②

[정답해설]

질병의 전염성에 주목하여 붙여진 이름은 '염병(染病)'과 '윤행괴질(輪行怪疾)'이며, '역병(疫病)'은 사람이 고된 일을 치르듯[役] 병에 걸려 매우 고통스러운 상태를 말한다.

[오답해설]

① '온역(溫疫)'에 들어 있는 '온(溫)'은 이 병을 일으키는 계절적 원인을 가리킨다고 하였으므로, '온역'은 질병의 원인

에 주목하여 붙여진 이름이라고 할 수 있다.

③ '당독역(唐毒疫)'은 오랑캐처럼 사납고[唐], 독을 먹은 듯 고통스럽다[毒]는 의미가 들어가 있다고 하였으므로, 질병의 고통스러운 정도에 주목하여 붙여진 이름이라고 할 수 있다.

④ '마진(痲疹)'은 피부에 발진이 생기고 그 모양이 삼씨 모양인 것을 강조한 말이므로, 질병으로 인해 몸에 나타난 증상에 주목하여 붙여진 이름이라고 할 수 있다.

03 ③

[정답해설]

제시문에 따르면 플라톤의 『국가』에서 사람들이 살아가면서 가장 중요하게 생각하는 두 가지 요소는 '재물'과 '성적 욕망'이며, 삶을 살아가면서 돈에 대한 욕망이나 성적 욕망만이라도 잘 다스릴 수 있다면 낭패를 당하거나 망신을 당할 일이 거의 없을 것이라고 서술하고 있다. 그러므로 '성공적인 삶을 살려면 재물욕과 성욕을 잘 다스려야 한다.'는 ③의 설명이 제시문의 중심 내용으로 가장 적절하다.

04 ④

[정답해설]

랑그는 특정한 언어공동체가 공유하고 있는 기호체계를 가리키므로, 자기 모국어에 대해 사람들이 내재적으로 가지고 있는 지식인 언어능력과 비슷한 개념이다. 반면, 파롤은 의사소통을 위한 개인적인 행위를 의미하므로, 사람들이 실제로 발화하는 행위인 언어수행과 비슷한 개념이다. 그러므로 ⓔ은 '랑그가 언어능력에 대응한다면, 파롤은 언어수행에 대응'이라고 수정해야 옳다.

[오답해설]

① 랑그는 특정한 언어공동체가 공유하고 있는 기호체계를 가리키므로 고정되어 있는 악보에 비유할 수 있고, 파롤은 의사소통을 위한 개인적인 행위를 의미하므로 악보를 연주하는 사람에 따라 달라지는 실제 연주에 비유할 수 있다. 그러므로 ⓐ은 어색한 곳이 없다.

② 랑그가 고정된 악보와 같기 때문에 여러 상황에도 불구하고 변하지 않고 기본을 이루는 언어의 본질적 모습에 해당한다. 그러므로 ⓑ은 어색한 곳이 없다.

③ '책상'이라는 단어를 발음할 때 사람마다 발음되는 소리가

다르기 때문에 '책상'에 대한 발음이 제각각일 수밖에 없다면 실제로 발음되는 제각각의 소리값은 파롤에 해당한다. 그러므로 ⓒ은 어색한 곳이 없다.

05 ④

[정답해설]

제시문에 따르면 판타지에서는 이미 알고 있는 것보다 새로운 것이 더 중요한 의미를 가지며, SF에서는 어떤 새로운 것이 등장했을 때 그 낯섦을 인정하면서도 동시에 그것을 자신이 이미 알고 있던 인식의 틀로 끌어들여 재조정하는 과정이 요구된다고 하였다. 그러므로 '판타지는 알고 있는 것보다 새로운 것이 더 중요하고, SF는 알고 있는 것과 새로운 것 사이의 재조정이 필요한 장르이다'라는 ④의 설명이 핵심 논지로 가장 적절하다.

06 ③

[정답해설]

제시문에 따르면 로빈후드 이야기에서 셔우드 숲을 한 바퀴 돌고 로빈후드를 만났다고 하는 국왕 에드워드는 1세에서 3세까지의 에드워드 국왕 중 이 지역의 순행 기록이 있는 사람이 에드워드 2세뿐이므로 1307년에 즉위하여 20년간 재위한 2세일 가능성이 있다고 하였다. 그러므로 로빈후드 이야기의 시대 배경은 에드워드 2세의 재위 기간인 1307~1327년에 해당하는 <u>14세기 전반</u>으로 추정할 수 있다.

[오답해설]

① '왕의 영지에 있는 사슴에 대한 밀렵을 금지하는 법은 11세기 후반 잉글랜드를 정복한 윌리엄 왕이 제정한 것이므로 아마도 로빈후드 이야기가 그 이전 시기로까지 거슬러 올라가지는 않을 것이다.'라는 제시문의 내용을 고려할 때, 로빈후드 이야기의 시대 배경이 11세기 후반은 아니다.

② 제시문에서 로빈후드는 14세기 후반인 1377년경에 인기를 끈 작품 〈농부 피어즈〉에 최초로 등장하며, 로빈후드를 만났다고 하는 국왕 에드워드는 1307년에 즉위하여 20년간 재위한 2세일 가능성이 있다고 하였다. 여기서 1307년은 14세기이므로, 로빈후드 이야기의 시대 배경이 14세기 이전은 아니다.

④ 제시문에서 로빈후드를 만났다고 하는 국왕 에드워드는 1307년에 즉위하여 20년간 재위한 2세일 가능성이 있다고 하였다. 따라서 에드워드 2세의 마지막 재위 연도가 14세기 전반인 1327년으로 추정되므로 로빈후드 이야기의 시대 배경이 14세기 후반은 아니다.

07 ②

[정답해설]

(나)의 마지막 문장에서 임진왜란으로 인하여 교류가 단절되었다고 하였고, (가)에서 조선과 일본의 단절된 관계는 1609년 기유조약이 체결되면서 회복되었다고 하였으므로 (나) 다음에 (가)가 온다. 또한 (가)의 마지막 문장에서 조선은 대마도에 시혜를 베풀어줌으로써 일본과의 교린 체계를 유지해 나가려고 했고, (다)에서 이러한 외교관계에 매 교역이 자리하고 있었다고 서술되어 있으므로 (가) 다음에 (다)가 온다. 그러므로 이를 종합해 볼 때, 맥락에 맞는 글의 순서는 (나)−(가)−(다)이다.

08 ③

[정답해설]

제시문에서 '0' 개념이 들어오기 전 시간의 길이는 '1'부터 셈했고, 시간의 시작점 역시 '1'로 셈했으며 이와 같은 셈법의 흔적을 현대 언어에서도 찾을 수 있다고 하였다. 그러면서 '2주'를 의미하는 용도로 사용되는 현대 프랑스어 'quinze jours'가 그 어원이 '15일'을 가리키는 이유를 예로 들어 설명하고 있다. 그러므로 '프랑스어 'quinze jours'에는 '0' 개념이 들어오기 전 셈법의 흔적이 남아 있다.'는 ③의 설명은 적절하다.

[오답해설]

① 제시문에 '0' 개념은 13세기가 되어서야 유럽으로 들어왔고, '0' 개념이 들어오기 전 시간의 길이는 '1'부터 셈했다고 서술되어 있다. 그러므로 '0' 개념이 13세기에 유럽에서 발명된 것은 아니다.

② 『성경』에서 예수의 부활 시점을 3일이라고 한 것은 그의 신성성을 부각하기 위한 것이 아니라, 『성경』이 기록될 당시에 '0' 개념이 없었기 때문에 그 시작점을 '1'로 셈했던 것이다. 그러므로 『성경』에서 예수의 신성성을 부각하기 위해 그의 부활 시점을 활용한 것은 아니다.

④ 제시문에 오늘날 그리스 사람들이 올림픽이 열리는 주기에 해당하는 4년을 '5년'이라는 어원을 지닌 'pentaeteris'라고 부르는 까닭은 시간적으로는 동일한 기간이지만 시간을 셈하는 방식에 따라 마지막 해가 달라졌기 때문이라고 서술하고 있다. 즉, '0' 개념이 없었기 때문에 올림픽이 개최된 해를 '1년'부터 시작하면 다음 올림픽이 개최되는 해는 4년 후인 '5년'이 된다. 그러므로 'pentaeteris'라는 말이 생겨났을 때에 비해 오늘날의 올림픽이 열리는 주기가 짧아진 것은 아니다.

09 ①

[정답해설]

제시문에 인간의 인두는 여섯 번째 목뼈에까지 이르는 반면에, 대부분의 포유류에서는 인두의 길이가 세 번째 목뼈를 넘지 않으며, 개의 경우는 두 번째 목뼈를 넘지 않는다고 서술되어 있다. 그러므로 '개의 인두 길이는 인간의 인두 길이보다 짧다.'는 ①의 설명은 제시문의 내용과 일치한다.

[오답해설]

② 제시문에 침팬지는 인간과 게놈의 98%를 공유하고 있지만, 발성 기관에 차이가 있으며, 인간의 인두는 여섯 번째 목뼈에까지 이르는 반면에, 대부분의 포유류는 인두의 길이가 세 번째 목뼈를 넘지 않는다고 서술되어 있다. 그러므로 침팬지의 인두가 인간의 인두와 98% 유사한 것은 아니다.

③ 제시문에서 녹색원숭이는 포식자의 접근을 알리기 위해 소리를 지르며, 침팬지는 고통, 괴로움, 기쁨 등의 감정을 표현할 때 각각 다른 소리를 낸다고 서술되어 있다. 이는 자신의 종에 속하는 개체들과 의사소통을 하는 사례를 든 것이므로, 서로 다른 종인 녹색원숭이와 침팬지가 의사소통을 할 수 있는지의 여부는 알 수 없다.

④ 제시문에 따르면 초당 십여 개의 소리를 만들어 낼 수 있는 것은 침팬지가 아니라 인간이다.

10 ①

[정답해설]

(가)의 '소리'는 인간의 발성 기관을 통해 낼 수 있는 소리이며, ㉠의 '소리'는 고통, 괴로움, 기쁨 등의 감정을 표현할 때 내는 침팬지의 소리이므로 그 의미가 다르다.

[오답해설]

㉡ · ㉢ · ㉣은 (가)의 '소리'와 마찬가지로 인간의 발성 기관을 통해 낼 수 있는 소리를 의미한다.

11 ④

[정답해설]

본문에 따르면 방각본 출판업자들은 작품의 규모가 커서 분량이 많은 경우에는 생산 비용이 올라가 책값이 비싸지기 때문에 자연스럽게 분량이 적은 작품을 선호하였고, 세책업자들은 한 작품의 분량이 많아서 여러 책으로 나뉘어 있으면 그만큼 세책료를 더 받을 수 있기 때문에 스토리를 재미나게 부연하여 책의 권수를 늘렸다고 설명하고 있다. 그러므로 '한 편의 작품이 여러 권의 책으로 나뉘어 있는 대규모 작품들은 방각본 출판업자들보다 세책업자들이 선호하였다.'는 ④의 설명은 적절하다.

[오답해설]

① 제시문에 세책업자들은 한 작품의 분량이 많아서 여러 책으로 나뉘어 있으면 그만큼 세책료를 더 받을 수 있다고 서술되어 있다. 그러므로 분량이 많은 작품이 책값이 비쌌기 때문에 세책가에서 취급하지 않은 것은 아니다.

② 제시문에 방각본 출판업자들은 작품의 규모가 커서 분량이 많은 경우에는 생산 비용이 올라가 책값이 비싸지기 때문에 자연스럽게 분량이 적은 작품을 선호하였다고 서술되어 있다. 그러므로 구비할 책을 선정할 때 분량이 적은 작품을 우선시 한 것은 세책업자가 아니라 방각본 출판업자들이다.

③ 제시문의 마지막 문장에 세책업자들은 많은 종류의 작품을 모으는 데에 주력했고, 이 과정에서 원본의 확장 및 개작이 적잖이 이루어졌다고 서술되어 있다. 그러므로 원본의 내용을 부연하여 개작한 것은 방각본 출판업자들이 아니라 세책업자들이다.

12 ①

[정답해설]

㉠의 '올라가'는 값이나 통계 수치, 온도, 물가가 높아지거나 커지다의 의미로 사용되었다. 마찬가지로 ①의 '올라가는'도 습도가 상승하다는 의미로 사용되었으므로 ㉠과 같은 의미이다.

[오답해설]

② '내가 키우던 반려견이 하늘나라로 올라갔다.'에서 '올라갔다'는 ('하늘', '하늘나라' 따위와 함께 쓰여) '죽다'를 비유적으로 이르는 말이다.

③ '그녀는 승진해서 본사로 올라가게 되었다.'에서 '올라가게'는 지방 부서에서 중앙 부서로, 또는 하급 기관에서 상급 기관으로 자리를 옮기다의 의미이다.

④ '그는 시험을 보러 서울로 올라갔다.'에서 '올라갔다'는 지방에서 중앙으로 가다. 즉 '상경하다'의 의미이다.

TIP 올라가다(동사)

Ⅰ. 「…에, …으로」

1. 낮은 곳에서 높은 곳으로 또는 아래에서 위로 가다.
   예 나무에 올라가다.
2. 지방에서 중앙으로 가다.
   예 서울에 올라가는 대로 편지를 올리겠습니다.
3. 지방 부서에서 중앙 부서로, 또는 하급 기관에서 상급 기관으로 자리를 옮기다.
   예 이번에 발령받아 대검찰청에 올라가면 나 좀 봐주세요.
4. 남쪽에서 북쪽으로 가다.
   예 우리나라에 있던 태풍이 북상하여 만주에 올라가 있다.
5. 물에서 뭍으로 옮겨 가다.
   예 물고기들이 파도에 밀려 뭍에 올라가 있었다.

6. ('하늘', '하늘나라' 따위와 함께 쓰여) '죽다'를 비유적으로 이르는 말.
   예 가여운 성냥팔이 소녀는 하늘나라에 올라가서 어머니를 만났겠지.
7. 하급 기관의 서류 따위가 상급 기관에 제출되다.
   예 나라에 상소가 올라가다.

Ⅱ. 「…으로」
1. 기준이 되는 장소에서 다소 높아 보이는 방향으로 계속 멀어져 가다.
   예 큰길로 조금만 올라가면 우체국이 있다.
2. 어떤 부류나 계통 따위의 흐름을 거슬러 근원지로 향하여 가다.
   예 윗대 조상으로 올라가면 그 집안도 꽤 전통이 있는 집안이다.
3. 등급이나 직급 따위의 단계가 높아지다.
   예 바둑 급수가 7급에서 6급으로 올라갔다.
4. 자질이나 수준 따위가 높아지다.
   예 수준이 올라가다.
5. 값이나 통계 수치, 온도, 물가가 높아지거나 커지다.
   예 집값이 자꾸 올라가서 큰 걱정이다.
6. 물의 흐름을 거슬러 위쪽으로 향하여 가다.
   예 그들은 강을 따라 올라가기 시작하였다.
7. 기세나 기운, 열정 따위가 점차 고조되다.
   예 장군의 늠름한 모습에 병사들의 사기가 하늘을 찌를 듯이 올라갔다.
8. 밑천이나 재산이 모두 없어지다.

Ⅲ. 「…을」
높은 곳을 향하여 가다.
예 산을 올라가다.

13   ②
   [정답해설]
   ㄴ. 을의 주장과 병의 주장은 대립하지 않는다. → (○)
   을은 오늘날 사회는 계급 불평등이 더욱 고착화되었다고 주장하고, 병도 또한 현대사회에서 계급 체계는 여전히 경제적 불평등의 핵심으로 남아 있다고 주장한다. 그러므로 을의 주장과 병의 주장은 일치하며 대립하지 않는다.

   [오답해설]
   ㄱ. 갑의 주장과 을의 주장은 대립하지 않는다. → (×)
   갑은 오늘날의 사회에서 전통적인 계급은 사라졌다고 주장하는 반면, 을은 오늘날의 사회가 계급 불평등이 더욱 고착되었다고 주장한다. 그러므로 갑과 을의 주장은 서로 대립한다.
   ㄷ. 병의 주장과 갑의 주장은 대립하지 않는다. → (×)
   갑은 오늘날의 사회에서 전통적인 계급은 사라졌다고 주장하는 반면, 병은 현대사회에서 계급 체계는 여전히 경제적 불평등의 핵심으로 남아 있다고 주장한다. 그러므로 갑과 병의 주

장은 서로 대립한다.

14   ①
   [정답해설]

   (가) 축구를 잘하는 사람은 모두 머리가 좋다. → 전칭 명제
   (나) 축구를 잘하는 어떤 사람은 키가 작다. → 특칭 명제

   | (가) 축구 → 머리 |

   | (나) 축구 ∧ 키 작음 |

   (결론) 머리 ∧ 키 작음 ≡ 키 작음 ∧ 머리

   위의 논리 조건을 종합해 보면 축구를 잘하는 사람은 모두 머리가 좋고, 축구를 잘하는 어떤 사람은 키가 작으므로, 머리가 좋은 어떤 사람은 키가 작다. 따라서 키가 작은 어떤 사람은 머리가 좋다.

   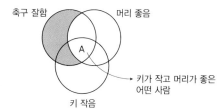

15   ①
   [정답해설]

   ㉠ 마케팅 프로젝트 성공 → (유행지각 ∧ 깊은 사고 ∧ 협업)

   ㉡ (유행지각 ∧ 깊은 사고 ∧ 협업) → 마케팅 프로젝트 성공

   ①의 내용을 논리 기호로 나타내면, '마케팅 프로젝트 성공 → (유행지각 ∧ 깊은 사고 ∧ 협업)'이므로 ㉠의 논리 기호와 같다. 그러므로 '지금까지 성공한 프로젝트가 유행지각, 깊은 사고 그리고 협업 모두에서 목표를 달성했다면, ㉠은 강화된다'는 ①의 설명은 적절하다.

   [오답해설]
   ② 논리 기호로 나타내면, '(~유행지각 ∨ ~깊은 사고 ∨ ~협업) → ~마케팅 프로젝트 성공'이므로 ㉠의 대우와 같다. 그러므로 성공하지 못한 프로젝트 중 유행지각, 깊은 사고 그리고 협업 중 하나 이상에서 목표를 달성하는 데 실패한 사례가 있다면, ㉠은 약화(→ 강화)된다.
   ③ 논리 기호로 나타내면, '(~유행지각 ∨ ~깊은 사고 ∨ ~협업) → 마케팅 프로젝트 성공'이므로 ㉡의 이에 해당한다. 그런데 어떤 명제가 참이라고 해서 그 명제의 이가 항상 참인 것은 아니므로 유행지각, 깊은 사고 그리고 협업 중 하나 이상에서 목표를 달성하는 데 실패했지만 성공한 프로젝트가 있다면, ㉡이 강화되는 것은 아니다.

④ 논리 기호로 나타내면, '(유행지각 ∧ 깊은 사고 ∧ 협업)
→ ~마케팅 프로젝트 성공'이므로 유행지각, 깊은 사고
그리고 협업 모두에서 목표를 달성했지만 성공하지 못한
프로젝트가 있다면, ⓒ은 약화(→ 강화)된다.

16 ②

[정답해설]
ㄱ. 우기에 비가 넘치는 산간 지역에서 고상식 주거 건축물
유적만 발견된 것은 지면에서 오는 각종 침해에 대비해
바닥을 높이 들어 올린 고상식 건축의 특징이므로, 기후
에 따라 다른 자연환경에 적응해 발생했다는 ㉠의 주장을
강화한다.
ㄷ. 여름에는 고상식 건축물에서, 겨울에는 움집형 건축물에
서 생활한 집단의 유적이 발견된 것은 계절에 따라 건축
물의 양식을 달리한 것이므로, 기후에 따라 다른 자연환
경에 적응해 발생했다는 ㉠의 주장을 강화한다.

[오답해설]
ㄴ. 움집형 집과 고상식 집이 공존해 있는 주거 양식을 보여
주는 집단의 유적지가 발견된 것은 기후에 따라 다른 자
연환경에 적응해 발생한 주거 양식이 아니므로, ㉠의 주
장을 약화시킨다.

17 ③

[정답해설]
제시문의 마지막 문장에서 한문문학 중 '국문학적 가치'가 있
는 것을 준국문학에 귀속시켰다고 하였고, 준국문학은 '넓은
의미의 국문학'에 해당하므로 '종래의 국문학의 정의를 기본
전제로 하되, 일부 한문문학을 국문학으로 인정'하자는 (나)
의 주장은 강화된다.

[오답해설]
① 국문학의 범위를 획정하는 데 있어 해외에서의 문학적 가
치의 인정은 중요 요인이 아니므로, 국문학에서 한문으로
쓰인 문학을 배제하자는 (가)의 주장에 영향을 미치지 않
는다.
② 글의 서두에서 한 나라의 문학, 즉 '국문학'은 "그 나라의
말과 글로 된 문학"을 지칭한다고 하였으므로, 국문학의 정
의를 '그 나라 사람들의 사상과 정서를 그 나라 말과 글로
표현한 문학'으로 수정하면 (가)의 주장은 약화(→ 강화)
된다.
④ 글의 말미에서 훈민정음 창제 이후에도 한문문학 중 '국문
학적 가치'가 있는 것을 준국문학에 귀속시켰다고 하였으
므로, 훈민정음 창제 이후에도 차자표기(한자의 음과 훈을
빌려 우리말을 기록하던 표기법)로 된 문학작품이 다수

발견된다면 (나)의 주장은 약화(→ 강화)된다.

18 ④

[정답해설]
ⓒ의 '전자'는 '순(純)국문학'을 가리키고, ⑩의 '전자'도 '순
(純)국문학'을 가리키므로 지시하는 바가 동일하다.

[오답해설]
① ㉠의 '전자'는 '한문으로 쓰여진 문학', 즉 한문학을 가리키
고, ⓒ의 '전자'는 '순(純)국문학', 즉 국문학을 가리키므로
지시하는 바가 다르다.
② ⓒ의 '후자'는 국문학을 가리키고, ⓔ의 '후자'는 '준(準)국
문학', 즉 한문학을 가리키므로 지시하는 바가 다르다.
③ ⓒ의 '후자'는 국문학을 가리키고, ⑪의 '후자'는 '준(準)국
문학', 즉 한문학을 가리키므로 지시하는 바가 다르다.

19 ④

[정답해설]
• 갑과 을 중 적어도 한 명은 〈글쓰기〉를 신청한다.

갑 · 글쓰기 ∨ 을 · 글쓰기

• 을이 〈글쓰기〉를 신청하면 병은 〈말하기〉와 〈듣기〉를 신
청한다.

을 · 글쓰기 → (병 · 말하기 ∧ 병 · 듣기)
대우: ~(병 · 말하기 ∧ 병 · 듣기) → ~을 · 글쓰기

• 병이 〈말하기〉와 〈듣기〉를 신청하면 정은 〈읽기〉를 신청
한다.

(병 · 말하기 ∧ 병 · 듣기) → 정 · 읽기
대우: ~정 · 읽기 → ~(병 · 말하기 ∧ 병 · 듣기)

• 정은 〈읽기〉를 신청하지 않는다.

~정 · 읽기

위의 논리 조건을 밑에서 위로 따라가 보면, 정이 〈읽기〉를
신청하지 않으면 병은 〈말하기〉와 〈듣기〉를 신청하지 않고,
병이 〈말하기〉와 〈듣기〉를 신청하지 않으면 을이 〈글쓰기〉
를 신청하지 않는다. 따라서 을이 〈글쓰기〉를 신청하지 않는
것이 판명되었고, 처음 조건에서 갑과 을 중 적어도 한 명은
〈글쓰기〉를 신청한다고 하였으므로, 갑이 〈글쓰기〉를 신청한
다는 사실을 알 수 있다.

20 ①

[정답해설]
글의 서두에 언어의 형식적 요소에는 '음운', '형태', '통사'가
있으며, 언어의 내용적 요소에는 '의미'가 있다고 하였다. 그
리므로 '언어는 형식적 요소가 내용적 요소보다 다양하다.'는

①의 설명은 적절하다.

[오답해설]

② 2문단에서 언어학은 크게 말소리 탐구, 문법 탐구, 의미 탐구로 나눌 수 있는데, 이때 각각에 해당하는 음운론, 문법론, 의미론은 서로 관련된다고 하였다. 그러므로 언어의 형태 탐구는 의미 탐구와 관련되지 않는다는 설명은 적절하지 못하다.

③ 2문단에서 의사소통의 과정상 발신자의 측면에서는 의미론에, 수신자의 측면에서는 음운론에 초점이 놓인다고 하였으나, 의사소통의 첫 단계가 언어의 형식을 소리로 전환하는 것인지는 제시문을 통해 확인할 수 없다.

④ 2문단에서 화자의 측면에서 언어를 발신하는 경우에는 의미론에서 문법론을 거쳐 음운론의 방향으로, 청자의 측면에서 언어를 수신하는 경우에는 반대의 방향으로 작용한다고 하였다. 여기서 문법론은 형태론 및 통사론을 포괄하므로, 언어를 발신하고 수신하는 과정에서 통사론이 활용되지 않는 것은 아니다.

9급공무원

국어

나두공

나두공

01장 현대 문학

01절 문학 일반론

1. 문학의 특성

(1) 문학의 본질과 기원

① 문학의 본질

㉠ 언어 예술 : 언어를 표현 매체로 하는 예술로서, 구비 문학과 기록 문학이 모두 문학에 포함됨

㉡ 개인 체험의 표현 : 개인의 특수한 체험이면서, 인류의 보편적 삶과 합일하는 체험

㉢ 사상과 정서의 표현 : 미적으로 정화되고 정서화된 사상의 표현

㉣ 개연성(蓋然性) 있는 허구의 세계 : 문학에서의 세계는 허구의 세계이나, 이는 실제 생활과 완전히 유리된 것이 아니라 작가의 상상을 통해 실제 생활에서 유추된 세계임

㉤ 통합된 구조 : 문학 속에는 대상에 의한 구체적 미적 표현인 '형상'과 경험을 의식 세계로 섭취하려는 정신 작용인 '인식'이 결합되어 작품을 이룸

② 문학의 기원

㉠ 심리학적 기원설

• 모방 본능설 : 인간의 모방 본능으로 문학이 생겼다는 설(아리스토텔레스, 플라톤)

• 유희 본능설 : 인간의 유희 충동에서 문학이 발생했다는 설(칸트, 스펜서, 실러)

• 흡인 본능설 : 남의 관심을 끌고 싶어 하는 흡인 본능 때문에 문학이 발생했다는 설(다윈 등 진화론자)

• 자기표현 본능설 : 자기의 사상과 감정을 드러내고 싶어 하는 본능에서 문학이 발생했다는 설(허드슨)

㉡ 발생학적 기원설 : 일상생활에서의 필요성 때문에 문학이 발생했다는 설(그로세)

㉢ 발라드 댄스(ballad dance)설 : 원시 종합 예술에서 음악, 무용, 문학이 분화 및 발생하였다는 설(몰톤)

(2) 문학의 요소와 미적 범주

① 문학의 요소

㉠ 미적 정서 : 어떤 대상을 접했을 때, 마음속에서 일어나는 본능적인 감정을 절제하고 걸러 냄으로써 생겨나는 정서로, 보편성 또는 항구성을 획득하게 하는 요소 → 희로애락(喜怒哀樂)과 같은 인간의 감정을 말함

문학의 정의와 조건

• 문학의 정의 : 문학이란 인간의 가치 있는 체험을 말과 글로 표현한 예술

• 문학의 조건
  – 내용 조건 : 가치 있는 경험(체험)
  – 형식 조건 : 형상화(形象化)된 언어

문학과 예술의 차이
문학이 다른 예술과 구분되는 것은 언어를 통해 표현되는 점에 있음

문학의 구조

• 유기적 구조 : 문학의 모든 요소들이 긴밀히 연결되어 있음

• 동적 구조 : 시간의 경과를 통해 우리의 의식 속에서 파악되는 동적인 구조

ⓛ 상상 : 문학을 창조하는 힘의 원천으로 이미지를 형성하고 문학의 독창성을 가능하게 하는 요소

ⓒ 사상 : 작품의 주제가 되는 작가의 인생관이나 세계관의 반영으로 작품 속에 숨겨진 의미

ⓔ 형식 : 작품의 구조와 문체로써 문학 내용을 구체적으로 형상화하는 요소

② 문학의 미적 범주

㉠ 숭고미(崇高美) : 경건하고 엄숙한 분위기를 통해 고고한 정신적 경지를 체험할 수 있게 하는 미의식

ⓛ 우아미(優雅美) : 아름다운 형상이나 수려한 자태를 통해 고전적인 기품과 멋을 나타내는 미의식

ⓒ 비장미(悲壯美) : 슬픔이 극에 달하거나 한(恨)의 정서를 드러냄으로써 형상화되는 미의식

ⓔ 골계미(滑稽美) : 풍자나 해학 등의 수법으로 익살스럽게 표현하면서 어떤 교훈을 주는 경우 나타나는 미의식

2. 문학의 갈래와 작품 비평

(1) 문학의 갈래

① 서정 문학 : 인간의 정서 및 감정을 화자의 입을 통해서 독자에게 직접적으로 전달하는 양식으로, 강한 주관성과 서정적인 내용, 운율 있는 언어로 구성

② 서사문학

㉠ 문자 언어로 기록되어 다양한 삶의 양상을 형상화하는 양식

ⓛ 이야기를 전달하는 서술자가 존재하며 주로 과거시제로 진행

ⓒ 연속적인 사건을 줄거리로 이야기하는 것

③ 극 문학

㉠ 등장인물이 직접 등장하여 말과 행동으로 사건을 보여주는 양식

ⓛ 서술자가 개입하지 않으며 갈등을 중심으로 이야기가 전개

④ 교술 문학

㉠ 자아가 세계화되어 정서를 변함없이 전달하는 문학 양식

ⓛ 현실속의 경험, 생각 등을 전달하므로 교훈성과 설득성이 강함

(2) 문학 작품의 비평 유형

① 비평의 유형(방법)

㉠ 심리주의(정신분석학적) 비평

• 프로이트의 정신분석학이나 심리학 등의 이론에 근거하여 문학 작품에 반영된 작가의 창작 심리나 등장인물의 심리, 작자의 개인적 상징, 독자가 느끼는 심리적 영향 등을 분석하여 작품을 비평하는 방법

• 작품의 내용을 인간 심성의 측면에서 고찰하거나 무의식의 흐름을 심리학적으로 분석하는 등의 방법을 사용하기도 함

문학의 종류
• 운문 문학 : 언어의 운율을 중시하는 문학 → 시
• 산문 문학 : 언어의 전달 기능을 중시하는 문학 → 소설, 희곡, 수필
• 구비 문학 : 입에서 입으로 전해진 문학으로 민족의 보편적 성격 반영
• 기록 문학 : 문자로 기록되어 본격적인 개인의 창의가 반영되는 문학

작품 비평의 정의와 양상
• 비평의 정의 : 문학 작품을 해석하고 분류하며 평가하는 일체의 활동
• 비평의 기본 양상
 – 원론 비평 : 문학의 원론과 장르에 대한 이론 비평
 – 실천(실제) 비평 : 원론 비평의 이론을 적용하여 실제의 작가와 작품을 연구, 분석하는 응용 비평
 – 제작 비평 : 실제 작품의 제작 기술에 관한 논의
 – 비평의 비평 : 원론 비평의 이론을 재검토하고 실천 비평의 타당성을 검토하여 대안을 제시하는 비평 자체에 대한 평가

기타 비평의 유형
- **역사주의 비평**
  - 작품 발생의 배경이 되는 역사적 상황이나 사실을 중시하는 비평
  - 작품의 배경에 해당하는 시대적 조건과 역사적 상황을 떠나서는 문학을 이해할 수 없다는 것을 전제로 하여 문학의 가치를 평가하는 것으로, 작가가 살았던 역사적 배경과 사회 환경, 작가의 생애, 창작 의도나 동기 등과 같은 외적 조건을 중심으로 작품을 분석 및 평가함
- **사회학적 비평**
  - 문학을 사회적 소산으로 보고 문학이 사회, 문화적 요인과 맺는 양상이나 상관관계를 규명함으로써 작품을 이해하는 비평
  - 내용과 현실의 사회적 반영 문제, 문학제도의 연구, 문학의 생산과 소비, 유통의 연구 등을 다룸
- **신화(원형) 비평**
  - 모든 문학 장르와 작품 속에서 신화의 원형을 찾아내어 그것이 어떻게 재현되고 재창조되어 있는가를 분석하는 방법
  - 신화 속에 존재하는 원형은 시대를 넘어 존재하는 것으로 보므로 문학 작품에 드러난 신화소를 분석하고 신화의 원형을 파악하여 문학을 이해하고자 함

ⓒ **구조주의 비평**
- 문학 작품은 고도의 형상적 언어로 조직된 자율적인 체계라고 보고, 작품의 모든 요소를 통합하고 있는 구조 자체를 파악함으로써 작품을 이해하는 방법
- 작품을 이해하는데 필요한 자료는 작품 밖에 없으며 작품 속에 모든 것이 갖추어져 있다고 생각하며, 작품을 이루는 음성적, 의미적 요소, 서사적 상황 및 구조에 대한 분석에 관심을 가짐(이러한 측면에서 형식주의 비평과 유사)

② **외재적 비평과 내재적 비평**

ⓐ **외재적 비평** : 작가에 대한 연구, 작품의 시대 상황 등 작품 외부적 사실로부터 작품을 이해하는 방법
- **표현론(생산론)적 관점** : 작품을 작가의 체험, 사상, 감정 등을 표현한 것으로 보는 관점. 작품을 창작한 작가의 의도, 작가의 전기, 작가의 심리 상태 등에 관한 연구
- **반영론(모방론)적 관점** : 작품은 현실 세계의 반영이라는 관점. 작품이 대상으로 삼은 현실 세계에 대한 연구, 작품에 반영된 세계와 대상 세계를 비교·검토, 작품이 대상 세계의 진실한 모습과 전형적 모습을 반영했는가를 검토
- **효용론(수용론)적 관점** : 작품이 독자에게 어떤 효과를 어느 정도 주었는가에 따라 작품의 가치를 평가하려는 관점. 독자의 감동이 무엇이며, 그것이 구체적으로 작품의 어떤 면에서 유발되었는가를 검토

ⓑ **내재적 비평** : 작품 자체를 완결된 세계로 보고, 작품 연구에만 주력하는 방법
- **존재론(내재론, 구조론, 객관론, 절대주의)적 관점** : 작품을 이해하는 데 필요한 자료는 작품밖에 없으며, 작품 속에 모든 것이 갖추어져 있다는 관점. 작품을 작가나 시대 환경으로부터 독립시켜 이해하며 작품의 언어를 중시하고, 부분들을 유기적으로 통합하고 있는 작품의 구조를 분석(작품의 구조나 형식, 구성, 언어, 문체, 운율, 표현기법, 미적 가치 등을 중시)

ⓒ **종합주의적 비평** : 문학 작품의 해석에 있어 하나의 관점만 적용하는 것이 아니라 다양한 방법을 통해 종합적이며 총체적으로 이해하려는 관점. 작품의 내적 형식, 다양한 외적 요인들과 연결된 의미를 규명하여 종합적으로 감상

3. 문예사조의 형성

(1) 문예사조의 발생과 특징

① 고전주의
  - ㉠ 17세기 프랑스에서 발생하여 유럽으로 전파된 사조로 고대 그리스, 로마의 고전을 모범으로 삼음
  - ㉡ 세계를 이성으로 파악하며, 합리성과 감각적 경험에 의한 사실의 실증을 중시
  - ㉢ 전통적 감정과 상상은 이성으로 통제, 완전한 형식미, 몰개성적 특성
  - ㉣ 내용과 형식의 조화와 엄격성, 규범 등을 중시

② 낭만주의
  - ㉠ 고전주의의 몰개성적 성격에 반발하여 18세기 말~19세기 초에 독일, 프랑스에서 일어나 영국으로 전파됨, 비현실적 반항정신과 이상주의적 특성
  - ㉡ 꿈이나 이상, 신비감, 이국적이며 초자연적 정서를 중시
  - ㉢ 인간의 감정적 욕구와 감상적 자유, 개성, 독창성을 강조
  - ㉣ 이성보다는 감성, 합리성보다는 비합리성, 감각성보다는 관념성을 강조

③ 사실주의
  - ㉠ 19세기 후반 낭만주의의 비현실적인 성격에 반발하여 있는 그대로를 묘사하려는 경향을 지니며 현대 소설의 주류를 형성
  - ㉡ 사회와 현실을 있는 그대로 직시하고, 과장이나 왜곡을 금함
  - ㉢ 객관적, 과학적 현실의 진지한 재현을 중시

④ 자연주의
  - ㉠ 19세기의 급진적 사실주의로 자연과학적 결정론에 바탕을 둠(환경 결정론적 사조)
  - ㉡ 에밀 졸라가 창시했으며 실험적, 분석적, 해부적 특성에 사회의 추악한 측면을 폭로

⑤ 주지주의(모더니즘)
  - ㉠ 20세기 초, 영국을 중심으로 유럽에서 발생한 사조로, 기성세대의 모든 도덕과 전통, 권위에서 벗어나 근대적 가치와 문명을 문학적 제재로 강조
  - ㉡ 산업사회에 비판적이며, 감각과 정서보다 이성과 지성(知性)을 중시
  - ㉢ 정확한 일상어 사용, 구체적인 심상 제시, 견고하고 투명한 시의 추구 등을 강조

⑥ 실존주의
  - ㉠ 제2차 세계대전 이후 프랑스를 중심으로 발생한 현실 참여적 문학 운동(현실 참여적 성격이 강함)
  - ㉡ 삶의 부조리나 불안, 고독 등 참된 의미의 실존적 자각과 형이상학적 문제들을 다룸

근대적, 현대적 문예사조
- 근대적 문예사조 : 사실주의, 자연주의
- 현대적 문예사조 : 주지주의, 초현실주의, 실존주의

상징주의, 유미주의
- 19세기 말 프랑스에서 사실주의나 자연주의에 대한 반동으로 등장한 사조
- 상징적 방법에 의한 표현(상징을 통한 암시적 표현)을 중시
- 음악성, 암시성을 중시. 이상향에의 동경, 감각의 형상적 표현, 영혼세계의 추구 등을 강조

초현실주의
- 프로이트의 정신분석학의 영향을 받고 다다이즘을 흡수하여 형성된 사조로, 이성과 논리에 억눌려 있는 비이성과 무의식의 세계를 강조
- 자동기술법을 바탕으로 하여 무의식의 세계를 표출하였고, 잠재의식 세계의 표현에 주목

포스트 모더니즘
- 1950년대 후반부터 서구에서 모더니즘의 가치와 관념을 거부하며 등장한 전위적, 실험적인 사조로, 후기 산업사회의 전반적인 문화 논리이자 예술 운동으로 평가됨
- 전통과 권위, 예술의 목적성 등을 거부하고 실험과 혁신, 경계의 파괴 등을 강조
- 모든 근대적 경계를 넘어서며, 개성과 자율성, 다양성, 대중성을 중시
- 패러디, 패스티시(pastiche)(혼성 모방) 등의 표현 기법을 강조

(2) 국내의 문예사조

① **계몽주의** : 봉건적 인습과 종교적 독단에서 벗어나 민중을 계몽하고자 하는 목적을 지님(예 이광수 「무정」, 최남선 「해에게서 소년에게」 등)

② **유미주의** : 예술지상주의와 상통하는 사조로, 계몽주의를 반대하며 순수문학적 가치를 내걺(예 김동인 「배따라기」, 김영랑 「모란이 피기까지는」 등)

③ **낭만주의** : 꿈의 세계에 대한 동경이나 병적인 감상을 특징으로 하며, 상징적인 언어를 유미적으로 나열(예 이상화 「나의 침실로」, 홍사용 「나는 왕이로소이다」 등)

④ **사실주의** : 계몽주의에 반대하고 인간 생활을 사실적이고 객관적으로 묘사(예 김동인 「약한 자의 슬픔」, 나도향 「물레방아」, 현진건 「빈처」 등)

⑤ **자연주의** : 인간의 추악한 본능에 대해 적나라하게 묘사하고 사회의 어두운 면을 과학적인 태도와 냉혹한 수법으로 표현(예 김동인 「감자」, 염상섭 「표본실의 청개구리」 등)

⑥ **모더니즘** : 개인적 감정보다 현대 문명을 이상으로 해야 한다고 선언하면서 서구적인 기법을 도입(예 김광균 「와사등」, 김기림 「기상도」, 정지용 「고향」 등)

⑦ **초현실주의** : 의식의 흐름, 자동기술법 등의 기법을 사용하는 실험적인 사조의식의 흐름, 자동기술법 등의 기법을 사용하는 실험적인 사조(예 이상 「날개」 등)

⑧ **실존주의** : 6·25 전쟁을 계기로 도입되어, 전후의 참담한 현실에서 인간의 실존의미를 추구(예 장용학 「요한 시집」 등)

4. 다양한 언어표현기법

(1) 수사법

① **수사법의 개념** : 어떤 생각을 특별한 방식으로 전달하는 기술로 표현이나 설득에 필요한 다양한 언어표현기법

② **수사법의 분류** ★ 빈출개념
   ㉠ 비유법 : 표현하려는 대상을 다른 대상에 빗대어 표현하는 수사법

직유법	비슷한 점을 지닌 두 대상을 직접적으로 비교하여 표현하는 방법으로, 보조관념에 '같이, ~처럼, ~인 양, ~듯이' 등의 연결어가 쓰임
은유법	'A는 B이다.'와 같이 비유하는 말과 비유되는 말을 동일한 것으로 단언하듯 표현하는 법
의인법	사람 아닌 사물을 사람처럼 나타내는 표현법
활유법	생명이 없는 것을 마치 있는 것처럼 비유하는 법
의태법	사물의 모양과 태도를 그대로 시늉하여 표현하는 법
의성법	자연계의 소리, 인간 또는 동물의 소리를 그대로 본떠 감각적으로 표현하는 법
풍유법	원관념을 숨기고, 비유하는 보조관념만으로 원관념을 간접적으로 드러내는 표현 방법. 속담, 격언, 풍자 소설 등에 많이 쓰임

기타 비유법의 특징
• **의물법** : 의인법과 반대로, 사람을 사물이나 동식물에 비유하여 표현하는 방법
• **대유법** : 하나의 사물이나 관념을 나타내는 말이 경험적으로 밀접하게 연관된 사물, 관념으로 나타내도록 표현하는 수사법
  – 제유법 : 한 부분을 가지고 그 사물 전체를 나타내는 법
  – 환유법 : 사물의 특징으로 표현하려는 대상을 나타내는 법

ⓒ **강조법** : 표현하려는 내용을 뚜렷하게 나타내어 독자에게 인상을 남기는 수사법

상징법	비유이면서도 좀처럼 원관념을 찾아내기 힘든 표현. 추상적인 것을 구체적 사물로 암시하는 법
과장법	실제보다 훨씬 크거나 작게 표현하는 법
영탄법	기쁨, 슬픔, 놀라움, 무서움 따위의 감정을 표현하여 글의 효과를 높이는 법
점층법	어구(語句)의 의미를 점차로 강하게, 크게, 깊게, 높게 함으로써 그 뜻이나 가락을 절정으로 끌어올리는 방법
대조법	서로 상반되는 사물을 맞세워 그중 하나를 두드러지게 나타내는 법
열거법	비슷한 말귀나 내용적으로 관계있는 말귀를 늘어놓는 법
비교법	두 가지 이상의 사물이나 개념의 비슷한 것을 비교하는 법(예 양귀비꽃보다도)
연쇄법	앞말의 꼬리를 따서 그 다음 말의 머리에 놓아 표현하는 법
명령법	격한 감정으로 명령하는 법

ⓒ **변화법** : 표현의 단조로움을 피하기 위해 문장에 생기를 불어넣는 표현법

도치법	문법상, 논리상으로 순서를 바꿔 놓는 법
설의법	서술로 해도 무관한 것을 의문형으로 나타내는 법
돈호법	대상을 불러 독자의 주의를 환기시키는 표현법
대구법	가락이 비슷한 글귀를 짝지어 나란히 놓아 흥취를 높이려는 법
반어법	겉으로 표현되는 말과는 반대의 뜻을 나타내는 법
역설법	• 표면적으로는 이치에 어긋난 논리적 모순으로 보이지만 그 속에 보다 깊은 뜻이나 시적 진실을 담고 있는 표현법으로, 이를 통해 일상적으로 표현할 수 없는 시인의 느낌이나 감정을 참신하고 효과적으로 전달함 • 모순 형용 또는 모순 어법이라고도 함
문답법	스스로 묻고 스스로 대답하는 형식
생략법	어떤 말을 없애도 뜻의 내용이 오히려 간결해져서 함축과 여운을 지니게 하는 법

실력UP 기타 수사법

• **언어유희** : 말이나 문자, 음운, 발음의 유사성을 이용하여 해학성을 높이는 표현 방법
• **사비유(死比喩)** : 너무 자주 사용되어 개성과 참신함, 본래의 묘미가 사라진 비유
• **감정이입** : 화자의 감정을 다른 생명체나 무생물체에 이입하는 기법, 즉 다른 대상을 통해 감정을 표현하는 것

기타 강조법의 특징

• **중의법** : 하나의 단어에 두 가지 이상의 뜻을 포함시켜 표현하는 법
• **반복법** : 같거나 비슷한 말을 되풀이하여 강조하는 법
• **점강법** : 뜻을 점차로 여리게, 작게, 얕게, 낮게, 약한 것으로 끌어내려 강조하는 법
• **미화법** : 표현 대상을 아름다운 것으로 만들어 나타내거나 높여서 표현하는 방법
• **억양법** : 누르고 추켜 주거나, 추켜세운 후 눌러 버리는 등 글에 기복을 두는 법
• **현재법** : 과거나 미래형으로 쓸 말을 현재형으로 나타내는 법

기타 변화법의 특징

• **돈강법** : 감정의 절정에서 갑자기 뚝 떨어지면서 감정의 진정 효과를 주는 법
• **인용법** : 남의 말이나 글 또는 고사, 격언에서 필요한 부분을 인용하는 수사법
 – 직접 인용 : 인용한 부분을 따옴표로 분명히 나타내는 법
 – 간접 인용 : 인용한 부분을 따옴표 등이 없이 문장 속에 숨어 있게 표현하는 법
• **경구법** : 교훈이나 진리를 줄 목적으로 기발한 글귀를 써서 자극을 주는 법
• **비약법** : 일정한 방향으로 나가던 글의 내용을 갑자기 중단하거나 비약시키는 방법

기타 문체의 특성
- **개성적 문체** : 개인적이고 독자적인 성격이 드러나는 표현상에서의 특수성. 흔히 문장 양식을 가리키며 특정 작가와 그 작품 속 문장에서 나타남
- **유형적 문체** : 작품 속에서 인정되는 표현상의 공통적 특수성으로, 사회와 밀접한 관련을 맺고 있으며 표기 형식, 어휘, 어법, 수사, 문장 형식 또는 시대나 지역 사회에 따라 달라짐

시의 정의
인간의 사상과 감정을 운율 있는 언어로 압축하여 형상화한 문학

시의 3대 요소
- 음악적 요소(운율) : 반복되는 소리의 질서에 의해 창출되는 운율감
- 회화적 요소(심상) : 대상의 묘사나 비유에 의해 떠오르는 구체적인 모습
- 의미적 요소(주제) : 시에 담겨 있는 뜻에 의해 나타나는 요소

시어의 역할
- **매개체로서의 역할**
  - 시어는 시에서 추억을 떠올리게 하거나 과거를 회상하게 하는 매개체 역할을 수행함
  - 화자의 심경에 변화를 초래하는 매개체가 되기도 함
- **교훈의 대상으로서의 역할** : 바람직한 삶의 모습이나 자세를 주는 교훈의 대상이 되기도 함
- **장애물의 역할** : 화자의 소망이나 목표를 방해하는 장애물이나 난관

(2) 문체

① 문체의 의미와 구분

   ㉠ **문체의 의미** : 언어 표현의 독특한 양상으로 문장의 개인적인 성벽(性癖)이나 범주를 의미함

   ㉡ **문체의 구분**

구분		내용
문장의 호흡에 따라	간결체	문장의 길이가 짧고 수식어가 적어 글의 호흡이 빠른 문체
	만연체	문장이 길고 수식어가 많아 글의 호흡이 느린 문체
표현의 강약에 따라	강건체	글의 기세가 도도하고 거세며 탄력 있는 남성적인 문체
	우유체	글의 흐름이 우아하고 부드러워 여성적인 느낌을 주는 문체
수식의 정도에 따라	화려체	비유나 수식이 많아 찬란하고 화려한 느낌을 주는 문체
	건조체	비유나 수식이 거의 없고, 간결하며 선명한 압축, 요약된 문체

02절   문학의 갈래

1. 시

(1) 시의 특성과 시어

① 시의 특성

   ㉠ **함축성** : 절제된 언어와 압축된 형태로 사상과 감정을 표현

   ㉡ **운율성** : 운율로써 음악적 효과를 나타냄

   ㉢ **정서성** : 독자에게 특정한 정서를 환기시킴

   ㉣ **사상성** : 의미 있는 내용으로서 시인의 인생관, 세계관이 깔려 있음

   ㉤ **고백성** : 시는 내면화된 세계의 주관적, 고백적 표현

② 시어(詩語)

   ㉠ **의미** : 시어(시적 언어)는 '시에서 사용되는 언어', '시적인 방법으로 사용된 일단의 말'을 의미하며, 일상어와는 구별됨

   ㉡ **시어의 특징**

     • **함축적 의미(내포적 의미)** : 시어는 통상적인 의미를 넘어 시에서 새롭게 창조되는 의미를 지니며, 여기에는 시어가 지니는 분위기나 다의성, 비유, 상징적 의미 등이 포함됨

     • **시적 허용(시적 자유)** : 시어는 일상적인 언어 규범과 다른 방식으로 정서나 사상을 표현할 수 있으며, 비문과 사투리, 신조어 등을 사용하여 개성적인 표현이 가능함

- 다의성(모호성) : 시어는 시 속에서 여러 가지 의미를 지니게 되며, 이는 시의 폭과 깊이를 넓힘
- 주관성 : 객관적으로 통용되는 의미를 넘어 주관적 · 개인적으로 해석될 수 있는 의미를 중시함
- 사이비 진술(의사 진술) : 일상적 상식이나 과학적 사실과 다르지만 시적 진실을 통해 감동을 유발함
- 정서의 환기 : 시어는 의미를 전달하는 외에도 시적 상황을 매개로 하여 시적 정서를 환기함

(2) 시의 갈래와 운율

① 시의 갈래

㉠ 형식상 갈래
- 자유시 : 특정한 형식에 얽매이지 않고 자유롭게 지은 시
- 정형시 : 일정한 형식에 맞추어 쓴 시
- 산문시 : 행의 구분 없이 산문처럼 쓰인 시

㉡ 내용상 갈래
- 서정시 : 개인의 주관적 정서를 짧게 압축한 시
- 서사시 : 신화나 역사, 영웅들의 이야기를 길게 읊은 시

㉢ 목적, 태도, 경향상 갈래
- 순수시 : 개인의 순수한 정서를 형상화한 시
- 주지시 : 인간의 지성에 호소하는 시로, 기지, 풍자, 아이러니, 역설 등으로 표출됨

② 시의 운율(韻律)

외형률	음수율		시어의 글자 수나 행의 수가 일정한 규칙을 가지는 데에서 오는 운율 → 3 · 4(4 · 4)조, 7 · 5조
	음위율		시의 일정한 위치에 일정한 음을 규칙적으로 배치하여 만드는 운율
		두운	일정한 음이 시행의 앞부분에 있는 것
		요운	일정한 음이 시행의 가운데 있는 것
		각운	일정한 음이 시행의 끝부분에 있는 것
	음성률		음의 장단이나 고저 또는 강약 등의 주기적 반복으로 만드는 운율
	음보율		소리의 반복과 시간의 등장성에 근거한 운율 → 3음보, 4음보
내재율			의미와 융화되어 내밀하게 흐르는 정서적 · 개성적 운율

(3) 시의 표현

① 심상(이미지)의 개념과 종류

㉠ 심상의 개념 : 시를 읽을 때 마음속에 떠오르는 느낌이나 상(象), 즉 체험을 바탕으로 감각기관을 통하여 형상화된 사물의 감각적 영상

SEMI-NOTE

기타 시의 갈래
- 극시 : 극적인 내용을 시적 언어로 표현한 희곡 형식의 시
- 주정시 : 인간의 감정에 호소하는 시
- 사회시(참여시) : 사회의 현실에 참여하여 자신의 의견을 내놓는 시
- 주의시 : 지성과 감성을 동반하되 목적이나 의도를 지닌 의지적인 내용을 주로 표현한 시

운율의 개념
- 소리의 일정한 규칙적 질서
- 가락을 형성하는 운(韻)과 동일한 소리뭉치가 일정하게 반복되는 현상인 율(律)로 구분
- 일정한 규칙성으로 안정감, 미적 쾌감으로 독특한 어조를 형성

운율을 이루는 요소
- 동음 반복 : 특정한 음운을 반복하여 사용
- 음수, 음보 반복 : 일정한 음절수나 음보를 반복하여 사용(음수율, 음보율)
- 의성어, 의태어 사용 : 의성어나 의태어 등 음성 상징어를 사용하여 운율을 형성
- 통사 구조의 반복 : 같거나 비슷한 문장의 짜임을 반복적으로 사용하여 운율을 형성

심상의 기능
- 함축적 의미 전달 : 시어의 의미와 느낌을 한층 함축성 있게 나타낼 수 있음
- 시적 대상의 구체화 : 단순한 서술에 비해 대상을 구체적이고 생생하게 표현할 수 있음
- 심리 상태의 효과적 표현 : 감각을 직접적으로 뚜렷이 전달할 수 있음

ⓛ 심상의 종류 ★빈출개념
- 시각적 심상 : 색깔, 모양, 명암, 동작 등 눈의 감각을 이용한 심상
- 청각적 심상 : 음성, 음향 등 소리의 감각을 이용한 심상
- 후각적 심상 : 냄새의 감각을 이용한 심상
- 미각적 심상 : 맛의 감각을 이용한 심상
- 촉각적 심상 : 감촉의 감각을 이용한 심상
- 공감각적 심상 : 두 가지 감각이 동시에 인식되는 심상, 또는 한 감각이 다른 감각으로 전이(轉移)되어 나타나는 표현
- 복합 감각적 심상 : 서로 다른 두 가지 이상의 관련이 없는 감각을 나열한 심상

② 비유 : 말하고자 하는 사물이나 의미를 다른 사물에 빗대어 표현하는 방법으로, 두 사물의 유사점에 근거하여 원관념과 보조관념의 결합으로 이루어짐

③ 상징의 개념과 종류
ⓘ 상징의 개념 : 어떤 사물이 그 자체의 뜻을 유지하면서 더 포괄적이고 내포적인 다른 의미까지 나타내는 표현 방법
ⓛ 상징의 특성
- 상징은 그 의미를 작품 전체에 조응할 때 비로소 파악할 수 있음
- 상징은 원관념이 생략된 은유의 형태를 띠지만, 그 뜻을 완벽하게 밝히지는 않음
- 비유에서는 원관념과 보조관념이 일대일로 대응하지만, 상징에서는 일대다수로 대응

2. 시상의 전개

(1) 시상의 개념과 유형

① 시상의 개념 : 시인의 사상이나 정서를 일정한 질서로 조직하는 것
② 전개 방식
ⓘ 기승전결(起承轉結)에 따른 전개 : 기승전결의 구성 방식, 즉 '시상의 제시 → 시상의 반복 및 심화 → 시상의 전환 → 중심 생각 · 정서의 제시'의 전개를 통해 완결성을 추구하는 방식
ⓛ 수미상관(首尾相關)에 따른 전개 : 시작과 끝을 같거나 비슷한 시구로 구성하는 전개 방식으로, 시의 균형감과 안정감을 획득할 수 있는 장점을 지님
ⓒ 선경후정(先景後情)에 따른 전개 : 앞에서는 풍경을 묘사하고, 뒤에서는 시적 화자의 정서를 표출하는 방식
ⓔ 점층적 기법에 따른 전개 : 의미나 단어 형태, 진행 과정 등을 점층적으로 변화시키며 시상을 전개하는 방식
ⓜ 연상 작용에 따른 전개 : 하나의 시어가 주는 이미지를 이와 관련된 다른 관념으로 꼬리에 꼬리를 무는 방식
ⓗ 어조의 전환에 따른 전개 : 화자의 정서가 절망과 희망, 기쁨과 슬픔, 체념과 극복의 의지 등으로 전환되면서 주제의식이 부각되는 전개 방식을 말함

비유의 기능
- 이미지를 형성하는 수단
- 추상적인 대상을 구체적으로 정확하게 전달할 수 있음

상징의 종류
- 제도적 상징(관습적, 사회적, 고정적 상징) : 사회적 관습에 의해 되풀이되어 널리 보편화된 상징
- 개인적 상징(창조적, 문학적 상징) : 개인에 의해 만들어져서 문학적 효과를 발휘하는 상징

시상의 전개방식
- 과거에서 현재, 미래로의 흐름
  - 이육사 「광야」: 과거 → 현재 → 미래
  - 윤동주 「서시」: 과거 → 미래 → 현재
- 밤에서 아침으로의 흐름
  - 김광균 「외인촌」: 해질 무렵 → 아침
  - 박남수 「아침 이미지」: 어둠 → 아침
- 시선의 이동에 따른 전개
  - 원경에서 근경으로의 이동 : 박목월 「청노루」, 김상옥 「사향」
  - 그 밖의 이동 : 이병기 「난초」(잎새 → 줄기(대공) → 꽃 → 이슬)
- 대조적 심상의 제시
  - 김기림 「바다와 나비」 → 흰나비와 바다의 대립
  - 김수영 「풀」: 풀과 바람의 대립

(2) 시적 화자의 어조 및 태도

① 시적 화자와 정서적 거리

㉠ 시적화자의 개념

- 시적 화자란 시 속에서 말하는 사람을 말하며, 시인의 정서와 감정 등을 전달해주는 매개체에 해당함
- 시인 자신과 같을 수도 있고 다를 수도 있는데, 시인 자신이 화자인 경우 주로 자기 고백적이고 반성적인 성격을 지니며, 다른 인물이 화자인 경우 작품의 주제나 내용을 드러내는데 가장 적합한 인물이 선정됨

㉡ 정서적 거리의 개념

- 정서적 거리는 시적 화자가 대상에 대하여 느끼는 감정과 정서의 미적 거리
- 감정의 표출 정도와 방식에 따라 가까운 거리, 균제 또는 절제된 거리, 먼 거리 등으로 나뉨

㉢ 정서적 거리의 구분

- 정서적 거리가 가까운 경우 : 시적 대상에 대한 화자의 긍정적 정서가 강할 때 드러나며, 대상에 대해 주관적이고 직접적인 감정으로 표현됨
- 정서적 거리가 절제된 경우 : 시적 화자의 정서가 작품에 드러나기는 하나 직접적이고 적극적으로 표현되지 않고 절제된 어조와 태도를 통해 표현됨
- 정서적 거리가 먼 경우 : 시적 화자의 정서가 작품 속에 드러나지 않고 숨겨져 있으며 시적 대상만이 전면에 드러나는 경우를 말하며, 대상에 대한 주관적이고 감정적 표현은 자제되고 객관적인 모습의 묘사가 부각됨

② 시의 어조

㉠ 개념 : 시적 자아에 의해 표출되는 목소리의 성향으로, 제재 및 독자 등에 대한 시인의 태도를 말함

㉡ 어조의 유형

- 남성적 어조 : 의지적이고 힘찬 기백을 전달
- 여성적 어조 : 간절한 기원이나 한, 애상 등을 전달
- 성찰적, 명상적, 기원적 어조 : 경건하고 겸허한 자세로 삶의 가치를 추구하는 어조

③ 시적 화자의 태도

㉠ 개념 : 시적 자아가 대상을 바라보는 관점으로, 화자가 핵심으로 말하고 싶은 바를 다양한 감정을 가지고 시로써 표현하는 것을 일컬음

㉡ 태도의 유형

- 반성적 태도, 회한적 태도 : 개인이 처한 상황 또는 사회가 직면한 상황 속에서 적극적이지 못한 자신의 자세를 성찰하는 태도
- 자조적 태도 : 자기 자신 또는 사회에 부정적이며 염세적인 관점의 태도
- 미래 지향적 태도 : 미래의 가능성과 전망을 나타내는 시어들로 전달하는 태도

SEMI-NOTE

시적화자
시적화자를 다른 말로 시적 자아, 서정적 자아라고도 함

시적화자의 유형
- 남성적 화자
  - 이육사 「광야」 → 지사적이고 예언자적인 남성
  - 유치환 「일월」 → 불의에 타협하지 않고 맞서는 남성
- 여성적 화자
  - 한용운 「당신을 보았습니다」 → 권력자에게 능욕당하는 여인(주권을 상실한 백성)
  - 김소월 「진달래꽃」 → 이별의 슬픔을 승화하려는 여인

기타 어조의 유형
- 풍자, 해학의 어조 : 사회에 대하여 비판적인 태도를 전달
- 대화체 어조 : 시적 자아가 독자와 대화하듯 친근하고 지연스럽게 말하는 어조

기타 태도의 유형
- 찬양적 태도 : 초월적인 존재 및 위대한 존재를 찬양하는 단어들로 시의 분위기를 전달하는 태도
- 희망적 태도 : 긍정적이며 낙관적인 관점 아래에서 대상 및 세상을 바라보는 태도

01장
현대 문학

소설의 특징
- 허구성 : 작가의 상상력에 의해 새롭게 창조된 개연성 있는 이야기(fiction)
- 산문성 : 주로 서술, 묘사, 대화 등으로 표현되는 대표적인 산문 문학
- 진실성 : 인생의 참의미를 깨닫게 하며, 인생의 진실을 추구
- 서사성 : 인물, 사건, 배경을 갖춘 이야기의 문학으로 일정한 시간의 흐름에 따라 전개
- 예술성 : 형식미와 예술미를 지닌 창조적인 언어 예술

길이에 따른 분류 – 엽편소설
'콩트', '장편(掌篇)소설'이라고도 하며, 구성이 고도로 압축된 형태(원고지 20~30매)

시대에 따른 분류 – 고대소설
갑오경장(1894년) 이전의 소설

내용에 따른 분류 – 전쟁소설
전쟁을 제재로 한 소설

소설의 개념
구성이란 국계를 효과적으로 표현하기 위해 사건을 인과관계에 따라 배열한 체계와 질서를 말함

구성(plot)과 줄거리(story)
- 구성 : 작가의 의도에 따라 재구성된 사건의 인과적인 미적 질서
- 줄거리 : 시간의 흐름에 따른 사건의 나열

3. 소설의 본질

(1) 소설의 정의와 요소

① 소설의 정의 : 소설은 개연성 있는 허구를 예술적으로 형상화한 산문 문학으로, 현실에서 있을 법한 이야기를 작가가 상상력에 의하여 구성하거나 꾸며내어 산문으로 표현한 서사 양식

② 소설의 3요소
  ㉠ 주제(theme) : 작가가 작품을 통하여 나타내고자 하는 인생관이나 중심 사상
  ㉡ 구성(plot) : 이야기 줄거리의 짜임새(인물, 사건, 배경이 구성 요소)
  ㉢ 문체(style) : 작품에 구체적으로 나타나는 작가의 개성적인 문장의 특성

(2) 소설의 갈래

① 길이에 따른 분류
  ㉠ 장편(長篇)소설 : 복합적 구성과 다양한 인물의 등장으로 사회의 총체적 모습을 그림(원고지 1,000매 이상)
  ㉡ 중편(中篇)소설 : 장편과 단편의 특징을 절충한 것으로 구성은 장편소설과 비슷함(원고지 200~500매)
  ㉢ 단편(短篇)소설 : 단일한 주제 · 구성 · 문체로 통일된 인상을 줌(원고지 50~100매)

② 시대에 따른 분류
  ㉠ 신소설 : 갑오경장 직후부터 이광수의 「무정(1917년)」이 발표되기 직전까지의 소설로 언문일치에 가까운 문장과 개화사상을 강조
  ㉡ 근대소설 : 이광수의 「무정」 이후 지금까지 발표된 소설

③ 내용에 따른 분류
  ㉠ 역사소설 : 역사적 사건이나 인물을 제재로 한 소설
  ㉡ 계몽소설 : 독자가 모르는 것을 깨우쳐 주기 위한 소설
  ㉢ 사회소설 : 사회 문제, 정치 문제 등을 소재로 하며 그와 관련된 목적성을 지닌 소설
  ㉣ 심리소설 : 인간의 내부 심리 상태나 의식의 흐름을 묘사한 소설
  ㉤ 탐정소설 : 범죄와 그에 따른 수사 활동을 제재로 한 소설

④ 예술성에 따른 분류
  ㉠ 순수소설 : 예술성이 강한 소설
  ㉡ 대중소설 : 예술성은 별로 고려하지 않은 흥미 위주의 소설

(3) 소설의 구성

① 소설의 구성 단계
  ㉠ 발단 : 소설의 첫머리로 인물과 배경이 제시되고 사건의 방향을 암시
  ㉡ 전개 : 사건이 복잡해지고 구체적으로 전개되면서 갈등이 표면화되는 단계
  ㉢ 위기 : 극적인 발전을 가져오는 계기의 단계로서, 새로운 사태가 발생하기도

하며 위기감이 고조되고 절정을 유발하는 부분

  ㉣ **절정** : 인물의 성격, 행동, 갈등 등이 최고조에 이르러 잘 부각되고 주제가 선명하게 드러나며 사건 해결의 실마리가 제시되는 단계

  ㉤ **결말** : 갈등과 위기가 해소되고 주인공의 운명이 분명해지는 해결의 단계

② 구성의 유형

  ㉠ **이야기 수에 따른 구성**

   • 단순 구성(단일 구성) : 단일한 사건으로 구성되며, 주로 단편소설에 쓰임

   • 복합 구성(산문 구성) : 둘 이상의 사건이나 플롯이 서로 교차하면서 진행되는 구성으로, 주로 중편이나 장편소설에 쓰임

  ㉡ **사건의 진행 방식에 따른 구성**

   • 평면적 구성(진행적 구성) : 시간적 흐름에 따라 진행되어 가는 구성

   • 입체적 구성(분석적 구성) : 시간의 흐름에 관계없이 진행되어 가는 구성

  ㉢ **이야기 틀에 따른 구성**

   • 액자식 구성(격자식 구성) : 하나의 이야기(외화) 안에 또 하나의 이야기(내화)가 있는 구성, 즉 주요 이야기와 부차적 이야기의 이루어진 이중 구성

   • 피카레스크식 구성 : 주제와 관련이 있는 내화가 핵심이 되는 이야기가 되며, 이야기의 전환 시 시점의 변화가 수반됨

③ 인물의 유형

  ㉠ **성격의 변화에 따른 유형**

   • 평면적 인물 : 작품 속에서 성격이 변화하지 않고 주위의 어떠한 변화에도 영향을 받지 않는 인물로, 정적 인물(Static Character)이라고도 함

   • 입체적 인물 : 사건이 진행되면서 성격이 변화되고 발전하는 인물로 원형적 인물 또는 발전적 인물(Developing Character)이라고도 함

  ㉡ **역할에 따른 유형**

   • 주동 인물 : 작품의 주인공으로서 사건의 주체인 인물

   • 반동 인물 : 작품 속에서 주인공과 대립하는 인물

④ 소설의 시점

  ㉠ **시점의 개념** : 시점이란 이야기를 하는 사람인 서술자가 사건이나 대상을 바라보는 관점, 시각을 의미

  ㉡ **시점의 분류 기준**

구분	사건의 내부적 분석	사건의 외부적 관찰
서술자=등장인물	1인칭 주인공 시점	1인칭 관찰자 시점
서술자≠등장인물	전지적 작가 시점	작가 관찰자 시점

⑤ 시점의 종류

  ㉠ **1인칭 주인공 시점**

   • 소설 속의 주인공이 자기 자신의 이야기를 서술

   • 인물과 서술의 초점이 일치(인물과 서술자의 거리가 가장 가까움)

   • 심리 소설, 서간체 소설, 수기체 소설, 과거 회상식 소설, 사소설(私小說)등에 주로 쓰임

SEMI-NOTE

기타 구성의 유형

• 구성 밀도에 따른 구성
 - 극적 구성 : 사건과 사건이 유기적 연결 속에서 긴장감 있게 전개되는 구성
 - 삽화적 구성 : 사건들이 밀접한 관련 없이 각각 독립적으로 산만하게 연결된 구성

• 사건 전개 분위기에 따른 구성
 - 상승 구성 : 주인공이 지향하는 것을 성취하는 구성
 - 하강 구성 : 주인공이 지향하는 것을 실패하는 구성

특성에 따른 인물의 유형

• 전형적 인물 : 사회의 어떤 집단이나 계층을 대표하는 인물
• 개성적 인물 : 성격의 독자성을 보이는 인물

역할에 따른 유형 – 부수적 인물

주요 인물을 돋보이게 하는 부수적, 부차적 인물

시점이 끼치는 영향

• 소설의 진행 양상이 어떤 인물의 눈을 통해 보이는가 하는 관찰의 각도와 위치를 가리키는 말
• 서술자의 각도와 위치에 따라 작품의 주제와 인물의 성격, 작품의 특성 등이 영향을 받음

• 주인공과 서술자가 일치하므로 주인공의 내면심리 제시에 효과적이며, 독자에게 친근감과 신뢰감을 부여

ⓒ 1인칭 관찰자 시점

• 작품 속에 등장하는 부수적 인물인 '나'가 주인공의 이야기를 서술하는 시점으로, 어떠한 인물을 관찰자로 설정하는가에 따라 소설의 효과가 달라짐
• 주인공의 내면이 드러나지 않아 긴장과 경이감을 조성하며, '나'에 대한 주관적 해석과 관찰의 '대상'에 대한 객관적 묘사를 동시에 추구하여 독자에게 신뢰감을 형성함

ⓒ 작가(3인칭) 관찰자 시점

• 작가가 관찰자의 입장에서 객관적 태도로 이야기를 서술하는 방법
• 외부 관찰에 의거하여 해설이나 평가를 하지 않고 있는 그대로 제시하는 시점으로, 현대 사실주의 소설에서 흔히 쓰임
• 서술자와 인물의 거리는 가장 멀고, 작중 인물과 독자의 거리는 가까움
• 서술자는 해설이나 평가를 내리지 않고 인물의 대화와 행동, 장면 등을 관찰해 객관적으로 전달함으로써 극적 효과와 객관성(리얼리티)을 유지

ⓔ 전지적 작가 시점

• 작품에 등장하지 않는 서술자가 전지전능한 신과 같은 입장에서 소설의 모든 요소를 해설하고 논평할 수 있는 시점
• 서술자가 인물의 심리나 행동, 대화까지 설명하고 해석하며, 작품에 직접 개입하여 사건을 진행하고 평가
• 작가의 사상과 인생관이 직접 드러나며, 대부분의 고대 소설과 현대 소설(장편소설)에 사용됨
• 서술자가 작품의 모든 요소에 대해 설명할 수 있어, 서술의 폭이 넓고 주인공이 모르는 것 까지도 독자에게 제공할 수 있음

(4) 주제, 사건, 배경, 문체

① 주제의 개념과 제시 방법

ⓐ **주제의 개념** : 작가가 작품을 통해 제시하고자 하는 중심적인 사상이나 세계관, 인생관을 말함

ⓑ **주제 제시 방법**

• **직접적 제시** : 작가나 작중 인물의 직접적 진술로 명확하게 제시하는 방법으로, 편집자적 논평으로 제시하거나 작중 인물들의 대화를 통해 제시됨
• **간접적 제시** : 작중 인물의 행동, 배경, 분위기, 갈등 구조와 그 해소, 플롯의 진행, 비유와 상징, 이미지 등을 통해 암시적으로 제시하는 방법

② 사건의 개념과 갈등의 양상

ⓐ **사건의 개념** : 사건이란 소설에서 인물의 행위나 서술에 의해 구체화되는 모든 일로, 개별 사건들은 유기적, 인과적으로 구성되어 전체 구조를 형성

ⓑ **갈등의 양상**

• **내적 갈등(내면 갈등)** : 인물의 마음속에서 일어나는 내적인 갈등

SEMI-NOTE

각 시점의 제약

• **1인칭 주인공 시점** : 객관성의 유지와 주인공 이외의 인물 및 사건 서술에 제약이 따름
• **1인칭 관찰자 시점** : 객관적인 관찰자의 눈에 비친 세계만을 다루므로 전체적으로 시야가 제한적이며, 주인공과 세계에 대한 깊이 있는 묘사에 한계가 있음
• **작가(3인칭) 관찰자 시점** : 서술자와 인물의 거리가 가장 멀며, 객관적 사실만 전달하므로 인물들의 심리 묘사와 명확한 해석에 어려움이 따름
• **전지적 작가 시점** : 서술자의 지나친 관여와 해석, 논평으로 인해 독자의 능동적인 참여 기회가 제한되고 객관성을 확보하기가 어려우며, 소설이 도식적이며 논설적 경향으로 흐르기 쉬움

대표 작품

• **1인칭 주인공 시점** : 김유정 「봄봄」, 이상 「날개」, 오정희 「중국인 거리」
• **1인칭 관찰자 시점** : 주요섭 「사랑 손님과 어머니」, 채만식 「치숙」
• **작가(3인칭) 관찰자 시점** : 김동인 「감자」, 황순원 「소나기」
• **전지적 작가 시점** : 이효석 「메밀꽃 필 무렵」, 최인훈 「광장」, 염상섭 「삼대」

주제와 중심내용

주제는 작품의 모든 요소들의 전체 효과에 의해 형상화된 중심 내용이자 소설의 모든 요소들이 유기적으로 결합되어 형성되는 총체적인 사상

기타 갈등의 양상

• **개인과 운명 간의 갈등** : 등장인물의 삶이 운명적으로 결정되거나 무너지면서 겪는 갈등
• **개인과 자연의 갈등** : 등장인물과 이들의 행동을 제약하는 자연현상과의 갈등

- 개인(인물) 간의 갈등 : 주동 인물과 대립하는 인물(반동 인물) 간에 발생하는 갈등
- 개인과 사회와의 갈등 : 등장인물과 그들이 처한 사회적 환경 사이에서 발생하는 갈등을 말하며 주로 인물과 사회의 관습, 제도 등의 대립에서 발생

③ 소설의 배경 : 배경의 개념과 종류

  ㉠ 배경의 개념 : 소설에서 사건이 일어나는 시간 및 공간 또는 소설 창작 당시의 시대, 사회적 환경 등 외적인 환경뿐만 아닌, 인물의 심리적 배경도 포함

  ㉡ 배경의 종류

- 시간적 배경 : 사건이 일어나는 구체적인 시간이나 시대로, 사건의 구체성을 확보
- 공간적 배경 : 행동과 사건이 일어나는 공간적인 무대로, 인물의 성격과 심리를 부각
- 사회적 배경 : 사건이 전개되는 사회의 구체적인 모습으로, 주제와 밀접한 관련을 가짐
- 심리적 배경 : 작중 인물의 심리 상태의 흐름을 말하는 것으로, 심리주의 소설에서 중시
- 자연적 배경 : 자연현상이나 자연환경 등과 같은 배경으로, 일정한 분위기와 정조를 만듦

④ 소설의 문체

  ㉠ 서술 : 작가가 인물, 사건, 배경 등을 직접 해설하는 방식으로, 해설적, 추상적, 요약적으로 표현하여 사건 진행을 빠르게 함

  ㉡ 묘사 : 작가가 인물, 사건, 배경 등을 장면화하여 대상을 구체적, 사실적으로 재현시킴으로써 독자에게 생생한 이미지를 전달

  ㉢ 대화 : 등장인물이 하는 말에 의한 표현으로, 사건을 전개시키고 인물의 성격을 제시하는 역할을 하며, 스토리와의 유기적 결합으로 자연스럽고 극적인 상황을 만듦

4. 기타 문학의 갈래

(1) 수필

① 수필의 개념 : 인생이나 자연의 모든 사물에서 보고, 듣고, 느낀 것이나 경험한 것을 형식과 내용상의 제한을 받지 않고 붓 가는 대로 쓴 글

② 수필의 종류

  ㉠ 경수필 : 일정한 격식 없이 개인적 체험과 감상을 자유롭게 표현한 수필로 주관적, 정서적, 자기 고백적이며 신변잡기적인 성격이 담김

  ㉡ 중수필 : 일정한 격식과 목적, 주제 등을 구비하고 어떠한 현상을 표현한 수필로 형식적이고 객관적이며 내용이 무겁고, 논증, 설명 등의 서술 방식을 사용

  ㉢ 서정적 수필 : 일상생활이나 자연에서 느낀 정서나 감정을 솔직하게 주관적으로 표현한 수필

배경의 기능
- 사건의 전개와 인물의 행동에 사실성을 부여
- 작품의 전반적인 분위기나 정조를 조성
- 주제나 인물의 심리 상태를 부각시키며, 배경 자체가 주제 의식을 효과적으로 드러내는 하나의 상징적인 의미를 지님

어조의 종류
- **해학적 어조** : 익살과 해학이 중심을 이루는 어조
- **냉소적 어조** : 차가운 냉소가 주조를 이루는 어조
- **반어적 어조** : 진술의 표리, 상황의 대조에 의한 어조
- **풍자적 어조** : 사물에 대한 풍자가 나타나는 어조

기타 수필의 종류
- **서사적 수필** : 어떤 사실에 대한 내용을 작가의 주관 없이 이야기를 전개하는 형식
- **희곡적 수필** : 극적 요소를 지닌 경험이나 사건을 희곡적으로 전개하는 수필로 사건이 유기적이며 통일적으로 전개됨

ⓔ **교훈적 수필** : 인생이나 자연에 대한 지은이의 체험이나 사색을 담은 교훈적 내용의 수필

(2) 희곡

① 희곡의 정의와 특성

ⓐ **희곡의 정의** : 희곡은 공연을 목적으로 하는 연극의 대본, 등장인물들의 행동이나 대화를 기본 수단으로 하여 관객들을 대상으로 표현하는 예술 작품

ⓑ **희곡의 특성**

- 무대 상연을 전제로 한 문학 : 공연을 목적으로 창작되었기 때문에 여러 가지 제약(시간, 장소, 등장인물의 수)이 따름
- 대립과 갈등의 문학 : 희곡은 인물의 성격과 의지가 빚어내는 극적 대립과 갈등을 주된 내용으로 함
- 현재형의 문학 : 모든 사건을 무대 위에서 배우의 행동을 통해 지금 눈앞에 일어나는 사건으로 현재화하여 표현함

② 희곡의 구성 요소와 단계

ⓐ **희곡의 구성 요소**

- 해설 : 막이 오르기 전에 필요한 무대 장치, 인물, 배경(때, 곳) 등을 설명한 글로, '전치 지시문'이라고도 함
- 대사 : 등장인물이 하는 말로, 인물의 생각, 성격, 사건의 상황을 드러냄
- 지문 : 배경, 효과, 등장인물의 행동(동작이나 표정, 심리) 등을 지시하고 설명하는 글로, '바탕글'이라고도 함
- 인물 : 희곡 속의 인물은 의지적, 개성적, 전형적 성격을 나타내며 주동 인물과 반동 인물의 갈등이 명확히 부각됨

ⓑ **희곡의 구성 단계**

- 발단 : 시간적, 공간적 배경과 인물이 제시되고 극적 행동이 시작됨
- 전개 : 주동 인물과 반동 인물 사이의 갈등과 대결이 점차 격렬해지며, 중심 사건과 부수적 사건이 교차되어 흥분과 긴장이 고조
- 절정 : 주동 세력과 반동 세력 간의 대결이 최고조에 이름
- 반전 : 서로 대결하던 두 세력 중 뜻하지 않은 쪽으로 대세가 기울어지는 단계로, 결말을 향하여 급속히 치닫는 부분
- 대단원 : 사건과 갈등의 종결이 이루어져 사건 전체의 해결을 매듭짓는 단계

③ 희곡의 갈래

ⓐ **희극(喜劇)** : 명랑하고 경쾌한 분위기 속에 인간성의 결점이나 사회적 병폐를 드러내어 비판하며, 주인공의 행복이나 성공을 주요 내용으로 삼는 것으로, 대개 행복한 결말로 끝남

ⓑ **비극(悲劇)** : 주인공이 실패와 좌절을 겪고 불행한 상태로 타락하는 결말을 보여 주는 극

ⓒ **희비극(喜悲劇)** : 비극과 희극이 혼합된 형태의 극으로 불행한 사건이 전개되다가 나중에는 상황이 전환되어 행복한 결말을 얻게 되는 구성 방식

ⓓ **단막극** : 한 개의 막으로 이루어진 극

희곡의 제약

- 희곡은 무대 상연을 전제로 하기 때문에 시간적, 공간적 제약을 받음
- 등장인물 수가 한정
- 인물의 직접적 제시가 불가능, 대사와 행동만으로 인물의 삶을 드러냄
- 장면 전환의 제약을 받음
- 서술자의 개입 불가능, 직접적인 묘사나 해설, 인물 제시가 어려움
- 내면 심리의 묘사나 정신적 측면의 전달이 어려움

희곡의 구성단위

- 막(幕, act) : 휘장을 올리고 내리는 데서 유래된 것으로, 극의 길이와 행위를 구분
- 장(場, scene) : 배경이 바뀌면서, 등장인물이 입장하고 퇴장하는 것으로 구분되는 단위

기타 희곡의 갈래

- 소화(笑話) : 희극과 비슷한 결말을 갖고 있지만, 인물의 성격, 행동의 동기가 거의 드러나지 않는 극으로, 단지 과장되고 강렬한 방법으로 웃음을 자아내는 희곡
- 레제드라마(lesedrama) : 무대 상연을 전제하지 않고, 읽기만을 위해 쓴 희곡

(3) 시나리오(Scenario)

① 시나리오의 정의와 특징

　㉠ 시나리오의 정의 : 영화나 드라마 촬영을 위해 쓴 글(대본)을 말하며, 장면의
　　순서, 배우의 대사와 동작 등을 전문 용어를 사용하여 기록

　㉡ 시나리오의 특징

　　• 등장인물의 행동과 장면의 제약 : 예정된 시간에 상영될 수 있도록 해야 함
　　• 장면 변화와 다양성 : 장면이 시간이나 공간의 제약 없이 자유자재로 설정
　　• 영화의 기술에 의한 문학 : 배우의 연기를 촬영해야 하므로, 영화와 관련된
　　　기술 및 지식을 염두에 두고 써야 함

② 시나리오의 주요 용어

명칭	설명
scene number	장면 번호. 'S#'으로 표시
narration	등장인물이 아닌 사람에게서 들려오는 설명체의 대사
narratage	'내레이션(narration)'과 '몽타주(montage)'의 합성어로 화면이나 정경을 이중 화면으로 표현하는 기법
Crank in	영화의 촬영을 시작하는 것
Crank up	촬영 완료
sequence	한 삽화로서 묶여진 부분
Shot	카메라의 회전을 중단하지 않고 촬영한 일련의 필름. 이것이 모여 신(scene)을 이룸
F.I(fade in)	장면이 점점 밝아짐. '용명(溶明)'이라고도 함
F.O(fade out)	장면이 점점 어두워짐. '용암(溶暗)'이라고도 함
O.L(over lap)	화면이 겹치면서 장면이 바뀌는 수법. 시간 경과에 주로 씀
C.U(close up)	어떤 한 부분의 집중적인 확대
C.I(cut in)	하나의 장면에 다른 화면을 삽입하는 것
C.S(close shot)	조절거리
P.D(pan down)	카메라를 아래로 향해 선회하여 촬영하는 것. 틸트 다운(tilt down)

SEMI-NOTE

시나리오의 요소

해설, 지문, 대사, 장면 번호

시나리오의 갈래

• 창작(original) 시나리오 : 처음부터 영화 촬영을 목적으로 쓴 시나리오
• 각색(脚色) 시나리오 : 소설, 희곡, 수필 등을 시나리오로 바꾸어 쓴 것
• 레제(lese) 시나리오 : 상영이 목적이 아닌 읽기 위한 시나리오

시나리오와 희곡의 공통점

• 극적인 사건을 대사와 지문으로 제시
• 종합 예술의 대본, 즉 다른 예술을 전제로 함
• 문학 작품으로 작품의 길이에 어느 정도 제한을 받음
• 직접적인 심리 묘사가 불가능

01장

현대
문학

03절 현대시, 현대소설

1. 현대시

(1) 신체시부터 1920년대까지의 시

① 해에게서 소년에게(1908)

> 처……ㄹ썩, 처……ㄹ썩, 척, 쏴……아.
> 때린다, 부순다, 무너버린다.
> 태산 같은 높은 뫼, 집채 같은 바윗돌이나.
> 요것이 무어야, 요게 무어야.
> 나의 큰 힘 아느냐 모르느냐, 호통까지 하면서.
> 때린다, 부순다, 무너버린다.
> 처……ㄹ썩, 처……ㄹ썩, 척, 튜르릉, 꽉.
>
> 처……ㄹ썩, 처……ㄹ썩, 척, 쏴……아.
> 내게는, 아무 것, 두려움 없어,
> 육상(陸上)에서, 아무런, 힘과 권(權)을 부리던 자라도.
> 내 앞에 와서는 꼼짝 못하고,
> 아무리 큰, 물건도 내게는 행세하지 못하네.
> 내게는 내게는 나의 앞에는.
> 처……ㄹ썩, 처……ㄹ썩, 척, 튜르릉, 꽉.
>
> 처……ㄹ썩, 처……ㄹ썩, 척, 쏴……아.
> 나에게, 절하지, 아니한 자가,
> 지금까지, 있거든, 통기(通寄)하고 나서 보아라.
> 진시황, 나파륜, 너희들이냐.
> 누구누구누구냐, 너희 역시 내게는 굽히도다.
> 나하고 겨룰 이 있건 오너라.
> 처……ㄹ썩, 처……ㄹ썩, 척, 튜르릉, 꽉.
>
> 처……ㄹ썩, 처……ㄹ썩, 척, 쏴……아.
> 조그만 산모를 의지하거나,
> 좁쌀 같은 작은 섬, 손뼉만한 땅을 가지고,
> 고 속에 있어서 영악한 체를,
> 부리면서, 나 혼자 거룩하다 하는 자,
> 이리 좀 오너라, 나를 보아라.
> 처……ㄹ썩, 처……ㄹ썩, 척, 튜르릉, 꽉.
>
> 처……ㄹ썩, 처……ㄹ썩, 척, 쏴……아.
> 나의 짝될 이는 하나 있도다,
> 크고 길고, 넓게 뒤덮은 바 저 푸른 하늘.
> 저것은 우리와 틀림이 없어,

해에게서 소년에게

- **작자** : 최남선
- **갈래** : 신체시
- **특징** : 정형시와 자유시의 과도기적 형태
- **성격** : 계몽적
- **의의** : 우리 문학사 최초의 신체시
- **제재** : 바다
- **주제** : 새로운 세계에 대한 동경과 기대
- **출전** : 「소년」

시상전개

- **1연** : 모든 것을 부수는 바다의 위용
- **2연** : 육지에 존재하는 힘과 권력을 가진 것들도 두려워하지 않는 바다
- **3연** : 진시황, 나팔륜(나폴레옹)조차도 겨룰 수 없는 바다의 위용
- **4연** : 고상한 척, 영리한 척하는 개화에 부정적인 이들에 대한 비웃음
- **5연** : 고결한 바다와 연결되는 푸른 하늘의 모습
- **6연** : 세상 사람들은 부정적이나, 순수하며 담력 있는 소년배들이 새로운 세계를 이끌어 주기를 기대

작은 시비 작은 쌈 온갖 모든 더러운 것 없도다.
조따위 세상에 조 사람처럼.
처……ㄹ썩, 처……ㄹ썩, 척, 튜르릉, 콱.

처……ㄹ썩, 처……ㄹ썩, 척, 쏴……아.
저 세상 저 사람 모두 미우나
그 중에서 똑 하나 사랑하는 일이 있으니,
담 크고 순진한 소년배(少年輩)들이,
재롱처럼, 귀엽게 나의 품에 와서 안김이로다.
오너라 소년배, 입맞춰 주마.
처……ㄹ썩, 처……ㄹ썩, 척, 튜르릉, 콱.

② 진달래꽃(1922)

나 보기가 역겨워
가실 때에는
말없이 고이 보내 드리오리다.

영변의 약산
진달래꽃
아름 따다 가실 길에 뿌리오리다.

가시는 걸음걸음
놓인 그 꽃을
사뿐히 즈려 밟고 가시옵소서.

나보기가 역겨워
가실 때에는
죽어도 아니 눈물 흘리오리다.

진달래꽃
- **작자** : 김소월
- **갈래** : 자유시, 서정시
- **성격** : 전통적, 민요적, 향토적, 애상적, 서정적
- **어조** : 여성적이고 간결한 어조
- **특징** : 우리나라의 보편적 정서인 이별의 정한을 노래(공무도하가, 서경별곡, 송인, 황진이의 시조 등과 연결됨)
- **제재** : 임과의 이별
- **주제** : 이별의 정한과 승화
- **출전** : 『개벽』

시상전개
- **1연** : 이별의 정한과 체념
- **2연** : 떠나는 임에 대한 축복
- **3연** : 임을 향한 희생적 사랑
- **4연** : 고통을 무릅쓴 이별의 정한 극복

진달래꽃에서 사용된 표현과 기법

- 예스러운 어미와 방언의 사용
- 한시의 기승전결 구조로 구성
- 1연과 4연의 수미상관 구성으로 안정적 구조를 형성함
- 전통적 정서를 7·5조 3음보 율격으로 노래함
- 반어법과 역설법을 사용하여 이별의 정한을 부각시킴

논개(論介)
- 작자 : 변영로
- 갈래 : 자유시, 서정시
- 성격 : 민족주의적, 상징적, 서정적
- 어조 : 경건하고 도도한 어조
- 제재 : 논개의 의로운 죽음
- 주제 : 청사(靑史)에 길이 빛날 논개의 헌신적 애국심
- 출전 : 「신생활 3호」

시상전개
- 1연 : 침략자에 대한 논개의 분노와 정열
- 2연 : 논개의 의로운 죽음을 석류, 강낭콩, 양귀비꽃 등의 은유적 시어로 형상화
- 3연 : 길이 남을 국가를 위해 희생한 논개의 충절

빼앗긴 들에도 봄은 오는가
- 작자 : 이상화
- 갈래 : 자유시 서정시, 낭만시
- 성격 : 저항적, 상징적, 격정적
- 제재 : 봄의 들(식민지 치하의 현실)
- 주제 : 국권 회복의 염원
- 출전 : 개벽(1926)

시상전개
- 1연 : 강탈당한 조국의 현실
- 2연 : 봄에 이끌리며 감격함
- 3연 : 조국 강토의 침묵에 답답해함
- 4연 : 강토 속에서 자연과 어우러지는 친밀감
- 5연 : 성장과 풍요에 대한 감사
- 6연 : 봄을 맞이한 강토의 활기
- 7연 : 동포와 하나가 되고픈 열망
- 8연 : 강토에 대한 애정
- 9연 : 강탈당한 조국의 현실을 자각
- 10연 : 강탈당한 조국의 현실을 재인식

③ 논개(論介, 1923)

거룩한 분노(憤怒)는
종교(宗敎)보다도 깊고,
불붙는 정열(情熱)은
사랑보다도 강하다.
아! 강낭콩꽃보다도 더 푸른
그 물결 위에
양귀비꽃보다도 더 붉은
그 마음 흘러라.

아리땁던 그 아미(蛾眉)
높게 흔들리우며
그 석류(石榴) 속 같은 입술
죽음을 입맞추었네!
아! 강낭콩꽃보다도 더 푸른
그 물결 위에
양귀비꽃보다도 더 붉은
그 마음 흘러라.

흐르는 강물은
길이길이 푸르리니
그대의 꽃다운 혼(魂)
어이 아니 붉으랴
아! 강낭콩꽃보다도 더 푸른
그 물결 위에
양귀비꽃보다도 더 붉은
그 마음 흘러라.

④ 빼앗긴 들에도 봄은 오는가(1926)

지금은 남의 땅 – 빼앗긴 들에도 봄은 오는가?

나는 온몸에 햇살을 받고
푸른 하늘 푸른 들이 맞붙은 곳으로
가르마 같은 논길을 따라 꿈속을 가듯 걸어만 간다.

입술을 다문 하늘아 들아
내 맘에는 내 혼자 온 것 같지를 않구나.
네가 끌었느냐 누가 부르더냐 답답어라 말을 해다오.

바람은 내 귀에 속삭이며
한 자욱도 섰지 마라 옷자락을 흔들고
종다리는 울타리 너머에 아씨같이 구름 뒤에다 반갑다 웃네.

고맙게 잘 자란 보리밭아
간밤 자정이 넘어 내리던 고운 비로
너는 삼단같은 머리를 감았구나 내 머리조차 가뿐하다.

혼자라도 가뿐하게나 가자.
마른 논을 안고 도는 착한 도랑이
젖먹이 달래는 노래를 하고 제 혼자 어깨춤만 추고 가네.

나비 제비야 깝치지 마라.
맨드라미, 들마꽃에도 인사를 해야지.
아주까리 기름을 바른 이가 지심 매던 그 들이라 다 보고싶다.

내 손에 호미를 쥐어다오.
살진 젖가슴과 같은 부드러운 이 흙을
발목이 시도록 밟아도 보고 좋은 땀조차 흘리고 싶다.

강가에 나온 아이와 같이
짬도 모르고 끝도 없이 닫는 내 혼아
무엇을 찾느냐 어디로 가느냐 웃어웁다 답을 하려무나.

나는 온몸에 풋내를 띠고
푸른 웃음, 푸른 설움이 어우러진 사이로
다리를 절며 하루를 걷는다 아마도 봄 신령이 지폈나 보다.
그러나 지금은 – 들을 빼앗겨 봄조차 빼앗기겠네.

⑤ 나룻배와 행인(1926)

나는 나룻배,
당신은 행인.

당신은 흙발로 나를 짓밟습니다.
나는 당신을 안고 물을 건너갑니다.
나는 당신을 안으면 깊으나 옅으나 급한 여울이나 건너갑니다.

만일 당신이 아니 오시면 나는 바람을 쐬고 눈비를 맞으며 밤에서 낮까지 당신을 기다리고 있습니다.
당신은 물만 건너면 나를 돌아보지도 않고 가십니다 그려.
그러나 당신이 언제든지 오실 줄만은 알아요.
나는 당신을 기다리면서 날마다날마다 낡아갑니다.

나는 나룻배,
당신은 행인.

찬송(讚頌)
- **작자** : 한용운
- **갈래** : 자유시, 서정시, 송축시
- **성격** : 기원적, 불교적, 열정적
- **제재** : 당신, 님(초월적 존재)
- **주제** : 님에 대한 송축과 기원
- **출전** : 「님의 침묵」

시상전개
- **1연** : 지고한 님에 대한 찬송
- **2연** : 의로운 님의 자비를 갈구
- **3연** : 님에게 자비의 보살이 되길 바라는 염원과 찬미

유리창 1
- **작자** : 정지용
- **갈래** : 자유시, 서정시
- **성격** : 애상적, 감각적, 회화적
- **어조** : 자식을 잃은 아버지의 애상적 어조
- **특징** : 시각적 이미지와 대위법을 통한 감정의 절제가 돋보임
- **제재** : 유리창에 서린 입김
- **주제** : 죽은 아이에 대한 그리움과 슬픔
- **출전** : 「조선지광」

시상전개
- **기** : 유리창에 서린 아이의 영상
- **승** : 죽은 아이를 그리워하는 화자
- **전** : 유리를 닦으며 아이와 교감하려는 화자
- **결** : 아이의 죽음을 자각하고 난 뒤의 탄식

⑥ 찬송(讚頌, 1926)

> 님이여, 당신은 백 번(百番)이나 단련한 금(金)결입니다.
> 뽕나무 뿌리가 산호(珊瑚)가 되도록 천국의 사랑을 받읍소서.
> 님이여, 사랑이여, 아침 볕의 첫걸음이여.
>
> 님이여, 당신은 의(義)가 무겁고 황금(黃金)이 가벼운 것을 잘 아십니다.
> 거지의 거친 밭에 복(福)의 씨를 뿌리옵소서.
> 님이여, 사랑이여, 옛 오동(梧桐)의 숨은 소리여.
>
> 님이여, 당신은 봄과 광명(光明)과 평화(平和)를 좋아하십니다.
> 약자(弱者)의 가슴에 눈물을 뿌리는 자비(慈悲)의 보살(菩薩)이 되옵소서.
> 님이여, 사랑이여, 얼음 바다에 봄바람이여.

(2) 1930년부터 1940년대까지의 시

① 유리창 1(1930)

> 유리에 차고 슬픈 것이 어른거린다.
> 열없이 붙어 서서 입김을 흐리우니
> 길들은 양 언 날개를 파다거린다.
> 지우고 보고 지우고 보아도
> 새까만 밤이 밀려나가고 밀려와 부딪히고,
> 물먹은 별이, 반짝, 보석처럼 박힌다.
> 밤에 홀로 유리를 닦는 것은
> 외로운 황홀한 심사이어니,
> 고운 폐혈관이 찢어진 채로
> 아아, 너는 산새처럼 날아갔구나!

실력UP 생명파

- 정지용, 김영랑, 박용철 등이 중심이 된 시문학파의 기교주의적, 감각주의적인 경향에 반대하여 정신적, 생명적 요소를 중시한 작가군
- 주로 고뇌로 가득한 삶의 문제, 인간의 생명과 우주의 근원적 문제 등을 주제로 삼음
- 「시인부락」의 동인인 서정주, 김동리 등과 유치환에 의해 주로 전개되었으며, 함형수, 오장환, 김광균, 김달진, 여상현, 김상원, 김진세, 이성범 등이 활동

② 거울(1933)

> 거울속에는소리가없소
> 저렇게까지조용한세상은참없을것이오

거울속에도내게귀가있소
내말을못알아듣는딱한귀가두개나있소

거울속의나는왼손잡이오
내악수를받을줄모르는—악수를모르는왼손잡이오

거울때문에나는거울속의나를만져보지를못하는구료마는
거울이아니었던들내가어찌거울속의나를만나보기만이라도했겠소

나는지금거울을안가졌소마는거울속에는늘거울속의내가있소
잘은모르지만외로된사업에골몰할꺼요

거울속의나는참나와는반대요마는
또꽤닮았소

나는거울속의나를근심하고진찰할수없으니퍽섭섭하오.

거울

- **작자** : 이상
- **갈래** : 초현실주의시, 관념시, 상징시
- **성격** : 자의식적, 주지적, 심리적, 관념적
- **특징** : 자동기술법의 사용과 띄어쓰기 무시를 통한 실험성의 표출
- **제재** : 거울에 비친 '나'(거울과 자아의식)
- **주제** : 현대인의 자의식 분열에 대한 고뇌와 불안감
- **출전** : 「가톨릭청년」

시상전개

- **1연** : 현실적인 자아인 거울 밖의 화자와 반성적 자아인 거울 속의 나의 세계
- **2연** : 화자 간 의사소통의 단절
- **3연** : 화자 간 소외 의식의 표면화
- **4연** : 분열된 자아의 관계
- **5연** : 화자의 자아분열 심화
- **6연** : 분열된 자아의 역설적인 관계의 표면화

실력up 이상의 초현실주의

- 그의 문학에 나타나 있는 비상식적인 세계는 그의 시를 난해한 작품으로 특징짓는 요소가 됨
- 이상 자신의 개인적 기질과 환경, 자전적 체험과 관계되어 있을 뿐 아니라 현실에 대해 비극적이고 지적으로 반응하는 태도에 바탕을 두고 있음
- 이상의 문학적 태도는 한국시의 주지적 변화를 대변하였으며, 초현실주의적 색채는 억압된 의식과 욕구 좌절의 현실에서 새로운 대상 세계로의 탈출을 시도하는 과정
- 논리적 사고과정의 정신을 해방시키고자 무력한 자아가 주요한 주제로 나타남

③ 모란이 피기까지는(1934)

모란이 피기까지는,
나는 아직 나의 봄을 기다리고 있을 테요.
모란이 뚝뚝 떨어져 버린 날,
나는 비로소 봄을 여읜 설움에 잠길 테요.
오월 어느 날, 그 하루 무덥던 날,
떨어져 누운 꽃잎마저 시들어 버리고는
천지에 모란은 자취도 없어지고,
뻗쳐 오르던 내 보람 서운케 무너졌느니,
모란이 지고 말면 그뿐, 내 한 해는 다 가고 말아,
삼백 예순 날 하냥 섭섭해 우옵내다.
모란이 피기까지는,
나는 아즉 기달리고 있을 테요, 찬란한 슬픔의 봄을

모란이 피기까지는

- **작자** : 김영랑
- **갈래** : 자유시, 순수시
- **성격** : 낭만적, 유미적, 상징적
- **특징** : 수미상관의 구성으로 주제를 부각시킴
- **제재** : 모란의 개화
- **주제** : 소망이 이루어지기를 기다림
- **출전** : 「문학」

시상전개

- **기** : 모란이 피길 기다림
- **승** : 봄을 여읜 설움
- **전** : 모란을 잃은 슬픔
- **결** : 다시 모란이 피길 기다림

SEMI-NOTE

귀촉도
- 작자 : 서정주
- 갈래 : 자유시, 서정시
- 성격 : 전통적, 동양적, 상징적
- 어조 : 회한 어린 애틋한 어조
- 특징 : 설화를 현실에 접목시켜 한(恨)을 노래함
- 제재 : 귀촉도의 전설
- 주제 : 여읜 임에 대한 끝없는 사랑(이별의 한과 사랑의 영원함)
- 출전 : 「춘추」

시상전개
- 1연 : 임의 죽음으로 인한 영원한 이별
- 2연 : 임에게 다하지 못한 사랑의 탄식
- 3연 : 화자의 한과 그리움이 귀촉도로 형상화

고향(故鄕)
- 작자 : 백석
- 갈래 : 자유시, 서정시
- 성격 : 서정적, 서사적
- 특징 : 부드럽고 다정다감한 어조를 통해 고향에 대한 그리움을 드러냄
- 제재 : 고향
- 주제 : 고향과 혈육에 대한 그리움
- 출전 : 「삼천리문학」

시상전개
- 기 : 아픈 화자에게 의원이 찾아옴
- 승 : 의원의 모습이 아버지에게서 느꼈던 인상과 비슷함
- 전 : 의원이 고향을 묻고 아무개씨(아버지)의 고향임을 말하는 화자
- 결 : 아버지의 친구임을 알게 된 화자와 의원의 따뜻한 손길

④ 귀촉도(1934)

눈물 아롱아롱
피리 불고 가신 님의 밟으신 길은
진달래 꽃비 오는 서역 삼만리.
흰 옷깃 여며 여며 가옵신 님의
다시 오진 못하는 파촉(巴蜀) 삼만리.

신이나 삼아줄 걸 슬픈 사연의
올올이 아로새긴 육날 메투리.
은장도(銀粧刀) 푸른 날로 이냥 베혀서
부질없는 이 머리털 엮어 드릴걸.

초롱에 불빛, 지친 밤 하늘
굽이굽이 은하물 목이 젖은 새,
차마 아니 솟는 가락 눈이 감겨서
제 피에 취한 새가 귀촉도 운다.
그대 하늘 끝 호올로 가신 님아.

⑤ 고향(故鄕, 1938)

나는 북관(北關)에 혼자 앓아 누워서
어느 아침 의원(醫員)을 뵈이었다.
의원은 여래(如來) 같은 상을 하고 관공(關公)의 수염을 드리워서
먼 옛적 어느 나라 신선 같은데,
새끼손톱 길게 돋은 손을 내어
묵묵하니 한참 맥을 짚더니
문득 물어 고향이 어데냐 한다.
평안도 정주라는 곳이라 한즉
그러면 아무개씨 고향이란다.
그러면 아무개씨를 아느냐 한즉
의원은 빙긋이 웃음을 띠고
막역지간(莫逆之間)이라며 수염을 쓴다.
나는 아버지로 섬기는 이라 한즉
의원은 또 다시 넌즈시 웃고
말없이 팔을 잡아 맥을 보는데
손길은 따스하고 부드러워
고향도 아버지도 아버지의 친구도 다 있었다.

⑥ 바다와 나비(1939)

> 아무도 그에게 수심(水深)을 일러 준 일이 없기에
> 흰 나비는 도무지 바다가 무섭지 않다.
>
> 청(靑)무우 밭인가 해서 내려갔다가는
> 어린 날개가 물결에 저려서
> 공주(公主)처럼 지쳐서 돌아온다.
>
> 삼월(三月) 달 바다가 꽃이 피지 않아서 서글픈
> 나비 허리에 새파란 초생달이 시리다.

⑦ 승무(僧舞, 1939)

> 얇은 사(紗) 하이얀 고깔은
> 고이 접어서 나빌레라.
>
> 파르라니 깎은 머리
> 박사(薄紗) 고깔에 감추오고,
>
> 두 볼에 흐르는 빛이
> 정작으로 고와서 서러워라.
>
> 빈 대(臺)에 황촉불이 말없이 녹는 밤에
> 오동(梧桐)잎 잎새마다 달이 지는데,
>
> 소매는 길어서 하늘은 넓고,
> 돌아설 듯 날아가며 사뿐히 접어 올린 외씨보선이여.
>
> 까만 눈동자 살포시 들어
> 먼 하늘 한 개 별빛에 모두오고,
>
> 복사꽃 고운 뺨에 아롱질 듯 두 방울이야
> 세사(世事)에 시달려도 번뇌(煩惱)는 별빛이라.
>
> 휘어져 감기우고 다시 접어 뻗는 손이
> 깊은 마음 속 거룩한 합장(合掌)인 양하고,
>
> 이 밤사 귀또리도 지새우는 삼경(三更)인데,
> 얇은 사(紗) 하이얀 고깔은 고이 접어서 나빌레라.

SEMI-NOTE

바다와 나비
• 작자 : 김기림
• 갈래 : 자유시, 서정시
• 성격 : 감각적, 상징적 주지주의
• 특징 : 바다, 청무 밭, 초승달의 푸른빛과 흰나비로 대표되는 흰빛의 색채 대비
• 제재 : 바다와 나비
• 주제 : 새로운 세계에 대한 동경과 좌절감
• 출전 : 『여성』

시상전개
• 1연 : 바다의 무서움을 모르는 순수한 나비
• 2연 : 바다를 날다가 지쳐 돌아온 나비
• 3연 : 냉혹한 현실에 좌절된 나비의 꿈

승무(僧舞)
• 작자 : 조지훈
• 갈래 : 자유시, 서정시
• 성격 : 전통적, 선적(禪的), 불교적, 고전적
• 특징 : 고전적 정서와 불교의 선(禪) 감각
• 제재 : 승무
• 주제 : 삶과 번뇌의 종교적 승화
• 출전 : 『문장』

시상전개
• 1연 : 승무를 시작하려는 여승의 모습
• 2연 : 승무를 시작하려 박사 고깔을 쓰는 여승
• 3연 : 승무를 시작하기 전, 여승의 옷차림과 인상
• 4연 : 승무를 출 무대의 묘사
• 5연 : 승무의 춤동작과 화자의 시선
• 6연 : 여승의 눈동자에서 의식이 내면으로 흘러감
• 7연 : 승무로써 번뇌를 승화시키는 모습
• 8연 : 번뇌를 승화시키고 느려지는 춤동작
• 9연 : 남아있는 승무의 여운

절정(絶頂)
• 작자 : 이육사
• 갈래 : 자유시, 서정시
• 성격 : 상징적, 의지적, 남성적, 지사적, 참여적
• 어조 : 의지적, 남성적 어조
• 특징 : 역설적 표현을 통해 주제를 형상화
• 제재 : 쫓기는 자의 극한 상황
• 주제 : 극한 상황에 대한 초극 의지
• 출전 : 『문장』

시상전개
• 1연 : 현실의 시련과 고통
• 2연 : 현실 속에서 가해지는 고통의 심화
• 3연 : 극한 상황에 대한 인식
• 4연 : 현실의 고통을 정신적으로 초극하려는 의지

참회록
• 작자 : 윤동주
• 갈래 : 자유시, 서정시
• 성격 : 반성적, 고백적, 상징적
• 제재 : 녹이 낀 구리 거울, 자아의 생활
• 주제 : 자기 성찰을 통한 순결성추구, 역사 속에서의 자아 성찰과 고난 극복 의지
• 출전 : 『하늘과 바람과 별과 시』

시상전개
• 1연 : 과거의 역사에 대한 참회
• 2연 : 지나온 삶에 대한 참회
• 3연 : 현재의 참회에 대해 미래에도 참회할 것임을 암시
• 4연 : 암담한 현실 속에서도 스스로를 성찰하고자 하는 의지
• 5연 : 미래의 삶에 대한 전망

⑧ 절정(絶頂, 1941)

매운 계절(季節)의 채찍에 갈겨
마침내 북방(北方)으로 휩쓸려 오다.

하늘도 그만 지쳐 끝난 고원(高原)
서릿발 칼날진 그 위에 서다.

어데다 무릎을 꿇어야 하나
한 발 재겨 디딜 곳조차 없다.

이러매 눈 감아 생각해 볼밖에
겨울은 강철로 된 무지갠가 보다.

⑨ 참회록(1948)

파란 녹이 낀 구리 거울 속에
내 얼굴이 남아 있는 것은
어느 왕조의 유물이기에
이다지도 욕될까.

나는 나의 참회의 글을 한 줄에 줄이자.
– 만(滿) 이십사 년 일 개월을
무슨 기쁨을 바라 살아 왔던가.

내일이나 모레나 그 어느 즐거운 날에
나는 또 한 줄의 참회록을 써야 한다.
– 그 때 그 젊은 나이에
왜 그런 부끄런 고백을 했던가.

밤이면 밤마다 나의 거울을
손바닥으로 발바닥으로 닦아 보자.

그러면 어느 운석(隕石) 밑으로 홀로 걸어가는
슬픈 사람의 뒷모양이
거울 속에 나타나온다.

(3) 1950년대 이후의 시

① 목마와 숙녀(1955)

> 한 잔의 술을 마시고
> 우리는 버지니아 울프의 생애(生涯)와
> 목마(木馬)를 타고 떠난 숙녀(淑女)의 옷자락을 이야기한다.
> 목마(木馬)는 주인(主人)을 버리고 그저 방울 소리만 울리며
> 가을 속으로 떠났다. 술병에서 별이 떨어진다.
> 상심(傷心)한 별은 내 가슴에 가벼웁게 부숴진다.
> 그러한 잠시 내가 알던 소녀(少女)는
> 정원(庭園)의 초목(草木) 옆에서 자라고
> 문학(文學)이 죽고 인생(人生)이 죽고
> 사랑의 진리마저 애증(愛憎)의 그림자를 버릴 때
> 목마(木馬)를 탄 사랑의 사람은 보이지 않는다.
>
> 세월은 가고 오는 것
> 한때는 고립(孤立)을 피하여 시들어 가고
> 이제 우리는 작별하여야 한다.
> 술병이 바람에 쓰러지는 소리를 들으며
> 늙은 여류 작가(女流作家)의 눈을 바라보아야 한다.
> …… 등대(燈臺)에……
> 불이 보이지 않아도
> 그저 간직한 페시미즘의 미래(未來)를 위하여
> 우리는 처량한 목마(木馬) 소리를 기억(記憶)하여야 한다.
> (후략)

② 추천사(鞦韆詞, 1956)

> 향단아 그넷줄을 밀어라.
> 머언 바다로
> 배를 내어 밀듯이, 향단아.
>
> 이 다소곳이 흔들리는 수양버들나무와
> 베갯모에 놓이듯 한 풀꽃데미로부터,
> 자잘한 나비 새끼 꾀꼬리들로부터,
> 아주 내어 밀듯이, 향단아.
>
> 산호도 섬도 없는 저 하늘로
> 나를 밀어 올려 다오.
> 채색(彩色)한 구름같이 나를 밀어 올려 다오.
> 이 울렁이는 가슴을 밀어 올려 다오.
> 서(西)으로 가는 달같이는
> 나는 아무래도 갈 수가 없다.

새들도 세상을 뜨는구나
• 작자 : 황지우
• 갈래 : 자유시, 참여시
• 성격 : 풍자적, 냉소적
• 어조 : 현실 비판적 어조
• 특징 : 영화 상영 전 애국가 시작과 끝, 화면의 전개에 맞추어 인간 사회를 표현
• 제재 : 새
• 주제 : 암울한 현실을 벗어 나고 싶은 소망과 좌절감
• 출전 :『새들도 세상을 뜨는구나』

시상전개
• 1~2행 : 상영 전 애국가를 경청
• 3~10행 : 이상향을 향한 새들의 비상하는 것을 바라봄
• 11~20행 : 시적 화자의 이상과 현실적 좌절감

혈의 누
• 작자 : 이인직
• 갈래 : 신소설
• 성격 : 교훈적, 계몽적
• 배경
  – 시간 : 청일전쟁(1884)~고종 6년(1902)
  – 공간 : 평양, 일본(오사카), 미국(워싱턴)
• 시점 : 전지적 작가 시점
• 문체 : 국한문 혼용체, 구어체, 묘사체, 산문체
• 특징 : 신소설의 효시이며, 고전 소설에서 현대 소설로 넘어가는 교량 역할
• 주제 : 신교육 사상과 개화의식의 고취
• 출전 : 만세보

작품의 구성
• 발단 : 옥련이 청일전쟁으로 인해 부모와 헤어짐
• 전개 : 일본인 군의관의 도움으로 구출되어 성장함
• 위기 : 군의관이 전사하자 옥련은 집에서 나와 자살을 기도함
• 절정 : 유학생 구완서를 만나 그를 따라 미국으로 건너감
• 결말 : 문명개화한 신학문을 배운 후, 나라를 위해 봉사할 것을 다짐함

바람이 파도를 밀어 올리듯이
그렇게 나를 밀어 올려 다오.
향단아.

③ 새들도 세상을 뜨는구나(1987)

영화가 시작하기 전에 우리는
일제히 일어나 애국가를 경청한다.
삼천리 화려 강산의
을숙도에서 일정한 군(群)을 이루며
갈대숲을 이룩하는 흰 새떼들이
자기들끼리 끼룩거리면서
자기들끼리 낄낄대면서
일렬 이열 삼렬 횡대로 자기들의 세상을
이 세상에서 떼어 메고
이 세상 밖 어디론가 날아간다.
우리도 우리들끼리
낄낄대면서
깔쭉대면서
우리의 대열을 이루며
한 세상 떼어 메고
이 세상 밖 어디론가 날아갔으면
하는데 대한 사람 대한으로
길이 보전하세로
각각 자기 자리에 앉는다.
주저 앉는다.

2. 현대소설

(1) 신소설부터 1920년대까지의 소설

① 혈의 누(1903)

"네가 고국에 가기가 그리 바쁠 것이 아니라 우선 네가 고생하던 이야기나 어서 좀 하여라. 네가 어떻게 살아났으며 어찌 여기를 왔느냐?"
옥련이가 얼굴빛을 천연히 하고 고쳐 앉더니, 모란봉에서 총 맞고 야천병원으로 가던 일과, 정상 군의의 집에 가던 일과, 대판서 학교에서 졸업하던 일과, 불행한 사기로 대판을 떠나던 일과, 동경 가는 기차를 타고 구완서를 만나서 절처봉생(絕處逢生)하던 일을 낱낱이 말하고, 그 말을 마치더니 다시 얼굴빛이 변하며 눈물이 도니, 그 눈물은 부모의 정에 관계한 눈물도 아니요, 제 신세 생각하는 눈물도 아니요, 구완서의 은혜를 생각하는 눈물이라.
"아버지, 아버지께서 나 같은 불효의 딸을 만나 보시고 기쁘신 마음이 있거든

구씨를 찾아보시고 치사의 말씀을 하여 주시면 좋겠습니다."

김관일이가 그 말을 듣더니, 그 길로 옥련이를 데리고 구씨의 유하는 처소로 찾아가니, 구씨는 김관일을 만나 보매 옥련의 부친을 본 것 같지 아니하고 제 부친이나 만난 듯이 반가운 마음이 있으니, 그 마음은 옥련의 기뻐하는 마음이 내 마음 기쁜 것이나 다름없는 데서 나오는 마음이요, 김씨는 구씨를 보고 내 딸 옥련을 만나 본 것이나 다름없이 반가우니, 그 두 사람의 마음이 그러할 일이라. 김씨가 구씨를 대하여 하는 말이 간단한 두 마디뿐이라.

② 만세전(1922)

지금 내 주위는 마치 공동묘지 같습니다. 생활력을 잃은 백의(白衣)의 백성과, 백주(白晝)에 횡행하는 이매망량(魑魅魍魎) 같은 존재가 뒤덮은 이 무덤 속에 들어앉은 나로서 어찌 '꽃의 서울'에 호흡(呼吸)하고 춤추기를 바라겠습니까. 눈에 보이는 것, 귀에 들리는 것이 하나나 내 마음을 부드럽게 어루만져 주고 용기와 희망을 돋우어 주는 것은 없으니, 이러다가는 이 약한 나에게 찾아올 것은 질식밖에 없을 것이외다. 그러나 그것은 장미꽃 송이 속에 파묻히어 향기에 도취한 행복한 질식이 아니라, 대기(大氣)에서 절연된 무덤 속에서 화석(化石) 되어 가는 구더기의 몸부림치는 질식입니다. 우선 이 질식에서 벗어나야 하겠습니다. …… 소학교 선생님이 '사벨(환도)'을 차고 교단에 오르는 나라가 있는 것을 보셨습니까? 나는 그런 나라의 백성이외다. 고민하고 오뇌하는 사람을 존경하시고 편을 들어 주신다는 그 말씀은 반갑고 고맙기 짝이 없습니다. 그러나 스스로 내성(內省)하는 고민이요 오뇌가 아니라, 발길과 채찍 밑에 부대끼면서도 숨을 죽여 엎디어 있는 거세(去勢)된 존재에게도 존경과 동정을 느끼시나요? 하도 못생겼으면 가엾다가도 화가 나고 미운증이 나는 법입니다. 혹은 연민(憐憫)의 정이 있을지 모르나, 연민은 아무것도 구(救)하는 길은 못 됩니다. …… 이제 구주(歐洲)의 천지는 그 참혹한 살육의 피비린내가 걷히고 휴전 조약이 성립되었다 하지 않습니까. 부질없는 총칼을 거두고 제법 인류의 신생(新生)을 생각하려는 것 같습니다. 그러나 이 땅의 소학교 교원의 허리에서 그 장난감 칼을 떼어 놓을 날은 언제일지? 숨이 막힙니다. …… 우리 문학의 도(徒)는 자유롭고 진실된 생활을 찾아가고, 이것을 세우는 것이 그 본령인가 합니다. 우리의 교유(交遊), 우리의 우정이 이것으로 맺어지지 않는다면 거짓말입니다. 이 나라 백성의, 그리고 당신의 동포의, 진실 된 생활을 찾아나가는 자각(自覺)과 발분(發憤)을 위하여 싸우는 신념(信念) 없이는 우리의 우정도 헛소리입니다……."

③ 감자(1925)

왕서방은 아무 말도 못하였다. 눈만 정처 없이 두룩두룩하였다. 복녀는 다시 한번 왕서방을 흔들었다.
"자, 어서."
"우리, 오늘은 일이 있어 못가."
"일은 밤중에 무슨 일."
"그래두 우리 일이……."

만세전
• 작자 : 염상섭
• 갈래 : 사실주의 소설, 중편소설
• 성격 : 사실적, 비판적
• 배경
 - 시간 : 1919년 3 · 1운동 직전
 - 공간 : 일본에서 경성으로 오는 여정
• 시점 : 1인칭 주인공 시점
• 문체 : 만연체
• 주제 : 일제 강점기의 억압받는 조선의 현실
• 의의 : 일제 강점기 아래의 현실을 사실적으로 제시
• 출전 : 「신생활」

작품의 구성
• 발단 : 김천 형에게 아내가 위독하다는 전보를 받고 귀국 준비를 함
• 전개 : 신호, 하관 등지의 술집을 전전하면서 답답한 심회에 빠짐
• 위기 : 관부 연락선 안에서 조선인을 멸시하는 일본인들의 대화에 분개함
• 절정 : 부산에서 집안으로 오는 과정에서 답답한 마음을 느낌
• 결말 : 아내의 죽음을 목도한후 다시 일본으로 건너감

감자
• 작자 : 김동인
• 갈래 : 단편소설
• 경향 : 자연주의적
• 배경 : 1920년대. 평양 칠성문 밖 빈민굴
• 시점 : 3인칭 관찰자 시점(부분적 전지적 작가 시점)
• 특징 : 평안도 사투리와 하층 사회의 비속어 구사
• 주제 : 불우한 환경이 빚어낸 한 여인의 비극적 운명
• 출전 : 「조선문단」

SEMI-NOTE

작품의 구성
- 발단 : 칠성문 밖 빈민굴에 살고 있는 복녀의 모습
- 전개 : 복녀에게 닥친 환경의 변화와 점차 타락하기 시작함
- 위기 : 새장가를 드는 왕서방에 대한 강한 질투
- 절정 : 복녀가 왕서방의 신방에 뛰어드나 도리어 자신의 낫에 살해당함
- 결말 : 복녀의 주검을 둘러싸고 오가는 돈거래

탈출기
- 작자 : 최서해
- 갈래 : 단편소설
- 성격 : 사실적, 자전적, 저항적
- 경향 : 신경향파 문학, 사실주의
- 배경 : 일제 강점기, 간도 지방
- 시점 : 1인칭 주인공 시점
- 특징 : 서간문 형식으로 사실성과 신뢰성을 높임
- 주제 : 가난한 삶의 원인과 구조적 모순을 해결하기 위한 저항
- 출전 : 『조선문단』

작품의 구성
- 발단 : 가족과 함께 간도로 떠나게 되는 '나'
- 전개 : 간도에서 겪게 되는 비참한 생활
- 절정 : 두부장수를 하며 겪는 생활고와 극한 상황
- 결말 : 가난에 대한 분노와 비관을 사회 참여로 전환시킴

술 권하는 사회
- 작자 : 현진건
- 갈래 : 단편소설
- 경향 : 사실주의
- 배경 : 일제시대(1920년대)의 도심지
- 시점 : 작가 관찰자 시점
- 주제 : 일제 치하의 부조리한 사회에 적응하지 못하고 가정에서도 이해받지 못하는 지식인의 좌절과 고뇌
- 출전 : 『개벽』

복녀의 입에 여태껏 떠돌던 이상한 웃음은 문득 없어졌다.

"이까짓것!"

그는 발을 들어서 치장한 신부의 머리를 찼다.

"자, 가자우, 가자우."

왕서방은 와들와들 떨었다. 왕서방은 복녀의 손을 뿌리쳤다. 복녀는 쓰러졌다. 그러나 곧 일어섰다. 그가 다시 일어설 때는 그의 손에 얼른얼른하는 낫이 한 자루 들리어 있었다.

"이 되놈 죽어라. 이놈, 나 때렸니! 이놈아, 아이구 사람 죽이누나."

그는 목을 놓고 처울면서 낫을 휘둘렀다. 칠성문 밖 외따른 밭 가운데 홀로 서 있는 왕 서방의 집에서는 일장의 활극이 일어났다. 그러나 그 활극도 곧 잠잠하게 되었다. 복녀의 손에 들리어 있던 낫은 어느덧 왕서방의 손으로 넘어가고 복녀는 목으로 피를 쏟으며 그 자리에 고꾸라져 있었다.

④ 탈출기(1925)

김군! 나는 더 참을 수 없었다. 나는 나부터 살려고 한다. 이때까지는 최면술에 걸린 송장이었다. 제가 죽은 송장으로 남(식구들)을 어찌 살리랴. 그러려면 나는 나에게 최면술을 걸려는 무리를 험악한 이 공기의 원류를 처부수어야 하는 것이다.

나는 이것을 인간의 생의 충동이며 확충이라고 본다. 나는 여기서 무상의 법열(法悅)을 느끼려고 한다. 아니 벌써부터 느껴진다. 이 사상이 나로 하여금 집을 탈출케 하였으며, ㅇㅇ단에 가입케 하였으며, 비바람 밤낮을 헤아리지 않고 벼랑 끝보다 더 험한 선에 서게 한 것이다.

김군! 거듭 말한다. 나도 사람이다. 양심을 가진 사람이다. 내가 떠나는 날부터 식구들은 더욱 곤경에 들 줄로 나는 안다. 자칫하면 눈속이나 어느 구렁에서 죽는 줄도 모르게 굶어죽을 줄도 나는 잘 안다. 그러므로 나는 이곳에서도 남의 집 행랑어멈이나 아범이며, 노두에 방황하는 거지를 무심히 보지 않는다.

아! 나의 식구도 그럴 것을 생각할 때면 자연히 흐르는 눈물과 뿌직뿌직 찢기는 가슴을 덮쳐 잡는다.

그러나 나는 이를 갈고 주먹을 쥔다. 눈물을 아니 흘리려고 하며 비애에 상하지 않으려고 한다. 울기에는 너무도 때가 늦었으며 비애에 상하는 것은 우리의 박약을 너무도 표시하는 듯싶다. 어떠한 고통이든지 참고 분투하려고 한다.

⑤ 술 권하는 사회(1921)

"흥 또 못 알아 듣는군. 묻는 내가 그르지, 마누라야 그런 말을 알 수 있겠소. 내가 설명해 드리지. 자세히 들어요. 내게 술을 권하는 것은 홧증도 아니고 하이칼라도 아니요. 이 사회란 것이 내게 술을 권한다오. 이 조선 사회란 것이 내게 술을 권한다오. 알았소? 팔자가 좋아서 조선에 태어났지, 딴 나라에 났더면 술이나 얻어 먹을 수 있나……."

사회란 무엇인가? 아내는 또 알 수가 없었다. 어찌하였든 딴 나라에는 없고 조선에만 있는 요리집 이름이어니 한다.

"조선에 있어도 아니 다니면 그만이지요."

남편은 또 아까 웃음을 재우친다. 술이 정말 아니 취한 것같이 또렷또렷한 어조로.

"허허, 기막혀. 그 한 분자(分子)된 이상에야 다니고 아니 다니는 게 무슨 상관이야. 집에 있으면 아니 권하고, 밖에 나가야 권하는 줄 아는가 보아. 그런게 아니야. 무슨 사회란 사람이 있어서 밖에만 나가면 나를 꼭 붙들고 술을 권하는 게 아니야……무어라 할까……저 우리 조선 사람으로 성립된 이 사회란 것이, 내게 술을 아니 못 먹게 한단 말이요. ……어째 그렇소?……또 내가 설명을 해 드리지. 여기 회를 하나 꾸민다 합시다. 거기 모이는 사람놈 치고 처음은 민족을 위하느니, 사회를 위하느니 그러는데, 제 목숨을 바쳐도 아깝지 않으니 아니 하는 놈이 하나도 없어. 하다가 단 이틀이 못 되어 단 이틀이 못 되어……."

(2) 1930년부터 광복 이후까지의 소설

① 만무방(1935)

한 식경쯤 지났을까, 도적은 다시 나타난다. 논뚝에 머리만 내노코 사면을 두리번 거리 드니 그제서 기여 나온다. 얼골에는 눈만 내노코 수건인지 뭔지 흔겁이 가리엇다. 봇짐을 등에 질머 메고는 허리를 구붓이 뺑손을 놋는다. 그러자 응칠이가 날쌔게 달겨들며

"이 자식, 남우 벼를 훔처 가니---"

하고 대포처럼 고함을 지르니 논둑이로 고대로 데굴데굴 굴러서 떨어진다. 얼결에 호되히 놀란 모양이엇다.

응칠이는 덤벼들어 우선 허리께를 나려조것다. 어이쿠쿠, 쿠--, 하고 처참한 비명이다. 이 소리에 귀가 뻔쩍 띄어 그 고개를 들고 팔부터 벗겨보앗다. 그러나 너머나 어이가 업섯음인지 시선을 치거드며 그 자리에 우두망철한다.

그것은 무서운 침묵이엇다. 살똥마즌 바람만 공숭에서 북새를 논다.

한참을 신음하다 도적은 일어나드니

"성님까지 이러케 못살게 굴기유?"

제법 눈을 부라리며 몸을 확 돌린다. 그리고 늣기며 울음이 복바친다. 봇짐도 내버린 채

"내것 내가 먹는데 누가 뭐래?"

하고 데퉁스러히 내뱃고는 비틀비틀 논 저쪽으로 업서 진다.

형은 너머 꿈속 가태서 멍허니 섯을뿐이다.

그러다 얼마 지나서 한 손으로 그 봇짐을 들어본다. 가쁜 하니 끽 밀 가옷이나 될는지.

② 봄봄(1935)

내가 여기에 와서 돈 한푼 안 받고 일하기를 삼 년하고 꼬박 일곱 달 동안을 했다. 그런데도 미처 못 자랐다니까 이 키는 언제야 자라는 겐지 짜장 영문 모른다. 일을 좀 더 잘해야 한다든지, 혹은 밥을 많이 먹는다고 노상 걱정이니까 좀 덜 먹어야 한다든지 하면 나도 얼마든지 할말이 많다. 허지만 점순이가 아직 어리니까 더 자라야 한다는 여기에는 어째 볼 수 없이 고만 빙빙하고 만다.

작품의 구성

- 발단 : 바느질을 하며 남편을 기다리는 아내
- 전개 : 과거 회상과 초조한 심정의 아내
- 위기 : 만취되어 돌아온 남편
- 절정 : 술을 마시는 이유에 대한 남편의 변명과 그것을 이해할 수 없는 아내
- 결말 : 집을 나가버리는 남편

만무방

- 작자 : 김유정
- 갈래 : 단편소설
- 성격 : 반어적(스스로 가꾼 벼를 도적질할 수밖에 없는 상황)
- 배경 : 1930년대 가을, 강원도 산골 마을
- 시점 : 3인칭 작가 관찰자 시점
- 문체 : 간결체
- 특징 : 농촌 현실을 향토적 언어로 생생하게 묘사
- 주제 : 식민지 농촌 사회에 가해지는 상황의 가혹함과 피해
- 출전 : 「조선일보」

작품의 구성

- 발단 : 응칠이는 한가롭게 송이 파적을 하거나 닭을 잡아먹으면서 돌아다님
- 전개 : 동생인 응오네가 벼를 도둑맞았다는 사실을 듣고 응오 집에 들렀다가 살벌해진 현실을 개탄함
- 위기 : 응칠이는 그믐칠야에 산꼭대기 바위굴에서 노름을 하고 도둑을 잡기 위해 잠복함
- 절정 : 잡힌 도둑이 동생 응오임을 알고 어이 없어함
- 결말 : 동생에게 함께 황소를 훔치자고 제안하지만 동생은 거절함. 그런 동생을 몽둥이질 하여 등에 매고 내려옴

봄봄
• 작자 : 김유정
• 갈래 : 단편소설
• 성격 : 해학적, 풍자적
• 배경 : 1930년대 봄, 강원도 산골 마을
• 시점 : 1인칭 주인공 시점
• 문체 : 간결체
• 구성 : 역순행적 구성(주인공 '나'의 회상으로, 과거와 현재가 교차)
• 표현 : 토속어, 비속어, 구어체 문장의 사용
• 주제 : 교활한 장인과 어수룩한 데릴사위 간의 성례를 둘러싼 해학적인 갈등
• 출전 : 「조광」

작품의 구성
• 발단 : '나'는 점순이와 성례하기 위해 삼 년 칠 개월 동안 보수 없이 일을 함
• 전개 : 점순이의 충동질로 장인과 함께 구장에게 판단을 받으러 가나 실패하여 뭉태에게 비난을 듣게 됨
• 절정 : 점순이의 두 번째 충동질에 장인과 희극적인 몸싸움을 벌임
• 결말 : '나'와 장인의 일시적인 화해가 이루어지고 '나'는 다시 일하러 감

날개
• 작자 : 이상
• 갈래 : 단편소설
• 성격 : 고백적, 상징적
• 경향 : 심리주의, 초현실주의, 모더니즘
• 배경
　－ 시간 : 일제 강점기
　－ 공간 : 48가구가 살고 있는 33번지 유곽
• 시점 : 1인칭 주인공 시점
• 특징 : 기성 문법을 거스르는 충격적 문체
• 주제 : 뒤바뀐 삶과 자아 분열의 의식 속에서 본래의 자아를 지향하는 인간의 내면 의지
• 출전 : 「조광」

　이래서 나는 애초 계약이 잘못된 걸 알았다. 이태면 이태, 삼년이면 삼년, 기한을 딱 작정하고 일을 해야 원할 것이다. 덮어놓고 딸이 자라는 대로 성례를 시켜 주마, 했으니 누가 늘 지키고 섰는 것도 아니고, 그 키가 언제 자라는지 알 수 있는가. 그리고 난 사람의 키가 무럭무럭 자라는 줄 만 알았지 붙배기 키에 모로만 벌어지는 몸도 있는 것을 누가 알았으랴. 때가 되면 장인님이 어련하랴 싶어서 군소리 없이 꾸벅꾸벅 일만 해 왔다.

　그럼 말이다. 장인님이 제가 다 알아채서, "어참, 너 일 많이 했다. 고만 장가 들어라." 하고 살림도 내주고 해야 나도 좋을 것이 아니냐.

　시치미를 딱 떼고 도리어 그런 소리가 나올까 봐서 지레 펄펄뛰고 이 야단이다. 명색이 좋아 데릴사위지 일하기에 싱겁기도 할 뿐더러 이건 참 아무것도 아니다.

　숙맥이 그걸 모르고 점순이의 키 자라기만 까맣게 기다리지 않았나.

　언젠가는 하도 갑갑해서 자를 가지고 덤벼들어서 그 키를 한번 재 볼까 했다. 마는 우리는 장인님이 내외를 해야 한다고 해서 마주 서 이야기도 한마디하는 법 없다. 우물길에서 언제나 마주칠 적이면 겨우 눈어림으로 재보고 하는 것인데 그럴 적마다 나는 저만침 가서 '제에미 키두!'하고 논둑에다 침을 퉤, 뱉는다. 아무리 잘 봐야 내 겨드랑(다른 사람보다 좀 크긴 하지만) 밑에서 넘을락 말락 밤낮 요모양이다.

　개 돼지는 푹푹 크는데 왜 이리도 사람은 안 크는지, 한동안 머리가 아프도록 궁리도 해보았다.

　아하, 물동이를 자꾸 이니까 뼉다귀가 움츠라 드나보다, 하고 내가 넌즈시 그 물을 대신 길어도 주었다. 뿐만 아니라 나무를 하러 가면 서낭당에 돌을 올려놓고 '점순이의 키 좀 크게 해줍소사. 그러면 담엔 떡 갖다 놓고 고사드립죠니까.' 하고 치성도 한두 번 드린 것이 아니다. 어떻게 되먹은 긴지 이래도 막무가내니……

③ **날개(1936)**

　우리들은 서로 오해하고 있느니라. 설마 아내가 아스피린 대신에 아달린의 정량을 나에게 먹여 왔을까? 나는 그것을 믿을 수는 없다. 아내가 대체 그럴 까닭이 없을 것이니, 그러면 나는 날밤을 새면서 도둑질을 계집질을 하였나? 정말이지 아니다.

　우리 부부는 숙명적으로 발이 맞지 않는 절름발이인 것이다. 내나 아내나 제 거동에 로직을 붙일 필요는 없다. 변해할 필요도 없다. 사실은 사실대로 오해는 오해대로 그저 끝없이 발을 절뚝거리면서 세상을 걸어가면 되는 것이다. 그렇지 않을까?

　그러나 나는 이 발길이 아내에게로 돌아가야 옳은가 이것만은 분간하기가 좀 어려웠다. 가야하나? 그럼 어디로 가나?

　이때 뚜우 하고 정오 사이렌이 울었다. 사람들은 모두 네 활개를 펴고 닭처럼 푸드덕거리는 것 같고 온갖 유리와 강철과 대리석과 지폐와 잉크가 부글부글 끓고 수선을 떨고 하는 것 같은 찰나! 그야말로 현란을 극한 정오다.

　나는 불현듯 겨드랑이가 가렵다. 아하, 그것은 내 인공의 날개가 돋았던 자국이다. 오늘은 없는 이 날개. 머릿속에서는 희망과 야심이 말소된 페이지가 딕셔너리 넘어가듯 번뜩였다.

나는 걷던 걸음을 멈추고 그리고 일어나 한 번 이렇게 외쳐 보고 싶었다.
날개야 다시 돋아라.
날자. 날자. 한 번만 더 날자꾸나.
한 번만 더 날아 보자꾸나.

④ 치숙(1938)

내 이상과 계획은 이렇거든요.

우리집 다이쇼가 나를 자별히 귀여워하고 신용을 하니깐 인제 한 십 년만 더 있으면 한밑천 들여서 따루 장사를 시켜 줄 눈치거든요.

그러거들랑 그것을 언덕삼아 가지고 나는 삼십 년 동안 예순 살 환갑까지만 장사를 해서 꼭 십만 원을 모을 작정이지요. 십만 원이면 죄선 부자로 쳐도 천석군이니 머, 떵떵거리고 살 게 아니라구요.

신식 여자는 식자가 들었다는 게 건방져서 못쓰고 도무지 그래서 죄선 여자는 신식이고 구식이고 다아 제에발이야요.

내지 여자가 참 좋지 머. 인물이 개개 일짜로 예쁘겠다, 얌전하겠다, 상냥하겠다, 지식이 있어도 건방지지 않겠다, 조음이나 좋아!

그리고 내지 여자한테 장가만 드는 게 아니라 성명도 내지인 성명으로 갈고, 집도 내지인 집에서 살고, 옷도 내지 옷을 입고 밥도 내지 식으로 먹고, 아이들도 내지인 이름을 지어서 내지인 학교에 보내고……

내지인 학교래야지 죄선 학교는 너절해서 아이를 버려 놓기나 꼭 알맞지요.

그리고 나도 죄선말은 싹 걷어치우고 국어만 쓰고요.

이렇게 다아 생활법식부텀도 내지인처럼 해야만 돈도 내지인처럼 잘 모으게 되거든요.

내 이상이며 계획은 이래서 이십만 원짜리 큰 부자가 바루 내다뵈고 그리루 난 길이 환하게 트이고 해서 나는 시방 열심으로 길을 가고 있는데 글쎄 그 미처 살기 든 놈들이 세상 망쳐버릴 사회주의를 하려 드니 내가 소름이 끼칠 게 아니라구요? 말만 들어도 끔찍하지!

⑤ 사랑손님과 어머니(1935)

그 날 밤, 저녁밥 먹고 나니까 어머니는 나를 불러 앉히고 머리를 새로 빗겨 주었습니다. 댕기를 새 댕기로 드려 주고, 바지, 저고리, 치마, 모두 새것을 꺼내 입혀 주었습니다.

"엄마, 어디 가?" 하고 물으니까,

"아니." 하고 웃음을 띠면서 대답합니다. 그러더니, 풍금 옆에서 내리어 새로 다린 하얀 손수건을 내리어 내 손에 쥐어 주면서,

"이 손수건, 저 사랑 아저씨 손수건인데, 이것 아저씨 갖다 드리구 와, 응. 오래 있지 말구 손수건만 갖다 드리구 이내 와, 응." 하고 말씀하셨습니다.

손수건을 들고 사랑으로 나가면서 나는 접어진 손수건 속에 무슨 발각발각하는 종이가 들어 있는 것처럼 생각되었습니다마는, 그것을 펴 보지 않고 그냥 갖다가 아저씨에게 주었습니다.

SEMI-NOTE

작품의 구성
• 도입부 : '나'의 독백. 지적인 역설로 분열된 자아 제시
• 발단 : 33번지 유곽. 해가 들지 않는 '나'의 방
• 전개 : 손님이 찾아온 아내. 일찍 귀가한 '나'와 아내의 마주침
• 위기 : 감기약 대신 수면제를 먹인 아내의 의도에 마음이 쓰이는 '나'
• 절정, 결말 : 정상적인 삶에 대한 욕구

치숙
• 작자 : 채만식
• 갈래 : 단편소설
• 성격 : 풍자적, 세태비판적
• 배경 : 일제 강점기, 군산과 서울
• 시점 : 1인칭 관찰자 시점
• 주제 : 일제시대 지식인에 대한 비판 및 일본 사대주의에 빠진 이들에 대한 풍자
• 출전 : 「동아일보」

작품의 구성
• 발단 : 화자가 아저씨와 아주머니를 소개함
• 전개 : 무능력한 아저씨의 모습과 인자한 아주머니가 고생하는 것을 보고 답답해 함
• 위기 : 일본인 처를 얻고 일본에 가서 살고자 하지만, 아저씨 때문에 방해를 받게 됨
• 절정 : 화자는 아저씨의 행태를 비판하지만 아저씨는 오히려 세상을 움직이는 힘에 대해 알지 못하는 화자를 비판함
• 결말 : 화자는 아저씨에게 실망하게 됨

사랑손님과 어머니
• 작자 : 주요섭
• 갈래 : 단편소설
• 성격 : 서정적, 심리적
• 배경 : 1930년대, 시골 마을
• 시점 : 1인칭 관찰자 시점
• 주제 : 봉건적 윤리의식과 인간적 감정 사이에서 갈등하는 어머니와 사랑손님의 사랑과 이별
• 출전 : 「조광」

작품의 구성

• **발단** : 옥희네 집에 사랑손님(아저씨)이 하숙을 하게 됨
• **전개** : 아저씨와 친해지는 '나'와 서로 관심을 보이는 어머니와 아저씨
• **위기** : 어머니와 아저씨의 연모의 정과 갈등
• **절정** : '나'가 거짓말로 준 꽃으로 인한 어머니의 갈등과 결심
• **결말** : 아저씨가 떠나고 나서, 어머니는 마른 꽃을 '나'에게 주며 버리라고 시킴

광장

• **작자** : 최인훈
• **갈래** : 분단소설, 사회소설, 장편소설
• **성격** : 관념적, 철학적
• **배경** : 광복 직후에서 한국 전쟁 후까지의 남한과 북한
• **시점** : 전지적 작가 시점
• **특징** : 밀실, 광장 등의 상징적 공간과 사변적 주인공을 통해 관념적이고 철학적인 주제를 표현
• **주제** : 분단 현실에 대한 인식과 이상적인 사회의 염원과 좌절, 이념의 갈등 속에서 이상과 사랑을 추구하는 인간의 모습
• **의의** : 남북한 이데올로기를 비판적으로 고찰한 최초의 실존주의 소설
• **출전** : 「새벽」

작품의 구성

• **발단** : 명준은 월북한 아버지 때문에 이념 문제로 고초를 겪다가 결국 월북하게 됨
• **전개** : 북한 사회의 부자유와 이념의 허상에 환멸을 느낌
• **위기** : 한국 전쟁이 발발하고, 인민군으로 종군하다가 포로가 됨
• **절정** : 포로교환 현장 속에서 명준은 중립국을 택함
• **결말** : 인도로 가는 타고르 호에서 투신하는 명준

아저씨는 방에 누워 있다가 벌떡 일어나서 손수건을 받는데, 웬일인지 아저씨는 이전처럼 나보고 빙그레 웃지도 않고 얼굴이 몹시 파래졌습니다. 그리고는, 입술을 질근질근 깨물면서 말 한 마디 아니하고 그 손수건을 받더군요.

나는 어째 이상한 기분이 들어서 아저씨 방에 들어가 앉지도 못하고, 그냥 되돌아서 안방으로 도로 왔지요. 어머니는 풍금 앞에 앉아서 무엇을 그리 생각하는지 가만히 있더군요. 나는 풍금 옆으로 가서 가만히 옆에 앉아 있었습니다. 이윽고, 어머니는 조용조용히 풍금을 타십니다. 무슨 곡조인지는 몰라도 어째 구슬프고 고즈넉한 곡조야요. 밤이 늦도록 어머니는 풍금을 타셨습니다. 그 구슬프고 고즈넉한 곡조를 계속하고 또 계속하면서…….

실력UP 신빙성 없는 화자

화자인 옥희는 어린아이의 눈으로 있는 그대로를 설명하지만 아직 어리기 때문에 어머니와 아저씨의 연정을 눈치 채지 못하기에, 화자가 미성숙 또는 교양이 낮거나 어린 탓에 사건을 잘못 파악하여 서술하는 시점을 신빙성 없는 화자(unrealiable narrator)라 일컬음

(3) 1950년 이후의 소설

① 광장(1960)

펼쳐진 부채가 있다. 부채의 끝 넓은 테두리 쪽을, 철학과 학생 이명준이 걸어간다. 가을이다. 겨드랑이에 낀 대학 신문을 꺼내 들여다본다. 약간 자랑스러운 듯이. 여자를 깔보지는 않아도, 알 수 없는 동물이라고 여기고 있다.

책을 모으고, 미이라를 구경하러 다니다.

정치는 경멸하고 있다. 그 경멸이 실은 강한 관심과 아버지 일 때문에 그런 모양으로 나타난 것인 줄은 알고 있다. 다음에, 부채의 안쪽 좀 더 좁은 너비에, 바다가 보이는 분지가 있다. 거기서 보면 갈매기가 날고 있다. 윤애에게 말하고 있다. 윤애 날 믿어 줘. 알몸으로 날 믿어 줘. 고기 썩는 냄새가 역한 배 안에서 물결에 흔들리다가 깜빡 잠든 사이에, 유토피아의 꿈을 꾸고 있는 그 자신이 있다. 조선인 콜호스 숙소의 창에서 불타는 저녁놀의 힘을 부러운 듯이 바라보고 있는 그도 있다. 구겨진 바바리코드 속에 시래기처럼 바랜 심장을 하고 은혜가 기다리는 하숙으로 돌아가고 있는 9월의 어느 저녁이 있다. 도어에 뒤통수를 부딪히면서 악마도 되지 못한 자기를 언제까지나 웃고 있는 그가 있다. 그의 삶의 터는 부채꼴, 넓은 데서 점점 안으로 오므라들고 있었다. 마지막으로 은혜와 둘이 안고 뒹굴던 동굴이 그 부채꼴 위에 있다. 사람이 안고 뒹구는 목숨의 꿈이 다르지 않으니. 어디선가 그런 소리도 들렸다.

그는 지금, 부채의 사북자리에 서 있다. 삶의 광장은 좁아지다 못해 끝내 그의 두 발바닥이 차지하는 넓이가 되고 말았다. 자 이제는? 모르는 나라, 아무도 자기를 알 리 없는 먼 나라로 가서, 전혀 새사람이 되기 위해 이 배를 탔다. 사람은, 모르는 사람들 사이에서는, 자기 성격까지도 마음대로 골라잡을 수도 있다고 믿는다. 성격을 골라잡다니! 모든 일이 잘 될 터이었다. 다만 한 가지만 없었다면. 그는 두 마리 새들을 방금까지 알아보지 못한 것이었다. 무덤 속에서 몸을 푼 한 여자의 용기를, 방금 태어난 아기를 한 팔로 보듬고 다른 팔로 무덤

을 깨뜨리고 하늘 높이 치솟는 여자를, 그리고 마침내 그를 찾아 내고야만 그들의 사랑을.

돌아서서 마스트를 올려다본다. 그들은 보이지 않는다. 바다를 본다. 큰 새와 꼬마 새는 바다를 향하여 미끄러지듯 내려오고 있다. 바다. 그녀들이 마음껏 날아다니는 광장을 명준은 처음 알아본다. 부채꼴 사북까지 뒷걸음질친 그는 지금 핑그르르 뒤로 돌아선다. 제정신이 든 눈에 비친 푸른 광장이 거기 있다.

② 장마(1973)

"자네 오면 줄라고 노친께서 여러 날 들여 장만헌 것일세. 먹지는 못헐 망정 눈요구라도 허고 가소. 다아 자네 노친 정성 아닌가. 내가 자네를 쫓을라고 이러는 건 아니네. 그것만은 자네도 알어야 되네. 냄새가 나드라도 너무 섭섭타 생각 말고, 집안일일랑 아모걱정 말고 머언 걸음 부데 펜안히 가소"

이야기를 다 마치고 외할머니는 불씨가 담긴 그릇을 헤집었다. 그 위에 할머니의 흰머리를 올려놓자 지글지글 끓는 소리를 내면서 타오르기 시작했다. 단백질을 태우는 노린내가 멀리까지 진동했다. 그러자 눈앞에서 벌어지는 그야말로 희한한 광경에 놀라 사람들은 저마다 탄성을 올렸다. 외할머니가 아무리 타일러도 그때까지 움쩍도 하지 않고 그토록 오랜 시간을 버티던 그것이 서서히 움직이기 시작한 것이다. 감나무 가지를 친친 감았던 몸뚱이가 스르르 풀리면서 구렁이는 땅바닥으로 툭 떨어졌다. 떨어진 자리에서 잠시 머뭇거린 다음 구렁이는 꿈틀꿈틀 기어 외할머니 앞으로 다가왔다. 외할머니가 한쪽으로 비켜서면서 길을 터주었다. 이리저리 움직이는 대로 뒤를 따라가며 외할머니는 연신 소리를 질렀다. 새막에서 참새떼를 쫓을 때처럼 "쉬이! 쉬이!" 하고 소리를 지르면서 손뼉까지 쳤다. 누런 비늘 가죽을 번들번들 뒤틀면서 그것은 소리 없이 땅바닥을 기었다. 안방에 있던 식구들도 마루로 몰려나와 마당 한복판을 가로질러 오는 기다란 그것을 모두 질린 표정으로 내려다보고 있었다. 꼬리를 잔뜩 사려 가랑이 사이에 감춘 워리란 놈이 그래도 꼴값을 하느라고 마루 밑에서 다 죽어가는 소리로 짖어대고 있었다. 몸뚱이의 움직임과는 여전히 따로 노는 꼬리 부분을 왼쪽으로 삐딱하게 흔들거리면서 그것은 방향을 바꾸어 헛간과 부엌 사이 공지를 천천히 지나갔다.

"쉬이! 쉬어이!"

외할머니의 쉰 목청을 뒤로 받으며 그것은 우물곁을 거쳐 넓은 뒤란을 어느덧 완전히 통과했다. 다음은 숲이 우거진 대밭이었다.

"고맙네, 이 사람! 집안 일은 죄다 성님한티 맽기고 자네 혼잣 몸띵이나 지발 성혀서먼 걸음 펜안히 가소. 뒷일은 아모 염려 말고 그저 펜안히 가소. 증말 고맙네, 이 사람아"

장마철에 무성히 돋아난 죽순과 대나무 사이로 모습을 완전히 감추기까지 외할머니는 우물곁에 서서 마지막 당부의 말로 구렁이를 배웅하고 있었다.

장마

- **작자** : 윤흥길
- **갈래** : 중편소설
- **성격** : 샤머니즘
- **배경** : 6 · 25 전쟁 중 어느 농촌 마을
- **시점** : 1인칭 관찰자 시점
- **특징** : 전라북도 사투리 사용을 통한 사실적인 표현
- **주제** : 이념 대립의 극한적 분열상과 정서적 일체감에 의한 극복
- **출전** : 「문학과 지성」

작품의 구성

- **발단** : 두 할머니의 아들이 각각 국군과 인민군 빨치산으로 나감
- **전개** : 외할머니의 아들이 전사한 뒤부터 두 할머니의 갈등이 시작됨
- **위기** : 빨치산에 대한 외할머니의 저주로 갈등이 고조됨
- **절정** : 아이들에게 쫓겨 집안에 들어온 구렁이를 외할머니가 극진히 대접해 돌려보냄
- **결말** : 두 할머니가 화해함

전후소설

전후소설은 6 · 25를 직접 체험한 작가들이 당시의 현실 상황이나 전쟁 직후의 비극과 인간성 상실에 대해 사실적으로 그려낸 작품으로, 갈라진 우리 민족이 나아가야 할 길을 제시해 주며, 고뇌를 통해 새로운 인간의 형상화를 보여줌

SEMI-NOTE

난장이가 쏘아올린 작은 공
- 작자 : 조세희
- 갈래 : 중편소설, 연작소설
- 경향 : 사회 고발적
- 배경 : 1970년대, 서울의 재개발 지역
- 시점 : 1인칭 주인공 시점
- 특징 : 우화적인 분위기의 실험적 기법의 도입과 70년대의 어두운 이면을 직접적으로 드러냄
- 주제 : 도시 빈민이 겪는 삶의 고통과 좌절
- 출전 : 『문학과 지성』

작품의 구성
- 1부 : (서술자 영수) 집을 철거 한다는 계고장을 받은 난쟁이 가족의 모습과 생활상
- 2부 : (서술자 영호) 입주권을 투기업자에게 파는 난쟁이 가족과 남는 돈이 없어 학교를 그만두는 영호와 영희
- 3부 : (서술자 영희) 영희는 투기업자에게 순결을 빼앗기고, 금고 안에서 되찾은 입주권과 돈으로 입주 절차를 마치나 아버지의 죽음을 확인하고 사회를 향해 절규함

그믐달
- 작자 : 나도향
- 갈래 : 경수필
- 성격 : 서정적, 낭만적, 감상적
- 문체 : 우유체, 화려체
- 특징
  – 대조의 방법으로 대상을 부각시킴
  – 직유법과 은유법을 통해 대상의 특성을 표현
- 제재 : 그믐달
- 주제 : 외롭고 한스러워 보이는 그믐달을 사랑하는 마음
- 출전 : 『조선문단』

③ 난장이가 쏘아올린 작은 공(1976)

> 아주머니가 말했다.
> "네가 집을 나가구 식구들이 얼마나 찾았는지 아니? 이 방 창문에서도 보이지. 어머니가 헐린 집터에 서 계셨었다. 너는 둘째치구 이번엔 아버지가 어딜 가셨는지 모르게 됐었단다. 성남으로 가야하는데 아버지가 안 계셨어. 길게 얘길 해 뭘 하겠니. 아버지는 돌아가셨어. 벽돌 공장 굴뚝을 허는 날 알았단다. 굴뚝 속으로 떨어져 돌아가신 아버지를 철거반 사람들이 발견했어."
> 그런데– 나는 일어날 수가 없었다. 눈을 감은 채 가만히 누워 있었다. 다친 벌레처럼 모로 누워 있었다. 숨을 쉴 수 없었다. 나는 두 손으로 가슴을 쳤다. 헐린 집 앞에 아버지가 서 있었다. 아버지는 키가 작았다. 어머니가 다친 아버지를 업고 골목을 돌아 들어왔다. 아버지의 몸에서 피가 뚝뚝 흘렀다. 내가 큰 소리로 오빠들을 불렀다. 오빠들이 뛰어나왔다. 우리들은 마당에 서서 하늘을 쳐다보았다. 까만 쇠공이 머리 위 하늘을 일직선으로 가르며 날아갔다.
> 아버지가 벽돌 공장 굴뚝 위에 서서 손을 들어 보였다. 어머니가 조각마루 끝에 밥상을 올려 놓았다. 의사가 대문을 들어서는 소리가 들렸다. 아주머니가 나의 손을 잡았다. 아아아아아아아 하는 울음이 느리게 나의 목을 타고 올라왔다.
> "울지 마, 영희야." 큰오빠가 말했었다.
> "제발 울지 마. 누가 듣겠어." 나는 울음을 그칠 수 없었다.
> "큰오빠는 화도 안 나?"
> "그치라니까."
> "아버지를 난장이라고 부르는 악당은 죽여 버려."
> "그래. 죽여 버릴게."
> "꼭 죽여."
> "그래. 꼭."
> "꼭."

04절 기타 갈래의 작품

1. 현대 수필, 희곡, 시나리오

(1) 현대 수필

① 그믐달(1925)

> 나는 그믐달을 몹시 사랑한다.
> 그믐달은 요염하여 감히 손을 댈 수도 없고, 말을 붙일 수도 없이 깜찍하게 예쁜 계집 같은 달인 동시에 가슴이 저리고 쓰리도록 가련한 달이다.
> 서산 위에 잠깐 나타났다가 숨어 버리는 초생달은 세상을 후려 삼키려는 독부(毒婦)가 아니면 철모르는 처녀 같은 달이지마는, 그믐달은 세상의 갖은 풍상을 다 겪고, 나중에는 그 무슨 원한을 품고서 애처롭게 쓰러지는 원부와 같이

애절하고 애절한 맛이 있다.

　　보름에 둥근 달은 모든 영화와 끝없는 숭배를 받는 여왕과 같은 달이지마는, 그믐달은 애인을 잃고 쫓겨남을 당한 공주와 같은 달이다.

　　초생달이나 보름달은 보는 이가 많지마는, 그믐달은 보는 이가 적어 그만큼 외로운 달이다. 객창한등에 정든 임 그리워 잠 못 들어 하는 분이나, 못 견디게 쓰린 가슴을 움켜잡은 무슨 한 있는 사람이 아니면 그 달을 보아주는 이가 별로 없을 것이다.

　　그는 고요한 꿈나라에서 평화롭게 잠들은 세상을 저주하며, 홀로이 머리를 풀어 뜨리고 우는 청상(靑孀)과 같은 달이다. 내 눈에는 초생달 빛은 따뜻한 황금빛에 날카로운 쇳소리가 나는 듯하고, 보름달은 치어다 보면 하얀 얼굴이 언제든지 웃는 듯하지마는, 그믐달은 공중에서 번듯하는 날카로운 비수와 같이 푸른빛이 있어 보인다. 내가 한 있는 사람이 되어서 그러한지는 모르지마는, 내가 그 달을 많이 보고 또 보기를 원하지만, 그 달은 한 있는 사람만 보아주는 것이 아니라 늦게 돌아가는 술주정꾼과 노름하다 오줌 누러 나온 사람도 보고, 어떤 때는 도둑놈도 보는 것이다.

　　어떻든지, 그믐달은 가장 정 있는 사람이 보는 중에, 또는 가장 한 있는 사람이 보아주고, 또 가장 무정한 사람이 보는 동시에 가장 무서운 사람들이 많이 보아준다.

　　내가 만일 여자로 태어날 수 있다 하면, 그믐달 같은 여자로 태어나고 싶다.

② 낙엽을 태우면서(1938)

　　가을이 깊어지면 나는 거의 매일 뜰의 낙엽을 긁어 모으지 않으면 안 된다. 날마다 하는 일이언만, 낙엽은 어느덧 날고 떨어져서 또다시 쌓이는 것이다. 낙엽이란 참으로 이 세상의 사람의 수효보다도 많은가 보다. 30여 평에 차지 못하는 뜰이건만, 날마다의 시중이 조련치 않다.

　　벚나무, 능금나무 – 제일 귀찮은 것이 담쟁이다. 담쟁이란 여름 한철 벽을 온통 둘러싸고, 지붕과 연돌(煙突)의 붉은 빛만을 남기고 집안을 통째로 초록의 세상으로 변해 줄때가 아름다운 것이지 잎을 다 떨어트리고 앙상하게 드러난 벽에 메마른 줄기를 그물같이 둘러칠 때쯤에는, 벌써 다시 지릅떠볼 값조차 없는 것이다. 귀찮은 것이 그 낙엽이다.

　　가령 벚나무 잎같이 신선하게 단풍이 드는 것도 아니요, 처음부터 칙칙한 색으로 물들어 재치 없는 그 넓은 잎이 지름길 위에 떨어져 비라도 맞고 나면 지저분하게 흙 속에 묻히는 까닭에 아무래도 날아 떨어지는 쪽쪽 그 뒷시중을 해야 한다. 벚나무 아래에 긁어모은 낙엽의 산더미를 모으고 불을 붙이면 속엣것부터 푸슥푸슥 타기 시작해서 가는 연기가 피어오르고 바람이나 없는 날이면 그 연기가 낮게 드리워서 어느덧 뜰 안에 가득히 담겨진다.

　　낙엽 타는 냄새같이 좋은 것이 있을까. 갓 볶아낸 커피의 냄새가 난다. 잘 익은 개금냄새가 난다. 갈퀴를 손에 들고는 어느 때까지든지 연기 속에 우뚝 서서 타서 흩어지는 낙엽의 산더미를 바라보며 향기로운 냄새를 맡고 있노라면 별안간 맹렬한 생활의 의욕을 느끼게 된다. 연기는 몸에 배서 어느 결엔지 옷자락과 손등에서도 냄새가 나게 된다. 나는 그 냄새를 한없이 사랑하면서 즐거운 생활감에 잠겨서는 새삼스럽게 생활의 제목을 진귀한 것으로 머릿속에 떠올린다.

SEMI-NOTE

작품의 구성

• 기 : 가슴 저리게 가련한 그믐달을 사랑하는 나의 모습
• 승 : 독부와 같은 그믐달, 애인을 잃고 쫓겨난 그믐달
• 전 : 사연 있는 사람만 보는 달, 보는 이가 적은 그믐달
• 결 : 만일 여자로 태어난다면 그믐달 같은 여자로 태어나고픈 나의 모습

경수필

내용과 분위기가 친근하며, 주관적, 정서적, 자기 고백적이며 신변잡기적인 성격을 지님

낙엽을 태우면서

• 작자 : 이효석
• 갈래 : 경수필
• 성격 : 주관적, 감각적, 사색적
• 문체 : 우유체
• 특징
　– 은유와 직유, 점층법을 구사
　– 예시와 열거를 통한 '나'의 행동과 상념의 전개가 인상적인 흐름에 따라 표현
• 주제 : 낙엽을 태우면서 느끼는 일상 생활의 보람
• 출전 : 『조선 문학 독본』

작품의 구성

• 기 : 낙엽 쓸기를 귀찮은 시중들기로 표현
• 승 : 쓸어 모은 낙엽을 태우며 낙엽이 타는 냄새를 맡으며 생활의 의욕을 느낌
• 전 : 불을 쬐며 가을의 생활미를 느끼는 화자의 모습
• 결 : 가을에 하는 일거리에서 찾는 창조적이며 생산적인 의미

음영과 윤택과 색채가 빈곤해지고 초록이 전혀 그 자취를 감추어 버린 꿈을 잃은 헌출한 뜰 복판에 서서 꿈의 껍질인 낙엽을 태우면서 오로지 생활의 상념에 잠기는 것이다. (후략)

③ 피딴문답(1978)

"존경이라니…, 존경할 요리란 것도 있나?"
"있고말고. 내 얘기를 들어 보면 자네도 동감일 걸세. 오리알을 껍질째 진흙으로 싸서 겨 속에 묻어 두거든…. 한 반 년쯤 지난 뒤에 흙덩이를 부수고, 껍질을 까서 술안주로 내놓는 건데, 속은 굳어져서 마치 삶은 계란 같지만, 흙덩이 자체의 온기 외에 따로 가열(加熱)을 하는 것은 아니라네."
"오리알에 대한 조예가 매우 소상하신데…."
"아니야, 나도 그 이상은 잘 모르지. 내가 아는 건 거기까지야. 껍질을 깐 알맹이는 멍이 든 것처럼 시퍼런데도, 한 번 맛을 들이면 그 풍미(風味-음식의 멋스런 맛)가 기막히거든. 연소(제비집)나 상어 지느러미처럼 고급 요리 축에는 못 들어가도, 술안주로는 그만이지…."
"그래서 존경을 한다는 건가?"
"아니야, 생각을 해 보라고. 날것째 오리알을 진흙으로 싸서 반 년씩이나 내버려 두면, 썩어 버리거나, 아니면 부화해서 오리 새끼가 나와야 할 이치 아닌가 말야…. 그런데 썩지도 않고, 오리 새끼가 되지도 않고, 독자의 풍미를 지닌 피딴으로 화생(化生-생물의 몸이 다르게 변함)한다는 거, 이거 놀라운 일이 아닐 수 없지. 허다한 값나가는 요리를 제쳐 두고, 내가 피딴 앞에 절을 하고 싶다는 연유가 바로 이것일세."
"그럴싸한 얘기로구먼. 썩지도 않고, 오리 새끼도 되지 않는다…?"
"그저 썩지만 않는다는 게 아니라, 거기서 말 못 할 풍미를 맛볼 수 있다는 거, 그것이 중요한 포인트지……. 남들은 나를 글줄이나 쓰는 사람으로 치부하지만, 붓 한 자루로 살아 왔다면서, 나는 한 번도 피딴만한 글을 써 본 적이 없다네. '망건을 십 년 뜨면 문리(文理-글의 뜻을 깨달아 아는 힘)가 난다.'는 속담도 있는데, 글 하나 쓸 때마다 입시를 치르는 중학생마냥 긴장을 해야 하다니, 망발도 이만저만이지……."
"초심불망(初心不忘-처음에 먹은 마음을 잊지 않는다)이라지 않아……. 늙어 죽도록 중학생일 수만 있다면 오죽 좋아 ……."
"그런 건 좋게 하는 말이고, 잘라 말해서, 피딴만큼도 문리가 나지 않는다는 거야……. 이왕 글이라도 쓰려면, 하다못해 피딴 급수(級數)는 돼야겠는데……."
"썩어야 할 것이 썩어 버리지 않고, 독특한 풍미를 풍긴다는 거, 멋있는 얘기로구먼. 그런 얘기 나도 하나 알지. 피딴의 경우와는 좀 다르지만……." (후략)

(2) 희곡, 시나리오

① 토막(1932)

> 명서 처 : 음, 그 애에게서 물건이 온 게로구먼.
>
> 명서 : 뭘까?
>
> 명서 처 : 세상에, 귀신은 못 속이는 게지!(아들의 좋은 소식을 굳게 믿고 싶은 심정) 오늘 아침부터 이상한 생각이 들더니, 이것이 올려구 그랬던가 봐. 당신은 우환이니 뭐니 해도 …….
>
> 명서 : (소포의 발송인의 이름을 보고) 하아 하! 이건 네 오래비가 아니라 삼조가 …….
>
> 명서 처 : 아니, 삼조가 뭣을 보냈을까? 입때 한 마디 소식두 없던 애가 …….(소포를 끌러서 궤짝을 떼어 보고)
>
> 금녀 : (깜짝 놀라) 어머나!
>
> 명서 처 : (자기의 눈을 의심하듯이) 대체 이게 …… 이게? 에그머니, 맙소사! 이게 웬일이냐?
>
> 명서 : (되려 멍청해지며, 궤짝에 쓰인 글자를 읽으며) 최명수의 백골.
>
> 금녀 : 오빠의?
>
> 명서 처 : 그럼, 신문에 난 게 역시! 아아, 이 일이 웬일이냐? 명수야! 네가 왜 이 모양으로 돌아왔느냐! (백골상자를 꽉 안는다.)
>
> 금녀 : 오빠!
>
> 명서 : 나는 여태 개돼지같이 살아 오문서, 한 마디 불평두 입 밖에 내지 않구 꾸벅꾸벅 일만 해 준 사람이어. 무엇 때문에, 무엇 때문에 내 자식을 이 지경을 맨들어 보내느냐? 응, 이 육실헐 놈들! (일어서려고 애쓴다.)
>
> 금녀 : (눈물을 씻으며) 아버지! (하고 붙든다.)
>
> 명서 : 놓아라! 명수는 어드루 갔니? 다 기울어진 이 집을 뉘게 맽겨 두구 이놈은 어딜?
>
> 금녀 : 아버지! 아버지!
>
> 명서 : (궤짝을 들구 비틀거리며) 이놈들아, 왜 뼉다구만 내게 갖다 맽기느냐? 내 자식을 죽인 놈이 이걸 마저 처치해라! (기진하여 쓰러진다. 궤짝에서 백골이 쏟아진다. 받은기침 한동안)
>
> 명서 처 : (흩어진 백골을 주우며) 명수야, 내 자식아! 이 토막에서 자란 너는 백골이나마 우리를 찾아왔다. 인제는 나는 너를 가다려서 애태울 것두 없구 동지섣달 기나긴 밤을 울어 새우지 않아두 좋다! 명수야, 이제 너는 내 품안에 돌아왔다.
>
> 명서 : ……아아, 보기 싫다! 도로 가져 가래라.
>
> 금녀 : 아버지, 서러 마세요. 서러워 마시구 이대루 꾹참구 살아가세유. 네 아버지! 결코 오빠는 우릴 저바라진 않을 거예유. 죽은 혼이라두 살아 있어, 우릴 꼭 돌봐 줄거예유. 그때까지 우린 꾹 참구 살아 가세유, 예, 아버지!
>
> 명서 : ……아아, 보기 싫다! 도로 가져 가래라!
>
> (금녀의 어머니는 백골을 안치하여 놓고 열심히 무어라고 중얼거리며 합장한다. 바람 소리 정막(靜幕) 을 찢는다)

SEMI-NOTE

토막

- 작가 : 유치진
- 갈래 : 현대극, 장막극(전 2막), 사실주의 극
- 성격 : 현실 고발적, 비판적, 사실적
- 배경 : 1920년대, 어느 가난한 농촌 마을
- 특징
  - 사실주의 희곡의 전형(1920년대 농민의 궁핍한 생활상을 사실적으로 묘사)
  - 상징적인 배경의 설정('토막'은 일제 수탈로 인해 피폐해진 우리 조국을 상징. 명서 일가의 비극과 명수의 죽음은 독립에 대한 희망의 좌절을 상징함)
  - 희극적 인물인 경선을 통해 비극의 효과를 극대화
  - 비유, 상징을 통해 당시 사회상을 완곡하게 표현
  - 비극적 상황에서도 희망을 버리지 않는 민족의 끈기를 표현
- 제재 : 일제 강점기 아래의 비참한 생활상
- 주제 : 일제의 가혹한 억압과 수탈의 참상과 현실 고발
- 의의 : 리얼리즘을 표방한 본격적인 근대극이며, 한국 근대극의 출발이 됨
- 출전 : 『문예월간』

작품의 구성

- 발단 : 가난한 농부인 명서 가족은 일본으로 떠난 명수가 돈을 많이 벌어 올 것을 고대
- 전개 : 명수가 독립운동을 하다가 경찰에 붙잡혔다는 소식을 듣는 명서 가족
- 절정 : 명서 처는 명수가 종신형을 선고 받을지 모른다는 말에 실성해버림
- 결말 : 명수의 죽음과 백골이 담긴 상자가 도착, 명서 부부의 오열과 금녀의 위로

오발탄

- **작자** : 나소운, 이종기 각색(1959년 이범선의 동명 원작을 각색)
- **갈래** : 각색 시나리오
- **성격** : 비판적, 사회 고발적, 사실적
- **배경** : 한국 전쟁 직후, 서울 해방촌 일대
- **특징**
  - 원작 소설 「오발탄」의 특징과 감동을 잘 살림(전후 암담한 현실을 사실적으로 묘사하여 가치관이 상실된 어두운 사회상을 비판·고발)
  - 인물 심리의 효과적 전달과 비극적 인물상의 조명을 위해 여러 가지 고도의 영화 기법을 활용
  - 문제의 명확한 해결이 아닌 절망적 상태를 보여 주는 것으로 끝을 맺어 여운을 남김
  - 주인공(송철호)의 인간성과 내면의 허무 의식 표출에 역점을 두고 표현
- **주제** : 전후(戰後)의 빈곤하고 비참한 삶과 가치관이 상실된 세태에 대한 비판
- **출전** : 『한국 시나리오 선집』

작품의 구성

- **발단** : 아내와 동생 영호, 여동생 명숙 사이에서 무기력하게 생활하는 철호
- **전개** : 6·25 전쟁으로 정신 이상자가 된 어머니와 철호 일가의 비참한 생활상
- **절정** : 강도 혐의로 붙잡힌 영호와 아내의 죽음으로 충치를 뽑음
- **결말** : 충치를 뽑고 난 뒤 현기증을 느끼며 택시를 타고, 횡설수설하는 철호

② 오발탄(1961)

#103. 철호의 방 안

철호가 아랫방에 들어서자 윗방 구석에서 고리짝을 뒤지고 있던 명숙이가 원망스럽게

명숙 : 오빠 어딜 그렇게 돌아다니슈.

철호는 들은 척도 않고 아랫목에 털썩 주저앉아 버린다.

명숙 : 어서 병원에 가 보세요.

철호 : 병원에라니?

명숙 : 언니가 위독해요.

철호 : ······.

명숙 : 점심때부터 진통이 시작되어 죽을 애를 다 쓰고 그만 어린애가 걸렸어요.

#118. 동대문 부인과 산실

아이는 몇 번 앙! 앙! 거리더니 이내 그친다. 그 옆에 허탈한 상태에 빠진 명숙이가 아이를 멍하니 바라보며 앉아 있다.

명숙 : 오빠 돌아오세요 빨리. 오빠는 늘 아이들의 웃는 얼굴이 세상에서 젤 좋으시다고 하셨죠? 이 애도 곧 웃을 거예요. 방긋방긋 웃어야죠. 웃어야 하구 말구요. 또 웃도록 우리가 만들어 줘야죠.

#120. 자동차 안

조수가 뒤를 보며

조수 : 경찰섭니다.

혼수상태의 철호가 눈을 뜨고 경찰서를 물끄러미 내다보다가 뒤로 쓰러지며

철호 : 아니야. 가!

조수 : 손님 종로 경찰선데요.

철호 : 아니야. 가!

조수 : 어디로 갑니까?

철호 : 글쎄 가재두······.

조수 : 참 딱한 아저씨네.

철호 : ······.

운전수가 자동차를 몰며 조수에게

운전수 : 취했나?

조수 : 그런가 봐요.

운전수 : 어쩌다 오발탄 같은 손님이 걸렸어. 자기 갈 곳도 모르게.

철호가 그 소리에 눈을 떴다가 스르르 감는다. 밤거리의 풍경이 쉴새없이 뒤로 흘러간다.

02장 고전 문학

01절　고전 문법

1. 음운

(1) 훈민정음의 제자 원리와 문자체계

① 훈민정음의 제자 원리 ★ 빈출개념

　㉠ 초성(자음 17자) : 발음기관 상형(기본자) + 가획의 원리(가획자) + 이체(이체자)

구분	기본자	가획자	이체자
아음	ㄱ	ㅋ	ㆁ
설음	ㄴ	ㄷ, ㅌ	ㄹ
순음	ㅁ	ㅂ, ㅍ	
치음	ㅅ	ㅈ, ㅊ	ㅿ
후음	ㅇ	ㆆ, ㅎ	

　㉡ 중성(모음 11자) : 천지인(天地人)의 상형 및 기본자의 합성

구분	기본자	조출자	재출자
양성모음	•	ㅗ, ㅏ	ㅛ, ㅑ
음성모음	ㅡ	ㅜ, ㅓ	ㅠ, ㅕ
중성모음	ㅣ		

　㉢ 종성 : 종성부용초성(終聲復用初聲)의 원칙에 따라, 따로 만들지 않고 초성을 다시 씀

훈민정음 초성 체계

• 구성

구분	전청음	차청음	전탁음	불청불탁음
아음	ㄱ	ㅋ	ㄲ	ㅇ
설음	ㄷ	ㅌ	ㄸ	ㄴ
순음	ㅂ	ㅍ	ㅃ	ㄹ
치음	ㅈ	ㅊ	ㅉ	
	ㅅ		ㅆ	
후음	ㆆ	ㅎ	ㆅ	ㅇ
반설음				ㄹ
반치음				ㅿ

• 특징
- 전청음을 가획(加劃)하여 차청음을 만들고, 해당 전청음을 한 번 더 사용하여 전탁음을 만듦
- 23자음 체계는 동국정운식 한자음에서 사용(순수 국어의 자음은 22자음)

- 아음(牙音) : 아음(어금닛소리) 'ㄱ'은 혀뿌리가 목구멍을 막는 것을 본뜬 형태
- 설음(舌音) : 설음(혓소리) 'ㄴ'은 혀가 윗잇몸에 닿는 것을 본뜬 형태
- 순음(脣音) : 순음(입술소리) 'ㅁ'은 입 모양을 본뜬 형태
- 치음(齒音) : 치음(잇소리) 'ㅅ'은 이(齒)의 모양을 본뜬 형태
- 후음(喉音) : 후음(목구멍소리) 'ㅇ'은 목구멍 모양을 본뜬 형태

종성부용초성(終聲復用初聲)
「종성해」에서는 8자만 사용한다고 규정하였으며, 각각 'ㄱ, ㆁ, ㄷ, ㄴ, ㅂ, ㅁ, ㅅ, ㄹ'임

음운
- 전청음(全淸音) : 현대 언어의 무성음의 파열음, 파찰음, 마찰음을 포함하는 발음 분류
- 차청음(次淸音) : 현대 언어의 격음(激音)에 해당하는 발음 분류
- 전탁음(全濁音) : 현대 언어에서 유성 장애음을 가리키는 발음 분류, 「훈민정음」에서는 각자병서로 표기
- 불청불탁음(不淸不濁音) : 현대 언어에서 비음(鼻音)과 유음(流音), 유성마찰음에 해당하는 발음 분류

② 훈민정음의 문자 체계

    ㉠ 전탁음은 훈민정음 28자에 속하지 않는다(ㄲ, ㄸ, ㅃ, ㅆ, ㅉ, ㆅ).

    ㉡ 순경음은 훈민정음 28자에 속하지 않는다(ㅸ, ㆄ, ㅹ, ㅱ).

    ㉢ 'ㆆ, ㅇ'은 한자음을 표기하기 위한 것이었으므로, 국어의 음운 단위에서는 형식적인 자음이고 실질적 자음은 아님

    ㉣ 'ㆅ'은 순수 국어에도 사용 하였으나 의미 분화의 기능이 없었으므로 (국어에서는 항상 'ㅕ' 앞에서만 쓰였음) 음운 단위가 될 수 없고, 'ㅎ'의 이형태에 지나지 않음

(2) 훈민정음의 글자 운용

① 훈민정음의 글자 운용 : 훈민정음 예의부 자모운용편(例義部 字母運用篇)에 있는 규정으로, 자음을 옆으로 나란히 붙여 쓰는 것을 병서(並書)라 하고, 상하로 잇대어 쓰는 것을 연서(連書)라 함

    ㉠ 연서법(이어쓰기)

      • 순음 'ㅂ, ㅍ, ㅁ, ㅃ' 아래에 'ㅇ'을 이어 쓰면 각각 순경음 'ㅱ, ㅸ, ㅹ, ㆄ'이 되며 'ㆄ, ㅱ, ㅹ'은 한자음 표기에 쓰임

      • 우리말에 쓰이던 'ㅸ'이 15세기에 소멸되었으므로 현대 국어에서 연서법은 적용하지 않음

    ㉡ 병서법(나란히 쓰기) : 초성을 합하여 사용할 때는 나란히 씀, 종성도 같음

      • 각자 병서 : ㄲ, ㄸ, ㅃ, ㅉ, ㅆ, ㆅ

      • 합용 병서 : ㅺ, ㅼ, ㅽ, ㅾ, ㅳ, ㅄ, ㅶ, ㅷ, ㄳ, ㄵ, ㄾ, ㄺ, ㅀ, ㄽ, ㅴ, ㅵ

② 성음법(음절 이루기) : 모든 글자는 초성, 중성, 종성을 갖추어야 음절을 이룬다는 규정, 이에 따라 받침 없는 한자에 소릿값 없는 'ㅇ'을 붙여 종성을 갖추게 하였고, 현대 음성학의 견지에서 보면 모음 단독으로도 발음이 되며 자음 중 'ㄴ, ㄹ, ㅁ, ㅅ, ㅿ, ㅇ, ㅸ' 등도 단독으로 소리가 난다고 보지만, 훈민정음에서는 초성, 중성, 종성이 합쳐져야만 소리가 이루어진다고 봄(예 世솅宗종御엉製졩 : 세종어제)

(3) 표기법

① 표음적 표기법

    ㉠ 8종성법 : 종성에서는 'ㄱ, ㄴ, ㄷ, ㄹ, ㅁ, ㅂ, ㅅ, ㅇ'의 8자만 허용되는 것이 원칙인데, 이는 체언과 용언의 기본 형태를 밝히지 않고 소리 나는 대로 적는 것으로 표음적 표기라 할 수 있음

    ㉡ 이어적기(연철) : 받침 있는 체언이나 용언의 어간에 모음으로 시작되는 조사나 어미가 붙을 때는 그 받침을 조사나 어미의 초성으로 이어 적음

② 표의적 표기법 : 8종성법의 예외

    ㉠ 체언과 용언의 기본 형태를 밝혀 적은 일이 있음

    ㉡ 반치음과 겹받침이 종성으로 적히는 일이 있음

③ 끊어적기(분철) : 「월인천강지곡」에 나타나는 예로서 'ㄴ, ㄹ, ㅁ, ㅇ' 등의 받침소리에 한해 끊어 적는 일이 있음

표음적 표기
음소적 표기(소리 나는 대로 적기)로서 15세기 문헌 대부분이 표음적 표기를 사용

중철
연철과 분철의 중간적 표기 형태로, 16세기 초기 문헌에서부터 나타남 표기에 발음과 기본형이 모두 표기하려는 의도가 반영된 것으로 보이며, 19세기까지 그 명맥을 유지하였음

중세 국어의 사잇소리
중세 국어에는 사이시옷 외에도 'ㄱ, ㄷ, ㅂ, ㅸ, ㆆ, ㅿ'이 사잇소리로 쓰임

이영보래(以影補來)
영모(影母) 'ㆆ'로 래모(來母) 'ㄹ'을 돕는다는 뜻으로 받침에 'ㅭ' 형태로 하여 당시 중국 한자음에 맞게 국어의 한자음을 조정하려는 의도가 담겨 있음

성조와 방점
중세 국어에서 음절 안에서 나타나는 소리의 높낮이인 성조를 표시하기 위해 왼쪽에 찍은 점을 방점이라고 함. 방점은 각 음절마다 찍는 것이 규칙

④ 사잇소리 : 명사와 명사가 연결되거나 선행 명사가 울림소리로 끝날 때 들어가는 형태소, 현대어의 사잇소리로 쓰이는 'ㅅ'에 해당
  ㉠ 사잇소리의 기능
    • 의미상 : 관형격조사와 같은 구실을 함
    • 발음상 : 울림소리 사이에 끼이는 안울림소리(무성음)의 울림소리 되기를 방지하며, 다음 소리를 되게 또는 강하게 소리 나게 함
  ㉡ 사잇소리의 위치 : 체언 뒤, 울림소리 뒤
    • 순수 국어 뒤 : 선행 음절의 종성에 붙음(예 님금ㅿ말씀 → 님긊말씀)
    • 한자어 뒤 : 선행 음절과 후행 음절의 중간에 붙음(예 君군ㄷ字쭝)
    • 훈민정음에서 보인 예 : 후행 음절의 초성에 붙음(예 엄ㅅ소리 → 엄쏘리)
  ㉢ 사잇소리의 용례 : 세조 이후 'ㅅ'으로 쓰이기 시작하다가 성종 이후(초간본 「두시언해」부터)는 'ㅅ'만 사용(15세기 문헌이라도 「월인천강지곡에서」는 'ㅅ'만 사용)
⑤ 동국정운식 한자음
  ㉠ 우리나라에서 사용되는 현실적인 한자음을 중국 원음에 가깝게 정해 놓기 위한 것으로, 실제로 통용되는 한자음이 아니라 이상적인 한자음
  ㉡ 대표적으로 「석보상절」, 「훈민정음 언해본」, 「월인석보」 등에 나타나며 세조(1480년 경) 이후 소멸
⑥ 사성법의 의미와 종류
  ㉠ 사성법의 의미 : 음의 높낮이를 표시하기 위해 글자의 왼쪽에 점을 찍는 표기법
  ㉡ 사성법의 종류

성조	방점	성질(해례본)	해설
평성(平聲)	없음	안이화(安而和)	처음과 끝이 모두 낮은 소리
상성(上聲)	2점	화이거(和而擧)	처음은 낮으나 끝이 높은 소리
거성(去聲)	1점	거이장(擧而壯)	처음과 끝이 모두 높은 소리
입성(入聲)	없음, 1~2점	촉이색(促而塞)	촉급하게 끝나는 소리로 ㄱ, ㄷ, ㅂ, ㅅ, 한자음 받침 'ㅭ'과 같은 안울림소리 받침을 가진 것

(4) 음운현상

① 이화(異化) : 한 낱말 안에 같거나 비슷한 음운 둘 이상이 겹쳐 있을 때, 한 음운을 다른 소리로 바꾸어 표현을 명료하게 하고 생신(生新)한 맛을 나타내는 음운 변화로, 이는 동화와 반대되는 변화
  ㉠ 자음의 이화 : 표현의 명료화를 위해 동일하거나 같은 계열의 자음 중복을 피함(예 붚〉북(鼓), 거붑〉거붑〉거북, 브섭〉브업〉부엌)
  ㉡ 모음의 이화 : 일종의 강화 현상으로 동일하거나 같은 계열의 모음 중복을 피함(예 처섬〉처엄〉처음, 즁싱(衆生)〉즘싱〉즘승〉짐승, 나모〉나무, 서르〉서로)
② 강화(強化) : 청각 인상을 분명하게 하기 위하여 불분명한 음운을 명료한 음운으로 바꾸는 현상인데, 모음의 강화는 모음조화와는 관계없이 청각 인상을 뚜렷하게

하기 위한 음운의 변화(예 서르〉서로, ㄱㄹ〉가루, 펴어〉펴아, 아ᅀ〉아ᅌ〉아우)

③ 모음조화

    ㉠ 실질형태소에 형식형태소가 붙을 때, 또는 한 명사나 용언의 어간 자체에서 양성 음절은 양성 음절, 음성 음절은 음성 음절, 중성 음절은 양음 어느 모음과도 연결될 수 있는 현상

    ㉡ 음성학적으로 발음 위치가 가까운 것끼리 연결하여 발음하기 위한 것

    ㉢ 15세기 국어에서는 이 현상이 매우 엄격하였으나, 'ㆍ'음의 소실, 'ㅓ'소리의 변함, 한자어와의 혼용에서 많이 약화됨

④ 원순모음화 : 순음인 'ㅁ, ㅂ, ㅍ' 아래에 'ㅡ'가 같은 고설모음(高舌母音)이면서, 또 조음위치에도 인접해 있으므로 해서 순모음인 'ㅜ'로 동화되는 현상

⑤ 전설모음화

    ㉠ 치음(ㅅ, ㅈ, ㅊ) 아래에서 중설모음인 'ㅡ'가 전설모음인 'ㅣ'로 변하는 현상 (예 즛〉짓, 거츨다〉거칠다, 슳다〉싫다, 어즈러이〉어지러이)

    ㉡ 전설모음화는 뒤에 오는 'ㅣ' 모음 때문에 앞에 오는 모음이 변하는 현상이므로 역행동화에 해당하여 'ㅣ' 모음 역행동화라고도 함

⑥ 구개음화(口蓋音化) : 현대 국어와 같이 치조음(ㄷ, ㅌ)이 구개음(ㅈ, ㅊ)으로 변하는 현상(예 디다[落]〉지다, 고티다〉고치다, 뎌[笛]〉저, 둏다〉좋다)

⑦ 모음 충돌 회피 : 두 개의 모음이 연결되는 것을 피하려는 현상

    ㉠ 두 모음 중 앞의 것을 탈락시키는 경우(예 트아〉타[乘], 쓰어〉써[用])

    ㉡ 두 모음을 줄여 한 음절로 축약시키는 경우(예 가히〉가이〉개, 입시울〉입술, 히다〉뷔다〉베다)

⑧ 도치

    ㉠ 단음도치(單音倒置) = 음운전위(音韻轉位) : 한 단어 안에서 음운이 서로 위치를 바꾸는 현상으로, 두 단음이 서로 자리를 바꾸는 것

    ㉡ 단절도치(單節倒置) = 음절전위(音節轉位) : 한 단어 안에서 음절과 음절이 서로 위치를 바꾸는 현상으로, 넓은 뜻에서 단음도치와 음절도치를 아울러 음운도치라고도 함

⑨ 활음조 현상 : 듣기나 말하기에 불편하고, 거친 말소리를 어떤 음을 첨가 또는 바꿈으로써 듣기 좋고 말하기 부드러운 소리로 변화시키는 현상(예 한아버지〉할아버지, 미양〉ㅁ양〉마냥)

2. 체언, 용언, 접사

(1) 명사, 대명사, 수사

① 명사

    ㉠ 현대어와 마찬가지로 보통 명사는 중세 국어에서도 보편적으로 나타남

    ㉡ 의존명사 'ᄃᆞ, ᄉᆞ'는 경우에 따라 사물, 연유, 시간, 처소 및 말의 가락을 부드럽게 하는 접사 구실 등 여러 가지 기능으로 쓰임

    ㉢ 'ㅣ' 모음으로 끝나는 명사

SEMI-NOTE

모음조화의 용례

• 순음과 설음 사이(예 믈 〉 물, 블 〉 불, 플 〉 풀)

• 순음과 치음 사이(예 므지게 〉 무지개, 므슨 〉 무슨)

모음조화의 현재

현대어에서는 의성어와 의태어 및 용언의 활용(보조적 연결어미 '어/아', 과거시제 선어말어미 '었/았')에서 지켜지고 있음

도치(倒置)의 용례

• 자음도치(예 빗복 〉 빗곱 〉 배꼽)

• 모음도치(예 하야로비(鷺) 〉 해야로비 〉 해오라비 〉 해오라기)

• 단절도치(예 ᄒᆞ더시니 〉 하시더니, 시혹 〉 혹시)

명사의 용례

• 서술격 조사를 취할 때(예 소리 + Ø 라 〉 소리라)

• 처소 부사격 조사를 취할 때(예 비 + 에 〉 비예)

• 관형격 조사를 취할 때(예 그려기 + 의 〉 그려긔)

인칭 대명사의 용례
- 1인칭(예) 나는 늘거 흐마 無想天으로 가리니, 우리돌히 필연히 디옥애 뼈러디면)
- 2인칭(예) 王봇 너를 스랑티 아니흐시린댄, 너희돌히 쏘 모로매 念흐야 受持흐슨 붇라)
- 부정칭(예) 將軍氣를 아모 爲흐다 흐시니 님긊 말쓰미 긔 아니 올흐시니)

지시대명사의 용례
- 근칭(예) 堂香올 이 經 디닐 싸루미 이어긔 이셔도 다 能히 골히며)
- 중칭(예) 盆利 가 보니 그어긔 수제 섯드러 잇고 춥늬 섯버므러 잇고)
- 미지칭(예) 머리 우흰 므스거시 잇누니오, 聖人 神力을 어느 다 술붇리)

주격조사의 용례
- 'ㅣ' 형태(예) 우리 始祖ㅣ 慶興에 사루샤 王業을 여르시니)
- '이' 형태(예) 사루미 살며 주그미 이실씨 모로매 늙누니라)
- '가' 형태(예) 두드럭이가 불의예 도라브어 오르니)

관형격 조사
- 무정명사 : ㅅ(예) 나못니픈)
- 유정명사
  - 존칭 : ㅅ(예) 岐王ㅅ집 안해)
  - 비칭 : 이/의(예) 최구의 집 알픠)

부사격조사
- 선행하는 체언으로 하여금 부사어가 되도록 하는 조사
- 형태
  - 애 : 체언 끝 음절의 모음이 양성일 때(예) 그루매 드러 두터비 좁디 아니흐누니)
  - 에 : 체언 끝 음절의 모음이 음성일 때(예) 굴허에 무룰 디내샤 도즈기 다 도라가니)

- 주격 및 보격 조사를 취할 때 : 'Ø'의 조사를 취함
- 서술격 조사를 취할 때 : 'Ø라'로 변함
- 처소 부사격 조사를 취할 때 : '에'가 체언의 'ㅣ' 모음에 동화되어 '예'가 됨
- 관형격 조사를 취할 때 : 체언이 유정명사이면 체언의 'ㅣ' 모음이 탈락

② 대명사

㉠ 인칭대명사

구분	1인칭	2인칭	3인칭	3인칭 재귀대명사	미지칭	부정칭
단수	나	너, 그듸 (높임말)	없음	저, 즈갸(높임말)	누	아모
복수	우리(둘)	너희(둘)	없음	저희(둘)		

㉡ 지시대명사

구분		근칭	중칭	원칭	미지칭	부정칭
사물		이	그	뎌	므슥, 므섯, 므스, 므슴, 어느/어느, 현마, 엇뎨	아모것
장소		이어긔	그어긔	뎌어긔	어듸,어드러,어드메	아모듸

③ 수사

㉠ 양수사는 소멸된 '온[百], 즈믄[千]'을 제외하고는 현대어와 직접 연결

㉡ 양수사 중 1, 2, 3, 4, 10, 20과 부정수가 끝에 'ㅎ'을 간직하는 것이 현대어와 다름

㉢ 서수사는 양수사에 차례를 나타내는 접미사 '자히, 차히, 재(째)'가 양수사에 붙어 이루어짐(예) ㅎ나ㅎ + 차히〉ㅎ나차히(첫째))

(2) 조사

① 주격 조사

㉠ 중세 국어에서는 '이/ㅣ' 등이 주격 조사로 쓰임

㉡ 주격조사의 형태

형태	사용 조건	형태	현대어
ㅣ	'ㅣ' 모음 이외의 모음으로 끝난 체언 다음에	부텨 + ㅣ)부톄	이/가
이	자음(받침)으로 끝난 체언 다음에	사룸 + 이)사루미, 말쓰미	
영형태 (Ø)	'ㅣ' 모음으로 끝난 체언 다음에 ('ㅣ'+'ㅣ'→'ㅣ')	빈 + ㅣ)빈	

② 서술격 조사

㉠ 서술격 조사의 본체(어간)는 '이다' 중 '이-'에 해당함

㉡ 서술격 조사는 주격 조사가 사용되는 조건과 같음(예) 香風이 時로 와 이운 곳부리 아사든 다시 새룰 비허)

③ 목적격 조사

  ㉠ 목적격 조사의 원형태는 'ㄹ'로, '올/을'은 자음 충돌을 피하기 위한 매개모음 '우/으'가 삽입된 형태

  ㉡ '롤/를'도 'ㄹ + (우/으) + ㄹ'의 형태로, 이는 목적격 조사의 중가법(重加法)에 의한 것

  ㉢ '-ㄹ'는 모음 뒤에 오는 형태로, 비규칙적으로 삽입된 형태(예 하나빌 미드니잇가)

③ 접속조사 : 현대어의 용례와 다른 점은 '와/과'가 고어에서는 끝 단어에까지 붙으나, 현대어에서는 붙지 않음

④ 보조사

  ㉠ 강세 보조사

- ㄱ : 보조적 연결어미, 조사 아래에 쓰임(예 사람마닥(마다))
- 곰 : 부사나 보조적 연결어미, 명사 아래에 쓰임(예 달하, 노피곰 도두샤)
- 곳(옷) : 체언 아래에서 '만'의 뜻으로 쓰임(예 ᄒ다가 戒行곳 업스면, 외로왼 빗옷 잇도다)
- 사 : 명사의 처소 부사격 및 용언 아래에 쓰임(예 來日사 보내요리다, 오늘사 이라고야)
- 이쭌 : 명사 아래에 쓰임(예 山行잇ᄃᆞᆫ 가설가, 긴힛ᄃᆞᆫ 그츠리잇가)
- 붓(봇) : '곳(옷)'과 같음(예 그윗 請붓 아니어든, ᄆᆞᅀ맷 벋봇 아니면)

  ㉡ 기타 보조사

종류	형태	종류	형태
대조	-온/-은, -ᄂᆞᆫ/-는	선택	-이나, -이어나
동일	-도	어림셈	-이나
단독	-쑨	첨가	-조차
각자	-마다, -족족	고사(姑捨)	-이야ᄏᆞ니와
시작	-브터, -로셔, -우(으)로	물론	-은ᄏᆞ니와
도급(都給)	-ᄉᆞᆫ장, -ᄉᆞᆫ지	한정	-만
역동	-(이)ㄴ들, -이라도	감탄	-여, -(이)야, -도, -근여

(3) 용언의 활용

① 어간의 활용

  ㉠ 'ㅅ' 불규칙 : 어간 'ㅅ' 받침이 모음 앞에서 'ㅿ'으로 변하는 규칙으로, 현대 국어에서는 'ㅅ'이 탈락

  ㉡ 'ㅂ' 불규칙 : 어간의 'ㅂ' 받침이 모음 앞에서 'ㅸ'으로 변하는 규칙으로, 현대 국어에서는 '오/우'로 바뀜

  ㉢ 'ㄷ' 불규칙 : 어간의 'ㄷ' 받침이 모음 앞에서 'ㄹ'로 변하며, 현대 국어와 같음

② 어미의 활용

  ㉠ ㄷ → ㄹ : 모음 'ㅣ' 아래에서 어미 첫소리 'ㄷ'이 'ㄹ'로 바뀜

선어말어미 '오'와 '우'
- 삽입 모음 + 형태소로서의 기능
- 종결형과 연결형에서는 일반적으로 1인칭 주체를 표시
- 관형사형에서는 목적격 활용을 표시

접두사
- 차- : '힘껏'의 뜻(예) 넌즈시 치혀시니 (넌지시 잡아당겼으니))
- 티- : '위로'의 뜻(예) 누놀 티쁘니(눈을 위로 뜨니))
- 즛-(짓-) : '마구'의 뜻(예) 즛두드린 즙을(마구 두드린 즙을))

접미사
- 부사 파생 접미사 : -이, -히, -로, -오(우)
- 명사 파생 접미사
  - ㄱ형(-악, -억, -옥…)
  - ㅇ형(-앙, -엉, -웅…)
  - 이/-의형
  - 형용사 파생 접미사 : -부/-브
- 부사 파생 접미사
  - (-오/-우)ㅁ
  - ㅇ
  - 곰(옴)
  - ㄱ

감탄문
'-ㄹ셔, -ㄴ뎌, -어라, -애라' 등 사용 (예) 내 아두리 어딜셔)

명령문
명령형 어미 '-라'를 사용하거나 '-쇼셔'를 사용(예) 이 쁘들 닛디 마루쇼셔)

청유문
청유형어미 '-새', '-쟈스라', '-져'나 '-사이다'를 사용(예) 나조히 釣水ᄒ새)

ⓛ ㄱ → ㅇ : 모음 'ㅣ', 반모음 'j', 유음 'ㄹ' 아래에서 어미의 첫소리 'ㄱ'이 'ㅇ'으로 바뀜
ⓒ -오 → -로 : '오' 계통의 어미가 서술격조사 아래에서 '로' 계통의 어미로 바뀜
ⓔ '-야' 불규칙 : 현대국어의 '여' 불규칙의 소급형. '-ᄒ다' 동사의 어간 끝 모음이 탈락하지 않고 '-야' 계통의 어미로 바뀜

(4) 접사

① 파생법
  ⓐ 명사 파생 : 동사 어간 + 명사 파생 접사 '-옴/-움', 형용사 어간 + 명사 파생 접사 '-이/의'
  ⓑ 부사 파생 : 형용사 어간 + 부사 파생 접사 '-이', 어근 + '-이, -오, -우, -애, -여'
  ⓒ 용언 파생 : 명사, 부사 + ᄒ다, 명사, 동사 어근 + 'ㅂ'계 접사
② 합성법
  ⓐ 동사 합성법 : 동사 어간 + 동사 어간(예) 듣보다(듣 + 보 + 다), 그치누르다 (그치 + 누르 + 다))
  ⓑ 형용사 합성법 : 형용사 어간 + 형용사 어간(예) 됴쿶다(둏 + 궂 + 다 : 좋고 궂다), 횩댝다(횩 + 댝 + 다 : 작고 적다))

3. 문장의 종결과 높임법

(1) 문장의 종결

① 평서문
  ⓐ '-다, -라, -니라' 등을 사용
  ⓑ '-다'는 선어말어미 '-더-, -리-, -과-, -니-, -오-' 뒤에서 '-라'로 교체되며 '-니라'는 '-다' 보다 보수성을 띰
② 의문문
  ⓐ 판정의문문 : 조사나 어미의 모음이 '아/어' 계통인 '-니여', '-녀', '-리여', '-려', '-ㄴ가', '-ㄹ까', '-가' 등을 사용(예) 앗가톤 쁘디 잇ᄂ니여)
  ⓑ 설명의문문 : 조사나 어미의 모음이 '오' 계통인 '-니오', '-뇨', '-리오', '-료', '-ㄴ고', '-ㄹ꼬', '-고' 등을 사용(예) 네 어드러로 가ᄂ니오)

(2) 높임법

① 주체높임법(존경법)
  ⓐ 행위의 주체를 높여 부르는 것으로 '-시-/-샤-'를 사용
  ⓑ '-샤-'는 '-시-'가 '-아'나 '-오'로 된 어미나 선어말어미 '-오' 등의 모음어미가 교체된 형태

② 객체높임법(겸양법)

　㉠ 행위의 대상 높임. '숩'을 기본 형태소로 함

　㉡ 어간 끝소리에 따라 '숩, 숩, 줍, 亽ᄫᅵ, 亽ᄫᅵ, 즈ᄫᅵ'를 사용

종류	조건	용례
숩	어간의 끝소리가 'ㄱ, ㅂ, ㅅ, ㅎ'일 때	너희예 밋븐 사ᄅᆞᆷ이 이만ᄒᆞ니 업숩고
숩	어간의 끝소리가 'ㄷ, ㅈ, ㅊ, ㅌ'일 때	흔 무수무로 뎌 부텨를 보숩고
줍	어간의 끝소리가 유성음일 때	一聲白螺롤 듣줍고 놀라니

02절　고대, 중세, 근대 국어

1. 고대국어 및 중세 국어

(1) 고대국어

① 고대국어의 시기, 자료

　㉠ 고대국어의 시기 : 고구려, 백제, 신라의 삼국시대부터 통일 신라 시대까지의 약 1,000년간의 국어로, 경주 중심의 표준어 형성기

　㉡ 고대국어의 자료 : 『삼국지』(289년경)의 「위지 동이전(魏志東夷傳)」의 기록, 한자로 차자(借字) 표기된 『삼국사기』의 인명(人名), 지명(地名), 관직명 자료, 『삼국유사』의 향가를 표기한 향찰 자료, 그리고 당시의 비문(碑文)에 나타난 이두(吏讀) 자료 등이 있음

② 고유명사의 표기

　㉠ 차자(借字)식 표기

　　• 한자의 의미를 버리고 음만 빌려 오는 경우(예 '소나'를 표기하기 위해 '素那'로 적고 그 음을 빌려 옴)

　　• 한자의 음을 버리고 의미만 빌려 오는 경우(예 '소나'를 표기하기 위해 '金川'으로 적고 그 뜻을 빌려 옴)

　㉡ 고대국어의 어휘

　　• 외래 요소가 거의 없는 순수 고유어 중심의 체계

　　• 중국과의 교섭이 빈번해지면서 한자어가 들어오고, 불교의 영향으로 한자로 된 불교 어휘가 증가

　㉢ 고대국어의 문법

　　• 이두와 향찰 자료 등 한정된 자료에서 문법 현상을 찾아볼 수 있음

　　• 이두와 향찰의 차이는 한국어 어순으로 이루어진 문장을 향찰(鄕札)이라 하며, 한문에 토(吐)를 달아 읽기 쉽게 기호로 단 것을 이두(吏讀)라고 함

SEMI-NOTE

시제

• 현재 시제

　- 동사어간 + 선어말어미 '-ᄂᆞ-'(예 네 이제 ᄯᅩ 묻ᄂᆞ다.)

　- 형용사, 서술격 조사는 기본형이 현재 시제(예 내 오ᄂᆞᆯ 實로 無情호라.)

• 과거 시제 : 선어말어미 없이 과거가 표시

• 미래 시제 : 용언 어간과 선어말 어미를 합친 '-리-'와 관형사형의 '-ㄹ'이 표시(예 더욱 구드시리이다.)

국어 역사의 흐름

원시 부여어와 원시 삼한어 → 삼국의 언어 → 통일 신라어 → 중세국어(고려, 조선중기) → 근대국어(임진왜란 이후) → 현대국어

고유어와 한자어의 경쟁

한자어의 세력이 우세한 경우 한자어 형태로 표기됨(예 吉同郡(길동군) → 永同郡(영동군))

③ 향찰(鄕札)

표기	東	京	明	期	月	良
훈	서라벌(식벌)		밝(불)	기약하다	달(ᄃᆞ)	어질다
음	동	경	명	기	월	량(래)
차자법	훈		훈	음	훈	음
해석	서라벌(서울) 밝은 달밤에					

㉠ 한자의 음(音)과 훈(訓)을 빌려 표기하려던 신라 시대의 표기법

㉡ 음과 훈으로 문자를 자국어의 문법에 맞추어 사용할 수 있게 되었으며 문법 표기로 발전된 이두 표기도 활용됨

(2) 중세국어

① 중세국어의 시기

㉠ 10세기 고려 건국부터 16세기 말 임진왜란 전까지의 기간

㉡ 조선 초 훈민정음 창제(1443)를 기준으로 구분하여, 그 이전을 전기 중세 국어라 하고 그 이후의 국어를 후기 중세 국어라 부르기도 함

② 중세국어의 성립

㉠ 중세 국어의 토대가 된 개경 방언은 신라의 한 방언

㉡ 개경은 고구려어를 사용하던 지역이었으므로 개경 방언에는 고구려어가 저층(底層)에 남아 있었을 것으로 추정됨

㉢ 조선의 건국으로 수도가 서울로 이동하면서 국어의 중심지도 서울로 이동하였고, 이 지역의 말이 국어의 중심을 이루게 됨

③ **중세국어의 특징** : 전기중세국어는 된소리의 등장이 특징, 후기중세국어에는 어두자음군이 형성됨(예 白米曰漢菩薩(=흰 ᄇᆞᄉᆞᆯ, 계림유사) → 'ᄡᆞᆯ'(15세기))

(3) 중세국어의 모습

① 세종어제훈민정음(世宗御製訓民正音)

나·랏 :말ᄊᆞ·미中듕國·귁·에 달·아文문字·ᄍᆞᆼ·와·로 서르 ᄉᆞᄆᆞᆺ·디 아·니ᄒᆞᆯ·ᄊᆡ ·이런 젼ᄎᆞ·로 어·린百·ᄇᆡᆨ姓·셩·이 니르·고·져·ᄒᆞᇙ·배이·셔·도 ᄆᆞ·ᄎᆞᆷ:내제·ᄠᅳ·들시·러펴·디 :몯ᄒᆞᇙ·노·미하·니·라 ·내·이·ᄅᆞᆯ爲·윙·ᄒᆞ·야:어엿·비너·겨 ·새·로 ·스·믈여·듧字·ᄍᆞᆼ·ᄅᆞᆯ ᄆᆡᇰ·ᄀᆞ노·니 :사ᄅᆞᆷ:마·다:ᄒᆡ·ᅇᅧ :수·ᄫᅵ니·겨 ·날·로·ᄡᅮ·메 便뼌安한·킈 ᄒᆞ·고·져 ᄒᆞᇙᄯᆞᄅᆞ·미니·라

현대역

우리나라 말이 중국과는 달라 한자와는 서로 통하지 아니하여서, 이런 까닭으로 어리석은 백성들이 말하고자 하는 바가 있어도 마침내 제 뜻을 능히 펴지 못하는 사람이 많다. 내가 이것을 가엾게 생각하여 새로 스물여덟 자를 만드니, 모든 사람들로 하여금 쉽게 익혀서 날마다 쓰는 데 편하게 하고자 할 따름이다.

SEMI-NOTE

향찰의 문법형태

- **격조사**
  - 주격 : -이[伊, 是]
  - 속격 : -의[矣, 衣]
  - 처격 : -ᄋᆡ/-의[中, 中]
  - 대격 : -ᄋᆞᆯ/-을[乙]
- **보조사** : ᄋᆞᆫ/는[隱], 두[置]
- **대명사** : 내[吾], 우리[吾里], 너[汝]
- **동사의 활용**
  - 명사형어미 : -ㄹ[尸], -ㄴ[隱]
  - 연결어미 : -라[良], -매[米], -다가[如可], -고[古]
  - 종결어미 : -다[如], -저[齊], -고[古 : 의문문 어미]

후기중세국어의 자료

- **조선관역어(朝鮮館譯語)** : 15세기 초에 간행한 중국어와 외국어 대역 어휘집
- **세종 시기 간행물** : 훈민정음(1446), 용비어천가(1447), 석보상절(1447), 월인천강지곡(1447), 동국정운(1448) 등
- **세조 시기 간행물** : 월인석보(1459) 등
- **성종 시기 간행물** : 두시언해(1481), 삼강행실도언해(1481) 등
- **중종 시기 간행물** : 번역노걸대(1517), 훈몽자회(1527)
- **선조 시기 간행물** : 소학언해(1587) 등

세종어제훈민정음의 사상적 특징

- 자주(自主) 사상 : 중국과 말이 통하지 않음
- 애민(愛民) 사상 : 어리석은 백성들이 쓰고 싶어도 쓰지 못함
- 실용(實用) 사상 : 쉽게 익혀, 쓰는 데 편하게 함

주요 단어 풀이

- 여름 : 열매(實)
- 하ᄂᆞ니 : 많다(多)
- ᄀᆞᇫ업스시니 : 끝이 없으시니

㉠ 창작연대 : 세조 5년(1459)

㉡ 출전 : 『월인석보』

㉢ 특징

- 표음적 표기법 : 이어적기(연철), <u>8종성법의 사용</u>
- 한자음 표기 : 동국정운식 한자음 표기(예) 世솅, 中듀ᇰ, 字ㆍ쫑, 爲ㆍ윙)
- 방점의 사용 : <u>성조를 엄격히 적용</u>
- 다양한 사잇소리를 규칙적으로 사용
- 선어말 어미 '오'의 규칙적 사용, <u>모음조화의 규칙적 적용</u>

② 용비어천가(龍飛御天歌)

> **제1장**
> 海東(해동) 六龍(육룡)이 ᄂᆞᄅᆞ샤 일마다 天福(천복)이시니
> 古聖(고성)이 同符(동부)ᄒᆞ시니
>
> **제2장**
> 불휘 기픈 남ᄀᆞᆫ ᄇᆞᄅᆞ매 아니 뮐씨, 곶 됴코 여름 하ᄂᆞ니
> ᄉᆡ미 기픈 므른 ᄀᆞ므래 아니 그츨씨, 내히 이러 바ᄅᆞ래 가ᄂᆞ니
>
> **제125장**
> 千世(천세) 우희 미리 定(정)ᄒᆞ샨 漢水(한수) 北(북)에 累仁開國(누인개국)ᄒᆞ샤
> ㅏ年(복년)이 ᄀᆞᆺ업스시니
> 聖神(성신)이 니ᅀᅳ샤도 敬天勤民(경천근민)ᄒᆞ샤ᅀᅡ, 더욱 구드시리이다
> 님금하 아ᄅᆞ쇼셔 洛水(낙수)예 山行(산행) 가이셔 하나빌 미드니잇가

[현대역]

(제1장) 해동(우리나라)의 여섯 용(임금)이 날으시어서, 그 하시는 일마다 모두 하늘이 내린 복이시니, (이것은) 중국 고대의 여러 성군이 하신 일과 부절을 맞춘 것처럼 일치하십니다.

(제2장) 뿌리가 깊은 나무는 바람이 불어도 흔들리지 아니하므로, 꽃이 좋고 열매가 많습니다. 원천이 깊은 물은 가뭄에도 끊이지 아니하므로, 내를 이루어 바다까지 흘러갑니다.

(제125장) 천세 전부터 미리 정하신 한강 북쪽(한양)에 어진 덕을 쌓아 나라를 여시어, 나라의 운수가 끝이 없으시니 훌륭한 후대왕이 (왕위를) 이으셔도 하늘을 공경하고 백성을 부지런히 다스리셔야 (왕권이) 더욱 굳으실 것입니다.
(후대의) 임금이시여, 아소서. (정사는 뒷전인 하나라 태강왕이) 낙수에 사냥 가서 (백일이 되어도 돌아오지 않아, 드디어 폐위를 당했으니) 할아버지(우왕, 조상의 공덕)만 믿으시겠습니까?

㉠ 창작연대 : 창작(세종 27년(1445), 간행(세종 29년(1447))

㉡ 갈래

- 형식 : 악장(각 장마다 2절 4구의 대구 형식, 125장의 연장체)

SEMI-NOTE

세종어제훈민정음 기타 특징
- 어두자음군 사용
- 'ㅸ'의 소실 과정이 나타남

용비어천가의 창작동기
- 내적 동기 : 조선 건국의 합리화 및 정당성, 후대 왕에 대한 권계 및 귀감
- 외적 동기 : 훈민정음의 실용성 여부 시험, 국자(國字)의 권위 부여

용비어천가의 용도
- 궁중연락(宮中宴樂)이나 제악(祭樂)에 쓰이는 아악(雅樂)
- 주로 조선 건국의 정당성과 육조의 위업 찬양

> 용비어천가의 의의
> - 훈민정음으로 기록된 최초의 작품
> - 15세기 국어 연구에 귀중한 자료
> - 「월인천강지곡」과 함께 악장 문학의 대표작

주요 단어 풀이
- **권계(勸戒)** : 타일러 훈계함
- **이며** : 접속조사 −과(−와)
- **솔ᄒᆞᆫ** : 솔은(솔ㅎ은 : ㅎ종성체언)
- **일훔** : 이름
- **들온 것 한 이** : 식견이 많은 사람

• 성격 : 예찬적, 송축적, 서사적
• 내용 : 조선 창업의 정당성 확보와 후대왕에 대한 권계(勸戒)

ⓒ 문체 : 악장체, 운문체

ⓔ 출전 : 『용비어천가』

2. 근대국어

(1) 근대국어의 시기와 자료 및 특징

① 시기 : 임진왜란 직후인 17세기 초부터 19세기 말까지의 국어

② 자료

㉠ 『동국신속삼강행실도(東國新續三綱行實圖)』(1617), 『오륜행실도』(1797) 등

㉡ 『노걸대언해』(老乞大諺解)(1670), 『박통사언해』(朴通事諺解)(1677) 등

③ 근대국어의 특징

㉠ 음운

• ㅂ계 어두 자음군(ㅄ, ㅳ, ㅶ, ㅷ)과 ㅅ계 어두 자음군(ㅺ, ㅼ, ㅽ)이 혼란을 일으키면서 중세 국어의 어두 자음군이 된소리로 변함

• 'ㆍ'(아래아)는 중세 국어에서의 일 단계 소실(두 번째 음절에서의 소실)에 이어 18세기에는 첫 음절에서마저 소실되었고, 1933년 한글 맞춤법 통일안에 의해 폐지

• 아래아의 소실은 모음조화의 파괴를 초래하였으며 'ㅐ, ㅔ' 등의 단모음화로 인해 8모음 체계를 이루게 됨

㉡ 문법

• 주격 조사 : '-가'가 쓰이기 시작했으며 명사형 어미 '옴/움'이 '음'으로 변함

• 중세 국어에 없던 과거 시제 선어말어미 '-앗/엇-'이 확립되었다. 이것은 동사 어미 '-아/어'와 '잇-[有]'의 결합

• 국어의 'ᄒᆞᄂᆞ다'와 같은 현재를 나타내는 표현이 'ᄒᆞᆫ다' 또는 '-는다'와 같은 현대적 형태로 변화

㉢ 문자 체계와 표기법

• 방점과 성조가 사라지고 상성(上聲)은 긴소리로 바뀌었으며, 'ㆁ, ㆆ, ㅿ' 등이 완전히 자취를 감춤

• 중세 국어에서와 달리 'ㅺ, ㅄ'이 'ㅼ, ㅆ' 등과 혼동되어 쓰였다가 19세기 들어 모두 'ㅅ'계열 된소리 표기로 통일

• 음절 말의 'ㅅ'과 'ㄷ'이 잘 구별되었으나 이 시기에 들어 혼란을 겪은 후에 'ㅅ'으로 표기가 통일

㉣ 어휘, 의미

• '뫼[山]', 'ᄀᆞᄅᆞᆷ[江]', '괴다[寵]' 등의 고유어가 소멸되고 '산', '강', '총애하다' 등의 한자어로 대체됨

• 한자어 증가 당시 사용하던 한자어 중에는 오늘날과 의미가 다른 것이 많았음(예 인정(人情 : 뇌물), 방송(放送 : 석방), 발명(發明 : 변명))

SEMI-NOTE

기타 근대국어 시기의 자료

18, 19세기의 언문소설, 『의유당일기』, 『계축일기』 등의 여류일기, 효종, 인선왕후 등의 간찰(簡札 : 간지에 쓴 편지) 등

어두자음군의 변화

• ㅂ계 어두자음군의 변화
 – 쌀(米) : ᄡᆞᆯ>ᄊᆞᆯ>쌀
 – 따다(摘) : ᄠᆞ다>ᄯᆞ다>따다

• ㅅ계 어두 자음군의 변화
 – 딸 : ᄯᆞᆯ>ᄄᆞᆯ>딸
 – 풍기다 : ᄲᅮᆷ기다>풍기다

아래아의 소실

모음조화의 파괴(예 ᄀᆞᄂᆞᆯ>가늘(다))

가ᄂᆞᆫ>가는

'ㅐ, ㅔ' 등의 단모음화(예 문ᄅᆡ > 물레, 볼ᄅᆡ > 본래)

- 중세국어의 '어엿브다[憐]', '어리다[愚]' 등의 단어가 '어여쁘(귀엽다)', '어리다[幼]' 등으로 변함

(2) 근대국어의 모습

① 노걸대언해(老乞大諺解)

> 너뵌 高麗ㅅ 사룸이어니 또 엇디 漢語니룸을 잘 ᄒᆞᄂᆞ뇨
> 내 漢ㅅ 사룸의 손디 글 빈호니 이런 젼ᄎ로 져기 漢ㅅ 말을 아노라.
> 네 뉘손디 글 빈혼다.
> 내 漢흑당의셔 글 빈호라.
> 네 므슴 글을 빈혼다.
> 論語孟子小學을 닐그롸.
> 네 每日므슴 공부ᄒᆞᄂᆞ다.
> 每日이른 새배 니러 學堂의 가 스승님씌 글 빈호고 學堂의셔 노하든 집의 와 밥먹기 믓고 또 흑당의 가 셔품쓰기 ᄒᆞ고 셔품쓰기 믓고 년구기 ᄒᆞ고 년구ᄒᆞ 기 믓고 글읇기 ᄒᆞ고 글읇기 믓고 스승 앏픠셔 글을 강ᄒᆞ노라.
> 므슴 글을 강ᄒᆞᄂᆞ뇨.
> 小學論語孟子을 강ᄒᆞ노라.

> **[현대역]**
> 너는 고려 사람인데 또 어떻게 중국말을 잘하는가?/내가 중국 사람에게 글을 배웠으니 이런 까닭으로 조금 중국말을 아노라.
> 너는 누구에게 글을 배우는가?/나는 중국 학당에서 글을 배우노라.
> 너는 무슨 글을 배우는가?/논어, 맹자, 소학을 읽노라.
> 너는 매일 무슨 공부를 하는가?/매일 이른 새벽에 일어나 학당에 가 스승님께 글을 배우고, 방과 후는 집에 와서 밥 먹기를 마치고, 또 학당에 가 글씨쓰기를 히고, 글씨쓰기를 마치고 연구하기 하고, 연구하기 마치고는 글 읇기를 하고, 글 읇기를 마치고는 스승님 앞에서 글을 강하노라.
> 무슨 글을 강하는가?/소학, 논어, 맹자를 강하노라.

㉠ 창작연대 : 현종 11년(1670)
㉡ 갈래 : 중국어 학습서
㉢ 특징
- 방점과 'ㅿ, ㅇ'등이 소멸
- 분철(끊어 적기)과 혼철(거듭 적기)을 사용
- 표음주의 표기가 사용됨(종성 표기에 있어 7종성법 사용)

SEMI-NOTE

근대 국어의 배경
- 한글 사용의 확대 : 한글로 쓴 소설 문학이 대중들에게 인기를 모으고, 한글을 사용하던 계층의 사회참여가 활발해지면서 이러한 현상이 두드러지게 나타남
- 문장의 현대화 : 개화기에 한글 사용이 확대되면서 문장의 구성 방식이 현대의 그것과 거의 비슷하게 바뀜

노걸대언해의 의의
- 당시 외국어의 음가(音價)를 한글로 언해하여 당시 음운을 연구하는 데 중요한 역할을 하고 있음
- 다른 시기의 이본(異本)이 있어 언어변화를 파악할 수 있음
- 당시 역관들이 통역할 언어에 대한 학습서이었기에 생활상 파악에 용이함

주요 단어 풀이
- 니룸 : 말하기
- 젼ᄎ : 까닭
- 뉘손디 : 누구에게
- 의셔 : -에서
- 새배 : 새벽에

분철 및 혼철과 7종성법의 사용
- 분철 및 혼철(예 앏픠셔(혼철))
- 7종성법(예 믓다)

노걸대언해의 기타 특징
- '-ㄴ다'는 2인칭 문장에서 현재 평서형 어미가 아니라 의문형 어미이며, '-라'가 평서형 어미에 해당
- 두 사람의 대화체 형식으로 되어 있으며, 17세기 당대의 구어(口語)를 알 수 있음

03절   고전시가

1. 고대부터 고려 후기까지의 시가

(1) 고대와 삼국시대 초기의 시가

① 공무도하가(公無渡河歌)

현대역
公無渡河(공무도하)   임이여, 물을 건너지 마오.
公竟渡河(공경도하)   임은 그예 물을 건너셨네.
墮河而死(타하이사)   물에 쓸려 돌아가시니,
當奈公何(당내공하)   가신 임을 어이할꼬.

② 구지가(龜旨歌)

현대역
龜何龜何(구하구하)   거북아 거북아
首其現也(수기현야)   머리를 내어라.
若不現也(약불현야)   내놓지 않으면,
燔灼而喫也(번작이끽야)   구워서 먹으리.

③ 정읍사(井邑詞)

현대역
들하 노피곰 도두샤   달님이시여, 높이높이 돋으시어
어긔야 머리곰 비취오시라   멀리멀리 비춰주소서.
어긔야 어강됴리   어기야 어강드리
아으 다롱디리   아으 다롱디리
져재 녀러신고요   장터에 가 계십니까.
어긔야 즌 ᄃᆞᄅᆞᆯ 드듸욜셰라   진 데를 밟을까 두렵습니다.
어긔야 어강됴리   어기야 어강드리
어느이다 노코시라   어느 곳에나 놓으십시오.
어긔야 내 가논 ᄃᆡ 졈그ᄅᆞᆯ셰라   우리 임 가시는 데 저물까 두렵습니다.
어긔야 어강됴리   어기야 어강드리
아으 다롱디리   아으 다롱디리

실력up 고대가요의 특징

- 구비문학(口碑文學)으로, 입으로 전해 내려온 이야기 등이 한문문학으로 기록
- 대체적으로 인물에 관련된 설화와 함께 구전되는 성격을 지니는데, 인물의 신성화(神聖化)와 권위의 정당성을 부각시키는 효과가 있었음
- 「구지가」 등의 집단 주술의 양식이 「황조가」 등의 개인적인 서정가요로 넘어가는 과정을 엿볼 수 있음

공무도하가
- 작자 : 백수 광부의 아내
- 연대 : 고조선
- 주제 : 임의 죽음에 대한 슬픔
- 특징 : 한역시가, 상징적 수법의 사용, 감정의 직접적 표출
- 출전 : 「해동역사」
- 의의 : 문헌상 최고(最古)의 서정 시가이며 민족적 '한(恨)'의 정서와 서정시로서 변화하는 과도기적 작품

구지가
- 작자 : 구간 등
- 연대 : 신라 유리왕
- 주제 : 왕의 강림 기원
- 성격 : 주술요, 집단노동요, 의식요
- 출전 : 「삼국유사」
- 의의 : 현전하는 최고(最古)의 집단가요로 영군가, 영산군가, 가락국가로도 불림

정읍사
- 작자 : 행상인의 아내
- 연대 : 백제
- 주제 : 행상 나간 남편의 안전을 기원
- 형식 : 전연시, 후렴구를 제외하면 3장 6구
- 출전 : 「악학궤범」
- 의의 : 현전하는 유일한 백제 가요이며 국문으로 표기된 가요 중에서 가장 오래됨

(2) 향가

① 제망매가(祭亡妹歌) ⭐ 빈출개념

	현대역
生死(생사) 길흔 이에이샤매 머뭇거리고 나는가느다 말ㅅ도 몯다 니르고 가느닛고 어느 ᄀᆞ술 이른 ᄇᆞᄅᆞ매 이에 뎌에 뜨러딜 닙ᄀᆞᆮ ᄒᆞᄃᆞᆫ 가지라 나고 가논 곧 모ᄃᆞ론뎌 아야 彌陀刹(미타찰)아 맛보올 나 道(도) 닷가 기드리고다.	삶과 죽음의 길은 여기에 있으므로 두렵고 '나는 간다'는 말도 다하지 못하고 갔는가. 어느 가을 이른 바람에 여기저기 떨어지는 나뭇잎처럼 한 가지에서 태어나고서도 가는 곳을 모르겠구나. 아아, 극락에서 만날 나는 불도를 닦으며 기다리겠노라.

② 안민가(安民歌)

	현대역
君(군)은 어비여 臣(신)은 ᄃᆞᄉᆞ샬 어ᅀᅵ여, 民(민)은 얼흔 아히고 ᄒᆞ샬디 民(민)이 ᄃᆞ솔 알고다. 구믈ㅅ다히 살손 物生(물생) 이흘 머기 다ᄉᆞ라 이 ᄯᅡ홀 ᄇᆞ리곡 어듸 갈뎌 홀디 나라악 니니디 알고다. 아으, 君(군)다이 臣(신)다이 民(민)다 이 ᄒᆞᄂᆞᆯᄃᆞᆫ 나라악 太平(태평)ᄒᆞ니잇다.	임금은 아버지요, 신하는 사랑하시는 어머니요, 백성은 어린 아이라고 생각하신다면, 백성이 사랑을 알 것입니다. 꾸물거리며 사는 백성은 이를 먹임으로써 다스려져 '내가 이 땅을 버리고 어디 가랴?'라고 할 때 나라 안이 유지될 줄 알 것입니다. 아, 임금답게, 신하답게, 백성답게 한 다면 나라 안이 태평할 것입니다.

③ 모죽지랑가(慕竹旨郞歌)

	현대역
간 봄 그리매 모든 것사 우리 시름 아름 나토샤온 즈ᅀᅵ 샬쭘 디니져 눈 돌칠 ᄉᆞ이예 맛보ᄋᆞᆸ디지오리 郞(낭)이여 그릴 ᄆᆞᅀᆞ미녀올 길 다봊 ᄆᆞᅀᆞ히 잘 밤 이시리	간 봄을 그리워함에 모든 것이 서러워 시름하는데 아름다움 나타내신 얼굴이 주름살을 지으려고 하옵니다. 눈 돌이킬 사이에 만나뵙도록 지으리이다. 낭이여, 그리운 마음의 가는 길에, 다북쑥 우거진 데서 잘 밤인들 있으리까.

SEMI-NOTE

제망매가(祭亡妹歌)
- 작자 : 월명사
- 연대 : 신라 경덕왕
- 주제 : 죽은 누이의 명복을 빎
- 특징 : 10구체 향가로 추모적, 불교적 성격(추도가)을 취하고 있으며 비유법(직유)과 상징법을 세련되게 사용
- 출전 : 『삼국유사』
- 의의 : 현존 향가 중 '찬기파랑가'와 함께 표현 기교와 서정성이 가장 뛰어난 작품으로 평가받음

안민가
- 작자 : 충담사
- 연대 : 신라 경덕왕
- 주제 : 국태민안의 도와 이상
- 특징 : 직설적이며 논리적인 어법과 비유를 활용하여 유교적인 교훈과 권계(勸戒)의 권하는 10구체 향가
- 출전 : 『삼국유사』
- 의의 : 유일하게 유교적 이념을 노래한 향가로 국가적 이념과 당위를 표현함

모죽지랑가
- 작자 : 득오
- 연대 : 신라 효소왕
- 주제 : 죽지랑에 대한 연모의 정
- 출전 : 『삼국유사』
- 의의 : 주술성이나 종교적 색채가 전혀 없는 개인의 정회가 깃든 서정가요

상저가
- 형식 : 4구체, 비연시
- 주제 : 촌부의 소박한 효심
- 특징 : 노동요로서, 농촌의 소박한 풍속과 정서가 드러나며 경쾌한 여음구가 돋보임
- 출전 : 「시용향악보」
- 의의 : 고려속요 중 유일한 노동요

가시리
- 형식 : 분절체
- 주제 : 이별의 정한
- 특징 : 민요풍의 서정시이자 이별가로 3, 3, 2조의 3음보, 후렴구를 사용
- 출전 : 「악장가사」, 「악학편고」, 「시용향악보」
- 의의 : 고려속요 중 문학적으로 가장 뛰어난 작품으로 평가 받음

작품의 구성
- 서사 : 이별에 대한 슬픔과 강조
- 본사 : 슬픔의 절제와 체념
- 결사 : 이별 후의 소망

서경별곡
- 형식 : 3음보, 분연체
- 주제 : 이별의 슬픔
- 특징 : 반복법과 설의법, 비유법의 사용과 '가시리'보다 적극적이고 진솔하게 표현
- 출전 : 「악장가사」, 「시용향악보」
- 의의 : 고려속요 중 청산별곡과 함께 문학성이 뛰어난 작품으로 평가받음

작품의 구성
- 서사 : 이별 거부와 연모의 정
- 본사 : 임에 대한 변함없는 사랑을 맹세
- 결사 : 이별한 임에 대한 원망

(3) 고려속요

① 상저가(相杵歌)

현대역

듥긔동 방해나 디허 히얘	덜커덩 방아나 찧어 히얘
게우즌 바비나 지서 히얘	거친 밥이나 지어 히얘
아바님 어머님끠 받줍고 히야해	아버님 어머님께 바치고 히야해
남거시든 내 머고리, 히야해 히야해	남거든 내가 먹으리, 히야해 히야해

② 가시리

현대역

가시리 가시리잇고 나ᄂᆞᆫ	가시렵니까 가시렵니까
ᄇᆞ리고 가시리잇고 나ᄂᆞᆫ	버리고 가시렵니까
위 증즐가 大平盛代(대평성ᄃᆡ)	위 증즐가 태평성대
날러는 엇디 살라 ᄒᆞ고	날더러는 어찌 살라하고
ᄇᆞ리고 가시리잇고 나ᄂᆞᆫ	버리고 가시렵니까
위 증즐가 大平盛代(대평성ᄃᆡ)	위 증즐가 태평성대
잡ᄉᆞ와 두어리마ᄂᆞᄂᆞᆫ	붙잡아 두고 싶지만
선ᄒᆞ면 아니 올셰라	서운하면 아니올까 두렵습니다
위 증즐가 大平盛代(대평성ᄃᆡ)	위 증즐가 태평성대
셜온 님 보내ᄋᆞ노니 나ᄂᆞᆫ	서러운 임 보내오니
가시ᄂᆞᆫ 듯 도셔 오셔셔 나ᄂᆞᆫ	가시자마자 돌아서서 오소서
위 증즐가 大平盛代(대평성ᄃᆡ)	위 증즐가 태평성대

③ 서경별곡(西京別曲)

西京(서경)이 아즐가 西京(서경)이 셔울히 마르는
위 두어렁셩 두어렁셩 다링디리
닷곤ᄃᆡ 아즐가 닷곤ᄃᆡ 쇼셩경 고ᄋᆡ마른
위 두어렁셩 두어렁셩 다링디리
여ᄒᆡ므론 아즐가 여ᄒᆡ므론 질삼뵈 ᄇᆞ리시고
위 두어렁셩 두어렁셩 다링디리
괴시란ᄃᆡ 아즐가 괴시란ᄃᆡ 우러곰 좃니노이다.
위 두어렁셩 두어렁셩 다링디리
구스리 아즐가 구스리 바회예 디신ᄃᆞᆯ
위 두어렁셩 두어렁셩 다링디리
긴히ᄯᆞᆫ 아즐가 긴힛ᄯᆞᆫ 그츠리잇가 나ᄂᆞᆫ
위 두어렁셩 두어렁셩 다링디리
즈믄ᄒᆡ를 아즐가 즈믄ᄒᆡ를 외오곰 녀신ᄃᆞᆯ
위 두어렁셩 두어렁셩 다링디리
信(신)잇ᄃᆞᆫ 아즐가 信(신)잇ᄃᆞᆫ 그츠리잇가 나ᄂᆞᆫ

위 두어렁셩 두어렁셩 다링디리
大同江(대동강) 아즐가 大同江(대동강) 너븐디 몰라셔
위 두어렁셩 두어렁셩 다링디리
빈내여 아즐가 빈내여 노혼다 샤공아
위 두어렁셩 두어렁셩 다링디리
네가시 아즐가 네가시 럼난디 몰라셔
위 두어렁셩 두어렁셩 다링디리
녈비예 아즐가, 녈비예 연즌다 샤공아,
위 두어렁셩 두어렁셩 다링디리
대동강(大同江) 아즐가, 대동강(大同江) 건너편 고즐여
위 두어렁셩 두어렁셩 다링디리
빈타들면 아즐가, 빈타들면 것고리이다 나는
위 두어렁셩 두어렁셩 다링디리

현대역

서경(평양)이 서울이지마는/중수(重修)한 작은 서울을 사랑합니다마는
임과 이별하기보다는/길쌈하던 베를 버리고서라도/사랑해주신다면 울면서 따르겠습니다.
구슬이 바위에 떨어진들/끈이야 끊어지겠습니까.
천 년을 홀로 살아간들/믿음이야 끊어지겠습니까.
대동강이 넓은지 몰라서/배를 내어 놓았느냐, 사공아.
네 각시 음란한지 몰라서/떠나는 배에 내 임을 태웠느냐, 사공아.
대동강 건너편 꽃을/배를 타면 꺾을 것입니다.

주요 단어 풀이
• **아즐가, 나는** : 운을 맞추기 위한 여음구
• **닷곤디** : 새로이 고친 곳
• **고外마른** : 사랑하지마는. '괴요마른' 의 잘못된 표기
• **여히므론** : 이별하기 보다는
• **질삼뵈** : 길쌈하던 베
• **우러곰** : 울면서
• **그츠리잇가** : 끊어지겠습니까
• **즈믄히** : 천년(千年)
• **외오곰** : 외로이, 홀로
• **노혼다** : 놓았느냐
• **네가시** : 네 각시, 네 아내
• **고즐** : 꽃을
• **빈타들면** : 배 타고 들어가면

고려속요
고려시대 평민의 감정과 정서가 담긴 민요 시가로 장가(長歌), 여요(麗謠), 가요(歌謠) 등으로 불림
본래 평민의 노래였다가 고려 말에 궁중 가사로 연주된 것

④ 동동(動動) ⭐ 빈출개념

德(덕)으란 곰비예 받줍고 福(복)으란 림비예 받줍고
德(덕)이여 福(복)이라 호늘 나슥라 오소이다.
아으 動動(동동)다리.

正月(정월)ㅅ 나릿므른 아으 어져 녹져 ᄒᆞ논디.
누릿 가온디 나곤 몸하 ᄒᆞ올로 녈셔.
아으 動動다리.

二月(이월)ㅅ 보로매 아으 노피 현 燈(등)ㅅ블 다호라.
萬人(만인) 비취실 즈싀샷다.
아으 動動다리.

三月(삼월) 나며 開(개)혼 아으 滿春(만춘) 들욋고지여.
ᄂᆞᄆᆞ 브롤 즈슬 디뎌 나샷다.
아으 動動다리.

동동
• **작자** : 미상
• **갈래** : 고려 속요
• **형식** : 분절체(13연), 월령체
• **주제** : 외로움과 슬픔, 임에 대한 송도와 애련, 회한 및 한탄(각 연마다 주제가 다름)
• **특징** : 송도가, 월령체(달거리)의 성격을 지닌 가요로, 비유법, 영탄법을 사용함
• **출전** : 『악학궤범』
• **의의** : 우리 문학 최초이자 고려 속요 중 유일한 월령체가요(조선 후기 「농가월령가」에 영향)

작품의 구성
- 전개 : 임에 대한 덕과 복을 빎
- 1월 : 화자의 고독을 한탄함
- 2월 : 임의 고매한 인품을 예찬함
- 3월 : 임의 아름다운 모습을 송축함
- 4월 : 무심한 임에 대한 그리움과 원망
- 5월 : 임의 장수(長壽)를 기원
- 6월 : 임에게 버림받은 것에 대한 슬픔을 한탄
- 7월 : 버림받음에도 임과 함께하고자 하는 소망
- 8월 : 임이 없는 고독한 한가위
- 9～10월 : 임이 없는 쓸쓸함과 슬픔
- 11～12월 : 사랑을 이루지 못하고 한탄할 수밖에 없는 심정

아박(牙拍)
『악학궤범』에서는 「동동」을 '아박(牙拍)'이라고도 하는데, 2인 또는 4인이 두 손에 상아로 만든 작은 박(拍)을 들고 장단에 맞추어 치면서 춤춘다는 뜻에서 나온 말

청산별곡
- 갈래 : 고려 속요
- 형식 : 분장체(전 8연)
- 주제 : 유랑민의 삶의 고뇌와 비애, 실연의 고통, 고뇌와 방황
- 특징 : 3·3·2조의 3음보 형식을 갖추고 있으며 현실도피적이고 은둔적 분위기를 자아냄
- 출전 : 『악장가사』, 『악학편고』
- 의의 : 「서경별곡」과 함께 꼽히는 고려가요의 대표적인 작품

작품의 구성
- 1연 : 청산에 대한 동경
- 2연 : 삶의 고통과 비애
- 3연 : 속세에 대한 미련
- 4연 : 처절한 고독 토로
- 5연 : 운명에 대한 체념
- 6연 : 다른 도피처에 대한 소망
- 7연 : 기적에 대한 기대
- 8연 : 술로 인생의 비애를 달램

四月(사월) 아니 니저 아으 오실셔 곳고리새여.
므슴다 錄事(녹사)니믄 녯 나를 닛고신뎌.
아으 動動(동동)다리.

六月(유월)ㅅ 보로매 아으 별해 ᄇᆞ론 빗 다호라.
도라보실 니믈 젹곰 좃니노이다.
아으 動動(동동)다리.

[현대역]
덕은 뒷잔에 바치고 복은 앞잔에 바치고 덕이라 복이라 하는 것을 드리러 오십시오.
정월의 냇물이 아아 얼고 녹아 봄이 다가오는데 세상 가운데 태어난 이 몸은 홀로 살아가는구나.
이월 보름에 아아 높이 켠 등불 같구나. 만인을 비추실 모습이도다.
삼월이 지나며 핀 아아 늦봄의 진달래꽃이여 남이 부러워할 모습을 지니고 태어나셨도다.
사월을 아니 잊고 아아 오셨구나. 꾀꼬리 새여 무엇 때문에 녹사님은 옛날을 잊고 계신가.
유월 보름에 아아 벼랑에 버린 빗 같구나. 돌아보실 임을 잠시나마 좇아갑니다.

⑤ 청산별곡(靑山別曲)

살어리 살어리랏다. 靑山(청산)애 살어리랏다.
멀위랑 ᄃᆞ래랑 먹고, 靑山(청산)애 살어리랏다.
얄리얄리 얄랑셩, 얄라리 얄라.
우러라 우러라 새여, 자고 니러 우러라 새여.
널라와 시름 한 나도 자고 니러 우니노라.
얄리얄리 얄라셩, 얄라리 얄라.
가던 새 가던 새 본다. 믈 아래 가던 새 본다.
잉무든 장글란 가지고, 믈 아래 가던 새 본다.
얄리얄리 얄라셩, 얄라리 얄라.
이링공 뎌링공 ᄒᆞ야 나즈란 디내와손뎌.
오리도 가리도 업슨 바므란 또 엇디 호리라.
얄리얄리 얄라셩, 얄라리 얄라.
어듸라 더디던 돌코, 누리라 마치던 돌코.
믜리도 괴리도 업시 마자셔 우니노라.
얄리얄리 얄라셩, 얄라리 얄라.
살어리 살어리랏다. 바ᄅᆞ래 살어리랏다.
ᄂᆞᄆᆞ자기 구조개랑 먹고 바ᄅᆞ래 살어리랏다.
얄리얄리 얄라셩, 얄라리 얄라.
가다가 가다가 드로라, 에졍지 가다가 드로라.
사ᄉᆞ미 짒대예 올아셔 奚琴(히금)을 혀거를 드로라.
얄리얄리 얄라셩, 얄라리 얄라.
가다니 ᄇᆡ브른 도긔 설진 강수를 비조라.

96

조롱곳 누로기 미와 잡스와니, 내 엇디 ᄒ리잇고.
얄리얄리 얄라셩, 얄라리 얄라.

현대역

살겠노라, 살겠노라. 청산에서 살겠노라/머루와 다래를 먹고 청산에서 살겠노라
우는구나, 우는구나, 새여. 자고 일어나 우는구나, 새여./너보다 시름 많은 나
도 자고 일어나 울고 있노라.
가는 새, 가는 새 본다. 물 아래쪽으로 가는 새 본다./이끼 묻은 쟁기를 가지고
물 아래쪽으로 가는 새본다.
이럭저럭하여 낮은 지내왔건만/올 이도 갈 이도 없는 밤은 또 어찌하리오.
어디다 던지는 돌인가. 누구를 맞히려는 돌인가./미워할 이도 사랑할 이도 없
이 사랑할 이도 없이 맞아서 울고 있노라.
살겠노라, 살겠노라. 바다에서 살겠노라./나문재, 굴, 조개를 먹고 바다에서 살
겠노라.
가다가, 가다가 듣노라. 외딴 부엌을 지나가다가 듣노라./사슴이 장대에 올라
가서 해금을 켜는 것을 듣노라.
가더니 불룩한 독에 진한 술을 빚는구나./조롱박꽃 모양의 누룩이 매워 (나를)
붙잡으니 나는 어찌하리오.

(4) 경기체가

① 한림별곡(翰林別曲)

제1장
元淳文원슌문 仁老詩인노시 公老四六공노ᄉ륙
李正言니졍언 陳翰林딘한림 雙韻走筆솽운주필
冲基對策튱긔ᄃ칙 光鈞經義광균경의 良鏡詩賦량경시부
위 試場시댱ㅅ 景경 긔 엇더ᄒ니잇고
(葉)琴學士玉笋금혹ᄉ의 玉笋門生옥슌문싱 琴學士금혹ᄉ의 玉笋門生옥슌문싱
위 날조차 몃부니잇고

제2장
唐漢書당한셔 莊老子장로ᄌ 韓柳文集한류문집
李杜集니두집 蘭臺集난ᄃ집 白樂天集빅락텬집
毛詩尙書모시샹셔 周易春秋주역춘츄 周戴禮記주ᄃ례기
위 註주조쳐 내 외옴 景경 긔 엇더ᄒ니잇고
(葉)太平光記태평광긔 四百餘卷ᄉ빅여권 太平光記태평광긔 四百餘卷ᄉ빅여권
위 歷覽력남ㅅ 景경 긔 엇더ᄒ니잇고

제8장
唐唐唐당당당 唐楸子당츄ᄌ 皁莢조협남긔
紅홍실로 紅홍글위 미요이다
혀고시라 밀오시라 鄭小年뎡쇼년하
위 내 가논 ᄃ ᄂ 갈셰라

SEMI-NOTE

경기체가(景幾體歌)
- 고려 중기 이후에 발생한 장가(長歌)로 경기하여가(景幾何如歌)라고도 함
- 景幾何如(景경 긔 엇더ᄒ니잇고) 구가 붙는 특징이 있기 때문에 이러한 명칭이 붙음

(葉)削玉纖纖샥옥셤셤 雙手숑슈ㅅ길헤 削玉纖纖샥옥셤셤 雙手숑슈ㅅ길헤
위 携手同遊휴슈동유 ㅅ 景景 긔 엇더ᄒ니잇고

현대역

제1장 시부(詩賦)
유원순의 문장, 이인로의 시, 이공로의 사륙변려문/이규보와 진화의 쌍운을 맞추어 써 내려간 글/유충기의 대책문, 민광균의 경서 해의(解義), 김양경의 시와 부(賦)/아, 과거시험의 광경, 그것이 어떠합니까?
금의가 배출한 죽순처럼 많은 제자들, 금의가 배출한 죽순처럼 많은 제자들/아, 나까지 몇 분입니까?

제2장 서적(書籍)
당서와 한서, 장자와 노자, 한유와 유종원의 문집/이백과 두보의 시집, 난대여사의 시문집, 백낙천의 문집/시경과 서경, 주역과 춘추, 예기/아, 주석마저 줄곧 외우는 모습 그것이 어떠합니까?
태평광기 사백여권, 태평광기 사백여권/아, 두루두루 읽는 모습 그것이 어떠합니까?

제8장 추천(鞦韆)
당당당 당추자(호도나무) 쥐엄나무에/붉은 실로 붉은 그네를 맵니다/당기시라 미시라 정소년이여/아, 내가 가는 곳에 남이 갈까 두렵구나
옥을 깎은 듯 고운 손길에, 옥을 깎은 듯 고운 손길에/아, 손 마주잡고 노니는 정경, 그것이 어떠합니까?

독락팔곡
- 작자 : 권문호
- 연대 : 조선 선조
- 주제 : 강호에 묻혀 여유롭게 살아가는 즐거움
- 특징
  - 경기체가 소멸기에 쓰인 작품으로 현존하는 경기체 가운데 가장 마지막 작품
  - 임진왜란 이후로 과시하고 찬양할 외적 여건을 상실하여 경기체가 특유의 주제의식이 붕괴됨
- 출전 : 『송암별집』

② 독락팔곡(獨樂八曲)

1장
太平聖代(태평성대) 田野逸民(전야일민) 再唱(재창)
耕雲麓(경운록) 釣烟江(조연강)이 이밧긔 일이업다.
窮通(궁통)이 在天(재천)ᄒ니 貧賤(빈천)을 시름ᄒ랴.
玉堂(옥당) 金馬(금마)ᄂᆞᆫ 내의 願(원)이 아니로다.
泉石(천석)이 壽域(수역)이오 草屋(초옥)이 春臺(춘대)라.
於斯臥(어사와) 於斯眠(어사면) 俯仰宇宙(부앙우주) 流觀(유관) 品物(품물)ᄒ야,
居居然(거거연) 浩浩然(호호연) 開襟獨酌(개금독작) 岸幘長嘯(안책장소) 景(경)
긔엇다 ᄒ니잇고.

2장
草屋三間(초옥삼간) 容膝裏(용슬리) 昻昻(앙앙) 一閒人(일한인) 再唱(재창)
琴書(금서)를 벗을 삼고 松竹(송죽)으로 울을ᄒ니
脩脩(소소) 生事(생사)와 淡淡(담담) 襟懷(금회)예 塵念(진념)이 어듸나리.
時時(시시)예 落照趁淸(낙조진청) 蘆花(노화) 岸紅(안홍)ᄒ고,
殘烟帶風(잔연대풍) 楊柳(양류) 飛(비)ᄒ거든,
一竿竹(일간죽) 빗기안고 忘機伴鷗(망기반구) 景(경) 긔엇다 ᄒ니잇고.

현대역

(1장) 태평스럽고 성스러운 시대에, 시골에 은거하는 절행이 뛰어난 선비가 (재창)/구름 덮인 산기슭에 밭이랑을 갈고, 내 긴 강에 낚시를 드리우니, 이밖에는 일이 없다./빈궁과 영달이 하늘에 달렸으니, 가난함과 천함을 걱정 하리오, 한나라 때 궁궐 문이나 관아 앞에 동마(銅馬)를 세워 명칭한 금마문과, 한림원의 별칭인 옥당서가 있어, 이들은 임금을 가까이서 뫼시는 높은 벼슬아치로, 이것은 내가 원하는 바가 아니다. 천석으로 이루어진 자연에 묻혀 사는 것도, 인덕이 있고 수명이 긴 수역으로 성세가 되고, 초옥에 묻혀 사는 것도, 봄 전망이 좋은 춘대로 성세로다./어사와! 어사와! 천지를 굽어보고 쳐다보며, 삼라만상이 제각기 갖춘 형체를 멀리서 바라보며, 안정된 가운데 넓고도 큰 흉금을 열어 제쳐 놓고 홀로 술을 마시느니, 두건이 높아 머리 뒤로 비스듬히 넘어가, 이마가 드러나 예법도 없는데다 길게 휘파람 부는 광경, 그것이야말로 어떻습니까.

(2장) 초가삼간이 너무 좁아, 겨우 무릎을 움직일 수 있는 방에, 지행 높고 한가한 사람이, 가야금을 타고 책 읽는 일을 벗 삼아 집 둘레에는 소나무와 대나무로 울을 하였으니, 찢겨진 생계와 산뜻하게 가슴 깊이 품고 있는 회포는, 속세의 명리를 생각하는 마음이 어디서 나리오./저녁 햇빛이 맑게 갠 곳에 다다르고, 흰 갈대꽃이 핀 기슭에 비쳐서 붉게 물들었는데, 남아 있는 내에 섞여 부는 바람결에 버드나무가 날리거든, 하나의 낚싯대를 비스듬히 끼고 세속 일을 잊고서 갈매기와 벗이 되는 광경, 그것이야말로 어떻습니까.

(5) 고려시대의 시조

① 다정가(多情歌)

梨花(이화)에 月白(월백)ᄒ고 銀漢(은한)이 三更(삼경)인제
一枝春心(일지춘심)을 子規(자규)야 알랴마는
多情(다정)도 病(병)인 냥ᄒ여 ᄌᆞᆷ못 드러 ᄒᆞ노라.

현대역

배꽃에 달이 하얗게 비치고 은하수는 자정 무렵을 알리는 때에
나뭇가지에 깃들어 있는 봄의 정서를 소쩍새야 알 리 있으랴마는
다정한 것도 그것이 병인 양, 잠 못 들어 하노라.

② 탄로가(嘆老歌)

春山(춘산)에 눈 녹인 바ᄅᆞᆷ 건듯 불고 간 듸 업다.
져근덧 비러다가 마리 우희 불니고져
귀 밋틔 ᄒ묵은 서리를 녹여 볼가 ᄒᆞ노라.

현대역

봄 산에 쌓인 눈을 녹인 바람이 잠깐 불고 어디론지 간 데 없다.
잠시 동안 빌려다가 머리위에 불게 하고 싶구나.
귀 밑에 해묵은 서리(백발)를 녹여 볼까 하노라.

③ 하여가(何如歌)

하여가
- 작자 : 이방원
- 갈래 : 평시조
- 주제 : 정적에 대한 회유(정치적 목적을 지닌 우회적 회유)
- 특징 : 직유법과 대구법을 사용하여 회유하고자 하는 의도 표출
- 출전 : 『청구영언』

이런들 엇더하며 져런들 엇더하료
만수산(萬壽山) 드렁칡이 얽어진들 그 어떠하리
우리도 이갓치 얽어져 백 년까지 누리리라

현대역

이런들 어떠하며 저런들 어떠하리
만수산 칡덩굴이 얽혀져 있은들 그것이 어떠하리
우리도 이같이 하여 백년까지 누리리라.

④ 단심가(丹心歌)

단심가
- 작자 : 정몽주
- 갈래 : 평시조
- 주제 : 고려왕조에 대한 변함없는 일편단심
- 특징 : 반복법과 점층법을 사용하여 충절을 심화시킴. 이방원의 하여가(何如歌)와 대비됨
- 출전 : 『청구영언』

이 몸이 주거주거 一百(일백) 番(번) 고쳐 주거
白骨(백골)이 塵土(진토)되여 넉시라도 잇고 업고
님 向(향)흔 一片丹心(일편단심)이야 가실줄이 이시랴.

현대역

이 몸이 죽고 죽어 일백 번 고쳐 죽어
백골이 진토되어 넋이라도 있고 없고
임 향한 일편단심이야 가실 줄이 있으랴.

⑤ 회고가(懷古歌)

회고가
- 작자 : 길재
- 갈래 : 평시조
- 주제 : 망국의 한과 맥수지탄(麥秀之嘆)
- 특징 : 대조법, 영탄법을 통해 망국의 한과 무상함을 표현
- 출전 : 『청구영언』

오백 년(五百年) 도읍지(都邑地)를 필마(匹馬)로 도라드니
산천(山川)은 의구(依舊)하되 인걸(人傑)은 간 듸 업다.
어즈버 태평연월(太平烟月)이 꿈이런가 하노라.

현대역

오백 년이나 이어 온 고려의 옛 도읍지를 한 필의 말로 돌아 들어오니
산천(山川)은 예와 다름이 없으되 인재(고려의 유신)는 간 데 없구나 .
아아, 태평하고 안락한 세월(고려의 융성기)은 꿈인가 하노라.

2. 조선시대 시가의 형성

(1) 조선 전기의 시가

① 강호사시가(江湖四時歌)

> 江湖(강호)에 봄이 드니 미친 興(흥)이 절로 난다.
> 濁醪溪邊(탁료계변)에 錦鱗魚(금린어) l 안쥐로다.
> 이 몸이 閑暇(한가)히움도 亦軍恩(역군은)이샷다.
>
> 江湖(강호)에 녀름이 드니 草堂(초당)에 일이 업다.
> 有信(유신)흔 江波(강파)는 보내ᄂᆞ니 ᄇᆞ람이로다.
> 이 몸이 서늘히옴도 亦軍恩(역군은)이샷다.
>
> 江湖(강호)에 ᄀᆞ을이 드니 고기마다 슬져 잇다.
> 小艇(소정)에 그믈 시러 흘니 씌여 더뎌 두고
> 이 몸이 消日(소일)히옴도 亦軍恩(역군은)이샷다.
>
> 江湖(강호)에 겨월이 드니 눈 기픠 자히 남다.
> 삿갓 빗기 쓰고 누역으로 오슬 삼아
> 이 몸이 칩지 아니히옴도 亦軍恩(역군은)이샷다.

현대역

> 강호에 봄이 드니 참을 수 없는 흥이 절로 난다./탁주를 마시며 노는 시냇가에 금린어(쏘가리)가 안주로다./이 몸이 한가롭게 지냄도 역시 임금의 은혜로다.
> 강호에 여름이 드니 초당에 일이 없다./신의 있는 강 물결은 보내는 것이 시원한 강바람이다./이 몸이 서늘하게 지내는 것도 역시 임금의 은혜로다.
> 강호에 가을이 드니 물고기마다 살이 올랐다./작은 배에 그물 실어 물결 따라 흐르게 던져 두고/이 몸이 고기잡이로 세월을 보내는 것도 역시 임금의 은혜로다.
> 강호에 겨울이 드니 눈의 깊이가 한 자가 넘는다./삿갓을 비스듬히 쓰고 도롱이를 둘러 덧옷을 삼아/이 몸이 춥지 않게 지내는 것도 역시 임금의 은혜로다.

강호사시가
- 작자 : 맹사성
- 갈래 : 평시조, 연시조(전 4수)
- 주제 : 유유자적한 삶과 임금의 은혜에 대한 감사
- 특징 : 강호가도(江湖歌道)의 선구적인 작품으로 이황의 「도산십이곡」과 이이의 「고산구곡가」에 영향을 끼침
- 출전 : 「청구영언」

작품의 구성
- 춘사(春思) : 냇가에서 쏘가리(금린어)를 안주삼아 탁주를 마시는 강호한정
- 하사(夏詞) : 초당에서 지내는 한가로운 생활
- 추사(秋詞) : 강가에서 살찐 고기를 잡는 생활
- 동사(冬詞) : 쌓인 눈을 두고 삿갓과 도롱이로 추위를 견디며 따뜻하게 지내는 생활

연시조(연형시조)
두 개 이상의 평시조가 하나의 제목으로 엮어져 있는 시조. 다양하고 체계적인 서정성을 표현할 수 있었음

② 동짓달 기나긴 밤을 ★빈출개념

> 冬至(동지)ㅅ둘 기나긴 밤을 한 허리를 버혀 내여
> 春風(춘풍) 니불 아레 서리서리 너헛다가
> 어론님 오신 날 밤이여든 구뷔구뷔 펴리라.

현대역

> 동짓달 기나긴 밤 한가운데를 베어 내어
> 봄바람 이불 아래 서리서리 넣었다가
> 정든 서방님 오신 날 밤이거든 굽이굽이 펴리라.

동짓달 기나긴 밤을
- 작자 : 황진이
- 갈래 : 평시조
- 주제 : 임을 기다리는 절실한 그리움
- 특징 : 추상적인 시간을 구체화, 감각화하며 음성 상징어를 적절하게 사용함
- 출전 : 「청구영언」

SEMI-NOTE

이화우 흩뿌릴 제
- 작자 : 계랑
- 갈래 : 평시조
- 주제 : 임을 그리는 마음
- 특징 : 은유법을 사용하여 임과 이별한 애상적인 분위기를 부각시킴
- 출전 : 「청구영언」

조홍시가
- 작자 : 박인로
- 갈래 : 평시조
- 주제 : 풍수지탄(風樹之嘆)
- 특징
  - 사친가(思親歌)로 '조홍시가'라고도 함
  - 부모의 부재(不在)가 전개의 바탕이 됨
- 출전 : 「노계집」

어부사시사
- 작자 : 윤선도
- 갈래 : 연시조(전 40수, 사계절 각 10수)
- 주제 : 사계절의 어부 생활과 어촌 풍경을 묘사, 강호한정과 물아일체의 흥취
- 특징
  - 후렴구가 있으며, 우리말의 아름다움을 잘 살림
  - 시간에 따른 시상 전개, 원근법 등이 나타남
  - 각수의 여음구를 제외하면 초, 중, 종장 형태의 평시조와 동일(동사(冬詞) 제10장은 제외)
- 출전 : 「고산유고」

작품의 구성
- 춘사(春詞) : 어부 일을 하며 자연 속에서 유유자적한 심정
- 하사(夏詞) : 한가로이 어부 일을 하는 도중에 자연과 물아일체의 경지에 도달
- 추사(秋詞) : 어지러운 속세를 떠나 자연 속에서 살아가는 즐거움
- 동사(冬詞) : 속세에 더 이상 물들지 않고 싶은 심정과 어부의 흥취

③ 이화우 흩뿌릴 제

> 梨花雨(이화우) 훗쑤릴 제 울며 잡고 이별(離別)흔 님
> 秋風落葉(추풍낙엽)에 저도 날 싱각는가.
> 千里(천 리)에 외로운 쑴만 오락가락 ᄒ노매.
>
> **현대역**
> 배꽃이 비처럼 흩뿌릴 때 울며 잡고 이별한 임
> 가을바람에 떨어지는 나뭇잎에 임도 날 생각하시는가.
> 천 리에 외로운 꿈만 오락가락하는구나.

④ 조홍시가(早紅柿歌) ★ 빈출개념

> 盤中(반중) 早紅(조홍)감이 고아도 보이느다.
> 유자(柚子)ㅣ 아니라도 품엄즉도 ᄒ다마는
> 품어 가 반길 이 업슬씨 글로 설워ᄒ느이다.
>
> **현대역**
> 쟁반에 놓인 일찍 익은 홍시가 곱게도 보이는구나.
> 유자는 아니더라도 품어 가고 싶다마는
> 품어 가도 반겨줄 이(부모님) 안 계시니 그것을 서러워합니다.

⑤ 어부사시사(漁父四時詞) ★ 빈출개념

> 春詞 4
> 우는 거시 벅구기가, 프른 거시 버들숩가.
> 이어라, 이어라
> 漁村(어촌) 두어 집이 닛 속의 나락들락.
> 至匊悤(지국총) 至匊悤(지국총) 於思臥(어사와)
> 말가흔 기픈 소희 온갇 고기 쮜노느다.
>
> 夏詞 2
> 년닙희 밥싸 두고 반찬으란 쟝만마라.
> 닫 드러라 닫 드러라
> 靑蒻笠(청약립)은 써 잇노라 綠蓑衣(녹사의) 가져오냐.
> 至匊悤(지국총) 至匊悤(지국총) 於思臥(어사와)
> 無心(무심)흔 白鷗(백구)는 내 좃는가, 제 좃는가.
>
> 秋詞 1
> 物外(물외)예 조흔 일이 漁父生涯(어부생애) 아니러냐.
> 빈 떠라 빈 떠라
> 漁翁(어옹)을 욷디마라 그림마다 그렷더라.
> 至匊悤(지국총) 至匊悤(지국총) 於思臥(어사와)

四時興(사시흥)이 흔 가지나 秋江(추강)이 은듬이라.

冬詞4
간밤의 눈 갠 後(후)에 景物(경물)이 달고야.
이어라 이어라
압희는 萬頃琉璃(만경유리) 뒤희는 千疊玉山(천첩옥산).
至匊悤(지국총) 至匊悤(지국총) 於思臥(어사와)
仙界(선계)ㄴ가 佛界(불계)ㄴ가 人間(인간)이 아니로다.

현대역

(춘사 4) 우는 것이 뻐꾸기인가, 푸른 것이 버들 숲인가./노 저어라 노 저어라/어촌 두어 집이 안개 속에 들락날락하는구나./찌그덩 찌그덩 어여차/맑고 깊은 못에 온갖 고기 뛰논다.
(하사 2) 연잎에 밥 싸두고 반찬일랑 장만 마라./닻 올려라 닻 올려라/삿갓은 쓰고 있노라. 도롱이는 가져오느냐./찌그덩 찌그덩 어여차/무심한 갈매기는 내가 저를 좇는가, 제가 나를 좇는가.
(추사 1) 세속을 떠난 곳에서의 깨끗한 일이 어부의 생애 아니더냐./배 띄워라 배 띄워라/늙은 어부라고 비웃지 마라. 그림마다 그렸더라./찌그덩 찌그덩 어여차/사계절의 흥취가 다 좋지만 그중에서도 가을 강이 으뜸이라.
(동사 4) 간밤에 눈 갠 뒤에 경치가 달라졌구나./노 저어라 노 저어라/앞에는 유리처럼 반반하고 아름다운 바다, 뒤에는 수없이 겹쳐 있는 아름다운 산./찌그덩 찌그덩 어여차/신선의 세계인가, 부처의 세계인가. 사람의 세계는 아니로다.

주요 단어 풀이
• 닛 : '안개'의 옛말
• 至匊悤(지국총) : '찌그덩'의 의성어. 한자어는 음만 빌린 것
• 靑蒻笠(청약립) : 푸른 갈대로 만든 갓
• 綠蓑衣(녹사의) : 짚, 띠 따위로 엮은 비옷
• 景物(경물) : 계절에 따라 달라지는 자연의 경치
• 萬頃琉璃(만경유리) : 푸른 바다를 비유함
• 千疊玉山(천첩옥산) : 눈 덮인 산을 비유함

(2) 조선 중후기의 시가

① 장진주사(將進酒辭)

한 盞(잔) 먹새 그려, 또 한 잔 먹새 그려
곳 걱거 算(산)노코 無盡無盡(무진무진) 먹새 그려
이 몸 주근 後(후)에 지게 우희 거적 더퍼 주리혀 미여 가나
流蘇寶帳(유소보장)의 萬人(만인)이 우레 너나
어욱새 속새 덥가나무 白楊(백양)수페 가기곳 가면
누른 히 흰 둘 가는 비 굴근 눈 쇼쇼리 브람 불제 뉘 흔 잔 먹쟈 흘고
흐믈며 무덤 우히 진나비 프람 불 제 뉘우츤들 엇디리

현대역

한 잔 마시세 그려 또 한 잔 마시세 그려/꽃 꺾어 술잔을 세며 무진무진 마시세 그려/이 몸 죽은 후면 지게 위에 거적 덮어 줄로 묶어 매어가니/유소보장에 수많은 사람이 울며 따라오더라도
어욱새, 속새, 덥가나무, 백양나무 숲으로 들어가기만 하면/누런 해와 흰 달, 가는 비, 굵은 눈, 회오리바람 불 때 누가 한 잔 마시자고 할 것인가?/하물며 무덤 위에 원숭이가 휘파람 불 때, 그제서 뉘우친들 어쩔 것인가?

장진주사
• 작자 : 정철
• 갈래 : 사설시조
• 주제 : 술을 권함(술 들기를 청하는 노래)
• 특징 : 최초의 사설시조로 엄격한 시조의 형식에서 벗어나 대조적 분위기를 조성(낭만적 정경과 무덤가의 음산한 분위기가 대조됨)
• 출전 : 『송강가사』

사설시조
본래 평시조보다 긴 사설을 엮은 창(唱)의 명칭으로 불리다가 갈래로써 분화한 것으로, 계층에 관계없이 거칠면서도 활기찬 감상으로 불림

창을 내고자 창을 내고자

* 작자 : 미상
* 갈래 : 사설시조, 해학가
* 주제 : 답답한 심정의 하소연
* 특징 : 유사어의 반복과 사물의 열거, 과장법과 비유법의 사용하여 평민의 애환을 반영
* 출전 : 『청구영언』

귓도리 져 귓도리

* 작자 : 미상
* 갈래 : 사설시조, 연모가
* 주제 : 독수공방의 외롭고 쓸쓸함
* 특징 : 의인법, 반어법, 반복법의 사용으로 섬세한 감정이입을 나타냄
* 출전 : 『청구영언』

상춘곡

* 작자 : 정극인
* 갈래 : 정격가사, 서정가사, 양반가사
* 연대
  – 조선 성종(15세기) 때 창작
  – 정조(18세기) 때 간행
* 주제 : 상춘과 안빈낙도의 삶에 대한 예찬(만족)
* 특징
  – 3 · 4(4 · 4)조, 4음보, 전 79구의 연속체(가사체, 운문체)
  – 여러 표현 기교를 사용(설의법, 의인법, 대구법, 직유법 등)
  – 공간의 이동(공간 확장)을 통한 시상 전개
  – 창작자의 시대인 15세기의 표기법이 아니라 수록된 〈불우헌집〉이 간행된 18세기 음운과 어법이 반영됨
* 출전 : 『불우헌집』

② 창을 내고자 창을 내고자

> 窓(창) 내고쟈 窓(창)을 내고쟈 이 내 가슴에 窓(창) 내고쟈.
> 고모장지 세살장지 들장지 열장지 암돌져귀 수돌져귀 빅목걸새 크나큰 쟝도리로 똥닥 바가 이 내 가슴에 窓(창) 내고쟈.
> 잇다감 하 답답할 제면 여다져 볼가 ㅎ노라.
>
> 【현대역】
> 창 내고 싶다. 창을 내고 싶다. 이내 가슴에 창 내고 싶다.
> 고무래 장지, 세살(가는 살)장지, 들장지, 열장지, 암톨쩌귀, 수톨쩌귀, 배목걸쇠를 크나큰 장도리로 뚝딱 박아 이내 가슴에 창 내고 싶다.
> 이따금 너무 답답할 때면 여닫아 볼까 하노라.

③ 귓도리 져 귓도리

> 귓도리 져 귓도리 어엿부다 져 귓도리
> 어인 귓도리 지는 둘 새는 밤의 긴 소리 쟈른 소리 節節(절절)이 슬픈 소리 제 혼자 우러 녜여 紗窓(사창) 여왼 줌을 슬드리도 쐬오는고야.
> 두어라 제 비록 微物(미물)이나 無人洞房(무인동방)에 내 뜻 알 리는 저쑌인가 ㅎ노라.
>
> 【현대역】
> 귀뚜라미, 저 귀뚜라미, 불쌍하다 저 귀뚜라미. 어찌된 귀뚜라미인가.
> 지는 달 새는 밤에 긴소리, 짧은 소리, 마디마디 슬픈 소리로 저 혼자 울면서 사창 안에서 살짝 든 잠을 잘도 깨우는구나.
> 두어라, 제 비록 미물이나 임이 안 계시는 외로운 방에서 내 뜻을 알 이는 저 귀뚜라미뿐인가 하노라.

(3) 가사문학

① 상춘곡(賞春曲)

> 紅塵(홍진)에 뭇친 분네 이내 生涯(생애) 엇더ᄒ고, 녯 사ᄅ 風流(풍류)를 미칠가 못미칠가. 天地間(천지간) 男子(남자) 몸이 날 만흔 이 하건마ᄂ, 山林(산림)에 뭇쳐 이셔 至樂(지락)을 ᄆ를 것가. 數間茅屋(수간모옥)을 碧溪水(벽계수) 앏픠두고, 松竹(송죽) 鬱鬱裏(울울리)예 風月主人(풍월주인) 되여셔라.
>
> 엇그제 겨을 지나 새봄이 도라오니, 桃花杏花(도화행화)는 夕陽裏(석양리)에 퓌여 잇고, 錄楊芳草(녹양방초)는 細雨中(세우중)에 프르도다. 칼로 물아 낸가, 붓으로 그려낸가, 造化神功(조화신공)이 物物(물물)마다 헌ᄉ룹다. 수풀에 우는 새는 春氣(춘기)를 ᄆ내 계워 소리마다 嬌態(교태)로다. 物我一體(물아일체) 어니, 興(흥)이이 다를소냐. 柴扉(시비)예 거러 보고, 亭子(정자)애 안자보니, 逍遙吟詠(소요음영)ᄒ야, 山日(산일)이 寂寂(적적)흔 듸, 閒中眞味(한중진미)를

알 니 업시 호재로다.

이바 니웃드라, 山水(산수)구경 가쟈스라. 踏靑(답청)으란 오늘 ᄒ고, 浴沂(욕
기)란 來日ᄒ새. 아ᄎᆞᆷ에 採山(채산)ᄒ고, 나조ᄒᆡ 釣水(조수)ᄒ새. ᄀᆞᆺ 괴여 닉은
술을 葛巾(갈건)으로 밧타 노코, 곳나모 가지 것거, 수 노코 먹으리라. 和風(화
풍)이 건듯 부러 綠水(녹수)를 건너오니, 淸香(청향)은 잔에 지고, 落紅(낙홍)은
옷새진다.

樽中(준중)이 뷔엿거든 날ᄃᆞ려 알외여라. 小童(소동) 아ᄒᆡ ᄃ려 酒家(주가)에 술
을 믈어, 얼운은 막대 집고, 아ᄒᆡ ᄃ 술을 메고, 微吟緩步(미음완보)ᄒ야 시냇ᄀ
의 호자 안자, 明沙(명사) 조ᄒᆞᆫ 믈에 잔 시어 부어 들고, 淸流(청류)를 굽어보
니, ᄯᅥ오ᄂᆞ니 桃花(도화) ㅣ 로다. 武陵(무릉)이 갓갑도다. 져 ᄆᆡ이 긘 거인고. 松
間(송간) 細路(세로)에 杜鵑花(두견화)ᄅᆞᆯ 부치 들고, 峰頭(봉두)에 급피 올나 구
름 소긔 안자 보니, 千村萬落(천촌만락)이 곳곳이 버려 잇닉. 煙霞日輝(연하일
휘)ᄂᆞᆫ 錦繡(금수)를 재폇ᄂᆞᆫ 듯. 엊그제 검은 들이 봄빗도 有餘(유여)ᄒᆞ샤.

功名(공명)도 날 ᄭᅴ우고, 富貴(부귀)도 날 ᄭᅴ우니, 淸風明月(청풍명월) 外(외)예
엇던 벗이 잇ᄉᆞ올고, 簞瓢陋巷(단표누항)에 흣튼 혜음 아니 ᄒᆞ닉. 아모타, 百年
行樂(백년행락)이 이만ᄒᆞᆫ 둘 엇지ᄒᆞ리.

현대역

속세에 묻혀 사는 사람들이여. 이내 생활이 어떠한가. 옛 사람들의 풍류에 미칠
까 못 미칠까? 이 세상에 남자로 태어난 몸으로서 나만한 사람이 많건마는, 산
림에 묻혀 사는 지극한 즐거움을 모르는 것인가. 초가삼간을 맑은 시냇물 앞에
두고, 소나무와 대나무가 울창한 속에 자연을 즐기는 사람이 되었구나.

엊그제 겨울 지나 새봄이 돌아오니, 복숭아꽃과 살구꽃은 석양 속에 피어 있고
푸른 버들과 꽃다운 풀은 가랑비 속에 푸르도다. 칼로 재단해 내었는가, 붓으로
그려 내었는가. 조물주 신기한 솜씨가 사물마다 야단스럽다. 수풀에 우는 새
는 봄기운을 끝내 못 이겨 소리마다 아양을 떠는 모습이로다. 자연과 내가 한
몸이니 흥겨움이야 다르겠는가. 사립문 주위를 걸어 보고 정자에 앉아 보니 천
천히 거닐며 나직이 시를 읊조려 산 속의 하루가 적적한데, 한가로움 속의 참된
즐거움을 아는 이 없이 혼자로구나.

여보게, 이웃 사람들이여. 산수 구경을 가자꾸나. 산책은 오늘 하고 냇물에서
목욕하는 것은 내일하세. 아침에 산나물을 캐고 저녁에 낚시질을 하세. 갓 익은
술을 갈건으로 걸러 놓고 꽃나무 가지 꺾어 잔 수를 세면서 먹으리라. 화창한
바람이 잠깐 불어 푸른 물을 건너오니, 맑은 향기는 잔에 지고, 떨어진 꽃은 옷
에 진다.

술통 안이 비었거든 나에게 아뢰어라. 심부름하는 아이를 시켜 술집에서 술을
사 가지고 어른은 지팡이 짚고 아이는 술을 메고 나직이 읊조리며 천천히 걸어
시냇가에 혼자 앉아, 깨끗한 물에 잔 씻어 부어 들고, 맑게 흐르는 물을 굽어보
니 떠오는 것이 복숭아꽃이로다. 무릉도원이 가깝도다. 저 들이 그곳인가? 소
나무 사이 좁은 길에 진달래꽃을 붙들어 잡고, 산봉우리에 급히 올라 구름 속

앉아 보니, 수많은 촌락이 곳곳에 널려 있네. 안개와 노을과 빛나는 햇살은 수를 놓은 비단을 펼쳐 놓은 듯. 엊그제까지 검었던 들이 봄빛이 넘치는구나.

공명도 날 꺼리고, 부귀도 날 꺼리니, 맑은 바람과 밝은 달 외에 어떤 벗이 있을까. 누항에서 먹는 한 그릇의 밥과 한 바가지의 물에 잡스러운 생각 아니 하네. 아무튼 한평생 즐겁게 지내는 것이 이만하면 족하지 않겠는가.

실력up 조선후기의 가사문학

조선후기에 이르러 평민층, 여자에 이르기까지 다양한 계층으로 확대되며 변격가사가 출현하는 계기가 되었고, 여자가 지은 가사문학을 규방가사(閨房歌詞)라고 함

사미인곡
- **작자** : 정철
- **갈래** : 정격가사, 서정가사, 양반가사
- **연대** : 조선 선조
- **주제** : 연군지정(戀君之情)
- **특징**
  - 동일 작자의 속미인곡과 더불어 가사문학의 극치를 보여줌
  - 자연의 변화에 따라 정서의 흐름을 표현하고 있음
  - 비유법, 변화법과 점층법을 사용하여 임에 대한 연정을 심화시킴
- **출전** : 『송강가사』

작품의 구성
- **서사** : 임과의 인연과 변함없는 그리움
- **본사** : 임의 선정(善政)의 기원과 멀리 떨어진 임에 대한 염려
- **결사** : 죽더라도 임을 따르겠다는 의지

② 사미인곡(思美人曲)

이 몸 삼기실 제 님을 조차 삼기시니, 혼 성 緣分(연분)이며 하눌 모론 일이런가. 나 흐나 졈어 잇고 님 흐나 늘 괴시니, 이 무음 이 스랑 견졸 듸 노여 업다.

平生(평성)애 願(원)흐요듸 흔듸 녜쟈 호얏더니, 늙거야 므스 일로 외오 두고 글이는고. 엇그제 님을 뫼셔 廣寒殿(광한뎐)의 올낫더니, 그 더듸 엇디흐야 下界(하계)예 느려오니, 올 적의 비슨 머리 얼킈연디 三年(삼년)이라. 臙脂粉(연지분) 잇닉마는 눌 위흐야 고이 홀고. 무음의 미친 실음 疊疊(텹텹)이 싸혀이셔, 짓누니 한숨이오 디누니 눈물이라. 人生(인성)은 有限(유흔)흔듸 시름도 그지 업다.

(중략)

乾坤(건곤)이 閉塞(폐식)흐야 白雪(빅셜)이 흔 빗친 제, 사롬은 크니와 늘새도 긋쳐잇다. 瀟湘南畔(쇼상남반)도 치오미 이러커든 玉樓高處(옥누고쳐)야 더욱 닐너 므슴흐리.

陽春(양춘)을 부쳐내여 님 겨신 듸 쏘이고져. 茅簷(모쳠) 비쵠 히를 玉樓(옥루)의 올리고져. 紅裳(홍상)을 니믜초고 翠袖(취슈)를 半반만 거더 日暮脩竹(일모슈듁)의 헴가림도 하도 할샤. 댜른 히 수이 디여 긴 밤을 고초 안자, 靑燈(쳥등) 거른 細箜篌(연공후) 노하 두고, 꿈의나 님을 보려 틱밧고 비겨시니, 鴦衾(앙금)도 츠도 찰샤 이 밤은 언제 샐고.

흐르도 열두 째, 흔 둘도 셜흔 날, 져근덧 싱각 마라. 이 시름 닛쟈 흐니 무음의 미쳐 이셔 骨髓(골슈)의 쎄텨시니, 扁鵲(편쟉)이 열히 오나 이병을 엇디흐리. 어와 내 병이야 이 님의 타시로다. 출하리 싀어디여 범나븨 되오리라. 곳나모 가지마다 간듸 죡죡 안니다가, 향 므든 날애로 님의 오시 올므리라. 님이야 날인줄 모른샤도 내님 조추려 흐노라.

현대역

이 몸이 태어날 때에 임을 좇아 태어나니, 한평생 함께 살 인연임을 하늘이 모를 일이던가. 나는 오직 젊어 있고 임은 오로지 나만을 사랑하시니 이 마음과

이 사랑을 견줄 데가 다시없다.

평생에 원하되 함께 살아가려고 하였더니, 늙어서야 무슨 일로 홀로 두고 그리워하는가. 엊그제는 임을 모시고 광한전에 올라 있더니, 그동안에 어찌하여 속세에 내려왔는지, 내려올 때 빗은 머리가 헝클어진 지 삼 년이다. 연지와 분이 있지마는 누구를 위하여 곱게 단장할까. 마음에 맺힌 시름 겹겹이 싸여 있어, 짓는 것이 한숨이요, 흐르는 것이 눈물이라. 인생은 유한한데 시름은 끝이 없다.
(중략)
천지가 얼어붙어 생기가 막히어 흰 눈이 일색으로 덮여 있을 때 사람은 말할 것도 없거니와 날짐승도 끊어져 있다. 따뜻한 지방이라 일컬어지는 중국에 있는 소상강 남쪽 둔덕(전남 창평)도 추움이 이렇거늘, 북쪽 임 계신 곳이야 더욱 말해 무엇 하리.

따뜻한 봄기운을 부쳐내어 임 계신 곳에 쏘이게 하고 싶다. 초가집 처마에 비친 해를 옥루에 올리고 싶다. 붉은 치마를 여미어 입고 푸른 소매를 반만 걷어, 해질 무렵 밋밋하게 자란 가늘고 긴 대나무에 기대어서 여러 가지 생각이 많기도 많구나. 짧은 해가 이내 넘어가고 긴 밤을 꼿꼿이 앉아, 청등을 걸어둔 곁에 자개로 장식한 공후(악기)를 놓아두고, 꿈에나 임을 보려 턱 받치고 기대어 있으니, 원앙을 수놓은 이불이 차기도 차구나. 이 밤은 언제나 샐까.

하루도 열두 때 한 달도 서른 날, 잠시라도 (임) 생각 말고 이 시름 잊자 하니, 마음에 맺혀 있어 뼛속까지 사무쳤으니, 편작(중국 전국 시대의 명의)이 열 명이 오더라도 이 병을 어찌 하리. 아아, 내 병이야 임의 탓이로다. 차라리 죽어서 범나비가 되리라. 꽃나무 가지마다 간 데 족족 앉아 있다가, 향 묻은 날개로 임의 옷에 옮으리라.

③ 속미인곡(續美人曲)

뎨 가눈 뎌 각시 본 듯도 ㅎ뎌이고. 天텬上샹 白빅玉옥京경을 엇디ㅎ야 離니別별ㅎ고, 히 다 뎌 뎌믄 날의 눌을 보라 가시눈고.

어와 네여이고. 내 스셜 드러보오. 내 얼굴 이 거동이 님 괴얌즉 ㅎ가마눈 엇딘디 날보시고 네로다 녀기실시 나도 님을 미더 군뜨디 전혀 업서 이리야 교틱야 어즈러이 구돗떤디 반기시눈 눗비치 녜와 엇디 다른신고. 누어 싱각ㅎ고 니러 안자 혜여ㅎ니 내 몸의 지은 죄 뫼ᄀᆞ티 빠혀시니 하눌히라 원망ㅎ며 사롬이라 허믈ㅎ랴. 셜워 플터 혜니 造조物물의 타시로다.

글란 싱각마오. 미친 일이 이셔이다. 님을 뫼셔 이셔 님의 일을 내 알거니 믈ᄀᆞ튼 얼굴이 편ㅎ실 적 몃 날일고. 春츈寒한 苦고熱열은 엇디ㅎ야 디내시며 秋츄日일冬동天텬은 뉘라셔 뫼셧눈고. 粥쥭무조飯반 朝죠夕셕뫼 녜와 ᄀᆞ티 셰시눈가. 기나긴 밤의 줌은 엇디 자시눈고.

님 다히 消쇼息식을 아므려나 아쟈 ㅎ니 오늘도 거의로다. 뉘일이나 사롬 올가. 내 ᄆᆞ음 둘 ᄃᆞ 업다. 어드러로 가쟛말고. 잡거니 밀거니 놉픈 뫼히 올라가

SEMI-NOTE

주요 단어 풀이
• 삼기실(産) : 태어날, 생길
• ㅎ나 : 오직
• 노여 : 전혀
• 廣寒殿(광한전) : 달 속에 있는 전각. 대궐을 비유함
• 디ᄂᆞ니 : 흐르는 것이
• ᄏᆞ니와 : 물론이거니와
• 눌새 : 날짐승
• 瀟湘南畔(소상남반) : 중국 소상강 남쪽 언덕. 전남 창평을 빗댐
• 玉樓高處(옥루고처) : 옥으로 된 누각. 임금이 계신 궁궐을 비유
• 茅簷(모첨) : 초가집 처마
• 翠袖(취수) : 푸른 소매
• 日暮脩竹(일모수죽) : 짧은 해가 이내 넘어가고 긴 밤을 꼿꼿이 앉아
• 퇵밧고 비겨시니 : 턱 받치고 기대어 있으니
• 鴛衾(양금) : 원앙을 수놓은 이불
• ᄲᅦ텨시니 : 사무쳤으니
• 싀어디여 : 죽어서
• 안니다가 : 앉아 있다가
• 오시 : 옷에
• 조ᄎᆞ려 : 따르려

속미인곡

• 작자 : 정철
• 연대 : 조선 선조
• 갈래 : 양반가사, 서정가사, 유배가사
• 주제 : 연군의 정
• 특징
 – 두 여인의 대화 형식으로 구성해 참신함이 돋보임
 – 우리말 구사가 돋보이는 가사 문학의 백미
 – 화자의 정서에 따라 '기다림 → 방황 → 안타까움 → 소망' 순으로 시상이 변함
 – 화자가 자연물에 의탁해 외로움을 표현함
• 출전 : 「송강가사」

작품의 구성
- 서사 : 임과 이별하게 된 연유
- 본사 : 임에 대한 그리움과 사랑으로 인한 방황
- 결사 : 죽어서라도 이루려 하는 임에 대한 간절한 사랑

주요 단어 풀이
- 白玉京(백옥경) : 옥황상제의 거처. 임이 있는 궁궐을 비유함
- 스셜 : 사셜(辭說). 늘어놓는 이야기
- 괴얌즉 훈가마는 : 사랑함직 한가마는
- 엇딘디 : 어쩐지
- 군쁘디 : 딴 생각
- 이리야 : 아양
- 어즈러이 구돗썬디 : 어지럽게 굴었던지 → 지나치게 굴었던지
- 눗비치 : 낯빛이
- 녜와 : 옛날과
- 혜여호니 : 헤아려 보니
- 빠혀시니 : 쌓였으니
- 허믈호랴 : 탓하랴
- 플텨 혜니 : 풀어내어 헤아려 보니
- 다히 : 방향. 쪽(方)
- 아므려나 : 어떻게라도
- 아쟈 호니 : 알려고 하니
- 거의로다 : 거의 저물었구나
- 둘 두 업다 : 둘 곳이 없다
- 큰니와 : 물론이거니와
- 디는 희룰 : 지는 해를
- 결의 : 잠결에
- 조출 쑨이로다 : 따라 있을 뿐이로다
- 돌이야크니와 : 달은커녕

니 구롬은 크니와 안개는 므스 일고. 山산川쳔이 어둡거니 日일月월을 엇디 보며 咫지尺척을 모르거든 千쳔里리룰 브라보랴. 출하리 믈フ의 가 빈 길히나 보쟈 호니 브람이야 믈결이야 어둥졍 된뎌이고. 샤공은 어딘 가고 빈 빈만 걸렷느니 江강天텬의 혼쟈 셔셔 디는 히룰 구버보니 님다히 消쇼息식이 더옥 아득훈뎌이고.

茅모簷쳠 춘 자리의 밤듕만 도라오니 反반壁벽 靑쳥燈등은 눌 위호야 볼갓는고. 오루며 느리며 헤쓰며 바니니 져근덧 力녁盡진호야 풋잠을 잠간 드니 精졍誠셩이 지극호야 숨의 님을 보니 玉옥 フ튼 얼굴이 半반이나마 늘거셰라. 무 움의 머근 말숨 슬코장 숣쟈 호니 눈물이 바라 나니 말인들 어이호며 情졍을 못다호야 목이조차 메여호니 오뎐된 鷄계聲셩의 줌은 엇디 씨돗던고.

어와, 虛허事수로다. 이 님이 어디간고. 결의 니러 안쟈 窓창을 열고 브라보니 어엿븐 그림재 날 조출 쑨이로다. 출하리 싀여디여 落낙月월이나 되야이셔 님 겨신 窓창 안히 번드시 비최리라. 각시님 돌이야크니와 구준비나 되쇼셔.

현대역

(갑녀) 저기 가는 저 부인, 본 듯도 하구나. 임금이 계시는 대궐을 어찌하여 이별하고, 해가 다 져서 저문 날에 누구를 만나러 가시는고?

(을녀) 아, 너로구나. 내 사정 이야기를 들어 보오. 내 몸과 이 나의 태도는 임께서 사랑함직 한가마는 어쩐지 나를 보시고 너로구나 하고 특별히 여기시기에 나도 임을 믿어 딴 생각이 전혀 없어, 응석과 아양을 부리며 지나치게 굴었던지 반기시는 낯빛이 옛날과 어찌 다르신고. 누워 생각하고 일어나 앉아 헤아려 보니, 내 몸의 지은 죄가 산같이 쌓였으니, 하늘을 원망하며 사람을 탓하랴. 서러워서 여러 가지 일을 풀어내어 헤아려 보니, 조물주의 탓이로다.

(갑녀) 그렇게 생각하지 마오. (을녀) 마음속에 맺힌 일이 있습니다. 예전에 임을 모시어서 임의 일을 내가 알거니, 물같이 연약한 몸이 편하실 때가 몇 날일까? 이른 봄날의 추위와 여름철의 무더위는 어떻게 지내시며, 가을날 겨울날은 누가 모셨는고? 자릿조반과 아침, 저녁 진지는 예전과 같이 잘 잡수시는가? 기나긴 밤에 잠은 어떻게 주무시는가?

(을녀) 임 계신 곳의 소식을 어떻게라도 알려고 하니, 오늘도 거의 저물었구나. 내일이나 임의 소식 전해 줄 사람이 있을까? 내 마음 둘 곳이 없다. 어디로 가자는 말인가? (나무 바위 등을) 잡기도 하고 밀기도 하면서 높은 산에 올라가니, 구름은 물론이거니와 안개는 또 무슨 일로 저렇게 끼어 있는고? 산천이 어두운데 일월을 어떻게 바라보며, 눈앞의 가까운 곳도 모르는데 천 리나 되는 먼곳을 바라볼 수 있으랴? 차라리 물가에 가서 뱃길이나 보려고 하니 바람과 물결로 어수선하게 되었구나. 뱃사공은 어디 가고 빈 배만 걸렸는고? 강가에 혼자 서서 지는 해를 굽어보니 임 계신 곳의 소식이 더욱 아득하구나.

초가집 찬 잠자리에 한밤중에 돌아오니, 벽 가운데 걸려 있는 등불은 누구를 위하여 밝은고? 산을 오르내리며 (강가를) 헤매며 시름없이 오락가락하니, 잠깐 사이에 힘이 지쳐 풋잠을 잠깐 드니, 정성이 지극하여 꿈에 임을 보니, 옥과 같

이 곱던 얼굴이 반 넘어 늙었구나. 마음속에 품은 생각을 실컷 아뢰려고 하였더니, 눈물이 쏟아지니 말인들 어찌 하며, 정회(情懷)도 못 다 풀어 목마저 메니, 방정맞은 닭소리에 잠은 어찌 깨었던고?

아, 허황한 일이로다. 이 임이 어디 갔는고? 즉시 일어나 앉아 창문을 열고 밖을 바라보니, 가엾은 그림자만이 나를 따라 있을 뿐이로다. 차라리 사라져서(죽어서) 지는 달이나 되어서 임이 계신 창문 안에 환하게 비치리라. (갑녀) 각시님, 달은커녕 궂은비나 되십시오.

④ 누항사(陋巷詞)

어리고 우활(迂闊)ᄒᆞ산 이 ᄂᆡ 우ᄒᆡ 더니 업다. 길흉화복(吉凶禍福)을 하날긔 부쳐 두고, 누항(陋巷) 깁푼 곳의 초막(草幕)을 지어 두고, 풍조우석(風朝雨夕)에 석은 딥히 섭히 되야, 셔 홉 밥 닷 홉 죽(粥)에 연기(煙氣)도 하도 할샤. 설데인 숙냉(熟冷)애 뷘배 쇡일 뿐이로다. 생애 이러ᄒᆞ다 장부(丈夫) 쓰을 옴길넌가. 안빈일념(安貧一念)을 적을망정 품고 이셔, 수의(隨宜)로 살려 ᄒᆞ니 날로조차 저어(齟齬)ᄒᆞ다.

ᄀᆞ을히 부족(不足)거든 봄이라 유여(有餘)ᄒᆞ며, 주머니 뷔엿거든 병(瓶)의라 담겨시랴. 빈곤(貧困)ᄒᆞᆫ 인생(人生)이 천지간(天地間)의 나ᄲᅮᆫ이라. 기한(飢寒)이 절신(切身)ᄒᆞ다 일단심(一丹心)을 이질ᄂᆞᆫ가. 분의망신(奮義忘身)ᄒᆞ야 죽어야 말녀너겨, 우탁우랑(于槖于囊)의 줌줌이 모아 녀코, 병과(兵戈) 오재(五載)예 감사심(敢死心)을 가져이셔, 이시섭혈(履尸涉血)ᄒᆞ야 몃 백전(百戰)을 지닉연고.
(중략)
헌 먼덕 수기 스고 측 업슨 집신에 설피설피 물너 오니, 풍채(風採) 저근 형용(形容)애 기 즈칠 ᄲᅮᆫ이로다. 와실(蝸室)에 드러간들 잠이 와사 누어시랴. 북창(北牕)을 비겨 안자 ᄉᆡ배ᄅᆞᆯ 기다리니, 무정(無情)한 대승(戴勝)은 이ᄂᆡ 한(恨)을 도우ᄂᆞ다. 종조추창(終朝惆愴)ᄒᆞ야 먼 들흘 바라보니, 즐기는 농가(農歌)도 흥(興) 업서 들리ᄂᆞ다. 세정(世情) 모론 한숨은 그칠 줄을 모ᄅᆞᄂᆞ다. 아까온 져 소뷔ᄂᆞᆫ 볏보님도 됴홀세고. 가시 엉긘 묵은 밧도 용이(容易)케 갈련마ᄂᆞᆫ, 허당반벽(虛堂半壁)에 슬듸업시 걸려고야. 춘경(春耕)도 거의거다 후리쳐 더뎌 두쟈.

강호(江湖) 흔 ᄭᅮᆷ을 ᄭᅮ언지도 오릭러니, 구복(口腹)이 위루(爲累)ᄒᆞ야 어지버 이져 써다. 첨피기욱(瞻彼淇燠)혼딕 녹죽(綠竹)도 하도 할샤. 유비군자(有斐君子)들아 낙딕 ᄒᆞ나 빌려ᄉᆞ라. 노화(蘆花) 깁픈 곳애 명월청풍(明月淸風) 벗이 되야, ᄂᆞ직 업슨 풍월강산(風月江山)애 절로절로 늘그리라. 무심(無心)한 백구(白鷗)야 오라 ᄒᆞ며 말라 ᄒᆞ랴. 다토리 업슬슨 다문 인가 너기로라.

무상(無狀)한 이 몸애 무슨 지취(志趣) 이스리마ᄂᆞᆫ, 두세 이렁 밧논를 다 무겨 더뎌두고, 이시면 죽(粥)이오 업시면 굴물망정, 남의 집 남의 거슨 전혀 부러 말렷스라. 빈천(貧賤) 슬히 너겨 손을 헤다 물너가며, 남의 부귀(富貴) 불리 너겨 손을 치다 나아오랴. 인간(人間) 어닉일이 명(命) 밧긔 삼겨시리. 빈이무원(貧而無怨)을 어렵다 ᄒᆞ건마ᄂᆞᆫ ᄂᆡ 생애(生涯) 이러호딕 설온 뜻은 업노왜라. 단사

누항사
• 작자 : 박인로
• 연대 : 조선 광해군
• 주제 : 누항에 묻혀 안빈낙도 하며 충효, 우애, 신의를 바라며 살고 싶은 마음
• 특징
 – 대화의 삽입을 통해 현장감을 살림
 – 일상 체험을 통해 현실과 이상 사이의 갈등을 표현
 – 조선 전기 가사와 후기 가사의 과도기적 성격을 지님
• 출전 : 「노계집」

작품의 구성
• 서사 : 길흉화복을 하늘에 맡기고 안빈일념(安貧一念 : 가난한 가운데 편안한 마음으로 한결같이 지냄)의 다짐
• 본사 : 전란 후, 몸소 농사를 지으며 농우(農牛)를 빌리지 못해 봄 경작을 포기함
• 결사 : 자연을 벗 삼아 살기를 희망하여 민이무원의 자세로 충효, 화형제, 신붕우에 힘씀

SEMI-NOTE

주요 단어 풀이

• **어리고** : 어리석고
• **우활(迂闊)** : 세상물정에 어두움
• **더니 업다** : 더한 이가 없다
• **부쳐 두고** : 맡겨 두고
• **풍조우석(風朝雨夕)** : 아침저녁의 비바람
• **숙냉(熟冷)** : 숭늉
• **뷘 배 쇽일 뿐이로다** : 빈 배 속일 뿐이로다
• **수의(隨宜)** : 옳은 일을 좇음
• **저어(齟齬)** : 익숙치 아니하여 서름서름하다
• **ㄱ울히** : 가을이
• **기한(飢寒)** : 굶주리고 헐벗어 배고프고 추움
• **분의망신(奮義忘身)** : 의에 분발하여 제 몸을 잊고 죽어야
• **우탁우랑(于橐于囊)** : 전대(허리에 매거나 어깨에 두르기 편하게 만든 자루)와 망태(어깨에 메고 다닐 수 있도록 만든 그릇)
• **이시섭혈(履尸涉血)** : 주검을 밟고 피를 건너는 혈전
• **면덕** : 멍석
• **수기 스고** : 숙여 쓰고
• **와실(蝸室)** : 작고 초라한 집
• **종조추창(終朝惆悵)** : 아침이 끝날 때까지 슬퍼함
• **허당반벽(虛堂半壁)** : 빈 집 벽 가운데
• **아까온** : 아까운
• **소뷔** : 밭 가는 기구의 하나
• **됴홀세고** : 좋구나
• **후리쳐 더뎌 두쟈** : 팽개쳐 던져두자
• **지취(志趣)** : 의지와 취향
• **불리 너겨** : 부럽게 여겨
• **어뇌일** : 어느 일
• **셜온** : 서러운
• **뉘 이시리** : 누가 있겠느냐

╔══════════════════════════╗

졍격가사(正格歌辭)와 변격가사(變格歌辭)

• **졍격가사** : 3ㆍ4조의 음수율이 맞고 결사는 시조 종장과 같은 구조로, 조선 전기 대부분의 가사가 이에 속함
• **변격가사** : 낙구가 음수율의 제한을 받지 않는 가사를 말하는 것으로, 조선 후기 가사가 이에 속함

╚══════════════════════════╝

표음(簞食瓢飮)을 이도 족(足)히 너기로라. 평생(平生) 흔 뜻이 온포(溫飽)애는 업노왜라. 태평천하(太平天下)에 충효(忠孝)를 일을 삼아 화형제(和兄弟) 신붕우(信朋友) 외다 ᄒᆞ리 뉘 이시리. 그 밧긔 남은 일이야 삼긴 ᄃᆡ로 살렷노라.

[현대역]

어리석고 세상 물정에 어두운 것은 나보다 더한 이가 없다. 길흉화복을 하늘에 맡겨 두고, 누추한 깊은 곳에 초가집을 지어 두고, 아침저녁 비바람에 썩은 짚이 섶이 되어, 세 홉 밥, 닷 홉 죽에 연기가 많기도 많다. 설 데운 숭늉에 빈 배 속일 뿐이로다. 생활이 이러하다고 장부가 품은 뜻을 바꿀 것인가. 가난하지만 편안하여, 근심하지 않는 한결같은 마음을 적을망정 품고 있어, 옳은 일을 좇아 살려 하니 날이 갈수록 뜻대로 되지 않는다.

가을이 부족하거든 봄이라고 넉넉하며, 주머니가 비었거든 술병이라고 술이 담겨 있겠느냐. 가난한 인생이 이 세상에 나뿐인가. 굶주리고 헐벗음이 절실하다고 한 가닥 굳은 마음을 잊을 것인가. 의에 분발하여 제 몸을 잊고 죽어야 그만두리라 생각한다. 전대와 망태에 한 줌 한 줌 모아 넣고, 임진왜란 5년 동안에 죽고 야 말리라는 마음을 가지고 있어, 주검을 밟고 피를 건너는 혈전을 몇 백 전이나 지내었는가.

(중략)

헌 멍석을 숙여 쓰고, 축이 없는 짚신에 맥없이 물러나오니 풍채 작은 모습에 개가 짖을 뿐이로다. 작고 누추한 집에 들어간들 잠이 와서 누워 있으랴? 북쪽 창문에 기대어 앉아 새벽을 기다리니, 무정한 오디새는 이내 원한을 재촉한다. 아침이 마칠 때까지 슬퍼하며 먼 들을 바라보니 즐기는 농부들의 노래도 흥이 없이 들린다. 세상 인정을 모르는 한숨은 그칠 줄을 모른다. 아까운 저 쟁기는 볏의 빔도 좋구나! 가시가 엉긴 묵은 밭도 쉽게 갈련마는, 텅 빈 집 벽 가운데 쓸데없이 걸렸구나! 봄갈이도 거의 지났다. 팽개쳐 던져두자.

자연을 벗 삼아 살겠다는 한 꿈을 꾼 지도 오래더니, 먹고 마시는 것이 거리낌이 되어, 아아! 슬프게도 잊었다. 저 기수의 물가를 보건대 푸른 대나무도 많기도 많구나! 교양 있는 선비들아, 낚싯대 하나 빌려 다오. 갈대꽃 깊은 곳에 밝은 달과 맑은 바람이 벗이 되어, 임자 없는 자연 속 풍월강산에 절로 늙으리라. 무심한 갈매기야 나더러 오라고 하며 말라고 하겠느냐? 다툴 이가 없는 것은 다만 이것뿐인가 여기노라.

보잘 것 없는 이 몸이 무슨 소원이 있으련마는 두세 이랑 되는 밭과 논을 다 묵혀 던져두고, 있으면 죽이요 없으면 굶을망정 남의 집, 남의 것은 전혀 부러워하지 않겠노라. 나의 빈천함을 싫게 여겨 손을 헤친다고 물러가며, 남의 부귀를 부럽게 여겨 손을 친다고 나아오랴? 인간 세상의 어느 일이 운명 밖에 생겼겠느냐? 가난하여도 원망하지 않음을 어렵다고 하건마는 내 생활이 이러하되 서러운 뜻은 없다. 한 주먹밥을 먹고, 한 주박 물을 마시는 어려운 생활도 만족하게 여긴다. 평생의 한 뜻이 따뜻이 입고, 배불리 먹는 데에는 없다. 태평스런 세상에 충성과 효도를 일로 삼아, 형제간 화목하고 벗끼리 신의 있음을 그르다 할 사람이 누가 있겠느냐? 그 밖에 나머지 일이야 태어난 대로 살아가겠노라.

⑤ 농가월령가(農家月令歌) – 정월령(正月令)

천지(天地) 조판(肇判)하매 일월성신 비치거다. 일월은 도수 있고 성신은 전차 있어 일년 삼백 육십일에 제 도수 돌아오매 동지, 하지, 춘, 추분은 일행(日行)을 추측하고, 상현, 하현, 망, 회, 삭은 월륜(月輪)의 영휴(盈虧)로다. 대지상 동서남북, 곳을 따라 틀리기로 북극을 보람하여 원근을 마련하니 이십사절후를 십 이삭에 분별하여 매삭에 두 절후가 일망(一望)이 사이로다. 춘하추동 내왕하여 자연히 성세(成歲)하니 요순 같은 착한 임금 역법을 창제하사 천시(天時)를 밝혀내어 만민을 맡기시니 하우씨 오백 년은 인월(寅月)로 세수(歲首)하고 주나라 팔백 년은 자월(子月)로 신정(新定)이라. 당금에 쓰는 역법 하우씨와 한 법이라. 한서온량(寒暑溫凉) 기후 차례 사시에 맞아 드니 공부자의 취하심이 하령을 행하도다.

정월령(正月令)
정월은 맹춘(孟春)이라 입춘우수(立春雨水) 절기로다. 산중 간학(澗壑)에 빙설은 남았으나 평교 광야에 운물(雲物)이 변하도다. 어와 우리 성상 애민중농(愛民重農) 하오시니 간측하신 권농 윤음 방곡(坊曲)에 반포하니 슬프다, 농부들아 아무리 무지한들 네 몸 이해 고사(姑捨)하고 성의(聖意)를 어길소냐 산전수답(山田水畓) 상반(相半)하여 힘대로 하오리라. 일년 흉풍은 측량하지 못하여도 인력이 극진하면 천재는 면하리니 제각각 근면하여 게을리 굴지 마라.

일년지계 재춘하니 범사(凡事)를 미리 하라. 봄에 만일 실시하면 종년(終年) 일이 낭패되네. 농기(農器)를 다스리고 농우(農牛)를 살펴 먹여 재거름 재워 놓고 한편으로 실어 내니 보리밭에 오줌치기 작년보다 힘써 하라. 늙은이 근력 없어 힘든 일은 못하여도 낮이면 이엉 엮고 밤이면 새끼 꼬아 때 맞게 집 이으면 큰 근심 덜리로다. 실과 나무 보굿 깎고 가지 사이 돌 끼우기 정조(正朝)날 미명시(未明時)에 시험조로 하여 보자. 며느리 잊지 말고 소국주(小麴酒) 밑하여라. 삼촌 백화시에 화전일취(花前一醉) 하여 보자. 상원(上元)날 달을 보아 수한(水旱)을 안다하니 노농(老農)의 징험(徵驗)이라 대강은 짐작느니.

정초에 세배함은 돈후한 풍속이라. 새 의복 떨쳐입고 친척 인리(隣里) 서로 찾아 남녀노소 아동까지 삼삼오오 다닐 적에 와삭버석 울긋불긋 물색(物色)이 번화(繁華)하다. 사내아이 연날리기 계집아이 널뛰기요. 윷놀아 내기하니 소년들 놀이로다. 사당(祠堂)에 세알(歲謁)하니 병탕에 주과로다. 움파와 미나리를 무엄에 곁들이면 보기에 신선하여 오신채(五辛菜)를 부러 하랴. 보름날 약밥 제도 신라적 풍속이라. 묵은 산채 삶아 내니 육미(肉味)와 바꿀 소냐. 귀 밝히는 약술이며 부스럼 삭는 생밤이라. 먼저 불러 더위팔기 달맞이 횃불 켜기 흘러오는 풍속이요 아이들 놀이로다.

현대역
하늘땅이 생겨나며 해와 달, 별이 비쳤다. 해와 달은 뜨고 지고 별들은 길이 있어 일 년 삼백 육십일에 제길로 돌아온다. 동지, 하지, 춘, 추분은 해로써 추측하고 상현달, 하현달, 보름, 그믐, 초하루는 달님이 둥글고 이즈러져 알 수 있다. 땅위의 동서남북 곳을 따라 다르지만 북극성을 표로 삼고 그것을 밝혀낸다. 이십사절기를 열두 달에 나누어 매달에 두 절기가 보름이 사이로다. 춘하추동

농가월령가
• 작자 : 정학유
• 갈래 : 월령체(달거리) 가사
• 연대 : 조선 헌종
• 주제 : 농가의 일과 풍속
• 특징
  – 각 월령의 구성이 동일함. 절기의 소개 → 감상 → 농사일 → 세시 풍속 소개
  – 농촌 생활의 부지런한 활동을 사실감 있게 제시
  – 월령체 가운데 규모가 가장 큼
  – 시간에 따른 시상의 전개
• 출전 : 『가사육종』

작품의 구성
• 서사 : 일월성신과 역대 월령, 역법에 대한 해설
• 정월령 : 맹춘(孟春) 정월의 절기와 일 년 농사의 준비, 세배, 풍속 등을 소개
• 이월령 : 중춘(仲春) 2월의 절기와 춘경(春耕 : 봄갈이), 가축 기르기, 약재 등을 소개
• 삼월령 : 모춘(暮春) 3월의 절기와 논 및 밭의 파종(播種), 접붙이기, 장 담그기 등을 노래
• 사월령 : 맹하(孟夏) 4월의 절기와 이른 모내기, 간작(間作 : 사이짓기), 분봉(分蜂), 천렵 등을 노래
• 오월령 : 중하(中夏) 5월의 절기와 보리타작, 고치따기, 그네뛰기, 민요 등을 소개
• 유월령 : 계하(季夏) 6월의 절기와 북돋우기, 풍속, 장 관리, 길쌈 등을 소개
• 칠월령 : 맹추(孟秋) 7월의 절기와 칠월 칠석, 김매기, 피 고르기, 벌초하기 등을 노래
• 팔월령 : 중추(中秋) 8월의 절기와 수확 등을 노래함
• 구월령 : 계추(季秋) 9월의 절기와 가을 추수의 이모저모, 이웃 간의 온정을 노래
• 시월령 : 맹동(孟冬) 10월의 절기와 무 배추 수확, 겨울 준비와 화목 등을 권면함
• 십일월령 : 중동(仲冬) 11월의 절기와 메주 쑤기, 동지 풍속과 가축 기르기, 거름 준비 등을 노래
• 십이월령 : 계동(季冬) 12월의 절기와 새해 준비
• 결사 : 농업에 힘쓰기를 권면함

SEMI-NOTE

주요 단어 풀이
• 조판(肇判) : 처음 쪼개어 갈라짐. 또
  는 그렇게 가름
• 간학(澗壑) : 물 흐르는 골짜기
• 상반(相半) : 서로 절반씩 어슷비슷함
• 소국주(小麴酒) : 막걸리의 하나
• 징험(徵驗) : 어떤 징조를 경험함
• 인리(隣里) : 이웃 마을
• 세알(歲謁) : 섣달그믐 또는 정초에 웃
  어른께 인사로 하는 절
• 오신채(五辛菜) : 자극성이 있는 다섯
  가지 채소류로, 불가에서는 '마늘, 달
  래. 무릇. 김장파. 실파'를 가리킴

오고가며 저절로 한 해를 이루나니, 요임금, 순임금과 같이 착한 임금님은 책력을 만들어, 하늘의 때를 밝혀 백성을 맡기시니, 하나라 오백 년 동안은 정월로 해의 머리를 삼고, 주나라 팔백 년 동안은 십이월로 해의 머리를 삼기로 정하니라. 지금 우리들이 쓰고 있는 책력은 하나라 때 것과 한 가지니라. 춥고, 덥고, 따뜻하고, 서늘한 철의 차례가 봄, 여름, 가을, 겨울 네 때에 맞추어 바로 맞으니, 공자의 취하심도 하나라 때의 역법을 행하였도다.

(정월령) 정월은 초봄이라 입춘, 우수 절기일세. 산중 골짜기엔 눈과 얼음이 남아 있어도 저 들판 넓은 벌의 자연경치는 변한다. 어화 나라님 백성들을 사랑하고 농사를 중히 여겨 농사를 잘 지으라는 간절한 타이름을 온 나라에 전하니 어화 농부들아 나라의 뜻 어길소냐 논과 밭에 다함께 힘을 넣어 해보리라. 한 해의 풍년 흉년 헤아리진 못하여도 사람 힘이 극진하면 자연재해 피해가니 모두 다 부지런해 게을리 굴지 마소.

한 해 일은 봄에 달려 모든 일을 미리 하라 봄에 만일 때 놓치면 그해 일을 그르친다. 농기구 쟁기를 다스리고 부림소를 살펴 먹여 재거름 재워놓고 한편으로 실어 내여 보리밭에 오줌주기 세전보다 힘써하소. 노인들은 근력이 없어 힘든 일을 못하지만 낮이면 이영 엮고 밤이면 새끼 꼬아 때맞추어 이영하면 큰 근심 덜 수 있다. 과실나무 보굿 깎고 가지 사이 돌 끼우기 초하룻날 첫 새벽에 시험 삼아 해보세. 며느리는 잊지 말고 약주술을 담가야 한다. 봄날 꽃필 적에 화전놀이 하며 술 마시세. 정월보름 달을 보아 수재한재 안다니 늙은 농군 경험이라 대강은 짐작하네.

설날에 세배함은 인정 후한 풍속이라. 새 의복 떨쳐입고 친척 이웃 서로 찾아 남녀노소 아동까지 삼삼오오 다닐 적에 스치는 울긋불긋 차림새가 번화하다. 사내아이는 연날리기를, 계집아이는 널뛰기를 하며 윷놀아 내기하는 것은 소년들의 놀이로다. 사당에 설 인사는 떡국에 술과 과일, 그리고 파와 미나리를 무엄에 곁들이면 보기에 신선하여 오신채가 부럽지 않다. 보름날 약밥제도 신라적 풍속이라 묵은 산채 삶아내어 고기 맛을 바꿀쏘냐. 귀 밝히는 약술과 부스럼 삭는 생밤도 있다. 먼저 불러 더위팔기, 달맞이, 횃불 켜기 등은 풍속이며 아이들 놀이로다.

⑥ 시집살이 노래

형님 온다 형님 온다
형님 마중 누가 갈까
형님 형님 사촌 형님

이애 이애 그 말 마라
앞밭에는 당추(唐椒) 심고
고추 당추 맵다 해도

둥글둥글 수박 식기(食器)
도리도리 도리소반(小盤)
오 리(五里) 물을 길어다가
아홉 솥에 불을 때고
외나무다리 어렵대야
나뭇잎이 푸르대야

시아버니 호랑새요
동세 하나 할림새요
시아지비 뾰중새요
자식 하난 우는 새요

귀먹어서 삼 년이요
말 못해서 삼 년이요
배꽃 같던 요 내 얼굴
삼단 같던 요 내 머리
백옥 같던 요 내 손길

열새 무명 반물치마
두 폭 붙이 행주치마
울었던가 말았던가
그것도 소이라고
쌍쌍이 때 들어오네

보고 저즌 형님 온다
형님 동생 내가 가지
시집살이 어뗍데까?

시집살이 개집살이
뒷밭에는 고추 심어
시집살이 더 맵더라

밥 담기도 어렵더라
수저 놓기 더 어렵더라
십 리(十里) 방아 찧어다가
열두 방에 자리 걷고
시아버니같이 어려우랴?
시어머니보다 더 푸르랴?

시어머니 꾸중새요
시누 하나 뾰족새요
남편 하나 미련새요
나 하나만 썩는 샐세

눈 어두워 삼 년이요
석 삼 년을 살고 나니
호박꽃이 다 되었네
비사리춤이 다 되었네
오리발이 다 되었네

눈물 씻기 다 젖었네
콧물 받기 다 젖었네
베개 머리 소(沼) 이겼네
거위 한 쌍 오리 한 쌍

SEMI-NOTE

시집살이 노래
• 작자 : 미상
• 갈래 : 민요, 부요(婦謠)
• 형식 : 4 · 4조, 4음보의 부요
• 주제 : 고된 시집살이의 한과 체념
• 특징
 – 대화체, 가사체(4 · 4조, 4음보 연속체)
 – 생활감정의 진솔한 표현
 – 시댁 식구들의 특징을 비유적, 해학적으로 묘사
 – 경북, 경산 지방의 민요

작품의 구성
• 서사 : 형님 가족의 친정 방문과 동생의 시집살이 질문
• 본사 : 고되고 힘든 시집살이에 대한 육체적 정신적 고통
• 결사 : 고생 끝에 초라해진 모습을 한탄

주요 단어 풀이
• 보고 저즌 : 보고 싶은
• 당추 : 당초(고추)
• 할림새 : 남의 허물을 잘 고해 바치는 새
• 뾰중새 : 무뚝뚝하고 불만이 많은 새
• 삼단 같던 : 숱이 많고 길던
• 비사리춤 : 댑싸리비 모양으로 거칠고 뭉뚝해진 머리털
• 열새 무명 : 고운 무명
• 소(沼) 이겼네 : 연못을 이루었네

04절 고전산문

1. 고전소설과 가전문학

(1) 고전소설

① 구운몽(九雲夢)

구운몽
• 작자 : 김만중
• 갈래 : 한글소설, 몽자류(夢字類)소설, 전기(傳奇)소설, 염정소설
• 연대 : 조선 숙종
• 주제 : 인생무상의 자각과 불도의 정진
• 배경 : 당나라 남악 형상의 연화봉(현실)과 중국 일대(꿈)
• 특징
 – 몽자류 소설의 효시
 – '발단 → 전개 → 위기 → 절정 → 결말' 순의 전개
 – 유(입신양명), 불(공(空)사상, 선(신선 사상)의 혼합

작품의 구성

• 현실세계(선계) : 성진은 팔선녀에게 미혹되어 불도 수련은 뒷전이다가 파계(破戒)됨

• 환몽세계(인간계) : 양소유로 환생한 성진은 영웅으로서 입신양명과 8부인과 향락적인 생활을 함

• 현실세계(선계) : 인생무상을 느끼던 성진이 긴 꿈에서 깨어나 죄를 뉘우치고 대각(大覺 : 도를 닦아 크게 깨달음)의 경지에 이름

주요 단어 풀이

• 소화상 : 젊은 화상(和尙)

• 위의(威儀) : 위엄 있는 태도나 차림새

• 도량(道量) : 불도를 얻으려고 수행하는 곳

• 출장입상(出將入相) : 문무를 다 갖추어 장상의 벼슬을 모두 지냄

• 공명신퇴(功名身退) : 공을 세워 이름을 날리고 벼슬에서 물러남

호승이 소왈,

"상공이 오히려 춘몽을 깨지 못하였소이다."

승상 왈,

"사부, 어쩌면 소유로 하여금 춘몽을 깨게 하리오?"

호승 왈,

"이는 어렵지 아니하니이다."

하고, 손 가운데 석장을 들어 석난간을 두어 번 두드리니, 홀연 네 녘 뫼골에서 구름이 일어나 대상에 끼이어 지척을 분변치 못하니, 승상이 정신이 아득하여 마치 취몽 중에 있는 듯하더니 오래게야 소리질러 가로되,

"사부가 어이 정도로 소유를 인도치 아니하고 환술로 서로 희롱하나뇨?"

말을 맞지 못하여 구름이 걷히니 호승 즉 육관대사가 간 곳이 없고, 좌우를 돌아보니 팔 낭자가 또한 간 곳이 없는지라 정히 경황(驚惶)하여 하더니, 그런 높은 대와 많은 집이 일시에 없어지고 제 몸이 한 작은 암자 중의 한 포단 위에 앉았으되, 향로(香爐)에 불이 이미 사라지고, 지는 달이 창에 이미 비치었더라.

스스로 제 몸을 보니 일백여덟 낱 염주(念珠)가 손목에 걸렸고, 머리를 만지니 갓 깎은 머리털이 가칠가칠하였으니 완연히 소화상의 몸이요, 다시 대승상의 위의(威儀) 아니니, 정신이 황홀하여 오랜 후에 비로소 제 몸이 연화 도량(道場) 성진(性眞) 행자인 줄 알고 생각하니, 처음에 스승에게 수책(受責)하여 풍도(酆都)로 가고, 인세(人世)에 환도하여 양가의 아들 되어 장원 급제 한림학사 하고, 출장입상(出將入相)하여 공명신퇴(功名身退)하고, 양 공주와 육 낭자로 더불어 즐기던 것이 다 하룻밤 꿈이라. 마음에 이 필연(必然) 사부가 나의 염려(念慮)를 그릇함을 알고, 나로 하여금 이 꿈을 꾸어 인간 부귀(富貴)와 남녀 정욕(情欲)이 다 허사(虛事)인 줄 알게 함이로다.

급히 세수(洗手)하고 의관(衣冠)을 정제하며 방장(方丈)에 나아가니 다른 제자들이 이미 다 모였더라. 대사, 소리하여 묻되,

"성진아, 인간 부귀를 지내니 과연 어떠하더뇨?"

성진이 고두하며 눈물을 흘려 가로되,

"성진이 이미 깨달았나이다. 제자 불초(不肖)하여 염려를 그릇 먹어 죄를 지으니 마땅히 인세에 윤회(輪廻)할 것이어늘, 사부 자비하사 하룻밤 꿈으로 제자의 마음 깨닫게 하시니, 사부의 은혜를 천만 겁(劫)이라도 갚기 어렵도소이다."

호질

• 작자 : 박지원

• 갈래 : 한문소설, 풍자소설

• 연대 : 조선 영조

• 주제 : 양반 계급의 허위적이고, 이중적인 도덕관을 통렬하게 풍자적으로 비판

• 특징
  – 인간의 부정적인 이면을 희화화
  – 우의적인 수법을 사용하여 당시 지배층의 허위를 비판

• 출전 : 『열하일기』

---

② 호질(虎叱)

범이 사람을 잡아먹은 것이 사람이 서로 잡아먹은 것만큼 많지 않다. 지난해 관중(關中)이 크게 가물자 백성들이 서로 잡아먹은 것이 수만이었고, 전해에는 산동(山東)에 홍수가 나자 백성들이 서로 잡아먹은 것이 수만이었다. 그러나 사람들이 서로 많이 잡아먹기로야 춘추(春秋) 시대 같은 때가 있었을까? 춘추 시대에 공덕을 세우기 위한 싸움이 열에 일곱이었고, 원수를 갚기 위한 싸움이 열에 셋이었는데, 그래서 흘린 피가 천 리에 물들었고, 버려진 시체가 백만이나 되었더니라. 범의 세계는 큰물과 가뭄의 걱정을 모르기 때문에 하늘을 원망하지 않고, 원수도 공덕도 다 잊어버리기 때문에 누구를 미워하지 않으며, 운명을 알아서 따르기 때문에 무(巫)와 의(醫)의 간사에 속지 않고, 타고난 그대로 천성을 다하기 때문에 세속의 이해에 병들지 않으니, 이것이 곧 범이 예성(睿聖)한

것이다. 우리 몸의 얼룩무늬 한 점만 엿보더라도 족히 문채(文彩)를 천하에 자랑할 수 있으며, 한 자 한 치의 칼날도 빌리지 않고 다만 발톱과 이빨의 날카로움을 가지고 무용(武勇)을 천하에 떨치고 있다. 종이(宗彝)와 유준은 효(孝)를 천하에 넓힌 것이며, 하루 한 번 사냥을 해서 까마귀나 솔개, 청머구리, 개미 따위에게까지 대궁을 남겨 주니 그 인(仁)한 것이 이루 말할 수 없고, 굶주린 자를 잡아먹지 않고, 병든 자를 잡아먹지 않고, 상복(喪服) 입은 자를 잡아먹지 않으니 그 의로운 것이 이루 말할 수 없다. 불인(不仁)하기 짝이 없다, 너희들의 먹이를 얻는 것이여! 덫이나 함정을 놓는 것만으로도 오히려 모자라서 새 그물, 노루 망(網), 큰 그물, 고기 그물, 수레 그물, 삼태그물 따위의 온갖 그물을 만들어 냈으니, 처음 그것을 만들어 낸 놈이야말로 세상에 가장 재앙을 끼친 자이다. 그 위에 또 가지각색의 창이며 칼 등속에다 화포(火砲)란 것이 있어서, 이것을 한번 터뜨리면 소리는 산을 무너뜨리고 천지에 불꽃을 쏟아 벼락 치는 것보다 무섭다. 그래도 아직 잔학(殘虐)을 부린 것이 부족하여, 이에 부드러운 털을 쪽 빨아서 아교에 붙여 붓이라는 뾰족한 물건을 만들어 냈으니, 그 모양은 대추씨 같고 길이는 한 치도 못 되는 것이다. 이것을 오징어의 시커먼 물에 적셔서 종횡으로 치고 찔러 대는데, 구불텅한 것은 세모창 같고, 예리한 것은 칼날 같고, 두 갈래 길이 진 것은 가시창 같고, 곧은 것은 화살 같고, 팽팽한 것은 활 같아서, 이 병기(兵器)를 한번 휘두르면 온갖 귀신이 밤에 곡(哭)을 한다. 서로 잔혹하게 잡아먹기를 너희들보다 심히 하는 것이 어디 있겠느냐?

③ 양반전

양반이라는 것은 선비계급을 높여 부르는 말이다.

정선(旌善) 고을에 양반이 한 명 살고 있었다. 그는 성품이 어질고 독서를 매우 좋아했으며, 매번 군수(郡守)가 새로 부임하면 반드시 그를 찾아 예의를 표하곤 했다. 그러나 집이 매우 가난해서 해마다 나라 곡식을 꾸어 먹었는데, 해가 거듭되니 꾸어 먹은 것이 천 석(石)에 이르게 되었다.

어느 날 관찰사(觀察使)가 여러 고을을 순행(巡行)하다가 정선에 이르러 관곡을 검열(檢閱)하고는 크게 노했다.

"그 양반이 대체 어떻게 생겨먹은 물건이건대, 이토록 군량(軍糧)을 축내었단 말이냐."

그리고 그 양반을 잡아 가두라는 명령을 내렸다. 군수는 그 양반을 불쌍히 여기지 않는 바 아니었지만, 워낙 가난해서 관곡을 갚을 길이 없으니, 가두지 않을 수도 없고 그렇다고 가둘 수도 없었다.

당사자인 양반은 밤낮으로 울기만 할 뿐 어려움에서 벗어날 계책도 세우지 않고 있었다. 그 처는 기가 막혀서 푸념을 했다.

"당신은 평생 글읽기만 좋아하더니 관곡을 갚는 데는 전혀 소용이 없구려. 허구한 날 양반, 양반 하더니 그 양반이라는 것이 한 푼의 값어치도 없는 것이었구려."

그 마을에는 부자가 살고 있었는데 이 일로 인해 의논이 벌어졌다.

"양반은 비록 가난하지만 늘 존경받는 신분이야. 나는 비록 부자지만 항상 비천(卑賤)해서 감히 말을 탈 수도 없지. 그뿐인가? 양반을 만나면 몸을 구부린 채 종종걸음을 쳐야 하질 않나, 엉금엉금 마당에서 절하기를 코가 땅에 닿도록 해야 하며 무릎으로 기어야하니, 난 항상 이런 더러운 꼴을 당하고 살았단 말이야.

SEMI-NOTE

작품의 구성

- **발단** : 선비로서 존경받는 북곽 선생은 과부인 동리자와 밀회를 즐김
- **전개** : 동리자의 다섯 아들이 천년 묵은 여우로 알고 방으로 쳐들어옴
- **위기** : 똥구덩이에 빠지는 북곽 선생과 먹잇감을 찾아 마을로 내려온 범
- **절정** : 범과 마주쳐 목숨을 구걸하는 북곽 선생과 그의 위선에 크게 호통치는 범
- **결말** : 범이 사라지고 연유를 묻는 농부와 자기변명을 하는 북곽 선생

양반전

- **작자** : 박지원
- **갈래** : 한문소설, 풍자소설
- **연대** : 조선 후기
- **주제** : 양반들의 무기력하고 위선적인 생활과 특권의식에 대한 비판과 풍자
- **배경**
  - 시간적 배경 : 18세기 말
  - 사상적 배경 : 실학사상
- **특징**
  - 풍자적, 고발적, 비판적 성격(몰락 양반의 위선을 묘사하고 양반의 전횡을 풍자적으로 비판)
  - 평민 부자의 새로운 인간형 제시
- **출전** : 「연암집」

작품의 구성

- **발단** : 무능한 양반이 관아에서 빌린 곡식을 제때 갚지 못해 투옥될 상황이 됨
- **전개** : 마을 부자가 양반 신분을 댓가로 빌린 곡식을 대신 갚아줌
- **위기** : 군수가 부자에게 양반으로서 지켜야 할 신분 매매 증서를 작성함
- **절정** : 부자의 요구로 양반이 누릴 수 있는 권리를 추가한 두 번째 신분 매매 증서를 작성함
- **결말** : 부자는 양반을 도둑놈 같은 존재라 생각해 양반이 되기를 포기함

그런데 지금 가난한 양반이 관가 곡식을 갚지 못해 옥에 갇히게 되었다고 하니, 더 이상 양반 신분을 지탱할 수 없지 않겠어? 이 기회에 우리가 빚을 갚아 주고 양반이 되어야겠어."

말을 마친 후 부자는 양반을 찾아가서 빌린 곡식을 대신 갚아 주겠다고 자청했다. 이 말을 들은 양반은 크게 기뻐하며 단번에 허락했다. 그리고 부자는 약속대로 곡식을 대신 갚아 주었다.

(2) 가전문학

① 국순전(麴醇傳)

국순(麴醇)의 자는 자후(子厚)다. 국순이란 '누룩술'이란 뜻이요, 자후는 글자대로 '흐뭇하다'는 말이다. 그 조상은 농서(隴西) 사람으로 90대 할아버지 모(牟)가 순(舜)임금 시대에 농사에 대한 행정을 맡았던 후직(后稷)이라는 현인을 도와서 만백성을 먹여 살리고 즐겁게 해준 공로가 있었다.

모라는 글자는 보리를 뜻한다. 보리는 사람이 먹는 식량이 되고 있다. 그러니까 보리의 먼 후손이 누룩술이 되었다는 이야기다. 옛적부터 인간을 먹여 살린 공로를 『시경(詩經)』에서는 이렇게 노래했다.

"내게 그 보리를 물려주었도다."

모는 처음에 나아가서 벼슬을 하지 않고 농토 속에 묻혀 숨어 살면서 말했다.

"나는 반드시 농사를 지어야 먹으리라."

이러한 모에게 자손이 있다는 말을 임금이 듣고, 조서를 내려 수레를 보내어 그를 불렀다. 그가 사는 근처의 고을에 명을 내려, 그의 집에 후하게 예물을 보내도록 했다. 그리고 임금은 신하에게 명하여 친히 그의 집에 가서 신분이 귀하고 천한 것을 잊고 교분을 맺어서 세속 사람과 사귀게 했다. 그리하여 점점 상대방을 감화하여 가까워지는 맛이 있게 되었다. 이에 모는 기뻐하며 말했다.

"내 일을 성사시켜 주는 것은 친구라고 하더니 그 말이 과연 옳구나."

이런 후로 차츰 그가 맑고 덕이 있다는 소문이 퍼져 임금의 귀에까지 들리게 되었다.

임금은 그에게 정문(旌門)을 내려 표창했다. 그리고 임금을 좇아 원구(圜丘)에 제사 지내게 하고, 그의 공로로 해서 중산후(中山候)를 봉하고, 식읍(食邑), 공신에게 논공행상(論功行賞)으로 주는 영지(領地) 1만 호에 실지로 수입하는 것은 5천 호가 되게 하고 국씨(麴氏) 성(姓)을 하사했다.

그의 5대 손은 성왕(成王)을 도와서 사직(社稷)지키는 것을 자기의 책임으로 여겨 태평스러이 술에 취해 사는 좋은 세상을 이루었다. 그러나 강왕(康王)이 왕위에 오르면서부터 점점 대접이 시원찮아지더니 마침내는 금고형(禁錮刑)을 내리고 심지어 국가의 명령으로 꼼짝 못하게 했다. 그래서 후세에 와서는 현저한 자가 없이 모두 민간에 숨어 지낼 뿐이었다.

위(魏)나라 초년이 되었다. 순(醇)의 아비 주(酎)의 이름이 세상에 나기 시작했다. 그는 실상 소주다. 상서랑(尙書郞) 서막(徐邈)과 알게 되었다. 서막은 조정에 나아가서까지 주의 말을 하여 언제나 그의 말이 입에서 떠나지 않았다.

어느 날 임금에게 아뢰는 자가 있었다.

"서막이 국주(麴酎)와 사사로이 친하게 지내오니 이것을 그대로 두었다가는 장차 조정을 어지럽힐 것이옵니다."

　　이 말을 듣고 임금은 서막을 불러 그 내용을 물었다. 서막은 머리를 조아리면서 사과했다.

　　"신(臣)이 국주와 친하게 지내는 것은 그에게 성인(聖人)의 덕이 있사옵기에 때때로 그 덕을 마셨을 뿐이옵니다."

　　임금은 서막을 책망해 내보내고 말았다.

2. 판소리, 민속극과 수필

(1) 판소리, 민속극

① 흥보가(興甫歌)

[아니리]

　　흥보, 좋아라고 박씨를 딱 주어들더니마는,

　　"여보소, 마누라. 아, 제비가 박씨를 물어 왔네요."

　　흥보 마누라가 보더니,

　　"여보, 영감. 그것 박씨가 아니고 연실인갑소, 연실."

　　"어소, 이 사람아. 연실이라는 말이 당치 않네. 강남 미인들이 초야반병 날 밝을 적에 죄다 따 버렸는데 제까짓 놈이 어찌 연실을 물어 와? 뉘 박 심은 데서 놀다가 물고 온 놈이제. 옛날 수란이가 배암 한 마리를 살려, 그 은혜 갚느라고 구실을 물어 왔다더니마는, 그 물고 오는 게 고마운께 우리 이놈 심세."

　　동편처마 담장 밑에 거름 놓고, 신짝 놓고 박을 따독따독 잘 묻었것다. 수일이 되더니 박순이 올라달아 오는듸 북채만, 또 수일이 되더니 홍두깨만, 지둥만, 박순이 이렇게 크더니마는, 박 잎사귀 삿갓만씩 하야 가지고 홍보 집을 꽉 얽어 놓으매, 구년지수 장마 져야 홍보 집 샐 배 만무허고, 지동해야 홍보 집 쓰러질 수 없것다. 흥보가 그때부터 박 덕을 보던가 보더라. 그때는 어느 땐고? 팔월 대 명일 추석이로구나. 다른 집에서는 떡을 헌다, 밥을 헌다, 자식들을 곱게곱게 입혀서 선산 성묘를 보내고 야단이 났는듸, 홍보 집에는 먹을 것이 없어, 자식들이 모다 졸라싸니까 홍보 마누라가 앉아 울음을 우는 게 가난타령이 되얏던가 보더라.

[진양]

　　"가난이야, 가난이야, 원수년의 가난이야. 잘 살고 못 살기는 묘 쓰기에 매였는가? 북두칠성님이 집자리으 떨어칠 적에 명과 수복을 점지허는거나? 어떤 사람 팔자 좋아 고대광실 높은 집에 호가사로 잘 사는듸 이년의 신세는 어찌허여 밤낮으로 벌었어도 삼순구식을 헐 수가 없고, 가장은 부황이 나고, 자식들을 아사지경이 되니, 이것이 모두 다 웬일이냐? 차라리 내가 죽을라네."

　　이렇닷이 울음을 우니 자식들도 모두 따라서 우는구나.

흥보가

• 작자 : 미상
• 갈래 : 판소리 사설
• 주제 : 형제간의 우애와 권선징악
• 특징
 – 표현상 3 · 4조, 4 · 4조 운문과 산문이 혼합
 – 양반의 한문투와 서민들의 비속어 표현 공존
 – 박타령 → 흥보가 → 흥보전 → 연의 각 등으로 재창작됨
 – 「춘향가」, 「심청가」와 함께 3대 판소리계 소설로 평민문학의 대표작
• 배경설화 : 「방이설화」, 몽골의 「박 타는 처녀」, 동물 보은 설화

작품의 구성

• 발단 : 욕심이 많은 놀보는 부모님의 유산을 독차지하고 흥보를 내쫓음
• 전개 : 품팔이를 하지만 가난에서 벗어나지 못하는 흥보네 가족
• 위기 : 제비를 구해주고 받은 박씨를 심고, 금은보화를 얻음
• 절정 : 부자가 된 흥보를 따라하다 벌을 받는 놀보
• 결말 : 자신의 잘못을 깨닫는 놀보, 화목해진 형제

흥보가의 형성과 계승

근원설화(방이 설화, 박 타는 처녀, 동물 보은 설화) → 판소리 사설(흥보가) → 판소리계 소설(흥보전) → 신소설(연(燕)의 각(脚))

SEMI-NOTE

춘향가

• 작자 : 미상
• 갈래 : 판소리 사설
• 주제 : 신분적 갈등을 초월한 남녀 간
 의 사랑
• 특징
 – 율문체, 가사체, 만연체
 – 풍자적, 해학적, 서사적 성격
 – 인물과 사건에 대한 편집자적 논평
 이 많음
• 배경설화 : 열녀설화, 암행어사설화,
 신원설화, 염정설화

작품의 구성

• 발단 : 몽룡이 광한루에서 그네를 뛰고
 있는 춘향에게 반해 백년가약을 맺음
• 전개 : 서울로 올라간 몽룡은 과거에
 급제하여 암행어사가 됨
• 위기 : 춘향은 변 사또가 수청을 들라
 는 것을 거절하고 옥고를 치름
• 절정 : 변 사또의 생일잔치에 몽룡이
 어사출또하여 춘향을 구함
• 결말 : 몽룡이 춘향 모녀를 서울로 데
 려가 춘향을 부인으로 맞이하고 백년
 해로함

봉산 탈춤 – 제6과장 양반춤

• 작자 : 미상
• 갈래 : 탈춤(가면극)
• 주제 : 양반에 대한 서민들의 저항과
 풍자의식
• 특징
 – 풍자적, 해학적, 비판적, 골계미
 – 옴니버스 구성으로 각 과장 사이의
 연관성은 떨어짐
 – 각 재담은 '말뚝이의 조롱 → 양반
 의 호통 → 말뚝이의 변명 → 일시
 적 화해'로 구성

② 춘향가(春香歌)

> [아니리]
> 어사또 다시 묻지 않으시고, 금낭(金囊)을 어루만저 옥지환을 내어 행수 기생
> 을 불러주며,
> "네, 이걸 갖다 춘향 주고 얼굴을 들어 대상을 살피래라."
> 춘향이 받어 보니, 서방님과 이별시에 드렸던 지가 찌든 옥지환이라. 춘향이
> 넋을 잃은 듯이 보드니만,
> "네가 어데를 갔다 이제야 나를 찾어왔느냐?" 대상을 바라보고 "아이고, 서
> 방님!"
> 부르더니, 그 자리에 엎드러져 정신없이 기절헌다. 어사또 기생들을 분부허
> 사 춘향을 부축허여 상방에 누여 놓고, 찬물도 떠먹이며 수족을 주무르니, 춘향
> 이 간신이 정신을 차려 어사또를 바라보니,
>
> [창조]
> 어제 저녁 옥문 밖에 거지되어 왔던 낭군이 분명쿠나! 춘향이가 어사또를 물
> 그러미 바라보더니,
>
> [중모리]
> "마오 마오, 그리 마오. 서울양반 독합디다. 기처불식(其妻不識)이란 말이 사
> 기에난 있지마는 내게조차 이러시오? 어제저녁 모시었을 제, 날 보고만 말씀허
> 였으면 마음놓고 잠을 자지. 지나간 밤 오날까지 간장 탄 걸 헤아리면 살어 있
> 기가 뜻밖이오. 반가워라, 반가워라, 설리춘풍이 반가워라. 외로운 꽃 춘향이
> 가 남원 옥중 추절이 들어 떨어지게 되얏드니, 동헌에 새봄이 들어 이화춘풍이
> 날 살렸네. 우리 어머니는 어디를 가시고 이런 경사를 모르시나."

③ 봉산 탈춤 – 제6과장 양반춤

> 말뚝이 : (벙거지를 쓰고 채찍을 들었다. 굿거리장단에 맞추어 양반 삼 형제를
> 인도하여 등장)
> 양반 삼 형제 : (말뚝이 뒤를 따라 굿거리장단에 맞추어 점잔을 피우나, 어색하
> 게 춤추며 등장. 양반 삼 형제 맏이는 샌님[生員], 둘째는 서방님[書房], 끝은
> 도련님[道令]이다. 샌님과 서방님은 흰 창옷에 관을 썼다. 도련님은 남색 쾌자
> 에 복건을 썼다. 샌님과 서방님은 언청이이며(샌님은 언청이 두줄, 서방님은 한
> 줄이다.) 부채와 장죽을 가지고 있고, 도련님은 입이 삐뚤어졌고, 부채만 가졌
> 다. 도련님은 일절 대사는 없으며, 형들과 동작을 같이 하면서 형들의 면상을 부
> 채로 때리며 방정맞게 군다.
> 말뚝이 : (가운데쯤에 나와서) 쉬이. (음악과 춤 멈춘다.) 양반 나오신다아! 양반
> 이라고 하니까 노론(老論), 소론(少論), 호조(戶曹), 병조(兵曹), 옥당(玉堂)을
> 다 지내고 삼정승(三政丞), 육판서(六判書)를 다 지낸 퇴로 재상(退老宰相)으로
> 계신 양반인 줄 아지 마시오. 개잘량이라는 '양'자에 개다리소반이라는 '반'자를
> 쓰는 양반이 나오신단 말이오.
> 양반들 : 야아! 이놈, 뭐야아!
> 말뚝이 : 아, 이 양반들. 어찌 듣는지 모르갔소. 노론, 소론, 호조, 병조, 옥당을

다 지내고 삼정승, 육판서 다 지내고 퇴로 재상으로 계신 이 생원네 삼 형제분이 나오신다고 그리 하였소.

양반들 : (합창) 이 생원이래네. (굿거리장단으로 모두 춤을 춘다. 도령은 때때로 형들의 면상을 치며 논다. 끝까지 그런 행동을 한다.)

말뚝이 : 쉬이. (반주 그친다.) 여보, 구경하시는 양반들, 말씀 좀 들어 보시오. 짤따란 곰방대로 잡숫지 말고 저 연죽전(煙竹廛)으로 가서 돈이 없으면 내게 기별이래도 해서 양칠간죽(洋漆竿竹), 자문죽(自紋竹)을 한 발가웃씩 되는 것을 사다가 육모깍지 희자죽(喜子竹), 오동수복(梧桐壽福) 연변죽을 이리저리 맞추어 가지고 저 재령(載寧) 나무리 거이 낚시 걸 듯 죽 걸어 놓고 잡수시오.

양반들 : 뭐야아!

말뚝이 : 아, 이 양반들. 어찌 듣소. 양반 나오시는데 담배와 훤화(喧譁)를 금하라 그리 하였소.

양반들 : (합창) 훤화(喧譁)를 금하였다네. (굿거리장단으로 모두 춤을 춘다.)

(2) 수필

① 조침문(弔針文)

아깝다 바늘이여, 어여쁘다 바늘이여, 너는 미묘(微妙)한 품질(品質)과 특별(特別)한 재치(才致)를 가졌으니, 물중(物中)의 명물(名物)이요, 철중(鐵中)의 쟁쟁(錚錚)이라. 민첩(敏捷)하고 날래기는 백대(百代)의 협객(俠客)이요, 굳세고 곧기는 만고(萬古)의 충절(忠節)이라. 추호(秋毫) 같은 부리는 말하는 듯하고, 두렷한 귀는 소리를 듣는 듯한지라. 능라(綾羅)와 비단(緋緞)에 난봉(鸞鳳)과 공작(孔雀)을 수놓을 제, 그 민첩하고 신기(神奇)함은 귀신(鬼神)이 돕는 듯하니, 어찌 인력(人力)의 미칠 바리요. 오호통재(嗚呼痛哉)라, 자식(子息)이 귀(貴)하나 손에서 놓일 때도 있고, 비복(婢僕)이 순(順)하나 명(命)을 거스릴 때 있나니, 너의 미묘(微妙)한 재질(才質)이 나의 전후(前後)에 수응(酬應)함을 생각하면, 자식에게 지나고 비복(婢僕)에게 지나는지라. 천은(天銀)으로 집을 하고, 오색(五色)으로 파란을 놓아 곁고름에 채였으니, 부녀(婦女)의 노리개라. 밥 먹을 적 만져 보고 잠잘 적 만져 보아, 널로 더불어 벗이 되어, 여름 낮에 주렴(珠簾)이며, 겨울밤에 등잔(燈盞)을 상대(相對)하여, 누비며, 호며, 감치며, 박으며, 공그릴 때에, 겹실을 꿰었으니 봉미(鳳尾)를 두르는 듯, 땀땀이 떠 갈 적에, 수미(首尾)가 상응(相應)하고, 솔솔이 붙어 내매 조화(造化)가 무궁(無窮)하다.

이생에 백년동거(百年同居)하렸더니, 오호애재(嗚呼哀哉)라, 바늘이여. 금년 시월초십일 술시(戌時)에, 희미한 등잔 아래서 관대(冠帶) 깃을 달다가, 무심중간(無心中間)에 자끈동 부러지니 깜짝 놀라와라. 아야 아야 바늘이여, 두 동강이 났구나. 정신(精神)이 아득하고 혼백(魂魄)이 산란(散亂)하여, 마음을 빻아 내는 듯, 두골(頭骨)을 깨쳐 내는 듯, 이윽토록 기색혼절(氣塞昏絶)하였다가 겨우 정신을 차려, 만져 보고이어 본들 속절없고 하릴없다. 편작(扁鵲)의 신술(神術)로도 장생불사(長生不死) 못하였네. 동네 장인(匠人)에게 때이련들 어찌 능히 때일손가. 한 팔을 베어 낸 듯, 한다리를 베어 낸 듯, 아깝다 바늘이여, 옷섶을 만져 보니, 꽂혔던 자리 없네.

오호통재(嗚呼痛哉)라, 내 삼가지 못한 탓이로다. 무죄(無罪)한 너를 마치니,

작품의 구성

- 제1과장(사상좌춤) : 사방신(四方神)에게 배례하며 놀이를 시작하는 의식무
- 제2과장(팔목중춤) : 팔목중들이 차례로 파계하는 춤놀이
- 제3과장(사당춤) : 사당과 거사들이 한바탕 놂
- 제4과장(노장춤) : 노장이 신장수. 취발이와 대립하는 마당
- 제5과장(사자춤) : 사자가 노중을 파계시킨 먹중을 벌하려 함께 놀다가는 마당
- 제6과장(양반춤) : 양반집 머슴인 말뚝이가 양반을 희롱하는 마당
- 제7과장(미얄춤) : 영감과 미얄 할멈, 첩(妾) 덜머리집의 삼각관계

조침문

- 작자 : 유씨 부인
- 갈래 : 수필, 제문(祭文), 추도문
- 연대 : 조선 순조
- 주제 : 부러진 바늘에 대한 애도
- 특징
  - 사물(바늘)을 의인화하여 표현(고려의 가전체 문학과 연결됨)
  - 여성 작자 특유의 섬세한 감정이 잘 표현됨
  - 「의유당 관북 유람일기」, 「규중칠우쟁론기」와 함께 여성 수필의 백미로 손꼽힘

작품의 구성

- 서사 : 바늘과 영원히 결별하게 된 취지
- 본사 : 바늘을 얻게 된 경위와 바늘의 신묘한 재주, 각별한 인연, 끝내 부러진 바늘
- 결사 : 바늘을 애도하는 심정과 후세에 다시 만날 것을 기약

주요 단어 해설

- 추호(秋毫) : 가는 털
- 능라(綾羅) : 두꺼운 비단과 얇은 비단
- 난봉(鸞鳳) : 난조(鸞鳥)와 봉황
- 재질(才質) : 재주와 기질
- 수응(酬應) : 요구에 응함
- 자식에게 지나고 : 자식보다 낫고
- 천은(天銀) : 품질이 가장 뛰어난 은
- 무심중간(無心中間) : 아무 생각이 없는 사이
- 유아이사(由我而死) : 나로 말미암아 죽음

백인(伯仁)이 유아이사(由我而死)라, 누를 한(恨)하며 누를 원(怨)하리요. 능란(能爛)한 성품(性品)과 공교(工巧)한 재질을 나의 힘으로 어찌 다시 바라리요. 절묘(絕妙)한 의형(儀形)은 눈 속에 삼삼하고, 특별한 품재(稟才)는 심회(心懷)가 삭막(索莫)하다. 네 비록 물건(物件)이나 무심(無心)치 아니하면, 후세(後世)에 다시 만나 평생 동거지정(平生同居之情)을 다시 이어, 백년 고락(百年苦樂)과 일시생사(一時生死)를 한 가지로 하기를 바라노라. 오호애재(嗚呼哀哉)라, 바늘이여.

한중록

- **작자** : 혜경궁 홍씨
- **갈래** : 궁정 수필, 한글 수필
- **연대** : 조선 정조
- **주제** : 사도세자의 참변을 중심으로 한 파란만장한 인생 회고
- **특징**
  - 전아한 궁중 용어의 사용
  - 적절하고 간곡한 묘사로 내간체 문학의 백미

작품의 구성

- **1편** : 혜경궁 홍씨의 생애 및 입궁 이후의 생활
- **2편** : 동생 홍낙임의 사사(賜死)와 친정의 몰락에 대한 자탄
- **3편** : 정조가 말년에 외가에 대해 뉘우치고 효성이 지극하였다는 점을 서술
- **4편** : 임오화변에 대한 진상. 영조와 사도세자의 갈등 및 궁중비사를 서술

주요 단어 해설

- **용포(龍袍)** : 임금이 입는 정복. 곤룡포(袞龍袍)의 준말
- **붕열(崩裂)** : 무너지고 갈라짐
- **소주방(燒廚房)** : 대궐 안의 음식을 만들던 곳
- **황황(遑遑)** : 마음이 몹시 급하여 허둥지둥하는 모양
- **거조(擧措)** : 행동거지
- **촌철(寸鐵)** : 작고 날카로운 쇠붙이나 무기
- **소조(小朝)** : 섭정하는 왕세자
- **촌촌(寸寸)이** : 한 치 한 치마다 또는 갈기갈기
- **용력(勇力)** : 씩씩한 힘, 뛰어난 역량
- **장기(壯氣)** : 건장한 기운, 왕성한 원기
- **안연(晏然)히** : 마음이 편안하고 침착한 모양

② 한중록(閑中錄)

그러할 제 날이 늦고 재촉하여 나가시니, 대조(大朝)께서 휘녕전(徽寧殿)에 좌(坐)하시고 칼을 안으시고 두드리오시며 그 처분(處分)을 하시게 되니, 차마 차마 망극(罔極)하니 이 경상(景狀)을 차마 기록(記錄)하리오. 섧고 섧도다.

나가시며 대조께서 엄노(嚴怒)하오신 성음(聲音)이 들리오니, 휘녕전이 덕성합(德成閤)과 멀지 아니하니 담 밑에 사람을 보내어 보니, 벌써 용포(龍袍)를 벗고 디어 계시더라 하니, 대처분(大處分)이 오신 줄 알고 천지 망극(天地罔極)하여 흉장(胸腸)이 붕열(崩裂)하는지라.

게 있어 부질없어 세손(世孫) 계신 델 와서 서로 붙들고 어찌할 줄 모르더니, 신시전후(申時前後) 즈음에 내관(內官)이 들어와 밖소주방(燒廚房) 쌀 담는 궤를 내라 한다 하니, 어쩐 말인고 황황(遑遑)하여 내지 못하고, 세손궁(世孫宮)이 망극한 거조(擧措) 있는 줄 알고 문정(門庭) 전(前)에 들어가,

"아비를 살려 주옵소서."

하니 대조께서

"나가라."

엄히 하시니, 나와 왕자(王子) 재실(齋室)에 앉아 계시더니, 내 그 때 정경(情景)이야 천지고금간(天地古今間)하고 일월(日月)이 회색(晦塞)하니, 내 어찌 일시나 세상에 머물 마음이 있으리오. 칼을 들어 명(命)을 그르려 하니 방인(傍人)의 앗음을 인(因)하여 뜻같이 못하고, 다시 죽고자 하되 촌철(寸鐵)이 없으니 못하고, 숭문당(崇文堂)으로 말미암아 휘녕전(徽寧殿) 나가는 건복문(建福門)이라 하는 문 밑으로 가니, 아무것도 뵈지 아니하고 다만 대조께서 칼 두드리시는 소리와 소조(小朝)께서,

"아바님 아바님, 잘못하였으니 이제는 하라 하옵시는 대로 하고, 글도 읽고, 말씀도 다 들을 것이니 이리 마소서."

하시는 소리가 들리니, 간장(肝腸)이 촌촌(寸寸)이 끊어지고 앞이 막히니 가슴을 두드려 한들 어찌하리오. 당신 용력(勇力)과 장기(壯氣)로 궤에 들라 하신들 아무쪼록 아니 드시지, 어이 필경(畢竟) 들어가시던고, 처음엔 뛰어나오려 하옵시다가 이기지 못하여 그 지경(地境)에 미치오시니 하늘이 어찌 이대로록 하신고. 만고(萬古)에 없는 설움뿐이며, 내 문 밑에서 호곡(號哭)하되 응(應)하심이 아니 계신지라.

나두공

03장 국문학사

01절 고전 문학의 흐름

1. 고대 문학의 갈래

(1) 전달 방식, 향유 계층에 따른 갈래

① 전달 방식에 따른 갈래

㉠ 구비 문학(口碑文學)

• 문자의 발명 이전에 입에서 입으로 전해져 구연되는 문학

• 사람들에 의해 개작, 첨삭되면서 전승되는 적층성(積層性)이 강해 민족의 보편적 성격이 반영됨(민중 공동작의 성격을 지님)

• 기록 문학에 소재와 상상력을 제공하는 원초적 자산으로 작용함

㉡ 기록 문학(記錄文學)

• 구비문학을 문자 언어로 기록하여 전승하는 문학으로, 오늘날 문학의 주류

• 개인의 창의력과 상상력이 반영되는 문학이므로 지적, 개인적 성격을 지님

㉢ 시가 문학(운문 문학) : 일정한 율격을 지닌 운문 문학을 말하며, 가창(歌唱)되기에 용이함

㉣ 산문 문학(散文文學)

• 의미 : 운율성보다 전달성을 중시하는 문학으로, 이야기 형태에 적합함(예 설화 문학, 패관 문학, 가전체 문학, 소설 등)

• 산문 문학의 전개 : 운문성과 산문성이 혼재된 대표적 문학으로 가사와 판소리를 들 수 있음

• 가사 : 3 · 4조(또는 4 · 4조), 4음보의 운문이면서 내용상 수필적 산문에 해당함

• 판소리 : 연행 중심이 되는 창(唱)은 운문체이나, 아니리 부분은 산문체에 해당함

② 향유 계층에 따른 갈래

㉠ 귀족, 양반 문학

• 경기체가 : 고려 중기 무신의 난 이후 새로 등장한 신흥 사대부들이 창안하여 귀족층에서만 향유한 문학 갈래로서, 일반 서민의 의식이나 삶과는 거리가 있음

• 악장 : 궁중 음악으로 사용된 송축가에 해당하는 문학 갈래로서, 주로 특권 귀족층에서 향유됨

㉡ 평민 문학

• 속요 : 평민층이 향유한 집단적, 민요적 성격의 노래

• 사설시조 : 평민층의 의식과 체험을 노래한 시조

• 민속극 : 일상적 구어(口語)를 토대로 평민층이 놀고 즐긴 놀이 문학

구비문학의 종류

설화, 고려가요, 민요, 판소리, 무가, 민속극, 속담 등

기록문학의 종류

향가, 패관문학, 가전체, 시조, 악장, 가사, 경기체가, 소설, 수필 등

시가문학의 전개

• 서정시가 : 민요(서정 민요) → 고대 가요 → 향가 → 향가계 여요 → 고려 속요 → 시조

• 교술시가 : 민요(교술 민요) → 경기체가 → 악장 → 가사

산문 문학의 전개

• 일반 소설 : 설화 → 패관 문학 → 가전체 문학 → 고소설

• 판소리계 소설 : 설화 → 판소리 사설 → 판소리계 소설

- 잡가 : 하층의 소리꾼들이 부른 세속적 성향의 노래로, 주로 평민층이 향유함
  - ⓒ 양반과 평민이 공유한 대표 문학
    - 향가 : 4구체 향가의 작가층은 10구체 향가의 작가층과 달리 하층민까지 포함
    - 판소리 : 이전에 평민층의 문학이었으나, 19세기 이후 양반층이 가세하여 향유층이 확대됨

(2) 고대 문학사

① 고대 문학
- ㉠ 고대 문학은 제의(祭儀) 형식에서 행하여진 집단 가무가 그 연원이며, 점차 분화되어 독자적 예술 장르로 변천
- ㉡ 구비 전승되다가 2, 3세기경 한자와 한문이 유입되면서 문학으로 정착
- ㉢ 집단적 서사 문학에서 점차 개인적 서정 문학으로 발달
- ㉣ 신라 시대에 형성된 향가는 우리말로 기록된 최초의 정형시
- ㉤ 설화는 서사 문학의 원류가 되었고, 고대 가요는 서정 문학의 원형이 됨

② 시가 문학
- ㉠ 고대 시가의 개념 : 집단적, 서사적 문학에서 개인적, 서정적 시가(詩歌)로 분화되면서 형성된 것으로, 고려 이전의 노래 중 향가와 한시를 제외한 시가
- ㉡ 고대 가요의 특징
  - 집단적이고 서사적인 원시 종합 예술에서 개인적이고 서정적인 시가로 분리 발전
  - 고대 가요는 설화 속에 삽입되어 전하는데, 이는 서사 문학과 시가가 완전히 분리되지 않은 상태를 보여주는 것
  - 고대 가요는 대부분 배경 설화를 가지며, 설화와 함께 구전되다 문헌에 한역되어 기록됨
- ㉢ 부전가요(不傳歌謠)
  - 도솔가(兜率歌) : 신라 유리왕 5년에 창작됨. 최초의 정형시인 신라 향가의 모태가 된 작품으로 평가
  - 회소곡(會蘇曲) : 신라 유리왕 때, 한가위에 길쌈에서 패배한 무리에서 음식을 접대하며 부른 노동요
  - 치술령곡 : 박제상의 아내가 남편을 기다리다 죽자 후인들이 이를 애도한 노래로 백제 가요 「정읍사」, 「망부석 설화」와 연결
  - 목주가(木州歌) : 목주에 사는 어느 효녀에 대한 노래로, 효심(孝心)에 대한 노래라는 점에서 고려가요인 「사모곡」과 연결
  - 대악(碓樂) : 가난했던 백결 선생이 떡방아 찧는 소리로 아내를 위로한 노래로, 고려가요인 「상저가」와 연결

③ 향가(鄕歌)
- ㉠ 개념
  - 넓게는 중국 노래에 대한 우리나라의 노래를 의미하며, 좁게는 향찰로 표기된 신라 시대에서 고려 초기까지의 정형화된 노래
  - 도솔가, 시내가(詩內歌), 사내악(思內樂) 등 여러 명칭으로 사용됨

기타 양반과 평민이 공유한 문학
- **시조, 가사** : 조선 전기까지는 사대부층의 전유물이었다가 그 이후 평민 가객들이 향유 계층으로 등장
- **소설** : 양반과 평민 계층이 모두 향유한 설화와 마찬가지로 이를 모태로 하는 소설도 국민 문학의 성격을 지님

고대 문학의 개념
- 국문학의 태동기부터 고려 시대 이전까지 창작된 모든 문학을 의미함
- 일반적으로 고대 제천의식에서 행해진 원시 종합예술 형태의 집단 가무(歌舞)에서 발생하였다고 봄

고대 시가의 대표 작품
- **집단 가요** : 구지가(龜旨歌), 해가(海歌) 등
- **개인 가요** : 공무도하가(公無渡河歌), 황조가(黃鳥歌), 정읍사(井邑詞) 등

부전가요
설화와 함께 이름만 전하는 고대 가요

고대 국가의 부전가요
- **신라** : 「원사」, 「대악」
- **백제** : 「방등산가」, 「지리산가」, 「무등산가」, 「선운산가」
- **고구려** : 「내원성가」, 「영양가」, 「명주가」

현재 전하는 향가의 연대

- 백제
  - 무왕 : 「서동요」
- 신라
  - 진평왕 : 「혜성가」
  - 선덕여왕 : 「풍요」
  - 문무왕 : 「원왕생가」
  - 효소왕 : 「모죽지랑가」, 「원가」
  - 성덕왕 : 「헌화가」
  - 경덕왕 : 「제망매가」, 「도솔가」, 「찬기파랑가」, 「안민가」, 「천수대비가」
  - 원성왕 : 「우적가」
  - 현강왕 : 「처용가」

향가별 특징

- 민요로 정착된 향가 : 「서동요」, 「풍요」, 「헌화가」, 「처용가」
- 노동요의 일종 : 「풍요」
- 주술성을 지닌 향가 : 「도솔가」, 「처용가」, 「혜성가」, 「원가」
- 유교 이념을 반영한 향가 : 「안민가」
- 추모의 향가 : 「모죽지랑가」, 「제망매가」
- 높은 문학성을 지닌 향가 : 「제망매가」, 「찬기파랑가」

기타 향가 작품

- 풍요
  - 작자 : 만성 남녀
  - 형식 : 4구체
  - 내용 : 양지가 영묘사 장육존상을 주조할 때 성 안의 남녀들이 진흙을 나르며 불렀다는 노동요
- 원왕생가
  - 작자 : 광덕
  - 형식 : 10구체
  - 내용 : 극락왕생을 바라는 불교 신앙의 노래, 달을 서방정토의 사자로 비유
- 보현십원가
  - 작자 : 균여대사
  - 형식 : 10구체
  - 내용 : 불교의 교리를 대중에게 펴기 위해 지은 노래

- 4구체와 8구체, 10구체가 있으며, 10구체 향가를 '사뇌가(詞腦歌)'라 함

ⓒ 특징

- 불교적 내용과 사상이 주를 이루었고, 현전하는 향가의 작가로는 승려가 가장 많음
- 신라 때의 작품 14수가 『삼국유사』에 전하고 고려 초의 작품 11수가 『균여전』에 전하여, 현재 모두 25수가 전함
- 진성여왕 때 각간(角干) 위홍(魏弘)과 대구화상(大矩和尙)이 편찬하였다는 『삼대목(三代目)』에 대한 기록이 있으나, 현재 전하지 않음

ⓒ 형식

- 4구체 : 구전되던 민요가 정착되어 형성된 것으로 보이는 초기 향가 형식
- 8구체 : 4구체에서 10구체로 발전하던 과도기에 발생한 형식
- 10구체 : 가장 정제되고 완성된 향가 형식

ⓒ 문학사적 의의

- 우리나라 시가 중 최초의 정형화된 서정시
- 한글이 없던 시기에 민족적 주체성과 국문 의식을 반영
- 10구체 향가는 본격적 기록 문학의 효시가 되며, 이후 시조와 가사의 3단 형식과 종장에 영향

ⓒ 현재 전하는 대표 향가

작품명(작자)	형식	내용
서동요(백제 무왕)	4구체	서동(백제 무왕)이 선화 공주를 사모하여 아내로 맞기 위해 아이들에게 부르게 한 동요
혜성가(융천사)	10구체	최초의 10구체 향가로, 노래를 지어 내침한 왜구와 큰 별을 범한 혜성을 물리쳤다는 축사(逐邪) 성격의 주술적인 노래
모죽지랑가(득오)	8구체	죽지랑의 고매한 인품을 추모하여 부른 노래
헌화가(어느 노인)	4구체	소를 몰고 가던 노인이 수로 부인에게 꽃을 꺾어 바치며 불렀다는 노래
제망매가(월명사)	10구체	죽은 누이를 추모하여 재를 올리며 부른 추도의 노래
도솔가(월명사)	4구체	두 해가 나타난 괴변을 없애기 위해 부른 산화공덕(散花功德)의 노래
찬기파랑가(충담사)	10구체	기파랑을 찬양하여 부른 노래. 추모시. 문답식으로 된 최초의 노래
안민가(충담사)	10구체	군신민(君臣民)이 할 바를 노래한 치국의 노래
천수대비가(희명)	10구체	눈이 먼 아들을 위해 희명이 천수관음 앞에서 지어 아들에게 부르게 하자 눈을 떴다는 노래
처용가(처용)	8구체	아내를 침범한 역신에게 관용을 베풀어 역신을 감복시킨 주술적인 노래

④ 설화 문학
　　㉠ 설화 문학의 개념
　　　• 민족 집단이라는 공동체 속에서 공통의 의식을 바탕으로 구비, 전승되는 허구적 이야기
　　　• 평민층에서 창작, 전승되어 강한 민중성을 지니며, 민족 문학으로서 고전 소설과 판소리의 기원이 되기도 함
　　㉡ 설화의 성격 : 구전성(口傳性), 서사성, 허구성, 산문성, 민중성
　　㉢ 설화의 종류

구분	신화	전설	민담
의미	신(神) 또는 신이(神異)한 능력을 지닌 주인공을 통해 민족의 기원, 건국 등 신성한 업적을 그리는 이야기	신적인 요소 없이 비범한 인간과 그 업적, 특정 지역이나 사물, 사건 등을 다루는 이야기	신화, 전설과 달리 일상적 인물을 통해 교훈과 흥미를 주는 허구적 이야기
성격	민족을 중심으로 전승되며, 신성성과 숭고미가 강조됨	역사성, 진실성을 중시하며, 비장미가 강조됨	민족과 지역을 초월하여 전승되며, 골계미, 해학미가 강조됨
전승자의 태도	신성하다고 믿음	진실하다고 믿음	흥미롭다고 믿음
시간과 장소	태초, 신성한 장소	구체적인 시간과 장소	뚜렷한 시간과 장소 없음
증거물	포괄적(우주, 국가 등)	개별적(바위, 개울 등)	보편적
주인공과 그 행위	신적 존재, 초능력 발휘	비범한 인간, 비극적 결말	평범한 인간, 운명 개척
전승 범위	민족적 범위	지역적 범위	세계적 범위

⑤ 한문학
　　㉠ 개념 : 한자의 전래와 함께 성립하여 한자로 표기된 문학을 말하며, 통일 신라 이후 본격적으로 발달함
　　㉡ 작자층 : 구비 문학과 달리 귀족, 화랑, 승려 등 상류층이 주로 창작하여 상층의 귀족 문학으로 발달함
　　㉢ 주요 작품 : 을지문덕「여수장우중문시」, 최치원「추야우중」, 최치원『계원필경』, 「토황소격문」, 진덕여왕「치당태평송」, 설총「화왕계」, 혜초『왕오천축국전』

2. 고려시대의 문학

(1) 고려 문학사 개관

① 고려 문학의 개념 : 통일 신라 멸망 후부터 조선이 건국되기까지의 문학
② 고려 문학의 특징
　　㉠ 과도기적 문학의 성격을 지님
　　㉡ 문학의 계층적 분화가 발생하여 귀족 문학과 평민 문학으로 구분

ⓒ 패관 문학이 발달하고, 가전(假傳)과 조선 시대에 발생하는 소설의 기반이 됨

ⓔ 고려 후기에 시조가 완성되면서, 조선대에 이르러 꽃을 피워 귀족 문학과 평민 문학이 통합되는 계기를 마련

ⓜ 과거 제도의 시행과 교육 기관의 설립으로 한문학은 크게 융성한 반면, 국문학은 위축되어 정형 시가인 향가가 고려 초에 소멸

(2) 고려 문학의 갈래

① 고려속요(고려 가요)

ⓐ 고려속요의 개념

- 고려 시대 평민들이 부르던 민요적 시가로, 고려 말 궁중의 속악 가사로 사용되다 한글 창제 후 기록 및 정착
- 평민의 소박함과 함축적인 표현, 풍부한 정서를 반영한 고려 문학의 정수

ⓑ 특징

- 작자층 : 문자를 알지 못한 평민 계층으로, 대부분 미상
- 형식 : 분절체(분장체, 연장체), 후렴구와 반복구, 감탄사 발달, 3음보 율격
- 내용 : 평민들의 진솔한 생활 감정이 주된 내용(남녀 간의 사랑, 이별의 정한, 자연 예찬 등)
- 성격 : 평민 문학, 구전 문학, 서정 문학

ⓒ 대표적인 고려속요

작품명	형식	내용
동동(動動)	전 13연 분절체	월별로 그 달의 자연 경물이나 행사에 따라 남녀 사이의 애정을 읊음
처용가(處容歌)	비연시	향가인 「처용가」를 부연한 축사(逐邪)의 노래
청산별곡(靑山別曲)	전 8연 분절체	현실 도피적인 생활상과 실연의 슬픔
가시리(歸乎曲)	전 4연 분절체	연인과의 이별을 안타까워함
서경별곡(西京別曲)	전 3연 분절체	대동강을 배경으로 남녀 간의 이별의 정한
정석가(鄭石歌)	전 6연 분절체	임금의 만수무강을 축원
쌍화점(雙花店)	전 4연	유녀(遊女)가 남녀 간의 적나라한 애정을 표현
만전춘(滿殿春)	전 5연	남녀 간의 애정을 대담하고 솔직하게 읊음
상저가(相杵歌)	비연시	방아를 찧으면서 부르는 노동요
정과정곡(鄭瓜亭曲)	비연시	귀양살이의 억울함과 연군의 정을 노래
도이장가(悼二將歌)	8구체 2연	개국 공신 김낙과 신숭겸 두 장군의 공덕을 예종이 찬양

② 경기체가

ⓐ 경기체가의 개념

- 고려 중기 이후부터 조선 초까지 신흥 사대부 계층에서 유행한 정형시로, 사대부의 득의에 찬 삶과 향락적 여흥을 위해 만들어진 귀족 문학 양식
- 후렴구에 '경기하여(景幾何如)' 또는 '경(景) 긔 엇더ㅎ니잇고'라는 후렴구가 반복되어 '경기체가(경기하여가)'라 불림

고려속요의 수록

한글 창제 후 『악학궤범』, 『악장가사』, 『시용향악보』 등에 수록되었으나, 이 과정에서 당대 유학자들에 의해 '남녀상열지사(男女相悅之詞)'로 간주되어 많은 작품이 수록되지 못함

주요 고려 속요의 의의

- 동동 : 월령체(달거리) 노래의 효시
- 서경별곡 : 「가시리」와는 달리 이별의 정한을 직설적으로 노래함. 정지상의 「송인」과 연관됨
- 정석가 : 불가능한 상황 설정으로 만수무강을 송축
- 만전춘 : 속요 중 시조와 가장 유사
- 상저가 : 백결 선생의 「대악」의 후신

경기체가와 고려 속요의 비교

- 공통점 : 분연체, 분절체, 4음보 율격
- 차이점
  - 경기체가 : 귀족 문학으로 문자(한문)로 기록하였고, 조선 시대에 새로운 이념을 담은 악장으로 발전
  - 고려 속요 : 평민문학으로 구전(口傳)되다가 한글로 기록되었으며 남녀상열지사로 비판 받음

ⓒ 경기체가의 특징

- 형식 : 3음보의 분절체, 보통 3·3·2조의 율조(律調)를 갖춤, 각 절 끝마다 한자 어구의 나열과 이두식 후렴구 사용
- 내용 : 문인 귀족층의 향락적 생활과 자부심, 호기를 반영
- 의의 및 영향 : 가사 문학의 기원, 조선 전기에는 건국과 도덕적 이념을 노래

ⓒ 대표적인 경기체가

작품명(작자)	내용
한림별곡 (한림제유)	• 현전하는 최초의 경기체가 • 시부, 서적, 명필, 명주, 음악, 누각, 추천, 화훼 등 8경을 노래하여 삶의 자부심을 표현
관동별곡 (안축)	강원도 순찰사로 갔다 돌아오는 길에 관동의 절경을 노래함. 전 8연
죽계별곡 (안축)	고향인 풍기 땅 순흥의 경치를 노래함. 전 5연
상대별곡 (권근)	• 조선 문물제도의 왕성함을 칭송. 전 5장 • 궁중연락(宮中宴樂)으로 사용됨
독락팔곡 (권호문)	• 자연에서 노닐며 도학을 닦는 자세를 노래 • 경기체가의 마지막 작품

③ 시조

㉠ 시조의 개념

- 신라의 향가와 고려 속요의 영향을 받아 고려 중기에 발생해 고려 말에 완성된 정형 시가로, 조선 시대를 거쳐 지금까지 전승되고 있는 정형시
- 고려 중엽 이후 신흥 사대부들의 유교적 이념을 표출하고 정서를 담을 수 있는 장르를 찾는 과정에서 창안되었으며, 기원은 10구체 향가의 3단 구성과 「만전춘별사」와 같은 속요의 분장 과정에서 형성되었다고 보는 것이 일반적

㉡ 시조의 갈래

구분		내용
형식상 갈래	평시조(단형시조)	3장 6구의 기본 형식을 갖춘 시조
	엇시조(중형시조)	종장 첫 구를 제외하고 어느 한 구절이 평시조보다 긴 시조
	사설시조(장형시조)	종장 첫 구를 제외하고 두 구절 이상이 평시조보다 긴 시조로, 정철의 '장진주사'가 효시
	연시조	2수 이상의 평시조가 모여서 된 시조(3장 한 수만으로 된 시조는 단시조)
배행상 갈래	장별 배행 시조	초장, 중장, 종장이 각 한 행으로 되어, 3행으로 한 수(首)가 이루어진 시조
	구별 배행 시조	장(章)을 한 행으로 하지 않고, 구(句)를 한 행으로 하여 6행으로 한 수가 이루어진 시조

ⓒ 대표적인 시조

- 다정가(이조년) : 봄밤의 애상적인 정서가 유려하게 표현

경기체가의 창작 연대

- 고려 고종 : 「한림별곡」
- 고려 충숙왕 : 「관동별곡」, 「죽계별곡」
- 조선 세종 : 「상대별곡」, 「화산별곡」
- 조선 성종 : 「불우헌곡」
- 조선 중종 : 「화전별곡」, 「도동곡」
- 조선 선조 : 「독락팔곡」

시조의 역사

- 고려 말~조선 초 : 역사적 전환기에 처한 고뇌를 반영하는 회고가(回顧歌) 등이 주로 만들어짐
- 조선 전기 : 유교 이념과 규범, 충의(忠義)의 내용이 주류를 이루다 점차 도학, 애정 등의 내용으로 확대됨
- 조선 후기 : 관념적 내용에서 탈피해 다양한 삶의 현실을 반영하는 내용으로 변모

시조의 형식

- 3·4 또는 4·4조의 4음보 율격에 3장 6구 45자 내외로 구성
- 각 장은 2구, 4음보, 15자 내외로 구성
- 각 음보는 3·4조 또는 4·4조의 기본 음수율
- 종장의 첫 구 3자는 고정(조선 후기의 사설시조에서도 지켜짐)

시조 명칭의 변천

단가(短歌), 시여(詩餘), 영언(永言), 신조(新調) 등으로 불리다. 영조 때 가객 이세춘이 당대 유행하는 곡조라는 의미로 '시절가조(時節歌調)'라 명명한데서 '시조'라는 명칭이 탄생되었음

- 하여가(이방원) : 정적에 대한 우회적, 간접적인 회유를 표현
- 단심가(정몽주) : 고려 왕조에 대한 강한 충성심을 노래한 작품. 이방원의 「하여가」에 대한 화답가
- 탄로가(우탁) : 늙음을 한탄하지만, 인생을 달관한 여유가 돋보이는 작품

④ 서사 문학 : 구비로 전승되던 것을 문자로 기록한 설화와 고려 시대에 와서 창작된 패관 문학이나 가전체 문학으로 나눌 수 있음

ㄱ 패관 문학

- 민간의 가담(街談)과 항설(巷說) 등을 토대로 한 문학
- 채록자인 패관이 수집한 설화에 자기 취향에 따라 윤색함

ㄴ 대표적인 패관 문학

작품명(작자)	내용
수이전(박인량)	최초의 순수 설화집이나 오늘날 전하지 않으며, 그 중 9편만이 『해동고승전』, 『삼국유사』, 『대동운부군옥』 등에 전함
파한집(이인로)	최초의 시화집으로 시화, 문담, 기사, 자작, 고사, 풍물 등을 기록
역옹패설(이제현)	『익재난고』의 권말에 수록. 이문(異聞), 기사(奇事), 시문, 서화, 인물에 관한 이야기 수록
용재총화(성현)	『대동야승』에 수록. 풍속, 지리, 역사, 문물, 음악, 예술, 인물, 설화 등 각 방면에 대하여 유려한 산문으로 생생하게 묘사한 글

ㄷ 가전체 문학

- 사물을 의인화하여 전기적 형식으로 기록한 글
- 계세징인(戒世懲人)을 목적으로 하는 의인(擬人)전기체로 물건을 의인화함
- 순수한 개인의 창작물로 소설의 발생에 한 발짝 접근한 형태

ㄹ 대표적인 가전체 문학

작품명(작자)	내용
국순전(임춘)	술을 의인화하여 술이 사람에게 미치는 영향을 말함
공방전(임춘)	돈을 의인화하여 재물을 탐하는 것을 경계함
국선생전(이규보)	술과 누룩을 의인화. 군자의 처신을 경계함
청강사자현부전(이규보)	거북을 의인화하여 어진 사람의 행적을 기림
죽부인전(이곡)	대나무를 의인화하여 절개를 나타냄
저생전(이첨)	종이를 의인화

⑤ 한문학

ㄱ 과거 제도의 실시, 국자감의 설치, 불교의 발달 등으로 한문학 융성

ㄴ 대표적 작가로는 최승로, 박인량, 김부식, 정지상, 이인로, 이규보, 이제현, 임춘 등이 있음

ㄷ 한문학 작품 및 작품집

작품명(작자)	내용
송인(정지상)	이별의 정서를 표현한 칠언절구(七言絕句)의 노래

패관 문학의 연대

- 고려 문종 : 「수이전」
- 고려 고종 : 「백운소설」, 「파한집」, 「보한집」
- 고려 충혜왕 : 「역옹패설」
- 조선 연산군 : 「용재총화」

기타 패관 문학 작품

- 백운소설(이규보) : 삼국 시대부터 고려 문종 때까지의 시인과 시에 대한 논평과 잡기 등이 수록된 시화집
- 보한집(최자) : 파한집의 자매편. 거리에 떠도는 이야기나 흥미 있는 사실 등을 기록

가전체 문학의 창작 연대

- 서하선생집 : 「국순전」, 「공방전」
- 동국이상국집 : 「국선생전」, 「청강사자현부전」
- 가정집 : 「죽부인전」
- 동문선 : 「저생전」, 「정시자전」, 「국순전」, 「공방전」, 「국선생전」, 「청강사자현부전」

한문학의 특징

- 당대(唐代)에 완성된 형식인 근체시(近體詩)는 매우 복잡한 규칙을 가지고 있음
- 어수(語數), 압운(押韻), 평측(平仄)의 안배, 대구(對句)에 따라 엄격하게 전개되며 배열에 따라 각각 5언과 7언으로 나뉨
- 창작 상 채용한 형식으로는 근체시가 가장 많으며, 그 다음으로는 고시(古詩)로 나타남

부벽루(이색)	고려에 대한 회고와 국운 회복의 소망을 표현한 오언(五言) 율시
삼국사기(김부식)	삼국의 정사의 성격을 띠고 있음
삼국유사(일연)	건국 이래 삼국 시대까지의 이면사를 다룸
동명왕편(이규보)	동명왕의 영웅적 행위를 노래한 서사시
해동고승전(각훈)	고구려, 신라 시대의 고승의 전기
제왕운기(이승휴)	중국 역대 사적과 우리의 사적을 노래한 서사시

3. 조선 전기 문학

(1) 조선 전기 문학사 개관

① 조선 전기 문학의 개념 : 조선 건국으로부터 임진왜란까지의 약 200년간의 문학
② 조선 전기 문학의 특징
  ㉠ 훈민정음 창제는 진정한 의미에서의 국문학의 출발을 가져왔으며, 문자 생활의 일대 변혁을 가져왔고, 기존의 구비 문학이 기록 문학으로 정착되어 각종 언해 작업이 진행되었음
  ㉡ 형식면에서는 운문 문학이 주류를 이루어 시조, 악장, 경기체가, 가사 등이 지어졌고, 내용 면에서는 유교적인 이념과 상류 사회의 생활이 중심이 되었음
  ㉢ 문화의 향유 계급은 주로 상류층인 귀족 양반들이었으며, 평민의 참여는 거의 없었음
  ㉣ 시조가 확고한 문학 양식으로 자리 잡았고, 선초 건국을 정당화하는 악장이 발생하였다 곧 소멸하고 뒤이어 운문과 산문의 중간 형태인 가사가 출현

(2) 조선 전기 문학의 갈래

① 악장(樂章)
  ㉠ 악장의 개념
    • 조선의 창업과 번영을 정당화하고 송축하기 위한 조선 초기의 송축가
    • 작자층이 주로 개국 공신인 유학자들이었으므로 일반 백성들과는 동떨어진 문학
  ㉡ 대표적인 악장(樂章)

작품명(작자)	내용
용비어천가 (정인지, 권제, 안지 등)	• 조선 육조의 위업을 찬양하고 번영을 송축하며, 후대의 왕에게 권계의 뜻을 일깨움 • 한글로 기록된 최초의 작품(서사시) • 제2장 '뿌리 깊은 나무…'는 한자어가 없는 순우리말로 높은 평가를 받음
월인천강지곡 (세종)	• 『석보상절』을 보고 세종이 악장 형식으로 고쳐 쓴 석가모니 찬송가 • 석가의 인격과 권능을 신화적으로 미화하여 전형적인 서사시의 구조를 지님 • 형식이 『월인석보』로 이어졌을 가능성이 있음

기타 조선 전기 문학의 특징

• 설화 문학의 발전과 중국 소설의 영향으로 소설 발생, 산문 문학과 자연 문학이 태동
• 성리학이 발달하였으며, 문학 작품에 있어서도 유교적이며 철학적인 사상의 형상화

악장의 문학성

새 왕조에 대한 송축과 과장, 아유(阿諛)가 심하여 문학성이 떨어졌고, 세종 때 유행하다 15세기 중엽 이후에 소멸)

기타 악장 작품

• 조선 태조의 공덕을 찬양한 작품
  – 정도전 : 「납씨가」, 「문덕곡」, 「정동방곡」, 「궁수분곡」, 「신도가」
  – 하륜 : 「근천정」
• 조선의 개국을 찬양한 작품
  – 윤회 : 「봉황음」, 「유림가」
  – 권근 : 「상대별곡」
  – 변계량 : 「화산별곡」

가사의 발생 견해

경기체가가 붕괴되면서 악장이라는 과도기적 형태를 거쳐 형성되었다는 견해와, 교술 민요가 기록 문학으로 전환되면서 형성되었다는 견해가 있음

기타 가사 작품

• 강촌별곡(차천로) : 벼슬을 버리고 자연에 묻혀 생활하는 정경을 노래
• 일동장유가(김인겸) : 일본에 가는 사신의 일행이 되어 다녀온 체험을 노래한 장편 기행 가사

---

② **가사(歌辭)**

  ㉠ 가사의 개념 : 연속체 장가(長歌) 형태의 교술 시가로, 조선 초 정극인의 「상춘곡」을 가사 문학의 효시로 봄

  ㉡ 내용 : 유교적 이념, 연군, 자연 예찬, 강호한정, 음풍농월, 기행(紀行) 등

  ㉢ 형식 : 3 · 4조, 4 · 4조의 음수율과 4음보격을 취하는 운문

  ㉣ 가사의 특징

   • 운문과 산문의 중간적, 과도기적 형태로, 운문의 형식과 산문적 내용으로 이루어졌으며 서정성과 서사성, 교술성 등 다양한 특성이 혼재

   • 시조와 함께 조선 전기를 대표하는 갈래이며, 시조와 상보적 관계를 이루며 발전

  ㉤ 대표적인 가사(歌辭)

작품명(작자)	내용
상춘곡(정극인)	태인에 은거하면서 봄 경치를 노래. 가사의 효시
면앙정가 (송순)	담양에 면앙정을 짓고 주위의 아름다움과 정취를 노래한 작품으로, 「상춘곡」이 「성산별곡」으로 넘어가는 교량적 역할을 한 작품
관동별곡 (정철)	관동의 산수미에 감회를 섞은 기행 가사. 홍만종이 「순오지」에서 '악보의 절조'라 이른 작품
사미인곡 (정철)	임금을 그리는 정을 비유적으로 노래한 연가(충신연주지사). 홍만종이 「순오지」에서 초의 「백설곡」에 비유한 작품
속미인곡 (정철)	• 김만중이 최고의 수작으로 평가한 작품으로, 송강 가사의 백미로 손꼽힘 • 두 여인의 문답으로 된 연군가로, 「사미인곡」의 속편
규원가 (허난설헌)	가정에 묻혀 있으면서 남편을 기다리는 여인의 애원을 노래한 내방 가사로, '원부가(怨婦歌)'라고도 함
농가월령가 (정학유)	농촌에서 다달이 해야 할 연중행사와 풍경을 월령체로 노래한 최대 규모의 월령체 가요

③ **시조**

  ㉠ 고려 말에 완성된 시조는 조선 시대에 들어와 유학자들의 검소하고 담백한 정서 표현에 알맞아 크게 발전

  ㉡ 건국 초에는 왕조 교체에 따른 지식인의 고뇌와 유교적 충의와 절의를 표현한 노래, 회고가(懷古歌) 등이 만들어졌고, 왕조의 안정 후에는 자연 예찬, 애정, 도학 등에 대한 노래가 다수 만들어짐

④ **한시(漢詩)**

  ㉠ 감성과 서정, 당과 송의 시풍을 중시한 사장파(詞章派)와 이성적이며 실천적인 도의 추구와 경학을 강조한 도학파(道學派)로 나뉨

  ㉡ 사장파는 서거정, 성렬, 남곤, 도학파는 길재, 김종직, 조광조 등에 의해 주도됨

  ㉢ 선조 무렵에 송시풍(宋詩風)에서 당시풍(唐詩風)으로 전환됨

시조의 발달 양상

• 평시조를 여러 수로 묶어 한 주제를 나타내는 연시조도 창작됨
• 16세기에 들어 송순, 황진이 등에 의하여 문학성이 심화됨

주요 한시 작품

• 봄비(허난설헌) : 고독한 정서를 나타냄
• 습수요(이달) : 수탈에 시달리는 농촌의 모습을 노래함

(3) 서사 문학

① 고대 소설

- ㉠ 고대 소설의 개념과 대표 작품
  - 고대 소설은 설화를 바탕으로 형성된 서사 문학으로, 설화적인 단순성을 지양하고 소설의 조건인 허구성을 갖춤
  - 조선 전기의 한문 소설은 고려의 패관 문학과 가전체 문학, 중국의 전기 소설의 영향으로 전기적(傳奇的) 요소를 지님
  - ㉡ 대표 작품 : 최초의 고대 소설인 김시습의 「금오신화」, 몽유록계 소설인 임제의 「원생몽유록」, 「수성지(愁城志)」, 「화사(花史)」, 심의의 「대관재몽유록」 등
- ② 고대 수필
  - ㉠ 고대 수필의 개념 : 고려의 수필부터 갑오개혁 이전까지 창작된 수필을 지칭하며, 한문 수필과 한글 수필로 구분됨
  - ㉡ 고대 수필의 구분
    - 한문 수필 : 고려와 조선 전기의 패관 문학 작품, 조선 후기의 대부분의 문집이 여기에 속하며, 독창적, 개성적 성격보다 보편적, 객관적 성격
    - 한글 수필 : 조선 후기 산문정신의 영향으로 한글로 창작된 일기나 서간, 기행, 잡기류 등이 여기에 속하며, 관념성, 규범성을 벗어나 일상 체험과 느낌을 진솔하게 표현
  - ㉢ 고대 수필과 평론
    - 고대 수필과 평론은 장르 의식에 따른 격식이 제대로 갖춰지지 않음
    - 설화, 전기, 야담(野談), 시화(詩話), 견문, 기행, 일기, 신변잡기(身邊雜記) 등 다양한 내용을 서술
    - 패관 문학집, 시화집, 개인 문집에 수록되어 전함
    - 고려 시대부터 출발한 비평 문학은 문학을 인간의 성정(性情)을 교화하는 계몽적 성격으로 파악

4. 조선 후기 문학

(1) 조선 후기 문학사 개관

- ① 조선 후기 문학의 개념 : 임진왜란(1592) 이후부터 갑오경장(1894)에 이르는 약 300년간의 문학
- ② 조선 후기 문학의 특징
  - ㉠ 현실에 대한 비판과 평민 의식을 구가하는 새로운 내용이 작품 속에 투영
  - ㉡ 현실적이고 구체적인 삶의 의미를 추구하는 실학 문학으로 발전
  - ㉢ 운문 중심에서 산문 중심의 문학으로 이행과 평민 의식 소설, 사설시조의 발달, 여성 문학의 등장

(2) 조선 후기 문학의 갈래

- ① 소설
- ㉠ 소설 시대의 형성
  - 평민 의식의 자각, 산문 정신, 실학사상 등이 소설 발생의 배경
  - 조선 후기에는 한문 소설 외에도 한글 소설이 다양하게 창작

고대 소설, 금오신화의 구성
- 만복사저포기(萬福寺樗蒲記) : 양생과 여귀(女鬼)와의 교환
- 이생규장전(李生窺牆傳) : 최랑이 이생과 부부로 살다 죽은 후, 여귀로 화하여 다시 교환
- 취유부벽정기(醉遊浮碧亭記) : 홍생이 하늘의 선녀와 교환
- 남염부주지(南炎浮洲志) : 박생의 염왕과의 대담
- 용궁부연록(龍宮赴宴錄) : 한생의 수부 용왕과의 교환

고대 수필 및 비평집
- 필원잡기(서거정) : 서거정이 일화 등을 엮은 수필 문학집
- 동문선(서거정) : 신라부터 조선 초까지의 시문을 정리
- 촌담해이(강희맹) : 음담패설과 설화를 엮은 기담집
- 용재총화(성현) : 문물, 풍속, 지리, 역사, 음악, 설화, 인물평 등을 수록한 수필집
- 패관잡기(어숙권) : 설화와 시화에 해설을 붙임

기타 조선 후기 문학의 특징
비현실적, 소극적인 유교 문학에서 현실적이고 구체적인 삶의 의미를 추구하는 실학 문학으로 발전

131

• 최초의 국문 소설인 「홍길동전」의 출현과, 평민 문학이 본격화되기 시작

ⓛ 대표적인 소설

분류	내용
군담 소설	주인공이 전쟁에서 영웅적 활약을 전개하는 소설
가정 소설	가정 내의 문제를 주요 내용으로 하는 소설
대하 소설	흔히 여러 편이 연작 형태를 띠고 있으며 고소설의 모든 유형이 융합되어 복합적인 구성을 보임
애정 소설	남녀 간의 사랑 이야기를 다룬 소설
풍자 소설	동물을 의인화한다든지 하는 수법을 사용하여 당시의 시대상을 풍자한 소설
사회 소설	사회 모순에 대한 저항과 개혁 의식을 담은 소설
몽자류 소설(몽유록)	꿈과 현실의 이중 구조로 된 소설
의인화 소설	꿈과 현실의 이중 구조로 된 소설
판소리계 소설	판소리와 밀접하게 관련을 맺고 있는 소설을 통칭하는 것으로 현실적인 경험을 생동감있게 표현

ⓒ 박지원의 한문 소설

작품명	출전	내용 및 특성
허생전	열하일기	선비 '허생'의 상행위를 통해 양반 사대부의 무능과 당시의 경제체제의 취약점을 비판, 이용후생의 실학정신 반영
호질	열하일기	도학자들의 위선과 '정절부인'의 가식적 행위를 폭로
양반전	방경각외전	양반 사회의 허위와 부패, 무능, 특권의식을 폭로하고 풍자
광문자전	방경각외전	거지인 '광문'을 통해 교만에 찬 양반생활과 부패를 풍자하고 신분에 귀천이 없음을 표현
예덕선생전	방경각외전	인분을 나르는 '예덕선생(엄 행수)'을 통해 양반의 위선을 비판하고 직업 차별의 타파를 표현
열녀함양박씨전	방경각외전	'박 씨 부인'의 불운한 삶을 통해 개가(改嫁) 금지 등 당대 사회의 모순을 비판

② 시조

ⓛ 조선 후기 시조의 특징

• 조선 후기에는 산문 의식, 평민 의식의 성장 등으로 엇시조, 사설시조와 같은 장형(長型) 형태의 증가 및 유교적, 관념적 내용에서 탈피
• 평민 작자층의 등장과 평민 중심의 가단 형성, 시조집의 편찬, 시조창(時調唱)과 전문 가객의 등장 등 시조의 대중화가 이루어짐

ⓒ 시조 문학의 대표 작가, 윤선도

• 「고산유고」에 시조 35수, 「어부사시사(漁父四時詞)」를 남김
• 윤선도는 자연 속에서의 풍류와 물아일체의 경지를 아름다운 우리말로 표

현하였고, 수사법과 문학적 기교가 뛰어나 시조 문학의 수준을 높임
- 조선 전기 사대부들이 이룩한 강호가도(江湖歌道)의 성과를 한층 더 끌어올리는데 기여함

ⓒ 대표적인 연시조

작품명(작자)	내용 및 특징
강호사시사(맹사성)	• 강호에서 자연을 즐기고 사계절을 노래하며 임금에 대한 충정을 표현 • 최초의 연시조로서, 총 4수로 구성
어부사(이현보)	늙은 어부의 즐거움을 노래한 것으로, 윤선도의 「어부사시사」에 영향을 미침
도산십이곡(이황)	전 6곡은 '언지(言志)'를, 후 6곡은 '언학(言學)'을 노래한 12수의 연시조
고산구곡가(이이)	주자의 「무이구곡가」를 본 따 학문 정진을 노래한 10수의 연시조

③ 사설시조
- ㉠ 사설시조의 등장
  - 17세기에 등장해 18세기에 유행하였으며, 전 3장 중 2장 이상이 평시조보다 길어 시조의 산문화 경향을 반영함
  - 서민들의 생활 감정과 일상의 모습, 사회 모순에 대한 비판 등을 표현
  - 가사투와 민요풍의 혼합, 반어와 풍자, 해학미 등도 두드러짐
- ㉡ 대표 시조집
  - 『청구영언』: 영조 때 김천택이 지은 최초의 시조집, 곡조별로 998수를 분류
  - 『해동가요』: 영조 때 김수장이 지은 것으로, 작가별로 883수를 분류
  - 『병와가곡집(악학습령)』: 정조 때 이형상이 지어 곡조별로 1,100여 수를 분류
  - 『가곡원류』: 고종 때 박효관과 안민영이 지어 곡조별로 800수를 분류

④ 가사 문학
- ㉠ 가사의 변모
  - 작자층이 다양화되면서 작품 계열도 여러 방향으로 분화
  - 현실적인 문제에 많은 관심을 갖기 시작했으며 여성 및 평민 작자층의 성장
- ㉡ 주요 작품
  - 허전, 이원익의 가사 : 「고공가」는 허전이 국정을 개탄하고 근면을 권하는 내용의 가사이며, 이원익의 「고공답주인가」는 이에 대한 화답의 가사임
  - 박인로의 가사 : 중후한 문체로 「선상탄」, 「누항사」, 「태평사」 등의 작품을 통해 현실의 문제를 인식하는 길을 개척
  - 내방 가사 : 주로 영남 지방의 부녀자들에 의해서 지어진 규방 가사
  - 유배 가사 : 안조환 「만언사」, 김진형 「북천가」 등

⑤ 잡가
- ㉠ 잡가의 개념 : 조선 후기 하층계급의 전문 소리꾼(사계춘)이나 기생들이 부르던 긴 노래를 말하며, 양반 가사에 대비하여 '잡가(雜歌)'라 칭함
- ㉡ 내용 : 자연의 아름다움과 풍류, 삶의 애환, 남녀 간의 애정, 해학과 익살 등

기타 연시조 작품
- 훈민가(정철) : 유교적 이념을 토대로 하여 백성을 교화하는 연시조로, 총 16수가 전함
- 매화사(안민영) : 스승인 박효관의 매화를 보고 지은 8수의 연시조

대표적인 가단(歌壇)
영조 때 김천택, 김수장이 결성한 '경정산가단'과 고종 때 박효관, 안민영 등이 중심이 된 '승평계'가 대표적

기타 시조집
- 고금가곡 : 영조 때 송계 연월옹이 지은 것으로, 주제별로 313수를 분류
- 남훈태평가 : 철종 때 순 한글로 표기된 시조집으로, 음악적 의도에서 종장 종구를 생략함

조선 후기 가사의 특징
- 조선 후기의 가사는 작자층이 평민층과 부녀자층으로 다양화되었고, 작품 계열도 여러 감정으로 분화됨
- 현실적인 문제에 관심을 갖기 시작했으며, 일상적인 체험과 감정을 사실적으로 표현함

휘몰이 잡가와 십이장가
- 휘몰이 잡가 : 맹꽁이 타령, 바위 타령
- 십이장가 : 유산가, 적벽가, 선유가, 소춘향가, 평양가, 십장가, 형장가, 제비가, 월령가, 방물가, 출인가 등

© 형식 : 4·4조 4음보 가사의 율격을 기본으로 하나 파격이 심함

② 특징

- 기본적으로 세속적, 유흥적, 쾌락적 성격을 지님
- 상층 문화에 대한 모방심리로 현학적 한자 어구와 중국 고사 등이 나열되는 것이 많음

⑩ 잡가의 종류

- 경기 잡가 : 서울, 경기도 지방에서 유행한 것으로 맑고 깨끗한 느낌을 줌
- 서도 잡가 : 평안도, 황해도 지방에서 유행한 것으로 애절한 느낌을 줌

남도 잡가
전라도에서 유행한 것으로 전라도 지방의 억양을 느낄 수 있음

⑥ 한문학

㉠ 한문학의 특징

- 전기의 사장파(詞章派) 문학을 계승하고 경전에 따른 관념적 문학을 추구
- 현실적 실리 추구, 평이하고 사실적인 표현, 고문체의 배격 등을 특징으로 하는 실학파 문학이 대두

㉡ 대표적인 한문학 작품

작품명(작자)	내용
서포만필(김만중)	신라 이후의 시에 대한 평론이 실린 평론집
반계수록(유형원)	여러 제도에 대한 고증을 적고, 개혁의 경위를 기록한 책
성호사설(이익)	평소에 기록해 둔 글과 제자들의 질문에 답한 내용을 집안 조카들이 정리한 것. 주제에 따라 다섯 부분으로 나누어짐
열하일기(박지원)	열하의 문인들과 사귀고 연경 문물제도를 견문한 것을 적은 책
목민심서(정약용)	지방 장관의 치민에 관한 도리를 논한 책

기타 한문학 작품

- 시화총림(홍만종) : 역옹패설, 어우야담, 이봉유설에서 시화만을 뽑아 기록한 시화집
- 순오지(홍만종) : 정철, 송순 등의 시가에 대한 평론을 수록한 평론집
- 북학의(박제가) : 청나라를 시찰하고 돌아와서 우리 사회 개혁의 필요성을 적은 책
- 연려실기술(이긍익) : 조선의 야사(野史)를 기록한 문집

⑦ 수필

㉠ 국문 수필 : 주로 여인들에 의해 쓰인 수필로, 주로 기행문이나 일기 형식으로 쓰임

㉡ 궁정 수필 : 궁중에서 생활하던 여인들에 의해 쓰인 수필로 분량이 가장 많음

㉢ 대표적인 수필

분류	작품명(작자)	내용 및 특징
궁정	한중록(혜경궁 홍씨)	남편인 사도세자의 비극과 궁중의 음모, 당쟁과 더불어 자신의 기구한 생애를 회고
일기	의유당일기(의유당)	순조 29년 함흥 판관으로 부임한 남편 이희찬을 따라가 부근의 명승 고적을 찾아다닌 감흥을 적은 글
제문	윤씨 행장(김만중)	모친인 윤 씨 부인을 추모하여 생전의 행장을 적은 추도문
	조침문(유씨 부인)	자식 없는 미망인이 바느질로 생계를 유지하다가 바늘이 부러지자 그 섭섭한 감회를 적은 글
기담	요로원야화기(박두세)	선비들의 병폐를 대화체로 파헤친 풍자 문학
	규중칠우쟁론기(미상)	부인들이 쓰는 바늘, 자, 가위, 인두, 다리미, 실, 고무 등의 쟁공(爭功)을 의인화하여 쓴 글

기타 수필 작품

- 인현왕후전(궁녀) : 인현왕후의 폐비 사건과 숙종과 장희빈과의 관계를 그린 글
- 을병연행록(홍대용) : 계부 홍억의 군관으로 연경에 가서 쓴 기행문. 국문 연행록 중 최장편
- 무오연행록(서유문) : 중국에 서장관으로 갔다 보고 들은 것을 기록한 글
- 제문(숙종) : 숙종이 막내아들 연령군의 죽음에 대하여 그 애통한 심정을 기록한 글
- 어우야담(유몽인) : 민간의 야담과 설화를 모아 엮은 설화적인 창작 수필

(3) 판소리와 민속극, 민요의 성장

① 판소리

  ㉠ 판소리의 개념

  - 직업적 소리꾼인 광대가 고수(鼓手)의 북 장단에 맞추어 창(唱)과 아니리, 발림으로 연행하는 구비 서사시
  - '창(唱)과 아니리, 발림'의 요소로 이루어진다는 점에서, 노래와 문학, 연극적 요소가 결합되어 형성된 종합 예술 양식이라 할 수 있음

  ㉡ 형성 및 발전과정

  - 형성 : 17세기 말에서 18세기 초반 무렵에 설화나 소설을 창으로 만들어 생계를 삼은 광대들에 의해 새로운 양식으로 형성
  - 18세기 : 판소리가 지방의 민속 예술에서 벗어나 중앙 무대에 진출하고, 중, 상류층까지 향유층이 확대
  - 19세기 : 본격적인 대중 예술의 성격을 갖게 되면서 급격히 발전
  - 20세기 : 창극(唱劇)으로의 변신을 모색하고 극장 체제를 갖추었으나, 점차 쇠퇴

  ㉢ 판소리의 특징

  - 서사성 : 서민들의 현실적 생활을 이야기 구조로 표현
  - 극성 : 음악적 요소와 연극적 요소가 강한 종합예술의 성격을 지님
  - 율문성 : 노래 형식의 가창
  - 전문성 : 전문 가객인 광대가 연행
  - 풍자 및 해학성 : 당대 사회에 대한 풍자와 해학을 표현
  - 다양성 : 표현과 수식, 율격, 구성 원리 등이 다른 구비 문학보다 다양
  - 구전성과 공유성 : 연행 방식이 구전되었으며, 서민층에서 양반층까지 폭넓게 향유
  - 부분의 독자성 : 정해진 대본이 있는 것이 아니라 전승되는 이야기를 근간으로 흥미로운 부분을 확장, 부연하는 방식으로 발전
  - 문체의 이중성 : 양반과 평민들의 언어가 함께 공존
  - 주제의 양면성 : 유교 이념에 따른 표면적 주제와 서민의 비판 정신에 기반한 이면적 주제가 공존

② 민속극

  ㉠ 민속극의 개념 : 일정한 역할로 가장한 배우가 대화와 몸짓으로 사건을 표현하는 전승형태를 말하며, '전통극'이라고도 함

  ㉡ 민속극의 특징

  - 서민 정신과 풍자와 해학이 있음
  - 춤, 대사, 음악으로 인물, 관객이 어우러지는 축제성을 지님

  ㉢ 유형

  - 무극(巫劇) : 굿에서 연행되는 굿놀이
  - 가면극 : 탈춤, 산대놀이, 오광대놀이, 야유 등으로 불림
  - 인형극 : 배우 대신 인형을 쓰는 극. 꼭두각시놀음은 우리나라 유일의 인형극

- 창극 : 여러 가객들이 무대에서 연기하며 판소리조로 연행하는 극

③ 민요

ⓐ 민요의 개념 : 민중 속에서 자연스럽게 구전되어 온 노래로, 민족성과 국민성을 나타내기도 하며 민중의 보편적 정서가 담겨 있고, 입에서 입으로 전해지기 때문에 가사와 곡조가 시대에 따라 변하기도 함

ⓑ 민요의 특징

- 구전성, 서민성, 향토성이 특징
- 민중의 정서를 직접 표출하여 서정성을 지님
- 누구나 부를 수 있어 비전문성을 지니며, 창자(唱子)와 청자(聽子)가 일치
- 두 연이 대칭구조를 이루고, 3·4조, 4·4조의 율격을 가짐

ⓒ 대표적인 민요(民謠)

분류		내용
기능요	노동요	농업, 어업, 벌채, 길쌈, 제분, 잡역 노동요 등(예 논매기 노래, 타작 노래, 해녀 노래)
	의식요	세시, 장례, 신앙 의식요 등(예 지신밟기 노래, 상여 노래, 달구질 노래)
	유희요	놀이에 박자를 맞추면서 부르는 노래(예 강강술래, 줄다리기 노래, 널뛰기 노래, 놋다리 노래)
비기능요		특정한 행동에 관련 없이 언제든 흥이 나면 부르는 노래이며, 내용 및 형태상의 제약이 크게 없음(예 아리랑, 강원도 아리랑, 정선 아리랑, 밀양 아리랑)

02절 현대 문학의 흐름

1. 개화기 문학

(1) 개화기 문학사 개관

① 개화기 문학의 시대 배경 : 갑오개혁에서 삼일절에 이르는 시기의 문학, 이 시기의 문학은 새로운 서구의 문화와 독립 의식을 강조

② 개화기 문학의 특징

ⓐ 문어체 문장에서 구어체에 가까운 문장으로 변화하였고, 국한문 혼용체와 국문체 등 새로운 문체가 확립됨

ⓑ 자주 정신의 각성으로 계몽적 이념을 강조하는 내용이 주를 이룸

ⓒ 전통적 문학 형식을 기반으로 개화 가사, 창가, 신체시, 신소설 등 새로운 장르가 모색됨

ⓓ 신교육의 영향으로 국문 문학이 확대되었고, 신문의 보급과 인쇄술 발달 등의 영향으로 문학의 대중화가 진행됨

(2) 대표 개화기 문학의 갈래 및 작품

① 개화 가사
  ㉠ 개화 가사의 개념 : 가사의 운율 형식을 계승하고 개화기 계몽사상을 담아 노래한 가사를 말함
  ㉡ 개화 가사의 특징 : 가사의 율격인 4 · 4조 4음보의 율격을 토대로 하여 분절체, 후렴구 등의 민요적 요소를 가미하였고, 자주 독립정신과 신교육 강조, 외세에 대한 비판 등의 내용을 주로 표현

② 창가(唱歌)
  ㉠ 창가의 개념 : 전통적 가사체에 개화사상을 담은 시가와, 찬송가 및 서양음악 등의 영향으로 형성된 새로운 시가로, 개화 가사가 변모되는 과정에서 만들어져 신체시 발생의 모태가 됨
  ㉡ 창가의 특징
    • 문명개화의 시대적 필연성, 신교육 예찬, 새 시대의 의욕 고취, 청년들의 진취적 기상 등 계몽적 내용을 주로 담음
    • 초기에는 3 · 4조, 4 · 4조 율격으로 짧았다가 후기로 가면서 7 · 5조, 8 · 5조 등으로 길어지고 다양화됨

③ 신체시
  ㉠ 신체시의 개념 : 개화 가사, 창가의 단계를 거쳐 종래의 정형시 형식을 탈피하여 자유로운 율조로 새로운 사상을 담으려 했던 실험적이고 과도기적인 시
  ㉡ 신체시의 특징
    • 이전의 형식을 깨뜨리고 부분적인 7 · 5조, 3 · 4 · 5조의 새로운 형태를 취하고 있으며 정형시와 자유시 사이의 과도기적 형식
    • 『소년(少年)』의 창간호에 실린 최남선의 「해에게서 소년에게」(1908)가 효시

④ 신소설
  ㉠ 신소설의 개념 : 1900년대 중반부터 1917년 이광수의 「무정」이 발표되기까지 당대의 시대적 문제와 사회의식을 반영했던 과도기적 소설의 형태. 계몽사상의 구체적인 실천에 대한 이야기를 다루고 있지만, 현실에 대한 깊은 인식의 결여로, 낙관적인 개화의 꿈에 그쳤다는 평가를 받음
  ㉡ 신소설의 특징
    • 주제 : 개화와 계몽사상의 고취(자주독립사상, 자유연애, 인습과 미신 타파, 신교육 장려, 유교적 가치관과 질서 비판 등)를 주로 표현
    • 구성 : 평면적 구성을 탈피해 역전적 구성을 시도 주로 시간적 역행, 사건과 장면의 뒤바꿈 등이 있음
    • 문체 : 언문일치 문체에 근접, 전기체 형식에서 벗어나 묘사체로 전환
  ㉢ 신소설의 의의
    • 고대 소설과 현대 소설의 과도기적 역할을 수행
    • 비현실적 내용에서 현실적 사건 중심의 내용으로 전환

개화 가사의 출현

최초의 작품으로 평가받는 최제우의 「용담유사」를 비롯하여 19세기 후반 다수의 애국 가사들이 「독립신문」, 「대한매일신보」 등에 발표됨

창가의 출현

초창기 창가로 최병헌의 「독립가」, 이용우의 「애국가」, 이중원의 「동심가」, 김교익의 「신문가」 등이 있으며, 최남선의 창가로 「경부철도가」, 「한양가」, 「세계일주가」가 있음

주요 신체시 작품

최남선 「해에게서 소년에게」를 시작으로 「구작 3편」, 「꽃두고」, 이광수 「우리 영웅」 등이 있음

이해조의 개작 신소설

근원 설화	판소리계 소설	개작 소설
열녀 설화	춘향전	옥중화 (獄中花)
연권녀 설화	심청전	강상련 (江上蓮)
방이 설화	흥부전	연(燕)의 각(脚)
구토 설화	별주부전	토(兎)의 간(肝)

기타 신소설 작품

- 은세계(이인직) : 원각사에서 공연된 최초의 신극 대본, 정치 소설의 성격
- 모란봉(이인직) : 이인직「혈의 누」의 속편으로, 애정 소설
- 추월색(최찬식) : 남녀 간의 애정 문제와 외국 유학을 통해, 새로운 혼인관과 교육관 제시

② 대표적인 신소설

작품	작가	특징 및 내용
혈의 누	이인직	최초의 신소설로, 자유결혼과 신문명 수용 및 신교육 사상의 고취
귀의 성	이인직	양반층의 부패, 신구의 대립을 폭로하고, 처첩 간의 갈등과 가정의 비극 등을 드러냄
자유종	이해조	축첩으로 인한 폐단과 패가망신하는 가정을 묘사
금수회의록	안국선	8가지 동물들의 토의를 통해 인간세태와 사회부패를 풍자

⑤ 번안 신소설

 ㉠ 번안 신소설의 개념 : 외국 소설의 내용을 원작대로 유지하면서 배경이나 인물 등을 자기 것으로 고쳐서 번역한 소설

 ㉡ 주요 작품

 - 박은식「서사건국지」: 스위스의 건국 영웅 '빌헬름 텔'의 이야기를 번안
 - 장지연「애국 부인전」: 프랑스의 '잔 다르크'의 이야기를 번안
 - 이해조「철세계」: 줄 베르너의「철세계」를 번안
 - 구연학「설중매」: 일본 소설「설중매」를 번안한 것으로, 이인직이 각색하여 원각사에서 공연
 - 조중환「장한몽」: 일본 소설「금색야차」를 번안한 애정 소설
 - 이상협「해왕성」: 뒤마의「몽테크리스토 백작」을 번안한 소설
 - 민태원「애사(哀史)」: 위고의「레미제라블」을 번안한 소설

2. 1910년대 문학

(1) 1910년대 문학사 개관

① 1910년대 문학의 배경 : 1910년대에는 일제의 식민 통치가 본격화되어, 서양 문학의 영향을 받아 우리나라 현대 문학사의 근간을 이루게 됨

② 1910년대 문학의 특징

 ㉠ 계몽주의적 경향으로 최남선, 이광수 2인 문단 시대가 도래

 ㉡ 서구 문예 사조의 유입으로 서구 문학의 개념을 따른 문학의 출현

 ㉢ 개인의 내면과 개성의 자각으로 시대적 문제를 작품에 투영

(2) 1910년대 문학의 갈래

① 자유시

 ㉠ 자유시의 형성 배경 : 근대적 잡지의 간행, 서구 근대 문학의 영향

 ㉡ 자유시의 특징

 - 계몽의식으로부터의 탈피
 - 운율에 대한 새로운 모색과 실험 정신 추구
 - 관습적 형태에서 벗어나 미의식의 표현에 집착
 - 서구의 상징주의 시와 시론 소개를 통해 개성적 내면 탐구와 사물에 대한

근대 잡지의 출현

- 민족의식 재고와 외국 문학을 통한 계몽의식 고취를 위한 잡지가 주류
- 이 시기의 잡지로「소년」,「청춘」,「학지광」,「태서문예신보」등이 있고, 대표 작품으로는 김억「봄은 간다」, 주요한「불놀이」, 황석우「벽모의 묘」등이 있음

감각적 조응의 시적 태도를 지니게 됨

② 근대 소설
  ㉠ 근대 소설의 형성 배경 : 출판업이 활발해지며 신소설과 근대소설이 쏟아졌으며 고전소설에 익숙하던 독자를 대상으로 개작한 작품과 외국 문학을 수입하여 번안한 작품이 주를 이루었음
  ㉡ 근대 소설의 특징
    • 현실적 소재를 바탕으로 한 작품의 등장
    • 사실적 문체를 바탕으로 시대정신을 반영
    • 서술과 묘사를 통한 이야기 전개로 이야기의 전개를 구체화
    • 플롯의 다양성으로 고전문학에서는 한정되었던 이야기의 범위를 확장

③ 희곡
  ㉠ 희곡의 형성 배경 : 판소리, 산대놀이, 탈춤으로 대표되는 고전희곡은 민중에 의한 자연발생적인 갈래였기 때문에 서양처럼 일정한 작가가 없는 것이 특징이었고, 근대에 들어서 서양 희곡을 수용한 신극이 등장하였음
  ㉡ 새로운 희곡의 출현
    • 창작극 : 1912년 조중환이 우리나라 최초의 창작 희곡인 「병자삼인」을 발표, 윤백남의 「운명」, 이광수의 「규한」 등이 함께 등장
    • 번역극 : 신극 운동의 전개와 함께 서양과 일본의 희곡이 번역됨
    • 신파극 : 1910년대 유행하기 시작해 1930년대까지 대중적으로 이어진 연극으로, 흥미 위주의 통속적, 상업적 성격이 강함, 임성구의 '혁신단'을 통해 본격적으로 출발

3. 1920년대 문학

(1) 1920년대 문학의 갈래

① 1920년대 문학의 배경 : 3 · 1운동의 실패로 좌절감과 패배 의식이 증가하였고, 일제의 수탈 등으로 큰 위기를 맞았지만 국내외의 독립운동이 활성화되는 한편, 각종 신문과 동인지가 등장
② 시
  ㉠ 1920년대 시의 특징
    • 낭만적, 퇴폐적 상징시의 유행
    • 경향시의 등장과 사회의식의 대두
    • 전통 계승의 시와 시조 부흥 운동의 전개를 통해 전통 지향의 흐름 형성
  ㉡ 낭만주의 시의 등장 배경 : 3 · 1운동의 실패, 서구 상징주의 시의 영향으로 퇴폐주의의 만연
③ 경향파 시
  ㉠ 경향파 시의 등장 배경 : 지식인들의 일본 유학을 통해 사회주의 사상을 유입, 일제 식민 통치에 대응하려는 사회단체 결성, 계급주의 문학 단체인 카프(KAPF)의 결성과 본격적인 사회주의 문학 이론의 도입

1920년대의 시조
- 민족 정서의 회복을 위한 시어를 사용
- 연시조, 양장시조 등 현대 시조로서의 형태 혁신
- 님에 대한 그리움, 국토 예찬, 조국의 역사 회고 등의 주제 형상화

전통적, 민요적 서정시의 대표 시인
김동환, 주요한, 김소월, 한용운 등

1920년대 소설의 경향
- 식민지 궁핍 체험의 소설화
- 계급 대립의 구도와 노동 소설의 등장
- 살인과 방화 등 극단적인 결말 처리
- 자아의 각성을 통한 사회와 현실의 재인식

기타 대표 소설가와 특징
- 전영택 : 사실주의 경향의 작가로, 인간애와 인도주의정신에 기초한 작품을 남겼으며 대표작으로 「화수분」, 「흰닭」, 「생명의 봄」이 있음
- 나도향 : 낭만적 감상주의 경향. 어두운 농촌 현실을 묘사했으며 대표작으로 「물레방아」, 「벙어리 삼룡이」, 「뽕」이 있음

ⓛ 경향파 시의 특징
- 막연한 울분으로부터 당대의 현실에 대한 인식과 저항 의식으로 확대
- 무산 계급(노동자, 농민)의 현실을 부각시키는 소재를 선택
- 사회주의 사상의 주입과 선전을 목적으로 한 선전, 선동적인 구호나 개념서술의 표현
- 산문투의 문체 및 인물과 사건 전개의 요소를 도입하여 서사적인 양식 개발

④ 민족주의 시
ⓐ 민족주의 시의 등장 배경 : 1920년대 중반 최남선, 주요한, 이은상 등을 중심으로 한 '국민문학파'가 대두되어 전통적 문화유산의 계승과 역사를 연구함
ⓑ 민족주의 시의 특징
- 창작에 있어서 민족주의 이념의 구현
- 모국어에 대한 애정과 찬양의 태도
- 문화, 학술적 연대에 의한 문예 부흥 운동
- 민족적 개성 및 향토성의 옹호
ⓒ 전통적, 민요적 서정시
- 민중적 정서와 향토적 정조의 표현
- 일상적이고 평이한 우리말 구사
- 민족 현실에 대한 자각을 전통적인 시(詩)정신에 입각하여 형상화하려는 태도를 지님

(2) 1920년대 소설과 기타 갈래

① 1920년대 소설의 배경 : 단편소설의 등장으로 새로운 서사양식을 확립하여 다양한 소설적 경향을 보여줌. 서사 주체의 내면 분석이 가능해지면서 일인칭 소설이 등장하게 됨
② 1920년대 소설의 특징
ⓐ 근대적 소설 문체의 발전 : 문장 어미의 시제 표현, 3인칭 단수인 '그'의 사용
ⓑ 사실주의적 소설 인식 : 개화기의 계몽주의 문학관을 버리고, 문학의 자율성을 인정하는 한편 인생과 사회의 모습을 있는 그대로 그리려는 사실주의 및 자연주의 문학관을 수용
ⓒ 소설 기법의 발전 : 어휘의 신중한 선택, 치밀한 구성과 객관적 묘사, 인상적인 결말 처리 방법 등 기법상의 두드러진 변화를 가져옴
ⓓ 사회 비판 의식의 소설화 : 1925년 카프 결성을 계기로 사회적 비판과 투쟁 의식을 강조하는 경향 소설 등장
③ 1920년대 소설가의 특징 및 대표작

작가	특징	대표작
김동인	현대 단편소설 확립. 순수문학 주장	「감자」, 「배따라기」, 「운현궁의 봄」
염상섭	식민지적 암울한 현실에서 지식인의 고뇌, 도시 중산층의 일상적인 삶을 다룸	「표본실의 청개구리」, 「만세전」, 「두 파산」, 「삼대」
현진건	치밀한 구성과 객관적 묘사로 사실주의적 단편소설을 씀	「빈처」, 「운수좋은 날」, 「불」

| 최서해 | 체험을 바탕으로 한 하층민의 가난을 주요문제로 삼음 | 「탈출기」, 「홍염」 |
| 주요섭 | 신경향파 문학에서 출발하여 서정적이고 휴머니즘적인 소설을 씀 | 「사랑손님과 어머니」, 「인력거꾼」 |

④ 수필

　㉠ 수필의 등장 배경 : 수필의 체계가 정립되며 기행수필과 수상수필이 병립됨

　㉡ 특징

　　• 현대 수필의 초창기로서 수필의 형태가 아직 정립되지 못함

　　• 우리 국토에 대한 애정을 담은 기행 수필이 많음

⑤ 희곡

　㉠ 신극 단체가 결성되고 근대 희곡이 창작됨

　㉡ '극예술 협회'와 '토월회' 등의 연극 단체 결성, 영화의 분립과 시나리오가 창작됨

⑥ 주요 민족 신문과 동인

구분	특징	동인
창조(1919)	최초의 순문예 동인지	김동인, 주요한, 전영택
폐허(1920)	퇴폐주의적 성향의 동인지	염상섭, 오상순, 황석우, 김억
개벽(1920)	천도교 기관지, 카프의 기관지화됨	박영희, 김기진
백조(1922)	낭만주의적 경향의 문예지	현진건, 나도향, 이상화, 박종화
조선문단(1924)	카프에 대항한 민족주의의 문예지	이광수, 방인근
해외문학(1927)	외국 문학 소개에 치중함	김진섭, 김광섭, 정인섭, 이하윤
문예공론(1929)	민족주의와 사회주의의 절충	양주동

4. 1930년대 문학

(1) 1930년대 문학의 갈래

① 1930년대 문학의 등장 배경 : 일제의 탄압이 더욱 심해진 시기로, 특히 사상 통제가 심화되었으며, 국제적으로는 중일 전쟁, 만주 사변 등이 발생하였음

② 시문학파 시

　㉠ 배경

　　• 1920년대 중반 이후 프로 문학과 민족주의 문학의 대립으로 인한 이념적 문학 풍토에 반발

　　• 박용철, 김영랑의 주도로 『시문학』, 『문예월간』, 『문학』 등의 순수시 잡지가 간행되고, 구인회 및 해외문학파와 같은 순수 문학 동인을 결성

　㉡ 특징

　　• 시어의 조탁과 시의 음악성 중시

수필의 대표 작가와 작품
민태욱의 「청춘예찬」, 방정환의 「어린이 찬미」, 최남선의 「심춘순례」, 「백두산 근참기」, 이병기의 「낙화암을 찾는 길에」 등

기타 민족 신문과 동인
• 장미촌(1921) : 최초의 시 전문 동인지로, 박종화, 변영로, 황석우, 노자영 등이 활동
• 금성(1923) : 낭만주의적 경향의 시 중심 동인지로, 양주동, 이장희, 유엽, 백기만 등이 활동
• 영대(1924) : 창조의 후신으로 평양에서 창간된 순 문예 동인지로, 주요한, 김소월, 김억, 김동인, 이광수 등이 활동

1930년대 시의 경향
• 순수시 : 순수 서정시의 등장
• 주지시 : 모더니즘 시의 등장
• 저항시, 참회시 : 화자 내면의 저항과 참회의 관점으로 노래함
• 청록파의 등장 : 자연과의 친화를 노래
• 생명파의 등장 : 반주지적 관점으로 생명성의 탐구

시문학파 시인의 대표작
- 김영랑 : 「모란이 피기까지는」, 「오월」
- 정지용 : 「떠나가는 배」, 「싸늘한 이마」
- 박용철 : 「유리창」, 「향수」, 「바다」
- 이하윤 : 「들국화」, 「물레방아」

모더니즘 시의 경향
서구의 신고전주의 철학 및 초현실주의, 다다이즘, 입체파, 미래파, 이미지즘 등 현대적 문예 사조의 이념을 본격적으로 수용

모더니즘 시인의 대표작
- 김기림 : 「바다와 나비」
- 이상 : 「오감도」, 「거울」
- 김광균 : 「와사등」, 「외인촌」, 「추일서정」, 「설야」, 「뎃상」
- 장만영 : 「달 포도 잎사귀」

전원파 시인의 대표작
- 신석정 : 「슬픈 구도」, 「그 먼 나라를 알으십니까」
- 김동명 : 「파초」, 「내 마음은」, 「진주만」
- 김상용 : 「남으로 창을 내겠소」, 「마음의 조각」

생명파 시의 경향
- 1930년대 후반 시문학 전반의 침체 현상에 대한 타개 노력

- 시적 변용에 의거하는 순수 서정시의 창작 과정 강조
- 자율적인 존재로서 시의 본질 탐구

ⓒ 대표 시인 및 문학적인 경향

시인	경향
김영랑	투명한 감성의 세계를 운율감 있는 고운 시어로 표현
정지용	감각적 인상을 세련된 시어와 향토적 정취로 표현
박용철	감상적인 가락으로 삶에 대한 회의 노래

③ 모더니즘 시
　ⓐ 배경 : 1920년대 감상적 낭만주의와 같은 전근대적인 요소를 배격하고 현대적인 시의 면모를 확립하고자 하는 의도
　ⓑ 특징
　　- 구체적 이미지에 의한 즉물적(卽物的)이고 지성적인 시 강조
　　- 현대 도시 문명에 대한 상황적 인식과 비판적 감수성 표출
　　- 객관적이고 과학적인 시학에 의거한 의도적인 시의 창작
　　- 전통에 대한 거부와 언어에 대한 실험 의식 및 내면 심리 탐구
　ⓒ 대표 시인 및 문학적인 경향

시인	경향
김기림	현대 문명을 현상적으로 관찰하였으며, 해학과 기지를 동반한 감각적 시어 사용
이상	전통적 관습에서 벗어난 초현실주의적 언어 실험의 난해시 창작
김광균	회화적 이미지의 구사로 도시적 서정과 소시민 의식을 표현
장만영	농촌과 자연을 소재로 감성과 시각을 기교적으로 표현

④ 전원파 시
　ⓐ 배경 : 1930년대 후반 극심한 일제의 탄압으로 현실 도피 의식의 반영
　ⓑ 특징
　　- 이상향으로서의 전원생활에 대한 동경과 안빈낙도의 세계관
　　- 서경적 묘사를 토대로 한 자족적 정서, 자연 친화적이며 관조적인 태도
　ⓒ 대표 시인 및 문학적인 경향

시인	경향
신석정	자연 친화의 목가적 시풍으로 이상향에 대한 동경의 노래
김동명	낭만적인 어조로 전원적 정서와 민족적 비애를 노래
김상용	농촌 귀의의 자연 친화적 태도가 두드러지며, 동양적인 관조의 세계 노래

⑤ 생명파 시
　ⓐ 배경
　　- 모더니즘 시의 서구 지향적 태도와 기교 위주의 시 창작에 대한 반발
　　- 『시인부락』, 『자오선』, 『생리』지를 중심으로 한 시인들의 부각

      ⓒ 특징

- 삶의 깊은 고뇌와 본원적 생명력의 탐구 정신 강조
- 토속적인 소재와 전통적인 가치 의식 추구
- 철학적 사색으로 시의 내부 공간 확대

      ⓒ 대표 시인 및 문학적인 경향

시인	경향
서정주	원시적 생명의식과 전통적 정서에 의거한 인생의 성찰
유치환	삶의 허무와 본원적 생명에 대한 형이상학적, 사변적 탐구

⑥ 청록파 시

  ⓐ 배경

- 일제 말 군국주의 통치에 따른 문학적 탄압에 대한 소극적 대응
- 『문장』을 통해 순수 서정을 지향하는 시인들의 등단

  ⓒ 특징

- 자연을 소재로 한 자연 친화적인 태도 표출
- 향토적 정조와 전통 회귀 정신의 강조, 해방 후 전통적 서정시의 흐름 주도

  ⓒ 대표 시인 및 문학적인 경향

시인	경향
박목월	민요적 율조에 의한 향토적 정서의 표현
박두진	이상향으로서 자연에 대한 신앙과 생명력 넘치는 교감의 표현
조지훈	고전적 감상을 바탕으로 옛것에 대한 향수와 선적 관조를 노래함

⑦ 저항시

  ⓐ 배경

- 일제에 대한 저항 의지를 승화한 시
- 현실에 대한 철저한 내면적 인식을 바탕

  ⓒ 특징

- 식민지 현실에 대한 비판적인 인식을 구현, 민족적 자기 정체성을 시로 형상화
- 끝까지 포기하지 않는 저항 의지를 구체화

  ⓒ 대표 시인 및 문학적인 경향

시인	경향
이육사	고도의 상징성 및 절제된 언어, 남성적 어조로 불굴의 지사적 기개와 강인한 대결 정신을 노래함
윤동주	자기 반성적 사색, 양심적인 삶에 대한 의지와 순교자적 정신을 노래함
심훈	격정적 언어와 예언자적 어조를 통해 해방의 열망을 노래함

⑧ 전통적 현실주의

  ⓐ 배경

- 1930년대 중반 카프의 해산으로 이념 지향적인 시가 퇴조

SEMI-NOTE

생명파 시인의 대표작
- 서정주 : 「화사」, 「자화상」, 「귀촉도」
- 유치환 : 「깃발」, 「울릉도」, 「일월」, 「생명의 서」, 「바위」

청록파 시의 경향과 작가
- 물질문명에 대한 거부로서 은둔과 관조의 태도 형성
- 모더니즘 시의 퇴조 이후, 김상용, 김동명, 신석정 등의 목가풍 전원시 창작

청록파 시인의 대표작
- 박목월 : 「나그네」, 「이별가」
- 박두진 : 「도봉」, 「향현」, 「해」
- 조지훈 : 「승무」, 「봉황수」, 「민들레꽃」

저항시의 경향
미래에 대한 전망을 구도자 내지 예언자적인 자세로 표현

저항시 시인의 대표작
- 이육사 : 「광야」, 「절정」, 「청포도」, 「교목」
- 윤동주 : 「서시」, 「자화상」, 「참회록」, 「또 다른 고향」, 「쉽게 씌어진 시」
- 심훈 : 「그 날이 오면」

SEMI-NOTE

전통적 현실주의 시인의 대표작

• 백석 : 「산중음」, 「남신의주 유동 박시 봉방」, 「여우난 곬족」, 「여승」, 「고향」
• 이용악 : 「낡은 집」, 「오랑캐꽃」, 「분수령」

• 전통적인 민중들의 삶을 소재로 민중적 정서를 그려냄

ⓒ 대표 시인 및 문학적인 경향

시인	경향
백석	민속적 소재와 서사적 이야기 시의 구조로 향토적 정서와 공동체 의식을 추구함
이용악	일제 치하 만주 유민의 생활 현실과 감정을 사실적으로 표현하여 민중시적 전통을 확립함

⑨ 소설

㉠ 특징

• 장편소설의 활발한 창작과 농촌을 제재로 한 소설의 확산
• 일제하 지식인 문제와 역사 소설의 유행
• 현대 문명과 세태에 대한 비판 및 인간의 근원적 문제에 대한 탐구

ⓒ 대표 소설가 및 대표작

농촌을 제재로 한 소설

• 농촌 계몽을 목적으로 한 작품 : 이광수 「흙」, 심훈 「상록수」
• 농촌의 소박한 삶을 다룬 작품 : 김유정 「동백꽃」
• 농민의 고통스러운 생활상을 다룬 작품 : 김유정 「만무방」, 박영준 「모범 경작생」
• 사실주의 경향에서 농촌 현실을 다룬 작품 : 이상 「날개」, 채만식 「레디메이드 인생」, 유진오 「김강사와 T교수」 등

소설가	경향	대표작
채만식	일제하 사회 현실을 풍자적으로 그림	「태평천하」, 「탁류」, 「치숙」
심훈	민족주의와 사실주의적 경향의 농촌 계몽 소설	「상록수」, 「직녀성」
김유정	농촌의 현실을 해학적으로 그림	「동백꽃」, 「봄봄」, 「만무방」
이상	심리주의적 내면 묘사 기법인 의식의 흐름을 추구	「날개」, 「종생기」
김동리	토속적, 신비주의적, 사실주의적 경향과 무속	「무녀도」, 「황토기」, 「바위」, 「역마」
황순원	범생명적 휴머니즘 추구	「카인의 후예」, 「독 짓는 늙은이」

(2) 기타 문단의 동향

① 극문학

㉠ 본격적 근대극과 시나리오의 창작(극예술 연구회를 중심으로 사실주의적인 희곡 창작)

ⓒ 대표작으로는 유치진의 「토막」, 「소」, 채만식의 「제향날」 등

② 수필

㉠ 근대적 수필의 본격화(해외문학파를 중심으로 서구의 근대 수필 이론 도입)

ⓒ 잡지 『동광』, 『조광』 등을 통해 다수 작품이 발표되었고, 김진섭, 이양하 등 전문적 수필가가 등장

ⓒ 대표작으로는 이양하의 「신록 예찬」, 「나무」, 김진섭의 「생활인의 철학」, 「매화찬」, 이희승의 「청추 수제」 등

③ 1930년대 주요 잡지

기타 1930년대의 잡지

• 삼사문학(1934) : 의식의 흐름에 따른 초현실주의적 기법. 신백수, 이시우 주관
• 인문평론(1939) : 월간 문예지, 작품 발표와 비평 활동에 주력함. 최재서 주관

잡지명(연도)	특징	발행인, 주관
시문학(1930)	언어의 기교, 순수한 정서를 중시하는 순수시 지향	박용철 주관

시인부락(1936)	시 전문지, 창작시 및 외국의 시와 시론 소개	서정주 발행
자오선(1937)	시 전문지, 모든 경향과 유파를 초월함	민태규 발행
문장(1939)	월간 종합 문예지, 고전 발굴에 주력, 신인 추천제	김연만 발행

5. 해방 이후 문학

(1) 해방 공간의 문학

① 해방 공간의 시

㉠ 배경 : 8·15 해방의 감격과 역사적 의미에 대한 시적 인식의 보편화 및 이념적 갈등의 반영

㉡ 특징

• 해방의 현실에 대한 시대적 소명 의식을 예언자적 목소리로 표출
• 직접적 체험에 의한 열정적 정서 표출과 급박한 호흡의 언어 구사
• 해방 전사를 추모하는 헌사(獻詞)나 찬가(讚歌)의 성격을 띤 대중적인 시
• 인생에 대한 관조와 전통 정서의 추구

㉢ 작품 경향

좌익 진영의 시	우익 진영의 시
• 인민 민주주의 노선에 의거하여 강렬한 투쟁의식과 선전, 선동의 정치성 짙은 이념적 작품 • 문학의 적극적 현실 참여를 강조하려는 목적 아래, 혁명적 낭만주의를 계기로 한 진보적 리얼리즘 문학 노선을 따름	• 이념적, 정치적 색채를 동반하지 않은 순수 서정시 계열의 작품 및 민족의 전통적 문화유산과 가치관을 옹호하려는 입장 • 인생에 대한 관조와 전통 정서의 탐구로 집약되는 순수 서정시의 성격은 분단 이후 시단의 주도적 흐름을 형성함

② 해방 공간의 소설

㉠ 특징

• 식민지적 삶의 극복 : 일제 시대를 반성하고 그 체험을 승화시켜 해방의 의미를 되새기고자 함
• 귀향 의식과 현실적 삶의 인식 : 해방 직후의 삶에 대한 인식을 바탕으로 지식인 문제와 귀향 의식을 묘사함
• 분단 의식 : 분단의 문제 및 미국과 소련 양측의 진주와 군정을 그림
• 순수 소설 : 순수 문학적 입장에서 보편적 삶을 다룬 소설이 부각됨
• 역사 소설 : 민족의식을 고취하기 위한 역사 소설이 창작됨

(2) 전후 문학(1950년대 문학)

① 전후 시

㉠ 특징

• 전쟁 체험과 전후의 사회 인식을 바탕으로 한 시적 소재의 영역 확산
• 현실 참여적인 주지시와 전통 지향적인 순수시의 대립

• 실존주의의 영향에 따른 존재에 대한 형이상학적 통찰 및 휴머니즘의 회복 강조
• 풍자와 역설의 기법과 현실에 대한 지적 인식을 통한 비판 정신의 첨예화

ⓒ 작품 경향

전쟁 체험을 형상화한 시	후기 모더니즘 시	전통적 서정시
• 시대에 대한 적극적인 대응 방식을 모색 • 절망적 인식을 민족적 차원으로 끌어올려 시적 보편성 획득	• 문명 비판 • 내면적 의지를 표현	• 휴머니즘 지향 • 고전주의 지향

② 전후 소설

ⓐ 인간 문제를 다룬 작품의 특징
• 인간의 삶의 문제를 서정적 필치로 다룬 순수 소설의 대두(예 오영수 「갯마을」, 강신재 「절벽」, 전광용 「흑산도」)
• 인간의 본질 문제, 인간 존재의 해명 등을 다룬 서구 실존주의 문학 작품들이 등장(예 김성한 「오분간」, 장용학 「요한시집」)

ⓑ 전쟁 체험을 다룬 작품의 특징
• 전쟁 체험의 작품화 및 현실 참여 의식(예 오상원 「유예」, 안수길 「제3인간형」, 김성한 「바비도」, 선우휘 「불꽃」)
• 전쟁의 상처와 고통의 극복과 전후 사회의 고발(예 하근찬 「수난 이대」, 황순원 「학」, 이범선 「오발탄」, 손창섭 「비오는 날」, 「잉여 인간」)

③ 기타 갈래의 동향

ⓐ 희곡 : 전후 문학의 성격을 띤 것과 현실 참여적인 성격의 희곡이 중심이고, 기타 개인과 사회의 갈등, 문명 비판을 다룸(예 이근삼 「원고지」)

ⓑ 시나리오 : 전쟁극이 주류를 이루었으며, 오영진은 전통적 삶을 해학적으로 표현(예 이범선 「오발탄」)

ⓒ 수필 : 예술적 향기가 짙은 작품들이 다수 등장(예 조지훈 「지조론」)

(3) 1960년대 문학

① 시

ⓐ 현실 참여의 시
• 시민 의식의 각성과 사회 현실의 모순 비판(예 박두진 「우리는 아직 깃발을 내린 것이 아니다」, 김수영 「푸른 하늘은」, 「폭포」)
• 분단의 비극과 민중적 역사의식의 형상화(예 신동엽 「껍데기는 가라」, 「금강」, 박봉우 「휴전선」)

ⓑ 순수 서정시
• 휴머니즘적 서정시(예 정한모 「가을에」, 조병화 「의자」)
• 전원적 서정시(예 이동주 「혼야」, 「강강술래」, 박재삼 「춘향이 마음」)

② 현대 시조의 활성화

ⓐ 주제가 다양하고 여러 수가 이어지는 연시조가 많음

ⓑ 고향에 대한 그리움과 어린 시절의 추억 및 마을의 정경을 표현(예 김상옥 「사향」, 「봉선화」, 이호우 「살구꽃 피는 마을」)

ⓒ 분단된 조국의 현실과 생명의 경이로움을 표현(예 정완영 「조국」, 이호우 「개화」)

(4) 1970년대 문학

① 시

ⓐ 민중시

  • 민중의 현실적 삶과 정서의 형상화(예 조태일 「국토」, 신경림 「농무」)

  • 정치, 사회적 현실 비판(예 김지하 「타는 목마름으로」, 「오적」)

  • 소외된 사람들에 대한 관심(예 정호승 「맹인 부부 가수」, 김창완 「인동 일기」)

ⓑ 모더니즘 시

  • 지성과 서정의 조화(예 황동규 「기항지」, 오세영 「그릇」)

  • 현대적 언어 탐구(예 김영태 「첼로」, 이승훈 「어휘」)

  • 자유로운 상상력의 확장(예 정현종 「사물의 꿈」)

② 소설

ⓐ 농촌 공동체 파괴의 현실 고발(예 이문구 「관촌수필」)

ⓑ 산업화와 노동자의 삶의 조건 반성(예 황석영 「삼포 가는 길」, 조세희 「난장이가 쏘아올린 작은 공」)

ⓒ 일상적 삶의 모럴과 휴머니즘 탐구(예 박완서 「지렁이 울음소리」, 최인호 「별들의 고향」)

ⓓ 분단 현실의 조망(예 박완서 「나목」, 윤흥길 「장마」)

ⓔ 민족사의 재인식(예 박경리 「토지」)

1960년대 기타 문학의 동향

• 희곡 : 사실주의를 토대로 현실을 객관적으로 투영(예 차범석 「산불」, 천승세 「만선」)

• 수필 : 다양한 삶의 의미와 모습을 표현한 작품이 다수 창작(예 윤오영 「마고자」, 「방망이 깎던 노인」)

1970년대 기타 소설 작품

• 농촌 공동체 파괴의 현실 고발 : 송기숙 「자랏골의 비가」

• 산업화와 노동자의 삶의 조건 반성 : 황석영 「객지」

• 일상적 삶의 모럴과 휴머니즘 탐구 : 최일남 「노란 봉투」

• 분단 현실의 조망 : 박완서 「엄마의 말뚝」

• 민족사의 재인식 : 황석영 「장길산」

9급공무원

국어

나두공

04장 현대 문법

01절　언어와 국어

1. 언어와 국어의 본질

(1) 언어의 이해

① **언어의 정의** : 언어는 음성과 문자를 형식으로 하여 일정한 뜻을 나타내는 사회적 성격을 띤 자의적 기호 체계이며, 창조력이 있는 무한한 개방적 기호 체계

② **언어의 구조** : 음운 → 형태소 → 단어 → 어절 → 문장 → 이야기의 단위들이 체계적으로 모여 이루어진 구조

③ **언어의 특성** ⭐ 빈출개념

특성	내용
자의성	• 형식인 음성과 내용인 의미의 결합은 자의적, 임의적 결합관계 • 지시되는 사물과 지시하는 기호 사이의 관계에 아무런 필연적 인과 관계가 없음(예 동음이의어, 이음동의어, 음성상징어(의성어, 의태어), 시간에 따른 언어 변화(역사성) 등)
사회성 (불가역성)	언어는 사회적 약속이므로 임의로 바꾸거나 변화시켜 사용할 수 없음 (예 표준어의 지정)
기호성	의미를 내용으로 하고, 음성을 형식으로 하는 하나의 기호
창조성 (개방성)	언어를 통해 상상의 사물이나 관념적이고 추상적인 개념까지도 무한하게 창조적으로 표현(예 연속체인 계절의 개념을 '봄 – 여름 – 가을 – 겨울' 등으로 경계 지음)
분절성	연속되어 존재하는 사물을 불연속적인 것으로 인식하고 표현하는 것 → 언어의 불연속성
역사성 (가역성)	언어는 시간의 흐름, '신생 → 성장 → 사멸'에 따라 변화함(예 컴퓨터 (생겨난 말), 어리다 : 어리석다 → 나이가 어리다(의미의 변화), 온 : 百 (사라져 버린 말))
추상성	언어는 구체적인 낱낱의 대상에서 공통적 속성만을 뽑아내는 추상화 과정을 통해서 개념을 형성함. 즉, 개념은 언어에 의해서 분절이 이루어져 형성된 한 덩어리의 생각을 말함(예 장미, 수선화, 벚꽃, 진달래, 국화 → 꽃)

(2) 국어의 이해

① **국어의 분류**

㉠ **계통상 분류** : 우랄 알타이어족(만주어, 몽고어, 터키어, 한국어, 일본어 등)에 속함

㉡ **형태상 분류** : 첨가어(교착어, 부착어)에 속함

㉢ **문자상 분류** : 표음 문자, 단음 문자

② 국어의 종류

어원에 따라	고유어		우리 민족이 옛날부터 사용해 오던 토박이 말(예 생각, 고뿔, 고주망태, 후미지다)
	외래어	귀화어	차용된 후에 거의 우리말처럼 되어 버린 말
		차용어	우리말로 되지 않고 외국어 의식이 조금 남아 있는 외래어(예 타이어, 빵, 오뎅)
사회성에 따라	표준어		한 나라의 기본, 표준이 되는 말(예 교양 있는 사람들이 두루 쓰는 현대 서울말)
	방언		지역에 따라 각기 특이한 언어적 특징을 가진 말
	은어		어떤 특수한 집단에서 비밀을 유지하기 위해 사용하는 말(예 심마니, 히데기(雪), 왕초, 똘마니)
	속어		통속적이고 저속한 말(예 큰집(교도소), 동그라미(돈), 짝퉁(가짜))
	비어		점잖지 못하고 천한 말(예 촌놈, 주둥아리, 죽여준다)

③ 국어의 특질

구분	내용
음운상 특질	• 두음법칙, 구개음화, 음절의 끝소리 규칙, 모음조화, 자음동화, 동화 작용, 활음조, 연음현상 등 • 파열음과 파찰음은 예사소리, 된소리, 거센소리의 삼지적 상관속을 이룸 • 음의 장단이나 음상의 차이로 뜻이나 어감이 달라지며, 의미 분화가 일어남 • 외래어 중 한자어가 많음
어휘상 특질	• 높임말 발달 • 감각어, 의성어, 의태어 등 상징어 발달 • 친족관계를 표현하는 어휘 발달 • 문법적 관계를 나타내는 조사와 어미 발달 • 수식어는 피수식어 앞에 위치 • 서술어가 문장 맨 끝에 위치
문법상 특질	• 문장 요소를 생략하는 일이 많음 • 단어에 성과 수의 구별이 없음 • 관계대명사, 관사, 접속사 등이 없음 • 문장 구성 요소의 자리 이동이 비교적 자유로움 • 높임법 발달

(3) 국어의 순화

① 국어 순화의 의미 : 외래어(외국어)나 비속어를 순 우리말 등을 활용하여 다듬는 것

② 국어 순화의 대상 ★ 빈출개념

한자어	순화어	한자어	순화어
가면무도회	탈놀이	가부동수	찬반 같음

국어가 된 귀화어의 종류

• 한자어 : 종이, 글자, 점심, 채소, 어차피, 당연, 을씨년스럽다, 익숙하다
• 만주, 여진어 : 호미, 수수, 메주, 가위
• 몽골어 : 매, 말, 송골, 수라
• 일본어 : 냄비, 고구마, 구두
• 서구어 : 가방, 깡통, 고무, 담배, 빵, 망토
• 범어(산스크리트어) : 절, 불타, 만다라, 중, 달마, 부처, 석가, 열반, 찰나 등

언어의 유형

• 교착어(첨가어) : 뜻을 나타내는 실질 형태소를 붙임으로써 문법적 관계를 나타내는 언어(한국어, 몽골어, 일본어, 터키어)
• 굴절어 : 실질형태소와 형식형태소의 구별이 뚜렷하지 않고, 어형의 변화로 어법 관계를 나타내는 언어(영어, 불어, 독일어, 산스크리트어)
• 고립어 : 형식형태소가 없이 오직 개념을 나타내는 말의 위치(어순)가 문법적 관계를 나타내는 언어(중국어, 태국어, 티베트어)
• 포합어 : 한 말(단어)로써 한 문장과 같은 형태를 가지는 언어(이누이트어, 아메리카 인디언어)
• 집합어 : 포합어보다 더 많은 성분이 한데 뭉쳐 한 문장처럼 쓰이는 말(아메리카 인디언어, 이누이트어)

04장 현대 문법

일본식 단어의 순화

일본어	순화어
공구리	콘크리트
노가다	노동자
구루마	수레
명찰	이름표
야끼만두	군만두
오봉	쟁반
찌라시	선전물
고참	선임자
기라성	빛나는 별
백묵	분필
사라	접시
시다	보조원
오뎅	어묵
가라오케	노래방
덴푸라	튀김
추리닝	운동복
화이바	안전모

기타 일본식 한자어의 순화

일본식 한자어	순화어
고지(告知)	알림
구좌(口座)	계좌
가필(加筆)	고쳐 씀
고사(固辭)	끝내 사양함
공람(供覽)	돌려봄
급사(給仕)	사환, 사동
매점(買占)	사재기
부락(部落)	마을
견본(見本)	본(보기)
과년도(過年度)	지난해
담수어(淡水魚)	민물고기
시말서(始末書)	경위서
투기(投棄)하다	버리다
취사(炊事)	밥 짓기
예인(曳引)하다	끌다
할증료(割增料)	웃돈, 추가금

가전(加錢)	웃돈	각선미	다리맵시
각반병	모무늿병	간석지	개펄
간선도로	중심도로, 큰 도로	간언(間言)	이간질
검인(檢印)	확인도장	계기하다	붙이거나 걸어서 보게 하다
견적하다	어림셈하다	공탁하다	맡기다
구랍(舊臘)	지난해 섣달	근속하다	계속 근무하다
기부채납	기부 받음, 기부받기	기장하다	장부에 적다
내사하다	은밀히 조사하다	법에 저촉(抵觸)되다	법에 걸리다
보결	채움	비산(飛散)먼지주의	날림 먼지 주의
병역을 필하다	병역을 마치다	사고 다발 지역	사고 잦은 곳
사실을 지득한 경우	사실을 안 경우	선하차 후승차	내린 다음 타기
순치(馴致)	길들이기	식별이 용이하다	알아보기 쉽다
약을 복용하다	약을 먹다	장물을 은닉하다	장물을 숨기다
적색등이 점등되다	빨간 등이 켜지다	전력을 경주하다	온 힘을 기울이다
지난(至難)한 일	매우 어려운 일	초도순시	처음 방문, 첫 방문
촉수를 엄금하시오	손대지마시오	총기 수입(手入)	총기손질
콘크리트 양생중	콘크리트 굳히는 중	품행이 방정함	행실이 바름
화재를 진압하다	불을 끄다	화훼 단지	꽃 재배지

③ 주요 일본식 한자어의 순화

일본식 한자어	순화어	일본식 한자어	순화어
견습(見習)	수습(收拾)	담합(談合)	짬짜미
도료(塗料)	칠	보정(補正)하다	바로잡다
선택사양	선택사항	게양(揭揚)하다	달다, 걸다
노임(勞賃)	품삯	독거노인	홀로 사는 노인
고수부지(高水敷地)	둔치(마당)	간극(間隙)	틈
대하(大蝦)	큰새우, 왕새우	망년회(忘年會)	송년회, 송년모임
오지(奧地)	두메(산골)	수취(受取)	수령, 받음
취조(取調)	문초	택배(宅配)	집 배달, 문 앞 배달
혹성(惑星)	행성	십장(什長)	반장, 작업반장

④ 서구어의 순화

서구어	순화어	서구어	순화어
그린벨트	개발제한구역, 녹지대	데코레이션	장식(품)
러시아워	혼잡 시간	리사이클링	재활용
마타도어	흑색선전, 모략 선전	모니터링	감시, 검색

바캉스	여름 휴가, 휴가	백미러	뒷거울
부킹	예약	브랜드	상표
비하인드 스토리	뒷이야기	스타트	출발
스폰서	후원자, 광고 의뢰자	스프레이	분무(기)
써클	동아리	시드	우선권
아웃사이더	문외한, 국외자	에러	실수
엠티(M.T)	수련 모임	오리엔테이션	예비교육, 안내(교육)
워밍업	준비(운동), 몸 풀기	이미테이션	모조, 모방, 흉내
인테리어	실내 장식	카운터	계산대, 계산기
카탈로그	목록, 일람표	캐주얼	평상(복)
커트라인	한계선, 합격선	티타임	휴식 시간
파트타임	시간제 근무	펀드	기금
프러포즈	제안, 청혼	프리미엄	웃돈
하모니	조화	헤게모니	주도권
헤드라인	머리기사	호치키스	박음쇠
홈시어터	안방극장	히든카드	숨긴 패, 비책

SEMI-NOTE

02절   문법의 체계

1. 음운론

(1) 음운의 종류

① 분절음운과 비분절 음운

ㄱ 분절 음운 : 자음, 모음과 같이 분절되는 음운(음소)

ㄴ 비분절 음운 : 소리의 장단과 높낮이, 세기 등으로 말의 뜻을 분화시킴

② 자음 : 발음기관의 장애를 받고 나는 소리(19개)

조음방법 \ 조음위치		입술소리 (순음)	혀끝소리 (설단음)	구개음	연구개음	목청소리 (후음)
안울림 소리 (무성음)	파열음	ㅂ, ㅃ, ㅍ	ㄷ, ㄸ, ㅌ		ㄱ, ㄲ, ㅋ	
	파찰음			ㅈ, ㅉ, ㅊ		
	마찰음		ㅅ, ㅆ			ㅎ
울림 소리 (유성음)	비음	ㅁ	ㄴ		ㅇ	
	유음		ㄹ			

음운의 개념

말의 뜻을 구별해 주는 최소의 소리 단위로 자음과 모음의 변화를 통해 단어의 의미가 달라짐

비분절 음운의 종류

짧은소리	긴소리
말[馬, 斗]	말:[言]
눈[眼]	눈:[雪]
밤[夜]	밤:[栗]
성인[成人]	성:인[聖人]
가정[家庭]	가:정[假定]

SEMI-NOTE

모음

발음기관의 장애를 받지 않고 순조롭게 나오는 소리(21개)

이중모음

- 상향 이중모음 : 이중모음에서 활음(滑音 : 국어에서 반모음 따위)이 단모음 앞에 오는 모음
- 하향 이중모음 : 활음이 단모음 뒤에 오는 이중 모음

③ 단모음 : 발음할 때 입술이나 혀가 고정되어 움직이지 않는 모음(10개)

구분	전설모음		후설모음	
	평순	원순	평순	원순
고모음	ㅣ	ㅟ	ㅡ	ㅜ
중모음	ㅔ	ㅚ	ㅓ	ㅗ
저모음	ㅐ		ㅏ	

④ 이중모음 : 발음할 때 입술 모양이나 혀의 위치가 처음과 나중이 달라지는 모음 (11개)

상향 이중모음	'ㅣ'계 상향 이중 모음	ㅑ, ㅒ, ㅕ, ㅖ, ㅛ, ㅠ
	'ㅜ'계 상향 이중 모음	ㅘ, ㅙ, ㅝ, ㅞ
하향 이중모음	ㅢ	

(2) 음운의 변동

① 교체

ㄱ 음절의 끝소리 규칙 : 음절의 끝소리가 'ㄱ, ㄴ, ㄷ, ㄹ, ㅁ, ㅂ, ㅇ' 중 하나로 바뀌어 발음되는 현상

ㄴ 7가지 이외의 자음이 끝소리 자리에 오면, 7가지 중 하나로 바뀌어 발음됨(예) 낮[낟], 앞[압])

ㄷ 끝소리에 두 개의 자음이 올 때, 둘 중 하나로 소리 남(예) 넋[넉], 값[갑])

② 동화

ㄱ 자음동화 : 음절의 끝 자음이 그 뒤에 오는 자음과 만날 때 서로 같아지거나 비슷하게 바뀌는 현상

ㄴ 구개음화 : 끝소리가 'ㄷ, ㅌ'인 음운이 'ㅣ'모음을 만나 센 입천장 소리 'ㅈ, ㅊ'으로 바뀌어 발음되는 현상

ㄷ 모음동화 : 'ㅏ, ㅓ, ㅗ, ㅜ' 뒤 음절에 전설모음 'ㅣ'가 오면 'ㅐ, ㅔ, ㅚ, ㅟ'로 변하는 현상

ㄹ 모음조화 : 양성모음(ㅗ, ㅏ)은 양성모음끼리, 음성모음(ㅓ, ㅜ, ㅡ)은 음성모음끼리 어울리는 현상으로 의성어와 의태어에서 뚜렷이 나타남

ㅁ 원순모음화 : 순음 'ㅁ, ㅂ, ㅍ'의 영향을 받아서 평순모음인 'ㅡ'가 원순모음인 'ㅜ'로 바뀌는 현상

ㅂ 전설모음화 : 치음인 'ㅅ, ㅈ, ㅊ'의 바로 밑에 있는 'ㅡ(후설모음)'가 치음의 영향으로 'ㅣ(전설모음)'로 변하는 현상

ㅅ 연구개음화 : 'ㄴ, ㄷ, ㅁ, ㅂ'이 연구개음인 'ㄱ, ㅇ, ㅋ, ㄲ'을 만나 연구개음으로 잘못 발음하는 현상

ㅇ 양순음화 : 'ㄴ, ㄷ'이 양순음인 'ㅂ, ㅃ, ㅍ, ㅁ'를 만나 양순음으로 잘못 발음하는 현상

대표적인 자음동화 현상

- 비슷한 자음으로 바뀌는 경우 : 국물[궁물], 정릉[정능]
- 같은 소리로 바뀌는 경우 : 신라[실라], 칼날[칼랄], 광한루[광할루]
- 두 소리 모두 변하는 현상 : 백로[뱅노], 십리[심니], 독립[동닙]

대표적인 동화의 예

- 구개음화 : 해돋이[해도지], 같이[가티 → 가치]
- 모음동화 : 아비[애비], 어미[에미], 고기[괴기]
- 모음조화 : 알록달록/얼룩덜룩, 촐랑촐랑/출렁출렁
- 전설모음화 : 줏〉짓, 거츨다〉거칠다)
- 연구개음화 : 옷감〉옥감, 한강〉항강
- 양순음화 : 신문〉심문, 꽃바구니〉꼽빠구니)

③ 축약과 탈락
  ㉠ 축약 : 두 음운이 합쳐져서 하나의 음운이 되는 현상
    • 자음축약 : 'ㄱ, ㄷ, ㅂ, ㅈ'이 'ㅎ'과 만나 거센소리 'ㅋ, ㅌ, ㅍ, ㅊ'으로 발음되는 현상
    • 모음축약 : 'ㅣ'나 'ㅗ, ㅜ'가 다른 모음과 결합해 이중모음이 되는 현상
  ㉡ 탈락 : 두 형태소가 만나면서 한 음운이 아예 발음되지 않는 현상

종류	조건	예시
모음탈락	• 'ㅐ, ㅔ'가 'ㅏ, ㅓ'와 결합할 때 • 같은 모음이 연속할 때(동음탈락)	가- + -아서 → 가서
		따르- + -아 → 따라
'ㅡ' 탈락	'ㅡ'가 모음으로 시작하는 어미를 만날 때	쓰- + -어 → 써
자음탈락	• 앞 자음이 탈락할 때	울- + -는 → 우는
	• 뒤 자음이 탈락할 때	딸 + 님 → 따님
'ㄹ' 탈락	• 파생어나 합성어가 될 때	불나비 → 부나비
	• 어간 받침 'ㄹ'이 탈락할 때	가을내 → 가으내
'ㅎ' 탈락	'ㅎ'뒤에 모음으로 시작하는 어미와 결합	좋은[조은]
		낳은[나은]

④ 된소리와 사잇소리 현상
  ㉠ 된소리되기(경음화)
    • 받침 'ㄱ(ㄲ, ㅋ, ㄳ, ㄺ), ㄷ(ㅅ, ㅆ, ㅈ, ㅊ, ㅌ), ㅂ(ㅍ, ㄼ, ㄿ, ㅄ)' 뒤에 연결되는 예사소리는 된소리로 발음
    • 'ㄹ'로 발음되는 어간 받침 'ㄼ, ㄾ'이나 관형사형 '-ㄹ' 뒤에 연결되는 예사소리는 된소리로 발음
    • 끝소리가 'ㄴ, ㅁ'인 용언 어간에 예사소리로 시작되는 활용어미가 이어지면 그 소리는 된소리로 발음
  ㉡ 사잇소리 현상
    • 두 개의 형태소 또는 단어가 합쳐져서 합성 명사를 이룰 때, 앞말의 끝소리가 울림소리이고 뒷말의 첫소리가 안울림 예사소리이면 뒤의 예사소리가 된소리로 변하는 현상
    • 합성어에서, 뒤에 결합하는 형태소의 첫소리로 'ㅣ, ㅑ, ㅕ, ㅛ, ㅠ' 등의 소리가 올 때 'ㄴ'이 첨가되는 현상이나, 앞말이 모음으로 끝나 있고, 뒷말이 'ㄴ, ㅁ'으로 시작되면 'ㄴ' 소리가 덧나는 현상

⑤ 두음법칙과 활음조 현상
  ㉠ 두음법칙 : 첫음절 첫소리에 오는 자음이 본래의 음가를 잃고 다른 음으로 발음되는 현상

종류	예시
'ㄹ'이 'ㄴ'으로 발음	락원(樂園) → 낙원, 래일(來日) → 내일, 로인(老人) → 노인
'ㅣ' 모음이나 'ㅣ' 선행 모음에서 'ㄹ'과 'ㄴ'이 탈락	• 'ㄹ' 탈락 : 리발(理髮) → 이발, 력사(歷史) → 역사 • 'ㄴ' 탈락 : 녀자(女子) → 여자, 닉사(溺死) → 익사
예외로, 'ㄴ'이나 '모음' 다음에 오는 '렬'과 '률'은 '열'과 '율'로 발음	나렬(羅列) → 나열, 환률(換率) → 환율

ⓛ 활음조 현상 : 듣기 좋고 말하기 부드러운 소리로 변화하는 현상

종류	예시
'ㄴ'이 'ㄹ'로 변화	한아버지 → 할아버지, 한나산(漢拏山) → 한라산, 희노(喜怒)[희로]
'ㄴ' 첨가	그양 → 그냥, 마양 → 마냥
'ㄹ' 첨가	지이산(智異山) → 지리산, 폐염(肺炎) → 폐렴

2. 형태론

(1) 형태소

① 형태소 : 뜻을 가진 가장 작은 말의 단위로 자립성의 여부와 실질적 의미의 여부에 따라 그 종류가 나뉨

② 자립성 여부

종류	의미	문법요소	예시
자립형태소	홀로 쓰일 수 있는 형태소	명사, 대명사, 수사, 관형사, 부사, 감탄사	꽃, 나비
의존형태소	자립형태소에 붙어서 쓰이는 형태소	조사, 접사, 용언의 어간/어미	-의, -는, 먹-, -다, -이

③ 의미 여부

종류	의미	문법요소	예시
실질형태소	구체적 대상이나 상태를 나타내는 실질적 의미를 지닌 형태소	자립형태소 모두, 용언의 어간	강, 낮-
형식형태소	문법적 관계나 의미만을 더해주는 형태소	조사, 접사, 용언의 어미	-가, -았-, -다

(2) 단어의 형성

① 단일어 : 하나의 어근으로 된 단어로 더 이상 나눌 수 없음

② 파생어 : 어근의 앞이나 뒤에 파생접사가 붙어서 만들어진 단어

SEMI-NOTE

문법 단위
• 문장 : 이야기의 기본 단위(예) 동생이 빠르게 걷고 있다.)
• 어절 : 문장을 구성하고 있는 마디(예) 동생이/빠르게/걷고/있다.)
• 단어 : 일정한 뜻을 가지는 말의 최소 단위(예) 동생/이/빠르게/걷고/있다.)
• 형태소 : 뜻을 가진 가장 작은 말의 단위(예) 동생/이/빠르/게/걷/고/있/다.)

단어
자립할 수 있거나, 자립형태소에 붙어서 쉽게 분리되는 말

파생어 형성의 예
• 접두사에 의한 파생어 : 군말, 짓밟다, 헛고생, 풋사랑, 엿듣다, 샛노랗다
• 접미사에 의한 파생어
 – 어근의 뜻을 제한하는 경우 : 구경꾼, 살림꾼, 풋내기, 시골내기, 사람들, 밀치다
 – 품사를 바꾸는 경우 : 가르침, 걸음, 물음, 슬픔, 말하기, 읽기, 크기, 공부하다, 구경하다, 이용되다, 가난하다, 값지다, 어른답다, 많이, 없이, 끝내

③ 합성어

㉠ 합성어 형성법(합성법의 유형에 따른 분류)

유형	설명	예시
통사적 합성어	우리말의 문장이나 구절의 배열 구조, 즉 통사적 구성과 일치하는 합성어	밤낮, 새해, 젊은이, 큰집, 작은아버지, 장가들다, 애쓰다, 돌아가다, 앞서다, 힘쓰다, 돌다리, 곧잘
비통사적 합성어	우리말의 문장이나 단어의 배열 구조, 즉 통사적 구성과 일치하지 않는 합성어	높푸르다, 늦잠, 부슬비, 굳세다, 검푸르다, 굶주리다, 산들바람

㉡ 합성어의 종류(합성법의 의미에 따른 분류)

유형	설명	예시
병렬 합성어 (대등 합성어)	단어나 어근이 원래의 뜻을 유지하면서 대등하게 연결된 말	마소(馬牛)
유속 합성어 (종속 합성어)	단어나 어근이 서로 주종 관계(수식 관계)로 연결되어 '의'를 넣을 수 있는 말	밤나무, 소금물, 싸움터
융합 합성어	단어와 어근이 본래의 의미를 상실하고, 새로운 제3의 뜻으로 바뀐 말	春秋(나이), 돌아가다(죽다), 밤낮

④ 통사적 합성어와 비통사적 합성어의 유형

㉠ 통사적 합성어

- 명사 + 명사(예 논밭, 눈물)
- 관형어 + 체언 : 첫사랑, 새해, 군밤, 어린이
- 조사가 생략된 유형 : 본받다, 힘들다, 애쓰다, 꿈같다
- 연결어미로 이어진 경우 : 어간 + 연결어미 + 어간(예 뛰어가다, 돌아가다, 찾아보다)

㉡ 비통사적 합성어

- 관형사형 어미가 생략된 경우(어근 + 명사) : 검버섯(검은 + 버섯)
- 용언의 연결어미(아, 어, 게, 지, 고)가 생략된 경우 : 굳세다(굳고 + 세다)

(3) 품사

① 품사의 개념 : 문법적 성질이 공통된 것끼리 모아 놓은 단어의 갈래

② 품사의 분류

형태적	통사적	의미적	기능적
불변어	체언	명사, 대명사, 수사	주어, 목적어, 보어
	수식언	관형사, 부사	수식어
	독립언	감탄사	독립어
	관계언	조사	성분 간의 관계 표시
가변어	용언	동사, 형용사	주로 서술어

기타 통사적, 비통사적 합성어의 유형
- 통사적 합성어
  - 부사 + 부사(예 곧잘, 더욱더, 이리저리)
  - 부사 + 용언(예 앞서다, 잘나다, 못나다, 그만두다)
- 부사가 직접 명사를 수식하는 경우 : 부사 + 명사의 결합(예 부슬비, 산들바람, 척척박사)

명사, 대명사의 개념
• 명사 : 구체적인 대상이나 사물의 명칭을 표시하는 단어
• 대명사 : 사람의 이름, 장소, 사건 등을 대신하여 가리키는 단어

인칭대명사(미지칭, 부정칭)
• 미지칭 대명사 (예) 어느, 누구)
• 부정칭 대명사 (예) 아무, 누구, 어느)

조사의 개념
• 격조사 : 체언 뒤에서 선행하는 체언에 문법적 기능을 부여하는 조사
• 보조사 : 체언 뒤에서 선행하는 체언에 특정한 의미를 부여하는 조사
• 접속조사 : 단어나 문장을 대등하게 연결하는 조사

보조사의 분류
• –은/–는 : '대조' 또는 '주체'를 나타냄
• –도 : '동일', '첨가'를 나타냄
• –만/–뿐 : '단독', '한정'을 나타냄
• –까지/–마저/–조차 : '미침', '추종', '극단(한계)' 또는 '종결'을 나타냄
• –부터 : '시작', '출발점'을 나타냄
• –마다 : '균일'을 나타냄
• –(이)야 : '필연', '당위'를 나타냄
• –야(말로) : '한정'을 나타냄
• –커녕/–(이)나 : '불만'을 나타냄(예) 사람은커녕 개미 한 마리도 없더라.
• 밖에 : '더 없음'을 나타냄(예)믿을 사람이라고는 너밖에 없다.)
• –(이)나 : '최후 선택'을 나타냄
• –든지 : '수의적 선택'을 나타냄

접속조사의 종류
와/과, –하고, –에(다), –(이)며, –(이)랑, –(이)나

③ 명사, 대명사

명사	쓰이는 범위	보통명사	같은 종류의 사물에 두루 쓰이는 명사
		고유명사	특정한 사람이나 물건에 붙는 명사
	자립성 유무	자립명사	다른 말의 도움을 받지 않고 여러 성분으로 쓰이는 명사
		의존명사	의미가 형식적이어서 다른 말 아래에 쓰이는 명사
대명사	인칭대명사	1인칭	말하는 이를 가리킴(예) 나, 우리, 저, 저희)
		2인칭	듣는 이를 가리킴(예) 너, 자네, 그대, 당신)
		3인칭	다른 사람을 가리킴(예) 저이, 그이, 그분, 이분, 이이)
	지시대명사	사물대명사	사물을 대신하여 가리킴(예) 이것, 무엇, 아무것)
		처소대명사	처소나 방향을 가리킴(예) 거기, 어디)

④ 조사 ★빈출개념

격조사	주격조사	선행하는 체언에 주어의 자격을 부여하는 조사로, '–이/–가, –은/–는, –께서, –이서, –에서, –서'가 있음(예) 친구가 한 명 있었다. 그 친구는 친구였다. 둘이서 자주 놀았다. 친구가 오면 어머니께서 용돈을 주셨고, 동네가게에서 과자를 사먹었다.)
	서술격조사	'체언 + –(이)다'의 형태로 사용되는 격조사로, 활용을 하는 특성을 지님(예) 나는 학생이다.)
	목적격조사	체언이 타동사의 목적어가 되게 하는 격조사로 '–을/–를'이 있음(예) 그는 수영을 잘한다.)
	보격조사	체언에 보어의 자격을 부여하는 격조사로, 이/가가 있으며 '되다', '아니다' 앞에 위치함(예) 그녀는 교사가 되었다. 학생들은 실험 대상이 아니다.)
	부사격조사	• 선행하는 체언에 부사의 자격을 부여하는 동사 • –에게(에), –에서, –한테 : '처소', '소유', '때'를 나타냄(예) 집에서 공부한다. 너한테 주었다.) • –에(게), –(으)로, –한테 : '지향', '방향', '낙착'을 나타냄(예) 집에 돌아왔다, 학교로 갔다.) • –에(게)서, –한테서 : '출발'을 나타냄(예) 집에서 왔다. 영희한테 그 말을 들었다.) • –에, –으로 : '원인', '이유'를 나타냄(예) 기침 소리에 잠을 깼다. 병으로 앓아 누웠다.) • –으로(써) : '재료(원료)', '도구(방법)', '경로'를 나타냄 • –으로(서) : '자격(지위, 신분)'을 나타냄 • –(으)로 : '변화(변화 방향)'를 나타냄(예) 물이 얼음으로 되었다.) • –와/–과, –하고 : '동반'을 나타냄(예) 그는 그 노인과 같이 갔다.) • –와/–과, –보다, –처럼, –만큼 : '비교'를 나타냄(예) 그는 나와 동갑이다. 배보다 배꼽이 크다.)
	호격조사	부름의 자리에 놓여 독립어의 자격을 부여하는 격조사(예) 님이여, 동수야.)

⑤ 동사와 형용사
   ㉠ 동사 : 문장의 주체가 되는 사람의 동작이나 자연의 작용을 표시

ⓒ 형용사 : 사물의 속성이나 상태를 표시

ⓒ 동사 및 형용사의 구별

- 동작을 의미하는 어미와 결합하면 동사, 결합할 수 없으면 형용사
- 명령형, 청유형 어미와 결합하면 동사, 그렇지 않으면 형용사
- 동작의 양상과 결합하면 동사, 그렇지 않으면 형용사
- '없다, 계시다, 아니다'는 형용사, '있다'는 동사, 형용사로 통용

⑥ 용언의 활용 ★ 빈출개념

ⓐ 형태가 바뀌지 않는 규칙 활용 : 먹다 → 먹어, 먹어라

ⓑ 형태가 바뀌는 규칙 활용

- 'ㄹ' 탈락 : 어간의 끝이 'ㄹ'인 용언 다음에 'ㄴ, ㄹ/-ㄹ수록, ㅂ, ㅅ, -(으)ㄹ, (으)오' 등이 오는 경우 용언의 'ㄹ'이 탈락함(예 밀다 → 미시오/밉시다, 살다 → 사네/사세/살수록(살 + ㄹ수록 → 살수록))
- 'ㅡ' 탈락 : 어간의 끝이 'ㅡ'인 용언 다음에 'ㅏ', 'ㅓ' 어미가 올 때(예 잠그다 → 잠가, 담그다 → 담가, 들르다 → 들러)

ⓒ 용언의 어간이 바뀌는 불규칙 활용

- 'ㅅ' 불규칙 : 어간의 끝소리 'ㅅ'이 모음 앞에서 탈락함
- 'ㄷ' 불규칙 : 어간의 끝소리 'ㄷ'이 모음 앞에서 'ㄹ'로 바뀜
- 'ㅂ' 불규칙 : 어간의 끝소리 'ㅂ'이 모음 앞에서 '오/우'로 바뀜
- '르' 불규칙 : 어간의 끝소리 'ㅡ'가 탈락하고 'ㄹ'이 덧 생김
- '우' 불규칙 : 어간의 끝소리 '우'가 사라짐

ⓓ 용언의 어미가 바뀌는 불규칙 활용

- '여' 불규칙 : 어미의 첫소리 '아/어'가 '여'로 바뀜
- '러' 불규칙 : 어미의 첫소리 '어'가 '러'로 바뀜
- '너라' 불규칙 : 명령형 어미 '아라/어라'가 '너라'로 바뀜

ⓔ 용언의 어간, 어미가 모두 바뀌는 불규칙 활용

- 'ㅎ' 불규칙 : 어간의 'ㅎ'이 탈락하고 어미의 '아/어'가 '애/에'로 바뀜

⑦ 관형사 : 내용을 자세하게 꾸며 주는 말로 조사가 붙지 않고, 어미가 붙어 활용하지 않음

ⓐ 성상관형사 : 체언이 가리키는 사물의 성질이나 상태를 '어떠한'의 방식으로 꾸며 줌

ⓑ 지시관형사 : 지시성을 띄는 관형사

ⓒ 수관형사 : 뒤에 오는 명사의 수량을 표시함

⑧ 부사

ⓐ 개념 : 오는 용언이나 다른 말을 꾸며 그 의미를 분명히 함

ⓑ 부사의 종류

성분부사	성상(性狀)부사	'어떻게'의 방식으로 꾸며 주는 부사
	지시부사	방향, 거리, 시간, 처소 등을 지시하는 부사
	부정부사	용언의 의미를 부정하는 부사

규칙 활용
문법적 관계를 표시하기 위해 용언의 어간 또는 어미를 다른 형태로 바꾸는 것

04장
현대 문법

불규칙 활용의 예

- 'ㅅ' 불규칙 : 붓다 → 부어, 잇다 → 이어, 짓다 → 지어
- 'ㄷ' 불규칙 : 걷다 → 걸어, 묻다 → 물어, 싣다 → 실어
- 'ㅂ' 불규칙 : 곱다 → 고와, 눕다 → 누워, 돕다 → 도와, 줍다 → 주워
- '르' 불규칙 : 가르다 → 갈라, 누리다 → 눌러, 부르다 → 불러, 오르다 → 올라, 흐르다 → 흘러
- '우' 불규칙 : 푸다 → 퍼(하나뿐임)
- '여' 불규칙 : -하다 → -하여
- '러' 불규칙 : 이르다(到, 도달하다) → 이르러, 푸르다 → 푸르러
- '너라' 불규칙 : 명령형 어미 '아라/어라'가 '너라'로 바뀜
- 'ㅎ' 불규칙 : 어간의 'ㅎ'이 탈락하고 어미의 '아/어'가 '애/에'로 바뀜

자주 사용하는 부사

- 성상(性狀)부사 : 너무, 자주, 매우, 몹시, 아주
- 지시부사 : 이리, 내일, 그리
- 부정부사 : 못, 안, 잘못
- 양태부사 : 과연, 다행히, 제발
- 접속부사 : 그리고, 즉, 및, 또는
- 파생부사 : 깨끗 + 이

감탄사의 개념과 특징

• **감탄사의 개념** : 말하는 이의 본능적 놀람이나 느낌, 부름과 대답, 입버릇으로 내는 단어들을 말함

• **감탄사의 특징**
 – 활용(용언의 어간이나 서술격 조사에 붙어 문장의 성격을 바꾸는 것) 하지 않음
 – 위치가 아주 자유로워서 문장의 아무데나 놓을 수 있음
 – 조사가 붙지 않고 언제나 독립어로만 쓰임

수사의 수식

구분	관형사	형용사
명사	받음	받음
대명사	받지 못함	받음
수사	받지 못함	받지 못함

구와 절의 종류
• 구(句) : 명사구, 동사구, 형용사구, 관형사구, 부사구, 독립어구
• 절(節) : 명사절, 서술절, 관형절, 부사절, 인용절

문장 성분의 품사 및 구조
• 주성분
 – 주어 : '체언 + 주격 조사', '체언 + 보조사'
 – 서술어 : 동사, 형용사, '체언 + 서술격 조사'
 – 목적어 : '체언 + 목적격 조사', '체언 + 보조사'
 – 보어 : '체언 + 보격 조사(이/가) + 되다/아니다'

	양태부사	말하는 이의 마음이나 태도를 표시하는 부사
문장부사	접속부사	앞뒤 문장을 이어주면서 뒷말을 꾸며주는 부사
파생부사		부사가 아닌 것에 부사 파생 접미사를 붙여만든 부사

⑨ 접속어
 ㉠ 개념 : 단어와 단어, 구절과 구절 또는 문장과 문장을 잇는 문장성분
 ㉡ 접속어의 종류 ★ 빈출개념

접속 관계		접속어
순접	원인	왜냐하면
	결과	그러므로, 따라서, 그러니까, 그런즉
	해설	그래서, 그러면, 요컨대, 이른바
역접		그러나, 그래도, 그렇지만, 하지만
병렬		그리고, 또한(또), 한편, 또는, 및
첨가		또, 더욱, 특히, 더욱이
전환		그런데, 아무튼, 하여튼

⑩ 수사
 ㉠ 수사의 개념 : 명사의 수량이나 순서를 가리키는 단위
 ㉡ 수사의 종류
  • 양수사 : 수량을 가리키는 단어(예 하나, 열, 일, 이, 백)
  • 서수사 : 순서를 가리키는 수사(예 첫째, 둘째, 제일, 제이)

3. 통사론

(1) 문장의 성분

① 문장 성분의 개념 : 어느 어절에 다른 어절이나 단어에 대해 갖는 관계, 즉 한 문장을 구성하는 요소들

② 문장 성분의 재료
 ㉠ 단어 : 자립할 수 있는 말
 ㉡ 구(句) : 중심이 되는 말과 그것에 부속되는 말들을 한데 묶은 것
 ㉢ 절(節) : 하나의 온전한 문장으로 한 문장의 재료가 되는 것

③ 문장 성분의 갈래

	주어	문장의 주체가 되는 문장 성분, 즉 '무엇이'에 해당하는 말
주성분	서술어	주어를 풀이하는 기능을 수행하는 문장 성분, 즉 '어찌한다, 어떠하다, 무엇이다'에 해당하는 말
	목적어	서술어(행위, 상태)의 대상이 되는 문장 성분, 즉 '무엇을, 누구를'에 해당하는 말
	보어	'되다', '아니다'와 같은 서술어를 꼭 필요로 하는 문장 성분

주성분	관형어	체언을 수식하는 문장 성분('어떠한, 무엇이'에 해당하는 말)
	부사어	용언이나 부사어 등을 수식하는 문장 성분('어떻게, 어찌' 등에 해당하는 말)
독립성분	독립어	문장의 어느 성분과도 직접적인 관계가 없는 말(감탄, 부름, 응답)

④ 부속성분 ⭐빈출개념

  ㉠ 관형어 : 관형사, 체언 + 관형격 조사(의), 용언 어간 + 관형사형 어미

  ㉡ 부사어 : 부사, '체언 + 부사격 조사', 부사 + 보조사

  ㉢ 독립어 : 감탄사, '체언 + 호격 조사', 제시어(표제어), 문장 접속 부사('및, 또는, 은'은 제외)

(2) 문장의 짜임새

① 홑문장 : 주어와 서술어가 각각 하나씩 있는 문장

② 겹문장 : 한 개의 홑문장이 한 성분으로 안겨 들어가서 이루어지거나, 홑문장 여러 개가 이어져서 여러 겹으로 된 문장

분류	형태	예문
안은 문장	명사절을 안은문장	• 목적어 : 나는 그가 승리했음을 안다. • 목적어 : 나는 그가 승리했다는 것을 안다. • 부사어 : 아직은 승리를 확신하기에 이르다. • 주어 : 그가 승리했음이 밝혀졌다.
	서술절을 안은문장	• 나는 키가 크다. • 선생님께서는 정이 많으시다. • 그녀는 얼굴이 예쁘다.
	관형절을 안은문장	• 이 책은 선생님께서 주신 책이다. • 나는 그가 좋은 교사라는 생각이 들었다. • 도서관은 공부를 하는 학생들로 가득했다.
	부사절을 안은문장	• 비가 소리도 없이 내린다. • 철수는 발에 땀이 나도록 뛰었다.
	인용절을 안은문장	• 선생님은 당황하여 "무슨 일이지?"라고 물으셨다. • 그 사람은 자기가 학생이라고 주장하였다.
이어진문장	대등하게 이어진문장	• 낮말은 새가 듣고 밤 말은 쥐가 듣는다. • 나는 파란색을 좋아하지만 그녀는 노란색을 좋아한다. • 여름이라 아이스크림이라든지 팥빙수라든지 잘 팔린다. • 지금은 고통스러울지 모르지만 먼 미래에 반드시 성공할 것이다.
	종속적으로 이어진문장	• 비가 와서 경기가 연기되었다. • 당신이 오지 못하면 내가 직접 가겠다. • 아버지가 출장길에서 돌아오시거든 꼭 안부 여쭤 보거라. • 푹 자고 일어나니까 공부가 더 잘 되는 것 같다.

안은문장과 안긴문장의 개념
• 안은문장 : 속에 다른 문장을 안고 있는 것의 전체 문장
• 안긴문장 : 절의 형태로 바뀌어서 전체 문장 속에 안긴문장

안은문장의 형태와 개념
• **명사절을 안은문장** : 문장 속에서 주어, 목적어, 부사어 등의 역할을 하며, '-ㅁ, -기, ㄴ + 것'의 형태가 됨
• **서술절을 안은문장** : 서술어 부분이 절로 이루어진 형태
• **관형절을 안은문장** : 절이 관형사형으로 활용하거나, 용언에 관형사형 어미가 붙은 형태
• **부사절을 안은문장** : 절이 부사어 구실을 하여 서술어를 수식하며, '-없이, -달리, -도록' 등의 형태를 취함
• **인용절을 안은문장** : 남의 말을 인용한 부분을 말하며, '-고, -라고, -하고' 등의 형태를 취함

이어진문장의 형태와 개념
• **대등하게 이어진문장** : 대등적 연결어미, 즉 나열(-고, -며, -아서), 대조(-나, -지만 -아도/어도), 선택(-거나, -든지)의 연결어미를 사용하여 대등한 관계로 결합된 문장
• **종속적으로 이어진문장** : 종속적 연결어미, 즉 이유(-므로, -니까, -아서), 조건(-면, -거든, -라면), 의도(-려고, -고자)의 연결어미를 통해 문장을 연결하여 종속적인 관계를 표시한 문장

사동문과 피동문의 형성

• **사동문**
  - 자동사 어근 + 접사(이, 히, 리, 기, 우, 구, 추)
  - 타동사 어근 + 접사
  - 형용사 어근접사
  - 어근 + '-게'(보조적 연결어미) + '하다'(보조동사)
  - 일부 용언은 사동 접미사 두 개를 겹쳐 씀(예 자다 → 자이우다 → 재우다)
• **피동문**
  - 타동사 어근 + 접사(이, 히, 리, 기)
  - 모든 용언의 어간 + '-아/-어'(보조적 연결어미) + '지다'(보조동사)

부정문의 개념과 형식

• **'안' 부정문** : 주체의 의지에 의한 행동의 부정을 나타냄
  - 긴 부정문 : '용언의 어간 + -지 + 않다(아니하다)'로 쓰임
  - 짧은 부정문 : '안(아니) + 동사, 형용사'로 쓰임
  - 중의성 : 어떤 대상에 부정을 수식하는지, 전체 또는 부분적으로 부정을 수식하는 지에 따라 문장의 의미가 달라짐
• **'못' 부정문** : 주체의 의지가 아닌, 그의 능력상 불가능하거나 또는 외부의 어떤 원인 때문에 그 행위가 일어나지 못하는 것을 표현
  - 긴 부정문 : '동사의 어간 + -지 + 못하다'로 쓰임
  - 짧은 부정문 : 못 + 동사(서술어)로 쓰임
  - 중의성 : '안' 부정문의 중의성 구조와 같음

(3) 문법의 기능

① **사동과 피동** ⭐ 빈출개념
  ㉠ **사동사** : 남으로 하여금 어떤 동작을 하도록 하는 것
  ㉡ **피동사** : 남의 행동을 입어서 행해지는 동작을 나타냄

② **잘못된 사동 표현**
  ㉠ '-시키다'는 표현을 '-하다'로 할 수 있는 경우 그렇게 고침
    • 내가 소개시켜 줄게 → 내가 소개해 줄게
    • 근무환경을 개선시켜 나가야 한다. → 근무환경을 개선해 나가야 한다.
  ㉡ 의미상 불필요한 사동 표현은 사용하지 않음
    • 그녀를 보면 가슴이 설레인다. → 그녀를 보면 가슴이 설렌다.
    • 다른 차선에 함부로 끼여들면 안 된다. → 다른 차선에 함부로 끼어들면 안 된다.

③ **잘못된 피동 표현(이중 피동 표현)**
  ㉠ '이, 히, 리, 기' 다음에 '-어지다'의 표현을 붙이는 것은 이중 피동 표현에 해당
    • 개선될 것으로 보여집니다. → 개선될 것으로 보입니다.
    • 열려져 있는 대문 → 열려 있는 대문
    • 게임 중독의 한 유형으로 꼽혀지고 있다. → 게임 중독의 한 유형으로 꼽히고 있다.
  ㉡ '-되어지다', '-지게 되다'는 이중 피동 표현에 해당
    • 잘 해결될 것이라 생각되어진다. → 잘 해결될 것이라 생각된다.
    • 합격이 예상되어집니다. → 합격이 예상됩니다.
    • '갈리우다', '불리우다', '잘리우다', '팔리우다' 등은 피동사(갈리다, 불리다, 잘리다, 팔리다)에 다시 접사가 붙은 형태이므로 잘못된 표현임

④ **부정문**
  ㉠ '안' 부정문의 예
    • 긴 부정문 : 그는 오늘 밀린 일을 해결하느라 점심을 먹지 않았다.
    • 짧은 부정문 : 오늘은 겨울인데도 안 춥다.
    • 중의성 : '점심시간에 예약한 손님이 다 오지 않았다. → 점심시간에 온 손님이 한명도 없음, 손님이 오긴 왔지만 모두 온 것이 아님'으로 해석될 수 있음
  ㉡ '못' 부정문의 예
    • 긴 부정문 : 철수는 제 시간에 일을 처리하지 못해 퇴근하지 못했다.
    • 짧은 부정문 : 철수는 당직으로 새벽까지 일해 그날 집에 못 갔다.
    • 중의성 : 내가 간이침대에 누워있는 철수를 보지 못했다. → '철수를 보지 못한 것은 나, 내가 보지 못한 것은 철수, 내가 철수를 보지만 못했을 뿐'으로 해석될 수 있음

(4) 높임과 낮춤

① 높임법

ㄱ **주체높임법** : 서술어의 주체를 높이는 방법으로, 높임 선어말 어미 '-(으)시-'를 붙이고 주어에는 주격 조사 '께서'나 접사 '-님' 등을 붙여 높이며, '계시다', '잡수시다' 등의 일부 특수 어휘를 사용하여 높이기도 함

ㄴ **객체높임법** : 동작의 대상인 서술의 객체를 높이는 방법으로, 통상 부사격 조사 '께'를 사용해 높이며, '드리다', '뵈다', '여쭙다', '모시다'와 같은 특수 어휘를 사용하기도 함(⑩ 나는 선생님께 책을 드렸다.)

ㄷ **상대 높임법** : 화자가 청자에 대하여 높이거나 낮추어 말하는 방법으로, 일정한 종결어미를 사용하여 듣는 상대방을 높이거나 낮춤

격식체	해라체(아주 낮춤)	-다, -냐, -자, -어라, -거라, -라
	하게체(보통 낮춤)	-게, -이, -나
	하오체(보통 높임)	-오, -(으)ㅂ시다
	합쇼체(아주 높임)	-습니다/-ㅂ니다, -습니까/-ㅂ니까, -으십시오/-ㅂ시오
비격식체	해체(두루 낮춤)	-아/-어, -지, -을까 (해라체 + 하게체)
	해요체(두루 높임)	-아/어요, -지요, -을까요 (하오체 + 합쇼체)

② 기타 높임법의 사용

ㄱ **해라체와 하라체** : 문어체로 쓰일 때 '해라' 대신 높임과 낮춤이 중화된 '하라'를 쓰기도 함. '해라'의 변형인 '하라'는 격식체나 비격식체가 간접 인용문으로 바뀔 때도 쓰임

ㄴ **말씀의 쓰임** : '말씀'은 높임말도 되고 낮춤말도 됨

ㄷ **계시다와 있으시다** : '계시다, 안 계시다'는 직접 높임에 사용하고, '있으시다, 없으시다'는 간접 높임에 사용함

4. 의미론

(1) 의미

① **의미의 개념** : 언어가 가지는 용법, 기능, 내용 등을 이르지만 '의미'를 정의하기는 매우 어려운 일이며 지시설, 개념설, 반응설, 용법설 등을 들어 정의하기도 함

② 의미의 종류

중심적 의미	가장 기본적이고 핵심적인 의미(기본적 의미)
주변적 의미	문맥이나 상황에 따라 그 의미가 확장되어 다르게 쓰이는 의미(문맥적 의미, 전의적 의미)
사전적 의미	가장 기본적, 객관적인 의미로 정보 전달이 중심이 되는 설명문 같은 경우에 사용(개념적, 외연적, 인지적 의미)
함축적 의미	사전적 의미에 덧붙어 연상이나 관습 등에 의해 형성되는 개인적, 정서적인 의미로, 시 등의 문예문에 사용(연상적, 내포적 의미)

SEMI-NOTE

주체높임법의 조건
- 문장의 주어가 말하는 이도, 말 듣는 이도 아닌 제삼자인 경우
- 듣는 이가 동시에 문장의 주어가 되는 경우
- 주체가 말하는 이보다 높아서 높임의 대상이 된다하더라도, 듣는 이가 주체보다 높은 경우에는 '-시-'를 쓰지 않음(압존법)

높임말과 낮춤말
- 직접 높임 : 아버님, 선생님, 주무시다, 계시다, 잡수시다
- 간접 높임 : 진지, 댁(집), 따님(딸), 치아(이), 약주(술), 말씀(말)
- 직접 낮춤 : 저(나), 어미(어머니)
- 간접 낮춤 : 졸고(원고), 말씀(말)

04장 현대 문법

언어의 개념
언어는 말소리와 의미로 이루어진 것으로 말소리는 언어의 형식, 의미는 언어의 내용이 되며 말소리가 있어도 의미가 없으면 언어가 될 수 없음

단어들의 의미 관계
- 동의 관계 : 두 개 이상의 단어가 서로 소리는 다르나 의미가 같은 경우 → 이음동의어
- 이의 관계 : 두 개 이상의 단어가 소리는 같으나 의미는 다른 경우 → 동음이의어

중의적 표현의 개념
- 어휘적 중의성 : 한 단어가 둘 이상의 의미를 지님
- 구조적 중의성 : 수식 구조나 문법적 성질로 인해 둘 이상의 의미로 해석되는 경우
- 은유적 중의성 : 둘 이상의 의미로 해석되는 은유적 표현

간접, 잉여, 관용적 표현의 개념
- 간접적 표현 : 문장의 표면적 의미와 속뜻이 다른 표현
- 잉여적 표현 : 의미상 불필요한 단어가 사용된 표현으로, 의미의 중복(중첩)이라 함
- 관용적 표현 : 두 개 이상의 단어로 이루어져 있으면서 그 단어들의 의미만으로 전체적 의미를 알 수 없는 특별한 의미를 담고 있는 표현

의미 변화의 원인과 사례
- 언어적 원인 : 생략이나 전염에 의해 발생(예 아침밥 → 아침, 아파트먼트 → 아파트, 콧물이 흐른다 → 코가 흐른다. 머리털을 깎다 → 머리를 깎다)
- 역사적 원인(예 감옥소)형무소)교도소, 돛단배)증기선)잠수함)
- 사회적 원인(예 복음 : 기쁜 소식)그리스도의 가르침, 왕 : 왕정의 최고 권력자)1인자, 최대, 최고)
- 심리적 원인
  - 다른 분야의 어휘가 관심 있는 쪽의 어휘로 견인된 경우(예 바가지 → 철모, 갈매기 → 하사관)
  - 금기(Taboo)에 의한 변화(예 산신령 → 호랑이, 손님 → 홍역)

사회적 의미	사용하는 사람의 사회적 환경과 관련되는 의미를 전달할 때 사회적 의미라 하며, 선택된 단어의 종류나 말투, 글의 문체 등에 의해 전달
정서적 의미	말하는 사람의 태도나 감정을 드러내는 의미
주제적 의미	특별히 드러나는 의미, 이는 흔히 어순을 바꾸거나 특정 부분을 강조하여 발음함으로써 드러남
반사적 의미	어떤 말을 사용할 때 그 말의 원래 의미와는 아무런 관계없이 특정한 반응을 불러일으키게 되는 경우를 말함

③ 의미의 사용

㉠ 중의적 표현 ★빈출개념
- 어휘적 중의성 : 그것이 정말 사과냐? → 과일인 '사과(沙果)'인지, 용서를 비는 '사과(謝過)'인지 불분명함
- 구조적 중의성 : 철수는 아내보다 딸을 더 사랑한다. → 철수가 아내보다 딸을 더 사랑하는지, 철수가 딸을 더 사랑하는지, 아내보다 딸을 더 사랑하는지 불분명함
- 은유적 중의성 : 김 선생님은 호랑이다. → 김 선생님이 호랑이처럼 무섭다는 것인지, (연극에서) 호랑이 역할을 맡았다는 것인지 불분명함

㉡ 간접적 표현 : 에어컨 좀 꺼 줄래요? → 에어컨을 끄는 것은 표면적인 의미이지만 화자의 상황에 따라 몸이 춥거나, 에어컨에서 나는 소리 등이 원인이 되어 청자에게 명령 또는 요청하는 표현

㉢ 잉여적 표현 : 역전 앞, 빈 공간, 참고 안내하다 → 각각 의미가 중복된 표현

㉣ 관용적 표현 : 마른벼락을 맞다 → 문자 그대로 마른벼락을 맞은 것이 아니라 '갑자기 뜻밖의 재난을 당함'이라는 특별한 의미를 담고 있음

(2) 의미의 변화

① 의미 변화의 원인

㉠ **언어적 원인** : 하나의 단어가 다른 단어와 자주 인접하여 나타남으로써 그 의미까지 변화된 경우

㉡ **역사적 원인** : 단어가 가리키는 대상은 변모하였음에도 불구하고 단어는 그대로 남아 있는 경우

㉢ **사회적 원인** : 일반적 단어가 특수 사회 집단에서 사용되거나, 특수 집단에서 사용 되던 단어가 일반 사회에서 사용됨으로써 의미에 변화가 일어나는 경우

㉣ **심리적 원인** : 비유적 용법이나 완곡어 등에 자주 사용되는 동안 해당 단어의 의미에 대한 인식이 변화하면서 단어의 의미까지 변화된 경우

② 의미 변화의 유형 ★빈출개념

㉠ **의미의 확장(확대)** : 단어의 의미 영역이 넓어진 것
- 의미가 확장된 경우 : 온(백(百) → 모든), 겨레(종친 → 동포, 민족), 왕초(거지 두목 → 두목, 직장상사 등), 세수(손을 씻다 → 손과 얼굴을 씻다)

㉡ **의미의 축소** : 단어의 외연적 의미가 좁아진 것
- 의미가 축소된 경우 : 중생(모든 생물체 → 인간), 얼굴(형체 → 안면), 계집

(여성의 일반적 지칭어 → 여성의 낮춤말), 미인(남녀에게 사용 → 여성에게만 사용)

   ⓒ 의미의 이동 : 가치관의 변화, 심리적 연상으로 의미가 달라진 것
  - 의미가 이동된 경우 : 어리다(어리석다 → 나이가 적다), 수작(술잔을 주고받음 → 말을 주고받음), 젊다(나이가 어리다 → 혈기가 한창 왕성하다)

03절 국어 생활과 규범

1. 한국어 어문 규범

(1) 한글 맞춤법

① 총칙

> 제1항 한글 맞춤법은 표준어를 소리대로 적되, 어법에 맞도록 함을 원칙으로 한다.
> 제2항 문장의 각 단어는 띄어 씀을 원칙으로 한다.
> 제3항 외래어는 '외래어 표기법'에 따라 적는다.

② 자모

> 제4항 한글 자모의 수는 스물넉 자로 하고, 그 순서와 이름은 다음과 같이 정한다.

ㄱ(기역)	ㄴ(니은)	ㄷ(디귿)	ㄹ(리을)	ㅁ(미음)	ㅂ(비읍)	ㅅ(시옷)
ㅇ(이응)	ㅈ(지읒)	ㅊ(치읓)	ㅋ(키읔)	ㅌ(티읕)	ㅍ(피읖)	ㅎ(히읗)
ㅏ(아)	ㅑ(야)	ㅓ(어)	ㅕ(여)	ㅗ(오)	ㅛ(요)	ㅜ(우)
ㅡ(으)	ㅣ(이)					

③ 소리에 관한 것

   ㉠ 된소리

> 제5항 한 단어 안에서 뚜렷한 까닭 없이 나는 된소리는 다음 음절의 첫소리를 된소리로 적는다.

  - 두 모음 사이에서 나는 된소리(예 소쩍새, 어깨, 오빠, 으뜸, 아끼다, 깨끗하다, 가끔, 거꾸로 등)
  - 'ㄴ, ㄹ, ㅁ, ㅇ' 받침 뒤에서 나는 된소리(예 산뜻하다, 잔뜩, 훨씬, 담뿍, 움찔, 몽땅 등)
  다만, 'ㄱ, ㅂ' 받침 뒤에서 나는 된소리는, 같은 음절이나 비슷한 음절이 겹

소리대로 적기와 어법대로 적기
- 소리대로 적기 : 한국어를 적는데 소리를 충실하게 표기하는 방식을 말함(예 백분율, 비율, 실패율, 스포츠난, 드러나다, 쓰러지다, 어우러지다, 가까워, 괴로워, 그어, 무덤, 미덥다, 너비)
- 어법대로 적기 : 소리보다는 뜻을 쉽게 파악할 수 있도록 단어나 형태소의 모양을 한 가지로 고정시키는 방식을 말함(예 합격률, 등록률, 성공률, 넘어지다, 떨어지다, 지껄이다, 가깝다, 괴롭다, 긋다)

한글 맞춤법 제7항
'ㄷ' 소리로 나는 받침 중에서 'ㄷ'으로 적을 근거가 없는 것은 'ㅅ'으로 적는다(예 덧저고리, 돗자리, 엇셈, 웃어른, 핫옷, 무릇, 사뭇, 얼핏, 자칫하면, 뭇[衆], 엿, 첫, 헛).

모음

- 한글 맞춤법 제8항 : '계, 례, 몌, 폐, 혜'의 'ㅖ'는 'ㅔ'로 소리나는 경우가 있더라도 'ㅖ'로 적는다(예 계수, 혜택, 사례, 계집, 연몌, 핑계, 폐품, 계시다). 다만, 게송(偈頌), 게시판(揭示板), 휴게실(休憩室) 등의 말은 본음대로 적는다.

- 한글 맞춤법 제9항 : '의'나, 자음을 첫소리로 가지고 있는 음절의 'ㅢ'는 'ㅣ'로 소리 나는 경우가 있더라도 'ㅢ'로 적는다(예 의의, 본의, 무늬, 보늬, 오늬, 하늬바람, 늴리리, 닁큼, 띄어쓰기).

한글 맞춤법 제11항 [붙임 4, 5]

- [붙임 4] : 접두사처럼 쓰이는 한자가 붙어서 된 말이나, 합성어에서 뒷말의 첫소리가 'ㄴ' 또는 'ㄹ' 소리로 나더라도 두음법칙에 따라 적는다(예 역이용(逆利用), 연이율(年利率), 열역학(熱力學), 해외여행(海外旅行)).

- [붙임 5] : 둘 이상의 단어로 이루어진 고유명사를 붙여 쓰는 경우나 십진법에 따라 쓰는 수(數)도 [붙임 4]에 준하여 적는다(예 서울여관, 신흥이발관, 육천육백육십육(六千六百六十六)).

처 나는 경우가 아니면 된소리로 적지 아니한다(예 국수, 깍두기, 딱지, 색시, 법석, 갑자기, 몹시).

ⓛ 구개음화

> 제6항 'ㄷ, ㅌ' 받침 뒤에 종속적 관계를 가진 '-이(-)'나 '-히-'가 올 적에는, 그 'ㄷ, ㅌ'이 'ㅈ, ㅊ'으로 소리 나더라도 'ㄷ, ㅌ'으로 적는다(예 마지 → 맏이, 해도지 → 해돋이, 가치 → 같이, 다치다 → 닫히다, 무치다 → 묻히다).

ⓒ 두음법칙 ★ 빈출개념

> 제10항 한자음 '녀, 뇨, 뉴, 니'가 단어 첫머리에 올 적에는, 두음법칙에 따라 '여, 요, 유, 이'로 적는다(예 녀자 → 여자(女子), 년세 → 연세(年歲), 뇨소 → 요소(尿素), 닉명 → 익명(匿名)).

다만, 냥(兩), 냥쭝(兩重), 년(年)(몇 년) 같은 의존명사에서는 '냐, 녀' 음을 인정한다.

[붙임 1] 단어의 첫머리 이외의 경우에는 본음대로 적는다(예 남녀(男女), 당뇨(糖尿), 결뉴(結紐), 은닉(隱匿)).

[붙임 2] 접두사처럼 쓰이는 한자가 붙어서 된 말이나 합성어에서, 뒷말의 첫소리가 'ㄴ' 소리로 나더라도 두음법칙에 따라 적는다(예 신여성(新女性), 공염불(空念佛), 남존여비(男尊女卑)).

[붙임 3] 둘 이상의 단어로 이루어진 고유명사를 붙여 쓰는 경우에도 [붙임 2]에 준하여 적는다(예 한국여자대학, 대한요소비료회사).

> 제11항 한자음 '랴, 려, 례, 료, 류, 리'가 단어의 첫머리에 올 적에는, 두음 법칙에 따라 '야, 여, 예, 요, 유, 이'로 적는다(예 양심(良心), 용궁(龍宮), 역사(歷史)). 다만, 다음과 같은 의존명사는 본음대로 적는다.(예 리(里) : 몇 리냐?, 리(理) : 그럴 리가 없다.)

[붙임 1] 단어의 첫머리 이외의 경우에는 본음대로 적는다(예 개량(改良), 선량(善良), 수력(水力), 협력(協力), 사례(謝禮), 혼례(婚禮), 와룡(臥龍), 쌍룡(雙龍), 하류(下流)).

다만, 모음이나 'ㄴ' 받침 뒤에 이어지는 '렬, 률'은 '열, 율'로 적는다(예 나열(羅列), 분열(分裂), 치열(齒列), 선열(先烈), 비열(卑劣), 진열(陳列), 규율(規律), 선율(旋律), 비율(比率)).

[붙임 2] 외자로 된 이름을 성에 붙여 쓸 경우에도 본음대로 적을 수 있다(예 신립(申砬), 최린(崔麟), 채륜(蔡倫), 하륜(河崙)).

[붙임 3] 준말에서 본음으로 소리 나는 것은 본음대로 적는다(예 국련(국제연합), 대한교련(대한교육연합회)).

제12항 한자음 '랴, 래, 로, 뢰, 루, 르'가 단어의 첫머리에 올 적에는, 두음법 칙에 따라 '나, 내, 노, 뇌, 누, 느'로 적는다(예 낙원(樂園), 내일(來日), 노인 (老人)).

[붙임 1] 단어의 첫머리 이외의 경우에는 본음대로 적는다(예 쾌락(快樂), 극 락(極樂), 거래(去來), 왕래(往來), 부로(父老), 연로(年老), 지뢰(地雷), 낙뢰 (落雷), 고루(高樓), 광한루(廣寒樓), 동구릉(東九陵)).

[붙임 2] 접두사처럼 쓰이는 한자가 붙어서 된 단어는 뒷말을 두음법칙에 따 라 적는다(예 내내월(來來月), 상노인(上老人), 중노동(重勞動), 비논리적(非 論理的)).

④ 형태에 관한 것

　㉠ 체언과 조사

제14항 체언은 조사와 구별하여 적는다(예 떡이, 떡을, 떡에, 떡도, 떡만/손 이, 손을, 손에, 손도, 손만).

　㉡ 어간과 어미

제15항 용언의 어간과 어미는 구별하여 적는다(예 먹다, 먹고, 먹어, 먹으니/ 신다, 신고, 신어, 신으니).

[붙임 1] 두 개의 용언이 어울려 한 개의 용언이 될 적에, 앞말의 본뜻이 유지 되고 있는 것은 그 원형을 밝히어 적고, 그 본뜻에서 멀어진 것은 밝히어 적 지 아니한다.

- 앞말의 본뜻이 유지되고 있는 것(예 넘어지다, 늘어나다, 늘어지다, 돌아가 다, 되짚어가다, 들어가다, 떨어지다, 벌어지다, 엎어지다, 접어들다, 틀어 지다, 흩어지다)
- 본뜻에서 멀어진 것(예 드러나다, 사라지다, 쓰러지다)

[붙임 2] 종결형에서 사용되는 어미 '-오'는 '요'로 소리 나는 경우가 있더라도 그 원형을 밝혀 '오'로 적는다(예 이것은 책이오, 이리로 오시오, 이것은 책이 아니오).

[붙임 3] 연결형에서 사용되는 '이요'는 '이요'로 적는다.(예 이것은 책이요, 저 것은 붓이요, 또 저것은 먹이다.)

　㉢ 접미사가 붙어서 된 말 ★빈출개념

제19항 어간에 '-이'나 '-음/-ㅁ'이 붙어서 명사로 된 것과 '-이'나 '-히'가 붙어서 부사로 된 것은 그 어간의 원형을 밝히어 적는다.

- '-이'가 붙어서 명사로 된 것(예 길이, 깊이, 높이, 다듬이, 땀받이, 달맞이, 먹이, 미닫이, 벌이, 벼훑이, 살림살이, 쇠붙이, 넓이)

SEMI-NOTE

겹쳐 나는 소리
- 한글 맞춤법 제13항 : 한 단어 안에서 같은 음절이나 비슷한 음절이 겹쳐 나 는 부분은 같은 글자로 적는다.
- 용례
  - 씩식 → 씩씩
  - 똑닥똑닥 → 똑딱똑딱
  - 유류상종 → 유유상종
  - 꼿곳하다 → 꼿꼿하다
  - 눅욱하다 → 눅눅하다
  - 민밋하다 → 밋밋하다
  - 싹삭하다 → 싹싹하다
  - 씁슬하다 → 씁쓸하다
  - 짭잘하다 → 짭짤하다

형태에 관한 것
- 한글 맞춤법 제16항 : 어간의 끝음절 모음이 'ㅏ, ㅗ'일 때에는 어미를 '-아' 로 적고, 그 밖의 모음일 때에는 '-어' 로 적는다.
  - '-아'로 적는 경우 : 나아 - 나아도 - 나아서, 막아 - 막아도 - 막아서, 앓아 - 앓아도 - 앓아서, 돌아 - 돌 아노 - 돌아서, 보아 - 보아도 - 보아서
  - '-어'로 적는 경우 : 개어- 개어도 - 개어서, 겪어 - 겪어도 - 겪어서, 되어 - 되어도 - 되어서, 베어 - 베 어도 - 베어서, 쉬어 - 쉬어도 - 쉬 어서, 저어 - 저어도 - 저어서, 주 어 - 주어도 - 주어서
- 한글 맞춤법 제17항 : 어미 뒤에 덧붙 는 조사 '-요'는 '-요'로 적는다(예 읽 어 - 읽어요, 참으리 - 참으리요, 좋 지 - 좋지요).

SEMI-NOTE

접미사가 붙어서 된 말

• **한글 맞춤법 제22항** : 용언의 어간에 다음과 같은 접미사들이 붙어서 이루어진 말들은 그 어간을 밝히어 적는다.
　－'－가－, －리－, －이－, －하－, －구－, －우－, －추－, －으카－, 이카－, －애－'가 붙는 것 : 맡기다. 옮기다. 웃기다. 쫓기다. 뚫리다
　다만, '－이－, －하－, －우－'가 붙어서 된 말이라도 본뜻에서 멀어진 것은 소리대로 적는다(⑩ 도리다(칼로 －). 드리다(용돈을 －). 고치다. 미루다. 이루다).
　－'－차－, －뜨리－, －트리－'가 붙는 것 : 놓치다. 덮치다. 떠받치다. 받치다. 밭치다. 부딪치다. 뻗치다. 엎치다. 부딪뜨리다/부딪트리다
　[붙임] '－업－, －읍－, －브－'가 붙어서 된 말은 소리대로 적는다(⑩ 미덥다. 우습다. 미쁘다).

• **한글 맞춤법 제24항** : '－거리다'가 붙을 수 있는 시늉말 어근에 '－이다'가 붙어서 된 용언은 그 어근을 밝히어 적는다.(⑩ 끄더기다 → 끄덕이다. 지꺼리다 → 지껄이다. 퍼더기다 → 퍼덕이다. 망서리다 → 망설이다)

• **한글 맞춤법 제26항** : '－하다'나 '－없다'가 붙어서 된 용언은 그 '－하다'나 '－없다'를 밝히어 적는다.
　'－하다'가 붙어서 용언이 된 것(⑩ 딱하다. 숱하다. 착하다. 텁텁하다. 푹하다)
　'－없다'가 붙어서 용언이 된 것(⑩ 부질없다. 상없다. 시름없다. 열없다. 하염없다)

• '－음/－ㅁ'이 붙어서 명사로 된 것(⑩ 걸음, 묶음, 믿음, 얼음, 엮음, 울음, 웃음, 졸음, 죽음, 앎, 만듦, 삶)
• '－이'가 붙어서 부사로 된 것(⑩ 같이, 굳이, 길이, 높이, 많이, 실없이, 좋이, 짓궂이, 깊이, 깨끗이)
• '－히'가 붙어서 부사로 된 것(⑩ 밝히, 익히, 작히, 부지런히)

다만, 어간에 '－이'나 '－음'이 붙어서 명사로 바뀐 것이라도 그 어간의 뜻과 멀어진 것은 원형을 밝히어 적지 아니한다(⑩ 굽도리, 다리[髢], 목거리(목병), 무녀리, 코끼리, 거름(비료), 고름[膿]).

[붙임] 어간에 '－이'나 '－음' 이외의 모음으로 시작된 접미사가 붙어서 다른 품사로 바뀐 것은 그 어간의 원형을 밝히어 적지 아니한다.

> 제20항 명사 뒤에 '－이'가 붙어서 된 말은 그 명사의 원형을 밝히어 적는다.

• 부사로 된 것(⑩ 곳곳이, 낱낱이, 몫몫이, 샅샅이, 앞앞이, 집집이)
• 명사로 된 것(⑩ 곰배팔이, 바둑이, 삼발이, 애꾸눈이, 육손이, 절뚝발이/절름발이)

[붙임] '－이' 이외의 모음으로 시작된 접미사가 붙어서 된 말은 그 명사의 원형을 밝히어 적지 아니한다(⑩ 꼬락서니, 끄트머리, 모가치, 바가지, 바깥, 사타구니, 싸라기, 이파리, 지붕, 지푸라기, 짜개).

> 제21항 명사나 혹은 용언의 어간 뒤에 자음으로 시작된 접미사가 붙어서 된 말은 그 명사나 어간의 원형을 밝히어 적는다.

• 명사 뒤에 자음으로 시작된 접미사가 붙어서 된 것(⑩ 값지다, 홑지다, 넋두리, 빛깔, 옆댕이, 잎사귀)
• 어간 뒤에 자음으로 시작된 접미사가 붙어서 된 것(⑩ 낚시, 늙정이, 덮개, 뜯게질, 굵다랗다)

다만, 다음과 같은 말은 소리대로 적는다.
• 겹받침의 끝소리가 드러나지 아니하는 것(⑩ 할짝거리다, 널따랗다, 널찍하다, 말끔하다, 말쑥하다)
• 어원이 분명하지 아니하거나 본뜻에서 멀어진 것(⑩ 넙치, 올무, 골막하다, 납작하다)

> 제23항 '－하다'나 '－거리다'가 붙는 어근에 '－이'가 붙어서 명사가 된 것은 그 원형을 밝히어 적는다(⑩ 살살이 → 살살이, 오뚜기 → 오뚝이, 홀쭈기 → 홀쭉이, 배불뚜기 → 배불뚝이).

[붙임] '－하다'나 '－거리다'가 붙을 수 없는 어근에 '－이'나 또는 다른 모음으로 시작되는 접미사가 붙어서 명사가 된 것은 그 원형을 밝히어 적지 아니한다(⑩ 개구리, 귀뚜라미, 기러기, 깍두기, 꽹과리).

제25항 '−하다'가 붙는 어근에 '−히'나 '−이'가 붙어서 부사가 되거나, 부사에 '−이'가 붙어서 뜻을 더하는 경우에는 그 어근이나 부사의 원형을 밝히어 적는다.

- '−하다'가 붙는 어근에 '−히'나 '−이'가 붙는 경우(예 급히, 꾸준히, 도저히, 딱히, 어렴풋이, 깨끗이)

[붙임] '−하다'가 붙지 않는 경우에는 소리대로 적는다(예 갑자기, 반드시(꼭), 슬며시).

- 부사에 '−이'가 붙어서 역시 부사가 되는 경우(예 곰곰이, 더욱이, 생긋이, 오뚝이, 일찍이, 해죽이)

ⓔ 합성어 및 접두사가 붙는 말 ★빈출개념

제27항 둘 이상의 단어가 어울리거나 접두사가 붙어서 이루어진 말은 각각 그 원형을 밝히어 적는다(예 국말이, 꽃잎, 끝장, 물난리, 젖몸살, 첫아들, 칼날, 팥알, 헛웃음, 샛노랗다).

[붙임 1] 어원은 분명하나 소리만 특이하게 변한 것은 변한 대로 적는다(예 할아버지, 할아범).

[붙임 2] 어원이 분명하지 아니한 것은 원형을 밝히어 적지 아니한다(예 골병, 골탕, 끌탕, 며칠).

[붙임 3] '이[齒, 虱]'가 합성어나 이에 준하는 말에서 '니' 또는 '리'로 소리날 때에는 '니'로 적는다(예 송곳니, 앞니, 어금니, 윗니, 젖니, 톱니, 틀니, 가랑니, 머릿니).

제30항 사이시옷은 다음과 같은 경우에 받치어 적는다.

- 순우리말로 된 합성어로서 앞말이 모음으로 끝난 경우

뒷말의 첫소리가 된소리로 나는 것	고랫재, 귓밥, 나룻배, 나뭇가지, 냇가, 댓가지, 뒷갈망, 맷돌, 핏대
뒷말의 첫소리 'ㄴ, ㅁ' 앞에서 'ㄴ' 소리가 덧나는 것	멧나물, 아랫니, 텃마당, 아랫마을, 뒷머리, 잇몸, 깻묵, 냇물, 빗물
뒷말의 첫소리 모음 앞에서 'ㄴㄴ' 소리가 덧나는 것	도리깻열, 뒷윷, 두렛일, 뒷일, 뒷입맛, 베갯잇, 욧잇, 깻잎, 나뭇잎

- 순우리말과 한자어로 된 합성어로서 앞말이 모음으로 끝난 경우

뒷말의 첫소리가 된소리로 나는 것	귓병, 머릿방, 뱃병, 봇둑, 사잣밥, 샛강, 아랫방
뒷말의 첫소리 'ㄴ, ㅁ' 앞에서 'ㄴ' 소리가 덧나는 것	곗날, 제삿날, 훗날, 툇마루, 양칫물
뒷말의 첫소리 모음 앞에서 'ㄴㄴ' 소리가 덧나는 것	가욋일, 사삿일, 예삿일, 훗일

합성어 및 접두사가 붙는 말

- 한글 맞춤법 제28항 : 끝소리가 'ㄹ'인 말과 딴 말이 어울릴 적에 'ㄹ' 소리가 나지 아니하는 것은 아니 나는 대로 적는다(예 다달이(달−달−이), 따님(딸−님), 마소(말−소)).
- 한글 맞춤법 제29항 : 끝소리가 'ㄹ'인 말과 딴 말이 어울릴 적에 'ㄹ' 소리가 'ㄷ' 소리로 나는 것은 'ㄷ'으로 적는다(예 반짇고리(바느질∼), 사흗날(사흘∼), 삼짇날(삼질∼), 숟가락(술∼), 이튿날(이틀∼)).
- 한글 맞춤법 제31항 : 두 말이 어울릴 적에 'ㅂ' 소리나 'ㅎ' 소리가 덧나는 것은 소리대로 적는다.
  − 'ㅂ' 소리가 덧나는 것 : 멥쌀(메ㅂ쌀), 볍씨(벼ㅂ씨), 입때(이ㅂ때)
  − 'ㅎ' 소리가 덧나는 것 : 머리카락(머리ㅎ가락), 안팎(안ㅎ밖), 암탉(암ㅎ닭)

SEMI-NOTE

준말

• 한글 맞춤법 제38항 : 'ㅏ, ㅗ, ㅜ, ㅡ' 뒤에 '-이어'가 어울려 줄어질 적에는 준 대로 적는다(예 싸이어 : 쌔어/싸여, 보이어 : 뵈어/보여, 쓰이어 : 씌어/쓰여, 트이어 : 틔어/트여).

• 한글 맞춤법 제39항 : 어미 '-지' 뒤에 '않-'이 어울려 '-잖-'이 될 적과 '-하지' 뒤에 '않-'이 어울려 '-찮-'이 될 적에는 준 대로 적는다(예 적지않은(본말) → 적잖은(준말), 변변하지 않다(본말) → 변변찮다(준말)).

띄어쓰기

• 한글 맞춤법 제43항 : 단위를 나타내는 명사는 띄어 쓴다(예 한 개, 차 한 대, 금 서 돈, 소 한 마리, 열 살, 연필 한 자루, 조기 한 손).

• 한글 맞춤법 제44항 : 수를 적을 적에는 '만(萬)'단위로 띄어 쓴다(예 십이억 삼천사백오십육만 칠천팔백구십팔, 12억 3456만 7898).

• 한글 맞춤법 제46항 : 단음절로 된 단어는 연이어 나타날 적에는 붙여 쓸 수 있다(예 그때 그곳, 좀더 큰것, 이 말 저말, 한잎 두잎).

• 두 음절로 된 다음 한자어 : 곳간(庫間), 셋방(貰房), 숫자(數字), 찻간(茶間), 툇간(退間), 횟수(回數)

ⓜ 준말 ★ 빈출개념

> 제35항 모음 'ㅗ, ㅜ'로 끝난 어간에 '-아/-어, -았-/-었-'이 어울려 'ㅘ/ㅝ, 팠/꿨'으로 될 적에는 준 대로 적는다(예 보아(본말) → 봐(준말), 두었다(본말) → 뒀다(준말), 쑤었다(본말) → 쒔다(준말)).

[붙임 1] '놓아'가 '놔'로 줄 적에는 준 대로 적는다.
[붙임 2] 'ㅚ' 뒤에 '-어, -었-'이 어울려 'ㅙ, 꽸'으로 될 적에도 준 대로 적는다(예 쇠었다(본말) → 쇘다(준말), 되었다(본말) → 됐다(준말)).

> 제40항 어간의 끝 음절 '하'의 'ㅏ'가 줄고 'ㅎ'이 다음 음절의 첫소리와 어울려 거센소리로 될 적에는 거센소리로 적는다(예 간편하게(본말) → 간편케(준말), 흔하다(본말) → 흔타(준말)).

[붙임 1] 'ㅎ'이 어간의 끝소리로 굳어진 것은 받침으로 적는다(예 아무렇지, 어떻든지, 이렇고).
[붙임 2] 어간의 끝음절 '하'가 아주 줄 적에는 준 대로 적는다(예 생각하건대 → 생각건대, 넉넉하지 않다 → 넉넉지 않다, 익숙하지 않다 → 익숙지 않다).
[붙임 3] 다음과 같은 부사는 소리대로 적는다(예 결단코, 결코, 아무튼, 요컨대, 하마터면, 하여튼).

⑤ 띄어쓰기

㉠ 조사

> 제41항 조사는 그 앞말에 붙여 쓴다(예 꽃이, 꽃마저, 꽃밖에, 꽃입니다, 어디까지나, 거기도, 멀리는, 웃고만).

㉡ 의존명사, 단위를 나타내는 명사 및 열거하는 말 등

> 제42항 의존명사는 띄어 쓴다(예 아는 것이 힘이다, 나도 할 수 있다, 먹을 만큼 먹어라, 그가 떠난 지가 오래다).

> 제45항 두 말을 이어 주거나 열거할 적에 쓰이는 말들은 띄어 쓴다(예 국장 겸 과장, 열 내지 스물, 청군 대 백군, 이사장 및 이사들, 사과, 귤 등등).

㉢ 보조용언 ★ 빈출개념

> 제47항 보조용언은 띄어 씀을 원칙으로 하되, 경우에 따라 붙여 씀도 허용한다.

원칙	허용
불이 꺼져 간다.	불이 꺼져간다.
어머니를 도와 드린다.	어머니를 도와드린다.
그릇을 깨뜨려 버렸다.	그릇을 깨뜨려버렸다.
비가 올 듯하다.	비가 올듯하다.
그 일은 할 만하다.	그 일은 할만하다.

다만, 앞말에 조사가 붙거나 앞말이 합성동사인 경우, 그리고 중간에 조사가 들어갈 적에는 그 뒤에 오는 보조용언은 띄어 쓴다.

잘도 놀아만 나는구나!	책을 읽어도 보고	네가 덤벼들어 보아라.
강물에 떠내려가 버렸다.	그가 올 듯도 하다.	잘난 체를 한다.

ⓔ **고유명사 및 전문 용어** ★ 빈출개념

> 제48항 성과 이름, 성과 호 등은 붙여 쓰고, 이에 덧붙는 호칭어, 관직명 등은 띄어 쓴다(예 김양수(金良洙), 서화담(徐花潭), 채영신 씨, 최치원 선생, 박동식 박사).

다만, 성과 이름, 성과 호를 분명히 구분할 필요가 있을 경우에는 띄어 쓸 수 있다(예 남궁억/남궁 억, 독고준/독고 준, 황보지봉(皇甫芝峰)/황보 지봉).

ⓑ **그 밖의 것** ★ 빈출개념

> 제51항 부사의 끝음절이 분명히 '이'로만 나는 것은 '-이'로 적고, '히'로만 나거나 '이'나 '히'로 나는 것은 '-히'로 적는다.

- '이'로만 나는 것 : 깨끗이, 산뜻이, 겹겹이, 반듯이, 틈틈이, 버젓이, 번번이, 따뜻이, 가까이, 고이, 번거로이, 헛되이, 일일이
- '히'로만 나는 것 : 딱히, 극히, 정확히, 족히, 엄격히, 속히, 급히
- '이, 히'로 나는 것 : 솔직히, 가만히, 꼼꼼히, 상당히, 능히, 분명히, 도저히, 각별히, 소홀히, 쓸쓸히, 열심히, 답답히, 섭섭히, 공평히, 조용히, 고요히

> 제53항 다음과 같은 어미는 예사소리로 적는다(예 -(으)ㄹ꺼나 → -(으)ㄹ거나, -(으)ㄹ껄 → -(으)ㄹ걸, -(으)ㄹ께 → -(으)ㄹ게, -(으)ㄹ찌언정 → -(으)ㄹ지언정).

다만, 의문을 나타내는 다음 어미들은 된소리로 적는다(예 -(으)ㄹ까?, -(으)ㄹ꼬?, -(으)리까?, -(으)ㄹ쏘냐?).

고유명사 및 전문 용어

- 한글 맞춤법 제49항 : 성명 이외의 고유명사는 단어별로 띄어 씀을 원칙으로 하되, 단어별로 띄어 쓸 수 있다(예 한국 대학교 사범 대학(원칙)/한국대학교 사범대학(허용)).
- 한글 맞춤법 제50항 : 전문 용어는 단어별로 띄어 씀을 원칙으로 하되, 붙여 쓸 수 있다(예 골수성 백혈병(원칙)/만성골수성백혈병(허용). 중거리 탄도 유도탄(원칙)/중거리탄도유도탄(허용)).

그 밖의 것

- 한글 맞춤법 제54항 : 다음과 같은 접미사는 된소리로 적는다(예 심부름군 → 심부름꾼, 귓대기 → 귀때기, 익살군 → 익살꾼, 볼대기 → 볼때기, 일군 → 일꾼, 뒷굼치 → 뒤꿈치).
- 한글 맞춤법 제56항 : '-더라, -던'과 '-든지'는 다음과 같이 적는다.
  - 지난 일을 나타내는 어미는 '-더라, -던'으로 적는다.(예 지난겨울은 몹시 춥드라. → 지난겨울은 몹시 춥더라./그렇게 좋든가? → 그렇게 좋던가?)
  - 물건이나 일의 내용을 가리지 아니하는 뜻을 나타내는 조사와 어미는 '-든지'로 적는다.(예 배던지 사과던지 마음대로 먹어라. → 배든지 사과든지 마음대로 먹어라.)

기타 구별하여 적는 말
- **안치다** : 밥을 안친다.
- **앉히다** : 윗자리에 앉힌다.
- **어름** : 두 물건의 어름에서 일어난 현상
- **얼음** : 얼음이 얼었다.
- **거치다** : 영월을 거쳐 왔다.
- **걷히다** : 외상값이 잘 걷힌다.
- **다리다** : 옷을 다린다.
- **달이다** : 약을 달인다.
- **−느니보다(어미)** : 나를 찾아오느니보다 집에 있거라.
- **−는 이보다(의존명사)** : 오는 이가 가는 이보다 많다.
- **−(으)러(목적)** : 공부하러 간다.
- **−(으)려(의도)** : 서울 가려 한다.

제57항 다음 말들은 각각 구별하여 적는다.

가름 : 둘로 가름	갈음 : 새 책상으로 갈음하였다.
거름 : 풀을 썩인 거름	걸음 : 빠른 걸음
걷잡다 : 걷잡을 수 없는 상태	겉잡다 : 겉잡아서 이틀 걸릴 일
그러므로(그러니까) : 그는 부지런하다. 그러므로 잘 산다.	그럼으로(써)(그렇게 하는 것으로) : 그는 열심히 공부한다. 그럼으로(써) 은혜에 보답한다.
노름 : 노름판이 벌어졌다.	놀음(놀이) : 즐거운 놀음
느리다 : 진도가 너무 느리다.	• 늘이다 : 고무줄을 늘인다. • 늘리다 : 수출량을 더 늘린다.
다치다 : 부주의로 손을 다쳤다.	• 닫히다 : 문이 저절로 닫혔다. • 닫치다 : 문을 힘껏 닫쳤다.
마치다 : 벌써 일을 마쳤다.	맞히다 : 여러 문제를 더 맞혔다.
목거리 : 목거리가 덧났다.	목걸이 : 금 목걸이, 은 목걸이
바치다 : 나라를 위해 목숨을 바쳤다.	• 받치다 : 우산을 받치고 간다. • 받히다 : 쇠뿔에 받혔다. • 밭치다 : 술을 체에 밭친다.
반드시 : 약속은 반드시 지켜라.	반듯이 : 고개를 반듯이 들어라.
부딪치다 : 차와 차가 마주 부딪쳤다.	부딪히다 : 마차가 화물차에 부딪혔다.
부치다 : 힘이 부치는 일이다.	붙이다 : 우표를 붙인다.
시키다 : 일을 시킨다.	식히다 : 끓인 물을 식힌다.
아름 : 세 아름 되는 둘레	• 알음 : 전부터 알음이 있는 사이 • 앎 : 앎이 힘이다.
이따가 : 이따가 오너라.	있다가 : 돈은 있다가도 없다.
저리다 : 다친 다리가 저린다.	절이다 : 김장 배추를 절인다.
조리다 : 생선을 조린다.	졸이다 : 마음을 졸인다.
주리다 : 여러 날을 주렸다.	줄이다 : 비용을 줄인다.
−노라고 : 하노라고 한 것이 이 모양이다.	−느라고 : 공부하느라고 밤을 새웠다.
−(으)리만큼(어미) : 나를 미워하리만큼 그에게 잘못한 일이 없다.	−(으)ㄹ 이만큼(의존명사) : 찬성할 이도 반대할 이만큼이나 많을 것이다.
(으)로서(자격) : 사람으로서 그럴 수는 없다.	(으)로써(수단) : 닭으로써 꿩을 대신했다.
−(으)므로(어미) : 그가 나를 믿으므로 나도 그를 믿는다.	(−ㅁ, −음)으로(써)(조사) : 그는 믿음으로(써) 산 보람을 느꼈다.

(2) 표준어 규정

① 표준어 사정 원칙 – 총칙

> 제1항 표준어는 교양 있는 사람들이 두루 쓰는 현대 서울말로 정함을 원칙으로
> 한다.
> 제2항 외래어는 따로 사정한다.

② 발음 변화에 따른 표준어 규정

㉠ 자음

> 제5항 어원에서 멀어진 형태로 굳어져서 널리 쓰이는 것은, 그것을 표준어
> 로 삼는다(예 강남콩 → 강낭콩, 삭월세 → 사글세).

다만, 어원적으로 원형에 더 가까운 형태가 아직 쓰이고 있는 경우에는, 그것
을 표준어로 삼는다(예 저으기 → 적이, 구젓 → 굴젓).

> 제7항 수컷을 이르는 접두사는 '수–'로 통일한다(예 숫놈 → 수놈, 숫소 →
> 수소, 수꿩, 수퀑 → 수꿩).

다만 1. 다음 단어에서는 접두사 다음에서 나는 거센소리를 인정한다. 접두사
'암–'이 결합되는 경우에도 이에 준한다(예 숫–강아지 → 수캉아지, 숫–개 →
수캐, 숫–닭 → 수탉, 숫–당나귀 → 수탕나귀, 숫–돼지 → 수퇘지, 숫–병아
리 → 수평아리).
다만 2. 다음 단어의 접두사는 '숫–'으로 한다(예 숫양, 숫염소, 숫쥐).

㉡ 모음

> 제8항 양성모음이 음성모음으로 바뀌어 굳어진 다음 단어는 음성모음 형태
> 를 표준어로 삼는다(예 깡총깡총 → 깡충깡충, 오똑이 → 오뚝이, 바람동이
> → 바람둥이, 발가송이 → 발가숭이, 봉족 → 봉죽, 뻗장다리 → 뻗정다리,
> 주초 → 주추(주춧돌)).

다만, 어원 의식이 강하게 작용하는 다음 단어에서는 양성모음 형태를 그대로
표준어로 삼는다(예 부주금 → 부조금(扶助金), 사둔 → 사돈(査頓), 삼춘 →
삼촌(三寸)).

> 제9항 'ㅣ' 역행동화 현상에 의한 발음은 원칙적으로 표준 발음으로 인정하
> 지 아니하되, 다만 다음 단어들은 그러한 동화가 적용된 형태를 표준어로 삼
> 는다(예 풋나기 → 풋내기, 남비 → 냄비, 동당이치다 → 동댕이치다).

[붙임 1] 다음 단어는 'ㅣ' 역행동화가 일어나지 아니한 형태를 표준어로 삼는
다(예 아지랭이 → 아지랑이).

173

[붙임 2] 기술자에게는 '-장이', 그 외에는 '-쟁이'가 붙는 형태를 표준어로 삼는다(예 미쟁이 → 미장이, 유기쟁이 → 유기장이, 멋장이 → 멋쟁이, 골목장이 → 골목쟁이, 소금장이 → 소금쟁이, 담장이 덩굴 → 담쟁이 덩굴).

> 제12항 '웃-' 및 '윗-'은 명사 '위'에 맞추어 '윗-'으로 통일한다(예 웃니 → 윗니, 웃도리 → 윗도리, 웃목 → 윗목, 웃몸 → 윗몸).

다만 1. 된소리나 거센소리 앞에서는 '위-'로 한다(예 웃쪽 → 위쪽, 웃층 → 위층).
다만 2. '아래, 위'의 대립이 없는 단어는 '웃-'으로 발음되는 형태를 표준어로 삼는다(예 윗어른 → 웃어른, 윗옷 → 웃옷, 윗돈 → 웃돈, 윗국 → 웃국, 윗비 → 웃비).

> 제13항 한자 '구(句)'가 붙어서 이루어진 단어는 '귀'로 읽는 것을 인정하지 아니하고, '구'로 통일한다(예 귀절 → 구절(句節), 경귀 → 경구(警句), 대귀 → 대구(對句), 문귀 → 문구(文句), 성귀 → 성구(成句), 시귀 → 시구(詩句), 어귀 → 어구(語句)).

다만, 다음 단어는 '귀'로 발음되는 형태를 표준어로 삼는다(예 구글 → 귀글, 글구 → 글귀).

ⓒ 준말

> 제16항 준말과 본말이 다 같이 널리 쓰이면서 준말의 효용이 뚜렷이 인정되는 것은 두 가지를 다 표준어로 삼는다.

거짓-부리/거짓-불	노을/놀
막대기/막대	망태기/망태
머무르다/머물다	서두르다/서둘다
서투르다/서툴다	석새-삼베/석새-베
시-누이/시-뉘, 시-누	오-누이/오-뉘, 오-누
외우다/외다	이기죽-거리다/이죽-거리다

③ 어휘 선택의 변화에 따른 표준어 규정

㉠ 고어

> 제20항 사어(死語)가 되어 쓰이지 않게 된 단어는 고어로 처리하고, 현재 널리 사용되는 단어를 표준어로 삼는다. ( )안은 쓰이지 않는 말이다(예 난봉(봉), 낭떠러지(낭), 설거지-하다(설겆다), 애달프다(애닯다), 오동-나무(머귀나무), 자두(오얏)).

ⓛ 복수 표준어

> 제26항 한 가지 의미를 나타내는 형태 몇 가지가 널리 쓰이며 표준어 규정에 맞으면, 그 모두를 표준어로 삼는다.

가는-허리/잔-허리	가락-엿/가래-엿
가뭄/가물	가엾다/가엽다
감감-무소식/감감-소식	개수-통/설거지-통
게을러-빠지다/게을러-터지다	고깃-간/푸줏-간
곰곰/곰곰-이	관계-없다/상관-없다
극성-떨다/극성-부리다	기세-부리다/기세-피우다
기승-떨다/기승-부리다	넝쿨/덩굴
녘/쪽	다달-이/매-달
-다마다/-고말고	다박-나룻/다박-수염
덧-창/겉-창	돼지-감자/뚱딴지
들락-날락/들랑-날랑	딴-전/딴-청
-뜨리다/-트리다	마-파람/앞-바람
만큼/만치	멀찌감치/멀찌가니/멀찍이
모-내다/모-심다	모쪼록/아무쪼록
물-봉숭아/물-봉선화	민둥-산/벌거숭이-산
밑-층/아래-층	변덕-스럽다/변덕-맞다
보-조개/볼-우물	보통-내기/여간-내기/예사-내기
서럽다/섧다	성글다/성기다
-(으)세요/-(으)셔요	송이/송이-버섯
아무튼/어떻든/어쨌든/하여튼/여하튼	알은-척/알은-체
어이-없다/어처구니-없다	어저께/어제
여쭈다/여쭙다	여태-껏/이제-껏/입때-껏
옥수수/강냉이	욕심-꾸러기/욕심-쟁이
우레/천둥	을러-대다/을러-메다
의심-스럽다/의심-쩍다	-이에요/-이어요
자물-쇠/자물-통	재롱-떨다/재롱-부리다
제-가끔/제-각기	좀-처럼/좀-체
차차/차츰	척/체
천연덕-스럽다/천연-스럽다	철-따구니/철-딱서니/철-딱지
한턱-내다/한턱-하다	혼자-되다/홀로-되다
흠-가다/흠-나다/흠-지다	

- **표준어 규정 제18항** : 다음 언어는 전자를 원칙으로 하고, 후자도 허용한다(예 쇠-/소-, 괴다/고이다, 꾀다/꼬이다, 쐬다/쏘이다, 죄다/조이다).
- **표준어 규정 제19항** : 어감의 차이를 나타내는 단어 또는 발음이 비슷한 단어들이 다 같이 널리 쓰이는 경우에는 그 모두를 표준어로 삼는다(예 거슴츠레-하다/게슴츠레-하다, 고까/꼬까, 고린-내/코린-내, 구린-내/쿠린-내, 꺼림-하다/께름-하다, 나부랭이/너부렁이).

표준어 규정(한자어)

- **표준어 규정 제21항** : 고유어 계열의 단어가 널리 쓰이고 그에 대응되는 한자어 계열의 단어가 용도를 잃게 된 것은, 고유어 계열의 단어만을 표준어로 삼는다(예 말약 → 가루약, 방돌 → 구들장, 보행삯 → 길품삯, 맹눈 → 까막눈, 노닥다리 → 늙다리, 병암죽 → 떡암죽, 건빨래 → 마른빨래, 배달나무 → 박달나무, 답/전 → 논/밭, 화곽 → 성냥, 벽지다 → 외지다, 솟을문 → 솟을무늬, 피죽 → 죽데기, 분전 → 푼돈).
- **표준어 규정 제22항** : 고유어 계열의 단어가 생명력을 잃고 그에 대응되는 한자어 계열의 단어가 널리 쓰이면, 한자어 계열의 단어를 표준어로 삼는다(예 개다리 밥상 → 개다리 소반, 맞상 → 겸상, 높은 밥 → 고봉밥, 마바리집 → 마방집, 민주스럽다 → 민망스럽다, 구들고래 → 방고래, 뜸단지 → 부항단지, 둥근 파 → 양파, 군달 → 윤달, 알무 → 총각무, 잇솔 → 칫솔).

04장

현대 문법

(3) 표준 발음법

① 자음과 모음의 발음

> 제4항 'ㅏ, ㅐ, ㅓ, ㅔ, ㅗ, ㅚ, ㅜ, ㅟ, ㅡ, ㅣ'는 단모음(單母音)으로 발음한다.

[붙임] 'ㅚ, ㅟ'는 이중 모음으로 발음할 수 있다.

> 제5항 'ㅑ, ㅒ, ㅕ, ㅖ, ㅘ, ㅙ, ㅛ, ㅝ, ㅞ, ㅠ, ㅢ'는 이중 모음으로 발음한다.

다만 1. 용언의 활용형에 나타나는 '져, 쪄, 쳐'는 [저, 쩌, 처]로 발음한다(예 가지어 → 가져[가저], 찌어 → 쪄[쩌], 다치어 → 다쳐[다처]).

다만 3. 자음을 첫소리로 가지고 있는 음절의 'ㅢ'는 [ㅣ]로 발음한다(예 늴리리, 닁큼, 무늬, 띄어쓰기, 씌어, 틔어, 희어, 희떱다, 희망, 유희).

다만 4. 단어의 첫음절 이외의 '의'는 [ㅣ]로, 조사 '의'는 [ㅔ]로 발음함도 허용한다(예 주의[주의/주이], 협의[혀븨/혀비], 우리의[우리의/우리에], 강의의[강:의의/강:이에]).

② 음의 길이

> 제6항 모음의 장단을 구별하여 발음하되, 단어의 첫음절에서만 긴소리가 나타나는 것을 원칙으로 한다(예 눈보라[눈:보라], 말씨[말:씨], 밤나무[밤:나무], 많다[만:타], 멀리[멀:리], 벌리다[벌:리다]).

다만, 합성어의 경우에는 둘째 음절 이하에서도 분명한 긴소리를 인정한다(예 반신반의[반:신바:늬/반:신바:니], 재삼재사[재:삼재:사]).

[붙임] 용언의 단음절 어간에 어미 '-아/-어'가 결합되어 한 음절로 축약되는 경우에도 긴소리로 발음한다(예 보아 → 봐[봐:], 기어 → 겨[겨:], 되어 → 돼[돼:], 두어 → 둬[둬:], 하여 → 해[해:]).

다만, '오아 → 와, 지어 → 져, 찌어 → 쪄, 치어 → 쳐' 등은 긴소리로 발음하지 않는다.

> 제7항 긴소리를 가진 음절이라도, 다음과 같은 경우에는 짧게 발음한다.

• 단음절인 용언 어간에 모음으로 시작된 어미가 결합되는 경우(예 감다[감:따] – 감으니[가므니], 밟다[밥:따] – 밟으면[발브면])

다만, 다음과 같은 경우에는 예외적이다(예 끌다[끌:다] – 끌어[끄:러], 떫다[떨:따] – 떫은[떨:븐], 벌다[벌:다] – 벌어[버:러], 썰다[썰:다] – 썰어[써:러]).

• 용언 어간에 피동, 사동의 접미사가 결합되는 경우(예 감다[감:따] – 감기다[감기다], 꼬다[꼬:다] – 꼬이다[꼬이다], 밟다[밥:따] – 밟히다[발피다])

다만, 다음과 같은 경우에는 예외적이다(예 끌리다[끌:리다], 벌리다[벌:리다], 없애다[업:쌔다]).

[붙임] 다음과 같은 복합어에서는 본디의 길이에 관계없이 짧게 발음한다(**예** 밀-물, 썰-물, 쏜-살-같이, 작은-아버지).

③ 받침의 발음

> 제10항 겹받침 'ㄳ', 'ㄵ', 'ㄼ, ㄽ, ㄾ', 'ㅄ'은 어말 또는 자음 앞에서 각각 [ㄱ, ㄴ, ㄹ, ㅂ]으로 발음한다(**예** 넋[넉], 넋과[넉꽈], 앉다[안따], 여덟[여덜], 넓다[널따], 외곬[외골], 핥다[할따], 값[갑]).

다만, '밟-'은 자음 앞에서 [밥]으로 발음하고, '넓-'은 다음과 같은 경우에 [넙]으로 발음한다(**예** 밟다[밥:따], 밟소[밥:쏘], 밟지[밥:찌], 밟는[밥:는 → 밤:는], 밟게[밥:께], 밟고[밥:꼬], 넓-죽하다[넙쭈카다], 넓-둥글다[넙뚱글다]).

> 제12항 받침 'ㅎ'의 발음은 다음과 같다.

• 'ㅎ(ㄶ, ㅀ)' 뒤에 'ㄱ, ㄷ, ㅈ'이 결합되는 경우에는, 뒤 음절 첫소리와 합쳐서 [ㅋ, ㅌ, ㅊ]으로 발음한다(**예** 놓고[노코], 좋던[조:턴], 쌓지[싸치], 많고[만:코], 않던[안턴], 닳지[달치]).
[붙임 1] 받침 'ㄱ(ㄺ), ㄷ, ㅂ(ㄼ), ㅈ(ㄵ)'이 뒤 음절 첫소리 'ㅎ'과 결합되는 경우에도, 역시 두 음을 합쳐서 [ㅋ, ㅌ, ㅍ, ㅊ]으로 발음한다(**예** 각하[가카], 먹히다[머키다], 밝히다[발키다], 맏형[마텽], 좁히다[조피다], 넓히다[널피다], 꽂히다[꼬치다], 앉히다[안치다]).
[붙임 2] 규정에 따라 'ㄷ'으로 발음되는 'ㅅ, ㅈ, ㅊ, ㅌ'의 경우에도 이에 준한다(**예** 옷 한 벌[오탄벌], 낮 한때[나탄때], 꽃 한 송이[꼬탄송이], 숱하다[수타다]).
• 'ㅎ(ㄶ, ㅀ)' 뒤에 'ㅅ'이 결합되는 경우에는, 'ㅅ'을 [ㅆ]으로 발음한다(**예** 닿소[다:쏘], 많소[만:쏘], 싫소[실쏘]).
• 'ㅎ' 뒤에 'ㄴ'이 결합되는 경우에는, [ㄴ]으로 발음한다(**예** 놓는[논는], 쌓네[싼네]).
[붙임] 'ㄶ, ㅀ' 뒤에 'ㄴ'이 결합되는 경우에는, 'ㅎ'을 발음하지 않는다(**예** 않네[안네], 않는[안는], 뚫네[뚤네 → 뚤레], 뚫는[뚤는 → 뚤른]).
• 'ㅎ(ㄶ, ㅀ)' 뒤에 모음으로 시작된 어미나 접미사가 결합되는 경우에는, 'ㅎ'을 발음하지 않는다(**예** 낳은[나은], 놓아[노아], 쌓이다[싸이다], 많아[마:나], 않은[아는], 닳아[다라], 싫어도[시러도]).

> 제15항 받침 뒤에 모음 'ㅏ, ㅓ, ㅗ, ㅜ, ㅟ'들로 시작되는 실질형태소가 연결되는 경우에는, 대표음으로 바꾸어서 뒤 음절 첫소리로 옮겨 발음한다(**예** 밭 아래[바다래], 늪 앞[느밥], 젖어미[저더미], 겉옷[거돋], 꽃 위[꼬뒤]).

다만, '맛있다, 멋있다'는 [마싣따], [머싣따]로도 발음할 수 있다.
[붙임] 겹받침의 경우에는, 그 중 하나만을 옮겨 발음한다(**예** 넋 없다[너겁따], 닭 앞에[다가페], 값어치[가버치], 값있는[가빈는]).

SEMI-NOTE

표준 발음법(받침의 발음)
• **표준 발음법 제9항** : 받침 'ㄲ', 'ㅋ', 'ㅅ, ㅆ, ㅈ, ㅊ, ㅌ', 'ㅍ'은 어말 또는 자음 앞에서 각각 대표음[ㄱ, ㄷ, ㅂ]으로 발음한다(**예** 닦다[닥따], 키읔[키윽], 키읔과[키윽꽈], 옷[온], 웃다[욷:따], 있다[읻따], 젖[젇]).
• **표준 발음법 제11항** : 겹받침 'ㄺ, ㄻ, ㄿ'은 어말 또는 자음 앞에서 각각 [ㄱ, ㅁ, ㅂ]으로 발음한다(**예** 닭[닥], 흙과[흑꽈], 맑다[막따], 늙지[늑찌], 삶[삼:], 젊다[점:따], 읊고[읍꼬], 읊다[읍따]). 다만, 용언의 어간 말음 'ㄺ'은 'ㄱ' 앞에서 [ㄹ]로 발음한다(**예** 맑게[말께], 묽고[물꼬], 얽거나[얼꺼나]).
• **표준 발음법 제14항** : 겹받침이 모음으로 시작된 조사나 어미, 접미사와 결합되는 경우에는, 뒤엣것만을 뒤 음절 첫소리로 옮겨 발음한다. 이 경우, 'ㅅ'은 된소리로 발음한다(**예** 넋이[넉씨], 앉아[안자], 닭을[달글], 젊어[절머], 곬이[골씨], 핥아[할타], 읊어[을퍼], 값을[갑쓸], 없어[업:써]).

표준 발음법(음의 동화)

- **표준 발음법 제19항** : 받침 'ㅁ, ㅇ' 뒤에 연결되는 'ㄹ'은 'ㄴ'으로 발음한다(예 담력[담:녁], 침략[침:냑], 강릉[강능], 항로[항:노], 대통령[대:통녕]).
- **표준 발음법 제20항** : 'ㄴ'은 'ㄹ'의 앞이나 뒤에서 [ㄹ]로 발음한다.
  - 난로[날:로], 신라[실라], 천리[철리], 광한루[광:할루], 대관령[대:괄령]
  - 칼날[칼랄], 물난리[물랄리], 줄넘기[줄럼끼], 할는지[할른지]
  [붙임] 첫소리 'ㄴ'이 'ㅀ', 'ㄾ' 뒤에 연결되는 경우에도 이에 준한다(예 닳는[달른], 뚫는[뚤른], 핥네[할레]).

표준 발음법(된소리되기)

- **표준 발음법 제23항** : 받침 'ㄱ(ㄲ, ㅋ, ㄳ, ㄺ), ㄷ(ㅅ, ㅆ, ㅈ, ㅊ, ㅌ), ㅂ(ㅍ, ㄼ, ㄿ, ㅄ)' 뒤에 연결되는 'ㄱ, ㄷ, ㅂ, ㅅ, ㅈ'은 된소리로 발음한다(예 국밥[국빱], 깎다[깍따], 넋받이[넉빠지], 삯돈[삭똔], 닭장[닥짱], 칡범[칙뻠], 뻗대다[뻗때다], 옷고름[옫꼬름], 꽃다발[꼳따발], 낯설다[낟썰다], 밭갈이[받까리], 곱돌[곱똘], 덮개[덥깨], 옆집[엽찝], 넓죽하다[넙쭈카다], 읊조리다[읍쪼리다]).
- **표준 발음법 제28항** : 표기상으로는 사이시옷이 없더라도, 관형격 기능을 지니는 사이시옷이 있어야 할(휴지가 성립되는) 합성어의 경우에는, 뒤 단어의 첫소리 'ㄱ, ㄷ, ㅂ, ㅅ, ㅈ'을 된소리로 발음한다(예 산-새[산쌔], 굴-속[굴:쏙], 손-재주[손째주], 그믐-달[그믐딸]).

④ 음의 동화

> 제17항 받침 'ㄷ, ㅌ(ㄾ)'이 조사나 접미사의 모음 'ㅣ'와 결합되는 경우에는, [ㅈ, ㅊ]으로 바꾸어서 뒤 음절 첫소리로 옮겨 발음한다(예 곧이듣다[고지듣따], 굳이[구지], 미닫이[미:다지], 땀받이[땀바지], 밭이[바치]).

[붙임] 'ㄷ' 뒤에 접미사 '히'가 결합되어 '티'를 이루는 것은 [치]로 발음한다(예 굳히다[구치다], 닫히다[다치다], 묻히다[무치다]).

> 제18항 받침 'ㄱ(ㄲ, ㅋ, ㄳ, ㄺ), ㄷ(ㅅ, ㅆ, ㅈ, ㅊ, ㅌ, ㅎ), ㅂ(ㅍ, ㄼ, ㄿ, ㅄ)'은 'ㄴ, ㅁ' 앞에서 [ㅇ, ㄴ, ㅁ]으로 발음한다(예 먹는[멍는], 국물[궁물], 깎는[깡는], 키읔만[키응만], 몫몫이[몽목씨], 긁는[긍는], 흙만[흥만]).

[붙임] 두 단어를 이어서 한 마디로 발음하는 경우에도 이와 같다(예 책 넣는다[챙넌는다], 흙 말리다[흥말리다], 옷 맞추다[온맏추다], 밥 먹는다[밤멍는다]).

> 제21항 위에서 지적한 이외의 자음 동화는 인정하지 않는다(예 감기[감:기](×[강:기]), 옷감[옫깜](×[옥깜]), 있고[읻꼬](×[익꼬]), 꽃길[꼳낄](×[꼭낄]), 젖먹이[전머기](×[점머기]), 문법[문뻡](×[뭄뻡])).

⑤ 된소리되기(경음화) ★ 빈출개념

> 제24항 어간 받침 'ㄴ(ㄵ), ㅁ(ㄻ)' 뒤에 결합되는 어미의 첫소리 'ㄱ, ㄷ, ㅅ, ㅈ'은 된소리로 발음한다(예 신고[신:꼬], 껴안다[껴안따], 앉고[안꼬], 더듬지[더듬찌], 닮고[담:꼬], 젊지[점:찌]).

다만, 피동, 사동의 접미사 '-기-'는 된소리로 발음하지 않는다(예 안기다, 감기다, 굶기다, 옮기다).

> 제25항 어간 받침 'ㄼ, ㄽ' 뒤에 결합되는 어미의 첫소리 'ㄱ, ㄷ, ㅅ, ㅈ'은 된소리로 발음한다(예 넓게[널께], 핥다[할따], 훑소[훌쏘], 떫지[떨:찌]).

> 제26항 한자어에서, 'ㄹ' 받침 뒤에 연결되는 'ㄷ, ㅅ, ㅈ'은 된소리로 발음한다(예 갈등[갈뜽], 발전[발쩐], 갈증[갈쯩]).

다만, 같은 한자가 겹쳐진 단어의 경우에는 된소리로 발음하지 않는다(예 허허실실(虛虛實實)[허허실실], 절절하다(切切-)[절절하다]).

> 제27항 관형사형 '-(으)ㄹ' 뒤에 연결되는 'ㄱ, ㄷ, ㅂ, ㅅ, ㅈ'은 된소리로 발음한다(예 바를[할빠를], 할 도리[할또리], 할 적에[할쩌게]).

다만, 끊어서 말할 적에는 예사소리로 발음한다.

[붙임] '-(으)ㄹ'로 시작되는 어미의 경우에도 이에 준한다(예 할걸[할껄], 할밖에 [할빠께], 할세라[할쎄라], 할수록[할쑤록], 할지라도[할찌라도]).

⑥ 음의 첨가

> 제29항 합성어 및 파생어에서, 앞 단어나 접두사의 끝이 자음이고 뒤 단어나 접미사의 첫음절이 '이, 야, 여, 요, 유'인 경우에는, 'ㄴ' 음을 첨가하여 [니, 냐, 녀, 뇨, 뉴]로 발음한다(예 솜-이불[솜:니불], 홑-이불[혼니불], 삯-일[상닐], 맨-입[맨닙], 내복-약[내:봉냑], 한-여름[한녀름], 남존-여비[남존녀비], 색-연필[생년필], 직행-열차[지캥녈차], 늑막-염[능망념], 콩-엿[콩녇], 눈-요기 [눈뇨기], 식용-유[시굥뉴], 밤-윷[밤:뉻]).

다만, 다음과 같은 말들은 'ㄴ'음을 첨가하여 발음하되, 표기대로 발음할 수 있다 (예 이죽-이죽[이중니죽/이주기죽], 야금-야금[야금냐금/야그먀금], 검열[검:녈/거:멸], 욜랑-욜랑[욜랑뇰랑/욜랑욜랑], 금융[금늉/그뮹]).

[붙임 1] 'ㄹ' 받침 뒤에 첨가되는 'ㄴ' 음은 [ㄹ]로 발음한다(예 들-일[들:릴], 솔-잎[솔립], 설-익다[설릭따], 물-약[물략], 서울-역[서울력], 물-엿[물렫], 유들-유들[유들류들]).

[붙임 2] 두 단어를 이어서 한 마디로 발음하는 경우에도 이에 준한다(예 한 일 [한닐], 옷 입다[온닙따], 서른여섯[서른녀선], 3연대[삼년대], 1연대[일련대], 할 일[할릴], 잘 입다[잘립따], 스물여섯[스물려선], 먹을 엿[머글렫]).

다만, 다음과 같은 단어에서는 'ㄴ(ㄹ)' 음을 첨가하여 발음하지 않는다(예 6·25[유기오], 3·1절[사밀쩔], 송별-연[송:벼련], 등-용문[등용문]).

> 제30항 사이시옷이 붙은 단어는 다음과 같이 발음한다.

- 'ㄱ, ㄷ, ㅂ, ㅅ, ㅈ'으로 시작하는 단어 앞에 사이시옷이 올 때는 이들 자음만을 된소리로 발음하는 것을 원칙으로 하되, 사이시옷을 [ㄷ]으로 발음하는 것도 허용한다(예 냇가[내:까/낻:까], 샛길[새:낄/샏:낄], 콧등[코뜽/콛뜽], 깃발 [기빨/긷빨]).
- 사이시옷 뒤에 'ㄴ, ㅁ'이 결합되는 경우에는 [ㄴ]으로 발음한다(예 콧날[콛날 → 콘날], 아랫니[아랟니 → 아랜니], 툇마루[퇻:마루 → 퇸:마루]).
- 사이시옷 뒤에 '이' 음이 결합되는 경우에는 [ㄴㄴ]으로 발음한다(예 베갯잇[베 갣닏 → 베갠닏], 깻잎[깯닙 → 깬닙], 나뭇잎[나묻닙 → 나문닙]).

(4) 외래어 표기법

① 본문

> 제1항 외래어는 국어의 현용 24자모만으로 적는다.
> 제2항 외래어의 1음운은 원칙적으로 1기호로 적는다.

표준 발음법('ㄴ'음의 첨가 조건)
- '영업용'과 같이 접미사 '-용'이 결합된 경우에도 'ㄴ'이 첨가되지만 이때의 '-용'은 어휘적인 의미를 강하게 지님
- 소리적인 측면에서 앞말은 자음으로 끝나고 뒷말은 단모음 '이' 또는 이중모음 '야, 여, 요, 유'로 시작해야 하므로, 이때 첨가되는 'ㄴ'은 뒷말의 첫소리에 놓임

표준 발음법(사이시옷 표기)
- 다음 단어들은 사잇소리현상은 있으되 한자와 한자 사이에 사이시옷 표기를 하지 않는다는 규정을 따른다(예 소주잔(燒酒盞)[—짠], 맥주잔(麥酒盞)[—쭈짠]).
- 한자와 고유어로 이루어진 다음의 단어들은 사이시옷 표기를 한다(예 소줏집, 맥줏집, 전셋집).

꼭 알아 두어야 할 외래어 표기 규정

- 7종성 받침만 쓰는 규정(ㄱ, ㄴ, ㄹ, ㅁ, ㅂ, ㅅ, ㅇ) : 케잌(×) → 케이크 (○), 커피숖(×) → 커피숍(○), 맑스 (×) → 마르크스, 테잎(×) → 테이프 (○), 디스켙(×) → 디스켓(○)
- 장모음 금지 규정 : 보오트(×) → 보트(○), 처어칠(×) → 처칠(○), 티임(×) → 팀(○)
- 'ㅈ'계 후행 모음의 단모음 표기 규정 (복모음 금지) : 비젼(×) → 비전(○), 쥬스(×) → 주스(○), 스케쥴(×) → 스케줄(○), 레져(×) → 레저(○), 챠트 (×) → 차트(○)
- 파열음 표기에서의 된소리 금지 규정 : 까스(×) → 가스(○), 써비스(×) → 서비스(○), 도꾜(×) → 도쿄(○), 꽁트 (×) → 콩트(○), 빠리(×) → 파리(○)
- 한 음운을 한 기호로 표기('f'는 ㅍ으로 적음) : 후라이(×) → 프라이(○), 플렛 홈(platform)(×) → 플랫폼(○), 화이팅 (×) → 파이팅(○)
- 어말의 [ʃ]는 '시'로, 자음 앞의 [ʃ] 는 '슈'로, 모음 앞의 [ʃ]는 뒤에 오는 모음 따라 표기 : flash[플래시], shrub[슈러브], fashion[패션], supermarket[슈퍼마켓]
- 어중의 [l]이 모음 앞에 오거나 모음이 따르지 않는 비음 [m], [n] 앞에 올 때 는 'ㄹㄹ'로 표기 하는데 비해, 비음 [m], [n] 뒤의 [l]은 모음이 뒤에 오는 경우 'ㄹ'로 표기 : slide[슬라이드], film[필름], Hamlet[햄릿]

제3항 받침에는 'ㄱ, ㄴ, ㄹ, ㅁ, ㅂ, ㅅ, ㅇ'만을 쓴다(7종성법 적용, 'ㄷ'은 제외됨).

제4항 파열음 표기에는 된소리를 쓰지 않는 것을 원칙으로 한다.

제5항 이미 굳어진 외래어는 관용을 존중하되, 그 범위와 용례는 따로 정한다.

② 제 2장 표기 일람표(표1 국제 음성 기호와 한글 대조표)

자음			반모음		모음	
국제 음성 기호	한글		국제 음성 기호	한글	국제 음성 기호	한글
	모음 앞	자음 앞				
p	ㅍ	ㅂ, 프	j	이	i	이
b	ㅂ	브	ɥ	위	y	위
t	ㅌ	ㅅ, 트	w	오, 우	e	에
d	ㄷ	드			ø	외
k	ㅋ	ㄱ, 크			ɛ	에
g	ㄱ	그			ɛ̃	앵
f	ㅍ	프			œ	외
v	ㅂ	브			œ̃	욍
θ	ㅅ	스			æ	애
ð	ㄷ	드			a	아
s	ㅅ	스			ɑ	아
z	ㅈ	즈			ã	앙
ʃ	시	슈, 시			ʌ	어
ʒ	ㅈ	지			ɔ	오
ts	ㅊ	츠			ɔ̃	옹
dz	ㅈ	즈			o	오
ʧ	ㅊ	치			u	우
ʤ	ㅈ	지			ə	어
m	ㅁ	ㅁ			ɚ	어
n	ㄴ	ㄴ				
ɲ	니	뉴				
ŋ	ㅇ	ㅇ				
l	ㄹ, ㄹㄹ	ㄹ				
r	ㄹ	르				
h	ㅎ	흐				
ç	ㅎ	히				
x	ㅎ	흐				

③ 외래어 표기법 제3장 제1절 영어의 표기 ⭐빈출개념

제1항 무성 파열음([p], [t], [k])

- 짧은 모음 다음의 어말 무성 파열음([p], [t], [k])은 받침으로 적는다(예 gap[gæp] 갭, cat[kæt] 캣, book[buk] 북).
- 짧은 모음과 유음, 비음([l], [r], [m], [n]) 이외의 자음 사이에 오는 무성 파열음([p], [t], [k])은 받침으로 적는다(예 apt[æpt] 앱트, setback[setbæk] 셋백, act[ækt] 액트).
- 위 경우 이외의 어말과 자음 앞의 [p], [t], [k]는 '으'를 붙여 적는다(예 stamp[stæmp] 스탬프, cape[keip] 케이프, part[pɑːt] 파트, desk[desk] 데스크, make[meik] 메이크, apple[æpl] 애플, mattress[mætris] 매트리스, sickness[siknis] 시크니스).

제3항 마찰음([s], [z], [f], [v], [θ], [ð], [ʃ], [ʒ])

- 어말 또는 자음 앞의 [s], [z], [f], [v], [θ], [ð]는 '으'를 붙여 적는다(예 mask[mɑːsk] 마스크, jazz[dʒæz] 재즈, graph[græf] 그래프, olive[ɔliv] 올리브, thrill[θril]스릴, bathe[beið] 베이드).
- 어말의 [ʃ]는 '시'로 적고, 자음 앞의 [ʃ]는 '슈'로, 모음 앞의 [ʃ]는 뒤따르는 모음에 따라 '샤', '섀', '셔', '셰', '쇼', '슈', '시'로 적는다(예 flash[flæʃ] 플래시, shrub[ʃrʌb] 슈러브, shark[ʃɑːk] 샤크, shank[ʃæŋk] 섕크, fashion[fæʃən] 패션, sheriff[ʃerif] 셰리프, shopping[ʃɔpiŋ] 쇼핑, shoe[ʃuː] 슈).
- 어말 또는 자음 앞의 [ʒ]는 '지'로 적고, 모음 앞의 [ʒ]는 'ㅈ'으로 적는다(예 mirage[mirɑːʒ] 미라지, vision[viʒən] 비전).

제6항 유음([l])

- 어말 또는 자음 앞의 [l]은 받침으로 적는다(예 hotel[houtel] 호텔, pulp[pʌlp] 펄프).
- 어중의 [l]이 모음 앞에 오거나, 모음이 따르지 않는 비음([m], [n]) 앞에 올 때에는 'ㄹㄹ'로 적는다. 다만, 비음([m], [n]) 뒤의 [l]은 모음 앞에 오더라도 'ㄹ'로 적는다(예 slide[slaid] 슬라이드, film[film] 필름, helm[helm] 헬름, swoln[swouln] 스월른, Hamlet[hæmlit] 햄릿, Henley[henli] 헨리).

제9항 반모음([w], [j])

- [w]는 뒤따르는 모음에 따라 [wə], [wɔ], [wou]는 '워', [wa]는 '와', [wæ]는 '왜', [we]는 '웨', [wi]는 '위', [wu]는 '우'로 적는다(예 word[wəːd] 워드, want[wɔnt] 원트, woe[wou] 워, wander[wandə] 완더, wag[wæg] 왜그, west[west] 웨스트, witch[witʃ] 위치, wool[wul] 울).
- 자음 뒤에 [w]가 올 때에는 두 음절로 갈라 적되, [gw], [hw], [kw]는 한 음절로 붙여 적는다(예 swing[swiŋ] 스윙, twist[twist] 트위스트, penguin[peŋgwin] 펭귄, whistle[hwisl] 휘슬, quarter[kwɔːtə]쿼터).

외래어 표기법 제3장

- 2항 유성 파열음([b], [d], [g]) : 어말과 모든 자음 앞에 오는 유성 파열음은 '으'를 붙여 적는다(예 bulb[bʌlb] 벌브, land[lænd] 랜드, zigzag[zigzæg] 지그재그, lobster[lɔbstə] 로브스터, kidnap[kidnæp] 키드냅, signal[signəl] 시그널).
- 제4항 파찰음([ts], [dz], [tʃ], [dʒ])
  - 어말 또는 자음 앞의 [ts], [dz]는 '츠', '즈'로 적고, [tʃ], [dʒ]는 '치', '지'로 적는다(예 keats[kiːts] 키츠, odds[ɔdz] 오즈, switch[switʃ] 스위치, bridge[bridʒ] 브리지, hitchhike[hitʃhaik] 히치하이크).
  - 모음 앞의 [tʃ], [dʒ]는 'ㅊ', 'ㅈ'으로 적는다(예 chart[tʃɑːt] 차트, virgin[vəːdʒin] 버진).
- 제5항 비음([m], [n], [ŋ])
  - 어말 또는 자음 앞의 비음은 모두 받침으로 적는다(예 steam[stiːm] 스팀, corn[kɔːn] 콘, ring[riŋ] 링, lamp[læmp] 램프, hint[hint] 힌트, ink[iŋk] 잉크).
  - 모음과 모음 사이의 [ŋ]은 앞 음절의 받침 'ㅇ'으로 적는다(예 hanging[hæŋiŋ] 행잉, longing[lɔŋiŋ] 롱잉).
- 제7항 장모음 : 장모음의 장음은 따로 표기하지 않는다(예 team[tiːm] 팀, route[ruːt] 루트).
- 제8항 중모음([ai], [au], [ei], [ɔi], [ou], [auə]) : 중모음은 각 단모음의 음가를 살려서 적되, [ou]는 '오'로, [auə]는 '아워'로 적는다(예 time[taim] 타임, house[haus] 하우스, skate[skeit] 스케이트, oil[ɔil] 오일, boat[bout] 보트, tower[tauə]타워).

04장

현대 문법

• 반모음 [j]는 뒤따르는 모음과 합쳐 '야', '얘', '여', '예', '요', '유', '이'로 적는다. 다만, [d], [l], [n] 다음에 [jə]가 올 때에는 각각 '디어', '리어', '니어'로 적는다 (예 yard[ja:d] 야드, yearn[jə:n] 연, yellow[jelou] 옐로, yawn[jɔ:n] 욘, you[ju:] 유, year[jiə] 이어, Indian[indiən] 인디언, union[ju:njən] 유니언).

제10항 복합어

• 따로 설 수 있는 말의 합성으로 이루어진 복합어는 그것을 구성하고 있는 말이 단독으로 쓰일 때의 표기대로 적는다(예 cuplike[kʌplaik] 컵라이크, bookend[bukend] 북엔드, headlight[hedlait] 헤드라이트, touchwood[tʌtʃwud] 터치우드, sit-in[sitin] 싯인, bookmaker[bukmeikə] 북메이커, flashgun[flæʃgʌn] 플래시건).

• 원어에서 띄어 쓴 말은 띄어 쓴 대로 한글 표기를 하되, 붙여 쓸 수도 있다(예 Los Alamos[lɔs æləmous] 로스 앨러모스/로스앨러모스, top class[tɔpklæs] 톱 클래스/톱클래스).

④ 주의해야 할 외래어 표기법

단어	표기	단어	표기	단어	표기
accelerator	액셀러레이터	carpet	카펫	accessory	액세서리
adapter	어댑터	catalog	카탈로그	imperial	임피리얼
christian	크리스천	climax	클라이맥스	coffee shop	커피숍
badge	배지	conte	콩트	margarine	마가린
barbecue	바비큐	counselor	카운슬러	massage	마사지
battery	배터리	cunning	커닝	mass-game	매스게임
biscuit	비스킷	curtain	커튼	message	메시지
boat	보트	cut	컷	milkshake	밀크셰이크
body	보디	data	데이터	dessin	데생
Burberry	바바리	dynamic	다이내믹	narration	내레이션
endorphin	엔도르핀	enquete	앙케트	eye-shadow	아이섀도
offset	오프셋	centimeter	센티미터	pamphlet	팸플릿
chandelier	샹들리에	frontier	프런티어	pierrot	피에로
chassis	섀시	caramel	캐러멜	shadow	섀도
sponge	스펀지	royalty	로열티	trot	트로트
washer	와셔	sandal	샌들	tumbling	텀블링
sash	새시	ValentineDay	밸런타인데이	sausage	소시지
symposium	심포지엄	windows	윈도	workshop	워크숍
saxophone	색소폰	talent	탤런트	yellow-card	옐로카드
scarf	스카프	target	타깃	schedule	스케줄
teamwork	팀워크	leadership	리더십	buffet	뷔페

주의해야 할 기타 외래어 표기법

단어	표기
handling	핸들링
chocolate	초콜릿
jacket	재킷
ambulance	앰뷸런스
juice	주스
balance	밸런스
montage	몽타주
business	비즈니스
original	오리지널
cake	케이크
finale	피날레
champion	챔피언
calendar	캘린더
sunglass	선글라스
symbol	심벌

(5) 국어의 로마자 표기법

① 제 1장 표기의 기본 원칙

> 제1항 국어의 로마자 표기는 국어의 표준 발음법에 따라 적는 것을 원칙으로 한다.
> 제2항 로마자 이외의 부호는 되도록 사용하지 않는다.

② 제2장 표기 일람

> 제1항 모음은 다음 각호와 같이 적는다.

단모음	ㅏ	ㅓ	ㅗ	ㅜ	ㅡ	ㅣ	ㅐ	ㅔ	ㅚ	ㅟ	
	a	eo	o	u	eu	i	ae	e	oe	wi	
이중모음	ㅑ	ㅕ	ㅛ	ㅠ	ㅒ	ㅖ	ㅘ	ㅙ	ㅝ	ㅞ	ㅢ
	ya	yeo	yo	yu	yae	ye	wa	wae	wo	we	ui

> 제2항 자음은 다음 각호와 같이 적는다.

파열음			파찰음		마찰음		비음		유음	
ㄱ	g, k	ㄲ	kk	ㅈ	j	ㅅ	s	ㄴ	n	ㄹ	r, l
ㅋ	k	ㄷ	d, t	ㅉ	jj	ㅆ	ss	ㅁ	m		
ㄸ	tt	ㅌ	t	ㅊ	ch	ㅎ	h	ㅇ	ng		
ㅂ	b, p	ㅃ	pp								

③ 제3장 표기상의 유의점

> 제1항 음운 변화가 일어날 때에는 변화의 결과에 따라 다음 각호와 같이 적는다.

- 자음 사이에서 동화 작용이 일어나는 경우(예 백마[뱅마] Baengma, 신문로[신문노] Sinmunno, 종로[종노] Jongno, 왕십리[왕심니] Wangsimni)
- 'ㄴ, ㄹ'이 덧나는 경우(예 학여울[항녀울] Hangnyeoul)
- 구개음화가 되는 경우(예 해돋이[해도지] haedoji, 같이[가치] gachi)
- 'ㄱ, ㄷ, ㅂ, ㅈ'이 'ㅎ'과 합하여 거센소리로 소리 나는 경우(예 좋고[조코] joko, 놓다[노타] nota)

다만, 체언에서 'ㄱ, ㄷ, ㅂ' 뒤에 'ㅎ'이 따를 때에는 'ㅎ'을 밝혀 적는다(예 집현전(Jiphyeonjeon)).

[붙임] 된소리되기는 표기에 반영하지 않는다(예 압구정(Apgujeong), 낙성대(Nakseongdae)).

SEMI-NOTE

제2장 표기 일람
- 제1항 붙임
  - [붙임 1] : 'ㅢ'는 'ㅣ'로 소리 나더라도 ui로 적는다(예 광희문 Gwanghuimun).
  - [붙임 2] : 장모음의 표기는 따로 하지 않는다.
- 제2항 붙임
  - [붙임 1] : 'ㄱ, ㄷ, ㅂ'은 모음 앞에서는 'g, d, b'로, 자음 앞이나 어말에서는 'k, t, p'로 적는다(예 구미 Gumi, 영동 Yeongdong).
  - [붙임 2] : 'ㄹ'은 모음 앞에서는 'r'로, 자음 앞이나 어말에서는 'l'로 적는다. 단, 'ㄹㄹ'은 'll'로 적는다(예 옥천 Okcheon, 태백 Taebaek).

제 3장 표기상의 유의점
- 제2항 : 발음상 혼동의 우려가 있을 때에는 음절 사이에 붙임표(−)를 쓸 수 있다(예 중앙(Jung−ang), 해운대(Hae−undae)).
- 제3항 : 고유 명사는 첫 글자를 대문자로 적는다(예 부산(Busan), 세종(Sejong)).
- 제5항 : '도, 시, 군, 구, 읍, 면, 리, 동'의 행정 구역 단위와 '가'는 각각 'do, si, gun, gu, eup, myeon, ri, dong, ga'로 적고, 그 앞에는 붙임표(−)를 넣는다. 붙임표(−) 앞뒤에서 일어나는 음운 변화는 표기에 반영하지 않는다(예 충청북도(Chungcheongbuk−do), 제주도(Jeju−do)).
  [붙임] '시, 군, 읍'의 행정 구역 단위는 생략할 수 있다.
- 제7항 : 인명, 회사명, 단체명 등은 그동안 써 온 표기를 쓸 수 있다.

SEMI-NOTE

제4항 인명은 성과 이름의 순서로 띄어 쓴다. 이름은 붙여 쓰는 것을 원칙으로 하되 음절 사이에 붙임표(-)를 쓰는 것을 허용한다(예 민용하 Min Yongha (Min Yong-ha), 송나리 Song Nari (Song Na-ri)).

• 이름에서 일어나는 음운 변화는 표기에 반영하지 않는다.
• 성의 표기는 따로 정한다.

제6항 자연 지물명, 문화재명, 인공 축조물명은 붙임표(-) 없이 붙여 쓴다(예 남산(Namsan), 속리산(Songnisan), 경복궁(Gyeongbokgung)).

나두공

05장 논리적인 말과 글

논리적인 말과 글

주제의 개념과 기능

• **주제의 개념** : 글을 통해서 나타내고 자 하는 글쓴이의 중심 생각
• **주제의 기능**
 – 글의 내용에 통일성 부여
 – 소재 선택의 기준이 됨
 – 글쓴이의 생각과 의도를 명확하게 만들어 줌

구성, 개요의 개념

• **구성의 개념** : 수집, 정리한 제재에 질 서에 알맞게 배열하는 것으로 글의 짜 임 또는 글의 뼈대가 되는 설계도
• **개요의 개념** : 주제와 목적에 맞게 글 감을 효과적으로 배치하는 글의 설 계도

주제문의 위치에 따른 구성

두괄식	주제문 + 뒷받침 문장 → 연역적 구성
미괄식	뒷받침 문장 + 주제문 → 귀납적 구성
양괄식	주제문 + 뒷받침 문장 + 주제문
중괄식	뒷받침 문장 + 주제문 + 뒷받침 문장

잘못된 단어의 선택

• **강추위** : 눈도 오지 않고 바람도 불지 않으면서 몹시 추운 추위
• **값과 삯**
 – 값 : 물건에 일정하게 매긴 액수
 – 삯 : 어떤 물건이나 시설을 이용하 고 주는 대가
• **굉장하다** : 규모가 아주 크고 훌륭함

01절 쓰기 및 말하기, 듣기의 본질

1. 쓰기 및 말하기와 듣기

(1) 쓰기

① **쓰기의 개념** : 글 쓰는 사람의 생각이나 느낌을 글로 정확하게 표현하는 일
② **쓰기의 과정** : 주제 설정 → 재료의 수집 및 선택 → 구성 및 개요 작성 → 집필 → 퇴고
③ **구성 및 개요 작성**

전개식 구성 (자연적 구성)	시간적 구성	사건의 시간적 순서에 따라 전개되는 구성(기행 문, 일기, 전기문, 기사문 등)
	공간적 구성	사물의 위치, 공간의 변화에 따라 전개되는 구성
종합적 구성 (논리적 구성)	단계식 구성	구성 단계에 따라 전개되는 구성(3단, 4단, 5단 구성)
	포괄식 구성	중심 문장과 뒷받침 문장을 효과적으로 배열하는 방식(두괄식, 미괄식, 양괄식, 중괄식)
	열거식 구성 (병렬식 구성)	글의 중심 내용이 여러 곳에 산재해 있는 방식(대 등한 문단들이 병렬적으로 배열되는 구성)열거식 구성(병렬식 구성)
	점층식 구성	중요성이 작은 것에서 큰 것으로 전개(↔ 점강식 구성)
	인과식 구성	원인 + 결과, 결과 + 원인

④ **집필**
  • **집필의 개념** : 조직된 내용을 목적과 절차에 따라 글로 표현하는 것(구상의 구 체화)
  • **집필의 순서** : 제목 정하기 → 서두 쓰기 → 본문 쓰기 → 결말 쓰기
⑤ **퇴고(고쳐 쓰기)**
  • **퇴고의 개념** : 글을 쓰고 나서 내용, 맞춤법이나 띄어쓰기 등을 검토하여 바르 게 고치는 것으로 글 전체를 다듬는 마지막 과정
⑥ 글 다듬기 ★ 빈출개념
  ㉠ **잘못된 단어의 선택**
    • 어젯밤에는 눈이 많이 내리더니 밤에는 <u>강추위</u>까지 겹쳤다. → 어젯밤에는 눈이 많이 내리더니 밤에는 <u>추위</u>까지 겹쳤다.
    • 서울에서 대구까지 비행기 <u>값</u>이 얼마냐? → 서울에서 대구까지 비행기 <u>삯</u> 이 얼마냐?
    • 나는 <u>굉장히</u> 작은 찻잔을 보았다. → 나는 <u>무척</u> 작은 찻잔을 보았다.

ⓛ 잘못된 시제의 사용
- 영화를 보고 나니 열두 시가 넘겠다. → 영화를 보고 나니 열두 시가 넘었다.
- 많은 관심 부탁드리겠습니다. → 많은 관심 부탁드립니다.
- 내가 일본에 2년 전에 갔을 때보다 지금이 훨씬 좋았다. → 내가 일본에 2년 전에 갔었을 때보다 지금이 훨씬 좋았다.

ⓒ 잘못된 높임의 사용
- 철우야, 너 선생님이 빨리 오래. → 철우야, 너 선생님께서 빨리 오라셔.
- 총장님의 말씀이 계시겠습니다. → 총장님의 말씀이 있으시겠습니다.
- 우리 아버지께서는 눈이 참 밝아요. → 우리 아버지께서는 눈이 참 밝으세요.

ⓔ 필수 성분의 생략
- 본격적인 도로 복구공사가 언제 시작되고, 언제 개통될지 모르는 상황이다. → 본격적인 도로 복구공사가 언제 시작되고, (도로가) 언제 개통될지 모르는 상황이다.
- 인간은 자연을 정복하기도 하고, 때로는 순응하기도 하면서 살아간다. → 인간은 자연을 정복하기도 하고, 때로는 (자연에) 순응하기도 하면서 살아간다.
- 이 차에는 짐이나 사람을 더 태울 수 있는 자리가 남아 있다. → '이나'는 둘 이상의 사물을 같은 자격으로 이어 주는 접속 조사고, 이에 의해 구문을 잇는 과정에서는 공통된 요소만 생략할 수 있다.

ⓜ 불필요한 성분
- 방학 기간 동안 잠을 실컷 잤다.
- 돌이켜 회고해 보건대 나는 파란만장한 삶을 살았다.
- 순간 그녀의 머릿속에는 뇌리를 스치는 기억이 있었다.

(2) 말하기, 듣기의 정의와 유형

① 말하기, 듣기의 정의 : 자신의 생각과 감정을 말로써 표현하고, 상대방의 생각과 감정을 말로써 이해하는 것
② 말하기의 유형
- ⓛ 설명 : 정보 전달을 통해 상대를 이해시키는 것을 목적으로 하는 말하기 유형
- ⓒ 설득 : 주장 입증을 통해 상대를 설득하는 것을 목적으로 하는 말하기 유형
- ⓔ 대화 : 대표적 유형으로 토의와 토론이 있음
- ⓔ 대담(對談) : 마주 대하고 말함. 또는 그런 말
- ⓜ 좌담(座談) : 여러 사람이 한자리에 모여 앉아서 어떤 문제에 대하여 의견이나 견문을 나누는 일이나 그런 이야기
- ⓗ 정담(鼎談) : 세 사람이 솥발처럼 벌려 마주 앉아서 하는 이야기

SEMI-NOTE

잘못된 시제의 사용
- 넘겠다 : '-겠-'은 미래의 일이나 추측을 나타내는 어미로 현재 또는 과거에 있었던 일에 쓰지 않음
- 갔을 : 과거를 나타내지만 현재와 비교하여 단절된 과거에 있었던 일에 쓰지 않음

필수 성분의 생략
- 도로가 : '도로 복구공사'가 개통되는 것이 아니므로 주어인 '도로가'를 보충
- 자연에 : '순응하다'에 호응하는 부사어가 빠져있으므로 '자연에'를 보충

불필요한 성분
- 기간 : '방학'에 '기간'의 의미가 포함
- 회고해 : '돌이켜'와 '회고해'의 의미가 중복
- 뇌리 : '머릿속'과 '뇌리'가 중복

말하기, 듣기의 특성
- 내용을 주고받는 언어 행위
- 음성 언어로 이루어지는 언어 행위
- 문제 해결 과정
- 말하는 이와 듣는 이 간의 협동이 있어야 가능

각 토의의 의의

• **심포지엄의 의의** : 어떤 논제를 가지고 그 분야의 전문가 및 권위자(3~6명)가 사회자의 진행 아래 강연식으로 발표하고, 다수의 청중과 질의 응답하는 형식

• **포럼의 의의** : 개방된 장소에서 공공 문제에 대해 청중과 질의 응답하는 공개 토의

• **패널의 의의** : 배심 토의라고도 하며 특정 문제에 관심과 경험이 있는 배심원(4~8명)들을 뽑아 청중 앞에서 각자의 지식, 견문, 정보를 발표하고 여러 가지 의견을 제시하는 공동 토의

• **원탁 토의의 의의** : 10명 내외의 소규모 집단이 평등한 입장에서 자유롭게 의견을 나누는 비공식적인 토의

2. 토의와 토론

(1) 토의 ★빈출개념

① 토의의 개념과 목적

　㉠ 토의의 개념 : 두 사람 이상이 모여 집단 사고의 과정을 거쳐 어떤 문제의 해결을 시도하는 논의의 형태

　㉡ 토의의 목적 : 집단 사고를 통한 최선의 문제 해결방안 모색

② 토의의 절차 : 문제에 대한 의미 확정 → 문제의 분석과 음미 → 가능한 모든 해결안 제시와 검토 → 최선의 해결안 선택 → 해결안 시행 방안 모색

③ 토의의 종류

구분	특징
심포지엄	• 공통 주제에 대한 전문가의 다양하고 권위적, 체계적인 설명이 이루어짐(강연과 유사한 형태로 진행되며, 전문성이 강조됨) • 사회자는 청중이 토의 문제와 주제를 잘 파악할 수 있게 하고, 토의의 요점을 간략히 정리해 이해를 도움
포럼	• 청중이 처음부터 참여하여 주도하는 형태로, 간략한 주제 발표 외에 강연이나 연설은 없음(공청회와 유사한 형태로, 공공성이 강조됨) • 사회자는 질문 시간을 조정하고 산회(散會) 시간을 결정(사회자의 비중이 큰 토의 유형)
패널	• 시사적, 전문적 문제해결 수단으로 적합하며, 이견 조정 수단으로 의회나 일반 회의에서 자주 사용됨(대표성이 강조되는 토의 형태) • 배심원의 토의 후 청중과의 질의응답을 수행함
원탁 토의	• 주제의 범위가 넓고 개방적이며, 사회자 없이 자유롭게 이야기하는 형태(평등성이 강조됨) • 사회자가 없는 것이 일반적이나, 진행을 위한 의장을 따로 두기도 함 • 참가자가 토의에 익숙하지 않은 경우 산만할 수 있고, 시간낭비를 초래할 수 있다는 단점이 있음

토론 시작 시, 사회자의 역할

• 장소와 참가자 자리 선정
• 지나친 대결 상황의 조정
• 논점 환기, 발언 내용 요약
• 보다 유연한 토론 진행
• 가능한 한 사회자 자신의 발언은 억제함

토론의 논제

• 논제는 원칙적으로 '~해야 한다.' 또는 '~인가?'의 형식으로 표현되어야 함
• 명백한 긍정, 부정의 양측에 설 수 있는 형식이어야 함
• 내용이 분명해야 하고, 하나의 명백한 주장에 한정되어야 함

(2) 토론

① 토론의 개념 및 목적

　㉠ 개념 : 어떤 의견이나 제안에 대해 찬성과 반대의 뚜렷한 의견 대립을 가지는 사람들이 논리적으로 상대방을 설득하는 형태

　㉡ 목적 : 논리적 설득을 통해 상대의 주장을 논파하고 자기주장의 정당성을 인정하게 함으로써, 궁극적으로 집단의 의견 일치를 구하는 것

② 토론의 절차 : 자기주장의 제시 → 상대 논거의 확인 → 자기주장의 근거 제시 → 상대 주장에 대한 논파 → 자기주장의 요점 반복(상대의 행동화 촉구)

③ 토론의 종류

구분	특징
2인 토론	2인의 토론자와 사회자가 토론을 진행하는 형태로, 단시간에 논리적인 주장을 선택하는 것이 목적

직파 토론	2~3인이 짝을 이루어 함께 대항하는 토론 형태로, 한정된 시간에 논의의 핵심을 파악해 논점에 집중하기 위한 형태
반대 신문식 토론	토론의 형식에 법정의 반대 신문을 도입한 형태로 유능하고 성숙한 토론자에게 적합하며, 청중의 관심을 유도하는 것이 목적

실력UP 토론과 토의의 비교

구분	토론	토의
목적	자기주장의 관철 및 집단의 의견 일치	최선의 문제 해결안 모색 및 선택
참가자	찬성, 반대의 의견 대립자	특정 문제에 대한 공통 인식의 이해자
태도	상대방 주장의 모순, 취약점 등을 지적하는 비판적인 태도	다른 사람의 제안이나 의견을 모두 검토, 수용하려는 협력적인 태도
문제 해결 방법	자기주장의 근거, 증거 제시 → 정당성의 입증과 상대방 주장의 모순을 논박	전원 협력하여 최대한 공동 이익을 반영할 수 있는 최선의 해결안 선택

02절 논리적 전개와 독해

1. 글의 진술 방식과 논리적 전개

(1) 설명의 정의와 방법

① **설명의 정의** : 어떤 '말'이 가지고 있는 '뜻'을 설명하는 것, 즉 어떤 대상이나 용어의 의미, 법칙 등을 명백히 밝혀 진술하는 방식

② **설명의 방법(글의 전개 방식)** 빈출개념
　㉠ 비교와 대조
　　• 비교 : 둘 이상의 사물이나 현상 등을 견주어 공통점이나 유사점을 설명하는 방법
　　• 대조 : 둘 이상의 사물이나 현상 등을 견주어 상대되는 성질이나 차이점을 설명하는 방법
　㉡ 분류와 구분
　　• 분류 : 작은 것(부분, 하위 항목 또는 범주, 종개념)을 일정한 기준에 따라 큰 것(전체, 상위 항목 또는 범주, 유개념)으로 묶어 가면서 전개하는 방식 (예 시는 내용상 서정시, 서사시, 극시로 나누어진다.)
　　• 구분 : 큰 항목을 일정한 기준에 따라 작은 항목으로 나누어 설명하는 방법 (예 시, 소설, 희곡, 수필은 모두 문학에 속한다.)
　㉢ 예시 : 일반적, 추상적, 관념적인 것 또는 알기 어려운 것을 이해하기 쉽게 예를 들어 설명하는 방법

SEMI-NOTE

토론과 토의의 공통점과 의의
• 공통점
　– 집단 사고를 통한 문제 해결
　– 해결안 모색
　– 둘 이상의 참가자
• 의의
　– 토론 : 대립적 주장을 통한 바람직한 의견 일치
　– 토의 : 집단적이고 협력적인 사고 과정

설명의 개념과 목적
• 설명의 개념 : 청자가 잘 모르고 있는 사실, 사물, 현상, 사건 등을 알기 쉽게 풀어서 말하는 것
• 설명의 목적 : 객관적인 정보나 사실을 전달하여 독자를 이해시키는 것으로, 주로 설명문에 사용됨

분류의 조건
• 분류는 반드시 일정한 기준이 있어야 함
• 분류된 하위 개념은 모두 대등함

기타 설명의 방법
• 지정 : '그는 누구인가?', '그것은 무엇인가?'와 같은 질문에 대답하는 것으로 설명 방법 중 가장 단순함
• 인과(因果) : 어떤 결과를 가져오게 한 원인 또는 그 원인에 의해 결과적으로 초래된 현상에 초점을 두고 글을 전개하는 방식

다양한 논증의 개념

• **명제의 개념** : 사고 내용 및 판단을 단적으로 진술한 주제문. 완결된 평서형 문장 형식으로 표현
• **논거의 개념** : 명제를 뒷받침하는 논리적 근거로, 주장의 타당함을 밝히기 위해 선택된 자료
• **묘사의 개념** : 대상을 그림 그리듯이 글로써 생생하게 표현해 내는 진술 방식으로, 독자에게 현장감과 생동감을 전달하는 것을 목적으로 함

진술(전개) 방식의 범주

• 정태적 진술 방식(시간성 고려하지 않음) : 분석, 분류, 예시, 비교, 대조, 정의, 유추, 묘사
• 동태적 진술 방식(시간성 고려) : 서사, 과정, 인과

╭━━━━━━━━━━━━━━━╮
서사의 3요소
행동(움직임), 시간, 의미
╰━━━━━━━━━━━━━━━╯

　　ⓔ **유추** : 생소하고 복잡한 개념이나 현상을 친숙하고 단순한 것과 비교하여 설명하는 것
　　ⓜ **과정(過程)** : 어떤 특정한 목표나 결말을 가져오게 하는 일련의 행동, 변화, 기능, 단계, 작용 등에 초점을 두고 글을 전개하는 방식으로, '어떻게'와 관련된 사항이 주가 됨

(2) 논증의 개념과 종류

① 논증의 개념
　　㉠ 아직 밝혀지지 않은 사실이나 문제에 대하여 자신의 의견을 밝히고 진실 여부를 증명하여, 그에 따라 행동하도록 하는 진술 방식
　　㉡ 여러 가지 명제를 근거로 하여 어느 하나의 결론이 참이라는 사실을 증명하는 것으로, 주로 논설문에 사용됨

② 논증의 분류와 종류 및 유형
　　㉠ 명제의 분류

사실 명제	진실성과 신빙성에 근거하여 존재의 진위를 판별할 수 있는 명제
정책 명제	타당성에 근거하여 어떤 대상에 대한 의견을 내세운 명제
가치 명제	공정성에 근거하여 주관적 가치 판단을 내린 명제

　　㉡ 논거의 종류

사실 논거	누구나 객관적으로 의심 없이 인정할 수 있는 확실한 사실로 자연 법칙, 역사적 사실, 상식, 실험적 사실 등을 들 수 있음. 그러나 사람에 따라 다르게 판단할 수 있는 것은 사실 논거로 볼 수 없음
소견 논거	그 방면의 권위자, 전문가, 목격자, 경험자의 의견으로 확실성이 있다고 인정되는 것

　　㉢ 묘사의 유형

객관적(과학적, 설명적) 묘사	대상의 세부적 사실을 객관적으로 표현하는 진술 방식으로, 정확하고 사실적인 정보 전달이 목적
주관적(인상적, 문학적) 묘사	대상에 대한 글쓴이의 주관적인 인상이나 느낌을 그려내는 것으로, 상징적인 언어를 사용하며 주로 문학 작품에 많이 쓰임

　　㉣ 서사
　　　• 행동, 상태가 진행되어 가는 움직임 또는 사건의 전개 양상을 시간의 경과에 따라 진술하는 방식
　　　• '사건', 즉 '무엇이 발생하였는가?'에 관한 답과 관련된 것으로, 사건에 대한 기본적인 이해와 충분한 검토를 전제로 함

③ 일반적 진술과 구체적 진술
　　㉠ 일반적 진술
　　　• 구체적 사실을 포괄하여 일반적으로 진술하는 방법을 말하며, 추상적 진술이라고도 함
　　　• 문단의 중심적 화제와 그 속성을 포괄적으로 담고 있는 중심 문장에 해당됨

ⓒ 구체적 진술

- 중심 문장을 구체적으로 뒷받침하는 내용을 표현하는 진술 방법을 말함
- 뒷받침 문장에 해당하며, 구체적 진술 방법으로는 상세화(상술)와 예시, 비유, 인용, 이유 제시 등이 있음

(3) 논리적 전개와 사고

① 문단의 개념과 요건

ⓒ 문단의 개념 : 문단이란 생각의 완결 단위로서, 진술의 완결 단위인 문장으로 구성됨

ⓒ 문단의 요건

- 통일성 : 문단 또는 단락의 내용이 하나의 주제나 중심 생각으로 통일
- 완결성 : 주제문이나 소주제문과 이를 뒷받침하는 문장(구체적 진술)들이 함께 제시되어야 함
- 일관성 : 문단이나 단락을 구성하는 문장들이 논리적이며, 긴밀하게 연결되어야 함(글의 배열하는 방식과 관련된 요건)

② 문단의 유형

ⓒ 주지 문단(중심 문단) : 필자가 말하고자 하는 중심 내용이 담긴 문단으로, 일반적 진술로 이루어짐

ⓒ 보조 문단(뒷받침 문단)

- 도입 문단 : 시작 부분에 위치하여 글의 동기나 방향, 새로운 논제를 제시
- 전제 문단 : 주장이나 결론을 이끌어 내는 데 필요한 근거나 이유를 제시하는 문단
- 예증, 예시 문단 : 중심 문단의 내용을 예를 통해 뒷받침하는 문단
- 부연, 상술 문단 : 중심 문단에서 다룬 내용에 덧붙이거나 좀 더 상세하게 설명하는 문단
- 전환 문단 : 다음에 나올 논의의 방향을 전환하는 문단

ⓒ 문단의 관계

- 문제 제기와 해결 방안 : 문제 제기 → 문제 규명 → 해결 방안 제시
- 주장과 근거 : 주장 제시 → 이유, 근거 제시
- 인과 관계 : 원인 → 결과 제시, 원인 규명
- 추론 관계 : 전제 제시 → 결론 유도(사례 제시 → 일반적 진술 유도)
- 부연 관계 : 주지 → 보충적 내용
- 상세화 관계 : 주지 → 구체적 설명(비교, 대조, 유추, 분류, 분석, 인용, 예시, 비유 등)
- 비판 관계 : 일반적 견해 → 긍정(부연, 첨가, 심화), 부정(반론, 논박)
- 열거 관계 : 주장에 부합되는 두 개 이상의 사례 연결
- 대조 관계 : 주장에 상반되는 사례를 연결(주로 역접의 접속어로 연결)
- 전환 관계 : 앞의 내용(문장)과 다른 내용(문장)을 제시

구체적 진술 방식

- **상세화(상술)** : 구체적 사례를 들거나 자세히 풀어서 명확히 밝히는 방식
- **예시(例示)** : 구체적인 사례를 직접 제시하는 방식
- **비유** : 보조 관념에 비유하여 쉽고 구체적으로 표현하는 방식
- **인용** : 특정 권위자의 말이나 글 등을 자신의 말과 글 속에 끌어들여 표현하는 방식

문단의 구성

하나의 문단은 주제문(일반적 진술)과 뒷받침 문장(구체적 진술)로 구성됨

보조 문단

중심 문단의 내용을 뒷받침해 주는 문단

기타 보조 문단

- **첨가, 보충 문단** : 중심 문단에서 빠뜨린 내용을 덧붙여 설명하는 문단
- **발전 문단** : 제기된 문제를 구체적으로 논의하는 문단

문단 간의 관계

문단과 문단 간의 관계는 대등한 경우도 있고, 원인과 결과, 주지와 부연, 주장과 논거, 문제 제기와 문제 해결 등과 같이 다양하게 존재할 수 있음

추론의 세부적 종류
• 연역추론 : 삼단논법(대전제 → 소 전제 → 결론)으로 정언삼단논법, 가언삼단논법, 선언삼단논법으로 구성됨
• 귀납추론 : 일반화(추상화)로 통계적 귀납추론, 인과적 귀납추론, 유추적 귀납추론(유비추론)으로 구성됨

기타 심리적 오류
• 정황에 호소하는 오류 : 개인적 주변 정황을 이유로 비판하는 오류
• 위력(공포)에 호소하는 오류 : 공포나 위협 등의 감정을 이용하여 어떤 결론을 받아들이게 하는 오류

③ 추론의 종류

구분	추론의 방식	추론의 단점
연역추론	일반적인 주장으로부터 구체적이고 특수한 주장으로 나아가는 방식	완전한 새로운 지식이 성립되지 못함
귀납추론	구체적이고 특수한 근거로부터 일반적인 결론으로 나아가는 방식	모든 표본을 관찰한 결과가 아니므로 반론을 제기할 수 있는 사례가 없을 것이라고 확신할 수 없음
변증법	정(正)과 반(反)을 대립시키고 정과 반의 합(合), 즉 새로운 주장을 제시하는 방식	회피적 결과나 오류가 생길 수 있음

④ 추론의 오류(비형식적 오류)

㉠ 오류의 개념
• 언어적 오류 : 언어를 잘못 사용하거나 이해하는 데서 발생하는 오류
• 심리적 오류 : 어떤 주장에 대해 논리적으로 타당한 근거를 제시하지 않고, 심리적인 면에 기대어 상대방을 설득하려고 할 때 발생하는 오류
• 자료적 오류 : 주장의 전제 또는 논거가 되는 자료를 잘못 해석하거나 판단하여 결론을 이끌어 내거나 원래 적합하지 못한 것임을 알면서도 의도적으로 논거를 삼음으로써 범하게 되는 오류

㉡ 언어적 오류
• 애매어(문)의 오류(은밀한 재정의의 오류) : 둘 이상의 의미를 가진 단어나 문장을 달리 해석해서 생기는 오류
• 강조의 오류 : 일부 단어만 강조해서 생기는 오류
• 범주의 오류 : 단어의 범주를 잘못 인식해서 생기는 오류

㉢ 심리적 오류
• 인신공격의 오류 : 타인의 단점을 잡아 비판하는 오류
• 대중에 호소하는 오류 : 다수의 의견에 호소하여 그것이 옳다고 주장하는 오류
• 연민에 호소하는 오류 : 논점에 관계없이 동정이나 연민 등의 감정을 이용하는 오류
• 권위에 호소하는 오류 : 인용을 들어 주장을 정당화하려는 오류
• 원천 봉쇄의 오류 : 반론의 가능성을 원천적으로 봉쇄하여 자신의 주장을 옹호하는 오류
• 역공격(피장파장)의 오류 : 상대에게도 같은 잘못을 지적하여 그 상황을 피하는 오류

㉣ 자료적 오류
• 성급한 일반화의 오류 : 부분으로 전체를 말해서 생기는 오류
• 논점 일탈(무관한 결론)의 오류 : 논점과 관계없는 것을 제시하여 생기는 오류
• 우연의 오류 : 일반적인 것으로 특수한 것을 말해서 생기는 오류

• 잘못된 인과 관계의 오류 : 인과 관계를 혼동하여 생기는 오류
• 의도 확대의 오류 : 의도하지 않은 것에 대해 의도가 성립했다고 보는 오류
• 순환 논증의 오류 : 전제와 결론의 내용을 비슷하게 제시하는 오류
• 흑백 사고의 오류 : 논의의 대상을 두 가지로만 구분하는 오류
• 발생학적 오류 : 발생 기원이 갖는 성격을 어떤 사실도 갖는다고 생각하는 오류

2. 독해

(1) 독해와 배경지식

① 독해의 개념 : 글을 읽어 뜻을 이해하는 것으로 단어와 문장이 의미하는 것만 이해하는 것뿐만 아니라 독해 자료의 각 부분에 있는 유기적인 관계를 결합하여 만든 의미를 이해하는 것도 포함됨
② 배경지식의 정의 : 직접, 간접 경험을 통해 독자의 머릿속에 구조화, 조직화되어 저장되어 있는 경험의 총체로 사전 지식 혹은 스키마(schema)라고도 함
③ 배경지식의 이해

구분		내용
사실적 이해	내용의 사실적 이해	주어진 내용의 정보와 그 관계를 정확하게 이해하고 표현하는 능력
	구조의 사실적 이해	글 전체의 구조나 문장 또는 단락 간의 관계를 파악하는 능력
추리 상상적 이해	내용의 추리 상상적 이해	글에 제시된 정보나 사실을 바탕으로 드러나 있지 않은 내용을 논리적 추리나 상상력을 통해 미루어 짐작하는 사고능력
	과정의 추리 상상적 이해	글의 바탕에 놓여 있는 필자나 작중 인물의 입장, 태도 또는 필자의 집필 동기나 의도 등을 추리해 내는 사고 능력
	구조의 추리 상상적 이해	글의 구성상 특징이나 논리적 전개 방식 등을 통해 필자의 의도, 글의 특징적인 표현 효과와 작품의 분위기 등을 추리해 내는 사고 능력
비판적 이해	내적 준거에 의한 비판	글의 표현이나 내용에 대하여 글의 부분들과 전체의 관계를 중심으로 비판하는 것
	외적 준거에 의한 비판	사회와 시대적 상황, 독자의 배경지식과 관련하여 글의 가치를 평가하는 것

(2) 논설문 ★빈출개념

① 논설문의 정의와 짜임
   ③ 논설문의 정의 : 독자를 설득하거나 이해시키기 위하여 자신의 주장을 논리적으로 쓴 글
   ⓒ 논설문의 짜임
      • 대체로 '서론 → 본론 → 결론'의 3단 구성을 취함
      • 서론 : 중심 논제 제시, 집필 동기, 서술 방법, 용어의 개념 등을 씀

SEMI-NOTE

기타 자료적 오류

• **잘못된 유추의 오류** : 부당하게 적용된 비유가 결론을 이끌어 내는 오류
• **무지에 호소하는 오류** : 증명(입증, 증거)하지 못하는 사실로 결론을 내는 오류
• **분할 또는 합성의 오류** : 나누거나 합쳤을 때 그 의미가 옳다고 생각하는 오류
• **복합 질문의 오류** : '예, 아니오'로 답하기 곤란한 것을 질문함으로서 수긍하게 하는 오류

배경지식의 특징

• 경험의 소산으로 사람마다 다르므로 글에 대한 해석과 반응도 달라짐
• 유기적으로 구조화된 배경지식은 상호 위계적인 관계를 지님
• 독서 과정 중에 동원된 내용을 추론, 예견하며 정보를 선별
• 배경지식과 독해 능력의 관계는 서로 상보적 관계를 지님

논설문의 특징

• 독자를 설득하거나 이해시키기 위하여 자신의 주장을 논리적으로 쓴 글
• 주장에는 근거가 제시되어 있음
• 간결하고 명료한 문장으로 구성
• 독창적인 내용, 일관적인 논지, 통일된 구성을 유지
• 논증문 – 건조체, 설득문 – 강건체

05장 논리적인 말과 글

논설문 형식을 사용하는 유형
- 논증적 논설문 : 학술적 논문, 평론
- 설득적 논설문 : 사설, 칼럼, 연설문

논설문의 논증
논증이란 아직 명백하지 않은 사실이나 문제에 대해 타당한 이유와 자료를 근거로 그 진실 여부를 증명하고, 독자를 설득하는 진술 방식을 말함

논설문의 요건
- 명제의 공정성
- 명제의 명료성
- 논거의 적합성
- 추론의 논리성
- 용어의 정확성

설명문의 특징
- 객관성 : 사전적 의미의 언어를 사용하며 객관적으로 사실을 과장 없이 설명하고 주관적인 의견이나 느낌은 배제함
- 평이성 : 간단하고 분명한 문장으로 독자들이 이해하기 쉽게 써야 함
- 정확성 : 뜻이 정확하게 전달되도록 문장을 분명히 씀
- 사실성 : 정확한 지식이나 정보를 사실에 근거하여 전달
- 체계성 : 내용을 짜임새 있게 구성

- 본론 : 글의 중심 부분으로, 논제에 대한 자신의 의견과 주장을 제시하고, 이를 입증하기 위한 과제 해명과 논거의 제시, 논리적 반박, 해결 방안 등을 씀
- 결론 : 글을 끝맺는 부분으로 논지(주장)의 요약 또는 정리, 행동의 촉구, 앞으로의 전망, 새로운 과제의 제시 등을 내용으로 함
© 논설문의 갈래
- 논증적 논설문 : 어떤 일이나 문제에 대해 객관적인 증거를 제시하여 그 일이나 문제의 옳고 그름을 분명하게 드러내는 글로, 객관적 논거와 언어를 통해 독자의 지적, 논리적 측면에 호소함
- 설득적 논설문 : 의견을 논리적으로 전개하여 독자로 하여금 글쓴이의 의견에 찬동하여 따르게 하는 글로, 독자의 지적이면서 감성적인 측면에 호소함
② 논증의 3요소
㉠ 명제
- 사실 명제 : 어떤 사실에 대한 진위 판단으로 '이다'의 형태로 진술
- 정책 명제 : 어떤 문제에 대한 해결책이나 바람직한 행동에 대한 판단
- 가치 명제 : 인간, 사상, 윤리, 예술 등에 대한 판단으로 '하다'의 꼴로 진술
㉡ 증명(논거)
- 논증법 : 아직 명백하지 않은 사실이나 문제에 대하여 그 진술 여부를 증명하여 독자로 하여금 그에 따라 행동하게 하는 진술 방법
- 예증법 : 예를 들어 밝히는 방법
- 비유법 : 비유를 들어 밝히는 방법
- 인용법 : 유명한 사람의 주장이나 권위 있는 연구 결과를 끌어다 밝히는 방법
㉢ 추론 : 논거를 근거로 어떤 문제나 사실에 대해 주관적 판단을 유도하는 것

(3) 설명문 ⭐빈출개념

① 설명문의 정의와 짜임
㉠ 설명문의 정의 : 어떤 지식이나 정보를 알기 쉽게 풀이하여, 독자들이 그 대상을 쉽고 정확하게 이해할 수 있도록 쓴 글
㉡ 설명문의 짜임(구성)
- 머리말 : 설명할 대상이나 집필 동기, 용어 정의 등을 제시하는 부분
- 본문 : 설명할 대상을 구체적으로 설명해 가는 부분
- 맺음말 : 본문에서 설명한 내용을 정리, 마무리하는 부분
② 설명문의 기술 방법
㉠ 추상적 진술 : 의견이나 주장 또는 일반적 사실을 말하는 부분으로, 구체적 진술 부분과 어울려 완전한 내용이 될 수 있으며, 주요 문단이 됨
㉡ 구체적 진술 : 추상(일반적) 진술에서 언급된 내용에 대해 구체적이고 특수한 사실을 들어 진술하는 부분으로 상세화, 예시, 인용, 이유 제시 등의 방법이 쓰임

step up 설명문의 독해 요령

추상적 진술과 구체적 진술을 구분해 가면서 주요 단락과 보조 단락을 나누고, 배경지식을 적극적으로 활용하며, 단락의 통일성과 일관성을 확인한다. 또 글의 설명 방법과 전개 순서를 파악하며 읽어야 한다.

(4) 기행문

① 기행문의 정의와 요소

  ㉠ 기행문의 정의 : 여행하는 도중에 보고, 듣고, 느낀 바를 거쳐 온 경로에 따라 적은 글

  ㉡ 기행문의 요소

  • 여정(旅程) : 언제, 어디를 거쳐 여행했다는 내용 → 여행의 기록

  • 견문(見聞) : 여행지에서 보고, 듣고, 경험한 내용 → 다양하고 흥미 있는 글

  • 감상(感想) : 보고, 듣고, 경험한 사실에 대한 글쓴이의 생각과 느낌 → 개성적인 글

② 기행문의 형식상 갈래

  ㉠ 수필체 기행문 : 산문의 문장으로 수필처럼 쓴 기행문

  ㉡ 일기체 기행문 : 긴 여행을 하는 경우, 일기처럼 하루를 단위로 날짜를 밝혀 쓴 기행문

  ㉢ 서간체 기행문 : 편지처럼 누군가에게 보내는 형식으로 쓴 기행문

  ㉣ 보고문체 기행문 : 견학 여행을 할 경우, 보고문 형식으로 쓴 기행문

기행문의 특징
• 여행의 체험을 기본 조건으로 함
• 보통 여행의 경로에 따라 적음
• 보고 들은 바가 사실대로 드러나 있음
• 구성 형식에 일정한 틀이 없음

기행문의 내용상 갈래
• 견문 중심의 기행문
• 감상 중심의 기행문
• 감상 중심의 기행문

(5) 기사문

① 기사문의 정의 : 생활 주변에서 일어난 사건을 신속하고 정확하게 전달하기 위해 육하원칙에 의해 객관적으로 적은 글

② 기사문의 특징

  ㉠ 객관성 : 사실을 객관적으로 쓰고, 가급적 주관인 요소는 피함

  ㉡ 정확성 : 결과를 거짓 없이 써야 하며, 될 수 있는 대로 추측은 하지 않도록 함

  ㉢ 시의성 : 지금의 상황에 적절한 대상(사건)을 선별해서 다루어야 함

  ㉣ 보도성 : 보도할 만한 가치가 있는 대상을 다루어야 함

  ㉤ 흥미성, 저명성 : 대상이 독자들에게 잘 알려진 것이거나 흥미 있는 것이어야 함

  ㉥ 그밖에 근접성, 신속성, 공정성, 간결성, 평이성 등을 특징으로 한다.

기사문의 형식
• '표제 → 부제 → 전문 → 본문 → 해설'의 역피라미드형 형식을 취함
• 표제 : 내용의 전모를 간결하게 나타낸 것으로 제목이라고도 함
• 부제 : 표제를 뒷받침하며, 내용을 좀 더 구체적으로 표시
• 전문 : 기사의 핵심 내용을 육하원칙에 따라 요약
• 본문 : 기사 내용을 구체적으로 자세히 서술하는 부분
• 해설 : 본문 뒤에 덧붙여 사건의 전망, 분석, 평가 등을 다루는 부분으로, 필자의 주관성이 드러날 수 있음

9급공무원
국어

나두공

나두공

06장 **어휘력**

어휘력

01절 한자

1. 한자의 이해

(1) 한자의 구성 및 한자어

① 한자의 형성 원리와 육서

㉠ 한자의 형성 원리 : 기본적으로 한자는 사물의 모양을 본떠서 만든 글자이기 때문에 각 글자마다 특정한 뜻을 내포하고 있는 표의문자(表意文字)에 해당

㉡ 육서(六書) : 한자의 구조 및 사용에 관한 여섯 가지의 명칭으로, 상형(象形), 지사(指事), 회의(會意), 형성(形聲), 전주(轉注), 가차(假借)가 있음

② 한자의 육서

㉠ 글자의 창조 원리

• 상형(象形) : 구체적인 사물의 모양을 본떠서 만든 문자(예) 月, 山, 川)

• 지사(指事) : 추상적인 뜻을 점이나 선으로 표시한 문자(예) 上, 中, 下)

㉡ 글자의 결합 원리

• 회의(會議) : 두 개 이상의 글자를 그 뜻으로 합쳐 새로운 뜻으로 만든 글자 (예) 木(나무 목) → 林(수풀 림), 火(불 화) → 炎(불탈 염))

• 형성(形聲) : 뜻 부분과 음 부분의 결합으로 만든 문자로 한자의 대부분을 차지함(예) 鷺(해오라기 로) → 路(길 로 : 음만 사용함) + 鳥(새 조 : 뜻만 사용함))

㉢ 글자의 운용 원리

• 전주(轉注) : 이미 있는 한자의 뜻을 확대 또는 발전시켜 다른 뜻으로 사용하는 방법(예) 樂(즐거울 락) → 본디 악기를 의미하였으나 노래, 즐기다, 좋아하다 등으로 뜻이 확장됨)

• 가차(假借) : 어떤 뜻을 나타낼 한자가 없을 때, 뜻은 다르지만 음이 같으면 빌려 쓰는 방법(예) 來(올 래) → 본디 보리를 뜻하는 '來'라는 한자를 '오다'라는 의미를 나타내기 위해 빌림)

③ 부수의 개념과 자전 찾기

㉠ 부수(部首)의 개념 : 부수란 옥편이나 자전에서 한자를 찾는 데 필요한 길잡이가 되는 글자로서, 소리글자인 한글의 자모나 영어의 알파벳에 해당됨

㉡ 자전 찾기 : 자전은 부수에 따라 배열된 것으로, 부수의 획수가 적은 것부터 차례대로 수록되어 있다. 자전을 찾을 때는 부수색인, 자음 색인, 총획색인을 활용함

④ 익혀두어야 할 한자어

㉠ 'ㄱ'으로 시작하는 한자어

• 가식(假飾) : 말이나 행동 따위를 거짓으로 꾸밈

한자의 3요소

• 모양(形) : 시각적으로 구분되는 요소로 한자가 지니고 있는 자체의 글자 형태

• 소리(音) : 1자 1음이 원칙이나, 1자 2음 또는 1자 3음의 예도 있음

• 뜻(義) : 한자의 뜻을 우리말로 새긴 것을 훈(訓)이라고 함

육서를 기반으로 한 대표 한자

• 상형(象形) : 日, 月, 山, 川, 人, 水, 雨, 手, 足, 目

• 지사(指事) : 一, 二, 三, 四, 七, 八, 上, 中, 下, 本, 末, 寸, 丹

• 회의(會議) : 日(날일) + 月(달월) → 明(밝을 명)

• 형성(形聲) : 門(문 문 : 음) + 口(입 구 : 뜻) → 問 (물을 문)

• 전주(轉注)
 – 惡(악할 악) : 惡習(악습), 惡鬼(악귀)
 – 惡(미워할 오) : 憎惡(증오), 惡寒(오한)
 – 惡(부끄러워할 오) : 羞惡之心(수오지심)

- 각축(角逐) : 서로 이기려고 다투며 덤벼듦
- 간과(看過) : 큰 관심 없이 대강 보아 넘김
- 간주(看做) : 상태, 모양, 성질 따위가 그와 같다고 봄. 또는 그렇다고 여김
- 간헐(間歇) : 얼마 동안의 시간 간격을 두고 되풀이하여 일어났다 쉬었다 함
- 객수(客愁) : 객지에서 느끼는 쓸쓸함이나 시름
- 게시(揭示) : 여러 사람들에게 알리기 위하여 내붙이거나 내걸어 두루 보게 함
- 경시(輕視) : 대수롭지 않게 보거나 업신여김
- 경질(硬質) : 단단하고 굳은 성질
- 계륵(鷄肋) : '닭의 갈비'라는 뜻으로 그다지 소용은 없으나 버리기에는 아까운 것을 이르는 말
- 고루(固陋) : 낡은 관념이나 습관에 젖어 고집이 세고 새로운 것을 잘 받아들이지 아니함
- 고배(苦杯) : 쓰라린 경험을 비유적으로 이르는 말
- 고역(苦役) : 몹시 힘들고 고되어 견디기 어려운 일
- 고혹(蠱惑) : 아름다움이나 매력 같은 것에 홀려서 정신을 못 차림
- 골계(滑稽) : 익살을 부리는 가운데 어떤 교훈을 주는 일
- 골자(骨子) : 말이나 일의 내용에서 중심이 되는 줄기를 이루는 것
- 공모(公募) : 일반에게 널리 공개하여 모집함
- 공약(公約) : 정부, 정당, 입후보자 등이 어떤 일에 대하여 국민에게 실행할 것을 약속함
- 공황(恐慌) : 근거 없는 두려움이나 공포로 갑자기 생기는 심리적 불안 상태
- 관건(關鍵) : 어떤 사물이나 문제 해결의 가장 중요한 부분
- 광음(光陰) : 빛과 그늘, 즉 낮과 밤이라는 뜻으로 시간이나 세월을 이름
- 괴리(乖離) : 서로 어그러져 동떨어짐
- 괴멸(壞滅) : 조직이나 체계 따위가 모조리 파괴되어 멸망함
- 괴벽(怪癖) : 괴이한 버릇
- 교란(攪亂) : 마음이나 상황 따위를 뒤흔들어서 어지럽고 혼란하게 함
- 구황(救荒) : 흉년 따위로 기근이 심할 때 빈민들을 굶주림에서 벗어나도록 도움
- 구휼(救恤) : 사회적 또는 국가적 차원에서 재난을 당한 사람이나 빈민에게 금품을 주어 구제함
- 구가(謳歌) : 행복한 처지나 기쁜 마음 따위를 거리낌 없이 나타냄. 또는 그런 소리
- 권면(勸勉) : 알아듣도록 권하고 격려하여 힘쓰게 함
- 궤변(詭辯) : 상대편을 이론으로 이기기 위하여 상대편의 사고(思考)를 혼란시키거나 감정을 격앙시켜 거짓을 참인 것처럼 꾸며 대는 논법
- 귀감(龜鑑) : 거울로 삼아 본받을 만한 모범
- 귀추(歸趨) : 일이 되어 가는 형편
- 규탄(糾彈) : 잘못이나 옳지 못한 일을 잡아내어 따지고 나무람

SEMI-NOTE

여러 의미를 지닌 한자어(ㄱ)
- 각성(覺醒)
  - 깨어 정신을 차림
  - 깨달아 앎
- 견문(見聞)
  - 보고 들음
  - 보거나 듣거나 하여 깨달아 얻은 지식
- 경색(梗塞)
  - 소통되지 못하고 막힘
  - 혈액 속에 떠다니는 혈전(血栓) 따위의 물질이 혈관을 막는 일
- 경원(敬遠)
  - 공경하되 가까이하지는 않음 – 겉으로는 공경하는 체하면서 실제로는 꺼리어 멀리함
- 계시(啓示)
  - 깨우쳐 보여 줌
  - 사람의 지혜로서는 알 수 없는 진리를 신(神)이 가르쳐 알게 함
- 고갈(枯渴)
  - 물이 말라서 없어짐
  - 어떤 일의 바탕이 되는 돈이나 물자, 소재, 인력 따위가 다하여 없어짐
  - 느낌이나 생각 따위가 다 없어짐
- 균열(龜裂)
  - 거북의 등에 있는 무늬처럼 갈라져 터짐
  - 친하게 지내는 사이에 틈이 남
- 기치(旗幟)
  - 예전에 군에서 쓰던 깃발
  - 일정한 목적을 위하여 내세우는 태도나 주장

06장

어휘력

여러 의미를 지닌 한자어(ㄴ)

• 나락(奈落)
  – 불교에서 말하는 지옥
  – 벗어나기 어려운 절망적인 상황을 비유적으로 이르는 말
• 낙오(落伍)
  – 무리에서 처져 뒤떨어짐
  – 사회나 시대의 진보에 뒤떨어짐
• 낙인(烙印)
  – 쇠붙이로 만들어 불에 달구어 찍는 도장
  – 다시 씻기 어려운 불명예스럽고 욕된 판정이나 평판을 이르는 말
• 난항(難航)
  – 폭풍우와 같은 나쁜 조건으로 배나 항공기가 몹시 어렵게 항행함
  – 여러 가지 장애 때문에 일이 순조롭게 진행되지 않음을 비유적으로 이르는 말
• 내력(來歷)
  – 지금까지 지내온 경로나 경력
  – 부모나 조상으로부터 내려오는 유전적인 특성
• 농성(籠城)
  – 적에게 둘러싸여 성문을 굳게 닫고 성을 지킴
  – 어떤 목적을 이루기 위하여 한자리를 떠나지 않고 시위함
• 농후(濃厚)
  – 맛, 빛깔, 성분 따위가 매우 짙음
  – 어떤 경향이나 기색 따위가 뚜렷함

여러 의미를 지닌 한자어(ㅁ)

• 묘연(杳然)
  – 그윽하고 멀어서 눈에 아물아물함
  – 소식이나 행방 따위를 알 길이 없음
• 문외한(門外漢)
  – 어떤 일에 직접 관계가 없는 사람
  – 어떤 일에 전문적인 지식이 없는 사람
• 미궁(迷宮)
  – 들어가면 나올 길을 찾을 수 없게 되어 있는 곳
  – 사건, 문제 따위가 얽혀서 쉽게 해결하지 못하게 된 상태

• 근황(近況) : 요즈음의 상황
• 기린아(麒麟兒) : 지혜와 재주가 썩 뛰어난 사람
• 기아(飢餓) : 굶주림
• 기우(杞憂) : 앞일에 대해 쓸데없는 걱정을 함 또는 그 걱정
• 기지(機智) : 경우에 따라 재치 있게 대응하는 지혜
• 금자탑(金字塔) : 길이 후세에 남을 뛰어난 업적을 비유적으로 이르는 말

ⓛ 'ㄴ'으로 시작하는 한자어
• 난만(爛漫) : 꽃이 활짝 많이 피어 화려함
• 날인(捺印) : 도장을 찍음
• 날조(捏造) : 사실이 아닌 것을 사실인 것처럼 거짓으로 꾸밈
• 남상(濫觴) : 사물의 처음이나 기원을 이르는 말
• 노정(路程) : 목적지까지의 거리. 또는 목적지까지 걸리는 시간
• 뇌쇄(惱殺) : 애가 타도록 몹시 괴로워함 또는 그렇게 괴롭힘
• 누항(陋巷) : 좁고 지저분하며 더러운 거리
• 눌변(訥辯) : 더듬거리는 서툰 말솜씨
• 능욕(陵辱) : 남을 업신여겨 욕보임

ⓒ 'ㄷ'으로 시작하는 한자어
• 다담(茶啖) : 손님을 대접하기 위하여 내놓은 다과(茶菓) 따위
• 단말마(斷末魔 · 斷末摩) : 숨이 끊어질 때의 모진 고통
• 담수(淡水) : 짠맛이 없는 맑은 물
• 담합(談合) : 경쟁 입찰을 할 때에 입찰 참가자가 서로 의논하여 미리 입찰 가격이나 낙찰자 따위를 정하는 일
• 당면(當面) : 바로 눈앞에 당함
• 도야(陶冶) : 훌륭한 사람이 되도록 몸과 마음을 닦아 기름을 비유적으로 이르는 말
• 도원경(桃源境) : 이 세상이 아닌 무릉도원처럼 아름다운 경지
• 도외시(度外視) : 상관하지 아니하거나 무시함
• 동요(動搖) : 생각이나 처지 또는 어떤 체제나 상황 따위가 확고하지 못하고 흔들림
• 등용문(登龍門) : 어려운 관문을 통과하여 크게 출세하게 됨 또는 그 관문을 이르는 말

ⓔ 'ㅁ'으로 시작하는 한자어
• 마모(磨耗) : 마찰 부분이 닳아서 없어짐
• 망중한(忙中閑) : 바쁜 가운데 잠깐 얻어 낸 틈
• 매몰(埋沒) : 보이지 않게 파묻히거나 파묻음
• 매진(邁進) : 어떤 일을 전심전력을 다하여 해 나감
• 맹아(萌芽) : 사물의 시초가 되는 것
• 모순(矛盾) : 앞뒤가 맞지 않음. 혹은 그런 말
• 몽상(夢想) : 실현성이 없는 헛된 생각을 함

• 몽진(蒙塵) : 먼지를 뒤집어쓴다는 뜻으로, 임금이 난리를 피하여 안전한 곳으로 떠남
• 묘령(妙齡) : 스무 살 안팎의 여자 나이
• 무단(無斷) : 사전에 허락이 없음 또는 아무 사유가 없음
• 무산(霧散) : 안개가 걷히듯 흩어져 없어짐 또는 그렇게 흐지부지 취소됨
• 묵인(默認) : 모르는 체하고 하려는 대로 내버려 둠으로써 슬며시 인정함
• 미연(未然) : 어떤 일이 아직 그렇게 되지 않은 때
• 미증유(未曾有) : 지금까지 한 번도 있어 본 적이 없음
• 미흡(未洽) : 아직 흡족하지 못하거나 만족스럽지 않음

㉤ 'ㅂ'으로 시작하는 한자어
• 박빙(薄氷) : 근소한 차이를 비유적으로 이르는 말
• 박탈(剝奪) : 남의 재물이나 권리, 자격 등을 빼앗음
• 반박(反駁) : 어떤 의견, 주장, 논설 따위에 반대하여 말함
• 발췌(拔萃) : 책, 글 따위에서 필요하거나 중요한 부분을 가려 뽑아냄
• 발탁(拔擢) : 여러 사람 가운데서 쓸 사람을 뽑음
• 방기(放棄) : 내버리고 아예 돌아보지 아니함
• 백미(白眉) : '흰 눈썹'이란 뜻으로, 여럿 가운데서 가장 뛰어난 사람이나 홀륭한 물건을 비유적으로 이르는 말
• 백안시(白眼視) : 남을 업신여기거나 무시하는 태도로 흘겨봄
• 병치(倂置) : 두 가지 이상의 것을 한곳에 나란히 두거나 설치함
• 보전(保全) : 온전하게 보호하여 유지함
• 부고(訃告) : 사람의 죽음을 알림. 또는 그런 글
• 부득이(不得已) : 마지못하여 하는 수 없이
• 부상(扶桑) : 해가 뜨는 동쪽 바다
• 불후(不朽) : 썩지 아니함이라는 뜻으로, 영원토록 변하거나 없어지지 아니함을 비유적으로 이르는 말
• 비견(比肩) : 앞서거나 뒤서지 않고 어깨를 나란히 한다는 뜻으로, 낫고 못할 것이 정도가 서로 비슷하게 함을 이르는 말
• 비단(非但) : 부정하는 말 앞에서 '다만', '오직'의 뜻으로 쓰이는 말
• 비유(比喩) : 어떤 현상이나 사물을 직접 설명하지 아니하고 다른 비슷한 현상이나 사물에 빗대어서 설명하는 일
• 비호(庇護) : 편들어서 감싸 주고 보호함

㉥ 'ㅅ'으로 시작하는 한자어
• 상쇄(相殺) : 상반되는 것이 서로 영향을 주어 효과가 없어지는 일
• 서거(逝去) : 죽어서 세상을 떠남을 높이는 말
• 서한(書翰) : 편지
• 선망(羨望) : 부러워하여 바람
• 섭렵(涉獵) : 물을 건너 찾아다닌다는 뜻으로, 많은 책을 널리 읽거나 여기 저기 찾아다니며 경험함을 이르는 말

SEMI-NOTE

여러 의미를 지닌 한자어(ㅂ)
• 반추(反芻)
 ‑ 한번 삼킨 먹이를 다시 게워 내어 씹음
 ‑ 어떤 일을 되풀이하여 음미하거나 생각함
• 변별(辨別)
 ‑ 사물의 옳고 그름이나 좋고 나쁨을 가림
 ‑ 세상에 대한 경험이나 식견에서 나오는 생각이나 판단
• 보수(保守)
 ‑ 보전하여 지킴
 ‑ 새로운 것이나 변화를 반대하고 전통적인 것을 옹호하며 유지하려 함
• 부상(浮上)
 ‑ 물 위로 떠오름
 ‑ 어떤 현상이 관심의 대상이 되거나 어떤 사람이 훨씬 좋은 위치로 올라섬
• 부유(浮游)
 ‑ 물 위나 물속. 또는 공기 중에 떠다님
 ‑ 행선지를 정하지 아니하고 이리저리 떠돌아다님
• 빙자(憑藉)
 ‑ 남의 힘을 빌려서 의지함
 ‑ 말막음을 위하여 핑계로 내세움

06장

어휘력

여러 의미를 지닌 한자어(ㅅ)
• 선회(旋回)
 ‑ 둘레를 빙글빙글 돎
 ‑ 항공기가 곡선을 그리듯 진로를 바꿈
• 소강(小康)
 ‑ 병이 조금 나아진 기색이 있음
 ‑ 소란이나 분란, 혼란 따위가 그치고 조금 잠잠함

여러 의미를 지닌 한자어(ㅇ)

• **어폐(語弊)**
  – 적절하지 아니하게 사용하여 일어나는 말의 폐단이나 결점
  – 남의 오해를 받기 쉬운 말

• **여과(濾過)**
  – 거름종이나 여과기를 써서 액체 속에 들어 있는 침전물이나 입자를 걸러 내는 일
  – 주로 부정적인 요소를 걸러 내는 과정을 비유적으로 이르는 말

• **여파(餘波)**
  – 큰 물결이 지나간 뒤에 일어나는 잔물결
  – 어떤 일이 끝난 뒤에 남아 미치는 영향

• **운운(云云)**
  – 글이나 말을 인용하거나 생략할 때에, 이러이러하다고 말함의 뜻으로 쓰는 말
  – 여러 가지의 말

• **이완(弛緩)**
  – 바짝 조였던 정신이 풀려 늦추어짐
  – 잘 조성된 분위기 따위가 흐트러져 느슨해짐
  – 굳어서 뻣뻣하게 된 근육 따위가 원래의 상태로 풀어짐

• 소급(遡及) : 과거에까지 거슬러 올라가서 미치게 함
• 쇄도(殺到) : 전화, 주문 따위가 한꺼번에 세차게 몰려듦
• 쇄신(刷新) : 나쁜 폐단이나 묵은 것을 버리고 새롭게 함
• 수긍(首肯) : 옳다고 인정함
• 수렴(收斂) : 의견이나 사상 따위가 여럿으로 나뉘어 있는 것을 하나로 모아 정리함
• 수심(愁心) : 매우 근심함 또는 그런 마음
• 수작(酬酢) : 남의 말이나 행동, 계획을 낮잡아 이르는 말
• 숙맥(菽麥) : 사리 분별을 못하고 세상 물정을 잘 모르는 사람
• 슬하(膝下) : 무릎의 아래라는 뜻으로, 어버이나 조부모의 보살핌 아래
• 시사(示唆) : 어떤 것을 미리 간접적으로 표현해 줌
• 시의적절(時宜適切) : 그 당시의 사정이나 요구에 아주 알맞음
• 시정(市政) : 인가가 모인 곳
• 신예(新銳) : 새롭고 기세나 힘이 뛰어남 또는 그런 사람
• 심안(心眼) : 사물을 살펴 분별하는 능력

ㅅ 'ㅇ'으로 시작하는 한자어

• 아성(牙城) : 아주 중요한 근거지를 비유적으로 이르는 말
• 아집(我執) : 자기중심의 좁은 생각에 집착하여 다른 사람의 의견이나 입장을 고려하지 아니하고 자기만을 내세우는 것
• 알력(軋轢) : 수레바퀴가 삐걱거린다는 뜻으로, 서로 의견이 맞지 아니하여 사이가 안 좋거나 충돌하는 것을 이르는 말
• 알선(斡旋) : 남의 일이 잘되도록 주선하는 일
• 압권(壓卷) : 여럿 가운데 가장 뛰어난 것
• 야합(野合) : 좋지 못한 목적 밑에 서로 어울림
• 억측(臆測) : 이유와 근거가 없이 짐작함. 또는 그런 짐작
• 여론(輿論) : 사회 대중의 공통된 의견
• 여반장(如反掌) : 손바닥을 뒤집는 것 같다는 뜻으로, 일이 매우 쉬움
• 역량(力量) : 어떤 일을 해낼 수 있는 힘
• 열반(涅槃) : 모든 번뇌의 얽매임에서 벗어나고 진리를 깨달아 불생불멸의 법을 체득한 경지
• 염세(厭世) : 세상을 괴롭고 귀찮은 것으로 여겨 비관함
• 엽기(獵奇) : 비정상적이고 괴이한 일이나 사물에 흥미를 느끼고 찾아다님
• 영전(榮轉) : 전보다 더 좋은 자리나 직위로 옮김
• 오열(嗚咽) : 목메어 욺. 또는 그런 울음
• 오인(誤認) : 잘못 보거나 잘못 생각함
• 와전(訛傳) : 사실과 다르게 전함
• 왜곡(歪曲) : 사실과 다르게 해석하거나 그릇되게 함
• 왜소(矮小) : 몸뚱이가 작고 초라함
• 우려(憂慮) : 근심하거나 걱정함 또는 그 근심과 걱정

- 위계(位階) : 지위나 계층 따위의 등급
- 위항(委巷) : 좁고 지저분한 거리
- 위해(危害) : 위험한 재해를 아울러 이르는 말
- 유예(猶豫) : 일을 결행하는 데 날짜나 시간을 미룸
- 유착(癒着) : 사물들이 서로 깊은 관계를 가지고 결합하여 있음
- 응대(應待) : 부름이나 물음 또는 요구 따위에 응하여 상대함
- 이반(離反) : 인심이 떠나서 배신함
- 익명(匿名) : 이름을 숨김. 또는 숨긴 이름이나 그 대신 쓰는 이름
- 인멸(湮滅) : 자취도 없이 모두 없어짐. 또는 그렇게 없앰
- 인습(因習) : 이전부터 전하여 내려오는 습관
- 일체(一切) : 모든 것
- 일탈(逸脫) : 사회적인 규범으로부터 벗어나는 일
- 잉여(剩餘) : 쓰고 난 후 남은 것

◎ 'ㅈ'으로 시작하는 한자어
- 자문(諮問) : 어떤 일을 좀 더 효율적이고 바르게 처리하려고 그 방면의 전문가나, 전문가들로 이루어진 기구에 의견을 물음
- 재고(再考) : 어떤 일이나 문제 따위에 대해 다시 생각함
- 재고(在庫) : 창고 따위에 쌓여 있음
- 전말(顚末) : 처음부터 끝까지 일이 진행되어 온 경과
- 전철(前轍) : 앞에 지나간 수레바퀴 자국이라는 뜻으로, 이전 사람의 그릇된 일이나 행동의 자취
- 조예(造詣) : 학문이나 예술, 기술 따위의 분야에 대한 지식이나 경험이 깊은 경지에 이른 정도
- 종언(終焉) : 계속하던 일이 끝장이 남
- 주도(主導) : 주동적인 처지가 되어 이끎
- 지략(智略) : 어떤 일이나 문제든지 명철하게 포착하고 분석 또는 평가하여 해결대책을 능숙하게 세우는 뛰어난 슬기와 계략
- 지척(咫尺) : 아주 가까운 거리

㉛ 'ㅊ, ㅌ'으로 시작하는 한자어
- 찰나(刹那) : 어떤 일이나 사물 현상이 일어나는 바로 그때
- 창궐(猖獗) : 못된 세력이나 전염병 따위가 세차게 일어나 걷잡을 수 없이 퍼짐
- 척결(剔抉) : 나쁜 부분이나 요소들을 깨끗이 없애 버림
- 천거(薦擧) : 어떤 일을 맡아 할 수 있는 사람을 그 자리에 쓰도록 소개하거나 추천함
- 천명(闡明) : 진리나 사실, 입장 따위를 드러내어 밝힘
- 천추(千秋) : 오래고 긴 세월. 또는 먼 미래
- 초야(草野) : '풀이 난 들'이라는 뜻으로, 궁벽한 시골을 이르는 말
- 추앙(推仰) : 높이 받들어 우러러 봄

- 잔재(殘滓)
  - 쓰고 남은 찌꺼기
  - 과거의 낡은 사고방식이나 생활양식의 찌꺼기
- 전복(顚覆)
  - 차나 배 따위가 뒤집힘
  - 사회 체제가 무너지거나 정권 따위를 뒤집어엎음
- 질곡(桎梏)
  - 옛 형구인 차꼬(죄수를 가두어 둘 때 쓰던 형구(刑具))와 수갑을 아울러 이르는 말
  - 몹시 속박하여 자유를 가질 수 없는 고통의 상태를 비유적으로 이르는 말

- 천착(穿鑿)
  - 어떤 원인이나 내용 따위를 따지고 파고들어 알려고 하거나 연구함
  - 억지로 이치에 닿지 아니한 말을 함
- 투영(投影)
  - 물체의 그림자를 어떤 물체 위에 비추는 일
  - 어떤 일을 다른 일에 반영하여 나타냄을 비유적으로 이르는 말

여러 의미를 지닌 한자어(ㅍ)

• 패권(覇權)
  – 어떤 분야에서 우두머리나 으뜸의 자리를 차지하여 누리는 공인된 권리와 힘
  – 국제 정치에서, 어떤 국가가 경제력이나 무력으로 다른 나라를 압박하여 자기의 세력을 넓히려는 권력
• 편협(偏狹)
  – 한쪽으로 치우쳐 도량이 좁고 너그럽지 못함
  – 땅 따위가 좁음

잘못 읽기 쉬운 한자어

• 可矜 : 가긍(○) 가금(×)
• 戡定 : 감정(○) 심정(×)
• 醵出 : 갹출(○) 거출(×)
• 陶冶 : 도야(○) 도치(×)
• 明澄 : 명징(○) 명증(×)
• 撲滅 : 박멸(○) 복멸(×)
• 水洗 : 수세(○) 수선(×)
• 凝結 : 응결(○) 의결(×)
• 憎惡 : 증오(○) 증악(×)
• 襃賞 : 포상(○) 보상(×)

• 추이(推移) : 일이나 형편이 시간의 경과에 따라 변하여 나감 또는 그런 경향
• 추호(秋毫) : 매우 적거나 조금인 것을 비유적으로 이르는 말
• 치적(治績) : 잘 다스린 공적. 또는 정치상의 업적
• 칩거(蟄居) : 나가서 활동하지 아니하고 집 안에만 틀어박혀 있음
• 타산(打算) : 자신에게 도움이 되는지를 따져 헤아림
• 퇴고(推敲) : 글을 지을 때 여러 번 생각하여 고치고 다듬음. 또는 그런 일

ⓩ 'ㅍ'으로 시작하는 한자어
• 파락호(擺落戶) : 재산이나 세력이 있는 집안의 재산을 몽땅 털어먹는 난봉꾼을 이르는 말
• 파천황(破天荒) : 이전에 아무도 하지 못한 일을 처음으로 해냄
• 판별(判別) : 옳고 그름이나 좋고 나쁨을 판단하여 구별함
• 판촉(販促) : 여러 가지 방법을 써서 수요를 불러일으키고 자극하여 판매가 늘도록 유도하는 일
• 폄하(貶下) : 가치를 깎아내림
• 포폄(褒貶) : 옳고 그름이나 선하고 악함을 판단하여 결정함
• 폭주(暴注) : 어떤 일이 처리하기 힘들 정도로 한꺼번에 몰림
• 풍문(風聞) : 바람처럼 떠도는 소문
• 풍자(諷刺) : 문학 작품 따위에서, 현실의 부정적 현상이나 모순 따위를 빗대어 비웃으면서 씀
• 피상적(皮相的) : 본질적인 현상은 추구하지 아니하고 겉으로 드러나 보이는 현상에만 관계하는 것
• 피폐(疲弊) : 지치고 쇠약하여짐
• 필경(畢竟) : 끝장에 가서는
• 핍박(逼迫) : 바싹 죄어서 몹시 괴롭게 굶

ⓚ 'ㅎ'으로 시작하는 한자어
• 할거(割據) : 땅을 나누어 차지하고 굳게 지킴
• 함구(緘口) : 입을 다문다는 뜻으로, 말하지 아니함을 이르는 말
• 함양(涵養) : 능력이나 품성을 기르고 닦음
• 해이(解弛) : 긴장이나 규율 따위가 풀려 마음이 느슨함
• 향수(鄕愁) : 고향을 그리워하는 마음이나 시름
• 혈안(血眼) : 기를 쓰고 달려들어 독이 오른 눈
• 홀대(忽待) : 소홀히 대접함. 탐탁지 않은 대접
• 홀연(忽然) : 뜻하지 아니하게 갑자기
• 확정(確定) : 일을 확실하게 정함
• 환기(喚起) : 주의나 여론, 생각 따위를 불러일으킴
• 환대(歡待) : 반갑게 맞아 정성껏 후하게 대접함
• 회동(會同) : 일정한 목적으로 여러 사람이 한데 모임
• 회자(膾炙) : 회와 구운 고기라는 뜻으로, 칭찬을 받으며 사람의 입에 자주 오르내림을 이르는 말

- 효시(嚆矢) : 어떤 사물이나 현상이 시작되어 나온 맨 처음을 비유적으로 이르는 말
- 휘하(麾下) : 장군의 지휘 아래. 또는 그 지휘 아래에 딸린 군사
- 흡사(恰似) : 거의 같을 정도로 비슷한 모양
- 힐난(詰難) : 트집을 잡아 거북할 만큼 따지고 듦
- 힐책(詰責) : 잘못된 점을 따져 나무람

ⓔ 나이를 나타내는 한자어
- 15세 : 지학(志學), 『논어』 위정(爲政)편에서 공자가 열다섯에 학문에 뜻을 두었다고 한 데서 유래함
- 20세 : 약관(弱冠), 『논어』 위정(爲政)편에서 공자가 스무 살에 관례를 한다고 한 데서 유래함
- 30세 : 이립(而立), 『논어』 위정(爲政)편에서 공자가 서른 살에 자립했다고 한데서 유래함.
- 40세 : 불혹(不惑), 『논어』 위정(爲政)편에서 공자가 마흔 살부터 세상일에 미혹되지 않았다고 한 데서 유래함
- 48세 : 상년(桑年), '桑'의 속자를 분해하여 보면 '十'자가 넷이고 '八'자가 하나인 데서 유래함
- 50세 : 지천명(知天命), 『논어』 위정(爲政)편에서 공자가 쉰 살에 하늘의 뜻을 알았다고 한 데서 유래함
- 60세 : 이순(耳順), 『논어』 위정(爲政)편에서 공자가 예순 살부터 생각하는 것이 원만하여 어떤 일을 들으면 곧 이해가 된다고 한 데서 유래함
- 61세 : 환갑(還甲), 회갑(回甲), 육십갑자의 '갑(甲)'으로 되돌아온다는 뜻
- 62세 : 진갑(進甲), 환갑이 지나 새로운 '갑(甲)'으로 나아간다는 뜻
- 70세 : 종심(從心), 『논어』의 위정(爲政)편에서 공자가 칠십이 되면 욕망하는 대로 해도 도리에 어긋남이 없다고 한 데서 유래함
- 71세 : 망팔(望八), '여든'을 바라본다는 뜻
- 77세 : 희수(喜壽), '喜'를 초서(草書)로 쓸 때 '七十七'처럼 쓰는 데서 유래함
- 81세 : 망구(望九), 사람의 나이가 아흔을 바라본다는 뜻
- 88세 : 미수(米壽), '米'자를 풀어 쓰면 '八十八'이 되는 데서 유래함
- 91세 : 망백(望百), 사람의 나이가 백세를 바라본다는 뜻
- 99세 : 백수(白壽), '百'에서 '一'을 빼면 99가 되고, '白'자가 되는 데서 유래함

(2) 한자 성어 ★ 빈출개념

① 주요 한자 성어
　㉠ 'ㄱ'으로 시작하는 한자성어
- 가렴주구(苛斂誅求) : 세금을 가혹하게 거두어들이고, 무리하게 재물을 빼앗음
- 각고면려(刻苦勉勵) : 어떤 일에 고생을 무릅쓰고 몸과 마음을 다하여, 무척 애를 쓰면서 부지런히 노력함

기타 한자성어(가~갑)

- **가급인족(家給人足)** : 집집마다 먹고 사는 것에 부족함이 없이 넉넉함
- **가정맹어호(苛政猛於虎)** : 가혹한 정치는 호랑이보다 무섭다는 뜻으로, 혹독한 정치의 폐가 큼을 이르는 말
- **가인박명(佳人薄命)** : 미인은 불행하거나 병약하여 요절하는 일이 많음
- **간난신고(艱難辛苦)** : 몹시 힘들고 어려우며 고생스러움
- **갑론을박(甲論乙駁)** : 여러 사람이 서로 자신의 주장을 내세우며 상대편의 주장을 반박함

기타 한자성어(격~경)

- **격물치지(格物致知)** : 실제 사물의 이치를 연구하여 지식을 완전하게 함
- **견리망의(見利忘義)** : 눈앞의 이익을 보면 의리를 잊음
- **견리사의(見利思義)** : 눈앞의 이익을 보면 의리를 먼저 생각함
- **견마지로(犬馬之勞)** : 개나 말 정도의 하찮은 힘이라는 뜻으로, 윗사람에게 충성을 다하는 자신의 노력을 낮추어 이르는 말
- **계명구도(鷄鳴狗盜)** : 비굴하게 남을 속이는 하찮은 재주 또는 그런 재주를 가진 사람을 이르는 말
- **경거망동(輕擧妄動)** : 경솔하여 생각 없이 망령되게 행동함

- **각골난망(刻骨難忘)** : 남에게 입은 은혜가 뼈에 새길 만큼 커서 잊히지 아니함
- **각자도생(各自圖生)** : 제각기 살아 나갈 방법을 꾀함
- **각자무치(角者無齒)** : 뿔이 있는 짐승은 이가 없다는 뜻으로, 한 사람이 여러 가지 재주나 복을 다 가질 수 없다는 말
- **각주구검(刻舟求劍)** : 융통성 없이 현실에 맞지 않는 낡은 생각을 고집하는 어리석음을 이르는 말
- **간담상조(肝膽相照)** : 서로 속마음을 털어놓고 친하게 사귐
- **감언이설(甘言利說)** : 귀가 솔깃하도록 남의 비위를 맞추거나 이로운 조건을 내세워 꾀는 말
- **감탄고토(甘呑苦吐)** : 달면 삼키고 쓰면 뱉는다는 뜻으로, 자신의 비위에 따라서 사리의 옳고 그름을 판단함을 이르는 말
- **개과천선(改過遷善)** : 지난날의 잘못이나 허물을 고쳐 올바르고 착하게 됨
- **거두절미(去頭截尾)** : 머리와 꼬리를 잘라 버린다는 말로 어떤 일의 요점만 간단히 말함
- **건곤일척(乾坤一擲)** : 주사위를 던져 승패를 건다는 뜻으로, 운명을 걸고 단판걸이로 승부를 겨룸을 이르는 말
- **격화소양(隔靴搔癢)** : 신을 신고 발바닥을 긁는다는 뜻으로, 성에 차지 않거나 철저하지 못한 안타까움을 이르는 말
- **견강부회(牽强附會)** : 이치에 맞지 않는 말을 억지로 끌어 붙여 자기에게 유리하게 함
- **견문발검(見蚊拔劍)** : 모기를 보고 칼을 뺀다는 뜻으로, 사소한 일에 크게 성내어 덤빔을 이르는 말
- **견물생심(見物生心)** : 어떠한 실물을 보게 되면 그것을 가지고 싶은 욕심이 생김
- **결자해지(結者解之)** : 맺은 사람이 풀어야 한다는 뜻으로, 자기가 저지른 일은 자기가 해결해야 함을 이르는 말
- **결초보은(結草報恩)** : 풀을 맺어 은혜를 갚는다는 뜻으로 죽은 뒤에라도 은혜를 잊지 않고 갚음을 이르는 말
- **계구우후(鷄口牛後)** : 닭의 주둥이와 소의 꼬리라는 뜻으로, 큰 단체의 꼴찌보다는 작은 단체의 우두머리가 되는 것이 오히려 나음을 이르는 말
- **계란유골(鷄卵有骨)** : 달걀에도 뼈가 있다는 뜻으로, 운수가 나쁜 사람은 모처럼 좋은 기회를 만나도 역시 일이 잘 안됨을 이르는 말
- **고군분투(孤軍奮鬪)** : 도움을 받지 못하게 된 군사가 많은 수의 적군과 잘 싸움을 뜻하는 말로 남의 도움을 받지 않고 일을 잘해 나가는 것을 비유적으로 이르는 말
- **고립무원(孤立無援)** : 고립되어 구원을 받을 데가 없음
- **고식지계(姑息之計)** : 우선 당장 편한 것만을 택하는 꾀나 방법. 한때의 안정을 얻기위하여 임시로 둘러맞추어 처리하거나 이리저리 주선하여 꾸며

내는 계책을 이르는 말

- 고육지책(苦肉之策) : 자기 몸을 상해 가면서까지 꾸며 내는 계책이라는 뜻으로, 어려운 상태를 벗어나기 위해 어쩔 수 없이 꾸며 내는 계책을 이르는 말
- 고장난명(孤掌難鳴) : 외손뼉만으로는 소리가 울리지 아니한다는 뜻으로, 혼자의 힘만으로 어떤 일을 이루기 어려움을 이르는 말
- 곡학아세(曲學阿世) : 바른 길에서 벗어난 학문으로 세상 사람에게 아첨함
- 과유불급(過猶不及) : 정도를 지나침은 미치지 못함과 같음을 이르는 말
- 관포지교(管鮑之交) : 관중과 포숙의 사귐이란 뜻으로, 우정이 아주 돈독한 친구 관계를 이르는 말
- 괄목상대(刮目相對) : 눈을 비비고 상대편을 본다는 뜻으로, 남의 학식이나 재주가 놀랄 만큼 부쩍 늚을 이르는 말
- 교각살우(矯角殺牛) : 소의 뿔을 바로잡으려다가 소를 죽인다는 뜻으로, 잘못된 점을 고치려다가 그 방법이나 정도가 지나쳐 오히려 일을 그르침을 이르는 말
- 교언영색(巧言令色) : 아첨하는 말과 알랑거리는 태도
- 구사일생(九死一生) : 아홉 번 죽을 뻔하다 한 번 살아난다는 뜻으로, 죽을 고비를 여러 차례 넘기고 겨우 살아남음을 이르는 말
- 구우일모(九牛一毛) : 아홉 마리의 소 가운데 박힌 하나의 털이란 뜻으로, 매우 많은 것 가운데 극히 적은 수를 이르는 말
- 구절양장(九折羊腸) : 아홉 번 꼬부라진 양의 창자라는 뜻으로, 꼬불꼬불하며 험한 산길을 이르는 말
- 궁여지책(窮餘之策) : 궁한 나머지 생각다 못하여 짜낸 계책
- 권모술수(權謀術數) : 목적 달성을 위하여 수단과 방법을 가리지 아니하는 온갖 모략이나 술책
- 권불십년(權不十年) : 권세는 십 년을 가지 못한다는 뜻으로, 아무리 높은 권세라도 오래가지 못함을 이르는 말
- 권토중래(捲土重來) : 한 번 실패하였으나 힘을 회복하여 다시 쳐들어옴을 이르는 말
- 귤화위지(橘化爲枳) : 회남의 귤을 회북에 옮겨 심으면 탱자가 된다는 뜻으로, 환경에 따라 사람이나 사물의 성질이 변함을 이르는 말
- 근묵자흑(近墨者黑) : 먹을 가까이하는 사람은 검어진다는 뜻으로, 나쁜 사람과 가까이 지내면 나쁜 버릇에 물들기 쉬움을 비유적으로 이르는 말
- 금상첨화(錦上添花) : 비단 위에 꽃을 더한다는 뜻으로, 좋은 일 위에 또 좋은 일이 더하여짐을 비유적으로 이르는 말
- 금의야행(錦衣夜行) : 비단옷을 입고 밤길을 다닌다는 뜻으로, 자랑삼아 하지 않으면 생색이 나지 않음을 이르는 말
- 금의환향(錦衣還鄉) : 비단옷을 입고 고향에 돌아온다는 뜻으로, 출세를 하여 고향에 돌아가거나 돌아옴을 비유적으로 이르는 말

기타 한자성어(고~교)
- 고두사죄(叩頭謝罪) : 머리를 조아리며 잘못을 빎
- 고량진미(膏粱珍味) : 기름진 고기와 좋은 곡식으로 만든 맛있는 음식
- 고성낙일(孤城落日) : '외딴 성과 서산에 지는 해'라는 뜻으로, 세력이 다하고 남의 도움이 없는 매우 외로운 처지를 이르는 말
- 골육지정(骨肉之情) : 가까운 혈족 사이의 의로운 정
- 교왕과직(矯枉過直) : 굽은 것을 바로잡으려다가 정도에 지나치게 곧게 한다는 뜻으로, 잘못된 것을 바로잡으려다가 너무 지나쳐서 오히려 나쁘게 됨을 이르는 말
- 교토삼굴(狡兔三窟) : 교활한 토끼는 세 개의 숨을 굴을 파 놓는다는 뜻으로, 사람이 교묘하게 잘 숨어 재난을 피함을 이르는 말

기타 한자성어(구~금)
- 구세제민(救世濟民) : 어지러운 세상을 구원하고 고통받는 백성을 구제함
- 군맹무상(群盲撫象) : 사물을 좁은 소견과 주관으로 잘못 판단함을 이르는 말
- 군웅할거(群雄割據) : 여러 영웅이 각기 한 지방씩 차지하고 위세를 부리는 상황을 이르는 말
- 금과옥조(金科玉條) : 금이나 옥처럼 귀중히 여겨 꼭 지켜야 할 법칙이나 규정
- 금석지감(今昔之感) : 지금과 옛날의 차이가 너무 심하여 생기는 느낌

기타 한자성어(낙~능)

• 낙담상혼(落膽喪魂) : 몹시 놀라거나 마음이 상해서 넋을 잃음
• 노승발검(怒蠅拔劍) : 성가시게 구는 파리를 보고 화가 나서 칼을 뺀다는 뜻으로, 사소한 일에 화를 내거나 또는 작은 일에 큰 대책을 세움을 비유적으로 이르는 말
• 논공행상(論功行賞) : 공적의 크고 작음 따위를 논의하여 그에 알맞은 상을 줌
• 능소능대(能小能大) : 모든 일에 두루 능함

기타 한자성어(다~대)

• 다다익선(多多益善) : 많으면 많을수록 더욱 좋음
• 다사다난(多事多難) : 여러 가지 일도 많고 어려움이나 탈도 많음
• 대동소이(大同小異) : 큰 차이 없이 거의 같음

기타 한자성어(등~동)

• 등고자비(登高自卑) : 높은 곳에 오르려면 낮은 곳에서부터 오른다는 뜻으로, 일을 순서대로 해야 함을 이르는 말
• 동상이몽(同床異夢) : 같은 자리에 자면서 다른 꿈을 꾼다는 뜻으로, 겉으로는 같이 행동하면서도 속으로는 각각 딴생각을 하고 있음을 이르는 말

Ⓛ 'ㄴ'으로 시작하는 한자성어

• 낙양지가(洛陽紙價) : 훌륭한 글을 서로 필사하느라고 낙양 땅의 종이 값이 치솟는다는 말로 훌륭한 문장이나 글을 칭송하여 이르는 말
• 난공불락(難攻不落) : 공격하기가 어려워 쉽사리 함락되지 아니함
• 난형난제(難兄難弟) : 누구를 형이라 하고 누구를 아우라 하기 어렵다는 뜻으로, 두 사물이 비슷하여 낫고 못함을 정하기 어려움을 이르는 말
• 남선북마(南船北馬) : 중국의 남쪽은 강이 많아서 배를 이용하고 북쪽은 산과 사막이 많아서 말을 이용한다는 뜻으로, 늘 쉬지 않고 여기저기 여행을 하거나 돌아다님을 이르는 말
• 낭중지추(囊中之錐) : 주머니 속의 송곳이라는 뜻으로, 재능이 뛰어난 사람은 숨어있어도 저절로 사람들에게 알려짐을 이르는 말
• 내우외환(內憂外患) : 나라 안팎의 여러 가지 어려움
• 노심초사(勞心焦思) : 몹시 마음을 쓰며 애를 태움

ⓒ 'ㄷ'으로 시작하는 한자성어

• 다기망양(多岐亡羊) : 갈림길이 많아 잃어버린 양을 찾지 못한다는 뜻으로, 두루 섭렵하기만 하고 전공하는 바가 없어 끝내 성취하지 못함을 이르는 말
• 단금지계(斷金之契) : 쇠도 자를 만큼의 굳은 약속이라는 뜻으로, 매우 두터운 우정을 이르는 말
• 단기지계(斷機之戒) : 학문을 중도에서 그만두면 짜던 베의 날을 끊는 것처럼 아무쓸모 없음을 경계한 말
• 당구풍월(堂狗風月) : 서당에서 기르는 개가 풍월을 읊는다는 뜻으로, 그 분야에 대하여 경험과 지식이 전혀 없는 사람이라도 오래 있으면 얼마간의 경험과 지식을 가짐을 이르는 말
• 당랑거철(螳螂拒轍) : 제 역량을 생각하지 않고, 강한 상대나 되지 않을 일에 덤벼드는 무모한 행동거지를 비유적으로 이르는 말
• 대기만성(大器晩成) : 큰 그릇을 만드는 데는 시간이 오래 걸린다는 뜻으로, 크게 될 사람은 늦게 이루어짐을 이르는 말
• 도청도설(道聽塗說) : 길에서 듣고 길에서 말한다는 뜻으로, 길거리에 퍼져 돌아다니는 뜬소문을 이르는 말
• 동가홍상(同價紅裳) : 같은 값이면 다홍치마라는 뜻으로, 같은 값이면 좋은 물건을 가짐을 이르는 말
• 동고동락(同苦同樂) : 괴로움도 즐거움도 함께함
• 동병상련(同病相憐) : 같은 병을 앓는 사람끼리 서로 가엾게 여긴다는 뜻으로, 어려운 처지에 있는 사람끼리 서로 가엾게 여김을 이르는 말
• 동분서주(東奔西走) : 동쪽으로 뛰고 서쪽으로 뛴다는 뜻으로, 사방으로 이리저리 몹시 바쁘게 돌아다님을 이르는 말
• 등하불명(燈下不明) : '등잔 밑이 어둡다'라는 뜻으로, 가까이에 있는 물건이나 사람을 잘 찾지 못함을 이르는 말

㉣ 'ㅁ'으로 시작하는 한자성어

- 마부위침(磨斧爲針) : 도끼를 갈아 바늘을 만든다는 뜻으로 아무리 힘든 일이라도 끝까지 열심히 하다보면 결실을 맺을 수 있음을 이르는 말
- 마이동풍(馬耳東風) : 동풍이 말의 귀를 스쳐간다는 뜻으로, 남의 말을 귀담아듣지 아니하고 지나쳐 흘려버림을 이르는 말
- 만사휴의(萬事休矣) : 모든 것이 헛수고로 돌아감을 이르는 말
- 망양보뢰(亡羊補牢) : 양을 잃고 우리를 고친다는 뜻으로, 이미 어떤 일을 실패한 뒤에 뉘우쳐도 아무 소용이 없음을 이르는 말
- 망양지탄(亡羊之歎) : 갈림길이 매우 많아 잃어버린 양을 찾을 길이 없음을 탄식한다는 뜻으로, 학문의 길이 여러 갈래여서 한 갈래의 진리도 얻기 어려움을 이르는 말
- 맥수지탄(麥秀之嘆) : 고국의 멸망을 한탄함을 이르는 말
- 명불허전(名不虛傳) : 명성이나 명예가 헛되이 퍼진 것이 아니라는 뜻으로, 이름날만한 까닭이 있음을 이르는 말
- 명약관화(明若觀火) : 불을 보듯 분명하고 뻔 함
- 목불식정(目不識丁) : 아주 간단한 글자인 '丁'자를 보고도 그것이 '고무래'인 줄을 알지 못한다는 뜻으로, 아주 까막눈임을 이르는 말
- 목불인견(目不忍見) : 눈앞에 벌어진 상황 따위를 눈 뜨고는 차마 볼 수 없음
- 무지몽매(無知蒙昧) : 아는 것이 없고 사리에 어두움
- 문일지십(聞一知十) : 하나를 듣고 열 가지를 미루어 안다는 뜻으로, 지극히 총명함을 이르는 말
- 문전성시(門前成市) : 찾아오는 사람이 많아 집 문 앞이 시장을 이루다시피 함을 이르는 말
- 물아일체(物我一體) : 외물(外物)과 자아, 객관과 주관, 또는 물질계와 정신계가 어울려 하나가 됨

㉤ 'ㅂ'으로 시작하는 한자성어

- 반면교사(反面敎師) : 사람이나 사물 따위의 부정적인 면에서 얻는 깨달음이나 가르침을 주는 대상을 이르는 말
- 발본색원(拔本塞源) : 좋지 않은 일의 근본 원인이 되는 요소를 완전히 없애 버려서 다시는 그러한 일이 생길 수 없도록 함
- 방약무인(傍若無人) : 곁에 사람이 없는 것처럼 아무 거리낌 없이 함부로 말하고 행동하는 태도가 있음
- 백골난망(白骨難忘) : 죽어서 백골이 되어도 잊을 수 없다는 뜻으로, 남에게 큰 은덕을 입었을 때 고마움의 뜻으로 이르는 말
- 백절불굴(百折不屈) : 어떠한 난관에도 결코 굽히지 않음
- 백중지세(伯仲之勢) : 서로 우열을 가리기 힘든 형세
- 부화뇌동(附和雷同) : 줏대 없이 남의 의견에 따라 움직임
- 분골쇄신(粉骨碎身) : 뼈를 가루로 만들고 몸을 부순다는 뜻으로, 정성으로 노력함을 이르는 말

기타 한자성어(만)

- 만경창파(萬頃蒼波) : 만 이랑의 푸른 물결이라는 뜻으로, 한없이 넓고 넓은 바다를 이르는 말
- 만면수색(滿面愁色) : 얼굴에 가득 찬 근심의 빛
- 만시지탄(晩時之歎) : 시기에 늦어 기회를 놓쳤음을 안타까워하는 탄식

기타 한자성어(면~무)

- 면목가증(面目可憎) : 얼굴 생김생김이 남에게 미움을 살 만한 데가 있음
- 멸사봉공(滅私奉公) : 사욕을 버리고 공익을 위하여 힘씀
- 무념무상(無念無想) : 무아의 경지에 이르러 일체의 상념을 떠남
- 무위도식(無爲徒食) : 하는 일 없이 놀고먹음
- 무주공산(無主空山) : 임자 없는 빈산

기타 한자성어(박~백)

- 박람강기(博覽强記) : 여러 가지의 책을 널리 많이 읽고 기억을 잘함
- 백면서생(白面書生) : 한갓 글만 읽고 세상일에는 전혀 경험이 없는 사람
- 백아절현(伯牙絕絃) : 자기를 알아주는 참다운 벗의 죽음을 슬퍼함

기타 한자성어(변~불)

- 변화무쌍(變化無雙) : 비할 데 없이 변화가 심함
- 별유건곤(別有乾坤) : 좀처럼 볼 수 없는 아주 좋은 세상. 또는 딴 세상
- 불문곡직(不問曲直) : 옳고 그름을 따지지 아니함

기타 한자성어(사~삼)

• 사생취의(捨生取義) : 목숨을 버리고 의를 좇는다는 뜻으로, 목숨을 버릴지 언정 옳은 일을 함을 이르는 말
• 사필귀정(事必歸正) : 모든 일은 반드시 바른길로 돌아감
• 삼삼오오(三三五五) : 서너 사람 또는 대여섯 사람이 떼를 지어 다니거나 무슨 일을 함. 또는 그런 모양

기타 한자성어(새~송)

• 새옹지마(塞翁之馬) : 인생의 길흉화복은 변화가 많아서 예측하기가 어렵다는 말
• 생면부지(生面不知) : 서로 한 번도 만난 적이 없어서 전혀 알지 못하는 사람. 또는 그런 관계
• 선견지명(先見之明) : 어떤 일이 일어나기 전에 미리 앞을 내다보고 아는 지혜
• 송구영신(送舊迎新) : 묵은해를 보내고 새해를 맞음

기타 한자성어(시~십)

• 시시비비(是是非非) : 옳고 그름을 따지며 다툼
• 식자우환(識字憂患) : 학식이 있는 것이 오히려 근심을 사게 됨
• 심기일전(心機一轉) : 어떤 동기가 있어 이제까지 가졌던 마음가짐을 버리고 완전히 달라짐
• 십시일반(十匙一飯) : 밥 열 술이 한 그릇이 된다는 뜻으로, 여러 사람이 조금씩 힘을 합하면 한 사람을 돕기 쉬움을 이르는 말

• 불가항력(不可抗力) : 사람의 힘으로는 저항할 수 없는 힘
• 불언가지(不言可知) : 아무 말을 하지 않아도 능히 알 수가 있음
• 불요불굴(不撓不屈) : 한번 먹은 마음이 흔들리거나 굽힘이 없음
• 불철주야(不撤晝夜) : 어떤 일에 몰두하여 조금도 쉴 사이 없이 밤낮을 가리지 아니함
• 불치하문(不恥下問) : 손아랫사람이나 지위나 학식이 자기만 못한 사람에게 모르는 것을 묻는 일을 부끄러워하지 아니함
• 비일비재(非一非再) : 같은 현상이나 일이 한두 번이나 한둘이 아니고 많음
• 빈천지교(貧賤之交) : 가난하고 천할 때 사귄 사이. 또는 그런 벗

ⓑ 'ㅅ'으로 시작하는 한자성어

• 사고무친(四顧無親) : 의지할 만한 사람이 아무도 없음
• 사분오열(四分五裂) : 여러 갈래로 갈기갈기 찢어짐
• 사상누각(砂上樓閣) : 모래 위에 세운 누각이라는 뜻으로, 기초가 튼튼하지 못하여 오래 견디지 못할 일이나 물건을 이르는 말
• 산계야목(山鷄野鶩) : 산 꿩과 들오리라는 뜻으로, 성질이 사납고 거칠어서 제 마음대로만 하며 다잡을 수 없는 사람을 비유적으로 이르는 말
• 산해진미(山海珍味) : 산과 바다에서 나는 온갖 진귀한 물건으로 차린 맛이 좋은 음식
• 살신성인(殺身成仁) : 자기의 몸을 희생하여 인(仁)을 이룸
• 삼고초려(三顧草廬) : 인재를 맞아들이기 위하여 참을성 있게 노력함
• 삼수갑산(三水甲山) : 우리나라에서 가장 험한 산골이라 이르던 삼수와 갑산
• 삼인성호(三人成虎) : 세 사람이 짜면 거리에 범을 만든다는 뜻으로, 근거 없는 말이라도 여러 사람이 말하면 곧이듣게 됨을 이르는 말
• 상전벽해(桑田碧海) : 뽕나무밭이 변하여 푸른 바다가 된다는 뜻으로, 세상일의 변천이 심함을 비유적으로 이르는 말
• 선공후사(先公後私) : 공적인 일을 먼저 하고 사사로운 일은 뒤로 미룸
• 설상가상(雪上加霜) : 눈 위에 서리가 덮인다는 뜻으로, 난처한 일이나 불행한 일이 잇따라 일어남을 이르는 말
• 설왕설래(說往說來) : 서로 변론을 주고받으며 옥신각신함. 또는 말이 오고 감
• 소탐대실(小貪大失) : 작은 것을 탐하다가 큰 것을 잃음
• 속수무책(束手無策) : 손을 묶은 것처럼 어찌할 도리가 없어 꼼짝 못함
• 솔선수범(率先垂範) : 남보다 앞장서서 행동해서 몸소 다른 사람의 본보기가 됨
• 수구초심(首丘初心) : 여우가 죽을 때에 머리를 자기가 살던 굴 쪽으로 둔다는 뜻으로, 고향을 그리워하는 마음
• 수서양단(首鼠兩端) : 구멍에서 머리를 내밀고 나갈까 말까 망설이는 쥐라는 뜻으로, 머뭇거리며 진퇴나 거취를 정하지 못하는 상태를 이르는 말
• 수원수구(誰怨誰咎) : 누구를 원망하고 누구를 탓하겠냐는 뜻으로, 남을 원망하거나 탓할 것이 없음을 이르는 말

- 순망치한(脣亡齒寒) : 입술이 없으면 이가 시리다는 뜻으로, 서로 이해관계가 밀접한 사이에 어느 한쪽이 망하면 다른 한쪽도 그 영향을 받아 온전하기 어려움을 이르는 말
- 시종여일(始終如一) : 처음부터 끝까지 변함없이 한결같음
- 신상필벌(信賞必罰) : 공이 있는 자에게는 반드시 상을 주고, 죄가 있는 사람에게는 반드시 벌을 준다는 뜻으로, 상과 벌을 공정하고 엄중하게 하는 일을 이르는 말
- 십벌지목(十伐之木) : 열 번 찍어 베는 나무라는 뜻으로, 열 번 찍어 안 넘어가는 나무가 없음을 이르는 말

ⓢ 'ㅇ'으로 시작하는 한자성어

- 아비규환(阿鼻叫喚) : 아비지옥과 규환지옥을 아울러 이르는 말로 비참한 지경에 빠져 울부짖는 참상을 비유적으로 이르는 말
- 악전고투(惡戰苦鬪) : 매우 어려운 조건을 무릅쓰고 힘을 다하여 고생스럽게 싸움
- 안하무인(眼下無人) : 눈 아래에 사람이 없다는 뜻으로, 방자하고 교만하여 다른 사람을 업신여김을 이르는 말
- 오리무중(五里霧中) : 오 리(理)나 되는 짙은 안개 속에 있다는 뜻으로, 무슨 일에 대하여 방향이나 갈피를 잡을 수 없음을 이르는 말
- 오매불망(寤寐不忘) : 자나 깨나 잊지 못함
- 오월동주(吳越同舟) : 서로 적의를 품은 사람들이 한자리에 있게 된 경우나 서로 협력하여야 하는 상황을 비유적으로 이르는 말
- 외유내강(外柔內剛) : 겉으로는 부드럽고 순하게 보이나 속은 곧고 굳셈
- 요산요수(樂山樂水) : 산수(山水)의 자연을 즐기고 좋아함
- 용두사미(龍頭蛇尾) : 용의 머리와 뱀의 꼬리라는 뜻으로, 처음은 왕성하나 끝이 부진한 현상을 이르는 말
- 용호상박(龍虎相搏) : 용과 범이 서로 싸운다는 뜻으로, 강자끼리 서로 싸움을 이르는 말
- 우공이산(愚公移山) : 우공이 산을 옮긴다는 뜻으로, 어떤 일이든 끊임없이 노력하면 반드시 이루어짐을 이르는 말
- 우후죽순(雨後竹筍) : 비가 온 뒤에 여기저기 솟는 죽순이라는 뜻으로, 어떤 일이 한때에 많이 생겨남을 비유적으로 이르는 말
- 원화소복(遠禍召福) : 화를 물리치고 복을 불러들임
- 유구무언(有口無言) : 입은 있어도 말은 없다는 뜻으로, 변명할 말이 없거나 변명을 못함을 이르는 말
- 음풍농월(吟風弄月) : 맑은 바람과 밝은 달을 대상으로 시를 짓고 흥취를 자아내어 즐겁게 놂
- 이여반장(易如反掌) : 손바닥을 뒤집는 것과 같이 쉬움
- 인면수심(人面獸心) : 사람의 얼굴을 하고 있으나 마음은 짐승과 같다는 뜻으로, 마음이나 행동이 몹시 흉악함을 이르는 말
- 인산인해(人山人海) : 사람이 산을 이루고 바다를 이루었다는 뜻으로, 사람

기타 한자성어(어~역)
- 어불성설(語不成說) : 말이 조금도 사리에 맞지 아니함
- 언어도단(言語道斷) : 말할 길이 끊어졌다는 뜻으로, 어이가 없어서 말하려 해도 말할 수 없음을 이르는 말
- 역지사지(易地思之) : 처지를 바꾸어서 생각하여 봄

기타 한자성어(오~우)
- 오합지졸(烏合之卒) : 임시로 모여들어서 규율이 없고 무질서한 병졸 또는 군중을 이르는 말
- 온고지신(溫故知新) : 옛것을 익히고 그것을 미루어서 새것을 앎
- 우여곡절(迂餘曲折) : 뒤얽혀 복잡하여진 사정

기타 한자성어(유~읍)
- 유명무실(有名無實) : 이름만 그럴듯하고 실속은 없음
- 은인자중(隱忍自重) : 마음속에 감추어 참고 견디면서 몸가짐을 신중하게 행동함
- 읍참마속(泣斬馬謖) : 큰 목적을 위하여 자기가 아끼는 사람을 버림을 이르는 말

기타 한자성어(인~입)
- 인지상정(人之常情) : 사람이면 누구나 가지는 보통의 마음
- 일거양득(一擧兩得) : 한 가지 일을 하여 두 가지 이익을 얻음
- 일언지하(一言之下) : 한 마디로 잘라 말함. 또는 두말할 나위 없음
- 입화습률(入火拾栗) : 불 속에 들어가서 밤을 줍는다는 뜻으로, 사소한 이익을 얻기 위하여 큰 모험을 하는 어리석음을 이르는 말

06장
어휘력

기타 한자성어(자~전)

- 자수성가(自手成家) : 물려받은 재산이 없이 자기 혼자의 힘으로 집안을 일으키고 재산을 모음
- 자중지란(自中之亂) : 같은 편끼리 하는 싸움
- 전대미문(前代未聞) : 이제까지 들어본 적이 없음

기타 한자성어(제~종)

- 제행무상(諸行無常) : 우주의 모든 사물은 늘 돌고 변하여 한 모양으로 머물러있지 아니함
- 조변석개(朝變夕改) : 아침저녁으로 뜯어고친다는 뜻으로, 계획이나 결정 따위를 일관성이 없이 자주 고침을 이르는 말
- 조족지혈(鳥足之血) : 새 발의 피라는 뜻으로, 매우 적은 분량을 비유적으로 이르는 말
- 종횡무진(縱橫無盡) : 자유자재로 행동하여 거침이 없는 상태

기타 한자성어(중~지)

- 중인환시(衆人環視) : 여러 사람이 둘러싸고 지켜봄
- 지기지우(知己之友) : 자기의 속마음을 참되게 알아주는 친구
- 지리멸렬(支離滅裂) : 이리저리 흩어지고 찢기어 갈피를 잡을 수 없음

이 수없이 많이 모인 상태를 이르는 말

- 인자무적(仁者無敵) : 어진 사람은 모든 사람이 사랑하므로 세상에 적이 없음
- 일도양단(一刀兩斷) : 칼로 무엇을 대번에 쳐서 두 도막을 낸다는 뜻으로 어떤 일을 머뭇거리지 않고 선뜻 결정함을 비유적으로 이르는 말
- 일모도원(日暮途遠) : 날은 저물고 갈 길은 멀다는 뜻으로, 늙고 쇠약한데 앞으로 해야 할 일은 많음을 이르는 말
- 일희일비(一喜一悲) : 한편으로는 기뻐하고 한편으로는 슬퍼함
- 임기응변(臨機應變) : 그때그때 처한 사태에 맞추어 즉각 그 자리에서 결정하거나 처리함

◎ 'ㅈ'으로 시작하는 한자성어

- 자가당착(自家撞着) : 같은 사람의 말이나 행동이 앞뒤가 서로 맞지 아니하고 모순됨
- 자승자박(自繩自縛) : 자기의 줄로 자기 몸을 옭아 묶는다는 뜻으로, 자기가 한 말과 행동에 자기 자신이 옭혀 곤란하게 됨을 비유적으로 이르는 말
- 자포자기(自暴自棄) : 절망에 빠져 자신을 스스로 포기하고 돌아보지 아니함
- 적반하장(賊反荷杖) : 도둑이 도리어 매를 든다는 뜻으로, 잘못한 사람이 아무 잘못도 없는 사람을 나무람을 이르는 말
- 적수공권(赤手空拳) : 맨손과 맨주먹이라는 뜻으로, 아무것도 가진 것이 없음을 이르는 말
- 전전긍긍(戰戰兢兢) : 몹시 두려워서 벌벌 떨며 조심함
- 절치부심(切齒腐心) : 몹시 분하여 이를 갈며 속을 썩임
- 점입가경(漸入佳境) : 들어갈수록 점점 재미가 있음. 또는 시간이 지날수록 더욱 꼴불견임을 비유적으로 이르는 말
- 조령모개(朝令暮改) : 아침에 명령을 내렸다가 저녁에 다시 고친다는 뜻으로, 법령을 자꾸 고쳐서 갈피를 잡기가 어려움을 이르는 말
- 종두득두(種豆得豆) : 콩을 심으면 반드시 콩이 나온다는 뜻으로, 원인에 따라 결과가 생김을 이르는 말
- 좌고우면(左顧右眄) : 이쪽저쪽을 돌아본다는 뜻으로, 앞뒤를 재고 망설임을 이르는 말
- 좌불안석(坐不安席) : 앉아도 자리가 편안하지 않다는 뜻으로, 마음이 불안하거나 걱정스러워서 한군데에 가만히 앉아 있지 못하고 안절부절못하는 모양을 이르는 말
- 주마가편(走馬加鞭) : 달리는 말에 채찍질한다는 뜻으로, 잘하는 사람을 더욱 장려함을 이르는 말
- 주마간산(走馬看山) : 말을 타고 달리며 산천을 구경한다는 뜻으로, 자세히 살피지 아니하고 대충대충 보고 지나감을 이르는 말
- 중과부적(衆寡不敵) : 적은 수효로 많은 수효를 대적하지 못함
- 중구난방(衆口難防) : 뭇사람의 말을 막기가 어렵다는 뜻으로, 막기 어려울 정도로 여럿이 마구 지껄임을 이르는 말

- 중언부언(重言復言) : 이미 한 말을 자꾸 되풀이함. 또는 그런 말
- 지란지교(芝蘭之交) : 지초(芝草)와 난초(蘭草)의 교제라는 뜻으로, 벗 사이의 맑고도 고귀한 사귐을 이르는 말
- 지록위마(指鹿爲馬) : 사슴을 가리켜 말이라고 한 데서 유래한 말로 윗사람을 농락하여 권세를 마음대로 함을 이르는 말

ⓒ 'ㅊ~ㅋ'으로 시작하는 한자성어
- 천고마비(天高馬肥) : 하늘이 높고 말이 살찐다는 뜻으로, 하늘이 맑아 높푸르게 보이고 온갖 곡식이 익는 가을철을 이르는 말
- 천려일실(千慮一失) : 천 번 생각에 한 번 실수라는 뜻으로, 슬기로운 사람이라도 여러 가지 생각 가운데에는 잘못된 것이 있을 수 있음을 이르는 말
- 천신만고(千辛萬苦) : 천 가지 매운 것과 만 가지 쓴 것이라는 뜻으로, 온갖 어려운 고비를 다 겪으며 심하게 고생함을 이르는 말
- 천인공노(天人共怒) : 하늘과 사람이 함께 노한다는 뜻으로, 누구나 분노할 만큼 증오스럽거나 도저히 용납할 수 없음을 이르는 말
- 천태만상(千態萬象) : 천 가지 모습과 만 가지 형상이라는 뜻으로, 세상 사물이 한결같지 아니하고 각각 모습과 모양이 다름을 이르는 말
- 천편일률(千篇一律) : 여럿이 개별적 특성이 없이 모두 엇비슷한 현상을 비유적으로 이르는 말
- 촌철살인(寸鐵殺人) : 한 치의 쇠붙이로도 사람을 죽일 수 있다는 뜻으로, 간단한 말로도 남을 감동하게 하거나 남의 약점을 찌를 수 있음을 이르는 말
- 쾌도난마(快刀亂麻) : 잘 드는 칼로 마구 헝클어진 삼 가닥을 자른다는 뜻으로, 어지럽게 뒤얽힌 사물을 강력한 힘으로 명쾌하게 처리함을 이르는 말

ⓒ 'ㅌ~ㅍ'으로 시작하는 한자성어
- 타산지석(他山之石) : 본이 되지 않는 남의 말이나 행동도 자신의 지식과 인격을 수양하는 데에 도움이 될 수 있음을 비유적으로 이르는 말
- 토사구팽(兎死狗烹) : 필요할 때는 쓰고 필요 없을 때는 야박하게 버리는 경우를 이르는 말
- 파죽지세(破竹之勢) : 대를 쪼개는 기세라는 뜻으로, 적을 거침없이 물리치고 쳐들어가는 기세를 이르는 말
- 평지풍파(平地風波) : 평온한 자리에서 일어나는 풍파라는 뜻으로, 뜻밖에 분쟁이 일어남을 비유적으로 이르는 말

ⓒ 'ㅎ'으로 시작하는 한자성어
- 하석상대(下石上臺) : 아랫돌 빼서 윗돌 괴고 윗돌 빼서 아랫돌 괸다는 뜻으로, 임시변통으로 이리저리 둘러맞춤을 이르는 말
- 함구무언(緘口無言) : 입을 다물고 아무 말도 하지 아니함
- 허송세월(虛送歲月) : 하는 일 없이 세월만 헛되이 보냄
- 허심탄회(虛心坦懷) : 품은 생각을 터놓고 말할 만큼 아무 거리낌이 없고 솔직함
- 혈혈단신(孑孑單身) : 의지할 곳이 없는 외로운 홀몸

SEMI-NOTE

기타 한자성어(천~청)
- 천양지차(天壤之差) : 하늘과 땅 사이와 같이 엄청난 차이
- 천우신조(天佑神助) : 하늘이 돕고 신령이 도움. 또는 그런 일
- 천재일우(千載一遇) : 천 년 동안 단 한 번 만난다는 뜻으로, 좀처럼 만나기 어려운 좋은 기회를 이르는 말
- 청출어람(靑出於藍) : 쪽에서 뽑아낸 푸른 물감이 쪽보다 더 푸르다는 뜻으로, 제자나 후배가 스승이나 선배보다 나음을 비유적으로 이르는 말

기타 한자성어(탁~필)
- 탁상공론(卓上空論) : 현실성이 없는 허황한 이론이나 논의
- 파안대소(破顔大笑) : 매우 즐거운 표정으로 활짝 웃음
- 필마단기(匹馬單騎) : 혼자 한 필의 말을 탐. 또는 그렇게 하는 사람

기타 한자성어(학~허)
- 학수고대(鶴首苦待) : 학의 목처럼 목을 길게 빼고 간절히 기다림
- 함흥차사(咸興差使) : 심부름을 가서 오지 아니하거나 늦게 온 사람을 이르는 말
- 허장성세(虛張聲勢) : 실속은 없으면서 큰소리치거나 허세를 부림

기타 한자성어(호)

- **호사다마(好事多魔)** : 좋은 일에는 흔히 방해되는 일이 많음. 또는 그런 일이 많이 생김
- **호시탐탐(虎視耽耽)** : 남의 것을 빼앗기 위하여 형세를 살피며 가만히 기회를 엿봄. 또는 그런 모양
- **호언장담(豪言壯談)** : 호기롭고 자신 있게 말함. 또는 그 말

기타 한자성어(회 ~ 흥)

- **회자정리(會者定離)** : 만난 자는 반드시 헤어짐
- **흥진비래(興盡悲來)** : 즐거운 일이 다하면 슬픈 일이 닥쳐온다는 뜻으로, 세상일은 순환되는 것임을 이르는 말

- **호가호위(狐假虎威)** : 남의 권세를 빌려 위세를 부림
- **호각지세(互角之勢)** : 역량이 서로 비슷비슷한 위세
- **호사유피(虎死留皮)** : 호랑이는 죽어서 가죽을 남긴다는 뜻으로, 사람은 죽어서 명예를 남김을 이르는 말
- **혹세무민(惑世誣民)** : 세상을 어지럽히고 백성을 미혹하게 하여 속임
- **혼정신성(昏定晨省)** : 밤에는 부모의 잠자리를 보아 드리고 이른 아침에는 부모의 밤새 안부를 묻는다는 뜻으로, 부모를 잘 섬기고 효성을 다함
- **화룡점정(畫龍點睛)** : 무슨 일을 하는 데에 가장 중요한 부분을 완성함을 비유적으로 이르는 말
- **화사첨족(畫蛇添足)** : 뱀을 다 그리고 나서 있지도 아니한 발을 덧붙여 그려 넣는다는 뜻으로, 쓸데없는 군짓을 하여 도리어 잘못되게 함을 이르는 말
- **화이부동(和而不同)** : 남과 사이좋게 지내기는 하나 무턱대고 어울리지는 아니함
- **환골탈태(換骨奪胎)** : 뼈대를 바꾸어 끼고 태를 바꾸어 쓴다는 뜻으로, 고인의 시문의 형식을 바꾸어서 그 짜임새와 수법이 먼저 것보다 잘되게 함을 이르는 말
- **후생가외(後生可畏)** : 젊은 후학들을 두려워할 만하다는 뜻으로, 후진들이 선배들보다 젊고 기력이 좋아, 학문을 닦음에 따라 큰 인물이 될 수 있으므로 가히 두렵다는 말

02절 여러 의미를 나타내는 어휘

1. 속담과 관용어

(1) 속담의 의미와 주요 속담

① 속담의 의미 : 예로부터 민간에서 전해 내려오는 격언이나 잠언(箴言)으로, 교훈 또는 풍자를 위해 어떤 사실을 비유를 사용하여 나타냄

② 주요 속담

　㉠ 'ㄱ'으로 시작하는 속담

- 가게 기둥에 입춘 : 추하고 보잘것없는 가겟집 기둥에 '입춘대길'이라 써 붙인다는 뜻으로, 제격에 맞지 않음을 비유적으로 이르는 말
- 가난이 소 아들이라 : 소처럼 죽도록 일해도 가난에서 벗어날 수 없음을 이르는 말
- 가난한 집 제사 돌아오듯 : 가난한 집에 제삿날이 자꾸 돌아와서 그것을 치르느라 매우 어려움을 겪는다는 뜻으로, 힘든 일이 자주 닥침을 뜻함
- 가난할수록 기와집 짓는다 : 실상은 가난한 사람이 남에게 업신여김을 당하기 싫어서 허세를 부리려는 심리를 비유적으로 이르는 말
- 가는 말에 채찍질 : 열심히 하는데도 더 빨리 하라고 독촉함을 비유적으로

이르는 말

- 가랑비에 옷 젖는 줄 모른다 : 아무리 사소한 것이라도 그것이 거듭되면 무시하지 못할 정도로 크게 됨을 비유적으로 이르는 말
- 가뭄에 콩 나듯 : 어떤 일이나 물건이 어쩌다 하나씩 드문드문 있는 경우를 비유적으로 이르는 말
- 가재는 게 편 : 모양이나 형편이 서로 비슷하고 인연이 있는 것끼리 서로 잘 어울리고, 사정을 보아주며 감싸 주기 쉬움을 비유적으로 이르는 말
- 간에 붙었다 쓸개에 붙었다 한다 : 자기에게 조금이라도 이익이 되면 지조 없이 이편에 붙었다 저편에 붙었다 함을 비유적으로 이르는 말
- 강원도 포수냐 : 한 번 간 후 다시 돌아오지 않거나, 매우 늦게야 돌아오는 사람을 비유적으로 이르는 말
- 개 발에 주석 편자 : 옷차림이나 지닌 물건 따위가 제격에 맞지 아니하여 어울리지 않음을 비유적으로 이르는 말
- 개똥도 약에 쓰려면 없다 : 평소에 흔하던 것도 막상 긴하게 쓰려고 구하면 없다는 말
- 구슬이 서 말이라도 꿰어야 보배라 : 아무리 훌륭하고 좋은 것이라도 다듬고 정리하여 쓸모 있게 만들어 놓아야 값어치가 있음을 비유적으로 이르는 말

ⓛ 'ㄴ'으로 시작하는 속담

- 낙숫물이 댓돌을 뚫는다 : 작은 힘이라도 꾸준히 계속하면 큰일을 이룰 수 있음을 비유적으로 이르는 말
- 남의 집 제사에 절하기 : 상관없는 남의 일에 참여하여 헛수고만 함을 비유적으로 이르는 말
- 낫 놓고 기역 자도 모른다 : 기역 자 모양으로 생긴 낫을 보면서도 기역 자를 모른다는 뜻으로, 아주 무식함을 비유적으로 이르는 말
- 낮말은 새가 듣고 밤말은 쥐가 듣는다 : 아무도 안 듣는 데서라도 말조심해야 한다는 말
- 내 코가 석 자 : 내 사정이 급하고 어려워서 남을 돌볼 여유가 없음을 비유적으로 이르는 말
- 누울 자리 봐 가며 발을 뻗어라 : 어떤 일을 할 때 그 결과가 어떻게 되리라는 것을 생각하여 미리 살피고 일을 시작하라는 말
- 눈 뜨고 도둑맞는다 : 번번이 알면서도 속거나 손해를 본다는 말

ⓒ 'ㄷ'으로 시작하는 속담

- 달리는 말에 채찍질 : 기세가 한창 좋을 때 더 힘을 가함
- 달면 삼키고 쓰면 뱉는다 : 옳고 그름이나 신의를 돌보지 않고 자기의 이익만 꾀함
- 닭 소 보듯, 소 닭 보듯 : 서로 아무런 관심도 두지 않고 있는 사이임을 비유적으로 이르는 말
- 닭 쫓던 개 지붕 쳐다보듯 : 애써 하던 일이 실패로 돌아가거나 남보다 뒤떨어져 어찌할 도리가 없이 됨

기타 속담(ㄱ)

- 가난도 비단 가난 : 아무리 가난하여도 몸을 함부로 가지지 않고, 본래의 지체와 체통을 더럽히지 않는다는 말
- 가난한 양반 씻나락 주무르듯 : 어떤 일에 닥쳐 우물쭈물하기만 하면서 선뜻 결정을 내리지 못하고 있는 모양을 이르는 말
- 갈수록 태산이라 : 갈수록 더욱 어려운 지경에 처하게 되는 경우를 비유적으로 이르는 말
- 같은 값이면 다홍치마 : 값이 같거나 같은 노력을 한다면 품질이 좋은 것을 택한다는 말
- 개밥에 도토리 : 따돌림을 받아서 여럿의 축에 끼지 못하는 사람을 비유적으로 이르는 말
- 겨 묻은 개가 똥 묻은 개를 나무란다 : 결점이 있기는 마찬가지이면서, 조금 덜한 사람이 더한 사람을 흉볼 때를 지적하는 말

기타 속담(ㄴ)

- 나무도 쓸 만한 것이 먼저 베인다
  - 능력 있는 사람이 먼저 뽑혀 쓰임을 비유적으로 이르는 말
  - 능력 있는 사람이 일찍 죽음을 비유적으로 이르는 말
- 누워서 침 뱉기 : 남을 해치려고 하다가 도리어 자기가 해를 입게 된다는 것을 비유적으로 이르는 말
- 눈 가리고 아웅
  - 얕은 수로 남을 속이려 한다는 말
  - 실제로 보람도 없을 일을 공연히 형식적으로 하는 체하며 부질없는 짓을 함을 비유적으로 이르는 말

기타 속담(ㄷ)

- 뒤웅박 팔자 : 신세를 망치면 거기서 헤어 나오기가 어려움을 비유적으로 이르는 말
- 등잔 밑이 어둡다 : 대상에서 가까이 있는 사람이 도리어 대상에 대하여 잘 알기 어렵다는 말
- 떡 줄 사람은 꿈도 안 꾸는데 김칫국부터 마신다 : 해 줄 사람은 생각지도 않는데 미리부터 다 된 일로 알고 행동한다는 말

기타 속담(ㅁ)

- **말이 씨가 된다** : 늘 말하던 것이 마침내 사실대로 되었을 때를 이르는 말
- **말 한마디에 천 냥 빚도 갚는다** : 말만 잘하면 어려운 일이나 불가능해 보이는 일도 해결할 수 있다는 말
- **목마른 놈이 우물 판다** : 제일 급하고 일이 필요한 사람이 그 일을 서둘러 하게 되어 있다는 말
- **물 밖에 난 고기**
  - 제 능력을 발휘할 수 없는 처지에 몰린 사람을 이르는 말
  - 운명이 이미 결정 나 벗어날 수 없음을 비유적으로 이르는 말

기타 속담(ㅂ)

- **바늘 도둑이 소도둑 된다** : 작은 나쁜 짓도 자꾸 하게 되면 큰 죄를 저지르게 됨을 비유적으로 이르는 말
- **배 먹고 이 닦기** : 한 가지 일에 두 가지 이로움이 있음을 비유적으로 이르는 말
- **백지장도 맞들면 낫다** : 쉬운 일이라도 협력하여 하면 훨씬 쉽다는 말
- **뱁새가 황새를 따라가면 다리가 찢어진다** : 힘에 겨운 일을 억지로 하면 도리어 해만 입는다는 말

- **도둑이 제 발 저리다** : 지은 죄가 있으면 자연히 마음이 조마조마하여짐을 비유적으로 이르는 말
- **도토리 키 재기** : 정도가 고만고만한 사람끼리 서로 다툼을 이르는 말
- **돼지에 진주 목걸이** : 값어치를 모르는 사람에게는 보물도 아무 소용없음을 비유적으로 이르는 말
- **두 손뼉이 맞아야 소리가 난다** : 무슨 일이든지 두 편에서 서로 뜻이 맞아야 이루어질 수 있다는 말

② 'ㅁ'으로 시작하는 속담

- **마른논에 물 대기** : 일이 매우 힘들거나 힘들여 해 놓아도 성과가 없는 경우를 이르는 말
- **맑은 물에 고기 안 논다** : 물이 너무 맑으면 고기가 모이지 않는다는 뜻으로 사람이 너무 강직하여 융통성이 없으면 다른 사람들과 어울리기 어려움을 이르는 말
- **모로 가도 서울만 가면 된다** : 옆으로 가도 서울에만 가면 그만이라는 뜻으로 과정이야 어떠하든 결과만 좋으면 됨을 이르는 말
- **모르면 약이요 아는 게 병** : 아무것도 모르면 차라리 마음이 편하여 좋으나, 무엇이나 좀 알고 있으면 걱정거리가 많아 도리어 해롭다는 말
- **물에 빠지면 지푸라기라도 움켜쥔다** : 위급한 때를 당하면 무엇이나 닥치는 대로 잡고 늘어지게 됨을 이르는 말
- **물은 건너 보아야 알고 사람은 지내보아야 안다** : 사람은 겉만 보고는 알 수 없으며, 서로 오래 겪어 보아야 알 수 있음을 이르는 말
- **밑돌 빼서 윗돌 고인다** : 일한 보람이 없이 어리석은 짓을 하는 경우를 비유적으로 이르는 말
- **밑 빠진 독에 물 붓기** : 아무리 힘이나 밑천을 들여도 보람 없이 헛된 일이 되는 상태를 비유적으로 이르는 말

④ 'ㅂ'으로 시작하는 속담

- **바늘 가는 데 실 간다** : 바늘이 가는 데 실이 항상 뒤따른다는 뜻으로, 사람의 긴밀한 관계를 비유적으로 이르는 말
- **배 주고 속 빌어먹는다** : 자기의 배를 남에게 주고 다 먹고 난 그 속을 얻어먹는다는 뜻으로, 자기의 큰 이익은 남에게 주고 거기서 조그만 이익만을 얻음을 비유적으로 이르는 말
- **번갯불에 콩 볶아 먹겠다** : 번쩍하는 번갯불에 콩을 볶아서 먹을 만하다는 뜻으로, 행동이 매우 민첩함을 이르는 말
- **벙어리 냉가슴 앓듯** : 답답한 사정이 있어도 남에게 말하지 못하고 혼자만 괴로워하며 걱정하는 경우를 비유적으로 이르는 말
- **뿌리 없는 나무가 없다** : 모든 나무가 다 뿌리가 있듯이 무엇이나 그 근본이 있음을 비유적으로 이르는 말

⑤ 'ㅅ'으로 시작하는 속담

- **사공이 많으면 배가 산으로 간다** : 주관하는 사람 없이 여러 사람이 자기주

장만 내세우면 일이 제대로 되기 어려움을 비유적으로 이르는 말

- 사람은 죽으면 이름을 남기고 범은 죽으면 가죽을 남긴다 : 인생에서 가장 중요한 것은 생전에 보람 있는 일을 해놓아 후세에 명예를 떨치는 것임을 비유적으로 이르는 말
- 산 입에 거미줄 치랴 : 아무리 살림이 어려워 식량이 떨어져도 사람은 그럭 저럭 죽지 않고 먹고 살아가기 마련임을 비유적으로 이르는 말
- 선무당이 사람 잡는다 : 능력이 없어서 제구실을 못하면서 함부로 하다가 큰일을 저지르게 됨을 비유적으로 이르는 말
- 소경이 코끼리 만지고 말하듯 : 객관적 현실을 잘 모르면서 일면만 보고 해석하는 경우를 비유적으로 이르는 말
- 소 잃고 외양간 고친다 : 소를 도둑맞은 다음에서야 빈 외양간의 허물어진 데를 고치느라 수선을 떤다는 뜻으로, 일이 이미 잘못된 뒤에는 손을 써도 소용이 없음을 비꼬는 말
- 손톱 밑의 가시 : 손톱 밑에 가시가 들면 매우 고통스럽고 성가시다는 뜻으로, 늘 마음에 꺼림칙하게 걸리는 일을 이르는 말
- 송충이가 갈잎을 먹으면 죽는다 : 솔잎만 먹고 사는 송충이가 갈잎을 먹게 되면 땅에 떨어져 죽게 된다는 뜻으로, 자기 분수에 맞지 않는 짓을 하다가는 낭패를 봄
- 쇠뿔도 단김에 빼랬다 : 든든히 박힌 소의 뿔을 뽑으려면 불로 달구어 놓은 김에 해치워야 한다는 뜻으로, 어떤 일이든지 하려고 생각했으면 한창 열이 올랐을 때 망설이지 말고 곧 행동으로 옮겨야 함을 비유적으로 이르는 말

ⓑ 'ㅇ'으로 시작하는 속담
- 아닌 밤중에 홍두깨 : 별안간 엉뚱한 말이나 행동을 함을 비유적으로 이르는 말
- 얌전한 고양이가 부뚜막에 먼저 올라간다 : 겉으로는 얌전하고 아무것도 못할 것처럼 보이는 사람이 딴짓을 하거나 자기 실속을 다 차리는 경우를 비유적으로 이르는 말
- 어물전 망신은 꼴뚜기가 시킨다 : 지지리 못난 사람일수록 같이 있는 동료를 망신시킨다는 말
- 언 발에 오줌 누기 : 언 발을 녹이려고 오줌을 누어 봤자 효력이 별로 없다는 뜻으로, 임시변통은 될지 모르나 그 효력이 오래가지 못할 뿐만 아니라 결국에는 사태가 더 나빠짐을 비유적으로 이르는 말
- 여럿의 말이 쇠도 녹인다 : 여러 사람이 함께 모여 의견을 합치면 쇠도 녹일 만큼 무서운 힘을 낼 수 있음을 비유적으로 이르는 말
- 오 리를 보고 십 리를 간다 : 사소한 일도 유익하기만 하면 수고를 아끼지 아니한다는 말
- 입은 비뚤어져도 말은 바로 해라 : 상황이 어떻든지 말은 언제나 바르게 하여야 함을 이르는 말

06장

어휘력

기타 속담(ㅈ)

• 잘 자랄 나무는 떡잎부터 안다 : 잘될 사람은 어려서부터 남달리 장래성이 엿보인다는 말

• 종로에서 뺨 맞고 한강에서 눈 흘긴다 : 욕을 당한 자리에서는 아무 말도 못 하고 뒤에 가서 불평함을 비유적으로 이르는 말

기타 속담(ㅎ)

• 하늘 보고 손가락질 한다 : 보잘것없는 사람이 상대가 되지도 아니하는 대상에게 무모하게 시비를 걸며 욕함을 비유적으로 이르는 말

• 하룻강아지 범 무서운 줄 모른다 : 철없이 함부로 덤비는 경우를 비유적으로 이르는 말

ⓐ 'ㅈ, ㅊ'으로 시작하는 속담

• 자라 보고 놀란 가슴 솥뚜껑 보고 놀란다 : 어떤 사물에 몹시 놀란 사람은 비슷한 사물만 보아도 겁을 냄을 이르는 말

• 자빠져도 코가 깨진다 : 일이 안되려면 하는 모든 일이 잘 안 풀리고 뜻밖의 큰 불행도 생긴다는 말

• 찬물도 위아래가 있다 : 무엇에나 순서가 있으니, 그 차례를 따라 하여야 한다는 말

• 천 리 길도 한 걸음부터 : 무슨 일이나 그 일의 시작이 중요하다는 말

• 치마가 열두 폭인가 : 남의 일에 쓸데없이 간섭하고 참견함을 비꼬는 말

ⓑ 'ㅋ, ㅌ, ㅍ'으로 시작하는 속담

• 콩 심은 데 콩 나고 팥 심은 데 팥 난다 : 모든 일은 근본에 따라 거기에 걸맞은 결과가 나타나는 것임을 비유적으로 이르는 말

• 티끌 모아 태산 : 아무리 작은 것이라도 모이고 모이면 나중에 큰 덩어리가 됨을 비유적으로 이르는 말

ⓒ 'ㅎ'으로 시작하는 속담

• 하루가 여삼추라 : 하루가 삼 년과 같다는 뜻으로, 짧은 시간이 매우 길게 느껴짐을 비유적으로 이르는 말

• 호랑이도 제 말 하면 온다 : 깊은 산에 있는 호랑이조차도 저에 대하여 이야기하면 찾아온다는 뜻으로, 어느 곳에서나 그 자리에 없다고 남을 흉보아서는 안 된다는 말

• 혹 떼러 갔다 혹 붙여 온다 : 자기의 부담을 덜려고 하다가 다른 일까지도 맡게 된 경우를 비유적으로 이르는 말

• 황소 뒷걸음치다가 쥐 잡는다 : 어쩌다 우연히 이루거나 알아맞힘을 비유적으로 이르는 말

(2) 관용어의 의미와 주요 관용어

① 관용어의 의미 : 두 개 이상의 단어로 이루어져 있으면서 그 단어의 의미만으로는 전체의 의미를 알 수 없는 특수한 의미를 나타내는 어구(語句)

② 주요 관용어 ★빈출개념

ㄱ 'ㄱ'으로 시작하는 관용어

• 가닥이 잡히다 : 분위기, 상황, 생각 따위를 이치나 논리에 따라 바로 잡게 함

• 가려운 곳을 긁어 주듯 : 남에게 꼭 필요한 것을 잘 알아서 그 욕구를 시원스럽게 만족시켜 줌을 비유적으로 이르는 말

• 가재(를) 치다 : 가재가 뒷걸음질을 잘 친다는 뜻으로, 샀던 물건을 도로 무르는 것을 비유적으로 이르는 말

• 감투(를) 쓰다 : 벼슬자리나 높은 지위에 오름을 속되게 이르는 말

• 개 발에 땀 나다 : 땀이 잘 나지 아니하는 개 발에 땀이 나듯이, 해내기 어려운 일을 이루기 위하여 부지런히 움직임을 이르는 말

• 경종을 울리다 : 잘못이나 위험을 미리 경계하여 주의를 환기시킴

• 고배를 들다 : 패배, 실패 따위의 쓰라린 일을 당함

- 고삐를 늦추다 : 경계심이나 긴장을 누그러뜨림
- 골(을) 박다 : 제한된 범위 밖을 나가지 못하게 함
- 굴레(를) 쓰다 : 일이나 구속에 얽매여 벗어나지 못하게 됨
- 귀가 열리다 : 세상 물정을 알게 됨
- 귀를 씻다 : 세속의 더러운 이야기를 들은 귀를 씻는다는 뜻으로, 세상의 명리를 떠나 깨끗한 삶을 비유적으로 이르는 말
- 귓등으로 듣다 : 듣고도 들은 체 만 체 함
- 기지개를 켜다 : 서서히 활동하는 상태에 듦

ⓛ 'ㄴ'으로 시작하는 관용어
- 낙동강 오리알 : 무리에서 떨어져 나오거나 홀로 소외되어 처량하게 된 신세를 비유적으로 이르는 말
- 너울을 쓰다 : 속이나 진짜 내용은 그렇지 않으면서 그럴듯하게 좋은 명색을 내걸음
- 난장을 치다 : 함부로 마구 떠듦
- 눈에 밟히다 : 잊히지 않고 자꾸 눈에 떠오름
- 눈 위에 혹 : 몹시 미워 눈에 거슬리는 사람을 비유적으로 이르는 말

ⓒ 'ㄷ'으로 시작하는 관용어
- 닭 물 먹듯 : 무슨 일이든 그 내용도 모르고 건성으로 넘기는 모양을 비유적으로 이르는 말
- 도마 위에 오르다 : 어떤 사물이 비판의 대상이 됨
- 돌(을) 던지다 : 남의 잘못을 비난함
- 된서리를 맞다 : 모진 재앙이나 억압을 당함
- 뒤(가) 나다 : 자기의 잘못이나 약점으로 뒤에 가서 좋지 않은 일이 생길 것 같아 마음이 놓이지 않음
- 뒤가 든든하다 : 뒤에서 받쳐 주는 세력이나 사람이 있음
- 뒷손(을) 쓰다 : 은밀히 대책을 강구하거나 뒷수습을 함
- 뜸(을) 들이다 : 일이나 말을 할 때에, 쉬거나 여유를 갖기 위해 서둘지 않고 한동안 가만히 있는 경우를 비유적으로 이르는 말

ⓓ 'ㅁ'으로 시작하는 관용어
- 마각을 드러내다 : 말의 다리로 분장한 사람이 자기 모습을 드러낸다는 뜻으로, 숨기고 있던 일이나 정체를 드러냄을 이르는 말
- 마른벼락을 맞다 : 갑자기 뜻밖의 재난을 당함
- 말허리를 자르다 : 상대방이 말하는 도중에 말을 중지시킴
- 맥(도) 모르다 : 내막이나 까닭 따위를 알지도 못함
- 멍석을 깔다 : 하고 싶은 대로 할 기회를 주거나 마련함
- 무릎(을) 치다 : 갑자기 어떤 놀라운 사실을 알게 되었거나 희미한 기억이 되살아날 때, 또는 몹시 기쁠 때 무릎을 탁 침을 이르는 말

ⓔ 'ㅂ'으로 시작하는 관용어
- 발(이) 묶이다 : 몸을 움직일 수 없거나 활동할 수 없는 형편이 됨

SEMI-NOTE

기타 관용어(ㄱ)
- 간도 모르다 : 일의 내막을 짐작도 하지 못함을 이르는 말
- 감정(을) 사다 : 남의 감정을 언짢게 만듦
- 격(을) 두다 : 사람과 사람 사이에 일정한 간격을 둠
- 곁눈(을) 주다 : 남이 모르도록 곁눈질로 상대편에게 어떤 뜻을 알림
- 구미가 당기다 : 욕심이나 관심이 생김
- 구색(을) 맞추다 : 여러 가지가 고루 갖추어지게 함

기타 관용어(ㄴ)
- 눈독(을) 들이다 : 욕심을 내어 눈여겨 봄
- 눈 밖에 나다 : 신임을 잃고 미움을 받게 됨

기타 관용어(ㄷ)
- 덜미가 잡히다 : 죄가 드러남
- 된서리를 맞다
  - 되게 내리는 서리를 맞음
  - 모진 재앙이나 억압을 당함
- 등(을) 돌리다 : 뜻을 같이하던 사람이나 단체와 관계를 끊고 배척함
- 등을 떠밀다 : 일을 억지로 시키거나 부추김

기타 관용어(ㅁ)
- 말뚝(을) 박다 : 어떤 지위에 오랫동안 머무름
- 문턱을 낮추다 : 쉽고 편하게 접할 수 있게 만듦

06장
어휘력

기타 관용어(ㅂ)

- **바닥(을) 긁다** : 생계가 곤란함
- **바람을 일으키다**
  - 사회적으로 많은 사람에게 영향을 미침
  - 사회적 문제를 만들거나 소란을 일으킴
- **발(을) 끊다** : 오가지 않거나 관계를 끊음
- **발(이) 넓다** : 사귀어 아는 사람이 많아 활동하는 범위가 넓음
- **벌집을 건드리다** : 건드려서는 안 될 것을 공연히 건드려 큰 화근을 만듦

기타 관용어(ㅅ)

- **사족(을) 못 쓰다** : 무슨 일에 반하거나 혹하여 꼼짝 못함
- **사타구니를 긁다** : 알랑거리며 남에게 아첨함
- **살얼음을 밟다** : 위태위태하여 마음이 몹시 불안함
- **손바닥(을) 뒤집듯** : 태도를 갑자기 또는 노골적으로 바꾸기를 아주 쉽게
- **식은 죽 먹듯** : 거리낌 없이 아주 쉽게 예사로 하는 모양을 이르는 말

기타 관용어(ㅇ)

- **어깨를 나란히 하다**
  - 나란히 서거나 나란히 서서 걸음
  - 서로 비슷한 지위나 힘을 가짐
  - 같은 목적으로 함께 일함
- **의가 나다** : 사이가 나빠짐
- **이 잡듯이** : 샅샅이 뒤지어 찾는 모양을 비유적으로 이르는 말
- **임자(를) 만나다** : 어떤 사물이나 사람이 적임자와 연결되어 능력이나 기능을 제대로 발휘할 수 있게 됨

- **발등을 밟히다** : 자기가 하려는 일을 남이 앞질러서 먼저 함
- **발목(을) 잡히다** 남에게 어떤 약점이나 단서(端緒)를 잡힘
- **발 벗고 나서다** : 적극적으로 나섬
- **배(를) 내밀다** : 남의 요구에 응하지 아니하고 버팀
- **백지 한 장의 차이** : 아주 근소한 차이를 비유적으로 이르는 말
- **뱃가죽이 두껍다** : 염치가 없어 뻔뻔스럽거나 배짱이 셈
- **보따리(를) 풀다** : 숨은 사실을 폭로함
- **붓을 꺾다** : 문필 활동을 그만둠
- **빙산의 일각(一角)** : 대부분이 숨겨져 있고 외부로 나타나 있는 것은 극히 일부분에 지나지 아니함을 비유적으로 이르는 말

ⓑ **'ㅅ'으로 시작하는 관용어**

- **사시나무 떨듯** : 몸을 몹시 떠는 모양을 비유적으로 이르는 말
- **사이(가) 뜨다** : 사람 사이의 관계가 친밀하지 않거나 벌어짐
- **산통(을) 깨다** : 다 잘되어 가던 일을 이루지 못하게 뒤틀음
- **삿갓(을) 씌우다** : 손해를 입히거나 책임을 지움
- **색안경을 끼고 보다** : 주관이나 선입견에 얽매여 좋지 아니하게 봄
- **성미(가) 마르다** : 도량이 좁고 성질이 급함
- **손(을) 끊다** : 교제나 거래 따위를 중단함
- **손(을) 거치다** : 어떤 사람을 경유함
- **손(을) 떼다** : 하던 일을 그만두고 다시 손대지 않음
- **손(을) 씻다** : 부정적인 일이나 찜찜한 일에 대하여 관계를 청산함
- **손사래(를) 치다** : 거절이나 부인을 하며 손을 펴서 마구 휘저음
- **쓸개(가) 빠지다** : 하는 짓이 사리에 맞지 아니하고 줏대가 없음
- **씨가 마르다** : 어떤 종류의 것이 모조리 없어짐

ⓐ **'ㅇ'으로 시작하는 관용어**

- **아귀(가) 맞다** : 앞뒤가 빈틈없이 들어맞음
- **아닌 밤중에** : 뜻밖의 때에
- **안고 돌아가다** : 맡은 일을 제대로 하지 못하고 질질 끎
- **앞 짧은 소리** : 앞일을 짧게 내다보고 하는 소리라는 뜻으로, 앞일을 제대로 내다보지 못하고 하는 말을 뜻함
- **어안이 벙벙하다** : 뜻밖에 놀랍거나 기막힌 일을 당하여 어리둥절함
- **언질(을) 주다** : 어떤 일이나 현상 따위의 결과를 예측할 수 있는 단서를 제공함
- **염불 외듯** : 알아듣지 못할 소리로 중얼거리는 경우를 비유적으로 이르는 말
- **오금(을) 박다** : 큰소리치며 장담하던 사람이 그와 반대되는 말이나 행동을 할 때에, 장담하던 말을 빌미로 삼아 몹시 논박함
- **온실 속의 화초** : 어려움이나 고난을 겪지 아니하고 그저 곱게만 자란 사람을 비유적으로 이르는 말
- **우레(와) 같은 박수** : 많은 사람이 치는 매우 큰 소리의 박수를 비유적으로

이르는 말

- 이(가) 빠지다 : 갖추어져야 할 것 가운데서 어떤 부분이 빠져서 온전하지 못함
- 입방아(를) 찧다 : 말을 방정맞게 자꾸 함
- 입에 거미줄 치다 : 가난하여 먹지 못하고 오랫동안 굶음

◎ 'ㅈ'으로 시작하는 관용어

- 젖비린내가 나다 : 정신적으로나 육체적으로 성숙하지 못한 태도나 기색이 보임을 이르는 말
- 좀이 쑤시다 : 마음이 들뜨거나 초조하여 가만히 있지 못함
- 직성(이) 풀리다 : 제 성미대로 되어 마음이 흡족함
- 진(을) 치다 : 자리를 차지함

◎ 'ㅊ~ㅋ'으로 시작하는 관용어

- 채(를) 잡다 : 주도적인 역할을 하거나 주도권을 잡고 조종함
- 책상머리나 지키다 : 현실과 부딪치며 책임감을 가지고 일하지 아니하고 사무실에서만 맴돌거나 문서만 보고 세월을 보냄
- 첫 삽을 들다 : 건설 사업이나 그 밖에 어떤 일을 처음으로 시작함
- 촉각을 곤두세우다 : 정신을 집중하고 신경을 곤두세워 즉각 대응할 태세를 취함
- 출사표를 던지다 : 경기, 경쟁 따위에 참가 의사를 밝힘
- 코(가) 빠지다 : 근심에 싸여 기가 죽고 맥이 빠짐
- 코에 걸다 : 무엇을 자랑삼아 내세움

◎ 'ㅌ~ㅍ'으로 시작하는 관용어

- 토(를) 달다 : 어떤 말끝에 그 말에 대하여 덧붙여 말함
- 퇴박(을) 놓다 : 마음에 들지 아니하여 물리치거나 거절함
- 파리 목숨 : 남에게 손쉽게 죽음을 당할 만큼 보잘것없는 목숨을 이르는 말
- 판에 박은 듯하다 : 사물의 모양이 같거나 똑같은 일이 되풀이됨
- 피도 눈물도 없다 : 조금도 인정이 없음
- 피를 말리다 : 몹시 괴롭히거나 애가 타게 만듦
- 핏대(를) 세우다 : 목의 핏대에 피가 몰려 얼굴이 붉어지도록 화를 내거나 흥분함

㉠ 'ㅎ'으로 시작하는 관용어

- 학을 떼다 : 괴롭거나 어려운 상황을 벗어나느라고 진땀을 빼거나, 그것에 거의 질려 버림
- 한술 더 뜨다 : 이미 어느 정도 잘못되어 있는 일에 대하여 한 단계 더 나아가 엉뚱한 짓을 함
- 허두를 떼다 : 글이나 말의 첫머리를 시작함
- 혀(가) 굳다 : 놀라거나 당황하여 말을 잘하지 못함
- 화촉을 밝히다 : 혼례식을 올림
- 회가 동하다 : 구미가 당기거나 무엇을 하고 싶은 마음이 생김

기타 관용어(ㅈ)
- 재를 뿌리다 : 일, 분위기 따위를 망치거나 훼방을 놓음
- 쥐 잡듯 : 꼼짝 못하게 하여 놓고 잡는 모양을 비유적으로 이르는 말

기타 관용어(ㅊ~ㅋ)
- 찬물을 끼얹다 : 잘되어 가고 있는 일에 뛰어들어 분위기를 흐리거나 공연히 트집을 잡아 해살을 놓음
- 철퇴를 가하다 : 호되게 처벌하거나 큰 타격을 줌
- 첫 단추를 잘못 끼우다 : 시작을 잘못함
- 코가 납작해지다 : 몹시 무안을 당하거나 기가 죽어 위신이 뚝 떨어짐

기타 관용어(ㅌ~ㅍ)
- 트집(을) 잡다 : 조그만 흠집을 들추어 내거나 없는 흠집을 만듦
- 파김치(가) 되다 : 몹시 지쳐서 기운이 아주 느른하게 됨
- 피를 빨다 : 재산이나 노동력 따위를 착취함

기타 관용어(ㅎ)
- 한 우물(을) 파다 : 한 가지 일에 몰두하여 끝까지 함
- 허울 좋다 : 실속은 없으면서 겉으로는 번지르르함
- 혀를 내두르다 : 몹시 놀라거나 어이없어서 말을 못함
- 활개(를) 치다 : 의기양양하게 행동함. 또는 제 세상인 듯 함부로 거들먹거리며 행동함

06장
어휘력

다의어의 개념
다의어에는 기본적이며 핵심적인 중심의미와 문맥에 따라 중심의미가 확장되어 쓰이는 의미를 주변의미가 있음

위치, 장소와 관련된 다의어
• 길
 - 지나갈 수 있게 땅 위에 낸 일정한 너비의 공간
 - 걷거나 탈것을 타고 어느 곳으로 가는 노정
 - 어떤 자격이나 신분으로서 '주어진 일의 분야나 방면', '도리', '임무
 - 지향하는 방향이나 지침, 목적, 분야
• 앞
 - 장차 다가 올 시간, 이 시간 이후
 - 나아가는 방향이나 장소
 - (방향이 있는 사물에서) 정면을 향하는 부분
 - 먼저 지나간 시간이나 차례
 - '어떤 사람이 떠맡은 몫' 또는 '차례에 따라 돌아오는(받는) 몫'

행동과 관련된 다의어
• 받다
 - (떨어지거나 던지는 물건 등을) 손으로 잡음
 - (다른 사람에게 받은 돈이나 물건 등을) 응하여 자기의 것으로 가짐
 - 어떤 행동이나 심리적 작용 등을 당하거나 입음
• 사다
 - (물건이나 권리 등을) 대가나 값을 치르고 자기 것으로 만듦
 - (다른 사람에게 음식 등을) 함께 먹기 위해 값을 치름
 - 대가를 치르고 사람을 부림
 - (다른 사람에게 호감 또는 원한, 비난, 의심 등의) 감정을 가지게 함

2. 다의어, 동음이의어와 고유어 ★빈출개념

(1) 다의어의 의미와 여러 종류의 다의어

① 다의어의 의미 : 하나의 낱말에 두 가지 이상의 뜻을 가진 단어
② 신체와 관련된 다의어
 ㉠ 눈
  • 시력, 물체를 볼 수 있는 능력
  • 사람의 시선, 눈길
  • 사물을 보고 판단하는 힘, 식견, 안목
  • 사물을 보는 관점이나 생각
  • 어떤 것을 보는 '표정'이나 '태도', '모양'
 ㉡ 손
  • 어떤 사람의 '영향력'이나 '권력과 권한이 미치는 범위', '손아귀'
  • 육체적 노동을 하기 위한 '일손이나 노동력', '품'
  • 어떤 일을 처리하거나 해결할 수 있는 '힘이나 능력', '솜씨', '재주'
  • 어떤 것을 마음대로 다루는 사람의 '수완이나 꾀', '농간', '속임수'
 ㉢ 다리
  • 사람이나 동물의 몸통 아래 붙어 있는 신체의 부분
  • 물체의 아래쪽에 붙어, 그 물체를 받치거나 직접 땅에 닿지 아니하게 하거나 높이 있도록 버티어 놓은 부분
  • 오징어나 문어 따위의 동물의 머리에 여러 개 달려 있어, 헤엄을 치거나 먹이를 잡거나 촉각을 가지는 기관
  • 안경의 테에 붙어서 귀에 걸게 된 부분
③ 동작, 감각, 상태와 관련된 다의어
 ㉠ 가볍다
  • 무게가 적음
  • (실수나 죄, 질병 등의) 정도가 심하지 않음
  • (중요성이나 가치 등이) 대수롭지 않고 예사로움
  • (동작이) 재빠르고 경쾌함
  • 움직임에 힘들임이 별로 없음
  • (옷차림이나 마음 등이) 가뿐하고 경쾌함
  • (생각이나 언행 등이) 침착하지 못하고 경솔함
 ㉡ 무겁다
  • (물건 등의) 무게가 많음
  • 책임이나 부담이 큼
  • 기운이나 힘이 빠져서 움직이기 힘듦
  • 언행이 신중하고 조심스러움
  • 분위기나 기분 등이 진지하고 심각함
 ㉢ 보다

- 만남, 얼굴을 마주 대함
- (책, 신문 등을) 읽거나 구독함
- (아이, 집 등을) 맡아서 보살핌
- (공연, 예술품 등을) 관람, 감상함
- 전망하다, 앞날을 헤아려 내다봄

(2) 동음이의어의 의미와 주요 동음이의어

① 동음이의어의 의미 : 낱말의 소리는 같으나 의미가 다른 단어
② 주요 동음이의어
  ㄱ 배
   - 배나무의 열매
   - 사람이나 동물의 몸에서 위장, 창자, 콩팥 따위의 내장이 들어 있는 곳으로 가슴과 엉덩이 사이의 부위
   - 일정한 수나 양이 그 수만큼 거듭됨을 이르는 말
  ㄴ 발
   - 사람이나 동물의 다리 맨 끝부분
   - 가늘고 긴 대를 줄로 엮거나, 줄 따위를 여러 개 나란히 늘어뜨려 무엇을 가리는 데 쓰는 물건
   - 두 팔을 양옆으로 펴서 벌렸을 때 한쪽 손끝에서 다른 쪽 손끝까지의 길이를 한 발이라 함
  ㄷ 타다
   - 탈것이나 짐승의 등에 몸을 얹음
   - 불씨나 높은 열로 불이 붙어 번지거나 일어남
   - 돈이나 물건 따위를 몫으로 받음
   - 다량의 액체에 소량의 액체나 가루 따위를 넣어 섞음
   - 먼지나 때 따위가 쉽게 달라붙는 성질을 가짐
  ㄹ 쓰다
   - 붓, 펜, 연필과 같은 도구로 획을 그어 일정한 글자의 모양이 이루어짐
   - 모자 따위를 머리에 얹어 덮거나 어떤 물건을 얼굴에 덮어 씀
   - 일을 하는 데에 재료나 도구, 수단을 이용함
   - 혀로 느끼는 맛이 한약이나 소태, 씀바귀의 맛

(3) 고유어의 개념과 어휘 ★빈출개념

① 고유어의 개념 : '토박이말'이라고도 하며 한 나라에서 본래부터 쓰이던 어휘를 의미
② 고유어 어휘(명사)
  ㄱ 신체 및 생리현상과 관련된 어휘
   - 가는귀 : 작은 소리까지 듣는 귀 또는 그런 귀의 능력
   - 거스러미 : 손발톱 뒤의 살 껍질이나 나무의 결 따위가 가시처럼 얇게 터져 일어나는 부분

기타 고유어 어휘(행위)
- 가탈
  - 일이 순조롭게 나아가는 것을 방해하는 조건
  - 이리저리 트집을 잡아 까다롭게 구는 일
- 떠세 : 재물이나 힘 따위를 내세워 젠체하고 억지를 씀 또는 그런 짓
- 뒷배 : 겉으로 나서지 않고 뒤에서 보살펴 주는 일
- 소드락질 : 남의 재물 따위를 빼앗는 짓
- 옴살 : 매우 친밀하고 가까운 사이
- 해찰 : 마음에 썩 내키지 아니하여 물건을 부질없이 이것저것 집적거려 해침 또는 그런 행동

기타 고유어 어휘(성격, 심리, 관계)
- 꼭두각시
  - 꼭두각시놀음에 나오는 여러 가지 인형
  - 남의 조종에 따라 움직이는 사람이나 조직을 비유적으로 이르는 말
- 만무방
  - 염치가 없이 막된 사람
  - 아무렇게나 생긴 사람
- 쭉정이 : 쓸모없게 되어 사람 구실을 제대로 하지 못하는 사람을 비유적으로 이르는 말

- 고리눈 : 주로 동물의 눈동자 주위에 흰 테가 둘린 눈
- 귓불 : 귓바퀴의 아래쪽에 붙어 있는 살
- 눈시울 : 눈언저리의 속눈썹이 난 곳
- 모두숨 : 한 번에 크게 몰아쉬는 숨
- 허울 : 실속이 없는 겉모양

ⓛ 행위나 행동과 관련된 어휘
- 갈무리 : 일을 처리하여 마무리함
- 꼼수 : 쩨쩨한 수단이나 방법
- 내친걸음 : 이왕에 시작한 일
- 너스레 : 수다스럽게 떠벌려 늘어놓는 말이나 짓
- 덤터기 : 남에게 넘겨씌우거나 남에게서 넘겨받은 허물이나 걱정거리
- 마수걸이 : 맨 처음으로 물건을 파는 일 또는 맨 처음으로 부딪는 일
- 말미 : 일정한 직업이나 일 따위에 매인 사람이 다른 일로 말미암아 얻는 겨를
- 몽짜 : 음흉하고 심술궂게 욕심을 부리는 짓. 또는 그런 사람
- 선걸음 : 이미 내디뎌 걷고 있는 그대로의 걸음
- 소걸음 : 소처럼 느릿느릿 걷는 걸음
- 아람치 : 개인이 사사로이 차지하는 몫
- 어둑서니 : 어두운 밤에 아무것도 없는데, 있는 것처럼 잘못 보이는 것
- 옴니암니 : 다 같은 이인데 자질구레하게 어금니 앞니 따진다는 뜻으로, 아주 자질구레한 것을 이르는 말
- 짜깁기 : 기존의 글이나 영화 따위를 편집하여 하나의 완성품으로 만드는 일
- 주전부리 : 때를 가리지 아니하고 군음식을 자꾸 먹음. 또는 그런 입버릇

ⓒ 성격, 심리, 관계 등과 관련된 어휘
- 가달 : 몹시 사나운 사람을 이르는 말
- 가르친사위 : 창조성이 없이 무엇이든지 남이 가르치는 대로만 하는 사람을 낮잡아 이르는 말
- 가시버시 : '부부'를 낮잡아 이르는 말
- 깜냥 : 스스로 일을 헤아림. 또는 헤아릴 수 있는 능력
- 달랑쇠 : 침착하지 못하고 몹시 담방거리는 사람
- 뜨내기 : 일정한 거처가 없이 떠돌아다니는 사람
- 몽니 : 정당한 대우를 받지 못할 때 권리를 주장하기 위하여 심술을 부리는 성질
- 모도리 : 조금도 빈틈없이 아주 여무진 사람
- 우렁잇속 : 품은 생각을 모두 털어놓지 아니하는 의뭉스러운 속마음을 비유적으로 이르는 말
- 지체 : 어떤 집안이나 개인이 사회에서 차지하고 있는 신분이나 지위

ⓡ 동식물과 관련된 어휘
- 가라말 : 털빛이 온통 검은 말

- 귀다래기 : 귀가 작은 소
- 까막까치 : 까마귀와 까치를 아울러 이르는 말
- 떡부리 : 턱 밑에 털이 많은 닭
- 불강아지 : 몸이 바싹 여윈 강아지
- 영각 : 소가 길게 우는 소리
- 자귀 : 짐승의 발자국
- 푸새 : 산과 들에 저절로 나서 자라는 풀을 통틀어 이르는 말

ⓜ 구체적 사물과 관련된 어휘

- 검부러기 : 검불의 부스러기
- 골갱이 : 식물이나 동물의 고기 따위의 속에 있는 단단하거나 질긴 부분
- 꿰미 : 물건을 꿰는 데 쓰는 끈이나 꼬챙이 따위. 또는 거기에 무엇을 꿴 것
- 바자 : 대, 갈대, 수수깡, 싸리 따위로 발처럼 엮거나 결어서 만든 물건
- 베잠방이 : 베로 지은 짧은 남자용 홑바지
- 살피 : 땅과 땅 사이의 경계선을 간단히 나타낸 표
- 세간 : 집안 살림에 쓰는 온갖 물건

ⓗ 공간 및 장소와 관련된 어휘

- 가풀막 : 몹시 가파르게 비탈진 곳
- 노루막이 : 산의 막다른 꼭대기
- 두메 : 도회에서 멀리 떨어져 사람이 많이 살지 않는 변두리나 깊은 곳
- 둔치 : 강, 호수 따위의 물이 있는 곳의 가장자리
- 멧부리 : 산등성이나 산봉우리의 가장 높은 꼭대기
- 기스락 : 기슭의 가장자리
- 산기슭 : 산의 비탈이 끝나는 아랫부분
- 서덜 : 냇가와 강가의 돌이 많은 곳

③ 고유어 어휘(동사)

㉠ 'ㄱ'으로 시작하는 어휘

- 가루다 : 자리 따위를 함께 나란히 함
- 가물다 : 땅의 물기가 바싹 마를 정도로 오랫동안 계속하여 비가 오지 않음
- 갈마들다 : 서로 번갈아듦
- 궁굴리다 : 이리저리 돌려서 너그럽게 생각함
- 꾀다 : 그럴듯한 말이나 행동으로 남을 속이거나 부추겨서 자기 생각대로 이끎

㉡ 'ㄴ, ㄷ'으로 시작하는 어휘

- 뇌까리다 : 아무렇게나 되는대로 마구 지껄임
- 닦아세우다 : 꼼짝 못하게 휘몰아 나무람
- 더위잡다 : 높은 곳에 오르려고 무엇을 끌어 잡음
- 되바라지다 : 사람됨이 남을 너그럽게 감싸주지 않고 적대적으로 대함
- 듣보다 : 듣기도 하고 보기도 하며 알아보거나 살핌
- 소쿠라지다 : 급히 흐르는 물이 굽이쳐 용솟음침

기타 고유어 어휘(동식물)

- 남새 : 채소
- 멧나물 : 산나물
- 워낭 : 마소의 귀에서 턱 밑으로 늘어단 방울 또는 마소의 턱 아래에 늘어뜨린 쇠고리
- 하릅강아지 : 나이가 한 살 된 강아지
- 푸성귀 : 사람이 가꾼 채소나 저절로 난 나물 따위를 통틀어 이르는 말

기타 고유어 어휘(사물)

- 깁 : 명주실로 바탕을 조금 거칠게 짠 비단
- 마고자 : 저고리 위에 덧입는 웃옷
- 삯 : 일한 데 대한 품값으로 주는 돈이나 물건

기타 고유어 어휘(공간, 장소)

- 갈피
  - 겹치거나 포갠 물건의 하나하나의 사이 또는 그 틈
  - 일이나 사물의 갈래가 구별되는 어름
- 언저리
  - 둘레의 가 부분
  - 어떤 나이나 시간의 전후
  - 어떤 수준이나 정도의 위아래

기타 고유어 어휘(동사)

- 가위눌리다 : 자다가 무서운 꿈에 질려 몸을 마음대로 움직이지 못하고 답답함을 느낌
- 바루다 : 비뚤어지거나 구부러지지 않도록 바르게 함
- 버금가다 : 으뜸의 바로 아래가 됨
- 얼넘기다 : 일을 대충 얼버무려서 넘김
- 켕기다
  - 단단하고 팽팽하게 되다
  - 마음속으로 겁이 나고 탈이 날까 불안해함

기타 고유어 어휘(성격, 태도)
• **곰살맞다** : 몹시 부드럽고 친절함
• **괄괄스럽다** : 보기에 성질이 세고 급한 데가 있음
• **옹골지다** : 실속이 있게 속이 꽉 차 있음
• **의뭉하다** : 겉으로 보기에는 어리석어 보이나 속으로는 엉큼함

기타 고유어 어휘(심리)
• **같잖다**
  – 하는 짓이나 꼴이 제격에 맞지 않고 눈꼴사나움
  – 말하거나 생각할 거리도 못 됨
• **계면쩍다** : 쑥스럽거나 미안하여 어색함
• **멋쩍다** : 어색하고 쑥스러움
• **애꿎다** : 아무런 잘못 없이 억울함

기타 고유어 어휘(상황, 상태)
• **간데없다** : 갑자기 자취를 감추어 사라지거나 어디로 갔는지 알 수 없음
• **난데없다** : 갑자기 불쑥 나타나 어디서 왔는지 알 수 없음
• **메케하다** : 연기나 곰팡이 따위의 냄새가 맵고 싸함
• **스산스럽다** : 어수선하고 쓸쓸한 분위기가 있음
• **추레하다** : 겉모양이 깨끗하지 못하고 생기가 없음
• **케케묵다** : 물건 따위가 아주 오래되어 낡음

• **움키다** : 손가락을 우그리어 물건 따위를 놓치지 않도록 힘 있게 잡음
• **티격나다** : 서로 뜻이 맞지 아니하여 사이가 벌어짐

④ 고유어 어휘(형용사)
  ㉠ 성격, 태도와 관련된 어휘
    • **가즈럽다** : 가진 것도 없으면서 가진 체하며 뻐기는 티가 있음
    • **간살맞다** : 매우 간사스럽게 아양을 떠는 태도가 있음
    • **다부지다** : 벅찬 일을 견디어 낼 만큼 굳세고 야무짐
    • **모나다** : 말이나 짓 따위가 둥글지 못하고 까다로움
    • **머줍다** : 동작이 느리고 굼뜨다
    • **바지런스럽다** : 놀지 아니하고 하는 일에 꾸준한 데가 있음
    • **습습하다** : 마음이나 하는 짓이 활발하고 너그러움
    • **암상궂다** : 몹시 남을 시기하고 샘을 잘 내는 마음이나 태도가 있음
    • **암팡스럽다** : 몸은 작아도 야무지고 다부진 면이 있음
    • **야멸치다** : 남의 사정은 돌보지 아니하고 자기만 생각함

  ㉡ 심리와 관련된 어휘
    • **거추장스럽다** : 일 따위가 성가시고 귀찮음
    • **고깝다** : 섭섭하고 야속하여 마음이 언짢음
    • **기껍다** : 마음속으로 은근히 기쁨
    • **눈꼴사납다** : 보기에 아니꼬워 비위에 거슬리게 미움
    • **뜨악하다** : 마음이 선뜻 내키지 않아 꺼림칙하고 싫음
    • **맥쩍다** : 심심하고 재미가 없음
    • **버겁다** : 물건이나 세력 따위가 다루기에 힘에 겹거나 거북함
    • **삼삼하다** : 잊히지 않고 눈에 보이는 듯 또렷함
    • **시름없다** : 근심과 걱정으로 맥이 없음
    • **알싸하다** : 어떤 냄새의 자극으로 조금 알알한 느낌이 있음
    • **헛헛하다** : 채워지지 아니한 허전한 느낌이 있음

  ㉢ 상황 또는 상태, 외양과 관련된 어휘
    • **가년스럽다** : 보기에 가난하고 어려운 데가 있음
    • **가멸다** : 재산이나 자원 따위가 넉넉하고 많음
    • **녹녹하다** : 촉촉한 기운이 약간 있음
    • **도담하다** : 탐스럽고 아담함
    • **마뜩잖다** : 마음에 들 만하지 아니함
    • **몽실하다** : 통통하게 살이 쪄서 보드랍고 야들야들한 느낌이 있음
    • **부산스럽다** : 보기에 급하게 서두르거나 시끄럽게 떠들어 어수선한 데가 있음
    • **새살궂다** : 성질이 차분하지 못하고 가벼워 말이나 행동이 실없고 부산함
    • **옴팡지다** : 보기에 가운데가 좀 오목하게 쏙 들어가 있음
    • **텁텁하다** : 입안이 시원하거나 깨끗지 못함

⑤ 고유어 어휘(부사)

　㉠ 주요 부사어

- 거슴츠레 : 졸리거나 술에 취하여서 눈이 정기가 풀리고 흐리멍덩하며 거의 감길 듯한 모양
- 미주알고주알 : 아주 사소한 일까지 속속들이
- 사부자기 : 별로 힘들이지 않고 가볍게
- 아슴푸레 : 빛이 약하거나 멀어서 조금 어둑하고 희미한 모양
- 어슴푸레 : 빛이 약하거나 멀어서 어둑하고 희미한 모양
- 오목조목 : 자그마한 것이 모여서 야무진 느낌을 주는 모양
- 함초롬 : 젖거나 서려 있는 모습이 가지런하고 차분한 모양

　㉡ 첩어(疊語)

- 가들막가들막 : 신이 나서 잘난 체하며 얄미울 정도로 자꾸 버릇없이 행동하는 모양
- 가랑가랑 : 액체가 많이 담기거나 괴어서 가장자리까지 찰 듯한 모양
- 간들간들 : 바람이 가볍고 부드럽게 살랑살랑 부는 모양
- 감실감실 : 사람이나 물체, 빛 따위가 먼 곳에서 자꾸 아렴풋이 움직이는 모양
- 나긋나긋 : 사람을 대하는 태도가 매우 상냥하고 부드러운 모양
- 남실남실 : 물결 따위가 보드랍게 자꾸 굽이쳐 움직이는 모양
- 다문다문 : 시간적으로 잦지 아니하고 좀 드문 모양
- 몰큰몰큰 : 냄새 따위가 자꾸 풍기는 듯한 모양
- 몽긋몽긋 : 나아가는 시늉만 하면서 앉은 자리에서 자꾸 머뭇거리는 모양
- 실쭉샐쭉 : 마음에 차지 아니하여서 좀 고까워하는 태도를 자꾸 나타내는 모양

기타 고유어 어휘(부사어)

- **모로** : 바로 서거나 앉지 않고 약간 옆으로 비스듬히
- **애오라지**
  - '겨우'를 강조하여 이르는 말
  - '오로지'를 강조하여 이르는 말
- **티격태격** : 서로 뜻이 맞지 아니하여 이러니저러니 시비를 따지며 가리는 모양

기타 고유어 어휘(첩어)

- **가리가리** : 여러 가닥으로 갈라지거나 찢어진 모양
- **가붓가붓** : 여럿이 다 조금 가벼운 듯한 느낌
- **거치적거치적** : 거추장스럽게 여기저기 자꾸 걸리거나 닿는 모양
- **고분고분** : 말이나 행동이 공손하고 부드러운 모양
- **산들산들** : 사늘한 바람이 가볍고 보드랍게 자꾸 부는 모양
- **싱숭생숭** : 마음이 들떠서 어수선하고 갈팡질팡하는 모양

06장

어휘력

구성 및 특징

핵심이론

시험에 출제되는 핵심 내용만을 모아 효율적인 학습이 가능하도록 구성하였습니다. 반드시 알아야 할 내용에 대한 충실한 이해와 체계적 정리가 가능합니다.

빈출개념

시험에서 자주 출제되는 개념들을 표시하여 중요한 부분을 한눈에 들어올 수 있도록 하였습니다. 합격에 필요한 핵심이론을 깔끔하게 학습하시기 바랍니다.

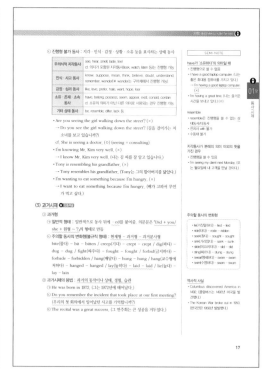

한눈에 쏙~

흐름이나 중요 개념들이 한눈에 쏙 들어올 수 있도록 도표로 정리하여 수록하였습니다. 한눈에 키워드와 흐름을 파악하여 수험에 도움이 되도록 하였습니다.

실력 up

더 알아두면 좋을 내용을 실력 up에 배치하고, 보조단에는 SEMI – NOTE를 배치하여 본문에 관련된 내용이나 중요한 개념들을 수록하였습니다.

나두공

"나두공 무원할수있다"

목 차

나두공

2025 출제기조 전환대비
현장직무형 예시문제

영 어

제1차

정답 및 해설 23p

[01~03] 밑줄 친 부분에 들어갈 말로 가장 적절한 것을 고르시오.

01

> Recently, increasingly _____ weather patterns, often referred to as "abnormal climate," have been observed around the world.

① irregular   ② consistent
③ predictable   ④ ineffective

02

> Most economic theories assume that people act on a _____ basis; however, this doesn't account for the fact that they often rely on their emotions instead.

① temporary   ② rational
③ voluntary   ④ commercial

03

> By the time she _____ her degree, she will have acquired valuable knowledge on her field of study.

① will have finished   ② is finishing
③ will finish   ④ finishes

[04~05] 밑줄 친 부분 중 어법상 옳지 않은 것을 고르시오.

04

> You may conclude that knowledge of the sound systems, word patterns, and sentence structures ①are sufficient to help a student ② become competent in a language. Yet we have ③all worked with language learners who understand English structurally but still have difficulty ④communicating.

05

> Beyond the cars and traffic jams, she said it took a while to ①get used to have so many people in one place, ②all of whom were moving so fast. "There are only 18 million people in Australia ③ spread out over an entire country," she said, "compared to more than six million people in ④the state of Massachusetts alone."

[06~07] 밑줄 친 부분에 들어갈 말로 가장 적절한 것을 고르시오.

06

A: Hello. I'd like to book a flight from Seoul to Oakland.

B: Okay. Do you have any specific dates in mind?

A: Yes. I am planning to leave on May 2nd and return on May 14th.

B: Okay, I found one that fits your schedule. What class would you like to book?

A: Economy class is good enough for me.

B: Any preference on your seating?

A: _____

B: Great. Your flight is now booked.

① Yes. I'd like to upgrade to business class.

② No. I'd like to buy a one-way ticket.

③ No. I don't have any luggage.

④ Yes. I want an aisle seat.

07

Kate Anderson

Are you coming to the workshop next Friday?
10:42

Jim Henson

I'm not sure. I have a doctor's appointment that day.
10:42

Kate Anderson

You should come! The workshop is about A.I. tools that can improve our work efficiency.
10:43

Jim Henson

Wow, the topic sounds really interesting!
10:44

Kate Anderson

Exactly. But don't forget to reserve a seat if you want to attend the workshop.
10:45

Jim Henson

How do I do that?
10:45

Kate Anderson

_____
10:46

① You need to bring your own laptop.

② I already have a reservation.

③ Follow the instructions on the bulletin board.

④ You should call the doctor's office for an appointment.

[08~09] 다음 글을 읽고 물음에 답하시오.

```
✎        Send   Preview   Save
To        Clifton District Office
From      Rachael Beasley
Date      June 7
Subject   Excessive Noise in the Neighborhood
📎        [ My PC ] [ Browse ]

[Times New ▼] [10pt ▼] [G G G G] [≡ ≡ ≡ ≡]
```

To whom it may concern,

I hope this email finds you well. I am writing to express my concern and frustration regarding the excessive noise levels in our neighborhood, specifically coming from the new sports field.

As a resident of Clifton district, I have always appreciated the peace of our community. However, the ongoing noise disturbances have significantly impacted my family's well-being and our overall quality of life. The sources of the noise include crowds cheering, players shouting, whistles, and ball impacts.

I kindly request that you look into this matter and take appropriate <u>steps</u> to address the noise disturbances. Thank you for your attention to this matter, and I appreciate your prompt response to help restore the tranquility in our neighborhood.

Sincerely,
Rachael Beasley

08 윗글의 목적으로 가장 적절한 것은?

① 체육대회 소음에 대해 주민들의 양해를 구하려고

② 새로 이사 온 이웃 주민의 소음에 대해 항의하려고

③ 인근 스포츠 시설의 소음에 대한 조치를 요청하려고

④ 밤시간 악기 연주와 같은 소음의 차단을 부탁하려고

09 밑줄 친 "steps"의 의미와 가장 가까운 것은?

① movements   ② actions

③ levels   ④ stairs

[10~11] 다음 글을 읽고 물음에 답하시오.

```
                    (A)
```

We're pleased to announce the upcoming City Harbour Festival, an annual event that brings our diverse community together to celebrate our shared heritage, culture, and local talent. Mark your calendars and join us for an exciting weekend!

Details
• **Dates**: Friday, June 16 – Sunday, June 18
• **Times**: 10:00 a.m. – 8:00 p.m. (Friday & Saturday)
    10:00 a.m. – 6:00 p.m. (Sunday)
• **Location**: City Harbour Park, Main Street, and surrounding areas

Highlights

- **Live Performances**

Enjoy a variety of live music, dance, and theatrical performances on multiple stages throughout the festival grounds.

- **Food Trucks**

Have a feast with a wide selection of food trucks offering diverse and delicious cuisines, as well as free sample tastings.

For the full schedule of events and activities, please visit our website at www.cityharbourfestival.org or contact the Festival Office at (552) 234-5678.

10 (A)에 들어갈 윗글의 제목으로 가장 적절한 것은?

① Make Safety Regulations for Your Community
② Celebrate Our Vibrant Community Events
③ Plan Your Exciting Maritime Experience
④ Recreate Our City's Heritage

11 City Harbour Festival에 관한 윗글의 내용과 일치하지 않는 것은?

① 일 년에 한 번 개최된다.
② 일요일에는 오후 6시까지 열린다.
③ 주요 행사로 무료 요리 강습이 진행된다.
④ 웹사이트나 전화 문의를 통해 행사 일정을 알 수 있다.

12 Enter-K 앱에 관한 다음 글의 내용과 일치하지 않는 것은?

Use the new Enter-K app upon your arrival at the airport. One notable feature offered by Enter-K is the Advance Declaration, which allows travellers the option to submit their customs declaration in advance, enabling them to save time at all our international airports. As part of the ongoing Traveller Modernization initiative, Enter-K will continue to introduce additional border-related features in the future, further improving the overall border experience. Simply download the latest version of the app from the online store before your arrival. There is also a web version of the app for those who are not comfortable using mobile devices.

① It allows travellers to declare customs in advance.
② More features will be added later.
③ Travellers can download it from the online store.
④ It only works on personal mobile devices.

13 Office of the Labor Commissioner에 관한 다음 글의 내용과 일치하는 것은?

Office of the Labor Commissioner (OLC) Responsibilities

The OLC is the principal labor regulatory agency for the state. The OLC is responsible for ensuring that minimum wage, prevailing wage, and overtime are paid to employees, and that employee break and lunch periods are provided. In addition, the OLC has authority over the employment of minors. It is the vision and mission of this office to resolve labor-related problems in an efficient, professional, and effective manner. This includes educating employers and employees regarding their rights and responsibilities under the law. The OLC takes enforcement action when necessary to ensure that workers are treated fairly and compensated for all time worked.

① It ensures that employees pay taxes properly.

② It has authority over employment of adult workers only.

③ It promotes employers' business opportunities.

④ It takes action when employees are unfairly treated.

14 다음 글의 주제로 가장 적절한 것은?

The Ministry of Food and Drug Safety warned that cases of food poisoning have occurred as a result of cross-contamination, where people touch eggs and neglect to wash their hands before preparing food or using utensils. To mitigate such risks, the ministry advised refrigerating eggs and ensuring they are thoroughly cooked until both the yolk and white are firm. Over the past five years, a staggering 7,400 people experienced food poisoning caused by Salmonella bacteria. Salmonella thrives in warm temperatures, with approximately 37 degrees Celsius being the optimal growth condition. Consuming raw or undercooked eggs and failing to separate raw and cooked foods were identified as the most common causes of Salmonella infection. It is crucial to prioritize food safety measures and adhere to proper cooking practices to minimize the risk of Salmonella-related illnesses.

① Benefits of consuming eggs to the immune system

② Different types of treatments for Salmonella infection

③ Life span of Salmonella bacteria in warm temperatures

④ Safe handling of eggs for the prevention of Salmonella infection

15 다음 글의 요지로 가장 적절한 것은?

Despite ongoing efforts to address educational disparities, the persistent achievement gap among students continues to highlight significant inequities in the education system. Recent data reveal that marginalized students, including those from low-income back grounds and vulnerable groups, continue to lag behind their peers in academic performance. The gap poses a challenge to achieving educational equity and social mobility. Experts emphasize the need for targeted interventions, equitable resource allocation, and inclusive policies to bridge this gap and ensure equal opportunities for all students, irrespective of their socioeconomic status or background. The issue of continued educational divide should be addressed at all levels of education system in an effort to find a solution.

① We should deal with persistent educational inequities.

② Educational experts need to focus on new school policies.

③ New teaching methods are necessary to bridge the achievement gap.

④ Family income should not be considered in the discussion of education.

16 다음 글의 흐름상 어색한 문장은?

Every parent or guardian of small children will have experienced the desperate urge to get out of the house and the magical restorative effect of even a short trip to the local park. ①There is probably more going on here than just letting off steam. ②The benefits for kids of getting into nature are huge, ranging from better academic performance to improved mood and focus. ③Outdoor activities make it difficult for them to spend quality time with their family. ④ Childhood experiences of nature can also boost environmentalism in adulthood. Having access to urban green spaces can play a role in children's social networks and friendships.

17 주어진 문장이 들어갈 위치로 가장 적절한 것은?

> In particular, in many urban counties, air pollution, as measured by the amount of total suspended particles, had reached dangerous levels.

> Economists Chay and Greenstone evaluated the value of cleaning up of air pollution after the Clean Air Act of 1970. (①) Before 1970, there was little federal regulation of air pollution, and the issue was not high on the agenda of state legislators. (②) As a result, many counties allowed factories to operate without any regulation on their pollution, and in several heavily industrialized counties, pollution had reached very high levels. (③) The Clean Air Act established guidelines for what constituted excessively high levels of five particularly dangerous pollutants. (④) Following the Act in 1970 and the 1977 amendment, there were improvements in air quality.

18 주어진 글 다음에 이어질 글의 순서로 가장 적절한 것은?

> Before anyone could witness what had happened, I shoved the loaves of bread up under my shirt, wrapped the hunting jacket tightly about me, and walked swiftly away.

> (A) When I dropped them on the table, my sister's hands reached to tear off a chunk, but I made her sit, forced my mother to join us at the table, and poured warm tea.
>
> (B) The heat of the bread burned into my skin, but I clutched it tighter, clinging to life. By the time I reached home, the loaves had cooled somewhat, but the insides were still warm.
>
> (C) I sliced the bread. We ate an entire loaf, slice by slice. It was good hearty bread, filled with raisins and nuts.

① (A) - (B) - (C)
② (B) - (A) - (C)
③ (B) - (C) - (A)
④ (C) - (A) - (B)

[19~20] 밑줄 친 부분에 들어갈 말로 가장 적절한 것을 고르시오.

19

Falling fertility rates are projected to result in shrinking populations for nearly every country by the end of the century. The global fertility rate was 4.7 in 1950, but it dropped by nearly half to 2.4 in 2017. It is expected to fall below 1.7 by 2100. As a result, some researchers predict that the number of people on the planet would peak at 9.7 billion around 2064 before falling down to 8.8 billion by the century's end. This transition will also lead to a significant aging of populations, with as many people reaching 80 years old as there are being born. Such a demographic shift _____, including taxation, healthcare for the elderly, caregiving responsibilities, and retirement. To ensure a "soft landing" into a new demographic landscape, researchers emphasize the need for careful management of the transition.

① raises concerns about future challenges

② mitigates the inverted age structure phenomenon

③ compensates for the reduced marriage rate issue

④ provides immediate solutions to resolve the problems

20

Many listeners blame a speaker for their inattention by thinking to themselves: "Who could listen to such a character? Will he ever stop reading from his notes?" The good listener reacts differently. He may well look at the speaker and think, "This man is incompetent. Seems like almost anyone would be able to talk better than that." But from this initial similarity he moves on to a different conclusion, thinking "But wait a minute. I'm not interested in his personality or delivery. I want to find out what he knows. Does this man know some things that I need to know?" Essentially, we "listen with our own experience." Is the speaker to be held responsible because we are poorly equipped to comprehend his message? We cannot understand everything we hear, but one sure way to raise the level of our understanding is to _____.

① ignore what the speaker knows

② analyze the character of a speaker

③ assume the responsibility which is inherently ours

④ focus on the speaker's competency of speech delivery

영 어

제2차

정답 및 해설 31p |

[01~03] 밑줄 친 부분에 들어갈 말로 가장 적절한 것을 고르시오.

01

In order to exhibit a large mural, the museum curators had to make sure they had _____ space.

① cozy   ② stuffy

③ ample   ④ cramped

02

Even though there are many problems that have to be solved, I want to emphasize that the safety of our citizens is our top _____.

① secret   ② priority

③ solution   ④ opportunity

03

Overpopulation may have played a key role: too much exploitation of the rain-forest ecosystem, on which the Maya depended for food, as well as water shortages, seems to _____ the collapse.

① contribute to

② be contributed to

③ have contributed to

④ have been contributed to

[04~05] 밑줄 친 부분 중 어법상 옳지 않은 것을 고르시오.

04

It seems to me that any international organization ①designed to keep the peace must have the power not merely to talk ②but also to act. Indeed, I see this ③as the central theme of any progress towards an international community ④which war is avoided not by chance but by design.

05

We have already ①arrived in a digitized world. Digitization affects not only traditional IT companies, but companies across the board, in all sectors. New and changed business models ②are emerged: cars ③are being shared via apps, languages learned online, and music streamed. But industry is changing too: 3D printers make parts for machines, robots assemble them, and entire factories are intelligently ④connected with one another.

[06~07] 밑줄 친 부분에 들어갈 말로 가장 적절한 것을 고르시오.

06

Tim Jones
Hi, I'm interested in renting one of your meeting rooms.
3:10 pm

Jane Baker

Thank you for your interest. We have several spaces available depending on the size of your meeting We can accommodate groups of 5 to 20 people.
3:11 pm

Tim Jones
That sounds great. We need a room for 17, and the meeting is scheduled for next month.
3:13 pm

Jane Baker

_____
3:14 pm

Tim Jones

Tme meeting is going to be on Monday, July 15th. Do you have a meeting room available for that day?
3:15 pm

Jane Baker

Yes, we do. I can reserve the space for you and send you a confirmation email with all the details.
3:17 pm

① Could I have your contact information?

② Can you tell me the exact date of your meeting?

③ Do you need a beam projector or a copy machine?

④ How many people are going to attend the meeting?

07

A: What do you think of this bicycle?

B: Wow, it looks very nice! Did you just get it?

A: No, this is a shared bike. The city launched a bike sharing service.

B: Really? How does it work? I mean, how do I use that service?

A: It's easy. _____.

B: It doesn't sound complicated. Maybe I'll try it this weekend.

A: By the way, it's an electric bicycle.

B: Yes, I can tell. It looks cool.

① You can save energy because it's electric

② Just apply for a permit to park your own bike

③ Just download the bike sharing app and pay online

④ You must wear a helmet at all times for your safety

[08~09] 다음 글을 읽고 물음에 답하시오.

Agricultural Marketing Office

—

Mission
We administer programs that create domestic and international marketing opportunities for national producers of food, fiber, and specialty crops. We also provide the agriculture industry with valuable services to ensure the quality and availability of wholesome food for consumers across the country and around the world.

Vision
We facilitate the strategic marketing of national agricultural products in domestic and international markets while ensuring <u>fair</u> trading practices and promoting a competitive and efficient marketplace to the benefit of producers, traders, and consumers of national food, fiber, and specialty crops.

Core Values
• Honesty & Integrity: We expect and require complete honesty and integrity in all we do.
• Independence & Objectivity: We act independently and objectively to create trust in our programs and services.

08 윗글에서 Agricultural Marketing Office에 관한 내용과 일치하는 것은?

① It creates marketing opportunities for domestic producers.
② It limits wholesome food consumption around the world.
③ It is committed to benefiting consumers over producers.
④ It receives mandates from other agencies before making decisions.

09 밑줄 친 fair의 의미와 가장 가까운 것은?

① free   ② mutual
③ profitable   ④ impartial

[10~11] 다음 글을 읽고 물음에 답하시오.

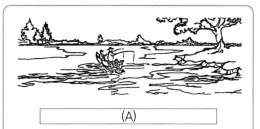

(A)

As a close neighbor, you will want to learn how to save your lake.

While it isn't dead yet, Lake Dimmesdale is heading toward this end. So pay your respects to this beautiful body of water while it is still alive.

Some dedicated people are working to save it now. They are having a special

meeting to tell you about it. Come learn what is being done and how you can help. This affects your property value as well.

Who wants to live near a dead lake?

Sponsored by Central State Regional Planning Council

- Location: Green City Park Opposite Southern State College (in case of rain: College Library Room 203)
- Date: Saturday, July 6, 2024
- Time: 2:00 p.m.

For any questions about the meeting, please visit our website at www.planningcouncilsavelake.org or contact our office at (432) 345-6789.

10 (A)에 들어갈 윗글의 제목으로 가장 적절한 것은?

① Lake Dimmesdale Is Dying
② Praise to the Lake's Beauty
③ Cultural Value of Lake Dimmesdale
④ Significance of the Lake to the College

11 위 안내문의 내용과 일치하지 않는 것은?

① 호수를 살리기 위해 노력하는 사람들이 있다.
② 호수를 위한 활동이 주민들의 재산에 영향을 미친다.
③ 우천 시에는 대학의 구내식당에서 회의가 열린다.
④ 웹사이트 방문이나 전화로 회의에 관해 질문할 수 있다.

12 다음 글의 목적으로 가장 적절한 것은?

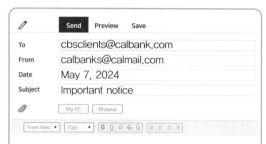

Dear Valued Clients,

In today's world, cybercrime poses a serious threat to your security. As your trusted partner, we want to help you protect your personal and business information. Here are five easy ways to safeguard yourself from cyber threats:

1. Use strong passwords and change them frequently.
2. Keep your software and devices up to date.
3. Be wary of suspicious emails, links, or telephone calls that pressure you to act quickly or give out sensitive information.
4. Enable Two Factor authentication and use it whenever possible. When contacting California Bank & Savings, you will be asked to use a One Time Passcode (OTP) to verify your identity.
5. Back up your data regularly.

Visit our Security Center to learn more about how you can stay safe online. Remember, cybersecurity is a team effort. By working together, environment for ourselves and the world.

Sincerely,

California Bank & Savings

① to inform clients of how to keep themselves safe from cyber threats

② to inform clients of how to update their software and devices

③ to inform clients of how to make their passwords stronger

④ to inform clients of how to safeguard their OTPs

① evaluation of sustainability of global ecosystems

② successful training projects of Russian astronauts

③ animal experiments conducted in the orbiting outpost

④ innovative wildlife monitoring from the space station

13 다음 글의 주제로 가장 적절한 것은?

The International Space Station, orbiting some 240 miles above the planet, is about to join the effort to monitor the world's wildlife — and to revolutionize the science of animal tracking. A large antenna and other equipment aboard the orbiting outpost, installed by spacewalking Russian astronauts in 2018, are being tested and will become fully operational this summer. The system will relay a much wider range of data than previous tracking technologies, logging not just an animal's location but also its physiology and environment. This will assist scientists, conservationists and others whose work requires close monitoring of wildlife on the move and provide much more detailed information on the health of the world's ecosystems.

14 다음 글의 내용과 일치하지 <u>않는</u> 것은?

The David Williams Library and Museum is open 7 days a week, from 9:00 a.m. to 5:00 p.m. (NOV−MAR) and 9:00 a.m. to 6:00 p.m. (APR−OCT). Online tickets may be purchased at the link below. You will receive an email confirmation after making a purchase (be sure to check your SPAM folder). Bring this confirmation—printed or on smart device—as proof of purchase.

• Online tickets: buy.davidwilliams. com/events

The David Williams Library and Museum and the Home of David Williams (operated by the National Heritage Service) offer separate $10.00 adult admission tickets. Tickets for tours of the Home may be purchased on-site during normal business hours.

• CLOSED: Thanksgiving, Christmas and New Year's Day

There is no charge for conducting research in the David Williams Library research room.

For additional information, call 1 (800) 333-7777.

① The Library and Museum closes at 5:00 p.m. in December.
② Visitors can buy tour tickets for the Home on-site.
③ The Home of David Williams is open all year round.
④ One can do research in the Library research room for free.

15 다음 글의 요지로 가장 적절한 것은?

Animal Health Emergencies

Preparedness for animal disease outbreaks has been a top priority for the Board of Animal Health (BOAH) for decades. A highly contagious animal disease event may have economically devastating effects as well as public health or food safety and security consequences.

Foreign Animal Diseases

A foreign animal disease (FAD) is a disease that is not currently found in the country, and could cause significant illness or death in animals or cause extensive economic harm by eliminating trading opportunities with other countries and states.

Several BOAH veterinarians who are trained in diagnosing FADs are available 24 hours a day to investigate suspected cases of a FAD. An investigation is triggered when report of animals with clinical signs indicative of a FAD is received or when diagnostic laboratory identifies a suspicious test result.

① BOAH focuses on training veterinarians for FADs.
② BOAH's main goal is to respond to animal disease epidemic.
③ BOAH actively promotes international trade opportunities.
④ BOAH aims to lead laboratory research on the causes of FADs.

16 다음 글의 흐름상 어색한 문장은?

A very common type of writing task—one that appears in every academic discipline—is a reaction or response. ①In a reaction essay, the writer is usually given a "prompt"—a visual or written stimulus — to think about and then respond to. ② It is very important to gather reliable facts so that you can defend your argument effectively. ③Common prompts or stimuli for this type of writing include quotes, pieces of literature, photos, paintings, multimedia presentations, and news events. ④A reaction focuses on the writer's feelings, opinions, and personal observations about the particular prompt. Your task in writing a reaction essay is twofold: to briefly summarize the prompt and to give your personal reaction to it.

17 주어진 문장이 들어갈 위치로 가장 적절한 것은?

For others, activism is controversial and disruptive; after all, it often manifests as confrontational activity that directly challenges the order of things.

Activism is frequently defined as intentional, vigorous or energetic action that individuals and groups practice to bring about a desired goal. (①) For some, activism is a theoretically or ideologically focused project intended to effect a perceived need for political or social change. (②) Activism is uncomfortable, sometimes messy, and almost always strenuous. (③) In addition, it does not occur without the presence and commitment of activists, that is, folks who develop workable strategies, focus a collective spotlight onto particular issues, and ultimately move people into action. (④) As a noted scholar suggests, effective activists also make noise, sometimes loudly.

18 주어진 글 다음에 이어질 글의 순서로 가장 적절한 것은?

Nick started a fire with some chunks of pine he got with the ax from a stump. Over the fire he stuck a wire grill, pushing the four legs down into the ground with his boot.

(A) They began to bubble, making little bubbles that rose with difficulty to the surface. There was a good smell. Nick got out a bottle of tomato ketchup and cut four slices of bread.

(B) The little bubbles were coming faster now. Nick sat down beside the fire and lifted the frying pan off.

(C) Nick put the frying pan on the grill over the flames. He was hungrier. The beans and spaghetti warmed. He stirred them and mixed them together.

① (B) − (A) − (C)
② (B) − (C) − (A)
③ (C) − (A) − (B)
④ (C) − (B) − (A)

[19~20] 밑줄 친 부분에 들어갈 말로 가장 적절한 것을 고르시오.

19

Technological progress can destroy jobs in a single industry such as textiles. However, historical evidence shows that technological progress does not produce unemployment in a country as a whole. Technological progress increases productivity and incomes in the overall economy, and higher incomes lead to higher demand for goods and thus _____.
As a result, workers who lose jobs in one industry will be able to find jobs in others, although for many of them this might take time and some of them, like the Luddites, will end up with lower wages in their new jobs.

① increased job losses

② delayed promotion at work

③ greater work satisfaction

④ higher demand for labor

20

There is no substitute for oil, which is one reason _____, taking the global economy along with it. While we can generate electricity through coal or natural gas, nuclear or renewables — switching from source to source, according to price—oil remains by far the predominant fuel for transportation. When the global economy heats up, demand for oil rises, boosting the price and encouraging producers to pump more. Inevitably, those high prices eat into economic growth and reduce demand just as suppliers are overproducing. Prices crash, and the cycle starts all over again. That's bad for producers, who can be left holding the bag when prices plummet, and it hurts consumers and industries uncertain about future energy prices. Low oil prices in the 1990s lulled U.S. auto companies into disastrous complacency; they had few efficient models available when oil turned expensive.

① the automobile industry thrives

② it creates disruptions between borders

③ it is prone to big booms and deep busts

④ the research on renewable energy is limited

제1차

정답 및 해설

정답

01 ①	02 ②	03 ④	04 ①	05 ①
06 ④	07 ③	08 ③	09 ②	10 ②
11 ③	12 ④	13 ④	14 ④	15 ①
16 ③	17 ①	18 ②	19 ①	20 ③

해설

01 ①

[정답해설] 전 세계에서 관찰되고 있는 날씨 패턴이 '이상 기후 (abnormal climate)'에 해당하므로, 날씨가 변화무쌍하고 불규칙적이라는 의미가 되어야 한다. 그러므로 빈칸에는 'irregular(불규칙적인)'가 들어갈 말로 가장 적절하다.

[오답해설] ② 지속적인
③ 예측할 수 있는
④ 비효과적인

[핵심어휘] □ refer to 언급하다, 지칭하다
□ abnormal 비정상적인
□ irregular 고르지 못한, 불규칙적인
□ consistent 지속적인, 한결같은
□ predictable 예측[예언]할 수 있는
□ ineffective 효과 없는, 비효과적인

[본문해석] 최근, 흔히 "이상 기후"라고 불리는 점점 더 불규칙한 날씨 패턴이 전 세계에서 관찰되고 있다.

02 ②

[정답해설] 주어진 문장이 역접의 접속부사 'however(그러나)'로 연결되어 앞뒤의 내용이 상반되므로, 빈칸에는 글의 내용상 감정(emotions)에 반대되는 말이 와야 한다. 그러므로 빈칸에는 'rational(이성적인)'이 들어갈 말로 가장 적절하다.

[오답해설] ① 일시적인
③ 자발적인
④ 상업적인

[핵심어휘] □ assume 가정하다, 추정하다
□ on a basis ~의 근거에 따라
□ account for 설명하다
□ temporary 임시의, 일시적인

□ rational 합리적인, 이성적인
□ voluntary 자발적인, 자원봉사의
□ commercial 상업의, 상업적인

[본문해석] 대부분의 경제 이론들은 사람들이 <u>이성적인</u> 근거에 따라 행동한다고 추정하지만, 그러나 이는 그들이 종종 감정에 대신 의존한다는 사실을 설명하지 못한다.

03 ④

[정답해설] 주절의 시제가 'will have acquired'로 미래완료이고, 종속절이 때나 조건의 부사절이므로 현재가 미래를 대용한다. 그러므로 빈칸에는 3인칭 단수 현재 시제의 동사인 'finishes'를 사용하는 것이 적절하다.

[오답해설] ①·③ 주절의 시제가 미래완료이지만, 때나 조건의 부사절은 현재가 미래를 대용하므로 종속절에 미래 또는 미래완료 시제를 사용하는 것은 적절하지 못하다.
② 'finish'가 의미상 '완료'의 의미이므로, '진행'이나 '계속'을 나타내는 현재 진행형 시제인 'is finishing'의 사용은 적절하지 못하다.

[핵심어휘] □ by the time ~때쯤, ~무렵
□ degree 학위
□ valuable, 소중한, 귀중한
□ field 분야

[본문해석] 학위를 <u>마칠</u> 때쯤이면, 그녀는 자신의 연구 분야에서 귀중한 지식을 습득하게 될 것이다.

04 ①

[정답해설] are → is
종속절을 이끄는 접속사 that의 주어가 knowledge이므로 be동사의 형태는 3인칭 단수 현재 시제인 'is'가 적절하다. 그러므로 ①의 'are'는 'is'로 고쳐 써야 옳다.

[오답해설] ② 동사 'help'는 목적격 보어로 'to부정사' 또는 '원형부정사'를 취하므로 원형부정사 형태인 'become'을 사용한 것은 적절하다.
③ 현재완료 시제인 'have worked'에서 'have'는 조동사이고 'worked'는 일반동사이므로 부사 'all'이 그 사이에 위치한 것은 적절하다.
④ 'have difficulty (in) ~ ing(~하는 데 어려움을 겪다)' 구문이므로 'communicating'의 형태는 적절하다.

[핵심어휘] □ conclude 결론짓다, 결론을 내리다
□ sufficient 충분한, 족한

□ competent 능숙한, 만족할 만한

□ structurally 구조상, 구조적으로

[본문해석] 음성 체계, 단어 패턴, 문장 구조에 대한 지식이 학생이 어떤 언어에 능숙하도록 돕는데 충분하다고 결론지을 수도 있다. 그러나 우리 모두 영어를 구조적으로 이해하는 언어 학습자들과 함께 연구해왔지만 여전히 의사소통에 어려움을 겪는다.

05 ①

[정답해설] to have → to having

글의 내용상 '~에 익숙해지다'의 의미인 'get used to ~ing' 구문을 사용해야 한다. 이때 'to'가 전치사이므로 뒤에는 동명사 형태가 와야 하고, 따라서 'to have'를 'to having'으로 고쳐 써야 옳다.

[오답해설] ② all, some, both, each 등의 부분을 나타내는 말과 함께 사용된 'of + 목적격 관계대명사' 구문이다. 선행사가 앞의 'so many people'로 '사람'이므로 목적격 관계대명사 'whom'을 사용한 것은 적절하다.

③ 'spread out'이 '퍼져 있는'의 뜻으로 앞의 '18 million people'을 수식하고, 수동의 의미를 지니므로 과거분사를 사용해야 한다. 그런데 동사 'spread'는 기본형과 과거, 과거분사의 형태가 모두 동일한 'A-A-A'형 불규칙 동사이므로 'spread out'은 옳게 사용되었다.

④ 'the state of Massachusetts' 뒤에 쓰인 'alone'은 형용사로 명사 또는 대명사 뒤에 쓰여 특정한 것 하나만을 가리킬 때 사용된다. 그러므로 해당 문장에서 'alone'의 위치가 옳게 사용되었다.

[핵심어휘] □ take a while to ~하는데 시간이 걸리다

□ get used to ~ing ~에 익숙해지다

□ spread out 떨어져 나가다, 더 널리 퍼지다

□ entire 전체의, 전역의

□ compared to ~와 비교하여

[본문해석] 차와 교통 체증은 말할 것도 없고, 그녀는 한 장소에서 모두가 그렇게 분주하게 움직이는 너무나 많은 사람들에 익숙해지는데 시간이 좀 걸렸다고 말했다. 그녀는 "매사추세츠 주 한 곳에만 600만 명 이상의 사람들이 있는 것과 비교하면, 호주에는 나라 전체에 퍼져 있는 사람들이 겨우 1,800만 명에 불과하다."고 말했다.

06 ④

[정답해설] 비행기 티켓을 예매하기 위한 대화 내용으로, B가 선호하는 좌석을 A에게 묻고 있으므로 통로 쪽 좌석을 원한다(Yes, I want an aisle seat.)는 ④의 내용이 빈칸에 들어갈 말로 가장 적절하다.

[오답해설] ① 네. 비즈니스석으로 업그레이드하고 싶습니다. → A가 이코노미석이면 충분하다고 하였으므로 틀린 내용임

② 아니요. 편도 티켓을 구매하고 싶습니다. → A가 5월 2일에 출발해서 5월 14일에 돌아올 계획이라고 밝히고 있으므로 왕복 티켓을 구매하고 있음을 알 수 있음

③ 아니요. 수하물은 없습니다. → 수하물에 관한 사항은 대화 내용에 나타나 있지 않음

[핵심어휘] □ book 예약하다

□ have ~ in mind ~을 염두해 두다

□ preference 선호

□ one-way 편도

□ luggage 가방, 수하물

□ aisle 통로, 복도

[본문해석] A: 안녕하세요. 서울발 오클랜드행 비행기를 예약하고 싶은데요.

B: 알겠습니다. 생각하고 계신 특정 날짜가 있으신가요?

A: 네. 저는 5월 2일에 출발해서 5월 14일에 돌아올 계획입니다.

B: 네, 고객님 일정에 맞는 것을 하나 찾았습니다. 어떤 등급으로 예약하시겠어요?

A: 저는 이코노미석이면 충분합니다.

B: 원하시는 좌석이 있으신가요?

A: 네. 저는 통로 쪽 좌석을 원합니다.

B: 알겠습니다. 고객님의 비행편이 지금 예약되었습니다.

07 ③

[정답해설] 워크숍 참석 여부와 좌석 예약 방법에 대한 메신저 내용이다. 워크숍에 참석하고 싶다면 좌석을 예약하라는 Kate Anderson의 말에 Jim Henson이 어떻게 하면 되는지 그 방법을 묻고 있으므로, ③의 'Follow the instructions on the bulletin board.(게시판의 지침을 따르세요.)'가 빈칸에 들어갈 말로 가장 적절하다.

[오답해설] ① 노트북을 가지고 와야 합니다. → 예약하는 방법을 묻고 있으므로 준비물에 대한 내용과는 관련 없음

② 이미 예약을 했습니다. → 예약에 대한 확인 여부가 아니라 예약하는 방법에 대한 설명이 와야 함

④ 예약을 하려면 병원에 전화를 해야 합니다. → 병원 진료 예약이 아니라 워크숍에 참석하기 위한 좌석 예약 방법을 묻고 있음

[핵심어휘] □ doctor's appointment 진료[진찰] 예약

□ improve 개선하다, 향상시키다

□ reserve 예약하다

□ laptop 노트북

□ reservation 예약

□ instruction 설명, 지시, 지침

□ bulletin board 게시판

[본문해석] Kate Anderson: 다음 주 금요일에 워크숍에 오시나요?

Jim Henson: 잘 모르겠어요. 그날 진료 예약이 있어서요.

Kate Anderson: 오셔야 합니다! 그 워크숍은 우리의 업무 효율을 향상시킬 수 있는 인공지능 도구에 관한 것입니다.

Jim Henson: 와, 주제가 정말 흥미롭게 들리네요!

Kate Anderson: 맞아요. 하지만 워크숍에 참석하고 싶다면 좌석을 예약해야 하는 것을 잊지 마세요.

Jim Henson: 어떻게 하면 되죠?

Kate Anderson: 게시판의 지침을 따르세요.

08 ③

[정답해설] 글의 서두에서 새로운 스포츠 경기장에서 발생하는 소음 수준에 대한 우려와 불만을 전달하기 위해 이 편지를 쓴다고 이메일의 목적을 구체적으로 밝히고 있다. 그러므로 윗글을 쓴 목적은 ③의 '인근 스포츠 시설의 소음에 대한 조치를 요청하려고'가 가장 적절하다.

[오답해설] ① 체육대회 소음에 대해 주민들의 양해를 구하려고 → 항의의 주체가 주민이며, 그 대상은 인근의 새로 생긴 스포츠 경기장에서 발생하는 소음임

② 새로 이사 온 이웃 주민의 소음에 대해 항의하려고 → 이웃 주민이 아니라 새로 생긴 스포츠 경기장 소음에 항의하기 위한 이메일임

④ 밤시간 악기 연주와 같은 소음의 차단을 부탁하려고 → 소음 공해에 대한 조치를 요청하고 있지만, 밤시간 악기 연주의 소음 차단이 아님

[핵심어휘] □ district office 구청, 군청, 지점

□ excessive 과도한, 지나친

□ neighborhood 이웃, 인근, 동네

□ to whom it may concern 관계자 제위, 관계자에게

□ concern 근심, 걱정, 우려

□ frustration 좌절, 불만

□ specifically 분명히, 특별히, 구체적으로 말하면

□ resident 거주자

□ appreciate 고마워하다, 감사하다

□ disturbance 방해, 소란, 장애

□ significantly 상당히, 중요하게

□ whistle 호각 소리

□ impact 충돌하다, 영향을 주다

□ look into 조사하다, 주의 깊게 살피다

□ appropriate 적절한, 타당한

□ take steps 조치를 취하다

□ address 해결하다, 해소하다

□ tranquility 평온, 평정

□ sincerely 정말로, 진심으로 cf) Yours sincerely 올림

[본문해석] 수신자: Clifton 군청

발신자: Rachael Beasley

날짜: 6월 7일

제목: 우리 동네의 과도한 소음

관계당사자 분께

이 이메일이 귀하에게 잘 도착하기를 바랍니다. 우리 동네, 구체적으로 말하면 새로운 스포츠 경기장에서 발생하는 소음 수준에 대한 우려와 불만을 전달하기 위해 이 편지를 씁니다.

Clifton 지역 주민으로서, 저는 항상 우리 지역 사회의 평화에 감사해 왔습니다. 하지만, 계속되는 소음 공해로 인해 우리 가족의 안녕과 전반적인 삶의 질에 큰 영향을 미치고 있습니다. 소음의 원인은 관중의 환호, 선수들의 외침, 호각 소리, 그리고 공에 의한 충격 등입니다.

이 문제를 살펴보시고 소음 공해를 해결하기 위해 적절한 조치를 취해 주시기를 정중히 요청합니다. 이 문제에 관심을 가져주셔서 감사드리며, 우리 동네의 평온을 회복하기 위한 신속한 대응에 감사드립니다.

Rachale Beasley 올림

09 ②

[정답해설] 'step'은 '계단'이라는 뜻 외에 '필요한 대책을 세워 행하다'는 의미의 '조치'라는 뜻으로도 사용된다. 해당 문장에서도 'take steps'은 '조치하다'라는 의미로 사용되어, 글쓴이가 소음 공해를 해결하기 위해 적절한 조치를 취해 달라고 요청하고 있다. ②의 'actions'가 '조치'라는 뜻의 'steps'와 그 의미가 가장 유사하다.

[오답해설] ① 운동

③ 수준

④ 계단

10 ②

[정답해설] 글의 서두에서 곧 있을 지역 사회의 연례행사인 City Harbour Festival의 개최를 축하하고 있으므로, (A)에 들어갈 윗글의 제목으로는 ②의 'Celebrate Our Vibrant Community Events(활기찬 지역 행사 축하하기)'가 가장 적절하다.

[오답해설] ① 지역 사회를 위한 안전 규정 만들기 → 지역 사회의 축제를 소개하고 있을 뿐 안전 규정과는 관련이 없음

③ 신나는 해양 경험을 계획하기 → 해양 경험과 활동에 대한 사항이 아니라 지역 사회의 축제에 대한 소개임

④ 우리 도시의 유산을 되살리기 → 지역 사회의 공동 유산을 기념하기 위한 연례행사를 소개하고 있으나, 도

시의 유산을 되살리자는 내용은 언급되어 있지 않음

[핵심어휘] □ upcoming 다가오는, 곧 있을

□ annual 매년의, 일 년에 한 번의

□ diverse 다양한, 여러 가지의

□ heritage 유산

□ surrounding 인근의, 주위의

□ theatrical performance 연극

□ multiple 많은, 여러, 다수의

□ feast 연회, 축제일

□ cuisine 요리, 음식

□ regulation 규정, 규율, 규제

□ vibrant 활기찬, 힘찬

□ maritime 해양의, 바다의

□ recreate 되살리다, 재현하다

[본문해석] 공동 유산, 문화, 그리고 지역 재능을 기념하기 위해 우리의 다양한 지역 공동체를 화합하게 하는 연례행사인 곧 있을 City Harbour Festival을 발표하게 되어 기쁩니다. 달력에 표시하시고 신나는 주말을 보내기 위해 우리와 함께 하세요!

세부사항

• 날짜 : 6월 16일(금요일) ~ 6월 18일(일요일)

• 시간 : 오전 10:00 ~ 오후 8:00(금 · 토요일)

　　　　오전 10:00 ~ 오후 6:00(일요일)

• 장소 : 시티하버파크, 메인스트리트, 주변 지역

하이라이트

• 라이브 공연

축제장 곳곳의 여러 무대에서 다양한 라이브 음악, 춤, 연극 공연을 즐기실 수 있습니다.

• 푸드트럭

무료 시식뿐만 아니라 다양하고 맛있는 요리를 제공하는 여러 엄선된 푸드 트럭에서 만찬을 즐기세요.

행사 및 활동의 전체 일정은 당사 홈페이지(www.cityharbourfestival.org)를 방문하시거나 (552) 234-5678 번호로 축제 사무실에 문의하시기 바랍니다.

11 ③

[정답해설] 푸드트럭에서 무료 시식을 제공하고 있으나, 무료로 요리 강습이 진행되는 행사 내용은 윗글에 언급되어 있지 않다. 그러므로 '주요 행사로 무료 요리 강습이 진행된다.'는 ③의 설명은 윗글의 내용과 일치하지 않는다.

[오답해설] ① 일 년에 한 번 개최된다. → 다양한 지역 공동체를 화합하게 하는 연례행사라고 소개하고 있음

② 일요일에는 오후 6시까지 열린다. → 세부사항의 '시간'에서 일요일은 '오전 10:00 ~ 오후 6:00'까지

임을 알 수 있음

④ 웹사이트나 전화 문의를 통해 행사 일정을 알 수 있다. → 행사의 전체 일정은 당사 웹사이트를 방문하거나 축제 사무실에 전화로 문의하라고 안내되어 있음

12 ④

[정답해설] 제시문의 마지막 문장에서 모바일 기기 사용이 불편한 분들을 위한 웹 버전의 앱도 또한 있다고 설명하고 있다. 그러므로 '개인용 모바일 기기에서만 작동한다.'는 ④의 설명은 윗글의 내용과 일치하지 않는다.

[오답해설] ① 여행객이 미리 세관 신고를 할 수 있도록 해준다. → Enter-K가 제공하는 주요 기능 중의 하나는 사전 신고로, 여행객에게 미리 세관 신고서를 제출할 수 있는 옵션을 제공함

② 더 많은 기능이 향후 추가될 것이다. → Enter-K가 향후에도 국경 관련 추가 기능을 계속 도입하여 전반적인 국경 체험을 더욱 향상시킬 것이라고 설명함

③ 여행객은 온라인 상점에서 그것을 다운로드 할 수 있다. → 도착하기 전에 온라인 상점에서 최신 버전의 앱을 단지 다운로드하기만 하면 된다고 언급되어 있음

[핵심어휘] □ customs declaration 세관 신고

□ notable 주목할 만한, 주요한

□ feature 특징, 특색

□ the Advance Declaration 사전 신고

□ submit 제출하다

□ in advance 미리, 사전에

□ modernization 현대화, 근대화

□ initiative 계획, 착수

□ additional 부가적인, 추가적인

□ device 장치, 기기, 기구

[본문해석] 세관 신고를 위해 신규 Enter-K 앱을 사용하세요.

공항에 도착하자마자 신규 Enter-K 앱을 사용하세요. Enter-K가 제공하는 주요 기능 중의 하나는 사전 신고인데, 이는 여행객에게 미리 세관 신고서를 제출할 수 있는 옵션을 제공하여 모든 국제공항에서 시간을 절약할 수 있도록 해줍니다. 현재 진행 중인 여행객 현대화 계획의 일환으로 Enter-K는 향후에도 국경 관련 추가 기능을 계속 도입하여 전반적인 국경 체험을 더욱 향상시킬 것입니다. 도착하기 전에 온라인 상점에서 최신 버전의 앱을 단지 다운로드하기만 하면 됩니다. 모바일 기기 사용이 불편한 분들을 위한 웹 버전의 앱도 또한 있습니다.

13 ④

[정답해설] 제시문의 마지막 문장에서 OLC는 근로자들이 공정하게 대우받고 근무한 모든 시간에 대해 보상받는 것을 보장하기 위해 필요 시 강제 조치를 취한다고 서술되어 있다. 그러므로 '직원들이 부당한 대우를 받았을 때 조치를 취한다.'는 ④의 설명은 제시문의 내용과 일치한다.

[오답해설] ① 직원들이 세금을 제대로 납부하도록 보장한다. → 본문에 직원들의 세금 납부에 대한 언급은 없음

② 성인 근로자의 고용에 대한 권한만을 갖는다. → OLC는 성인 근로자뿐만 아니라 미성년자의 고용에 대한 권한도 가지고 있음

③ 고용주의 사업 기회를 촉진한다. → OLC는 노동 규제 기관으로 고용주가 아닌 노동자를 위한 단체임

[핵심어휘] □ labor 노역, 노동
□ commissioner 위원, 장관
□ responsibility 책임, 의무, 맡은 일(업무)
□ principal 주요한, 주된
□ regulatory 규제하는, 단속하는
□ agency 기관, 단체
□ minimum wage 최저 임금
□ prevailing wage 일반 직종별 임금
□ overtime 초과 근무 (수당), 야근 (수당)
□ employee 종업원, 직원
□ authority 권한, 권위
□ minor 미성년자
□ resolve 풀다, 해결하다
□ efficient 효율적인, 능률적인
□ enforcement 강제, 시행, 집행
□ take action 조치를 취하다
□ compensate 갚다, 보상하다
□ properly 적절하게, 알맞게
□ unfairly 불공평하게, 부당하게

[본문해석] 노동 위원회 사무국

노동 위원회 사무국(OLC)의 업무

OLC는 주(州)의 주요 노동 규제 기관입니다. OLC는 최저 임금, 일반 직종별 임금 및 초과 근무 수당이 직원들에게 지급되고 직원 휴식 및 점심시간이 제공되도록 보장할 책임이 있습니다. 또한, OLC는 미성년자의 고용에 대한 권한도 가지고 있습니다. 노동 관련 문제를 능률적이고 전문적이며 효과적인 방식으로 해결하는 것이 이 사무국의 비전이자 임무입니다. 이것은 법에 따른 그들의 권리와 책임에 관해 고용주와 직원들을 교육하는 것을 포함합니다. OLC는 근로자들이 공정하게 대우받고 근무한 모든 시간에 대해 보상받는 것을 보장하기 위해 필요 시 강제 조치를 취합니다.

14 ④

[정답해설] 제시문은 날계란이나 설익은 계란을 섭취하고 익히지 않은 음식과 조리된 음식을 분리하지 않는 등 살모넬라균 감염의 원인을 설명하고, 이런 위험을 최소화하기 위해 식품 안전 조치와 적절한 요리법을 지킬 것을 당부하고 있다. 그러므로 ④의 '살모넬라균 감염 예방을 위한 계란의 안전한 처리'가 윗글의 주제로 가장 적절하다.

[오답해설] ① 계란 섭취가 면역계에 미치는 이점 → 살모넬라균에 감염되지 않고 계란을 섭취하는 방법에 대해 설명하고 있으나, 계란 섭취가 면역계에 어떠한 이점이 있는지에 대한 언급은 없음

② 다양한 종류의 살모넬라균 감염 치료제 → 살모넬라균 감염을 최소화하는 방법에 대한 설명은 있으나, 감염 치료제에 대한 언급은 없음

③ 따뜻한 온도에서의 살모넬라균의 수명 → 살모넬라균의 최적 성장 조건만 언급되어 있으며 구체적인 수명에 대한 언급은 없음

[핵심어휘] □ the Ministry of Food and Drug Safety 식품의약품안전처
□ food poisoning 식중독
□ cross-contamination 교차오염
□ neglect 방치하다, 소홀히 하다
□ utensil 식기, 도구
□ mitigate 완화[경감]시키다, 줄이다
□ refrigerate 냉장하다, 냉장고에 보관하다
□ the yolk and white 노른자와 흰자
□ staggering 충격적인, 믿기 어려운
□ Salmonella bacteria 살모넬라균
□ thrive 성장하다, 자라다
□ approximately 약, 대략
□ Celsius 섭씨
□ optimal 최적의
□ consume 먹다, 소모하다, 섭취하다
□ raw 날것의, 익히지 않은
□ undercooked 설익은, 덜익은
□ identify 확인하다, 알아보다
□ infection 감염, 전염병
□ crucial 중대한, 결정적인
□ prioritize 우선시하다, 우선순위를 매기다
□ adhere to ~을 고수하다, 지키다
□ immune 면역
□ life span 수명

[본문해석] 식품의약품안전처는 계란을 만지고 음식을 준비하거나 식기를 사용하기 전에 손 씻기를 소홀히 하는 교차오염의 결과로 식중독 사례가 발생했다고 경고했다. 이러

한 위험을 줄이기 위해 해당 부처는 계란을 냉장 보관하고 노른자와 흰자가 모두 굳을 때까지 완전히 익힐 것을 권고했다. 지난 5년 동안 충격적이게도 7,400명의 사람들이 살모넬라균에 의한 식중독을 경험했다. 살모넬라균은 따뜻한 온도에서 번성하며, 대략 섭씨 37도가 최적의 성장 조건이다. 날계란이나 설익은 계란을 섭취하고 익히지 않은 음식과 조리된 음식을 분리하지 않는 것이 살모넬라균 감염의 가장 흔한 원인으로 확인되었다. 살모넬라균과 관련된 질병의 위험을 최소화하기 위해 식품 안전 조치를 우선시하고 적절한 요리법을 지키는 것이 중요하다.

15 ①

[정답해설] 글의 서두에서 교육 불균형을 해소하기 위한 지속적인 노력에도 불구하고 학생들 사이의 학업 격차는 교육 시스템의 상당한 불평등을 계속해서 야기한다고 문제를 제기하고 있고, 마지막 문장에서 이러한 교육 분열 문제를 모든 교육 시스템 단계에서 찾아 해결할 것을 주문하고 있다. 그러므로 ①의 '우리는 지속적인 교육 불평등에 대처해야 한다.'가 윗글의 요지로 가장 적절하다.

[오답해설] ② 교육 전문가들은 새로운 학교 정책에 집중할 필요가 있다. → 새로운 학교 정책이 아니라 모든 교육 시스템에서의 포괄적인 정책의 필요성을 강조함
③ 성적 격차를 메우기 위해서는 새로운 교수법이 필요하다. → 표적 개입, 공평한 자원 할당 및 포괄적인 정책의 필요성을 제시하고 있으나, 새로운 교수법의 필요성에 대해서는 언급되어 있지 않음
④ 가정 소득은 교육 논의에서 고려되어서는 안 된다. → 학업 성취도가 뒤처지는 학생들의 저소득 배경 사례를 예로 들고 있을 뿐, 교육적 논의의 대상 여부를 밝히고 있지는 않음

[핵심어휘] □ address 해결하다, 해소하다
□ disparity 불균형, 불평등, 격차
□ persistent 끊임없는, 지속되는
□ significant 중요한, 의미심장한
□ inequity 불평등, 불공평
□ reveal 드러내다, 폭로하다
□ marginalized 하찮은, 소외된
□ vulnerable 취약한, 연약한
□ lag behind 뒤처지다, 뒤떨어지다
□ peer 동료, 또래
□ pose a challenge to ~에 도전하다, ~에 직면하다
□ emphasize 강조하다, 역설하다
□ intervention 개입, 조정, 중재
□ equitable 공정한, 공평한
□ allocation 할당, 분배

□ inclusive 포함된, 포괄적인
□ bridge a gap 공백[간격]을 메우다, 틈을 좁히다
□ irrespective of ~와 무관하게, ~와 관계없이
□ socioeconomic 사회 경제적인
□ status 신분, 지위
□ divide 분할, 분열, 차이

[본문해석] 교육 불균형을 해소하기 위한 지속적인 노력에도 불구하고, 학생들 사이의 지속적인 학업 격차는 교육 시스템의 상당한 불평등을 계속해서 강조하고 있다. 최근 자료는 저소득 배경과 취약 계층의 학생들을 포함하여 소외된 학생들이 학업 성취에서 또래 학생들보다 계속 뒤처지고 있다는 것을 보여준다. 이러한 격차는 교육 형평성과 사회적 이동성을 달성하기 위한 도전에 직면해 있다. 전문가들은 사회 경제적 지위나 배경에 관계없이 이 간극을 메우고 모든 학생들에게 동등한 기회를 보장하기 위해 표적 개입, 공평한 자원 할당 및 포괄적인 정책의 필요성을 강조한다. 지속적인 교육 분열 문제는 해결책을 찾기 위한 노력으로 모든 교육 시스템 단계에서 해결되어야만 한다.

16 ③

[정답해설] 제시문은 아이들이 어렸을 때 자연과 함께 함으로써 얻는 이점에 대해 서술하고 있다. 그런데 ③에서 야외 활동은 아이들이 그들의 가족과 양질의 시간을 보내는 것을 어렵게 만든다며 야외 활동의 단점에 대해 언급하고 있다. 그러므로 ③은 글의 전체적인 흐름상 어울리지 않는다.

[핵심어휘] □ guardian 수호자, 보호자
□ desperate 절박한, 간절한
□ urge 욕구, 욕망, 충동
□ restorative 회복시키는, 복원하는
□ let off steam 발산하다, 기분을 풀다
□ huge 거대한, 엄청난
□ range from ~에 걸치다, 범위가 ~부터이다
□ boost 신장시키다, 북돋우다, 후원[지지]하다
□ environmentalism 환경보호론, 환경보호주의
□ adulthood 성인, 성년
□ urban 도심의, 도시의

[본문해석] 어린 아이들의 모든 부모나 보호자들은 집 밖으로 나가고 싶은 간절한 충동과 근처 공원으로의 잠깐 동안의 산책조차 마법 같은 회복 효과가 있음을 경험했을 것이다. ① 여기에는 아마도 단지 기분을 푸는 것 이상의 일들이 있을 것이다. ② 아이들이 자연과 함께 하는 이점은 학업 성적을 더 올리고 기분과 집중력을 향상시키기까지 엄청 크다. ③ 야외 활동은 아이들이 그들의 가족과 양질의 시간을 보내는 것을 어렵게 만든다.

④ 자연에 대한 어린 시절의 경험은 또한 성인기에 환경보호주의를 지지할 수도 있다. 도심의 녹지공간에 대한 접근성은 아이들의 소셜네트워크와 우정에 어떤 역할을 수행할 수 있다.

17 ③

[정답해설] ③ 이전에는 대기오염에 대한 연방정부의 규제가 없어서 공장 가동으로 인한 대기오염 수준이 매우 심각했다고 서술되어 있고, ③ 이후에는 대기오염 방지법이 제정되어 대기의 질이 호전되었다고 서술되어 있다. 주어진 문장이 '특히 많은 도시 자치주에서, 부유 입자의 총량으로 측정된 대기 오염이 위험한 수준에 도달했다.'고 ②의 내용을 보충하고 있으므로, 주어진 문장은 ③에 들어가는 것이 가장 적절하다.

[핵심어휘] □ county 자치주[군]

□ suspend particle 부유 입자

□ evaluate 평가하다, 측정하다

□ pollution 오염(물질), 공해

□ the Clean Air Act 대기오염 방지법

□ federal 연방정부의, 연방제의

□ regulation 규제, 규정

□ issue 주제, 문제

□ be high on ~열광하다, ~에 주목하다

□ agenda 의제, 행동 강령

□ legislator 입법자, 국회의원

□ guideline 지침, 지도

□ constitute 구성하다, 설립하다

□ excessively 과도하게, 매우, 심히

□ pollutant 오염 물질, 오염원

□ amendment 개정, 수정

□ improvement 향상, 개선, 호전

[본문해석]
> 특히 많은 도시 자치주에서, 부유 입자의 총량으로 측정된 대기 오염이 위험한 수준에 도달했다.

경제학자인 Chay와 Greenstone은 1970년 대기오염 방지법 이후 대기오염의 정화 가치를 측정했다. (①) 1970년 이전에는 대기오염에 대한 연방정부의 규제가 거의 없었고, 그 문제가 주 의원들의 의제로 주목받지도 못했다. (②) 결과적으로 많은 자치주들이 오염에 대한 아무런 규제 없이 공장 가동을 허용했고, 몇몇 중공업화된 자치주에서는 오염이 매우 높은 수준에 이르렀다. (③) 대기오염 방지법은 특히 위험한 다섯 가지 오염물질을 심히 높은 수준으로 구성하는 지침을 제정했다. (④) 1970년 이 법안과 1977년 개정 이후 대기의 질이 호전되었다.

18 ②

[정답해설] 주어진 지문은 화자가 빵을 훔쳐 셔츠 속에 넣고 달아나는 장면이며, (B)는 화자가 훔친 빵을 가지고 집으로 돌아오는 장면이다. (A)는 화자가 훔친 빵을 식탁 위에 올려놓자 가족들이 모이는 장면이며, 마지막으로 (C)는 화자가 가족들과 함께 빵을 나눠 먹는 모습이다. 그러므로 주어진 글 다음에 (B) – (A) – (C)의 순으로 이어져야 한다.

[핵심어휘] □ witness 보다, 목격하다

□ shove 아무렇게나 놓다[넣다]

□ loaf (빵 등의) 덩어리

□ swiftly 재빨리, 신속히

□ chunk (두툼한) 덩어리

□ tear off 떼어내다, 뜯다

□ pour 쏟다, 붓다

□ clutch 움켜잡다

□ cling to ~에 매달리다, ~에 집착하다

□ slice 썰다, 베다

□ entire 전체의, 모든

□ hearty 풍부한, 푸짐한

□ raisin 건포도

[본문해석]
> 무슨 일이 있었는지 누군가 보기 전에, 나는 셔츠 속에 빵 덩어리를 넣고, 사냥 재킷을 몸에 꽉 두른 채 재빨리 걸어 나갔다.

(B) 빵의 열기로 피부가 타들어갔지만, 나는 그것을 더 꽉 움켜쥐고 삶에 집착했다. 이윽고 집에 도착했을 때, 빵은 다소 식었지만, 속은 여전히 따뜻했다.

(A) 그것들을 식탁 위에 내려놓았을 때, 여동생의 손이 빵 덩어리를 떼려 다가왔지만, 나는 그녀를 자리에 앉힌 후 어머니를 우리와 함께 식탁에 앉도록 하고 따뜻한 차를 따라주었다.

(C) 나는 빵을 얇게 썰었다. 우리는 빵 한 덩어리를 한 조각 한 조각씩 전부 먹었다. 건포도와 견과류로 가득 찬 푸짐한 빵이었다.

19 ①

[정답해설] 제시문은 출산율 하락을 통계적 수치로 제시한 후 이러한 인구학적 변화로 인해 발생하는 세금, 노인 의료, 부양 책임, 은퇴 등의 문제점을 지적하고 있다. 그러므로 빈칸에는 이러한 문제점들에 대한 우려를 나타내는 말이 와야 하므로, ①의 'raises concerns about future challenges(미래의 도전에 대한 우려를 증가시킨다)'가 들어갈 말로 가장 적절하다.

[오답해설] ② 역연령 구조 현상을 완화하다 → 출산율 하락으로 인한 인구 고령화의 문제점에 대해 설명하고 있으므로, 역연령 구조 현상의 완화는 글의 흐름과 어울리지 않음

③ 결혼율 감소 문제를 보완하다 → 출산율 하락에 대한 문제이며, 결혼율 감소 문제에 대한 내용은 나타나 있지 않음

④ 문제 해결을 위한 즉각적인 해결책을 제공하다 → 출산율 하락으로 인한 문제점을 부각하고 있으나, 이를 위한 해결책을 제시하고 있지는 않음

[핵심어휘] □ fertility rate 출산율, 출생률

□ project 예상하다, 추정하다

□ shrink 줄어들다, 감소하다

□ population 인구, 주민

□ peak 절정[최고조]에 달하다

□ transition 변화, 변천, 전환

□ significant 상당한, 중요한

□ aging of population 인구 고령화[노령화]

□ demographic 인구학의, 인구통계학의

□ shift 변화, 이동

□ taxation 조세, 과세

□ caregiving 부양, 돌봄

□ retirement 은퇴, 퇴직

□ ensure 확신시키다, 보장하다

□ soft landing 연착륙

□ raise 높이다, 올리다, 인상하다

□ mitigate 완화시키다, 경감시키다

□ inverted 역의, 반대의

□ phenomenon 현상

□ compensate for 보상하다, 보완하다

□ reduce 줄이다, 낮추다

□ immediate 즉각적인, 당면한

[본문해석] 출산율 하락은 금세기 말까지 거의 모든 국가의 인구가 감소하는 결과를 초래할 것으로 예상된다. 전 세계 출산율은 1950년에 4.7명이었지만, 2017년에는 2.4명으로 거의 절반까지 떨어졌다. 2100년에는 1.7명 밑으로 떨어질 것으로 예상된다. 그 결과, 일부 연구원들은 지구상의 인구수가 2064년 무렵에 97억 명으로 정점을 찍은 후 금세기 말까지 88억 명으로 떨어질 것으로 예측한다. 이러한 변화는 또한 인구의 상당한 고령화를 초래하여, 80세에 이르는 사람들이 출생하는 아이들의 수만큼 많을 것이다. 이러한 인구학적 변화는 세금, 노인 의료, 부양 책임 및 은퇴를 포함한 <u>미래의 도전에 대한 우려</u>를 증가시킨다. 새로운 인구학적 지형으로의 '연착륙'을 보장하기 위해 연구원들은 이러한 변화를 신중히 관리할 필요가 있다고 강조한다.

20 ③

[정답해설] 제시문은 화자의 말에 집중하지 못하는 것을 화자의 성격이나 전달 태도를 비난하며 화자에게 책임을 돌리기보다는 청자 스스로에게 책임이 있음을 주지시키고 있다. 즉, 화자의 메시지에 대한 이해 수준을 높이는 것은 청자 자신에게 달려 있다는 내용이므로, ③의 '본질적으로 우리 자신이 책임을 지는 것이다.'가 빈칸에 들어갈 말로 가장 적절하다.

[오답해설] ① 화자가 아는 것을 무시하다 → 좋은 청자는 화자가 알고 있는 것을 알고 싶어 한다고 하였으므로, 화자가 아는 것을 무시한다는 내용은 적절하지 않음

② 화자의 성격을 분석하다 → 화자의 성격이나 전달 태도에는 관심이 없다고 하였으므로, 화자의 성격을 분석하는 것은 아님

④ 화자의 연설 전달 능력에 초점을 맞추다 → 화자의 성격이나 전달 태도에는 관심이 없다고 하였으므로, 화자의 전달 능력에 초점을 맞추는 것은 아님

[핵심어휘] □ blame A for B B를 A의 탓으로 돌리다

□ inattention 부주의, 무관심

□ incompetent 무능한, 쓸모없는

□ initial 초기의, 처음의

□ similarity 비슷함, 유사성

□ personality 개성, 성격

□ delivery 전달[발표] (태도)

□ find out 알아내다, 이해하다

□ essentially 본질적으로, 근본적으로

□ equipped 장비를 갖춘

□ analyze 분석하다

□ assume the responsibility 책임을 떠맡다, 책임을 지다

□ inherently 본질적으로, 내재적으로

□ competency 능숙함, 유능함, 능력

[본문해석] 많은 청자들은 "누가 그런 사람의 말을 들을 수 있겠어? 그는 메모지 읽는 것을 언제쯤 그만둘까?"라고 스스로 생각함으로써 그들의 무관심을 화자 탓으로 돌린다. 좋은 청자는 다르게 반응한다. 그는 화자를 보고 "이 사람은 무능해. 어느 누구도 그보다는 더 잘 말할 수 있을 것 같아."라고 생각할 수 있다. 그러나 이러한 초기 유사함으로부터 그는 다른 결론으로 나아가고, "하지만 잠시만. 나는 그의 성격이나 전달 태도에는 관심이 없어. 나는 그가 알고 있는 것을 알고 싶을 뿐이야. 이 사람이 내가 알아야 할 것들을 알고 있나?"라고 생각한다. 본질적으로, 우리는 "우리 자신의 경험으로 듣는다." 우리가 그의 메시지를 이해할 수 있는 준비가 제대로 되어 있지 않기 때문에 말하는 사람이 책임을 져야 할까? 우리가 듣는 모든 것을 이해할 수는 없지만, 우리의 이해 수준을 높이는 한 가지 확실한 방법은 <u>본질적으로 우리 자신이 책임을 지는 것이다.</u>

정답 및 해설

제2차

정답

01 ③	02 ②	03 ③	04 ④	05 ②
06 ②	07 ③	08 ①	09 ④	10 ①
11 ③	12 ①	13 ④	14 ③	15 ②
16 ②	17 ②	18 ③	19 ④	20 ③

해설

01 ③

[정답해설] 대형 벽화를 전시하기 위해 필요한 공간을 확보하는 것이므로, 빈칸에는 ③의 'ample(충분한, 넓은)'이 들어갈 말로 가장 적절하다.

[오답해설] ① 편안한
② 답답한
④ 비좁은

[핵심어휘] □ exhibit 전시하다, 진열하다
□ mural 벽화
□ make sure 확실하게 하다, 반드시 하다
□ cozy 편안한, 안락한
□ stuffy 답답한, 딱딱한
□ ample 충분한, 넓은
□ cramped 비좁은, 갑갑한

[본문해석] 대형 벽화를 전시하기 위해 박물관 큐레이터들은 넓은 공간을 반드시 확보해야 했다.

02 ②

[정답해설] 양보의 부사절을 이끄는 'Even though(비록 ~일지라도)'는 주절과 종속절의 내용이 서로 대비된다. 많은 문제점들이 있지만 시민의 안전이 가장 우선시 된다는 내용이므로, 빈칸에는 앞의 'top'과 함께 '최우선'이라는 의미로 ②의 'priority(우선)'가 들어갈 말로 가장 적절하다.

[오답해설] ① 비밀
③ 해결책
④ 기회

[핵심어휘] □ emphasize 강조하다, 역설하다
□ safety 안전, 안전성
□ top priority 최우선
□ opportunity 기회, 호기

[본문해석] 해결해야 할 문제가 많음에도 불구하고, 나는 우리 시민의 안전이 최우선이라는 점을 강조하고 싶다.

03 ③

[정답해설] 글의 흐름상 'exploitation(이용)'이 'collapse(몰락)'에 기여한 것이고, 'contribute'는 전치사 to를 동반하여 자동사로 쓰이므로 능동태가 되어야 한다. 또한 주절의 시제가 'may have + p.p'로 과거 사실에 대한 추측을 나타내므로 'seems' 다음에 현재보다 더 이전의 사실을 나타내는 완료형 부정사를 사용해야 한다. 그러므로 빈칸에는 ③의 'have contributed to'가 들어갈 말로 가장 적절하다.

[오답해설] ① · ② 능동태의 형태는 옳으나 시제가 일치하지 않는다.
④ 완료형 시제는 맞으나 수동태이므로 옳지 않다.

[핵심어휘] □ overpopulation 인구 과밀[과잉]
□ exploitation 착취, 개발, 이용
□ rain-forest 열대 우림
□ ecosystem 생태계
□ A as well as B B뿐만 아니라 A도
□ shortage 부족, 결핍
□ collapse 붕괴, 몰락
□ contribute to ~에 기여하다

[본문해석] 인구 과밀이 중요한 역할을 했을지도 모른다. 즉, 물 부족뿐만 아니라 마야인들이 식량을 위해 의존했던 열대 우림 생태계의 과도한 이용이 몰락에 기여했던 것으로 보인다.

04 ④

[정답해설] which → where / in which
주어진 문장에서 ④의 'which' 이하의 절은 선행사인 'an international community'를 수식하므로 관계대명사가 이끄는 형용사절이다. 그런데 'which' 이하의 종속절이 완전한 문장이므로, 'which'를 장소를 나타내는 관계부사 'where' 또는 '전치사+관계대명사'의 형태인 'in which'로 고쳐 써야 옳다.

[오답해설] ① 'international organization(국제기구)'가 '조직된' 것이므로 수동의 관계이다. 그러므로 과거분사의 형태인 'designed'를 사용한 것은 적절하다.
② 'not merely A but also B' 구문에서 A와 B는 동일 형태를 사용해야 한다. A에 to부정사의 형태인 'to talk'가 왔으므로 B도 to부정사의 형태인 'to act'를 사용한 것은 적절하다.
③ 'see A as B(A를 B로 생각하다[여기다, 간주하다])' 구문으로 접속사 'as'를 사용한 것은 적절하다.

[핵심어휘] □ it seems to me that 나는 ~하고 생각한다. 내 생각에는 ~인 것 같다
□ international organization 국제 기구
□ not merely A but also B A뿐만 아니라 B도
□ see A as B A를 B로 생각하다[여기다, 간주하다]
□ international community 국제 사회
□ by chance 우연히
□ by design 의도적으로, 계획적으로

[본문해석] 나는 평화를 유지하기 위해 조직된 어떤 국제 기구든 말뿐만 아니라 행동할 수 있는 힘도 있어야 한다고 생각한다. 정말로 이것이 우연이 아닌 의도적으로 전쟁을 피할 수 있는 국제 사회로 나아가는 모든 발전의 핵심 주제라고 생각한다.

05 ②

[정답해설] are emerged → are emerging
'emerge'는 완전자동사이므로 'are emerged'처럼 수동태로 만들 수 없으며, 글의 흐름상 다음 문장의 'industry is changing'와 마찬가지로 현재진행형 시제인 'are emerging'로 고쳐 써야 옳다.

[오답해설] ① 'arrive'는 자동사로 전치사 'in'과 함께 '~에 도착하다'라는 의미로 사용되며, 앞의 'have'와 함께 'have+p.p'의 현재완료 시제를 구성하므로 'arrived in'은 옳게 사용되었다.
③ 내용상 자동차가 공유되는 것이므로 수동형이고, 현재 발생중인 일이므로 'be being+p.p'의 수동형 현재진행 시제인 'are being shared'는 옳게 사용되었다.
④ 내용상 전체 공장들이 서로 연결된 것이므로, 'connect A with B' 구문이 수동형으로 바뀌어 'are (intelligently) connected with'로 사용된 것은 적절하다.

[핵심어휘] □ digitization 디지털화
□ across the board 전반에 걸쳐
□ in all sectors 모든 부문[분야]에서
□ emerge 나타나다, 출현하다, 등장하다
□ assemble 모이다, 조립하다
□ entire 전체의, 모든
□ intelligently 똑똑하게, 지능적으로

[본문해석] 우리는 이미 디지털화된 세상에 도착해 있다. 디지털화는 전통적인 IT 회사들뿐만 아니라, 전반적으로 모든 분야의 회사들에 영향을 미친다. 새롭게 변화된 비즈니스 모델들이 등장하고 있는데, 즉 자동차는 앱으로 공유되고 있고, 언어는 온라인에서 학습되며, 그리고 음악은 스트리밍되고 있다. 그러나 산업 또한 변화하고 있는데, 3D 프린터는 기계 부품을 만들고, 로봇은 그것들을 조립하며, 전체 공장들은 서로 지능적으로 연결되어 있다.

06 ②

[정답해설] 회의실 대여에 관련된 대화 내용으로, Tim Jones이 회의는 7월 15일 월요일에 있을 예정이라고 구체적 회의 날짜와 요일을 답하고 있으므로, 빈칸에는 ②의 '정확한 회의 날짜를 알려주실 수 있나요?'가 들어갈 말로 가장 적절하다.

[오답해설] ① 연락처를 알 수 있을까요? → 회의 날짜를 제시하고 있으므로 연락처를 묻는 내용은 부적절함
③ 빔 프로젝터나 복사기가 필요하십니까? → 회의할 때 필요한 장비를 묻는 질문은 없음
④ 회의에 몇 명이 참석할 예정입니까? → 17인실이 필요하다고 앞에서 이미 언급되어 있음

[핵심어휘] □ rent 대여하다, 임차[임대]하다
□ available 활용할 수 있는, 이용할 수 있는
□ accommodate 수용하다, 공간을 제공하다
□ reserve 예약하다, 비축하다
□ confirmation 확인, 확정

[본문해석] Tim Jones: 안녕하세요. 저는 회의실 중 하나를 대여하는 것에 관심이 있습니다.
Jane Baker: 관심에 감사드립니다. 회의 규모에 따라 이용 가능한 공간이 여럿 있습니다. 5~20명의 단체를 수용할 수 있습니다.
Tim Jones: 좋습니다. 17인실이 필요하고, 회의는 다음 달로 예정되어 있습니다.
Jane Baker: 정확한 회의 날짜를 알려주실 수 있나요?
Tim Jones: 회의는 7월 15일 월요일에 있을 예정입니다. 그날 가능한 회의실이 있나요?
Jane Baker: 네, 있습니다. 자리를 예약하고 모든 세부 사항이 포함된 확인 이메일을 보내드릴 수 있습니다.

07 ③

[정답해설] B가 그 서비스를 어떻게 이용하느냐고 질문한 후 A의 답변을 듣고 복잡하지는 않은 것 같다며 주말에 한 번 해보겠다고 답하고 있다. 따라서 빈칸에는 공유 자전거 서비스를 이용하는 방법에 대한 설명이 오면 된다. 그러므로 ③의 '자전거 공유 앱을 다운받고 온라인으로 결제하면 돼'가 빈칸에 들어갈 말로 가장 적절하다.

[오답해설] ① 그건 전기식이라 에너지를 절약할 수 있어 → 공유 자전거가 전기 자전거라는 사실은 대화 후미에 등장함
② 네 소유의 자전거를 주차하려면 꼭 허가증을 신청해 → 공유 자전거에 대한 내용이므로, 자가 소유 자전거의 주차 허가 신청과는 관련 없음
④ 안전을 위해 항상 헬멧을 써야만 해 → 공유 자전거 서비스 이용 방법을 묻는 질문에 헬멧 착용 답변은 어울리지 않음

[핵심어휘] □ launch 시작하다, 개시하다
□ sharing service 공유 서비스
□ by the way 그런데
□ I can tell 딱 보니 알겠네, 확실해
□ it looks cool 멋있어 보이네
□ apply for ~에 지원하다, 신청하다
□ permit 허가(증)
□ at all times 항상
□ safety 안전, 안심

[본문해석] A: 이 자전거에 대해 어떻게 생각해?
B: 와, 정말 좋아 보인다! 금방 산거야?
A: 아니, 이건 공유 자전거야. 시가 자전거 공유 서비스를 시작했어.
B: 정말? 그건 어떻게 작동해? 내 말은, 그 서비스는 어떻게 이용해?
A: 간단해. <u>자전거 공유 앱을 다운받고 온라인으로 결제하면 돼.</u>
B: 복잡하지는 않은 것 같네. 이번 주말에 한 번 해봐야겠어.
A: 그런데, 그건 전기 자전거야.
B: 그래, 딱 보니 알겠네. 멋있어 보이네.

08 ①

[정답해설] 첫 번째 문장에서 우리는 식품, 섬유 및 특산작물의 자국 생산자를 위한 국내외 마케팅 기회를 창출하는 프로그램을 운영한다고 그 임무를 소개하고 있다. 그러므로 '국내 생산자를 위한 마케팅 기회를 창출한다.'는 ①의 설명은 윗글의 내용과 일치한다.

[오답해설] ② 전 세계의 건강한 식품의 소비를 제한한다. → 자국 및 전 세계 소비자에게 건강에 좋은 식품의 품질과 유용성을 보장함
③ 생산자보다 소비자에게 이익이 되도록 전념한다. → 생산자, 상인 및 소비자 모두에게 이익이 되도록 함
④ 결정을 내리기 전에 다른 기관으로부터 명령을 받는다. → 프로그램과 서비스에 대한 신뢰를 구축하기 위해 독립성과 객관성을 보장받음

[핵심어휘] □ agricultural 농업의
□ administer 운영하다, 관리하다
□ domestic 국내의
□ opportunity 기회
□ fiber 섬유
□ specialty crops 특수작물
□ valuable 귀중한, 가치 있는
□ ensure 보장하다, 보증하다
□ availability 이용성, 유용성
□ wholesome 건강에 좋은, 건전한
□ facilitate 촉진하다, 가능하게 하다

□ strategic 전략적인, 전략상 중요한
□ competitive 경쟁적인, 경쟁을 하는
□ integrity 청렴, 고결, 성실
□ independence 독립, 자립
□ objectivity 객관성
□ independently 독립하여, 자주적으로
□ be committed to ~에 전념[헌신]하다
□ mandate 권한, 명령
□ mutual 서로의, 상호의
□ profitable 수익성이 있는, 이익이 되는
□ impartial 공평한, 공정한

[본문해석] 농업 마케팅 사무소
임무
우리는 식품, 섬유 및 특산작물의 자국 생산자를 위한 국내외 마케팅 기회를 창출하는 프로그램을 운영한다. 우리는 또한 전국 및 전 세계 소비자를 위한 건강에 좋은 식품의 품질과 유용성을 보장하는 가치 있는 서비스를 농업계에 제공한다.

비전
우리는 국내외 시장에서 자국 농산품의 전략적 마케팅을 촉진하는 동시에 <u>공정한</u> 거래 관행을 보장하고 자국의 식품, 섬유 및 특산작물의 생산자, 상인 및 소비자에게 이익이 되도록 경쟁적이고 효율적인 시장을 촉진한다.

핵심 가치
• 정직과 성실: 우리는 우리가 하는 모든 일에 완벽한 정직과 성실을 기대하고 요구한다.
• 독립성과 객관성: 우리는 프로그램과 서비스에 대한 신뢰를 구축하기 위해 독립적이고 객관적으로 행동한다.

09 ④

[정답해설] 'fair'는 '공정한'의 의미로 ④의 'impartial(공평한, 공정한)'과 그 의미가 가장 유사하다.

[오답해설] ① 무료의
② 상호의
③ 이익이 되는

10 ①

[정답해설] 제시문은 죽어가고 있는 Dimmesdale 호수를 살리기 위한 대책을 논의하기 위해 특별 회의를 개최한다고 주민들의 참여를 독려하며 장소, 날짜, 시간 등을 공지한 게시물이다. 그러므로 (A)에 들어갈 윗글의 제목은 ①의 'Dimmesdale 호수가 죽어가고 있어요'가 가장 적절하다.

[오답해설] ② 호수의 아름다움에 대한 찬사 → 죽어 가는 호수를

33

살리기 위한 대책 회의가 중심 주제이지 호수의 아름다움이 중심 주제는 아님

③ Dimmesdale 호수의 문화적 가치 → 호수를 살리는 것이 주민의 재산 가치에 영향을 미친다고 서술하고 있으나, 호수의 문화적 가치에 대한 언급은 없음

④ 그 대학에 있어서 호수의 중요성 → 우천 시 회의가 대신 개최되는 장소일 뿐 호수와의 연관성은 없음

[핵심어휘] □ head toward ~를 향하다
□ pay one's respect to ~에게 경의[존경]를 표하다
□ body of water 수역
□ dedicated 전념하는, 헌신적인
□ affect 영향을 미치다
□ property 재산, 부동산
□ regional 지역의, 지방의
□ council 의회, 평의회, 심의회
□ opposite 맞은편의, 반대편의
□ significance 중요성, 의미

[본문해석] 가까운 이웃으로서, 호수를 살리는 방법을 알고 싶을 것입니다.

아직 죽지는 않았지만, Dimmesdale 호수는 종말을 향해 가고 있습니다. 그러므로 살아있을 때 이 아름다운 수역에 경의를 표하세요.

일부 헌신적인 사람들이 지금 그것을 살리기 위해 일하고 있습니다. 그들은 그 사실을 여러분에게 알리기 위해 특별 회의를 개최할 것입니다. 오셔서 무엇을 하고 있고 여러분이 어떻게 도울 수 있는지 알아보세요. 이것은 여러분의 재산 가치에도 영향을 미칩니다.

누가 죽은 호수 근처에서 살고 싶겠습니까?

중부 주 지역 계획 위원회 후원

• 장소: 남부 주립대학 맞은편 그린 시티 파크 (우천 시: 대학도서관 203호)
• 일시: 2024년 7월 6일, 토요일
• 시간: 오후 2시

회의에 대한 질문은 당사 웹사이트 www.planningcouncilsavelake.org를 방문하시거나 (432) 345-6789로 저희 사무실에 연락주세요.

11 ③

[정답해설] 회의가 개최될 장소는 남부 주립대학 맞은편 그린 시티 파크이며, 우천 시에는 대학도서관 203호에서 회의가 열린다고 공지하고 있다. 그러므로 '우천 시에는 대학의 구내식당에서 회의가 열린다.'는 ③의 설명은 윗글의 내용과 일치하지 않는다.

[오답해설] ① 일부 헌신적인 사람들이 호수를 살리기 위해 일하고 있다고 서술하고 있다.

② 호수를 살리기 위한 활동이 주민들의 재산 가치에도 영향을 미친다고 서술하고 있다.

④ 제시문의 마지막 줄에 회의에 대한 질문은 웹사이트를 방문하거나 전화로 사무실에 연락 달라고 서술하고 있다.

12 ①

[정답해설] 제시문은 보안에 심각한 위협이 되고 있는 사이버 범죄로부터 개인 및 비즈니스 정보를 보호하기 위한 다섯 가지 방법을 안내하고 있다. 그러므로 윗글의 목적은 ①의 '고객에게 사이버 위협으로부터 자신을 안전하게 보호하는 방법을 알려주기 위해'서이다.

[오답해설] ② 고객에게 소프트웨어 및 장치를 업데이트하는 방법을 알려주기 위해 → 소프트웨어와 장치를 최신 상태로 유지할 것을 권고하고 있으나, 업데이트하는 방법을 알려주고 있지는 않음

③ 고객에게 비밀번호를 더 강화하는 방법을 알려주기 위해 → 강력한 비밀번호를 사용하고 자주 바꿔줄 것을 권고하고 있으나, 비밀번호를 더 강화하는 방법에 대한 설명은 없음

④ 고객에게 OTP를 보호하는 방법을 알려주기 위해 → 본인 확인을 위한 OTP 사용 요청을 안내하고 있으나, OTP를 보호하는 방법은 제시되어 있지 않음

[핵심어휘] □ client 고객, 단골
□ cybercrime 사이버 범죄
□ security 안전, 보안
□ safeguard 보호하다
□ threat 위협, 협박
□ frequently 자주, 빈번히
□ up to date 최신의
□ wary 경계하는, 주의하는
□ suspicious 수상한, 의심스러운
□ give out 발설하다, 내뱉다, 제공하다
□ sensitive 민감한, 예민한
□ two factor authentication 이중 인증
□ passcode 암호, 비밀번호
□ verify 확인하다, 입증하다
□ identity 신원

[본문해석] 친애하는 고객 여러분께,

오늘날의 세계에서, 사이버 범죄는 여러분의 보안에 심각한 위협이 되고 있습니다. 여러분의 신뢰할 수 있는 파트너로서, 여러분의 개인 및 비즈니스 정보를 보호하는 데 도움을 드리고자 합니다. 사이버 위협으로부터 여러분을 보호하는 다섯 가지 쉬운 방법이 있습니다.

1. 강력한 비밀번호를 사용하고 자주 바꿔주세요.
2. 소프트웨어와 장치를 최신 상태로 유지하세요.

3. 독촉하거나 민감한 정보를 제공하도록 압박하는 의심스러운 이메일, 링크 또는 전화를 주의하세요.
4. 이중 인증을 활성화하고 가능한 한 언제든지 사용하세요. California Bank & Savings에 연락하시면 본인 확인을 위해 일회용 비밀 번호(OTP)를 사용하라는 요청을 받으실 겁니다.
5. 데이터를 정기적으로 백업하세요.

어떻게 하면 온라인상에서 안전할 수 있는지 더 알고 싶다면 보안 센터를 방문하세요. 사이버 보안은 팀의 노력이라는 것을 기억하세요. 함께 협력함으로써, 우리는 우리 자신과 세계를 위해 더 안전한 온라인 환경을 구축할 수 있습니다.

California Bank & Savings 올림

13 ④

[정답해설] 제시문은 동물 추적 과학에 혁신을 가져다 줄 국제 우주 정거장의 야생 동물 감시 장비에 대해 소개한 후 향후 가동 일정과 기대효과 등에 대해 설명하고 있다. 그러므로 ④의 '우주 정거장에서의 혁신적인 야생 동물 감시'가 윗글의 주제로 가장 적절하다.

[오답해설] ① 지구 생태계의 지속 가능성 평가 → 지구 생태계의 지속 가능성이 아니라, 우주 정거장에서의 혁신적인 야생 동물 감시 장비에 대해 소개하고 있음
② 러시아 우주비행사들의 성공적인 훈련 프로젝트 → 우주 정거장에 야생 동물 감시 장비를 설치한 것은 러시아 우주 비행사들임을 언급하고 있으나, 이들의 훈련 프로젝트에 대한 내용은 없음
③ 우주 정거장에서 실행된 동물 실험 → 우주 정거장에 야생 동물 감시 장비가 설치되었을 뿐이며, 우주 정거장에서 동물 실험 자체가 시행된 것은 아님

[핵심어휘] □ orbit 궤도를 돌다
□ be about to 막 ~하려 하다
□ revolutionize 혁명[혁신]을 일으키다
□ equipment 장비, 설비
□ orbiting outpost 우주 정거장, 궤도 정거장
□ install 설치하다
□ spacewalk 우주 유영을 하다
□ astronaut 우주비행사
□ operational 가동상의, 작동하는
□ relay 중계하다, 전달하다
□ log 기록하다
□ physiology 생리(학)
□ assist 돕다, 보조하다
□ conservationist 환경보호론자
□ ecosystem 생태계

□ evaluation 평가
□ sustainability 지속 가능성, 유지 가능성
□ innovative 획기적인, 혁신적인

[본문해석] 지구 상공 약 240마일을 돌고 있는 국제 우주 정거장은 세계 야생 동물 감시 즉, 동물 추적 과학에 혁신을 일으키기 위한 노력에 곧 동참할 예정이다. 2018년 우주 유영 중인 러시아 우주 비행사들에 의해 설치된 우주 정거장에 탑재된 대형 안테나와 다른 장비들이 시험 중이며 올 여름에 완전히 가동될 예정이다. 이 시스템은 동물의 위치뿐만 아니라 생리와 환경 또한 기록하여 이전의 추적 기술보다 훨씬 더 넓은 범위의 데이터를 전달할 것이다. 이는 이동 중에 야생 동물을 면밀히 감시해야 하는 과학자, 환경보호론자 및 기타 작업을 수행하는 사람들을 보조하고 지구 생태계의 건강에 대해 훨씬 더 자세한 정보를 제공할 것이다.

14 ③

[정답해설] 본문 중간에 추수감사절, 크리스마스, 설날은 휴무일이라고 밝히고 있다. 그러므로 David Williams의 생가는 연중무휴라는 ③의 설명은 윗글의 내용과 일치하지 않는다.

[오답해설] ① 도서관과 박물관은 12월 오후 5시에 문을 닫는다. → David Williams 도서관과 박물관은 11월부터 3월까지는 오전 9시부터 오후 5시까지 개방한다고 서술되어 있음
② 방문객은 현장에서 생가 투어 티켓을 구입할 수 있다. → 생가 투어 티켓은 정상 영업시간 동안 현장에서 구매할 수 있다고 서술되어 있음
④ 도서관 연구실에서 무료로 연구를 할 수 있다. → David Williams 도서관 연구실에서 연구를 수행하는 것은 무료라고 서술되어 있음

[핵심어휘] □ purchase 구입하다, 구매하다
□ confirmation 확인, 확정
□ heritage 유산, 물려받은 것
□ offer 제공하다, 제안하다
□ separate 각각의, 개별의
□ admission 입장(료)
□ on-site 현장에서, 현지에서
□ normal business hours 정상 영업시간
□ additional 부가적인, 추가적인

[본문해석] David Williams 도서관과 박물관은 1주일에 7일, 11월부터 3월까지는 오전 9시부터 오후 5시까지 개방하고, 4월부터 10월까지는 오전 9시부터 오후 6시까지 개방합니다. 온라인 티켓은 아래 링크 주소에서 구매할 수 있습니다. 구매 후 이메일 확인서를 받으실 겁니다(스팸 폴더를 반드시 확인하세요). 구매 증빙을 위해 인쇄되

거나 스마트 기기에 저장된 이 확인서를 가져오세요.

• 온라인 티켓: buy.davidwilliams.com/events
David Williams 도서관과 박물관 및 David Williams 생가(국립 유산 관리소에서 운영)는 10달러의 성인 입장권을 별도로 판매합니다. 생가 투어 티켓은 정상 영업시간 동안 현장에서 구매할 수 있습니다.

• 휴무일 : 추수감사절, 크리스마스, 설날
David Williams 도서관 연구실에서 연구를 수행하는 것은 무료입니다.

추가 정보를 원하시면 1 (800) 333-7777로 전화주세요.

15 ②

[정답해설] 글의 서두에 동물 질병 발병에 대한 대비가 수십 년 동안 동물보건위원회(BOAH)의 최우선 과제였다고 소개한 후 외래 동물 질병(FAD)의 피해와 동물 질병과 관련한 BOAH의 활동들을 서술하고 있다. 그러므로 ②의 'BOAH의 주요 목적은 동물 질병 유행에 대응하는 것이다.'가 윗글의 요지로 가장 적절하다.

[오답해설] ① BOAH는 FAD를 대비한 수의사 훈련에 집중한다. → BOAH의 수의사들이 FAD 의심 사례를 조사하기 위해 하루 24시간 대기하고 있으나, 수의사 훈련이 BOAH의 직접적인 목적은 아님
③ BOAH는 적극적으로 국제 무역 기회를 촉진한다. → FAD로 인한 경제적 피해로 국제 무역 기회의 박탈을 거론하고 있으나, BOAH가 국제 무역 기회를 촉진한다는 내용은 없음
④ BOAH는 FAD의 원인에 대한 실험실 연구를 주도하는 것을 목표로 한다. → BOAH의 최우선 목표는 동물 질병에 대비하는 것이지 FAD의 원인에 대한 실험실 연구 주도가 아님

[핵심어휘] □ emergency 긴급, 비상 (사태)
□ preparedness 준비, 대비
□ outbreak 발생, 발발
□ top priority 최우선, 최우선 순위
□ the Board of Animal Health(BOAH) 동물보건위원회
□ decade 10년
□ contagious 전염성의, 전염병에 걸린
□ devastating 파괴적인, 치명적인
□ security 보안, 안전
□ a foreign animal disease(FAD) 외래 동물 질병
□ significant 중요한, 심각한
□ extensive 광범위한, 대규모의
□ eliminate 없애다, 제거하다
□ veterinarian 수의사
□ diagnose 진단하다

□ investigate 수사하다, 조사하다
□ suspected 의심나는, 미심쩍은, 수상한
□ trigger 촉발하다, 시작하다
□ clinical sign 임상 증상
□ indicative of ~을 가리키는, 나타내는
□ diagnostic 진단의, 진단상의
□ identify 확인하다, 알아보다
□ suspicious 의심스러운, 수상한
□ epidemic 유행병, 전염병

[본문해석] 동물 건강 비상사태
동물 질병 발병에 대한 대비는 수십 년 동안 동물보건위원회(BOAH)의 최우선 순위였습니다. 전염성이 높은 동물 질병의 발발은 공중 보건 혹은 식품 안전 및 안보 결과뿐만 아니라 경제적으로 치명적인 영향을 미칠 수 있습니다.

외래 동물 질병
외래 동물 질병(FAD)은 현재 국내에서 발견되지 않는 질병으로, 동물에게 심각한 질병이나 사망을 유발하거나 다른 국가 및 주(州)와의 무역 기회를 없애 광범위한 경제적 피해를 초래할 수 있습니다.

FAD 진단 훈련을 받은 몇몇 BOAH 수의사들이 FAD 의심 사례를 조사하기 위해 하루 24시간 대기하고 있습니다. FAD를 나타내는 임상 증상이 있는 동물에 대한 보고가 접수되거나 진단 실험실에서 의심스러운 검사 결과를 확인했을 때 조사가 시작됩니다.

16 ②

[정답해설] 제시문은 일반적인 글쓰기 유형 중의 하나인 반응 글쓰기(reaction essay)에 대해 소개한 후, '프롬프트'와 관련된 사례와 과제 등에 대해 서술하고 있다. 그런데 ②는 주장을 효과적으로 변호할 수 있는 믿을 만한 자료 수집에 대해 언급하고 있으므로, 전체적인 글의 흐름과 어울리지 않는다.

[핵심어휘] □ academic discipline 학문 영역[분야]
□ essay 과제물, 글, 수필
□ prompt 자극, 촉진
□ stimulus 자극(제)
□ reliable 믿을 수 있는, 믿을 만한
□ argument 논쟁, 주장
□ effectively 효과적으로
□ quote 인용구
□ observation 관찰, 의견, 소견
□ twofold 두 배의
□ summarize 요약하다

[본문해석] 모든 학문 분야에서 나타나는 매우 일반적인 글쓰기 과

제 유형은 반응 또는 응답이다. ① 반응 글쓰기에서, 글쓴이는 대개 시각적 또는 문자로 된 자극제인 '프롬프트'를 제공받아 생각한 후 응답한다. ② 당신의 주장을 효과적으로 변호할 수 있도록 믿을 만한 사실들을 수집하는 것은 매우 중요하다. ③ 이러한 글쓰기 유형의 일반적인 프롬프트 또는 자극제는 인용문, 문학 작품, 사진, 그림, 멀티미디어 자료 및 뉴스 기사가 포함된다. ④ 반응은 특정 프롬프트에 대한 글쓴이의 감정, 의견 및 개인적인 소견에 중점을 둔다. 반응 글쓰기를 작성하는 데 있어 과제는 두 가지인데, 프롬프트를 간략하게 요약하는 것과 그것에 대한 개인적인 반응을 제공하는 것이다.

17 ②

[정답해설] 제시문은 행동주의의 개념에 대해 설명한 글로, ①에서는 '몇몇 사람들(For some)'이 이해하는 행동주의의 이론적 또는 이념적 개념에 대해 서술하고 있고, 주어진 문장에서는 '다른 사람들(For others)'이 이해하는 대립적 활동으로써의 행동주의에 대해 서술하고 있다. 그러므로 'some'과 'others'의 부정대명사 용법과 행동주의에 대한 이론과 실천의 개념을 설명한 글의 흐름상 주어진 문장은 ②에 들어가는 것이 가장 적절하다.

[핵심어휘]
- □ activism 행동주의, 활동주의
- □ controversial 논쟁을 일으키는, 논란이 많은
- □ disruptive 분열[붕괴]시키는, 파괴적인
- □ manifest 나타내다, 드러내 보이다
- □ confrontational 대립적인, 모순되는
- □ define 정의하다, 규정하다
- □ intentional 의도적인, 고의의
- □ vigorous 활발한, 격렬한
- □ bring about 성취하다, 달성하다
- □ theoretically 이론적으로, 이론상으로
- □ ideologically 이념적으로
- □ perceived 인지된, 지각된
- □ messy 지저분한, 골치 아픈
- □ strenuous 몹시 힘든, 격렬한
- □ commitment 헌신, 전념
- □ folk 사람들
- □ workable 실행 가능한, 운용 가능한
- □ strategy 전략, 계획
- □ collective 집단의 공동의, 집합적인
- □ noted 유명한, 저명한

[본문해석] 다른 사람들에게 행동주의는 논란을 일으키고 파괴적인데, 결국 그것은 종종 기존 질서에 직접적으로 도전하는 대립적 활동으로 나타난다.

행동주의는 흔히 개인과 집단이 원하는 목표를 달성하기 위해 실행하는 의도적이며, 활발하고 정렬적인 행동으로 정의된다. (①) 몇몇 사람들에게 행동주의는 정치적 또는 사회적 변화에 대한 인지된 필요에 영향을 미치기 위한 이론적 또는 이념적으로 초점을 맞춘 프로젝트이다. (②) 행동주의는 불편하고, 때로는 골치 아프며, 거의 항상 격렬하다. (③) 게다가, 실행 가능한 전략을 개발하고, 특정 사안에 집단적인 스포트라이트를 집중시키고, 궁극적으로 사람들을 행동하게 만드는 사람들, 즉 행동가들의 존재와 헌신 없이 그 일은 일어나지 않는다. (④) 한 저명한 학자가 말했듯이, 유능한 행동가들 또한 때때로 큰 소리로 소음을 유발한다.

18 ③

[정답해설] Nick이 야외에서 불을 피우고 식사를 준비하는 과정을 다음의 시간적 순서에 따라 배열하면 ③의 (C)-(A)-(B) 순이 가장 적절하다.

> 주어진 글 : 불 위에 석쇠를 고정시킴
> (C) 석쇠에 프라이팬을 올리고 콩과 스파게티를 데움
> (A) 작은 거품을 내며 끓기 시작함
> (B) 석쇠에서 프라이팬을 들어 올림

[핵심어휘]
- □ chunk (두툼한) 덩어리, 토막
- □ pine 소나무
- □ ax 도끼
- □ stick 찌르다, 박다, 고정하다
- □ wire grill 석쇠
- □ stump 그루터기
- □ bubble 거품이 일다, 보글보글 끓다
- □ flame 불꽃, 불길
- □ stir 휘젓다, 뒤섞다

[본문해석] Nick은 그가 도끼로 그루터기에서 잘라 낸 소나무 장작으로 불을 피웠다. 그는 부추로 네 다리를 땅바닥에 밀어 넣어 불 위에 석쇠를 고정했다.

(C) Nick은 불길 위의 석쇠에 프라이팬을 올렸다. 그는 점점 더 배가 고팠다. 콩과 스파게티가 데워졌다. 그는 그것들을 저어 함께 섞었다.

(A) 그것들은 어렵게 표면으로 올라오는 작은 거품들을 만들며 보글보글 끓기 시작했다. 좋은 냄새가 났다. Nick은 토마토케첩 한 병을 꺼내고 빵을 네 조각으로 잘랐다.

(B) 이제 작은 거품들이 더 빨리 올라오고 있었다. Nick은 불 옆에 앉아 프라이팬을 들어 올렸다.

19 ④

[정답해설] 제시문에 따르면 기술의 발전은 한 산업에서 일자리를 잃은 노동자들이 다른 산업에서 일자리를 찾을 수 있

기 때문에 한 국가 전체로 볼 때 실업을 유발하지는 않는다고 서술되어 있다. 그러므로 기술의 발전이 생산성과 소득을 증가시키고, 더 높은 소득은 상품에 대한 더 높은 수요로 이어지며, 이에 따라 노동에 대한 수요도 증가할 것으로 예상된다. 그러므로 빈칸에는 ④의 'higher demand for labor(노동에 대한 더 높은 수요)'가 들어갈 말로 가장 적절하다.

[오답해설]
① 증가하는 실직 → 상품에 대한 수요 증가가 실직의 증가를 가져오지는 않음

② 직장에서의 승진 지연 → 상품에 대한 수요 증가와 직장에서의 승진 지연은 무관한 내용임

③ 더 높은 직장 만족도 → 상품에 대한 수요 증가와 직장 만족도와는 무관한 내용임

[핵심어휘]
□ textile 직물, 섬유, 방직
□ unemployment 실업(률), 실업자 수
□ as a whole 전체적으로
□ productivity 생산성
□ Luddite 러다이트, 신기술 반대자
□ end up with 결국 ~하게 되다
□ delayed 지연된
□ promotion 승진, 승격
□ labor 노동

[본문해석] 기술의 발전은 방직과 같은 단일 산업의 일자리를 빼앗을 수 있다. 그러나 역사적 증거는 기술의 발전이 한 국가 전체로 볼 때 실업을 유발하지 않는다는 사실을 나타낸다. 기술의 발전은 경제 전체에서 생산성과 소득을 증가시키고, 더 높은 소득은 상품에 대한 더 높은 수요로 이어지며 따라서 노동에 대한 더 높은 수요로 이어진다. 결과적으로, 그들 중 많은 사람들에게 이것은 시간이 걸릴 수도 있고 러다이트와 같은 일부 사람들은 새로운 일자리에서 더 낮은 임금을 받게 될 것이지만, 한 산업에서 일자리를 잃은 노동자들은 다른 산업에서 일자리를 찾을 수 있을 것이다.

20 ③

[정답해설] 제시문에 따르면 석유를 대체할 수 있는 에너지원이 없기 때문에, 세계 경제가 호황일 때 석유에 대한 수요가 증가하여 과잉 생산을 유발하고, 이것이 석유 가격의 폭락으로 이어진다고 진술하고 있다. 즉, 석유 가격에 따라 세계 경제가 요동치므로, ③의 '큰 호황과 깊은 불황에 빠지기 쉽다'가 빈칸에 들어갈 말로 가장 적절하다.

[오답해설]
① 자동차 산업이 번창하다 → 석유를 대체할 수 있는 것이 없기 때문에 자동차 산업이 번창하는 것은 아님

② 국경 간에 분열을 일으키다 → 석유 가격과 국경 분쟁에 대한 관련성은 언급되지 않음

④ 재생 가능 에너지에 대한 연구가 제한적이다 → 전기 생산을 위한 에너지원으로 재생 가능 에너지를 예로 들고 있으나, 재생 가능 에너지에 대한 연구는 서술되어 있지 않음

[핵심어휘]
□ substitute 대체, 대리, 대용
□ generate 발생시키다, 만들어 내다
□ coal 석탄
□ renewables 재생 가능 에너지, 신재생 에너지
□ switch 바꾸다, 전환하다
□ predominant 우세한, 지배적인
□ fuel 연료
□ boost 북돋우다, 신장시키다
□ inevitably 필연적으로, 불가피하게
□ eat into 잠식하다, 부식시키다
□ overproduce 과잉 생산하다
□ crash 추락하다, 폭락하다
□ hold the bag 혼자 덮어쓰다, 빈털터리가 되다
□ plummet 곤두박질치다, 급락하다
□ uncertain 불확실한, 확신이 없는
□ lull into 안심시켜 ~하게 만들다
□ disastrous 처참한, 심각한
□ complacency 무사안일, 자기만족, 안주
□ disruption 분열, 와해, 방해
□ be prone to ~하기 쉽다
□ big booms and deep busts 큰 호황과 깊은 불황

[본문해석] 석유를 대체할 수 있는 것이 없기 때문에, 그것이 세계 경제가 큰 호황과 깊은 불황에 빠지기 쉬운 한 가지 이유이다. 우리가 가격에 따라 한 에너지원에서 다른 에너지원으로 전환하면서 석탄이나 천연 가스, 원자력이나 재생 가능한 에너지를 통해 전기를 생산할 수 있지만, 석유는 여전히 수송을 위한 가장 우세한 연료이다. 세계 경제가 활기를 띨 때, 석유에 대한 수요가 증가하여 가격이 상승하고 생산자들에게 더 많이 공급할 것을 주문한다. 필연적으로 이러한 높은 가격은 공급업체들이 과잉 생산을 하는 것처럼 경제 성장을 잠식시키고 수요를 감소시킨다. 가격은 폭락하고, 순환은 처음부터 다시 시작된다. 그것은 가격이 곤두박질칠 때 혼자 부담을 떠안게 될 생산자들에게는 좋지 않은 일이며, 장래의 에너지 가격에 대해 확신이 없는 소비자와 산업에 피해를 입힌다. 1990년대의 저유가는 미국 자동차 회사들을 심각한 무사안일주의에 빠뜨렸고, 석유가 비싸졌을 때 판매 가능한 유효 모델이 거의 없었다.

나두공

01장 동사(Verb)/시제(Tense)

8품사와 4요소

명사	주어
대명사	
동사	동사
형용사	
부사	목적어
전치사	
접속사	보어
감탄사	

동사의 종류
• be동사
  - am
  - are
  - is

완전 자동사의 종류

• 동작과 관련
  - He runs well.
  - The sun rises in the east.
• 존재와 관련
  - Korea lies east of Japan.

01절 문형과 동사

1. 문장의 5형식

(1) 1형식 문형

① 문형

> S + V (주어 + 완전 자동사)

㉠ Time flies. (시간은 흘러간다[시간은 유수와 같다].)

㉡ The sun rises in the east. (해는 동쪽에서 뜬다.)

㉢ The train has just arrived. (기차가 지금 막 도착했다.)

㉣ I go to church on Sundays. (나는 일요일마다 교회에 간다.)

㉤ There lived a dwarf. (한 난쟁이가 살았다.) ※ there는 유도부사

㉥ There is nothing there. (거기에는 아무것도 없다.)

㉦ Here comes the bus! (여기 버스가 온다) ※ here는 유도부사

② 완전 자동사 : 동사만으로 의미 표현이 가능하며, 보어나 목적어가 필요하지 않은 동사

fly, fight, grow, smile, sneeze, rise, twinkle, weep 등

실력up **완전동사와 불완전동사의 구별**

보어를 필요로 하지 않는 동사는 완전동사, 보어를 필요로 하는 동사는 불완전동사

③ 의미에 주의할 완전 자동사

㉠ do(충분하다, 도움이 되다)

  Any book will do. (아무 책이라도 됩니다.)

㉡ matter(중요하다, 문제가 되다)

  It doesn't matter if we flunk. (우리는 낙제해도 상관없다.)

㉢ count(중요하다)

  He doesn't count in our team. (그는 우리 팀에서 중요한 존재가 아니다)

㉣ pay(수지맞다, 이익이 되다)

  Kindness sometimes does not pay. (때때로 친절은 이익이 되지 않는다./ 때때로 친절을 베풀어도 보답을 받지 못한다.)

㉤ work(작동하다, 잘 돌아가다)

  This TV doesn't work. (이 TV는 작동하지 않는다.)

㉥ read(~이라고 쓰여 있다, ~으로 해석되다)

It reads as follows. (그것은 다음과 같이 적혀 있다.)

Ⓐ sell(팔리다)

This sells for one dollars. (이것은 1달러에 팔린다.)

(2) 2형식 문형

① 문형

> S + V + C (주어 + 불완전 자동사 + 보어)

㉠ He is a doctor. (그는 의사다.)

㉡ That sounds great! (좋은 의견이에요!)

㉢ They remained silent for some time. (그들은 한동안 침묵했다.)

㉣ It proved (to be) true. (그것은 사실임이 판명되었다.)

㉤ My teacher seemed disappointed. (내 선생님은 실망한 듯 했다.)

② 불완전 자동사

👓👓 한눈에 쏙~

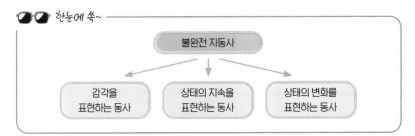

㉠ 의미의 완전한 표현을 위해 동사를 보충하는 보어(형용사, 명사 및 명사 상당어구)를 필요로 하는 동사
  • 감각을 표현하는 동사 : smell, look, taste, feel, sound 등
    This flower smells sweet(sweetly ×).
  • 상태의 지속('~이다', '~있다')을 표현하는 동사(be 유형) : be, seem, appear, look, remain, keep, hold, lie, stand, sit, stay 등(※ 'be'가 완전자동사로 쓰일 때는 '존재하다'의 의미를 지님)
    – He remained silent(silently ×) for an hour.
    – The apple appears rotten(rottenly ×) inside.

㉡ 상태의 변화('~이 되다', '~해지다')를 표현하는 동사(become 유형) : become, go, get, grow, come, run, fall, make, turn, prove, turn out 등
  He grew weary(wearily ×).

(3) 3형식 문형 ★ 빈출개념

① 문형

> S + V + O (주어 + 완전 타동사 + 목적어)

SEMI-NOTE

⊙ She loves Mr. Kim. (그녀는 김 씨를 사랑한다.)

ⓛ Mr. Wilson attended the meeting.(윌슨 씨는 회의에 참석했다.)

ⓒ He robbed me of my watch. (그가 내 시계를 훔쳤다.)

ⓔ They went on a strike. (그들은 동맹 파업에 들어갔다.)

② 완전 타동사 ★빈출개념

동작을 받는 목적어가 필요하고, 그 목적어만으로 표현이 가능한 동사

see, catch, smile, know, enter, attend, join, reach, marry, obey 등

③ 4형식 동사(수여동사)로 혼동하기 쉬운 3형식 동사

⊙ explain, introduce, announce, admit, describe, confess, complain, suggest, propose, rob, deprive, rid, cure, remind, notify 등

ⓛ 구조 : 동사 + 목적어 + 전치사 + 사람 / 동사 + 전치사 + 사람 + 목적어(목적어가 후치될 때)

• The investor explained us the situation. (×) → They explained the situation to us.

• He introduced me his parents. (×) → He introduced his parents to me.

• He suggested me that I apply for a scholarship. (×) → He suggested to me that I (should) apply for a scholarship.

④ 3형식 동사의 특수한 유형

⊙ 동족목적어 : 자동사가 그 동사와 같은 의미의 목적어와 어울리며 타동사로 변하는 경우, 같은 의미의 목적어를 동족목적어라고 함

• live, sleep, dream, nod, fight, die, smile, sing, sigh, breathe 등

• The boy lived a happy life. (그 소년은 행복한 삶을 살았다.)

• I dreamed a weird dream. (나는 이상한 꿈을 꾸었다.)

• They fought a good battle. (그들은 잘 싸웠다.)

ⓛ 군동사(群動詞)의 타동사화 : look at, call up, call off, give in, bring up, make out, account for, make up for, make use of, put up with, pay attention to, find fault with 등

실력up   군동사(群動詞)의 타동사화 예문

• The union called off the strike. (노조는 파업을 중지했다.)

• They could not account for the missing funds. (그들은 없어진 자금에 대해 설명하지 못했다.)

• He must make up for the loss. (그는 손실을 변상해야 한다.)

• We should pay attention to the fact. (우리는 그 사실에 유의해야 한다.)

자동사와 타동사의 구별

동사가 목적어를 필요로 하면 타동사, 목적어를 필요로 하지 않으면 자동사임. 자동사는 동사의 작용이 다른 것에 미치지 않고 오직 주어 자신에서만 끝남

4형식 동사로 혼동하기 쉬운 3형식 동사

수여동사로 착각하기 쉬운 3형식 동사는 타동사로서 반드시 목적어를 갖지만 수여동사처럼 간접목적어와 직접목적어를 동시에 사용할 수 없음

군동사의 타동사화의 종류

• 전치사적 동사 : 동사 + 전치사
　- A taxi ran over a dog.
　- She depends on her husband.

• 어구 동사 : 동사 + 부사
　- I called off the meeting.
　- We put off the conference.

(4) 4형식 문형

① 문형

S + V + IO + DO (주어 + 수여동사 + 간접 목적어 + 직접 목적어)

㉠ She gave me her necklace. (그녀는 내게 자신의 목걸이를 주었다.)

㉡ He bought her a book. (그는 그녀에게 책을 한 권 사주었다.)

㉢ I envy him his bravery. (나는 그의 용기를 부러워한다.)

② 수여동사

어떤 것을 주고받는다는 의미를 가진 타동사로서, 간접 목적어와 직접 목적어를 필요로 함

ask, bring, buy, give, lend, make, show, send 등

③ 4형식 문장의 전환(4형식 ⇔ 3형식)

㉠ 4형식 문장의 「주어 + 동사 + 간접 목적어 + 직접 목적어」형식을 「주어 + 동사 + 직접 목적어 + 전치사 + 간접 목적어」로 바꾸어 3형식 문장으로 전환 가능

㉡ 4형식 전환 시의 전치사 유형

• 'to' 사용 : give, pay, hand, sell, send, lend, show, teach, write, offer, mail, owe 등

 − I send her my baggage. (나는 그녀에게 내 짐을 보냈다.) [4형식] → I send my baggage to her. [3형식]

 − I owe him my success. [4형식] → I owe my success to him. [3형식]

• 'for' 사용 : buy, build, make, get, order, find, choose, save, spare, do(~을 베풀다) 등

 − I will buy my father an overcoat. (나는 아버지에게 외투를 사드릴 것이다.) [4형식] → I will buy an overcoat for my father. [3형식]

 − Will you do me a favor? (부탁하나 들어줄래?) [4형식] → Will you do a favor for me? [3형식]

• 'on' 사용 : play, impose, bestow 등

• 'of' 사용 : ask, beg, inquire 등

 − The student asked me a question. [4형식] → The student asked a question of me. [3형식]

④ 4형식 형태로만 사용되는 동사(3형식으로 쓸 수 없는 수여동사) : '주어 + 수여동사 + 간접목적어 + 직접목적어'의 형태로만 쓰이며, '주어 + 수여동사 + 직접목적어 + 전치사 + 간접목적어'의 형태는 불가함

㉠ envy, pardon, forgive, save, spare, cost, charge, grudge, answer, deny, take, strike 등

㉡ I envy you your fortune. [4형식] / I envy your fortune to you. [3형식] (×)

㉢ That saves me much time. [4형식]

㉣ It costs me ten dollars. [4형식]

(5) 5형식 문형

① 문형

S + V + O + OC (주어 + 불완전 타동사 + 목적어 + 목적보어)

수여동사

• 수여동사

 − 수여동사에서 수여는 주다를 의미

 − '누군가'에게 '무엇을' 주어야만 성 립 가능 함

• 수여동사 뒤에 오는 두 개의 목적어

 − 사람에 해당하는 간접목적어

 − 물건에 해당하는 직접목적어

do의 4형식 전환 시 전치사 유형

• 'to' 사용 : harm, damage, good 을 직접 목적어로 취할 경우

 − Too much light does the eyes harm. [4형식]

 → Too much light does harm to the eyes. [3형식]

• 'for' 사용 : favor를 직접 목적어 로 취할 경우

 − Will you do me a favor? [4형식]

 → Will you do a favor for me? [3형식]

4형식 동사

4형식 형태로만 사용되는 동사들이 사용된 4형식 문장에서는 간접목적어를 생략 가능함

for와 직접목적어

• 'I envy you your fortune.'에서 직접 목적어 앞에 for를 쓸 수도 있음

 − I envy you for your fortune.

SEMI-NOTE

불완전 타동사
- 주어 + 동사 + 목적어 + 목적격 보어

┌─────────────────────────┐
목적보어가 'to be + 형용사[분사]'인
경우 'to be'는 생략 가능

• want 유형(want, like, wish, get,
 find) → 일반적으로 'to be'를 생략
 - We want it (to be) ready.
• think 유형(think, consider, order,
 feel, prove, believe, imagine) → 'to
 be' 생략 가능
 - I thought him (to be) wise.
• know 유형(know, allow, permit,
 expect) → 일반적으로 'to be' 생략
 불가
 - He expected her to be reliable.

목적보어 to부정사의 that절 전환
• to부정사를 that절로 전환할 수 있는
 동사 : admit, ask, beg, believe,
 consider, expect, feel, find, know,
 report, suppose, warn
• to부정사를 that절로 전환할 수 없는 동
 사 : allow, appoint, cause, compel,
 condemn, dare, get, help, mean, permit,
 require

ㄱ I believe him honest. (나는 그가 정직하다고 믿는다.)

ㄴ I saw her play the piano. (나는 그녀가 피아노 연주하는 것을 보았다.)

ㄷ Willy heard his name called. (Willy는 그의 이름이 불리는 것을 들었다.)

② 불완전 타동사

목적어와 더불어 그 목적어를 설명하는 목적보어(명사, 형용사, 분사, to부정사
등)를 필요로 하는 동사 call, elect, find, leave, make, name 등

③ 목적보어와 동사 유형

ㄱ '명사(구)'가 목적보어인 동사 : make, elect, appoint, call, name, think 등

• We elected John president. (우리는 John을 의장으로 선출했다.)

• I thought him a man of ability. (나는 그가 능력 있는 사람이라 생각했다.)

ㄴ '형용사'와 '분사'가 목적보어인 동사 : make, believe, leave, hold, have,
render, keep, see, push, paint, strike, set 등

• Please leave the door open. (문을 열어두세요.)

• They painted their house blue. (그들은 집을 파란색으로 칠했다.)

• I found the boys playing baseball. (나는 그 아이들이 야구를 하고 있
는 것을 발견했다.)

ㄷ 'to부정사'가 목적보어인 동사 : allow, ask, expect, cause, enable,
encourage, order, force, forbid, believe 등

• Professor Kim ordered me to do this first. (김 교수는 나에게 이것을
먼저 하라고 명령했다.)

• The rain caused the river to rise. (비는 그 강이 넘치게 했다.)

ㄹ 'as + (동)명사' 형태가 목적보어인 동사(S + V + O + as + OC) : consider,
treat, describe, look on[upon], regard, think of, refer to, define

• They considered her (as) stupid. (그들은 그녀를 우둔한 사람으로 간
주했다.)

• We treated it as a joke. (우리는 그것을 농담으로 여겼다.)

• We regard his argument as logical. (우리는 그의 주장이 논리적이라
생각한다.)

ㅁ 'for + 형용사 · 분사 · 명사' 형태가 목적보어인 동사 : take, mistake, give up 등
She took his help for granted. (그녀는 그의 도움을 당연한 것으로 생각
했다.)

④ 사역동사와 지각동사 ⭐ 빈출개념

ㄱ 사역동사

• 종류 : make, let, have

• 용법 : 목적어와 목적보어의 관계가 능동일 때 목적보어는 원형부정사(동
사원형)가 되며, 목적어와 목적보어의 관계가 수동일 때 목적보어는 과거
분사가 됨

- I will make him change his plans. (= I will compel him to
change his plans.) (나는 그가 계획을 바꾸도록 만들 것이다.)

– The police let the boys go.(= The police permitted the boys to go.) (경찰은 그 소년들이 가도록 허가했다.)
– She won't let you go alone. (그녀는 네가 혼자 가도록 내버려두지 않을 것이다.)
– My parents had me clean the room.(= My parents got me to clean the room.) (내 부모님은 내가 방 청소를 하게 했다.)
– He had[got] his watch stolen. (그는 그의 시계를 도둑맞았다.)

실력UP have[get] + 사물 + 과거분사(have + 사람 + (to) 동사원형, get + 사람 + to 동사원형)

• '~을 시키다, ~하여 받다'
  – I had [got] my manuscripts typed.
• '~되다', '~을 당하다'
  – She got[had] her knees skinned.

ⓛ 지각동사
  • 종류 : see, watch, notice, observe, hear, feel, smell, taste, listen to
  • 용법 : 목적어와 목적보어의 관계가 능동일 때 목적보어는 원형부정사(동사원형)가 되는데, 목적보어가 목적어의 진행 동작을 나타내는 경우는 목적보어가 진행형(–ing)이 됨. 목적어와 목적보어의 관계가 수동일 때 목적보어는 과거분사가 됨
    – I saw him cross the road. (나는 그가 길을 건너는 것을 보았다.)
    – I smell something burning. (무엇인가가 타고 있는 냄새가 난다.)
    – He saw his room cleaned. (그는 그의 방이 청소되어 있는 것을 보았다.)

⑤ 목적어와 목적보어의 도치
  ㉠ 목적어가 부정사 · 동명사구, 명사절인 경우 : 가목적어 'it'을 두고 도치됨
    They thought it their duty[목적보어] to serve their country[목적어].
    (그들은 조국에 봉사하는 것이 그들의 의무라 생각했다.)
  ㉡ 목적어가 명사구인 경우 : 목적어와 목적보어가 도치됨
    It can make visible[목적보어] details in our body[목적어]. (그것은 우리 몸의 상세한 부분이 보이도록 할 수 있다.)
  ㉢ 관용적으로 도치될 수 있는 경우(동사 + 목적보어) : make possible, make clear, cut short, push open, wash clean
    It will make possible[목적보어] our success[목적어]. (그것은 우리의 성공이 가능하도록 할 것이다.)

2. 동사의 주의해야 할 용법

(1) 타동사로 착각하기 쉬운 자동사

  ① 중요 자동사
    ㉠ graduate 졸업하다, 승진하다, 자격을 얻다

사역동사의 목적보어가 자동사인 경우
• 사역동사의 목적보어가 자동사인 경우 원형부정사(동사원형)를 씀
  – He had his cat die yesterday.

기타 자동사의 용법

• head for ~로 향하다
• return to ~로 돌아가다
• speak to ~에게 말을 걸다, ~에게 말하다, ~에 언급하다
• talk to ~에게 말을 걸다
• account for ~에 대해 설명하다
• listen to ~에 귀 기울이다, 경청하다
• agree with ~와 의견이 일치하다, ~에 맞다
• agree to ~에 동의하다

완전타동사로 착각하기 쉬운 완전 자동사

- happen 일어나다
- occur 일어나다
- emerge 나타나다
- apologize 사과하다
- arrive 도착하다
- wait 기다리다

attend
- attend의 경우 '~에 참석하다'의 의미로는 타동사지만 다른 의미의 자동사로 쓰이기도 함
- attend on 시중들다, 수반하다
- attend to ~을 처리하다, ~을 돌보다

기타 타동사
- reach ~에 도착[도달]하다(= get to) cf. reach to[at] (×)
- attack 공격하다, 착수하다
- survive 살아남다
- inhabit ~에 살다, 거주[서식]하다
- obey 복종[순종]하다, 준수하다

3형식 동사 explain, introduce
explain/introduce + 목적어(사물) + to 사람 [3형식]

When did you graduate college? (×)

→ When did you graduate from college? (언제 대학을 졸업하셨습니까?) (○)

ⓛ complain 불평하다, 푸념하다

I have nothing to complain. (×)

→ I have nothing to complain of. (나는 불만 없습니다.) (○)

ⓒ wait 기다리다(~for), 시중들다(~on, at)

Who are you waiting? (×)

→ Who are you waiting for? (누구를 기다리고 있니?) (○)

(2) 자동사로 착각하기 쉬운 타동사

① 중요 타동사(3형식 동사)

㉠ resemble ~을 닮다

The boy resembles with his father. (×)

→ The boy resembles his father. (그 소년은 아버지를 닮았다.) (○)

ⓛ attend 출석[참석]하다

cf. attend to(〈자동사〉 보살피다, 돌보다, 전념하다, 귀를 기울이다, 주의하여 듣다)

I forgot to attend to the meeting. (×)

→ I forgot to attend the meeting. (그 회의에 참석할 것을 잊었다.) (○)

ⓒ discuss 논의하다, 토의하다

We will discuss about the situation tomorrow. (×)

→ We will discuss the situation tomorrow. (그 상황에 대해서는 내일 논의할 것이다.) (○)

② 기타 타동사

㉠ approach ~에 다가가다

cf. approach to (×)

ⓛ enter 들어가다, 참가하다

cf. enter into (~에 착수하다), enter for an examination(시험에 응시하다)

ⓒ marry ~와 결혼하다

cf. marry with (×)

ⓔ mention 언급하다, 간단히 말하다

cf. mention about (×)

(3) 4형식 동사(수여동사)로 착각하기 쉬운 3형식 동사

① 중요 3형식 동사

㉠ explain 설명하다

John explained me the situation. [4형식] (×)

→ John explained the situation to me. [3형식] (○)

ⓛ introduce 소개하다, 도입하다

He introduced us his family. [4형식] (×)

→ He introduced his family to us. [3형식] (○)

02절   시제(Tense)

1. 현재시제와 과거시제

(1) 현재시제

① 현재형의 구조

- be 동사의 경우에는 am, are, is
- have 동사의 경우에는 have, has
- 그 외의 경우에는 동사의 원형과 같음
- 단, 주어가 3인칭 단수인 경우에는 동사의 원형에 −s나 −es를 붙임

👓 한눈에 쏙~

② 현재시제의 용법

㉠ 일반적 사실이나 불변의 진리 · 격언

- Teachers teach students at schools. (교사들은 학교에서 학생들을 가르친다.)
- Honesty is the best policy. (정직이 최선의 방책이다.)
- The moon goes around the earth. (달은 지구 주위를 돈다.)
- The early bird catches the worm. (일찍 일어나는 새가 벌레를 잡는다.)

㉡ 현재의 반복적 · 습관적인 일이나 현재의 동작 · 상태(사실)

- I usually leave for work at 7:00 A.M. (나는 아침 7시에 출근한다.)
- She goes to school. (그녀는 학교에 다닌다.)
- We live in an apartment. (우리는 아파트에 산다.)
- Mary has beautiful eyes. (Mary는 아름다운 눈을 가지고 있다.)

③ 현재시제의 미래시제 대용

㉠ 시간 · 조건의 부사절(※ 명사절 · 형용사절에서는 미래시제 사용)

㉡ 시간 · 조건의 부사절에서 현재(현재완료)시제가 미래(미래완료)시제를 대신함

기타 3형식 동사

- suggest 암시하다, 제의[제안]하다
- propose 제의하다, 작정하다, 꾸미다, 신청하다
- announce 알리다, 공고하다
- admit 들이다, 넣다, 허락하다
- describe 묘사하다, 기술하다
- confess 자백[고백]하다, 인정하다
- complain 불평하다, 호소하다
- provide, supply, furnish 공급하다

시제

- 대과거
  - had gone
- 과거
  - went
- 현재
  - go
- 미래
  - will go

왕래발착동사

- 왕래발착동사의 현재형(현재진행형) + 가까운 미래를 나타내는 부사 · 부사구
- 왕래발착동사 : go, come, start, leave, return, arrive, depart, reach, open, close, begin, end 등
  - He comes back tonight.
  - She returns next Monday.

시간 · 조건의 부사절 예문

- I will go if he comes[will come(×)] back. (그가 돌아오면 나는 갈 것이다.)
- Do you mind if I open[will open(×)] the window? (제가 창문을 열어도 괜찮을까요?)
- I will have read this book four times if I read[will read(×)] it once again. (내가 이 책을 한 번 더 읽으면 네 번째 읽는 셈이 될 것이다.)

– The next time I go[will go(×)] to New York, I am going to see a ballet. (다음번에 내가 뉴욕에 갈 때에, 나는 발레를 볼 것이다.)

– When he comes[will come(×)], I will talk with him. (그가 돌아올 때, 나는 그와 대화할 것이다.)

실력up 시간·조건 부사절을 이끄는 접속사

• 시간 · 때 : after, before, when, as soon as
• 조건 : if, unless

(2) 현재진행형

① 구조

• 주어 + be + 동사의 진행형
• I + am + going / doing
• He / She / It + is + going / doing
• You / We / They + are + going / doing

👓 한눈에 쏙~

② 현재진행시제의 용법

㉠ 현재 이루어지고 있는 일

• Please don't make so much noise. I'm reading. (시끄럽게 하지 말아주세요. 지금 책 읽고 있습니다.) → I read. (×)

• "Where's Mr. Park?" "He's taking a bath." ("박 씨는 어디 있죠?" "지금 목욕 중입니다.") → He takes a bath. (×)

㉡ 반드시 현재 일어나는 일일 필요는 없음

I'm reading the book. I'll lend it to you when I'm done with it. (지금 그 책을 읽고 있습니다. 다 읽으면 당신에게 빌려드리죠.)

※ 화자는 말하는 현재 책을 읽고 있지 않음. 책 읽기를 시작했지만 아직 끝나지 않은 상태이기 때문에 현재진행시제를 사용

③ 진행형으로 쓸 수 없는 동사

㉠ 진행형이 가능한 동사 : 반복행위나 활동, 변이 등을 표현하는 동적 동사

• That girl is always grumbling. (저 소녀는 항상 불평한다.)

• My father is watering the flowers. (아버지는 꽃에 물을 주고 있다.)

진행 시제

• 과거진행
 – was going
 – were going
• 현재진행
 – am going
 – are going
 – is going
• 미래진행
 – will be going

현재진행형 + 빈도부사

• 현재진행형 + 빈도부사(always, continuously 등)는 습관·성질, 반복된 동작의 표현
 - They are always quarrelling. (그들은 항상 다툰다.)
 - He is constantly complaining that he cannot find time to do what he wants to. (그는 항상 하고 싶은 일을 할 시간이 없다고 불평한다.)

ⓛ 진행형 불가 동사 : 지각 · 인식 · 감정 · 상황 · 소유 등을 표시하는 상태 동사

무의식적 지각동사	see, hear, smell, taste, feel cf. 의지가 포함된 지각동사(look, watch, listen 등)는 진행형 가능
인식 · 사고 동사	know, suppose, mean, think, believe, doubt, understand, remember, wonder(※ wonder는 구어체에서 진행형 가능)
감정 · 심리 동사	like, love, prefer, hate, want, hope, fear
소유 · 존재 · 소속 동사	have, belong, possess, seem, appear, exist, consist, contain cf. 소유의 의미가 아닌 다른 의미로 사용되는 경우 진행형 가능
기타 상태 동사	be, resemble, differ, lack 등

have가 '소유하다'의 의미일 때
- 진행형으로 쓸 수 없음
- I have a good laptop computer. (나는 좋은 휴대용 컴퓨터를 가지고 있다.)
  → I'm having a good laptop computer. (×)
- I'm having a great time. (나는 즐거운 시간을 보내고 있다.) (○)

resemble
- resemble은 진행형을 쓸 수 없는 상태동사/타동사
- 전치사 with 불가
- 수동태 불가

- Are you seeing the girl walking down the street? (×)
  → Do you see the girl walking down the street? (길을 걸어가는 저 소녀를 보고 있습니까?)
  cf. She is seeing a doctor. (○) (seeing = consulting)
- I'm knowing Mr. Kim very well. (×)
  → I know Mr. Kim very well. (나는 김 씨를 잘 알고 있습니다.)
- Tony is resembling his grandfather. (×)
  → Tony resembles his grandfather. (Tony는 그의 할아버지를 닮았다.)
- I'm wanting to eat something because I'm hungry. (×)
  → I want to eat something because I'm hungry. (배가 고파서 무언가 먹고 싶다.)

지각동사가 본래의 의미 이외의 뜻을 가진 경우
- 진행형을 쓸 수 있음
- I'm seeing my client next Monday. (오는 월요일에 내 고객을 만날 것이다.)

(3) 과거시제 ⭐빈출개념

① 과거형

  ㉠ 일반적 형태 : 일반적으로 동사 뒤에 -ed를 붙여줌. 의문문은 「Did + you/she + 원형 ~ ?」의 형태로 만듦

  ㉡ 주의할 동사의 변화형(불규칙 형태) : 현재형 - 과거형 - 과거분사형
  bite(물다) - bit - bitten / creep(기다) - crept - crept / dig(파다) - dug - dug / fight(싸우다) - fought - fought / forbid(금지하다) - forbade - forbidden / hang(매달다) - hung - hung / hang(교수형에 처하다) - hanged - hanged / lay(눕히다) - laid - laid / lie(눕다) - lay - lain

② 과거시제의 용법 : 과거의 동작이나 상태, 경험, 습관
  ㉠ He was born in 1972. (그는 1972년에 태어났다.)
  ㉡ Do you remember the incident that took place at our first meeting? (우리의 첫 회의에서 일어났던 사고를 기억합니까?)
  ㉢ The recital was a great success. (그 연주회는 큰 성공을 거두었다.)

주의할 동사의 변화형
- lie(거짓말하다) - lied - lied
- ride(타다) - rode - ridden
- seek(찾다) - sought - sought
- sink(가라앉다) - sank - sunk
- slide(미끄러지다) - slid - slid
- sting(찌르다) - stung - stung
- swear(맹세하다) - swore - sworn
- swim(수영하다) - swam - swum

역사적 사실
- Columbus discovered America in 1492. (콜럼버스는 1492년 미국을 발견했다.)
- The Korean War broke out in 1950. (한국전은 1950년 발발했다.)

과거
• 과거에 같은 기간에 걸쳐 발생한 두 가지의 사건이나 행동에 대해 말할 때, 과거진행형 또는 단순 과거 사용 가능
• 과거진행형을 사용하면 어떤 행동이나 사건이 과거의 해당 기간 중에 진행되는 상황이었음을 강조

과거형
- I walked home after the class. (수업이 끝난 후 나는 집에 걸어갔다.) [집까지 걸어가는 행위가 끝났다.]

완료시제
• 과거완료
  – had gone
• 현재완료
  – have[has] gone
• 미래완료
  – will have gone

been (to)
• 방문하다(= visit)
  – I've never been to the Republic of South Africa.

(4) 과거진행형

① 구조

> • 주어 + be동사의 과거형 + −ing
> • I / He / She / It + was + going / doing
> • We / You / They + were + going / doing

② 과거진행시제의 용법 : 과거의 특정 시점에 진행 중이었던 일
  ㉠ Allen was reading a book when Jamie entered the room. (Jamie가 방에 들어갔을 때 Allen은 책을 읽고 있었다.)
  ㉡ What were you doing at 8 : 00 P.M. last night? (어제 밤 8시에 무엇을 하고 있었니?)

③ 과거형과의 비교
  ㉠ 구분 : 과거형에서 행위는 진행이 끝나지만 과거진행형에서는 행위가 진행중에 있음을 표현
  ㉡ 예문
  과거진행형
  I was walking home when I met Kelly. (Kelly를 만났을 때 나는 집으로 걸어가고 있었다.) [집으로 걸어가고 있는 도중에 만났다.]

2. 완료시제

(1) 현재완료시제 ★빈출개념

① 현재완료형의 구조

> • 현재완료 : 주어 + have[has] + p.p.(과거분사형)
> • I / We / You / They + have(= 've) + gone / done
> • He / She / It + has(= 's) + gone / done
> • 현재완료 진행 : 주어 + have[has] + been + −ing
> • I / We / You / They + have(= 've) + been + going / doing
> • He / She / It + has(= 's) + been + going / doing

② 현재완료시제의 용법
  ㉠ 경험 : 과거부터 현재까지의 경험(→ 주로 ever, never, often, once, seldom, before, sometimes 등과 함께 쓰임)
    • Have you ever been to London? (런던에 가 본적이 있습니까?)
    • This is the first time I've flown an airplane. (비행기를 조종하는 건 처음입니다.)
    • I'm surprised that you haven't heard of Mark Twain, the American novelist. (당신이 미국 소설가 Mark Twain에 대해 들어본 적이 없다는 것은 놀랍습니다.)

ⓛ 계속 : 과거부터 현재까지 계속되는 일이나 사실(→ 주로 how long, for, since, always, so far, these days 등이 함께 사용됨)

- How long have you been in Busan? (부산에는 얼마나 오랫동안 계셨습니까?)
- I have lived here for a year. (나는 여기에 일 년째 살고 있다.)
- I've known Corey very well since I was in high school. (나는 고등학교 때부터 Corey를 잘 알았다.)
- It has been raining for three hours. (비가 세 시간 동안 내리고 있다.)

ⓒ 완료 : 과거 사실이 현재 완료되어 있음을 강조(→ 주로 already, yet, just, lately, this week, today, this year, recently, by the time 등의 표현과 함께 사용됨)

- He has just finished the work. (그는 막 그 일을 끝냈다.)
- The investors have already arrived. (투자자들이 이미 도착했다.)

ⓔ 결과 : 과거 사실이나 행위의 결과가 현재 나타남을 강조할 때

- Hank has lost his eyesight. (Hank는 시력을 잃었다.) → 그 결과 현재 앞을 볼 수 없다.
- The old man has cut his finger. (그 노인은 손가락을 베었다.) → 현재 손가락이 아프다.
- Mr. Jung has gone out. (정 씨는 밖에 나갔다.) → 현재 밖에 있다.

(2) 과거완료시제

① 과거완료형의 구조

- 과거완료 : 주어 + had + p.p.(과거분사형)
- I/ We / You / They / He / She / It + had(= 'd) + gone / done
- 과거완료 진행 : 주어 + had + been + -ing
- I / We / You / They / He / She / It + had(= 'd) + been + going / doing

② 과거완료시제의 용법 : 과거의 기준이 되는 시점보다 과거에 일어난 일을 표현

ⓖ The train had left when I got to the station. (내가 역에 도착했을 때 기차는 이미 떠났었다.)
ⓛ I was very tired when I got home. I had been studying hard all day. (집에 돌아갔을 때 굉장히 피곤했다. 그날 하루는 열심히 공부했었다.)

③ No sooner, scarcely, hardly 구문 : ~하자마자 ~했다

No sooner + had + 주어 + 과거분사 + than + 과거형 = Scarcely[Hardly] + had + 주어 + 과거분사 + when / before + 과거형

실력 up | No sooner had I arrived at home, than it began to rain. (내가 집에 도착하자마자 비가 내리기 시작했다.)

= I had no sooner arrived at home than it began to rain.

= Hardly[Scarcely] had I arrived at home, before[when] it began to rain.

= I had hardly[scarcely] arrived at home before[when] it began to rain.

= The minute[moment, instant] I arrived at home, it began to rain.

= Immediately[Directly, Instantly] I arrived at home, it began to rain.

= As soon as I arrived at home, it began to rain.

= On my arriving at home, it began to rain.

3. 미래시제

(1) 미래시제의 다양한 표현

① will / shall의 용법

　㉠ 행위를 하기로 결정한 경우

　　• I'll have some vanilla milk shake. (바닐라 밀크셰이크로 주세요.)

　　• I'll let you have this magazine. (내가 이 잡지 너 줄게.)

　㉡ 이미 결정한 사실에 대해 말할 때는 will을 사용하지 않음

　　• Will you work next Sunday? (×)

　　　→ Are you working next Sunday? (다음주 일요일에 일하세요?)

　　• I will watch the football game this evening. (×)

　　　→ I'm going to watch the football game this evening. (오늘 저녁에
　　　는 축구 경기를 볼 생각이다.) ※ 이미 결정한 사실(가까운 시간에 일어
　　　날 것)에 대해서는 'be going to'를 사용하는 것이 일반적임

　㉢ 미래에 일어날 일을 예측하는 경우에 will을 사용

　　• Where will you be this time next year? / I'll be in France.

　　　(내년 이맘때에 어디에 계실 건가요? / 프랑스에 있을 겁니다.)

　　• Ron won't pass the exam for he hasn't studied hard.

　　　(공부를 열심히 안 했기 때문에 Ron은 시험을 통과하지 못할 것이다.)

② 미래시제를 대신하는 주요 표현

　㉠ be going to + 동사원형(~할 예정이다)

　　• It is going to rain. (비가 올 것이다.)

　　• He is going to buy a new car. (그는 새 자동차를 살 것이다.)

　㉡ be to + 동사원형(하기로 되어 있다, ~할 예정이다)(= be supposed to + 동
　　사원형)

　　• The concert is to be held in November. (콘서트는 11월에 열릴 것이다.)

　　• We are to meet there at 9. (우리는 그곳에서 9시에 만나기로 되어 있다.)

　　• So what are we supposed to do? (그럼 우리는 어떻게 해야 되죠?)

ⓒ be about to + 동사원형(막~ 하려고 한다)(= be ready to + 동사원형 = be on the point[brink, verge] of –ing)

- I'm about to go to the airport. (나는 공항으로 가려고 한다.)
- The film is about to start. (영화가 곧 시작하려고 한다.)
- What are you about to do? (뭘 하려는 겁니까?)
- I am on the point of posting the letter. (나는 지금 막 편지를 보내려한다.)

(2) 미래진행시제와 미래완료시제

① 미래진행형

ㄱ 미래의 진행 중인 동작 등을 표현

ㄴ 'will be + –ing'

- He will be working at 2P.M. tomorrow. (내일 오후 2시에 그는 일하고 있을 것이다.)
- I will be watching TV if they go out. (그들이 나가면 나는 TV를 보고 있을 것이다.)

② 미래완료형

ㄱ 미래의 어느 시점을 기준으로 그때까지의 완료 · 경험 · 계속 · 결과를 표현

ㄴ 'will have + p.p.(과거분사)'

- She will have finished her work by tonight. (그녀는 오늘 밤까지 일을 끝내게 될 것이다.)
- The task will have been done by me. (그 일은 나에 의해 완수될 것이다.) [미래완료형수동태]

실력up 동사의 12시제

현재	am, are, is	현재진행	am, are, is + ing
과거	was, were	과거진행	was, were + –ing
미래	will + 동사원형	미래진행	will be + –ing
현재완료	have[has] p.p	현재완료진행	have[has] been + –ing
과거완료	had p.p	과거완료진행	has been + –ing
미래완료	will have p.p	미래완료진행	will have been + –ing

미래시제를 대신하는 주요 표현

- be bound to + 동사원형(반드시 ~하다, ~할 의무가 있다)
  - They are bound to lose in the game. (그들은 반드시 경기에서 지게 될 것이다.)
  - You are bound to observe the regulation. (너는 그 규정을 준수해야 한다.)
- be likely to + 동사원형(~할 [일] 것 같다)
  - It is likely to rain(= It looks like rain). (비가 올 것 같다.)
  - The event is likely to be a great success. (그 행사는 대단한 성공을 이룰 것 같다.)
- be supposed + to동사원형 (~하기로 되어있다)
- intend to ~할 작정이다

미래의 어느 시점을 기준으로 그때까지의 완료 · 경험 · 계속 · 결과를 표현
The train will already have started by the time we get to the station.
(우리가 역에 도착했을 때 이미 기차는 떠난 뒤일 것이다.)

02장 조동사(Auxiliary Verb)

01절 조동사 표현

조동사(Auxiliary Verb)

01절 · 조동사 표현

1. Can/Could

(1) 주요 용법

① 능력 · 가능성 : can(~할 수 있다)(= be able to do = be capable of doing)

　㉠ Can you speak Japanese? (일본어를 말할 수 있습니까?)

　㉡ I can help you if you want. (원한다면 너를 도와줄 수 있다.)

　㉢ Anyone can make mistakes. (누구나 실수를 할 수 있다.)

　㉣ The word 'water' can be a noun or a verb. ('water'라는 단어는 명사도, 동사도 될 수 있다.)

　㉤ You can take a horse to the water, but you cannot make him drink. (말을 물가로 몰고 갈 수는 있지만 그 말에게 물을 먹게 할 수는 없다.)

② 추측 · 추정

　㉠ cannot(~일[할] 리 없다) (↔ must)

　㉡ cannot have p.p.(~이었을[했을] 리 없다)

　㉢ It cannot be true. (그것은 사실일 리 없다.) (↔ It must be true)

　㉣ He cannot have said so. (그가 그렇게 말했을 리 없다.)

③ 허가

　㉠ Can I go back now? (지금 돌아가도 되나요?)

　㉡ Can I stay here a little longer? (여기 조금 더 머무를 수 있을까요?)

　㉢ Could I borrow your book? (책 좀 빌려도 되겠습니까?)['Can ~', 'Will~' 보다 공손한 표현]

④ could의 주요 용법

　㉠ **과거의 능력** : '~할 수 있었다'는 의미의 could는 마음만 먹으면 언제든지 발휘할 수 있는 일반적인 능력을 나타내며, 반드시 '(과거에) 실제로 ~했다'를 의미하지는 않음

　㉡ **가능성 · 추측** : 현재나 미래에 가능한 일에 대해 말할 때(can도 사용 가능)
　　What would you like to do this evening? We could go to a ballpark. (오늘 저녁에 뭐하실래요? 야구장에 가는 건 어때요.)

　㉢ **정중한 표현** : 정중히 요청하거나 부탁할 때 사용
　　Could you help you in any way? (어떻게든 도와드릴 수 있을까요?)

조동사 + 동사원형

- 조동사 다음에는 동사원형의 형태로 본동사가 와야 함
  - The energy can be transferred to power.
  - All students must keep quiet in the library.

can과 be able to

- 의미상 유사하나, can이 사람이나 사물을 주어로 할 수 있음에 비해 'be able to'는 사람이 주어인 경우에만 사용
- can의 미래의 의미는 'will be able to'를 사용

과거의 능력

- He could pass the test. (그는 시험에 합격할 수 있었다.) [실제로 합격했다는 것을 의미하지는 않음]
  cf. 과거에 실제로 일어난 일은 'was able to', 'managed to', 'succeeded in –ing' 등으로 나타냄
  단, 부정문에 쓰인 could는 실제로 일어난 일을 나타냄
- I could not pass the exam. (나는 시험에 합격할 수 없었다.) [실제로 합격하지 못했음]

(2) 관용적 표현

① cannot but + 원형부정사

> cannot (choose) but + 원형부정사(~하지 않을 수 없다)
>
> = cannot help + doing
>
> = cannot help but do
>
> = have no choice but to do
>
> = have no other way but to do
>
> = have no alternative[option] but to do

② cannot[never] ⋯ without ~

> cannot[never] ⋯ without ~(⋯하면[할 때마다] 반드시 ~한다) [부정어 + without]
>
> = cannot[never] ⋯ but + 주어 + 동사
>
> = Whenever 주어 + 동사, 주어 + 동사
>
> = When 주어 +동사, 주어 + always + 동사

③ cannot ⋯ too

> cannot ⋯ too(아무리 ⋯해도 지나치지 않다)
>
> = It is impossible to ⋯ enough

You cannot study too hard. (너는 아무리 공부를 열심히 해도 지나치지 않다.)

2. May/Might

(1) 주요 용법

① 추측 · 추정

ㄱ may + 동사원형(~일[할]지도 모른다)

ㄴ may have + 과거분사(~이었을[하였을]지 모른다)

• Tom may have been hurt. (Tom은 다쳤을지 모른다.)(= Perhaps Tom was hurt.)

• I may have left the book in my room. (그 책을 내 방에 둔 것 같다.)

실력up **may와 might**

• 둘은 일반적으로 같은 용법으로 사용되지만 현실이 아닌 것에 관해 말할 때는 might를 사용

– If I knew him better, I might invite him to the party.

(내가 그를 더 잘 알았다면, 그를 파티에 초대할 것이다.) → 그를 잘 모르므로 그를 초대하지 않을 것이다. (may ×)

cannot but + 원형부정사

• I cannot but laugh at his hairdo. (나는 그의 머리 모양을 보고 웃지 않을 수 없다.)

= I cannot help laughing at his hairdo.

cannot[never] ... without ~

• I cannot[never] see her without thinking of my mother. (그녀를 볼 때마다 내 어머니가 생각난다.)

= Whenever I see her, I think of my mother.

= When I see her, I always think of my mother.

SEMI-NOTE

May/Might 양보 용법

- The businessman may be rich, but he is not refined. (그는 부자인지는 몰라도 세련되지는 못하다.)[뒤에 등위접속사 but 등을 동반]
= Though the businessman may be rich, he is not refined.
- Try as she may, she will not succeed. (그녀가 아무리 노력해 보았자 성공하지 못할 것이다.)[양보의 부사절에서 사용됨]
- Whatever you may say, I will not believe you. (당신이 무슨 말을 한다 해도 나는 당신을 믿지 않을 것이다.)

명사 might

- (강력한) 힘[에너지], 권력
  - I pushed the rock with all my might. (나는 온 힘을 다해 그 바위를 밀었다.)

might의 용법

- 과거사실을 반대로 추측 예문
  - World history might have been changed if they had won the war. (만약 그들이 전쟁에서 이겼더라면 세계의 역사가 바뀔 수도 있었을 텐데.)
  - She might have come to meet him. (그녀가 그를 만나러 왔을 수도 있었는데. – 그렇지 못했다.)

so that … may ~ (~하기 위해서)

= in order that … may ~

= that … may ~

- He studied hard so that he might pass the exam.
(그는 시험에 통과하기 위해서 열심히 공부했다.)

---

② 허가 · 가능 · 기원(소망)
  ㉠ 허가(=can)
    - You may leave now. (지금 가도 됩니다.)
    - Might I smoke in here? (여기서 담배를 피워도 될까요?)['may ~'보다 공손한 표현]
    - You may not borrow my car. (제 차를 빌릴 수 없습니다.)[may not : 불허가, 금지]
  ㉡ 가능(= can)
    - The road may be blocked. (길이 막혔을 것이다.)
    - Gather roses while you may[can]. (할 수 있을 때 장미꽃을 모아라. 즐길 수 있을 때[젊을 때] 즐겨라.)
  ㉢ 기원(소망)
    - May you live long! (오래 사시길 바랍니다!)
    - May you always be happy and healthy! (언제나 행복하시고 건강하시길 바랍니다!)
③ might의 용법
  ㉠ 현재 · 미래에 관한 추측 : may보다는 자신이 없는 추측
  ㉡ 과거사실의 불확실한 추측 : 'might have + p.p.'(어쩌면 ~했을지도 모른다) ['may have + p.p.'보다 약한 가능성을 나타냄]
    She might have left yesterday. (그녀는 어제 떠났을지도 모른다.)
  ㉢ 과거사실을 반대로 추측 : 가정법 과거완료(might have p.p.)에 사용되어 '어쩌면 ~할 수도 있었는데 실제로는 ~하지 않았다'는 의미가 됨, 주로 과거사실에 대한 '유감'의 뜻을 나타낼 때가 많으며, 조건절은 생략되는 경우가 많음

(2) 관용적 표현

① may well(~하는 것이 당연하다)
  = have good reason to + 동사원형
  = It is natural that + 주어 + should 동사원형
  He may well refuse the offer. (그가 그 제안을 거절하는 것이 당연하다.)
  = He has good reason to refuse the offer.
  = It is natural that he should refuse the offer.
② might(may) as well(~하는 편이 낫다)
  = had better + 동사원형
  ㉠ We might as well begin at once. (지금 즉시 시작하는 게 낫겠다.)
  ㉡ You may as well consult your lawyer. (변호사와 상의하는 게 좋겠습니다.)
    (= You had better consult your lawyer.)

③ might[may] as well A as B(B하느니 차라리 A하는 편이 낫다)

    ㉠ You might as well reason with the wolf as try to persuade him. (그를 설득하려고 하느니 늑대를 설득하는 편이 더 낫다.) ※ reason with ~을 설득하다

    ㉡ You might as well expect the river to flow back as expect me to change my mind. (내가 마음을 바꾸기를 기대하기보다는 차라리 강물이 거꾸로 흐르기를 기대하는 것이 더 낫다.)

3. Must

(1) 강한 추측

① 현재의 추측 : must + be(~임에 틀림없다) [↔ cannot + be(~일 리가 없다)]

    ㉠ He has been working all day. He must be tired.
    (그는 하루 종일 일했다. 그는 피곤해할 것이다.)

    ㉡ She must be honest. (그녀는 정직한 사람임이 틀림없다.)

    ㉢ He must be a liar. (그는 거짓말쟁이임에 틀림없다.)
    (↔ He cannot be a liar.)

② 과거의 추측 : must have + p.p.(~이었음에[하였음에] 틀림없다)

    ㉠ It must have rained during the night. (간밤에 비가 왔음에 틀림없다.)

    ㉡ She must have been beautiful. (그녀는 예전에 예뻤던 것이 틀림없다.)

    ㉢ He must have been smoking too much when he was young. (그는 젊었을 때 담배를 너무 많이 피운 것이 틀림없다.)

(2) 의무, 필연

① 의무 · 필요

    ㉠ 의무 · 필요(~해야 한다)(= have to)

      • I must get up early tomorrow. (나는 내일 아침 일찍 일어나야 한다.)

      • You must hurry for it's too late. (너무 늦었으니 서둘러야 한다.)

    ㉡ 명령 · 금지 : must not(~해서는 안 된다)

      • You must not accept their offer. (당신은 그들의 제안을 수용해서는 안 된다.)(= You are not allowed to accept their offer.)

      cf. need not(= don't have to)(~할 필요가 없다 ; 불필요)

      • You need not accept their offer.
      = You don't have to accept their offer.

실력UP 필연(반드시 ~하다, ~하기 마련이다)

Man must die sometime. (인간은 언젠가 죽기 마련이다.)

SEMI-NOTE

may/might

	may	might
추측	○	○
허가	○	
능력	○	
공손		○
목적	○	○
양보	○	○
기원문	○	

must
- must + 동사원형 : 의무(~해야 한다)
- must + not + 동사원형 : 금지(~하면 안 된다)

must와 have to

같은 의미이나 과거의 경우는 'had to', 미래의 경우는 'will have to'를 사용

추측의 확신 정도

• must > should > may
  – The boy must be hungry.
   (그 소년은 배고픔에 틀림없다.)
  – The boy should be hungry.
   (그 소년은 배고플 것이다.)
  – The boy may be hungry.
   (그 소년은 배고플지도 모른다.)

4. Will/Would

(1) 주요 용법

① will
   ㉠ 단순미래(~할[일] 것이다)
      You'll be in time if you hurry. (서두르면 제시간에 도착할 수 있을 것이다.)
   ㉡ 의지미래(~할 작정이다[~하겠다])
      • I will do as I like. (내가 원하는 대로 할 것이다.)
      • I will do my best. (최선을 다하겠습니다.)
   ㉢ 현재에 대한 추측
      Mom will be downstairs now. (어머니는 지금 아래층에 계실 것이다.)

② would

   ㉠ will의 과거
   ㉡ 고집 · 강한거절
      • He would not listen to my advice. (그는 내 충고를 들으려 하지 않았다.)
      • His income was still small, but she would marry him. (그의 수입은 여전히 적었지만 그녀는 기필코 그와 결혼하려 했다.)
   ㉢ 공손한 표현
      Would you please help me? (저를 도와주시지 않겠습니까?)
   ㉣ 과거의 불규칙적 습관 · 습성(~하곤 했다, 흔히 ~하였다)
      I would often swim in this river when I was a child. (내가 어렸을 때 이 강에서 종종 수영을 하곤 했다.)

(2) 관용적 표현

① would like to + 동사원형(~하고 싶다)
   I would like to see her. (나는 그녀가 보고 싶다.)

② would rather A(동사원형) than B(동사원형)(B 하느니 차라리 A 하겠다)
   I would rather[sooner] go than stay. (여기 머무르느니 떠나겠다.)
   = I had better go than stay.
   = I prefer going to staying.
   = I prefer to go than (to) stay.

③ A would rather B + C(과거동사)(A는 B가 차라리 C 하기를 바란다.)
   I'd rather he didn't know my name. (나는 그가 내 이름을 몰랐으면 좋겠다.)

5. Should/Ought to

(1) should의 일반적 용법

① 의무(~해야 한다)(= ought to) → must보다 약한 의미를 지님

㉠ You should take this medicine. (이 약을 먹어야 한다. → 이 약을 먹으면 좋다.)

㉡ You must take this medicine. (이 약을 먹어야 한다. → 반드시 이 약을 먹어야 한다.)

㉢ You should take the responsibility for your own conduct. (당신은 당신 자신의 행위에 대해 책임을 져야 한다.)

② 충고, 가능성 · 기대 · 양보

  ㉠ 충고 · 의견

   • You should take a bus to go there. (그곳에 가려면 버스를 타야 한다.)
   • We should do more to improve the quality of the products. (우리는 제품의 질을 높이기 위해 더 노력해야 한다.)

  ㉡ 가능성 · 기대 · 당연한 추측

   Since they left at noon, they should have arrived there. (그들은 정오에 출발했으니까 그곳에 도착해 있을 것이다.)

  ㉢ 실현 가능성이 적은 사항에 대한 가정 · 양보

   If you should leave me, I will miss you forever. (당신이 나를 떠난다면, 나는 당신을 영원히 그리워할 것이다.)

(2) 감정에 관한 표현

① 과거 사실에 대한 후회 · 유감 · 원망

> should[ought to] have + p.p.(~했어야 했는데)
> → 과거에 이루어지지 않은 일이나 사실에 대해 사후에 후회하는 표현

㉠ You should have come to the party last night. (네가 어젯밤 파티에 왔어야 하는데.)(= You had to come to the party, but you didn't.)

㉡ She should have been here one hour ago. (그녀는 한 시간 전에는 여기 왔어야 하는데.)

② 걱정 · 염려 · 두려움

> lest … should ~(…가 ~하지 않도록)
> = so that … may not ~
> = for fear of + -ing
> = for fear (that) … should ~

She woke up early lest she (should) be late at work. (그녀는 직장에 늦지 않도록 일찍 일어났다.)
= She woke up early so that she may not be late at work.
= She woke up early for fear of being late at work.
= She woke up early for fear that she should be late at work.

SEMI-NOTE

유감 · 놀람(수사적 감정표현)

• Who should come in but your mother?
(당신의 어머니 말고 과연 누가 들어 오겠는가?)
* 여기서 but은 except의 의미
• I'm surprised that your wife should object.
(당신의 아내가 반대했다니 놀랐다.)

이성적 판단의 형용사 구문

• It is necessary + that + S + should + 동사원형
• It is necessary + that + S + 동사원형
• It is necessary + that + S + be

해당동사

• insist that : ~을 주장하다(앞으로의 일에 대한 주장)
• suggest that : ~을 제안하다(앞으로의 일에 대한 제안)

요구 · 주장 · 명령 · 제안 · 충고 · 희망 · 기대 동사가 있는 경우

• I proposed that the loan (should) be reduced. (나는 대부금을 감액할 것을 제의했다.)
• The doctor advised that she (should) stop smoking. (그 의사는 그녀가 담배를 끊어야 한다고 충고했다.)

실력 up **ought to의 용법**

• 의무(~해야 한다)(= should)
• 추측(~임이 분명하다)(= must)
• 과거사실에 대한 후회 · 유감 (~했어야 했는데) : ought to have + p.p.(= should have p.p.)
• 과거사실에 대한 추정(~하였음이 분명하다) : ought to have + p.p.(= must have p.p.)

(3) should 중요 용법

① 이성적 판단의 형용사가 있는 경우

ㄱ 구조 : 이성적 판단의 형용사가 주절에 있는 경우 다음의 that절의 동사는 '(should) + 동사원형'이 됨

ㄴ 해당 형용사 : impossible, necessary, important, essential, imperative, mandatory, urgent, natural, good, right, proper, wrong 등
It is necessary that he (should) stop drinking. (그는 금주할 필요가 있다.)

② 감정적 판단의 형용사가 있는 경우

ㄱ 구조 : 주절에 감정적 판단을 표현하는 형용사가 있는 경우 that절의 동사는 '(should) + 동사원형'이 됨

ㄴ 해당 형용사 : strange, surprising, regrettable, wonderful, depressed, sorry, a pity, no wonder 등
It is strange that she (should) do such a thing. (그녀가 그런 일을 하다니 이상하군.)

③ 요구 · 주장 · 명령 · 제안 · 충고 · 희망 · 기대 동사가 있는 경우

• 구조 : 요구 · 주장 · 명령 · 제안 · 충고 · 희망 · 기대 동사 + that + S + (should) + 동사원형
• 해당 동사
– 요구 : demand, require, request, ask, desire
– 주장 · 결정 : insist, urge, decide, determine
– 명령 : order, command
– 제안 · 충고 : suggest, propose, move, recommend, advise

ㄱ He required that I (should) pay the money. (그는 나에게 돈을 지불하라고 말했다.)

ㄴ He insisted that the plan (should) be reconsidered. (그는 그 계획이 재고되어야 한다고 주장했다.)

ㄷ The commander ordered that the deserter (should) be shot to death. (지휘관은 그 탈영병을 총살하라고 명령했다.)

6. 기타 조동사

(1) do 동사

① 조동사
   ○ 의문문과 부정문 : be 동사 이외의 동사의 문장에서 의문문과 부정문을 만듦
     • Do you have any money? (돈이 좀 있습니까?)
     • Did he phone? (그가 전화했습니까?)
   ○ 강조 · 도치구문 : 긍정문을 강조하거나 강조 · 균형 등을 위하여 술어를 문두에 놓을 때 사용됨
② 일반동사: 주로 '(행)하다', '(이익 · 손해 등을) 주다'의 의미로 사용됨
   ○ You can do what you like. (당신은 하고 싶은 일을 해도 좋습니다.)
   ○ Do your duty. (당신의 의무를 다해라.)
   ○ The medicine will do you good. (그 약을 먹으면 나을 겁니다.)

(2) need와 dare

① 조동사 : need와 dare는 의문문, 부정문에서 조동사의 역할을 할 수 있음
   ○ Need we go that place? (우리가 거기 갈 필요가 있는가?)
   ○ How dare you speak to me like that? (어찌 감히 나에게 그렇게 말할 수 있는가?)
   ○ He need not go there. (그는 거기에 갈 필요가 없다.)(= He doesn't need to go there.)
② 일반동사 : need와 dare는 긍정문에서 일반동사(본동사)로 쓰임
   Her composition needs correction. (그녀의 작문은 고칠 필요가 있다.)

(3) 기타 준조동사

① used to + 동사원형 : 과거의 규칙적 행동 · 습관
   cf. would : 과거의 불규칙적 습관
   ○ I used to drink much when I was young. (나는 젊었을 때 술을 많이 마셨다.)
   ○ She used to call on me every Sunday. (그녀는 일요일마다 나를 방문하곤 했었다.)
② had better + 동사원형(~하는 것이 낫다)
   ○ We had better streamline our bureaucracy. (우리의 관료제를 보다 효율화 하는 것이 낫다.)
   ○ You had better take an umbrella with you. (우산을 가져가는 게 좋겠습니다.)
③ be going to + 동사원형
   ○ 할 작정이다(= will)
     What are you going to do tonight? (당신은 오늘밤 무엇을 할 것입니까?)

의문문과 부정문
• She doesn't eat meat. (그녀는 고기를 먹지 않는다.)
• They didn't go there. (그들은 그곳에 가지 않았다.)

강조 · 도치구문
• Do be quiet. (조용히 해.)
• He did say so. (그가 정말 그렇게 말했다.)
• Little did I dream a letter would come from him. (그에게서 편지가 오리라고는 생각지 못했다.)
• Never did I see such a genius. (나는 일찍이 그런 천재를 본 적이 없다.)

일반동사 예문
• We need to go that place. (우리는 거기 갈 필요가 있다.)
• He dared to tell us the truth. (그는 용기 있게 우리에게 진실을 말했다.)

be used to + (동)명사
• be used to + 명사/동명사(~에 익숙하다)
• become[get] used to + 명사/동명사(~에 익숙해지다)

had better + 동사원형(~하는 것이 낫다)
cf. had better A than B(= would rather[sooner] A than B = may[might] as well A as B)(B 하는 것 보다 A 하는 것이 낫다)[A와 B는 동사원형 또는 have + p.p.]
• I would rather die than live like that. (나는 그렇게 사느니 죽겠다.)
• You may as well leave as stay with your husband. (당신은 남편과 더 무는 것보다 떠나는 게 더 낫다.)

SEMI-NOTE

ⓛ 막 ~하려 하다(= be about to)

They are going to leave. (그들은 막 떠나려 한다.)

 실력up   be supposed to + 동사원형(~하기로 되어 있다, ~할 것으로 예상된다 / (부정문에서) ~해서는 안 된다)

• Were we supposed to do something? (우리가 뭔가 하기로 했었나?)
• We are supposed to obey the rule. (우리는 그 규칙에 따라야 한다.)

나두공

03장 법(Mood)/태(Voice)

01절 법(Mood)

1. 직설법과 명령법

(1) 법의 의의 및 종류

① 법(Mood)의 의미 : 말하는 사람의 심리·태도에 의한 동사의 표현 형식
② 종류 : 일반적으로 법에는 직설법, 명령법, 가정법이 있음

ⓐ She always tells a lie. [직설법] (그 여자는 항상 거짓말을 한다.)

ⓑ Open your eyes. [명령법] (눈을 떠라.)

ⓒ If I were a bird, I could fly to you. [가정법] (내가 새라면 너에게 날아갈 수 있을 텐데.)

(2) 직설법·명령법

① 직설법

ⓐ 실제 사실을 있는 그대로 진술하는 법

ⓑ 평서문, 의문문, 감탄문, 조건문 등이 있음

ⓒ I have two sisters. [평서문] (나에게는 두 명의 누이가 있다.)

ⓓ Should I take the 9 : 30 train? [의문문] (9시 반 기차를 타야 합니까?)

ⓔ What a beautiful flower it is! [감탄문] (꽃이 정말 아름답군요!)

② 명령법

ⓐ 상대방에 대한 명령·요구·금지 등을 진술하는 법(명령문)

ⓑ 보통 주어를 생략하고 문장을 동사의 원형으로 시작하며, 상대방의 주의를 끌려고 할 때는 주어 'You'를 사용

ⓒ 강조의 의미를 나타낼 때에는 감탄부호를 쓰기도 함

• Look at those children. (저 아이들을 보아라.)

• You open the door, Rick. (네가 문을 열어, Rick.)

• Be careful! (조심해!)

ⓓ 조건 명령

•「명령문 + and」: ~ 하라, 그러면 ~ 할 것이다

– Work hard, and you will succeed. (열심히 일하라, 그러면 너는 성공할 것이다.)

= If you work hard, you will succeed.

•「명령문 + or」: ~ 하라, 그렇지 않으면 ~ 할 것이다

– Work hard, or your life will be meaningless. (열심히 일하라, 그렇지 않으면 너의 삶은 의미가 없어질 것이다.)

= If you do not work hard, your life will be meaningless.

= Unless you work hard, your life will be meaningless.

조건명령

• Let us
 – Let us go. (→ Let's go.)
 [권유] (갑시다.)
 – Let us go.
 [허가] (우리들을 보내주시오.)

2. 가정법

🕶️ 한눈에 쏙~

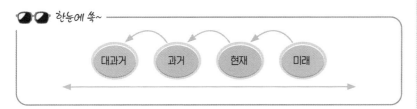

(1) 가정법 현재

① 현재 또는 미래에 대한 단순한 가정이나 불확실한 상상, 의심 등을 표현

> 가정법 현재의 기본구조 : If + 주어 + 동사원형[현재형], 주어 + 현재형 조동사 + 동사원형

㉠ If it be[is] true, he will be disappointed. (그것이 사실이라면 그는 실망할 것이다.) (현재의 불확실한 사실)

㉡ If she come[comes] this weekend, I will go to meet her. (그녀가 이번 주말에 온다면 나는 그녀를 보러 가겠다.) [미래의 불확실한 사실]

② 요구, 주장, 제안, 추천, 명령, 충고, 결정 등을 나타내는 동사

> • 기본구조 : 주어 + 동사 + that + 주어 + (should) + 동사원형
> • 해당 동사 : demand, require, request, ask, desire, insist, urge, suggest, propose, recommend, order, command, advise 등

㉠ He insisted that the plan (should) be reconsidered. (그는 그 계획이 재고되어야 한다고 주장했다.)

㉡ I suggested that he (should) be stay there another day. (그가 거기서 하루 더 머물러야 된다고 주장했다.)

③ 당연, 의무, 권고 등을 나타내는 형용사(이성적 판단의 형용사)

> • 기본구조 : It is + 형용사 + that + 주어 + (should) + 동사원형
> • 해당 형용사 : impossible, necessary, important, essential, imperative, mandatory, urgent, natural, good, right, desirable, proper, wrong 등

It is necessary that the bill (should) be passed. (그 법안은 통과되는 것이 마땅하다.)

④ 놀람 · 후회 · 유감 등을 나타내는 형용사(감정적 판단의 형용사)

> • 기본구조 : It is + 형용사 + that + 주어 + (should) + 동사원형
> • 해당 형용사 : strange, surprising, wonderful, depressed, regrettable, sorry, a pity, no wonder 등

SEMI-NOTE

가정법

일반적으로 가정법은 실제 사실에 대한 의심 · 반대의 가정을 표현한 것으로, 가정법 현재와 미래, 과거, 과거완료, 특수한 형태의 가정법 등이 있음

🎯
03장

법/태

가정법 현재
• 현대 영어의 경우 가정법 현재의 경우에 직설법 현재를 쓰는 경향이 더 많음
 - If it rains tomorrow, I will stay at home.
 (= If it rain tomorrow, I will stay at home.)
 (내일 비가 온다면 나는 집에 있겠다.)

당연, 의무, 권고 등을 나타내는 형용사(이성적 판단의 형용사) 예문
• It is natural that they (should) get angry. (그들이 화내는 것은 당연하다.)
• It is desirable that you (should) be there by seven o'clock. (당신은 7시까지 그곳에 가는 것이 좋겠다.)

놀람 · 후회 · 유감 등을 나타내는 형용사 예문
I am sorry that the child (should) be so weak. (그 아이가 그렇게 약하다니 유감이다.)

기원문
God bless you. (신의 가호가 있기를.)

SEMI-NOTE

ⓐ It is strange that she (should) do such a thing. (그녀가 그런 일을 하다니 이상하군.)

ⓑ It is regrettable that the teacher (should) get angry with me. (그 선생님이 나에게 화를 내다니 유감이다.)

(2) 가정법 과거

① 현재의 사실과 반대되는 가정이나 상상·희망을 표현(시점 : 현재)

가정법 과거
- If I had enough money, I could buy a house. (충분한 돈이 있다면 집을 한 채 살 수 있을 텐데.)
  = As I don't have enough money, I cannot buy a house. [직설법]
  = Had I enough money, I could buy a house. [도치]

> - 기본구조
>   - If + 주어 + were ~, 주어 + 과거형 조동사(would, could, should, might) + 동사원형
>   - If + 주어 + 과거형 동사 ~, 주어 + 과거형 조동사 + 동사원형
> - 가정법 과거의 경우 be동사는 인칭이나 수에 관계없이 were를 사용하며, If가 생략되면 주어와 동사가 도치됨

If I were rich, I could go abroad. (내가 부자라면 해외에 갈 수 있을 텐데.)

= As I am not rich, I cannot go abroad. [직설법]

= Were I rich, I could go abroad. [도치]

가정법 현재와 가정법 과거 비교
- 가정법 현재
  - if + 주어 + 현재 동사~
  - 주어 + will[can/may] + 동사원형
- 가정법 과거
  if + 주어 + 과거 동사/were~
  - 주어 + would[should/could/might] + 동사원형

② If it were not for ~

> If it were not for ~ : (사실은 있지만) ~이 없다면(가정법 과거)
> = Were it not for ~ = If there were no ~
> = But for ~ = Without ~

If it were not for water, nothing could live. (물이 없다면 어떤 것도 살 수 없다.)

= Were it not for water, nothing could live. [도치]

= But for[Without] water, nothing could live.

= If there were no water, nothing could live.

③ 「It is time + 가정법 과거동사(should + 동사원형)」 : ~할 시간[때]이다(당연, 필요의 뜻을 나타냄)

It is time + 가정법 과거
'It is time + 가정법 과거'는 'It is high time + 가정법 과거', 'It is about time + 가정법 과거'의 형태로 쓰이기도 함

It is time you went to bed. (잠자리에 들 시간이다.)

= It is time you should go to bed.

= It is time for you to go to bed.

(3) 가정법 과거완료

① 과거의 사실과 반대되는 가정이나 상상·희망을 표현(시점 : 과거)

But for[Without] ~
가정법 과거와 가정법 과거완료 양쪽에 모두 사용됨

> - 기본구조 : If + 주어 + had + 과거분사(p.p.) ~, 주어 + 과거형 조동사(would·could·should·might) + have + 과거분사
> - If가 생략되면 주어와 조동사가 도치 : Had + S + 과거분사(p.p.) ~, 주어 + 과거형 조동사 + have + 과거분사

⊙ If I had been rich, I could have gone abroad. (내가 부자였다면 해외에 나갈 수 있었을 텐데.)

　　= As I was not rich, I could not go abroad. [직설법]

　　= Had I been rich, I could have gone abroad. [도치]

ⓛ If I had had enough money, I could have bought a house. (내게 돈이 많았더라면 집을 한 채 살 수 있었을 텐데.)

　　= As I didn't have enough money, I could not buy a house. [직설법]

　　= Had I had enough money, I could have bought a house. [도치]

ⓒ If (only) I had listened to her advice then. (내가 그때 그녀의 충고를 들었더라면.) [주절의 생략]

ⓔ You should have left. (당신은 떠났어야 했다.) [조건절의 생략]

② If it had not been for ~

> If it had not been for ~ : (사실은 있었지만) ~이 없었더라면(가정법 과거완료)
> = Had it not been for ~ = If there had been no ~
> = But for ~ = Without ~

(4) 가정법 미래

① 미래에 대한 강한 의심을 나타내는 경우(가능성이 희박한 경우)

> • 기본구조 : If + 주어 + should / would + 동사원형 ~, 주어 + 과거형 조동사(should, would 등) + 동사원형

⊙ If she should smile at you, I would give you her first solo album. (그녀가 너에게 (그럴 리 없겠지만) 미소를 보내면 너에게 그녀의 첫 번째 솔로앨범을 주겠다.)

ⓛ If you should fail the exam, your parents would be disappointed. (네가 시험에 불합격한다면 너의 부모님께서는 실망하실 것이다.)

② 실현 불가능한 미래 사실을 가정하는 경우(순수가정)

> If + 주어 + were to + 동사원형 ~, 주어 + 과거형 조동사(should, would등) + 동사원형

3. 주의해야 할 가정법

(1) 혼합 가정법

① 의의

ⓐ 가정법 과거완료 ~ 과거완료와 가정법 과거가 혼합된 가정법으로, 종속절(조건절)은 가정법 과거완료, 주절(귀결절)은 가정법 과거의 형태로 표현

If it had not been for ~ 예문

If it had not been for your help, I would have failed. (당신의 도움이 없었더라면 나는 실패했을 것이다.)

= Had it not been for your help, I would have failed. [도치]

= But for[Without] your help, I would have failed.

가정법 미래 용법

• 미래에 강한 의심

• 조건절에 should를 사용하는 것이 원칙

• if절의 조동사는 were to > would > should 순으로 실현 가능성이 희박

실현 불가능한 미래 사실을 가정하는 경우(순수가정)

If the sun were to rise in the west, I would never change my mind. (태양이 서쪽에서 떠오른다 해도 나는 내 마음을 바꾸지 않겠다.)

ⓛ 과거 사건의 결과가 현재에 영향을 주는 경우로서, 종속절이 주절보다 앞선 시제인 경우 사용됨

② 기본구조 : If + 가정법 과거완료, S + 가정법 과거

> If + 주어 + had + 과거완료, 주어 + 조동사 과거형 + 동사원형(과거에 ~했더라면, 현재 …할[일] 것이다)

㉠ If she had married the first lover, she would be happier now. (그녀가 첫사랑과 결혼을 했더라면 지금 더 행복할 것이다.)

㉡ If you had not helped me, I would not be alive now. (네가 나를 돕지 않았다면, 나는 지금 살아있지 않을 것이다.)(→ You helped me, so I can be alive now.)

㉢ If they had listened to me, they wouldn't be in danger. (그들이 내 말을 들었더라면 위기에 처하지 않을 텐데.)

(2) '명령문 + and'

명령문 + and ~(하라, 그러면 ~할[일] 것이다)

Work hard, and you will pass the exam. (열심히 노력하라, 그러면 당신은 시험을 통과할 것이다.)

= If you work hard, you will pass the exam.

(3) I wish 가정법

① I wish + 가정법 과거 : 현재에 실현할 수 없는 일을 나타내며, 종속절의 시점이 주절과 동일

㉠ I wish you told me that. (당신이 나에게 그것을 말해주면 좋을 텐데.)(현재사실에 대한 유감)

    = I am sorry you don't tell me that.

㉡ I wish it were fine today. (오늘 날씨가 좋으면 좋을 텐데.)

    = I am sorry it is not fine today.

㉢ I wished it were true. (그것이 사실이라면 좋았을 텐데.)

    = I was sorry it was not true.

㉣ I wish/wished I were a bird. (내가 지금 새라면 좋겠다./내가 새였으면 하고 바랐다.)

② I wish + 가정법 과거완료 : 과거에 실현하지 못한 일을 나타내며, 종속절의 시점이 주절의 주어보다 앞선 시점임

㉠ I wish you had told me that. (당신이 그것을 말했더라면 좋을 텐데.)(과거사실에 대한 유감)

    = I am sorry you didn't tell me that.

㉡ I wish I could have bought the house. (그 집을 살 수 있었더라면 좋을 텐데.)

= I am sorry I could not buy the house.

(4) as if[as though] + 가정법

① as if + 가정법 과거(마치 ~ 처럼) : 주절의 동사와 같은 때의 내용을 나타냄, 즉 종속절의 시점이 주절과 동일

  ㉠ She talks as if she knew it. (그녀는 그것을 아는 것처럼 말한다.)

    → In fact she doesn't know it.

  ㉡ The old man talked as if he were rich. (그 노인은 마치 부자인 것처럼 말했다.)

② as if + 가정법 과거완료(마치 ~ 이었던(했던) 것처럼) : 주절의 동사보다 이전의 내용을 나타냄, 즉 종속절의 시점이 주절보다 앞선 시점임

  ㉠ She talks as if she had seen it. (그녀는 그것을 보았던 것처럼 말한다.)

    → In fact she didn't see it.

  ㉡ The old man talked as if he had been rich. (그 노인은 마치 부자였던 것처럼 말했다.)

(5) 'If '를 대신하는 표현

① unless, suppose, provided, otherwise, in case 등은 if절을 대신해서 조건절을 이끎

  ㉠ unless(~하지 않으면)(= if … not ~)

    You'll miss the train unless you make haste. (서두르지 않으면 당신은 기차를 놓칠 것이다.)

    = You'll miss the train if you don't make haste.

  ㉡ suppose(만약 ~이라면)(= supposing, provided, providing)

    • Suppose you were left alone on a desert island, what would you do? (네가 무인도에 홀로 있다고 한다면 무엇을 하겠는가?)

      = If you were left alone on a desert island, what would you do?

    • Providing that all your task is done, you may go home. (만약 당신의 일이 끝난다면 집에 가도 좋습니다.)

  ㉢ otherwise(그렇지 않다면)(= or, or else)

    • I was poor; otherwise I could have bought it. (나는 가난했다; 그렇지 않다면 그것을 살 수 있었을 것이다.)

      = If I had not been poor, I could have bought it.

    • in case (that) (~하는 경우에는, ~의 경우에 대비하여)

      In case I am late, don't wait to start dinner. (제가 늦을 경우엔 저녁을 먼저 드십시오.)

② 전치사구가 if절을 대신하는 경우

  ㉠ With more experience, he would succeed. (경험이 더 많다면 그는 성공할 것이다.)

    = If he had more experience, he would succeed.

'if' 대용의 'given that'

- I will take you to the party if you come home by 6.
  = I will take you to the party given that you come home by 6.

ⓛ With guns, they could defend themselves. (총이 있다면 그들은 자신들을 방어할 수 있을 것이다.)

= If they had guns, they could defend themselves.

③ 명사구가 if절을 대신하는 경우(조건절이 없는 경우로 주어에 조건의 의미가 있는 경우)

㉠ A man of sense would not do such a thing. (지각 있는 사람이라면 그런 일을 하지 않을 텐데.)

= If he were a man of sense, he would not do such a thing.

ⓛ A more cautious driver could have avoided the accident. (좀 더 조심성 있는 운전자라면 그 사고를 피할 수 있었을 것이다.)

= If he had been a more cautious driver, he could have avoided the accident.

02절   태(Voice)

1. 수동태와 능동태 ☆ 빈출개념

(1) 태(Voice)의 의미와 종류

수동태 만드는 방법

- 능동태의 목적어를 수동태의 주어 자리에 씀
- 동사를 be + p.p.로 씀
- 주어를 by + 목적격의 형태로 씀

① 태의 의미 : 태는 동작의 관점 차이에 의해 생기는 동사의 표현 형식, 능동태는 동작을 하는 쪽에 중점을, 수동태는 동작을 받는 쪽에 중점

② 태의 종류

㉠ 능동태 : 주어가 동작을 하는 어법으로, 'S(주어) + V(동사) + O(목적어)'의 구조를 취함(여기서 동사는 목적어를 취하는 타동사)

He painted this house. (그가 이 집을 칠했다.)

ⓛ 수동태 : 주어가 동작을 받는 어법으로, 'S + be동사 + p.p.(과거분사) + by + O'의 구조를 취함

This house was painted by him. (이 집은 그에 의해 칠해졌다.)

(2) 수동태로 쓸 수 없는 동사

have(시키다), let(허락하다)의 수동태 사용 시 형태 변화

- have → be asked to
  - She had me sing. → I was asked to sing by her.
- let → be allowed to
  - She let me go. → I was allowed to go by her.

- 자동사
- have, possess, belong to, own 등의 소유동사
- resemble, lack(부족하다), become(어울리다), befall, hold(유지하다, 수용하다), reach, escape, suit(맞다, 어울리다), meet, cost(소요되다), weigh, let 등의 상태동사
- cf. have가 '먹다'의 의미인 경우와 hold가 '붙잡다', '개최하다'의 의미인 경우 등은 수동태 가능

① He resembles his mother. (그는 그의 어머니를 닮았다.)

　→ His mother is resembled by him. (×)

② We can't let you go. (우리는 너를 보낼 수 없다.)

　→ You can't be let to go. (×)

③ Thanks to the newly invented vaccine, that disease has now disappeared. (새로 발명된 백신 덕분에, 그 질병은 이제 사라졌다.)

　→ Thanks to the newly invented vaccine, that disease has been disappeared. (×)[disappear는 자동사이므로 수동태 불가]

(3) 관용적인 수동 동사구

① be born (태어나다)

② be wounded (= be hurt, be injured, 부상을 입다)

③ be starved to death (굶어 죽다)

④ be drowned (익사하다)

⑤ be burnt to death (타 죽다)

⑥ be frozen to death (얼어 죽다)

⑦ be seated (앉아 있다)

⑧ be held (개최되다)

　The meeting will be held tomorrow. (그 회의는 내일 개최될 것이다.)

2. 문장 형식과 수동태

(1) 3형식(S + V + O)의 수동태 전환

① 수동태 구조 : 능동태의 목적어 + be동사 + 과거분사 + by + 능동태 주어

- 능동태의 목적어는 수동태의 주어가 됨(→ 주격으로 전환)
- 능동태의 동사는 수동태에서 'be + p.p.'의 구조가 됨(→ be동사는 주어의 수와 인칭, 시제에 따라 적절히 전환)
- 능동태의 주어는 'by + 목적어'의 구조가 됨(→ 목적격으로 전환)

② 구동사(phrasal verb)가 있는 문장의 수동태 전환

㉠ '자동사 + 전치사'의 전환

- The spectators laughed at him. (구경꾼들은 그를 비웃었다.) (laugh at : 비웃다)

　→ He was laughed at by the spectators.

- A car ran over the child. (자동차가 그 아이를 쳤다.) (run over : (차가 사람·물건을) 치다)

　→ The child was run over by a car.

　cf. account for(설명하다), depend on(~에 의존하다), look after(보살피다, 돌보다), send for(데리러(가지러, 부르러) 보내다)

SEMI-NOTE

관용적인 수동 동사구

- be possessed of (소유하다)
  - She was possessed of magical power. (그녀는 마법의 힘을 갖고 있었다.)
- be situated (= be located, 위치하다)
  - The house is situated on the hill. (그 집은 언덕에 위치해 있다.)
- be engaged in (~에 종사하다)
  - He is engaged in foreign trade. (그는 해외 무역에 종사하고 있다.)
- be engaged to (~와 약혼한 상태이다)
  - He is engaged to Jane.(그는 Jane과 약혼한 상태이다.)

수동태 가능 문장
수동태의 문장이 되기 위해서는 능동태의 문장이 목적어가 포함된 3형식 이상의 문장이어야 함

3형식(S + V + O)의 수동태 전환
- Shakespeare wrote Hamlet. (셰익스피어가 햄릿을 썼다.)
  → Hamlet was written by Shakespeare.
- He repaired the bike. (그는 자전거를 수리했다.)
  → The bike was repaired by him.

직접목적어를 주어로 하는 수동태
• 3형식 문장으로 전환 후 수동태 전환
  – She sold me a pretty doll.
    → She sold a pretty doll for me. [3형식 전환]
    → A pretty doll was sold for me by her. [수동태 전환]

간접목적어만 수동태 주어로 할 수 있는 경우
I envied her beauty. (나는 그녀의 미모를 부러워했다.)
→ Her beauty was envied her by me. (×)
→ She was envied her beauty by me. (○)

목적격 보어의 원형부정사 형태
지각동사, 사역동사가 있는 5형식 문장에서 목적격 보어가 원형부정사인 경우 수동태로 전환 시 보어는 to부정사로 써야함

ⓛ '자동사 + 부사 + 전치사'의 전환
  • We looked up to the professor. (우리는 그 교수를 존경했다.) (look up to : 존경하다)
    → The professor was looked up to by us.
    cf. look down on(낮추어보다, 경멸하다), do away with(폐지하다), keep up with(지지 않다), make up for(벌충하다), put up with(참다, 견디다)

(2) 4형식(S + V + IO + DO)의 수동태 전환

① 2개의 수동태로 전환할 수 있는 경우
  ㉠ 간접목적어(IO)와 직접목적어(DO)를 주어로 하는 2개의 수동태가 가능
  ㉡ 4형식 동사 중 일부의 경우만 가능하며, 일반적으로는 직접목적어만 주어가 될 수 있음
  My uncle gave me an English book. (나의 삼촌이 나에게 영어책을 주었다.)
    → I was given an English book by my uncle. [능동태의 IO가 수동태의 주어]
    → An English book was given (to) me by my uncle. [능동태의 DO가 수동태의 주어]
② 직접목적어만을 수동태 주어로 할 수 있는 경우
  ㉠ 간접목적어는 수동태의 주어로 할 수 없으며 직접목적어만 가능
  ㉡ bring, buy, do, make, pass, read, sell, sing, throw, write 등 대부분의 4형식 동사
  ㉢ He bought me a book. (그는 나에게 책 한 권을 사주었다.)
    → I was bought a book by him. (×)
    → A book was bought for me by him. (○)
  ㉣ She made me a doll. (그녀는 나를 위해 인형을 만들어주었다.)
    → I was made a doll by mother. (×)
    → A doll was made me by her. (○)
③ 간접목적어만 수동태 주어로 할 수 있는 경우
  ㉠ 직접목적어는 수동태의 주어로 할 수 없으며 간접목적어만 가능
  ㉡ answer, call, deny, envy, kiss, refuse, save 등의 동사

(3) 5형식(S + V + O + O.C)의 수동태 전환

① 목적어를 수동태의 주어로 하는 수동태만 가능
  ㉠ They elected Lincoln President of the United States. (링컨은 미국의 대통령으로 선출되었다.)
    → Lincoln was elected President of the United States (by them). (○)
    → President of the United States was elected Lincoln (by them). (×)
    → [목적보어는 수동태의 주어가 될 수 없음]

ⓛ They thought him to be clever. (그들은 그가 영리한 사람이라 생각했다.)

　　→ He was thought to be clever.

ⓒ I often heard him sing a song. (나는 종종 그가 노래하는 것을 들었다.)

　　→ He was often heard to sing a song by me.

② 지각동사가 있는 문장의 수동태

　ⓐ 지각동사의 목적보어(원형부정사)는 수동태에서 to부정사로 전환됨

　　I saw her enter the room. (나는 그가 방으로 들어가는 것을 보았다.)

　　→ She was seen to enter the room by me.

　ⓑ 분사가 지각동사의 목적보어인 경우는 수동태에서도 그대로 사용됨

　　We saw the car stopping. (우리는 차가 멈추는 것을 보았다.)

　　→ The car was seen stopping[to stop (×)/to be stopping (×)].

③ 사역동사가 있는 문장의 수동태

　사역동사의 목적보어(원형부정사)는 수동태에서 to부정사로 전환됨

　My mother made me clean the room. (어머니가 방을 청소하라고 시켰다.)

　→ I was made to clean the room by my mother.

3. 주의해야 할 수동태

(1) 부정문의 수동태

「be동사 + not + 과거분사」의 형태로 쓰임

Nobody paid much attention to his speech. (아무도 그의 연설에 주의를 기울이지 않았다.)

→ His speech was paid no attention to by anybody. (○)

→ His speech was paid much attention to by nobody. (×)

(2) 의문문의 수동태

① 의문사가 이끄는 의문문의 수동태

　ⓐ Who broke the window? (누가 창을 깼느냐?) (the window가 목적어)

　　→ By whom was the window broken? [By whom + be + S + p.p.]

　ⓑ What do you call this in English? (this가 목적어이며 what은 목적보어)

　　→ What is this called in English (by you)?

② 의문사 없는 의문문의 수동태

　Did she write a letter? (그녀는 편지를 썼나요?)

　→ Was a letter written by her?

(3) 명령문의 수동태

① 긍정문 : Let + 목적어 + be + 과거분사 (+ by ~)

　Do the homework at once. (당장 숙제를 해라.)

　→ Let the homework be done at once.

② 부정문

　　㉠ Let + 목적어 + not + be + 과거분사 (+ by ~)

　　㉡ Don't let + 목적어 + be + 과거분사 (+ by ~)

　　　Don't open the door. (문을 열지 마라.)

　　　→ Let the door not be opened.

　　　→ Don't let the door be opened.

(4) 명사절 수동태(목적어가 절인 문장의 수동태 : They say ~ 구문)

> 일반인 주어(They/People) + 완전타동사 + that + 주어 + 동사
> → It + be + 과거분사 + that + 주어 + 동사
> → 주어 + be + 과거분사 + to 부정사
> ※ to 부정사의 경우 시제가 주절과 명사절의 시제가 같으면 단순부정사(to + 동사원형), 명사절의 시제가 주절의 시제보다 앞선 시제이면 완료부정사(to + have + 과거분사)를 씀

They say that he works 11 hours a day. (그는 하루에 11시간을 일한다고 한다.)

→ It is said that he works 11 hours a day.

→ He is said to work 11 hours a day. [단순부정사]

(5) 완료형, 진행형의 수동태

① 완료형 수동태 : have + been + p.p.

　㉠ He has written a poem. (그를 시를 썼다.)

　　→ A poem has been written by him. [현재완료형 수동태]

　㉡ I will have done the task. (나는 그 일을 끝낼 것이다.)

　　→ The task will have been done by me. [미래완료형 수동태]

② 진행형 수동태 : be + being + p.p.

　㉠ She is cleaning her room. (그녀는 그녀의 방을 청소하고 있다.)

　　→ Her room is being cleaned by her. [현재진행형 수동태]

　㉡ The doctor was treating the patient. (그 의사는 환자를 치료하고 있었다.)

　　→ The patient was being treated by the doctor. [과거진행형 수동태]

(6) 기타 주의할 수동태

① 「have + 목적어 + 과거분사」의 수동태 : 피해(~당하다)를 나타냄

　I had my pocket picked. (소매치기를 당했다.) [pick a person's pocket : ~의 호주머니에서 소매치기하다]

② 혼동하기 쉬운 능동·수동 표현

　㉠ 형태상 능동이나 의미상 수동인 경우

　　These oranges peel easily. (이 오렌지는 잘 벗겨진다.)

　㉡ 형태상 수동이나 의미상 능동인 경우

　　• I was born in Seoul. (나는 서울에서 태어났다.)(be born : 태어나다)

목적어와 목적보어 간의 수동태 전환

• 목적보어가 to부정사이고 그 to부정사가 다른 목적어를 갖는 경우 원래의 목적어와 목적보어 사이에 수동태 전환이 가능
　－ No one expected Jason to marry Kathy.
　　→ No one expected Kathy to be married to Jason.

명사절 수동태 예문

They say that he was rich. (그는 부자였다고 한다.)
→ It is said that he was rich.
→ He is said to have been rich. [완료부정사]

steal과 rob

• steal은 사물을 주어로 한 수동태 문장에, rob은 사람을 주어로 한 문장에 주로 사용됨
　－ He stole the car from me. (그는 나에게서 차를 훔쳤다.)
　　→ The car was stolen from me by him.
　－ He robbed me of my wallet. (그는 내 지갑을 털었다(훔쳤다).)
　　→ I was robbed of my wallet by him.

- Are you married? (당신은 결혼했습니까?)(be married : 결혼하다)
- The girl was drowned in the river. (그 소녀는 강에서 익사했다.) (be drowned : 익사하다)

4. 수동태에서의 전치사 by

(1) by의 생략

① 행위자가 we, you, they, people, one 등 일반인인 경우 종종 생략

They[People] speak English in Australia. (호주에서는 영어를 사용한다.)

→ English is spoken in Australia (by them).

② 행위자가 불분명한 경우 생략

He was hurt in a traffic accident. (그는 교통사고로 다쳤다.)

③ 행위자가 유추할 수 있거나 중요하지 않은 경우 생략

He passed by a beehive and was stung (by bees). (그는 벌집을 지나치다가 벌에 쏘였다.)

(2) by 이외의 전치사를 사용하는 수동태

① be surprised/astonished at(~에 놀라다)

I was surprised at the news. (나는 소식을 듣고 놀랐다.)

② be frightened at(~에 겁먹다, 질겁하다)

The woman was frightened to death at the sight. (그 여성은 그 광경을 보고 까무러칠 만큼 놀랐다.)

③ be interested in(~에 흥미[관심]가 있다)

He is much interested in music. (그는 음악에 흥미를 느끼고 있다.)

④ be absorbed in(~에 몰두하다)

He was absorbed in thought. (그는 생각에 깊이 잠겼다.)

⑤ be caught in(~에 걸리다, ~에 빠지다)

I was caught in a shower. (나는 소나기를 만났다.)

⑥ be made of/from

㉠ be made of(~로 만들어지다 : 물리적 변화)

Formerly all ships were made of wood. (전에 모든 배는 나무로 만들었다.)

㉡ be made from(~로 만들어지다 : 화학적 변화)

Cheese is made from milk. (치즈는 우유로 만들어진다.)

⑦ be beloved of(~에게 사랑받다)

He is beloved of all. (그는 모든 사람들에게 사랑을 받는다.)

⑧ be tired of/with

㉠ be tired of(~에 싫증나다, 지겹다)

I am tired of feeling sick. (나는 아픔을 느끼는 것이 지겹다.)

㉡ be tired with(~에 지치다)

I am tired with walking. (나는 걷는 데 지쳤다.)

by + 행위자를 사용하지 않는 예외의 경우

능동태의 주어는 수동태의 대개 전치사구로 나타나는데 그때의 대표적인 전치사는 by이지만, 동사에 따라 다른 전치사가 오는 경우도 있음

수동태에서의 전치사 at

- 놀람이나 충격의 감정을 나타내는 경우
  - be alarmed at, be amazed at, be astonished at, be frightened at, be shocked at, be surprised at 등

by 이외의 전치사를 사용하는 수동태

- be filled with(~로 가득 차다)
  - The room was filled with smoke. (그 방이 연기로 가득 찼다.)
- be surrounded with(~에 둘러싸이다)
  - It was surround with a wall. (그것은 담에 둘러싸여 있었다.)
- be disappointed at[in](~에 실망하다)
  - I was disappointed in him. (나는 그에게 실망했다.)
- be delighted at[with](~에 기뻐하다)
  - We are just absolutely delighted with it. (우리는 그것에 너무나 기쁩니다.)

03장

법/태

77

SEMI-NOTE

수동태에서의 전치사 to

• 동등이나 지향의 관계를 나타내는 경우
  – be engaged to, be married to, be known to 등

수동태에서의 전치사 with

• 행위자가 동작을 가하는 도구일 경우
  – The bottle was broken with a bullet.
• 기쁨이나 실망 등의 감정을 나타내는 경우
  – be delighted with, be pleased with, be satisfied with, be disappointed with 등

⑨ be ashamed of(~을 부끄러워하다)

I am ashamed of what I did. (나는 내가 했던 일을 부끄러워한다.)

⑩ be married to(~와 결혼하다)

She is married to a rich man. (그녀는 돈 많은 남자와 결혼해 살고 있다.)

⑪ be known to/as/for/by

　㉠ be known to(~에 알려져 있다)

　　The story is known to everybody. (그 이야기는 모든 사람들에게 알려져 있다.)

　㉡ be known as(~로 알려지다 : 자격)

　　He is known as a movie star. (그는 영화배우로 알려져 있다.)

　㉢ be known for(~로 유명하다 : 이유)

　　He is known for his savage. (그는 잔인한 사람으로 유명하다.)

　㉣ be known by(~으로 알 수 있다)

　　A man is known by the company he keeps. (사람은 그가 어울리는 사람에 의해 알 수 있다.)

⑫ be pleased with(~에 기뻐하다)

She was pleased with his present. (그녀는 그의 선물에 기뻐했다.)

⑬ be satisfied with(~에 만족하다)

He was satisfied with my answer. (그는 나의 대답에 만족했다.)

⑭ be covered with(~로 덮여 있다)

　㉠ The top of the mountain is covered with snow. (산마루는 눈으로 덮여 있다.)

　㉡ The ground was covered with snow. (땅이 눈으로 덮였다.)

나두공

04장 일치(Agreement)/화법(Narration)

01절   일치(Agreement)

1. 주어와 동사의 수의 일치

(1) 기본적 일치 원칙

① 주어와 동사의 일치 : 주어의 인칭과 수에 따라서 동사의 형태가 결정됨

② 수의 일치

㉠ 원칙적으로 주어가 단수이면 단수동사(is, was, does, has 등)로, 주어가 복수이면 복수동사(are, were, do, have 등)로 받음

• That pretty girl is very sick. (저 예쁜 소녀는 많이 아프다.)[단수동사]

• They are playing baseball. (그들은 야구를 하고 있다.)[복수동사]

㉡ 예외적으로 주어의 형태가 아닌 의미에 따라 동사의 수가 결정되는 경우도 많이 있음

(2) A and B

① 주어가 'A and B'인 경우 원칙적으로 복수 취급

㉠ You and I are the only survivors. (당신과 내(우리)가 유일한 생존자이다.)

㉡ Oil and water do not mix. (기름과 물은 섞이지 않는다.)

② 동일인이나 불가분의 단일 개념인 경우 예외적으로 단수 취급

㉠ 동일인 : 한 사람을 의미하므로 단수 취급

A poet and novelist was present. (시인 겸 소설가가 참석하였다.)(동일인을 의미)

cf. A poet and a novelist were present. (시인과 소설가가 참석하였다.) (다른 사람을 의미)

㉡ 불가분의 단일 개념 : 하나 또는 하나의 단위를 가리키므로 단수 취급

Bread and butter is his usual breakfast. (버터를 바른 빵이 그의 일상적인 아침식사이다.)

(3) 근접주어의 일치

A or B, either A or B, neither A nor B, not only A but also B, not A but B 등은 동사를 동사와 가까운 쪽(일반적으로 B)의 주어와 일치(다만, 오늘날 이를 구분하지 않고 쓰는 경향이 있음에 유의)

① A or B(A 또는 B) : 동사는 B에 일치시킴

You or he has to attend the meeting. (너 아니면 그가 그 회의에 참석해야 한다.)

② Either A or B(A든 B든 어느 하나; 양자택일) : 동사는 B에 일치시킴

일치

주어	전명구	동사
	to부정사	
	분사구	
	관계사절	
	동격 that	

단일 개념으로 보아 단수 취급되는 표현

a needle and thread(실을 꿴 바늘, 실과 바늘), ham and eggs(계란을 넣은 햄, 햄에그), curry and rice(카레라이스), brandy and water(물 탄 브랜디), a watch and chain(줄 달린 시계), a horse and cart(말 한 마리가 끄는 마차), trial and error(시행착오), all work and no play(일[공부]만 하고 놀지 않는 것) 등

A (together) with B 'A (together) with B(= A as well as B)'는 A에 동사를 일치시킴

A bat together with some balls is missing. (공 몇 개와 함께 야구 배트가 없어졌다.)

ⓐ Either you or Tom is in the wrong. (당신과 Tom 어느 한 사람이 틀렸다.)

ⓑ Either you or she is in the wrong. (너와 그녀 어느 한 사람이 틀렸다.)

③ Neither A nor B(A도 B도 ~아니다; 양자부정) : 동사는 B에 일치시킴

Neither he nor I am responsible for the accident. (그도 나도 그 사고에 대해 책임이 없다.)

④ not only A but also B(= B as well as A)(A뿐만 아니라 B도) : 동사는 B에 일치시킴

Not only he but also I am right. (그뿐만 아니라 나도 옳다.)

= I as well as he am[is] right.

(4) 집합명사의 일치

① 집합명사 + 단수동사

ⓐ 단수 취급 : 집합명사는 사람·사물의 집합체를 나타내는 명사로, 집합체를 의미한다는 측면에서 단수동사로 받음

ⓑ 해당 명사 : family, class, public, nation 등

ⓒ My family is a large one. (나의 가족은 대가족이다.)[family는 가족 전체를 말하므로 집합명사]

② 군집명사 + 복수동사

ⓐ 복수취급 : 군집명사는 집합명사의 일종으로, 집합체의 구성원을 개별적으로 표현하는 명사를 말하므로 복수동사로 받음

ⓑ 집합명사 중 어떤 것이 군집명사가 되는지는 문맥의 의미를 통해서 판별

실력up 군집명사와 정관사

- 정관사 the를 동반하는 군집명사 : the police, the English, the gentry 등
  - The police are chasing the criminal.
- 무관사로 사용하는 군집명사 : cattle, poultry, vermin 등
  - Cattle are grazing on grass.

(5) 전체나 일부를 나타내는 표현에서의 일치

[all, most, more than, some, half, one, the part, the rest, the remain, 분수, a lot, plenty 등] + of + 명사 + 동사
⇒ 앞의 명사가 복수명사인 경우 복수동사가, 단수명사인 경우 단수동사가 됨

① Most of them are his friends. (그들 대부분은 그의 친구들이다.)

② Half of this apple is rotten. (이 사과의 반은 썩었다.)[한 개의 사과]

③ Half of these apples are rotten. (이 사과들의 반은 썩었다.)[여러개의 사과]

④ The rest of the students were absent. (학생들 중 나머지는 결석을 했다.)

⑤ Two-thirds of the task has finished. (직무의 2/3가 완료되었다.)

SEMI-NOTE

동사를 A에 일치시키는 표현
- A accompanied with B
- A along with B
- A as well as B
- A occupied with B
- A together with B
- A with B

군집명사 + 복수동사 예문
My family are all early risers. (나의 가족들은 모두 일찍 일어난다.)[이 문장에서 family는 가족 구성원 개개인을 의미하므로 군집명사]

부분, 일부를 표현하는 대명사
half, some, most 등 부분이나 일부를 표현하는 대명사 다음에 'of the + 복수 명사'가 오는 경우는 복수 동사를, 'of the + 불가산 명사(단수형)'가 오는 경우는 단수 동사를 사용

81

SEMI-NOTE

(6) 「the number of ~」와 「a number of ~」에서의 일치

① the number of ~(~의 수) : 단수동사로 받음

The number of students has been increasing. (학생들의 수가 증가하고 있다.)

② a number of ~(다수의 ~, 많은 ~) : 복수동사로 받음

A number of students were injured in the traffic accident. (수많은 학생들이 그 교통사고로 다쳤다.)

(7) 「many + a + 단수명사」는 단수 취급

① Many a young man has tried and failed. (많은 젊은이들이 시도했으나 실패했다.)

② Many a landowner has become bankrupt due to the law. (그 법률 때문에 많은 지주들이 몰락했다.)

(8) 「every + 단수명사」와 「every + 단수명사 + and + (every) + 단수명사」는 단수 취급

① Every dog has his day. (쥐구멍에도 볕 들 날이 있다.)

② Every boy and (every) girl wants to see the movie. (모든 소년 소녀들이 그 영화를 보고자 한다.)

　　cf. Everyone[Everybody] knows that. (모두 그것을 알고 있다.)(everyone [everybody]도 단수 취급)

　　cf. each, no로 수식받는 명사도 단수 취급

③ Each boy and each girl was given a book. (각 소년소녀들은 책을 한권 받았다.)

④ No student is to leave the room. (어떤 학생도 교실을 나갈 수 없다.)

(9) 복수형의 학문명, 병명, 게임명 등은 단수 취급

① 복수형의 학과 · 학문명 : ethics(윤리학), politics(정치학), economics(경제학), statistics(통계학), mathematics(수학), linguistics(언어학), phonetics(음성학) 등 → 단수 취급

② 복수형의 병명 : measles(홍역), mumps(유행성 이하선염), blues(우울증), rickets(구루병) 등 → 단수 취급

③ 복수형의 오락 · 게임명 : billiards(당구), bowls(볼링), checkers(체커, 서양장기), cards 등 → 단수 취급

> **get up　지명·국가명을 나타내는 복수 고유명사의 수**
>
> • 단수 취급 : Athens(아테네), Naples(나폴리), the United Nations(유엔), the United States(미국) [※복수형의 국가명은 대부분 단수 취급]
> • 복수 취급 : the Netherlands (네덜란드), the Alps(알프스) 등

---

many, all

• many + 복수명사 / many + of + 복수명사 : 복수동사로 받음
- Many people have to move before the coming spring.
- Many of us were tired.
• all : 사람('모든 사람', '모두')을 의미할 때는 복수 취급, '모든 것(만사)'을 의미할 때는 단수 취급
- All were happy.
- All I want is money.

every 관련 영어 숙어 표현

• every day 매일, 날마다
• every year 매년
• every week 매주
• in every case 모든 경우에

주어와 동사의 수의 일치

• 주격 관계대명사가 이끄는 절의 동사는 선행사의 수에 일치시킴
- 주격 관계대명사(who, which, that 등)가 이끄는 절의 동사의 경우는 주어가 선행사이므로, 선행사의 수와 인칭에 일치시켜야 함
- Mr. Kim, who has a lot of teaching experience, will be joining the school in September.
[관계대명사(who) 다음의 동사(has)는 선행사(Mr. Kim)에 일치] (김 선생님은, 가르쳐 본 경험이 많은 분인데, 9월에 우리 학교에서 함께 일하게 됩니다.)

(10) 「시간, 거리, 금액, 중량」 등이 한 단위 또는 단일 개념을 나타내는 경우 단수 취급

① Thirty years is a long time. (30년은 긴 세월이다.)

　cf. Thirty years have passed since my mother died. (어머니가 돌아가신 지 30년이 지났다.)[시간의 경과를 나타내는 경우 복수 취급]

② Twenty miles is a long way to walk. (20마일은 걸어가기에 먼 길이다.)

③ Five thousand dollars is a big money. (5천 달러는 거금이다.)

(11) 명사절이나 명사구 등이 주어 역할을 하는 경우 단수 취급

① That he said so is true. (그가 그렇게 말했다는 것은 사실이다.)[명사절(That ~ so)이 주어이므로 단수동사(is)로 받음]

② Whether he will succeed is doubtful. (그가 성공할 것인지는 의심스럽다.)

③ Beating a child does more harm than good. (아이를 때리는 것은 득보다 해가 크다.)[동명사(구)가 주어가 되는 경우 단수 취급하므로 단수동사(does)로 받음]

④ To know oneself is not easy. (자신을 아는 것은 쉽지 않다.)[부정사(구)가 명사기능을 하여 주어가 되는 경우 단수 취급]

2. 시제의 일치

(1) 시제 일치의 일반원칙

① 주절의 시제가 현재, 현재완료, 미래인 경우에는 종속절의 시제는 어느 것이든 가능

　㉠ I think that he is rich. (나는 그가 부자라고 생각한다.)

　㉡ I think that he will be rich. (나는 그가 부자가 될 거라고 생각한다.)

　㉢ I think that he was rich. (나는 그가 부자였다고 생각한다.)

　㉣ He will say that he was busy. (그는 바빴었다고 말할 것이다.)

　㉤ He has said that he will be busy. (그는 바쁠 것이라고 말했다.)

② 주절의 시제가 과거인 경우 종속절의 시제는 과거나 과거완료가 됨(단, 과거완료는 주절의 시제(과거)보다 먼저 일어난 경우)

　㉠ I thought that he was rich. (나는 그가 부자라고 생각하였다.)

　㉡ I thought that he would be rich. (나는 그가 부자가 될 거라고 생각하였다.)

　㉢ I thought that he had been rich. (나는 그가 부자였었다고 생각하였다.)

(2) 시제일치의 예외

① 불변의 진리, 격언 등은 주절의 시제와 관계없이 종속절에서 현재를 씀

　㉠ We were taught that the earth is round like a ball. (우리는 지구가 공처럼 둥글다고 배웠다.)

　㉡ The professor said that time is money. (그 교수는 시간이 돈이라고 말했다.)

주의할 시제 일치 관련 어구

• in + (과거) 시간명사 : 과거시제에 쓰임
  - The foundation was founded in 2009. (그 재단은 2009년에 설립되었다.)

• during : 주로 과거의 특정한 기간 동안에 관하여 씀
  - The renowned singer stayed in Hawaii during a six-year gap. (그 유명한 가수는 6년간의 공백 기간 동안 하와이에 머물렀다.)

• since : 앞의 주절 동사는 완료시제를 씀
  - I have known him since he was a child. (나는 그가 어릴 때부터 그를 알고 있다.)

• so far : 현재완료시제에 쓰임
  - She has written only two novel so far. (그녀는 지금까지 단지 두 편의 소설만을 썼다.)

• by this time : 주로 미래완료시제에 쓰임
  - He should have arrived by this time. (그는 지금쯤 도착했을 것이다.)

② 현재의 습관 · 관례, 현재의 사실은 주절의 시제와 관계없이 종속절에서 현재를 씀

　㉠ My grandfather said that he takes a walk everyday. (내 할아버지는 매일 산책을 한다고 말씀하셨다.)

　㉡ It is an accepted custom to say 'Excuse me' when he sneezes. (재채기를 할 때 'Excuse me'라고 말하는 것은 일반적으로 받아들여지는 관례이다.)

　㉢ He said that he has breakfast at seven every morning. (그는 매일 아침 7시에 아침을 먹는다고 말하였다.)

③ 역사적 사실은 주절의 시제와 관계없이 종속절에서 과거를 씀

　㉠ She said that Columbus discovered America in 1492. (그녀는 1492년 Columbus가 미국을 발견했다고 말했다.)

　㉡ We learned that World War II broke out in 1939. (우리는 1939년에 2차 세계대전이 일어났다고 배웠다.)

④ 가정법의 시제는 주절의 시제와 관계없이 종속절에서 원래 그대로 씀

　㉠ He said, "If I were well, I could swim in the river."

　　→ He said that if he were well he could swim in the river. (그는 자신이 건강하다면 강에서 수영을 할 수 있다고 말하였다.)

　㉡ I wish I were a bird. (나는 내가 새라면 하고 바란다.)

　　→ I wished I were a bird. (나는 내가 새라면 하고 바랐다.)

⑤ 비교의 부사절에서는 내용에 따라 시제를 씀

　㉠ She was then more generous than she is now. (그녀는 지금보다 그때 더 관대했다.)

　㉡ She speaks English better than you did. (그녀는 예전의 당신보다 영어를 더 잘한다.)

02절　화법(Narration)

화법(Narration)

화법이란 사람의 말을 전하는 방식을 말하는 것으로, 어떤 사람이 한 말을 그대로 인용부호로 전하는 것을 직접화법(Direct narration), 말의 의미 · 내용만을 자신의 말로 고쳐서 전하는 것을 간접화법(Indirect narration)이라 함

1. 화법전환(직접화법 ⇒ 간접화법)의 일반 공식

(1) 전달동사 등의 전환

　① 전달동사 : say(said) → say(said), say(said) to → tell(told)
　② 인용부호를 없애고 접속사 that을 사용

(2) 피전달문의 인칭 및 시제의 전환

　① 직접화법에서의 1인칭은 간접화법에서 주어와 일치시킴

　　He said to me, "I will do my best."

　　→ He told me that he would do his best.

　② 2인칭은 목적어와 일치시키며, 3인칭은 그대로 둠

　　I said to her, "You look fine."

→ I told her that she looked fine.

③ 전달동사의 시제가 과거일 경우 종속절의 시제는 시제 일치 원칙에 따라 바뀜

She said, "It is too expensive."

→ She said that it was too expensive.

④ 지시대명사나 부사(구) 등을 문맥에 맞게 전환함

㉠ She said, "I am busy today."

→ She said that she was busy that day.

㉡ He said, "I reached here yesterday."

→ He said that he had reached there the day before.

2. 문장의 종류에 따른 화법전환

(1) 평서문의 화법전환

① 전달동사 say는 say로, say to는 tell로 전환

② 전달동사 뒤에 접속사 that을 놓음. 이 that은 생략이 가능

③ 전달동사가 과거인 경우 종속절의 시제를 일치시킴

④ 피전달문의 인칭대명사를 문맥에 맞도록 고침

⑤ 부사나 부사구, 지시대명사 등을 문맥에 맞도록 고침

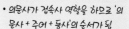 문맥에 맞게 고치기

- now → then / ago → before
- today → that day / tonight → that night
- yesterday → the day before(the previous day)
- last night → the night before(the previous night)
- tomorrow → the next day(the following day)
- next week → the next week(the following week)
- this → that / these → those / here → there / thus → so

의문사 있는 의문문의 간접화법 어순
- 의문사가 접속사 역할을 하므로 '의문사 + 주어 + 동사'의 순서가 됨
  - I said to the boy, "What is your name?"
  → I asked the boy what his name was.
  (나는 그 소년에게 이름이 무엇이냐고 물었다.)

04장

일치/화법

9급공무원
영어

나두공

나두공

05장 부정사(Infinitive)/동명사(Gerund)/분사(Participle)

부정사(Infinitive)/동명사(Gerund)/ 분사(Participle)

01절 부정사(Infinitive)

1. 부정사의 의의

(1) 부정사의 의미

① 부정사는 복문을 단문으로 만들어 문장을 간결하게 하는 준동사의 일종

② 부정사는 동사의 성질을 지니므로 목적어나 보어를 취할 수 있음

③ 부정사는 그 용법에 따라 문장에서 명사(구), 형용사(구), 부사(구)의 역할을 함

④ 부정사는 '~하는 것', '~하기 위해', '~할' 등과 같은 미래의 의미가 내포되어 있음

⑤ 문장의 간결성 차원에서 부정사가 있는 문장에서는 같은 단어의 반복이 안 됨

(2) 부정사의 종류

① to부정사 : to + 동사원형(기본형) / to + be + p.p(수동형) / to + have + p.p(완료형)

② 원형부정사 : 동사원형

③ 기타 : 대부정사(to), 분리부정사(to + 부사 + 동사원형)

(3) 부정사의 시제

① 단순부정사

㉠ 동사의 시제와 같거나 늦은 시제를 나타냄

㉡ 'to + 동사원형' 또는 'to be + p.p(단순형 수동부정사)'의 형태를 지님

㉢ He seems to be ill. (그는 아픈 것처럼 보인다.)

= It seems that he is ill.

㉣ He seemed to be ill. (그는 아픈 것처럼 보였다.)

= It seemed that he was ill.

㉤ He seemed to be shocked. (그는 충격을 받은 것처럼 보였다.)

= It seemed that he was shocked.

② 완료부정사

㉠ 동사의 시제보다 앞선 시제를 나타냄

㉡ 'to have + p.p' 또는 'to have been + p.p(수동형 완료부정사)'의 형태를 지님

• He seems to have been ill. (그는 아팠던 것처럼 보인다.)

= It seems that he was ill.

• He seemed to have been ill. (그는 아팠던 것처럼 보였다.)

= It seemed that he had been ill.

(4) 부정사의 부정 : 부정사 앞에 부정어(not, never 등)를 사용

① I told him not to go out. But he went out. (나는 그에게 나가지 말라고 하였다. 그러나 그는 나갔다.)

② He made it a principle never to be late for school. (그는 학교에 지각하지 않는 것을 원칙으로 삼았다.)

2. 부정사를 목적어나 목적보어로 취하는 동사

(1) to부정사를 목적어나 목적보어로 취하는 동사

① 소망·기대·요구·노력동사 등은 to부정사를 목적어로 취함(⇒ S + V + to부정사[-ing(×)]) : want, wish, hope, long(간절히 바라다), desire, expect, ask, demand, endeavor, contrive, learn, manage, decide 등

ㄱ We want to get back to the six-party talks as soon as possible. (우리는 가능한 한 빨리 6자회담에 복귀하기를 바란다.)

ㄴ We expect to succeed. (우리는 성공할 것이다.)

ㄷ They contrived to escape from the castle. (그들은 성을 빠져나갈 궁리를 했다.)

ㄹ Tom did not choose to accept their proposal. (Tom은 그들의 제안을 받아들이려 하지 않았다.)

ㅁ The president promised to clean up government. (대통령은 정부를 일소할 것이라 약속했다.)

ㅂ He arranged to start early in the morning. (그는 아침 일찍 출발할 준비를 했다.)

② (준)사역동사 get, cause, induce, persuade, compel, force 등은 목적보어로 to부정사를 취함(⇒ S + V + O + to부정사)

ㄱ Get your parents to help you. (당신의 부모님께 도와 달라고 하시오.)

ㄴ The policeman compelled Tom to confess. (그 경찰관은 Tom이 자백하도록 강요했다.)

(2) 원형부정사를 취하는 동사

① 조동사 뒤에 오는 동사는 원형부정사(동사원형)를 취함

Cancer can be cured when it is discovered in its earliest stages. (암은 초기 단계에 발견되면 치료될 수 있다.)

② 사역동사 make, have, let, bid(명령하다) 등은 목적보어로 원형부정사를 취함 (⇒ S + 사역동사 + O + 원형부정사)

ㄱ Her song always makes me feel happy. (그녀의 노래는 언제나 나를 행복하게 한다.)

ㄴ Our teacher made us learn the poem by heart. (우리 선생님은 우리에게 그 시를 암송하라고 시켰다.)

SEMI-NOTE

부정사구를 취하는 주요 구문

• 형용사 + to부정사
  - I'm happy to meet you. (만나서 반갑습니다.)
• 명사[대명사] + to부정사
  - He has a book to read. (그는 읽을 책을 갖고 있다.)
• 술어동사 + to부정사
  - I have decided to buy it. (나는 그 것을 사기로 결심했다.)
• 술어동사 + 목적어 + to부정사
  - No one expected him to pass the exam. (아무도 그가 시험에 통과하리라고 예상치 않았다.)
• 수동태 + to부정사
  - She was forced to quit her job. (그녀는 직장을 그만두도록 강요받았다.)
• for[of] + 목적격 + to부정사
  - It was a mistake for Tom to marry Sue. (톰이 수와 결혼한 것은 잘못이었다.)

05장

부정사/동명사/분사

원형부정사 사용

• 동사원형
  - 조동사
  - 지각동사
  - 사역동사
  - 관용구

지각동사

see, watch, behold, look at, observe, hear, listen to, smell, taste, feel, find, notice 등

had better 구문 정리

- **기본형** : had better + 동사원형 (~하는 편이 낫다)
- **부정형** : had better not + 동사 원형(~하지 않는 편이 낫다)
- **과거형** : had better have + p.p(~하는 편이 나았을 텐데)
- **과거부정형** : had better not have + p.p(~하지 않는 편이 나았을 텐데)

원형부정사를 취하는 기타 구문

- but, except + 원형부정사 (~ 제외하면)
  - I will do anything but work on a construction site. (나는 건설 현장에서 일하는 것만 제외하면 무엇이든 하겠다.)

→ We were made to learn the poem by heart (by our teacher). [수동태가 되면 원형부정사가 아닌 to부정사가 사용됨]

③ 지각동사는 목적보어로 원형부정사를 취함(⇒ S + 지각동사 + O + 원형부정사)

　ㄱ I heard the singer sing on TV last night. (나는 어젯밤 TV에서 그 가수가 노래하는 것을 들었다.)

　ㄴ I saw him cross the street. (나는 그가 길을 건너는 것을 보았다.)

　→ He was seen to cross the street (by me).[수동태가 되면 원형부정사가 아닌 to부정사가 사용됨]

④ 원형부정사(동사원형)를 취하는 관용적 표현

　ㄱ had better + 원형부정사(~하는 편이 낫다)

　　You had better not say anything. (아무 말도 하지 않는 것이 낫다.)

　ㄴ do nothing but + 원형부정사(단지[오직] ~할 뿐이다[~만 하다])

　　cf. nothing but = only

　　She did nothing but complain. (그녀는 오직 불평만 했다.)

　ㄷ cannot (choose) but + 원형부정사(~하지 않을 수 없다)

　　= cannot help V -ing

　　= have no choice but + to부정사

　　= have no other way but + to부정사

　　= have no alternative[option] but + to부정사

　ㄹ I cannot (choose) but accept the offer. (나는 그 제안을 받아들이지 않을 수 없다.)

　　= I have no choice[alternative, option, other way] but to accept the offer.

　ㅁ would rather + 원형부정사 (than 원형부정사) ((~하느니) 차라리[오히려] ~하고 싶다)

　　I would rather stay here alone. (나는 여기 혼자 있는 것이 낫겠다.)

실력up would rather 구문 정리

- **기본형** : would rather + 동사원형(차라리 ~하고 싶다)
- **부정형** : would rather not + 동사원형(차라리 ~하지 않겠다)
- **과거형** : would rather have + p.p(차라리 ~했어야 했다)
- **과거부정형** : would rather not have + p.p(차라리 ~하지 말았어야 했다)

⑤ 원형부정사를 취하는 기타 구문

　ㄱ let go (놓아주다)

　　Don't let go the rope. (줄을 놓지 마라)

　ㄴ make believe (~하는 체하다)

　　The kids are making believe that they are bride and bridegroom. (애들이 신랑 신부 놀이를 하고 있다.)

ⓒ Why not + 원형부정사? (~하지 그래? ~하세요.)

Why not put an ad in the paper? (신문에 광고를 내지 그래? = 신문에 광고를 내세요.)

3. 부정사의 용법

(1) 명사적 용법 : 부정사가 명사의 역할(주어·목적어·보어 등)을 함

① 문장에서 주어 역할을 함

ㄱ To know oneself is not easy. (자신을 아는 것은 쉽지 않다.)

ㄴ To get up early is good for the health. (일찍 일어나는 것은 건강에 좋다.)

= It is good for the health to get up early.

= Getting up early is good for the health.

② 문장에서 목적어 역할을 함

ㄱ She likes to play the piano. (그녀는 피아노 치는 것을 좋아한다.)

ㄴ I hate to accept it. (나는 그것을 받아들이고 싶지 않다.)

③ 문장에서 보어 역할을 함

ㄱ My desire is to be a pilot. (나의 소망은 조종사가 되는 것이다.)

ㄴ His hobby is to collect stamps. (그의 취미는 우표 수집이다.)

= His hobby is collecting stamps.

④ 명사와 '동격'이 되는 경우

My desire, to be a pilot, never came true. (조종사가 되고자 하는 나의 소망은 결코 실현되지 않았다.)

⑤ 「의문사 + to부정사」

ㄱ What to do is very important. (무엇을 하느냐가 아주 중요하다.)[주어]

ㄴ I don't know what to do. (나는 무엇을 해야 할지를 모르겠다.) [목적어]

ㄷ The difficulty is what to do. (어려운 것은 무엇을 하느냐이다.) [보어]

(2) 형용사적 용법

① 한정적 용법 : 부정사가 명사(주어·목적어·보어)를 수식

ㄱ 부정사가 수식하는 명사가 부정사의 의미상의 주어인 경우

• She has no friend to help her. (그녀는 도와줄 친구가 없다.)[to부정사가 명사(friend)를 수식]

• He is the last man to betray his friends. (그는 자기 친구들을 배신할 사람이 결코 아니다.)

= He is not a man who will betray his friends.

ㄴ 부정사가 수식하는 명사가 부정사의 의미상의 목적어인 경우

• I bought a book to read. (나는 읽을 책을 샀다.)[to부정사가 명사(book)을 수식]

준동사

• 부정사, 동명사, 분사와 같은 준동사는 동사에 준해서 사용되는 것으로, 기본적인 동사 기능 외에 명사나 형용사, 부사의 기능을 수행

• 준동사는 주어에 따라 인칭이나 수가 결정되는 정동사(be동사나 일반동사 등)와는 달리 주어에 따른 인칭과 수의 변화가 없음

• 정동사가 일반적 의미의 주어와 함께 사용되는 데 비해, 준동사는 의미상의 주어와 함께 사용

의문사구(의문사 + to부정사)

• what to do : 무엇을 해야 할지
• how to do : 어떻게 해야 할지
• where to do : 어디서 해야 할지
• when to do : 언제 해야 할지

한정적 용법

명사 뒤에서 수식하며 형용사와 같은 역할을 하는 부정사를 의미

• money to buy a car
 – 차 한 대 살 돈
• time to go home
 – 집에 갈 시간
• money to live on
 – 생활비

준동사의 부정

- 준동사(부정사 · 동명사 · 분사)를 부정할 때, not, never 등의 부정어를 준동사 앞에 붙이는데, 이는 부정어가 부사로서 형용사로 기능하는 준동사 앞에 위치하기 때문임
  - I made up my mind not to oversleep again.

불완전자동사(2형식 동사)의 주격 보어가 되는 경우

- He seems to be sad. (그는 슬픈 것 같다.)
- His wound turned out to be fatal. (그의 상처는 치명적인 것으로 판명되었다.)
- We soon came to like her. (우리는 곧 그녀를 좋아하게 되었다.)

be + to부정사 용법

예정 : ~을 하려고 하다(will, be going to)
의무 : ~해야 한다(should)
가능 : ~할 수 있다(can)
운명 : ~할 운명이다
의도 : ~할 작정이다

부사적 용법 지정(~하기에, ~하기가)

- The book is easy to read. (그 책은 읽기가 쉽다.)
  = It is easy to read the book.
- This river is dangerous to swim in. (이 강은 수영하기에 위험하다.)
  = It is dangerous to swim in this river.
  cf. 부사적 용법은 to부정사가 형용사를 수식하는 경우. 이러한 구문에 사용되는 형용사에는 easy, hard, difficult, good, dangerous, convenient, impossible가 있음

- Please give me something hot to drink. (제게 뜨거운 음료를 주세요.)
  [to부정사가 대명사(something)를 수식]
  = Please give me something hot that I can drink.

ⓒ '부정사 + 전치사'가 수식하는 명사가 전치사의 목적어인 경우

- The child had a spoon to eat with. (아이는 갖고 먹을 스푼이 있었다.)
  [명사(spoon)는 전치사(with)의 목적어]
- I have no house to live in, nor money to buy a house with. (나는 살 집이 없고, 집을 살 돈도 없다.)
  – a chair to sit on, paper to write on, a pencil to write with 등

ⓓ 부정사가 수식하는 명사가 부정사와 동격 관계

- Give me your promise never to smoke. (절대 금연하겠다고 약속해라.)[to부정사와 명사(promise)가 동격]
- I have no opportunity to speak English these days. (나는 요즈음 영어를 말할 기회가 없다.)
  = I have no opportunity of speaking English these days.

실력UP 수식 관계

It is time to go to bed now. (이제 잠자리에 들 시간이다.)

② 서술적 용법 : 부정사가 동사의 보어가 됨
  ⊙ 불완전자동사(2형식 동사)의 주격 보어가 되는 경우
- The news proved to be false. (그 뉴스는 거짓임이 판명되었다.)
- I happened to meet her. (나는 우연히 그녀를 만났다.)
  ⓛ 불완전타동사(5형식 동사)의 목적격 보어가 되는 경우
- He thought her to be unkind. (그는 그녀가 불친절하다고 생각했다.)
- I believe him to be cruel. (나는 그가 잔인하다고 믿는다.)
  ⓒ be + to부정사 : 의무 · 예정 · 운명 · 가능 · 소망 · 의도를 표현
- We are to observe the law. (우리는 법을 지켜야 한다.)[의무]
- He is to make a speech this weekend. (그는 이번 주말에 연설을 할 예정이다.)[예정]
- Nothing was to be seen but waves and gulls. (파도와 갈매기 외에는 아무 것도 볼 수 없었다.)[가능]
- If you are to get a high score, you have to study hard. (당신이 높은 점수를 얻으려 한다면, 열심히 공부해야 한다.)[의도]

(3) 부사적 용법

① 부정사가 부사처럼 동사 · 형용사 · 다른 부사 등을 수식하는 경우
  ⊙ 목적(~하기 위하여)(= in order to ~ = so as to ~)
  We eat to live, not live to eat. (우리는 살기 위해 먹는 것이지 먹기 위해 사는 것이 아니다.)

ⓛ 원인(~하니, ~하고서)

I am glad to meet you. (당신을 만나서 반갑습니다.)

ⓒ 이유 · 판단의 근거(~하는 것을 보니, ~을 하다니)

He must be a liar to say such a thing. (그런 말을 하는 것을 보니 그는 분명히 거짓말쟁이다.)

ⓔ 결과(~해서 …하다 / ~하여[하지만] …하다)(= and ~ / = but ~)

- He grew up to be a great scientist. (그는 커서 위대한 과학자가 되었다.)
- She worked hard only to fail. (그녀는 열심히 일했지만 실패했다.)
  = She worked hard but she failed.
- The good old days have gone never to return. (좋은 시절은 가고 다시는 돌아오지 않는다.)

ⓜ 조건(~하다면)(= if ~)

- I should be very glad to go with you. (당신과 함께 간다면 나는 아주 기쁠 것이다.)
  = I should be very glad if I could go with you.
- To hear him speak English, you would mistake him for an American. (너는 그가 영어로 말하는 것을 들으면 그를 미국인으로 착각할 것이다.)

ⓗ 양보(~에도 불구하고)(= though ~)

To do my best, I couldn't help it. (최선을 다했지만 어쩔 수 없었다.)

ⓢ 형용사 + enough to + 원형부정사(~할 정도로 …하다)(= so … that + S + can ~)

It is hot enough to swim today. (오늘은 수영하기에 충분히 덥다.)

= It is so hot that we can swim today.

cf. 여기서의 부사적 용법은 to부정사가 앞의 부사(enough)를 수식하는 경우임

ⓞ too ~ to + 원형부정사(너무 ~해서 …할 수 없다)(= so ~ that + S + can't + 원형부정사)

You are too young to understand it. (너는 너무 어려서 그것을 이해할 수 없다.)

= You are so young that you can't understand it.

② 독립부정사 : 문장 전체를 수식

to tell the truth 사실[진실]을 말하자면(= truth to tell = to be honest) / to be frank with 솔직히 말하면, 사실은 / to do ~ justice 공평히 말해서 / to be brief[short] 간단히 말하면(= to make a long story short) / to begin with 우선, 무엇보다도 / to be sure 확실히 / to say nothing of ~은 말할 것도 없이 (= not to speak of = not to mention) / to say the least (of it) 적어도, 줄잡 아 말하더라도 / to make matters worse 설상가상으로 / so to speak 말하자 면 / strange to say 이상한 말이지만 / needless to say 말할 필요도 없이

부정사가 부사처럼 동사 · 형용사 · 다른 부사 등을 수식하는 경우

- so ~ as to …(…할 만큼 ~하다[정 도] / 너무 ~해서 …하다[결과])
  - She was so kind as to show me around the town. (그녀는 내게 시내를 구경시켜줄 만큼 친절하 였다.)[정도]
  - He got up so late as to miss the train. (그는 너무 늦게 일어나서 기차를 놓쳤다.)[결과]

'too ~ to' 구문의 특수용법

- not too ~ to …(…할 수 없을 정도로 ~하지는 않다)(= not so ~ that …not)
- too ~ not to …(대단히 ~하므 로 …할 수 있다)(= so ~ that can[cannot but])
- only too(매우, 대단히)(= very, exceedingly)

독립부정사 예문

- To tell the truth, I can't understand what you are saying. (진실을 말하 면, 나는 네가 말하는 것을 이해할 수가 없다.)
- To do him justice, the work does not suit him. (공평히 말해서 그는 그 일에 어울리지 않는다.)
- He is, so to speak, a celibate. (그는 말하자면 독신주의자이다.)

05장

부정사/동명사/분사

SEMI-NOTE

실력up **to부정사가 포함된 관용구**

be likely[apt, liable, inclined] to ~(~하는 경향이 있다) / be ready to ~(~할 준비가 되어 있다) / be sure to ~(반드시 ~하다) / be willing to ~(기꺼이 ~하다) / be anxious[eager] to ~(~을 바라다) / be free to ~ (자유롭게 ~하다)

4. 기타 부정사 관련 용법

(1) 대부정사 : 같은 동사의 반복을 피하기 위하여 to부정사에서 to만을 쓰는 것을 의미

You may smoke if you want to smoke. (원한다면 담배를 피워도 좋습니다.)

(2) 분리 부정사 : to와 원형 사이에 to부정사를 수식하는 부사를 두는 것을 의미

I failed to entirely understand the poem. (나는 그 시를 완전히 이해하지 못했다.)

(3) 과거에 이루지 못한 희망·기대

> • 희망 · 기대 동사 + 완료부정사 : 희망 · 기대 · 의지 등을 나타내는 동사가 완료부정사의 형태를 취하여 과거에 이루지 못한 희망 · 기대 등을 표현
> • wanted[hoped, wished, intended, expected 등] + to have p.p.
>   = had wanted[hoped, wished, intended, expected 등] + to부정사

I hoped to have seen her before her death. (나는 그녀가 죽기 전에 그녀를 보기를 바랐다. (그러나 보지 못했다.))

= I had hoped to see her before her death.

= I hoped to see her before her death, but I couldn't.

5. 부정사의 의미상 주어

(1) 의미상 주어를 따로 쓰지 않는 경우

① 의미상 주어가 문장의 주어(술어동사의 주어)와 일치하는 경우

  ㉠ I want to go to Japan. (나는 일본에 가고 싶다.)

  ㉡ He intended to visit there. (그는 그곳을 방문하려고 했다.)

② 의미상 주어가 일반주어(people, we, they 등의 일반인)인 경우

  ㉠ This book is easy to read. (이 책은 읽기 쉽다.)

  ㉡ It is wrong to cheat on an exam. (시험에서 부정행위를 하는 것은 잘못된 것이다.)

③ 독립부정사 구문의 경우

  ㉠ To make matters worse, he lost his money. (설상가상으로 그는 돈을 잃어버렸다.)

흔히 사용되는 대부정사의 예

> • want to
> • wish to
> • hope to
> • like to
> • love to
> • hate to
> • need to
> • try to
> • have to
> • be going to
> • would like to
> • be sorry to

현수부정사

> 문장 앞 부정사의 의미상 주어는 주절의 주어가 되어야 함

ⓛ To be frank with you, I think he has little chance of passing the exam.
(솔직히 말하면, 나는 그가 시험에 통과할 가능성이 거의 없다고 생각한다.)

④ 의미상 주어가 문장의 목적어와 일치하는 경우

- 일반적으로 'S + V + O + OC(to부정사)'의 5형식 문장이 됨
- 해당 동사
  - 희망 · 기대 동사 : want, wish, desire, expect, intend, mean 등
  - 명령 · 권고 동사 : tell, order, warn, ask, beg, advise, require 등
  - 생각 · 사유 동사 : believe, think, consider, suppose, imagine 등
  - 허용 · 금지 동사 : allow, permit, forbid 등
  - 사역동사 : get, cause, compel, force, lead, enable, encourage 등

(2) 의미상 주어를 따로 쓰는 경우

① 의미상 주어가 'for + 목적어'가 되는 경우(for + 목적어 + to부정사)

- 부정사의 의미상 주어를 'for + 목적어(사람)' 형태로 따로 씀
- 해당 유형 : 의미상 주어를 따로 쓰지 않는 경우나 'of + 목적어'가 의미상 주어가 되는 경우를 제외하고 대부분 이러한 형태로 씀 → to부정사가 (대)명사의 역할(문장의 주어, 목적어, 보어 역할)을 하는 경우, to부정사가 명사를 수식하는 형용사 역할을 하는 경우 등

② 의미상 주어가 'of + 목적어'가 되는 경우(of + 목적어 + to부정사)

- 사람의 성품 · 성향, 감정표현의 형용사가 있는 경우 부정사의 의미상 주어를 'of + 목적어(사람)' 형태로 씀
- 사람의 성품 · 성향, 감정표현의 형용사가 있는 경우 부정사의 의미상 주어를 'of + 목적어(사람)' 형태로 씀
- 해당 형용사 : good, nice, kind, generous, polite, considerate, careful, selfish, impudent, cruel, rude, wrong, wise, clever, foolish, silly, stupid 등

실력UP 의미상 주어가 'of + 목적어'가 되는 경우 예문

- It is kind of you to invite us to the party. (우리를 잔치에 초대하여 주셔서 고맙습니다.)
  = You are kind to invite us to the party.
- It was wise of her not to spend the money. (그녀가 돈을 낭비하지 않은 것은 현명했다.)
- It is foolish of him to do such a thing. (그가 그런 일을 하다니 어리석다.)

05장
부정사/동명사/분사

95

02절　동명사(Gerund)

1. 동명사의 성질 및 기능

(1) 동명사가 가진 동사의 성질

① 시제와 수동형이 있음

　㉠ **시제** : 단순동명사(V-ing), 완료동명사(having+p.p.)

　㉡ **수동형** : 단순 수동형(being+p.p.), 완료 수동형(having been+p.p.)

② 동사처럼 목적어를 취할 수 있음

　My hobby is collecting stamps. (나의 취미는 우표 수집이다.)[동명사 collecting은 stamps를 목적어로 취함]

③ 동사처럼 보어를 취할 수 있음

　Becoming a singer is her dream. (가수가 되는 것이 그녀의 꿈이다.)

④ 동사처럼 부사(구) 등의 수식어를 동반할 수 있음

　Playing on the field is forbidden. (운동장에서 노는 것은 금지되어 있다.)

　[부사구 'on the field'가 동명사 playing을 수식]

(2) 동명사의 명사 기능

① 문장의 주어로 쓰임

　㉠ Walking in the snow is very romantic. (눈 위를 걷는 것은 아주 낭만적이다.)

　㉡ Speaking English fluently is very difficult. (영어를 유창하게 말하는 것은 매우 어렵다.)

　　= To speak English fluently is very difficult.

② 문장의 보어로 쓰임

　My hobby is collecting stamps. (나의 취미는 우표 수집이다.)

　= My hobby is to collect stamps.

③ 동사의 목적어로 쓰임

　㉠ This car needs washing. (이 차는 세차를 할 필요가 있다.)

　　= This car needs to be washed.

　㉡ I regret having said so. (나는 그렇게 말했던 것을 후회한다.)

④ 전치사의 목적어로 쓰임

　㉠ The woman went out without saying. (그 여자는 말없이 나갔다.)

　㉡ He is proud of being an engineer. (그는 기술자인 것을 자랑스럽게 여긴다.)

　전치사 'in'이 자주 생략되는 구문

　spend[waste] money[time] (in) V-ing (~하는 데 돈[시간]을 쓰다[허비하다])

(3) 동명사의 부정

① 동명사의 부정은 부정어(not, never 등)를 동명사 바로 앞에 위치시켜 표현

② I can't excuse her for not having answered my letter. (나는 그녀가 내 편지에 답장하지 않은 것을 용서할 수 없다.)

실력up 동명사와 현재분사

동명사	현재분사
• 명사이므로 문장 내에서 주어·목적어·보어 등 명사의 역할을 함 • 주로 '용도·목적'을 나타내며, '～ 것'으로 해석됨 • 「동명사 + 명사」는 「동사 + 주어」의 관계가 성립하지 않는 경우가 많음	• 형용사이므로 문장 내에서 주로 명사를 수식하거나 보어가 됨 • 주로 '상태나 동작'을 나타내며, '～하고 있는', '～주는', '～한' 등으로 해석됨 • 「현재분사 + 명사」는 「동사 + 주어」의 관계가 성립하는 경우가 많음

2. 동명사의 시제 및 수동형

(1) 동명사의 시제

① 단순동명사(V-ing) : 일반적으로 동사의 시제와 같은 시제이거나 이후 시제

I know his being rich. (나는 그가 부자라는 것을 안다.)

= I know (that) he is rich.

② 완료동명사(having + p.p) : 동사의 시제보다 앞선 시제

I know his having been rich. (나는 그가 부자였다는 것을 안다.)

= I know (that) he was rich.

(2) 동명사의 수동형

① 단순 수동형(being + p.p)

㉠ He is afraid of being scolded. (그는 꾸중들을 것을 두려워하고 있다.)

= He is afraid that he will be scolded.

㉡ After being interviewed, the applicant was employed in the company. (인터뷰 후에, 그 지원자는 그 회사에 채용되었다.)

② 완료 수동형(having been + p.p)

She was not aware of her husband having been fired. (그녀는 남편이 해고되었다는 것을 알지 못했다.)

= She was not aware that her husband had been fired.

3. 동명사의 의미상 주어

(1) 의미상 주어를 따로 쓰지 않는 경우

① 의미상 주어가 문장의 주어와 같은 경우

㉠ I am sorry for being late. (늦어서 미안합니다.)[의미상 주어와 문장의 주어(I)가 동일]

SEMI-NOTE

동명사와 현재분사

• 동명사의 예
– a sleeping car(= a car for sleeping)
– a smoking room(= a room for smoking)
• 현재분사의 예
– a sleeping baby(= a baby who is sleeping)
– a smoking chimney(= a chimney which is smoking)

05장

부정사/동명사/분사

능동 동명사가 수동의 의미를 표현하는 경우

• 의미상 수동태이나 능동형 동명사를 쓰는 것을 의미
• need [want, require, deserve 등] + 동명사(= to be + p.p.)
– My phone needs[wants] repairing.
= My phone needs [wants] to be repaired.
– Your opinion deserves thinking.
= Your opinion deserves to be thought.

의미상 주어를 따로 쓰지 않는 경우

• 의미상 주어가 일반인(our, your, their 등)인 경우
– Teaching is learning. (가르치는 것은 배우는 것이다.)
– Seeing is believing. (보는 것이 믿는 것이다.)

ⓛ I am sure of winning the first prize. (나는 1등 상을 받을 것이라 확신하고 있다.)

= I am sure that I will win the first prize.

② 의미상 주어가 목적어와 일치하는 경우

㉠ Excuse me for being late. (늦어서 죄송합니다.)[의미상 주어와 목적어 (me)가 동일]

ⓛ Thank you for coming to my birthday party. (제 생일 파티에 와주셔서 감사합니다.)

(2) 의미상 주어의 일반적 형태

① 동명사의 의미상 주어는 소유격으로 나타내는 것이 원칙

㉠ I am sure of his passing the exam. (나는 그가 시험에 합격하리라는 것을 확신한다.)

= I am sure that he will pass the exam.

ⓛ I don't like your speaking ill of your mother. (나는 당신이 당신의 어머니를 비난하는 것을 좋아하지 않는다.)

= I don't like that you should speak ill of your mother.

② 의미상 주어는 소유격이 원칙이나, 오늘날 구어체 등에서 목적격으로 나타내기도 함

㉠ I don't like his/him coming here. (나는 그가 여기에 오는 것을 좋아하지 않는다.)

ⓛ I can't understand your brother/brother's refusing to join our club. (나는 너의 남동생이 우리 클럽에 가입하기를 거부하는 것을 이해할 수 없다.)

4. 동명사와 부정사를 목적어로 취하는 동사

(1) 동명사를 목적어로 취하는 동사

① '동사 + 동명사(-ing)'의 구조를 취하며, '동사 + to부정사(to do)'의 구조는 불가능한 동사

② 해당 동사

> admit, anticipate, appreciate, avoid, consider, defer, delay, deny, dislike, dispute, doubt, enjoy, escape, excuse, finish, forgive, give up, imagine, involve, keep, mention, 등

(2) 부정사를 목적어로 취하는 동사

① '동사 + to부정사(to do)'의 구조를 취하며, '동사 + 동명사(-ing)'의 구조는 불가능한 동사

② 해당 동사

afford, agree, arrange, ask, choose, contrive, decide, demand, desire, endeavor, expect, fail, hope, learn, long, manage, offer, pretend, promise, refuse, threaten, want, wish 등

⊙ He arranged to start early in the morning. (그는 아침 일찍 출발할 준비를 했다.)

ⓒ Tom did not choose to accept their proposal. (Tom은 그들의 제안을 받아들이려 하지 않았다.)

ⓔ I promised to write to her soon. (나는 편지를 그녀에게 곧 쓰겠다고 약속하였다.)

(3) 목적어로 동명사와 부정사가 모두 가능한 동사

① 목적어로 동명사 · 부정사 모두 가능하며, 의미상의 차이도 거의 없는 동사

② 해당동사 : begin, start, commence, continue, intend, neglect 등

⊙ They began borrowing[to borrow] money. (그들은 돈을 빌리기 시작했다.)

ⓒ It started raining[to rain]. (비가 내리기 시작했다.)

ⓔ I intend going[to go]. (나는 갈 작정이다.)

(4) 동명사와 부정사를 목적어로 취할 때 의미상의 차이가 있는 동사

① 일반적 · 구체적 의미 차이가 있는 경우

⊙ 동사가 일반적 기호를 나타내는 경우는 동명사를 목적어로 가지며, 구체적 · 특정적 기호를 나타내는 경우는 to부정사를 목적어로 가짐

ⓒ 해당 동사 : like, prefer, love, hate, dread, intend 등 [호불호 · 기호 동사]

• I hate getting up early in the morning. (나는 아침에 일찍 일어나는 것이 싫다.) [일반적 의미]

• I hate to get up early that cold morning. (나는 그렇게 추운 아침에는 일찍 일어나는 것이 싫다.) [구체적 · 특정적 의미]

② 시차에 따른 의미 차이가 있는 경우

⊙ 해당 동사보다 과거의 일인 경우에는 동명사를 목적어로 하며, 동사와 동일시점이나 미래의 일인 경우에는 to부정사를 목적어로 함

ⓒ 해당 동사 : remember, recall, forget, regret 등[기억 · 회상 · 회고 동사]

• I remember mailing the letter. (편지를 보낸 것을 기억한다.)[동사(remember)보다 과거의 일인 경우 동명사(mailing)를 목적어로 함]

= I remember that I mailed the letter.

• I remember to mail the letter. (편지를 보내야 하는 것을 기억한다.) [동사(remember)보다 미래의 일인 경우 to부정사(to mail)를 목적어로 함]

= I remember that I will have to mail the letter.

• She forgot going to the bank. 그녀는 그 은행에 갔던 것을 잊어버렸다 (갔었다는 사실을 잊어버렸다.).

SEMI-NOTE

동명사와 부정사를 목적어로 취할 때 문맥상 의미 차이가 있는 경우

• 동명사는 그 자체가 해당 동사의 목적어가 되며, to부정사는 부정사의 '목적(부사적 용법)'의 의미를 나타냄

• 해당 동사 : stop, propose 등

– He stopped eating. (그는 먹는 것을 멈추었다.)

– He stopped to eat. 그는 먹기 위해서 멈추었다(그는 먹기 위해 하던 것을 멈추었다).

try + 동명사, try + to부정사

• try ~ing(시험 삼아 ~하다), try to do(~하려고 애쓰다)

– He tried writing in pencil. (그는 연필로 (시험삼아서) 써 보았다.)

– He tried to write in pencil. (그는 연필로 써보려고 했다.)

시차에 따른 의미 차이가 있는 경우

• I'll never forget hearing her say so. (나는 그녀가 그렇게 말한 것을 결코 잊지 않겠다.)

= I'll never forget that I heard her say so.

• Don't forget to turn off the light. (전등을 끄는 것을 잊지 말아라.)

= Don't forget that you will have to turn off the light.

전치사 to이므로 동명사를 취하는 구문

• what do you say to ~ing (~하는 것은 어떻습니까?)
  – What do you say to eating out tonight? (오늘 밤 외식하는 거 어때?)
• when it comes to ~ing (~에 관해서라면)
  – He's really handy when it comes to fixing cars. (그는 차를 고치는 것에 관해서라면 정말 손재주가 있다.)
• contribute to ~ing (~에 기여하다)
  ~ Scholars contribute to passing on the lamp. (학자들은 지식의 진보에 기여한다.)
• fall to ~ing (~하기 시작하다)
  – The teacher and his students fell to talking. (선생님과 그의 학생들이 대화를 시작했다.)

동명사 관용표현

• prevent[keep] … from ~ing(…가 ~하는 것을 막다[못하게 하다])
  - The heavy rain prevented him from going out[his going out]. (폭우 때문에 그는 외출할 수 없었다.)
• lose no time (in) ~ing(~하는 데 지체하지 않다, 지체 없이 ~하다)
  - I lost no time in preparing the test. (나는 지체 없이 시험을 준비했다.)
• How about ~ing(~하는 것이 어떻습니까?)
  - How about going to the park this afternoon? (오늘 오후에 공원에 가는 것이 어때요?)
  = Shall we go to the park this afternoon?
• not[never] … without ~(…할 때마다[하면] (반드시) ~하다)
  - I never see this picture without thinking of my mother. (나는 이 그림을 볼 때마다 어머니 생각이 난다.)
  = I never see this picture but I think of my mother.
  = Whenever I see this picture, I think of my mother.

• She forgot to go to the bank. 그녀는 은행에 가는 것을[가야 한다는 것을] 잊어버렸다(잊고 가지 못했다).

5. 동명사 관련 중요 표현

(1) 전치사 to이므로 동명사를 취하는 구문

① look forward to ~ing(~하기를 기대하다)
I'm looking forward to seeing you. (나는 너를 만나기를 고대하고 있다.)

② be used[accustomed] to ~ing(~하는 데 익숙해져 있다)
She is used to washing the dishes. (그녀는 설거지하는 데 익숙해져 있다.)

③ be opposed to ~ing(~하는 데 반대하다)
= object to ~ing
They were opposed to discussing the matter with me. (그들은 나와 그 문제에 대해 논의하는 데 반대했다.)

④ have an/no objection to ~ing(~에 이의가 있다/없다)
I have no objection to having a party. (나는 파티를 여는 데 이의가 없다.)
cf. object to ~ing(~하는 데 반대하다)

⑤ with a view to ~ing(~할 의도[목적]으로)
He painted the house with a view to selling it for a good price. (그는 좋은 가격으로 집을 팔 목적으로 페인트칠을 하였다.)

⑥ be devoted to ~ing(~하는 데 전념하다)
The author was devoted entirely to writing. (그 작가는 오직 저술에만 전념했다.)

(2) 관용적 표현

① cannot help ~ing(~하지 않을 수 없다)
= cannot (choose) but + R
I could not help laughing at the sight. (나는 그 광경을 보고 웃지 않을 수 없었다.)
= I could not but laugh at the sight.

② feel like ~ing(~하고 싶은 기분이다)
I don't feel like eating now. (나는 지금 먹고 싶지 않다.)

③ be busy ~ing(~하느라 바쁘다)
She is busy preparing for the trip. (그녀는 여행을 준비하느라 바쁘다.)

④ be on the point[brink, verge] of ~ing(막 ~하려고 하다, ~할 지경에 있다)
= be about[ready] to do
The ship is on the point of sailing. (배가 막 출항하려고 한다.)

⑤ come near[close] ~ing(거의[하마터면] ~할 뻔하다)
The boy came near being drowned. (그 소년은 하마터면 익사할 뻔했다.)

⑥ go ~ing(~을 하러 가다)

He went fishing/hunting. (그는 낚시/사냥하러 갔다.)

⑦ have difficulty[a hard time] (in) ~ing(~에 어려움을 겪다[애먹다])

I had difficulty[a hard time] discussing some of the question. (나는 그 문제들 중 일부를 논의하는 데 어려움을 겪었다.)

⑧ of one's own ~ing(자기가 직접 ~한)

This is the tree of his own planting. (이것이 그가 손수 심은 나무이다.)

⑨ be worth ~ing(~할 가치가 있다)

= be worthy of ~ing

This book is worth reading. (이 책은 읽을 만한 가치가 있다.)

⑩ It is no use[good] ~ing(~해야 소용없다)

= It is useless to do

It is no use[good] getting angry with him. (그에게 화를 내봤자 소용이 없다.)

= It is useless to get angry with him.

⑪ There is no ~ing(도저히 ~할 수 없다)

= It is impossible to do

There is no telling what will happen tomorrow. (내일 무슨 일이 일어날 지 아무도 모른다.)

= It is impossible to tell what will happen tomorrow.

⑫ on[upon] ~ing(~하자마자)

On[Upon] seeing me, she ran away. (그녀는 나를 보자마자 도망갔다.)

= As soon as she saw me, she ran away.

SEMI-NOTE

It goes without saying that ~~은 말할 필요도 없다)

= It is needless to say that ~

= It is a matter of course that ~

It goes without saying that health is above wealth. (건강이 돈보다 우선한다는 것은 두말할 필요가 없다.)

= It is needless to say that health is above wealth.

= It is a matter of course that health is above wealth.

03절 분사(Participle)

1. 분사의 종류와 기능

👓 한눈에 쏙~

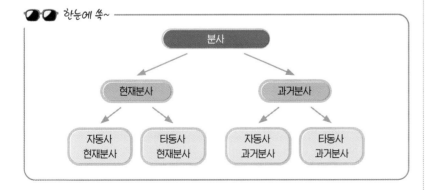

동명사와 분사

동명사는 동사의 성질을 지니면서 명사의 역할을 하는 데 비해, 분사는 동사의 성질을 가지면서 형용사의 역할을 함

과거분사

• are tired policeman (퇴직한 경찰관)(= a policeman who has retired)[완료] / a returned soldier (돌아온 군인)[완료] / fallen leaves (낙엽)(= leaves which are fallen)[완료] / decayed tooth (충치)[완료] / an excited spectator (흥분한 관중) (= a spectator who is excited) [수동] / a broken window (깨진 창문)[수동] / All of us are satisfied. (우리는 모두 만족한다.)[수동]

의사분사

• '명사 + -ed'가 분사처럼 명사를 수식하는 것을 의사분사라 하며, 한정용법으로만 사용됨
  – a one-eyed man (애꾸눈의 남자)
  – a red-haired girl (빨간 머리를 가진 소녀)
  – a kind-hearted woman (인자한 여성)
  – three two-headed snakes(두 개의 머리를 가진 뱀 세 마리)

분사의 한정적 용법

• 전치수식
  – 수식어가 피수식어 앞에서 수식하는 것
• 후치수식
  – 수식어가 피수식어 뒤에서 수식하는 것

(1) 분사의 종류

① 현재분사 : 동사원형 + ing
  ㉠ 현재분사는 be동사와 함께 진행형을 만들거나 명사를 수식함
  ㉡ 자동사의 현재분사는 '진행(~하고 있는, ~주는)'의 의미를 지님
  ㉢ 타동사의 현재분사는 '능동(~을 주는, ~하게 하는[시키는])'의 의미를 지님
    • an sleeping baby (잠자고 있는 아이)(=a baby who is sleeping)[진행]
    • A lark is flying in the sky. (종달새가 하늘을 날고 있다.)[진행]
    • an exciting story (흥미진진한 이야기)(=a story which excites the one) [능동]
    • The result is satisfying. (그 결과는 만족을 준다.)[능동]

② 과거분사 : 동사원형 + ed / 불규칙동사의 과거분사
  ㉠ 과거분사는 be동사와 함께 수동태를 만들거나 have동사와 함께 완료형을 만들며, 명사를 수식하기도 함
  ㉡ 자동사의 과거분사는 '완료(~한, ~해 버린)'의 의미를 지니며, 타동사의 과거분사는 '수동(~해진, ~받은, ~당한, ~된)'의 의미를 지님

(2) 분사의 기능

① 동사적 기능 : 분사는 시제와 수동형이 있으며, 목적어 · 보어 · 수식어를 동반할 수 있음
  She sat reading a novel. (그녀는 앉아 소설을 읽고 있었다.)[분사가 목적어(novel)를 동반]

② 형용사의 기능 : 명사를 직접 수식(한정적 용법)하거나 보어로 쓰임(서술적 용법)
  ㉠ broken leg (부러진 다리)[명사를 앞에서 수식] / people living in Mexico (멕시코에 사는 사람들)[명사를 뒤에서 수식]
  ㉡ I found him lying in the bed. (나는 그가 침대에 누워 있는 것을 발견했다.)[목적격 보어로 쓰임]

2. 분사의 용법

(1) 분사의 한정적 용법

① 한정적 용법은 분사가 명사 앞에서 또는 뒤에서 수식하는 용법으로, 현재분사는 능동과 진행의 의미가 있고, 과거분사는 수동과 상태의 의미가 있음

② 전치 수식 : 분사가 다른 수식어구 없이 단독으로 명사를 수식하는 경우로, 명사 앞에서 수식
  ㉠ A rolling stone gathers no moss. (구르는 돌에는 이끼가 끼지 않는다.)
  ㉡ The crying child is my son. (울고 있는 아이가 나의 아들이다.)
  ㉢ Look at those red fallen leaves. (저 붉은 낙엽을 보아라.)

③ 후치 수식 : 분사에 다른 수식어구(보어 · 목적어 · 부사(구) 등)가 딸린 경우는 형용사(구)가 되어 명사 뒤에서 수식

ⓐ The girl (who is) playing the piano in the room is my daughter. (방에서 피아노를 치고 있는 소녀는 내 딸이다.)

ⓑ Look at the mountain (which is) covered with snow. (눈으로 덮인 저산을 보아라.)

ⓒ Of those invited, all but Tom came to the party. (초대받은 사람들 중, Tom을 제외한 모든 사람들이 파티에 왔다.)[대명사(those)를 수식하는 경우 분사 단독으로 후치 수식이 가능]

(2) 분사의 서술적 용법

① 서술적 용법은 분사가 주어를 설명하는 주격보어와 목적어를 설명하는 목적격보어로 쓰이는 용법으로, 현재분사는 능동과 진행, 과거분사는 수동과 상태의 의미가 있음

② 주격보어로 현재분사 또는 과거분사를 취하는 자동사 : come, go, keep, remain, stand, lie, look, seem, appear, become, get 등

ⓐ She sat reading a newspaper. (그녀는 앉아서 신문을 읽고 있었다.)

ⓑ He stood astonished at the sight of the big tiger. (그는 큰 호랑이를 보고 놀라서 서 있었다.)

3. 분사구문

(1) 분사구문의 정의 및 특징

① 분사구문의 정의

ⓐ 주절을 수식하는 부사절(종속절)을 접속사를 사용하지 않고 분사를 사용하여 부사(구)로 만든 것(따라서 분사구문은 이를 다시 부사절[접속사+주어+동사]로 바꾸어 쓸 수 있음)

ⓑ 분사구문은 부사적 역할을 하여 시간, 이유, 조건, 양보, 부대상황 등의 의미를 지님

② 분사구문의 특징

ⓐ 주절의 주어와 분사구문의 의미상 주어는 일치하는 것이 원칙(이 경우 분사구문의 주어는 생략됨)

Living next door, I hate her. (나는 그녀의 옆집에 살지만 그녀를 싫어한다.) [분사(living)의 주어는 주절의 주어(I)와 일치됨]

= Though I live next door, I hate her.

ⓑ 주절의 주어와 분사구문의 주어가 다른 경우 분사구문의 주어를 표시 → 독립분사구문

It being fine, he went hiking. (날씨가 좋아 그는 하이킹을 갔다.) [분사구문의 주어(It)와 주절의 주어(he)가 다름]

ⓒ 접속사의 의미를 강조하는 경우 분사구문에 접속사를 삽입(when, while, if, though 등)

분사의 서술적 용법

• 목적격 보어로 현재분사를 취하는 타동사
  - see, watch, hear, listen to, have, get, set, start, leave, keep 등
  - I heard her playing the guitar. (나는 그녀가 기타를 치고 있는 것을 들었다.)
• 목적격 보어로 과거분사를 취하는 타동사
  - have, get, make, keep, leave, want, like 등
  - I had my bag stolen. (나는 가방을 도난 당했다.)

05장

부정사/동명사/분사

'being' 이나 'having been'은 생략이 가능

• (Being) Wounded in the legs, he could not walk.
  - (다리에 부상을 당해 그는 걸을 수 없었다.)
• Though (being) very tired, he went on foot.
  - (아주 피곤했지만 그는 도보로 갔다.)

종속절의 분사구문으로의 전환

- 접속사 생략(→ 필요시 전치사 사용)
- 주절과 종속절 주어가 동일한 경우 종속절 주어를 생략하며, 동일하지 않은 경우 그대로 둠
- 주절과 종속절 시제가 같은 경우 동사를 단순형 분사(동사원형 –ing)로 하며, 종속절 시제가 주절보다 이전인 경우 완료형 분사(having + p.p.)로 전환

분사구문의 의미

- 조건을 나타내는 경우 : if, unless 등
  - Turning to the left there, you will find the bank. (거기서 왼쪽으로 돌면, 은행을 찾을 수 있다.)
    = If you turn to the left there, you will find the bank.
- 양보를 나타내는 경우 : though, although 등
  - Living near his house, I seldom see him. (나는 그의 집 옆에 살지만 그를 좀처럼 보지 못한다.)
    = Though I live near his house, I seldom see him.

독립분사구문
분사의 의미상 주어와 문장의 주어가 다른 경우 문장의 의미를 명확히 하기 위해 반드시 분사의 의미상 주어를 표시해야 하는데, 이 경우 분사구문 그 자체가 주어를 가진 하나의 독립된 절과 같은 역할을 하므로 이를 독립분사구문이라 함

While walking along street, I met her. (길을 따라 걷다가 나는 그녀를 만났다.)

(2) 분사구문의 의미

① 시간을 나타내는 경우 : while, when, as, after, as soon as 등
Walking down the street, I met an old friend of mine. (나는 길을 걸어가다가 옛 친구를 한 명 만났다.)
= While I was walking down the street, I met an old friend of mine.

② 이유를 나타내는 경우 : because, as, since 등
Being poor, he could not afford to buy books. (그는 가난했기 때문에 책을 살 수가 없었다.)
= Because he was poor, he could not afford to buy books.

③ 부대상황을 나타내는 경우 : as, while[동시동작], ~ and[연속동작] 등
㉠ He extended his hand, smiling brightly. (그는 밝게 웃으면서 그의 손을 내밀었다.)
   = He extended his hand, while he smiled brightly.
㉡ He picked up a stone, throwing it at a dog. (그는 돌을 주워 그것을 개에게 던졌다.)
   = He picked up a stone, and threw it at a dog.
㉢ Saying goodbye to them, he left their house. (그는 그들에게 인사를 하면서 그들의 집을 떠났다.)
   = He left their house as he said goodbye to them.
   = He said goodbye to them, and he left their house.

4. 독립분사구문

(1) 독립분사구문

① 주절의 주어와 분사의 의미상 주어가 다른 경우, 분사의 주어를 분사구문에 표시 (주격으로 표시)
㉠ The weather being rainy, we played indoors. (비가 와서 우리는 실내에서 놀았다.) [분사구문의 주어(whether)가 주절의 주어(we)와 달라 따로 표시]
   = Because the weather was rainy, we played indoors.
㉡ I will come, weather permitting. (날씨가 좋으면 가겠다.)
   = I will come if the weather permits.
㉢ He was reading a book, his wife knitting beside him. (그의 아내가 그의 옆에서 뜨개질을 하고 있는 동안 그는 책을 읽고 있었다.)
   = He was reading a book, while his wife was knitting beside him.

(2) 「with + 독립분사구문」

① 부대상황을 나타내는 독립분사구문에는 with를 붙이는 경우가 있음

㉠ I fell asleep with my television set turned on. (나는 텔레비전을 켜둔 채 잠이 들었다.)

㉡ With night coming on, we came home. (밤이 다가오자 우리는 집으로 돌아왔다.)

㉢ The girl ran to her mother, with tears running down her cheeks. (그 소녀는 두 뺨에 눈물을 흘리면서 엄마에게 달려갔다.)

㉣ Don't speak with your mouth full. (먹으면서 말하지 마라.)

실력up with 분사구문

• with + 목적어 + 현재분사/과거분사/형용사/부사구/전명구

(3) 비인칭 독립분사구문

① 분사의 의미상 주어가 일반인(we, you, they 등)인 경우 이를 생략(분사구문의 주어가 주절의 주어와 달라도 따로 쓰지 않음)

㉠ Generally speaking, the Koreans are diligent and polite. (일반적으로 말하면, 한국인은 부지런하고 공손하다.)

= If we speak generally, the Koreans are diligent and polite.

㉡ Strictly speaking, this is not correct. (엄격히 말해, 이것은 정확하지 않다.)

㉢ Frankly speaking, I don't like either of his brothers. (솔직히 말해, 나는 그의 형제들을 어느 쪽도 좋아하지 않는다.)

㉣ Roughly speaking, they are diligent. (대체로 그들은 부지런하다.)

5. 분사구문의 주의할 용법

(1) 분사구문의 시제

① 단순분사구문 : 주절의 시제와 같은 시제를 나타냄

Feeling very tired, I went to bed early. (매우 피곤해서 나는 일찍 잠자리에 들었다.)

= Because I felt very tired, I went to bed early.

② 완료분사구문 : 주절의 시제보다 앞선 시제를 나타냄

Having written my composition, I have nothing else to do. (작문을 마쳤기 때문에, 나는 달리 할 일이 없다.)

= As I wrote[have written] my composition, I have nothing else to do.

(2) 분사구문의 수동태

① 분사가 수동의 의미가 되는 경우 수동형 분사구문으로 나타냄

SEMI-NOTE

with 분사구문 형식

• with + 목적어 + 현재분사
 – 목적어와 분사의 관계가 능동일 경우 → 현재분사 사용
• with + 목적어 + 과거분사
 – 목적어와 분사의 관계가 수동일 경우 → 과거분사 사용
• with + 목적어 + 형용사
• with + 목적어 + 부사어/전명구

비인칭 독립분사구문 예문

• Judging from her accent, she must be a foreigner.
 – 그녀의 억양으로 판단 한다면, 그녀는 외국인임이 분명하다.
• Granting that this is true, you were in the wrong.
 – 이것이 사실이라 인정 하더라도 당신은 잘못했다.

완료분사구문

Having overworked himself, he fell ill. (그는 과로를 하였기 때문에 병에 걸렸다.)
= Because he had overworked himself, he fell ill.

05장

부정사/동명사/분사

분사구문의 수동태

(Having been) Born in the U.S., she is fluent in English. (미국에서 태어났기 때문에 그녀는 영어를 유창하게 한다.)

= Because she was born in the U.S., she is fluent in English.

㉠ 단순수동형 분사 : being + p.p [주절의 시제와 같은 수동형 분사구문]

㉡ 완료수동형 분사 : having been + p.p [주절의 시제보다 앞선 수동형 분사 구문]

② 문두의 'Being' 또는 'Having been'은 종종 생략됨

(Being) Written in plain English, this book is easy to read. (이 책은 쉬운 영어로 쓰였기 때문에 읽기 쉽다.)

= Because this book is written in plain English, it is easy to read.

실력up 분사구문의 부정

- 분사구문이 부정의 의미를 지닌 경우 분사 바로 앞에 부정어(not, never)를 씀
- Not knowing what to do, she came to me for my advice. (그녀는 무엇을 해야 할지 몰라 나에게 와서 조언을 구했다.)
  = Because she didn't know what to do, she came to me for my advice.
- Never having seen the movie, I couldn't criticize it. (그 영화를 본적이 없었기 때문에, 나는 그것을 비평할 수 없었다.)
  = As I had never seen the movie, I couldn't criticize it.

감정형 분사

- 감정 제공 형용사(현재분사)
  - pleasing 기쁘게 하는
  - satisfying 만족시키는
  - interesting 흥미를 일으키는
- 감정 상태 형용사(과거분사)
  - pleased 기쁜
  - satisfied 만족한
  - interested 흥미를 가진

(3) 감정동사의 분사

주어가 감정을 느끼는 것이면 과거분사, 대상에게 감정을 초래하는 것이면 현재 분사를 사용

The drama bored me. (그 연극은 나를 따분하게 했다.)

= The drama was boring me.

= I was bored with the drama.

06장 명사(Noun)/관사(Article)

01절 · 명사(Noun)

1. 가산명사(Countable Noun)

(1) 보통명사

① 보통명사의 의미와 종류

ㄱ 흔히 존재하는 것으로, 유·무형의 형태로 존재할 수 있으나 구분이 가능한 것을 지칭함

student, book, house, day, year, spring, minute 등

ㄴ '하나, 둘' 등으로 셀 수 있으며, 단수형과 복수형이 있음

* I have one pencil.
* She has two pencils.

ㄷ 구체적인 수를 나타내는 경우 : one, two, three, ten 등 수사(數詞)를 사용

* I have four books.
* I was five minutes behind time for school.

ㄹ 불특정인 수를 나타내는 경우 : (a) few, several, some, many, a lot of 등 사용

* I have a few books.
* I have many friends.
* There's a lot of flu going around.

ㅁ 두 부분으로 이루어진 의류, 도구 등의 경우 : a pair of, two pairs of 등을 사용

* I need a pair of trousers. (나는 바지 한 벌이 필요하다.)
* Two pairs of his socks are full of holes. (그의 양말 두 켤레가 다 구멍이 났다.)

② 보통명사의 특수용법

ㄱ 전체를 나타내는 방법(대표단수)

A dog is a faithful animal. (개는 충실한 동물이다.)

= The dog is a faithful animal.

= Dogs are faithful animals.

ㄴ 'the + 보통명사'가 추상명사를 나타내는 경우

* What is learned in the cradle is carried to the tomb. (요람에서 배운 것이 무덤까지 간다./어려서 배운 것은 죽을 때까지 간다./세 살 버릇 여든까지 간다.)
* The pen is mightier than the sword. (펜은 칼보다 더 강하다./문(文)은 무(武)보다 강하다.)

명사와 관사

* 가산명사(보통명사·집합명사)
  – 셀 수 있는 가산명사는 단수와 복수의 구별이 있으며, 단수에 부정관사를 취할 수 있음
  – 문맥상 특정한 것을 지정하는 경우 정관사를 취함
* 불가산명사(물질명사·추상명사·고유명사)
  – 셀 수 없는 불가산명사는 양이나 정도를 나타내므로 원칙적으로 복수형을 쓸 수 없으며, 부정관사를 취할 수도 없음
  – 문맥상 특정한 것을 지정하는 경우 정관사를 취함

(2) 집합명사

① 집합명사는 같은 종류의 여러 사람[사물]이 모여 집합체를 이루는 명사를 말함
family, class, committee, group 등

② Family형 집합명사 : family, audience, class, committee, crowd, government, group, jury(배심원), party, people(민족, 국민), team, army, assembly, public, nation, crew, staff 등

　㉠ 단수형과 복수형이 있음

　㉡ 집합명사는 집합체를 하나의 단위로 보는 것으로, 단수형은 단수 취급하며 복수형은 복수 취급함

　㉢ 군집명사는 집합체를 개별적 단위로 보는 것으로 복수 취급함(구성원이나 구성 요소 하나하나를 의미)

　　• My family is a large one. [family는 집합명사]

　　• Two families live under the same roof. [집합명사의 복수 형태]

　　• My family are all early risers. [family는 군집명사로 구성원 하나하나를 말함]

③ Police형 집합명사 : police, aristocracy, clergy, gentry, nobility, peasantry 등

　㉠ 보통 정관사(the)를 동반하며, 단수형으로만 씀

　㉡ 항상 복수 취급함

　　The police are after you.

④ Cattle형 집합명사 : cattle, people(사람들), poultry, foliage(잎, 군엽), vermin 등

　㉠ 단수형으로만 쓰며, 관사를 붙이지 않음

　㉡ 항상 복수 취급함

⑤ 그 밖에 주의해야 할 집합명사의 용법

　㉠ fish : 단·복수 동형으로, 한 마리를 나타낼 때에는 a를 붙임, 물고기의 종류를 말할 때는 복수형도 가능

　　• I caught a fish. (나는 물고기 한 마리를 잡았다.)

　　• I caught many kinds of fishes. (나는 많은 종류의 물고기를 잡았다.)

　㉡ people : '사람들'이란 뜻일 때에는 항상 단수형으로 쓰고 복수 취급하며, '국민', '민족', '종족'의 뜻일 때에는 단수형(people)과 복수형(peoples)이 모두 가능하다.

　　• Many people are jobless in these days. (요즘에는 많은 사람들이 실직한 상태이다.)

　　• the French people (프랑스 국민)

　　• the peoples of Asia (아시아의 여러 민족들)

　㉢ fruit : 과일 전체를 나타낼 때에는 무관사·단수형이고, 종류와 관련하여 쓰일 때에는 보통명사가 됨

집합명사의 수

• 집합명사는 셀 수 있는 명사로서, 'of'를 수반해서 수량을 나타냄

　– a crowd of people (사람의 무리)

　– a herd of cattle (한 무리의 소 떼)

　– a flock of sheep (한 떼의 양)

　– a school of fish (물고기 무리)

Furniture형 집합명사

furniture, baggage, clothing, game, jewelry, luggage, machinery, merchandise 등[물질명사의 성격을 갖는 집합명사]

• 관사 없이 단수형으로만 쓰고 단수 취급함

• 셀 때는 'a piece of', 'an article of', 'little', 'much', 'a lot of' 등을 사용함

　– Furniture is usually made of wood.

　– They don't have much furniture.

　– A bed is a piece of furniture.

Cattle형 집합명사

• Cattle feed on grass.

• People tend to listen to one side of a story.

fruit 예문

• Eat plenty of fresh fruit and vegetables. (신선한 과일과 채소를 많이 먹어라.)

• tropical fruits, such as bananas and pineapples (바나나와 파인애플 같은 열대 과일들)

06장 명사/관사

SEMI-NOTE

2. 불가산명사(Uncountable Noun)

(1) 불가산명사의 종류

① 고유명사
- ㉠ 오직 하나인 사람이나 사물 등의 이름이나 명칭을 말함
- ㉡ 개개의 보통명사에 이름을 부여한 것으로, 첫 글자는 언제나 대문자로 씀

  Tom, July, Namdaemun, Seoul, Korea, Sunday[요일(曜日)], January[월(月)], Sun, Moon 등

② 물질명사
- ㉠ 주로 기체ㆍ액체ㆍ고체나 재료, 식품 등 물질의 이름을 말함
- ㉡ 일정 형태가 있는 것도 없는 것도 있음

  air, water, coffee, wood, stone, bread, paper, money 등

③ 추상명사
- ㉠ 감각기관으로 직접 인식되지는 않지만 인간의 머릿속에서 생각되는 것을 말함
- ㉡ 주로 인간 활동의 결과물로 사람과 관련된 추상적 단어들이 이에 해당

  love, friendship, beauty, life, peace 등

(2) 고유명사

① 고유명사는 문장 가운데 쓰여도 대문자로 시작하며, 부정관사나 복수형 없이 사용됨
- ㉠ This is Tom.
- ㉡ I wish to speak to Mr. Johnson.

② 고유명사의 보통명사화 : 「~라는 사람」, 「~같은 인물」, 「~가문의 사람」, 「~의 작품」 등의 의미로 쓰이면, 보통명사처럼 관사가 붙거나 복수형으로 쓰일 수 있음
- ㉠ 「~라는 사람」
  - A Mr. Johnson came to see you. (Johnson 씨라는 분이 당신을 찾아 왔습니다.)
  - A Mr. Kim is waiting for you. (김 씨라는 사람이 당신을 기다리고 있습니다.)
- ㉡ 「~같은 인물」

  He wants to be an Edison. (그는 에디슨과 같은 과학자가 되고자 한다.)

  cf. I want to make this place the Eden of Korea. (나는 이곳을 한국의 에덴동산으로 만들고 싶다.)[수식어가 있는 경우 'the'를 붙임]
- ㉢ 「~가문(집안)의 사람」
  - He is a Park. (그는 박씨(氏) 가문의 사람이다.)
  - His wife is a Rockefeller. (그의 부인은 록펠러가(家) 출신이다.)

(3) 물질명사

① 부정관사를 붙이지 않으며, 단수 형태로 쓰이고 단수 취급함

  Bread is made from wheat. (빵은 밀로 만든다.)

고유명사

- 「가족, 부부」(the + 복수형)
  - The Kims moved. (김 씨네 가족이 이사를 갔다.)
    = The Kim family moved.
  - The Bakers watched TV last night. (어젯밤 Baker 씨 가족 (부부)은 TV를 봤다.)
    = The Baker family watched TV last night.
- 「~의 작품, 제품」
  - There is a Monet on the wall. (벽에 모네의 작품이 걸려 있다.)
  - He has a Ford. (그는 포드 자동차를 가지고 있다.)
  - Two Picassos and a Gogh will also be displayed. (피카소 작품 2점과 고흐 작품 1점도 역시 전시될 것이다.)

정관사(the)가 붙는 고유명사
- 신문ㆍ잡지책, 공공건물, 바다ㆍ강ㆍ대양, 운하, 반도, 사막, 복수형의 고유명사(산맥, 군도, 국가) 등
  - the Newsweek
  - the White House
  - the Thames
  - the Suez Canal
  - the Sahara
  - the Alps
  - the Philippines

물질명사
- 물질명사는 부정관사를 붙일 수 없는 불가산 명사
- 단위명사를 이용하여 셈
- 다른 명사로 전용가능
- 물질명사를 수량으로 나타내야 하는 경우
  - 수사 + 단위명사 + of + 물질명사

② 물질명사의 양을 나타내는 방법

    ③ 불특정한 양을 나타내는 경우 : some, any, no, (a) little, much, a lot of 등을 사용

      I want some bread.

    ⓛ 구체적인 양을 나타내는 경우 : 양을 나타내려는 명사에 따른 조수사를 사용

      I have two slices of bread and a cup of coffee for breakfast. (나는 아침으로 빵 두 조각과 커피 한 잔을 마신다.)

실력UP 구체적인 양을 나타내는 경우

a loaf[slice] of bread (빵 한 덩어리[조각]) / a cup of coffee[tea] 커피[차] 한 잔 / two cups of coffee (커피 두 잔) / a glass of water[milk] (물[우유] 한 컵) / a bottle of beer (맥주 한 병) / a piece[sheet] of paper (종이 한 장) / a piece of cake (케이크 한 조각) cf. 'a piece of cake'은 '아주 쉬운 일', '누워서 떡 먹기'라는 의미가 있음 / a piece[stick] of chalk (분필 한 자루) / a cake[bar] of soap (비누 한 덩이) / a lump of sugar (설탕 한 덩어리) / a handful of rice (쌀 한 줌)

③ 물질명사의 보통명사화 : 물질명사가 종류, 제품, 개체 등을 나타내는 경우 보통 명사처럼 쓰여 부정관사가 붙거나 복수형이 됨

    ③ 종류(일종의/여러 종의)

      • This is a first-class perfume. (이 향수는 최고급 향수이다.) [부정관사 동반]

      • The company produce several teas. (그 회사는 여러 종의 차를 생산한다.) [복수형]

      • This is a metal. (이것은 일종의 금속이다.)

        cf. This is made of metal.[물질명사로서 부정관사를 동반하지 않음]

    ⓛ 제품 · 작품

      • He wears glasses. (그는 안경을 쓰고 있다.)

      • a glass(유리잔) / glass(유리) [물질명사]

    ⓒ 개체(물질명사의 일부분을 지칭하는 경우)

      The boy threw a stone at the dog. (그 소년은 개에게 돌멩이를 던졌다.)

    ⓔ 구체적 사건 · 행위

      We had a heavy rain this morning. (오늘 아침 호우가 내렸다.)

(4) 추상명사

① 부정관사를 붙이지 않으며, 단수 형태로 쓰이고 단수 취급함

    Art is long, life is short. (인생은 짧고 예술은 길다.)

② 추상명사의 양을 나타내는 방법 : much, (a) little, some, a lot of, a piece of, a bit of, an item of 등으로 나타냄

    ③ A little knowledge is a dangerous thing. (적은 지식은 위험한 것이다.)

    ⓛ I would like to get some advice about my plan. (저의 계획에 대한 조언을 듣고 싶습니다.)

주의해야 할 불가산명사의 쓰임
- I'm going to buy a bread. (×) → I'm going to buy some[a loaf of] bread. (○)
- The news were very interesting. (×) → The news was very interesting. (○)
- I have a lot of luggages. (×) → I have a lot of luggage. (○)

물질명사가 한정될 때 정관사 'the'를 씀
The water in this bottle is not good to drink. (이 병에 있는 물은 마시기에 좋지 않다.)

추상명사의 양을 나타내는 방법

- a piece[word] of advice (충고 한 마디)
- a piece[an item] of information (정보 한 편)
- a piece of folly (한 차례의 어리석은 짓)
- a bit of nonsense (무의미한[허튼, 터무니없는] 말 한마디)
- a crap of thunder (천둥소리)

③ 추상명사의 보통명사화 : 구체적인 종류나 사례, 행위 등을 나타내는 경우 보통 명사처럼 쓰임
  ㉠ 종류(일종의, 여러 종의)
    Astronomy is a science. (천문학은 일종의 과학이다.)
  ㉡ 구체적인 행위
    • He committed a folly. (그는 어리석은 한 행위를 저질렀다.)
    • She has done me a kindness. (그녀는 나에게 친절하게 행동했다.)
  ㉢ 어떤 것 자체의 소유자
    • He is a success as a painter. (그는 화가로서 성공한 사람이다.)
    • She is a beauty. (그녀는 미인이다.)
④ 관용적인 용법
  ㉠ of + 추상명사 = 형용사
    • He is a man of wisdom. (그는 현명한 사람이다.)
      = He is a wise man.
    • of use = useful (유용한) / of no use = useless (쓸모없는)
    • of ability = able (유능한)
    • of value = valuable (귀중한)
    • of importance[significance] = important[significant] (중요한)
    • of great help = very helpful (무척 도움이 되는)
  ㉡ 전치사 + 추상명사 = 부사
    • He solved the problem with ease. (그는 문제를 쉽게 풀었다.)
      = He solved the problem easily.
    • with great ease = very easily (아주 쉽게)
    • with rapidity = rapidly (신속하게)
    • by accident = accidentally (우연히)
    • in haste = hastily (서둘러서)
    • in private = privately (사적으로)
    • on purpose = purposely (고의로, 일부러)
    • of courage = courageous (용기 있는)
    • of importance = important (중요한)
    • of no value = valueless (가치 없는)
    • with care = carefully (주의 깊게)
    • to perfection = perfectly (완전하기)
  ㉢ all + 추상명사 = 추상명사 + itself = very + 형용사(매우 ~ 한)
    She is all kindness. (그녀는 아주 친절하다.)
    = She is kindness itself.
    = She is very kind.
    all attention (매우 주의 깊은)

ㄹ have + the + 추상명사 + to부정사 = be + so + 형용사 + as + to부정사

　　= be + 형용사 + enough + to부정사 = 부사 + 동사(~하게도 ~하다)

　　She had the kindness to show me the way. (그녀는 친절하게도 나에게 길을 가르쳐 주었다.)

　　= She was so kind as to show me the way.

　　= She was kind enough to show me the way.

　　= She kindly showed me the way.

SEMI-NOTE

have the + 추상명사 + to + 동사
원형 : ~할 만큼 충분히 ~하다
• have the kindness to + 동사원형
  - 친절하게도 ~ 하다
• have the wisdom to + 동사원형
  - 현명하게도 ~ 하다

3. 명사의 수(數)

(1) 규칙 변화

① 대부분의 경우 단어 뒤에 –s나 –es를 붙임

book – books / student – students / stomach – stomachs / bus – buses / hero – heroes / dish – dishes / church – churches / box – boxes

cf. 주로 어미가 s[s], sh[ʃ], ch[tʃ], x[ks], z[z]이면 'es[iz]'를 붙임

② 어미가 '자음 + y'인 경우에 y를 i로 바꾸고 –es를 붙이며, '모음 + y'는 그대로 –s를 붙임

city – cities / story – stories / key – keys

③ –f(e)는 –ves가 됨

leaf – leaves / knife – knives

cf. 예외 : chief – chiefs / roof – roofs / safe – safes / belief – beliefs / dwarf – dwarfs / cliff – cliffs

(2) 불규칙 변화

① 모음이 변화하는 것

man – men / woman – women / oasis – oases / crisis – crises / basis – bases / analysis – analyses / mouse – mice / foot – feet / tooth – teeth / goose – geese

② 어미의 변화가 있는 것, 어미에 –en을 붙이는 것

datum – data / memorandum – memoranda / focus – foci / stimulus – stimuli / crisis – crises / phenomenon – phenomena / criterion – criteria / nebula – nebulae / formula – formulae / ox – oxen / child – children

알경미ㅣ 단수와 복수의 형태가 동일한 경우

score – score / hundred – hundred / thousand – thousand / deer – deer / sheep – sheep / swine – swine(돼지) / fish – fish / salmon – salmon / Japanese – Japanese / Swiss – Swiss / English – English

규칙변화

• 어미가 '자음 + o'인 경우 –es를 붙이며, '모음 + o'는 –s를 붙임
  – hero – heroes
  – potato – potatoes
  – radio – radios
• cf. 예외
  – photo – photos
  – auto – autos
  – piano – pianos
  – soprano – sopranos

이중복수

• 복수형이 의미에 따라 두 가지가 있는 경우
  – brother – brothers(형제들) – brethren(동포)
• cloth가 가산명사로 쓰이는 경우, 가벼운 천을 의미
• clothes는 few, some과는 같이 쓰이나 수사와 같이 쓰이지는 않음

분화복수

• 단수와 복수의 의미가 다른 경우
  – air(공기) – airs(거만한 태도)
  – arm(팔) – arms(무기)
  – manner(방법) – manners(예절)
  – custom(관습) – customs(세관)

06장 명사/관사

③ 언제나 복수 형태로 쓰는 것(상시복수)
 ㉠ 짝을 이루는 물건명(의류 · 신발 · 도구 명칭 등) : trousers, pants, gloves, glasses, shoes, scissors 등 [복수 취급]
 ㉡ 일부 복수 고유명사
  • the Netherlands, the Alps 등 [복수 취급]
  • Athens, Naples, the United States, the United Nations 등 [단수 취급]
 ㉢ 학과 · 학문명 : mathematics, economics, ethics, politics, linguistics 등[단수 취급]
 ㉣ 병명(질병 · 질환 등) : measles, mumps, blues, creeps, rickets 등 [단수 취급]
 ㉤ 일부 게임명 : billiards, bowls, checkers, cards 등 [단수 취급]
 ㉥ 기타
  • arms(무기), damages(손해배상), belongings(소유물), wages(임금), riches(부, 재물), savings(저축), goods(상품, 화물) 등 [복수 취급]
  • news, odds(차이), amends(보상) 등 [단수 취급]
④ 복합어의 복수 : 일반적으로 중요한 요소를 복수형으로 하나 그렇지 않은 경우도 있음
 ㉠ 가장 중요한 명사를 복수로 하는 경우 : son-in-law - sons-in-law
 ㉡ 명사 - 전치사 → 명사s - 전치사 : looker-on - lookers-on
 ㉢ 형용사 - 명사 → 형용사 - 명사s : male-sex - male-sexes
 ㉣ 동사로 시작하는 경우 : forget-me-not - forget-me-nots
 ㉤ man - 명사 → men - 명사s : manservant - menservants
⑤ 복수형 어미의 생략 : 명사가 포함된 복합 형용사나 「수사 + 명사(+형용사)」가 다른 명사를 수식하는 경우 명사는 단수 형태로 함
 ㉠ She has a three-year old son. (그녀는 3살 된 아들이 하나 있다.)
  cf. He is three years old.
 ㉡ a ten-mile race(10마일의 경주) / the three-power conference(삼국회담) / two-horse carriage(쌍두마차) / two ten-dollar bills(10달러 지폐 두 장) / four-act play(4막극) / six-party talks(6자 회담) / three-inch-thick board(3인치 두께의 보드)
  cf. This board is three inches thick.

4. 명사의 성

(1) 남성명사와 여성명사
① 남성명사와 여성명사가 서로 다른 형태를 사용하는 경우 : husband - wife / bachelor - spinster / wizard - witch / bull - cow
② 남성명사의 어미에 -ess, -ine, -ix를 붙여 여성명사를 만드는 경우 : prince - princess / hero - heroine / aviator - aviatrix(비행사)

③ 복합어 및 기타의 경우 : he-goat – she-goat / man-servant – maid-servant / bridegroom – bride

(2) 통성명사

① 사람의 경우 : 성이 분명한 경우 'he'와 'she'로 구분해 받으며, 성이 불분명한 경우 'he', 'he or she'로 받음

Every man has his weak side. (누구나 다 약점이 있다.)

② child, baby의 경우 : 'it'으로 받으나, 성별을 아는 경우 'he' 또는 'she'로 받기도 함

The baby stretched out its arms to me. (그 아기가 내게 팔을 뻗었다.)

③ 동물의 경우 : 'it'으로 받는 것이 원칙이나, 경우에 따라서 'he' 또는 'she'로 받음

A cow is driving away flies with its tail. (젖소가 꼬리로 파리떼를 쫓고 있다.)

(3) 무생물 명사의 성(무성명사[중성명사]의 성)

① 남성으로 받는 경우 : sun, anger, fear, love, death, day, ocean, mountain, war, winter 등[주로 웅장함과 위대함, 강렬함, 용기, 정렬, 공포 등을 나타내는 명사]

The sun was shining in all his splendid beauty. (태양이 화려하게 빛나고 있었다.)

② 여성으로 받는 경우 : moon, mercy, liberty, ship, peace, spring, nature, country, fortune 등[주로 우아함과 평온함, 온순, 아름다움, 평화 등을 나타내는 명사]

The moon hid her face in the cloud. (달이 구름 속에 얼굴을 감추었다.)

5. 명사의 격

(1) 명사의 격

① 주격 : 문장의 주어, 주격 보어, 주어의 동격, 호격으로 쓰임

  ㉠ My father is a good cook. (나의 아버지는 훌륭한 요리사이다.)

  ㉡ Mr. Lee, our English teacher, is American. (이 선생님은 우리들의 영어 선생님으로 미국인이다.)

  ㉢ Ladies and gentlemen, listen to me. (신사숙녀 여러분, 제 말을 경청하여 주십시오.)

② 목적격 : 동사나 전치사의 목적어, 목적격 보어, 목적어의 동격으로 쓰임

  ㉠ I met the man on my way home. (나는 집에 오는 도중에 그 사람을 만났다.)

  ㉡ We elected him chairman. (우리는 그를 의장으로 선출했다.)

  ㉢ I saw Elizabeth, the Queen of England. (나는 영국 여왕인 엘리자베스를 보았다.)

SEMI-NOTE

무생물 명사의 성(무성명사[중성명사]의 성)
• 국가는 일반적으로 'she'로 받지만, 지리적인 측면이 강조된 경우 'it'으로 받음
  – England is proud of her poets. (영국은 그 나라의 시인들을 자랑스럽게 여긴다.)
  – Korea is famous for its beautiful scenery. (한국은 아름다운 경치로 유명하다.)
  – America is rich in its natural resources. (미국은 천연자원이 풍부하다.)

06장
명사·관사

명사의 격
• 주격
  – '은~', '는~', '~이', '~가'처럼 동작과 상태의 주체를 나타내는 역할
• 목적격
  – '~을', '~를'처럼 동작의 대상을 나타내는 역할
• 소유격
  – '나의~', '그의~'처럼 어떤 것의 소유를 나타내는 역할

③ 소유격 : 다른 명사를 수식하며 「~의」라는 뜻을 나타냄

I found Mary's watch. (나는 메리의 시계를 찾았다.)

(2) 소유격의 형태

① 소유격의 일반적 형태

㉠ 생물(사람, 동물 등)의 소유격은 원칙적으로 's를 씀

a man's stick / the cat's ear / Tom's house / the hero's death

㉡ 무생물의 소유격은 'of + 명사'의 형태로 표시

legs of the table / the core of a matter

㉢ '-s'로 끝나는 복수명사의 소유격은 '(apostrophe)만 붙임

girls' school

㉣ 고유명사는 어미가 -s로 끝나더라도 's를 붙임

Bridget Jones's Diary

Jesus, Moses, Socrates, Columbus 등의 고유명사는 ' 만 붙임

㉤ 동격명사의 소유격은 일반적으로 뒤에 있는 동격명사에 ' s를 붙임

my friend John's wife

② 무생물의 의인화

㉠ 무생물이 의인화 된 경우는 's를 씀

Fortune's smile / Nature's works

㉡ 인간 활동과 밀접한 명사의 경우 's를 쓸 수 있음

life's journey(= the journey of life)

㉢ 무생물이라도 시간, 거리, 중량, 가격 등을 나타내는 명사는 s'를 씀

today's paper / a moment's thought / a stone's throw / ten miles'
distance / a pound's weight / two pounds' weight / a dollar's worth
of sugar / two dollars' worth of sugar

(3) 소유격의 의미

① 소유자 표시

Tom's book (→ Tom has a book.)

② 저자, 발명자 표시

Shakespeare's Macbeth (→ Shakespeare wrote Macbeth.)

③ 사용 목적, 대상 표시

a girl's high school (→ a high school for girls)

④ 주격 관계(행위의 주체) 표시

my daughter's death (→ My daughter died.)

⑤ 목적격 관계(행위의 대상) 표시

Caesar's murderers (→ those who murdered Caesar)

소유격의 일반적 형태
• 복합명사나 하나의 어군을 이루는 말 등의 군(群) 소유격은 끝 단어에 's를 씀
- someone else's son
- father-in-law's hat
- the teacher of music's room

무생물의 의인화
• 지명이나 공공기관, 집합명사의 경우 's를 쓸 수 있음
- Korea's future(= the future of Korea)

kind, sort, type의 소유격
• kind, sort, type의 경우 앞뒤 어디든 올 수 있으며, 'kind [sort, type] of' 다음에는 무관사명사가 옴
- this(단수) kind of car(이런 종류의 차) = car of this kind
- these(복수) kinds of cars(이런 종류들의 차) = cars of these kinds

(4) 소유격의 특별한 용법

① 개별소유와 공동소유

㉠ 개별소유 : Tom's and Frank's books → Tom과 Frank가 각자 소유하는 책

㉡ 공동소유 : Tom and Frank's books → Tom과 Frank가 공유하는 책

② 이중소유격

㉠ <u>소유격이 관사 등과 함께 쓰이는 경우 '관사 + 명사 + of 소유격(소유대명사)'</u> <u>의 형태가 됨</u>

㉡ 이러한 형태가 되는 관사 등에는 관사(a, an, the), 소유격(my, your 등), 지 시형용사(this, that), 의문형용사(what, which), 부정형용사(any, all, both, each, every, either, neither, no, one, some, other) 등이 있음

• this camera of Tom's (○) / Tom's this camera (×)

• some friends of Jane's (○) / Jane's some friends (×)

> **실격UP 독립 소유격(소유격 다음 명사의 생략)**
>
> • 명사의 반복을 피하는 경우 소유격 다음의 명사는 생략 가능
> – This book is my brother's (book). (이 책은 내 남동생의 책이다.)
> • 장소나 건물을 나타내는 명사가 생략되는 경우로, house, shop, store, office, church, restaurant 등이 생략되는 경우가 많음
> – He passed the summer at his uncle's (house). (그는 삼촌의 집에서 여름을 났다.)

| SEMI-NOTE |

소유격의 관용 표현

• for mercy's sake (불쌍히 여기 셔서, 제발)
• for conscience's sake (양심상)
• at one's wits'[wit's] end (어찌할 바를 몰라)
• at a stone's throw (엎어지면 코 닿을 곳에)

06장

명사/관사

02절 관사(Article)

1. 부정관사

(1) 부정관사의 일반적 용법

① <u>부정관사는 보통명사가 문장에서 처음 사용될 때 그 명사의 앞에 위치하는 것이</u> <u>원칙</u>

② 뒤에 오는 단어가 발음이 <u>자음</u>으로 시작하면 '<u>a</u>'를, 모음으로 시작하면 '<u>an</u>'을 씀

(2) 부정관사의 의미에 따른 용법

① 막연히 가리키는 「하나의」(<u>의미상 해석을 하지 않음</u>)

This is a book, not a box. (이것은 상자가 아니라 책이다.)

② 「하나」의 뜻을 나타나는 경우

㉠ Rome was not built in a day. (= one) (로마는 하루아침에 만들어지지 않 았다.)

㉡ A bird in the hand is worth two in the bush. (손 안에 있는 새 한 마리 가 숲 속의 새 두 마리보다 실속이 있다.)

관사
관사는 형용사의 일종으로, 크게 부정 관사(a, an)와 정관사(the)로 분류

관용적 표현

• They were in a great hurry. (그들은 매우 서둘렀다.) [in a hurry]
• He had a rest. (그는 휴식을 취했다.) [have a rest]
• My son has a talent for music. (나의 아들은 음악에 재능이 있다.) [have a talent for]
• The man ran away all of a sudden. (그 남자는 갑자기 도망갔다.) [all of a sudden = on a sudden]

③「어떤 ~나(라도)」의 뜻을 나타내는 경우

　　She goes well with a dress. (= any) (그녀는 어떤 옷에나 어울린다.)

④ 어떤 종류 · 종속 전체를 총칭하는 대표단수를 나타내는 경우

　　An ostrich cannot fly. (타조는 날 수가 없다.)

　　= The ostrich cannot fly.

　　= Ostriches cannot fly.

⑤「같은」의 뜻을 나타내는 경우

　　Birds of a feather flock together. (= the same) (유유상종. 깃이 같은 새들은 같이 날아다닌다.)

⑥「어떤」의 뜻을 나타내는 경우

　　㉠ In a sense it is true. (= a certain) (어떤 의미에서 그것은 진실이다.)

　　㉡ A Mr. Brown came to see you. (브라운 씨라는 분이 당신을 찾아왔습니다.)

⑦「약간의(얼마의)」의 뜻을 나타내는 경우

　　㉠ She waited for a while. (= some) (그녀는 잠시 기다렸다.)

　　㉡ He has a knowledge of Russian. (그는 러시아어를 약간 안다.)

⑧「~마다(당)」의 뜻을 나타내는 경우

　　㉠ Take this medicine three times a day. (= per) (이 약을 매일 세 번씩 드십시오.)

　　㉡ She makes a trip once a month. (그녀는 한 달에 한 번 여행을 한다.)

2. 정관사

(1) 정관사의 용법

① 앞에 나온 명사를 반복하는 경우

　　㉠ I saw a girl. The girl was crying. (나는 소녀를 보았다. 그 소녀는 울고 있었다.)

　　㉡ My uncle bought me a book yesterday. The book is very interesting. (우리 삼촌이 어제 책을 사주셨다. 그 책은 아주 재미있다.)

② 상황을 통해 누구나 알 수 있는 경우(특정한 것을 지칭하거나 한정을 받는 경우 등)

　　㉠ Erase the blackboard. (칠판을 지워라.) [특정한 것]

　　㉡ The water in the well is not good to drink. (이 우물의 물은 먹기에 적당하지 않다.) [한정을 받는 경우]

③ 유일한 것을 나타내는 경우(유일한 자연물이나 물건 등)

　　㉠ The moon goes around the earth. (달은 지구 주위를 돈다.)

　　㉡ the moon / the earth / the sun / the universe / the sky / the Bible

④ 방위 표시나 계절 · 시절의 명사를 나타내는 경우

　　㉠ The sun rises in the east and sets in the west. (태양은 동쪽에서 떠서 서쪽으로 진다.)

　　㉡ in the north[방위] / the lobster season[시절]

부정관사 a와 an의 구분

• 부정관사 a와 an의 경우 다음명사의 철자가 아닌 발음에 따라 구분하여 사용

• 예를 들어 'university'의 경우 철자(u)는 모음이나 발음상 자음[j]이므로 'an'이 아닌 'a'를 사용하여 'a university'가 되며, 'hour'의 경우 철자(h)는 자음이나 발음상 모음[a]이므로 'an hour'가 됨

정관사의 용법

• 단위를 나타내는 경우(by 다음의 시간 · 수량 · 무게 등의 단위)

－ We hired the boat by the hour. (우리는 보트를 시간당으로 빌렸다.)

－ The workers are paid by the month. (근로자들은 월 단위로 보수를 받는다.)

－ Sugar is sold by the pound. (설탕은 파운드 단위로 판다.)

특정한 것을 나타내는 관사

• 일반적으로 특정한 것을 나타낼 때는 정관사(the)를 사용하나, 화자가 표현하고자 하는 의미에 따라 부정관사(a, an)가 사용될 수도 있음

－ A watt is the unit of power. (와트는 동력의 단위이다.)

－ A watt is a unit of power. (와트는 동력의 (여러 단위 중)한 단위이다.)

⑤ 최상급이 쓰인 경우

   ㉠ What is the commonest surname in your country? (너의 나라에서 가장 흔한 성(姓)은 어떤 것이니?)

   ㉡ Mt. Everest is the highest mountain in the world. (에베레스트는 세계 최고봉이다.)

⑥ 서수, last, only, same, very 등과 함께 쓰이는 경우

   ㉠ January is the first month of the year. (정월은 일 년 중 맨 앞에 있는 달이다.)

   ㉡ He is the last man to tell a lie. (그는 거짓말할 사람이 아니다.)

   ㉢ Jane was the only student that answered the question. (Jane이 그 문제에 답한 유일한 학생이었다.)

   ㉣ The boy has made the same mistake again. (그 아이는 또다시 같은 잘못을 저질렀다.)

   ㉤ That's the very item we were looking for. (그것이 바로 우리가 찾던 것이다.)

⑦ 연대를 나타내는 경우

Rap music burst upon the scene in the early 1980s. (랩 뮤직은 1980년 대 초에 갑자기 나타났다.)

⑧ 연주를 할 때의 악기 명칭, 기계·발명품 등의 앞에 쓰이는 경우

play the piano[violin, guitar, drum, harp]

⑨ 종족 전체를 나타내는 경우(대표단수)

The cow is a useful animal. (소는 유용한 동물이다.)

= A cow is a useful animal.

= Cows are useful animals.

⑩ 신체의 일부를 표시하는 경우

   ㉠ 전치사 by를 쓰는 동사 : catch, push, pull, seise(붙잡다), take, hold 등

   ㉡ 전치사 on을 쓰는 동사 : hit, beat, pat(가볍게 두드리다) 등

   ㉢ 전치사 in을 쓰는 동사 : look, stare(빤히 쳐다보다), gaze(뚫어지게 보다), watch, hit 등

실력up 「the + 형용사 / 분사」(~자들[것들]) [복수 보통명사]

• The rich are not always happy. (부자가 항상 행복한 것은 아니다.)
• the rich(= rich people)
• the old(= old people)
• the wounded(=wounded people)

⑪ 「the + 형용사 / 보통명사」 [추상명사]

   ㉠ The beautiful is not always the same as the good. (미(美)가 항상 선과 동일한 것은 아니다.)

고유명사가 'of + 명사'의 수식을 받는 경우

the University of London / the Gulf of Mexico

정관사(the)를 동반하는 고유명사

- 대양, 바다, 해협, 강, 운하
  the Pacific (Ocean) / the Red (Sea) / the Mediterranean / the English Channel
- 산맥, 반도, 사막
  the Alps / the Rockies / the Korean Peninsula / the Crimea Peninsular / the Sahara (Desert) / the Gobi Desert
- 선박, 열차, 비행기 등의 탈 것
  the Mayflower / the Titanic / the Orient Express

기본적 어순

- 관사와 관련된 어순은 기본적으로 '관사 + 부사 + 형용사 + 명사'의 어순을 취함
  – a really surprising rumor(정말 놀라운 소식)

주의할 관사의 위치

- 「quite/rather + a + 명사」 또는 「a + quite/rather + 명사」의 어순을 취함
  – This is quite a good book. (이것은 아주 좋은 책이다.)
    = This is a quite good book.
  – He is rather a proud man. (그는 꽤 자부심이 있는 사람이다.)
    = He is a rather proud man.

무관사 명사를 포함하는 관용구

- by name 이름을 대고[써서]
- know ~ by sight (사람·물건 등)을 본 적이 있다, …에 대한 면식이 있다
- take place 생기다, 일어나다
- on account of ~ 때문에

ⓛ the beautiful(= beauty) / the good(= goodness) / the true(= truth) / the patriot(=patriotism) / the unknown(미지의 것) / the mother(모정, 모성적 감정)

(2) 정관사(the)를 동반하는 고유명사

① 집합체의 의미(union, united)가 포함된 말이나 복수형의 국가명, 군도
  the United States / the Soviet Union / the United Nations / the Netherlands / the Philippines / the East Indies
② 신문, 잡지, 서적 등
  the Washington Post / the New York Times / the Newsweek
  cf. Times / London Times
③ 국민 전체를 나타내는 경우(the + 복수 고유명사 → 복수취급)
  the English / the Koreans
④ 인명 앞에 형용사가 붙는 경우
  the late Dr. Schweitzer
  cf. 인명 앞에 감정적인 색채가 있는 형용사가 붙는 경우는 'the'를 붙이지 않음
  예) poor Tom

3. 관사의 위치 및 생략

(1) 주의할 관사의 위치

① 「all/both/half/double/twice + the + 명사」의 어순을 취함
  ㉠ You must answer all the questions. (너는 모든 문제에 답해야 한다.)
  ㉡ Both the parents are alive. (양친 모두 생존해 계신다.)
  ㉢ Half the apples were bad. (사과의 반은 상했다.)
② 「such/half/many/what + a[an] + (형용사) + 명사」의 어순을 취함
  What a beautiful flower it is! (참 아름다운 꽃이다!)(= How beautiful a flower it is!)
③ 「so/as/too/how/however + 형용사 + a + 명사」의 어순을 취함
  ㉠ I've never seen so pretty a girl. (나는 그렇게 예쁜 소녀를 본 적이 없다.)
  ㉡ He is as strong a man as his father. (그는 자신의 아버지만큼 강하다.)
  ㉢ This is too difficult a question for me to answer. (이것은 내가 답하기에는 너무 어려운 문제이다.)

(2) 관사의 생략

① 가족관계를 나타내는 명사는 관사 없이 쓰이며, 대문자로 쓰이는 경우도 있음
  Mother has gone out to do some shopping. (어머니는 장을 보러 나가셨다.)
② 호격어로 쓰이는 경우
  ㉠ Waiter, two coffees, please. (웨이터, 커피 두 잔이요.)
  ㉡ Keep the change, driver. (잔돈은 가지십시오, 기사님.)

③ 신분 · 관직 · 지위를 나타내는 말이 보어(주격보어 · 목적격보어)나 동격어, 또는 as와 of 다음에 쓰이는 경우
- ⊙ Mr. Smith is principal of our school. (Smith씨는 우리 학교의 교장 선생님이다.) [주격 보어]
- ⓒ Lincoln was elected President of the United States in 1860. (링컨은 1860년에 미국 대통령으로 선출되었다.)
- ⓒ We elected him principal of our school. (우리는 그를 우리 학교의 교장으로 선출했다.) [목적격 보어]
- ⓐ President Obama (오바마 대통령) [동격]
- ⑩ Elizabeth II, Queen of England (영국 여왕 엘리자베스 2세)
- ⑭ He went on board the steamer as surgeon. (그는 선의(船醫)로 기선에 승선했다.)

④ 건물이나 장소가 본래의 기능을 하거나 본래 목적으로 쓰이는 경우
- ⊙ I go to church every Sunday. (나는 매주 일요일 교회에 (예배를 보러) 간다.)
- ⓒ He goes to school. (그는 학교에 다닌다[공부한다, 배운다].)
  - cf. He went to the school. (그는 그 학교에 갔다.)
- ⓒ go to bed(잠자리에 들다) / go to school(학교에 다니다, 통학[등교]하다, 취학하다) / go to sea(선원이 되다, 출항하다) / go to hospital(병원에 다니다, 입원하다) / at (the) table(식사 중)
- ⓐ There is a meeting at the school at 9 o'clock. (9시 정각에 그 학교에서 모임이 있다.)

⑤ 교통수단이나 통신수단의 경우
- ⊙ I usually go to school by bus. (나는 보통 학교에 버스를 타고 간다.)
- ⓒ by boat / by ship / by train / by subway / by mail / by wire / by telephone / by letter
  - cf. on foot, on horseback

⑥ a kind of, a sort of, a type of 뒤에 오는 명사
- ⊙ Pine is a common kind of tree in Korea. (소나무는 한국에서 흔한 나무이다.)
- ⓒ That is a new sort of game. (저것은 새로운 유형의 놀이다.)

⑦ 접속사 and로 연결된 표현의 경우
- ⊙ and로 연결된 두 명사가 동일한 사람 · 사물인 경우 뒤에 나오는 명사 앞의 관사는 생략됨
  - The poet and painter was invited to the party.[한 사람](시인이자 화가인 그는 파티에 초대되었다.)
- ⓒ and로 연결된 두 명사가 다른 사람 · 사물인 경우 두 명사에 각각 관사를 씀
  - The poet and the painter were invited to the party.[두 사람](그 시인과 그 화가는 파티에 초대되었다.)
- ⓒ and로 연결된 형용사가 동일한 사람 · 사물을 수식하는 경우 뒤의 관사는 생략됨

SEMI-NOTE

양보의 부사절에서 문두에 나오는 명사의 경우
Child as he is, he knows a great many things. (그는 비록 어린애지만 많은 것을 안다.)

관사의 생략
- 운동경기명, 식사명, 계절명, 질병명 등의 경우
  - I like tennis. (나는 테니스를 좋아한다.)
  - Let's play soccer after lunch. (점심 먹고 축구하자.)
  - What time do you have breakfast? (몇 시에 아침 식사를 하니?)
  - Winter has come. (겨울이 왔다.)
  - He died of cancer last year. (그는 작년에 암으로 죽었다.)
  - cancer
  - fever
  - cholera
  - cf. a cold
  - a headache
  - a toothache
- 관사의 생략학과명, 언어명 등의 경우
  - My favorite subject is biology. (내가 가장 좋아하는 과목은 생물이다.)
  - I can speak Korean. (나는 한국어를 할 수 있다.)
    = I can speak the Korean language.
  - speak English[Spanish, Japanese]
- 월(月) · 요일의 경우
  - May is my favorite season. (5월은 내가 가장 좋아하는 계절이다.)
  - She goes to church on Sunday. (그녀는 일요일에 교회에 간다.)

접속사 and로 연결된 표현의 경우
- and로 연결된 형용사가 다른 사람 · 사물을 수식하는 경우 앞뒤 명사에 각각 관사를 씀
- and로 연결된 두 명사가 한 쌍이 되는 경우 앞의 명사에만 관사를 쓰고 뒤의 경우 생략됨

06장 명사/관사

121

I saw a black and white dog.[한 마리](나는 바둑이 한 마리를 보았다.)

 실력up 2개의 명사가 대구(對句)를 이루는 경우

• He gave body and soul to the work. (그는 몸과 마음을 다해 그 일을 하였다.)
• They are husband and wife. (그들은 부부다.)
• from right to left / from hand to mouth / from door to door / day and night / trial and error / rich and poor / young and old

나두공

07장 대명사(Pronoun)/관계사(Relatives)

SEMI-NOTE

대명사

• 지시대명사
  - this, these, that, those, such, so, it, they
• 부정대명사
  - all, both, each, either, none
• 의문대명사
  - who, whose, whom, which, what
• 관계대명사
  - who, whose, whom, which, what, that

01절 대명사(Pronoun)

1. 인칭대명사

👓 한눈에 쏙~

(1) 인칭대명사의 의미와 용법

① 인칭대명사는 '사람'을 대신하는 말로, I, You, He, She, We, They, It 등이 있음

② 인칭대명사

ㄱ we, you, they는 「(막연한) 일반인」을 나타내기도 함

ㄴ We have little snow here. (이곳은 눈이 많이 오지 않는다.)

ㄷ You must not speak ill of others in their absence. (당사자가 없다고 그의 험담을 해서는 안 된다.)

ㄹ They speak English in Australia. (호주에서는 영어로 말한다.)

인칭대명사의 격

• Who is there? It's I.[주격보어]
  cf. It's me[회화체에서는 목적격을 씀]
• She caught him by the hand.
• They discussed the matters with him.
• We should obey our parents.
• Mary and Jane did not keep their promise.

실력up 인칭대명사의 격

인칭	수·성		주격	목적격	소유격
1인칭	단수		I	me	my
	복수		we	us	our
2인칭	단수		you	you	your
	복수		you	you	your
3인칭	단수	남성	he	him	his
		여성	she	her	her
		중성	it	it	its
	복수		they	them	their
문장에서의 위치			주어, 주격보어	목적어, 목적격보어	명사 앞

2. 소유대명사와 재귀대명사

(1) 소유대명사

① 소유대명사는 문장에서 「소유격 + 명사」의 역할을 함

② mine, yours, his, hers, ours, yours, theirs 등

    ㉠ Your bag is heavy, but mine is heavier. (네 가방은 무겁다. 그러나 내 가방은 더 무겁다.)

    ㉡ Yours is better than mine. (당신 것이 내 것보다 낫다.)

(2) 재귀대명사

① 재귀대명사의 용법

    ㉠ 재귀적 용법 : 동사나 전치사의 목적어가 되거나 주어의 동작이 주어 자신에게 미침

      • Make yourself at home. (편히 쉬십시오.)

      • He killed himself. (그는 자살했다.)

      • We enjoyed ourselves very much. (우리는 마음껏 즐겼다.)

    ㉡ 강조 용법 : 주어, 목적어, 보어 등과 동격으로 쓰여 의미를 강조[생략해도 문장이 성립함]

      • I myself did it(= I did it myself). (내가 스스로 그것을 했다.)[주어 강조]

      • She went there herself. (그녀는 직접 거기에 갔다.)

      • He was simplicity itself. (그는 아주 수수했다.) [보어 강조]

② 「전치사 + 재귀대명사」의 관용적 표현

    ㉠ for oneself(혼자 힘으로)(= without another help)

    ㉡ by oneself(홀로, 외로이)(= alone)

    ㉢ of itself(저절로)(= spontaneously)

    ㉣ in itself(본래)(= in its own nature)

③ 「동사 + 재귀대명사」의 중요 표현

    ㉠ absent oneself from ~에 결석하다

    ㉡ avail oneself of ~을 이용하다

    ㉢ pride oneself on ~을 자랑으로 여기다

    ㉣ help oneself to ~을 먹다

    ㉤ apply oneself to ~에 전념하다

    ㉥ behave oneself 점잖게 굴다

「전치사 + 재귀대명사」의 관용적 표현
• beside oneself(미친, 제정신이 아닌)(= mad)
• between ourselves(우리끼리 얘기지만)(= between you and me)
• in spite of oneself(자신도 모르게)

「동사 + 재귀대명사」의 중요 표현
• find oneself ~ (알고 보니 ~의 상태 · 장소에) 있다
  – I found myself lying in the beach. (정신을 차리고 보니 나는 해변에 누워 있었다.)
• present oneself 출석하다
• enjoy oneself 즐기다
• seat oneself 앉다
• cut oneself 베이다
• burn oneself 데다
• hurt oneself 다치다
• make oneself at home (스스럼없이) 편히 하다

that의 관용적 표현

- 'and that'(게다가, 그것도, 더구나)[강조의 that으로 앞에서 말한 사실을 강조할 때 쓰임]
  - You must go home, and that at once. (너는 집에 가야 한다. 그것도 지금 당장.)
  - Come here, and that hurry up. (이리 오세요, 빨리요.)
- 'and all that'(~ 등)
  - There we bought cabbages and carrots and all that. (거기에서 우리는 양배추며 홍당무 등을 샀다.)

지시대명사

	단수	의미	복수	의미
지시 대명사	this	이것	these	이것들
지시 형용사	this	이(+단 수명사)	these	이(+복 수명사)
지시 대명사	that	저것	those	저것들
지시 형용사	that	저(+단 수명사)	those	저(+복 수명사)

this와 that의 부사적 용법
- '양이나 '정도'를 나타내는 부사형 용사 앞에 쓰임
  - The tree was about this high. (그 나무는 대략 이만큼 높았다.)
  - We won't go that far. (우리는 그렇게 멀리 가지 않을 것이다.)

3. 지시대명사

(1) this(these), that(those)

① 일반적 의미와 용법 구분
  ㉠ this는 '이것'이라는 의미로, 시간적 · 공간적으로 가까이 있는 것[사람]을 지칭
  ㉡ that은 '저것'이라는 의미로, 시간적 · 공간적으로 멀리 있는 것[사람]을 지칭
    I like this better than that. (나는 이것을 저것보다 더 좋아한다.)

② this는 앞 · 뒤 문장의 단어나 구 · 절, 문장 전체를 받으며, that은 주로 앞에 나온 내용을 받음
    She said nothing, and this made me very angry. (그녀는 아무 말도 하지 않았는데, 이것이 나를 아주 화나게 했다.)

③ 앞에 나온 명사의 반복을 피하기 위해 사용되는 that[those](주로 'of ~'의 수식 어구가 있는 경우에 사용되며, 'that[those] + of~'의 구조를 이룸)
  ㉠ The voice of woman is softer than that(= the voice) of man. (여성의 목소리는 남성의 목소리보다 더 부드럽다.)
  ㉡ The ears of a rabbit are longer than those(= the ears) of a cat. (토끼의 귀는 고양이의 귀보다 길다.)

④ this는 '후자(後者)', that은 '전자(前者)'를 지칭
  ㉠ 후자(後者) : this, the other, the latter
  ㉡ 전자(前者) : that, the one, the former
    Work and play are both necessary to health; this(= play) gives rest, and that(= work) gives us energy. (일과 놀이는 건강에 모두 필요하다. 후자(놀이)는 우리에게 휴식을 주고 전자(일)는 우리에게 힘을 준다.)

⑤ 현재와 과거의 표현
  ㉠ In these days(요즘, 오늘날)(= nowadays)
  ㉡ In those days(그 당시에)(= then)

⑥ 대화문에서의 this
  ㉠ 사람의 소개
    This is Tom. (이 사람은 Tom입니다.)
  ㉡ 전화 통화
    This is Tom speaking. (Tom입니다.)

⑦ 「those who」(~한 사람들)(= people who)
    Heaven helps those who help themselves. (하늘은 스스로 돕는 자를 돕는다.)
    cf. he who[that]~(~하는 사람)[단수]

실력up **지시형용사로서의 this와 that**

- This cat is mine and that one is hers. (이 고양이는 내 것이고 저것은 그녀의 것이다.)
- Are those girls your friends? (그 소녀들은 당신의 친구들입니까?)

(2) such ★ 빈출개념

① 일반적으로 '그런 것[사람]'의 의미로, 앞 문장이나 어구를 대신함

His bullet killed her, but such was not his intention. (그의 탄환이 그녀를 죽였지만 그것이 그의 의도가 아니었다.)[such는 앞 문장(His bullet killed her)을 대신함]

② 「as such」(그렇게, ~답게, ~로서) : 앞에 나온 낱말이나 문장이 중복될 때, as가 있으면 중복되는 말을 such로 대신할 수 있음

  ㉠ She is a sick person and must be treated as such. (그녀는 아픈 사람이다. 그러므로 그렇게(환자로) 취급되어야 한다.)[such = a sick person]

  ㉡ The professor, as such, is entitled to respect. (교수는 교수로서 존경받을 권리가 있다.)[such = the professor]

  ㉢ Mr. Park regrets not having studied history as such. (박 씨는 역사를 역사답게 공부하지 못한 것을 후회한다.)[such = history]

③ 「such A as B」(B와 같은 A)(= A such as B)[여기서의 'such as'는 'like(~같은)'의 의미]

  ㉠ Such poets as Milton are rare. (밀턴과 같은 시인은 드물다.)

    = Poets such as Milton are rare.

  ㉡ such birds as the hawk and the eagle (매와 독수리 같은 새들)

    = birds such as the hawk and the eagle

④ such A as to B, such A that B (B할 만큼[할 정도로] A하는)

  ㉠ It is such a good bike that I bought it twice. (그것은 매우 좋은 자전거여서 나는 두 번이나 그것을 샀다.)

  ㉡ He is not such a fool as to do it. (그는 그것을 할 정도로 바보는 아니다.)

Step up such 관용적 표현

• such as it is(변변치 않지만)
  – My car, such as it is, is at your disposal. (변변치는 않지만 내 차를 당신 마음대로 쓰세요.)
• such being the case(사정이 이래서)
  – Such being the case, I can't help him. (사정이 이래서, 그를 도와줄 수가 없어.)

(3) so

① think, believe, suppose, imagine, hope, expect, say, tell, hear, fear 등의 동사와 함께 쓰여 앞에 나온 문장 전체 또는 일부를 받음

  ㉠ Is she pretty? I think so. (= I think that she is pretty.)

    (그녀는 예쁩니까? 그렇게 생각해요.)

  ㉡ Will he succeed? I hope so. (= I hope that he will succeed.)

    (그가 성공할까요? 그러기를 바랍니다.)

② 「So + S + V」(S는 정말 그렇다[사실이다])[앞서 말한 내용에 동의할 때 사용]

  ㉠ She likes to travel. So she does. (그녀는 여행을 좋아한다. 정말 그렇다.)

SEMI-NOTE

such

• 「such as」 + V(~한 사람들)(= those who ~ = people who ~)
  – Such as have plenty of money will not need friends. (많은 돈을 가진 사람들은 친구가 필요하지 않을 것이다.)
    = Those who have plenty of money will not need friends.
  – All such as are bad sailors prefer to travel by land. (뱃멀미를 많이 하는 사람들은 육상 여행을 더 좋아한다.)
• 「such that」(~할 정도의)
  The heat of my room is such that I cannot study in it. (내 방의 온도가 안에서 공부를 할 수 없을 정도로 높다.)
  cf. He is not such a fool as to quarrel. (그는 싸울 만큼 어리석지 않다.)
  = He knows better than to quarrel.

지시형용사로서의 such(대단한, 엄청난)

• It was such a hot day.
• He was such a polite man that everyone liked him.[such ~ that …(너무 ~해서 …하다)]

대명사(대형태) so의 반대 표현

• Do you think that he will succeed?
  → 긍정의 답변 : Yes, I hope so.
  → 부정의 답변 : No, I'm afraid not.

07장

대명사/관계사

SEMI-NOTE

ⓛ He worked hard. So he did. (그는 열심히 일했다. 정말 그랬다.)

③ 「So + V + S」(S 또한 그렇다)[다른 사람도 역시 그러하다는 표현]

ⓐ She likes to travel. So do I. (그녀는 여행을 좋아한다. 나도 그렇다.)

ⓑ He worked hard. So did she. (그는 열심히 일했다. 그녀도 그랬다.)

(4) same

① 앞에서 언급한 것과 동일 또는 동종의 것을 가리킴

She ordered coffee, and I ordered the same.

(그녀는 커피를 주문했다. 나도 같은 것[커피]을 주문했다.)

② 「the same ~ as」(동일 종류의 것) / 「the same ~ that」(동일한 것)

ⓐ This is the same watch as I lost. (이 시계는 내가 잃어버린 것과 같은 종류의 것이다.)

ⓑ This is the same watch that I lost. (이 시계가 바로 내가 잃어버린 시계이다.)

③ 형용사로 쓰이는 경우

ⓐ He and I are the same age. (그와 나는 동갑이다.)

ⓑ You've made the same mistakes as you made last time. (너는 지난번에 했던 실수와 동일한 실수를 했다.)

(5) It

① 앞에 나온 명사나 구·절을 가리키는 경우['그것'으로 해석됨]

ⓐ He has a car. It is a new car. (그는 차가 있다. 그 차는 새 차이다.)[it → car]

ⓑ If you have a pen, lend it to me. (펜 가지고 있으면, 나에게 그것을 빌려주세요.) [it → pen]

② 주어(부정사구·동명사구·명사절)가 길어 가주어(it)가 사용되는 경우[가주어 (It) + be + 보어 + 진주어'의 구조가 됨]

ⓐ To learn a foreign language is difficult.

→ It is difficult to learn a foreign language. (외국어를 배우는 것은 어렵다.) [부정사구(to learn a foreign language)가 진주어]

ⓑ That he is handsome is true.

→ It is true that he is handsome. (그가 잘생겼다는 것은 사실이다.) [명사절(that he is handsome)이 진주어]

③ 목적어(부정사구·동명사구·명사절)가 길어 가목적어(it)를 목적보어 앞에 두는 경우[주로 5형식 문장에서 '주어 + 동사 + 가목적어(it) + 목적보어 + 진목적어'의 구조를 취함]

ⓐ I think to tell a lie wrong.

→ I think it wrong to tell a lie. (나는 거짓말을 하는 것은 잘못이라 생각한다.) [it은 가목적어이며, 부정사구(to tell a lie)가 목적어]

부사로 쓰이는 경우

They do not think the same as we do. (그들은 우리가 생각하는 것과 같은 방식으로 생각하지 않는다.)

앞에 나온 명사나 구·절을 가리키는 경우['그것'으로 해석됨]

• She tried to get a bus, but it was not easy.

(그녀는 버스를 타려고 했으나 그것은 쉽지 않았다.) [it → to get a bus]

• They are kind, and he knows it.

(그들은 친절하다. 그리고 그는 그것을 알고 있다.) [it → They are kind]

비인칭 주어로서 시간·요일·계절·날씨·거리·명암·온도 등을 나타내는 경우

• 시간 : It is nine o'clock. (9시 정각이다.)

• 요일 : It is Sunday today. (오늘은 일요일이다.)

• 계절 : It is spring now. (지금은 봄이다.)

• 날씨 : It is rather warm today. (오늘은 다소 따뜻하다.)

• 거리 : It is 5 miles to our school. (학교까지는 5마일이다.)

• 명암 : It is dark here. (여기는 어둡다.)

• 온도 : It is 10 degrees Celsius. (섭씨 10도이다.)

ⓛ You will find talking with him pleasant.

→ You will find it pleasant talking with him. (당신은 그와 이야기하는 것이 즐겁다는 것을 알게 될 것입니다.) [동명사구(talking with him)가 목적어]

ⓒ I think that she is kind true.

→ I think it true that she is kind. (나는 그녀가 친절하다는 것이 사실이라 생각한다.) [명사절(that she is kind)이 목적어]

④ 「It is A that ∼」의 강조구문

㉠ 강조하고자 하는 요소(주어 · 목적어 · 부사(구, 절))를 A 위치에 놓음

㉡ 'It is'와 'that'을 배제하고 해석함

㉢ 여기서 that은 관계대명사 또는 관계부사이므로, 강조할 부분이 사람이면 who, 사물이면 which, 장소의 부사이면 where, 시간의 부사이면 when등을 쓸 수 있음

㉣ It was I that[who] broke the window yesterday. (어제 유리창을 깬 사람은 바로 나다.) [주어(I)를 강조]

㉤ It was the window that[which] I broke yesterday. (내가 어제 깬 것은 바로 창문이다.) [목적어(the window)를 강조]

㉥ It was yesterday that[when] I broke the window. (내가 창문을 깬 것은 바로 어제이다.) [부사(yesterday)를 강조]

㉦ What was it that she wanted you to do? (그녀가 당신이 하기를 원한 것은 무엇이었습니까?) [의문사(what)를 강조한 것으로, 의문사가 문두로 나가면서 'it was'가 도치됨]

4. 의문대명사

(1) who의 용법

① who는 사람에 대해 사용되며, 주로 이름이나 관계 등의 물음에 사용됨

② 주격(who), 소유격(whose), 목적격(whom)으로 구분됨

㉠ Who is that boy? (저 소년은 누구인가?)

㉡ Whose book is this? (이것은 누구의 책인가?)

㉢ Whom[Who] did you meet? (당신은 누구를 만났는가?)

(2) What의 용법

① 물건의 명칭이나 사람의 이름 · 신분 등에 사용되며, '무엇', '무슨' 등의 의미를 지님

㉠ What do you call that animal? (저 동물을 무엇이라 합니까?) [명칭]

㉡ What is she?(= What does she do?) (그녀는 무엇을 하는 사람입니까?) [신분 · 직업]

② 가격이나 비용, 금액, 수(數) 등에 사용되어 '얼마'라는 의미를 지님

㉠ What is the price of this computer? (이 컴퓨터의 가격은 얼마입니까?)

가주어 · 진주어 구문과 강조구문의 구분
'It is', 'that'을 배제하고 해석하여 의미가 통하면 강조구문(분열구문)이며, 그렇지 않고 'It'만을 배제하여 의미가 통하면 가주어진주어 구문임

관용적으로 쓰이는 경우(상황의 it)

Take it easy. (천천히 하세요.)

의문사의 용법

의문대명사			
	주격	소유격	목적격
사람	who	whose	whom
사물	what		
사람/사물	which		

What의 용법
감탄문을 만드는 what[What + a(n) + 형용사 + 명사 + 주어 + 동사] What a pretty girl she is! (그녀는 정말 예쁘구나!)

ⓛ What's the cost of the product? (그 제품의 비용[원가]은 얼마입니까?)

(3) which의 용법

① 한정적 의미로 '어느 것', '어느 하나'를 묻는 데 사용됨

Which do you want, tomato or apple? (당신은 토마토와 사과 중 어느 것을 원합니까?)

② 의문형용사

Which book is yours? (어느 책이 당신 것입니까?)

(4) 간접의문문(의문대명사가 명사절을 이끄는 경우)

① 의문대명사가 이끄는 의문문이 다른 주절에 삽입되어 타동사의 목적어(명사절)가 될 때 이를 간접의문문이라 함

② 직접의문문이 '의문사 + 동사 + 주어'의 어순임에 비해, 간접의문문은 '의문사 + 주어 + 동사'의 어순이 됨

㉠ Who is she? / What does he want? [직접의문문]

㉡ Do you know where I bought this book? (당신은 내가 이 책을 어디서 샀는지 아십니까?) [간접의문문]

③ 의문문이 생각동사[think, believe, suppose, imagine, guess 등]의 목적어(절)가 되는 경우 의문사가 문두로 나감

㉠ Who do you think he is? (당신은 그가 누구라고 생각합니까?)

㉡ What do you suppose it is? (당신은 이것이 무엇이라 생각합니까?)

(5) 관용적 표현

① What[how] about ~ ? (~은 어떻습니까?)

② What do you think about ~? (~을 어떻게 생각합니까?)

③ What do you mean by ~? (~은 무슨 의미입니까?)

④ What ~ like? (어떠한 사람[것]일까?, 어떠한 기분일까?)

⑤ What time shall we make it? (우리 언제 만날까요?)

5. 부정대명사

(1) one, no one, none

① one의 용법

㉠ 앞에 나온 명사와 동류의 것을 지칭[불특정명사, 즉 '부정관사 + 명사'를 지칭]

I have no ruler. I must buy one(= a ruler). (나는 자가 없다. 자를 하나 사야 한다.)

cf. Do you have the ruler I bought you? Yes, I have it(= the ruler).[it은 특정명사, 즉 'the/this/that + 명사'를 대신함]

㉡ 형용사 다음에 사용되는 경우

• This car is very old one. (이 차는 아주 낡은 것이다.)

• The audience in this hall is a large one. (이 홀에 있는 청중은 규모가 거대하다.)

② 'no one'과 'none'의 용법

　㉠ no one(아무도 ~않다) : 사람에게만 사용되며, 단수 취급

　　No one knows the fact. (어느 누구도 그 사실은 모른다.)

　㉡ none(아무도[어떤 것도] ~않다[아니다]) : 사람과 사물 모두에 사용되며, 수를 표시하는 경우 복수 취급, 양을 표시하는 경우 단수 취급

　　None know the fact. (어느 누구도 그 사실은 모른다.)

👓👓 *한눈에 쏙~*

another, other 용법

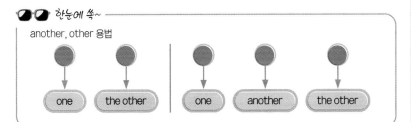

(2) other, another

① other의 용법

　㉠ 둘 중 하나는 'one', 다른 하나는 'the other'로 표현[정해진 순서 없이 하나, 나머지 하나를 지칭]

　　I have two dogs one is white and the other is black.

　　(나는 개가 두 마리 있다. 한 마리는 백구이고, 다른 한 마리는 검둥이다.)

　㉡ 여러 사람[개] 중에서 하나는 'one', 나머지 전부는 'the others(=the rest)'로 표현

　　There were many people one played the piano and the others sang. (많은 사람들이 있었다. 한 사람은 피아노를 연주했고 나머지 사람들은 노래했다.)

　㉢ others는 일반적으로 '다른 사람들', '다른 것들'을 의미함

　　She does not trust others. (그녀는 다른 사람들을 믿지 않는다.)

　㉣ 여러사람[개] 중에서 일부는 'some', 나머지 전부는 'the others(= the rest)'로 표현

　　Some were late, but the others were in time for the meeting. (일부는 늦었지만 나머지 사람들은 회의에 늦지 않았다.)

② another의 용법

　㉠ another는 일반적으로 '또 하나', '다른 것'을 의미하며, 항상 단수로 쓰임

　　• This pear is delicious. Give me another. (이 배는 맛있습니다. 하나 더 주세요.)

　　• I don't like this one. Show me another. (이것이 마음에 들지 않습니다. 다른 것을 보여 주십시오.)

SEMI-NOTE

the one, the other

둘 중 순서가 정해져 있을 때는, 전자는 'the one(= the former)', 후자는 'the other(= the latter)'로 표현

other의 용법

• 여러 사람[개] 중에서 일부는 'some', 다른 일부는 'others'로 표현

　– There are many stories in this book. Some are tragic and others are funny.

　(이 책에는 많은 이야기가 있다. 일부는 비극적이고, 일부는 희극적이다.)

형용사로 사용될 때의 other과 another

• other과 another이 형용사로 사용될 때는, 'other + 복수명사', 'another + 단수명사'의 형태로 사용됨

　– other players[other player (×)]

　– another player[another players (×)]

07장

대명사/관계사

131

another의 용법

• 「A is one thing, and B is another.」(A
와 B는 별개의 것이다.)
   - Saying is one thing, and doing is
   another. (말하는 것과 행동하는 것
   은 별개이다.)

• She is a liar, and her daughter is another. (그녀는 거짓말쟁이고 그녀
의 딸도 또한 거짓말쟁이다.)

ⓒ 세 개 중에서 하나는 'one', 다른 하나는 'another', 나머지 하나는 'the
other'로 표현[정해진 순서 없이 하나, 다른 하나, 나머지 하나를 지칭]
She has three flowers one is yellow, another is red, and the other
is violet. (그녀는 꽃을 세 송이 가지고 있다. 하나는 노란색, 다른 하나는 빨
간색, 그리고 나머지 하나는 보라색이다.)

ⓒ 여러 개 중에서 하나는 'one', 또 다른 하나는 'another', 나머지 전부는 'the
others'로 표현
She has many flowers one is yellow, another is red, the others are
violet. (그녀는 많은 꽃을 가지고 있다. 하나는 노란색, 다른 하나는 빨간색,
나머지는 보라색이다.)

> **실력UP one, other, another 관련 중요 표현**
>
> each other (둘 사이) 서로 / one another (셋 이상 사이) 서로 / on the one hand ~, on the other
> hand … 한편으로는 ~, 다른 한편으로는 … / tell one from the other (둘 가운데서) 서로 구별하
> 다 / tell one from another (셋 이상 가운데서) 서로 구별하다 / one after the other (둘이) 교대로 /
> one after another (셋 이상이) 차례로 / one way of another 어떻게 해서든 / the other day 일전에

some
의문문·부정문·조건문에서는 주로 any
만 쓰고, some은 특수한 경우 이에는 쓰
지 않음

(3) some, any

① some의 용법

   ⊙ some은 긍정문에서 '다소[약간, 몇몇]'의 의미로 사용됨
   May I give you some? (조금 드릴까요?)

   ⓒ some이 수를 나타내는 경우 복수, 양을 나타내는 경우 단수 취급
   • Some of the butter has melted. (버터가 약간 녹았다.) [단수]
   • Some of the apples are rotten. (사과들 중 일부는 썩었다.) [복수]

   ⓒ '어떤 사람'이란 의미로 사용되기도 함
   Some said yes and some said no. (어떤 사람은 예라고 말했고 어떤 사람
   은 아니라고 말했다.)

   ② some이 형용사로 사용되는 경우
   • 약간의[조금의, 몇몇의] : I want some money. (나는 약간의 돈을 원
   한다.)
   • 대략[약] : They waited some(= about) five minutes. (그들은 5분 정
   도를 기다렸다.)['some + 숫자'에서는 '대략(약)'의 의미를 지님]
   • '어떤[무슨]' : I saw it in some book. (나는 그것을 어떤 책에서 보았다.)
   • 어딘가의 : She went to some place in North America. (그녀는 북미
   어딘가로 갔다.)

② any의 용법
   ⊙ 의문문이나 조건문에서 '무엇이든[누구든]', '얼마간[다소]'의 의미로 사용됨

수 · 양의 크기 비교
• a few<some<many
• a little<some<much

**권유 · 간청이나 긍정의 답을 기대하
는 의문문**

   - Will you lend me some money? (돈
   을 좀 빌려주겠습니까?)
   - Won't you have some tea? (차 한
   잔 하지 않겠습니까?)[→ 차를 마실
   것을 기대하면서 질문]

- Do you want any of these books? (이 책들 중 어떤 것이든 원하는 것이 있습니까?)
- Have you any question? (질문 있습니까?)

ⓛ 부정문에서 '아무(것)도[조금도]'라는 의미로 사용됨
- I've never seen any of these books. (나는 이 책들 중 아무것도 보지 못했다.)
- It isn't known to any. (그것은 아무에게도 알려져 있지 않다.)

ⓒ 긍정문에서는 '무엇이든지[누구든지]'라는 강조의 의미를 지님
Any of my friends will help me. (내 친구들 중 어느 누구든지 나를 도와 줄 것이다.)

ⓔ any가 형용사로 사용되는 경우[any는 대명사보다 주로 형용사로 사용됨]
- 의문문이나 조건문에서 '몇몇의[약간의]', '어떤 하나의[누구 한 사람의]'
  - Do you have any friends in this town? (이 도시에 몇몇의 친구가 있습니까?)
  - Is there any ink in the bottle? (병에 잉크가 있습니까?)
- 부정문에서 '조금도[아무것도, 아무도] (~아니다)'
  - I don't have any books. (나는 책이라고는 조금도 없다.)(= I have no books.)
- 긍정문에서는 '어떠한 ~이라도', '어느 것이든[무엇이든, 누구든]'
  - Any boy can do it. (어떤 소년이라도 그것을 할 수 있다.)
  - Any drink will do. (어떤 음료든지 괜찮습니다.)

(4) each, every

① each의 용법

ⓛ each는 대명사로서 '각각[각자]'을 의미하며, 단수 취급
- Each has his own habit. (각자 자신의 버릇이 있다.)
- Each of us has a house. (우리들 각자는 집을 가지고 있다.)

ⓛ 형용사로서 '각각의[각자의]'를 의미하며, 단수명사를 수식하고 단수 취급
Each country has its own custom. (각각의 나라는 자신의 관습을 가지고 있다.)

ⓒ 'each other'는 '서로'라는 의미로, 둘 사이에서 사용
The couple loved each other. (그 부부는 서로 사랑했다.)
cf. 'one another'는 셋 이상 사이에서 '서로'를 의미하는 표현이지만, 'each other'과 엄격히 구별되지는 않음
cf. 'We should love one another.' (우리는 서로를 사랑해야 한다.)

② every의 용법

ⓛ every는 형용사로서 '각각의[각자의]', '모든'의 의미를 지님[대명사로는 사용되지 않음]

ⓛ every는 단수명사를 수식하고 단수 취급함
Every student is diligent. (모든 학생들은 부지런하다.)

SEMI-NOTE

any

- any는 부정문에서 주어로 쓸 수 없어 이를 'no one[none]'으로 바꾸어야 함
  - Any of them cannot do it. (×) → None of them can do it (○)
- any는 '셋 이상 중의 하나'를 의미하기도 함
  - Any of the three will do. (셋 중 어떤 것도 괜찮습니다.)

any가 형용사로 사용되는 경우 예문
- If you have any books, will you lend me one? (책이 있으면, 하나 빌려주시겠습니까?)
- Do you have any sister? (당신은 여자 형제가 있습니까?)

each
- each는 부사로서 '한 사람[개] 마다', '각자에게[제각기]'라는 의미를 지님
  - He gave the boys two dollars each. (그는 그 소년들에게 각각 2달러씩 주었다.)

every의 용법

- every + 기수 + 복수명사(매 ~마다)(= every + 서수 + 단수명사)
  - They come here every three months. (그들은 이곳에 석 달마다 온다.)
  - = They come here every third month.
- 형용사 every 뒤에 오는 기수의 수사가 나오는 경우 복수 명사가 와야함
  - every two days = every second dat = every other day
  - every three days = every third day

either의 용법

- either은 부사로서 '또한[역시](~아니다)', '게다가'라는 의미를 가짐 [주로 부정문에서 사용됨]
  - If you don't go, I won't, either. (네가 가지 않으면, 나도 역시 가지 않겠다.)
  - = If you don't go, neither will I.
  - cf. 긍정문에서는 too, also가 쓰임
- either A or B(A와 B 둘 중 하나)
  - Either you or she must go. (너와 그녀 중 한 사람은 가야 한다.)

neither의 용법

- neither A nor B(A도 B도 아니다(않다))
  - Neither you nor she is responsible for the accident. (당신도 그녀도 그 사고에 책임이 없다.)
  - Gold will neither rust nor corrode. (금은 녹슬지도 부식되지도 않는다.)

all을 포함한 관용표현

- at all : 부정문에서 '조금도[전혀]', '아무리 보아도', 의문문 에서는 '도대체', 조건문에서 '이왕', '적어도', 긍정문에서 '하여간[어쨌든]'
- all over(다 끝나)
- all but 거의(= almost)
- above all 무엇보다도
- all at once 갑자기(= suddenly)

(5) either, neither

① either의 용법

㉠ 긍정문에서 '둘 중의 어느 하나[한쪽]'를 의미하며, 단수 취급
Either of the two will do. (둘 중 어느 것이든 괜찮습니다.)

㉡ 부정문에서 전체부정의 의미를 지님
I don't know either of your parents. (나는 당신의 부모님 두 분을 다 알지 못한다.)[전체부정]
= I know neither of your parents.
cf. I don't know both of your parents. (나는 당신의 부모님 두 분을 다 아는 것은 아니다.) [부분부정]
= I know one of your parents.

㉢ either는 형용사로서 '어느 한쪽의', '양쪽의'라는 의미를 가지며, 단수명사를 수식
- Either card will do. (어느 카드이든 좋습니다.)
- There are shops on either side of the road. (길 양쪽에 가게들이 있다.)
  = There are shops on both sides of the road. [both + 복수명사]

② neither의 용법

㉠ neither은 '둘 중 어느 쪽도 ~아니다[않다]'를 의미하며, 단수 취급
Neither of them was aware of the fact. (그들 (두 사람) 중 누구도 그 사실을 알지 못했다.)[전체 부정]

㉡ neither은 형용사로서 '둘 중 어느 쪽도 ~아닌[않는]'이라는 의미를 가지며, 단수명사를 수식
- Neither sentence is correct. (어느 문장도 옳지 않다.)
- In neither case can we agree. (우리는 어느 경우건 찬성할 수 없다.)

(6) all, both

① all의 용법

㉠ all은 '모두[모든 것, 모든 사람]'의 의미로 사람과 사물에 두루 쓰일 수 있으며, 수를 표시하면 복수, 양을 표시하면 단수 취급
- All of the students are diligent. (모든 학생들은 부지런하다.)
- All is well that ends well. (끝이 좋으면 모든 것이 좋다.)

㉡ all이 부정어 not과 함께 쓰이면 부분부정이 됨
- All is not gold that glitters. (빛이 난다고 모든 것이 금은 아니다.) [부분부정]
- I have not read all of these books. (나는 이 책들을 모두 읽은 것은 아니다.)
  = I have read some of these books.
cf. I have read none of these books.[전체부정]

㉢ all은 형용사로서 '모든[모두의, 전체의]'이라는 의미를 지님

All the students of this school are diligent. (이 학교의 모든 학생들은 부지런하다.)

② both의 용법

　㉠ both는 '둘 다[양쪽 다]'의 의미로 사람과 사물에 쓰이며, 복수 취급

　　Both belong to me. (둘 다 내 것이다.)

　　Both of his parents are dead. (양친 모두 돌아가셨다.)

　　= Neither of his parents is alive.

　㉡ both가 부정어 not과 함께 쓰이면 부분부정이 됨

　　Both of his parents are not dead. (양친 모두가 돌아가신 것은 아니다.)

　　[한 분만 돌아가셨다는 의미]

　㉢ both는 형용사로서 '둘 다의[양쪽의, 쌍방의]'라는 의미를 지님

　　Both her parents live in this city. (그녀의 부모님 두 분 다 이 도시에 살고 계신다.)

　㉣ both A and B(A와 B 둘 다)

　　Both Tom and July can play the violin. (Tom과 July 둘 다 바이올린을 켤 수 있다.)

02절　관계사(Relatives)

1. 관계대명사

(1) 관계대명사의 의의

① 관계대명사의 기능 및 특징

　㉠ 관계대명사는 문장에서 '접속사 + 대명사'의 기능을 함

　　I know the woman and she can speak English very well.[the woman = she]

　　→ I know the woman who can speak English very well. [접속사(and)와 대명사(she)를 관계대명사(who)로 전환]

　㉡ 관계대명사가 이끄는 절은 문장에서 선행사(명사·대명사)를 수식하는 형용사(절)가 됨 : 위의 문장에서 관계대명사절(who ~)은 선행사(the woman)를 수식하는 형용사절

　㉢ 관계대명사는 관계대명사 다음 문장의 주어나 목적어, 보어 중 하나가 되므로, 관계대명사를 제외한 다음 문장은 불완전한 형태의 문장이 됨

　　• I know the boy who broke the window. [관계대명사 who는 관계대명사절에서 주어의 역할을 하므로, 관계대명사 다음의 문장(broke the window)은 불완전한 문장이 됨]

　　• Tell me the title of the book which you choose. [관계대명사 which가 목적어 역할을 하므로, 다음의 문장(you choose)은 불완전한 문장이 됨]

SEMI-NOTE

부분부정

부정어와 전체 또는 완전의 의미를 지닌 표현이 결합하면 부분부정이 됨
• 부분부정 : not + every, either, all, both, always, entirely, completely, necessarily 등
• 전체부정 : no, none, neither, nobody, nothing, never 등
－ I like both of them. (나는 그들 둘 다 좋아한다.)[전체긍정]
－ I don't like both of them. (나는 그들 둘 모두를 좋아하는 것은 아니다.)[부분부정]
－ I don't like either of them.(= I like neither of them.) (나는 그들 둘 다 좋아하지 않는다.)
－ I don't know all of them. (나는 그들 모두를 아는 것은 아니다.)[부분부정]
－ I know none of them. (나는 그들 중 한 사람도 알지 못한다.)[전체부정]
－ I don't know anything about it. (나는 그것에 대해 아무것도 알지 못한다.)[전체부정]

관계대명사의 격
• 주격
－ 선행사 + which(who, that) + 주어 + 동사
• 목적격
－ 선행사 + which(whom, that) + 주어 + 동사 + 목적어
• 소유격
－ 선행사 + whose + 관사/소유격 + 명사 + 동사

관계대명사 that
관계대명사 that은 who, whom, which 등을 대신하여 사용할 수 있음

의문사 who와 관계대명사 who의 비교
• 의문사 who
  – I know who can speak English well. (나는 누가 영어를 잘할 수 있는지 안다.)['who ~'는 명사절로서, know 의 목적어이고 who 는 의문사]
• 관계대명사 who
  – I know the man who can speak Korean well. (나는 한국어를 잘할 수 있는 사람을 알고 있다.)['who ~'는 관계대명사절(형용사절)로서 선행사(the man)를 수식]

which
• 선행사가 사물이고, 관계사절에서 소유격 역할을 하는 경우 whose를 씀
  – I live in a house. + Its roof is blue.
    → I live in a house whose roof is blue. (나는 지붕이 푸른 집에서 살고있다.)
  cf. 소유격의 경우 whose를 쓰지 않고 of which를 쓰는 경우도 있으나 드묾
  = I live in a house of which the roof is blue.
  = I live in a house the roof of which is blue.

실력up 관계대명사의 종류

선행사 \ 격	주격	소유격(관계형용사)	목적격	관계대명사절의 성격
사람	who	whose	whom	형용사절
동물이나 사물	which	whose / of which	which	형용사절
사람, 동물, 사물	that	–	that	형용사절
선행사가 포함된 사물	what	–	what	명사절

(2) who

① 선행사가 사람이고, 관계사절에서 주어 역할을 하는 경우 who를 씀

I know a boy. + He is called Tom.

→ I know a boy who is called Tom. (나는 Tom이라고 불리는 소년을 알고 있다.)

② 선행사가 사람이고, 관계사절에서 목적어 역할을 하는 경우 whom을 씀

I know a boy. + They call him Tom.

→ I know a boy whom they call Tom. (나는 사람들이 Tom이라고 부르는 소년을 알고 있다.)

③ 선행사가 사람이고, 관계사절에서 소유격 역할을 하는 경우 whose를 씀

I know a boy. + His name is Tom.

→ I know a boy whose name is Tom. (나는 이름이 Tom인 소년을 알고 있다.)

(3) which

① 선행사가 사물이고, 관계사절에서 주어 역할을 하는 경우 which를 씀[주격 관계대명사]

I live in a house. + It was built by father.

→ I live in a house which was built by father. (나는 아버지에 의해 지어진 집에서 살고 있다.)

② 선행사가 사물이고, 관계사절에서 목적어 역할을 하는 경우 which를 씀[목적격 관계대명사]

I live in a house. + My father built it.

→ I live in a house which my father built. (나는 아버지가 지은 집에서 살고 있다.)

③ 사람의 지위, 직업, 성격이 선행사인 경우도 관계대명사 which를 씀

He is not the man which his father wanted him to be. (그는 그의 아버지가 되기를 바란 사람이 아니다.)

④ which가 앞 문장의 일부 또는 전체를 받는 경우도 있음

She looked very happy, which she really was not. (그녀는 매우 행복해 보였다. 그러나 사실은 행복하지 않았다.) [계속적 용법]

(4) that

① 관계대명사 that을 쓸 수 있는 경우

㉠ 선행사가 사람인 경우 관계대명사 that을 쓸 수 있음

He is the man that(= who) lives next door to us. (그는 옆집에 사는 사람이다.)[주격 관계대명사]

㉡ 선행사가 동물이나 사물인 경우에도 that을 쓸 수 있음

This is the book that(= which) my uncle gave to me. (이 책은 삼촌이 나에게 준 책이다.)[목적격 관계대명사]

② 관계대명사 that을 쓰는 경우

㉠ 선행사가 '사람 + 동물'이나 '사람 + 사물'인 경우 보통 관계대명사 that을 씀

Look at the girl and her dog that are coming here. (여기로 오고 있는 소녀와 개를 보아라.)

㉡ 선행사가 최상급이나 서수의 수식을 받는 경우 보통 that을 씀

He is the greatest actor that has ever lived. (그는 지금까지 살았던 배우 중에서 가장 훌륭한 배우이다.)

㉢ 선행사가 the only, the very, the same 등의 제한적 표현의 수식을 받는 경우 보통 that을 씀

She is the only girl that I loved in my childhood. (그녀는 내가 어린 시절 사랑했던 유일한 소녀이다.)

㉣ 선행사가 all, every, some, any, no, none, much, little 등의 수식을 받는 경우 보통 that을 씀

• All that you read in this book will do you good. (이 책에서 네가 읽은 모든 것은 너를 이롭게 할 것이다.)

• He has lost all the money that his mother gave him. (그는 그의 어머니께서 주신 모든 돈을 잃어버렸다.)

실력up 관계대명사 that의 주의할 용법

• 관계대명사 that은 제한적 용법으로만 사용되며, 계속적 용법에서는 쓸 수 없음
  – The car that[which] stands in front of the building is mine. (그 건물 앞에 서있는 차는 내 것이다.)[제한적 용법]
  – I met a gentleman, that told me the fact.(×)[계속적 용법]
  → I met a gentleman, who told me the fact.(○)
• 관계대명사 that 앞에는 전치사를 쓸 수 없음
  – This is the lady of that I spoke yesterday.(×)
  → This is the lady that I spoke of yesterday.(○)
  → This is the lady of which I spoke yesterday.(○)

SEMI-NOTE

관계대명사 that
관계대명사 that은 who나 whom, which 등을 대신해 사용할 수 있는데, 주격과 목적격이 'that'으로 같으며 소유격은 없음

관계대명사 that을 쓰는 경우
• 선행사가 –thing 형태로 끝나는 명사 (something, anything, everything, nothing 등)인 경우 보통 that을 씀
  – There is nothing that I like better. (내가 더 좋아하는 것은 아무것도 없다.)
• 선행사가 의문사 who, which, what 등으로 시작되는 경우 보통 that을 씀
  – Who that has common sense will do such a thing? (상식이 있는 사람이 그런 짓을 할까?)
  – Who is the man that is standing there? (저기에 서 있는 사람은 누구입니까?)
• 관계대명사가 관계절의 보어로 쓰이는 경우 보통 that을 씀
  – He is not the man that he was ten years ago. (그는 10년 전의 그가 아니다.)

07장
대명사/관계사

SEMI-NOTE

관계대명사 what과 접속사 that의 차이

• 선행사가 없다는 것은 같지만, 관계대명사 what 다음의 절은 완전한 문장이 아닌데 비해 접속사 that 다음의 절은 완전한 문장이 된다는 점에서 차이가 있음

- What is beautiful is not always good. (아름다운 것이 항상 좋은 것은 아니다.) [what 이하의 절이 주어가 없는 불완전한 문장임]

- That he is alive is certain. (그가 살아 있는 것이 분명하다.) [that 이하의 절이 주어 + 동사 + 보어로 된 완전한 문장임]

what의 관용적 표현

• what with ~, what with(한편으로는 ~때문에, 또 한편으로는 ~때문에)
  – What with drinking, and (what with) gambling, he is ruined. (한편으로는 술 때문에 또 한편으로는 도박 때문에 그는 파멸되었다.)

• what by ~, what by ~(한편으로 ~의 수단으로, 또 한편으로 ~의 수단으로)
  – What by threats, what by entreaties. (위협하기도 하고, 애원하기도 하여)

(5) what

① 선행사를 포함하고 있는 관계대명사 what

㉠ what은 선행사를 포함하고 있으므로 '선행사 + 관계대명사(which 등)'의 역할을 대신함

㉡ What이 이끄는 절(명사절)은 문장의 주어 · 목적어 · 보어 역할을 함

㉢ 의미상 '~하는 것', '~하는 모든[어떤] 것'이란 의미로 쓰임

㉣ What is done cannot be undone. (이미 한 것을 되돌릴 수 없다.) [주어]
= That which is done cannot be undone.

㉤ What he said is true. (그가 말한 것은 사실이다.)

㉥ You must not spend what you earn. (너는 네가 버는 것 모두를 써버려서는 안 된다.) [목적어]
= You must not spend all that you earn.

㉦ You may do what you will. (너는 네가 하고 싶은 것을 해도 좋다.)
= You may do anything you will.

㉧ We must do what is right. (우리는 올바른 것을 행해야 한다.)
= We must do the thing that is right.

㉨ This is what I want. (이것은 내가 원하는 것이다.) [보어]

② what의 관용적 표현

㉠ what we[you] call(= what is called)(소위)
He is what is called a bookworm. (그는 소위 책벌레다.)

㉡ what is + 비교급(더욱 ~한 것은) / what is worse(설상가상으로), what is more[better](게다가)
He lost his way, and what was worse, it began to rain. (그는 길을 잃었고, 설상가상으로 비가 내리기 시작했다.)

㉢ A is to B what C is to D(A와 B의 관계는 C와 D의 관계와 같다.)
Reading is to the mind what food is to the body. (독서와 정신에 대한 관계는 음식과 신체에 대한 관계와 같다.)

㉣ what + S + be(현재의 S, S의 인격 · 위치), what + S + used to(과거의 S), what + S + have(S의 재산)
• My parents made me what I am today. (나의 부모님이 나를 현재의 나로 만드셨다.)
• We honor him not for what he has, but for what he is. (우리는 그의 재산이 아니라 인격 때문에 그를 존경한다.)
• He is no longer what he used to be. (그는 더 이상 예전의 그가 아니다.)

(6) 관계대명사의 제한적 용법과 계속적 용법

① 제한적 용법

㉠ 관계대명사 앞에 comma(,)가 없음

㉡ 관계대명사가 앞의 선행사와 같으며 해석 시 관계대명사는 곧 선행사가 됨

ⓒ He has two sons who are doctors. (그는 의사가 된 두 아들이 있다. → 아들이 더 있을 수 있음)

② 계속적 용법

    ㉠ 관계대명사 앞에 comma가 있음

    ㉡ 선행사가 고유명사인 경우나 앞 문장 전체가 선행사가 되는 경우 등에 주로 사용됨

    ㉢ 관계대명사를 문장에 따라 '접속사(and, but, for, though 등) + 대명사'로 바꾸어 쓸 수 있음

    ㉣ He has two sons, who are doctors. (그는 아들이 둘 있는데, 둘 다 의사이다. → 아들이 두 명 있음)

    ㉤ She lives in Busan, which is the second largest city in Korea. (그녀는 부산에 사는데, 부산은 한국에서 두 번째 큰 도시이다.)[선행사가 고유명사]

    ㉥ I missed my train, which made me late to the meeting. (나는 기차를 놓쳤는데, 그것은 내가 그 모임에 늦게 만들었다.)[선행사는 앞 문장 전체]

(7) 관계대명사의 생략과 전치사

① 목적격 관계대명사의 생략

    ㉠ 동사의 목적어인 경우

      He is the man (whom) I saw there. (그는 내가 거기서 본 사람이다.)

    ㉡ 전치사의 목적어인 경우

      This is a doll (which / that) she plays with. (이 인형은 그녀가 가지고 노는 인형이다.)

② 주격 관계대명사의 생략 : 관계대명사의 주격·소유격은 생략할 수 없으나, 다음과 같은 경우 예외적으로 생략 가능

    ㉠ 관계대명사가 주격보어인 경우

      He is not the rude man (that) he used to be. (그는 예전처럼 무례한 사람이 아니다.)

    ㉡ 'There is' 또는 'Here is'로 시작하는 문장의 경우

      There is a man (who / that) wants to see you. (어떤 사람이 당신을 만나고자 합니다.)

    ㉢ 관계대명사절이 'there is'로 시작하는 경우

      This is one of the most beautiful mountains (that) there are in this country. (이 산은 이 나라에 있는 가장 아름다운 산 중의 하나입니다.)

③ 관계대명사를 생략할 수 없는 경우

    ㉠ 관계대명사의 계속적 용법

      I bowed to the gentleman, whom I knew well. (나는 그 신사에게 인사했는데, 그는 내가 잘 아는 사람이었다.)[관계대명사 whom은 생략 불가]

    ㉡ '전치사 + 관계대명사'가 시간, 장소, 방법 등을 나타내는 경우

      I remember the day on which he went to the building. (나는 그가 그 빌딩에 간 날을 기억한다.)

07장
대명사/관계사

SEMI-NOTE

beyond, as to, during
- 관계대명사 앞에 위치함
  - There was a high wall, beyond which nobody was permitted to go.

④ 관계대명사와 전치사
  ㉠ 대부분의 전치사는 관계대명사의 앞 또는 문미(文尾)에 오는 것이 가능
  This is the house which I live in. (이 집은 내가 살고 있는 집이다.)
  = This is the house in which I live.
  ㉡ 관계대명사가 that인 경우 전치사는 문미(文尾)에 위치
   • This is the house that I live in.(○) (이것이 내가 사는 집이다.)
   • This is the house in that I live.(×)
  ㉢ 부분을 나타내는 전치사 of 앞에 all, most, many, some, any, one, both 등이 오는 경우 관계대명사는 of 뒤에 위치
  He had many friends, all of whom were sailors. (그는 친구들이 많았는데 모두 선원이었다.)

실력up ask for, laugh at, look for, be afraid of 등이 쓰인 경우 전치사는 문장 뒤에 위치[관계대명사 앞에 쓰지 않음]

The boy whom we laughed at got very angry. (우리가 비웃었던 소년은 매우 화가 났다.)

주의할 수의 일치
- 'one of + 복수명사'가 선행사인 경우 관계대명사의 수는 복수로 받음
  - He is one of my friends who help me with my homework.
  (그는 내 숙제를 도와주는 친구들 중의 한 명이다.)
- 'only one of + 복수명사'가 선행사인 경우 관계대명사의 수는 단수로 받음
  - He is the only one of my friends who helps me with my homework.
  (그는 친구들 중에서 내 숙제를 도와주는 유일한 친구이다.)
- 관계대명사의 동사의 수는 항상 선행사의 수에 일치시킨다는 것에 주의

(8) 관계대명사의 격과 수의 일치
① 주격 : 관계대명사가 다음의 동사의 주어가 되는 경우
  ㉠ 주격 관계대명사 다음의 동사는 선행사의 수에 일치
  He has a son who lives in Incheon. (그는 인천에 사는 아들 하나가 있다.)[동사 live는 선행사(a son)에 일치]
  ㉡ 'I thought' 등이 삽입절이 되는 경우는 이를 제외하고 관계대명사의 격과 수 일치를 결정
  The man who (I thought) was your father turned out quite a stranger. (내가 너의 아버지라고 생각했던 사람은 전혀 낯선 사람으로 판명되었다.)[who는 주격 관계대명사이므로 동사(was)는 선행사(the man)에 일치]
② 목적격 : 관계대명사가 동사나 전치사의 목적어가 되는 경우
  ㉠ Who is the girl whom you were playing tennis with? (당신이 함께 테니스를 친 소녀는 누구입니까?)
  = Who is the girl with whom you were playing tennis?
  ㉡ The man whom I thought to be your father turned out quite a stranger. (내가 당신의 아버지라 생각했던 사람은 전혀 낯선 사람으로 판명되었다.)[이 경우 'I thought'는 삽입절이 아니며 관계대명사절의 주어와 동사에 해당됨]

유사관계대명사 as, but, than

유사관계대명사(의사관계대명사) as, but, than은 관계대명사로 보기도 하나, 이를 엄밀히 보아 접속사로 분류하기도 함

(9) 유사관계대명사
① as
  ㉠ as가 such와 상관적으로 쓰이는 경우
  Choose such friends as will listen to you quietly. (너의 말을 경청하려는 친구들을 선택하라.)

ⓒ as가 same과 상관적으로 쓰이는 경우

This is the same camera as I bought yesterday. (이것은 내가 어제 산 카메라와 같은 종류의 카메라이다.)[the same ~ as(동일 종류의 ~)]

cf. This is the same camera that I bought yesterday. (이것은 내가 어제 산 그 카메라이다.)[the same ~ that(바로 그것)]

ⓓ as가 앞 또는 뒤의 문장 전체 또는 일부를 받는 경우

She is very careful, as her work shows. (그녀는 매우 조심성이 있다. 그녀의 작품이 그것을 말해준다.)

ⓔ 'as many A(복수명사) as ~'와 'as much A(단수명사) as ~'(~하는 모든 A)

As many passengers as were in the bus were injured. (버스에 타고 있던 모든 사람들이 다쳤다.)

② but : 'that ~ not'의 의미로 관계대명사처럼 쓰임

There is no one but loves peace. (평화를 사랑하지 않는 사람은 없다.)

③ than : 비교표현에서 '~이상의'란 의미로 관계대명사처럼 쓰임

He bought more books than he could read. (그는 자신이 읽을 수 있는 것보다 더 많은 책을 샀다.)

(10) 복합관계대명사

① 복합관계대명사의 특징

㉠ '관계대명사 + ever'의 형태를 지님 : whoever, whomever, whichever, whatever 등

㉡ 선행사를 포함하며, 명사절이나 양보의 부사절을 이끎

㉢ 명사절의 경우 '모든[누구, 어떤] ~도'의 의미이며, 양보의 부사절의 경우 '~이더라도[하더라도]'의 의미가 됨

㉣ Give it to whoever wants it. (그것을 원하는 어떤 사람[누구]에게라도 그것을 주어라.)[명사절을 이끄는 (주격) 복합관계대명사]

㉤ Give it to whomever you like. (당신이 좋아하는 어떤 사람[누구]에게도 그것을 주어라.)[명사절을 이끄는 (목적격) 복합관계대명사]

㉥ Whoever may object, I will go with you. (누가 반대를 하더라도 나는 당신과 함께 갈 것이다.)[양보의 부사절을 이끄는 복합관계대명사]

㉦ Whatever may happen, I must do it. (무슨 일이 생긴다 하더라도 나는 이것을 해야 한다.)[양보의 부사절을 이끄는 복합관계대명사]

② whoever

㉠ 명사절을 이끄는 whoever는 'anyone who'의 의미

Whoever(= Anyone who) comes will be welcomed. (오는 사람은 누구나 환영합니다.)

㉡ 양보의 부사절을 이끄는 whoever는 'no matter who'의 의미

Whoever(= No matter who) dissuades me, I will not change my mind. (누가 설득하더라도 나는 마음을 바꾸지 않을 것이다.)

복합관계대명사 명사절

whoever (주격)	anyone who	~하는 어떤 사람도
whomever (목적격)	anyone whom	~하는 어떤 사람도
whatever	anything that	~하는 어떠한 것도
whichever	anything which	~하는 어느 것도

07장 대명사/관계사

복합관계대명사 부사절

whoever	no matter who	비록 누가 ~할지라도
whomever	no matter whom	비록 누구를 ~할지라도
whichever	no matter which	비록 어느 것이 ~할지라도
whatever	no matter what	비록 무엇이 ~할지라도
whosever	no matter whose	누구의 ~이든지

③ whomever

    ㉠ 명사절을 이끄는 whomever는 'anyone whom'의 의미

       You can invite to the party whomever you like. (당신이 좋아하는 사람이라면 누구든지 잔치에 초대하십시오.)

    ㉡ 양보의 부사절을 이끄는 whomever는 'no matter whom'의 의미

       Whomever you recommend, I will not employ him. (당신이 누구를 추천하던지, 나는 그를 고용하지 않겠다.)

④ whichever

    ㉠ 명사절을 이끄는 whichever는 'anything[either thing] that'의 의미

       Take whichever you want. (당신이 원하는 건 뭐든지 가지시오.)

    ㉡ 양보의 부사절을 이끄는 whichever는 'no matter which'의 의미

       Whichever way you take, you'll be able to get to the park. (당신이 어떤 길을 택하던지, 공원에 도착할 수 있을 것이다.)

       cf. whichever가 형용사처럼 쓰이는 경우도 있음

       You may read whichever book you like. (당신이 좋아하는 어떤 책이라도 읽을 수 있다.)

       = You may read any book that you like.

⑤ whatever

    ㉠ 명사절을 이끄는 whatever는 'anything that'의 의미

       Whatever I have is yours. (내가 가진 것은 어느 것이든 당신 것이다.)

    ㉡ 양보의 부사절을 이끄는 whatever는 'no matter what'의 의미

      • Don't be surprised whatever may happen. (무슨 일이 일어나더라도 놀라지 마라.)

       cf. whatever가 형용사처럼 쓰이는 경우도 있음

      • Take whatever means is considered best. (최선이라고 여겨지는 무슨 조치든 취하라.)

2. 관계부사

(1) 관계부사의 의의

① 관계부사의 기능 : 문장 내에서 '접속사 + 부사'의 기능을 함

② 관계부사의 특징

    ㉠ 부사와 마찬가지로 문장의 필수성분이 아니므로 관계부사를 생략해도 다음문장은 완전한 문장이 되며, 관계부사 자체는 뜻을 지니지 않아 해석하지 않음

    ㉡ 관계부사 that은 모든 관계부사(where, when, why, how)를 대신할 수 있으며, 종종 생략됨

복합관계대명사가 이끄는 양보의 부사절

• 복합관계대명사가 양보의 부사절을 이끄는 경우 'no matter who[what, which](비록 ~일지라도)'의 의미가 됨

  – Whichever you choose, make sure that it is a good one. (어느 것을 고르든지, 그것이 좋은 것인지 확인해라.)

  = No matter which you choose, make sure that it is a good one.

관계부사

선행사	때	장소	이유	방법
관계부사	when = at which	where = in which	why = for which	how = in which

(2) 관계부사의 종류

① when
- ㉠ 시간을 나타내는 선행사(the time/day/year/season 등)가 있을 경우 사용됨
- ㉡ 관계부사 when은 '전치사(in/on/at) + which'로 나타낼 수 있음

② where
- ㉠ 장소를 나타내는 선행사(the place/house 등)가 있을 경우 사용됨
- ㉡ 관계부사 where는 '전치사(in/at/to) + which'로 나타낼 수 있음

③ why
- ㉠ 이유를 나타내는 선행사(the reason)가 있을 경우 사용됨
- ㉡ 관계부사 why는 '전치사(for) + which'로 나타낼 수 있음
- ㉢ Explain the reason why the stars cannot be seen in the daytime. (별이 낮에는 보이지 않는 이유를 설명하시오.)
  = Explain the reason for which the stars cannot be seen in the daytime.

④ how
- ㉠ 방법을 나타내는 선행사(the way)가 있을 경우 사용하나, 선행사(the way)와 관계부사 how는 같이 쓸 수 없고 하나를 생략해야 함
- ㉡ 'the way in which'로 나타낼 수 있음
- ㉢ Do you know how the bird builds its nest? (새가 둥지를 어떻게 만드는지 아니?)
  = Do you know the way the bird builds its nest?
  = Do you know the way in which the bird builds its nest?

⑤ that
- ㉠ 관계부사 that은 관계부사 when, where, why, how 대신에 쓰일 수 있음
- ㉡ 관계부사로 쓰인 that은 종종 생략됨

(3) 관계부사의 선행사 생략 및 용법

① 관계부사 앞의 선행사 생략
- ㉠ 관계부사 when 앞에 시간을 나타내는 선행사가 생략될 수 있음
  That is (the time) when the station is most crowded. (그때가 역이 가장 붐비는 시간이다.)
  cf. 선행사를 두고 관계부사를 생략하는 경우도 있음
- ㉡ 관계부사 where 앞에 장소를 나타내는 선행사가 생략될 수 있음
  Home is (the place) where you can have a peaceful time. (가정은 당신이 가장 평화로운 시간을 보낼 수 있는 곳이다.)
  cf. 선행사를 두고 관계부사를 생략하는 경우도 있음
- ㉢ 관계부사 why 앞에 이유를 나타내는 선행사(reason)는 생략될 수 있음
  That is (the reason) why she did not come on the day. (그 이유 때문

07장
대명사/관계사

에 그녀가 그날 오지 않았다.)

cf. 선행사를 두고 관계부사를 생략하는 경우도 있음

㉣ 관계부사 how 앞에 방법을 나타내는 선행사(way)는 언제나 생략됨

Tell me (the way) how you caught the tiger. (호랑이를 어떻게 잡았는지 나에게 말해줘.)

cf. 선행사를 쓰는 경우 관계부사 how는 반드시 생략해야 됨

(4) 복합관계부사

① 복합관계부사의 특징

㉠ '관계부사 + ever'의 형태를 지님 : whenever, wherever, however

㉡ 선행사를 포함하며, 양보의 부사절이나 시간·장소의 부사절을 이끎

② 복합관계부사의 종류

용법 \ 종류	시간·장소의 부사절	양보의 부사절
whenever	at any time when (~할 때는 언제나)	no matter when (언제 ~해도)
wherever	at any place where (~하는 곳은 어디나)	no matter where (어디에서 ~해도)
however	–	no matter how (아무리 ~해도)

㉠ whenever

Whenever(= At any time when) I visited her, she was not at home. (내가 그녀를 방문할 때마다 그녀는 집에 없었다.)[시간의 부사절]

㉡ wherever

• I will follow you wherever(= at any place where) you go. (당신이 가는 곳은 어디든지 따라가겠다.)[장소의 부사절]

• Wherever(= No matter where) you (may) go, remember me. (당신이 어디를 가더라도 나를 기억해라.)[양보의 부사절]

㉢ however

• However(= No matter how) hard you may try, you can't master English in a month. (당신이 아무리 열심히 노력하더라도 영어를 한 달 안에 마스터할 수 없다.)[양보의 부사절]

• However(= No matter how) fast you may run, you won't be able to overtake him. (당신이 아무리 빨리 달려도 당신은 그를 따라 잡을 수 없을 것이다.)

whenever

Whenever(= No matter when) you may come, I am always ready. (당신이 언제 오더라도 나는 준비가 되어 있다.)[양보의 부사절]

however(어떻게 ~하더라도) (= by whatever means)

However you express it, it is anything but a truth. (당신이 그것을 어떻게 표현하더라도 그것은 진실이 아니다.)[anything but(결코 ~이 아닌, ~이기는커녕)]

나두공

08장 형용사(Adjective)/부사(Adverb) /비교(Comparison)

01절 형용사(Adjective)

1. 형용사의 용법

(1) 한정적 용법

① 형용사가 명사를 수식하는 것을 말하며, 대부분 명사 앞에서 수식함[전치 수식]

My family are all early risers. (우리 집 식구들은 모두 일찍 일어난다.)[early는 형용사로서 '(시각·계절 등이) 이른'의 의미]

② 한정직 용법으로만 쓰이는 형용사

> • −er 형태 : utter, former, inner, outer, upper, latter 등
> • −en 형태 : wooden, drunken, golden 등
> • 기타 형태 : mere, utmost, entire, sheer, only, very(바로 그), dramatic, medical, elder, lone 등

㉠ That man is an utter fool. (저 사람은 완전 바보이다.)

㉡ I prefer a wooden door to a metal door. (나는 금속재 문보다 목재 문을 더 좋아한다.)

㉢ I don't like drunken men. (나는 취한 사람은 싫어한다.)

cf. He was drunk. (그는 취했다.)[drunk는 서술적 용법에만 쓰임]

(2) 서술적 용법

① 형용사가 주격 보어와 목적격 보어로 쓰이는 것을 말함

㉠ The sea is calm. (바다는 고요하다.)[주격 보어]

㉡ He looked happy. (그는 행복해 보인다.)

㉢ He died young. (그는 젊어서 죽었다.)

㉣ She made him happy. (그녀는 그를 행복하게 하였다.)[목적격 보어]

㉤ He opened his mouth wide. (그는 입을 크게 벌렸다.)

② 서술적 용법으로만 쓰이는 형용사

> • a−형태 : afloat, afraid, alike, alive, alone, asleep, awake, aware, averse 등
> • 기타 형태 : content, fond, glad, liable, unable, sorry, subject, worth 등

㉠ The plan is still afloat. (그 계획은 여전히 표류 중이다.)

㉡ She fell asleep. (그녀는 잠이 들었다.)

cf. There are half−asleep children.[수식어 동반 시 전치 수식]

형용사의 의의

형용사(Adjective)는 어떤 사람이나 사물의 성질을 나타내는 말을 말하는데, 문장에서 명사를 수식하거나 보어가 됨 명사를 수식하는 것을 형용사의 한정적 용법이라 하며, 주격보어나 목적격보어가 되는 것을 서술적 용법이라 함 관사와 소유격도 형용사에 해당

일부 형용사

대부분의 형용사는 한정용법과 서술용법에 모두 사용될 수 있으나, 일부 형용사는 한정용법에만, 일부 형용사는 서술용법에만 사용됨

서술적 용법으로만 쓰이는 형용사 예문

• He is still alive. (그는 아직도 생존해 있다.)
  cf. This is a live program. (이 프로그램은 생방송입니다.)
• They were content with their salary. (그들은 자신들의 봉급에 만족하고 있었다.)

(3) 한정적 용법과 서술적 용법으로 쓰일 때 의미가 다른 형용사

① late

ㄱ Mr. Brown was late. (브라운 씨가 늦었다.)

ㄴ the late Mr. Brown (고(故) 브라운 씨)

② present

ㄱ The mayor was present. (시장이 참석했다.)

ㄴ the present mayor (현(現) 시장)

③ certain

ㄱ I am certain of his success. (나는 그의 성공을 확신한다.)

ㄴ A certain man came to see you during your absence. (어떤 남자가 당신이 외출했을 때 당신을 찾아 왔다.)

④ ill

ㄱ She is ill in bed. (그녀는 아파서 누워 있다.)

ㄴ Ill news runs fast. (나쁜 소식은 빨리 퍼진다.)

(4) 주의해야 할 형용사 유형

① 유형 1 ★빈출개념

ㄱ 해당 형용사 : easy, hard, impossible, difficult, dangerous, convenient, pleasant, safe 등

ㄴ 용법

• 원칙상 사람 주어 불가(→ 단, 타동사나 전치사의 목적어(사람)가 주어로 오는 것은 가능)

– Tom is difficult to read this book (×) [사람 주어 불가]

– This book is difficult for Tom to read. (○) (이 책은 Tom이 읽기에는 어렵다.)

– I am difficult to persuade him. (×) [사람 주어 불가]

⇒ He is difficult for me to persuade. (○) [동사의 목적어는 주어 위치에 올 수 있음] (내가 그를 설득하는 것은 어렵다.)

– He is pleasant to talk with. (○) [전치사의 목적어는 주어 위치에 올 수 있음] (그와 이야기하는 것은 유쾌하다.)

• 'It be ~ that절'의 형태가 불가능함(→ that절을 진주어로 쓸 수 없음)

• 'It be ~ for + 목적어⟨의미상 주어⟩ + to V'의 형태로 사용됨

– It is difficult that I persuade him. (×) ['It ~ that절' 불가]

⇒ It is difficult for me to persuade him. (○) ['It ~ to V' 가능]

– It is pleasant to talk with him. (= He is pleasant to talk with.) [의미상 주어는 일반인이므로 생략됨]

② 유형 2

ㄱ 해당 형용사 : natural, necessary, important, essential, vital, desirable, proper, right, rational, reasonable 등

SEMI-NOTE

혼동하기 쉬운 형용사

• comparative 비교의
• considerable 많은
• desirable 바람직한
• historic 역사적인
• literary 문학의
• memorable 기억할 만한
• sensible 분별 있는
• respective 각각의

난이 형용사

• easy, hard, difficult, safe

- 난이 형용사는 의미상의 주어가 문장의 주어가 될 수 없음

- 난이 형용사의 경우 의미상의 주어가 문장의 주어가 될 수 없지만 부정사의 의미상 목적어는 사람일지라도 주어로 상승 할 수 있음

- It ~ for + 목적격 + to 부정사 + 목적어

- 목적어 ~ for + 목적어 + to 부정사

사람 주어가 불가능한 형용사

주로 사물의 성질을 나타내는 형용사에 해당하므로, 사람을 주어로 한 구문에서는 사용할 수 없음

08장 형용사/부사/비교

유형 2 용법

• 'It be ~ that절'의 형태와 'It be ~ for + 목적어(의미상 주어) + to V'의 형태가 모두 가능
 - It is natural that you (should) get angry with her. (O) ['It ~ that절 가능]
  = It is natural for you to get angry with her. (O) ['It ~ to V 가능]
 - It is necessary that you study Spanish.
  (당신은 스페인어를 공부할 필요가 있다.)
  = It is necessary for you to study Spanish.
 - It is desirable that you should attend the meeting.
  (당신은 그 회의에 참석하는 것이 바람직하다.)
  = It is desirable for you to attend the meeting.

유형 3 용법

'It ~ 의미상주어 + to V' 형태는 불가
 - It is certain for him to pass the exam.
  (×) [It ~ to V 형태는 불가]

프랑스어 · 라틴어 어순의 관용적 표현

• the sum total (개기일식)
• attorney general (법무장관)
• the court martial (군법회의)
• time immemorial (태고, 아득한 옛날)
• God Almighty (전능하신 신)
• the heir apparent (법정 추정 상속인)

ⓒ 용법

• 원칙상 사람 주어 불가(→ 단, 타동사나 전치사의 목적어(사람)가 주어로 오는 것은 가능)
 - He is impossible to persuade. (×) [사람 주어 불가]
 - It is impossible to persuade him. (O) (그를 설득하는 것은 불가능하다.)
 - You are natural to get angry with her. (×) [사람 주어 불가]
 - She is natural for you to get angry with. (O) [전치사의 목적어가 주어 위치에 올 수 있음] (당신이 그녀에게 화를 내는 것은 당연하다.)

③ 유형 3
 ㉠ 해당 형용사 : certain, likely 등
 ㉡ 용법
  • 'It ~ that절'의 형태로 쓰며, that절의 주어를 주어로 하는 부정사 구문도 가능
   - It is certain that he will pass the exam. (O) (그가 시험에 합격하는 것은 확실하다.)
   = He is certain to pass the exam. (O) ['that절의 주어 ~ to V' 형태 가능]

2. 형용사의 후치 수식과 어순

(1) 형용사의 후치 수식(형용사가 명사·대명사 뒤에서 수식하는 경우)

① '-thing', '-body', '-one'으로 끝난 대명사를 수식하는 경우
 ㉠ There is nothing new under the sun. (하늘 아래 새로운 것은 없다.)
 ㉡ Please give something cold to drink. (시원한 음료 좀 주세요.)

② 최상급, all, every의 한정을 받는 명사를 수식하는 경우(이 경우의 형용사는 주로 어미가 -able 또는 -ible인 경우가 많음)
 ㉠ He drove the car at the highest speed possible. (그는 자동차를 가능한 전속력으로 몰았다.)
 ㉡ They took all the trouble imaginable. (그들은 상상할 수 있는 모든 고생을 겪었다.)
 ㉢ I tried every means possible. (나는 가능한 모든 수단을 다했다.)

③ 두개 이상의 형용사가 겹치거나 대구를 이루는 경우
 ㉠ A lady tall, beautiful and attractive entered the office. (키가 크고, 아름답고, 매력적인 여성이 사무실에 들어왔다.)[형용사 tall, beautiful, attractive가 후치 수식]
 ㉡ He is a writer both witty and wise. (그는 재치 있고 현명한 작가이다.) [witty, wise가 후치 수식]

④ 형용사에 다른 수식어가 붙은 경우

　㉠ She broke a glass full of wine. (그녀는 포도주가 가득한 잔을 깨뜨렸다.)

　　[형용사 full에 수식어구 'of wine'이 붙어 명사 glass를 후치 수식]

　㉡ The town famous for its film production grew into a big city. (영화 제작으로 유명한 그 마을은 큰 도시로 성장했다.)[형용사 famous가 수식어 구를 동반하여 후치 수식]

　㉢ He is a man of proud of his son. (그는 자신의 아들을 자랑스러워하는 남자이다.)

⑤ 서술적 용법으로 쓰이는 형용사가 명사를 수식할 경우

　All fish asleep stay still. (잠든 모든 물고기는 움직이지 않는다.)[asleep이 명 사를 후치 수식]

⑥ 측정표시의 구가 오는 경우

　a child five years old (5세 된 아이)(= a five-year-old child) / a man forty-five years old (45세의 남자)

⑦ 대명사를 수식하는 경우

　those chosen (선발된[선택된] 자들) / those present (출석자[참석자]들)

⑧ 관용적 표현

　Asia Minor (소아시아) / France proper (프랑스 본토) / China proper (중국 본토) / the sum total (총액) / notary public (공증인) / the president elect (대통령 당선자)

(2) 형용사 등을 포함한 수식어의 어순

① 복수의 형용사가 포함된 수식어구의 어순

> • 일반적 어순 : '전치한정사 + 한정사 + 수량(서수 + 기수) + 성질 + 대소 + 상 태 + 신구 / 연령 + 색깔 + 소속 / 출신 + 재료' + 명사
> • 전치한정사 : all, both, half(다음에 of를 둘 수 있음)
> • 한정사 : 관사, 소유격, 지시형용사(this, that 등), 부정형용사(some, any) 등

　㉠ all the five beautiful Korean girls (모든 5명의 아름다운 한국의 소녀들)

　㉡ our first two English lessons (우리의 첫 두 번의 영어 수업)

　㉢ those three tall refined young English gentlemen (저 세 명의 키 크고 세련된 젊은 영국 신사들)

② 주의할 어순

　so/as/too/how + 형용사 + 관사 + 명사

　He is as great a scientist as ever lived. (그는 지금까지 없었던 위대한 과학 자이다.)

　How handsome a man he is! (그는 정말 멋진 사람이군!)

서술적 용법

• asleep
　– 잠든
• well
　– 건강한
• worth
　– 가치 있는

관용적 표현

attorney general (법무장관, 검찰총장) / coral alive (살아있는 산호)(= living coral) / houses ablaze (불타는 집들) / the court martial (군법회의) / the authorities concerned (관계당국) / from time immemorial (태고부터)
things Korean (한국의 문물) / those present (출석자)

양보 구문에서의 형용사의 도치

• 접속사 as가 양보의 의미를 갖는 구 문에서는 형용사가 접속사 앞으로 도치됨
　– Rich as he is, he is not happy. (그는 비록 부유하지만 행복하지 않다.)
　= Though(Although) he is rich, he is not happy.

such/quite/rather/what + 관사 + 형용사 + 명사

• She is such a beautiful woman. (그녀 는 정말 아름다운 여성이다.)
• She has rather a good voice. (그녀는 꽤 아름다운 목소리를 가지고 있다.)
• What a pretty girl! (정말 예쁜 소녀다!)

08장

형용사/부사/비교

worth while + to부정사/동명사(~할 가치가 있는)(= worthy of + (동)명사/to부정사)

- This book is worth while to read/reading.
- She is worthy of praise/to be praised.

'the + 형용사/분사'가 '단수 보통명사'인 경우

- the accused (피고인)
  - The accused was sentenced to life imprisonment. (피고인은 무기형의 선고를 받았다.)

number of

- a number of(많은) + 복수명사 + 복수동사
- the number of(~수의) + 단수·복수명사 + 단수동사

many의 관용표현
- as many + 복수명사(~ 같은 수의)(= the same number of)
  - There were five accidents in as many days.
  (5일에 5건의 사고가 일어났다.)
- like[as] so many + 복수명사(마치 ~ 처럼)
  - We worked like so many ants.
  (우리는 마치 개미처럼 일했다.)
- not a few(많은)(= many)
  - He has seen not a few[many] movies recently.
  (그는 최근에 많은 영화를 보았다.)

3. 형용사의 전치사적 용법과 명사적 용법

(1) 전치사적 용법

> 형용사에는 전치사와 같이 목적어를 필요로 하는 것이 있는데, 이러한 형용사로는 like, near, opposite, unlike, worth 등이 있음

① Like a singer, he sang. (그는 가수처럼 노래했다.)[he ≠ singer]

　　cf. As a singer, he sang. (그는 가수로서 노래했다.)[he = singer]

② She looks like her mother. (그녀는 그녀의 어머니와 닮았다.)

(2) 'the + 형용사/분사'가 명사의 역할을 하는 경우

① 'the + 형용사/분사 = 복수 보통명사'인 경우

　㉠ The rich(= Rich people) are not always happy. (부자가 항상 행복한 것은 아니다.)

　㉡ The living, the wounded, and the war dead were taken to a hospital right away. (생존자, 부상자 그리고 전사자들은 곧바로 병원으로 옮겨졌다.)

② 'the + 형용사/분사 = 추상명사'인 경우

　㉠ The true, the good and the beautiful
　　= truth　= goodness　= beauty
　　were the ideals of the Greeks.
　　(진, 선, 미는 그리스 사람들의 이상이었다.)

　㉡ The unexpected has taken place. (예상치 못한 일이 벌어졌다.)

4. 수량 형용사

(1) many

① many + 복수명사[복수 취급]

　㉠ He has many books. (그는 많은 책을 가지고 있다.)

　㉡ Many people have the book. (많은 사람들이 그 책을 가지고 있다.)

② many + a + 단수명사[의미상 복수이나 단수 취급]

　Many a young soldier was killed in the battle. (많은 젊은 병사들이 그 전투에서 죽었다.)

③ a great[good] many(아주 많은) + 복수명사[복수 취급]

　㉠ We argued over a great many things. (우리는 아주 많은 문제에 대해 논쟁했다.)

　㉡ A good many applicants were deficient in qualification. (많은 지원자들은 자격에 결함이 있었다.)

④ many의 대용 표현 : a lot of, lots of, plenty of, a number of, numbers of 등

ㄱ They have lots of books. (그들은 책이 많다.)

ㄴ A number of people agree that he is untrustworthy. (많은 사람들이 그가 믿을 수 없는 사람이라는 점에 동의한다.)

(2) much

① much + 단수명사[단수 취급] : 양을 나타내므로 불가산명사(물질명사 · 추상명사)와 함께 쓰임

ㄱ Much money is needed in repairing the house. (집을 고치는 데 많은 돈이 필요하다.)

ㄴ Don't eat much meal. (식사를 많이 하지 마세요.)

② a great[good] deal of(다량의) + 단수명사[단수 취급](= an amount of, a lot of)

They don't drink a good deal of wine. (그들은 와인을 많이 마시지 않는다.)

cf. a large quantity of(많은, 다량의/다수의)

> **실력UP much의 관용표현**
>
> • as much … as (같은 양[정도]의)
> – You can take as much as you want. (당신은 원하는 만큼 가져갈 수 있습니다.)
> • like[as] so much(그 정도의 ~로)
> – I regard it as so much lost labor. (나는 그것을 그 정도의 헛수고로 여긴다.)
> • not so much A as B (A라기보다는 B)
> – She is not so much honest as naive. (그녀는 정직하다기보다는 순진하다.)
> • cannot so much as (~조차도 못하다)
> – The boy cannot so much as write his own name. (그 소년은 자신의 이름조차도 쓰지 못한다.)
> • not a little(적지 않은, 많은)(= much, a good little)
> – She has made not a little profit. (그녀는 적지 않은 수입을 올렸다.)

(3) a few와 few

① a few

ㄱ 'a few'는 '조금은 있는[다소의, 약간의]'의 긍정의 의미를 나타냄(= a couple of)

ㄴ 수를 나타내는 표현으로, 명사의 복수형과 함께 쓰임

There are a few apples in the box. (상자에는 사과가 약간 있다.)

② few

ㄱ 'few'는 '거의 없는', '조금[소수]밖에 없는'이라는 부정의 의미를 나타냄

ㄴ 수를 나타내는 표현으로, 명사의 복수형과 함께 쓰임

There are few apples in the box. (상자에는 사과가 거의 없다.)

SEMI-NOTE

'a lot of(= lots of, plenty of)'는 수 · 양에 모두 사용

> • I have a lot of books. [수]
> • I have a lot of money. [양]

much의 대용 표현

• a lot of
• lots of
• plenty of
• a (large) amount of
  – There was a large amount of information. (많은 양의 정보가 있었다.)

08장

형용사/부사/비교

수량 형용사

	수 형용사	양 형용사
긍정적	a few	a little
부정적	few	little

실력up a few와 few 관련 관용표현

• only a few (거의 없는, 극히 소수만)[부정의 의미]
– Only a few people attended the meeting. (불과 소수의 사람만이 회의에 참석했다.)
• quite a few(꽤 많은 (수), 상당히 많은)(= not a few, a good many, a fair number of)
– Quite a few of them agreed. (그들 중 꽤 많은 사람들이 찬성했다.)

(4) a little과 little

① a little
　㉠ '작은[약간의, 조금의]'이라는 긍정의 의미를 나타냄
　㉡ 양을 나타내는 불가산명사와 함께 쓰임
　　There is a little water in the bucket. (양동이에는 물이 약간 있다.)
② little
　㉠ '거의 없는'이라는 부정의 의미를 나타냄
　㉡ 양을 나타내는 불가산명사와 함께 쓰임
　　There is little water in the bucket. (양동이에는 물이 거의 없다.)

실력up 관련 관용표현

• only a little(거의 없는, 아주 적은, 조금뿐인)[부정의 의미]
There is only a little wine. (포도주가 조금밖에 없다.)
• quite a little(꽤 많은, 상당히 많은)(= not a little, very much of)
She knew quite a little about me. (그녀는 나에 관해서 많은 것을 알고 있었다.)

(5) enough, several

① enough
　㉠ 복수형 명사나 불가산명사와 함께 쓰일 수 있음
　㉡ enough는 명사의 앞과 뒤 어느 쪽에도 올 수 있음
　　• I have enough apples. (나는 사과가 충분히 있다.)
　　• He has money enough. (그는 돈이 충분히 있다.)
② several
　㉠ 복수형 명사와 함께 쓰이며, (주로 6에서 8을 의미) '몇몇의[수개의]', '몇 명[사람]의', '몇 번의' 등의 의미로 쓰임
　㉡ several은 'a few'보다는 많고 'many'보다는 적다는 느낌을 나타내며, 주로 '대여섯'을 의미함

02절   부사(Adverb)

1. 부사의 종류와 형태

(1) 부사의 종류

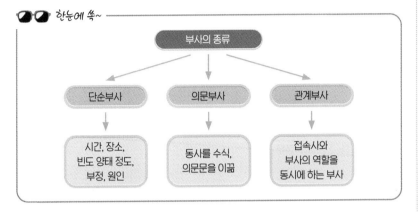
한눈에 쏙~

부사의 종류

단순부사 → 시간, 장소, 빈도 양태 정도, 부정, 원인

의문부사 → 동사를 수식, 의문문을 이끎

관계부사 → 접속사와 부사의 역할을 동시에 하는 부사

① 단순부사
  ㉠ 부사는 동사, 형용사 또는 다른 부사를 수식하는 말로, 대부분이 단순부사임
  ㉡ 주로 시간, 장소, 빈도(횟수), 양태(방법), 정도, 부정, 원인(이유) 등을 나타냄
② 의문부사
  ㉠ 의문의 뜻을 갖는 부사
  ㉡ 동사를 수식하며, 일반적으로 의문문을 이끎
    when, where, how, why 등
③ 관계부사 : 접속사와 부사의 역할을 동시에 하는 부사
    when, where, how, why, whenever, wherever, however 등

(2) 부사의 형태

① '형용사 + ─ly'의 형태 : 대부분의 부사가 이 부류에 속함
  ㉠ kindly, carefully, easily, truly, gently, fully, probably, dramatically, scientifically 등
  ㉡ He drives carefully. He is a careful driver. (그는 조심성 있게 운전을 한다. 그는 조심성 있는 운전자이다.)
② 특정한 형태가 없는 경우
    Here comes the bus. (버스가 온다.)
③ 형용사와 부사의 형태가 동일한 경우
  ㉠ early, late, high, low, deep, fast, long, hard, near, far 등
  ㉡ He rises early. (그는 일찍 일어난다.)[early는 부사]
  ㉢ He is an early riser. (그는 일찍 일어나는 사람이다.)[early는 형용사]
  ㉣ He is a hard worker. (그는 열심히 일하는 사람이다.)[형용사]

08장

형용사/부사/비교

ⓑ This magazine is published weekly. (이 잡지는 주마다 발행된다.)[부사]

2. 부사의 용법

(1) 수식어구로서의 부사

① 동사를 수식하는 경우

㉠ He lived frugally. (그는 검소하게 살았다.)[부사 frugally가 동사 lived를 수식]

㉡ I often go to the movies. (나는 종종 극장에 간다.)

② 형용사를 수식하는 경우

㉠ The game is very exciting. (그 경기는 아주 흥미진진했다.)[부사 very가 형용사 exciting을 수식]

㉡ This book is very difficult. (이 책은 매우 어렵다.)

③ 부사를 수식하는 경우

Thank you so much. (대단히 고맙습니다.)[부사 so가 뒤에 나오는 다른 부사 much를 수식]

④ 명사를 수식하는 경우

Even children can do the work. (어린이들조차도 그 일을 할 수 있다.)[부사 even이 뒤에 나오는 명사 children을 수식]

⑤ 대명사를 수식하는 경우

She alone knows that. (그녀 혼자 그것을 알고 있다.)[부사 alone이 앞에 나오는 대명사 she를 수식]

(2) 강조어구로서의 부사(강조를 위해 도치되는 경우)

문장필수부사의 도치

There are four seasons in a year. (한 해에는 4계절이 있다.)[보통 부사는 문장 필수성분이 아니나 여기서의 there는 필수성분이며, there가 문두로 도치되는 경우 다음의 주어와 동사도 도치됨]

> **실력up 부사절(종속절)의 도치**
>
> • If I had the book, I could lend it to you. (내가 그 책을 가지고 있다면 그것을 당신에게 빌려 줄 텐데.)[부사절(If ~ book)이 문두로 도치]

3. 부사의 위치

(1) 동사를 수식하는 경우

① 부사는 일반적으로 동사 뒤에서 수식

The dog was running fast. (그 개는 빠르게 달리고 있었다.)

② 빈도부사나 정도부사의 위치

ㄱ 일반적으로 조동사와 be동사가 있는 경우는 그 뒤에, 일반동사만 있는 경우는 그 앞에 위치

ㄴ often, always, sometimes, usually, hardly, never, only, too, still, also 등

- She often comes to see me. (그녀는 종종 나를 보러 온다.)[빈도부사 often이 일반동사 앞에 위치]
- She would often come to see me. (그녀는 종종 나를 보러 왔다.)[조동사 뒤에 위치]
- She is often late for school. (그녀는 종종 학교에 지각을 한다.)[be동사 뒤에 위치]
- What do you usually do on weekends? (당신은 주말에 보통 무엇을 합니까?)[조동사 뒤에, 일반동사 앞에 위치]

(2) 형용사, 부사를 수식하는 경우

① 일반적으로 부사가 형용사나 다른 부사를 수식하는 경우 형용사·부사 앞에 위치

ㄱ This book is very easy. (이 책은 매우 쉽다.)

ㄴ Thank you very much. (대단히 감사합니다.)

② enough가 부사로서 형용사나 부사를 수식할 때는 형용사·부사 뒤에 위치

He is smart enough to understand how to deal with the matter. (그는 그 일에 어떻게 대처해야 할지를 알 정도로 똑똑하다.)

(3) 명사, 대명사를 수식하는 경우

① 일반적으로 수식하는 명사와 대명사 뒤에 위치

The man there is my uncle. (저기에 있는 남자는 나의 삼촌이다.)

② alone, also, else, too의 경우 명사와 대명사 뒤에서 수식

We can't live on bread alone. (우리는 빵만으로 살 수 없다.)

③ even, quite, just, almost의 경우 명사와 대명사 앞에서 수식

Even a child can answer such an easy question. (아이들조차도 그렇게 쉬운 문제에는 답할 수 있다.)

(4) 부정사를 수식하는 경우

not, never, always, merely, only 등은 부정사 앞에 놓임

She told me not to go there. (그녀는 나에게 그곳에 가지 말라고 하였다.)

My parents want me always to be an honest man. (나의 부모님께서는 내가 항상 정직한 사람이기를 바라신다.)

(5) 문장 전체를 수식하는 경우

① 일반적으로 문두에 놓이나, 문중·문미에 놓일 수 있음

ㄱ Fortunately she was not seriously injured. (다행스럽게도 그녀는 중상

SEMI-NOTE

양태부사

- 자동사 뒤에 위치
- 타동사의 앞 또는 목적어의 뒤에 주로 위치
- 타동사가 목적어절을 가질 때, 양태부사는 목적어절 앞에 위치
  - bravely
  - hastily
  - happily
  - nervously
  - eagerly
  - thoughtfully
  - awkwardly

문장 전체를 수식하는 부사

- 일반적으로 : generally , mostly
- 아마 : probably, supposedly
- 확실히 : certainly, surely
- 분명히 : apparently, obviously
- 다행히 : fortunately, happily

SEMI-NOTE

을 입지 않았다.)

ⓛ He will certainly become ill if he goes on working like this. (이런 식으로 계속해서 일을 하면 그는 분명 병이 날 것이다.)

실력up 부사(구)가 2개 이상인 경우

- 「장소 + 방법(목적)·횟수 + 시간」, 「작은 단위 + 큰 단위」의 순서를 취함
- 일반적으로 「좁은 장소 + 넓은 장소」의 순서가 되며, 문두에는 넓은 장소만 가능
  - I went there by bus yesterday morning. (나는 어제 아침에 버스를 타고 그곳에 갔다.)
  - I met her in a hotel in Seoul yesterday. (난 그녀를 어제 서울의 한 호텔에서 만났다.)
  - In Seoul many workers eat in restaurants. (서울에서는 많은 근로자들이 음식점에서 식사를 한다.)
  - cf. In restaurants many workers eat in Seoul.(×)

4. 주의해야 할 부사의 용법

(1) ago, before, since

① ago

ⓐ '그 전에', '지금부터 ~전'의 뜻으로, 항상 과거 시제와 함께 쓰임

ⓑ 문장에서 주로 '과거동사 + 시간 + ago'의 형태로 사용됨

He went to Japan five years ago. (그는 5년 전에 일본에 갔다.)

② before

ⓐ '그때보다 ~전', '~앞에'의 의미

ⓑ 과거나 현재완료, 과거완료 시제와 함께 쓰이나, 주로 과거완료와 함께 쓰임

③ since

ⓐ '그때부터 지금까지 쭉'(=since then)의 의미로, 주로 현재완료시제와 함께 쓰임

ⓑ 문장에서 부사, 전치사, 접속사로 쓰임

She left home three weeks ago and we haven't heard from her since. (그녀는 3주 전에 집을 떠났는데 그 이후로 우리는 그녀에게서 소식을 못 들었다.)

(2) already, yet, still

① already

ⓐ '이미[벌써]'의 뜻으로, 일반적으로 긍정문에 쓰임[부정문에 쓰지 않음]

She has already gone to bed. (그녀는 이미 잠자리에 들었다.)

ⓑ 의문문에 쓰인 「already」에는 놀람('벌써', '이렇게 빨리')의 뜻이 내포되어 있음

Have you read the book already? (그 책을 벌써 다 읽었니?)

② yet

ⓐ 긍정문에서 '아직도'의 뜻으로 사용됨

before 예문

- I went to Paris two years ago, but he had gone there two years before. (나는 2년 전에 파리에 갔으나 그는 2년 더 이전에 거기에 갔었다.)
- He said that she had left for China three days before. (그는 그녀가 3일 전에 중국으로 떠났다고 말했다.)

since 예문

The castle has long since been demolished. (그 성은 허물어진 지가 오래 되었다.)

부사 enough

- enough가 형용사로 사용되는 경우 명사 앞이나 뒤에서 사용되나, 부사로 사용되는 경우 형용사나 부사 뒤에 위치함
  - They has enough food for the winter.[형용사로서 명사 앞에 위치]
  - It is good enough for me.[부사로서 형용사 뒤에 위치]
  - I know well enough what he is up to.[부사로서 다른 부사 뒤에서 수식]

My daughter is sleeping yet. (나의 딸은 아직도 자고 있다.)

ⓛ 부정문에서 '아직 (~않다)'의 뜻으로 사용됨

- I have not finished my homework yet. (나는 아직 내 숙제를 다하지 못했다.)
- I have never yet lied. (나는 아직 거짓말을 한 적이 없다.)

ⓒ 의문문에서는 '벌써'의 뜻으로 사용됨

- Do you have to go yet? (당신은 벌써 가야 합니까?)
- Has he come home yet? (그는 벌써 집에 왔습니까?)

③ still : 긍정문, 부정문, 의문문에서 '지금도[아직도, 여전히]'의 뜻으로 사용됨

ⓐ They still love July. (그들은 지금도 July를 사랑한다.)

ⓛ Is she still in bed? (아직 그녀는 자고 있나요?)

(3) very와 much

① 의미

ⓐ very는 '대단히[매우, 무척]', '바로'의 의미이며, 부정문에서는 '그다지', '조금 도'의 의미를 지님

ⓛ much는 '매우[대단히]', '훨씬[무척]'의 의미를 지님

② 수식

ⓐ very는 형용사와 부사의 원급을, much는 형용사와 부사의 비교급을 수식

- This house is very old. (이 집은 매우 오래된 집이다.)
- This house is much older than that. (이 집은 저 집보다 훨씬 오래된 것이다.)

ⓛ very는 현재분사를, much는 과거분사를 수식

- This book is very interesting to me. (이 책은 내게 아주 재미있다.)
- He is much addicted to sleeping pills. (그는 수면제에 심하게 중독이 되어 있다.)

ⓒ 형용사로 생각되는 감정을 나타내는 과거분사는 very로 수식[tired, pleased, satisfied, excited, surprised 등]

- She is very tired. (그녀는 아주 지쳐있다.)
- He is very pleased. (그는 매우 기쁘다.)
- I was very surprised at the news. (나는 그 소식을 듣고 매우 놀랐다.)
- They are very (much) interested in English. (그들은 영어에 매우 흥미를 가지고 있다.)

(4) too와 either

① too : '또한[역시]', '지나치게[너무나]'의 의미를 지니며, 긍정문에 쓰임

ⓐ I like music. He likes music, too. (나는 음악을 좋아한다. 그도 또한 음악을 좋아한다.)

ⓛ You cannot be too diligent. (당신은 아무리 부지런해도 지나치지 않다.)

최상급을 수식하는 경우 very는 명사 앞에서, much는 정관사 앞에서 수식

- This is the very best thing. (이 것은 단연 가장 좋은 것이다.)
- This is much the best thing. (이 것은 단연 가장 좋은 것이다.)

08장

형용사/부사/비교

either

It is nice place, and not too far, either.
(이곳은 멋진 곳이고 게다가 그렇게 멀지도 않다.)

so

A : I'm tired. (A : 나는 지쳤다.)
B : So am I. (= I'm tired, too.) (B : 나도 지쳤다.)
A : I like music. (A : 나는 음악을 좋아한다.)
B : So do I. (= I like music, too.) (B : 나도 음악을 좋아한다.)

기타 부사의 용법
• rather, fairly
 – rather(좀, 꽤)는 나쁜 의미로 사용되는 경우가 많으며, 부드러운 어조에서는 very의 의미로 사용됨
• fairly(좀, 꽤)의 의미로, 좋은 의미로 사용됨
 – She is fairly diligent, but her younger sister is rather idle. (그녀는 꽤 부지런하지만 그녀의 여동생은 좀 게으르다.)
 = Her elder sister is rather clever. (그녀의 여동생은 아주 영리하다.)
• hardly, scarcely, barely
 – '(정도·양이) 거의 ~않다'의 의미이며, 부정의 뜻을 갖고 있기 때문에 부정어(not, never, no 등)와 함께 사용하지 않음
 – There's hardly any coffee left. (커피가 남아 있는 것이 거의 없다.)
 – I can scarcely believe it. (나는 그것을 거의 믿을 수가 없다.)
 – She barely acknowledged his presence. (그녀는 그가 있는 것을 거의 알은체를 안 했다.)
• seldom, rarely
 – '(횟수가) 좀처럼 ~않다'의 의미
 – He had seldom seen a child with so much talent. (그는 그처럼 재능이 많은 아이는 좀처럼 보지 못했었다.)
 – We rarely agree on what to do. (우리는 할 일에 대해 합의를 보는 일이 드물다.)

② either : '~도 역시'라는 의미로, 부정문에 쓰임
 I don't like cats. He doesn't like cats, either. (나는 고양이를 싫어한다. 그도 고양이를 싫어한다.)

(5) so와 neither

① so
 ㉠ '역시 ~하다'를 의미하며, 'So + 동사 + 주어'의 형태로 긍정문에 씀
 ㉡ be동사와 조동사인 경우 be동사와 조동사를 그대로 사용하며, 일반동사인 경우 do동사를 사용함

② neither
 ㉠ '역시 ~아니다'를 의미하며, 'Neither + 동사 + 주어'의 형태로 부정문에 씀
 ㉡ be동사와 조동사인 경우 be동사와 조동사를 그대로 사용하며, 일반동사인 경우 do동사를 사용함
 A : I'm not Japanese. (A : 나는 일본인이 아니다.)
 B : Neither am I. (= I'm not Japanese, either.) (B : 나도 일본인이 아니다.)
 A : I don't like cats. (A : 나는 고양이를 싫어한다.)
 B : Neither do I. (= I don't like cats, either.) (B : 나도 고양이를 싫어한다.)

(6) 기타 부사의 용법

① only(단지, 오직)
 ㉠ He has only four books. (그는 단지 4권의 책만 가지고 있다.)
 ㉡ I did it only because I felt it to be my duty. (나는 단지 그것을 나의 의무라 느꼈기 때문에 그것을 했다.)

② just : '꼭', '겨우[간신히]', '방금', '다만'의 의미로, 현재 · 과거 · 현재완료 시제와 함께 쓰임
 ㉠ This is just what I mean. (이것이 바로 내가 하려던 말이다.)
 ㉡ He was just in time for school. (그는 간신히 학교에 늦지 않았다.)

③ else(그 외에[그 밖에], 그렇지 않으면)
 ㉠ anybody else (누구든 다른 사람)
 ㉡ anything else (그 외에 무엇인가)
 ㉢ somewhere else (다른 어디에서)
 ㉣ Where else can I go? (내가 달리 어디로 갈 수 있겠는가?)
 ㉤ She must be joking, or else she is mad. (그녀는 농담을 하고 있음에 틀림없다, 그렇지 않다면 그녀는 미친 사람이다.)

④ even(~조차도, ~라도, 더욱, 한결같은)
 ㉠ Even a child can do it. (어린아이조차도 그것을 할 수 있다.)
 ㉡ This book is even more useful than that. (이 책은 저것보다 더욱 더 유용하다.)

⑤ ever

　ⓐ 긍정문에서 '언제내[늘]'의 의미

　　The boy is ever quick to respond. (그 소년은 언제나 응답이 빠르다.)

　ⓑ 부정문 · 의문문 · 조건문에서 '지금까지 (한번도 ~않다)', '언젠가'의 의미

　　• We haven't ever been there. (우리는 지금까지 한 번도 거기에 가본 적이 없다.)

　　• Have you ever been to Jeju Island? (당신은 제주도에 가본 적이 있습니까?)

get up ▸ here, there

• be동사나 live, appear, come, go, remain 등의 동사와 함께 사용되는 경우, 도치되어 'Here/There + V + S'의 어순이 됨

• 주어가 대명사인 경우에는 보통 'Here/There + S + V'의 어순이 됨

　– Here comes the bus! (버스가 온다!)

　– There it goes! (그것이 온다!)

　– Here's a cup of coffee for you. (여기 커피 한 잔 가지고 왔습니다.)

부정의문문에 대한 대답

• 부정의문문에 대한 대답은 우리말의 대답과 반대가 된다는 것에 유의

　– Don't you smoke? (담배를 안 피우십니까?)

　　→ Yes, I do. I'm a heavy smoker. (아니요, 담배를 피웁니다. 저는 애연가입니다.)

　　→ No, I don't. I'm a nonsmoker. (예, 담배를 피우지 않습니다. 저는 비흡연자입니다.)

03절　비교(Comparison)

1. 비교 변화

(1) 비교(Comparison)

① 의미

　ⓐ 형용사와 부사가 그 성질이나 정도의 차이를 표현하기 위해 어형변화를 하는 것을 말함

　ⓑ 다른 품사와 구별되는 형용사 · 부사만의 특징으로, 원급 · 비교급 · 최상급 3가지가 있음

② 비교변화의 형태

　ⓐ 원급 : 형용사와 부사의 원형

　ⓑ 비교급 : 원칙적으로 원급에 '–er'을 붙임(더 ~한, 더 ~하게)

　ⓒ 최상급 : 원칙적으로 원급에 '–est'를 붙임(가장 ~한, 가장 ~하게)

(2) 규칙 변화

① 1음절의 경우 비교급은 원급에 –er을 붙이고, 최상급은 원급에 –est를 붙임

tall – taller – tallest / clever – cleverer – cleverest / small – smaller – smallest / long – longer – longest

② 원급의 어미가 '–e'로 끝나는 경우 –r, –st만을 붙임

규칙 변화

• –ful, –ous, –less, –ing, –ed, –ive, –ish, –able로 끝나는 형용사와 –ly로 끝나는 부사는 원급 앞에 more를, 최상급 앞에 most를 씀

• useful – more useful – most useful

• famous – more famous – most famous

• interesting – more interesting – most interesting

right, wrong, like, fond, afraid, just, real 등은 3음절이 아니지만, 비교급에서 more, 최상급에서 most를 붙임

(예) like – more like – most like
　　 real – more real – most real

복합어의 비교 변화
• 복합어의 일부 또는 전체를 비교 변화시키는 경우
• well-known – better-known – best-known
• old-fashioned –more old-fashioned – most old-fashioned

동등비교
동등비교의 부정은 「not so[as] + 원급 + as」의 형식이 됨
He is not so[as] old as she. (그는 그녀보다 나이가 적다.)
= He is younger than she.
= She is older than he.

wise – wiser – wisest / brave – braver – bravest / fine – finer – finest

③ 「단모음 + 단자음」으로 끝난 경우 자음을 반복하고, –er과 –est를 붙임

big – bigger – biggest / hot – hotter – hottest / thin – thinner – thinnest

④ 「자음 + y」로 끝난 경우 y를 i로 바꾸고, –er과 –est를 붙임

happy – happier – happiest / busy – busier – busiest / easy – easier – easiest / early – earlier – earliest

⑤ 3음절 이상인 경우 원급 앞에 more를, 최상급 앞에 most를 씀

diligent – more diligent – most diligent / important – more important – most important

(3) 불규칙 변화

① 비교 변화가 불규칙한 경우

good[well] – better – best / bad[ill] – worse – worst / many[much] – more – most / little – less – least

② 의미에 따라 비교 변화가 2가지가 있는 경우

㉠ late – later – latest [시간이 늦은] / late – latter – last [순서가 늦은]

㉡ old – older – oldest [연령, 신구] / old – elder – eldest [형제자매 · 친척등의 비교]

㉢ far – farther – farthest [거리가 먼] / far – further – furthest [정도가 깊은]

2. 원급의 용법

(1) 동등비교

① 동등비교는 「as + 형용사 · 부사의 원급 + as」의 형식을 취함

㉠ He is as tall as his father. (그는 그의 아버지만큼 키가 크다.)

㉡ We have as much food as we need. (우리는 필요한 만큼의 많은 음식을 가지고 있다.)

② 'as + 원급 + as'에서 뒤의 품사는 접속사이므로 다음에 '주어 + 동사'의 형태를 취함

She is as tall as he (is). (그녀는 그만큼 키가 크다.)[이를 등위접속사의 병치법에서 앞의 'she is'와 같이 '주어 + 동사'가 오는 것으로 볼 수도 있음]
cf. She is as tall as him. (×)

③ 부정어 + as[so] + 원급 + as + A (A만큼의[같은] 정도는 아니다[없다])[최상급 의미]

㉠ Nothing is as important as health. (어떤 것도 건강만큼 중요하지 않다.)
= Health is the most important thing.

㉡ No (other) mountain in the world is so high as Mt. Everest. (세계의 어떤 산도 Everest 산만큼 높지 않다.)
= Mt. Everest is the highest mountain in the world.

④ 동등비교의 관용적 표현

　㉠ so[as] long as (~하는 동안, ~하는 한)

　　Stay here as long as you want to. (당신이 있고 싶은 만큼 여기 머물러 있어라.)

　㉡ as[so] far as (~하는 한, ~까지)

　　As far as I know, he is trustworthy. (내가 아는 한 그는 믿음이 가는 사람이다.)

　㉢ as good as (~이나 다름없는[같은], 거의 ~인, ~에 충실한)

　　He is a man as good as his word[promise]. (그는 약속을 잘 지키는 사람이다.)

　㉣ A as well as B (B뿐만 아니라 A도 역시)

　　Our teacher gave us books as well as pencils. (선생님은 우리에게 연필뿐만 아니라 책도 주셨다.)

실력up 동등비교의 관용적 표현

as busy as a bee (쉴 틈 없이 바쁜, 부지런한) / as slow as a snail (매우 느린) / as cool as a cucumber (아주 냉정핸[침착한]) / as flat as a pancake (아주 납작한) / as like as two peas (흡사한, 꼭 닮은) / as poor as a church mouse (몹시 가난한) / as sweet as honey (매우 상냥한)

(2) 기타 원급의 중요 표현

① 「as ~ as possible」(가능한 한 ~)(= as ~ as one can)

　The boy walked as fast as possible. (그 소년은 가능한 한 빨리 걸었다.)

　= The boy walked as fast as he could.

② 「as ~ as any + 명사」(어느 ~ 못지않게)(= as ~ as ever + 동사)

　He is as great as any statesman. (그는 어떤 정치인 못지않게 위대한 정치인이다.)

　= He is as great a statesman as ever lived.

　= He is the greatest statesman that ever lived.

③ not so much A as B (A라기보다는 오히려 B이다)

　= not A so much as B

　= B rather than A

　= more B than A = less A than B

　He is not so much a poet as a philosopher. (그는 시인이라기보다는 오히려 철학자이다.)

　= He is not a poet so much as a philosopher.

　= He is a philosopher rather than a poet.

　= He is more a philosopher than a poet.

　= He is less a poet than a philosopher.

08장

형용사/부사/비교

SEMI-NOTE

실력UP 배수 표현

- 배수 표현은 '배수사 + as ~ as …(… 보다 몇 배 ~한)'로 표현
  - This island is twice as large as that. (이 섬은 저 섬보다 2배나 크다.)
    = This island is twice the size of that.
  - The house is three times as large as mine. (이 집은 내 집보다 3배 더 크다.)
  - That room is half as large as the living room. (저 방은 응접실 크기의 반이다.)

3. 비교급의 용법

(1) 우등비교와 열등비교

① 우등비교(우월비교) : 「비교급 + than」의 형식을 취함

ㄱ He is taller than she. (그는 그녀보다 크다.)

ㄴ She is more honest than he. (그녀는 그보다 정직하다.)

② 열등 비교 : 「less + 원급 + than」의 형식을 취함

ㄱ She is less tall than he. (그녀는 그보다 키가 작다.)

= She is not so tall as he.

= He is taller than she.

ㄴ Ashley is less beautiful than her sister. (Ashley는 그녀의 동생보다 덜 아름답다.)

③ than이 이끄는 절의 생략 : 무엇과 무엇의 비교인지 명확할 경우 생략이 가능함

ㄱ Could I have a bigger one? (제가 더 큰 걸 가져도 될까요?)

ㄴ There were less cars on the road then. (그때는 도로에 차들이 더 적었다.)

(2) 비교급을 강조하는 어구

① much, even, far, by far, a lot, still, yet, a good[great] deal 등은 비교급 의미를 강조하여 '훨씬[한층 더]'의 의미가 됨

He is much older than his wife. (그는 그의 부인보다 나이가 훨씬 많다.)

② a little이 비교급 앞에서 오는 경우 '조금[약간]'의 의미가 되며, somewhat은 '다소'의 의미가 됨

March is a little warmer than February. (3월은 2월보다 약간 더 따뜻하다.)

(3) 「비교급 + and + 비교급」 구문

① 비교급 + and + 비교급 (점점 더 ~)

ㄱ The balloon went higher and higher. (그 기구는 점점 더 높이 올라갔다.)

ㄴ She began to dance more and more quickly. (그녀는 점점 더 빨리 춤추기 시작했다.)

동일인 또는 동일물의 다른 성질 비교

- 동일인이나 동일물(物)의 다른 성질을 비교하는 경우 「more A than B」의 형식을 취함
  - He is more clever than wise. (그는 현명하기보다는 영리하다.)[cleverer로 쓰지 않음]
    = He is clever rather than wise.

비교급의 용법

- 「the + 비교급」 구문
  - 「the + 비교급 + of the two」 또는 「the + 비교급 + of A and B」(둘 중에 더 ~하다)
  - Tom is the taller of the two. (Tom이 둘 중에서 키가 크다.)
- 「(all) the + 비교급 + 이유의 부사구[because, as, for ~](~ 때문에 더 하다)[여기서의 'the'는 '매우'의 의미가 됨]
  - He works the harder, because his parents praise him. (그는 그의 부모님이 칭찬하기 때문에 더 열심히 공부한다.)
  - She got the better for a change of air. (그녀의 건강은 전지(轉地) 요양으로 더 좋아졌다.)
- 「the + 비교급 ~, the + 비교급 ~」(~하면 할수록 점점 더 ~하다)
  - The more we have, the more we want. (많이 가지면 가질수록 더 많이 원하게 된다.)
  - The more I know her, the more I like her. (내가 그녀를 알면 알수록 더욱 더 좋아하게 된다.)

실력UP 라틴어 유래의 형용사

superior to (~ 보다 월등한) / inferior to (~ 보다 못한)

prior to (~ 보다 앞선) / anterior to (~ 앞쪽인) / posterior to (~ 보다 후에)

senior to (~보다 손위의) / junior to (~보다 어린)

major to (~ 보다 많은[큰]) / minor to (~ 보다 적은)

interior to (안의) / exterior to (밖의)

preferable to (~보다 더 좋은)

(4) 기타 비교급의 관용적 표현

① 「A is no more B than C is D(D가 B와 같을 경우 D 생략 가능)」(A가 B가 아닌 것은 C가 D가 아닌 것과 같다)

A whale is no more a fish than a horse is. (고래가 물고기가 아닌 것은 말이 물고기가 아닌 것과 같다.)

= A whale is not a fish any more than a horse is.

② 「A is no less B than C is D」(C가 D인 것처럼[마찬가지로] A가 B이다)

A whale is no less a mammal than a horse is.

(고래는 말과 마찬가지로 포유동물이다.)

③ 「A is no less ~ than B」(A는 B와 마찬가지로 ~이다)

He is no less handsome than his elder brother.

(그는 그의 형과 마찬가지로 미남이다.)

④ 「A is not less ~ than B」(A는 B 못지않게 ~하다)

He is not less handsome than his elder brother.

(그는 그의 형 못지않게 미남이다.)

⑤ 「no more than」(단지)(= only)[적다는 기분의 표현]

He has no more than two dollars. (그는 2달러밖에 가지고 있지 않다.)

⑥ 「not more than」(기껏해야)(= at most)[적다는 기분의 표현]

He has not more than five dollars. (그는 많아야 5달러를 가지고 있다.)

⑦ 「no less than」(~만큼이나)(= as much[many] as)[많다는 기분의 표현]

He has no less than two dollars. (그는 2달러나 가지고 있다.)

⑧ 「not less than」(적어도)(= at least)[많다는 기분의 표현]

He has not less than two dollars. (그는 적어도 2달러를 가지고 있다.)

⑨ 「much more ~」(더욱 ~하다)(= still more)[긍정문에 사용]

She can speak French, much more English. (그녀는 불어를 할 수 있는데, 영어는 더 잘한다.)

⑩ 「much less ~」(더욱 ~않다)(= still less)[부정문에 사용]

He can't speak English, much less French. (그는 영어를 할 수 없는데, 불어는 더 못한다.)

「get[grow, become] + 비교급 + and + 비교급」(점점 데[더욱 더] ~하게 되다)

It is getting warmer and warmer day by day. (날씨가 날마다 점점 더 따뜻해지고 있다.)

---

no longer(= not ~ any longer)

• 'no longer(= not ~ any longer)'는 '더 이상[이제는] ~아니다'는 의미의 구문임

- You are no longer a child.
  (당신은 이제 아이가 아니다.)
  = You are not a child any longer.

「비교급 + than anyone (anything) else」

• '비교급 + than anyone(anything) else'도 최상급을 의미하는 표현
  – Mary is kinder than anyone else in the class.

최상급 관련 주요 관용표현

• the last ~ but one(= the second last) 마지막에서 두 번째의
• at last 마침내
  – At last we're home!
• at (the) most 많아야(= not more than)
• at (the) worst 최악의 경우에도
• at (the) latest 늦어도
• at (the) least 적어도
• not ~ in the least 조금도 ~않다(= not ~ at all).
• for the most part 대부분
• to the best of my knowledge 내가 알고 있는 한

부사의 최상급

She always works hardest among the employees. (그녀는 늘 직원들 중 가장 열심히 일한다.)

4. 최상급의 용법

(1) 다양한 최상급 표현

① 일반적 형태 : 최상급의 표현은 주로 「the + 최상급 + in + 단수명사」의 형식이나 「the + 최상급 + of + 복수명사」의 형식을 취함

  ㉠ He is the most attractive in our class. (그는 우리 반에서 가장 매력적이다.)

  ㉡ February is the shortest of all the months. (2월은 일 년 중 가장 짧은 달이다.)

② 최상급 대용 표현 : 최상급 표현에는 일반적 형태 외에도 'as ~ as any + 단수명사', 'as ~ as ever + 동사', '비교급 + than any other + 단수명사', '비교급 + than all the other + 복수명사', '부정주어 ~ + so[as] + 원급 + as', '부정주어 ~ + 비교급 + than', '비교급 + than anyone(anything) else' 등이 있음

실력up | Mt. Everest is the highest mountain in the world. (에베레스트 산은 세상에서 가장 높은 산이다.)

= Mt. Everest is the highest of all the mountains in the world.
= Mt. Everest is as high as any mountain in the world.
[as ~ as any + 단수명사]
= Mt. Everest is higher than any other mountain in the world.
[비교급 + than any other + 단수명사]
= Mt. Everest is higher than all the other mountains in the world.
[비교급 + than all the other + 복수명사]
= No (other) mountain in the world is so high as Mt. Everest.
[부정주어 + 동사 + so[as] + 원급 + as + 주어]
= No (other) mountain in the world is higher than Mt. Everest.
[부정주어 + 동사 + 비교급 + than + 주어]

(2) 최상급의 강조하는 어구

최상급을 수식하여 의미를 강조하는 어구로는 much, the very, (by) far, far and away 등이 있다.

This is much[by far] the best book. (이것이 단연 가장 좋은 책이다.)

= This is the very best book.

(3) 정관사(the)를 생략한 최상급(무관사 최상급)

① 동일인이나 동일물의 성질·상태를 비교할 때 보통 생략[최상급이 보어가 되는 경우]

This lake is deepest at this point. (이 호수는 이 지점이 가장 깊다.)

cf. This lake is the deepest in this country.

② 정관사가 명사 또는 대명사의 소유격으로 대체되는 경우

  ㉠ She is my best friend. (그녀는 나의 가장 친한 친구이다.)

  ㉡ It is my greatest honor to meet you. (당신을 만나게 된 것은 대단한 영광입니다.)

(4) 기타 최상급의 특별한 용법

① 양보를 나타내는 최상급 : 문장에서 최상급 표현이 양보의 의미로 사용됨

The richest man in the world cannot avoid death. (세상에서 가장 부유한 사람도 죽음을 피할 수는 없다.)

= Even the richest man in the world cannot avoid death.

② 「a most」(매우 ~한)

He is a most clever man. (그는 아주 영리한 사람이다.)

= He is a very clever man.

SEMI-NOTE

기타 최상급의 특별한 용법

• 「the 서수 + 최상급」(몇 번째로 가장 ~)

Busan is the second largest city in Korea. (부산은 한국에서 두 번째로 가장 큰 도시이다.)

= Busan is the largest city but one in Korea.[but은 '~ 외에는[제외하고] (= except)'의 의미]

• 「the last + 명사 + to ~」(결코 ~ 할 것 같지 않은, 가장 부적당핸안 어울리는])

He is the last man to do such a thing. (그는 그런 일을 할 사람이 결코 아니다.)

나두공

09장 접속사(Conjunction)/전치사(Preposition)

01절 접속사(Conjunction)

1. 등위접속사

(1) 등위접속사의 의의

① 등위접속사의 의미와 종류

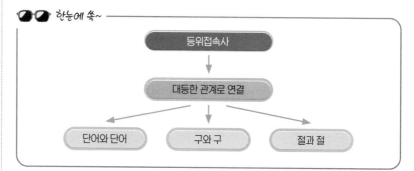

한눈에 쏙~

등위접속사 → 대등한 관계로 연결 → 단어와 단어 / 구와 구 / 절과 절

「go/come/try + and + 동사」는 「go/come/try + to + 동사」로 쓸 수 있음

Come and see him. (와서 그를 만나보렴.)
= Come to see him.

㉠ 단어와 단어, 구와 구, 절과 절 등을 대등한 관계로 연결하는 역할을 함(등위 절을 연결하는 역할)
㉡ 등위접속사에는 and, but, or, so, for, yet, still 등이 있음
② 병치법(병렬관계, 평행구조) : 등위접속사 전후의 어구는 문법구조나 조건(형태, 품사, 시제 등)이 같은 병치(병렬)구조가 됨
㉠ She stayed in London and in Paris. (그녀는 런던과 파리에 머물렀다.)
㉡ He happened to see her and came to love her. (그는 그녀를 우연히 만났고 그녀를 사랑하게 되었다.)

And
- 절과 절을 연결하는 경우
  - Winter is over and spring has come. (겨울이 가고 봄이 왔다.)
  - The sun set, and the moon rose. (태양이 지고, 달이 떴다.)
- 「명령문, + and ~」(…해라, 그러면 ~ 할 것이다)
  - Work harder, and you will pass the exam. (더 열심히 공부해라. 그러면 시험에 합격할 것이다.)
  = If you work harder, you will pass the exam.

(2) And

① 단어와 단어를 연결하는 경우 : A and B는 복수 취급하는 것이 원칙
㉠ Tom and Jack are good friends. (Tom과 Jack은 좋은 친구 사이이다.)
㉡ He learns to listen, speak, read, and write. (그는 듣기와 말하기, 읽기, 쓰기를 배운다.)
② 구와 구를 연결하는 경우
I go to school by bus and by train. (나는 학교에 버스와 기차를 타고 간다.)

- 'but for(= without, if it were not for / if it had not been for)'의 구 문에서 but은 전치사로 봄
  - But for[Without] the rain, we would have had a pleasant journey. (비가 오지 않았더라 면 우리는 즐거운 여행을 했을 것 이다.)
  = If it had not been for the rain, we would have had a pleasant journey.

(3) But

① 단어와 단어를 연결하는 경우
He is poor but happy. (그는 가난하지만 행복하다.)

② 절과 절을 연결하는 경우

He speaks German, but he doesn't speak French.

(그는 독일어를 말할 수 있지만 프랑스어는 말하지 못한다.)

③ 「not A but B」(A가 아니라 B)[등위 상관접속사]

    ㉠ This is not an apple, but a pear. (이것은 사과가 아니라 배이다.)

    ㉡ Not he but you are to be blamed. (그가 아니라 너에게 책임이 있다.)

④ 「부정어 + but」(…하면 반드시 ~한다)[여기서의 but은 'that + not'의 의미]

I never meet her but I think of her mother. (내가 그녀를 만날 때마다 그녀의 어머니가 생각난다.)[부정어 + but + S + V]

= I never meet her without thinking of her mother.

= [부정어 + without V-ing]

= When I meet her, I always think of her mother.[when + S + V, S + always + V]

= Whenever I meet her, I think of her mother.[whenever + S + V, S + V]

(4) Or

① 단어와 단어를 연결하는 경우

Which do you like better, apples or oranges? (너는 사과와 오렌지 중에서 어느 것을 더 좋아하니?)

② 구와 구를 연결하는 경우

To be or not to be, that is the question. (사느냐 죽느냐, 그것이 문제로다.)

③ 절과 절을 연결하는 경우

He will come to my house, or I will go to his house. (그가 우리 집에 오거나, 내가 그의 집으로 갈 것이다.)

(5) So, For

① So : 어떤 사실의 결과를 나타내며, 일반적으로 '그래서[그러므로]'의 의미를 지님

He is rich, so he can buy the car. (그는 부자다. 그래서 그는 그 차를 살 수 있다.)

② For : for는 앞에 나온 내용의 이유나 판단의 원인을 나타내므로 문장의 뒤에 위치함

It must have rained last night, for the ground is wet. (간밤에 비가 온 것이 분명하다. 땅이 젖은 것을 보면.)

2. 상관접속사

(1) 「both A and B」

'both A and B'는 'A와 B 둘 다[양자 긍정]'의 의미이며, 동사는 복수 취급함

Both brother and sister are alive. (형과 누나 모두 생존해 있다.)

Or

• 「명령문. + or ~」(…해라, 그렇지 않으면 ~할 것이다)

  – Work harder, or you will fail the exam.

    (더 열심히 공부해라. 그렇지 않으면 불합격할 것이다.)

  = If you don't work harder, you will fail the exam.

  = Unless you work harder, you will fail the exam.

형태에 따른 접속사의 분류

• 접속사를 형태에 따라 분류할 때 단순접속사와 상관접속사, 군접속사로 구분할 수 있음

  – 단순접속사 : 일반적으로 한 단어로 된 접속사(and, but, if, that 등)를 말함

  – 상관접속사 : 분리되어 있는 접속사(both ~ and, either ~ or 등)

  – 군접속사(접속사구) : 둘 이상의 단어가 하나의 접속사 역할을 하는 것(as well as 등)을 말함

09장 접속사/전치사

(2) 「not only A but also B」

① 'not only A but (also) B'는 'A뿐만 아니라 B도'라는 의미이며, 동사는 B에 따름

② 'not just[merely, simply] A but (also) B' 또는 'B as well as A'의 표현으로 바꾸어 쓸 수 있음

Not only you but also he is right. (너뿐만 아니라 그도 옳다.)

= He as well as you is right.

> 실력UP 「either/neither A or B」
>
> • either A or B : 'A이든 B이든 어느 한쪽[양자택일]'의 의미이며, 동사는 B에 따름
> – Either you or I am to attend the meeting. (너 아니면 내가 회의에 참석해야 한다.)
> • neither A nor B : 'A도 B도 둘 다 아닌[양자 부정]'의 의미이며, 동사는 B에 따름
> – Neither he nor I am the right person for the post. (그도 나도 그 일에 적임자가 아니다.)

---

as well as

• 'B as well as A(A뿐만 아니라 B도)'의 경우 동사의 수나 인칭은 B에 따름
 – I as well as you was wrong. (당신뿐만 아니라 나도 잘못되었다.)
 – Amnesia may rob people of their imaginations as well as their memories. (건망증은 사람들에게서 기억력뿐만 아니라 상상력을 빼앗아 갈 수 있다.)

---

3. 종속접속사

(1) 종속접속사의 의의

① 의미와 종류
  ㉠ 종속접속사 절을 주종의 관계로 연결하는 역할, 즉 종속절을 주절에 연결하는 접속사를 말함
  ㉡ 종속접속사에는 that, if, whether, when 등이 있음

② 용법
  ㉠ 종속접속사 이하의 문장(종속절)은 전체 문장에서 명사나 부사가 됨
  ㉡ 부사가 강조를 위해 문두나 문미로 이동하는 것과 마찬가지로, 조건이나 양보, 이유, 시간을 나타내는 경우 문두로 나갈 수 있음[종속접속사가 나가면 문장 중간에는 도치되었다는 의미의 'comma(,)'를 찍는 것이 원칙]

(2) 명사절을 이끄는 종속접속사

① that절 : 명사의 역할을 하므로 문장에서 주어절·보어절·목적어절 등이 될 수 있음
  ㉠ 주어절을 이끄는 경우
    That she did her best is true. (그녀가 최선을 다했다는 것은 사실이다.)
    = It is true that she did her best.[that절인 주어는 복잡하므로 가주어(it)를 사용해 전환한 것으로, that 이하가 진주어에 해당함]
  ㉡ 보어절을 이끄는 경우[이때의 that은 잘 생략되지 않음]
    The trouble is that my mother is sick in bed. (문제는 어머니께서 병석에 누워 계시다는 것이다.)[the trouble = that my mother is sick in bed]
  ㉢ 목적어절을 이끄는 경우[이때의 that은 종종 생략됨]
    • I know (that) you are honest. (나는 당신이 정직하다는 것을 알고 있다.)

접속사 that

'except that(~을 제외하고)'과 'in that(~라는 점에서)' 두 경우를 제외하고는 접속사 that 앞에 어떠한 전치사도 올 수 없음

종속접속사 that

종속접속사 that의 뒤에는 완전한 문장이 오지만, 관계대명사 that의 뒤에는 주어나 목적어가 탈락한 불완전한 문장이 오는 것으로, 둘을 구분할 수 있음

• He admitted that he was in the wrong. (그는 자신이 틀렸다는 것을 시인했다.)

㉣ 동격절을 이끄는 경우

I know the fact that I have made many mistakes. (나는 내가 실수를 많이 했다는 사실을 안다.)[동격의 that은 완전한 문장을 연결하는 것으로, '~라고 하는'으로 해석됨]

② whether절

㉠ 주어절을 이끄는 경우

Whether he will come or not is very doubtful. (그가 올지 오지 않을지는 매우 의심스럽다.)

㉡ 보어절을 이끄는 경우

The question is whether you do it well or not. (문제는 네가 잘하느냐 잘하지 않느냐이다.)

㉢ 목적어절을 이끄는 경우[이 경우 whether는 if로 바꾸어 쓸 수 있음]

He asked me whether[if] I liked fish. (그는 나에게 생선을 좋아하느냐고 물었다.)

③ if절

㉠ whether절이 문장의 주어 · 목적어 · 보어가 될 수 있는 데 비해, if절은 타동사의 목적어만 될 수 있음[전치사의 목적어도 될 수 없음]

Do you know if[whether] she is at home? (당신은 그녀가 집에 있는지 아십니까?)

㉡ if는 'whether + or not'과 같은 의미이므로, if 뒤에 'or not'을 쓸 수 없음

• I don't know whether it will rain tomorrow or not. (나는 내일 비가 올지 안 올지를 모른다.)

• I don't know if it will rain tomorrow or not. (×)

• I don't know if it will rain tomorrow. (○)

㉢ whether는 문두로 도치될 수 있으나 if는 불가능

Whether she can come, I doubt. (나는 그녀가 올 수 있을지 어떨지 의심스럽다.)

(3) 부사절을 이끄는 종속접속사

① 시간을 나타내는 접속사

> when, while, as(~할 때, ~하면서, ~함에 따라서), whenever(~할 때마다), till[until], before, after, since, as soon as, as long as(~하는 동안, ~하는 한), no sooner … than ~ (하자마자 ~하다)

② 장소를 나타내는 접속사

> where, wherever(~하는 곳은 어디든지)

SEMI-NOTE

동격절을 이끄는 경우

The question whether he will join us is uncertain.
(그가 우리와 합류하느냐 하는 문제는 매우 불확실하다.)

명사절을 이끄는 if와 whether

• 보통 의미가 확실한 타동사 다음의 것은 that절이 되는데 비해, 불확실한 동사나 의문동사 다음의 것은 if나 whether 등이 이끄는 절이 됨

• 불확실하거나 의문을 나타내는 표현으로는 ask, doubt, wonder, inquire, don't know, be not sure, Do you mind ~? 등이 있음

시간을 나타내는 접속사 예문

• When it rains, he stays at home. (비가 오면 그는 집에 머무른다.)

• She came up as I was speaking. (내가 말하고 있을 때 그녀가 다 왔다.)

• It is three years since he passed away. (그가 죽은 지 3년이 되었다.)

조건이나 양보, 이유, 시간의 접속사가 이끄는 종속절

- 종속접속사 중 조건이나 양보, 이유, 시간의 접속사가 이끄는 종속절의 경우에는 문두로 나갈 수 있음 이 경우 종속절에 comma(,)를 찍어 구분하는 것이 일반적임
  - I cannot run because I am very tired.
    → Because I am very tired, I cannot run.

결과를 나타내는 접속사

- so + 형용사/부사 + that(매우 ~해서), so that(그래서)
- such + 명사 + that(매우 ~해서)
  - He is so honest that I trust him. (그는 매우 정직해서 나는 그를 믿는다.)
    = He is so honest a man that I trust him.
    = He is such an honest man that we trust him.
  - This is so difficult a problem that I can't solve it. (이 문제는 매우 어려워 내가 풀 수가 없다.)
  - Her father died suddenly, so that she had to leave school. (그녀의 아버지가 갑자기 돌아가셔서 그녀는 학교를 그만둬야 했다.)

비교를 나타내는 접속사

- as(~와 같이[처럼], ~만큼), than(보다(도)), ~하느니보다 (오히려), ~할 바에는 (차라리))
  - He is not so tall as she. (그는 그녀만큼 키가 크지 않다.)
  - She is older than I (am). (그녀는 나보다 나이가 많다.)
  - cf. He is older than me.[구어에서 주로 쓰는 것으로, 이때의 than은 전치사]

㉠ Where there is life, there is hope. (삶이 있는 곳에 희망이 있다.) → 하늘이 무너져도 솟아날 구멍은 있다.

㉡ Sit wherever you like. (당신이 좋아하는 곳 어디든지 앉아라.)

③ 이유나 원인을 나타내는 접속사

> because, since(~때문에), as(~때문에), for, now that(~이니까) 등

㉠ I was late because there was a lot of traffic on the way. (나는 오는 도중에 차량이 많아서 늦었다.)

㉡ Since she spoke in French, I couldn't understand her. (그녀가 프랑스어로 말했기 때문에 나는 이해할 수 없었다.)

㉢ He must have been ill, for he was absent. (그가 결석했으니까 그는 아팠음에 틀림없다.)

㉣ Now that you mention it, I do remember. (당신이 그것을 언급하니까 나는 정말 기억이 나네요.)

④ 목적을 나타내는 접속사

> - 「~하기 위하여, ~하도록」 : (so) that ~ may[can], in order that ~ may[can]
> - 「~하지 않기 위하여, ~하지 않도록」 : so that ~ may not = lest ~ should

㉠ Make haste (so) that you may catch the last train. (마지막 기차를 잡을 수 있도록 서둘러라.)
= Make haste in order that you may catch the last train.

㉡ I worked hard (so) that I might not fail. (나는 실패하지 않기 위해서 열심히 일했다.)
= I worked hard lest I should fail.[lest에 부정의 의미가 포함되어 있으므로 부정어를 따로 쓰지 않도록 주의]

⑤ 조건을 나타내는 접속사

> if, unless(만일 ~하지 않는다면), so long as(~하는 한은), in case(~의 경우를 생각하여, 만일 ~라면)

㉠ If it is fine tomorrow, we will go on a picnic. (내일 날씨가 좋으면 우리는 소풍을 갈 것이다.)

㉡ Unless you get up early, you will miss the train. (만일 당신이 일찍 일어나지 않는다면, 당신은 기차를 놓일 것이다.)
= If you do not get up early, you will miss the train.

⑥ 양보를 나타내는 접속사

> though, although, even if(비록 일지라도[할지라도]), even though(~인데도 [하는데도]), whether(~이든지 아니든지 (간에), ~이든지 (여하간에))

ⓐ Though[Although] he is poor, he is always cheerful. (그는 비록 가난하지만 항상 밝은 모습을 하고 있다.)

ⓑ I will go there even if it rains. (비가 오더라도 나는 그곳에 갈 것이다.)

⑦ 양태를 나타내는 접속사

> as(~와 같이, ~대로), as if, as though(마치 ~인 것처럼) 등

ⓐ Do in Rome as the Romans do. (로마에 가면 로마의 법을 따르라.)

ⓑ He looks as if he had seen the ghost. (그는 마치 유령을 보았던 것처럼 보인다.)

실력up · 비례를 나타내는 접속사

- as(~함에 따라, ~할수록), according as(~에 따라서[준하여], ~나름으로)
  - As we go up, the air grows colder. (올라갈수록, 공기는 더 차가워진다.)

02절　전치사(Preposition)

1. 전치사의 의의

(1) 전치사의 의미

① 전치사 : 명사 상당어구(명사, 대명사, 동명사 등) 앞에서 명사 상당어구와 다른 말과의 관계를 나타냄

② 전치사 + 명사 상당어구(목적어) : 대부분 부사(구)의 역할을 하며, 일부는 형용사(구)의 역할을 함

　ⓐ I found it with ease. (나는 손쉽게 그것을 찾았다.)['with ease'는 부사구]

　ⓑ He is a man of ability. (그는 능력이 있는 사람이다.)['of ability'는 형용사구]

(2) 전치사의 종류

① 단순전치사 : 하나의 전치사로 된 것을 말함

　at, by, from, till, up, with 등

② 이중전치사 : 2개 이상의 전치사가 한 개의 전치사 역할을 하는 것을 말함

　from under, till, after 등

③ 분사전치사 : 현재분사에서 나온 전치사를 말함

　concerning, respecting(~에 관하여) 등

전치사와 접속사의 구분
전치사는 뒤에 명사 상당어구가 목적어로 오며, 접속사 다음에는 절이 나옴

09장
접속사·전치사

구 전치사(전치사구)

- 2개 이상의 단어가 모여 하나의 전치사 역할을 하는 것
  - in spite of(~에도 불구하고, ~을 무릅쓰고), in front of, at odds with(~와 마찰을 빚는), such as(~와 같은) owing to(~덕택에), thanks to(~덕분에) 등

2. 전치사의 목적어

(1) 명사와 대명사를 전치사의 목적어로 취하는 경우

① 명사가 목적어가 되는 경우

㉠ The books on the desk are mine. (책상 위에 있는 책들은 나의 것이다.)
[명사(desk)가 전치사(on)의 목적어가 됨. 여기서 'on the desk'는 형용사 역할을 함]

㉡ The river runs between two countries. (그 강은 두 나라 사이를 흐른다.)

② 대명사가 목적어가 되는 경우

㉠ She is fond of me. (그녀는 나를 좋아한다.)[대명사가 전치사의 목적어가 되는 경우 목적격이 되어야 함]

㉡ He looked at her for a while. (그는 잠시 동안 그녀를 바라보았다.)

(2) 형용사와 부사를 전치사의 목적어로 취하는 경우

① 형용사가 목적어가 되는 경우

Things went from bad to worse. (사태가 악화되었다.)[형용사 bad와 worse 다음에 'thing'이 생략되어 있음]

② 부사가 목적어가 되는 경우

㉠ She got back from abroad in 2009. (그녀는 2009년에 해외에서 돌아왔다.)

㉡ How far is it from here to the station? (여기서 역까지 거리가 어떻게 됩니까?)

(3) 준동사를 전치사의 목적어로 취하는 경우

① 동명사가 목적어가 되는 경우

㉠ She left the room without saying a word. (그녀는 말없이 방을 나갔다.)
[to say (×) / say (×)]

㉡ My son is fond of swimming. (나의 아들은 수영하는 것을 좋아한다.)

② 과거분사가 목적어가 되는 경우

They gave up the man for lost. (그들은 그 사람을 실종된 것으로 여기고 찾기를 그만두었다.)

(4) 구(句)나 절(節)을 전치사의 목적어로 취하는 경우

① 구를 목적어로 취하는 경우

He sat up till late at night. (그는 밤늦게까지 깨어 있었다.)

② 절을 목적어로 취하는 경우

Men differ from animals in that they can think and speak. (사람은 생각하고 말을 한다는 점에서 동물과 다르다.)[여기서 in과 that 사이에는 'the fact'가 생략되어 있으며, 여기서 that은 동격접속사로서 '~라는 점에서'의 의미가 됨]

3. 전치사구의 용법

(1) 형용사적인 용법

① 명사, 대명사를 수식

㉠ He is a man of wisdom. (그는 현명한 사람이다.)[전치사구(of wisdom)가 명사(man)를 수식]

㉡ I don't know any of them in the room. (나는 그 방안의 그들 어느 누구도 모른다.)[대명사를 수식]

② 주격보어, 목적격보어로 쓰임

㉠ He was against the proposal. (그는 그 제안을 반대하였다.)[주격보어]

㉡ Please make yourself at home. (편하게 계십시오.)[목적격보어]

(2) 부사적 용법

동사, 형용사, 부사, 문장 전체를 수식

Please hang this picture on the wall. (이 그림을 벽에 걸어주십시오.)[동사를 수식]

The town is famous for its hot springs. (이 도시는 온천으로 유명하다.)[형용사를 수식]

He came home late at night. (그는 밤늦게 집에 돌아왔다.)[부사를 수식]

To my joy, the rain stopped. (기쁘게도 비가 그쳤다.)[문장전체를 수식]

실력UP 명사적 용법

• 전치사구가 주어의 역할을 하는 경우도 있음
  – From here to the park is about five miles. (여기서 공원까지는 약 5마일이다.)

4. 전치사의 위치

(1) 전치사의 전치

전치사는 목적어 앞에 위치하는 것이 원칙(전치사 + 목적어)

My cell phone is ringing on the table. (내 휴대폰이 테이블 위에서 울리고 있다.)

I have lived in Seoul since my birth. (나는 태어난 이래로 서울에서 살고 있다.)

(2) 전치사의 후치

① 의문사가 목적어인 경우

㉠ Who are you waiting for? (당신은 누구를 기다리고 있습니까?)[의문사 who는 전치사 for의 목적어]

= Whom are you waiting for?

SEMI-NOTE

강조를 위해 목적어를 전치(前置)한 경우

Classical music he is very fond of. (고전 음악을 그는 좋아한다.)
= He is very fond of classical music.

전치사의 생략

• 현재분사화한 동명사 앞에서 생략
  – I was busy (in) preparing for the exam. (나는 시험 준비로 바빴다.)

전치사를 포함하는 타동사구가 수동태 문장에 쓰인 경우

• The baby was looked after by her. (그 아이는 그녀가 돌봤다.)
= She looked after the baby.
• He was laughed at by everybody. (그는 모두에 의해 비웃음 당했다.)
= Everybody laughed at him.

09장 접속사·전치사

ⓛ What was it like? (그것은 무엇과 닮았습니까?)

② 관계대명사가 목적어인 경우

This is the house which he lives in. (이 집은 그가 살고 있는 집이다.)

= This is the house in which he lives.

③ 전치사를 포함한 to부정사가 형용사적 용법으로 쓰인 경우

He has no friends to talk with. (그는 대화를 나눌 친구가 없다.)

= He has no friends with whom he can talk.

(3) 전치사의 생략

① 요일 · 날짜 앞의 on은 구어에서 생략하는 경우가 많음. 요일 · 날짜 앞에 last, next, this, that, every, some 등의 어구가 붙을 경우 on은 문어체에서도 생략함

㉠ That store is closed (on) Sundays. (저 가게는 일요일에는 영업을 하지 않는다.)

ⓛ Let's meet next Sunday. (다음 일요일에 만나요.)

② 시간 · 거리 · 방법 · 정도 · 양태 등을 나타내는 명사는 전치사 없이 부사구 역할을 하는 것이 보통임

㉠ It lasted (for) two hours. (그것은 2시간 동안 계속되었다.)

ⓛ Do it (in) this way (그것은 이렇게 하시오.)

5. 전치사의 분류

(1) 시간을 나타내는 전치사

① at, on, in

㉠ at : 하루를 기준으로 함

at 7:00 / at nine o'clock / at noon (정오에) / at midnight (한밤중에) / at sunset (해질녘에)

ⓛ on : 요일, 날짜, 특정한 날

on Sunday / on Sunday afternoon (일요일 오후에) / on the first of May (5월 1일에) / on Christmas Day (크리스마스 날에)

㉢ in : at, on 보다 광범위한 기간의 표현

in May (5월에) / in 2012 (2012년에) / in the 20th century (20세기에) / in the past (과거에) / in the future / in summer

실력up   시간을 나타내는 전치사 예외적인 경우

• at night
• at Christmas
• at the moment
• at the same time (동시에)
• in the morning (아침에)
• in the afternoon (오후에)
• in the evening (저녁에)

SEMI-NOTE

전치사의 생략

• 연령 · 모양 · 대소 · 색채 · 가격 · 종류 등을 나타내는 명사가 'of + 명사(구)'의 형태로 형용사 역할을 할 때 of는 보통 생략
 – John and Jane are (of) same age. (존과 제인은 동갑이다.)
 – It is (of) no use crying. (울어도 소용없다.)

at과 관련된 관용구

• at table 식사 중에
• at random 함부로
• be at home in ~에 정통하다
• at sea 항해 중에
• people at large 일반 대중

in과 관련된 관용구

• in demand (수요가 있는)
• in a day (하루에)
• in time (늦지 않게)
• in summary (요컨대)
• in cash (현금으로)
• in one's right mind (제 정신인)
• in this regard (이 점에 대해서는)
• in place (제자리에)

② by, untill, to

ⓐ by(~ 까지는) : 미래의 어떤 순간이 지나기 전 행위가 발생하게 되는 경우

I will come here by ten o'clock. (나는 10시까지 여기에 올 것이다.)

ⓑ until[till](~까지 (줄곧)) : 미래의 어느 순간까지 행위가 계속되는 경우

I will stay here until[till] ten o'clock. (나는 10시까지 여기서 머무르겠다.)

ⓒ to(~까지) : 시간 · 기한의 끝

I will stay here to the end of May. (나는 5월 말까지 여기에 머무르겠다.)

실력up **by와 until의 구분**

• I'll be there by 7 o'clock. (7시 정각까지 그곳에 가겠다.) [7시까지 계속 그곳에 있는 것은 아님]

• Let's wait until the rain stops.
(비가 그칠 때까지 계속 기다리자.) [비가 그칠 때까지 기다리는 행위가 계속됨]

③ for, during, through

ⓐ for(~동안)

I have lived in Seoul for ten years. (나는 10년 동안 서울에 살고 있다.)

ⓑ during(~동안 (내내), ~ 사이에)

I am going to visit China during this vacation. (나는 이번 방학 동안에 중국을 방문하려고 한다.)

ⓒ through(동안 내내, 줄곧)

It kept raining through the night. (밤새 계속해서 비가 내렸다.)

④ in, within, after

ⓐ in(~후에, ~지나면) : 시간의 경과를 나타냄

He will come back in a few hours. (그는 몇 시간 후에 돌아올 것이다.)

ⓑ within(~이내의, ~ 범위 내에서) : 기한 내를 의미함

He will come back within a few hours. (그는 몇 시간 내에 돌아올 것이다.)

ⓒ after(~의 뒤에[후에], 늦게)

He came back after a few hours. (그는 몇 시간이 지나서 돌아왔다.)

⑤ since, from

ⓐ since(~이래 (죽), ~부터 (내내), ~ 이후)

She has been sick in bed since last Sunday. (그녀는 지난 일요일부터 아파서 누워있다.)

ⓑ from(~에서, ~로부터)

He worked hard from morning till night. (그는 아침부터 밤까지 열심히 일했다.)

09장

접속사/전치사

장소를 나타내는 전치사

• *behind, before*
  - *The blackboard is behind the table, and the table is before the blackboard.*
  (칠판은 탁자 뒤에 있고, 탁자는 칠판 앞에 있다.)
• *between, among*
  - *between*(~사이에) : 명백하게 분리되는 둘 이상에서 사용됨
  - *The river runs between two countries.*
  (그 강은 두 나라 사이를 흐른다.)
  - *I couldn't see any difference between the three cars.*
  (나는 세 자동차들 사이의 차이점을 알 수 없었다.)(셋 이상이나 명백히 분리되는 대상에 관한 것이므로 among이 아닌 between이 사용됨)
• *among*(~사이에) : 분리할 수 없는 집단 사이에서 사용됨
  - *His car was hidden among the trees.*
  (그의 차는 나무들 사이에 숨겨져 있었다.)(분리할 수 없는 나무들의 집단에 관한 것이므로 among이 사용됨)
  - *Seoul is among the biggest cities in the world.*
  (서울은 세계에서 가장 큰 도시 중 하나이다.)

for, to, toward
• for(~을 향하여)
  - He left for Tokyo. (그는 도쿄를 향해 떠났다.)
• to(~쪽으로, ~로 향하여)
  - He came to Gwang-ju last night. (그는 지난밤에 광주에 왔다.)
  - He went from Seoul to Tokyo. (그는 서울을 떠나 도쿄로 갔다.)
• toward(~쪽으로, 향하여, 면하여)
  - He ran toward the capital. (그는 수도를 향해서 달렸다.)

(2) 장소를 나타내는 전치사

① at, in
  ㉠ at(~에, ~에서) : 위치나 지점을 나타냄
    He is now staying at a hotel in Seoul. (그는 지금 서울의 한 호텔에서 머물고 있다.)
  ㉡ in(~의 속에, ~에 있어서)
    He lived in the small village. (그는 작은 마을 안에서 살았다.)

② on, above, over
  ㉠ on(~의 표면에, ~ 위에) : 장소의 접촉을 나타냄
    • There is a picture on the wall. (벽에 그림이 한 점 걸려 있다.)
    • There is a book on the desk. (책상 위에 책이 있다.)
  ㉡ above(~보다 위에[로], ~보다 높이[높은])
    The moon is rising above the mountain. (달이 산 위로 떠오르고 있다.)
  ㉢ over(~위쪽에[의], ~바로 위에[의]) : 바로 위쪽으로 분리된 위치를 나타냄
    There is a wooden bridge over the stream. (시내 위로 나무다리가 놓여있다.)

③ under, below
  ㉠ under(~의 아래에, ~의 바로 밑에)
    The box is under the table. (그 상자는 탁자 밑에 있다.)
  ㉡ below(~보다 아래[밑]에)
    The sun sank below the horizon. (태양이 지평선 너머로 넘어갔다.)

④ up, down
  Some children ran up the stairs and others walked down the stairs. (몇 명의 아이들은 계단을 뛰어 올라가고, 다른 몇 명은 계단을 걸어 내려왔다.)

⑤ around, about
  ㉠ around(~의 주위에, ~을 둘러싸고, ~ 주위를 (돌아))
    The earth goes around the sun. (지구는 태양의 주위를 돈다.)
  ㉡ about(~주위를[둘레를], ~ 주위에)
    The man walked about the room. (그 남자는 방안을 돌았다.)

⑥ across, through
  ㉠ across(~을 가로질러[횡단하여], ~의 맞은편[건너편]에)
    Take care when you walk across the street. (길을 건널 때는 조심하시오.)
  ㉡ through(~을 통하여, ~을 지나서, ~을 꿰뚫어)
    • The birds fly through the air. (새들이 공중을 날아간다.)
    • The Han river flows through Seoul. (한강은 서울을 가로질러 흐른다.)

⑦ in, to, on
  ㉠ in the + 방위 + of ~(~내의 …쪽에)
    The building is in the north of the park. (그 건물은 공원 내의 북쪽에 있다.)

　　ⓛ to the + 방위 + of ∼(∼에서 떨어져 …쪽으로)

　　　The building is to the north of the park. (그 건물은 공원에서 북쪽으로 떨어진 곳에 있다.)

　　ⓒ on the + 방위 + of ∼(∼에 접하여 …쪽으로)

　　　The building is on the north of the park. (그 건물은 공원 북쪽 외곽에 있다.)

⑧ on, off

　　㉠ on(∼에 접하여, ∼의 위로)

　　　an inn on the lake (호수에 접한 여관)

　　ⓛ off(∼으로부터 떨어져[벗어나])

　　　five kilometers off the main road (간선도로에서 5km 떨어져)

⑨ into, out of

　　㉠ into(∼안으로)

　　　Come into the house. (집 안으로 들어오세요.)

　　ⓛ out of(∼의 밖으로)

　　　He hustled me out of the house. (그는 나를 집 밖으로 밀어냈다.)

⑩ by, next to, near

　　㉠ by(∼의 옆에)

　　　a house by the river (강가에 있는 집)

　　ⓛ next to(∼와 나란히, ∼에 이어, ∼의 다음에)

　　　We sat next to each other. (우리는 서로 바로 옆에[나란히] 앉았다.)

　　ⓒ near(∼ 가까이)

　　　Do you live near here? (여기에서 가까운 곳에 사세요?)

out of + 명사 관용표현

> - out of date 구식의
> - out of sorts 불쾌한
> - out of place 부적절한
> - out of hand 즉시
> - out of spirits 기가 죽어

(3) 수단·방법·재료를 나타내는 전치사

① by(∼에 의하여, ∼으로)

　I usually go to school by bus. (나는 보통 버스를 타고 학교에 간다.)

② with(∼을 사용하여, ∼으로)

　Try opening the door with this key. (이 열쇠로 문을 열어보도록 해라.)

③ of, from

　㉠ This desk is made of wood. (이 책상은 나무로 만든 것이다.)

　ⓛ Wine is made from grapes. (포도주는 포도로 만든다.)

④ on, in

　㉠ I heard the news on the radio. (나는 그 소식을 라디오에서 들었다.)

　ⓛ The report was written in ink. (그 보고서는 잉크로 씌어 있었다.)

　ⓒ Please reply the email in French. (프랑스어로 그 이메일에 답장을 보내주세요.)

운송수단의 전치사 by

- 일반적으로 운송수단은 by를 사용 by car, by ship, by bicycle, by boat, by sea(바다로, 배편으로), by subway, by air(비행기로)
- 걸어서 이동하는 것은 경우 on을 사용 : on foot(걸어서, 도보로)
- one's car, the train, a taxi 등은 by를 사용하지 않음
  - I'll go by my car. (×) → I'll go in my car. (○)
  - We'll go there by train. (×) → We'll go there on the train. (○)
  - She came here by taxi.(×) → She came here in a taxi. (○)

09장

접속사/전치사

179

SEMI-NOTE

목적 · 결과를 나타내는 전치사

• They fought for independence.
(그들은 독립을 위해 싸웠다.)
• He sought after fame.
(그는 명예를 추구하였다.)
• She tore the letter to pieces.
(그녀는 편지를 갈기갈기 찢었다.)

(4) 원인·이유를 나타내는 전치사

① Many people died from hunger. (많은 사람들이 굶어 죽었다.)

② His father died of cancer. (그의 아버지는 암으로 돌아가셨다.)

③ She trembled with fear. (그녀는 두려움으로 몸을 떨었다.)

Level up 관련을 나타내는 전치사

• I've heard of him, but I don't know him. (나는 그에 대해서 들어 알고 있지만, 그를 직접 아는 것은 아니다.)
• He wrote a book on atomic energy. (그는 원자력에 대한 책을 썼다.)
• We talked about our school days. (우리는 학창 시절에 대해서 이야기했다.)

🔵 나두공

10장 특수구문(Particular Sentences)

특수구문(Particular Sentences)

01절 도치 및 강조구문

1. 도치구문

(1) 목적어 및 보어의 강조

① 목적어나 보어를 강조하기 위해 문장 앞으로 도치하며, 주어가 지나치게 긴 경우 목적어나 보어를 문장 앞으로 도치시키는 것이 보통임

㉠ 목적어의 강조 : 「목적어 + 주어 + 동사」

㉡ 보어의 강조 : 「보어 + 동사 + 주어」[주어와 동사도 도치된다는 점에 주의]

- Her song and dance was great. (그녀의 노래와 춤은 대단했다.)
→ Great was her song and dance.[보어가 문두로 나가면 주어와 동사도 도치됨]

- Those who know the pleasure of doing good are happy. (좋은 일을 하는 즐거움을 아는 사람들은 행복하다.)
→ Happy are those who know the pleasure of doing good.

He broke that promise within a week. (그 약속을 그는 일주일도 못 가서 깼다.)
→ That promise he broke within a week.[목적어(promise) + 주어(he) + 동사(broke)]

(2) 부사의 강조

① 「시간의 부사 + 주어 + 동사」

She is at home on Sunday. (그녀는 일요일에 집에 있다.)
→ On Sunday she is at home.[부사 + 주어 + 동사]

② 「장소 · 방향 등의 부사 + 동사 + 주어」[주어와 동사도 도치된다는 점에 주의]

㉠ The sun is shining behind the clouds. (태양이 구름 뒤에서 빛나고 있다.)
→ Behind the clouds is the sun shining.[장소의 부사 + 동사 + 주어]

㉡ A taxi drove down the street. (택시가 길 아래로 운전해 갔다.)
→ Down the street drove a taxi.[방향의 부사 + 동사 + 주어]

cf. He walked down the street with the children. (그는 거리를 따라 아이들과 함께 걸어갔다.)
→ Down the street he walked with the children.[부사 + 주어 + 동사 → 주어가 대명사인 경우는 주어와 동사가 도치되지 않음]

「장소 · 방향 등의 부사 + 동사 + 주어」[주어와 동사도 도치된다는 점에 주의]

He fulfilled the duties so well. (아주 훌륭하게 그는 그 임무를 수행했다.)
→ So well did he fulfill the duties.[부사 + 조동사 + 주어 + 본동사]

(3) 부정어의 강조

① 부정어구가 문두로 나갈 때 「부정어구 + 조동사 + 주어 + 본동사/부정어구 + be동사 + 주어」의 어순으로 도치됨

② 부정어구(부정의 부사 · 부사구)로는 not, never, no, few, little, hardly, scarcely, no sooner, rarely, only 등이 있음

- There is one bed in this room. (이 방에는 침대 하나가 있다.) [there + 동사 + 주어]
- There lived a pretty princess in the palace. (그 궁전에는 예쁜 공주가 살았다.)
- Here comes our bus. (버스가 온다.)

ⓐ I never saw him again. (나는 그를 다시는 만나지 않았다.)

→ Never did I see him again.[부정어 강조를 위해 문두로 나갈 때 다음은 '조동사 + 주어 + 본동사'의 어순이 됨]

ⓑ Never have I seen such a strange animal. (나는 그렇게 이상한 동물은 본적이 없다.)[부정어 never의 강조]

ⓒ Little did she think that her daughter would become a lawyer. (그녀는 자신의 딸이 변호사가 되리라고는 전혀 생각하지 못했다.)[부정어 little의 강조]

ⓓ He not only was brave, but (also) he was wise. (그는 용감할 뿐 아니라 현명했다.)

→ Not only was he brave, but (also) he was wise.[부정어구 'not only'의 강조 시 주어와 동사가 도치]

ⓔ I did not know the truth until yesterday. (나는 어제서야 진실을 알았다.)

→ Not until yesterday did I know the truth.[부정어(not until) + 조동사 + 주어 + 본동사]

ⓕ They go to the office only on Monday. (그들은 월요일에만 출근한다.)

→ Only on Monday do they go to the office.['only + 부사(구·절)'가 문두에 오는 경우에도 원래 부정의 의미가 있다고 보아 다음의 주어·동사가 도치됨]

ⓖ I had not understood what she said until then. (나는 그때서야 그녀가 말한 것을 이해하였다.)

→ Only then did I understand what she said.

(4) so, neither 도치구문(So/Neither + (조)동사 + 주어)

① so + (조)동사 + 주어(~역시 그러하다) : 긍정문의 뒤에서 동의 표시의 절을 이룸

ⓐ Tom played tennis. So did Jane.(= Jane did, too.) (Tom은 테니스를 쳤다. Jane도 그랬다.)

ⓑ She can go with you. So can I.(= I can, too.) (그녀는 당신과 함께 갈 수 있다. 나도 그렇다.)

ⓒ My little brother started crying and so did his friend Alex. (내 동생이 울기 시작했고 그의 친구 Alex도 그랬다.)

cf. You look very tired. So I am (tired). (피곤해 보이는군요. 예, 그렇습니다.)['So+ 주어+동사'(예, 그렇습니다)]

② neither + (조)동사 + 주어(~ 역시 아니다) : 부정문 뒤에서 동의 표시의 절을 이룸

ⓐ July never eats potatoes. Neither does Alice.(= Alice doesn't either.) (July는 절대 감자를 먹지 않는다. Alice도 먹지 않는다.)

ⓑ He won't accept the offer. Neither will I.(= I won't either.) (그는 그 제안을 받아들이지 않을 것이다. 나도 받아들이지 않을 것이다.)

SEMI-NOTE

부정어의 강조

The luggage had hardly[no sooner] been loaded when[than] the train started off. (수하물을 싣자마자 열차는 출발했다.)

→ Hardly[Scarcely] had the luggage been loaded when the train started off.[부정어(hardly) 강조 시 도치] [Hardly + had + 주어 + p.p. when + 주어 + 동사(~하자마자 ~했다)]

→ No sooner had the luggage been loaded than the train started off.[No sooner + had + 주어 + p.p. than + 주어 + 동사(~하자마자 ~하였다)]

If절에서의 도치

- If절에 should, were, had 등이 있을 때, 'if'가 생략되면 should, were, had 등이 도치되어 주어 앞에 위치
  - If you had talked to me earlier, I would have done that. (당신이 좀 더 일찍 나에게 말했더라면, 나는 그것을 했을 텐데.)
    → Had you talked to me earlier, I would have done that. [if의 생략 시 조동사(had)가 주어 앞으로 도치됨]
  - If anything should happen to me, please ask your disciples to look after her. (나에게 무슨 일이 생기면, 당신 제자들에게 그녀를 보살펴달라고 요청해 주세요.)
    → Should anything happen to me, please ask your disciples to look after her.

10장

특수구문

ⓒ She can't play the piano, and neither can I. (그녀는 피아노를 칠 수 없다. 나도 칠 수 없다.)

= She can't play the piano, nor can I.

2. 강조구문

(1) 「It ~ that」 강조구문(분열문(分裂文))

① 강조하고자 하는 말을 It과 that 사이에 두며, 명사, 대명사, 부사, 부사구(절)등을 강조할 수 있음

② that대신에 who, whom, which, when 등을 쓸 수 있음[where이나 how는 쓸 수 없음]

ⓐ Tom lost a watch here today. (Tom은 오늘 여기서 시계를 잃어버렸다.)

→ It was Tom that[who] lost a watch here today. (오늘 여기서 시계를 잃어버린 사람은 바로 Tom이었다.)[명사(주어) Tom을 강조]

→ It was a watch that[which] Tom lost here today. (Tom이 오늘 여기서 잃어버린 것은 바로 시계였다.)[명사(목적어) 'a watch'를 강조]

→ It was here that Tom lost a watch today. (Tom이 오늘 시계를 잃어버린 곳은 바로 여기였다.)[부사 here를 강조]

→ It was today that[when] Tom lost a watch here. (Tom이 여기서 시계를 잃어버린 것은 바로 오늘이었다.)[부사 today를 강조]

cf. It was here where Tom lost a watch today. (×)[that 대신 where나 how를 쓰는 것은 불가함]

ⓑ Who was it that lost a watch here today? (오늘 여기서 시계를 잃어버린 사람은 도대체 누구였는가?)[의문사 who를 강조하는 것으로, who가 문두로 나가면서 동사 was와 it이 도치됨]

ⓒ What was it (that) Tom lost here today? (오늘 여기서 Tom이 잃어버린 것은 도대체 무엇이었는가?)[의문사 what을 강조]

③ 「whose + 명사」의 분열문

It is John whose hat is red. (모자가 빨간색인 사람이 바로 John이다.)

(2) 기타 강조 표현

① 동사의 강조 : 「do/does/did + 동사원형」

ⓐ He came at last. (그는 마지막에 왔다.)

→ He did come at last.[did가 동사 come을 강조]

ⓑ She does speak several languages freely. (그녀는 몇 개 국어를 자유롭게 구사한다.)[does가 동사 speak를 강조]

② 명사의 강조

ⓐ The accident happened at that very moment. (사고는 바로 그 순간에 발생했다.)[very가 명사 moment를 강조]

강조구문과 형식 주어 구문의 구분

• 'It be'와 'that'을 빼도 문장이 성립하면 「It ~ that」의 강조구문이며, 문장이 성립하지 않으면 형식 주어 구문이라 할 수 있음
 – (It is) he (that) is to blame.[강조구문]
 – It is certain that he is to blame.[형식주어 구문]

「전치사 + whom[which]」의 분열문

It was John whom[that] I gave the pen to. (내가 펜을 준 사람은 바로 John이었다.)
→ It was John to whom[which] I gave the pen.

반복어구에 의한 강조

She read the messages on Internet bulletin board again and again. (그녀는 인터넷 게시판의 글들을 몇 번이고 읽었다.)['again and again'은 반복에 의한 강조 어구]

ⓛ Saving money itself is not always good. (돈 자체를 절약하는 것이 항상 좋은 것은 아니다.)[재귀대명사 itself가 명사 money를 강조]

③ 의문사의 강조

What on earth are you looking for? (도대체 당신은 무엇을 찾고 있는가?) ['on earth'가 의문사 what을 강조]

= What in the world are you looking for?['in the world'가 what을 강조]

02절 부정구문

1. 주요한 부정구문

(1) 「not ~, but …」

① 「not ~, but …」 구문은 '~이 아니고 …이다'라는 의미를 지니며, but 앞에 comma(,)가 있으며, but 다음에 명사, 구, 절 어느 것이나 올 수 있음

ⓐ What I want is not wealth, but health. (내가 원하는 것은 부가 아니라 건강이다.)

ⓑ Most people talk not because they have anything to say, but because they like talking. (대부분의 사람들은 할 말이 있어서가 아니라 말하기를 좋아하기 때문에 말을 한다.)[not because ~, but because …(~ 때문이 아니라 …때문이다)]

(2) 「not only ~, but (also) …」(~뿐만 아니라 …도)

① He has not only knowledge, but also experience. (그는 지식뿐 아니라 경험도 가지고 있다.)

② We like him not only for what he has, but for what he is. (우리는 그가 가진 것 때문만 아니라 그의 사람됨 때문에도 그를 좋아한다.)

③ She can not only sing, but dance. (그녀는 노래를 할 수 있을 뿐 아니라 춤도 출 수 있다.)

(3) 「not ~ until[till] …」(…할 때까지는 ~않다, …하고서야 비로소 ~하다)

① We do not know the blessing of our health until we lose it. (우리는 건강을 잃고서야 비로소 그 고마움을 안다.)

② Until now I knew nothing about it. (지금까지 나는 그 일에 대해 전혀 몰랐다.)

③ I had not eaten anything until late in the afternoon. (오후 늦게까지 나는 아무 것도 안 먹었다.)

④ He won't go away until you promise to help him. (당신이 그를 돕겠다고 약속할 때까지 그는 떠나지 않을 것이다.)

SEMI-NOTE

명사절을 이끄는 but

• but이 명사절을 이끄는 경우 'that ~ not'의 의미를 지니며, 주로 부정문이나 수사의문에 쓰임
 - It was impossible but he should notice it.
 (그가 그것을 알아채지 못했다니 있을 수 없는 일이었다.)
 - Who knows but he may be right?
 (그가 옳을지 누가 아는가? → 그가 옳을지도 모른다.)

같은 문장이라도 경우에 따라서 전체부정이나 부분부정으로 해석될 수 있음

• All that he says is not true. (그가 말하는 것은 모두가 사실이 아니다.)[전체부정]
 = Nothing that he says is true.
• All that he says is not true.
 (그가 말하는 것 모두가 사실인 것은 아니다.)[부분부정]
 = Not all that he says is true.

부정 비교구문

• 「A no more ~ than B(= A not ~ any more than B)은 'A가 ~이 아닌 B가 ~이 아닌 것과 마찬가지다'라는 의미를 지님
 - He is no more a scholar than we are.
 (그가 학자가 아닌 것은 우리가 학자가 아닌 것과 마찬가지이다.)
 = He is not a scholar any more than we are.
 - Economic laws cannot be evaded any more than can gravitation. (경제법칙을 피할 수 없는 것은 중력을 피할 수 없는 것과 마찬가지다.)
 - He can not swim any more than I. (그는 내가 수가 없듯이 헤엄칠 줄도 모른다.)

(4) 「nothing but ~ 」, 「anything but」

① 「nothing but ~」(그저 ~일뿐)은 'only'와 같은 의미를 지니며, 주로 부정적인 시각을 표현함

He is nothing but an opportunist. (그는 그저 기회주의자일 뿐이다.)

② 「anything but」은 '~이외에는 무엇이든지'와 '결코 ~아니다'라는 의미를 지님

㉠ I would give you anything but life. (목숨 이외에 무엇이든 주겠다.)

㉡ He is anything but a liar. (그는 결코 거짓말쟁이가 아니다.)

= He is not a liar at all.

2. 주의해야 할 부정구문

(1) 부분부정과 전체부정

① 부분부정(모두[항상, 완전히] ~한 것은 아니다) : 부정어(not, never, no)가 all, every, both, always 등과 함께 쓰이면 부분부정이 됨

㉠ All that glitters is not gold. (반짝이는 것이 모두 금은 아니다.)

㉡ Not every good man will prosper. (착한 사람이라고 모두 성공하는 것은 아니다.)

㉢ Not everybody likes him. (모두가 그를 좋아하는 것은 아니다.)

㉣ I don't know both those girls. (내가 저 소녀들을 둘 다 아는 것은 아니다.)

㉤ Both are not young. (두 사람 모두 젊은 것은 아니다.)

㉥ The rich are not always happy. (부자들이 언제나 행복한 것은 아니다.)

② 전체부정(결코[하나도] ~하지 않다) : 'no(none, neither, never, nobody)', 'not + any(either)' 등이 쓰이면 전체부정이 됨

㉠ None of them could make it to the finals. (그들 중 누구도 결승전에 진출하지 못했다.)

㉡ He did not get any better. (그는 병세가 조금도 나아지지 않았다.)

㉢ I don't like either of them. (나는 그들 중 누구도 좋아하지 않는다.)

(2) 주절이 없는 부정구문

① 「Not that ~, but that …」(~이 아니라 …라는 것이다), 「Not because ~, but because …」(~ 때문이 아니라 … 때문이다) 등은 주절이 없는 부정구문으로, 「It is not that/because ~, but that/because …」의 생략형으로 볼 수 있음

㉠ It is not that I dislike it, but that I cannot afford it.
(그것이 마음에 안 든다는 것이 아니라 살 만한 여유가 없는 것이다.)

㉡ Not that I loved Caesar less, but that I loved Rome more.
(내가 시저를 덜 사랑했다는 것이 아니라 로마를 더 사랑했다는 것이다.)

㉢ Not that I am displeased with it, but that I do not want it.
(그것이 마음에 들지 않는 것이 아니라 그것을 원치 않는다는 것이다.)

㉣ Not because I dislike the work, but because I have no time.

(내가 그 일을 싫어하기 때문이 아니라 내가 시간이 없기 때문이다.)

(3) 준부정어 구문

① 준부정어의 의의
  ㉠ 부정의 의미를 지닌 부사를 말하며, hardly, scarcely, rarely, seldom, little 등이 이에 해당
  ㉡ 준부정어는 be동사나 조동사 다음에 쓰고, 일반동사 앞에 쓰는 것이 원칙
② hardly[scarcely](거의 ~않다)
  ㉠ A man can hardly live a week without water. (사람은 물 없이 일주일도 살 수 없다.)[hardly는 주로 can, any, ever, at all 등과 함께 쓰임]
  ㉡ I scarcely know him. (나는 그를 거의 모른다.)[일반동사 앞에 위치]
③ little(거의 ~않는)
  ㉠ I slept little last night. (간밤에 잠을 거의 못 잤다.)
  ㉡ He little expected to fall in love with her. (그는 그녀를 사랑하게 되리라 고는 결코 생각하지 못했다.)
    cf. little이 imagine, think, guess, know, expect, dream 등의 동사와 함께 쓰인 경우 강한 부정의 의미를 지니기도 함

03절 생략구문

1. 생략구문의 일반적 유형

(1) 중복을 피하기 위한 생략

① His wife died and also his children (died). (그의 부인도 죽었고 그의 아이들도 죽었다.)
② One will certainly make life happy, the other (will make it) unhappy. (하나는 분명 인생을 행복하게 할 것이고, 다른 하나는 불행하게 할 것이다.)

(2) 접속사 when, while, if, though 등이 이끄는 부사절에서 「주어 + 동사」의 생략

① When (he was) a boy, he was very smart. (소년이었을 때, 그는 아주 영리했다.)
② She had to work while (she was) yet a little girl. (그녀가 아직 어린 소녀였을 때 그녀는 일을 해야만 했다.)
③ I will give you the money today, if (it is) necessary. (필요하다면 오늘 돈을 드리겠습니다.)['주어 + 동사'를 함께 생략]
④ Though (he is) timid, he is no coward. (그는 수줍어하기는 하지만 겁쟁이는 아니다.)

SEMI-NOTE

단어/구의 직접 부정

• not 등의 부정어가 부정할 단어나 구의 바로 앞에 붙어 직접 부정하는 것을 의미
  – No, not you, of course. (아니, 물론 당신은 아니야.)
  – It is his book, not mine. (그것은 그의 책이지 나의 것이 아니다.)
  – Not a man spoke to her. (누구 하나 그녀에게 말을 걸지 않았다.)
  – He spoke not a word. (그는 단 한마디도 하지 않았다.)

seldom[rarely](좀처럼 ~하지 않다, 드물게 ~하다)
• She seldom gives me a call. (그녀는 좀처럼 나에게 전화하지 않는다.)
• He rarely watches TV. (그는 좀처럼 TV를 보지 않는다.)

관용구문에서의 생략
• Why (do you) not go and see the doctor? (의사의 진찰을 받지 그래?)
• (I wish you) A merry Christmas. (즐거운 성탄절이 되길.)
• (This article is) Not for sale. (비매품)
• No parking (is allowed). (주차금지)

비교 구문에서의 생략
• They worked harder than (they worked) before. (그들은 전보다도 더 열심히 일했다.)
• You are not so tall as he is (tall). (당신은 그만큼 크지 않다.)['is'도 생략가능]
• He is as brave as you (are brave). (그는 당신만큼 용감하다.)

187

SEMI-NOTE

대부사 so와 not

• think, suppose, believe, hope, say, be afraid 등이 목적어인 that절을 긍정으로 대신하면 so, 부정으로 대신하면 not을 씀

  – Will she leave? (그녀는 떠날까요?)

    → I hope so(= that she will leave). (나는 그러기를 바랍니다.)

    → I hope not(= that she won't leave). (나는 그러지 않기를 바랍니다.)

  – Does he stay home? (그가 집에 있을까요?)

    → I am afraid so(= that he stays home). (아무래도 그럴 것 같은데요.)

    → I am afraid not(= that he doesn't stay home). (아무래도 그러지 않을 것 같은데요.)

• 'think/believe not' 등이 부정의 that절을 대신할 때 종종 'don't think/believe so' 등으로 바꾸어 쓰기도 함

  – Will she return? (그녀는 돌아올까요?)

    → I think not(= that she won't return). (그러지 않을 것 같아요.)

    → I don't think so(= that she will return).

불필요한 수식어구의 반복 금지(간결성)

Different many kinds of tissues can be combined together. (✕)

→ Different kinds of tissues can be combined together. (○)

(다른 종류의 조직들이 함께 결합될 수 있다.)

2. 문장의 간결성을 위한 특수한 생략구문

(1) 일정어구를 대신하는 대형태

  ① 명사(구)를 대신하는 대명사

    Do you have the book? Yes, I have it(= the book).

    <u>(당신은 그 책을 가지고 있습니까? 예, 그것을 가지고 있습니다.)</u>[대명사(it)가 명사(the book)를 대신함]

  ② 술어를 대신하는 대동사

    Do you have the book? Yes, I do(= have the book).

    (당신은 그 책을 가지고 있습니까? 예, 그렇습니다.)[동사(do)가 술어(have the <u>book)를 대신함]</u>

  ③ 부정사의 중복을 피하는 대부정사

    ㉠ I asked her to stay, but she didn't want to (stay).

      (나는 그녀에게 머무를 것을 부탁했지만, 그녀는 원하지 않았다.)

    ㉡ He shouted to me to jump, but I refused to (jump).

      (그는 나에게 뛰라고 소리쳤지만 나는 거절했다.)

    ㉢ You need not tell me, if you don't want to (tell me).

      (만일 당신이 원하지 않는다면, 당신은 나에게 말할 필요가 없다.)

(2) 반복사용의 금지

동의어의 반복 금지

Tom and his friend they are walking together. (✕) [같은 의미의 명사와 대명사의 중복 금지]

→ Tom and his friend are walking together. (○) (Tom과 그의 친구가 함께 걷고 있다.)

→ They are walking together. (○) (그들은 함께 걷고 있다.)

He has sufficient enough money to buy the new computer. (✕)

→ He has sufficient money to buy the new computer. (○) (그는 새 컴퓨터를 살만큼 충분한 돈을 가지고 있다.)

→ He has enough money to buy the new computer. (○)

❶나두공

11장 문제유형별 연습

글의 구체적 내용 이해

- 제시문에서 구체적·세부적 내용이나 특정한 정보를 찾아내도록 요구하는 문제 유형
- 이러한 문제들은 우선 문제와 선택지를 먼저 보고 자신이 찾아내야 하는 정보가 어떤 것인지를 먼저 이해하는 것이 중요
- 이를 통해 글의 어떤 부분에 중점을 두고 확인해야 하는지 알 수 있음 특히, 글의 일부나 특정 내용에 한정된 문제인 경우 지문 전체를 파악하기보다 관련된 부분을 선택적으로 파악하는 것이 더 효율적

지시 내용의 파악

- 글에 사용된 지시어의 지시 대상을 파악하는 문제 유형
- 지시어는 반복 표현을 피하면서 글의 연결 관계를 유지하기 위해 사용됨
- 우선 지시어와 가까운 문장들부터 살펴 지시어가 본문 중 어떤 부분을 지칭하고 있는지를 찾아서, 그 부분을 대입해 보아 의미 파악에 이상이 없는지 확인
- 지시어가 나타내는 것이 본문에 직접 나오지 않았을 경우에는 글 전체의 의미를 파악하여 무엇을 나타내고 있는지를 유추함

01절 글의 내용 이해

1. 글의 주제·제목·요지 파악

(1) 글의 주제 파악

① 주제(topic, theme, subject)는 글쓴이가 말하고자 하는 핵심 내용
② 글의 주제가 주어와 술어의 문장 형태로 드러난 것을 주제문(topic sentence)이라 함
③ 핵심어(keyword)를 파악한 후, 이를 일반적인 형태로 종합하고 있는 주제문을 찾음
④ 주제문과 주제문을 부연 설명하고 있는 뒷받침 문장들을 구별하도록 함
⑤ 주제문은 대개 글의 첫 부분에 위치하지만 글의 중간이나 끝 부분에 위치하기도 함

(2) 글의 제목 파악

① 제목은 글의 내용과 성격을 반영하여 글 전체를 대표하는 역할
② 주제를 핵심적으로 드러낼 수 있는 것을 선택
③ 제목이 주제문에 나타날 수도 있으나 그렇지 않은 경우 내용을 종합하여 추론

(3) 글의 요지 파악

① 요지(main idea)는 글쓴이가 글에서 나타내려는 견해 또는 주장
② 글의 내용과 관련 있는 속담이나 격언을 찾는 형태로 출제될 수 있으므로 평소에 영어 속담, 격언 등을 정리해 두도록 함

2. 글의 종류·목적 파악

(1) 이는 글쓴이가 어떤 목적(purpose)으로 쓴 글인지를 파악하는 문제 유형

글의 요지를 중심으로 하여 그것이 누구를 대상으로 하고 있는지, 무엇을 의도하거
나 기대하고 있는지 등을 파악함으로써 문제를 해결할 수 있음

실력UP 글의 목적과 관련된 어휘

어휘	목적	어휘	목적
to request	요청	to advertise	광고
to argue	논의	to appreciate	감사
to give a lesson	교훈	to inform	통보, 정보제공
to criticize	비평, 비판	to praise	칭찬
to complain	불평, 불만	to persuade	설득
to suggest	제안, 제의	to advise	충고
to inspire	격려, 고취	to recommend	추천

(2) 글의 분위기 · 어조 · 태도의 파악

① 글 전체의 의미 이해를 통해 글이 주는 분위기나 어조(tone), 상황, 글쓴이의 태
도 등을 파악하는 문제 유형
② 글의 전체적 분위기나 흐름, 전개방향 등에 주의하되, 본문에 어떤 형용사, 부사
등이 사용되고 있는지도 살펴보아야 함

02절 글의 흐름 이해

1. 흐름상 무관한 문장 고르기

(1) 주어진 문단의 주제와 연관이 없는 문장을 찾는 문제 유형

① 주제문을 파악한 후 주제문의 뒷받침 문장들을 검토해 글의 통일성 (unity)을 떨
어뜨리는 문장이 무엇인지 찾음
② 이 유형의 경우에는 첫문장이 주제문일 가능성이 매우 높음

SEMI-NOTE

글의 분위기 · 어조와 관련된 어휘

descriptive	묘사적인	serious	진지한
peaceful	평화로운	cheerful	기운을 북돋는
amusing	즐거운	cold	차가운
sarcastic	빈정대는	concerned	걱정스러운
ironic	반어적인	cynical	냉소적인
desperate	절망적인	fantastic	환상적인
critical	비판적인	gloomy	우울한
persuasive	설득력 있는	suspicious	의심스러운
warning	경고하는	hopeful	희망찬
pessimistic	비관적인	impatient	참을성 없는
optimistic	낙관적인	inspiring	고무적인
satirical	풍자적인	instructive	교훈적인

문장의 순서 및 전후 내용 파악하기

• 문장을 의미 덩어리로 만든 후
문장의 전후 위치를 결정짓는
연결사, 대명사나 지시어를 단
서로 활용하여 글의 논리적 흐
름이 매끄럽게 되도록 함
• 다른 유형으로, 제시된 문단의
앞뒤에 어떤 내용이 와야 하는
지를 묻는 것이 있는데, 이는 제
시문의 전체적 흐름을 바탕으로
단락의 첫 부분과 마지막 부분
에 사용된 연결사, 대명사, 지시
어, 상관어구 등을 살펴봄으로
써 보다 쉽게 해결할 수 있음

11장

문제유형별 연습

글의 순서 이해하기

• 주어진 문장이 문단 속 어디에 들어 가야 하는지를 묻는 문제 유형
 - 이는 글의 통일성(unity) 뿐만 아니라 글의 일관성(coherence), 즉 문장이 자연스럽게 연결되도록 글 전체를 이해하는 능력을 요구
 - 문장의 지엽적 해석에 치중하기 보다는, 각 문장을 의미덩어리로 만든 후 문장의 전후 위치를 결정 짓는 연결사, 대명사나 지시어를 단서로 활용하여 글의 논리적 흐름이 매끄럽게 되도록 함
 - 특히 this, these 등의 지시형용사 가 결정적인 단서가 됨

2. 적합한 연결어 넣기

(1) 문단 안에서 문장과 문장 사이의 흐름을 매끄럽게 하는 연결어를 찾는 문제 유형

① 채워 넣어야 할 빈칸의 앞뒤 부분의 논리적 관계를 파악한 후 해당 논리 관계에 적합한 연결어를 고름

② 논리 관계에 따른 주요 연결어들을 미리 숙지해 둘 필요가 있음

실력UP 주요 연결어

관계	연결어
결과	hence, thus, so, therefore, as a result, consequently, finally, after all, in the end, in the long run
요약	in conclusion, in short, in brief, to sum up, in a word
예시	for instance, for example, for one thing, to illustrate this
대조	however, but, in contrast, on the contrary, contrarily, on the other hand, while, whereas, rather than, yet, instead
양보	though, although, nevertheless, with all, for all, despite, in spite of, still
부연	in other words, furthermore, moreover, in addition, in addition to, besides, apart from, aside from, also, that is, that is to say, namely, to put it differently
열거	at first, in the first place, above all, first of all, to begin with
비교	as, similarly, likewise, in the same way, equally

기억 · 회상 · 회고 동사의 목적어

• remember, recall, forget, regret 등의 기억 · 회상 · 회고 동사는, 해당 동사 와 동일 시점이나 미래의 일을 목적어 로 하는 경우는 to부정사, 이전(과거) 의 일을 목적어로 하는 경우는 동명사 를 목적어로 가짐(→ 시차에 따른 의 미 차이가 있는 동사).

'A is no more ~ than B is', 'A is no more B than C is D'

• 'A is no more ~ than B is(= A is not ~ any more than B is)'는 'A가 ~이 아님은 B가 ~이 아님과 마찬 가지다'라는 의미를 지님
• 'A is no more B than C is D(A is not ~ any more than C is D)'는 'A 가 B가 아닌 것은 C가 D가 아닌 것 과 같다'는 의미

03절   중요 이론 정리

1. 작문 관련 표현

(1) 부정어 + without + (동)명사 / 부정어 + but + 주어 + 동사

① 부정어 + without + (동)명사 / 부정어 + but + 주어 + 동사 부정어(no, never, cannot 등) 다음에 'without + 명사(동명사)'나 'but + 주어 + 동사'가 오는 구문은 이중부정의 표현으로 '~하지 않고는[없이는] ~하지 않는다[도 없 다]', '~하면 ~하기 마련이다', '~할 때마다 ~(반드시) 하다'의 의미가 됨

② 부정어 ~ without …

= 부정어 ~ but + S + V …

= when ~, S + always + V …

= whenever ~, S + V …

(2) 'either + of the + 복수명사'와 'both + of the + 복수명사'

① 'either/neither + of the + 복수명사'는 주로 단수 동사로 받지만 간혹 복수동사로 받기도 함

② 'both/all + of the + 복수명사'는 항상 복수동사로 받음

실력UP 최상급의 여러 가지 표현

- 최상급 + in + 장소 · 집합명사
  - Tom is the kindest boy in our class.
- 최상급 + of all + 복수명사
  - Tom is the kindest of all boys in our class.
- 비교급 + than any other + 단수명사
  - Tom is kinder than any other boy in our class.
- 비교급 + than all the other + 복수명사
  - Tom is kinder than all the other boys in our class.
- 비교급 + than anyone(anything) else
  - Tom is kinder than anyone else in our class.
- as + 원급 + as any + 단수명사
  - Tom is as kind as any boy in our class.
- 부정주어 + 동사 + so(as) + 원급 + as + 주어
  - No boy is so(as) kind as he in our class.
- 부정주어 + 동사 + 비교급 + than + 주어
  - No boy is kinder than he in our class.

(3) 'A라기보다는 B'의 표현

'A라기보다는 (오히려) B'라는 표현으로는 'more B than A(= less A than B = B rather than A = not A so much as B = not so much A as B)'가 있음

(4) 'not ~ until[till] …(…하고서야 비로소 ~ 하다, …할 때까지는 ~않다)'

① 이 구문을 강조하기 위해 부정어구를 문두로 도치('Not until ~')하거나 'It ~ that'의 형태로 전환할 수 있음

② 부정어구가 문두로 나가는 경우 주어와 동사가 도치되어, '부정어구 + 조동사 + 주어 + 본동사' 또는 '부정어구 + be동사 + 주어'의 어순이 됨

I had not realized she was not in her office until she called me.

= Not until she called me had I realized she was not in her office.

= It was not until she called me that I had realized she was not in her office.

'cannot but + R(~하지 않을 수 없다)'

cannot (choose) but + do

= can do nothing but + do

= cannot help[avoid] + doing

= cannot keep[abstain, refrain] from + doing

= have no choice but + to do

= have no other way but + to do

= have no alternative[option] but + to do

11장

문제유형별 연습

SEMI-NOTE

전화 기본 표현

- 누구시죠?
  - Who's calling?
  - Who is this speaking?
  - Who's this?
  - Who am I speaking to?
- 누구와 통화하시겠습니까?
  - Who do you want to speak to?
  - Who are you calling?
- Mr. Choi를 바꿔주세요.
  - May I speak to Mr. Choi?
  - Is Mr. Choi available now?
  - Give me Mr. Choi (on the line).
  - Is Mr. Choi in?
  - I'd like to speak[talk] to Mr. Choi.
  - How can I reach Mr. Choi?
- 자리에 있는지 알아보겠습니다.
  - I'll see if he(she) is in now.
- 지금 자리에 안 계십니다.
  - I'm afraid he[she] is not here right now.
  - He[She] has just stepped out.
  - He[She] is not in at the moment.
  - He[She] is out now.
- 그런 분 안 계십니다.
  - There's no one here by that name.
  - There's no such a person.
- 전화 잘못 거셨습니다.
  - You have the wrong number.
- 전화가 혼선입니다.
  - The lines are crossed.
  - The line is crossed.
- 다시 전화 드리죠.
  - I'll call you back later.

04절 생활영어

1. 인사 · 소개의 기본 표현

(1) James 씨(氏), 이 분이 박 씨(氏)입니다.

Mr. James, this is Mr. Park. / Mr. James, let me introduce Mr. Park. / Mr. James, May I introduce Mr. Park to you? / Mr. James, allow me to introduce Mr. Park.

(2) 처음 뵙겠습니다. 만나서 반갑습니다.

Hello? Glad to meet you. / I'm pleased to know you. / It's a pleasure to know you. / I'm delighted to meet you.

(3) 제 소개를 하겠습니다.

May I introduce myself to you? / Let me introduce myself.

(4) 어떻게 지내십니까?

How have you been? / How are you getting along? / How are you doing? / How are things going?

(5) 무슨 일 있어요? / 어떻게 지내요? (인사말)

What's new? / What's up?

(6) 그럭저럭 지냅니다.

Nothing much. / The same as ever. / Nothing in particular. / Just surviving.

(7) 오래간만입니다.

Long time no see. / It's a long time since I saw you last time. / I haven't seen you for a long time.

(8) Gale 씨(氏)에게 안부 전해주세요.

Remember me to Mr. Gale. / Give my best regards to Mr. Gale. / Give Mr. Gale my regards. / Say hello to Mr. Gale.

(9) 몸조심하세요.

Take care of yourself. / Take it easy.

(10) 성함이 어떻게 되십니까?

May I have your name, please? / How should I address you?

(11) 이름의 철자가 어떻게 되십니까?

How do you spell your name?

(12) 고향이 어디입니까?

Where are you from? / Where do you come from?

(13) 직업이 무엇입니까?

What's your job? / What do you do for your living? / What line are you in? / What business are you in? / What's your line? / How do you make your living?

(14) 계속 연락하고 지냅시다.

Let's get[keep] in touch.

(15) 연락처가 어떻게 되시죠?

How can I get in touch with you? / How can I reach you?

(16) 가족이 몇 분이나 되세요?

How many are there in your family? / How big is your family?

(17) 우리 가족은 모두 5명입니다.

There are five people in my family. / We are a family of five in all.

2. 시간 · 날짜 · 날씨의 기본 표현

(1) 지금 몇 시입니까?

Do you have the time? / What's the time? / Can you tell me the time? / What time do you have?

(2) 시간 있으세요?

Do you have time? / Can you spare a moment? / May I have a moment of your time?

(3) 저는 지금 바쁜데요.

I'm busy now. / I'm tied up now. / I have no time to spare.

길 안내의 기본 표현
• 시청 가는 길을 가르쳐 주세요.
 - Could you tell me the way to the city hall?
 - Where is the city hall?
 - Will you direct me to the city hall?
 - How can I get to the city hall?
• 여기서 시청까지 거리가 어떻게 됩니까?
 - How far is it from here to the city hall?
• 지하철로 10분 정도 걸립니다.
 - It takes about 10 minutes to go there by subway.
• 앞으로 쭉 가세요.
 - Go straight ahead.
 - Keep going straight.
• 길 맞은편에 있습니다.
 - It's across the street.
• 교차로에서 오른쪽으로 가세요.
 - Turn to the right at the intersection.
• 틀림없이 찾으실 겁니다.
 - You can't miss it.
 - You'll never miss it.
• 미안하지만 길을 모릅니다.
 - I'm sorry, but I am a stranger here.
 - I'm sorry, but I don't know this area.
 - I'm sorry, but I'm not familiar with this area.
• 청계천 가는 버스는 어디서 타면 됩니까?
 - Where can I take the bus to Cheonggye Stream?

(4) 그 분은 퇴근했습니다.

He's left for the day. / He's gone for the day. / He's out for the day.

(5) 잠깐 자리를 비우셨습니다.

He's just stepped out. / He's just popped out. / You've just missed him.

(6) 몇 시까지 출근합니까?

What time do you report for work?

(7) 몇 시에 퇴근합니까?

When do you get off?

(8) 오늘은 그만 합시다.

Let's call it a day. / It is so much for today.

(9) 아슬아슬했습니다.

That was close. / That was a close shave[call].

(10) 천천히 하세요. 급하지 않습니다.

Take your time. I'm in no hurry.

(11) 오늘은 11월 1일입니다.

It's November (the) first. / It's the first of November.

(12) 오늘이 무슨 요일이죠?

What day is (it) today? / What day of the week is (it) today?

(13) 제 시계는 5분 빠릅니다.

My watch gains five minutes. / My watch is five minutes fast.

(14) 제 시계는 5분 느립니다.

My watch loses five minutes. / My watch is five minutes slow.

(15) 오늘은 날씨가 어떻습니까?

How's the weather today? / What's the weather like today? / What's the weather forecast for today?

(16) 비가 많이 내립니다.

It's raining cats and dogs. / It's raining in torrents.

날씨의 기본표현
• 비가 오다 말다 합니다.
 – It's raining off and on.
• 오늘은 쌀쌀합니다.
 – It's chilly.
• 오늘은 매우 춥습니다.
 – It's biting[cutting] cold.
• 오늘은 덥고 습합니다.
 – It's hot and humid.
• 오늘은 매우 덥습니다.
 – It's muggy.
 – It's sizzling.
 – It's boiling hot.
• 지금 기온이 어떻게 되죠?
 – What is the temperature now?
• 아마 (화씨) 55도가량 될 거예요.
 – I'd say it's about 55 degree.

실력 up 날씨의 기본 표현

- 정말 날씨 좋죠?
  - It's a beautiful day, isn't it?
  - Nice day, isn't it?
- 7, 8월은 대단히 덥습니다.
  - July and August are sizzlers.
- 바깥 날씨가 어떻습니까?
  - How is the weather out there?
- 비가 올 것 같나요?
  - Do you think it might rain?
- 바깥 기온이 영하로 떨어졌겠는데요.
  - It must be below zero out there.
- 당신 고향의 기후는 어떻습니까?
  - What is the weather like in your hometown?

3. 교통 기본 표현

(1) 여기까지 어떻게 오셨습니까?

How did you come here?

(2) 시청까지 몇 정거장 더 갑니까?

How many more stops to the city hall?

(3) 교통이 막혔다.

The traffic is jammed. / The street is jammed with traffic. / The traffic is backed-up. / The traffic is heavy. / The traffic is bumper to bumper. / The traffic is congested.

(4) 교통체증에 갇혔다.

I got stuck in traffic. / I was caught in a traffic jam. / I was tied up in traffic.

4. 부탁 · 제안 · 약속의 기본 표현

(1) 제가 창문을 열어도 됩니까?

Would you mind my opening the window?

(2) 물론이죠.(mind로 묻는 질문에 대한 대답)

Of course not. / No, I don't mind. / No, not at all. / Not in the least. / No, certainly not.

SEMI-NOTE

교통 기본 표현

- 인천국제공항까지 갑시다.
  - Take me to the Incheon International Airport.
- 안전벨트를 매세요.
  - Fasten your seat belt, please.
- 여기서 우회전 하세요.
  - Take a right turn here.
- 여기 세워 주세요.
  - Please pull over right here.
  - Let me off here, please.
- 다 왔습니다.
  - Here you[we] are.
- 요금이 얼마입니까?
  - How much do I owe you?
  - What's the fare?
- 나는 버스로 통근합니다.
  - I commute by bus.

부탁 · 제안 · 약속의 기본 표현

- 지금 어떤 영화를 하고 있는데요?
  - What's on?
- (약속시간을) 언제로 할까요?
  - When can you make it?
- 편하게 계세요.
  - Please make yourself at home.
  - Please make yourself comfortable.
- 좋으실 대로 하십시오.
  - Suit yourself.
  - Do as you please.
  - Have it your own way.
  - It's up to you.
- 남의 일에 상관 마세요.
  - Mind your own business.
  - It's none of your business.

11장

문제유형별 연습

(3) 담배를 피워도 될까요?

Would[Do] you mind if I smoke? / Mind if I smoke? / Do you mind my smoking?

(4) 기꺼이 해드리죠.

Sure thing. / No problem. / No sweat. / Why not? / Be my guest. / With great pleasure.

(5) 영화관에 가는 게 어때요?

How about going to the movies? / What do you say to going to the movies?

(6) 좋습니다.

That's a good idea. / Why not. / That would be nice.

5. 감사 · 사과의 기본 표현

(1) 대단히 감사합니다.

Many thanks. / I'm so grateful. / I'm much obliged to you. / I appreciate it.

(2) 천만에요.

You're welcome. / Not at all. / It's a pleasure. / Don't mention it. / It's my pleasure. / The pleasure is mine.

(3) 죄송합니다.

I'm sorry. / Excuse me. / Forgive me. / I beg your pardon.(문장 끝의 억양을 내리면 '죄송합니다', 억양을 올리면 '다시 한 번 말씀해 주세요.')

(4) 괜찮습니다.

That's all right. / Never mind. / Forget it. / Don't bother. / Don't worry about it. / It doesn't matter.

(5) 어쩔 수 없었습니다.

I had no choice. / I couldn't help it.

은행 · 우체국 기본 표현

• 예금 계좌를 개설하고 싶습니다.
 - I'd like to open an account.
• 50달러를 인출(예금)하려고 합니다.
 - I'd like to withdraw(deposit) 50 dollars.
• 예금 잔고를 알고 싶습니다.
 - I want to know my balance.
• 수표를 현금으로 바꿔주십시오.
 - I'd like to cash this check.
• 수표 뒷면에 배서해주십시오.
 - Could you endorse the reverse side of this check, please?
• 이 편지를 속달로 부쳐주세요.
 - I'd like to send this letter by express delivery.
• 이 소포를 항공우편으로 보내주십시오.
 - I'd like this package sent by airmail.
• 50달러를 우편환으로 바꿔주십시오.
 - I'd like to buy a money order for 50 dollars.

6. 공항·호텔 기본 표현

(1) 여권을 보여주십시오.

Please show me your passport. / Your passport, please.

(2) 탑승권을 보여주십시오.

Please show me your boarding pass. / Would you show me your boarding pass, please?

(3) 국적이 어떻게 됩니까?

What is your nationality? / Where are you from?

(4) 방문 목적이 무엇입니까?

What's the purpose of your visit?

(5) 관광하러 왔습니다.

I am travelling for sightseeing. / I am here on a tour. / I am here to see the sights.

(6) 얼마나 체류하실 예정입니까?

How long are you staying? / How long are you going to stay?

(7) 신고하실 것이 있습니까?

Anything to declare?

(8) 8시 30분 항공편에 예약해주세요.

I want to make a reservation for 8:30 flight. / Book me for the 8:30 flight, please.

(9) 빈방 있습니까?

I want a room, please. / Do you have a vacancy?

(10) 방을 예약하고 싶습니다.

I'd like to make a reservation. / I'd like to book a room.

(11) 독방의 숙박비는 얼마입니까?

What's the rate[charge] for a single room? / How much do you charge for a single room?

(12) 체크아웃 하겠습니다. 계산서 부탁합니다.

I'm checking out. Will you make out my bill?

11장

문제유형별 연습

7. 식당 · 술집 기본 표현

(1) 스테이크를 어떻게 해드릴까요?

How do you like your steak? / How would you like your steak?

(2) 덜 익힌 것 / 중간 정도 익힌 것 / 바짝 익힌 것으로 주세요.

Rare / Medium / Well-done, please.

(3) 저도 같은 걸로 주세요.

Same here, please. / The same for me.

(4) 소금 좀 건네주세요.

Would you please pass me the salt? / Would you mind passing me the salt?

(5) 제가 사겠습니다.

This is on me. / I'll pick up the tab. / Let me treat you. / Let me have the bill.

(6) 반반씩 냅시다.

Let's go Dutch. / Let's split the bill. / Let's go halves. / Let's go fifty-fifty. / Let's go half and half.

(7) 건배!

Cheers! / Let's make a toast! / Bottom up! / No heeltaps!

8. 상점 · 쇼핑 기본 표현

(1) 그냥 구경 중입니다.

I'm just browsing. / I'm just looking around.

(2) 이것이 당신에게 잘 어울립니다.

This looks good on you. / This goes well with you.

(3) 입어봐도 될까요?

Can I try it on? / May I try it on?

(4) 이건 어떻습니까?

How about this one? / How do you like this one?

상점 · 쇼핑 기본 표현
• 얼마 정도 원하십니까?
 – What's your price range?
• (당신은) 바가지를 썼다.
 – That's a rip-off.
• 이것을 환불받고 싶습니다.
 – I'd like to get a refund on this.
• 영수증 있으세요?
 – Do you have the receipt?

(5) 얼마입니까?

How much is it? / What's the price? / How much do I owe you? / How much does it cost?

(6) 가격이 싸군요 / 적당하군요 / 비싸군요.

The price is low / reasonable / high.

 실력UP **조금 깎아주세요.**

- Can I get a discount on this?
- Can't you cut down just a bit more?
- Can you make it cheaper?

05절 중요 숙어 및 관용어구 정리

1. 숙어 및 관용어구

(1) A

a bit(= a little)	조금, 다소, 약간	a bone in the throat	골칫거리
a castle in the sky	백일몽	a close call	위기일발
a coffee break	짧은 휴식 시간	a couple of(= two)	두 개[사람]의
a few	몇몇의, 약간의	a great many	매우 많은
a lot of(= lots of, plenty of, many/much)	많은	a pair of	한 쌍의
a small number of	소수의	a storm in a teacup [teapot]	헛소동
a white elephant	귀찮은 물건	abide by	(규칙 등을) 따르다[지키다, 준수하다], 고수하다
above all	우선	according to~	~에 따라, ~에 의하여, ~나름으로
account for	~을 설명하다	across-the-board (= overall)	전면적인, 전체에 미치는, 복합식의, 월요일부터 금요일 주 5일에 걸친
act on	~에 따라 행동하다	act one's age	나이에 걸맞게 행동하다

기타 A 관련 숙어 및 관용어구
- apart from ~은 별도로 하고(= aside from)
- apply for ~에 신청하다
- apply oneself to ~에 전념하다, 몰두하다
- as ~ as one can(= as ~ as possible) 할 수 있는 한 ~하게
- as a matter of fact 사실
- as a result of ~의 결과로서(= in consequence of)
- as a rule 대체로, 일반적으로, 보통(= by and large, in general, on the whole)
- as far as it goes 어느 정도(까지)는
- as follows 다음과 같이
- as hard as nails 동정심이 없는
- as if 마치 ~인 듯에(~인 것처럼(= as though)
- as is (often) the case (with) 흔히 있는 일이지만, 흔히 있듯이
- as much as to say ~라고나 말하려는 듯이, 마치 ~이라고 말하려는 것처럼
- as soon as ~하자마자, ~하자 곧
- as yet 아직(그때)(까지)
- ask a favor of ~에게 부탁하다
- at a loss(= at one's wit's end) 당황하여, 어쩔 줄 몰라서
- at a[one] time 한 번에
- at any rate 어쨌든(= in any case, in any event)
- at first hand 직접적으로
- at issue 계쟁[논쟁] 중인, 문제가 되고 있는
- at least 적어도, 최소한
- at odds with~ ~와 불화하여[사이가 나빠], 일치하지 않는(= in disagreement with)
- at once 동시에, 즉시
- at one's disposal ~의 마음대로 이용[사용]할 수 있게
- at stake(= at risk) 위태로워, 내기에 걸려서, 관련이 되어
- at the cost of ~을 희생해서[희생을 치르고], 대가로
- at the discretion of ~의 재량대로, 좋은 대로 cf. discretion 결정권, 분별, 자유재량
- at the end of ~의 끝에

 11장

문제유형별 연습

기타 B 관련 숙어 및 관용어구

- be well off (경제적으로) 잘 살다, 부유하다
- bear[keep] ~ in mind 명심[기억]하다
- because of ~ 때문에
- before long 조만간
- believe in~ ~가 존재한다고 믿다, ~의 됨됨이를 믿다, ~이 좋은 것이라고 믿다
- beside oneself (걱정·흥분으로) 이성을 잃고, 어찌할 바를 모르고, 제정신이 아닌
- between A and B A와 B 사이에
- between one's teeth 목소리를 죽여
- beyond description 형용할 수 없을 만큼, 말로다 할 수 없는
- beyond question 의심할 여지 없이, 물론, 분명히
- bit by bit 하나씩, 서서히, 조금씩 점점
- black out 캄캄하게 하다[해지다], 잠시 시각[의식, 기억]을 잃게 하다[잃다]
- blow a fuse 분통이 터지다, 화내다
- blow one's own horn 자화자찬(自畵自讚)하다, 자기 자랑을 늘어놓다, 허풍을 떨다
- break down(= be out of order) 부서지다, 고장나다; 건강이 쇠약해지다, (협상 등이) 깨지다, 결렬되다, 파괴하다, 진압하다, 분류[분해]하다
- break loose 도주하다, 속박에서 벗어나다
- break off (나쁜 버릇이나 관계 등을) 끊다, 절교하다, (갑자기) 중지하다, 꺾어 버리다
- break the ice 어색한 분위기를 깨다, (딱딱한 분위기를 깨기 위해) 처음으로 입을 떼다, 긴장을 풀게 하다
- bring home to ~에게 뼈저리게 느끼게 하다.
- bury the hatchet 화해하다, 강화(講和)하다
- by accident 우연히(= by chance)

add insult to injury	(누구와 이미 관계가 안 좋은 판에) 일이 더 꼬이게 만들다[한술 더 뜨다]	add up to	~가 되다, ~임을 보여주다 결국 ~이 되다
against all odds	곤란을 무릅쓰고	agree with~	~(의 의견)에 동의하다
all at once	갑자기	all of a sudden	갑자기
all one's life	평생 동안	all the way	줄곧, 도중 내내
all thumbs(= clumsy, awkward)	서툰, 손재주가 없는	along with(= together with)~	~와 함께
and so on	기타 등등	anything but	결코 ~이 아니다 (= never)

(2) B

bark up the wrong tree	잘못 짚다, 헛수고하다, 허탕치다, 엉뚱한 사람을 비난하다	be acquainted with	[사실 따위]를 알다[알게되다], 친분이 있다
be afraid of~	~을 두려워하다	be afraid(+that절)	~일까봐 걱정하다
be anxious about~	~에 근심[걱정]하다	be anxious for	갈망하다[간절히 바라다], 기원하다
be anxious to부정사 (= be eager to~)	~하기를 갈망하다	be based on~	~에 토대를 두다
be behind bars	감옥에 수감되다	be bent on	여념이 없다, ~에 열중하다
be concerned about	~을 걱정하다	be concerned with	~에 관계되다
be covered with~	~으로 덮이다	be curious about~	~을 알고 싶어 하다
be everything to~	~에게 가장 소중하다	be famous for~	~로 유명하다
be fond of~	~을 좋아하다	be free from	~이 없다
be full of(= be filled with)~	~가 많다[가득차다, ~투성이다], ~에 몰두하다	be good at~	~에 능숙하다 cf. be poor at ~에 서투르다[못하다]
be held(= take place)	개최되다	be impressed by~	~에 감명을 받다
be in force	시행되고 있다, 유효하다	be in line with	~와 일치하다
be interested in	~에 흥미를 갖다	be like~	~와 같다, ~와 비슷하다
be lost in	~에 관심이 빠져있다, 몰두하다	be over	끝난다
be packed like sardines	꽉 차다, (승객이) 빽빽하게 들어차다	be proud of~	~을 자랑으로 여기다

be ready to~	~할 준비가 되다	be sure to	~ 꼭 ~하다

(3) C

call it a day[night]	하루 일을 끝마치다	call off(= cancel)	취소하다
call somebody names (= insult, abuse)	비난하다, 욕하다	cannot help ~ing	~하지 않을 수 없다
cannot hold a candle to	~만 못하다[~와 비교가 안 되다]	care for(= take care of, look after)	돌보다, 좋아하다
carry on	계속하다, 계속 가다	carry out	수행[이행]하다
carry the day	이기다, 승리를 얻다, 성공하다	catch on	인기를 얻다, 유행하다
catch one's eye	눈길을 끌다[모으다]	catch up with	따라잡다, 따라가다
check in	투숙하다	come a long way	크게 발전[진보]하다, 기운을 차리다, 회복하다, 출세하다
come about	생기다, 발생하다, 일어나다	come by	구하다, 획득하다(= obtain, get); 잠깐 들르다; ~을 타다
come down with	병에 걸리다, 앓아눕다	come from	~출신이다

(4) D

day in day out	허구한 날, 매일	depend on~	~에 의존하다, ~에 달려있다
die of~	~으로 죽다	do away with	없애다, 폐지하다
do one's best	최선을 다하다	do well to do	~하는 게 낫다, ~하는 것이 온당[현명]하다
do without	~없이 지내다	don't have to (= need not)	~할 필요가 없다
down to earth	현실적인, 실제적인	drop by (잠깐)	들르다

(5) F

fall back on(= rely on, depend on, count on)	의지하다, 의존하다	fall in love (with~)	(~와) 사랑하게 되다
fall off	떨어지다	fall on~	(생일 · 축제일 따위가) ~날에 해당되다
fall out (with) ~와 싸우다(= quarrel with)	사이가 틀어지다; ~이라고 판명되다, ~한 결과가 되다	far and away	훨씬, 단연코

SEMI-NOTE

기타 C 관련 숙어 및 관용어구

• come in handy 쓸모가 있다[도움이 되다]
• come into contact with ~와 접촉하다, 만나다
• come up with 제안하다(= present, suggest, propose), 안출하다, 생각해내다; ~에 따라잡다(= overtake, catch up with, keep up with); 공급하다(= supply); 산출하다, 내놓다(= produce)
• come upon 우연히 만나다, 우연히 떠오르다
• come what may 어떤 어려움이 있어도[무슨 일이 있어도]
• compare A to B A를 B에 비유하다
• compare A with B A를 B와 비교하다
• consist in ~에 있다(= lie in)
• consist of ~로 구성되다(= be composed of)
• cope with (문제 · 일 등에) 잘 대처[대응]하다, 잘 처리하다
• count on(= depend on) 의지하다, 믿다
• cut back on ~을 줄이다
• cut off~ ~을 잘라내다
• cut out for(cut out to be) (필요한) 자질을 갖추다, 적임이다, 일이 체질에 맞다

E 관련 숙어 및 관용어구
• each other 서로
• eat like a horse 아주 많이 먹다(↔ eat like a bird 적게 먹다)
• egg on one's face 망신, 수치, 창피, 체면을 구김
• every inch 전부 다, 속속들이, 완전히
• everyone else(= all the other people) 다른 모든 사람

G 관련 숙어 및 관용어구

- get along with ~와 잘 지내다
- get away from~ ~에서 도망치다 [벗어나다]
- get even (with)~ ~에게 보복[대갚음]하다(= take revenge on, repay, retaliate, get back at)
- get in touch with ~와 연락을 취하다
- get rid of ~을 제거하다
- get through with ~을 끝내다, 완료하다
- get to~(= come to, reach, arrive at(in)) ~에 도달[도착]하다
- get together(= gather together) 모이다
- get[stand] in the way of ~의 길을 가로막다, ~의 방해가 되다(= be in one's way, prevent)
- give ~ a break ~에게 기회를 주다, ~를 너그럽게 봐주다
- give a hand 돕다(= help, aid, assist), 박수갈채하다
- give in (to) 굴복하다(= surrender), 양보하다(=yield to): 제출하다
- give off (냄새·영·빛 등을) 내대[방출하다]
- give out 배부[배포]하다, 할당하다, 나누다(= distribute, hand out): 발표[공포]하다: 다 쓰다(= use up)
- give up 포기하다, 버리다, 양도하다(= stop, abandon, relinquish, yield): ~에 헌신[전념]하다

I 관련 숙어 및 관용어구

- if possible 가능하다면
- in a big way 대규모로[대대적으로], 거창하게, 열광적으로(= in a great[large] way)(↔ in a small way 소규모로)
- in addition to ~에 덧붙여서, 게다가
- in advance 미리, 사전에
- in favor of ~을 선호하여
- in front of~(= before) ~의 앞에
- in no way 결코[조금도, 어떤 점에서도] ~ 아니다[않다](= never, not ~ at all, not ~ in the least, not ~ by any means, by no means, not ~ in any way, in no way, on no account, not ~ on[under] any terms, on[under] no terms, under no circumstances, far from, anything but)

feed on	~을 먹고 살다	feel one's oats	힘이 넘치다, 들뜨다
figure out(= solve)	풀다, 해결하다, 이해하다	fill in for	~을 대신[대리]하다
fill up	(가득) 채우다, 차지하다, 가득 차다, 만 수개[만원이] 되다	find fault with	~을 비난하다
find out	알아내다, 찾아내다	for a while	얼마 동안, 잠시
for all intents and purposes	모든 점에서, 사실상	for all the world	결코, 무슨 일이 있어도, 꼭, 아주
for example	예를 들면	for fun(for the fun of it)	장난으로, 재미로
for good measure	한 술 더 떠서, 덤으로	for good (and all)	영원히, 영구히

(6) H

had better(+동사 원형)	~하는 편이 낫다	hang out with	~와 시간을 보내다, 어울리다
happen to~	~에게 (어떤) 일이 일어나다	have a (nice) scene	활극을 벌이다, 법석을 떨다, 심하게 싸우다
have a big mouth	수다를 잘 떤다	have a crush on	~에게 홀딱 반하다
have a discussion about~(= discuss, talk about)	~에 관해서 토의하다	have a good idea	좋은 생각이 떠오르다
have an effect on	~에 영향을 미치다	have fun (with~)	(~와) 즐겁게 놀다
have no idea(= don't know)	모르다	have nothing to do with	~와 관계없다
have words (with)	~와 말다툼하다	head off	가로막대[저지하다]
help ~with –ing	~가 …하는 것을 도와주다	help oneself to	마음껏 먹다
hit the ceiling[roof]	길길이 뛰다, 몹시 화나다	hit the road	여행을 떠나다

(7) K

keep ~ from[out of] (= prevent~ from…)	…하는[오는] 것을 막대[방해하다]	keep ~ out of …	~이(가) ~에 관련되지 않게 하다, 가담시키지 않다, 못 들어오게 하다, 떼어놓다
keep ~ing	계속 ~하다	keep a straight face	정색을 하다, 웃지 않다, 태연하다

keep an eye on	~을 감시하다	keep away (from)	피하다, 멀리하다[거리를 두다]
keep close tabs on	주의 깊게 지켜보다[감시하다]	keep hands off	간섭하지 않다
keep one's company	~와 동행하다	keep one's shirt on	침착성을 유지하다, 참다
keep one's cool	이성[침착]을 유지하다	keep up with	뒤떨어지지 않다[유지하다, 따라가다]

(8) M

major in	~을 전공하다, 전문적으로 ~하다	make ~ out of…	…으로 ~을 만들다
make a bet	내기하다	make a difference	차이가 생기다, 변화가 있다; 효과가[영향이] 있다, 중요하다
make a fool of~(= trick, play a trick on)	~을 속이다, ~을 바보로 취급하다	make a point of	으레 ~하다, 꼭 ~하기로 되어있다
make a scene	소란을 일으키다	make believe	~인체하다
make both[two] ends meet	수입과 지출의 균형을 맞추다, 수지를 맞추다, 수입에 알맞은 생활을 하다	make do[shift] (with)	그런대로 때우다, 임시변통하다, 꾸려 나가다
make heads or tails of	이해하다	make one's living	생활비를 벌다, 생계를 유지하다
make over	양도하다, ~을 고치다, 고쳐 만들다	make plans for (= plan for)	~을 위한 계획을 세우다
make sure	확인하다, 다짐하다, 확실히 하다	make the best of	~을 최대한 이용하다, [역경·불리한 조건 따위]를 어떻게든 극복하다
make the fur fly	큰 싸움을 벌이다, 큰 소동을 일으키다	make up	수선하다; 메우다, 벌충[보완, 만회]하다
make up for	보상[벌충, 보충]하다	make up one's mind	결심하다
make use of~	~을 이용하다	mind one's P's and Q's	언행을 삼가다, 예절 바르게 행동하다

(9) S

| say to oneself | 중얼거리다 | second[next] to none | 최고의(= the best), 누구에게도 뒤지지 않는 |
| see ~ off | ~를 배웅[전송]하다 | sell like hot cakes | 불티나게 팔리다, 날개 돋친듯이 팔리다 |

SEMI-NOTE

L 관련 숙어 및 관용어구
- listen to~ (어떤 소리에) 귀를 기울이다
- laugh at 비웃다[조소하다], 웃음거리로 만들다
- lay off 끊다, 그만두다, 해고하다(= fire, discharge)
- lay out 배열하다, 설계하다
- let up (폭풍우 등이) 자다, 가라앉다, 잠잠해지다(= stop), 약해지다(= lessen); (일을) 그만두다
- lie on one's stomach[face] 엎드리다, 엎드려눕다
- listen for~ ~이 들리나 하고 귀를 기울이다
- live on~ ~을 먹고 살다
- look after ~을 보살피다[돌보다](= take care of), ~의 뒤를 지켜보다, ~에 주의하다
- look back on ~을 뒤돌아보다, 회상하다
- look down on ~을 낮춰 보다[얕보다], ~을 경시하다
- look forward to + (동)명사 ~을 기대하다(= expect), 고대하다, 손꼽아 기다리다
- look into ~을 들여다보다, 조사[연구]하다 (= probe into, delve into, inquire into, investigate, examine)

N 관련 숙어 및 관용어구
- next to none 아무에게도 뒤지지 않는, 최고의
- no strings attached 아무런 조건 없이, 무조건으로, 전혀 의무가 없는
- none the less 그래도 아직, 그럼에도 불구하고
- not ~ any more(= not ~ any longer, no more) 더 이상 ~ 않다
- not ~ at all 조금도[전혀] ~ 아니다
- not to speak of ~은 말할 것도 없고
- nothing but~(= only) ~에 지나지 않다
- nothing less than 다름 아닌 바로[그야말로]

205

O 관련 숙어 및 관용어구 ⭐ 빈출개념

- off the record 비공식적으로
- off the wall 엉뚱한, 별난, 미친
- on behalf of~ ~대신하여, 대표하여, ~을 위하여
- on duty 근무 중인(↔ off duty 비번인)
- on edge 초조하여, 불안하여(= nervously)
- on one's way (to)~ ~에 가는 길에 cf. on the way home 집에 가는 중에
- on pins and needles 마음을 졸이는, 안절부절못하는(= nervous)
- on the other hand 반면에 (= on the contrary)
- on the record 공식적인
- on the tip of one's tongue 말이(기억은 안나고)혀끝에서 뱅뱅 도는
- on time 정각에
- once and for all 단호하게, 한 번만, 이번만 (=finally and definitely, for the last time)

Q 관련 숙어 및 관용어구
- quarrel with[about]~ ~와[에 대해] 다투다
- quite a long time 아주[꽤] 오랫동안

R 관련 숙어 및 관용어구
- rain cats and dogs 비가 억수로 내리다
- read between the lines 행간의 뜻을 읽다
- red tape 관료적 형식주의
- regardless of ~와는 상관없이[관계없이], ~에 개의치 않고
- result from ~에서 기인하다
- result in ~을 야기하다
- round up 모으다, 끌어모으다(= gather, assemble); 체포하다(= arrest, apprehend)
- round[around]-the-clock 24시간 내내(= day and night, twenty-four hours a day), 계속 무휴(無休)의
- rule out 제외하다, 배제하다(= exclude), 제거하다(= remove, eliminate); 불가능하게 하다, 가능성을 없애 버리다(= prevent, preclude)

set ~ on fire	~에 불을 지르다	set off	시작하다, 출발하다
set out	착수하다, 시작하다, 출발하다	set store by	중시하다, 소중히 여기다
set the table(= prepare the table)	상을 차리다	snuff the candle	(초의) 심지를 끊다, 죽다
so far(= until now)	지금까지	south of(= to the south of)~	~의 남쪽으로
spend… on~	…에 돈[시간]을 쓰다	stack up against	~에 견줄 만하다, 필적하다
stand a chance of	~의 가능성이 있다	stand by	~의 곁을 지키다, 가만히 있다
stand for	상징하다	stand in a white sheet	참회[회개]하다
stand out	돌출하다, 튀어나오다, 눈에 띄다, 두드러지다	stand up for	~을 옹호하다
step in(= walk in, come in)	안으로 걸어 들어오다	stop over	(~에서) 잠시 머무르다, 중간에 잠시 멈추다, 비행 도중 잠시 체류하다
stuffed shirt	젠체하는 사람, 유력자, 부자	such as it is	대단한[변변한] 것은 못되지만

(10) T

take ~ for …	~을 …라고 생각하다[…으로 잘못 생각하다]	take a break	쉬다
take a pew	앉다	take a trip	여행을 하다
take account of	~을 고려하다	take advantage of	~을 이용하다
take after	닮다, 본받다, 흉내내다, ~의 뒤를쫓다	take against	~에 반대하다[반감을 가지다], 반항하다
take apart	분해[해체]하다, 혹독히 비판하다	take away	식탁을 치우다, 떠나다, 손상하다[흠내다]
take care	조심하다, 주의하다	take care of	~을 돌보다[보살피다], (책임지고)맡다, 조심[유의]하다, 처리하다[해결하다]
take down	내리다, 헐어버리다, 적다[적어두다]	take in	섭취[흡수]하다, 마시다; 숙박시키다; 이해하다

take it	견디다, 받아들이다, 믿다	take it easy	여유롭다, 한가하다, 서두르지 않다
take off	벗다(↔ put on), 급히 떠나다, 추적하다	take on	흥분하다[이성을 잃다], 인기를 얻다, 고용하다, 맡다
take out	데리고 나가다, 출발하다, 나서다	take over	떠맡다, 인수하다, 이어받다[물려받다], 운반해 가다, 우세해지다
take place	발생하다[일어나다], 열리다[개최되다]	take the lion's share	가장 큰[좋은] 몫을 차지하다
take to	~에 가다, ~에 전념하다, ~이 습관이 되다	take up with	~와 친해지다, ~에 흥미를 가지다[열중하다]
take[have] a walk/rest	산책을 하다/휴식을 하다	take[have] pity on	불쌍하게 여기다[가엾게 생각하다]
tamper with	~을 만지작거리다, 함부로 고치다, 변조하다(= alter), 간섭하다(= meddle in, interfere with)	tear down	~을 파괴하다, 해체하다

(11) W

walk of life	직업, 신분, 계급, 사회적 계급	walk out	작업을 중단하다, 파업하다
watch out(= be careful)	조심하다	wave at(= wave to)~	~에게 손을 흔들다
wear and tear	(일상적인 사용에 의한) 마모[마손]	wear out	닳아 없어지게 하다, 써서 해지게[낡게] 하다, 지치게 하다
weed out (from)	제거하다	well off	부유한, 유복한, 잘 되어 가고 있는, 순조로운
when it comes to	~에 관한 한	with a pinch[grain] of a salt	에누리하여
with all one's heart	진심으로	with regard to	~에 관하여[대해서], ~와 관련하여
within a stone's throw of	~에서 돌을 던져 닿는 곳에, 매우 가까운 곳에	within one's reach	손이 미치는 곳에는(↔ out of one's reach 손이 닿지 않는)
without fail	틀림없이, 반드시	worry about~(= be anxious about~)	~에 관해서 걱정하다

나두공
직렬별 써머리 동영상 강의
5만원 가격파괴

국어+영어+한국사 행정법총론+행정학개론 ─────────── 일반행정직(5만원)	국어+영어+한국사 행정법총론+교육학개론 ─────────── 교육행정직(5만원)	국어+영어+한국사 행정법총론+노동법개론 ─────────── 고용노동직(5만원)
국어+영어+한국사 노동법개론+직업상담심리학개론 ─────────── 직업상담직(5만원)	국어+영어+한국사 교정학개론+형사소송법개론 ─────────── 교정직(5만원)	국어+영어+한국사 행정법총론+사회복지학개론 ─────────── 사회복지직(5만원)

구성 및 특징

핵심이론

시험에 출제되는 핵심 내용만을 모아 효율적인 학습이 가능하도록 구성하였습니다. 반드시 알아야 할 내용에 대한 충실한 이해와 체계적 정리가 가능합니다.

빈출개념

시험에서 자주 출제되는 개념들을 표시하여 중요한 부분을 한눈에 들어올 수 있도록 하였습니다. 합격에 필요한 핵심이론을 깔끔하게 학습하시기 바랍니다.

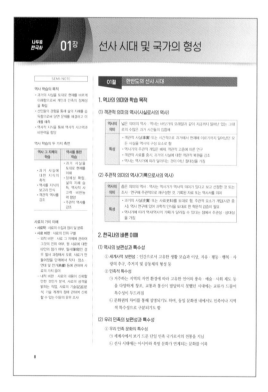

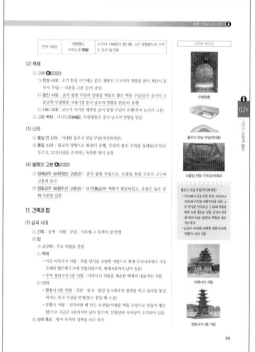

한눈에 쏙~

흐름이나 중요 개념들이 한눈에 쏙 들어올 수 있도록 도표로 정리하여 수록하였습니다. 한눈에 키워드와 흐름을 파악하여 수험에 도움이 되도록 하였습니다.

실력 up

더 알아두면 좋을 내용을 실력 up에 배치하고, 보조단에는 SEMI – NOTE를 배치하여 본문에 관련된 내용이나 중요한 개념들을 수록하였습니다.

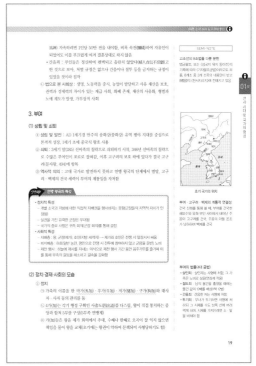

나두공
"나두공 무원할수있다"

목 차

9급공무원

한국사

나두공

01장 선사 시대 및 국가의 형성

01장 선사 시대 및 국가의 형성

역사 학습의 목적

- 과거의 사실을 토대로 현재를 바르게 이해함으로써 개인과 민족의 정체성을 확립
- 선인들의 경험을 통해 삶의 지혜를 습득함으로써 당면 문제를 해결하고 미래를 예측
- 역사적 지식을 통해 역사적 사고력과 비판력을 함양

역사 학습의 두 가지 측면

역사 그 자체의 학습	역사를 통한 학습
• 과거 사실에 대한 지식의 축적 • 역사를 지식의 보고라 인식 • 객관적 역사를 강조	• 과거 사실을 토대로 현재를 이해 • 정체성 확립, 삶의 지혜 습득, 역사적 사고력·비판능력 함양 • 주관적 역사를 강조

사료의 가치 이해

- **사료학** : 사료의 수집과 정리 및 분류
- **사료 비판** : 사료의 진위 구별
  - 외적 비판 : 사료 그 자체에 관하여 그것의 진위 여부, 원 사료에 대한 타인의 첨가 여부, 필사(筆寫)인 경우 필사 과정에서 오류, 사료가 만들어졌을 단계에서 작자·장소·연대 및 전거(典據) 등에 관하여 사료의 가치 음미
  - 내적 비판 : 사료의 내용이 신뢰할 만한 것인가 분석, 사료의 성격을 밝히는 작업, 사료의 기술(記述)분석, 기술 개개의 점에 관하여 신뢰할 수 있는 이유의 유무 조사

01절 한반도의 선사 시대

1. 역사의 의미와 학습 목적

(1) 객관적 의미의 역사(사실로서의 역사)

역사의 의미	넓은 의미의 역사 : 역사는 바닷가의 모래알과 같이 지금까지 일어난 있는 그대로의 수많은 과거 사건들의 집합체
특성	• 객관적 사실(事實) 또는 시간적으로 과거에서 현재에 이르기까지 일어났던 모든 사실을 역사의 구성 요소로 함 • 역사가의 주관적 개입은 배제, 객관적 고증에 따른 연구 • 객관적 사료를 중시, 과거의 사실에 대한 객관적 복원을 강조 • 역사는 역사가에 따라 달라지는 것이 아닌 절대성을 가짐

(2) 주관적 의미의 역사(기록으로서의 역사)

역사의 의미	좁은 의미의 역사 : 역사는 역사가가 역사적 의미가 있다고 보고 선정한 것 또는 조사·연구해 주관적으로 재구성한 것, 기록된 자료 또는 역사서를 의미
특성	• 과거의 사실(史實) 또는 사료(史料)를 토대로 함, 주관적 요소가 개입(사관 중시), 역사 연구에 있어 과학적 인식을 토대로 한 학문적 검증이 필요 • 역사가에 따라 역사(역사의 기록)가 달라질 수 있다는 점에서 주관성·상대성을 가짐

2. 한국사의 바른 이해

(1) 역사의 보편성과 특수성

① 세계사적 보편성 : 인간으로서 고유한 생활 모습과 이상, 자유·평등·행복·사랑의 추구, 주거지 및 공동체의 형성 등

② 민족적 특수성

    ㉠ 거주하는 지역의 자연 환경에 따라 고유한 언어와 풍속·예술·사회 제도 등을 다양하게 창조, 교통과 통신이 발달하지 못했던 시대에는 교류가 드물어 특수성이 두드러짐

    ㉡ 문화권의 차이를 통해 설명되기도 하며, 동일 문화권 내에서도 민족이나 지역적 특수성으로 구분되기도 함

(2) 우리 민족의 보편성과 특수성

① 우리 민족 문화의 특수성

    ㉠ 세계사에서 보기 드문 단일 민족 국가로서의 전통을 지님

    ㉡ 선사 시대에는 아시아와 북방 문화가 연계되는 문화를 이룩

ⓒ 고려 시대에는 불교를 정신적 이념으로 채택하였고, 조선 시대에는 유교적 가
치와 문화가 중심이 됨

ⓔ 불교는 현세 구복적 · 호국적 성격이 두드러졌고 유교는 충(忠) · 효(孝) · 의
(義)의 덕목이 특히 강조됨

ⓜ 국가에 대한 충성과 부모에 대한 효가 중시되고, 두레 · 계 · 향도와 같은 공동
체 조직이 발달

3. 인류의 기원 및 한민족의 형성

(1) 인류의 성립 및 전개

① **구석기 시대의 인류** : 구석기인이 등장한 시기는 대략 70만 년 전, 오늘날 현생인
류의 직접적 조상은 대략 4만 년 전에 등장

② **신석기 시대의 인류**

ⓐ 기원전 1만 년 경 빙하기가 끝나고 후빙기가 시작되면서 인류의 생활환경이
급변하였는데, 중석기 시대를 지나 신석기 시대가 시작됨

ⓑ 사냥이나 식량 채집 단계에서 벗어나 농경 등 생산 경제 활동(식량 생산 단계)
을 전개함으로써 인류의 생활이 크게 변함

ⓒ 농경과 목축을 시작하고 토기를 제작 · 사용, 정착생활을 통해 촌락공동체를
형성

③ **청동기 시대의 인류**

ⓐ 기원전 3000년을 전후하여 메소포타미아의 티그리스 강과 유프라테스 강, 이
집트의 나일 강, 인도의 인더스 강, 중국의 황허 강 유역에서 4대 문명이 형성

ⓑ 관개 농업의 발달, 청동기의 사용, 도시의 출현, 문자의 사용, 국가의 형성 등
을 통해 인류문화가 급격하게 발달

합격UP ▶ 선사 시대와 역사 시대의 구분

- 선사 시대와 역사 시대를 구분하는 기준은 문자사용의 여부
  - 세계사적 : 선사 시대는 문자를 사용하지 않았던 구석기 시대와 신석기 시대, 역사 시대
    는 문자를 사용하기 시작한 청동기 시대 이후
  - 우리나라의 경우 : 문자를 사용하였던 철기 시대부터 역사의 시작
- 선사 시대는 문자기록이 없으므로 유적이나 유물을 통해 당시의 상황을 유추, 역사 시대
  는 유물 · 유적 이외에 문자 기록물을 통해 보다 쉽고 상세하게 시대상 파악

👓 한눈에 쏙~

구석기 시대	신석기 시대	청동기 시대	철기 시대 전기	철기 시대 후기
대략 70만년 ~기원전 1만년	대략 기원전 1만년 내지 8천년 ~기원전 2천년 내지 1,500년	대략 기원전 2천년~기원전 400년	대략 기원전 400년~기원 전 1년까지	서기 1년 ~300년까지

SEMI-NOTE

한국사의 이해

- 한국사를 바르게 인식하는 데 기초
- 우리 민족의 역사적 삶의 특수성 이해
  와 그 가치를 깨우치는 것
- 민족적 자존심을 잃지 않고 세계 문화
  에 공헌하는 것이 필요

한국사의 특수성

- 반만 년의 유구한 단일 민족사 유지
- 불교와 유교의 수용 및 토착화
- 문화의 주체적 · 개방적 측면의 조화
- 공동체 조직의 발달

세계화 시대의 역사의식

- **개방적 민족주의** : 민족 주체성을 가지
  며 외부 세계의 변화에 적극적으로 대
  응하는 개방적 민족주의에 기초, 내 것
  이 최고라는 배타적 민족주의와 외래
  의 문화만을 추종하는 것은 버려야 함
- **인류 공동의 가치** : 인류 사회의 평화
  와 복리 증진 등 인류 공동의 가치를
  추구

원시 인류의 성립

구분	의미
오스트랄로피 테쿠스(350만 년 전)	• 남방의 원숭이 • 직립보행, 양손을 이용해 간단한 도구 사용
호모 하빌리스 (250만 년 전)	• 손재주 좋은 사람(능인(能人)) • 도구를 제작하여 사용(도구의 인간)
호모 에렉투스 (70만 년 전)	• 곧선사람(원인(原人)) • 구석기 시대의 본격적 전개 • 불과 언어의 사용, 손도끼 등 발달된 도구 사용
호모 사피엔스 (20만 년 전)	• 슬기사람(고인(古人)) • 여러 석기 제작 · 사용, 종 교의식과 미의식 발생, 시 체 매장 풍습
호모사피엔스 사피엔스(4만 년 전)	• 슬기 슬기사람(신인(新人)) • 어느 정도 정교한 도구 사 용, 동굴벽화, 여인상

알타이 어족
터키에서 중앙아시아와 몽골을 거쳐 한국과 일본에 이르는 지역에 분포하는 어족(語族)으로서, 몽골어 · 터키어 · 한국어 · 일본어 · 만주어 · 핀란드어 · 헝가리어 · 퉁구스어 등을 포함함

한민족과 동이(東夷)족
동이족은 한민족과 여진족, 일본족 등 중국을 중심으로 동쪽에 있는 여러 부족을 통칭하기도 하나, 일반적으로는 우리 한민족만을 지칭하는 용어임. 동이족에 관한 최초의 우리 문헌은 김부식의 〈삼국사기〉이며, 중국의 문헌으로는 〈논어〉, 〈예기〉, 〈사기〉, 〈산해경〉 등이 있음

(2) 한민족의 형성과 전개

① 한민족의 형성 및 분포
 ㉠ 한반도에 거주했던 구석기인들에 대해서는 우리 민족의 직접 조상으로 보지 않음
 ㉡ 우리 민족의 모체이자 근간은 고아시아계인 신석기인, 일반적으로 신석기에서 청동기를 거치는 과정에서 민족의 기틀이 형성
 ㉢ 우리 민족의 주류를 형성한 것은 신석기인의 문화를 흡수한 청동기인
② 한민족의 특성 및 독자성
 ㉠ 인종상 황인종에 속하며, 형질 인류상 북몽골족, 언어학상 알타이 어족 계통이라 봄
 ㉡ 오래 전부터 하나의 민족 단위 형성, 농경 생활을 바탕으로 독자적인 문화 형성

4. 구석기 시대

(1) 구석기 시대의 범위

① 시간적 범위 : 70만 년 전부터 1만 년 전까지
② 시대 구분 : 석기(뗀석기)를 다듬는 기법에 따라 전기 · 중기 · 후기로 구분

전기(대략 70만 ~10만 년 전)	큰 석기 한 개를 다양한 용도로 사용, 주먹도끼, 찍개, 찌르개 등
중기(대략 10만 ~4만 년 전)	한 개의 석기가 하나의 용도로 사용됨. 밀개, 긁개, 자르개, 새기개, 찌르개 등
후기(대략 4만 ~1만 년 전)	쐐기 같은 것을 이용해 형태가 같은 여러 개의 돌날격지를 만드는 데까지 발달, 슴베찌르개 등

(2) 구석기 시대의 생활 모습

① 경제 · 사회 생활
 ㉠ 이동 생활 : 사냥이나 어로, 채집 생활(농경은 시작되지 않음)
 ㉡ 도구의 사용 : 뗀석기와 함께 뼈 도구(골각기)를 용도에 따라 사용
 ㉢ 용도에 따른 도구의 구분
  • 사냥 도구 : 주먹도끼, 돌팔매, 찍개, 찌르개, 슴베찌르개
  • 조리 도구 : 긁개, 밀개, 자르개
  • 공구용 도구 : 뚜르개, 새기개(단양 수양개 유적)
 ㉣ 무리 사회 : 가족 단위를 토대로 무리를 이루어 공동체 생활을 영위, 언어를 사용, 시신을 매장하는 풍습이 발생
 ㉤ 평등 사회 : 무리 중 경험이 많고 지혜로운 사람이 지도자가 됨, 계급이 없음
② 주거 생활
 ㉠ 대부분 자연 동굴에 거주, 바위 그늘(단양 상시리)이나 강가에 막집(공주 석장리)을 짓고 거주
 ㉡ 구석기 후기의 막집 자리에는 기둥 자리와 담 자리, 불 땐 자리 존재, 불을 사

주먹도끼, 슴베찌르개, 뚜르개
• 주먹도끼 : 사냥의 용도 이에도 동물의 가죽을 벗기고 땅을 팔 때에도 널리 사용
• 슴베찌르개 : 슴베는 '자루'를 의미하며, 주로 창날이나 화살촉으로 사용
• 뚜르개 : 돌날격지 등의 뾰족한 끝을 이용해 구멍을 뚫거나 옷감을 만들 때 사용

용하게 되면서 음식을 익혀 먹고 빙하기의 추위에도 견딜 수 있게 됨
③ **예술 활동** : 사냥감의 번성을 비는 주술적 성격, 공주 석장리에서 개 모양의 석상 및 고래 · 멧돼지 · 새 등을 새긴 조각과 그림(선각화), 단양 수양개에서 고래와 물고기 등을 새긴 조각 발견

(3) 주요 유물 및 유적

① **주요 유물** : 뗀석기 · 사람과 동물의 뼈로 만든 골각기 등이 출토, 다양한 동물의 화석이 함께 발견
② **주요 유적지** : 단양 도담리 금굴, 단양 상시리 바위 그늘, 공주 석장리, 평남 상원 검은모루 동굴, 연천 전곡리, 제천 점말 동굴, 함북 웅기 굴포리, 청원 두루봉 동굴(흥수굴), 평남 덕천 승리산 동굴, 평양 만달리 동굴, 함북 종성 동관진, 단양 수양개, 제주 어음리 빌레못

5. 신석기 시대

(1) 신석기 시대의 범위

① **시간적 범위** : 대략 기원전 8천 년부터 시작
② **시대 구분** : 주로 사용된 토기의 종류와 특징에 따라 전기 · 중기 · 후기로 구분
③ **공간적 범위** : 주로 강가나 바닷가에 위치

(2) 경제 생활

① **농경과 사냥 · 채집 · 어로**
　㉠ 중기까지는 사냥 · 채집 · 어로 생활이 중심, 후기부터 농경과 목축 시작
　㉡ **유물 및 유적** : 봉산 지탑리와 평양 남경 유적의 탄화된 좁쌀은 신석기 후기의 잡곡류(조 · 피 · 수수) 경작을 반영, 이 시기 목축이 시작
　㉢ **주요 농기구** : 돌괭이(석초), 돌보습, 돌삽, 돌낫, 맷돌(연석) 등
　㉣ **농경 형태** : 집 근처의 조그만 텃밭을 이용하거나 강가의 퇴적지를 소규모로 경작
　㉤ **사냥 · 채집 · 어로** : 경제생활에서의 비중은 점차 줄어듦, 주로 활이나 돌창 · 돌도끼 등으로 사냥, 그물 · 작살 · 뼈낚시 등을 이용, 조개류로 장식
② **원시 수공업** : 가락바퀴(방추차)나 뼈바늘(골침)로 옷, 그물, 농기구 등을 제작

(3) 토기의 종류 및 특징 ⭐빈출개념

구분	토기	특징	유적지
전기	이른 민무늬 토기 (원시무문 토기)	한반도에 처음 나타난 토기	제주 한경면 고산리, 부산 동삼동, 웅기 굴포리, 만포진
	덧무늬 토기 (융기문 토기)	토기 몸체에 덧무늬를 붙인 토기	강원 고성 문암리, 부산 동삼동(→ 조개더미에서 이른 민무늬 토기와 함께 출토)

중석기 시대(잔석기 시대)
* 성립
　– 배경 : 빙하기가 지나고 기후가 다시 따뜻해지고 동식물이 번성함에 따라 새로운 자연 환경에 적절히 대응하기 위한 인류의 노력으로 성립
　– 시기 : 구석기 시대에서 신석기 시대로 넘어가는 과도기인 기원전 1만 년에서 8천 년 전 무렵
　– 지역 : 주로 유럽 서북부 지역을 중심으로 성립
* 도구 : 잔석기, 이음 도구
　– 큰 짐승 대신에 토끼 · 여우 · 새 등 작고 빠른 짐승을 잡기 위해 한 개 내지 여러 개의 석기(잔석기)를 나무나 뼈에 꽂아 쓰는 이음 도구(복합 용구)로 만들어 사용
　– 활이나 톱 · 창 · 낫 · 작살 등을 이용해 사냥 · 채집 · 어로 활동
* 유적지
　– 남한 지역 : 공주 석장리 최상층, 통영의 상노대도 조개더미, 거창 임불리, 홍천 하화계리 등
　– 북한 지역 : 웅기 부포리, 평양 만달리 등

빗살무늬 토기

덧무늬 토기

빗살무늬 토기 ⭐빈출개념
신석기 시대의 대표적 토기인 빗살무늬 토기는 회색으로 된 사토질 토기, 크기는 다양하나 바닥은 뾰족한 V자형의 토기, 주로 해안이나 강가의 모래에서 발견되었다는 점에서 신석기인들이 수변생활을 했음을 알 수 있음

중기(BC 4000 ~2000)	빗살무늬 토기 (즐문 토기, 기하문 토기, 어골문 토기)	• 빗살문 · 기하문 등 어골문이 새겨진 회색의 V자형 토기(일본의 조몽 토기로 연결) • 대부분 해안이나 강가에서 발견되어, 수변 · 어로 생활을 반영	서울 암사동, 경기 미사리, 김해 수가리, 부산 동삼동, 웅기 굴포리
후기	변형즐문 토기 (평저즐문 토기, 번개무늬 토기, 물결무늬 토기)	밑바닥이 평평한 U자형의 토기로, 농경 및 정착 생활을 반영	부산 다대동, 황해 봉산 지탑리, 평남 온천 궁산리, 평북 청진 농포동, 강원 춘천 교동, 경기 부천 시도

(4) 사회생활

① **주거지(움집)** : 주로 해안이나 강가에 움집을 짓고 생활

㉠ 바닥은 원형이나 둥근 방형, 4~5명 정도의 사람이 들어감, 중앙에는 취사와 난방을 위한 화덕이 위치

㉡ 남쪽으로 출입문, 화덕 · 출입문 옆 저장 구덩이에 식량이나 도구를 저장

② **씨족 중심의 사회**

㉠ 혈연을 바탕으로 하는 씨족을 기본 구성단위로 하는 사회, 점차 다른 씨족과의 혼인(족외혼), 모계 혈통을 중시하여 출생 후 모계의 씨족에 편입

㉡ 경제적 측면에서 폐쇄적 · 배타적 성격이 강함, 중요한 일은 씨족 회의의 만장일치에 의해 결정

㉢ 씨족에는 청소년 집단 훈련 기능 존재, 집단적 · 공동체적 제천 행사나 신앙활동 존재

㉣ 연장자나 경험이 많은 자가 자기 부족을 이끌어 나가는 평등 사회

(5) 예술 활동

① **주술적 성격** : 주술적 신앙이나 종교와 관련(음악 · 무용), 부적과 같은 호신부나 치레걸이 등을 통해 풍요 · 다산 기원

② **주요 예술품** : 토우, 안면상, 여인상, 패면(조개껍데기 가면), 장식품, 치레걸이 등

(6) 원시 신앙 활동(원시 종교)

① **애니미즘(Animism, 정령신앙)**

㉠ 모든 자연 현상이나 자연물에 정령(생명)이 있다고 믿는 신앙

㉡ 영혼불멸사상, 지모신 사상, 동쪽으로의 매장방식, 삼신(천신 · 지신 · 조상신) 숭배, 태양 숭배, 물에 대한 숭배

② **샤머니즘(Shamanism, 무격신앙)**

㉠ 영혼이나 하늘을 인간과 연결시켜 주는 무당(巫堂)과 주술을 믿는 신앙

㉡ 무당은 주술을 통해 인간의 장수와 질병, 농경생활, 사냥 등의 제의 주관

③ **토테미즘(Totemism, 동물숭배)** : 자기 부족의 기원을 특정 동 · 식물과 연결시켜 그것을 숭배, 단군왕검(곰) · 박혁거세(말) · 김알지(닭) · 석탈해(까치) · 김수로왕(거북이) 등이 해당

신석기 후기의 움집

• 움집 내의 공간이 다소 커지고 정방형이나 장방형으로 바뀜, 화덕 가리가 한쪽으로 치우쳐 설치

• 움집 생활의 다양성 또는 작업 공간의 확보 등을 의미

신석기 시대의 움집

신석기 시대의 집터 유적

조가비로 만든 팔찌, 패면, 뼈바늘 등

조개더미 유적지

• 신석기 시대 : 웅기 굴포리, 부산 동삼동, 양양 오산리

• 철기 시대 : 양산, 김해, 웅천, 몽금포

기타의 신앙 형태

• 사람이 죽어도 영혼은 없어지지 않는다고 생각하여 영혼 숭배(조상 숭배 등)

• 금기(Taboo), 투우, 부장, 호신부의 지참 등

(7) 유물 및 유적

① 대표적 유물

　㉠ 간석기 : 돌을 갈아 여러 가지 형태와 용도를 가진 간석기를 만들어 사용, 부러지거나 무뎌진 도구를 다시 갈아 손쉽게 쓸 수 있게 됨

　㉡ 토기 : 토기는 흙으로 빚어 불에 구워 만들며, 신석기 시대에 처음으로 제작

　㉢ 가락바퀴와 뼈바늘 : 가락바퀴(방추차)와 뼈바늘(골침)은 옷이나 그물 등을 제작하는 용도로 사용(방적술·직조술)

② 주요 유적지와 특징

구분	유적지	특징
전기	제주 고산리	• 최고(最古)의 유적지(기원전 8천 년 무렵의 유적) • 고산리식 이른 민무늬 토기, 덧무늬 토기 출토
	강원 양양 오산리	• 최고(最古)의 집터 유적지 • 흙으로 빚어 구운 안면상, 조개더미
	강원 고성 문암리	덧무늬 토기 출토
	부산 동삼동	조개더미 유적으로, 패면(조개껍데기 가면), 이른 민무늬 토기, 덧무늬 토기, 바다 동물의 뼈 등이 출토
	웅기 굴포리	• 구석기·신석기 공통의 유적지 • 조개더미, 온돌장치
중기	서울 암사동, 경기 하남 미사리, 김해 수가리	빗살무늬 토기 출토
후기	황해도 봉산 지탑리	• 빗살무늬 토기 출토 • 탄화된 좁쌀(농경의 시작)
	평남 온천 궁산리	• 빗살무늬 토기 출토 • 뼈바늘(직조, 원시적 수공업의 시작)
	경기 부천 시도, 강원 춘천 교동	후기의 토기 출토

6. 청동기 문화의 성립과 발달

(1) 청동기 문화의 성립

① 성립 시기 및 지역적 범위 : 한반도와 만주 지역에서 BC 2000~1500년경에 본격적으로 청동기 문화가 전개

② 특징

　㉠ 우리나라의 경우 중국이 아닌 시베리아 등 북방 계통의 청동기가 전래

　㉡ 청동기 전래와 더불어 이전 시대의 석기(간석기)도 더욱 발달

　㉢ 벼농사가 시작, 농업 생산력이 증가, 정치권력과 경제력을 가진 지배자(군장)의 등장

SEMI-NOTE

가락바퀴(방추차)

뼈바늘

간석기

청동기 문화의 독자성
청동기 문화의 토착화를 반영하는 것으로는 거푸집(용범)과 세형동검, 잔무늬거울 등이 있음

13

SEMI-NOTE

반달 돌칼

홈자귀(유구석부)

비파형 동검

미송리식 토기　　민무늬 토기

미송리식 토기
- 청동기 시대의 토기
- 밑이 납작한 항아리 양쪽에 손잡이가 하나씩 달리고 목이 넓게 올라가서 다시 안으로 오므라든 모양을 하고 있음
- 표면에 집선 무늬
- 평북 의주 미송리 동굴에서 처음 발굴, 주로 청천강 이북, 요령성과 길림성 일대에 분포

청동기 시대 유적지
평북 의주 미송리, 평북 강계 공귀리, 여주 흔암리, 함북 회령 오동리, 함북 나진 초도, 평양 금탄리와 남경, 충남 부여 송국리, 충북 제천 황석리, 경기 여주 흔암리, 전남 순천 대곡리, 울산 검단리 등

(2) 유적 및 유물

① 유물 : 주로 집터나 고인돌·돌널 무덤·돌무지 무덤 등 당시의 무덤에서 출토
  ⊙ 농기구 : 청동 농기구는 없음, 석기·목기로 제작된 농기구가 사용
   • 반달 돌칼(추수용), 바퀴날 도끼(환상석부), 홈자귀(유구석부, 경작용), 돌 괭이 등, 나무 쟁기 등
  ⓒ 청동기
   • 비파형 동검, 제기(祭器), 공구, 거친무늬 거울, 장신구(호랑이·말 모양의 띠고리 장식, 팔찌, 비녀, 말자갈 등), 북방 계통의 청동기가 전래
   • 청동 제품을 제작하던 틀인 거푸집(용범)이 여러 유적에서 발견된다는 점, 우리나라에서 독자적으로 청동기가 제작되었음을 짐작
   • 청동기 후기(초기 철기)에는 초기의 비파형 동검(요령식 동검)과 거친무늬 거울(다뉴조문경)보다 독자적 성격이 반영된 세형동검과 잔무늬 거울(세문경)이 주로 제작
② 토기 : 덧띠새김무늬 토기, 민무늬 토기
  ⊙ 민무늬 토기 : 청동기 시대 대표적 토기, 지역에 따라 모양이나 형태가 조금씩 다름(바닥이 편평한 원통 모양인 화분형, 밑바닥이 좁은 모양인 팽이형, 빛깔은 적갈색), 미송리식 토기, 각형식(팽이형) 토기, 역삼동식 토기, 가락리식 토기, 송국리식 토기 등
  ⓒ 검은 간 토기, 붉은 간 토기, 가지무늬 토기(붉은 간 토기의 변형) 등

7. 철기 문화의 성립과 발달

(1) 철기 문화의 성립

① 성립 시기 : BC 5~4세기경부터 중국 스키타이 계통의 철기가 전래, 초기 철기 시대는 청동기 후기와 시기상 겹치며, 오랫동안 청동기와 철기가 함께 사용
② 영향(특징) : 철제 농기구의 보급·사용으로 농업이 발달, 경제 기반이 확대, 철제를 무기와 연모 등에 보편적으로 사용, 청동기는 의식용 도구, 한반도 안에서 독자적으로 발전

(2) 유적 및 유물

① 유적지 : 한반도 전역에 걸쳐 널리 분포
② 주요 유물
  ⊙ 동검 : 비파형 동검(요령식 동검)은 세형동검(한국식 동검)으로 변화·발전
  ⓒ 청동 거울 : 거친무늬 거울(조문경)은 잔무늬 거울(세문경)로 형태가 변화
  ⓒ 거푸집(용범), 민무늬 토기, 검은 간 토기, 덧띠 토기

(3) 중국과의 교류

① 중국 화폐의 사용 : 중국과의 활발한 경제적 교류 반영

명도전	중국 춘추 전국 시대에 연과 제에서 사용한 청동 화폐로, BC 4세기 무렵 중국 철기의 전래 및 중국과의 활발한 교역 관계를 반영
반량전	BC 3세기 무렵 진에서 사용한 청동 화폐로 半兩(반량)이라는 글자가 새겨져 있으며, 사천 늑도에서 출토
오수전	BC 2세기 무렵의 한(漢) 무제 때 사용된 화폐로, 창원 다호리 등에서 출토
왕망전	1세기 무렵 신(新)의 왕망이 주조한 화폐로, 김해 패총과 제주도에서 출토

② 한자의 사용 : 창원 다호리 유적에서 붓이 출토되었는데, 이는 당시(BC 2세기경)의 문자(한자) 사용 및 중국과의 문화적 교류를 반영

8. 청동기 시대 및 철기 시대의 생활 모습

(1) 경제 생활

① 농기구의 개선 및 발달 : 석기 농기구가 다양 · 기능 개선, 철제 농기구 새로 도입, 농업 발달, 생산 경제 향상

② 조 · 보리 · 콩 · 수수 등 밭농사 중심, 청동기 시대 일부 저습지에서 벼농사가 시작되어 철기 시대에 발달, 사냥이나 어로는 농경의 발달로 비중이 줄어듦

(2) 사회 생활

① 사회의 분화

  ㉠ 직업의 전문화와 분업 : 모계 중심 사회가 붕괴, 가부장 사회 성립

  ㉡ 계급의 분화 · 지배자 등장(잉여 생산물의 발생과 사적 소유에서 기인) : 청동기 문화가 일찍부터 발달한 북부 지역을 중심으로 권력 · 경제력을 가진 지배자(족장)인 군장 출현

  ㉢ 친족 공동체 중심의 사회가 진전되면서 씨족 공동체가 붕괴

② 정복 활동의 전개 : 정치권력과 경제력에서 우세한 부족들이 선민사상(選民思想)을 배경으로 주변 부족을 통합 · 정복, 금속제 무기의 사용

(3) 주거 생활

① 청동기 시대

  ㉠ 주로 움집에서 생활, 장방형의 움집(수혈 주거)으로 깊이가 얕다가 점차 지상 가옥에 근접, 움집을 세우는 데에 주춧돌 이용, 화덕은 한쪽 벽으로 이동, 저장 구덩이를 따로 설치 · 한쪽 벽면을 밖으로 돌출시켜 만듦, 독립된 저장 시설을 집 밖에 따로 설치

  ㉡ 후기의 지상 가옥은 농경 생활의 영향으로 점차 배산임수의 지역에 취락 형성, 구릉이나 산간지에 집단 취락(마을)의 형태를 이룸

② 철기 시대 : 배산임수가 확대, 지상 가옥 형태가 보편적, 산성에 거주, 정착 생활의 규모가 점차 확대, 대규모의 취락 형태

SEMI-NOTE

탄화미의 출토(벼농사의 흔적)
청동기 시대의 유적지인 여주 흔암리와 부여 송국리, 서천 화금리 유적 등지에서 불에 탄 볍씨(탄화미)가 출토, 청동기 시대에 벼농사가 시작되었음을 반영

청동기 시대의 농기구
청동은 매우 귀할 뿐만 아니라 무척이나 무른 금속이므로 농기구를 만드는 데에는 적합하지 않음. 청동은 주로 지배층의 권위를 나타내는 물건을 만드는 데 사용. 농기구 등의 생활 도구는 돌이나 나무로 제작

선민사상
- 스스로 하늘의 자손이라고 믿는 사상
- 권력 · 경제력 등이 강한 부족이 약한 부족을 정복 · 통합함에 있어 바탕이 됨

방어를 위한 촌락
- 청동기 시대의 일부 유적지에서는 방어를 위한 촌락의 형태가 나타나기도 함
- 울산 검단리에서는 환호 취락(주위에 호(濠)를 두른 취락)이, 부여 송국리에서는 목책 취락과 환호 취락의 형태가 발견

북방식 고인돌

남방식 고인돌

간석검(마제석검)

족장의 무덤에서 부장품으로 간석검이 출토되는데, 이는 족장들의 힘과 권위를 상징

청동기 시대 및 철기 시대 주요 예술품 및 바위그림

• **청동 제품** : 의식용 도구로 비파형 동검, 거친무늬 거울, 잔무늬 거울, 방울(동령·쌍두령·팔주령 등), 농경문 청동기(종교 의식과 관련된 청동 의기) 등
• **토우(土偶)** : 흙으로 빚은 짐승이나 사람 모양의 상
• **바위그림(암각화)** : 전국 20여 지역에서 발견
  – 울주 대곡리 반구대 바위그림 : 거북·사슴·호랑이·새 등의 동물과 작살이 꽂힌 고래, 그물에 걸린 동물, 우리 안의 동물 등이 새겨짐(사냥 및 고기잡이의 성공과 풍성한 수확 기원)
  – 울주 천전리 바위그림 : 제1암각화에는 원형·삼각형 등 기하학적 문양, 제2암각화에는 사냥과 고래잡이를 하는 모습
  – 고령 양전동 바위그림 : 동심원·십자형·삼각형 등의 기하학적 무늬가 새겨짐. 동심원은 태양을 상징하는 것으로 태양 숭배나 풍요로운 생산을 비는 의미
  – 칠포의 바위그림 : 우리나라에서 발견된 최대의 바위그림

〈삼국유사〉와 〈제왕운기〉의 단군기록

• **일연의 〈삼국유사〉** : 단군에 대한 최초의 기록, 환웅이 웅녀와 혼인하여 단군을 낳은 것으로 기록하여 원형에 충실한 서술을 하고 있으며, 고조선이라는 표현을 처음으로 사용
• **이승휴의 〈제왕운기〉** : 환웅의 손녀가 사람이 된 후 단군을 낳은 것으로 기록, 원형과 거리가 있음

기자(箕子) 조선

중국 사서인 〈상서대전〉(최초의 기록)과 〈사기〉, 〈한서〉 등에 주(周)의 무왕이 기자를 조선에 봉하였다는 전설(기자동래설), 기원전 12세기 인물인 기자가 기원전 3~2세기 기록에 처음 나타난 점과 당대의 역사적 상황, 고고학적 근거 등을 고려할 때 허구성이 강함 우리나라와 북한의 학계에서도 이를 인정하지 않음

(4) 무덤 양식

① 무덤 양식의 구분
  ㉠ **청동기 시대** : 고인돌, 돌무지 무덤, 돌널 무덤, 돌덧널 무덤(돌곽 무덤), 석곽묘 등
  ㉡ **철기 시대** : 널 무덤(움 무덤, 토광묘), 독 무덤(옹관묘), 주구묘(마한) 등

② 고인돌(지석묘)
  ㉠ 우리나라 전역에 분포하는 청동기 시대의 대표적인 무덤, 지배층(족장)의 무덤
  ㉡ 북방식(탁자식)과 남방식(기반식·바둑판식), 굄돌을 세우고 그 위에 거대하고 평평한 덮개돌을 얹은 북방식이 일반적인 형태

(5) 예술 활동의 성격

종교나 정치적 요구와 밀착, 미 의식과 생활 모습을 반영, 주술성이 있음

02절   국가의 형성과 발달

1. 단군 신화

(1) 단군 신화의 의의

① 의의 및 성격
  ㉠ 우리 민족의 시조 신화, 유구한 민족사·단일 민족 의식 반영(민족적 자긍심과 주체성)
  ㉡ 우리 민족의 세계관과 윤리관, 널리 인간을 이롭게 한다는 홍익인간의 건국이념 내포

② 단군의 건국에 관한 기록 : 일연 〈삼국유사〉, 이승휴 〈제왕운기〉, 정도전 〈조선경국전〉, 권람 〈응제시주〉, 〈세종실록 지리지〉, 〈동국여지승람〉 등

(2) 단군 신화의 기록 및 내용

① 삼국유사(三國遺事)

> 옛날에 환인(桓因)의 서자 환웅(桓雄)이 항상 천하에 뜻을 두고 인간 세상을 바랐다. 아버지는 아들의 뜻을 알고 삼위태백(三危太白)을 내려다보니 인간 세계를 널리 이롭게 할 만하였다. 이에 천부인(天符印) 세 개를 주어, 내려가서 세상을 다스리게 하였다. 환웅은 그 무리 3천 명을 거느리고 태백산(太白山) 꼭대기의 신단수(神檀樹) 아래에 내려와서 이곳을 신시(神市)라 불렀다. 그는 풍백(風伯), 우사(雨師), 운사(雲師)를 거느리고 곡식, 수명, 질병, 형벌, 선악 등을 주관하고, 인간의 삼백 예순 가지나 되는 일을 주관하여 인간 세계를 다스려 교화시켰다. 이때, 곰 한 마리와 범 한 마리가 같은 굴에서 살았는데, 늘 신웅(神雄)에게 사람 되기를 빌었다. 때마침 신(神)이 신령한 쑥 한 심지와 마늘 스무 개를 주면서 말했다. "너희들이 이것을 먹고 백일 동안 햇빛을 보지 않는다면 곧 사람이 될 것이다." 곰과 범은 이것을 받아서 먹었다. 곰은 몸을 삼간 지 삼칠일 만에 여

자의 몸이 되었으나, 범은 능히 삼가지 못했으므로 사람이 되지 못했다. 웅녀(熊女)는 그와 혼인할 상대가 없었으므로 항상 신단수 아래에서 아이 배기를 축원했다. 환웅은 이에 임시로 변하여 그와 결혼해 주었더니, 그는 임신하여 아들을 낳아 이름을 단군왕검이라 하였다. 단군은 요 임금이 왕위에 오른 지 50년인 경인년에 평양성에 도읍을 정하고 비로소 조선(朝鮮)이라 불렀다. 또다시 도읍을 백악산(白岳山) 아사달(阿斯達)로 옮겨, 1천5백 년 동안 여기에서 나라를 다스렸다.

② 단군 신화의 주요 내용 : 선민사상과 천손족(天孫族) 관념, 주체성 · 우월성 과시, 홍익인간의 이념, 청동기의 사용, 사유 재산의 존재와 계급 분화, 애니미즘과 농경 사회의 모습, 의약에 관한 지식, 태양 숭배 의식, 곰 토템 사회 및 모계 중심의 사회, 천지 양신족설 · 족외혼, 제정일치 사회

2. 고조선

(1) 고조선의 성립

① 성립 배경 : 농경과 청동기 문화의 발전과 함께 족장이 지배하는 군장 사회 출현, 강한 족장 세력이 주변의 여러 족장 사회를 통합, 고조선이 가장 먼저 국가로 성장

② 건국 시기 : 단군 왕검이 BC 2333년 건국

(2) 고조선의 발전 및 변천

① 발전 : 청동기를 배경으로 철기 문화를 수용, 요하 · 대동강 일대의 세력을 규합, 대연맹국으로 성장

② 시기별 변천

    ⊙ BC 7세기경 : 춘추 전국 시대의 제(齊)와 교역하며 성장(〈관자〉에 기록)

    ⓒ BC 4세기경 : 춘추 전국 시대 동방 사회의 중심 세력으로 성장, 왕호 사용, 관직을 둠, 중국의 철기 문화가 전파됨

    ⓒ BC 3세기경 : 요서 지방을 경계로 연과 대등하게 대립할 정도로 강성, 부왕 · 준왕 같은 강력한 왕이 등장하여 왕위 세습제가 마련, 상 · 대부 · 대신 · 장군 등의 중앙 관직을 두고 박사 · 도위(지방관) 등을 파견

(3) 위만 조선

① 유이민의 이주와 위만의 집권

    ⊙ 기원전 5~4세기 · 기원전 3~2세기(진 · 한 교체기) 유이민들의 1차 · 2차 이주, 위만은 혼란을 피해 1,000여 명의 무리를 이끌고 고조선으로 이주

    ⓒ 준왕은 위만을 박사로 봉하고 서쪽 땅의 통치와 변경을 수비하는 임무를 맡김

    ⓒ 위만은 준왕을 몰아내고 스스로 왕이 됨(BC 194)

② 위만 조선의 성격 : 고조선의 토착 세력, 유민, 유이민 세력이 규합하여 성립한 연맹 국가(단군 조선을 계승)

③ 정치 조직의 정비

    ⊙ 통치 체제 : 왕 아래 비왕과 상(相)이라는 독립적 군장과 경 · 대신 · 장군 등의

고조선의 세력 범위

세력 범위 및 중심지
• 요령 지방을 중심으로 성장, 인접한 군장 사회를 통합하면서 한반도까지 발전
• 청동기 시대를 특징짓는 유물의 하나인 비파형 동검과 고인돌(북방식)은 미송리식 토기와 거친무늬 거울(다뉴조문경)이 나오는 지역과 관련. 주로 만주와 북한 지역에서 집중적으로 발굴. 고조선의 세력 범위를 짐작하게 함
• 요령 지방과 대동강 유역을 중심으로 독자적인 문화를 이룩하면서 발전

고조선의 통치 체제
중앙의 통치는 왕과 대부, 지방의 통치는 왕과 박사가 연결되는 구조의 통치 체제. 여기서의 대부는 중앙 행정 관리에 해당하나, 박사는 관리나 관직의 개념이라기보다는 지방행정을 대행하는 명망가를 지칭하는 개념이라고 봄

SEMI-NOTE

위만 조선의 비왕(裨王)
• 비왕은 왕에 버금가는 존재(왕권 버금 세력)를 지칭하는 것
• 고구려의 고추가, 백제의 길사, 신라의 갈문왕 등과 유사

위만이 조선인이라는 근거
• 위만이 상투를 틀고 조선인의 옷을 입고 있었다는 점(사마천의 〈사기〉)
• 고조선의 준왕이 위만을 신임하여 서쪽 변경 수비를 맡긴 점
• 집권 후 나라 이름을 그대로 조선이라 하였고, 토착민 출신으로 높은 지위에 오른 자가 많았다는 점

고조선과 한 간 전쟁의 불씨
• 우거왕 집권 당시 고조선은 강력한 군사력을 가지고 있었음
• 고조선은 이 군사력을 기반으로 예·진 등이 한과 직접 교역하지 못하도록 하고 중계 무역을 통해 이익을 독점
• 이에 한은 사신 섭하를 보냈으나 양국 간의 회담은 실패
• 섭하가 그를 전송하던 고조선의 비왕(작위의 이름으로 추측됨)을 살해, 한은 귀환한 그를 요동군 동부 도위로 임명하여 고조선을 자극, 이에 우거왕은 패수를 건너가 섭하를 죽임

한 군현(한4군)의 설치

구분	지역	소멸
임둔군	함경남도, 강원도	BC 82년 전한 때 폐지·소멸
진번 (대방군)	자비령 이남, 한강 이북	BC 82년 전한 때 폐지·소멸
현도군	압록강 중류 (통구)	고구려와 충돌, BC 75년 만주 등지로 축출
낙랑군	대동강 유역 (고조선의 옛 땅)	313년 고구려 미천왕에게 멸망

점제현 신사비
AD 85년 낙랑 당시 건립된 저수지 축조 기념비, 우리나라에서 발견된 금석문 중 가장 오래됨, 오곡의 풍성함과 도둑과 짐승의 피해를 막아달라고 산신에게 비는 내용

관료 체계
  ⓒ **군사 체제** : 기병과 보병 형태를 갖춘 상비군 체제를 갖추고 한에 대항
  ⓒ **중앙 및 지방 지배 체제** : 중앙 정부는 국왕을 중심으로 직접 통치, 지방은 독자적 권력을 가진 군장에 의해 간접적으로 지배
 ④ **위만 조선의 발전**
  ㉠ 철기의 사용으로 농업, 수공업, 상업, 무역 발달
  ⓒ 활발한 정복 사업을 전개, 넓은 영토 차지, 중앙 정치 조직을 갖춘 강력한 국가로 성장

(4) 고조선의 멸망

① **한의 견제와 침략**
 ㉠ 한이 흉노를 견제하고 고조선에 압력을 가하고자 창해군을 설치(BC 128) 하였으나 토착인의 저항으로 2년 뒤에 철폐
 ⓒ 고조선은 한의 동방 침략 기지인 요동군까지 위협
 ⓒ 한은 사신(섭하) 살해를 빌미로 한무제가 육군 5만과 수군 7천을 이끌고 고조선을 침(BC 109)
② **경과**
 ㉠ 1차 접전(패수)에서 고조선은 대승, 위만의 손자인 우거왕이 1년간 항전
 ⓒ 2차 침입에 대신 성기(成己)가 항전, 고조선의 내분(주전파·주화파의 분열)으로 우거왕 암살, 주화파의 항복으로 왕검성(평양성) 함락(BC 108)
③ **한 군현(한4군)의 특징 및 영향**
 ㉠ **정치면** : 고조선 내부 지배 세력 재편, 민족적 차별 발생, 고대 국가 성립 지연, 토착 세력의 반발과 민족적 자각 촉발
 ⓒ **사회면** : 법 조항의 증가, 엄한 율령(律令)의 시행, 풍속이 각박해짐
 ⓒ **경제면** : 철제 농기구의 보급으로 농업 생산력이 증가, 한 상인들의 범죄 행위로 피해가 발생
 ㉣ **문화·사상면** : 한자가 전파, 철기 문화 널리 보급
 ㉤ **유물 및 유적** : 토성, 점제현 신사비, 기와, 봉니, 채화칠협, 전화, 오수전, 한의 동전 등

(5) 고조선의 생활 모습

① **경제적 모습** : 생활 용품이나 도구, 무기, 장신구 등을 만들어 사용, 중국과 활발한 무역 전개(명도전)
② **사회·문화적 모습** : 귀족(지배 계급), 하호(下戶, 일반 농민), 노예로 구성, 농민들은 대나무 그릇 사용
③ **8조법** : 고조선 사회 전체에 해당되는 만민법, 보복법
 ㉠ **내용**
  • **살인죄** : 사람을 죽인 자는 사형에 처함(相殺以當時償殺)
  • **상해죄** : 상해를 입힌 자는 곡식으로 배상함(相傷以穀償)
  • **절도죄** : 도둑질한 자는 그 주인의 노비로 삼되(相盜者男沒入爲其家奴女子

爲婢) 지속하려면 1인당 50만 전을 내야함, 비록 속전(贖錢)하여 자유인이
되었어도 이를 부끄럽게 여겨 결혼상대로 하지 않음
  • 간음죄 : 부인들은 정신하여 편벽되고 음란치 않았다(婦人貞信不淫僻)고
    한 것으로 보아, 처벌 규정은 없으나 간음이나 질투 등을 금지하는 규정이
    있었을 것이라 짐작
  ㉃ 법으로 본 사회상 : 생명, 노동력을 중시, 농업이 발달하고 사유 재산을 보호,
    권력과 경제력의 차이가 있는 계급 사회, 화폐 존재, 재산의 사유화, 형벌과
    노예 제도가 발생, 가부장적 사회

3. 부여

(1) 성립 및 쇠퇴

① 성립 및 발전 : AD 1세기경 만주의 송화강(쑹화강) 유역 평야 지대를 중심으로
  본격적 성장, 1세기 초에 중국식 왕호 사용
② 쇠퇴 : 3세기 말(285) 선비족의 침략으로 쇠퇴하기 시작, 346년 선비족의 침략으
  로 수많은 부여인이 포로로 잡혀감, 이후 고구려의 보호 하에 있다가 결국 고구
  려(문자왕, 494)에 항복
③ 역사적 의의 : 고대 국가로 발전하지 못하고 연맹 왕국의 단계에서 멸망, 고구
  려 · 백제의 건국 세력이 부여의 계통임을 자처함

실력UP 연맹 왕국의 특성

• 정치적 특성
  – 개별 소국과 지방에 대한 직접적 지배권을 행사하지는 못함(군장들의 지역적 자치가 인
    정됨)
  – 실권을 가진 유력한 군장은 우대됨
  – 국가의 중요 사항은 귀족 회의(군장 회의)를 통해 결정
• 사회적 특성
  – 지배층 : 왕, 군장(제가), 호민(지방 세력자) → 제가와 호민은 전쟁 시 앞장서서 싸움
  – 피지배층 : 하호(일반 농민, 평민으로 전쟁 시 전투에 참여하지 않고 군량을 운반), 노비
  – 제천 행사 : 하늘에 제사를 지내는 의식으로 제천 행사 기간 동안 음주가무를 즐기며 이
    를 통해 부족의 갈등을 해소하고 결속을 강화함

(2) 정치·경제·사회의 모습

① 정치
  ㉠ 가축의 이름을 딴 마가(馬加) · 우가(牛加) · 저가(猪加) · 구가(狗加)와 대사
    자 · 사자 등의 관리를 둠
  ㉡ 4가(加)는 각기 행정 구획인 사출도(四出道)를 다스림, 왕이 직접 통치하는 중
    앙과 합쳐 5부를 구성(5부족 연맹체)
  ㉢ 가(加)들은 왕을 제가 회의에서 추대, 수해나 한해로 오곡이 잘 익지 않으면
    책임을 물어 왕을 교체(초기에는 왕권이 약하여 문책되어 사형당하기도 함)

고조선의 8조법을 다룬 문헌

범금팔조, 또는 〈삼국지 위지 동이전〉의
기록에 따라 〈기자팔조금법〉이라고도 부
름, 8조 중 3개 조목의 내용만이 반고
(班固)의 〈한서지리지〉에 전해지고 있음

초기 국가의 위치

부여 · 고구려 · 백제의 계통적 연결성

건국 신화를 통해 볼 때, 부여를 건국한
해모수와 유화 부인 사이에서 태어난 주
몽이 고구려를 건국, 주몽의 아들 온조
가 남하하여 백제를 건국

부여의 법률(4대 금법)

• **살인죄** : 살인자는 사형에 처함, 그 가
  족은 노비로 삼음(연좌제 적용)
• **절도죄** : 남의 물건을 훔쳤을 때에는
  물건 값의 12배를 배상(1책 12법)
• **간음죄** : 간음한 자는 사형에 처함
• **투기죄** : 부녀가 투기하면 사형에 처
  하되 그 시체를 수도 남쪽 산에 버려
  썩게 하며, 시체를 가져가려면 소 · 말
  을 바쳐야 함

SEMI-NOTE

　　㉣ 궁궐 · 성책 · 감옥 · 창고 등의 시설을 갖추고 부족장들이 통제

② 경제 : 반농반목, 특산물로는 말 · 주옥 · 모피 등이 유명

③ 사회(신분)

　　㉠ 왕, 제가, 호민(지방 세력자) 등이 지배 계층

　　㉡ 하호 : 읍락에 거주하며 농업에 종사하는 농민(평민), 조세 · 부역 담당

　　㉢ 노비 : 최하위층, 죄인이나 포로 · 채무 불이행자 등, 매매 가능

제천 행사
제천 행사는 하늘을 숭배하고 제사하는 의식. 대부분 농사의 풍요와 성공적인 수렵 활동을 기원함

(3) 풍속 ★빈출개념

① 백의를 숭상 : 흰 옷을 입는 풍속(백의민족의 유래), 금 · 은의 장식

② 형사취수제(兄死娶嫂制) : 부여 · 고구려에서 존재한 풍습으로 노동력 확보를 목적으로 한 근친혼제

③ 순장 · 후장 : 왕이 죽으면 사람들을 함께 묻는 순장과, 껴묻거리를 함께 묻는 후장의 풍습이 존재

④ 우제점법(우제점복) : 점성술이 발달, 소를 죽여 그 굽으로 길흉을 점치는 우제점법이 존재

⑤ 영고(迎鼓) : 수렵 사회의 전통을 보여 주는 제천 행사로, 매년 음력 12월에 개최

> **초기 국가의 제천 행사**
> • 부여 : 12월의 영고
> • 고구려 : 10월의 동맹
> • 동예 : 10월의 무천
> • 삼한 : 5월의 수릿날, 10월의 계절제

4. 고구려

(1) 성립 및 발전

① 건국과 천도 : 주몽이 부여 지배 계급 내의 분열 · 대립 과정에서 박해를 피해 남하하여 고구려 건국(〈삼국사기〉에 기록)

② 성장 및 발전

고구려 성립의 역사적 의의
중국 문화를 수용하여 한반도와 일본에 전해준 문화 중개자, 중국의 침략으로부터 한반도를 보호한 민족의 방파제 역할

　　㉠ 건국 초기부터 주변의 소국들을 정복 · 평야 지대로 진출하고자 함, 국내성(통구)으로 이동 후 한족 · 선비족과 투쟁하면서 5부족 연맹을 토대로 AD 1세기경 고대 국가로 성장

　　㉡ 활발한 정복 전쟁으로 한의 군현을 공략하여 요동 지방으로 진출

(2) 정치

5부족 연맹체로는 계루부, 소노부, 절노부, 순노부, 관노부, 왕 아래 상가, 대로, 패자, 고추가 등의 대가(大加)들이 존재

(3) 경제·사회

① 경제생활 : 농업을 주로 함, 큰 산과 계곡으로 된 산악 지역에 위치, 토지 척박, 농토 부족, 생산 미미, 약탈 경제 체제와 절약적 경제생활

　　㉠ 특산물 : 소수맥에서 생산한 맥궁(활)

② 계급에 따른 생활의 구분

　　㉠ 대가들과 지배층인 형(兄)은 농사를 짓지 않는 좌식 계층, 저마다 창고인 부경(桴京)을 둠

고구려의 법률
• 도둑질한 자는 부여와 같이 12배를 배상케 함(1책 12법)
• 뇌옥은 따로 두지 않고 제가 회의에서 직접 처벌, 중대한 범죄자는 사형에 처하고 그 가족을 노비로 삼음

고구려의 가옥
• 본채는 초가지붕과 온돌 설치, 대옥(제사를 지내는 사당)과 소옥(사위가 거처하는 서실)이라는 별채를 둠
• 좌식 계층인 지배층의 집에는 부경이라는 창고를 두어 약탈물 · 공물 저장

　　㉡ 생산 계급인 하호들은 생산 담당, 물고기와 소금[魚鹽]을 가져와 좌식 계층에

공급

(4) 풍속

① 혼인 풍속

  ㉠ 서옥제(데릴사위제) : 혼인을 정한 뒤 신랑이 신부 집의 뒤꼍에 조그만 집(서옥)을 짓고 거기서 자식을 낳아 기름, 자식이 장성하면 가족이 함께 신랑 집으로 돌아가는 제도

  ㉡ 형사취수제 : 친족 공동체의 유대 · 노동력 확보의 필요성 반영, 중기 이후 점차 사라짐

② 장례 풍속

  ㉠ 결혼 후 수의를 장만하였고, 부모나 남편의 상은 3년상으로 함

  ㉡ 후장제(厚葬制)가 유행, 부장품을 함께 묻음, 장례 시 북을 치고 노래를 부르며 송별의 의식을 행함

③ 제천 행사 등

  ㉠ 10월에 추수 감사제인 동맹(東盟)을 국동대혈에서 성대하게 거행

  ㉡ 건국 시조인 주몽(국조신)과 그의 어머니 유화 부인(지신 · 수신)을 조상신으로 섬겨 제사를 지냄

5. 옥저와 동예

(1) 성립 및 소멸

① 성립 지역 : 옥저는 함흥 평야 일대, 동예는 강원도 북부의 동해안에 위치

② 쇠퇴 · 소멸 : 변방에 치우쳐 선진 문화의 수용이 늦음, 고구려의 압력으로 크게 성장하지 못함, 연맹 왕국으로 발전하지 못함, 군장 국가 단계에서 고구려에 흡수

(2) 옥저와 동예의 모습

구분		옥저	동예
정치		• 왕이 없고 각 읍락에는 읍군(邑君) · 삼로(三老)라는 군장이 있어서 자기 부족을 통치, 큰 정치 세력을 형성하지는 못함 • 고구려의 압박과 변방에 위치한 탓에 연맹 왕국으로 발전 못함, 고구려에 흡수	• 왕이 없고, 후 · 읍군 · 삼로 등의 군장이 하호를 통치 • 불내예후국이 중심 세력이었으나, 연맹체를 형성하지 못하고 고구려에 병합
경제		• 소금과 어물 등 해산물이 풍부, 이를 고구려에 공납으로 바침 • 토지가 비옥하여 농사가 잘되어 오곡이 풍부	• 토지가 비옥하고 해산물이 풍부하여 농경 · 어로 등 경제생활이 윤택 • 명주와 베를 짜는 등 방직 기술 발달 • 특산물 : 단궁(短弓, 나무 활), 과하마(果下馬, 키 작은 말), 반어피(班魚皮, 바다표범의 가죽)

동예의 철자형 · 여자형 집터

· **철자형 집터** : 강원도 춘천시 율문리와 동해시, 강릉시를 중심으로 발굴된 철(凸)자 모양의 집터
· **여자형 집터** : 강원도 강릉시 병산동, 횡성군 둔내 등지에서 발굴된 여(呂)자 모양의 집터

철자형 집터

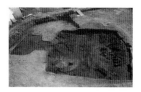

여자형 집터

마한 목지국

마한의 54개 소국 중 영도 세력이었던 목지국은 처음에 성환 · 직산 · 천안 지역을 중심으로 발달. 백제의 성장과 지배 영역의 확대에 따라 남쪽으로 옮겨 익산 지역을 거쳐 마지막에 나주 부근에 자리 잡았을 것으로 추정. 왕을 칭하던 국가 단계(연맹왕국)의 목지국이 언제 망했는지는 알 수 없으나 근초고왕이 마한을 병합하는 4세기 후반까지는 존속, 그 이후에는 백제의 정치 세력하에 있는 토착 세력으로 자리 잡았을 것으로 보임

소도의 의의

철기 문화의 전래에 따른 신 · 구 문화 간 충돌을 완충하고 사회의 갈등을 완화하는 역할을 수행하는 신성불가침 지역으로서, 당시 삼한 사회의 제정 분리를 반영함

풍속	· 고구려와 같은 부여족 계통, 주거 · 의복 · 예절 등에 있어 고구려와 유사 · 민며느리제(예부제, 매매혼의 일종) · 가족의 시체를 가매장하였다가 나중에 그 뼈를 추려 가족 공동묘에 안치(세골장제, 두벌 묻기) · 가족 공동묘의 목곽 입구에는 죽은 자의 양식으로 쌀을 담은 항아리를 매달아 놓음	· 엄격한 족외혼으로 동성불혼 유지(씨족사회의 유습) · 책화 : 각 부족의 영역을 엄격히 구분, 다른 부족의 생활권을 침범 시 노비와 소 · 말로 변상 · 별자리를 관찰해 농사의 풍흉 예측(점성술 발달) · 제천 행사 : 10월의 무천(舞天) · 농경과 수렵의 수호신을 숭배하여 제사를 지내는 풍습이 존재(호랑이 토템 존재)

6. 삼한

(1) 성립 및 발전

① 성립 : BC 2세기 무렵 고조선 사회의 변동으로 인해 유이민이 대거 남하함에 따라 새로운 문화(철기 문화)가 토착 문화와 융합되면서 진은 마한 · 변한 · 진한 등의 연맹체로 분화 · 발전

② 삼한의 발전

　㉠ 마한 : 삼한 중 세력이 가장 컸던 마한은 천안 · 익산 · 나주를 중심으로 한 경기 · 충청 · 전라도 지방에서 성립, 후에 마한 54국의 하나인 목지국(백제국)이 마한을 통합하여 백제로 발전

　㉡ 진한 : 대구 · 경주 지역을 중심으로 성립, 후에 진한 12국의 하나인 사로국이 성장하여 신라로 발전

　㉢ 변한 : 낙동강 유역(김해, 마산)을 중심으로 발전, 후에 변한 12국의 하나인 구야국이 6가야 연맹체의 중심 세력으로 성장

(2) 정치

① 주도 세력 : 삼한의 지배자 중 세력이 큰 대군장은 신지 · 견지 등, 세력이 작은 소군장은 부례 · 읍차 등으로 불림

② 제정의 분리

　㉠ 제사장인 천군(天君)이 따로 존재

　㉡ 국읍의 천군은 제천의식, 별읍의 천군은 농경과 종교적 의례 주관

　㉢ 별읍의 신성 지역인 소도(蘇塗)는 천군이 의례를 주관하고 제사를 지내는 곳, 제정 분리에 따라 군장(법률)의 세력이 미치지 못하며 죄인이 이곳으로 도망을 하여도 잡아가지 못함(신성 지역은 솟대를 세워 표시함)

(3) 경제·사회

① 농업의 발달

　㉠ 철기 문화를 바탕으로 하는 농경 사회, 농업 발달, 벼농사를 지음

　㉡ 벽골제(김제), 의림지(제천), 수산제(밀양), 공검지(상주), 대제지(의성) 등의

저수지를 축조하여 관개 농업을 시작(수전 농업이 발달)

ⓒ 두레 조직(작업 공동체)을 통해 공동 노동, 밭갈이에 가축의 힘을 이용

ⓔ 벼농사를 지음, 누에를 쳐 비단과 베를 생산(방직업)

② **철의 생산** : 변한 지역(마산 성산동과 진해의 야철지)에서는 철이 많이 생산되어 낙랑·왜(倭) 등에 수출, 철은 교역에서 화폐처럼 사용되기도 함

(4) 예술 및 풍속

① 예술

ㄱ 토우, 암각화

ㄴ 가야금의 원형으로 보이는 우리나라 최고(最古)의 현악기를 남김

② **문신의 풍습이 존재** : 마한·변한 지역에서 문신을 행했다는 기록 존재

③ **장례 및 무덤** : 장례 시 큰 새의 날개를 사용, 후장, 돌덧널 무덤, 독 무덤, 나무널 무덤, 주구묘 등

④ 제천 행사 등

ㄱ 5월의 수릿날과 10월에 계절제를 열어 하늘에 제사

ㄴ 지신(地神)에 대한 제사 의식의 일종, 여러 사람이 함께 땅을 밟아 땅의 생육을 높이고 풍요를 기원, 산신제, 농악 등의 풍습도 존재

암기맵 초기 국가의 형성 비교

구분	부여	고구려	옥저	동예	삼한
위치	만주 송화강 유역의 평야 지대	졸본 → 국내성	함경도 함흥평야	강원도 북부	한강 남쪽
정치	5부족 연맹, 마가·우가·저가·구가 → 사출도	5부족 연맹체, 제가 회의	왕이 없어 군장이 다스림(후, 읍군, 삼로)		제정 분리, 목지국의 영도
경제	반농반목, 말, 주옥, 모피	산악 지대, 토지 척박 → 약탈 경제	어물, 소금이 풍부	단궁, 과하마, 반어피	농경 발달, 철 생산(변한)
풍속	순장, 1책 12법, 우제점법	서옥제, 1책 12법	민며느리제, 가족공동묘	책화	두레 (공동 노동)
제천 행사	12월 영고	10월 동맹		10월 무천	5월 수릿날, 10월 계절제
변화	고구려에 복속	중앙 집권 국가로 성장	고구려에 복속		마한 → 백제 변한 → 가야 진한 → 신라

중국 화폐의 출토

사천 늑도에서 반량전, 의창 다호리에서 오수전, 김해 패총에서 왕망전이 출토되었음. 이를 통해 삼한과 중국 간에 활발한 교류가 있었음을 알 수 있음

삼한의 계층별 생활상

• **지배층** : 토성이나 목책으로 둘러싼 읍에 거주, 세형동검과 잔무늬 거울 등을 가지고 다니며 권위를 자랑, 사후 돌덧널 무덤(돌곽 무덤), 나무널 무덤(목관묘) 등에 매장됨

• **피지배층** : 소국(小國)의 일반 백성들은 읍락에 살면서 농업과 수공업의 생산을 담당. 초가 지붕의 반움집이나 귀틀집(후기)에서 거주

독 무덤, 주구묘

• **독 무덤(옹관묘)** : 주로 아이들이 죽은 경우 사용된 무덤 양식으로, 성인의 경우 뼈만 추려 매장함

• **주구묘** : 전라남도 지역에서 주로 발굴되는 마한의 무덤으로, 중앙에 널 무덤이 있고 주변에 도랑과 같은 시설인 주구(周溝)가 있어 주구묘라 불림

삼한의 5월제, 10월제

삼한에서는 5월에 파종하고 난 후 귀신에게 제사를 지내는데, 이때 많은 사람들이 모여 노래하고 춤추고 술을 마시며 밤낮 쉬지 않고 놀았다. 10월에 농사일이 끝난 후에도 그와 같이 제사를 지내고 즐겼다. 토지가 비옥하여 오곡과 벼를 재배하기에 좋았으며, 누에를 칠 줄 알아 비단과 베를 만들었다. 나래(변한)에 철이 나는데, 한과 예(濊)와 왜가 모두 여기서 가져갔다. 시장에서 물건을 사고파는 데에도 철을 사용하여 중국에서 돈을 사용함과 같았다.

– 〈삼국지 위지 동이전〉 –

9급공무원
한국사

나두공

나두공

02장 고대의 성립과 발전

SEMI-NOTE

군장 국가, 연맹 왕국, 고대 국가

• 군장 국가 : 옥저, 동예
• 연맹 왕국 : 고조선, 부여, 고구려, 삼한, 가야
• 고대 국가 : 고구려, 백제, 신라

고대 국가의 기틀 형성
• 연맹왕국의 왕은 집단 내부의 지배력을 강화, 주변 지역을 정복, 영역을 확대. 이 과정에서 성장한 경제력과 군사력을 바탕으로 왕권을 확대
• 왕권이 강화되고 통치체제가 정비되면서 중앙집권적인 고대 국가의 기틀을 형성

신라의 왕호
• **거서간(居西干)** : 박혁거세, 정치적 군장, 지배자
• **차차웅(次次雄)** : 남해, 제사장, 무당 → 정치적 군장과 제사장의 기능 분리
• **이사금(尼師今)** : 유리왕, 연맹장, 연장자 · 계승자 → 박 · 석 · 김의 3성 교립제
• **마립간(麻立干)** : 내물왕, 대수장 또는 우두머리 → 김씨의 왕위 독점 및 왕권 강화
• **왕(王)** : 지증왕, 중국식 왕명 → 부자 상속제 확립, 중앙 집권화
• **불교식 왕명** : 법흥왕, 불교식 왕명 시대(23대~28대) → 중고기(中古期)《삼국유사》의 분류)
• **시호제(諡號制) 시행** : 태종 무열왕, 중국식 조(祖) · 종(宗)의 명칭 → 중대(中代)《삼국사기》의 분류)

01절 고대의 통치 구조와 정치 활동

1. 고대 국가의 성립

(1) 연맹 왕국의 성립

① 연맹 왕국의 형성 : 우세한 집단의 족장을 왕으로 하는 연맹 왕국을 형성, 고조선 · 부여 · 삼한 · 고구려 · 가야 등이 연맹 왕국으로 발전
② 한계 : 족장 세력이 종래 자기가 다스리던 지역에 대한 영향력을 유지할 수 있어 중앙 집권 국가로 가는 데 한계

(2) 고대 국가의 특성

왕권 강화, 율령 반포, 관등 체제, 불교 수용, 왕토 사상, 신분제 확립, 활발한 정복 전쟁

2. 삼국의 성립

(1) 고구려

부여에서 내려온 유이민과 압록강 유역의 토착민 집단이 결합하여 성립(BC 37), 결속력을 강화하면서 정복 국가 체제로 전환

(2) 백제

한강 유역의 토착 세력과 고구려 계통의 유이민 세력이 결합하여 성립(BC 18), 우수한 철기 문화를 보유한 유이민 집단이 지배층을 형성

오답UP 백제의 건국 세력

• 백제 건국의 주도 세력은 고구려에서 남하했다는 것이 정설, 결국 부여족의 한 갈래, 백제 건국의 주도 세력이 고구려(부여)계라는 근거로는 다음과 같음
  – 백제 왕족의 성씨가 부여씨(夫餘氏)이며, 부여의 시조신과 동명성왕을 숭배
  – 국호를 남부여라 칭함(6세기 성왕)
  – 백제 건국 설화인 비류 · 온조 설화에서 비류와 온조를 주몽의 아들이라 언급함 (《삼국사기》에 기록)
  – 백제 개로왕이 북위에 보낸 국서에 백제가 고구려와 함께 부여에서 기원했음이 언급됨
  – 백제 초기 무덤 양식이 고구려의 계단식 돌무지 무덤 양식과 같음

(3) 신라

진한의 소국 중 하나인 사로국에서 출발, 경주의 토착민 집단과 유이민 집단의 결합으로 건국(BC 57), 박 · 석 · 김의 3성이 왕위를 교대로 차지, 유력 집단의 우두머리는 이사금(왕)으로 추대됨

3. 중앙 집권 국가로의 발전

(1) 고구려

① 태조왕(6대, 53~146) : 삼국 중 가장 먼저 국가의 집권 체제 정비

   ⊙ 대외적 발전 : 함경도 지방의 옥저·동예를 복속(56), 만주 지방으로 세력을 확대시켜 부여 공격, 요동의 현도·요동군 공략, 낙랑군을 자주 공략하고 압력 행사, 서북으로 요동(遼東) 정벌, 남으로 살수(薩水)에 진출

   ⊙ 대내적 발전 : 정복 활동 과정에서 강화·정비된 군사력과 경제력을 토대로 왕권이 안정, 왕위의 독점적 세습(형제 상속) 이루어짐, 통합된 여러 집단들은 5부 체제로 발전(중앙 집권의 기반 마련)

② 고국천왕(9대, 179~197) : 형제 상속에서 부자 상속으로 전환, 연나부(절노부)와 결탁하여 왕권에 대한 대항 세력 억제, 5부의 개편을 통한 족장의 중앙 귀족화(관료화), 5부(部)의 개편, 진대법(賑貸法)의 실시

한눈에 쏙~

고구려 건국 초기 왕

동명왕 (1대) ▶ 유리왕 (2대) ▶ 대무신왕 (3대) ▶ 민중왕 (4대) ▶ 모본왕 (5대)

(2) 백제와 신라

① 백제 고이왕(8대, 234~286) : 낙랑·대방을 공격(246)하여 영토 확장, 한강 유역 장악, 관등제 정비(6좌평, 16관등제), 관복제 도입, 율령을 반포(262), 남당 설치, 왕위의 세습(형제 세습)

② 신라 내물왕(17대, 356~402) : 진한 지역의 대부분을 차지, 김씨에 의한 왕위 계승권을 확립, 왕의 칭호를 마립간으로 변경

4. 백제의 전성기(4세기)

(1) 백제

① 근초고왕(13대, 346~375) : 백제 최대 영토 확보, 활발한 대외 활동, 동진과 수교(372), 가야에 선진 문물 전파, 왜와 교류(칠지도 하사), 부자 상속에 의한 왕위 계승이 시작됨, 고흥으로 하여금 〈서기(書記)〉를 편찬하게 함(부전)

② 침류왕(15대, 384~385) : 불교를 수용(384)

(2) 고구려의 발전 ⭐빈출개념

① 고국원왕(16대, 331~371) : 백제 근초고왕의 침략으로 평양성에서 전사한 후 국가적 위기 봉착

② 소수림왕(17대, 371~384) : 국가 체제를 개혁하고 새로운 발전 토대를 마련해 고대 국가 완성, 불교 수용(372), 태학 설립(372), 율령 반포(373)

나두공 9급공무원 한국사

5. 고구려의 전성기(5세기)

(1) 고구려

① 광개토대왕(19대, 391~412)

   ㉠ 소수림왕 때의 내정 개혁을 바탕으로 북으로 숙신(여진)·비려(거란)를 정복하는 등 만주에 대한 대규모의 정복 사업 단행으로 지배권 확대

   ㉡ 남쪽으로 백제의 위례성을 공격하여 임진강·한강선까지 진출(64성 1,400촌 점령)

   ㉢ 서쪽으로 선비족의 후연(모용씨)을 격파하여 요동 지역 확보(요동을 포함한 만주 지역 지배권 확보)

   ㉣ 신라에 침입한 왜를 낙동강 유역에서 토벌(400)함으로써 한반도 남부에까지 영향력 행사(백제·왜·가야 연합군을 격파한 내용이 광개토대왕릉비에 기록)

   ㉤ 우리나라 최초로 '영락(永樂)'이라는 독자적 연호 사용하여 중국과 대등함을 과시

> **실력up 5세기경 신라와 고구려의 역학 관계**
>
> • 신라와 고구려의 당시 역학 관계를 입증하는 자료로는 경주 호우총의 호우명 그릇과 중원 고구려비가 있음. 호우총에서 발굴된 호우명 그릇의 밑바닥에는 "을묘년국강상광개토지 호태왕(乙卯年國岡上廣開土地好太王)"이라는 글씨가 새겨져 있는데, 이것이 광개토대왕을 기리는 내용이라는 점에서 당시 신라가 고구려의 간섭을 받았고 고구려를 통하여 간접적으로 중국의 문물을 받아들이면서 성장해 나갔다는 것을 짐작함. 또한 당시 고구려군이 신라에 주둔했으며 신라 왕자가 고구려에 인질로 보내지기도 함
>
> • 한편 중원 고구려비에도 신라를 동이, 신라 왕을 매금이라 칭하고(고구려를 천하의 중심으로 인식), 한강상류와 죽령 이북 지역이 고구려 영토임을 확인하는 내용과 함께 고구려 왕이 신라 왕을 만나 의복을 하사하였다는 내용, 고려대왕(고구려 왕)이라는 단어를 비롯하여 고구려 관직명 등이 나타나 있으므로 이를 통해 당시 양국의 역학 관계를 짐작

② 장수왕(20대, 413~491) ★ 빈출개념

   ㉠ 중국 남북조와 교류하며, 대립하던 두 세력을 조종·이용하는 외교정책 전개

   ㉡ 수도를 통구(국내성)에서 평양으로 천도(427)하여 안으로 귀족 세력을 억제하여 왕권을 강화하고 밖으로 백제와 신라를 압박, 백제의 수도 한성을 함락

   ㉢ 유연(柔燕)과 연합하여 함께 지두우(地豆于)를 분할 점령(479)하여 대흥안령(大興安嶺)일대의 초원 지대를 장악

   ㉣ 지방 청소년의 무예·한학 교육을 위해 경당 설치(우리나라 최초의 사학(私學))

③ 문자(명)왕(21대, 491~519) : 부여를 완전 복속하여 고구려 최대의 판도를 형성(494)

(2) 백제

① 비유왕(20대, 427~455) : 송과 통교, 장수왕의 남하 정책에 대항해 신라 눌지왕과 나·제 동맹을 체결(433)

② 개로왕(21대, 455~475) : 고구려의 압박에 북위에 국서를 보내 군사 원조를 요

SEMI-NOTE

광개토대왕의 영토 확장

• 만주의 비려(거란) 정복(395)

• 남쪽으로 백제의 위례성(한성)을 침공하여 아신왕 굴복, 조공을 받는 속국으로 삼음(396)

• 고구려 동북쪽의 숙신(여진)을 정복(398)

• 신라에 침입한 왜를 낙동강 유역에서 토벌, 신라에 고구려 군대를 주둔시키고 속국으로 삼음(400)

• 임진강 등 한강 이북 장악(404)

• 서쪽으로 후연을 격파하여 요동 지역 확보(407)

• 두만강 하류 지역의 동부여 정복, 동예의 영토 흡수(410)

장수왕의 남하 정책이 미친 영향

• 신라와 백제의 나·제 동맹 체결(433~553)

• 백제의 개로왕이 북위(후위)에 군사 원조를 요청(472)

• 백제가 수도를 한성에서 웅진(공주)으로 천도(475)

• 충북 중원 고구려비의 건립

동성왕(24대, 479~501)

• 신라와 동맹을 강화(결혼 동맹, 493)하여 고구려에 대항, 내적으로 외척 세력을 배제하고 웅진 및 금강 유역권의 신진세력을 등용하여 귀족 간의 견제와 균형을 도모함으로써 사회 안정과 왕권 강화, 국력 회복을 모색

• 탐라(제주도)를 복속(498), 남조 국가인 제(齊)와 통교

• 궁성을 중건하고 나성을 축조하여 수도의 면모를 갖추고, 주변에 산성을 축조

28

청, 원조가 거절되고 개로왕은 고구려 장수왕에 붙잡혀 사망
③ **문주왕(22대, 475~477)** : 고구려의 남하 정책에 밀려 웅진으로 천도, 진씨 · 해씨 등 왕비족과 귀족 세력이 국정을 주도하면서 왕권이 약화

(3) 신라

① **실성왕(18대, 402~417)** : 왜와의 화친을 위해 내물 마립간의 아들 미사흔(未斯欣)을 볼모로 보냄(402), 내물 마립간의 둘째 아들인 복호(卜好)를 고구려에 볼모로 보냄
② **눌지왕(19대, 417~458)** : 왕위의 부자 상속제 확립, 나 · 제 동맹을 체결(433)
③ **소지왕(21대, 479~500)** : 6촌을 6부의 행정 구역으로 개편, 백제 동성왕과 결혼 동맹을 체결(493), 수도 경주에 시장을 개설(490), 나을(奈乙)에 신궁 설치

6. 신라의 전성기(6세기)

(1) 신라

① **지증왕(22대, 500~514)** : 국호를 사로국에서 신라로, 왕의 칭호를 마립간에서 왕으로 고침(503), 중국식 군현제를 도입, 우경을 시작, 동시전 설치(509), 우산국(울릉도)을 복속(512), 순장을 금지
② **법흥왕(23대, 514~540)** : 중앙 집권 국가 체제의 완비
  ㉠ **제도 정비** : 병부 설치(517), 상대등 제도 마련, 율령 반포, 공복 제정(520) 등을 통하여 통치 질서를 확립, 17관등제 완비
  ㉡ **불교 공인** : 불교식 왕명 사용, 골품제를 정비하고 불교를 공인(527)하여 새롭게 성장하는 세력들을 포섭
  ㉢ **연호 사용** : 건원(建元)이라는 연호를 사용함
  ㉣ **영토 확장** : 대가야와 결혼 동맹을 체결(522), 금관 가야를 정복하여 낙동강까지 영토 확장(532), 백제를 통해 남조의 양과 교류
③ **진흥왕(24대, 540~576)**
  ㉠ **영토 확장 및 삼국 항쟁의 주도**
    • 남한강 상류 지역인 단양 적성을 점령하여 단양 적성비를 설치(551)
    → 백제 성왕과 연합하여 고구려가 점유하던 한강 상류 지역을 차지(551)
    → 백제가 점유하던 한강 하류 지역 차지(553) → 관산성 전투 승리(554)
    → 북한산비 설치(561)
    • 고령의 대가야를 정복하는 등 낙동강 유역을 확보(창녕비, 561)
    • 원산만과 함흥 평야 등을 점령하여 함경남도 진출(황초령비 · 마운령비, 568)
  ㉡ 화랑도를 공인(제도화)하고, 거칠부로 하여금 〈국사(國史)〉를 편찬하게 함(부전)
  ㉢ 황룡사 · 흥륜사를 건립하여 불교를 부흥
  ㉣ 최고 정무기관으로 품주(稟主)를 설치하여 국가기무와 재정을 담당하게 함
  ㉤ **연호 사용** : '개국', '대창', '홍제'

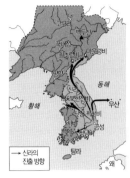

SEMI-NOTE

신라 금석문에 나타난 6부

6세기 초에 건립된 신라의 영일 냉수리비와 울진 봉평 신라비에는 신라 6부에 대한 내용과 함께 왕도 소속부의 명칭을 띠고 있었다는 것이 기록되어 있는데, 이는 왕이 6부의 실력자와 합의하여 국정의 주요 내용을 결정하였다는 것을 보여 줌. 6부는 6세기에 접어들면서 점차 유명무실해지는데, 이것은 이 시기를 전후하여 국왕을 중심으로 하는 새로운 형태의 정치체제가 마련되었다는 것으로 이해됨

삼국의 국가별 발전 순서

• 고대 국가의 기틀 마련(중앙 집권적 토대 구축) : 고구려(태조왕) → 백제(고이왕) → 신라(내물왕)

• 율령의 반포 : 백제(고이왕) → 고구려(소수림왕) → 신라(법흥왕)

• 고대 국가의 완성(중앙 집권 체제의 완성) : 백제(근초고왕) → 고구려(소수림왕) → 신라(법흥왕)

• 한강 유역의 경경 : 백제(고이왕) → 고구려(장수왕) → 신라(진흥왕)

담로

백제가 방·군·성의 지방 제도를 마련하기 이전에 설치한 제도, 지방 통제 강화 목적, 왕자나 왕족을 지방의 요지에 보내 다스리게 함

실력UP 신라의 금석문

• **포항 중성리비(지증왕, 501)** : 현존 최고의 신라비로, 재산 분쟁에 관한 판결을 담음

• **영일 냉수리비(지증왕, 503)** : 지증왕을 비롯한 신라 6부의 대표자들이 재산권 및 상속 문제에 관하여 논의·결정한 내용을 담음

• **울진 봉평 신라비(법흥왕, 524)** : 울진 지역의 중요 사건의 처리 및 책임자 처벌에 관한 내용을 담음. 장형·노인법 등을 규정한 율령이 성문법으로 실재했음을 보여주며 신라 육부의 독자성과 지방 지배의 방식, 신라 관등제의 발전 과정 등이 드러남

• **영천 청제비(법흥왕, 536)** : 영천 지역의 청제(청못)를 축조할 때 세운 것으로, 축조 공사에 관한 기록과 이후의 보수 공사(798)에 관한 내용이 비문 양면에 각각 새겨져 있음

• **단양 적성비(진흥왕, 551)** : 신라가 한강 상류(남한강 상류) 지역을 점령하고 죽령 지역을 확보했음을 보여 줌. 관직명과 율령 관계, 전공자에 대한 포상 등의 내용이 기록

• **진흥왕 순수비** : 북한산비(555), 창녕비(561), 황초령비·마운령비(568)

• **남산 신성비(진평왕, 591)** : 경주 남산에 축조한 새 성[新城]에 관한 비, 신라 시대의 지방 통치 제도 및 사회 제도 등을 보여 주고 있어 삼국 시대 금석문으로서 매우 귀중한 자료

• **임신서기석(진평왕, 612)** : 두 화랑이 유교 경전을 공부하고 인격 도야에 전념하며 국가에 충성할 것을 맹세한 내용을 기록한 비, 당시 유학이 발달하였음을 보여줌

실력UP 진평왕(26대, 579~632), 선덕 여왕(27대, 632~647), 진덕 여왕(28대, 647~654)

• **진평왕** : '건복'이라는 연호 사용, 중앙 관서로 위화부·예부·조부·승부·영객부 설치, 불교를 장려하여 법명을 백정이라 하고 왕비를 마야 부인이라 칭함, 수와 친교(원광의 걸사표), 수 멸망 이후 당과 외교, 세속 5계를 통해 국가 사회 지도 윤리 제시, 남산 신성비 축조(591)

• **선덕 여왕(27대, 632~647)** : '인평(仁平)'이라는 연호 사용, '덕만(德曼)'이라 함, 친당 외교 추진, 대야성 함락과 당항성 위기, 황룡사 9층탑 건축, 분황사 석탑(모전 석탑) 건립, 첨성대 축조, 영묘사 건립(635), 비담·염종 등의 반란

• **진덕 여왕(28대, 647~654)** : 품주를 개편하여 집사부(군국 기밀 사무)·창부(재정 관장)로 분리, (좌)이방부 설치(형률에 관한 사무 관장), 독자적 연호 폐지, 나당 연합 결성(648, 당 고종의 연호 사용), 〈오언태평송(五言太平頌)〉을 지어 당에 보냄

(2) 백제

① **무령왕(25대, 501~523)** : 백제 중흥의 전기를 마련

   ㉠ 지방의 주요 지점에 22담로를 설치

   ㉡ 6세기 초 중국 남조의 양과 통교(난징 박물관의 백제 사신도), 왜와도 교류

   ㉢ 가야 지역으로 진출(512)

② **성왕(26대, 523~554)**

   ㉠ 사비(부여)로 도읍을 옮기고(538), 국호를 남부여로 고치면서 중흥을 꾀함

   ㉡ 중앙 관청을 22부로 확대, 행정 조직을 5부(수도) 5방(지방)으로 정비

   ㉢ 겸익을 등용하여 불교 진흥, 노리사치계를 통해 일본에 불교(불경·불상·경론 등) 전파(552)

   ㉣ 중국의 남조와 활발하게 교류하고 문물을 수입

   ㉤ 신라 진흥왕과 연합하여 한강 유역을 부분적으로 수복하였지만 곧 신라에 빼

앗김(나 · 제 동맹 결렬, 553), 성왕 자신도 신라를 공격하다가 관산성(옥천)
에서 전사(554)

실력UP 무왕(30대, 600~614), 의자왕(31대, 641~660)

- **무왕** : 왕흥사(부여)와 미륵사(익산)를 건립, 익산으로의 천도를 추진하였으나 실패
- **의자왕** : '해동증자'라는 칭송을 들음, 반당 친고구려 정책과 신라의 적대 노선 추진, 신라
  의 대야성 함락(642)

(3) 고구려

영양왕(26대, 590~618)의 재위 기간 동안 요서 지방을 공략(598), 살수 대첩(612),
국력 소모로 수 멸망(618), 이문진으로 하여금 〈유기〉 100권을 요약하여 〈신집〉 5
권을 편찬하게 함(600), 담징을 일본으로 보내(608) 종이 · 먹을 전함

7. 가야의 성립과 발전

(1) 성립

① **12개 소국의 형성** : 삼국이 국가 조직을 형성해 가던 시기에 낙동강 하류 유역의
  변한 지역에서 철기 문화를 토대로 사회 통합을 이루며 2세기 경 여러 정치 집단
  들이 등장(변한 12국)
② **초기의 성격** : 주로 해변을 통해 들어온 유이민 세력과 토착세력이 융합(토착세
  력이 유이민을 흡수)
③ **연맹 왕국의 형성** : 2~3세기 경 금관가야가 중심이 되어 연맹 왕국으로 발전(전
  기 가야 연맹의 형성)

(2) 가야의 발전(가야 연맹의 주도권 변동)

① 4세기 말부터 5세기 초에 신라를 후원하는 고구려군의 공격으로 중심세력이 해
  체, 낙동강 서안으로 세력 축소
② 5세기 이후 김해 · 창원을 중심으로 한 동남부 세력 쇠퇴, 고령 지방을 중심으로
  하는 대가야가 주도권을 행사하며 후기 가야 연맹 형성

(3) 가야의 쇠퇴와 멸망

① 국제적 고립을 탈피하기 위해 신라(법흥왕)와 결혼 동맹(522)을 맺음
② 금관가야가 신라 법흥왕 때 복속(532), 대가야가 신라 진흥왕 때 병합(562)되어 가
  야 연맹은 완전히 해체

8. 고구려의 대외 항쟁

(1) 6세기 말 이후의 삼국 정세

① 고구려와 백제는 신라가 한강 유역을 독점한 것에 자극받아 여 · 제 동맹을 맺고

가야 연맹

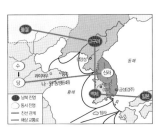
6세기 말 이후 삼국의 대외 관계

SEMI-NOTE

당항성을 공격, 이에 신라는 중국과 통교

② 고구려는 수(隋)가 중국 남북조를 통일(589)한 것에 위협을 느껴 돌궐과 연결하고 백제는 왜와 친교

③ 십자형 외교를 전개하였음

(2) 고구려의 대외 항쟁

① 여·수 전쟁

  ㉠ 원인 : 수의 압박으로 돌궐이 약화, 신라가 친수 정책을 취하자 이에 위기의식을 느낀 고구려가 먼저 중국의 요서 지방을 공격

제1차 침입(영양왕, 598)	수 문제의 30만 대군이 침입했으나 장마와 전염병으로 실패
제2차 침입(영양왕, 612)	수 양제의 113만 대군이 침입했으나 을지문덕이 이끄는 고구려군 에게 살수에서 대패(살수 대첩)
제3·4차 침입(영양왕, 613·614)	수 양제가 침입했으나 모두 실패

  ㉡ 결과 : 수가 멸망(618)하는 원인

② 여·당 전쟁

  ㉠ 대외 정세

    • 당(唐)은 건국(618) 후 대외 팽창 정책을 보이며 고구려에 대한 정복 야욕

    • 당은 고구려 자극

    • 연개소문은 대당 강경책을 추진, 당의 침입에 대비해 천리장성(부여성~비사성)을 쌓아 방어 체제를 강화(647)

    • 백제와 대립하던 신라는 친당 정책 전개

  ㉡ 당 태종의 침략

    • 제1차 침략(보장왕, 645) : 양만춘이 이끄는 고구려 군과 군민이 안시성에서 60여 일간 완강하게 저항하며 당의 군대를 격퇴(안시성 싸움)

    • 제2·3차 침략 : 고구려는 당의 침략을 물리쳐 동북아시아 지배 야욕을 좌절시킴

9. 정세의 변동과 고구려·백제의 멸망

(1) 삼국 정세의 변화

① 신라의 성장 : 고구려가 대외 침략을 막는 동안 신라는 김춘추·김유신이 제휴하여 권력을 장악, 고구려와 백제에 대항하면서 삼국 간의 항쟁 주도

② 나·당 연합군의 결성(648) : 신라는 당과 군사 동맹을 맺어 한반도의 통일 기도

(2) 백제와 고구려의 멸망

① 백제의 멸망(660) : 사치와 정치적 혼란, 거듭된 전란 등으로 국력 약화, 나·당 연합군의 공격, 사비성 함락

② 고구려의 멸망(668)

수·당과의 전쟁에서 고구려가 거둔 승리의 원동력

• 잘 훈련된 군대

• 성곽을 이용한 견고한 방어 체제

• 탁월한 전투 능력

• 요동 지방의 철광 지대 확보

• 굳센 정신력

고구려와 당의 관계

• 당 건국 초기

  – 고구려와 화친 관계

  – 수와의 전쟁에서 잡혀간 포로들을 교환

• 당 태종

  – 주변 나라들을 침략하며 고구려에 압력 → 고구려는 라오허 강 주위에 천리장성 축조

  – 연개소문의 정변을 구실로 고구려 침략

연개소문의 정변(642)

연개소문은 고구려 말기의 장군이자 재상. 그는 천리장성을 축조하면서 세력을 키웠는데, 그에 두려움을 느낀 사람들이 영류왕과 상의하여 그를 죽이려 함. 그것을 안 연개소문은 거짓으로 열병식을 꾸며 대신들을 초대한 뒤 모두 죽임. 또한 영류왕을 죽이고 그 동생인 장(보장왕)을 옹립

고구려의 대외 항쟁이 갖는 의의

• 민족의 방파제 : 자국의 수호뿐만 아니라 중국의 한반도 침략 야욕을 저지

• 거듭된 전쟁으로 고구려는 쇠약해졌고, 나·당의 결속은 더욱 공고

ⓐ 국내 정세
- 거듭된 전쟁으로 국력의 소모가 심하였고, 요동 지방의 국경 방어선도 약해짐
- 연개소문이 죽은 뒤 지배층의 권력 쟁탈전으로 국론이 분열

ⓑ 당의 이세적과 신라의 김인문이 이끄는 나·당 연합군의 협공으로 멸망(668)

10. 신라의 삼국 통일

(1) 나·당 전쟁과 통일의 달성

① 당의 한반도 지배 야욕 : 신라와 연합, 백제의 옛 땅에 웅진 도독부를, 고구려의 옛 땅에 안동 도호부를 둠, 신라의 경주에도 계림 도독부를 두고 문무왕을 계림 도독으로 칭함, 신라 귀족의 분열을 획책

② 경과 : 금강 하구의 기벌포에서 당의 수군을 섬멸(676), 안동 도호부를 요동성으로 밀어내는 데 성공하여 삼국 통일을 달성(676)

(2) 통일의 의의와 한계

① 의의 : 민족 최초의 통일, 당을 힘으로 몰아낸 자주적 통일, 고구려·백제 문화를 수용, 경제력을 확충, 민족 문화 발전의 토대 마련

② 한계 : 외세를 이용, 이로 인해 영토가 대동강에서 원산만 이남으로 축소됨

👓 한눈에 쏙~

신라의 삼국 통일 과정

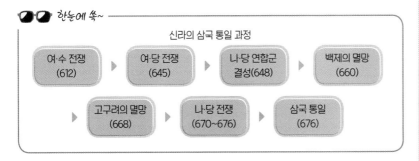

여·수 전쟁(612) ▶ 여·당 전쟁(645) ▶ 나·당 연합군 결성(648) ▶ 백제의 멸망(660) ▶ 고구려의 멸망(668) ▶ 나·당 전쟁(670~676) ▶ 삼국 통일(676)

11. 통일 신라의 발전과 동요

(1) 왕권의 전제화(중대)

① 태종 무열왕(29대, 654~661) : 신라 중대의 시작
  ⓐ 최초의 진골 출신 왕, 통일 전쟁을 치르는 과정에서 왕권 강화
  ⓑ 이후 태종 무열왕의 직계 자손이 왕위 세습(태종 무열왕~혜공왕)
  ⓒ 사정부를 설치, 중국식 시호(태종) 사용, 갈문왕제 폐지
  ⓓ 상대등 세력을 억제, 집사부 시중의 기능 강화

② 문무왕(30대, 661~681) : 통일의 완수
  ⓐ 안승을 보덕국왕으로 봉하고, 당을 축출하여 통일을 완수
  ⓑ 우이방부를 설치, 외사정을 처음으로 지방에 파견, 상수리 제도 시행

③ 신문왕(31대, 681~692) : 전제 왕권의 강화 ★빈출개념

SEMI-NOTE

백제의 부흥 운동(660~663)
복신과 도침이 왕자 풍을 왕으로 추대하여 주류성(한산)에서 백제 부흥 운동을 전개, 흑치상지와 지수신은 임존성(대흥)에서 전개, 지배층의 내분과 나·당 연합군의 공격으로 실패

고구려의 부흥 운동
신라의 지원을 받은 검모잠이 보장왕의 서자 안승을 왕으로 하여 한성(재령)에서 2년간 부흥 운동을 전개(669)하였으나 내분으로 실패, 고연무·고연수가 오골성 등을 근거로 부흥 운동을 전개(670)했으나 내분으로 실패

나·당 전쟁

통일 이후 신라의 정세
- 영역의 확대와 함께 인구 증가, 대외 관계가 안정되어 경제적 생산력 증대
- 전쟁 과정에서 왕실의 권위 상승, 군사력이 더욱 강해지면서 정치 안정
- 통일을 전후한 왕권의 강화, 경제적 생산력 증대, 왕권의 전제화가 두드러짐

김흠돌의 난과 전제 왕권의 강화
신문왕 1년(681) 소판(蘇判) 김흠돌이 파진찬 흥원(興元), 대아찬 진공(眞功) 등과 함께 모반을 꾀하다가 발각되어 처형된 사건

관료전과 녹읍
관료전은 관리들이 관직에 복무하는 대가로 받은 토지, 조세만을 받을 수 있으며 농민을 지배할 권한은 없고 관직에서 물러나면 국가에 반납, 반면 귀족들이 받았던 녹봉의 일종인 녹읍을 통해서는 농민을 지배

정치 세력의 변동
왕권이 전제화되면서 상대적으로 진골 귀족 세력은 약화, 6두품 세력이 왕권과 결탁하여 상대적으로 부각(학문적 식견을 바탕으로 왕의 정치적 조언자로 활동하거나 행정 실무를 담당)

대공의 난(96각간의 난)
혜공왕 4년(768) 각간 대공이 일으킨 난. 이 난을 계기로 전국이 혼란에 휩싸였는데 96각간이 서로 싸우고 3개월 만에야 진정. 그러나 귀족들 내부의 알력은 진정되지 않아 연이어 반란이 일어남. 결국 혜공왕은 즉위 16년 만에 상대등 김양상 등의 군사에 의해 살해

김헌창의 난과 범문의 난, 장보고의 난
• 김헌창의 난과 범문의 난 : 김헌창의 아버지인 김주원(무열왕계)은 선덕왕을 이어 왕위를 계승할 예정이었으나 내물왕계인 김경신(원성왕)에게 축출됨. 이에 김헌창은 웅천주 도독으로 있을 당시 기회를 엿봐 헌덕왕 14년(822) 웅천에서 거사를 일으키고 국호를 장안 · 연호를 경운이라 함. 이 난이 진압된 뒤 김헌창의 아들 범문도 헌덕왕 17년(825) 부친의 뜻을 이어받아 난을 일으켰으나 역시 실패. 이 두 난을 계기로 무열왕의 직계들은 6두품으로 강등
• 장보고의 난 : 자신의 딸을 문성왕의 왕비로 들이려 하다가 실패하자 반란을 일으킴(문성왕 8, 846), 장보고가 부하 염장에게 피살됨으로써 난은 실패하고 청해진은 폐지(851)

ㄱ 김흠돌의 난을 계기로 귀족 세력을 숙청, 전제 왕권 강화
ㄴ 중앙 정치 기구 정비(6전 제도 완성, 예작부 설치)하고 군사 조직(9서당 10정)과 지방 행정 조직(9주 5소경)을 완비
ㄷ 관리에게 관료전 지급(687), 귀족의 경제 기반이었던 녹읍 폐지(689)
ㄹ 유학 교육을 위하여 국학(國學) 설립, 유교 이념 확립
④ **성덕왕(33대, 702~737)** : 신라 시대의 전성기 형성(성덕왕~경덕왕)
ㄱ 당과의 문화 교류 및 사신 왕래가 활발, 발해와는 대립
ㄴ 백성들에게 정전을 지급(722)하여 농민에 대한 국가의 토지 지배력 강화
⑤ **경덕왕(35대, 742~765)**
ㄱ 집사부의 중시를 시중으로 격상
ㄴ 국학을 태학감으로 바꾸고 박사 · 교수를 두어 유교 교육을 강화
ㄷ 석굴암 · 불국사 창건(751), 석가탑에 무구정광 대다라니경 보관
ㄹ 귀족의 반발로 녹읍이 부활(757), 사원의 면세전이 증가(전제 왕권의 동요)

(2) 신라 하대의 정치적 변동

① **전제 왕권의 동요**
ㄱ 진골 귀족 세력의 반발로 8세기 중엽 경덕왕 때부터 전제 왕권이 흔들리기 시작
ㄴ 녹읍이 부활되고 사원의 면세전이 늘어나면서 국가 재정 압박
② **귀족의 반란과 하대의 시작**
ㄱ 혜공왕(36대, 765~780) 때인 768년 대공의 난이 발생하여 왕권 실추
ㄴ 김양상(내물왕계)이 상대등이 되어 권력 장악(왕은 실권 상실)
ㄷ 상대등 김양상과 이찬 김경신이 김지정의 난을 진압하는 과정에서 혜공왕이 죽자, 김양상이 거병하여 스스로 왕(선덕왕)이 되어 신라 하대가 시작(780)
③ **권력 투쟁의 격화**
ㄱ 왕위 쟁탈전의 전개 : 진골 귀족들은 경제 기반을 확대하여 사병을 거느렸으며, 이러한 군사력과 경제력을 토대로 왕위 쟁탈전 전개
ㄴ 왕권의 약화 : 왕권이 약화되고 귀족 연합적인 정치가 운영, 상대등의 권력이 다시 강대해짐(상대등 중심의 족당 정치 전개)
ㄷ 지방 통제력의 약화 : 김헌창의 난(822)은 중앙 정부의 지방 통제력이 더욱 약화되는 계기로 작용
④ **새로운 세력의 성장**
ㄱ 6두품 세력 : 사회를 비판하며 점차 반신라 세력으로 성장, 골품제 비판, 능력 중심의 과거 제도와 유교 정치 이념 제시
ㄴ 호족 세력 : 6두품 세력보다 적극적으로 사회 변동을 추구
 • 성장 : 신라 말 중앙 통제가 약화되자 농민 봉기를 배경으로 반독립적 세력으로 성장
 • 출신 유형 : 몰락하여 낙향한 중앙 귀족, 해상 세력, 군진 세력, 군웅 세력(농민 초적 세력), 토호 세력(촌주 세력), 사원 세력(선종 세력) 등

(3) 후삼국의 성립

① 후백제 건국(900) ⭐ 빈출개념

ㄱ 건국 : 전라도 지방의 군사력과 호족 세력을 중심으로 완산주(전주)에서 견훤이 건국, 차령 이남의 충청도와 전라도 지역을 차지하여 우수한 경제력과 군사적 우위를 확보

ㄴ 한계

- 확실한 세력 기반이 없었고 신라의 군사 조직을 흡수하지 못하였으며, 당시의 상황 변화에 적응하지 못함
- 신라에 적대적, 농민에 대한 지나친 조세 수취, 호족 포섭에 실패

② 후고구려 건국(901)

ㄱ 건국 : 권력 투쟁에서 밀려난 신라 왕족 출신의 궁예가 초적·도적 세력을 기반으로 반신라 감정을 자극하면서 세력을 확대

ㄴ 한강 유역을 차지한 후 조령(鳥嶺)을 넘어 상주·영주 일대를 차지하는 등 옛 신라 땅의 절반 이상을 확보

ㄷ 관제·신분제 개편

- 국호를 마진(摩震)으로 고치고(904) 철원으로 천도(905), 다시 국호를 태봉(泰封)으로 변경(911), 골품제도 대신할 새로운 신분 제도 모색, 9관등제를 실시

ㄹ 한계

- 전쟁으로 인한 지나친 수취로 조세 부담이 가중됨, 가혹한 수탈을 자행
- 무고한 관료와 장군을 살해하였고 미륵 신앙을 이용하여 전제 정치 도모
- 백성과 신하들의 신망을 잃게 되어 신하들에 의하여 축출

12. 발해의 건국과 발전

(1) 발해의 건국

① 고구려 장군 대조영을 중심으로 한 고구려 유민과 말갈 집단들은 길림성의 돈화시 동모산 기슭에서 발해를 건국(698)

② 국가 구성상의 특징 : 고구려 유민(지배층)과 다수의 말갈족(피지배층)으로 구성, 고구려 계승, 왕족인 대씨(大氏)를 비롯하여 고·장·양씨 등의 고구려인이 지배층을 형성

③ 발해의 고구려 계승 근거 ⭐ 빈출개념

ㄱ 일본과의 외교 문서에서 고려 및 고려국왕이라는 명칭 사용

ㄴ 고구려 문화의 계승 : 발해 성터, 수도 5경, 궁전의 온돌 장치, 천장의 모줄임 구조, 사원의 불상 양식, 와당의 연화문, 이불병좌상(법화 신앙), 정혜공주 무덤 양식 등

(2) 발해의 발전

① 무왕(대무예, 2대, 719~737) : 북만주 일대를 장악, 일본과 외교 관계를 맺어 신라를 견제하고, 돌궐과 연결하여 당을 견제, 요서 지역에서 당과 격돌(732), 당은 신라로 하여금 발해를 공격(733), 연호를 인안으로 하고, 부자 상속제로 왕권을 강화

전성기 발해의 영토
• **북쪽** : 헤이룽 강
• **동쪽** : 연해주
• **서쪽** : 요동
• **남쪽** : 영흥 지방

발해와 신라의 대립 배경
신라 지배층의 보수적 태도, 발해의 건국 주체가 고구려 유민이었다는 점, 당의 분열 정책 등

발해와 신라의 외교 관계
• 〈신당서〉 : 대립 관계
 – 무왕 14년(732), 왕은 장군 장문휴를 보내 당의 등주를 공격하게 함. 이에 당 현종은 태복 원외랑 김사란을 신라에 보내 군사를 출동하여 발해의 남경을 공격하게 함. 신라는 군사를 내어 발해의 남쪽 국경선 부근으로 진격, 이에 발해가 군사를 등주에서 철수
• 〈삼국사기〉 : 친선 관계
 – 원성왕 6년(790) 3월에 일길찬 백어를 북국에 사신으로 보냄
 – 헌덕왕 4년(812) 9월에 급찬 숭정을 북국에 사신으로 보냄

② 문왕(대흠무, 3대, 737~793) : 당과 친선 관계를 맺고 독립 국가로 인정받음, 주작대로를 건설, 유학생 파견, 신라와 상설 교통로(신라도)를 개설, 수도를 상경 용천부로 천도, 주자감(국립 대학) 설립, 3성 6부(중앙 조직)를 조직
③ 선왕(대인수, 10대, 818~830) : 대부분의 말갈족을 복속시키고 요동 지역을 지배, 남쪽으로는 신라와 국경을 접하여 발해 최대의 영토 형성, 5경 15부 62주의 지방 제도 정비,

(3) 발해의 대외 관계

① 당(唐)과의 관계 : 초기(무왕)에는 적대적이었다가 문왕 이후 친선 관계로 전환
② 신라와의 관계 : 대체로 대립하였으나 친선 관계를 형성하기도 함
 ㉠ 대립 관계 : 당의 요청으로 신라가 발해 남쪽을 공격(732), 사신 간의 서열다툼인 쟁장 사건(897)과 빈공과 합격 순위로 다툰 등재 서열 사건, 발해 멸망 시 신라군이 거란군의 용병으로 참전한 점
 ㉡ 친선 관계 : 신라도(상설적 교류를 반영), 사신 왕래, 무역, 거란 침략 시 발해의 결원 요청을 신라가 수용한 점 등
③ 일본과의 관계 : 당과 연결된 신라를 견제하고자 친선 관계를 유지, 동경 용원부를 통해 교류(일본도(日本道))
④ 돌궐과의 관계 : 당의 군사적 침략을 견제하고자 친선 관계를 유지

(4) 발해의 멸망

① 10세기 초 거란의 세력 확대와 내부 귀족들의 권력 투쟁 격화로 국력이 크게 쇠퇴한 후 거란의 침략을 받아 멸망(926)
② 만주를 마지막으로 지배한 우리 민족사의 한 국가이며, 발해의 멸망으로 우리 민족 활동 무대의 일부였던 만주에 대한 지배력이 급격히 약화

13. 삼국의 통치 체제

(1) 중앙 관제

① 중앙 관제의 비교

신라	백제	발해	고려	조선	담당업무
위화부	내신좌평	충부	이부	이조	문관의 인사, 내무, 왕실 사무
창부, 조부	내두좌평	인부	호부	호조	재정·조세·회계, 호구·조운·어염·광산
예부	내법좌평	의부	예부	예조	외교·교육·과거·제사·의식
병부	병관좌평, 위사좌평	지부	병부	병조	무관의 인사, 국방·군사·우역·봉수
좌이방부	조정좌평	예부	형부	형조	형률·소송·노비

삼국 통치 체제의 기본적 특성
• **중앙 집권적 성격** : 중앙 집권적 성격을 토대로 중국 관제를 모방하거나 독자적 기구 설치
• **합의체 귀족 정치의 존속** : 고구려의 제가 회의, 백제의 정사암 회의, 신라의 화백 회의 등
• **지방에 대한 중앙의 우월성** : 중앙인은 지방에 대하여 우월적 지위 보유(지방 족장 세력이 중앙 귀족으로 편입)
• **전국의 군사적 행정 조직화** : 지방 행정 조직과 군사 조직이 융합된 성격을 지님, 지방관이 곧 군대의 지휘관(백성에 대한 통치는 군사적 통치의 성격이 강함)

공장부, 예작부		신부	공부	공조	산림 · 토목 · 영선 · 파발 · 도량형
사정부		중정대	어사대	사헌부	감찰

② 운영 형태 : 왕 아래에 여러 관청을 두어 운영

　㉠ 고구려 : 고유의 전통성이 강함

　㉡ 백제 : 삼국 중 가장 먼저 조직을 정비

　㉢ 신라 : 전통성을 토대로 하여 중국적 요소를 가미

 한눈에 쏙~

신라 수상의 변천

이벌찬 ▶ 상대등(법흥왕) ▶ 중시 ▶ 시중(경덕왕)

③ 귀족 회의체 : 국가의 중요 결정은 각 부의 귀족들로 구성된 회의체에서 행함

　㉠ 고구려의 제가 회의 : 수상인 대대로는 임기 3년으로, 귀족의 제가 회의에서 선출

　㉡ 백제의 정사암 회의 : 수상인 상좌평을 3년마다 정사암 회의에서 선출

　㉢ 신라의 화백 회의 : 수상인 상대등을 3년마다 화백 회의에서 선출(화백 회의는 4영지에서 개최되며, 각 집단의 부정 방지 및 단결 강화를 위해 만장일치제를 채택)

(2) 관등 조직(관등제)

① 삼국의 관등제

　㉠ 고구려 : 4세기경에 각 부의 관료 조직을 흡수하여 대대로 · 태대형 · 대사자 · 선인 등 14관등을 둠

　㉡ 백제 : 고이왕 때(한성 시대) 6좌평제와 16관등제의 기본 틀 마련, 웅진 시대에는 6좌평 중 내신좌평이 상좌평으로서 수상을 담당

　㉢ 신라 : 필요한 때에 각 부의 하급 관료 조직을 흡수하며 17관등제를 완비

② 운영상의 특징

　㉠ 신분에 따른 규제 : 삼국의 관등제와 관직 체계의 운영은 신분에 따라 제약을 받음

　㉡ 골품제 : 신라는 관등제를 골품제와 결합하여 운영(승진할 수 있는 관등의 상한을 골품에 따라 정하고, 관직을 맡을 수 있는 관등의 범위를 한정)

(3) 지방 통치

① 지방의 통치 체제

구분	수도	지방(장관)	특수 행정 구역
고구려	5부	5부(부 · 성제) : 부에는 욕살, 성에는 처려근지 · 도사를 둠	3경(평양성 · 국내성 · 한성) : 정치 · 문화의 중심지, 지방에 대한 감시 · 견제의 기능

백제의 6좌평과 16관등, 22부
• 6좌평 : 내신좌평(왕명 출납), 내두좌평(재정 담당), 내법좌평(의례 담당), 위사좌평(숙위 담당), 조정좌평(형벌 담당), 병관좌평(국방 담당)
• 16관등 : 1품 좌평, 2품 달솔, 3품 은솔, 4품 덕솔, 5품 간솔, 6품 내솔, 7품 장덕, 8품 시덕, 9품 고덕, 10품 계덕, 11품 대덕, 12품 문독, 13품 무독, 14품 좌군, 15품 진무, 16품 극우
• 22부의 중앙 관서 : 6좌평 이외에 왕실 사무를 맡는 내관 12부와 중앙 정무를 맡는 외관 10부를 말하며, 각 관청의 장도 3년마다 선출

통일 신라와 발해의 지방 통치 체제
• 통일 신라
　- 수도 : 6부
　- 지방 : 9주(장 : 총관)
　- 특수 행정 구역 : 5소경(장 : 사신)
• 발해
　- 수도 : 5경
　- 지방 : 15부(장 : 도독), 62주(장 : 자사)

| 백제 | 5부 | 5방(방·군제) : 방에는 방령, 군에는 군장, 성에는 도사를 둠 | 22담로(무령왕) : 국왕의 자제 및 왕족을 파견 |
| 신라 | 5부 | 5주(주·군제) : 주에는 군주, 군에는 당주, 성에는 도사를 둠 | 2소경(중원경·동원경) : 정치·문화적 중심지 |

통일 전후 신라의 군사 조직 변화

신라는 통일 전 1서당 6정에서 통일 후 9서당 10정으로 확대 개편되었음

(4) 군사 조직

구분	중앙군	지방군
고구려	• 수도 5부군 : 관군 • 대모달 · 말객 등의 지휘관이 존재	각 지방의 성(城)이 군사적 요지로, 개별적 방위망을 형성(욕살 · 처려근지 등의 지방관이 병권을 행사)
백제	수도 5부군 : 각 부에 500명의 군인이 주둔	지방의 각 방에서 700~1,200명의 군사를 방령이 지휘
신라	• 수도 6부군 : 대당으로 개편 • 서당(誓幢)이라는 군대가 존재(직업 군인)	주 단위로 설치한 부대인 정(停)을 군주가 지휘

14. 남북국의 통치 체제

(1) 통일 신라

① 중앙 집권 체제의 강화 : 집사부 기능 강화, 14개 관청의 정비, 중국식 명칭의 사용, 9주 5소경 체제로 정비

② 중앙 관제(14관청)

집사부

• 집사부는 신라의 최고 행정관서로 진덕여왕(651년) 때 설치
• 장관은 중시가 맡았으며, 흥덕왕(829년) 때 집사성으로 개칭되어 신라가 멸망할 때까지 존속

5소경의 의의

신라의 수도인 금성(경주)은 한반도 남동쪽에 치우쳐 있으므로 중앙 정부의 지배력이 수도에서 멀리 떨어진 곳까지 미치기 어려웠다. 5소경은 이러한 지리적 단점을 보완하기 위한 것

관부	담당 업무	설치	장관	비고
집사부	국가 기밀 사무	진덕여왕	중시(시중)	품주가 집사부와 창부로 분화
병부	군사 · 국방	법흥왕	령(令)	
조부	공부(貢賦) 수납	진평왕	령	
예부	의례	진평왕	령	의부 → 예부 → 예조
승부	마정(馬政)	진평왕	령	
영객부	외교 · 외빈 접대	진평왕	령	
위화부	관리 인사, 관등	진평왕	령	
창부	재정 담당	진덕여왕	령	
공장부	공장(工匠) 사무	진덕여왕	령	
좌우이방부	형사 · 법률, 노비	진덕여왕	령	
사정부	감찰	무열왕	령	중정대(발해), 어사대(고려), 사헌부(조선), 감사원(현재)
선부	선박 · 교통	문무왕	령	
사록부(관)	녹봉 사무	문무왕	령	

통일 신라의 9주 5소경

예작부	토목 · 건축	신문왕	령	

※ 장관은 령(令), 차관은 시랑(侍郎) · 경(卿)

③ 지방 행정 조직

9주	• 장관을 총관(문무왕)에서 도독(원성왕)으로 고침 • 군사적 기능이 약화되고 행정 기능이 강화됨
5소경	• 수도의 편재성 완화와 지방의 균형 발전, 복속민의 회유 · 통제를 통한 지방 세력 견제 등의 목적으로 군사 · 행정상의 요지에 설치, 장관은 사신 • 통일 전 2소경은 중원경(충주)과 동원경(강릉)이며, 통일 후 5소경은 중원경 과 금관경(김해), 북원경(원주), 서원경(청주), 남원경(남원)

㉠ 말단 행정 단위인 촌은 토착 세력인 촌주가 지방관의 통제를 받으며 다스림

㉡ 향(鄕) · 부곡(部曲)의 특수 행정 구역 존재

㉢ 지방관의 감찰을 위하여 주 · 군에 감찰 기관인 외사정(감찰관)을 파견

㉣ 지방 세력을 견제하기 위하여 상수리 제도를 실시

④ 군사 조직

㉠ **중앙군** : 시위군과 9서당을 둠

㉡ **지방군** : 10정(9주에 1정씩을 배치, 국경 지대인 한주에는 2정)

㉢ **특수군** : 5주서, 3변수당, 만보당 등

㉣ **군진 설치** : 국토 방위를 위해 해상 교통의 요충지 및 군사적 요지에 설치

(2) 발해

① 중앙 관제

㉠ 3성 6부 : 왕(가독부) 아래 최고 권력 기구이자 귀족 합의 기구인 정당성을 둠

㉡ 독자성 : 당의 제도를 수용하였지만, 6부의 유교적 명칭과 이원적 운영은 발
해의 독자성 반영

한눈에 쏙~

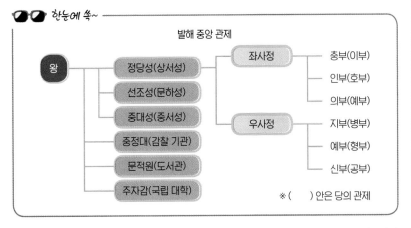

발해 중앙 관제

※( ) 안은 당의 관제

② **지방 지배 체제** : 5경(상경 · 중경 · 남경 · 동경 · 서경) 15부 62주로 조직, 지방
행정의 말단인 촌락은 주로 말갈인으로 구성, 영주도 · 조공도(당), 신라도(발해
에서 신라로 가던 대외 교통로), 일본도, 거란도의 5도를 둠

SEMI-NOTE

촌주

• 신라는 말단 행정 단위인 촌의 지방
유력자에게 촌주라는 벼슬을 주어 행
정 실무를 담당하게 함

• 지방 유력자를 신라의 지방 통치 체제
안에 포섭하고자 하는 조치

• 촌의 주민을 대상으로 징세와 부역 동
원 등을 수행하였으며, 경제적 기반으
로 촌주위답이 주어짐, 신라 하대 중
앙 정부의 지방통제력 약화로 촌주 중
일부는 호족으로 성장

상수리 제도

지방 세력을 견제 · 통제하고 중앙 집권
을 강화하기 위해 각 주 향리의 자제를
일정 기간 금성(경주)에서 볼모로 거주
하게 하던 것

9서당

자금서당	자녹색	
비금서당	적색	신라인
녹금서당	녹자색	
청금서당	청백색	백제인
백금서당	백청색	
황금서당	황적색	고구려인
벽금서당	벽황색	보덕국 (고구려인)
적금서당	적흑색	보덕국 (고구려인)
흑금서당	흑적색	말갈인

특별 기관

• **중정대** : 관리들의 비위(非違)를 감찰
하는 감찰 기관

• **문적원** : 서적의 관리 담당(도서관)

• **주자감** : 중앙의 최고 교육 기관

• **7시** : 전중시, 종속시, 태상시, 사빈시,
대농시, 사장시, 사선시

• **항백국** : 왕실 후궁에 대한 호위, 일상
생활의 시중 등을 담당

발해의 군사조직

• **중앙군** : 10위(衛)를 두고, 각 위마다
대장군과 장군을 두어 통솔

• **지방군** : 지배 조직에 따라 편성하여
지방관이 지휘했으며, 국경 요충지에
독립 부대를 두어 방어

삼국의 수취제도의 특징
• 중앙 집권 체제의 정비에 따라 합리적 방식으로 조세 · 공납 · 요역을 부과
• 조세는 재산 정도에 따라 곡물과 포를 거두었으며, 공납은 지역 특산물로 수취
• 주로 왕궁 · 성 · 저수지 등을 만들기 위하여 15세 이상의 남자를 역으로 동원

정전
당의 균전제를 모방하여 16세 이상 60세 이하의 정남에게 일정한 역의 대가로 지급하는 것. 국가의 농민(토지)에 대한 지배를 강화하기 위한 의도가 담김. 신라 민정문서의 연수유답전과 성격이 같음

삼국의 토지 관련 제도

구분	토지 측량 단위	토지 제도
고구려	경무법 : 밭이랑 기준	식읍, 전사법(佃舍法)
백제	두락제 : 파종량 기준	식읍, 구분전
신라	결부세 : 생산량 단위	식읍, 녹읍, 전사법

수취 체제
당(唐)의 현물세를 원칙으로 운영하였다.

조(租)	전조(田租)는 지주가 부담하는 전세, 지대(地代)는 소작인이 부담하는 소작료, 전세(조세)는 생산량의 1/10을 수취함
용(庸)	역(役)의 의무로 군역과 요역으로 이루어짐. 16~60세까지의 남자를 대상. 요역은 정녀(丁女)라 하여 여자에게도 부과
조(調)	공물은 촌락 단위로 그 지역의 특산물 거둠. 상공(常貢)은 정기적으로 납부하는 공납. 별공(別貢)은 비정기적으로 징수하는 공납

02절 고대의 경제 구조와 경제 생활

1. 삼국의 수취 제도와 토지 제도

(1) 수취 제도

① 삼국의 수취 체제

구분	조세	공납	용(庸) - 노동력
고구려	• 조(租) : 호를 상 · 중 · 하호의 3등급으로 구분해 각각 1섬, 7말, 5말을 수취 • 세(稅) : 인두세로, 1년에 포 5필과 곡식 5섬을 수취	지역 특산물	부역, 군역(광개토대왕릉비와 평양성 성벽석각에 농민의 부역 동원 기록이 있음)
백제	• 조는 쌀로 수취 • 세는 쌀이나 명주 · 베로 수취하되 풍흉에 따라 차등 수취	지역 특산물	부역, 군역(15세 이상의 정남을 대상으로, 주로 농한기에 징발)
신라	합리적 수취 체제로 고려 · 조선으로 계승	지역 특산물	부역, 군역(영천 청제비와 남산 신성비에 기록)

② 군역의 가중

㉠ 삼국 시대 초기 : 군사력 동원은 중앙의 지배층이 중심이며, 지방 농민들은 전쟁 물자 조달이나 잡역에 동원됨

㉡ 삼국 시대 후기 : 삼국 간의 전쟁이 치열해지면서 농민은 전쟁 물자의 부담뿐만 아니라 군사로 동원됨(부담이 가중됨)

(2) 토지 제도

① 왕토 사상 : 조상 대대로 민전을 소유하며 1/10세의 수조권으로 운영됨(매매 · 상속 · 증여 가능)

② 식읍 · 녹읍의 지급 : 수조권과 노동력 징발권을 부여하여 귀족의 경제적, 군사적 기반이 됨(귀족의 권한 확대를 반영)

2. 통일 신라의 수취 제도와 토지 제도

(1) 수취 제도

① 조세(전세) : 생산량의 10분의 1 정도를 수취하여 통일 이전보다 완화

② 공물 : 촌락(자연촌)을 단위로 그 지역의 특산물을 수취(삼베, 명주실, 과실류 등)

③ 역 : 원칙적으로 군역과 요역은 16세에서 60세까지의 남자를 대상으로 함

(2) 토지 제도

① 신문왕 : 관료전을 지급(687)하고 녹읍을 폐지(689)하였으며, 식읍도 제한

② 성덕왕 : 정전을 지급(722)(국가의 농민(토지)에 대한 지배력과 역역(力役) 파악

③ **경덕왕** : 귀족들의 반발로 녹읍을 부활(757)(귀족 세력의 강화와 왕권 약화를 의미함)

(3) 민정문서(신라장적)

① 발견 시기 및 장소 : 1933년 일본 나라현 동대사(東大寺) 정창원(正倉院)에서 발견
② 조사 및 작성 : 경덕왕 14년(755)부터 매년 자연촌을 단위로 변동 사항을 조사, 촌주가 3년마다 다시 작성
③ 작성 목적 : 농민에 대한 요역(徭役)과 세원(稅源)의 확보 및 기준 마련
④ 대상 지역 : 서원경(西原京, 청주) 일대의 4개 촌락
⑤ 조사 내용 : 촌락의 토지 면적 및 종류, 인구 수, 호구, 가축(소·말), 토산물, 유실수(뽕·잣·대추) 등을 파악 기록
  ㉠ 연수유답 : 정남(농민)에게 지급·상속되는 토지이며, 가장 많은 분포
  ㉡ 관모전답 : 관청 경비 조달을 위한 토지
  ㉢ 내시령답 : 관리에게 지급된 토지
  ㉣ 촌주위답 : 촌주에게 지급된 토지
  ㉤ 마전(麻田) : 공동 경작지로 지급된 삼밭을 말하며, 정남이 경작
⑥ 의의 : 자원과 노동력을 철저히 편제하여 조세수취와 노동력 징발의 기준을 정하기 위한 것으로, 율령 정치(律令政治)의 발달을 엿볼 수 있음

3. 삼국 시대의 경제 생활

(1) 귀족층의 경제 생활

① 경제적 기반
  ㉠ 국가에서 식읍·녹읍을 하사받고 많은 토지와 노비를 소유
  ㉡ 농민보다 유리한 생산 조건을 보유(비옥한 토지, 철제농기구, 많은 소를 보유)
② 경제 기반의 확대
  ㉠ 전쟁에 참여하여 더 많은 토지·노비 소유가 가능하였고, 고리대를 이용하여 농민의 토지를 빼앗거나 노비로 만들어 재산을 늘림
  ㉡ 노비와 농민을 동원하여 자기 소유의 토지를 경작하고 수확물의 대부분을 가져가며, 토지와 노비를 통해 곡물이나 베 등 필요한 물품을 취득
  ㉢ 왕권이 강화되고 국가체제가 안정되면서 귀족들의 과도한 수취는 점차 억제됨
③ 생활 모습 : 풍족하고 화려한 생활을 영위
  ㉠ 기와집, 창고, 마구간, 우물, 높은 담을 갖춘 집에서 생활
  ㉡ 중국에서 수입한 비단으로 옷을 해 입고, 금·은 등의 보석으로 치장

(2) 농민의 경제 생활

① 농민의 구성 : 자영농민은 자기 소유의 토지를 경작하였고, 전호들은 부유한 자의 토지를 빌려 경작
② 농민의 현실

SEMI-NOTE

민정문서의 내용

구분		사해점촌	살하지촌
호등	중하	4	1
	하상	2	2
	하중	–	5
	하하	5	6
	수좌	–	1
인구	남	64	47
	여	78	78
	노비	9	7

구분		사해점촌		살하지촌	
		답	전	답	전
연수유전답		94결 2부 4속		62결 10부	
기타재산	우	22		12	
	마	25		18	
	상목	1,004		1,280	
	백자목	120		?	

삼국시대의 농업
- 철제 농기구의 보급 : 5세기를 전후해 철제 농기구가 점차 보급되었고, 6세기에 이르러 널리 사용됨
- 우경의 보급 및 장려, 저수지 축조, 개간 장려, 휴경 농법

삼국시대의 수공업과 상업
- 수공업 : 노비들 중 기술이 뛰어난 자가 무기나 장신구 등을 생산, 국가체제 정비 후에는 수공업 제품을 생산하는 관청을 두고 수공업자를 배정하여 물품을 생산, 국가 필요품과 왕실·귀족이 사용할 물품을 생산, 금·은 세공품, 비단류, 그릇, 가구, 철물 등
- 상업 : 농업 생산력이 낮아 도시에서만 시장이 형성됨, 동시와 동시전

삼국의 주요 산업
- 고구려 : 전통적인 수렵·어로·농경 외에 직물업, 철 산업이 성장
- 백제 : 농업(벼농사 발달), 비단이나 삼베 생산
- 신라 : 우경을 이용한 벼농사, 금속공예 발달

41

SEMI-NOTE

통일 전후 신라의 수출품 변화
• 삼국 통일 전 : 토산 원료품
• 삼국 통일 후 : 금 · 은 세공품, 인삼

통일 신라의 농업
수전 농업과 목축이 발달, 벼, 보리, 콩, 조, 인삼(삼국시대부터 재배), 과실 및 채소류가 재배, 9세기 흥덕왕 때 김대렴이 당에서 차 종자를 가져와 본격적으로 보급 · 재배

통일 신라의 수공업과 상업
• 관청 수공업 : 장인과 노비들이 왕실과 귀족의 물품을 생산
• 민간 수공업 : 주로 농민의 수요품을 생산
• 사원 수공업 : 사원 수공업이 번창하여 자체 수요 물품을 생산
• 상업
 – 상품 생산의 증가 : 통일 후 농업 생산력의 성장을 토대로 인구가 증가, 상품 생산도 증가
 – 교환 수단 : 물물교환이 존속, 포와 미곡이 교환 수단으로 이용되기도 함
 – 시장의 설치 : 동시(東市)만으로 상품 수요를 충족하지 못하여 서시(西市)와 남시(南市)를 추가로 설치, 주의 읍치나 소경 등 지방 중심지나 교통 요지에 시장 발생

하류층의 경제 생활
• 향(鄕) · 부곡민(部曲民) : 농민과 대체로 비슷한 경제생활을 하였으나 더 많은 공물 부담을 졌으므로 생활이 더 곤궁
• 노비의 생활
 – 왕실 · 관청 · 귀족 · 절 등에 종속
 – 음식 · 옷 등 각종 필수품을 만들고 일용 잡무 담당
 – 주인을 대신하여 농장을 관리하거나 주인의 땅을 경작

㉠ 농민들의 토지는 대체로 척박한 토지가 많아 매년 계속 농사짓기가 곤란
㉡ 국가와 귀족에게 곡물이나 삼베, 과실 등을 내야 했고, 부역이나 농사에 동원
㉢ 국가와 귀족의 과도한 수취와 부역 동원으로 농민부담은 가중되고 생활이 곤궁
③ 농민의 자구책과 한계
㉠ 농민은 스스로 농사 기술을 개발하고 계곡 옆이나 산비탈 등을 경작지로 개간하여 농업 생산력 향상에 힘씀
㉡ 생산력 향상이 곤란하거나 자연재해, 고리대의 피해가 발생하면 노비가 되거나 유랑민 · 도적이 되기도 함

(3) 대외 무역 ★ 빈출개념

① 공무역의 발달 : 삼국의 무역은 주로 왕실과 귀족의 필요에 따른 공무역 형태로서, 중계무역을 독점하던 낙랑군이 멸망한 후인 4세기 이후 크게 발달
② 삼국의 무역
㉠ 고구려 : 남북조 및 유목민인 북방 민족과 무역
㉡ 백제 : 동진 이후로 남중국과 주로 교류, 왜와도 활발한 무역 전개
㉢ 신라
• 한강 진출 이전 : 4세기에는 고구려를 통해 북중국과, 5세기에는 백제를 통해 남중국과 교역
• 6세기 한강 진출 이후 : 당항성(黨項城)을 통하여 직접 중국과 교역

4. 통일 신라의 경제 생활

(1) 귀족층의 경제 생활

① 경제적 기반
㉠ 통일 전 : 식읍과 녹읍
㉡ 통일 후 : 녹읍 폐지로 경제적 특권을 제약받았으나, 국가에서 나눠준 토지 · 곡물 이외에 물려받은 토지 · 노비 · 목장 · 섬 등을 경영
② 풍족한 경제 생활의 영위 : 통일 이후 풍족한 경제 기반, 귀족들의 수입 사치품 사용, 당의 유행에 따른 의복과 호화별장 등을 소유

(2) 농민의 경제 생활

① 곤궁한 경제 생활의 영위 : 농업기술이 발달하지 못해 매년 경작이 곤란
② 과도한 수취 제도 : 귀족 · 촌주 등에 의한 수탈, 무리한 국역
③ 농민의 몰락 : 8세기 후반 귀족이나 지방 유력자의 토지 소유가 늘면서 소작농이나 유랑민으로 전락하는 농민이 증가

(3) 대외 무역

① 대당 무역의 발달 : 통일 후 당과의 관계가 긴밀해지면서 공무역 · 사무역이 발달
㉠ 대당 수출품 : 인삼, 베, 해표피, 금 · 은 세공품, 수입품은 비단 · 서적 · 귀족 사치품

ⓒ 대당 무역로 : 남로(전남 영암 ⇒ 상하이 방면)와 북로(경기도 남양만 ⇒ 산둥 반도)

ⓒ 무역항 : 남양만(당항성), 울산항(최대의 교역항) 등이 유명

② 대당 교류 기구 : 산둥 반도와 양쯔강 하류 일대의 신라방과 신라소 · 신라관 · 신라원 등

5. 발해의 경제

(1) 경제 생활

① 농업 : 철제 농기구가 널리 사용되고 수리 시설이 확충되면서 일부 지역에서 벼 농사를 지음

② 목축업과 어업 : 고기잡이 도구가 개량되었고 다양한 어종을 잡음

③ 수공업 : 금속 가공업, 직물업, 도자기업 등 다양한 수공업이 발달

④ 상업 : 수도인 상경 용천부 등 도시와 교통 요충지에서 상업이 발달

03절 고대의 사회 구조와 사회 생활

1. 초기 국가 시대

(1) 사회 계층의 구분

① 지배층 : 가, 대가, 호민

ⓒ 가(加) · 대가(大加) : 부여 및 초기 고구려의 권력자

ⓒ 호민(豪民) : 경제적으로 부유한 읍락의 지배층

② 피지배층 : 하호(농업에 종사하는 양인), 노비(읍락의 최하층민)

2. 삼국 시대

(1) 삼국의 신분제

① 엄격한 신분 제도의 운영 : 지배층 내부에서 엄격한 신분 제도가 운영되어, 출신 가문과 등급에 따라 승진과 권리, 경제적 혜택에 차등을 둠

② 신분 제도의 특징 : 신분제적 질서, 신라 골품제, 율령제정 등

(2) 신분의 구성

① 귀족 : 왕족을 비롯한 부족장 세력이 귀족으로 재편성

② 평민 : 대부분 농민, 자유민, 조세를 납부하고 노동력을 징발 · 제공

③ 천민

ⓒ 향 · 부곡민 : 촌락을 단위로 한 집단 예속민으로, 평민보다 무거운 부담을 짐

ⓒ 노비 : 왕실이나 관청, 귀족 등에 예속되어 신분이 자유롭지 못함

통일 신라의 교역

• **일본과의 교역**
 − 초기(통일 직후) : 상호 경계하여 경제적 교류가 전처럼 자유롭지 못함
 − 후기 : 7세기 후반에서 8세기 초에 이르러 정치가 안정되면서 교역이 다시 활발해짐
 − 통일신라의 문물이 일본에 전래되어 하쿠호 문화나 율령 정치에 큰 영향을 미침. 대마도, 규슈에 신라 역어소를 설치하고 통역관을 양성. 일본의 견당사가 신라를 경유하였고 신라에 유학생과 승려 파견

• **이슬람과의 교역** : 국제무역이 발달하면서 이슬람 상인이 울산까지 왕래

• **해상 세력의 등장** : 8세기 이후 장보고는 완도에 청해진을 설치하여 해상 무역권을 장악

시대별 대표적 무역항

• **삼국 시대** : 당항성
• **통일 신라** : 당항성, 영암, 울산항
• **고려 시대** : 벽란도(국제 무역항), 금주(김해)
• **조선 초기** : 3포(부산포 · 염포 · 제포)
• **조선 후기** : 부산포

발해 귀족의 경제 생활

대토지를 소유하고 당의 비단 · 서적 등을 수입하여 화려한 생활을 영위함

고대 사회의 성격

• 엄격한 계급 사회(신분 사회)
• 정치 기구 · 제도의 정비와 엄격한 율령의 제정
• 행정과 군사의 일치
• 친족 공동체 사회
• 합의제 정치의 발전

삼국의 율령 반포

• 백제 : 3세기, 고이왕
• 고구려 : 4세기, 소수림왕
• 신라 : 6세기, 법흥왕

SEMI-NOTE

3. 고구려 사회의 모습

(1) 사회 기풍과 형률

① 사회 기풍 : 활발한 정복 활동으로 상무적 기풍이 강함
② 엄격한 형률 : 1책 12법(도둑질한 자는 12배를 물게함), 형법이 매우 엄격

(2) 사회 계층

① 지배층 : 왕족인 고씨를 비롯, 5부족 출신의 귀족
② 피지배층 : 백성(대부분 자영농), 천민·노비(몰락한 평민, 채무자)

(3) 혼인 풍습

① 지배층 : 형사취수제(兄死娶嫂制)와 서옥제(데릴사위제)
② 피지배층 : 자유로운 교제를 통해 결혼했으며 지참금이 없음

4. 백제 사회의 모습

(1) 사회 기풍

① 사회 기풍 : 상무적 기풍을 지녀 말 타기와 활쏘기를 즐김
② 언어·풍속·의복 : 고구려와 비슷, 백제 사람은 키가 크고 의복이 깔끔하다는 중국 문헌의 기록이 있음
③ 엄격한 형률 : 고구려와 비슷

(2) 지배층의 생활

① 지배층의 구성 : 왕족인 부여씨와 왕비족인 진씨·해씨, 8대 성(남천 이후 완성)의 귀족
② 생활 모습 : 중국 고전과 사서를 즐겨 읽고 한문에 능숙하며, 관청의 실무에도 밝음

5. 신라 사회의 특징

(1) 골품제(骨品制)

① 성립 : 부족 연맹체에서 고대 국가(중앙 집권 국가)로 발전하는 과정에서 각 지방의 족장을 지배 계층으로 흡수·편제하면서 그들의 신분 보장을 위해 마련
② 성격 : 폐쇄적 신분 제도, 개인의 사회 활동 제한
③ 구성 및 내용
  ㉠ 성골 : 김씨 왕족 중 부모가 모두 왕족인 최고의 신분
  ㉡ 진골 : 집사부 장관인 시중(중시) 및 1관등에서 5관등까지 임명되는 각 부 장관[令]을 독점
  ㉢ 6두품(득난) : 진골 아래 있는 두품 중 최고 상급층
  ㉣ 5두품 : 최고 10관등 대나마까지 진출, 가옥은 18자로 제한

고구려의 최고 지배층
- 왕 : 고씨, 계루부 출신
- 왕비 : 절노부 출신
- 5부족 : 계루부, 절노부, 소노부, 관노부, 순노부

골품제의 규정
골품제를 통해 관등 상한선, 정치 및 사회 활동 범위, 가옥 규모, 복식 등이 규정되었으나 관직은 규정되지 않음

골품제에 따른 관등

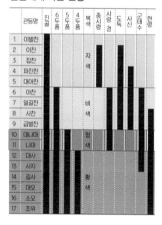

성골·진골 가설
- 진흥왕의 직계(성골) 및 방계(진골)를 구별하기 위한 표현임
- 성골은 왕족 내부의 혼인으로 태어난 집단이고, 진골은 왕족과 다른 귀족의 혼인으로 태어난 집단임
- 같은 왕족이면서도 성골과 진골로 구별되는 것은 모계에 의한 것인 듯 함
- 정치적인 면에서 구분하여 왕실 직계의 왕위 계승자 및 왕위 계승을 보유할 수 있는 제한된 근친자를 포함하여 성골이라 칭하고, 그 외 왕위 계승에서 소외된 왕족을 진골이라 하였다고 하는 견해도 있음

ⓜ 4두품 : 최고 12관등 대사까지 진출, 가옥은 15자로 제한

ⓗ 기타 : 통일 후 6 · 5 · 4두품은 귀족화되었고, 3 · 2 · 1두품은 구분이 없어져 일반 평민으로 편입(성씨가 있다는 점에서는 일반 농민과 차이가 있음)

(2) 화백 회의(和白會議)

① 의미 : 귀족의 단결을 강화하고 국왕과 귀족 간의 권력을 조절

② 조직 : 상대등이 회의를 주재(귀족 연합적 정치를 의미)

③ 회의 장소 : 남당(南堂), 경주 부근의 4영지(청송산 · 우지산 · 금강산 · 피전)

④ 특징 : 만장일치제, 왕권의 견제, 집단의 단결 강화

⑤ 기능의 변천

ㄱ 행정 관부 설치 이전 : 화백 회의를 통해 국가 기본 사항을 결정 · 집행

ㄴ 행정 관부 설치 이후 : 화백 회의에 참여해 결정하는 층과 결정 사항을 집행하는 층으로 구분

(3) 화랑도(花郎徒)

① 기원 및 발전 : 씨족 공동체 전통을 가진 원화(源花)가 발전한 원시 청소년 집단

② 구성 : 화랑(단장), 낭도(왕경 6부민), 승려

③ 목적 및 기능 : 제천 의식의 거행, 단결 정신 고취, 심신의 연마

④ 특성 : 일체감을 형성, 계층 간 대립과 갈등의 조절 · 완화

⑤ 화랑 정신

ㄱ 최치원의 난랑비문 : 유 · 불 · 선 3교의 현묘한 도를 일컬어 화랑도라 함

ㄴ 원광의 세속 5계 : 공동체 사회 이념을 바탕으로 한 실천 윤리 사상

ㄷ 임신서기석(壬申誓記石) : 두 화랑이 학문(유교 경전의 학습)과 인격 도야, 국가에 대한 충성 등을 맹세한 비문

6. 통일 신라의 사회 모습

(1) 신라의 사회 정책 및 계층

① 민족 통합 정책 : 백제와 고구려의 유민들을 9서당에 편성함으로써 민족 통합에 노력

② 왕권의 전제화 및 사회의 안정 : 귀족에 대한 견제 · 숙청을 통해 통일 후 중대 사회의 안정을 이룸

③ 사회 계층

ㄱ 진골 귀족 : 최고 신분층으로 중앙 관청의 장관직을 독점

ㄴ 6두품 : 신분적 제약으로 인해 중앙 관청의 우두머리나 지방의 장관은 불가

(2) 신라 사회의 모습

① 금성과 5소경

ㄱ 금성(경주) : 수도이자 정치 · 문화의 중심지로서 대도시로 번성

ㄴ 5소경 : 귀족들이 거주하는 지방의 문화 중심지

중위제

• 의미 : 출신별 진급 제한에 대한 보완책 · 유인책으로 준 일종의 내부 승진제, 6두품 이하의 신분을 대상으로 함

• 내용 : 아찬은 4중 아찬까지, 대나마는 9중 대나마까지, 나마는 7중 나마까지

• 대상 : 공훈 및 능력자

• 의의 : 높은 귀족에게만 허용된 관등의 영역을 침범하지 못하게 한 것

삼국의 귀족 회의와 수상

• 고구려 : 제가 회의, 대대로

• 백제 : 정사암 회의, 상좌평

• 신라 : 화백 회의(만장일치제), 상대등(왕권 강화 후 중시(시중)가 행정 총괄)

세속 5계

• 사군이충(事君以忠)

• 사친이효(事親以孝)

• 교우이신(交友以信)

• 임전무퇴(臨戰無退)

• 살생유택(殺生有擇)

소경(小京)의 기능

지방의 정치 · 문화적 중심지, 지방 세력의 견제, 피정복민의 회유, 경주의 편재성 보완 등

SEMI-NOTE

신라 말 사회 모순
- 귀족들의 대토지 소유 확대로 자작농의 조세 부담 증가
- 자작농 몰락 : 소작농, 유랑민, 화전민, 노비로 전락

신라 말의 조세 납부 거부
9세기 말 진성여왕 때에는 중앙정부의 기강이 극도로 문란해졌으며, 지방의 조세 납부 거부로 국가재정이 바닥이 드러났음. 그리하여 한층 더 강압적으로 조세를 징수하자 상주의 원종과 애노의 난을 시작으로 농민의 항쟁이 전국적으로 확산되었음

발해의 멸망
발해는 소수의 고구려계 유민이 지배층으로서 다수의 말갈족을 다스리는 봉건적 사회 구조를 취하고 있었음. 간혹 극소수의 말갈계가 지배층에 편입되기도 하였으나 유력한 귀족 가문은 모두 고구려계였음. 지배층과 피지배층 간 민족 구성의 차이는 발해 멸망의 주요 요소로 지적되고 있음

빈공과
당(唐)에서 외국인을 대상으로 실시한 과거 시험으로서, 발해는 10여 인이 유학하여 6명 정도가 합격하였음

삼국 문화의 동질적 요소
- 언어와 풍습 등이 대체로 비슷(삼국의 이두문)
- 도사와 같은 독특한 관직을 공통적으로 운용
- 온돌, 막새 기와, 미륵 반가 사유상, 사찰의 구조, 음악(거문고 · 가야금), 미륵 사상 등

통일 신라 문화의 기본적 성격
- 문화적 차원과 폭의 확대 : 삼국 문화가 종합되면서 문화적 차원과 폭이 확대되고 보다 세련된 문화로 발전하였으며, 이러한 기반 위에서 다시 당 문화의 영향을 강하게 받음
- 민족 문화의 토대 확립 : 다양한 문화적 수용을 바탕으로 고대 문화를 완성하고 이를 통해 민족문화의 토대를 확립함

② **귀족의 생활** : 금입택(金入宅)이라 불린 저택에 거주, 고급 장식품 사용, 불교 후원 등

③ **평민의 생활** : 토지를 경작, 채무로 노비가 되는 경우도 많았음

(3) 신라 말 사회의 혼란

① **신라 말의 사회상** : 지방의 신흥 세력이 성장, 호족이 등장, 백성의 곤궁, 농민의 몰락 등으로 민심이 크게 동요

② **정부의 대책과 실패** : 민생 안정책을 강구하였지만 실패, 소작농으로 전락 등

③ **모순의 심화** : 국가 재정 악화, 원종과 애노의 난 발발

> **합격up** **신라 말기의 반란**
>
> 진성 여왕 3년(889) 나라 안의 여러 주 · 군에서 공부(貢賦)를 바치지 않으니 창고가 비어 버리고 나라의 쓰임이 궁핍해졌다. 왕이 사신을 보내어 독촉하였지만, 이로 말미암아 곳곳에서 도적이 벌떼 같이 일어났다. 이에 원종 · 애노 등이 사벌주(상주)에 의거하여 반란을 일으키니 왕이 나마 벼슬의 영기에게 명하여 잡게 하였다. 영기가 적진을 쳐다보고는 두려워하여 나아가지 못했다.
>
> – 〈삼국사기〉 –

7. 발해 사회의 모습

(1) 사회 구성

① **지배층** : 왕족인 대씨와 귀족인 고씨 등의 고구려계 사람들이 대부분

② **피지배층** : 주로 말갈인으로 구성

(2) 생활 모습

① **상층 사회** : 당의 제도와 문화를 수용하였으며, 지식인들은 당에 유학하여 빈공과에 합격하기도 함

② **하층 사회** : 촌락민들은 촌장(수령)을 통해 국가의 지배를 받았음

04절 고대 문화의 발달

1. 삼국 문화의 특성

(1) 삼국 문화의 의의 및 성격

① **삼국 문화의 의의** : 각각의 개성을 유지하는 가운데서도 서로 영향을 주고받으며 민족 문화의 기반을 형성

② **삼국 문화의 기본 성격** : 2원적 성격, 불교문화의 영향, 문화적 동질성

(2) 삼국 문화의 특징

① 고구려 : 패기와 정열이 넘치는 문화적 특성

② 백제 : 평야 지대에 위치하여 외래문화와 교류가 활발, 우아하고 세련된 문화적 특징

③ 신라 : 6세기에 한강 유역을 확보한 이후 조화미가 강조되며 발전

2. 한문학과 유학, 향가의 발달

(1) 한자의 보급

① 한자 문화권의 형성 : 철기 시대부터 한자를 사용, 삼국 시대의 지배층은 한자를 널리 사용

② 이두(吏讀)와 향찰(鄕札)의 사용 : 한문의 토착화가 이루어지고 한문학이 널리 보급됨

(2) 한문학

① 삼국 시대의 한문학 ⭐빈출개념

　㉠ 한시 : 유리왕의 황조가, 을지문덕의 오언시(여수장우중문시) 등

　㉡ 노래 : 백제의 정읍사, 신라의 회소곡, 가야의 구지가 등

② 신라의 한문학 : 한학(유학)의 보급과 발달에 따라 발달(강수, 설총, 김대문, 최치원 등)

③ 발해의 한문학 : 4·6 변려체로 쓰인 정혜공주와 정효공주의 묘지(墓誌)를 통해서 높은 수준을 짐작할 수 있으며, 시인으로는 양태사·왕효렴이 유명

(3) 유학의 보급

① 삼국 시대 : 유학이 본격적으로 수용, 율령, 유교 경전 등을 통해 한문학을 이해

　㉠ 고구려 : 종묘 건립, 3년상 등 생활 속에서 유교적 예제(禮制)가 행해짐

　㉡ 백제 : 6좌평과 16관등, 공복제 등의 정치 제도는 유학 사상의 영향을 받음

　㉢ 신라 : 법흥왕 때의 유교식 연호, 진흥왕 순수비, 화랑도 등은 유학 사상의 영향을 받음

② 통일 신라 유학의 성격 : 원시 유학과 한·당의 유학이 합쳐진 유학, 전제 왕권과 중앙 집권 체제를 뒷받침

(4) 대표적 유학자

① 통일기 신라의 유학자 : 6두품 출신의 유학자가 많음, 도덕적 합리주의를 강조

　㉠ 강수(6두품)

　　• 〈청방인문서〉, 〈답설인귀서〉 등 외교 문서를 잘 지은 문장가

　　• 불교를 세외교라 하여 비판하고, 도덕을 사회적 출세보다 중시함

　　• 일부다처나 골품제에 의한 신분 제도 등을 비판하고 유교의 도덕적 합리주의를 강조

남북국 시대 문화의 특성

• 통일 신라 문화의 특징: 귀족 중심의 문화가 발전하면서 민간 문화의 수준도 향상됨. 중앙의 문화가 전파되면서 지방 문화 수준도 전반적으로 향상됨. 조형 미술을 중심으로 조화미·정제미를 창조(불교와 고분 문화 등을 통해 다양하게 표현됨), 당·서역과의 국제적 교류로 세련된 문화 발전

• 발해 문화의 특징: 고구려 문화의 바탕 위에 당 문화 혼합, 웅장하며 건실함

이두와 향찰

• 이두 : 한자의 음과 훈을 빌려 우리말을 적는 표기법으로, 한문을 주로 하는 문장 속에서 토씨 부분에 사용됨

• 향찰 : 한자의 음과 훈을 빌려 우리말을 표기하는 방식인 차자(借字) 표기로, 이두와는 달리 문장 전체를 표현

설화 문학

• 서민들 사이에서 구전된 문학

• 에밀레종 설화, 효녀 지은 이야기, 설씨녀 이야기 등

민중의 노래

• 구지가와 같은 무속 신앙과 관련된 노래나 회소곡(會蘇曲) 등의 노동요가 유행

• 민중들은 어려운 생활 속에서 그들의 소망을 노래로 표현(백제의 정읍사)

최치원
- 6두품 출신으로 당에 유학하여 빈공과에 급제하고 관직에 오르는 한편 문장가로 이름을 떨침
- 귀국하여 진성여왕에게 개혁을 건의하고 국정을 비판하였으나, 개혁이 이루어지지 않자 혼란한 세상에 뜻을 잃고 전국 각지를 유람하다가 해인사에서 일생을 마침
- 유학자인 동시에 불교와 도교에도 조예가 깊은 사상가였으며, 고려건국에 큰 영향을 끼침

도당 유학생 파견
- 당의 문화 정책인 국학의 문호 개방책, 신라의 문화적 욕구, 삼국 항쟁기에 당의 힘을 빌리려는 외교적 목적의 합치로 인해 도당 유학생의 파견이 시작
- 통일 후 숙위 학생이라고 불린 이들은 관비 유학생으로 파견과 귀국을 국가에서 주관하였으며, 의식주는 당에서 지원하였고 도서 구입 비용은 신라에서 지원
- 초기 도당 유학생은 대부분 진골이었으나 하대로 갈수록 6두품을 중심으로 파견, 이들 중 상당수는 귀국하지 않고 당에 머물렀으며, 귀국한 유학생들도 개혁을 주장하다가 은거하거나 반신라 세력으로서 호족과 결탁하는 등의 행보를 보임

찬기파랑가
열치며/나타난 달이/흰 구름 좇아 떠가는 것 아닌가/새파란 시냇가에/기랑의 얼굴이 있구나/이로부터 시냇가 조약돌에/낭이 지니시던/마음의 가를 좇고 싶어라/아! 잣가지 높아/서리 모를 화판이여

　ⓛ **설총(6두품)**
　　• 원효의 아들로, 이두를 집대성
　　• 풍왕서(화왕계)를 지어 국왕의 유교적 도덕 정치를 강조
② **통일 이후의 유학자** : 당과 교류가 활발해지면서 도당 유학생이 증가
　㉠ **김대문(진골)**
　　• 성덕왕 때 주로 활약한 통일 신라의 대표적 문장가
　　• 〈악본〉, 〈화랑세기〉, 〈고승전〉, 〈한산기〉, 〈계림잡전〉 등이 유명(모두부전)
　ⓛ **최치원(6두품)**
　　• 당의 빈공과(賓貢科)에 급제하고 귀국 후 진성여왕에게 개혁안 10여조를 건의(수용되지 않음)
　　• 골품제의 한계를 자각하고 과거 제도를 주장하였으며, 반신라적 사상을 견지
　　• 〈계원필경〉(현존 최고의 문집), 〈제왕연대력〉, 〈법장화상전〉 등을 저술
　　• 4산 비명 : 숭복사비, 쌍계사 진감선사비, 성주사 낭혜화상탑비, 봉암사 지증대사비

> **실력up　도당 유학생**
>
> • **유학의 배경** : 전제 왕권 확립을 위한 유교 정치 이념의 필요성 인식, 방계 귀족에 대한 견제
> • **기능** : 유학생이자 외교관의 기능을 겸하며, 정치적 인질의 성격을 지니기도 함
> • **대표적 유학생** : 최치원, 최승우, 최언위 등
> • **특징**
> 　– 대부분 6두품 출신으로, 다수가 빈공과에 합격(신라인 80명, 발해인 10명가량)
> 　– 실력 위주의 풍토를 정착시킴으로써 과거 제도가 마련되는 배경으로 작용
> 　– 귀국 후 신분적 한계로 정치 참여가 제한되었으며 주로 왕의 고문 역할을 수행, 왕권 강화 · 과거제 실시 · 국사 편찬 등의 필요성을 제시
> 　– 골품제와 신라 사회의 모순을 비판하며 새로운 사회로의 방향을 제시

(5) 향가의 발달

① **편찬** : 한자를 빌어 표기, 주로 불교 수용 후 화랑과 승려가 지음
② **내용** : 화랑에 대한 사모의 심정, 형제간의 우애, 동료 간의 의리, 공덕이나 불교에 대한 신앙심, 부처님의 찬양, 지배층의 횡포에 대한 비판 등
③ **대표작** : 원왕생가, 모죽지랑가, 헌화가, 도솔가, 제망매가, 찬기파랑가, 안민가, 처용가 등

3. 교육 및 역사

(1) 삼국의 교육

① **교육의 특징** : 문무 일치 · 귀족 중심 · 수도 중심의 교육
② **교육 기관 및 유학의 교육** : 한자의 보급과 함께 교육 기관이 설립됨
　㉠ **고구려** : 수도에 태학(유교 경전과 역사 교육), 지방에 경당 설치
　ⓛ **백제** : 5경 박사와 의박사 · 역박사 등이 유교 경전과 기술학 교육

ⓒ 신라 : 임신서기석(유교 경전을 공부했음을 알 수 있음), 화랑도(세속 5계), 한
자 및 이두 사용

(2) 남북국의 교육

① 통일 신라

ㄱ 국학

- 신문왕 때 설립(682)한 유학 교육 기관으로, 충효 사상 등 유교 정치 이념
을 통해 전제 왕권 강화에 기여
- 경덕왕 때 태학이라 고치고 박사와 조교를 두어 〈논어〉와 〈효경〉 등의 유
교 경전을 교육, 혜공왕 때 국학으로 환원
- 입학 자격은 15~30세의 귀족 자제로 제한되며, 졸업 시 대나마·나마의 관
위를 부여
- 〈논어〉와 〈효경〉을 필수 과목으로 하며, 〈주역〉·〈상서〉·〈모시〉
·〈예기〉·〈좌씨전〉 등을 수학

ㄴ 독서삼품과

- 원성왕 때(788) 시행한 관리 등용 제도로, 유교 경전의 이해 수준에 따라 3
등급으로 구분해 관리를 등용(상품·중품·하품)
- 골품이나 무예를 통해 관리를 등용하던 방식에서 벗어나, 유교 교양을 시험
하여 관리를 등용함으로써 충효일치를 통한 전제 왕권 강화에 기여

② 발해

ㄱ 학문 발달을 장려 : 당에 유학생을 보내고 서적을 수입

ㄴ 한학 교육을 장려

- 주자감을 설립하여 귀족 자제들에게 유교 경전을 교육
- 6부의 명칭이 유교식이며, 정혜공주·정효공주 묘비문은 4·6 변려체의
한문으로 작성됨, 5경과 〈맹자〉, 〈논어〉, 3사(〈사기〉·〈한서〉·〈후한서〉),
〈진서〉, 〈열녀전〉 등을 인용
- 외교 사신(양태사, 왕효렴 등)과 승려(인정, 인소 등) 중 많은 사람이 한시
에 능통

(3) 역사서의 편찬

① 삼국의 사서 편찬

ㄱ 고구려 : 영양왕 때 이문진이 국초의 〈유기(留記)〉를 간추려 〈신집(新集)〉5권
을 편찬

ㄴ 백제 : 근초고왕 때 고흥이 〈서기(書記)〉를 편찬

ㄷ 신라 : 진흥왕 때 거칠부가 〈국사(國史)〉를 편찬

② 통일 신라의 사서 편찬

ㄱ 김대문 : 통일 신라의 대표적 문장가

- 대표적 저서 : 〈악본〉, 〈고승전〉, 〈한산기〉, 〈계림잡전〉, 〈화랑세기〉 등

ㄴ 최치원 : 〈제왕연대력〉을 저술

SEMI-NOTE

삼국 불교의 성격
• 호국적 사상((인왕경)이 널리 읽힘)
• 왕실·귀족 중심의 불교(왕실이 앞장 서서 수용)
• 토착 신앙의 흡수(샤머니즘적 성격)
• 현세 구복적

4. 삼국 시대의 불교

(1) 불교의 수용

① 삼국 시대의 불교 전래
  ㉠ 고구려 : 중국 전진(前秦)의 순도를 통하여 소수림왕 때 전래(372)
  ㉡ 백제 : 동진(東晉)의 마라난타를 통해 침류왕 때 전래(384)
  ㉢ 신라 : 고구려 묵호자를 통해 전래, 6세기 법흥왕 때 국가적으로 공인(527)
② 삼국 시대 불교의 성격 : 왕실과 귀족을 중심으로 수용·공인, 호국적 성격, 대승 불교가 주류를 이룸

(2) 삼국의 불교

① 고구려 : 북위 불교의 영향을 받음
② 백제 : 중국 남조 불교의 영향을 받음, 후기의 불교는 호국적 성격
③ 신라 : 삼국 중 불교 수용이 가장 늦음, 불교를 국가 발전에 가장 효율적으로 이용

(3) 신라의 명승 ★ 빈출개념

① 원광(圓光)
  ㉠ 대승 불교 정착에 공헌 : 자신의 사상을 일반 대중에게 쉽고 평범한 말로 전파
  ㉡ 걸사표(乞師表) : 진평왕 31년(608)에 고구려가 신라 변경을 침범했을 때 왕의 요청으로 수나라에 군사적 도움을 청하는 걸사표를 지음
  ㉢ 세속오계 : 화랑의 기본 계율이자 불교의 도덕률로서 기능
② 자장(慈藏)
  ㉠ 636년 당에서 귀국한 후 대국통을 맡아 승려의 규범과 승통의 일체를 주관
  ㉡ 황룡사 9층탑 창건을 건의하고 통도사와 금강계단을 건립

정토 신앙(아미타 신앙·미륵 신앙)과 관음 신앙
• 아미타 신앙 : 내세에 극락정토를 확신하는 신앙
• 미륵 신앙 : 미륵이 중생을 구제한다는 신앙
• 관음 신앙 : 현세의 고난 구제를 확신하는 신앙

5. 남북국 시대의 불교

(1) 통일 신라

① 불교의 정립 : 삼국 불교 유산을 토대로 하여 다양하고 폭넓은 불교 사상 수용의 기반을 마련
② 불교의 특징 : 불교 대중화 운동의 전개(원효의 아미타신앙), 밀교 신앙의 성행
③ 교종의 5교
  ㉠ 성립 : 통일 전에 열반종·계율종이, 통일 후 법성종·화엄종·법상종이 성립
  ㉡ 특성 : 중대 전제 왕권 강화에 기여, 화엄종과 법상종이 가장 유행
④ 명승
  ㉠ 원효(元曉, 617~686)
    • 〈대승기신론소〉, 〈금강삼매경론〉, 〈십문화쟁론〉 등을 저술
    • '모든 것이 한마음에서 나온다'는 일심 사상(一心思想)을 바탕으로 종파들 간의 사상적 대립을 조화시키고, 여러 종파의 사상을 융합하는 화쟁 사상을 주창

교종의 창시자 및 사찰

종파	창시자	사찰
열반종	보덕(고구려) : 중생은 모두 부처가 될 수 있는 불성을 지님	경복사 (전주)
계율종	자장(신라)	통도사 (양산)
법성종	원효 : 5교의 통합을 주장	분황사 (경주)
화엄종	의상	부석사 (영주)
법상종	진표 : 미륵 신앙 (이상 사회, 업설) 원측 : 유식 불교	금산사 (김제)

- 불교 대중화의 길을 엶(고려 시대 의천과 지눌에 영향을 미침)
- 경주 분황사에서 법성종(法性宗)을 개창

ⓒ 의상(義湘, 625~702)
- 화엄종을 연구
- 〈화엄일승법계도〉를 저술하여 화엄 사상을 정립
- 화엄의 근본 도량이 된 부석사(浮石寺)를 창건(676)하고, 화엄 사상을 바탕으로 교단을 형성하여 제자를 양성하고 불교 문화의 폭을 확대
- 모든 사상을 보다 높은 차원에서 하나로 조화시키는 원융 사상(일즉다 다즉일(一卽多 多卽一)의 원융 조화 사상)을 설파
- 아미타 신앙과 함께 현세에서 고난을 구제받고자 하는 관음 신앙을 설파

ⓒ 진표(眞表, ?~?)
- 김제 금산사를 중심으로 법상종을 개척
- 미륵 신앙(이상 사회, 업설)이 일반 백성에 널리 유포되는 데 기여)

ⓒ 원측(圓測, 613~696)
- 당의 현장에게서 유식 불교(唯識佛敎)를 수학(유식 불교의 대가)
- 현장의 사상을 계승한 규기(窺基)와 논쟁하여 우위를 보임

ⓒ 혜초(慧超, 704~787)
- 인도에 가서 불교를 공부하고 〈왕오천축국전〉을 남김
- 인도 순례 후 카슈미르, 아프가니스탄, 중앙아시아 일대까지 답사

(2) 선종(禪宗)의 발달

① 특징
ⓒ 기존의 사상 체계에 의존하지 않고 스스로 사색하여 진리를 깨닫는 것을 중시
ⓒ 개인적 정신 세계를 찾는 경향이 강하여 좌선을 중시
ⓒ 교종에 반대하고 반체제적 입장에서 지방의 독자적 세력을 구축하려는 호족의 성향에 부합

② 역사적 의의
ⓒ 경주 중심의 문화를 극복하고 지방 문화의 역량을 증대(지방을 근거로 성장)
ⓒ 중국 문화에 대한 이해와 인식의 폭을 확대(한문학 발달에 영향)
ⓒ 새로운 시대의 이념과 사상을 제공
ⓒ 불교 의식과 권위를 배격, 종파 불교가 본격적으로 전개됨
ⓒ 승탑과 탑비의 유행 : 쌍봉사 철감선사 승탑, 4산비명 등

③ 9산의 성립 : 선종 승려 중에는 지방의 호족 출신이 많아 주로 지방에 근거지를 두었는데, 그 중 대표적인 9개의 선종 사원을 9산 선문이라고 함

④ 교종과의 비교

구분	교종(敎宗)	선종(禪宗)
전래	상대(눌지왕 때 최초 전래)	상대(선덕여왕 때 법랑이 전래)
융성기	중대(귀족 및 왕실 계층)	하대(호족 불교로 발전)

왕오천축국전(往五天竺國傳)
혜초가 인도를 여행하고 쓴 기행문으로, 프랑스 학자 펠리오(Pelliot)가 간쑤성(甘肅省) 둔황(敦煌)의 석굴에서 발견, 현재 프랑스 국립 도서관에 소장

선종 9산

51

종파	• 열반종 : 보덕 • 계율종 : 자장 • 법성종 : 원효 • 화엄종 : 의상 • 법상종 : 진표	• 가지산문 : 도의 • 동리산문 : 혜철 • 사자산문 : 도윤 • 성주산문 : 무염 • 수미산문 : 이엄	• 실상산문 : 홍척 • 봉림산문 : 현욱 • 사굴산문 : 범일 • 희양산문 : 도헌
성격	• 교리 연구 · 경전 해석 치중 • 불교 의식 및 행사 중시 • 염불과 독경 중시	• 개인의 정신 수양 강조 • 좌선(坐禪) 중시 • 불립문자(不立文字) • 견성오도(見性悟道)	
영향	• 조형 미술의 발달 • 왕권 전제화에 공헌	• 조형 미술의 쇠퇴 • 중국 문화에 대한 이해의 폭 확대 • 후삼국 및 고려 건립의 정신적 지주	

(3) 발해의 불교

① **고구려 불교의 영향**

㉠ 수도 상경의 절터 유적과 불상, 석등, 연화 무늬 기와, 이불병좌상 등

㉡ 왕실과 귀족 중심의 불교로, 절터 등의 유적은 주로 5경에 집중되어 있음

② **종파** : 관음 신앙과 법화 신앙(이불병좌상)

③ 석인정, 석정소 등은 발해의 대표적 명승으로, 불법을 널리 전파

6. 도교와 풍수 지리설

(1) 도교

① **전래 시기** : 고구려 영류왕(624) 때 전래

② **신봉 계층** : 진골에 반발하던 6두품 계층이 신봉하여 반신라적 성격을 지님

③ **내용** : 노장 사상, 즉 무위자연을 이상으로 여기는 일종의 허무주의 사상

④ **도교 사상의 반영**

㉠ **고구려** : 강서고분의 사신도(四神圖)와 비선(飛仙), 보장왕 때 연개소문의 요청으로 불교 세력을 누르기 위해 도교를 장려

㉡ **백제**

• 산수 무늬 벽돌(산수문전) : 삼신산, 도관, 도사의 문양

• 백제 금동대향로 : 주작, 봉황, 용

• 사택지적비 : 노장 사상의 허무주의적 내용이 담겨 있음

• 무령왕릉 지석의 매지권

㉢ **신라** : 도교적 요소가 삼국 중 가장 뚜렷

㉣ **통일 신라** : 12지신상, 4영지, 안압지, 4산 비명 등

㉤ **발해** : 정혜공주와 정효공주 묘지의 4 · 6 변려체, 정효공주 묘의 불로장생 사상

(2) 풍수지리설(風水地理說)

① **전래** : 신라 말 도선 등의 선종 승려들이 중국에서 유행한 풍수지리설을 전래

② **내용** : 산세와 수세를 살펴 도읍 · 주택 · 묘지 등을 선정하는 인문지리적 학설로,

현무도(강서대묘)

산수 무늬 벽돌

백제 금동대향로

사택지적비

국토의 효율적인 이용과 관련됨

③ **영향** : 다른 지방의 중요성을 자각하는 계기, 선종과 함께 나말 신라 정부의 권위를 약화시키는 구실

7. 천문학과 수학

(1) 천문학의 발달

① 천체 관측 : 삼국은 천문 기상을 담당하는 관리로 일관, 일자 등을 둠

    ㉠ 고구려 : 천문도(天文圖), 고분 벽화에도 해와 달의 그림이 남아 있음

    ㉡ 백제 : 역박사를 두었고, 천문을 관장하는 일관부가 존재

    ㉢ 신라 : 7세기 선덕여왕 때에 현존하는 세계 최고(最古)의 천문대인 첨성대(瞻星臺)를 세워 천체를 관측

② 천체 관측의 목적

    ㉠ 농업면 : 농경과 밀접한 관련이 있었으므로 중시

    ㉡ 정치면 : 왕의 권위를 하늘과 연결시키려고 함

(2) 수학의 발달

① 여러 조형물을 통해 수학이 높은 수준에 이르렀음을 짐작할 수 있음

② 수학적 조형물

    ㉠ 삼국 시대 : 고구려 고분의 석실이나 천장의 구조, 백제의 정림사지 5층 석탑, 신라의 황룡사 9층 목탑 등

    ㉡ 통일 신라 : 국학에서 산학을 학습(석굴암, 불국사 3층 석탑, 다보탑 등)

8. 목판 인쇄술과 제지술

(1) 발달 배경 및 의의

불교 문화의 발달에 따라 불경 등의 인쇄를 위한 목판 인쇄술과 제지술 발달, 통일 신라의 기록 문화 발전에 크게 기여

(2) 목판 인쇄술(무구정광 대다라니경)

무구정광 대다라니경은 8세기 초엽에 만들어진 불경으로, 현존하는 세계 최고(最古)의 목판 인쇄물. 1966년 불국사 3층 석탑(석가탑)에서 발견됨

(3) 제지술

무구정광 대다라니경에 사용된 종이는 닥나무로 만들어진 것으로 지금까지 보존될 수 있을 만큼 품질이 우수함, 구례 화엄사 석탑에서 발견된 두루마리 불경에 쓰인 종이도 통일 신라 시대에 만들어진 것이며, 얇고 질기며 아름다운 백색을 간직하고 있음

9. 금속 제련술의 발달

칠지도

백제 금동대향로

사신도(四神圖)
- 각각 동 · 서 · 남 · 북의 방위를 지키는 사방위신(四方位神)인 청룡 · 백호 · 주작 · 현무를 그린 고분벽화
- 무덤의 사방을 수호하는 영물(靈物)을 그린 것으로, 도교의 영향 받아 죽은 자의 사후세계를 지켜준다는 믿음을 담고 있음

수렵도

(1) 고구려

① 철광석이 풍부하여 제철 기술이 발달함(철 생산이 국가의 중요 산업)
② 고구려 지역에서 출토된 철제 무기와 도구 등은 그 품질이 우수함

(2) 백제

① 칠지도(七支刀) : 강철로 만든 우수한 제품, 4세기 후반에 근초고왕이 왜왕에게 하사한 것
② 백제 금동대향로 : 백제의 금속 공예 기술이 중국을 능가할 정도로 매우 뛰어났음을 보여 주는 걸작품, 불교와 도교의 요소 반영

10. 고분과 벽화

(1) 고구려

① 고분 : 초기에는 주로 돌무지 무덤을 만들었으나 점차 굴식 돌방 무덤으로 바뀌어 감
  ㉠ 돌무지 무덤(석총) : 돌을 정밀하게 쌓아 올린 고분 형태로, 벽화가 없는 것이 특징
  ㉡ 굴식 돌방 무덤(횡혈식 석실, 토총)
    • 돌로 널방을 짜고 그 위에 흙으로 덮어 봉분을 만든 것으로, 널방의 벽과 천장에는 벽화를 그리기도 함, 모줄임 천장, 도굴이 쉬움
② 고분 벽화 : 당시 고구려 사람들의 생활 · 문화 · 종교 등을 파악할 수 있는 귀중한 자료

고분	벽화	특징
삼실총	무사 · 역사의 벽화	원형으로 된 봉분 안에 세 개의 널방(현실)이 ㄱ자형으로 위치
각저총	씨름도	만주 퉁거우에 있는 토총, 귀족 생활, 별자리 그림
무용총	무용도, 수렵도	14명이 춤추는 무용도, 수렵 · 전쟁을 묘사한 수렵도, 거문고 연주도
쌍영총	기사도, 우거도 (牛車圖), 여인도	서역 계통의 영향, 전실과 후실 사이의 팔각쌍주와 두 팔천정은 당대의 높은 건축술과 예술미를 반영
강서대묘	사신도(四神圖)	사신도와 선인상, 사신도는 도교의 영향을 받은 것으로 색의 조화가 뛰어나며 정열과 패기를 지닌 고구려 벽화의 걸작
덕흥리 고분	견우직녀도	5세기 초의 고분으로, 견우직녀도와 수렵도, 하례도(賀禮圖), 기마행렬도, 베 짜는 모습, 마구간, 외양간 등이 그려져 있음
장천 1호분	예불도, 기린도	장천 1호분의 기린상과 천마총의 천마상은 고구려와 신라의 문화적 연계성을 보여줌

안악 3호분	대행렬도, 수박도(手搏圖)	고구려 지배층의 행사를 그린 대행렬도와 수박 도 등이 발견됨

(2) 백제

① 고분 ★ 빈출개념

  ㉠ 한성 시대 : 초기 한성 시기에는 같은 계통인 고구려의 영향을 받아 계단식 돌
    무지 무덤(→ 석촌동 고분 등)이 중심

  ㉡ 웅진 시대 : 굴식 돌방 무덤과 널방을 벽돌로 쌓은 벽돌 무덤(공주 송산리 고
    분군의 무령왕릉, 6세기경 중국 남조의 영향을 받음)이 유행

  ㉢ 사비 시대 : 규모가 작지만 세련된 굴식 돌방 무덤이 유행(부여 능산리 고분)

② 고분 벽화 : 사신도(四神圖), 무령왕릉은 중국 남조의 영향을 받음

무령왕릉

(3) 신라

① 통일 전 신라 : 거대한 돌무지 덧널 무덤(적석목곽분)

② 통일 신라 : 불교의 영향으로 화장이 유행, 무덤의 봉토 주위를 둘레돌(호석)로
  두르고, 12지신상을 조각하는 독특한 양식 등장

돌무지 덧널 무덤(천마총)

(4) 발해의 고분 ★ 빈출개념

① 정혜공주 묘(육정산 고분군) : 굴식 돌방 무덤으로, 모줄임 천장 구조가 고구려
  고분과 유사

② 정효공주 묘(용두산 고분군) : 묘지(墓誌)와 벽화가 발굴되었고, 유물은 높은 문
  화 수준을 입증

모줄임 천장 구조(강서대묘)

> **돌무지 덧널 무덤(적석목곽분)**
> • 신라에서 주로 만든 무덤, 지상이나
>   지하에 시신과 껴묻거리를 넣은 나
>   무 덧널을 설치하고 그 위에 댓돌을
>   쌓은 다음 흙으로 덮음, 공간이 부족
>   해 방이 따로 없으며, 벽화도 없는
>   것이 특징
> • 도굴이 어려워 대부분 껴묻거리(부
>   장품)가 남아 있음

11. 건축과 탑

(1) 삼국 시대

① 건축 : 궁전 · 사원 · 무덤 · 가옥에 그 특색이 잘 반영

② 탑

  ㉠ 고구려 : 주로 목탑을 건립

  ㉡ 백제

   • 익산 미륵사지 석탑 : 목탑 양식을 모방한 석탑으로 현재 우리나라에서 가장
     오래된 탑(7세기 초에 건립되었으며, 현재 6층까지 남아 있음)

   • 부여 정림사지 5층 석탑 : 미륵사지 석탑을 계승한 백제의 대표적인 석탑

  ㉢ 신라

   • 황룡사 9층 목탑 : 일본 · 중국 · 말갈 등 9개국의 침략을 막고 삼국을 통일
     하자는 호국 사상을 반영(몽고 침입 때 소실)

   • 분황사 석탑 : 선덕여왕 때 만든 모전탑(석재를 벽돌 모양으로 만들어 쌓은
     탑)으로 지금은 3층까지만 남아 있으며, 인왕상과 사자상이 조각되어 있음

③ 성곽 축조 : 방어 목적의 성곽을 다수 축조

미륵사지 석탑

정림사지 5층 석탑

감은사지 3층 석탑

진전사지 3층 석탑

쌍봉사 철감선사 승탑

(2) 통일 신라

① 건축

　㉠ 통일 신라의 궁궐과 가옥은 남아 있는 것이 거의 없음

　㉡ 불교가 융성함에 따라 사원을 많이 축조했는데, 8세기 중엽에 세운 불국사와 석굴암이 대표적

　㉢ 안압지 : 통일 신라의 뛰어난 조경술(造景術)을 잘 드러냄

② 탑(塔)

　㉠ 중대

　　• 감은사지 3층 석탑 : 통일 신라 초기의 대표적인 석탑으로, 장중하고 웅대

　　• 불국사 3층 석탑(석가탑) : 통일 이후 축조해 온 통일 신라 석탑의 전형으로, 날씬한 상승감 및 넓이와 높이의 아름다운 비례로 유명

　　• 화엄사 4사자 3층 석탑 : 구례 화엄사에 있는 통일 신라 시대의 3층 석탑

　㉡ 하대 : 진전사지 3층석탑(탑신에 부조로 불상을 새김), 쌍봉사 철감선사 승탑

(3) 발해

① 상경(上京) : 당의 수도인 장안을 본떠 건설하여 외성을 쌓고 남북으로 넓은 주작대로를 내어 그 안에 궁궐과 사원을 세움

② 사원터 : 동경성 등에서 발견되는 사원지에는 높은 단 위에 금당(金堂)을 짓고 내부 불단을 높이 마련하였으며, 금당 좌우에 건물을 배치

12. 불상과 공예(工藝)

(1) 불상

① 삼국 시대

　㉠ 특징 : 불상 조각에서 두드러진 것은 미륵보살 반가상(彌勒菩薩半跏像)을 많이 제작한 것이며 이 중에서도 관을 쓰고 있는 금동 미륵보살 반가상은 날씬한 몸매와 그윽한 미소로 유명함

　㉡ 고구려 : 연가 7년명 금동 여래 입상은 두꺼운 의상과 긴 얼굴 모습에서 북조 양식을 따르고 있음

　㉢ 백제 : 서산 마애 삼존 석불은 석불로서 부드러운 자태와 온화한 미소가 특징

　㉣ 신라 : 배리 석불 입상은 푸근한 자태와 부드럽고 은은한 미소가 특징

② 통일 신라 : 석굴암의 본존불과 보살상

③ 발해 : 불교가 장려됨에 따라 불상이 많이 제작됨

　㉠ 고구려 양식 : 상경과 동경의 절터에서 발굴된 불상

　㉡ 이불병좌상(二佛竝坐象) : 흙을 구워 만든 것으로, 두 부처가 나란히 앉아있는 모습을 나타냄

(2) 공예

① 통일 신라

　　㉠ 석조물 : 무열왕릉비의 이수, 귀부의 조각, 성덕대왕릉 둘레의 조각돌, 불국
　　사 석등, 법주사 쌍사자 석등
　　㉡ 범종(梵鐘)
　　　• 오대산 상원사 동종(성덕왕 24, 725) : 현존 최고(最古)의 종
　　　• 성덕대왕 신종(혜공왕 7, 771) : 봉덕사 종 또는 에밀레 종이라 하며, 맑고
　　　　장중한 소리와 천상의 세계를 나타내 보이는 듯함
　② 발해
　　㉠ 조각 : 기와·벽돌 등의 문양이 소박하고 직선적
　　㉡ 자기(磁器) : 가볍고 광택이 있으며 종류나 크기·모양·색깔 등이 매우 다양
　　하여 당나라로 수출

13. 글씨와 그림, 음악

(1) 서예

　① 고구려 : 광개토대왕릉비의 비문은 웅건한 서체가 돋보임
　② 통일 신라
　　㉠ 김생(金生) : 왕희지체로 유명한 통일 신라의 문필가, 신품사현의 한 사람
　　㉡ 김인문(金仁問) : 무열왕릉 비문·화엄사의 화엄경 석경 등이 전해짐
　　㉢ 요극일(姚克一) : 왕희지체 및 구양순체 모두에 능함

(2) 그림

　① 천마도(天馬圖) : 경주 천마총에서 출토, 신라의 힘찬 화풍을 보여줌
　② 솔거(率去) : 황룡사 벽화, 분황사 관음보살상, 단속사의 유마상 등

(3) 음악과 무용

　① 고구려 : 영양왕 때 왕산악은 진(晉)의 칠현금을 개량하여 거문고를 만들고 많은
　　노래를 지음
　② 백제 : 무등산가·선운산가 등이 유명
　③ 신라 : 백결 선생(방아타령), 3죽(대·중·소 피리)과 3현(가야금·거문고·비파)
　④ 가야 : 우륵은 가야금을 만들고 12악곡을 지었으며, 신라에 가야금을 전파
　⑤ 발해 : 음악과 무용이 발달, 발해악(渤海樂)이 일본으로 전해짐

금동 미륵보살 반가 사유상

연가 7년명 금동 여래 입상

서산 마애 삼존 석불

이불병좌상

신품사현
명필가로 꼽히는 4사람을 지칭하는 것
으로, 통일 신라의 김생과 고려의 최
우·유신·탄연을 말함

천마도

9급공무원
한국사

나두공

03장 중세의 성립과 발전

중세의 성립과 발전

01절 중세의 통치 구조와 정치 활동

1. 후삼국의 성립과 소멸

(1) 후삼국의 성립

① 후백제의 성립과 발전
- ㉠ 건국(900) : 견훤이 완산주를 근거로 건국
- ㉡ 발전 : 신라 효공왕 4년(900)에 정식으로 후백제 왕을 칭하며 관직을 설치하고 국가 체제를 완비, 신라를 자주 침공

② 후고구려의 성립과 발전
- ㉠ 건국(901) : 궁예가 초적 세력을 기반으로 송악에서 건국
- ㉡ 발전 : 국호를 후고구려에서 마진(연호는 무태 · 성책)으로 고쳤다가, 수도를 철원으로 옮긴 후 국호를 다시 태봉(연호는 수덕만세 · 정개)으로 고침(911)
- ㉢ 통치 체제

태봉의 기관	역할 및 기능	고려의 해당 기관
광평성	• 태봉의 국정 최고 기관 • 수상 : 광치내	중서문하성
대룡부	인구와 조세	호부
수춘부 · 봉빈부	교육, 외교	예부
병부	군사	병부
납화부 · 조위부	재정	호부, 삼사
장선부	수리, 영선	공부
의형대	형벌	형부

※ 이외에도 기타 물장성(토목 · 건축), 원봉성(서적 관리), 비룡부(왕명 · 교서)등이 존재

(2) 고려의 건국 및 통일 정책

① 왕건의 기반 : 확고한 호족적 기반을 갖추고 새로운 사회 건설을 위한 이념과 철학을 지님
② 고려의 건국(918) : 왕건은 궁예를 몰아내고 왕위에 추대되면서 국호를 고려라 하고, 송악으로 천도(919)
③ 왕건의 통일 정책 : 지방 세력의 흡수 · 통, 적극적인 우호 정책

(3) 후삼국의 통일

① 신라의 병합(935) : 경순왕이 고려에 항복
② 후백제의 정벌(936) : 선산에서 신검군을 섬멸(후백제인을 상대적으로 냉대)

궁예의 탄생

궁예는 신라 사람으로 성은 김씨이다. 아버지는 헌안왕, 또는 경문왕이라고 한다. 그는 단옷날 외가에서 태어났는데, 그가 탄생하던 때 하얀 무지개가 집 위에서 하늘위로 뻗쳐 나갔다. 이를 보고 점을 치는 이가 말하기를, 나라에 이롭지 못한 징조라 기르지 않는 것이 좋겠다고 하였다. 왕은 신하를 시켜 그 집에 가 아이를 죽이라고 명령했다. 신하는 강보에 싸인 궁예를 다락 아래로 던졌는데, 이때 유모가 아이를 받다가 손가락으로 아이의 눈을 찔러 궁예는 한쪽 눈이 멀었다고 한다. 유모는 그 아이와 함께 멀리 도망하여 살았다.

– 〈삼국사기〉 –

견훤과 궁예의 공통 한계

- 국가 운영의 경륜 부족, 개국 이념 및 개혁 주도 세력의 부재
- 포악한 성격, 가혹한 수탈, 수취 체제 개선 실패(민심 수습 실패)

후고구려의 멸망(918)(고려의 건국)

- 지나친 미신적 불교(미륵 신앙)를 이용한 전제 정치와 폭정
- 전쟁 수행을 위한 과도한 조세 수취로 민심 이반
- 호족의 토착 기반이 부재(송악 지방의 호족 출신인 왕건에 의해 멸망)

③ 민족의 재통일

    ㉠ 발해가 거란에 멸망(926)당했을 때 고구려계 유민을 비롯해 많은 관리·학자·승려 등이 고려로 망명

    ㉡ 발해의 왕자 대광현을 우대하여 동족 의식을 분명히 함

2. 태조(1대, 918~943)의 정책

(1) 민족 융합 정책(중앙 집권 강화 정책)

① 호족 세력의 포섭·통합

    ㉠ 유력 호족을 통혼 정책(정략적 결혼), 사성(賜姓) 정책(성씨의 하사)

    ㉡ 지방 중소 호족의 향촌 자치를 부분적으로 허용

    ㉢ 지방 호족 세력의 회유·견제(사심관 제도와 기인 제도를 활용)

실력up — 사심관 제도와 기인 제도

- **사심관 제도** : 중앙의 고관을 출신지의 사심관으로 임명하고 그 지방의 부호장 이하 관리의 임명권을 지니도록 하여 향리 감독, 풍속 교정, 부역 조달 등의 임무와 지방의 치안·행정에 책임을 지도록 한 것(그 지방의 호족과 함께 연대책임을 짐), 왕권의 유지를 위한 호족 세력의 회유책의 일환으로 신라의 마지막 왕인 경순왕을 경주의 사심관에 임명한 것이 시초, 후에 조선 시대 유향소와 경재소로 분화됨
- **기인 제도** : 지방 호족에게 일정 관직(호장·부호장)을 주어 지방 자치의 책임을 맡기는 동시에 지방 호족과 향리의 자제를 인질로 뽑아 중앙에 머무르게 한 것, 지방 세력을 견제하고 왕권을 강화하기 위한 제도, 신라의 상수리 제도를 계승

② 왕권의 안정과 통치 규범의 정립

    ㉠ 지배 체제 강화 : 공로나 충성도, 인품 등을 기준으로 개국 공신이나 관리 등에게 역분전을 지급하고, 이를 매개로 지배 체제로 편입

    ㉡ 제도 정비 : 지방 지명 개정, 교육제도 정비

    ㉢ 훈요 10조 : 후대 왕들이 지켜야 할 정책 방향을 제시

(2) 민생 안정책(애민 정책)

① 취민유도 정책 : 호족의 가혹한 수취를 금함, 조세 경감(세율을 1/10로 인하)

② 민심 수습책 : 흑창(黑倉), 노비 해방, 황폐해진 농지를 개간

(3) 숭불 정책

① 불교의 중시 : 불교를 통해 민심을 수습하고 왕실의 안전을 도모, 연등회·팔관회 거행

② 사찰의 건립 등 : 3,000여 개의 비보 사찰을 설치, 승록사(僧錄司)를 설치

(4) 북진 정책

① 고구려 계승 및 발해 유민 포용 : 발해 유민을 적극 포용

② 서경의 중시 : 서경을 북진 정책의 전진 기지로 적극 개발(분사 제도)

③ 거란 및 여진에 대한 강경책 : 국교 단절, 만부교 사건(942), 여진족 축출

3. 광종의 개혁 정치와 왕권 강화

(1) 초기 왕권의 불안정

① 혜종(2대, 943~945) : 통일 과정의 혼인 정책의 부작용으로 왕자들과 외척 간의 왕위 계승 다툼이 발생(왕규의 난 등)

② 정종(3대, 945~949) : 왕규의 난 진압(945), 서경 천도 계획, 광군의 육성(947)

(2) 광종(4대, 949~975)의 왕권 강화 ★ 빈출개념

① 왕권 강화 정책 : 왕권의 안정과 중앙 집권 체제 확립을 위해 혁신적 정책을 추진

ㄱ 개혁 주도 세력 강화 : 개국 공신 계열의 훈신 등을 숙청하고 군소 호족과 신진 관료 중용

ㄴ 군사 기반 마련 : 내군을 장위부로 개편하여 시위군을 강화

ㄷ 칭제 건원 : 국왕을 황제라 칭하고 광덕 · 준풍 등 독자적 연호를 사용

ㄹ 노비안검법 실시(광종 7, 956) : 양인이었다가 불법으로 노비가 된 자를 조사하여 해방시켜 줌으로써, 호족 · 공신 세력을 약화시키고 국가 재정 수입 기반을 확대

ㅁ 과거 제도의 실시(광종 9, 958) : 유학을 익힌 신진 인사를 등용해 호족 세력을 누르고 신구 세력의 교체를 도모

ㅂ 백관의 공복 제정(광종 11, 960) : 지배층의 위계 질서 확립을 목적으로 제정

ㅅ 주현공부법(州縣貢賦法) : 국가 수입 증대와 지방 호족 통제를 위해 주현단위로 공물과 부역의 양을 정함

ㅇ 불교의 장려

• 왕사 · 국사 제도 제정(968) : 혜거를 최초의 국사로, 탄문을 왕사로 임명

• 불교 통합 정책 : 균여로 하여금 귀법사를 창건하여 화엄종을 통합케 하고, 법안종(선종)과 천태학(교종)을 통한 교선 통합을 모색

② 구휼 정책의 시행 및 외교 관계의 수립 : 제위보 설치, 송과 외교 관계 수립(962)

4. 성종(6대, 981~997)의 유교 정치

(1) 중앙 집권 체제의 확립

① 중앙 정치 기구의 개편

ㄱ 2성 6부의 중앙 관제 마련 : 당의 3성 6부 제도를 기반

ㄴ 중추원과 삼사(三司) 설치 : 송의 관제를 모방하여 설치

ㄷ 도병마사와 식목도감 : 고려의 실정에 맞는 독자적 기구로 설치

ㄹ 6위의 군사 제도 정비 : 목종 때 2군을 정비하여 2군 6위의 군사 제도 완비

② 지방 제도 정비 : 12목 설치, 향직 개편

③ 분사 제도(分司制度) : 태조 때 착수하여 예종 때 완비

ㄱ 서경을 중시하기 위해 서경에 분사(分司)를 두고 부도읍지로서 우대

SEMI-NOTE

만부교 사건

발해를 멸망시킨 거란이 고려와 교류하기 위해 사신을 보내자, 태조는 사신을 귀양 보내고 선물로 보낸 낙타를 만부교에 묶어 두어 아사하도록 함

왕규의 난

• 정종 초기, 왕규가 외손자인 광주 원군을 왕으로 세우고자 일으킨 반란

• 왕규는 두 딸을 태조의 15번째 · 16번째 비로 들여보냈는데, 이후 태조의 맏아들 혜종이 즉위하자 몇 번이고 암살 시도를 하였으나 모두 실패

• 이후 혜종이 죽고 그 동생인 정종이 즉위하자 왕규는 난을 일으켰으나, 이전부터 그를 주시하고 있던 정종의 대처와 왕식렴의 개입으로 실패

경종(5대, 975~981)의 전시과 시행과 반동 정치

• 시정 전시과 시행 : 전국적 규모로 전 · 현직의 모든 관리에게 등급에 따라 토지를 차등 지급하였는데, 관품 이외에 인품도 고려한 점에서 역분전의 성격이 잔존

• 반동 정치 : 광종 때 개혁 정치의 주역들이 제거되고 공신 계열의 반동 정치가 행해짐

최승로의 노비환천법 건의안

천예들이 때나 만난 듯이 윗사람을 능욕하고 저마다 거짓말을 꾸며 본주인을 모함하는 자가 이루 헤아릴 수 없었습니다. …… 바라건대, 전하께서는 옛일을 심각한 교훈으로 삼아 천인이 윗사람을 능멸하지 못하게 하고, 종과 주인 사이의 명분을 공정하게 처리하십시오. …… 전대에 판결한 것을 캐고 따져서 분쟁이 열리지 않도록 해야 하겠습니다.

ⓛ 묘청의 서경 천도 운동을 계기로 한때 폐지

④ 사회 시설의 완비 ★ 빈출개념

　　㉠ 흑창을 확대한 빈민 구제 기관인 의창을 설치

　　㉡ 개경과 서경, 12목에 물가 조절 기관인 상평창(常平倉) 설치

⑤ 권농 정책 : 호족의 무기를 몰수하여 농구를 만들고 기곡(祈穀) · 적전(籍田)의 예를 실시하여 농사를 권장

⑥ 노비환천법의 실시 : 해방된 노비가 원주인을 모독하거나 불손한 때 다시 천민으로 만드는 법(노비안검법과는 달리 왕권 강화와는 무관한 제도), 최승로의 건의로 채택

⑦ 건원중보 주조 : 우리나라 최초의 화폐, 거의 쓰이지 못함

(2) 성종의 국정 쇄신

① 국정의 쇄신과 유교 정치의 실현

　　㉠ 신라 6두품 출신의 유학자들이 국정을 주도하면서 유교 정치 실현

　　㉡ 5품 이상의 관리로 하여금 정치에 대한 비판과 정책을 건의하는 글을 올리게 함

② 최승로의 시무 28조 채택 : 유교 정치 이념의 확립

　　㉠ 주요 내용

　　　• 유교 정치 이념을 토대로 하는 중앙 집권적 귀족 정치 지향

　　　• 유교적 덕치, 왕도주의와 도덕적 책임 의식

　　　• 지방관 파견과 12목 설치, 군제 개편, 대간 제도 시행

　　　• 신하 예우 및 법치 실현, 왕실의 시위군 · 노비 · 가마의 수 감축

　　　• 호족 세력의 억압과 향리 제도 정비(향직 개편, 호족의 무기 몰수)

　　　• 집권층 · 권력층의 수탈 방지 및 민생 안정 추구

　　　• 유교적 신분 질서의 확립

　　　• 유교적 합리주의를 강조하여 불교의 폐단을 지적 · 비판

　　　• 대외 관계에서 민족의 자주성 강조

　　　• 개국 공신의 후손 등용 등

　　㉡ 유 · 불의 분리(정치와 종교 분리) : 유교 정치 이념의 확립, 세계관이나 일상생활은 불교 원리가 지배

실력up 외관(外官) 설치 및 지방관 파견

왕이 백성을 다스리는 데 집집마다 찾아가 매일같이 돌보는 것은 아니므로 수령을 나누어 보내 백성들의 이해를 살피게 하는 것입니다. 그러므로 우리 성조(聖祖)께서도 통합한 뒤에 외관을 두고자 하였으나, 대개 초창기였으므로 일이 번거로워 겨를이 없었습니다. 지금 가만히 보건대 향호(鄕豪)가 매양 공무를 빙자하고 백성을 침포(侵暴)하니 그들이 견뎌 내지 못합니다. 청컨대, 외관을 두소서. 비록 일시에 다 보내지 못한다 하더라도 먼저 여러 주현을 아울러 한 사람의 관원을 두고, 그 관원에 각기 2~3원을 설치하여 애민하는 일을 맡기소서.

– 시무 28조 –

SEMI-NOTE

성종의 유학 교육의 진흥

• 개경에 국립대학인 국자감을 개설하고 도서관으로 비서원(개경)과 수서원(서경) 설치

• 지방에 경학 박사와 의학 박사를 파견하여 지방 호족 자제를 교육

• 유학 진흥을 위해 문신월과법(文臣月課法)을 실시(문신의 자질을 향상시키기 위해 매월 문신들에게 시부를 지어 바치게 한 제도)

• 과거 제도를 정비하고 교육 장려 교서를 내림

시무 28조

불교는 수신(修身)의 본이요, 유교는 이국(理國)의 본인데 현실을 무시하고 어찌 불교 행사를 일삼을 수 있겠습니까.

성종 이후 왕들의 업적

• 현종(8대, 1009~1031) : 도병마사 설치, 5도 양계 확립, 주현공거법 시행(향리 자제 과거응시자격 부여), 면군급고법 제정, 연등화팔관회 부활

• 덕종(9대, 1031~1034) : 천리장성 축조 시작, 이씨 등 보수 세력 집권

• 정종(10대, 1034~1046) : 천리장성 완성, 거란의 연호 사용, 천자수모법(노비 상호간의 혼인으로 생긴 소생의 소유권을 비의 소유주(婢主)에게 귀속시킨다는 법규) 시행

• 문종(11대, 1046~1083) : 삼심제(사형수) 제도화, 남경 설치(한양을 남경으로 지정), 12사학 형성, 국자감 재생, 고교법 제정, 흥왕사 창건

• 선종(13대, 1083~1094) : 송과 일본과의 활발한 교류

• 숙종(15대, 1095~1105) : 서적포 설치, 여진에 대패, 별무반 구성, 화폐 주조(주전도감 설치), 천태종 후원

• 예종(16대, 1105~1122) : 여진 정벌, 동북 9성 축조

• 인종(17대, 1122~1146) : 이자겸의 난(1126), 묘청의 서경 운동(1135)

63

SEMI-NOTE

2성 6부
당의 3성 6부제의 영향을 받음

재신과 낭사
• 재신(2품 이상) : 국가를 관장하며 국가 정책을 심의 · 결정
• 낭사(간관, 3품 이하) : 간쟁 · 봉박을 통해 정치를 비판 · 견제

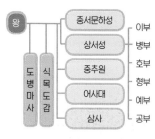

중앙 정치 조직

중추원과 삼사
송의 제도를 모방

조선 시대의 삼사(三司)
• 사헌부 · 사간원 · 홍문관
• 언론과 감찰 · 간쟁을 담당

감찰 · 탄핵 기구
• 통일 신라 : 사정부
• 발해 : 중정대
• 고려 : 어사대
• 조선 : 사헌부

고려 통치 체제의 귀족적 성격
• 음서제의 발달과 음서 출신자의 우대(귀족 출신은 음서에 의해 다수가 고위직까지 승진)
• 문신 귀족들의 인사권 장악
• 재추 회의의 만장일치 채택
• 문무 산계의 운영(중앙과 지방의 것으로 이원화 · 서열화)
• 한품제 · 한직제(왕족 · 공신 · 문무관 · 과거에 등과된 향리의 자제와 달리 향리는 그 직임으로 인해 5품에 한정됨)
• 산직인 훈직 제도 마련(검교직, 동정직 등)

━━ 한눈에 쏙~ ━━━━━━━━━━━━━━━

광종, 노비안검법 실시(956) ▶ 광종, 과거제 실시(958) ▶ 경종, 시정 전시과 실시(976)

5. 중앙 정치 조직

(1) 2성 6부

① 중서문하성(재부) : 최고 정무 기관, 재신과 낭사로 구성, 중서문하성(재부)과 중추원(추부)을 합쳐 재추를 구성
② 상서성 : 실제 정무를 나누어 담당하는 육부를 두고 정책의 집행을 담당
③ 육부 : 형식상 상서성 소속이나 직접 국왕과 연결됨, 각 부의 장관은 상서, 차관은 시랑

(2) 중추원(中樞院)과 삼사(三司)

① 중추원(추부, 추밀원) : 2품 이상의 추신(또는 추밀, 군사 기밀 담당)과 3품 이하의 승선(왕명 출납을 담당하는 비서)으로 구성, 장은 판원사
② 삼사 : 전곡(화폐와 곡식)의 출납에 대한 회계와 녹봉 관리를 담당, 장은 판사

(3) 도병마사와 식목도감 ★빈출개념

① 도병마사(都兵馬使)
  ㉠ 국방 문제를 담당하는 임시 기구로, 성종 때 처음 시행
  ㉡ 고려 후기의 원 간섭기(충렬왕)에 도평의사사(도당)로 개편되면서 구성원이 확대(중서문하성의 재신과 간관, 중추원의 추신과 승선, 삼사 등)되고 국정 전반의 중요 사항을 합의 · 집행하는 최고 상설 정무 기구로 발전(조선 정종 때 혁파)
② 식목도감(式目都監) : 법의 제정이나 각종 시행 규정을 다루고 국가 중요 의식을 관장, 장은 판사

(4) 기타 기관

① 어사대(御史臺)
  ㉠ 기능 : 정치의 잘잘못을 논하고 관리들의 비리를 감찰, 장은 판사
  ㉡ 대간(臺諫) : 어사대의 관원(대관)은 중서문하성의 낭사(간관)와 함께 대간(대성)을 구성하여, 간쟁 · 봉박권 · 서경권을 가짐(견제를 통한 균형유지)
② 한림원 : 국왕의 교서와 외교 문서를 관장, 장은 판원사
③ 춘추관 : 사관(史館)으로 역사 편찬을 관장, 장은 감수국사
④ 통문관 : 거란 · 여진 · 왜어 · 몽고어 등의 통역관을 양성하는 곳
⑤ 보문각 : 경연(經筵)과 장서(藏書)를 관장, 장은 대제학
⑥ 사천대 : 천문 관측을 담당, 장은 판사

6. 지방 행정 조직

(1) 지방 행정 조직의 정비

① 성종(981~997)

ㄱ 3경(三京) : 풍수지리설에 따라 개경(개성) · 서경(평양) · 동경(경주)을 설치

ㄴ 전국에 12목을 설치하고 지방관 파견

② 현종(1009~1031) : 전국의 5도 양계와 4도호부, 8목을 완성(→ 지방 제도의 완비), 도에는 지방관으로 안찰사를 파견, 양계(兩界)(북방 국경 지대의 군사 중심지인 동계 · 북계)

③ 4도호부 : 군사적 방비의 중심지, 안북(안주) · 안남(전주) · 안동(경주) · 안변(등주)

④ 8목 : 지방 행정의 실질적 중심부이며 공납(향공선상)의 기능을 담당, 광주(廣州) · 청주 · 충주 · 전주 · 나주 · 황주 · 진주 · 상주 등

(2) 기타 지방 행정 구역

① 주현(主縣)과 속현(屬縣)

ㄱ 주현은 중앙으로부터 지방관이 파견된 곳을, 속현은 지방관이 파견되지 않는 곳을 말함

ㄴ 주현보다 속현이 더 많아 지방관이 파견되는 인근의 주현을 통하여 간접적으로 통제(실제는 향리가 다스림)

② 향 · 소 · 부곡 : 특수 행정 구역

ㄱ 향과 부곡 : 농민들이 주로 거주

ㄴ 소(所) : 공납품을 만들어 바치는 공장(工匠)들의 집단 거주지

③ 촌

ㄱ 말단 행정 조직으로, 주 · 군 · 현에는 각각 몇 개의 촌이 있으나 향 · 소 · 부곡에는 1촌인 경우가 대부분

ㄴ 주로 지방 유력자인 촌장 등이 자치를 하였는데, 촌장이 있는 촌은 몇 개의 자연촌이 합해진 하나의 행정촌을 구성

ㄷ 1촌 1성(姓) 원칙으로 성관(姓貫)이 지방 사회의 지배층을 형성

(3) 향리(鄕吏) ★빈출개념

① 임무 : 조세나 공물의 징수와 노역 징발 등 실제적인 행정 사무 담당

② 영향력 : 토착 세력으로서 향촌 사회의 지배층이므로 중앙에서 일시 파견되는 지방관보다 영향력이 컸음

7. 군사 제도

(1) 중앙군

① 구성 : 2군 6위로 구성되며, 지휘관은 상장군과 대장군(부지휘관), 45령으로 구성

② 2군(목종) : 응양군 · 용호군(국왕의 친위대, 근장이라고도 불림)

③ 6위(성종)

기타 지방 행정 구역

고려 시대 지방 행정의 특징

• 중앙의 지방 지배력이 미약하여 주군 · 주현보다 지방관을 파견하지 않은 속군 · 속현이 더 많았고, 행정 기구가 계층적 · 누층적으로 구성됨

• 권력 집중과 토착 세력 방지를 위해 상피제가 적용됨

• 불완전한 민정 · 군정 중심의 이원적 조직(안찰사와 병마사의 주요 기능의 분리)

• 안찰사의 권한이 약하고(6개월의 임시직이며 수령보다 낮은 관품을 받음), 토호적 성격이 강한 지방 향리가 실권을 행사

• 후기의 무신집권기와 대몽 항쟁기에는 군현 단위의 승격과 강등이 나타남(공주 명학소가 충순현으로, 충주 다인철소가 익안현으로 승격)

군인전
- 2군 6위의 직업군에게 군역의 대가로 주는 토지
- 고려 시대 직업 군인에 대한 토지 지급은 역분전에서 시작되는데, 역분전은 인품·공로·충성도를 기준으로 각각 다르게 지급됨
- 경종 1년(976) 전시과가 시행되면서 군인들은 15결씩을 받게 되고, 이후 군인층의 분화에 맞추어 군인전 지급 면적도 세분화
- 군역이 자손에게 세습됨에 따라 군인전 역시 세습

무신 합좌 기구
- 중방(重房) : 2군 6위의 상장군·대장군 등이 모여 군사 문제를 의논하는 무신들의 최고 합좌 회의 기구로, 상장군·대장군으로 구성(무신정변 후 군정기구의 중심이 됨)
- 장군방 : 45령(1령은 천 명)의 각 부대장인 장군으로 구성

고려 시대의 역(役)
- 의의 : 노동력을 무상으로 동원하는 제도
- 대상 : 16~60세의 정남
- 종류
  - 군역 : 신분에 따라 부과, 양인개병제에 의한 국방의 의무 성격
  - 요역 : 신분에 관계없이 인정의 수에 따라 부과, 토목 공사 등을 위한 노동력 징발

연호군, 잡색군, 속오군의 비교
- 연호군 : 고려, 농민 + 노비, 지방군(양천 혼성군)
- 잡색군 : 조선 전기, 양반 + 노비, 특수군(농민은 불포함)
- 속오군 : 조선 후기, 양반 + 농민 + 노비, 지방군(양천 혼성군)

무학재(武學齋)
- 고려 시대 국자감에 두었던 7재(7개의 전공) 중 하나
- 예종 4년(1109)에 설치되었으며, 무신의 양성이 목적, 인종 11년(1133) 폐지

   - ㉠ 좌우위·신호위·흥위위 : 핵심 주력 군단으로, 수도(개경)와 국경의 방비를 담당
   - ㉡ 금오위는 경찰, 천우위는 의장(儀仗), 감문위는 궁궐·성문 수비를 담당

(2) 지방군

① 조직 : 군적에 오르지 못한 일반 농민으로 16세 이상의 장정들
② 종류 : 5도의 일반 군현에 주둔하는 주현군과 국경 지방인 양계에 주둔하는 주진군

(3) 특수군

① 광군(光軍) : 정종 때 거란에 대비해 청천강에 배치한 상비군(30만)으로, 귀족의 사병을 징발(뒤에 지방군(주현군·주진군)으로 편입), 관장 기관은 광군사
② 별무반
   - ㉠ 숙종 때 여진 정벌을 위해 윤관의 건의로 조직(윤관은 여진 정벌 후 9성 설치)
   - ㉡ 백정(농민)이 주력인 전투 부대로, 신기군(기병)·신보군(보병)·항마군(승병)으로 편성
③ 도방 : 무신 정권의 사적 무력 기반
④ 삼별초
   - ㉠ 수도의 치안 유지를 담당하던 야별초(좌·우별초)에 신의군(귀환 포로)을 합쳐 편성(실제로는 최씨 정권의 사병 집단의 성격이 강했음)
   - ㉡ 대몽 항쟁의 주력 부대(몽고 침입 시 강화에서 반란, 진도·제주에서 대몽 항전을 전개)
⑤ 연호군 : 농한기 농민과 노비로 구성된 지방 방위군(양천 혼성군)으로, 여말 왜구 침입에 대비해 설치

8. 관리 등용 제도

(1) 과거 제도

① 시행 및 목적
   - ㉠ 시행 : 광종 9년(958) 후주인 쌍기(雙冀)의 건의로 실시
   - ㉡ 목적 : 호족 세력 억압, 유교적 문치·관료주의의 제도화, 신·구 세력 교체를 통한 왕권 강화
② 종류 : 제술과(제술업, 진사과), 명경과(명경업, 생원과), 잡과(잡업), 승과, 무과
③ 응시 자격 등
   - ㉠ 법제적으로 승려와 천민(부곡민, 노비)을 제외한 양인 이상은 응시 가능
   - ㉡ 문과(제술과·명경과)에는 주로 귀족과 향리의 자제가 응시, 농민은 주로 잡과에 응시
④ 실시 및 절차
   - ㉠ 시험의 실시 : 예부에서 관장, 3년에 한 번씩 보는 식년시가 원칙이나 격년시가 유행
   - ㉡ 실시 절차

1차 시험(향시)	개경의 상공(上貢), 지방의 향공(鄕貢), 외국인 대상의 빈공
2차 시험(국자감시)	진사시라고도 함, 1차 합격자인 공사(貢士)가 응시
3차 시험(동당감시)	예부시라고도 함, 2차 합격자 · 국자감 3년 이상 수료자 · 관료 등이 응시

(2) 특채 제도

① 음서 제도(성종)
- ㉠ 공신과 종실 및 5품 이상 관료의 자손, 즉 아들 · 손자 · 사위 · 동생 · 조카에게 과거를 거치지 않고도 관료가 될 수 있도록 부여한 특혜
- ㉡ 혜택은 1인이 원칙이나, 실제로는 여러 사람에게 부여
- ㉢ 고려 관료 체제의 귀족적 특성을 보여주는데, 조선 시대에는 그 비중이 떨어짐

② 천거 : 고급 관료의 추천으로 가문이 어려운 인재를 중용하는 제도(천거자의 연대 책임이 수반됨)

합격UP 고려 관리 선발 제도의 특성

- 신분에 치중하던 고대 사회와 달리 능력이 중시되는 사회임을 반영
- 문벌 귀족 사회의 성격을 반영(교육과 과거가 연결되어 문벌 귀족 출신의 합격자가 많음, 좌주와 문생의 관계)
- 관직 진출 후 대부분 산관만을 받고 대기하다가 하위의 실직으로 진출

9. 문벌 귀족 사회의 성립

(1) 새로운 지배층의 형성

① 형성 : 왕실이나 유력 가문과의 혼인을 통해 문벌을 형성

② 문벌 귀족의 특권
- ㉠ 과거와 음서를 통하여 관직을 독점하고 중서문하성 · 중추원의 재상이 되어 정국 주도
- ㉡ 관직에 따라 과전 · 공음전 등 경제적 혜택 독점
- ㉢ 폐쇄적 혼인 관계 유지, 특히 왕실과 혼인 관계를 맺어 외척으로 성장

(2) 사회의 모순과 갈등의 대두

① 측근 세력과의 대립 : 과거를 통해 진출한 지방 출신의 관리 중 일부가 왕의 측근 세력이 되어 문벌 귀족과 대립

② 문벌 귀족 사회의 내분 : 이자겸의 난과 묘청의 서경 천도 운동을 통해 정치 세력 간의 대립과 갈등이 표면화됨

10. 이자겸의 난과 묘청의 서경 천도 운동

(1) 이자겸의 난(인종 4, 1126) ★빈출개념

SEMI-NOTE

염전중시
고려 시대에 동당감시에서 선발된 사람 가운데 임금이 다시 시(詩)와 부(賦), 논(論)을 과목으로 직접 보이던 시험

과전과 공음전
- 과전 : 일반적으로 전시과 규정에 의해 문·무 현직 관리에게 지급되는 토지를 말하는데, 반납이 원칙이나 직역 승계에 따라 세습이 가능
- 공음전 : 관리에게 보수로 주던 과전과 달리 5품 이상의 관료에게 지급된 세습 가능한 토지로, 음서제와 함께 문벌 귀족의 지위를 유지해 나갈 수 있는 기반이 됨

문벌 귀족 시대의 외척
- 안산 김씨 가문 : 김은부, 현종~문종의 4대 50년간 권력 행사
- 경원(인주) 이씨 : 이자겸, 대표적 문벌 귀족, 예종 · 인종 2대 80년간 권력 행사
- 기타 해주 최씨(최충), 파평 윤씨(윤관), 경주 김씨(김부식) 등

이자겸의 난이 미친 영향
- 왕실의 권위 하락
- 특정 가문의 정치 독점에 대한 반성
- 이자겸 주도로 맺은 금과의 사대 관계에 대한 불만 상승

묘청 서경 천도 운동

고려 중기의 숭문천무 현상
- 무과를 두지 않고 무학재를 폐지(인종)
- 군의 최고 지휘관을 문관으로 함
- 군인전의 폐단과 토지 지급에서의 차별
- 문관의 호위병 역할로 전락

반무신정변
- 김보당의 난(계사의 난, 1173) : 동북면 병마사 김보당이 주도하여 의종 복위를 꾀한 문신 세력의 난(최초의 반무신정변)
- 서경 유수 조위총의 난(1174) : 서북 지방민의 불만을 이용하여 무신정변의 주동자를 제거하고 나라를 바로잡는 다는 명분으로 거병, 많은 농민이 가담, 문신의 난이자 농민의 난의 성격을 지님(최대의 난)
- 교종 계통 승려들의 반란(개경 승도의 난) : 귀법사, 중광사 등의 승려가 중심이 되어 무신의 토지 겸병 등에 반발

무신정변의 영향
- 정치적 : 왕권의 약화를 초래, 중방의 기능 강화, 문벌 귀족 사회가 붕괴되면서 관료 사회로의 전환이 촉진됨
- 경제적 : 전시과가 붕괴되어 사전(私田)과 농장이 확대
- 사회적 : 신분제 동요(향·소·부곡이 감소하고 천민의 신분 해방이 이루어짐), 농민 봉기의 배경
- 사상적 : 선종의 일종인 조계종 발달, 천태종의 침체
- 문학적 : 유학이 쇠퇴하고 패관 문학 발달, 시조 문학 발생, 낭만적 성향의 문학 활동 전개
- 군사적 : 사병의 확대, 권력 다툼의 격화

① 배경 : 문벌 귀족 사회의 모순, 외척 세력으로서 문벌 귀족의 권력 강화 등을 원인으로 문벌 귀족과 지방 향리 출신 신진 관료 간의 대립 격화
② 경과
  ㉠ 대내적으로 문벌 중심의 질서를 유지, 대외적으로 금과 타협하는 정치적 성향
  ㉡ 이자겸은 반대파를 제거하고 척준경과 함께 난을 일으켜 권력 장악(1126)
  ㉢ 인종은 척준경을 이용해 이자겸을 숙청(1126)한 후, 정지상 등을 통해 척준경도 축출(1127)
③ 결과 : 왕실 권위 하락, 지배층 분열, 문벌 귀족 사회의 붕괴를 촉진하는 계기

(2) 묘청의 서경 천도 운동(인종 13, 1135)

① 배경 : 이자겸의 난 이후 인종은 왕권 회복과 민생 안정을 위한 정치 개혁을 추진했는데, 이 과정에서 칭제건원·금국 정벌·서경 천도 등을 두고 보수와 개혁 세력 간 대립 발생
② 개경파와 서경파의 대립

구분	개경(開京) 중심 세력	서경(西京) 중심 세력
대표자	김부식·김인존 등	묘청·정지상 등
특징 및 주장	• 왕권 견제, 신라 계승, 보수적·사대적·합리주의적 유교 사상 • 정권 유지를 위해 금과의 사대 관계 주장 • 문벌 귀족 신분	• 왕권의 위상 강화, 고구려 계승, 풍수지리설에 근거한 자주적·진취적 전통 사상 • 서경 천도론과 길지론(吉地論), 금국 정벌론 주장 • 개경의 문벌 귀족을 붕괴시키고 새로운 혁신 정치를 도모

③ 경과
  ㉠ 서경 천도를 추진하여 서경에 대화궁을 건축, 칭제건원과 금국 정벌 주장
  ㉡ 김부식이 이끈 관군의 공격으로 약 1년 만에 진압됨
④ 결과
  ㉠ 자주적 국수주의의 서경파가 사대적 유학자의 세력에게 도태당한 것으로, 서경파의 몰락과 개경파의 세력 확장
  ㉡ 서경의 분사 제도 및 삼경제 폐지
  ㉢ 무신 멸시 풍조, 귀족 사회의 보수화 등 문벌 귀족 사회의 모순 심화
⑤ 의의 : 문벌 귀족 사회의 분열과 지역 세력 간의 대립, 풍수지리설이 결부된 자주적 전통 사상과 사대적 유교 정치 사상의 충돌, 고구려 계승 이념에 대한 이견·갈등 등이 얽혀 발생(귀족 사회 내부의 모순을 드러낸 사건)

11. 무신 정권의 성립 ★빈출개념

(1) 무신정변의 배경

① 근본적 배경 : 문벌 귀족 지배 체제의 모순 심화, 지배층의 정치적 분열과 권력 투쟁 격화
② 직접적 배경 : 무신 차별, 하급 군인들의 불만 고조

(2) 무신정변의 전개

① 무신정변의 발발(의종 24, 1170)

  ㉠ 주도 : 정중부 · 이고 · 이의방 등이 다수의 문신을 살해, 의종을 폐하고 명종을 옹립

  ㉡ 권력 투쟁 : 중방을 중심으로 권력을 행사하면서 주요 관직을 독차지

② 무신 간의 권력 쟁탈전

  ㉠ 이의방(1171~1174) : 중방 강화

  ㉡ 정중부(1174~1179) : 이의방을 제거하고 중방을 중심으로 정권을 독점

  ㉢ 경대승(1179~1183) : 정중부를 제거, 신변 보호를 위해 사병 집단인 도방을 설치

  ㉣ 이의민(1183~1196) : 경대승의 병사 후 정권을 잡았으나 최씨 형제(최충헌 · 최충수)에게 피살

  ㉤ 최충헌(1196~1219) : 이의민을 제거하고 무신 간의 권력 쟁탈전을 수습하여 강력한 독재 정권을 이룩(1196년부터 1258년까지 4대 60여 년간 최씨 무단 독재 정치)

실력up **무신정변 이후의 변화**

• 무신정변 이후 사회적인 신분의 위치는 여전히 강조되었으나 낮은 신분층의 신분 상승이 고려 전기보다 더욱 증가

• 신분과 문벌이 모든 권력과 특권을 결정하던 기존 사회 체제와 비교하여 실력과 능력이 특권의 요건으로 대두되었으며, 무신정변 이전에는 오로지 문반만이 재상지종이 되었는데 무신정변 이후에는 무반도 재상지종이 되기도 함

• 기존의 행정 조직은 유지되었으나 문신 중심의 정치 조직은 기능을 상실해 갔고, 무인 집권 기구가 강화됨. 과거 제도는 그대로 유지

(3) 최씨 무신 정권 시대

① 최충헌의 집권(1196~1219)

  ㉠ 정권 획득 : 조위총의 난을 진압하고 실력으로 집권, 2왕을 폐하고 4왕을 옹립

  ㉡ 사회 개혁책 제시 : 봉사 10조

  ㉢ 권력 기반의 마련 : 교정도감을 설치(중방을 억제), 흥령부를 사저에 설치, 재추 회의를 소집

  ㉣ 대규모 농장과 노비를 차지, 진주 지방을 식읍으로 받고 진강후로 봉작됨

  ㉤ 도방 확대 : 많은 사병을 양성하고, 사병 기관인 도방을 부활

  ㉥ 선종 계통의 조계종 후원(교종 탄압), 신분 해방 운동 진압

② 최우의 집권(1219~1249) : 교정도감을 통하여 정치 권력 행사, 진양후로 봉작됨, 정방 설치(1225), 서방 설치(1227), 삼별초 조직

③ 최씨 무신 정권의 성격

  ㉠ 정치 · 경제 · 사회적 독재 정권 : 교정도감, 도방, 정방, 서방 등 독자적 권력 기구를 운영하여 장기 독재를 유지

  ㉡ 권력 유지에 집착 : 국왕의 권위를 정권 유지에 이용하기도 했으며, 권력유지

SEMI-NOTE

무신 집권기 농민의 봉기

김사미 · 효심의 난(1193)

무신 집권기 하층민의 봉기

• 망이 · 망소이의 난(공주 명학소 봉기, 1176)

• 전주 관노의 난(전주의 관노비 봉기, 1182)

• 만적의 난(만적의 신분 해방 운동, 1198)

최충헌의 봉사 10조

• 새 궁궐로 옮길 것

• 관원의 수를 줄일 것

• 농민으로부터 빼앗은 토지를 돌려 줄 것

• 선량한 관리를 임명할 것

• 지방관의 공물 진상을 금할 것

• 승려의 고리대업을 금할 것

• 탐관오리를 징벌할 것

• 관리의 사치를 금할 것

• 함부로 사찰을 건립하는 것을 금할 것

• 신하의 간언을 용납할 것

교정도감(教定都監)

최충헌 이래 무신 정권의 최고 정치 기관. 희종 5년(1209) 최충헌과 최우 부자를 살해하려는 시도가 있었는데, 최충헌이 이에 관련된 자를 색출하기 위해 설치한 것이 시작이었음. 이후에도 계속 존재하여 인재 천거, 조세 징수, 감찰, 재판 등 국정 전반에 걸친 정치 기관이 되었는데, 최씨 정권이 막을 내린 후에도 사라지지 않고 무신 정권이 끝날 때까지 존속하였음. 〈고려사〉는 교정도감에 대하여 "최충헌이 정권을 독차지하매, 모든 일이 교정도감으로부터 나왔다."라고 기술하고 있음

정방(政房)

고종 12년(1225) 최우는 자신의 집에 정방을 설치하였는데, 이는 교정도감에서 인사 행정 기능을 분리한 것임. 최우의 사후에도 무신 정권의 집권자들을 통해 계승되었음

에 집착하여 민생과 통치 질서는 악화됨

ⓒ 문무 합작적 정권 : 문신을 우대하고 회유

👓 **한눈에 쏙~**

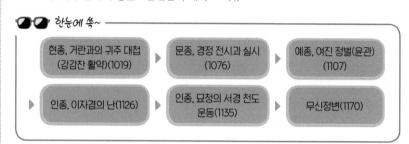

12. 원의 내정 간섭

(1) 몽골의 일본 원정 추진

몽골은 국호를 원(元)으로 바꾼 후 두 차례에 걸친 일본 원정을 단행하면서 고려로 부터 선박·식량·무기 등의 전쟁 물자와 인적 자원을 징발

(2) 영토의 상실 ⭐ 빈출개념

① **쌍성총관부 설치(1258)** : 고종 말년에 쌍성총관부를 설치하여 철령 이북의 땅을 직속령으로 편입(공민왕 5년(1356)에 유인우가 무력으로 탈환)

② **동녕부 설치(1270)** : 원종 때 자비령 이북의 땅을 차지하여 서경에 동녕부를 설치

③ **탐라총관부 설치(1273)** : 제주도에 설치하고 목마장을 경영

(3) 고려의 격하

① **부마국으로 전락** : 원의 부마국으로 전락하여 왕이 원의 공주와 결혼

② **왕실 및 관제의 격하** : 부마국에 맞게 바뀌고, 관제와 격도 낮아짐

　　ㄱ 2성 → 첨의부, 6부 → 4사

　　ㄴ 중추원 → 밀직사, 어사대 → 감찰사

(4) 내정 간섭과 경제적 수탈

① 내정 간섭의 강화와 분열책

　　ㄱ 일본 원정을 위해 설치한 정동행성을 계속 유지하여 내정 간섭 기구로 삼음

　　ㄴ 순군만호부 등 5개의 만호부를 설치하여 고려의 군사 조직에 영향력을 행사

　　ㄷ 다루가치라는 민정 감찰관을 파견하여 내정을 간섭

　　ㄹ 독로화, 심양왕 제도, 입성책동

② 경제·사회적 수탈

　　ㄱ 공녀와 과부, 환관 등을 뽑아 가는 등 인적 수탈을 자행

　　ㄴ 응방(鷹坊) : 매(해동청)를 징발하기 위한 특수 기관

(5) 고려 사회에 끼친 영향

① **정치적 영향** : 고려의 자주성에 심각한 손상을 입었고, 원의 압력과 친원파의 책

SEMI-NOTE

최씨 집권의 결과

• 문벌 귀족 정치에서 관료 정치로의 전환점, 실권을 가진 권문세족의 형성
• 정치적으로는 안정되었지만 국가 통치 질서는 오히려 약화
• 국민에 대한 회유책으로 많은 향·소·부곡이 현으로 승격

원 간섭기에 격하된 관제 및 왕실 용어

• 왕의 호칭에 조(祖)와 종(宗)을 사용하지 못하고 왕(王)을 사용
• 원으로부터 충성을 강요받으면서 왕의 호칭에 충(忠)이 사용됨
• 짐 → 고, 폐하 → 전하, 태자 → 세자
• 중서문하성 + 상서성 → 첨의부, 육부 → 사사, 중추원 → 밀직사

만권당

고려 말 충선왕이 원의 연경에 세운 독서당을 말함. 정치 개혁에 실패한 충선왕은 아들 충숙왕에게 왕위를 선양하고 충숙왕 1년(1314) 만권당을 세웠음. 그곳에서 충선왕은 귀한 서책을 수집한 후 고려에서 이제현 등을 불러들이고 당대 중국의 이름난 학자인 조맹부, 염복 등과 교류하면서 중국의 고전 및 성리학을 연구하였음

원 간섭기(고려 말) 고려의 정세

• 권문세족의 집권 : 중앙 지배층이 권문세족으로 재편(→ 문벌귀족 가문, 무신정권기에 새로 등장한 가문, 원과의 관계를 통하여 성장한 가문 등이 권문세족을 형성)
• 사회 모순의 격화 : 권문세족이 농장을 확대하고 양민을 억압
• 시정개혁의 노력 : 관료의 인사와 농장 문제 같은 폐단을 시정하기 위한 노력은 충선왕 때부터 시도되었으나, 원의 간섭으로 철저한 개혁 추진이 곤란

동으로 정치는 비정상적으로 운영

② **사회적 영향** : 친원 세력이 권문세족으로 성장했으며, 향리·환관·역관 등 원과의 관계를 통해 출세하는 사람이 증가

③ **풍속의 교류** : 몽골풍, 고려양

④ **문물의 교류**

  ㉠ 이암이 〈농상집요〉를 소개했으며, 이앙법·목면(1363)이 전래됨

  ㉡ 라마 불교, 임제종, 주자 성리학 전래

  ㉢ 서양 문물의 전래(천문·수학·의학·역법·건축술), 화약의 전래, 조맹부체 등

SEMI-NOTE

원 간섭기(공민왕 이전)의 개혁정치

- **충렬왕**
  - 전민변정도감(田民辨正都監)을 재설치하여 개혁 정치 추구(전민변정도감은 원종 때 최초 설치, 공민왕 때 실질적 역할)
  - 둔전경략사 폐지, 동녕부와 탐라총관부를 반환받음
  - 홍자번이 편민 18사(개혁 운동의 효시)를 건의하여 각 부분의 폐단을 지적
- **충선왕** : 폐단 시정을 위한 대대적 개혁을 시작
  - 반원·반귀족 정치를 꾀하여 우선 정방의 폐지, 몽고 간섭 배제 등에 기여
  - 개혁 정치 기구로 사림원(詞林院)을 두고 충렬왕의 측근 세력을 제거하고 관제 개편을 단행, 신흥사대부 등 인재 등용의 길을 열고 공민왕의 반원 정책의 터전을 마련
  - 재정 개혁의 일환으로 의염창을 설치하여 소금과 철의 전매 사업 실시, 전농사를 설치하여 농무사를 파견하고 권세가의 농장과 노비를 감찰(국가 재정 확보)
  - 학문 연구소인 만권당(萬卷堂)을 연경에 설치하여 학술을 토론하고 학문을 연구, 많은 문화가 전래됨(조맹부의 송설체가 전래되어 고려 말 서체에 큰 영향을 줌)
  - 개혁 추진 세력이 미약하고 권문세족과 원의 방해로 개혁이 좌절됨
- **충숙왕** : 찰리변위도감을 설치하여 토지(농장)와 노비에 대한 개혁 시도
- **충목왕** : 폐정의 시정과 국가 재정수입 기반 마련을 목적으로 정치도감을 설치하여 부원 세력을 제거하고 권세가의 토지·농장을 본 주인에게 반환, 각 도에서 양전 사업을 실시

(6) 공민왕(1351~1374)의 개혁 정치

① **개혁의 배경 및 방향** : 14세기 중반의 원·명 교체기와 신진 사대부의 성장을 토대로 하여 대외적으로는 반원 자주를, 대내적으로는 왕권 강화를 추구

② **반원 자주 정책**

  ㉠ 원의 연호를 폐지하고 기철 등 친원파 숙청

  ㉡ 내정을 간섭하던 정동행성이문소 폐지, 원의 관제를 폐지하고 2성 6부의 관제를 복구

  ㉢ 무력으로 쌍성총관부를 공격하여 철령 이북의 땅을 수복(유인우)

  ㉣ 원(나하추)의 침입을 이성계 등이 격퇴

  ㉤ 친명 정책의 전개, 몽골풍의 폐지

③ **대내적 개혁**

  ㉠ **목적** : 왕권 강화와 민생 안정

  ㉡ **정방 폐지** : 문·무관 인사를 각각 이부와 병부로 복귀

공민왕의 영토 수복

전민변정도감

고려 후기 권세가에게 빼앗긴 토지를 원래 주인에게 되찾아 주고 노비로 전락한 양인을 바로잡기 위해 설치된 임시 개혁 기관. 궁극적인 목적은 국가 재정의 궁핍을 초래한 농장의 확대를 억제하고 부정과 폐단을 개혁하는 데 있었음

권문세족과 신진 사대부

구분	권문세족	신진 사대부
유형	• 전기 이래의 문벌 귀족 • 무신 집권기에 성장한 가문 • 친원파	• 지방 향리 출신 • 공로 포상자 (동정직 · 검교직) • 친명파
정치 성향	• 음서 출신 • 여말의 요직 장악 • 보수적 · 귀족적	• 과거 출신 • 행정적 · 관료 지향적 • 진취적 · 개혁적
경제 기반	• 부재 지주 • 토지의 점탈 · 겸병 · 매입 등	• 재향 중소 지주, 소규모 농장을 가진 자영 농민 • 토지의 개간 · 매입 등
사상	• 유학 사상 • 불교 신봉 • 민간 의식→ 상장 · 제례	• 성리학 수용 : 주문공가례 채택(→ 민간 의식 배격) • 실천주의 · 소학의 보급, 가묘 설치 의무화

위화도 회군을 통해 정권을 장악한 이성계와 조민수는 우왕을 폐위시키고 아들 창왕을 왕위에 올렸음. 이후 이성계는 조민수를 축출하고 창왕을 신돈의 후손이라고 주장하여 폐위시킨 후 공양왕을 옹립하였음. 이렇게 이성계가 실권을 장악하면서 조선 왕조 창건의 기초가 마련되었음

ⓒ 신돈의 등용 : 신돈을 등용(1365)하여 개혁 정치를 추진

ⓔ 전민변정도감의 운영(1366) : 권문세족들이 부당하게 빼앗은 토지와 노비를 본래의 소유주에게 돌려주거나 양민으로 해방

ⓜ 유학 교육 강화 : 국자감을 성균관으로 개칭(1362)하고 순수 유학 교육 기관으로 개편하여 유학 교육을 강화, 과거 제도 정비(신진 사대부 등 개혁 세력 양성)

④ 개혁의 중단(실패)

ⓐ 권문세족들의 강력한 반발로 신돈이 제거되고 공민왕까지 시해되면서 중단

ⓑ 홍건적 · 왜구의 침입 등으로 국내외 정세 불안

ⓒ 권문세족의 강력한 반발로 실패

13. 신진 사대부의 성장과 한계

(1) 신진 사대부의 성장

① 등장

ⓐ 무신 집권기 이래 지방 향리의 자제들을 중심으로 과거를 통하여 중앙의 관리로 진출

ⓑ 대부분은 공민왕 때의 개혁 정치에 힘입어 지배 세력으로 성장

② 특징

ⓐ 진취적 성향으로 권문세족을 비판 · 대립하였고, 신흥 무인 세력과 제휴

ⓑ 성리학의 수용, 불교 폐단의 시정에 노력

(2) 한계

권문세족이 인사권을 쥐고 있어 관직으로의 진출이 제한되었고, 과전과 녹봉도 제대로 받지 못함, 왕권과 연결하여 각종 개혁 정치에 참여하였으나, 아직은 힘이 부족

14. 고려의 멸망

(1) 배경

① 사회 모순의 심화 : 공민왕의 개혁이 실패한 후, 권문세족들이 정치 권력을 독점하고 대토지 소유를 확대해 나가면서 고려 사회의 모순은 더욱 심화

② 외적의 침입 : 홍건적과 왜구의 침입이 빈발하여 대외적 혼란 가중

(2) 위화도 회군과 과전법의 시행

① 위화도 회군(1388)

ⓐ 최영과 이성계 등은 개혁의 방향을 둘러싸고 갈등

ⓑ 우왕의 친원 정책에 명이 쌍성총관부가 있던 철령 이북의 땅에 철령위 설치를 통보

ⓒ 요동 정벌을 둘러싸고 최영(즉각적 출병을 주장) 측과 이성계(4불가론을 내세워 출병 반대) 측이 대립

② 과전법(科田法)의 마련 : 이성계를 중심으로 모인 급진 개혁파(혁명파) 세력은 우

왕과 창왕을 폐하고 공양왕을 세운 후 전제 개혁을 단행

15. 고려 초기

(1) 고려 초기의 대외 관계(송, 거란과의 관계)

① 대외 정책 : 친송 정책, 중립 정책

　㉠ 송의 건국(960) 직후 외교 관계를 맺고(962) 우호 관계를 유지

　㉡ 송이 거란을 공격하기 위해 고려에 원병을 요청했을 때 실제로 출병하지 않음

　㉢ 송(남송)이 고려와 연결하여 금을 제거하려 할 때(연려제금책)도 개입하지 않고 중립을 지킴

② 대송 관계의 성격 : 고려는 경제 · 문화적 목적에서, 송은 정치 · 군사적 목적에서 교류

(2) 거란과의 항쟁

① 제1차 침입(성종 12, 993)

　㉠ 원인 : 고려의 거란에 대한 강경책과 송과의 친교, 정안국의 존재

　㉡ 경과 : 소손녕이 80만의 대군으로 침입, 서희가 거란과 협상

　㉢ 결과 : 고려는 거란으로부터 고구려의 후계자임을 인정받고 청천강 이북의 강동 6주를 확보(압록강 하류까지 영토 확대)했으며, 송과 교류를 끊고 거란과 교류할 것을 약속

② 제2차 침입(현종 1, 1010)

　㉠ 원인 : 송과 단교하지 않고 친선 관계 유지, 거란과의 교류 회피

　㉡ 경과 : 강조의 정변을 구실로 강동 6주를 넘겨줄 것을 요구하며 40만 대군으로 침입, 개경이 함락되어 현종은 나주로 피난

　㉢ 결과 : 강조가 통주에서 패했으나 양규가 귀주 전투에서 승리

③ 제3차 침입(현종 9, 1018)

　㉠ 원인 : 거란이 요구한 현종의 입조 및 강동 6주의 반환을 고려가 거절

　㉡ 경과 : 소배압이 10만의 대군으로 침입, 개경 부근까지 진격해 온 뒤 고려군의 저항을 받고 퇴각하던 중 귀주에서 강감찬이 지휘하는 고려군에게 섬멸됨(귀주 대첩, 1019)

　㉢ 결과 : 거란과의 강화와 송과의 단절을 약속, 강동 6주는 고려의 영토로 인정

16. 고려 중기(문벌 귀족기) - 여진 정벌과 동북9성

(1) 여진과의 관계

① 여진의 상태

　㉠ 발해의 옛 땅에서 반독립적 상태로 세력을 유지

　㉡ 고려는 경제적으로 도와주는 회유 · 동화 정책으로 여진을 포섭

② 여진의 성장 및 충돌 : 12세기 초 완옌부의 추장이 여진족을 통합하고 정주까지 남하하여 고려와 충돌

강동 6주와 천리장성

강조의 정변 ★ 빈출개념

성종이 죽고 목종이 즉위한 후 그 생모 천추태후가 섭정하였는데, 천추태후는 외척인 김치양과 사통하여 낳은 사생아들 목종의 후사로 삼고자 음모를 꾸몄음. 이에 목종이 대량군 순(詢)을 후사로 삼고자 서북면 도순검사 강조에게 개경 호위를 명했음. 그러나 강조는 입경하여 김치양ㆍ천추태후 일당을 제거한 후 목종까지 폐하고 대량군(현종)을 즉위시켰는데, 이 변건을 강조의 난이라고 함

거란의 제2차 침략

요의 성종이 친정한 거란의 제2차 침략에서 요는 먼저 흥화진을 공격했으나 양규의 항전으로 함락하지 못하자 통주로 진군하여 강조를 살해하였음. 이후 진군한 요의 군대가 개경까지 함락시키자 현종은 나주로 피신하였음. 한편 요는 개경함락에 서두르느라 흥화진, 구주, 통주, 서경 등을 함락시키지 못하였으므로 보급선이 차단되었음. 이에 고려가 화친을 청하자 받아들인 요의 성종은 돌아가는 길에 구주 등에서 양규와 김숙흥 등의 공격을 받아 많은 피해를 입었음

금(金)의 건국과 사대 외교

• 9성 환부 후 더욱 강성해진 여진은 만주 일대를 장악하고 금을 건국(1115), 거란을 멸망시키고(1125) 송의 수도를 공격한 후 고려에 군신 관계를 요구

• 사대 외교 : 금의 사대 요구를 둘러싸고 분쟁을 겪기도 했지만, 문신 귀족들은 자신들의 권력 유지와 무력 충돌의 부담을 고려하여 금의 사대 요구를 수용(1126)

• 결과 : 금과 군사적 충돌은 없었으나, 북진 정책은 사실상 좌절됨. 귀족 사회의 모순 격화

강동의 역(役)

몽골군에게 쫓긴 거란족이 고려를 침입하자, 고려군은 강동성에서 몽골의 군대와 연합하여 거란족을 토벌(1219)하였음. 이것이 몽골과의 첫 접촉인데, 이 과정에서 체결한 여·몽 협약(형제 관계의 맹약)을 강동의 역이라고 함. 이후 몽골은 스스로를 거란 축출의 은인이라 하면서 고려에 대해 과도하게 공물을 요구해 왔음

최씨 정권의 몰락

최씨 정권은 백성을 외면하고 사치를 누렸으며, 정권 유지를 위해 조세를 증가함으로써 민심을 잃었음. 1258년에 최의가 피살됨으로써 최씨 정권은 몰락하였음

삼별초(三別抄)

고려 무신 정권 때의 특수 군대. 고종 6년(1219) 최우가 도적 등을 단속하기 위해 설치한 야별초(夜別抄)에서 비롯되었음. 야별초에 소속한 군대가 증가하자 이를 좌별초와 우별초로 나누고, 여기에 몽골군에게 포로가 되었다가 탈출한 병사들로 이루어진 신의군을 합하여 삼별초를 조직하였음. 대몽 항전의 선두에서 유격 전술로 몽골군을 괴롭혔으며, 몽골과의 강화가 성립되고 고려 정부가 개경으로 환도하자 여·몽 연합군에 대항하여 항쟁하였음

---

(2) 여진 정벌과 동북 9성 축조

① 별무반(숙종) : 윤관의 건의로 조직된 특수 부대로, 기병인 신기군, 보병인 신보군, 승병인 항마군으로 편성

② 동북 9성

    ㉠ 예종 2년(1107) 윤관은 별무반을 이끌고 동북 지방 일대에 9성 축조

    ㉡ 여진족의 계속된 침입과 조공 약속, 방비의 곤란 등으로 9성을 환부(1109)

17. 무신집권기 – 대몽 전쟁

(1) 몽골과의 접촉

강동의 역으로 처음 접촉한 후 몽골과 여·몽 협약(형제 관계)을 체결, 몽골은 이를 구실로 지나치게 공물을 요구

(2) 몽골의 침입과 대몽 항전 ⭐빈출개념

① 1차 침입(고종 18, 1231)

    ㉠ 몽골 사신(저고여) 일행이 귀국하던 길에 피살되자 이를 구실로 침입

    ㉡ 의주를 점령한 몽골군은 귀주성에서 박서가 이끄는 고려군의 저항에 부딪히자 길을 돌려 개경을 포위

    ㉢ 고려가 몽골의 요구를 수용한 후 몽고군은 퇴각(서경 주위에 다루가치 설치)

② 2차 침입(1232)

    ㉠ 몽골의 무리한 조공 요구와 내정 간섭에 반발한 최우는 다루가치를 사살하고 강화도로 천도(1232)하여 방비를 강화

    ㉡ 처인성 전투에서 살리타가 김윤후가 이끄는 민병과 승병에 의해 사살되자 퇴각

    ㉢ 대구 부인사의 초조 대장경이 소실됨

③ 3차 침입(1235~1239) : 최우 정권에 대한 출륙 항복을 요구, 안성의 죽주산성에서 민병이 승리, 속장경과 황룡사 9층탑 소실, 팔만대장경 조판 착수

④ 4차 침입(1247~1248) : 침입 후 원 황제의 사망으로 철수

⑤ 5차 침입(1253~1254) : 충주성에서 김윤후가 이끄는 민병과 관노의 승리

⑥ 6차 침입(1254~1259) : 6년간의 전투로 20여만 명이 포로가 되는 등 최대의 피해가 발생

⑦ 고려의 항전

    ㉠ 고려 정부는 항전과 외교를 병행하면서 저항하였으며, 백성을 산성과 섬으로 피난시키며 저항을 지속

    ㉡ 지배층들은 부처의 힘으로 외적을 방어한다는 호국 불교 사상으로 팔만대장경을 조판하기도 했으며, 한편으로는 호화 생활을 유지하며 농민을 수탈

    ㉢ 끈질긴 저항의 주체(원동력)는 일반 민중(농민·노비·부곡민 등)

(3) 몽골과의 강화

① 강화의 성립과 개경 환도

⊙ 몽골이 강화를 맺고 고려의 주권과 풍속을 인정한 것은 고려를 직속령으로 완전 정복하려던 계획을 포기한 것이며, 이는 고려의 끈질긴 항전의 결과

⊙ 무신 정권이 무너지자 고려는 몽골과 강화하고 원종 때 개경으로 환도

(4) 삼별초의 항쟁(원종 11, 1270~1273)

① 원인 : 개경 환도는 몽골에 대한 굴복을 의미하므로 삼별초는 배중손의 지휘아래 저항

② 경과

　⊙ 강화도 : 배중손이 왕족 승화후(承化侯) 온(溫)을 추대하여 반몽 정권 수립

　⊙ 진도 : 장기 항전을 계획하고 진도로 옮겨 용장성을 쌓고 저항했으나 여 · 몽 연합군의 공격으로 함락(1271)

　⊙ 제주도 : 김통정의 지휘 아래 계속 항쟁하였으나 여 · 몽 연합군에 진압(1273)

③ 결과 : 진압 후 고려는 몽골에 예속되었고, 몽골은 제주도에 탐라총관부를 두어 목마장(牧馬場)을 만듦

02절　중세의 경제 구조와 경제 생활

1. 수취 제도

(1) 조세(租稅)

① 부과 단위 : 토지를 논과 밭으로 구분한 후 비옥한 정도에 따라 3등급으로 나누어 부과

② 세율(稅率)

　⊙ 원칙 : 민전(民田)의 경우 생산량의 1/10이 원칙(밭은 논의 1/2)

　⊙ 지대(代) : 민전을 소유하지 못한 영세 농민은 국가와 왕실의 소유지(공전)나 귀족들의 사전을 빌려 경작하고 지대를 지급

③ 조세의 운반과 보관

　⊙ 조세는 조창(漕倉)까지 옮긴 다음 조운을 통해서 개경의 좌 · 우창으로 운반하여 보관

　⊙ 육상 교통수단이 용이하지 못해 경기도(육상 수단 이용) 외에는 모두 조운을 통해 운반

(2) 공물(貢物)

① 내용 : 농민에게는 조세보다도 더 큰 부담이 됨(주로 포의 형태로 징수)

② 공물 부과 : 중앙 관청에서 필요한 공물의 종류와 액수를 나누어 주현에 부과하면, 주현은 속현과 향 · 부곡 · 소에 이를 할당하고, 각 고을에서는 향리들이 집집마다 부과 · 징수(이때 남자 장정 수를 기준으로 9등급으로 구분)

③ 종류 : 상공(常貢), 별공(別貢)

역분전

전시과의 선구로서 수조지로 지급 되었으며, 전시과 제도가 마련될 때까지 존속하였음

전시과 제도의 변화

시정(始定) 전시과 (경종 1, 976)	• 모든 전현직 관리를 대상으로 관품과 인품·세력을 반영하여 토지(전지와 시지)를 지급 (공복 제도와 역분전 제도를 토대로 만듦) • 역분전의 성격을 벗어나지 못함
개정(改定) 전시과 (목종 1, 998)	• 관직만을 고려하여 18품 관등에 따라 170~17결을 차등 지급 (토지 분급에 따른 관료 체제 확립) • 전현직 관리(직·산관) 모두에게 지급하나 현직자를 우대 • 문·무관에게 모두 지급하나 문관을 우대 • 군인층도 토지 수급 대상으로 편성하여 군인전 지급
경정(更定) 전시과 (문종 30, 1076)	• 토지가 부족하게 되어 현직 관료에게만 지급 (170~15결) • 전시과의 완성 형태로, 5품 이상에게 공음전을 지급하였으므로 공음전시과라고도 함 • 문·무관의 차별을 완화(무인 지위 향상)

영업전(수조권이 세습되는 토지)

공음전·공신전, 군인전, 외역전 등이 세습되며, 과전과 사원전도 세습적 성격이 강하였음

(3) 역(役)

① 내용 및 대상 : 노동력을 무상으로 동원하는 제도로, 16~60세의 정남(丁男)이 대상
② 종류 : 군역(軍役), 요역(徭役)

2. 전시과 제도와 토지 소유

(1) 역분전(役分田)(태조 23, 940)

① 후삼국 통일 과정에서 공을 세운 사람들에게 인품(공로)에 따라 지급한 토지
② 무신을 우대하였으며, 경기도에 한하여 지급

(2) 전시과 제도

① 전지(田地)와 시지(柴地)의 차등 지급 : 관리를 18등급으로 나누어 곡물을 수취할 수 있는 일반 농지인 전지와 땔감을 얻을 수 있는 척박한 토지인 시지를 차등적으로 지급
② 수조권만을 지급 : 지급된 토지는 소유권을 인정하지 않고 수조권만을 지급
③ 수조권 분급, 농민으로부터 직접 수취하는 것은 불가, 받은 자가 죽거나 관직에서 물러날 때는 토지를 국가에 반납(단, 직역 승계에 따라 세습 가능)

(3) 토지의 종류

① 과전 : 전시과 규정에 의해 문·무 현직 관리에게 지급되는 토지
② 공음전
　㉠ 5품 이상의 관료에게 지급된 세습 가능한 토지
　㉡ 공신전 : 공양왕 때 공신전으로 바뀌고 조선의 공신전·별사전으로 이어짐
③ 한인전 : 6품 이하 하급 관료의 자제로서 관직에 오르지 못한 자에게 지급
④ 군인전
　㉠ 군역의 대가로 2군 6위의 직업 군인에게 주는 토지로, 군역이 세습됨에 따라 자손에게 세습됨
　㉡ 둔전(군둔전, 관둔전) : 군대의 경비 충당을 위해 지급된 토지
⑤ 구분전 : 6품 이하 하급 관료와 군인의 유가족에게 생계를 위해 지급
⑥ 내장전(장처전·장택전) : 왕실의 경비 충당을 위해 지급(고려 왕실의 직할 토지)
⑦ 공해전 : 각 관청의 경비 충당을 위해 지급
⑧ 사원전 : 사원에 지급
⑨ 외역전 : 향리에게 지급

(4) 전시과 제도의 붕괴와 농장의 확대

① 전시과 제도의 붕괴 : 귀족들의 토지 독점과 세습 경향으로 원칙대로 운영되지 못하였고, 조세를 거둘 수 있는 토지가 점차 감소되며 붕괴
② 농장의 확대 : 귀족들의 토지 겸병과 농장의 확대는 원 간섭기를 거치며 전국적으로 확산

(5) 정부의 대책

① 녹과전의 지급(1271) : 전시과 제도가 완전히 붕괴되어 토지를 지급할 수 없게 되자 일시적으로 관리의 생계를 위해 일시적으로 지급

② 국가 재정의 파탄 : 녹과전 지급이 실패하고 고려 말 국가 재정은 파탄

실력up 녹과전

- 전시과 제도의 붕괴로 토지 지급이 어려워지자, 주로 경기 8현의 개간지를 이용해 새로 분급지를 마련하여 관리의 생계 보장을 위해 지급한 토지
- 원종 이후 간헐적으로 시행되어 왔지만 권세가들의 반발로 큰 실효를 거두지 못하다가, 충목왕 때 하급 관리 및 국역 부담자들에게 녹과전(祿科田)으로 지급하는 조처가 내려짐. 이를 시행하기 위해 정치도감(整治都監)을 설치하고 친원 세력을 척결하면서 권세가들이 빼앗은 토지와 노비를 본주인에게 돌려주고 경기도에 권세가들이 가진 소위 사급전(賜給田)을 혁파하기도 함

3. 귀족의 경제 생활

(1) 경제 기반

① 과전, 공음전 · 공신전
  ㉠ 과전 : 관료의 사망 · 퇴직 시 반납하는 것이 원칙이나, 유족의 생계 유지를 명목으로 일부를 물려받을 수 있음
  ㉡ 공음전 · 공신전 : 세습 가능
  ㉢ 생산량을 기준으로 과전에서는 1/10을, 공음전 · 공신전에서는 대체로 1/2을 조세로 받음

② 녹봉 : 현직 관리들은 쌀 · 보리 등의 곡식을 주로 받았으나, 때로는 베나 비단을 받기도 하였음

③ 소유지 : 지대 수취(생산량의 1/2)와 신공으로 상당한 수입을 거둠

④ 농장(대토지) : 권력이나 고리대를 이용해 토지를 점탈하거나 헐값에 매입

(2) 귀족의 사치 생활

큰 누각을 짓고 별장을 소유, 수입한 차(茶)를 즐김, 비단으로 만든 옷을 입었음

4. 농업 활동

(1) 농업 기술의 발달

① 수리 시설 발달 : 후기에 농수로와 해안 방조제, 제언 등 수리 시설 관련 기술이 발달하여 간척 사업이 시작됨(저수지 개축, 해안 저습지의 간척 사업 등)

② 농기구와 종자의 개량 : 호미와 보습 등의 농기구의 개량 및 종자(種子)의 개량

③ 심경법 일반화 : 우경에 의한 심경법(깊이갈이) 확대 · 일반화

④ 시비법 : 시비법의 도입으로 휴경지가 줄고 연작 가능한 토지 증가, 제초법 발달

공음전

고려시대 5품 이상 고위 관리에게 지급한 토지로서 자손에게 상속이 가능한 영업전으로 문종(1049) 때 완비되었지만, 경종(977)때 기원을 찾을 수 있음. 국가 분급지지만, 개인 소유지와 비슷한 성격을 가지고 있음

농장 확대의 결과

- 백성의 토지 점탈로 농장 확대, 가난한 백성을 노비로 만들어 농장을 경작시킴
- 결과 : 조세를 부담할 백성의 감소, 면세 · 면역의 대상인 농장의 증가(→ 국가의 조세 수입 감소, 국가 재정 궁핍)

농민의 생계유지와 생활 개선책

민전을 경작하거나 국 · 공유지나 다른 사람의 소유지를 경작(소작), 삼베 · 모시 · 비단 짜기, 품팔이 등으로 생계를 유지, 진전(陳田)이나 황무지를 개간하고(이 경우 지대 · 조세 감면), 농업 기술을 배움, 12세기 이후에는 연해안의 저습지와 간척지를 개간하여 경작지를 확대

권농 정책

- 농민 생활 안정과 국가 재정 확보를 위해 실시
- 시책
  - 광종 : 황무지 개간 규정을 마련해 토지 개간을 장려
  - 성종 : 각 지방의 무기를 거두어 농기구로 만들어 보급

⑤ **윤작법 보급** : 2년 3작의 윤작법이 점차 보급 · 발달, 밭작물 품종 다양화

⑥ **이앙법(모내기법) 도입** : 고려 말 이앙법이 남부 지방 일부에 보급

⑦ 약용 작물 재배, 접목 기술의 발달로 과일 생산력 증가

(2) 농민의 몰락

① **배경** : 권문세족들이 농민들의 토지를 빼앗아 거대한 규모의 농장을 만들고 지나치게 과세

② **결과** : 몰락한 농민은 권문세족의 토지를 경작하거나 노비로 전락

5. 수공업 활동

(1) 고려의 수공업

① **종류** : 관청 수공업, 소(所) 수공업, 사원 수공업, 민간 수공업

② **시기별 수공업 발달** : 전기에는 관청 수공업 · 소(所) 수공업이, 후기에는 사원 수공업 · 민간(농촌) 수공업이 발달(후기에도 여전히 관청 수공업 중심)

(2) 민간 수요의 증가

① 고려 후기에는 유통 경제가 발전하면서 민간에서 수공업품의 수요가 증가

② 관청 수공업에서 생산하던 제품뿐만 아니라 다양한 물품을 민간에서 제조

6. 상업 활동

(1) 도시 중심의 상업 활동

① **상업 활동의 성격** : 주로 도시를 중심으로 하여 물물 교환의 형태로 이루어졌으며, 촌락의 상업 활동은 부진

② **시전 설치** : 개경에 시전(관허 상설 상점)을 설치(관수품 조달, 국고 잉여품 처분), 경시서에서 관리 · 감독

③ **관영 상점** : 개경 · 서경 · 동경 등의 대도시에 주로 설치

④ **비정기적 시장** : 대도시에 형성되어 도시 거주민의 일용품을 매매

⑤ **경시서(京市署) 설치** : 매점매석과 같은 상행위를 감독(조선의 평시서)

⑥ **상평창 설치** : 개경과 서경, 12목에 설치된 물가 조절 기관

(2) 지방의 상업 활동

① 시장을 통해 쌀 · 베 등 일용품 등을 교환

② 행상들은 지방 관아 근처나 마을을 돌아다니며 베나 곡식을 받고 소금 · 일용품 등을 판매

③ 사원은 생산한 곡물이나 수공업품을 민간에 판매

(3) 후기 상업의 발달

① **개경** : 인구 증가에 따른 민간의 상품 수요 증가, 시전 규모 확대, 업종별 전문화

② 상업 활동의 변화

  ⊙ **소금 전매제** : 고려 후기, 국가가 재정 수입 증가를 위해 실시

  ⓒ 농민들을 강제로 판매 · 구입이나 유통 경제에 참여시키기도 함

  ⓒ 일부 상인과 수공업자는 부를 축적하여 관리가 되기도 함

  ⓔ 농민들은 가혹한 수취와 농업 생산력의 한계로 적극적인 상업 활동이 곤란

7. 화폐 경제 생활과 고리대의 성행

(1) 화폐의 주조

① 전기

  ⊙ **성종** : 철전(鐵錢)인 건원중보(996)를 만들었으나 유통에는 실패

  ⓒ **숙종** : 삼한통보 · 해동통보 · 해동중보 · 동국통보 등의 동전과 고가의 활구(은병)를 만들어 강제 유통, 주전도감 설치

② 후기 : 쇄은(충렬왕), 소은병(충혜왕), 저화(공양왕) 유통

(2) 고리대의 성행과 금융 제도

① 고리대의 성행

  ⊙ 왕실 · 귀족 · 사원은 고리대로 재산을 늘렸고, 생활이 빈곤했던 농민들은 돈을 갚지 못해 토지를 빼앗기거나 노비로 전락하기도 함

  ⓒ 고리대를 해결하기 위한 보가 고리 습득에만 연연해 농민 생활에 오히려 피해를 끼침

② **보(寶)의 출현**

  ⊙ **기원** : 신라 시대 점찰보(진평왕 35, 613), 공덕보

  ⓒ **의의** : 일정 기금을 만들어 그 이자를 공적인 사업의 경비로 충당하는 공익재단

  ⓒ **종류** : 학보(태조), 경보(정종), 광학보(정종), 제위보(광종), 금종보(현종), 팔관보(문종)

  ⓔ **결과(폐단)** : 이자 획득에만 급급해 농민들의 생활에 막대한 피해를 끼침

8. 무역 활동

(1) 대외 무역의 활발

① **공무역 중심** : 사무역은 국가가 통제, 공무역이 발달

② **무역국(貿易國)** : 송 · 요(거란) · 여진 등과 교역

③ **무역항** : 예성강 어귀의 벽란도는 국제 무역항으로 번성

(2) 대송(對宋) 무역

① 교역품

  ⊙ **수출품** : 금 · 은 · 인삼 · 종이 · 붓 · 먹 · 부채 · 나전 칠기 · 화문석 등

  ⓒ **수입품** : 비단 · 약재 · 서적 · 악기 등 왕실과 귀족의 수요품

② 무역로

고려의 화폐 발행

화폐를 발행하면 그 이익금을 재정에 보탤 수 있고 경제 활동을 장악할 수 있으므로, 상업 활동이 활발해지는 것과 함께 화폐 발행이 논의되었음. 그리하여 성종 때 건원중보가 제작되었으나 널리 유통되지는 못했음. 이후 숙종 때 삼한통보, 해동통보, 해동중보 등의 동전과 활구(은병)가 제작되었으나 당시의 자급자족적 경제 상황에서는 불필요했으므로 주로 다점이나 주점에서 사용되었을 뿐이며, 일반적인 거래에 있어서는 곡식이나 베가 사용되었음

화폐 유통의 부진

자급자족의 경제 활동을 하였던 농민들은 화폐의 필요성을 거의 느끼지 못함. 귀족들은 국가의 화폐 발행 독점과 강제 유통에 불만이 있었고, 화폐를 재산 축적의 수단으로만 이용, 일반적인 거래에서는 여전히 곡식이나 베(포)가 사용됨

고려 시대의 대외 무역

고려 시대에는 대외 무역을 장려 하였으므로 벽란도를 통해 중국 · 일본 · 남양 · 아라비아 상인이 내왕하는 등 활발한 대외 무역이 이루어졌음

원 간섭기의 무역

공무역이 행해지는 한편 사무역이 다시 활발해짐. 사무역으로 금 · 은 · 소 · 말 등이 지나치게 유출되어 문제가 됨

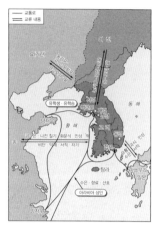

고려의 대외 무역

　　　㉠ 북송 때(북로) : 벽란도 → 옹진 → 산둥 반도의 덩저우(등주)

　　　㉡ 남송 때(남로) : 벽란도 → 죽도 → 흑산도 → 절강성의 밍저우(명주)

(3) 기타 국가와의 무역

　① 거란 : 은 · 모피 · 말 등을 가지고 와서, 식량 · 농기구 · 문방구 · 구리 · 철 등을 수입해 감

　② 여진 : 은 · 모피 · 말 등을 가지고 와서, 식량 · 농기구 · 포목 등을 수입해 감

　③ 일본 : 11세기 후반부터 수은 · 유황 등을 가져와 식량 · 인삼 · 서적 등과 바꾸어 감

　④ 아라비아(대식국)

　　　㉠ 수은 · 물감 · 향료 · 산호 · 호박 등을 가져와 은 · 비단을 수입해 감

　　　㉡ 주로 중국을 통해 무역을 했으며, 고려(Corea)를 서방에 전함

03절　중세의 사회 구조와 사회 생활

1. 고려 사회의 편제와 신분 구조

(1) 고려 사회의 새로운 편제

　① 문벌 귀족 사회의 형성 : 가문과 문벌을 중시, 소수 문벌 귀족이 권력을 독점

　② 본관제 마련 : 성과 본관을 토대로 하는 새로운 친족 공동체 사회를 형성

　③ 가족제의 다양화 : 여러 세대의 가족이 한 호적에 기록되기도 함(대가족~소가족)

　④ 직분제적 사회구조의 형성 : 문반과 무반, 군반에게 각각 문관직과 무반직, 군인직을 세습할 권리와 의무가 부과됨

(2) 신분 구조

　① 특징

　　　㉠ 신분 계층별로 호적을 따로 작성

　　　㉡ 문반 · 무반 · 남반의 세 계층이 관인층을 구성하며, 세습이 원칙

　　　㉢ 경제력을 기초로 정호와 백정호로 구분하여 신분제와 역제를 운영

　② 지배층 : 귀족(특권 계층), 중간 계층

　③ 피지배층 : 양인(농민, 상인, 수공업자 등), 노비(공노비, 사노비)

고려 시대의 신분 변동
- 고대에 비해 개방적인 신분제
- 향리의 자제가 과거를 통해 관직에 진출
- 중앙 귀족이 낙향하여 향리로 전락
- 군인이 공을 세워 무반이 됨
- 향 · 소 · 부곡이 일반 군현으로 승격
- 외거노비가 재산을 모아 양인신분을 획득

2. 귀족

(1) 귀족 계층

　① 구성 : 왕족과 5품 이상의 문 · 무 관료로 구성, 음서나 공음전의 혜택을 받는 특권층

　② 신분 변동 : 과거를 통해 향리에서 귀족으로 상승하기도 하며, 중앙 귀족에서 낙향하여 향리로 전락하는 경우도 존재(귀향은 일종의 형벌로 취급됨)

지배 세력의 변화
호족 → 문벌 귀족 → 무신 → 권문세족 → 신진 사대부

(2) 귀족층(지배층)의 특징

① 문벌 귀족
- ㉠ 출신 및 형성 : 개국 공신이나 호족, 6두품, 향리 출신으로서 중앙 관료로 진출한 이후 점차 보수화되면서 형성
- ㉡ 토지 소유 확대 : 과전과 공음전이 경제적 기반
- ㉢ 폐쇄적 혼인 : 유력한 가문과의 중첩된 혼인 관계(특히, 왕실의 외척을 선호)
- ㉣ 사상 : 보수적, 유교와 불교 수용

② 권문세족
- ㉠ 성립 : 고려 후기 원 간섭기에 주요 요직을 장악
- ㉡ 출신 배경 : 전기부터 그 세력을 이어 온 문벌 귀족 가문, 무신 정권기에 대두한 가문(무신 가문, 능문능리의 신관인 가문), 원의 세력을 배경으로 성장한 가문
- ㉢ 권력 행사 : 현실적 관직인 도평의사사와 정방을 장악하여 행사
- ㉣ 권력 유지 및 강화 : 고위 관직 독점, 도평의사사를 통해 권력을 장악, 음서를 통해 진출, 대규모의 농장을 소유
- ㉤ 성향 및 사상 : 수구적, 불교 수용

③ 신진 사대부
- ㉠ 출신 배경 : 과거를 통해 관계에 진출, 하급 관리나 향리 집안에서 주로 배출
- ㉡ 등장 및 성장 : 무신 정권이 붕괴된 후에 활발하게 중앙 정계로 진출
- ㉢ 권문세족과의 대립 : 사전의 폐단을 지적하고 사회 개혁을 주장하며 대립
- ㉣ 사상 등 : 성리학을 수용하고 개혁적 성향을 지님

3. 중류층

(1) 의의
① 광의(귀족과 양인의 중간층인 문무반 6품 이하의 관리, 남반, 군반, 서리, 향리 등), 협의(기술관)
② 성립 : 지배 체제의 정비 과정에서 통치 체제의 하부 구조를 맡아 중간 역할 담당

(2) 유형 및 특징
① 유형 : 잡류, 남반, 군반, 향리, 역리, 기술관
② 특징 : 세습직이며 그에 상응하는 토지를 국가로부터 지급받음
③ 호족 출신의 향리 : 지방의 호족 출신은 점차 향리로 편제되어 갔으나, 호장·부호장을 대대로 배출하는 지방의 실질적 지배층

4. 양민층(양인)

(1) 일반 농민
① 특징 : 일반 주·부·군·현에 거주하며, 농업이나 상공업에 종사

신진 사대부
성리학적 지식을 갖추고 과거를 통해 등용된 관리들. 충선왕과 충목왕의 개혁 정치에 동참했던 이들은 고려의 현실을 깨닫고 새로운 정치 질서와 사회 건설을 주장하였음

문벌 귀족, 권문세족, 신진 사대부

	문벌 귀족	권문 세족	신진 사대부
시기	고려 중기	원 간섭기	고려 말기
출신	호족, 6두품, 공신	친원파	지방 향리
정치	·왕실이나 유력 가문과 중첩된 혼인 관계 ·음서와 과거를 통해 관직 진출	·원과 결탁 ·도평의사사 장악 ·음서를 통해 관직 진출	과거를 통해 관직 진출
경제	공음전	대농장 소유	중소 지주

정호
군인이나 향리, 기인 등과 같이 국가에 직역을 지는 중류층의 사람을 지칭함. 이들은 직역에 대한 반대급부로 군인전과 외역전 등을 지급받았음

호장
향리직의 우두머리로 부호장과 함께 호장층을 형성하였으며, 해당 고을의 모든 향리들이 수행하던 말단 실무 행정을 총괄하였음

② 농민층 : 양민의 주류로서, 백정(白丁)이라고도 함

③ 상인, 수공업자 : 양인으로서, 국가에 공역의 의무를 짐(농민보다 천시됨)

(2) 하층 양민

① 신분 : 양인의 최하층, 이주가 원칙적으로 금지됨

② 종사 부문

　　㉠ 향·부곡에 거주하는 사람들은 농업, 소에 거주하는 사람들은 수공업품 생산

　　㉡ 역(驛)과 진(津)의 주민(역인, 진척)은 각각 육로 교통과 수로 교통에 종사

　　㉢ 그 외 어간(어부), 염간(제염업), 목자간(목축업), 철간(광부), 봉화간 등이 있음

5. 천민

(1) 유형

① 공노비(公奴婢) : 입역 노비, 외거 노비

② 사노비(私奴婢) : 솔거 노비, 외거 노비

(2) 노비의 특징 및 관리

① 노비의 특징 : 국역·납세의 의무는 없으나 주인에게 예속되어 신공을 부담, 법적으로 재물(재산)이나 국민(인격적 존재)의 지위를 동시에 지님

② 노비의 관리

　　㉠ 재산으로 간주 : 엄격히 관리되었으며, 매매·증여·상속의 대상이 됨

　　㉡ 노비 세습의 원칙

　　　　• 양천 결혼 시 일천즉천의 원칙 적용

　　　　• 양천 결혼은 금지되나 귀족들은 재산 증식을 위해 이를 자행함

　　　　• 노비 간 소생은 천자수모법에 따름

6. 사회 시책 및 제도

(1) 농민 보호책

① 농번기 잡역 동원을 금지

② 재해급고법 : 자연 재해 시 피해 정도에 따라 조세와 부역을 감면

③ 이자 제한법 : 법으로 이자율을 정해 그 이상의 고리대를 제한(이자 제한의 제도화)

(2) 권농 정책

① 광종 : 황무지 개간 장려(개간 시 국유지의 경우 소유권을 인정하고 조세를 감면하며, 사유지의 경우 일정 기간 소작료 감면)

② 성종 : 원구에서 기곡(祈穀)의 예를 행하며, 왕이 친히 적전을 갈아 농사의 모범을 보임, 사직을 세워 토지신과 오곡의 신에게 제사

(3) 농민의 공동 조직

SEMI-NOTE

고려와 조선의 백정

• 고려 시대

　– 특별한 직역을 부담하지 않고 농업을 주된 생활 수단으로 삼은 농민

　– 직역의 대가인 명전을 지급받지 못함

　– 대대로 물려받은 토지 혹은 개간을 통해 확보한 토지를 소유하거나, 양반전·군인전·사원전 등을 빌려 경작

• 조선 시대

　– 도살, 유랑 가무, 사형 집행 등을 생업으로 하는 천민

　– 읍 밖의 일정 지역이나 촌락의 외진 곳에 집단을 이루고 거주

　– 사회적으로 심한 차별을 받았으며, 복식 등 생활 양식에 제약이 있음

외거 노비

• 주인과 따로 사는 노비로, 주로 농업 등에 종사하고 일정량의 신공을 바침

• 독립된 가옥과 호적을 지니나 신분적으로 주인에게 예속되어 있어 소유주를 밝혀야 함

• 경제적으로는 양민 백정과 비슷하게 독립된 경제 생활 영위가 가능

• 신분 제약을 딛고 재산을 늘리거나 신분상의 지위를 높인 사람도 존재

• 후기에는 수가 크게 증가하였으며, 사회적 지위도 향상됨

① 공동 조직의 성격 : 일상 의례나 공동 노동을 통해 공동체 의식을 다짐

② 향도(香徒)

　⊙ 매향(埋香)과 향도 : 매향은 불교 신앙의 하나, 이러한 매향 활동을 하는 무리들을 향도라 함

　ⓒ 기원 : 김유신이 화랑도를 용화 향도로 칭한 것이 기원

　ⓒ 성격의 변모 : 고려 후기에는 신앙적 향도에서 자신들의 이익을 위한 향도로 점차 성격이 변모하여, 대표적인 공동체 조직이 됨

(4) 여러 가지 사회 제도

① 의창 : 진대법(고구려) → 흑창(고려 태조) → 의창(성종) → 주창(현종)

　⊙ 평시에 곡물을 비치하였다가 흉년에 빈민을 구제, 춘대추납

　ⓒ 유상(진대)과 무상(진급)의 두 종류가 있으며, 실제로는 농민을 대상으로 한 고리대로 전환되기 일쑤였음

② 상평창(성종) : 물가 조절을 위해 개경과 서경 및 각 12목에 설치

7. 법률과 풍속

(1) 법률

① 관습법

　⊙ 백성을 다스리는 기본법으로 중국의 당률을 참작한 71개조의 법률이 시행

　ⓒ 대부분의 경우는 관습법을 따름(조선 시대에 이르러 성문법 국가로 발전)

② 형(刑)의 집행

　⊙ 중죄 : 반역죄(국가), 모반죄(왕실), 강상죄(삼강 · 오상의 도덕) · 불효죄 등

　ⓒ 상중(喪中) 휴가 : 귀양 중 부모상을 당하였을 때는 7일 간의 휴가를 주어 상을 치르게 함

　ⓒ 집행의 유예 : 70세 이상의 노부모를 봉양할 가족이 달리 없는 경우는 형의 집행을 보류

　ⓔ 형벌 종류 : 태 · 장 · 도 · 유 · 사의 5형

　ⓜ 3심제(문종) : 사형의 경우 3심제 도입(조선 시대 금부삼복법)

(2) 풍속

① 장례와 제사 : 대개 토착 신앙과 융합된 불교의 전통 의식과 도교 신앙의 풍속을 따름

② 명절 : 정월 초하루 · 삼짇날 · 단오 · 유두 · 추석, 단오 때 격구와 그네뛰기, 씨름 등을 즐김

③ 국가 2대 제전 : 불교 행사인 연등회, 토착 신앙과 불교가 융합된 팔관회 중시

구분	연등회	팔관회
유사점	• 군신이 가무와 음주를 즐기며, 부처나 천지신명에게 제사 • 국가와 왕실의 태평을 기원	

사천 흥사리 매향비

상평창

풍년이 들어 가격이 내린 곡식을 사들여 비축하였다가 값이 올랐을 때 시가보다 싼 가격으로 방출하는 방법을 통해 곡식의 가격을 조정한 농민 생활 안정책

국립 의료 기관, 재해 대비 기관, 제위보

• 대비원(정종) : 개경에 동 · 서 대비원을 설치하여 환자 진료 및 빈민 구휼을 담당

• 혜민국(예종) : 의약을 전담하기 위해 예종 때 설치, 빈민에게 약을 조제해 줌

• 재해 대비 기관 : 재해 발생 시 구제도감(예종)이나 구급도감을 임시 기관으로 설치

• 제위보 : 기금을 마련한 뒤 이자로 빈민을 구제

고려 시대 형벌의 종류

• 태 : 볼기를 치는 매질

• 장 : 곤장형

• 도 : 징역형

• 유 : 유배형

• 사 : 사형

• 귀향형 : 일정한 신분층 이상이 죄를 지었을 때 자신의 본관지로 돌아가게 한 형벌

차이점	• 2월 15일 전국에서 개최
	• 불교 행사
	• 원래는 부처의 공덕에 대한 공양의
	  선덕을 쌓는 행사였다가 신에 대한
	  제사로 성격이 변화
		• 개경(11월)과 서경(10월)에서 개최
		• 토속 신앙(제천 행사)와 불교의 결합
		• 송 · 여진 · 아라비아 상인들이 진
		  상품을 바치고 국제 무역을 행함
		  (국제적 행사)

8. 혼인과 여성의 지위

(1) 혼인

① 혼인의 적령 : 대략 여자는 18세 전후, 남자는 20세 전후

② 근친혼의 성행 : 고려 초 왕실에서 성행, 중기 이후 금령에도 불구하고 근친혼 풍습이 사라지지 않아 사회 문제로 대두되기도 함

③ 혼인의 형태 : 왕실은 일부다처제, 일반 평민은 일부일처제(일부일처제가 일반적 형태)

9. 무신 집권기 하층민의 봉기

(1) 백성들의 봉기

① 초기
　⊙ 봉기 발생 : 12세기에 대규모 봉기가 발생하기 시작
　⊙ 관민의 합세 : 서경 유수 조위총이 반란(1174)을 일으켰을 때 많은 농민이 가세

② 1190년대
　⊙ 형태 : 산발적이던 봉기가 1190년대에 들어와 광범위하게 전개
　⊙ 성격 : 신라 부흥 운동과 같이 왕조 질서를 부정하는 등 다양한 성격의 봉기

③ 최충헌 집권 이후 : 만적 등 천민들의 신분 해방 운동이 다시 발생

④ 대표적 민란(봉기)

망이 · 망소이의 난 (공주 명학소의 난, 1176)	공주 명학소(鳴鶴所)의 망이 · 망소이가 주동이 되어 일으킨 반란으로, 이 결과 명학소는 충순현(忠順縣)으로 승격(이후 최씨 집권기에 국민에 대한 회유책으로 많은 향 · 소 · 부곡이 현으로 승격)
전주 관노의 난(1182)	경대승 집권기에 있었던 관노(官奴)들의 난으로, 전주를 점령
김사미 · 효심의 난(1193)	운문(청도)에서 김사미가, 초전(울산)에서 효심이 신분 해방 및 신라 부흥을 기치로 내걸고 일으킨 최대 규모의 농민 봉기, 최충헌 정권의 출현 배경이 됨
만적의 난(1198)	개경에서 최충헌의 사노 만적이 신분 해방을 외치며 반란
진주 노비의 난(1200)	진주 공 · 사노비의 반란군이 합주의 부곡 반란군과 연합

부흥 운동 성격의 난	• 신라 부흥 운동(이비 · 패좌의 난, 1202) : 동경(경주)에서 신라 부흥을 주장 • 고구려 부흥 운동(최광수의 난, 1217) : 서경에서 고구려 부흥을 주장 • 백제 부흥 운동(이연년의 난, 1237) : 담양에서 백제 부흥을 주장

실력UP 만적의 난

"국가에는 경계(庚癸)의 난 이래로 귀족 고관들이 천한 노예들 가운데서 많이 나왔다. 장수와 재상들의 씨가 따로 있는 것이 아니다. 때가 오면 아무나 할 수 있는 것이다. 우리들은 어찌 힘 드는 일에 시달리고 채찍질 아래에서 고생만 하고 지내겠는가." 이에 노비들이 모두 찬성하고 다음과 같이 약속하였다. "우리들은 성 안에서 봉기하여 먼저 최충헌을 죽인 뒤 각각 상전들을 죽이고 천적(賤籍)을 불살라 버려 삼한에 천인을 없애자. 그러면 공경장상(公卿將相)을 우리 모두 할 수 있다."

10. 원 간섭기의 사회

(1) 백성의 생활

① 강화 천도 시기 : 장기 항전으로 생활이 곤궁하였고, 기아민이 속출

② 원(元)과의 강화 후 : 친원 세력의 횡포로 큰 피해를 입었으며, 전쟁 피해가 복구되지 않은 채 두 차례의 일본 원정에 동원되어 막대한 희생을 강요당함

(2) 원에 의한 사회 변화

① 신분 상승의 증가 : 역관 · 향리 · 평민 · 부곡민 · 노비 · 환관으로서 전공을 세운 자, 몽골 귀족과 혼인한 자, 몽골어에 능숙한 자 등, 친원 세력이 권문세족으로 성장

② 활발한 문물 교류 : 몽골풍의 유행, 고려양

③ 공녀(貢女)의 공출
  ㉠ 원의 공녀 요구는 심각한 사회 문제를 초래
  ㉡ 결혼도감을 설치해 공녀를 공출

실력UP 결혼도감

원에서 만자매빙사 초욱을 보내왔다. 중서성첩에 이르기를, "남송 양양부의 생권 군인이 부인을 구하므로 위선사 초욱을 파견하는데, 관견 1,640단을 가지고 고려에 내려가게 하니, 유사로 하여금 관원을 파견하여 함께 취처하도록 시행하라." 하였다. 초욱이 남편 없는 부녀 140명을 뽑으라고 요구하였는데, 그 독족이 급하므로 결혼도감을 두었다. 이로부터 가을에 이르기까지 독신 여자와 역적의 아내와 중의 딸을 샅샅이 뒤져 겨우 그 수를 채웠으나 원성이 크게 일어났다.   – 〈고려사〉 –

SEMI-NOTE

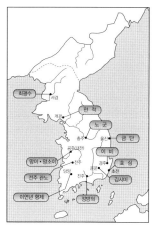

무신 집권기 하층민의 봉기

봉기의 특징
• 향 · 소 · 부곡민의 봉기 : 무거운 데다가 차별적이기까지 한 조세 부과가 원인
• 노비의 봉기 : 신분 해방 운동적 성격

몽골과의 항전으로 인한 기아민
고종 42년(1255) 3월 여러 도의 고을들이 난리를 겪어 황폐해지고 지쳐 조세 · 공납 · 요역 이외의 잡세를 면제하고, 산성과 섬에 들어갔던 자를 모두 나오게 하였다. 그때 산성에 들어갔던 백성 중에는 굶주려 죽은 자가 매우 많았으며, 노인과 어린이가 길가에서 죽었다. 심지어 아이를 나무에 붙잡아 매고 가는 자도 있었다. …… 4월, 길이 비로소 통하였다. 병란과 흉년이 든 이래 해골이 들을 덮었고, 포로로 잡혔다가 도망쳐 서울로 들어오는 백성이 줄을 이었다. 도병마사가 매일 쌀 한 되씩을 주어 구제하였으나 죽는 자를 헤아릴 수 없었다.
– 〈고려사절요〉 –

왜구의 피해
• 14세기 중반부터 침략 증가
• 부족한 식량을 고려에서 약탈하고자 자주 고려 해안에 침입
• 왜구의 침략 범위 및 빈도의 증가로 사회 불안이 극심
• 왜구를 격퇴하는 과정에서 신흥 무인 세력이 성장

고려실록(7대 실록)
태조, 혜종, 정종, 광종, 경종, 성종, 목종
에 이르는 7대의 역사를 편년체로 기
록한 역사서

고려 문화에서의 유교와 불교
• 유교는 정치와 관련한 치국의 도(道)
이며, 불교는 신앙생활과 관련한 수신
의 도
• 유교와 불교는 서로 보완하는 기능을
수행하며 함께 발전

삼국사기

이규보의 〈동국이상국집〉(1241)
이규보가 저술한 전 53권 13책의 시문집
으로, 한문 서사시 〈동명왕편〉을 비롯하
여 〈국선생전(麴先生傳)〉, 〈청강사자현부
전(淸江使者玄夫傳)〉, 〈백운거사전(白雲
居士傳)〉 등을 수록하고 있음. 이규보가
생전에 미처 완성하지 못한 것을, 1251년
진주분사대장도감(晉州分司大藏都監)에
서 고종의 칙명으로 다시 간행했음

〈해동고승전〉의 구성
• 1권
  – 머리말에서는 불교 발생의 유래와
    불교가 삼국에 전래된 연원을 개설
  – 본문에서는 고구려 · 백제 · 신라 ·
    외국의 전래승(傳來僧) 11명(순도,
    망명, 의연, 담시, 마라난타, 아도,
    법공, 법운 등)의 기사를 수록
• 2권 : 구법(求法)을 목적으로 중국 및
  인도에 유학한 22명의 승려(각덕, 지
  명, 원광, 안함, 아라야발마, 혜업, 혜
  륜, 현각 등)의 행적을 수록
• 중요한 전기의 말미에는 '찬왈'(贊曰)
  이라 하여 전기의 주인공에 대한 예찬
  을 덧붙임

04절 중세 문화의 발달

1. 유학의 발달과 역사서의 편찬

(1) 초기

① 유학의 경향 : 자주적 · 주체적, 유교주의적 정치와 교육의 기틀 마련

② 유학의 진흥

　㉠ 태조(918~943) : 박유 · 최언위 · 최응 · 최지몽 등 신라 6두품 계통의 유학자
　　들이 활약

　㉡ 광종(949~975) : 과거제 실시로 유학에 능숙한 관료 등용, 쌍기 · 서희 등

　㉢ 성종(981~997) : 유교 정치 사상이 정립되고 유학 교육 기관이 정비됨, 최
　　항 · 황주량 · 최승로(자주적 · 주체적 유학자로 시무 28조의 개혁안 건의) 등

③ 역사서

　㉠ 왕조실록 : 건국 초기부터 편찬되었으나 거란의 침입으로 소실, 현종 때 황주
　　량 등이 〈고려실록(7대 실록)〉을 편찬

　㉡ 박인량의 〈고금록〉 등 편년체 사서가 편찬됨

(2) 중기

① 유학의 경향

　㉠ 문벌 귀족 사회의 발달과 함께 유교 사상도 점차 보수화

　㉡ 유교 경전에 대한 이해가 깊어져 독자적 이해 기준을 수립하는 단계에 이름

　㉢ 북송의 성리학을 수용하여 경연에서 〈주역〉, 〈중용〉 등이 강론됨

② 대표 학자 : 최충(문종), 김부식(인종)

③ 역사서

　㉠ 특성 : 유교적 합리주의 사관, 신라 계승 의식 반영

　㉡ 삼국사기(인종 23, 1145) ★빈출개념

　　• 시기 : 인종 때 김부식 등이 왕명을 받아 편찬

　　• 의의 : 현존하는 우리나라 최고의 역사서(총 50권으로 구성)

　　• 사관 : 유교적 합리주의 사관에 기초하여 신라를 중심으로 서술

　　• 체제 : 본기 · 열전 · 지 · 연표 등으로 구분되어 서술된 기전체(紀傳體) 사서

(3) 무신 집권기

① 유학의 위축 : 무신정변 이후 문벌 귀족 세력이 몰락함에 따라 유학은 한동안 크
　게 위축됨

② 역사서 : 자주적 성격, 고구려 계승 의식(이규보의 〈동명왕편〉(1193), 각훈의 〈해
　동고승전〉(1215))

(4) 원 간섭기

① 성리학 ★빈출개념 : 한 · 당의 훈고학적 유학의 보수화를 비판하고 이를 한 단계

발전시킨 철학적 신유학, 5경보다 4서를 중시
② **성리학의 전래** : 충렬왕 때 안향이 처음 소개
　　⑦ 충선왕 때 이제현은 원의 만권당에서 성리학에 대한 이해를 심화하였고, 귀국
　　　후 이색 등에게 영향을 주어 성리학 전파에 이바지
　　⑥ 이색 이후 정몽주 · 권근 · 김구용 · 박상충 · 이숭인 · 정도전 등에게 전수되어
　　　연구가 심화 · 발전

성리학의 성격

남송의 주희가 집대성한 성리학은 종래 자구의 해석에 힘쓰던 한 · 당의 훈고학이나 사장 중
심의 유학과는 달리 인간의 심성과 우주의 원리 문제를 철학적으로 탐구하는 신유학의 성격
을 지니고 있음

③ **역사서** : 자주 사관, 고조선 계승 의식(일연의 〈삼국유사〉(단군의 건국 이야기,
　　향가 등을 수록), 이승휴의 〈제왕운기〉(1287))

삼국사기와 삼국유사

구분	삼국사기(三國史記)	삼국유사(三國遺事)
시기 및 저자	고려 중기 인종 23년(1145)에 김부식이 저술	원 간섭기인 충렬왕 7년(1281)에 일연이 저술
사관	유교적 · 도덕적 · 합리주의	불교적 · 자주적 · 신이적(神異的)
체제	기전체의 정사체, 총 50권	기사본말체, 총 9권
내용	• 고조선 및 삼한을 기록하지 않고, 삼국사(신라 중심)만의 단대사(單代史)를 편찬 • 삼국을 모두 대등하게 다루어 각각 본기로 구성하고 본기에서 각 국가를 我(우리)라고 칭함	• 단군~고려 말 충렬왕 때까지 기록, 신라 관계 기록이 다수 수록됨 • 단군 조선과 가야 등의 기록, 수많은 민간 전승과 불교 설화 및 향가 등 수록 • 단군을 민족 시조로 인식해 단군신화를 소개했으나 이에 대한 체계화는 미흡

제왕운기(1287)
• 우리나라와 중국의 역사를 시로 적은 역사서로, 충렬왕 때 이승휴가 저술
• 상 · 하 2권으로 구성
　– 상권 : 중국의 반고(盤古)~금의 역대 사적을 246구(句)의 7언시로 읊음
　– 하권 : 한국의 역사를 다시 1 · 2부로 나누어 시로 읊고 주기(註記)를 붙임

《제왕운기》의 단군 기록

처음에 어느 누가 나라를 열고 바람과 구름을 이끌었는가? 석제(釋帝)의 손자로 이름은 단군(檀君)일세. 요임금과 같은 때 무진년에 나라를 세워 순임금 지나 하(夏)나라까지 왕위에 계셨도다. 은나라 무정 8년 을미년에 아사달산에 들어가서 신선이 되었으니 나라를 누린 것이 1천 28년인데 그 조화는 상제(上帝)이신 환인(桓因)이 전한 일 아니던가?

(5) 말기

① **고려 말 성리학의 성격** : 일상 생활과 관계되는 실천적 기능을 강조, 〈소학(小學)〉과 〈주자가례〉를 중시, 권문세족과 불교의 폐단을 비판
② **성리학적 유교사관** : 이제현의 〈사략(史略)〉(개혁을 단행하여 왕권을 중심으로 국가 질서를 회복하려는 의식 표출), 〈고려국사〉, 원부 · 허공 · 이인복의〈고금록(古今錄)〉, 정가신의 〈천추금경록〉, 민지의 〈본조편년강목〉 등

2. 교육 제도 및 기관

이제현의 〈사략〉

고려 말 성리학이 전래되면서 정통 의식과 대의명분을 중시하는 성리학적 유교 사관이 대두되었음. 〈사략〉은 이러한 성리학적 유교 사관에 입각하여 이제현이 저술한 역사서임

문신월과법

유학 교육 및 진흥을 위해 중앙의 문신은 매달 시 3편과 부 1편, 지방관은 매년 시 30편과 부 1편씩을 지어 바치도록 함

9재, 12도

- 9재(九齋) : 낙성(樂聖)·대중(大中)·성명(誠明)·경업(敬業)·조도(造道)·솔성(率性)·진덕(進德)·문화(文和)·대빙재(待聘齋) 등의 전문 강좌
- 12도(十二徒) : 문헌·홍문·광헌·문충·양신·정경·충평·정헌공도, 서시랑도, 구산도 등

사학의 발달

고려 시대에는 사학이 크게 발달하였는데, 최초의 9재 학당을 비롯하여 사학 12도가 융성하였다. 당시 귀족 자제들은 국자감보다 12도에서 공부하기를 선호하였으며, 그로 인해 학벌이라는 파벌이 만들어지게 되었음. 예종과 인종의 적극적인 관학 진흥책으로 이러한 추세는 둔화되었으며, 이후 무신 집권기에 이르러 사학은 크게 침체되었음

섬학전

고려 시대 국학생의 학비를 보조하기 위해 관리들이 품위(品位)에 따라 낸 돈을 말함. 충렬왕 30년(1304) 국학이 쇠퇴해 가는 것을 우려한 안향의 건의로 실시되었음. 학교 운영과 서적 구매 등에 사용되었음

관학 진흥책

숙종	서적포 설치
예종	7재(유학재 : 경덕재, 구인재, 대빙재, 복응재, 양정재, 여택재 / 무학재 : 강예재) 설치, 양현고 설치, 청연각·보문각 설치
인종	경사 6학 정비, 향교 보급·지방 교육 강화
충렬왕	섬학전 설치
공민왕	성균관을 부흥시켜 순수 유교 교육 기관으로 개편

(1) 초기의 교육 진흥

① 태조
 ㉠ 신라 6두품 계통의 학자를 중용하고, 개경·서경에 학교를 설립
 ㉡ 교육 장학 재단인 학보(學寶)를 설치·운영
② 정종 : 승려의 장학 재단인 광학보를 설치·운영(946)
③ 성종
 ㉠ 국자감 : 개경에 국립 대학인 국자감(국학)을 설치(992)

학부	경사 6학	입학 자격	수업 연한	교육 내용
유학부	국자학	3품 이상의 자제 입학	9년	경서·문예·시정에 관한 내용으로 시·서·〈역경〉·〈춘추〉·〈예기〉·〈효경〉·〈논어〉 등
	태학	5품 이상의 자제 입학		
	사문학	7품 이상의 자제 입학		
기술 학부	율·서·산학	8품 이하 및 서민 자제	6년	기술 교육

 ㉡ 도서관 설치, 지방에 향교 설치, 박사의 파견, 교육조서 반포, 문신월과법 시행
④ 현종 : 신라 유교의 전통을 계승·발전시키고자 함, 홍유후(신라의 설총)·문창후(최치원)를 추봉하고 문묘에서 제사를 지냄

(2) 중기

① 사학의 융성과 관학의 위축 : 최초의 사학인 최충의 문헌공도(9재 학당)를 비롯한 사학 12도가 융성하여 국자감의 관학 교육은 위축
② 관학 진흥책
 ㉠ 숙종(1096~1105) : 목판 인쇄(출판) 기관으로 서적포 설치, 기자 사당의 설치
 ㉡ 예종(1105~1122) : 7재(七齋)를 설치, 교육 장학 재단인 양현고를 둠, 학문 연구소인 청연각·보문각을 두어 유학을 진흥
 ㉢ 인종(1122~1146) : 경사 6학(유학부와 기술학부) 정비, 문치주의와 문신 귀족주의를 부각, 향교를 널리 보급

(3) 후기

① 충렬왕(1274~1308) : 섬학전(瞻學田)을 설치, 공자 사당인 문묘를 새로 건립
② 공민왕(1351~1374) : 성균관을 부흥시켜 순수 유교 교육 기관으로 개편

3. 불교의 발달

(1) 태조

태조는 불교를 적극 지원하는 한편, 유교 이념과 전통 문화도 함께 존중, 개경에 여러 사원을 건립(개태사·왕흥사·왕륜사 등), 훈요 10조에서 불교를 숭상하고 연등

회와 팔관회 등을 성대하게 개최할 것을 당부

(2) 광종

승과 제도 실시, 국사·왕사 제도, 귀법사를 창건하고 화엄종의 본찰로 삼아 분열된 종파를 수습, 의통은 중국 천태종의 16대 교조가 되었고, 제관은 천태종의 기본 교리를 정리한 〈천태사교의〉를 저술

(3) 성종, 현종, 문종

① 성종 : 유교 정치 사상이 강조되면서 연등회와 팔관회 등이 일시 폐지
② 현종 : 국가의 보호를 받아 계속 융성, 현화사와 흥왕사 등의 사찰 건립, 연등회와 팔관회 등이 부활, 초조대장경 조판에 착수
③ 문종 : 불교를 숭상하여 대각국사 의천과 승통 도생을 배출, 흥왕사를 완성하여 불교를 장려

4. 불교 통합 운동과 천태종

(1) 사회적 배경

① 초기 : 5교 양종
　⊙ 교종 : 교종의 여러 종파는 화엄종을 중심으로 정비
　ⓛ 선종 : 선종의 여러 종파는 법안종을 수입하여 선종의 정리·통합을 시도
　ⓒ 종파의 분열 : 교종뿐만 아니라 선종에 대한 관심도 높아 사상적 대립이 지속됨
② 중기 : 11세기를 전후해 교·선의 대립이 더욱 격화(교종의 융성과 대립, 선종의 위축, 귀족 불교의 전개)

(2) 의천의 교단 통합 운동

① 흥왕사를 근거지로 삼아 화엄종을 중심으로 교종 통합을 추구
② 천태종을 창시(교종의 입장에서 선종을 통합)
③ 교관겸수(教觀兼修)를 제창, 지관(止觀)을 강조
④ 관념적인 화엄학을 비판하고, 원효의 화쟁 사상을 중시
⑤ 불교의 폐단을 시정하는 대책이 뒤따르지 않아 의천 사후 교단은 다시 분열

5. 후기의 불교

(1) 무신 집권기의 불교

① 방향 : 교종 탄압(조계종 발달), 불교 결사 운동 전개
② 보조국사 지눌(1158~1210)
　⊙ 선·교 일치 사상의 완성 : 조계종을 창시
　　• 정혜쌍수(定慧雙修) : 선정과 지혜를 같이 닦아야 한다는 것으로, 선과 교학이 근본에 있어 둘이 아니라는 사상 체계를 말함(철저한 수행을 선도)
　　• 돈오점수(頓悟漸修) : 인간의 마음이 곧 부처의 마음임을 깨닫고(돈오) 그

SEMI-NOTE

사원전

고려 시대 사찰에서 소유할 수 있었던 재산 중 가장 큰 비중을 차지하는 부분으로, 사찰 소유의 사유지와 국가에서 공적으로 지급한 수조지로 나뉨. 고려 말에 이르러 사찰의 광범위한 토지 탈점과 겸병으로 부패와 수탈의 온상이 되었으므로, 조선 건국과 함께 척결의 대상이 되었음

대각국사 의천

해동 천태종의 개조로 문종의 넷째 아들. 문종과 어머니 인예왕후의 반대를 무릅쓰고 몰래 송으로 건너가 불법을 공부한 뒤 귀국하여 흥왕사의 주지가 되었음. 그는 그곳에 교장도감을 두고 송·요·일본 등지에서 수집해 온 불경 등을 교정·간행하였음. 교선일치를 주장하면서, 교종과 선종으로 갈라져 대립하던 고려의 불교를 융합하고자 하였음

화엄종, 법상종

화엄종과 법상종은 교종이며 선종과 함께 고려 불교의 주축. 화엄종은 화엄 사상을 바탕으로 하는 종파, 법상종은 유식 사상을 중심으로 하는 종파

의천의 교관겸수

내가 몸을 잊고 도를 묻는 데 뜻을 두어 다행히 과거의 인연으로 선지식을 두루 참배하다가 진수(晉水) 대법사 밑에서 교관(教觀)을 대강 배웠다. 법사는 일찍이 제자들을 훈시하여, "관(觀)을 배우지 않고 경(經)만 배우면 비록 오주(五周)의 인과(因果)를 들었더라도 삼중(三重)의 성덕(性德)에는 통하지 못하며 경을 배우지 않고 관만 배우면 비록 삼중의 성덕을 깨쳤으나 오주의 인과를 분별하지 못한다. 그러므로 관도 배우지 않을 수 없고 경도 배우지 않을 수 없다."고 하였다. 내가 교관에 마음을 쓰는 까닭은 다 이 말에 깊이 감복하였기 때문이다.

SEMI-NOTE

원 갑섭기의 불교
- **불교계의 부패** : 개혁 운동의 의지 퇴색, 귀족 세력과 연결
- 사원은 막대한 토지를 소유하고 상업에도 관여하여 부패가 심함
- 라마 불교의 전래, 인도 선종의 전래(인도 승려 지공을 통해 전래), 보우를 통해 임제종(중국 선종) 전래
- **신앙 결사 운동의 단절**
  - 수선사 : 몽고의 억압으로 위축
  - 백련사 : 고려 왕실과 원 황실의 본찰인 묘련사로 변질
- 성리학을 사상적 배경으로 하는 신진 사대부들의 비판을 받음

신앙 결사 운동
- **의의** : 고려 중기 이후 개경 중심의 귀족 불교의 타락에 반발하여 불교계를 비판하고 불자의 각성을 촉구하는 운동
- **방향**
  - 조계종 : 지눌의 수선사 중심(정혜결사문), 지방의 지식인층을 주된 대상으로 하여 상당수의 유학자 출신을 포함(→ 성리학 수용의 사상적 기반이 됨)
  - 천태종 : 요세의 백련사 중심, 기층 민중과 지방 호족(호장층)의 지지를 받음

우리나라의 유네스코 지정 세계 유산
- **세계 문화 유산** : 종묘, 해인사 장경판전, 불국사와 석굴암, 창덕궁, 수원 화성, 경주 역사 유적 지구, 고창·화순·강화 고인돌 유적, 조선 왕릉, 한국의 역사 마을(하회와 양동), 고구려 고분군(북한)
- **세계 기록 유산** : 훈민정음(해례본), 조선 왕조 실록, 직지심체요절(하권), 승정원 일기, 팔만대장경, 조선 왕조 의궤, 동의보감, 일성록, 5·18 민주화 운동 기록물
- **세계 무형 유산** : 종묘 제례 및 종묘 제례악, 판소리, 강릉 단오제, 강강술래, 남사당 놀이, 부산 영산재, 제주 칠머리당 영등굿, 처용무, 가곡, 대목장, 매 사냥

뒤에 깨달음을 꾸준히 실천하는 것(점수)를 말함

  ⓒ **수선사 결사 운동** : 불교계의 타락상을 비판하고 승려 본연의 자세로 돌아가 독경과 선 수행 등에 고루 힘쓰자는 개혁 운동

③ 발전

  ㉠ **진각국사 혜심** : 유불 일치설(儒佛一致說)을 주장하고 심성의 도야를 강조

  ⓒ **원묘국사 요세** : 강진 만덕사(백련사)에서 실천 중심의 수행인들을 모아 백련결사(白蓮結社)를 조직하고 불교 정화 운동을 전개

  ⓒ **각훈** : 화엄종의 대가, 〈해동고승전〉저술

6. 대장경 간행

(1) 편찬 배경과 의의

① **배경** : 불교 사상에 대한 이해 체계가 정비되면서 관련된 서적을 모아 체계화

② **의의** : 경·율·론의 삼장으로 구성된 대장경은 불교 경전을 집대성한 것

(2) 대장경의 간행

① 초조대장경(初彫大藏經, 1087)

  ㉠ 현종 때 거란의 침입을 받은 고려가 부처의 힘을 빌려 이를 물리치고자 대구 부인사에서 간행

  ⓒ 경(經)·율(律)·논(論) 삼장으로 구성되었으며, 몽고 침입 때에 불타 버리고 인쇄본 일부가 남음

② 속장경(屬藏經, 1073~1096) : 거란의 침입에 대비, 숙종 때 의천이 고려는 물론 송과 요, 일본 등의 대장경에 대한 주석서인 장·소(章疎)를 수집해 편찬

  ⓒ 흥왕사에 교장도감을 설치하여 10여 년에 걸쳐 4,700여 권의 전적을 간행

③ 팔만대장경(재조대장경, 1236~1251)

  ㉠ 몽고의 침입으로 초조대장경이 소실된 후 부처의 힘으로 이를 극복하고자 고종 때 강화도에 대장도감을 설치

  ⓒ 조선 초 해인사로 이동한 후 현재까지 합천 해인사(장경판전)에 8만 매가 넘는 목판이 모두 보존

  ⓒ 세계에서 가장 우수한 대장경으로 손꼽힘, 유네스코 지정 세계 기록 유산으로 등재됨

7. 도교와 풍수지리 사상

(1) 도교의 발달

① **특징** : 불로장생과 현세구복 추구, 은둔적

② **활동** : 궁중에서는 하늘에 제사를 지내는 초제가 성행, 예종 때 도교 사원(도관)이 처음 건립되어 도교 행사가 개최됨

③ **한계** : 불교적 요소와 도참 사상이 수용되어 일관된 체계를 보이지 못하였으며, 교단도 성립하지 못하여 민간 신앙으로 전개됨

(2) 풍수지리 사상의 발달

① 발달 : 신라 말에 큰 관심의 대상이 되었던 풍수지리설에 미래의 길흉화복을 예언하는 도참 사상이 더해져 고려 시대에 크게 유행(지덕 사상, 인문지리적 성격)

② 국가 신앙화

　㉠ 태조가 훈요 10조에서 강조한 후 국가 신앙화

　㉡ 분사 제도(성종), 3소제, 잡과의 지리업

　㉢ 산천비보도감의 설치

　㉣ 해동비록 : 예종 때 풍수지리설을 집대성(부전)

③ 영향 : 서경 길지설(西京吉地說), 남경 길지설(南京吉地說)

8. 천문학과 역법, 의학의 발달

(1) 과학 기술의 발달 배경

중국과 이슬람의 과학 기술 수용, 국자감의 기술학 교육 실시(율학·서학·산학 등의 잡학을 교육), 과거에서 잡과 실시, 천문학·의학·인쇄술·상감 기술·화약 무기 제조술 등이 발달

(2) 천문학과 역법의 발달

① 천문 관측 : 사천대(서운관) 설치, 일식·혜성·태양 흑점 등에 관한 관측 기록이 존재

② 역법

　㉠ 초기 : 신라 때부터 쓰던 당의 선명력을 그대로 사용

　㉡ 후기 : 충선왕 때 원의 수시력을 채용, 공민왕 때 명의 대통력 수용

(3) 의학의 발달

① 중앙 : 태의감(의료 업무, 의학 교육, 위생 교육 등을 담당)

② 지방 : 학교에 의박사 배치

③ 과거 : 의과 실시

④ 의서 : 제중집효방(김영석), 향약구급방, 삼화자향약방

9. 인쇄술의 발달

(1) 목판 인쇄술

① 발달 : 신라 때부터 발달하였으며, 송판본의 수입과 경전의 간행으로 고려 시대에 이르러 더욱 발달

② 한계

　㉠ 한 종류의 책을 다량으로 인쇄하는 데는 적합하나 여러 책을 소량 인쇄하는 데는 활판 인쇄술보다 못함

　㉡ 이 때문에 활판 인쇄술의 개발에 힘을 기울여, 후기에는 금속 활자 인쇄술을

고려 첨성대(개경)

고려 대장경

인쇄 기관
- 서적포 : 숙종 때의 목판 인쇄 기관
- 서적원 : 공양왕 때 설치(1392), 활자 주조와 인쇄 담당

제지술
- 종이 제조를 위해 전국적으로 닥나무 재배를 장려하고, 종이 제조의 전담 관서를 설치함
- 고려의 제지 기술은 더욱 발전하여 질기고 희면서 앞뒤가 반질반질한 종이를 제조, 중국에 수출하여 호평을 받음

농상집요
고려 때 이암이 원으로부터 수입한 농서(중국 최초의 관찬 농서)로서, 화북 농법(밭농사)를 소개하고 있음. 경간·파종·재상·과실·약초 등 10문(門)으로 구성되어 있으며, 특히 당시의 새로운 유용 작물인 목화의 재배를 장려한 내용을 포함하고 있음. 그러나 우리나라 실정에 맞지 않는다는 한계가 있었음

화약의 제조
- 배경 : 고려 말에 최무선이 왜구의 침입을 격퇴하기 위해 중국의 화약 제조 기술을 습득
- 화약 무기의 제조 : 정부는 화통도감을 설치하고 최무선을 중심으로 화약과 화포를 제작, 화포를 이용하여 진포(금강 하구) 싸움에서 왜구를 격퇴. 화약 무기의 제조는 급속도로 진전

조선술
송과의 해상 무역이 활발해져 대형 범선 제조, 조운 체계가 확립되면서 조운선 등장. 원의 일본 원정과 왜구 격퇴를 위해 다수의 전함을 건조하고 배에 화포를 설치

무신 집권기 문학의 경향
무신의 집권으로 좌절감에 빠진 문신들 사이에서는 낭만적이고 현실 도피적인 경향을 띤 수필 형식의 글이 유행하였음

발명

(2) 금속 활자 인쇄술

① 계기 : 목판 인쇄술의 발달과 금속 활자 인쇄술 발명, 청동 주조 기술의 발달, 인쇄에 적당한 먹과 종이의 제조 등
② 고금상정예문(1234) : 강화도 피난 시 금속 활자로 인쇄(이규보의 〈동국이상국집〉에 기록)하여 시기상 서양보다 200여 년이나 앞섬(부전)
③ 직지심체요절(1377) : 현존하는 세계 최고(最古)의 금속 활자본(세계 기록 유산)으로 청주 흥덕사에서 간행

10. 농업 기술의 발달

(1) 권농 정책

① 광종 : 황무지 개간 규정을 마련하여 토지 개간을 장려
② 성종 : 무기를 거두어 이를 농기구로 만들어 보급

(2) 농업 기술의 발달

① 개간과 간척
② 수리 시설의 개선 : 김제의 벽골제와 밀양의 수산제를 개축, 소규모 제언(저수지) 확충
③ 농업 기술의 보급 및 발달 : 직파법, 이앙법과 윤작법 보급, 심경법 보급, 시비법의 발달

11. 문학의 발달

(1) 전기

① 한문학의 발달
　㉠ 초기 : 광종 때 실시한 과거제, 성종 이후의 문치주의 성행에 따라 발달
　㉡ 중기 : 사회가 귀족화되면서 당의 시와 송의 산문을 숭상하는 풍조 대두
② 향가 : 보현십원가, 중기 이후 한시에 밀려 쇠퇴

(2) 무신 집권기

① 낭만적·현실 도피적 경향의 수필 등이 유행
② 새로운 경향 : 현실을 제대로 표현하는 데 관심

(3) 후기 문학의 새 경향

① 경기체가(景幾體歌) : 신진 사대부가 주체, 한림별곡·관동별곡·죽계별곡 등, 주로 유교 정신과 자연의 아름다움 묘사
② 설화 문학, 패관 문학, 가전체 문학, 장가(속요), 한시

12. 서화와 음악의 발달

(1) 서예

① 전기 : 왕희지체와 구양순체가 주류, 유신, 탄연(인종 때의 승려) 등
② 후기 : 조맹부의 우아한 송설체가 유행, 이암(충선왕)

(2) 회화 ⭐ 빈출개념

① 발달 : 도화원에 소속된 전문 화원의 그림과 문인 · 승려의 문인화로 구분
② 전기 : 예성강도를 그린 이령과 그의 아들 이광필, 고유방 등
③ 후기 : 사군자 중심의 문인화와 불화, 사군자 · 묵죽의 유행, 천산대렵도
④ 불화 : 극락왕생을 기원하는 아미타불도와 지장보살도 및 관음보살도, 일본에 현전하는 혜허의 관음보살도(양류관음도와 수월관음도), 부석사 조사당 벽화의 사천왕상

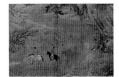

이령의 예성강도

(3) 음악, 가면극

① 아악(雅樂) : 주로 제사에 사용됨, 고려와 조선시대의 문묘 제례악
② 향악(鄕樂) : 속악, 동동 · 한림별곡 · 대동강 등
③ 악기 : 거문고 · 비파 · 가야금 · 대금 · 장고 등
④ 나례 : 가면극으로 산대희라고도 하며, 나례도감에서 관장

봉정사 극락전

13. 건축, 조각

(1) 건축

① 전기의 건축 : 개성 만월대의 궁궐 터, 현화사, 흥왕사 등
② 후기의 건축
　㉠ 주심포식 건물(전기~후기)
　　• 주심포식 : 지붕 무게를 기둥에 전달하면서 건물을 치장하는 공포가 기둥 위에만 짜인 건축 양식(맞배 지붕)
　　• 안동 봉정사 극락전 : 가장 오래된 목조 건물
　　• 영주 부석사 무량수전(1376) : 주심포 양식과 엔타시스 기둥(배흘림 기둥)
　　• 예산 수덕사 대웅전(1308) : 모란이나 들국화를 그린 벽화가 유명
　㉡ 다포식 건물(후기) : 공포가 기둥 위뿐만 아니라 기둥 사이에도 짜인 건물(팔작 지붕)

부석사 무량수전

수석사 대웅전

(2) 석탑

① 특징 : 다각 다층탑, 석탑의 몸체를 받치는 받침이 보편화
② 대표적 석탑
　㉠ 고려 전기 : 불일사 5층 석탑(개성), 무량사 5층 석탑(부여), 오대산 월정사 8각 9층 석탑(송대 석탑의 영향을 받은 다각 다층 석탑으로 고구려 전통을 계승)
　㉡ 고려 후기 : 경천사 10층 석탑

월정사 8각 9층 석탑

경천사 10층 석탑

03장

중세의 성립과 발전

(3) 승탑(僧塔)

① 의의 : 승려들의 사리를 안치한 묘탑으로 부도라고도 함, 고려 조형 예술에서 중요한 위치를 차지

② 성격 : 선종이 유행함에 따라 장엄하고 수려한 승탑들이 다수 제작됨

③ 대표적 승탑 : 고달사지 승탑, 법천사 지광국사 현묘탑, 흥국법사 실상탑 등

(4) 불상

① 철불 : 고려 초기에는 광주 춘궁리 철불과 같은 대형 철불이 많이 조성됨

② 석불

  ㉠ 논산의 관촉사 석조 미륵 보살 입상 : 고려 초기에 제작됨, 동양 최대, 지방 문화 반영, 균형과 비례가 맞지 않음

  ㉡ 안동의 이천동 석불 등

③ 대표적 불상 : 신라 양식을 계승한 부석사 소조 아미타 여래 좌상(가장 우수한 불상으로 평가)

14. 청자와 공예

(1) 자기

① 발전 과정 : 신라와 발해의 전통과 기술을 토대로 송의 자기 기술을 받아들여 귀족 사회의 전성기인 11세기에 독자적인 경지를 개척

② 순수 청자, 상감 청자, 음각 · 양각 청자의 유행

(2) 금속 공예

① 발달 양상 : 불구(佛具)를 중심으로 발달

② 은입사 기술의 발달 : 청동 향로

(3) 나전 칠기(螺鈿漆器)

옻칠한 바탕에 자개를 붙여 무늬를 나타내는 나전 칠기 공예가 크게 발달, 통일 신라 시대에 당에서 수입되었으나 고려에서 크게 발달하였고, 조선 시대를 거쳐 현재까지 전함

나두공

04장 근세의 성립과 발전

SEMI-NOTE

근세 사회로서의 조선의 모습

• 정치면
  – 왕권 중심의 권력 체제를 중앙집권 체제로 전환하여 관료 체제의 기틀 확립
  – 왕권과 신권(臣權)의 조화를 도모하여 모범적인 유교 정치 추구
• 경제면
  – 토지에 대한 사적 소유가 진전(과전법 체계 정비)
  – 자영농 수의 증가(농민의 경작권 보장)
• 사회면
  – 양반 관료 사회의 성립(귀족 → 양반), 양인의 수가 증가하고 권익 신장
  – 과거 제도가 정비되어 능력을 보다 더 중시
• 사상 · 문화면
  – 성리학이 정치적 · 학문적 · 사상적 지배 이념으로 정착되고, 일상 생활의 규범으로 기능
  – 이전 시대보다 교육 기회가 확대되고 과학 기술 등 기술 문화가 진작
  – 정신 문화와 기술 문화를 진작시켜 민족 문화의 튼튼한 기반 확립

폐가입진(廢假立眞)

• 가왕(廢王)을 몰아내고 진왕(眞王)을 세운다는 의미
• 이성계 세력이 우왕과 창왕을 신돈의 자손이라 하여 폐하고 공양왕을 즉위(1389)시키기 위해 내세운 명분. 이로써 이성계는 정치적 실권을 사실상 장악하게 됨

과전법

공양왕 3년(1391)에 실시된 토지제도. 조선의 기본적인 토지제도가 됨

01절 근세의 통치 구조와 정치 활동

1. 조선의 건국

(1) 건국 배경

① 철령위 설치 통보(영토 분쟁) : 고려 우왕 때 명은 원의 쌍성총관부 관할 지역을 직속령으로 하기 위해 철령위 설치를 통보
② 위화도 회군 : 이성계는 4불가론을 들어 요동 정벌을 반대, 위화도에서 회군(1388)하여 최영을 제거하고 군사적 실권을 장악
③ 신진 사대부의 분열 : 개혁의 폭과 속도를 두고 우왕 때부터 분열

구분	온건 개혁파	급진 개혁파
주체 및 참여자	• 정몽주, 이색, 길재 • 대다수의 사대부가 참여	• 정도전, 권근, 조준 • 소수의 사대부가 참여
주장	역성 혁명 반대, 고려 왕조 유지(점진적 개혁)	역성 혁명 추진, 고려 왕조 부정(급진적 개혁)
유교적 소양	• 성리학 원리와 수신을 중시 • 왕도주의에 충실하여 정통적 대의명분을 중시 • 애민 의식이 약함	• 성리학 현상과 치국을 중시하고 왕조 개창의 정당성을 강조 • 왕도와 패도의 조화 추구 • 애민 의식이 강함
정치	신하와 군주 간의 명분을 중시	재상 중심, 이상군주론 중시
토지 개혁	전면적 개혁에 반대	전면적 개혁을 주장
불교	불교의 폐단만 시정(타협적)	철저히 배척(비판적)
군사력	군사 세력을 갖지 못해 혁명파를 제거하지 못함	신흥 무인 · 농민 군사 세력과 연결하여 조선 건국을 주도
영향	사학파 → 사림파	관학파 → 훈구파

(2) 조선의 건국

급진 개혁파는 이성계 세력(신흥 무인 세력)과 연결하여 혁명파를 이루고 정치적 실권 장악(폐가입진 주장), 전제 개혁(과전법, 1391)을 단행하여 자신들의 지지 기반(신진 사대부의 경제적 기반)을 확대하고 농민의 지지 확보, 온건 개혁파 제거

① 건국(1392)
  ㉠ 이성계가 군신의 추대와 공양왕의 선양의 형식으로 왕위를 물려받아 건국
  ㉡ 개혁으로 민심을 얻어 역성 혁명을 정당화, 도평의사사의 동의(형식적 절차)를 거침

2. 왕권 중심의 집권 체제 정비

(1) 태조(1대, 1392~1398)

① 국호 제정(1393)과 한양 천도(1394) : 국호를 조선으로 정함, 한양으로 천도

② 건국 이념(3대 정책) : 사대교린의 외교 정책, 숭유억불의 문화 정책, 농본민생의 경제 정책

③ 군제 개편 : 의흥삼군부를 개편 · 설치, 도평의사사의 군무기능 소멸

④ 관리 선발 제도 정비 : 능력 중심의 인재 등용 지향

⑤ 정도전의 활약 : 건국 초창기의 문물 제도 형성에 크게 공헌

　　㉠ 재상 중심의 정치를 강조하고 민본적 통치 규범을 마련

　　㉡ 〈불씨잡변(佛氏雜辨)〉을 통하여 불교를 비판하고 성리학을 통치 이념으로 확립

　　㉢ 제1차 왕자의 난(1398)으로 제거됨

(2) 태종(3대, 1400~1418)

① 국왕 중심의 통치 체제 정비(왕권 강화) : 의정부 권한의 약화, 육조 직계제(六曹直啓制) 채택, 사병 혁파, 언론 기관인 사간원을 독립시키고 대신들을 견제, 외척과 종친 견제

② 경제 기반의 안정 : 호패법 실시, 양전(量田) 사업 실시, 유향소를 폐지, 노비변정도감을 설치

③ 억불숭유 : 사원을 정리(5교양종 정리)하고 사원전을 몰수, 서얼 차대법, 삼가 금지법

④ 기타 업적 : 신문고 설치, 주자소 설치, 아악서 설치, 사섬서 설치, 5부 학당 설치

🕶 한눈에 쏙~

위화도 회군(이성계) (1388)	▶	태조, 조선 건국(1392)	태조, 한양 천도(1394)
제1차 왕자의 난 (무인정사)(1398)	▶	태종, 신문고 설치 (1401)	태종, 호패법 실시 (1413)

(3) 세종(4대, 1418~1450)

① 유교 정치의 실현

　　㉠ 의정부 서사제(議政府署事制) 부활 : 육조 직계제와 절충하여 운영(왕권과 신권의 조화)

　　㉡ 집현전 설치 : 당의 제도와 고려의 수문전 · 보문각을 참고하여 설치(궁중 내에 설치된 왕실의 학술 및 정책 연구 기관, 왕실 교육(경연 · 서연))

　　㉢ 유교 윤리 강조 : 국가 행사를 오례(五禮)에 따라 유교식으로 거행, 사대부의 경우 주자가례의 시행을 장려

　　㉣ 유교적 민본사상의 실현 : 광범위한 인재의 등용, 청백리 재상의 등용, 여론의 존중

② 사회정책과 제도 개혁

정종(2대, 1398~1400)

• 개경 천도(1399) : 왕자의 난과 자연 이변을 피하기 위함(태종 때 한양으로 다시 천도)

• 관제 개혁 : 도평의사사를 혁파하고 의정부를 설치, 중추원을 폐지하고 직무를 삼군부에 소속

왕자의 난

• 제1차 왕자의 난(무인정사 · 방원의 난 · 정도전의 난, 1398) : 태조가 방석을 세자로 책봉하고 정도전 등으로 보필하게 하자, 방원(태종)이 난을 일으켜 방석과 정도전을 제거(→ 왕위를 방과(정종)에게 양위)

• 제2차 왕자의 난(방간의 난 · 박포의 난, 1400) : 방간이 박포와 연합하여 방원에게 대항하였는데, 방원은 이를 제압하고 정종으로부터 왕위를 물려받아 즉위

• 성격 : 표면적으로는 왕위 계승 분쟁, 내면적으로는 공신 간의 갈등 표출과 개국 공신 세력의 제거 과정

세종의 문화 발전

• 활자 주조 : 경자자, 갑인자, 병진자, 경오자

• 서적 간행 : 〈용비어천가〉, 음운서인 〈동국정운〉, 불경 언해서인 〈석보상절〉, 불교 찬가인 〈월인천강지곡〉 간행, 〈고려사〉, 〈육전등록〉, 〈치평요람〉, 〈역대병요〉, 〈팔도지리지〉, 〈효행록〉, 〈삼강행실도〉, 〈사시찬요〉, 〈총통등록〉, 〈의방유취〉, 〈향약집성방〉, 〈향약채취월령〉, 〈태산요록〉 등 간행

• 관습도감 설치 : 박연으로 하여금 아악 · 당악 · 향악을 정리하게 함

• 불교 정책 : 5교 양종을 선교 양종으로 통합, 궁중에 내불당 건립

• 역법 개정 : 원의 수시력과 명의 대통력을 참고로 하여 칠정산 내편을 만들고 아라비아 회회력을 참조하여 칠정산 외편을 만듦(독자성)

• 과학 기구의 발명 : 측우기, 자격루(물시계), 앙부일구(해시계), 혼천의(천체 운행 측정기)

세종의 대외 정책
- 북방 개척 : 4군(최윤덕, 압록강 유역 확보), 6진(김종서, 두만강 유역 확보), 사민 정책
- 쓰시마 섬 정벌 : 이종무로 하여금 정벌(1419), 계해약조 체결(1443)
- 대명 자주 정책 : 금·은·공녀 진상을 폐지

이징옥의 난

함길도 도절제사 이징옥이 일으킨 반란. 이징옥은 김종서를 도와 6진을 개척한 인물로, 수양대군은 계유정난(1453)을 통해 김종서와 황보인을 제거하고 병권을 손에 넣은 후 이징옥을 파직하였다. 수양대군이 임명한 후임자 박호문에게 인계를 마친 이징옥은 한양으로 가던 중 계유정난의 소식을 듣고 박호문을 죽인 뒤 군사를 일으켜 자신을 대금황제라 칭하였음. 두만강을 건너기 위해 종성에 머물던 중 종성 판관 정종, 호군 이행검 등의 습격으로 살해되었음

이시애의 난

함경도의 호족으로 회령 부사를 지내다가 상을 당하여 관직에서 물러난 이시애는 유향소의 불만 및 백성들의 지역 감정을 틈타 세조 13년(1467. 5) 난을 일으켰음. 그는 먼저 함길도 절도사를 반역죄로 몰아 죽였음. 또한 그가 "남도의 군대가 함길도 군민을 죽이려 한다."고 선동한 결과 함길도의 군인과 백성이 유향소를 중심으로 일어나 비 함길도 출신 수령들을 살해하는 일이 벌어짐. 세조가 토벌군을 보내자 이시애는 여진을 끌어들여 대항하였으나 난을 일으킨 지 3개월만인 8월에 토벌됨

세조의 왕권 강화책 ★ 빈출개념
세조는 강격한 왕권을 행사하기 위해 통치 체계를 다시 6조 직계제로 고쳤음. 또한 공신이나 언관들의 활동을 견제하기 위하여 집현전을 없애고 경연도 열지 않았으며, 그동안 정치 참여가 제한되었던 종신들을 등용하기도 함

　㉠ 토지와 세제의 개혁 : 전분 6등법, 연분 9등법 시행

　㉡ 의창제 실시 : 빈민구제

　㉢ 노비 지위 개선 : 재인·화척 등을 신백정이라 하여 양민화, 관비의 출산휴가 연장

　㉣ 사법제도의 개선 : 금부 삼복법(禁府三復法), 태형 및 노비의 사형(私刑) 금지

(4) 문종(5대, 1450~1452), 단종(6대, 1452~1455)

① 왕권 약화 : 문종이 일찍 죽어 어린 단종이 즉위한 후 왕권이 크게 약화되어, 김종서·황보인 등의 재상이 정치적 실권을 장악

② 정치적 혼란과 민심의 동요 : 계유정난과 이징옥의 난 등이 발생

(5) 세조(7대, 1455~1468)

① 계유정난(1453) : 수양대군(세조)이 중신과 안평대군을 축출하고 정치적 실권을 장악

② 반란 진압 및 민심 수습 : 이징옥의 난(1453) 진압, 이시애의 난(세조 13, 1467) 진압

③ 왕권의 강화 : 육조 직계의 통치 체제로 환원, 집현전을 폐지, 보법(保法)을 실시, 직전법 실시, 〈경국대전〉 편찬에 착수, 유교를 억압

④ 국방의 강화 ★ 빈출개념

　㉠ 중앙군으로 5위제 확립(5위도총부에서 관할)

　㉡ 진관 체제(鎭管體制) : 변방 중심 방어 체제를 전국적인 지역 중심의 방어 체제로 전환

　㉢ 보법 실시 : 군정(軍丁) 수를 1백만으로 늘림

　㉣ 북방 개척 : 경진북정(1460, 신숙주), 정해서정(1467, 남이·강순)

(6) 성종(9대, 1469~1494)

① 사림(士林) 등용 : 김숙자·김종직 등의 사림을 등용하여 의정부의 대신들을 견제(훈구와 사림의 균형을 추구)

② 홍문관(옥당) 설치 : 학술·언론 기관(집현전 계승), 경서(經書) 및 사적(史籍)관리, 문한의 처리 및 왕의 정치적 고문 역할

③ 경연 중시 : 단순히 왕의 학문 연마를 위한 자리가 아니라 신하(정승, 관리)가 함께 모여 정책을 토론하고 심의

④ 독서당(호당) 운영 : 관료의 학문 재충전을 위해 운영한 제도, 성종 때 마포의 남호 독서당, 중종 때 두모포의 동호 독서당이 대표적

⑤ 관학의 진흥 : 성균관과 향교에 학전과 서적을 지급하고 관학을 진흥

⑥ 유향소의 부활(1488) : 유향소는 세조 때 이시애의 난으로 폐지되었으나 성종 때 사림 세력의 정치적 영향력 확대에 따라 부활됨

⑦ 〈경국대전〉 반포(1485) : 세조 때 착수해 성종 때 완성·반포

⑧ 토지 제도 : 직전법 하에서 관수관급제를 실시해 양반관료의 토지 겸병과 세습, 수탈 방지

⑨ **숭유억불책** : 도첩제 폐지(승려가 되는 길을 없앤 완전한 억불책)
⑩ **문물 정비와 편찬 사업** : 건국 이후 문물 제도의 정비를 마무리하고, 〈경국대전〉의 반포 및 시행. 〈삼국사절요〉, 〈악학궤범〉, 〈동국통감〉, 〈동국여지승람〉, 〈동문선〉, 〈국조오례의〉 등을 편찬
⑪ **사창제 폐지** : 폐단이 많았던 사창제를 폐지

한눈에 쏙~

- 세종, 훈민정음 창제(1443) ▶ 세조, 직전법 실시(1466) ▶ 성종, 관수관급제 실시(1470) ▶ 성종, 경국대전 반포(1485)

3. 중앙 정치 체제

(1) 특징

① **유교적 통치 이념 구현** : 중앙 집권과 왕권·신권의 조화를 추구
② **재상권의 발달** : 의정부 재상들이 합의를 통해 국왕에게 재가를 얻도록 함
③ **법치 국가** : 〈경국대전〉으로 정치 체제를 법제화
④ **언관 제도의 발달** : 왕권의 견제(삼사, 순문, 윤대, 상소·구언 제도, 격쟁상언, 유소·권당 등)
⑤ **학술 정치의 발달** : 홍문관과 사관(四館), 춘추관, 경연 제도, 서연 제도

(2) 관제

① **의정부와 육조**
　⊙ **의정부** : 최고 관부
　ⓛ **육조(六曹)** : 왕의 명령을 집행하는 행정 기관(이·호·예·병·형·공조)으로 장관은 판서(정2품), 차관은 참판(종2품)이며, 육조 아래 여러 관청이 소속되어 업무 분담

구분	관장 업무	속사(관할 기관)
이조	내무, 문관 인사와 공훈, 공문	문선사, 고훈사, 고공사 등
호조	재정, 조세, 호구, 어염, 광산, 조운	판전사, 회계사, 경비사 등
예조	의례(제사, 의식), 외교, 학교, 교육(과거)	계제사, 전형사, 전객사 등
병조	무관의 인사, 국방, 우역, 통신, 봉수	무선사, 승여사, 무비사 등
형조	법률, 소송, 노비(장예원)	상복사, 장금사, 장예사 등
공조	토목·건축·개간, 수공업, 파발, 도량형	영조사, 공야사 등

② **삼사(三司)** 🏅**빈출개념**
　⊙ **기능** : 정사를 비판하고 관리의 비리를 감찰하는 언론 기능
　ⓛ **특성** : 권력의 독점과 부정을 방지하기 위한 것으로, 삼사의 고관들은 왕이라도 함부로 막을 수 없음

도첩제
승려가 출가할 때 국가에서 허가증을 발급하도록 한 제도. 고려 말부터 시행되어 조선 초기에 강화되었음. 조선 태조 때에 승려가 되고자 하는 자는 양반의 경우 포 100필, 양인의 경우 150필, 천인의 경우 200필을 바쳐야 했음. 세조 때에는 교종과 선종 본산에서 시행되는 시험에 합격하고 포 30필을 바치는 사람만이 승려가 될 수 있었음. 이는 〈경국대전〉을 통해 법제화되었는데, 성종 때에는 도첩제 자체를 폐지하여 승려가 되는 길을 막아버림

고려와 조선의 법치 체계 차이
조선이 〈경국대전〉을 통해 정치체제를 법제화한 것에 비해, 고려는 관습법 중심의 국가였음

왕권 강화 및 견제 제도
- 왕권 강화 : 의금부, 승정원, 육조 직계제, 장용영(국왕 친위 부대, 정조), 과거제, 호패법 등
- 왕권 견제 : 의정부, 삼사, 권당, 상소, 구언, 윤대, 경연, 순문 등

경관직과 외관직
조선 시대 관직은 중앙 관직인 경관직과 지방 관직인 외관직으로 이루어져 있었음. 경관직은 국정을 총괄하는 의정부와 그 아래 집행 기관인 육조를 중심으로 편성됨

전랑
이조와 병조의 전랑(정랑과 좌랑)은 각각 문관과 무관 인사를 담당함

대간(臺諫)
- 사헌부의 대관(臺官)과 사간원의 간관(諫官)을 지칭함
- 대관은 관료들의 부정부패를 감시, 탄핵하였고 간관은 임금의 과실을 간쟁하는 것이 주요 임무

ⓒ 구성

- 사헌부 : 감찰 탄핵 기관, 사간원과 함께 대간(臺諫)을 구성하여 서경(署經)권 행사(정5품 당하관 이하의 임면 동의권), 장은 대사헌(종2품)
- 사간원 : 언관(言官)으로서 왕에 대한 간쟁, 장은 대사간(정3품)
- 홍문관 : 경연을 관장, 문필·학술 기관, 고문 역할, 장은 대제학(정2품)

③ 기타 기관

ⓐ 승정원 : 왕명을 출납하는 비서 기관(중추원의 후신)으로 국왕 직속 기관, 장은 도승지(정3품)

ⓑ 의금부 : 국가의 큰 죄인을 다스리는 기관(고려 순마소의 변형)으로 국왕 직속 기관, 장은 판사(종1품)

ⓒ 한성부 : 수도의 행정과 치안을 담당, 장은 판윤(정2품)

ⓓ 춘추관 : 역사서 편찬과 보관을 담당, 장은 지사(정2품)

ⓔ 예문관 : 왕의 교서 제찬, 장은 대제학(정2품)

ⓕ 교서관 : 서적 간행(궁중 인쇄소)

ⓖ 성균관 : 최고 교육 기관(국립 대학)

ⓗ 승문원 : 외교 문서 작성

ⓘ 상서원 : 옥쇄·부절(符節) 관리

ⓙ 경연청 : 임금에게 경서와 치도(治道)를 강론

ⓚ 서연청 : 왕세자에게 경학을 강론

ⓛ 포도청 : 상민의 범죄를 담당하는 경찰 기관(고려 순마소의 변형), 장은 포도대장(종2품)

한품서용
기술관과 서얼은 정3품까지, 토관·향리는 정5품까지, 서리 등은 정7품까지만 승진 가능

지방 세력 통제를 위한 상피제와 임기제

- 상피제 : 자기 출신지로의 부임을 금하고(토착 세력화 방지), 부자지간이나 형제지간에 동일 관청에서 근무하지 못하게 하며 친족의 과거 응시 시 고시관 임용을 피하는 제도(권력 집중 및 부정 방지)
- 임기제 : 관찰사 임기는 1년(360일), 수령은 5년(1,800일)

👓 한눈에 쏙~

조선의 중앙과 지방 관제

4. 지방 행정

(1) 조선 시대 지방 행정의 특성

① 지방과 백성에 대한 국가의 지배력 강화(중앙 집권 강화) : 모든 군현에 지방관 파견(속군 · 속현 소멸), 관찰사와 수령의 권한 강화(향리 지위 격하)

② 향, 소, 부곡의 소멸(군현으로 승격하여 지방민의 삶의 질 향상)

(2) 지방 행정 조직

① 8도 : 감영 소재지(전국을 8도로 나누고 크기에 따라 지방관의 등급을 조정, 관찰사(종2품, 외직의 장) 파견)

② 5부(부윤, 종2품)와 5대 도호부(부사, 정3품)

③ 목 : 전국 20목, 장은 목사(정3품)

④ 군(전국 82군) · 현(전국 175현) : 속군 · 속현과 향 · 소 · 부곡을 일반 군현으로 승격하고, 모든 군현에 수령을 파견

⑤ 부 · 목 · 군 · 현의 수령 : 수령의 불법과 수탈을 견제 · 방지하기 위해 유향소를 설치

⑥ 면(面) · 리(里) · 통(統) : 전기에 정비, 후기에 완전 정착

실력UP 고려 시대와 조선 시대 비교

구분	고려 시대(권한 강함)	조선 시대(권한 약화)
차이점	• 속현 이하를 실제 관장하는 향촌의 지배세력, 농민을 사적으로 지배 • 외역전 지급(세습) • 조세 · 공물 징수와 요역 징발의 실무 관장 • 노동 부대 일품군의 지휘관을 겸임 • 과거 응시 및 국립 대학에의 입학권 부여 • 출세에 법적 제한이 없음(신분 상승 가능)	• 수령을 보좌하는 세습적 아전에 불과, 농민의 사적 지배 금지 • 외역전의 지급이 없음(무보수에 따른 폐단 발생) • 조세 · 공물 징수, 요역 징발은 수령이 관장함 • 지방군의 지휘권이 없음 • 문과 응시 불가 • 중앙 양반으로의 편입 불가함(신분 상승 제한)
공통점	지방의 행정 실무를 담당하는 중간 계층으로, 신분과 향직을 세습	

(3) 특수 지방 조직

① 유향소(향청) : 수령을 감시하고 향리의 비행 규찰, 좌수 · 별감 선출, 정령 시달, 풍속 교정과 백성 교화, 자율적 규약, 향회를 소집하여 여론 수렴 등

② 경재소

　㉠ 성격 : 지방 관청의 출장소격으로 고려의 기인과 유사

　㉡ 운영 : 서울에는 경재소를 두고 경주인 또는 경저리가 머물며 업무 수행

　㉢ 서울과 지방(유향소) 간의 연락 및 유향소 통제, 공납과 연료의 조달 등

5. 군역 제도와 군사 조직

(1) 군역 제도

수령 7사
조선 시대 지방을 다스리던 수령의 7가지 의무 규정. 수령의 업무 수행을 국가가 잘 관리할 수 있도록 만들어진 것으로, 수령의 역할 강화를 도모함
1. 농사 및 양잠을 장려할 것
2. 호구를 증식할 것
3. 학교를 일으킬 것
4. 군사 업무를 바르게 할 것
5. 부역을 균등히 할 것
6. 재판을 바르게 할 것
7. 간사하고 교활한 자를 없앨 것

유향소
• 고려 말~조선 시대에 걸쳐 지방의 수령을 보좌하던 자문 기관. 고려 시대의 사심관에서 유래됨
• 조선 시대의 유향소는 자의적으로 만들어져 지방의 풍기를 단속하고 향리의 폐단을 막는 등 지방 자치의 면모를 보였는데, 태종 초에 지방 수령과 대립하여 중앙 집권을 저해하였으므로 태종 6년(1406) 폐지됨
• 그러나 좀처럼 없어지지 않아 유향소를 폐지할 수 없게 되자 세종 10년(1428) 재설치하면서, 이를 감독하기 위해 경재소를 강화함. 세조 13년(1467) 이시애의 난 당시 유향소의 일부가 가담했음이 드러나면서 다시 폐지되었지만 성종 19년(1488)에 부활함

경저리(京邸吏) · 영저리(營邸吏)
경저리(경주인)는 경재소에 근무하며 중앙과 지방 간의 제반 연락 업무를 담당하는 향리를, 영저리는 각 감영에 머물면서 지방과의 연락을 담당하는 지방의 향리를 말함

조선 시대 양반 관료 체제의 특성

- **문무 양반제도** : 고려 시대 동반·서반·남반의 3반은 조선 시대의 양반으로 정립
- **관계주의**
  - 정·종 각 9품이 있어 18품계로 구분되고, 다시 6품 이상은 상·하위로 구분하여 총 30단계로 나뉨
  - 관직과 관계의 결합 : 관직에는 그에 상응하는 관계가 정해져 있음
  - 당상관 : 정3품 이상으로 문반은 통정대부(通政大夫), 무반은 절충장군(折衝將軍)을 말함, 고위직을 독점하고 중요 결정에 참여, 관찰사로 임명이 가능
  - 당하관 : 정3품 이하 정5품 이상, 문반은 통훈대부(通訓大夫), 무반은 어모장군(禦侮將軍), 실무를 담당
  - 참상관 : 정5품 이하 종6품 이상, 목민관(수령)은 참상관 이상에서 임명 가능, 문과 장원 급제시 종6품 참상관에 제수
  - 참하관 : 정7품 이하
- **겸직제 발달**
  - 재상과 당상관이 요직 겸직
  - 관찰사의 병마·수군절도사 겸직
- **지방관 견제** : 상피제와 임기제 실시

노비의 군역

노비에게는 권리가 없으므로 군역의 의무도 없었음. 그러나 필요에 따라 특수군으로 편제되는 경우는 있었음

잡색군(雜色軍)

전직 관료·서리·향리·교생·노비 등 각계 각층의 장정들로 편성된 정규군 외의 예비군으로, 평상시에는 본업에 종사하면서 일정한 기간 동안 군사 훈련을 받아 유사시에 향토 방위를 담당

조운

- 지방에서 거둬들인 세곡을 한양으로 운송
- 수로와 해로 이용
- 강창(영산강, 한강 등), 해창(서남해안)
- 평안도와 함경도 지방의 세곡은 한양으로 운송하지 않고 국방비, 사신 접대비로 현지에서 사용

---

① **양인개병제와 병농일치제 실시** : 16세 이상 60세 이하의 모든 양인 남자는 군역을 담당

② **정군(正軍)과 보인(保人)**

　㉠ **정군** : 서울·국경 요충지에 배속, 복무 기간에 따라 품계와 녹봉을 받기도 함

　㉡ **보인** : 정남 2명을 1보로 함, 정군 가족의 재정적 지원자로서 1년에 포 2필 부담

③ **면제 대상** : 현직 관료와 학생은 군역이 면제됨, 권리가 없는 노비도 군역 의무가 없음, 상인·수공업자·어민도 제외

④ 종친과 외척·공신이나 고급 관료의 자제들은 특수군에 편입되어 군역을 부담

(2) 군사 조직 및 구성

① **중앙군**

　㉠ **국왕 친위대(내삼청)** : 내금위, 우림위, 겸사복

　㉡ **5위(5위도총부)** : 의흥위(중위)·용양위(좌위)·호분위(우위)·충좌위(전위)·충무위(후위)

　㉢ **훈련원** : 군사 훈련과 무관 시험 관장, 장은 지사

② **중앙군의 구성** : 정군을 중심으로 갑사나 특수병으로 구성

③ **지방군** : 도에 병영과 수영을 설치하고, 부·목·군·현에 진을 설치

　㉠ **진수군** : 지방의 영진에 소속된 군인을 말하며, 영진군(정병)·수성군(노동부대)·선군(수군)으로 구별

　㉡ **구성 및 복무** : 지방군은 육군과 수군으로 나뉘며, 건국 초기에는 주로 국방상 요지인 영(營)이나 진(鎭)에 소속되어 복무

　㉢ **진관 체제(鎭管體制)** : 세조 이후 실시된 지역(군·현) 단위의 방위 체제(요충지의 고을에 성을 쌓아 방어 체제를 강화)

한눈에 쏙~

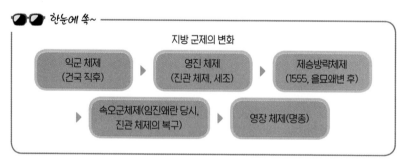

지방 군제의 변화

익군 체제 (건국 직후) ▶ 영진 체제 (진관 체제, 세조) ▶ 제승방략체제 (1555, 을묘왜변 후)

▶ 속오군체제(임진왜란 당시, 진관 체제의 복구) ▶ 영장 체제(명종)

(3) 교통·운수 및 통신 체계의 정비

① **목적** : 국방과 중앙 집권 체제의 효율적 운영 및 강화

② **교통 수단** : 우마가 끄는 수레, 판선(목선), 역참(驛站)

③ **교통·통신 체계**

　㉠ **육로** : 역원제(역과 원을 함께 설치·운영)

　㉡ **수로·해로** : 조운제(하천과 해안 요지의 조창을 거쳐 중앙의 경창으로 운송)

　㉢ **파발제** : 공문서 전달을 위한 통신 제도

ㄹ 봉수제 : 국가 비상시나 군사상 긴급 사태 발생 시 연기(낮)와 불빛(밤)으로 알리는 통신 제도

6. 관리의 등용과 인사 관리

(1) 과거 제도

① 시행
  ㉠ 정기 시험 : 식년시, 3년마다 실시
  ㉡ 부정기 시험 : 증광시(나라에 큰 경사가 있을 때), 별시(나라에 특별한 행사가 있을 때), 알성시(왕이 성균관의 문묘를 참배한 후), 백일장(시골 유학생의 학업 권장을 위한 임시 시험

② 종류 및 선발 인원
  ㉠ 대과(문과)
    • 과정 : 식년시의 경우 초시(240인 선발, 지역 안배), 복시(33인 선발, 능력주의), 전시(국왕의 친림 아래 최종 시험, 장원 1인·갑과 2인·을과 7인·병과 23인으로 등급 결정)를 거침, 합격자에게 홍패를 지급
    • 응시 자격 : 성균관 유생이나 소과에 합격한 생원·진사
  ㉡ 소과(생진과, 사마시)
    • 생원과(4서 5경으로 시험)와 진사과(문예로 시험)를 합한 시험, 초시(향시, 지방의 1차 시험)와 복시(회시, 중앙의 2차 시험)로 시험을 보는데, 초시에서는 진사시(초장)와 생원시(종장) 각각 700인을 선발하며 복시에서는 진사시와 생원시 각각 100인(총 200인)을 선발
    • 합격자에게 백패를 주며, 성균관 입학 또는 문과(대과) 응시 자격을 부여, 합격 후 하급 관리가 되기도 함
  ㉢ 무과(武科)
    • 과정 : 문과와 같은 절차를 거치나 대과·소과의 구분은 없음, 초시(200명)·복시(28명)·전시(갑과 3인·을과 5인·병과 20인으로 등급 결정, 장원은 없음)를 거쳐 총 28명을 선발, 병조에서 관장하며 합격자에게 홍패 지급
    • 응시 자격 : 문과와 달리 천민이 아니면 누구든 응시
  ㉣ 잡과(雜科)
    • 과정 : 분야별로 정원이 있으며 예조의 감독하에 해당 관청에서 관장, 합격자에게 백패를 지급하고 일단 해당 관청에 분속
    • 응시 : 주로 양반의 서자와 서리 등 중인 계급의 자제가 응시
    • 종류(4과) : 역과(사역원), 율과(형조), 의과(전의감), 음양과(관상감)
  ㉤ 승과 : 선종시와 교종시가 있었고 30명을 선발, 합격자에게는 법계 및 대선의 칭호를 부여

7. 훈구와 사림

강창과 해창
• 세곡이나 군량미 등을 보관하던 창고
• 강가에 지어진 것을 강창, 해안가에 지어진 것을 해창이라고 함
• 강창이나 해창에서 일시 보관된 세곡은 선박을 통해 한양의 경창까지 운송됨

과거 제도의 특성
• 문과와 무과, 잡과가 있으며, 형식상 문·무과가 동등하나 실질적으로는 문과를 중시(무과에는 소과가 없으며, 고위 관원이 되기 위해서는 문과에 합격하는 것이 유리)
• 신분 이동을 촉진하는 제도로서 법적으로는, 양인 이상이면 누구나 응시가 가능(수공업자·상인, 무당, 노비, 서얼 제외)
• 교육의 기회가 양반에게 독점되어 과거 역시 양반들이 사실상 독점(일반 백성은 경제적 여건이나 사회적 처지로 과거에 합격하기가 어려웠음)

교육과 과거 제도
• 조선 시대의 교육 제도는 과거 제도와 긴밀히 연결되어 있었음. 그 대표적인 예가 성균관인데, 초시인 생원시와 진사시에 합격한 유생에게는 성균관 입학 기회가 우선적으로 주어짐
• 기숙사생에게는 나라에서 학전(學田)과 외거 노비 등을 제공, 교육 경비로 쓰이는 전곡은 양현고에서 담당함, 의학·역학·산학·율학·천문학·지리학 등의 기술 교육은 해당 관청을 통해 실시됨

홍패

근세의 성립과 발전

향사례와 향음주례
- **향사례(鄕射禮)** : 편을 나누어 활쏘기를 겨루는 행사로, 윤리와 도의를 두텁게 하는 목적으로 실시됨
- **향음주례(鄕飮酒禮)** : 고을 유생들이 모여 예법을 지키며 함께 술을 나누는 행사로, 연장자 및 덕이 있는 사람을 존경하고 예법을 일으키기 위한 목적으로 실시됨

동국통감
- 성종 16년(1485)에 서거정 등이 왕명을 받아 편찬한 편년체 사서
- 단군 조선~삼한의 내용은 책머리에 외기(外紀)로 다루었고, 삼국의 건국~신라 문무왕 9년(669)의 내용을 삼국기, 669년~고려 태조 18년(935)의 내용을 신라기, 935년~고려 말의 내용을 고려기로 구분함
- 고구려 · 백제 · 신라 중 어느 한 나라를 정통으로 내세우지 않고 대등한 시선에서 서술함

구분	훈구파(관학파)	사림파(사학파)
활약	• 15세기 집권 세력 • 선초 관학파의 학풍을 계승하여 문물 · 제도를 정비하고 중앙 집권 강화에 기여	• 성종 때 본격적으로 중앙 정계에 진출(주로 전랑과 3사의 언관직에 진출)하여 16세기 이후 학문과 정치를 주도 • 16세기 이후 붕당을 전개
학통	• 정도전 · 권근(여말 급진 개혁파) • 고려 왕조 부정(유교적 이상 국가 건설을 목표로 급진적 개혁 추구) • 왕조 개창의 정당성 강조, 애민 의식이 강함	• 정몽주 · 길재(여말 온건 개혁파) • 고려 왕조 유지(점진적 개혁) • 정통적 대의명분 강조, 애민 의식 약함
기반	• 실권 장악, 왕실과 혼인으로 성장 • 성균관 · 집현전 • 대토지 소유	• 영남 및 기호 지방을 중심으로 성장 • 서원 등 지방의 사학 기구 • 훈구 세력의 대토지 소유 비판
정치	• 성리학의 치국 중시 • 중앙 집권, 부국강병 • 민생 안정	• 성리학의 원칙에 철저 • 향촌 자치 주장 • 학술과 언론, 왕도 정치 강조 • 도덕 · 의리 · 명분을 중시
학문	• 사장(詞章) 중시 • 성리학 외의 타 학문에 포용적 • 기술학 · 군사학 중시	• 경학(經學) 중시 • 성리학 외의 타 학문 배격(인간 심성과 우주 원리 문제를 철학적으로 탐구하는 성리학이 학문적 주류) • 기술학 · 군사학 천시
사상 및 종교	• 민간 의식 수용 • 격물치지(格物致知) 중시	• 민간 의식 배격, 주자가례 강조(예학과 보학 숭상) • 향사례 · 향음주례 중시
사관	• 단군 강조(자주 의식) • 〈동국통감〉	• 기자 중시(소중화 의식, 화이관) • 〈동국사략〉, 〈동사찬요〉
문학	표현 형식과 격식을 강조하고 질서와 조화를 내세움, 한문학 발달	흥취와 정신을 중시하여 개인적 감정과 심성을 강조, 한문학 저조
화풍	• 독자적 화풍 개발 • 진취적 · 사색적 · 낭만적 산수화와 인물화 유행 • 일본 미술에 영향	• 다양한 화풍 발달 • 자연의 아름다움을 표현 • 강한 필치의 산수화, 사군자 유행

8. 사림의 정치적 성장

(1) 중앙 정계 진출

① **시기** : 성종 때 김종직과 그 문인들의 중용을 계기로 대거 진출
② **활동** : 주로 전랑이나 삼사의 언관이 되어 언론 · 문한을 담당

(2) 사화(士禍)의 발생

① **사화의 배경** : 훈척 계열의 자기 분열, 사림에 대한 정치적 보복, 훈구 세력과 사림 세력의 대립, 양반 계층의 양극화 현상

정몽주
│
길재
│
김숙자
│
김종직
│
정여창 ── 김굉필 ── 김일손
│
이언적 ── 서경덕 ── 조광조 ── 김안국
│
조식 ── 이황 ── 이이 ── 성혼
영남학파   기호학파

사림의 계보

② 무오사화(戊午士禍) · 갑자사화(甲子士禍) : 영남 사림의 대부분이 몰락

㉠ **무오사화(연산군 4, 1498)** : 김종직이 지은 〈조의제문〉을 김일손이 사초(史草)에 올린 일을 문제 삼아 유자광 · 윤필상 등의 훈구파가 김일손 · 김굉필 등의 사림파를 제거

㉡ **갑자사화(연산군 10, 1504)** : 임사홍 등의 궁중 세력이 연산군의 생모인 윤비 폐출 사건을 들추어 정부 세력을 축출

③ 중종반정(中宗反正) : 폭압 정치와 재정 낭비를 일삼은 연산군을 축출(연산군 12, 1506)

④ **조광조의 개혁 정치** ⭐ 빈출개념

㉠ 개혁의 배경 : 중종은 유교 정치를 위해 조광조 등 사림을 중용

㉡ 개혁의 방향 : 사림파의 개혁으로 사림 세력을 강화하고 왕도 정치를 추구

㉢ 개혁의 내용

• 현량과(천거과) 실시 : 천거제의 일종인 현량과를 통해 사림을 대거 등용
• 위훈 삭제(僞勳削除) : 중종 반정의 공신 대다수가 거짓 공훈으로 공신에 올랐다 하여 그들의 관직을 박탈하려 함
• 이조 전랑권 형성 : 이조 · 병조의 전랑에게 인사권과 후임자 추천권 부여
• 도학 정치를 위한 성학군주론 주장, 공납제의 폐단을 지적하고 대공수미법 주장
• 균전론을 내세워 토지소유의 조정(분배)과 1/10세를 제시, 향촌 자치를 위해 향약의 전국적 시행을 추진
• 승과제도 및 소격서 폐지, 유향소 철폐를 주장
• 〈주자가례〉를 장려하고 유교 윤리 · 의례의 보급을 추진, 〈소학〉의 교육과 보급운동을 전개

⑤ 기묘사화(중종 14, 1519) : 남곤 · 심정 등의 훈구파는 모반 음모(주초위왕의 모략)를 꾸며 조광조 · 김정 · 김식 · 정구 · 김안국 등 사림파 대부분을 제거

⑥ 을사사화(명종 1, 1545) : 명종을 옹립한 소윤파 윤원로 · 윤원형 형제가 인종의 외척 세력인 대윤파 윤임 등을 축출하면서 대윤파에 동조하던 사림파를 함께 숙청

9. 명(明)과의 관계

(1) 사대교린 정책(事大交隣政策)

① 조공 관계로 맺어진 중국 중심의 동아시아 기본적 외교 정책으로, 서로의 독립성을 인정된 위에서 맺어져 예속 관계로 보기는 어려움
② 건국 직후부터 명과 친선을 유지하여 정권과 국가의 안전을 보장받고, 중국 이외의 주변 민족과는 교린 정책을 취함

(2) 명과의 대외 관계

① 선초 명과의 관계 : 자주적 관계가 기본 바탕이며, 초기에 국토 확장과 실리추구를 두고 갈등과 불협화음이 존재했으나 태종 이후 외교적 긴밀성을 유지하며 활발히 교류

김종직의 〈조의제문〉

항우에게 왕위를 빼앗기고 죽은 초나라 의제를 기리는 내용을 통해 단종에게서 왕위를 빼앗은 세조를 비난한 글

전랑의 권한

• 자대권(自代權) : 전랑천대법 또는 전랑법이라고도 함, 전랑이 자신의 후임이 될 사람을 추천하는 권한을 말함
• 통청권(通淸權) : 전랑이 삼사의 청요직을 선발할 수 있는 권한을 말함
• 낭천권(郞薦權) : 전랑이 과거에 급제하지 않은 사람을 추천하여 벼슬에 오르도록 하는 권한을 말함

4대 사화

무오사화, 갑자사화, 기묘사화, 을사사화

정미사화(명종 2, 1547)

• 당시 외척으로서 정권을 잡고 있던 윤원형 세력이 반대파 인물들을 숙청한 사건
• 문정 왕후의 수렴청정을 비방한 벽서가 발견되어 송인수, 이약수 등을 숙청하고 이언적 등 20명을 유배(양재역벽서사건)

② 명과의 교역 ★ 빈출개념

㉠ 사절의 교환 : 매년 정기적 · 부정기적으로 사절을 교환

㉡ 성격 : 조선은 빈번한 교류를 통해 문화의 수입과 물품의 교역을 추구하는 자주적 문화 외교(자주적 실리 외교) 추구

㉢ 교역 형태 : 사신을 통한 조공과 회사(回賜)의 공무역(관무역), 사행을 통한 사무역

㉣ 교역품 : 말 · 인삼 · 모피 · 모시 · 종이 · 화문석을 주로 수출하고, 서적 · 도자기 · 약재 · 문방구 · 견직물 등을 수입

10. 여진과의 관계

(1) 외교 정책

① 적극적 외교 정책 전개 : 영토 확보와 국경 지방의 안정을 위해 추진

② 화전(和戰) 양면 외교 정책

회유책	• 여진족의 귀순을 장려하기 위해 관직이나 토지, 주택 제공 • 사절의 왕래를 통한 무역을 허용 • 국경 지방인 경성과 경원에 무역소를 두고 국경 무역을 허락
강경책	• 정벌 : 국경 침입 및 약탈 시 군대를 동원하여 정벌 • 국경 공략 및 영토 확장 : 4군 6진 개척 • 지역 방어 체제 구축 : 국경 지방에 진(鎭) · 보(堡)를 설치

(2) 여진족 토벌과 이주 정책

① 태조 : 일찍부터 두만강 지역 개척

② 세종 : 4군 6진 개척으로 오늘날의 국경선 확정

③ 성종 : 신숙주 · 윤필상 등이 압록강과 두만강 이북의 여진족을 토벌

④ 이주 정책 : 사민 정책(徙民政策), 토관제(土官制)

11. 일본 및 동남아시아와의 관계

(1) 일본과의 관계

① 왜구의 침략과 격퇴 : 고려 말부터 조선 초기까지 계속, 대비책(수군 강화, 전함 건조, 화약 · 무기 개발)

② 강경책 : 이종무는 왜구의 소굴인 쓰시마 섬을 토벌해 왜구의 근절을 약속받음

③ 회유책 : 3포 개항, 계해약조(1443)를 체결하여 제한된 범위의 교역을 허락

실력up **일본과의 관계**

1419(세종 1)	쓰시마 섬 정벌	이종무
1426(세종 8)	3포 개항	• 부산포(동래), 제포(진해), 염포(울산) • 개항장에 왜관 설치, 제한된 범위의 교역 허가

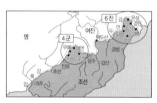

4군 6진의 개척

상피제와 토관제

조선 시대 관리 임명에 있어 원칙적으로는 상피제였으므로 그 지역 사람을 관리로 임명할 수 없었으나, 세종 때 임시로 토관제를 실시하여 토착민을 그 지역의 관리로 임명함

계해약조(계해조약)

• 1419년 이종무가 쓰시마 섬을 근거지로 한 왜구를 정벌한 뒤 한동안 조선과 일본 사이의 교류는 중단됨

• 이후 쓰시마 도주의 간청으로 3포를 개항한 후, 세종 25년(1443) 변효문 등을 파견하여 세견선 등의 구체적인 제약을 내용으로 하는 계해약조를 체결함

쓰시마 섬 정벌

박위(고려 창왕 1, 1389) → 김사형(조선 태조 5, 1396) → 이종무(세종 1, 1419)

1443(세종 25)	계해약조	제한된 조공 무역 허락(세견선 50척, 세사미두 200석, 거류인 60명)
1510(중종 5)	3포 왜란, 임시 관청으로 비변사 설치(1517)	임신약조(1512) 체결(제포만 개항, 계해약조와 비교했을 때 절반의 조건으로 무역 허락)
1544(중종 39)	사량진 왜변	무역 단절, 일본인 왕래 금지
1547(명종 2)	정미약조	세견선 25척, 인원 제한 위반 시 벌칙 규정의 강화
1555(명종 10)	을묘왜변	국교 단절, 제승방략 체제로 전환, 비변사의 상설 기구화
1592(선조 25)	임진왜란, 정유재란(1597)	비변사의 최고 기구화(왕권 약화 및 의정부 · 육조의 유명무실화 초래)
1607~1811	통신사 파견(12회)	국교 재개(1607), 조선의 선진 문화를 일본에 전파
1609(광해군 2)	기유약조	국교 회복, 부산포에 왜관 설치(세견선 20척, 세사미두 100석)

(2) 동남아시아 각국과의 관계

① 조선 초에는 류큐 · 시암 · 자바 등 동남아시아의 여러 나라와 교류
② 조공이나 진상의 형식으로 토산품을 가져와서 옷 · 옷감 · 문방구 등으로 교환함
③ 류큐에 불경 · 유교 경전 · 범종 등을 전달(문화 발전에 기여)

12. 왜군의 침략

(1) 조선의 정세

① 일본과의 대립 : 16세기에 이르러 대립 격화, 3포 왜란(중종 5, 1510), 을묘왜변(명종 10, 1555) 발발, 비변사를 설치, 일본에 사신을 보내 정세 파악
② 정부의 부적절한 대처 : 16세기 말 국방력은 더욱 약화, 일본 정세에 대한 통신사의 보고에 있어서도 붕당 간 차이를 보이는 등 국론 분열

(2) 임진왜란(선조 25, 1592)

① 발발 : 전국 시대의 혼란을 수습하고 철저한 준비 후 20만 대군으로 조선을 침략
② 초기의 수세
  ㉠ 부산 일대의 함락 : 부산진과 동래성에서 정발과 송상현이 분전하였으나 함락됨
  ㉡ 왜군은 평양과 함경도 지방까지 침입, 전쟁에 대비하지 못한 조정(선조)은 의주로 피난하여 명에 원군을 요청

13. 수군과 의병의 승리

(1) 수군의 승리

사량진 왜변

일본인의 행패가 계속 이어지고, 1544년 왜선 20여 척이 경상남도 통영시의 사량진에 침입하여 사람과 말을 약탈해 간 사량진 왜변이 발생하자 조선은 임신약조를 폐기하고 일본인이 조선에 왕래하는 것을 금지함

3포 왜란과 을묘왜변
• 3포 왜란 : 3포에서 거주하고 있는 왜인들이 대마도에 지원을 받아 무역 제한에 불만을 품고 일으킨 난
• 을묘왜변 : 조선 명종 때 왜구가 전라남도 영암 강진진도 일대에 침입한 사건

김성일과 황윤길
• 1590년 조선은 황윤길을 정사로, 김성일을 부사로 하는 통신사 일행을 일본에 파견
• 이듬해 귀국한 이들은 일본의 정세를 묻는 선조에게 각기 다른 대답을 함
• 도요토미 히데요시가 조선을 침략할 것이라고 대답한 황윤길과는 달리 김성일은 일본이 침략하지 않을 것이라고 함
• 당시 조선 조정에서는 동인이 우세하였으므로 서인인 황윤길의 의견은 받아들여지지 않음

① 이순신의 활약

  ㉠ 대비 : 판옥선과 거북선 건조, 전함과 무기 정비, 수군 훈련, 군량미 비축

  ㉡ 왜군 격퇴 : 80여 척의 배를 거느리고 옥포(1592. 5)에서 첫 승리, 사천포
  (1592. 5, 최초로 거북선 등장), 당포(1592. 6), 당항포 등지에서 대승

  ㉢ 한산도 대첩(1592. 7) : 총공격에 나선 적함을 한산도 앞바다로 유인하여 대파

② 성과 : 곡창 지대인 전라도 지방을 지키고 왜군의 침략 작전을 좌절시킴

(2) 의병의 항쟁

① 의병의 구성

  ㉠ 자발적 조직 : 전국 각지에서 자발적으로 조직(남부 지방이 가장 활발)

  ㉡ 의병의 신분 : 농민을 주축으로 전직 관리와 사림 유학자 및 승려들이 참여

② 의병장의 활약

지역	활약 내용
경상도	• 곽재우(최초의 의병) : 경상도 의령에서 거병, 진주성 혈전(1차)에 김시민과 참전, 왜란의 종전 후 관직 제의를 대부분 거절 • 정인홍(합천), 김면(고령), 권응수(영천) 등이 활약
전라도	• 고경명 : 전라도 장흥에서 거병하여 금산성 전투 활약하다 전사(아들 고종후는 진주대첩(2차) 때 전사) • 김천일 : 전라도 나주에서 최초로 거병하여 수원 · 강화에서 활약, 진주대첩(2차)에서 고종후와 함께 전사 • 김덕령 : 전라도 담양에서 거병하여 남원에서 활약, 수원 전투에 참전, 이몽학의 난 관련자로 몰려 무고하게 옥사 • 양대박(남원)
충청도	조헌 : 충청도 옥천에서 거병하여 7백 결사대를 결성, 승장 영규(승려 최초의 의병)와 함께 청주 수복, 금산에서 고경명 · 영규 등과 전사
경기도	홍언수 · 홍계남(안성) 등이 활약
강원도	사명대사(유정) : 금강산에서 거병하여 평양 탈환에서 활약, 전후 대일 강화를 위해 일본에 사신으로 가서 포로 송환에 기여
황해도	이정암 : 황해도 연안성에서 거병하여 왜군을 격퇴하고 요충지를 장악
평안도	서산대사(휴정) : 묘향산에서 거병(전국 승병 운동의 선구), 평양 수복에 참전하고 개성 · 한성 등지에서 활약
함경도	정문부 : 전직 관료 출신으로, 함경도 길주, 경성 등에서 활약(길주 전투에 참전해 수복)

③ 관군으로의 편입 : 전쟁이 장기화되면서 관군으로 편입하여 더욱 조직화되었고, 관군의 전투 능력도 한층 강화

14. 전란의 극복과 영향

(1) 전세의 전환

① 수군과 의병의 승전 : 처음 2개월간의 열세를 우세로 전환

---

② 명의 참전 : 일본의 정명가도에 대한 자위책으로 참전, 조 · 명 연합군이 평양성을 탈환

③ 행주 대첩(1953. 2) : 평양성을 뺏긴 후 한양으로 퇴각한 왜군을 권율이 이끄는 부대가 행주산성에서 대파

④ 조선의 전열 정비 : 훈련도감(중앙군) 설치, 진관 체제에 속오법(束伍法) 절충, 화포 개량, 조총 제작

(2) 정유재란(선조 30, 1597)

① 왜군의 재침입 : 휴전 회담의 결렬, 직산 전투(1597. 9)

② 명량 대첩(1597. 9) : 울돌목에서 13척으로 왜군의 배 133척을 격퇴

③ 노량 해전(1598. 11) : 도요토미 히데요시 사망 후 철수하는 왜군을 격파, 이순신 전사

(3) 왜란의 영향

① 대내적 영향

㉠ 막대한 물적 · 인적 피해 : 전쟁과 약탈, 방화로 인구 격감, 농촌 황폐화, 학자와 기술자 피랍, 식량 및 재정 궁핍(토지 대장과 양안 소실), 경지 면적 감소

㉡ 문화재 소실 : 경복궁, 불국사, 서적 · 실록, 전주 사고를 제외한 4대 사고(史庫) 소실

㉢ 공명첩 발급과 납속책 실시, 이몽학의 난(1596) 등 농민 봉기 발생

㉣ 비변사 강화와 군제 개편 : 훈련도감(삼수미세 징수) 설치, 속오군(양천혼성군) 창설

㉤ 서적 편찬 : 이순신의 〈난중일기〉, 유성룡의 〈징비록〉, 허준의 〈동의보감〉 등

㉥ 무기 발명 : 거북선, 비격진천뢰(이장손), 화차(변이중) 등

② 대외적 영향

㉠ 일본 : 활자 · 그림 · 서적을 약탈하고 성리학자와 활자 인쇄공, 도공 등을 포로로 데려감, 도쿠가와 막부 성립의 계기

㉡ 중국 : 명의 참전 중 북방 여진족이 급속히 성장, 명은 쇠퇴(명 · 청 교체의 계기)

15. 광해군의 중립 외교와 인조 반정

(1) 대륙의 정세 변화

① 후금의 건국(1616) : 임진왜란 중 명이 약화된 틈에 여진의 누르하치가 후금을 건국

② 후금의 세력 확장 : 후금이 명에 선전 포고(1618)(명은 조선에 지원군 요청)

(2) 광해군(1608~1623)의 정책

① 대내적 : 전후 수습책 실시, 북인(대북) 중심의 혁신 정치 도모

② 대외적 : 명과 후금 사이에서 국가 생존을 위해 실리적인 중립 외교 정책을 전개

㉠ 성격 : 임진왜란 때 도운 명의 요구와 후금과의 관계를 모두 고려

㉡ 경과 : 명의 원군 요청을 적절히 거절하며 후금과 친선을 꾀하는 중립 정책 고수

속오군

- 조선 후기에 속오법에 따라 훈련 · 편성한 지방군
- 양반에서 노비까지 모두 편제되었으나, 후기로 갈수록 양반의 회피가 증가함
- 훈련은 농한기에만 이루어지는데, 평상시에는 생업에 종사하고 유사시에 전투에 동원됨

임진왜란 순서

- 임진왜란 발발 : 부산 일대 함락, 정발 · 송상현 패배
- 충주 탄금대 전투 : 신립 패배
- 선조의 의주 피난 : 명에 원군 요청
- 한산도 대첩 : 한산도에서 학익진 전법으로 승리
- 진주 대첩 : 진주목사 김시민이 승리
- 행주 대첩 : 권율 승리
- 명의 휴전 협상
- 정유재란 : 3년여에 걸친 명과 일본 간의 휴전 협상 결렬, 왜군의 재침입
- 명량 대첩 : 울돌목에서 13척으로 133척의 배를 격퇴
- 노량 해전 : 이순신 전사, 정유재란 종결

공명첩, 납속책

- 공명첩(空名帖) : 나라의 재정을 보충하기 위하여 부유층에게 돈이나 곡식을 받고 팔았던 명예직 임명장
- 납속책(納粟策) : 군량 및 재정의 부족을 보충하기 위해서 천한 신분을 면해주거나 관직을 주는 것을 말하는데, 곡식의 많고 적음에 따라 면천납속(免賤納粟)과 수직납속(受職納粟)을 실시

SEMI-NOTE

(3) 인조 반정(1623)

① 배경 : 서인 등의 사림파는 광해군의 중립 외교 정책과 성리학자에 대한 비판, 여러 패륜 행위(임해군과 영창대군 살해, 인목대비 유폐) 등에 불만을 지님

② 경과 : 서인인 이귀, 김유, 이괄 등이 거병하여 인조 반정을 일으킴

③ 결과 : 인조 반정으로 집권한 서인은 존왕양이와 모화 사상 등을 기반으로 친명 배금 정책을 실시하여 후금을 자극(호란의 원인으로 작용)

16. 호란의 발발과 전개

(1) 정묘호란(인조 5, 1627)

① 원인 : 서인은 광해군의 중립 외교 정책을 비판하며 친명배금 정책을 추진, 가도 사건, 이괄의 난(1624)으로 난의 주모자 한명련이 처형되자 그 아들이 후금으로 도망하여 인조 즉위의 부당성과 조선 정벌을 요청

② 경과 : 인조는 강화도로 피난, 철산 용골산성의 정봉수와 의주의 이립 등이 기병하여 관군과 합세

③ 결과

    ㉠ 강화 : 후금의 군대는 보급로가 끊어지자 강화를 제의

    ㉡ 정묘약조 체결 : 형제의 맹약, 군대 철수, 조공의 약속 등

(2) 병자호란(인조 14, 1636) ★빈출개념

① 원인

    ㉠ 청의 건국 : 후금은 세력을 계속 확장하여 국호를 청으로 바꾸고 심양을 수도로 건국

    ㉡ 청의 군신 관계 요구에 대해 주화론(외교적 교섭)과 주전론(척화론, 전쟁불사)이 대립

② 경과 : 인조는 남한산성으로 피난, 45일간 항전하다 주화파 최명길 등이 청과 강화(삼전도에서 굴욕적인 강화)

③ 결과 : 조선은 청과 군신 관계를 맺고 명과의 외교를 단절, 두 왕자와 강경 척화론자들이 인질로 잡혀감

(3) 호란의 영향

서북 지방의 황폐화, 굴욕적인 충격으로 인한 적개심, 소중화의식, 문화적인 우월감 등으로 북벌론이 제기됨

17. 북벌 운동의 전개

(1) 북벌론(北伐論)

① 의미 : 오랑캐에게 당한 수치를 씻고, 조선을 도운 명에 대한 의리를 지킴

② 형식적 외교 : 군신 관계를 맺은 후 청에 사대, 은밀하게 국방에 힘을 기울이면서

이괄의 난

• 이괄은 인조 반정에 참여하여 많은 공을 세웠으나, 반정 계획에 늦게 참가했다는 이유로 2등 공신에 올라 한성 부윤에 임명됨

• 이후 이괄은 평안 병사로 좌천되어 평안도 영변으로 부임, 불만을 품은 이괄은 반란을 꾀하다가 적발되었는데 그를 압송하기 위해 의금부 도사가 오고 있다는 연락을 받은 그는 인조 2년(1624) 반란을 일으킴

• 한때 한양을 점령하기까지 했던 반란군은 안령에서 대파되었으며, 이괄의 부하인 기익헌과 이수백 등이 주모자인 이괄·한명련 등을 살해하고 관군에 투항하면서 반란은 평정됨

주전론과 주화론

• 주전론(척화론) : 성리학의 명분론을 강조하여 청을 응징할 것을 주장, 김상헌·윤집·오달제, 홍익한

• 주화론 : 명분보다 실리를 강조하는 현실론을 바탕으로 청과 외교를 하고 내치를 강화할 것을 주장, 최명길·이귀 등 양명학자

청에 대한 북벌을 준비
③ **실질적 배경** : 왕권 강화(양병을 통해 왕권 확립)와 서인 정권 유지를 위한 수단 (명분)
④ **전개** : 효종은 청에 반대하는 송시열 · 송준길 · 이완 등을 중용하여 군대를 양성 (어영청 등)하고 성곽을 수리, 숙종 때 윤휴를 중심으로 북벌의 움직임이 제기됨
⑤ **경과** : 효종의 요절 등으로 북벌은 큰 성과를 거두지 못하고 쇠퇴하다 18세기 후반부터 청의 선진 문물을 배우자는 북학론이 대두

(2) 나선 정벌(羅禪征伐)

① **배경** : 러시아의 남하로 청과 러시아 간 국경 충돌이 발생하자 청이 원병을 요청
② **내용** : 제1차 나선 정벌(효종 5, 1654), 제2차 나선 정벌(효종 9, 1658)

02절 근세의 경제 구조와 경제 생활

1. 토지 제도

(1) 과전법(科田法)의 시행

① **과전의 의미** : 관리들에게 준 토지로, 소유권이 아니라 수조권을 지급
② 고려와 마찬가지로 관리의 경제 기반 보장과 국가 재정 유지
③ **목적** : 국가 재정 기반과 건국에 참여한 신진 사대부의 경제 기반을 확보, 농민 생활 향상

(2) 과전법의 특성

① **신진 사대부의 경제적 기반** : 관리가 직접 수조권 행사(사대부 우대 조항)
② **세습 불가의 원칙과 예외** : 1대(代)가 원칙이나, 수신전 · 휼량전 · 공신전 등은 세습(사대부 우대 조항)
③ 1/10세 규정, 농민의 경작권 보장, 현직 · 전직 관리(직 · 산관)에게 수조권 지급

(3) 과전법의 내용

① **대상** : 수조지를 경기 지방의 토지로 한정하여 전지만 지급
② **종류**
　㉠ **과전** : 관리(직 · 산관의 모든 관료)에게 나누어 준 일반적 토지
　㉡ **공신전** : 공신에게 지급, 세습 · 면세
　㉢ **별사전** : 준공신에게 지급되는 토지(3대에 한하여 세습, 경기도 외에도 지급)
　㉣ **내수사전(궁방전)** : 왕실 경비 충당을 위해 지급
　㉤ **공해전과 늠전(관둔전)**
　　• 공해전 : 중앙 관청의 경비 충당을 위해 지급
　　• 늠전 · 관둔전 : 지방 관청의 경비 충당을 위해 지급

SEMI-NOTE

나선 정벌
• 나선은 러시아를 지칭하는 말
• **제1차 나선 정벌** : 남하하는 러시아 세력과 충돌한 청은 총포로 무장한 러시아군에 연패함. 이에 청은 임진왜란 이후 조총을 사용하는 조선에 총수병의 파병을 요청하였고 조선은 이를 받아들임. 이후 청은 자국의 군대만으로 러시아군의 거점을 공격하였다가 패배하고 다시 조선에 파병을 요청하였는데, 조선이 이를 받아들이면서 제2차 나선 정벌로 이어짐

수조권에 따른 공전 · 사전
왕토 사상으로 인해 토지의 소유권은 원칙적으로 국가에 있는데, 과전법상의 토지는 수조권에 따라서는 공전(公田)과 사전(私田)으로 구분할 수 있으며, 이때 수조권이 국가에 있는 것은 공전, 개인 · 기관에 있는 것은 사전임. 공전은 고려 시대의 민전 등 대부분의 일반 농민이 소유하고 있던 것을 국가가 징세의 대상으로 파악한 것으로서, 국가는 농민들에게 경작권을 보장하는 대신 조(租)를 징수함

병작반수제
소작농이 땅 주인에게 수확량의 절반을 바치던 제도

111

ⓑ **역둔전** : 역의 경비 충당을 위해 지급

ⓢ **수신전** : 관료 사망 후 그의 처에게 세습되는 과전

ⓞ **휼양전** : 관료 사망 후 그의 자녀가 고아일 때 세습되는 과전

ⓩ **군전** : 전직 문 · 무관이나 한량(閑良)에게 지급

ⓒ **사원전** : 사원에 지급된 토지

ⓚ **학전** : 성균관 · 4학 · 향교에 소속된 토지

ⓣ **면세전** : 궁방전(궁실과 궁가에 지급), 궁장토(왕실 소유 토지), 관둔전, 역둔전

③ **폐단** : 수신전 · 휼양전 등이 세습되고 공신 · 관리가 증가함에 따라 새로 관직에 나간 관리에게 줄 토지가 부족해짐

(4) 직전법과 관수관급제

① **직전법(세조 12, 1466)**

ⓐ **내용** : 현직 관리에게만 수조권을 지급하여 국가의 수조권 지배를 강화

ⓑ **목적** : 사전(私田)의 증가를 막아 과전의 부족을 해결함으로써 신진 관료의 경제 기반을 마련하고 국가 재정 수입을 증가

ⓒ **1/10세** : 생산량을 조사하여 1/10을 농민에게 수취

ⓓ **문제점** : 양반 관료들의 토지 소유 욕구를 자극하여 농민에 대한 수조권 수탈이 증가하고 과다한 수취를 유발

② **관수관급제(성종 1, 1470)** : 직전법하에서 시행

ⓐ **내용** : 관리의 수조권 행사를 금지, 국가(지방 관청)에서 생산량을 조사하여 수취하고 해당 관리에게 미 · 포로 지급

ⓑ **목적** : 국가의 토지 지배 강화, 관리의 부정 방지

ⓒ **결과** : 양반 관료의 토지 소유 욕구를 더욱 자극하여 농장이 더욱 확대, 수조권적 지배가 실질적으로 소멸되어 조와 세의 구분이 없어지고 전세로 통일

③ **녹봉제(명종 11, 1556)**

ⓐ **배경** : 과전 부족의 타개를 위해 실시한 직전법의 실패

ⓑ **내용** : 직전법을 폐지(수조권 지급 제도 폐지)하고 국가가 관료에게 녹봉만 지급

ⓒ **결과** : 수조권에 입각한 토지 지배(전주 전객제)가 소멸하고 소유권과 병작반수제에 의한 지주 전호제가 일반화되는 계기가 됨

2. 수취 체제의 확립

(1) 수취 제도의 구성

토지에 부과되는 조세, 가호 등에 부과되는 공납, 정남에게 부과되는 부역(군역 · 요역) 등

(2) 조세(租稅)

① **납세 의무** : 토지 소유자는 원칙적으로 국가에 조세를 납부

② **조세의 구분** : 조(租), 세(稅)

③ **세액 결정 방법**

토지제도와 공존제도

토지 제도	공존 제도
과전법(태조)	
↓	공법(세종)
직전법(세조)	
↓	관수관급제(성종)
녹봉제(명종)	
↓	영정법(인조)

전시과와 과전법

구분	전시과 (고려)	과전법 (조선)
차이점	• 전지와 시지를 지급 • 전국적 규모로 지급 • 관수 관급제 (공유성) • 농민의 경작권이 불안정	• 전지만 지급 • 경기도에 한하여 지급 • 관리가 수조권 행사(자주성) • 농민의 경작권을 법적으로 보장(경자유전의 원칙)
공통점	• 원칙적으로 소유권은 국가에 있으며, 수조권을 지급 • 직 · 산관 모두에게 수조권만을 지급 • 관등에 따라 차등 지급, 세습 불가가 원칙(퇴직이나 사망 시 반납이 원칙) • 세율 : 1/10세	

직전법의 시행과 수탈

직전법은 관리가 퇴직하거나 죽은 후의 경제적 생활을 보장해 주지 않았으므로 관리들은 재직 중 농민들을 수탈함. 이에 성종은 관수관급제로 방식을 바꾸었으며, 16세기 중반에 이르러서는 직전법 자체가 폐지됨

　　　㉠ **손실답험법(損失踏驗法)** : 태종 때의 세제(측량법), 1결의 최대 생산량을 300두로 정하고 수확량의 1/10을 내는데, 매년 토지 손실을 조사해 30두에서 공제하여 납부액을 결정

　　　㉡ **공법(貢法)** : 세종 때 확정(1444), 전분 6등법과 연분 9등법

　　④ **현물 납세** : 조세는 쌀(백미) · 콩(대두) 등으로 납부

(3) 공납(貢納)

① **부과 및 징수** : 중앙 관청에서 군현을 단위로 하여 지역 토산물을 조사하여 군현에 물품과 액수를 할당하면, 각 군현은 토지의 다소에 따라 가호에 다시 할당하여 거둠

② **품목** : 각종 수공업 제품과 토산물(광물 · 수산물 · 모피 · 과실 · 약재 등)

③ **종류** : 공물(상공 · 별공)과 진상

④ **폐단** : 농민에게 부담이 집중, 점퇴의 폐단, 방납의 폐단

⑤ **결과** : 국가 수입이 감소하고 농민 부담과 농민의 토지 이탈 증가(→ 개혁론이 대두됨)

(4) 군역과 요역

① **대상** : 16세 이상의 정남

② **군역(軍役)**

　　㉠ **보법(保法)** : 군사 복무를 위해 교대로 근무하여야 하는 정군(正軍)과 정군이 복무하는 데에 드는 비용(매년 포 2필)을 보조하는 보인(保人)이 있음

　　㉡ **면역(免役)** : 양반 · 서리 · 향리 등은 관청에서 일하므로 군역 면제

③ **요역(搖役)**

　　㉠ **내용** : 가호를 기준으로 정남의 수를 고려하여 뽑아서 공사에 동원

　　㉡ **종류** : 국가 차원의 동원(궁궐, 성곽 공사 등), 군현 차원의 동원(조세 운반 등)

　　㉢ **부과 기준** : 성종 때 토지 8결 당 1인, 1년 중 6일 이내로 동원하도록 제한

　　㉣ **문제점** : 과도한 징발, 운영 과정에서 지방관의 임의적 징발이 많아 농민들의 부담이 큼

　　㉤ **요역의 변화** : 요역 동원을 기피하여 피역 · 도망이 발생, 요역의 대립 및 물납화 · 전세화

(5) 기타 국가의 재정

① **수입** : 조세 · 공물 · 역 이외에 염전 · 광산 · 산림 · 어장 · 상인 · 수공업자 등이 내는 세금

② **지출** : 군량미나 구휼미로 비축하고 나머지는 왕실 경비 · 공공 행사비 · 관리의 녹봉 · 군량미 · 빈민 구제비 · 의료비 등으로 지출

③ **예산 제도** : 세조 때부터 세출표인 횡간을 먼저 작성하고 세입표인 공안을 작성

④ **양안(量案)** : 양전 사업에 의해 작성된 토지 대장을 말하는데, 양전 사업은 20년마다 한 번씩 실시

SEMI-NOTE

연분 9등급

上年	中年	下年
上 → 20두	上 → 14두	上 → 8두
中 → 18두	中 → 12두	中 → 6두
下 → 16두	下 → 10두	下 → 4두

상공, 별공, 진상

- **상공** : 매년 국가에서 미리 상정한 특산물 바침, 호 단위 부과
- **별공** : 상정 용도 이외에 국가에서 필요에 따라 현물 부과
- **진상** : 공물 이외의 현물을 공납, 주로 각 도의 관찰사나 수령이 국왕에 상납하는 것을 말하며 진상물로는 식료품이 대부분

대납

공물의 생산량이 점차 감소하거나 생산지의 변화로 그 토산물이 없을 때 다른 곳 상인이나 관리에게 대신 납부하는 것으로, 보통 방납이라고 함

횡간과 공안

- **횡간** : 조선 시대의 세출 예산표. 조선 시대 국가 재정의 대부분은 토지를 바탕으로 한 전세와 공물로 충당됨. 국가에서는 관청 · 관리 등에게 직접 토지의 수조권을 지급함으로써 비용을 충당하도록 하는 동시에, 일부는 현물 지급을 통해 보충함. 횡간은 1년간 국가에서 지급하는 현물을 기재한 것임

- **공안** : 조선 시대의 세입 예산표. 조선 시대에는 다음해 소요될 공물을 매년 말에 조사한 후 각 지방에 명하여 징수하게 하였는데, 이때 공물의 품목 · 수량을 기재한 것을 공안이라고 함

(6) 조운 제도

① 의의 : 조세와 공물을 각지의 조창을 거쳐 서울의 경창까지 운반하는 과정

② 관리 : 수령이 운반의 책임을 지며, 호조에서 이를 관리

③ 운반

   ㉠ 지방 군현의 조세와 공물은 육운 · 수운을 이용해 주요 강가나 바닷가에 설치된 조창으로 운반

   ㉡ 전라도 · 충청도 · 황해도는 바닷길로, 강원도는 한강, 경상도는 낙동강과 남한강 또는 바닷길을 통하여 운송

④ 잉류(仍留) 지역 : 평안도와 함경도, 제주도의 조세와 공물은 경창으로 이동하지 않고 군사비와 사신 접대비 등으로 현지에서 사용

3. 수취 제도의 문란과 농민 생활의 악화

(1) 공납의 폐단

① 방납의 폐단 발생

   ㉠ 관청의 서리들이 공물을 대신 내고 그 대가를 챙기는 방납이 증가해 농민 부담 가중

   ㉡ 농민이 도망 시 지역의 이웃이나 친척에게 대신 납부하게 함

② 개선의 시도 : 이이와 유성룡 등은 공물을 쌀로 걷는 수미법(收米法)을 주장

(2) 군역의 폐단

① 군역과 요역의 기피 현상과 도망이 증가

② 방군수포제와 대립제

   ㉠ 방군수포제(放軍收布制) : 군역에 복무해야 할 사람에게 포(布)를 받고 군역을 면제

   ㉡ 대립제(代立制) : 다른 사람을 사서 군역을 대신하게 하는 대립이 불법적으로 행해짐

③ 군적의 부실 : 군포 부담의 과중과 군역 기피 현상

(3) 환곡의 폐단

① 환곡제 : 곤궁한 농민에게 곡물을 빌려주고 1/10 정도의 이자를 거두는 것

② 지방 수령과 향리들이 정해진 이자보다 많이 거두어 유용하는 폐단이 나타남

한눈에 쏙~

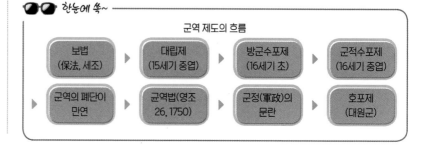

수미법
상품 화폐 경제가 발달하지 못했던 조선 전기의 한계에 따라 공물은 현물로 납부될 수밖에 없었음. 당시 화폐를 대신하여 사용되던 것으로는 쌀과 포가 있었는데, 공물을 현물 대신 쌀로 납부하게 되면 폐단을 줄이고 수송과 저장에 있어서도 수월해질 것이므로, 이이와 조광조 등은 공납의 개선책으로 수미법을 주장

실록을 통해 알아보는 16세기 농민들의 처지
• 백성으로 농지를 가진 자가 없고 농지를 가진 자는 오직 부유한 상인들과 사족(士族)들의 집뿐입니다. – 〈중종실록〉 –
• 근래 도적이 벌떼처럼 일어나 공공연하게 노략질을 하며 양민을 죽이고 방자한 행동을 거리낌 없이 하여도 주현에서 막지 못하고 병사(兵使)도 잡지 못하니 그 형세가 점점 커져서 여러 곳으로 퍼지고 있습니다. 심지어 서울에서도 떼로 일어나 빈집에 진을 치고 밤이면 모였다가 새벽이면 흩어지고 칼로 사람을 다치게 합니다. – 〈명종실록〉 –
• 지방에서 토산물을 공물로 바칠 때 (중앙 관청의 서리들이) 공급을 일체 막고 본래 값의 백 배가 되지 않으면 받지도 않습니다. 백성들이 견디지 못하여 세금을 못 내고 도망하는 자가 줄을 이었습니다. – 〈선조실록〉 –

114

4. 경제 생활

(1) 양반의 경제 생활

① 경제적 기반 : 과전과 녹봉, 토지, 노비 등이 일반적 경제 기반

② 토지의 소유와 경작 : 토지 규모가 큰 경우 병작반수 형태로 농민들이 소작(병작반수의 전호 경영), 농장은 15세기 후반에 이르러 더욱 증가

③ 재산으로서의 노비(奴婢) 소유

　㉠ 노비를 구매하기도 하나, 출산이나 혼인을 시켜 수를 늘림

　㉡ 솔거 노비의 경우 주로 가사일이나 농경 등을 시킴

　㉢ 외거 노비(다수의 노비)의 경우 신공(身貢)으로 포와 돈을 수취

(2) 농민 경제 생활의 변화

① 정부의 지원 및 장려 : 개간을 장려하고 저수지 등 수리 시설을 보수·확충, 〈농사직설〉·〈사시찬요〉·〈금양잡록〉 등 농서를 간행 보급

② 양반들도 간이 수리시설을 만들고 중국의 농업기술을 도입

③ 농민들도 농업 생산력을 향상시키려고 노력한 결과 농민 생활은 이전보다 개선

5. 농업

(1) 농업 기술의 발달

① 밭농사 : 조·보리·콩의 2년 3작이 널리 시행, 농종법(이랑에 파종)에서 견종법(고랑에 파종)으로 발전

② 논농사 : 남부 지방에 이앙법이 보급됨, 남부의 일부 지방에서 벼와 보리의 이모작이 가능해지면서 생산량 증가, 건사리[乾耕法]가 이용, 물사리[水耕法]도 행해짐

③ 시비법 : 밑거름과 뒷거름을 주는 각종 시비법이 발달하여 경작지를 묵히지 않고 매년 경작(연작)이 가능

④ 가을갈이의 농사법이 점차 보급됨

⑤ 농기구 개량 : 쟁기·낫·호미 등의 농기구가 더욱 개량되어 농업 생산량 증대에 기여

⑥ 의생활의 변화 및 개선

　㉠ 고려 말 시작된 목화 재배가 확대되어 무명옷이 보편화

　㉡ 삼·모시풀의 재배 성행, 누에치기가 확산되면서 양잠(養蠶)에 관한 농서가 편찬됨

(2) 농민의 몰락과 정부의 대책

① 농민의 몰락

　㉠ 소작농의 증가 : 지주제의 확대로 인한 농민의 소작농화

　㉡ 유망 농민의 증가 : 화전민이나 도적으로 전락

② 정부의 대책 : 〈구황촬요〉의 편찬, 호패법·오가 작통법 등을 강화, 향약 시행

노비의 신공

남자 노비(奴)는 면포 1필과 저화 20장, 여자 노비(婢)는 면포 1필과 저화 10장을 각각 신공으로 바침

이앙법 보급의 영향 ★ 빈출개념

• 생산성 증가 및 경작의 보급을 촉진
• 농민의 계층 분화 초래
• 농민의 토지 이탈 초래
• 특수 작물의 재배(구황 작물, 상업 작물)
• 경영형 부농의 발생 계기

오가 작통법

성종 16년(1485) 마련된 제도로, 다섯 집을 1통으로 묶은 호적의 보조 조직. 주로 호구를 밝히거나 범죄자 색출, 세금 징수, 부역 동원 등에 이용되었으며, 후기에는 유민을 막고 도적의 은닉을 방지하기 위해 활용됨. 헌종 때에는 통의 연대 책임을 강화하여 천주교도를 색출하기도 함

관영 수공업의 쇠퇴

조선 초기 활발하게 이루어졌던 관영 수공업은 관기업의 특성이라고 할 수 있는 생리적 폐쇄성과 창의성의 결여로 생산품의 질적 저하를 초래함. 또한 낮은 대우를 받은 장인들이 갈수록 공장안에 등록되기를 기피하였으므로 등록된 장인의 수가 줄어들었으며, 조선의 재정 사정이 악화됨에 따라 관영 수공업을 유지하기 어려워 관영 수공업은 쇠퇴하게 됨

금난전권

시전 상인이 왕실이나 관청에 물품을 공급하는 대신 부여받은 독점 판매권. 금난전권의 '난전'은 전안(시전의 상행위자에 대해 등록한 대장으로 숙종 32년 실시)에 등록되지 않은 자의 상행위 또는 판매 허가를 받지 않은 상품을 성안에서 판매하는 행위를 말하는데, 난전으로 상권이 침해된 시전 상인들은 이의 금지를 정부에 요청함. 이에 정부가 시전 상인들에게 한양 도성 안과 도성 밑 10리 안에서의 금난전권을 부여함으로써 시전 상인들은 상권을 독점할 수 있게 됨. 육의전을 제외한 금난전권은 정조 15년(1791)에 신해통공으로 폐지

화폐

정부는 조선 초기에 저화(태종), 조선통보(세종), 팔방통보(세조) 등을 만들어 유통시키려 하였으나 상업의 부진에 따라 화폐의 유통도 부진. 농민들은 교역의 매개로 주로 쌀과 베를 이용

주변국과의 무역, 사무역

• **명** : 공무역과 사무역을 허용
• **여진** : 국경 지역에 설치한 무역소를 통하여 교역
• **일본** : 동래에 설치한 왜관을 중심으로 무역
• **사무역** : 국경 부근의 사무역은 엄격하게 감시, 주로 무명과 식량이 거래됨

6. 수공업 생산 활동

(1) 관영 수공업

① **정비** : 고려보다 관영 수공업 체제를 잘 정비, 수공업의 중심
② **관장제(官匠制)** : 장인(기술자)을 공장안에 등록시켜 관청에서 필요한 물품을 제작·공급, 사장(私匠)은 억제함
③ **생산 품목** : 화약, 무기, 의류, 활자 인쇄, 그릇, 문방구 등을 제조·납품

(2) 민영 수공업과 가내 수공업

① **민영 수공업** : 국역이 끝난 장인이나 공장안에 등록되지 않은 장인이 도시에서 장인세를 납부하며 생산·판매, 주로 농민의 농기구를 만들며 양반의 사치품도 생산
② **가내 수공업** : 농가에서 자급자족의 형태로 무명·명주·모시·베 등을 생산

7. 상업 활동

(1) 정부의 상업 통제

① **상공업 통제** : 유교적 농본억상 정책, 유교적 경제관으로 검약 강조, 소비 억제, 상인 천대
② **시전 중심의 상업**
  ㉠ 시전은 도성에 설치된 대표적 상설 기구
  ㉡ 경시서(평시서)를 두어 시전을 감독하고 불법적 상행위를 통제
③ **시전 상인**
  ㉠ 관허 상인으로, 종로 거리에 상점가를 만들어 점포세와 상세를 거둠
  ㉡ 금난전권 : 왕실이나 관청에 물품을 공급하는 대신에 특정 상품에 대한 독점 판매권을 부여받음
④ **육의전** : 명주, 종이, 어물, 모시와 베, 무명, 비단을 파는 점포

(2) 장시

① **장시의 발달** : 15세기 후반부터 등장, 16세기 중엽에 이르러 전국적으로 확대
② **정부의 억제** : 농업 위축을 염려해 장시의 발전을 억제하였으나 일부 장시는 정기 시장으로 정착
③ **활동** : 보부상들이 일용 잡화나 농·수산물, 수공업 제품, 약재 등을 장시를 통해 판매·유통(보부상은 생산자와 소비자를 이어 주는 관허 행상의 역할을 수행)

실력up 　장시의 등장과 발달

• 농촌 시장인 장시가 처음 등장한 것은 15세기 말
• 15세기 말, 왜구의 침입으로 황폐해진 해안 지역의 농토 개간이 완료되고 농업 생산력이 현저히 발달하였음
• 넓은 나주 평야를 끼고 있으며 서해안에 인접한 나주와 무안 지역은 다양한 물품이 생산

되었으며, 생산자들이 이를 자유롭게 처분할 수 있는 여건도 마련됨
- 장시는 점차 삼남 전 지역과 경기도 등지로 확산, 출현할 당시 15일이나 10일 간격이던 개시일도 점차 5일 간격으로 조정, 장시 확산 추세는 18세기에 더욱 두드러져 18세기 중반 전국의 장시는 천 여 곳에 달하게 됨

03절 근세의 사회 구조와 사회 생활

1. 신분 제도

(1) 신분 제도의 변동

① 변동 방향 : 크게 양인 확대와 지배층의 분화(양반층과 중인층)로 변동
  ㉠ 양인 확대 정책 : 향·소·부곡 등 천민 집단의 소멸, 양인화, 노비 변정 사업 등
  ㉡ 지배층의 분화 : 향리의 양반 상승 제한, 서리와 기술관 제도의 도입, 지배 신분층은 양반과 중인으로 양분
② 신분 이동 : 조선 시대는 엄격한 신분제 사회였으나 신분 이동이 가능
  ㉠ 법적으로 양인이면 과거에 응시하여 관직에 진출 가능
  ㉡ 양반도 죄를 지으면 노비가 되거나, 경제적으로 몰락하여 중인이나 상민이 되기도 함
  ㉢ 여전히 지배층과 피지배층이 존재하는 신분 사회

(2) 양천(良賤) 제도

① 이분제의 법제화 : 사회 신분을 법제적으로 양인과 천민으로 양분
  ㉠ 양인(良人) : 과거 응시가 가능한 자유민으로 조세·국역 등의 의무를 짐
  ㉡ 천민(賤民) : 비자유민으로서 개인이나 국가에 소속되어 천역을 담당, 노비 등
② 결과 : 갑오개혁(1894) 이전까지 조선 사회를 지탱한 기본적·법제적 신분 규범

(3) 반상(班常) 제도

① 양반과 중인 신분이 정착되면서 지배층인 양반과 피지배층인 상민을 구별하는 반상 제도가 일반화됨(실질적 신분 구분)
② 양인이 분화되면서 점차 양반·중인·상민·천민의 신분 제도(4분제)가 정착
③ 16세기 이후 사회 전면에 부각됨

(4) 양반 제도의 특성

① 세습적 성격 : 음서제, 대가제
② 가문 중시 : 의정부·승정원·이조·삼사·예문관 등의 청요직(청직과 요직)의 등용에는 가문을 문제 삼음
③ 배타성 : 결혼에 있어 다른 신분과 구별, 서얼출신과 재가녀 자손 등의 관직진출

04장
근세의 성립과 발전

고려 시대와 조선 시대의 신분제 변화

귀족	양반
중류층	중인
양민	상민
천민	천민
고려시대	조선시대

음서제와 대가제
- 음서제 : 공신이나 2품 이상의 고위관직의 자제가 대상
- 대가제 : 정3품 이상의 자에게 별가된 품계를 대신 아들·동생·조카·사위에게 줄 수 있게 하는 제도

SEMI-NOTE

에 제약이 따름, 교육과 과거제도 등 여러 조치를 마련, 한품서용, 체아직 등

2. 양반(兩班)

(1) 의의

① 개념의 확대 : 양반 관료 체제가 정비되면서 문 · 무반직을 가진 사람뿐만 아니라 그 가족이나 가문까지도 양반으로 지칭

② 특권적 생활 : 각종 법률과 제도로써 양반의 신분적 특권을 제도화

(2) 양반 증가 억제책

① 한품서용제(限品敍用制) : 향리, 서리, 기술관, 군교, 역리 등 중인의 관직 진출 시 품계를 제한

② 서얼차대법(庶孽差待法) : 첩에서 난 소생들을 서얼이라고 하여 차별하고 관직 진출 · 과거 응시를 제한(서얼금고법)

3. 중인(中人)

(1) 의의

① 의미

　㉠ 넓은 의미 : 양반과 상민의 중간 신분 계층을 총칭하는 개념

　㉡ 좁은 의미 : 기술관을 지칭

② 성립 : 15세기부터 형성되어 16세기에 세습화되었고, 17세기 중엽 이후에 독립된 신분층으로 성립

③ 사회적 예우 : 전문 기술이나 행정 실무를 담당, 나름대로 지배층으로 행세

(2) 종류

① 서리 · 향리 · 기술관 : 직역을 세습, 같은 신분 안에서 혼인, 관청 근처에서 거주

② 서얼 : 중인과 같은 신분적 처우를 받았으므로 중서라고도 불림, 문과 응시 불가

③ 역관 : 사신을 수행하면서 무역에 관여

④ 향리 : 토착 세력으로서 수령을 보좌

4. 상민(常民)

(1) 의의 및 성격

① 평민 · 양인으로도 불리며, 농민 · 수공업자 · 상인 등으로 구성

② 농본억상 정책으로 공 · 상인은 농민보다 아래에 위치

③ 법적으로는 과거 응시가 가능하나, 실제 상민이 과거에 응시하는 것은 매우 어려웠음

④ 전쟁이나 비상시에 군공을 세우는 경우 외에는 신분 상승 기회가 적음

한품서용, 체아직
• **한품서용** : 중인과 서얼의 관직 진출 시 품계를 제한하는 것으로, 기술관과 서얼은 정3품까지, 토관 · 향리는 정5품까지, 서리 등은 정7품까지만 승진 가능
• **체아직** : 일정 기간 후 교체 근무를 하는 직으로, 잡직은 모두 체아직에 해당

중인층의 관직 진출
중인층의 경우 사회적 역할이 컸음에도 고위직으로의 진출은 제한됨. 법제상 중인도 문 · 무과 응시가 가능했으나, 실제로는 서얼과 마찬가지로 천대받았으며 청요직 진출에도 제약이 따름

중인의 부 획득
• **역관** : 사신을 수행하면서 무역에 개입하여 이득 획득
• **향리** : 수령을 보좌하면서 비리를 통해 이득 획득

(2) 종류

① 농민 : 조세 · 공납 · 부역 등의 의무를 부담

② 수공업자 : 공장(工匠)으로 불리며 관영이나 민영 수공업에 종사, 공장세를 납부

③ 상인 : 시전 상인과 보부상 등, 상인세를 납부

④ 신량역천 : 법제적으로 양인이나 사회적으로 천민 취급을 받는 계층

5. 천민(賤民)

(1) 구성 및 사회적 대우

① 구성 : 노비가 대부분이며, 백정 · 무당 · 창기 · 광대 등도 천민으로 천대됨

② 사회적 대우

   ㉠ 권리 박탈 : 비자유민으로, 교육받거나 벼슬길에 나갈 수 없음

   ㉡ 재산으로 취급 : 매매 · 상속 · 증여의 대상이 됨

   ㉢ 일천즉천 원칙 : 부모 한쪽이 노비일 경우 자녀도 노비가 되는 것이 일반화

   ㉣ 천자수모법 적용 : 부모의 소유주가 다를 때 자녀는 어머니 측 소유주의 재산

   ㉤ 양천교혼(良賤交婚) : 원칙적으로 금지

(2) 공·사노비

① 공노비 : 입역 노비와 납공 노비(외거 노비)로 구분

② 사노비 : 입역 노비(솔거 노비)와 납공 노비(외거 노비)로 구분

6. 사회 정책과 시설

(1) 사회 정책의 배경 및 목표

① 배경 : 성리학적 명분론에 입각한 농본 정책의 추진

② 목표 : 양반 지배 체제의 강화를 위한 사회 · 신분 질서 유지, 농민 생활의 안정을 통한 국가의 안정과 재정 기반의 마련

(2) 사회 정책 및 제도

① 소극적 정책 : 농민의 토지 이탈 방지 정책(양반 지주들의 토지 겸병을 억제, 농민에 대한 조세 감면)

② 적극적 구휼 · 구호 정책

   ㉠ 의창, 상평창 : 국가에서 설치 · 운영

   ㉡ 환곡제 : 국가(관청)에서 춘궁기에 양식과 종자 · 곡물을 빌려준 뒤에 추수기에 회수

   ㉢ 사창제(세종)

      • 향촌사회에서 자치적으로 실시 · 운영한 것으로, 사창을 설치하고 일정 이자를 붙여 농민에게 대여

      • 양반 지주들이 농민 생활을 안정시켜 양반 중심의 향촌 질서를 유지하기 위

칠반천역

고된 일에 종사하는 일곱 부류를 지칭하는 말로, 수군, 봉수군, 역졸, 조졸, 조례(관청의 잡역 담당), 나장(형사 업무 담당), 일수(지방 고을의 잡역 담당)가 이에 해당

양천 결혼 시의 법제 변천

노비종부법(태종) → 일천즉천(세조) → 《경국대전》에서 일천즉천(일반법)과 노비종부법(특별법)을 규정 → 노비종모법(영조) → 노비 세습법제 폐지(고종)

신공(身貢)

조선 시대에 노비가 몸으로 치르는 노역 대신에 납부하는 공물을 말함

고려와 조선의 사회 및 의료 시설

• 고려
  – 사회 시설 : 의창, 상평창, 제위보
  – 의료 시설 : 동 · 서 대비원, 혜민국, 구제도감, 구급도감

• 조선
  – 사회 시설 : 환곡제(국가 주도), 사창제(민간 주도)
  – 의료 시설 : 동 · 서 대비원, 혜민국, 제생원, 동 · 서 활인원

04장

근세의 성립과 발전

한 것

③ 의료 시설

  ㉠ 혜민국, 동 · 서 대비원 : 약재 판매 및 서민 환자의 의료 구제를 담당

  ㉡ 제생원 : 행려의 구호 및 진료를 담당

  ㉢ 동 · 서 활인서 : 유랑자 · 빈민의 수용과 구료, 사망한 행려의 매장을 담당

  ㉣ 의녀 제도 : 질병의 치료와 간병, 산파 등의 역할을 수행

7. 법률 제도

(1) 법률 체제

① 형법

  ㉠ 대명률(大明律) : 〈경국대전〉의 형전 조항이 우선 적용되었으나, 그 내용이 소략하여 형벌 사항은 일반적으로 대명률을 적용

  ㉡ 연좌제 : 가장 무거운 범죄인 반역죄와 강상죄에는 연좌제가 적용

② 형벌 : 태 · 장 · 도 · 유 · 사형 5종이 기본으로 시행

  ㉠ 태(笞) : 주로 경범죄에 해당하는 처벌로 작은 곤장으로 때리며, 10대부터 50대까지 10대씩 5단계가 있음

  ㉡ 장(杖) : 대곤 · 중곤 · 소곤 등의 곤장으로 60대부터 100대까지 10대씩 5단계로 나눠 가하는 형벌

  ㉢ 도(徒) : 징역형의 일종, 1~3년 정도의 강제 노역에 처하며 보통 태장형을 수반

  ㉣ 유(流) : 귀양(→ 섬에 유배시키는 절도안치, 울타리를 쳐 거주지를 제한하는 위리안치, 가시덤불을 쌓는 가극안치, 고향에서만 살게 하는 본향안치 등)

  ㉤ 사(死) : 사형(→ 효시, 교시, 참시 등)

③ 민법 : 관습법 중심, 물권(物權) 개념의 발달, 재산 분쟁, 제사와 노비 상속을 중시

(2) 사법 기관 및 재판

① 중앙

  ㉠ 사헌부 : 백관의 규찰, 양반의 일반 재판

  ㉡ 형조 : 사법 행정에 대한 감독 및 일반 사건에 대한 재심을 담당

  ㉢ 의금부 : 국가대죄(국사범, 반역죄, 강상죄 등)를 다스리는 국왕 직속 기관

  ㉣ 포도청 : 상민의 범죄를 담당하는 경찰 기관

  ㉤ 한성부 : 수도의 치안 및 토지 · 가옥 소송을 담당

  ㉥ 장례원 : 노비 문서 및 노비 범죄를 관장

② 지방 : 관찰사와 수령이 각각 관할 구역 내의 사법권을 행사

8. 향촌 사회의 모습

(1) 향촌의 구성

① 향촌 : 중앙과 대칭되는 개념으로, 지방 행정 구역을 의미함

  ㉠ 향(鄕) : 행정 구역상 군현의 단위를 지칭

경국대전
〈경제육전〉이나 정도전의 〈조선경 국전〉 등 이전까지의 법전이 미비하거나 현실과 모순된다는 판단을 내린 세조는 즉위하자마자 〈경국대전〉의 편찬을 시작함. 그리하여 세조 6년(1460)에 호구, 토지 제도, 조세, 기타 재정 경제 등을 다룬 〈호전〉이 먼저 완성됨. 성종 5년(1474)에 완성, 반포됨

경국대전

사헌부와 의금부
사헌부와 의금부는 주로 정치적 사건을 관장

ⓛ 촌(村) : 촌락이나 마을 단위를 지칭

② 군현제의 정비

　　㉠ 전국을 8도로 나누고 그 아래 부 · 목 · 군 · 현을 두어 중앙에서 지방관 파견

　　㉡ 군 · 현 밑에는 면 · 리 등을 설치하였으나 관리가 파견되지는 않음

(2) 향촌 자치의 모습

① 유향소(留鄕所) : 지방 자치를 위하여 설치, 수령을 보좌하고 향리를 감찰하며 풍속을 바로잡기 위한 기구

② 경재소(京在所) : 현직 관료로 하여금 연고지의 유향소를 통제하게 하는 제도로서, 중앙과 지방 간의 연락 업무 담당

③ 향청 · 향안 · 향규

　　㉠ 향안(鄕案) : 향촌 사회의 지배층인 지방 사족이나 향회 구성원의 명단을 적은 장부

　　㉡ 향회(鄕會) : 향안에 오른 지방 사족의 총회, 결속을 다지고 지방민을 통제

　　㉢ 향규(鄕規) : 향안에 오른 사족(향원)들 간의 약속이자 향회의 운영 규칙, 유향소 · 향계(鄕契)의 업무 및 직임자의 선임에 관한 규약

④ 향약

　　㉠ 형성 : 사림의 성장에 따라 16세기 이후 전통적 향촌 규약과 조직체가 향약으로 대체, 지방 사족은 향촌 사회 운영 질서를 강구하고 면리제와 병행된 향약 조직을 형성

　　㉡ 확산 : 중종 때 조광조에 의하여 처음 보급, 16세기 이후에 전국적으로 확산

　　㉢ 기능 : 향촌 사회의 자치 규약

9. 촌락의 구성과 운영

(1) 촌락의 구성

① 자연촌 : 농민 생활과 향촌 구성의 기본 단위, 동 · 리로 편제된 조직

　　㉠ 면리제 : 조선 초기에 자연촌 단위의 몇 개의 리를 면으로 묶음

　　㉡ 오가작통제 : 서로 이웃하고 있는 다섯 집을 하나의 통으로 묶고 통수를 두어 관장

② 양반 거주의 반촌(班村)과 평민 · 천민 거주의 민촌(民村)이 나타나기도 함

(2) 촌락의 운영

① 동계(洞契) · 동약(洞約)

　　㉠ 의미

　　　• 동계 : 마을의 일을 처리하기 위한 계

　　　• 동약 : 마을 단위의 자치 조직

　　㉡ 조직 목적 : 촌락민들에 대한 지배력 강화

　　㉢ 전환 : 양반 사족들만 참여하다가 임진왜란 이후 평민층도 참여

② 두레, 향도 : 촌락의 농민 조직

향약 · 향안 · 향규의 기능

지방 사족의 지배를 계속하기 위한 장치로 작용

향촌 지배 기반의 변모

조선 시대 양반들의 향촌 지배는 전기에는 유향소나 향약 등에 기반을 두고 있었지만, 후기에는 혈족적인 족계(族契)나 상하 합계 형태의 동계(洞契)를 발달시킴

조선 시대 농민 통제 정책

• 연좌제 실시
• 호패법 실시
• 오가작통제 실시
• 농민의 자유로운 거주 이전 금지
• 3년마다 군현 단위로 호적 조사

공동체 조직의 참여자

동계나 동약과는 달리 두레, 향도, 향도계, 동린계는 모두 일반 백성들의 자생적 생활 문화 조직이며, 양반은 적극적으로 참여하지 않았음

SEMI-NOTE

③ 향도계 · 동린계 : 농촌의 자생적 생활 문화 조직

10. 예학과 보학

(1) 예학(禮學)

① 성립 배경 : 성리학은 신분 질서 유지를 위해 상하 관계를 중시하는 명분론을 강조하는데, 이러한 성리학적 도덕 윤리를 강조하면서 신분 질서의 안정을 추구하고자 성립

② 발전 : 사림을 중심으로 발전, 삼강오륜을 기본 덕목으로 강조, 〈소학〉과 〈주자가례〉를 보급, 가묘(家廟)와 사당을 건립, 의례를 중요시함

③ 영향

　㉠ 공헌 : 상장 제례의 의식을 바로 잡고 유교주의적 가족 제도의 확립에 기여

　㉡ 폐단 : 형식화, 사림 간 정쟁의 구실이나 사대부의 신분적 우월성 강조에 이용

④ 예학자 : 김장생 〈가례집람〉, 정구 〈오선생예설분류〉

(2) 보학(譜學)

① 필요성 : 가족과 친족 공동체의 유대를 통한 문벌 형성, 신분적 우위 확보

② 기능

　㉠ 종족의 종적인 내력과 횡적인 종족 관계를 확인시켜 주는 기능

　㉡ 안으로는 종족 내부의 결속을 다지고 밖으로 신분적 우월의식을 가짐

　㉢ 결혼 상대자를 구하거나 붕당을 구별하는 데 있어서 중요한 자료로 활용

　㉣ 조선 후기에 더욱 활발해져 양반 문벌 제도를 강화(→ 17세기 무렵 족보 발행이 보편화됨)

11. 서원과 향약

(1) 서원

① 기원 : 중종 38년(1543)에 풍기 군수 주세붕이 안향의 봉사를 위해 설립한 백운동 서원

② 운영의 독자성 : 독자적인 규정을 통한 교육 및 연구

③ 사액 서원의 특권 : 면세 · 면역, 국가로부터 서적 · 토지 · 노비 등을 받음

④ 보급 : 교육 기관이므로 견제를 적게 받으며, 문중을 과시하는 효과도 있어 번창

⑤ 기능 : 선현의 추모, 학문의 심화 · 발전 및 양반 자제 교육, 향촌 사림을 결집, 양반의 지위 보장, 각종 국역 면제, 지방 문화 발전

⑥ 영향

　㉠ 공헌 : 학문 발달과 지방 문화 발전에 기여

　㉡ 폐단 : 사림들의 농민 수탈 기구로 전락, 붕당 결속의 온상지(→ 정쟁을 격화)

(2) 향약

① 의의

예학 및 보학의 발달
- 예학 : 왜란과 호란으로 흐트러진 유교 질서의 회복을 강조하는 과정에서 중시됨
- 보학 : 가문의 사회적 위상을 지키려는 양반들로 인해 성행

족보의 변화
- 전기 : 내외 자손을 모두 기록하는 자손보(→ 남녀 구별 없이 출생 순으로 기록)
- 후기 : 부계 친족만을 수록하는 씨족보(→ 선남후녀 순서로 기록하는 것이 보편화됨)

서원의 건립
주세붕이 서원을 창건할 적에 세상에서 의심하였으나 주세붕의 뜻은 더욱 독실해져, 무리의 비웃음을 무릅쓰고 비방을 극복하여 전래에 없던 장한 일을 단행하였으니 …… 앞으로 정몽주, 길재, 김종직 같은 이가 살던 곳에 모두 서원이 건립되게 될 것이며……
　　　　　　　　　　　　－ 〈퇴계전서〉 －

사액(賜額)
임금이 서원 등에 이름을 지어서 현판을 내리는 일

향약의 4대 덕목
- 덕업상권(德業相勸) : 좋은 일은 서로 권함
- 과실상규(過失相規) : 잘못한 일은 서로 꾸짖음
- 예속상교(禮俗相交) : 서로 예의로써 사귐
- 환난상휼(患難相恤) : 재난과 어려움은 서로 도움

　　㉠ 조선 시대의 향촌 규약, 또는 그 규약에 근거한 조직체

　　㉡ 어려운 일을 당하였을 때 단결하여 서로 돕는 전통을 계승하면서 삼강오륜을 중심으로 한 유교 윤리를 가미

　　㉢ 서원과 함께 사림의 세력 기반이 됨

② 보급 : 사림 세력이 정계에 자리 잡은 16세기 후반부터 널리 보급

③ 구성 : 도약정(회장), 부약정(부회장), 약정(간부), 직월(간사)

④ 운영 : 향약의 윤리 규범은 사족과 농민 간에 차별적으로 적용되었으며, 규약 위배 시 일정 제재를 받음(동리에서 추방되기도 함)

⑤ 기능 : 조선 사회의 풍속 교화 기능, 향촌 자치적 기능 수행, 농민 통제 강화, 재지사족의 결속

⑥ 폐단 : 토호와 향반 등 지방 유력자들이 주민들을 위협 · 수탈할 수 있는 배경을 제공

04절　민족 문화의 발달

1. 민족 문화의 성립

(1) 성립 배경

① 15세기 문화를 주도한 관학파 관료와 학자들은 성리학 이외의 학문 · 사상이라도 중앙 집권 체제 강화나 민생 안정 · 부국 강병에 도움이 되는 것은 모두 수용

② 세종 때부터 성종 때까지 유교 이념에 토대를 두고 과학 기술과 실용적 학문을 발달시켜 민족 문화 발전의 토대 구축

(2) 민족 문화의 발전의 토대

① 집권층의 노력은 민족적 · 자주적인 성격의 민족 문화의 발전을 이끎

② 세종은 한글을 창제하여 민족 문화의 기반을 넓힘

2. 교육 제도

(1) 교육 제도의 발달

① 배경 : 유교를 정치 이념으로 채택, 유학을 생활 규범화

② 성격 : 과거 제도와 유기적으로 연계, 관리 양성을 위한 과거 시험 준비 과정, 사농일치의 교육이 원칙

③ 관학과 사학

　㉠ 관학 : 국비로 운영, 조선 초기에는 관학이 우세

　㉡ 사학 : 16세기 이후 사학이 교육을 주도

(2) 교육 기관

해주 향약 입약 범례문

무릇 뒤에 향약에 가입하기를 원하는 자에게는 반드시 먼저 규약문을 보여 몇 달 동안 실행할 수 있는가를 스스로 헤아려 본 뒤에 가입하기를 청하게 한다. 가입을 청하는 자는 반드시 단자에 참가하기를 원하는 뜻을 자세히 적어서 모임이 있을 때에 진술하고, 사람을 시켜 약정(約正)에게 바치면 약정은 여러 사람에게 물어서 좋다고 한 다음에야 글로 답하고 다음 모임에 참여하게 한다.

－〈율곡전서〉－

성균관의 구성

• 명륜당(明倫堂) : 유학의 강의실
• 양재(兩齋) : 유생들의 기숙사
• 비천당(丕闡堂) : 알성시를 치르는 곳
• 존경각(尊經閣) : 국립 도서관
• 문묘(文廟) : 선현의 위패(位牌)를 모신 사당

기술 교육 기관

• 호조 : 산학
• 형조 : 율학
• 전의감 : 의학
• 관상감 : 천문지리
• 장악원 : 악학
• 사역원 : 외국어
• 도화서 : 회화
• 소격서 : 도학

조선 시대 일반적 교육 단계(문과)

서당 → 중앙 : 4부 학당, 지방 : 향교 → 소 과(생진과) 응시 → 성균관 대학 또는 대과 응시

① 국립 교육 기관

   ㉠ **고등 교육 기관** : 국립 대학인 성균관을 두고, 입학 자격으로 생원 · 진사를 원칙으로 함

   ㉡ **중등 교육 기관** : 중앙의 4부 학당(4학)과 지방의 향교(鄕校)

② 사립 교육 기관

   ㉠ **서원** : 백운동 서원(중종 38, 1543)이 시초

   ㉡ **서당**

     • 초등 교육을 담당한 사립 교육 기관

     • 주로 4학이나 향교에 입학하지 못한 선비와 평민의 자제가 입학, 〈천자문〉과 초보적인 유교 경전을 교육

   ㉢ **한계** : 계통적으로 연결되지 않고 각각 독립된 교육 기관

3. 한글 창제

(1) 배경

① 일찍부터 한자를 쓰고 이두나 향찰을 사용하였으나, 이로는 의사 소통이 불편

② 피지배층을 도덕적으로 교화시켜 양반 중심 사회를 유지하기 위해 문자의 대중화가 필요

(2) 한글의 창제와 보급

① **한글의 창제** : 세종은 집현전 학자들과 한글을 창제(1443)한 후 〈훈민정음〉을 반포(1446)

② **한글의 보급** : 〈용비어천가〉와 〈월인천강지곡〉 등을 지어 한글로 간행, 불경 · 농서 · 윤리서 · 병서 등을 한글로 번역하거나 편찬, 서리들의 채용에 훈민정음을 시험 과목으로 포함

③ **사용의 부진** : 언문이라 하여 천시됨

4. 역사서의 편찬

(1) 건국 초기

① **역사서 편찬**

   ㉠ **목적** : 왕조의 정통성에 대한 명분을 밝히고 성리학적 통치 규범을 정착

   ㉡ **사관** : 성리학적 사관

   ㉢ **대표적 사서** : 태조 때 정도전의 〈고려국사〉, 태종 때 권근 · 하륜의 〈동국사략〉

② **실록의 편찬(〈조선왕조실록〉)**

   ㉠ **의의** : 한 국왕이 죽으면 다음 국왕 때 춘추관을 중심으로 실록청을 설치하고 사관들이 기록한 사초, 각 관청의 문서들을 모아 만든 시정기 등을 중심으로 편년체로 편찬, 〈태조실록〉부터 〈철종실록〉까지 계속됨

   ㉡ **편찬의 자료** : 실록 편찬을 위한 자료인 사초는 국왕도 보지 못하게 하여 기록의 신뢰도를 높였으며, 이외에도 〈의정부 등록〉 · 〈승정원 일기〉 · 〈비변사

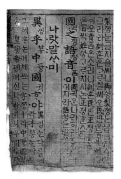

훈민정음 언해본

한글 서적

• **한글 서적** : 용비어천가(최초), 월인천강지곡, 동국정운, 석보상절, 월인석보, 불경언해, 훈몽자회

• **한글 번역본** : 삼강행실도, 두시언해, 칠서언해, 소학언해 등

등록〉·〈시정기〉·〈일성록〉 등을 이용

ⓒ 형식 : 연표 중심의 편년체로 기록

(2) 15세기 중엽

① 특징

ⓐ 성리학적 대의 명분보다는 민족적 자각을 일깨우고자 함

ⓑ 왕실과 국가의 위신을 높이며 문화를 향상시키는 방향에서 역사 편찬

② 대표적 사서

ⓐ **고려사, 고려사절요** : 고려의 역사를 자주적 입장에서 재정리

- 고려사 : 김종서·정인지 등이 세종의 명으로 편찬하여 문종 1년(1451)에 완성한 기전체 사서(139권)로, 조선 건국을 합리화하기 위하여 여말의 사실을 왜곡하고 있으나 고려의 정치·경제·사회 연구에 귀중한 문헌(→군주 중심의 역사 서술)

- 고려사절요 : 김종서·정인지 등이 독자적으로 편찬하여 문종 2년(1452)에 완성한 편년체의 사서(35권)로, 〈고려사〉에서 빠진 부분을 보충·추가

ⓑ **삼국사절요** : 서거정·노사신 등이 삼국 시대의 자주적 통사를 편찬하려는 입장에서 편찬한 편년체 사서

ⓒ **동국통감** : 단군에서 여말까지를 기록한 최초의 통사

(3) 16세기

① 특징

ⓐ 15세기 역사관을 비판하고 사림의 존화주의적·왕도주의적 의식을 반영

ⓑ 존화 사상을 바탕으로 우리나라 역사를 소중화의 역사로 파악

ⓒ 기자 조선을 강조하고 유교 문화와 대립되는 고유 문화는 음사(淫事)라 하여 이단시함

② 대표적 사서 ★빈출개념

ⓐ 박상의 〈동국사략〉 : 사림의 통사로 15세기 〈동국통감〉을 비판, 엄정한 도덕적 기준으로 우리 역사를 재정리, 강목체를 철저히 적용

ⓑ 박세무의 〈동몽선습〉 : 기자에서 시작되는 우리 역사의 도덕 사관 강조

ⓒ 윤두서의 〈기자지〉 : 기자 조선 연구의 심화(5권 1책)

ⓓ 이이의 〈기자실기〉 : 왕도 정치의 기원을 기자 조선에서 찾는 존화주의적 사서

ⓔ 오운의 〈동사찬요〉 : 왜란 이후의 역사 의식을 기전체로 서술, 절의를 지킨 인물을 찬양하는 열전이 중심

ⓕ 신숙주의 〈국조보감〉 : 〈조선왕조실록〉에서 모범이 될 만한 사실 발췌, 요약(세조~순종)

5. 지도와 지리서

(1) 편찬 목적

① 조선 전기 : 중앙 집권과 국방 강화라는 정치적·군사적 목적에서 편찬

SEMI-NOTE

사고(史庫)의 정비

- 4대 사고(세종) : 춘추관·성주·충주·전주 사고, 왜란 중 전주 사고만이 존속되었다가 광해군 때 5대 사고로 재정비

- 5대 사고(광해군) : 춘추관·오대산·태백산·마니산·묘향산 사고, 현재 태백산 사고본과 마니산(정족산) 사고본, 오대산 사고본(2006년 일본이 오대산 사고본 40여 권을 기증 형식으로 반환)만이 전하며, 묘향산(적상산) 사고본은 북한에서 보유

동국사략

② 조선 후기 : 주로 경제적 · 문화적 목적에서 편찬

(2) 지도

① 15세기 초

ⓐ 혼일강리역대국도지도(1402) : 태종 때 권근 · 김사형 · 이회 등이 제작한 세계 지도로, 현존하는 동양 최고(最古)의 세계 지도, 중화사상 반영

ⓑ 팔도도 : 세종 때 제작된 전국지도(부전)

ⓒ 동국지도 : 세조 때 양성지 등이 왕명에 따라 실지 답사를 통해 완성한 최초의 실측 지도, 두만강과 압록강 부분 · 하천과 산맥 및 인문 사항 자세히 기록

② 16세기 : 8도 주현의 진상품 파악을 위해 제작한 조선방역지도

6. 윤리서와 의례서, 법전의 편찬

(1) 윤리·의례서의 편찬

① 편찬 배경 : 유교 질서의 확립

② 15세기 윤리 · 의례서

ⓐ 효행록 : 여말 권근의 책을 설순이 참고하여 개정

ⓑ 삼강행실도(1431) : 세종 때 모범적인 충신 · 효자 · 열녀 등의 행적을 그림으로 그리고 설명

ⓒ 국조오례의(國朝五禮儀) : 성종 때 신숙주 · 정척 등이 국가 왕실의 여러 행사에 필요한 의례를 정비 · 제정한 의례서

③ 16세기 윤리 · 의례서 : 사림이 〈소학〉과 〈주자가례〉의 보급에 노력(이륜행실도 (중종 13, 1518), 동몽수지(중종 12, 1517))

(2) 법전의 편찬

① 배경 : 유교적 통치 규범을 성문화

② 건국 초기 : 정도전은 〈조선경국전〉과 〈경제문감〉을, 조준은 〈경제육전〉을 편찬

③ 전기의 주요 법전

책명	시기	인물	내용
조선경국전	태조 3년(1394)	정도전	조선의 정책 지침
경제문감	태조 4년(1395)	정도전 · 권근	정치 문물 초안서
경제육전	태조 6년(1397)	조준 · 하륜	조선 최초의 공식 법전
속육전	태종 13년(1413)	하륜	〈경제육전〉의 증보
경국대전	성종 16년(1485)	최항 · 노사신	• 유교적 통치 질서와 문물 제도의 완비를 의미하는 기본 법전 • 이 · 호 · 예 · 병 · 형 · 공전의 6전으로 구성

7. 건국 초기의 성리학파

SEMI-NOTE

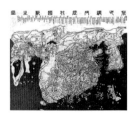

혼일강리역대국도지도

조선방역지도

삼강행실도

조선경국전

조선의 헌법이라고 할 수 있는 책으로, 태조 3년(1394) 정도전이 태조에게 올린 법전. 〈경국전〉이라고도 함. 인(仁)으로 왕위를 지켜나갈 것, 국호인 조선은 기자조선을 계승했다는 것 등을 서론에 담았음. 본론은 관리 선발과 그들의 역할 등을 다룬 치전(治典), 국가의 수입과 지출 등을 다룬 부전(賦典), 학교와 제례 등을 다룬 예전(禮典), 군사를 다룬 정전(政典), 법률과 형벌을 다룬 헌전(憲典), 건축과 공장(工匠) 등을 다룬 공전(工典)으로 구성되어 있음. 〈경제육전〉, 〈경국대전〉 등 여러 법전의 효시가 됨

(1) 관학파(훈구파)

① **시기** : 15세기 정치를 주도하고 민족 문화 창달에 기여

  ㉠ 대내외적인 모순을 극복

  ㉡ 문물 제도 정비, 부국강병 추진

② **주도 인물** : 정도전, 권근 등

③ **성향 및 특징** : 부국강병과 중앙 집권화 추구, 사장을 중시(삼경 중시), 실용적, 격물치지(경험적 학풍), 성리학 이외에 한·당 유학, 불교·도교·풍수지리 사상·민간 신앙, 군사학·기술학 등을 포용, 자주 민족 의식(단군 숭배), 〈주례〉를 국가 통치 이념으로 중시, 막대한 토지 소유, 농장 매입, 성균관과 집현전 등을 통해 양성, 신숙주, 서거정, 정인지 등

(2) 사학파(사림파)

① **시기 및 주도 인물** : 정몽주·길재의 학통을 계승한 사림들이 성종 때 본격적으로 중앙 정계에 진출하여 16세기 이후 학문과 정치 주도

② **성향 및 특징** : 왕도 정치와 향촌 자치 추구(서원, 향약 중시), 경학을 중시(사서 중시), 이론적, 사변주의(관념적 학풍), 성리학 이념에 충실하며, 불교·도교 등을 배척, 기술학 천시, 중국 중심의 화이 사상(기자 중시), 형벌보다는 교화에 의한 통치를 강조, 공신·외척의 비리와 횡포를 성리학적 명분론에 입각하여 비판, 서원을 중심으로 향촌에서 기반을 잡고 중앙으로 진출 후 삼사 등에서 활동, 김종직, 김일손, 조광조 등

8. 성리학의 발달

(1) 철학의 조류

① **발달 배경** : 16세기 사림은 도덕성과 수신을 중시하고 인간 심성에 대하여 깊은 관심을 보임

② **이기론의 선구자** : 서경덕과 이언적

③ **이기론의 전개**

  ㉠ 주리론 : 영남학파, 동인, 이언적(선구)·이황(대표)·조식·유성룡·김성일 등

  ㉡ 주기론 : 기호학파, 서인, 서경덕(선구)·이이(대표)·조헌·성혼·김장생 등

(2) 성리학의 정착

① **이황(李滉, 1501~1570)**

  ㉠ 학문 성향

   • 도덕적 행위의 근거로서 인간의 심성을 중시, 근본적·이상주의적인 성격

   • 주리 철학을 확립, 16세기 정통 사림의 사상적 연원, 이기이원론

  ㉡ 저서 : 〈주자서절요〉·〈성학십도〉·〈전습록변〉 등

  ㉢ 학파 형성 : 김성일·유성룡 등의 제자에 의하여 영남학파 형성

② **이이(李珥, 1536~1584)**

SEMI-NOTE

대공수미법

공납제의 폐단을 시정하기 위해 이이·유성룡 등이 제안함. 황해도의 해주와 송화 등지에서는 이미 명종 때부터 토지 1결당 1두씩의 쌀을 걷어 공물을 마련하였는데, 이이는 이 방법의 전국적 시행을 선조에게 건의함. 그러나 당시 방납 등으로 이득을 취하던 자들의 방해로 실현되지 못함. 이후 임진왜란 때 유성룡이 건의하면서 전국적으로 실시되었으나 얼마 가지 못해 폐지됨. 대동법의 선구라고 할 수 있음

척화론과 의리명분론

• 주화(主和) 두 글자가 신의 일평생에 허물이 될 줄 압니다. 그러나 신은 아직도 오늘날 화친하려는 일이 그르다고 생각하지 않습니다. …… 자기의 힘을 헤아리지 아니하고 경망하게 큰소리를 쳐서 오랑캐의 노여움을 사고 끝내 백성을 도탄에 빠뜨리며 종묘와 사직에 제사 지내지 못하게 된다면 그 허물이 이보다 클 수 있겠습니까?
- 〈지천집〉 -

• 화의가 나라를 망친 것은 어제 오늘의 일이 아닙니다. 옛날부터 그러하였으나 오늘날처럼 심각한 적은 없었습니다. 명은 우리나라에게는 부모의 나라입니다. 신하된 자로서 부모의 원수와 형제의 의를 맺고 부모의 은혜를 저버릴 수 있겠습니까?
- 〈인조실록〉 -

조선의 환국 정치

서인은 인조 반정으로 정권을 잡았는데, 정책을 수립하고 상대 붕당을 탄압하는 과정에서 노장 세력과 신진 세력 간에 갈등이 깊어지면서 노론과 소론으로 나뉨. 이후 노론과 소론은 남인과 정국의 주도권을 놓고 대립하였고, 남인이 정계에서 완전히 밀려난 뒤에는 노론과 소론 사이의 대립으로 정국의 반전이 거듭됨

　　㉠ 성향 : 개혁적·현실적 성격(기의 역할을 강조), 일원론적 이기이원론
　　㉡ 저서 : 〈동호문답〉·〈성학집요〉·〈경연일기〉·〈만언봉사〉 등
　　㉢ 변법경장론(變法更張論) : 경세가로서 현실 문제의 개혁 방안을 제시(대공수미법, 10만 양병설)
　　㉣ 학파 형성 : 조헌·김장생 등으로 이어져 기호학파를 형성

9. 학파의 형성과 대립

(1) 학파의 형성과 분화

① 학파의 형성 : 서경덕 학파·이황 학파·조식 학파가 동인을, 이이 학파·성혼 학파가 서인을 형성
② 동인은 정여립 모반 사건 등을 계기로 이황 학파의 남인과, 서경덕 학파·조식 학파의 북인으로 분화
③ 서인은 송시열·이이 등의 노론, 윤증·성혼 등의 소론으로 분화

(2) 학파의 대립

① 북인의 집권과 서인의 집권
　㉠ 북인의 집권 : 광해군 때에 북인은 적극적 사회·경제 정책을 펴고 중립 외교를 취했는데, 이것이 서인과 남인의 반발을 초래
　㉡ 서인의 집권(남인 참여 허용) : 인조 말엽 이후 이이와 이황의 학문, 즉 주자 중심의 성리학만이 확고한 우위를 차지
② 척화론과 의리명분론 : 송시열 등의 서인에게 넘어가면서 척화론과 의리명분론이 대세, 서인과 남인은 명에 대한 의리명분론을 강화하여 병자호란 초래, 대동법과 호포법 등 사회·경제 정책을 둘러싸고 격렬한 논쟁

10. 예학의 발달

(1) 예학의 보급

① 16세기 중반 : 〈주자가례〉 중심의 생활 규범서가 출현, 학문적 연구가 이루어짐
② 16세기 후반 : 명분 중심의 윤리와 가례 등의 예의식 강조

(2) 예학의 발달

① 예와 예치의 강조 : 예가 사회를 이끌어 가는 하나의 방도로서 부각되었고, 예치가 강조됨
② 예학자 : 김장생, 정구 등
③ 영향 : 유교적 가족 제도 확립과 제례 의식 정립에는 기여하였으나, 지나친 형식주의는 예송 논쟁의 구실로 이용됨

11. 불교의 정비

(1) 초기

① 불교 정비책

㉠ 초기 : 사원이 소유한 막대한 토지와 노비를 회수

㉡ 태조 : 도첩제를 실시하여 승려로의 출가를 제한, 사원의 건립 억제

㉢ 태종 : 242개의 사원만 남기고 나머지는 폐지, 토지와 노비 몰수

㉣ 세종 : 교단을 정리하면서 선종과 교종 각 18사씩 모두 36개 절만 인정

㉤ 세조 : 원각사에 10층 석탑을 세우고, 간경도감을 설치하여 불교 경전을 번역·간행, 적극적 불교 진흥책으로 일시적인 불교 중흥

㉥ 성종 : 도첩제 폐지, 불교는 왕실에서 멀어져 산간 불교로 바뀜

② 불교의 위축 : 사원의 경제적 기반 축소와 우수한 인재의 출가 기피는 불교의 사회적 위상을 크게 약화시킴

(2) 중기

① 명종 : 일시적인 불교 회복 정책, 보우가 중용되고 승과가 부활

② 16세기 후반 : 서산대사와 같은 고승이 배출되어 교리 정비

③ 임진왜란 때 : 승병들이 크게 활약함으로써 불교계의 위상을 새롭게 정립

12. 도교와 민간 신앙

(1) 도교와 풍수지리설

① 선초 도교는 위축되어 사원이 정리되고 행사도 축소

② 국가적 제사를 주관하기 위해 소격서(昭格署) 설치, 참성단에서 초제 시행

③ 사림의 진출 이후 중종 때 소격서가 혁파되고 도교 행사가 사라지기도 함

④ 유교 정치의 정착 과정에서 전통적 관습·제도인 도교는 갈등을 빚었고, 임진왜란 이후 소격서는 완전히 폐지

⑤ 풍수지리설 · 도참 사상

㉠ 신라 말 전래된 이래 줄곧 도읍 등의 선택에 영향을 미침

㉡ 조선 초기 이래로 중요시되어 한양 천도에 반영되었으며, 사대부의 묘지 선정에도 작용하여 산송(山訟) 문제가 사회적인 문제로 대두되기도 함

(2) 기타의 민간 신앙

① 민간 신앙 : 무격 신앙 · 산신 신앙 · 삼신 숭배 · 촌락제 등이 백성들 사이에 자리 잡음

② 매장 방식의 변화 : 화장하던 풍습이 묘지를 쓰는 것으로 바뀌면서 명당 선호 경향이 두드러짐

13. 천문·역법·수학·의학서

(1) 각종 기구의 발명과 제작

SEMI-NOTE

보우

조선 시대 억불 정책에 맞서 불교를 부흥시켜 전성기를 누리게 한 승려. 명종의 어머니인 문정왕후의 신임을 얻어 봉은사의 주지가 되어 선종과 교종을 부활시키고 윤원형 등의 도움으로 300여 개 사찰을 국가 공인 정찰(淨刹)로 만들었으며, 도첩제에 따라 승려를 선발하도록 하고 승과를 부활시킴. 문정왕후 사후 불교 배청 상소와 유림의 성화에 밀려 승직을 박탈당하고 제주에 유배되었다가 제주목사에 의해 참형됨. 그의 사후 불교는 종전의 억불정책 시대로 돌아가 선·교 양종 제도와 승과가 폐지됨

04장 근세의 성립과 발전

SEMI-NOTE

천상열차분야지도

향약집성방

이전에 판문해[고려 시대 첨의부의 최고 관직명] 권중화가 여러 책을 뽑아 〈향약간이방〉을 짓고, 그후 평양백 조준 등과 함께 약국 관원에게 명하여 다시 여러 책을 상고하고 또 우리나라 사람들이 경험하였던 처방을 취하여 분류해서 편찬한 다음 인쇄하여 발행하였다. …… 그러나 방서가 중국에서 나온 것이 아직 적고, 약 이름이 중국과 다른 것이 많기 때문에 의술을 전공하는 자들이 미비하다는 탄식을 면치 못하였다. …… 다시 향약방에 대해 여러 책에서 빠짐없이 찾아낸 다음 분류하여 증보하게 하니 한해가 지나 완성되었다. …… 합하여 85권으로 바치니 이름을 〈향약집성방〉이라 하였다.

– 〈동문선〉 –

농서의 편찬

나라는 백성을 근본으로 삼고 백성은 먹는 것으로 하늘을 삼는데, 농사라는 것은 옷과 먹는 것의 근원이므로 왕도 정치에서 먼저 힘써야 할 것이다. …… 농서를 참조하여 시기에 앞서서 미리 조치하되, 너무 이르게도 너무 늦게도 하지 말고, 다른 부역을 일으켜서 그들의 농사 시기를 빼앗을 수도 없는 것이니 각각 자신의 마음을 다하여 백성들이 근본에 힘쓰도록 인도하라.

– 〈세종실록〉 –

① 천체 관측 기구 : 혼의 · 간의가 제작됨

② 측정 기구 : 측우기(1441), 자격루, 해시계, 앙부일구

③ 측량 기구(1446) : 세조 때 토지 측량 기구인 인지의와 규형을 제작

④ 천문도(天文圖) : 천상열차분야지도(천문도를 돌에 새긴 것) 제작

(2) 역법과 수학의 발달

① 칠정산(세종) : 중국의 수시력과 아라비아의 회회력을 참고로 한 역법서

② 수학의 발달

　㉠ 천문 · 역법의 발달과 토지 조사, 조세 수입 계산 등의 필요에 의해 발달

　㉡ 수학 교재 : 명의 안지제가 지은 〈상명산법〉, 원의 주세걸이 지은 〈산학계몽〉 등

(3) 의학서

① 향약제생집성방(1398) : 의학 · 본초학의 효시

② 향약채집월령(1431) : 약용 식물을 최초로 정리한 의서(한글)

③ 향약집성방(1433) : 우리 풍토에 알맞은 약재 개발과 1천여 종의 병명 및 치료 방법을 개발 · 정리, 조선 의학의 학문적 체계화

④ 태산요록(1434) : 산부인과 의서

⑤ 신주무원록(1438) : 송의 법의학서(무원록)에 주(註)를 달아 편찬

⑥ 의방유취(1445) : 김순의 등, 동양 최대의 의학 백과 사전

14. 인쇄술과 제지술

(1) 활자와 인쇄 기술의 발달

① 배경 : 초기에 각종 서적의 편찬 사업이 활발하게 추진되면서 함께 발달

② 금속 활자의 개량 : 고려 시대에 발명되어 조선 초기에 개량

　㉠ 태종(1403) : 주자소를 설치하고 구리로 계미자를 주조

　㉡ 세종(1434) : 구리로 갑인자를 주조(→ 정교하고 수려한 조선 활자의 걸작)

(2) 제지술의 발달

① 활자 인쇄술과 더불어 제지술이 발달하여 종이의 생산량이 크게 증가

② 세조 때 종이를 전문적으로 생산하는 조지서(造紙署)를 설치

15. 농서의 편찬과 농업 기술의 발달

(1) 농서의 편찬

① 농사직설 : 세종 때 정초 등이 편찬한 우리나라 최초의 농서, 직파법을 권장하고 하삼도의 이모작 등을 소개하고 있으며 씨앗의 저장법이나 토질 개량법, 모내기법 등에 관한 내용도 담고 있음

② 사시찬요 : 세종 때 강희맹이 편찬, 계절(四時)에 따른 농사와 농작물에 관한 주의 사항, 행사 등을 서술

③ 금양잡록 : 성종 때 강희맹이 금양(안양) 지방의 농민들의 경험담을 토대로 저술한 농서로서, 농사직설에 없는 내용만을 수록하는 것을 원칙으로 함

④ 농가집성 : 효종 때 신속이 편찬, 이앙법을 권장하고 주곡(主穀)에 관한 재배법만을 기록

(2) 농업 기술의 발달

① 2년 3작과 이모작 : 밭농사에서는 조 · 보리 · 콩의 2년 3작이 널리 시행, 논농사에서는 남부 지방 일부에서 벼와 보리의 이모작이 실시

② 건사리와 물사리 : 벼농사에서는 봄철에 비가 적은 기후 조건 때문에 건사리[乾耕法]가 이용되었고, 무논에 종자를 직접 뿌리는 물사리[水耕法]도 행해짐

③ 이앙법, 시비법, 가을갈이 등

16. 병서 편찬과 무기 제조

(1) 병서의 편찬

① 조선 초기에는 국방력 강화를 위해 많은 병서를 편찬, 무기 제조 기술 발달

② 병서 : 〈진도(陳圖)〉, 〈총통등록〉, 〈동국병감〉, 〈병장도설〉, 〈역대병요〉 등

(2) 무기 제조 기술의 발달

① 화약 무기 제조 기술 : 화포가 제작되고 로켓포와 유사한 화차가 제조

② 병선 제조 기술 : 태종 때 거북선을 만들었고(1413), 작고 날쌘 비거도선이 제조됨

17. 다양한 문학

(1) 조선 전기의 문학

① 특징

㉠ 조선 전기의 문학은 작자에 따라 내용과 형식에 큰 차이

㉡ 초기에는 격식과 질서 · 조화를 내세우는 경향이었으나 점차 개인적 감정과 심성을 나타내는 경향의 가사와 시조 등이 우세해짐

② 악장과 한문학

㉠ 건국 주도 세력은 악장과 한문학을 통하여 새 왕조의 탄생과 자신들의 업적을 찬양하고 우리 민족의 자주 의식 표출(→ 악장은 16세기 가사 문학으로 계승됨)

㉡ 성종 때 서거정, 노사신 등은 삼국 시대부터 조선 초기까지의 시와 산문 중에서 빼어난 것을 골라 〈동문선〉을 편찬

③ 시조

㉠ 중앙 관료 : 새 왕조 건설 찬양, 외적을 물리치며 강토를 개척하는 진취적인 기상, 농경 생활의 즐거움이나 괴로움 등, 김종서와 남이의 작품이 유명

㉡ 재야 선비 : 유교적 충절을 시조로 읊음, 길재와 원천석 등의 작품이 유명

④ 가사 문학 : 시조의 한계를 극복하고 감정을 구체적으로 표현하려는 필요에서 등장

⑤ 설화 문학

SEMI-NOTE

과학 기술의 발달과 침체
• 과학 기술의 발달(15세기)
  – 격물치지를 강조하는 경험적 학풍 : 부국강병과 민생 안정을 위해 과학 기술의 중요성 인식
  – 국왕들의 장려와 유학자의 노력 : 특히 세종의 관심이 컸고, 유학자들도 기술학을 학습
  – 서역과 중국의 기술 수용 : 전통 문화를 계승하면서 서역과 중국의 과학 기술을 적극적으로 수용
• 과학 기술의 침체(16세기) : 과학 기술을 경시하는 풍조가 생기면서 점차 침체

04장

근세의 성립과 발전

〈동문선〉을 통해 드러난 자주 의식
우리나라의 글은 송이나 원의 글도 아니고 한이나 당의 글도 아니다. 바로 우리나라의 글일 따름이다.

〈필원잡기〉와 〈용재총화〉

• **필원잡기** : 성종 18년(1487) 처음 간행된 서거정의 한문 수필집. 옛날부터 전해 오는 이야기 중 후세에 전할 만한 것을 추려 모아 엮은 것으로, 사실과 부합하지 않는 내용도 있으나 여러 면에서 귀중한 참고 자료가 많음
• **용재총화** : 중종 20년(1525) 처음 간행된 성현의 책. 예문관 · 성균관의 최고 관직을 역임한 바 있는 성현은 폭넓은 학식과 관직에 임했을 때의 경험을 바탕으로 이 책을 정리함. 고려~조선 성종에 이르기까지 형성, 변화된 민간 풍속이나 문물 제도, 문화, 역사, 지리, 학문, 종교, 문학, 음악, 서화 등을 다루고 있어 당시의 문화 전반을 이해하는 데 큰 도움을 줌

16세기의 건축

• 사림의 진출과 함께 서원의 건축이 활발
• **특징** : 가람 배치 양식과 주택 양식이 실용적으로 결합된 독특한 아름다움
• **대표적 서원** : 경주의 옥산 서원(1572)과 안동의 도산 서원(1574)

숭례문

분청 사기

백자

ⓒ **대표 작품** : 서거정의 〈필원잡기〉, 성현의 〈용재총화〉 등
ⓛ **소설로의 발전** : 김시습의 〈금오신화〉(최초의 한문 소설) 등

(2) 16세기의 문학

① **특징** : 사림 문학이 주류가 되어 표현 형식보다는 흥취와 정신을 중시, 부녀자 · 중인 · 재야 인사 등으로 문학 향유층이 확대되고, 한시와 시조 · 가사 분야가 활기를 띰
② **한시** : 현실에 대한 비판 의식보다는 높은 격조를 표현
③ **시조** : 초기의 경향에서 벗어나 인간 본연의 순수한 감정을 표현(황진이, 윤선도 등)
④ **가사 문학** : 정철은 〈관동별곡〉 · 〈사미인곡〉 · 〈속미인곡〉 같은 작품에서 풍부한 우리말 어휘를 마음껏 구사하여 아름다운 경치와 왕에 대한 충성심을 읊음

18. 건축

(1) 15세기의 건축

① **건축물의 특징**
 ⓒ 사원 위주의 고려와 달리 궁궐 · 관아 · 성문 · 학교 등을 중심으로 건축
 ⓛ 건물주의 신분에 따라 크기와 장식에 일정한 제한
② **대표적 건축물** : 경복궁, 창덕궁, 창경궁, 창경궁의 명정전과 도성의 숭례문, 창덕궁의 돈화문, 개성의 남대문과 평양의 보통문, 무위사 극락전, 해인사의 장경판전, 원각사지 10층 석탑(세조 13, 1467) 등
③ **정원** : 인공을 가하지 않은 자연미가 특색

19. 공예와 자기

(1) 공예의 발달

① 실용성과 검소함을 중시해 사치품보다는 생활필수품이나 문방구 등이 특색 있게 발달
② 보석류는 그리 쓰이지 않았으며, 나무 · 대 · 흙 · 왕골 등 흔하고 값싼 재료가 많이 이용됨, 소박하고 견고

(2) 자기

① **분청 사기** : 고려 자기를 계승
 ⓒ **특징** : 안정된 모양과 소박하고 천진스러운 무늬가 어우러져 구김살 없는 우리의 멋을 잘 표현
 ⓛ **침체** : 16세기부터 세련된 백자가 본격적으로 생산되면서 생산이 감소
② **백자** : 16세기에는 순수 백자가, 17세기 이후에는 청화 백자가 유행하고 철화 백자 · 진사 백자 등이 등장

한눈에 쏙~

시대별 자기의 변천

순수 청자 (11세기) ▶ 상감 청자 (12세기) ▶ 분청 사기 (15세기 전후) ▶ 순수 백자 (16세기) ▶ 청화 백자 (17~18세기)

20. 그림과 글씨

(1) 그림

① 15세기
  ㉠ 특징 : 중국 화풍을 선택적으로 소화하여 우리의 독자적인 화풍을 개발, 일본 무로마치 시대의 미술에 영향을 미침
  ㉡ 대표적 화가
    • 안견 : 화원 출신, 대표작 몽유도원도
    • 강희안 : 문인 화가, 대표작 고사관수도
    • 최경 : 도화서 화원으로 인물화의 대가, 대표작 채희귀한도

② 16세기
  ㉠ 특징 : 다양한 화풍이 발달, 강한 필치의 산수화, 선비의 정신 세계를 표현한 사군자 등
  ㉡ 대표적 화가
    • 이상좌 : 노비 출신으로 화원에 발탁, 대표작 송하보월도
    • 이암 : 동물들의 모습을 사랑스럽게 그림
    • 신사임당 : 풀과 벌레를 소박하고 섬세하게 표현, 대표작 화훼초충도
    • 삼절(三絶) : 황집중은 포도, 이정은 대나무(묵죽도), 어몽룡은 매화(월매도)를 잘 그림

(2) 서예

① 양반의 필수 교양으로 여겨져 명필가가 다수 등장하고 독자적 서체가 개발됨
② 4대 서예가 : 안평대군, 김구, 양사언, 한호(한석봉)

SEMI-NOTE

음악, 무용, 연극
• 15세기 음악
  – 궁중 음악 : 음악을 교화 수단으로 여겼고, 국가의 의례와 밀접히 관련되어 중시함
  – 세종 : 정간보를 창안, 아악을 체계화 등
• 16세기 음악 : 가사, 시조, 가곡, 민요 등이 민간에 널리 확산됨
• 무용
  – 궁중과 관청 : 의례에서 음악과 함께 춤을 선보임, 나례춤, 처용무
  – 서민 : 민간에서는 농악무 · 무당춤 · 승무 등 전통 춤을 계승 · 발전
• 연극 : 산대놀이라는 가면극과 꼭두각시 놀이라는 인형극도 유행, 민간에서 굿이 유행하여 촌락제, 별신굿 등으로 분화 · 발전

04장 근세의 성립과 발전

9급공무원
한국사

나두공

05장 근대 태동기의 변동

01절 정치 상황의 변동

1. 정치 구조의 변화

(1) 비변사의 기능 강화

비변사의 설치

조선 초기의 군사 제도는 그 특성상 적의 침입에 즉각적으로 대응하는 것이 어려웠음. 이에 남쪽 해안과 북쪽 국경 지대에 대한 국방대책을 사전에 마련하고자 중종 때 설치한 것이 비변사임. 한때 폐지론이 있기도 하였던 비변사는 임진왜란을 계기로 중시되기 시작함

① 비변사의 설치 : 3포 왜란(중종 5, 1510)을 계기로 여진족과 왜구에 대비하기 위하여 설치, 임시 회의 기구
② 을묘왜변(명종 10, 1555)을 계기로 상설 기구화 되어 군사 문제를 처리
③ 기능 강화 : 임진왜란을 계기로 기능 및 구성원이 확대
  ㉠ 기능의 확대 · 강화 : 최고 합의 기구로서 작용
  ㉡ 참여 구성원의 확대 : 전 · 현직 정승, 공조를 제외한 5조의 판서와 참판, 각 군영 대장, 대제학, 강화 유수 등 국가의 중요 관원들로 확대
④ 영향 : 왕권이 약화, 의정부와 육조 중심의 행정 체계도 유명무실, 세도 정치의 중심 기구로 작용
⑤ 폐지 : 1865년 흥선대원군의 개혁 정책으로 비변사는 폐지되고, 일반 정무는 의정부가, 국방 문제는 삼군부가 담당

(2) 삼사 언론 기능의 변질

① 붕당의 이해를 대변 : 삼사의 언론 기능도 변질되어 각 붕당의 이해 관계를 대변
② 혁파 : 삼사의 언론 기능은 변질 · 위축되었고 전랑의 권한은 영 · 정조의 탕평정치를 거치며 혁파됨

2. 군사 제도의 개편

(1) 중앙 군사 제도

삼수병의 성격

선조 26년(1593) 10월 임금의 행차가 서울로 돌아왔으나, 성 안은 타다 남은 건물 잔해와 시체로 가득 하였다. 기아에 시달린 백성들은 인육을 먹기도 하고, 외방에서는 곳곳에서 도적들이 일어났다. 이때 임금께서 도감을 설치하여 군사를 훈련시키라는 명을 내리시고는 나를 그 책임자로 삼으시므로 청하기를, "쌀 1천 석을 군량으로 하되, 한 사람당 하루에 2승씩 준다고 하여 군인을 모집하면 응하는 자가 사방에서 몰려들 것입니다."라고 하였다. …… 얼마 지나지 않아 수천 명을 얻어 조총 쏘는 법과 창 · 칼 쓰는 기술을 가르치도록 하였다. 또 당번을 정하여 궁중을 숙직하게 하고, 임금의 행차에 호위하게 하니 민심이 점차 안정되었다.

— 〈서애집〉 —

① 개편 방향 : 임진왜란을 경험한 후 새로운 군영의 필요성을 인식하여 효과적인 편제와 훈련 방식을 모색하게 됨
② 5군영(중앙군) 설치
  ㉠ 훈련도감(1593)
    • 설치 : 임진왜란 중 왜군의 조총에 대응하고 국방력을 강화하기 위해 유성룡의 건의에 따라 용병제를 토대로 설치(→ 조선 후기 군제의 근간이 됨)
    • 편제 : 삼수병(포수 · 사수 · 살수)으로 편성
    • 성격 : 장기간 근무하며 일정 급료를 받는 장번급료병, 직업 군인의 성격
    • 폐지 : 1881년에 별기군이 창설되어 그 다음해 폐지됨
  ㉡ 총융청(1624) : 이괄의 난을 진압한 직후에 설치, 북한산성 및 경기 일대의 수비 담당, 경기도 속오군에 배치, 경비는 스스로 부담

ⓒ 수어청(1626) : 남한산성의 수비 군대, 경기도 속오군에 배치, 경비는 스스로 부담

ⓔ 어영청(1628) : 수도 방어 및 북벌의 본영으로서 역할, 내삼청 등과 함께 정권 유지의 방편으로 이용되기도 함

ⓜ 금위영(1682) : 기병으로 구성되어 궁궐 수비 담당, 번상병, 비용은 보로 충당

③ 5군영의 성격 : 임기응변적 설치, 서인 정권의 군사적 기반

(2) 지방 군사 제도

① 제승방략 체제(制勝方略體制) : 유사시에 필요한 방어처에 병력을 동원하여 중앙에서 파견되는 장수가 지휘하는 체제

② 속오군(束伍軍) : 양천혼성군, 속오법에 따른 훈련과 편성

ⓐ 편제 : 양반으로부터 노비까지 향민 전체가 속오군으로 편제됨

ⓑ 동원 : 농한기에만 훈련에 참가, 평상시에는 생업에 종사하고 유사시에 전투

3. 붕당(朋黨)의 형성

(1) 근본 원인

① 직접적으로는 양반의 증가, 근본적으로는 양반의 특권 유지 때문에 발생

② 언론 삼사 요직의 인사권과 추천권을 가진 이조 전랑을 둘러싼 대립

(2) 사림 세력의 갈등

① 사림의 정국 주도 : 선조가 즉위하면서 향촌에서 기반을 다져 온 사림 세력이 대거 중앙 정계로 진출하여 정국을 주도

② 사림의 갈등 : 척신 정치의 잔재를 어떻게 청산할 것인가를 둘러싸고 갈등

ⓐ 기성 사림 : 명종 때부터 정권에 참여해 온 세력

ⓑ 신진 사림 : 향촌에서 기반을 다진 후 선조 때부터 중앙에 진출

(3) 동인과 서인의 분당(선조 8, 1575)

① 배경 : 기성 사림의 신망을 받던 심의겸(서인)과 신진 사림의 지지를 받던 김효원(동인) 사이의 대립으로 동·서인으로 분당되면서 붕당이 형성

② 동인(東人)

ⓐ 이황·조식·서경덕의 학문을 계승(급진적·원칙적 주리학파)

ⓑ 김효원, 우성전, 이산해, 이발 등 신진 세력의 참여로 먼저 붕당의 형세를 이룸

ⓒ 명종 때 정치에 참여하지 않은 신진 사림, 척신 정치 잔재의 청산에 적극적

③ 서인(西人)

ⓐ 이이와 성혼의 문인들이 가담함으로써 붕당의 모습을 갖춤(점진적·현실적 주기학파)

ⓑ 심의겸, 박순, 윤두수, 윤근수, 정철 등

ⓒ 명종 때 정치에 참여했던 기성 사림, 척신 정치 잔재 청산에 소극적

SEMI-NOTE

제승방략 체제

유사시 각 읍의 수령들이 군사를 이끌고 지정된 방위 지역으로 간 후, 한양에서 파견된 장수 또는 해당 도의 병수사를 기다렸다가 지휘를 받는 전술. 이러한 제승방략 체제는 후방 지역에 군사가 없으므로 일차 방어선이 무너진 후에는 적의 공세를 막을 방법이 없다는 치명적인 단점이 있으며, 이는 임진왜란 초기 패전의 한 원인이 됨

이조 전랑

젊고 명망 있는 홍문관 유신 중에서 임명되는 정5품의 관직으로, 당하관·언론 삼사 요직 및 재야인사 등의 인사권, 후임 전랑 추천권 등의 권한을 가지고 있었음. 전랑은 삼사의 의견을 통일하고 인사권과 언론권을 장악할 수 있는 막강한 권한을 가지고 있었으므로, 전랑직을 둘러싸고 붕당 간 다툼이 치열하게 전개됨

주리론과 주기론

• 주리론 : 도덕적 원리인 이 중시, 이황
• 주기론 : 경험적 세계인 기 중시, 이이

동인과 서인의 분당

선조 8년(1575), 김효원이 이조 전랑으로 천거됨. 이에 인순왕후의 동생인 심의겸은 김효원에 대하여 이조 전랑이 될 자격이 없다며 적극 반대함. 그의 반대에도 불구하고 김효원은 이조 전랑이 되었다가 얼마 후 다른 곳으로 자리를 옮기게 되었는데, 그 후임으로 천거된 사람이 바로 심의겸의 아우 심충겸이었음. 김효원은 왕의 외척으로서 이조 전랑이 되는 것은 바르지 못하다는 이유로 심충겸이 이조 전랑에 오르는 것을 반대함. 사람들은 심의겸이 집이 도성 서쪽 정동에 있다 하여 그의 일파를 서인, 김효원의 집이 도성 동쪽 건천동에 있다 하여 그의 일파를 동인이라고 불렀음

남 · 북인의 분당

동서 분당 후 처음에는 동인이 정국을 주도하였는데 정여립 모반 사건(1589)으로 동인은 잠시 위축(서인이 잠시 주도)됨. 그러나 정철의 건저상소 사건(1591)으로 정철 등 서인이 실권을 잃고 동인이 다시 집권하였음. 이때 동인은 서인에 대한 처벌을 두고 강경 · 급진파인 북인과 온건파인 남인으로 분열

제1차 예송 논쟁(기해예송)

성리학적 종법에 따르면 자식이 부모보다 먼저 죽었을 경우, 부모는 그 자식이 적장자라면 3년간, 적장자가 아니라면 1년간 상복을 입어야 함. 이에 따라 차남이면서 왕위에 오른 효종의 사망과 관련하여 자의대비의 복상 기간을 두고 벌어진 것이 바로 제1차 예송 논쟁임. 서인은 성리학적 종법에 따라 1년을, 남인은 왕인 효종을 적장자로 보아 3년을 주장했음. 종법의 해석과 권력이 연계되어 민감한 사안이 된 1차 예송 논쟁은 적장자와 차남의 구분 없이 1년간 상복을 입도록 규정한 〈경국대전〉에 따라 서인의 승리로 돌아감. 그러나 실제로 종법과 관련되어 확정된 것은 없었으며 그로인해 2차 예송 논쟁이 일어나게 됨

2차 예송 논쟁(갑인예송)

효종의 비인 인선왕후의 사망 후 그 시어머니인 자의대비의 복상 기간을 두고 벌어짐. 효종을 적장자로 인정한다면 1년, 차남으로 본다면 9개월이 복상 기간임. 2차 예송 논쟁 결과 남인 정권이 수립됨

(4) 붕당의 성격

① 16세기 왕권이 약화되고 사림 정치가 전개되면서 형성

② 정치 이념과 학문 경향에 따라 결집(→ 정파적 성격과 학파적 성격을 동시에 지님)

4. 붕당 정치의 전개

(1) 동인의 분열

① 동인의 우세 : 동서 분당 후 처음에는 동인이 수적 우세를 바탕으로 정국 주도

② 남 · 북인의 분당 : 온건파인 남인(이황 학파)과 급진파인 북인(서경덕 · 조식 학파)으로 분당

(2) 광해군의 정치와 인조 반정

① 중립 외교 : 명과 후금 사이에서 중립 외교 전개, 전후 복구 사업 추진

② 북인의 독점 : 광해군의 지지 세력인 북인은 서인과 남인 등을 배제

③ 인조 반정(1623) : 폐모살제(廢母殺弟) 사건(인목대비 유폐, 영창대군 살해), 재정 악화, 민심 이탈 등을 계기로 발발한 인조 반정으로 몰락

(3) 붕당 정치의 진전

① 연합 정치 : 인조 반정을 주도한 서인은 남인 일부와 연합하여 정국을 운영, 서로의 학문적 입장을 인정하고 상호 비판적인 공존 체제를 이룸

② 학문적 경향 : 이황과 이이의 학문(주자 중심의 성리학)이 확고한 우위를 차지

③ 여론의 주재 : 주로 서원을 중심으로 여론이 모아져 중앙 정치에 반영되었는데, 학파에서 학식과 덕망을 겸비한 산림(山林)이 재야에서 그 여론을 주재

④ 서인의 우세 : 이후 현종 때까지는 서인이 우세한 가운데 남인과 연합하여 공존하며 서인 정권 스스로 전제와 독주를 경계

(4) 자율적 예송 논쟁과 붕당의 공존

① 예송 논쟁의 전개

  ㉠ 제1차 예송 논쟁(기해예송, 1659)

   • 효종 사망 시 자의대비의 복제를 두고 송시열 · 송준길 등 서인은 1년설을, 윤휴 · 허목 · 허적 등 남인은 3년설을 주장

   • 서인 : 효종이 적장자가 아님을 들어 왕과 사대부에게 동일한 예가 적용되어야 한다는 입장(왕사동례)에서 1년설을 주장

   • 남인 : 왕에게는 일반 사대부와 다른 예가 적용되어야 한다는 입장(왕사부동례)에서 3년설을 주장

   • 실권을 장악하고 있던 서인의 주장(1년설)이 수용되어 서인 집권이 지속됨

  ㉡ 제2차 예송 논쟁(갑인예송, 1674)

   • 효종 비의 사망 시 서인은 9개월을, 남인은 1년을 주장

   • 남인의 주장이 수용되어 남인이 집권하고 서인이 약화됨

② 붕당의 공존 : 갑인예송의 결과 남인의 우세 속에서 서인과 공존하는 정국은 경신환국(1680)으로 분열과 대립이 격화되기까지 정국 지속

(5) 붕당 정치의 성격 및 평가

① 정치적 성격의 변천
  ㉠ 붕당 정치의 성격 : 학연과 지연을 바탕으로 붕당 간 치열한 정권 다툼 전개
  ㉡ 붕당 정치의 변천
    • 초기 : 상대 붕당을 소인당(小人黨), 자기 붕당을 군자당(君子黨)이라 주장
    • 후기 : 모두 군자당으로 보고, 견제와 협력을 바탕으로 한 붕당 정치 전개
② 평가
  ㉠ 긍정적 측면 : 공론(公論)의 수렴, 언로(言路)의 중시, 산림(山林)의 출현
  ㉡ 한계 : 붕당이 내세운 공론은 백성들의 의견이 아니라 지배층 의견 수렴에 그침

5. 붕당 정치의 변질

(1) 붕당간의 대립 격화

① 배경
  ㉠ 일당 전제화의 추세 : 숙종 때에 이르러 붕당 사이의 견제와 균형이 무너지면서 특정 붕당이 정권을 독점하는 일당 전제화의 추세가 대두(→ 환국 발생)
  ㉡ 노론과 소론의 대립 : 노론은 송시열을 중심으로 하여 대의명분과 민생안정을 강조하는 반면, 소론은 윤증을 중심으로 하여 실리를 중시하고 적극적 북방 개척을 주장
  ㉢ 정치적 쟁점의 변화 : 사상적 문제에서 군사력과 경제력 확보에 필수적인 군 영장악으로 이동
② 결과 : 서인과 남인의 공조체제 붕괴와 환국(換局)의 빈발, 외척의 비중 강화, 비변사 기능 강화, 전랑의 정치적 비중 약화

(2) 붕당 정치의 변질 ★빈출개념

① 경신환국(경신대출척, 숙종 6, 1680)
  ㉠ 서인 집권 : 서인이 허적(남인)의 서자 허견 등이 역모를 꾀했다 고발하여 남인을 대거 숙청
  ㉡ 결과 : 서인은 남인의 처벌을 놓고 온건론인 소론(윤증), 강경론인 노론(송시열)으로 분열
② 기사환국(숙종 15, 1689) : 숙종이 희빈 장씨 소생인 연령군(경종)의 세자 책봉에 반대하는 서인(송시열, 김수항 등)을 유배·사사하고, 인현왕후를 폐비시킴
③ 갑술환국(갑술옥사, 숙종 20, 1694)
  ㉠ 폐비 민씨 복위 운동을 저지하려던 남인이 실권하고 서인이 집권
  ㉡ 남인은 재기 불능이 되고, 서인(노론과 소론) 간에 대립하는 일당 독재 정국이 전개
④ 병신처분(1716) : 소론을 배제하고 노론을 중용

⑤ 정유독대(1717) : 숙종과 노론의 영수 이이명의 독대를 통해 병약한 세자(경종)를 대신해 연잉군(영조)을 후사로 논의

⑥ 신임옥사(신임사화)(1721~1722) : 노론 축출, 소론 일당정국

　　㉠ 신축옥사(신축환국)(1721) : 경종 때 소론이 세자책봉 문제로 노론을 축출

　　㉡ 임인옥사(1722) : 경종 때 소론이 경종 시해와 연잉군(영조) 옹립 음모를 고변해 노론을 탄압

(3) 붕당 정치의 변질 결과

① 정치 운영의 변화 : 환국으로 왕과 직결된 외척이나 종실 등의 정치 권력 확대

② 붕당 정치의 기반 붕괴 : 일당 전제화, 비변사의 기능 강화, 언론 기관이나 재지사족의 정치참여 곤란(전랑의 권력 약화)

③ 벌열 가문의 정권 독점 : 공론이 아닌 개인이나 가문의 이익을 우선

④ 양반층의 분화 : 양반층의 자기 도태로 다수의 양반이 몰락

⑤ 서원의 역할 변화 : 양반의 낙향이 늘어 서원이 남설되었고, 서원 고유의 여론 형성 기능이 퇴색함

6. 탕평론

(1) 탕평론의 배경

붕당 정치의 변질로 인한 극단적 정쟁과 정치 세력 간 균형의 붕괴, 사회 분열 등의 문제가 발생, 국왕이 강력한 왕권을 토대로 정치의 중심에서 세력 균형을 유지하고자 하는 탕평론이 제기

(2) 탕평론의 전개

① 제기 : 숙종 때

　　㉠ 숙종 이전 : 서인과 남인이 공존하던 자율적 붕당 시대(17세기 전반)

　　㉡ 숙종 이후 : 왕에 의한 타율적 균형책으로 탕평론이 제기됨

② 목적 : 인사 관리를 통한 정치적 세력 균형의 유지

③ 한계 : 숙종의 탕평책은 명목상의 탕평론에 지나지 않아 균형의 원리가 지켜지지 않았고, 노론 중심의 편당적인 인사 관리로 환국이 일어나는 빌미를 제공

7. 영조의 탕평 정치

(1) 즉위 초기의 정국

① 탕평교서(蕩平敎書) 발표 : 탕평교서를 통해 어지러운 정국을 바로잡으려 하였으나 실패

② 이인좌의 난(영조 4, 1728) 발생

　　㉠ 소론 강경파와 남인 일부가 경종의 죽음에 영조와 노론이 관계되었다고 주장하며, 영조의 탕평책에 반대하여 반란

　　㉡ 붕당 관계를 재편성하는 계기가 됨

(2) 탕평파 중심의 정국 운영

① 탕평파 육성 : 붕당의 정치적 의미는 퇴색되고 정치권력은 왕과 탕평파로 집중

② 산림의 존재 부정 : 붕당의 뿌리를 제거하기 위하여 본거지인 서원을 대폭 정리

③ 이조 전랑의 권한 약화 : 자대권(후임자 천거권) 및 낭천권의 관행을 없앰

8. 정조의 탕평 정치

(1) 탕평 정치의 추진

① 추진 방향 : 정조는 영조 때보다 더욱 강력한 탕평책을 추진하고 이를 통해 왕권 강화

② 진붕(眞朋)과 위붕(僞朋)의 구분 : 각 붕당의 주장이 옳은지 그른지를 명백히 가리는 적극적인 탕평(준론탕평)을 추진

③ 남인(시파) 중용 : 노론(벽파) 외에 소론의 일부 세력과 그 동안 정치에서 배제되었던 남인 계열이 중용됨

(2) 왕권의 강화

① 인사 관리 : 붕당의 입장을 떠나 의리와 명분에 합치되고 능력 있는 사람을 중용

② 규장각의 설치 · 강화
  ㉠ 설치 : 본래 역대 왕의 글과 책을 수집 · 보관하기 위한 왕실 도서관의 기능
  ㉡ 기능 강화 : 국왕 비서실, 문신 교육, 과거 시험 주관 등의 기능을 통합적으로 부여하여 권력과 정책을 뒷받침할 수 있는 강력한 정치기구로 육성
  ㉢ 서얼 등용 : 능력 있는 서얼을 등용하여 규장각 검서관 등으로 임명

③ 초월적 군주로 군림하면서 스승의 입장에서 신하를 양성하고 재교육

④ 초계문신제(抄啓文臣制) 시행 : 신진 인물이나 중 · 하급(당하관 이하) 관리 가운데 능력 있는 자들을 재교육시키고 시험을 통해 승진

⑤ 장용영(壯勇營) 설치 : 친위 부대인 장용영을 설치하여 각 군영의 독립적 성격을 약화시키고 병권을 장악함으로써 왕권을 뒷받침하는 군사적 기반을 갖춤

(3) 화성(華城)의 건설

① 수원에 화성을 세워 정치적 · 군사적 기능을 부여

② 상공인을 유치하여 자신의 정치적 이상을 실현하는 상징적 도시로 육성하고자 함

③ 화성 행차 시 일반 백성들과의 접촉 기회를 확대하여 이들의 의견을 정치에 반영

(4) 수령의 권한 강화

① 수령이 군현 단위의 향약을 직접 주관하게 해 사림의 영향력을 줄이고 수령의 권한을 강화

② 지방 사족의 향촌 지배력 억제, 국가의 통치력 강화

(5) 정조의 문물·제도 정비 ★빈출개념

① 민생 안정과 서얼 · 노비의 차별 완화, 청과 서양의 문물 수용, 실학 장려

탕평교서
붕당 간 정쟁의 폐단을 지적하고 탕평의 필요성을 주장한 교서

시파와 벽파
정조의 아버지인 사도세자와 관련된 국론 분열은 영조 때부터 존재해 왔음. 이로 인한 대립은 정조 즉위 후 심화되었는데 이때 정조에게 동의한 무리를 시파, 반대한 무리를 벽파라고 함

규장각 검서관
규장각 각신의 보좌, 문서 필사 등의 업무를 맡은 관리로, 대부분이 서얼 출신이었음. 정조는 규장각 검서관을 매우 중시하여 정직이 아닌 잡직임에도 까다롭게 임명함. 초대 검서관에는 이덕무, 유득공, 박제가 등이 임명됨

수원 화성
흙으로 단순하게 쌓은 읍성을 조선 정조 때 석약으로 축조하면서 화성이라고 불리게 되었음. 정약용의 이론을 설계 기침으로 삼아 축조된 과학적인 구조물. 돌과 벽돌을 과감하게 혼용하였다는 점, 거중기를 활용하였다는 점, 용재건축이나 가구 등에 쓰는 나무를 규격화하였다는 점, 화포를 주무기로 삼았다는 점 등을 특성으로 함. 1997년에 유네스코 세계문화 유산으로 등록되었음

탕평 정치의 성격 및 한계
여러 정책들이 보수적인 성격을 띠고 있었고, 정치 운영 면에서는 왕의 개인적인 역량에 크게 의존하였으므로 탕평 정치가 구조적인 틀을 갖추어 안정적으로 유지되기는 어려웠음

② 신해통공(1791) : 상공업 진흥과 재정 수입 확대를 위해 육의전을 제외한 금난전권 철폐

③ 문체 반정 운동 : 문화 정책의 일환으로, 박지원 등이 패사소품체(稗史小品體)를 구사해 글을 쓰자 문체를 정통 고문으로 바로잡으려 한 것

④ 편찬
  ㉠ 대전통편 : 〈경국대전〉을 원전으로 하여 통치 규범을 전반적으로 재정리하기 위하여 편찬한 것으로, 규장각 제도를 법제화
  ㉡ 형조의 사례집으로 〈추관지〉를, 호조의 사례집으로 〈탁지지〉를 편찬
  ㉢ 동문휘고, 증보문헌비고(상고 시대 이후 우리나라의 제도 · 문물을 정리한 백과사전)
  ㉣ 무예도보통지(이덕무 · 박제가 · 백동수 등이 왕명으로 편찬한 병법서)
  ㉤ 제언절목, 규장전운, 홍재전서 · 일득록

9. 세도 정치

(1) 세도 정치의 성립

① 의의 : 세도 정치란 종래의 일당 전제마저 거부하고 특정 가문이 권력을 독점하는 정치 형태로서, 가문의 사익을 위해 정국이 운영되어 정치 질서가 붕괴됨
② 성립 배경
  ㉠ 탕평 정치로 왕에게 권력이 집중된 것이 19세기 세도 정치의 빌미가 됨
  ㉡ 정치 세력 간의 균형이 깨지고 몇몇 유력 가문의 인물에게 권력이 집중됨

(2) 세도 정치의 전개

① 순조(23대, 1800~1834)
  ㉠ 정순왕후의 수렴청정 : 정조 때 정권에서 소외되었던 노론 벽파 세력이 정국을 주도하고 인사권 · 군권 장악, 장용영을 혁파하고 훈련도감을 정상화시켜 이를 장악
  ㉡ 안동 김씨 일파의 세도 정치 전개 : 정순왕후 사후 벽파 세력이 퇴조, 순조의 장인 김조순의 안동 김씨 일파가 세도 정치를 전개
② 헌종(24대, 1834~1849) : 헌종의 외척인 풍양 조씨 가문이 득세
③ 철종(25대, 1849~1863) : 김문근 등 안동 김씨 세력이 다시 권력 장악

10. 세도 정치기의 권력 구조

(1) 가문 정치(家門政治)

① 정치 기반 축소 : 중앙 정치를 주도하는 것은 소수의 가문으로 축소
② 유력 가문의 권력 독점 : 왕실 외척으로서의 정치 권력, 산림으로서의 명망, 관료 가문의 기반을 동시에 가지고 권력 독점

(2) 권력 구조 및 기반

세도 정치
순조 · 헌종 · 철종의 3대 60여 년 간에 걸친 세도 정치하에서 왕정(王政)과 왕권은 명목에 지나지 않았고, 왕도 정치는 하나의 허구에 지나지 않았음. 세도 가문은 정치적 기능이 강화된 비변사를 거의 독점적으로 장악하여 권력을 행사하였고, 훈련도감 등의 군권도 장기적으로 독점하여 정권 유지의 토대를 확고히 함

① 정2품 이상의 고위직만이 정치적 기능을 발휘

② 의정부와 육조는 유명무실화되고 실질적인 힘은 비변사로 집중

③ 훈련도감(5군영) 등의 군권을 장기적으로 독점하여 정권 유지의 토대를 다짐

11. 세도 정치의 한계와 폐단

(1) 세도 정권의 한계

① 사회 개혁 의지와 능력 결여 : 개혁 세력의 정치 참여 배제, 사회 통합 실패

② 지방 사회에 대한 몰이해 : 세도가들은 도시 귀족의 체질을 지녔고 집권 후 개혁 의지도 상실하여 상대적으로 뒤떨어진 지방 사회의 사정을 이해하지 못함

(2) 세도 정치의 폐단

① 왕권의 약화 : 세도가의 권력 독점과 인사 관리의 전횡

② 정치 기강의 문란 : 매관매직(賣官賣職)의 성행, 수령·아전들의 수탈, 삼정의 문란

③ 상품 화폐 경제의 발전 저해, 농민 봉기의 발생

12. 대청 외교

(1) 청과의 관계

① 북벌 정책의 추진 : 적개심이 남아 북벌 정책을 오랫동안 고수, 전란 후 민심 수습과 국방력을 강화하는 데 기여

② 청의 발전과 북학론의 대두

   ㉠ 청은 전통 문화를 장려하고 서양 문물을 수용해 문화 국가로 변모

   ㉡ 학자들 중 일부는 청을 배척하지만 말고 이로운 것은 배우자는 북학론을 제기

(2) 청과의 영토 분쟁

① 국경 분쟁 : 청이 만주 지방을 성역화하면서 우리나라와 국경 분쟁이 발생

② 백두산 정계비 건립(숙종 38, 1712) : 청의 오라총관 목극등 등과 조선 관원들이 백두산 일대를 답사하여 국경을 확정하고 건립

③ 간도 귀속 문제 : 우리가 불법적으로 외교권을 상실한 상태에서 청과 일본 사이에 체결된 간도 협약(1909)에 따라 청의 영토로 귀속

13. 대일 외교

(1) 기유약조(광해군 1, 1609)

① 선조 37년(1604), 유정(사명당)을 파견하여 일본과 강화하고 3,000여 명의 조선인 포로를 송환

② 기유약조를 맺어 부산포에 다시 왜관 설치, 제한된 범위 내에서 교섭 허용(1609)

(2) 통신사(通信使)의 파견

붕당 정치와 세도 정치

세도 정치는 기존의 일당 전제마저 거부하고 특정 가문에서 권력을 독점하는 정치 형태. 붕당 정치가 이루어지던 시기에는 붕당들이 서로 대립하면서 어느 정도 여론을 수렴하였으며 정치적 명분을 내세워 사회 변동에 대처하기도 하였으나, 세도 정치 시기에는 세도 정권에 대해 비판을 할 수 있는 세력이 없었으므로 이들의 권력 행사를 견제할 방법이 없었음

철거전 백두산 정계비

간도 협약

1909년 일본은 남만 철도의 안봉선 개축을 두고 청과 흥정하여 철도 부설권을 얻는 대신 청에게 간도 지방을 넘겨주었음

통신사 행렬도

울릉도와 독도 문제
- **충돌의 원인** : 삼국 시대 이래 우리의 영토였으나 일본 어민들이 자주 침범
- **안용복의 활동** : 숙종 때 동래의 어민인 안용복은 울릉도에 출몰하는 일본 어민들을 쫓아내고, 일본에 2차례 건너가 울릉도와 독도가 조선의 영토임을 확인받고 돌아옴
- 19세기 말 정부는 울릉도에 주민 이주를 장려하고 군을 설치하여 관리를 파견, 독도까지 관할하게 함

조선 후기의 수탈과 통제 강화
- 수령과 향리 중심의 향촌지배방식으로 바뀜에 따라 이들에 의한 농민 수탈이 증가
- 농민의 이탈 방지를 위해 호패법과 오가작통제를 강화

영정법
세종 때 정비된 전분 6등법과 연분 9등법은 과세 기준이 복잡하고 토지의 작황을 일일이 파악해야 했으므로 적용이 번거로웠음. 그리하여 15세기 말부터는 4~6두를 징수하는 것이 관례화됨. 임진왜란을 거치며 토지가 황폐해지고 백성들의 삶이 피폐해지자 토지의 비옥도에 따라 전세를 정액화하는 영정법이 시행됨. 그러나 결과적으로는 큰 실효를 거두지 못함.

① 조선의 선진 문화를 받아들이고, 막부의 권위를 인정받기 위해 사절 파견을 요청
② 사절의 파견 : 조선에서는 1607년부터 1811년까지 12회에 걸쳐 사절을 파견

02절 경제 구조의 변동

1. 수취 체제 개편의 배경 및 내용

(1) 개편의 배경

① 농촌사회의 붕괴 : 양난(兩亂)으로 인한 농민의 피해, 경작지 황폐화
② 정부 대책의 미흡 : 양반 지배층은 정치적 다툼에 몰두하여 민생 문제에 대처하지 못하였고, 복구를 위한 정부의 대책은 미봉책에 그침

(2) 개편의 내용 및 한계

① 개편의 기본 방향 : 농민들의 부담을 줄이고 지주의 부담은 늘림
② 개편의 내용 : 전세는 영정법, 공납은 대동법, 군역은 균역법으로 개편
③ 개편의 한계 : 결국 양반 중심의 지배체제 유지에 목적이 있었기에 농민 부담은 별로 줄지 않음

2. 전세(田稅) 제도의 개편

(1) 경제 상황과 정부의 개선책

① 양 난 이후의 경제 상황 : 당시 토지 결수가 임진왜란 전 150만 결에서 직후 30여만 결로 크게 감소
② 정부의 개선책
   ㉠ 개간 장려 : 진전(陳田)의 개간 등
   ㉡ 양전 사업 : 양안에서 빠진 토지(은결)를 찾아 전세의 수입원을 증대하려는 의도
③ 정부 정책의 한계 : 농민들의 삶을 향상시킬 수 없는 미봉책에 불과

(2) 영정법(永定法)의 시행(인조 13, 1635)

① 내용 : 풍흉에 관계없이 토지 1결당 미곡 4두로 전세를 고정(→ 전세의 정액화)
② 결과
   ㉠ 전세의 비율이 이전보다 다소 낮아짐
   ㉡ 전세 납부 시 부과되는 수수료와 운송비의 보충 비용 등이 전세액보다 많아 오히려 농민의 부담이 가중됨

3. 공납의 전세화

(1) 공납의 폐해

05章 근대 태동기의 변동

① 방납의 폐해 : 농민들의 토지 이탈 가속

② 국가 재정의 악화 : 양 난 후 더욱 악화

(2) 대동법(大同法)의 시행(광해군 1, 1608)

① 내용 : 토지 결수에 따라 쌀 등으로 납부하게 하고, 정부는 수납한 쌀 등을 공인에게 공가(貢價)로 지급하여 그들을 통해 필요한 물품을 구입

② 실시 목적 : 방납 폐해를 시정, 전후 농민 부담을 경감, 국가 재정 확충

③ 경과 : 양반 지주의 반대가 심해 전국 실시에 100년이란 기간이 소요

- ㉠ 광해군 1년(1608) : 이원익 · 한백겸의 주장으로 선혜청을 설치하고 경기도에서 처음 실시(→ 1결당 16두 징수)
- ㉡ 인조 1년(1623) : 조익의 주장으로 강원도에서 실시
- ㉢ 효종 : 김육의 주장으로 충청도 · 전라도에서 실시
- ㉣ 숙종 34년(1708) : 황해도에서 실시

④ 결과 : 농민 부담 경감, 공납의 전세화, 조세의 금납화, 국가 재정의 회복, 공인(貢人), 상품 화폐 경제의 발달

⑤ 한계 : 현물 징수의 존속, 전세의 전가, 가혹한 수탈

4. 균역법(均役法)의 시행

(1) 군역 제도 개편의 배경

① 5군영의 성립 : 16세기 이후 모병제가 제도화되자 군역을 대신하는 수포군이 점차 증가

② 양역의 폐단 발생

- ㉠ 군포의 중복 징수 : 장정 한 명에게 이중 삼중으로 군포를 부담하는 경우가 빈발
- ㉡ 군포 양의 불균등 및 면역(공명첩, 납속책) 증가, 부정부패 만연

③ 양역(良役)의 회피 증가, 군역에 대한 농민의 저항 발생

④ 양역변통론(良役變通論)의 대두 : 호포론(영조), 농병일치론(유형원) 등

(2) 균역법(영조 26, 1750) ⭐빈출개념

① 내용 : 종전의 군적수포제에서 군포 2필을 부담하던 것을 1년에 군포 1필로 경감

② 부족분의 보충 : 부가세 징수(결작, 선무군관포, 잡세)

③ 결과

- ㉠ 일시적으로 군포 부담이 줄어 농민들의 저항이 다소 진정, 국가 재정도 증가
- ㉡ 군역이 면제되었던 상류 신분층(양반 · 지주)이 군포와 결작을 부담함으로써 군역이 어느 정도 평준화
- ㉢ 결작이 소작 농민에게 전가되어 군적이 다시 문란해짐

5. 농업

(1) 농업 생산력의 증대

공인

대동법 실시 이후 국가에서 필요로 하는 물품을 사서 납부하던 어용 상인. 이들은 국가로부터 미리 지급받은 공가로 수공업자 · 시전 등으로부터 물품을 구매 · 납부하고 수수료나 차액을 차지함. 이들의 등장으로 선대제 수공업의 발달이 더욱 두드러지게 되었는데, 이러한 현상은 조선 후기 자본주의적 요소의 형성 및 발달을 나타내는 요소라고 할 수 있음

군정의 문란

- 족징 : 도망자나 사망자의 체납분을 친족에게 징수
- 인징 : 체납분을 이웃에게 징수
- 백골징포 : 죽은 사람에게 군포를 부과하여 가족이 부담
- 황구첨정 : 어린아이도 군적에 올려 군포 부과
- 강년채 : 60세 이상의 면역자에게 나이를 줄여 부과
- 마감채 : 병역 의무자에게 면역을 대가로 하여 일시불로 군포 징수

군적수포제

16세기 중엽 방군수포제의 폐가 극심해지자 군적수포제를 실시하여 병역 의무자들에게 16개월에 군포 2필만을 부담시키고 현역 복무를 면제받게 하였음. 군적수포제를 통해 복무를 면제받은 사람을 납포군이라고 함

제언절목
정조 2년(1778) 비변사에서 제정한 제언(농업 용수용 수리 시설) 관련 규정. 저수지 면적의 유지, 저수지 관리 방법, 저수지 수축 방법, 인력 동원 방법 등을 규정하고 있음. 〈비변사 등록〉과 〈정조실록〉에 전함

양반 지주의 경제 생활
• 소작료 소득 등을 통한 경제 기반의 유지·확대
• 토지에서 발생하는 수입을 통한 토지 매입에 열중
• 물주(物主)로서 상인에게 자금을 대거나 고리대로 부를 축적
• 경제적 변동에 적응하지 못하여 몰락하는 양반(잔반) 발생

계층 분화 촉진의 요인
농업의 이앙법과 광작, 수공업의 납포장과 선대제 수공업, 상업의 객주와 상인 물주 등

타조법
조선 전기에는 종자와 전세(田稅)는 지주 부담이 원칙이었지만, 조선 후기에 이르면 중부 이남 지방에서는 소작인이, 북부지방에서는 지주가 부담하였음

---

① 농경지 확충 : 황폐한 농토의 개간(농민은 오히려 소유지 감축) 등
② 수리 시설 복구와 관리
　㉠ 제언, 천방, 보(洑) 등 수리 시설 정비·확대
　㉡ 제언사를 설치(현종)하고 제언절목을 반포(정조)하여 국가에서 저수지 관리
③ 시비법 개량 : 거름의 종류 및 거름 주는 방법을 다양하게 개발
④ 새로운 영농 방법 도입을 통한 생산력 증대, 농업 경영의 전문화·다양화 : 이앙법, 견종법 등
⑤ 농업 경영 방식의 변화
　㉠ 이앙법(모내기법) 보급
　　• 단위 면적당 경작 노동력이 80% 정도 감소, 농민 1인당 경작 면적도 5배정도 증가
　　• 이앙법 실시로 광작이 발생(→ 부농의 등장)
　㉡ 부농
　　• 지주형 부농 : 지주들도 직접 경작하는 토지를 확대
　　• 경영형 부농 : 자작농은 물론 일부 소작농도 더 많은 농토를 경작
⑥ 상품 작물의 재배 : 쌀, 인삼, 목화, 고추, 약초, 과일, 인삼, 담배(17세기, 일본), 고구마(18세기, 일본), 감자(19세기, 청)

(2) 지주 전호제의 일반화

① 양 난 이후 양반이 토지 개간과 매입을 통해 토지를 확대하여 이를 소작 농민에게 소작료를 받고 임대하는 지주 전호제가 증가하였고, 18세기 말에 일반화됨
② 지주 전호제의 변화
　㉠ 초기 : 양반과 지주라는 지위를 이용하여 소작료 등의 부담을 마음대로 강요
　㉡ 변화 계기 : 상품 화폐 경제가 발달되면서 소작인의 저항이 심해짐
　㉢ 후기 : 지주와 전호 사이의 신분적 관계보다 경제적인 관계로 바뀌어 감

(3) 몰락 농민의 증가

① 토지의 상품화 : 상품 화폐 경제의 발달과 함께 더욱 가속화
② 농민의 이농 현상 : 농촌을 떠나거나 품팔이로 생계를 유지하는 농민이 증가
③ 농민 계층의 분화 : 농촌을 떠난 농민은 도시로 가 상공업에 종사하거나 광산이나 포구의 임노동자가 됨

(4) 지대(地代)의 변화

① 배경
　㉠ 소작 농민들은 더 유리한 경작 조건을 얻기 위하여 지주를 상대로 소작 쟁의를 벌임
　㉡ 이러한 과정에서 소작권을 인정받고, 소작료 부담도 다소 완화됨
② 타조법(打租法) : 전기~후기의 일반적 지대
　㉠ 소작인이 지주에게 수확의 반을 바침(→ 정률 지대)
　㉡ 특징 : 농민에게 불리하고 지주에게 유리

③ 도조법(賭租法) : 후기에 보급

  ㉠ 일정 소작료(대개 평년작을 기준으로 수확량의 1/3)를 납부(→ 정액 지대)

  ㉡ 농민들의 항조 투쟁 결과 18세기에 일부 지방에서 등장

  ㉢ 특징 : 소작인에게 유리(→ 지주와 전호 간에 계약 관계, 지주제 약화)

④ 도전법(賭錢法)

  ㉠ 18세기 말 이후 상품 화폐 경제의 진전에 따른 소작료의 금납화

  ㉡ 소작농의 농업 경영을 보다 자유롭게 해 주는 기반으로 작용

6. 민영 수공업의 발달

(1) 발달 배경

① 시장 경제의 확대

  ㉠ 수요의 증가 : 인구 증가와 관수품 수요 증가

  ㉡ 공급의 증가 : 상품 화폐 경제의 발달로 시장 판매를 위한 수공업품 생산 활발

② 관영 수공업의 쇠퇴 : 16세기 전후 장인들의 공장안 등록 기피로 공장안에 의한 무상 징발이 어려워짐, 정부의 재정 악화 등으로 관영 수공업 체제의 유지가 곤란

(2) 민영 수공업의 발달

① 공장안 폐지(신해통공, 1791) : 정조 때 장인의 등록제를 폐지

② 민간 수요와 관수품의 수요 증가 : 민영 수공업을 통해 증가 수요 충족

③ 점(店)의 발달 : 민간 수공업자의 작업장(철점, 사기점 등), 전문 생산 체제 돌입

(3) 수공업 형태의 변화

① 선대제(先貸制) 수공업 : 17~18세기 수공업의 보편적 형태

② 독립 수공업자의 등장

  ㉠ 18세기 후반에 등장, 독자적으로 제품을 생산·판매하는 수공업자

  ㉡ 수공업자들의 독립 현상은 주로 놋그릇·농기구·모자·장도 분야에서 두드러짐

7. 광업의 발달

(1) 광산 경영의 변화

① 초기(15세기) : 정부의 광산 독점으로 사적인 광산 경영은 통제

② 16세기 : 농민들이 광산으로의 강제 부역을 거부하기 시작함

③ 17세기

  ㉠ 광산 개발 촉진 : 청과의 무역으로 은광의 개발이 활기

  ㉡ 설점수세(효종 2, 1651) : 민간의 사채(私採)를 허가, 정부에서는 별장을 파견하여 수세를 독점

  ㉢ 정부의 감독 아래 허가를 받은 민간인이 광산 채굴 가능

  ㉣ 호조의 별장제(숙종 13, 1687) : 별장이 호조의 경비로 설점을 설치하고 수세를

납포장(納布匠)
자신이 만든 제품을 판매하고 그에 대한 세금으로 국가에 베를 내던 수공업자를 말하며, 주로 지방의 유철장·수철장·주철장을 가리킴

농촌 수공업의 발달
- 전기의 자급자족 수준에 머물지 않고 전문적으로 상품을 생산하는 농가도 등장
- 주로 옷감(직물)과 그릇 종류를 생산

설점수세제(設店收稅制)
민간인들이 금광·은광 등을 운영 하는 것을 허가하고 그 대가로 세금을 거두는 것. 이는 악화되고 있던 국가의 재정을 보충하고 중국과의 무역을 활성화 하려는 목적으로 실시되었음

은광의 개발
청과의 무역에서는 은이 화폐로서의 기능을 함. 청과의 교역이 활성화됨에 따라 은광의 개발도 활발해짐

관리

④ 18세기

㉠ **호조의 수세 독점** : 관찰사와 수령의 방해로 점차 쇠퇴

㉡ **덕대제와 수령수세** : 18세기 중엽부터는 국가의 감독을 받지 않고 자본(상인 물주)과 경영(덕대)이 분리된 광산 경영 형태가 일반화됨, 수령이 수세를 관리

㉢ 잠채 성행, 자유로운 채광 허용

(2) 조선 후기의 광산 경영의 특징

① **덕대제** : 경영 전문가인 덕대가 상인 물주에게 자본을 조달받아 채굴업자와 채굴 노동자 등을 고용하여 광물을 채굴하고 제련하는 것이 일반화됨

② **협업 체제** : 작업 과정은 분업에 토대를 둔 협업으로 진행

8. 사상(私商)의 성장

(1) 상업 활동의 변화

① 전기의 국가 통제 중심에서 벗어나 후기에는 사경제가 발달함

② 유통 경제의 활성화, 부세 및 소작료의 금납화로 상품 화폐 경제가 더욱 진전, 계층의 분화

(2) 상업 활동의 주역

① 공인(貢人)

㉠ **의의** : 대동법이 실시되면서 나타난 어용 상인

㉡ **공계** : 관청별로 또는 물품별로 공동 출자를 해서 계를 조직하고 상권 독점

㉢ **결과** : 납부할 물품을 수공업자에게 위탁함으로써 수공업의 성장을 뒷받침

㉣ **성장** : 특정 물품에 대한 독점력을 갖게 되어 독점적 도매 상인인 도고로 성장

② 사상(私商)

㉠ **등장** : 17세기 초 도시 근교의 농어민이나 소규모의 생산자 등

㉡ **억제** : 적극적인 상행위는 어려움, 시전 상인의 금난전권으로 위축됨

㉢ **시전과의 대립** : 17세기 후반 사상들은 보다 적극적인 상행위로 종루·이현·칠패 등에 근거지를 마련하고 종래의 시전과 대립

㉣ 새로 점포를 열거나, 금난전권이 적용되지 않는 길목으로 상권 확대

㉤ 사상의 성장을 더 막을 수 없었던 국가가 금난전권을 철폐한 후 성장이 가속화

㉥ **사상의 활동**

• 지방의 장시를 연결하면서 물품을 교역하고, 각지에 지점을 두어 상권을 확장

• 대표적 사상 : 개성의 송상, 경강 상인(선상, 강상), 의주의 만상, 동래의 내상 등

• 도고의 활동 : 주로 칠패·송파 등 도성 주변에서 활동하였으며, 그 외 지방 도시로도 확대

도고

조선 후기, 대규모 자본을 동원하여 상품을 매점매석함으로써 이윤 극대화를 노린 상인을 말함. 국가에서는 신해통공 등을 통해 도고를 혁파하려 하였지만, 관청이나 권세가 등과 결탁한 이들을 근절할 수는 없었음. 이들이 쌀이나 소금 등 생활 필수품까지 매점매석함으로써 상품 부족과 물가 상승이 야기됨

금난전권 폐지

육의전을 제외한 시전의 금난전권 폐지 → 노론의 경제적 기반 약화, 자유 상인이 납부한 세금을 통해 국가 재정 확충

육의전

육주비전·육부전·육분전·육장전·육조비전·육주부전이라고도 하며, 육의전은 선전·면포전·면주전·지전·포전·내외어물전으로 되어 있음. 이들은 국역을 부담하는 대신 정부로부터 강력한 특권을 부여받아 주로 왕실과 국가 의식에 필요한 물품의 수요를 전담하는 등 상품의 독점과 전매권을 행사해 상업 경제를 지배하면서 조선말까지 특권적인 지위를 차지하였고, 갑오개혁 때 혁파됨

9. 포구에서의 상업 활동

(1) 포구(浦口)의 성장

① 성장 배경 : 물화의 대부분이 수로로 운송되었으며, 18세기에 이르러 교통과 운송의 중심지로 성장

② 상업 중심지로 성장 : 포구에서의 상거래는 장시보다 규모가 컸음

(2) 선상(船商)·객주(客主)·여각(旅閣)

① 유통권의 형성 : 선상·객주·여각 등이 포구를 거점으로 상행위를 전개하며 유통권을 형성

② 선상(경강 상인) : 선박을 이용해 각 지방의 물품을 구입한 후 포구에서 처분

③ 객주·여각 : 물화가 포구에 들어오면 매매를 중개하고, 운송·보관·숙박·금융 등의 영업도 함

10. 중계 무역의 발달

(1) 청과의 무역

① 국경 무역 : 17세기 중엽부터 대청 무역이 활발해지면서 의주의 중강과 중국 봉황의 책문 등 국경 지대를 중심으로 개시(공무역)와 후시(사무역)가 동시에 이루어짐

ㄱ 개시(開市) : 공인된 무역 장소, 중강 개시와 북관 개시, 왜관 개시 등이 있음

ㄴ 후시(後市) : 밀무역으로, 책문 후시(柵門後市)가 가장 활발

ㄷ 종사 상인 : 의주의 만상은 대중국 무역을 주도하면서 재화를 축적

ㄹ 중계 상인 : 개성의 송상

② 교역품 : 수출품(은·종이·무명·인삼 등), 수입품(비단·약재·문방구 등)

11. 화폐 유통

(1) 동전(銅錢)과 신용 화폐(信用貨幣)

① 동전의 유통

ㄱ 배경 : 상공업이 발달에 따른 교환의 매개

ㄴ 경과 : 인조 때 동전을 주조하여 개성을 중심으로 통용, 효종 때 널리 유통시킴, 숙종 때 전국적으로 유통

ㄷ 용도 : 18세기 후반부터는 세금과 소작료도 동전으로 대납, 상평통보로 물건 구매

② 신용 화폐의 보급 : 환(換)·어음 등의 신용 화폐가 사용됨

(2) 화폐 유통의 영향

① 긍정적 영향 : 상품 유통 촉진에 기여

SEMI-NOTE

포구의 발달

조선 시대에는 상업 활동이 활발하지 못했으므로 도로가 그리 발달하지 못하였음. 대부분의 세곡을 운반하는 데 사용된 길은 강이나 바다를 이용한 수로였음. 이에 따라 강이나 바다의 포구는 여러 지역에서 운반된 물건들이 모이는 곳으로 자연스럽게 번성하게 되었고, 그와 함께 객주와 여각 등이 출현하였음

거간(居間)

대표적인 중간상인으로 생산자와 상인, 상인과 상인, 상인과 소비자, 국내 상인과 외국 상인 사이에서 거래를 알선하였음

장시의 발달

• 성립과 발전 : 15세기 말 남부 지방에서 시작하여 18세기 중엽에는 전국에 천여 개소가 개설됨. 조선 후기 전국적으로 발달한 장시를 토대로 사상이 성장, 보통 5일마다 정기 시장 개설. 지역적 상권·상업 중심지로 자리 잡고 이윤을 확대

• 보부상(褓負商) : 농촌의 장시를 하나의 유통망으로 연계시킨 상인, 생산자와 소비자를 이어 주는 역할을 한 행상으로서, 장날을 이용하여 활동. 자신들의 이익을 지키고 단결하기 위하여 보부상단이라는 조합을 구성

상평통보

인조 11년(1633) 김신육·김육 등의 건의로 발행. 그러나 사용이 미비하여 유통이 중지되었다가, 숙종 4년(1678) 허적·권대운 등의 주장으로 다시 주조되어 서울과 서북 일부에서 유통되었으며, 이후 전국적으로 확산됨

05장

근대 태동기의 변동

SEMI-NOTE

폐전론의 대두

전황 문제가 심각해지고 전화가 고리대의 수단으로 이용되면서 일부 실학자들은 전화의 보급에 대하여 부정적인 시각을 보이기도 함. 특히 중농학자인 이익은 <곽우록>에서 화폐가 고리대로 이용되는 폐단을 지적하며 폐전론을 주장하기도 하였음

풍속화(자리를 짜는 몰락 양반의 모습)

청요직(淸要職)

조선 시대 관리들이 선망하는 홍문관·사간원·사헌부 등의 관직을 말함. 청요직 출신은 판서나 정승으로 진출하는 데 유리하였음

역관

통역을 담당한 역관들은 사신들을 수행하여 중국 등을 오가며 밀무역을 통해 재산을 쌓아 양반 못지않은 경제력을 소유하고 있었으며 풍부한 실무 경험을 갖고 있었음

② 부정적 영향

　　㉠ 지주나 대상인들은 화폐를 재산 축적 수단으로 이용

　　㉡ 전황으로 인한 화폐의 부족은 고리대로 이어져 농민의 피해가 극심

03절　사회의 변화

1. 양반층의 분화

(1) 배경

① 양반의 분화 : 붕당 정치의 변질과 일당 전제화의 경향으로 양반층의 분화(자기 도태 현상)를 초래

② 경제 구조의 변화 : 농업 생산력의 발달, 상품 화폐 경제의 진전, 상공업의 발달 등

③ 사회 계층 구성의 변화 : 경영형 부농, 상업 자본가, 임노동자, 독립 수공업자 등이 출현

(2) 양반층의 분화

① 벌열 양반(권반) : 지역 사회에서 권세 있는 양반으로 사회·경제적 특권을 독차지, 대부분 중앙과 연결되어 있음

② 향반(토반) : 향촌 사회에서 겨우 위세를 유지하고 있는 양반

③ 몰락 양반(잔반) : 평민과 다름없는 처지의 양반

　　㉠ 자영농·소작 전호화, 상업·수공업에 종사하거나 임노동자로 전락하기도 함

　　㉡ 서학·동학 등에 관심을 갖게 됨, 현실 비판적, 민중 항거자로 기능

2. 중간 계층의 신분 변동

(1) 중간 계층에 대한 사회적 차별과 역할 제약

① 서얼 : 성리학적 명분론에 의해 과거 응시나 사회 활동 등에 제약, 서얼차대법에 따라 문과 응시가 금지됨, 한품서용제

② 중인층 : 실제로는 서얼과 같이 천대받음, 청요직 임명에 제약이 따름

(2) 신분 상승의 추구

① 서얼

　　㉠ 제약의 완화 : 임진왜란 이후 정부의 납속책·공명첩 등으로 서얼의 관직 진출 증가

　　㉡ 허통(許通) 운동 : 신분 상승을 요구하는 서얼의 상소 운동

　　㉢ 영향 : 기술직 중인에게 자극을 주어 통청 운동이 전개됨

② 중인

　　㉠ 신분 상승 운동의 전개 배경 : 조선 후기의 사회·경제적 변동, 서얼의 신분

상승 운동, 기술직 종사로 축적된 재산과 풍부한 실무 경험
- ⓒ 통청 운동 : 중인도 청요직에 오를 수 있도록 해 줄 것을 요구(성공하지는 못함)
- ⓒ 역관의 역할 : 대청 외교 업무에 종사

3. 농민층의 분화

(1) 농민층의 구성 및 생활 모습

① 농민층의 구성 : 지주층(상층의 소수 농민), 자영농 · 소작농
② 농민의 생활 모습 : 자급자족적 생활을 영위, 국역 부담, 거주 이전의 제한(호패법 · 오가작통법 · 도첩제 등)

(2) 부농과 임노동자

① 부농
- ⓒ 영농 방법 개선과 광작 경영 등을 통해 부를 축적한 부농 출현
- ⓒ 새로운 지주들의 신분 상승 추구 : 군역을 면하고 경제 활동에서 편의를 제공받을 수 있는 양반이 되고자 함
② 임노동자
- ⓒ 배경 : 이앙법의 확대와 상품 화폐 경제의 발달 등으로 인해 농민의 계층 분화 발생, 다수의 농민이 토지에서 밀려남
- ⓒ 국가의 고용 : 16세기 중엽 이래 부역제가 해이해지면서 고용
- ⓒ 부농층의 고용 : 가족 노동력만으로는 경영이 어려운 부농층에서 고용

4. 노비의 해방

(1) 신분 구조에 대한 저항

① 신분 상승 노력 : 공노비를 종래의 입역 노비에서 신공을 바치는 납공 노비로 전환시킴
② 노비의 도망 : 납공 노비 등의 도망 확산, 잔존 노비의 신공 부담 증가

(2) 노비의 해방

① 일천즉천의 법제 폐지 : 현종 10년(1669) 해당 법제를 폐지
② 노비 종모법의 정착 : 영조 7년(1731) 노비 종모법을 확정 · 시행
③ 공노비 해방 : 순조 원년(1801)에 중앙 관서의 노비 6만 6,000여 명을 해방
④ 노비 세습제의 폐지 : 고종 23년(1886) 폐지
⑤ 사노비 해방 : 갑오개혁(1894)으로 공 · 사노비가 모두 해방됨

5. 가족 및 혼인 제도

(1) 가족 제도의 변화

① 조선 중기 : 남귀여가혼(男歸女家婚) 존속, 자녀 균분 상속의 관행, 제사의 자녀

분담(윤회 봉사)

② 17세기 중엽 이후(조선 후기) : 친영(親迎) 제도의 정착, 장자 중심 봉사, 부계 중심의 가족 제도 강화, 과부의 재가 금지

(2) 혼인 제도의 변화

① 일부일처제와 첩 : 일부일처를 기본으로 하였지만 남자들은 첩을 들일 수 있었음

② 적(嫡) · 서(庶)의 엄격한 구분 : 서얼의 문과 응시 금지, 제사나 재산 상속 등에서의 차별

③ 혼인 결정권 : 대개 집안의 가장이 결정, 법적으로 남자 15세 · 여자 14세면 혼인 가능

6. 양반의 지배력 약화

(1) 신분제의 동요와 양반의 지배력 약화

① 향촌 사회에서의 양반 : 양반은 족보를 만들어 가족 전체가 양반 가문으로 행세, 양반들은 촌락 단위의 동약을 실시, 향회를 통해 향촌 사회의 여론을 이끌고 유교적 향약을 강요하여 농민을 지배

② 양반의 지배력 약화 : 조선 후기 신분의 상하 변동이 촉진되면서 향촌 사회 내부에서의 양반의 권위가 하락

(2) 성장한 부농층의 도전

① 신분 상승 : 향촌의 새로운 부농층에게 납속이나 향직의 매매를 통한 합법적 신분 상승의 길이 열림

② 향회 장악 기도 : 부농층은 관권과 결탁하고 향안에 이름을 올리며 향회의 장악을 기도

③ 향회의 자문 기구화 : 수령이 세금 부과를 묻는 자문 기구로 변질되어 견제 기능 상실

④ 부농층과 정부(관권)의 연결 : 부농층은 종래 재지사족(구향층)이 담당하던 정부의 부세 제도 운영에 적극 참여하였고, 향임직에 진출하지 못한 부농층도 수령이나 향리 등 관권과 결탁하여 상당한 지위를 확보

⑤ 향촌 지배에서 소외된 대다수 농민들

㉠ 지배층이나, 지배층과 연결된 부농층 등에 수탈을 당함

㉡ 19세기 이후 농민 봉기에 주도적으로 참여하여 봉건적 수탈 기구에 대항하는 세력이 되기도 함

7. 천주교의 전파

(1) 천주교의 전래

17세기에 베이징을 방문하고 돌아온 사신들이 서학(학문적 대상)으로 소개, 18세기 후반 신앙으로 받아들여짐

동약

조선 중기 이후 재지사족이 신분질서와 부세제(賦稅制)를 유지하기 위해 만든 동 단위의 자치 조직을 일컬음. 동계, 동의, 동안이라고도 함. 17세기까지의 동약은 종족적(宗族的) 기반 위에 학계 등도 연관된 것으로, 재지사족 간 동족적 · 지역적 유대를 강화하는 역할을 하였으며, 문중의 세력을 측정하는 지표로 사용되기도 하였음. 그러나 18세기에 이르러 신분제가 동요하면서 향촌 질서를 양반 중심으로 재편성하기 위한 방법으로 사용되었음

사우(祠宇)

선조 · 선현의 신주나 영정을 모셔 두고 제향하는 곳을 일컬음. 향현사, 향사, 이사, 영당, 별묘 등으로 불리기도 함. 본격적인 발생은 고려 말 〈주자가례〉가 전래된 이후부터지만, 삼국 시대에도 이미 사우가 존재하고 있었음. 조선 시대에 유교 이념이 정착함에 따라 공신 · 명현 추존을 위한 사우 건립이 증가하였는데, 특히 서원이 발흥하면서 사우의 질과 양도 크게 변모함. 이후 붕당 정치의 변질에 따라 사우는 각 붕당의 정치적 결속을 강화하는 거점 역할을 하기도 하였으며, 조선 후기에는 신분제가 변동하면서 양반의 지위를 유지하기 위한 일환으로 건립되기도 하였음

(2) 교세의 확장

남인 계열의 실학자들이 천주교 서적인 〈천주실의〉를 읽고 신앙 생활, 이승훈이 영세를 받고 돌아와 활발한 신앙 활동 전개

(3) 박해

① 원인
  ⊙ **사상적 원인** : 천주교의 평등관·내세관이 조선 왕조의 근본 질서에 반함
  ⊙ **사회적 원인** : 제사 거부는 유교적 패륜이며, 반상의 계층 사회 구조에 부적합
  ⊙ **정치적 원인** : 정쟁·정권 다툼의 구실, 서양 세력의 접근에 대한 위기 의식

② 경과
  ⊙ **사교로 규정** : 처음에는 저절로 사라질 것으로 생각하고 내버려두었으나 교세가 계속 확장되고 그 교리 등이 유교 질서에 반해 사교로 규정
  ⊙ **정조** : 천주교에 비교적 관대하던 시파가 정권을 잡아 큰 탄압이 없었음
  ⊙ **순조** : 노론 강경파인 벽파가 집권하면서 탄압이 가해짐
  ⊙ **안동 김씨 세도 정치기** : 탄압이 완화되며 백성들에게 활발히 전파
  ⊙ 조선 교구가 설정되고 서양인 신부들이 들어와 포교하면서 교세가 점차 확장됨

③ 박해 사건
  ⊙ **추조 적발 사건(정조 9, 1785)** : 이벽, 이승훈, 정약용 등이 김범우의 집에서 미사를 올리다 형조의 관원들에게 발각됨
  ⊙ **반회 사건(정조 11, 1787)** : 이승훈, 정약용, 이가환 등이 김석대의 집에서 성경 강습, 금압령 강화
  ⊙ **신해박해(정조 15, 1791)** : 전라도 진산의 양반 윤지충 등이 모친상을 천주교식으로 지냄(신주 소각)(→ 비교적 관대하게 처벌)
  ⊙ **신유박해(순조 1, 1801)**
    • 벽파(노론 강경파)가 시파를 축출하기 위한 정치적 박해(→ 시파 세력의 위축·실학의 쇠퇴)
    • 이승훈·이가환·정약종·주문모 신부 등 3백여 명 처형
    • 정약용·정약전 등이 강진과 흑산도로 유배됨
    • 황사영 백서(帛書) 사건 발생
  ⊙ **기해박해(헌종 5, 1839)** : 안동 김씨와 풍양 조씨의 세도 쟁탈전 성격, 프랑스 신부 등 처형, 척사윤음(斥邪綸音) 반포, 오가작통법을 이용하여 박해
  ⊙ **병오박해(헌종 12, 1846)** : 김대건 신부 처형
  ⊙ **병인박해(고종 3, 1866)**
    • 대왕대비교령으로 천주교 금압령
    • 최대의 박해, 프랑스 신부(9명)와 남종삼 등 8천여 명 처형(→ 병인양요 발생)

8. 동학(東學)의 발생

(1) 성립

천주교 박해 시기

시기	박해
정조(1785)	추조 적발 사건
정조(1787)	반회 사건
정조(1791)	신해박해
순조(1801)	신유박해
헌종(1839)	기해박해
헌종(1846)	병오박해
고종(1866)	병인박해

병인박해

1864년 시베리아를 건너 남하한 러시아는 함경도에 와서 조선과의 통상을 요구하였음. 이때 몇몇 천주교도들의 건의에 따라 흥선대원군은 프랑스 선교사를 통해 프랑스와 동맹을 체결하고자 하였으나 시기가 맞지 않아 계획은 수포로 돌아갔음. 이전부터 천주교는 배척을 받고 있었는데, 이 사건으로 인해 비난이 고조되자 흥선대원군은 천주교를 탄압하기로 결심하였음. 1866년 천주교 탄압이 선포됨에 따라 프랑스 선교사 9명이 처형되고 수천 명의 천주교도들이 학살되었음. 이 박해를 피해 탈출한 리델 신부가 프랑스 해군사령관 로즈 제독에게 이 사실을 알림으로써 병인양요가 일어나게 되었음

황사영 백서(帛書) 사건

신유박해의 내용과 대응 방안을 적은 밀서를 중국 베이징의 구베아 주교에게 보내려고 한 사건을 말함. 이 사건으로 황사영은 처형되고 천주교는 더욱 탄압을 받게 되었음

① 성립 배경 : 세도 정치와 사회적 혼란, 민심의 동요, 서양의 통상 요구와 천주교 세력의 확대로 인한 위기 의식의 고조
② 창시 : 철종 11년(1860)에 경주 출신인 최제우(崔濟愚)가 창시

(2) 성격

① 성리학·불교·서학 등을 배척하면서도 교리에는 유·불·선의 주요 내용과 장점을 종합
② 샤머니즘, 주문과 부적 등 민간 신앙 요소도 결합되어 있으며, 현세구복적 성격
③ 시천주(侍天主), 사인여천(事人如天), 인내천(人乃天) 사상을 강조해 인간 평등을 반영
④ 운수 사상과 혁명 사상(조선 왕조를 부정)을 담고 있음

(3) 탄압

① 철종 14년(1863) : 사교로 규정하고 금령 반포
② 고종 1년(1864) : 혹세무민의 죄로 교주 최제우를 처형

(4) 교세의 확대

① 2대 교주 최시형은 교세를 확대하면서 〈동경대전(東經大全)〉과 〈용담유사(龍潭遺詞)〉를 펴내어 교리를 정리
② 의식과 제도를 정착시키고 포·접 등 교단 조직을 정비

9. 농민의 항거

(1) 원인

사회 불안 고조, 유교적 왕도 정치의 퇴색, 신분제의 동요, 19세기 세도 정치하에서 탐관오리의 부정과 탐학, 사회·경제적 모순의 심화, 극심한 삼정의 문란

(2) 전개

① 홍경래 난(평안도 농민 전쟁, 순조 11, 1811)
  ㉠ 의의 : 세도 정치기 당시 농민 봉기의 선구
  ㉡ 중심 세력 : 광산 노동자들이 중심적으로 참여, 영세 농민·중소 상인·유랑인·잔반 등 다양한 세력이 합세
  ㉢ 원인
    • 서북인(평안도민)에 대한 차별 및 가혹한 수취
    • 평안도 지역 상공인과 광산 경영인을 탄압·차별하고 상공업 활동을 억압
    • 세도 정치로 인한 관기 문란, 계속되는 가뭄·흉작으로 인한 민심 이반
  ㉣ 경과 : 가산 다복동에서 발발하여 한때 청천강 이북의 7개 고을을 점령하였으나 5개월 만에 평정
  ㉤ 영향 : 이후 각지의 농민 봉기 발생에 영향을 미침

동학의 사상
동학의 교리는 유·불·선의 주요 내용을 바탕으로 하였으며, 여기에 주문과 부적 등 민간 신앙의 요소들을 결합하였음. 동학은 사회 모순을 극복하고 일본과 서양 국가의 침략을 막아내자는 주장을 폈으며, 모든 사람이 평등하다는 인내천 사상을 강조하였음

인내천
• 의미 : 사람이 곧 하늘
• 신분 및 계급을 초월하여 모든 인간을 평등하게 봄(인심이 곧 천심이요, 사람을 섬기는 것은 하늘을 섬기는 것) → 농민들 사이에서 급속도로 전파

〈동경대전〉과 〈용담유사〉
• 동경대전 : 최제우가 지은 동학의 경전. 최제우 생전에는 간행되지 못하고, 2대 교주인 최시형 때 간행되었음
• 용담유사 : 최제우가 지은 포교 가사집. 2대 교주인 최시형 때 간행되었음

홍경래
평안북도의 몰락 양반 출신인 홍경래는 평양 향시를 통과하고 유교와·풍수지리를 익힌 지식인이나 대과에 낙방하였음. 당시 대과에서는 시골 선비에 대한 차별이 심했을 뿐만 아니라, 서북 출신은 고구려 유민으로 구분되어 천한 취급을 받고 있었으므로 홍경래가 대과를 통해 관직에 나아가는 것은 어려운 일이었음. 세상을 바꿀 결심을 한 홍경래는 사회를 살피고 동료들을 규합하여 봉기를 주도하였음. 그러나 만 4개월 동안 이어졌던 봉기는 실패로 끝났으며, 홍경래는 정주성 싸움에서 전사하였음

② 임술 농민 봉기(진주 민란 · 백건당의 난, 철종 13, 1862)

　　㉠ 의의 : 삼남 일대에서 민란이 잇달아 촉발되어 농민 봉기의 전국적 확대 계기

　　㉡ 원인 : 진주 지역 포악한 관리(백낙신 · 홍병원 등)의 탐학

　　㉢ 경과 : 몰락 양반 유계춘의 지휘하에 농민들이 진주성을 점령, 수습책으로 삼정의 폐단을 시정하기 위한 임시 관청인 삼정이정청이 설치되었지만 큰 효과는 거두지 못함

(3) 항거의 의의

① 농민들의 사회 의식이 더욱 성장

② 양반 중심 통치 체제의 붕괴 가속화

👓👓 한눈에 쏙~

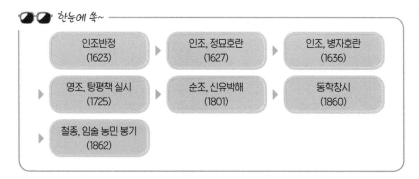

인조반정 (1623)	▶	인조, 정묘호란 (1627)	▶	인조, 병자호란 (1636)
영조, 탕평책 실시 (1725)	▶	순조, 신유박해 (1801)	▶	동학창시 (1860)
철종, 임술 농민 봉기 (1862)				

SEMI-NOTE

임술 농민 봉기

임술년(1862년) 2월 19일, 진주민 수만 명이 머리에 흰 수건을 두르고 손에는 몽둥이를 들고 무리를 지어 진주 읍내에 모여 서리들의 가옥 수십 호를 불사르고 부수어. 그 움직임이 결코 가볍지 않았다. 병사가 해산시키고자 장시에 나가니 흰 수건을 두른 백성들이 그를 빙 둘러싸고는 백성들의 재물을 횡령한 조목, 아전들이 세금을 포탈하고 강제로 징수한 일들을 면전에서 여러 번 문책하는데. 그 능멸하고 핍박함이 조금도 거리낌이 없었다.

– 〈임술록〉 –

05장

근대 태동기의 변동

04절　문화의 새 기운

1. 성리학의 흐름

(1) 성리학 연구의 전개 및 분파

① 성리학의 연구는 정국의 흐름과 밀접하게 관련되어 진행

② 17세기 붕당들은 정통성을 가지기 위해 학연에 유의하여 학문적 토대를 굳힘

　　㉠ 영남학파가 주로 동인 계열을, 기호학파가 주로 서인 계열을 이끎

　　㉡ 동인은 다시 남인과 북인으로 나뉨

　　㉢ 인조 반정으로 정국을 주도하게 된 서인은 숙종 때에 이르러 노론과 소론으로 분파

(2) 노론과 소론의 성리학

① 노론 : 성리학의 교조화 · 절대화

　　㉠ 주자의 본뜻에 충실함으로써 사회의 모순을 해결할 수 있다고 봄

　　㉡ 신권 정치(臣權政治) 강조, 상공업에 관심, 수취 체제 개선과 민생 안정 · 노비속량 강조

윤증

조선 중기의 학자로, 송시열의 제자. 병자호란 이후 명에 대한 의리를 주장하는 송시열과 대립하여 대청 실리 외교를 주장하였으며, 양난 이후의 빈곤 및 사회 변동 등 정국의 변화는 송시열의 주자학적 조화론과 의리론만으로 바로잡을 수 없다고 비판하였음. 두 사람 간의 논쟁은 서인이 노론과 소론으로 분파되는 계기인 회니시비(懷尼是非)로 이어졌음

윤휴

조선 후기의 문신이자 학자로 젊은 시절부터 서인 계열인 송시열, 송준길, 유계 등과 남인 계열인 권시, 권준 등과 친분이 있었음. 기해예송 때 송시열의 주장이 내포한 오류를 가장 먼저 지적하였으며, 갑인예송 때에도 같은 기준에서 서인 측 견해가 잘못되었음을 지적하였음. 북벌을 실현시키고자 무과인 만과를 설치하고 병거와 화차를 개발·보급하고자 하였음. 주자에 대해서는 성학 발전에 최대의 공로를 세웠다고 높이 평가하였으며, 성학 발전을 위해서는 후학들이 선유의 업적을 토대로 새로운 해석과 이해의 경지를 개척해야 한다고 주장하면서 새로운 해석을 시도하였음

박세당의 탈성리학적 경향

박세당은 성리학에 대하여 스승을 무비판적으로 답습하는 것으로 파악하고 자유로운 비판을 강조하였음. 즉, 주자가 원대한 형이상학적 최고선(善)의 정신을 통해 인식의 절대성을 강조한 데 반해, 박세당은 일상적 행사를 통한 인식의 타당성을 강조하여 인식의 상대성을 제시하였음. 그 뿐만 아니라 주자가 주장한 인간 본성의 선천성을 비판하고 인간의 도덕적 판단력을 인정함으로써 인간의 능동적 실천 행위와 주체적인 사고 행위를 강조하였음

② 소론 : 성리학의 교조성 비판, 성리학의 상대적·탄력적 이해(윤증을 중심)

(3) 성리학의 이론 논쟁

① 16세기 : 4단 7정 논쟁(이황과 기대승), 이기철학의 논쟁

② 17세기 : 성리학의 이기론을 둘러싼 논쟁

③ 18세기 : 호락 논쟁(湖洛論爭)

구분	호론(湖論)	낙론(洛論)
주도 세력	충청도 지역을 중심으로 송시열의 제자인 권상하·한원진·윤봉구 등이 주도	서울·경기 지역을 중심으로 김창협·이간·이재·어유봉·박필주·김원행 등이 주도
본성론	• 인간과 사물의 본성이 다르다는 인물성이론(人物性異論)을 주장 • 기(氣)의 차별성 강조(주기론) • 성인과 범인의 마음이 다르다는 성범성이론(聖凡性異論) 강조(→ 신분제·지주전호제 등 지배 질서 인정)	• 인간과 사물의 본성이 같다는 인물성동론(人物性同論)을 주장 • 이(理)의 보편성 강조 • 인간의 본성을 자연에까지 확대 • 성범성동론(聖凡性同論) 강조(→ 일반인 중시, 신분 차별 개혁)
계승	화이론·대의명분론을 강조하여 북벌론과 위정척사 사상으로 연결	화이론 비판, 자연 과학 중시, 북학 사상·이용후생 사상으로 연결

2. 성리학의 한계와 비판

(1) 성리학의 한계

① 지배 신분으로서 양반의 특권을 강화(지배층의 지위 합리화)하기 위한 목적으로 이용됨

② 타 학문과 사상을 배척하여 사상적 경직성을 띠는 등 성리학이 교조화됨

③ 조선 후기의 사회 모순에 대하여 근본적 대책을 강구하지 못함

(2) 성리학의 비판(탈성리학)

① 사상적 경향 : 17세기 후반부터 본격화된 것으로 주자 중심의 성리학을 상대화, 6경과 제자백가 사상을 근거로 성리학을 재해석

② 대표적인 학자

　㉠ 윤휴 : 유교 경전에 대하여 주자와 다른 독자적인 해석을 하여 유학의 반역자(사문난적)라 지탄을 받았고, 결국 송시열의 예론을 비판하다가 사형 당함

　㉡ 박세당 : 양명학과 노장 사상의 영향을 받아 〈사변록(思辨錄)〉을 써 주자의 학설을 비판하다가 사문난적으로 몰려 학계에서 배척됨

SEMI-NOTE

실력up 사변록(思辨錄)

경(經)에 실린 말이 그 근본은 비록 하나이지마는 그 실마리는 천 갈래 만 갈래이니, 이것이 이른바 하나로 모이는 데 생각은 백이나 되고, 같이 돌아가는 데 길은 다르다는 것이다. 그러므로 비록 독창적인 지식과 깊은 조예가 있으면 오히려 그 귀추의 갈피를 다하여 미묘한 부분까지 놓침이 없을 수 없는 경우가 있다. 반드시 여러 장점을 널리 모으고 조그마한 선도 버리지 아니하여야만 대략적인 것도 유실되지 않고, 얕고 가까운 것도 누락되지 아니하여, 깊고 심원하고 정밀하고 구비한 체제가 비로소 완전하게 된다.

3. 양명학의 수용

(1) 양명학

① 의의 : 성리학의 교조화와 형식화, 사상적 경직성 등을 비판하며 지행합일의 실천성을 강조하는 주관적 실천 철학
② 수용 및 연구
  ㉠ 전래 : 중종 때에 조선에 전래
  ㉡ 수용과 확산 : 17세기 후반 소론 학자들에 의하여 본격적으로 수용되어 주로 서경덕 학파와 불우한 종친들 사이에서 점차 확산
  ㉢ 본격적 연구 : 18세기 정제두의 강화학파에 의해 이루어짐
③ 사상 체계 : 심즉리(心卽理), 치양지설(致良知說), 지행합일설(知行合一說) 등을 근간으로 함

(2) 정제두의 활동

① 저서 : 〈존언〉·〈만물일체설〉 등으로 양명학의 학문적 체계를 수립, 변퇴계전습록변
② 양지설(良知說), 지행합일설 강조
③ 일반민을 도덕 실천의 주체로 상정하고, 이를 바탕으로 신분제 폐지를 주장
④ 강화학파의 성립 : 18세기 초 양명학 연구와 제자 양성에 힘써 강화학파를 이룸

4. 실학의 성립과 발전

(1) 등장 배경

① 17~18세기의 사회·경제적 변동에 따른 사회적 모순의 해결 방법을 구상하는 과정에서 대두
② 지배 이념인 성리학은 현실 문제를 해결할 수 없었음
③ 현실 문제를 탐구하려는 학문적·사상적 움직임으로 등장

(2) 실학의 성립

① 16세기 말 : 정치·문화 혁신의 움직임이 싹터 정인홍 등이 성리학 이외의 사상

강화학파

조선 후기 정제두 등 양명학자들이 강화도를 중심으로 형성한 학파. 그를 따라 모인 소론 학자들과 친인척 등을 중심으로 계승·발전하였음. 훈민정음 연구에도 관심을 보였고, 특히 실학에 많은 영향을 주어 실사구시의 이론적 기초를 제공하였음

강화학파의 계보

양명학과 실학의 성격

성리학에 대하여 비판한 양명학과 실학도 성리학을 전면적으로 부정하지는 못했으므로 반유교적이라고 볼 수는 없음

고증학과 실학

고증학은 명말 청초에 일어난 학풍으로 실증적 고전 연구를 중시하였는데, 실증적 귀납법을 통해 종래의 경서 연구 방법을 혁신하였음 청으로부터 전해진 고증학으로 인해 우리나라의 실학 연구는 그 깊이를 더하게 됨

을 폭넓게 수용하려 함

② 17세기 : 국가 역량이 강화되어야 한다는 사회적 인식이 만연

    ㉠ 이수광 : 〈지봉유설〉을 저술하여 문화 인식의 폭을 확대

    ㉡ 한백겸 : 〈동국지리지〉를 저술하여 역사 지리를 치밀하게 고증

(3) 실학의 발전(18세기)

① 확산 : 농업 중심의 개혁론, 상공업 중심의 개혁론, 국학 연구 등을 중심으로 확산

② 영향 : 청에서 전해진 고증학과 서양 과학의 영향을 받음

③ 목표 : 민생 안정과 부국강병을 목표로 비판적 · 실증적 사회 개혁론 제시

5. 농업 중심의 개혁론

(1) 농업 중심의 개혁

① 신분층 : 대부분 경기 지방에서 활약한 남인 출신

② 제도적 개혁론 : 농민의 입장에서 토지 · 조세 · 군사 · 교육 제도 등 각종 폐단을 시정하려 함

③ 농업 기술 개발론 : 수리 시설의 확충, 종자와 농기구의 개량, 경작 방법과 시비법의 개선 등을 제시

④ 학문적 이상 : 유교적 이상 국가의 실현 추구(복고적 성격, 신분 차별 인정)

⑤ 한계 및 영향

    ㉠ 한계 : 재야 지식인들의 공감을 받았지만 국가 정책에는 별로 반영되지 못함

    ㉡ 영향 : 한말 애국 계몽 사상가들과 일제 강점기 국학자들에게 큰 영향을 미침

(2) 중농학파(경세치용 학파, 성호학파)

① 유형원(1622~1673) : 농업 중심 개혁론의 선구자

    ㉠ 저술 : 반계수록, 동국여지지

    ㉡ 균전론(均田論)

      • 주나라 정전법의 영향을 받아 자영농 육성을 위한 토지 제도의 개혁을 주장

      • 관리 · 선비 · 농민에게 토지의 차등적 재분배를 주장

      • 토지 국유제 원칙에서 토지 매매 금지와 대토지 소유 방지를 주장

      • 자영농 육성을 통한 병농일치의 군사 제도, 사농일치의 교육 제도 확립을 주장

② 이익(1681~1763) : 농업 중심의 개혁론을 더욱 발전시킴, 학파를 형성

    ㉠ 학파 형성 : 18세기 전반에 주로 활약하며 유형원의 실학 사상을 계승 · 발전시키고 많은 제자들을 길러내 성호학파를 형성

    ㉡ 저술 : 성호사설, 곽우록, 붕당론

    ㉢ 한전론(限田論)

      • 균전론 비판 : 급진적 · 비현실적이라 비판

      • 대안으로 한전론을 제시 : 토지매매의 하한선을 정함

이익과 박지원의 한전론의 차이점

이익의 한전론은 토지매매의 하한선을 제한하고, 박지원의 한전론은 토지소유의 상한선을 제한함

정쟁에 대한 이익의 비판

"스스로 국시라고 주창하는 것이 결국 나라를 망치는 논의이다."

ⓔ 6종 폐지론 : 양반 제도 · 노비 제도 · 과거 제도 · 기교(사치와 미신) · 승려 ·
　게으름을 지적

ⓜ 농촌 경제의 안정책 : 고리대와 화폐 사용의 폐단을 지적, 사창제 실시를 주장

ⓑ 역사관 : 역사의 흥망성쇠는 시세(時勢)에 따라 이루어진다고 봄

③ 정약용(1762~1836) : 이익의 실학 사상을 계승하면서 실학을 집대성

ⓖ 활약 : 정조 때 벼슬길에 올랐으나 신유박해 때에 전라도 강진에 유배

ⓛ 저술 : 500여 권의 저술을 〈여유당전서(與猶堂全書)〉로 남김

　• 3부작(1표 2서, 一表二書) : 지방 행정의 개혁 및 지방관(목민관)의 도리에
　　대하여 쓴 〈목민심서〉, 중앙의 정치 조직과 행정 개혁에 대하여 쓴 〈경세유
　　표〉, 형옥을 담당한 관리들이 유의할 사항에 대해 쓴 〈흠흠신서〉

　• 3논설 : 여전제와 정전제를 논한 〈전론(田論)〉, 통치자는 백성을 위해 존재
　　한다고 강조하여 정치의 근본을 주장한 〈원목(原牧)〉, 왕조 교체(역성혁명)
　　의 가능성과 민권 사상의 정당성을 논증한 〈탕론(蕩論)〉

　• 기예론 : 농업 기술과 공업 기술을 논의

ⓒ 여전론(閭田論) : 토지 제도의 개혁론으로 처음에는 여전론을, 후에 정전론을
　주장(한 마을(1여)을 단위로 하여 토지를 공동으로 소유하고 공동으로 경작하
　여 수확량을 노동량에 따라 분배하는 일종의 공동 농장 제도)

ⓔ 정전론(井田論)

　• 여전론은 이상적인 형태라 스스로 판단해 현실적 차선책으로 제시

　• 국가가 토지를 매입한 후 가난한 농민에게 분배해 자영 농민을 육성하고,
　　사들이지 못한 지주의 토지는 공동 경작지로서 병작 농민에게 골고루 경작
　　하게 하여 세를 거둠

④ 박세당(1629~1703) : 〈농가집성〉을 비판 · 보완, 사변록

⑤ 홍만선(1643~1715) : 농업 기술을 중심으로 섭생(攝生) · 구급 치료법 등을 소백
　과사전처럼 기술한 〈산림경제〉를 저술

⑥ 서유구(1764~1845) : 종저보, 임원경제지(〈임원십육지〉)

6. 상공업 중심의 개혁론

(1) 특징

① 신분층 : 18세기 후반 한성의 노론 중심

② 상공업 진흥 : 도시를 배경으로 농업뿐만 아니라 상공업 진흥과 기술 혁신을 주장

　ⓖ 국부의 원천을 국가 통제하의 상공업 운영에 있다고 봄

　ⓛ 지주제를 인정하고 농업의 개량화 · 전문화 추구

③ 학문적 이상 : 유교적 이상 국가에서 탈피(→ 신분 제도 철폐)

④ 영향 : 부국강병을 위한 적극적 방안 제시, 19세기 개화 사상가들에게 영향을 줌

(2) 중상학파(이용후생학파, 북학파)

① 유수원(1694~1755)

　ⓖ 우서(迂書) : 중국과 우리 문물을 비교하면서 정치 · 경제 · 사회 전반의 개혁

〈목민심서〉
48권 16책으로 조선 순조 때, 정약용이
지은 책. 지방관으로서 지켜야 할 준칙
을 자신의 체험과 유배 생활을 통해
서술하였음

정약용의 〈원목(原牧)〉

목자(牧者)가 백성을 위하여 있는가, 백
성이 목자를 위하여 있는가, 백성이라는
것은 곡식과 피륙을 제공하여 목자를 섬
기고, 또 가마와 말을 제공하여 목자를
송영하는 것이다. 결국 백성은 피와 살과
정신까지 바쳐 목자를 살찌게 하는 것이
니, 이것으로 보자면 백성이 목자를 위하
여 존재하는 것이 아닌가, 아니다. 목자
가 백성을 위해 존재한다. 오랜 옛날에는
목자가 없이 백성만이 있었다. …… 그러
므로 목자의 근원은 마을의 어른이다. 백
성이 목자를 위해 있는 것이 아니라 목
자가 백성을 위해 있는 것이다.

유수원의 신분 차별 철폐론

상공업은 말업(末業)이라고 하지만 본래
부정하거나 비루한 일이 아니다. 그것은
스스로 재간이 없고 덕망이 없음을 안
사람이 관직에 나가지 않고 스스로의 노
력으로 먹고 사는 것인데 어찌 더럽거나
천한 일이겠는가? …… 허다한 고질적
인 폐단이 모두 양반을 우대하는 헛된
명분에서 나오고 있으니, 근본을 따져보
면 국초에 법제를 마련할 때 사민을 제
대로 분별하지 못한 데 있는 것이다 .
　　　　　　　　　　　－ 〈우서〉 －

박지원 '한전론'
토지 소유의 상한선을 설정하여 일정 이상의 토지를 소유하지 못하게 하는 토지 개혁론

실학의 학문적 의의와 한계
• **의의** : 18세기를 전후하여 융성 하였던 실증적 · 민족적 · 근대 지향적 특성을 지닌 학문
• **한계** : 대체로 몰락 양반 출신 지식인들의 개혁론이었으므로 국가 정책에 반영되지는 못함

을 제시
ⓒ **개혁론** : 농업의 전문화 · 상업화, 기술 혁신을 통해 생산력 증강, 상공업 진흥과 기술 혁신 강조, 신분 차별의 철폐 주장, 상인 간의 합자를 통한 경영 규모의 확대, 상인이 생산자를 고용하여 생산 · 판매 주관(선대제 수공업 등), 대상인의 지역 사회 개발 참여 및 학교 건립 · 교량 건설 · 방위 시설 구축 등에 대한 공헌, 국가의 상업 활동 통제를 통한 물자 낭비 · 가격 조작 방지, 사상의 횡포 견제

② **홍대용(1731~1783)**
　　ⓖ **저술** : 〈임하경륜〉 · 〈의산문답〉 · 〈연기(燕記)〉 등이 〈담헌서〉에 전해짐, 수학 관계 저술로 〈주해수용〉이 있음
　　ⓒ **개혁론** : 농업(토지) 개혁론으로 균전론을 주장, 임하경륜(부국론), 의산문답

③ **박지원(1737~1805)** ★ 빈출개념
　　ⓖ **열하일기(熱河日記)** : 청에 다녀와 문물을 소개하고 이를 수용할 것을 주장
　　ⓒ **농업 관련 저술** : 〈과농소초(課農小抄)〉 · 〈한민명전의(限民名田議)〉
　　ⓒ 한전론의 중요성을 강조, 상공업의 진흥을 강조
　　ⓔ **양반 문벌 제도 비판** : 〈양반전〉, 〈허생전〉, 〈호질〉을 통해 양반 사회의 모순과 부조리 · 비생산성을 비판

④ **박제가(1750~1805)** : 청에 다녀온 후 〈북학의〉를 저술 ★ 빈출개념
　　ⓖ 상공업의 육성, 청과의 통상 강화, 세계 무역에의 참여, 서양 기술의 습득을 주장
　　ⓒ 선박과 수레의 이용 증가 및 벽돌 이용 등을 강조
　　ⓒ **소비의 권장** : 생산과 소비와의 관계를 우물물에 비유하면서 생산을 자극하기 위해서는 절약보다 소비를 권장해야 한다고 주장
　　ⓔ 신분 차별 타파, 양반의 상업 종사 등을 주장

⑤ **이덕무(1741~1793)** : 북학을 주장, 〈청장관전서〉를 남김

실력up　박제가의 소비관(消費觀)

비유하건대 재물은 대체로 샘과 같은 것이다. 퍼내면 차고, 버려두면 말라 버린다. 그러므로 비단옷을 입지 않아서 나라에 비단 짜는 사람이 없게 되면 여공이 쇠퇴하고, 쭈그러진 그릇을 싫어하지 않고 기교를 숭상하지 않아서 공장(工匠)이 도야(陶冶)하는 일이 없게 되면 기예가 망하게 되며, 농사가 황폐해져서 그법을 잃게 되므로 사 · 농 · 공 · 상의 사민이 모두 곤궁하여 서로 구제할 수 없게 된다.
― 〈북학의〉 ―

7. 국학 연구의 확대

(1) 역사학 연구

① **연구 경향** : 역사의 주체성과 독자성 강조, 실증적 · 고증학적 방법
② 이익과 홍대용

○ 이익 : 중국 중심의 역사관에서 벗어나 우리 역사를 체계화할 것을 주장하여 민족에 대한 주체적 자각을 높이는 데 이바지

○ 홍대용 : 민족에 대한 주체적 자각을 강조

③ 안정복

○ 역사 의식 : 이익의 제자로 그의 역사 의식을 계승하고 연구 성과를 축적 · 종합, 중국 중심의 역사관 비판

○ 동사강목(東史綱目, 1778) : 고조선부터 고려 말까지의 우리 역사를 독자적 정통론(마한 정통론)을 통해 체계화했으며, 사실들을 치밀하게 고증하여 고증 사학의 토대를 닦음(→ 성리학적 명분론에 입각하여 서술하면서도 독자적 정통론에 따르는 자주 의식의 일면을 보여 주고 있음)

④ 한치윤 : 〈해동역사(海東繹史)〉를 편찬(민족사 인식의 폭 확대에 기여)

⑤ 이종휘 : 고구려인 〈동사〉를 저술하여 고대사 연구의 시야를 만주까지 확대

⑥ 유득공 : 〈발해고〉를 저술하여 발해사 연구를 심화하고 한반도 중심의 협소한 사관을 극복

실력UP 유득공의 발해 인식

고려에서 발해사를 편찬하지 못하였으니, 고려가 떨치지 못했다는 것을 알 수 있다. 옛날에 고씨가 북쪽 지방에 자리잡고 고구려라 했고, 부여씨가 서쪽 지방에 머물면서 백제라 했으며, 박 · 석 · 김 씨가 동남지방에 살면서 신라라 하였다. 이 삼국에는 마땅히 삼국에 대한 사서가 있어야 할 텐데, 고려가 이것을 편찬하였으니 옳은 일이다. 부여씨가 망하고 고씨가 망한 다음 김씨가 남쪽을 차지하고, 대씨가 북쪽을 차지하고는 발해라 했으니, 이것을 남북국이라 한다. 남북국에는 남북국의 사서가 있었을 터인데 고려가 편찬하지 않은 것은 잘못이다. 저 대씨는 어떤 사람인가. 바로 고구려 사람이다. 그들이 차지하고 있던 땅은 어떤 땅인가. 바로 고구려 땅인데, 동쪽을 개척하고 다시 서쪽을 개척하고 다시 북쪽을 개척해서 나라를 넓혔을 뿐이다.

— 〈발해고〉 —

(2) 지리학 연구

① 세계관의 변화 : 중국 중심의 화이 사상을 극복하는 등 세계관의 변화가 나타남, 〈곤여만국전도(坤輿萬國全圖)〉 · 〈직방외기〉 등

② 지리서의 편찬

○ 역사 지리서 : 한백겸의 〈동국지리지〉, 정약용의 〈아방강역고〉 등

○ 인문 지리서 : 이중환의 〈택리지(팔역지)〉, 허목의 〈지승〉

○ 기타 : 유형원의 〈여지지〉, 신경준의 〈강계고〉(각지의 교통 및 경계를 밝힘), 김정호의 〈대동지지〉(전국 실지 답사)

③ 지도의 편찬

○ 배경 : 중국을 통해 서양식 지도가 전해져 보다 정밀하고 과학적인 지도 제작이 가능해짐

○ 목적

• 조선 초기 : 정치 · 행정 · 군사적 목적을 중심으로 관찬(官撰)

이종휘의 〈동사〉

기전체 사서로, 현 시대는 과거의 역사를 통해 규명할 수 있다는 입장을 취하고 있음. 이를 위하여 당시 중화의 문화를 간직한 유일한 국가인 조선을 역사적 맥락에서 설명하고, 그 당위성을 지리적으로 밝혔음. 고조선과 발해를 우리 역사로서 다루고 있으며, 부여 · 옥저 등 한국 고대사의 여러 나라들의 위치를 격상시키는 한편 역사 체계에서의 군현을 삭제하였다. 신채호는 이종휘를 조선 후기 역사가 중 가장 주체적인 인물로 평가하였음

김정희의 〈금석과안록(金石過眼錄)〉

김정희는 민족사와 전통문화에 대한 관심에서 금석학을 연구하여 〈금석과안록(金石過眼錄)〉을 저술하였음. 그는 여기서 북한산비가 진흥왕 순수비임을 밝혔으며 황초령비도 판독하였음

서얼, 중인의 역사서와 여항 문학

• 역사서 : 이진흥〈연조귀감〉(1777), 〈규사〉(1859), 유재건〈이향견문록〉(1862), 이경민〈희조일사〉(1866)

• 여항 문학 : 조희룡〈호산외기〉 중 42명의 여항인들의 전기 수록, 〈풍요삼선〉의 위항인들의 시

조선 후기의 지도의 특징
• 대축척 지도의 발달
• 다양한 지도의 활발한 편찬
• 지방 각 군현 조도의 편찬 급증
• 지도의 보급과 소장이 현저히 증가

한글서적
농민의 지위 향상에 따른 의식의 성장으로 국민적 교화의 필요성이 절실했고, 세종의 민족문자 의식과 애민정신이 반영되었음. 주요 한글서적으로는 〈용비어천가〉·〈동국정운〉·〈석보상절〉·〈월인석보〉·〈월인천강지곡〉·〈불경언해〉·〈훈몽자회〉·〈사성통해〉 등이 있으며, 한글 번역서적으로 〈삼강행실도〉·〈두시언해〉·〈소학언해〉 등이 있음

• 조선 후기 : 경제·산업·문화적 관심이 반영되어 산맥과 하천·제언, 항만·도로망 표시가 정밀해짐
④ 조선 후기의 지도 : 동국지도(팔도분도), 청구도(청구선표도), 대동여지도, 요계관방지도(1706)

(3) 국어학 연구

① 의의 : 한글의 우수성에 대한 인식, 즉 문화적 자아 의식을 크게 높임
② 서적
    ㉠ 음운에 대한 연구 성과 : 신경준의 〈훈민정음운해〉, 유희의 〈언문지〉 등
    ㉡ 어휘 수집에 대한 연구 성과 : 이성지의 〈재물보〉, 권문해의 〈대동운부군옥〉, 이의봉의 〈고금석림〉, 정약용의 〈아언각비〉, 유희의 〈물명고〉 등
    ㉢ 기타 : 중국 운서와 비교해 한글 자모의 성질을 밝힌 황윤석의 〈자모변〉 등

(4) 백과사전의 편찬

지봉유설 (芝峰類說)	이수광 (광해군)	천문·지리·군사·관제 등 25항목별로 나누어 저술
대동운부군옥 (大東韻府群玉)	권문해 (선조)	단군~선조의 역사 사실을 어휘의 맨 끝자를 기준으로 하여 운(韻)으로 분류한 어휘 백과사전
유원총보 (類苑叢寶)	김육 (인조)	문학·제도 등 27개 항목으로 기술
동국문헌비고 (東國文獻備考)	홍봉한 (영조)	지리·정치·경제·문화 등을 체계적으로 정리한 한국학 백과사전
성호사설 (星湖僿說)	이익 (영조)	천지·만물·경사·인사·시문의 5개 부문으로 서술
청장관전서 (靑莊館全書)	이덕무 (정조)	아들 이광규가 이덕무의 글을 시문·중국의 역사·풍속·제도 등으로 편집
오주연문장전산고 (五洲衍文長箋散稿)	이규경 (헌종)	우리나라와 중국 등 외국의 고금 사항에 관한 고증

8. 서양 문물의 수용

(1) 서양 과학 기술의 수용

① 서양 문물의 수용
    ㉠ 17세기경부터 중국을 왕래하던 사신들을 통해 도입
    ㉡ 선조 때 이광정은 세계지도(곤여만국전도)를 전하고, 이수광은 〈지봉유설〉에서 마테오 리치의 〈천주실의〉를 소개
    ㉢ 인조 때 소현세자에 의해 과학 및 천주교 관련 서적이 전래되고, 정두원은 화포·천리경·자명종·천문서 등을 전함
    ㉣ 효종 때 김육이 시헌력(時憲曆)을 전함
② 서양인의 표류 : 벨테브레(1628)와 하멜 일행(1653)이 우리나라에 표류하여 문물

곤여만국전도의 영향
우리나라 사람들의 세계관이 확대 될 수 있는 계기가 되었음. 즉, 중국 중심의 세계관을 탈피하는 데 영향을 미쳤음

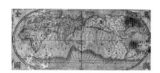
곤여만국전도

시헌력
1653~1910년에 우리나라에서 사용된 역법으로, 서양의 수치와 계산 방법이 채택된 숭정역법을 교정한 것

을 전파하기도 함

(2) 과학 기술 수용의 정체

① 서양 과학 기술의 수용은 18세기까지는 어느 정도 이루어졌으나 19세기에 이르러서는 천주교 억압으로 진전되지 못함

② 후기의 기술 발전은 주로 농업 및 의학과 관련된 분야에 집중되고, 교통 · 통신과 제조업이나 군사 분야에서는 상대적으로 미미

9. 천문학·수학·의학의 발달

(1) 천문학의 발달

① 학자

㉠ 이익 : 서양 천문학에 큰 관심을 가지고 연구

㉡ 김석문 : 지전설(地轉說)을 우리나라에서 처음으로 주장하여 우주관을 전환시킴

㉢ 홍대용 : 지전설을 주장, 무한 우주론을 주장

㉣ 이수광 : 17세기 초 〈지봉유설〉에서 일식 · 월식 · 벼락 · 조수의 간만 등을 언급

② 천문서 : 숙종 때 김석문의 〈역학도해〉, 정조 때 홍대용의 〈담헌연기〉, 고종 때 최한기의 〈지구전요〉 등

(2) 수학과 역법

① 수학의 발달

㉠ 최석정과 황윤석이 전통 수학을 집대성

㉡ 마테오 리치가 유클리드 기하학을 한문으로 번역한 〈기하원본〉이 도입됨

㉢ 홍대용의 〈주해수용〉 : 우리나라 · 중국 · 서양 수학의 연구 성과 정리

② 역법의 발달 : 김육 등에 의해 시헌력이 도입되었는데, 이는 선교사 아담 샬이 중심이 되어 만든 것

(3) 의학의 발달

① 17세기 의학 : 허준의 〈동의보감〉, 허임의 〈침구경험방(鍼灸經驗方)〉

② 18세기 의학 : 서양 의학의 전래

㉠ 정약용 : 마진(홍역)에 대한 연구를 종합하여 〈마과회통〉을 편찬하였으며, 박제가와 함께 종두법을 연구

③ 19세기 의학 : 이제마는 〈동의수세보원(東醫壽世保元)〉을 저술하여 사상의학을 확립

10. 한글 소설과 사설 시조

(1) 한글 소설

① 허균의 〈홍길동전〉 : 최초의 한글 소설, 시대 상황을 비판하고, 새로운 이상향을 추구

② 춘향전 : 대표적인 한글 소설로, 최대의 걸작으로 손꼽힘

③ 김만중의 〈사씨남정기〉 : 축첩 제도의 모순과 해결 방법을 제시

④ 박씨전 : 아내의 내조로 남편을 입신시킨다는 여성 영웅 소설

(2) 사설 시조

① 17세기 이후 서민들을 중심으로 만들어진 자유로운 격식의 시조

② 서민들의 감정을 솔직하게 표현

③ 격식에 구애되지 않고 남녀 간의 사랑이나 현실에 대한 비판을 거리낌 없이 표현

(3) 시사(詩社)의 조직

① 중인층과 서민층의 문학 창작 모임을 말하며, 주로 시인 동우회가 결성됨

② 대표적인 시사 : 천수경의 옥계시사, 최경흠의 직하시사 등

③ 풍자 시인 : 김삿갓(김병연) · 정수동 등

(4) 한문학

① 사회의 부조리한 현실을 예리하게 비판

② 정약용 : 삼정의 문란을 폭로하는 한시를 남김

③ 박지원 : 〈양반전〉 · 〈허생전〉 · 〈호질〉 · 〈민옹전〉 등을 통해 양반 사회의 모순과 부조리를 비판 · 풍자

11. 미술의 새 경향

(1) 조선 후기 미술의 특징

① 그림 : 진경 산수화와 풍속화의 유행

② 서예 : 우리의 정서를 담은 글씨 등장

(2) 진경 산수화(眞景山水畵)

① 수용 · 창안 : 중국 남종과 북종 화풍을 고루 수용하여 우리의 고유한 자연과 풍속에 맞춘 새로운 화법으로 창안한 것

② 정선 : 18세기 진경 산수화의 세계를 개척

　㉠ 서울 근교와 강원도의 명승지들을 두루 답사하여 사실적으로 그림

　㉡ 대표작 : 인왕제색도, 금강전도, 여산초당도, 입암도 등

③ 의의 : 우리의 자연을 사실적으로 그려 회화의 토착화를 이룩

(3) 풍속화(風俗畵)

① 의의 : 18세기 후반, 조선 후기의 새로운 현상들을 긍정적 의미로 이해하고, 당시 사람들의 생활 정경과 일상적인 모습을 생동감 있게 그려 회화의 폭을 확대

② 김홍도

　㉠ 경향 : 정선의 뒤를 이어 산수화와 풍속화에 새 경지를 개척, 산수화 · 기록화 · 신선도 등을 많이 그렸지만 특히 정감 어린 풍속화로 유명(전원 화가)

ⓒ 작품 : 밭갈이 · 추수 · 씨름 · 서당 · 베짜기 등

③ 김득신 : 관인 화가(궁정 화가)로 풍속화에 능했음

④ 신윤복

　　㉠ 경향 및 기법 : 김홍도에 버금가는 풍속 화가로, 간결하고 소탈한 김홍도에 비
　　　　해 섬세하고 세련된 필치를 구사(도화지 화가)

　　ⓒ 작품 : 주유도, 주막도, 여인도, 단오풍경, 풍속화첩 등

(4) 복고적 화풍

① 문인화의 부활 : 진경 산수화와 풍속화, 실학적 화풍은 19세기에 김정희 등을 통
　　한 문인화의 부활로 침체

② 대표적 화가 : 김정희, 장승업, 신위, 이하응(흥선대원군)

12. 건축의 변화

(1) 17세기의 건축

① 성격 : 사원 건축 중심, 규모가 큰 다층 건물

② 대표적 건축물 : 금산사 미륵전, 화엄사 각황전, 법주사 팔상전 등

(2) 18세기의 건축

① 성격 : 장식성 강한 사원이 많이 건립됨

② 대표적 건축물 : 논산 쌍계사 · 부안 개암사 · 안성 석남사, 수원 화성 등

(3) 19세기 이후의 건축

① 19세기 : 흥선대원군이 국왕의 권위를 제고하고자 경복궁의 근정전과 경회루를
　　재건(화려하고 장중한 건물로 유명)

② 20세기 초 : 덕수궁 석조전(르네상스 양식)

묵죽도(김정희)

세한도(김정희)

조선 후기 미술과 서예의 흐름

• 17~18세기 초
　- 정선이 개척한 진경 산수화(眞景山水畵)가 유행
　- 허목이 고문전이라는 새로운 서체를 창안
• 18세기
　- 풍속화 유행, 실학적 화풍, 서양화 기법 도입, 인화의 발달
　- 이양사가 우리 정서와 개성을 추구하는 단아한 동국진체(東國眞體)를 완성
• 19세기
　- 복고적 화풍 유행(→문인화의 부활로 진경 산수화와 풍속화, 실학적 화풍 침체)
　- 김정희가 고금의 필법을 토대로 굳센 기운과 다양한 조형성을 가진 추사체를 창안

금산사 미륵전

화엄사 각황전

법주사 팔상전　　개암사 대웅보전

쌍계사 대웅전 (논산)　　수원 화성 팔달문

9급공무원

한국사

나두공

나두공

06장 근대의 변화와 흐름

경복궁 경회루

당백전

경복궁 중건을 위한 동전 주조와 세금 징수

- **당백전** : 경복궁 중건에 필요한 재원의 마련을 위해 발행한 동전(→ 인플레이션 초래)
- **원납전** : 경비 충당을 위해 관민에게 수취한 (강제)기부금
- **결두전** : 재원 마련을 위해 논 1결마다 100문씩 징수한 임시세
- **성문세(城門稅)** : 4대문을 출입하는 사람과 물품에 부과한 통행세

흥선대원군의 서원 철폐 정책
★ 빈출개념

서원이 소유한 토지는 면세의 대상이었으며, 유생들은 면역의 혜택을 받고 있었음. 이는 국가 재정을 어렵게 만드는 한 원인이었음. 흥선대원군의 서원 철폐 정책은 백성들로부터 환영을 받았으나 유생들로부터는 큰 반발을 샀으며, 결국 흥선대원군이 유림 세력으로부터 배척을 받아 권좌에서 물러나게 되었음

01절 **근대 사회의 정치 변동**

1. 흥선대원군

(1) 흥선대원군의 집정

① 집권(1863~1873)
- ㉠ 섭정 : 어린 고종이 즉위하자 생부로서 실권을 장악하고 섭정
- ㉡ 시대적 상황
  - 대내적 : 세도 정치의 폐단이 극에 달하여 홍경래의 난과 임술민란(진주 민란) 등 민중 저항 발생, 정부 권위의 약화, 민심 이반이 커짐
  - 대외적 : 일본과 서양 열강의 침략(서세동점)으로 위기에 처함
② 정책 방향 : 왕권 강화와 애민 정책 추구, 쇄국 정책

(2) 왕권 강화

① 인재의 고른 등용(사색 등용) : 붕당 및 세도 정치의 폐단을 시정하고 전제 왕권을 강화하고자 능력에 따라 인재를 등용
② 통치 체제의 재정비 : 왕권 강화의 일환으로 비변사를 혁파하고 의정부와 삼군부의 기능 회복(→ 정치와 군사 분리), 훈련도감의 삼수병을 강화
- ㉠ 〈대전회통〉, 〈육전조례〉 등의 법전 편찬
  - 대전회통(1865) : 〈경국대전〉·〈속대전〉·〈대전통편〉 등을 보완하는 의미에서 편찬한 것
  - 육전조례(1867) : 〈대전회통(大典會通)〉과 짝을 이루어 편찬한 것
③ 경제·사회·문화 개혁 : 지방관과 토호(土豪)·권세가의 토지 겸병 금지, 농민에 대한 불법적 수탈을 처벌, 대상인의 도고 금지, 풍속교정, 허례허식과 사치 억제, 청·일 문화에 대한 감시 등
④ 경복궁 중건
- ㉠ 목적 : 왕권 강화, 국가 위신의 제고 및 정체성 회복
- ㉡ 부작용 : 원납전을 강제로 징수하고 당백전을 남발하여 경제적 혼란(물가 상승 등)을 초래했으며, 양반의 묘지림을 벌목하고 백성을 토목 공사에 징발하는 과정에서 큰 원성이 발생

(3) 민생 안정(애민 정책) ★ 빈출개념

① 서원 정리
- ㉠ 국가 재정을 좀먹고 백성을 수탈하며 붕당의 온상이던 서원을 정리(→ 600여 개소의 서원 가운데 47개소만 남긴 채 철폐·정리)
- ㉡ 목적 : 국가 재정 확충과 민생 안정, 지방 토호 세력의 약화를 통한 전제 왕권

강화

② **삼정(三政) 개혁** : 농민 봉기의 원인인 삼정을 개혁하여 국가 재정 확충과 민생 안정 도모

군정(軍政)의 개혁	• 호포법(戶布法)을 실시하여 양반에게도 군포를 징수(→ 양반의 거센 반발을 초래) • 양반 지주층의 특권적 면세 철회(→ 민란 방지 목적)
환곡(還穀)의 개혁	• 가장 폐단이 심했던 환곡제를 사창제(社倉制)로 개혁하여 농민 부담을 경감하고 재정 수입 확보 • 지역과 빈부에 따른 환곡의 차등 분배를 통해 불공정한 폐단이 없도록 함
전정(田政)의 개혁	양전 사업을 실시하여 양안(토지 대장)에서 누락된 토지를 발굴(→ 전국적 사결 작업(査結作業)을 통해 토호와 지방 서리의 은루결을 적발하여 수세결로 편입)

(4) 통상 수교 거부 정책

① **사회적 배경** : 서양 세력의 침투, 천주교의 교세 확장과 양화(洋貨)의 유입

② **병인양요(1866)**

㉠ 병인박해(1866)

• 원인 : 대원군 집권 초기에는 선교사의 알선으로 프랑스 세력을 끌어들여 러시아 세력의 남하를 견제하려 함(천주교에 호의적)

• 결과 : 프랑스 신부들과 수천 명의 신도들이 처형, 대왕대비교령으로 천주교 금압령 발표

㉡ 병인양요(1866)

• 프랑스는 병인박해 때의 프랑스 신부 처형을 구실로 로즈 제독이 이끄는 7척의 군함을 파병

• 프랑스는 철군 시 문화재에 불을 지르고 외규장각에 보관된 유물 360여 점을 약탈

③ **오페르트 도굴 사건(1868)** : 독일 상인 오페르트가 통상을 거부당하자 충청남도 덕산에 있는 남연군의 묘를 도굴하다가 발각

④ **신미양요(1871)**

㉠ 원인(1866) : 병인양요 직전에 미국 상선 제너럴셔먼호가 통상을 요구하다 평양 군민과 충돌하여 불타 침몰된 사건(제너럴셔먼호 사건)

㉡ 경과 : 미국은 제너럴셔먼호 사건을 구실로 로저스 제독이 이끄는 5척의 군함으로 강화도를 공격

㉢ 결과 : 어재연 등이 이끄는 조선의 수비대가 광성보와 갑곶(甲串) 등지에서 격퇴하고 척화비(斥和碑) 건립. 어재연 장군이 전사함

⑤ **양요의 결과**

㉠ 전국에 척사교서를 내리고 척화비를 건립(→ 서양과의 수교 거부를 천명)

㉡ 외세의 침략을 일시적으로 저지하였으나 조선의 문호 개방을 늦추는 결과를 초래

SEMI-NOTE

대원군의 개혁 정치

• 왕권 강화 정책 : 사색 등용, 비변사 혁파, 경복궁 재건, 법치질서 정비(대전회통, 육전조례)

• 애민 정책 : 서원 정리, 삼정의 개혁(양전 사업, 호포제, 사창제)

제너럴셔먼호 사건(1866) ⭐빈출개념

대동강에 침입하여 통상을 요구하며 행패를 부리던 미국 상선 제너럴셔먼호(General Sherman 號)를 평양 군민들이 반격하여 불태워 버린 사건. 이 사건은 신미양요의 원인이 되었음

척화비

척화비(1871)의 내용

洋夷侵犯 非戰則和 主和賣國 戒我萬年子孫 丙寅作 辛未立(양이침범 비전즉화 주화매국 계아만년자손 병인작 신미립)

"서양의 오랑캐가 침범함에 싸우지 않음은 곧 화의하는 것이요, 화의를 주장함은 나라를 파는 것이다. 우리들의 만대자손에게 경계하노라. 병인년에 만들고 신미년에 세운다."

169

😎 한눈에 쏙~

```
┌──────────────┐   ┌──────────────────┐   ┌──────────────┐   ┌──────────┐
│ 고종 즉위,   │   │ 병인박해(1월),   │   │ 오페르트     │   │ 신미양요 │
│ 흥선 대원군 집권 │▶ │ 제너럴셔먼호 사건(8월), │▶ │ 도굴사건(1868) │▶ │ (1871)   │
│ (1863)       │   │ 병인양요(9월)(1866) │   │              │   │          │
└──────────────┘   └──────────────────┘   └──────────────┘   └──────────┘
```

2. 강화도 조약(조·일 수호 조약·병자 수호 조규, 1876)

(1) 배경

① **대원군의 하야(1873)** : 경복궁 중건과 악화의 발행으로 민심 이반, 농민 봉기, 서원 정리, 호포법 등으로 양반 유생과의 갈등 심화, 최익현의 탄핵 상소 및 유생들의 하야 요구

② **명성황후의 집권** : 청의 돈을 수입하여 원활한 재정을 도모, 대표적 서원인 화양동 만동묘를 부활, 대원군 측 인사에 대한 탄압, 대일 외교 정책 등 국내외 정책의 변화

③ **통상 개화론자 대두**

　㉠ **통상 개화론자의 등장** : 박규수, 오경석, 유홍기, 이동인, 이규경 등

　㉡ **의의** : 개화론자들의 세력이 성장하여 문호 개방의 여건을 마련

④ **운요호(운양호) 사건(1875)** : 운요호가 연안을 탐색하다 강화도 초지진에서 조선 측의 포격을 받음, 일본이 청에 책임을 묻자, 청은 문제 확대를 꺼려 명성황후 정권에 일본과 조약을 맺도록 권유

(2) 강화도 조약(조·일 수호 조약, 병자 수호 조규)

① **강화도 조약의 체결(1876. 2)** : 우리나라가 외국과 맺은 최초의 근대적 조약이자 불평등 조약, 신헌과 구로다가 대표로 체결

　㉠ 청의 종주권 부인(→ 조선 침략을 용이하게 하려는 일본의 포석)

　㉡ **침략 의도 및 주권 침해**

　　• 침략 의도 : 부산·원산·인천 개항(→ 정치적·군사적·경제적 거점 마련), 일본인의 통상 활동 허가, 조선 연해의 자유로운 측량 등

　　• 불평등 조약(주권 침해) : 일본인 범죄의 일본 영사 재판권(치외법권 조항), 해안 측량권 등

② **조·일 통상 장정과 조·일 수호 조규 부록**

　㉠ **의의** : 강화도 조약의 부속 조약으로 마련

　㉡ **내용**

조약	내용	
조·일 무역 규칙 (1876. 7)	• 일본 수출입 상품 무관세 및 선박의 무항세 (無港稅) • 조선 양곡 무제한 유출 허용	일본의 경제적 침략을 위한 발판 마련

| 조 · 일
수호 조규 부록
(1876. 8) | • 일본 공사의 수도 상주
• 조선 국내에서 일본 외교관의 여행 자유
• 개항장에서의 일본 거류민의 거주 지역 설정
• 일본 화폐의 유통(사용) 허용 | 일본의 경제적
침략을 위한 발
판 마련 |

ⓒ 결과 : 일본은 경제 침략을 위한 발판 마련, 조선은 국내 산업 보호 근거 상실

실력UP ▶ 조 · 일 수호 조규의 후속 조약

• **수호 조규 속약(1882)** : 일본 관리와 상인의 활동 영역을 사방 10리에서 50리(1882년)로 확
대하고, 다시 100리(1883년)로 확대
• **조 · 일 통상 장정(개정)(1883. 7)**
 – 1876년 체결된 조 · 일 통상 조약(무역규칙)의 불합리한 부분이 다소 시정되어 관세 자주
 권이 일부 회복되었으나, 협정 관세에 불과하고 내지 관세권도 부정되었으며, 최혜국
 조항이 포함되는 등 여전히 불평등한 조약으로 남음
 – 곡물 수출 금지(방곡령) 조항이 포함되었으나, 방곡령 시행 1개월 전 일본 영사관에 통고
 의무 조항을 두었고, 인천항에서의 곡물 수출 금지권도 폐지됨

(3) 각국과의 조약 체결

① 조 · 미 수호 통상 조약의 체결(1882) ★ 빈출개념

 ㉠ 배경
  • 조선이 일본과 조약을 맺자 미국은 일본에 알선을 요청
  • 러시아 남하에 대응해 미국과 연합해야 한다는 〈조선책략〉이 지식층에 유포
 ㉡ 체결 : 러시아와 일본 세력을 견제하고, 조선에 대한 종주권을 승인받을 기회
  를 노리던 청의 알선으로 체결, 신헌과 슈펠트가 대표로 체결
 ㉢ 내용 : 거중조정(상호 안전 보장), 치외법권, 최혜국 대우(최초), 협정 관세율
  적용(최초), 조차지 설정의 승인 등
 ㉣ 의의 : 서양과 맺은 최초의 조약으로 처음으로 최혜국 대우를 규정, 불평등
  조약(치외법권, 최혜국 대우, 조차지 설정 등), 청의 종주권 저지

② 영국(1882) : 청의 중재로 민영목과 파크스가 대표로 조 · 영 수호 통상 조약을 체
 결(비준은 1883년), 치외 법권과 조차지 설정에 관한 내용 포함

③ 독일(1882) : 청의 중재로 제물포에서 체결

④ 그 외 이탈리아(1884), 러시아(1884), 프랑스(1886)와도 외교 관계를 맺음

(4) 개화 정책의 추진

① 제도의 개편

| 행정
기구 | • 개화 정책 전담 기구인 통리기무아문을 설치(1880)
 – 의정부 · 육조와 별도로 설치, 삼군부는 폐지
 – 신문물 수용과 부국강병 도모 등 개화 정책 추진
• 통리기무아문 아래 12사를 두고 외교 · 군사 · 산업 등의 업무를 분장
• 규장각 기능을 부활시켜, 개화 정치를 뒷받침하는 학술 기관으로 활용 |

SEMI-NOTE

강화도 조약 체결의 직접적 요인

• 세계 정세상 개국의 필요조건이 성숙
• 일본 전함의 공포시위와 일전불사의
 위협
• 명성황후 정권의 유지(대원군 측의 척
 화론 수용 곤란)
• 사대관계에 있는 청의 요구에 대한 거
 부 곤란

조선책략(朝鮮策略)

• 도입 : 청의 주일 참사관인 황쭌셴이
 지은 책으로, 김홍집(2차 수신사)이
 도입
• 내용 : 조선의 당면 외교 정책으로 친
 중(親中)·결일(結日)·연미(聯美)를
 주장
• 목적 : 일본 견제, 청의 종주권 국
 제적으로 승인
• 영향 : 미국·영국·독일 등과의 수교
 알선 계기, 개화론 자극, 위정척사
 론의 격화 요인

조 · 미 수호 통상 조약 주요 내용

• 제1조(거중조정) : 서로 돕고 중간 역
 할을 잘 하며 우애 있게 지낸다.
• 제2조(최혜국 대우) : 병권 대신을 서
 로 파견하여 수도에 주재시킬 수 있
 고, 최혜국 대우를 받는다.
• 제4조(치외법권) : 미국 국민이 조선인
 을 모욕하거나 재산을 훼손하는 경우
 미국 영사나 그 권한을 가진 관리만이
 미국 법률에 따라 처벌한다.
• 제5조(협정 관세율 적용) : 미국 상인
 과 상선이 조선에 와서 무역을 할 때
 입출항하는 화물은 모두 세금을 바쳐
 야 하며, 세금을 거두어들이는 일은
 조선이 자주적으로 한다.

군사 제도	• 종래의 5군영을 무위영 · 장어영의 2영으로 통합 · 개편 • 신식 군대 양성을 위해 무위영 아래 별도로 별기군을 창설(1881) 　－ 양반 자제로 편성된 사관 생도와 일반 군졸로 구성된 교련병대 　－ 소총으로 무장한 신식 군대로서 국왕 근위병으로 특별 대우함 　－ 일본인 교관을 채용하여 근대적 군사 훈련 실시

　② 외교 사절 및 해외 시찰단 파견
　　㉠ 수신사 파견
　　　• 제1차 수신사 김기수 : 〈일동기유〉에서 신문명을 조심스럽게 비판
　　　• 제2차 수신사 김홍집 : 황쭌센의 〈조선책략〉을 가지고 들어와 개화 정책에
　　　　영향을 미침
　　㉡ 조사 시찰단(신사 유람단) 파견(1881) : 박정양 · 어윤중 · 홍영식 등으로 구성,
　　　일본의 발전상을 보고 돌아와 개화 정책의 추진을 뒷받침
　　㉢ 영선사(1881) : 김윤식을 단장으로 청에 파견하여 무기 제조법과 근대적 군사
　　　훈련법을 배움(→ 서울에 최초의 근대적 병기 공장인 기기창 설치)
　　㉣ 보빙 사절단(1883) : 최초의 구미 사절단

3. 위정척사 운동(衛正斥邪運動)

(1) 의의

　① 의미 : 바른 것은 지키고 사악한 것을 물리치는, 즉 정학인 성리학 및 성리학적 질
　　서를 수호하고 성리학 이외의 모든 종교와 사상을 배격하는 운동
　② 목적 : 반외세 · 반침략 정책을 통한 조선의 정치 · 경제 · 사회 · 사상 체제의 유지

(2) 성격

　① 강력한 반외세 · 반침략 운동 : 정치 · 경제적 측면에서 강력한 반침략 · 반외세
　　(→ 동학 농민 운동과의 공통점) 정책을 전개하고, 대원군의 쇄국정책을 뒷받침
　② 봉건적 전근대성 : 교역은 경제적 파멸을 초래하고 문호 개방은 열강 침략으로
　　직결된다고 봄

(3) 위정척사 운동의 전개

　① 1860년대(통상 반대 운동) : 척화주전론(이항로, 기정진), 통상 수교 거부 정책을
　　뒷받침
　② 1870년대(개항 반대 운동) : 왜양일체론(최익현의 5불가소), 개항 불가론
　③ 1880년대(개화 반대 운동) : 영남 만인소(→ 개화 정책과 〈조선책략〉의 유포에 반
　　발, 이만손), 만언척사소(홍재학)
　④ 1890년대(항일 의병 운동) : 항일 투쟁(유인석, 이소응 등)
　⑤ 경과 : 고종은 척사 상소를 물리치고 개화 정책을 강행
　⑥ 한계 : 개화 정책 추진에 장애물, 전제주의적 정치 체제, 봉건적 경제 체제, 차별
　　적 사회체제 등 유지하려는 것에 목적

4. 개화 사상

(1) 개화 사상의 형성 : 통상개화론(초기 개화파)

① 대내적으로는 실학(특히 북학파)의 사상을 발전적으로 계승, 동도서기와 부국 강
병을 목표로 함, 대외적으로는 양무 운동(청)과 문명개화론(일본)의 영향을 받음

② 인물 : 박규수, 오경석, 유홍기(유대치)

(2) 개화파의 형성과 분화

① 개화파의 형성 : 박규수와 유홍기의 지도를 받은 김옥균·박영효·유길준 등

② 개화파의 두 흐름

구분	온건 개화파(사대당, 수구당)	급진 개화파(개화당)
주도 인물	김홍집, 김윤식, 어윤중, 민영익, 민긍식(→ 명성황후 정권과 연결)	김옥균, 박영효, 홍영식, 서광범, 서재필(→ 명성황후 정권에 반대, 갑신정변에 참여)
개화에 대한 관점	유교에 의한 개화(→ 조선은 개화 된 나라)	문명개화론(→ 조선은 야만 상태 탈피를 위해 개화가 필요)
개화 방법	• 동도서기론에 기반한 개화 • 청의 양무운동을 본받아 점진적 인 개혁 추구	• 변법자강론에 따른 전면적 개화 • 일본의 메이지유신을 본받아 급 진적 개혁을 추구
외교적 입장	• 청과 사대관계의 지속·유지(친 청 세력) • 중화 질서 아래서 조선의 위치 를 파악(양절체제의 외교론)	• 청과의 사대적 외교관계의 청산 을 강조 • 청에 대한 종속에서 벗어난 조 선의 완전한 자주독립을 주장

③ 개화당의 활동

㉠ 근대적 국정 개혁의 필요성을 절감하고, 임오군란을 계기로 활발한 활동을 전개

㉡ 고종의 신임으로 여러 개화 시책을 추진

5. 임오군란(1882)

(1) 배경

① 명성황후(민씨) 정권의 개화파와, 대원군·유생의 보수파 간 갈등, 일본에 대한
민족적 척왜 감정

② 신식 군대(별기군) 우대 및 구식 군대에 대한 차별(구식 군인의 급료가 13개월간
체불됨)

(2) 경과

① 구식 군인들은 명성황후 정권의 고관들과 일본인 교관을 죽임, 포도청·의금부
를 습격하고 일본 공사관을 불태움

② 대원군의 일시적 재집권 : 구식 군인들의 요구로 대원군이 재집권, 통리기무아문
과 별기군 폐지, 5군영 부활(→ 청에 납치)

동도서기론(東道西器論)
우리(동양)의 전통 윤리와 도덕을 유지
하면서 서양의 과학 기술을 받아들
여 부국강병을 이룩하자는 주장. 중국
의 중체서용론(中體西用論)이나 일본
의 화혼양재론(和魂洋才論)과 마찬
가지로 19세기 서양 자본주의 열강의
침략에 대응하기 위한 방법의 하나로
조선 지식인들이 주장한 논리

오경석과 유홍기

조선 후기에 해외 사정에 밝았던 것은
중인, 특히 역관들이었음. 오경석은 이
러한 역관들 중 대표적인 인물. 그는 여
러 차례 중국을 왕래하면서 보고 들은
것을 통해 언젠가 서양 세력이 조선에도
침투할 것이라고 판단하고 이에 대비하
기 위한 개혁이 필요하다고 생각했음.
그는 사상적 동지인 의관 유홍기와 생각
을 함께 하였는데, 중인인 그들은 신분
의 한계로 인해 직접 정치의 전면에 나
설 수 없었지만 그 사상은 유홍기의 가
르침을 받은 개화파들에게 큰 영향을 미
쳤음

개화파 인물

SEMI-NOTE

(3) 결과

① 명성황후 일파가 청에 군대 파견 요청 : 청 군대 파견, 대원군 압송

② 청의 내정 간섭 강화

③ 조선을 둘러싼 청 · 일 양국 간 대립 위기 초래

④ 명성황후 일파의 재집권 : 청의 내정 간섭과 정부의 친청 정책으로 개화 정책은 후퇴

  ㉠ 관제 개편 : 통리교섭통상사무아문(외아문), 통리군국사무아문(내아문)

  ㉡ 군제 개편 : 친군영과 4영 설치

⑤ 조약의 체결 ★빈출개념

  ㉠ 제물포 조약(1882. 7)

   • 일본과 제물포 조약을 체결하여 배상금을 지불하고 군란 주동자의 처벌을 약속, 일본 공사관의 경비병 주둔을 인정(→ 일본군의 주둔 허용)

   • 박영효를 사죄사로 일본에 파견(→ 태극기를 최초로 사용)

   • 일본의 정치 · 경제적 침투가 한층 강화

  ㉡ 조 · 청 상민 수륙 무역 장정(1882. 8)

   • 청의 속국 인정, 치외법권

   • 서울과 양화진 개방, 내지통상권, 연안 무역 · 어업권, 청 군함 항행권 등 (→ 청 상인의 통상 특권이 넓게 허용되어 조선 상인들의 피해 증가)

제물포 조약의 내용

제1조 지금으로부터 20일을 기하여 범인을 체포하여 엄징할 것

제2조 일본국 피해자를 후례로 장사지낼 것

제3조 5만 원을 지불하여 피해자 유족 및 부상자에게 급여할 것

제4조 배상금 50만 원을 지불할 것

제5조 일본 공사관에 군대를 주둔시켜 경비에 임하는 것을 허용할 것

제6조 조선국은 대관을 특파하여 일본국에게 사죄할 것

6. 갑신정변(1884)

(1) 배경

① 바닥난 국가 재정 문제로 인한 대립 : 개화당의 대일 차관 도입이 실패

② 친청 세력의 탄압 : 개화당에 대한 탄압으로 비상 수단 도모

③ 청군의 철수 : 베트남 문제로 청군이 조선에서 일부 철수(→ 청 · 프 전쟁)

④ 일본의 음모 : 조선에서의 열세를 만회하고자 정변 시 개화당에 군사적 지원을 약속

청 · 프 전쟁

베트남에 대한 청의 종주권 문제로 프랑스와 청 사이에 벌어진 전쟁

(2) 경과

① 발발 : 우정국 개국 축하연을 이용해 사대당 요인을 살해하고 개화당 정부를 수립

② 개혁 요강 마련 : 14개조의 정강을 마련

(3) 갑신정변의 개혁 내용

① 청에 대한 사대 외교(조공)를 폐지하고, 입헌 군주제로의 정치 개혁을 추구

② 지조법을 개정하고, 재정을 호조로 일원화하여 국가 재정을 충실히 함

③ 혜상공국(보부상을 보호하기 위한 기관)의 폐지와 각 도 환상미의 폐지

④ 문벌을 폐지하여 인민 평등을 도모, 능력에 따른 인재 등용

⑤ 군대(근위대)와 경찰(순사)을 설치

혜상공국

1883년 보부상이 중심이 되어 조직된 상인조합으로 대원군의 쇄국정책을 강력히 지지하였음. 외국상인의 불법 상행위 저지, 불량행상 폐단 저지, 보부상 권익 보호 등의 활동을 하였고, 1885년 상리국으로 개칭되었음

실격up 갑신정변의 14개조 정강(신정부 강령 14개조)

- 청에 잡혀간 흥선 대원군을 곧 귀국하게 하고, 종래 청에 대하여 행하던 조공의 허례를 폐한다.
- 문벌을 폐지하여 인민 평등의 권리를 세워, 능력에 따라 관리를 임명한다.
- 지조법을 개혁하여 관리의 부정을 막고 백성을 보호하며, 국가 재정을 넉넉하게 한다.
- 내시부를 없애고, 그 중에 우수한 인재를 등용한다.
- 부정한 관리 중 그 죄가 심한 자는 치죄한다.
- 각 도의 환상미를 영구히 받지 않는다.
- 규장각을 폐지한다.
- 급히 순사를 두어 도둑을 방지한다.
- 혜상공국을 혁파한다.
- 귀양살이를 하고 있는 자와 옥에 갇혀 있는 자는 그 정상을 참작하여 적당히 형을 감한다.
- 4영을 합하여 1영으로 하되, 영 중에서 장정을 선발하여 근위대를 급히 설치한다.
- 모든 재정은 호조에서 통할한다.
- 대신과 참찬은 의정부에 모여 정령을 의결하고 반포한다.
- 의정부, 육조 외에 모든 불필요한 기관을 없앤다.

(4) 정변의 실패

청의 무력 개입(3일 천하로 끝남), 외세 의존적 정변 방식(일본의 지원은 미미), 개화당의 세력 기반이 약했으며, 개혁이 너무 급박하고 대의명분이 부족해 국민이 외면

(5) 결과

① 청의 내정 간섭이 더욱 강화, 보수 세력의 장기 집권
② 개화 세력이 도태되어 상당 기간 개화 운동의 흐름이 약화됨

(6) 조약

① **일본과 한성 조약 체결** : 일본의 강요로 배상금 지불, 공사관 신축비 부담
② **청·일 간 톈진 조약 체결** : 청·일 양국군은 조선에서 철수하고 장차 파병할 경우 상대국에 미리 알릴 것(→ 일본은 청과 동등하게 조선에 대한 파병권 획득)

(7) 의의

① 근대 국가 수립을 목표로 하는 최초의 정치 개혁 운동(최초로 입헌 군주제 추구)
② 민족 운동의 방향을 제시한 우리나라 근대화 운동의 선구
③ 최초의 위에서 아래로의 근대화 운동
④ 청에 대한 사대 극복의 의지 반영, 문벌폐지와 사민평등, 조세제도 개혁 주장
⑤ 조선에 대한 국제 사회의 인식을 새롭게 하는 계기

7. 동학 농민 운동 ★빈출개념

(1) 배경

① 국내의 상황

SEMI-NOTE

한성 조약의 영향

한성 조약을 통해 일본은 갑신정변 과정에서 입은 피해를 보상받고 가해자를 처벌하도록 하였으며, 조선에서 실추되었던 일본 세력을 회복하였음. 그 동안 일본은 청에 밀려 조선 정부에 위세를 발휘하지 못했는데, 청이 청·프 전쟁 등으로 국제 관계에서 곤경에 빠진 틈을 타 조선에의 파병권 등을 획득하였음

갑신정변 이후의 국내외 정세
- 러시아의 남하 정책 : 조·러 수호 통상 조약 체결(1884), 조·러 비밀 협약 추진(청의 방해로 실패)
- 거문도 사건(1885~1887) : 영국이 러시아의 남하를 견제하고자 거문도를 불법 점령
- 조선 중립화론 제기 : 독일 부영사 부들러, 유길준
- 방곡령(1889) : 실패

동학의 교세 확장
- 요인 : 인간 평등 사상과 사회 개혁 사상이 농민의 변혁 요구에 부합함, 동학의 포접제(包接制) 조직이 농민 세력의 규합을 가능하게 함, 민족 종교적 성격과 반봉건적 성격이 농민층과 몰락 양반에게 환영받음
- 교조 신원 운동
 - 삼례 집회(제1차 교조 신원 운동, 1892) : 교조 신원과 지방관의 탄압 금지를 요구
 - 서울 복합 상소(제2차 교조 신원 운동, 1893) : 궁궐 앞에서 교조 신원과 외국인 철수를 요구
 - 보은 집회(제3차 교조 신원 운동, 1893) : 동학교도와 농민이 대규모 집회를 통해 탐관오리 숙청, 반봉건·반외세·척왜양창의 등을 요구

SEMI-NOTE

동학의 경전
- **동경대전** : 교조 최제우의 유문을 최시형이 1882년 편찬(한자로 간행)한 것으로, 포덕문(布德文), 논학문(論學文), 수덕문(修德文), 불연기연(不然基然)의 4편을 중심으로 구성되어 있음
- **용담유사** : 최제우의 포교용 가사집. 1909년에 한글로 간행되었음. 용담가(龍潭歌), 안심가(安心歌), 권학가(勸學歌) 등이 소개되어 있음

사발통문

고부 민란과 백산 재봉기
새로 임명된 고부 군수 박원명의 수습이 적절하였으므로 농민들은 흩어져 귀가하였다. 그러나 안핵사 이용태는 조사를 빙자하여 죄 없는 농민들을 체포하고 부녀자들을 능욕하였으며 재산을 약탈하였음. 이에 전봉준은 동학 교단에서 세력을 가지고 있던 김개남, 손화중 등과 함께 농민들에게 통문을 돌려 농민군을 조직, 고부의 백산에서 8,000명의 농민군을 이끌고 전면전을 일으켰음

㉠ **위기 의식의 증가** : 개항 이래 전개된 열강의 침략 경쟁이 갑신정변 후 가열
㉡ **정부의 무능력과 부패** : 궁중 예산 낭비와 배상금 지불 등으로 국가 재정 궁핍, 대외 관계 비용의 증가, 외세와의 타협
㉢ **농민 수탈의 심화** : 과중한 조세 부담, 지방관의 압제와 수탈 증가
② **일본의 경제적 침투**
　㉠ 일본의 침투로 농촌 경제 파탄, 농민층의 불안·불만 팽배
　㉡ 입도선매나 고리대의 방법으로 곡물을 사들여 폭리, 무역 독점
　㉢ **방곡령 사건(1889)** : 일본의 경제적 침략에 대응하여 함경도와 황해도 지방에서 방곡령을 내리기도 하였으나, 배상금만 물고 실효를 거두지 못함
③ **농민층의 동요** : 농민층의 사회 불만 증대, 정치 및 사회 의식 성장

(2) 동학 농민 운동의 전개

① **고부 민란(고부 농민 봉기, 1894. 1~1894. 3)**
　㉠ **고부 민란** : 고부 군수 조병갑의 학정에 항거, 전봉준 등이 농민군을 이끌고 관아를 점령, 봉기를 계획하고 미리 사발통문(沙鉢通文)을 돌림
　㉡ **봉기의 지속** : 안핵사 이용태가 동학교도를 색출·탄압하자 전봉준·김개남·손화중·오지영 등의 지도하에 농민군은 봉기를 지속
② **1차 봉기** : 반봉건적 성격이 강함
　㉠ **백산 재봉기(1894. 3. 25)** : 백산에 다시 결집하여 전봉준·김개남·손화중 등이 조직을 재정비하고 격문을 선포
　㉡ **황토현 전투(1894. 4. 절기기)** : 황토현 싸움에서 관군(전라 감영의 지방 관군)을 물리치고(최대의 승리), 정읍·고창·함평·장성 등을 공략
　㉢ 장성 전투와 전주성 입성(1894. 5), 청·일의 개입
③ **전주 화약(1894. 5)과 집강소 활동**
　㉠ 청·일군이 개입하자 정부는 휴전을 제의해 전주 화약이 성립
　㉡ **집강소 설치와 폐정 개혁안** : 폐정 개혁 12개조를 요구

실격UP 폐정(弊政) 개혁 12개조

- 동학도(東學徒)는 정부와의 원한(怨恨)을 씻고 서정(庶政)에 협력한다.
- 탐관오리(貪官汚吏)는 그 죄상을 조사하여 엄징(嚴懲)한다.
- 횡포(橫暴)한 부호(富豪)를 엄징한다.
- 불량한 유림(儒林)과 양반의 무리를 징벌한다.
- 노비 문서(奴婢文書)를 소각한다.
- 7종의 천인 차별을 개선하고, 백정이 쓰는 평량갓[평양립(平凉笠)]은 없앤다.
- 청상과부(靑孀寡婦)의 개가(改嫁)를 허용한다.
- 무명(無名)의 잡세는 일체 폐지한다.
- 관리 채용에는 지벌(地閥)을 타파하고 인재를 등용한다.
- 왜(倭)와 통하는 자는 엄징한다.
- 공사채(公私債)를 물론하고 기왕의 것을 무효로 한다.
- 토지는 평균하여 분작(分作)한다.

- 〈동학사〉 -

④ 2차 봉기 : 반외세의 기치로 재봉기
    ㉠ 동학 농민군의 재봉기 : 청 · 일 전쟁(1894)에서 주도권을 잡은 일본이 내정 간섭을 강화하자, 이에 대항해 대규모로 다시 봉기
    ㉡ 남접(전봉준)과 북접(손병희)이 논산에 집결하여 연합
    ㉢ 공주 우금치 혈전(1894.11) : 전봉준(남접)과 손병희(북접)의 연합군이 서울로 북진하다 공주 우금치에서 관군과 민보군, 일본군을 상대로 격전

구분	중심 세력	활동 내용	성격
1차 봉기 (고부 민란 ~전주 화약)	남접 (전봉준, 김개남, 손화중 등)	• 황토현 전투 • 집강소 설치, 폐정 개혁안	반봉건적 사회 개혁 운동
2차 봉기	남접(전봉준) + 북접(손병희)	공주 우금치 전투	반외세, 항일구국 운동

(3) 동학 농민 운동의 영향과 한계

① 동학 농민 운동의 영향 : 반봉건적 · 반침략적 민족 운동의 전개, 밑으로부터의 자주적 사회 개혁 운동
② 한계 : 포괄적인 근대 사회 의식은 결여됨, 근대 사회를 건설하기 위한 구체적인 방안을 제시하지 못함

8. 갑오개혁(고종 31, 1894)과 을미개혁(고종 32, 1895)

(1) 갑오개혁(甲午改革, 1894~1895)

① 개혁의 추진 배경 : 개항 이후의 여러 모순을 해결하기 바라는 농민들의 개혁 요구, 교정청(校正廳)의 설치, 일본의 간섭(타율적 측면)
② 제1차 갑오개혁(1894. 7~1894. 12)
    ㉠ 친일 정권의 수립 : 김홍집과 흥선대원군 중심의 제1차 김홍집 친일 내각 성립
    ㉡ 군국기무처 설치 : 초정부적 회의 기관인 군국기무처를 설치하고 개혁을 추진
    ㉢ 갑신정변을 주동했던 박영효와 서광범이 귀국해 개혁에 참여
    ㉣ 제1차 개혁의 내용
        • 정치면 : 내각의 권한을 강화하고 왕권을 제한

연호	개국 연호를 사용하여 청의 종주권 부인
전제화 견제	왕실(궁내부)과 정부(의정부) 사무를 분리하고 정치 실권을 상당 부분 내각이 가지도록 해 국왕 전제권을 제한, 육조를 8아문으로 개편, 관등품계 12등급으로 축소
과거제 폐지	문무관 차별 철폐, 신분 차별 없는 새로운 관리 임용 제도 채택

        • 경제면

재정 일원화	모든 재정 사무를 탁지아문이 관장, 왕실과 정부의 재정을 분리

SEMI-NOTE

청 · 일 전쟁
동학 농민군이 해산하자 조선 정부는 일본에 군대의 철수를 요구하였으나, 일본은 이를 거부하고 내정에 간섭하는 등 조선에서의 지배권을 확보하려 하였음. 1894년 6월 21일 일본은 병력을 동원하여 궁궐을 침범하였으며, 조선 정부의 요청을 받은 것처럼 위장하여 아산만에 주둔하고 있던 청의 군대를 공격하였음

압송되는 전봉준

동학 농민 전쟁

동학 농민 운동의 실패 요인
• 동학 지도층의 분열과 지도력 부족
• 집권층과 민보군(수성군), 일본군 연합의 탄압, 전력상의 열세
• 화력(무기 등) · 전술 · 훈련 · 조직의 미약

군국기무처
입법권을 가진 초정부적 개혁 추진 기구, 임시 기구이며, 정치 · 경제 · 사회 등 국가 주요 정책에 대한 개혁안을 심의하였음

06장
근대의 변화와 흐름

177

화폐, 조세	은(銀) 본위 화폐 제도를 채택, 일본 화폐의 통용을 허용, 조세의 금납제 시행
도량형 정비	도량형을 개정 · 통일

• 사회면

신분제 철폐	양반과 평민의 계급을 타파하고, 공 · 사 노비 제도를 폐지
전통적 폐습 타파	• 조혼 금지, 과부 개가 허용 • 악법 폐지(인신매매 금지, 고문과 연좌법의 폐지 등)

• 군사면 : 일본이 조선의 군사력 강화나 군제 개혁을 꺼림

③ 제2차 갑오개혁(1894. 12~1895. 7) ★ 빈출개념

㉠ 연립 내각 성립 : 제2차 김홍집 · 박영효 친일 연립 내각이 성립

㉡ 홍범 14조 : 고종은 종묘에 나가 독립 서고문을 바치고 홍범 14조를 반포 (1895. 1)

㉢ 제2차 개혁의 내용

정치	• 의정부 80아문을 7부로 개편 • 지방관제를 8도에서 23부 337군으로 개편(→ 종래의 도 · 부 · 목 · 군 · 현의 대소행정구역 통폐합, 소지역주의 채택) • 내각과 분리된 궁내부 관제를 대폭 축소 • 지방관의 사법권 · 군사권 박탈(행정권만을 가짐) • 사법권과 행정권 분리(사법부 독립)와 재판소 설치(1심 · 2심 재판소 분리 · 설치)를 위해 〈재판소구성법〉과 〈법관양성소규정〉 등을 공포 • 상리국 폐지
교육	• 교육입국조서 발표(근대적 학제 등) • 신교육 실시, 한성사범학교 설립
군사 · 경찰	훈련대 · 시위대 설치, 근대적 군사 · 경찰제도 확립을 위한 〈군부관제〉, 〈경무청관제〉 등을 제정

㉣ 개혁의 중단 : 삼국 간섭(1895. 4)에 따른 일본 세력의 약화, 박영효가 반역죄로 일본으로 망명

실력UP 삼국간섭(1895)

일본이 청일 전쟁의 승리 후 체결한 시모노세키 조약에 따라 청으로부터 요동반도를 할양받게 되자, 남하 정책을 추진하던 러시아가 이를 견제하고자 프랑스, 독일과 함께 요동반도의 반환을 일본에 요구하였다. 삼국간섭의 결과 일본은 요동반도를 돌려주고 세력이 위축되었는데, 국내에서는 이러한 정세를 이용해 일본을 견제하기 위해 친러내각(김홍집 내각)이 성립하였다.

(2) 을미개혁(제3차 개혁, 1895. 8~1896. 2)

① 을미사변(1895) : 명성황후가 친러파와 연결하여 일본을 견제하려 하자 일제는 명성황후를 시해하고 친일 내각을 구성

② 개혁의 추진 : 제4차 김홍집 친일 내각은 중단되었던 개혁을 계속하여 을미개혁

홍범(洪範) 14조

• 청에 의존하는 생각을 버리고 자주 독립의 기초를 세운다.

• 왕실 전범(典範)을 제정하여 왕위 계승의 법칙과 종친과 외척과의 구별을 명확히 한다.

• 임금은 각 대신과 의논하여 정사를 행하고, 종실(宗室) · 외척(外戚)의 내정 간섭을 용납하지 않는다.

• 왕실 사무와 국정 사무를 나누어 서로 혼동하지 않는다.

• 의정부(議政府) 및 각 아문(衙門)의 직무 · 권한을 명백히 규정한다.

• 납세는 법으로 정하고 함부로 세금을 징수하지 아니한다.

• 조세의 징수와 경비 지출은 모두 탁지아문(度支衙門)의 관할에 속한다.

• 왕실의 경비는 솔선하여 절약하고, 이로써 각 아문과 지방관의 모범이 되게 한다.

• 왕실과 관부(官府)의 1년 회계를 예정하여 재정의 기초를 확립한다.

• 지방 제도를 개정하여 지방 관리의 직권을 제한한다.

• 총명한 젊은이들을 파견하여 외국의 학술 · 기예를 견습시킨다.

• 장교를 교육하고 징병을 실시하여 군제의 근본을 확립한다.

• 민법 · 형법을 제정하여 인민의 생명과 재산을 보전한다.

• 문벌을 가리지 않고 인재 등용의 길을 넓힌다.

을 추진

ⓐ 유생들의 반발 : 단발령에 대한 유생들의 강경한 반발

ⓑ 개혁의 중단 : 명성황후 시해와 단발령을 계기로 유생층과 농민이 의병을 일으켰고, 친러파는 국왕을 러시아 공사관으로 피신(아관파천, 1896)시킴으로써 개혁 중단

(3) 갑오·을미개혁의 의의 및 한계

① 한계 : 일본의 강요에 의해 타율적으로 시작, 토지 제도의 개혁이 전혀 없고, 군제 개혁에 소홀

② 의의

ⓐ 전통 질서를 타파하는 근대적 개혁의 성격을 지님

ⓑ 갑신정변과 동학 농민 운동의 개혁 요구가 일부 반영

 한눈에 쏙~

강화도조약 (1876) ▶ 임오군란, 제물포조약(1882) ▶ 갑신정변 (1884)

▶ 동학 농민 운동, 청일 전쟁, 갑오개혁(1894) ▶ 삼국간섭, 을미사변, 을미개혁(1895)

9. 아관파천(건양 1, 1896)

(1) 전개

① 배경 : 고종은 왕권을 제약하려는 개화 세력의 개혁에 불만을 가지게 되었고, 을미사변 후 신변의 위험을 느낌

② 경과 : 러시아 공사 베베르가 친러파와 모의하여 고종을 러시아 공사관으로 파천시켜 1년간 머물게 함

(2) 결과

① 친러내각의 성립 : 친일파가 제거되고 이범진·이완용 등의 친러내각이 정권을 장악

② 지방 제도 개편 : 전국을 13도로 개편

③ 일본의 협상 추진 : 수세에 몰린 일본이 러시아와 세력 균형을 위해 협상을 벌임

④ 베베르·소촌(고무라) 각서(1896. 5)

⑤ 러시아 로바노프의 비밀외교(1896. 6)

ⓐ 청(이홍장)과 중·러 비밀군사동맹 체결

ⓑ 로바노프·산현(야마가타) 협정서에서 러·일 완충지대를 설정(한반도 분할)

ⓒ 민영환·로바노프는 고종의 신변보호, 군사교관과 재정고문

⑥ 니시·로젠 협정(1898. 4) : 조선에서의 정치적·경제적 이해관계를 상호 승인

⑦ 아관파천 후 조선의 주권이 약화되고 외세의 이권 침탈이 증가함

SEMI-NOTE

독립신문

1896년 4월 서재필이 민중 계몽을 위해 창간한 신문으로, 최초의 민간 신문(최초의 근대 신문은 1883년 창간된 한성순보)이자 순한글 신문. 창간 이듬해인 1897년부터 한글판과 영문판을 분리하여 2개의 신문으로 발행하였음

독립신문

독립협회의 기본 사상
• 자주 국권 사상 : 민족주의 사상
• 자유 민권 사상 : 민주주의 사상
• 자강 개혁 사상 : 근대화 사상

독립문

관민 공동회의 헌의 6조 ★빈출개념

• 외국인에게 의지하지 말고 관민이 한마음으로 힘을 합하여 전제 황권을 견고하게 할 것
• 외국과의 이권에 관한 계약과 조약은 각 대신과 중추원 의장이 합동 날인하여 시행할 것
• 국가 재정은 탁지부에서 전관(專管)하고, 예산과 결산을 국민에게 공표할 것
• 중대 범죄를 공판하되, 피고의 인권을 존중할 것
• 칙임관을 임명할 때에는 정부에 그 뜻을 물어서 중의에 따를 것
• 정해진 규정(홍범 14조)을 실천할 것
— 독립신문 —

황국 협회

독립 협회에 대항하기 위해 조직된 어용 단체. 정식 지휘자는 정부 관료, 회원은 보부상이었음

10. 독립 협회(獨立協會, 1896)

(1) 배경 및 성립

서재필 등은 자유 민주주의적 개혁 사상을 민중에게 보급하고 국민의 힘으로 자주 독립 국가를 건설하기 위하여 독립신문을 창간하고 독립 협회를 창립(1896. 7)

(2) 구성

① **사상적 구성** : 서구 자유민주주의 사상(서재필 · 윤치호)과 개신 유학 사상 · 유교 혁신 사상(남궁억, 정교)이 합쳐져 자주 자강 · 개화 혁신 사상으로 승화(이상재)
② **구성원** : 근대 개혁 사상을 지닌 진보적 지식인들이 지도부를 이루고 도시 시민층이 주요 구성원으로 참여, 학생 · 노동자 · 여성 · 천민 등 광범한 계층의 지지

(3) 주장

① **자주 국권 운동** : 국권과 국익 수호 운동
② **자강 개혁 운동** : 입헌 군주제, 신교육 운동, 상공업 장려, 근대적 국방력 강화
③ **자유 민권 운동** : 민권(자유권 · 재산권) 보장 운동, 국민 참정권 운동

(4) 활동

① **이권 수호 운동** : 러시아의 절영도 조차 요구 규탄, 한 · 러 은행 폐쇄
② **독립 기념물의 건립** : 자주 독립의 상징인 독립문을 세우고, 모화관을 독립관으로 개수
③ **민중의 계도** : 강연회 · 토론회 개최, 신문 · 잡지의 발간 등을 통해 근대적 지식과 국권 · 민권 사상을 고취
④ **만민 공동회 개최(1898. 3)** : 우리나라 최초의 근대적 민중 대회(→ 외국의 내정 간섭 · 이권 요구 · 토지 조사 요구 등에 대항하여 반환을 요구)
⑤ **관민 공동회 개최(1898. 10~1898. 11)**
　㉠ 만민 공동회의 규탄을 받던 보수 정부가 무너지고 개혁파 박정양이 정권을 장악하자 정부 관료와 각계각층의 시민 등 만여 명이 참여하여 개최
　㉡ 의회식 중추원 신관제를 반포하여 최초로 국회 설립 단계까지 진행(1898. 11)
　㉢ 헌의 6조 : 헌의 6조를 결의하고 국왕의 재가를 받음(→ 실현되지는 못함)

(5) 독립 협회의 해산(1898. 12)

① **보수파의 모함** : 시민 의식이 성숙하지 못한 상태에서 서구식 입헌 군주제의 실현을 추구하여 보수 세력의 지지를 얻지 못함
② **시민의 투쟁** : 시민들은 만민 공동회를 열어 독립 협회의 부활과 개혁파 내각의 수립, 의회식 중추원의 설치 등을 요구하면서 격렬한 투쟁
③ **해산** : 황국 협회를 이용한 보수 세력의 탄압으로 해산(1898. 12)
④ **의의** : 민중에 의한 자주적인 근대화 운동 전개

11. 대한 제국(大韓帝國)

(1) 대한 제국의 성립(1897. 10)

러시아 공사관에서 1년 만에 환궁한 고종은 국호를 대한 제국, 연호를 광무로 고치고 황제라 칭하여 자주 국가임을 내외에 선포

(2) 광무개혁

① 내용

정치면	• 황제권의 강화(전제황권) : 복고적 개혁의 성격 • 대한국제(대한국 국제)의 반포 : 대한국제는 광무정권이 1899년 제정한 일종의 헌법으로, 대한 제국이 전제 정치 국가이며 황제권의 무한함을 강조 • 황제가 군권을 장악하기 위해 최고 군통수기관으로 원수부를 설치 • 국방력 강화
경제면	• 양지아문을 설치(1898)하여 양전사업을 실시(1899)하고 지계(토지증서) 발급 • 탁지부에서 관할하던 재정업무를 궁내부 소속의 내장원으로 이관 • 상공업 진흥책을 실시하여 황실(정부)이 직접 공장을 설립하거나 민간 회사의 설립을 지원 • 실업학교 및 기술교육기관을 설립 • 금본위제 화폐 제도 채택 시도
사회면	• 종합 병원인 광제원(廣濟院)을 설치 • 신교육령에 의해 소학교 · 중학교 · 사범학교 등을 설립 • 고급장교의 양성을 위해 무관학교를 설립(1898) • 교통 · 통신 · 전기 · 의료 등 각 분야에 걸친 근대적 시설을 확충

② 한계

㉠ 근대 사회로의 지향이나, 황권의 강화와 황실 중심의 개혁

㉡ 진보적 개혁 운동을 탄압하여 국민 지지 상실(보수적 추진 세력의 한계)

㉢ 열강의 간섭을 완전히 배제하지 못해 큰 성과를 거두지 못함

12. 항일 의병 투쟁

(1) 항일 의병 투쟁의 발발

① 배경 : 청 · 일 전쟁으로 조선에서 청을 몰아낸 일본이 침략 의도를 노골적으로 드러내자 여러 방면에서 민족적 저항이 일어났는데, 의병 항쟁은 그 중 가장 적극적인 형태의 저항

② 시초 : 1894년 8월 서상철이 갑오개혁에 따른 반일 감정으로 거사

(2) 을미의병(1895)

① 을미의병의 계기 : 최초의 항일 의병으로, 명성황후 시해와 단발령을 계기로 발생

② 구성원과 활동 : 유인석 · 이소응 · 허위 등 위정척사 사상을 가진 유생들이 주도, 농민들과 동학 농민군의 잔여 세력이 가담하여 전국적으로 확대

③ 해산 : 아관파천 후 단발령이 철회되고 고종의 해산 권고 조칙이 내려지자 대부분 자진 해산

④ 해산된 농민 일부가 활빈당을 조직하여 반봉건 · 반침략 운동을 계속함

06장 근대의 변화와 흐름

단발령

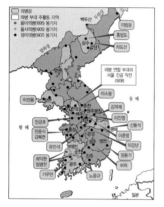

의병의 봉기

을미 · 을사 · 정미의병의 격문

• **을미의병**
원통함을 어찌하리오. 국모의 원수를 생각하며 이를 갈았는데 참혹함이 더욱 심해져 임금께서 또 머리를 깎으시는 지경에 이르렀다.

         – 유인석의 창의문 –

• **을사의병**
작년 10월에 저들이 한 행위는 오랜 옛날에도 일찍이 없던 일로서 억압으로 한 조각의 종이에 조인하여 500년 전해오던 종묘 사직이 드디어 하루밤에 망하였으니 ⋯⋯

         – 최익현의 격문 –

• **정미의병**
군대를 움직이는 데 가장 중요한 점은 고립을 피하고 일치단결하는 것에 있다. 따라서 각도의 의병을 통일하여 둑을 무너뜨릴 기세로 서울에 진격하면, 전 국토가 우리 손 안에 들어오고 한국 문제의 해결에 있어서도 유리하게 될 것이다.

         – 이인영의 격문 –

(3) 을사의병의 발발(1905)

① 의병의 재봉기 : 을사조약의 폐기와 친일 내각의 타도를 내세우고 격렬한 무장 항전(→ 항일 의병 전쟁의 전개)

② 의병장 : 민종식, 최익현, 신돌석 등

③ 특징 : 종래 의병장은 대체로 유생이었으나 이때부터 평민 출신 의병장이 활동

(4) 정미의병(1907)

① 계기 : 고종의 강제 퇴위, 군대 해산(1907. 8)

② 특징 : 해산 군인들이 의병에 합류하면서 의병의 조직과 화력이 강화, 전국 각지, 나아가 간도와 연해주 등 국외로까지 확산

(5) 의병 전쟁의 확대

① 13도 창의군 조직(1907. 12) : 유생 이인영을 총대장, 허위를 군사장으로 13도 연합 의병이 조직

   ㉠ 외교 활동의 전개 : 서울 주재 각국 영사관에 의병을 국제법상의 교전 단체로 승인해 줄 것을 요구하여, 스스로 독립군임을 자처

   ㉡ 서울 진공 작전(1908) : 의병 연합 부대는 서울 근교까지 진격(1908. 1)하였으나, 일본군의 반격으로 후퇴

② 국내 진입 작전 : 홍범도와 이범윤이 지휘하는 간도와 연해주의 의병들이 작전 모색

③ 안중근의 거사(1909) : 하얼빈 역에서 일제의 침략 원흉인 이토 히로부미를 처단, 이듬해인 1910년 3월 26일 뤼순 감옥에서 순국

(6) 의병 전쟁의 의의와 한계

① 의병 전쟁의 한계

   ㉠ 국내적 요인 : 비조직성, 전통적 신분제를 고집하여 유생층과 농민 간 갈등

   ㉡ 국외적 요인 : 열강 침략의 보편화, 을사조약으로 외교권이 상실되어 국제적으로 고립

② 의병 전쟁의 의의 : 민족 저항 정신 표출, 항일 무장 독립 투쟁의 기반, 반제국주의 · 민족주의 운동

13. 애국 계몽 운동의 전개

(1) 애국 계몽 운동

① 의미 : 을사조약(1905) 전후에 나타난 문화 활동과 산업 진흥 등 실력 양성을 통해 국권을 회복하자는 운동

② 주도 세력 : 지식인, 관료, 개혁적 유학자

(2) 애국 계몽 운동 단체

① 보안회(1904) : 일제의 황무지 개간권 요구에 반대하여 이를 저지
② 헌정 연구회(1905) : 국민의 정치 의식 고취와 입헌정체의 수립을 목적으로 설립됨, 일진회의 반민족적인 행위를 규탄하다가 해산
③ 대한 자강회(1906)
  ㉠ 조직 : 헌정 연구회를 모체로, 사회 단체와 언론 기관을 주축으로 하여 창립
  ㉡ 참여 : 윤치호, 장지연 등
  ㉢ 목적 : 교육과 산업의 진흥을 통한 독립의 기초 마련
  ㉣ 활동 : 독립 협회 정신을 계승하여 월보의 간행과 연설회의 개최 등을 통하여 국권 회복을 위한 실력 양성 운동 및 일진회에 대항하여 애국 계몽 운동 전개
  ㉤ 해체 : 일제의 고종 황제에 대한 양위 강요에 격렬한 반대 운동을 주도하다가 강제로 해체됨
④ 대한 협회(1907)
  ㉠ 조직 및 활동 : 오세창 · 윤효정 · 권동진 등이 대한 자강회를 계승하여 조직, 교육의 보급 · 산업의 개발 · 민권의 신장 · 행정의 개선 등을 강령으로 내걸고 실력 양성 운동을 전개
  ㉡ 해체 : 1910년 한 · 일 병합 조약 이후 해체
⑤ 신민회(1907)
  ㉠ 조직 : 사회 각계각층의 인사를 망라하여 조직된 비밀 결사
  ㉡ 구성원 : 안창호, 양기탁 등
  ㉢ 목적 : 국권 회복, 공화정체의 국민 국가 건설
  ㉣ 활동 : 자기 회사 설립(평양), 태극서관 설립(대구), 대성 학교 · 오산 학교 · 점진 학교 설립 등, 대한매일신보를 기관지로 활용, 최남선의 주도하에 〈소년〉을 기관 잡지로 창간, 남만주에 삼원보, 밀산부에 한흥동을 각각 건설하여 무장 독립 운동의 터전이 됨
  ㉤ 해체(1911) : 일제가 날조한 105인 사건으로 해체

(3) 의의 및 한계

① 의의 : 민족 독립 운동의 이념과 전략을 제시, 장기적인 민족 독립 운동의 기반 구축
② 한계 : 일제에 예속된 상태에서 전개되어 성과 면에서 일정한 한계

👓 한눈에 쏙~

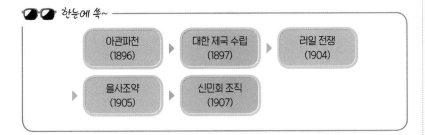

| 아관파천 (1896) | → | 대한 제국 수립 (1897) | → | 러일 전쟁 (1904) |
| 을사조약 (1905) | → | 신민회 조직 (1907) | | |

06장
근대의 변화와 흐름

SEMI-NOTE

02절　개항 이후의 경제와 사회

1. 열강의 경제 침탈

(1) 일본 상인의 경제 침투

① 초기
- ㉠ 부산 · 원산 등 개항지를 중심으로 거류지 무역 전개
- ㉡ 재판권, 무관세, 일본 화폐의 사용 등의 불평등 조약을 이용해 약탈적 무역 전개

② 1880년대
- ㉠ 무역 활동 범위가 개항장 100리까지 확대되어 내륙까지 진출
- ㉡ 곡물 수매에 주력 : 자본주의 초기의 식량 부족을 해결하기 위해 조선의 곡물을 대량 수입해 감(→ 조선의 곡물 가격 폭등과 식량난 초래)
- ㉢ 조 · 청 상민 수륙 무역 장정(1882) 체결 이후 : 청 상인의 활발한 진출로 청 · 일 양국의 각축 격화(→ 청에서의 수입 비율이 점차 증가)

③ 1890년대 : 청 · 일 전쟁 이후 일본 상인들이 국내 상권을 거의 독점, 일본 제일 은행의 지점을 설치하고 대한 제국의 금융을 장악해 감

(2) 일본의 토지 약탈

① 개항 직후
- ㉠ 초기 : 일본 상인들이 개항장 안의 토지를 빌려 쓰는 데 그침
- ㉡ 토지 소유의 확대 : 차압과 고리대를 이용하여 우리 농민의 토지를 헐값으로 사서 점차 농장을 확대해 감

② 청 · 일 전쟁 이후(1890년대) : 일본 대자본가들이 침투하여 대규모 농장 경영, 전주 · 군산 · 나주 일대에 대규모 농장 경영

③ 1900년대 : 토지 약탈의 본격화

(3) 제국주의 열강의 이권 침탈

① 배경 : 아관파천 이후 본격화, 최혜국 대우 규정을 이용하여 철도 부설권 · 금광 채굴권 · 산림 채벌권 등 이권 침탈

② 이권 침탈
- ㉠ 러시아 : 경원 · 종성 광산 채굴권, 압록강 · 울릉도 산림 채벌권, 조 · 러 은행 설치권
- ㉡ 일본 : 경인선 철도 부설권(미국으로부터 인수), 경부선 · 경원선 부설권, 직산 금광 채굴권
- ㉢ 미국 : 서울 시내 전차 부설권, 서울 시내 전기 · 수도 시설권, 운산 금광 채굴권
- ㉣ 프랑스 : 경의선 철도 부설권(일본에 양도), 창성 금광 채굴권, 평양 무연탄 채굴권
- ㉤ 영국 : 은산 금광 채굴권

조 · 청 상민 수륙 무역 장정

고종 19년(1882) 조선과 청이 양국 상인의 통상에 대해 맺은 규정. 서두에 조선에 대한 청의 종주권을 명시하고 있으며, 조선의 비준도 생략되었음. 임오군란 이후 청의 내정 간섭이 강화된 상황에서 체결되었으며, 이후의 통상 조약 등에도 영향을 미쳐 불평등 조약 체계 확립에 결정적인 역할을 하였음

화폐 정리 사업

조선의 상평통보나 백동화 등을 일본 제일 은행에서 만든 새 화폐로 교환하도록 한 사업. 갑작스럽게 시행되었을 뿐만 아니라 질이 나쁜 백동화는 교환해 주지 않는데, 일본 상인들과는 달리 이 사실을 모르고 있던 조선 상인들의 경우 화폐 정리 사업에 대비하지 못해 많은 사람들이 파산하게 되었음. 또한 소액도 교환해 주지 않아 농민들 역시 큰 피해를 입었음

철도에 대한 일본의 집착

열강의 경제적 침탈 속에서 일본은 특히 철도와 관련된 이권의 획득에 집착하였는데, 이는 철도가 인적 · 물적 자원을 대량으로 운송할 수 있는 육상 운송 수단으로서 대륙침략 시 일본군의 수송과 조선에서의 쌀을 반출 시 유용하기 때문이었음. 그리하여 미국이 처음 획득한 경인선 부설권을 사들이고, 이어서 경부선, 경의선, 경원선 부설권까지 차지하여 개통하였음

ⓑ 독일 : 당현 금광 채굴권

ⓢ 청 : 황해도 · 평안도 연안 어채권, 인천—한성—의주 전선 가설권, 서울—부산 전선 가설권

2. 경제적 구국 운동의 전개

(1) 방곡령과 상권 수호 운동

① 방곡령(防穀令, 1889)

ㄱ 실시 : 개항 이후 곡물의 일본 유출이 늘어나면서 가격이 폭등한데다가 흉년 이 겹쳐 함경도와 황해도를 중심으로 시행

ㄴ 결과 : 일제는 1개월 전에 통고해야 한다는 조 · 일 통상 장정(1883) 규정을 구 실로 방곡령의 철회를 요구하고 거액의 배상금을 요구

② 상권 수호 운동 : 상인들은 상권 수호 운동을 벌여 경제적 침탈에 적극적으로 대응

③ 상회사의 설립 : 1880년대에는 관리들과 객주, 보부상 등을 중심으로 대동상 회 · 장통상회 등과 같은 동업자 조합 성격의 상회사가 주로 설립되었고, 대한 제국의 상공업 진흥 정책이 실시된 이후에는 해운회사 · 철도회사 · 광업회사 등 과 같은 근대적 형태의 주식회사도 설립

④ 근대적 산업 자본의 성장 : 조선 유기 상회(鍮器商會), 직조 산업, 연초 공장(煙草 工場), 사기 공장(砂器工場) 등

(2) 민족 은행 설립

① 일본의 금융 기관 침투와 고리대금업에 대응하기 위하여 우리 자본으로 은행 설립

ㄱ 조선 은행(1896) : 관료 자본이 중심이 된 민간 은행(최초)

ㄴ 민간 은행 : 한성 은행, 천일 은행 등

② 메가타의 화폐 정리 사업(1905), 자금과 기술의 부족, 미숙한 운영 방식 등으로 문을 닫거나 일본계 은행에 합병(→ 일제의 금융권 장악 가속화)

(3) 국채 보상 운동(國債報償運動, 1907)

① 배경 : 일제의 강제 차관 도입으로 인해 정부가 짊어진 1,300만 원의 외채를 국 민의 힘으로 상환하여 국권을 회복하자는 운동

② 경과 : 국채 보상 기성회가 전국 각지로 확대, 보상금 모집소 설치

③ 결과 : 일본은 국채 보상 기성회의 간사인 양기탁에게 국채 보상금을 횡령하였다 는 누명을 씌워 구속하고 1908년 초 2천만 원의 차관을 억지로 추가 공급하여 좌절시킴

(4) 황무지 개간권 반대 운동(1904)

보안회는 일제의 황무지 개간권 요구에 대한 반대 운동을 벌여 토지 약탈 음모를 분 쇄, 이도재 등은 농광 회사를 설립하여 황무지를 우리 손으로 개간할 것을 주장

(5) 독립 협회의 이권 수호 운동

방곡령

1876년 강화도 조약으로 일본에 개국한 이래, 일본 상인들은 조선의 쌀과 콩을 매점하여 일본에 반출하였다. 이에 곡물 의 절대비축량이 부족하여 식량난이 가 중되고, 고종 25년(1888) 흉년까지 들자 전국 곳곳에서 폭동이 발발하였음. 이에 원산을 관장하던 함경도 관찰사 조병식 은 1889년 9월 한 · 일 통상 장정을 근거 로 원산항을 통한 콩의 유출을 금지하는 방산령을 내렸다. 이에 일본 무역상이 타격을 입자 조선과 일본 간 분규가 발 생함. 조선은 조병식을 강원도 관찰사로 전출시킴으로써 방곡령을 해제하였으나, 새로 함경도 관찰사로 부임한 한장석이 방곡령을 다시 시행하였음. 이에 일본은 손해 배상을 청구하였으며, 조선은 청의 권고에 따라 11만 환의 배상금을 지불하 였음. 방곡령은 이후에도 부분적으로 시 행되다가 1894년 1월 전면 해제됨

활발한 기업 활동을 통한 민족 자본의 확보

1890년대 후반기에 정부의 상공업 진흥 정책에 따라 기업 활동이 활발해졌는데, 일본의 운수업 지배에 맞서 국내 기업가 들은 외국 증기선을 구입하여 대항하기도 하였고, 해운회사 · 광업회사 등을 설립하 여 활발한 기업 활동을 전개함으로써 민 족 자본의 토대를 확보하고자 하였음

일제의 시설 설립 사업

일제는 우리나라의 근대화를 위한다는 명분을 내세워, 우리나라에 거주하는 일 본인들을 위한 도로 · 수도 시설, 은행, 학교, 병원 등의 시설 설립 사업을 실시 하였음. 일제는 그 시설비를 우리나라에 서 부담하도록 하면서 차관을 얻도록 강 요하였음

① 러시아의 이권 침탈 저지 : 절영도의 조차 요구 저지, 한 · 러 은행의 폐쇄, 도서(島嶼)의 매도 요구 저지

② 프랑스 광산 채굴권 요구 저지

③ 미국 · 독일 등 열강이 차지한 철도 · 광산 · 산림에 대한 이권 반대 운동 전개

실력up 만민 공동회의 상소

근대 우리나라 국유 광산이라든지, 철도 기지 · 서북 삼림 · 연해 어업 등등, 이 모든 것에 대한 외국인들의 권리 취득 요구를 우리 정부에서 한 가지라도 허락해 주지 않은 것이 있었는가. 이렇게 외국인들의 요구가 그칠 줄 모르는데, 오늘에 이르러서는 일인(日人)들이 또다시 국내 산림천택(山林川澤)과 원야(原野)개발권까지 허가해 줄 것을 요청하기에 이를 정도로 극심해졌으니, 정부는 또 이 요구를 허가할 작정인가. 만일 이것마저 허가한다면 외국인들이 이 위에 또다시 요구할 만한 무엇이 남아 있겠으며, 우리도 또한 무엇이 남아서 이런 요구에 응할 것이 있겠는가. 이렇게 되면 그야말로 500년의 마지막 날이 될 것이요, 삼천리의 종국(終局)이 될 것이니, 우리 정부에서는 반드시 이를 거절할 줄로 안다.

– 이상재 –

---

3. 평등 의식의 확산

(1) 19세기 사회의 변화

① 계기 : 천주교와 동학, 개신교의 전파는 사회 전반의 변화에 지대한 영향을 끼침

② 평등 의식의 확산 : 평등 의식이 확산되면서 종래 신분 제도에 변화가 나타남

(2) 종교의 영향

① 천주교 : 19세기 중엽에 교세가 확장되어 평등 의식의 확산에 기여, 중인 · 평민 · 부녀자 신도가 많음

② 동학 : 적서 차별과 남존 여비를 부정, 주로 평민층 이하의 지지를 받음

③ 개신교 : 19세기 말 전래, 포교의 수단으로 학교를 설립하고 의료 사업 전개, 한글 보급, 미신 타파, 남녀 평등 사상 보급, 근대 문명 소개, 애국 계몽 운동에 기여

(3) 갑신정변의 영향

① 진보적 사고 : 양반 신분 제도와 문벌 폐지, 인민 평등 실현 등

② 조선의 불합리한 신분 제도를 사회적 불평등의 근원이자 국가 발전을 저해하는 주요 원인으로 인식하고 개혁하고자 함

4. 사회 개혁 운동

(1) 동학 농민군의 사회 개혁

① 의의 : 반상(班常)을 구별하는 관행을 부정하고 인간 평등과 인권 존중의 반봉건적 사회 개혁을 추구하여 사회 전반에 커다란 변화를 야기

② 폐정 개혁안 : 반봉건적 사회 개혁안 요구, 지주제 철폐의 요구

의식의 변화

서울 시전 상인들이 말하기를, 우리가 상업을 하는 데 올바른 대신들의 공정한 법률 밑에서 장사를 해야 생명과 재산을 보호하지, 근일 정부 대신들 밑에서는 상업도 못하겠다 하고, 그저께부터 각기 폐시하고 독립 협회와 총상회의 목적을 따라 비록 군밤 장사까지라도 모두 일심이 되어 회중소청에 가서 합동하였다는데, 경무관 안환 씨가 순검들을 많이 데리고 각 상인들을 압제하여 억지로 가게 문을 열라고 한즉, 상인 제씨가 서로 말하기를 우리도 충군 애국하는 마음으로 소청에 가서 합동하겠지라. 지금은 전과 달라 관인의 무례한 압제를 아니 받겠노라. 경무청에서 우리에게 자본금을 주어 장사시키기에 가게 문을 열어라 어찌하라 무슨 참견이뇨. 우리도 자유 권리로 하는 일이니 다시는 이따위 수작 말라 하니, 안 경무관도 어찌할 수 없는 것으로 알더라고 하더라.

– 독립신문(1898. 10 .13) –

갑오개혁 때 추진된 사회 개혁

· 문벌에 따른 차별과 양반, 상민 등의 계급을 타파하고 귀천의 구별 없이 인재를 뽑아 등용

· 지금까지 내려온 문존 무비(文尊武卑)의 차별을 폐지

· 공 · 사 노비 제도를 모두 폐지하고 인신매매를 금지

· 연좌법을 모두 폐지하여 죄인 자신 이외에는 처벌하지 않음

· 남녀의 조혼을 엄금하여 남자는 20세, 여자는 16세에 결혼을 허락

· 과부의 재혼은 귀천을 막론하고 그 자유에 맡김

③ 한계 : 신분 간의 갈등 초래(양반 지주의 저항 초래, 민보군, 집강소)

(2) 갑오개혁과 신분제의 폐지

① 사회면의 개혁
  ㉠ 동학 농민 운동의 요구 수용 : 갑오개혁에 일부 수용되어 사회 개혁이 많음
  ㉡ 개혁 추진의 중심 기구인 군국기무처를 통해 전통적 신분 제도와 문벌 · 출신 지역에 따른 인재 등용의 폐습을 개혁

② 개혁 내용 : 평등주의적 사회 질서 수립, 노비 및 천민층의 점진적 해방, 기술직 중인의 관직 등용 확대, 여성의 대우 향상과 혼인 풍습 개선 등

③ 결과 : 능력 본위의 인재 등용이 이루어지는 계기로 작용

④ 의의 : 조선의 근대화에 기여했으며, 양반의 권력 독점을 해체시키는 계기가 됨

5. 민권 운동의 전개

(1) 독립 협회의 운동

① 활동 방향 : 주권 독립 운동, 민권 운동(인권 운동과 참정권 실현 운동으로 전개)

② 기본 사상 : 자주 국권 사상 · 자유 민권 사상 · 자강 개혁 사상

③ 의의 : 민중의 자발적 참여, 평등 의식의 확산, 근대화 사상의 계승

④ 해체 : 입헌 군주제 주장에 위기를 느낀 정부가 황국 협회를 동원하여 탄압

(2) 애국 계몽 운동

① 활동 내용 : 사회 · 교육 · 경제 · 언론 등 각 분야에서 국민의 근대 의식과 민족 의식을 고취

② 영향 : 사회 인식의 전환, 민주주의 사상의 진전

03절 근대 문화의 발달

1. 근대 시설의 수용

(1) 근대 시설의 도입

① 인쇄 시설 : 박문국 설립(1883. 8), 광인사 설립(1884)

② 통신 시설
  ㉠ 전신 : 청에 의해 서울과 인천 간에 가설(1885)
  ㉡ 전화 : 처음에 궁궐 안에 가설(1896), 그 후 서울 시내에도 가설(1902)
  ㉢ 우편 : 우정국이 갑신정변으로 중단되었다가 을미개혁 이후 부활(우체사,1895), 만국 우편 연합에 가입하여 여러 나라와 우편물을 교환(1900)

③ 교통 시설 : 경인선(1899) · 경부선(1905) · 경의선(1906)부설, 전차 운행(1899)

SEMI-NOTE

애국 계몽 운동

1905~1910년에 전개된 실력 양성 운동을 총칭. 애국 계몽 운동은 일제에 국권을 박탈당한 이유를 힘과 실력의 부족에서 찾아, 실력을 배양 · 축적해야 한다고 주장하였음. 이들은 국내에서 사업을 수행하여 민력을 키우고, 청소년을 민족 간부로 양성하며, 국외에 무관 학교를 중심으로 한 독립군 기지를 설치하고 독립군을 양성하여 실력을 쌓아 두었다가 일제를 몰아내어 국권을 회복하고자 하였음. 보안회, 헌정 연구회, 대한 자강회, 신민회, 흥사단 등이 애국 계몽 운동 단체에 속함

과학 기술 수용론의 등장

• 근대 이전 : 서양의 과학 기술에 대한 관심은 17세기 실학자들에 의하여 싹틈
• 개항 이후 : 당시의 개화파는 우리의 정신 문화는 지키면서 서양의 과학 기술을 수용하자는 동도서기론을 제창

서양 과학 기술의 수용 과정

• 개항 이전 : 1860년대 흥선대원군 집권기에도 서양의 침략에 대응하기 위한 무기 제조 기술에 많은 관심을 보임
• 개항 이후 : 조사 시찰단과 영선사 파견, 산업 기술의 수용에도 관심이 높아져서, 1880년대에는 양잠 · 방직 · 제지 · 광산 등에 관한 기계를 도입하고 외국 기술자를 초빙
• 1890년대 : 근대적 과학 기술의 수용을 위해서는 교육 제도의 개혁이 급선무임을 인식하여 갑오개혁 이후 유학생의 해외 파견을 장려하고 교육 시설을 갖추는 데 노력

박문국과 광인사

• 박문국 : 고종 20년(1883) 김옥균, 서광범, 박영효 등의 노력으로 설치된 출판 기관. 같은 해 10월 한성순보를 발간하였음. 갑신정변의 실패로 폐지되었다가 고종 22년(1885) 통리교섭통상아문의 의의에 따라 재설치 되었음
• 광인사 : 출판사를 겸한 한국 최초의 근대식 민간 인쇄소로, 고종 22년 (1884) 일본에서 납 활자를 수입하고 판화 인쇄 시설을 갖추었음. 광인국이라고도 함

SEMI-NOTE

덕수궁 석조전

명동 성당

장지연의 시일야방성대곡

저 돼지와 개만도 못한 우리 정부의 소위 대신자들이 영리를 바라고 덧없는 위협에 겁을 먹어 놀랍게도 매국의 도적을 지어 4천 년 강토와 5백 년 사직을 다른 나라에 갖다 바치고 2천만 국민으로 타국인의 노예를 만드니, …… 아아, 분하도다! 우리 2천만, 타국인의 노예가 된 동포여! 살았는가! 죽었는가! 단군, 기자 이래 4천 년 국민정신이 하룻밤 사이에 졸연히 멸망하고 말 것인가! 원통하다! 동포여! 동포여!

– 〈황성신문〉 –

④ 의료 시설 : 광혜원(1885), 광제원(1900), 대한 의원(1907), 자혜 의원(1909), 세브란스 병원(1904)

⑤ 건축 : 서구 양식의 건물인 독립문(프랑스의 개선문을 모방), 덕수궁 석조전(르네상스 양식), 명동 성당(중세 고딕 양식) 등

⑥ 무기(기기상), 화폐 주조(전환국)

(2) 근대 시설 수용의 의의

외세의 이권 침탈이나 침략 목적에 이용되기도 하였으나, 한편으로는 국민 생활 편리의 진작과 생활 개선에 이바지

2. 언론 활동·근대 교육의 발전

(1) 언론 기관의 발달

한성순보 (1883~1884)	• 박영효 등 개화파가 창간하여 박문국에서 발간한 최초의 신문 • 관보 성격의 순한문판 신문으로, 10일 주기로 발간 • 국가 정책 홍보와 서양의 근대 문물 소개 • 갑신정변으로 박문국 폐지 시 중단
한성주보 (1886~1888)	• 박문국 재설치 후 〈한성순보〉를 이어 속간 • 최초의 국한문 혼용, 최초로 상업광고를 실음
독립신문 (1896~1899)	• 서재필이 발행한 독립협회의 기관지로서, 최초의 민간지, 격일간지 • 순한글판과 영문판 간행, 띄어쓰기 실시 • 국민에 대한 계몽과 민족 자주의식, 자유민권사상의 배양을 목적으로 발간 • 사회진화론에 의한 세계질서 파악, 의병활동에 부정적 인식
매일신문 (1898~1899)	• 협성회의 회보를 발전시킨 최초의 순한글 일간지 • 개화사상과 국민의 각성을 주장, 독립협회 해산으로 폐간
황성신문 (1898~1910)	• 남궁억, 유근 등 개신유학자들이 발간, 국한문 혼용 • 민족주의적 성격의 항일 신문, 보안회 지원, 장지연의 '시일야방성대곡'을 게재하고 을사조약을 폭로하여 80일간 정간
제국신문 (1898~1910)	• 이종일이 발행한 순한글의 계몽적 일간지(일반 대중과 부녀자 중심) • 국민 계몽과 자강 사상 고취, 신교육과 실업 발달 강조 • 의병활동에 부정적
대한매일신보 (1904~1910)	• 영국인 베델이 양기탁 등과 함께 창간, 국한문판·한글판·영문판 간행(최대 발행부수) • 신민회 기관지로 활용, 국채 보상 운동에 주도적으로 참여 • 영·일동맹으로 검열이 면제, 서양문물 소개 • 의병활동, 친일 내각과 일진회의 매국행위 폭로·규탄 등 일제침략을 상세히 보도한 반일 신문으로, 항일운동의 전국적 확산에 기여 • 1910년 고종의 '을사조약부인친서'를 보도하다 총독부에 매수되어 일제 기관지(매일신보)로 속간

만세보 (1906~1907)	• 천도교의 후원을 받아 오세창이 창간한 천도교 기관지 • 사회진보주의 제창(신지식 개발, 신문화 보급운동) • 일진회의 〈국민신보〉에 대항(일진회 공격) • 이인직의 〈혈의 누〉 연재
경향신문 (1906~1910)	가톨릭교회의 기관지, 주간지, 민족성 강조
대한민보 (1909~1910)	대한협회의 기관지로, 일진회의 기관지인 〈국민신보〉에 대항
경남일보 (1909~1914)	최초의 지방지

(2) 근대 교육의 실시

① 원산 학사(1883) : 최초의 근대적 사립 학교, 외국어 · 자연 과학 등 근대 학문과 무술을 가르침

② 동문학(1883) : 정부가 세운 영어 강습 기관(통리교섭통상사무아문의 부속 기관)

③ 육영 공원(1886) : 정부가 보빙사 민영익의 건의로 설립한 최초의 근대식 관립 학교

(3) 근대적 교육 제도의 정비

① 교육 입국 조서 반포(1895) : 국가의 부강은 국민의 교육에 있음을 내용으로 함

② 광무개혁 : 실업 학교 설립

(4) 사립학교

① 개신교 계통

㉠ 개신교 선교사들이 학교를 설립하여 학생들에게 근대 학문을 가르치고 민족의식을 고취했으며, 민주주의 사상의 보급에 이바지

㉡ 배재 학당(1885), 이화 학당(1886), 경신 학교(1886), 정신 여학교, 숭실 학교(1897), 배화 여학교, 숭의 여학교, 보성 여학교 등

② 민족주의 계통의 학교

㉠ 민족 지도자들의 학교 설립

• 배경 : 을사조약 이후 민족 지도자들은 근대 교육이 민족 운동의 기반이라 주장

• 학교의 설립 : 보성 학교(1906), 양정 의숙(1905), 휘문 의숙(1906), 숙명 여학교(1906), 진명 여학교(1906), 서전 서숙(1906), 대성 학교(1908), 오산 학교(1907), 흥무관 학교(1907), 동덕 여자 의숙(1908), 흥화 학교(1898), 점진 학교(1899)

㉡ 학회의 구국 교육 운동 : 대한 자강회 · 신민회 등 정치 · 사회 단체와 서북학회 · 호남 학회 · 기호 흥학회 · 교남 교육회 · 관동 학회 등 많은 학회가 구국 교육 운동 전개

③ 여성 교육 : 황성신문에 최초의 여성 선언문 〈여성 통문〉 발표, 독립신문은 정부가 여성 교육을 위해 예산을 집행할 것을 주장, 순성 여학교 건립(1899)

일제의 언론 탄압

• 신문지법(1907)을 제정하여 언론을 탄압
• 국권 피탈 이후 민족 신문을 강제 폐간 · 매수

원산 학사

1883년 함경도 덕원부사 정현석과 주민들이 개화파 인물들의 권유로 설립한 최초의 근대적 사립학교

교육 입국 조서

세계의 형세를 보면 부강하고 독립하여 잘사는 모든 나라는 다 국민의 지식이 밝기 때문이다. 이 지식을 밝히는 것은 교육으로 된 것이니 교육은 실로 국가를 보존하는 근본이 된다. …… 이제 짐은 정부에 명하여 널리 학교를 세우고 인재를 길러 새로운 국민의 학식으로써 국가 중흥의 큰 공을 세우고자 하니, 국민들은 나라를 위하는 마음으로 지 · 덕 · 체를 기를지어다. 왕실의 안전이 국민들의 교육에 있고, 국가의 부강도 국민들의 교육에 있도다.

대성 학교

…… 학생들은 20세, 30세의 청년 유지들로, 입을 벌리면 나라를 걱정하였고, 행동은 모두 민족의 지도자를 자부하였다. 학교의 과정은 중등 학교라고 하지만, 그 정도가 높아 4학년 과정은 어느 전문학교의 3학년 과정과 대등하였으며, 학교의 설비도 중등학교로서는 유례가 없을 만큼 잘 갖추었다. …… 이 학교는 애국 정신을 고취하는 것을 목적으로 한 학교였으므로, 매일 아침 엄숙한 조회를 하여 애국가를 부른 후 애국에 관한 훈화가 있어 학생들은 이를 마음속 깊이 받아들였다. …… 체조 교사는 군대의 사관으로 뜻이 높던 철혈의 사람 정인목으로, 그는 군대식으로 학생들을 교련하였다. 눈이 쌓인 추운 겨울에 광야에서 체조를 시켰으며, 쇠를 녹이는 폭양 아래에서 전술 강화를 하였고……

– 〈안도산 전서〉 –

주시경

우리글에 '한민족의 크고 바르고 으뜸가는 글'이라는 뜻의 '한글'이라는 이름을 붙인 주시경은 당시 근대 학문을 배운 지식인으로서 후진을 양성하고 민족 정신을 고양시키기 위해 활발한 활동을 펼쳤다. 또한 그는 우리말의 문법을 최초로 정립하였으며, 표의주의 철자법과 한자어 순화 등 혁신적인 주장을 하였음. 〈국어 문법〉, 〈말의 소리〉 등의 저서를 남김

외국 문학의 번역

• 작품 : 〈천로역정〉, 〈이솝 이야기〉, 〈로빈슨 표류기〉 등
• 의의 : 신문학의 발달에 이바지하였고, 근대 의식의 보급에도 기여

예술계의 변화

• 음악
  – 서양 음악 소개 : 크리스트교가 수용되어 찬송가가 불리면서 소개
  – 창가의 유행 : 서양식 악곡에 맞추어 부르는 신식 노래〈애국가〉·〈권학가〉·〈독립가〉 등
• 연극 : 민속 가면극, 신극 운동(원각사(1908), 〈은세계〉·〈치악산〉 등의 작품이 공연)
• 미술 : 서양식 유화 도입. 김정희 계통의 문인 화가들이 전통 회화를 발전시킴

신체시의 내용

문명 개화, 남녀 평등, 자주 독립 예찬, 친일 매국 세력에 대한 경고 등

친일 종교 단체

• 대동 학회 : 친일 유교 단체
• 동양 전도관 : 친일 기독교 단체
• 본원사 : 친일 불교 단체

원각사

3. 국학 연구의 진전

(1) 국사 연구 분야

① 근대 계몽 사학의 성립 : 장지연, 신채호, 박은식 등
  ㉠ 구국 위인 전기 : 〈을지문덕전〉, 〈강감찬전〉, 〈이순신전〉 등
  ㉡ 외국 흥망사 소개 : 〈미국 독립사〉, 〈월남 망국사〉 등
  ㉢ 일제 침략 비판 : 〈매천야록〉, 〈대한계년사〉 등
② 민족주의 사학의 방향 제시 : 신채호의 〈독사신론〉
③ 조선 광문회의 설립(1910) : 최남선과 박은식이 조직하여 민족 고전을 정리·간행
④ 국사 교과서 간행 : 〈유년필독〉, 〈동국사략〉

(2) 국어 연구

① 국·한문체의 보급 : 갑오개혁 이후 관립 학교의 설립과 함께 국·한문 혼용의 교과서 간행(서유견문(西遊見聞))
② 국문 연구소의 설립(1907) : 주시경·지석영이 설립, 국문 정리와 국어의 이해체계 확립, 〈국어문법〉 편찬

4. 문학의 새 경향

(1) 신소설(新小說)

① 특징
  ㉠ 순 한글로 쓰였고, 언문 일치의 문장을 사용
  ㉡ 봉건적인 윤리·도덕의 배격과 미신 타파, 남녀 평등 사상과 자주 독립 의식을 고취
② 대표작 : 이인직의 〈혈의 누〉(1906), 안국선의 〈금수회의록〉(1908), 이해조의 〈자유종〉(1910) 등

(2) 신체시

① 1908년 이후 등장한 새로운 형태의 시로, 정형적 시 형식을 탈피하여 자유로운 율조로 새로운 사상을 담음
② 대표작 : 최남선의 〈해에게서 소년에게〉(1908, 소년)

5. 종교 운동의 새 국면

천주교	• 1886년 프랑스와의 수호 통상 조약 이후 선교 활동 허용 • 교육, 언론, 사회 사업(양로원·고아원) 등에 공헌. 애국 계몽 운동의 대열에 참여
개신교	• 종교 운동은 개신교의 참여로 활발하게 전개 • 교육과 의료 사업 등에 많은 업적 • 배재 학당, 이화 학당, 세브란스 병원

천도교(동학)	• 민중 종교로 성장한 동학은 전통 사회를 혁신하는 데 크게 기여 • 대한 제국 시기 이용구 등 친일파가 일진회를 조직하고 동학 조직을 흡수하려 하자, 제3대 교주인 손병희는 동학을 천도교로 개칭하고 민족 종교로 발전시킴(1905) • 만세보라는 민족 신문을 발간하여 민족 의식을 고취 • 보성 학교 · 동덕 여학교 인수
대종교	• 나철 · 오기호 등은 단군 신앙을 기반으로 대종교를 창시(1909) • 민족적 입장을 강조하는 종교 활동을 벌였고, 특히 간도 · 연해주 등지에서의 항일 운동과 밀접한 관련을 가지면서 성장
불교	• 통감부의 간섭으로 일본 불교에 예속화 진행 • 한용운 등은 조선 불교 유신론(1913)을 내세워 일본 불교계의 침투에 대항하고 불교의 혁신과 자주성 회복을 위해 노력
유교	• 반침략적 성격은 강하였으나 시대의 흐름에 역행한다는 비판 • 박은식의 유교 구신론(1909) : 양명학에 토대, 실천적 유교 정신 강조

9급공무원

한국사

나두공

07장 민족 독립 운동의 전개

시모노세키 조약(1895. 4. 17)
청 · 일 전쟁의 전후 처리를 위해 청과 일본이 일본 시모노세키에서 체결한 강화 조약

러 · 일 전쟁
한반도를 두고 벌어진 러시아와 일본 간 대립

을사조약 문서

을사조약 무효 선언서

01절　국권 침탈과 민족의 수난

1. 국제적 배경

(1) 청·일 전쟁(1894~1895)

조선에 대한 주도권 전쟁, 시모노세키 조약(1895)(일본의 주도권 장악)

(2) 러시아의 남하 정책 및 영국과 일본의 견제

① 러시아의 남하 정책 : 베이징 조약(1860)으로 연해주 획득, 러 · 일 협상(1896)으로 조선에 러시아군이 주둔, 조 · 러 육로 통상 조약의 체결(1888), 마산 · 목포의 조차 시도, 용암포 조차 시도(광무 7, 1903)

② 제1차 영 · 일 동맹(1902. 1)

　㉠ 극동에서 세력 확대를 꾀하던 러시아를 겨냥하여 영국과 일본이 동맹 체결

　㉡ 영국은 조선에서의 일본의 이권을 인정, 일본은 청에서 영국의 이권을 인정함

(3) 러·일 전쟁(1904~1905)

① 발발 : 한반도 분할에 관한 러 · 일 간의 협상이 결렬된 후 일본이 여순을 기습 침략하여 러시아 발틱 함대를 대파

② 경과 : 전쟁 중인 1905년 7월 미 · 일 간의 가쓰라 – 태프트 밀약이 체결, 1905년 8월 제 2차 영 · 일 동맹 체결

③ 결과 : 미국의 중재로 포츠머스 조약 체결(1905. 9)

2. 일제의 국권 침탈

(1) 한·일 의정서(1904. 2)

① 체결 과정 : 대한 제국의 국외 중립 선언(1904. 1) → 러 · 일 전쟁 발발(1904. 2) → 일제의 대규모 병력 투입 및 군사적 요지 점령

② 내용 : 일본군은 전략상 필요한 지역을 마음대로 사용, 대한 제국과 러시아 간 조약을 파기, 대한 제국은 일본의 동의 없이 제3국과 조약 체결을 하지 못함

(2) 제1차 한·일 협약(1904. 8)

① 체결 과정 : 러 · 일 전쟁의 전세가 유리하게 전개되자 일제는 한국 식민지화 방안을 확정하고, 제1차 한 · 일 협약의 체결을 강요

② 고문 정치 : 외교 · 재정 등 각 분야에 고문을 두고 한국의 내정에 간섭

　㉠ 외교 고문 : 스티븐스(→ 1908년 미국 샌프란시스코에서 장인환, 전명운이 사살)

　㉡ 재정 고문 : 메가타(→ 화폐 정리 사업 실시)

(3) 제2차 한·일 협약(을사조약, 1905. 11) ⭐빈출개념

① 체결 과정
- ㉠ 조약의 강요 : 러·일 전쟁에서 승리한 일본은 미국·영국·러시아 등 열강으로부터 한국의 독점적 지배권을 인정받은 후 한국을 보호국으로 만들기 위해 을사조약의 체결을 강요
- ㉡ 조약의 일방적 공포 : 우리 정부의 강력한 반대에도 불구하고 일제는 일방적으로 조약 공포

② 결과 : 외교권을 빼앗고, 통감부를 설치하여 내정까지 간섭(통감 정치), 각계각층에서는 일제의 침략을 규탄하고, 조약의 폐기를 주장하는 운동 발발

③ 저항
- ㉠ 을사의병 : 최익현, 민종식, 신돌석
- ㉡ 친일 매국노의 처단 : 5적 암살단(나철·오혁(오기호) 등)
- ㉢ 상소 운동 : 조약의 폐기를 요구하는 상소 운동(조병세 등)
- ㉣ 항일 언론 활동 : 장지연의 시일야방성대곡(황성신문)
- ㉤ 자결 : 자결로써 항거(민영환 등)

④ 외교를 통한 저항
- ㉠ 미국에 헐버트 특사 파견(1905) : 을사조약의 무효와 독립의 지원 호소
- ㉡ 헤이그 특사 파견(1907) : 고종은 조약 무효를 선언하고 특사를 파견해 일제 침략의 부당성과 국제적 압력을 호소

(4) 한·일 신협약(정미 7조약, 1907. 7)

① 체결 과정 : 고종을 퇴위시키고 순종을 즉위시킨 후 황제의 동의 없이 강제로 체결

② 내용
- ㉠ 정부에 일본인 차관을 두어 실제 행정권을 장악하는 차관 정치 실시
- ㉡ 모든 통치권이 통감부로 이관(→ 통감부 권한 강화, 내정권 장악)
- ㉢ 군대 해산(1907. 8) : 일제는 군대를 해산하고 의병의 저항을 무력으로 진압

③ 정미의병(1907) : 해산 군인들이 의병에 합류

(5) 기유각서(1909. 7)

사법권·감옥 사무권 강탈, 경찰권 강탈(1910. 6)

(6) 한·일 병합 조약(1910. 8. 22)

① 이완용과 데라우치 간에 국권 피탈 문서가 조인됨
② 천황과 총독에 의한 통치, 국내외 독립 운동의 본격화

(7) 조선 총독부(朝鮮總督府)

① 설치(1910) : 식민 통치의 중추 기관으로 조선 총독부를 설치하고 강력한 헌병 경찰 통치를 실시, 언론·집회·출판·결사의 자유를 박탈
② 총독부의 조직 : 조선 총독, 행정을 담당하는 정무총감, 치안을 담당하는 경무 총감
- ㉠ 중추원(中樞院) : 자문 기관으로, 친일파 한국인을 참여시키는 회유 술책

을사조약
- 제2조 일본 정부는 한국과 타국 간에 현존하는 조약의 실행을 완수하는 임무를 담당하고 한국 정부는 지금부터 일본 정부의 중개를 거치지 않고서는 국제적 성질을 가진 어떤 조약이나 약속을 맺지 않을 것을 서로 약속한다.
- 제3조 일본 정부는 그 대표자로 한국 황제 폐하 밑에 1명의 통감을 두되 통감은 오로지 외교에 관한 사항을 관리하기 위하여 경성에 주재하고 친히 한국 황제 폐하를 만날 수 있는 권리를 가진다.

헤이그 특사

정미 7조약
- 제2조 한국정부의 법령제정 및 중요한 행정상의 처분은 미리 통감의 승인을 거칠 것
- 제3조 한국의 사법사무는 보통 행정 사무와 이를 구분할 것
- 제4조 한국 고등 관리의 임면은 통감의 동의로써 이를 행할 것
- 제5조 한국정부는 통감이 추천하는 일본인을 한국 관리에 용빙할 것
- 제6조 한국정부는 통감의 동의 없이 외국인을 한국 관리에 임명하지 말 것

정미의병
군대를 움직이는 데 가장 중요한 점은 고립을 피하고 일치단결하는 것에 있다. 따라서 각 도의 의병을 통일하여 둑을 무너뜨릴 기세로 서울에 진격하면, 전 국토가 우리 손 안에 들어오고 한국 문제의 해결에 있어서도 유리하게 될 것이다.
– 이인영 격문 –

조선 총독부

07장 민족 독립 운동의 전개

SEMI-NOTE

헌병 경찰 통치하의 식민지 교육

조선 태형령
- 제1조 3월 이하의 징역 또는 구류에 처하여야 할 자는 그 정상에 따라 태형에 처할 수 있다.
- 제4조 본령에 의해 태형에 처하거나 또는 벌금이나 과료를 태형으로 바꾸는 경우에는 1일 또는 1원을 태 하나로 친다. 1원 이하는 태 하나로 계산한다.
- 제11조 태형은 감옥 또는 즉결 관서에서 비밀히 행한다.
- 제13조 본령은 조선인에 한하여 적용한다.

토지 조사 사업

토지 조사령(1912)
- 토지 소유권은 총독 또는 그 권한을 위촉받은 자가 결재, 확정한다.
- 소유권 주장에는 신고주의를 원칙으로 한다.
- 토지 소유자는 조선 총독이 정하는 기간 내에 주소, 씨명, 명칭 및 소유지의 소재, 지목, 결수를 임시 토지 조사 국장에게 신고해야 한다. 단 국유지는 보관 관청이 임시 토지 국장에게 통지해야 한다.

임야 조사 사업
임야와 관련된 자연 조건, 한국의 삼림 제도·정책 및 압록강 유역의 벌목 사업을 비롯한 지권 등을 조사 대상으로 함. 1911년 삼림령이 발표되어 국유림 구분 조사가 실시되었으며, 1918년에는 조선 임야 조사령이 발표되었음. 토지 조사 사업과 함께 식민지 수탈의 기초가 되었음

치안 유지법
일제가 1925년에 제정한 사상 통제법. 공산주의 및 무정부주의 운동을 탄압하기 위해 제정한다고 했으나 사실상 독립 운동에 대한 전반적 탄압을 위해 만들어진 법률

👓 한눈에 쏙~

한·일 의정서 (1904.2)	▶	제1차 한·일 협약 (1904.8)	▶	제2차 한·일 협약 (을사조약, 1905.11)
▶ 한·일 신협약 (정미 7조약, 1907.7)	▶	기유각서 (1909.7)	▶	한·일 병합 조약 (1910.8.22)

3. 1910년대(1910~1919)

(1) 무단 통치(헌병 경찰 통치)

① 헌병 경찰제 : 헌병의 경찰 업무 대행(헌병 경찰의 즉결 처분권 행사, 체포 및 구금(영장 불요), 조선 태형령 시행)

② 위협적 분위기 조성 : 관리와 교원들까지 제복과 칼을 착용

③ 언론·출판·집회·결사의 자유 박탈, 안악 사건과 105인 사건 조작

(2) 경제적 수탈

① 토지 조사 사업(1910~1918) ★ 빈출개념

　㉠ 의도 : 일제는 근대적 토지 소유권 제도를 확립한다고 선전하였으나, 실제로는 토지를 약탈하고 지주층을 회유하여 식민지화에 필요한 재정 수입원을 마련하기 위함

　㉡ 토지 조사령 발표(1912) : 막대한 자금과 인원을 동원하여 전국적인 토지 조사 사업 시행

　㉢ 기한부 신고제 : 토지 신고제가 농민에게 널리 알려지지 않았으며, 신고 기간도 짧고 절차가 복잡하여 신고의 기회를 놓친 사람이 많았음

　㉣ 소작농의 소작권(경작권) 불인정

　㉤ 결과 : 토지의 약탈, 농민들이 계약 소작농으로 전락, 지주제의 강화, 농민의 해외 이주

② 산업의 침탈

　㉠ 회사령(1910) : 회사 설립 허가제를 통해 민족 기업의 성장 억제, 일제의 상품 시장화

　㉡ 자원 약탈 및 경제활동 통제 : 자원 약탈을 위해 삼림령(1911), 어업령(1911), 광업령(1915), 임야조사령(1918) 등을 실시

　㉢ 경제 기반과 산업의 독점 : 민족 자본은 위축되고 경제발전이 막힘
　　- 철도·항만·통신·도로 등을 모두 총독부와 일본의 대기업이 독점
　　- 인삼·소금·담배 등도 총독부에서 전매

4. 1920년대(1919~1931(만주 사변) 또는 1937(중·일 전쟁))

(1) 문화 통치

① **목적** : 가혹한 식민 통치 은폐와 우리 민족에 대한 이간 · 분열 · 기만 통치, 식민 지배에 도움이 되는 인간양성 추구

② **문화 통치의 내용과 실상**

일제의 정책	실상
문관 총독	한 명도 임명되지 않음
보통 경찰제	경찰 예산 및 관서 · 경찰의 수 증가, 고등계 형사 강화
조선 · 동아일보 간행	검열 강화, 기사 삭제, 정간 · 폐간
한국인의 교육 기회 확대	초등 교육 · 실업 교육 치중 (경성 제국 대학은 일본인을 위한 대학)
• 참정권 허용(중추원 회의 실시, 부 · 면 협의회 설치) • 결사 · 집회의 자유 허용	• 친일파를 위원으로 임명, 친일 단체 · 자산가 · 종교인의 집회만 인정 • 독립 단체(신간회)의 허용은 독립 운동에 대한 감시와 통제를 쉽게 하기 위함 • 치안 유지법(1925) 제정

(2) 경제적 수탈

① **산미 증식 계획(1920~1934)**

ㄱ) **배경** : 제1차 세계 대전 후 일제는 고도 성장을 위한 공업화 추진에 따른 식량 부족과 쌀값 폭등을 우리나라에서의 식량 수탈로 해결하려 함

ㄴ) **방법**

- 수리 조합 설치와 토지 및 품종 · 종자 개량, 비료 증산 등의 개선(→ 미곡 증산이 목적)
- 우리 농업을 논 농사(쌀) 중심의 기형적인 단작형 농업 구조로 전환
- 조선 농회령을 제정(1926), 지주 중심의 착취 극대화 위한 조선 농회 조직

ㄷ) **결과** : 증산량보다 훨씬 많은 수탈, 만주 잡곡 수입, 농촌 경제의 파탄, 농민 몰락, 식민지 지주제를 강화하여 식민 지배체제를 위한 사회적 기반을 마련, 소작 쟁의 발생의 원인 제공, 일제의 농촌 진흥 운동 실시(1932~1940), 1930 년대 세계 경제 공황과 일본 내 농민 보호를 위해 1934년 중단

② **회사령 철폐(1920)** : 허가제를 신고제로 바꿔 일본 독점 자본의 진출이 용이하게 함

5. 1930년대 이후(1931 또는 1937~1945)

(1) 민족 말살 통치 ★빈출개념

① **배경** : 대공황(1929)을 타개하기 위해 침략 전쟁 확대

② **목적** : 조선의 민족성을 말살하고 일본인으로 동화시켜 전쟁 수행을 위한 인적 · 물적 수탈 강화

③ **민족 말살 구호** : 내선 일체, 일선 동조론, 황국 신민화

④ **민족 말살 정책** : 우리 말 · 우리 역사 교육 금지, 조선 · 동아일보 폐간, 창씨개명, 황국 신민 서사 암송, 신사 참배, 궁성 요배 강요

일제가 우리나라에서 수탈한 쌀을 일본으로 운반하기 위해 군산항에 쌓아둔 쌀

일제 독점 자본의 침투

- 1920년대
  - 일제 독점 자본들이 광업 · 비료 · 섬유 회사 등을 설립하고 우리나라의 공업 생산을 장악하는 등 본격적 침투가 시작
  - 1920년대 중반 자본 투자는 경공업에서 중공업 분야로 옮겨짐
- 1930년대 : 일본이 만주와 중국을 침략함에 따라 우리나라는 군수 물자를 공급하는 병참 기지가 되어 중공업 투자가 더욱 증가

민족 말살 정책의 내용

- 내선 일체(內鮮一體) : 내(內)는 내지인 일본을, 선(鮮)은 조선을 가리키며, 일본과 조선은 한 몸이라는 뜻. 한국인을 일본인으로 동화시키고자 하였음
- 일선 동조론(日鮮同祖論) : 일본인과 조선인은 조상이 같다는 이론으로, 한국인의 민족정신을 근원적으로 말살하기 위한 이론
- 황국 신민 서사(皇國臣民誓詞) : "우리들은 대일본 제국의 신민이다. 우리들은 마음을 합하여 천황 폐하에게 충의를 다한다."를 요지로 함

황국 신민 서사 암송

신사 참배

금속 공출

07장

민족 독립 운동의 전개

(2) 경제적 수탈

① **병참 기지화 정책** : 발전소, 군수 공장, 금속 · 기계 · 중화학 공업, 광공업 육성 (북부 지방)
② **남면 북양 정책(1934)** : 남부에서는 면화, 북부에서는 면양 사육 장려
③ **국가 총동원령(1938)** : 산미 증식 계획 재개, 미곡 공출제, 식량 배급제, 금속제 공출, 노무 동원(1939), 징용령(1939), 여자 정신대 근로령(1944), 일본군 위안부, 지원병제(1938), 학도 지원병제(1943), 징병제(1944)

02절 민족 독립 운동의 전개

1. 3·1 운동 이전의 민족 운동

(1) 국내의 민족 운동

① **의병 활동** : 서북 지방의 채응언 부대
② **국내 항일 비밀 결사**

독립 의군부 (1912~1914)	• 조직 : 1912년 고종의 밀명으로 임병찬 등 각지의 유생들이 조직 · 결성, 복벽주의 단체 • 활동 : 조선 총독부와 일본 정부에 한국 침략의 부당성을 밝히고 국권 반환 요구 · 민중 봉기 계획
조선 국권 회복단 (1915)	• 조직 : 이시영 · 서상일 등의 유생이 시회(詩會)를 가장하여 조직한 비밀결사, 국권 강탈 후 조직된 전국 규모의 항일 운동 단체, 공화주의 단체 • 활동 : 단군 숭배, 3 · 1운동 시 만세 운동 주도, 군자금 모집, 만주 · 연해주의 독립 단체로 연계 투쟁 전개, 파리 강화 회의에 보낼 독립 청원서 작성 운동에 참여
대한 광복회 (1915~1918)	• 조직 : 풍기의 대한광복단(1913)과 대구의 조선 국권 회복단의 일부 인사가 모여 군대식으로 조직 · 결성, 각 도와 만주에 지부 설치, 박상진(총사령) · 김좌진(부사령) · 채기중 • 활동 : 군자금을 모아 만주에 독립 사관 학교 설립, 연해주에서 무기 구입, 독립 전쟁을 통한 국권 회복을 목표로 함
기타	• 단체 : 송죽회(1913)(→ 여성들이 조직한 유일한 비밀결사), 선명단(鮮明團), 자립단, 기성단, 조선국민회 등 • 활동 : 교사 · 학생 · 종교인 · 농민 · 노동자 · 여성 등 사회 각계각층 참여

(2) 국외의 민족 운동

① **국외 독립 운동 기지 건설** : 무장 투쟁을 계승하고 독립 전쟁의 기반을 다짐

만주	• 1910년 서간도 삼원보에 자치기구인 경학사(경학사는 부민단(1912) ⇒ 한족회(1919)로 발전)와 군사교육기관인 신흥 강습소 설립(신흥 강습소(1911)는 신흥학교(1912) ⇒ 신흥무관학교(1919)로 발전)

남만주(서간도)의 독립 운동 기지

이회영 등은 신민회의 지원을 받아 남만주에 삼원보를 건설하였다. 이곳에서 조직된 항일 독립 운동 단체인 경학사는 훗날 부민단, 한족회로 발전하면서 서로 군정서를 양성하였음. 또한 삼원보에 설립된 신흥 강습소는 가장 대표적인 독립군 사관 양성 기관이라고 할 수 있는 신흥 무관 학교로 발전함

만주 · 연해주의 독립 운동 기지

독립 운동 기지 건설

• 목적 : 무장 항일 독립 투쟁의 준비 수행
• 중심적 기지
 - 이회영·이상룡·이시영·이동녕 : 남만주의 삼원보에 설치
 - 이상설·이승희 : 밀산부 한흥동에 설치
 - 이상설·이동휘 : 연해주 신한촌 등에 설치

만주	• 북간도 용정에 간민회(1913)(대한 국민회(1919)로 개편) · 중광단(1911)(북로 군정서로 발전), 서전서숙(1906) · 명동학교(1908) 운영 • 소 · 만 국경 지역에 이상설 · 이승희 등이 설립한 밀산부의 한흥동도 중요 기지(→ 대한 독립군단 결성)
상해	• 동제사(1912) : 상해에서 신규식 · 박은식 · 조소앙 등이 조직한 비밀결사, 청년 교육에 주력(박달학원 설립) • 신한 혁명당(1915) : 이상설 · 박은식 · 신규식 중심, 대동 단결 선언(1917) 제창(→ 최초로 애국 계몽 운동과 의병 운동의 통합을 시도) • 대동 보국단(1915) : 신규식 · 박은식의 주도로 동제사의 대체 조직으로 설립, 대동사상 주창(→대동 단결 선언(1917)에 영향) • 신한 청년단(신한 청년당)(1918) : 김규식 · 서병호 · 여운형 · 문일평 · 신규식 등을 중심으로 조직, 활발한 외교활동(→파리 강화 회의에 김규식 파견)으로 3 · 1 운동과 임시정부 수립에 영향
연해주	• 블라디보스토크 신한촌을 중심으로 13도 의군(1910) · 성명회(1910) · 권업회(1911) · 대한 광복군정부(1914) · 한인 사회당(1918) · 대한 국민 의회(1919, 3 · 1 운동 이후) 등이 활동 • 활동 : 이주 한인들의 결속 도모, 교육 사업 주력, 독립군 양성 등
미주	• 공립 협회(1905), 대한인 국민회(1909), 흥사단(1913), 대조선 국민 군단(1914), 구미 위원회(1919), 숭무 학교 등 • 활동 : 국제 외교 활동 전개, 독립 운동 자금 모금
일본	유학생들이 중심이 되어 민족의 단결 · 각성 촉구
중국	한 · 중 간의 유대 강화 노력

② 대동 단결 선언(大同團結宣言, 1917. 7. 상해)

   ㉠ 목적 : 독립 운동 세력에 의한 임시정부 수립 노력의 일환

   ㉡ 발기인 : 신규식 · 조소앙 · 박용만 · 홍명희 · 박은식 · 신채호 · 김규식(김성) · 조성환 등 14인

   ㉢ 제안 내용

      • 국가 상속(國家相續)의 대의를 선포하여 해외 동포의 총 단결을 주장

      • 국가적 행동의 한 단계 높은 활동을 표방하며 민권의 대동 단결로 독립 운동 세력의 통일 전선 결성

   ㉣ 선언의 요지 : 융희 황제의 주권 포기를 단정함으로써 조선 왕실의 존재를 신국가 건설의 도정에서 배제

2. 3·1운동의 전개

(1) 배경

① 레닌의 식민지 민족 해방 운동 지원 선언

② 윌슨의 민족 자결주의 제창 : 파리 강화 회의

③ 김규식의 파리 강화 회의 파견 : 신한 청년단

④ 대한 독립 선언서(1918, 만주), 2 · 8 독립 선언(1919, 일본 유학생)

⑤ 고종 황제의 죽음(1919. 1) : 독살설 유포

3·1 운동의 규모와 피해
- 총 집회 수 : 1,542회
- 참가 인원 : 2,023,098명
- 피검자 : 46,948명
- 사망자 : 7,509명
- 부상자 : 15,961명

제암리 학살 사건

3·1 운동 당시 일본군이 수원 제암리에서 주민들을 집단 학살한 사건. 1919년 4월 15일 한 무리의 일본 군경은 만세 운동이 일어났던 제암리에 가 기독교도와 천도교도 약 30명을 교회당 안에 몰아넣은 후 문을 잠그고 집중 사격을 퍼부었음. 일본군은 증거를 없애기 위해 교회당에 불을 지른 후, 다시 부근의 채암리에 가서 민가를 방화하고 주민들을 학살함. 이 만행에 분노한 선교사 스코필드(Frank W. Schofield)가 현장을 사진에 담아 〈수원에서의 일본군 잔학 행위에 관한 보고서〉를 작성하여 미국에 보내 여론화하였음

대한민국 임시정부 인사들

대한민국 임시정부가 발행한 대한 독립 선언서(1919. 4)

(2) 3·1 운동의 전개

① 시위 운동 준비 : 종교계(천도교, 불교, 기독교) 중심, 대중화, 일원화, 비폭력의 3대 원칙
② 독립 선포 : 최남선이 독립 선언서를 작성하고, 손병희·이승훈·한용운 등 민족 대표 33인의 이름으로 독립 선언서를 발표하여 국내외에 독립을 선포
③ 만세 시위 운동의 전개

제1단계 (준비·점화 단계)	민족 대표들이 독립 선언서를 제작하고 종로의 태화관에 모여 낭독·배포함으로써 서울과 지방에서 학생·시민들이 중심이 되어 거족적인 만세 시위를 전개
제2단계 (본격적 단계)	• 학생·상인·노동자층이 본격 참가, 시위 운동이 도시로 확산 • 학생들이 주도적 역할을 하였고, 상인·노동자들이 만세 시위·파업·운동 자금 제공 등의 방법으로 적극 호응
제3단계 (확산 단계)	• 만세 시위 운동이 주요 도시로부터 전국의 각지로 확산 • 농민들이 시위에 적극적으로 참가함으로써 시위 규모가 확대되고, 시위 군중들은 면 사무소·헌병 주재소·토지 회사·친일 지주 등을 습격(→ 비폭력 주의가 무력적인 저항 운동으로 변모)

④ 국외의 만세 시위 운동 : 만주(간도 지방), 연해주(블라디보스토크), 미국(필라델피아 한인 자유 대회), 일본(도쿄, 오사카 등)
⑤ 일제의 무력 탄압 : 헌병 경찰은 물론 육·해군까지 긴급 출동시켜 무차별 총격을 가하고, 가옥과 교회·학교 등을 방화·파괴, 제암리 학살 사건
⑥ 3·1 운동의 의의 : 대규모의 독립 운동, 민족 주체성의 확인, 민족의 저력 과시, 반제국적 민족 운동의 선구(중국·인도·동남아시아·중동 지역의 민족 운동에 선구적 역할), 독립 운동의 방향 제시, 대한민국 임시정부 수립의 계기

3. 대한민국 임시정부 ★ 빈출개념

(1) 임시정부의 수립과 통합

① 통합 이전의 임시정부
  ㉠ 한성 정부 : 국내에서 이승만을 집정관 총재로, 이동휘를 국무총리로 하여 수립
  ㉡ 대한민국 임시정부 : 중국 상하이에서 수립되어 이승만을 국무총리로 추대
  ㉢ 대한 국민 의회 : 연해주에서 손병희를 대통령으로 하여 조직
② 대한민국 임시정부의 통합(1919. 4) : 국내의 한성 정부를 계승하고 대한 국민 의회를 흡수하여 상하이에 통합 정부인 대한민국 임시정부를 수립

(2) 대한민국 임시정부의 체제

① 입헌 공화제 : 민주주의에 입각한 근대적 헌법을 갖추고 대통령제를 채택
② 3권 분립 : 입법 기관인 임시 의정원, 사법 기관인 법원, 행정 기관인 국무원(→ 우리나라 최초의 3권 분립에 입각한 민주 공화제 정부로 출범)
③ 대한민국 임시 헌법 : 대통령제, 인민의 기본 권리와 의무 규정

(3) 활동

① 역할 : 국내외의 민족 독립 운동을 더 조직적이고 효과적으로 추진하기 위한 중추 임무를 담당

② 비밀 행정 조직망

ㄱ **연통제(聯通制)** : 문서와 명령 전달, 군자금 송부, 정보 보고 등의 업무를 담당

ㄴ **교통국(交通局)** : 통신 기관으로, 정보의 수집 · 분석 · 교환 · 연락의 업무를 관장

③ 활동 : 군자금의 조달, 파리 강화 회의에 김규식을 대표로 파견하여 독립을 주장, 〈독립신문〉을 간행하여 배포, 육군 무관 학교의 설립, 광복군 사령부 · 광복군 총영 · 육군 주만 참의부 등을 결성, 한국 광복군의 창설(1940) 등

(4) 대한민국 임시정부의 분열

① 배경 : 연통제 · 교통국 조직 파괴, 외교 활동의 성과 미미, 자금난과 인력난

ㄱ 독립 운동 방략을 둘러싼 대립 격화

방법론	주도 인물	특징
외교 독립론	이승만	• 외교 활동을 통해 강대국의 도움을 받아 독립을 이루자고 주장 • 제국주의 세력의 원조를 요구하는 한계를 지님
실력 양성론 (준비론)	안창호	• 아직 힘이 미약하므로 힘을 길러 독립 전쟁을 준비해야 한다고 주장 • 교육과 산업 발전을 통한 민족의 실력 양성이 우선 (→ 민립 대학 설립 운동, 물산 장려 운동 등) • 식민지배하에서 민족 실력 양성은 현실적으로 곤란
무장 투쟁론	이동휘, 신채호	• 무장 투쟁(전쟁 등)을 통해 독립 쟁취 주장 • 이동휘는 소련과의 연대를 강조하고, 신채호는 민중 직접 혁명론을 주장 • 일제의 힘에 맞서 무장 투쟁을 통해 독립을 쟁취하는 것은 현실적으로 어려움

② 국민 대표 회의 소집(1923. 1~1923. 5) ★ 빈출개념

ㄱ 배경 : 독립 운동 방법론을 둘러싼 임시 정부의 대립과 침체, 위임 통치 청원서 사건(이승만)에 대한 불만 고조, 임시 정부 개편의 필요성 제기

ㄴ 소집 : 신채호, 박용만 등 외교 중심 노선에 비판적인 인사들의 요구로 회의 소집

ㄷ 결과 : 독립 운동 세력의 분열 심화

• 창조파는 새 정부(한(韓) 정부)를 조직하고 연해주로 이동하였으나 소련의 지원을 얻지 못해 힘을 잃음

• 임시 정부는 이승만을 위임 통치건을 이유로 탄핵하고 박은식을 2대 대통령으로 추대, 제2차 · 제3차 개헌을 추진하며 체제를 정비

(5) 대한민국 임시정부의 변화

① 이승만 탄핵(1925), 2대 대통령으로 박은식 선출

대한민국 임시정부 내의 의견 대립

• 무장 투쟁론과 외교 독립론 간 갈등

• 이승만의 위임 통치론에 대한 무장 투쟁파의 반발

창조파와 개조파의 대립

창조파	• 임시정부 해체, 신정부 수립 • 무력 항쟁 강조 • 신채호, 박용만
개조파	• 임시정부의 개혁과 존속 주장 • 실력 양성, 자치 운동, 외교 활동 강조 • 안창호
현상 유지파	• 임시정부를 그대로 유지 • 국민 대표 회의에 불참 • 이동녕, 김구

민족 독립 운동의 전개

이승만의 위임 통치론

파리 강화 회의(1919)에 파견된 이승만은 미국 대통령 윌슨에게 위임 통치 청원서를 제출함. 한국을 일본의 학정으로부터 벗어나게 한 후 당분간 국제 연맹의 통치하에 있다가 장래 독립하게 해달라는 내용의 이 청원서는 독립 운동가들을 분노시켰음. 이에 대하여 신채호는 "이완용은 있는 정부를 팔아먹었지만, 이승만은 없는 정부를 팔아먹었다."라고 말하며 임시정부가 필요 없다고 주장함

② 헌정의 변천 : 5차에 걸친 개헌을 통하여 주석·부주석 체제로 개편

제정 및 개헌	시기	체제
임시 헌장 제정	1919.4	임시 의정원(의장 이동녕, 국무총리 이승만) 중심으로 헌법 제정
제1차 개헌	1919.9	대통령 지도제(1대 대통령 이승만, 2대 대통령 박은식, 국무총리 이동휘)
제2차 개헌	1925	국무령 중심제(내각 책임 지도제, 국무령 김구), 사법 조항 폐지
제3차 개헌	1927	국무 위원 중심제(집단 지도 체제, 김구·이동녕 등 10여 명
제4차 개헌	1940	주석제(주석 김구)
제5차 개헌	1944	주석·부주석제(주석 김구, 부주석 김규식), 심판원 조항(사법 조항)규정

4. 3·1 운동 이후의 국내의 항일 운동

(1) 6·10 만세 운동(1926) ★ 빈출개념

① 배경 : 순종의 사망을 계기로 민족 감정 고조(제2의 3·1 운동), 일제의 수탈 정책과 식민지 교육에 대한 반발

② 준비 : 민족주의 계열(천도교)과 사회주의 계열 만세 시위 운동을 준비하였으나 사전에 발각

③ 전개 : 순종의 인산일을 계기로 격문을 살포하고 시위 운동 전개, 조선 학생 과학 연구회(사회주의계)를 비롯한 전문학교와 고등보통학교 학생들이 주도

④ 결과 : 200여 명의 학생이 검거됨

⑤ 의의 : 민족주의계와 사회주의계가 연대하는 계기 마련, 학생들이 민족 운동의 구심점으로서 역할 자각

(2) 광주 학생 항일 운동(1929)

① 배경 : 청년·학생들의 자각, 독서회·성진회 등 학생 조직 활동, 신간회의 활동

② 경과

㉠ 발단 : 광주에서 발생한 한·일 학생 간의 충돌을 일본 경찰이 편파적으로 처리

㉡ 전개 : 일반 국민들이 가세하여 전국적인 규모의 항일 투쟁으로 확대되었고, 만주 지역의 학생들과 일본 유학생들까지 궐기

㉢ 신간회의 조사단 파견·활동

③ 의의 : 약 5개월 동안 전국의 학생 54,000여 명이 참여함으로써 3·1 운동 이후 최대의 민족 운동으로 발전

5. 의열단과 한인 애국단의 활동

(1) 의열단의 항일 의거

① 조직 : 1919년 만주 길림성에서 김원봉, 윤세주 등이 조직

② 목적 : 일제의 요인 암살, 식민 통치 기관 파괴

③ 활동 지침 : 신채호의 조선 혁명 선언(1923)
④ 활동 : 박재혁의 부산 경찰서 폭탄 투척(1920), 김익상의 조선 총독부 폭탄 투척(1921), 김상옥의 종로 경찰서 폭탄 투척(1923), 김지섭의 일본 황궁 폭탄 투척(1924), 나석주의 동양 척식 주식 회사 폭탄 투척(1926)
⑤ 의열단의 투쟁 방향 전환 : 중국의 황포(황푸) 군관 학교에 입학(1925), 조선 혁명 간부 학교 설립(1932), (조선) 민족 혁명당 결성(1935), 조선 의용대(1938)

(2) 한인 애국단의 활약

① 조직 : 1931년 상해에서 김구가 임시정부의 위기 타개책으로 조직
② 활동
  ㉠ 이봉창 의거(1932. 1. 8) : 일본 국왕에 폭탄 투척, 중국 신문의 호의적 논평으로 인해 1차 상하이 사변 발발, 일본이 상하이 점령
  ㉡ 윤봉길 의거(1932. 4. 29) : 상하이 홍커우 공원 의거
③ 의의 : 한반도 문제에 대한 국제적 관심 고조, 독립 운동의 의기 고양, 중국 국민당 정부의 임시정부 지원 계기(→ 한국 광복군 창설(1940))

6. 무장 독립 전쟁의 전개

(1) 봉오동 전투(1920. 6)

① 홍범도의 대한 독립군, 최진동의 군무 도독부군, 안무의 국민회군이 연합
② 독립군 근거지를 소탕하기 위해 간도 지역을 기습한 일본군 1개 대대 병력을 포위·공격하여 대파

(2) 청산리 대첩(1920. 10)

① 김좌진의 북로 군정서군, 홍범도의 대한 독립군, 안무의 국민회군 등 연합
② 간도 청산리의 어랑촌, 백운평, 천수평 등에서 6일간 10여 차례의 전투 끝에 일본군 대파
③ 독립군 사상 최대의 승리

(3) 간도 참변(1920. 10)

① 봉오동·청산리 전투에서의 패배에 대한 일제의 보복
② 독립군과 만주의 한인촌에 대한 무차별 학살, 방화, 파괴(경신 참변)
③ 간도 지역의 독립군 활동이 큰 타격을 입음

(4) 대한 독립 군단(1920. 12)

① 간도 참변으로 독립군이 각지로 분산하여 대오를 정비하던 중, 소·만 국경지대의 밀산부에 집결하여 서일을 총재로 독립군 부대를 통합·조직
② 소련령 자유시로 부대 이동

(5) 자유시 참변(1921. 6)

SEMI-NOTE

대한 독립군(1919)
1919년 북간도에서 조직된 항일 무장 단체로, 홍범도(사령관), 주달(부사령관) 등을 중심으로 200여 명 정도로 구성되었음

청산리 대첩에서 승리한 북로 군정서군

간도참변(독립군 총살장면)

07장

민족 독립 운동의 전개

① 자유시로 이동한 대한 독립 군단은 레닌의 적색군을 도와 내전에 참전
② 적색군의 무장 해제 요구에 독립군이 저항하자 공격

(6) 3부 성립

① 자유시 참변 이후 독립군은 다시 만주로 탈출하여 조직을 재정비하면서 역량을 강화한 후, 각 단체의 통합 운동을 추진

② 3부

참의부(1923)	압록강 건너 만주의 집안(輯安) 일대에 설치된 임시 정부 직할하의 정부 형태
정의부(1924)	길림과 봉천을 중심으로 하는 남만주 일대를 담당하는 정부 형태
신민부(1925)	자유시 참변 후 소련에서 되돌아온 독립군을 중심으로 북만주 일대에서 조직된 정부 형태

③ 3부의 활동 : 민정 기관과 군정 기관을 갖추고 자체의 무장 독립군을 편성하여 국경을 넘나들며 일제와 치열한 전투를 벌임

(7) 미쓰야 협정(1925)

① 총독부 경무국장 미쓰야와 만주의 봉천성 경무처장 우진 사이에 맺어진 협정
② 만주 지역의 한국인 독립 운동가를 체포해 일본에 인계한다는 조약

(8) 한·중 연합 작전

① 활동 : 한국 독립군과 조선 혁명군을 중심으로 1930년대 중반까지 전개됨

　㉠ 한국 독립군 : 지청천이 인솔하며, 중국의 호로군과 한 · 중 연합군을 편성하여 쌍성보 전투(1932) · 사도하자 전투(1933) · 동경성 전투(1933) · 대전자령 전투(1933)에서 승리

　㉡ 조선 혁명군 : 양세봉의 지휘로 중국 의용군과 연합, 영릉가 전투(1932) · 흥경성 전투(1933)에서 대승

② 독립군의 이동 : 양세봉 순국(1934) 후 세력이 약화되어 중국 본토 지역으로 이동

(9) 만주 지역의 항일 유격 투쟁(1930년대 중반 이후)

① 동북 인민 혁명군(1933. 9) : 만주에서 중국 공산당과 한인 사회주의자가 연합하여 결성(한 · 중 연합 항일 무장 단체)

② 동북 항일 연군(1936) : 동북 인민 혁명군이 개편하여 조직

③ 조국 광복회(1936) : 동북 항일 연군의 사회주의자가 함경도 지역의 민족주의 세력과 연결하여 조직한 반제 민족 운동 단체로, 국내 조직을 두고 활동

④ 보천보 전투(1937) : 동북 항일 연군이 조국 광복회의 국내 조직원들과 압록강을 건너 함경남도 보천보 일대를 점령한 사건(→ 국내 진공 작전)

(10) (조선) 민족 혁명당(1935)과 조선 의용대(1938), 조선 의용군(1942)

① (조선) 민족 혁명당(1935. 7) : 한국 독립당, 조선 혁명당, 의열단 등이 연합하여 중국 난징에서 결성

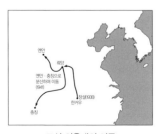

조선 의용대의 이동

② 조선 의용대 : 조선 민족 전선 연맹 산하 부대로 한커우에서 창설(1938. 10)

   ⑦ 배경 : 중·일 전쟁(1937)이 일어나자 군사 조직의 필요성이 대두

   ⓒ 중국 국민당과 연합하여 포로 심문, 요인 사살, 첩보 작전 수행

   ⓒ 분열(1940년대 초)

     • 김원봉이 이끄는 조선 의용대 일부는 충칭의 한국 광복군에 합류(1942)

     • 다수의 조선 의용대 세력은 중국 화북 지역으로 이동하여 중국 팔로군, 조선 독립 동맹과 그 산하의 조선 의용군으로 합류

③ 조선 독립 동맹과 조선 의용군

   ⑦ 조선 독립 동맹(1942. 7) : 화북 조선 청년 연합회(1941) 등 중국 화북 지방의 사회주의 세력(김두봉·김무정 등)이 조선 의용대원을 흡수하여 조직을 확대 개편하면서 결성

   ⓒ 조선 의용군(1942)

     • 조선 독립 동맹이 조선 의용대를 개편하여 조선 의용군을 조직

     • 조선 의용군은 중국 팔로군과 함께 태평양 전쟁에 참전해 항일전을 전개

     • 해방 직후 중국 공산군에 편입되어 국공 내전에 참전했으며, 이후 북한으로 들어가 인민군에 편입

(11) 대한민국 임시정부의 이동과 한국 광복군의 창설(1940)

① 임시 정부의 체제 정비

   ⑦ 충칭 정부(1940) : 한국 독립당 결성

   ⓒ 주석제 채택(1940) : 김구 주석 중심의 단일 지도 체제 강화

   ⓒ 건국 강령 발표(1941) : 조소앙의 3균주의(정치, 경제, 교육적 균등)

② 한국 광복군의 창설(1940)과 활동 ★ 빈출개념

   ⑦ 창설 : 임시 정부의 김구와 지청천 등이 신흥 무관 학교 출신의 독립군과 중국 대륙에 산재해 있던 무장 투쟁 세력을 모아 충칭(중경)에서 창설, 조선 의용대를 흡수(1942)

   ⓒ 활동

     • 대일 선전 포고(1941)

     • 영국군과 연합 작전 전개(1943) : 인도, 미얀마 전선

     • 포로 심문, 암호 번역, 선전 전단 작성 등 심리전 수행

     • 국내 진입 작전(1945. 9) : 미국 전략정보처(OSS)의 지원과 국내 정진군 특수 훈련(→ 일제 패망으로 실행 못함)

03절   사회·경제·문화적 민족 운동

1. 민족 실력 양성 운동(민족주의)

(1) 민족 기업의 육성

조선 의용군(1942)
조선 독립 동맹의 군사 조직. 후에 북한 인민군으로 편입되었음

한국 광복 운동 단체 연합회, 전국 연합 진선 협회

• 한국 광복 운동 단체 연합회(1937) : 한국 국민당(김구), 민족 혁명당에서 탈당한 한국 독립당(조소앙)과 조선 혁명당(이청천) 등이 연합하여 조직

• 전국 연합 진선 협회(1939) : 한국 광복 운동 단체 연합회와 조선 민족 전선 연맹(김원봉)이 추진한 통합운동(통일전선)으로, 중·일 전쟁의 확대와 국민당 정부의 요구 등에 따라 결성을 추진하였으나 조선 민족 전선 연맹 내 일부 세력의 반대로 무산

민족 기업 육성의 배경

• 3·1 운동 이후 민족 산업을 육성하여 경제적 자립을 도모하려는 움직임이 고조되었는데, 일제의 각종 규제로 민족 기업 활동은 소규모 공장의 건설에서 두드러짐

• 대도시에서 순수한 민족 자본에 의하여 직포 공장, 메리야스 공장, 고무신 공장 등 경공업 관련 공장들이 건립됨

민족 실력 양성론 대두

• 애국 계몽 운동 계승, 사회 진화론의 영향

• 3·1운동 이후 민족의 실력 양성을 통한 민족 운동 주장

물산 장려운동 포스터

물산 장려 운동

물산 장려 운동 비판

물산 장려 운동의 사상적 도화수가 된 것이 누구인가? …… 실상을 말하면 노동자에겐 이제 새삼스럽게 물산 장려를 말할 필요가 없는 것이다. 그네는 벌써 오랜 옛날부터 훌륭한 물산 장려 계급이다. 그네는 중산 계급이 양복이나 비단 옷을 입는 대신 무명과 베옷을 입었고, 저들 자본가가 위스키나 브랜디나 정종을 마시는 대신 소주나 막걸리를 마시지 않았는가? …… 이리하여 저들은 민족적, 애국적하는 감상적 미사로써 눈물을 흘리면서 저들과 이해가 있어서는 저들도 외래 자본가와 조금도 다를 것이 없는 것을 알며, 따라서 저들 신시랑류의 침략에 빠져 계급 전선을 몽롱케는 못할 것이다.

조선 민립 대학 설립 기성회의 발기 취지서

우리의 운명을 어떻게 개척할까? …… 가장 급한 일이 되고 가장 먼저 해결할 필요가 있으며, 가장 힘 있고, 필요한 수단은 교육이 아니면 아니 된다. …… 민중의 보편적 지식은 보통 교육으로도 가능하지만 심오한 지식과 학문은 고등 교육이 아니면 불가하며, …… 오늘날 조선인이 세계 문화 민족의 일원으로 남과 어깨를 견주고 우리의 생존을 유지하며 문화의 창조와 향상을 기도하려면, 대학의 설립이 아니고는 다른 방도가 없도다.

① 민족 기업
  ㉠ 규모 : 1910년대까지는 소규모였으나, 1920년대에 이르러서는 노동자의 수가 200명이 넘는 공장도 나타남
  ㉡ 유형
    • 대지주 출신의 기업인이 지주와 상인의 자본을 모아 대규모의 공장을 세운 것으로, 대표적인 것이 경성 방직 주식회사
    • 서민 출신 상인들이 자본을 모아 새로운 기업 분야를 개척한 것으로, 대표적인 것이 평양의 '메리야스 공장'
  ㉢ 운영 : 민족 기업은 순수한 한국인만으로 운영
  ㉣ 품질 : 한국인의 기호에 맞게 내구성이 강하고 무게 있는 제품을 만듦
② 민족 은행의 설립 : 금융업에도 한국인의 진출(삼남은행 등)
③ 민족 기업의 위축 : 1930년대에 들어와 식민 통치 체제가 강화되고 탄압으로 위축

(2) 물산 장려 운동

① 배경 : 회사령 철폐(1920), 관세 철폐(1923), 일본 대기업의 한국 진출로 국내 기업의 위기감 고조
② 목적 : 민족 기업을 지원하고 민족 산업을 육성함으로써 민족 경제의 자립을 달성(→ '내 살림 내 것으로'라는 구호를 내세움)
③ 조직의 발족 및 전개
  ㉠ (평양) 조선 물산 장려회(1920) : 조만식 등이 중심이 되어 최초 발족
  ㉡ (서울) 조선 물산 장려회(1923) : 조선 물산 장려회가 설립되고 서울에 물산 장려회가 설립되면서 전국으로 확산
  ㉢ 기타 : 학생들의 자작회(1922), 토산 애용 부인회, 토산 장려회, 청년회 등
④ 활동 : 일본 상품 배격, 국산품 애용 등을 강조
  ㉠ 구호 : 내 살림 내 것으로, 조선 사람 조선 것, 우리가 만들어서 우리가 쓰자
  ㉡ 강연회, 선전 행사
  ㉢ 확산 : 전국적 민족 운동으로 확산되면서 근검 절약, 생활 개선, 금주 · 단연 운동도 전개
⑤ 문제점 : 상인, 자본가 중심으로 추진되어 상품 가격 상승 초래, 사회주의자들의 비판
⑥ 결과 : 초기에는 전국적으로 확산되었으나, 일제의 탄압과 친일파의 개입, 사회주의 계열의 방해 등으로 큰 성과를 거두지 못함

(3) 민립 대학 설립 운동

① 배경 : 민족 역량 강화 위해 고등 교육의 필요성
② 전개
  ㉠ 총독부가 대학 설립 요구를 묵살하자 조선 교육회는 우리 손으로 대학을 설립하고자 조선 민립 대학 기성 준비회(1922, 이상재)를 결성
  ㉡ 모금 운동 전개(1923) : 조선 민립 대학 기성회를 중심으로 모금 운동을 전개(→ 한민족 1천만이 한 사람 1원씩)

③ 결과

　　㉠ 지역 유지들과 사회단체의 후원으로 순조롭게 진행되었으나 일제의 방해와 남부 지방의 가뭄과 수해로 모금이 어려워져 결국 좌절

　　㉡ 일제는 1924년 경성 제국 대학을 설립을 통해 조선인의 불만 무마를 시도

(4) 문맹 퇴치 운동

① 배경 : 식민지 차별 교육 정책으로 한국인의 문맹률 증가

② 전개 : 3 · 1 운동을 계기로 문맹 퇴치가 급선무임을 자각하고 실천에 옮김

③ 야학 운동 : 1920년대 전반에 각지에 야학이 설립되면서 활발하게 전개

④ 언론사, 학생, 조선어 학회의 활동 : 문자 보급 운동, 브나로드 운동 등, 조선어 학회는 전국에 한글 강습소를 개최

2. 사회 운동(사회적 민족주의)

(1) 농민 운동

① 소작쟁의의 발생 : 3 · 1 운동 이후 정치 · 사회적으로 각성된 소작농들은 1919년 처음으로 소작쟁의를 일으킨 이후, 1920년대부터 본격적으로 소작료 인하, 소작권 박탈 반대 등을 요구(→ 농민 운동은 주로 소작쟁의를 중심으로 전개)

② 1920년대의 농민 운동 : 생존권 확보를 위한 투쟁 성격의 소작쟁의

　　㉠ 1920년대 전반기 : 주로 소작인 조합이 중심이 된 소작쟁의

　　㉡ 암태도 소작쟁의(1923~1924) : 전남 신안군 암태도의 소작농민들이 전개한 농민운동

　　㉢ 1920년대 후반기 : 자작농까지 포함하는 농민 조합이 소작쟁의를 주도

③ 농민조합의 결성 : 1920년대에 농민의 자구책으로 결성(조선 노 · 농 총동맹, 조선 농민 총동맹)

④ 1930년대 이후 농민 운동 : 항일 운동의 성격(정치 투쟁의 성격)

(2) 노동 운동

① 노동 쟁의의 발생 : 임금 인상, 점차 단체 계약권 확립, 8시간 노동제 실시, 악질 일본인 감독의 추방, 노동 조건의 개선 등을 요구(→ 생존권 확보 투쟁)

② 노동 조합의 결성

　　㉠ 조선 노동 공제회(1920), 조선 노 · 농 총동맹(1924)

　　㉡ 1927년 조선 노 · 농 총동맹에서 조선 노동 총동맹이 분리

③ 노동 운동의 대중화 : 대도시에 한정되던 노동쟁의가 1920년대 후반기 전국 각지로 확산되었으며, 영흥 · 원산 등의 지역에서 총파업이 발생

④ 대표적 노동 운동 : 부산 부두 노동자 파업(1921), 서울 고무 공장 여자 노동자 파업(1923), 원산 총파업(1929)

(3) 청년 운동

① 활동

브나로드(Vnarod) 운동

1931년 동아일보사에서 농촌계몽운동으로 전개한 것. 문맹퇴치를 목적으로 시작한 이 운동은 많은 학생들이 참여하여 효과를 거두었으며, 1933년 계몽운동이라고 개칭하면서 폭넓게 지속되다가 1935년 조선총독부 경무국의 명령으로 중단되었음. 원래 브나로드(Vnarod)란 많은 러시아어로 '민중 속으로'라는 의미임

암태도 소작 쟁의(1923~1924)

고율의 소작료로 고통을 겪던 암태도 소작농들은 1923년 소작인회를 조직한 후 소작료를 4할로 내릴 것을 요구하였음. 지주가 이를 거부하자 소작농들은 추수 거부 투쟁과 소작료 불납 동맹으로 대응하였으며, 동원된 일본 경찰에 대항하기 위하여 순찰대를 조직하기도 하였음. 소작 쟁의 결과 소작농들이 승리하여 소작료가 인하됨

농민 · 노동자 조합의 전개

• 농민 조합 : 조선 노동 공제회(1920) → 조선 노 · 농 총동맹(1924) → 조선 농민 총동맹(1927)

• 노동 조합 : 조선 노동 공제회(1920) → 조선 노 · 농 총동맹(1924) → 조선 노동자 총동맹(1927) → 지하 노동 조합 운동(1930년대)

대표적 노동 운동

• 부산 부두 노동자 파업(1921) : 최초의 대규모 연대파업, 임금 인상 요구

• 서울 고무 공장 여자 노동자 파업(1923) : 최초의 여성 노동자 연대 파업

• 원산 총파업(1929) : 1929년 1월 22일 원산 노동 연합회에 소속 노동자와 일반 노동자들이 합세하여 75일간 전개, 1920년대 최대의 파업투쟁, 원산시를 완전히 마비상태에 빠뜨려 일제에 큰 타격을 가하였고, 1930년대 이후의 노동 운동을 혁명적 성격으로 전환시키는 계기가 됨

ㄱ 강연회 · 토론회 개최, 학교 · 강습소 · 야학 등을 설치 · 운영, 운동회 등을 통한 심신 단련

ㄴ 단연회 · 금주회 · 저축 조합 등을 결성하여 사회 교화와 생활 개선 추구

② 조선 청년 총동맹(1924) : 1920년대 사회주의 사상이 유입된 후 청년 단체들은 민족주의와 사회주의 계열로 나뉘었는데, 이 같은 청년 운동의 분열을 수습하기 위하여 조직

③ 학생 운동

ㄱ 전개 : 대개 동맹 휴학의 형태로 전개되었는데, 처음에는 시설 개선이나 일인 교원 배척 등의 요구가 많았으나 점차 식민지 노예 교육 철폐, 조선 역사 교육과 조선어 사용, 언론 · 집회의 자유 등을 요구

ㄴ 광주 학생 항일 운동(1929) : 반일 감정을 토대로 일어난 민족 운동으로서 청년 운동의 절정

(4) 여성 운동

① 여성 단체의 조직

ㄱ 1920년대 초반 : 대체로 가부장제나 인습 타파라는 주제로 계몽 차원에서 전개

ㄴ 1920년대 중반 : 여성 해방의 문제를 계급해방 · 민족해방의 문제와 연결지으면서 사회주의 운동과 결합

ㄷ 1920년대 후반 : 여성의 지위 향상을 취지로 여성 직업 단체들이 조직되어 여성들이 사회 활동에 참여

② 근우회(1927)

ㄱ 신간회의 출범과 더불어 탄생, 김활란 등을 중심으로 여성계의 민족 유일당으로 조직

ㄴ 행동 강령 : 여성 노동자의 권익 옹호와 생활 개선

(5) 소년 운동

① 인물 : 방정환, 조철호

② 발전

ㄱ 천도교 소년회(1921) : 천도교 청년회에서 독립하면서 소년 운동이 본격화, 전국적 확산, 어린이날 제정, 최초의 순수 아동 잡지 〈어린이〉 발행, '어린이'라는 말을 만듦

ㄴ 조선 소년 연합회(1927) : 전국적 조직체로서 조직되어 체계적인 소년 운동 전개

③ 중단 : 지도자들 간의 사상과 이념의 대립으로 분열, 일제는 중 · 일 전쟁 발발 후 한국의 청소년 운동을 일체 금지하고 단체를 해산

(6) 조선 형평사 운동(1923)

① 배경 : 백정들은 갑오개혁에 의해 법제적으로는 권리를 인정받았으나, 사회적으로는 오랜 관습 속에서 계속 차별

② 조직 : 이학찬을 중심으로 한 백정들은 진주에서 조선 형평사를 창립

③ 전개 : 사회적으로 평등한 대우를 요구하는 형평 운동을 전개, 민족 해방 운동으

근우회의 행동 강령

• 여성에 대한 사회적 · 법률적 일체 차별 철폐
• 일체 봉건적인 인습과 미신 타파
• 조혼(早婚) 방지 및 결혼의 자유
• 인신 매매 및 공창(公娼) 폐지
• 농촌 부인의 경제적 이익 옹호
• 부인 노동의 임금 차별 철폐 및 산전 · 산후 임금 지불
• 부인 및 소년공의 위험 노동 및 야업(夜業) 폐지

형평사 운동 포스터

조선 형평사 발기 취지문

공평(公平)은 사회의 근본이고 애정(愛情)은 인류의 본령이다. 그러한 까닭으로 우리는 계급(階級)을 타파하고 모욕적(侮辱的)인 칭호를 폐지하여, 우리도 참다운 인간이 되는 것을 기하자는 것이 우리의 주장이다.

로 발전

④ 변질 : 1930년대 중반 이후 경제적 이익 향상 운동으로 변질

3. 사회주의 운동과 신간회

(1) 사회주의 운동의 유입

① 수용 : 1920년대 러시아와 중국 지역에서 활동하던 독립 운동가들이 수용(초기의 사회주의 운동은 소수의 지식인이나 청년 · 학생을 중심으로 전파)

② 영향

ㄱ 사회 · 경제 운동을 활성화시켰고, 권익과 지위 향상을 위한 활동에 영향을 미침

ㄴ 사회주의 운동이 본격화되면서 노동 · 농민 · 청년 · 학생 · 여성 운동과 형평 운동 등이 본격 전개

ㄷ 국내 사회주의자들은 비밀리에 조선 공산당(1925)을 결성

③ 독립 노선의 분열 : 민족주의 운동과의 대립, 노선에 따른 계열간 대립이 발생

(2) 신간회(민족 유일당 운동, 1927~1931) ⭐빈출개념

① 배경 : 민족 운동의 분열과 위기

계열		주요 활동
민족주의 계열	자치론 (타협적 민족주의)	• 일제의 식민 지배를 인정하고 자치 운동 전개 • 민족성 개조 주장 • 이광수(민족 개조론, 민족적 경륜 발표), 최린
	비타협적 민족주의	• 일제와의 타협 거부, 민족 개량주의 비판 • 실력 양성 운동, 즉각적인 독립 추구 • 사회주의자들과의 연대를 추진, 조선 민흥회 조직 • 이상재, 안재홍
사회주의 계열		• 치안 유지법(1925)으로 사회주의 운동 탄압 • 민족 운동의 분열을 초래한다는 비판을 받음 • 정우회 선언 : 민족주의 계열과의 연합을 주장

② 신간회 결성과 활동

ㄱ 결성(1927)

• 민족주의 진영과 사회주의 진영이 민족 유일당, 민족 협동 전선의 기치 아래 결성

• 조선 민흥회(비타협 민족주의 계열)와 정우회(사회주의 계열)가 연합하여 합법적 단체로 결성(회장 이상재 · 안재홍 등이 중심)

ㄴ 조직 : 민족 운동계의 다수 세력이 참가하였으며, 전국에 약 140여 개소의 지회 설립, 일본과 만주에도 지회 설립이 시도됨

ㄷ 강령 : 민족의 단결, 정치 · 경제적 각성 촉진, 기회주의자 배격

ㄹ 활동 : 민중 계몽 활동, 노동 쟁의, 소작 쟁의, 동맹 휴학 등 대중 운동 지도

③ 신간회의 해체(해소, 1931)

ㄱ 민중 대회 이후 일제의 탄압 강화(신간회 1차 지도부 체포)

SEMI-NOTE

독립운동 세력의 분화

• 민족주의 세력
• 사회주의 세력
• 아나키스트(무정부주의자) 세력

민족 유일당 운동(좌 · 우 합작 운동)

국외	• 한국 독립 유일당 북경 촉성회(1926) • 3부 통합(국민부, 혁신 의회) • (조선) 민족 혁명당(1935) • 조국 광복회(1936) • 조선 의용대의 한국 광복군 합류(1942)
국내	• 조선 청년 총동맹(1924) • 6 · 10 만세 운동(1926) • 신간회, 근우회(1927) • 조선 건국 동맹(1944)

민족 유일당 운동의 전개(동아일보, 1925년 9월 27일자)

지금 우리 사회에는 두 가지 조류가 있다. 하나는 민족주의 운동(민족 해방)의 조류요, 또 하나는 사회주의 운동(계급 해방)의 조류인가 한다. 이 두 가지 조류가 물론 해방의 근본적 정신에 있어서는 조금도 다를 것이 없다. 그러나 운동의 방법과 이론적 해석에 이르러서는 털끝의 차이로 1000리의 차이가 생겨 도리어 민족 운동의 전선을 혼란스럽게 하여, 결국은(일제로 하여금) 어부의 이를 취하게 하며 골육(骨肉)의 다툼을 일으키는 것은 어찌 우리 민족의 장래를 위하여 통탄할 바가 아니랴.

신간회의 기본 강령

• 민족의 단결을 공고히 한다.
• 정치적·경제적 각성을 촉구한다.
• 기회주의자를 일체 배격한다.

SEMI-NOTE

ⓛ 2차 지도부(민족주의 계열)의 개량화(→ 자치론 주장)

ⓒ 코민테른의 지시를 받은 사회주의자들이 협동 전선 포기(→ 신간회 해소론)

④ 의의 : 사회주의 세력과 비타협적 민족주의 세력이 연합한 협동 단체, 일제 강점기 최대의 합법적인 반일 사회 단체

4. 해외 동포들의 활동

(1) 만주

① 이주 동포들의 활동

ⓞ 신민회 : 독립 운동 기지 결성

• 남만주(서간도) : 삼원보 선설, 신한민촌 형성, 신흥 학교 설립 운동, 경학사, 부민단

• 북만주 : 밀산부에 한흥동 건설

ⓒ 간도 : 서전 서숙(1906, 이상설), 명동 학교

② 만주 동포들의 시련 : 간도 참변(1920), 만보산 사건, 일제의 대륙 침략

간도 참변, 만보산 사건, 일제의 대륙 침략

• 간도 참변(1920) : 일본군이 출병하여 독립 운동 기지를 초토화하면서 무차별 학살

• 만보산 사건 : 1931년 일제의 악의적인 한 · 중 이간책으로 조선 농민과 중국 농민 사이에 벌어진 유혈 농지 분쟁 사건

• 일제의 대륙 침략 : 1930년대 일제의 본격적 대륙 침략으로 근거지를 상실하고 수난

(2) 연해주

① 이주 동포들의 활동 : 신한촌의 형성, 13도 의군 결성, 대한 광복군 정부(1914), 대한 국민 의회(노령 정부, 1919)

② 이주 동포들의 시련

ⓞ 1920년대 초 : 볼셰비키가 정권을 장악한 후 한국인 무장 활동을 금지, 무장 해제 강요

ⓒ 1937년에는 연해주의 한인들이 소련에 의해 중앙아시아로 강제 이주

2 · 8 독립 선언

1919년 2월 8일, 도쿄 조선 유학생 학우회는 독립 선언서와 결의문을 낭독한 뒤 일본 정부와 국회, 각국 대사관 등에 이를 보냈다. 3 · 1독립 선언보다 강경한 태도로 일제의 침략을 고발하고 있으며, 민족 자결 주의의 적용을 요구하는 한편 독립을 위해 마지막 한 사람까지 투쟁하겠다는 내용을 담고 있음

(3) 일본

① 이주 형태 ★ 빈출개념

ⓞ 한말 : 주로 학문을 배우기 위한 유학생들이 이주

ⓒ 국권 강탈 후 : 생활 터전을 상실한 농민들이 건너가 산업 노동자로 취업

② 동포들의 활동 : 최팔용을 중심으로 조선 청년 독립단을 구성하여 2 · 8 독립 선언을 발표함

③ 동포들의 시련 : 민족 차별, 관동 대지진(1923)

미주 동포의 활동

1908년 장인환과 전명운의 스티븐스 사살이 계기가 되어 샌프란시스코에 대한인 국민회가 조직되었음. 미국, 하와이, 만주, 연해주 등지에 지부를 두고 있는 이 단체는 독립 의연금을 모집하여 독립군을 지원하였음. 또한 태평양 전쟁에서 미국이 이겨야 우리나라가 빨리 독립할 수 있을 것이라고 믿은 청년들이 미군에 입대하기도 하였음

(4) 미국

① 이민의 시작

ⓞ 하와이 이민 : 1902년 정부의 보증으로 하와이 노동 이민 시작, 주로 사탕수수밭 노동자와 그 가족 등으로 가혹한 노동에 시달림

ⓒ 이후 미국 본토와 멕시코, 쿠바 등으로 이민 지역 확대

② 이주 동포들의 활동 : 대한인 국민회(1909), 흥사단(1913), 대조선 국민군단(1914), 구미 위원부(1919), 태평양 전쟁 참전

5. 일제의 식민지 문화 정책

(1) 일제의 식민지 교육 정책

① 교육 목표 : 우민화 교육을 통해 이른바 한국인의 황국신민화를 추구하여 일제의 식민지 정책에 순종하도록 함, 일본인으로 동화

② 일제의 조선 교육령

구분	내용
제1차 (1911)	• 정책 방향 : 무단정치에 적합한 충량한 국민을 양성하기 위한 교육 • 우민화 교육 : 교육 기회 축소, 사립학교 축소(사립 학교 규칙, 1911) • 보통 학교 수업 연한 축소 : 일본인은 6년, 한국인은 4년(단축) • 초등 · 기술 · 실업 교육 등 낮은 수준의 실용 교육 강조 • 민족의식 억압, 조선어 과목의 선택화, 역사 · 지리 제외, 일본어 교육 강요 • 서당 규칙(1918) : 개량 서당의 민족 교육 탄압
제2차 (1922)	• 유화 정책 : 한국인과 일본인의 공학 원칙, 동등 교육 및 교육상의 차별 철폐라는 명분 제시(→3 · 1운동 이후 식민통치 방식 변경에 따른 명목상의 정책) • 조선어 필수 과목 : 한국 역사 · 지리 시간은 최소화하고 일본어와 역사 · 지리 시간을 늘려 실질적 식민교육을 강화 • 보통 학교 수업 연한 연장 : 일본인과 동일한 6년제, 고등 보통 학교는 5년 　– 일본인 : 소학교, 중학교 　– 한국인 : 보통 학교, 고등 보통 학교 • 사범 대학 설치, 대학교육 허용(→ 민립 대학 설립 운동 발생) • 경성 제국 대학 설립(설치에 관한 법률 반포) : 조선에 있는 일본인을 위한 대학(→ 조선인 차별), 민립 대학 설립 운동 저지가 목적
제3차 (1938)	• 정책 방향 : 민족 말살 정책에 따른 내선일체 · 황국 신민화 강조 • 황국 신민화 교육 : 황국 신민 양성을 목적으로 황국 신민서사 제정 · 암송을 강요 • 조선어의 선택 과목화(수의과목)(→ 우리말 교육과 국사 교육 억압) • 교명을 일제와 동일하게 조정 : 보통 학교를 소학교로, 고등 보통 학교를 중학교로 개칭(→ 일본어로 된 수업만 가능) • 국민 학교 : 1941년에는 소학교를 국민 학교로 개정
제4차 (1943)	• 정책 방향 : 전시 체제에 따른 황국 신민화 교육 강화 • 중등 교육의 수업 연한 단축 • 조선어, 조선사 교육의 금지 • 국민 학교에서 대학교까지 모두 황국 신민 양성을 위한 군사 기지화 • 전시 교육령 공포, 전시 비상조치 및 학도 전시 동원 체제의 확립(→ 1943년 학도 지원병제 실시, 1944년 징병제 · 정신대 근무령 시행)

(2) 일제의 한국사 왜곡

① 목적 : 한국사의 자율성 · 독창성 부인, 식민 통치 합리화

② 식민 사관 : 식민지 근대화론

　㉠ 정체성론 : 고대 이래로 역사 발전이 정체(→ 중세 부재론)

　㉡ 타율성론(반도 사관) : 외세의 간섭과 압력에 의해 타율적으로 전개, 한국사의 독자적 발전 부정(→ 임나 일본부설)

　㉢ 당파성론 : 한국사의 오랜 당파 싸움은 민족성에 기인

SEMI-NOTE

일제 강점기의 교육 현실

• 한국인의 초등학교 취학률은 일본인의 6분의 1에 지나지 않음

• 정규 학교에서는 철저한 식민지 교육을 실시하여, 한국인을 위한 민족 교육은 거의 존재하지 않음

• 정규 공립학교에서는 민족 교육이 어려웠으나, 사립학교나 개량 서당 및 야학에서는 민족 교육 운동이 활발하게 전개

황국신민서사

민족말살정책의 하나로 내선일체 · 황국신민화 정책 등을 강요하면서 암송을 강요한 글

조선사 편수회의 〈조선사〉 편찬 요지

조선인은 다른 식민지의 야만적이고 반개화적인 민족과는 달라서 문자 문화에 있어서도 문명인에게 떨어지지 않는다. 따라서 예로부터 전해 오는 역사책도 많고, 또 새로운 저술도 적지 않다. …… 헛되이 독립국의 옛 꿈을 떠올리게 하는 폐단이 있다. …… 〈한국 통사〉라고 하는 재외 조선인의 저서는 진상을 깊이 밝히지 않고 함부로 망령된 주장을 펴고 있다. 이들 역사책이 인심을 어지럽히는 해독은 헤아릴 수 없다.

SEMI-NOTE

③ 단체 : 조선사 편수회(〈조선사〉 간행), 청구학회(〈청구학보〉 발행)

(3) 언론 탄압 ★ 빈출개념

① 1910년대 : 대한 제국 시기 발행된 신문 폐간, 매일 신보(총독부 기관지)만 간행
② 1920년대 : 조선·동아일보의 발행(1920)을 허가하였으나 검열, 기사 삭제, 발행 정지
③ 1930년대 : 만주 사변 이후 언론 탄압 강화, 일장기 삭제 사건(1936)으로 동아일보 정간
④ 1940년대 : 조선·동아일보 폐간(1940)

(4) 종교 탄압

① 기독교 : 안악 사건, 105인 사건, 신사 참배 강요
② 불교 : 사찰령을 제정(1911)하여 전국 사찰을 총독에 직속시킴
③ 천도교 : 3·1 운동에 주도적 역할을 했다는 이유로 감시 강화, 지방 교구 폐쇄
④ 대종교 : 일제의 탄압으로 본거지를 만주로 이동

6. 민족 문화 수호 운동

(1) 한글 연구

① 조선어 연구회(1921)
　　㉠ 조직 : 3·1 운동 이후 이윤재·최현배 등이 국문 연구소의 전통을 이어 조직
　　㉡ 활동 : 잡지 〈한글〉을 간행, 가갸날을 정하여 한글의 보급과 대중화에 공헌
② 조선어 학회(1931)

개편	조선어 연구회가 조선어 학회로 개편되면서 그 연구도 더욱 심화
활동	• 한글 교재를 출판하고, 회원들이 전국을 순회하며 한글을 교육·보급 • 한글 맞춤법 통일안(1933)과 표준어(1936) 제정 • 〈우리말 큰사전〉의 편찬에 착수(→ 일제의 방해로 성공하지 못함)
해산	1940년대 초에 일제는 조선어 학회 사건을 일으켜 수많은 회원들을 체포·투옥하여 강제로 해산

(2) 민족주의 사학

① 방향 : 민족 문화의 우수성과 한국사의 주체적 발전을 강조
② 박은식
　　㉠ 민족 사관 : 민족 정신을 혼(魂)으로 파악하고, 혼이 담긴 민족사의 중요성을 강조
　　㉡ 저술 및 내용
　　　• 한국통사 : 근대 이후 일본의 침략 과정을 밝힘("나라는 형(形)이요, 역사는 신(神)이다.")
　　　• 한국 독립 운동 지혈사, 유교구신론 등

사찰령
전국 불교 사찰의 총독부 귀속과 총독부의 주지 임면권 행사 등을 내용으로 함

조선어 학회 사건(1942)
일제는 조선어 학회가 독립 운동 단체라는 거짓 자백을 근거로 회원들을 검거하고 강제 해산시킴

박은식　　신채호

〈독립 운동 지혈사〉
우리 민족은 단군 성조의 자손으로서 동해의 명승지에 자리 잡고 있다. 인재의 배출과 문물의 제작에 있어서 우수한 자격을 갖추어, 다른 민족보다 뛰어난 것도 사실이다. …… 우리의 국혼(國魂)은 결코 다른 민족에 동화될 수 없다.

ⓒ 주요 활동 : 〈서북학회월보〉의 주필로 직접 잡지를 편집, 다수의 애국계몽 논설을 게재, 임시정부의 대통령지도제하에서 제2대 대통령을 지냄

③ 신채호

　　㉠ 연구 부분 및 사관 : 〈조선 상고사〉·〈조선사 연구초〉등을 저술하여 민족주의 역사학의 기반을 확립, 민족 사관으로 낭가(郎家) 사상을 강조

　　㉡ 저술 및 내용 : 고대사 연구

　　　• 조선 상고사 : 역사는 아(我)와 비아(非我)의 투쟁의 기록

　　　• 조선사 연구초 : 낭가 사상을 강조하여 묘청의 서경 천도 운동을 '조선 1천 년래 제일대 사건'으로 높이 평가

　　　• 조선 상고 문화사 : 〈조선 상고사〉에서 다루지 못한 상고사 관련 부분과 우리 민족의 전통적 풍속, 문화 등을 다룸

　　　• 독사신론 : 일제 식민사관에 기초한 일부 국사교과서를 비판하기 위해 〈대한 매일 신보〉에 연재, 만주와 부여족 중심의 고대사 서술로 근대 민족주의 역사학의 초석을 다짐

　　　• 조선 혁명 선언(한국 독립 선언서, 의열단 선언) : 의열단의 요청으로 집필

④ 정인보

　　㉠ 연구 방향 : 양명학과 실학사상을 주로 연구, 신채호를 계승하여 고대사 연구에 치중, '오천 년간 조선의 얼'을 신문에 연재

　　㉡ 조선사 연구 : 단군부터 삼국 시대에 이르는 우리나라 고대사를 특정 주제로 설정하여 통사적으로 서술한 사서로 식민 사관에 대항하여 고대사 왜곡을 바로잡고자 광개토대왕비를 새롭게 해석하고, 한사군 실재성을 부인

　　㉢ 민족 사관 : '얼' 사상을 강조

⑤ 문일평 : 〈대미관계 50년사〉·〈호암 전집〉을 저술, 개항 후의 근대사 연구에 역점, 조선심(朝鮮心)으로 1930년대 조선학 운동을 전개

⑥ 안재홍 : 〈조선 상고사감〉을 저술, 민족 정기를 강조, 신민족주의자로서 1930년대 조선학 운동 전개

⑦ 최남선

　　㉠ 백두산 중심의 불함문화론(不咸文化論)을 전개하여 식민 사관에 대항

　　㉡ 〈아시조선〉·〈고사통〉·〈조선역사〉 등을 저술, 〈조선 광문회〉를 조직

⑧ 손진태 : 〈조선 민족사론〉·〈국사 대요〉를 저술, 신민족주의 사관의 확립에 노력

(3) 사회·경제 사학

① 특징 : 유물 사관에 바탕을 두고, 한국사가 세계사의 보편 법칙에 따라 발전하였음을 강조하여 식민 사관의 정체성론을 타파하고자 하였고, 민족주의 사학의 정신사관을 비판(대립)

② 학자 및 저서

　　㉠ 백남운 : 사적 유물론을 도입하여 일제의 정체성론에 대항, 〈조선 사회 경제사〉·〈조선 봉건 사회 경제사〉

　　㉡ 이청원 : 〈조선 역사 독본〉, 〈조선 사회사 독본〉

　　㉢ 박극채, 전석담 등

07장

민족 독립 운동의 전개

진단 학회

실증주의 사학에 입각한 진단 학회는 문헌 고증을 통해 있었던 사실을 그대로 밝혀내는 것을 목적으로 삼았음. 이들은 역사 연구에 있어 일반적인 법칙을 가정하여 사실을 이론에 끼워 맞추기보다는, 객관적인 사실을 정확하게 인식함으로써 한국사를 깊이 이해할 수 있다고 주장하였음. 이러한 실증주의 사학은 한국 역사학을 독립된 학문으로 정립시키는 데 공헌하였음

(4) 실증 사학

① 특징 : 문헌 고증에 의한 실증적인 방법으로 한국사를 연구함으로써 역사 상황을 정확하고 올바르게 인식하고자 함

② 진단 학회 조직(1934) : 이병도 · 손진태 등이 조직, 〈진단 학보〉를 발간하면서 한국사 연구

③ 학자 및 저서

  ㉠ 손진태 : 신민족주의 사관(新民族主義史觀) 제창, 〈조선 민족사개론〉, 〈국사대요〉 등

  ㉡ 이병도 : 진단 학회 대표, 〈역주 삼국사기〉, 〈조선사 대관〉 등

  ㉢ 이윤재, 이상백, 신석호 등

7. 교육과 종교 활동

(1) 교육 운동

조선 교육회(1920)	한규설, 이상재 등이 조직하여 민족 교육의 진흥에 노력, 민립 대학 설립 운동 전개
문맹 퇴치 운동	조선일보와 동아일보 등 언론 단체 참여
사립 학교	근대적 지식 보급, 항일 민족 운동의 거점
개량 서당	일제의 제도 교육에 편입되기를 거부한 한국인을 교육
야학	1920년대 전반 활성화, 민중에게 자주 의식과 반일 사상 고취

(2) 종교 활동

천도교	제2의 3 · 1 운동을 계획하여 자주 독립 선언문 발표, 〈개벽〉 · 〈어린이〉 · 〈학생〉 등의 잡지를 간행하여 민중의 자각과 근대 문물의 보급에 기여
개신교	천도교와 함께 3 · 1 운동에 적극 참여, 민중 계몽과 문화 사업을 활발하게 전개, 1930년대 후반에는 신사 참배를 거부하여 탄압을 받음
천주교	고아원 · 양로원 등 사회 사업을 계속 확대하면서 〈경향〉 등의 잡지를 통해 민중 계몽에 이바지, 만주에서 항일 운동 단체인 의민단을 조직하여 항일 무장 투쟁 전개
대종교	• 천도교와 더불어 양대 민족 종교를 형성 • 교단 본부를 만주로 이동해 민족 의식 고취, 적극적인 민족 교육 및 항일 투쟁 • 지도자들은 항일 무장 단체인 중광단을 조직, 3 · 1 운동 직후 북로 군정서로 개편하여 청산리 대첩에 참여
불교	3 · 1 운동에 참여, 한용운 등의 승려들이 총독부의 정책에 맞서 민족 종교의 전통을 지키려 노력, 교육 기관을 설립하여 민족 교육 운동에 기여
원불교	박중빈이 창시(1916), 불교의 현대화와 생활화를 주창, 민족 역량 배양과 남녀 평등, 허례 허식의 폐지 등 생활 개선 및 새생활 운동에 앞장섬

8. 문예 활동

창조

(1) 문학 활동

① 1910년대 : 계몽적 성격의 문학, 이광수의 〈무정〉

② 3 · 1 운동 이후(1920년대) : 순수 문학, 신경향파 문학, 프로 문학의 대두, 국민 문학 운동의 전개

③ 1930년대 이후 : 일제의 탄압 강화

    ㉠ 친일 문학 : 이광수 · 최남선 등 침략 전쟁을 찬양하는 활동에 참여

    ㉡ 저항 문학

        • 전문적 문인 : 한용운 · 이육사 · 윤동주(→ 항일의식과 민족 정서를 담은 작품을 창작)

        • 비전문적 문인 : 독립 운동가 조소앙, 현상윤(→ 일제에 저항하는 작품을 남김)

        • 역사 소설 : 김동인 · 윤백남(→ 많은 역사 소설을 남겨 역사와 민족의식을 고취)

(2) 민족 예술

① 음악 : 항일 독립 의식과 예술적 감정을 음악과 연주를 통해 표현(창가(1910년대), 가곡 · 동요, 한국(코리아) 환상곡)

② 미술 : 안중식은 한국 전통 회화 발전에 기여, 고희동과 이중섭은 서양화를 대표

③ 연극 : 민족 의식을 고취하는 수단으로, 민중을 계몽하고 독립 정신을 고취

④ 영화 : 다른 어느 분야보다 발전이 늦음

⑤ 문화 · 예술 활동의 탄압 : 제2차 세계 대전이 일어난 후 일제는 모든 문화 · 예술 분야에 대한 통제를 강화

9. 사회 구조와 생활 모습

(1) 의식주

① 의생활

    ㉠ 한복, 고무신, 모자 차림이 주를 이룸

    ㉡ 양복과 여성의 단발머리, 파마머리, 블라우스, 스커트를 입는 경우가 늘어남

    ㉢ 모던걸, 모던보이 등장(1920년대)

    ㉣ 남성은 국방색의 국민복, 여성은 '몸뻬'라는 일바지 입도록 강요(1940년대)

② 식생활 : 잡곡밥, 풀뿌리, 나무껍질 등으로 연명, 도시의 상류층은 일본음식과 서양식이 소비됨

③ 주거 생활 : 농촌(초가 · 기와로 된 전통 한옥), 도시(2층 양옥집, 개량 한옥), 영단 주택이 지어짐(노동자의 주택 부족 문제 해결, 조선주택영단령)

(2) 식민지 도시화

개항장의 도시화, 군산 · 목포 등 항만 도시 성장, 철도 교통 발전, 북부 지방의 공업 도시 성장, 화신 백화점의 등장, 시가지 형성, 도시 빈민층 증가(토막촌)

SEMI-NOTE

조선 프롤레타리아 예술가 동맹
(Korea Artista Proleta Federatio)
한국의 사회주의 혁명을 위해 1925년에 결성된 문예 운동 단체로, 카프(KAPF)라고 약칭함. 사회주의 사상의 영향을 받은 저항 문학을 전개하였음. 주요 작가로는 최서해, 주요섭, 이상화, 임화, 한설야 등이 있음. 민족주의 계열은 이들의 계급 노선에 반대하여 국민 문학 운동을 전개함

흰 소(이중섭)

영화 아리랑의 포스터

07장

민족 독립 운동의 전개

9급공무원

한국사

나두공

08장 현대 사회의 발전

SEMI-NOTE

01절 대한민국의 건국과 발전

1. 조국의 광복

(1) 광복 직전의 건국 준비 활동

① 국내외의 건국 준비

ㄱ 국외 활동

대한민국 임시 정부	• 대한민국 건국 강령의 제정(1941) : 조소앙의 삼균주의에 따라 정치 · 경제 · 교육의 균등을 규정 • 정부 체제의 개편 　－ 중심 세력 : 김구가 민족주의 계열의 단체를 통합하여 조직한 한국독립당이 중심 세력을 형성 　－ 연합 전선 형성 : (조선)민족 혁명당의 지도자와 그 산하의 조선 의용대 일부를 수용해 연합 전선을 형성하고 한국 광복군(정규군)을 강화(적극적 항일 전쟁을 전개)
조선 독립 동맹 (1942)	• 중국 화북의 사회주의 계열 독립 운동가들이 결성 • 김두봉(주석), 조선 의용군을 거느림, 한국 광복군에 합류하지 않고 연안을 중심으로 독자적 활동(연안파) • 건국 강령(민주 공화국 수립, 대기업의 국영화 등)

ㄴ 국내 활동

조선 건국 동맹 (1944)	• 국내에서 조직한 비밀결사조직으로, 중도 좌파인 여운형(위원장)의 주도로 만들어짐 • 건국 강령 제정 : 일제 타도와 민주국가 건설, 노동운동에 치중 • 조선 건국 준비 위원회 조직(1945. 8) • 3원칙(3불 원칙) : 불언(不言), 불문(不文), 불명(不名) • 해방 후 조직 분열
치안권 이양 교섭 (1945. 8. 10)	패망이 임박하여 총독부는 일본인의 무사 귀국을 위해 민족지도자 송진우 · 여운형과 접촉
조선 건국 준비 위원회 (1945. 8. 15)	• 여운형(위원장) · 안재홍(부위원장), 좌우인사 포함(해방 후 최초의 통일전선 성격의 정치단체) • 건국 강령 : 완전한 독립국가 건설과 민주주의 정권 수립 • 활동 : 건국 치안대 조직, 식량 대책 위원회 설치, 지방지부 조직 확장(전국 145개 지부 결성) • 본격적인 건국 작업에 착수하면서 좌 · 우익이 분열(안재홍 등 우파의 사퇴 후 좌파 세력이 우세), 조선 인민 공화국 선포 후 해산(1945. 9)
조선 인민 공화국 (1945. 9. 6)	• 건국 준비 위원회에서 우세를 확보한 좌파 세력이 전국 인민 대표자회의를 개최하고 인민 공화국을 선포 • 이승만(주석) · 여운형(부주석)이 주도, 민족 통일 전선 원칙을 바탕으로 하나 지방별 주도 세력에 따라 정치성향의 차이가 큼 • 활동 : 인민 위원회, 대중조직 결성

광복 당시 여러 정당의 활동
• 한국 민주당 : 송진우 · 김성수, 민족주의 우파 세력 중심으로 임시정부 지지, 미 군정에 적극 참여
• 독립 촉성 중앙 협의회 : 이승만을 중심으로 한국 민주당 · 국민당 · 조선 공산당 등 2백여 개 단체가 모여 구성한 협의체, 독립 쟁취를 위하여 공동 투쟁 · 공동 노선을 취할 것을 결의
• 한국 독립당 : 김구가 중심, 통일 정부 수립을 위한 활동 전개
• 국민당 : 안재홍, 중도 우파, 신민주의 및 신민족주의 표방
• 조선 인민당 : 여운형, 중도 좌파, 좌 · 우 합작 운동 전개

조선 독립 동맹 건국 강령
• 보통선거를 통한 민주 공화국의 건국
• 모든 정치적 자유의 보장, 남녀평등, 의무교육제
• 일제의 모든 자산과 토지 몰수(토지 국유화), 일제와 관련된 대기업의 국영화와 토지 분배

국민 대회 준비 위원회 · 한국 민주당(1945. 9. 8)	• 송진우 등 우파는 조선 인민 공화국을 공산주의라 규정하고 민족주의 계열을 중심으로 한국 민주당 결성(1945. 9. 8) • 임시 정부를 지지하고 국민총회 집결을 명분으로 국민 대회 준비회를 개최 • 임시 정부 봉대론을 주장했으나, 임시 정부는 한민당을 친일 세력으로 규정해 거부

(2) 8·15 광복

① 독립 투쟁의 전개

    ㉠ 정치 · 경제 · 사회 · 문화 · 외교 등 모든 영역에 걸쳐서 지속적으로 전개

    ㉡ 무장 투쟁 · 외교 활동 · 민족 문화 수호 운동(실력 양성 운동) 등으로 전개

    ㉢ 국내외에 널리 알려져 국제적으로도 독립 국가 수립을 긍정

② 광복의 의의 : 우리 민족이 국내외에서 전개해 온 독립 투쟁의 결실이자 민족 운동사의 위대한 업적

2. 남북의 분단

(1) 열강의 한국 문제 논의

① 카이로 회담(1943. 11) : 미국 · 영국 · 중국의 3국 수뇌가 적당한 시기에 한국을 독립시킬 것을 최초로 결의, 일본의 무조건 항복 요구

② 얄타 회담(1945. 2) : 미국 · 영국 · 소련 3국 수뇌가 소련의 대일 참전을 결정, 한반도 신탁통치를 밀약

③ 포츠담 선언(1945. 7) : 미국 · 영국 · 소련이 일본의 무조건 항복과 한국 독립(카이로 회담 내용), 한반도 신탁통치(얄타 회담 내용) 재확인

(2) 국토의 분단

① 38도선의 확정 : 일본군 무장 해제를 이유로 미 · 소 양군이 남과 북에 각각 진주

② 군정의 실시 : 남한에 주둔한 미군은 군정을 실시, 친미적인 우익 정부의 수립을 후원, 북한에서도 소련군과 공산주의자들이 공산 정권을 수립하기 위한 기반을 닦음

③ 민족 분단의 고착화

(3) 광복 이후 남북한의 정세

① 남한의 정세 : 조선 건국 준비 위원회, 한국 민주당 등 여러 정치 세력 간의 갈등, 경제적 혼란, 좌익 세력의 사회 교란

② 북한의 정세 : 공산주의자들에 반대하는 조만식 등 민족주의 계열의 인사들을 숙청

3. 모스크바 3상 회의와 좌·우 대립의 격화

(1) 모스크바 3상 회의(1945. 12)

① 미국 · 영국 · 소련의 3국 외상은 모스크바에서 회의를 열어 한반도 문제를 협의

SEMI-NOTE

조선 건국 준비 위원회 강령

• 우리는 완전한 독립국가의 건설을 기함
• 우리는 전민족의 정치적, 경제적, 사회적 기본요구를 실현할 수 있는 민주주의 정권의 수립을 기함
• 우리는 일시적 과도기에 있어서 국가 질서를 자주적으로 유지하며 대중생활의 확보를 기함

카이로 회담과 포츠담 회담

• 카이로 회담
  – 일제의 군사 행동에 대한 압력을 결의하고 일제가 탈취한 지역에 대한 독립 문제를 논의한 회담
  – 우리나라와 관련된 특별 조항을 마련하여 "적당한 시기에 한국을 독립시킨다."고 결정하였으나, '적당한 시기'에 대한 명확한 언급이 없어 문제가 됨

• 포츠담 회담 : 카이로 회담의 실행, 일제의 군국주의 배제 및 무장 해제, 점령군의 철수, 일제의 무조건적 항복 등을 규정한 회담

38도선 푯말(강원 양양)

신의주 반공 의거
1945년 11월 23일에 일어난 학생 의거. "공산당을 몰아내자.", "소련군 물러가라.", "학원의 자유를 쟁취하자." 등의 구호를 외침

미 군정 실시

• 총독부 체제 유지, 우익 세력 지원
• 조선 건국 준비 위원회 · 대한민국 임시정부를 불인정

08

현대 사회의 발전

② 한국에 임시 민주 정부를 수립하기 위하여 미·소 공동 위원회를 설치, 최고 5년 동안 미·영·중·소 4개국의 신탁 통치하에 두기로 결정

③ 결정서의 채택 과정(신탁 통치안) : 미국은 한국의 참여가 제한된 4개국 대표에 의한 신탁 통치를 먼저 제안 → 소련은 민주주의적 임시정부 수립을 기본 취지로 하여 신탁통치를 5년 이내로 한정하자는 수정안을 제안 → 소련의 수정안에 대해 미국이 다시 일부를 수정하여 신탁 통치에 대한 모스크바 3상 회의 결정서가 채택

실력up **한국에 대한 모스크바 3상 회의 결정서(1945)**

• 한국을 독립 국가로 재건하기 위해 임시적인 한국 민주 정부를 수립함
• 한국 임시 정부 수립을 돕기 위해 미·소 공동 위원회를 설치함
• 미, 영, 소, 중의 4개국이 공동 관리하는 최고 5년 기한의 신탁 통치를 실시함
• 남북한의 행정·경제면의 항구적 균형을 수립하기 위해 2주일 이내에 미·소 양군 사령부 대표 회의를 소집함

(2) 신탁 통치안과 좌·우 세력의 대립

① 초기의 정세(전면적인 반탁)

　㉠ 신탁 통치안을 식민지 지배와 차이가 없는 것이므로 모욕으로 받아들임

　㉡ 전국적으로 신탁통치에 대한 반대 운동이 확산

② 좌·우 세력의 대립

　㉠ 김구와 이승만, 조만식 등의 우익 세력과 민족주의 세력은 적극적인 반탁 운동을 전개

　　• 반탁 활동과 조직 결성 : 반탁 전국 대회를 개최하고, 신탁 통치 반대 국민 총동원 위원회 조직(1945. 12)

　　• 대한 독립 촉성 국민회 결성 : 이승만 계열인 독립 촉성 중앙 협의회와 김구 계열의 신탁 통치 반대 국민 총동원 중앙 위원회가 반탁 운동이라는 공통 목적에서 통합 결성(1946. 2. 8)

　㉡ 박헌영·김일성 등 좌익 세력들은 처음에 신탁 통치를 반대하다 소련의 사주를 받은 후 모스크바 3상 회의의 결정(신탁 통치 결정)을 수용하기로 하여 좌·우 세력은 격렬하게 대립

(3) 미·소 공동 위원회와 좌·우 합작 운동 ★빈출개념

① 제1차 미·소 공동 위원회(1946. 3) : 서울에서 개최되었으나 참여 단체를 놓고 대립하여 결렬

　㉠ 소련의 주장 : 반탁 단체의 참여 배제를 주장

　㉡ 미국의 주장 : 신탁통치 반대세력들도 협의대상이 되어야 함

② 이승만의 정읍 발언(1946. 6) : 남한만의 단독 정부 수립 주장

③ 좌우 합작 운동

　㉠ 전개

- 여운형 · 김규식 등의 중도파가 중심이 되어 좌우 합작 위원회를 결성 (1946. 7)하고, 단독 정부 수립을 반대하며 좌우 합작 운동을 전개
- 미군정은 중도적 좌우 세력을 결집해 지지 기반을 확대하고자 좌우 합작 운동을 지원
ⓛ 좌우 합작 7원칙의 발표(1946.10) : 우익 측을 대표한 김규식과 좌익 측을 대표한 여운형은 양측의 주장을 절충하여 좌우합작 7원칙을 발표(좌 · 우익 양진영 모두 불만을 표시하며 반대)
ⓒ 결과 : 동서냉전의 시작, 이승만 등의 단독정부 수립운동, 미 · 소 공동 위원회 결렬, 참가 세력 간의 갈등, 여운형의 암살(1947. 7) 등으로 인해 좌우 합작 운동은 결국 실패
④ 남조선 과도 입법 의원 및 과도 정부 구성
ⓛ 남조선 과도 입법 의원(1946. 12) : 미군정의 주도로 과도 입법 의원 성립
ⓒ 남조선 과도 정부(1947. 6~1948. 5. 10)
- 과도 입법 의원의 구성 후 미 군정 장관 아래 대법원장(김용무)과 민정장관(안재홍)을 임명하고, 이를 남조선 과도 정부라 명명(1947. 6)
- 미군정하에서 민정 이양을 위한 과도기 정부의 성격을 지님
⑤ 제2차 미 · 소 공동 위원회(1947. 5~1947. 10) : 1947년 트루먼 독트린이 발표되면서 미 · 소 간 갈등과 냉전이 시작

4. 대한민국 정부의 수립

(1) 한국 독립 문제의 유엔 상정과 유엔 한국 임시 위원단의 활동
① 한국 독립 문제의 유엔 총회 상정
ⓛ 원인 : 미 · 소 공동 위원회의 실패로 미국과 소련은 남북한에서 별도의 정부를 세우는 데 관심을 가지게 됨
ⓒ 한반도 문제의 유엔 이관 : 미 · 소 공동 위원회의 결렬 후 미국은 한반도 문제를 유엔에 이관(1947. 9)
ⓒ 유엔 총회의 총선거 결의 : 유엔 한국 임시 위원단의 감시 하에 인구 비례에 의한 남북한 총선거 실시를 결의(1947. 11)
② 유엔 한국 임시 위원단의 구성
ⓛ 유엔의 결정 : 한국 임시 위원단을 구성(1948. 1)하고, 선거를 통하여 통일된 독립 정부 수립
ⓒ 소련의 거부 : 유엔 한국 임시 위원단이 북한에 입국하지 못함(1948. 1)
ⓒ 유엔 소총회의 총선거 실시 결정(1948. 2) : 소총회에서 선거가 가능한 지역에서만이라도 총선거를 실시하여 정부를 수립하도록 결정

(2) 남북 협상(남북 대표자 연석 회의, 1948. 4)
① 김구(한국 독립당) · 김규식(민족 자주 연맹) 등의 중도 우파는 남북한이 협상을 통해서 통일 정부를 수립하자고 주장
② 김구 · 김규식 · 김두봉 · 김일성의 4인 회의 등이 개최되었으나 의미 있는 결정

SEMI-NOTE

좌 · 우합작 7원칙(1946. 10)
- 모스크바 3상 회의 결정에 의해 좌우 합작으로 임시 정부 수립
- 미소 공동 위원회의 속개를 요청하는 공동 성명 발표
- 몰수·유조건(有條件) 몰수 등으로 농민에게 토지 무상 분여 및 중요 산업의 국유화
- 친일파 및 민족 반역자 처리 문제는 장차 구성될 입법 기구에서 처리
- 정치범의 석방과 테러적 행동의 중단
- 합작 위원회에 의한 입법 기구의 구성
- 언론·집회·결사·출판·교통·투표 등의 자유 절대 보장

김구의 단독 정부 수립 반대
조국이 있어야 한국 사람이 있고, 한국 사람이 있고야 민주주의도 공산주의도 무슨 단체도 있을 수 있는 것이다. 그러면 우리의 자주 독립적 통일 정부를 수립하려는 이때에 있어서 어찌 개인이나 자기 집단의 사리사욕에 탐하여 국가 민족의 백년대계를 그르칠 자가 있으랴? …… 현실에 있어서 나의 유일한 염원은 3천만 동포가 다 손을 잡고 통일된 조국의 달성을 위하여 공동 분투하는 것뿐이다. 이 육신을 조국이 필요로 한다면 당장에라도 제단에 바치겠다. 나는 통일된 조국을 건설하려다 38선을 베고 쓰러질지언정 일신의 구차한 안일을 위하여 단독 정부를 세우는 데는 협력하지 않겠다.
– 삼천만 동포에게 읍고함(1948. 2) –

제주도 4 · 3 사건

5 · 10 총선거에서 투표하는 유권자

통일 독립 촉성회(1948. 7)
단독 정부 수립에 반대해 총선거에 참여
하지 않은 김구의 한국 독립당과 김규식
의 민족 자주연맹 등이 중심이 되어 결
성된 단체로, 민족 문제의 자주적 해결
과 통일 정부 수립을 목적으로 하였음

반민 특위 사건
이승만 정부와 경찰이 반민 특위를 습
격하여 특위 산하 특경대를 체포한
사건

이나 합의에 도달하지 못함

(3) 건국 전후의 사회적 혼란

① 제주도 4 · 3 사건 : 1948년 4월 3일부터 1954년 9월 21일까지 제주도에서 남조선 노동당(남로당) 세력이 주도가 되어 벌어진 무장 항쟁 및 그에 대한 대한민국 군경과 극우 단체의 유혈 진압

　㉠ 주장 : 남한 단독 선거 반대, 경찰과 극우 단체의 탄압에 대한 저항, 반미구국 투쟁 등

　㉡ 진압 과정에서 무고한 주민들이 많이 희생됨

② 여수 · 순천 사건(10 · 19 여수 14연대 폭동, 1948) : 여수에 주둔하던 국군 제14연대가 제주 4 · 3 사건 진압을 위한 출동 명령을 거부하고 순천 등지까지 무력 점거를 확산시킨 사건

　㉠ 동족을 학살할 수 없다는 것과 친일파 처단, 조국 통일을 명분으로 하여 발생

　㉡ 이승만 정부는 계엄령 선포 후 이를 진압하고 국가 보안법을 제정, 반란 군인과 이에 가담한 양민들 일부는 빨치산을 조직

(4) 대한민국의 수립

① 총선거 실시(1948. 5. 10) : 남한에서 5 · 10 총선거가 실시되어 제헌 국회 구성

② 헌법 제정 · 공포(1948. 7. 17) : 제헌 국회는 임시 정부의 법통을 계승한 민주 공화국 체제의 헌법 제정 · 공포

③ 정부 수립(1948. 8. 15) : 이승만을 대통령으로, 이시영을 부통령으로 선출하여 대한민국의 수립을 국내외에 선포하였고, 유엔 총회에서 한반도의 유일한 합법 정부로 승인받음

(5) 반민족 행위 처벌법

① 반민족 행위 처벌법의 제정(1948. 9)

　㉠ 목적 : 일제 잔재를 청산하기 위하여 제헌 국회에서 제정

　㉡ 내용 : 일제 강점기 친일 행위를 한 사람들을 처벌하고 공민권을 제한하는 것 등

② 반민 특위의 활동 : 반민족 행위 처벌법에 의거하여 국회의원 10명으로 구성된 반민족 행위 특별 조사 위원회에서 친일 주요 인사들을 조사

③ 결과 : 반공을 우선시하던 이승만 정부의 방해로 친일파 처벌이 좌절됨

　㉠ 친일파들은 법 제정 바로 다음 날 반공 구국 궐기 대회(1948. 9. 23)를 열었고, 이승만 정부는 이 대회를 적극 지원

　㉡ 국론 분열과 혼란을 구실로 반민특위를 공개적으로 반대

　㉢ 법을 개정하여 2년으로 명시된 반민법의 시효를 1년으로 줄이고 특위 활동을 종료시킴

5. 북한 정권의 수립

(1) 정권의 수립

평남 건국 준비 위원회의 결성 → 인민 위원회의 조직(1945. 8) → 조선 공산당 북조선 분국 설치(1945. 10) → 북조선 5도 행정국 발족(1945. 10. 28) → 북조선 공산당의 독립(1945. 12) → 북조선 임시 인민 위원회 구성(1946. 2) → 북조선 노동당 창당(1946. 8) → 인민 위원 선출(1946. 11) → 북조선 인민 회의 및 인민 위원회 구성(1947. 2) → 인민 공화국 헌법 초안의 채택(1948. 4) → 최고 인민 회의 대의원 선출(1948. 8) → 조선 민주주의 인민 공화국 수립(1948. 9. 9)

SEMI-NOTE

(2) 공산주의 지배 체제 확립

① 토지 개혁(1946. 3) : 임시 인민 위원회는 토지 개혁법을 제정하여 무상 몰수 · 무상 분배를 단행(→ 실제로는 모든 토지의 국유화)

② 체제 강화 : 남녀 평등법을 제정해 여성 노동력을 동원하고, 산업 국유화법을 통과시켜 공산주의 체제를 강화

(3) 6·25 전쟁과 공산군의 격퇴

① 6 · 25 전쟁의 발발(1950. 6. 25)

ㄱ 배경 : 북한의 군사력 강화, 미군 철수와 미국 극동 방위선에서 한반도 제외

ㄴ 발발 : 김일성은 비밀리에 소련과 중국의 지원을 약속받아 남침을 감행

② 경과 : 전쟁 발발 → 서울 함락(1950. 6. 28) → 한강 대교 폭파(1950. 6. 28) → 낙동강 전선으로 후퇴(1950. 7) → 인천 상륙 작전(1950. 9. 15) → 서울 탈환(1950. 9. 28) → 중공군 개입(1950. 10. 25) → 압록강 초산까지 전진(1950. 10. 26) → 서울 철수(1951. 1. 4) → 서울 재수복(1951. 3. 14) → 휴전 제의(1951. 6. 23) → 휴전 협정 체결(1953. 7. 27)

③ 유엔군과 중공군의 개입 : 유엔군의 참전, 중공군의 개입으로 국군과 유엔군은 후퇴, 38도선 부근에서 교전

④ 휴전

ㄱ 휴전 제의(1951. 6. 23) : 소련의 유엔 대표가 휴전을 제의

ㄴ 휴전 성립(1953. 7. 27) : 유엔군과 공산군 사이에 휴전이 성립

⑤ 전후 복구

ㄱ 복구 사업 : 황폐된 국토의 재건과 산업 부흥에 힘씀, 자유 우방들의 원조

ㄴ 한 · 미 상호 방위 조약의 체결(1953. 10)

⑥ 결과 : 인명 피해, 재산 손실, 적대적 대립 체제를 갖춤, 미국의 영향력이 커짐

피난하는 사람들

전쟁으로 파괴된 건물

6. 이승만 정부(제1공화국)의 장기 집권과 4·19 혁명

(1) 이승만 정부의 반공 정책

① 반공 정책 : 북진 통일론 주장, 반공의 통치 이념

② 영향 : 반공 명분으로 반대 세력 탄압, 국민의 자유와 국회의 정치활동 제한, 부패 척결과 친일파 청산에 소극적

(2) 이승만 정부의 장기 집권

08장

현대 사회의 발전

SEMI-NOTE

사사오입 개헌
발췌 개헌을 통해 대통령에 재선한 이승만은 장기 집권을 위하여 헌법을 고치고자 하였음. 이에 자유당은 대통령의 3선 금지조항 폐지에 대한 개헌안을 표결에 부쳤는데, 개헌 정족수인 136표에서 1표가 부족하여 부결되었음. 그러자 자유당은 저명한 수학자를 동원하여 사사오입(반올림)을 적용, 재적 의원 203명의 2/3는 135.333 ……이므로 135명으로도 정족수가 된다고 주장하며 개헌안의 통과를 선포하였음

4 · 19 혁명 당시 서울대 문리대 선언문
상아의 진리탑을 박차고 거리에 나선 우리는 질풍과 같은 역사의 조류에 자신을 참여시킴으로써 이성과 진리, 그리고 자유의 대학 정신을 현실의 참담한 박토(薄土)에 뿌리려 하는 바이다. 오늘의 우리는 자신들의 지성과 양심의 엄숙한 명령으로 하여 사악과 잔학의 현상을 규탄(糾彈), 광정(匡正)하려는 주체적 판단과 사명감의 발로임을 떳떳이 천명하는 바이다. …… 민주주의와 민중의 공복이며 중립적 권력체인 관료와 경찰은 민주를 위장한 가부장적 전제 권력의 하수인을 벗 벗었다. 민주주의 이념의 최저의 공리인 선거권마저 권력의 마수 앞에 농단(壟斷)되었다. 언론, 출판, 집회, 결사 및 사상의 자유의 불빛은 무식한 전제 권력의 악랄한 발악으로 하여 깜빡이던 빛조차 사라졌다. 긴 칠흑 같은 밤의 계속이다. …… 보라! 현실의 뒷골목에서 용기 없는 자학을 되씹는 자까지 우리의 대열을 따른다. 나가자! 자유의 비결은 용기일 뿐이다. 우리의 대열은 이성과 양심과 평화, 그리고 자유에의 열렬한 사랑의 대열이다. 모든 법은 우리를 보장한다.

① 발췌 개헌(제1차 개헌, 1952. 7)

    ㉠ 배경 : 2대 국회(1950. 5)에서 반이승만 성향의 무소속 의원 대거 당선

    ㉡ 개헌 내용 : 간선제에서 직선제로 대통령 선출 방식 개정

    ㉢ 과정 : 자유당 창당(1951. 12), 계엄령 → 야당 의원 50여 명 연행 → 대통령 직선제 개헌안이 기립 투표로 통과됨

    ㉣ 결과 : 이승만의 대통령 재선(1952. 8)

② 사사오입 개헌(제2차 개헌, 1954. 11)

    ㉠ 배경 : 3대 국회 의원 선거에서 관권 개입으로 자유당 압승

    ㉡ 과정 : 초대 대통령에 한해 중임 제한 규정을 철폐하는 개헌안 제출 → 부결(1표 부족) → 2일 후 사사오입의 논리로 개헌안 불법 통과

    ㉢ 결과 : 장기 집권을 위해 독재를 강화하면서 부정부패가 심화되고, 자유당 지지 세력 크게 감소, 민주당 창당

③ 3대 대통령 선거(1956)

    ㉠ 대통령 후보 : 이승만(자유당), 신익희(민주당), 조봉암(무소속)

    ㉡ 부통령 후보 : 이기붕(자유당), 장면(민주당)

    ㉢ 결과 : 신익희의 갑작스런 서거로 이승만 당선, 민주당 장면 후보의 부통령 당선, 조봉암 후보의 선전과 선거 후 진보당 창당

④ 독재 체제의 강화

    ㉠ 진보당 사건(1958) : 진보당의 당수 조봉암을 간첩 혐의로 처형

    ㉡ 신국가 보안법 제정(보안법 파동, 1958) : 반공 체제 강화를 구실로 야당 탄압

    ㉢ 언론 탄압 : 경향신문 폐간(1959)

(3) 4·19 혁명(1960)

① 배경 : 이승만 정권의 독재와 장기 집권, 탄압, 부정 부패, 1960년 자유당 정권의 3 · 15 부정 선거, 부정 선거 규탄 시위에 대한 유혈 진압

② 경과

    ㉠ 선거 당일(1960. 3. 15) 부정 선거를 규탄하는 3 · 15 마산 의거에서 경찰의 발포로 많은 사상자가 발생

    ㉡ 마산 의거에서 행방불명되었던 김주열 학생의 시신이 발견(1960. 4. 11)되었는데, 경찰의 최루탄에 의한 사망임이 밝혀져 항의 시위가 발발

    ㉢ 4월 18일 고려대 학생들의 총궐기 시위 직후 정치 깡패들이 기습 · 폭행하여 수십 명의 사상자 발생(4 · 18 고대생 습격 사건)

    ㉣ 부정 선거와 강경 진압으로 인한 사상자 속출 등의 진상이 밝혀지면서 국민의 분노가 극에 달해 4월 19일 학생 · 시민들의 대규모 시위가 발발

    ㉤ 4월 22일 재야인사들이 이승만 대통령의 퇴진을 요구

    ㉥ 4월 25일 서울 시내 27개 대학 259명의 대학 교수들이 시국 선언문을 발표

    ㉦ 4월 26일 이승만은 라디오 연설을 통해 대통령 자리에서 하야하겠다고 발표

③ 의의 : 학생과 시민이 중심이 되어 독재 정권을 무너뜨린 민주 혁명

7. 장면 내각(제2공화국, 1960.8~1961.5)

(1) 허정 과도 내각

4 · 19 혁명 후의 혼란 수습을 위해 헌법을 내각 책임제와 양원제 국회로 개정(제3차 개헌, 1960. 6. 15)

(2) 장면 내각

① 총선거에서 민주당 압승
② 장면 내각 출범, 국회에서 대통령 윤보선 당선
③ 내각 책임제 · 양원제 의회 설립, 민의원과 참의원 선거 실시

(3) 민주주의의 발전

① 언론 활동 보장 : 국가 보안법 개정, 경향신문 복간
② 노동 조합 운동 고조 : 교원 노조, 언론인 노조 등
③ 통일 운동의 활성화 : 중립화 통일론, 남북 협상론, 남북 교류론 등

8. 5·16 군사 정변과 박정희 정부의 수립(제3공화국)

(1) 5·16 군사 정변(1961)

① 발발 : 장면 내각은 자유 민주주의의 실현을 위해 노력하였으나, 박정희를 중심으로 한 군부 세력은 사회의 혼란을 구실로 군사 정변을 일으켜 정권을 잡음
② 군정의 실시
  ㉠ 국가 재건 최고 회의 구성 : 헌정을 중단시키고 군정을 실시
  ㉡ 혁명 공약 : 반공을 국시로 경제 재건과 사회 안정 추구, 구정치인들의 정치 활동 금지

(2) 박정희 정부(제3공화국, 1963~1972)

① 성립
  ㉠ 제5차 개헌 : 대통령제 환원, 대통령 직선제, 임기 4년
  ㉡ 민선 이양 약속을 버리고 민주 공화당 창당, 박정희의 대통령 당선
② 경제 성장 제일주의 : 경제 개발 5개년 계획 추진
③ 한 · 일 협정(1965)
  ㉠ 배경
    • 한국 : 경제 개발 계획 추진에 필요한 재원 마련
    • 미국 : 사회주의 세력에 대한 한 · 미 · 일 공동 체제 필요
  ㉡ 경과 : 김종필과 오히라 간의 한일 회담 진행(1962)(→ 차관 제공 합의)
  ㉢ 6 · 3 시위(6 · 3 항쟁) 전개(1964) : 굴욕 외교(제2의 을사조약) 반대 시위
  ㉣ 내용 : 독립 축하금 3억 달러, 민간 차관 제공, 청구권 문제
  ㉤ 문제점 : 식민지 지배에 대한 보상과 사죄 문제 미해결
④ 베트남 파병(1964~1973)

5 · 16 군사 정변 당시 박정희(가운데)

5 · 16 군사 정변 세력의 혁명 공약

• 반공을 국시(國是)의 제일의(第一義)로 삼고 지금까지 형식적이고 구호에만 그친 반공 태세를 재정비 · 강화한다.
• 유엔 헌장을 준수하고 국제 협약(國際協約)을 충실히 이행할 것이며 미국을 위시한 자유 우방과의 유대를 더욱 공고히 한다.
• 이 나라 사회의 모든 부패와 구악(舊惡)을 일소하고 퇴폐한 국민 도의와 민족 정기를 다시 바로잡기 위하여 청신한 기풍을 진작시킨다.
• 절망과 기아 선상(飢餓線上)에서 허덕이는 민생고(民生苦)를 시급히 해결하고 국가 자주 경제 재건에 총력을 경주한다.
• 민족적 숙원인 국토 통일(國土統一)을 위하여 공산주의와 대결할 수 있는 실력 배양에 전력을 집중한다.
• 이와 같은 우리의 과업이 성취되면 참신(斬新)하고도 양심적인 정치인들에게 언제든지 정권을 이양하고 우리 본연의 임무에 복귀할 준비를 갖춘다.

한 · 일 협정
1965년에 체결된, 한국과 일본 양국의 국교 관계를 규정한 조약. 협정 결과 일본으로부터 많은 차관을 들여와 경제 발전의 원동력으로 사용할 수 있었으나 식민 통치에 대한 배상 문제, 어업 문제 등에서 일본에 지나치게 양보했다는 비난을 받음. 6 · 3 시위의 원인이 됨

한 · 일 협정 반대 시위(6 · 3 시위)
국제 협력이라는 미명 아래 우리 민족의 치떨리는 원수 일본 제국주의를 수입. 대미 의존적 반신불수인 한국 경제를 2중 계속의 철쇄로 속박하는 것이 조국의 근대화로 가는 첩경이라고 기만하는 반민족적 음모를 획책하고 있다. 우리는 외세 의존의 모든 사상과 제도의 근본적 개혁 없이는, 전 국민의 희생 위에 홀로 군림하는 매판 자본의 타도 없이는, 외세 의존과 그 주구 매판 자본을 지지하는 정치 질서의 철폐 없이는 민족 자립으로 가는 어떠한 길도 폐쇄되어 있음을 분명히 인식한다.

유신 헌법의 주요 내용
• 국회와 별도로 통일 주체 국민 회의를 대의 기구로 설정. 대통령 및 일부 국회 의원 선출권 부여
• 대통령에게 국회 해산권, 긴급 조치권 등 초헌법적 권한 부여
• 대통령은 법관 및 국회 의원의 1/3에 해당하는 임기 3년의 유신 정우회 의원을 임명
• 대통령 임기를 6년으로 연장

긴급 조치 9호(1975. 5. 13) ★ 빈출개념
• 유언비어나 사실 왜곡 금지, 집회시위 또는 신문방송통신 등 공중 전파 수단이나 문서 등에 의한 헌법의 부정반대· 왜곡이나 개정폐기 주장 등 금지
• 학생의 집단적 정치 활동 금지
• 본 조치의 비방 금지

㉠ **과정** : 브라운 각서로 국군의 전력 증강과 차관 원조 약속
㉡ **영향** : 외화 획득, 건설 사업 참여 등 베트남 특수로 경제 발전, 많은 전사자 발생

실력UP 브라운 각서(1966)
• 한국에 있는 대한민국 국군의 현대화 계획을 위하여 앞으로 수년 동안에 상당량의 장비를 제공한다.
• 월남 공화국에 파견되는 추가 병력에 필요한 장비를 제공하며 또한 파월 추가 병력에 따르는 일체의 추가적 원화 경비를 부담한다.
• 파월 대한민국 부대에 소요되는 보급 물자 용역 및 장비를 실행할 수 있는 한도까지 대한민국에서 구매하며 파월 미군과 월남군을 위한 물자 중 결정된 구매 품목을 한국에서 발주한다.
• 수출 진흥의 전반 부분에 있어서 대한민국에 대한 기술 협조를 강화한다.

⑤ **3선 개헌(1969. 9)**
　㉠ **배경** : 박정희 정부의 장기 집권 의도, 한반도 긴장 고조
　㉡ **결과** : 학생들의 시위가 거세게 전개, 여 · 야 국회의원들 사이에는 극심한 대립과 갈등이 발생

9. 유신 체제(제4공화국, 1972~1979)

(1) 배경

① 닉슨 독트린에 따른 냉전 체제 완화로 미군의 베트남 철수, 주한 미군 감축
② 박정희 정부는 강력하고도 안정된 정부가 필요하다는 주장을 내세워 10월 유신을 단행

(2) 성립 과정

① **10월 유신 선포(1972. 10)** : 비상 계엄 선포, 국회 해산, 정치 활동 금지, 언론 · 방송 · 보도 · 출판의 사전 검열, 각 대학 휴교
② **성격** : 권위주의 독제 체제, 장기 집권 도모
③ **유신 헌법(제7차 개헌, 1972. 12. 27)** : 국민 투표로 통과 ★ 빈출개념
　㉠ **대통령 간선제** : 통일 주체 국민 회의에서 대통령 선출
　㉡ 대통령의 임기 6년, 중임 제한 철폐
　㉢ **대통령 권한 극대화** : 긴급 조치권, 국회 해산권, 유신 정우회 국회 의원

(3) 유신 체제에 대한 저항

① **유신 반대 운동** : 학원 · 언론 · 종교 · 정계 등 각 분야에서 민주 헌정의 회복과 개헌을 요구하는 시위발생
② **민주 회복 국민 회의(1974)** : 재야 인사, 종교인, 언론인 등
③ 3 · 1 민주구국선언문 발표
④ 우방 국가를 비롯한 국제 사회에서도 유신 체제의 인권 탄압을 비판

(4) 민주화 운동 탄압

① 긴급 조치 발동(1974) : 국민의 자유 · 권리의 무제한 제약

② 민청학련 사건(1974) : 학생, 민주 인사 탄압

③ 군사 통치 강화 : 학도 호국단 조직, 민방위대 창설

(5) 붕괴

1979년 부 · 마 항쟁이 발발하는 등 시위가 연일 계속되어 집권 세력 내부에서도 갈등이 발생, 10 · 26 사태(대통령 시해)로 유신 정권 붕괴

10. 5·18 민주화 운동(1980)과 전두환 세력의 집권(제5공화국)

(1) 신군부 세력의 정권 장악

① 12 · 12 사태(1979) : 신군부 세력(전두환 · 노태우 등)이 쿠데타로 통치권 장악

② 집권 준비 : 계엄령 유지, 헌법 개정 지연

(2) 서울의 봄(1980)

① 배경 : 신군부의 대두, 민주화 지연

② 경과 : 5월 15일 서울역 앞에서 시위(4 · 19 혁명 이후 최대 규모)

③ 탄압 : 비상 계엄령의 전국 확대(5. 17), 국회 폐쇄, 민주 인사 체포

(3) 5·18 광주 민주화 운동(1980)

① 과정 : 민주화를 열망하는 국민의 요구는 5 · 18 광주 민주화 운동으로 이어졌는데, 계엄군의 무자비한 진압으로 많은 시민과 학생이 희생됨

② 의의 : 신군부의 도덕성 상실, 1980년대 민족 민주 운동의 토대, 학생 운동의 새로운 전환점(반미 운동의 시작)

(4) 전두환 정부

① 국가 보위 비상 대책 위원회(1980. 5) : 대통령의 자문 기관, 행정 · 사법 업무의 조정 · 통제 담당, 김대중 내란 음모 사건 기소, 언론 통폐합, 비판적 기자 · 교수 해직

② 전두환 정부의 성립(1980. 8) : 7년 단임의 대통령 간선제(대통령 선거인단)의 헌법 제정(→ 전두환 대통령 선출)

③ 강압 통치 : 정치 활동 규제, 공직자 숙청, 언론 통폐합, 민주화 운동, 노동 운동 탄압

④ 유화 정책 : 해외 여행 자유화, 통행 금지 해제, 교복 자율화 등

⑤ 경제 성장 : 3저 호황(유가 하락, 달러 가치 하락, 금리 하락)

11. 6월 민주 항쟁(1987)과 노태우 정부(제6공화국)

(1) 6월 민주 항쟁

5 · 18 광주 민주화 운동

반미 감정

당시 우리나라 군대의 작전권을 가진 미국이 광주로의 군대 이동에 동의하여 무력 진압이 이루어졌는데, 이로 인해 미국에 대한 반감이 싹트기 시작함

국가 보위 비상 대책 위원회(국보위)

대통령의 자문 및 보좌 기관이라는 명목으로 조직된 비상 기구. 위원장은 전두환이었음

08장 현대 사회의 발전

6월 민주 항쟁

6 · 29 민주화 선언

- 여야 합의 하에 조속히 대통령 직선제로 개헌하고 새 헌법에 의해 대통령 선거를 실시, 1988년 2월 평화적 정부 이양을 실현한다.
- 직선 제도의 변경뿐만 아니라 이를 민주적으로 실천하기 위해 대통령 선거법을 개정, 자유로운 출마와 공정한 선거를 보장하여 국민의 심판을 받도록 한다.
- 국민적 화해와 대동단결을 위해 김대중 씨를 사면 복권시키고, 자유 민주주의적 기본 질서를 부인한 반국가사범이나 살상 · 방화 · 파괴 등으로 국기를 흔들었던 소수를 제외한 모든 시국 관련 사정들을 석방한다.

박종철 고문 치사 사건과 이한열의 사망

- 박종철 고문 치사 사건 : 1987년 1월 14일, 서울대학교 학생인 박종철이 고문으로 인해 사망한 사건. 이를 두고 경찰에서는 "탁, 하고 치니까 억, 하고 죽었다."는, 어처구니없는 경위 발표를 하였음. 부검 결과 박종철은 물 고문 중 사망한 것으로 밝혀졌음
- 이한열의 사망 : 시위 도중 최루탄으로 사망하였음

청문회

5 · 18 민주화 운동의 진상을 밝히기 위한 것이었으나 큰 효과를 거두지는 못함

---

① 배경 : 전두환 정권의 독재 정치, 박종철 고문 치사(1987. 1. 14)
② 전개
　㉠ 직선제 요구 시위
　㉡ 4 · 13 호헌 조치 : 현행 헌법으로 대통령 선거
　㉢ 이한열 사망(6. 9)
　㉣ 박종철 고문 치사 규탄 및 호헌 철폐 국민 대회(6월 민주화 운동, 6. 10)
③ 결과 : 노태우의 6 · 29 민주화 선언 발표(대통령 직선제, 평화적 정권 이양, 기본권 보장 약속)

실력up　4·19 혁명과 6월 민주 항쟁 비교

	4 · 19 혁명	6월 민주 항쟁
원인	3 · 15 부정 선거	4 · 13 호헌 조치
전개 과정	김주열 사망 → 전국적 시위 → 계엄령 발동	박종철 · 이한열 사망 → 전국적 시위 → 계엄령 발동 안 함
결과	• 내각 책임제 • 정권 교체(장면 내각)	• 대통령 직선제 • 정권 교체 실패(노태우 정부)

(2) 노태우 정부(제6공화국, 1988. 3~1993. 2)

① 헌법 개정(1987. 10) : 5년 단임, 대통령 직선제
② 성립 : 야당의 후보 단일화 실패로 노태우 대통령 당선(1987)
③ 정치 : 5공 청문회 개최, 지방 자치제 부분적 실시, 언론 기본법 폐지
④ 외교 : 소련(1990) · 중국(1992)과 수교, 남북한 유엔 동시 가입(1991)
⑤ 3당 합당(1990)
　㉠ 1988년 13대 총선에서 여당인 민정당 참패
　㉡ 민주 정의당(노태우), 통일 민주당(김영삼), 신민주 공화당(김종필)의 합당

12. 김영삼 정부(문민 정부, 1993. 3~1998. 2)

(1) 성립

1992년 12월 김영삼 대통령 당선(→ 5 · 16 군사 정변 이후 30여 년만의 민간인 출신 대통령)

(2) 주요 정책

공직자 재산 등록, 금융 실명제, 지방 자치제 전면 실시, 역사 바로 세우기 운동(전두환, 노태우 구속)

(3) 외환 위기

집권 말기 국제 통화 기금(IMF)의 구제 금융 지원 요청

13. 김대중 정부(국민의 정부, 1998. 3~2003. 2)

(1) 성립

야당의 김대중 후보가 당선(→ 최초의 평화적 정권 교체)

(2) 주요 정책

① 외환위기 극복, 민주주의와 시장 경제의 병행 발전을 천명
② 국정 전반의 개혁과 경제난의 극복, 국민 화합의 실현, 법과 질서의 수호 등을 국가적 과제로 제시
③ 햇볕 정책 추진(→ 금강산 관광 사업 시작(1998), 남북 정상 회담 개최 및 6 · 15 공동 선언 발표(2000))

14. 김대중 정부 이후

(1) 노무현 정부(참여 정부, 2003.02~2008.02)

저소득층을 위한 복지 정책 강화, 한 · 칠레 자유 무역 협정 발표(2004), 제2차 남북 정상회담(2007)

(2) 이명박 정부(2008.02~2013.02)

4대강 살리기(친환경 녹색 성장 등) 추진, 한미 FTA 비준(2012)

(3) 박근혜 정부(2013.02~2017.03), 문재인 정부(2017.05~)

① 박근혜 정부 : 5년 임기를 채우지 못하고 2017년 3월 10일 탄핵됨
② 문재인 정부 : 2017년 5월 9일 대통령 선거 실시, 당선됨

02절　통일 정책

1. 남북한의 대치(1950~1960년대)

(1) 이승만 정부

① 통일 정책 : 북진 통일론, 반공 정책 고수
② 진보당 사건(1958) : 평화 통일론을 주장한 조봉암 사형

(2) 장면 내각

① 통일 정책 : 북진 통일론 철회, 유엔 감시하의 남북한 총선거 주장, 선 경제 건설 후 통일 제시
② 민간에서의 통일 논의 활발 : 중립화 통일론, 평화 통일론, 남 · 북 학생 회담 추진(가자 북으로, 오라 남으로)(→ 정부가 저지함)

SEMI-NOTE

헌법개정 ★ 빈출개념

	개정 요지	특기 사항
제헌 헌법 (1948)	• 대통령 간 선제(국회) • 1회 중임 가능, 임기 4년	제헌 의회에서 제정
제1차 개헌 (1952)	대통령 직선제	발췌 개헌
제2차 개헌 (1954)	초대 대통령에 한해 연임 제한 규정 철폐	사사오입
제3차 개헌 (1960)	• 내각 책임제, 양원제 • 기본권 강화	4 · 19 혁명의 결과
제4차 개헌 (1960. 11)	부정 선거 관련자, 부정 축재자 처벌 소급 특별법 제정을 위한 개헌	–
제5차 개헌 (1962)	• 대통령 직선제 • 임기 4년, 단원제	국민 투표를 통한 개정(최초)
제6차 개헌 (1969)	대통령 3선 금지 규정 철폐	–
제7차 개헌 (1972)	• 대통령 간 선제(통일 주체 국민 회의) • 임기 6년, 중임 제한 없음	유신 헌법
제8차 개헌 (1980)	• 대통령 간 선제(선거 인단) • 임기 7년, 단임제	단임제
제9차 개헌 (1987)	• 대통령 직선제 • 임기 5년, 단임	6월 민주 항쟁의 결과

08장

현대 사회의 발전

1 · 21 사태

1968년 1월 21일 북한의 무장 게릴라들이 청와대를 습격하고 정부 요인을 암살하기 위하여 서울 세 검정 고개까지 침투한 사건. 밤을 틈타 수도권까지 이른 이들은 세검정 고개의 자하문을 통과하려다가 경찰의 불심 검문을 받자 수류탄과 기관단총으로 무차별 공격을 퍼붓는 한편, 지나던 시내버스에도 수류탄을 투척하여 많은 시민들을 살상하였음. 군과 경찰은 침입한 게릴라 중 28명을 사살하고 1명을 생포하였는데, 생포된 게릴라 김신조는 한국에 귀순하였음. 이 사건을 계기로 향토예비군이 창설되었음

푸에블로호 납치 사건

1968년 1월 23일 북한 원산항 앞 공해상에서 미국 정보 수집함 푸에블로호가 북한의 해군 초계정에 납치된 사건. 이에 대하여 미국은 핵 추진 항공모함 엔터프라이즈호 및 구축함 2척을 출동시키는 한편, 소련에 푸에블로호의 송환을 알선해 줄 것을 요구하였으나 거절당했음. 북한은 푸에블로호 승무원들을 고문하여 그들이 북한 영해를 침범했음을 시인하도록 강요하였음. 북한에서는 이 사건을 미국의 불법적이고 침략적인 도발 행위로 선전하였음. 1968년 12월 23일 북한은 판문점을 통해 승무원 82명과 유해 1구를 송환하였는데, 이를 위해 미국은 푸에블로호의 북한 영해 침범을 시인하고 사과하는 것을 요지로 하는 승무원 석방 문서에 서명해야 했음

(3) 박정희 정부

① 반공 강화 : 반공을 국시로 삼음

② 선 건설 후 통일론 제시(→ 민간의 통일 운동 탄압)

(4) 북한의 통일 정책

① 연방제 통일 방안 제시(1960) : 남북의 정치 체제 유지, 연방제 실시

② 1 · 21 사태(1968), 푸에블로호 납치(1968) : 한반도의 긴장 고조

2. 남북 대화의 출발(1970~1980년대)

(1) 배경

냉전 완화, 닉슨 독트린(1969), 닉슨 대통령의 중국 방문(1972)

(2) 통일 정책의 변화(1970년대)

① 8 · 15 선언(1970) : 한반도 평화 정착을 위한 선의의 체제 경쟁 제의

② 남북 적십자 회담 제의(1971) : 북한이 수용하여 남북한 적십자 회담이 개최됨

③ 7 · 4 남북 공동성명(1972) ★ 빈출개념

　㉠ 민족 통일 3대 원칙 : '자주 · 평화 · 민족 대단결'의 원칙

　㉡ 합의 사항 : 통일 문제 협의를 위해 남북조절위원회 설치, 남북 직통 전화 설치

　㉢ 한계 : 남북한 모두 독재 체제 강화에 이용(유신 헌법, 사회주의 헌법)

> **실력up　7·4 남북 공동 성명**
>
> 첫째, 통일은 외세에 의존하거나 외세의 간섭을 받음이 없이 자주적으로 해결하여야 한다.
> 둘째, 통일은 서로 상대방을 반대하는 무력 행사에 의거하지 않고 평화적 방법으로 실현하여야 한다.
> 셋째, 사상과 이념, 제도의 차이를 초월하여 우선 하나의 민족으로서 민족적 대단결을 도모하여야 한다.

④ 6 · 23 평화 통일 외교 정책 선언(1973) : 남북한 유엔 동시 가입과 호혜 평등의 원칙하에 문호를 개방

⑤ 상호 불가침 협정의 체결(1974) : 평화 통일의 3대 기본 원칙에 입각해 제안

(3) 남북한의 통일 방안(1980년대)

① 남한 : 민족 화합 민주 통일 방안 제시(1982)

민족 통일 협의회 구성 ▶ 국민 투표로 통일 헌법 ▶ 남북한 총선거 ▶ 통일 민주 공화국

② 북한 : 고려 민주 연방 공화국 창립 방안(1980), 1국가 2체제

③ 남북 이산가족 고향 방문(1985) : 이산가족 고향 방문단 및 예술 공연단의 교환 방문

3. 남북 관계의 새로운 진전(1990년대 이후)

(1) 노태우 정부

① 7 · 7선언(1988) : 북한을 적대의 대상이 아니라 상호 신뢰 · 화해 · 협력을 바탕으로 공동 번영을 추구하는 민족 공동체 일원으로 인식

② 한민족 공동체 통일 방안(1989) : 자주 · 평화 · 민주의 원칙 아래 제시

③ 남북 고위급 회담, 남북한 유엔 동시 가입(1991)

④ 남북 기본 합의서 채택(1991. 12) · 발효(1992) : 상호 화해와 불가침, 교류 및 협력 확대 등을 규정

⑤ 한반도 비핵화 공동 선언 채택(1991. 12) · 발효(1992)

(2) 김영삼 정부

① 3단계 3기조 통일 정책(1993) : 화해 · 협력, 남북 연합, 통일 국가 완성의 3단계 통일 방안을 효율적으로 실천하기 위해 민주적 국민합의, 공존공영, 민족 복리의 3대 기조를 바탕으로 하는 통일 정책을 마련

② 민족 공동체 통일 방안(1994. 8) : 한민족 공동체 통일 방안과 3단계 3기조 통일 정책을 수렴하여 종합한 것

③ 제네바 합의(1994) : 북한 핵 동결, 경수로 건설 제공, 북 · 미 관계 정상화

④ 한반도 에너지 개발 기구(KEDO)에 의한 경수로 발전 사업 추진

(3) 김대중 정부

① 베를린 선언(2000) : 남북 경협, 냉전 종식과 평화 공존, 남북한 당국 간 대화 추진

② 남북 정상 회담 개최(2000)

③ 6 · 15 남북 공동 선언(2000) : 1국가 2체제 통일 방안 수용(통일을 위한 남북의 연합제와 연방제의 공통성 인정), 이산가족 방문단의 교환, 협력과 교류의 활성화 등

④ 금강산 관광 시작(1998), 육로 관광은 2003년부터 시작

⑤ 경의선 철도 연결 사업(2000년 9월 착공)

(4) 노무현 정부

① 남북 경의선 철도 복원(2003년 6월 연결 행사) 및 정기 운행(2007. 12)

② 2007 남북 정상 선언문(10 · 4 선언, 2007. 10)

　㉠ 제2차 남북 정상회담으로 기본 8개 조항에 합의하고 공동으로 서명

　㉡ 6 · 15 남북 공동 선언의 구현, 남북 관계의 상호 존중과 신뢰, 군사적 적대관계 종식 및 한반도 긴장 완화와 평화 보장을 위한 협력, 다자간 협력, 경제 협력 사업의 활성화 및 확대, 각 분야의 교류와 협력, 인도주의 협력 사업의 적극 추진 등을 포함

SEMI-NOTE

남북 기본 합의서

남과 북은 분단된 조국의 평화적 통일을 염원하는 온 겨레의 뜻에 따라 7 · 4 남북 공동 성명에서 천명된 조국 통일 3대 원칙을 재확인하고, 정치 · 군사적 대결 상태를 해소하여 민족적 화해를 이룩하고, 무력에 의한 침략과 충돌을 막고 긴장 완화와 평화를 보장하며, 다각적인 교류 협력을 실현하여 민족 공동의 이익과 번영을 도모하며, 쌍방 사이의 관계가 나라와 나라 사이의 관계가 아닌 통일을 지향하는 과정에서 잠정적으로 형성되는 특수 관계라는 것을 인정하고, 평화 통일을 성취하기 위한 공동의 노력을 경주할 것을 다짐하면서 다음과 같이 합의하였음

• 남과 북은 서로 상대방의 체제를 인정하고 존중한다.

• 남과 북은 상대방에 대하여 무력을 사용하지 않으며, 상대방을 무력으로 침략하지 아니한다.

• 남과 북은 민족 경제의 통일적이며 균형적인 발전과 민족 전체의 복리 향상을 도모하기 위하여 자원의 공동 개발, 민족 내부 교류로서 물자 교류, 합작 투자 등 경제 교류와 협력을 실시한다.

• 남과 북은 흩어진 가족과 친지의 자유로운 서신 거래와 왕래, 상봉 및 방문을 실시하고 자유 의사에 의한 재결합을 실현하며 기타 인도적으로 해결할 문제에 대한 대책을 강구한다.

제1차 남북 정상 회담(2000)

제2차 남북 정상 회담(2007)

③ 개성 관광(2007. 12) : 2007년 12월에 시작, 2008년 12월 이후 중단된 상태

(5) 문재인 정부

① 4 · 27 판문점 선언(2018) : 문재인 대통령과 김정은 국방위원장이 판문점에서 만나 발표
② '한반도의 평화와 번영, 통일을 위한 판문점 선언'
  ㉠ 군사적 긴장 상태를 완화하고 전쟁 위험을 실질적으로 해소하도록 공동으로 노력
  ㉡ 현재의 정전 상태를 종식시키고 확고한 평화 체제를 수립하도록 함
  ㉢ 남과 북은 완전한 비핵화를 통해 핵 없는 한반도를 실현한다는 공동의 목표를 확인

SEMI-NOTE

미 군정의 토지 정책
· 일본인 소유의 토지 몰수, 유상 분배
· 경작 농민을 위한 토지 개혁이 되지는 못함

미곡 수집령
농가의 잉여 양곡을 수집하여 비농가에 배급하는 전면적인 양곡 유통 통제 정책

농지 개혁법의 실시
· 주요 내용
 – 유상 매입 : 법령 및 조약에 의하여 몰수하거나 국유로 된 농지, 직접 땅을 경작하지 않는 사람의 농지, 직접 땅을 경작하더라도 농가 1가구당 3정보를 초과하는 농지는 정부가 사들였다.
 – 총 경영 면적 제한 : 분배 농지는 1가구당 총 경영 면적이 3정보를 넘지 못하였다.
 – 상환 : 분배받은 농지에 대한 상환액은 평년작을 기준으로 하여 주요 생산물의 1.5배로 하고, 5년 동안 균등 상환하도록 하였다.
· 실시 전후 소작지 면적의 변화 : 1947년 소작지의 89.1%가 1951년까지 자작지(自作地)로 바뀌었다. 그중 미국 군정청에 귀속되었던 농지를 유상 분배한 것이 18.9%였고, 지주의 임의 처분에 의한 것이 49.2%이므로 농지 개혁의 실시로 소작지에서 자작지로 바뀐 것은 31.9%에 불과하였다.
        – 이종범, 〈농지 개혁사 연구〉 –

03절   경제 발전과 사회·문화의 변화

1. 해방 이후의 경제 혼란과 전후 복구

(1) 광복 직후의 경제 혼란

① 일제하의 우리 경제는 일본 경제에 예속되어 자본과 기술이 일본인들에게 독점됨으로써 정상적으로 발전하지 못함
② 국토 분단과 경제 혼란의 계속 : 극심한 인플레이션 · 원자재와 소비재 부족 · 식량 부족 등으로 큰 어려움을 겪음, 농업과 경공업 중심의 남한 경제는 어려움이 가중됨, 월남민의 증가

(2) 이승만 정부의 경제 정책 ★ 빈출개념

① 경제 정책의 기본 방향
  ㉠ 농업과 공업의 균형 발전, 소작제의 철폐, 기업 활동의 자유 보장, 사회 보장 제도의 실시, 인플레이션의 극복 등
  ㉡ 미국과 경제 원조 협정을 체결, 일본인이 소유했던 공장을 민간 기업에 불하, 농지 개혁법을 제정 · 시행하여 농촌 경제의 안정을 꾀함
② 농지 개혁법(1949년 제정, 1950년 시행)
  ㉠ 목적 : 소작제를 철폐하고 자영농을 육성하고자 경자 유전의 원칙에 따라 시행
  ㉡ 원칙
    · 삼림, 임야 등 비경작지를 제외한 농지만을 대상으로 한 개혁
    · 3정보를 상한으로 그 이상의 농지는 유상 매입하고 지가 증권을 발급하여 5년간 지급
    · 매수한 토지는 영세 농민에게 3정보를 한도로 유상 분배하여 5년간 수확량의 30%씩을 상환하도록 함(→ 예외적으로 부재 지주의 농지는 무상 몰수 · 유상 분배)

ⓒ 결과

- 지주 중심의 토지 제도가 해체되고 자작지와 자작농이 증가
- 소작권 이동을 금지하고 농지 매매를 제한
- 지주층의 반대로 제도 시행 전에 사전 매도 현상이 발생
- 지주의 사전 매도로 법의 실효성이 떨어지고 신흥 지주 계층 형성

③ 귀속 재산 불하 : 일본인 소유의 재산을 민간인에게 불하

④ 경제 복구 사업

ⓐ 삼백 산업(三白産業)의 성장 : 1950년대 후반부터 미국의 원조 물자에 토대를 둔 제분(製粉)·제당(製糖) 공업과 섬유 공업이 성장

ⓑ 문제점 : 원조 경제의 폐해, 미국 잉여 농산물 도입에 따른 농업 기반 파괴, 경제의 대미 의존도 심화

ⓒ 삼분 산업(三粉産業)의 생산 증가 : 시멘트·비료·밀가루 등

2. 경제 발전의 과정

(1) 경제 개발 5개년 계획의 추진(박정희 정부)

① 경제 개발 계획의 수립

ⓐ 최초 계획 : 이승만 정부가 작성한 7개년 계획

ⓑ 수정 : 장면 내각은 처음의 7개년 계획안을 5개년 계획안으로 수정

ⓒ 실천 : 1960년대 박정희 정부가 경제 개발 5개년 계획을 추진

② 경제 개발 계획의 추진

ⓐ 제1, 2차 경제 개발 계획(1962~1971) : 기간 산업, 사회 간접 자본 확충, 경공업 중심의 수출 산업 육성, 베트남 특수로 호황, 새마을 운동 시작(1970)

ⓑ 제3, 4차 경제 개발 계획(1972~1981) : 중화학 공업 육성, 중동 진출, 새마을 운동 확산

③ 성과 : 고도 성장, 국민 소득 증가, 신흥 공업국으로 부상

④ 문제점 : 빈부 격차 심화, 미·일 의존도 심화, 외채 급증, 농촌 피폐, 재벌 중심 경제, 정경 유착, 저임금과 노동 운동 탄압, 공해 문제 등

실력up 1960~1970년대 무역의 특징

- 원자재와 기술의 외국 의존도가 높아 외화 가득률이 낮음 : 1962년에서 1973년까지 공산품만의 외화 가득률은 34%에서 62%로 증가하였지만 수출 전체의 외화 가득률은 82%에서 65%로 줄었음
- 국가 경제의 무역 의존 증가 : 수출 위주의 정책으로 인하여 무역 의존도는 1961년의 21%에서 1975년에는 74%로 증가
- 무역 상대국이 일본과 미국에 편중 : 원자재와 기계를 일본에서 들여온 다음 상품을 만들어 주로 미국에 수출하는 구조를 가지고 있으며, 1967년에 미국과 일본에 대한 편중도가 69%인데 1972년에는 72%로 증가하는 추세

재벌의 성장

귀속 재산은 일제 강점기 일본인 소유의 재산, 기업, 시설 등을 말함. 귀속 재산 불하 시의 특혜로 인해 재벌이 성장하였음

미국의 소비재 산업 원조

1950년대 우리나라는 전쟁으로 인해 파괴된 시설의 복구 등을 위해 생산재 공업이 필요한 상황이었음. 그러나 미국의 지원은 소비재 산업 위주로 이루어졌으며, 이에 따라 생산재 산업 부진으로 인한 산업 불균형이 발생하였음

제1차 석유 파동(1973)

- 경공업 위주의 경제 정책 추진으로 인해 석유 의존도가 낮음
- 중동 특수를 통해 극복, 경제 성장

08장

현대 사회의 발전

1980년대 이후 노동 환경의 변화

- **노동 운동의 활발한 전개** : 민주화 운동의 진전과 사회의식의 향상, 권리 주장의 확산 등에 따라 노동 운동이 활발하게 전개
- **정부의 노동 정책의 변화**
  - 저임금 문제 등 전반적인 노동 문제를 해결하기 위하여 노동 관계법을 개정
  - 기업가와 노동자의 인간적 관계와 직업윤리를 정착시키기 위하여 노력
  - 새로운 노사 문화가 정착되고 노동 환경이 개선되어 생산성도 증가

제2차 석유 파동(1979)

- 중화학 공업 위주의 경제 정책 추진으로 인해 경제 성장률 마이너스 기록, 물가 상승, 경기 불황, 국제 수지 악화(1980년대)
- 3저 호황(저금리, 저유가, 저달러)으로 극복

외환위기(1997)
금융권의 부실 개정, 대기업의 과잉 투자, 외국 자본의 국외 이동 등으로 인해 발생한 외환 부족

대도시의 인구 급증

1960년대 이후, 경제적으로 어려움을 겪고 있던 농촌 사람들이 일자리를 찾아 대도시나 신흥 산업 도시로 이동하자 이들 도시의 인구가 급팽창하였음. 또한 농촌과 도시 간 소득 격차 역시 젊은층이 도시로 몰리는 원인이 되었음

저출산, 고령화

- **저출산** : 핵가족화가 급격히 진행
- **고령화** : 낮은 출산율과 인구 고령화의 빠른 진행

산업화와 도시화의 영향

- 우리나라의 근대화와 발전에 크게 기여
- 가족 제도의 붕괴, 노동자 및 실업자 문제 등 여러 사회·경제적 문제도 양산
- 산업화와 함께 여성의 지위와 사회적 위상이 제고

(2) 1980년대 이후의 경제

① **1980년 전후** : 중화학 공업에 대한 과잉·중복 투자, 정치 불안정, 제2차 석유 파동(→ 경제 위기 발생)

② **전두환 정부** : 중화학 공업 투자 조정, 3저 호황(저유가, 저달러, 저금리)

③ **김영삼 정부** : 금융 실명제 실시, 신경제 5개년 계획 발표(1993), 세계 무역 기구(WTO) 출범(1995), 경제 협력 개발 기구(OECD) 가입(1996), 외환위기(1997)

④ **김대중 정부** : 금 모으기 운동, 노사정 위원회 구성, 신자유주의 경제 정책 추진, 수출, 무역 흑자 증가, 벤처 기업 창업 등으로 외환위기 극복

3. 사회의 변화

(1) 급속한 경제 발전에 따른 사회 문제

농촌의 피폐와 도시 빈민층의 형성, 기업의 근로 기준법 위반, 노사 갈등의 발생, 환경오염의 증가, 국가 주도의 급속한 경제 발전에 따라 노약자·빈곤층·실업자 등 소외 계층 발생

(2) 1960년대 이후의 정책

① **성장 위주의 정책** : 대기업 성장, 노동자 수의 증가, 빈부의 차 발생

② **도시와 농촌의 불균형** : 사회 기반 시설 및 소득의 격차, 대규모 이농 현상으로 대도시의 인구의 급증(도시 문제 발생), 농촌 인구 감소

③ **사회 보장 제도 시행** : 급격한 성장에서 오는 문제들을 해결하기 위하여 사회 보장 제도를 마련

4. 산업화와 도시화

(1) 산업 구조의 변화

산업화의 진전과 고도 성장 달성, 산업 구조가 선진국형으로 바뀌었고 공업 구조도 경공업 중심에서 중화학 공업 중심으로 바뀜

(2) 사회 문제의 발생

① 환경 문제의 발생

ㄱ 성장 우선주의 정책에 수반하여 1960년대 말부터 발생

ㄴ 환경 문제 해결을 위해 환경부처를 설치하고 관련 법률 제정, 공해 규제, 환경에 대한 경각심 고취, 환경 보호 실천 등에 역점을 둠

② 농촌 문제의 발생

ㄱ 수출 주도형 경제 개발로 말미암아 농업은 희생을 감수

ㄴ 침체된 농촌 사회에 활기를 불어 넣기 위해 새마을 운동 실시

5. 교육, 사상 및 종교

(1) 교육의 발전

① 미 군정 시기

ⓐ 식민지 교육 체제가 무너지고 미국식 교육이 도입

ⓑ 6·3·3·4제의 학제를 근간으로 하는 교육 제도 마련

ⓒ 교육 이념 : 홍익 인간, 애국심의 함양, 민주 시민의 육성 등

② 이승만 정부 : 의무 교육 실시, 국방 교육 강조

③ 4·19 혁명 이후 : 교육의 정치적 중립을 확보하려는 움직임과 더불어 학원 민주화 운동이 활발하게 전개

④ 박정희 정부 : 교육의 중앙 집권화와 관료적 통제, 국민 교육 헌장의 선포, 중학교 무시험 진학 제도, 대학 입학 예비고사와 학사 자격 고시 등

⑤ 1970년대

ⓐ 국사와 국민 윤리 교육의 강화와 함께 새마을 교육 실시, 고교 평준화 추진

ⓑ 한국 교육 개발원 설립, 방송 통신 대학과 고등 학교가 설치

⑥ 1980년대

ⓐ 국민 정신 교육을 강조하고 통일 안보 교육, 경제 교육 등을 실시

ⓑ 대학 졸업 정원 제도 도입, 다수의 대학 설립

⑦ 1990년대 이후

ⓐ 창의력 신장과 시민 의식을 육성하기 위한 교육 개혁이 지속적으로 추진됨

ⓑ 열린 교육·평생 학습 사회 건설 지향, 대학 수학 능력 시험 도입

ⓒ 김대중 정부 시대 : 중학교 의무 교육 실시, 만 5세 유아에 대한 무상 교육·보육 등 추진

(2) 사상 및 종교

① 현대의 사상

ⓐ 광복 후 : 민족주의, 민주주의, 반공 등 여러 이념이 혼재

ⓑ 1960년대 이후 : 민족주의와 민주주의가 중요한 이념으로 자리 잡음

ⓒ 1980년대 초 : 5·18 민주화 운동과 6월 민주 항쟁 등을 거치면서 사회 전반에 걸쳐 이들 이념들이 뿌리를 내림

ⓓ 1980년대 말 : 냉전 체제가 해체되기 시작, 남북 간 화해의 기운이 높아짐

② 종교 활동

ⓐ 개신교 : 교단의 통일과 사회 참여를 모색하면서 교세를 확장

ⓑ 천주교 : 활발한 포교 활동 전개, 교황의 방한, 103위 순교자의 시성 등

ⓒ 불교 : 1970년대부터 일대 혁신 운동을 전개, 농촌 지역뿐만 아니라 도시에서도 지속적으로 발전

ⓓ 기타 종교 : 민족 종교인 천도교·대종교·원불교도 그 나름의 기반 확립과 교세 확장에 노력

6. 예술과 문학

국민 교육 헌장

학력 구성의 변화

광복 이후 교육은 양적 면에서 크게 확대되어, 사회 전체적으로 고학력화 되어가고 있음. 특히 초등학교 졸업 이하의 비율이 큰 폭으로 감소하였고, 중졸자의 비율도 1990년 이후 감소하고 있음

08장

현대 사회의 발전

해방 공간(1945~1948)

8·15 광복 직후부터 독립 정부 구성 전까지를 이르는 말. 당시 우리나라는 독립 정부를 구성하지 못한 채 미 군정 치하에 있었는데 좌·우익의 대립이 극심하였음

언론 활동 · 대중문화 · 체육 활동 · 과학 기술의 발전

- **언론 활동**
  - 광복 이후 : 신문, 잡지, 라디오, 텔레비전 방송, 인터넷 신문, 인터넷 방송 등 등장
  - 언론 통제 : 박정희 정부, 전두환 정부의 언론 탄압
  - 1990년대 이후는 정보의 취사선택으로 언론의 사회적 책임을 요구하는 여론이 높음, 인터넷 익명성에 의한 부정적 문제가 제기

- **대중문화**
  - 미군정기와 6·25 전쟁을 통해 미국식 춤과 노래 유행, 경제 발전과 대중 매체 보급으로 1960년대부터 대중문화 성장
  - 가요, 드라마, 코미디가 대중문화의 중심(1970년대), 민주화와 사회·경제적 평등을 지향하는 활동이 대중문화에 영향(1980년대~1990년대), 한류라는 이름으로 여러 나라에서 인기를 가짐(1990년대 말 이후)

- **체육 활동**
  - 보스턴 마라톤 대회에서 우리나라 선수 우승으로 국가 위상을 알림(1947), 선수촌 건립(박정희 정부), 몬트리올 올림픽 대회 레슬링 종목에서 광복 이후 최초로 금메달 획득(1976)
  - 제10회 아시아 경기 대회(1986), 제24회 서울 올림픽 대회(1988), 월드컵 축구 대회(2002) 개최
  - 삶의 질 향상을 위한 사회 체육에 대한 관심과 지원 높아짐

- **과학 기술**
  - 원자력 연구소 설립(1950년대), 한국 과학 기술 연구소(KIST) 설립(1966)
  - 정부와 민간의 기술 투자, 통신·교통·컴퓨터·반도체 등 성장
  - 위성 아리랑호, 무궁화 7호, 나로호 등 발사 성공
  - 과제 : 소외시킨 기초 학문에 대한 투자, 인간 윤리와 자연환경과 조화를 이루어야함

(1) 시기별 전개

① 광복 후
  ㉠ 예술 단체의 분열 : 광복 직후 좌·우익에 따라 성격이 나뉘어 분열
  ㉡ 민족주의적 자유주의 문인 중심의 순수 문학 작품이 주류를 이룸
  ㉢ 시 : 김기림 등이 해방 공간 시기에 새해의 노래 등을 발표

② 1960년대
  ㉠ 중등 교육의 확대와 경제 여건 향상에 따라 문화의 대중화 현상이 등장
  ㉡ 전쟁 중 소시민들의 삶을 주제로 하는 문학 예술 작품이 출간됨, 인간의 가치와 삶을 주제로 다룬 예술 활동이 활발해짐
  ㉢ 국립 극장과 드라마 센터가 건립, 각 대학에 예술 분야의 학과가 설치됨

③ 1970년대
  ㉠ 민족 문학론이 대두되어 현실의 비판과 민주화 운동의 실천, 통일 문제를 다루는 데까지 진전
  ㉡ 일부에서는 민중의 삶을 주제로 삼는 민중 문학 운동이 전개

④ 1980년대 이후
  ㉠ 문화 향유층이 급격하게 확대되었고, 다양한 내용과 형식을 가진 문화가 등장
  ㉡ 이전 문화의 틀에서 벗어나 더 분방한 경향을 추구하는 포스트모더니즘이 등장

(2) 현대 문화의 문제점과 과제

① 전통 문화는 점점 대중화와 서양화에 밀려 자리를 잃어 가고 있으며, 감각적이고 상업적인 대중 문화가 성행
② 세계화의 추세 속에서 민족 문화를 발전시키는 것과 세계적인 문화를 창출하는 것이 과제로 제기됨

"나두 공무원 할 수 있다"

나두공

9급공무원 행정법총론

써머리

나두공
직렬별 써머리 동영상 강의
5만원 가격파괴

국어+영어+한국사 행정법총론+행정학개론 ――――――――― 일반행정직(5만원)	국어+영어+한국사 행정법총론+교육학개론 ――――――――― 교육행정직(5만원)	국어+영어+한국사 행정법총론+노동법개론 ――――――――― 고용노동직(5만원)
국어+영어+한국사 노동법개론+직업상담심리학개론 ――――――――― 직업상담직(5만원)	국어+영어+한국사 교정학개론+형사소송법개론 ――――――――― 교정직(5만원)	국어+영어+한국사 행정법총론+사회복지학개론 ――――――――― 사회복지직(5만원)

구성 및 특징

핵심이론

시험에 출제되는 핵심 내용만을 모아 효율적인 학습이 가능하도록 구성하였습니다. 반드시 알아야 할 내용에 대한 충실한 이해와 체계적 정리가 가능합니다.

빈출개념

시험에서 자주 출제되는 개념들을 표시하여 중요한 부분을 한눈에 들어올 수 있도록 하였습니다. 합격에 필요한 핵심이론을 깔끔하게 학습하시기 바랍니다.

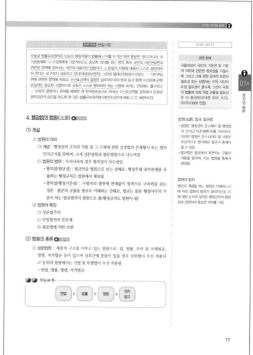

한눈에 쏙~

흐름이나 중요 개념들이 한눈에 쏙 들어올 수 있도록 도표로 정리하여 수록하였습니다. 한눈에 키워드와 흐름을 파악하여 수험에 도움이 되도록 하였습니다.

실력 up

더 알아두면 좋을 내용을 실력 up에 배치하고, 보조단에는 SEMI – NOTE를 배치하여 본문에 관련된 내용이나 중요한 개념들을 수록하였습니다.

목 차

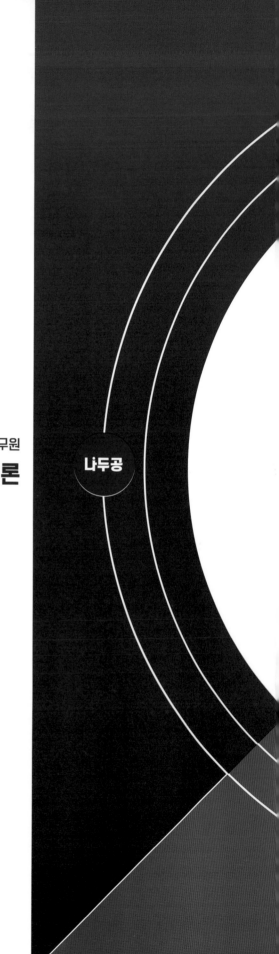

9급공무원

행정법총론

나두공

🜚 나두공

01장 행정법 통론

행정법의 대상으로서의 행정
일반적으로 실질적 의미의 행정을 행정법의 대상으로 보나, 행정입법이나 행정쟁송 등의 형식적 의미의 행정도 그 대상으로 포함하고 있음

형식적 의미의 행정의 예

• **입법적 행위** : 법규명령(대통령령 · 총리령 · 부령) 및 행정규칙의 제정 · 개정, 조례 · 규칙의 제정, 조약 체결, 대통령의 긴급명령 등
• **집행적 행위** : 각종 증명서발급, 공무원의 임명, 징계처분, 조세부과 및 체납처분, 대집행의 계고 및 대집행, 영업허가 · 사용허가, 인가, 특허, 토지의 수용, 예산의 편성 및 집행, 취소 및 철회, 확인 · 공증, 군 당국의 징발처분 등
• **사법적 행위** : 행정심판의 재결, 이의신청에 대한 결정, 토지수용위원회의 재결, 소청심사위원회의 결정, 징계의결, 대통령의 사면, 통고처분, 검사의 공소제기 등

01절 행정

1. 행정의 의의

(1) 행정개념의 성립

① **행정개념의 역사성** : 행정은 근대국가의 성립 후 확립된 권력분립의 원칙과 법치주의를 토대로 성립 · 발전된 개념
② **행정개념의 다양성** : 일반적으로 행정개념은 국가기관의 권한을 기준으로 하여 정립하는 형식적 의미의 행정과 국가작용의 성질을 기준으로 하는 실질적 의미의 행정으로 구분

(2) 형식적 의미의 행정과 실질적 의미의 행정

① **형식적(제도적) 의미의 행정**

의의	제도적으로 나타나는 현실적인 국가기관의 권한을 기준으로 하는 개념으로서 행정부에 속하는 기관에 의해 이루어지는 모든 작용을 의미함
유형	• 입법적 행위(실질적 의미의 입법) : 행정부에 의한 일반적 · 추상적인 법규의 정립행위 • 집행적 행위(실질적 의미의 행정) : 법규 등으로 정해진 국가의사를 현실적으로 실현하기 위한 행정청의 행위 • 사법적 행위(실질적 의미의 사법) : 행정청이 일정한 사실을 인정하고 거기에 법규를 해석 · 적용하여 일정한 판정을 내리는 행위

② **실질적 의미의 행정**

㉠ 의의 : 행정은 법에 의해 정해진 국가의 의사나 목적을 현실적 · 구체적으로 실현시키기 위한 계속적 · 미래지향적 · 형성적 국가작용, 입법은 일반적 · 추상적 법규를 정립하는 국가작용, 사법은 구체적인 법률상의 쟁송제기를 전제로 하여 무엇이 법인가를 판단함으로써 법질서의 유지를 실현하는 법판단 및 법선언적 작용이라 할 수 있음

㉡ 학설

한눈에 쏙~

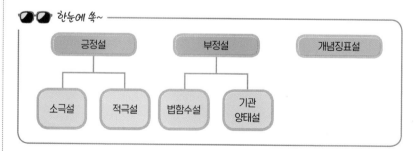

8

실력UP 행정개념에 따른 행정, 입법, 사법 분류

구분	실질적 의미의 행정	실질적 의미의 입법	실질적 의미의 사법
형식적 의미의 행정	각종 영업허가, 대통령의 대법원장·대법관 임명, 조세부과 처분, 행정대집행, 군의 징발처분, 집회금지통고, 지방공무원 임명	대통령의 긴급명령제정, 행정입법(대통령령·총리령·부령·조례, 규칙) 제정	행정심판의 재결, 토지수용위원회의 이의신청 재결, 소청심사위원회의 재결, 행정청이 행하는 통고처분 등 행정벌의 부과
형식적 의미의 입법	국회사무총장 소속 직원 임명	법률의 제정	국회의원의 자격심사·징계·제명
형식적 의미의 사법	대법원 소속 공무원 임명, 일반법관 임명, 등기사무	대법원규칙의 제정	법원의 재판

01장

행정법 통론

2. 통치행위와 행정의 구별

(1) 개설

① **통치행위의 의의** : 입법·사법·행정의 어디에도 속하지 않는 국가최고기관의 행위로, 국가행위 중 국가존립이나 국가통치의 기본방향을 정하는 것과 같이 고도의 정치성을 갖기 때문에 사법심사의 대상에서 제외됨

② **통치행위의 근거**

⊙ 긍정설

• 권력분립설(내재적 한계설) : 정치문제에 대한 판단권은 법원이 아니라 의회에서 정치적으로 해결하거나 국민의 판단과 감시에 의해 민주적으로 통제하여야 함

• 재량행위설(합목적성설) : 통치행위는 정치문제로서 자유재량행위에 속하므로 사법심사대상이 되지 않음

• 사법자제설 : 이론상으로는 통치행위에도 사법권이 미치나 사법의 정치화를 막기 위하여 사법부가 스스로 자제하는 것이 좋다는 견해

• 독자성설

• 대권행위설

ⓛ 제한적 긍정설(정책설) : 통치행위를 인정하는 것은 국가의 존립에 혼란을 초래할 수 있으나, 정치적 사안들의 경우 예외적으로 통치행위로 인정될 수 있음

ⓒ 부정설 : 국가작용에 있어 법치주의 원칙과 행정소송사항에 대한 개괄주의가 인정되고 있는 이상 사인의 권리를 침해하는 모든 행정작용은 사법심사의 대상이 되며, 통치행위의 관념은 인정될 수 없음

개념징표설

오늘날 일반적으로 인정되는 행정의 가장 중요한 개념징표로는 공익 내지 공공복리를 들 수 있으며, 이러한 기준에서 행정은 공익(공공복리)을 실현하는 국가작용이라 할 수 있음

통치행위에 대한 견해

통치행위가 법원에 의한 사법심사의 대상에서는 제외될 수 있지만, 헌법재판소에 의한 헌법소원의 대상에서까지 제외될 것인가에 대하여는 견해가 나뉘고 있으며, 헌법재판소도 상반된 결정을 한 바 있음

개괄주의(槪括主義)

원칙적으로 모든 사항에 대하여 행정쟁송을 인정하는 것으로, 쟁송사항으로 규정된 것에 대해서만 행정쟁송을 인정하는 열기주의(列記主義)와 대비되는 개념

(2) 우리나라의 통치행위

① 학설 : 권력분립설(내재적 한계설)과 사법자제설을 토대로 통치행위의 관념을 긍정하는 것이 통설적 입장

② 판례

대법원	권력분립설과 사법자제설의 입장에서 통치행위를 긍정하고 있음
헌법재판소	통치행위를 긍정하고, 사법자제설의 입장에 따라 통치행위를 판단한 예가 있음(헌재 2004. 4. 29, 2003헌마814). 다만, 국민의 기본권 침해와 직접 관련되는 경우 헌법재판소의 심판대상이 된다고 함(헌재 93헌마186)

③ 통치행위에 대한 판례

통치행위 인정	• 대통령의 비상계엄선포행위 • 국회의 입법상의 자율권 → 삼권분립의 원칙상 위헌법률심사권이 인정되지 않음(대판 1972. 1. 18, 71도1845) • 군사시설보호법에 의한 군사시설보호구역의 설정 · 변경 또는 해제 행위(대판 1983. 6. 14, 83누43) • 남북정상회담의 개최 → 다만 개최과정에서의 대북송금행위는 사법심사의 대상이 됨(대판 2004. 3. 26, 2003도7878) • 금융실명제 실시를 위한 대통령의 긴급재정 · 경제명령 → 통치행위이나 헌법소원의 대상임(헌재 1996. 2. 29, 93헌마186) • 대통령의 사면(헌재 2000. 6. 1, 97헌바74) • 대통령의 자이툰부대 이라크 파병결정 → 통치행위로서 헌법소원의 대상이 아님(헌재 2004. 4. 29, 2003헌마814) • 신행정수도건설이나 수도이전의 결정 → 통치행위이나 헌법소원의 대상이 됨(헌재 2004. 10. 21, 2004헌마554 · 566)
통치행위 인정 X	• 비상계엄의 선포나 확대가 국헌문란의 목적을 달성하기 위하여 행하여진 경우(대판 1997. 4. 17. 96도3376) • 지방의회의 의원징계의결(대판 1993. 11. 26, 93누7341) • 서훈취소(대판 2015. 4. 23, 2012두26920) • 군인들의 군사반란 및 내란행위(대판 1997. 4. 17. 96도3376) • 남북정상회담의 개최과정에서 사업권의 대가명목으로 이루어진 대북송금행위(대판 2004. 3. 26, 2003도7878) • 대통령의 2007년 전시증원연습결정(헌재 2009. 5. 28, 2007헌마369)

• 사면은 … 국가원수의 고유한 권한을 의미하며 … 권력분립의 원리에 대한 예외가 된다(헌재 2000. 6. 1, 97헌바74).
• 남북정상회담의 개최는 고도의 정치적 성격을 지니고 있는 행위라 할 것이므로 특별한 사정이 없는 한 그 당부를 심판하는 것은 사법권의 내재적 · 본질적 한계를 넘어서는 것이 되어 적절하지 못하지만 … (대판 2004. 3. 26. 2003도7878)

비상계엄의 선포나 확대가 국헌문란의 목적을 달성하기 위하여 행하여진 경우에는 법원은 그 자체가 범죄행위에 해당하는지의 여부에 관하여 심사할 수 있다(대판 1997. 4. 17. 96도3376).

통치행위의 개념을 인정한다고 하더라도 과도한 사법심사의 자제가 기본권을 보장하고 법치주의 이념을 구현하여야 할 법원의 책무를 태만히 하거나 포기하는 것이 되지 않도록 그 인정을 지극히 신중하게 하여야 하며, 그 판단은 오로지 사법부만에 의하여 이루어져야 한다(대판 2004. 3. 26. 2003도7878).

관련 판례 통치행위 인정

• 대통령의 긴급재정경제명령은 … 일종의 국가긴급권으로서 대통령이 고도의 정치적 결단을 요하고 가급적 그 결단이 존중되어야 할 것임은 법무부장관의 의견과 같다. 그러나 … 비록 고도의 정치적 결단에 의하여 행해지는 국가작용이라고 할지라도 그것이 국민의 기본권 침해와 직접 관련되는 경우에는 당연히 헌법재판소의 심판대상이 될 수 있는 것일 뿐만 아니라, 긴급재정경제명령은 법률의 효력을 갖는 것이므로 마땅히 헌법에 기속되어야 할 것이다(헌재 1996. 2. 29, 93헌마186).
• 외국에의 국군의 파견결정은 … 고도의 정치적 결단이 요구되는 사안이다 … 현행 헌법이 채택하고 있는 대의민주제 통치구조 하에서 대의기관인 대통령과 국회의 그와 같은 고도의 정치적 결단은 가급적 존중되어야 한다(헌재 2004. 4. 29, 2003헌마814).

| 관련 판례 | 통치행위 인정 × |

- 지방의회의 의원징계의결은 그로 인해 의원의 권리에 직접 법률효과를 미치는 행정처분의 일종으로서 행정소송의 대상이 되고 … (대판 1993. 11. 26, 93누7341)
- 남북정상회담의 개최과정에서 재정경제부장관에게 신고하지 아니하거나 통일부장관의 협력사업 승인을 얻지 아니한 채 북한측에 사업권의 대가 명목으로 송금한 행위 자체는 헌법상 법치국가의 원리와 법 앞에 평등원칙 등에 비추어 볼 때 사법심사의 대상이 된다(대판 2004. 3. 26, 2003도7878).

(3) 통치행위의 범위 및 통제

① 통치행위의 범위

㉠ **통치행위의 축소 경향** : 국민의 기본권 보장이나 실정법 규정과 관련하여 제한적으로 인정

㉡ **통치행위의 일반적 범위**

정부의 행위	• 외교행위, 사면 및 복권, 영전수여 등 국가원수의 지위에서 행하는 국가작용 • 국무총리 · 국무위원의 임면 등 조직법상 행위 • 긴급명령, 긴급재정 · 명령, 계엄선포, 국민투표회부, 임시국회소집 요구, 법률안거부 등
국회의 행위	국무총리 · 국무위원의 해임건의, 국회의 의사자율권, 국회의원의 자격심사 · 징계 · 제명, 국회의 조직행위 등

② 통치행위의 통제

㉠ **통치행위에 대한 구속**

합목적성의 구속	합목적적인 수단을 선택하고, 공공의 의사에 구속될 것이 요구됨
헌법에의 구속	통치행위는 헌법형성의 기본결단에 구속되고, 법치국가의 원리에 합당하여야 함
법률에 의한 구속	통치행위에 관해 개별적으로 정한 법률이 있는 경우 그 법률에 구속되어야 함

㉡ **통치행위의 법적 한계** : 통치행위가 모두 정치적 문제라고 하여 사법심사의 대상에서 배제되는 것은 아니며, 헌법의 기본결단 및 법치국가의 원리(평등의 원칙, 비례의 원칙, 최소제한의 원칙 등)에 의한 제한을 받음. 또한 진정한 의미의 정치적 분쟁은 법원의 심사대상에서 제외될 것이지만, 정치적 법률분쟁은 법원의 심사대상이 되어야 함

㉢ **국가배상청구권의 인정 여부** : 다수설은 통치행위에 대한 위법성 여부가 사법심사의 대상에서 제외되므로 인정될 수 없다고 봄

통치행위에 해당되지 않는 행위

법률안 제출행위(헌재 92헌마174), 비정치적 공무원의 징계 · 파면, 대법원장의 법관인사조치, 국회 소속공무원의 임면, 대통령 국회의원 선거, 지방자치단체장 선거연기, 도시계획확정공고, 법규명령 및 행정규칙의 제정, 서울시장의 국제협약 체결 행위, 헌법재판소의 위헌법률심사, 계엄관련 집행행위, 서훈취소 등

통치행위의 주체

- 행위주체 : 일반적으로는 정부(대통령), 국회도 가능
- 판단주체 : 오직 사법부만 가능

SEMI-NOTE

행정주체로서의 공무수탁사인
사인은 행정객체의 지위에서는 것이 보통이지만, 국가나 공공단체로부터 수임한 행정사무를 집행하는 경우에 그 수임한 범위 내에서는 행정주체가 됨

3. 행정의 분류

(1) 주체에 의한 분류

국가행정	국가가 직접 그 기관을 통하여 하는 행정
자치행정	지방자치단체, 그 밖의 공공단체가 주체가 되어 행하는 행정
위임(위탁)행정	국가나 공공단체가 자기 사무를 다른 공공단체나 그 기관 또는 수권사인(공무수탁사인)에게 위임하여 처리하게 하는 행정

(2) 법형식에 따른 분류

공법상 행정 (고권행정)	행정법(공법)에 따라 이루어지는 행정을 말하며, 행정주체에게 사인보다 우월한 지위를 부여. 권력행정(협의의 고권행정)과 관리행정(단순 고권행정)으로 구분
사법상 행정 (국고행정)	공행정작용이기는 하나, 행정주체가 공권력의 주체로서가 아니라 공기업·공물 등의 경영관리주체로서 국민과 대등한 지위에서 행하는 작용

(3) 수단에 의한 분류

권력행정	행정주체가 우월한 지위에서 행정행위 또는 행정강제 등의 형식으로 개인의 자유와 재산을 침해하거나 구속하는 것을 주된 내용으로 행하는 행정
비권력행정	• 관리작용 : 강제성이 없는 공법상 행정 • 국고작용(사경제적 작용) : 행정사법작용과 협의의 사법행정(국고행정)으로 분류

(4) 법적 기속의 정도에 따른 분류

기속행정	법률상의 규정에 구속되어 행하여지는 행정작용
재량행정	행정청이 자신의 고유한 판단에 따라 행하는 행정작용

(5) 상대방에 대한 법적 효과에 따른 분류

수익적 행정	국민에게 권리나 이익을 주는 행정
침익적 행정 (부담적 행정)	국민의 권리나 이익을 박탈 또는 제한하거나 의무를 부과하는 것을 내용으로 하여 국민에게 불이익을 주는 행정
복효적 행정 (이중효과적 행정)	• 수익적 효과가 발생하나 동시에 침익적 효과가 발생하는 행정 • 혼합적 행정과 제3자효 행정이 있음

(6) 내용에 따른 분류(Stein의 분류)

① 전통적 분류방식
  ㉠ 행정조직(대내적 조직관계)
  ㉡ 행정작용(대외적 활동관계)

기타 분류
• 사무의 성질에 따른 분류 : 입법적 행위(법규명령의 제정행위 등), 집행적 행위(하명, 허가, 인가 등), 사법적 행위(행정심판재결 등)
• 행정의 대상에 따른 분류 : 교육행정, 문화행정, 경제행정, 사회행정 등으로 구분

행정작용(대외적 활동관계)
• 사회목적적 행정(내무행정) : 질서행정, 복리행정, 규제행정, 공용부담행정
• 국가목적적 행정 : 재무행정, 군사행정, 외무행정, 사법행정

② 새로운 분류방식

질서행정	공적 안전과 공적 질서의 유지를 위하여 위해를 방지·제거하는 행정
급부행정	• 사회보장행정 : 헌법상 국민의 인간다운 생활을 할 권리와 국가의 사회보장·사회복지증진의무에 따라 직접 개인을 대상으로 하여 행하여지는 행정활동 • 공급행정 : 일상생활상 필요불가결한 공공역무를 제공하는 행정활동 • 조성행정 : 사회구조정책의 일환으로 또는 개인생활개선을 목적으로 하여 행하여지는 행정활동
유도행정	사회·경제·문화생활 등을 일정한 방향으로 유도하고 개선하기 위하여 행하는 행정활동
계획행정	해당 부분에 있어서 관련된 모든 권리·이익을 비교형량하고 관계 상황을 구체적으로 검토하여 행하는 계획적·형성적 행정작용
공과행정 (재무행정)	국가·지방자치단체 등이 그 소요재원을 마련하기 위하여 조세, 그 밖의 공과금을 징수하고 관리하는 행정
조달행정	행정목적의 달성에 필요한 인적·물적 수단을 취득하고 관리하는 행정

급부행정(給付行政)
국민의 복지증진을 위하여 행하는 수익적 행정작용으로, 질서행정과 달리 명령·강제수단이 사용되지 않으며 공법적인 방식 외에 사법적 방식으로도 이루어짐

02절 행정법

1. 행정법의 의의와 특성

(1) 행정법의 의의

① 행정법은 행정에 관한 법이다
  ㉠ 실질적 의미의 행정을 대상으로 하는 법
  ㉡ 행정관념을 중심으로 하는 법(헌법과의 구별)
  ㉢ 행정권의 조직·작용 및 그 구제에 관한 법
② 행정법은 행정에 관한 공법이다
③ 행정법은 행정에 관한 국내공법이다

(2) 행정법의 특성

행정조직법, 행정작용법, 행정구제법
• 행정조직법 : 행정주체 기관의 조직·권한 및 그 상호관계에 관한 법
• 행정작용법 : 행정주체와 사인 간의 공법상 법률관계에 관한 법
• 행정구제법 : 행정작용으로 인한 국민의 권리침해에 대한 구제에 관한 법

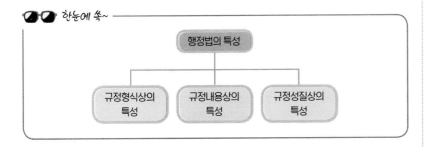

한눈에 쏙~

행정법의 특성
├ 규정형식상의 특성
├ 규정내용상의 특성
└ 규정성질상의 특성

행정주체의 우월성

행정주체의 우월성은 행정주체의 고유한 본성에서 나오는 것이 아니라 법률이 인정하는 범위 내에서만 인정됨

재판규범, 행위규범
- *재판규범 : 재판의 적용 근거나 준칙이 되는 법규범*
- *행위규범 : 개인의 행위에 대한 명령 또는 금지를 통해 행위를 직접 규율하는 법규범*

대륙법계 · 영미법계 국가의 행정법
- **대륙법계 국가** : 법치국가사상의 확립하였으며, 행정에 특수한 법체계를 구성하고 그에 관한 문제를 일반법원과는 다른 행정재판소를 설치함. 프랑스 혁명 이후 제고된 자유주의적 · 개인주의적 사상을 배경으로 행정에 대한 사법권의 간섭을 배제하고 행정권의 독립성을 보장하기 위하여 행정권 내부에 설치된 국참사원의 판례를 통하여 행정법이 성립 · 발달
- **영미법계 국가** : 행정위원회의 조직과 권한행사의 절차 및 사법심사 등을 규율하기 위한 수단으로 행정법이 성립 · 발달하였으며, 보통법과의 조화 내지 보통법에 대한 예외(특별법)로서 발전. 행정구제법과 법원에 의한 사법통제를 중심내용으로 하고 있음

법치행정의 3요소
법률의 법규창조력, 법률의 우위, 법률의 유보

① 규정형식상의 특성
　㉠ 성문성 : 국민의 법적 안정성을 도모하기 위해서는 그 규율의 내용을 보다 명확히 하여 국민들의 행정작용에 대한 예측가능성을 보장할 수 있도록 하여야 함
　㉡ 법원(法源)의 다양성 : 행정법을 구성하는 법의 존재형식이 헌법과 법률외에 매우 다양하게 존재함
② 규정내용상의 특성 : 공익목적성, 행정주체의 우월성, 집단성 · 평등성
③ 규정성질상의 특성
　㉠ 획일성 · 강행성
　㉡ 재량성
　㉢ 기술성 · 수단성
　㉣ 명령규정성(단속규정성)
　㉤ 행위규범성

2. 우리나라 행정법의 성립과 유형

(1) 행정법의 성립

우리나라 근대 행정법은 일제에 의하여 비민주적 경찰권 중심의 행정법으로 성립하였으나, 광복 이후 민주주의 이념과 영미법의 영향으로 혼합적 성격의 행정법으로 발전함

(2) 행정법의 유형

① 사법국가원칙 : 우리나라는 독일 · 프랑스 등의 대륙법계의 영향으로 공법 · 사법의 이원적 법체계를 전제로 한 행정의 특유한 공법으로서의 성격을 강조하고 있으나, 모든 법률적 쟁송을 별도의 독립된 행정법원이 아닌 사법(司法)법원이 관할하는 영미식의 사법국가원칙을 취하고 있음
② 행정국가요소의 가미 : 사법국가원칙을 취하면서도 대륙법계의 행정국가적 요소를 가미하여 행정법의 독립적 체계가 형성되어 있으며, 행정사건에 고유하게 적용되는 절차법(행정소송법)을 두고 일반 민사사건과 구별되는 특수성을 인정

3. 행정과 법치주의(법치행정)

(1) 법치주의와 법치행정

① 법치주의의 의의 : 인권보장을 목적으로 한 권력분립의 원칙하에 모든 국가작용은 국회가 제정한 법률에 기하여 행해져야 하고, 재판제도를 통해 사법적 구제절차를 확보하여야 한다는 원리
② 법치행정의 의의
　㉠ 개념 : 행정은 법률의 근거에 따라 법률의 기속을 받아서 행해져야 하며, 이를 위반하여 개인에게 피해가 생기면 이에 대해 사법적인 구제가 확보되어야 하는 원리

ⓛ 목적 : 행정권의 자의적 행사로부터 개인의 권리를 보호하고 행정작용에 대한 예측가능성을 확보

(2) 형식적 법치주의

① 형식적 법치주의의 내용
  ㉠ 법률의 법규창조력
  ㉡ 법률의 우위
  ㉢ 법률의 유보
② 형식적 법치주의의 특징 및 한계
  ㉠ 실질적 인권보장의 미흡(형식적 인권보장)
  ㉡ 소송과 재판상의 권익구제 기회의 축소
  ㉢ 법률우위의 지나친 강조
  ㉣ 법률로부터 자유로운 행정의 인정
  ㉤ 인권탄압의 수단으로 악용

(3) 실질적 법치주의

① 실질적 법치주의의 의의 : 형식적인 측면은 물론 법의 실질적 내용에서도 기본권 침해가 없도록 하려는 원리(법의 지배원리)를 말하며, 합헌적 법률의 지배와 기본권의 실질적 보장을 그 이념으로 함
② 현대적 법치주의 : 실질적 법치주의 확립
  ㉠ 현대는 행정조직이나 특별권력관계의 내부행위, 통치행위, 행정재량행위 등에 법치주의가 적용되어 법에 의한 지배범위가 확대되고 있음
  ㉡ 새로운 이론적 경향으로 법치주의 원리의 보장을 위한 제도를 강화하고 있음
  ㉢ 법률유보의 확대
③ 실질적 법치주의의 내용(행정의 법률적합성 원리)

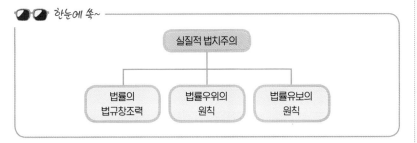

한눈에 쏙~

실질적 법치주의
├ 법률의 법규창조력
├ 법률우위의 원칙
└ 법률유보의 원칙

  ㉠ 법률의 법규창조력 : 국민의 권리제한과 의무부담에 관해 규율하는 법규는 의회의 제정에 의해서만 창조할 수 있으며, 의회가 정립한 형식적 법률만이 법규로서 구속력을 가짐

형식적 법치주의의 의의

• 19세기 후반 독일에서 확립된 이론으로, Mayer 등에 의해 체계화되어 제2차 세계대전 이후 독일에서 인정됨
• 법치주의를 의회가 제정한 형식적 의미의 법률에 의한 행정의 지배로 이해함
• 법률의 목적이나 내용적 정당성은 고려되지 않으며, 행정의 합법성이 곧 행정의 정당성이 됨

관련 판례

국가의 보호의무를 입법자가 어떻게 실현하여야 할 것인가 하는 문제는 입법자의 책임범위에 속하므로, 헌법재판소는 권력분립의 관점에서 소위 과소보호금지원칙을, 즉 국가 국민의 법익보호를 위하여 적어도 적절하고 효율적인 최소한의 보호조치를 취했는가를 기준으로 심사하게 되어 … (헌재 1997. 1. 16, 90헌마110 · 136 병합)

법률의 법규창조력

행정권에는 독자적이고 시원적인 법규창조력이 인정되지 않으므로, 의회의 수권 없이 독자적으로 법규를 창조할 수 없음

법률유보의 원칙

국민의 권리·의무에 관한 규율은 모두 의회의 입법, 즉 법률의 권한에 유보되고, 행정은 법률이 이미 규율하고 있는 경우 그에 따라서만 행하여져야 한다는 것을 의미함

본질사항유보설에 대한 비판

• 본질적 사항은 법률에 유보되어야 하고, 비본질적인 사항은 법률 근거 없이도 가능하다고 보는데, 이에 대해 본질사항(중요사항)과 비본질사항의 구별 기준이 불명확하다는 비판이 있음
• 이러한 비판에 대해 국민의 기본권 관련성을 기준으로 본질사항을 결정하므로 불명확하다고 단정할 수 없다는 점을 들어 반박함

ⓒ 법률우위의 원칙

의의	행정은 합헌적 절차에 따라 제정된 법률에 위반하여서는 안 된다는 원칙
적용 범위	행정의 모든 영역, 즉 공법형식이든 사법형식이든 구분 없이 모든 국가작용에 적용된다는 점에서 학설에 따라 제한적으로 적용되는 법률유보의 원칙과 차이가 있음
위반의 효과	법률에 위반한 국가작용의 효과에 대해서는 달리 정함이 없는 한 무효라 볼 수 있음. 따라서 그 행정행위 하자의 중대성과 명백성 여하에 따라 무효 또는 취소의 대상이 될 수 있어 사법심사의 대상이 됨

ⓒ 법률유보의 원칙

• 의의 : 행정작용은 반드시 법률이나 법률의 위임에 의한 법규명령 등 법적 근거에 의해서만 행하여진다는 원칙. 적극적 의미의 법률적합성의 원칙(법치주의의 적극적 측면)이라 함
• 적용범위 : 헌법에서 입법사항으로 규정하고 있지 않은 행정영역에 법률유보의 원칙이 적용되는가의 여부와 관련하여 다음과 같이 견해가 대립됨

침해유보설	국민의 자유와 권리를 제한하거나 새로운 의무를 부과하는 침해적 행정작용은 법률의 근거를 요하나, 국민의 권리와 의무에 직접 관계없는 행정작용은 법률의 근거를 요하지 아니한다는 견해
권력행정유보설	모든 권력적 국가작용은 법률의 근거를 요한다는 것으로, 법률의 법규창조력을 근거로 함
사회유보설 (급부유보설)	• 침해행정뿐만 아니라 수익적 행정인 급부행정 전반에 대해서도 법률의 수권이 필요하다는 견해로서 사회국가이념과 법 앞에 평등원칙에 기초함 • 침해유보설이 국가(행정)에 대한 자유를 강조한 데 비해, 급부행정유보설은 급부에 대한 공평한 참여와 수익을 의미하는 국가(행정)를 통한 자유의 중요성을 강조
본질사항유보설	• 독일의 연방헌법재판소의 판례(Kalkar 결정, 1978)에 의해 정립된 것으로, 각 행정부문에 있어 중요하고도 본질적인 사항에 관한 규율은 법률에 유보되어야 한다는 견해 • 중요사항유보설, 단계설, 의회유보설이라고도 함
신침해유보설	원칙적으로 침해유보설의 기본 입장을 유지하면서 급부행정유보설과 전부유보설에 대해 반대하며 제기된 견해
전부유보설	• 국민주권주의와 의회민주사상을 기초로 하여 모든 행정작용은 법률의 근거가 필요하다는 견해 • 입법자가 법률을 제정하지 않는 한 국민에게 필요한 급부를 할 수 없는 문제가 있으며, 규범의 결여로 인하여 행정청의 활동영역이 좁아지게 되어 권력분립원칙을 저해하는 결과를 초래할 수 있다는 비판이 제기됨
개별적·단계별 검토설	행정의 행위형식과 행정유형별로 법률유보의 범위를 개별적·단계적으로 결정하여야 한다는 것으로, 다수설의 입장

관련 판례 본질사항

오늘날 법률유보원칙은 단순히 행정작용이 법률에 근거를 두기만 하면 충분한 것이 아니라, 국가공동체와 그 구성원에게 기본적이고 중요한 의미를 갖는 영역, 특히 국민의 기본권실현과 관련된 영역에 있어서는 국민의 대표자인 입법자가 그 본질적 사항에 대해서 스스로 결정하여야 한다는 요구까지 내포하고 있다(의회유보원칙). 그런데 텔레비전방송수신료는 … 기본권실현에 관련된 영역에 속하고, 수신료금액의 결정은 납부의무자의 범위 등과 함께 수신료에 관한 본질적인 중요한 사항이므로 국회가 스스로 행하여야 하는 사항에 속하는 것임에도 불구하고 … 국회의 결정이나 관여를 배제한 채 한국방송공사로 하여금 수신료금액을 결정해서 문화관광부장관의 승인을 얻도록 한 것은 법률유보원칙에 위반된다(헌재 1999. 5. 27, 98헌바70).

4. 행정법의 법원(法源) ⭐빈출개념

(1) 개설

① 법원의 의의
  ㉠ 개념 : 행정권의 조직과 작용 및 그 구제에 관한 실정법의 존재형식 또는 법의 인식근거를 말하며, 크게 성문법원과 불문법원으로 나누어짐
  ㉡ 법원의 범위 : 우리나라의 경우 광의설이 다수설임
    • 협의설(법규설) : 법규만을 법원으로 보는 견해로, 행정주체 내부관계를 규율하는 행정규칙은 법원에서 제외됨
    • 광의설(행정기준설) : 수범자의 범위에 관계없이 법적으로 구속력을 갖는 성문·불문의 규율을 법규로 이해하는 견해로. 법규는 물론 행정사무의 기준이 되는 법규범까지 법원으로 봄(행정규칙도 법원이 됨)
② 법원의 특징
  ㉠ 성문법주의
  ㉡ 단일법전의 부존재
  ㉢ 불문법에 의한 보완

(2) 법원의 종류 ⭐빈출개념

① 성문법원 : 계층적 구조를 이루고 있는 법원으로, 법, 법률, 조약 및 국제법규, 명령, 자치법규 등이 있으며 상호간에 충돌이 있을 경우 상위법이 우선 적용되고 동위의 법령에서는 신법 및 특별법이 우선 적용됨
  • 헌법, 법률, 명령, 자치법규

👓 한눈에 쏙~

헌법 ▸ 법률 ▸ 명령 ▸ 자치법규

헌법	국가의 조직과 작용 및 구제에 관한 사항과 관련된 근본적인 사항을 규정하고 있는 국가의 기본법으로 행정법의 법원 중 가장 기본적인 법원이며 최고 법원이 됨
법률	• 행정법의 가장 중요한 시원적 법원 • 형식적 의미의 법률, 즉 의회가 헌법이 정한 절차에 따라 제정한 법률만을 의미함. 또한 전래적 법원인 명령(행정입법)이나 조례·규칙보다 우월한 상위의 효력을 가지는데, 헌법은 예외적으로 법률과 같은 효력을 갖는 명령(긴급명령, 긴급재정·경제명령)을 규정하고 있음 • 일반적으로 동위의 효력을 갖는 법률 상호 간에 있어서는 신법 우선의 원칙과 특별법 우선의 원칙과 같은 법해석원칙이 적용됨
명령 (행정 입법)	• 행정권에 의하여 제정된 법형식을 의미함 • 법규명령 : 법규의 성질을 가짐 • 행정규칙 : 법규에 해당되지 않는 것으로, 행정기관 내부에서만 효력을 가질 뿐 국민에게는 구속력이 없음(법규성×)
자치 법규	지방자치단체가 자치입법권에 의하여 헌법과 법령의 범위 내에서 정립하는 법규. 지방의회의 의결로 제정하는 조례와 지방자치단체의 장이 제정하는 규칙, 교육감이 제정하는 교육규칙이 있음

법규명령
법률의 위임 여부에 따라 위임명령과 집행명령으로 구분되며, 그 주체에 따라 대통령령·총리령·부령, 중앙선거관리위원회규칙, 대법원규칙, 헌법재판소규칙 등으로 구분

• 조약 및 국제법규
 – 조약(협정·협약)이란 국가와 국가 사이 또는 국가와 국제기구 사이의 법적 구속력이 있는 합의를 말하며, 국제법규란 우리나라가 당사국이 아닌 국제조약으로서 국제사회에서 일반적으로 승인된 것과 국제관습법 등을 말함
 – 조약과 국제법규의 효력에 관해서는 국내법과 동위의 효력을 지닌다고 할 수 있으므로 국내법과 충돌 시 그 적용에 있어 특별법 우선의 원칙과 신법 우선의 원칙과 같은 법해석 원칙에 따름
 – 조약과 일반적으로 승인된 국제법규는 국내행정에 관한 사항이면 그 자체로 국내법과 동위의 효력을 지닌 행정법의 법원이 되며 의회에 의한 별도의 국내법 제정절차를 거치지 않고 직접 적용됨

관련 판례 조약 및 국제법규

관세 및 무역에 관한 일반협정(General Agreement on Tariffs and Trade), 정부조달에 관한 협정(Agreement on Government Procurement)은 국회의 동의를 얻어 공포시행된 조약으로서 각 헌법 제6조 제1항에 의하여 국내법령과 동일한 효력을 가지므로 지방자치단체가 제정한 조례가 GATT나 AGP에 위반되는 경우에는 그 효력이 없다 … 학교급식을 위해 위 지방자치단체에서 생산되는 우수 농수축산물과 이를 재료로 사용하는 가공식품('우수농산물')을 우선적으로 사용하도록 하고 그러한 우수농산물을 사용하는 자를 선별하여 식재료나 식재료 구입비의 일부를 지원하며 지원을 받은 학교는 지원금을 반드시 우수농산물을 구입하는 데 사용하도록 하는 것을 내용으로 하는 위 지방자치단체의 조례안이 내국민대우원칙을 규정한 '1994년 관세 및 무역에 관한 일반협정'(GATT 1994)에 위반되어 그 효력이 없다(대판 2005. 9. 9, 2004추10).

② **불문법원** : 행정법은 성문법주의가 원칙이지만, 성문법이 정비되지 아니한 행정
분야에 있어서는 불문법이 보충적 법원이 됨

　㉠ **관습법** : 행정영역에서 국민 사이에 계속적·장기적으로 관행이 반복되고, 그
관행이 국민 일반의 법적 확신을 얻어 법규범으로서 승인된 것

　　• 성립요건 : 통설과 판례에 의하면, 객관적 요소로서 장기적이고 일반적인
관행·관습이 있으며 주관적 요소로서 민중의 법적 확신이 있다면 관습법
이 인정됨

　　• 법원성(행정관습법의 성립 여부) : 법규에서 명문으로 관습법에 의한다는
규정을 두는 경우(민법 제1조)에는 행정관습법의 성립에 의문의 여지가 없
으나, 이러한 명문규정이 없는 경우에는 견해가 대립됨. 이에 대해 법규에
명문규정이 없는 경우에도 행정관습법의 성립을 긍정하는 적극설이 통설

　　• 효력(적용범위) : 성문법의 결여 시 성문법을 보충하는 범위에서 효력을 갖
는다는 것이 통설과 판례의 태도

　　• 종류

행정 선례법	행정청의 선례가 계속 반복되어 형성되는 관습법을 말함. 행정선례 법이 구체화된 대표적인 법으로는 국세기본법을 들 수 있는데, 국 세기본법 제18조 제3항에서 "세법의 해석 또는 국세행정의 관행이 일반적으로 납세자에게 받아들여진 후에는 그 해석 또는 관행에 의 한 행위 또는 계산은 정당한 것으로 보며, 새로운 해석 또는 관행에 의하여 소급하여 과세되지 아니한다"고 하여 행정선례법의 존재를 명시적으로 인정함
민중적 관습법	민중 사이에 행정법관계에 관한 관행이 장기적으로 계속됨으로써 형성된 관습법으로, 주로 공물 등의 이용관계에서 주로 나타나는데, 입어권(수산업법 제2조, 제46조), 하천용수에 관한 관습법(유수사용 권, 음용용수권, 관개용수이용권) 등이 구체적 예

　㉡ **판례법**

　　• 의의 : 행정사건에 대한 법원의 판결이 동종사건에 대한 재판의 준거가 될
때 법원으로서의 효력을 가지게 되는 것

　　• 법원성

입법례	영미법계에서는 선례구속성원칙이 확립되어 판례의 법원으로서의 지위가 인정되지만, 성문법주의를 취하는 대륙법계에서는 판례에 대한 법적 구속력은 없고 단지 사실상의 구속력만을 가지며 판례도 변경된다는 점에서 법원성에 대하여 논란이 있음(법원성 긍정설과 법원성 부정설)
우리나라의 태도 (절충설)	상급법원의 판단은 당해 사건에 관하여 하급심을 기속하는 효력을 가진다는 법원조직법(제8조)과 민사소송법(제436조)의 규정 등을 토대로 형식적으로는 판례법의 법원성이 부정되어 법적구속력이 없으나, 실질적인 관점에서 대법원의 판례는 하급심을 구속하므로 (사실상의 구속력을 지님). 판례는 어느 정도 법원성이 인정된다는 것이 통설의 입장

01장
행정법 통론

관련 판례

가족의례준칙 제13조의 규정과 배치
되는 관습법의 효력을 인정하는 것
은 관습법의 제정법에 대한 열후적,
보충적 성격에 비추어 민법 제1조의
취지에 어긋나는 것이다(대판 1983.
6. 14, 80다3231).

관련 판례

비과세의 사실상태가 장기간에 걸
쳐 계속되고 있으며, 이러한 상황이
당해 사항에 대하여 과세의 대상으
로 삼지 아니한다는 과세관청의 묵
시적인 의향표시로 볼 수 있는 경우
에는, 이를 국세행정의 관행이라고
인정할 수 있다(대판 1987. 2. 24, 86
누571).

관련 판례

• 대법원의 … 판례가 사안이 서로
다른 사건을 재판하는 하급심법
원을 직접 기속하는 효력이 있는
것은 아니다(대판 1996. 10. 25, 96
다31307).
• 헌법재판소가 법률의 위헌 여부
를 판단하기 위하여 불가피하게
법원의 최종적인 법률해석에 앞
서 법령을 해석하거나 그 적용범
위를 판단하더라도 헌법재판소의
법률해석에 대법원이나 각급법
원이 구속되는 것은 아니다(대판
2009. 2. 12, 2004두10289).

조리
시대가 변함에도 불구하고 변하지
않는 사물의 본질적인 법칙 또는 법의
일반원칙

ⓒ 조리법(행정법의 일반원칙)

의의	재량의 영역에서 큰 의미를 가지는 조리란 '사물의 본질적 법칙' 또는 '일반 사회의 정의감에 비추어 보았을 때 반드시 그렇게 하여야 할 것이라고 인정되는 것'
기능	행정법 해석의 기본원리로서 성문법 · 관습법 · 판례법이 모두 부재할 경우 최후의 보충적 법원으로서 중요한 기능을 가짐
지위	조리는 헌법을 포함한 여러 법규들로부터 발현되나, 대부분은 판례법의 형태를 취함. 조리가 어떤 형식을 취하든 간에 헌법차원으로서 의의를 갖는 조리에 위반한 행정작용은 위헌 · 위법한 행정작용이 됨
내용	학설과 판례에서는 평등의 원칙, 비례의 원칙, 신뢰보호의 원칙, 부당결부금지의 원칙 등을 들고 있음

일반법 원칙과 행정법의 일반원칙
• 일반법 원칙 : 법적 공동체로서 당연히 도출되는 윤리적 기초를 통한 최소한의 원칙으로 정의의 원칙을 말하며, 기본적인 법규범으로서 법원의 성격을 가짐
• 행정법의 일반원칙 : 일반법 원칙의 행정법에서의 표현이라 할 수 있으며, 행정법의 모든 분야에 적용되고 지배되는 일반적 원리로서 행정은 이러한 행정법의 일반원칙에도 구속된다고 볼 수 있음

(3) 행정법의 일반원칙 ★ 빈출개념

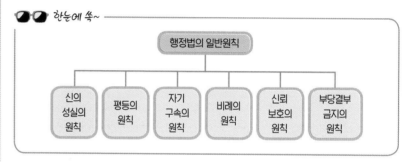

① 신의성실의 원칙
  ㉠ 의의 : 모든 사람은 공동체의 일원으로서 상대방에 대한 신의를 지켜야 함. 신의성실의 원칙에 반하는 행정작용은 위법함
  ㉡ 실정법상의 근거
    • 행정절차법 제4조 제1항("행정청은 직무를 수행할 때 신의에 따라 성실히 하여야 한다.")
    • 국세기본법 제15조("납세자가 그 의무를 이행할 때에는 신의에 따라 성실하게 하여야 한다. 세무공무원이 그 직무를 수행할 때에도 또한 같다.")

관련 판례
조례안이 지방의회의 감사 또는 조사를 위하여 출석요구를 받은 증인이 5급 이상 공무원인지 여부, 기관(법인)의 대표나 임원인지 여부 등 증인의 사회적 신분에 따라 미리부터 과태료의 액수에 차등을 두고 있는 경우 … 평등의 원칙에 위배되어 무효이다(대판 1997. 2. 25. 96추213).

관련 판례 신의성실의 원칙

지방공무원 임용신청 당시 잘못 기재된 호적상 출생연월일을 생년월일로 기재하고, 이에 근거한 공무원인사기록카드의 생년월일 기재에 대하여 처음 임용된 때부터 약 36년 동안 전혀 이의를 제기하지 않다가, 정년을 1년 3개월 앞두고 호적상 출생연월일을 정정한 후 그 출생연월일을 기준으로 정년의 연장을 요구하는 것이 신의성실의 원칙에 반하지 않는다(대판 2009. 3. 26. 2008두21300).

② 평등의 원칙

의의	행정기관이 행정작용을 함에 있어서 정당한 사유가 없는 한 상대방인 국민을 평등하게 대우하여야 한다는 원칙으로, 행정법 영역에서 재량권 행사의 한계를 설정하는 중요한 의미를 가짐
법적 성격	평등원칙은 헌법 제11조("누구든지 성별 · 종교 또는 사회적 신분에 의하여 정치적 · 경제적 · 사회적 · 문화적 생활의 모든 영역에 있어서 차별을 받지 아니한다.")에 명시된 법원칙으로 보는 견해도 있으나, 이는 어디까지나 법 앞의 평등원칙만을 규정하고 있는 것이고 행정법상 평등원칙의 내용을 이루고 있는 공공부담 앞의 평등원칙, 공무원 앞의 평등원칙 등이 모두 규정된 것이 아닌 것으로 보아 평등의 원칙을 헌법 제11조의 기본이념에서 도출되는 불문법원이라고 보는 견해도 있음
효력	평등원칙에 위반한 행정작용은 위헌 · 위법이 됨. 평등원칙은 행정 내부의 규정에 불과한 재량준칙(행정규칙)을 국민에 대해 간접적인 구속력을 발생하게 하는 전환규범의 역할을 함

관련 판례 평등원칙 위반

원심은 원고가 원판시와 같이 부산시 영도구청의 당직 근무 대기중 약 25분간 같은 근무조원 3명과 함께 시민 과장실에서 심심풀이로 돈을 걸지 않고 점수따기 화투놀이를 한 사실을 확정한 다음 이것이 국가공무원법 제78조 1, 3호 규정의 징계사유에 해당한다 할지라도 당직 근무시간이 아닌 그 대기중에 불과 약25분간 심심풀이로 한 것이고 또 돈을 걸지 아니하고 점수따기를 한데 불과하며 원고와 함께 화투놀이를 한 3명(지방공무원)은 부산시 소청심사위원회에서 견책에 처하기로 의결된 사실이 인정되는 점 등 제반 사정을 고려하면 피고가 원고에 대한 징계처분으로 파면을 택한 것은 당직근무 대기자의 실정이나 공평의 원칙상 그 재량의 범위를 벗어난 위법한 것이라고 하였는바 … (대판 1972. 12. 26. 72누194)

관련 판례 평등원칙 위반 x

같은 정도의 비위를 저지른 자들 사이에 있어서도 그 직무의 특성 등에 비추어, 개전의 정이 있는지 여부에 따라 징계의 종류 선택과 양정에 있어서 차별적으로 취급하는 것은, 사안의 성질에 따른 합리적 차별로서 이를 자의적 취급이라고 할 수 없는 것이어서 평등원칙 내지 형평에 반하지 아니한다(대판 1999. 8. 20. 99두2611).

③ 행정의 자기구속의 원칙

의의	행정권의 행사를 통해 이미 행한 행정결정 또는 행정규칙에 근거하여 미래에 예견되는 행정결정의 체계에 행정청이 구속받는다는 원칙
인정 근거	• 신뢰보호원칙 내지 신의성실원칙에서 찾는 견해와 평등의 원칙에서 찾는 견해가 있으나, 평등의 원칙에서 찾는 견해가 다수설 • 판례는 평등원칙과 신뢰보호원칙을 그 근거로 하고 있음(대판 2009두7967 등)
기능	재량권 행사에 있어서 행정권의 자의를 방지하여 국민의 권리보호 및 행정통제(사후적 사법통제)를 확대시키는 기능을 함

행정의 자기구속의 원칙을 평등의 원칙에서 찾는 견해

행정의 자기구속이 자유로운 판단이 가능한 영역에서 스스로 제시한 기준에 따라 자신이 행한 그간 행위로부터 정당한 사유 없이 이탈할 수 없으며, 이를 이탈하는 경우 신뢰유무를 불문하고 불합리한 차별에 해당되어 평등의 원칙에 위반된다는 것을 논거로 함

관련 판례

청원경찰의 인원감축을 위한 면직처분대상자를 선정함에 있어서 초등학교 졸업 이하 학력소지자 집단과 중학교 중퇴 이상 학력소지자 집단으로 나누어 각 집단별로 같은 감원비율 상당의 인원을 선정한 것은 합리성과 공정성을 결여하고, 평등의 원칙에 위배하여 그 하자가 중대하다 할 것이나 … 그 하자가 객관적으로 명백하다고 보기는 어렵다 (대판 2002. 2. 8. 2000두4057).

21

행정규칙이 법령의 규정에 의하여 행정관청에 법령의 구체적 내용을 보충할 권한을 부여한 경우, 또는 재량권행사의 준칙인 규칙이 그 정한 바에 따라 되풀이 시행되어 행정관행(行政慣行)이 이룩되게 되면, 평등의 원칙이나 신뢰보호의 원칙에 따라 행정기관은 그 상대방에 대한 관계에서 그 규칙에 따라야 할 자기구속을 당하게 되고, 그러한 경우에는 대외적인 구속력을 가지게 된다 할 것이다(헌재 1990. 9. 3, 90헌마13).

헌법 제37조 제2항

국민의 모든 자유와 권리는 국가안전보장·질서유지 또는 공공복리를 위하여 필요한 경우에 한하여 법률로써 제한할 수 있으며, 제한하는 경우에도 자유와 권리의 본질적인 내용을 침해할 수 없다.

비례의 원칙(과잉금지의 원칙)

판례는 비례의 원칙에 대하여 '행정목적과 그 목적을 실현하기 위한 수단은 그 행정목적을 실현하는 데에 적합하여야 하고 또한 최소 침해를 가져오는 것이어야 할 뿐만 아니라 아울러 그 수단의 도입으로 인해 생겨나는 침해가 의도하는 이익·효과를 능가하여서는 안 되는 원칙'이라 판시함(대판 1997. 9. 26, 96누10096)

적용영역	행정의 자기구속의 법리는 수익적 행위에서의 평등 보장을 위해 발전된 것이지만 침익적 행위에도 적용되며, 재량행위와 판단여지가 인정되는 영역에서도 의미가 있음. 그러나 기속행위에서는 행정청이 어떠한 선택의 자유가 없기 때문에 자기구속의 원칙을 논할 실익이 없음
적용요건	• 재량행위의 영역이어야 함 • 동종의 사안, 동일한 행정청이어야 함 • 행정의 선례가 존재하여야 함 • 자기구속은 근거가 되는 행정관행이 적법하여야 함
위반의 효과	자기구속의 법리는 일반적으로 법원성이 인정되므로 이에 위배되는 처분 등은 위법으로서 항고소송의 대상이 되거나 손해배상 책임을 짐

행정의 자기구속의 법리 인정

상급행정기관이 하급행정기관에 대하여 업무처리지침이나 법령의 해석적용에 관한 기준을 정하여 발하는 이른바 '행정규칙이나 내부지침'은 일반적으로 행정조직 내부에서만 효력을 가질 뿐 대외적인 구속력을 갖는 것은 아니므로 행정처분이 그에 위반하였다고 하여 그러한 사정만으로 곧바로 위법하게 되는 것은 아니다. 다만, 재량권 행사의 준칙인 행정규칙이 그 정한 바에 따라 되풀이 시행되어 행정관행이 이루어지게 되면 평등의 원칙이나 신뢰보호의 원칙에 따라 행정기관은 그 상대방에 대한 관계에서 그 규칙에 따라야 할 자기구속을 받게 되므로, 이러한 경우에는 특별한 사정이 없는 한 그를 위반하는 처분은 평등의 원칙이나 신뢰보호의 원칙에 위배되어 재량권을 일탈·남용한 위법한 처분이 된다(대판 2009. 12. 24, 2009두7967).

④ 비례의 원칙(과잉금지의 원칙)

의의	넓은 의미의 비례원칙(과잉금지의 원칙)은 행정작용에 있어 목적실현을 위한 수단과 당해 목적 사이에는 합리적인 비례관계가 유지되어야 한다는 원칙
인정근거	• 헌법상 근거(헌법 제37조 제2항) • 판례 : 헌법재판소와 대법원도 행정법의 법원으로서 비례원칙을 인정하고 있으며, 이는 헌법상 원칙이라고 판시한 바 있음
내용	광의의 비례원칙은 적합성의 원칙, 필요성의 원칙(최소 침해의 원칙), 상당성의 원칙(협의의 비례원칙, 균형성의 원칙)의 3가지 원칙으로 구성되며, 이는 적합한 수단 중에서도 필요한 수단을, 그중에서도 상당성 있는 수단을 선택해야 한다는 단계구조를 이루고 있음. 또한 어느 하나라도 위반되면 비례원칙에 위배되는 효과가 발생됨
적용영역	비례원칙은 침해행정이든 급부행정이든 관계없이 행정의 전 영역에 적용되는 것을 원칙으로 함. 다만, 사법관계에서는 비례원칙이 적용되지 않음
위반의 효과	항고소송의 대상이 되거나 손해배상책임을 짐

비례원칙 위반

경찰관은 … 필요한 때에는 최소한의 범위 안에서 가스총을 사용할 수 있으나, … 범인을 검거하면서 가스총을 근접 발사하여 가스와 함께 발사된 고무마개가 범인의 눈에 맞아 실명한 경우 국가배상책임을 인정한다(대판 2003. 3. 14, 2002다57218).

관련 판례 비례원칙 위반 ×

제재적 행정처분이 재량권의 범위를 일탈하였거나 남용하였는지 여부는 처분사유로 된 위반 행위의 내용과 그 위반의 정도, 당해 처분에 의하여 달성하려는 공익상의 필요와 개인이 입게 될 불이익 및 이에 따르는 제반 사정 등을 객관적으로 심리하여 공익침해의 정도와 그 처분으로 인하여 개인이 입게 될 불이익을 비교교량하여 판단하여야 한다 … 수입 녹용 중 전지 3대를 절단부위로부터 5cm까지의 부분을 절단하여 측정한 회분함량이 기준치를 0.5% 초과하였다는 이유로 수입 녹용 전부에 대하여 전량 폐기 또는 반송처리를 지시한 경우 … 지시처분이 재량권을 일탈·남용한 경우에 해당하지 않는다(대판 2006. 4. 14, 2004두3854).

⑤ 신뢰보호의 원칙 ★빈출개념

  ㉠ 의의 : 행정기관의 명시적(적극적)·묵시적(소극적) 언동의 정당성 또는 존속성에 대하여 국민이 신뢰를 가지고 행위를 한 경우에는 그 국민의 보호가치 있는 신뢰를 보호해 주어야 하는 원칙

  ㉡ 근거

이론상 근거	신뢰보호의 원칙에 대한 논리적인 근거로는 법적 안정성설(다수설), 신의칙설, 사회국가원리설, 기본권설, 독자성설이 논의되고 있음
실정법적 근거	• 행정절차법 제4조 제2항 : 행정청은 법령 등의 해석 또는 행정청의 관행이 일반적으로 국민들에게 받아들여졌을 때에는 공익 또는 제3자의 정당한 이익을 현저히 해칠 우려가 있는 경우를 제외하고는 새로운 해석 또는 관행에 따라 소급하여 불리하게 처리하여서는 아니 된다. • 국세기본법 제18조 제3항 : 세법의 해석이나 국세행정의 관행이 일반적으로 납세자에게 받아들여진 후에는 그 해석 또는 관행에 의한 행위 또는 계산은 정당한 것으로 보며, 새로운 해석이나 관행에 의하여 소급하여 과세되지 아니한다. • 행정심판법 제27조 제5항
판례상 근거	판례는 행정절차법 제정 이전부터 신뢰보호의 원칙을 인정하고 있음

관련 판례 법적 안정성설

국민이 종전의 법률관계나 제도가 장래에도 지속될 것이라는 합리적인 신뢰를 바탕으로 이에 적응하여 법적 지위를 형성하여 온 경우 국가 등은 법치국가의 원칙에 의한 법적 안정성을 위하여 권리의무에 관련된 법규·제도의 개폐에 있어서 국민의 기대와 신뢰를 보호하지 않으면 안 된다(헌재 2014. 4. 24, 2010헌마747).

  ㉢ 일반적 요건
  • 행정청의 선행조치
  • 보호가치가 있는 사인의 신뢰
  • 신뢰에 기인한 사인의 처리
  • 인과관계
  • 선행조치에 반하는 후행처분과 권익침해
  • 공익이나 제3자의 정당한 이익을 현저히 해할 우려가 없을 것

행정청의 견해표명

판례는 상대방의 질의에 대한 행정청의 회신내용이 일반론적인 견해표명에 그치는 경우 선행조치로 인정하지 않음(대판 90누10384). 또한 '행정청의 공적 견해표명이 있었는지의 여부를 판단하는 데 있어 반드시 행정조직상의 형식적인 권한분장에 구애될 것이 아니고 담당자의 조직상의 지위와 임무, 당해 언동을 하게 된 구체적인 경위 및 그에 대한 상대방의 신뢰가능성에 비추어 실질에 의하여 판단하여야 한다'고 판시하고 있음 (대판 1997. 9. 12, 96누18380)

관련 판례

실권 또는 실효의 법리는 법의 일반원리인 신의성실의 원칙에 바탕을 둔 파생원칙인 것이므로 … (대판 1988. 4. 27, 87누915).

관련 판례 신뢰보호원칙

- 신뢰보호의 요건을 엄격하게 요구하는 판례 : 일반적으로 … 공적인 견해표명을 하여야 하고, 둘째 행정청의 견해표명이 정당하다고 신뢰한 데에 대하여 그 개인에게 귀책사유가 없어야 하며, 셋째 그 개인이 그 견해표명을 신뢰하고 이에 상응하는 어떠한 행위를 하였어야 하고, 넷째 행정청이 위 견해표명에 반하는 처분을 함으로써 그 견해표명을 신뢰한 개인의 이익이 침해되는 결과가 초래되어야 하며, … 공익 또는 제3자의 정당한 이익을 현저히 해할 우려가 있는 경우가 아니어야 한다(대판 2006. 2. 24, 2004두13592).
- 신뢰보호원칙에 반하지 않는다고 본 판례 : 건축허가기준에 관한 개정 전 조례 조항의 존속에 대한 국민의 신뢰가 자연녹지지역 안에서의 난개발 억제라는 개정 후 조례 조항이 추구하는 공익보다 더 보호가치가 있는 것이라고 할 수 없으므로, 건축허가신청에 대하여 개정후 조례를 적용하는 것이 신뢰보호원칙에 반하지 않는다(대판 2007. 11. 16, 2005두8092).

 ⓐ **법적 효과(신뢰보호의 내용)** : 비교형량에 입각한 존속보호를 원칙으로 하고, 그것이 불가능할 경우에는 보상보호를 하는 것이 다수설의 입장

 ⓑ **적용영역**
- 수익적 행위의 직권취소나 철회의 제한
- 행정법상의 확약
- 행정법상의 실권(失權)

관련 판례 실권의 법리의 적용 여부

- 실권의 법리가 적용됨 : 행정청이 위 위반행위가 있은 이후에 장기간에 걸쳐 아무런 행정조치를 취하지 않은 채 방치하고 있다가 3년여가 지난 1986. 7. 7에 와서 이를 이유로 행정제재를 하면서 가장 무거운 운전면허를 취소하는 행정처분을 하였다면 이는 행정청이 그간 별다른 행정조치가 없을 것이라고 믿은 신뢰의 이익과 그 법적안정성을 빼앗는 것이 된다(대판 1987. 9. 8, 87누373).
- 실권의 법리가 적용되지 않음 : 교통사고가 일어난지 1년 10개월이 지난 뒤 그 교통사고를 일으킨 택시에 대하여 운송사업면허를 취소하였더라도 … 택시운송사업자로서는 자동차운수사업법의 내용을 잘 알고 있어 교통사고를 낸 택시에 대하여 운송사업면허가 취소될 가능성을 예상할 수도 있었을 터이니, 자신이 별다른 행정조치가 없을 것으로 믿고 있었다 하여 바로 신뢰의 이익을 주장할 수는 없다(대판 1989. 6. 27, 88누6283).

 • **소급효**

진정 소급효	법령이 공포·시행되기 전에 종결된 사실에 대하여 적용되지 않음(진정소급효는 인정되지 않음)
행정 법규	신뢰보호원칙과 법적 안정성의 견지에서 원칙적으로 행정법규의 소급적용은 금지되나, 과거에 시작되어 현재 진행 중인 사실에 대해 신 법령을 소급하여 적용하는 부진정소급의 경우 판례에서 인정하고 있음
행정 처분	원칙적으로 처분시의 법령에 근거하여 행해져야 하고 법령 개정으로 기준이 달라진 경우에도 처분시의 개정법령에서 규정하고 있는 기준이 적용됨

- 처분사유의 추가·변경 : 통설과 판례는 신뢰보호의 원칙을 근거로 하여 당초의 처분사유와 기본적 사실관계의 동일성이 인정되는 범위 안에서만 허용
- 행정계획의 변경 : 행정청의 행정계획의 변경 또는 폐지로 인하여 사인의 신뢰가 침해되는 경우 신뢰보호의 원칙에 의거하더라도 일반적인 계획존속청구권은 인정되지 않지만, 신뢰보호를 이유로 한 손해전보는 청구할 수 있음
- 개정법령의 적용 : 법령이 개정되는 경우에도 신뢰보호원칙이 적용될 수 있으므로 개정 전 법령에 대한 당사자의 신뢰이익과 개정 후 법령에 대한 공익 간의 이익형량을 따져 해결해야 함
- ⓗ **위반의 효과** : 신뢰보호의 원칙에 위반된 행정작용은 위법함. 위법의 정도에 대해서는 취소사유설이 다수설과 판례의 입장
- ⓢ **한계(신뢰보호원칙과 법률적합성의 대립문제)** : 신뢰보호원칙과 행정의 법률적합성의 원칙(법률우위)이 충돌하는 경우 통설과 판례는 양자동위설에 입각한 비교형량설(이익형량설, 이익교량설)에 따라 사익과 공익을 비교형량하여 판단하고 있음

⑥ **부당결부금지의 원칙**
- ㉠ **의의** : 행정청이 행정작용을 함에 있어서 그것과 실체적인 관련성이 없는 상대방의 반대급부를 조건으로 하여서는 안 된다는 원칙
- ㉡ **법적 근거** : 헌법적 효력설과 법률적 효력설, 별도 근거설이 대립되나 헌법상의 법치국가원리와 자의금지원칙을 근거로 한다는 헌법적 효력설이 다수설의 입장
- ㉢ **적용영역** : 부관, 공법상 계약, 의무이행확보수단
- ㉣ **위반의 효과** : 헌법상 지위를 가지므로 이 원칙을 위반한 법률은 위헌심판 및 헌법소원의 대상이 될 수 있고 부관부 행정작용은 무효 또는 취소의 대상이 될 수 있음

관련 판례 부당결부금지의 원칙

- 부당결부금지원칙에 반한다고 본 판례 : 한 사람이 여러 종류의 자동차운전면허를 취득하는 경우뿐 아니라 이를 취소 또는 정지하는 경우에도 서로 별개의 것으로 취급하는 것이 원칙이고, 다만 취소사유가 특정 면허에 관한 것이 아니고 다른 면허와 공통된 것이거나 운전면허를 받은 사람에 관한 것일 경우에는 여러 면허를 전부 취소할 수도 있다(2012. 5. 24, 2012두1891).
- 부당결부금지원칙에 반하지 않는다고 본 판례 : 제1종 보통면허로 운전할 수 있는 차량을 음주운전한 경우에 이와 관련된 면허인 제1종 대형면허와 원동기장치자전거면허까지 취소할 수 있는 것으로 보아야 할 것인바 … (대판 1994. 11. 25, 94누9672)

신뢰보호원칙의 위반의 구체적 효과
행정입법이나 공법상 계약은 무효로, 행정행위의 경우에는 하자가 중대하고 명백할 경우 무효로, 그렇지 아니한 경우 취소유가 됨. 한편, 공무원 행위로 인하여 발생된 피해는 국가배상법에 따라 국가가 손해배상책임을 지는 경우도 있음

부당결부금지의 원칙의 요건
- 행정청의 행정작용의 존재, 즉 공권력의 행사가 있어야 함
- 공권력의 행사가 상대방의 반대급부와 결부되어야 함
- 공권력의 행사와 상대방의 반대급부 사이에 실질적 관련성이 없어야 함

관련 판례
고속국도 관리청이 고속도로 부지와 접도구역에 송유관 매설을 허가하면서 상대방과 체결한 협약에 따라 송유관 시설을 이전하게 될 경우 그 비용을 상대방에게 부담하도록 하였고, 그 후 도로법 시행규칙이 개정되어 접도구역에는 관리청의 허가 없이도 송유관을 매설할 수 있게 된 사안에서, 위 협약이 효력을 상실하지 않을 뿐만 아니라 위 협약에 포함된 부관이 부당결부금지의 원칙에도 반하지 않는다(대판 2009. 2. 12, 2005다65500).

행정법의 효력의 의의

행정법이 시간적 · 장소(지역)적 · 대인적 측면에서 어느 범위까지 관계자에 대한 구속력을 가지는가에 대한 문제임. 행정법의 경우 규율 대상이 자주 변하기 때문에 법령의 개폐가 잦으며, 경우에 따라서는 특정시간이나 특정지역만을 규율하기도 함

관련 판례

• 헌법재판소의 헌법불합치결정에 따른 개선입법의 소급적용 여부와 소급적용의 범위는 입법자의 재량에 해당함(대판 2008. 1. 17, 2007두21563)
• 행정법규의 소급적용이 인정되지 않는 경우(대판 1982. 12. 28, 82누1)
• 예외적으로 행정법규의 소급적용이 인정된 경우(대판 2007. 2. 22, 2004두12957)
• 진정소급효 관련 판례(헌재 1999. 7. 22, 97헌바76)
• 부진정소급효 관련 판례(헌재 1998. 11. 26, 97헌바58)

5. 행정법의 효력

(1) 효력의 종류

① **시간적 효력**
  ㉠ **효력발생시기**
  • 시행일(효력발생일) : 법률과 대통령령 · 총리령 · 부령, 조례 · 규칙 등은 특별한 규정이 없으면 공포한 날부터 20일이 경과함으로써 효력 발생
  • 법령의 시행유예기간(주지기간) : 국민의 권리 제한 또는 의무 부과와 직접 관련되는 법률, 대통령령, 총리령 및 부령은 긴급히 시행하여야 할 특별한 사유가 있는 경우를 제외하고는 공포일부터 적어도 30일이 경과한 날부터 시행되도록 하여야 함
  ㉡ **소급효 금지의 원칙** : 소급효(진정소급효)는 금지되는 것이 원칙이므로 다른 특별한 규정이 없는 한 법령 변경 전에 발생한 사항에 대해서는 변경 전의 구 법령이 적용됨. 다만, 경과규정을 두는 경우는 그에 따르며, 법령을 소급적용 하더라도 일반국민의 이해에 직접 관계가 없는 경우나 오히려 그 이익을 증진하는 경우, 불이익이나 고통을 제거하는 경우 등의 특별한 사정이 있는 경우에 한하여 예외적으로 법령의 소급적용이 허용됨(대판 2005. 5. 13, 2004다8630)
  ㉢ **효력의 소멸**
  • 한시법(限時法)인 경우 : 기간(종기)이 도래함으로써 효력이 소멸됨
  • 한시법이 아닌 경우 : 당해 법령 또는 그와 동위 또는 상위의 법령에 의한 명시적 개폐가 있거나, 그와 저촉되는 동위 또는 상위의 후법 제정에 의하여 그 효력이 상실됨(상위법 · 신법 우선의 원칙)

② **지역적(장소적) 효력**

원칙	행정법규는 그 법규의 제정권자 · 제정기관의 권한이 미치는 지역적 범위 내에서 효력을 가짐
예외	• 국가가 제정한 법령이라도 내용에 따라 일부 지역에만 효력이 미치는 경우 • 제정기관의 관할구역을 넘어 영향을 미치는 경우 • 국내 행정법규의 적용이 제한되는 경우

③ **대인적 효력**

원칙	• 행정법규는 속지주의를 원칙으로 하여, 그 영토 또는 당해 지역 내에 있는 모든 사람에게 적용되므로 내국인과 외국인, 자연인 · 법인 여부를 불문하고 적용됨 • 속인주의에 따라 외국에 있는 내국인에게도 행정법규가 적용됨
예외	• 국제법상 치외법권을 가진 외국원수 · 외교사절의 경우 우리나라의 행정법규가 적용되지 않으며, 주한미군 구성원에게도 적용이 배제 · 제한됨 • 일반적으로 외국인에게도 우리의 행정법규가 적용되는 것이 원칙이나, 상호주의의 유보하에서 적용되거나, 법령상 외국인에 대한 특칙을 두는 경우가 있음

03절 행정법관계

1. 행정법관계의 관념

(1) 행정상 법률관계의 종류

👓👓 한눈에 쏙~

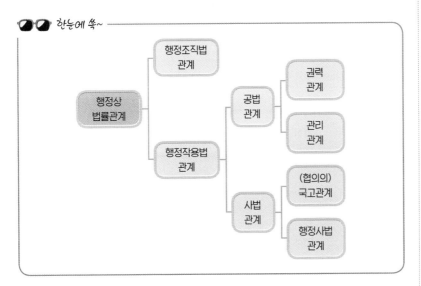

행정상 법률관계의 의의

행정에 관한 법률관계, 즉 행정상 관련된 당사자 상호 간의 권리 · 의무관계

① 행정조직법적 관계 : 행정조직 내부관계, 행정주체 상호 간의 관계
② 행정작용법적 관계 : 행정주체와 국민 간의 권리 · 의무관계(대외적 관계)
　　㉠ 공법관계(행정법관계, 고권행정관계)
　　　 • 권력관계(본래적 공법관계, 협의의 고권행정관계)

의의	행정주체가 공권력의 주체로서 우월적 지위에서 국민의 권리와 의무를 명령 · 강제하거나 국민과의 법률관계를 발생 · 변경 · 소멸시키는 관계, 즉 본래적 의미의 행정법관계
구분	국가의 통치권(일반 지배권)에 복종하는 관계로서 모든 국민에게 당연히 성립하는 법률관계인 일반권력관계와 공법상 행정목적을 위해 특별한 법적 원인에 근거하여 성립하는 특별권력관계로 구분
특징	부대등한 지배 · 복종관계로서 행정주체의 행위에 공정력 · 확정력 · 강제력 등 법률상 우월한 효력이 인정되며, 특별한 규정이 없는 한 사법이 아닌 공법원리가 적용됨. 따라서 이에 관한 불복은 항고쟁송(항고심판 · 항고소송)의 방법에 의해서만 가능함

행정작용법적 관계

행정작용으로 인하여 권익이 침해당한 경우 법률에 특별한 규정이 없더라도 법원에 소송을 제기할 수 있는 주관적 쟁송의 대상이 됨

권력관계의 예

하명, 인 · 허가처분, 과세처분, 환지처분, 토지수용 및 사용, 행정강제, 행정벌 등

공물

도로나 공원, 유원지, 공공도서관 등과 같이 공익을 위하여 존재하는 유체물

• 관리관계(비권력관계, 전래적 공법관계, 단순고권행정관계)

의의	행정주체가 공권력의 주체로서가 아니라 공적 재산이나 사업의 관리주체로서, 공익목적 달성을 위해 공법상 계약·공법상 합동행위·공물관리·공기업경영 등을 행하는 관계
특징	성질상 사인의 행위와 유사하여 일반적으로 사법이 적용되고, 분쟁은 민사소송에 의함. 다만, 공익목적의 달성에 필요한 한도 내에서만 공법규정 및 공법원리가 적용됨
유형	행정청의 공물 관리, 영조물(공기업)의 경영, 공법상 계약, 공법상 합동행위 등

ⓒ 사법관계(국고관계)

의의	• 행정주체가 공권력 주체로서가 아니라 재산권 주체로서 사인과 맺는 법률관계 • 행정주체가 사인의 자격으로 사인과 대등한 관계에서 사법적 효과를 발생시킬 목적으로 하는 관계
특징	특별히 공공성을 띠지 않는 법률관계로서 원칙적으로 사법이 적용됨
종류	• (협의의) 국고관계 : 행정주체가 공권력의 주체가 아닌 사법상의 재산권주체로서 사인과 맺는 관계 • 행정사법관계 : 행정주체가 공행정 과제를 수행함에 있어 맺는 관계로, 공법과 사법이 혼재하는 법의 관계

사법관계의 예

행정주체의 물품구입·공사도급 계약관계, 국유재산의 불하, 국채 및 지방채 모집, 수표발행, 국가의 회사주식매매, 은행으로부터의 일시차입, 국공립병원 이용관계, 시영버스·식당 이용관계, 지하철승차 및 이용관계, 전화이용관계(단, 전화요금 강제징수관계는 공법관계임)

실력up 공법관계와 사법관계의 구분(판례)

공법관계로 본 판례	사법관계로 본 판례
상하수도이용관계 및 수도료 강제징수관계, 귀속재산처리관계, 공유재산 관리청의 행정재산 사용·수익의 허가 및 사용·수익자에 대한 사용료 부과처분, 농지개량조합의 조합직원에 대한 징계처분, 도시재개발조합에 대한 조합원자격확인을 구하는 관계, 국가나 지방자치단체에 근무하는 청원경찰에 대한 징계처분	가스·전기·전화의 공급관계, 국가재정법에 의한 입찰보증금 국고귀속조치, 서울지하철공사와 소속 임·직원의 관계, 종합유선방송위원회 직원의 근무관계, 공무원 및 사립학교교직원 의료보험관리공단 직원의 근무관계, 조세과오납금 환급청구권의 행사, 행정청의 국유임야 대부·매각행위, 환매권의 행사 등

구별의 필요성

공법과 사법의 구별은 특정 법률관계에 적용할 법규나 법원칙을 결정하거나 행정에 관한 사건의 관할을 결정하기 위해서 필요함

(2) 공법과 사법의 구별

① 의의

공법	국가와 지방자치단체를 당사자로 하거나 국가·지방자치단체와 개인 간의 관계 또는 국가나 지방자치단체의 조직·활동을 정하는 법
사법	사인 간의 사적 생활관계를 규율하는 법

② 공법과 사법의 구별

절차법상 구별	행정청의 처분 등의 절차는 행정절차법이 정하는 바에 따라야 하며, 사적 영역은 사적 자치가 적용됨
실체법상 구별	• 법률관계에서 사인 간에는 사법원리가, 행정청과 사인 간 관계는 공법원리가 적용됨 • 의무 불이행 시 사인은 자력강제를 할 수 없으나 행정청은 자력강제가 가능함 • 손해배상에 있어서 사법은 민법에 의하지만 행정상 손해배상은 공법에 의함 • 법인의 법형식에 대하여 공법인과 사법인으로 구분됨 • 공법의 재판관할은 행정법원, 사법의 재판관할은 지방법원
소송법상 구별	사인 간의 법적 분쟁에 따른 소송은 민사소송법에 의하여 사법적 구제를 받지만 행정청과 사인 간의 법적 분쟁은 행정소송법에 의하여 사법적 구제를 받음

③ 구별기준

㉠ 학설
  • 주체설
  • 성질설
  • 이익설
  • 귀속설(신주체설)
  • 구별부인설
  • 복수기준설

㉡ 실정법적 구별기준
  • 법규에 규정이 있는 경우 : 법규에서 행정상 강제집행, 행정벌, 손실보상이나 국가배상, 행정상 쟁송제도가 규정되어 있다면 공법관계로 보아야 함
  • 법규에 규정이 없는 경우 : 특정의 법적 문제에 있어서 그에 적용될 법규범이 없는 경우, 개개의 법규가 담고 있는 성질이 공공성·윤리성을 강조하고 있다면 공법으로 보아야 함

(3) 행정법관계의 당사자

① 행정주체

㉠ 의의
  • 행정주체의 의의 : 행정권의 담당자로서 행정권을 행사하는 자
  • 행정기관과의 구별 : 행정주체는 법인이므로 행정주체가 공행정 임무를 수행하기 위해서는 행정권을 실제로 행사하는 기관(행정기관, 행정청)이 필요함. 행정기관(행정청)은 행정주체를 구성하는 개개의 법적 단위(대통령, 장관 등)를 말하며, 공무원은 이러한 행정기관을 구성하는 인적 요소로서 행정사무를 직접 담당함

복수기준설
여러 개의 기준을 통해 공법과 사법을 구분해야 한다는 견해로, 공법과 사법을 구별 짓는 여러 학설 중 통설로 보고 있음

행정기관의 종류
• 행정청 : 행정에 관한 의사를 결정하여 표시하는 국가 또는 지방자치단체의 기관
• 의결기관 : 의사를 결정하는 권한은 있으나 이를 외부에 표시할 권한은 없는 행정기관
• 그 외의 기관 : 보조기관, 보좌기관, 자문기관, 집행기관, 감사기관, 공기업 및 공공시설기관 등

공공단체의 의의

특정한 국가목적을 위해 설립되어 법인격이 부여된 단체. 광의의 공공단체에는 지방자치단체, 공공조합(공법상 사단법인), 공법상 재단법인, 영조물법인이 있으며, 협의의 공공단체는 공공조합을 의미함

공무수탁사인의 법적 근거

- 일반법적 근거 : 정부조직법과 지방자치법
- 개별법적 근거 : 공익사업을위한토지등의취득및보상에관한법률, 별정우체국법, 선원법, 항공안전및보안에관한법률 등

공무수탁사인의 예

별정우체국장(체신), 경찰임무를 수행 중인 선장 및 기장, 학위를 수여하는 사립대학교 총장, 토지수용에 있어서의 사업시행자, 집달관, 소득세법에 의한 소득세원천징수의무자(다수설이나, 판례는 부정), 방송통신위원회의 위탁을 받은 한국광고자율심의기구(헌재 2005헌마506), 도시및주거환경정비법에 따른 주택재건축정비사업조합(대판 2009마596), 교정업무를 수행하는 교정법인이나 민영교도소

ⓛ 종류

- 국가 : 시원적으로 행정권을 가지고 있는 행정주체
- 공공단체

지방자치단체	국가영토의 일부 지역을 그 구성단위로 하여 그 지역 안의 주민을 통치하는 포괄적 자치권을 가진 공법인으로서 전래적 행정주체
공공조합	특정한 행정목적을 위하여 일정한 법적 자격을 갖춘 사람의 결합으로 설립된 사단법인(공법상 사단법인)
공법상 재단법인	• 국가나 지방자치단체 등 재단설립자가 출연한 재산을 관리하기 위해 설립된 공공단체 • 구성원이나 이용자가 없으며, 수혜자와 운영자, 직원만이 존재
영조물 법인	• 특정한 행정목적을 달성하기 위해 설립된 인적 · 물적 결합체에 공법상 법인격을 부여한 것 • 이용자가 존재하고, 운영자와 직원은 있어도 구성원은 없음

- 공무수탁사인(수권사인, 공권력이 부여된 사인)

의의	자신의 이름으로 공행정 사무를 처리할 수 있는 권한을 법률 또는 법률에 근거한 행위에 의해 위임받아 그 범위 안에서 행정주체로서의 지위에 있는 사인
법적 성질	• 공무수탁사인은 기관에 불과할 뿐 행정주체가 될 수 없다는 행정기관설과 국가의 권력행사를 행하는 자로서의 행정주체라고 보는 설이 있음 • 행정주체의 법적 지위를 가진다는 행정주체설이 다수설임
국가와의 법률관계	• 위탁자인 국가 등과 수탁사인의 관계는 공법상 위임관계 • 관계 법령에 따라 국가와 독립하여 사무를 행하고 위탁자에 비용청구권을 가지나 국가와 지방자치단체의 감독을 받아야 함
권리구제	• 행정쟁송 : 수탁사인의 처분에 의해 권리를 침해당한 자는 행정심판이나 행정소송을 제기할 수 있음. 공무수탁사인은 법률상 행정청에 해당되므로 행정심판의 피청구인이나 항고소송의 피고가 됨 • 손해배상의 청구 : 국가배상법 개정(2009. 10. 21)으로 국가나 지방자치단체를 상대로 국가배상청구를 해야 함

② 행정객체

의의	• 행정주체가 행정권을 행사할 경우에 행사의 대상이 되는 자 • 사인과 공공단체는 행정객체가 될 수 있으나 국가는 행정객체가 될 수 없다고 봄(통설)
종류	• 사인 : 사인에는 자연인과 법인(사법인)이 있는데, 일반적으로 사인은 행정의 상대방, 즉 행정객체가 됨 • 공공단체 : 행정주체인 공공단체도 경우에 따라서는 국가나 다른 공공단체에 대한 관계에서 행정객체가 될 수 있음

2. 행정법관계의 내용

(1) 공권(公權)

① 국가적 공권

의의	국가 또는 공공단체 등 행정주체가 우월적인 의사주체로서 행정객체에 대하여 가지는 권리이며, 이는 행정법규가 행정주체에게 부여한 권한을 의미
특성	공익에 미치는 영향이 크기 때문에 포기가 제한되며, 지배권으로서의 성격을 지니므로 권리자율성(일방적 명령)·자력강제성·확정성·공정성 등의 특수성이 인정됨
종류	• 목적에 따른 분류 : 조직권, 경찰권, 형벌권, 통제(규제)권, 군정권, 재정권, 조세권, 공기업특권, 공용부담특권 등으로 분류 • 내용에 따른 분류 : 하명권, 강제권, 형성권, 공법상 물권 등으로 분류
한계	발동에 있어 법적 근거를 요하며, 법규상·조리상 제한이 따름

② 개인적 공권

ㄱ 의의 : 개인 또는 단체가 자기의 이익을 위하여 행정주체에게 일정한 행위(작위·부작위·급부 등)를 요구할 수 있는 법률상의 힘. 이는 행정법규가 강행적으로 개인의 이익을 직접 보호함으로써 성립함

ㄴ 반사적 이익과의 구별

• 반사적 이익의 의의 : 행정법규가 개인이 아닌 공익목적만을 위해 행정주체에게 일정한 제한과 의무를 부과한 결과 그에 대한 반사적 효과로서 개인이 얻게 되는 이익

• 구별의 실익 : 반사적 이익은 법의 보호를 받는 이익이 아니므로 공권과 달리 반사적 이익이 침해된 경우에는 행정쟁송을 통해 구제받을 수 없음(원고적격이 인정되지 않음)

• 원고적격의 인정 여부

－ 법률상 보호이익으로 보아 인근주민·기존업자의 원고적격을 인정한 판례가 있음

－ 반사적 이익으로 보아 인근주민·기존업자·기타 원고적격을 부정한 판례가 있음

ㄷ 법률규정에 의한 개인적 공권의 성립(2요소)

• 강행법규성(강행법규에 의한 의무부과) : 개인적 공권이 성립하기 위해서는 강행법규에 의해 국가 기타 행정주체에게 일정한 행위의무가 부과되어야 함

• 사익보호성(사익보호 목적의 존재)

－ 의의 : 관련 법규의 목적이나 취지가 오로지 공익실현만 있는 때에는 그로부터 개인이 일정한 이익을 받더라도 그것은 법규가 공익목적을 위하여 행정주체에게 의무를 부과한 반사적 효과로 얻는 반사적 이익에 불과하여 공권을 인정할 수 없음

SEMI-NOTE

관련 판례

행정처분의 직접 상대방이 아닌 제3자 하더라도 당해 행정처분으로 인하여 법률상 보호되는 이익을 침해당한 경우에는 취소소송을 제기하여 그 당부의 판단을 받을 자격이 있다 할 것이고, 여기에서 말하는 법률상 보호되는 이익이라 함은 당해 처분의 근거 법규 및 관련 법규에 의하여 보호되는 개별적·직접적·구체적 이익이 있는 경우를 말하는데 … (대판 2005. 5. 12. 2004두14229)

O. Bühler의 3요소론(공권이 성립하기 위한 요건)

3요소론은 독일행정법에 있어 일반론으로 되어 있으나, 우리나라는 헌법상 재판청구권이 보장되고 행정소송법상 행정소송사항의 개괄주의가 채택되어 있어 공권 성립의 3요소 중 의사력의 존재는 독자적 의의를 인정할 필요가 없어지게 됨. 따라서 강행법규성 및 사익보호성 두 가지 기준에 의해 결정되는 것으로 보고 있음

공권의 특수성

이전성의 제한, 포기성의 제한, 대행의 제한, 보호의 특수성, 시효제도의 특수성

무하자재량행사청구권의 청구내용

재량권의 일탈·남용, 재량권의 해태·불행사 등의 재량하자를 범하지 말 것을 청구하는 공권

관련 판례

검사의 임용 여부는 임용권자의 자유재량에 속하는 사항이나, … 적어도 재량권의 한계 일탈이나 남용이 없는 위법하지 않은 응답을 할 의무가 임용권자에게 있고 이에 대응하여 임용신청자로서도 재량권의 한계 일탈이나 남용이 없는 적법한 응답을 요구할 권리가 있다고 할 것이며, 이러한 응답신청권에 기하여 재량권 남용의 위법한 거부처분에 대하여는 항고소송으로서 그 취소를 구할 수 있다고 보아야 하므로 임용신청자가 임용거부처분이 재량권을 남용한 위법한 처분이라고 주장하면서 그 취소를 구하는 경우에는 법원은 재량권남용 여부를 심리하여 본안에 관한 판단으로서 청구의 인용 여부를 가려야 한다(대판 1991. 2. 12, 90누5825).

- 사익보호 목적(법률상 이익)의 존부에 대한 판단기준 : 기본권 규정도 고려해야 한다는 견해(다수설)
- 판례 : 법률상 이익과 관련하여 기본적으로 당해 처분의 근거 법률에 의해 보호되는 직접적·구체적 이익이어야 한다고 봄

③ 개인적 공권의 확대(새로운 공권의 등장)

㉠ 개설 : 민주주의 강화와 기본권 보장의 강화를 통한 법치주의 확립, 개인 권리의식의 확대 등에 따라 개인적 공권의 확대를 통한 지위강화의 경향이 나타남. 이러한 경향을 반영하기 위해 행정절차상 개인 참여가 확대되었고, 새로운 공권(무하자재량행사청구권, 행정개입청구권, 행정행위발급청구권)이 등장함

㉡ 무하자재량행사청구권

- 의의 : 사인이 행정청에 대하여 하자 없는 적법한 재량처분을 구하는 공권
- 성질
  - 단순히 위법한 처분을 배제하는 소극적·방어적 권리가 아니라, 행정청에 대해 적법한 재량처분을 구하는 적극적 공권임. 하자있는 행정행위의 취소나 배제를 구하는 권리라는 점에서 소극적 성질도 지님
  - 기속행위에 대한 것과는 달리 특정처분을 구하는 실질적·실체적 공권은 아니며, 특정처분이 아닌 어떤 처분을 요구하는 권리라는 점에서 제한적·절차적·형식적 공권으로서의 성질을 가지고 있음
- 형식적 권리설

학설	무하자재량행사청구권은 반드시 행정청이 발령하여야 하는 특정한 행위에 대한 청구권인 실질적 공권이 아니며, 어떤 처분을 요구하는 형식적 공권으로서의 성질을 가짐
판례	검사임용거부처분취소청구사건에 대한 판결(대판 90누5825)에서 무하자재량행사청구권을 독자적인 권리로 인정함(다수설). 다만, 이 판결이 무하자행사재량청구권을 원고적격(소권)을 가져다주는 독자적인 권리로 인정한 것은 아니라는 견해도 있음

- 독자성 인정 여부 : 독자성 긍정설(다수설·판례)
- 성립요건 : 재량행위의 영역에서 이 청구권이 성립하기 위해서는 개인적 공권의 성립요건이 충족되어야 함
  - 강행법규성(행정청의 의무의 존재)
  - 사익보호성

- 행사방법 : 관계인이 행정청에 하자 없는 재량처분을 구하고, 행정청이 이를 거부하거나 부작위로 방치할 경우 당사자는 거부처분의 위법을 이유로 행정심판이나 취소소송 또는 부작위위법확인소송을 제기할 수 있음
  - 부담적 행정행위인 경우 : 취소심판이나 취소소송을 제기할 수 있음
  - 수익적 행정행위에 대해 거부처분을 내린 경우 : 의무이행심판이나 취소소송을 제기할 수 있음
  - 부작위인 경우 : 의무이행심판이나 부작위위법확인소송을 제기할 수 있음
- ⓒ 행정개입청구권

의의	법률상 행정청에 규제·감독 기타 행정권 발동의무가 부과되어 있는 경우에 그에 대응하여 사인이 행정권 발동을 요구하는 권리. 즉, 행정청의 부작위로 인하여 권익을 침해당한 자가 행정청에 대하여 자기 또는 타인(제3자)에게 일정한 행정권 발동을 청구할 수 있는 권리로서 행정청의 위법한 부작위에 대한 구제수단이 됨
구분	• 자신에 대한 수익적 처분(인·허가 등)을 발해줄 것을 청구할 수 있는 권리(행정행위발급청구권)와 제3자에 대해 규제적 처분을 발해줄 것을 청구할 수 있는 권리(협의의 행정개입청구권)로 구분됨 • 행정행위발급청구권과 협의의 행정개입청구권은 공권력발동청구권이라는 점에서는 같으나, 전자가 자신의 이익을 위해 자신에 대한 행정권 발동을 청구하는 권리인 데 비해, 후자는 자신의 이익을 위해 타인(제3자)에 대한 행정권 발동을 청구하는 권리라는 점에서 차이가 있음
성질	• 행정작용을 구하는 적극적 공권이며, 행정청에 특정한 행위를 요구할 수 있는 실체적 권리. 실체적 권리라는 점에서 무하자재량행사청구권과 구별됨 • 재량권(결정재량)이 0으로 수축되고 선택재량도 부인되는 상황에서 무하자재량행사청구권은 특정행위를 구하는 실체적 권리로 변함(무하자재량행사청구권의 행정개입청구권화). 따라서 행정개입청구권은 결정재량과 관련되어 논의되는 것이며, 선택재량과 관련되어 논의되는 것은 아님 • 행정청의 위법한 부작위에 대한 구제수단으로서 사전예방적·사후시정적 수단으로서의 성질을 지니며, 특히 복효적 행정행위에서 중요한 역할을 수행함

협의의 행정개입청구권과 행정행위발급청구권을 합하여 광의의 행정개입청구권이라 하는데, 일반적으로 행정개입청구권이라 하면 협의의 행정개입청구권을 의미함

행정개입청구권 논의의 배경

행정에 대한 개인의 의존도가 증대됨에 따라 현대국가에서는 종래의 반사적 이익도 법이 보호하는 이익으로 이해되는 경향에 있으며, 행정권 발동 여부에 있어서도 이것이 행정권의 자유영역에 속하는 것이 아니라는 인식이 확대되고 있음. 이로 인해 기속행위는 물론이고 재량행위의 경우라도 그 재량이 0으로 수축된 때에는 사인의 이익을 위해서 행정권 발동이 의무화된다는 인식이 널리 인정됨

🔰 실력UP **재량권의 0으로의 수축이론**

- **의의** : 재량권의 0으로의 수축이란 재량행위임에도 행정청이 자유영역을 갖지 못하고 오로지 하나의 결정만을 하여야 하는 것을 말함. 여기서 '0'이란 재량영역이 없다는 것을 의미함
- **성질** : 0으로의 재량축소의 경우 행정청은 특정한 행위만을 해야 하므로 기속행위와 같은 결과가 됨. 이 경우 재량이 사인의 법률상 이익과 관련된다면 특정한 결정을 청구할 수 있는 권리를 가지게 되며, 무하자재량행사청구권은 형식적인 권리에서 실질적 권리로 그 성질이 변하게 됨
- **발동요건과 쟁송수단** : 특정인의 신체·생명이 타인에 의해 위협받고 있는 긴급한 상황이어야 하고, 국민의 생명을 구하기 위하여 경찰권 발동 여부에 대하여 결정할 재량의 여지가 없어야 함. 이 경우 국민은 행정청에 행정권의 발동을 청구할 수 있는 권리가 발생하며, 그럼에도 불구하고 행정청이 부작위로 일관하여 손해가 발생한 경우는 위법이 되므로 국가에 대해 손해배상청구나 행정쟁송을 제기할 수 있음

재량권의 0으로의 수축이론 도입배경

종래 재량영역에서는 행정권에게 어떠한 의무도 존재하지 않아 공권의 성립여지가 없었으나 반사적 이익을 공권으로 해석하는 경향이 확대되면서 생명·신체, 재산에 중대한 위해가 발생하여 다른 구제수단이 없는 경우에는 재량권이 0으로 수축되어 행정청이 특정한 처분을 발동하여야 하는 경우가 상정되었고, 여기에서 행정개입청구권이 발생됨. 결국, 재량권의 0으로의 수축이론은 행정청의 부작위에 대한 행정개입청구권과 손해배상청구권을 구성하기 위한 법리로서 성립·발전되어 왔음

관련 판례

연탄공장사건에서 인근주민의 '법률상 이익'을 인정한 바 있고(대판 73누96), 김신조무장공비사건에서 재량이 0으로 수축된 경우 행정청의 개입의무가 존재한다고 보아 부작위에 대한 국가의 손해배상책임을 인정한 바 있다(대판 71다124).

행정개입청구권의 행사방법

사실상 행정개입청구권의 실행을 위한 가장 실효적인 소송형식은 의무이행소송이나 우리나라의 법체계에서는 인정되지 않고 있음

- 독자성 인정 여부 : 통설과 판례는 반사적 이익의 보호이익화이론과 재량권의 0으로의 수축이론 등에 근거해 행정개입청구권을 인정
- 성립요건 : 행정개입청구권도 공권의 성질을 가지므로 공권의 요건을 갖추어야 함
    - 긴급성
    - 강행법규성
    - 사익보호성
- 적용영역 : 기속행위뿐만 아니라 재량이 0으로 수축된 경우에 적용됨. 우리나라의 경우에는 행정의 전영역과 관련하여 논의되고 있음
- 행사방법 : 행정청의 부작위로 인하여 권익을 침해당한 자는 국가배상청구나 행정쟁송을 제기할 수 있음
    - 거부처분의 경우 : 거부처분 취소심판이나 취소소송을 할 수 있음
    - 부작위의 경우 : 의무이행심판이나 부작위법확인소송을 제기할 수 있음
    - 손해가 발생한 경우 : 국가배상법에 의한 배상청구를 할 수 있음

실력UP 무하자재량행사청구권과 행정개입청구권의 비교

구분	무하자재량행사청구권	행정개입청구권
법적 성질	형식적 · 절차적 권리	실질적 · 실체적 권리 (사전 · 사후적 기능)
내용	법적 한계를 준수하며 처분할 것을 청구	특정처분의 발동청구
적용영역	재량행위	기속행위 + 재량행위
성립요건	강행법규성(처분의무), 사익보호성	강행법규성(개입의무), 사익보호성
관련 이론	재량한계이론	재량권의 0으로의 수축이론

(2) 공의무

① 개념 : 공권에 대응하는 개념으로서 타인의 이익을 위하여 의무자에게 의무가 부과된 공법상의 구속

② 특수성

- 의무자의 의사에 관계없이 법령에 의거한 행정처분에 의하여 과해짐
- 불이행에 대하여는 행정상 제재나 강제집행이 가능하며, 위반 시에는 벌칙이 과하여질 수 있는 경우가 많음
- 공의무는 일신전속권이 대부분이어서 공권과 같이 이전 · 포기가 제한됨. 다만, 금전 기타 경제적 가치의 급부를 내용으로 하는 공의무의 경우 이전이 인정됨(예 납세의무 등에 대한 상속인의 승계)

③ 종류
- ㉠ 의무자(주체)에 따른 분류 : 국가적 공의무(봉급지급의무, 배상금지급의무 등), 개인적 공의무(환경보전의 의무, 납세의무 등)
- ㉡ 성질(내용)에 따른 분류 : 작위의무, 부작위의무, 급부의무, 수인의무

3. 특별권력관계(특별행정법관계)

(1) 전통적 특별권력관계

① 의의

구분	전통적 특별권력관계	일반권력관계
성립 원인	특별한 법률원인(법률상의 규정)	국민지위로서 당연 성립
지배권	포괄적인 특별권력(명령권, 징계권 등)	일반통치권(일반적 지배권)
관계	행정주체와 공무원(내부관계)	행정주체와 행정객체(외부관계)
법치주의의 적용	법치주의원칙이 제한됨(법률유보가 적용되지 않으며, 법적 근거 없이 기본권이 제한되는 경우가 많음)	법치주의원칙 적용(법률유보 인정)
사법심사	원칙적으로 제한됨	전면적으로 가능

② 특별권력관계의 특징 : 법률유보 배제(포괄적 지배권), 기본권 제한, 사법심사 배제

③ 종류 및 내용

종류	• 공법상 근무관계 : 특정인이 법률원인에 의하여 국가나 지방자치단체에 포괄적인 근무관계를 지니는 법률관계 • 공법상 영조물이용관계 : 영조물관리자와 영조물이용자 간의 법률관계 • 공법상 특별감독관계 : 국가 또는 공공단체와 특별한 법률관계로 인하여 국가 등에 의하여 감독을 받는 관계 • 공법상 사단관계 : 공공조합과 그 직원(조합원)과의 관계
내용	• 포괄적 명령권 : 특별권력의 주체가 개별적인 법률근거 없이도 그 구성원에게 목적수행상 필요한 명령·강제를 할 수 있는 권한 • 징계권 : 개별적 법률근거 없이도 특별권력관계 내부질서유지나 의무이행을 위하여 일정한 제재나 강제를 할 수 있는 권한
한계	법규상·조리상의 한계 내에서 발동되어야 하며, 이를 벗어날 경우 위법이 될 수 있음

(2) 특별권력관계론(일반권력관계와의 구별)

① 특별권력관계론과 그 성립배경 : 독일 특유의 공법이론으로 19세기 후반 독일 입헌군주제하의 법치주의 형성과정에서 군주의 특권적 지위, 즉 법으로부터 자유로운 영역을 확보해 주기 위해 구성된 이론

② 특별권력관계 부정설 : 전면적·형식적 부정설, 개별적·실질적 부정설, 기능적 재구성설

기본관계 · 경영관계론(C. H. Ule의 이론)

특별권력관계 수정설의 대표적 이론으로, 특별권력관계를 기본관계와 경영수행관계로 구분하고 있다. 경영수행관계 중 공무원관계와 개방적 영조물이용관계만을 사법심사가 배제되는 내부관계로 보고, 나머지 법률관계는 모두 외부관계로서 사법심사가 인정된다고 보는 이론

③ 특별권력관계 수정설(내부 · 외부관계 수정설)

의의	특별권력관계의 관념은 인정하지만 종래 내부 · 외부관계의 개괄적 구별을 지양하며 법치주의 적용이 배제되는 내부관계의 범위를 축소하고 외부관계에 대하여는 법치주의 적용을 확대시키려는 수정이론으로, 오늘날 독일에서 유력한 견해로 부각되어 있음
기본관계	• 특별권력관계 자체의 발생 · 변경 · 종료 또는 구성원의 법적 지위의 본질적 사항에 관한 법률관계이며, 기본관계에서 이루어지는 행정작용은 법치주의와 사법심사가 적용됨 • 군인의 입대 · 제대, 수형자의 형 집행, 공무원의 임명 · 전직 · 파면, 국 · 공립학교학생의 입학허가 · 제적 · 정학 · 전과 등이 해당됨
경영수행 관계 (업무관계)	• 방위근무관계 : 군인에 대한 훈련 · 관리 등 • 공무원관계(구성원의 직무관계) : 공무원에 대한 직무명령 등(사법심사 배제) • 영조물이용관계 : 폐쇄적 이용관계(격리병원재원관계, 교도소재소관계 등), 개방적 이용관계(국 · 공립학교 재학관계, 국 · 공립병원 재원관계, 학생에 대한 통상적인 수업, 시험평가 등)

④ **제한적 긍정설** : 특별권력관계에서는 법치주의가 완화되어 적용될 수 있다는 견해로, 특별권력관계의 주체에게 폭넓은 재량권이 부여되어 있다는 점에서 제한적으로 긍정

⑤ **특별권력의 한계와 법치주의**

학설	원칙적으로 전면적 사법심사가 인정되나, 특별권력관계 내의 행위를 재량행위로 보고 그 재량권의 일탈 · 남용이 있는 경우에 사법심사가 인정된다고 보는 것이 다수설
판례	• 공법상 근무관계나 국 · 공립학교 재학관계 등에 있어 이를 재량행위로 보면서 그 징계권 행사에 대하여는 전면적인 사법심사를 인정함 • 국 · 공립대학의 퇴학처분 • 농지개량조합의 임 · 직원의 징계처분 • 국립 교육대학 학생에 대한 퇴학처분(행정처분에 해당) • 구속된 피고인 또는 피의자와 타인 간의 필요 이상의 접견권 제한 • 구청장의 면직처분(구청장과 동장의 관계는 특별권력관계)

관련 판례

수형자의 서신을 교도소장이 검열하는 행위는 이른바 권력적 사실행위로서 행정심판이나 행정소송의 대상이 되는 행정처분으로 볼 수 있으나, 위 검열행위가 이미 완료되어 행정심판이나 행정소송을 제기하더라도 소의 이익이 부정될 수밖에 없으므로 헌법소원심판을 청구하는 외에 다른 효과적인 구제방법이 있다고 보기 어렵기 때문에 보충성의 원칙에 대한 예외에 해당한다고 보는 것이 상당하다(헌재 1998. 8. 27. 96헌마398).

관련 판례 특별권력관계의 행위

• 학생에 대한 징계권의 발동이나 징계의 양정이 징계권자의 교육적 재량에 맡겨져 있음은 소론과 같다 할지라도 법원이 심리한 결과 그 징계처분에 위법사유가 있다고 판단되는 경우에는 이를 취소할 수 있는 것이고, 징계처분이 교육적 재량행위라는 이유만으로 사법심사의 대상에서 당연히 제외되는 것은 아니라 할 것이므로 원심이 원고에 대한 퇴학처분의 적법여부가 다투어지고 있는 이 사건을 행정소송의 대상으로 하여 심리판단한 것은 옳고, 거기에 소론과 같은 사법심사의 한계에 관한 법리를 오해한 위법은 없다(대판 1991. 11. 22. 91누2144).
• 특별권력관계에 있어서도 위법, 부당한 특별권력의 발동으로 말미암아 권리를 침해당한 자는 행정소송법 제1조에 따라 그 위법, 부당한 처분의 취소를 구할 수 있다(대판 1982. 7. 27. 80누86).

4. 행정법관계에 대한 사법규정의 적용

(1) 개설

① 의의 : 행정법은 통일법전이 없고 그 역사도 짧아서 공법이론이 완벽하게 확립되지 않아 법적 흠결이 발생하게 되는데, 공법관계(행정법관계)에 그 보충으로서 사법규정을 적용할 수 있느냐 하는 문제가 발생함

② 학설

  ㉠ 소극설(적용부정설)

  ㉡ 적극설(적용설) : 일반적 적용설(특별사법설), 제한적 적용설(한정적 유추적용설)

(2) 사법규정의 적용과 한계

① 사법규정의 성질

  ㉠ 일반법원리적 규정과 법기술적 규정 : 신의성실의 원칙, 권리남용금지의 원칙, 자연인과 법인, 물건 등의 총칙적 규정, 사무관리·부당이득·불법행위에 관한 채권적 규정과 같은 일반법원리적 규정과 기간·시효·주소와 같은 법기술적 규정은 공법과 사법관계에 모두 적용될 수 있음

  ㉡ 기타의 사법규정 : 일반법원리적 규정을 제외한 사적 자치적 규정, 이해조정적 규정 등은 공법관계 중 관리관계에만 적용되며, 권력관계에는 적용되지 않음

② 행정법관계의 종류에 따른 적용 여부

권력 관계	부대등관계·종속관계이므로 일반법원리적 규정과 법기술적 규정을 제외하고는 사법규정이 적용되지 않는 것이 원칙
관리 관계	비권력관계라는 점에서 사법관계와 성질상 동일하므로 다른 특별한 규정이 없는 한 사법규정이 적용되는 것이 원칙

04절   행정법상의 법률요건과 법률사실

1. 개설

(1) 의의 및 종류

① 의의

  ㉠ 행정법상의 법률요건 : 행정법관계의 발생·변경·소멸이라는 행정법상 법률효과를 발생시키는 원인이 되는 사실

  ㉡ 행정법상 법률사실 : 법률요건을 이루는 개개의 사실. 법률요건은 한 개의 법률사실로 이루어지는 경우가 있고, 여러 개의 법률사실로 이루어지는 경우도 있으며, 법률사실이 모여서 법률요건을 이루고, 법률요건이 갖추어지면 법률효과가 발생됨

SEMI-NOTE

행정법관계에 사법규정을 적용하는 경우

사법규정의 성질과 법률관계의 내용을 검토하여 적용여부를 결정하여야 함

01장

행정법 통론

한 개의 법률사실, 여러 개의 법률사실

• 한 개의 법률사실로 이루어지는 경우 : 권리포기, 실효, 시효완성, 상계 등

• 여러 개의 법률사실로 이루어지는 경우 : 공법상 계약행위에서 청약과 승낙, 건축허가에서의 신청과 허가

② 법률사실의 종류

㉠ 사건(事件)

의의	사람의 정신작용을 요소로 하지 않는 법률사실
분류	• 자연적 사실 : 사람의 출생 · 사망, 시간의 경과(기간, 시효, 제척기간), 일정한 연령에의 도달(취학의무, 선거권 · 피선거권 발생), 목적물의 멸실 등 • 사실행위 : 공법상 사무관리, 부당이득, 물건의 소유 · 점유, 거주행위, 행정기관의 도로공사, 분뇨처리장 설치 등

사법행위도 공법상 법률사실이 됨(예 매매 · 증여가 납세의무를 발생시키는 경우)

내부적 용태의 예

고의 · 과실, 선의 · 악의, 선량한 관리자의 주의의무 등

㉡ 용태(容態)

의의	사람의 정신작용을 요소로 하는 법률사실
외부적 용태	• 사람의 정신작용이 외부에 표시되어 일정한 행정법상의 법률효과를 발생시키는 것 • 공법행위(적법행위, 위법행위, 부당행위), 사법행위
내부적 용태	외부에 표시되지 않은 의식내용, 즉 외부에 표시되지 않는 내부적 정신작용으로 행정법상 효과를 발생시키는 것(내심적 의식)

(2) 행정법관계의 변동(발생 · 변경 · 소멸)원인

① 행정법관계의 발생원인 : 가장 중요한 원인은 행정주체에 의한 공법행위와 사인의 공법행위이며, 행정법상의 사건(시효 등)도 행정법관계의 발생원인이 됨

② 행정법관계의 소멸원인 : 급부의 이행, 상계, 소멸시효의 완성, 기간의 경과, 대상의 소멸, 사망, 권리의 포기 등 다양한 원인으로 종료됨

2. 공법상의 사건

(1) 시간의 경과(자연적 사실)

① 기간

㉠ 의의 : 한 시점에서 다른 시점까지의 시간적 간격을 말함. 기간의 계산방법에 대해서 공법에 특별한 규정이 없는 한 민법의 기간계산에 관한 규정(법기술적 규정)이 적용됨(민법 제155조)

㉡ 민법상의 기간계산방법

기간의 기산점 (초일불산입의 원칙)	• 기간을 시 · 분 · 초로 정한 때에는 즉시로부터 기산(제156조) • 기간을 일 · 주 · 월 · 연으로 정한 때에는 기간의 초일은 산입하지 않음. 그러나 그 기간이 오전 0시로부터 시작하는 때에는 초일을 산입함(제157조)
기간의 만료점	기간을 일 · 주 · 월 · 연으로 정한 때에는 기간 말일의 종료로 기간이 만료함(제159조)

역(曆)에 의한 계산 (제160조)	• 기간을 주·월·연으로 정한 때에는 역에 의하여 계산함 • 주·월·연의 처음으로부터 기간을 기산하지 아니하는 때에는 최후의 주·월·연에서 그 기산일에 해당한 날의 전일로 기간이 만료함 • 월·연으로 정한 경우에 최종의 월에 해당일이 없는 때에는 그 월의 말일로 기간이 만료함
공휴일 등과 기간의 만료점	기간의 말일이 토요일 또는 공휴일에 해당한 때에는 기간은 그 익일로 만료함(제161조)

② 시효

㉠ 의의 : 일정한 사실상태가 일정기간 계속된 경우에 그 사실상태가 진실한 법률관계와 합치되는가 여부를 불문하고 계속된 사실상태를 존중하여 그것을 진실한 법률관계로 인정하는 것

㉡ 공물의 취득시효

• 사물(私物)의 경우 원칙적으로 시효취득의 대상이 되지만, 공물(公物)의 경우 학설상의 대립에도 불구하고 국유재산법 제7조 제2항의 규정에 따라 시효취득의 대상이 되지 않음

• 공용폐지
  – 공물의 성질을 소멸시키는 행정청의 의사표시
  – 판례에 따르면 명시적 의사표시에 의한 폐지 외에 묵시적 의사표시에 의한 폐지도 가능하지만, 단순히 행정재산이 본래의 용도에 사용되지 않고 있다는 사실만으로 묵시적 공용폐지 의사를 인정할 수는 없다고 하여 묵시적 공용폐지가 인정되는 범위를 좁힘

• 국유재산 중 행정재산만이 시효취득의 대상에서 제외되므로 일반재산(종전의 잡종재산)은 시효취득의 대상이 됨. 잡종재산을 시효취득의 대상에서 제외하던 구 국유재산법의 관련 규정에 헌법재판소가 위헌결정(헌재 89헌가97)을 내린바 있음

㉢ 소멸시효

• 소멸시효의 기간 : 시효기간에 대한 공법상의 특별규정에 따라 민법의 시효기간보다 단축되는 경우가 있음

• 소멸시효의 기산점 : 소멸시효는 권리를 행사할 수 있는 때로부터 진행함(민법 제166조 제1항)

• 시효의 중단 및 정지 : 다른 법률의 규정이 없는 때에는 민법의 규정을 적용하나, 민법에 대한 특별규정으로 국가가 행하는 납입고지의 시효중단 효력을 인정하고 있음(국가재정법 제96조, 지방재정법 제83조, 국세기본법 제28조 등)

시효의 중단과 정지

- **시효의 중단** : 시효의 기초가 되는 계속된 사실상태와 일치되지 않는 사실이 발생한 경우 시효기간의 진행을 중단시키는 것으로, 시효 중단의 경우 진행된 시효기간은 효력이 상실되어 중단이 끝난 후부터 다시 시효기간을 계산하게 됨
- **시효의 정지** : 일정한 사유의 발생으로 시효기간의 진행이 일정기간 정지되는 것으로, 정지기간이 경과하면 기존에 진행 중인 시효가 다시 계속하여 진행됨

제척기간
일정한 권리에 관해 법률이 정하는 존속기간, 즉 권리를 행사할 수 있는 법정기간을 말하며, 행정심판청구기간이나 행정소송제소기간 등이 여기에 해당함

소멸시효와 제척기간의 공통점
기간 만료 시 그 권리가 소멸

| 관련 판례 | 시효의 중단 · 정지 |

- 예산회계법 제98조에서 법령의 규정에 의한 납입고지를 시효중단 사유로 규정하고 있는 바, 이러한 납입고지에 의한 시효중단의 효력은 그 납입고지에 의한 부과처분이 취소되더라도 상실되지 않는다(대판 2000. 9. 8, 98두19933).
- 세무공무원이 국세징수법 제26조에 의하여 체납자의 가옥 · 선박 · 창고 기타의 장소를 수색하였으나 압류할 목적물을 찾아내지 못하여 압류를 실행하지 못하고 수색조서를 작성하는 데 그친 경우에도 소멸시효 중단의 효력이 있다(대판 2001. 8. 21, 2000다12419).

- **소멸시효 완성의 효력** : 소멸시효기간의 경과로 권리는 당연히 소멸한다는 절대적 소멸설이 다수설의 견해. 판례는 절대적 소멸설을 취하면서도 시효이익을 받는 당사자의 원용이 필요하다고 봄

실력UP **소멸시효와 제척기간의 비교**

구분	소멸시효	제척기간
목적	사실상태의 보호를 통한 법적 안정 도모	법률관계의 신속한 확정 (소멸시효기간보다 단기)
중단 및 정지	인정	불인정
입증책임	시효취득의 이익을 주장하는 자	법원이 직권으로 참작
시효이익의 포기	시효완성 후 포기 가능 (시효완성 전 포기 불가)	포기제도 없음
기간	장기(원칙상 5년)	단기(통상 1년 이내)
기간 기산점	권리행사를 할 수 있는 때부터	권리가 발생한 때부터
소급효	소급하여 권리소멸(소급효)	장래에 향하여 권리소멸(비소급효)
재판상 원용 (주장)	당사자의 원용 필요 (변론주의)	당사자의 원용 불필요 (법원의 직권조사사항)
일반적 규정	있음(국가재정법 제96조 등)	없음(개별적 규정)

(2) 사실행위

① 공법상의 주소 · 거소

주소	거소
• 사법(민법 제18조)에서는 생활의 근거가 되는 곳을 주소로 보고 있으나, 공법(주민등록법)의 경우 다른 특별한 규정이 없는 한 '주민등록지'를 주소로 봄 • 주소의 수에 있어서 민법은 객관주의를 전제로 복수주의를 취하고 있으나, 공법관계에서는 이중등록을 금하고 있으므로(주민등록법 제10조) 다른 특별한 규정이 없는 한 1개소만 가능	• 사람이 일정기간 동안 거주하는 장소를 말하며, 이는 생활의 본거지로 하고 있으나 주민등록을 하지 않은 경우로 그 장소와의 밀접도가 주소보다 낮음 • 민법에서는 거소 또한 주소로 보나, 공법에서는 소득세법에서와 같이 일정한 법률효과를 부여하는 경우도 있음 • 거소에 대한 다른 특별한 규정이 없는 한 민법의 규정을 준용함

② 공법상의 사무관리

⊙ 의의 : 법률상의 의무 없이 타인을 위하여 그 사무를 관리하는 행위로, 사법 상 관념에 해당되지만, 공법분야에서도 인정된다는 것이 일반적 견해

ⓛ 인정 여부 : 행정법의 영역은 법치주의의 요청에 따라 행정청의 권한과 의무 가 법정되어 있기 때문에 공법분야에 대해서도 인정되느냐 여부에 대해 견해 의 대립이 있음

ⓒ 종류

강제관리	공기업 등 국가의 특별감독 아래에 있는 사업에 대한 강제관리
보호관리	수난구호, 행려병자의 유류품관리, 행려병자·사망자보호관리 등
역무제공	사인이 비상재해 등의 경우 국가사무의 일부를 관리

ⓔ 적용법규 : 사무관리에 관해서는 다른 법률(수난구호법, 항로표지법 등)에 특 별한 규정이 없는 한 민법(제734조 ~ 제740조)의 사무관리의 규정을 준용함

ⓜ 법적 효과 : 공법상 특별한 규정이 없는 한 민법을 적용하므로, 관리인은 가장 이익이 되는 방법으로 관리하여야 하며, 이에 위반하면 과실이 없는 때에도 손해를 배상하여야 함

③ 공법상의 부당이득

⊙ 의의 : 법률상 원인 없이 타인의 재산 또는 노무로 인하여 이익을 얻고 이로 인하여 타인에게 손해를 가하는 것(민법 제741조)을 말하며 형평이념에 입각 한 것으로, 재산관계의 불공정을 조정하기 위한 제도

ⓛ 성립요건 : 부당이득의 법률상 원인이 무효이거나 실효이어야 하며, 타인의 재산 또는 노무로 인하여 법률관계의 한 당사자에게는 이익이 발생함과 동시 에 다른 당사자에게는 손실이 발생해야 함

ⓒ 적용법규 : 다른 법률에 특별한 규정이 없는 한 민법의 부당이득 규정이 직접 또 는 유추적용되므로, 반환범위는 선의·악의를 불문하고 전액을 반환하여야 함

ⓔ 부당이득반환청구권의 성질

사권설 (판례)	민사사건과 마찬가지로 경제적 견지에서 인정되는 이해조정제도이므로 사권으로 보아야 하며, 이에 관한 소송은 민사소송에 의하여 한다는 견해
공권설 (다수설)	공법상의 원인에 기하여 발생한 결과를 조정하기 위한 제도이므로 공권 으로 보아야 하며, 이에 관한 소송은 당사자소송으로 하여야 한다는 견해

ⓜ 종류

• 행정주체의 부당이득

– 행정행위로 인한 경우 : 행정행위가 무효이거나 실효 또는 취소되어 기 존의 이득의 근거가 없어지는 경우 법률상 특별한 규정이 없는 한 부당 이득이 성립됨

– 행정행위 이외의 행정작용으로 인한 경우 : 행정주체가 정당한 권한 없 이 착오에 의하여 사유지를 국유지로 편입하거나 개인토지를 불법으로 도로로 점용하는 것과 같은 경우 법률상 특별한 규정이 없는 한 부당이 득이 성립됨

사무관리의 인정 여부

• 부정설 : 공법상 사무관리가 인정되는 경우에는 대부분 공법상의 의무가 존 재하기에 공법영역의 사무관리는 성 립될 여지가 없다는 견해

• 긍정설(통설) : 공법상 의무는 국가에 대한 것이고 피관리자에 대한 것이 아 니므로, 피관리자에 대한 관계에서는 사무관리를 인정하여야 한다는 견해

부당이득의 예

무효인 조세과세처분에 따른 세금 납부 와 재산의 공매, 조세나 공공요금의 과오 납, 착오에 의한 국유지 편입, 공무원의 봉급과액수령, 무자격자의 연금수령 등

관련 판례

조세부과처분이 당연무효임을 전제 로 하여 이미 납부한 세금의 반환을 청구하는 것은 민사상의 부당이득반 환청구로서 민사소송절차에 따라야 한다(대판 1995. 4. 28, 94다55019).

01장

행정법 통론

41

- 사인의 부당이득
  - 행정행위로 인한 경우 : 처분이 무효 또는 소급 취소된 무자격자의 기초 생활보장금 및 연금수령, 봉급의 과액수령 등
  - 행정행위 외의 작용으로 인한 경우 : 사인이 국유지를 무단 경작하거나 사적 목적으로 사용하는 경우 등
- ⓑ 부당이득반환청구권의 소멸시효 : 다른 특별한 규정이 없으면 국가재정법 제96조와 국세기본법 제54조 등의 규정에 의하여 그 시효는 5년임

3. 공법행위

👓 한눈에 쏙~

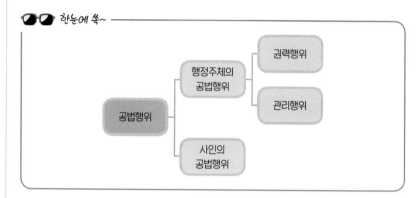

(1) 의의

개념	• 공법관계에서의 행위로서 공법적 효과를 형성(발생·변경·소멸)하는 모든 행위 • 강학상의 개념으로, 넓게는 입법행위·사법행위 및 행정법관계에서의 행위를 모두 포함하나 행정법상의 공법행위는 공법관계에서의 행위만을 의미함

종류	• 내용에 따른 종류 : 적법행위, 위법행위, 부당행위로 구분
	• 주체에 따른 종류
	  – 행정주체의 공법행위 : 권력행위(행정입법, 행정행위, 행정강제 등)와 관리행위(공법상 계약, 공법상 합동행위, 행정지도 등)
	  – 사인의 공법행위

(2) 사인의 공법행위

① 의의

개념	공법관계에서 공법적 효과발생을 목적으로 하는 행정주체에 대하여 행하는 사인의 모든 행위를 말함. 이는 사인의 의사표시를 요소로 하는 행위(행정행위의 신청 등)이든, 의사표시 이외의 정신작용을 요소로 하는 행위(사망신고 등)이든 불문함
법적 성질	사인의 공법행위는 공법적 효과를 발생한다는 점에서 사법규정이 적용되지 않음(통설·판례)

일반적 특성	공법적 효과가 나타나는 점에서는 행정청의 행정행위와 같지만, 권력작용이 아니므로 공정력 · 확정력 · 강제력 · 집행력 등의 우월적 효력은 인정되지 않음. 다만, 사법행위에 비해 공공성 · 객관성 · 형식성 · 획일성이 더 요구됨

② **적용법규** : 원칙적으로는 적용할 일반적 · 통칙적 규정이 없어 다른 특별규정이 없는 한 민법상의 법원칙이나 법률행위에 대한 규정을 유추적용함. 다만, 행정 심판법(심판대상 · 절차)이나 행정절차법(신고 등), 민원처리에관한법률(민원의 처리 등) 등의 개별법에서 특별규정을 두고 있음

㉠ 의사능력과 행위능력
  • 의사능력이 없는 자의 공법행위는 민법과 같이 무효
  • 행위무능력자(현 제한능력자)의 공법행위의 경우, 재산법관계에서는 민법 규정을 유추적용하므로 취소사유가 되지만 민법규정과는 다른 공법상 명문규정을 두는 경우도 있음

㉡ 대리 : 금지규정(병역법 등)을 두거나 일신전속성상 금지되는 경우를 제외하고는 대리가 인정됨. 일반적으로, 소송대리 · 등기신청대리 등은 일신전속성이 없어 대리가 인정되나 선거 · 사직원제출 · 귀화신청 등은 일신전속적 행위에 해당되어 대리가 인정되지 않음

㉢ 행위의 형식 : 사인의 공법행위는 원칙적으로 요식행위가 아니지만, 공법적 효과가 발생하므로 행위의 존재를 명백히 하기 위해 법령 등에서 문서나 서식을 요하는 요식행위인 경우가 많음

㉣ 효력발생시기 : 민법에서와 같이 도달주의에 의함이 원칙이나, 예외적으로 행정의 필요성이나 상대방보호의 견지에서 발신주의를 규정하는 경우도 있음 (국세기본법 제5조의2 등)

㉤ 의사표시의 하자
  • 다른 특별한 규정이 없는 한 민법(제107조 내지 제110조)규정이 원칙적으로 유추적용되므로, 착오 · 사기 · 강박에 의한 행위는 취소사유가 됨. 다만, 투표행위와 같은 합성행위는 단체적 · 형식적 성질이 강하여 착오로 취소될 수 없음
  • 판례에서는 민법상 비진의 의사표시의 무효에 관한 규정(민법 제107조 제1항 단서)은 사인의 공법행위에 적용되지 않는다는 입장을 취하고 있음

관련 판례 비진의 의사표시의 무효에 관한 규정

전역지원의 의사표시가 진의 아닌 의사표시라 하더라도 그 무효에 관한 법리를 선언한 민법 제107조 제1항 단서의 규정은 그 성질상 사인의 공법행위에는 적용되지 않는다 할 것이므로 그 표시된 대로 유효한 것으로 보아야 한다(대판 1994. 1. 11. 93누10057).

㉥ 부관 : 사인의 공법행위는 명확성과 법률관계의 신속한 확정을 위해서 부관이 허용되지 않는 것이 원칙

㉦ 철회 · 보정 : 행정법관계에서는 행정행위가 행하여질 때까지 사인의 공법행위가 행정주체에 도달되더라도 그에 의거하여 행정행위가 행해지기 전까지는 철회 · 보정할 수 있음

SEMI-NOTE

제한능력자에 대한 명문규정

우편법 제10조, 도로교통법 제82조에서는 제한능력자의 행위도 능력자의 행위로 의제한다는 규정을 두고 있음

민법 제107조(진의 아닌 의사표시)

① 의사표시는 표의자가 진의 아님을 알고 한 것이라도 그 효력이 있다. 그러나 상대방이 표의자의 진의 아님을 알았거나 이를 알 수 있었을 경우에는 무효로 한다.
② 전 항의 의사표시의 무효는 선의의 제3자에게 대항하지 못한다.

관련 판례

공무원이 한 사직 의사표시의 철회나 취소는 그에 터잡은 의원면직처분이 있을 때까지 할 수 있는 것이고, 일단 면직처분이 있고 난 이후에는 철회나 취소할 여지가 없다(대판 2001. 8. 24. 99두9971).

SEMI-NOTE

사인의 지위에 따른 분류
- 행정주체의 지위에서 행하는 행위 : 선거나 국민투표행위 등
- 행정객체의 지위에서 행하는 행위 : 행정쟁송제기, 각종 신고 · 신청 등

행위의 성질에 따른 분류
- 의사표시를 요소로 하는지 여부 : 의사표시의 통지(이혼신고 등), 관념 · 사실의 통지(출생신고, 사망신고 등)
- 의사표시의 수 : 단순행위, 합성행위
- 의사표시의 방향 : 단독행위, 계약행위, 합동행위

③ 법적 효과의 완성 여부에 따른 분류

구분	자기완결적 공법행위	행정요건적 공법행위
의의	투표, 혼인, 출생 및 사망신고와 같이 사인의 공법행위가 있으면, 그 행위자체만으로 일정한 법률효과가 발생하는 행위	행정행위 일방당사자로서 의사표시에 지나지 아니하여 그 자체만으로는 법률효과가 발생되지 않으며, 행정주체의 행위와 결합해서야 비로소 법적 효과가 발생하는 행위
종류	• 행정청의 일정한 사실 · 관념의 통지행위로서의 신고(혼인신고, 퇴거신고, 출생신고, 사망신고 등) • 합성행위인 투표행위 • 합동행위(각종 조합의 설립행위 등)	• 신청에 의한 경우 : 국 · 공립학교 학생의 수업료 납부신청, 입학원서의 제출, 공기업 특허신청, 각종 인 · 허가 신청, 국고보조금 신청, 행정쟁송 제기, 청원서 제출 등 • 동의 · 승낙에 의한 경우 : 공무원임명에 있어서의 동의, 공법상 계약에서의 승낙 등

④ 효과

㉠ 법규에 의한 효력발생 : 사인의 공법행위는 원칙적으로 그 행위의 내용과 각 해당법규가 정하는 바에 따름

㉡ 자기완결적 사인의 공법행위

신고	법령에서 행정청에 대하여 일정한 사항을 통지함으로써 의무가 끝나는 신고를 규정한 경우, 당해 신고서의 기재사항에 하자가 없고 필요한 구비서류가 첨부되었으며, 법령 등에 규정된 형식상 요건에 적합하면, 신고서가 접수기관에 도달한 시점에 신고의무가 이행된 것으로 봄
반려	행정청은 신고서의 적법요건을 구비하지 못한 신고서가 제출된 경우 지체 없이 상당한 기간을 정하여 신고인에게 보완을 요구하여야 하고, 보완기간 내에 보완을 하지 않은 경우에는 그 이유를 구체적으로 밝혀 해당 신고서를 되돌려 보내야 함
확인행위	투표와 같은 합성행위는 그 자체로서 완성되는 것이나, 객관적 명확성 확보를 위해 행정청이 공적 권위로 합성행위에 의해 구성된 의사를 확인하는 것이 보통임

㉢ 행정행위의 전제요건적인 사인의 공법행위
- 행정청의 수리 · 처리의무
  - 당해 행위에 대해서 청구권이 있는 경우 : 사인의 공법행위가 적법한 경우에는 행정청은 이를 수리하여 처리할 의무가 있으며, 행정청의 거부나 부작위에 대하여 사인은 거부처분취소소송이나 부작위위법확인소송을 제기할 수 있음
  - 당해 행위에 대해서 청구권이 없는 경우 : 행정청은 수리 · 처리해야 할 의무가 없음
- 수정인가의 가부 : 법률에 특별한 규정이 없는 한 수정인가는 허용되지 않음
- 재신청의 가부 : 당해 행위의 성질에 반하지 않는 한 사정변경 등의 이유로 재신청이 가능함

ⓔ 사인의 공법행위에서의 하자의 효과
- 사인의 공법행위가 행정행위의 단순한 동기에 불과한 경우 : 행정권의 발동 여부는 행정청의 재량에 속하는 것이므로, 행정행위의 효력에는 아무런 영향을 미치지 못함
- 사인의 공법행위가 행정행위의 전제요건이 되는 경우
  - 무효인 경우 : 행정행위도 무효가 되며, 판례도 같은 입장을 취하고 있음
  - 취소사유인 경우 : 행정행위는 원칙적으로 유효하지만, 그 하자가 치유되는 것은 아니며, 행정청은 이를 취소할 수 있음

⑤ 사인의 공법행위로서의 신고 ★빈출개념
- ㉠ 신고의 의의 : 사인이 공법적 효과의 발생을 목적으로 행정주체에 대하여 일정한 사실·관념을 알리거나 의사를 표시하는 행위
- ㉡ 신고의 종류

구분	수리를 요하지 않는 신고 (자기완결적 신고)	수리를 요하는 신고 (행정요건적 신고)
내용	• 접수된 때에 법적 효과 발생 • 신고필증은 단순한 사실적 의미 • 접수거부는 항고소송의 대상인 처분 × • 본래적 의미의 신고	• 수리가 있어야 법적 효과 발생 • 신고필증은 법적 의미 • 접수(수리)거부는 항고소송의 대상인 처분 • 완화된 허가제의 성질
예	• 체육시설업(당구장업) 신고 • 체육시설의 변경신고(골프연습장 등) • 건축법상의 신고(대문·담장설치 등) • 국세환급금결정의 신청 • 수산업법상의 수산제조업 신고 • 골프연습장 이용료 변경신고 • 의원·치과·한의원·조산소 개설신고 • 숙박업·목욕장업·이용업·미용업·세탁업의 영업신고 • 출생·사망·이혼·국적이탈·납세신고 • 종교단체의 납골탑 주변시설 신고 • 옥외집회 및 시위의 신고, 수산제조업신고	• 학교보건법상 학교환경위생정화구역 내 체육시설업(당구장업 등) 신고 • 개발제한구역 내 골프연습장 신고 • 체육시설업(볼링장업) 신고 • 건축법상(건축대장상) 건축주 명의변경신고, 건축법상의 인·허가 의제 효과를 수반하는 건축신고 • 사업양도에 의한 지위승계신고(액화석유가스사업, 주유소사업, 관광사업 등) • 식품위생법에 따른 영업허가명의 변경신고 • 수산업법에 의한 어업신고 • 사설납골시설의 설치신고 • 주민등록신고, 사회단체등록

관련 판례 자기완결적 신고

체육시설의설치·이용에관한법률 제18조에 의한 변경신고서는 그 신고 자체가 위법하거나 그 신고에 무효사유가 없는 한 이것이 도지사에게 제출하여 접수된 때에 신고가 있었다고 볼 것이고, 도지사의 수리행위가 있어야만 신고가 있었다고 볼 것은 아니다(대결 1993. 7. 6, 93마635).

SEMI-NOTE

사인의 공법행위에서의 하자의 효과
사인의 공법행위에 하자가 있는 경우 이를 기초로 하여 행하여진 행정행위의 법적 효과에 영향을 미칠 수 있는가와 관련하여, 사인의 공법행위가 행정행위를 행하기 위한 단순한 동기인 경우에는 공법행위의 흠결(하자)은 행정행위의 효력에 아무런 영향을 미치지 않으며, 사인의 공법행위가 행정행위의 전제요건인 경우에는 그 하자가 무효·부존재라면 행정행위도 무효이고, 하자가 취소사유라면 행정행위는 원칙적으로 유효하다고 봄

신고의 종류
• 자기완결적 신고 : 법령 등에서 사인이 행정청에 대하여 일정한 사항을 통지함으로써 신고의무가 이행되는 신고로, 행정청의 수리를 요하지 않음(일방적 통고행위의 성격)
• 행정요건적 신고 : 사인이 행정청에 일정한 사항을 통지하고 행정청이 이를 수리함으로써 법적 효과가 발생하는 신고

관련 판례
액화석유가스의안전및사업관리법 제7조 제2항에 의한 사업양수에 의한 지위승계신고를 수리하는 허가관청의 행위는 … 행정처분에 해당한다(대판 1993. 6. 8, 91누11544).

SEMI-NOTE

관련 판례

식품위생법에 따른 식품접객업(일반 음식점영업)의 영업신고의 요건을 갖춘 자라고 하더라도, 그 영업신고를 한 당해 건축물이 건축법 소정의 허가를 받지 아니한 무허가건물이라면 적법한 신고를 할 수 없다(대판 2009. 4. 23. 2008도6829).

관련 판례

납골당 설치신고는 이른바 '수리를 요하는 신고'라 할 것이므로 … 이에 대한 행정청의 수리처분이 있어야만 신고한 대로 납골당을 설치할 수 있다. 한편 수리란 신고를 유효한 것으로 판단하고 법령에 의하여 처리할 의사로 이를 수령하는 수동적 행위이므로 수리행위에 신고필증 교부 등 행위가 꼭 필요한 것은 아니다(대판 2011. 9. 8. 2009두6766).

행정절차법 제17조 제4항

행정청은 신청을 받았을 때에는 다른 법령등에 특별한 규정이 있는 경우를 제외하고는 그 접수를 보류 또는 거부하거나 부당하게 되돌려 보내서는 아니 되며, 신청을 접수한 경우에는 신청인에게 접수증을 주어야 한다. 다만, 대통령령으로 정하는 경우에는 접수증을 주지 아니할 수 있다.

관련 판례

의료법 시행규칙에 의하면 의원개설신고서를 수리한 행정관청이 소정의 신고필증을 교부하도록 되어 있다 하여도 이는 신고사실의 확인행위로서 … 신고필증의 교부가 없다 하여 개설신고의 효력을 부정할 수 없다 할 것이다(대판 1985. 4. 23. 84도2953).

관련 판례 행정요건적 신고

구 유통산업발전법 제12조의2 제1항, 제2항, 제3항은 기존의 대규모점포의 등록된 유형 구분을 전제로 '대형마트로 등록된 대규모점포'를 일체로서 규제 대상으로 삼고자 하는 데 취지가 있는 점, 대규모점포의 개설 등록은 이른바 '수리를 요하는 신고'로서 행정처분에 해당하고 … (대판 2015. 11. 19. 2015두295 전합)

ⓒ 신고의 요건

요건의 내용	개별법률에서 구체적으로 정하는 바에 의함. 행정절차법은 자기완결적 사인의 공법행위로서의 신고 중에서 의무적인 성질을 갖는 신고요건으로, 당해 신고서의 기재사항에 하자가 없고 필요한 구비서류가 첨부되는 등 형식상 요건에 적합하여야 한다고 함
요건의 심사	행정절차법은 자기완결적 사인의 공법행위로서의 신고 중에서 의무적인 성질을 갖는 신고의 경우에 기술적 요건을 구비하지 못한 신고서가 제출된 경우 지체 없이 상당한 기간을 정하여 신고인에게 구체적 보완을 요구하여야 하고, 보완기간 내에 보완을 하지 않은 경우에는 그 이유를 명시하여 당해 신고서를 돌려보내야 한다고 규정

관련 판례 행정요건적 신고의 심사

법 제33조 제2항에 의한 유료노인복지주택의 설치신고를 받은 행정관청으로서는 그 유료노인복지주택의 시설 및 운영기준이 위 법령에 부합하는지와 아울러 그 유료노인복지주택이 적법한 입소대상자에게 분양되었는지와 설치신고 당시 부적격자들이 입소하고 있지는 않은지 여부까지 심사하여 그 신고의 수리 여부를 결정할 수 있다(대판 2007. 1. 11. 2006두14537).

ⓓ 신고의 수리, 신고·수리거부의 효과 비교

구분	수리를 요하지 않는 신고 (자기완결적 신고)	수리를 요하는 신고 (행정요건적 신고)
신고의 수리	• 신고필증은 행정기관에 알렸다는 사실을 확인해 주는 의미만 가짐 • 신고필증 교부행위는 신고 사실의 확인 행위에 해당하며, 이 경우 신고필증의 교부가 없다 하여 개설 신고의 효력을 부정할 수 없음(대판 84도2953)	• 법령이 정한 요건을 구비한 적법한 신고가 있으면 행정청은 의무적으로 수리하여야 함 • 주어지는 신고필증에서 그 서면에 나타나고 있는 수리는 신고한 사인에게 새로운 법적 효과를 발생시키는 직접적인 원인행위가 됨
적법한 신고의 효과	신고가 행정청에 도달한 때 효력이 발생	행정청이 수리함으로써 신고의 효과가 발생

부적법한 신고의 효과	부적법한 신고를 행정청이 수리하였다 하더라도 신고의 효과가 발생되지 않음	행정청이 부적법한 신고를 수리하였다면 그 수리행위는 위법한 행위가 되며, 그 하자가 중대하고 명백하였다면 그 수리행위는 무효가 됨
수리 거부의 효과	거부처분취소소송의 대상에서 제외됨	거부처분취소소송의 대상이 됨

⑥ 신청

　㉠ 의의 : 사인이 행정청에 대해 어떠한 조치를 취해 줄 것을 요구하는 공법상 의사표시

　㉡ 요건 : 신청이 적법하기 위해서는 우선 신청인에게 신청권이 있어야 하고, 법령상 요구되는 기타 서류 등을 준비하여야 함. 신청을 할 때에는 원칙적으로는 문서로 하여야 하며, 행정청의 컴퓨터 등에 입력된 때에는 전자문서로 할 수도 있음

　㉢ 효과

　　• 접수의 의무

　　• 처리의 의무(응답의무)

　　• 처리의 의무 불이행과 권리 보호

　　• 부적법한 신청의 효과

보완요구	행정청은 신청에 부족함이 있는 경우 곧바로 접수 거부를 하면 안 되고 보완에 필요한 일정 기간을 정해 신청인에게 보완을 요구하여야 함
보완 대상	보완의 대상이 되려면 그 내용이 형식적 · 절차적 요건이어야 함

　㉣ 권리구제

　　• 행정청이 신청에 대해 응답을 하지 않는 경우 : 부작위위법확인소송 또는 의무이행심판을 제기할 수 있음

　　• 신청에 대해 거부처분이 있는 경우 : 거부처분취소소송 또는 의무이행심판 등을 제기할 수 있음

　　• 보완하지 아니한 것을 이유로 신청서를 반려한 경우 : 항고소송 가능

　　• 손해가 있는 경우 : 국가배상 청구가능

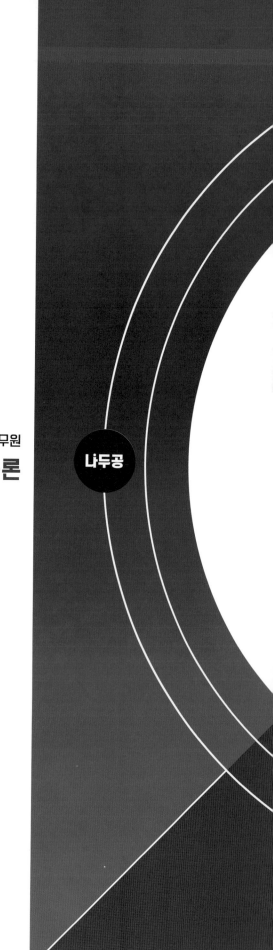

9급공무원

행정법총론

나두공

ⓘ 나두공

02장 행정작용법

01절 행정상 입법

1. 개설

(1) 행정입법의 관념

① 의의 : 행정주체가 법조의 형식으로 일반적·추상적 법규범을 정립하는 작용. 행
정입법은 학문상 용어이며, 위임입법·종속입법·준입법이라 하기도 함

② 성질

㉠ 실질적 의미 : 법규범의 정립작용이라는 점에서 입법작용에 속함

㉡ 형식적 의미 : 행정권의 의사표시라는 점에서 행정작용에 해당됨

(2) 행정입법의 종류

👓 한눈에 쏙~

① 주체를 기준으로 한 분류

㉠ 국가행정권에 의한 행정입법 : 법규명령(대통령령, 총리령, 부령)과 행정규칙

㉡ 지방자치단체에 의한 행정입법 : 자치입법(조례, 규칙, 교육규칙)

② 성질(법규성의 유무)을 기준으로 한 분류

㉠ 법규명령 : 행정청과 일반국민에 법적 구속력(대외적 구속력)이 발생

㉠ 행정규칙 : 특별권력관계 내부에만 효력이 있고, 일반국민에 대하여는 구속력
이 없음

2. 법규명령

(1) 법규명령의 관념

① 의의 : 법령상의 수권에 근거하여 행정권이 정립하는 일반적·추상적 법규범으
로서 국민과의 관계에서 법규성을 갖는 행정입법을 말함

② 성질 : 국민과 행정청을 구속하는 법규의 성질을 가지므로, 법규명령에 위반한
행정청의 행위는 위법행위가 되어 무효확인이나 취소소송의 제기와 손해배상청
구가 가능함

자치입법

• 조례 : 지방자치단체가 법령의 범
위 안에서 그 권한에 속하는 사무
에 관하여 지방의회의 의결로써 제
정하는 법형식

• 규칙 : 지방자치단체의 장이 법령
이나 조례가 위임한 범위에서 그
권한에 속하는 사무에 관하여 제
정하는 것

• 교육규칙 : 교육·학예에 관한 집행
기관인 교육감이 법령·조례의 범
위 안에서 그 권한에 속하는 사무
에 관하여 제정하는 것

법규성

전통적 견해에 의하면, 법령근거와 법규
성(국민관계에서의 구속성)을 법규명령
개념의 필수요소로 보나, 일부는 법규성
은 통상적으로 요구되는 요소일 뿐 필수
요소가 아니라는 견해도 있음

(2) 법규명령의 종류

① 법적 효력의 위상(법률과의 관계)을 기준으로 한 분류

    ㉠ 헌법대위명령(비상명령)

    ㉡ 법률대위명령(독립명령)

    ㉢ 법률종속명령(위임명령 · 집행명령)

② 내용에 따른 분류

위임명령 (법률보충명령)	• 법률 또는 상위명령에서 구체적 · 개별적으로 범위를 정한 위임된 사항에 관하여 발하는 명령 • 반드시 상위법령의 수권을 요함. 다만, 그 수임된 범위 내에서 새로운 법규사항을 정할 수 있음
집행명령 (독립명령 · 직권명령)	• 법률 또는 상위명령을 집행하기 위해 필요한 구체적 · 기술적 사항을 규율하기 위해 발하는 명령 • 법령에 의한 소관사무를 집행하기 위하여 직권으로 발하는 명령 • 상위법령의 수권을 요하지 아니하며, 권리의무에 대한 새로운 법규사항을 규정할 수 없고, 단지 사무집행에 관련한 형식적 · 절차적 사항만 규율할 수 있음

③ 법형식에 따른 분류(권한의 소재에 따른 분류)

    ㉠ 대통령령

        • 대통령의 긴급명령

        • 대통령의 긴급재정 · 경제명령

        • 대통령령(시행령)

    ㉡ 총리령과 부령(시행규칙 · 시행세칙)

    ㉢ 중앙선거관리위원회 규칙

    ㉣ 감사원 규칙

(3) 법규명령의 근거

① 위임명령 : 헌법 제75조와 제95조에 따라 법률이나 상위명령에서 구체적 · 개별적으로 범위를 정한 상위법령의 수권이 있어야 제정할 수 있으나 판례는 구체적 명시는 필요하지 않다고 함

> ### 관련 판례 위임명령의 근거
>
> • 법령의 위임이 없음에도 법령에 규정된 처분 요건에 해당하는 사항을 부령에서 변경하여 규정한 경우에는 그 부령의 규정은 행정청 내부의 사무처리 기준 등을 정한 것으로서 행정조직 내에서 적용되는 행정명령의 성격을 지닐 뿐 국민에 대한 대외적 구속력은 없다(대판 2013. 9. 12, 2011두10584).
> • 일반적으로 법률의 위임에 의하여 효력을 갖는 법규명령의 경우, 구법에 위임의 근거가 없어 무효였더라도 사후에 법개정으로 위임의 근거가 부여되면 그 때부터는 유효한 법규명령이 되나, 반대로 구법의 위임에 의한 유효한 법규명령이 법개정으로 위임의 근거가 없어지게 되면 그 때부터 무효인 법규명령이 되므로, 어떤 법령의 위임 근거 유무에 따른 유효 여부를 심사하려면 법개정의 전 · 후에 걸쳐 모두 심사하여야만 그 법규명령의 시기에 따른 유효 · 무효를 판단할 수 있다(대판 1995. 6. 30, 93추83).

② 집행명령 : 구체적 · 개별적 수권이 없이도 헌법 제75조의 포괄적 근거만으로 제정 가능

(4) 법규명령의 한계

① 대통령의 긴급명령, 긴급재정 · 경제명령의 한계

긴급명령	'국가의 안위에 관계되는 중대한 교전상태에 있어서 국가를 보위하기 위하여 긴급한 조치가 필요하고, 국회의 집회가 불가능한 때'에 한하여 발하여야 함(헌법 제76조 제2항)
긴급재정 · 경제명령	'내우 · 외환 · 천재 · 지변 또는 중대한 재정 · 경제상의 위기에 있어서 국가의 안전보장 또는 공공의 안녕질서를 유지하기 위하여 긴급한 조치가 필요하고, 국회의 집회를 기다릴 여유가 없을 때'에 한하여 발함(헌법 제76조 제1항)

② 위임명령의 한계 ★ 빈출개념

㉠ 위임의 범위(수권의 한계)
  • 포괄적 위임의 금지원칙(구체적 위임의 원칙) : 대법원과 헌법재판소는 구체적 위임의 판단 기준을 상위법령으로부터의 예측가능성이라고 보고 있음

관련 판례 포괄적 위임의 금지원칙

위임명령은 … 적어도 위임명령에 규정될 내용 및 범위의 기본사항이 구체적으로 규정되어 있어서 누구라도 당해 법률이나 상위명령으로부터 위임명령에 규정될 내용의 대강을 예측할 수 있어야 하나, 이 경우 그 예측가능성의 유무는 당해 위임조항 하나만을 가지고 판단할 것이 아니라 그 위임조항이 속한 법률이나 상위명령의 전반적인 체계와 취지 · 목적, 당해 위임조항의 규정형식과 내용 및 관련 법규를 유기적 · 체계적으로 종합 판단하여야 하고, 나아가 각 규제대상의 성질에 따라 구체적 · 개별적으로 검토함을 요한다(대판 2002. 8. 23, 2001두5651).

  • 국회 전속적 입법사항의 위임한계 : 헌법에서 법률로 정한다고 규정하여 타 기관에 위임할 수 없는 사항을 말함. 그러나 이러한 사항도 반드시 법률로만 정해야 하는 것은 아니며, 일정한 사항에 대해 구체적으로 범위를 정하여 행정입법에 위임하는 것은 가능하다는 것이 통설과 판례의 입장
  • 조례에 대한 포괄적 위임의 허용 : 다수설과 판례는 조례의 경우 구체적으로 범위를 정하지 않고 포괄적으로 위임할 수 있음을 인정하고 있음

㉡ 위임명령의 재위임의 한계
  • 원칙 : 전면적인 재위임은 실질적으로 수권법의 내용을 임의로 변경하는 결과가 초래되므로 허용되지 않음

관련 판례 위임명령의 재위임의 원칙

법률이 공법적 단체 등의 정관에 자치법적 사항을 위임한 경우에는 헌법 제75조가 정하는 포괄적인 위임입법의 금지는 원칙적으로 적용되지 않는다고 봄이 상당하고 … 도시 및 주거환경정비법 제28조 제4항 본문이 사업시행인가 신청시의 동의요건을 조합의 정관에 포괄적으로 위임하고 있다고 하더라도 헌법 제75조가 정하는 포괄위임입법금지의 원칙이 적용되지 아니하므로 이에 위배된다고 할 수 없다(대판 2007. 10. 12, 2006두14476).

- 예외 : 법률에서 위임된 사항에 관하여 대통령령에서 위임받은 사항에 관한 요강을 정한 다음 그의 세부적인 사항의 보충을 다시 부령과 같은 하위명령에 위임하는 것은 허용된다고 보는 것이 일반적인 견해임
ⓒ 처벌규정의 위임한계 : 처벌대상(범죄구성요건)은 위임법률에서 구체적 기준을 정하여 위임할 수 있으며, 처벌의 내용인 형벌의 종류나 형량은 위임법률에서 상한과 폭을 명백히 정하여 위임할 수 있음

관련 판례 처벌규정의 위임한계

처벌법규의 위임을 하기 위하여는, 첫째, 특히 긴급한 필요가 있거나 미리 법률로써 자세히 정할 수 없는 부득이한 사정이 있는 경우에 한정되어야 하며, 둘째, 이러한 경우에도 법률에서 범죄의 구성요건은 처벌대상행위가 어떠한 것일 것이라고 예측할 수 있을 정도로 구체적으로 정하고, 셋째, 형벌의 종류 및 그 상한과 폭을 명백히 규정하여야 하되, 위임입법의 위와 같은 예측가능성의 유무를 판단함에 있어서는 당해 특정 조항 하나만을 가지고 판단할 것이 아니고 관련 법조항 전체를 유기적·체계적으로 종합하여 판단하여야 한다(헌재 1997. 5. 29. 94헌바22).

③ 집행명령의 한계 : 법률 또는 상위 명령에 개별적, 구체적 위임 규정이 없더라도 직권으로 발할 수 있음. 다만, 법률 또는 상위명령의 집행에 필요한 구체적 절차·형식만을 규정하여야 하며, 상위법령에 규정이 없는 국민의 권리와 의무에 관한 사항을 집행명령에서 새롭게 규정할 수 없음

(5) 법규명령의 성립·효력요건과 그 하자 및 소멸

① 성립요건

주체적 요건	법규명령은 정당한 권한을 가진 기관인 대통령, 국무총리, 행정각부장관, 중앙선거관리위원회 등이 그 권한의 범위 내에서 제정하여야 함
내용적 요건	법규명령은 수권의 범위 내에서 상위법령에 저촉되지 않아야하고, 실현할 수 있어야 하며, 그 규정내용이 명백하여야 함
절차적 요건	대통령령은 법제처의 심의와 국무회의의 심의를 거쳐야 하고, 총리령과 부령은 법제처의 심의를 거쳐야 함
형식적 요건	법규명령은 조문형식을 갖추어야 하며, 서명·날인 및 부서, 번호·일자, 관보게재 및 공포의 요건을 요함

② 효력요건
ⓐ 법규명령은 효력발생의 요건으로서 관보에 공포를 요하며, 다른 특별한 규정이 없으면 공포한 날부터 20일이 경과함으로서 법규명령의 효력이 발생
ⓑ 국민의 권리 및 의무와 관련되는 법규명령은 특별한 사유가 있는 경우를 제외하고는 공포일로부터 적어도 30일이 경과한 날로부터 시행
③ 하자있는 법규명령의 효과
ⓐ 하자있는 행정행위와 달리 위법한 법규명령으로 무효가 됨(통설·판례). 다만, 하자가 중대·명백한 경우에 이르지 않은 경우에는 취소할 수 있다는 일부 견해도 있음

관련 판례 하자있는 법규명령에 따른 행정행위

조례가 법률 등 상위법령에 위배된다는 사정은 그 조례의 규정을 위법하여 무효라고 선언한 대법원의 판결이 선고되지 아니한 상태에서는 그 조례 규정의 위법 여부가 해석상 다툼의 여지가 없을 정도로 명백하였다고 인정되지 아니하는 이상 객관적으로 명백한 것이라 할 수 없으므로, 이러한 조례에 근거한 행정처분의 하자는 취소사유에 해당할 뿐 무효사유가 된다고 볼 수는 없다(대판 2009. 10. 29, 2007두26285).

ⓛ 법규명령의 근거법률(모법) 위반에 의한 무효인지 여부의 판단은 입법 취지, 시행령의 다른 규정들과 연혁 등을 종합적으로 검토하여 판단해야 함

④ 법규명령의 소멸 : 폐지의 의사표시 또는 일정한 사실의 발생으로 소멸(실효)됨

ⓖ 폐지

직접 폐지	법규명령의 효력을 장래에 향하여 소멸시키는 행정권의 직접적 · 명시적 의사표시로 개개의 구체적인 법규명령을 폐지하는 것
간접 폐지	법규명령은 내용이 충돌하는 동위의 명령(신법우선의 원칙적용) 또는 상위법령의 제정이나 개정에 의하여 저촉되게 됨으로써 효력이 소멸되는 것(사실상의 실효사유)

실력up 상위근거법령의 개폐와 법규명령(집행명령)의 효력

• 집행명령의 경우 상위근거법령이 폐지(소멸)되는 경우 실효되는 것이 원칙
• 상위근거법령이 개정됨에 그친 경우는 해당 집행명령을 대체할 새로운 집행명령의 제정 · 발효 시까지 효력을 유지

ⓛ 실효 : 일정한 사실의 발생으로 간접적 또는 결과적으로 법규명령의 효력이 소멸함

(6) 법규명령의 통제

① 행정적 통제

ⓖ 감독권에 의한 통제 : 상급행정청에 의한 행정입법권 행사, 국민권익위원회의 경우 법령 등의 개선 권고 및 의견 표명

ⓛ 행정입법의 절차적 통제 : 관련 부서의 의견제출 · 협의 · 심의, 통지 및 청문 절차 등

ⓒ 심사 · 심의기관에 의한 통제

• 행정기관의 법령심사권
• 행정심판권, 중앙행정심판위원회의 법령에 대한 개선요청권(행정심판법 제59조)

② 입법적 통제

국회에 의한 통제	• 직접통제 : 승인유보제도, 의회제출제도, 동의권유보(독일), 의회 제출 절차 (영국), 입법적 거부(미국) 등 • 간접통제 : 국정감사 및 조사, 국무위원해임건의, 탄핵, 예산안심의 등
국민에 의한 통제 (민중통제)	법규명령안에 대한 사전공고를 통하여 의견청취를 거치도록 하여 국민의 의견을 반영토록 하고 있음

③ 사법적 통제

   ㉠ 구체적 규범통제(간접적 통제)

의의	• 규범 그 자체는 직접 소송의 대상이 될 수 없고, 구체적 사건에서 재판의 전제가 된 경우에 한하여 법원의 심사대상이 될 수 있음 • 대한민국헌법 제107조 제2항은 "명령·규칙 또는 처분이 헌법이나 법률에 위반되는지 여부가 재판의 전제가 된 경우에는 대법원은 이를 최종적으로 심사할 권한을 가진다"고 하여 구체적 규범통제제도를 채택하고 있음
주체와 대상	• 주체 : 각급법원이지만 최종심사의 권한을 가진 자는 대법원임 • 대상 : 법규성을 가지는 법규명령(명령·규칙 등)이므로 법규성이 없는 행정규칙은 제외
효력 범위	• 법원의 심사권은 개별적 사건에 있어서 적용거부만을 그 내용으로 하는 것이지, 명령·규칙 또는 처분을 무효로 하는 것이 아님 • 다만, 대법원은 구체적 규범통제를 행하면서 법규명령의 무효인 것으로 선언함

   ㉡ 처분적 법규명령(처분법규) : 원칙적으로 재판의 전제 없이 추상적 규범통제를 할 수 없음이 기본원칙인데, 법규명령이 처분법규로서 국민의 권리·의무를 구체적으로 규율할 때에는 예외적으로 법규명령도 처분성이 인정되어 항고소송의 대상이 될 수 있음

관련 판례 처분적 법규명령(처분법규)

조례가 집행행위의 개입 없이도 그 자체로서 직접 국민의 구체적인 권리의무나 법적 이익에 영향을 미치는 등의 법률상 효과를 발생하는 경우 그 조례는 항고소송의 대상이 되는 행정처분에 해당하고 … (대판 1996. 9. 20. 95누8003)

④ 헌법재판소에 의한 통제

소극설	헌법 제107조 제2항을 근거로 법규명령은 대법원이 최종심이므로 헌법소원으로 헌법재판소가 심사할 수 없다는 입장
적극설	헌법 제107조 제2항은 구체적 사건에서 재판의 전제가 된 경우의 적용일 뿐이며, 재판의 전제가 되지 아니한 법규명령이 직접 국민의 기본권을 침해한다면 이는 헌법재판소법의 '공권력의 행사·불행사'에 해당하므로 헌법소원의 대상이 된다는 입장(통설·판례)

SEMI-NOTE

법규명령에 대한 직접적 통제

• 승인유보제도 : 법률대위명령인 긴급명령이나 긴급재정·경제명령의 경우 적극적 결의방식인 국회의 승인을 받아야 함
• 의회제출제도 : 국회법에 따르면 중앙행정기관의 장은 법률에서 위임한 사항이나 법률을 집행하기 위하여 필요한 사항을 규정한 대통령령·총리령·부령·훈령·예규·고시 등이 제정·개정 또는 폐지된 때에는 10일 이내에 이를 국회 소관상임위원회에 제출하여야 하며, 대통령령의 경우에는 입법예고를 하는 때에도 그 입법예고안을 10일 이내에 제출하여야 함

02장
행정작용법

관련 판례

행정소송의 대상이 될 수 있는 것은 구체적인 권리의무에 관한 분쟁이어야 하고 일반적 추상적인 법령 그 자체로서 국민의 구체적인 권리의무에 직접적인 변동을 초래하는 것이 아닌 것은 그 대상이 될 수 없으므로 … (대판 1987. 3. 24. 86누656)

관련 판례

헌법재판소법 제68조 제1항이 규정하고 있는 헌법소원심판의 대상으로서의 "공권력"이란 입법·사법·행정 등 모든 공권력을 말하는 것이므로 입법부에서 제정한 법률, 행정부에서 제정한 시행령이나 시행규칙 및 사법부에서 제정한 규칙 등은 그것들이 별도의 집행행위를 기다리지 않고 직접 기본권을 침해하는 것일 때에는 모두 헌법소원심판의 대상이 될 수 있는 것이다(헌재 1990. 10. 15. 89헌마178).

(7) 행정입법부작위

① 의의 : 행정입법을 제정 및 개폐할 법적 의무가 있음에도 불구하고 행정청이 이를 시행하지 않는 경우를 말하며, 우리나라의 법제에서는 행정입법의 제정의무를 규정하는 명시적인 법률규정이 없음에도 불구하고, 법치행정상 현행 헌법에서는 행정입법의 제정의무가 있는 것이 다수설이자 헌법재판소의 태도임

② 행정입법부작위의 요건

ㄱ 행정입법의 제정의무 : 내용이 충분히 명확한 경우에는 행정입법의 제정의무는 없음

ㄴ 기간의 경과 : 법규명령을 제정하기 위해서는 제정 등에 필요한 합리적인 시간이 필요

ㄷ 행정입법이 제정되지 않은 경우 : 시행명령 등을 제·개정하였지만 그것이 불충분·불완전한 경우(부진정입법부작위)는 행정입법부작위에 해당되지 않음

③ 항고소송의 여부 : 행정입법부작위가 행정소송법상 항고소송의 대상이 되는 '부작위'에 해당되는가와 관련하여 판례는 부정설의 입장을 취하고 있음

④ 헌법소원의 가능성

ㄱ 입법부작위의 종류
  • 진정입법부작위
  • 부진정입법부작위

ㄴ 대상여부 : 행정입법부작위는 공권력의 불행사에 해당하기 때문에 헌법소원의 대상이 됨. 다만, 헌법소원이 인정되려면 국민의 기본권 직접 침해가 발생했어야 함

⑤ 국가배상청구의 가능성 : 행정입법부작위로 인한 손해 발생 시, 손해배상청구의 요건을 충족하면 손해배상청구가 가능함

부작위

행정청이 당사자의 신청에 대하여 상당한 기간 내에 일정한 처분을 하여야 할 법률상 의무가 있음에도 불구하고 이를 하지 아니하는 것

3. 행정규칙

(1) 개설

① 의의 : 행정조직관계 또는 특별한 공법상 법률내부관계에서 그 조직과 활동을 규율하는 일반적·추상적 명령으로서 법규범의 성질을 갖지 않는 것으로 행정내부규범을 의미하며, 행정명령 또는 행정규정이라고도 함

② 근거와 한계

근거	행정규칙은 국민의 법적 지위에 직접 영향을 미치는 것이 아닌 하급기관의 권한행사를 지휘하는 것이므로, 상급기관이 포괄적 감독권에 근거하여 발하여 개별적인 근거법규, 즉 상위법령의 구체적인 수권 없이도 행정목적의 달성을 위하여 발동될 수 있음
한계	• 행정규칙의 제정은 법률이나 상위규칙 또는 비례원칙 등에 반하지 않는 범위 내에서(법규상 한계), 행정목적을 달성하는 데 필요한 범위 내에서(목적상 한계) 발하여야 함 • 법규성이 인정될 수 없으므로 국민의 권리와 의무에 관련한 사항을 새로이 규정할 수 없음(내용상 한계)

(2) 행정규칙의 종류

① 규정형식에 의한 분류

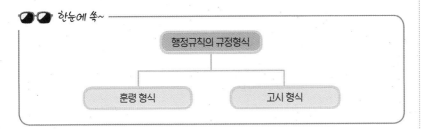

한눈에 쏙~

```
            행정규칙의 규정형식

     훈령 형식            고시 형식
```

㉠ 고시 형식의 행정규칙 : 고시는 행정기관의 의사표현의 한 방법으로 법적 성질이나 효력은 그 내용에 따라 결정되며, 법규명령적 고시와 행정규칙적 고시, 일반처분적 고시 등이 있음

㉡ 훈령(광의) 형식의 행정규칙

훈령(협의)	상급기관이 하급기관에 대하여 상당히 장기간에 걸쳐 권한의 행사를 일반적으로 지휘·감독하기 위하여 발하는 명령
지시	상급기관이 직권 또는 문의·신청에 의하여 개별적·구체적으로 발하는 명령
예규	법규문서 이외의 문서로서 반복적 행정사무의 기준을 제시하는 명령
일일명령	당직·출장·시간외근무·휴가 등의 일일업무에 관한 명령

② 내용 또는 기능에 의한 분류 : 조직규칙, 근무규칙, 규범해석규칙, 재량준칙, 간소화 지침, 규범구체화 행정규칙, 법률대위규칙, 법률보충규칙

실력UP 규범구체화 행정규칙

• 배경 : 독일의 연방내무부장관의 행정규칙인 '방사선피해에 관한 일반적 산정기준'에 대해서 법규성을 인정한 뷜(Wyhl) 판결에 의해 처음으로 인정
• 성격 : 법률의 내용이 지나치게 일반적이어서 이 자체만으로는 시행하기 어렵기 때문에 이를 보충 또는 구체화하는 고시·훈령 가운데 법규성을 부여하려는 것으로, 법률보충규칙의 일종

(3) 행정규칙의 법적 성질(법규성 인정 여부) ★빈출개념

① 법규명령의 형식을 취하는 행정규칙

㉠ 의의 : 고시·훈령·예규 등의 형식이 아니라 법규명령의 형식으로 정립된 행정규칙

㉡ 법규성 인정 여부(학설) : 법규명령설(형식설), 행정규칙설(실질설)

㉢ 판례의 태도 : 판례는 그 행정규칙의 제정형식에 따라 그것이 대통령령 형식이면 법규성을 인정하여 각 처분기준에 의해서 발령되어야 적법하고 그렇지 않은 경우에는 위법한 처분이 된다고 보며, 그 행정규칙이 부령 형식이면 법규성을 부인하고 그 적법여부는 재량권의 일탈·남용에 따라 심사하고 있음

관련 판례 대통령령 형식의 행정규칙

당해 처분의 기준이 된 주택건설촉진법 시행령 제10조의3 제1항 [별표 1]은 주택건설촉진법 제7조 제2항의 위임규정에 터잡은 규정형식상 대통령령이므로 … 대외적으로 국민이나 법원을 구속하는 힘이 있는 법규명령에 해당한다 … 관할 관청으로서는 … 3개월간의 영업정지처분을 하여야 할 뿐 달리 그 정지기간에 관하여 재량의 여지가 없다(대판 1997. 12. 26, 97누15418).

관련 판례 부령형식의 행정규칙

• 도로교통법시행규칙 … 운전면허행정처분기준은 부령의 형식으로 되어 있으나, 그 규정의 성질과 내용이 운전면허의 취소처분 등에 관한 사무처리기준과 처분절차 등 행정청 내부의 사무처리준칙을 규정한 것에 지나지 아니하므로 대외적으로 국민이나 법원을 기속하는 효력이 없으므로, 자동차운전면허취소처분의 적법 여부는 그 운전면허행정처분기준만에 의하여 판단할 것이 아니라 도로교통법의 규정 내용과 취지에 따라 판단되어야 한다(대판 1997. 5. 30, 96누5773).
• 구 청소년보호법 제49조 제1항, 제2항에 따른 같은 법 시행령 제40조 [별표 6]의 위반행위의 종별에 따른 과징금처분기준은 법규명령이기는 하나 … 그 수액은 정액이 아니라 최고한도액이다(대판 2001. 3. 9, 99두5207).

② 행정규칙 형식의 법규명령(법령보충규칙, 법규적 내용을 가진 행정규칙)

  ㉠ 의의 : 행정규칙의 형식으로 규정되었지만 실질적으로는 근거법령의 규정과 결합하여 보충적 성질을 가지는 것(법규명령사항을 행정규칙으로 정한 경우라 봄)

  ㉡ 법규성 인정 여부

    • 학설 : 법규명령설과 행정규칙설, 규범구체화 행정규칙설, 위헌무효설 등이 대립되고 있으나, 법규명령설이 다수설
    • 판례 : 법령보충적 행정규칙이 그 자체로서 대외적 구속력을 발생하는 것은 아니며, 상위법령과 결합하여 대외적 구속력을 갖는 법규명령으로서의 효력을 가짐

  ㉢ 행정규칙 형식의 법규명령의 예

총리령·부령(시행규칙)의 형식으로 정한 행정처분 기준의 법규성을 부정한 판례 : 규정형식상 부령인 시행규칙 또는 지방자치단체의 규칙으로 정한 행정처분의 기준은 행정처분 등에 관한 사무처리기준과 처분절차 등 행정청 내의 사무처리준칙을 규정한 것에 불과하므로 … 그 처분의 적법 여부는 위 규칙에 적합한지의 여부에 따라 판단할 것이 아니고 관계 법령의 규정 및 그 취지에 적합한 것인지 여부에 따라 개별적·구체적으로 판단하여야 한다(대판 1995. 10. 17, 94누14148).

재산제세사무처리규정이 국세청장의 훈령 형식으로 되어 있다 하더라도 이에 의한 거래지정은 소득세법 시행령의 위임에 따라 그 규정의 내용을 보충하는 기능을 가지면서 그와 결합하여 대외적 효력을 발생하게 된다 할 것이므로 … (대판 1987. 9. 29, 86누484).

'청소년유해매체물의 표시방법'에 관한 정보통신부 고시는 … 상위법령과 결합하여 대외적 구속력을 갖는 법규명령으로 기능하고 있는 것이므로 헌법소원의 대상이 된다(헌재 2004. 1. 29, 2001헌마894).

법령의 규정이 특정 행정기관에게 법령 내용의 구체적 사항을 정할 수 있는 권한을 부여하면서 권한행사의 절차나 방법을 특정하지 아니한 경우에는 수임 행정기관은 행정규칙이나 규정 형식으로 법령 내용이 될 사항을 구체적으로 정할 수 있다(대판 2012. 7. 5. 선고 2010다72076).

훈령 형식	• 국세청장훈령인 '재산제세사무처리규정'(대판 1989. 9. 29, 86누484) • 국세청장훈령인 '재산제세조사사무처리규정'(대판 1989. 11. 14, 89누5676) • 국무총리훈령인 '개별토지가격합동조사지침'(대판 1994. 2. 8, 93누111) • 국세청장훈령인 '주류도매면허제도개선업무처리지침'(대판 1994. 4. 26, 93누21668) • 보건복지부장관훈령인 '노령복지사업지침'(대판 1996. 4. 12, 95누7727)
고시 형식	• 생수판매제한을 규정한 '식품제조영업허가기준에관한고시'(대판 1994. 3. 8, 92누1728) • 식품위생법에 따른 보건복지부 고시인 '식품제조영업허가기준'(대판 1994. 3. 8, 92누1728) • 전라남도주유소등록요건에관한고시(대판 1998. 9. 25, 98두7503)

• 보건복지부장관이 고시 형식으로 정한 '의료보험진료수가기준'(대판 1999. 6. 22, 98두17807)
• 구 독점규제및공정거래에관한법률의 위임에 따라 동법 제3조의2 제1항 제2호 내용을 보충하는 '시장지배적 지위남용행위의 유형 및 기준'에 관한 공정거래위원회 고시(대판 2001. 12. 24, 99두1141)
• 수입선다변화품목의 지정 등에 관한 구 상공부 고시(대판 1993. 11. 23, 93도662)
• 정보통신망이용촉진및정보보호등에관한법률에 근거한 청소년 유해매체물 표시방법에 관한 정보통신부 고시(헌재 2004. 1. 29, 2001헌마894)
• 산지관리법령의 위임에 따라 그 내용이 될 사항을 구체적으로 정한 '산지전용허가기준의 세부검토기준에 관한 규정'인 산림청 고시(대판 2008. 4. 10, 2007두4841)

관련 판례 **행정규칙형식의 법규명령의 법규성**

법령의 규정이 특정행정기관에게 그 법령내용의 구체적 사항을 정할 수 있는 권한을 부여하면서 그 권한행사의 절차나 방법을 특정하고 있지 아니한 관계로 수임행정기관이 행정규칙의 형식으로 그 법령의 내용이 될 사항을 구체적으로 정하고 있는 경우, 그러한 행정규칙, 규정은 행정조직 내부에서만 효력을 가질 뿐 대외적인 구속력을 갖지 않는 행정규칙의 일반적 효력으로서가 아니라, 행정기관에 법령의 구체적 내용을 보충할 권한을 부여한 법령규정의 효력에 의하여 그 내용을 보충하는 기능을 갖게 되고, 따라서 당해 법령의 위임한계를 벗어나지 아니하는 한 그것들과 결합하여 대외적인 구속력이 있는 법규명령으로서의 효력을 갖게 된다(대판 1998. 6. 9, 97누19915).

관련 판례

상위법령에서 세부사항 등을 시행규칙으로 정하도록 위임하였음에도 이를 고시 등 행정규칙으로 정하였다면 그 역시 대외적 구속력을 가지는 법규명령으로서 효력이 인정될 수 없다.(대판 2012. 7. 5, 2010다72076).

(4) 행정규칙의 적법요건과 하자 및 소멸

① 적법요건

성립 요건	• 주체 : 행정규칙은 정당한 권한을 가진 행정기관이 그 권한의 범위 내에서 제정하여야 함 • 내용 : 상위법령이나 규칙에 적합하고 실현가능성이 있어야 하며, 명확하여야 함 • 형식 : 일반적으로 법조의 형식이며, 문서나 구술의 형식으로 발하여짐 • 절차 : 대통령훈령과 국무총리훈령은 법제처의 사전심사를 받아야 하며, 모든 중앙행정기관의 훈령·예규는 법제처의 사후평가를 받아야 함
효력발생 요건	특별규정이 없는 한 관보게재·통첩·게시 등을 통해 통보되어 도달하면 그 효력이 발생

② 하자 및 소멸

하자	적법요건을 갖추지 못한 행정규칙은 하자있는 행정규칙으로서 그 효력이 발생되지 않아 무효가 된다는 것이 일반적 입장
소멸	유효하게 성립된 행정규칙도 명시적·묵시적 폐지, 종기의 도래, 해제조건의 성취, 내용이 상이한 상위 또는 동위의 행정규칙의 제정·개정·폐지 등으로 인하여 소멸됨

행정규칙의 헌법소원 청구

헌법재판소는 제2외국어를 제외한 서울대학교 1994년도 대학입시요강(헌재 92헌마68), 보건복지부장관이 고시한 생활보호사업지침상의 '94년 생계보호기준'(헌재 94헌마33), 외교통상부의 여권사용제한 등에 관한 고시(헌재 2007헌마1366) 등을 헌법소원의 대상으로 판시한 바 있음

(5) 행정규칙의 효력(구속력)

① **내부적 효력** : 행정규칙은 행정조직 내부 또는 특별행정법관계 구성원에 대하여 직접적 구속력을 가지게 되어, 행정규칙을 준수할 의무를 발생시킴

② **외부적 효력**

　㉠ 원칙

　　• 행정규칙은 행정조직의 내부규율에 불과하여 직접적인 외부적 효력을 발생하지 못하므로(통설·판례) 국민이나 법원을 기속하는 효력이 없으며, 이에 위반하여도 위법이 되지 않음

　　• 행정규칙에 따른 행정처분은 적법성이 추정되지 않음

　㉡ 법령해석규칙(규범해석규칙) : 법령 해석의 최종권한은 법원에 있기 때문에 대외적 구속력을 부정함

　㉢ 재량준칙과 규범구체화 행정규칙

　　• 재량준칙(행위통제규칙) : 재량준칙으로 행정관행이 성립하게 되면 그것은 헌법상의 평등원칙에 따라 행정기관을 구속하게 되므로 당해 행정규칙은 간접적으로 외부적 효력을 가지게 됨. 이 경우 평등원칙은 행정규칙을 외부적 효력을 갖는 법규로 전환시키는 전환규범의 역할을 한다고 볼 수 있음

　　• 규범구체화 행정규칙 : 대법원 판례 중 국세청장훈령인 재산제세사무처리규정 등을 규범구체화 행정규칙으로 보는 견해가 있으나 다수설은 이를 부정함

　㉣ 법령보충규칙

　　• 법규성 인정 : 법령보충규칙은 법령의 수권에 의해서 법령을 구체화하는 사항을 결정하는 행정규칙을 뜻하는데, 이에 대해 법규성을 인정하는 것이 다수설이며, 헌법재판소는 법령보충규칙이 수권법령(상위법령)과 결합하여 상위법령의 일부가 됨으로써 대외적 구속력이 발생된다고 함

　　• 재위임과 사법적 통제 : 재위임도 가능하며 법원 혹은 헌법재판소의 통제 대상이 됨

(6) 행정규칙의 통제

① **행정적 통제** : 법규명령과 마찬가지로 감독권에 의한 통제, 행정입법의 절차적 통제, 행정기관의 법령심사권, 행정심판 등이 있음

② **정치적 통제(입법적 통제)**

국회에 의한 통제	• 직접통제(예 동의권유보, 제출(심의), 입법적 거부, 적극적·소극적 결의 절차 등) • 간접통제(예 국정감사 및 조사, 국무위원해임건의, 탄핵, 예산안심의 등)
국민에 의한 통제	행정상 입법을 제정하는 과정에서 여론, 자문, 청원, 압력단체의 활동 등에 의하여 통제를 받을 수 있음

③ **사법적 통제(통설·판례)** : 행정규칙은 처분성의 결여로 행정소송의 대상이 될 수 없으며, 행정규칙이 직접적으로 국민의 권리·의무에 변동을 가져오는 성질을 가지는 경우 이를 행정소송법상의 처분으로 보아 항고소송에 의한 통제가 적용될 수 있음

④ 헌법재판소에 의한 통제 : 원칙적으로 행정규칙은 헌법소원심판의 대상이 되는 공권력의 행사 또는 불행사에 해당되지 않지만, 행정규칙이 사실상의 구속력을 가지고 있어 국민의 기본권을 현실적으로 침해하고 있는 경우 헌법소원의 청구가 가능

관련 판례 헌법재판소에 의한 행정규칙의 통제

행정규칙이 법령의 규정에 의하여 행정관청에 법령의 구체적 내용을 보충할 권한을 부여한 경우나 재량권행사의 준칙인 규칙이 그 정한 바에 따라 되풀이 시행되어 행정관행이 이룩되게 되면, 평등의 원칙이나 신뢰보호의 원칙에 따라 행정기관은 그 상대방에 대한 관계에서 그 규칙에 따라야 할 자기구속을 당하게 되는 경우에는 대외적인 구속력을 가지게 되는바, 이러한 경우에는 헌법소원의 대상이 될 수도 있다(헌재 2001. 5. 31, 99헌마413).

실력UP 법규명령과 행정규칙의 비교

구분	법규명령	행정규칙
법규성	법규성 인정	법규성 부정
성질	형식적 행정, 실질적 입법	형식적·실질적 행정
권력의 기초	일반통치권	특별권력
형식	대통령령, 총리령, 부령, 중앙선거관리위원회 규칙, 감사원규칙	훈령, 지시, 예규, 일일명령, 공시, 통첩, 지침, 시달 등
법적근거 요부	• 위임명령 : 수권요함 • 집행명령 : 수권불요	행정권의 당연한 권능
효력	대내적·대외적 구속력	일면적 구속력
규율대상	• 위임명령 : 새로운 법규사항 규율 가능 • 집행명령 : 새로운 법규사항 규율 불가	행정조직 또는 특별권력관계 내부의 사항 규율
범위와 한계	• 위임명령 : 개별적·구체적 위임 범위 내에서 규정 • 집행명령 : 상위명령시행에 필요한 절차규정	법규명령에 위반하지 않는 범위 내에서 규정
제정절차	• 대통령령 : 법제처의 사전심사 + 국무회의 심의 • 기타 법규명령 : 법제처의 사전심사	특별한 절차규정 없음
형식과 공포	문서에 의한 조문 형식으로 관보에 게재하여야 하며, 공포로서 효력이 발생	문서나 구두로 가능하며, 하급기관에 도달하면 효력이 발생(공포 불요)
위반의 효과	위반행위는 위법행위이며, 행정소송의 대상이 됨	원칙적으로 위반행위에 대해 행정소송 불가

SEMI-NOTE

법규명령과 행정규칙의 공통점

제정기관은 행정기관이며, 형식은 일반적·추상적 법조형식을 취하며, 행정법의 법원성으로 인정됨

법규명령과 행정규칙의 통제수단

• **법규명령** : 간접적 통제수단이나 직접적 통제수단이 일부 인정됨(상임위 제출·심사, 상위법령의 제정 등)
• **행정규칙** : 간접적 통제수단이 인정됨

행정행위의 최협의의 개념(통설 · 판례)

'행정청이 법 아래에서(법률유보) 구체적 사실에 대한 법집행으로서 행하는 권력적 단독행위로서의 공법행위(사실행위 제외)'를 의미하며, 법원에서는 '행정행위' 대신 '행정처분'이라는 용어를 사용. 최협의의 개념에는 법률행위적 · 준법률행위적 행정행위 등이 포함

관련 판례

교통안전공단이 그 사업목적에 필요한 재원으로 사용할 기금 조성을 위하여 같은 법 제13조에 정한 분담금 납부의무자에 대하여 한 분담금 납부통지는 … 행정처분이라고 보아야 할 것이고 … (대판 2000. 9. 8, 2000다12716)

02절 행정행위

1. 개설

(1) 행정행위의 개념

① 개념의 정립

㉠ 학문상 개념 : 우리나라에서 '행정행위'란 실정법상의 개념이 아닌 학문상의 개념으로, 인가 · 허가 · 면허 · 결정 · 재정 등 용어들의 공통점을 포괄하는 개념

㉡ 개념 정립의 실익

• 행정행위는 다른 행정작용이나 사법행위와는 달리 행정청의 권력작용이라는 점에서 공정력 · 확정력 · 자력집행력 등의 특수한 효력이 인정됨

• 행정소송 중 항고소송은 행정행위만을 대상으로 하는 특수한 소송형태이므로, 항고소송의 배타적 관할대상을 정하기 위하여 개념의 정립이 필요함

② 행정행위의 개념요소(관념징표)

㉠ 행정청의 행위 : 행정행위라는 것은 행정청의 행위를 말함. 여기서의 행정청은 행정조직법상의 행정청인 국가와 지방자치단체의 행정기관 외에 행정권한의 위임 · 위탁을 받은 공공단체 및 그 기관 또는 사인 등이 포함됨

㉡ 행정청의 법적 행위

• 행정행위는 행정청의 의사표시에 의하여 외부적으로 개인의 권리 · 의무의 발생 · 변경 · 소멸 등 직접적으로 법적 효과를 가져오는 행위임

• 행정조직내부행위나 단순한 사실행위도 법적 행위로 볼 수 없음

관련 판례 단순한 사실행위

건설부장관이 행한 위의 화랑공원지정처분은 그 결정 및 첨부된 도면의 공고로써 그 경계가 확정되는 것이고, 위와 같은 경위로 경주시장이 행한 경계측량 및 표지의 설치 등은 공원관리청이 공원구역의 효율적인 보호, 관리를 위하여 이미 확정된 경계를 인식, 파악하는 사실상의 행위로 봄이 상당하며, 위와 같은 사실상의 행위를 가리켜 공권력행사로서의 행정처분의 일부라고 볼 수 없고 … (대판 1992. 10. 13, 92누2325)

• 사실행위도 수인의무를 내포하는 강제격리나 강제철거는 법적 행위에 해당되며, 특별권력관계에 있어서 그 구성원의 지위에 법적 효과를 일으키는 처분은 행정행위로 인정

㉢ 법적 행위 중 공법상 행위 : 공법행위란 그 효과가 공법적이라는 것이 아니라, 행위의 근거가 공법적이라는 것이므로 물품구입이나 국유재산매각과 같은 사법행위는 해당되지 않음

㉣ 구체적 사실에 관한 법집행행위 : 행정행위는 구체적 사실에 대하여 행정목적을 실현하기 위한 법집행작용이므로 일반 · 추상적 규범의 정립 작용인 행정입법이나 조례 · 규칙 등은 특정범위의 사람을 대상으로 하더라도 행정행위가 될 수 없음

ⓜ 권력적 단독행위 : 행정행위는 공권력의 행사로서 국민의 권리 · 의무에 대한 것을 일방적으로 처분(결정)하는 것으로, 사법행위나 공법상 계약, 합동행위는 이에 포함되지 않음

ⓗ 거부행위

- 행정행위 신청에 대한 거부 역시 행정행위가 되는데 이때 단순한 사실행위의 거부나 사법상 계약체결 요구에 대한 거부 등은 행정행위가 아님
- 거부행위가 항고소송의 대상이 되기 위해서는 상대방에게 법규상 또는 조리상 신청권이 있어야 하며, 신청인에게 직접적인 거부표시를 하지 않더라도 어떠한 경우에는 묵시적 거부처분이 있을 수 있음

③ '처분' 개념과의 구별

의의	학문상의 포괄적 개념인 '행정행위'는 실정법상으로 '인가 · 허가 · 면허 · 특허 · 면제 · 결정 · 확인 · 공증 등' 다양한 용어로 사용되고 있음. 행정소송법에서는 취소소송 등 항고소송의 대상을 '처분'이라는 용어로 규정하고 있는데, 이러한 개념상의 구분은 행정쟁송의 대상적격의 범위와 관련하여 그 의의가 있음
통설	쟁송법상 처분설(이원설) : 쟁송법에 규정된 '처분'의 개념 중 '그 밖에 이에 준하는 행정작용'에 해당하는 부분을 논거로 하여, 행정쟁송법상의 처분개념이 학문상의 행정행위(실체법상의 처분)의 개념보다 더 넓은 의미로 사용된다고 보는 견해
판례	대법원은 행정쟁송의 대상이 되는 처분 관념과 관련하여, 기본적으로 실체법상 개념설의 입장을 취해 이를 좁게 보면서도, 동시에 쟁송법상 개념설의 입장에 따라 실체법상 개념설에 따르는 한계를 극복하고 권리구제의 가능성을 확대하려는 경향을 보임

④ 처분의 개념 중 '그 밖에 이에 준하는 행정작용'의 내용 : 일반처분, 개별적 · 구체적 규율, 권력적 · 법적 작용(처분법규, 구속적 행정계획 등), 권력적 사실행위 등이 있는데, 여기에 형식적 행정행위가 포함되는가에 대해서는 견해가 대립됨

㉠ 일반처분

의의	구체적 사실과 관련하여 불특정 다수인을 대상으로 하여 발하여지는 행정청의 단독적 · 권력적 규율행위를 말하며, 규율대상인 사람은 불특정 다수인이고 규율의 시간이나 장소(공간)는 한정되어 있다는 측면에서 일반적 · 구체적 규율의 성격을 지님
구분	• 대인적 일반처분 : 구체적 사안에서 불특정 다수인에 대한 행정행위(예 시위참가자 해산명령, 불특정 주민을 대상으로 야간 공원출입금지 등) • 대물적 일반처분 : 직접적으로 물건의 법적 상태를 규율함과 동시에 간접적으로 개인의 권리 · 의무를 설정하는 행정행위

㉡ 형식적 행정행위

의의	행정행위의 본질적 요소인 법적 행위로서의 공권력행사의 실체가 없는 비권력적 행위가 국민의 권리와 의무에 직접적으로 영향을 미치는 경우 형식적 · 기술적으로 공권력행사에 해당한다고 보아 행정쟁송의 대상이 되며, 실체법상 행정행위 이외에 취소소송의 대상이 되는 행위
인정여부	판례는 '규제목적인 행정지도를 항고소송의 대상이 되는 처분이라고 단정하기 어렵다'고 판시한 바 있는데(대판 95누9099), 이는 부정설의 입장을 취한 것이라고 보는 견해가 유력함

SEMI-NOTE

관련 판례
검사지원자 중 한정된 수의 임용대상자에 대한 임용결정(대판 1991. 2. 12, 90누5825)

02장 행정작용법

행정심판법과 행정소송법의 '처분' 개념
"행정청이 행하는 구체적 사실에 관한 법집행으로서의 공권력의 행사 또는 그 거부, 그 밖에 이에 준하는 행정작용"이라 규정

일반처분의 성격
법규범과 행정처분의 중간영역으로 평가된다는 견해도 있으나, 구체적 사실을 규율하는 처분이나 개별적 규율은 행정행위의 일종으로 보는 것이 다수설과 판례의 입장

대물적 일반처분의 예
주 · 정차금지 교통표지판, 도로의 공용지정 행위, 공시지가 결정, 골동품의 문화재로의 지정행위, 도시관리계획에 의한 용도지구 · 지역의 지정행위 등

행정행위의 특성
- 법률적합성
- 공정성(예선적 효력)
- 확정성(존속성)
- 실효성(강제성)
- 권리구제의 특수성(행정쟁송제도, 행정상 손해전보제도)

수익적 처분의 거부 또는 부작위에 대한 구제

취소심판이나 취소소송을 제기하거나 의무이행심판이나 부작위위법확인소송을 제기할 수 있음

복효적 행정행위
- 하나의 행정행위에 의해서 수익적 효과와 침익적 효과가 동시에 발생하는 행정행위
- 혼합효 행정행위 : 동일인에게 복수의 효과 발생
- 제3자효적 행정행위 : 누구에게는 이익을, 다른 누구에게는 불이익을 주는 효과 발생

2. 행정행위의 종류 ★빈출개념

(1) 행정행위의 분류

① 발령주체에 따른 분류 : 국가의 행정행위, 공공단체(지방자치단체 · 공공조합)의 행정행위, 공권력이 부여된 사인(수탁사인)의 행정행위

② 법률효과의 발생원인에 따른 분류(행정행위의 내용에 따른 분류)

법률행위적 행정행위	준법률행위적 행정행위
의사표시를 요소로 하며, 그 법적 효과는 행정청의 효과의사의 내용에 따라 발생하는 행정행위로, 명령적 행정행위와 형성적 행정행위로 구분	의사표시 이외의 정신작용, 즉 인식이나 판단 등을 요소로 하며, 그 법적 효과는 행정청의 효과의사와 관계없이 법령이 정하는 바에 의하여 발생하는 행정행위

③ 법적 효과의 성질에 따른 분류(상대방에 대한 효과에 따른 분류)

구분	수익적 행정행위	침익적 행정행위 (침해적 · 부담적 행정행위)
의의	국민에게 권리나 이익을 부여하는 행정행위 또는 국민의 권리와 의무와 관계없는 행정행위	국민의 권리나 이익을 박탈 또는 제한하거나 의무 및 부담을 부과하는 것을 내용으로 하여 국민에게 불이익을 주는 행정행위
법적 성질	상대방의 신청을 요하는 행위로, 쌍방적 행정행위가 대부분임. 상대방의 신뢰보호라는 관점에서 무효는 엄격하게 해석되어야 하며, 취소 · 철회 또한 일정한 제한이 따름	상대방의 신청 없이 행정청이 직권에 의하여 일방적으로 행하는 것이 일반적임. 법률유보가 엄격하게 적용되는 기속행위이며, 법치행정의 원리 및 절차적 규제에 있어 수익적 행위보다 그 적용이 강화됨
법률유보 원칙과의 관계	법적 근거를 요하지 아니한다는 견해가 있으나, 수익적 행정행위의 거부는 침익적인 성격을 가지므로 그 법률의 근거를 요한다는 것이 다수의 견해	국민의 권리 내용과 범위의 구체화, 당해 처분에 있어서 평등성 보장 등의 견지에서 침익적 처분의 발동은 반드시 법률의 근거가 있어야 함
취소 · 철회	신회보호원칙 등으로 제한됨	취소 · 철회가 자유로움

④ 행정주체에 대한 법의 구속 정도에 따른 분류(재량 여부에 따른 분류)

기속행위	행정청은 법의 규정에 따라 적용할 뿐 행정청의 독단적 판단의 여지가 없는 행정행위(행정주체에게 재량이 없는 행위)
재량행위	행정법규가 행정청에 선택의 여지를 부여하는 행정행위(행정주체에게 재량이 있는 행위)

⑤ 대상의 표준에 따른 분류

대인적 행정행위	대물적 행정행위
• 의사면허나 운전면허, 인간문화재 지정 등과 같이 개인의 능력·인격과 같은 사람의 주관적 요소에 기초를 둔 행정행위 • 일신전속적 성격을 띠므로 그 행정행위의 효과가 이전·승계되지 않음	• 물건의 객관적 사정(구조·설비·성질 등)을 기초로 권리관계·법률관계가 형성되는 행정행위 • 직접적인 규율의 대상은 물건이나, 사람이 그에 의해 간접적인 규율을 받게 되어 행정행위의 효과가 이전·승계될 수 있음

관련 판례 대물적 행정행위

건축허가는 대물적 허가의 성질을 가지는 것으로 그 허가의 효과는 허가대상 건축물에 대한 권리변동에 수반하여 이전되고, 별도의 승인처분에 의하여 이전되는 것이 아니며 … (대판 1979. 10. 30, 79누190)

⑥ 행정객체의 협력을 요건으로 하느냐의 여부에 따른 분류

단독적 행정행위(일방적 행정행위)	쌍방적 행정행위
상대방의 협력을 요건으로 하지 않고 행정청 직권으로 발하는 행정행위	상대방의 협력(신청·출원·동의 등)을 요건으로 하는 행정행위

⑦ 성립형식에 따른 분류(행위형식을 요하는지 여부에 따른 분류)

요식행위	행정행위의 내용을 명확히 하고 확실하게 하기 위하여 법령에서 일정한 형식에 의할 것을 요건으로 하는 행정행위
불요식행위	행정행위에 일정한 형식을 요하지 않는 행정행위

⑧ 법률상태의 변경 여부에 따른 분류

적극적 행정행위	소극적 행정행위
현재의 법률상태에 변동을 초래하는 행정행위(예 하명·허가·특허·취소 등)	현재의 법률상태에 아무런 변동을 초래하지 않는 행정행위(예 각종 거부처분, 부작위 등)

⑨ 의사결정의 단계를 표준으로 한 분류

가행정행위	사실관계 또는 법률관계의 계속적인 심사를 유보한 상태에서 당해 행정법관계의 권리와 의무를 잠정적으로만 확정하는 행정행위(잠정적 행정행위)
예비결정	최종적인 행정결정이 있기 전 사전적인 단계로서 전제요건이 되는 형식적 또는 실질적 요건의 심사에 대한 종국적 판단에 따라 내려지는 결정(사전결정)
부분인허	비교적 장기간의 시간을 요하고 공익에 중대한 시설물의 건설에 있어서 단계적으로 시설의 일부에 대하여 승인하는 행위(부분허가, 부분승인)

SEMI-NOTE

혼합적 행정행위

• 총포·화약류영업허가나 약국영업허가, 석유정제업허가, 전당포영업허가 등과 같이 인적인 자격요건 외에 물건의 객관적 사정을 모두 고려하는 행정행위

• 이전·상속에 있어 관계 법령에 따라 행정청의 허가를 받아야 하거나 대인적 자격요건을 갖춘 자에 대해서만 허가가 허용되는 경우가 있음

단독적·쌍방적 행정행위의 예

• 단독적 행정행위 : 조세부과, 허가취소, 경찰하명, 공무원 징계 등

• 쌍방적 행정행위 : 허가·인가·특허, 공무원의 임명 등

가행정행위의 특성

효과의 잠정성(불가변력이 발생하지 않음), 종국적 결정에 의한 대체성(신뢰보호를 주장하지 못함), 사실관계의 미확정성행정절차법 제2조에 의한 당사자 행정청의 처분에 대하여 직접 그 상대가 되는 당사자나 행정청이 직권으로 또는 신청에 따라 행정절차에 참여하게 한 이해관계인을 의미함

행정절차법 제2조에 의한 당사자

행정청의 처분에 대하여 직접 그 상대가 되는 당사자나 행정청이 직권으로 또는 신청에 따라 행정절차에 참여하게 한 이해관계인을 의미함

제3자의 원고적격

인인소송, 경업자소송, 경원자소송, 환경소송 등

(2) 복효적 행정행위(이중효과적 행정행위, 제3자효 행정행위)

① 의의 : 하나의 행정행위에 의해서 수익적 효과와 침익적 효과가 동시에 발생하는 행정행위

② 유형

혼합효적 행정행위	이중효과적 행정행위(제3자효 행정행위)
동일인에게 수익과 동시에 침익이 발생하는 경우(예 부담부 단란주점허가 등)	두 사람 이상의 당사자를 전제로, 행정의 상대방에게는 수익(침익)적 효과가 발생하나 제3자에는 침익(수익)적 효과가 발생하는 경우

③ 특징

개념상	복수의 당사자, 당사자 간 상반되는 이해관계, 개인법익의 대립 등
행정 실체법상	제3자효가 인정되는 행정행위의 경우 제3자의 권익을 보호하기 위하여 제3자의 공권이 성립하기도 하고, 행정개입청구권이 제3자에게 인정되기도 하며, 제3자효 행정행위의 취소나 철회가 제한되기도 함
행정 절차상	복효적 처분은 특성상 복효적 처분을 할 경우 사전에 이해관계인의 의견을 충분히 고려하여야 하므로 의견제출 및 청문신청권, 기록열람권 등 행정절차의 확대가 요구됨

④ 복효적 처분의 취소·철회 : 상대방의 신뢰보호와 법적 안정성의 견지에서 행정청이 복효적 처분을 취소·철회할 수는 없으나, 공익 및 그 상대방의 신뢰보호뿐만 아니라 제3자의 이익도 비교형량을 하여야 함

⑤ 복효적 처분의 행정쟁송

㉠ 제3자의 쟁송참가 및 재심청구 : 행정심판법과 행정소송법에서는 제3자의 심판참가와 소송참가, 재심청구를 규정

㉡ 제3자의 원고적격 : 제3자의 원고적격이 폭넓게 인정됨

㉢ 처분의 집행정지 : 제3자의 경우도 처분 등의 집행정지 신청가능

㉣ 판결의 효력 : 처분 등을 취소하는 확정판결은 제3자에 대하여도 효력이 있음

㉤ 쟁송제기기간

• 행정심판 또는 행정소송은 처분이 있음을 안 날로부터 90일 이내에 제기하여야 함. 만일 처분이 있음을 알지 못한 경우는 행정심판 처분이 있었던 날로부터 180일, 행정소송 처분이 있었던 날로부터 1년 이내에 제기하여야 함

• 행정처분은 제3자에게 통지되지 않기 때문에 제3자는 정당한 사유가 있을 경우 1년이 경과하여도 행정소송을 제기할 수 있는 경우가 있음

㉥ 고지 : 행정청은 이해관계인이 요구할 시 해당 처분이 행정심판의 대상이 되는 처분인지의 여부와 행정심판의 대상이 되는 경우 소관 위원회 및 심판청구기간을 지체 없이 알려야 함. 이때 제3자 역시 이해관계인에 포함되므로 제3자도 고지를 요구할 수 있음

(3) 기속행위와 재량행위 ★빈출개념

① 기속행위와 재량행위 구별의 필요성(실익)

구분	기속행위	재량행위
위법성 판단기준	법규(법규에 엄격히 구속)	재량의 일탈·남용 여부(법규에 의한 구속이 상대적으로 완화)
사법 심사의 대상	그 위법성에 대하여 사법심사의 대상이며, 법원이 독자적인 결론을 도출한 후 적법 여부를 판정함	• 당·부당의 문제로 행정소송법상의 행정소송대상×(사법심사의 대상×) • 재량의 일탈·남용 여부에 대해서는 법원이 독자적 결론을 도출함이 없이 심사를 하게 됨
행정소송	가능	불가능
부관 가능성	불가능	가능
공권의 성립	성립	불성립(무하자재량행사청구권 및 행정개입청구권은 예외)
경원관계에서의 선원주의	적용(예) 발명특허 등)	미적용
차이점의 본질	오늘날 양자의 차이는 본질적인 것이 아니라 양적·상대적 차이에 불과함	

관련 판례 기속행위와 재량행위의 구별

• 행정행위가 그 재량성의 유무 및 범위와 관련하여 이른바 기속행위 내지 기속재량행위와 재량행위 내지 자유재량행위로 구분된다고 할 때, 그 구분은 당해 행위의 근거가 된 법규의 체제·형식과 그 문언, 당해행위가 속하는 행정 분야의 주된 목적과 특성, 당해 행위 자체의 개별적 성질과 유형 등을 모두 고려하여 판단하여야 하고 … 법원이 사실인정과 관련 법규의 해석·적용을 통하여 일정한 결론을 도출한 후 그 결론에 비추어 행정청이 한 판단의 적법 여부를 독자의 입장에서 판정하는 방식(완전심사·판단대체방식)에 의하게 되나, 후자의 경우 행정청의 재량에 기한 공익판단의 여지를 감안하여 법원은 독자의 결론을 도출함이 없이 당해 행위에 재량권의 일탈·남용이 있는지 여부만을 심사(제한심사방식)하게 되고 … (대판 2001. 2. 9. 98두17593).
• 여객자동차 운수사업법에 의한 개인택시운송사업의 면허는 특정인에게 권리나 이익을 부여하는 행정청의 재량행위이고 … 행정청이 개인택시운송사업의 면허를 하면서, 택시 운전경력이 버스 등 다른 차종의 운전경력보다 개인택시의 운전업무에 더 유용할 수 있다는 점 등을 고려하여 택시의 운전경력을 다소 우대하는 것이 객관적으로 합리적이 아니라거나 타당하지 않다고 볼 수 없다(대판 2009. 11. 26. 2008두16087).

② 구별기준

㉠ **요건재량설(법규설·판단재량설)** : 행정청의 재량은 행정행위의 효과인정에는 있을 수 없고, 그것이 요건규정에 해당하는가의 판단에 있다는 견해

㉡ **효과재량설(성질설·행위재량설)** : 재량의 여부는 행정행위의 요건이 아니라 법률효과의 선택에 판단의 여지가 인정되는가에 따라 결정된다는 견해

불확정개념
- 일의적으로 규정할 수 없는 개념을 사용하여, 법률요건에 판단의 여지를 남겨 놓은 추상적·다의적 개념을 말함
- 구체적으로, 고도의 전문적·학술적·교육적 성질상 행정법규의 구성요건 부분이 '공익·정당한·상당한 이유·위험' 등의 용어와 같이 일의적인 것이 아니라 다의적인 것이어서 진정으로 의미하는 내용이 구체적 상황에 따라 판단되는 개념을 의미함

관련 판례

교과서검정이 고도의 학술상, 교육상의 전문적인 판단을 요하는 특성에 비추어 보면 … 재량권의 범위를 일탈한 것이 아닌 이상 그 검정을 위법하다고 할 수 없다(대판 1992. 4. 24, 91누6634).

관련 판례

학생에 대한 … 징계처분이 교육적 재량행위라는 이유만으로 사법심사의 대상에서 당연히 제외되는 것은 아니다(대판 1991. 11. 22, 91누2144).

ⓒ 판단여지설

의의	불확정개념의 해석과 관련된 이론으로, 행정법규가 일의적·확정적 개념을 사용한 경우 기속행위에 해당되고, 불확정개념을 사용한 경우 한 가지 뜻으로만 해석될 수 있는 객관적 경험개념은 기속행위에 해당되어 사법심사가 가능하지만, 행정청의 주관적 가치개념은 행정청의 판단여지영역 또는 한계영역에 해당되어 사법심사가 불가능함
인정 여부	판례는 의사국가시험령, 감정평가시험, 사법시험 객관식 헌법시험, 교과서 검인정 사건 등에서 판단여지를 '재량'의 문제라고 판시하여, 재량과 판단여지를 구분하지 않고 재량으로 보고 있음
적용영역	판례는 비대체적 결정영역, 구속적 가치의 평가영역, 예측적 결정의 영역, 형성적·정책적 결정의 영역에서 판단여지를 재량의 문제로 보고 있음
한계	판단여지가 인정되는 영역에서도 판단에 있어 합리적 기준이나 경험법칙 등에 따르지 않는 자의적 판단의 경우나 일정한 한계를 벗어나면 하자가 인정되어 위법하게 됨

관련 판례 판단여지설의 인정여부

개발제한구역법 및 액화석유가스법 등의 관련 법규에 의하면, 개발제한구역에서의 자동차용 액화석유가스충전사업허가는 그 기준 내지 요건이 불확정개념으로 규정되어 있으므로 그 허가 여부를 판단함에 있어서 행정청에 재량권이 부여되어 있다고 보아야 한다(대판 2016. 1. 28, 2015두52432).

③ 관련 판례

기속행위로 본 경우	• 강학상 허가 : 식품위생법상 음식점영업허가와 일반주점영업허가, 건축법상 건축허가, 석유사업법상 주유소허가, 공중위생법상 위생접객업허가 등 • 강학상 인가 : 학교법인이사취임승인처분 등 • 구 관광진흥법에 따른 관광사업의 양도·양수에 의한 지위승계신고 수리에 관한 처분(대판 2007. 6. 29, 2006두4097) • 경찰공무원임용령에 따른 부정행위를 한 응시자에 대해 당해 시험을 정지 또는 무효로 하는 처분(대판 2008. 5. 29, 2007두18321)
재량행위로 본 경우	• 강학상 특허 : 사업인정, 개인택시운송사업면허 및 면허기준 설정행위, 도로점용허가, 주택사업계획승인, 도시공원시설관리위탁처분, 어업면허, 광업면허, 귀화허가, 산림형질변경허가, 공유수면매립면허, 보세구역의 설치·경영(관세법) 등 • 강학상 인가 : 민법상 비영리법인설립허가·재단법인 정관변경허가, 국토계획법상 토지거래허가, 재건축조합설립 인가, 주택개량사업 관리처분계획 인가 등 • 강학상 허가(예외적 승인에 해당하는 경우) : 개발제한구역 내 건축허가·건축물의 용도변경허가·대지조성사업계획승인, 도시지역 내 토지형질변경행위를 수반한 건축허가, 산림 내에서의 토석채취허가·산림훼손허가·형질변경허가, 카지노사업의 영업허가, 총포 등 소지허가, 관광지조성사업시행 허가처분, 자연공사업시행 허가처분, 학교환경위생정화구역 내에서의 터키탕·전자유기장허가 등

- 판단여지에 해당하는 경우 : 교과서검정불합격처분, 감정평가사시험 의 합격기준선택, 공무원면접시험 면접위원의 판단, 사법시험·공인 중개사시험 문제출제행위, 유적발굴허가 또는 신청거부처분 등
- 행정계획 : 구 도시계획법상 도시관리계획결정 등

④ 재량의 한계

　㉠ 적정한 재량행사(수권목적에의 적합성) : 재량행사는 재량권이 주어진 수권목 적(일반적인 공익목적과 관계 법규상 구체적 공익목적)과 한계 내에서 이루어 져야 함. 행정소송법 제27조는 "행정청의 재량에 속하는 처분이라도 재량권의 한계를 넘거나 그 남용이 있는 때에는 법원은 이를 취소할 수 있다"고 함

[관련 판례] 재량의 하자

제재적 행정처분이 사회통념상 재량권의 범위를 일탈한 것인가의 여부는 처분사유인 위반행 위의 내용과 당해 처분에 의하여 달성하려는 공익목적 및 이에 따르는 제반사정 등을 객관적 으로 심리하여 공익침해의 정도와 그 처분으로 인하여 개인이 입을 불이익을 비교교량하여 판단하여야 한다(대판 1989. 4. 25, 88누3079).

　㉡ 0(영)으로의 재량수축 : 이 경우에는 하나의 선택만이 요구되므로 다른 선택을 하 였을 경우 그 선택결정은 하자있는 것이 됨. 위험방지 영역에서 재량행위를 기속 행위로 전환시키게 되므로 행정청이 당해 처분 이외의 행위를 하면 위법하게 됨

　㉢ 재량하자의 유형(재량행위가 위법이 되는 경우)

재량권의 일탈 (외적 한계)	• 법률이 인정하고 있지 않은 무권한의 재량권을 행사하는 것 • 재량의 외적 한계(법규상 한계)를 넘어 재량권이 행사된 경우를 말하는 경우로서 사법심사의 대상이 됨
재량권의 남용 (내적 한계)	• 법률상 인정되고 있지만 재량권이 비례원칙에 위배되는 등 재량 권을 지나치게 행사하는 것 • 재량권의 내적 한계를 넘어선 것. 재량권의 성질 및 조리상의 제약을 위반한 것으로 사법심사의 대상이 됨
재량권의 불행사 (해태·흠결)	• 법적 요건을 갖추고 있음에도 불구하고 행정청이 정당한 이유 없 이 재량을 행사하지 않거나 태만히 한 경우로, 불행사의 하자가 있는 경우도 일정한 경우에는 사법심사의 대상이 됨 • 재량권의 해태 : 재량행위를 기속행위로 오인하여 여러 행위 간의 형량을 전혀 하지 않고 기속행위로 행한 경우 • 재량권의 흠결 : 재량권을 충분히 행사하지 않은 경우

[관련 판례] 재량권의 일탈·남용

민원사무를 처리하는 행정기관이 민원 1회방문 처리제를 시행하는 절차의 일환으로 민원사항 의 심의·조정 등을 위한 민원조정위원회를 개최하면서 민원인에게 회의일정 등을 사전에 통 지하지 아니하였다 하더라도 … 취소사유에 이를 정도의 흠이 존재한다고 보기는 어렵다. 다 만 행정기관의 장의 거부처분이 재량행위인 경우에, 위와 같은 사전통지의 흠결로 민원인에게 의견진술의 기회를 주지 아니한 결과 민원조정위원회의 심의과정에서 고려대상에 마땅히 포 함시켜야 할 사항을 누락하는 등 재량권의 불행사 또는 해태로 볼 수 있는 구체적 사정이 있 다면, 거부처분은 재량권을 일탈·남용한 것으로서 위법하다(대판 2015. 8. 27, 2013두1560).

재량권의 남용

- 비례원칙의 위반
- 평등원칙의 위반
- 사실오인
- 목적의 위반(동기의 부정)

재량권의 일탈·남용의 예

- 재량권의 일탈 : 법령상은 6개월 정지 이나 행정청이 1년 정지를 한 경우
- 재량권의 남용 : '유해식품을 판매한 자에게 영업허가의 취소 또는 6월 이 내의 영업정지처분이나 영업소의 폐 쇄를 명할 수 있다'는 법규정에서 단 한 번의 적발로 영업을 폐쇄하는 것

재량의 한계와 사법심사

- 재량권의 외적·내적 한계를 벗어나 일탈·남용한 경우 사법심사의 대상 이 됨(행정소송법 제27조)
- 재량권의 일탈·남용에 대한 입증은 행정처분의 효력을 다투는 자(원고)에 게 있음
- 최근 재량권의 0으로의 수축 법리와 무하자재량행사청구권 등은 재량통제 의 확대 경향을 반영한 것이라 할 수 있음

⑤ 재량행위에 대한 통제 : 행정 내부적 통제, 국회에 의한 통제, 사법적 통제, 헌법 재판소에 의한 통제, 국민에 의한 통제, 입법적 통제

(4) 행정행위의 확약

① 의의 : 행정청이 자기구속을 할 의도로 국민에 대하여 장래에 향하여 일정한 행정행위를 하겠다(작위) 또는 하지 않겠다(부작위)를 약속하는 의사표시로, 확언의 대상이 되는 행정행위의 작위 또는 부작위에 관한 것

> **관련 판례** 확약과 예비결정과의 구별개념
>
> • 폐기물관리법 관계 법령의 규정에 의하면 … 허가권자로부터 … 부적정통보는 허가신청 자체를 제한하는 등 개인의 권리 내지 법률상의 이익을 개별적이고 구체적으로 규제하고 있어 행정처분에 해당한다(대판 1998. 4. 28. 97누21086).
> • 주택건설촉진법 제33조 제1항의 규정에 의한 주택건설사업계획의 승인은 … 재량행위에 속하고, 그 전 단계인 같은 법 제32조의4 제1항의 규정에 의한 주택건설사업계획의 사전결정이 있다하여 달리 볼 것은 아니다(대판 1999. 5. 25. 99두1052).

② 법적 성질

㉠ 행정행위성 여부

긍정설	확약은 종국적 행위 그 자체는 아니지만, 구속적 의사표시 자체는 작위 또는 부작위의 의무를 지우는 효과가 발생한다는 점에서 행정행위로 보는 견해(다수설)
부정설	확약은 행정행위의 개념적 징표를 갖지 않으므로 행정행위가 아니라는 견해(판례)

㉡ 재량행위성 여부 : 행정청이 확약을 할 것인가 여부는 행정청의 재량에 따르며, 그 대상에는 재량행정뿐만 아니라 기속행정도 포함됨

③ 법적 근거

㉠ 일반법 : 확약에 관한 일반법은 없음(행정절차법에서도 확약에 대한 규정을 두지 않음)

㉡ 개별법

• 명문규정이 있는 경우 : 당연히 확약이 허용됨
• 명문규정이 없는 경우

부정설	명문에 확약에 관한 규정이 없으면 확약을 할 수 없다고 보는 견해
긍정설	신뢰보호설, 본처분권한포함설(다수설) 등이 있음

④ 확약의 요건

주체	본 행정행위를 할 수 있는 권한 있는 행정청이 하여야 하며, 그 권한의 범위 내에서만 하여야 하므로, 권한이 없는 자가 행한 확약은 무효임
내용	확약의 내용은 법의 일반원칙에 부합하여야 하며, 이행이 가능한 것이어야 함

절차	복효적(이중효과적) 행정행위에 있어서 본 처분 전에 일정한 사전절차가 요구되는 경우에는 확약에 앞서 당해 절차가 이행되어야 함
형식	독일의 경우 유효한 확약은 문서에 의한 형식을 요구하는 데 반해, 우리나라는 명문규정이 없어 그 제한은 없지만 확약을 행정행위로 보는 다수설의 입장에서는 문서의 형식이 타당하다고 봄

⑤ 확약의 효력

ㄱ 확약의 효력 발생 : 상대방에게 통지되어야 그 효력이 발생

ㄴ 행정의 자기구속력(신뢰보호의 원칙)과 행정쟁송 : 적법한 확약을 했을 경우 행정청은 상대방에 대한 확약한 행위를 하여야 할 의무가 있고, 상대방은 신뢰보호원칙에 입각하여 행정청에게 그 이행을 청구할 수 있으며, 행정청이 이를 불이행하였을 경우 행정쟁송제기가 가능하며, 경우에 따라 손해배상청구도 가능

ㄷ 구속력의 배제(확약의 실효 · 철회 · 취소)

실효	확약 이후 사실상태 또는 법률적 상태가 변경되었다면, 확언이나 확약의 구속성은 행정청의 별다른 의사표시가 없어도 실효됨
철회	행정청은 적법한 확약을 철회함으로써 이들의 구속성을 사후적으로 제거할 수 있는데, 이 경우 철회에 의해 달성되는 공익과 상대방의 기득권 및 제3자의 신뢰보호, 법률생활의 안정 등의 요청을 비교 · 형량하여 결정하여야 함
무효 · 취소	확약에 중대하고 명백한 하자가 있다면 무효가 되며, 단순위법의 하자가 있다면 취소할 수 있는 행위가 됨

⑥ 확약과 권리구제

ㄱ 행정쟁송 : 확약은 처분에 해당하므로 항고소송의 대상이 됨(판례는 처분성을 부정). 확약의 내용에 따른 행위를 하지 않는 경우 의무이행심판이나 거부처분취소소송, 부작위위법확인소송을 제기할 수 있음

ㄴ 손해배상 · 손실보상 : 행정기관이 확약을 이행하지 않아 생긴 손해는 국가배상법 제2조의 요건이 충족됨에 따라 행정상 손해배상 청구 가능. 또한 공익상의 이유로 확약이 철회되어 상대방이 손실을 입은 경우 손실보상청구권이 인정될 수 있음

3. 행정행위의 내용 ★ 빈출개념

👓 한눈에 쏙~

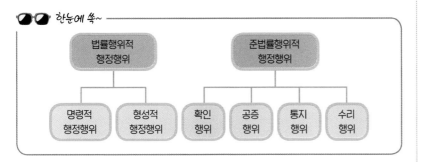

(1) 법률행위적 행정행위 ⭐빈출개념

① **명령적 행정행위** : 국민에 대한 일정한 의무(작위·부작위)를 과하거나, 이들 의무를 해제함을 내용으로 하는 행정행위. 의무를 부과하는 하명과 이를 해제하는 허가·면제로 구분

  ㉠ 하명(下命)

의의	일반통치권에 기하여 개인의 자유를 제한하고 의무를 부과(작위·부작위·수인·급부)하는 것을 내용으로 하는 부담적 행정행위를 말함. 작위·수인·급부의 의무를 부과하는 것을 명령이라 하고, 부작위의무를 부과하는 것을 금지라 함
성질	하명은 개인의 자유를 제한하여 의무를 부과하는 부담적 행정행위로, 헌법 제37조 제2항에 의거하여 반드시 법률의 근거를 필요로 함
형식	• 하명처분 : 법령에 근거한 처분에 의하여 행해지는 것으로, 불특정 다수인에게 하는 일반하명과 특정인에게 하는 개별하명이 있음 • 법규하명 : 법률규정에 의한 일반적·추상적 하명으로서 그 자체로 행정처분이 되는 것은 아니지만, 법규하명일지라도 처분성이 인정된다면 취소소송의 대상이 됨
대상	사실행위와 법률행위가 모두 가능
종류	• 의무내용에 따른 분류 • 작위하명 : 청소시행명령, 건축물철거명령, 소방협력명령 등 • 부작위하명 : 야간통행금지, 수렵금지, 건축금지 등 • 급부하명 : 조세부과처분, 사용료납부명령, 수수료부과 등 • 수인하명 : 대집행의 수인, 즉시강제 시 복종의무, 강제격리의 수인 등
효과	하명은 어떠한 행위에 대한 작위·부작위·급부·수인의 의무를 발생시킴. 대인적 하명은 수명자에게 부과되는 것으로 일신전속적 성질을 지니게 되어 이전·상속되지 않는 데 반하여, 대물적 하명은 그 효과가 상대방에게 이전되거나 상속됨
위반의 효과	수명자가 이러한 하명을 위반·불이행한 경우에는 행정상 강제집행 또는 행정벌의 대상이 되지만 하명은 적법요건에 지나지 아니하므로 그에 위반한 행위의 효력은 원칙적으로 유효함. 다만, 법률 규정에서 무효로 규정하는 경우에는 당연히 무효가 됨
권리구제	위법 또는 부당한 하명으로 인하여 법률상 이익을 침해받은 자는 그 하명의 취소나 변경을 구할 수 있고, 행정상 손해배상 등을 청구할 수 있음

  ㉡ 허가(許可)

의의	• 법령에 의한 일반적인 상대적 금지를 해제함으로써 일정한 행위를 적법하게 할 수 있도록 자연적 자유를 회복시켜 주는 행정행위로, 상대적 금지(예방적 금지)에서만 가능하며, 미성년자의 음주·흡연금지와 같은 절대적 금지는 허가의 대상이 될 수 없음 • 강학상의 용어로서, 실정법상으로는 인허·특허·인가·승인·등록·지정 등의 용어로도 사용됨
예외적 승인	예외적 승인은 사회적으로 유해하거나 바람직하지 않은 것에 대하여 법령상 금지된 행위자체를 예외적으로 허가하여 당해 행위를 적법하게 할 수 있게 해주는 행위를 말함. 판례는 예외적 허가라 표현하기도 함

- 법적 성질

명령적 행위	상대적 금지를 해제하여 자연적 자유를 회복시켜 주는 행위라는 점에서 허가를 명령적 행위로 봄(통설·판례)
기속행위·기속재량 행위	허가요건에 충족되었다는 것은 공익상 장애요인이 없다는 것을 의미하는 것이므로, 자유권의 회복이라는 점에서 허가의 요건을 충족하는 경우에는 반드시 허가를 하여야 하는 기속(재량)행위임(통설·판례)
반사적 이익	• 통설과 판례는 허가에 의한 금지해제로 얻는 이익은 법적 이익이 아니라 반사적 이익에 불과하다고 보아, 허가를 통하여 이익이 침해당하였다 하더라도 원고적격이나 소송상 구제이익이 없음 (대판 1963. 8. 22, 63누97) • 다만, 권리구제의 확대 경향에 따라 이를 법률상 보호이익으로 본 경우도 있음(예 주유소설치허가, 주류제조면허, 식품위생법상 영업허가 등)

- 형식 : 허가는 법규가 정한 부작위의무를 구체적·상대적으로 해제하기 때문에 하명과 달리 항상 처분(허가처분)의 형식으로 행해지며, 직접 법령에 의하여 행해지는 법규허가는 있을 수 없음
- 대상 : 허가의 상대방은 특정인을 대상으로 하는 개별적 허가가 보통이지만, 통행금지해제처럼 불특정인을 대상으로 하는 일반허가도 가능함. 이러한 허가는 사실행위나 법률행위도 가능하나, 사실행위에 대하여 허가하는 것이 보통임
- 종류(허가의 심사대상에 따른 분류) : 대인적 허가, 대물적 허가, 혼합적 허가
- 효과
  - 금지해제를 통한 자연적 자유회복
  - 효과의 상대성(타 법령상의 제한)
  - 취소소송의 제기
- 허가의 변동

갱신	• 허가갱신이 있으면 기존 허가의 효력은 동일성을 유지하면서 장래에 향하여 지속되는 것이므로 갱신을 새로운 허가로 볼 수 없음 • 따라서 특별한 규정이 없는 한 원 허가의 요건은 갱신허가의 요건이 됨 • 갱신 후에는 갱신 전의 법 위반사항을 불문에 붙이는 효과를 발생하는 것이 아니며, 일단 갱신이 있은 후에도 갱신 전의 법 위반사실을 근거로 허가를 취소할 수 있음(대판 1982. 7. 27, 81누174)
양도	대인적 허가는 일신전속적이므로 양도가 불가능하나, 대물적 허가에 따른 영업의 양도인 경우 일신전속적인 것이 아니한 양도인의 법적 지위가 양수인에게 승계됨
소멸	• 이익형량의 원리에 의해서 허가의 취소·철회로 소멸함. 다만, 철회함에 있어서 철회의 법적 근거·사유 등을 명확히 하여야 하고, 가분성 또는 특정성이 있는 처분의 경우 허가의 일부철회도 가능함 • 허가의 취소·철회의 성격과 관련하여 판례는 수익적 행정행위에 대한 취소 또는 철회를 기속재량행위로 봄

관련 판례

건축허가권자는 건축허가신청이 건축법 등 관계 법규에서 정하는 어떠한 제한에 배치되지 않는 이상 당연히 같은 법조에서 정하는 건축허가를 하여야 하고, 중대한 공익상의 필요가 없음에도 불구하고, 요건을 갖춘 자에 대한 허가를 관계 법령에서 정하는 제한사유 이외의 사유를 들어 거부할 수는 없다(대판 2006. 11. 9, 2006두1227).

02장
행정작용법

관련 판례

종전 허가의 유효기간이 지나서 신청한 이 사건 기간연장신청은 … 종전의 허가처분과는 별도의 새로운 허가를 내용으로 하는 행정처분을 구하는 것이라고 보아야 할 것이어서, 이러한 경우 허가권자는 이를 새로운 허가신청으로 보아 법의 관계 규정에 의하여 허가요건의 적합 여부를 새로이 판단하여 그 허가 여부를 결정하여야 할 것이다(대판 1955. 11. 10, 94누11866).

SEMI-NOTE

관련 판례 **허가의 갱신**

유료직업 소개사업의 허가갱신은 허가취득자에게 종전의 지위를 계속 유지시키는 효과를 갖는 것에 불과하고 갱신 후에는 갱신 전의 법위반사항을 불문에 붙이는 효과를 발생하는 것이 아니므로 일단 갱신이 있은 후에도 갱신 전의 법위반사실을 근거로 허가를 취소할 수 있다(대판 1982. 7. 27. 81누174).

ⓒ 면제(免除)

의의	• 의무의 성격에 대한 것을 제외하고는 허가의 경우와 그 성질이 같음 • 작위 · 급부의무의 이행을 연기 · 유예시키는 행정행위의 성질과 관련하여 이를 면제의 일종으로 보는 견해와 의무 그 자체를 소멸하는 것이 아니라 의무의 일부를 변경하는 것에 그치는 것이므로 하명의 변경에 불과하다는 견해(다수설)가 대립함
성질	• 법령에 의해 일반적으로 부과되는 작위 · 급부 · 수인의무를 특정한 경우에 해제해 주는 행정행위 • 면제도 의무해제라는 점에서 허가와 그 성질이 같지만, 그 해제대상이 작위 · 급부 · 수인의무라는 점에서 부작위의무를 해제하는 허가와 구별됨

② **형성적 행정행위** : 국민에게 새로운 권리 · 행위능력, 기타 법적 지위를 발생 · 변경 · 소멸시키는 행위

👓👓 한눈에 쏙~

특허의 예

공무원임용, 공기업특허, 공물사용특허, 공용수용권설정, 도로점용허가, 하천부지점용허가, 자동차운송사업면허, 선박운항사업면허, 주택사업계획승인, 광업허가, 산림형질변경허가, 어업면허, 공유수면매립면허, 하천도강료징수권설정 등

ⓐ 특허(설권행위)

의의	특정인에 대해 새로이 일정한 권리, 능력 또는 포괄적 법률관계를 설정하는 행위. 법률상 용어로 허가 · 면허 · 인가 · 인허라고 표현하기도 함
성질	• 신청을 전제로 하고 협력을 요하는 쌍방적 행정행위라는 것이 다수설과 판례의 입장 • 행정행위(특허처분) 형식으로 행하여지나, 예외적으로 법규에 의하여 직접 행하여진 경우도 있음(법규특허)

관련 판례

자동차운수사업법에 의한 개인택시 운송사업면허는 특정인에게 권리나 이익을 부여하는 행정행위로서 법령에 특별한 규정이 없는 한 재량행위이고, … (대판 1995. 7. 14. 94누14841).

	• 상대방에게 이익을 주는 수익행위로서 명문의 특별한 규정이 없는 한 재량행위이므로 원칙적으로 부관을 붙일 수 있음(다수설·판례) • 허가와 마찬가지로 불요식행위인 것이 일반적임
효과	특허는 상대방에게 권리·능력 등 법률상 힘을 발생시키는 법률상 이익으로, 법적 지위를 나타낼 뿐 그 자체가 재산권이 될 수 없음. 한편, 특허에 의하여 설정된 권리는 공권인 것이 보통이나 사권(광업권·어업권 등)인 경우도 있음
권리 구제	• 항고소송 : 특허는 법률상 이익에 해당되므로, 요건을 구비한 특허신청에 대한 거부는 법률상 이익의 침해가 되어 취소소송의 대상이 됨 • 제3자효 행정행위와 이중특허 : 특허행정청이 경쟁자인 제3자에게 위법하게 특허를 하면 경쟁자는 이를 다툴 수 있으며, 양립할 수 없는 이중의 특허가 있게 되면 특별한 사유가 없는 한 후행특허는 무효가 된다는 것이 판례의 입장

ⓒ 변경행위 : 기존의 법률상 힘(권리·능력)에 변경을 가하는 행위. 설권행위와 박권행위의 결합이라는 성질을 지님

ⓒ 박권행위(탈권행위) : 기존의 법률상의 권리·능력을 소멸시키는 행위

ⓔ 인가(보충행위)

의의	행정청이 제3자의 법률행위를 동의로써 보충하여 그 행위의 효력을 완성시키는 행정행위로, 이러한 의미에서 인가를 보충행위라고 함
대상	성질상 언제나 법률적 행위에 한하며, 사실행위에서는 인정되지 않음. 법률행위이면 공법상의 행위, 사법상의 행위 모두 가능함
성질	• 행정행위로, 특허와 같은 형성적 행위에 속함 • 하명·특허와 달리 법규인가는 허용되지 않음 • 재량인 경우도 있고 기속행위인 경우도 존재함 • 법률행위의 효력요건이므로 무인가행위가 처벌대상이 되지는 않지만 원칙적으로 무효(허가는 적법요건이므로 무허가행위는 처벌의 대상이 되지만 행위 자체는 유효함)
출원 (신청)과 상대방	상대방의 신청을 전제요건으로 하므로, 신청한 특정인에게만 인가가 이루어지며, 법령에 근거가 없는 한 신청의 내용과 다른 수정인가는 인정되지 않음
형식	인가는 언제나 구체적인 처분의 형식으로 행하여지며, 일정 형식이 요구되는 경우를 제외하고는 원칙적으로 불요식행위임
효력	• 발생요건 : 인가는 제3자와의 사이에서 그 기본적 법률행위의 효력을 발생시켜주는 효력발생요건임. 따라서 무인가행위는 무효일 뿐이지 행정상 처벌이나 강제집행의 문제는 발생되지 않음 • 효과의 이전 : 당해 법률적 행위에 한하여 발생하며 타인에게 이전되지 않음 • 기본적 법률행위와 인가와의 효력관계 : 인가는 그 법률행위의 효력을 완성시키는 보충적 행위일 뿐, 그 법률행위의 하자를 치유하는 효력은 없음. 따라서 기본적 법률행위가 불성립 또는 무효인 경우 인가가 있어도 그 법률행위는 유효가 될 수 없으며, 적법·유효하게 성립된 기본적 법률행위가 사후에 실효되면, 인가의 효력도 상실됨

SEMI-NOTE

변경행위의 예

도시개발법상의 환지처분, 국가공무원법상 공무원에 대한 징계종류의 변경이나 공무원의 전보발령, 광구변경, 수도사업변경의 인가 등

박권행위의 예

공무원 파면·해임, 공법인해산, 공기업특허의 취소, 광업허가의 취소, 어업면허의 취소 등

관련 판례

기본행위인 기술도입계약이 해지로 인하여 소멸되었다면 위 인가처분은 무효선언이나 그 취소처분이 없어도 당연히 실효된다(대판 1983. 12. 27, 82누491).

관련 판례

학교법인의 임원에 대한 감독청의 취임승인은 학교법인의 임원선임행위를 보충하여 그 법률상의 효력을 완성케 하는 보충적 행정행위로서 성질상 기본행위를 떠나 승인처분 그 자체만으로는 법률상 아무런 효력도 발생할 수 없으므로 기본행위인 학교법인의 임원선임행위가 불성립 또는 무효인 경우에는 비록 그에 대한 감독청의 취임승인이 있었다 하여도 이로써 무효인 그 선임행위가 유효한 것으로 될 수는 없다(대판 1987. 8. 18, 86누152).

허가 · 특허 · 인가의 공통점

• 법률행위적 행정행위로서 수익적 행정행위이며, 실정법상 용어가 혼용됨 (허가 · 특허 · 면허 · 인허 등)
• 원칙적으로 쌍방적 행정행위의 성격을 지님(허가의 경우 예외 존재)
• 원칙적으로 불요식행위이며, 부관이 가능

실력UP 허가 · 특허 · 인가의 비교

구분	허가	특허	인가
성질	• 명령적 행정행위 • 기속(기속재량)행위 • 쌍방적 행정행위 • 수정허가 가능	• 형성적 행정행위 • 자유재량행위 • 쌍방적 행정행위 • 수정특허 불가	• 형성적 행정행위 • 자유재량행위 • 쌍방적 행정행위 • 수정인가 불가
상대방	특정인(신청의 경우), 불특정다수인 (신청 없는 경우)	신청한 자 (특정인)	신청한 자 (특정인)
대상	사실행위, 법률행위	사실행위, 법률행위	법률행위
형식	법규허가는 없고, 항상 허가처분에 의함	법규특허나 특허처분 모두 가능	법규인가는 없고, 항상 인가처분에 의함
효과	• 자연적 자유회복 • 반사적 이익발생(침해 시 행정쟁송제기 불가) • 이전 가능(대물적 허가)	• 권리설정(공권 · 사권) • 권리가 발생하므로 이익 침해 시 쟁송제기 가능 • 이전 가능(대물적 특허)	• 타인 간 법률행위의 효력을 보충 · 완성 (보충적 효력, 권리설정 ×) • 이전 불가
적법요건 · 유효요건	• 허가는 적법요건 • 무허가행위는 유효하나 처벌 대상	• 특허는 효력발생요건 • 무특허행위는 무효이나 처벌 대상은 아님	• 인가는 효력발생요건 • 무인가행위는 무효이나 처벌 대상은 아님
대상 사업	개인적, 소규모 영리사업	대규모 공익사업	공익사업
감독	질서유지를 위한 최소한의 소극적 감독 (주로 사기업이 대상)	공익을 위한 적극적 감독 (주로 공기업이 대상)	—

권한대리

행정관청의 권한 전부 또는 일부를 다른 행정관청 또는 보조기관 등이 피대리관청을 위한 권한행사임을 표시하여 자기의 이름으로 행사하고, 그 행위는 피대리관청의 행위로서 효력을 발생하는 것

ⓜ 대리

의의	• 다른 법률관계의 당사자가 직접 하여야 할 것을 행정청이 대신하여 행하고 그 행위의 법적 효과를 당해 당사자에게 귀속케 하는 행정행위 • 본인의 의사에 의한 대리행위가 아니라 법률규정에 의한 법정대리임 • 여기에서의 대리는 행정행위로서의 공법상 대리를 의미하므로 행정조직 내부의 직무상 대리(권한대리)와 구별됨
유형	• 감독적 입장 : 행정주체가 공익적 견지에서 공공단체나 특허기업자 등을 대신(감독)하는 경우(감독청에 의한 공법인의 정관작성 · 임원임명 등) • 조정적 입장 : 당사자 사이의 협의가 불성립했을 때 이를 조정하는 경우(토지수용위원회의 재결 등) • 개인보호 입장 : 타인을 보호하기 위하여 행하는 경우(사자(死者)나 행려병자의 유류품 처분 등) • 행정목적 달성 : 행정의 실효성을 확보하기 위하여 행하는 경우(조세체납처분으로 행하는 압류재산의 공매처분 등)

(2) 준법률행위적 행정행위

① 의의 : 행정청의 효과의사 표시가 아니라 행정청의 정신작용, 즉 판단·인식·관념 등의 표시에 대해 법률에서 일정한 법적 효과를 부여하는 행위. 준법률행위적 행정행위에서 부여된 법적 효과는 행정청의 의사표시에 따른 것이 아니라 법률 규정에 따라 발생함

② 종류

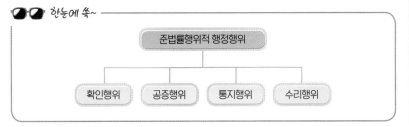

ⓐ 확인행위

의의	특정한 사실 또는 법률관계의 존재 여부 등에 관하여 의문이 있거나 다툼이 있는 경우에 행정청이 이를 공적으로 판단하는 행정행위
분류	• 조직법상 확인행위 : 합격자 결정, 당선인 결정 • 급부(복리)행정법상 확인행위 : 도로·하천구역결정, 발명특허, 교과서 검인정 등 • 재정법상 확인행위 : 소득금액결정 등 • 군정법상 확인행위 : 신체검사, 군사시설보호구역 등 • 쟁송법상 확인 : 행정심판의 재결, 이의신청의 결정 • 정서행정법상 확인 : 도시계획상의 지역·지구·구역의 지정 등
성질	• 준사법적(법선언적) : 법률관계나 사실관계의 존재 또는 정당성에 대한 공권적 판단표시행위로서 법선언적 행위임 • 기속행위성 : 객관적 진실에 따라 결정되므로 성질상 행정청의 확인을 요하는 기속행위 내지 기속재량행위임
효과	• 공통적 효과(불가변력) : 확인행위로 확정된 사실 또는 법률관계는 권한 있는 기관에 의하여 부인되지 않는 한 누구도 그것을 임의로 변경할 수 없는 힘을 가짐 • 개별적 효과 : 불가변력 외에 확인의 효과는 개별법률이 정하는 바에 따라 정해짐 • 소급효 : 확인의 효과는 그 성질상 일정한 상태가 존재하였던 시기로 소급함

ⓑ 공증행위

의의	특정한 사실 또는 법률관계의 존재를 공적으로 증명하는 행정행위
분류	각종 등록·등기 및 등재, 각종 기재행위, 각종 증명서 발부, 각종 교부, 검인·직인의 날인 등

성질	• 단순한 인식작용(인식의 의사표시) • 특정 사실이나 법률관계가 객관적으로 존재하는 경우에는 공증을 하여야 하는 기속행위 내지 기속재량행위임 • 행정절차법상 처분에 해당함. 다만, 판례는 공증의 처분성을 원칙적으로 부정하며, 예외적으로 처분성을 인정하는 경우가 있음 • 준법률행위적 행정행위로서 부관을 붙일 수 없다는 것이 다수설의 입장
효과	• 일반적 효과 : 공증은 일반적으로 공적 증거력을 발생시키며 확인과는 달리 불가변력이 발생하지 않음 • 그 밖에 개별법령의 규정에 따라 행정행위의 효력발생요건이 되거나, 권리성립요건 또는 권리행사요건이 됨
권리 구제	• 공증도 행정행위로서 행정구제가 가능하다는 것이 일반적 견해이나, 판례에서는 공증에 대한 처분성의 인정 여부에 따라서 행정쟁송의 대상 여부를 결정하고 있음 • 판례는 행정사무의 편의나 사실증명의 자료에 불과한 공증행위에 대해 원칙적으로 그 처분성을 부정하여 행정쟁송을 인정하지 않음(지적도·임야도·토지대장·임야대장 등의 지적공부에의 기재행위, 운전면허대장에의 기재행위 등). 다만, 예외적으로 국민의 권리관계에 영향을 미치는 공증행위에 대해서는 그 처분성을 인정하여 행정쟁송을 인정함(분필신청거부, 지목등록변경신청반려행위 등)

관련 판례 예외적으로 공증의 처분성을 긍정한 판례

• 지적공부 소관청의 지목등록변경신청반려행위(대판 2004. 4. 22, 2003두9015)
• 건축물대장 작성 및 용도변경신청 거부행위(대판 2009. 1. 30, 2007두7277)

통지행위의 형식

통지행위 역시 행정절차법상 처분에 해당하므로 요식행위임을 원칙으로 함

관련 판례

당연퇴직의 인사발령은 법률상 당연히 발생하는 퇴직사유를 공적으로 확인하여 알려주는 이른바 관념의 통지에 불과하고 … 독립한 행정처분이라고 할 수 없다(대판 1995. 11. 14, 95누2036).

ⓒ 통지행위

의의	특정인 또는 불특정 다수인에게 일정한 사항을 알리는 행정행위
분류	• 일정한 관념의 통지 : 특허출원공고, 귀화고시, 사업인정고시 등 • 의사의 통지 : 대집행계고, 납세독촉, 구 토지수용법상의 사업인정고시 등
성질	• 법령에 의하여 일정한 관념이나 의사를 통지하여야 하는 기속행위 • 준법률행위적 행정행위로서 법적 효과를 가져오는 것만을 말하므로 사실행위에 불과한 통지는 여기에 포함되지 않음
효과	통지행위의 효과 역시 개별법규가 정한 바에 따름. 일정한 법적 효과가 결부되어야 함
처분성 인정 여부 (판례)	• 처분성 인정 : 토지보상법상의 사업인정의 고시, 대집행영장발부 통보처분, 강서세무서장의 납부독촉, 국공립대 교수에 대한 재임용거부취지의 임용기간만료통지 • 처분성 부정 : 정년퇴직발령과 당연퇴직의 인사발령 등에 대해서는 단순한 사실행위로서의 통지에 불과하다고 보아 그 처분성을 부정

④ 수리행위

의의	• 타인의 행위를 유효한 행위로서 받아들이는 행위 • 준법률행위적 행정행위로서의 수리를 말하는 것으로, 자체완성적 공법행위에서 말하는 수리는 여기의 수리에 해당되지 않음
분류	• 각종 신청서나 신고서의 수리, 각종 소장의 수리
성질	• 수동적 행정행위로, 타인의 행위가 유효한 행위라는 판단 아래 수령하는 인식의 표시행위라는 점에서 단순한 사실인 '도달'과 사실행위인 '신고의 수리(접수)'와 구분됨 • 유효한 것으로 받아들이는 수동적 행위로, 행정청은 법이 정한 특별한 사정이 없는 한 소정의 형식적 요건을 갖춘 신고는 수리해야 하는 기속행위임(대판 84도2953). 따라서 법정요건을 갖춘 행위에 대한 수리거부는 행정쟁송의 대상이 됨
효과	보통 개별법에서 정하는 바에 따라 사법상 효과 또는 공법상 효과가 발생함

4. 행정행위의 부관 ⭐빈출개념

(1) 부관의 관념

① 의의

  ⊙ 협의설(종래의 다수설) : 행정행위의 효과를 제한하기 위하여 주된 의사표시에 부가되는 종된 의사표시

  ⓛ 광의설(최근의 다수설) : 행정행위의 효과를 제한하거나 특별한 의무를 부과하거나 요건을 보충하기 위하여 주된 행정행위에 부가된 종된 규율

② 성질 : 행정행위의 부관은 주된 행정행위에 결합되어 독립성이 인정되지 않는다는 점에서 독립성이 인정되는 행정행위의 취소나 철회와 구별됨. 단, 부관 중 부담은 다른 부관과는 달리 어느 정도 독립성이 인정됨

③ 구별 개념

  ⊙ 법정부관과의 구별 : 행정청의 의사표시에 의한 것으로, 특정한 행정행위 효과의 제한이 직접 법규에 의해 정해지는 법정부관과 구별됨

④ 부관의 기능과 특성

순기능	• 다양한 행정사무와 상황에 맞추어 행정행위가 상대방의 이해를 조절하고 공익을 효과적으로 실현할 수 있도록 함 • 행정에 광범위한 합리성과 유연성·탄력성, 절차적 경제성을 보장
역기능	부관이 행정편의주의적으로 이용되거나 남용되는 경우 국민의 권익을 침해할 수 있으므로 부관의 남용에 대한 적절한 실체적·절차적 통제책의 마련이 중요함
부종성 (종속성)	주된 행정행위가 효력이 없으면 부관도 효력이 없게 되며, 주된 행정행위와 실질적 관련성이 있어야만 부관이 인정되는데 이 때문에 주된 행정행위와 관련 없는 목적을 위해서 부관이 부가될 수는 없음

SEMI-NOTE

수리의 효과

혼인신고의 수리는 혼인성립이라는 사법상의 효과를, 소장의 수리는 공법상의 효과를 발생시킴

협의설과 광의설의 본질적 차이

두 설의 본질적 차이는 부관의 본질을 주된 행정행위에 의존하는 것으로 보는지 여부에 달려 있다고 볼 수 있는데, 이러한 부관의 개념에 관한 논의는 부담의 부관성과 준법률행위적 행정행위에 부관을 붙일 수 있는지 여부에 관한 문제와 관계가 있음

관련 판례

보존음료수제조업의 허가에 붙여진 전량수출 또는 주한외국인에 대한 판매에 한한다는 내용의 조건은 이른바 법정부관으로서 행정청의 의사에 기하여 붙여지는 본래의 의미에서의 행정행위의 부관은 아니므로, 이와 같은 법정부관에 대하여는 행정행위에 부관을 붙일 수 있는 한계에 관한 일반적인 원칙이 적용되지는 않는다(대판 1994. 3. 8, 92누1728).

(2) 부관의 종류

한눈에 쏙~

① 조건(條件)
- 의의 : 행정행위 효력의 발생·소멸을 장래의 불확실한 사실의 발생여부에 의존하게 하는 부관
- 종류

정지 조건	조건의 성취로 행정행위의 효력이 발생되게 하는 행정청의 종된 의사표시
해제 조건	조건의 성취로 행정행위의 효력이 소멸되는 행정청의 종된 의사표시

② 기한(期限)

의의	행정행위 효력의 발생·소멸을 장래의 확실한 사실에 의존하는 부관
분류	• 확정기한 : '12월 31일까지 사용을 허가한다'라는 경우와 같이 당해 사실의 도래시기가 확정되어 있는 것 • 불확정기한 : '갑(甲)이 사망할 때까지 연금을 지급한다'와 같이 당해 사실이 도래할 것은 분명하나 그 도래시기가 불확정된 것 • 시기 : '2014년 6월 10일부터 사용을 허가한다'라는 경우와 같이 장래 확실한 사실의 발생 시 행정행위의 효력이 발생하는 부관 • 종기(終期) : '2014년 12월 31일까지 사용을 허가한다'와 같이 장래 확실한 사실의 발생 시 행정행위의 효력이 소멸하는 부관
종기의 성질	• 존속기간(원칙) : 통설과 판례는 적정한 종기의 경우 행정행위 효력의 존속기간으로 보아, 종기가 도래하면 행정행위의 효력은 소멸(실효)된다고 봄 • 갱신기간(예외) : 통설은 장기계속성이 예정된 행정행위에 지나치게 짧은 종기가 부가된 경우(댐건설을 위한 하천 점용허가기간을 3년으로 한 경우 등)에 그것은 행정행위 효력의 존속기간이 아니라 내용의 갱신기간으로 볼 수 있다고 함

③ 부담(負擔)
- ㉠ 의의 : 행정행위의 주된 의사표시에 부가하여 그 효과를 받는 상대방에게 작위·부작위·급부 또는 수인의무를 명하는 행정청의 의사표시
- ㉡ 법적 성질
  - 주된 행정행위와의 관계 : 부담의 이행 여부와 관계없이 주된 행정행위의 효력이 발생하므로 부담의 불이행이 있다고 하여 주된 행정행위의 효력이

조건과 부담과의 구별

조건과 부담의 구별이 불명확한 경우에는 최소침해의 원칙에 따라 국민에게 유리한 부담으로 파악한다는 것이 통설

정지조건과 해제조건의 예
- 정지조건 : 도로확장을 조건으로 하는 자동차운수사업면허, 시설완성을 조건으로 하는 학교법인설립인가, 우천이 아닐 것을 조건으로 하는 옥외집회 장소허가 등
- 해제조건 : 기한 내에 공사를 착수하지 않으면 실효되는 것을 조건으로 한 공유수면매립면허, 호우기 전에 제방축조를 조건으로 한 공물사용특허 등

부관으로서의 부담

부담은 주로 허가를 하면서 각종 준수·이행의무를 명하거나 사용료·점용료 등의 납부를 명하는 형식의 부관으로, 부관 중 그 예가 가장 많음

당연히 소멸되는 것은 아니며, 행정청이 부담의 불이행을 이유로 주된 행정행위를 취소하거나 철회하여야 그 효력이 소멸됨(다수설·판례)
- 독립적 행정행위(처분성)

ⓒ 조건과의 구별

정지조건	정지조건부 행정행위는 조건이 성취되어야 효력이 발생하나, 부담부 행정행위는 처음부터 효력이 발생하고, 다만 그와 관련하여 상대방에게 일정한 의무가 부과된다는 점에서 구별됨
해제조건	해제조건부 행정행위는 조건이 성취되면 당연히 효력이 소멸되나, 부담부 행정행위는 상대방이 그 부담을 이행하지 아니하여도 효력이 소멸하는 것이 아니고 행정청이 그 의무불이행을 이유로 하여 철회 또는 취소하여야 소멸됨

ⓔ 부담권유보(사후변경의 유보)

의의	행정청이 행정행위를 하면서 사후에 그 부담을 설정·변경·보완할 수 있는 권리를 유보하는 의사표시로, 행정행위의 '사후변경의 유보'라고도 함
학설	철회권의 일부에 지나지 않는다고 보는 견해도 있으나, 다수설(긍정설)은 장래의 일정한 사실의 발생 시에 새로운 의무를 과하는 것을 유보하는 것으로, 유보된 사실의 발생 시에 기존의 효력을 철회하는 철회권 유보와는 구별함(부관의 일종으로 파악)

ⓜ 부담불이행의 효과
- 강제집행을 하거나 주된 행정행위를 철회시키거나 후속처분을 거부할 수 있음(통설·판례)
- 판례도 부담부 행정처분에 있어서 처분의 상대방이 부담(의무)을 이행하지 않은 경우 처분행정청은 당해 처분을 취소(철회)할 수 있다고 함(대판 1989. 10. 24, 89누2431)

④ 철회권(취소권)의 유보

의의	행정행위의 주된 의사표시에 부가하여 장래 일정한 사유가 발생한 경우 그 행정행위를 철회할 수 있는 권리를 유보하는 행정청의 의사표시
법적 근거	판례는 특별한 법적 근거를 요하지 않는다고 봄
철회권 행사의 제한	철회권이 유보되어 있는 것만으로 직접 철회가 정당화되는 것은 아니며, 철회권의 유보에 있어서도 행정행위의 철회에 관한 일반원칙을 준수해야 함

관련 판례 철회권 행사의 제한

행정청의 취소권이 유보된 경우에 행정청은 그 유보된 취소권을 행사할 수 있으나 그 취소는 무제한으로 허용될 것이 아니라 공익상 기타 정당한 사유가 없을 때에는 그 취소가 적법한 것이라 할 수 없다(대판 1964. 6. 7, 63누40).

SEMI-NOTE

조건과 부담의 구별이 불명확한 경우
최소침해의 원칙에 따라 국민에게 유리한 부담으로 판단(추정)해야 함(통설)

부담유보(사후변경의 유보)
행정청이 사후에 부관을 부가할 수 있는 권한 혹은 부가된 부관의 내용을 변경할 수 있는 권한을 유보하는 부관을 말하는데, 이를 부관의 일종으로 보는 것이 다수설임. 한편 부담유보는 철회권의 유보와 마찬가지로 상대방은 원칙적으로 신뢰보호주장을 할 수 없음

철회권(취소권) 유보의 예
숙박업 허가를 하면서 윤락행위를 알선하면 그 허가를 취소하겠다는 것을 유보하는 것이나, 공기업특허를 하면서 특허명령서의 내용을 위반하는 경우에 특허를 취소하겠다는 권리를 유보하는 것 등

법률효과 일부배제의 예

격일제운행을 조건으로 한 택시영업허가, 야간에만 개시할 조건으로 한 시장개설허가, 야간에만 도로점용허가를 하는 경우, 버스의 노선지정 등

수정부담의 예

A도로의 통행허가신청에 대하여 B도로의 통행을 허가하는 것, 유흥음식점허가신청에 대해 대중음식점허가를 하는 것 등

⑤ 법률효과의 일부배제

의의	법률에서 부여한 법률효과 중 그 일부의 발생을 배제하는 행정행위의 부관
법적 근거	법률이 부여하는 효과 중 일부를 특정한 경우에 적용배제하는 것이므로, 다른 부관과 달리 법령에 근거가 있을 경우에 한하여 인정됨

⑥ **수정부담** : 행정행위의 주된 내용에 부가되어 일정한 의무를 부과하는 것이 아니라, 행정행위의 내용 자체를 신청내용과 달리 수정·변경하는 부관으로, 신청된 내용을 거부하고 새로운 내용의 허가를 하는 것이므로, 진정한 의미의 부관이라기보다는 새로운 행정행위로 보는 경향이 커지고 있음

(3) 부관의 한계

① **문제제기** : 행정행위의 부관에 관한 일반법이 없으므로 개별법의 규정에 의하여 부관을 붙일 수 있는데, 명문규정이 없는 경우 법률행위적 행정행위에 속하는 자유재량행위에 대해서만 부관을 붙일 수 있다는 것이 다수설과 판례의 입장

② 부관의 가능성

㉠ 법률적 행정행위와 준법률행위적 행정행위에 대한 부관의 가능성

전통적 견해(다수설·판례)	종된 규율성설
• 법률행위적 행정행위 : 부관을 붙일 수 있음. 다만, 귀화허가 및 공무원의 임명행위 등과 같은 포괄적 신분설정행위는 성질상 부관을 붙일 수 없다는 것이 일반적으로 인정됨 • 준법률행위적 행정행위 : 관계법상 수권의 규정이 없는 한 부관을 붙일 수 없음	• 법률행위적 행정행위 : 부관을 붙일 수 있음이 원칙이며, 다만 귀화허가나 공무원임명과 같은 신분설정행위에는 부관을 붙일 수 없음 • 준법률행위적 행정행위 : 부관을 붙일 수 없음이 원칙이며, 다만 확인이나 공증의 경우 기한이나 종기 같은 부관을 붙일 수 있음

• 재량행위에 있어서는 관계 법령에 명시적인 금지규정이 없는 한 행정목적을 달성하기 위하여 부관을 붙일 수 있다(대판 1998. 10. 23, 97누164).
• 일반적으로 기속행위나 기속적 재량행위에는 부관을 붙을 수 없고 가사 부관을 붙였다 하더라도 이는 무효의 것이다(대판 1988. 4. 27, 87누1106).

㉡ 재량행위와 기속행위에 대한 부관의 가능성

전통적 견해(다수설·판례)	종된 규율성설
• 원칙 : 재량행위에는 부관을 붙일 수 있으나 기속행위에는 부관을 붙일 수 없음 • 예외 : 법령에 근거규정이 있는 경우에는 기속행위에도 붙일 수 있음	• 의의 : 행정행위의 재량성 검토와 부관의 가능성은 별개라는 견해 • 기속행위에는 명문규정의 유무에 상관없이 법률요건충족을 위한 부관은 붙일 수 있으며, 재량행위는 성질상 부관이 허용되지 않는 행위가 있음

③ 부관의 시간적 한계(사후부관가능성 여부)

㉠ 학설

제한적 긍정설 (다수설)	• 원칙 : 개인의 법익을 보호하기 위해 사후부관은 허용되지 않음 • 예외 : 법률의 규정이 있는 경우와 행정행위에 사후부관을 유보한 경우, 상대방의 동의가 있는 경우, 부관 중 부담인 경우 등에는 사후부관이 가능함
부담 긍정설	부담은 독립적 처분성의 성질을 가지고 있어 사후부관이 가능하다는 견해

부정설	부관은 주된 행정행위에 부수된 종된 것이어서 그 독자적인 존재는 인정될 수 없으므로, 사후에 부관만 따로 붙일 수 없다는 견해

ⓒ 판례 : 제한적 긍정설의 입장에서 취하고 있는 사유와 사정변경으로 인한 목적달성의 필요를 이유로 사후부관이 예외적으로 허용된다고 봄

관련 판례 부관의 사후변경

행정처분에 이미 부담이 부가되어 있는 상태에서 그 의무의 범위 또는 내용 등을 변경하는 부관의 사후변경은, 법률에 명문의 규정이 있거나 그 변경이 미리 유보되어 있는 경우 또는 상대방의 동의가 있는 경우에 한하여 허용되는 것이 원칙이지만, 사정변경으로 인하여 당초에 부담을 부가한 목적을 달성할 수 없게 된 경우에도 그 목적달성에 필요한 범위 내에서 예외적으로 허용된다(대판 1997. 5. 30, 97누2627).

④ 부관의 내용적 한계(부관의 정도)
　㉠ 법규상의 한계 : 부관은 법령에 적합하여야 함
　㉡ 목적상의 한계 : 부관의 내용은 법령 및 행정행위의 목적달성에 필요한 범위를 넘어서는 안 되며, 행정목적의 범위를 초과하는 부관은 위법함
　㉢ 행정법 일반원칙(조리)상의 한계 : 부관의 내용은 비례의 원칙, 평등의 원칙, 부당결부금지의 원칙 등 행정법의 일반원칙에 반하지 않아야 함

관련 판례 부관의 행정법 일반원칙(조리)상의 한계

관계 법령에 명시적인 금지규정이 없는 한 행정목적을 달성하기 위하여 부관을 붙일 수 있으며, 그 부관의 내용이 이행 가능하고 비례의 원칙 및 평등의 원칙에 적합하며 행정처분의 본질적 효력을 저해하는 것이 아닌 이상 거기에 부관의 한계를 벗어난 위법이 있다고 할 수 있다(대판 1998. 10. 23, 97누164).

(4) 부관의 하자와 행정행위의 효력

① 무효인 부관과 주된 행정행위의 효력
　㉠ 부관만 무효라는 견해 : 주된 행정행위는 부관 없는 단순한 행정행위가 됨
　㉡ 부관부행정행위 전부가 무효라는 견해 : 부관부행정행위 자체가 무효가 됨
　㉢ 본질적 요소여부에 따라 판단하는 견해(절충설, 통설·판례)
　　• 부관이 그 행정행위의 본질적 요소가 아닌 경우 : 부관이 무효인 경우 부관 없는 단순한 행정행위로서 효력이 발생함
　　• 부관이 그 행정행위의 본질적 요소인 경우 : 부관이 그 행정행위에 있어서 없어서는 안 될 본질적 요소일 경우는 행정행위 전체가 무효가 됨
　㉣ 판례 : 절충설의 입장을 취하고 있음
② 취소할 수 있는 부관과 행정행위의 효력 : 취소할 수 있는 부관이라도 그 자체가 당연무효가 아닌 적법한 것으로 추정되어 행정청이 취소하지 않으면 일단은 유효함. 다만, 행정청의 취소가 있는 경우 주된 행정행위의 효력에 어떠한 영향을 미치는가에 대해서는 무효인 경우와 같음

• 법규상의 한계 : 법령에서 부관을 붙이는 것을 금지한다면, 재량행위일지라도 당연히 부관을 붙일 수 없다(대판 1998. 8. 21, 98두8919).
• 목적상의 한계 : 허가를 하면서 운반선, 등선 등 부속선을 사용할 수 없도록 제한한 부관은 그 어업허가의 목적달성을 사실상 어렵게 하여 그 본질적 효력을 해하는 것일 뿐만 아니라 … 위법한 것이다(대판 1990. 4. 27, 89누6808).

도로점용허가의 점용기간은 행정행위의 본질적 요소에 해당하는 것이어서, 부관인 점용허가기간을 정함에 위법이 있으면 도로점용허가 전부가 위법이 된다(대판 1985. 7. 9, 84누604).

진정일부취소소송, 부진정일부취소소송

진정일부취소소송 : 형식상으로나 내용상으로도 부관만의 취소를 구하는 소송

부진정일부취소소송 : 형식상으로는 부관부행정행위 전체에 대해서 취소를 제기하고, 내용상으로는 그 가운데서 부관만의 취소를 구하는 형태의 소송

관련 판례

행정행위의 부관은 부담인 경우를 제외하고는 독립하여 행정소송의 대상이 될 수 없는 바, 기부채납받은 행정재산에 대한 사용·수익허가에서 공유재산의 관리청이 정한 사용·수익허가의 … 기간에 대해서는 독립하여 행정소송을 제기할 수 없다(대판 2001. 6. 15, 99두509).

관련 판례

기부채납은 기부자가 그의 소유재산을 지방자치단체의 공유재산으로 증여하는 의사표시를 하고 지방자치단체는 이를 승낙하는 채납의 의사표시를 함으로써 성립하는 증여계약이고 … (대판 1996. 11. 8, 96다20581).

---

(5) 하자있는 부관과 행정쟁송

① 부관의 독립쟁송가능성

의의	부관이 위법한 경우 부관만을 대상으로 하여 행정쟁송이 가능한가, 즉 진정일부취소소송이 허용되는지가 문제됨
학설과 판례	• 부관 중 부담만 가능하다는 견해(다수설·판례) : 부담은 그 자체로서 독자적 규율성·처분성이 있는 독립된 행정행위로서 독립하여 쟁송이 될 수 있음(진정일부취소소송) • 모든 부관에 가능하다는 견해 • 분리가능성이 있는 부관만 가능하다는 견해
쟁송 형태	• 진정일부취소소송 : 부담만을 대상으로 하여 소를 제기할 수 있음(다수설·판례) • 부진정일부취소소송 : 다수설은 부담을 제외한 부관의 경우 인정하나 판례는 부담 외의 부관에 대해서는 진정·부진정일부취소소송 모두 인정하지 않음. 판례에 의하면, 부담 외의 부관에 하자가 있는 경우 부관부 행정행위 전체의 취소를 청구하거나, 부관이 없는 행정행위로 변경을 청구하고 그것이 거부된 경우에 거부처분취소소송을 제기하여야 한다고 함

관련 판례 부관의 독립쟁송가능성

행정행위의 부관은 … 부관 그 자체만을 독립된 쟁송의 대상으로 할 수 없는 것이 원칙이나 행정행위의 부관 중에서도 행정행위에 부수하여 그 행정행위의 상대방에게 일정한 의무를 부과하는 행정청의 의사표시인 부담의 경우에는 다른 부관과는 달리 행정행위의 불가분적인 요소가 아니고 그 존속이 본체인 행정행위의 존재를 전제로 하는 것일 뿐이므로 부담 그 자체로서 행정쟁송의 대상이 될 수 있다(대판 1992. 1. 21, 91누1264).

② 부관의 독립취소가능성

학설	• 중요성설(다수설) : 부관부 행정행위 전체를 대상으로 취소소송을 제기하는 경우, 부관이 주된 행정행위의 중요한 요소가 아닌 경우에는 일부취소의 형식이 되어 부관 없는 단순행정행위로 남게 되고, 부관의 내용이 주된 행정행위의 중요한 요소인 경우에는 전부취소의 형식이 된다는 견해 • 부관만 취소할 수 있다고 보는 견해 • 기속행위의 경우에만 부관취소를 구할 수 있다는 견해
판례	• 부담의 경우 독립쟁송 및 독립취소 가능 • 부담을 제외한 부관의 경우 독립쟁송 및 독립취소 불가능

③ 부관과 후속조치 : 부관구속설에 가까운 입장에서 부관무관설의 입장으로 바뀌어 가는 추세임. 즉, 부관이 무효가 되더라도 그 부담의 이행으로 인한 사법상 법률행위는 부관과 별개로 보아야 하며 그로 인해 당연 무효가 되는 것은 아니라는 판례가 있음

관련 판례 부관과 후속조치

행정처분에 부담인 부관을 붙인 경우 그 부관의 무효화에 의하여 본체인 행정처분 자체의 효력에도 영향이 있게 될 수는 있지만, 그 처분을 받은 사람이 그 부담의 이행으로서 사법상 매매 등의 법률행위를 한 경우에는 … 그 법률행위 자체를 당연히 무효화하는 것은 아니며,

행정처분에 붙은 부담인 부관이 제소기간의 도과로 확정되어 이미 불가쟁력이 생겼다면 그 하자가 중대하고 명백하여 당연 무효로 보아야 할 경우 이외에는 누구나 그 효력을 부인할 수 없을 것이지만, 그 부담의 이행으로서 하게 된 사법상 매매 등의 법률행위는 그 부담을 붙인 행정처분과는 어디까지나 별개의 법률행위이므로 그 부담의 불가쟁력의 문제와는 별도로 그 법률행위가 사회질서 위반이나 강행규정에 위반되는지 여부 등을 따져보아 그 법률행위의 유효 여부를 판단하여야 한다(대판 2009. 6. 25, 2006다18174).

5. 행정행위의 성립과 효력

(1) 행정행위의 성립(적법요건)

① 성립요건

㉠ 내부적 성립요건

주체	행정행위는 권한을 가진 자가 권한의 범위 내에서 정상적인 의사작용에 따라 행하여야 함
내용	사실상·법률상 실현가능하고, 관계인이 인식할 수 있을 정도로 객관적으로 명확하여야 하며, 적법·타당하여야 함
절차	행정행위의 성립에 신청, 의견청취, 동의, 사전통지(공고), 타 기관의 협력 등이 요구되는 경우 그 절차를 거쳐야 함
형식	행정행위는 원칙적으로 특별한 형식이 요구되지 않는 불요식행위임. 다만, 행정절차법에서는 처분의 방식에 있어 문서에 의할 것을 원칙으로 하고 있음(제24조 제1항)

㉡ 외부적 성립요건 : 행정행위가 완전히 성립하려면 내부적으로 결정된 행정의사를 외부에 표시하여야 함(외부에 표시되지 않는 경우는 부존재에 해당함)

② 효력발생요건

㉠ 효력발생 : 행정행위는 법규 또는 부관(정지조건, 시기)에 의한 제한이 있는 경우를 제외하고는 성립과 동시에 효력이 발생

㉡ 예외 : 상대방에 통지를 요하는 행정행위는 통지에 의하여 효력이 발생하며, 서면에 의한 통지는 그 서면이 상대방에게 도달하여야 그 효력이 발생

㉢ 통지(고지) : 행정행위의 효력발생요건으로서 송달 또는 공고의 방법에 의함

- 송달(행정절차법 제14조) : 송달은 우편, 교부 또는 정보통신망 이용 등의 방법으로 하되 송달받을 자의 주소·거소·영업소·사무소 또는 전자우편 주소로 함. 다만, 송달받을 자가 동의하는 경우에는 그를 만나는 장소에서 송달할 수 있음

한눈에 쏙~

송달의 방법 → 우편 / 교부 / 정보통신망

행정행위의 적법요건

행정행위가 적법하게 성립하여 그 효력을 발생하기 위해서는 성립요건과 효력발생요건을 구비하여야 함. 이 요건을 갖추지 못한 경우에는 행정행위의 하자 문제와 직결되어 부존재(성립요건을 결한 경우), 무효 또는 취소할 수 있는 행정행위(효력요건을 결한 하자 정도에 따라)가 됨

관련 판례

우편물이 등기취급의 방법으로 발송된 경우 반송되는 등의 특별한 사정이 없는 한 그 무렵 수취인에게 배달되었다고 보아야 한다(대판 1992. 3. 27, 91누3819).

관련 판례

내용증명우편이나 등기우편과는 달리, 보통우편의 방법으로 발송되었다는 사실만으로는 그 우편물이 상당한 기간 내에 도달하였다고 추정할 수 없고, 송달의 효력을 주장하는 측에서 증거에 의하여 이를 입증하여야 한다(대판 2009. 12. 10, 2007두20140).

우편	수취인 또는 가족이 주민등록지에 실제 거주하지 않는 등의 경우에는 도달이 추정되지 않음
교부	수령확인서를 받고 문서를 교부함으로써 하며, 송달하는 장소에서 송달받을 자를 만나지 못한 경우 그 사무원·피용자(被傭者) 또는 동거인으로서 사리를 분별할 지능이 있는 사람에게 문서를 교부할 수 있음
정보통신망	송달받을 자가 동의하는 경우에만 함. 이 경우 송달받을 자는 송달받을 전자우편주소 등을 지정하여야 함

- 공고(동법 제14조 제4항·제5항)
  - 송달받을 자의 주소 등을 통상의 방법으로 확인할 수 없는 경우나 송달이 불가능한 경우에는 송달받을 자가 알기 쉽도록 관보·공보·게시판·일간신문 중 하나 이상에 공고하고 인터넷에도 공고하여야 함
  - 행정청은 송달하는 문서의 명칭, 송달받는 자의 성명 또는 명칭, 발송방법 및 발송연월일을 확인할 수 있는 기록을 보존하여야 함

㉣ 도달(동법 제15조)
- 송달은 다른 법령 등에 특별한 규정이 있는 경우를 제외하고는 해당 문서가 송달받을 자에게 도달됨으로써 그 효력이 발생함. 여기서 도달이란 상대방이 행정행위를 수령하여 요지(了知)하여야 한다는 것은 아니고 상대방이 요지할 수 있는 상태에 이른 것을 말함(대판 75누63)
- 정보통신망을 이용하여 전자문서로 송달하는 경우에는 송달받을 자가 지정한 컴퓨터 등에 입력된 때에 도달된 것으로 봄
- 공고의 경우에는 다른 법령 등에 특별한 규정이 있는 경우를 제외하고는 공고일부터 14일이 지난 때에 그 효력이 발생함. 다만, 긴급히 시행하여야 할 특별한 사유가 있어 효력발생시기를 달리 정하여 공고한 경우에는 그에 따름. 여기서 다른 법령 등에 특별한 규정을 두는 것으로는 행정기관의 공고문서에 의해 사무를 처리하는 경우(행정효율과협업촉진에관한규정)를 들 수 있는데, 공고문서의 경우 그 문서에서 효력발생시기를 구체적으로 밝히고 있지 않으면 그 고시 또는 공고가 있은 날부터 5일이 경과한 때에 효력이 발생함

③ 행정법령의 적용문제

원칙	행정처분은 처분시의 법령을 적용하는 것이 원칙이므로 근거법령이 개정되었더라도 처분 당시 시행된 개정법령과 그에서 정한 기준에 의해야 함
예외	• 구법의 존속에 대한 국민의 신뢰가 개정법령에 대한 공익상의 요구보다 더 보호가치가 있다고 인정될 경우에는 개정법령의 적용이 제한될 수 있음 • 사건 발생시 법령에 따라 이미 법률관계가 확정되고 행정청이 확정된 법률관계를 확인하는 처분을 하는 경우에는 처분시 법령이 아니라 당해 법률관계의 확정시 법률을 적용함 • 신의성실의 원칙에 위반하는 경우에는 개정 전의 법령을 적용함 • 법령위반행위에 대한 과징금 등의 행정제재처분은 법령위반행위시의 법에 따라야 함

- 기존의 법규정에 위헌성이 있는 등의 법적 견해의 변경으로 법률이 개정된다면 행위의 가벌성이 없어졌으므로 처벌할 수 없음. 다만 단순 사실관계의 변화로 법률이 개정된 경우 가벌성이 없어지지 않았으므로 행위 당시의 법령에 따라 처벌할 수 있음
- 국민의 기득권과 신뢰보호를 위해 경과규정을 두는 경우 신청시의 법령을 적용함
- 시험의 합격 · 불합격은 시험일자의 법령을 적용함

(2) 행정행위의 효력

① 구속력(기속력) : 행정행위가 적법요건을 갖추면, 효과의사나 법규정에 따라 일정한 효과를 발생하여 당사자를 구속하는 실체법상의 힘을 가지게 되는 것으로, 행정행위의 성립 · 발효와 동시에 발생하고, 행정청이 취소나 철회를 할 때까지 지속적으로 효력을 가짐

② 공정력

   ⊙ 의의

- 행정행위에 비록 하자(위법 · 부당)가 있더라도 그것이 중대하고 명백하여 당연무효가 아닌 한, 권한 있는 기관에 의하여 취소될 때까지 일단 유효한 것으로 추정되어 상대방 및 이해관계가 있는 제3자를 구속하는 힘을 말함
- 하자(흠)로부터 독립한 사실상의 효력(절차적 효력)이며, 행정행위가 부존재하거나 당연무효인 경우에는 인정되지 않음

   ⓛ 근거

이론적 근거(통설 · 판례)	실정법상 근거
통설 · 판례 : 공정력의 근거를 신뢰보호와 행정법관계의 안정, 공익실현작용으로서의 행정행위의 실효성 확보 등 행정의 원활한 운영이라는 정책적 측면에서 찾는 법적 안정성설(행정정책설)	• 공정력을 명시적으로 인정하는 실정법상의 직접적인 근거는 없으나, 취소쟁송에 관한 행정심판법 · 행정소송법의 규정과 직권취소를 규정하고 있는 개별법의 규정 등이 간접적 근거가 됨 • 집행부정지원칙, 행정청의 직권취소제도, 제소기간의 제한규정, 행정상의 자력강제제도 등

   ⓒ 한계

- 공정력의 적용범위
  - 부당 또는 단순한 위법이어서 취소할 수 있는 경우에는 인정되나, 중대 · 명백한 하자가 있는 당연무효나 부존재에 있어서는 인정되지 않는다는 것이 다수설 · 판례의 입장
  - 권력적 행정행위에만 인정되며, 공법상 계약이나 행정지도와 같은 사실행위 · 비권력적 행위 · 사법행위에는 인정되지 않음
- 입증책임(소송절차) : 행정행위의 공정력이 입증책임의 영역에도 미치는가에 대해 견해가 대립되고 있으나, 입증책임무관설(법률요건분류설)이 통설

공정력

일반적으로 공정력은 상대방(이해관계인 포함)에 대한 구속력과 국가기관(처분청 이외의 기관과 법원)에 대한 구속력을 의미하는데, 일부 견해에 따르면 공정력은 상대방에 대한 관계에서 법적 안정성의 원칙상 인정되는 유효성 추정력이며, 구성요건적 효력은 타 국가기관과의 관계에서 권한분립의 원칙상 인정되는 유효성 추정력이라 하여 이를 구별하기도 함

입증책임(거증책임)

소송상 당사자의 증명활동에도 불구하고 요건사실의 존부가 불분명할 경우에 누가 이로 인한 불이익 내지 위험을 부담할 것인가의 문제

• 선결문제

민사·형사사건의 선결문제로서 행정행위의 효력 여부가 선결문제인 경우	• 행정행위가 무효인 경우 : 민사법원이 직접 그 무효임을 전제로 판단할 수 있음 • 행정행위가 취소사유(단순 위법)인 경우 : 행정행위의 공정력 때문에 선결적으로 판단할 수 없음
민사·형사사건의 선결문제로서 행정행위의 위법 여부가 선결문제인 경우	민사·형사법원은 선결문제로서 행정행위의 위법 여부를 심사할 수 있음

연령미달의 결격자인 피고인이 소외인의 이름으로 운전면허시험에 응시, 합격하여 교부받은 운전면허는 당연무효가 아니고 도로교통법 제65조 제3호의 사유에 해당함에 불과하여 취소되지 않는 한 유효하므로 피고인의 운전행위는 무면허 운전에 해당하지 아니한다(대판 1982. 6. 8, 80도2646).

관련 판례 행정행위의 효력여부가 선결문제인 경우

행정행위의 효력여부가 선결문제인 경우 : 과세처분이 당연무효라고 볼 수 없는 한 과세처분에 취소할 수 있는 위법사유가 있다 하더라도 그 과세처분은 행정행위의 공정력 또는 집행력에 의하여 그것이 적법하게 취소되기 전까지는 유효하다 할 것이므로, 민사소송절차에서 그 과세처분의 효력을 부인할 수 없다(대판 1999. 8. 20, 99다20179).

관련 판례 행정행위의 위법여부가 선결문제인 경우

계량기가 달린 양수기를 설치 사용하라는 시설개선명령은 온천수의 효율적인 수급으로 온천의 적절한 보호를 도모하기 위한 조치로서 온천법 제15조가 정하는 온천의 이용증진을 위하여 특히 필요한 명령이라 할 것이므로 이에 위반한 소위는 온천법 제26조 제1호, 제15조의 구성요건을 충족한다(대판 1986. 1. 28, 85도2489).

③ **존속력(확정력)** : 하자있는 행정행위라 할지라도 행정주체가 일정기간의 경과 또는 그 성질상 이를 임의로 취소·철회할 수 없는 힘

㉠ 불가쟁력(형식적 확정력)

행정처분의 취소판결이 있어야만, 그 행정처분의 위법임을 이유로 한 손해배상청구를 할 수 있는 것은 아니다(대법 1972. 4. 28, 72다337).

의의	비록 하자있는 행정행위일지라도 그에 대한 불복기간이 경과되거나 쟁송절차가 모두 종료된 경우에 행정행위의 상대방, 그 밖에 관계인이 그 행정행위의 효력을 다툴 수 없게 되는 힘
효과	• 불가쟁력이 발생한 행정행위에 대해 소송이 제기된 경우 부적법을 이유로 각하됨 • 불가쟁력이 발생한 경우라도 관계 법령의 해석상 신청권이 인정될 수 있는 특별한 사정이 있는 경우에는 해당 처분의 변경에 대한 신청권이 인정됨 • 불가쟁력이 있는 행정행위에 대해 재심사청구가 가능하다는 것이 다수설의 견해 • 국가배상청구소송은 처분 등의 효력을 다투는 것이 아니므로 불가쟁력이 발생한 행정행위로 손해를 입게 된 상대방이 위법성을 이유로 행정상 손해배상을 청구할 수 있음
공정력과의 관계	공정력과 불가쟁력은 서로 별개의 효력임. 다만, 공정력이 인정되는 행정행위에 불복제기기간의 도과 등으로 불가쟁력이 발생한 경우 그 행정행위는 잠정적인 통용력에서 영구적인 통용력으로 전환된다고 할 것임

제소기간이 이미 도과하여 불가쟁력이 생긴 행정처분에 대하여는 개별 법규에서 그 변경을 요구할 신청권을 규정하고 있거나 관계 법령의 해석상 그러한 신청권이 인정될 수 있는 등 특별한 사정이 없는 한 국민에게 그 행정처분의 변경을 구할 신청권이 있다 할 수 없다(대판 2007. 4. 26, 2005두11104).

ⓒ 불가변력(실질적 확정력)
- 의의 : 행정행위의 성질상 행정행위를 한 행정청이나 감독청 자신도 그 행정행위의 내용을 변경하거나 취소 · 철회할 수 없도록 하는 효력
- 인정범위

준사법적 행위 (확인행위)	조직법상 확인행위(합격자 결정, 당선인 결정 등), 급부행정법상 확인행위(도로 · 하천구역결정, 발명특허 등), 재정법상 확인행위(소득금액결정 등), 군정법상 확인행위(신체검사 등), 쟁송상 확인(행정심판의 재결, 이의신청의 결정 등), 정서행정법상 확인(도시계획상의 지역 · 지구 · 구역의 지정 등) 등
수익적 행정행위와 기속행위	허가 · 특허 · 인가 · 면제 등과 같은 수익적 행정행위와 기속행위에 대해 불가변력이 발생한다는 견해가 있으나, 다수설은 이를 신뢰보호 등에 따른 취소나 철회권 행사의 제한으로 봄. 따라서 다수설에 의할 때 건축허가는 불가변력이 발생하는 행위에 해당되지 않음
공공복리	행정행위를 취소함으로써 공공복리를 해치게 되는 경우 당해 행정행위를 취소할 수 없는 것은 불가변력과 관계가 있다는 견해가 있으나, 다수설은 이를 불가변력의 문제가 아닌 취소권행사의 제한으로 봄

- 위반의 효과 : 행정청이 불가변력을 위반하여 위법한 행정행위를 한 경우, 원칙적으로 당연무효가 아닌 취소사유가 된다는 것이 판례의 입장

ⓒ 불가쟁력과 불가변력의 비교

구분	불가쟁력(형식적 확정력)	불가변력(실질적 확정력)
의의	쟁송제기기간(불복기간)의 경과나 심급종료 등으로 인해 상대방이나 이해관계인이 더 이상 그 행정행위의 효력을 다툴 수 없게 되는 효력	행정행위의 성질상 행정청이 자유로이 이를 취소 · 변경 · 철회할 수 없는 효력
구속 대상	행정객체(상대방 및 이해관계인)	행정주체(처분청 등)
성질 (효력)	쟁송기간 경과나 심급 종료로 처분의 효력을 다투지 못하는 절차법적 효력	준사법적 행정행위 등에만 인정되는 실체법적 효력
인정 범위	무효가 아닌 모든 행정행위(무효인 행정행위는 불가쟁력이 발생하지 않음)	일정한 행위(준사법적 행위)

④ 강제력

자력 집행력	- 의의 : 행정목적을 실현하기 위하여 행정상 의무를 상대방이 이행하지 아니할 경우, 행정청이 직접 실력을 행사하여 그 의무이행을 확보하는 힘 - 근거 : 자력집행력의 근거에 대해서는 직무집행설(처분효력설)과 법규설(법적 실효설)이 있으나, 별도의 수권법규가 필요하다는 법규설이 통설 - 인정범위 : 상대방에게 일정한 의무를 명하는 하명행위에만 자력집행력이 인정됨
제재력	행정법관계에서 위반행위에 대해 일정한 제재(행정형벌과 행정질서벌)를 가하여 간접적으로 그 의무이행을 담보할 수 있는 힘(행정의사 실효성의 확보수단)을 말함

02장 행정작용법

불가쟁력과 불가변력의 관계

사실상 양자관계는 무관(독립적)하므로, 불가쟁력이 발생한 행위라도 불가변력이 발생하지 않은 경우 행정청은 그 행위를 변경할 수 있고, 불가변력이 발생한 행위라도 불가쟁력이 발생하지 않으면 상대방은 소를 제기할 수 있음

자력집행력의 법적 근거

행정대집행법, 국세징수법 등

6. 행정행위의 하자

(1) 개설

① **하자의 의의** : 행정행위의 성립요건과 효력발생요건을 완전하게 구비하지 못하게 함으로써 행정행위의 효력이 완전하게 발생하지 못하게 하는 사유, 즉 행정행위 적법요건상의 흠결을 의미함. 행정행위의 하자 판단시점은 처분시를 기준으로 함

② **하자의 형태** : 행정행위에 계산상의 잘못(오기·오산) 또는 그 밖에 이에 준하는 명백한 잘못이 있을 때에는 직권으로 또는 신청에 따라 지체 없이 정정하고 그 사실을 당사자에게 통지하여야 한다고 규정하고 있음(행정절차법 제25조)

③ **무효와 부존재의 구별** : 양자 모두 법률효과를 전혀 발생하지 않는다는 점에서 구별의 합리적 이유가 없다고 보며, 현행 행정심판과 행정쟁송법에서도 양자의 구별을 두고 있지 않음(다수설·판례)

④ **무효와 취소의 구별**

  ⊙ **의의**

    • 무효인 행정행위 : 행정행위로서의 외형은 갖추고 있으나 그 하자가 중대하고 명백하여 권한 있는 기관이나 법원의 취소를 기다릴 것이 없이 처음부터 효력이 발생하지 않는 행위로, 행정행위의 효력이 전혀 없어 언제 누구라도 효력부인이 가능

    • 취소할 수 있는 행정행위 : 행정행위의 성립에 하자가 있음에도 불구하고 권한 있는 기관이나 법원이 취소할 때까지 유효한 행정행위로, 취소가 있어야 비로소 행정행위의 효력이 상실됨

  ⊙ **구별의 실익**

부존재의 예

행정청이 아닌 명백한 사인의 행위, 행정권의 발동으로 볼 수 없는 행위(권유·주의·알선·희망의 표시 등), 외부에 표시되지 아니한 행위, 행정행위가 해제조건의 성취·기한의 도래·철회 등에 의하여 실효된 경우 등

무효와 취소의 구별실익

구별실익	무효	취소
신뢰보호의 원칙의 적용 여부	×	○
공정력	×	○
불가쟁력	×	○
하자의 치유	×	○
하자의 전환	○	×
집행부 정지원칙	○	○
사정재결·판결	×	○
손해배상	○	○
간접강제 인정	×	○

구별실익	무효	취소
효력발생	처음부터 발생하지 않음 (처음부터 무효)	취소될 때까지 효력 인정 (취소로 효력 상실)
선결문제	선결 가능[민·형사사건의 수소법원이 심사 가능(통설)]	위법성 판단은 가능, 효력 부인은 불가능
하자의 승계	승계 (독립하여 별개의 법률효과를 가져오는 경우에도 승계됨)	동일한 법률효과의 경우 하자가 승계되나, 독립하여 별개의 법률효과를 가져오는 경우는 승계 불가
쟁송형태	무효확인심판·소송, 무효선언을 구하는 의미의 취소소송	취소심판·소송
제소기간	제약 없음(단, 무효선언적 취소소송은 제약 있음)	제약 있음
행정심판 전치주의	적용 안 됨 (단, 선거·당선무효소송은 예외)	적용됨 (단, 특별규정이 있는 경우에는 예외)
입증책임	원고	행정청

© 구별의 기준 : 행정행위의 하자 종류와 정도에 따라 무효와 취소가 결정됨

중대설 (개념론적 견해)	능력규정이나 강행규정, 중요한 법규에 위반한 행위는 무효, 명령규정이나 비강행규정, 중요하지 않은 법규에 위반하는 행위는 취소할 수 있는 행위
중대 · 명백설 (기능론적 견해)	• 하자의 중대성과 명백성 모두 기준으로 하는 견해(다수설 · 판례) • 행정행위의 하자의 정도가 부당 또는 단순 · 위법인 것은 취소사유가 되는 데 비해, 그 하자의 정도가 중대하고 명백한 위법인 경우 처음부터 무효가 된다는 견해
명백성 보충요건설	기본적으로는 중대설의 입장에 서지만, 제3자나 공공의 신뢰보호의 필요가 있는 경우에 중대 · 명백설을 취하는 견해

(2) 하자의 승계

① 하자의 승계문제

의의	선행행위의 하자가 후행행위에 승계되는지의 여부에 관한 것으로, 이를 '위법성의 승계'라고도 함
요건 (전제)	• 후행행위에 고유한 위법사유가 없어야 함 • 선행행위에 취소사유가 발생하여야 함(무효사유의 경우는 하자도 당연 승계됨) • 선행행위와 후행행위 모두 처분성을 가져야 함 • 선행행위에 불가쟁력이 발생하여 더 이상 다툴 수 없어야 함

② 하자의 승계 여부

구분	전통적 견해 (다수설)	새로운 견해 (구속력설 · 규준력설 · 기결력설)
승계의 인정 여부	• 선행행위에 무효사유인 하자가 있는 경우 그 하자는 후행행위에 승계됨 • 선행행위에 취소사유가 있는 경우 동일한 목적을 달성하기 위한 일련의 절차인 경우에는 그 하자가 승계되며, 선후 행정행위가 독립하여 별개의 효과를 목적으로 하는 경우에 당연무효가 아닌 그 하자는 승계되지 않음	둘 이상의 행정행위가 동일한 법적 효과를 추구하고 있는 경우 선행행위는 후행행위에 대하여 일정한 조건하에서 구속력을 갖게 되는데, 구속력이 미치는 한 선행행위의 효과와 다른 주장을 후행행위에서 할 수 없다고 봄
판례	• 원칙적으로 전통적 견해와 동일한 기준으로 하자의 승계 여부를 판단함 • 다만, 선행행위와 후행행위가 별개의 법률효과를 목적으로 하는 경우(개별공시지가와 조세부과처분 등)에도 구속력이론을 일부 수용하여 하자승계를 인정한 바 있음	

SEMI-NOTE

관련 판례

행정처분이 당연무효라고 하기 위해서는 그 처분에 위법사유가 있다는 것만으로는 부족하고, 그 하자가 법규의 중요한 부분을 위반한 중대한 것으로서 객관적으로(외형상으로) 명백한 것이어야 하며, 하자가 중대하고 명백한 것인가의 여부를 판별함에 있어서는 그 법규의 목적, 의미, 기능 등을 목적론적으로 고찰함과 동시에 구체적 사안 자체의 특수성에 관하여도 합리적으로 고찰함을 요한다(대판 1996. 2. 9, 95누4414).

하자승계의 실익

하자의 승계를 인정하게 되면, 선행행위의 제소기간 등의 경과로 불가쟁력이 발생하여 그 효력을 다툴 수 없는 경우에도 그 선행행위의 하자를 이유로 후행행위의 효력을 다투어 권리구제를 받을 수 있음. 다만, 이 문제를 무한정 인정한다면 법적 안정성을 저해할 우려가 있음

견해에 따른 하자의 승계여부

• 전통적 견해

동일목적, 동일효과	○
별개목적, 별개효과	×

• 새로운 견해

구속력 범위 내	×
구속력 초과	○

실력up 하자의 승계 여부(판례)

하자의 승계가 인정된 경우	하자의 승계가 부정된 경우
• 무효인 조례와 그에 근거한 지방세 과세처분 • 조세체납처분에 있어 독촉 · 압류 · 매각 · 충당의 각 행위 • 독촉과 가산금 · 중가산금징수처분 • 귀속재산의 임대처분과 후행매각처분 • 행정대집행 절차(계고 · 대집행영장의 통지 · 대집행실행 · 대집행비용의 납부명령)의 각 행위 • 암매장분묘개장명령과 계고처분 • 개별공시지가결정과 과세처분 • 기준지가고시처분과 토지수용처분 • 토지구획정리사업에 있어서의 환지예정지 지정처분과 공작물이전명령 • 안경사시험 합격무효처분과 안경사 면허취소처분	• 경찰공무원 직위해제처분과 면직처분 • 과세처분과 체납처분 • 택지개발예정지정처분과 택지개발계획의 승인처분 • 건물철거명령(하명)과 대집행계고처분 • 사업계획승인처분과 도시계획시설변경 및 지정승인고시처분 • 도시계획결정 또는 도시계획사업의 실시계획인가와 수용재결처분 • 표준공시지가결정과 개별공시지가결정 • 위법건물의 철거명령과 대집행 계고처분 • 액화석유가스판매사업허가처분과 사업개시신고반려처분 • 보충역편입처분과 공익근무요원소집처분

(3) 하자있는 행정행위의 치유와 전환

① 개설

의의	하자있는 행정행위는 무효이거나 취소되는 것이 원칙이나, 획일적으로 행정효력을 부인하게 되면 상대방의 신뢰보호, 법적 안정성 및 행정행위의 불필요한 반복이라는 문제점이 나타나므로 행정목적과 관계자의 이익 등을 종합적으로 고려하여 그 행위를 유효한 것으로 하는 것이 행정행위의 치유와 전환의 법리임
학설	전통적 견해에 따르면 하자의 치유는 취소할 수 있는 행정행위에서만 인정되고 전환은 무효인 행정행위에서만 인정된다고 보며, 행정행위 하자의 치유나 전환을 인정하는 경우에도 처분형식이나 행정절차의 본질적 의의를 손상하지 않는 범위 내에서 제한적으로 인정된다고 봄(다수설 · 판례). 이에 대해 전환은 하자의 정도가 심한 무효보다는 취소행위에 인정하자는 견해가 있으며, 무효에도 치유를 인정하자는 견해도 있음
판례	하자있는 행정행위의 치유나 전환을 법치주의 관점에서 원칙적으로 허용되지 않는다고 보면서, 예외적으로 이를 허용하고 있음

② 취소원인인 하자의 치유

ㄱ 의의 : 행정행위가 성립 당시에는 하자있는 행정행위이지만, 흠결요건을 사후 보완하거나 그 하자(위법성)가 경미하여 취소할 필요가 없는 경우 적법행위로 취급하는 것. 법 생활의 안정과 신뢰보호를 위한 것으로, 취소할 수 있는 행정행위에만 인정되며 무효의 경우에는 인정되지 않음

ⓛ **법적 근거** : 하자의 치유는 행정법상으로는 통칙적인 규정이 없으며, 민법에서 명문화되어 있음(민법 제143조 내지 146조)

ⓒ **치유의 범위** : 절차상 하자의 치유는 인정되나, 내용상의 하자에 대해서는 치유가 인정되지 않음(대판 1991. 5. 28, 90누1359)

ⓔ **치유의 요건**

일반적으로 인정되는 사유	• 요건의 사후보완(이유부기 보완, 신청서 사후제출 등) • 무권대리행위의 추인, 관계기관 또는 상대방의 필요적 협력의 추인 • 허가 · 등록요건의 사후충족 • 필요적 사전절차의 사후이행 • 요식행위의 형식 보완 • 불특정목적물의 사후특정
기타 사유	• 공익상의 필요(사정재결 · 사정판결 등) • 장기간의 방치에 의한 취소권의 실권 • 취소의 필요성 상실(주로 경미한 절차 · 형식상의 하자인 경우)

ⓜ **치유가 부정되는 경우** : 공정력이 인정되는 경우, 불가쟁력이 발생한 경우, 상대방이 하자를 주장하지 않은 경우, 이유부기의 하자를 사후보완하는 경우 등

ⓑ **치유의 효과** : 하자의 치유는 소급효를 가지므로 치유로 인해 처음부터 적법한 행위와 같은 효력이 발생함

ⓐ **치유의 시간적 한계** : 치유시기와 관련하여 쟁송제기전설과 소송절차종결시설이 대립하고 있으나, 판례는 하자의 추완이나 보완은 처분에 대한 불복여부결정 및 불복신청에 편의를 줄 수 있는 상당기간 내에 가능하다고 판시하여 쟁송제기전설을 취하고 있음

ⓞ **치유사유에 대해 전환을 인정할 수 있는지 여부** : 전환은 무효사유에만 인정하여야 한다는 부정설이 통설과 판례의 입장

③ **무효인 행정행위의 전환**

의의	원래의 행정행위는 무효이나 다른 행정행위로서 적법요건을 갖추고 있는 경우에 행정청의 의도에 반하지 않는 한 다른 행정행위로서의 효력을 인정하는 것을 말함
전환의 요건	• 무효인 행정행위와 전환될 다른 행정행위 사이에 요건 · 목적 · 효과에 있어 실질적 공통성을 가지고 있어야 함 • 무효인 행정행위는 전환될 다른 행정행위의 성립 · 효력요건을 갖추고 있어야 함 • 무효인 행정행위를 한 행정청이 의욕하는 것으로서 그 의도에 반하지 않아야 함 • 무효행위의 전환으로 상대방에게 원 처분보다 불이익을 주지 않아야 하고 제3자에게 이익침해가 없어야 함
전환의 효과	• 새로운 행정행위의 효력은 전환 이전의 하자있는 행정행위의 발령당시로 돌아가서 소급적으로 효력이 발생함(대판 1998. 2. 13, 95다15667) • 소송계속 중에 전환이 이루어진다면, 처분변경으로 소의 변경이 가능함 • 처분성이 인정되므로 이해관계인은 행정쟁송 및 국가배상을 청구할 수 있음

02장

행정작용법

(4) 행정행위의 무효

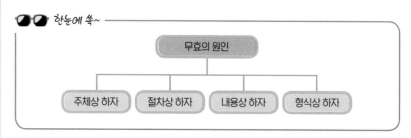

한눈에 쏙~

무효의 원인

주체상 하자 | 절차상 하자 | 내용상 하자 | 형식상 하자

① 의의 : 행정행위의 하자가 중대하고 명백하여 권한 있는 기관이나 법원의 취소를 기다릴 것이 없이 처음부터 효력이 발생하지 못하는 것을 말하며, 언제 누구라도 효력을 부인할 수 있음

② 무효의 원인

주체	• 정당한 권한이 없는 행정기관의 행위 • 권한 외의 행위 : 대인적 무권한행위, 지역적 무권한행위, 사항적 무권한행위 등 • 행정기관의 정상적 의사에 기하지 않은 행위 : 의사능력 없는 자의 행위, 행위능력 없는 자의 행위 등 • 행위능력 없는 자의 행위에서 미성년자인 공무원이 행한 행위는 유효함
절차	• 법률상 필요한 신청이나 동의를 결한 행위 • 필요한 통지(고지) · 공고를 결한 행위 • 필요한 청문 · 공청회를 결한 행위 • 필요한 이해관계인의 참여 및 협의를 결한 행위 • 증표의 제시를 결한 행위(→ 취소사유로 보는 견해가 있음)
내용	• 내용상 실현 불가능한 행위(사실상 · 법률상 불능 등) • 불명확한 행위나 미확정 행위
형식	• 법령상 요구되는 문서에 의하지 않은 행위 • 법령상 요구되는 서명 · 날인을 결한 행위 • 법령상 요구되는 기재사항을 결한 행위

③ **무효의 효과** : 무효인 행정행위는 행정청의 특별한 의사표시를 기다리지 않고 처음부터 당연히 무효이며, 요건을 갖춘 경우 무효인 행정행위의 전환이 인정됨

(5) 행정행위의 취소

① **취소의 의의** : 행정행위의 하자가 부당 또는 단순 · 위법에 불과하므로 일단 유효하게 발생하지만, 권한 있는 기관의 직권 또는 쟁송으로 그 행정행위 효력의 전부 또는 일부를 소급하여 상실시키는 것

② **취소의 종류**

구분	직권취소	쟁송취소
취소권자	처분청이나 감독청인 행정청	처분청(이의신청), 행정심판위원회(행정심판) 또는 법원(행정소송)

취소의 대상	주로 수익적 행정행위를 대상으로 하나, 부담적(침익적) 행정행위를 대상으로 하는 경우도 있음	주로 부담적(침익적) 행정행위를 대상으로 함
취소사유	법규에 다른 명문규정이 없는 경우 단순위법한 행정행위와 부당행위가 모두 직권취소의 대상이 됨. 직권취소를 행할 경우에는 공익과 사익 간의 이익형량을 요함	당해 행위의 적법성을 심사하는 것으로, 위법 또는 부당한 행위가 대상임. 다만, 행정심판과 달리 행정소송으로는 부당행위에 대하여 취소가 제한됨
취소의 절차	특별규정이 없는 한 특별절차는 요하지 아니함	행정심판법이나 행정소송법의 규정에 따름
취소의 내용	행정행위의 적극적 변경이 가능	성질상 적극적 변경은 허용되지 않음
취소기간	실권의 법리에 의하여 실질적인 기간을 제한받는 경우 이외에는 원칙적으로 기간의 제한이 없음	행정심판법이나 행정소송법에 의하여 쟁송기간의 제한이 있으며, 이 기간이 경과하면 불가쟁력이 발생함
불가변력의 발생여부	불가변력이 발생되지 않아 취소의 취소가 인정됨	불가변력이 발생하여 취소의 취소는 인정되지 않음
취소의 효과	구체적인 이익형량에 따라 개별적으로 결정하여야 하나, 상대방의 신뢰보호와 관련하여 소급효가 인정되지 않은 경우도 있음	위법상태를 시정하여 적법상태를 회복시키는 것을 목적으로 하므로, 그 취소의 효과는 당연히 소급함

③ 행정행위의 직권취소
  ㉠ 의의 : 일단 유효하게 성립한 행정행위를 그 성립상 하자를 이유로 권한 있는 행정기관이 직권으로 행정행위의 효력을 소급하여 상실시키는 별개의 행위
  ㉡ 법적 근거 : 주로 수익적 행정행위를 대상으로 하는바, 행정의 법률적합성원칙의 관점에서 볼 때 취소사유에 대한 명문규정이 없어도 직권취소가 가능하다는 것이 다수설이며, 판례 또한 동일한 입장을 취하고 있음
  ㉢ 직권취소의 적법요건

취소권자	처분청은 취소권을 가지나 감독청이 명문의 근거가 없어도 취소권을 가지는가에 대해서는 적극설과 소극설의 대립이 있음
절차	일반적 규정이 존재하지 않으나 행정절차법상 처분의 일반적 절차(청문, 공청회 등)를 따라야 함

  ㉣ 취소사유 : 명문규정이 없는 경우 단순위법한 행정행위와 부당행위는 모두 직권취소의 대상이 되는데, 직권취소를 행할 경우에는 공익과 사익 간의 이익형량을 요하며, 공익적 요구에 의하여 취소됨

주체	사기·강박에 의한 행위, 착오의 결과 단순위법·부당하게 된 행위, 부정행위에 의한 행위, 권한초과 행위, 필요한 자문을 결한 행위, 미풍양속에 반하는 행위 등
절차	법령상의 청문을 결한 경우, 신중한 결정을 위한 자문을 결한 경우

관련 판례

처분청은 그 행위에 하자가 있는 경우에는 원칙적으로 별도의 법적 근거가 없더라도 스스로 이를 직권으로 취소할 수 있는 것이다(대판 1995. 9. 15. 95누6311).

형식	경미한 형식적 하자(고지서 기재사항 누락 등)
내용	단순위법인 경우, 공익에 위반한 행위, 공서양속에 반하는 행위, 불문법 위반 등

취소가 제한되지 않는 경우

수익자의 귀책사유, 위험의 방지, 중대한 공익상의 필요 등

ⓜ **취소권의 제한**

- 신뢰보호의 원칙 : 신뢰보호의 원칙이 충족되는 경우
- 비례의 원칙 : 취소사유가 있더라도 공익보다 불이익이 큰 경우
- 복효적 행정행위 : 복효적 행정행위를 취소할 경우 공익, 사익뿐만 아니라 제3자가 받게 될 불이익도 함께 고려해야 함
- 실권(失權)의 법리 : 취소권자가 상당한 기간에 걸쳐 취소를 행사하지 않아 장차 당해 행위가 취소되지 않는 것으로 신뢰가 형성되는 경우 취소권은 상실함
- 불가변력이 발생한 행위(준사법행위) : 확인행위(예 행정심판재결, 발명특허, 합격자 결정)
- 사법형성적 행위 : 사인의 법률행위를 완성시켜주는 행위(예 인가)
- 포괄적 신분설정행위 : 법적 안정성의 요청이 큼(예 공무원임명, 귀화허가)
- 취소할 수 있는 행정행위의 하자가 치유된 행위

실권의 법리

독일의 행정절차법의 경우 "행정청은 그 취소사유가 있은 것을 안 날로부터 1년이 경과하면 취소할 수 없다."고 하여 실권의 법리에 관한 규정을 두고 있음

> **관련 판례** 비례의 원칙에 의한 취소권의 제한
>
> 행정행위를 한 처분청은 그 행위에 하자가 있는 경우에 별도의 법적 근거가 없더라도 스스로 이를 취소할 수 있는 것이며, 다만 그 행위가 국민에게 권리나 이익을 부여하는 이른바 수익적 행정행위인 때에는 그 행위를 취소하여야 할 공익상 필요와 그 취소로 인하여 당사자가 입을 기득권과 신뢰보호 및 법률생활 안정의 침해 등 불이익을 비교교량한 후 공익상 필요가 당사자의 기득권침해 등 불이익을 정당화할 수 있을 만큼 강한 경우에 한하여 취소할 수 있다(대판 1986. 2. 25. 85누664).

관련 판례

허위의 고등학교 졸업증명서를 제출하는 사위의 방법에 의한 하사관 지원의 하자를 이유로 하사관 임용일로부터 33년이 경과한 후에 행정청이 행한 하사관 및 준사관 임용취소처분이 적법하다(대판 2002. 2. 5. 2001두5286).

ⓗ **직권취소의 효과**

- 취소의 효과 : 행정처분의 취소의 효과는 행정처분이 있었던 때에 소급하는 것이나, 취소되기 전까지의 기득권을 침해할 수 없는 것이 원칙임. 다만, 수익적 행정행위의 취소는 법적 안정성과 신뢰보호의 관점에서 소급효를 배제하여 장래를 향하여 그 효력이 소멸함(다수설)
- 반환청구권(원상회복) : 처분청은 그 행위와 관련하여 지급한 금전, 기타 물건의 반환을 청구할 수 있음
- 신뢰보호 : 수익적 행위의 직권취소의 경우, 그 상대방은 행정행위의 존속에 대한 신뢰를 바탕으로 하여 재산상의 손실보상을 구할 수도 있음. 현행 행정절차법에는 이에 관한 규정이 없음

ⓢ **취소의 취소(재취소)**

- 취소에 무효사유(중대·명백한)인 하자가 있는 경우 : 당해 취소행위는 처음부터 효력이 발생되지 않고 원 처분은 그대로 존속함

관련 판례

행정행위의 취소처분의 취소에 의하여 이미 효력을 상실한 행정행위를 소생시킬 수 없고, 그러기 위하여는 원 행정행위와 동일내용의 행정행위를 다시 행할 수밖에 없다(대판 1979. 5. 8. 77누61).

- 취소에 단순위법(취소사유)인 하자가 있는 경우
  - 처분의 상대방이 행정쟁송 절차에 의하여 취소처분을 다툴 수 있음. 이 경우 처분청이 직권으로 취소할 수 있는가에 대해서는 견해의 대립이 있음
  - 판례(절충설) : 부담적 행정행위의 취소처분의 직권취소는 부정하고, 수익적 행정행위의 취소처분의 직권취소는 긍정하는 견해

(6) 행정행위의 철회

① 의의

개념	하자 없이 성립한 행정행위를 사후에 공익상 효력을 더 이상 존속시킬 수 없는 어떤 새로운 사실의 발생으로 인해 행정청이 장래에 향하여 직권으로 그 효력의 전부 또는 일부를 소멸시키는 행정행위. 철회는 강학상의 용어로, 실정법상으로는 주로 취소라고 부름
기능	행정행위는 발령 당시 사실관계와 법 관계를 기초로 발령하는데, 그 근거가 변화된 경우 그 변화에 맞게 시정하여야 공익목적을 효과적으로 달성할 수 있어 그 수단으로 철회제도가 활용되고 있음

② 법적 근거

근거 불요설 (다수설)	철회행사에 일일이 법적 근거가 필요하다면, 공익상 요청이 있는 경우에도 철회할 수 없어 철회제도의 취지에 불합리하므로 그 법적 근거를 요하지 않는다는 견해
근거 필요설 (판례)	부담적(침익적) 행위의 철회는 수익적 성격에 해당하므로 법적 근거 없이도 가능하지만, 수익적 행위의 철회는 반대로 침익적 성격에 해당하므로 법률 근거가 필요하다는 견해. 판례는 사정변경 또는 중대한 공익상의 필요에 의해 행정행위를 철회할 수 있다고 함

③ **철회권자** : 철회권은 처분청만 행사할 수 있으며, 법률에 특별한 규정이 없는 한 감독청에는 철회권이 없다고 봄

④ **철회의 사유와 제한**

　㉠ **일반적 철회사유**

- 법령에 명시된 철회사유의 발생
- 부관으로 철회권이 유보된 경우
- 중요한 공익상의 필요가 있는 경우
- 상대방의 의무 위반이 있는 경우(부담의 불이행 등)
- 사정변경이 있는 경우(사실관계의 변화가 있는 경우, 근거법령이 변경된 경우 등)
- 목적달성이나 사업성공 등이 불가능한 경우
- 행정행위의 존속 의의가 상실된 경우
- 당사자의 신청이나 동의가 있는 경우(여기에 대해서는 학설 대립이 존재)

제한적 긍정설

철회에 법적 근거를 요하지는 않지만, 상대방의 동의나 신청 또는 철회권 유보에 의해서만 가능하다는 견해

관련 판례

처분 당시에 그 행정처분에 별다른 하자가 없었고 또 그 처분 후에 이를 취소할 별도의 법적 근거가 없다 하더라도, 원래의 처분을 그대로 존속시킬 필요가 없게 된 사정변경이 생기거나 또는 중대한 공익상 필요가 발생한 경우에는 별개의 행정행위로 이를 철회하거나 변경할 수 있다(대판 1992. 1. 17. 91누3130).

ⓒ 철회권의 제한에 대한 검토

침익적 (부담적) 행위	상대방에게 이익을 주는 수익적 행위에 해당되므로 원칙적으로 재량으로 철회할 수 있음
수익적 행위	• 신뢰의 이익과 그 법적안정성을 빼앗는 것이 되므로, 철회에 의하여 침해되는 사익과 실현하고자 하는 공익 간의 이익형량에 의하여 결정되어야 함 • 불가변력을 발생하는 행위 • 실권의 법리(일정기간 철회권을 행사하지 아니한 경우) • 포괄적 신분관계설정행위 • 비례의 원칙 등 • 제3자효적 행위

⑤ **철회의 절차** : 특별한 규정이 없다면 일반 행정행위와 같은 절차를 따름. 이때 수익적 행정행위의 철회는 권리를 제한하는 처분이므로 사전통지절차와 이유제시의 절차를 거쳐야 함

⑥ **철회의 효과**

ㄱ 형성적 효력

• 원칙 : 철회는 원칙적으로 장래에 향해서만 발생함(비소급효)

• 예외 : 보조금이 지급된 경우 그 상대방의 부담 또는 법령상 의무위반으로 인하여 그 지급결정을 취소하는 경우에는 그 효력을 소급하여 소멸시킴

ㄴ 반환청구 및 원상회복명령

ㄷ 손실보상

⑦ **철회의 취소**

적극설	철회처분에 중대하고 명백한 하자가 있는 경우에 그 철회처분은 무효가 되어 원 행정행위는 회복되며, 단순위법한 하자가 있는 경우 철회의 취소가 가능함
소극설	원 처분을 소생시키기 위해서는 같은 내용의 동일한 행정처분을 다시 할 수밖에 없음

실력UP 취소와 철회의 비교

구분	취소	철회
행사권자	처분청, 감독청(다수설), 법원	처분청(→ 감독청은 법률규정에 있는 경우에 한함)
법적 근거	특별한 법적 근거를 요하지 않음(다수설·판례)	학설은 대립, 판례는 법적 근거를 요하지 않는다고 봄
사유	원 행정행위에 하자가 존재(→ 성립 시 하자)	성립 후의 후발적 사유(→ 원 행정행위는 하자가 없음)
제한	주로 직권취소에 논의	주로 수익적 행위에 논의
효과	소급효가 원칙(예외적으로 장래효 인정됨)	장래에 향하여 소멸(원칙적으로 소급효 부정)

(7) 행정행위의 실효

의의	행정행위의 실효란 하자 없이 성립한 행정행위가 행정청의 의사행위에 의하지 않고 일정한 사유(실효사유)의 발생으로 장래에 향하여 그 효력이 소멸하는 것
사유	• 대상인 사람의 사망 • 행정행위 목적물(대상)의 소멸 • 부관의 성취(해제조건 성취, 종기의 도래 등) • 목적의 달성(급부하명에 대한 납세의무이행으로 소멸 등) • 목적달성의 불가능(국적상실에 의한 공무원신분의 상실 등) • 새로운 법규의 제정 및 개정
효과	행정행위의 실효사유가 발생하면 행정청의 별개의 행정행위 없이도 그 효력이 장래에 대해서 소멸됨

실효의 특징

실효는 행정청의 의사표시와 관계 없이 일정한 사유의 발생으로 그 효력이 장래에 향하여 소멸되지만, 그 행정행위의 기존의 효과는 소멸되지 않는 것으로, 하자와 관계가 없음

관련 판례

청량음료 제조업허가는 신청에 의한 처분이고, 이와 같이 신청에 의한 허가처분을 받은 원고가 그 영업을 폐업한 경우에는 그 영업허가는 당연 실효되고, 이런 경우 허가행정청의 허가취소처분은 허가의 실효됨을 확인하는 것에 불과하므로 원고는 그 허가취소처분의 취소를 구할 소의 이익이 없다고 할 것이다 (대판 1981. 7. 14, 80누593).

03절 비권력적 행정작용

1. 공법상 계약 ★빈출개념

(1) 개설

① 의의

㉠ 개념 : 공법상 효과를 발생시킬 목적으로 복수당사자 간 반대방향의 대등한 의사표시의 합치에 의해 성립하는 비권력적 공법행위

㉡ 장·단점

장점	• 쟁송건수 최소화 가능, 법의 흠결 보충, 신속하고 탄력적인 행정처리 가능 • 법률관계나 사실관계가 명확하지 않더라도 용이한 타협이 가능
단점	행정권의 약화, 계약의 강요, 일방적 결정에 따른 평등원칙 위배 등

② 공법상 계약의 인정영역

㉠ 모든 공행정 분야 : 최근 침해적·권력적 행정분야에서도 행정행위 대신에 사용됨

㉡ 행정행위의 대체 : 기속행위의 경우도 행정행위를 대신하여 공법상 계약이 행해질 수 있는데, 이 경우 공법상 계약은 법에 정해진 내용을 반영하는 것에 그치며 법과 다른 내용을 규정할 수는 없어서 실익이 크지는 않음

㉢ 제3자의 동의 : 제3자의 권익을 제한하는 내용의 행정행위에 관한 공법상 계약은 제3자의 동의가 없는 한 인정되지 않음

(2) 성립가능성 및 법적 근거

① 성립가능성 여부 : 명문상의 다른 규정이 없는 한 법규에 저촉되지 않는 공법상 계약은 자유로이 체결할 수 있다는 긍정설이 통설

공법상 계약의 유형

• **프랑스** : 프랑스는 국참사원(행정재판소)의 판례를 통하여 행정계약이 사법상 계약과 구별·발전되어, 공공노역에 관한 행정계약의 이론이 체계화됨

• **독일** : 공법상 계약은 행정행위와 국고행위(사법행위)의 중간영역으로 극히 예외적으로만 인정되어 왔으나, 독일연방행정절차법에 명문화되면서 공법상 계약도 행정행위의 하나로 인정되고 있음

• **영·미** : 법의 지배원리 아래 공법과 사법의 구별이 없는 영·미의 법계에서는 공법상 계약이라는 관념이 인정되지 않았으나, 19세기 후반부터 행정기능의 확대에 따라 특수한 형태의 정부계약이 발전

자유성(법적 근거의 요부, 법률유보 원칙)

- **계약부자유설** : 법률유보의 관점에서 공법상 계약도 법률의 근거를 요한다는 견해
- **계약자유설(긍정설)** : 공법상 계약은 비권력관계로서 당사자 간 의사합치로 성립된 것이므로, 법률의 근거를 요하지 않는다는 견해
- **제한적 긍정설** : 비권력적 · 수익적 행정만 법률적 근거 없이 가능하며, 침익적 행정에는 법률적 근거를 요한다는 견해

특별권력관계의 설정의 예

종전의 계약직이나 전문직 공무원 채용, 지원입대, 청원경찰 비용부담의 합의, 공물 · 영조물 이용관계의 설정, 서울특별시립무용단원의 위촉, 시립합창단원의 재위촉, 국립중앙극장 전속단원 채용계약, 공중보건의사 채용계약 등

② **자유성(법적 근거의 요부, 법률유보원칙)** : 공법상 계약의 자유성(법적 근거)이 필요한지에 대하여는 견해의 대립이 있으나, 공법상 계약은 법률의 근거를 요하지 않는다는 계약자유설(긍정설)이 통설

③ **법률우위의 원칙** : 공법상 계약도 공행정작용이므로 법률우위의 원칙이 적용되며, 따라서 강행법규에 반하는 공법상 계약은 위법이 됨. 그러므로 공법상 계약은 사적자치의 원칙보다 법규에 의해 체결의 자유와 행정청의 형성 자유가 제한된다고 보아야 함

④ **적용법규** : 공법상 계약에 있어 다른 특별규정이 없다면 일단 민법이 유추 적용됨. 다만, 공법상 계약에 따른 권리 · 의무는 공법적 효과를 목적으로 하는 것이므로 공법상 권리 · 의무에 해당됨. 또한 행정절차법에는 공법상 계약에 관한 규정을 두고 있지 않음

(3) 공법상 계약의 성립요건

① **권한상 요건** : 공법상 계약을 체결하고자 하는 행정청은 규율대상에 대해 정당한 관할권을 갖고 있어야 함

② **형식적 요건** : 특별한 규정은 없으나 합의내용을 명백히 한다는 점에서 문서에 의한 것이 바람직하며, 제3자의 권리를 침해하는 계약의 경우 제3자의 동의를 얻어야 함

③ **절차적 요건** : 특별규정이 없는 한 의사표시와 계약에 관한 일반원칙에 따라야 함

④ **내용상 요건** : 계약내용은 공적 임무에 기여하는 것이어야 하고, 사인의 급부와 행정청의 급부가 부당하게 결부되어서는 안 됨

(4) 공법상 계약의 종류

① **성질에 따른 분류(대등성 유무)** : 대등계약, 부대등계약(종속계약)

② **주체에 따른 분류**

행정주체 상호 간	국가와 공공단체 또는 공공단체 상호 간의 교육사무 위탁, 동일 과세물에 대한 과세협정, 초등학교 합동설치를 위한 지방자치단체 간의 협정, 도로 등 공공시설의 관리 및 경비분담에 관한 협의 등
행정주체와 사인	• 특별권력관계의 설정 • 임의적 공용부담(예 문화재 · 공원용지 · 도로부지의 기증, 기부채납 등) • 행정사무의 위탁(예 신청에 의한 별정우체국장의 지정 등) • 환경보전협정(예 지방자치단체와 사기업 간의 환경보전 계약)
사인과 사인	국가권력으로부터 위탁 받은 사인(공무수탁사인)과 사인 간의 계약. 다만, 토지수용에 있어 기업자(사인인 사업시행자)와 토지소유자 간의 협의는 공법상 계약으로 보는 것이 통설이나, 판례는 사법상 계약으로 보고 있음

(5) 공법상 계약의 특색

① 실체법적 특질

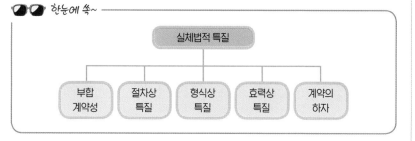

- ㉠ **부합계약성** : 부합계약으로서의 성격을 지님
- ㉡ **절차상 특질** : 당사자 간의 의사합치로 성립되나, 그 절차면에서 감독청이나 관계 행정청의 인가나 보고 등이 필요한 경우도 있음. 다만, 행정처분과 같이 행정절차법에 의하여 그 근거와 이유를 제시하여야 하는 것은 아님. 또한 계약은 문서로 하는 것이 바람직하나, 문서 뿐만 아니라 구두에 의한 것도 가능함
- ㉢ **형식상 특질** : 합의내용을 명백히 한다는 점에서 문서에 의한 것이 바람직하며, 제3자의 권리를 침해하는 계약의 경우 제3자의 동의를 얻어야 함
- ㉣ **효력상 특질** : 비권력성, 계약의 해지와 변경, 이전 · 대행의 제한
- ㉤ **계약의 하자**

위법의 효과	공법상 계약은 공정력이 없어 명문규정이 없는 한 무효가 될 뿐 취소의 문제는 발생하지 않음. 다만, 하자의 경중을 기준으로 중대 · 명백설에 따라 무효 또는 취소로 결정되어야 하는 견해도 있음
무효의 효과	무효인 공법상 계약은 그 법적 효과가 발생하지 않으므로 그 누구도 이행을 주장할 수 없음. 급부를 제공 시 공법상 부당이득반환청구권을 행사할 수 있음
유동적 무효	제3자의 권리를 침해하는 공법상 계약은 그 제3자의 동의가 있을 때까지, 다른 행정청의 동의나 합의를 요하는 계약 또한 그 행정청의 동의나 합의가 있을 때까지 유동적 무효상태에 있음
일부 무효	공법상 계약의 위법과 무효가 일부분만 관련이 있다면 그 공법상 계약의 가분여부를 기준으로 판단했을 경우 무효부분을 제외하고 그 계약을 체결하였다면 나머지 부분은 유효하나, 무효부분을 제외하고는 그 계약을 체결하지 아니하였을 것으로 판단되면 그 계약은 전부 무효가 됨

② 절차법적 특색

쟁송 형태	• 원칙 : 공법상 계약에 따른 분쟁은 행정소송법 제3조 제2호에 의거하여 항고소송이 아닌 당사자소송에 의함(통설 · 판례) • 판례 : 광주시립합창단원사건, 서울시립무용단사건, 공중보건의사건, 지방직공무원사건 등이 있음. 민사소송에 의한다는 일부 판례도 존재함
자력 집행	• 원칙 : 공법상 계약은 종속계약이 아니라 대등계약에 해당하므로 상대방이 의무를 이행하지 않는다고 하여 행정청이 자력으로 집행할 수는 없음 • 예외 : 법령에 근거가 있는 경우나 당사자 간의 사전합의가 있는 경우는 행정청의 자력강제가 인정될 수 있음

SEMI-NOTE

부합계약

일방이 미리 정해둔 계약내용에 따라 체결되는 계약

공법상 계약의 해지와 변경

의무의 불이행이 있을 경우 민법상의 해지규정이 유추적용됨. 행정청은 공법상 계약의 체결 후 공공복리를 위해 그 계약을 해지 · 변경할 수 있으며, 이로 인해 귀책사유 없는 상대방이 손실을 입게 되는 경우 국가는 이를 보상하여야 함. 상대방은 공익에 영향을 미치지 아니한 경우에만 그 계약의 해지나 변경을 청구할 수 있음

관련 판례

- 서울특별시립무용단 단원의 위촉은 공법상의 계약이라고 할 것이고 따라서 그 단원의 해촉에 대하여는 공법상의 당사자소송으로 그 무효확인을 청구할 수 있다(대판 1995. 12. 22, 95누4636).
- 전문직공무원인 공중보건의사 채용계약해지의 의사표시에 대하여는 … 이를 항고소송의 대상이 되는 행정처분이라는 전제에서 그 취소를 구하는 항고소송을 제기할 수는 없다고 할 것이다(대판 1996. 5. 31. 95누10617).

SEMI-NOTE

2. 공법상 합동행위와 합성행위

(1) 공법상 합동행위

① 의의

개념	공법상 효과의 발생을 목적으로 복수당사자(독립된 복수의 법주체)의 동일한 방향으로의 의사표시가 합치되어 성립하는 공법행위
유형	지방자치단체가 자치단체조합을 설립하는 행위, 공공조합이 협의에 의해 연합회를 설립하는 행위(예 산림조합조연합회 등), 정관작성행위

② 특색

ㄱ 공법상 합동행위가 성립되면 각 당사자의 무능력이나 착오 등을 이유로 그 효력을 다툴 수 없음이 원칙이며, 각 당사자에게 동일한 내용의 법적 효과를 발생시킴

ㄴ 유효하게 합동행위가 성립되면 당사자뿐만 아니라 성립된 후에 관여한 자도 구속하므로 공법상 합동행위는 제3자가 알 수 있도록 이를 공고하여야 하는 것이 원칙

(2) 공법상 합성행위

① 의의

ㄱ 다수인의 공동의사표시로 하나의 의사를 구성하는 행위. 이는 다수인의 의사가 동일방향으로 진행되는 공법상 합동행위 또는 그 의사가 반대방향으로 표시되는 공법상 계약과 구별됨

ㄴ 합성행위는 그 자체로는 행정행위로 성립될 수 없고, 그 의사표시가 외부로 표시되어 하나의 결론에 도달되어야 비로소 행정행위로서 성립됨

② 유형 : 감사위원회 · 중앙선거관리위원회 · 징계위원회 · 지방의회 등 합의기관의 의결 및 선거, 행정절차의 합의 결정 등

3. 사법형식의 행정작용

한눈에 쏙~

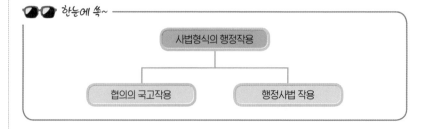

순수국고행정(협의의 국고관계)

물자조달계약, 공사도급계약, 근로자 고용계약, 광산이나 은행경영, 주식시장참여 등은 순수국고행정작용에 해당됨

(1) 개설

① 개념 : 공행정주체가 한 당사자로서 사법적 법률관계를 맺기 위하여 행하는 작용을 사법형식의 행정작용(광의의 국고작용)이라고 함

② 분류 : 크게 협의의 국고작용(순수국고작용)과 행정사법작용으로 분류할 수 있음. 협의의 국고작용은 조달 · 영리활동 등과 같이 간접적으로 행정목적을 수행

하는 활동을 말하며, 행정사법작용은 사법형식에 의해 직접 행정목적을 수행하는 활동을 말함

(2) 행정사법

① 의의

㉠ 개념 : 광의의 국고행정 중 사법형식에 의하여 직접 공행정목적을 수행하는 행정활동으로서 일정한 공법적 규율을 받는 것

㉡ 구별개념

국고관계 (사법관계)	행정사법은 기본적으로 사법형식을 취하지만, 공익과 관련된 한도 내에서 공법적 규율을 받음. 이에 반해 협의의 국고관계를 규율하는 특별사법은 사법의 형식으로 사법관계를 규율한다는 점에서 근본적 차이가 있음
관리관계	행정사법은 사법관계를 전제로 하고 관리관계는 공법관계를 전제로 한다는 점에서 구분되나, 사실상 양자를 명확하게 구분할 수 없어 유사한 개념으로 이해하기도 함

② 구체적 영역

유도 행정	사회형성행정분야나 규제행정분야의 목적을 위하여 행정주체가 사법형식을 취하여 직 · 간접으로 개입함
급부 행정	운수사업, 공급사업, 제거사업, 자금지원, 시설운영을 위하여 행정주체가 사법적 형식을 취하여 직 · 간접으로 개입함

③ **행정사법에 대한 공법적 규율** : 행정사법은 외형상 사법행위일지라도 공익적 요소를 전제조건으로 하므로 사적자치의 원칙이 그대로 적용되지 않고 공법적 규율에 의하여 수정 · 보완되어 적용됨

④ **공법적 제한기준의 위반 효과** : 공법원칙에 위반하는 경우 무효(또는 일부무효)이고, 법률적 규율에 위반한 경우 그 법률이 정하는 효과가 발생함

⑤ **권리구제** : 행정사법작용은 사법관계이기 때문에 민사소송(행정법원이 아닌 민사법원이 관할)에 의한다는 견해와 행정소송에 의한다는 견해의 대립이 있음. 판례는 민사소송(당사자소송)에 의한다고 판시한 바 있음

관련 판례 권리구제

전화가입계약은 … 사법상의 계약관계에 불과하다고 할 것이므로, 피고(서울용산전화국장)가 전기통신법시행령 제59조에 의하여 전화가입계약을 해지하였다 하여도 이는 사법상의 계약의 해지와 성질상 다른 바가 없다 할 것이고 이를 항고소송의 대상이 되는 행정처분으로 볼 수 없다(대판 1982. 12. 28, 82누441).

4. 행정상 사실행위

(1) 개설

① 의의 : 행정주체의 행위 중 행정행위나 기타 법률적 행위와는 달리, 일정한 법률효과의 발생을 의도하지 않고 일정한 사실상의 결과발생만을 목적으로 하는 일체의 행위

행정사법

행정사법은 공법적 규율에 의해보충 · 수정됨

행정사법의 영역

행정사법은 복리행정분야에 주로 논의됨. 행정주체가 공법적 형식과 사법적 형식 간에 선택의 자유를 가지는 경우, 이러한 선택의 문제로 등장한 것이 행정사법임

행정사법의 유용성

행정목적을 달성하는 데 있어 공법형식이 존재하지 않는 경우나, 공법형식보다는 사법형식으로 행하는 것이 보다 효율적인 경우에 유용성이 있음. 그러나 공법적 구속을 피하기 위한 도피수단으로 활용되어 법치행정의 공동화를 초래할 수 있다는 점에서 사법형식의 행정활동을 어떻게 통제할 것인가에 문제가 제기되고 있음

② 종류

주체	• 행정주체의 사실행위 : 행정조직 내부의 사실행위, 국민과의 관계에서 행하여지는 외부적 사실행위 • 사인의 사실행위(예) 청문 출석 · 물건의 소유 및 점유 · 거주)
권력성 유무	• 권력적 사실행위 : 행정행위 또는 법령을 집행하기 위한 공권력 행사로서의 사실행위(예) 행정상 강제집행 · 권력적 행정조사) • 비권력적 사실행위 : 공권력 행사와 무관한 사실행위(예) 학교수업 · 행정지도 · 공물의 설치 및 유지 · 관리행위)
독립성 유무	집행적 사실행위, 독립적 사실행위
의사표시의 유무	정신적 사실행위, 물리적 사실행위
공 · 사법의 규율	공법적 사실행위, 사법적 사실행위

(2) 법적 근거 및 한계

① 법적 근거 : 공법상 사실행위도 행정주체의 행위로서 법률우위의 원칙과 법률유보의 원칙이 적용되며, 조직규범의 내에서 그 사실행위가 이루어져야 함. 다만, 법률유보와의 관계에 있어 개인의 생명이나 재산의 침해라는 결과를 발생시킬 수 있는 사실행위(특히 권력적 사실행위나 집행적 사실행위)는 엄격한 법률유보 원칙이 적용되어야 함

② 한계
　㉠ 법규상 한계 : 법치행정의 원칙에 따라 행정상 사실행위도 법규에 위배되지 않아야 함
　㉡ 조리상 한계 : 행정법 일반원리인 비례의 원칙, 신뢰보호의 원칙 등에 따라 행해져야 함

(3) 권리보호

① 행정쟁송

권력적 사실행위	• 집행행위와 수인하명의 요소가 결합되어 있는데, 행정쟁송법상의 '처분'에 해당하므로 행정소송의 대상이 된다는 것이 다수설과 판례의 입장 • 판례는 권력적 사실행위라 단정하여 명시한 바는 없으나, 권력적 사실행위로 간주되고 있는 단수조치와 미결수용자 이송조치 등에 대해 행정소송 대상으로서의 처분성을 긍정함(대판 1979. 12. 28, 79누218 등) • 다만, 권력적 사실행위는 단기간에 종료되는 것이 일반적이므로 집행이 종료된 후 소 제기의 이익은 부정되어 당해 소는 각하됨. 그러나 계속성 성질을 가지는 사실행위는 소송을 통해 구제받을 수 있음
비권력적 사실행위	행정쟁송법상의 처분으로 보아 그에 대한 항고소송을 인정해야 한다는 견해가 있으나, 행정심판이나 행정소송의 대상이 되지 않는다고 함(통설 · 판례)

② 손해배상 · 손실보상 · 결과제거청구권 · 헌법소원

손해배상	위법한 사실행위로 인하여 피해를 입은 경우 사법적 사실행위는 민법 제 750조 규정에 따라, 공법적 사실행위는 국가배상법 제2조 및 제5조에 따라 손해배상청구를 할 수 있음
손실보상	권력적 사실행위가 손실보상의 요건을 갖춘 경우는 행정상 보상책임이 발생하나, 비권력적 사실행위의 경우 개별법의 근거가 없는 한 보상책임이 없다는 것이 다수설과 판례의 입장
결과제거 청구권	위법한 사실행위로 인한 위법상태가 지속될 경우 행정청은 원상회복의 의무를 부담하여야 하고, 침해받은 자는 결과제거청구권을 행사할 수 있음
헌법소원	사실행위가 국민의 권익에 영향력을 행사함에도 불구하고 처분성이 인정되지 않는 경우, 행정소송을 제기할 수 없으므로 헌법소원이 가능함

결과제거청구권
• 공행정작용에 의해 야기된 위법한 상태로 인하여 자기의 권익을 침해받고 있는 자가 행정주체에 대하여 그 위법한 상태를 제거하여 침해 이전의 원상태로 회복시켜 줄 것을 청구하는 권리
• 위법 여부 및 과실을 요건으로 하지 않는다는 점에서, 손해배상과 손실보상의 흠결을 보완하는 역할을 함

5. 행정지도

(1) 개설

① 의의

개념	상대방의 임의적 협력이나 동의하에 일정한 행정질서의 형성을 유도하는 비권력적 사실행위
법적 성질	일정한 법적 효과의 발생을 목적으로 하는 의사표시가 아니며, 강제력 없이 국민의 임의적인 협력을 전제로 하는 비권력적 행정작용이므로, 상대방의 의사에 반하여 부당하게 강요할 수 없고, 이를 준수하지 않는다는 이유로 불이익한 조치를 해서도 안 됨

② 필요성 및 문제점

필요성	• 행정영역 및 기능의 확대에 따른 탄력적 · 신속적 행정작용의 필요 • 분쟁이나 마찰 · 저항 방지를 위한 비권력적 · 임의적 수단의 필요 • 행정객체에 대한 새로운 지식 · 기술 · 정보 제공 및 일정 방향으로의 유도 • 법적 규율의 한계(법과 행정현실과의 괴리 등)의 보완 · 극복
문제점	• 행정주체의 우위에 따른 사실상의 강제성 • 한계와 기준, 책임소재의 불명확성 • 권리구제수단의 불완전성

(2) 행정지도의 종류

① 법적 근거의 유무에 따른 분류

법규상 행정지도	• 법규의 직접적 근거에 의한 행정지도 : 직업안전법상 직업보도 등 • 법규의 간접적 근거에 의한 행정지도 : 건축법에 의한 건물철거명령을 대신하는 경고 등
비법규상 지도	행정지도의 대부분에 해당하며, 법규의 근거를 요하지 아니하나 조직규범이 정한 범위 내에서 이루어지는 행정지도(예 물가 · 금리상승억제의 권장 등)

행정지도의 구별개념
• 일정한 법적 효과의 발생을 목적으로 하는 의사표시로 볼 수 없고, 단지 행정객체에게 일정한 협력 유도를 통한 사실상의 효과를 기대하는 비권력적 사실행위일 뿐이라는 점에서 행정행위나 공법상 계약, 행정강제 등과 구별됨
• 상대방의 임의적 협력하에 행하여진다는 점에서 행정청의 활동에 의하여 완성되는 단순사실행위와도 구별됨

② 기능에 의한 분류

규제적 행정지도	공익목적 달성에 반하는 행위를 예방하거나 제거 또는 억제하기 위한 지도 행위
조정적 행정지도	이해관계인의 이해대립이나 과열경쟁의 조정을 위한 지도행위
조성적 (촉진적) 행정지도	질서형성을 촉진하기 위하여 지식·정보·기술을 제공하는 지도행위

(3) 행정지도의 원칙과 방식

① 행정지도의 원칙

  ㉠ 비례원칙

  ㉡ 임의성의 원칙

  ㉢ 불이익조치의 금지원칙

② 행정지도의 방식

  ㉠ 행정지도실명제

  ㉡ 의견제출

  ㉢ 다수인을 대상으로 하는 행정지도(공통 내용의 공표)

  ㉣ 서면교부청구권

(4) 행정지도의 법적 근거 및 한계

① 법적 근거

작용법적 근거	행정지도는 비권력적·임의적 행정작용으로, 권력적 성질을 지닌 처분성이 없어 법적 근거를 요하지 않는다는 것이 다수설의 입장
조직법적 근거	행정지도 또한 행정작용에 해당하므로 조직법적 근거는 있어야 하며, 조직 법적 권한의 범위 내에서만 이루어져야 함

② 한계

법규상의 한계	행정지도는 행정작용이므로 조직법상 근거에 의한 소관사무의 범위 내에 서 행하여져야 함
조리상의 한계	비례의 원칙, 신뢰보호의 원칙, 평등의 원칙, 부당결부금지원칙 등 행정법 일반원칙을 준수하여야 하며, 강제성을 수반하여서는 안 됨

(5) 행정지도에 대한 권리구제

① 행정지도와 행정쟁송 : 행정지도는 상대방의 임의적 협력을 요하는 비권력적 작용으로, 그 자체로는 아무런 구속력을 가지지 않으므로 항고쟁송의 요건인 처분성이 인정되지 않는다고 함(다수설·판례)

관련 판례 행정쟁송

세무당국이 소외 회사에 대하여 원고와의 주류거래를 일정기간 중지하여 줄 것을 요청한 행위는 … 행정처분이라고 볼 수 없는 것이므로 항고소송의 대상이 될 수 없다(대판 1980. 10. 27, 80누395).

② 행정지도와 손해전보

ⓒ 손해배상

- 국가배상법상 직무행위에 포함되는지의 여부 : 행정지도 등의 비권력적 작용도 국가배상법상의 배상청구 요건인 직무행위에 포함됨(통설ㆍ판례)
- 위법한 행정지도에 따른 손해배상 여부 : 행정지도의 상대방이 그의 자유로운 판단에 따라 손해발생의 가능성을 인식하면서 위법한 행정지도를 따른 경우에는 행정지도와 손해발생 간의 인과관계가 부정되어 손해배상 청구가 인정되지 않음. 다만, 예외적으로 사정상 상대방이 행정지도를 따를 수밖에 없었던 것으로 판단되는 경우나, 행정지도에 따르지 않겠다는 의사를 명백히 표시하였음에도 행정지도가 위협적으로 강요된 강박행위에 해당하는 경우에는 인과관계가 인정될 수 있음(통설)

관련 판례 위법한 행정지도에 따른 손해배상 여부

행정지도가 강제성을 띠지 않은 비권력적 작용으로서 행정지도의 한계를 일탈하지 아니하였다면, 그로 인하여 상대방에게 어떠한 손해가 발생하였다 하더라도 행정기관은 그에 대한 손해배상 책임이 없다(대판 2008. 9. 25, 2006다18228).

ⓒ 손실보상 : 손실보상청구권은 행정청의 적법한 공권력 행사로 인해 손실을 입은 경우에 발생함. 그런데 행정지도가 전혀 강제성을 띠지 않았고, 상대방이 자유의사에 의하여 행정지도를 따랐을 때 발생한 손실은 손실보상으로 인정되지 않음

③ 행정지도와 헌법소원 : 행정지도의 경우 헌법소원이 인정될 수 있는데, 헌법재판소는 행정지도로서의 한계를 넘어 규제적ㆍ구속적 성격을 강하게 띠는 경우 헌법소원의 대상이 된다고 판시한 바 있음

6. 그 밖의 행정형식

(1) 비공식행정작용

① 의의와 종류

의의	형식이나 절차 및 법적 효과 등이 법에 정형화되어 있지 않은 것으로서 법적 구속력이 발생하지 않는 일체의 행정작용(비권력적 사실행위)

국가배상법상 직무행위에 포함되는지의 여부 : 국가배상법이 정한 배상청구의 요건인 '공무원의 직무'에는 권력적 작용만이 아니라 행정지도와 같은 비권력적 작용도 포함되며 … 이 사건 공탁도 행정지도의 일환으로 직무수행으로서 행하였다고 할 것이므로, 비권력적 작용인 공탁으로 인한 피고의 손해배상 책임은 성립할 수 없다는 상고이유의 주장은 이유가 없다(대판 1998. 7. 10, 96다38971).

교육인적자원부장관의 대학총장들에 대한 이 사건 학칙시정요구는 … 단순한 행정지도로서의 한계를 넘어 규제적ㆍ구속적 성격을 상당히 강하게 갖는 것으로서 헌법소원의 대상이 되는 공권력의 행사라고 볼 수 있다(헌재 2003. 6. 26, 2002헌마337).

비공식행정작용에 해당하는 예

행정청이 일방적으로 행하는 경고ㆍ권고ㆍ교시ㆍ정보제공이나, 행정청과 사인 간에 행하는 협상ㆍ화해ㆍ타협ㆍ사전접촉 및 의견교환ㆍ예비절충 등

종류	• 협력하여 행하는 행정작용 – 규범대체형 합의 : 행정청이 규범정립을 통해 문제를 해결하는 것이 아니라 합의를 통해 해결을 하고 규범정립은 잠정적으로 유보하는 것 – 규범집행형 합의 : 규범이 제정되어 있을 때 이를 집행하여 제재조치를 취하는 대신 합의를 통해 해결을 하는 것 • 일방적으로 행하는 행정작용 : 경고, 권고 등이 여기에 해당되는데 법적인 구속력이 없다는 점에서 하명 등의 침해적 행위와는 구별됨

② 장단점

장점	단점
• 법적 불확실성의 제거 • 시간과 비용의 절감 및 법적 분쟁의 최소화 • 자발적 유도를 통한 행정의 능률성 추구	행정쟁송의 대상이 될 수 없어 통제나 권리구제가 곤란하며, 외부에 노출되지 않아 제3자에게 불리하게 작용될 수 있음

③ 적용영역과 한계

적용영역	법률의 집행에서 오는 틈을 메우고 행정수요에 탄력적으로 대응하기 위해 특별한 규정이 없는 한 행정의 전 영역에 허용된다는 것이 일반적 견해로, 특히 환경보전 및 경제행정분야에서 확대되는 추세에 있음
한계	• 법규상 한계 : 행정의 행위형식으로, 조직법상 주어진 권한범위 내에서만 가능 • 조리상 한계 : 행정법의 일반원칙인 평등의 원칙, 비례의 원칙 등을 준수하여야 함

④ 효과 : 비공식행정작용은 법적 구속력이 없어 합의내용을 준수할 법적 의무를 지지 않으며, 다른 결정을 할 수도 있음(비권력적 · 비구속적 작용)

⑤ 권리구제
 • 비권력적 사실행위에 지나지 않으므로, 항고쟁송의 대상으로서의 처분에 해당하지 않음
 • 공적 경고(행정상 경고)에 대해서는 처분성을 부정하여 공법상 당사자소송에 의한다는 견해와 이를 긍정하여 취소쟁송의 대상이 된다는 견해가 대립됨
 • 합의내용에 대해서는 이행청구권이 없으며 합의내용 불이행으로 인한 손해배상 역시 청구할 수 없음
 • 위법이나 과실로 손해가 발생한 경우는 배상청구가 가능함

(2) 행정의 자동결정

① 의의 : 행정과정에서 컴퓨터와 같은 전자처리정보를 사용하여 행정업무를 자동화로 수행하는 것(예 신호등의 교통신호, 컴퓨터를 이용한 학교 배정 등)

② 법적 성질
 ㉠ 행정기관이 만든 프로그램에 의해 이루어진다는 점으로 보아 행정행위로 보는 것이 통설적인 견해이므로 원칙적으로 외부에 표시되고 상대방에게 도달함으로써 효력이 발생
 ㉡ 자동결정의 기준이 되는 전산프로그램은 명령의 성격을 갖는다고 보는 것이 일반적

비공식행정작용의 법적 근거

적용에 있어 그 법적 근거를 요하는가에 대해서는, 일반적으로 행정작용상의 근거는 요하지 않으나 행정조직법상 근거는 필요하다고 봄

비공식행정작용의 효과

사인은 이행청구권이나 불이행에 따른 손해배상청구권을 가지지 못함. 다만, 행정청이 공행정의 주체로서 행정작용을 한다는 관점을 고려한다면 사실상 구속력을 가진다고 볼 수 있음

행정의 자동결정의 특수성

같은 행정행위라 할지라도 일반 행정행위와는 다른 특성이 있음. 그러나 우리 행정절차법에는 행정자동결정 특례에 대한 명문규정이 없음

③ **대상** : 대상이 기속행위인 경우 당연히 허용되며, 재량행위인 경우 구체적인 특수성을 고려하여 재량권을 행사해야 한다는 점에서 문제가 될 수 있음. 다만 재량행위의 경우에도 재량준칙을 정형화, 세분화하여 프로그램화한다면 예외적으로 허용됨

④ **하자 및 권리구제** : 행정행위의 하자에 대한 내용이 적용되므로 행정의 법률적합성과 행정법의 일반원칙의 한계를 준수해야 함. 또한 위법한 행정자동결정에 대해서 행정쟁송을 제기할 수 있고 행정상 손해배상청구를 할 수 있음

04절   행정계획

1. 개설

(1) 행정계획의 의의

① **개념** : 행정에 관한 전문적·기술적 판단을 기초로 하여 도시의 건설·정비·개량 등과 같은 특정한 행정목표를 달성하기 위하여 서로 관련되는 행정수단을 종합·조정함으로써 장래의 일정한 시점에 있어서 일정한 질서를 실현하기 위한 구상 또는 활동기준으로 설정된 것

② **기본적 기능** : 행정목표 설정, 행정능률 확보, 행정에 대한 예측가능성 부여, 국민의 장래활동에 대한 지침적·유도적 기능 수행

③ **문제점** : 입법적 통제의 곤란, 구제수단의 불충분

(2) 행정계획의 법적 성질 ★빈출개념

① 학설

㉠ 행정입법행위설

㉡ 행정행위설

㉢ **복수성질설(개별적 검토설)** : 행정계획에 법형식이 독자적으로 존재하는 것이 아니라 그 내용과 효과에 따라 법규명령적인 것도 있고 행정행위적인 것도 있어 행정계획의 내용과 효과 등에 따라 개별적·구체적으로 그 성질을 판단할 수밖에 없다는 견해(통설·판례)

㉣ 독자성설(계획행위설)

② 판례

㉠ **처분성 인정** : 구 도시계획법상의 도시계획결정(현 국토의계획및이용에관한법률상의 도시관리계획결정), 구 도시재개발법에 의한 관리처분계획(공용환권계획, 분양계획) 등

㉡ **처분성 부정** : 구 도시계획법상의 도시기본계획, 구 하수도법에 의한 하수도정비기본계획, 환지계획 등

SEMI-NOTE

관련 판례

• 도시기본계획은 … 도시계획입안의 지침이 되는 것에 불과하여 일반국민에 대한 직접적인 구속력은 없다(대판 2002. 10. 11, 2000두8226).
• 환지계획은 … 항고소송의 대상이 되는 처분에 해당한다고 할 수가 없다(대판 1999. 8. 20, 97누6889).

행정계획의 구분

• 계획기간에 따른 구분 : 장기계획(20년), 중·단기계획(10년~5년), 연도별 계획
• 대상범위에 따른 구분 : 종합계획(전략적 계획), 부문별계획(특정계획·전술적 계획)
• 계획의 기준성 여부에 따른 구분 : 상위계획(기본계획), 하위계획(시행계획·실시계획)
• 구속력 여부에 따른 구분 : 구속적 계획, 비구속적 계획

관련 판례 행정계획의 처분성 인정

• 구 도시 및 주거환경정비법(2007. 12. 21. 법률 제8785호로 개정되기 전의 것)에 따른 … 재건축정비사업조합이 이러한 행정주체의 지위에서 위 법에 기초하여 수립한 사업시행계획은 인가·고시를 통해 확정되면 이해관계인에 대한 구속적 행정계획으로서 독립된 행정처분에 해당한다(대판 2009. 11. 2, 자2009마596).
• 도시재개발법에 의한 재개발조합은 … 관리처분계획은 토지 등의 소유자에게 구체적이고 결정적인 영향을 미치는 것으로서 조합이 행한 처분에 해당하므로 항고소송의 방법으로 그 무효확인이나 취소를 구할 수 있다(대판 2002. 12. 10, 2001두6333).

(3) 행정계획의 종류

① 구속적 계획(규범적·명령적 계획) : 법령·행정행위 등 규범적 명령이나 강제를 통해 행정목표를 달성하려는 계획으로, 법적 근거를 요함
 ㉠ 국민에 대하여 구속력을 갖는 계획 : 국토의계획및이용에관한법률상의 도시관리계획 등
 ㉡ 관계 행정기관에 대하여 구속력을 갖는 계획 : 정부의 예산운영계획
② 비구속적 계획 : 대외적으로는 일반국민에 대해, 대내적으로는 행정기관에 대해 어떠한 법적 구속력이 없는 계획으로, 단순한 행정지침에 불과하여 행정지도적·홍보적 성질을 갖는 계획
③ 정보제공적·유도적·명령적 계획

정보제공적 계획	단순 자료나 정보를 제공하고 미래에 대해 제시하는 계획으로, 비권력적 사실행위의 성질을 가짐
유도적 계획	보조금 등 어떠한 혜택을 통해 목적을 달성하는 계획
명령적 계획	명령 등을 통해 법적 구속력을 갖는 계획

2. 행정계획의 수립 및 효과

(1) 행정계획수립의 법적 근거 및 절차

① 법적 근거

조직법적 근거	행정계획은 조직법적 권한의 범위 내에서 수립되어야 함
작용법적 근거	국민의 권리·의무와 관련된 사항을 제시하는 구속적 계획은 법치행정의 원칙상 법적 근거를 요하나, 비구속적 계획은 법적 근거를 요하지 않음

② 절차

- ⊙ **절차에 대한 법적 근거** : 현행 행정절차법은 행정계획의 확정절차에 대한 규정을 두고 있지 않으며, 국토의계획및이용에관한법률 등의 개별법에서 규정하고 있음. 다만, 행정절차법상의 처분절차와 입법예고절차, 행정예고에 대한 규정이 준용될 여지는 있음
- ⊙ **일반적 절차** : 입안 → 이해관계인의 참여(행정예고를 통한 주민의 의견청취·청문 등과 지방의회의 의견청취) → 관계 행정기관의 조정(협의와 심의, 상급기관의 승인) → 결정 → 공고
- ⊙ **절차하자의 효과**
  - 법령의 형식에 의한 경우에는 법령이 공정성이 없기 때문에 무효로 봄
  - 행정행위의 형식에 의한 경우에는 하자가 중대하고 명백하면 무효, 그렇지 않으면 취소할 수 있음. 다만 절차가 법령에 규정되지 않은 경우에는 절차를 거치지 않았다고 해도 위법하다고 할 수 없음

(2) 행정계획의 효력

① 내용적 효력

효력 발생	• 법규형식의 행정계획은 법령등공포에관한법률이 정하는 바에 의하여 공포하여야 하고, 특별히 정함이 없으면 공포일로부터 20일이 경과함으로서 효력이 발생함(법령등공포에관한법률 제13조) • 개별법에서 고시에 대해 규정한 경우에는 그에 정한 형식에 맞추어 고시하고 규정된 날부터 효력이 발생함
고시·공람	판례에서는 관보를 통한 고시를 행정계획의 효력발생요건으로 판시한 바 있음
구속효	행정계획은 행정의 영속성, 통일성, 사인의 신뢰확보 등과 관련하여 각 계획마다 강도의 차이가 있을 것이나, 사실상의 구속효를 가짐

② 집중효

의의	• 국토의계획및이용에관한법률 등에 의한 도시관리계획인 행정계획이 확정되면, 다른 법령에 의해 받게 되어있는 인가 또는 허가 등을 받은 것으로 간주하는 효과 • 장기간의 사업에 있어 행정의 신속성이 요구되는 경우에 주로 활용되는데, 인·허가 절차의 간소화를 통하여 사업자의 부담을 해소하고 행정절차 촉진에 기여함
법적 근거	집중효는 행정기관의 권한 및 절차법상의 변경을 가져오기 때문에, 개별법에서 명시적으로 규정된 경우에만 인정됨
효과	당해 행정계획이 확정되면 행정기관의 인·허가 등의 의사표시가 없어도 다른 법령이 규정하고 있는 인·허가 등을 받은 것으로 간주하므로, 관계 법률에 따라 별도로 인·허가 등의 신청을 하지 않고도 당해 사업을 수행할 수 있음

관련 판례

구 도시계획법 제7조가 도시계획결정 등 처분의 고시를 도시계획구역, 도시계획결정 등의 효력발생요건으로 규정하였다고 볼 것이어서 건설부장관 또는 그의 권한의 일부를 위임받은 서울특별시장, 도지사 등 지방장관이 기안, 결재 등의 과정을 거쳐 정당하게 도시계획결정 등의 처분을 하였다고 하더라도 이를 관보에 게재하여 고시하지 아니한 이상 대외적으로는 아무런 효력도 발생하지 아니한다(대판 1985.12.10, 85누186).

3. 행정계획에 대한 통제

(1) 개설

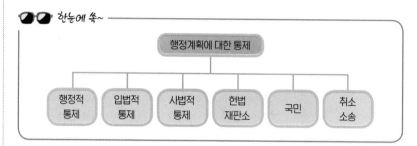

한눈에 쏙~

① **행정적 통제(내부적 통제, 행정의 자기통제)** : 감독권에 의한 통제, 행정계획의 절차적 통제, 행정기관의 계획심사, 행정심판 등

② **국회에 의한 입법적 통제** : 예산계획을 제외한 행정계획은 행정계획의 성립·발효에 국회가 직접 통제할 수 있는 명시적 규정이 없어 사실상 직접적 통제가 곤란하며, 간접적으로 국회감시권 발동을 통하여 통제할 수 있음

③ **법원에 의한 사법적 통제**
   ㉠ **사법심사** : 처분성을 갖는 행정계획은 개인의 법률상 이익을 침해하는 것이므로 사법심사의 대상이 되며, 행정소송의 대상으로서 행정계획을 긍정하고 있음(통설·판례)
   ㉡ **계획보장청구권**
   • 의의

협의	시행 중인 행정계획을 폐지하거나 변경하는 경우에 이로 인하여 손실을 입은 경우 당사자가 계획주체에 대해 그 손실보상을 청구할 권리
광의	손실보상청구권은 물론 행정계획의 폐지나 변경 등으로 인하여 당사자가 주장할 수 있는 계획존속청구권, 계획변경청구권, 보상청구권, 경과조치청구권 등의 다양한 청구권을 종합한 개념

   • 내용(특정행위청구권)
     – 계획청구권
     – 계획존속청구권
     – 계획준수청구권(계획이행청구권)
     – 계획변경청구권
     – 계획집행청구권
     – 경과조치청구권
     – 손해전보청구권
   • 인정 여부 : 판례는 개별법령에서 사인을 보호하는 특별규정이 없는 한 원칙적으로 이러한 권리를 인정할 수 없다고 함

④ **헌법재판소에 의한 통제** : 행정계획에 의해 직접적으로 기본권을 침해당한 경우 헌법소원을 제기할 수 있음

⑤ **국민에 의한 통제** : 현재 국민을 직접 계획의 입안에 참여시키는 일반적 제도는 없으나, 행정절차상 이해관계인의 참여는 사전적 권리구제수단일 뿐만 아니라, 사전적 행정통제수단으로 활용되고 있음

⑥ **취소소송** : 계획결정 또는 행정계획의 변경·폐지 등으로 인하여 국민의 권리가 침해될 수도 있는데 이때 처분성이 인정되지 않은 행정계획은 항고소송을 제기할 수 없으며 비록 처분성이 인정되는 사법성이라 하여도 위법성의 인정이 어려움

(2) 계획재량의 통제

① **계획재량의 의의** : 행정주체가 계획법률에 따라 행정계획을 수립하는 데 있어서 행정청에 인정되는 재량권, 즉 계획상의 광범위한 형성의 자유를 말함

② **계획재량에 대한 통제**

　㉠ **통제법리의 필요성** : 다수설과 판례는 계획재량에 대한 사법적 통제기준으로 형량명령(이익형량)의 법리를 인정하고 있음

　㉡ **행정적 통제와 입법적 통제** : 행정적 통제에서는 절차적 통제가 중요하며, 입법적 통제는 실효성이 적음

　㉢ **형량명령(이익형량)**

의의	행정청에 광범위한 계획재량이 인정된다고 하여 법치주의로부터 제외된 것은 아니므로 행정청이 계획재량을 함에 있어서 공익과 사익 상호간의 관련 이익을 비례의 원칙에 따라 형량하여야 하는데, 이처럼 관련 이익을 형량하는 것
형량하자의 범위(내용)	• 형량해태(형량탈락) : 이익형량을 전혀 행하지 않은 경우 • 형량흠결 : 이익형량에 있어 반드시 고려되어야 할 특정 이익을 누락한 경우 • 오형량(형량불비례) : 이익형량을 하였으나 공익·사익의 비교형량에 있어 비례원칙을 위배하거나 정당성·객관성이 결여된 경우 • 형량조사의 하자(조사탈락·조사흠결) : 관련 이익의 조사가 없는 경우 • 평가의 과오 : 관련된 이익·특정사실 등에 대한 가치를 잘못 평가하는 경우
판례	행정주체가 행정계획을 입안·결정함에 있어 이익형량을 해태·흠결하거나 오형량한 경우에는 재량의 일탈·남용으로 위법하다고 판시하여, 형량명령 법리를 수용함

계획법률

계획법률은 추상적인 목표를 제시할 뿐 그 계획의 수단과 내용에 대해서 자세히 규정하고 있지 않은 것이 일반적이어서, 행정청은 그 계획의 목표를 구체적으로 어떻게 실현할 것인지에 관한 수단과 방법 등에 대하여 광범위한 재량을 갖게 됨

관련 판례

행정주체가 행정계획을 입안·결정함에 있어서 이익형량을 전혀 행하지 아니하거나 이익형량의 고려 대상에 마땅히 포함시켜야 할 사항을 누락한 경우 또는 이익형량을 하였으나 정당성·객관성이 결여된 경우에는 그 행정계획결정은 재량권을 일탈·남용한 것으로서 위법하다(대판 1996. 11. 22. 96누8567).

05절 정보공개 및 개인정보보호제도

1. 정보공개제도 ⭐ 빈출개념

(1) 개설

① 의의

정보공개	공공기관이 관리하고 있는 정보를 국민의 청구에 따라 공개하는 것
정보공개 청구권	공공기관에 대하여 정보를 공개해 줄 것을 요청할 수 있는 개인적 공권으로, 자기와 이해관계가 있는 특정한 사안에 관한 개별적 정보공개청구권과 직접 이해관계가 없는 일반적 정보공개청구권으로 구분

법 령 공공기관의정보공개에관한법률

제2조(정의) 이 법에서 사용하는 용어의 뜻은 다음과 같다.
1. "정보"란 공공기관이 직무상 작성 또는 취득하여 관리하고 있는 문서(전자문서를 포함한다. 이하 같다) 및 전자매체를 비롯한 모든 형태의 매체 등에 기록된 사항을 말한다.
2. "공개"란 공공기관이 이 법에 따라 정보를 열람하게 하거나 그 사본·복제물을 제공하는 것 또는 「전자정부법」 제2조제10호에 따른 정보통신망(이하 "정보통신망"이라 한다)을 통하여 정보를 제공하는 것 등을 말한다.
3. "공공기관"이란 다음 각 목의 기관을 말한다.
   가. 국가기관
      1) 국회, 법원, 헌법재판소, 중앙선거관리위원회
      2) 중앙행정기관(대통령 소속 기관과 국무총리 소속 기관을 포함한다) 및 그 소속 기관
      3) 「행정기관 소속 위원회의 설치·운영에 관한 법률」에 따른 위원회
   나. 지방자치단체
   다. 「공공기관의 운영에 관한 법률」 제2조에 따른 공공기관
   라. 「지방공기업법」에 따른 지방공사 및 지방공단
   마. 그 밖에 대통령령으로 정하는 기관

② 법적 근거
   ㉠ 헌법상 근거

의의	접근가능한 정보원으로부터 의사형성에 필요한 정보를 수집하고, 이를 취사·선택할 수 있는 권리로 정보수집권·정보수령권·정보공개청구권으로 구성되는 것이 일반적임
학설·판례	헌법상 표현의 자유(제21조 제1항) 등 여러 근거를 제시하였으며, 헌법재판소와 대법원은 알 권리의 근거를 헌법상의 표현의 자유에서 도출된다고 봄
성격	• 자유권으로서의 성격과 청구권으로서의 성격을 아울러 가짐 • 정보공개법(공공기관의정보공개에관한법률)을 통해 구체화·제도화 됨

   ㉡ **법률상 근거** : 공공기관의정보공개에관한법률이 정보공개에 관한 일반법임. 따라서 정보공개에 관하여 다른 법률에 특별한 규정이 있는 경우를 제외하고는 이 법이 정하는 바에 의함

ⓒ **조례상 근거** : 지방자치단체는 그 소관사무에 관하여 법령의 범위 안에서 정보공개에 관한 조례를 정할 수 있음(공공기관의정보공개에관한법률 제4조 제2항). 판례도 행정정보공개조례안을 긍정한 바 있음

(2) 정보공개법(공공기관의정보공개에관한법률)의 주요 내용

① 정보공개청구권자(제5조)

모든 국민	• 여기서의 국민에는 자연인은 물론 법인, 권리능력 없는 사단 · 재단도 포함되며, 시민단체 등이 개인적 이해관계가 없는 공익을 위해 정보공개청구를 하는 것도 인정됨 • 판례에서도 '정보공개법의 목적, 규정 내용 및 취지 등에 비추어 보면 정보공개청구의 목적에 특별한 제한이 있다고 할 수 없다'고 하여 이를 긍정하고 있음
외국인	• 국내에 일정한 주소를 두고 거주하거나 학술 · 연구를 위하여 일시적으로 체류하는 사람(공공기관의정보공개에관한법률 시행령 제3조 제1호) • 국내에 사무소를 두고 있는 법인 또는 단체(공공기관의정보공개에관한법률 시행령 제3조 제2호)

관련 판례 정보공개청구권자

공공기관의정보공개에관한법률 제6조 제1항은 "모든 국민은 정보의 공개를 청구할 권리를 가진다."고 규정하고 있는데, 여기에서 말하는 국민에는 자연인은 물론 법인, 권리능력 없는 사단 · 재단도 포함되고, 법인, 권리능력 없는 사단 · 재단 등의 경우에는 설립목적을 불문하며 … (대판 2003. 12. 12, 2003두8050).

② 정보공개의 절차

㉠ 공개대상정보 및 비공개대상정보(제9조)

공개대상 정보	공공기관이 보유 · 관리하는 정보
비공개 대상정보	• 다른 법률 또는 법률에서 위임한 명령에 따라 비밀이나 비공개 사항으로 규정된 정보 • 국가안전보장 · 국방 · 통일 · 외교관계 등에 관한 사항으로서 공개될 경우 국가의 중대한 이익을 현저히 해칠 우려가 있다고 인정되는 정보 • 진행 중인 재판에 관련된 정보와 범죄의 예방, 수사, 공소의 제기 및 유지, 형의 집행, 교정(矯正), 보안처분에 관한 사항으로서 공개될 경우 그 직무수행을 현저히 곤란하게 하거나 형사피고인의 공정한 재판을 받을 권리를 침해한다고 인정할 만한 상당한 이유가 있는 정보 • 의사결정 과정 또는 내부검토 과정에 있는 사항 등으로서 공개될 경우 업무의 공정한 수행이나 연구 · 개발에 현저한 지장을 초래한다고 인정할 만한 상당한 이유가 있는 정보 • 사생활의 비밀 또는 자유를 침해할 우려가 있다고 인정되는 정보 • 경영상 · 영업상 비밀에 관한 사항으로서 공개될 경우 법인등의 정당한 이익을 현저히 해칠 우려가 있다고 인정되는 정보 • 공개될 경우 부동산 투기, 매점매석 등으로 특정인에게 이익 또는 불이익을 줄 우려가 있다고 인정되는 정보

제8조(정보목록의 작성 · 비치 등) 제1항

공공기관은 그 기관이 보유 · 관리하는 정보에 대하여 국민이 쉽게 알 수 있도록 정보목록을 작성하여 갖추어 두고, 그 목록을 정보통신망을 활용한 정보공개시스템 등을 통하여 공개하여야 한다. 다만, 정보목록 중 제9조제1항에 따라 공개하지 아니할 수 있는 정보가 포함되어 있는 경우에는 해당 부분을 갖추어 두지 아니하거나 공개하지 아니할 수 있다.

정보공개심의회의 구성(제12조 제2항)
심의회는 위원장 1명을 포함하여 5명 이
상 7명 이하의 위원으로 구성한다.

관련 판례 **비공개대상정보에 해당**

- 치과의사 국가시험에서 채택하고 있는 … 문제지와 그 정답지를 공개하는 것은 시험업무의
  공정한 수행이나 연구·개발에 현저한 지장을 초래한다고 인정할만한 상당한 이유가 있는
  경우에 해당하므로, 공공기관의정보공개에관한법률 제9조 제1항 제5호에 따라 이를 공개하
  지 않을 수 있다(대판 2007. 6. 15. 2006두15936).
- 학교폭력대책자치위원회의 회의록은 공공기관의정보공개에관한법률 제9조 제1항 제1호의
  '다른 법률 또는 법률이 위임한 명령에 의하여 비밀 또는 비공개 사항으로 규정된 정보'에
  해당한다(대판 2010. 6. 10. 2010두2913).

관련 판례 **비공개대상정보에 해당되지 않음**

- 대한주택공사의 아파트 분양원가 산출내역에 관한 정보는, 그 공개로 위 공사의 정당한 이
  익을 현저히 해할 우려가 있다고 볼 수 없어 구 공공기관의정보공개에관한법률 제7조 제1항
  제7호에서 정한 비공개대상정보에 해당하지 않는다(대판 2007. 6. 1. 2006두20587).
- 한국방송공사의 '수시집행 접대성 경비의 건별 집행서류 일체'는 공공기관의정보공개에관
  한법률 제9조 제1항 제7호의 비공개대상정보에 해당하지 않는다(대판 2008. 10. 23. 2007두
  1798).

ⓛ **정보공개의 청구방법(제10조)** : 청구인은 해당 정보를 보유하거나 관리하고 있
는 공공기관에 청구인의 성명·생년월일·주소 및 연락처 등을 적은 정보공
개 청구서를 제출하거나 말로써 정보의 공개를 청구할 수 있음

관련 판례 **정보공개의 청구방법**

청구대상정보를 기재함에 있어서는 사회일반인의 관점에서 청구대상정보의 내용과 범위를
확정할 수 있을 정도로 특정함을 요한다(대판 2007. 6. 1. 2007두2555).

ⓒ **정보공개 여부의 결정(제11조)**

법 령 **공공기관의정보공개에관한법률**

제11조(정보공개 여부의 결정) ① 공공기관은 제10조에 따라 정보공개의 청구를 받으면 그 청
구를 받은 날부터 10일 이내에 공개 여부를 결정하여야 한다.
② 공공기관은 부득이한 사유로 제1항에 따른 기간 이내에 공개 여부를 결정할 수 없을 때에
는 그 기간이 끝나는 날의 다음 날부터 기산(起算)하여 10일의 범위에서 공개 여부 결정기
간을 연장할 수 있다. 이 경우 공공기관은 연장된 사실과 연장 사유를 청구인에게 지체 없
이 문서로 통지하여야 한다.
③ 공공기관은 공개 청구된 공개 대상 정보의 전부 또는 일부가 제3자와 관련이 있다고 인정
할 때에는 그 사실을 제3자에게 지체 없이 통지하여야 하며, 필요한 경우에는 그의 의견을
들을 수 있다.
④ 공공기관은 다른 공공기관이 보유·관리하는 정보의 공개 청구를 받았을 때에는 지체 없
이 이를 소관 기관으로 이송하여야 하며, 이송한 후에는 지체 없이 소관 기관 및 이송 사유
등을 분명히 밝혀 청구인에게 문서로 통지하여야 한다.

ⓔ **정보공개여부결정의 통지(제13조)**

> **법 령** 공공기관의정보공개에관한법률
>
> 제13조(정보공개 여부 결정의 통지) ① 공공기관은 제11조에 따라 정보의 공개를 결정한 경우에는 공개의 일시 및 장소 등을 분명히 밝혀 청구인에게 통지하여야 한다.
> ② 공공기관은 청구인이 사본 또는 복제물의 교부를 원하는 경우에는 이를 교부하여야 한다.
> ③ 공공기관은 공개 대상 정보의 양이 너무 많아 정상적인 업무수행에 현저한 지장을 초래할 우려가 있는 경우에는 해당 정보를 일정 기간별로 나누어 제공하거나 사본·복제물의 교부 또는 열람과 병행하여 제공할 수 있다.
> ④ 공공기관은 제1항에 따라 정보를 공개하는 경우에 그 정보의 원본이 더럽혀지거나 파손될 우려가 있거나 그 밖에 상당한 이유가 있다고 인정할 때에는 그 정보의 사본·복제물을 공개할 수 있다.

ⓜ **부분공개(제14조)** : 공개청구한 정보가 비공개대상정보에 해당하는 부분과 공개 가능한 부분이 혼합되어 있는 경우로서 공개청구의 취지에 어긋나지 아니하는 범위에서 두 부분을 분리할 수 있는 경우에는 비공개대상정보에 해당하는 부분을 제외하고 공개하여야 함

ⓑ **정보의 전자적 공개(제15조)**

> **법 령** 공공기관의정보공개에관한법률
>
> 제15조(정보의 전자적 공개) ① 공공기관은 전자적 형태로 보유·관리하는 정보에 대하여 청구인이 전자적 형태로 공개하여 줄 것을 요청하는 경우에는 그 정보의 성질상 현저히 곤란한 경우를 제외하고는 청구인의 요청에 따라야 한다.
> ② 공공기관은 전자적 형태로 보유·관리하지 아니하는 정보에 대하여 청구인이 전자적 형태로 공개하여 줄 것을 요청한 경우에는 정상적인 업무수행에 현저한 지장을 초래하거나 그 정보의 성질이 훼손될 우려가 없으면 그 정보를 전자적 형태로 변환하여 공개할 수 있다.

ⓢ **비용부담(제17조)**

> **법 령** 공공기관의정보공개에관한법률
>
> 제17조(비용 부담) ① 정보의 공개 및 우송 등에 드는 비용은 실비(實費)의 범위에서 청구인이 부담한다.
> ② 공개를 청구하는 정보의 사용 목적이 공공복리의 유지·증진을 위하여 필요하다고 인정되는 경우에는 제1항에 따른 비용을 감면할 수 있다.

SEMI-NOTE

관련 판례

공공기관의정보공개에관한법률상 공개청구의 대상이 되는 정보란 공공기관이 직무상 작성 또는 취득하여 현재 보유·관리하고 있는 문서에 한정되는 것이기는 하나, 그 문서가 반드시 원본일 필요는 없다(대판 2006. 5. 25, 2006두3049).

관련 판례

비공개대상정보에 해당하는 부분과 공개가 가능한 부분을 분리할 수 있다고 함은, 이 두 부분이 물리적으로 분리가능한 경우를 의미하는 것이 아니고 … 비공개대상정보에 관련된 기술 등을 제외 내지 삭제하고 그 나머지 정보만을 공개하는 것이 가능하고 나머지 부분의 정보만으로도 공개의 가치가 있는 경우를 의미한다고 해석하여야 한다(대판 2004. 12. 9, 2003두12707).

02장 행정작용법

법 제9조 제1항 제2호

국가안전보장 · 국방 · 통일 · 외교관계 등에 관한 사항으로서 공개될 경우 국가의 중대한 이익을 현저히 해칠 우려가 있다고 인정되는 정보

관련 판례

공개를 구하는 정보를 공공기관이 보유 · 관리하고 있을 상당한 개연성이 있다는 점에 대하여 원칙적으로 공개청구자에게 입증책임이 있다고 할 것이지만, 공개를 구하는 정보를 공공기관이 한 때 보유 · 관리하였으나 후에 그 정보가 담긴 문서등이 폐기되어 존재하지 않게 된 것이라면 그 정보를 더 이상 보유 · 관리하고 있지 아니하다는 점에 대한 입증책임은 공공기관에게 있다(대판 2004. 12. 9, 2003두12707).

관련 판례

정보공개를 청구하였다가 거부처분을 받은 것 자체가 법률상 이익의 침해에 해당한다(대판 2004. 8. 20. 2003두8302).

공공기관의정보공개에관한법률 제11조 제3항(정보공개 여부의 결정)

공공기관은 공개 청구된 공개 대상 정보의 전부 또는 일부가 제3자와 관련이 있다고 인정할 때에는 그 사실을 제3자에게 지체 없이 통지하여야 하며, 필요한 경우에는 그의 의견을 들을 수 있다.

---

③ 불복구제절차

㉠ 청구인의 불복절차

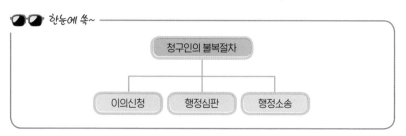

이의신청 (제18조)	• 청구인이 정보공개와 관련한 공공기관의 비공개 결정 또는 부분 공개 결정에 대하여 불복이 있거나 정보공개 청구 후 20일이 경과하도록 정보공개 결정이 없는 때에는 공공기관으로부터 정보공개 여부의 결정 통지를 받은 날 또는 정보공개 청구 후 20일이 경과한 날부터 30일 이내에 해당 공공기관에 문서로 이의신청을 할 수 있음 • 공공기관은 이의신청을 받은 날부터 7일 이내에 그 이의신청에 대하여 결정하고 그 결과를 청구인에게 지체 없이 문서로 통지하여야 함
행정심판 (제19조)	• 청구인이 정보공개와 관련한 공공기관의 결정에 대하여 불복이 있거나 정보공개 청구 후 20일이 경과하도록 정보공개 결정이 없는 때에는 「행정심판법」에서 정하는 바에 따라 행정심판을 청구할 수 있음. 이 경우 국가기관 및 지방자치단체 외의 공공기관의 결정에 대한 감독행정기관은 관계 중앙행정기관의 장 또는 지방자치단체의 장으로 함 • 행정심판위원회의 위원 중 정보공개 여부의 결정에 관한 행정심판에 관여하는 위원은 재직 중은 물론 퇴직 후에도 그 직무상 알게 된 비밀을 누설하여서는 안 됨
행정소송 (제20조)	• 재판장은 필요하다고 인정하면 당사자를 참여시키지 아니하고 제출된 공개 청구 정보를 비공개로 열람 · 심사할 수 있음 • 재판장은 행정소송의 대상이 제9조제1항제2호에 따른 정보 중 국가안전보장 · 국방 또는 외교관계에 관한 정보의 비공개 또는 부분 공개 결정처분인 경우에 공공기관이 그 정보에 대한 비밀 지정의 절차, 비밀의 등급 · 종류 및 성질과 이를 비밀로 취급하게 된 실질적인 이유 및 공개를 하지 아니하는 사유 등을 입증하면 해당 정보를 제출하지 아니하게 할 수 있음

㉡ 제3자의 비공개요청 및 불복절차(제21조)

법 령	공공기관의정보공개에관한법률

제21조(제3자의 비공개 요청 등) ① 제11조제3항에 따라 공개 청구된 사실을 통지받은 제3자는 그 통지를 받은 날부터 3일 이내에 해당 공공기관에 대하여 자신과 관련된 정보를 공개하지 아니할 것을 요청할 수 있다.

② 제1항에 따른 비공개 요청에도 불구하고 공공기관이 공개 결정을 할 때에는 공개 결정 이유와 공개 실시일을 분명히 밝혀 지체 없이 문서로 통지하여야 하며, 제3자는 해당 공공기관에 문서로 이의신청을 하거나 행정심판 또는 행정소송을 제기할 수 있다. 이 경우 이의신청은 통지를 받은 날부터 7일 이내에 하여야 한다.

③ 공공기관은 제2항에 따른 공개 결정일과 공개 실시일 사이에 최소한 30일의 간격을 두어야 한다.

④ **정보공개위원회의 설치(제22조)** : 정보공개에 관한 정책수립 및 제도개선에 관한 사항 등을 심의 · 조정하기 위하여 국무총리 소속으로 정보공개위원회를 둠

2. 개인정보보호제도 ⭐ 빈출개념

(1) 개설

① 법적 근거

㉠ 헌법상 근거

학설	헌법 제17조 규정에 의한 사생활보호의 규정, 제10조 규정에 의한 인간의 존엄과 가치 및 행복추구권, 제16조 규정에 의한 주거의 자유, 제18조 규정에 의한 통신의 비밀 등의 근거 등을 제시하는 견해가 있으나, 헌법상의 사생활보호 규정이 직접적인 근거
판례 (대법원)	헌법 제10조(인간의 존엄과 가치 및 행복추구권)와 제17조(사생활보호)를 그 근거로 봄

㉡ 법률상 근거

일반법	개인정보보호법은 종전의 공공기관의개인정보보호에관한법률보다 개인정보의 보호범위를 확대했다는 데 그 의의가 있음
개별법	정보통신망이용촉진및정보보호등에관한법률, 신용정보의이용및보호에관한법률, 통신비밀보호법, 형법, 행정절차법 등

(2) 개인정보보호법의 주요 내용 ⭐ 빈출개념

① 개인정보의 의의(제2조)

법령 개인정보보호법

제2조(정의) 이 법에서 사용하는 용어의 뜻은 다음과 같다.
1. "개인정보"란 살아 있는 개인에 관한 정보로서 다음 각 목의 어느 하나에 해당하는 정보를 말한다.
  가. 성명, 주민등록번호 및 영상 등을 통하여 개인을 알아볼 수 있는 정보
  나. 해당 정보만으로는 특정 개인을 알아볼 수 없더라도 다른 정보와 쉽게 결합하여 알아볼 수 있는 정보. 이 경우 쉽게 결합할 수 있는지 여부는 다른 정보의 입수 가능성 등 개인을 알아보는 데 소요되는 시간, 비용, 기술 등을 합리적으로 고려하여야 한다.
  다. 가목 또는 나목을 제1호의2에 따라 가명처리함으로써 원래의 상태로 복원하기 위한 추가 정보의 사용 · 결합 없이는 특정 개인을 알아볼 수 없는 정보(이하 "가명정보"라 한다)

관련 판례

공공기관이 보유 · 관리하고 있는 정보가 제3자와 관련이 있는 경우 … 제3자의 비공개요청이 있다는 사유만으로 정보공개법상 정보의 비공개사유에 해당한다고 볼 수 없다(대판 2008. 9. 25. 2008두8680).

개인정보보호의 헌법상 근거

• 제10조 : 모든 국민은 인간으로서의 존엄과 가치를 가지며, 행복을 추구할 권리를 가진다. 국가는 개인이 가지는 불가침의 기본적 인권을 확인하고 이를 보장할 의무를 진다.
• 제17조 : 모든 국민은 사생활의 비밀과 자유를 침해받지 아니한다.

관련 판례

개인정보자기결정권의 보호대상이 되는 개인정보는 개인의 신체, 신념, 사회적 지위, 신분 등과 같이 개인의 인격주체성을 특징짓는 사항으로서 그 개인의 동일성을 식별할 수 있게 하는 일체의 정보라고 할 수 있고, 반드시 개인의 내밀한 영역이나 사사(私事)의 영역에 속하는 정보에 국한되지 않고 공적 생활에서 형성되었거나 이미 공개된 개인정보까지 포함한다(헌재 2005. 7. 21. 2003헌마 · 425 병합).

SEMI-NOTE

② 개인정보 보호위원회 설치

 ㉠ 개인정보 보호위원회(제7조) : 개인정보보호에 관한 사무를 독립적으로 수행하기 위하여 국무총리 소속으로 개인정보 보호위원회를 둠

 ㉡ 보호위원회의 구성(제7조의2)

개인정보보호법 제7조의4(위원의 임기)

① 위원의 임기는 3년으로 하되, 한 차례만 연임할 수 있다.
② 위원이 결원된 때에는 지체 없이 새로운 위원을 임명 또는 위촉하여야 한다. 이 경우 후임으로 임명 또는 위촉된 위원의 임기는 새로이 개시된다.

> **법 령** 개인정보보호법
>
> **제7조의2(보호위원회의 구성 등)** ① 보호위원회는 상임위원 2명(위원장 1명, 부위원장 1명)을 포함한 9명의 위원으로 구성한다.
> ③ 위원장과 부위원장은 정무직 공무원으로 임명한다.
> ④ 위원장, 부위원장, 제7조의13에 따른 사무처의 장은 「정부조직법」 제10조에도 불구하고 정부위원이 된다.

③ 개인정보의 수집, 이용 등

 ㉠ 개인정보의 수집 · 이용(제15조)

개인정보처리자

업무를 목적으로 개인정보파일을 운용하기 위하여 스스로 또는 다른 사람을 통하여 개인정보를 처리하는 공공기관, 법인, 단체 및 개인 등

> **법 령** 개인정보보호법
>
> **제15조(개인정보의 수집 · 이용)** ① 개인정보처리자는 다음 각 호의 어느 하나에 해당하는 경우에는 개인정보를 수집할 수 있으며 그 수집 목적의 범위에서 이용할 수 있다.
> 1. 정보주체의 동의를 받은 경우
> 2. 법률에 특별한 규정이 있거나 법령상 의무를 준수하기 위하여 불가피한 경우
> 3. 공공기관이 법령 등에서 정하는 소관 업무의 수행을 위하여 불가피한 경우
> 4. 정보주체와의 계약의 체결 및 이행을 위하여 불가피하게 필요한 경우
> 5. 정보주체 또는 그 법정대리인이 의사표시를 할 수 없는 상태에 있거나 주소불명 등으로 사전 동의를 받을 수 없는 경우로서 명백히 정보주체 또는 제3자의 급박한 생명, 신체, 재산의 이익을 위하여 필요하다고 인정되는 경우
> 6. 개인정보처리자의 정당한 이익을 달성하기 위하여 필요한 경우로서 명백하게 정보주체의 권리보다 우선하는 경우. 이 경우 개인정보처리자의 정당한 이익과 상당한 관련이 있고 합리적인 범위를 초과하지 아니하는 경우에 한한다.

 ㉡ 개인정보의 수집 제한(제16조)

> **법 령** 개인정보보호법
>
> **제16조(개인정보의 수집 제한)** ① 개인정보처리자는 제15조제1항 각 호의 어느 하나에 해당하여 개인정보를 수집하는 경우에는 그 목적에 필요한 최소한의 개인정보를 수집하여야 한다. 이 경우 최소한의 개인정보 수집이라는 입증책임은 개인정보처리자가 부담한다.

④ 개인정보의 처리 제한

    ③ 민감정보의 처리 제한(제23조)

법 령 개인정보보호법

제23조(민감정보의 처리 제한) ① 개인정보처리자는 사상 · 신념, 노동조합 · 정당의 가입 · 탈퇴, 정치적 견해, 건강, 성생활 등에 관한 정보, 그 밖에 정보주체의 사생활을 현저히 침해할 우려가 있는 개인정보로서 대통령령으로 정하는 정보(이하 "민감정보"라 한다)를 처리하여서는 아니 된다. 다만, 다음 각 호의 어느 하나에 해당하는 경우에는 그러하지 아니하다.
1. 정보주체에게 제15조제2항 각 호 또는 제17조제2항 각 호의 사항을 알리고 다른 개인정보의 처리에 대한 동의와 별도로 동의를 받은 경우
2. 법령에서 민감정보의 처리를 요구하거나 허용하는 경우

    ⑤ 영상정보처리기기의 설치 · 운영 제한(제25조)

법 령 개인정보보호법

제25조(영상정보처리기기의 설치 · 운영 제한) ① 누구든지 다음 각 호의 경우를 제외하고는 공개된 장소에 영상정보처리기기를 설치 · 운영하여서는 아니 된다.
1. 법령에서 구체적으로 허용하고 있는 경우
2. 범죄의 예방 및 수사를 위하여 필요한 경우
3. 시설안전 및 화재 예방을 위하여 필요한 경우
4. 교통단속을 위하여 필요한 경우
5. 교통정보의 수집 · 분석 및 제공을 위하여 필요한 경우
② 누구든지 불특정 다수가 이용하는 목욕실, 화장실, 발한실(發汗室), 탈의실 등 개인의 사생활을 현저히 침해할 우려가 있는 장소의 내부를 볼 수 있도록 영상정보처리기기를 설치 · 운영하여서는 아니 된다. 다만, 교도소, 정신보건 시설 등 법령에 근거하여 사람을 구금하거나 보호하는 시설로서 대통령령으로 정하는 시설에 대하여는 그러하지 아니하다.
⑤ 영상정보처리기기운영자는 영상정보처리기기의 설치 목적과 다른 목적으로 영상정보처리기기를 임의로 조작하거나 다른 곳을 비춰서는 아니 되며, 녹음기능은 사용할 수 없다.

⑤ 개인정보의 안전한 관리

    ③ 개인정보파일의 등록 및 공개(제32조)

법 령 개인정보보호법

제32조(개인정보파일의 등록 및 공개) ① 공공기관의 장이 개인정보파일을 운용하는 경우에는 다음 각 호의 사항을 보호위원회에 등록하여야 한다. 등록한 사항이 변경된 경우에도 또한 같다.
1. 개인정보파일의 명칭
2. 개인정보파일의 운영 근거 및 목적
3. 개인정보파일에 기록되는 개인정보의 항목
4. 개인정보의 처리방법
5. 개인정보의 보유기간
6. 개인정보를 통상적 또는 반복적으로 제공하는 경우에는 그 제공받는 자
7. 그 밖에 대통령령으로 정하는 사항

고유식별정보의 처리 제한(개인정보보호법 제24조 제1항)

- 개인정보처리자는 다음 각 호의 경우를 제외하고는 법령에 따라 개인을 고유하게 구별하기 위하여 부여된 식별정보로서 대통령령으로 정하는 정보(이하 "고유식별정보"라 한다)를 처리할 수 없다.
- 정보주체에게 제15조제2항 각 호 또는 제17조제2항 각 호의 사항을 알리고 다른 개인정보의 처리에 대한 동의와 별도로 동의를 받은 경우
- 법령에서 구체적으로 고유식별정보의 처리를 요구하거나 허용하는 경우

개인정보 영향평가(개인정보보호법 제33조)

① 공공기관의 장은 대통령령으로 정하는 기준에 해당하는 개인정보파일의 운용으로 인하여 정보주체의 개인정보 침해가 우려되는 경우에는 그 위험요인의 분석과 개선 사항 도출을 위한 평가(이하 "영향평가"라 한다)를 하고 그 결과를 보호위원회에 제출하여야 한다. 이 경우 공공기관의 장은 영향평가를 보호위원회가 지정하는 기관(이하 "평가기관"이라 한다) 중에서 의뢰하여야 한다.
⑧ 공공기관 외의 개인정보처리자는 개인정보파일 운용으로 인하여 정보주체의 개인정보 침해가 우려되는 경우에는 영향평가를 하기 위하여 적극 노력하여야 한다.

SEMI-NOTE

ⓛ 개인정보 유출 통지 등(제34조)

> **법 령** 개인정보보호법

제34조(개인정보 유출 통지 등) ① 개인정보처리자는 개인정보가 유출되었음을 알게 되었을 때에는 지체 없이 해당 정보주체에게 다음 각 호의 사실을 알려야 한다.
1. 유출된 개인정보의 항목
2. 유출된 시점과 그 경위
3. 유출로 인하여 발생할 수 있는 피해를 최소화하기 위하여 정보주체가 할 수 있는 방법 등에 관한 정보
4. 개인정보처리자의 대응조치 및 피해 구제절차
5. 정보주체에게 피해가 발생한 경우 신고 등을 접수할 수 있는 담당부서 및 연락처
② 개인정보처리자는 개인정보가 유출된 경우 그 피해를 최소화하기 위한 대책을 마련하고 필요한 조치를 하여야 한다.
③ 개인정보처리자는 대통령령으로 정한 규모 이상의 개인정보가 유출된 경우에는 제1항에 따른 통지 및 제2항에 따른 조치 결과를 지체 없이 보호위원회 또는 대통령령으로 정하는 전문기관에 신고하여야 한다. 이 경우 보호위원회 또는 대통령령으로 정하는 전문기관은 피해 확산방지, 피해 복구 등을 위한 기술을 지원할 수 있다.

개인정보의 열람(개인정보보호법 제35조 제1항)

제35조에 따라 자신의 개인정보를 열람한 정보주체는 개인정보처리자에게 그 개인정보의 정정 또는 삭제를 요구할 수 있다. 다만, 다른 법령에서 그 개인정보가 수집 대상으로 명시되어 있는 경우에는 그 삭제를 요구할 수 없다.

⑥ 정보주체의 권리 보장
  ㉠ 개인정보의 열람(제35조)
  ㉡ 개인정보의 정정 · 삭제(제36조)
  ㉢ 개인정보의 처리정지 등(제37조)
  ㉣ 권리행사의 방법 및 절차(제38조)

> **법 령** 개인정보보호법

제38조(권리행사의 방법 및 절차) ① 정보주체는 제35조에 따른 열람, 제36조에 따른 정정 · 삭제, 제37조에 따른 처리정지, 제39조의7에 따른 동의 철회 등의 요구(이하 "열람등요구"라 한다)를 문서 등 대통령령으로 정하는 방법 · 절차에 따라 대리인에게 하게 할 수 있다.
② 만 14세 미만 아동의 법정대리인은 개인정보처리자에게 그 아동의 개인정보 열람등요구를 할 수 있다.

ⓜ 손해배상책임(제39조)

> **법 령** 개인정보보호법

① 정보주체는 개인정보처리자가 이 법을 위반한 행위로 손해를 입으면 개인정보처리자에게 손해배상을 청구할 수 있다. 이 경우 그 개인정보처리자는 고의 또는 과실이 없음을 입증하지 아니하면 책임을 면할 수 없다.
③ 개인정보처리자의 고의 또는 중대한 과실로 인하여 개인정보가 분실 · 도난 · 유출 · 위조 · 변조 또는 훼손된 경우로서 정보주체에게 손해가 발생한 때에는 법원은 그 손해액의 3배를 넘지 아니하는 범위에서 손해배상액을 정할 수 있다. 다만, 개인정보처리자가 고의 또는 중대한 과실이 없음을 증명한 경우에는 그러하지 아니하다.

⑦ 개인정보 분쟁조정위원회

ⓐ 설치 및 구성(제40조)

제40조(설치 및 구성) ① 개인정보에 관한 분쟁의 조정(調停)을 위하여 개인정보 분쟁조정위원회(이하 "분쟁조정위원회"라 한다)를 둔다.
② 분쟁조정위원회는 위원장 1명을 포함한 20명 이내의 위원으로 구성하며, 위원은 당연직위원과 위촉위원으로 구성한다.
④ 위원장은 위원 중에서 공무원이 아닌 사람으로 보호위원회 위원장이 위촉한다.

ⓒ 조정의 신청 등(제43조)

법령 개인정보보호법

제43조(조정의 신청 등) ① 개인정보와 관련한 분쟁의 조정을 원하는 자는 분쟁조정위원회에 분쟁조정을 신청할 수 있다.
② 분쟁조정위원회는 당사자 일방으로부터 분쟁조정 신청을 받았을 때에는 그 신청내용을 상대방에게 알려야 한다.

ⓒ 분쟁의 조정(제47조)

법령 개인정보보호법

제47조(분쟁의 조정) ④ 당사자가 조정내용을 수락한 경우 분쟁조정위원회는 조정서를 작성하고, 분쟁조정위원회의 위원장과 각 당사자가 기명날인하여야 한다.
⑤ 제4항에 따른 조정의 내용은 재판상 화해와 동일한 효력을 갖는다.

ⓓ 집단분쟁조정(제49조)

법령 개인정보보호법

제49조(집단분쟁조정) ① 국가 및 지방자치단체, 개인정보 보호단체 및 기관, 정보주체, 개인정보처리자는 정보주체의 피해 또는 권리침해가 다수의 정보주체에게 같거나 비슷한 유형으로 발생하는 경우로서 대통령령으로 정하는 사건에 대하여는 분쟁조정위원회에 일괄적인 분쟁조정(이하 "집단분쟁조정"이라 한다)을 의뢰 또는 신청할 수 있다.
② 제1항에 따라 집단분쟁조정을 의뢰받거나 신청받은 분쟁조정위원회는 그 의결로써 제3항부터 제7항까지의 규정에 따른 집단분쟁조정의 절차를 개시할 수 있다. 이 경우 분쟁조정위원회는 대통령령으로 정하는 기간 동안 그 절차의 개시를 공고하여야 한다.

설치 및 구성(개인정보보호법 제40조 제6항)

분쟁조정위원회는 분쟁조정 업무를 효율적으로 수행하기 위하여 필요하면 대통령령으로 정하는 바에 따라 조정사건의 분야별로 5명 이내의 위원으로 구성되는 조정부를 둘 수 있다. 이 경우 조정부가 분쟁조정위원회에서 위임받아 의결한 사항은 분쟁조정위원회에서 의결한 것으로 본다.

집단분쟁조정(개인정보보호법 제49조 제6항)

제48조제2항에도 불구하고 분쟁조정위원회는 집단분쟁조정의 당사자인 다수의 정보주체 중 일부의 정보주체가 법원에 소를 제기한 경우에는 그 절차를 중지하지 아니하고, 소를 제기한 일부의 정보주체를 그 절차에서 제외한다.

⑧ 개인정보 단체소송

   ⊙ 단체소송의 제기(제51조)

법 령 개인정보보호법

제51조(단체소송의 대상 등) 다음 각 호의 어느 하나에 해당하는 단체는 개인정보처리자가 제49조에 따른 집단분쟁조정을 거부하거나 집단분쟁조정의 결과를 수락하지 아니한 경우에는 법원에 권리침해 행위의 금지 · 중지를 구하는 소송(이하 "단체소송"이라 한다)을 제기할 수 있다.

1. 「소비자기본법」 제29조에 따라 공정거래위원회에 등록한 소비자단체로서 다음 각 목의 요건을 모두 갖춘 단체
   가. 정관에 따라 상시적으로 정보주체의 권익증진을 주된 목적으로 하는 단체일 것
   나. 단체의 정회원수가 1천명 이상일 것
   다. 「소비자기본법」 제29조에 따른 등록 후 3년이 경과하였을 것
2. 「비영리민간단체 지원법」 제2조에 따른 비영리민간단체로서 다음 각 목의 요건을 모두 갖춘 단체
   가. 법률상 또는 사실상 동일한 침해를 입은 100명 이상의 정보주체로부터 단체소송의 제기를 요청받을 것
   나. 정관에 개인정보 보호를 단체의 목적으로 명시한 후 최근 3년 이상 이를 위한 활동실적이 있을 것
   다. 단체의 상시 구성원수가 5천명 이상일 것
   라. 중앙행정기관에 등록되어 있을 것

   ⓛ 소송허가신청(제54조)

03장 행정법상의 의무이행확보수단

행정법상의 의무이행확보수단

01절　행정강제

1. 개설

(1) 행정강제의 의의

행정목적 달성을 위해 개인의 신체 또는 재산에 실력을 가하여 행정상 필요한 상태를 실현시키는 행정청의 권력적 사실행위

(2) 행정강제의 분류

행정상 강제집행과 행정상 즉시강제, 행정조사로 분류할 수 있음. 행정상 강제집행의 수단으로는 대집행, 집행벌(이행강제금), 직접강제, 행정상 강제징수가 있음

행정강제의 구별개념
- **사법강제** : 행정강제는 행정권이 자력으로 강제한다는 점에서 타력에 의한 강제인 사법강제와 구별됨
- **행정행위** : 행정강제는 권력적 실력행사로서 사실행위이나, 행정행위는 권력적 행위로서 법적 행위(공법행위)임
- **비권력적 작용** : 행정강제는 행정청이 우월한 의사주체로서 개인에 대해 실력을 행사하는 권력적 작용이라는 점에서 비권력적 작용과 구별됨
- **행정벌** : 행정강제는 장래의 의무이행을 위한 강제수단이라는 점에서 과거의 의무위반에 대한 제재로서의 처벌인 행정벌과 구별됨

🤓 한눈에 쏙~

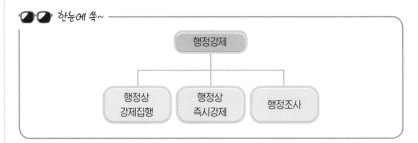

실력UP　행정상 의무이행확보수단의 분류

전통적 의무이행 확보수단	행정강제	• 강제집행 • 즉시강제	직접적 강제수단
	행정벌	• 행정형벌 • 행정질서벌(과태료)	간접적 강제수단
새로운 의무이행 확보수단	비금전적 수단	공급거부, 공표, 관허사업제한, 취업제한, 해외여행제한, 행정행위의 철회·정지 등	
	금전적 수단	과징금, 가산금, 가산세 등	

2. 행정상 강제집행 ⭐빈출개념

(1) 의의

① 개념 : 행정법상의 의무 불이행에 대해 행정청이 장래를 향해 의무자의 신체나 재산에 실력을 가하여 강제적으로 그 의무를 이행시키거나 이행된 것과 같은 상태를 실현하는 작용

행정상 강제집행
행정상 강제집행은 사법권의 힘을 빌리지 않고 행정권의 발동으로 할 수 있다는 점에서 자력집행의 일종이라 할 수 있음

② 구별 개념

　㉠ 민사상 강제집행과의 구별

공통점	권리주체의 청구권을 강제로 실현시키는 수단
차이점	민사상 강제집행은 법원의 힘, 행정상 강제집행은 자력집행에 의함
판례	행정상 강제집행의 수단인 행정대집행 절차가 인정되는 경우 따로 민사소송의 방법으로 공작물의 철거 등을 구할 수는 없다고 하였고(대판 2000. 5. 12, 99다18909), 불법점유 시설물에 대해 행정대집행을 실시하지 않고 다른 수단이 없는 경우 민사소송의 방법으로 철거를 구할 수 있다고 판시한 바 있음(대판 2009. 6. 11, 2009다1122)

　㉡ 행정상 즉시강제와의 구별 : 행정상 강제집행은 의무의 불이행을 전제로 한다는 점에서 이를 전제로 하지 않고 직접 실력을 가하여 행정상 필요한 상태를 실현하는 행정상 즉시강제와 구별됨

　㉢ 행정벌과의 구별 : 행정상 강제집행은 장래의 의무를 이행시키기 위한 강제수단이지만 행정벌은 과거의 의무위반에 대한 제재로써 가해지며, 행정상 강제집행이 행정행위의 실효성 확보를 위한 직접적 강제수단이지만 행정벌은 간접적 강제수단이라는 점에서 구별됨

③ 수단 및 근거

　㉠ 행정상 강제집행의 수단 : 대집행, 이행강제금(집행벌), 직접강제, 행정상 강제징수가 있으나, 일반법적 근거가 있어 주로 이용되고 있는 제도는 대집행과 강제징수임. 집행벌과 직접강제는 기본권 침해의 성격이 강한 수단으로, 개별법에서 특별히 인정하는 경우에 한해 예외적으로 인정됨

　㉡ 법적 근거 : 행정상 강제집행은 권력적 행정작용이므로 행정의 자의 배제와 국민의 권익 보호를 위해 그 발동에는 법적 근거가 필요함

(2) 대집행 ★ 빈출개념

① 의의

　㉠ 개념 : 무허가건물철거의무와 같은 행정법상의 대체적 작위의무의 불이행이 있는 경우 당해 행정청이 그 의무를 스스로 행하거나 제3자로 하여금 이를 행하게 하고, 그 비용을 의무자로부터 징수하는 강제집행

　㉡ 직접강제와의 구별 : 대집행에서는 강제집행에 따른 비용을 의무자가 부담하나, 직접강제에서는 행정청이 부담하며, 대집행은 행정청이 스스로 대행(자기집행)하거나 제3자로 하여금 대행(타자집행)하게 할 수 있으나, 직접강제는 행정청이 직접 하여야 하고 제3자에게 대행시킬 수 없음

② 법적 근거 : 행정대집행에 관한 일반법은 행정대집행법이며, 개별규정을 두고 있는 법으로 건축법, 공익사업을위한토지등의취득및보상에관한법률(토지보상법) 등이 있음

③ 대집행주체와 대집행자

　㉠ 대집행의 주체 : 대집행을 결정하고 이를 실행할 수 있는 권한을 가진 자(대집행주체)는 당해 행정청임. 여기서 '당해 행정청'이란 의무를 부과한 행정청을

관련 판례

공유재산 및 물품 관리법 제83조 제1항은 … 위 규정에 따라 지방자치단체장은 행정대집행의 방법으로 공유재산에 설치한 시설물을 철거할 수 있고, 이러한 행정대집행의 절차가 인정되는 경우에는 민사소송의 방법으로 시설물의 철거를 구하는 것은 허용되지 아니한다(대판 2017. 4. 13. 선고 2013다207941).

행정상 강제집행의 근거법

• 대집행 : 행정대집행법
• 행정상 강제징수 : 국세징수법
• 이행강제금(집행벌) : 건축법
• 직접강제 : 출입국관리법·군사시설보호법·방어해면법 등

대체적 작위의무
타인이 대신하여 행할 수 있는 행위가 부과된 의무

대집행의 성질

대집행의 대상은 행정청의 하명에 의한 공법상 의무에 해당되며, 그 의무는 대체적 작위의무임. 이러한 대집행은 재량처분이므로 대집행할 것인지 여부는 행정청이 재량적으로 판단할 수 있음. 따라서 대집행을 하지 않은 이유로 권익침해를 받았다 하더라도 그 상대방은 원칙적으로 부작위의 위법을 이유로 쟁송을 통하여 다툴 수 없음

말하며, 국가기관, 지방자치단체, 당해 행정청의 위임을 받은 행정청이 대집행의 주체가 될 수 있음. 다만, 감독청은 대집행주체가 될 수 없다고 봄
- ⓒ 대집행자(대집행행위자) : 대집행자는 당해 행정청에 한하지 아니함. 경우에 따라서 제3자를 통해 집행(타자집행)도 가능함
④ 대집행의 요건
 - ㉠ 의무자가 이행을 하지 아니할 것
   - 기본적으로 대집행은 공법상 의무의 불이행을 그 대상으로 하고, 사법상 의무의 불이행은 포함되지 않음
   - 여기서의 공법상 의무는 법령에서 직접 명할 수 있고, 법령에 근거한 행정행위에 의하여 명해질 수도 있음
   - 판례는 예외적으로 사법상의 의무불이행에 대해 행정대집행을 인정한 바 있음
 - ㉡ 불이행된 의무는 대체적 작위의무일 것
   - 대체적 작위의무가 대상이므로, 의무자만이 이행가능한 일신전속적 성질이 강하거나 고도의 전문·기술적인 비대체적 작위의무, 수인의무 또는 부작위의무는 대체성이 없으므로 대집행의 대상이 되지 못함

관련 판례 대체적 작위의무

- 관계 법령에 위반하여 장례식장 영업을 하고 있는 자의 장례식장 사용 중지 의무는 행정대집행법 제2조의 규정에 의한 대집행의 대상이 아니라고 한 사례(대판 2005. 9. 28, 2005두7464)
- 하천유수인용행위를 중단할 것과 이를 불이행할 경우 행정대집행법에 의하여 대집행하겠다는 내용의 이 사건 계고처분은 대집행의 대상이 될 수 없는 부작위의무에 대한 것으로서 그 자체로 위법함이 명백한바 … (대판 1998. 10. 2, 96누5445).

- 다만, 불법공작물설치금지와 같은 부작위의무는 철거명령 등을 통해 작위의무를 부과한 후 그에 대한 불이행 시 대집행이 가능하다고 보나, 작위의무를 부과할 수 있는 법적 근거가 없으면 작위의무 부과가 위법하여 대집행은 불가능함. 판례도 부작위의무규정으로부터 작위의무의 법적 근거가 당연히 도출되는 것은 아니라고 함

관련 판례 부작위의무의 경우 대집행

부작위의무로부터 그 의무를 위반함으로써 생긴 결과를 시정하기 위한 작위의무를 당연히 끌어낼 수는 없으며, 또 위 금지규정(특히 허가를 유보한 상대적 금지규정)으로부터 작위의무, 즉 위반결과의 시정을 명하는 권한이 당연히 추론되는 것도 아니다(대판 1996. 6. 28, 96누4374).

- 토지·건물을 점유하고 있는 사람의 퇴거는 대체적 작위의무라고 볼 수 없음. 판례도 토지·건물의 인도에 관한 사항은 대집행이 불가능하다고 판시함(대판 2005. 8. 19, 2004다2809)

관련 판례 토지·건물의 인도에 관한 사항

피수용자 등이 기업자에 대하여 부담하는 수용대상 토지의 인도의무에 관한 구 토지수용법 (2002. 2. 4. 법률 제6656호 공익사업을 위한 토지 등의 취득 및 보상에 관한 법률 부칙 제2조 로 폐지) 제63조, 제64조, 제77조 규정에서의 '인도'에는 명도도 포함되는 것으로 보아야 하고, 이러한 명도의무는 그것을 강제적으로 실현하면서 직접적인 실력행사가 필요한 것이지 대체 적 작위의무라고 볼 수 없으므로 특별한 사정이 없는 한 행정대집행법에 의한 대집행의 대상 이 될 수 있는 것이 아니다(대판 2005. 8. 19, 2004다2809).

ⓒ 다른 수단으로 그 이행방법이 없을 것(보충성) : 대집행은 그러한 수단이 없는 부득이한 수단(최후 수단)으로서 발동되어야 한다는 보충성의 원칙이 적용됨

ⓔ 불이행을 방치함이 심히 공익을 해할 것(비례의 원칙)

관련 판례 불이행을 방치함이 심히 공익을 해하는 지의 여부

건축허가면적보다 0.02평방미터 정도만 초과하였을 뿐이라는 것인바, … 위와 같은 위반정도 만 가지고는 주위의 미관을 해칠 우려가 없을 뿐 아니라 이를 대집행으로 철거할 경우 많은 비용이 드는 반면에 공익에는 별 도움이 되지 아니하고, 도로교통·방화·보안·위생·도시 미관 및 공해예방 등의 공익을 크게 해친다고도 볼 수 없다(대판 1991. 3. 12, 90누10070)

ⓜ 기타 대집행요건 관련 논점
- 대집행 실행요건이 구비된 후의 대집행 여부 : 이 경우 행정청이 대집행 의 무를 진다는 기속행위설과 재량적 판단이 인정된다는 재량행위설이 대립 되며, 판례는 처분청의 재량으로 판시한 바 있음
- 대집행의 요건의 주장 및 입증책임 : 당해 처분청에 있다 할 것임(대판 96 누8086)
- 대집행과 불가쟁력의 관계 : 불가쟁력의 발생을 대집행의 요건으로 볼 수 없음
- 행정벌과의 관계 : 하나의 의무위반에 대해 행정벌과 대집행이 함께 행해 질 수 있음

⑤ 대집행의 절차 : 선행행위의 하자는 후행행위에 승계된다 할 것임

한눈에 쏙~

계고 ▶ 통지 ▶ 실행 ▶ 비용 징수

㉠ 계고(戒告)
- 의의 : 대집행을 하기 위해서는 미리 상당한 이행기간을 정하여 그 기한까지 이행되지 않을 때에는 대집행을 한다는 뜻을 미리 문서로서 계고하여야 함

• 법적 성질

학설	의무를 이행하지 않을 경우 대집행의 의사를 알려주는 의사의 통지로서 준법률행위적 행정행위라는 견해(다수설)와 의무를 부과하는 작위하명으로 보는 견해가 있음
판례	계고의 성질을 준법률행위적 행정행위로 보고 있으며, 행정소송법상 처분에 해당하므로 위법한 계고에 대해서는 취소소송을 제기할 수 있다고 함. 또한 복수의 계고가 반복된 경우에는 제1차 계고만이 독립한 처분에 해당한다고 함

• 계고의 요건
  − 계고 시에 의무내용과 불이행 시의 대집행할 행위의 내용이 구체적으로 특정되어야 함. 다만, 판례는 이것이 반드시 대집행계고서에 의해 특정되어야 하는 것은 아니며, 계고처분 전후에 송달된 문서나 기타 사정을 종합하여 행위의 내용이 특정되거나 대집행 의무자가 그 이행의무의 범위를 알 수 있으면 족하다고 함(대판 1997. 2. 14, 96누15428)
  − 의무이행에 필요한 상당한 이행기간을 주어야 함. 이에 위반된 계고는 위법한 처분이 됨(대판 1990. 9. 14, 90누2048). 여기서 상당한 이행기간은 사회통념상 의무자가 스스로 의무를 이행하는 데 필요한 기간을 말함(대판 1992. 6. 12, 91누13564)
  − 문서로 계고하여야 함
  − 한편, 대집행의 요건은 계고를 할 때 이미 충족되어 있어야 하므로, 계고는 의무를 명하는 행정행위와 동시에 결합되어 행하여 질 수 없는 것이 원칙(다수설). 다만, 의무를 부과하는 처분을 할 때에 이미 대집행요건이 충족될 것이 확실하고, 또한 급속한 실시를 위한 긴급한 필요가 있는 경우라면, 양자의 결합이 허용될 수 있다는 것이 판례의 입장(대판 1992. 6. 12, 91누13564)

ⓛ 대집행영장에 의한 통지
  • 의의 : 의무자가 계고를 받고 지정기한까지 그 의무를 이행하지 아니할 때에는 당해 행정청은 대집행영장으로써 대집행을 할 시기, 대집행을 시키기 위하여 파견하는 집행책임자의 성명과 대집행에 요하는 비용의 개산에 의한 견적액을 의무자에게 통지하여야 함
  • 성질 : 준법률행위적 행정행위라는 것이 다수 견해

ⓒ 대집행의 실행 : 행정청이 스스로 또는 제3자로 하여금, 물리적인 실력행사에 의하여 의무가 이행된 상태로 실현하는 것
  • 성질 : 대집행의 실행은 물리적 실력으로 의무가 이행된 상태를 실현하는 권력적 사실행위라는 견해가 다수설의 입장
  • 증표의 제시 : 대집행을 하기 위하여 현장에 파견되는 집행책임자는 그가 집행책임자라는 것을 표시한 증표를 휴대하여 대집행 시에 이해관계인에게 제시하여야 함

- 의무자의 항거와 항거 배제 : 우리나라의 경우 명문규정을 두고 있지 않아 이를 부정하는 견해와 긍정하는 견해가 대립
  - ㉣ 비용징수 : 대집행에 소요된 비용은 국세징수법의 예에 의하여 의무자에게 징수할 수 있으며, 비용납부명령은 하명으로써 처분성을 가짐
- ⑥ 대집행에 대한 구제
  - ㉠ 행정쟁송 : 대집행의 각 단계의 행위는 모두 행정쟁송의 대상인 처분에 속함
  - ㉡ 하자의 승계
    - 대집행의 절차는 계고, 대집행영장의 통지, 대집행의 실행, 비용징수의 4단계에 의해서 이루어지는바, 선행행위의 하자는 후행행위에 승계됨(대판 1993. 11. 9, 93누14271)
    - 다만, 대집행의 전제가 되는 대체적 작위의무의 부과처분(하명처분)과 대집행절차 사이에서는 하자승계가 인정되지 않음(대판 1982. 7. 27, 81누293)
  - ㉢ 행정심판 및 손해배상

행정심판	대집행에 불복하는 자는 행정심판을 제기할 수 있음
손해배상	대집행의 실행이 완료되면 취소소송의 제기는 각하되나, 이 경우에도 손해배상 청구가 가능함

(3) 집행벌(이행강제금) ★빈출개념

- ① 의의
  - ㉠ 개념 : 행정법상의 부작위의무나 비대체적 작위의무를 이행하지 않은 경우 그 의무이행을 확보하기 위해 일정액수의 금전을 부과하는 강제집행. 일종의 금전벌로서 이행강제금 또는 강제금이라 불림
  - ㉡ 성질
    - 행정행위(하명) : 집행벌은 급부의무를 발생시키는 급부하명임(불복 시 행정소송으로 다툼). 따라서 과태료나 행정벌과는 그 성격을 달리하므로 병과하여 부과할 수 있음
    - 반복적·계속적 부과 가능 : 집행벌은 위반행위에 대한 제재로서의 벌금형이 아니라 심리적 압박을 통하여 간접적으로 장래의 의무이행을 확보하기 위한 수단으로, 의무를 이행할 때까지 반복적으로 계속 부과하는 처벌임
    - 일신전속성 : 이행강제금의 납부의무는 일신전속적 성격을 지니므로 상속인 등에게 승계되지 않음

관련 판례 일신전속성

구 건축법상의 이행강제금은 구 건축법의 위반행위에 대하여 시정명령을 받은 후 시정기간 내에 당해 시정명령을 이행하지 아니한 건축주 등에 대하여 부과되는 간접강제의 일종으로서 그 이행강제금 납부의무는 상속인 기타의 사람에게 승계될 수 없는 일신전속적인 성질의 것이므로 이미 사망한 사람에게 이행강제금을 부과하는 내용의 처분이나 결정은 당연무효이다 (대결 2006. 12. 8, 2006마470).

SEMI-NOTE

집행정지

행정심판위원회 또는 법원은 처분 또는 처분의 집행, 절차의 속행으로 중대한 (회복하기 어려운) 손해가 생기는 것을 예방할 필요성이 긴급하다고 인정될 때 직권으로 또는 당사자의 신청에 의하여 처분의 효력, 처분의 집행 또는 절차의 속행의 전부 또는 일부의 정지(집행정지)를 결정할 수 있음(행정심판법 제30조 제2항, 행정소송법 제23조 제2항)

행정벌과의 구별

집행벌은 장래의 의무이행을 위한 강제집행수단의 일종이라는 측면에서, 과거의 의무위반에 대한 제재로서의 처벌인 행정벌과 구별됨

병과(竝科)
둘 이상의 제재나 형벌을 함께 부과하는 것

관련 판례

행정청은 개별사건에 있어서 위반 내용, 위반자의 시정의지 등을 감안 하여 대집행과 이행강제금을 선택 적으로 활용할 수 있으며, 이처럼 그 합리적인 재량에 의해 선택하여 활용하는 이상 중첩적인 제재에 해 당한다고 볼 수 없다(재 2004. 2. 26. 2001헌바80·84·102·103, 2002 헌바26 병합).

- 대집행, 형사처벌 등과의 관계 : 이행강제금은 대체적 작위의무에도 부과 가 가능하며, 대집행과 성질을 달리하므로 대집행과 이행강제금은 선택적 으로 활용될 수 있음. 또한 무허가 건축행위 등에 대한 형사처벌과는 기본 적 사실관계로서의 행위나 보호법익·목적 등에 차이가 있어 병과가 가능 함(이중처벌에 해당되지 않음)
  - ⓒ **법적 근거** : 집행벌은 의무자에 대한 침익적인 강제수단이므로 법적 근거를 요함. 다만, 집행벌에 대한 일반적인 규정은 없고 일부 개별법에서 건축법(제 80조), 농지법(제62조), 독점규제및공정거래에관한법률(제16조) 등에서 이를 규정함
- ② **권리보호**
  - ㉠ **불복 시 행정소송절차에 의하는 경우** : 이행강제금부과처분은 행정행위(하명) 이므로, 그 불복(이의제기)에 관해 별도의 규정을 두지 않은 경우는 행정행위 의 불복절차와 같이 행정소송절차에 의함
  - ㉡ **개별법에 별도 규정을 두는 경우**
    - 이행강제금부과처분이 불복절차에 대해 개별법에 별도 규정을 두는 경우는 질서위반행위규제법의 규정절차에 따름
    - 판례도 건축법(개정 전의 건축법)상 이행강제금부과처분에 대한 불복 시 당 시의 법률 규정에 따라 비송사건절차법의 과태료 재판절차에 따르도록 함 (대판 2000. 9. 22. 2000두5722). 다만, 건축법 해당부분이 개정·삭제되 어 현재는 건축법상의 이행강제금부과처분 불복에 대한 절차는 행정소송 절차에 따름

(4) 직접강제

직접강제의 예

예방접종강제실시, 무허가영업소의 폐 쇄, 선박의 강제퇴거, 사증 없는 외국인 의 강제퇴거 등

- ① **의의** : 행정법상 의무를 이행하지 않은 경우에 행정청이 직접적으로 의무자의 신 체 또는 재산에 실력을 가하여 의무가 이행이 된 것과 같은 상태를 실현하는 행 정상 강제집행의 작용
  - ㉠ **구별 개념** : 직접강제는 의무부과 및 그 불이행을 전제로 하지만, 행정상 즉시 강제는 그것을 전제로 하지 않음(통설)
  - ㉡ **성질** : 직접강제는 대체적 작위의무·비대체적 작위의무·부작위의무·수인 의무의 불이행에 대한 직접적이고 유형적인 실력행사에 의하여 이루어지는 권력적 사실행위임

법적 근거

- 출입국관리법 제46조(강제퇴거의 대 상자)
- 공중위생관리법 제11조(공중위생영업 소의 폐쇄 등)
- 도로교통법 제71조(도로의 위법 인공 구조물에 대한 조치)
- 식품위생법 제79조(폐쇄조치 등)
- 방어해면법제7조(퇴거의강제등)

- ② **법적 근거** : 즉시강제에 대한 일반법은 존재하지 않고, 출입국관리법(제46조), 공중위생관리법(제11조), 도로교통법(제71조), 식품위생법(제79조), 방어해면법 (제7조) 등의 개별법규에서 규정함. 다만, 출입국관리법상의 강제퇴거에 대해서 는 이를 행정상 즉시강제로 보는 견해가 있음
- ③ **한계** : 기본권 침해의 위험성이 높음. 따라서 다른 강제수단이 없는 경우에 한하 여 행하여야 할 것이고(보충성 원칙), 엄격한 법률유보원칙에 입각하여 법적 근 거에 의해서만 인정되어야 하며, 적용에 있어서도 법익을 비교·형량하여야 할 것임

④ 권리구제 : 직접강제는 권력적 사실행위로서 행정소송의 대상이 되며, 국가배상 손해청구나 행정쟁송으로 그 취소나 변경을 구할 수 있음

(5) 행정상 강제징수

① 의의

개념	공법상의 금전급부의무가 이행되지 아니한 경우 행정청이 의무자의 재산에 실력을 행사하여 그 의무가 이행된 것과 같은 상태를 실현시키는 작용
법적 근거	행정상 강제징수의 일반법에 해당하는 것은 국세징수법임. 다만, 국세징수법에서 규정한 사항 중 국세기본법이나 다른 세법에 특별한 규정이 있는 것에 관하여는 그 법률에서 정하는 바에 따름

② 행정상 강제징수의 절차

㉠ 독촉

의의	행정청이 의무자에게 금전납부의무의 이행을 최고하고 이를 불이행 할 경우 체납처분을 할 것을 예고하는 통지행위로, 대집행계고와 같은 준법률행위적 행정행위의 성질을 지님
절차	국세를 그 납부기한까지 완납하지 아니한 때에는 세무서장은 납기 경과 후 10일 내에 독촉장을 발부함
형식	독촉은 요식행위로서 문서에 의하며, 독촉절차는 생략할 수 없음. 따라서 구두로 하거나 생략하면 그 독촉절차는 무효라 할 것임. 다만, 판례는 독촉절차 없이 행한 압류의 효과를 무효라 판시한 경우도 있고, 이를 무효가 아니라 취소대상으로 판시한 바도 있음
효과	독촉이나 납부최고는 이후 체납처분의 전제요건이며, 또한 채권 소멸시효의 진행을 중단하는 효과가 발생함

㉡ 체납처분 : '재산압류 → 매각 → 청산'의 단계로 진행

한눈에 쏙~

• 재산압류

의의	체납자의 사실상·법률상 재산처분을 금지하고, 아울러 체납액의 징수를 확보하는 강제적인 보전행위. 권력적 사실행위로서 독촉장 발부 없이 한 압류처분은 위법하여 행정소송의 대상이 됨
요건	세무서장은 납세자가 독촉장(납부최고서 포함)을 받고 지정된 기한까지 국세 또는 체납액을 완납하지 아니한 경우에는 납세자의 재산을 압류함(국세징수법 제24조)
대상	금전가치가 있고 양도가치가 있는 모든 재산
압류 금지	국세징수법에 따른 생활필수품과 같은 일정재산(예 체납자와 그 동거가족의 생활에 없어서는 아니 될 의복, 침구, 가구와 주방기구, 체납자와 그 동거가족에게 필요한 3개월간의 식료와 연료 등)

관련 판례

납세의무자가 세금을 납부기한까지 납부하지 아니하자 과세청이 그 징수를 위하여 압류처분에 이른 것이라면 비록 독촉절차 없이 압류처분을 하였다 하더라도 이러한 사유만으로는 압류처분을 무효로 되게 하는 중대하고도 명백한 하자로는 되지 않는다(대판 1987. 9. 22, 1987. 9. 22, 87누383).

압류 해제

• 납부, 충당, 부과의 취소, 그 밖에 압류할 필요가 없게 된 경우
• 관할 세무서장은 압류 후 재산가격이 변동하여 체납액 전액을 현저히 초과한 경우, 압류와 관계되는 체납액의 일부가 납부 또는 충당된 경우, 국세 부과의 일부를 취소한 경우, 체납자가 압류할 수 있는 다른 재산을 제공하여 그 재산을 압류한 경우에 압류재산의 전부 또는 일부에 대하여 압류를 해제할 수 있음

압류제한	급료 · 연금 · 임금 · 봉급 · 상여금 · 세비 · 퇴직연금, 그 밖에 이와 비슷한 성질을 가진 급여채권에 대하여는 그 총액의 2분의 1에 해당하는 금액은 압류하지 못함
초과압류 ×	세무서장은 국세를 징수하기 위하여 필요한 재산 외의 재산을 압류할 수 없음

• 매각

의의	압류재산을 금전으로 환가하는 것
방법	통화를 제외하고 공매에 의하여 매각하나, 예외적으로 수의계약에 의하는 경우도 있음
성질	• 공매처분은 공법상 대리의 성질을 가지나(다수설 · 판례), 수의계약은 사법상 계약의 성질을 가짐 • 판례는 체납처분으로서 행하는 공매는 우월적 공권력의 행사로서 행정소송의 대상이 되는 공법상의 처분이라 봄(대판 1984. 9. 25, 84누201 등). 공매결정 · 공매통지 · 공매공고는 소유권 변동이 발생하지 않으므로 행정처분이 될 수 없음(대판 1998. 6. 26, 96누12030 등) • 다만, 판례는 공매통지의 성격에 대한 종래의 입장(공매통지는 공매의 요건이 아니라 공매사실 자체를 체납자 등에게 알려주는 데 불과한 것)을 변경하여 공매통지를 공매의 절차적 요건에 해당된다고 함 • 공매통지 그 자체는 항고소송의 대상이 되는 행정처분이 아님(대판 2011. 3. 24, 2010두25527)

관련 판례 공매통지의 성질

특별한 사정이 없는 한 체납자 등은 공매통지의 결여나 위법을 들어 공매처분의 취소 등을 구할 수 있는 것이지 공매통지 자체를 항고소송의 대상으로 삼아 그 취소 등을 구할 수는 없다(대판 2011. 3. 24., 2010두25527).

• 청산 : 세무서장은 압류한 금전과 채권 · 유가증권 · 무체재산권 등의 압류로 인하여 체납자 또는 제3채무자로부터 받은 금전, 압류재산의 매각대금 및 그 매각대금의 예치이자, 교부청구에 의하여 받은 금전을 배분순위에 따라 배분하고 잔액이 있는 때는 체납자에게 지급하며, 부족한 경우 민법이나 그 밖의 법령에 따라 배분할 순위와 금액을 정하여 배분함

③ 행정상 강제징수에 대한 구제
  ㉠ 행정쟁송 : 개별법이 정한 경우 그 개별법이 정하는 바에 따르고, 개별법에 규정이 없는 한 강제징수에 대해 불복이 있는 자는 행정쟁송절차에 의해 취소나 변경을 구할 수 있음
  ㉡ 하자의 승계 : 강제징수의 절차(독촉 및 체납처분)는 모두가 결합하여 하나의 법률효과를 완성하는 관계에 있어 하자의 승계가 인정됨

SEMI-NOTE

수의계약
경쟁이나 입찰에 의하지 않고 상대편을 임의로 선택하여 체결하는 계약

관련 판례
체납자 등에 대한 공매통지는 국가의 강제력에 의하여 진행되는 공매에서 체납자 등의 권리 내지 재산상의 이익을 보호하기 위하여 법률로 규정한 절차적 요건이라고 보아야 하며, 공매처분을 하면서 체납자 등에게 공매통지를 하지 않았거나 공매통지를 하였더라도 그것이 적법하지 아니한 경우에는 절차상의 흠이 있어 그 공매처분은 위법하다(대판 2008. 11. 20, 2007두18154 전합).

국세기본법상의 특별한 절차
이의신청(임의절차) → 심사청구 또는 심판청구 → 행정소송

3. 행정상 즉시강제 ★빈출개념

(1) 개설

① 의의

　㉠ 개념 : 행정상 장해를 제거할 필요가 있는 경우에 미리 의무를 명할 시간적 여유가 없거나 그 성질상 의무를 명해서는 행정목적을 달성할 수 없는 때에 행정청이 직접 개인의 신체나 재산에 실력을 가하여 행정상 필요한 상태를 실현하는 권력적 사실행위의 작용. 행정상 즉시집행이라고도 함

　㉡ 구별 개념

행정벌	즉시강제는 행정상 필요한 상태의 실현을 위한 행정작용. 행정벌은 과거 의무위반에 대한 제재
행정상 강제집행	양자 모두 권력적 사실행위라는 점에서는 같으나, 즉시강제는 의무의 불이행을 전제요소로 하지 않고 행정상 강제집행은 의무의 불이행을 전제요소로 한다는 점에서 차이가 있음
행정조사	양자는 행정상 필요한 일정한 상태를 실현시키는 강제적인 작용이라는 점에서 같으나, 즉시강제는 직접적인 실력행사를 통하여 일정한 상태를 실현시키는 집행적 행위이고 권력적 행정조사는 자료수집을 통해 행정목적을 수행하기 위한 예비적·보조적 조사작용이라는 점에서 그 근본적인 차이가 있음

② 성질 : 행정상 즉시강제는 사실행위와 법적 행위가 결합한 행위로서 항고소송의 대상이 되는 처분의 성질을 가지고 있음

③ 법적 근거 : 침익적 행정행위로서 법률상의 근거를 요함(통설). 일반법은 없고 개별법이 있음

(2) 행정상 즉시강제의 수단(종류)

구분	경찰관직무집행법상 수단	개별법상 수단
대인적 강제	• 보호조치 • 위험발생방지조치 • 범죄예방·제지 • 경찰장비사용	강제건강진단·강제격리·교통차단, 강제수용, 소방활동 종사명령, 응급부담종사명령, 원조강제, 응급조치, 강제퇴거 대상 외국인 보호조치
대물적 강제	• 물건 등의 임시영치 • 위험발생방지조치	• 물건의 폐기·압수(식품위생법, 약사법) • 물건의 영치·몰수(청소년보호법, 형의집행및수용자의처우에관한법률) • 불법게임물의 수거·삭제·폐기(구 음반·비디오물및게임물에관한법률) • 강제처분(소방기본법) • 교통장해물제거(도로교통법) • 응급조치(재난및안전관리기본법) • 마약류에 관한 폐기(마약류관리에관한법률) • 감염병 유행에 대한 방역(감염병의예방및관리에관한법률)
대가택적 강제	가택출입 등	가택수색, 임검·검사 및 수색 (조세범처벌절차법상 수색)

행정상즉시강제의 개별법

마약류관리에관한법률(제41조), 소방기본법(제25조·제27조), 식품위생법(제56조), 감염병예방및관리에관한법률(제42조) 등

영치

소유자·소지자·보관자가 임의로 제출(임의제출물)하거나 유류한 물건(유류물)을 국가기관이 보관 및 처분하는 행위

SEMI-NOTE

가택출입 · 조사행위

종래에는 가택출입 · 조사행위를 행정상 즉시강제의 일종으로 보았으나, 최근에는 행정조사라는 독자적 행위형식으로 분류하는 추세임(다수설)

행정상 즉시강제의 법규상 한계

행정상 즉시강제는 의무부과를 전제로 하지 않고 행하는 침익적 행정행위에 해당하므로, 법적 안정성과 예측가능성이라는 법치국가의 원칙이 관철된 오늘날에 있어서는 발동에 있어 엄격한 법적 근거를 요한다고 할 수 있음

영장주의와의 관계

헌법상 영장주의가 행정상 즉시강제에도 적용될 수 있는가에 대해 명시적 규정이 없어 견해의 대립이 있음

관련 판례

이 사건 법률(음반 · 비디오물및게임물에관한법률)조항은 급박한 상황에 대처하기 위한 것으로서 그 불가피성과 정당성이 충분히 인정되는 경우이므로, 이 사건 법률조항이 영장 없는 수거를 인정한다고 하더라도 이를 두고 헌법상 영장주의에 위배되는 것으로는 볼 수 없다(헌재 2002. 10. 31, 2000헌가12).

기타 구제수단

감독청의 즉시강제 취소 · 정지명령, 당해 공무원에 대한 형사 및 징계책임, 고소 · 고발 · 청원 등의 간접적 방법이 있음

행정조사의 예

현장조사나 문서열람, 시료채취, 대상자에 대한 보고 및 자료제출요구, 출석 · 진술요구 등

관련 판례 **대인적 강제**

경찰관직무집행법 제4조 제1항 제1호(이하 '이 사건 조항'이라 한다)에서 규정하는 술에 취한 상태로 인하여 자기 또는 타인의 생명 · 신체와 재산에 위해를 미칠 우려가 있는 피구호자에 대한 보호조치는 경찰 행정상 즉시강제에 해당하므로, 그 조치가 불가피한 최소한도 내에서만 행사되도록 발동 · 행사 요건을 신중하고 엄격하게 해석하여야 한다(대판 2012. 12. 13, 2012도11162).

(3) 행정상 즉시강제의 한계

① 실체법상의 한계

ㄱ 소극 · 필요성 원칙 : 위험제거를 통한 질서유지를 위해서만 발동되어야 함

ㄴ 급박성 · 적합성 원칙 : 행정상 장애가 현존하거나 발생이 목전에 급박하여야 함

ㄷ 보충성 원칙 : 목전에 급박한 행정상의 장해 해결이 침익적 수단 이외의 다른 수단으로는 달성이 불가능한 경우에만 발동되어야 함

ㄹ 비례성(상당성) 원칙 : 목적달성에 최소침해를 가져오는 수단을 선택하여야 함

② 절차법상의 한계(영장주의와의 관계) : 대법원과 헌법재판소는 절충설의 입장을 취해 행정목적의 달성을 위해 불가피하다고 인정할 만한 특별한 사유가 있는 경우에는 사전영장주의를 적용받지 않는다고 봄

(4) 행정상 즉시강제에 대한 구제

① 적법한 즉시강제에 대한 구제 : 개별법에서 손실보상의 규정을 두고 있는 경우 그 법률이 정하는 바에 의하여 손실보상청구를 할 수 있음. 다만, 명문규정이 없을 경우 즉시강제로 인해 특정인에 귀책사유 없이 특별한 희생이 발생되었다면 그 손실보상을 청구할 수 있음

② 위법한 즉시강제에 대한 구제

행정쟁송	행정상 즉시강제는 권력적 사실행위로, 항고쟁송의 대상으로서의 처분성이 인정됨(통설)
행정상 손해배상	위법한 즉시강제로 신체 또는 재산상의 손해를 입은 자는 국가나 공공단체에 대하여 손해배상을 청구할 수 있음
인신보호 제도	행정처분 또는 사인에 의한 시설에의 수용으로 인하여 부당하게 인신의 자유를 제한당하고 있는 개인은 인신보호법에 따라 관할법원에 구제를 신청할 수 있음
정당방위	행정상 즉시강제가 형법상 정당방위의 요건을 충족한다면 그 저항행위는 공무집행방해죄를 구성하지 않음. 다만, 행정행위의 공정력으로 인해 즉시강제가 당연무효인 경우에 한하여 정당방위가 적용됨

4. 행정조사

(1) 의의 및 근거

① 개념 : 적정하고도 효과적인 행정작용을 위하여 행정기관이 각종 정보나 자료를 수집하기 위하여 행하는 권력적 조사활동

② 행정상 즉시강제와 구분

구분	행정상 즉시강제	행정조사
목적	행정상 필요한 결과를 실현 (직접적 · 종국적 실현작용)	행정작용을 위한 준비작용으로서의 조사 · 자료수집 (준비적 · 보조적 수단)
방법	행정청의 직접적인 실력행사	행정벌이나 불이익처분에 의해 행정조사를 수인시킴
성질	권력적 집행작용	권력적 또는 비권력적 조사작용
일반법	경찰관직무집행법	행정조사기본법

③ 법적 근거

ㄱ 권력적 행정조사 : 일반적으로 실력행사가 인정되는 권력적 행정조사(강제조사)는 사인의 신체 또는 재산적 침해를 가져오는바, 법치주의 원칙에 따라 그 법적 근거를 요함

ㄴ 비권력적 행정조사 : 법적 근거를 요하지 않으며 행정조사기본법에서는 권력적 행정조사만을 그 대상으로 하고 있음

(2) 행정조사의 종류

① 조사대상에 의한 분류

대인적 조사	대물적 조사	대가택적 조사
불심검문, 질문, 신체수색, 음주측정, 강제건강진단 등	장부 · 서류의 열람, 시설검사, 물건의 검사 · 수거, 토지의 출입 · 조사 등	개인의 주거 · 창고 · 영업소 등에 대한 출입 · 검사 등

② 조사방법 · 성질에 의한 분류 : 권력적 · 강제적 조사, 비권력적 · 임의적 조사

③ 조사목적에 따른 분류 : 개별적 조사, 일반적 조사

(3) 행정조사의 한계

실체법상 한계	절차법상 한계
• 법규상의 한계 : 행정조사는 당해 행정목적 범위 내에서만 가능하며, 수권법상 조사목적에 따라 행해져야 하고, 위법한 목적을 위한 조사는 불가능함. 권력적 조사는 근거법규 내에서만 가능함 • 조리상 한계 : 행정조사는 비례원칙과 보충성 원칙, 중복조사금지 · 비밀누설금지 · 목적 외 사용금지 원칙 등 조리상의 한계 내에서 이루어져야 함	• 행정조사의 일반적 절차 : 일반적 절차규정이 준수되어야 함 • 영장주의 : 판례는 '긴급을 요하는 경우에 한하여 수색압수를 하고 사후에 영장교부를 받아야 할 것이다'라고 하여 긴급한 경우에 한해 영장이 필요하다는 절충설(다수설)의 태도를 취함 • 실력행사의 가능성 : 명문규정이 없는 한 행정조사를 위해 행정청은 실력을 행사할 수 없음(다수설)

(4) 행정조사에 대한 구제

① **적법행위** : 적법한 행정조사로 인하여 자신의 귀책사유 없이 재산상 손실을 받은 자는 그 특별한 희생에 대하여 손실보상을 청구할 수 있음

② **위법행위**

    ㉠ **행정쟁송** : 행정행위 형식을 취하는 행정조사는 물론, 권력적 사실행위로서의 행정조사도 항고쟁송의 대상으로서의 처분성이 인정됨

    ㉡ **손해배상** : 위법한 행정조사로 인해 재산상의 손해를 받은 자는 국가배상법의 규정에 따라 당연히 그 손해배상을 청구할 수 있음

③ **위법조사와 행정행위의 효력**

학설	행정조사는 예비작용이므로 위법성이 승계되지 않는 것이 원칙이나, 행정조사가 행정의사결정의 필수절차로 규정된 경우에는 그 하자가 승계되므로 이 경우 행정조사의 위법성을 이유로 후속처분의 취소를 구할 수 있다는 견해
판례	승계긍정설(적극설)의 입장을 취하여 위법한 행정조사에 기초한 행정처분도 위법하다고 봄

관련 판례 위법조사와 행정행위의 효력

과세관청 내지 그 상급관청이나 수사기관의 일방적이고 억압적인 강요로 … 합리적이고 타당한 근거도 없이 작성된 … 과세자료에 터잡은 과세처분의 하자는 중대한 하자임은 물론 … 객관적으로 명백한 하자라고 할 것이다(대판 1992. 3. 31, 91다32053 전합).

(5) 행정조사기본법의 주요 내용

① **총칙**

    ㉠ 행정조사의 의의(제2조)

법 령 행정조사기본법

제2조(정의) 이 법에서 사용하는 용어의 정의는 다음과 같다.

1. "행정조사"란 행정기관이 정책을 결정하거나 직무를 수행하는 데 필요한 정보나 자료를 수집하기 위하여 현장조사·문서열람·시료채취 등을 하거나 조사대상자에게 보고요구·자료제출요구 및 출석·진술요구를 행하는 활동을 말한다.

2. "행정기관"이란 법령 및 조례·규칙(이하 "법령등"이라 한다)에 따라 행정권한이 있는 기관과 그 권한을 위임 또는 위탁받은 법인·단체 또는 그 기관이나 개인을 말한다.

    ㉡ **적용제외 사항(제3조)** : 다음의 사항에 대하여는 이 법을 적용하지 않음

      • 근로기준법 제101조에 따른 근로감독관의 직무에 관한 사항

      • 조세·형사·행형 및 보안처분에 관한 사항

      • 금융감독기관의 감독·검사·조사 및 감리에 관한 사항 등

      • 다만, 이러한 경우에도 제4조(행정조사의 기본원칙), 제5조(행정조사의 근거) 및 제28조(정보통신수단을 통한 행정조사)의 규정은 적용됨

ⓒ 행정조사의 기본원칙(제4조)

법령 행정조사기본법

제4조(행정조사의 기본원칙) ① 행정조사는 조사목적을 달성하는데 필요한 최소한의 범위 안에서 실시하여야 하며, 다른 목적 등을 위하여 조사권을 남용하여서는 아니 된다.
② 행정기관은 조사목적에 적합하도록 조사대상자를 선정하여 행정조사를 실시하여야 한다.
③ 행정기관은 유사하거나 동일한 사안에 대하여는 공동조사 등을 실시함으로써 행정조사가 중복되지 아니하도록 하여야 한다.
④ 행정조사는 법령등의 위반에 대한 처벌보다는 법령등을 준수하도록 유도하는 데 중점을 두어야 한다.
⑤ 다른 법률에 따르지 아니하고는 행정조사의 대상자 또는 행정조사의 내용을 공표하거나 직무상 알게 된 비밀을 누설하여서는 아니된다.
⑥ 행정기관은 행정조사를 통하여 알게 된 정보를 다른 법률에 따라 내부에서 이용하거나 다른 기관에 제공하는 경우를 제외하고는 원래의 조사목적 이외의 용도로 이용하거나 타인에게 제공하여서는 아니 된다.

② 조사의 주기 및 조사대상 선정
  ㉠ 행정조사의 주기(제7조) : 정기조사의 원칙
  ㉡ 조사대상의 선정(제8조)

법령 행정조사기본법

제8조(조사대상의 선정) ① 행정기관의 장은 행정조사의 목적, 법령준수의 실적, 자율적인 준수를 위한 노력, 규모와 업종 등을 고려하여 명백하고 객관적인 기준에 따라 행정조사의 대상을 선정하여야 한다.
② 조사대상자는 조사대상 선정기준에 대한 열람을 행정기관의 장에게 신청할 수 있다.

③ 행정조사의 방법
  ㉠ **출석·진술 요구(제9조)** : 원칙적으로 조사원은 조사대상자의 1회 출석으로 당해 조사를 종결하여야 함
  ㉡ **보고요구와 자료제출 요구(제10조)**
  ㉢ **현장조사(제11조)** : 원칙적으로 해가 뜨기 전이나 해가 진 뒤에는 할 수 없음
  ㉣ **시료채취(제12조)** : 행정기관의 장은 시료채취로 조사대상자에게 손실을 입힌 경우 대통령령으로 정하는 절차와 방법에 따라 그 손실을 보상하여야 함
  ㉤ **자료 등의 영치(제13조)** : 조사원이 자료등을 영치하는 경우에 조사대상자의 생활이나 영업이 사실상 불가능하게 될 우려가 있는 때에는 조사원은 자료등을 사진으로 촬영하거나 사본을 작성하는 등의 방법으로 영치에 갈음할 수 있음. 다만, 증거인멸의 우려가 있는 자료등을 영치하는 경우에는 그러하지 아니함
  ㉥ **공동조사(제14조)** : 당해 행정기관 내의 2 이상의 부서가 동일하거나 유사한 업무분야에 대하여 동일한 조사대상자에게 행정조사를 실시하는 경우와 서로 다른 행정기관이 대통령령으로 정하는 분야에 대하여 동일한 조사대상자에게 행정조사를 실시하는 경우에는 공동조사를 하여야 함

조사원 교체신청(행정조사기본법 제22조)

조사대상자는 조사원에게 공정한 행정조사를 기대하기 어려운 사정이 있다고 판단되는 경우에는 행정기관의 장에게 당해 조사원의 교체를 서면으로 신청할 수 있음

징계벌과 행정벌의 내용
- 징계벌 : 신분적 이익의 박탈
- 행정벌 : 생명 · 자유 · 재산적 이익 · 명예의 박탈

ⓐ 중복조사의 제한(제15조) : 정기조사(원칙) 또는 수시조사(예외)를 실시한 행정기관의 장은 동일한 사안에 대하여 동일한 조사대상자를 재조사해서는 안 됨. 다만, 당해 행정기관이 이미 조사를 받은 조사대상자에 대하여 위법행위가 의심되는 새로운 증거를 확보한 경우에는 재조사가 가능함

④ 조사실시

㉠ 조사의 사전통지(제17조) : 행정조사를 실시하고자 하는 행정기관의 장은 출석요구서, 보고요구서 · 자료제출요구서 및 현장출입조사서를 조사개시 7일 전까지 조사대상자에게 서면으로 통지하여야 함. 다만, 증거인멸 등의 우려가 있어 행정조사의 목적을 달성할 수 없다고 판단되는 경우, 통계법에 따른 지정통계 작성을 위한 조사 등의 경우, 조사대상자의 자발적인 협조를 얻어 실시하는 행정조사의 경우에는 행정조사의 개시와 동시에 출석요구서 등을 제시하거나 행정조사의 목적 등을 구두로 통지할 수 있음

㉡ 자발적인 협조에 따른 행정조사(제20조) : 조사대상자는 문서 · 전화 · 구두 등의 방법으로 당해 행정조사를 거부할 수 있음. 행정조사에 대하여 조사대상자가 조사에 응할 것인지에 대한 응답을 하지 아니하는 경우에는 법령 등에 특별한 규정이 없는 한 그 조사를 거부한 것으로 봄

㉢ 조사결과의 통지(제24조) : 행정기관의 장은 법령 등에 특별한 규정이 있는 경우를 제외하고는 행정조사의 결과를 확정한 날부터 7일 이내에 그 결과를 대상자에게 통지함

⑤ 자율신고제도(제25조) : 행정기관의 장은 법령 등에서 규정하고 있는 조사사항을 조사대상자로 하여금 스스로 신고하도록 하는 제도를 운영할 수 있으며, 이에 따라 신고한 경우 그 신고내용을 행정조사에 갈음할 수 있음

02절 행정벌

1. 행정형벌

(1) 의의

① 개념 : 행정법상의 의무위반, 즉 행정법규에 의한 명령 또는 금지에 위반하여 행정목적을 침해하는 행위에 대하여 일반통치권에 의해 과하는 처벌. 형법상의 형벌을 가하는 행정벌로서 원칙적으로 형법총칙이 적용되며, 형사소송법의 절차에 따라 과형함

② 구별 개념

㉠ 징계벌과의 구별 : 양자는 목적 · 대상 등을 달리하므로 병과될 수 있음

구분	징계벌	행정벌
목적	특별권력관계 내부 질서유지	일반행정질서 유지

행정벌
게재교서의 벌을 의미하며, 행정형벌과 행정질서벌로 분류됨

대상	특별권력관계 질서문란자	행정법상 의무위반자
권력 기초	특별권력	일반통치권

ⓛ 집행벌(이행강제금)과 구별 : 양자는 목적·성질 등이 달라 병과하여 부과할 수 있음

구분	집행벌	행정벌
목적	행정법상 의무불이행에 대하여 장래 의무이행을 위한 행정강제적 성격	과거의 의무위반에 대한 제재적 성격
성립 요건	의무불이행의 객관적 요건	의무위반의 요건과 고의·과실의 주관적 요건
부과 권자	처분청	법원

집행벌과 행정벌의 부과
- **집행벌** : 이행강제금. 의무이행 시까지 반복 부과가능(단. 의무이행 후 부과는 불가)
- **행정벌** : 형벌. 반복 부과 불가(근거가 있는 한 의무이행 후에도 부과 가능)

ⓒ 형사벌과의 구별 : 양자는 병과하여 부과할 수 없음(통설·판례)

절대적 구별설	행정범은 행정법규가 정한 명령·금지에 위반하여 범죄가 되는 것인데 비해, 형사범은 법규범을 기다리지 않고도 그 자체가 반사회성·반윤리성을 가지는 범죄라는 점에서 구별된다는 견해. 피침해규범의 성질을 기준으로 양자를 구분함(종래의 통설)
상대적 구별설	양자의 구별은 본질적인 것이 아닌 상대적·유동적인 것이라고 보는 견해(오늘날 통설)

ⓛ 행정형벌과 행정질서벌의 구별

구분	행정형벌	행정질서벌
대상	직접적인 행정목적 침해행위	간접적으로 행정질서에 장해를 줄 위험성 있는 행위
성질	형벌	형벌이 아님
일반법 규정	없음	질서위반행위규제법
형법총칙의 적용	원칙적 적용	적용되지 않음
죄형 법정주의	적용	• 적용됨(질서위반행위규제법) • 적용되지 않음(헌법재판소)
과벌절차	형사소송법	질서위반행위규제법
벌의 종류	사형·징역·금고·자격상실·자격정지·벌금·구류·몰수·과료(형법총칙상의 형)	과태료 (형법총칙의 형이 아님)
부과권자	법원(예외적으로 특별규정이 있는 경우 행정청이 부과)	행정청
고의·과실	필요(고의·과실에 대해 처벌)	필요(질서위반행위규제법)

관련 판례

행정법규 위반에 대한 처벌내용(행정형벌과 행정질서벌)의 결정은 입법재량사항으로, 어떤 행정법규 위반행위에 대하여 … 행정질서벌인 과태료를 과할 것인가 아니면 … 행정형벌을 과할 것인가, … 그 처벌내용은 기본적으로 입법권자가 제반사정을 고려하여 결정할 입법재량에 속하는 문제라고 할 수 있다(헌재 1994. 4. 28. 91헌바14).

SEMI-NOTE

관련 판례

행정법상의 질서벌인 과태료의 부과처분과 형사처벌은 그 성질이나 목적을 달리하는 별개의 것이므로 행정법상의 질서벌인 과태료를 납부한 후에 형사처벌을 한다고 하여 이를 일사부재리의 원칙에 반하는 것이라고 할 수는 없다(대판 1996. 4. 12, 96도158).

행정형벌의 개별법

도로교통법, 경찰관직무집행법, 집회및시위에관한법률 등

관련 판례

• 행정상의 단속을 주안으로 하는 법규라 하더라도 '명문규정이 있거나 해석상 과실범도 벌할 뜻이 명확한 경우'를 제외하고는 형법의 원칙에 따라 '고의'가 있어야 벌할 수 있다(대판 2010. 2. 11, 2009도9807).
• 구 대기환경보전법의 입법목적이나 제반 관계규정의 취지 등을 고려하면, 법정의 배출허용기준을 초과하는 배출가스를 배출하면서 자동차를 운행하는 행위를 처벌하는 위 법 제57조 제6호의 규정은 … 과실범의 경우도 함께 처벌하는 규정이다(대판 1993. 9. 10, 92도1136).

관련 판례

양벌규정에 의한 영업주의 처벌은 금지위반행위자인 종업원의 처벌에 종속하는 것이 아니라 독립하여 그 자신의 종업원에 대한 선임감독상의 과실로 인하여 처벌되는 것이므로 종업원의 범죄성립이나 처벌이 영업주 처벌의 전제조건이 될 필요는 없다(대판 2006. 2. 24, 2005도7673).

• 병과 가능성 : 다수설과 헌법재판소는 병과를 부정하나, 대법원은 긍정함

> **관련 판례** 행정형벌과 행정질서벌을 병과할 수 없음
>
> 행정질서벌로서의 과태료는 행정상 의무의 위반에 대하여 국가가 일반통치권에 기하여 과하는 제재로서, 형벌(특히 행정형벌)과 목적·기능이 중복되는 면이 없지 않으므로 동일한 행위를 대상으로 하여 형벌을 부과하면서 아울러 행정질서벌로서의 과태료까지 부과한다면 그것은 이중처벌금지의 기본정신에 위반되어 국가입법권의 남용으로 인정될 여지가 있음을 부정할 수 없다(헌재 1994. 6. 30, 92헌바38).

(2) 행정형벌의 특수성

① 실체법상 특수성
  ㉠ **행정형벌과 형법총칙의 적용** : 행정형벌에 대한 규정에 형법총칙 규정이 적용됨. 다만, 다른 법령의 명문규정 또는 그 해석상 형법총칙의 적용이 배제 또는 변형되는 경우도 있음
  ㉡ **고의·과실** : 형사범의 경우 '원칙적으로 고의가 있음을 요건으로 하고, 과실은 법률에 특별한 규정이 있거나 또는 당해 법률 해석상 과실행위자에 대한 처벌의지가 명백한 경우에 한하여 처벌할 수 있다'는 형법규정을 행정범에도 그대로 적용됨. 따라서 과실행위에 대해 처벌한다는 명문규정이 없는 경우에도 관련 행정형벌 법규의 해석상 과실행위를 처벌한다는 명백한 취지를 알 수 있는 경우에는 과실행위에 처벌할 수 있다고 봄
  ㉢ **책임능력** : 형사범의 경우 14세 미만자의 행위를 벌하지 못하며, 심신장애자 및 농아자에 대해 벌하지 않거나 형을 감경함. 다만, 담배사업법(제31조)이나 관세법(제278조) 등에서는 이들 규정의 적용을 배제 또는 제한하고 있음
  ㉣ **법인의 책임** : 행정범에서는 법인의 범죄능력이 없는 것으로 봄. 따라서 법인의 처벌은 명문규정을 두는 경우에만 가능한데, 행정범에서는 행위자 외의 법인에게도 재산형을 과하는 경우가 있음. 통설과 판례는 명문규정이 없는 경우 죄형법치주의 원칙상 법인을 처벌할 수 없다고 봄
  ㉤ **타인의 비행(非行)에 대한 책임** : 행정범의 경우 행정법규에서 자기의 감독하에 있는 종업원 등 타인의 비행에 대해 감독자와 행위자를 같이 처벌하는 양벌규정을 두는 경우가 있음. 이는 감독자의 자기책임 또는 과실책임으로 봄
② 절차법상 특수성
  ㉠ 통고처분

의의	행정청이 정식재판에 갈음하여 일정한 벌금이나 과료에 상당하는 금액 또는 물품납부를 명하는 준사법적 행정행위로, 조세범·관세범·출입국사범·교통사범·경범죄사범 등에 대해 인정되고 있음
기능	위반행위에 대한 제재를 신속·간편하게 종결. 행정공무원의 전문성 활용. 검찰 및 법원의 과중한 업무부담 경감. 형벌의 비범죄화 정신에 접근(전과자 발생 방지)

인정 여부	통고처분만으로 처벌규정을 운용한다면 헌법상 적법절차의 보장, 재판받을 권리 등의 규정을 위반하여 위헌 소지가 있다는 견해가 있으나, 헌법재판소는 통고처분제도의 근거조항인 구 도로교통법 규정을 합헌으로 판시함
성질	과벌절차의 하나로서 행정소송의 대상이 되는 행정처분에 해당되지 않음(통설·판례)
대상	국세청장·세무서장(조세범), 세관장·관세청장(관세범), 경찰서장(교통사범, 경범죄사범), 출입국관리사무소장(출입국사범) 등이 있음
효과	• 이행의 효과 : 일사부재리 원칙이 적용되어 다시 소추되지 않고 처벌절차가 종료됨 • 불이행의 효과 : 통고처분은 당연히 효력을 상실하고, 관련 행정기관은 검찰에 고발하여 통상의 형사소송절차로 이행됨. 결국 통고처분을 불이행 시 사법적 판단을 받을 수 있으므로, 다수설과 판례는 통고처분의 처분성을 부정함

ⓛ 즉결심판

의의	20만 원 이하의 벌금 또는 구류나 과료에 처할 범죄사건을 심판하는 절차를 말하는데, 이에 해당하는 행정형벌은 즉결심판에 관한 절차법이 정하는 바에 따라 즉결심판에 의해 과하여짐
절차	즉결심판의 청구와 집행은 관할 경찰서장 등이 행하고, 지방법원, 지원 또는 시·군법원의 판사는 즉결심판절차에 의하여 피고인에게 20만 원 이하의 벌금, 구류 또는 과료에 처할 수 있음(즉결심판에관한절차법 제2조·제3조). 불복 시에는 소관지방법원에 선고·고지일로부터 7일 이내에 정식재판을 청구할 수 있음(동법 제14조 제1항)

2. 행정질서벌 ★ 빈출개념

(1) 개설

① 의의

ⓐ 행정질서벌의 개념 : 행정법상의 의무위반에 대한 제재로서 형법에 형명이 없는 벌인 과태료를 과하는 금전적 제재수단. 형벌을 과하는 것이 아니므로 형법총칙은 적용되지 않으며, 과벌절차는 질서위반행위규제법 규정에 의함

ⓑ 질서위반행위 : 질서위반행위규제법은 질서위반행위를 법률(조례 포함)상의 의무를 위반하여 과태료를 부과하는 행위로 정의하면서 다음의 행위를 제외하고 있음(제2조)

• 대통령령으로 정하는 사법상·소송법상 의무를 위반하여 과태료를 부과하는 행위
• 대통령령으로 정하는 법률에 따른 징계사유에 해당하여 과태료를 부과하는 행위

ⓒ 질서위반행위와 행정질서벌 : 질서위반행위규제법상의 질서위반행위가 모두 행정질서벌에 해당되는 것은 아니며, 행정법 영역에서 이루어지는 질서위반행위만이 행정질서벌에 해당됨

관련 판례

행형법에 의한 징벌을 받아 그 집행을 종료하였다고 하더라도 행형법상의 징벌은 수형자의 교도소 내의 준수사항위반에 대하여 과하는 행정상의 질서벌의 일종으로서 형법법령에 위반한 행위에 대한 형사책임과는 그 목적, 성격을 달리하는 것이므로 징벌을 받은 뒤에 형사처벌을 한다고 하여 일사부재리의 원칙에 반하는 것은 아니다(대판 2000. 10. 27, 2000도3874).

ⓔ **행정질서벌의 과벌 유형** : 국가의 행정법규 위반에 대한 제재로서 과하는 경우와 자치단체의 자치법규 위반에 대한 제재로서 과하는 경우가 있음

② **병과 가능성**

㉠ **형사벌과 행정질서벌** : 다수설과 헌법재판소는 병과를 부정하나 대법원은 긍정함

관련 판례 형사벌과 행정질서벌에 대한 헌법재판소의 입장

> 행정질서벌로서의 과태료는 행정상 의무의 위반에 대하여 국가가 일반통치권에 기하여 과하는 제재로서, 형벌과 목적·기능이 중복되는 면이 없지 않으므로 동일한 행위를 대상으로 하여 형벌을 부과하면서 아울러 행정질서벌로서의 과태료까지 부과한다면 그것은 이중처벌금지의 기본정신에 위반되어 국가입법권의 남용으로 인정될 여지가 있음을 부정할 수 없다(헌재 1994. 6. 30, 92헌바38).

㉡ **징계벌과 행정질서벌** : 양자는 권력의 기초·목적이 다르기 때문에 병과할 수 있음

㉢ **행정형벌과 행정질서벌** : 다수설과 헌법재판소는 병과를 부정하나, 대법원은 긍정함

③ **법적 근거**

㉠ **일반법 근거** : 질서위반행위규제법은 행정질서벌의 부과징수와 재판 및 집행 등의 절차에 관한 일반법의 역할을 함. 또한 각 개별법령에서 행정질서벌에 대한 구체적·개별적 규정을 정하고 있음

㉡ **행정질서벌의 부과 근거** : 행정질서벌 부과에는 국가의 법령에 근거한 것과 자치단체의 조례에 근거한 것이 있음. 개별법률의 위임범위 내에서 조례로 부과할 수 있는데, 과태료의 부과·징수, 재판 및 집행 등의 절차에 관한 사항은 질서위반행위규제법에 따름

④ **행정질서벌과 행정구제** : 행정청의 과태료 부과는 행정행위의 성질을 가지나, 이에 대해서는 행정쟁송에 의하지 않고 질서위반행위규제법의 절차에 따라 이의제기를 할 수 있음(판례). 이의제기가 있는 경우에 행정청의 과태료 부과처분은 그 효력을 상실함

(2) 질서위반행위규제법의 주요 내용

① **법 적용의 범위**

관련 판례

질서위반행위에 대하여 과태료를 부과하는 근거 법령이 개정되어 행위 시의 법률에 의하면 과태료 부과대상이었지만 재판 시의 법률에 의하면 부과대상이 아니게 된 때에는 … 특별한 사정이 없는 한 재판 시의 법률을 적용하여야 하므로 과태료를 부과할 수 없다(대판 2017. 4. 7, 2016마1626).

시간적 범위 (제3조)	• 질서위반행위의 성립과 과태료 처분은 행위 시의 법률에 따름 • 질서위반행위 후 법률이 변경되어 그 행위가 질서위반행위에 해당하지 아니하게 되거나 과태료가 변경되기 전의 법률보다 가볍게 된 때에는 법률에 특별한 규정이 없는 한 변경된 법률을 적용함 • 행정청의 과태료 처분이나 법원의 과태료 재판이 확정된 후 법률이 변경되어 그 행위가 질서위반행위에 해당하지 아니하게 된 때에는 변경된 법률에 특별한 규정이 없는 한 과태료의 징수 또는 집행을 면제함

장소적 범위 (제4조)	• 대한민국 영역 안에서 질서위반행위를 한 자에게 적용 • 대한민국 영역 밖에서 질서위반행위를 한 대한민국의 국민에게 적용 • 대한민국 영역 밖에 있는 대한민국의 선박 또는 항공기 안에서 질서 위반행위를 한 외국인에게 적용

② 질서위반행위의 성립

질서위반행위 법정주의 (제6조)	법률에 따르지 아니하고는 어떤 행위도 질서위반행위로 과태료를 부 과하지 아니함(죄형법정주의의 적용)
고의 또는 과실 (제7조)	고의 또는 과실이 없는 질서위반행위는 과태료를 부과하지 아니함(과 태료 부과는 질서위반행위자의 고의 또는 과실을 요함)
위법성의 착오 (제8조)	자신의 행위가 위법하지 아니한 것으로 오인하고 행한 질서위반행위는 그 오인에 정당한 이유가 있는 때에 한하여 과태료를 부과하지 아니함
책임연령 (제9조)	14세가 되지 아니한 자의 질서위반행위는 다른 법률에 특별한 규정이 있는 경우를 제외하고는 과태료를 부과하지 않는 것이 원칙임
법인의 처리 (제11조)	법인의 대표자, 법인 또는 개인의 대리인·사용인 및 그 밖의 종업원 이 업무에 관하여 법인 또는 그 개인에게 부과된 법률상의 의무를 위 반한 때에는 법인 또는 그 개인에게 과태료를 부과함
다수인의 질서 위반행위 가담 (제12조)	• 2인 이상이 질서위반행위에 가담한 때에는 각자가 질서위반행위를 한 것으로 봄 • 신분에 의하여 성립하는 질서위반행위에 신분이 없는 자가 가담한 때에는 신분이 없는 자에 대하여도 질서위반행위가 성립하며, 신분 에 의하여 과태료를 감경·가중하거나 과태료를 부과하지 아니하는 때에는 그 신분의 효과는 신분이 없는 자에게는 미치지 않음
수개의 질서위반 행위의 처리 (제13조)	하나의 행위가 2 이상의 질서위반행위에 해당하는 경우에는 각 질서위 반행위에 대하여 정한 과태료 중 가장 중한 과태료를 부과함
과태료의 시효 (제15조)	과태료는 행정청의 과태료 부과처분이나 법원의 과태료 재판이 확정 된 후 5년간 징수하지 않거나 집행하지 않으면 시효로 인하여 소멸함

③ 행정청의 과태료 부과 및 징수

    ㉠ 사전통지 및 의견제출(제16조) : 행정청이 질서위반행위에 대하여 과태료를 부
       과하고자 하는 때에는 미리 당사자에게 대통령령으로 정하는 사항을 통지하
       고, 10일 이상의 기간을 정하여 의견을 제출할 기회를 주어야 함

    ㉡ 과태료의 부과(제17조) : 행정청은 의견제출 절차를 마친 후에 서면(당사자가
       동의하는 경우에는 전자문서를 포함함)으로 과태료를 부과하여야 함

    ㉢ 이의제기(제20조) : 행정청의 과태료 부과에 불복하는 당사자는 과태료 부과통
       지를 받은 날부터 60일 이내에 해당 행정청에 서면으로 이의제기를 할 수 있
       음. 이의제기가 있는 경우에 행정청의 과태료 부과처분은 그 효력을 상실함

다른 법률과의 관계(질서위반행위규제법 제5조)

과태료의 부과·징수, 재판 및 집행 등의 절차에 관한 다른 법률의 규정 중 이 법의 규정에 저촉되는 것은 이 법으로 정하는 바에 따른다.

심신장애(질서위반행위규제법 제10조 제1항)

심신(心神)장애로 행위의 옳고 그름을 판단할 능력이 없거나 그 판단에 따른 행위를 할 능력이 없는 자의 질서위반행위는 과태료를 부과하지 않고, 심신장애로 인하여 능력이 미약한 자의 질서위반행위는 과태료를 감경함. 다만 스스로 심신장애 상태를 일으켜 질서위반행위를 한 자에 대하여는 이를 적용하지 아니함

과태료 부과의 제척기간(질서위반행위규제법 제19조 제1항)

행정청은 질서위반행위가 종료된 날(다수인이 질서위반행위에 가담한 경우에는 최종행위가 종료된 날을 말한다)부터 5년이 경과한 경우에는 해당 질서위반행위에 대하여 과태료를 부과할 수 없다.

④ 질서위반행위의 재판 및 집행

    ㉠ 관할법원(제25조) : 과태료 사건은 다른 법령에 특별한 규정이 있는 경우를 제외하고는 당사자의 주소지의 지방법원 또는 그 지원의 관할로 함

    ㉡ 재판(제36조) : 과태료 재판은 이유를 붙인 결정으로써 함

    ㉢ 항고(제38조) : 당사자와 검사는 과태료 재판에 대하여 즉시항고를 할 수 있으며, 이 경우 항고는 집행정지의 효력을 지님

    ㉣ 과태료 재판의 집행(제42조) : 과태료 재판은 검사의 명령으로써 집행하며, 이 경우 그 명령은 집행력 있는 집행권원과 동일한 효력이 있음

    ㉤ 과태료 재판 집행의 위탁(제43조)

03절 새로운 의무이행확보수단

한눈에 쏙~

새로운 의무이행확보수단 → 비금전적 수단 / 금전적 수단

1. 비금전적 수단

(1) 공급거부

의의	행정법상의 의무를 위반한 자에 대하여 일정한 행정상의 역무(役務) 또는 재화의 공급을 거부하는 행위
법적 근거	침익적 행정작용이고, 국민의 일상생활에 중대한 영향을 미치므로 그 법적 근거를 요함
권리 구제	• 처분성이 인정된 판례 : 행정청의 단수처분(대판 1979. 12. 28, 79누218) • 처분성이 부정된 판례 : 전기 단전 및 전화 단절의 요청, 구청장의 공급불가회신

관련 판례 권리구제의 처분성 부정

• 행정청이 위법 건축물에 대한 시정명령을 하고 나서 위반자가 이를 이행하지 아니하여 전기 · 전화의 공급자에게 그 위법 건축물에 대한 전기 · 전화공급을 하지 말아줄 것을 요청한 행위는 권고적 성격의 행위에 불과한 것으로서 전기 · 전화공급자나 특정인의 법률상 지위에 직접적인 변동을 가져오는 것은 아니므로 이를 항고소송의 대상이 되는 행정처분이라고 볼 수 없다(대판 1996. 3. 22, 96누433).
• 한국전력공사가 관할구청장에게 전기공급의 적법 여부를 조회한 데 대하여 관할구청장이 한국전력공사에 대하여 … 위 건물에 대한 전기공급이 불가하다는 내용의 회신을 하였다면, 그 회신은 권고적 성격의 행위에 불과한 것으로서 … 항고소송의 대상이 되는 행정처분이라고 볼 수 없다(대판 1995. 11. 21, 95누9099).

(2) 공표

의의	행정법상의 의무위반 또는 의무불이행에 대하여 그의 성명·위반사실 등을 불특정다수인에게 공개하여 그 위반자의 명예·신용의 침해를 위협함으로써 간접적·심리적으로 의무이행을 확보하기 위한 수단
법적 근거	• 공표로 인하여 상대방의 명예나 프라이버시의 침해가 발생하는 침익적 작용의 성격을 갖고 있으므로 그 법적 근거가 필요함(다수설) • 명단 등의 공표에 관한 일반법은 없으나 몇몇 개별법에서 공표에 관한 규정을 두고 있음
권리 구제	• 행정쟁송 : 공표는 비권력적 사실행위로서 그 자체로 아무런 법적 효과도 발생하지 않아 행정쟁송의 대상이 되는 처분 등에 해당하지 않는다는 것이 지배적 견해 • 정정공고 청구 : 정정공고 청구가 가능하며, 이는 결과제거청구권의 성질을 지님 • 손해배상 : 공표는 비권력적 사실행위이나 국가배상법 제2조에 의한 직무행위에 해당하므로 손해배상청구가 가능함 • 공무원의 형사책임 : 위법한 공표를 한 공무원에게는 응당 그 형사책임을 추궁할 수 있음

(3) 관허사업(官許事業)의 제한

의의	행정법규상 의무위반자에 대하여 그 의무위반과 직접 관련이 없는 각종 인·허가 등 수익적 행정행위를 철회·정지함으로써 간접적으로 그 의무이행을 확보하는 수단. 이러한 행정처분에는 형벌이 병과될 수 있음(양자는 목적·대상 등을 달리하므로 병과 가능)
종류	위법건축물을 사업장으로 하는 관허사업의 제한(건축법 제79조 제1항 내지 제3항), 국세체납자에 대한 관허사업의 제한(국세징수법 제112조) 등

2. 금전적 수단

(1) 과징금

① 의의 : 과징금이란 행정법상 의무위반·불이행자에게 부과·징수하는 금전적 제재

    ⊙ **본래적(전형적) 과징금** : 경제법상 의무위반행위로 얻은 불법적인 이익을 박탈하기 위하여 부과되는 행정제재금을 말하며, 독점규제및공정거래에관한법률에 의하여 처음 도입됨

    ⓒ **변형된 과징금** : 인·허가 사업 등에 대해 정지처분을 할 수 있는 행정법규를 위반하였음에도 불구하고 공익보호 등을 위하여 사업의 취소·정지를 시키지 않고 당해 사업을 계속하게 하되, 대신 그에 따른 금전적 이익을 박탈하기 위해 부과되는 행정제재적 성격의 과징금(예 대기환경보전법상 배출부과금, 여객자동차운수사업법상의 과징금 등)

② 법적 근거

    ⊙ 과징금은 당사자에 대한 금전적인 부담에 해당하므로 법적 근거를 요함. 그 근거로 일반법은 없으나, 독점규제및공정거래에관한법률(제8조) 등의 개별법에서 규정하고 있음

SEMI-NOTE

공표의 성질

공표 그 자체로는 어떠한 법적 효과가 발생되지 않는 단순한 사실행위에 불과함. 그러나 공표로 인한 상대방의 명예나 프라이버시의 침해를 들어 권력적 사실행위로 보는 일부 견해도 있음

공표의 한계

• 프라이버시권과 공표청구권의 충돌 시 그 이익을 비교·형량하여야 함
• 행정법의 일반원칙을 준수해야 함

03장

행정법상의 의무이행확보수단

관허사업 제한의 한계

관허사업의 제한은 그 의무위반과 실질적 관련성이 없는 내용의 제재수단이라는 점에서 부당결부금지원칙에 위배될 수 있고, 행정목적을 위해 생업에 대한 제재수단을 위태롭게 한다는 점에서 비례원칙에 위배될 수도 있다는 비판이 따름

관련 판례

구 독점규제및공정거래에관한법률 제24조의2에 의한 부당내부거래에 대한 과징금은 그 취지와 기능, 부과의 주체와 절차 등을 종합할 때 부당내부거래 억지라는 행정목적을 실현하기 위하여 그 위반행위에 대하여 제재를 가하는 행정상의 제재금으로서의 기본적 성격에 부당이득환수적 요소도 부가되어 있는 것이라 할 것이고, 이를 두고 헌법 제13조 제1항에서 금지하는 국가형벌권 행사로서의 '처벌'에 해당한다고는 할 수 없으므로 … (헌재 2003. 7. 24, 2001헌가25)

    ⓛ 과징금납부의무 불이행에 대한 강제징수는 국세징수법에 의함(국세의 체납처분의 예에 따라 강제집행함)

  ③ 과징금 부과의 성질

    ㉠ 과징금 부과행위는 행정행위에 속하므로 권한을 가진 행정청이 부과하는데, 과징금을 부과할 것인지 영업정지처분을 할 것인지는 통상 행정청의 재량에 속하는 것으로 봄. 다만, 판례는 부동산실권리자명의등기에관한법령상 명의신탁자에 대한 과징금 부과처분을 기속행위로 판시한 바 있음(대판 2007. 7. 12, 2005두17287)

    ㉡ 과징금은 처벌작용이 아니므로 형벌이 아니며 형식상 행정벌에 속하지 않음. 따라서 형사처벌과 아울러 과징금을 부과할 수 있도록 한 것은 이중처벌금지원칙에 위배되지 않음(대판 2004. 4. 9, 2001두6197)

    ㉢ 과징금 채무는 대체적 급부가 가능한 의무이므로 부과받은 자가 사망한 경우 상속인에게 포괄승계됨(대판 1999. 5. 14, 99두35)

> **관련 판례 과징금 채무**
>
> 부동산실권리자명의등기에관한법률 제5조에 의하여 부과된 과징금 채무는 대체적 급부가 가능한 의무이므로 위 과징금을 부과받은 자가 사망한 경우 그 상속인에게 포괄승계된다(대판 1999. 5. 14, 99두35).

  ④ 권리구제

    ㉠ 행정청의 과징금부과행위는 행정행위의 일종인 급부하명에 해당하므로 행정쟁송절차에 따라 그 취소 등을 구할 수 있음(대판 1998. 4. 10, 98두2270)

    ㉡ 과징금부과처분이 법정 한도액을 초과하여 위법한 경우 초과부분만을 취소할 수는 없고 전부를 취소하여야 함

(2) 부과금, 가산세

  ① **부과금** : 행정법상 의무위반에 대한 금전적 제재의 성질을 가지는 것(예 배출부과금). 과징금과 마찬가지로 행정법상의 의무위반에 대한 금전적 제재의 특징을 가지고, 징수 절차가 국세 또는 지방세체납처분에 의함

  ② **가산세**

    ㉠ **의의** : 세법상의 의무위반에 대한 경제적 불이익으로서 본래의 조세채무와 별개로 과하여지는 조세. 주로 세법상 신고기간 내에 신고하지 않았거나 과소신고하는 경우 일정비율로 부과됨

    ㉡ **부과 요건(고의 · 과실의 요부)**

      • 원칙 : 납세자의 고의 · 과실은 요하지 않는다고 함

      • 예외 : 정당한 사유가 있는 경우는 부과되지 않음

관련 판례 가산세의 예외

세법상 가산세는 과세권의 행사 및 조세채권의 실현을 용이하게 하기 위하여 납세자가 정당한 이유 없이 법에 규정된 신고·납세의무 등을 위반한 경우에 법이 정하는 바에 의하여 부과하는 행정상의 제재로서 납세자의 고의·과실은 고려되지 아니하는 것이고, 법령의 부지 또는 오인은 그 정당한 사유에 해당한다고 볼 수 없으며, 또한 납세의무자가 세무공무원의 잘못된 설명을 믿고 그 신고납부의무를 이행하지 아니하였다 하더라도 그것이 관계 법령에 어긋나는 것임이 명백한 때에는 그러한 사유만으로는 정당한 사유가 있는 경우에 해당한다고 할 수 없다(대판 2002. 4. 12, 2000두5944).

(3) 시정명령

- ㉠ **의의** : 행정법령의 위반으로 초래된 위법상태의 제거 또는 시정을 명령하는 행위로 하명에 해당함
- ㉡ **법적근거** : 헌법 제37조 제2항에 따른 법적 근거를 필요로 하며 일반법은 따로 규정되어 있지 않으나 개별법령이 존재함
- ㉢ 고의나 과실이 없더라도 원칙적으로 제재조치를 가할 수 있으며 독점규제및공정거래에관한법률에 의한 시정명령은 과거의 위반행위 중지와 미래의 동일유형행위 반복금지까지 명할 수 있음. 또한 위반행위가 있었더라도 그 결과가 더는 존재하지 않으면 시정명령을 할 수 없다고 봄(대판 2011. 3. 10, 2009두1990)

관련 판례

세법상 가산세는 … 납세자의 고의, 과실은 고려되지 않는 것이고, 다만 납세의무자가 그 의무를 알지 못한 것이 무리가 아니었다거나 그 의무의 이행을 당사자에게 기대하는 것이 무리라고 하는 사정이 있을 때 등 그 의무해태를 탓할 수 없는 정당한 사유가 있는 경우에는 이를 부과할 수 없다(대판 2003. 9. 5, 2001두403).

03장

행정법상의 의무이행확보수단

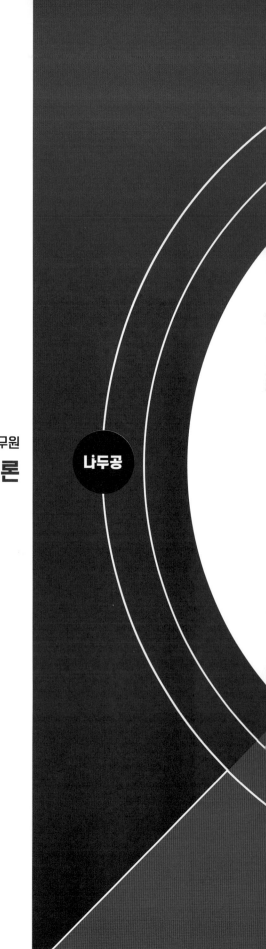

나두공

04장 행정구제법

행정구제법

01절 총설

1. 총설

(1) 행정구제의 의의

행정작용으로 인해 자기의 권리·이익이 침해되었거나 침해될 것으로 주장하는 자가 행정기관이나 법원에 당해 행정행위의 취소·변경을 구하거나 피해구제 및 예방을 청구하거나 원상회복·손해전보를 청구하면, 이에 대해 심리하여 그 권리·이익의 보호에 관한 판정을 하는 것을 통칙적으로 표현한 것. 행정구제는 국민의 기본권 보장 내지는 법치주의의 실질적 의의를 살리기 위해 반드시 필요

(2) 행정구제제도의 유형

구분	목적	내용	
사전적 구제 제도	권익침해의 예방	• 행정절차제도 • 청원(사전적·사후적 구제제도) • 옴부즈만제도(사전적·사후적 구제제도) • 기타 직권시정, 정당방위 등	
사후적 구제 제도	권익침해의 시정 및 전보	손해전보제도 (실체법상 구제)	• 손해배상제도 • 손실보상제도
		행정쟁송제도 (절차법상 구제)	• 행정심판제도(항고심판, 당사자심판) • 행정소송제도(항고소송, 당사자소송, 민중소송, 기관소송)
		기타 제도	형사책임, 공무원 징계, 헌법소원 등

02절 사전적 구제제도

1. 행정절차제도

(1) 의의

① 개념

　㉠ 협의의 행정절차(다수설) : 행정작용을 행함에 있어서 1차적 결정과정으로 행정입법절차, 행정처분절차, 계획확정절차 등이 포함되며, 행정에 관한 결정을 함에 따라 요구되는 외부와의 일련의 교섭과정을 의미함

　㉡ 광의의 행정절차 : 행정작용을 행함에 있어서 행정기관이 거쳐야 하는 모든

절차를 말하는바, 1차적 행정절차뿐만 아니라 행정강제절차, 집행절차, 행정심판절차, 행정처벌절차 등과 같은 사후적절차까지 포함함

② 행정절차의 필요성 : 행정의 민주화, 법치주의의 확대, 행정의 능률화, 법적 안정과 권리구제의 도모(사법기능의 보완), 행정의 공정성 확보

(2) 법적 근거

헌법	• 헌법 제12조 제1항에서 '적법한 절차'를 규정하여 적법절차원리를 헌법원리로 명시함. 따라서 행정작용의 영역에도 절차적 규제가 적용된다고 할 수 있음 • 헌법은 실질적 법치주의를 구현하고 있으므로, 행정작용에는 절차상의 적법성뿐만 아니라 법률 내용의 실체적 적법성도 있어야 함
법률	• 일반법 : 행정절차법 • 개별법 : 민원사무처리에관한법률은 민원사무에 있어 일반법적 역할을 함. 그 이외에 여러 개별법에서 관련 규정을 두고 있음

(3) 행정절차의 기본적 내용

① 처분기준의 설정 · 공표(행정절차법 제20조 제1항)

② 사전통지

③ 주민의 참여절차

④ 이유부기

⑤ 청문과 기록열람

관련 판례 이유부기

면허의 취소처분에는 그 근거가 되는 법령이나 취소권 유보의 부관 등을 명시하여야함은 물론 처분을 받은 자가 어떠한 위반사실에 대하여 당해 처분이 있었는지를 알 수 있을 정도로 사실을 적시할 것을 요하며 … (대판 1990. 9. 11, 90누1786).

2. 행정절차법의 내용

(1) 총칙적 규정

① 용어의 정의(제2조)

법 령 행정절차법

제2조(정의) 이 법에서 사용하는 용어의 뜻은 다음과 같다.

1. "행정청"이란 다음 각 목의 자를 말한다.

가. 행정에 관한 의사를 결정하여 표시하는 국가 또는 지방자치단체의 기관

나. 그 밖에 법령 또는 자치법규(이하 "법령등"이라 한다)에 따라 행정권한을 가지고 있거나 위임 또는 위탁받은 공공단체 또는 그 기관이나 사인(私人)

2. "처분"이란 행정청이 행하는 구체적 사실에 관한 법 집행으로서의 공권력의 행사 또는 그 거부와 그 밖에 이에 준하는 행정작용(行政作用)을 말한다.

4. "당사자등"이란 다음 각 목의 자를 말한다.

가. 행정청의 처분에 대하여 직접 그 상대가 되는 당사자

나. 행정청이 직권으로 또는 신청에 따라 행정절차에 참여하게 한 이해관계인

04장

행정구제법

행정절차법 제1조(목적)

이 법은 행정절차에 관한 공통적인 사항을 규정하여 국민의 행정 참여를 도모함으로써 행정의 공정성 · 투명성 및 신뢰성을 확보하고 국민의 권익을 보호함을 목적으로 한다.

SEMI-NOTE

관련 판례

공무원 인사관계 법령에 의한 처분에 관한 사항 전부에 대하여 행정절차법의 적용이 배제되는 것이 아니라 성질상 행정절차를 거치기 곤란하거나 불필요하다고 인정되는 처분이나 행정절차에 준하는 절차를 거치도록 하고 있는 처분의 경우에만 행정절차법의 적용이 배제되는 것으로 보아야 할 것이다(대판 2007. 9. 21, 2006두20631).

신뢰보호의 원칙(행정절차법 제4조 제2항)

행정청은 법령 등의 해석 또는 행정청의 관행이 일반적으로 국민들에게 받아들여졌을 때에는 공익 또는 제3자의 정당한 이익을 현저히 해칠 우려가 있는 경우를 제외하고는 새로운 해석·관행에 따라 소급하여 불리하게 처리해서는 안 된다.

② 적용범위(제3조)

　㉠ 적용영역 : 처분, 신고, 행정상 입법예고, 행정예고 및 행정지도의 절차(행정절차)에 관하여 다른 법률에 특별한 규정이 있는 경우를 제외하고는 이 법에서 정하는 바에 따름

　㉡ 적용배제 사항(제3조 제2항)

　　• 국회 또는 지방의회의 의결을 거치거나 동의 또는 승인을 받아 행하는 사항

　　• 법원 또는 군사법원의 재판에 의하거나 그 집행으로 행하는 사항

　　• 헌법재판소의 심판을 거쳐 행하는 사항

　　• 각급 선거관리위원회의 의결을 거쳐 행하는 사항

　　• 감사원이 감사위원회의의 결정을 거쳐 행하는 사항

　　• 형사·행형 및 보안처분 관계 법령에 따라 행하는 사항

　　• 국가안전보장·국방·외교 또는 통일에 관한 사항 중 행정절차를 거칠 경우 국가의 중대한 이익을 현저히 해칠 우려가 있는 사항

　　• 심사청구, 해양안전심판, 조세심판, 특허심판, 행정심판, 그 밖의 불복 절차에 따른 사항 등

③ 행정법의 일반원칙(제4조 및 제5조)

　㉠ 신의성실의 원칙

　㉡ 신뢰보호의 원칙

　㉢ 투명성의 원칙

④ 송달 및 기간·기한의 특례

　㉠ 송달(제14조)

　㉡ 송달효력의 발생시기(제15조)

　㉢ 기간 및 기한의 특례(제16조)

법령 행정절차법

제16조(기간 및 기한의 특례) ① 천재지변이나 그 밖에 당사자등에게 책임이 없는 사유로 기간 및 기한을 지킬 수 없는 경우에는 그 사유가 끝나는 날까지 기간의 진행이 정지된다.
② 외국에 거주하거나 체류하는 자에 대한 기간 및 기한은 행정청이 그 우편이나 통신에 걸리는 일수(日數)를 고려하여 정하여야 한다.

(2) 행정절차의 기본요소

① 절차의 주체

　㉠ 행정청의 관할(제6조)

법령 행정절차법

제6조(관할) ① 행정청이 그 관할에 속하지 아니하는 사안을 접수하였거나 이송받은 경우에는 지체 없이 이를 관할 행정청에 이송하여야 하고 그 사실을 신청인에게 통지하여야 한다. 행정청이 접수하거나 이송받은 후 관할이 변경된 경우에도 또한 같다.

② 행정청의 관할이 분명하지 아니한 경우에는 해당 행정청을 공통으로 감독하는 상급 행정청이 그 관할을 결정하며, 공통으로 감독하는 상급 행정청이 없는 경우에는 각 상급 행정청이 협의하여 그 관할을 결정한다.

ⓛ 당사자 등

- 당사자 등의 자격(제9조) : 자연인, 법인, 법인이 아닌 사단 또는 재단, 다른 법령 등에 따라 권리·의무의 주체가 될 수 있는 자는 행정절차에서 당사자 등이 될 수 있음
- 지위의 승계(행정절차법 제10조)

───── 법 령 　행정절차법 ─────

제10조(지위의 승계) ① 당사자등이 사망하였을 때의 상속인과 다른 법령등에 따라 당사자등의 권리 또는 이익을 승계한 자는 당사자등의 지위를 승계한다.
② 당사자등인 법인등이 합병하였을 때에는 합병 후 존속하는 법인등이나 합병 후 새로 설립된 법인등이 당사자등의 지위를 승계한다.

- 대표자(제11조)

───── 법 령 　행정절차법 ─────

제11조(대표자) ② 행정청은 제1항에 따라 당사자등이 대표자를 선정하지 아니하거나 대표자가 지나치게 많아 행정절차가 지연될 우려가 있는 경우에는 그 이유를 들어 상당한 기간 내에 3인 이내의 대표자를 선정할 것을 요청할 수 있다. 이 경우 당사자등이 그 요청에 따르지 아니하였을 때에는 행정청이 직접 대표자를 선정할 수 있다.
④ 대표자는 각자 그를 대표자로 선정한 당사자등을 위하여 행정절차에 관한 모든 행위를 할 수 있다. 다만, 행정절차를 끝맺는 행위에 대하여는 당사자등의 동의를 받아야 한다.
⑤ 대표자가 있는 경우에는 당사자등은 그 대표자를 통하여서만 행정절차에 관한 행위를 할 수 있다.
⑥ 다수의 대표자가 있는 경우 그중 1인에 대한 행정청의 행위는 모든 당사자등에게 효력이 있다. 다만, 행정청의 통지는 대표자 모두에게 하여야 그 효력이 있다.

② 절차의 경과

절차의 개시	행정절차는 직권 또는 사인의 신청에 의하여 개시됨
절차의 종료	절차가 종료된 경우에는 그 결정을 문서로 하며, 권한기관이 기명·날인함. 또한, 결정에 근거가 된 이유를 제시하고 권리구제 방법 등을 고지하여야 함

행정절차법 제13조 제1항(대표자·대리인의 통지)

당사자등이 대표자 또는 대리인을 선정하거나 선임하였을 때에는 지체 없이 그 사실을 행정청에 통지하여야 한다. 대표자 또는 대리인을 변경하거나 해임하였을 때에도 또한 같다.

04장

행정구제법

처분의 신청(행정절차법 제17조 제3항)

행정청은 신청에 필요한 구비서류, 접수기관, 처리기간, 그 밖에 필요한 사항을 게시(인터넷 등을 통한 게시를 포함한다)하거나 이에 대한 편람을 갖추어 두고 누구나 열람할 수 있도록 하여야 한다.

처분의 신청(행정절차법 제17조 제8항)

신청인은 처분이 있기 전에는 그 신청의 내용을 보완·변경하거나 취하(取下)할 수 있다. 다만, 다른 법령등에 특별한 규정이 있거나 그 신청의 성질상 보완·변경하거나 취하할 수 없는 경우에는 그러하지 아니하다.

다수의 행정청이 관여하는 처분(행정절차법 제18조)

행정청은 다수의 행정청이 관여하는 처분을 구하는 신청을 접수한 경우에는 관계 행정청과의 신속한 협조를 통하여 그 처분이 지연되지 아니하도록 하여야 한다.

관련 판례

• 특별한 사정이 없는 한 … 직접 당사자의 권익을 제한하는 것이 아니어서 신청에 대한 거부처분을 … 처분의 사전통지대상이 된다고 할 수 없다(대판 2003. 11. 28, 2003두674).
• 행정청이 침해적 행정처분을 함에 있어서 당사자에게 사전통지를 하거나 의견제출의 기회를 주지 아니하였다면 사전통지를 하지 않거나 의견제출의 기회를 주지 아니하여도 되는 예외적인 경우에 해당하지 아니하는 한 그 처분은 위법하여 취소를 면할 수 없다(대판 2004. 5. 28, 2004두1254).

(3) 행정절차의 종류

① 처분절차

㉠ 처분의 신청(제17조)

법령 행정절차법

제17조(처분의 신청) ① 행정청에 처분을 구하는 신청은 문서로 하여야 한다. 다만, 다른 법령 등에 특별한 규정이 있는 경우와 행정청이 미리 다른 방법을 정하여 공시한 경우에는 그러하지 아니하다.
② 제1항에 따라 처분을 신청할 때 전자문서로 하는 경우에는 행정청의 컴퓨터 등에 입력된 때에 신청한 것으로 본다.
④ 행정청은 신청을 받았을 때에는 다른 법령등에 특별한 규정이 있는 경우를 제외하고는 그 접수를 보류 또는 거부하거나 부당하게 되돌려 보내서는 아니 되며, 신청을 접수한 경우에는 신청인에게 접수증을 주어야 한다. 다만, 대통령령으로 정하는 경우에는 접수증을 주지 아니할 수 있다.
⑤ 행정청은 신청에 구비서류의 미비 등 흠이 있는 경우에는 보완에 필요한 상당한 기간을 정하여 지체 없이 신청인에게 보완을 요구하여야 한다.
⑥ 행정청은 신청인이 제5항에 따른 기간 내에 보완을 하지 아니하였을 때에는 그 이유를 구체적으로 밝혀 접수된 신청을 되돌려 보낼 수 있다.
⑦ 행정청은 신청인의 편의를 위하여 다른 행정청에 신청을 접수하게 할 수 있다. 이 경우 행정청은 다른 행정청에 접수할 수 있는 신청의 종류를 미리 정하여 공시하여야 한다.

㉡ 처리기간의 설정·공표(제19조)

법령 행정절차법

제19조(처리기간의 설정·공표) ① 행정청은 신청인의 편의를 위하여 처분의 처리기간을 종류별로 미리 정하여 공표하여야 한다.
② 행정청은 부득이한 사유로 제1항에 따른 처리기간 내에 처분을 처리하기 곤란한 경우에는 해당 처분의 처리기간의 범위에서 한 번만 그 기간을 연장할 수 있다.
④ 행정청이 정당한 처리기간 내에 처리하지 아니하였을 때에는 신청인은 해당 행정청 또는 그 감독 행정청에 신속한 처리를 요청할 수 있다.

㉢ 처분의 사전통지(제21조)

사전통지	행정청은 당사자에게 의무를 부과하거나 권익을 제한하는 처분을 하는 경우에는 미리 처분의 제목과 당사자의 성명·명칭·주소, 처분 원인이 되는 사실과 내용 및 법적 근거, 의견제출 관련 사항 등을 당사자 등에게 통지하여야 함. 청문을 실시하려면 청문이 시작되는 날부터 10일 전까지 당사자 등에게 이를 통지하여야 함
통지의 예외	공공의 안전 또는 복리를 위하여 긴급히 처분을 할 필요가 있는 경우나 자격이 없어진 경우, 해당 처분의 성질상 의견청취가 현저히 곤란하거나 명백히 불필요하다고 인정될 만한 상당한 이유가 있는 경우에는 사전통지를 하지 않을 수 있음

판례	• 신청에 대한 거부처분이 행정절차법(제21조 제1항)의 처분의 사전통지의 대상이 되는가에 대하여 긍정설과 부정설의 대립이 있는데, 판례는 부정설을 취하여 사전통지대상이 아니라 하였음 • 사전통지나 의견제출 절차를 거치지 않은 침해적 처분은 위법함 • '당해 처분의 성질상 의견청취가 현저히 곤란하거나 명백히 불필요하다고 인정될 만한 상당한 이유가 있는지의 여부'는 당해 행정처분의 성질에 따라 판단함

👓 한눈에 쏙~

㉣ 의견청취(제22조) : 의견청취절차에는 청문, 공청회, 의견제출이 있음

㉤ 청문 : 다른 법령등에서 청문을 하도록 규정하고 있는 경우, 행정청이 필요하다고 인정하는 경우, '인허가 등의 취소, 신분·자격의 박탈, 법인이나 조합 등의 설립허가의 취소'의 처분 시 의견제출기한 내에 당사자등의 신청이 있는 경우
  • 의의 : 행정청이 어떤 처분을 하기 전에 당사자 등의 의견을 직접 듣고 증거를 조사하는 절차(제2조 제5호)
  • 청문의 통지(제21조) : 청문이 시작되는 날부터 10일 전까지
  • 청문의 참가자 : 주재자와 청문에 주체적으로 참가하는 당사자 등
  • 청문주재자의 제척·기피·회피
  • 청문의 진행 및 내용

청문의 공개 (제30조)	청문은 당사자가 공개를 신청하거나 청문주재자가 필요하다고 인정하는 경우 공개할 수 있음. 다만, 공익 또는 제3자의 정당한 이익을 현저히 해칠 우려가 있는 경우에는 공개하여서는 안 됨
증거 조사 (제33조)	청문주재자는 직권으로 또는 당사자의 신청에 따라 필요한 조사를 할 수 있으며, 당사자 등이 주장하지 않은 사실에 대하여도 조사할 수 있음
청문의 종결 (제35조)	• 청문주재자는 다음의 경우 청문을 마칠 수 있음. 청문주재자는 청문을 마쳤을 때 청문조서, 청문 주재자의 의견서, 그 밖의 관계 서류 등을 행정청에 지체 없이 제출하여야 함 • 당사자 등의 전부 또는 일부가 정당한 사유 없이 청문기일에 출석하지 아니하거나 의견서를 제출하지 않은 경우(다시 의견진술 및 증거제출의 기회를 주지 아니하고 종결 가능) • 정당한 사유로 청문기일에 출석하지 못하거나 의견서를 제출하지 못한 경우에는 10일 이상의 기간을 정하여 이들에게 의견진술 및 증거제출을 요구하여야 하며, 해당 기간이 지났을 때에 청문을 마칠 수 있음

04장 행정구제법

문서의 열람 및 비밀유지(행정절차법 제37조 제6항)

누구든지 청문을 통하여 알게 된 사생활이나 경영상 또는 거래상의 비밀을 정당한 이유 없이 누설하거나 다른 목적으로 사용하여서는 아니 된다.

공청회

행정청이 공개적인 토론을 통하여 어떠한 행정작용에 대하여 당사자 등, 전문지식과 경험을 가진 사람, 그 밖의 일반인으로부터 의견을 널리 수렴하는 절차

공청회의 진행(행정절차법 제39조)

• 공청회의 주재자는 공청회를 공정하게 진행하여야 하며, 공청회의 원활한 진행을 위하여 발표내용을 제한할 수 있고, 질서유지를 위하여 발언중지, 퇴장명령 등 행정안전부장관이 정하는 필요한 조치를 할 수 있다.
• 공청회의 주재자는 발표자의 발표가 끝난 후에는 발표자 상호 간에 질의 및 답변을 할 수 있도록 하여야 하며, 방청인에게도 의견제시의 기회를 주어야 한다.

• 문서열람 · 복사청구권
• 비밀유지권
• 청문절차의 위반 : 법령상 요구되는 청문절차의 결여는 하자있는 행정행위가 되어 위법하나, 훈령에 요구되는 청문절차의 결여는 위법하지 않다는 것이 판례의 입장

ⓗ 공청회
• 공청회의 개최

개최의 사유 (제22조 제2항)	행정청이 처분을 할 때 다른 법령 등에서 공청회를 개최하도록 규정하고 있는 경우나 해당 처분의 영향이 광범위하여 널리 의견을 수렴할 필요가 있다고 행정청이 인정하는 경우, 국민생활에 큰 영향을 미치는 처분으로서 대통령령으로 정하는 처분에 대하여 대통령령으로 정하는 수 이상의 당사자등이 공청회 개최를 요구하는 경우에는 공청회를 개최함
개최의 공고 (제38조)	행정청은 공청회를 개최하려는 경우에는 공청회 개최 14일 전까지 제목과 일시 · 장소, 주요 내용 등을 당사자 등에게 통지하고 관보, 공보, 인터넷 홈페이지 또는 일간신문 등에 공고하는 등의 방법으로 널리 알려야 함
전자공청회 (제38조의2)	• 행정청은 제38조에 따른 공청회와 병행하여서만 정보통신망을 이용한 공청회(전자공청회)를 실시할 수 있으므로, 전자공청회만 실시할 수는 없음 • 전자공청회를 실시하는 경우에는 누구든지 정보통신망을 이용하여 의견을 제출하거나 제출된 의견 등에 대한 토론에 참여할 수 있음

• 공청회의 주재자 및 발표자의 선정(제38조의3)

공청회의 주재자	해당 공청회의 사안과 관련된 분야에 전문적 지식이 있거나 그 분야에 종사한 경험이 있는 사람으로서 대통령령으로 정하는 자격을 가진 사람
공청회의 발표자	발표를 신청한 사람 중에서 행정청이 선정함. 다만, 발표를 신청한 사람이 없거나 공청회의 공정성을 확보하기 위하여 필요하다고 인정하는 경우에는 해당 공청회의 사안과 관련된 당사자 등, 해당 공청회의 사안과 관련된 분야에 전문적 지식이 있는 사람, 해당 공청회의 사안과 관련된 분야에 종사한 경험이 있는 사람 중에서 지명하거나 위촉할 수 있음

• 공청회 결과의 반영(제39조의2) : 상당한 이유가 있다고 인정하는 경우에는 이를 반영하여야 함

ⓘ 의견제출

의의	행정청이 어떠한 행정작용을 하기 전에 당사자 등이 의견을 제시하는 절차로서 청문이나 공청회에 해당하지 않는 절차(제2조 제7호)
성질	행정청이 의무를 부과하거나 권익을 제한하는 처분을 할 때 원칙적으로 당사자 등에게 의견제출의 기회를 주어야 함

방법	서면이나 말로 또는 정보통신망을 이용하여 의견제출을 할 수 있으며(제27조 제1항), 당사자 등이 정당한 이유 없이 의견제출기한까지 의견제출을 하지 않은 경우에는 의견이 없는 것으로 봄
효과	• 처분의 사전 통지의 어느 하나에 해당하는 경우와 당사자가 의견 진술의 기회를 포기한다는 뜻을 명백히 표시한 경우에는 의견청취를 하지 아니할 수 있음 • 기록의무 : 행정청은 당사자 등이 말로 의견제출을 하였을 때에는 서면으로 그 진술의 요지와 진술자를 기록하여야 함(제27조 제3항) • 반영의무 : 행정청은 처분을 할 때에 당사자등이 제출한 의견이 상당한 이유가 있다고 인정하는 경우에는 이를 반영하여야 함

◎ 처분
- 처분의 이유제시(제23조) : 행정청은 처분을 할 때에는 당사자에게 그 근거와 이유를 제시하여야 함
- 문서주의에 의한 처분(제24조) : 행정청이 처분을 할 때에는 다른 법령 등에 특별한 규정이 있는 경우를 제외하고는 문서로 하여야 하며, 전자문서로 하는 경우에는 당사자 등의 동의가 있어야 함
- 처분의 정정(제25조) : 행정청은 처분에 오기(誤記), 오산(誤算) 또는 그 밖에 이에 준하는 명백한 잘못이 있을 때에는 직권으로 또는 신청에 따라 지체 없이 정정하고 그 사실을 당사자에게 통지하여야 함
- 불복의 고지(제26조) : 행정청이 처분을 할 때에는 당사자에게 그 처분에 관하여 행정심판 및 행정소송을 제기할 수 있는지 여부, 그 밖에 불복을 할 수 있는지 여부, 청구절차 및 청구기간, 그 밖에 필요한 사항을 알려야 함

② 신고절차(제40조)
㉠ 의무적 신고요건 및 효과
㉡ 편람의 비치

③ 행정상 입법예고절차
㉠ 입법예고의 원칙과 예외(제41조 제1항)

원칙	법령 등을 제정·개정 또는 폐지(입법)하려는 경우에는 해당 입법안을 마련한 행정청은 이를 예고하여야 함
예외	신속한 국민의 권리 보호 또는 예측 곤란한 특별한 사정의 발생 등으로 입법이 긴급을 요하는 경우, 상위 법령 등의 단순한 집행을 위한 경우, 입법내용이 국민의 권리·의무 또는 일상생활과 관련이 없는 경우, 단순한 표현·자구를 변경하는 경우 등 입법내용의 성질상 예고의 필요가 없거나 곤란하다고 판단되는 경우, 예고함이 공공의 안전 또는 복리를 현저히 해칠 우려가 있는 경우에는 예고를 하지 않을 수 있음

㉡ 입법예고의 방법
- 입법예고안의 공고(제42조) : 행정청은 입법안의 취지, 주요 내용 또는 전문(全文)을 관보·공보나 인터넷·신문·방송 등을 통하여 널리 공고하여야 함. 행정청은 대통령령을 입법예고하는 경우 국회 소관 상임위원회에

관련 판례

면허관청이 운전면허정지처분을 하면서 별지 52호 서식의 통지서에 의하여 면허정지사실을 통지하지 아니하거나 처분집행예정일 7일 전까지 이를 발송하지 아니한 경우에는 특별한 사정이 없는 한 위 관계 법령이 요구하는 절차·형식을 갖추지 아니한 조치로서 그 효력이 없고, 이와 같은 법리는 면허관청이 임의로 출석한 상대방의 편의를 위하여 구두로 면허정지사실을 알렸다고 하더라도 마찬가지이다(대판 1996. 6. 14, 95누17823).

04장

행정구제법

SEMI-NOTE

이를 제출하여야 하며, 예고된 입법안에 대하여 전자공청회 등을 통하여 널리 의견을 수렴할 수 있음

- 입법예고기간(제43조) : 예고할 때 정하되, 특별한 사정이 없으면 40일(자치법규는 20일) 이상으로 함

ⓒ **입법안에 대한 의견**

- 의견제출 : 누구든지 예고된 입법안에 대하여 의견을 제출할 수 있음(제44조 제1항). 행정청은 입법안에 관하여 공청회를 개최할 수 있음(제45조 제1항)
- 의견의 처리 : 행정청은 해당 입법안에 대한 의견이 제출된 경우 특별한 사유가 없으면 이를 존중하여 처리하여야 하며, 처리결과를 통지하여야 함 (제44조 제3항 · 제4항)

④ **행정예고절차(제46조)**

원칙	행정청은 정책 · 제도 및 계획을 수립 · 시행하거나 변경하려는 경우에는 이를 예고하여야 함
예외	• 신속하게 국민의 권리를 보호하여야 하거나 예측이 어려운 특별한 사정이 발생하는 등 긴급한 사유로 예고가 현저히 곤란한 경우 • 법령등의 단순한 집행을 위한 경우 • 정책등의 내용이 국민의 권리 · 의무 또는 일상생활과 관련이 없는 경우 • 정책등의 예고가 공공의 안전 또는 복리를 현저히 해칠 우려가 상당한 경우
대체	법령 등의 입법을 포함하는 행정예고는 입법예고로 갈음할 수 있음

⑤ **행정지도절차**

ㄱ 행정지도의 원칙(제48조)

ㄴ 행정지도의 방식(제49조)

ㄷ 의견제출(제50조)

ㄹ 다수인을 대상으로 하는 행정지도(제51조)

(4) 행정절차의 하자

① **절차상 하자의 관념**

의의	광의의 의미에서는 공법상 작용에 절차요건상 흠이 있는 경우를 말하나, 일반적으로는 처분(행정행위)의 절차에 흠이 있는 경우를 말함
특성	행정절차는 행정결정의 법률적합성 및 합목적성을 확보하고, 절차상 이해관계인의 권리보장을 가능케 하는 데 그 목적이 있음. 따라서 행정실체법상 하자를 행정절차의 하자에 적용한 것은 무리가 있음
하자의 사유	의견청취절차의 결여, 사전통지나 이유부기의 결여, 송달방법의 결여 등

② **절차상 하자의 효과**

ㄱ 절차상 하자에 대한 규정 : 일반법의 규정은 없으며, 일부 개별법에서 규정함 (국가공무원법 제13조 제2항 등)

행정절차법 제46조 제3항(행정예고)
행정예고기간은 예고 내용의 성격 등을 고려하여 정하되, 특별한 사정이 없으면 20일 이상으로 한다.

행정절차법 제51조(다수인을 대상으로 하는 행정지도)
행정기관이 같은 행정목적을 실현하기 위하여 많은 상대방에게 행정지도를 하려는 경우에는 특별한 사정이 없으면 행정지도에 공통적인 내용이 되는 사항을 공표하여야 한다.

절차상 하자에 대한 규정
국가공무원법 제13조(소청인의 진술권) 제2항에서는 소청사건심사시 소청인 또는 제76조 제1항 후단에 따른 대리인에게 진술기회를 부여하지 않고 한 결정은 무효로 한다는 규정을 두고 있음

ⓛ 논점 : 단순한 위법행위인 경우 독립한 취소사유가 될 수 있는 지의 여부
- 학설 : 다수설은 행정절차의 독자적 의미를 강조하는 견해로, 절차상 하자 있는 행정행위는 그 자체만으로 무효·취소할 수 있다고 봄
- 행정절차법의 태도 : 행정절차법 제22조 제3항 규정에 따라 청문이나 공청회를 거치는 경우가 아닌 한 의견제출의 기회를 주어야 하며, 이를 거치지 않으면 위법이 됨
- 판례의 태도 : 청문절차에 대해 판례는 법령상 요구되는 청문절차의 결여는 위법사유로 보고 있으나, 법령상 근거 없는 단순한 훈령상 요구되는 청문절차의 결여는 위법사유로 보지 않음

③ 절차상 하자의 치유
- ㉠ 인정 여부 : 원칙적으로 부정하되, 예외적으로 그 범위를 한정하여 인정하는 제한적 긍정설을 취함(통설·판례)
- ㉡ 치유시기 : 행정심판이 제기된 이후에는 그 하자를 추완하거나 보완할 수 없다고 하여 쟁송제기이전시설을 원칙적인 입장으로 취함(다수설·판례)
- ㉢ 하자치유의 효과 : 절차상의 위법은 그 행위 당시로 소급하여 적법한 행위로 간주됨

④ 취소판결의 기속력 : 절차 내지 형식의 위법사유로 확정판결에 의하여 취소된 경우, 행정청이 그 판결취지에 따라 새로이 처분하여야 함(대판 1987. 2. 10, 86누91)

3. 청원

(1) 의의

개념	국가작용의 위법 여부 또는 권익침해의 발생 여부와 관계없이 법률이 정하는 바에 의하여 국가기관에 그 시정을 구하는 것
근거법규	헌법 제26조에서는 모든 국민은 법률이 정하는 바에 의하여 국가기관에 문서로 청원할 권리를 가지며, 국가는 청원에 대하여 심사할 의무를 진다는 규정을 두고 있음. 청원에 관한 일반법은 청원법임

(2) 청원의 내용

청원자	누구든지 청원을 할 수 있음(국민·외국인·법인). 다만, 누구든지 타인을 모해할 목적으로 허위의 사실을 적시한 청원을 하여서는 안 됨
청원기관	국회·법원·헌법재판소·중앙선거관리위원회, 중앙행정기관과 그 소속 기관, 지방자치단체와 그 소속기관, 법령에 의하여 행정권한을 가지고 있거나 행정권한을 위임 또는 위탁받은 법인·단체 또는 그 기관이나 개인 등
청원사항	피해의 구제, 공무원의 위법·부당한 행위에 대한 시정이나 징계의 요구, 법률·명령·조례·규칙 등의 제정·개정 또는 폐지, 공공의 제도 또는 시설의 운영, 그 밖에 청원기관 등의 권한에 속하는 사항
청원방법	청원인의 성명(법인인 경우에는 명칭 및 대표자의 성명을 말함)과 주소 또는 거소를 기재하고 서명한 문서(전자문서및전자거래기본법에 의한 전자문서를 포함함)로 하여야 함

반복청원 및 이중청원	청원기관의 장은 나중에 제출된 청원서를 반려하거나 종결처리할 수 있고, 종결처리하는 경우 이를 청원인에게 알려야 함

4. 옴부즈만제도

(1) 개설

옴부즈만(Ombudsman)
모든 종류의 대기·대표를 의미하는 스웨덴어

의의	의회에서 임명된 자나 의회로부터 광범위한 독립성을 부여받은 의회의 의뢰인이 행정기관 등이 법령상 책무를 적정하게 수행하고 있는지 여부를 독립적으로 조사하여 이에 대한 시정조치의 권고 또는 알선을 통하여 국민의 권익을 보호하고자 하는 제도
권한	• 옴부즈만은 의회에서 임명된 입법부 소속의 공무원으로, 민원인의 신청이 없다 할지라도 공무원의 직무집행을 조사할 수 있음 • 직무상으로 독립된 기관으로서 시정권고나 의회에 보고, 언론 등에 공표 등의 권한이 있으나, 행정작용이 위법·부당하여도 이를 직접 취소·변경할 수는 없음
장단점	• 장점 : 다른 구제방법에 비해 시민이 용이하게 접할 수 있고 그 절차비용이 저렴하며, 신속한 민원처리를 통해 행정에 대한 불만을 방지할 수 있음 • 단점 : 옴부즈만의 기능이 국회의 직무에 종속되며 중복되며, 직접적인 시정권이 없어 그 책임성의 한계가 있으며, 행정의 책임성과 비밀성이 침해될 우려가 있음
인정 여부	우리나라의 경우 직접 옴부즈만제도를 도입하고 있지는 않지만, 기능면에서 유사한 민원처리제도와 고충민원처리제도를 두고 있음

옴부즈만제도
옴부즈만제도는 의회의 개입을 통하여 종래의 행정구제제도의 결함을 보완함으로써 권리보호의 사각지대를 축소하려는 목적으로 도입된 제도

(2) 민원처리제도(민원처리에관한법률의 내용)

① 총칙

민원인
행정기관에 민원을 제기하는 개인·법인 또는 단체

ㄱ **목적** : 민원 처리에 관한 기본적인 사항을 규정하여 민원의 공정하고 적법한 처리와 민원행정제도의 합리적 개선을 도모함으로써 국민의 권익을 보호함을 목적으로 함

ㄴ **개념** : 민원인이 행정기관에 대하여 처분 등 특정한 행위를 요구하는 것

ㄷ **종류** : 일반민원(법정민원, 질의민원, 건의민원, 기타민원), 고충민원

ㄹ **무인민원발급창구** : 행정기관의 장이 행정기관 또는 공공장소 등에 설치하여 민원인이 직접 민원문서를 발급받을 수 있도록 하는 전자장비

ㅁ **민원처리의 원칙** : 행정기관의 장은 관계법령등에서 정한 처리기간이 남아 있다거나 그 민원과 관련 없는 공과금 등을 미납하였다는 이유로 민원 처리를 지연시켜서는 안 됨. 다만, 다른 법령에 특별한 규정이 있는 경우에는 그에 따름

② 민원의 처리

ㄱ 민원의 신청 : 문서(전자문서 포함)로 하여야 함

ㄴ 처리기간의 계산(제19조)

> **법령** 민원처리에관한법률

제19조(처리기간의 계산) ① 민원의 처리기간을 5일 이하로 정한 경우에는 민원의 접수시각부터 "시간" 단위로 계산하되, 공휴일과 토요일은 산입(算入)하지 아니한다. 이 경우 1일은 8시간의 근무시간을 기준으로 한다.
② 민원의 처리기간을 6일 이상으로 정한 경우에는 "일" 단위로 계산하고 첫날을 산입하되, 공휴일과 토요일은 산입하지 아니한다.
③ 민원의 처리기간을 주·월·연으로 정한 경우에는 첫날을 산입하되, 「민법」 제159조부터 제161조까지의 규정을 준용한다.

ㄷ 처리결과의 통지(제27조) : 행정기관의 장은 접수된 민원에 대한 처리를 완료한 때에는 그 결과를 민원인에게 문서로 통지하여야 함. 다만, 기타민원의 경우와 통지에 신속을 요하거나 민원인이 요청하는 등 대통령령으로 정하는 경우에는 구술 또는 전화로 통지할 수 있음

ㄹ 민원 1회방문 처리제의 시행(제32조)

> **법령** 민원처리에관한법률

제32조(민원 1회방문 처리제의 시행) ① 행정기관의 장은 복합민원을 처리할 때에 그 행정기관의 내부에서 할 수 있는 자료의 확인, 관계 기관·부서와의 협조 등에 따른 모든 절차를 담당 직원이 직접 진행하도록 하는 민원 1회방문 처리제를 확립함으로써 불필요한 사유로 민원인이 행정기관을 다시 방문하지 아니하도록 하여야 한다.
② 행정기관의 장은 제1항에 따른 민원 1회방문 처리에 관한 안내와 상담의 편의를 제공하기 위하여 민원 1회방문 상담창구를 설치하여야 한다.

ㅁ 거부처분에 대한 이의신청(제35조) : 법정민원에 대한 행정기관의 장의 거부처분에 불복하는 민원인은 그 거부처분을 받은 날부터 60일 이내에 그 행정기관의 장에게 문서로 이의신청을 할 수 있음

(3) 고충처리제도

① 의의 : 고충민원의 처리와 이에 관련된 불합리한 행정제도를 개선하도록 함으로써 국민의 기본적 권익을 보호하고 행정의 적정성 확보에 이바지함을 목적으로 하는 제도

② 우리나라의 국민권익위원회

ㄱ 설립목적 : 고충민원의 처리 및 이에 관련된 불합리한 행정제도의 개선, 부패의 발생 방지 및 부패행위의 효율적 규제를 목적으로 함

ㄴ 소속 : 국민권익위원회는 국무총리 소속기관이며, 직무상 독립성과 자율성이 어느 정도는 보장되나 소속상 한계가 있음

ㄷ 특징 및 한계 : 각 지방자치단체에 시민고충처리위원회를 두고 있음, 자발적 조사권 결여, 간접적 통제 제도

SEMI-NOTE

위원회의 임명(제13조 제3항)
위원장 및 부위원장은 국무총리의 제청으로 대통령이 임명하고, 상임위원은 위원장의 제청으로 대통령이 임명하며, 상임이 아닌 위원은 대통령이 임명 또는 위촉한다. 이 경우 상임이 아닌 위원 중 3명은 국회가, 3명은 대법원장이 각각 추천하는 자를 임명 또는 위촉한다.

처리결과의 통보 등(제50조 제1항)
제46조(시정의 권고 및 의견의 표명) 또는 제47조(제도개선의 권고 및 의견의 표명)에 따른 권고 또는 의견을 받은 관계 행정기관 등의 장은 이를 존중하여야 하며, 그 권고 또는 의견을 받은 날부터 30일 이내에 그 처리결과를 권익위원회에 통보하여야 한다.

행정상 손해전보
행정상 손해배상과 손실보상을 의미

③ 부패방지및국민권익위원회의설치와운영에관한법률의 관련 내용
  ㉠ 국민권익위원회의 설치(제11조) : 고충민원의 처리와 이에 관련된 불합리한 행정제도를 개선하고, 부패 예방 및 규제를 위해 국무총리 소속으로 설치함. 위원회는 정부조직법 제2조에 따른 중앙행정기관으로서 그 권한에 속하는 사무를 독립적으로 수행함
  ㉡ 위원회의 구성(제13조) : 위원장 1명을 포함한 15명의 위원(부위원장 3명과 상임위원 3명을 포함)
  ㉢ 직무상 독립과 신분보장(제16조) : 위원회는 그 권한에 속하는 업무를 독립적으로 수행하며, 위원장과 위원의 임기는 각각 3년으로 하되 1차에 한하여 연임할 수 있음
  ㉣ 고충민원의 신청 및 접수(제39조) : 누구든지(국내 거주 외국인 포함) 위원회 또는 시민고충처리위원회(권익위원회)에 고충민원을 신청 가능. 하나의 권익위원회에 대하여 고충민원을 제기한 신청인은 다른 권익위원회에 대하여도 고충민원을 신청할 수 있음
  ㉤ 권고 및 의견의 표명

시정의 권고	권익위원회는 고충민원에 대한 조사결과 처분 등이 위법·부당하다고 인정할 만한 상당한 이유가 있는 경우 관계 행정기관등의 장에게 적절한 시정 권고 가능
의견의 표명	권익위원회는 고충민원에 대한 조사결과 신청인의 주장이 상당한 이유가 있다고 인정되는 사안에 대하여는 관계 행정기관등의 장에게 의견을 표명할 수 있음
개선의 권고	권익위원회는 고충민원을 조사·처리하는 과정에서 법령 그 밖의 제도나 정책 등의 개선이 필요하다고 인정되는 경우에는 관계 행정기관등의 장에게 이에 대한 합리적인 개선을 권고하거나 의견을 표명할 수 있음

  ㉥ 결정의 통지(제49조) : 권익위원회는 고충민원의 결정내용을 지체 없이 신청인 및 관계 행정기관 등의 장에게 통지하여야 함
  ㉦ 공표(제53조) : 권익위원회는 권고 또는 의견표명의 내용, 처리결과, 권고내용의 불이행사유를 공표할 수 있음. 다만, 다른 법률의 규정에 따라 공표가 제한되거나 개인의 사생활의 비밀이 침해될 우려가 있는 경우에는 공표할 수 없음

03절 행정상 손해전보

1. 개설

(1) 개념

① 행정상 손해배상 : 공무원의 위법한 직무집행행위 또는 국가나 공공단체의 공공영조물의 설치 또는 관리의 하자로 인하여 타인에게 손해를 가한 경우에 국가나 공공단체가 그 손해를 배상하는 것을 말함

② 행정상 손실보상 : 공공의 필요에 의하여 적법한 공권력의 행사로 타인의 재산권에 가해진 특별한 희생에 대하여 보상하는 것

(2) 행정상 손해배상과 손실보상의 구분

구분	손해배상	손실보상
본질	위법한 행정작용에 대한 구제	적법한 행정작용에 대한 구제
기본 이념	개인주의 사상	단체주의 사상
실정법	헌법(제29조), 국가배상법(일반법), 민법(보충적용)	헌법(제23조 제3항), 개별법
법적 성질	• 공권설(다수설) · 사권설(판례) • 양도 및 압류 금지	• 공권설(다수설) · 사권설(판례) • 양도 및 압류 가능
청구권 발생원인	위법한 행정작용(공무원의 직무상 불법행위, 영조물의 설치 · 관리의 하자)	적법한 행정작용(공권력 행사에 의한 특별한 희생)
책임원인	과실책임주의	공평부담적 무과실책임주의
책임형태	도의적 책임중시	특별한 희생에 대한 공평배분 중시
전보기준	가해 · 하자와 상당인과관계 있는 모든 손해	정당한 보상(완전보상)
전보내용	재산상 손해, 비재산상 손해	재산상 손실
청구절차	임의적 결정전치주의	협의원칙, 불협의 시 행정소송
책임자	국가, 지방자치단체	사업시행자

2. 손해배상제도(국가배상제도) ⭐ 빈출개념

(1) 우리나라의 국가배상제도

① 헌법상의 국가배상제도

  ㉠ 헌법상 국가배상책임의 원칙 : 헌법 제29조 제1항에 "공무원의 직무상 불법행위로 손해를 받은 국민은 법률이 정하는 바에 의하여 국가 또는 공공단체에 정당한 배상을 청구할 수 있다. 이 경우 공무원 자신의 책임은 면제되지 아니한다."고 규정하여, 국가배상책임의 원칙을 선언하고 있음. 다만, 동조 제2항에서 규정하여 이중배상의 금지를 명시적으로 규정하고 있음

  ㉡ 헌법과 국가배상법의 규정상 차이

배상의 대상범위	헌법은 공무원의 직무상 불법행위에 대해서만 국가배상을 규정하고 있는데, 여기에 국가배상법 제5조의 규정에 따른 영조물의 설치 · 관리의 하자로 인한 국가배상도 그 청구대상으로 포함할 것인가에 대해서는 부정하는 것이 다수설임
배상의 주체	헌법에서는 배상주체로 '국가 또는 공공단체'를 규정하였으나, 국가배상법은 '국가 또는 지방자치단체'로 규정하고 있음. 지방자치단체 이외의 공공단체의 배상책임에 대하여는 민법에 의한다는 것이 지배적 견해임

SEMI-NOTE

행정상 손해배상과 손실보상의 구분

양자는 타인의 권리침해를 구제함으로써 실질적 법치주의의 이념을 달성하고자 도입된 제도라는 점에서는 같으나, 사후구제제도라는 점에서 행정절차 등의 사전구제제도와 구별되고, 실체법적 구제제도라는 점에서 행정쟁송 등의 절차적 구제제도와도 구별됨

국가배상제도의 의의(국가배상법 제2조 · 제5조)

국가배상제도란 공무원의 위법한 직무 집행행위 또는 국가나 지방자치단체의 공공영조물의 설치 또는 관리의 하자로 인하여 타인에게 손해를 가한 경우에 국가나 공공단체가 그 손해를 배상하는 것을 말한다.

국가배상청구권의 성격

헌법 제29조 제1항에 의한 국가배상청구권은 청구권적 기본권이라는 것이 통설이나, 이 규정은 어디까지나 입법자에 대한 명령규정으로 본다는 일부 견해도 있음

04장

행정구제법

165

SEMI-NOTE

국가배상의 법 적용순서

'특별법 → 국가배상법(민법의 특별법)
→ 민법(보충적용)'

관련 판례

공무원의 직무상 불법행위로 손해
를 받은 국민이 국가 또는 공공단체
에 배상을 청구하는 경우 국가 또는
공공단체에 대하여 그의 불법행위
를 이유로 손해배상을 구함은 국가
배상법이 정한 바에 따른다 하여도
이 역시 민사상의 손해배상 책임을
특별법인 국가배상법이 정한 데 불
과하다(대판 1972. 10. 10, 69다701).

관련 판례

헌법 제29조 제1항 단서는 … 공무
원 개인의 구체적인 손해배상책임
의 범위까지 규정한 것으로 보기는
어렵다(대판 1996. 2. 15, 95다38677
전합).

---

② 국가배상법의 성격

　㉠ 국가배상에 관한 일반법

　　• 국가배상법의 우선 적용 원칙 : 국가배상법 제8조에 "국가나 지방자치단체의
　　　손해배상책임에 관하여는 이 법에 규정된 사항 외에는 민법에 따름. 다만, 민
　　　법 외의 법률에 다른 규정이 있을 때에는 그 규정에 따른다."고 규정하여, 국
　　　가 또는 지방자치단체의 불법책임에 관한 일반법임을 명시하고 있음

　　• 우선 적용되는 특별법 : 무과실책임을 인정하는 원자력손해배상법 제3조
　　　등과 무과실책임을 인정하지 않으나 배상금액을 경감 또는 정형화하는 우
　　　편법 제38조 · 제39조 · 제40조 등이 있음

　㉡ 국가배상법의 법적 성격

공법설	국가배상사건에 대해 당사자소송을 제기할 수 있는 공법이라는 견해(다수설)
사법설	국가배상사건에 대해 민사소송을 제기할 수 있는 사법으로, 국가배상법은 일반법인 민법에 대한 특별사법이라고 보는 견해(판례)

　㉢ 손해책임의 유형 : 공무원의 직무상 불법행위로 인한 손해배상은 과실책임주
　　의를 적용받고(국가배상법 제2조), 영조물의 설치 · 관리의 하자로 인한 손해
　　배상은 무과실책임주의를 적용받음(제5조)

(2) 공무원의 위법한 직무행위로 인한 배상책임 ★빈출개념

① 손해배상책임의 성질 : 학설에 따라 대위책임설, 자기책임설, 중간설(절충설)로
　구분할 수 있음. 판례는 경과실인 경우에는 국가 등의 기관행위로 보아 국가의
　자기책임으로 보았고, 고의 또는 중과실에 대해서는 공무원 개인의 손해배상책
　임을 인정하여 국가책임은 대위책임으로 보는 절충설의 입장을 취함

　㉠ 선택적 청구권의 인정 여부(외부적 책임문제)

　　• 헌법상 제29조 제1항 규정으로 공무원의 불법행위에 대해 국가 등이 배상
　　　책임을 지는 것 외에 가해공무원도 피해자에게 직접적으로 그 배상책임을
　　　질 수 있는가의 여부

　　• 판례 : 중간설(절충설, 제한적 긍정설)의 입장을 취함. 종래 판례는 선택적
　　　청구를 인정하기도 하고 부정하기도 하는 등 혼란을 보이다가, 1996년 2월
　　　전원합의체 판결을 통해 고의 · 중과실의 경우 공무원도 손해배상책임을
　　　부담하나(선택적 청구가 가능하나), 경과실인 경우 공무원은 손해배상책임
　　　을 부담하지 않는다(선택적 청구가 불가능)고 최종 판결함(대판 1996. 2.
　　　15, 95다38677)

　㉡ 구상권(내부적 책임)

근거 규정	국가배상법 제2조 제2항에서 "제1항 본문의 경우에 공무원에게 고의 또는 중대한 과실이 있으면 국가나 지방자치단체는 그 공무원에게 구상할 수 있다"고 규정하고 있고, 또한 동법 제6조 제2항에서 "제1항의 경우에 손해를 배상한 자는 내부관계에서 그 손해를 배상할 책임이 있는 자에게 구상할 수 있다"고 하여, 구상권에 관한 명시적 규정을 두고 있음

구상권의 범위	판례는 제반사정을 참작하여 손해의 공평 분담과 신의칙상 상당하다고 인정되는 한도 내에서 구상권을 행사할 수 있다는 중간설(절충설)의 입장을 취함

② 배상책임의 요건

㉠ 공무원 또는 공무를 위탁받은 사인

- 의미 : 국가공무원법 · 지방공무원법상의 공무원뿐만 아니라 널리 공무를 위탁받아 실질적으로 공무에 종사하는 모든 자(공무수탁사인)를 포함함(통설 · 판례). 여기의 공무원에는 국회 · 지방의회의원뿐만 아니라 기관이나 국회 자체도 포함되며, 일시적 · 한정적 공무위탁도 포함됨

- 판례

국가배상법상 공무원에 해당하는 자	국가배상법상 공무원에 해당하지 않는 자
통장, 집행관, 소집 중인 향토예비군, 미군부대 카투사, 국회의원, 헌법재판소재판관, 판사, 검사, 일정 급료를 받는 부대차량 운전업무종사자, 지방자치단체의 청원경찰, 교통할아버지, 시청소차운전자 등	한국토지공사(현 한국토지주택공사), 의용소방대원, 시영버스운전사, 단순노무자, 정부기관에서 아르바이트하는 자, 농협의 임직원, 한국은행총재 및 그 임직원, 서울대학교병원의 의사 · 간호사 등

<u>관련 판례</u> 국가배상법상의 공무원에 해당함

지방자치단체가 관할 동장으로 하여금 '교통할아버지'를 선정하게 하여 어린이 보호, 교통안내, 거리질서 확립 등의 공무를 위탁하여 집행하게 하던 중 '교통할아버지'로 선정된 노인이 위탁받은 업무 범위를 넘어 교차로 중앙에서 교통정리를 하다가 교통사고를 발생시킨 경우, 지방자치단체가 국가배상법 제2조 소정의 배상책임을 부담한다(대판 2001. 1. 5, 98다39060).

㉡ 직무행위

- 직무행위의 범위

협의설 (권력작용설)	직무는 공법상 권력작용만을 의미한다는 견해
광의설 (관리작용설)	직무에는 권력작용과 비권력적 작용(관리작용)이 포함되고 사경제작용(국가배상법이 아닌 민법이 적용됨)은 제외된다는 견해(다수설 · 판례)
최광의설 (국고작용설)	직무에는 권력작용 · 비권력적 작용 및 사경제작용이 모두 포함된다는 견해

- 직무행위의 내용
  - 입법 · 사법 · 행정작용을 불문하고 공행정작용은 모두 포함되며, 특히 행정작용에는 법률행위적 · 준법률행위적 행정행위는 물론 사실행위(행정지도 등), 부작위 등도 포함됨
  - 고유한 입법행위나 사법행위로 인한 손해에 대하여는 원칙적으로 국가배상책임을 인정하지 않음. 다만, 국회의원이나 법관의 고의 · 과실 내지 위법성 입증이 가능한 경우에는 국가의 배상책임이 인정된다고 함

관련 판례

한국토지공사는 이러한 법령의 위탁에 의하여 대집행을 수권받은 자로서 공무인 대집행을 실시함에 따르는 권리 · 의무 및 책임이 귀속되는 행정주체의 지위에 있다고 볼 것이지 지방자치단체 등의 기관으로서 국가배상법 제2조 소정의 공무원에 해당한다고 볼 것은 아니다(대판 2010. 1. 28, 2007다82950, 82967).

관련 판례

국가배상법이 정한 배상청구의 요건인 공무원의 직무에는 권력적 작용만이 아니라 행정지도와 같은 비권력적 작용도 포함되며, 단지 행정주체가 사경제주체로서 하는 활동만이 제외된다(대판 1998. 7. 10, 96다38971).

관련 판례 직무행위의 내용

국회의원의 입법행위는 그 입법 내용이 헌법의 문언에 명백히 위배됨에도 불구하고 국회가 굳이 당해 입법을 한 것과 같은 특수한 경우가 아닌 한 국가배상법 제2조 제1항 소정의 위법 행위에 해당한다고 볼 수 없고, … 국가가 일정한 사항에 관하여 헌법에 의하여 부과되는 구체적인 입법의무를 부담하고 있음에도 불구하고 그 입법에 필요한 상당한 기간이 경과하도록 고의 또는 과실로 이러한 입법의무를 이행하지 아니하는 등 극히 예외적인 사정이 인정되는 사안에 한정하여 국가배상법 소정의 배상책임이 인정될 수 있으며, 위와 같은 구체적인 입법 의무 자체가 인정되지 않는 경우에는 애당초 부작위로 인한 불법행위가 성립할 여지가 없다 (대판 2008. 5. 29, 2004다33469).

관련 판례

울산세관의 통관지원과에서 인사업무를 담당하면서 울산세관 공무원들의 공무원증 및 재직증명서 발급업무를 하는 공무원인 소외인이 울산세관의 다른 공무원의 공무원증 등을 위조하는 행위는 비록 그것이 실질적으로는 직무행위에 속하지 아니한다 할지라도 적어도 외관상으로는 공무원증과 재직증명서를 발급하는 행위로서 직무집행으로 보여지므로 결국 소외인의 공무원증 등 위조행위는 국가배상법 제2조 제1항 소정의 공무원이 직무를 집행함에 당하여 한 행위로 인정되고 … (대판 2005. 1. 14, 2004다26805)

- 직무집행행위 : 직무집행행위 자체뿐만 아니라 외형상으로 직무집행의 행위와 관련 있는 행위도 포함된다는 견해(외형설)가 다수설·판례의 입장임 (대판 2001. 1. 5, 98다39060). 결국 통상적으로 공무원이 행하는 행위를 직무집행의 행위로 보는 것이 일반적임

ⓒ 고의 또는 과실로 인한 행위
  - 의의 : 고의란 위법행위의 발생가능성을 인식하고 그 결과를 인용하는 것을 말하며, 과실이란 부주의로 인하여 위법을 초래하는 것을 말함
  - 판단기준 : 고의·과실 유무의 판단기준은 공무원을 기준으로 판단하므로, 공무원에게 고의·과실이 없다면 국가는 배상책임이 없음. 다만, 공무원의 불법행위책임이 인정되는 경우에 국가는 그 공무원에 대한 선임·감독을 게을리하지 않았다 하더라도 배상책임을 진다는 점에서 민법 제756조의 사용자 배상책임의 경우와는 차이가 있음
  - 과실의 객관화 : 판례는 여기서의 과실을 공무원이 직무수행에 있어 당해 직무를 담당하는 평균인이 통상 갖추어야 할 주의의무를 게을리한 것이라 봄. 또한 과실을 '담당공무원이 보통 일반의 공무원을 표준으로 하여 볼 때 객관적 주의의무를 결하여 그 행정처분이 객관적 정당성을 상실하였다고 인정될 정도'라고 하여, 공무원의 직종과 지위에 의하여 객관적으로 정해지는 객관적과실, 즉 주의의무를 게을리한 것을 말한다고 봄

관련 판례 과실의 객관화

그 행정처분의 담당공무원이 보통 일반의 공무원을 표준으로 하여 볼 때 객관적 주의의무를 결하여 그 행정처분이 객관적 정당성을 상실하였다고 인정될 정도에 이른 경우에 국가배상법 제2조 소정의 국가배상책임의 요건을 충족하였다고 봄이 상당할 것이며 … (대판 2003. 12. 11, 2001다65236)

관련 판례

공무원의 직무집행상의 과실이라 함은 공무원이 그 직무를 수행함에 있어 당해직무를 담당하는 평균인이 보통(통상) 갖추어야 할 주의의무를 게을리한 것을 말하는 것이고 … (대판 1987. 9. 22, 87다카1164)

- 가해공무원의 특정 불요 : 공무원의 행위로 손해가 발생하면, 가해공무원이 특정되지 않더라도 국가는 배상책임을 짐
- 고의·과실의 입증책임 : 입증책임은 원칙적으로 원고인 피해자 측에 있지만, 피해가 공무원의 직무수행에 의한 손해임을 입증하면 공무원의 과실이 있는 것으로 추정됨

관련 판례 공무원의 법령해석상의 잘못과 과실 인정 여부

법령에 대한 해석이 복잡·미묘하여 워낙 어렵고, 이에 대한 학설, 판례조차 귀일되어 있지 않는 등의 특별한 사정이 없는 한 일반적으로 공무원이 관계 법규를 알지 못하거나 필요한 지식을 갖추지 못하고 법규의 해석을 그르쳐 행정처분을 하였다면 그가 법률전문가가 아닌 행정직 공무원이라고 하여 과실이 없다고는 할 수 없다(대판 2001. 2. 9, 98다52988).

ⓛ 법령위반(위법성)
- 의의 : 법령위반이란 위법성을 의미하는데 그것은 엄격한 의미의 법령(헌법·법률·법규명령·자치법규)위반은 물론 법의 일반원칙의 위반도 포함함

관련 판례 법령위반

국가배상책임에 있어 공무원의 가해행위는 법령을 위반한 것이어야 하고, 법령을 위반하였다 함은 엄격한 의미의 법령 위반뿐 아니라 인권존중, 권력남용금지, 신의성실과 같이 공무원으로서 마땅히 지켜야 할 준칙이나 규범을 지키지 아니하고 위반한 경우를 포함하여 널리 그 행위가 객관적인 정당성을 결여하고 있음을 뜻하는 것이므로 … 성폭력범죄의 수사를 담당하거나 수사에 관여하는 경찰관이 위와 같은 직무상 의무에 반하여 피해자의 인적사항 등을 공개 또는 누설하였다면 국가는 그로 인하여 피해자가 입은 손해를 배상하여야 한다(대판 2008. 6. 12, 2007다64365).

- 위반의 사례 : 위반이란 법령에 위배되는 것을 말하는 것으로, 그 위반형태는 작위에 의한 위반과 부작위에 의한 위반이 있음. 판례는 국민의 생명·신체·재산 등에 대하여 절박하고 중대한 위험상태가 발생하였거나 발생할 우려가 있는 경우에는 형식적 의미의 법령에 근거가 없더라도 국가나 관련 공무원에게 그러한 위험을 배제할 작위의무를 인정할 수 있다고 하였음

행정규칙의 위반	행정규칙은 원칙적으로 법규성은 부정되므로 손해배상청구를 할 수 없음(다수설·판례)
재량행위의 위반	재량행위의 위반은 부당으로 손해배상청구를 할 수 없지만, 재량권이 0으로 수축되어 그 권한의 행사(작위)만이 의무에 합당한 것으로 판단되면 그 부작위의 위법성이 인정됨. 즉 재량권행사의 일탈·남용으로 위법성이 인정된 경우 법령의 위반으로 손해배상을 청구할 수 있음
법령해석의 위반	관계 공무원이 그 직무와 관련하여 관계 법규를 알지 못하거나 법률 해석을 잘못하여 행정처분을 한 경우 법령의 위반으로 볼 수 있는가에 대해, 판례는 원칙적으로 과실책임을 인정하면서도 보통의 평균적 공무원에게 기대하기 어려운 경우라면 과실이 없다고 하여 법령의 위반을 부정하고 있음

- 국가배상법상 위법개념과 행정소송법상 위법개념

취소소송의 기판력과 국가배상소송	국가배상소송의 기판력과 취소소송
위법성이원론은 취소소송의 기판력은 국가배상소송에 영향을 미치지 않는다고 보며, 위법성일원론은 취소소송의 기판력은 국가배상소송에 영향을 미친다고 봄	국가배상청구소송은 오로지 그 청구권의 존재 여부를 대상으로 하는 것이므로 국가배상소송의 기판력은 취소소송에 영향을 미치지 않는다는 것이 지배적 견해

SEMI-NOTE

관련 판례

재산상의 손해로 인하여 받는 정신적 고통은 그로 인하여 재산상 손해의 배상만으로는 전보될 수 없을 정도의 심대한 것이라고 볼 만한 특별한 사정이 없는 한 재산상 손해배상으로써 위자(慰藉)된다(대판 1998. 7. 10, 96다38971).

관련 판례

지방자치단체의 장이 기관위임된 국가행정사무를 처리하는 경우, 그에 소요되는 경비의 실질적·궁극적 부담자는 국가라고 하더라도 당해 지방자치단체는 국가로부터 내부적으로 교부된 금원으로 사무에 필요한 경비를 대외적으로 지출하는 자이므로 이러한 경우 지방자치단체는 국가배상법 제6조 제1항 소정의 비용부담자로서 공무원의 불법행위로 인한 손해를 배상할 책임이 있다(대판 94다38137, 99다70600).

- 위법행위의 선결문제 : 행정행위의 위법성을 이유로 손해배상을 청구하는 경우에 그 행위의 취소나 무효확인의 판결을 받지 않고 손해배상청구를 할 수 있는지에 대해 민사법원은 선결문제로서 그 원인이 되는 행정행위의 위법성 여부를 심사할 수 있으므로 손해배상을 청구할 수 있음(다수설·판례)
  - © 타인에게 손해를 입혔을 것

타인	가해자인 공무원 및 그의 직무행위에 가세한 자 이외의 모든 자를 말함. 다만, 헌법 제29조 제2항과 국가배상법 제2조 제1항 단서에 규정된 군인·공무원·경찰공무원 등에 대해 이중배상청구가 금지됨
손해	피해자가 입은 모든 불이익을 의미하며, 그 손해가 재산적 손해이든 정신적 손해이든, 적극적 손해이든 소극적 손해이든 이를 구분하지 않음. 다만, 반사적 이익의 침해는 손해로 볼 수 없음
손해와 가해행위의 인과관계	가해행위와 손해의 발생은 상당인과관계가 있어야 하는데, 상당인과관계의 유무를 판단함에 있어서는 일반적인 결과발생의 개연성은 물론 직무상의 의무를 부과하는 법령 기타 행동규범의 목적이나 가해행위의 태양 및 피해의 정도 등을 종합적으로 고려하여야 함

③ 배상책임의 내용
  - ⊙ 배상책임자
    - 국가와 지방자치단체 : 국가배상법 제2조 제1항 규정에 국가 또는 지방자치단체를 배상책임자로 규정하고 있으며, 지방자치단체를 제외한 공공단체는 다른 특별한 규정이 없는 한 민법 규정에 의하여 배상함
    - 비용부담자로서의 배상책임자 : 공무원의 선임·감독자(또는 영조물의 설치·관리를 맡은 자)와 봉급·급여 기타 비용부담자(또는 영조물의 설치·관리 비용을 부담하는 자)가 다른 경우 비용부담자도 손해를 배상함(국가배상법 제6조 제1항). 따라서 이 경우 양자에 대한 선택적 배상청구가 가능함(통설)
    - 기관위임사무의 손해배상책임자 : 판례에서는 기관위임사무의 경우 원칙적으로 위임자의 비용·책임으로 수행되므로 손해배상책임자는 위임자인 국가 또는 지방자치단체라 봄
    - 최종적 배상책임자 : 선임·감독자와 비용부담자가 다른 경우, 사무를 관리한 자가 책임을 져야한다는 관리자부담설(사무귀속자설)이 통설이며, 판례의 입장은 명확하지 않음
  - ⓒ 기준액설 : 국가배상법 제3조 및 제3조의2의 규정은 단순한 기준규정이므로, 배상심의회의 배상금 지급기준을 정함에 있어 하나의 기준을 정한 것에 불과함(다수설·판례). 이 견해에 따르면 배상금이 규정된 금액을 초과할 수 있음
  - ⓒ 손해배상청구의 주체와 시효
    - 손해배상청구자 : 공무원이 그 직무를 집행함에 대하여 고의 또는 과실로 법령에 위반하여 타인에게 손해를 가하는 경우, 손해를 입은 자는 누구든지 배상금지급을 신청할 수 있음

- 손해배상청구권의 제한(이중배상의 제한) : 헌법 제29조 제2항, 국가배상법 제2조 제1항 단서는 군인 등에 대한 이중배상을 배제하고 있음

제한대상자 및 요건	제한되지 않는 대상(판례)
국가배상법 제2조 제1항에서는 '군인 · 군무원 · 경찰공무원[전투경찰순경 포함(판례)] 또는 예비군대원이 전투 · 훈련 등 직무 집행과 관련하여 전사 · 순직하거나 공상을 입은 경우에 본인이나 그 유족이 다른 법령에 따라 재해보상금 · 유족연금 · 상이연금 등의 보상을 지급받을 수 있을 때'에는 이 법 및 민법에 따른 손해배상을 청구할 수 없다고 함	• 공익근무요원, 경비교도대원, 숙직 중 연탄가스를 마시고 순직한 경찰공무원은 군인 등에 해당하지 않아 이중배상청구가 금지되지 않음(대판 1997. 3. 28, 97다4036 등) • 이중배상이 제한되는 군인 등도 다른 법령의 규정에 의하여 재해보상금 · 유족연금 · 상이연금 등의 보상을 지급받을 수 없을 때에는 국가배상법에 따라 배상청구가 가능함(대판 1997. 2. 14, 96다28066)

- 손해배상청구권의 소멸시효 : 국가배상법에는 배상청구권의 소멸시효에 대한 명문규정이 없는바, 민법 제766조 규정에 의하여 손해배상청구권은 피해자나 그 법정대리인이 손해 및 그 가해자를 안 날로부터 3년, 불법행위를 한 날로부터 10년이 경과되면 시효로 소멸함

(3) 영조물의 설치 · 관리의 하자로 인한 손해배상

① 의의 및 성질

㉠ 의의(국가배상법 제5조) : 도로 · 하천, 그 밖의 공공의 영조물의 설치나 관리에 하자가 있기 때문에 타인에게 손해를 발생하게 하였을 때에는 국가나 지방자치단체는 그 손해를 배상하여야 함. 이 경우 제2조 제1항 단서(이중배상의 금지), 제3조(배상기준) 및 제3조의2(배상액의 공제액)의 규정을 준용함

㉡ 손해배상책임의 성질

- 법적 성질 : 국가배상법 제5조의 배상책임은 민법 제758조의 공작물 배상책임과 같이 위험책임주의에 입각한 무과실책임에 해당함
- 민법 제758조 제1항 공작물책임과의 관계 : 설치 · 관리의 대상에 있어 국가배상법은 민법의 공작물보다 그 범위를 확대하여 공작물에 한하지 않으며, 영조물 점유자의 면책사유를 인정하지 않는다는 점에서 차이가 있음
- 무과실책임 : 국가나 지방자치단체가 영조물의 설치 · 관리에 하자가 없더라도 영조물 그 자체에 객관적 안정성이 결여되었다면 배상책임을 져야 함

② 손해배상책임의 요건

㉠ 공공의 영조물 : 영조물이란 공공목적에 공용되는 유체물, 즉 강학상의 공물(사실상의 관리를 하고 있는 경우도 포함)을 의미하는 것으로(대판 1995. 1. 24, 94다45302), 민법상 공작물보다는 포괄적 개념임. 따라서 인공공물과 자연공물, 동산 · 부동산 등도 포함함. 다만, 국 · 공유재산 중 일반재산(이전의 잡종재산)은 여기에서의 공공영조물에서 제외됨

ⓛ 설치나 관리의 하자 : 영조물 설치의 '하자'라 함은 영조물의 축조에 불완전한 점이 있어 이 때문에 영조물 자체가 통상 갖추어야 할 완전성을 갖추지 못한 상태에 있음을 말하는 것으로, 그 하자의 의미와 관련하여서는 견해가 나뉨

객관설	하자의 유무를 객관적으로 판단하여 사회통념상 영조물의 설치·유지·보관·수선 등에 불완전한 점이 있어 일반적으로 갖추어야 할 완전성을 결여하였음을 의미하는 것으로 보고, 그 하자발생에 고의·과실의 유무는 불문한다는 견해(통설)
주관설	하자를 관리자의 주관적 귀책사유의 존재로 보는 것으로, 공물주체의 관리와 관련하여 위험발생방지의무위반·해태를 하자로 보는 견해(의무위반설)
절충설	하자의 유무를 영조물 자체의 객관적 하자뿐만 아니라 관리자의 안전관리의무위반 또한 주관적 요소로 포함하여 하자를 이해하려는 견해
판례	종래 객관설에 입각한 판례가 주류적이었으나, 최근에는 주관설에 가까운 절충적 견해를 보이는 경향이 있음

ⓒ 타인에게 손해가 발생할 것
ⓔ 상당인과관계가 있을 것

③ 면책사유
  ㉠ 불가항력 : 객관설을 유지하면서도 예측가능성·회피가능성 결여를 면책사유로 인정함

안전성의 구비 여부를 판단함에 있어서는 … 설치·관리자가 그 영조물의 위험성에 비례하여 사회통념상 일반적으로 요구되는 정도의 방호조치의무를 다하였는지 여부를 그 기준으로 삼아야 하며 … 그 영조물의 결함이 영조물의 설치·관리자의 관리행위가 미칠 수 없는 상황 아래에 있는 경우임이 입증되는 경우라면 영조물의 설치·관리상의 하자를 인정할 수 없다(대판 2001. 7. 27, 2000다56822).

관련 판례 | 불가항력

• 600년 또는 1,000년 발생빈도의 강우량에 의한 하천의 범람은 예측가능성 및 회피가능성이 없는 불가항력적인 재해로서 그 영조물의 관리청에 책임을 물을 수 없다(대판 2003. 10. 23, 2001다48057).
• 집중호우는 불가항력으로 볼 수 없음(대판 93다11678, 93다20702, 99다53247 등)

  ㉡ 재정적 사유 : 예산부족 등의 재정적 제약은 절대적 면책사유가 되지 않는다고 판시함

④ 경합문제
  ㉠ 국가배상법 제2조와 국가배상법 제5조의 경합 : 소방차의 하자와 운전자의 과실로 인하여 손해가 발생한 경우처럼 국가배상법 제2조(배상책임)와 국가배상법 제5조(공공시설 등의 하자로 인한 책임)가 경합된 경우 그 피해자는 선택적으로 배상청구를 할 수 있음(다수설·판례)
  ㉡ 제3자의 행위 및 자연력 간의 경합 : 판례는 '다른 자연적 사실이나 제3자의 행위 또는 피해자의 행위와 경합하여 손해가 발생한 경우도 설치·관리의 하자가 인정된다'고 판시함. 따라서 설치·관리의 하자와 제3자의 행위 및 자연력이 서로 경합하여 손해발생된 경우 각자 경합된 범위 안에서 행정상 손해배상책임이 있다고 보아야 함

그 '하자' 유무는 객관적 견지에서 본 안전성의 문제이고 그 설치자의 재정사정이나 영조물의 사용목적에 의한 사정은 안전성을 요구하는 데 대한 정도 문제로서 참작사유에는 해당할지언정 안전성을 결정지을 절대적 요건에는 해당하지 아니한다(대판 1967. 2. 21, 66다1723).

⑤ **하자의 입증책임** : 하자의 입증책임은 원칙적으로 피해자인 원고에게 있으며, 일응추정의 법리를 적용해야 한다는 것이 지배적 견해이나, 판례는 불가항력에 대해서는 관리주체가 입증해야 한다고 함

⑥ **배상책임자**

- 국가 또는 지방자치단체가 배상책임을 지며, 사무의 귀속주체에 따라서 배상책임자가 결정된다는 것은 국가배상법 제2조의 경우와 같음
- 영조물의 설치·관리자와 비용부담자가 다른 경우에는 피해자는 양자에게 선택적으로 청구할 수 있고, 이 경우 손해를 배상한 자는 내부관계에서 그 손해를 배상할 책임이 있는 자에게 구상할 수 있음(동법 제6조)

(4) 손해배상의 청구절차

① **행정절차에 의한 손해배상청구**

ㄱ **임의적 결정전치주의** : 국가배상법(제9조)에서는 번잡한 소송절차의 회피, 시간과 경비의 절약, 신속한 피해자 구제를 위해서 임의적 결정전치주의를 채택하고 있음

ㄴ **손해배상심의회** : 합의제 행정관청

ㄷ **심의·결정절차** : 배상신청, 배상금 지급·기각 또는 각하의 결정, 사전 지급 및 추인

ㄹ **결정의 효력** : 배상심의회의 배상결정에 대하여 신청인이 동의하는 경우에는 배상결정이 효력을 발생함. 다만, 배상심의회의 배상결정은 행정처분에 해당되지 않으므로 행정소송의 대상이 아님(대판 1981. 2. 10, 80누317).

ㅁ **재심신청**

② **사법절차에 의한 손해배상청구** : 국가배상법을 공법으로 보는 공법설(다수설)은 행정소송(공법상의 당사자소송)에 의하여 행정법원이 제1심 법원이 된다고 보는데 비해, 국가배상법을 사법으로 보는 사법설은 민사소송에 의하여 민사법원이 제1심법원이 된다고 함. 판례는 일관되게 소송실무상 민사소송으로 다루고 있음

3. 행정상 손실보상

(1) 의의

① **개념** : 공공필요에 의한 적법한 공권력 행사로 인하여 사인에게 과하여진 특별한 희생을 공평부담의 견지에서 행정주체가 보상하는 조절적인 재산적 전보제도

② **손실보상청구권의 성질**

ㄱ **학설**

공권설 (통설)	손실보상의 원인행위가 공법적인 것이므로 그 효과 역시 공법으로 보며, 그에 관한 소송은 행정소송인 당사자소송에 의한다는 견해
사권설	손실보상의 원인은 공법적이나 그 효과는 사법적인 것으로 보고, 당해 청구권 행사를 위한 소송은 민사소송에 의한다는 견해

이론적 근거

행정주체가 공공목적을 위하여 개인에게 특별한 희생을 가한 경우에는 정의와 공평의 견지에서 보상하여야 한다는 특별희생설이 통설과 판례의 견해임

헌법 제23조 제3항

공공필요에 의한 재산권의 수용·사용 또는 제한 및 그에 대한 보상은 법률로써 하되, 정당한 보상을 지급하여야 한다.

ⓛ 판례

원칙	손실보상의 원인이 공법적일지라도 손실의 내용은 사권이라는 사권설을 취함
예외	법령에 별도의 규정이 있는 경우에는 행정소송의 대상으로 봄

> **관련 판례** 손실보상청구권의 성질
>
> 구 공익사업을 위한 토지 등의 취득 및 보상에 관한 법률 제79조 제2항은 … 위 규정들에 따른 사업폐지 등에 대한 보상청구권은 공익사업의 시행 등 적법한 공권력의 행사에 의한 재산상의 특별한 희생에 대하여 전체적인 공평부담의 견지에서 공익사업의 주체가 그 손해를 보상하여 주는 손실보상의 일종으로 공법상의 권리임이 분명하므로 그에 관한 쟁송은 민사소송이 아닌 행정소송절차에 의하여야 할 것이다(대판 2012. 10. 11, 2010다23210).

(2) 손실보상제도의 실정법적 근거

① **헌법 제23조 제3항과 불가분조항** : 헌법 제23조 제3항의 규정은 재산권의 내재적 한계를 넘어선 특별한 희생에 대하여는 보상하여야 한다는 불가분조항으로 이해됨. 따라서 보상규정을 두지 않거나 불충분한 보상규정을 둔 법률은 헌법위반이 됨

② **개별법** : 공익사업을위한토지등의취득및보상에관한법률(제61조), 국토의계획및이용에관한법률(제131조), 도시개발법, 도시및주거환경정비기본법 등

③ **법적 근거로서의 헌법 제23조 제3항** : 개별법에 손실보상청구권에 대한 명문규정이 없는 경우 헌법 제23조 제3항에 의해 손실보상을 청구할 수 있는지의 여부

방침규정설	손실보상에 관한 헌법 규정은 재산권보장의 원칙을 선언한 입법에 대한 방침규정에 지나지 않으므로, 헌법 규정을 근거로 손실보상청구를 할 수 없다는 견해
직접효력설	헌법 제23조 제3항 규정은 국민에게 직접 효력이 있는 규정으로 개인의 손실보상의 청구는 개별법에 의한 보상규정이 없더라도 가능하다는 견해
위헌무효설 (입법자에 대한 직접효력설)	헌법 제23조 제3항의 규정은 국민이 직접 손실보상청구를 할 수 있는 규정으로는 볼 수 없고 입법자를 직접 구속하는 효력이 있는 규정인바, 보상규정이 없는 법률은 위헌무효라는 견해. 따라서 그 법률에 근거한 재산권의 침해행위는 불법행위가 되므로 손해배상을 청구할 수 있음(다수설)
유추적용설 (간접효력 규정설)	법률에서 공용침해 등의 재산권침해를 규정하면서 보상규정을 두지 않은 경우 국민은 헌법 제23조 제1항("모든 국민의 재산권은 보장된다")과 제11조(평등원칙)를 근거로 하면서 동시에 헌법 제23조 제3항(보상규정) 및 기타 관련 법규상의 보상규정을 유추적용하여 보상청구권을 행사할 수 있다는 견해

헌법재판소	위헌무효설과 가까운 입장에서 판시한 경우도 있고, 이른바 분리이론에 입각하여 보상이 아니라 보상입법의무의 부과를 통해 위헌문제를 해결하려는 입장을 보이는 판결도 있음
대법원	직접효력설과 방침규정설을 취하다가 최근에는 위헌무효설이나 유추적용설을 통해 해결하려는 경향을 보이고 있음

(3) 행정상 손실보상의 요건

① 공공필요에 의한 재산권에 대한 적법한 침해일 것

　㉠ **공공필요** : 순수 국고목적을 위한 것은 공공필요에 해당하지 않으며, 공공필요성이 입증되면 사기업을 위해서도 수용이 이루어질 수 있음

　㉡ 재산권
- 재산권은 소유권과 그 밖에 법에 의해 보호되는 모든 재산적 가치 있는 권리를 말하는 것으로, 사법상이든 공법상이든 구분하지 않음
- 지가상승에 따른 기대이익이나 문화적·학술적 가치는 원칙적으로 손실보상의 대상이 아님
- 적법 건축물은 손실보상 대상으로서의 재산권에 포함됨. 다만, 판례는 위법건축물의 경우 손실보상과 건축물의 적법·위법 여부는 무관하므로 원칙적으로 위법 건축물도 손실보상의 대상이 된다고 하면서도, 보상이 제한될 수 있다고 함

관련 판례

문화적·학술적 가치는 특별한 사정이 없는 한 … 손실보상의 대상이 될 수 없다(대판 1989. 9. 12, 88누11216).

관련 판례 위법 건축물

주거용 건물이 아닌 위법 건축물의 경우 … 그 위법의 정도가 관계 법령의 규정이나 사회통념상 용인할 수 없을 정도로 크고 객관적으로도 합법화될 가능성이 거의 없어 거래의 객체도 되지 아니하는 경우에는 예외적으로 토지수용법상의 수용보상 대상이 되지 아니한다(대판 2001. 4. 13, 2000두6411).

　㉢ 적법한 침해

개념	침해란 재산권을 일체 박탈하는 '수용', 일시사용을 의미하는 '사용', 개인의 사용과 수익을 한정하는 '제한'을 의미하며, 넓은 의미로는 '공용침해'라 함
침해의 유형	법률에 의한 직접적인 침해인 법률수용과 법률의 수권에 따른 행정행위에 의한 침해인 행정수용이 있는데, 법률수용은 처분법률의 성질을 가지는 바 권리보호를 위해 예외적으로 허용됨. 따라서 개인의 구체적 재산권의 박탈은 행정수용에 의하여 이루어지는 것이 일반적 현상임
침해의 성격	적법성, 침해의 의도성(직접성), 침해의 현실성

관련 판례

손실보상은 공공필요에 의한 행정작용에 의하여 사인에게 발생한 특별한 희생에 대한 전보라는 점에서 그 사인에게 특별한 희생이 발생하여야 하는 것은 당연히 요구되는 것이고, 공유수면 매립면허의 고시가 있다고 하여 반드시 그 사업이 시행되고 그로 인하여 손실이 발생한다고 할 수 없으므로, 매립면허 고시 이후 매립공사가 실행되어 관행어업권자에게 실질적이고 현실적인 피해가 발생한 경우에만 공유수면매립법에서 정하는 손실보상청구권이 발생하였다고 할 것이다(대판 2010. 12. 9, 2007두6571).

SEMI-NOTE

공용침해에 대한 경계이론과 분리이론의 중점

사회적 제약을 벗어난 공용침해에 있어, 분리이론은 당해 침해행위의 폐지를 주장함으로써 위헌적 침해를 억제하는 데 중점을 두지만, 경계이론은 이에 대한 보상을 통한 가치의 보장에 중점을 두고 있음

관련 판례

개발제한구역 지정으로 인하여 토지를 종래의 목적으로도 사용할 수 없거나 또는 더 이상 법적으로 허용된 토지이용의 방법이 없기 때문에 실질적으로 토지의 사용·수익의 길이 없는 경우에는 토지소유자가 수인해야 하는 사회적 제약의 한계를 넘는 것으로 보아야 한다(헌재 1998. 12. 24. 89헌마214).

관련 판례

헌법 제23조 제3항에서 규정한 '정당한 보상'이란 원칙적으로 피수용재산의 객관적인 재산가치를 완전하게 보상하여야 한다는 완전보상을 뜻하는 것이지만, 공익사업의 시행으로 인한 개발이익은 완전보상의 범위에 포함되는 피수용토지의 객관적 가치 내지 피수용자의 손실이라고는 볼 수 없다(대판 2000두2426, 헌재 2000헌바31).

실력up 공용침해와 재산권의 내용·한계설정의 구분이론

- 헌법 제23조 제1항·제2항("모든 국민의 재산권은 보장되며, 그 내용과 한계는 법률로 정한다. 또한 재산권의 행사는 공공복리에 적합하도록 하여야 한다.")과 제3항("공공필요에 의한 재산권의 수용·사용 또는 제한 및 그에 대한 보상은 법률로써 하되, 정당한 보상을 지급하여야 한다.")의 구분과 관련하여 논의되는 이론
- **경계이론** : 헌법 제23조 제1항·제2항(재산권의 내용과 한계, 사회적 제약)과 제3항(공용침해)은 분리되는 제도가 아니라, 연속선상에 있어 '재산권 내용의 규정'이 일정한 경계(사회적 제약의 한계)를 벗어나면 보상의무가 있는 '공용침해'로 전환된다는 이론. 독일의 통상재판소와 우리나라의 대법원의 입장으로, 수용유사침해론으로 연결됨
- **분리이론** : 헌법 제23조 제1항·제2항과 제3항은 연속상에 있는 것이 아니라, 입법자의 의도에 따라 분리되는 별개의 제도라는 이론. 독일의 헌법재판소와 우리나라의 헌법재판소의 입장

② 침해가 특별한 희생일 것

㉠ **특별한 희생의 의의** : 공공필요에 의한 공용침해의 범위가 사회적 제약을 벗어나 수인할 수 없는 정도에 이른 것을 말하며, 사회적 제약을 넘는 특별한 희생인 때에 한하여 손실보상의 대상이 됨

㉡ **사회적 제약과 특별한 희생의 구별기준** : 손실보상을 요하지 않는 사회적 제약(재산의 내재적 제약)과 손실보상을 요하는 특별한 희생에 대한 명확한 한계가 없는 바, 이 양자의 구분기준과 관련하여 여러 견해가 있음

형식적 표준설	침해받은 자의 특정 여부, 즉 침해가 일반적인 것이냐 개별적인 것이냐에 따라 사회적 제약과 특별한 희생을 구분하는 견해(개별행위설, 특별희생설)
실질적 표준설 (중대설)	사회적 제약과 특별한 희생의 구별을 침해의 중대성과 범위를 기준으로 하여 결정하여야 한다는 입장으로, 그 침해의 정도가 사회적 제약의 한계를 넘는 경우에 특별한 희생으로 봄(수인한도설, 보호가치설, 사적 효용설, 목적위배설, 사회적 제약설, 상황구속성설)
절충설 (통설)	재산권침해에 대한 손실보상의 여부는 표준설을 함께 고려하여 판단하여야 한다는 견해

③ 보상규정이 존재할 것

보상규정이 있는 경우	공익사업을위한토지등의취득및보상에관한법률, 국토의계획및이용에관한법률, 도로법, 하천법 등의 다수 법규에서 규정하고 있음
보상규정이 없는 경우	최근 판례는 위헌무효설 또는 유추적용설을 통해 해결하려는 경향이 있음

(4) 손실보상의 내용

① 손실보상의 기준(범위)

㉠ 헌법상의 기준(법률에 의한 정당한 보상) : 완전보상설(다수설·판례)

㉡ 공익사업을위한토지등의취득및보상에관한법률("토지보상법")

ⓒ 개발이익환수에관한법률(개발이익의 배제 및 환수)(※ 후술)

ⓔ **공용제한의 보상기준** : 공용제한(계획제한·보전제한·사업제한·공물제한·사용제한 등)의 근거법으로는 국토의계획및이용에관한법률, 도로법, 하천법, 산림보호법, 철도법 등 다수의 개별법이 있으나, 대부분의 관련법은 공용제한을 사회적 제약의 일종으로 보아 보상규정을 두고 있지 않음. 손실보상 규정을 두고 있는 법으로는 산림보호법(제10조) 등이 있음

② 손실보상의 내용

ⓐ **대인적 보상** : 피수용자가 수용목적물에 대하여 갖는 주관적 가치의 보상

ⓑ **대물적 보상(재산권보상)** : 피수용자의 수용목적물에 대한 객관적 시장가치를 기준으로 하는 보상으로, 여러 국가에서 기본적인 보상제도로 채택하고 있음

- 토지 등의 보상
  - 공시지가의 보상 : 공시지가를 기준으로 하여 보상함(제70조 제1항)
  - 사업인정 후의 취득의 경우에 제1항에 따른 공시지가는 사업인정고시일 전의 시점을 공시기준일로 하는 공시지가로서, 해당 토지에 관한 협의의 성립 또는 재결 당시 공시된 공시지가 중 그 사업인정고시일과 가장 가까운 시점에 공시된 공시지가로 함(동조 제4항)

- 부대적 손실보상

실비변상적 보상	재산권의 상실·이전에 따른 비용을 보상하는 것을 말함. 예로는 지상물건의 이전료, 과수 등의 이식료, 잔여지공사비보상, 가축의 운송비보상 등을 들 수 있음
일실 손실보상	토지 등의 재산권 수용에 부수하거나 독립적으로 사업을 폐지·이전하는 경우에 인정되는 보상을 말하며, 여기에는 영업시설 등의 가액이나 이전에 따른 손실에 대한 보상, 근로자에 대한 휴업·실질보상 등이 있음(무허가영업에 대해서는 보상하지 않음)

[법 령] 공익사업을 위한 토지 등의 취득 및 보상에 관한 법률

제75조(건축물 등 물건에 대한 보상) ① 건축물·입목·공작물과 그 밖에 토지에 정착한 물건에 대하여는 이전에 필요한 비용("이전비")으로 보상하여야 한다.
④ 분묘에 대하여는 이장(移葬)에 드는 비용 등을 산정하여 보상하여야 한다

ⓒ **생활보상**

- 의의

협의의 생활보상	현재 생활기반인 당해 장소에서 현실적으로 누리고 있는 총체적 생활이익의 상실로서 재산권보상으로 메워지지 않은 손실에 대한 보상을 말함. 이는 전혀 새로운 생활환경에서 요구되는 총체적 금액으로서의 의미를 지님
광의의 생활보상	생활보상을 수용 전과 같은 수준으로 보장해주는 보상을 말하는 바, 적어도 개발사업의 시행·수용이 없었던 것과 같은 생활재건을 실현시켜 재산권의 존속을 보장하는 것이어야 한다고 봄

SEMI-NOTE

공용제한

공익사업이나 기타 복리행정상의 수요를 충족하기 위하여 특정한 재산권에 대해 과하는 공법상의 제한(예 그린벨트 등의 개발제한구역, 소방도로계획구역설정, 한옥보존지구설정 등)

보상액의 가격시점 등(공익사업을 위한 토지 등의 취득 및 보상에 관한 법률 제67조)

① 보상액의 산정은 협의에 의한 경우에는 협의 성립 당시의 가격을, 재결에 의한 경우에는 수용 또는 사용의 재결 당시의 가격을 기준으로 한다.

② 보상액을 산정할 경우에 해당 공익사업으로 인하여 토지등의 가격이 변동되었을 때에는 이를 고려하지 아니한다.

권리의 보상(공익사업을 위한 토지 등의 취득 및 보상에 관한 법률 제76조)

광업권·어업권 및 물(용수시설을 포함한다) 등의 사용에 관한 권리에 대하여는 투자비용, 예상수익 및 거래가격 등을 고려하여 평가한 적정가격으로 보상하여야 한다.

생활보상의 특징

생활보상은 주관적 성격이 강한 대인보상에 비해 객관적 성격이 강하며, 대물보상에 비해 보상대상이 훨씬 넓음

04장
행정구제법

SEMI-NOTE

관련 판례

생활권보상은 사회복지국가원리에 바탕을 둔 종전의 생활상태를 원상으로 회복시키면서 동시에 인간다운 생활을 보장하여 주기 위한 이른바 생활보상의 일환으로 국가의 적극적이고 정책적인 배려에 의하여 마련된 제도이다(대판 1994. 5. 24. 92다35783).

- 변천 : 종래의 전통적인 손실보상이론은 주로 부동산에 대한 재산권보상에 관한 것이었으나, 오늘날에 와서는 생활근거의 상실에 따른 생활재건조치의 일환인 포괄적 생활보상으로 변천해 가고 있음(대인적 보상 → 대물적 보상 → 생활보상)
- 성격 : 생활권보상의 성격과 원상회복의 성격을 지니고 있음
- 내용

주거의 총체가치의 보상	• 주거의 총체가치에 상당하는 금액을 지불하는 보상을 말하는 것으로, 이주대책사업을 예로 들 수 있음 • 사업시행자는 공익사업의 시행으로 인하여 주거용 건축물을 제공함에 따라 생활의 근거를 상실하게 되는 자(이주대책대상자)를 위하여 대통령령으로 정하는 바에 따라 이주대책을 수립·실시하거나 이주정착금을 지급하여야 함(제78조 제1항)
이전료 보상	주거용 건물의 거주자에 대하여는 주거 이전에 필요한 비용과 가재도구 등 동산의 운반에 필요한 비용을 산정하여 보상하여야 함(제78조 제5항)
영업상 손실보상	• 토지 등의 수용과 인과관계에 있는 영업상 손실에 대한 보상 • 영업을 폐지하거나 휴업함에 따른 영업손실에 대하여는 영업이익과 시설의 이전비용 등을 고려하여 보상하여야 함(제77조 제1항) • 농업의 손실에 대하여는 농지의 단위면적당 소득 등을 고려하여 실제 경작자에게 보상하여야 함(동조 제2항) • 휴직하거나 실직하는 근로자의 임금손실에 대하여는 근로기준법에 따른 평균임금 등을 고려하여 보상하여야 함(동조 제3항)
간접 손실보상	공공사업의 시행·완성 후의 시설이 간접적으로 사업지 범위 밖에 위치한 타인의 토지 등의 재산에 손실을 가하는 경우의 보상(사업손실보상)

개발사업(개발이익환수에관한법률 제2조 제2호)

개발사업이란 국가나 지방자치단체로부터 인가·허가·면허 등(신고를 포함함)을 받아 시행하는 택지개발사업이나 산업단지개발사업 등의 사업을 말한다.

③ 개발이익의 배제 및 환수(개발이익환수에관한법률)
- ㉠ 의의 : 개발이익이란 개발사업의 시행이나 토지이용계획의 변경, 그 밖에 사회적·경제적 요인에 따라 정상지가상승분을 초과하여 개발사업을 시행하는 자(사업시행자)나 토지소유자에게 귀속되는 토지가액의 증가분을 말함(제2조)
- ㉡ 개발이익의 배제 : 개발이익은 피수용토지의 객관적 가치나 피수용자의 손실에 해당하지 않으므로 손실보상액 산정에서 배제됨

개발이익의 환수(개발이익환수에관한법률 제3조)

시장·군수·구청장은 제5조에 따른 개발부담금 부과대상사업이 시행되는 지역에서 발생하는 개발이익을 이 법으로 정하는 바에 따라 개발부담금으로 징수하여야 한다.

- ㉢ 개발이익의 환수 : 공익사업대상지역 안의 토지소유자 중 토지의 피수용자가 아닌 자가 향수하게 되는 개발이익을 환수하는 것을 말함. 개발이익환수를 위해 시행되는 제도로는 개발부담금(개발이익환수에관한법률 제2조 제4호), 양도소득세제 등이 있음. 다만, 종전 토지초과이득세제는 근거법인 토지초과이득세법의 폐지(1998. 12)로 함께 폐지됨

(5) 손실보상의 방법과 절차

① 행정상 손실보상의 방법
- ㉠ 사업시행자 보상
- ㉡ 사전보상의 원칙(선급원칙)
- ㉢ 현금보상의 원칙

ⓔ 개인별 보상의 원칙(개별급 원칙)

ⓜ 일괄보상의 원칙

② 손실보상액의 결정(공익사업을 위한 토지 등의 취득 및 보상에 관한 법률)

　ⓐ 당사자의 협의 : 사업시행자는 토지조서 및 물건조서의 작성, 보상계획의 공고 · 통지 및 열람, 보상액의 산정과 토지소유자 및 관계인과의 협의절차를 거쳐야 함(제26조)

　ⓑ 재결

　　• 협의가 성립되지 않거나 협의를 할 수 없을 때에는 사업시행자는 사업인정 고시가 된 날부터 1년 이내에 대통령령으로 정하는 바에 따라 관할토지수용위원회에 재결을 신청할 수 있음(제28조 제1항). 다만, 재결사항 중 손실보상의 경우에는 증액재결을 할 수 있음

　　• 사업인정고시가 된 후 협의가 성립되지 아니하였을 때에는 토지소유자와 관계인은 대통령령으로 정하는 바에 따라 서면으로 사업시행자에게 재결을 신청할 것을 청구할 수 있음(제30조 제1항)

　ⓒ 이의신청(제83조) : 중앙토지수용위원회의 재결에 이의가 있는 자는 중앙토지수용위원회에 이의를 신청할 수 있으며, 지방토지수용위원회의 재결에 이의가 있는 자는 해당 지방토지수용위원회를 거쳐 중앙토지수용위원회에 이의를 신청할 수 있음

　ⓓ 이의신청에 대한 재결(제84조) : 중앙토지수용위원회는 이의신청을 받은 경우 재결이 위법 · 부당하다고 인정할 때에는 그 재결의 전부 또는 일부를 취소하거나 보상액을 변경할 수 있음

　ⓔ 행정소송의 제기(제85조) : 사업시행자, 토지소유자 또는 관계인은 재결에 불복할 때에는 재결서를 받은 날부터 90일 이내에, 이의신청을 거쳤을 때에는 이의신청에 대한 재결서를 받은 날부터 60일 이내에 각각 행정소송을 제기할 수 있음

관련 판례 행정소송의 제기

구 토지수용법 제75조의2 제2항의 규정은 제1항에 의하여 이의재결에 대하여 불복하는 행정소송을 제기하는 경우, 이것이 보상금의 증감에 관한 소송인 때에는 이의재결에서 정한 보상금이 증액 변경될 것을 전제로 하여 기업자를 상대로 보상금의 지급을 구하는 공법상의 당사자소송을 규정한 것으로 볼 것이다(대판 1991. 11. 26, 91누285).

　ⓕ **입증책임** : 입증책임은 원고에게 있음

4. 새로운 행정구제제도

(1) 수용유사적 침해

① 의의 : 공공필요에 의하여 재산권 침해의 근거규정을 두면서도 그로 인해 발생된 특별한 희생에 대한 손실보상규정의 결여로, 그 공권력 행사가 위법하게 된 경우의 공용침해(주로 공용제한)를 말함

SEMI-NOTE

환매권(공익사업을 위한 토지 등의 취득 및 보상에 관한 법률 제91조)

• 토지의 협의취득일 또는 수용의 개시일("취득일")부터 10년 이내에 취득한 토지가 필요 없게 된 경우, 토지소유자 또는 포괄승계인("환매권자")은 토지 전부 또는 일부가 필요 없게 된 때부터 1년 또는 취득일부터 10년 이내에 그 토지 보상금에 상당하는 금액을 사업시행자에게 지급하고 그 토지를 환매할 수 있다.

• 취득일부터 5년 이내에 취득한 토지의 전부를 해당 사업에 이용하지 아니하였을 때에는 제1항을 준용한다. 이 경우 환매권은 취득일부터 6년 이내에 행사하여야 한다.

관련 판례

구 토지수용법 제75조의2 제2항 소정의 손실보상금 증액청구의 소에 있어서 그 이의재결에서 정한 손실보상금액보다 정당한 손실보상금액이 더 많다는 점에 대한 입증책임은 원고에게 있다고 할 것이고 … (대판 2004. 10. 15, 2003두12226)

관련 판례

수용적 침해이론의 성립 배경

수용적 침해이론은 적법한 행정작용의 비의도적 · 부수적 효과로 발생한 재산권의 손실을 보상하기 위해 관습법적으로 발전되어 온 희생보상제도를 근거로 하여 독일 연방사법재판소가 고안해 낸 이론

② 구별 개념
  ㉠ 수용적 침해와의 구별
    • 수용유사적 침해는 '위법(위헌이 된다는 의미의 위법) · 무책'의 침해를 요건으로 하나, 수용적 침해는 '적법 · 무책'의 침해를 요건으로 함
    • 수용유사적 침해는 예측할 수 있는 본질적 · 정형적 침해이나, 수용적 침해는 예측할 수 없는 부수적 · 비정형적 침해임
  ㉡ 국가배상과의 구별 : 수용유사적 침해는 국가 등에 대한 헌신의 대가(공공필요에 의한 재산권침해)이나, 손해배상은 불법행위에 대한 대가임
③ 법적 근거 : 다수설은 긍정설(손실보상으로 접근하는 견해)을 취하며, 판례는 현재까지 수용유사침해 이론을 채택하지 않는 것으로 보임(이견 있음)
④ 성립요건
  ㉠ 공공필요에 의하여 재산권에 대한 공용침해(수용 · 사용 · 제한)가 있어야 함
  ㉡ 그 공용침해는 위법행위여야 함
  ㉢ 공용침해로 인하여 재산권자에게 특별한 희생이 발생하여야 함

(2) 수용적 침해

① 의의 : 공공필요에 의하여 사인의 재산권에 적법한 직접적인 침해로서 의도되지 않은 특별한 희생이 부수적 효과로 발생하는 것
② 법적 근거 및 성질(수용유사적 침해와의 비교) : 수용유사적 침해이론과 그 법적 근거가 같으나, 수용유사적 침해가 위법 · 무책의 공용침해에 대한 책임과 관련되는 데 비해, 수용적 침해는 적법 · 무책의 침해로 발생한 의도되지 않은 특별한 희생에 대한 책임(결과책임)과 관련됨
③ 법리 인정 여부 : 긍정설(다수설)과 부정설의 다툼이 있으나 판례는 이를 채택하지 않고 있는 것으로 보임
④ 성립요건 : 공공필요에 의한 재산권에 대하여 적법한 공용침해(행정작용)가 있고, 이러한 침해의 부수적 효과로 사인의 특별한 희생이 발생되어야 함

(3) 희생보상청구권

① 의의 : 공공필요에 의한 적법한 공권력 행사에 의하여 생명 · 건강 · 명예 · 자유와 같은 개인의 비재산적 법익에 가해진 손실에 대한 보상청구권
② 법적 근거 : 희생보상청구권의 근거가 되는 실정법이나 판례는 아직 없음. 개별법으로는 소방기본법, 산림보호법, 감염병의예방및관리에관한법률 등이 있음
③ 성립요건 : 공공필요에 의하여 행정청이 적법한 절차에 따라 행한 비재산적 권리에 대한 권력적 침해로 인하여 특별한 희생이 발생하여야 함
④ 보상 : 침해를 통한 수익자가 보상의무자가 될 것이고, 수익자가 없다면 처분청이 속한 행정주체가 보상의무자가 될 것임. 독일의 판례는 비재산적 침해에 의한 재산적 결과에 대한 보상(치료비 · 소송비용 · 양육비 등)만을 포함시키고 있음. 따라서 위자료와 같은 정신적 침해에 대한 보상청구는 제외됨

(4) 행정상 결과제거청구권

① 의의

ㄱ 개념 : 공행정작용의 결과로서 남아 있는 위법한 사실상태로 인하여 법률상의 이익을 침해받고 있는 자가 행정주체에게 그 위법한 상태를 제거해 줄 것을 청구하는 권리. 이 청구권은 원상회복 또는 방해배제청구권이라고도 함

ㄴ 행정상 손해배상청구권과의 구별

구분	손해배상청구권	결과제거청구권
성질	채권적 청구권	물권적 청구권의 일종(다만, 비재산권 침해의 경우에도 발생)
요건	가해자의 고의 · 과실 요함	위법한(권원 없는) 물권적 침해상태의 존재(고의 · 과실 불요)
내용	금전배상	위법한 결과의 제거를 통한 원상회복

ㄷ 성질

• 개인적 공권 : 결과제거청구권은 행정청의 행정작용으로 인하여 야기된 위법한 상태를 제거함을 목적으로 하는 공권이라는 입장(다수설), 결과제거청구권은 권원 없는 행정작용으로 인하여 야기된 위법침해의 상태를 제거하는 것이므로 사인 상호 간에 있어서 동일한 법률관계로 취급할 수 있다는 점에서 사권이라는 입장(판례)이 있음

• 물권적 청구권 : 물권적 지배권이 침해된 경우에 발생하는 물권적 청구권이라는 견해도 있으나, 신체나 명예 등과 같은 비재산권이 침해된 경우에도 발생할 수 있어 물권적 청구권에 한정할 것은 아님(다수설)

• 원상회복청구권 : 결과제거청구권은 계속되는 위법 사실상태의 제거를 통해 원상으로 회복을 구하는 청구권일 뿐임. 따라서 일종의 보상청구권이라 할 수 있으나, 본질적으로는 손해배상이나 손실보상의 청구권과 구별됨

② 성립요건

ㄱ 행정청의 공행정작용

ㄴ 타인의 법률상 이익의 침해

ㄷ 침해의 위법성

ㄹ 위법한 침해상태의 계속

ㅁ 결과제거의 가능성 · 허용성 · 수인가능성

③ 결과제거의 내용

ㄱ 청구권의 상대방 : 위법한 상태를 야기한 공행정작용을 행한 행정주체에 대하여 행사함

ㄴ 청구권의 내용 : 위법하게 된 상태의 제거를 그 목적으로 하며, 위법한 상태를 제거하여 침해가 없는 원래의 상태로 또는 그와 유사한 상태로 회복하는 것을 내용으로 함

SEMI-NOTE

결과제거청구권의 필요성

행정상 손해전보제도나 행정상 쟁송제도에 의하여 권리구제가 어렵거나 권리구제의 목적을 달성할 수 없는 경우 기존의 행정구제의 보완을 위하여 결과제거청구제도가 필요함

개인적 공권

다수설은 공권으로 보나, 소송실무상은 민사소송에 의하고 있음

행정상 결과제거청구권의 법적 근거

헌법상 법치행정의 원리(제108조), 기본권 규정(제10조 · 제11조) 등이 있음. 민법상 관계 규정(소유권방해제거청구권 등)은 유추적용의 범위 내에서 근거가 됨. 절차법적 근거로는 행정소송법상의 관련 청구소송의 이송 · 병합에 관한 규정(제10조), 판결의 기속력에 관한 규정(제30조 제1항), 당사자소송에 관한 규정(제4장)을 들 수 있음

성립요건

공행정작용의 결과로 위법한 사실상태가 존재하여 타인의 법률상 이익을 침해하여야 하고, 그 침해가 계속적인 상태로 존재하여야 함. 행정청이 정당한 권원 없이 사인소유지인 도로를 계속하여 사용하고 있는 경우를 예로 들 수 있음

결과제거청구의 예

개인의 토지에 시가 쓰레기를 적치한 경우나 사유지의 지하에 시가 무단으로 하수도관을 매설한 경우, 토지수용처분이 취소된 후에도 사업시행자가 그 토지를 반환하지 않는 경우 등의 제거

결과제거청구권의 권리보호
행정상 결과제거청구권을 공권으로 보면 행정소송의 당사자소송에 의할 것이나(다수설), 사권으로 보면 민사소송에 의함(판례)

대한민국헌법 제107조
• 제2항 : 명령·규칙 또는 처분이 헌법이나 법률에 위반되는 여부가 재판의 전제가 된 경우에는 대법원은 이를 최종적으로 심사할 권한을 가진다.
• 제3항 : 재판의 전심절차로서 행정심판을 할 수 있다. 행정심판의 절차는 법률로 정하되, 사법절차가 준용되어야 한다.

행정소송법 제18조
• 제1항 : 취소소송은 법령의 규정에 의하여 당해 처분에 대한 행정심판을 제기할 수 있는 경우에도 이를 거치지 아니하고 제기할 수 있다. 다만, 다른 법률에 당해 처분에 대한 행정심판의 재결을 거치지 아니하면 취소소송을 제기할 수 없다는 규정이 있는 때에는 그러하지 아니하다.

© 행정상 결과제거청구권의 한계
  • 위법한 상태의 제거가 사실상 또는 법적으로 불가능한 경우, 손해배상·손실보상의 문제가 됨
  • 원상회복에 그 비용이 지나치게 소요되거나 신의성실의 원칙에 반하는 때에는 사정재결·사정판결 등을 통해 해결함(다수설). 이 경우 손해배상이나 손실보상으로 대신해야 함
  • 위법한 상태의 발생에 피해자의 과실도 있는 경우, 민법(제396조)상의 과실상계규정이 적용되며, 결과제거청구권은 제한됨

04절 행정쟁송

1. 개설

(1) 의의

① 행정쟁송의 개념

광의의 행정쟁송	위법 또는 부당한 행정작용으로 인한 분쟁이 있을 경우에 이해관계인의 쟁송제기에 따라 권한 있는 기관이 그 분쟁을 판정하는 절차나 작용을 말함. 여기에는 행정심판과 행정소송이 포함됨
협의의 행정쟁송	광의의 행정쟁송 중 특별기관이 그 분쟁을 판정하는 절차(작용)만을 말하며, 이는 행정심판을 의미함

② 우리나라의 행정쟁송제도 : 우리나라는 영미식 사법심사제도를 취하여 행정사건도 일반법원에서 재판하도록 함(헌법 제107조 제2항). 다만, 행정의 자기통제성과 행정사건의 특수성, 권리구제의 간이성·신속성 등을 고려하여 대륙법계요소를 일부 가미하고 있는데, 임의적·예외적 행정심판전치주의(헌법 제107조 제3항, 행정소송법 제18조 제1항)와 민사소송절차와 구별되는 행정소송절차에서의 여러 특례규정(제소기간, 재판관할, 사정재결 등) 등이 있음

③ 제도적 기능
  ㉠ 법치국가의 행정원리는 적법하고 합목적적이어야 함. 이러한 행정원리의 구현을 위한 행정의 자기통제수단, 또는 국민의 권리구제수단으로서 행정쟁송제도가 요청되고 있음
  ㉡ 고유한 의미의 행정심판은 행정의 자기통제 기능에 중심을 두며(대륙법계), 행정소송은 권리구제에 중심을 둔다(영미법계) 할 것이나, 오늘날에는 양자 모두 권리구제의 기능에 중심을 두고 행정의 자기통제 기능은 부수적인 것이라 봄

(2) 종류

① 정식쟁송과 약식쟁송(쟁송절차에 따른 분류)

정식쟁송	분쟁의 공정한 해결을 위해 당사자로부터 독립된 제3자의 기관에 의해서 판단되고, 당사자에게 구두변론의 기회가 보장된 쟁송(행정소송)
약식쟁송	정식쟁송의 두 가지 절차요건 중 어느 하나 또는 둘 모두를 결(缺)한 쟁송 (즉결심판, 행정심판)

② 실질적 쟁송과 형식적 쟁송(분쟁을 전제로 하는지 여부에 따른 분류)

실질적 쟁송	위법 또는 부당한 행정작용으로 인한 분쟁의 존재를 전제로 이를 시정하기 위한 쟁송. 이는 사후절차로 유권적 판정절차를 의미하는 것이라 할 수 있음(행정심판, 행정소송 등)
형식적 쟁송	분쟁의 존재를 전제로 하지 않고 공권력 행사를 신중·공정하게 함으로써 분쟁의 발생을 미연에 방지하는 사전절차임(행정절차 등)

③ 주관적 쟁송과 객관적 쟁송(쟁송목적에 따른 분류)

주관적 쟁송	개인의 권리와 이익 구제를 목적으로 하는 쟁송(당사자소송, 항고쟁송)
객관적 소송	공공이익의 보호를 목적으로 하는 쟁송(민중쟁송, 기관쟁송)

④ 시심적(始審的) 쟁송과 복심적(覆審的) 쟁송(쟁송단계에 따른 분류)

시심적 쟁송	법률관계의 형성 또는 존부에 관한 최초의 행정작용 그 자체가 쟁송의 형식을 거쳐 행하여지는 쟁송(토지수용의 재결신청, 당사자소송의 1심, 형식적 쟁송 등)
복심적 쟁송	이미 행하여진 행정행위의 하자를 이유로 그에 대한 재심사를 구하는 경우의 쟁송(항고심판, 항고소송 등)

⑤ 당사자쟁송과 항고쟁송(쟁송성질에 따른 분류)

당사자 쟁송	양 당사자가 대등한 지위에서 법률상 분쟁을 다투는 쟁송(손실보상청구소송, 봉급청구소송, 토지수용재결신청 등)
항고쟁송	행정청이 우월한 지위(공권력 행사)에서 행한 처분의 취소 또는 변경을 구하는 쟁송(항고심판, 항고소송 등)

⑥ 민중쟁송과 기관쟁송(주체에 따른 분류)

민중쟁송	행정법규의 위법한 적용을 시정하기 위하여 일반민중 또는 선거인등에 제소권이 부여되는 쟁송(선거소청, 선거소송, 당선소송 등)
기관쟁송	국가 또는 공공단체의 기관 상호간에 있어서 권한의 존부 또는 그 행사에 관한 쟁송(지방자치단체장이 지방의회 의결에 대해 제기하는 소송 등)

행정심판과 행정소송(심판기관에 따른 분류)

• **행정심판** : 행정기관에 의하여 심리·재결되는 쟁송
• **행정소송** : 법원에 의하여 심리·판결되는 쟁송

당사자쟁송과 항고쟁송

당사자쟁송이 시심적 쟁송이 되는데 비해, 항고쟁송은 처분의 존재를 존재로 하므로 언제나 복심적 쟁송이 됨

04장

행정구제법

2. 행정심판

(1) 개설

① 의의

    ㉠ 실질적 의미의 행정심판 : 특정한 실정법 제도와 관계없이 이론적 측면에서 파악

        • 광의의 행정심판 : 행정기관이 재결하는 행정쟁송뿐만 아니라 행정절차도 포함됨

        • 협의의 행정심판(일반적 의미) : 행정법적 분쟁을 행정기관이 재결하는 행정쟁송. 여기에는 행정심판법과 특별법에 의한 행정심판(이의신청, 심판 · 심사청구)이 있음

    ㉡ 형식적 의미의 행정심판 : 행정심판법에 의한 행정심판

② 행정심판의 성질 : 보편적으로 행정심판이란 행정법적 분쟁을 행정기관이 재결하는 행정쟁송(약식쟁송) 절차라 할 수 있음. 행정심판의 재결은 권익구제의 기능도 있으나, 행정법질서를 유지 또는 형성함으로써 행정목적을 실현한다는 점에서 그 자체가 하나의 행정작용, 즉 행정행위의 성질을 지님

③ 헌법과 행정심판 : 헌법 제107조 제3항에 "재판의 전심절차로서 행정심판을 할 수 있음. 행정심판의 절차는 법률로 정하되, 사법절차가 준용되어야 한다."고 규정함

④ 유사제도와의 구별

    ㉠ 이의신청과의 구별

공통점	행정소송의 전심절차로서 행정의 자기통제수단에 해당함. 쟁송형태는 항고쟁송이며, 복심적 쟁송임
차이점	• 행정심판은 소속 행정심판위원회에 제기하는 쟁송이나, 이의신청은 그 법률에서 규정하고 있는 위법 또는 부당한 처분 등에 한하여 그 처분청에 재심사를 구하는 쟁송임 • 이의신청은 임의적 절차이며, 이의신청의 결정에 대한 불복으로 다시 행정심판을 제기할 수 있음이 원칙임. 다만, 이의신청, 심사청구 또는 심판청구의 2단계의 행정심판을 규정하는 경우도 있음(국세기본법 제62조 · 제66조 · 제69조 등)

    ㉡ 행정소송과의 구별

공통점	• 위법한 처분이나 부작위로 법률상 이익이 침해된 자가 그 행정처분의 시정 및 권익구제를 위해 제기하는 실질적 쟁송 • 일정 기간 내에 당사자의 쟁송제기에 의하여 절차가 개시됨 • 그 외에 청구의 변경, 참가인제도, 직권심리, 집행부정지의 원칙, 불이익변경금지의 원칙, 사정재결(판결) 등

이의신청 관련 국세기본법 조항

• 제62조 : 심사 청구 절차
• 제66조 : 이의신청
• 제69조 : 심판 청구 절차

집행부정지원칙(행정심판법 제30조, 행정소송법 제23조)

심판청구나 취소소송의 제기로 처분의 효력이나 그 집행 또는 절차의 속행에 영향을 주지 않는 것을 말한다(집행 등이 정지되지 않는 것을 말함).

차이점	• 제도의 본질 : 행정심판은 행정통제적(감독적) 성격이 강하나, 행정소송은 법원이 심판하는 행정구제적 성격이 강함 • 쟁송의 성질 : 행정심판은 형식적 의미의 행정작용에 해당되며, 행정소송은 형식적 의미의 사법작용에 해당됨 • 쟁송의 대상(쟁송사항) : 행정심판은 행정행위의 위법 · 부당(적법성 · 합목적성)을 그 심판대상으로 하나, 행정소송은 행정행위의 위법(법률문제의 판단)만을 소송대상으로 함. 다만, 행정쟁송의 대상인 법률문제에는 재량권의 남용 · 일탈이 포함됨 • 쟁송의 판정절차 : 행정심판은 약식절차(직권주의 · 비공개주의)로 서면심리주의와 구술심리주의가 병행하여 적용되는 데 비해, 행정소송은 정식절차(당사자주의 · 공개주의)로 구두변론주의가 적용됨 • 적극적 판단 여부 : 행정심판에는 의무이행심판이 인정되나, 행정소송에는 의무이행소송이 부인되고 부작위위법확인소송이 인정됨

⑤ 행정심판제도의 필요성

   ㉠ 행정의 자기통제

   ㉡ 권리구제의 기능

   ㉢ 행정능률의 보장

   ㉣ 법원의 부담경감

   ㉤ 소송상 경제성 확보

(2) 우리나라 행정심판제도

① 행정심판법의 지위 : 헌법 제107조 제3항에서 행정심판절차의 헌법상 근거를 마련하고 있는바, 이에 대한 일반법으로 규정된 법이 행정심판법임. 행정심판법은 주로 항고심판을 중심으로 하여 규율함

② 행정심판제도의 특색(행정심판법)

   ㉠ 의무이행심판의 인정

   ㉡ 재결 및 심의기관의 일원화(행정심판위원회에서 담당)

   ㉢ 심리절차의 대심구조화 내지 준사법화

   ㉣ 소송사항의 개괄주의, 이해관계인의 심판청구

   ㉤ 임의적 경유주의의 채택

   ㉥ 불고불리 및 불이익변경금지의 원칙

   ㉦ 집행부정지의 원칙 및 임시처분제도의 도입

   ㉧ 고지제도의 채택 등을 인정

③ 행정심판제도상의 문제점

   ㉠ 청구인적격의 엄격성 및 심판청구기간의 단기성

   ㉡ 청구인의 자료요구권의 부인

   ㉢ 집행부정지원칙의 채택

   ㉣ 사정재결의 인정

SEMI-NOTE

행정심판과 청원과의 구별

• 행정심판이 사후적 권리구제를 위한 쟁송제도라면, 청원은 국정에 대한 국민의 정치적 의사표시보장제도임

• 효력 측면에서, 행정심판의 재결은 확정력(불가쟁력 · 불가변력) 등의 효력이 발생하나, 청원의 결정은 그러한 효력이 발생하지 않음

04장

행정구제법

행정심판법의 목적(제1조)

이 법은 행정심판 절차를 통하여 행정청의 위법 또는 부당한 처분이나 부작위로 침해된 국민의 권리 또는 이익을 구제하고, 아울러 행정의 적정한 운영을 꾀함을 목적으로 한다.

행정심판의 대상(행정심판법 제3조)

• 행정청의 처분 또는 부작위에 대하여는 다른 법률에 특별한 규정이 없는 한 행정심판법에 따라 행정심판을 청구할 수 있다.

• 대통령의 처분 또는 부작위에 대하여는 다른 법률에서 행정심판을 청구할 수 있도록 정한 경우 외에는 행정심판을 청구할 수 없다(행정소송의 대상).

행정심판법 제43조

① 위원회는 심판청구가 적법하지 아니하면 그 심판청구를 각하(却下)한다.

② 위원회는 심판청구가 이유가 없다고 인정하면 그 심판청구를 기각(棄却)한다.

장래의 이행을 청구하는 소(민사소송법 제251조)

장래에 이행할 것을 청구하는 소는 미리 청구할 필요가 있어야 제기할 수 있다.

(3) 행정심판의 종류

① 행정심판법상의 행정심판 ★ 빈출개념

㉠ 취소심판

의의	취소심판이란 행정청의 위법 또는 부당한 처분을 취소하거나 변경하는 행정심판을 말함(제5조 제1호)
성질	유효한 처분의 효력을 취소·변경하여 그 법률관계를 소멸·변경하는 형성적 쟁송이라는 것(형성적 쟁송설)이 통설·판례의 입장임
재결	재결기관은 취소심판의 청구에 이유가 있다고 인정되면 처분을 취소 또는 다른 처분으로 변경하거나 처분을 다른 처분으로 변경할 것을 피청구인에게 명함(제43조 제3항). 다만, 심판청구가 부적법하면 그 심판청구를 각하하며, 심판청구에 이유가 없다고 인정되면 기각함(동조 제1항·제2항)
특색	청구기간의 제한(제27조), 집행부정지의 원칙(제30조), 사정재결의 인정(제44조) 등

㉡ 무효등확인심판

의의	행정청 처분의 효력 유무 또는 존재 여부를 확인하는 행정심판을 말하며(제5조 제2호), 구체적으로는 무효확인심판, 유효확인심판, 실효확인심판, 부존재확인심판, 존재확인심판 등으로 분류됨. 또한 확인의 법률상 이익이 있다면, 그 외의 다른 확인심판도 인정될 수 있음
성질	무효등확인심판은 실질적으로 확인적 쟁송이나, 형식적으로는 처분의 효력 유무 또는 존재 여부를 대상으로 하는 형성적 쟁송의 성질을 아울러 가짐(통설)
재결	행정심판위원회는 무효등확인심판의 청구가 이유가 있다고 인정되면 처분의 효력 유무 또는 존재 여부를 확인하는 재결을 함(무효 및 유효확인·실효확인·존재 및 부존재확인의 재결)(제43조 제4항)
특색	무효등확인심판은 청구기간 및 사정재결에 관한 규정이 적용되지 않음(제27조 제7항, 제44조 제3항)

㉢ 의무이행심판

의의	의무이행심판이란 당사자의 신청에 대한 행정청의 위법 또는 부당한 거부처분이나 부작위에 대하여 일정한 처분을 하도록 하는 행정심판으로(제5조 제3호), 행정청의 소극적 행위로 인한 침해로부터 국민의 권리구제를 목적으로 함
성질	의무이행심판은 피청구인이 행정청에게 일정한 처분을 하도록 명하는 재결을 구하는 행정심판이므로, 이행쟁송으로서의 성질을 가짐. 다만, 민사소송(민사소송법 제251조)에서와 같은 장래의 이행쟁송은 허용될 수 없음
재결	의무이행심판의 청구에 이유가 있다고 인정하면 지체 없이 신청에 따른 처분을 하거나(처분재결), 처분을 할 것을 피청구인에게 명함(처분명령재결)(제43조 제5항). 처분의 이행을 명하는 재결이 있으면 행정청은 지체 없이 이전의 신청(원 신청)에 대하여 재결의 취지에 따라 처분을 하여야 함(제49조 제2항)
특색	• 거부처분에 대하여는 심판제기기간의 제한이 적용되나, 부작위에 대하여는 심판제기기간의 제한이 적용되지 않음(제27조 제7항) • 의무이행심판에도 사정재결이 인정됨(제44조) • 거부처분에 대한 의무이행심판에 불복하면 거부처분취소소송을 제기할 수 있고, 부작위에 대한 의무이행심판에 불복하면 부작위위법확인소송을 제기할 수 있음(의무이행소송은 인정되지 않음)

② 개별법상의 행정심판

    ⊙ 이의신청 : 위법 · 부당한 행정처분으로 인해 권익을 침해당한 자의 청구에 대해 당해 처분청 자신이 처분을 재심사하는 절차로, 각 개별법령에서 규정한 처분에 대하여 인정됨

    ⓒ 기타 행정심판 : 국세기본법 · 관세법 · 지방세기본법상의 심사청구와 심판청구, 특허법상의 특허심판과 항고심판, 국가공무원법 · 지방공무원법상의 소청심사 등

    ⓒ 개별법상의 재심절차에 대한 행정심판법의 적용 : 판례는 토지수용재결에 대한 이의신청의 재결절차에 행정심판법이 일반법으로 적용된다고 판시함

③ 당사자심판(당사자 행정심판)

의의	• 공권력 행사를 전제로 하지 않고 행정법관계의 형성 또는 존부에 관하여 분쟁이 있는 경우에, 일방당사자가 타방당사자를 상대로 하여 권한 있는 행정기관에 재결을 구하는 심판으로, 시시적 쟁송에 해당함 • 실정법상 재결 · 재정 · 판정 등의 용어로 사용되며, 그 판정을 재결이라 함
법적 근거	일반법적인 근거는 없으며, 일부 개별법령에서 규정하고 있음
재결기관	재결의 신중성 및 공정성 확보를 위해 특별한 위원회를 두어 재결하도록 하고 있음(토지수용위원회 등)
재결의 종류	확인재결과 형성재결이 있음
재결에 대한 불복	각 개별법에서 규정한 불복기간 내에 당사자소송을 제기할 수 있음

(4) 행정심판기관

① 의의 : 행정심판의 청구를 수리하여 이를 심리 · 재결하는 권한을 가진 행정기관

② 행정심판위원회의 설치(제6조)

해당 행정청 소속 행정심판위원회	• 감사원, 국가정보원장, 그 밖에 대통령령으로 정하는 대통령 소속 기관의 장 • 국회사무총장 · 법원행정처장 · 헌법재판소사무처장 및 중앙선거관리위원회사무총장 • 국가인권위원회, 그 밖에 지위 · 성격의 독립성과 특수성 등이 인정되어 대통령령으로 정하는 행정청
중앙 행정심판위원회	• 해당 행정청 소속 행정심판위원회에서 심리 · 재결하는 행정청을 제외한 국가행정기관의 장 또는 그 소속 행정청 • 특별시장 · 광역시장 · 특별자치시장 · 도지사 · 특별자치도지사(해당 교육감 포함) 또는 특별시 · 광역시 · 특별자치시 · 도 · 특별자치도(시 · 도)의 의회(의장, 위원회의 위원장, 사무처장 등 의회 소속 모든 행정청 포함) • 국가 · 지방자치단체 · 공공법인 등이 공동으로 설립한 행정청

시 · 도지사 소속 행정심판위원회	• 시 · 도 소속 행정청 • 시 · 도의 관할구역에 있는 시 · 군 · 자치구의 장, 소속 행정청 또는 시 · 군 · 자치구의 의회(의장, 위원회의 위원장, 사무국장, 사무과장 등 의회소속 모든 행정청 포함) • 시 · 도의 관할구역에 있는 둘 이상의 지방자치단체 · 공공법인 등이 공동으로 설립한 행정청
특별 행정심판위원회	공무원의 소청에 대한 심리 · 재결을 담당하는 소청심사위원회(국가공무원법 제9조, 지방공무원법 제13조), 조세심판기관인 조세심판원(국세기본법 제67조) 등

③ 행정심판위원회의 구성 등

행정심판위원회의 구성(제7조)	중앙행정심판위원회의 구성(제8조 · 제9조)
• 구성 : 위원장 1명 포함 50명 이내의 위원 • 위원장 : 해당 행정심판위원회가 소속된 행정청 • 직무대행 : 위원장이 사전에 지명한 위원, 지명된 공무원인 위원(2명 이상인 경우 직급 또는 직무등급, 위원 재직기간, 연장자 순서로 함)의 순서 • 회의 : 위원장과 위원장이 회의마다 지정하는 8명의 위원(위촉위원은 6명 이상으로 하되, 위원장이 공무원이 아닌 경우 5명 이상으로 함) • 의결 : 회의 구성원 과반수의 출석과 출석위원 과반수의 찬성	• 구성 : 위원장 1명 포함 70명 이내의 위원(상임위원은 4명 이내) • 위원장 : 국민권익위원회의 부위원장 중 1명 • 직무대행 : 상임위원(재직기간이 긴 순서, 재직기간이 같은 경우 연장자 순서) • 상임위원 : 일반직 공무원으로서 중앙행정심판위원회 위원장의 제청으로 국무총리를 거쳐 대통령이 임명함. 임기는 3년, 1차에 한하여 연임 가능 • 회의 : 위원장, 상임위원 및 위원장이 회의마다 지정하는 비상임위원 포함 총 9명 • 의결 : 구성원 과반수의 출석과 출석위원 과반수의 찬성

④ 위원의 제척 · 기피 · 회피(제10조) : 위원에 대한 제척, 기피신청은 그 사유를 소명(疏明)한 문서로 하여야 함

⑤ 행정심판위원회의 권한 및 권한 승계

　㉠ 행정심판위원회의 권한

　　• 심리 · 재결권

　　• 직접처분권 : 위원회는 피청구인이 처분을 하지 아니하는 경우에는 당사자가 신청하면 서면으로 시정을 명하고 이행하지 아니하면 직접 처분을 할 수 있음. 직접 처분 사실을 해당 행정청에 통보하여야 하며, 그 통보를 받은 행정청은 위원회가 한 처분을 자기가 한 처분으로 보아 관계 법령에 따라 관리 · 감독 등 필요한 조치를 하여야 함(제50조)

　　• 시정조치 요청권

　㉡ 행정심판위원회의 권한 승계(제12조)

(5) 행정심판의 당사자(청구인 · 피청구인) 및 관계인

① 청구인

　㉠ 의의 : 처분 또는 부작위에 불복하여 그의 취소 · 변경 등을 위하여 심판청구를 제기하는 자. 행정청은 심판청구인이 될 수 없음

ⓛ **청구인적격(심판청구인의 자격)** : 처분의 상대방뿐만 아니라 제3자도 행정심판을 청구할 법률상 이익이 있는 경우

ⓒ **청구인의 지위보장**

- 법인이 아닌 사단 또는 재단으로서 대표자나 관리인이 정하여져 있는 경우에는 그 사단이나 재단의 이름으로 심판청구를 할 수 있음(제14조)
- 선정대표자 : 다수의 청구인이 공동으로 심판청구 시 청구인들 중 3명 이하의 선정대표자 선정 가능. 행정심판위원회도 선정을 권고 가능. 선정대표자가 선정된 때 다른 청구인들은 선정대표자를 통해서만 사건에 관한 행위가 가능(제15조)

ⓔ **청구인의 지위승계(제16조)**

당연승계	청구인이 사망한 경우. 법인인 청구인이 합병으로 소멸하였을 경우
허가승계	심판청구의 대상과 관계되는 권리나 이익을 양수한 자는 위원회의 허가를 받아 청구인의 지위승계 가능

② **피청구인** : 행정심판의 당사자로서, 심판청구인으로부터 심판제기를 받은 행정청

ⓞ **피청구인의 적격** : 처분을 한 행정청(의무이행심판의 경우, 신청을 받은 행정청). 다만, 심판청구의 대상과 관계되는 권한이 다른 행정청에 승계된 경우 권한을 승계한 행정청(제17조 제1항)

ⓒ **피청구인의 경정**

- 의의 : 피청구인을 잘못 지정한 경우 위원회는 직권으로 또는 당사자의 신청에 의해 결정으로써 피청구인을 경정할 수 있음(동조 제2항)
- 경정결정의 효과 : 종전의 피청구인에 대한 심판청구는 취하되고, 종전의 행정심판이 청구된 때에 새로운 피청구인에 대한 행정심판이 청구된 것으로 봄(동조 제4항)
- 권한 승계 시의 경정 : 위원회는 행정심판이 청구된 후에 심판청구의 대상과 관계되는 권한이 다른 행정청에 승계된 경우 직권으로 또는 당사자의 신청에 의해 피청구인을 경정함(동조 제5항)

③ **관계인(참가인)** : 행정심판의 결과에 대하여 이해관계가 있는 제3자 또는 행정청

ⓞ **심판참가**

- 행정심판의 결과에 이해관계가 있는 제3자나 행정청은 해당 심판청구에 대한 의결이 있기 전까지 위원회의 허가나 참가요구에 따라 그 사건에 대하여 심판참가를 할 수 있음(제20조 · 제21조)
- 심판참가를 하려는 자는 참가의 취지와 이유를 적은 참가신청서를 위원회에 제출하여야 하며, 위원회는 허가 여부를 결정해야 함(제20조 제2항 · 제5항)

ⓒ **참가인의 지위(제22조)** : 행정심판 당사자가 할 수 있는 심판절차상의 행위를 할 수 있음

관련 판례

행정심판청구인이 아닌 제3자라도 당해 행정심판청구를 인용하는 재결로 인하여 권리 또는 법률상 이익을 침해받게 되는 경우에는 그 재결의 취소를 구할 수 있으나, 이 경우 법률상 이익이란 당해 처분의 근거 법률에 의하여 직접 보호되는 구체적인 이익을 말하므로 … (대판 2000. 9. 8, 98두13072)

제16조 제8항

신청인은 위원회가 제5항의 지위승계를 허가하지 아니하면 결정서 정본을 받은 날부터 7일 이내에 위원회에 이의신청을 할 수 있다.

04장

행정구제법

SEMI-NOTE

행정청의 처분 또는 부작위

- 행정청의 처분 : 행정청이 행하는 구체적 사실에 관한 법집행으로서의 공권력의 행사 또는 그 거부, 그밖에 이에 준하는 행정작용
- 행정청의 부작위 : 행정청이 당사자의 신청에 대하여 상당 기간 내에 일정한 처분을 하여야 할 법률상 의무가 있는데도 처분을 하지 않는 것

부당한 처분의 쟁송대상성

행정심판의 대상에는 포함되나 행정소송의 대상에는 포함되지 않음(행정심판법 · 행정소송법 제1조)

'처분이 있음을 안 날'과 '처분이 있은 날'의 의미(판례)

'처분이 있음을 안 날(처분이 있음을 알게 된 날)'이란 처분이 있었음을 현실적으로 알게 된 날을 의미하며(대판 2002두3850), '처분이 있은 날(처분이 있었던 날)'이란 처분이 고지 등에 의하여 외부에 표시되어 그 처분의 효력이 발생한 날을 의미함(대판 77누185)

(6) 행정심판의 청구

① 심판청구의 요건

㉠ 심판청구의 대상

개괄주의	행정청의 처분 또는 부작위에 대하여 이 법에 따라 행정심판을 청구할 수 있음
제외 대상	대통령의 처분 또는 부작위, 다른 법률에서 행정심판을 청구할 수 있도록 정한 경우, 그밖에 통고처분, 검사의 불기소처분 등

㉡ 심판청구의 기간(제27조)

- 적용범위 : 행정심판청구기간의 규정은 취소심판청구에 해당됨
- 청구기간

원칙	• 행정심판은 처분이 있음을 알게 된 날부터 90일 이내(불변기간) • 행정심판은 처분이 있었던 날부터 180일 이내
예외	• 청구인이 천재지변, 전쟁, 사변(事變), 그 밖의 불가항력으로 인하여 90일 이내에 심판청구를 할 수 없었을 때에는 그 사유가 소멸한 날터 14일(국외에서 청구하는 경우는 30일) 이내에 행정심판 청구가능(불변기간임) • 정당한 사유가 있는 경우에는 180일이 경과한 후라도 청구 가능

- 복효적 행정행위(이중효과적 행정행위) : 제3자의 경우도 행정심판청구기간이 적용됨

관련 판례 복효적 행정행위

처분의 상대방이 아닌 제3자는 일반적으로 처분이 있는 것을 바로 알 수 있는 처지에 있지 아니하므로 처분이 있은 날로부터 180일이 경과하더라도 특별한 사유가 없는 한 구 행정심판법 제18조 제3항 단서 소정의 정당한 사유가 있는 것으로 보아 심판청구가 가능하다고 할 것이나, 그 제3자가 어떤 경위로든 행정처분이 있음을 알았거나 쉽게 알 수 있는 등 행정심판법 제18조 제1항 소정의 심판청구기간 내에 심판청구가 가능하였다는 사정이 있는 경우에는 그때로부터 90일 이내에 행정심판을 청구하여야 한다(대판 1997. 9. 12, 96누14661).

- 오고지(誤告知) · 불고지(不告知)와 청구기간

오고지	행정청이 심판청구기간을 90일 이내보다 긴 기간으로 잘못 알린 경우 그 기간에 심판청구가 있으면 그 행정심판은 규정된 기간에 청구된 것으로 봄
불고지	행정청이 심판청구 기간을 알리지 않은 경우에는 처분이 있었던 날부터 180일 이내에 취소심판이나 의무이행심판을 제기할 수 있음

㉢ 심판청구의 방식

- 서면주의(요식행위) : 심판청구는 서면(심판청구서)으로 해야 함
- 심판청구서의 제출 : 심판청구서를 작성하여 피청구인이나 위원회에 제출. 이 경우 피청구인의 수만큼 심판청구서 부본을 함께 제출하여야 함
- 심판청구서 등의 접수 · 처리(제24조) : 피청구인의 심판청구 접수 및 송부

가 있으면 10일 이내에 심판청구서와 답변서를 위원회에 보내야 함. 다만, 심판청구를 취하한 경우에는 예외임

- 피청구인의 직권취소 등(청구의 인용)(제25조)
  - 피청구인은 그 심판청구가 이유 있다고 인정하면 심판청구의 취지에 따라 직권으로 처분을 취소·변경 또는 확인을 하거나 신청에 따른 처분 (직권취소 등)을 할 수 있음. 이 경우 서면으로 청구인에게 알려야 함
  - 직권취소를 하였을 때에는 취하한 경우가 아니면 심판청구서·답변서를 보낼 때 직권취소 등의 사실을 증명하는 서류를 위원회에 함께 제출하여야 함

② 심판청구의 변경과 취하

   ⊙ 심판청구의 변경(제29조)

요건	청구의 기초에 변경이 없어야 하고, 심판청구가 계속되고 위원회의 재결이 있기 전이어야 하며, 위원회의 허가를 얻어야 함
사유	행정심판이 청구된 후에 새로운 처분을 하거나 심판청구의 대상인 처분을 변경한 경우에는 청구인은 새로운 처분이나 변경된 처분에 맞추어 청구의 취지나 이유를 변경할 수 있음(제2항)

   ⓒ 심판청구의 취하(제42조 제1항·제2항)

③ 심판청구의 효과

   ⊙ 집행부정지원칙

의의	행정심판청구가 제기되었더라도 그것은 당해 처분의 효력이나 그 집행 또는 절차의 속행을 정지하지 않는 것
근거	행정행위의 공정력의 결과로 보는 견해가 있으나, 입법적 견지에서 과다한 심판제기를 억제하고 행정의 신속하고 원활한 운용을 위한 것이라는 견해가 통설

   ⓒ 예외적인 집행정지

- 의의 : 위원회는 처분, 처분의 집행 또는 절차의 속행 때문에 중대한 손해가 생기는 것을 예방할 필요성이 긴급하다고 인정할 때 처분의 효력, 처분의 집행 또는 절차의 속행의 전부 또는 일부의 정지(집행정지)를 결정할 수 있음(제30조 제2항)
- 요건

적극적 요건	집행정지 대상인 처분이 존재하여야 하고, 그 심판청구가 계속 중이어야 하며, 중대한 손해예방의 필요가 있어야 하고, 그 필요성이 긴급해야 함
소극적 요건	집행정지가 공공복리에 중대한 영향을 미칠 우려가 없어야 함(동조 제3항)

- 결정권자 및 결정절차 : 위원회는 당사자의 신청 또는 직권에 의해 집행정지 결정 가능
- 집행정지결정의 취소 : 위원회는 집행정지가 공공복리에 중대한 영향을 미치거나 그 정지사유가 없어진 경우에는 직권으로 또는 당사자의 신청에 의해 집행정지결정을 취소 가능(동조 제4항)

SEMI-NOTE

04장

행정구제법

심판청구의 취하(제42조 제1항·제2항)

청구인은 심판청구에 대한 의결이 있을 때까지 서면으로 심판청구를 취하할 수 있으며, 참가인은 의결이 있을 때까지 서면으로 참가신청을 취하할 수 있다.

위원회에 대한 구속

행정심판위원회는 심판청구서가 송부되거나 피청구인의 답변서가 제출된 경우 지체 없이 심리·재결하여야 함

집행정지결정의 효력

처분의 효력·처분의 집행·절차의 속행의 전부 또는 일부가 정지되며, 당사자뿐만 아니라 제3자에도 미치며, 결정 주문에 규정된 시간까지 지속됨

임시처분의 도입취지

가구제 제도로서의 집행정지는 권익구제에 있어 소극적·현상유지적 수단에 그치며, 위법한 부작위나 처분의 경우 등에 있어 적절한 구제수단이 되지 못함. 이러한 문제를 보완·해결하기 위한 구제수단으로 도입된 것이 임시처분 제도

사법절차의 준용(헌법 제107조 제3항)

심리절차에 있어서 대심주의, 구술심리주의를 채택하고 있음

심리기관의 권한

- 보정요구 및 직권보정
- 자료의 제출요구
- 증거조사
- 절차의 병합 또는 분리
- 심리기일의 지정과 변경
- 직권심리

당사자의 절차적 권리

심판청구의 당사자는 심판을 받을 권리 이외에 위원·직원에 대한 기피신청권(제10조 제2항), 구술심리신청권(제40조 제1항), 보충서면제출권(제33조), 증거서류제출권(제34조), 증거조사신청권(제36조) 등의 권리가 법령에 규정되어 있음. 다만, 관계 자료의 열람·복사청구권은 인정하고 있지 않음

© 임시처분(제31조)

의의	위원회는 처분 또는 부작위가 위법·부당하다고 상당히 의심되는 경우로서 당사자가 받을 우려가 있는 중대한 불이익이나 당사자에게 생길 급박한 위험을 막기 위하여 임시지위를 정하여야 할 필요가 있는 경우에는 직권으로 또는 당사자의 신청에 의하여 임시처분을 결정할 수 있음(제1항)
요건	• 적극적 요건 : 심판청구가 계속되고, 처분 또는 부작위가 위법·부당하다고 상당히 의심되며, 처분 또는 부작위로 인한 중대한 불이익이나 급박한 위험을 막기 위한 필요가 있어야 하며, 공공복리에 중대한 영향을 미칠 우려가 없어야 함 • 소극적 요건(보충성) : 임시처분은 집행정지로 목적을 달성할 수 있는 경우에는 허용되지 않음(제3항)

(7) 행정심판의 심리

① 의의 : 재결의 기초가 될 분쟁대상의 사실관계 및 법률관계를 명확히 하기 위해 당사자와 관계인의 의견진술을 듣고, 그러한 주장을 정당화시켜 주는 각종의 증거, 기타 자료를 수집·조사하는 일련의 절차

② 심리의 내용과 범위

내용	• 요건심리(형식적 심리) : 행정심판의 제기요건을 갖춘 적법한 심판청구인지의 여부를 심리하는 것. 일반적으로 본안재결 전까지 요건심리가 가능함(본안심리 중에도 심판청구에 대한 요건심리가 가능함). 요건심리 결과 심판제기의 요건을 갖추지 못해 부적법한 경우 각하가 원칙이지만, 그 요건을 보정할 수 있는 경우에는 청구인에게 보정을 요구할 수 있으며 보정을 한 경우에는 처음부터 적법하게 행정심판이 청구된 것으로 봄(제32조) • 본안심리(실질적 심리) : 요건심리 결과 심판제기의 요건이 구비되어 적법한 것으로 인용한 경우 당해 심판청구의 내용에 대하여 실질적으로 행정처분의 위법·부당 여부를 심리하는 것. 그 본안심리의 결과 청구가 이유 있다면 인용재결을, 그렇지 않으면 기각재결을 함
범위	• 심판청구의 대상인 처분이나 부작위에 관하여 적법·위법의 판단(법률문제)뿐만 아니라, 재량행위에 있어서 당·부당의 판단을 포함한 사실문제에 대하여도 심리할 수 있음 • 재결의 범위에 있어 불고불리의 원칙과 불이익 변경금지의 원칙(제47조)은 심리의 범위에도 적용됨

③ 심리절차의 기본원칙

대심주의	심판청구 당사자를 대립관계로 정립하여, 분쟁당사자들이 서로 대등한 입장에서 심리를 진행하는 제도. 행정심판은 이를 채택하고 있음
직권심리주의	• 개념 : 심리의 진행을 직권으로 함과 동시에 심리에 필요한 증거조사와 당사자가 주장하지 않은 사실에 대하여 직권으로 수집·조사하는 제도 • 행정심판법에서 위원회는 필요하면 당사자가 주장하지 않은 사실에 대하여도 심리할 수 있으며(제39조), 직권으로 증거조사를 할 수도 있음(제36조 제1항)

서면심리주의와 구술심리주의	심리는 구술심리나 서면심리로 하되, 당사자가 구술심리를 신청한 경우 서면심리만으로 결정할 수 있다고 인정되는 경우 외에는 구술심리를 하여야 함(제40조 제1항)
비공개주의	비공개주의 원칙을 채택하고 있음

(8) 행정심판의 재결(裁決)

① 의의 및 성질

의의	청구에 대한 심리의 결과에 따라 행하는 행정심판위원회의 종국적 판단(의사표시)
성질	위원회의 종국적 의사표시로서 확인행위·기속행위·준사법행위의 성질을 지님. 다만, 판례는 형성적 재결(취소·변경재결)의 결과통보는 행정처분이 아니라 판시함

② 재결의 종류

ㄱ **각하재결** : 청구의 제기요건에 대해 흠결 여부를 심리하는 재결. 제기요건에 흠결이 있는 부적법한 심판청구에 대해 본안심리를 거절하는 각하재결을 함

ㄴ **본안재결**

기각 재결	본안심리의 결과 청구가 이유 없다고 인정하여 그 심판청구를 기각하는 재결. 원 처분이 적법하고 타당함을 인정하는 재결
인용 재결	• 본안심리의 결과 심판청구가 이유 있다고 인정하여 처분 또는 부작위의 위법·부당함이 판단되어 청구인의 주장을 받아들이는 내용의 재결 • 취소·변경재결, 무효등확인재결, 의무이행재결이 있음

ㄷ **사정재결(제44조)**

의의	위원회는 심판청구가 이유가 있다고 인정하는 경우에도 이를 인용하는 것이 공공복리에 크게 위배된다고 인정하면 기각하는 재결을 할 수 있음
요건	• 위원회는 재결의 주문(主文)에서 그 처분 또는 부작위가 위법하거나 부당하다는 것을 구체적으로 밝혀야 함 • 공공복리의 요건을 엄격하고 제한적으로 해석해야 함
구제 방법	위원회는 사정재결을 할 경우 청구인에 대하여 상당한 구제방법을 취할 것을 피청구인에게 명할 수 있음
적용	취소심판과 의무이행심판에만 적용하며, 무효등확인심판에는 적용하지 않음

③ 재결의 기간·방식·범위 등

ㄱ **재결 기간**
- 피청구인이나 위원회가 심판청구서를 받은 날부터 60일 이내, 부득이한 사정이 있는 경우 위원장 직권으로 30일 연장 가능(제45조 제1항)
- 보정기간은 재결 기간에 산입하지 않음(제32조 제5항)

ㄴ **재결의 범위(제47조)**
- 불고불리(不告不理)의 원칙 : 심판청구의 대상이 되는 처분 또는 부작위 외의 사항에 대하여는 재결하지 못함(제1항)
- 불이익변경금지의 원칙 : 위원회는 청구의 대상이 되는 처분보다 청구인에게 불리한 재결을 하지 못함(제2항)

관련 판례

재결청으로부터 '공장설립변경신고 수리처분을 취소한다'는 내용의 형성적 재결을 송부 받은 처분청이 당해 처분의 상대방에게 재결결과를 통보하면서 공장설립변경신고 수리 시 발급한 확인서를 반납하도록 요구한 것은 사실의 통지에 불과하고 항고소송의 대상이 되는 새로운 행정처분이라고 볼 수 없다(대판 1997. 5. 30, 96누14678).

취소·변경재결

취소는 전부취소 또는 일부취소를 할 수 있고, 변경은 원처분에 갈음하여 새로운 처분으로 대체한다는 적극적 의미로 해석됨

사정판결에서의 법원의 권한

법원은 사정판결의 경우에 있어서 구제방법을 취하거나 명할 수 있는 권한이 없으며, 다만, 미리 원고가 입게 될 손해 정도와 배상방법 등을 조사하여야 함

재결의 방식

서면(재결서)으로 하여야 하는 요식행위(제46조 제1항)

© 재결의 송달과 효력 발생(제48조)

- 위원회는 당사자에게 재결서의 정본을, 참가인에게 재결서의 등본을 각각 송달하여야 함. 중앙행정심판위원회는 재결 결과를 소관 중앙행정기관의 장에게 알려야 함
- 제3자가 심판청구를 한 경우 위원회는 재결서의 등본을 지체 없이 피청구인을 거쳐 처분의 상대방에게 송달하여야 함
- 청구인에게 재결서의 정본 또는 등본이 송달되었을 때에 그 효력이 생김

④ 재결의 효력 ★ 빈출개념

⊙ 기속력(제49조)

- 의의 : 기속력(구속력)은 재결의 취지에 따르도록 구속하는 효력을 말함. 심판청구를 인용하는 재결은 피청구인과 기타 관계 행정청을 기속하므로 (제1항), 피청구인 등은 재결의 내용을 실현하여야 할 의무를 짐. 다만, 각하재결·기각재결의 경우 인정되지 않음
- 내용
  - 반복금지의무(소극적 의무)
  - 재처분의무(적극적 의무)
  - 결과제거의무
  - 취소·변경의 공고·고시·통지의무
- 범위

주관적 범위	인용재결은 피청구인인 행정청뿐만 아니라 그 밖의 관계행정청을 기속함
객관적 범위	재결주문 및 재결이유 중 전제가 된 요건사실의 인정과 판단에만 미침

© 형성력 : 재결에 따라 새로운 법률관계의 발생이나 종래의 법률관계의 변경·소멸을 가져오는 효력으로 심판청구의 당사자뿐만 아니라 제3자에게도 효력이 미침(대세적 효력)

관련 판례 재결의 형성력

행정심판 재결이 처분청에게 처분의 취소를 명하는 것이 아니라 재결청이 스스로 처분을 취소하는 것일 때에는 그 재결의 형성력에 의하여 당해 처분은 별도의 행정처분을 기다릴 것 없이 당연히 취소되어 소멸되는 것이다(대판 1998. 4. 24, 97누17131).

⑤ 재결에 대한 불복 : 재결이 있으면 그 재결 및 같은 처분 또는 부작위에 대하여 다시 행정심판을 청구할 수 없음(제51조). 원 처분의 위법을 이유로 그 원 처분의 취소·변경을 구하는 행정소송을 제기할 수 있을 뿐임

제49조 2항

재결에 의하여 취소되거나 무효 또는 부존재로 확인되는 처분이 당사자의 신청을 거부하는 것을 내용으로 하는 경우에는 그 처분을 한 행정청은 재결의 취지에 따라 다시 이전의 신청에 대한 처분을 하여야 한다.

관련 판례

재결의 기속력은 재결의 주문 및 그 전제가 된 요건사실의 인정과 판단, 즉 처분 등의 구체적 위법사유에 관한 판단에만 미친다고 할 것이고 … 종전 처분 시와는 다른 사유를 들어서 처분을 하는 것은 기속력에 저촉되지 않는다(대판 2005. 12. 9, 2003 두7705).

(9) 고지제도

① 의의

개념	행정청이 처분의 상대방에게 해당 처분에 대하여 행정심판의 청구 가능 여부와 심판청구 절차 및 심판청구기간 등을 알리는 것
법적 성질	고지는 비권력적 사실행위로서 그 자체는 아무런 법적 효과도 발생시키지 않음. 다만, 행정심판법 제58조의 고시규정에 대해 훈시규정이라 보는 견해(훈시규정설)도 있으나, 행정심판의 청구기회를 보장하고 행정의 적정화를 위한 강행규정 또는 의무규정으로 보는 견해(강행규정설 · 의무규정설)가 다수의 입장임

② 종류

ㄱ 직권에 의한 고지

ㄴ 신청(청구)에 의한 고지

③ 고지의무위반의 효과 : 고지의무를 위반해도 처분 그 자체의 효력에는 영향이 없음

3. 행정소송

(1) 개설

① 의의 : 행정법관계에 관한 분쟁과 관련한 당사자의 소 제기에 의하여 법원이 심리 · 판단하는 정식쟁송절차

② 성질 : 행정소송의 대상은 행정사건에 대해 구체적 · 법률적 다툼에 대한 법률적 해석 및 적용을 통하여 해결하는 사법적 작용이라는 것이 지배적

③ 유사제도와의 구별

ㄱ 민사소송과 형사소송 : 행정소송은 공법상 분쟁을 그 대상으로 하는 데 비해 민사소송은 사법상 권리관계에 관한 소송이고, 형사소송은 국가형벌권의 존부 · 범위에 관한 소송이라는 점에서 구별됨

ㄴ 행정심판

구분	행정심판	행정소송
성질	행정작용, 약식쟁송	사법작용, 정식쟁송
재판기관	행정심판위원회	법원(행정법원, 고등법원, 대법원)
쟁송사항 (대상)	• 위법 · 부당한 처분 • 공익문제(당 · 부당 문제) • 법률문제(적법 · 위법 문제) • 사실문제	• 위법한 처분 • 공익문제는 재량권의 남용 · 일탈인 경우에만 대상이 됨 • 법률문제(적법 · 위법문제) • 사실문제
절차	구술심리 · 서면심리 모두 가능, 비공개원칙	구술심리주의, 공개의 원칙
재소기간	처분이 있음을 알게 된 날부터 90일, 처분이 있었던 날부터 180일 이내에 행정심판을 청구하여야 함	처분이 있음을 안 날로부터 90일(행정심판을 거친 경우 재결서정본을 송달받은 날로부터 90일), 처분이 있은 날로부터 1년 이내에 제기해야 함

SEMI-NOTE

고지의 필요성

행정불복절차 등 행정심판의 청구기회를 보장하고 행정처분에 신중을 기하게 함으로써 행정의 적정화를 도모

행정심판의 고지내용(제58조 제1항)

• 해당 처분에 대한 행정심판 청구가능 여부

• 행정심판을 청구하는 경우의 심판청구 절차 및 심판청구 기간

관련 판례

고지절차에 관한 규정은 행정처분의 상대방이 그 처분에 대한 행정심판의 절차를 밟는 데 있어 편의를 제공하려는 데 있으며 처분청이 고지의무를 이행하지 아니하였다고 하더라도 경우에 따라서는 행정심판의 제기기간이 연장될 수 있는 것에 그치고 이로 인하여 심판의 대상이 되는 행정처분에 어떤 하자가 수반된다고 할 수 없다(대판 1987. 11. 24, 87누529).

행정심판과 행정소송의 공통점

쟁송사항의 개괄주의 채택, 사정판결과 재결, 집행부정지, 불고불리와 불이익변경금지의 원칙, 직권증거조사 등

④ 행정소송의 기능 : 권리구제의 기능, 행정통제의 기능
⑤ 우리나라의 행정소송제도(행정소송법)
　㉠ 행정쟁송제도의 유형 : 사법심사제도를 취하고 있음
　㉡ 법적 근거 : 헌법 제101조 제1항 및 제2항, 제107조의 규정 취지에 따라 일반법으로서 행정소송법을 두고 있음. 특별법으로는 공직선거법, 공익사업을위한토지등의취득및보상에관한법률, 특허법 등이 있음
　㉢ 특색 : 행정소송은 정식쟁송절차에 의한 사법작용이라는 점에서 민사소송과 그 본질을 같이하여 민사소송의 여러 요소를 규정하고 있음. 동시에 행정소송은 공익실현을 위한 공권력 행사에 대한 통제를 통한 권리구제라는 특성도 있는바, 민사소송과는 다른 여러 제도를 두고 있음
　㉣ 문제점
　　• 의무이행소송의 부인(부작위위법확인소송만 인정)
　　• 가구제절차의 불비(집행정지 요건의 엄격성, 가처분제도 미채택)
　　• 자료제출요구제도의 미흡(행정심판기록 제출명령신청권만 인정)
　　• 단체소송의 미채택 등
⑥ 행정소송의 종류
　㉠ 내용에 의한 분류
　　• 법정소송

👓 한눈에 쏙~

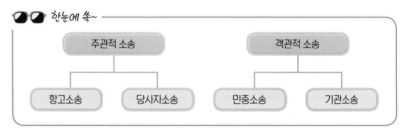

항고 소송	행정청의 처분 등이나 부작위에 대하여 제기하는 소송, 즉 행정청이 우월한 지위에서 행하는 공권력의 행사·불행사를 다투는 소송. 항고소송에는 취소소송, 무효등확인소송, 부작위위법확인소송이 있음.
당사자 소송	행정청의 처분 등을 원인으로 하는 법률관계에 관한 소송 그 밖에 공법상의 법률관계에 관한 소송으로서 그 법률관계의 한쪽 당사자를 피고로 하는 소송을 말함(동법 제3조 제2호). 실질적 당사자소송과 형식적 당사자소송으로 구분됨
민중 소송	국가 또는 공공단체의 기관이 법률에 위반되는 행위를 한 때에 직접 자기의 법률상 이익과 관계없이 그 시정을 구하기 위하여 제기하는 소송
기관 소송	국가 또는 공공단체의 기관 상호 간에 있어서의 권한의 존부 또는 그 행사에 관한 다툼이 있을 때에 이에 대하여 제기하는 소송. 다만, 헌법재판소법 제2조의 규정에 의하여 헌법재판소의 관장사항으로 되는 소송은 제외함(제3조 제4호)

- 무명항고소송(비법정항고소송)

| 의미 | 행정소송법 제4조에 명문으로 규정된 항고소송 이외의 항고소송(의무이행소송, 예방적 부작위소송 등) |
| 판례 | 제4조를 열거규정으로 보아 무명항고소송을 부정하는 소극설을 취하여 항고소송 이외의 무명항고소송을 인정하지 않고 있음 |

ⓛ 성질에 의한 분류

형성의 소	기존의 법률관계를 변경·소멸하거나 새로운 법률관계를 발생시키는 판결을 구하는 소송으로서 항고소송 중 취소소송이 해당됨
이행의 소	이행청구권의 확정과 피고에게 이행명령을 구하는 소송으로서 의무이행소송이나 일정한 이행명령을 구하는 당사자소송이 해당됨
확인의 소	권리 또는 법률관계의 존재 또는 부존재의 확정·선언을 구하는 소송으로서 항고소송 중 무효등확인소송 및 부작위위법확인소송, 공법상 법률관계의 존부확인을 구하는 당사자소송 등이 해당됨

⑦ 행정소송의 한계

㉠ 사법권의 본질에서 오는 한계 : 행정소송의 대상은 당사자 간 구체적인 권리·의무에 관한 다툼(구체적 사건성)으로, 법령의 해석·적용을 통해 해결할 수 있는 분쟁(법적 해결가능성)이어야 함

| 구체적 사건성 | • 사실행위 – 행정소송 ×, 권력적 사실행위 – 행정소송 ○
• 반사적 이익 – 행정소송 ×
• 추상적 규범통제 – 행정소송 ×
• 객관적 소송 – 행정소송 ×, 개별법상 명문규정이 있는 경우 – 행정소송 ○ |
| 법 적용상의 한계 | • 학문·문화적·예술적 차원의 분쟁 – 행정소송 ×
• 행정상 방침규정(훈시규정) – 행정소송 ×
• 재량행위 – 행정소송 ×, 재량권 일탈·남용의 경우 – 행정소송 ○
• 특별권력관계 – 오늘날에는 법률상 이익에 관한 분쟁이면 사법심사 가능
• 통치행위 – 사법심사가 허용되지 않으나, 그 범위는 축소되는 경향
• 기타(검사의 불기소처분, 통고처분, 행정지도, 공법상 계약 등) – 행정소송 × |

㉡ 권력분립에서 오는 한계 : 사법부가 행정부에 대한 적극적 이행 또는 형성, 부작위를 요구하는 판결을 함으로써 행정부의 고유한 권한을 침해할 수 없음

- 의무이행소송 : 신청에 대해 행정청이 일정한 처분을 할 법적 의무가 있음에도 불구하고 이를 거부하거나 부작위를 한 경우, 법원에 처분을 명하는 판결을 구하는 소송. 판례는 행정청에 대해 행정상의 처분을 구하는 청구는 특별한 규정이 없는 한 행정소송의 대상이 될 수 없다고 판시함

관련 판례 의무이행소송

검사에게 압수물 환부를 이행하라는 청구는 행정청의 부작위에 대하여 일정한 처분을 하도록 하는 의무이행소송으로 현행 행정소송법상 허용되지 아니한다(대판 1995. 3. 10, 94누14018).

SEMI-NOTE

관련 판례

현행 행정소송법상 의무이행소송이나 의무확인소송은 인정되지 않으며, 행정심판법이 의무이행심판청구를 할 수 있도록 규정하고 있다고 하여 행정소송에서 의무이행청구를 할 수 있는 근거가 되지 못한다(대판 1992. 2. 11, 91누4126).

행정소송의 본질적 한계

행정소송 그 자체가 법률의 해석·적용에 대한 법 판단작용으로서 사법작용의 성격을 가지고 있어 권력분립의 원칙상 사법권이 미치는 한계 내에서만 이루어져야 함. 따라서 이러한 측면에서 행정소송에는 사법권의 본질에서 오는 한계와 권력분립의 원칙에서 오는 일정한 한계가 있음

관련 판례

행정처분의 직접 상대방이 아닌 제3자라 하더라도 당해 행정처분으로 인하여 법률상 보호되는 이익을 침해당한 경우에는 그 처분의 취소나 무효확인을 구하는 행정소송을 제기하여 그 당부의 판단을 받을 자격이 있으며, 여기에서 말하는 법률상 보호되는 이익은 당해 처분의 근거 법규 및 관련 법규에 의하여 보호되는 개별적·직접적·구체적 이익을 말한다(대판 2006. 7. 28, 2004두6716).

관련 판례

행정주체가 행정계획을 입안·결정함에 있어서 이익형량을 전혀 행하지 아니하거나 이익형량의 고려 대상에 마땅히 포함시켜야 할 사항을 누락한 경우 또는 이익형량을 하였으나 정당성과 객관성이 결여된 경우에는 위법하다(대판 2006. 9. 8, 2003두5426).

- 예방적 부작위소송(예방적 금지소송) : 행정청이 특정한 행정행위나 그 밖의 행정작용을 하지 않을 것을 구하는 내용의 행정소송. 판례는 소극설을 취함(대판 2006. 5. 25, 2003두11988)
- 작위의무확인소송 : 행정청에 대해 일정한 행위를 할 작위의무가 있음의 확인을 구하는 소송. 이에 대해 판례는 허용되지 않는다고 판시함

(2) 취소소송

① 개설

의의	행정청의 위법한 처분 등을 취소 또는 변경하는 소송
종류	위법한 처분과 재결(재결 자체에 고유한 위법이 있음을 이유로 함)에 대한 취소·변경의 소를 구할 수 있음. 처분취소소송과 처분변경소송·재결취소소송과 재결변경소송. 판례상 인정된 무효인 처분에 대하여 무효선언을 구하는 취소소송으로 구분
성질	주관적 소송으로, 그 법적 성질에 대해 통설과 판례는 취소소송은 위법처분으로 발생한 위법상태를 제거하고 유효한 처분 등의 효력을 소멸시킨다는 형성소송설을 취함
소송의 대상 (소송물)	통설과 판례는 '그 취소원인이 되는 위법성 일반'이라 하여(대판 89누5386) 행정행위의 위법성 그 자체를 소송대상으로 봄

② 취소소송의 재판관할

심급관할	지방법원급인 행정법원을 제1심법원으로 하며, 그 항소심을 고등법원, 상고심을 대법원이 담당하는 3심제를 채택하고 있음
사물관할	심판권은 판사 3인으로 구성된 합의부에서 함. 다만, 단독판사가 심판할 것으로 행정법원 합의부가 결정한 사건의 심판권은 단독판사가 행함
토지관할	• 보통관할 : 피고인 행정청의 소재지를 관할하는 행정법원이 그 관할법원임. 중앙행정기관, 중앙행정기관의 부속기관과 합의제행정기관 또는 그 장과 국가의 사무를 위임 또는 위탁받은 공공단체나 그 장에 해당하는 피고에 대하여 취소소송을 제기하는 경우에는 대법원소재지를 관할하는 행정법원에 제기할 수 있음(행정소송법 제9조 제1항, 제2항). • 특별관할 : 토지의 수용 기타 부동산 또는 특정의 장소에 관계되는 처분에 대한 취소소송은 그 부동산 또는 장소의 소재지를 관할하는 법원에 이를 제기할 수 있음(동조 제3항) • 토지관할은 전속관할이 아니고 임의관할임. 따라서 민사소송법상의 합의관할과 변론관할 등의 규정이 적용됨
관할법원에의 이송	• 법원은 소송이 그 관할에 속하지 아니함이 인정될 때에는 관할법원에 이송함. 원고의 법원은 고의 또는 중대한 과실 없이 행정소송이 심급을 달리하는 법원에 잘못 제기된 경우에도 이송함(제7조)

ⓒ 관련청구소송의 이송 및 병합

- 의의 : 행정소송법 제10조는 취소소송과 관련된 소송에 대하여 변론을 병합하거나 취소소송이 계속된 법원에 이송할 수 있도록 하고 있음. 여기서의 관련청구소송에는 처분 등과 관련되는 손해배상, 부당이득반환, 원상회복 등 청구소송, 당해 처분 등과 관련되는 취소소송이 있음

관련 판례

피고 국가보훈처장 등에게, 독립운동가들에 대한 서훈추천권의 행사가 적정하지 아니하였으니 … 잘못된 부분을 고쳐 다시 전시 및 배치할 의무가 있음의 확인을 구하는 청구는 작위의무확인소송으로서 항고소송의 대상이 되지 아니한다(대판 1990. 11. 23, 90누3553).

토지관할(土地管轄)
소재지를 달리하는 동종의 법원 사이에 소송사건(계쟁 사건)의 분담 관계를 정해 놓은 것

관련청구소송의 이송 및 병합의 취지
상호관련성이 있는 여러 청구를 하나의 절차에서 심판함으로써 심리의 중복, 재판의 모순저촉을 방지하고 신속하게 재판을 진행시키기 위한 제도임

- 관련청구소송의 이송 : 취소소송과 관련청구소송이 각각 다른 법원에 계속
되는 경우에 관련청구소송이 계속된 법원이 상당하다고 인정하는 때에는
이를 취소소송이 계속된 법원으로 이송할 수 있다(제10조 제1항).
- 관련청구소송의 병합 : 취소소송에는 사실심의 변론종결 시까지 소송을 병
합하거나 피고 외의 자를 상대로 한 관련청구소송을 취소소송이 계속된 법
원에 병합하여 제기할 수 있다(동조 제2항).

③ 취소소송의 당사자와 참가자 ★ 빈출개념

ⓐ 당사자의 의의 : 취소소송에서 이해가 대립되는 원고와 피고, 참가인을 말함.
당사자능력이란 소송 당사자가 될 수 있는 능력을 말하며, 자연인과 법인, 법
인격 없는 사단ㆍ재단도 대표자 또는 관리인이 있으면 단체의 이름으로 당사
자가 됨

ⓑ 원고적격

- 원고적격의 의의 : 취소소송에서 처분 등의 취소를 구할 법률상 이익이 있
는 자(제12조)
- 법률상 이익의 주체 : 법률상 이익이 있는 자는 자연인과 법인, 법인격 없
는 사단이나 재단도 포함되며, 이중효과적 행정행위에 있어서 처분의 직접
상대방이 아닌 법률상 이익이 침해된 제3자도 포함됨(대판 2004두6716).
다만, 행정심판의 피청구인 행정청이 인용재결을 한 경우 재결의 기속력으
로 인해 취소소송을 제기할 수 없음(대판 97누15432)

관련 판례

다른 업자에 대한 면허나 인ㆍ허가
등의 수익적 행정처분에 대하여 이
미 같은 종류의 면허나 인ㆍ허가 등
의 수익적 행정처분을 받아 영업을
하고 있는 기존의 업자는 경업자에
대하여 이루어진 면허나 인ㆍ허가
등 행정처분의 상대방이 아니어도
당해 행정처분의 취소를 구할 원고
적격이 있다(대판 2006. 7. 28. 2004
두6716).

04장

행정구제법

관련 판례 원고적격

제3자라 하더라도 당해 행정처분으로 인하여 법률상 보호되는 이익을 침해당한 경우에는 그
처분의 취소나 무효확인을 구하는 행정소송을 제기하여 그 당부의 판단을 받을 자격, 즉 원고
적격이 있고, 여기에서 말하는 법률상 보호되는 이익은 당해 처분의 근거 법규 및 관련 법규
에 의하여 보호되는 개별적ㆍ직접적ㆍ구체적 이익을 말하며, 원고적격은 소송요건의 하나이
므로 사실심 변론종결 시는 물론 상고심에서도 존속하여야 하고 이를 흠결하면 부적법한 소
가 된다(대판 2007. 4. 12. 2004두7924).

- 법률상 이익의 학설

권리구제설 (권리향유회복설)	권리를 침해당한 자만이 법률상 이익을 갖는다는 견해
법률상보호이익 구제설	관계법규의 목적 또는 취지가 개인의 이익도 보호하고자 하 는 경우에만 법률상 이익을 갖는다는 견해(통설ㆍ판례)
보호가치이익 구제설	법에 의해 보호되는 이익이 아니라고 하여도 그 이익의 실질 적인 내용이 재판상 보호할 가치가 있다고 판단되는 경우에 도 법률상 이익이 있다는 견해
적법성보장설	당해 처분이 적법성을 침해하는 것이라고 판단되면 원고적격 을 인정해야 한다는 견해
판례의 입장	보호가치이익설을 따른 듯한 판례도 있지만 원칙상 법률상 보호이익설에 입각하고 있음. 다만, 판례는 범위를 점차 넓혀 가는 경향이 있음

관련 판례

행정소송법 제12조에서 말하는 법률
상 이익이란 당해 행정처분의 근거
법률에 의하여 보호되는 직접적이
고 구체적인 이익을 말하고 당해 행
정처분과 관련하여 간접적이거나
사실적ㆍ경제적 이해관계를 가지는
데 불과한 경우는 여기에 포함되지
아니하나, 행정처분의 직접 상대방
이 아닌 제3자라 하더라도 당해 행
정처분으로 인하여 법률상 보호되
는 이익을 침해당한 경우에는 취소
소송을 제기하여 그 당부의 판단을
받을 자격이 있다(대판 2007. 1. 25.
2006두12289).

신청에 대한 거부행위가 항고소송의 대상이 되는 행정처분에 해당하려면, 행정청의 행위를 요구할 신청권이 그 국민에게 있어야 하고, 근거 없이 한 신청을 행정청이 받아들이지 아니한 경우에는 그 거부로 인하여 신청인의 권리나 법적 이익에 어떤 영향을 주는 것이 아니므로 이를 항고소송의 대상이 되는 행정처분이라고 할 수 없다(대판 2003. 10. 23, 2002두12489).

건축사 … 업무정지처분을 받은 후 새로운 업무정지처분을 받음이 없이 1년이 경과하여 실제로 가중된 제재처분을 받을 우려가 없어졌다면 위 처분에서 정한 정지기간이 경과한 이상 특별한 사정이 없는 한 그 처분의 취소를 구할 법률상 이익이 없다(대판 2000. 4. 21, 98두10080).

합의제 행정청

토지수용위원회, 공정거래위원회

- 법률상 이익의 기준시점 : 법률상 이익의 유무판단의 기준시는 행정행위의 성립 시를 기준으로 하는 것이 아니라, 사실심변론종결시를 표준으로 함
- 법률상 이익의 존부판단 : 당해 법률과 관계 법률의 규정과 취지, 기본권규정도 고려하여야 한다는 것이 통설이나, 판례는 법규 또는 조리를 고려하여야 한다는 입장임
- 협의의 소익(권리보호의 필요성) : 승소판결에 의하여 원고의 권익구제가 불가능하다면 소의 이익이 인정되지 않음. 다만, 행정소송법 제12조에 근거하여 법률상 이익이 있는 한 부수적인 이익이라도 소익이 인정됨
  - 처분의 효력이 소멸한 경우

원칙	당해 처분의 취소를 통하여 회복할 법률상 이익이 없어 소익이 인정되지 않음(예) 영업정지처분에 대한 취소소송계속 중 정지기간이 도과한 경우)
예외	• 법규에 가중처분이 규정되어 있는 경우 • 대통령령·부령 형식의 행정규칙에 가중처분이 규정되어 있는 경우

관련 판례 대통령령·부령 형식의 행정규칙에 가중처분이 규정되어 있는 경우

제재적 행정처분이 제재기간의 경과로 인하여 그 효과가 소멸되었으나, 부령인 시행규칙 또는 규칙의 형식으로 정한 처분기준에서 선행처분을 받은 것을 가중사유나 전제요건으로 삼아 장래의 후행처분을 하도록 정하고 있는 경우 … 규칙이 정한 바에 따라 선행처분을 받은 상대방이 그 처분의 존재로 인하여 장래에 받을 불이익, 즉 후행처분의 위험은 구체적이고 현실적인 것이므로, 상대방에게는 선행처분의 취소소송을 통하여 그 불이익을 제거할 필요가 있다[대판 2006. 6. 22, 2003두1684(전합)].

  - 처분 등이 취소되어도 원상회복이 불가능한 경우 : 원칙적으로 소의 이익이 없음. 부수적 이익이 있는 경우는 소익이 인정됨
  - 처분 후의 사정변경에 의해 이익침해가 해소된 경우 : 취소를 구할 소의 이익이 없음
- ⓒ 피고적격 : 행정소송법 제13조 제1항은 "취소소송은 다른 법률에 특별한 규정이 없는 한 그 처분 등을 행한 행정청을 피고로 한다."고 규정. 처분청이 합의제 행정청인 경우 합의제 행정청 자체가 피고가 됨. 예외사항은 다음과 같음
  - 권한승계 : 처분 후 처분 등에 관계되는 권한이 다른 행정청에 승계된 때에는 이를 승계한 행정청을 피고로 함(제13조 제1항 단서)
  - 기관폐지 : 처분청이나 승계한 행정청이 없게 된 때에는 그 처분 등에 관한 사무가 귀속되는 국가 또는 공공단체를 피고로 함(동조 제2항)
  - 다른 법률의 규정 : 피고적격에 대해 다른 법률이 정하고 있으면 그에 따름

처분청	피고
대통령	소속장관
대법원장	법원행정처장
헌법재판소장	헌법재판소사무처장

중앙선거관리위원회 위원장	중앙선거관리위원회사무총장
국회의장	• 공무원에 대한 징계 기타 불이익처분의 경우 : 국회규칙이 정하는 소속기관의 장 • 그 밖의 처분의 경우 : 국회사무총장

- 위임 · 위탁 : 현실적으로 처분을 한 수임 · 수탁청이 피고가 되는데(제2조 제2항), 내부위임의 경우에 처분의 명의기관이 피고가 됨
- 대리 : 원칙적으로 대리관계를 밝히고 처분을 한 경우 원 행정청이 피고가 되고, 대리관계를 밝히지 않고 자신명의로 처분한 경우에는 처분한 행정청이 피고가 됨

관련 판례 대리에서의 피고적격

자신의 명의로는 행정처분을 할 권한이 없는 행정청의 경우 대리관계를 밝힘이 없이 그 자신의 명의로 행정처분을 하였다면 … 처분명의자는 물론 그 상대방도 그 행정처분이 피대리 행정청을 대리하여 한 것임을 알고서 이를 받아들인 예외적인 경우에는 피대리 행정청이 피고가 되어야 한다(대판 2006. 2. 23, 2005부4).

- 지방의회와 지방자치단체장
  - 지방의회의 의장선거, 지방의회의장에 대한 불신임의결, 지방의회의원에 대한 징계의결 등에 대한 항고소송은 지방의회가 피고가 됨
  - 처분적 조례에 대한 항고소송은 조례를 공포한 지방자치단체장이 피고가 되며(대판 1996. 9. 20, 95누8003), 그 조례가 교육에 관한 것인 때에는 시 · 도교육감이 피고가 됨
- ㉣ **피고경정(被告更正)** : 피고로 지정된 자를 다른 자로 변경하는 것으로, 이는 소송진행의 효율성을 제고하기 위하여 도입된 제도
  - 원고가 피고를 잘못 지정한 경우 : 법원은 신청에 의하여 결정으로써 피고의 경정을 허가할 수 있고, 결정의 정본을 새로운 피고에게 송달하여야 함. 피고의 잘못 지정에 대한 원고의 고의 · 과실 유무는 불문함
  - 권한승계 등의 경우 : 법원은 당사자의 신청 또는 직권에 의하여 피고를 경정함
  - 경정허가의 효과 : 종전의 피고에 대한 소송은 취하된 것으로 보며, 경정결정이 있은 때에는 새로운 피고에 대한 소송은 처음에 소를 제기한 때에 제기된 것으로 봄
  - 경정각하 : 경정신청을 각하하는 결정에 대하여는 즉시항고할 수 있음
- ㉤ **소송참가**
  - 제3자의 소송참가

의의	법원은 소송에 따라 권리 또는 이익의 침해를 받을 제3자가 있는 경우에는 당사자 또는 제3자의 신청 또는 직권에 의하여 결정으로써 그 제3자를 소송에 참가시킬 수 있음(예 이중효과적 행정행위나 취소판결의 제3자적 효력이 있는 경우 등)

SEMI-NOTE

행정소송법 제2조 제2항

이 법을 적용함에 있어서 행정청에는 법령에 의하여 행정권한의 위임 또는 위탁을 받은 행정기관, 공공단체 및 그 기관 또는 사인이 포함된다.

관련 판례

원고가 피고를 잘못 지정하였다면 법원으로서는 당연히 석명권을 행사하여 원고로 하여금 피고를 경정하게 하여 소송을 진행케 하였어야 할 것임에도 불구하고 이러한 조치를 취하지 아니한 채 피고의 지정이 잘못되었다는 이유로 소를 각하한 것이 위법하다(대판 2004. 7. 8, 2002두7852).

소송참가의 의의

소송 외의 제3자가 타인 간의 소송의 결과에 따라 법률상 이익에 영향을 미치게 될 경우에 취소소송과 이해관계가 있는 제3자나 다른 행정청을 소송에 참여시키는 제도. 취소소송 이외의 항고소송, 당사자소송, 민중소송 및 기관소송에도 준용됨

요건	타인 간에 소송이 계속 진행 중이어야 하고, 소송의 결과에 따라 법률상 이해관계에 있는 자로서 법률상 이익의 침해를 받게 될 자이어야 함. 법률상 이익의 침해에는, 판결의 형성력 자체에 의해 권리·이익을 침해받는 경우뿐만 아니라 판결의 기속력에 따른 행정청의 새로운 처분에 의해 권리·이익을 침해받는 경우도 포함됨
절차	제3자의 소송참가는 신청 또는 직권에 의함. 법원이 참가결정을 하고자 할 때에는 미리 당사자 및 제3자의 의견을 들어야 함
지위	참가인은 공동소송적 보조참가인의 지위와 유사함(통설)

• 타 행정청의 소송참가

의의	법원은 당사자 또는 당해 행정청의 신청 또는 직권에 의하여 결정으로써 그 행정청을 소송에 참가시킬 수 있음
요건	타인의 소송이 계속 중이어야 하고, 참가행정청은 피고 행정청이 아닌 다른 행정청이어야 하며, 법원이 소송에 참가시킬 필요가 있다고 인정하여야 함
절차	법원은 참가결정을 하고자 할 때에는 당사자 및 당해 행정청의 의견을 들어야 함. 참가 여부의 결정에 관하여는 당사자나 참가행정청 모두 불복할 수 없음
지위	참가행정청은 보조참가인의 지위를 가짐

ⓗ 소송대리인 : 민사소송의 경우와 같이 소송대리인이 당연히 적용됨. 다만, 국가를당사자로하는소송에관한법률에 의하면 법무부장관과 행정청의 장은 소송수행자를 지정할 수도 있고, 변호사를 소송대리인으로 선임할 수도 있음

④ 취소소송의 제기 ★빈출개념

㉠ 취소소송의 대상

• 처분

– 학설 및 판례 : 학설에는 실체법상 개념설(일원설), 쟁송법상 개념설(이원설)이 있으며, 판례는 원칙상 행정행위를 항고소송의 주된 대상으로 봄(실체법상 개념설). 다만, 예외적으로 행정행위가 아닌 권력성이 있는 행위에도 항고소송의 대상이 될 수 있는 여지를 남겨 두고 있다고 할 수 있음(대판 1993. 12. 10, 93누12619)

– 요소

행정청	행정소송법상 행정청에는 입법·사법기관은 물론 법령에 의하여 행정권한의 위임 또는 위탁을 받은 행정기관, 공공단체 및 그 기관 또는 사인이 포함됨(제2조 제2항)
구체적 사실	관련자가 개별적이고, 규율대상이 구체적이어야 함을 의미하는바, 일반적·추상적 규율을 행하는 행정입법은 처분에 해당되지 않음. 다만, 일반처분은 불특정 다수인을 대상으로 하는 것이나, 구체적 사실을 규율하는 행위이기 때문에 처분에 해당함

법집행행위	행정소송법상 처분은 법집행으로서 공권력 행사, 즉 법적 행위이어야 함
공권력행사	사법행위, 공법상 계약, 공법상 합동행위, 행정지도 등은 처분으로 볼 수 없어 취소소송의 대상이 되지 않음
공권력 행사의 거부	공권력 행사의 거부란 실정법상 간주거부도 거부처분에 포함됨. 거부의 의사표시는 행정청이 외부적으로 표시하는 것이 일반적이나, 묵시적 거부, 즉 상대방에게 그 의사표시가 직접 고시되지 않았다 하더라도 상대방이 이를 알았거나 알 수 있었을 때에 거부처분한 것으로 봄(대판 1991. 2. 12, 90누5825)
그 거부에 준하는 행정작용	개별적·추상적 규율이나 대물적 행정행위 등은 처분에 해당되나, 보류처분(유보처분)은 처분으로 볼 수 없음. 실질적으로 국민에게 계속적으로 사실상 지배력을 미치는 행정작용, 즉 형식적 행정행위에도 그 처분성을 인정할 것인가에 대해서는 견해가 대립됨

- 재결(裁決)
  - 재결의 의의 : 재결은 위법·부당한 처분으로 인하여 권리·이익을 침해당한 자가 행정기관에 대하여 시정을 구하는 행정심판법상 재결과 그 밖에 당사자심판이나 이의신청에 의한 재결도 포함함.
  - 원처분주의의 채택 : 행정소송법상 재결에 대한 취소소송은 재결 자체에 고유한 위법이 있음을 이유로 하는 경우에 한함(제19조). 원처분주의에 반하여 소송을 제기하면 기각판결을 하여야 함(대판 1994. 1. 25, 93누16901)
  - 재결소송의 사유 : 재결 자체에 주체·절차·형식 또는 내용상의 위법이 있는 경우에 한한다 할 것인바, 원 처분의 위법을 이유로 재결의 취소를 구할 수 없음
  - 재결소송의 대상인 재결 : 형성재결인 취소재결은 '그 재결 외에 그에 따른 행정청의 별도의 처분이 있지 않기 때문에 재결 자체를 쟁송대상으로 할 수밖에 없다'(대판 1997. 12. 23, 96누10911)고 판시하였고, 명령재결인 취소명령재결 또한 소의 대상으로 봄

관련 판례 재결소송의 대상인 재결

재결청이 취소심판의 청구가 이유 있다고 인정하여 처분청에게 처분의 취소를 명하면 처분청으로서는 그 재결의 취지에 따라 처분을 취소하여야 하지만, 그렇다고 하여 그 재결의 취지에 따른 취소처분이 위법할 경우 그 취소처분의 상대방이 이를 항고소송으로 다툴 수 없는 것은 아니다(대판 1993. 9. 28, 92누15093).

  - 원처분주의에 대한 예외 : 감사원법 제40조, 구 토지수용법 제75조의2 등에서 재결을 취소대상으로 규정하는 경우가 있는데, 이를 재결주의라 함. 이 경우에 해당하는 경우 모두 소의 제기가 가능하다는 것이 판례의 태도임

SEMI-NOTE

관련 판례

징계혐의자에 대한 감봉 1월의 징계처분을 견책으로 변경한 소청결정 중 그를 견책에 처한 조치는 재량권의 남용 또는 일탈로서 위법하다는 사유는 소청결정 자체에 고유한 위법을 주장하는 것으로 볼 수 없어 소청결정의 취소사유가 될 수 없다(대판 1993. 8. 24, 93누5673).

감사원법 제40조(재심의의 효력)

① 청구에 따라 재심의한 사건에 대하여는 또다시 재심의를 청구할 수 없다. 다만, 감사원이 직권으로 재심의한 것에 대하여는 재심의를 청구할 수 있다.
② 감사원의 재심의 판결에 대하여는 감사원을 당사자로 하여 행정소송을 제기할 수 있다. 다만, 그 효력을 정지하는 가처분결정은 할 수 없다.

SEMI-NOTE

ⓛ 처분 등의 존재의 의미 : 취소소송을 제기하기 위하여는 처분 등이 존재하여야 하므로 처분 등이 부존재하거나 무효라면 이는 취소소송의 대상으로 볼 수 없고, 단지 무효등확인소송의 대상이 될 뿐임

실력UP 처분성의 인정 여부 관련 판례

• **처분성 인정**
  - 표준지공시지가결정(대판 2008. 8. 21, 2007두13845)
  - 국가인권위원회의 성희롱결정 및 시정조치권고(대판 2005. 7. 8, 2005두487)
  - 민주화운동관련자명예회복및보상심의위원회의 보상금 등의 지급 결정[대판 2008. 4. 17, 2005두16185(전합)]
  - 국토의계획및이용에관한법률에 따른 토지거래 허가구역지정(대판 2006. 12. 22, 2006두 12883)
  - 청소년유해매체물 결정 및 고시(대판 2007. 6. 14, 2004두619)
  - 국민건강보험공단의 사위 등에 의한 재심 요양급여비 환수결정처분[대판 2008. 9. 11, 2008두6981 · 6998(병합)]
  - 유역환경청장의 토지매수 거부행위(대판 2009. 9. 10, 2007두20638)
  - 친일반민족행위자재산조사위원회의 재산조사개시결정(대판 2009. 10. 15, 2009두6513)
  - 건축물에 관한 건축물대장의 직권말소행위(대판 2010. 5. 27, 2008두22655)
  - 납골시설에 관한 도시관리계획의 입안제안 반려처분(대판 2010. 7. 22, 2010두57)
  - 과세관청의 질문조사권이 행해지는 세무조사결정(대판 2011. 3. 10, 2009두23617)
  - 산업집적활성화및공장설립에관한법률에 따른 산업단지 입주계약 해지통보(대판 2011. 6. 30, 2010두23859)
• **처분성 부정**
  - 혁신도시의 최종입지 선정행위(대판 2007. 11. 15, 2007두10198)
  - 한국마사회의 기수에 대한 징계처분(대판 2008. 1. 31, 2005두8269)
  - 관할관청의 무허가건물관리대장에서의 삭제행위(대판 2009. 3. 12, 2008두11525)
  - 과세관청이 직권으로 행한 실사업자명의로의 정정행위(대판 2011. 1. 27, 2008두2200)

처분성 인정 여부가 변경된 사례

• 지적공부소관청의 지목변경신청반려 행위가 항고소송의 대상이 되는 행정처분인지 여부 : 처분성 부정(대판 80누456, 94누4295 등) → 처분성 인정(대판 2003두9015)
• 교원재임용거부 취지의 임용기간만료 통지가 항고소송의 대상이 되는 처분에 해당하는지 여부 : 처분성 부정(대판 96누4305) → 처분성 인정(대판 2000두7735)
• 소득금액변동통지가 행정처분에 해당하는지 여부 : 처분성 부정(대판 83누589) → 처분성 인정(대판 2002두1878)

ⓒ 제소기간

• 의의 : 소송을 제기할 수 있는 시간적 간격. 취소소송은 일정한 제소기간 내에 제기하여야 하며 이 제소기간의 경과로 당해 행정처분은 불가쟁력을 발생함. 그러나 그것은 위법한 처분 등이 적법한 것으로 전환되는 것은 아니며, 처분청은 직권취소를 할 수 있고 하자의 승계에는 아무런 영향이 없음

• 행정소송의 제소기간
  - 있음을 안 날로부터 90일 이내
  - 있은 날로부터 1년 이내

행정소송법 제20조(제소기간)

① 취소소송은 처분 등이 있음을 안 날부터 90일 이내에 제기하여야 한다. 다만, 제18조 제1항 단서에 규정한 경우와 그 밖에 행정심판청구를 할 수 있는 경우 또는 행정청이 행정심판청구를 할 수 있다고 잘못 알린 경우에 행정심판청구가 있은 때의 기간은 재결서의 정본을 송달받은 날부터 기산한다.
② 취소소송은 처분 등이 있은 날부터 1년(제1항 단서의 경우는 재결이 있은 날부터 1년)을 경과하면 이를 제기하지 못한다. 다만, 정당한 사유가 있는 때에는 그러하지 아니하다.
③ 제1항의 규정에 의한 기간은 불변기간으로 한다.

관련 판례 정당한 사유의 범위

행정소송법 제20조 제2항 소정의 "정당한 사유"란 불확정 개념으로서 그 존부는 사안에 따라 개별적, 구체적으로 판단하여야 하나 민사소송법 제160조의 "당사자가 그 책임을 질 수 없는 사유"나 행정심판법 제18조 제2항 소정의 "천재, 지변, 전쟁, 사변 그 밖에 불가항력적인 사유"보다는 넓은 개념이라고 풀이되므로, 제소기간도과의 원인 등 여러 사정을 종합하여 지연된 제소를 허용하는 것이 사회통념상 상당하다고 할 수 있는가에 의하여 판단하여야 한다(대판 1991. 6. 28, 90누6521).

ⓒ **소장(訴狀)** : 민사소송법 제249조 규정에 의한 형식을 갖춘 소장에 의하여 제기해야 함

ⓓ **행정심판전치주의** : 위법·부당한 처분 등에 대하여 법령이 행정심판을 인정하고 있는 경우에 그 행정심판을 거치는 것을 행정소송의 제기를 위한 필요적인 전심절차로 하는 제도. 행정소송법 제18조제1항에서 "취소소송은 법령의 규정에 의하여 당해 처분에 대한 행정심판을 제기할 수 있는 경우에도 이를 거치지 아니하고 제기할 수 있다."고 규정하여 임의적 전치주의를 명시하고 있음

- 요건
  - 심판청구의 적법성과 전치요건 : 행정처분의 취소를 구하는 항고소송의 전심절차인 행정심판청구가 부적법한 경우에는 행정소송 역시 전치의 요건을 충족치 못한 것이 되며, 이 점은 행정청이 그 부적법을 간과한 채 실질적 재결을 하였다 하더라도 행정심판전치의 요건을 충족치 못하였다는 것이 판례의 입장임
  - 전치요건의 충족시기 : 행정심판을 거치지 않고 소를 제기하였으나 그 뒤 사실심변론종결 전까지 행정심판전치의 요건을 갖추었다면 흠이 치유되며(대판 63누9), 또한 행정심판의 재결이 있기 전에 제기된 취소소송은 부적법하나, 소가 각하되기 전에 재결이 있으면 그 흠은 치유됨(대판 65누57).

- 필요적(예외적) 행정심판전치주의 : 행정심판전치주의가 필요적(예외적)인 경우(제18조 제1항 단서)에 해당하더라도, 이를 강행하면 국민의 권익을 침해하는 결과가 되는 경우도 있어 예외 규정을 인정할 필요가 있음

필요적 전치의 예외 근거	사유
행정심판법 제18조 제2항 ("다음의 사유가 있는 때에는 행정심판의 재결을 거치지 아니하고 취소소송을 제기할 수 있다.")	• 행정심판청구가 있은 날로부터 60일이 지나도 재결이 없는 때 • 처분의 집행 또는 절차의 속행으로 생길 중대한 손해를 예방하여야 할 긴급한 필요가 있는 때 • 법령의 규정에 의한 행정심판기관이 의결 또는 재결을 하지 못할 사유가 있는 때 • 그 밖의 정당한 사유가 있는 때
행정심판법 제18조 제3항 ("다음의 사유가 있는 때에는 행정심판을 제기함이 없이 취소소송을 제기할 수 있다.")	• 동종사건에 관하여 이미 행정심판의 기각재결이 있은 때 • 서로 내용상 관련되는 처분 또는 같은 목적을 위하여 단계적으로 진행되는 처분 중 어느 하나가 이미 행정심판의 재결을 거친 때 • 행정청이 사실심의 변론종결 후 소송의 대상인 처분을 변경하여 당해 변경된 처분에 관하여 소를 제기하는 때 • 처분을 행한 행정청이 행정심판을 거칠 필요가 없다고 잘못 알린 때

민사소송법 제249조(소장의 기재사항)
① 소장에는 당사자와 법정대리인, 청구의 취지와 원인을 적어야 한다.
② 소장에는 준비서면에 관한 규정을 준용한다.

04장
행정구제법

행정심판전치주의의 인정 이유
통상 소송절차에 비해 간편한 절차로 시간·비용을 절약가능. 행정심판은 국민의 이익을 위한 것이고, 사전절차를 통해 원칙적으로 권리구제가 강화됨. 법원의 입장에서도 행정심판절차에서 심판청구인의 목적이 달성되거나 사실상·법률상의 쟁점이 많이 정리되어 행정소송의 부담이 경감됨

특별법상의 행정심판전치주의에 대한 특례(예외적 행정심판전치주의)
- 심사청구 또는 심판청구(국세기본법·관세법)
- 소청심사위원회에 소청심사청구(국가공무원법·지방공무원법)
- 교원소청심사위원회에 소청심사청구(교원지위향상을 위한 특별법)
- 중앙노동위원회에 재심신청(노동위원회법)
- 운전면허의 취소·정지처분의 행정심판(도로교통법)
- 사용료·수수료·분담금의 부과·징수처분에 대한 이의신청(지방자치법)
- 징발보상심의회에 재심청구(징발법)

－ 적용의 범위 : 행정심판전치주의가 적용되는 소송은 취소소송과 부작위
위법확인소송임

제3자소송	행정심판전치주의가 적용됨. 다만, 행정심판을 거치지 못한 정당한 사유가 있는 경우 제기기간은 연장됨(대판 1985. 5. 9, 88누5150)
2단계 이상의 행정심판절차가 규정된 경우	행정심판전치주의는 행정의 자기통제성의 확보와 간편·신속한 권리구제를 목적으로 하는 바, 하나의 절차만 거치면 족하다는 것이 지배적 견해

ⓑ 소의 변경 : 소송의 계속 중에 원고가 종전의 청구를 새로운 청구로 변경하거나 추가시키는 것

• 소의 종류변경

인정 범위	• 취소소송을 무효등확인소송 또는 부작위위법확인소송으로 변경하거나 당사자소송으로 변경하는 경우 • 무효등확인소송을 취소소송 또는 당사자소송으로 변경하는 경우 • 부작위위법확인소송을 취소소송 또는 당사자소송으로 변경하는 경우 • 당사자소송을 당해 처분 등을 한 행정청에 항고소송으로 변경하는 경우
변경절차	원고의 신청이 있어야 하고, 소의 변경허가를 하는 경우 피고를 달리하게 될 때에는 법원은 새로이 피고로 될 자의 의견을 들어야 하며, 소의 변경으로 피고가 변경된 때에는 그 결정의 정본을 새로운 피고에게 송달하여야 함
효과	소의 변경을 허가하는 결정이 있은 때에는 새로운 피고에 대한 소송은 처음에 소를 제기한 때에 제기된 것으로 보며, 종전의 소송은 취하된 것으로 봄
불복	소의 종류변경에 대한 법원의 허가결정에 대하여는 즉시항고할 수 있음

• 처분의 변경으로 인한 소의 변경

요건	신청은 처분의 변경이 있음을 안 날로부터 60일 이내에 하여야 하며, 변경되는 청구는 제18조 제1항 단서의 규정에 의한 요건을 갖춘 것으로 봄. 따라서 재결을 거치지 않고 청구할 수 있음
인정범위	소의 변경은 취소소송과 무효등확인소송 및 당사자소송에서만 가능하며, 부작위위법확인소송은 변경될 처분이 존재하지 않음
효과	소 변경의 허가결정이 있으면 구소가 처음 제기된 때에 새로운 소가 제기되고, 동시에 구소는 취하된 것으로 봄

• 처분사유의 추가 · 변경

인정 여부	• 긍정설 : 처분사유의 추가 · 변경을 넓게 인정하는 견해 • 부정설 : 처분사유의 추가 · 변경을 허용하지 않는 견해 • 제한적 긍정설 : 기본적 사실관계가 동일성이 있다고 인정되는 한도 내에서만 다른 사유를 추가 · 변경할 수 있다는 견해(통설 · 판례)
시간적 한계	사실심변경종결 시까지 처분사유 추가 · 변경 가능(대판 2001. 10. 30, 2000두5616)

ⓐ 소 제기의 효과
• 법원에 대한 효과(주관적 효과) : 취소소송이 제기되면 당해 사건은 법원에 계속되며 법원은 당해 사건을 심리하고 판결할 구속을 받는 동시에, 당사자는 동일한 사건에 대하여 다시 소를 제기하지 못함(민사소송법 제259조)
• 처분에 대한 효과(객관적 효과) : 원칙적으로 '집행부정지의 원칙'을 채택하고 있음(행정소송법 제23조 제1항). 다만 예외적으로 집행정지결정을 할 수 있게 규정하고 있음

ⓒ 가구제 : 원고가 승소해도 집행이 종료되어 회복 불가능한 손해를 입는 것을 예방하기 위하여 일정한 요건하에서 잠정적으로 권리를 보호하기 위한 제도. 가구제에는 집행정지제도와 가처분이 있는데, 행정소송법에서는 집행정지에 대해서만 규정하고 있음

• 집행정지
– 성질 : 집행정지는 사법작용 · 소극적 작용이며, 잠정적인 보전처분으로서의 성질을 가짐
– 요건

적법한 본안소송이 계속 중일 것	집행정지는 본안에 대한 판결이 확정되기까지 잠정적인 권리보호를 위한 제도이므로, 본안소송의 계속을 전제로 함(대판 1975. 11. 11, 75누97)
처분 등이 존재할 것	처분이 이미 종료된 때에는 집행정지가 불가능함. 거부처분의 경우에는 그 효력을 정지하여도 신청 시의 상태로 돌아가는 것에 그치므로 집행정지의 대상이 될 수 없음(대판 1995. 6. 21, 95두26)
회복하기 어려운 손해를 예방하기 위한 것이어야 할 것	금전보상이 불가능한 경우뿐만 아니라 금전보상으로는 사회관념상 행정처분을 받은 당사자가 수인할 수 없거나 수인하기 어려운 유 · 무형의 손해를 말함(대판 1997. 2. 26, 97두3). 한편, 금전납부(과징금납부명령의 처분)로 인한 손해도 회복하기 어려운 손해에 해당할 수 있음(대판 2001. 10. 10, 2001무29).
긴급한 필요가 있을 것	시간적으로 절박하여 판결을 기다릴 만한 여유가 없는 경우

집행정지의 절차

집행정지결정의 관할법원은 본안이 계속되어 있는 법원임. 집행정지는 당사자의 신청 또는 법원의 직권에 의하여 개시되며, 신청인은 그 신청의 이유에 관하여 소명하여야 함(제23조 제4항)

민사집행법 제300조(가처분의 목적)

① 다툼의 대상에 관한 가처분은 현상이 바뀌면 당사자가 권리를 실행하지 못하거나 이를 실행하는 것이 매우 곤란할 염려가 있을 경우에 한다.

② 가처분은 다툼이 있는 권리관계에 대하여 임시의 지위를 정하기 위하여도 할 수 있다. 이 경우 가처분은 특히 계속하는 권리관계에 끼칠 현저한 손해를 피하거나 급박한 위험을 막기 위하여, 또는 그 밖의 필요한 이유가 있을 경우에 하여야 한다.

당사자적격

개별적·구체적 사건에서 원고나 피고로서 소송을 수행하고 본안판결을 받을 수 있는 자격

– 효과

형성력	집행정지결정 중 효력정지결정은 효력 그 자체를 소멸시켜 행정처분이 없었던 원래 상태를 가져오고, 집행과 절차속행의 정지결정은 처분의 효력에는 영향을 미치지 아니하나 집행만의 정지효과를 가져옴. 따라서 집행정지결정에 위배된 후속행위들은 무효임
기속력 (대인적 효력)	집행정지결정의 효력은 당해 처분·재결의 당사자인 행정청과 관계 행정청뿐만 아니라 제3자에 대하여도 미침(제23조 제6항, 제29조 제2항)
시간적 효력	집행정지결정의 효력은 집행정지 결정시점부터 발생하며, 결정주문에서 정한 시기까지 존속함. 결정주문에 정함이 없는 때에는 본안판결이 확정될 때까지 그 효력이 존속됨(대결 1962. 4. 12, 4294민상1541)

– 집행정지결정의 불복과 취소

불복	집행정지결정이나 기각의 결정 또는 집행정지결정의 취소결정에 대하여는 즉시항고할 수 있음. 이 경우 즉시항고에는 결정의 집행을 정지하는 효력이 없음(제23조 제5항).
취소	집행정지결정이 확정된 후 집행정지가 공공복리에 중대한 영향을 미치거나 그 정지사유가 없어진 때에는 당사자의 신청 또는 직권에 의하여 당해 집행정지결정을 한 법원은 집행정지결정을 취소할 수 있다(제24조 제1항).

• 가처분

의의	금전 이외의 급부를 목적으로 하는 청구권의 집행을 보전하거나 다툼이 있는 법률관계에 관하여 잠정적으로 임시의 지위를 보전하는 것을 목적으로 하는 가구제
인정 여부	행정소송법은 집행정지만을 규정하고 있어서 가처분을 인정할 것인지의 여부에 대해, 판례는 '보전처분은 민사판결절차에 의하여 보호받을 수 있는 권리에 관한 것이므로, 민사소송법상 가처분으로써 행정청의 어떠한 행정행위의 금지를 구하는 것은 허용되지 아니한다'(대결 1992. 7. 6, 자92마54)고 판시하여 부정설을 취함

⑤ **취소소송의 심리**

　㉠ 의의 : 소에 대한 판결을 하기 위하여 그 기초가 되는 소송자료를 수집하는 절차

　㉡ 심리의 내용

　　• 요건심리

의의	법원에 제기된 소가 소송제기요건을 갖추었는지의 여부를 심리하는 것
심리대상	관할권, 제소기간, 전심절차, 당사자적격 등 형식적 요건에 관한 것
직권 조사사항	요건 존부의 판단은 법원의 직권조사사항임. 다만, 제소 당시에는 소송요건이 결여되었더라도 사실심의 변론종결 시까지 이를 구비하면 족하고 소송제기요건을 구비하지 못하였다면 법원은 이를 각하함

- 본안심리 : 본안심리는 요건심리의 결과 적법한 것으로 수리된 소의 실체적 내용을 심리하여 원고의 청구가 이유 있는지 여부를 심사하는 것을 말하는 바, 원고의 청구가 이유 있다면 인용판결을, 없다면 기각판결을 하게 됨

ⓒ 심리의 범위

- 법률문제 · 사실문제 : 행정처분이나 재결의 실체면 · 절차면 및 법률문제 · 사실문제 등을 심리하는 것이 원칙이며, 전문적 · 기술적인 지식을 요하는 사항인 경우 법원의 심리를 제한하는 입법례가 있음
- 자유재량행위의 위반문제 : 재량권의 문제는 법원의 심리대상에서 제외된다는 것이 원칙. 다만, 행정청의 재량에 속하는 처분이라도 재량권의 한계를 넘거나 그 남용이 있는 때에는 법원은 이를 취소할 수 있음(제27조)
- 불고불리의 원칙과 그 예외 : 취소소송의 경우에도 민사소송과 같이 불고불리의 원칙이 적용되는바, 법원은 소 제기가 없으면 재판할 수 없고, 또한 그 청구의 범위를 넘어서 심리 · 판단할 수 없다 할 것임. 다만, 법원은 필요하다고 인정할 때에는 당사자가 주장하지 아니한 사실에 대하여도 판단할 수 있음(제26조)

ⓓ 심리의 절차

- 일반원칙 : 처분권주의, 변론주의, 공개심리주의, 구술심리주의
- 행정소송법상 특칙
  - 직권탐지주의(직권조사주의) : 행정소송법 제26조에 변론주의에 대한 예외를 규정하고 있음. 학설은 당사자가 주장하지 아니한 사실에 대하여만 탐지할 수 있다는 변론주의보충설과 당사자가 주장하지 아니한 사실에 대하여 당연히 탐지할 수 있는 직권탐지주의설이 대립하고 있음. 판례는 변론주의보충설을 취하고 있음
  - 행정심판기록제출명령 : 법원은 당사자의 신청이 있는 때에는 결정으로써 재결을 행한 행정청에 대하여 행정심판에 관한 기록의 제출을 명할 수 있고, 제출명령을 받은 행정청은 지체 없이 당해 행정심판에 관한 기록을 법원에 제출하여야 함(제25조)

ⓔ 주장책임과 입증책임

- 주장책임 : 주장책임이란 분쟁의 주요한 사실관계를 주장하지 않음으로 인하여 당사자 일방의 불이익 내지 부담을 말하는 것으로, 이러한 주장책임의 완화의 의미로 직권조사주의가 있음
- 입증책임 : 분쟁의 중요한 사실관계의 존부가 확정되지 아니한 때, 불리한 법적 판단을 받게 되는 일방 당사자의 불이익 내지 위험을 누가 부담하여야 하는지의 문제

원고책임설 (적법성추정설)	행정행위에는 공정력이 있어 원고가 행정행위 위법성을 입증하여야 한다는 견해
피고책임설 (적법성담보설)	법치주의 원리상 행정행위의 적법성은 행정주체가 담보하여야 하므로, 입증책임은 피고에게 있다는 견해

행정소송법 제8조(법적용예)
① 행정소송에 대하여는 다른 법률에 특별한 규정이 있는 경우를 제외하고는 이 법이 정하는 바에 의한다.
② 행정소송에 관하여 이 법에 특별한 규정이 없는 사항에 대하여는 법원조직법과 민사소송법 및 민사집행법의 규정을 준용한다.

관련 판례

행정소송법 제26조가 규정하는 바는 행정소송의 특수성에서 연유하는 당사자주의, 변론주의에 대한 일부 예외규정일 뿐, 법원이 아무런 제한 없이 당사자가 주장하지 아니한 사실을 판단할 수 있는 것은 아니고, 일건 기록상 현출되어 있는 사항에 관하여서만 직권으로 증거조사를 하고 이를 기초로 하여 판단할 수 있을 따름이다(대판 1994. 4. 26. 92누17402).

행정소송독자분배설	행정소송에서의 특수성을 감안하여 권리제한이나 의무부과는 피고가 적법성의 입증책임을, 권리와 이익의 확장이나 재량일탈·남용은 원고가 입증책임을 부담하여야 한다는 견해
법률요건분류설	민사소송의 일반원칙에 따라 원고와 피고에게 입증책임이 분배되어야 하는 것으로 보고, 권한행사규정의 요건사실은 그 처분권한의 행사를 주장하는 자가, 권한불행사규정의 요건사실은 그 처분권한의 불행사를 주장하는 자가 각각 입증책임을 진다고 보는 견해(다수설·판례)

관련 판례

- 자유재량에 의한 행정처분이 그 재량권의 한계를 벗어난 것이어서 위법하다는 점은 그 행정처분의 효력을 다투는 자가 이를 주장·입증하여야 하고, 처분청이 그 재량권의 행사가 정당한 것이었다는 점까지 주장·입증할 필요는 없다(대판 1987. 12. 8. 87누861).
- 행정처분이 위법함을 내세워 그 취소를 구하는 항고소송에 있어서 그 처분의 적법성에 대한 주장 입증책임은 처분청인 피고에게 있다(대판 1983. 9. 13. 83누288).

관련 판례 입증책임

과세처분에 관한 행정소송에 있어서 과세원인 및 과세표준금액 등 과세요건이 되는 사실에 관하여는 다른 특별한 사정이 없는 한 과세관청에 그 입증책임이 있다(대판 1981. 5. 26. 80누521).

ⓑ 위법판단의 기준 시

처분시설	행정처분이 있을 때의 법령과 사실상태를 기준으로 하여 위법여부를 판단하여야 한다는 견해(통설·판례). 다만, 판례는 부작위위법확인소송의 경우에는 판결시설을 취함(대판 91누7631)
판결시설	위법 여부는 사실심의 최종구두변론종결 당시의 법령과 사실상태를 기준으로 판단하여야 한다는 견해

⑥ **취소소송의 판결** ⭐ 빈출개념

㉠ 의의 : 법원이 당해 소송사건에 대해 변론을 거쳐 무엇이 법인가를 판단·선언하는 사법적 작용

㉡ 판결의 종류와 내용

중간판결		종국판결을 하기 전 소송진행 중에 생긴 쟁점을 해결하기 위한 확인적 성질의 판결
종국판결	소송판결	소송요건의 결여로 각하하는 판결(각하판결)
	본안판결	본안심리의 결과 청구의 전부 또는 일부를 인용(인용판결)하거나 기각하는 판결(기각판결)

- 각하판결 : 소송요건을 구비하지 못하여 부적법한 소라고 여겨 본안심리를 거부하는 판결
- 기각판결 : 본안심리의 결과 원고의 청구에 합리적 이유가 없다고 하여 배척하는 판결
- 사정판결
  - 의의 : 사정판결이란 원고의 청구가 이유 있다고 인정하는 경우에도 처분 등을 취소하는 것이 현저히 공공복리에 적합하지 아니하다고 인정하는 때에 법원이 원고의 청구를 기각하는 판결을 말함(제28조)

사정판결의 인정 이유

사정판결은 행정의 법률적합성의 원칙의 예외적인 현상으로, 이익형량의 원칙에 입각하여 공익을 사익에 우선시키는 제도이므로, 제한적으로만 허용되어야 함

- 요건

취소소송일 것	사정판결은 당사자소송, 객관적 소송, 무효등확인소송, 부작위위법확인소송에서는 인정되지 않고 취소소송에서만 인정된다는 것이 통설 및 판례의 입장
처분 등이 위법할 것	원고의 청구가 이유 있다고 인정하는 경우이어야 하므로 처분이 위법하여야 함
처분 등의 취소가 현저히 공공복리에 적합하지 않을 것	위법한 처분을 취소하여 개인의 권익을 구제할 필요와 그 취소로 인하여 발생할 수 있는 공공복리에 대한 현저한 침해를 비교형량하여 결정하여야 함

- 주장 및 입증책임 : 피고행정청에 있음. 다만, 판례는 당사자의 주장이 없더라도 직권으로 사정판결을 할 수 있다고 봄
- 판단의 기준 시 : 처분 등의 위법 여부는 처분 시를 기준으로 판단하고, 공공복리를 위한 사정판결의 필요성은 판결 시(사실심 구두변론종결 시)를 기준으로 판단하여야 함
- 판결의 효과

위법명시	사정판결을 하는 경우 법원은 그 판결의 주문에서 그 처분 등이 위법함을 명시하여야 함(제28조 제1항). 이로써 처분의 위법성에 대하여는 기판력이 발생함
소송비용	사정판결에 의해 원고의 청구가 기각된 경우 소송비용은 피고의 부담으로 함(제32조)
권리구제	원고는 피고인 행정청이 속하는 국가 또는 공공단체를 상대로 손해배상, 제해시설의 설치 그 밖에 적당한 구제방법의 청구를 당해 취소소송 등이 계속된 법원에 병합하여 제기할 수 있음(제28조 제3항). 법원이 사정판결을 함에 있어서는 미리 원고가 그로 인하여 입게 될 손해의 정도와 배상방법 그 밖의 사정을 조사하여야 함(동조 제2항)

- 인용판결 : 청구가 이유 있다고 인정하여 그 청구의 전부 또는 일부를 받아들이는 판결. 즉, 인용판결은 처분을 취소·변경하는 형성판결임. 여기서의 처분을 '변경'하는 판결이 소극적 변경(일부취소)을 의미하는지 적극적 변경을 의미하는지에 대해 견해의 대립이 있으나, 통설·판례는 소극적 변경으로 봄

ⓒ 취소판결의 효력
  • 자박력(불가변력) : 판결이 일단 선고되면 선고법원 자신은 이를 취소·변경할 수 없는 기속을 받게 되는데 이를 자박력이라고 함
  • 형식적 확정력(불가쟁력) : 판결에 대하여 불복이 있는 경우에는 상소를 통하여 그의 효력을 다툴 수 있는데, 이때 상소기간이 경과하거나 당사자가 상소를 포기하는 등 기타의 사유로 상소할 수 없게 된 상태를 판결의 형식적 확정력이라 함

사정판결에 대한 불복

사정판결은 취소인용판결이 아니라 기각판결임. 따라서 원고는 이에 대하여 상소를 제기할 수 있음

04장

행정구제법

기판력의 취지

기판력을 인정하는 취지는 소송절차의 반복과 모순된 재판의 방지라는 법적 안정성의 요청에 따라 인정되는 것임

관련 판례

어떠한 행정처분에 위법한 하자가 있다는 이유로 그 취소를 소구한 행정소송에서 그 행정처분을 취소하는 판결이 선고되어 확정된 경우에 처분행정청이 그 행정소송의 사실심변론종결 이전의 사유를 내세워 다시 확정판결에 저촉되는 행정처분을 하는 것은 확정판결의 기판력에 저촉되어 허용될 수 없고 이와 같은 행정처분은 그 하자가 명백하고 중대한 경우에 해당되어 당연무효이다(대판 1989. 9. 12, 89누985).

기판력과 기속력의 성질·범위 구분

기판력은 소송법상의 구속력으로 인용·기각판결 모두에 인정되나, 기속력은 실체법상 구속력으로 인용판결에만 인정됨

• 실질적 확정력(기판력)
  - 의의 : 기판력이란 판결이 확정된 때에는 후에 동일한 사건이 소송상 문제가 되었을 경우 소송당사자는 이에 저촉되는 주장을 할 수 없으며 법원도 이에 저촉되는 판단을 하지 못하게 하는 효력을 말함. 즉 전소의 확정판결이 후소에 미치는 구속력을 말함
  - 효력범위

주관적 범위	기판력은 당사자 및 당사자와 동일시할 수 있는 승계인에게만 미치고, 제3자에게는 미치지 않음. 다만, 피고인 행정청이 속하는 국가 또는 공공단체에는 미침(대판 1998. 7. 24, 98다10854).
객관적 범위	기판력은 판결의 주문에 표시된 소송물에 관한 판단에만 미치고 판결이유에 설시된 개개의 위법사유에 관한 판단에는 미치지 않음
시간적 범위	기판력은 사실심의 변론종결 시를 표준 시로 하여 발생함(대판 1995. 9. 29, 94다46817).

관련 판례 실질적 확정력(기판력)

• 확정판결의 기판력은 소송물로 주장된 법률관계의 존부에 관한 판단의 결론 그 자체에만 미치는 것이고 그 전제가 되는 법률관계의 존부에까지 미치는 것이 아니며, 소송판결은 그 판결에서 확정한 소송요건의 흠결에 관하여 기판력이 발생하는 것이다(대판 1996. 11. 15, 96다31406).
• 행정처분에 위법이 있어 행정처분을 취소하는 판결이 확정된 경우 그 확정판결의 기판력은 거기에 적시된 위법사유에 한하여 미치는 것이므로, 행정관청이 그 확정판결에 적시된 위법사유를 보완하여 행한 새로운 행정처분은 확정판결에 의하여 취소된 종전의 처분과는 별개의 처분으로서 확정판결의 기판력에 저촉된다고 할 수 없다(대판 1997. 2. 11, 96누13057).

  - 기판력의 적용

취소판결의 무효확인소송에 대한 기판력	취소판결의 국가배상청구소송에 대한 기판력
취소소송에서의 기각판결이 확정되면 당해 처분에 하자가 없다는 점에 기판력이 생기므로 후소로 무효확인소송을 제기하면 기판력에 반하게 됨(대판 2001. 6. 12, 99다46805). 이에 반하여 무효확인소송에서 기각판결이 확정되었다 하더라도 당해 처분이 무효가 아니라는 점에 기판력이 발생하는 것이므로 취소소송을 제기할 수 있음	취소소송의 판결이 그 후에 제기된 국가배상소송에 미치는가에 대하여 관련분쟁의 통일적 해결을 위하여 기판력이 미친다는 기판력긍정설, 양자는 소송물이 다르므로 기판력이 미치지 아니한다는 기판력부정설, 기각판결의 기판력은 국가배상소송에 영향을 미치지 아니하므로 패소한 원고가 다시 국가배상소송을 제기할 수 있다는 제한적 긍정설의 대립이 있음

• 기속력(구속력)

의의	처분이나 재결을 취소하는 확정판결이 그 내용에 따라 소송당사자와 관계 행정청에게 판결의 취지에 따라 행동할 의무를 지우는 효력을 말함. 기속력은 취소판결뿐만 아니라 무효등확인소송과 부작위위법확인소송 및 당사자소송의 판결에도 인정됨

성질	기속력이 기판력과 동일하다는 기판력설과 취소판결의 실효성을 확보하기 위하여 행정소송법에서 특별히 인정하는 효력이라는 특수효력설(통설)이 대립함. 판례의 입장은 명확하지 않음

- 기속력(구속력)의 내용
  - 반복금지효(소극적 효력, 부작위의무) : 청구인용판결에 대하여만 인정되며, 기각판결에는 인정되지 않음. 따라서 기각판결의 경우에는 행정청이 직권으로 동일한 처분을 취소할 수 있음
  - 재처분의무(적극적 효력) : 거부처분이 취소된 경우 처분을 행한 행정청은 다시 이전의 신청에 대한 처분을 하여야 하며, 인용처분이 절차상의 위법을 이유로 취소된 경우 행정청은 적법한 절차에 의하여 이전의 신청에 대한 처분을 다시 하여야 함(제30조 제2항). 거부처분이 취소된 경우를 세분하면 다음과 같음

거부처분이 실체법상 위법을 이유로 취소된 경우	기속행위, 재량권이 0으로 수축된 경우	행정청은 원칙적으로 원고의 신청을 인용하는 처분을 하여야 함
	재량행위	신청된 대로 처분하거나 다른 이유로 거부처분 가능
거부처분이 절차상 위법을 이유로 취소된 경우		적법한 절차를 거친 뒤, 신청된 대로 처분하거나 거부처분 가능

  - 원상회복의무(결과제거의무) : 행정청은 처분의 취소판결이 있으면 결과적으로 위법이 되는 처분에 의하여 초래된 상태를 제거하여야 하는 의무를 짐
  - 범위

주관적 범위	당사자인 행정청뿐만 아니라 그 밖의 모든 관계 행정청에 미침
객관적 범위	판결의 주문뿐만 아니라 이유에 명시된 사실인정과 법률문제에 대한 판단에까지 미침. 다만, 판결의 결론과 직접 관계가 없는 간접사실의 판단에는 미치지 않음
시간적 범위	기속력은 처분 당시까지 존재하던 사유에 대하여만 미치고 그 이후에 생긴 사유에는 미치지 않음

  - 위반의 효과 : 기속력에 위반하여 한 행정청의 행위는 당연무효가 됨(통설·판례)
- 형성력(제3자에 대한 효력)

의의	판결의 형성력이란 판결의 취지에 따라 법률관계의 발생·변경·소멸을 가져오는 효력을 말함. 즉, 처분이나 재결을 취소하는 내용의 판결이 확정되면 그 처분이나 재결의 효력은 처분청의 별도의 행위를 기다릴 것 없이 처분 또는 재결 시에 소급하여 소멸되어 처음부터 이러한 처분이 없었던 것과 같은 효력을 가져옴
제3자효 (대세효)	형성력은 당해 소송의 당사자뿐만 아니라 소송에 관여하지 않은 제3자에게도 미침. 이러한 대세적 효력은 취소판결뿐만 아니라 무효등확인소송 및 부작위위법확인소송의 판결에서도 인정됨

관련 판례

거부처분에 대한 취소의 확정판결이 있음에도 행정청이 아무런 재처분을 하지 아니하거나, 재처분을 하였다 하더라도 그것이 종전 거부처분에 대한 취소의 확정판결의 기속력에 반하는 등으로 당연무효라면 이는 아무런 재처분을 하지 아니한 때와 마찬가지라 할 것이므로 이러한 경우에는 행정소송법 제30조 제2항, 제34조 제1항 등에 의한 간접강제신청에 필요한 요건을 갖춘 것으로 보아야 한다(대판 2002. 12. 11, 2002무22).

피고적격(행정소송법 제13조)

① 취소소송은 다른 법률에 특별한 규정이 없는 한 그 처분 등을 행한 행정청을 피고로 한다. 다만, 처분 등이 있은 뒤에 그 처분 등에 관계되는 권한이 다른 행정청에 승계된 때에는 이를 승계한 행정청을 피고로 한다.

② 제1항의 규정에 의한 행정청이 없게 된 때에는 그 처분 등에 관한 사무가 귀속되는 국가 또는 공공단체를 피고로 한다.

항소, 상고
• 항소 : 하급법원에서 받은 제1심의 판결에 불복할 때 그 파기 또는 변경을 직접 상급법원인 고등법원 또는 지방법원 합의부에 신청하는 것
• 상고 : 항소심의 종국 판결이 확정되기 전에 법령의 해석적용면에서 심사를 구하는 불복신청(제2심 판결에 대한 상소)

• 집행력

의의	이행판결에서 명령된 이행의무를 강제집행절차로써 실현할 수 있는 효력. 형성판결인 취소판결은 집행력이 없어 행정소송법에서는 거부처분취소에 따른 재처분의무의 실효성을 확보하기 위하여 간접강제 제도를 규정하고 있음. 이는 부작위위법확인소송에도 준용됨
간접강제	행정청이 거부처분취소판결의 취지에 따라 처분을 하지 아니하는 때에는 제1심 수소법원은 당사자의 신청에 의하여 결정으로써 상당한 기간을 정하고 행정청이 그 기간 내에 이행하지 아니한 때에는 그 지연기간에 따라 일정한 배상을 할 것을 명하거나 즉시 손해배상을 할 것을 명할 수 있음

ⓔ 위헌·위법판결의 공고 : 행정소송에 대한 대법원판결에 의하여 명령·규칙이 헌법 또는 법률에 위반된다는 것이 확정된 경우에는 대법원은 지체 없이 그 사유를 행정안전부장관에게 통보하여야 하고, 통보를 받은 행정안전부장관은 지체 없이 이를 관보에 게재하여야 함(제6조)

⑦ 판결에 의하지 않는 취소소송의 종료

소의 취하	원고가 자신이 제기한 소의 전부 또는 일부를 철회하는 법원에 대한 일방적 의사표시
청구의 포기·인낙	청구의 포기란 원고가 자기의 소송상의 청구가 이유 없음을 자인하는 법원에 대한 일방적 의사표시이며, 청구의 인낙이란 피고가 원고의 소송상의 청구가 이유 있음을 자인하는 법원에 대한 일방적 의사표시
소송상 화해	소송계속 중 당사자 쌍방이 소송물인 권리관계의 주장을 서로 양보하여 소송을 종료시키기로 하는 합의
당사자의 소멸	• 원고가 사망하고 소송물인 권리관계의 성질상 이를 승계할 자가 없는 경우 소송은 종료됨 • 피고인 행정청이 없게 된 때에는 그 처분 등에 관한 사무가 귀속되는 국가 또는 공공단체가 피고가 되므로 소송은 종료되지 않음

⑧ 상소와 재심

상소	행정소송의 제1심 관할법원은 피고의 소재지를 관할하는 행정법원이기 때문에, 제1심 판결에 대하여 불복하는 자는 고등법원·대법원에 항소·상고할 수 있음
재심	• 의의 : 확정된 종국판결에 일정사유가 있어 판결법원에 다시 심사를 구하는 것 • 제3자에 의한 재심 　- 재심사유 : 처분 등을 취소하는 판결에 의하여 권익의 침해를 받은 제3자는 자기에게 책임 없는 사유로 소송에 참가하지 못함으로써 판결의 결과에 영향을 미칠 공격 또는 방어방법을 제출하지 못한 때에는 이를 이유로 확정된 종국판결에 대하여 재심청구를 할 수 있음(제31조 제1항) 　- 재심청구의 기간 : 확정판결이 있음을 안 날로부터 30일 이내, 판결이 확정된 날로부터 1년 이내에 제기하여야 하며, 그 기간은 불변기간임(제31조 제2항·제3항)

(3) 무효등확인소송

① 개설

의의	행정청의 처분·재결의 효력 유무 또는 존재 여부를 확인하는 소송
성질	처분의 무효나 부존재를 확인하는 점에서 확인소송의 성질을 가지나, 형식적으로 처분 등의 효력 유무나 존재 유무를 다툰다는 점에서 항고소송의 성질도 가지므로 '준항고소송'으로 봄(통설·판례). 그러나 행정소송법은 이를 항고소송의 일종으로 규정함
종류	처분 또는 재결에 대하여 각각 무효확인소송, 유효확인소송, 실효확인소송, 존재확인소송, 부존재확인소송 등이 있음
준용규정	취소소송에 관한 규정이 대부분 준용됨. 다만, 예외적 행정심판전치주의(제18조), 제소기간(제20조), 간접강제(제34조), 사정판결(제28조)에 관한 규정은 준용되지 않음. 한편, 무효선언으로서의 취소소송의 경우는 예외적 행정심판전치주의와 제소기간제한의 적용을 받는다는 것이 통설·판례의 입장임

② 소송요건

재판관할	무효등확인소송의 제1심 관할법원은 피고인 행정청의 소재지를 관할하는 행정법원이 되며(제9조), 관할의 이송(제7조), 관련청구소송의 이송 및 병합(제10조) 등은 취소소송과 동일함
소송의 대상	무효등확인소송의 대상도 취소소송과 같이 '처분 등'임(제19조, 제38조)
당사자 및 참가인	• 원고적격 : 무효등확인소송은 처분의 효력 유무 또는 존재 여부의 확인을 구할 법률상 이익이 있는 자가 제기할 수 있음(제35조). 무효등확인소송도 확인의 소이기 때문에 민사소송법의 확인의 소에서 요구되는 확인의 이익도 요하는가가 문제됨 　－ 종전 판례 : 필요설의 입장에서 민사소송에서와 같이 별도의 확인의 이익이 있어야 무효등확인소송의 제기가 가능하다고 봄(보충성이 적용됨) 　－ 최근 판례 : 다른 직접적인 구제수단의 존재 여부와 관계없이 무효등확인을 구할 법률상 이익이 있으면 동 소송의 제기가 가능하며, 이와는 별도의 확인의 이익이 그 소송요건으로 요구되는 것은 아니라 하여 동 소송에서의 보충성의 적용을 배제하였음[대판 2008. 3. 20, 2007두6342(전합)] • 피고적격 : 무효등확인소송도 취소소송과 같이 처분청을 피고로 함

③ 심리

㉠ **심리의 내용과 범위 등** : 취소소송과 같음. 따라서 직권심리주의의 가미, 행정심판기록의 제출명령에 관한 규정이 적용되며, 위법판단의 기준 시도 취소소송의 경우와 마찬가지로 처분 시임(통설·판례)

㉡ **입증책임** : 견해의 대립이 있음. 판례는 무효원인에 대한 주장·입증책임은 취소소송의 경우와는 달리 원고가 부담한다고 판시하고 있음

무효등확인소송의 필요성

무효인 처분 등도 처분으로서의 외관은 존재하고 있고, 또한 처분의 무효원인과 취소원인의 구별은 상대적이어서 당해 처분청이 유효한 것으로 판단하여 집행할 우려가 있음. 따라서 무효인 처분의 상대방이나 이해관계인은 그 처분이 무효임을 공적으로 확인받을 필요가 있음

관련 판례

행정처분의 근거 법률에 의하여 보호되는 직접적이고 구체적인 이익이 있는 경우에는 행정소송법 제35조에 규정된 '무효확인을 구할 법률상 이익'이 있다고 볼 수 있으며, 이와 별도로 무효등확인소송의 보충성이 요구되는 것은 아니므로 행정처분의 무효를 전제로 한 이행소송 등과 같은 직접적인 구제수단이 있는지 여부를 따질 필요가 없다고 해석함이 타당하다[대판 2008. 3. 20, 2007두6342(전합)].

04장

행정구제법

관련 판례

행정처분의 당연무효를 주장하여 그 무효확인을 구하는 행정소송에 있어서는 원고에게 그 행정처분이 무효인 사유를 주장·입증할 책임이 있다(대판 2000. 3. 23, 99두11851).

ⓒ 선결문제

- 의의 : 행정소송법에서 선결문제라 함은 처분 등의 효력 유무 또는 존재 여부가 민사소송의 본안판결의 전제가 되어 있는 쟁송을 말함
- 심리권의 소재 : 취소할 수 있는 행정행위의 경우에는 행정행위의 공정력에 의하여 민사사건의 수소법원은 선결적인 판단이 불가능하나, 무효인 행정행위의 경우에는 행정행위의 공정력이 부인되므로 선결적인 판단이 가능함

> **관련 판례** 심리의 선결문제
>
> 국세 등의 부과 및 징수처분과 같은 행정처분이 당연무효임을 전제로 하여 민사소송을 제기한 때에는 그 행정처분이 당연무효인지의 여부가 선결문제이므로 법원은 이를 심사하여 그 행정처분의 하자가 중대하고도 명백하여 당연무효라고 인정될 경우에는 이를 전제로 하여 판단할 수 있으나 그 하자가 단순한 취소사유에 그칠 때에는 법원은 그 효력을 부인할 수 없다 (대판 1973. 7. 10, 70다1439).

- 준용규정 : 처분 등의 효력 유무 또는 존재 여부가 민사소송의 선결문제가 되어 당해 민사소송의 수소법원이 이를 심리·판단하는 경우에는 행정청의 소송참가(제17조), 행정심판기록의 제출명령(제25조), 직권심리(제26조) 및 소송비용에 관한 재판의 효력(제33조)의 규정들이 준용됨(제11조)

④ 판결

ㄱ 판결의 효력 : 무효확인소송의 판결에 대해서는 취소소송에 관한 규정이 원칙적으로 준용됨. 따라서 판결의 효력으로서 제3자효와 기속력이 인정됨(제29조, 제38조)

ㄴ 사정판결의 인정 여부 : 판례는 부정설을 취하고 있음

행정소송법 제29조(취소판결 등의 효력)

① 처분 등을 취소하는 확정판결은 제3자에 대하여도 효력이 있다.
② 제1항의 규정은 제23조의 규정에 의한 집행정지의 결정 또는 제24조의 규정에 의한 그 집행정지결정의 취소결정에 준용한다.

> **관련 판례** 사정판결의 인정 여부
>
> 행정처분이 무효인 경우에는 존치시킬 효력이 있는 행정행위가 없기 때문에 행정소송법 제28조의 사정판결을 할 수 없다(대판 1992. 11. 10, 91누8227).

⑤ 취소소송과의 관계

ㄱ **무효사유에 대해 취소소송을 제기한 경우** : 취소소송을 제기하였지만 심리 결과 처분의 하자가 중대·명백한 당연무효의 사유로 밝혀진 경우에는 무효선언으로서의 취소판결을 할 수 있음. 다만, 전심절차와 제소기간의 준수 등 취소소송의 제소요건을 갖추어야 함

ㄴ **취소사유에 대해 무효확인소송을 제기한 경우**

- 취소소송의 제기요건을 갖춘 경우 : 판례에 의하면 취소판결을 할 수 있음
- 취소소송의 제기요건을 갖추지 못한 경우 : 청구기각판결을 내려야 함

취소소송과 무효확인소송의 관계

취소소송과 무효확인소송은 보충의 관계에 있는 것이 아니라 서로 병렬관계에 있음. 따라서 원고는 취소소송과 무효확인소송을 예비적으로 병합하여 제기할 수 있음. 다만, 판례는 취소소송의 청구기각판결의 기판력이 무효확인소송에도 미친다고 보고 있음

(4) 부작위위법확인소송

① 개설

의의	행정청의 부작위가 위법하다는 것을 확인하는 소송

부작위위법확인소송 제도적 취지

행정청의 위법한 부작위에 대한 가장 직접적이고 바람직한 구제수단은 적극적인 의무이행소송일 것이지만, 권력분립원칙 및 행정청의 1차적 판단권과의 관련상 우회적인 권리구제수단으로 인정된 것임

성질	법원에 부작위가 위법하다는 확인을 구하는 확인소송의 성질을 가지며, 공권력 발동이 없음을 다투는 것으로 이 또한 공권력 발동에 관한 소송이므로 항고소송의 범주에 속함
준용규정	취소소송에 관한 대부분의 규정이 준용됨. 다만, 제22조(처분변경으로 인한 소의 변경), 제23조(집행정지), 제28조(사정판결), 제32조(피고의 소송비용부담)에 관한 규정은 준용되지 않음

② 소송요건
　㉠ 재판관할 : 부작위위법확인소송의 제1심 관할법원은 피고인 행정청의 소재지를 관할하는 행정법원이 되며(제9조), 관할의 이송(제7조), 관련청구소송의 이송 및 병합(제10조) 등은 취소소송과 동일함
　㉡ 소송의 대상 : 부작위위법확인소송의 대상은 부작위임

부작위의 의의	행정청이 당사자의 신청에 대하여 상당한 기간 내에 일정한 처분을 하여야 할 법률상 의무가 있음에도 불구하고 이를 하지 아니하는 것
부작위의 성립요건	• 당사자의 신청이 있을 것 • 상당한 기간이 지날 것 • 행정청에 처분을 하여야 할 법률상 의무가 존재할 것 • 행정청이 아무런 처분을 하지 않을 것 　– 부작위는 처분으로 볼 만한 외관 자체가 존재하지 아니한 상태를 말하는바, 거부처분이 있거나 외관적 존재가 있는 무효인 행정처분의 경우는 부작위가 성립되지 않음 　– 간주거부의 경우에도 거부처분취소소송으로 다투어야 하는 것이며, 부작위위법확인소송은 허용되지 않음 　– 부작위위법확인소송의 계속 중(판결 시까지) 행정청이 처분을 함으로써 부작위 상태가 해소되면 소의 이익이 상실되므로 각하판결을 내리게 됨(대판 1990. 9. 25, 89누4758)

관련 판례 부작위위법확인소송

행정소송은 구체적 사건에 대한 법률상 분쟁을 법에 의하여 해결함으로써 법적 안정을 기하자는 것이므로 부작위위법확인소송의 대상이 될 수 있는 것은 구체적 권리의무에 관한 분쟁이어야 하고 추상적인 법령에 관하여 제정의 여부 등은 그 자체로서 국민의 구체적인 권리의무에 직접적 변동을 초래하는 것이 아니어서 그 소송의 대상이 될 수 없다(대판 1992. 5. 8, 91누11261).

　㉢ 당사자 및 참가인

원고적격	처분의 신청을 한 자로서 부작위의 위법의 확인을 구할 법률상 이익이 있는 자만이 제기할 수 있음(제36조). 판례도 법규상 또는 조리상의 신청권을 갖는 자에 대해서만 원고적격이 인정된다고 봄
피고적격	부작위위법확인소송도 취소소송과 같이 처분청을 피고로 함
소송참가	취소소송의 제3자 소송참가(제16조)와 행정청의 소송참가(제17조), 공동소송제도(제15조)도 부작위위법확인소송에 준용됨(제38조)

소의 이익의 여부

부작위법확인판결을 받더라도 원고의 권리와 이익 보호가 불가능하게 되었다면 소의 이익이 없음. 또한 부작위법확인소송의 계속 중 행정청이 신청에 대하여 처분을 하게 되어 부작위 상태가 해소된다면 소의 이익을 상실하게 되어 각하된다는 것이 판례의 입장임

관련 판례

부작위법확인의 소는 행정청이 당사자의 신청에 대하여 상당한 기간 내에 신청을 인용하는 적극적 처분 또는 각하거나 기각하는 등의 소극적 처분을 하여야 할 법률상 응답의무가 있음에도 불구하고 이를 하지 아니하는 경우 그 부작위가 위법하다는 것을 확인함으로써 행정청의 응답을 신속하게 하여 부작위 또는 무응답이라고 하는 소극적 위법상태를 제거하는 것을 목적으로 하는 제도이다(대판 2000. 2. 25, 99두11455).

부작위법확인 소송 중 행정청의 일정한 처분 시

처분 등에 대한 취소소송으로 소의 변경이 가능하며 부작위법확인소송을 당사자소송으로 변경할 수도 있음. 그러나 처분변경으로 인한 소의 변경은 준용되지 아니함

ⓔ 제소기간 : 부작위법확인소송에 대해서는 부작위의 성질상 원칙적으로 제소기간이 인정될 수 없음(다수설). 그러나 부작위에 대해서도 행정심판으로서 의무이행심판을 제기할 수 있으므로 이러한 경우에는 행정심판재결서의 정본을 송달받은 날로부터 90일 이내에 소송을 제기하여야 함(제20조, 제38조 제2항)

ⓗ 행정심판전치주의 : 부작위법확인소송에 있어서도 취소소송과 같이 예외적 행정심판전치주의가 적용됨(의무이행심판이 전치됨)

③ 심리

ⓐ 심리권의 범위

- 소극설(절차적 심리설) : 행정청이 행할 처분내용까지 심리한다면 의무이행소송을 인정하는 결과가 되므로, 부작위의 위법성 여부를 확인하는 데 그쳐야 한다는 견해(다수설 · 판례)

- 적극설(실체적 심리설) : 부작위의 위법성 여부뿐만 아니라 실체적 내용도 심리하여 행정청의 처리방향까지 제시하여야 한다는 견해

ⓑ 심리의 내용과 범위 등 : 취소소송과 같음. 따라서 직권심리주의의 가미, 행정심판기록의 제출명령에 관한 규정이 적용됨

- 입증책임 : 입증책임은 원고에게 있으나, 상당한 기간이 경과한 것을 정당화할 만한 특별한 사유(부작위의 정당화 사유)에 대한 입증책임은 피고인 행정청에 있음

- 위법성판단의 기준 시 : 부작위법확인소송에서는 행정청에 법규상 의무가 있음을 다투는 것이므로, 판결 시를 기준으로 위법 여부를 판단하여야 할 것임

관련 판례 위법성판단의 기준 시

부작위법확인의 소는 판결 시(사실심의 구두변론 종결 시)를 기준으로 그 부작위의 위법을 확인함으로써 행정청의 응답을 신속하게 하여 부작위 내지 무응답이라고 하는 소극적인 위법상태를 제거하는 것을 목적으로 하는 것이고, … 최종적으로는 국민의 권리이익을 보호하려는 제도이므로, 소제기의 전후를 통하여 판결 시까지 행정청이 그 신청에 대하여 적극 또는 소극의 처분을 함으로써 부작위상태가 해소된 때에는 소의 이익을 상실하게 되어 당해 소는 각하를 면할 수가 없는 것이다(대판 1990. 9. 25, 89누4758).

④ 판결

ⓐ 판결의 효력 : 부작위법확인판결에는 취소판결의 제3자효와 기속력에 관한 규정 및 거부처분취소판결의 간접강제에 관한 규정이 준용됨(제29조, 제38조).

ⓑ 사정판결의 인정 여부 : 소극적인 부작위상태의 위법의 확인을 목적으로 하는 부작위법확인소송에서는 사정판결이 있을 수 없음

(5) 당사자소송

① 개설

　㉠ 의의 : 행정청의 처분 등을 원인으로 하는 법률관계에 관한 소송, 그 밖에 공법상의 법률관계에 관한 소송으로서 그 법률관계의 한쪽 당사자를 피고로 하는 소송

　㉡ 타 소송과의 구별

　　• 항고소송과의 구별 : 항고소송은 공권력의 행사 또는 불행사 자체를 다투는 소송으로서 행정청의 우월적 지위의 존재를 전제로 하나, 당사자소송은 공법상의 법률관계 자체를 다투는 소송으로서 원고와 피고의 대등한 관계를 전제로 함

　　• 민사소송과의 구별 : 민사소송은 사법상의 법률관계를 대상으로 하지만, 당사자소송은 공법상의 법률관계를 대상으로 함

　㉢ 성질 : 당사자소송은 시심적 쟁송의 성질을 가지며, 소송절차면에서 민사소송과 그 본질을 같이 하나(제8조 제2항), 공법원리가 지배하게 되어 민사소송에 대한 여러 가지 절차적 특례가 인정됨

　㉣ 준용규정

　　• 준용되는 규정 : 취소소송과 관련한 제14조(피고경정), 제15조(공동소송), 제16조(제3자의 소송참가), 제17조(행정청의 소송참가), 제22조(처분변경으로 인한 소의 변경), 제25조(행정심판기록의 제출명령), 제26조(직권심리), 제30조(취소판결 등의 기속력) 제1항, 제32조(소송비용의 부담) 및 제33조(소송비용에 관한 재판의 효력)의 규정

　　• 준용되지 않는 규정 : 제소기간, 원고적격과 피고적격, 행정심판전치주의, 사정판결, 집행정지, 제3자의 재심청구 등은 준용되지 않으며, 국가를 상대로 하는 당사자소송의 경우 가집행선고는 인정되지 않음

② 당사자소송의 종류

　㉠ 실질적 당사자소송 : 실질적 당사자소송이란 대립되는 대등한 당사자 사이의 공법상의 법률관계에 관한 다툼으로서 그 일방당사자를 피고로 하는 소송을 말함. 대부분의 당사자소송은 이에 속하며, 그 종류는 다음과 같음

　　• 처분 등을 원인으로 하는 법률관계에 관한 소송 : 판례는 이러한 소송들을 민사소송으로 봄

　　• 기타 공법상 법률관계에 관한 소송

　　　– 공법상 계약에 관한 소송 : 판례는 공법상의 당사자소송형식으로 그 의사표시의 무효확인을 청구할 수 있다고 하였음

관련 판례 **공법상 계약에 관한 소송**

전문직 공무원인 공중보건의사 채용계약해지의 의사표시에 대하여는 대등한 당사자 간의 소송형식인 공법상의 당사자소송으로 그 의사표시의 무효확인을 청구할 수 있는 것이지 이를 항고소송의 대상이 되는 행정처분이라는 전제에서 그 취소를 구하는 항고소송을 제기할 수는 없다고 할 것이다(대판 1996. 5. 31, 95누10617).

SEMI-NOTE

민사소송과 당사자소송의 공통점

모두 대등한 당사자의 존재를 전제로 하며, 공권력 행사 자체를 다투는 것이 아니라는 점에서 같음. 이러한 점에서, 공법상 당사자소송의 성격을 지니는 국가배상청구나 손실보상청구, 결과제거청구 등이 소송실무상 민사소송으로 처리되고 있음

04장 행정구제법

관련 판례

서울특별시립무용단 단원의 위촉은 공법상의 계약이라고 할 것이고 따라서 그 단원의 해촉에 대하여는 공법상의 당사자소송으로 그 무효확인을 청구할 수 있다(대판 1995. 12. 22, 95누4636).

– 공법상 금전지급청구소송 : 판례는 원칙적으로 민사소송으로 취급하나, 다음의 판례에서는 당사자소송으로 봄

관련 판례 공법상 금전지급청구소송

- 공무원연금법상 유족부조금청구소송(대판 1970. 10. 30, 70다833)
- 공무원의 보수지급청구소송(대판 1991. 5. 10, 90다10766)
- 광주민주화운동관련자보상등에관한법률상 관련자 및 유족들이 갖는 보상청구소송(대판 1992. 12. 24, 92누3335)
- 구 석탄산업법상 석탄가격안정지원금 지급청구의 소(대판 1997. 5. 30, 95다28960)
- 공무원연금법령개정으로 퇴직연금 중 일부금액의 지급이 정지되어서 미지급된 퇴직연금의 지급을 구하는 소송(대판 2004. 12. 24, 2003두15195)
- 하천법상 손실보상청구소송(대판 2006. 11. 9, 2006다23503)

- 공법상의 신분 · 지위 등의 확인소송 : 판례도 당사자소송으로 취급함
- 공법상의 결과제거청구권에 관한 소송 : 판례는 민사소송으로 취급함

ⓒ 형식적 당사자소송

- 의의 : 실질적으로는 행정청의 처분 등을 다투는 것이나, 형식적으로는 처분 등의 효력을 다투지도 않고, 처분청을 피고로 하지도 않으며, 그 대신 처분 등으로 인해 형성된 법률관계를 다투기 위해 관련 법률관계의 일방당사자를 피고로 하여 제기하는 소송
- 실정법상의 근거 : 보상금증감청구소송은 공익사업을위한토지등의취득및보상에관한법률 제85조, 지적재산권에 관한 소송은 특허법, 실용신안법, 디자인보호법, 상표법 등에 규정

③ 소송요건

㉠ 재판관할 : 제1심 관할법원은 항고소송처럼 피고의 소재지를 관할하는 행정법원이 됨. 다만, 국가 또는 공공단체가 피고인 경우에는 관계 행정청의 소재지를 피고의 소재지로 봄(제40조)

ⓒ 당사자 및 참가인

원고적격	행정소송법에서는 규정이 없으나, 민사소송과 같이 권리보호의 이익이 있는 자가 원고가 됨(제8조 제2항)
피고적격	당사자소송은 국가 · 공공단체 그 밖의 권리주체를 피고로 함(제39조), 국가가 피고인 경우 법무부장관이 국가를 대표하며(국가를당사자로하는소송에관한법률 제2조), 지방자치단체가 피고가 되는 때에는 당해 지방자치단체의 장이 대표함
소송참가	취소소송의 제3자 소송참가(제16조)와 행정청의 소송참가(제17조), 공동소송제도(제15조)도 당사자소송에 준용됨(제44조 제1항)

ⓒ 제소기간 : 취소소송에서의 제소기간제한은 당사자소송에는 적용되지 않으며, 법령에 정하여져 있는 경우에는 그에 의하고 그 기간은 불변기간으로 함(제41조)

ⓔ 행정심판전치제도 : 당사자소송은 시심적 소송으로서 행정심판전치제도가 적용되지 않음

ⓜ 관련청구소송의 이송과 병합, 소의 변경 : 취소소송에 관한 규정이 준용됨(제44조)

④ 심리 : 취소소송의 경우와 같음. 따라서 행정심판기록의 제출명령(제25조, 제44조 제1항), 직권심리주의 및 직권탐지주의(제26조, 제44조 제1항) 등이 인정되며, 입증책임은 민사소송법상의 일반원칙인 법률요건분류설에 의함

⑤ 판결

ⓐ 판결의 종류 : 판결의 종류는 기본적으로 취소소송의 경우와 같음. 다만, 사정판결의 제도가 없음은 취소소송의 경우와 다름

ⓑ 판결의 효력 : 판결의 효력으로 자박력·기판력·기속력을 가짐. 다만, 판결의 제3자효(제29조), 재처분의무(제30조), 간접강제(제34조) 등은 당사자소송에는 적용되지 않음

ⓒ 가집행선고 : 국가를 상대로 하는 당사자소송에 있어서는 가집행선고를 할 수 없음(제43조). 그러나 동 조항과 같은 취지인 소송촉진등에관한특례법 제6조가 평등원칙 위반을 이유로 위헌결정됨으로써(헌재 88헌가7), 동 조항의 효력에 대하여도 논란이 있음. 다만, 국가가 민사상 당사자인 경우 가집행선고가 가능함

(6) 객관적 소송

① 의의 : 법률의 공익적 관점에서 행정의 적법성 보장을 목적으로 하는 소송. 객관적 소송에는 민중소송과 기관소송이 있음

② 민중소송

의의	국가 또는 공공단체의 기관이 법률에 위반되는 행위를 한 때에 직접 자기의 법률상 이익과 관계없이 그 시정을 구하기 위하여 제기하는 소송(제3조 제3호)
성격	행정작용의 적법성을 확보하거나 선거 등의 공정성을 확보하기 위함임
종류	국민투표무효의 소송, 주민투표소송, 선거소송 및 당선소송, 주민소송
재판 관할	국민투표, 시·도 주민투표, 대통령선거·국회의원선거와 시·도지사선거 및 비례대표 시도의원선거에 관한 선거소송·당선소송 등의 경우 대법원이 관할법원이 됨
준용 규정	민중소송은 민중소송을 인정하는 개별법률에서 정한 사항을 제외하고는 행정소송법의 규정을 준용함(제46조)

관련 판례

행정소송법 제8조 제2항에 의하면 행정소송에도 민사소송법의 규정이 일반적으로 준용되므로 법원으로서는 공법상 당사자소송에서 재산권의 청구를 인용하는 판결을 하는 경우 가집행선고를 할 수 있다(대판 2000. 11. 28, 99두3416).

행정소송법 제45조(소의 제기)

민중소송 및 기관소송은 법률이 정한 경우에 법률에 정한 자에 한하여 제기할 수 있다.

행정소송법 제46조(준용규정)

① 민중소송 또는 기관소송으로써 처분 등의 취소를 구하는 소송에는 그 성질에 반하지 아니하는 한 취소소송에 관한 규정을 준용한다.

② 민중소송 또는 기관소송으로써 처분 등의 효력 유무 또는 존재 여부나 부작위의 위법의 확인을 구하는 소송에는 그 성질에 반하지 아니하는 한 각각 무효 등 확인소송 또는 부작위법확인소송에 관한 규정을 준용한다.

③ 민중소송 또는 기관소송으로서 제1항 및 제2항에 규정된 소송외의 소송에는 그 성질에 반하지 아니하는 한 당사자소송에 관한 규정을 준용한다.

③ 기관소송

의의	국가 또는 공공단체의 기관 상호 간에 있어서의 권한의 존부 또는 그 행사에 관한 다툼이 있을 때에 이에 대하여 제기하는 소송(제3조 제4호)
인정 범위	국가기관 상호 간, 국가기관과 지방자치단체 간 및 지방자치단체 상호 간의 권한쟁의에 관한 심판은 헌법재판소의 관장사항으로 되는 소송으로 기관소송에서 제외됨(제3조 제4호). 따라서 행정소송법상 기관소송은 주로 지방자치단체의 기관 상호 간의 영역에서 그 필요성이 인정됨
소의 제기	객관적 소송은 법률분쟁이 아닌 까닭에 법원의 심사대상이 될 수 없다는 것이 원칙이나, 권한쟁의에 적당한 해결기관이 없거나 특히 공정한 제3자의 판단을 요하는 경우 등으로서, 기관소송은 법률이 정한 경우에 법률에 정한 자에 한하여 제기할 수 있음(제45조)
종류	• 지방자치법상의 기관소송 : 지방자치단체의 장이 지방의회에 이유를 붙여 재의를 요구하는 경우 재의결된 사항이 법령에 위반된다고 판단될 때 대법원에 제소 가능 • 지방교육자치에관한법률상의 기관소송
당사자	지방자치단체의 장(지방자치법), 교육감(지방교육자치에관한법률)이 각각 원고가 되며, 지방의회(지방자치법), 시·도의회 또는 교육위원회(지방교육자치에관한법률)가 각각 피고가 됨
준용 규정	기관소송을 인정하는 개별법률에서 정한 사항을 제외하고는 행정소송법의 규정을 준용함(제46조)

나두공
직렬별 써머리 동영상 강의
5만원 가격파괴

국어+영어+한국사	국어+영어+한국사	국어+영어+한국사
행정법총론+행정학개론	행정법총론+교육학개론	행정법총론+노동법개론
일반행정직(5만원)	교육행정직(5만원)	고용노동직(5만원)

국어+영어+한국사	국어+영어+한국사	국어+영어+한국사
노동법개론+직업상담심리학개론	교정학개론+형사소송법개론	행정법총론+사회복지학개론
직업상담직(5만원)	교정직(5만원)	사회복지직(5만원)

핵심이론

시험에 출제되는 핵심 내용만을 모아 효율적인 학습이 가능하도록 구성하였습니다. 반드시 알아야 할 내용에 대한 충실한 이해와 체계적 정리가 가능합니다.

빈출개념

시험에서 자주 출제되는 개념들을 표시하여 중요한 부분을 한눈에 들어올 수 있도록 하였습니다. 합격에 필요한 핵심이론을 깔끔하게 학습하시기 바랍니다.

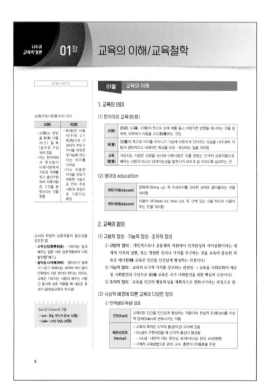

한눈에 쏙~

흐름이나 중요 개념들이 한눈에 쏙 들어올 수 있도록 도표로 정리하여 수록하였습니다. 한눈에 키워드와 흐름을 파악하여 수험에 도움이 되도록 하였습니다.

실력 up

더 알아두면 좋을 내용을 실력 up에 배치하고, 보조단에는 SEMI – NOTE를 배치하여 본문에 관련된 내용이나 중요한 개념들을 수록하였습니다.

목 차

9급공무원

교육학개론

나두공

01장 교육의 이해/교육철학

교(敎)자와 육(育)자의 의미

교(敎)	육(育)
• 교(敎)는 본받을 효(孝), 아들 자(子), 칠 복(攴)으로 구성되어 있음 • 이는 한자어에서 윗사람이 아랫사람에게 지도와 격려를 하고 솔선수범하며 아랫사람은 그것을 본받는다는 것을 뜻함	• 육(育)은 아들 자(子)와 고기 육(肉)으로 구성되어 부모가 자식을 따듯한 젓가슴에 안는다는 의미를 나타냄 • 이는 귀중한 자식을 부모가 따뜻한 가슴으로 안아 주듯 사랑과 관심으로 기른다는 뜻임

교사와 학생의 상호작용의 중요성을 강조한 말
• **교학상장(敎學相長)** : 가르치는 일과 배우는 일은 서로 상호작용하며 더욱 발전함('예기」)
• **줄탁동시(啐啄同時)** : 병아리가 알에서 나오기 위해서는 새끼와 어미 닭이 안팎에서 서로 쪼아야 한다는 의미로, 교육은 가르치는 사람과 배우는 사람 간 동시에 상호 작용할 때 새로운 효과가 일어남(교육의 적시성)

Sein과 Sollen의 구별
• **Sein** : 본능, 현실적 존재, 기(氣)
• **Sollen** : 이성, 당위, 이(理)

01절 교육의 이해

1. 교육의 의미

(1) 한자어의 교육(敎育)

교(敎)	훈(訓), 도(導), 수(修)의 뜻으로 손에 매를 들고 바람직한 방향을 제시하는 것을 말하며, 외부에서 아동을 교도(敎導)하는 것임
육(育)	양(養)의 뜻으로 아이를 어머니가 가슴에 따뜻하게 안아주는 모습을 나타내며, 아동의 생득적이고 내재적인 특성을 보호 · 육성하는 일을 의미함
교육(敎育)	가르치는 사람은 모범을 보이며 아랫사람은 이를 본받는 인격적 감화작용으로, 배우는 사람의 타고난 잠재가능성을 발현시켜 바르게 잘 자라도록 길러주는 것

(2) 영어의 education

에듀카레(educare)	양육하다(bring up), 즉 미성숙자를 성숙한 상태로 끌어올리는 것을 의미함
에듀세레(educere)	이끌어 내다(lead out, draw out), 즉 '안에 있는 것을 밖으로 이끌어 주는 것'을 의미함

2. 교육의 정의

(1) 규범적 정의 · 기능적 정의 · 조작적 정의

① **규범적 정의** : 개인적으로나 공동체의 차원에서 인격완성과 자아실현이라는 내재적 가치의 실현, 또는 영원한 진리나 가치를 추구하는 것을 교육의 중요한 목표로 제시함(예 교육은 인간을 인간답게 형성하는 과정이다)

② **기능적 정의** : 교육의 도구적 가치를 강조하는 관점임 → 교육을 사회문화의 계승 및 사회발전의 수단으로 봄(예 교육은 국가 사회발전을 위한 핵심적 수단이다)

③ **조작적 정의** : 교육을 인간의 행동특성을 계획적으로 변화시키려는 과정으로 봄

(2) 사상적 배경에 따른 교육의 다양한 정의

① 인격성(도덕성) 강조

칸트(Kant)	교육이란 인간을 인간답게 형성하는 작용이며, 현실적 존재(Sein)를 이상적 당위(Sollen)로 변화시키는 작용
헤르바르트(Herbart)	• 교육의 목적은 도덕적 품성(덕성) 도야에 있음 • 5도념이 구현되었을 때 도덕적 품성이 형성됨 　- 5도념 : 내면적 자유, 완전성, 호의(이타심), 정의, 보상(평형) • 구체적 교육방법으로 관리, 교수, 훈련의 3작용론을 주장

피터스 (Peters)	• 교육은 바람직한 정신상태를 도덕적 방법으로 다음 세대에 전수시켜 주는 활동 • 교육에 있어서 가치지향성과 방법의 도덕성을 강조
공자	교육의 본질을 인격의 소유자를 양성하는 것으로 봄

② 자연성 강조

루소(Rousseau)	• 합자연의 원리, 성선설적 입장, 아동중심주의, 교육가능설 등을 주장 • 교육에 대한 대표적 저서로 『에밀』을 집필
엘렌 케이(Ellen Key)	"교육의 비결은 교육을 하지 아니하는 것이다."라고 역설
맹자	교육은 각 개인의 자연적 본성에 따라 베풀어서 점차 다른 방 향으로 나가도록 해야함

③ 문화성 강조

슈프랑거(Spranger)	교육 작용의 본질은 문화의 번식에 있다고 하였음
케르켄슈타이너 (Kerschensteiner)	교육은 문화의 전달과 갱신의 과정이라고 하였음
딜타이(Dilthey)	'인간은 자연의 학생이고, 지구는 인간의 교사'라며 문화적 환 경과 무의도적 교육을 강조

④ 사회성 강조

페스탈로치(Pestalozzi)	개인의 인간성을 완성하여 인간개선을 도모하고, 그 개선된 인간을 통하여 사회개혁을 하는데 교육의 목적을 둠
브라멜드(Brameld)	교육을 통해 사회개혁을 함으로써 위기에 처한 인류사회를 구 원해야 함(재건주의 입장)
듀이(Dewey)	'교육은 생활'이며, '교육은 사회적 과정'이며, '교육은 경험의 계속적인 재구성의 과정'이라고 하였음

⑤ 종교성 강조

코메니우스(Comenius)	교육의 목적은 신과 더불어 영원한 행복을 가지는 데 있음
프뢰벨(Fröbel)	교육의 목적은 인간에게 내재한 신성을 자각하고 생명력을 발 전시키는 데 있다고 보았음
마리땡(Maritain)	'교육은 신의 모방으로서의 인간영혼을 완성하는 것, 교육은 인간을 형성 내지 완성에로 지향케 하는 과정'이라고 주장

3. 교육관의 유형

(1) 주형으로서의 교육관

① 교육이란 사회, 문화적으로 확립된 틀로 인간을 기르고자 하는 것을 말함
② 개인은 미리 설정된 형태에 동화되도록 '조형'된다고 보며, 전통적 교육관을 반영함
③ 행동주의 심리학의 교육관도 여기에 속한다고 볼 수 있음

(2) 도야로서의 교육관

① 교육이란 마음속에 갖추어진 능력을 연습하여 그 능력들이 철저하게 확립된 습관으로 조직되도록 하는 일로 봄

② 도야로서의 교육관을 다른 말로 형식도야 혹은 정신도야설이라고도 함

(3) 발달(발현)로서의 교육관

① 발달(발현)이란 아동 속에 내재해 있는 힘을 밖으로 실현시키는 일을 말함

② 대표적으로 루소의 교육관이 있음

(4) 개발로서의 교육관

① 교육을 아동내부의 성장과 후천적 요소의 개발의 조화적 발달로 봄

② 페스탈로치는 교육이란 인간성 속에 있는 여러 능력을 조화롭게 개발하는 일이라고 봄

(5) 성장으로서의 교육관

① 듀이(Dewey)에 의해 강조된 것으로 교육을 경험의 성장 혹은 경험의 끊임없는 재구성 과정으로 봄

② 듀이의 성장이란 교육의 내재적 목적을 말하며, 교육의 과정은 그 자체 이외의 다른 목적을 가지지 않으며 교육 그 자체를 목적으로 간주함

(6) 발달적 교육관과 선발적 교육관

발달적 교육관	• 모든 학습자에게 각각 적절한 교수–학습 방법이 제시된다면, 누구나 의도하는 바의 주어진 교육목표를 달성할 수 있을 것이라는 신념을 가진 교육관 • 준거지향적 평가를 강조하며, 교육의 1차적 책임은 교사에게 있다고 봄
선발적 교육관	• 교육을 통해 달성하고자 하는 교육목적이나 일정한 교육수준에 도달할 수 있는 사람은 어떤 교육방법을 동원하든지 다수 중 일부이거나 소수에 지나지 않는다는 신념을 가진 교육관 • 규준지향적 평가를 강조하며, 교육에 대한 1차적인 책임은 학습자에게 있다고 봄

4. 교육의 형태 분류

(1) 형식적 교육과 비형식적 교육

① 형식적 교육 : 일정한 목적과 계획 속에서 이루어지는 교육으로 학교교육이 대표적

② 비형식적 교육 : 일정한 목적이나 계획이 없이 이루어지는 교육으로 가정교육이나 생활교육을 말하며, 기능적 교육이라고도 함

(2) 교육의 대상

아동교육(pedagogy)	전통적으로 교육학은 페다고지(pedagogy)로 이해되어 왔고, 이 개념을 학문적 용어로 사용한 사람은 헤르바르트(Herbart)임
성인교육, 성인교육학 (andragogy)	성인들로 하여금 스스로 자기의 학습방향을 지어갈 수 있는 자율적 학습자로서의 능력을 함양할 수 있도록 도와주는 조직적, 계속적 교육활동
노인교육, 노인교육학 (gerontagogy)	'노인을 위한, 노인에 의한, 노년기의 학습에 관계되는 모든 것'이라는 넓은 의미로 해석 가능

(3) 평생교육

① 개념 : 평생을 통한 모두의 삶의 질 향상을 위한 교육, 출생 후 삶이 진행되는 동안 이루어지는 모든 형태의 조직적인 교육

② 평생교육의 등장배경

  ㉠ 교육외적 요인 : 과학기술의 고도화와 지식 및 정보의 증대, 산업변동과 전문화, 생활수준의 향상과 여가시간의 증대, 가치관의 다원화와 소외의 증대

  ㉡ 교육내적 요인 : 교육기회의 제한성과 불평등성, 교육체제와 운영상의 경직성과 폐쇄성, 교육내용과 운영방법상의 획일성과 경직성

③ 특징

  ㉠ 개인 및 공동체 차원에서 인간의 삶의 질을 나선형적으로 향상시키는 것이 목적

  ㉡ 생존기간 전체의 교육을 수직적으로 통합한 것

  ㉢ 가정, 학교, 사회에서의 교육을 수평적으로 통합한 것

  ㉣ 국민 전체의 평생에 걸친 교육기회의 확대와 균등화에 노력함 → 교육의 보편화를 추구하며 교육의 엘리트화를 지양

  ㉤ 계획적인 학습과 우발적인 학습을 모두 포함하며, 상황에 따른 사회적 요구와 새로운 것에 신속하고 능동적으로 대처하는 역동적인 교육과정

④ 평생교육의 영역 : 평생교육법 제2조에서는 "평생교육은 학교의 정규교육과정을 제외한 학력보완교육, 성인 문자해득교육, 직업능력 향상교육, 인문교양교육, 문화예술교육, 시민참여교육 등을 포함하는 모든 형태의 조직적인 교육활동을 말한다."고 규정하고 있음 → 이 중 인문교양교육은 인문교양과 교양교육을 결합한 용어로, 전문적인 능력보다는 전인적인 성품과 소양을 계발하고 배움 자체를 즐길 수 있는 신체적·정신적 건강을 겸비하는 것을 지원하는 평생교육을 의미함

⑤ 평생교육사제도 ★ 빈출개념

  ㉠ 평생교육사 제도는 교우를 담당하는 전문인력에 관한 제도

  ㉡ 평생교육 이익 실현을 위해 실무능력과 전문성을 가진 평생교육 담당자를 양성·연수·배치함으로써 양질의 평생교육을 실시하기 위한 제도

  ㉢ 현행 평생교육법 제24조 제2항에는 "평생교육사는 평생교육의 기획·진행·분석·평가 및 교수업무를 수행한다."라고 평생교육사의 주요 업무를 규정하고 있음

교육이 성립되는 장(場)

가정 교육	최초의 교육의 장으로 초보적인 사회화의 기능, 습관 형성, 교양의 습득 기능을 함
학교 교육	산업혁명 이후 보통교육의 발달에 따라 가정의 교육적 기능을 대신함
사회 교육	학교교육을 제외한 국민의 평생교육을 위한 조직적 교육활동임

평생교육의 이념

통합성	평생교육은 모든 형태의 교육을 유기적이고 체계적으로 통합함
전체성	평생교육은 학교교육과 학교 외 교육에 정통성을 부여함
융통성	평생교육은 어떤 상황이나 조건 속에 있는 어느 누구에게도 교육을 받도록 함
민주성	평생교육은 희망하는 모든 종류와 적정한 양의 교육을 받을 수 있게 함

평생학습과 관련된 제도 ★ 빈출개념

- **학습계좌제** : 국민의 학력·자격이수 결과에 대한 사회적 인정 및 활용기반을 확대하기 위한 제도, 국민의 다양한 개인적 학습경험을 학습이력관리시스템으로 누적·관리
- **학습휴가제** : 직장인 등이 계속교육 및 재교육을 위해 일정기간 유·무급 휴가를 실시하는 제도
- **시간제 등록제** : 대학에 입학하지 않고 정규과정으로 개설된 과목을 수강하여 학점을 취득 인정받는 제도
- **평색교육 바우처** : 학습자가 본인의 학습 요구에 따라 자율적으로 학습 활동을 결정하고 참여할 수 있도록 정부가 제공하는 평생교육 이용권(1인당 35만원)을 말함
- 평생학습도시
- 학점은행제
- 원격사회교육
- 독학학위제
- 직업능력인증제
- 직업능력개발계좌제
- 문하생 학점·학력인정제도

평생교육과 유사한 용어 ⭐ 빈출개념

계속교육	일생을 통해 인간 유기체의 학습 활동을 도와준다는 이상적이고 시간의 제약을 받지 않는 개념으로 사용되고 있음
순환교육	OECD에 의해 구상된 혁신적 교육프로그램으로 의무교육을 마치고 사회에 진출한 사람들을 다시 정규교육 기관에 입학하게 하여 재학습의 기회를 주는 교육
생애교육	인간의 교육은 가정, 학교, 사회에서 전 생애에 걸쳐 이루어져야 한다는 교육관
성인교육	연령상의 성인을 대상으로 하는 교육으로, 청년이나 성인기의 개인이 사회적 역할을 보다 잘 수행하고 개인적 성장을 추구하기 위하여 지식, 기술, 태도의 변화를 지향하는 학습 활동 과정을 말함

② 평생교육사 2급 자격은 대학원에서 평생교육 관련 교과목 중 필수과목을 15학점 이상 이수하고 석사 또는 박사 학위를 취득함으로써 부여받을 수 있으며, 평생교육사 3급은 대학의 학부 수준이나 그 이상의 학력을 인정할 수 있는 기관 또는 학점은행제를 통해 평생교육 관련 교과목을 21학점 이상 이수하고 학위를 취득함으로써 자격을 취득할 수 있음

⑥ 우리나라의 평생교육

대분류	중분류	
6대 영역	18진 분류	목적
기초문해 교육	내국인 한글 문해 프로그램	비문해자가 한글을 읽고 쓸 수 있도록 지원
	다문화 한국어 프로그램	다문화인이 한국어를 읽고 쓸 수 있도록 지원
	생활문해 프로그램	문자해득 이후의 기초생활 교육을 지원
학력보완 교육	초등학력 보완 프로그램	유아·초등학생의 교과연계 교육 및 역량 개발
	중등학력 보완 프로그램	중·고등학생의 교과연계 교육 및 역량 개발
	고등학력 보완 프로그램	(전문)학사 학력 인증
직업능력 교육	직업준비 프로그램	취업 및 창업을 준비
	자격인증 프로그램	취업을 위한 해당 분야의 전문 자격증 취득
	현직 직무역량 프로그램	현재 수행 중인 직무역량 향상
문화예술 교육	레저생활 스포츠 프로그램	여가 활용 및 체력 증진
	생활 문화예술 프로그램	문화예술 기술을 익혀 일상에 접목함으로써 삶의 질을 높임
	문화예술 향상 프로그램	문화 예술적 가치를 추구하며, 창작 활동 및 심미적 욕구를 충족
인문교양 교육	건강 심성 프로그램	신체적 건강 및 심리적 안정에 필요한 상담 및 활동을 지원
	기능적 소양 프로그램	일상생활에서 갖추어야 하는 소양 및 역할수행을 지원
	인문학적 교양 프로그램	인문학적 지식과 경험을 확장할 수 있도록 지원
시민참여 교육	시민 책무성 프로그램	시민이 갖추어야 할 인권·시민성·공동체 형성을 지원
	시민 리더역량 프로그램	공익적 활동을 지원하기 위한 시민활동가 양성 및 역량 강화
	시민 참여활동 프로그램	지역사회 참여와 실천

⑦ 유네스코

㉠ 1960년대 : 계속교육에 관한 랭그랑(Lengrand, 처음으로 평생교육의 개념을 소개)의 논문(사람의 일생이라고 하는 시계열 차원의 수직적 통합과 개인 및 사회생활전반에 걸친 공간적 측면의 수평적 통합이 이루어져야 함)을 검토한 후, 평생교육 개념을 유네스코의 중요정책에 반영할 것을 건의

ⓛ 1970년대

- 1970년, 랭그랑(Legrand) : 유네스코의 평생교육 구상, 랭그랑의 저서『평생교육에 대한 입문』을 통해서 평생교육의 필요성을 주장
- 1972년, 포르(Faure) :『존재를 위한 학습(Learning To Be)』보고서 출간
- 1976년, 데이브(Dave) : 평생교육은 형식교육(학교교육, 졸업장이 나오는 교육, 제도적으로 교육시키는 것), 비형식교육(형식교육과 똑같지만 졸업장이 없는 것), 무형식교육(교사도 없고 학생도 없으며 내용도 없음) 등 모두를 포함하는 것
- 1979년, 겔피(Gelpi) : 해방을 위한 평생교육, 소외계층에 대한 교육적 관심

ⓒ 1990년대 : 들로어(Delors)가 Learning to be의 구체화를 제시(학습의 4가지 기둥 → 알기 위한 학습(learning to know), 행동하기 위한 학습(learning to do), 함께 살기 위한 학습(learning to live together), 존재하기 위한 학습(learning to be))

(4) 전인교육

① 개념

ⓐ 지 · 덕 · 체의 조화로운 발달을 추구하는 교육

ⓑ 풍부한 지식과 높은 지적 능력을 갖춘 인간, 건전한 정서와 확고한 신념, 도의적 태도, 종교적 정조 등을 갖춘 인간, 운동적 · 기능적 능력을 갖춘 인간(전인)을 양성하는 교육

② 전인교육의 역사

ⓐ 한국과 동양의 전인교육 : 한국의 전인교육의 유래는 일반적으로 '선비상'에서 찾으며, 동양적 형태의 전인교육으로 육예(六藝)가 대표적임

ⓑ 서양의 전인교육 : 플라톤(Platon)의 철인교육론(지육 · 덕육 · 체육 · 美育), 아리스토텔레스(Aristoteles)의 신체, 덕성, 이성의 조화로운 발달론, 르네상스 시대의 고전적 전인교육론, 로크(Locke)의 신사상, 루소(Rousseau)의 자연인, 페스탈로치(Pestalozzi)의 조화로운 인간발달, 20세기 초의 슈타이너(Steiner)의 인지학에 기초한 교육론, 실존적 교육론, 니일(Neil)과 일리치(Illich)의 비인간화 극복의 교육론 등은 인간교육의 가치를 강조했다는 점에서 전인교육론의 대표적 예라고 할 수 있음

(5) 열린교육

👓 한눈에 쏙~

평생교육 문헌

- 랭그랑(Lengrand)의 『평생교육에 대한 입문』: 평생교육 개념 확산에 크게 기여, 국제교육의 해와 개발연대를 맞아서 전 세계적으로 보급, 평생교육의 개념 정립보다는 평생교육의 대두 배경을 제시한 입문서
- 다베의 『평생교육과 학교 교육과정』: 평생교육을 공식화된 학교교육과 학교 외 교육을 모두 포괄하는 전 생애에 관련된 교육임을 강조
- 포르(Faure)의 『존재를 위한 학습』: 새 시대 교육제도의 개혁 방향으로 '학습사회 건설'을 제안, 초 · 중등 및 고등교육 제도와 교육의 틀을 개혁함으로써 교육의 지평을 넓힐 것을 강조
- 경제협력개발기구(OECD)의 『순환교육 : 평생학습의 전략』보고서 이후 순환교육의 개념이 널리 사용됨

전인교육의 배경

철학적 배경	실존주의 철학, 진보주의 교육철학
심리학적 배경	인본주의 심리학
교육관	발달적 교육관

전인교육의 필요성

- 학문중심 교육과정의 단점을 보완
- 학교교육 환경의 미비점을 보완
- 정의적 측면의 보완
- 청소년의 비행 예방에 대처
- 비인간화와 인간소외 현상에 대처
- 인간의 자아실현의 도모

① 개념: 교육과정을 유연하게 편성·운영하는 총체적 자율화 교육(학습자 중심의 개별화·자율화가 기본 조건)
② 기본 목표 : 인간교육, 전인교육, 개성교육, 공동체 교육, 자기주도교육, 교육의 기회균등 등을 통해 능동적이고 창의적인 아동을 육성
③ 특징
  ㉠ 교과서를 최대한 활용하되, 교과서에만 의존하지 않음
  ㉡ 학습자(학생)의 선택 가능성 보장(스스로 교육적 활동을 선택하여 활동)하며, 각자의 존엄성을 인정
  ㉢ 조력자로서의 교사(가르치고 하나하나 지시하기보다는 학생 스스로 무엇을 어떻게 할 것인지를 결정·실행하도록 조력하는 교사)

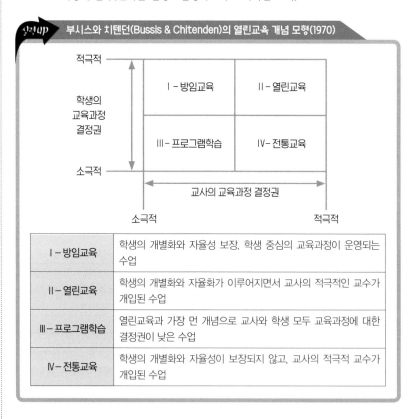

부시스와 치텐던(Bussis & Chitenden)의 열린교육 개념 모형(1970)

I – 방임교육	학생의 개별화와 자율성 보장, 학생 중심의 교육과정이 운영되는 수업
II – 열린교육	학생의 개별화와 자율화가 이루어지면서 교사의 적극적인 교수가 개입된 수업
III – 프로그램학습	열린교육과 가장 먼 개념으로 교사와 학생 모두 교육과정에 대한 결정권이 낮은 수업
IV – 전통교육	학생의 개별화와 자율성이 보장되지 않고, 교사의 적극적 교수가 개입된 수업

(6) 대안교육과 대안학교

① 개념
  ㉠ 대안교육이란 기존의 제도교육에서 규정한 학교의 형태와 내용에서 벗어나 독자적인 교육이념에 따라 새롭고 다른 교육을 실현하고자 하는 것을 말함
  ㉡ 현재 우리나라의 대표적인 대안적 형태의 학교가 '자율학교'임
② 교육이념 : 능동적 학습, 노작교육, 공동체 가치의 강조, 생명존중, 사회적 협동
③ 특징 : 정규학교로 인가된 대안적 형태, 상설학교의 형태이지만 인가 받지 않은 학교, 다양한 형태의 계절제 혹은 방과 후 프로그램을 운영, 재가교육(재택교육,

Home-Schooling)으로 실시되기도 함

④ 운영실태

학생의 모집과 생활	• 입학은 지역, 성별, 종교, 능력에 관계없이 자유로움. 그러나 수용 규모의 한계상 선착순으로 학생을 모집하는 경우도 있음 • 대부분의 대안학교들은 무학년제, 무학급제로 운영하며, 전원 기숙제를 실시하기도 함
교육과정 운영	대안학교의 교육과정은 기존의 일반학교와는 다르게 자율적으로 다양한 교육과정을 운영함
교원의 구성	• 대안학교의 교원은 다양한 사회적 경험의 소유자를 교원으로 활용하기도 함 • 특성화고등학교의 경우 산학겸임 교사 규정 등을 통해 일정 비율의 교사를 자격증이 없더라도 임용할 수 있음

(7) 특수교육

① 개념 : 특수교육대상자의 교육적 요구를 충족시키기 위하여 특성에 적합한 교육과정 및 특수교육 관련서비스 제공을 통하여 이루어지는 교육

② 특수교육의 형태

특수학급	특수교육대상자의 통합교육을 실시하기 위하여 일반학교에 설치된 학급
순회교육	특수교육교원 및 특수교육 관련서비스 담당 인력이 각급학교나 의료기관, 가정 또는 복지시설 등에 있는 특수교육대상자를 직접 방문하여 실시하는 교육
통합교육	특수교육대상자가 일반학교에서 장애유형·장애정도에 따라 차별을 받지 않고 또래와 함께 개개인의 교육적 요구에 적합한 교육을 받는 것
개별화 교육	각급학교의 장이 특수교육대상자 개인의 능력을 개발하기 위하여 장애유형 및 장애특성에 적합한 교육목표·교육방법·교육내용·특수교육 관련서비스 등이 포함된 계획을 수립하여 실시하는 교육

(8) 영재교육

① 개념 : 영재를 대상으로 각 개인의 능력과 소질에 맞는 내용과 방법으로 실시하는 교육

② 영재성 개발의 요인

개인적 요인	주어진 기회를 활용하거나 기회를 찾거나 만드는 개인의 동기 및 성격 특성(흥미, 끈기, 자율성, 자기 확신, 자신감 등)을 말함
사회적 요인	영재성을 발휘할 수 있도록 도와주는 주변 인물, 성장 지역, 교육기회 등이 있음
영재학업부진아	잠재능력과 학업성취도 간의 차이를 보이는 아동을 의미함. 자신감 결여, 끈기 부족, 목적 의식과 동기 부족, 열등감, 가족 간의 갈등 등이 원인임

마그넷학교(Magnet School) 제도
- 공립학교로서 다양한 교육을 실시하는 직업기술학교
- 학생들의 관심을 끄는 수학, 과학, 철학 등의 과목을 특성화 시킨 교육과정으로 모든 학생들을 자석처럼 끌어당기는 학교라는 의미를 지님
- 교육의 질을 개선하고자 하는 중등학교 프로그램, 과학탐구·창조예술과 공연예술·국제연구 등의 주제를 연계시킨 프로그램 등이 있음

통합교육(Mainstreaming, 최소제한적 환경)
- 의미 : 특수교육 대상자의 정상적인 사회적응 능력의 발달을 위해 일반학교에서 특수교육대상자를 교육하거나 특수교육 기관의 재학생을 일반학교의 교육과정에 일시적으로 참여시켜 교육하는 것
- 특징
  - 장애아동은 매일 최소 반나절 이상을 정규학급에 통합시키는 것이 이상적임
  - 정규 학급의 일반교사가 일차적으로 그들의 학습에 책임을 져야 함
  - 장애정도가 정규학급 내에서 적절한 교육을 받을 수 없을 정도로 심각하면 적용할 수 없음

렌줄리(Renzulli)의 영재 특성모형
★ 빈출개념
- 영재성은 평균 이상의 능력, 창의성, 과제 집착력의 상호작용을 통해 나타남
  - 평균 이상의 능력 : 평균 이상 정도의 지적 능력이면 뛰어난 성취를 하기에 충분
  - 창의성 : '새로우면서도 유용한 것을 생각해내거나 만들어내는 특성'으로, 개인의 아이디어나 산출물의 독창성, 유창성, 융통성, 정교성을 기준으로 창의성 정도를 평가
  - 과제집착력 : 어떤 한 가지 과제 또는 영역에 자신의 에너지를 집중시키는 성격 특성으로, 과제 집착력이 없이는 높은 성취가 불가능
- 세 가지 특성 모두에서 85% 이상이거나 적어도 한 가지 특성에서는 98% 이상일 때, 뛰어난 성취를 할 가능성이 높아짐

15

양성평등교육의 목표
• 각자의 개성과 능력의 발휘
• 자립적인 마음과 태도 및 능력의 배양
• 타인의 특성과 개성을 존중하는 마음의 배양
• 사회 · 국가적으로 잠재되어 있는 인력의 개발

다문화접근법(Banks)
• 기여적 접근법 : 소수 집단들이 주류 사회에 기여한 점을 부각시켜 그들의 자긍심을 길러줌
• 부가적 접근법 : 교육과정의 기본적인 구조, 목표, 특성을 변화시키지 않으면서 소수 집단의 관련된 내용, 개념, 주제, 관점을 교육과정에 첨가함
• 변혁적 접근법 : 교육과정의 구조를 변화시켜 다양한 집단의 관점에서 개념, 이슈, 사건들을 조망해보도록 함
• 사회적 행동 접근법 : 변혁적 접근법의 요소에 덧붙여 실천과 행동의 문제를 강조함

철학의 탐구영역(교육의 분야와 관련된 영역)
• 형이상학 : 무엇이 실재하는가를 탐구하는 영역
• 인식론 : 지식의 근거와 본질, 지식의 구조와 방법 및 가치를 탐구하는 분야
• 가치론
 – 윤리학 : 선과 악, 정과 부정 등에 관한 판단의 논리와 근거의 문제를 다룸
 – 미학 : 어떤 대상이 아름다운가 추한가의 문제, 우리가 내리는 미와 추를 판단하는 근거의 문제에 관한 질문을 탐구
 – 교육 : 그 개념과 본질상 가치의 문제를 전제로 한 활동인 이상, 가치의 본질과 기준에 의해 통제될 수밖에 없고, 이점에서 가치론적 논의는 밀접하게 관련됨

(9) 양성평등교육과 페미니즘 운동

① 양성평등교육 : 남녀 모두에게 잠재되어 있는 특성을 충분히 발현하여 자신의 자유의지로 삶을 계획하고 세상을 볼 수 있도록 촉진하는 교육
② 페미니즘 운동 : 여성에 대한 성차별문화를 극복하고, 여성의 정치적 · 경제적 · 사회적 평등을 달성하는데 관심을 갖는 여성해방운동을 말함

(10) 다문화 교육

① 개념
 ㉠ 뱅크스(Banks) : 다문화 교육은 교육 철학이자, 교육 개혁운동으로 교육기관의 구조를 바꾸어 학생들에게 평등한 교육 기회를 제공하는 것이 중요한 목표라고 봄
 ㉡ 베넷(Bennett) : 다문화 교육을 네 가지 구성요소(평등교육, 교육과정 개혁, 다문화적 능력, 사회정의를 향한 교육)로 구분해서 다문화 교육은 평등교육을 목표로 교육과정 개혁을 통하여 주류집단과 소수집단의 모든 사람이 다문화적 능력을 배양하여 사회정의의 실현에 참여할 수 있도록 하는 교육이라 정의
② 다문화교육의 5가지 차원(Banks)

내용통합	이론을 설명하고자 다양한 문화 및 사례를 가져와 활용하는 정도
지식구성과정	특정 학문 영역의 암묵적인 문화적 가정, 준거틀, 편견 등이 해당 학문 영역에서 지식이 형성되는 과정에서 어떠한 영향을 미치는지를 의미
편견감소	학생들의 인종적 태도의 특징들을 구별하고 그것이 교수법, 교재에 의해 어떻게 변화될 수 있는가를 중점을 둠
공평한 교수법	교사가 다양한 인종, 민족, 사회계층 집단에서 온 학생들의 학업성취도를 향상시키기 위해 학생들의 학습양식에 맞춰 수업을 수정하는 것
학생의 역량을 강화하는 학교 문화와 조직	모든 집단의 학생들을 유능하게 하는 학교문화를 만들고자 집단구분과 낙인의 관행, 스포츠 참여, 성취의 불균형, 인종과 민족 경계를 넘나드는 교직원과 학생의 상호작용 등을 검토하는 것

02절 교육철학

1. 교육철학의 의미

(1) 교육철학의 의미

① 일반철학의 응용으로서의 교육철학 : 교육철학이란 교육 현상을 일관하고 있는 몇 가지 대전제(보편적 원리)로 교육 현상을 고찰하거나 혹은 교육의 보편적인 원리를 제시하고자 하는 분야
② 듀이(Dewey)의 견해 : 교육철학은 교육목적, 내용, 방법 등의 근거와 기준과 방향을 제시

(2) 철학의 기능과 교육의 관계(J.Kneller)

사변적 기능	새로운 가설이나 제언을 하는 정신적 기능으로 교육이론이나 실천에서 교육 문제 해결의 새로운 방향을 모색하고 새로운 아이디어를 창출하는 일
규범적 기능	교육에 관한 이론이나 실천, 원리, 주장 등을 어떤 기준이나 준거에 의해 판단하는 일
분석적 기능	교육에서 사용하는 개념이나 용어의 의미를 명료화하고 논리적 모순점을 가려내는 일
비판적 기능	이론과 실천 속에 숨겨진 이데올로기를 드러내는 일

2. 교육의 목적

(1) 교육목적의 의미

① 의미 : 교육 활동이 주의 집중해야 할 것 혹은 추진해야할 것을 말하며, 교육목적의 수준은 일반적으로 교육이념, 교육목적, 교육 목표 등으로 구분됨

② 교육의 내재적 목적과 외재적 목적

내재적 목적	교육목적을 교육이 이루어지는 활동 안에서 찾고자하는 관점
외재적 목적	문제되는 활동의 외부에서 주어지는 목적

(2) 듀이와 피터스의 교육목적관

① 교육목적의 개념

  ㉠ 듀이(Dewey)의 좋은 교육목적에서 발견되는 특징
  - 교육목적은 교육받을 특정한 개인의 내재적 활동과 필요에 기초를 두어야 함
  - 교육목적은 학생들의 능력을 이끌어내고 조직하는데 필요한 환경이 무엇인가를 시사하는 것이어야 함
  - 일반적이고 궁극적인 목적을 경계하여야 함

  ㉡ 피터스(Peters)의 교육목적에 관련된 특징
  - 교육목적들은 바람직하다고 생각되는 발달의 특징을 지시해야 함
  - 교육목적들은 표적과 같이 특수한 목표들을 지시해야 함
  - 교육의 이상과는 달리 교육목적은 달성할 수 있는 목표들을 제시해야 함

② 공통점 : 듀이와 피터스의 교육목적관은 내재적 목적을 강조한 것임

3. 교육철학의 탐구분야

(1) 존재론과 교육

① 존재론 : 존재하는 것을, 존재하는 것 그 자체로서 일반적으로 그 근본적 규정을 연구하는 분야

② 형이상학(metaphysics) : 사변철학이라고도 하며 세계의 본성과 세계 속에서의 인간의 위치에 관한 근본적인 물음을 연구하는 철학의 분야

내재적 목적과 외재적 목적의 예
- 내재적 목적 : 교육의 개념을 명백히 함으로써 그 해답을 찾고자 하는 것으로 피터스가 제시한 교육의 3가지 개념적 준거를 통해 교육인 것과 교육이 아닌 것을 구분하고자 한 것이 예임
- 외재적 목적 : 교육활동을 수단으로 하여 다른 것을 추구하는 것을 의미하며 직업을 위한 준비, 산업화를 위한 인적 자원의 육성 등이 대표적인 외재적 목적의 예임

좋은 목적의 특징(Dewey)
- 설정된 목적은 현존하는 조건들에서 나와야 함. 목적은 이미 진행 중인 것에 기초를 두어야 하며 현재 사태의 자연적인 산물로부터 나와야 함
- 목적은 융통성이 있어야 하며, 좋은 목적은 현재의 경험을 조사하여 그것을 다룰 잠정적인 계획을 세운 뒤에 그 계획을 염두에 두되, 새로운 조건이 발생함에 따라 수정되어 나갈 수 있어야 함

교육이념 · 교육목적 · 교육목표
- 교육이념 : 교육목적 달성을 위한 이론적 · 철학적 기반과 관견
- 교육목적 : 교육의 지향방향 · 지침, 교육이념의 구체적 상태
- 교육목표 : 학생의 행동변화를 지칭하며, 교육전문가 수준에서 요청되는 구체적이고 협소한 목적의식

(2) 인식론과 교육

① **인식론** : 지식의 본질, 근원, 방법, 구조, 가치 등을 탐구하는 분야

② **지식의 종류**

명제적 지식	• '~을 안다'로 표현되는 지식으로, 어떤 명제가 참임을 아는 지식
	• 서술적 진술이 가능하며, 진위판단이 가능하므로 명제에 해당함
	• 명제적 지식의 종류 : 사실적 지식(경험적 지식), 논리적 지식, 규범적 지식
	  – 사실적 지식 : 대부분의 자연과학, 사회과학의 지식은 사실적 지식임(예)
	    지구는 둥글다, 물은 100℃에서 끓는다)
	  – 논리적 지식 : 분석적 문장으로 표현되는 지식으로 이는 새로운 지식을
	    알려주기 보다는 문장을 구성하는 요소들의 의미상의 관계를 나타내 줌
	    (예 할아버지는 아버지의 아버지이다, 삼각형의 내각의 합은 180°이다)
	  – 규범적 지식 : 가치나 규범을 나타내는 지식으로 평가적 문장으로 구성되
	    며, 모든 가치판단·도덕 판단에 관한 지식을 포함함. 분석철학자들은 규
	    범적 지식을 지식의 논의에서 제외시킴(예 민주주의는 바람직한 사회제
	    도이다. 남녀는 평등하게 취급되어야 한다)

방법적 지식	• '~을 할 줄 안다'로 표현되는 지식으로, 어떤 과제의 방법과 절차에 대한 지식 • 주관적인 경험에 해당되며, 반드시 언어로 표현되는 것은 아님 • 다양한 지식과 정보를 효과적으로 활용할 수 있는 능력이 요구되는 지식기 반사회에서 중요시됨(예 나는 수영을 할 줄 안다. 나는 자전거를 탈 줄 안다)

③ **지식의 형식**

㉠ 허스트(Hirst) : 발달된 지식의 형식은 독특한 중심 개념, 분명한 논리적 구조, 특유의 표현이나 진술, 검증의 기법 등을 지니게 된다고 함

㉡ 피터스(Peters) : 전통적으로 학교에서 가르쳐온 교과를 지식의 형식이라는 용어로 규정하고 이를 선험적 논의라는 방식에 의해 정당화함

실력up '사회적 실제로 입문'으로서의 교육 ★빈출개념

• **사회적 실제에 기반을 둔 교육의 의미**
  – 허스트는 피터스와 더불어 자유교육의 정신을 반영한 '지식의 형식에의 입문'을 강조하였으나 후기에 이르러 이에 대한 대안으로 '사회적 실제에 기반을 둔 교육'을 강조함
  – 허스트가 말하는 '사회적 실제' 기반을 둔 교육은 보편적인 합리성을 추구하는 자유교육과 개인의 자율성을 강조하는 자유교육에 대한 대안으로 제시함
• **자유교육과 사회적 실제에 기반을 둔 교육의 비교**
  – 자유교육 : 이론적 교과나 지식을 가르침으로써 이론적 합리성을 기름
  – 사회적 실제에 기반을 둔 교육 : 학생을 사회적으로 발달된 합리적인 실제에 입문시킴으로서 실천적 이성에 의한 전반적인 욕구만족을 장기적 관점에서 극대화시킴

교육의 구분 비교항목	자유교육	사회적 실제에 기반을 둔 교육
좋은 삶	이론적 이성 혹은 합리성을 추구하는 삶	인간의 전반적인 욕구를 장기적인 안목에서 최대한 만족시키는 삶
교육목적	합리적 마음의 발달	실천적 이상에 따른 실제적 좋은 삶
교육내용	지식의 형식	지배적이고 성공적인 합리적 실제
정당화	선험적 정당화	실제적 정당화

(3) 가치론과 교육

① **가치론** : 가치 인식의 문제, 가치와 사실의 관계 등에 대한 연구 분야
② **가치의 뜻** : 좋다, 나쁘다, 싫다 따위와 같은 욕구나 관심의 대상이 되는 성질
③ **도덕교육에서의 내용과 형식**

내용	특정사회에서 요구되는 도덕적 규범들과 가치들 또는 인간이 갖추어야 할 품성적 특성인 덕목들을 학생들에게 가르치고 내면화해야 한다는 입장
형식	도덕성을 이루고 있는 형식적 특성, 특히 도덕적 판단과 관련된 합리적 능력을 길러주어야 한다는 입장

④ **가치명료화** : 아동 개인이 자신의 가치와 접촉하여 그것을 밖으로 드러낸 다음, 그것에 대해 다시 생각해 보도록 하는 방법

4. 전통적(고전적) 교육철학

(1) 관념론(Idealism)과 교육

① **개념** : 가장 완전한 모습(형상)을 본다는 의미의 그리스어 'idea'에서 유래한 말로 인격과 인류의 완성 가능성을 신뢰하고 이에 입각해 현실과 실천을 규제하려는 사고방식
② **특징** : 개인의 의식을 넘어선 비물질적인, 영원 불멸의 것을 가리키며(고대), 외부의 세계에 대립하는 의식내의 표상을 가리키기도 함(근세)
③ **교육원리**
  ㉠ 교육은 아동을 정신적 존재로 북돋아 주어야 하며, 스스로 지니는 힘에 의해 윤리적 존재, 이상적 인격적 존재로 성장해야 함
  ㉡ 교육의 목표는 개성을 완성함과 동시에 사회를 혁신하는데 두어야 함
  ㉢ 교육 과정은 기본적으로 개념화하고 관념화한 지식위주의 교과목이나 학습내용임

(2) 실재론(Realism)과 교육

① **개념** : 라틴어 'realis'에서 유래한 말로서, 우리의 의식과 주관으로부터 독립된 실재를 인정하는 철학
② **특징** : 보편은 개물(個物)에 앞서 실재하며, 인식 주관으로부터 독립해 있는 객관적 실체를 인정함
③ **교육원리**
  ㉠ 교육은 우주의 이치를 깨우칠 수 있는 핵심적 지식과 경건한 마음가짐을 갖추게 하는 일이며, 학생은 고도의 지성을 발로할 수 있는 자질을 충분히 지니고 있는 존재로 존중되어야 함
  ㉡ 교육목표는 자기결정, 자기실현, 자기통합과 같은 이상적 생활을 즐기게 하는 데 목적을 둠
  ㉢ 교육과정은 진리를 알고, 사용하고, 즐기는 습관과 경향성을 갖추게 해주는 일임

SEMI-NOTE

도덕교육
• 도덕교육의 공동체주의
  − 사회적 결합을 강화할 것을 목적으로 하며 공동체적 규범을 강조함
  − 아리스토텔레스, 뒤르케임의 도덕적 사회화 이론, 최근의 인격교육운동 등
• 도덕교육의 자유주의
  − 개인의 자율적 판단능력을 강조함
  − 콜버그(Kohlberg)의 도덕적 인지 발달론

관념론의 대표적 사상가
• 플라톤(Platon)
• 데카르트(Descartes)
• 버클리(Berkeley)
• 칸트(Kant)
• 헤겔(Hegel)

실재론의 대표적 사상가
• 아리스토텔레스(Aristoteles)
• 토마스 아퀴나스(Thomas Aquinas)
• 베이컨(Bacon)
• 홉스(Hobbes)
• 로크(Locke)
• 코메니우스(Comenius)

(3) 프래그마티즘(Pragmatism)와 교육

① 개념 : 그리스어 'pragma'에서 유래한 것으로, 원래 행위나 사실, 활동, 상호작용 등을 의미

② 특징 : 세상에 영원 · 불편한 것은 없고 변화만이 실재하며, 가치는 상대적임

③ 교육원리

  ㉠ 교육은 넓은 의미에서 생명을 사회적으로 지속시키는 일이며, 아동은 미숙하지만 수용력과 잠재적 능력을 지닌 성장 가능성의 존재임

  ㉡ 고정된 교육목적은 존재하지 않으며, 아동 밖으로부터 주어져서도 안 됨

  ㉢ 교육의 과정은 끊임없는 경험의 재구성 과정임

5. 현대의 교육철학

(1) 진보주의(Progressivism)

① 개념 : 실용주의 철학에 근거하여 전통적인 형식주의 교육을 반대하며 경험의 체계를 중시한 아동중심 · 생활중심 · 경험중심의 교육이념

② 교육관

교육목적	• 전인교육 : 현실생활에 적응할 수 있는 전인양성 • 경험의 계속적 재구성을 통한 계속적 성장과 현실 변화에 대한 적응 • 아동의 성장을 도와주는 것
교육내용	• 현실의 생활경험이나 사회기능, 사회문제에 관심을 둠 • 아동의 필요 · 흥미 · 요구 중시
교육방법	문제해결학습, 구안법, 협력학습
교육과정	경험중심 교육과정
교육평가	절대평가 중심(목표지향적, 준거지향적)

(2) 본질주의(Essentialism)

① 개념 : 1930년대 후반~1940년대 발달하며 본질적인 문화유산과 지식의 체계를 중시하는 교육이념

② 교육관

교육목적	아동들의 장래생활을 준비하는 것으로, 본질적인 문화유산의 전달과 전통적 지식의 습득, 지적 엘리트의 육성 등을 추구
교육내용	• 지식의 논리적 계열성을 중시, 특별활동 · 레크레이션 · 직업교육 등은 경시 • 인문학과 자연과학을 강조 : 독 · 서 · 산의 기본지식(초등), 문학 · 역사 · 수학 · 과학(중등)을 강조
교육방법	강의법, 발견학습, 탐구학습

(3) 항존주의(Perennialism)

① 개념 : 급격한 현대문명의 변화와 위기 속에서 영원하고 절대적인 진리를 추구, 고대 · 중세의 절대적 가치인 진 · 선 · 미의 원리를 추구

② 교육관

교육목적	• 장래생활의 모방이 아닌 준비를 강조하고 인간을 진리에 적응시킴 • 정신과 지성의 훈련, 영구적인 진리의 규명
교육내용	고대 그리스 · 로마의 문학, 철학, 역사, 자연과학 등을 중시하며, 일반교육 · 교양교육을 강조(고전과 형이상학을 중시)
교육방법	교사중심 수업
교육과정	고전 중심의 교육과정
교육평가	상대평가

(4) 재건주의

① 개념 : 교육을 통한 현실사회의 위기극복을 주장하는 미래 중심의 교육철학으로 현대문명의 위기와 급변하는 사회에 대처하기 위해 교육을 통해 이 세계를 재건하고 교육의 과정을 통해 이상사회를 건설하려고 함

② 교육관

교육목적	민주적인 사회건설과 사회적 자아실현을 강조
교육내용	초 · 중등교육은 일반교육을 지향하며, 자아실현이 가능한 내용을 강조
교육방법	협동학습, 지역사회 연계 활동
교육과정	미래중심 교육과정
교육평가	상대평가와 절대평가

한눈에 쏙~

(5) 분석철학

① 개념 : 종래의 사변적 · 선험적 · 종합적 철학방법을 거부하고 과학과 일상적 지식의 개념 및 명제의 의미를 분석적 방법에 의해 명료하게 밝히려는 방법의 철학

② 교육에의 영향

ㄱ 교육에서 사용하는 용어나 논의를 명백히 함으로써 사고나 행위의 명확성, 일관성을 기하도록 함

ㄴ 교육학의 연구 대상을 명확히 하는데 그리고 교육학의 성격을 규명하는데 기여함. 즉, 교육학을 '사실과학'으로 규정해서 '가치'의 문제를 배제함

01장 교육의 이해/교육철학

③ 분석철학의 교육원리

 ⊙ 교사가 주장하는 지식은 신뢰할 수 있는 것이어야 하며, 객관적이어야 함

 ⓒ 모든 규범적 명제를 검토하여 그 의미를 밝혀야 함

 ⓒ 귀납법과 개연성의 법칙이 가설·개념·이론을 실증하는데 적용되어야 함

(6) 실존주의

① 개념 : 인간 실존의 본질과 구조를 밝히려는 철학. 현대 대중사회 속에서 인간이 진정한 나를 상실한 비(非)본래적 삶을 산다고 보고, 진정한 '나'의 새로운 탄생과 '나 자신'의 주체성과 개체성을 찾을 것을 추구

② 특징

 ⊙ 인간의 내적 세계와 인간(개인) 자신의 문제에 집중

 ⓒ 자아의 발견, 자유·선택·책임 등을 강조

 ⓒ 삶의 긍정적·부정적 측면을 통해 학습자가 스스로 삶의 문제를 해결하고 주체적으로 성장할 수 있음

 ⓐ 실존이 본질에 선행함 – 샤르트르 –

 ⓜ 만남이 교육에 선행함 – 볼노브, 마틴 부버 –

③ 교육관

교육목적	인간이 본질적 삶을 살도록 함으로써 자기 존재의 의미와 가치를 찾게 함
교육내용	자아실현, 인간의 정서 및 심미적·도덕적 성향의 계발이 가능한 인문과학(철학, 역사 등)과 예술을 강조
교육방법	촉진적 방법, 비연속적 형식의 교육을 강조

④ 실존주의 교육원리

 ⊙ 개인의 중요성을 강조 : 개성·주체성을 최대한 존중하는 교육

 ⓒ 집단에 대한 동화나 사회적 적합성을 거부하며, 국가·사회에 적합한 교육을 비판

 ⓒ 인격교육·도덕교육·전인교육 중시 : 지적교육보다 인간주의 교육을 강조

 ⓐ 교사와 학생 간의 인격적 관계를 중시

 ⓜ 비연속적 형식의 교육 및 자아인식을 위한 학습 강조

(7) 현상학

① 개념 : 현상은 정신세계의 일부분. 인간의 마음속에 비추어진 현상을 기술하려는 철학

② 교육에의 영향

 ⊙ 교육현상 자체가 지닌 본질적인 의미를 구체적으로 밝히는 일의 필요성을 일깨우는 계기가 됨

 ⓒ 교육연구에서 지금까지 지배적이었던 실증주의적 전제를 문제시하고 주관적 의미구성 작용, 교육적 맥락의 이해, 교육 참여자들의 상호주관적 관계 등을 파악하도록 해줌

실존주의 교육에 대한 비판
• 인간의 사회적 존재 양상의 측면을 분석하는 데 소홀함
• 지나치게 개인주의적 입장을 강조함
• 개인을 구속하는 사회제도나 사회 발전적 교육에 대해 저항적임

실존주의에서 강조하는 교사의 자질
• 학생을 도울 수 있는 경험을 지닌 교사
• 심적 갈등과 어려움 등에 대한 공감적 이해를 가진 교사
• 학생 스스로의 생활방식을 통해 개성을 표현하도록 하는 교사

(8) 해석학

① 개념 : 인간정신의 모든 소산을 널리 이해하는 해석과 그 해석의 방법, 거기에서 파생되는 철학적 문제를 다루는 학문

② 해석학의 입장

딜타이(Dilthey)의 실천적 합리성에 대한 재해석	• "자연은 설명하고 정신은 이해한다"라는 말을 통해 자연과학적 방법에 의해 평준화되어버린 경험의 왜곡을 비판하였고, 인간의 이해는 역사, 문화, 객화화의 산물인 법률, 관습, 언어 등에 의존한다고 봄 • 해석학적 순환 : 체험한 것을 표현하고 표현된 것을 이해하는 것, 이러한 순환적인 이해(체험–표현–이해)에서 해석학적 순환이론을 도출함
가다머 (Gadamer)	• 딜타이(Dilthey)의 해석학적 순환이 가다머(Gadamer)의 선(先)판단 또는 선입견 개념으로 전환됨 • 인간의 삶은 이해를 토대로 해서만 가능하며, 인간의 삶 속에서 존재에 대한 이해를 미리 가지고 있음, 선(先)판단·선입견이 이해의 발판이 됨

③ 교육에의 영향 : 인간의 삶의 현실로서의 교육현실을 과정인 동시에 생성으로 보고 아르키메데스적인 기점은 존재할 수 없다고 봄

(9) 비판철학

① 개념 : 현대사회와 인간의 문제를 분석하고 그 모순을 지적했던 이론

② 특징 : 인간의 의식이나 지식은 사회적, 경제적, 정치적 제약 하에서 형성된다고 보고 인간의 자유로운 의식의 형성을 억압하고 왜곡시키는 사회적, 경제적, 정체적 제약요인들을 분석하고 비판하는 일을 통해 인간 의식을 억압의 영향에서 해방시키는 것을 교육의 목적으로 봄

(10) 포스트모더니즘

① 개념 : 20세기 후반(1960년대 이후)에 새롭게 나타난 사회적·문화적·학문적 현상들을 포괄적으로 지칭하는 용어로 이 시기 문학·건축·미술 등의 예술분야를 비롯하여 철학·미학·사회학·정치학 등의 학문분야 전반에서 나타난 기본적인 인식체계의 변화 현상을 아우르는 개념

② 포스트모더니즘의 특징 ⭐ 빈출개념

진리의 우연성과 상호비교 불가능설	세계와 사물에 대한 우리의 인식을 가능하게 하는 개념적 틀은 하나밖에 없는 것으로 주어지는 것이 아닌 여러 가지가 있을 수 있으며, 그 각각은 세계와 사물을 이해하는 하나의 독특한 관점과 틀을 제공함
소여성 부정과 가치부하설	이성, 자아, 개념과 언어, 실재라는 것이 우리에게 주어지는 것, 즉 소여된 것이며 그것들이 어떠한 불변의 내재적 본질을 지니고 있다는 전통철학적 생각을 부정
대서사에 대한 거부	보편적인 큰 틀에 의해 무시되고 소외되어 왔던 특수하고 지엽적인 문제들을 공론화시킴

SEMI-NOTE

반정초주의의 표방	사람들은 일반적으로 도덕성을 불변하고 보편적인 기초, 삶의 기본원리를 이루는 것으로 이해하지만, 포스트모더니스트는 도덕이나 여타 다른 영역에서도 이런 기초는 없다고 봄
다원주의의 표방	상이한 사회와 이익집단들은 그들의 특정한 필요와 문화에 적합한 가치를 구성함
반권위주의의 표방	포스트모더니스트는 도덕적 지식을 포함하여 모든 지식은 그러한 지식을 생산하는 사람들의 이익과 가치를 반영한다고 봄
진리의 다원성과 해체설	유일무이한 것으로 받아들여져야 하는 진리는 없으며 항상 그것은 부분적일 따름이여 불완전함
연대의식 표방	타자에 대한 관심과 연대의식을 매우 강조

③ 교육관

교육목적	창조적이며 주체적인 다양한 자아의 형성, 끊임없이 성장하는 인간, 조화로운 도덕적 인간의 양성 등
교육내용	상대적 · 다원적 · 주관적 지식(가치)관
교육방법	구성주의 학습
교육과정	탈문화적 통합교육과정, 열린지식관, 열린교과서 등

(11) 홀리스틱(Holistic)

홀리스틱 교육에 표현된 세계관

이 세상에 존재하는 모든 것은 그 어떤 형태로 인간과 관련성을 갖고 서로 상호작용하고 있음. 이는 현대 사회가 직면하고 있는 위기 속에서 교육, 과학, 산업계 등 여러 방면에서 공통적으로 주목하고 있는 세계관이기도 함. 나아가 환경문제나 생태문제 등에서 주목되고 있는 관점임

① 개념 : 홀리스틱이란 그리스어의 홀로스(holos)에서 비롯된 것으로 이는 '전체'를 의미하며, 모든 존재는 서로 연관되어 있으므로 개인이나 가족이 병들면 이웃과 사회, 자연이 병들고 지구가 병든다고 보는 연관적 접근임

② 교육정신

㉠ 인간사이의 관계, 인간과 생태계의 관계 등 '관계성'을 중시하고, 조화와 통합성을 추구

㉡ 홀리스틱 교육의 관점에서는 전지구적 생태학적 소양교육, 환경을 살리는 교육, 전체론적인 관점에서의 통합을 위해 자연의 숲, 생명의 숲의 조성 필요성과 나아가 생태맹(생태학적 지식의 결여나 자연해독능력의 결여를 의미)을 극복할 수 있는 프로그램의 운영 필요성이 제기

(12) 신자유주의

신자유주의의 문제점

경제적 효율성과 생산성을 넓이고 국가 간의 경제발전을 유도하여 시장의 법칙과 이윤추구를 가장 중요한 변수로 고려하기 때문에 인간적 유대관계와 공동체적 의식을 약화시켜 인간의 존엄성을 손상시킬 수 있음

① 기본입장 : 국가의 개입으로부터 시장을 자유화하고 사회에서 일어나는 문제가 시장 자체의 자연적 움직임에 따라 조절되고 해결되도록 하는 것을 원칙으로 함

② 신자유주의와 교육

㉠ 신자유주의는 시장 메커니즘을 적용해 공교육의 틀 자체를 변화시키고 비용 · 편익의 효율성을 극대화하고자 함. 이를 위한 학교 선택권보장, 단위학교책임경영제, 평가를 통한 차등지원 등을 핵심적 정책으로 하고 있음

㉡ 우리나라의 경우 '자립형 사립학교, 국립대학 부속학교의 자립허용방침, 교육시장의 대외개방, 교원성과급제도' 등의 정책을 도입하고 있음

나두공

02장 서양교육사/한국교육사

7자유과(seven liberal arts)
• 의미
 – 그리스적 자유교육의 내용으로 18세기까지 서양의 전 교육과정사에 커다란 영향을 미침
 – 로마시대, 중세 수도원, 중세대학 등에서 7자유과를 가르쳤으며, 20세기 이후의 자유교양교육 내용 체계에 영향을 줌
• 종류
 – 3학(Trivium) : 문법, 수사학, 변증법(논리학)이 해당하며, 소피스트들에 의해 확립됨. 문법은 말의 구조와 구성에 관한 지식, 수사학은 영혼의 상태를 정확히 잡아 묘사하는 기술, 변증법은 둘 이상의 영혼들이 말을 주고받으면서 상대방을 이해하고 이해시키며 자신의 견해를 관철하거나 합의를 찾아가는 방법을 말함
 – 4과(Quadrivium) : 산수, 기하학, 천문학, 음악이 해당함. 4과는 자연학적 성격의 교과였음

소피스트의 기본입장
• 상대주의 : 절대적인 존재를 부정하고 보편타당한 진리를 인정하지 않음
• 개인주의 : 공동체의 생활에 반대하고 개인주의를 지향
• 실용주의 : 지식을 개인의 출세를 위한 방편으로 간주

01절 서양교육사

1. 그리스의 교육

(1) 그리스 교육의 특징

① **자유교육(liberal education)의 중시** : 자유시민으로서의 자유를 누리고 선용하는 능력을 기르는 교육
② **귀족적 성격** : 자유시민은 문학, 예술, 정치적 토론에 한가한 시간을 보내는 유한계급이었으며, 자유교육은 이러한 자유시민(귀족계급)을 위한 귀족적 교육의 성격을 지님
③ **주지주의적 성격** : 이성의 도야를 중시하는 교육, 보편적 지식을 통한 교육

(2) 스파르타 교육과 아테네 교육의 비교

스파르타 교육	리쿠르스법전 중심, 국가주의적 교육, 남녀평등, 국립의 학교, 30세 시민권 부여
아테네 교육	솔론법 중심, 개인존중의 자유 교육, 남성중심, 사립과 국립의 학교, 20세 시민권 부여

(3) 교육사상가

① **소피스트(Sophist)**
 ㉠ **의미** : 최초의 전문적, 직업적 교사로 아테네 출신이 아닌 그리스 교사를 지칭하였음
 ㉡ **교육사상의 특징**

교육목적	교육의 목적을 보편적 진리탐구에 두지 않고, 사회적으로 유용한 지식, 즉 웅변술을 익혀 출세하는데 둠
교육내용	실용적 지식을 중시, 공통적으로 내세운 과목은 토론 · 웅변 · 수사학 등
교육방법	지식의 실제적 사용을 중시하여, 토론 · 분석을 중심으로 법칙을 이해하고 모방과 연습을 통해 이를 익히도록 함

 ㉢ **교육적 아레테(arete)** : 소피스트들이 추구하였던 교육적 아레테는 설득력 있는 웅변술의 훈련으로 이들은 대중을 이끌어갈 지도자를 의미하였음
 ㉣ **교육사적 의의** : 최초의 직업적 교사, 교육의 수단적 가치 중시(교육을 출세의 수단으로 여김), 지식과 진리의 상대성(주관에 따라 진리가 변할 수 있다는 상대적 진리관 주장)
 ㉤ **대표자** : 프로타고라스(Protagoras, 최초의 소피스트), 고르기아스(Gorgias), 이소크라테스(Isocrates) 등

② 소크라테스(Socrates)

　㉠ 지덕복합일(知德福合一)의 도덕적 인간 양성

　㉡ 보편적 이성 중시, 객관적 · 절대적 진리에 대한 확신

　㉢ **교육방법(대화법)** : 인간은 보편적 진리의 싹을 지니고 있으나 그 사실을 깨닫지 못하고 있으므로 인간이 보편적 진리에 이르기 위해서는 자신의 지식은 하나의 의견에 불과하며 자신이 무지하다는 것을 깨달아야 한다고 주장하고, 이렇게 무지를 인식하게 해 주는 방식으로 대화법을 제안(→ 대화법의 구성 : 반어법, 산파법)

반어법	소극적 대화	무의식적 무지 → 의식적 무지	피아제의 비평형화
산파법	적극적 대화	의식적 무지 → 객관적 진리	비고츠키의 비계설정

　㉣ **교사의 역할** : 정신적 활동의 자극, 산파로서의 교사, 동반자적 존재

③ 플라톤(Platon, 427년경~347 B.C)

　㉠ 기본사상

　　• 이원론적 세계관 : 세계는 감각경험과 변화에 의해 지배되는 현상계나 사유와 영원한 이데아에 의해 지배되는 이상계로 구분됨

　　• 덕의 실현 : 인간을 구성하는 욕망과 기개, 이성이 절제와 용기, 지혜의 덕에 의해 조절되고 조화를 이룰 때 정의의 덕이 실현됨

　㉡ **교육의 목적** : 이데아의 실현(회상설) → 4주덕(지혜, 용기, 절제 + 정의)

　㉢ **교육단계론(『국가론』)**

덕	사회	교육 단계
지혜	지배계급(철학자)	(35세~) 행정실무 경험
		(30~35세) 변증법, 철학
용기	수호계급(군인)	(20~30세) 4과(음악, 기하학, 산수(수학), 천문학)
절제	생산계급(노동자)	(18~20세) 군사훈련
정의	국가	―

👓 한눈에 쏙~

플라톤이 생각한 이상적인 인간과 이상국가

영혼	덕	이상국가
이성	지혜	통치자(철학자)
기개	용기	수호자(군인)
욕구	절제	생산자(장인)

조화 ↓　　조화 ↓　　조화 ↓

정의로운 인간　　정의　　정의로운 국가

소크라테스(Socrates)의 대화법

• 대화법은 답을 제시하지 않고 질문을 하여 학생들이 스스로 지식을 끌어내도록 하는 방법임

• 대화법의 첫 번째 단계(반어법)는 무의식적 무지에서 의식적 무지를 이끌어 내는 단계임. 즉, 대화의 상대가 진리라고 생각하고 있는 것에 대한 의심과 반대사례를 제시하여 절대적 진리에 대한 신념이 근거에 회의를 품게 하고, 또 다른 질문을 통하여 새로운 의심을 가지는 변증법적 절차를 거침

• 두 번째 단계(상기법)는 의식적 무지의 상태인 학습자를 참된 지식, 보편타당하고 합리적인 의식으로 이끄는 단계임. 무의식적 무지를 의식적 무지로 이끌어낸 질문보다 세련되고 정교한 질문을 통해 이미 학습자 마음에 내재한 지식을 상기시켜 주고 이를 통하여 참된 의견의 지식으로 전환시킴.

• 세 번째 단계(산파법)는 교사가 학생의 의식에 내재한 무의식적 지식을 외부로 나오게 하는 역할을 함. 이는 산파가 산모에게 아이를 출산하도록 돕듯이 스스로 지식을 이끌어 내도록 하는 것임

이데아론(동굴의 비유)

• 일반사람은 동굴 속에 입구를 등지고 묶여 있는 상태

• 철학자란 쇠사슬을 끊고 동굴 밖으로 나와 진정한 세계(이데아)를 본 자

• 철학자는 일반인들이 이데아의 세계에 눈뜨도록 인도할 의무가 있음

아리스토텔레스의 영향
• 『윤리학』과 『정치학』은 인간의 지적 생활에 영향을 줌
• 『오르가논』 즉 논리학은 모든 지적 활동의 과학적 사고를 체계화하도록 함
• 귀납법적 사고는 실재의 새로운 면에 사색을 기울인 것으로 근대 과학의 창시자로서 위치함(생물학, 역학, 자연철학 등을 저술)

아리스토텔레스의 자유교육
자유교육은 직업을 준비하거나 실용적인 목적을 위해 행해지는 것이 아닌 지식 자체의 목적에 맞추어져 있음

로마 교육의 시대구분
• 왕정시대(BC 8세기~6세기): 아버지 중심의 가부장적 사회, 농업중심사회, 가정에서의 교육이 중심
• 공화정시대(BC 6세기~1세기) : 순수하게 자기 민족의 문화에 의해 유지되었던 초기 로마 시대로, 영토 확장을 위한 전쟁수행 과정에서 로마시민의 평등권이 확립됨, 후기에 학교가 등장하였으나 역할이나 기능은 미미하였고, 여전히 가정교육이 중심
• 제정시대(BC 1세기~AD 5세기) : 노예노동에 의한 농업 및 상업경제가 발달하고 권력과 부의 편중현상이 심화됨, 그리스의 문화와 교육의 영향에 의해 그리스화된 로마 교육이 이루어짐, 학교교육이 강조됨(학교교육의 완성시기)

④ 아리스토텔레스(Arisctoteles, 384~322 B.C)
　ㄱ) 기본사상

세계관	• 자연주의적이고 현실적 · 경험적 • 실재론 : 사물의 본질이 사물과 분리되어 이데아의 세계에 있다는 플라톤(Platon)과는 달리, 그것이 개개 사물 속에 내재하고 있다는 실재론을 주장 • 모든 인간은 장차 실현될 모습을 스스로 지니고 있다는 목적론적 세계관을 지향
인간관	• 육체와 영혼이 둘인 것과 마찬가지로 인간의 영혼에도 이성적인 부분과 비이성적인 부분이 있으며, 각각에 대응하여 이성과 욕망이 존재 • 신체와 욕망을 다스리는 교육은 이성의 도야를 위한 것이어야 함

　ㄴ) 교육사상

교육목적	이성인을 강조함. 이성인이 누려야 할 최고의 생활은 행복이며, 그리고 지식의 소유가 아니라 행복이나 선에 도달하는 것이 덕임
자유교육	자유교육과 비자유교육으로 구분함. 지식은 진리 자체가 목적인 지식으로 인간의 영혼을 자유롭게 하는 것만이 자유교육에 속함. 비자유교육은 직업적 교육, 실용적 교육으로 지식 자체가 아니라 지식의 사용이 목적인 교육을 말함 → 지식 자체에 목적을 둔 자유교양교육을 중시
국가책임 강조	전체는 부분보다 먼저 있으므로 국가는 자연에 있어서 가정과 개인보다 먼저라고 봄. 시민은 국가를 위해 살아야 함
학교	고등교육기관인 리케움(Lyceum)을 설립함

⑤ 이소크라테스(Isocrates, 436~338B.C)
　ㄱ) 교육목적
　　• 훌륭한 웅변가를 양성하는 것을 교육목적으로 함
　　• 웅변가의 자질은 수사학을 통해 길러지며, 그가 세운 수사학교(392 B.C)는 논쟁의 이론만이 아니라 실제로 논쟁할 수 있는 기회를 제공함
　ㄴ) 수사학교의 특징
　　• 학생이 등록하는 것을 원칙으로 함. 이는 소피스트들에 의해 시작된 교직과 수업의 전문화가 이소크라테스에 의해 비로소 직업으로서의 교육이 발전하였음을 의미함
　　• 집중적이고 집단적인 수업방법을 사용함. 수업은 집단을 형성하여하되 하나의 수업 집단이 9명을 넘지 않도록 하였고 교사와 학생들 간의 깊은 인격적 관계가 형성될 수 있었음

2. 로마의 교육

(1) 로마 문화의 특징

① 초기 로마 시대 : 실용적이고 현실적 가치를 중시, 사회 질서로의 법률 제정, 조직과 행정 등에 재능을 발휘, 학교교육보다 가정교육이 중시됨
② 후기 로마 시대 : 그리스의 영향으로 웅변술이 중시됨, 로마의 공교육은 황제 유스티니아누스로부터 이교적(異教的) 온상이라고 하여 아카데미아가 폐지되면서

쇠퇴함

(2) 시대별 교육의 특징

① 공화정시대의 교육

　㉠ **교육목적** : 최고의 교육목적은 용감한 군인과 근면하고 의무감이 강한 시민의 양성

　㉡ **교육내용** : 3R's(쓰기, 읽기, 셈하기), 12동판법(공적 · 사적인 면에서의 관계와 개인의 권리를 명시한 12동판법을 도덕교육의 중심으로 교육)

　㉢ **교육방법** : 부모의 직접적 시범과 이에 대한 모방

② 제정시대의 교육

　㉠ **그리스 문화의 영향** : 지적 · 심미적 탐구에 빠져 개인주의, 향락주의, 주지주의 경향을 띠어 갔으며, 특히 웅변 영역에서 그리스의 영향이 가장 컸음

　㉡ **교육목적** : 웅변인의 양성

③ 교육기관

루더스 (Ludus, 7~10세)	• 초등교육, 문자학교. 일반 민중의 자녀들에게 초보적인 실용 지식을 가르치기 위해 해당 지역의 중심지에 설립하였음 • 3R's(쓰기, 읽기, 셈하기)와 12동판법 중심. 정서 및 음악교육은 실시하지 않음
문법학교 (10~16세)	그리스어와 라틴어를 배우는 학교로 인문주의 시대의 중등학교 성립에 영향을 줌
수사학교 (16세 이상)	최고의 웅변가 양성 기관으로 학교 일과의 대부분은 변론과 토론으로 이루어졌음
도서관과 대학	로마 시대 도서관을 아데니엄(Athenaeum)이라고 불리었고, 베시파시아누스 황제가 평화의 신전에 세운 도서관은 로마 대학의 기원이 되었음

(3) 대표적 교육사상가

① **키케로(Cicero, 106 B.C~43)**

　㉠ 공화정 말기 대표적 정치가이자 웅변가로, 대표적 저서인 『웅변론』을 통해 웅변가의 육성을 실제적인 교육의 목적으로 제시

　㉡ 그의 사상과 문체는 로마를 대표하며 문예부흥시대 자유주의 사상가들의 표준적인 문체가 되어, 인문주의 시대에 키케로주의가 등장하였음

② **퀸틸리안(Quintilian, 35~95년경)**

　㉠ 로마의 대표적 교육사상가로, 자연성과 개성의 존중, 아동 중심의 교육 등을 주장

　㉡ 선천적인 능력이 잘 계발된 인간인 웅변가의 양성을 교육의 목적으로 삼음(→ 웅변가는 변론에 탁월하고, 도덕적으로 고결하며 정신적으로 뛰어난 사람)

　㉢ **조기교육론** : 어릴 때의 도덕교육과 언어교육의 중요성을 강조

　㉣ **교육방법론** : 체벌금지, 개성의 존중, 아동 중심의 태도, 흥미와 유희, 경쟁의식을 이용한 교육 등

SEMI-NOTE

12동판법
• 초기 로마의 교육내용으로 중시되었음
• 초기 로마 최고의 성문법으로서 귀족에 의한 관습법의 악용으로부터 평민을 보호하기 위한 목적으로 제정되었음

로마가 추구했던 웅변인
로마가 양성하고자 했던 웅변인은 소피스트의 이상인 변론을 잘 하는 사람과 그리스 초기의 조화된 인간상의 이상, 그리고 순수 로마적인 도덕성이 혼합된 것임

문법학교의 교사
리테라투스(Literatus) 혹은 그라마티쿠스(Grammaticus)라고 불렀음

키케로가 제시한 웅변가의 자질
• 웅변가는 선천적인 소질이 있어야 함
• 선천적인 소양을 발휘시키는 교육과 훈련이 필요하며, 그 중에서도 중요한 것이 문화 일반에 대한 넓은 지식임

퀸틸리안의 『웅변교수론』
로마의 이상과 실천이 구현된 퀸틸리안의 대표적인 저술로, 교육의 원리와 방법에 대한 체계적·포괄적인 탐색을 담고 있는 최초의 교육서로 평가받고 있음. 후세의 인문주의 교육론가에게 큰 영향을 줌

중세교육의 시대 구분

• **중세전기교육(5세기~십자군 원정)** : 기독교 중심의 종교교육시기, 교부철학의 영향, 맹목적 신앙으로 문화 · 철학 등이 쇠퇴, 수도원학교 · 문답학교 · 사원학교 중심

• **중세후기교육(십자군 원정~15세기)** : 세속적 지식 위주의 비종교교육시기, 스콜라철학의 영향, 합리적인 기독교인 양성을 위한 교육, 기사도교육 · 대학교육 · 시민교육 등

수도원학교의 교육사적 의의

• 수도원은 중세문화를 보존하고 스콜라철학의 발전에 기여했으며, 이를 통해 중세 대학의 발전에도 기여

• 농경, 목공, 직물 등의 노동을 통해 여러 기술을 전수하였으며, 수많은 고전을 필사하고 보존하여 고대문화를 전함

스콜라 철학의 대표적 사상가

스콜라 철학은 안셀무스(Anselmus)에 의해 시도되어, 아벨라드(Abélard)와 토마스 아퀴나스(Thomas Aquinas)가 완성함

스콜라 철학의 영향

• 중세 대학의 성립과 학문방법론에 영향을 끼쳤음

• 토미즘(Thomism) 철학은 현대 항존주의의 철학관에 영향을 줌

• 스콜라 철학은 그들이 취급한 소재의 타당성을 검토하지 않았고, 논의의 주제가 현실성이 없는 형식적 진리를 추구하였다는 점에서 비판받았음

기사교육의 교육적 의의

• 귀족 교육의 성격을 지녔음

• 생활중심의 비형식적 교육이었음. 중세교육에서 경시되었던 체육이 군사훈련의 일부로 강조되었음

• 교육내용으로 7예(승마, 수영, 궁술, 검술, 수렵, 장기, 작시)가 강조되었음

• 모국어 문학과 교육내용으로서 모국어 교육을 중시하는데 선구적 역할을 담당하였음

3. 중세의 교육

(1) 중세 문화

① **시대구분** : 시기적으로 서로마 제국의 멸망(476년)부터 1000년간을 의미함

② **중세문화의 특징** : 기독교적 요소, 게르만적 요소, 그리스 · 로마 문화를 포함한 고전 문화적 요소가 합쳐서 구성되었으며, 교회의 교육과 교회 의식의 훈련이 지적 요소를 대신하고, 엄격한 행위의 훈련이 체육이나 수사학적 훈련을 대신하였음

(2) 중세 기독교의 교육기관

수도원 학교	• 중세의 가장 대표적인 학교로 기독교 정신에 따라 신앙 · 금욕 · 은둔 생활을 하기 위하여 시작된 수도사들의 집단소 • 교육내용 : 초등과정에서는 읽기, 쓰기, 셈하기의 기본 교과와 음악, 라틴어, 문법 등을 가르치며, 고등과정에서는 3학과 4과로 구성된 7자유과를 가르침
문답학교	이교도를 기독교도화 하기 위한 교육을 실시하였음
문답교사학교 (고등문답 학교)	문답학교의 교사 및 교회의 지도사를 양성하는 학교
본산학교	본산에 있는 학교로 승려 양성과 일반 자제의 교육을 실시하였음

(3) 스콜라 철학과 교육

① **개념** : 중세 수도원에서 시도하였던 학문 방법으로, 주로 기독교의 교리를 이성적 방법으로 체계화하려는 시도를 말함. 기독교 신앙을 아리스토텔레스의 논리학과 결합시킨 것임

② **교육목적** : 신앙의 정당성을 지지하기 위한 이성적 능력의 개발과 기독교적 지식의 체계화(→ 이를 위해 교육은 단순한 믿음의 주입에서 지적인 훈련으로 그 성격이 바뀌었으며, 논쟁력의 개발과 지식체계의 숙달 등에 중점을 둠)

③ **교육내용** : 과목에 대한 지식 전달뿐만 아니라 그 내용에 대한 비판 · 검토 · 분석을 강조하여 그리스 철학이 교육내용에 포함되었으며, 종교철학과 신학 및 변증법적 훈련이 부과됨

④ **교육방법** : 교과서에 대한 주해와 용어의 해설에 대한 강의, 논리적 사고를 위한 문답과 토론, 이론의 정당성 입증을 위한 증거제시와 반대의견에 대한 논박을 통해 연역적 사고와 삼단논법을 포함한 변증법적 훈련

(4) 기사교육

① **개념** : 기사계급은 봉건제도의 출현과 함께 등장한 무사계급(상류계급)이며, 기사도란 이러한 기사계급의 특유한 생활규범을 뜻함

② **특징** : 귀족교육(귀족 남자 아이에 국한된 귀족교육인 동시에 계급교육), 체육교육의 강조(지식교육은 최소화하고, 군사기술의 일부로서 체육을 강조)

③ **교육목적** : 교회에 대한 신앙, 군주에 대한 충성, 부인과 약자에 대한 의협의 덕목을 갖춘 기독교적 무사의 양성

(5) 시민교육

① 교육의 목적 : 상공업 활동에 필요한 실용적 교육과 대학 진학에 필요한 준비교육

② 시민학교의 유형

㉠ 상류계급을 위한 학교

라틴어학교(Latin School)	상류층 자제들이 지도자가 될 수 있도록 준비시키는 학교
공중학교(Public School)	영국에서 발달한 상류층 교육기관
문법학교(Grammar School)	대표적인 문법학교로 대성당 문법학교가 있음

㉡ 시민계급을 위한 학교

모국어학교	모국어 읽기 · 쓰기, 산수 등 초보적 교육 실시(→ 독일어 학교가 대표적)
습자학교	독일에서 상업용의 독서, 산술을 가르치는 학교로 유명
조합학교	시민계급의 실생활에 필요한 지식과 기술을 가르치기 위해 만들어졌으며, 조합원 자제에 대한 직업교육뿐 아니라 기초교육으로 모국어, 산술, 종교 등을 교육

㉢ 도제교육(비형식적 · 실생활 중심의 교육) : 중세 후기에 들어 직업에 종사하는 기술 교육도 조합에서 규정하는 과정(견습공 → 직공 → 장인)을 거치면서 습득하도록 제도화하면서 확립

(6) 중세대학의 설립

① 대학의 교육내용 및 방법

㉠ 내용 : 대학은 7자유과가 중심이었음. 그밖에 신학, 의학, 법학 등을 가르쳤음

㉡ 방법 : 스콜라적 방법이 강조되었으며 강의법을 사용, 교수는 책에 주해(註解)를 달고 견해의 갈등이 생기면 이를 잘 조화시키는 일에만 전념(근대 대학은 강의법으로부터 탈피해 새로운 과학적 방법을 사용하였음)

② 중세 대학의 특징

㉠ 순수한 민주적 조직으로서의 최초의 실례(實例)였으며 종교적, 신학적 및 정치적 문제에 관한 언론의 자유가 여기서 비롯되었음

㉡ 연구기능보다는 교육기능이 강조되었고, 여성교육은 철저히 무시되었음

4. 인문주의 교육과 르네상스

(1) 르네상스 시대의 교육

① 인문주의

㉠ 예술, 문학, 과학, 철학, 정치, 교육 등에 있어서 새로운 정신의 부활을 말함

㉡ 인문주의의 외침은 '과거로 돌아가자, 고대 세계의 예술과 문학과 종교로 돌아가자'라는 것이었음

시민교육의 성립배경

• 십자군 원정 이후 경제력을 지닌 상공인 세력의 등장으로 상공업 기술의 필요성 증가

• 자유도시의 형성과 신흥시민계급의 등장과 교육적 관심의 고조

• 실제 생활에 필요한 세속적 지식의 필요성 증가

도제교육

• 과정 : 조합의 모든 구성원은 도제와 직공, 그리고 장인의 세 계층으로 나뉘어 있었는데, 이 세 단계의 과정을 거쳐야 직업인이 될 수 있었음

• 공헌 : 중세에 있어 직업교육과 기술방전에 크게 공헌하였으며, 그 전통은 19세기 근대학교의 체계적인 직업교육이 나타날 때까지 계속됨

중세대학 설립의 기원

• 사라센 문화의 유입과 스콜라 철학의 영향을 받았음

• 도시의 발달과 시민계급의 형성에 영향을 받았음

• 도제제도의 영향을 받았음

르네상스 인문주의의 의미

• 르네상스의 이해 : 르네상스(르네상스운동)는 고대 그리스와 로마의 고전을 통해서 새로운 인간생활과 문화를 수립하려는 운동을 말함

• 사상적 특징

– 인간중심주의 : 초인간적 · 초자연적 신중심주의나 내세중심주의에서 탈피하여 인간을 세계의 중심으로 보았고, 자아실현의 가능성과 현세의 삶을 강조

– 개인주의 : 보편적 · 중세적 정신으로부터의 해방을 추구

– 언어주의 : 고전의 부흥에 필요한 라틴어 습득을 강조

– 귀족주의 : 중등이상의 교육에 치중

– 전인교육 : 지 · 덕 · 체의 균형 잡힌 이상적 인간을 추구

② 특징

ㄱ 낙천적 태도, 현세인정, 쾌락주의, 자연주의, 개인주의 경향을 포함함

ㄴ 초기에는 개인의 발전수단으로 교양이 중시되었고, 북유럽으로 전파되면서 사회의 악폐와 부정을 개혁하는 수단으로 지식이 중요한 관심사가 되었음

③ **교육의 특징**

전인적 인간교육 이념의 형성	인간의 폭넓은 자아실현을 위한 인간중심주의는 개인의 성취를 존중하고 현세적인 시민생활의 준비를 위한 전인적인 인간교육 이념을 형성
고전중심의 교육	인문주의자들은 인간의 지적 · 도덕적 능력개발이 인간의 자유 확보의 전제라 보고 그리스 · 로마의 고전을 중시
인문학 중심의 자유교육	인문주의자들은 인간의 조화로운 발달과 인간적 자질 · 특성의 개발, 인간관계에 관한 지식의 확보를 위해 인문학 중심의 자유교육을 지향
자유교과의 변화	• 고대와 중세의 7자유과의 전통을 계승하고 있으나 문법과 수사학의 내용을 그리스 학문보다 라틴학문의 연구에 더욱 의존하며, 4과와 관련되는 과학과 수학에는 크게 관심을 기울이지 않음 • 과학적 연구나 접근보다는 인문학 연구를 더 중시했기 때문에 논리학이나 자연철학, 형이상학보다 라틴문법과 작문 등을 포함하는 언어와 문학교과가 더욱 강조됨

(2) 인문주의의 유형

① **개인적 인문주의**

ㄱ 의미 : 이탈리아 여러 도시에서 개인의 인간적 특징을 강조했던 초기의 인문주의 운동

ㄴ 특징

• 그리스 자유교육의 부활을 의미하는 것으로 다재다능한 능력과 정신적 · 물질적으로 풍요로운 삶을 사는 것을 추구함

• 개성의 자유로운 표현을 강조하며, 인간 개성을 자유로이 발휘해 중세적 속박에서 인간정신을 해방하고자 하였음

ㄷ 학교 : 궁정학교(Court School)인 프랑스의 콜레(Colleges)와 리세(Lycees), 독일의 김나지움(Gymnasium), 영국의 라틴 문법학교(Latin Grammar School)가 성립되었음. 이들 학교는 후에 유럽의 중등 인문학교로 발전하였음

ㄹ 대표학자 : 이탈리아의 페트라르카(Petrarch)와 보카치오(Boccaccio)

② **사회적 인문주의(후기 르네상스)**

ㄱ 의미 : 16세기 알프스 이북의 여러 나라(북유럽)를 중심으로 종교와 도덕, 사회의 개혁에 역점을 두고 전개된 후기 인문주의 운동을 말함

ㄴ 특징 : 사회적 관심과 신앙, 사회적인 개혁과 인간관계의 개선, 객관적이며 도덕적인 행동에 관심을 가지며 종교, 도덕, 사회 개혁에 교육의 목적을 두었음

ㄷ 대표학자 : 에라스무스(Erasmus)

③ **키케로주의**

ㄱ 특징 : 16세기 중반 이후 형식화된 인문주의로 변질된 인문주의를 말하며, 언어의 형식적인 면만을 강조함

문법학교 · 공중학교 · 김나지움

• **문법학교(Grammer School)** : 영국의 중등학교로 대학입학과 전문직 진출에 대비해 학업교과를 가르치며, 학생들은 대개 12세에 입학. 1902년까지 영국에는 공립 중등학교가 없었기 때문에 초등교육과정을 마친 뒤 공부를 계속할 학생은 사립 문법학교나 공중학교에 들어감

• **공중학교(Public School)** : 민간인이 기금을 내고 운영하며 학생들에게 대학 준비교육을 시키는 영국의 사립 중등학교를 말함. 공중학교는 전통적으로 고전학습, 시민의식, 엄격한 규율을 강조하며 입학시험이 있었음

• **김나지움(Gymnasium)** : 독일의 중등 교육기관으로, 프랑스의 리세, 영국의 공중학교와 비슷함. 독일에서는 16세기에 고전적 교양을 목적으로 하는 학교를 김나지움이라 하였는데, 이는 19세기 초에 대학입학을 위한 준비교육 기관이 되었음

교육방법

• 개인적 인문주의 : 교과서에 의한 강의, 논문 작성, 개성과 흥미 중시

• 사회적 인문주의 : 실리주의, 지방주의, 흥미주의 강조, 흥미, 필요, 능력 중시

• 키케로주의 : 암송 위주

ⓛ **모순점** : 키케로주의자들은 학교의 전 과정에서 키케로의 작품을 중점적으로 연구하고 모방하였으며, 키케로의 글이 가장 가치 있는 문체라고 믿었음

(3) 교육사상가

① **단테(Dante, 1265~1321)** : 중세에서 르네상스로의 전환을 가져오며, 민족문자(모국어)의 표준어 개념을 뚜렷이 하고 그것을 자신의 문학에서 스스로 실현시킴

② **비토리노(Vittorino, 1378~1446)**

ㄱ 대표적 개인적 인문주의자이며 최초의 근대적 교사로서, 만투아의 궁정학교(1423)를 개설하여 교장으로 봉직

ㄴ 운동이나 게임을 학습과 결부시키며 미적 감상력을 배양하고 도덕적, 기독교적 감화를 중시함

③ **에라스무스(Erasmus, 1467~1536)**

ㄱ 북유럽 르네상스 시대의 최고의 인문주의자이며, 사회적 인문주의의 대표자

ㄴ 아동의 자유로운 표현을 통한 개성신장을 주장(자유스러운 교육의 필요성을 역설함)

ㄷ 빈부 · 귀천 · 남녀 차별이 없는 교육을 강조함

④ **라블레(Rabelais, 1438~1553)** : 교육은 책만으로 이루어지는 것이 아닌 인생에 필요한 실용적인 것이 되어야 한다고 주장하며 이와 같은 면에서 인문적 실학주의자로 분류되기도 함

5. 종교개혁과 교육

(1) 종교개혁과 교육

① **종교개혁의 특징** : 신의 영광을 나타내는 유효한 수단으로 끊임없이 직업노동을 일삼는 직업인, 전문인을 육성하고자 하였으며 중세의 부정과 근대화의 추진에 철저함

② **프로테스탄티즘** : 종교개혁은 순수한 기독교의 재발견 운동이었고, 성서를 신앙의 규범으로 삼았으며, 프로테스탄트들의 대부분은 인간 평등관을 신봉함

(2) 교육사상가

① **루터(Luther, 1483~1546)**

ㄱ **아동의 인격 존중** : 어린이의 인격을 존중하는 교육을 주장('어린이는 신의 선물이다')

ㄴ **가정교육의 중시** : 아동의 건강한 신체와 경건한 신앙심 등은 가정에서 가장 잘 길러질 수 있다고 보아 가정교육을 중시

② **멜란히톤(Melanchthon, 1497~1560)** : 개신교의 인문학교 제도를 창설하고, 개신교 전체의 통일된 교육제도의 확립에 영향을 주었음

③ **캘빈(Calvin, 1509~1564)** : 교육을 개인생활이나 사회생활에서 종교를 진흥시키는 도구로 중요하다고 강조하며, 신분적 직업관에서 탈피할 것을 주장함

SEMI-NOTE

에라스무스의 교육

• 빈부귀천과 남녀차별이 없는 교육을 강조

• **사물을 통한 학습** : 언어학습과 사물학습을 함께 실시할 것을 강조

• 개개인의 능력 차이를 적절히 고려한 교육을 주장

• **'훈련'의 강조** : 아동의 성장 과정에 작용하는 요인을 타고난 능력이나 성향인 '천성', 충고나 가르침에 따르게 하는 '훈련', 천성을 훈련을 통해 행위로 발전할 수 있도록 해주는 '연습'의 세 가지로 구분하고, 이 중 훈련을 가장 중시함

종교개혁의 교육적 의의

• 기독교적 이상과 인문주의의 결합, 즉 내적 신앙과 지적이고 이성적인 지성의 중요성을 강조함

• 교육의 국가적 의무와 보편적이고 무상의무 교육을 강조함

• 남녀 불문 모든 계층에게 보편적이고 강제적인 교육을 요구함

• 근대 초등교육의 기초를 마련함

루터의 저서

『기독교계의 개선에 대하여 독일의 기독교 귀족에게 고함(1520)』, 『교회의 바빌론 감수(1520)』, 『그리스도인의 자유(1520)』, 『자녀를 학교에 취학시켜야 할 것에 관한 설교(1539)』 등

실력up 르네상스와 종교개혁의 특징 비교

구분	르네상스	종교개혁
차이점	• 상업자본가 및 귀족을 중심으로 발흥 • 개인적인 운동 • 미적 가치를 동경 • 고등교육의 발달 촉진	• 서민계급 중심 • 대중적인 운동 • 보통교육(초등교육)의 필요를 증대시켜 초등보통의무교육사상을 형성
공통점	• 중세의 교권에서 벗어나려는 자유주의적 성격 • 자아의 자각과 인간의 발견을 목적으로 함	

실학주의의 등장배경

• **자연과학의 발달**
  – 자연과학의 발달에 따른 새로운 세계관의 형성 : 코페르니쿠스의 지동설, 갈릴레이와 케플러의 천문학적 발견, 뉴턴의 만유인력 발견 등 자연과학의 눈부신 발전과 새로운 지리상의 발견은 과거의 세계관을 무너뜨리고 새로운 세계관을 형성시켰으며, 종래와는 다른 지적 풍토를 성립시킴
  – 경험과 관찰의 중시 : 근대 과학자들은 경험과 이성에 바탕을 둔 관찰을 지식획득의 가장 중요한 방법으로 확립
• **형식적 인문주의의 극복** : 자연과학의 발달로 인문주의와 종교개혁의 교조적 형식주의를 극복하려는 반동적 경향으로 실학주의가 등장

실학주의의 특징 비교

인문적 실학 주의	• 교육사상 : 고전의 내용을 통해서 현실생활을 이해하고 적응하는 것 • 교육목적 : 고전연구를 통한 현실생활 적응인 양성 • 교육내용 : 백과전서적인 내용
사회적 실학 주의	• 교육사상 : 사교생활의 경험을 교육내용으로 삼고, 사회생활을 통한 교육 강조 • 교육목적 : 신사의 양성, 사회적 조화 • 교육내용 : 신사를 양성하는 데 필요한 제 내용
감각적 실학 주의	• 교육사상 : 감각적 직관이 교육의 기초, 말에 앞서 사물을 보여 주는 것을 강조 • 교육목적 : 자연법칙과의 조화 → 개인과 사회를 발전시킴

6. 실학주의와 교육

(1) 실학주의(realism)

① 자연현상이나 사회제도가 학습의 주체가 되어야 한다는 정신을 말함
② 현실의 개관적 관찰을 통한 실용적 지식과 실제적인 직업기술 및 과학적 학문탐구의 방법을 중시함

(2) 교육의 특징

① 관념적 사고보다 사물에 대한 직접적 경험을 더 중시하며, 고전어나 고전문학보다는 사회생활이나 자연과학적 교과를 더 중시함
② **실제적 교육방법의 도입** : 관찰이나 현장답사, 실험 등을 교육방법으로 채택
③ 실생활에 유능하게 대처할 수 있는 인간의 양성에 일차적인 관심을 둠
④ 지식의 실용적 가치를 내세워 교육내용을 백과사전식으로 다양하게 할 것을 주장

(3) 실학주의의 유형

유형	특징	대표적 사상자
인문적 (개인적) 실학주의	• 편협한 인문주의 교육에 반대하고, 고대의 다방면의 생활에 관한 지식을 통해 그들 자신의 자연적, 사회적 생활환경을 이해하고자 하였음 • 고전문학의 연구 그 자체가 교육의 전부가 아니라 신체적, 도덕적, 사회적 발달이 교육의 중요한 요소로 간주하였음	라블레(Rabelais), 밀턴(Milton), 비베스(Vives) 등
사회적 실학주의	• 고전을 연구하는 학교교육보다 사회생활의 경험을 주요 내용으로 함(지식교육보다 풍부한 사회경험을 하는 것을 중시) • 실물적 직관주의와 여행을 통해 견문을 넓히는 방법 등을 사용	몽테뉴(Montaigne)

감각적 실학주의	• 실학주의의 가장 발전한 형태로, 감각적 지각을 기초로 한 교육을 강조 • 사물과의 직접적 접촉을 통한 직관교육을 중시(→ 오늘날 교육방법의 원리인 직관교육 또는 시청각 교육의 모체가 됨) • 자연과학적 지식에 따라 자연계의 현상을 이해하고 자연의 질서에 따르는 '합자연의 원리'에 의해 교육을 하고자 함	라트케(Ratke), 코메니우스(Comenius), 멀카스터(Mulcaster), 베이컨(Bacon) 등

(4) 교육사상가

① 코메니우스(Comenius)

㉠ 특징 : 17세기 대표적 교육사상가(감각적 실학주의자), 근대 교육방법의 창시자, 시청각 교육의 창시자

㉡ 교육목적

- 교육목적을 신과의 영원한 행복에 두었음. 이 목적을 지상에서 준비하기 위해 바른 지식, 도덕, 경건한 신앙이 요구된다고 함
- 인간의 능력에는 각각 차이가 있다고 인정하면서 교육은 만인에 대해 필요한 일이라고 주장함(대중교육사상)

㉢ 교육내용과 교육방법

교육내용	사물에 대한 이해가 하나님에 대한 이해로 이어진다고 보고 신과 자연, 인생, 예술에 관한 모든 지식을 백과사전식으로 조직하여 모든 사람에게 가르쳐야 한다고 주장(→ 범지주의(汎知主義)적 입장)
교육방법	• 합자연의 원리(교육은 자연의 원리에 따라 진행되어야 한다는 주장) • 발달단계에 따른 교육의 실시(단계별 학습) • 훈육을 강조, 체벌을 금하며 강제와 고역 대신 친절·설득·흥미를 통한 교육을 실시 • 감각적 직관교수의 원리 • 아동에게 필요한 것만을 교육(생활에 유용한 학습) • 모든 사물을 정당한 순서를 밟아 가르쳐야 하고, 한 번에 하나의 사물을 가르쳐야 함

㉣ 보편적 교육론: 교육을 인간성의 형성과정으로 보게 되면 교육은 사회계층과 차별의 벽을 넘어 모든 사람에게 주어지는 보편적인 것이 되어야 하다고 주장

㉤ 학교교육의 중시 : 인간의 발단단계를 유아기(1~6세), 아동기(7~12세), 청소년기(13~18세), 청년기(19~24세)로 구분하고, 그에 따라 각각 6년씩의 모친학교(무릎학교), 모국어학교, 라틴어 학교, 대학으로 이어지는 네 단계의 학교제도를 두어야 한다고 주장

② 로크(Locke, 1632~1704)

㉠ 기본사상 : 인간의 정신은 원래 빈 방 혹은 흰 판이며 감각을 통해 이 어둠의 상자에 개별적인 관념이 들어가며 이 관념은 연상, 명명 그리고 감각의 일반적인 연결을 통해 인식이 가능해짐 → 백지설

코메니우스(Comenius)의 교육 단계

- **모친학교(무릎학교, 1~6세)** : 가정에서 어머니를 통해 일평생동안 삶의 과정을 위해 구비하여야 할 다양한 지식의 기초를 습득하고 감각을 교육
- **모국어학교(7~12세)** : 각 촌락이나 읍에 설치되며, 읽기와 쓰기, 그리기, 셈하기 등과 이해와 기억과 같은 내면적 감각의 훈련이 중시됨
- **라틴어학교(13~18세)** : 지식을 광범위하게 습득하는 것을 목표로 중등 수준의 교육을 실시
- **대학(19~24세)** : 범지학의 기반이 되는 신학과 철학, 법학, 의학이 필수이며, 그 외의 다양한 방면의 지식도 가르치고, 의지를 기르는 데 역점을 두어 지도자를 양성해 냄

직관교수

코메니우스는 사물이 언어의 실체이므로, 언어로 이해시키기 전에 사물이나 표본, 실례 등을 감각을 통해 먼저 파악하면 확실하고 영구히 기억되는 지식을 얻게 된다고 봄

로크의 삼육론

- **체육론**
  - 인간의 정신은 경험에 의해 이루어지며 경험은 신체의 건강이 무엇보다 중요한 전제가 됨
  - 체육을 실시함에 있어 철저한 단련주의를 강조
- **덕육론**
  - 덕육은 지육에 앞서 필요한 것
  - 덕육의 목적은 자신의 욕망을 억제하고 이성에 따라 행동하는 것에 있음
  - 덕육의 근본방침 역시 단련주의에 입각하고 있고, 엄격주의를 특성으로 함
- **지육론**
  - 지식은 오로지 덕을 쌓고 깊은 사색을 위해 필요한 수단
  - 지육은 그 자체가 목적이 아니라 원만한 인격의 발달을 촉진시키는 데 궁극적 목표를 두어야 함
  - 가정교육을 통한 조기교육을 강조

ⓛ **교육목적** : 훈련을 통한 습관의 형성으로 체육·덕육·지육을 통해 건전한 인격을 갖춘 신사를 양성(→ 영국 신사교육의 이상이었으며, 귀족교육의 토대가 됨)

ⓒ **교육론의 특징**

형식도야설	교육은 지식이나 정보를 머릿속에 축적하는 일이 아니라 마음의 능력을 단련하는 일이라고 보며(훈련으로서의 교육관) 지육(知育)은 연습과 훈련에 의해 사고의 습관을 형성하는 일임
교육적 가치의 순서	• 미덕 : 종교성, 즉 내적인 진실성과 호의를 포함함 • 지혜 : 사물과 자신의 힘을 올바로 판단함으로써 일상의 일들을 솜씨있게 해결함 • 도야 : 어떤 경우에도 고상한 삶과 따뜻한 마음, 그리고 내적인 자유를 잃지 않음
교육적 인간상으로서의 신사(紳士)상	신사란 다방면으로 조화롭게 발달한 사람으로 신체적 건강과 도덕적 품성을 물론 풍부한 지혜의 소유자임(지·덕·체의 조화)

7. 계몽주의와 교육

(1) 계몽주의와 자연주의 교육

① **계몽주의**

ⓖ **특징** : 18세기 지적 운동의 하나로 인간 이성에 대한 신화를 바탕으로 모든 전통과 권위, 교회의 속박으로부터 탈피하려는 합리주의적 사상 경향을 말함

ⓛ **인간관** : 인간은 본래 모두 이성적 존재로서 평등하며 인간 누구나 자유와 평등을 누릴 권리를 중시함(근대 자유주의의 정신)

ⓒ **교육관**

• 교육은 개인의 판단 능력을 존중해야 하며, 개인의 이성적 능력의 발달을 도모하는 일임. 지적 가치를 강조하여 주지주의에 입각한 기능인 양성에 주력함

• 교육적 공헌점 : 계몽주의는 루소의 사상에 영향을 받아 어린이를 어린이로서 인정하게 하고, 어린이에게 합당한 교육을 추구하고자 함

② **자연주의 교육**

ⓖ **교육관** : 자연적인 것을 공경하고 존중하며, 인위적인 억압이나 간섭을 최소화해야 한다는 교육관을 말함

ⓛ **성격**

• 인간 발달이 자연적 법칙에 일치하는 교육을 의미하는 것으로 후에 계발주의자(19세기의 신인문주의자)들에게 영향을 미침

• 아동중심주의 : 아동에 대한 인위적인 환경과 훈련을 공격하고 아동의 자연스런 자발성을 억압하는 모든 인위적인 것을 반대함

(2) 루소

① 주관적 자연주의 : 아동의 내적 자연성에 일치하는 교육을 강조함

② 루소의 자연주의 교육사상

  ㉠ 자연적 교육과 교육적 이상으로서의 자연인

자연적 교육	자연성의 계발과 발달을 목적으로 하는 교육, 사회에 의해 가해지는 인위적인 조작이나 강요를 거부하는 교육, 내적 발달을 추구하는 교육
교육적 이상으로서의 자연인	타락하지 않은 순수한 인간 본질을 그대로 간직하고 있는 존재이자 사회로부터 고립된 야만인이나 미개인이 아니라 사회 속에서 타인과 조화를 이루며 살아가는 인간이며 사회에 기여하고 사회를 진보시킬 수 있는 능력을 가진 인간

  ㉡ 교육목적 : 자연인의 육성

  ㉢ 자연에 따른 교육 : 자연에 의해 인간에게 주어진 성향 및 발달 단계를 이해하고 거기에 합당한 사물이나 인간에 의한 교육목표를 설정

  ㉣ 교사의 역할과 소극적 교육

교사의 역할	• 교사 = 정원사 : 소극적 교육론의 입장에서, 교사를 나무와 풀의 특성을 파악하고 이에 맞는 조건을 제공해 주고 돌보는 정원사에 비유 • 교사의 임무는 아동의 자연적 성장을 이끌고, 아동으로 하여금 사회 안에서 신분과 능력에 맞는 알맞은 자리를 차지할 수 있는 준비를 갖추어 주는 것
소극적 교육	• 특징 : 일체의 교육을 거부하는 것이 아니라 종래의 교육관행과는 전혀 다른 별도의 교육을 주장한 것으로 본성의 여러 능력과 자연적 경향을 자유롭게 발전시키는 것을 말함 • 「에밀」에 표현된 소극적 교육론 : 소극적 교육이란 직접 지식을 가르치기 전에 지식의 도구인 모든 기관을 완전하게 하고 적당한 감각의 훈련으로 이성에의 길을 준비하려는 교육

(3) 범애주의(박애주의)의 교육

① 설립 : 바제도우(Basedow)가 1774년 데소우(Dessau)에 범애학원을 설립함

② 특징 : '인류애'의 실현을 목표로 하며 종교나 국가, 계급의 차이에 관계없이 전 인류를 사랑하여 그 행복을 촉진시키고자 함

③ 교육방법 : 아동의 직관과 흥미를 존중하는 자유로운 방법을 강조해 실물과 그림을 통한 교수가 학교교육에서 널리 행해지며 자연주의적 교육과 체육을 중시

(4) 교육사상가

① 콩도르세(1734~1794) : 프랑스 혁명기에 공교육론을 주장한 대표적인 사람

② 칸트(1724~1804) : 루소와 바제도우의 사상을 계승하여 교육은 아동으로 하여금 자신의 삶을 규율하는 법칙을 자신의 내부에서 찾을 수 있도록 해 주는데 있다고 봄

SEMI-NOTE

아동중심교육론

• **능동적 존재로서의 아동** : 로크 등의 경험론자들은 아동을 수동적인 학습자로 간주하여 무엇이든 가르칠 수 있다고 보았으나, 루소는 아동을 학습과정에서 능동적인 주체로 봄

• **아동의 특성에 기초한 교육**
  – 아동의 정신발달에는 자연적으로 주어진 단계가 있으므로 아동 중심의 교육을 위해서는 아동의 사고 특성을 이해하는 작업이 가장 중요하며 선행되어야 함
  – 아동이 이해할 수 없는 내용을 이해되지 않는 방식으로 가르치는 무의미한 일을 막아야 한다고 주장

루소의 교육단계

• **유아기(0~5세, 운동성)** : 방임을 통한 신체적 발달 교육

• **아동기(5~12세, 감수성)** : 감각의 훈련과 신체의 훈련, 언어습득과 오관의 연습

• **소년기(12~15세, 지성)** : 실험을 통한 과학교육

• **청년기(15~20세, 도덕성)** : 도덕교육과 종교교육, 실생활에 접근하기 위한 적극적 교육

바제도우의 「초등교수론」

• 범애학원에서 사용한 교재로, 이 책은 아동용 그림이 삽입된 교과서였음

• 이 책에서는 사물의 지식과 언어의 지식을 가르치는 것을 목적으로 함

• 이 지식은 '자연현상과 자연력에 관한 지식, 도덕적 지식과 정신현상에 관한 지식, 사회적 제 의무나 상업 및 경제관계에 관한 지식'이었음

공교육 사상

남녀의 구분이 없는 평등주의, 보편주의를 기초적인 것으로 하며, 공교육은 부모의 자연권 사상과 아동의 권리를 축으로 하며 공권력으로부터의 독립론임

19세기 국가주의 시대 각국의 교육상황
- **프랑스** : 프랑스 혁명 이후 공교육 제도 확립, 1802년 나폴레옹 학제(중앙집권적), 기조법
- **독일** : 절대주의와 의무교육제도 성립
- **영국** : 산업혁명 이후 정치·경제적 변화, 자선가들에 의한 자선학교 성립(일요학교, 조교제 학교, 공장학교)
- **미국** : 독립 이후 유럽의 영향을 받아 국가적 교육체제 확립(의무교육과 공교육)

페스탈로치의 3위 일체설
- **교육이념** : 지·덕·체의 조화
- **교육내용** : 수·형·언어
- **교육방법** : 직관, 언어, 사고

3H

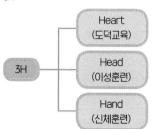

8. 신인문주의와 교육

(1) 국가주의와 교육

① 특징 : 국가적 교육조직(공교육과 의무교육)의 확립과 근대적 교육내용 도입
② 교육사상가
    ㉠ 피이테(1762~1814) : 교육은 독일의 이상을 실현하는데 필요한 도덕적 갱신의 수단이라 봄. 모든 아동은 계층과 사회적 지위와 관계없이 공동체에 속해야 하며, 교육은 모든 계층의 사람에게 실시되어야 함
    ㉡ 오웬(Owen, 1771~1858) : 아동노동의 성격과 아동의 도덕적 악화 방지책을 교육적 측면에서 실현하기 위해 성격형성학원과 유아학교를 설립함. 국민교육은 남녀노소의 차별 없이 모든 국민에게 실시되어야 함

(2) 신인문주의와 교육

① 신인문주의의 특징
    ㉠ 19세기 초 독일을 중심으로 지배적이었던 지적 움직임을 말함
    ㉡ 신인문주의자들은 인간의 정의적이고 전인적인 조화적인 인간을 양성하고자 함
② 계발주의와 교육
    ㉠ 교육은 아동 내부의 성장과 후천적 요소의 개발의 조화를 뜻함
    ㉡ 계발주의는 교육의 과정을 지배하는 심리적 원칙을 강조하는 심리학주의를 의미

(3) 신인문주의 교육사상가

① 페스탈로치(Pestalozzi, 1746~1827)
    ㉠ **교육목적** : 교육은 아동 각자의 정신, 도덕, 신체의 유기적 발달이며, 아동의 인간성 속에 숨겨진 여러 능력의 자연적, 점진적, 조화적 발달임
    ㉡ **교육방법**

합자연의 원리	교육은 자연의 과정에 따라야 하며, 인간성은 자연적 자기발전과정을 따라 점진적 발달을 이루어야 함(자연 상태 → 사회상태 → 도덕적 상태)
자발성의 원리 (계발의 원리)	교육은 외부에서의 주입이 아니라 자기발전을 위한 내부 잠재력의 계발
직관 교육의 원리	자기마음으로 세계의 본질을 체험하는 내적 직관과 육감으로 외적 인상을 수용하는 외적 직관이 있는데, 페스탈로치는 내적 직관을 중요시함
일반적 도야의 원리	인간교육이 직업교육에 앞서야 하며, 직업교육은 인간교육에 종속되어야 함
도덕성 중시의 원리	3H(Heart-도덕교육, Head-이성훈련, Hand-신체훈련) 중 가장 중요한 것은 도덕교육

② 프뢰벨(Fröbel, 1782~1852)
    ㉠ **특징** : 세계 최초의 유치원을 창설하였으며(1837), 유아교육의 가치와 중요성

을 형이상학적 차원에서 이론화시킴

  ⓛ **교육목적** : 1차적 목적(인간의 내부에 있는 신성인 진·선·미의 합일을 이루는 것), 2차적 목적(인류의 개선에 기여할 수 있는 인간의 양성)

  ⓒ **교육방법**

자기활동의 원리	교육은 아동이 자신의 의지와 흥미에 따라 자신의 본성을 표현하고, 자연과 조화를 이루어 나가도록 돕는 것이라 주장
연속적 발달의 원리	인간 발달의 원리를 인류 역사의 발전 단계와 같이 연속적 과정으로 진화하는 것으로 소년기, 청년기, 성인기를 거침

③ **헤르바르트(Herbart, 1776~1841)**

  ㉠ **특징** : 교육과학의 아버지로서 윤리학과 심리학을 기초로 하나의 독립된 학문으로서의 과학적 교육학 수립을 추구

  ⓛ **교육목적**

궁극적 목적	도덕적 품성의 도야(덕성을 인간의 최고 가치로 봄)
직접적 목적	오도념(五道念)의 교육 → 덕은 내적인 자유를 의미하며 내적인 자유의 핵심은 의지라 보았는데, 의지란 생각의 결과이기 때문에 덕의 중심인 의지를 교육하기 위해서는 생각을 교육해야 한다고 주장

  ⓒ **교수방법으로 흥미 강조** : 흥미를 통하여 의지를 도야하고 그것을 통해 도덕적 품성에까지 도달하는 교육을 '교육적 교수(educative instruction)'라고 함

> **실력up** 흥미가 발동할 때의 심적 상태
>
> - **전심** : 일정한 대상에 주의를 집중하여 다른 대상을 의식해서 배제하는 상태를 말하며, 피아제의 '동화' 작용과 유사함
> - **치사** : 전심을 통해 파악된 대상이 마음 속에 들어 있는 다른 관념들과 관계를 맺으면서 비교, 조정되는 과정이며 피아제의 '조절' 작용과 유사함

  ⓔ **4단계 교수론**

명료	가르치고자 하는 주제를 명료하게 제시하는 단계
연합	새로운 주제를 학생이 이전에 배운 것들과 관련지어 해석하고 이해할 수 있도록 하는 단계
계통	새로이 배운 내용을 기존의 지식체계 내에서 적당히 자리를 잡도록 하는 단계
방법	새로 얻은 지식과 주제를 활용해 새로운 문제에 적용할 수 있는 능력을 기르기 위한 연습의 과정으로, 새로운 내용을 제대로 배웠는가를 확인하는 단계

9. 20세기 이후의 교육

(1) 신교육운동

  ① **특징** : 생활중심 교육, 아동중심 교육, 사회중심교육 운동

  ② **신(新)학교**

오도념(五道念)

- 의지를 결정하는 다섯 가지 생각의 체계
- **개인적 이념**
  - 내적 자유의 이념 : 선을 실천에 옮기고 생각한 것에 충실한 것
  - 완전성의 이념 : 의지가 충실하게 조화를 이루어 완전한 상태가 되게 하는 것
- **개인 간의 이념**
  - 호의의 이념 : 타인의 행복을 원하는 것
  - 정의의 이념 : 다른 의지와 충돌을 일으키지 않고 조화를 이루는 것
  - 보상의 이념 : 의지의 결과로 생긴 행동에 책임지는 것

헤르바르트의 흥미

교사들이 효과적으로 강의하기 위해 학생들의 흥미와 관심을 끌도록 해야 한다는 것은 일반적으로 널리 알려진 수업원칙임. 이 원칙에서는 수업이 목적이고 흥미와 관심이 수단인 것처럼 여겨지고 있음. 이러한 관계는 이제 바꾸어져야 함. 수업은 학생들의 흥미와 관심을 불러일으키는 데 기여해야 함. 수업은 일정기간 동안만 진행되지만, 흥미와 관심은 학생의 일평생의 삶 동안 유지되어야 함

자유 발도르프 학교	슈타이너(Steiner)의 인간학적 이해에 기초해 몰트(Molt)가 1919년 슈트트가르트에 처음 설립. 사립학교로 학교운영은 자유로우며 입학에서 졸업까지 동일 교사가 담임을 맡음. 수업방법은 에포크(Epochen) 수업, 오이리트미(Euythmie) 수업, 포르맨(Formen) 수업방법 등을 적용함
섬머힐 학교	1921년 영국의 니일(Neil)이 프로이드의 정신분석학에 기반을 둔 실험학교로 '자유'를 기본원리로 두며, 학교가 아이들에게 맞추도록 함

(2) 새로운 교수법

① 구안법(Project Method, 프로젝트법)
　㉠ 킬패트릭(Kilpatrick)에 의해 체계화된 방법으로 아동중심, 활동중심, 경험중심의 원리를 기초로 함
　㉡ 특징 : 학생들의 마음속에 생각하고 있는 것을 외부에 구체적으로 실현하고 형상화하기 위해 자기 스스로 계획을 세워 수행하는 학습활동으로 통합의 원리(scope)를 강조함
② 달톤 플랜(Dalton Plan) : 파커스트가 창안하였으며 학생 개개인과 학습과제에 대해 개별적으로 할당된 '계약과제'라 불리우는 과업을 자기 스스로 실험적으로 수행하도록 학습계획을 수립함
③ 위네트카 플랜(Winnetke Plan) : 워시번(Washburne)에 의해 실시된 개별화 지도방법으로 학생들의 개별적인 진보를 허용하는 것을 특색으로 하며, 무학년제를 시도함
④ 문제해결법(Problem-solving Method) : 듀이(Dewey)가 체계화한 것으로 문제 상황을 가장 지성적으로 해결하는 학습 방법임

(3) 교육사상가

① 스펜서(Spencer, 1820~1903) : 근대 과학의 영향을 교육의 분야에 도입하며 완전한 생활의 준비를 강조함 → 여러 교과들의 상대적 가치를 공리주의적 관점에서 명백히 함
② 슈타이너(Steiner, 1861~1925) : 인지학적 인간학에 기초해 자유 발도르프 학교를 설립하며 육체처럼 정신과 영혼의 파악도 가능하고 인간의 발달을 단계적인 과정으로 봄
③ 몬테소리(Montessori, 1870~1952)
　㉠ 아동관 : 아동을 스스로의 자발적인 활동을 통해 중요한 개념을 학습할 수 있는 존재로 봄
　㉡ 몬테소리법의 원리

몬테소리법	몬테소리법의 원리는 자유, 정돈된 환경, 감각교육임
작업 이론	모든 움직임과 활동은 아동의 성장과 발달을 이끎
정상화 이론	저능아들을 대상으로 적용했던 방법론을 정상적인 유아와 아동들에게 적용해 큰 성공을 거둠

　㉢ 몬테소리 학교(3~7세까지의 아동을 수용한 유아학교) : 몬테소리법을 기초로 1907년 로마의 노동자 계층 주거 지역에 어린이의 집을 설립함

④ 듀이(Dewey, 1859~1952)
　㉠ **교육사상의 배경** : 프래그마티즘(아동중심교육 · 생활중심교육 · 경험중심교육 · 흥미중심교육)
　㉡ **교육관**

경험	생활 속에서 만나는 여러 문제들을 해결하는 과정이 곧 경험이며, 동시에 생활임
경험의 재구성	경험의 의미를 증가시키는 것이며, 다음에 오는 경험의 진로를 이끌어 가는 능력을 증대시키는 일임

　㉢ **교육목적** : 성장 그 자체를 위한 것으로 하며, 학교교육의 목적은 성장을 보장하는 능력을 조직해 교육이 계속될 수 있도록 하는 것임
　㉣ **학습활동** : 행동을 통한 학습으로, 학습을 경험하는 일이라고 한다면 학습은 경험 없이 형성될 수 없다고 봄
　㉤ **흥미** : 생활이 있는 곳에는 활동이 있고, 활동이 있는 곳에는 언제나 그 방향이 있는데 그 방향이 흥미임
　㉥ **교육방법** : 능동적 탐구학습, 반성적 사고를 기초로 하는 문제해결법, 아동의 흥미중심

듀이의 탐구학습(반성적 사고를 통한 문제해결 강조)
• 듀이는 반성적 사고를 통한 문제해결을 중시하였으며 문제해결과정은 반성적 사고를 요구함
• 문제를 해결하면서 기존의 지식과 경험, 맥락 등을 통합적으로 사용하는 문제해결과정
• 반성적 사고를 통해 변화를 추구하며 과학적 탐구과정의 수단으로 활용될 수 있음
• 학습자는 교육의 주체로서 적극적인 참여와 타인과의 상호작용이 중요함 (민주주의 교육)

02장

서양교육사/한국교육사

02절　한국교육사

1. 삼국시대의 교육

(1) 유교와 불교의 전래

① 유교 전래의 교육적 의의 : 고구려 초 유교의 전래는 문자교육과 최초의 형식적 교육을 성립하는데 영향
② 불교 전래의 교육적 의의 : 삼국시대 초 불교의 전래는 비형식적 교육, 대중교화를 통한 국민계몽에 영향

(2) 삼국의 교육

① 고구려

중앙	귀족자제를 위한 고등교육기관인 태학(373년) 설립
지방	서민 자제를 위한 초등정도의 경당 설치(문무일치교육)

② 백제
　㉠ **박사제도** : 박사는 교육을 담당하는 관직의 일종
　㉡ 일본에 『논어』와 『천자문』 등을 전함

태학과 경당의 비교
• 태학

교육대상	귀족 자제
교육내용	오경, 삼사, 삼지, 문선, 진춘추, 옥편, 자통
성격	최초의 관학(372)
수준	대학
교육목적	고급 관리 양성

• 경당

교육대상	평민 자제 및 지방호족의 미혼 자제
교육내용	독서, 습사
성격	최초의 사학, 원시 미성년 집회
수준	초등~중등정도
교육목적	지방 자제의 문무교육

SEMI-NOTE

독서삼품과

• 실시배경
  – 통일 후 신라사회의 개방 · 확대에 따라 폐쇄적 · 혈연적인 골품제가 한계를 노출
  – 골품 위주의 관리등용을 지양하고 유학의 교양에 따른 능력위주의 관리등용제도를 마련할 필요성이 증가(→ 유교경전의 학습 정도가 결정의 기준)
• 내용
  – 국학의 성적을 특품과 삼품(상품 · 중품 · 하품)의 4급으로 구분해 등용서열을 결정
  – 특품과에 해당하는 자는 우선적으로 채용

고려시대의 과거제도 특징

• 초기에는 무과(武科)가 설치되지 않았음(고려 말 공양왕 때 실시)
• 과거제의 실시는 유교가 정치이념으로 채택되었다는 것을 의미

국자감의 교육과정

• **수업연한** : 유학과 9년, 기술과 6년
• **입학자격** : 신분에 따라 결정
• **문묘제와 학교제 병존** : 유교정신을 숭상하고 유교이념을 고취시켜 국민을 교화하는 목적으로 문묘를 설치

③ 신라 ★ 빈출개념

통일 이전	화랑도 제도	• 화랑도는 문무일치, 직관교육, 정의적이고 도덕적 활동 중시 • 화랑도의 의의 : 화랑의 정신은 심신일여, 언행일치의 도의를 기본으로 하는 우리 고유 사상의 발로였으며, 삼국 통일 이전까지 화랑도 교육이 우리 민족 고유의 방식을 보여줌
통일 이후	국학(중국의 제도를 모방한 중앙의 고등 교육제도)	• 입학자격 : 대사(大舍) 이하의 위품으로부터 직위가 없는 자에 이르기까지 15세~30세 • 수학기간 : 9년 한도, 재간과 도량에 따라 조절 • 독서삼품과를 도입해 독서의 정도에 따라 관직에 진출시킴 • 통일신라 국학에서는 유학교육과 기술교육이 이루어졌는데, 유학교육의 경우 「논어」와 「효경」을 필수과목으로 함

(3) 교육사상가

원효(617~686)	불교의 여러 사상과 주장들을 '일심(一心)의 발현'으로 보고, 이 발현의 여러 양상을 통합하려고 함
최치원(857~?)	유 · 불 · 도를 상호 대립적이 아니라 이를 종합 수용하는 가운데 화랑도의 민족 사상을 계승 발전시키고자 함
설총(?~?)	훈고학을 익히고 유학의 경전을 연구해 우리말로 해석하고 주석을 하였으며, 「화왕계」를 지어 왕이 된 자가 그릇된 아첨을 가까이 하고 정직을 멀리 해서는 아니 된다는 것을 풍자적으로 묘사함

2. 고려시대의 교육

(1) 고려시대 교육의 이해

① 고려시대의 과거제도

목적	유능한 인재를 선발해 왕권 강화
과거의 종류	제술과, 명경과, 잡과, 승과, 무과(고려 말 공양왕 때 실시)

② 음서제도 : 고관(高官)의 자제가 자동적으로 관리가 될 수 있는 제도
③ 성리학의 수용 : 종래의 사장학(詞章學) 중심에서 경학(經學) 중심으로 전환, 조선조의 통치 이념이 됨

(2) 교육기관 ★ 빈출개념

관학 (官學)	국자감 (國子監)	• 성종 11년(992)에 설립된 중앙의 국립교육기관 • 유학과 3학(국자학, 태학, 사문학)과 기술과 3학(율학, 서학, 산학)으로 구성되며, 각 과에 전문박사와 조교를 두어 교수 • 예종 때에 국자감에 설치한 7재(七齋)에는 무학도 포함되어 있었음 • 장학제도로 양현고와 섬학전 설치 : 설립 초에는 유학교육만 담당, 후에 기술교육 포함 • 유학과 교육과정은 「논어」와 「효경」을 비롯하여 「예기」, 「주역」, 「상서」, 「모시」, 「춘추좌씨전」, 「문선」 등이 있었음(「논어」와 「효경」은 필수과목으로 함)

관학 (官學)	학당	• 원종 2년(1261) 중앙에 설치된 중등정도 수준의 교육기관 • '문묘가 설치되지 않은 교육기관 → 5부학당 → 4부학당(4학)'이 됨
사학 (私學)	서당	초등교육기관으로 추측하며 고려의 서당은 그대로 조선시대에 계승되어 더욱 발전된 민중교육기관으로 신교육이 실시될 때까지 존속해온 가장 보편화된 교육기관임
	향교	관립 중등교육기관으로 유학의 전파 및 지방민의 교화를 목적으로 함
	12공도	문종 이후 개경에 있었던 12개의 사설교육기관을 총칭

(3) 교육사상가

최충(?~1068)	문헌공도라는 사학을 설립해 12도의 효시를 이룸
지눌(1158~1210)	정혜쌍수 및 돈오점수 강조
안향(1243~1306)	주자학을 우리나라에 전함
이색(1328~1396)	불교의 견성(見性)과 유교의 양성(養性)은 동일한 것으로 보는 '불심유성동일설(弗心儒性同一說)'을 주장

3. 조선시대의 교육

(1) 성리학과 교육

① 성리학의 영향 : 도덕적 실천의 중시, 사서와 경학의 중시, 유교적 예속의 강조
② 성리학의 연구 : 『소학』, 『천자문』 보완서, 대학 수준의 연구(『성학십도』, 『성학집요』)

(2) 교육기관 ★ 빈출개념

관학	성균관	• 중앙의 국립대학으로 고려의 국자감과 달리 순수한 유학 교육기관으로 운영 • 문묘와 학당이 공존하는 묘학(廟學)의 형태를 띠고 있었음(제사 + 교육) • 학칙은 경국대전(성균관 정원, 입학자격, 성적고시 등), 학령(학생 생활, 평가방법, 벌칙 등)을 비롯해서 구제학규(유교 학습 순서)·원점절목(평가방법) 등에 규정되어 있음 • 입학자격은 과거 시험의 소과에 합격한 생원과 진사를 원칙으로 하였음 • 교육과정은 4서와 5경, 역사서의 강독과 제술 및 서법으로 구성 • 부속기관으로 양현고와 사학(四學)이 있었음
	4학	중앙의 귀족자제 중심으로 기숙제, 성균관 입학준비, 교수와 훈도, 사학합제 실시
	향교	• 고려와 조선시대의 지방에서 유학을 교육하기 위해 설립된 중등정도의 교육기관 → 전국의 부·목·군·현에 일읍일교(一邑一校)의 원칙에 따라 설립 • 양반(정규생)과 서민(비정규생)이 입학했으며, 교관은 중앙에서 파견하는 교수(教授)나 훈도(訓導), 유자격 교관을 확보하지 못할 시 향교의 교관으로 파견된 교도(教導) 등으로 구성됨 • 공자 등 성현을 모시는 제사 기능의 문묘와 학생들에게 수업을 하는 교육 기능의 명륜당으로 구성하였고 재정은 국가의 학전과 지방재정으로 운영함 → 성균관과 마찬가지로 문묘와 학당으로 구성된 묘학(廟學)의 구조 • 사회교육 활동을 강조(향사례, 향음례, 양노례 등)하고 공도회를 실시함

SEMI-NOTE

학당의 설립 및 변화
• 동서학당 : 고려 24대 원종 2년(1261)에 유학의 진흥을 위해 개성의 동쪽과 서쪽에 세워짐
• 5부학당 : 고려 말 공양왕 3년 동서학당 이외에 3개의 학당(개성의 중앙, 남쪽, 북쪽)을 증설하여 5부학당으로 됨
• 4부학당 : 조선 세종 27년(1445)경에 북부학당이 폐지되어 4부학당으로 존속

지눌의 정혜쌍수 및 돈오점수
• 정혜쌍수(定慧雙修) : 선정과 지혜를 함께 닦는 수행 방법
• 돈오점수(頓悟漸修) : 문득 깨달음에 이르는 경지에 이르기까지에는 반드시 점진적 수행단계가 따른다는 말

성균관의 4단계 성적평가방법

대통 (大通)	구독이 밝고 설명이 바르며 내용을 확실히 앎
통(通)	대통(大通)에는 미치지 못하나 책의 대강을 알고 의미를 철저히 앎
약통 (略通)	철저히 알지는 못하나 책의 내용을 체계적으로 앎
조통 (粗通)	책의 내용에 대의는 알지만 설명이 명확하지 못함

양현고
성균관 유생의 일용품 공급을 담당하는 기관

사학(四學)
관내 유생교육 관장. 동·서·남·중에 설치하고 성균관 전적 이하 관리가 겸직함

서당의 특징

· **자유로운 형태의 소규모 교육기관** : 설립과 입·퇴학이 자유롭고 학습기간도 임의로 설정 가능
· **훈장 1인 교육** : 1인의 교사(훈장)가 여러 과목을 지도하는 형태
· **개별 학습 형태** : 학생의 개인차와 능력에 따라 학습진도가 결정되는 형태
· **접장제도의 활용** : 아동이 많을 경우 나이 많고 학력이 우수한 아동을 접장으로 뽑아 교육을 돕도록 함
· **서민들의 독자적·주체적 교육활동** : 이러한 점에서 다른 교육기관과 차별성을 지님

위기지학(爲己之學)
자기 자신의 수양을 위한 학문태도로 이는 내재적 목적을 강조한 것임

거경(居敬)
기질의 성에 생(生)하는 인욕을 없고 외부의 유혹을 물리쳐 마음을 항상 조용히 하는 것을 말함

입지(立志)
뜻(목표)을 세워야 한다는 의미

성(誠)
참되고 거짓이 없음을 뜻하는 것으로, 우리의 마음이 지녀야 할 자세로 강조

사학	서당	· 서당은 범 계급적인 초등 수준의 교육기관으로 규모와 수준, 성격이 매우 다양 · 향교와 서원이 일상적 강학의 장소로서 제 기능을 발휘하지 못해 발달
	서원	· 최초서원 : 주세붕의 백운동서원 · 서원은 조선 초부터 시작된 새로운 교육기관으로 선현을 존숭하고 교육을 실천 · 관학인 향교와 대비되는 지역을 기반으로 하는 사학 · 학문과 교육의 기능과 사람들의 세력을 규합하는 정치적 기능

(3) 과거제도와 기술교육(잡학)

과거제도	식년시	· 3년마다 실시하는 정규시험 · 문과는 소과(대과의 예비시험)와 대과(초시·복시·전시의 3차 시험)를 실시함 · 무과는 강서와 무예를 보며 초시·복시·전시 3차례 시험을 실시함 · 잡과(기술 관리)는 역과·의과·음양과·율과 등을 보며 초시·복시 2차례 시험을 실시함
	별시	· 국가의 경사가 있을 때 수시로 실시하는 비정규시험
기술교육 (잡학)		중앙과 지방의 각 관청별로 실시하며 의학(醫學)은 전의감과 혜민서, 산학(算學)은 호조, 율학(律學)은 형조, 무학(武學)은 병조에서 담당함

(4) 교육사상가

권근 (1352~1490)	『입학도설』, 『권학사목』, 『향학사목』, 『오경천견록』 등을 저술
퇴계 이황 (1501~1570)	· 이기이원론(理氣二元論)을 지향 · 교육목적으로 성인·위기지학(爲己之學)을 강조하고, 교육방법으로 거경(居敬)을 중시
남명 조식 (1501~1572)	지경거의(持敬居義)의 생활신조를 강조함
율곡 이이 (1536~1584)	· 이기일원적 이원관(理氣一元的二元觀)을 지향하며 주자나 이황과는 달리, 이와 기를 관계의 측면에서 보면 하나에 불과하다고 봄 · 교육목적으로 성인을 강조하고, 교육방법으로 입지(立志)와 성(誠)을 중시 · 『학교사목』, 『학교모범』, 『격몽요결』 등을 저술함

4. 조선후기 실학사상과 교육

(1) 발생배경

① 조선 왕조의 지배적 원리였던 성리학의 반역사성에 대한 반성 및 청의 고증학 유입
② 임진왜란 이후 봉건 질서의 해체 과정에서 봉건사회의 경화(硬化)에 대한 반성

(2) 교육사상가

반계 유형원 (1622~1673)	• 공교육론과 교육의 기회균등 주장 • 과거제의 전면 폐지와 공거제를 제안 • 4단계 학제론 주장 : 서울은 '방상–사학–중학(–태학)'으로, 지방은 '향상–읍학–영학(–태학)'으로 연결되는 체제를 제시
성호 이익 (1681~1773)	• 교육방법으로 일신전공(日新全工)을 강조하며 끊임없는 자기 수양을 중시 • 아동기의 습관 형성과 가정교육의 중요성을 강조하고, 인성(人性)의 가변성을 주장 • 과거제의 개선안으로 향거리선제(鄕擧里選製)를 제시
다산 정약용 (1762~1836)	• 교육목적으로 수기위천하인(修己爲天下人)을 강조함 • 문자교육원리인 『아학편』 및 5학을 비판한 『오학론(五學論)』을 저술
혜강 최한기 (1803~1879)	경험론인 염습(染習, 로크의 인간백지설과 유사)과 수학강조

실력UP 조선시대 교재

입학도설(入學圖說, 권근이 저술)	성리학의 기본 원리를 도식화하여 쉽게 설명한 성리학 입문서로 유학교육의 기초가 되고 인간의 심성과 수양에 대한 연구를 활발하게 하는 계기마련
동몽선습(童蒙先習, 조선 중종 때 학자 박세무가 저술)	• 『천자문』을 익히고 난 후의 학동들이 배우는 초급교재로서 유학 입문용 교재, 먼저 부자유친·군신유의·부부유별·장유유서·붕우유신의 오륜(五倫)을 설명 • 이어 중국의 삼황오제에서부터 명나라까지의 역대사실(歷代史實)과 한국의 단군에서부터 조선시대까지의 역사를 약술 • 학습내용을 경(經)과 사(史)로 나누어 제시 • 일제강점기에는 우리 역사를 다룬다는 이유로 서당의 교재로 쓰지 못하게 함
훈몽자회(訓蒙字會)	중종 22년(1527)에 간행. 최세진은 그 당시 한자학습에 사용된 『천자문』과 『유합(類合)』의 내용이 경험세계와 직결되어 있지 않음을 비판하고, 새·짐승·풀·나무의 이름과 같은 실자(實子)를 위주로 교육할 것을 주장해 이 책을 편찬
아학편(兒學編, 정약용이 저술)	• 『천자문』이 체계적인 글자의 배열과 초학자를 배려한 학습의 단계성이나 난이도를 전적으로 무시하고 있음을 지적하고, 이러한 내용 및 체계상의 결점을 극복하고자 저술 • 상하 각각 1,000자를 수록해 2,000자로 구성하였으며, 상권에는 유형적 개념을 하권에는 계절, 기구, 방위 등의 무형적 개념에 해당하는 한자를 담음

SEMI-NOTE

공교육론

각 학교의 재정은 국가에서 지급해야 함

공거제

학교교육과 인재선발을 연계해 덕행과 도예를 기준으로 인재를 선발

『오학론(五學論)』

당시의 5학인 성리학, 훈고학, 문장학, 과거학, 술수학의 공허성과 해독성을 밝히고 이를 인격 수양을 가로막는 학문으로 비판한 글

02장

서양교육사/한국교육사

『유합(類合)』

『천자문』과 함께 널리 사용된 입문서로 새김과 독음이 이루어진 시기는 확실하지 않음

근대의 위정척사파와 동도서기파
- **위정척사파** : 주자학적 명분주의를 철저하게 이어받아 서양문물의 배격을 추구하고자 했던 보수적 사상경향으로 이항로, 최익현, 이만손 등이 있음
- **동도서기파** : 주자학적 교조주의의 틀 속에서 새로운 시대조류에 대응하고자 했던 봉건적 지식인의 사상체계

한성사범학교
- 1895년 5월에 설치된 소학교 교원 양성기관으로, 본과는 2년, 속성과는 6개월을 규정
- 교과목으로 수신, 국어한문, 역사지리, 수학, 물리, 화학, 박물, 습자, 체조 등을 둠

소학교
- 소학교령에 의거하여 관·공립소학교가 한성과 지방의 주요 도시에 설치
- 소학교에는 심상과와 고등과가 있었고 수업연한은 심상과는 3년, 고등과는 2~3년

대성학교
- 1908년 안창호가 평양에 설립한 중등 교육기관
- 독립사상 고취와 국민계몽을 주목적으로 한 신민회의 가장 중요한 사업중의 하나. 인재 양성을 통한 구국의 이념 아래 독립운동에 헌신할 수 있고 국민교육의 사표(師表)가 될 인재를 양성하려함
- 중등학교 과정이었으나 수학을 중심으로 한 4학년 과정은 전문학교 정도와 대등하였고, 학교 설비도 중등학교로는 드물게 완비하였다고 함
- 안창호는 주인정신을 교훈으로 삼아 독립정신 및 책임정신과 주체적 정신을 강조하고, 무실역행(務實力行)과 성실한 생활을 인격 양성의 기본철학으로 제시함
- 나라를 구하는 데 힘이 필요하므로 군사관 정인목을 체육교사로 초빙하여, 체육시간에는 군대식 훈련을 강행함

5. 개화기의 근대적 교육

(1) 근대의 사상 동향

① **개화사상** : 실학사상을 기반으로 하면서도 새로운 서양사상과 서양문물의 지식을 포섭하여 근대적 개혁을 담당하고자 하였던 사상체계

② **동학사상** : 반봉건, 반제국을 사상적 기초로 한 동학농민운동에 뿌리를 둔 사상체계

(2) 교육기관 및 교육사상가

관학	• 육영공원(1886) – 관립 신식교육기관으로 엘리트 양성을 위한 목적으로 설립되었으며, 영어는 물론 농·공·상·의학 등의 다양한 서양 학문 포함 – 영어교육을 지나치게 강조하고 고급 양반 자제만을 대상으로 삼는 등 국민 대중 교육에는 한계가 있었음 • 갑오경장시기 : 교육입국조서(1895.2) 공표이후 한성사범학교, 소학교 등 설립
사학	• 원산학사(1883) : 우리나라 최초로 설립된 민간 신식교육기관으로, 외국의 도전(일본상인의 침투)에 대항할 목적으로 주민과 개화파 관료(정현석)가 협동하여 전통적 서당을 개량하여 설립 • 국권 회복을 위한 민족지도자 양성, 민족의식 고취, 항일정신 배양 등을 추구하며 흥화학교(1895), 점진학교(1899, 최초 남녀공학 소학교), 보성전문(1905) 등을 설립
선교계 학교	선교계 학교 : 장로교 학교(광혜원, 경신학교, 정동 여학교 등) 및 감리교 학교(이화학당, 배재학당 등)를 설립
교육사상가	유길준(1856~1914), 이용익(1854~1907), 남궁억(1863~1939), 박은식(1859~1925), 안창호(1878~1938), 이승훈(1864~1930), 조소앙(1887~1958) 등

(3) 교육입국조서(갑오개혁 이후 1895년, 국가부강은 교육 + 실용성)

① 갑오개혁에 의해 근대적 교육제도들이 마련되었고, 이어서 교육입국조서가 반포됨

② 교육입국조서는 '국가의 부강은 지식의 개명에 달려 있으니 교육은 실로 국가를 보존하는 근본이라.'는 내용으로, 이 교육입국정신에 따라 정부는 소학교, 중학교, 사범학교, 외국어학교 등 각종 관립학교를 세움

③ 과거의 허명(虛名)교육을 버리고 실용(實用)교육을 중시

④ 교육의 3대 강령으로 덕양(德養), 체양(體養), 지양(智養)을 제시

> **실력up** **개화기에 설립된 우리나라 관립 신식학교** ★ 빈출개념
>
> - **동문학(1883)** : 한미통상조약이 체결되어 외국과의 교섭이 활발해지자, 통리교섭통상사무아문의 협판 겸 총세무사로 부임한 독일인 묄렌도르프가 통상아문의 부속기관으로 설립
> - **육영공원(1886)** : 고종 23년(1886)에 설립된 우리나라 최초의 관립 근대학교
> - **연무공원(1888)** : 고종 25년(1888)에 군사훈련기관으로 설립

6. 일제강점기와 해방 이후의 교육

(1) 일제강점기의 교육

① 통감부 시대 교육정책
- ㉠ 우민화 정책 : 보통학교 설립, 중등학교 이상 설립 불허
- ㉡ 동화주의 : 관·공립 설립, 친일교육, 사립학교령과 교과용도서검정규정

② 한일합방 시대
- ㉠ 조선교육령에 의해 규제, 1910년대(서당 확대), 1920년대(보통학교 확장)
- ㉡ 황국신민화정책 추진 : 1930년대 후반, 국민학교 설립, 육군특별지원령, 중일전쟁 등

③ 한국인의 교육저항 운동 : 민립대학설립운동, 서당(1910년대 활성화), 야학(1920년대 활성화), 문자보급운동

④ 일제 식민통치의 유산 : 도구주의적 교육관, 관료주의적 행정조직(官 주도의 행정체제), 전체주의적 훈육 혹은 집단적이고 획일적인 교육방법

실력UP 제1차 조선교육령·제2차 조선교육령·제3차 조선교육령 ★빈출개념

제1차 조선교육령 (1911.8~1922.2)	• 1911년 8월, 일본어 보급 및 한국인 우민화에 목적을 둠 • 우리 민족을 이른바 일본에 충량한 국민으로 만들고자 노력 • 노동력을 착취하기 위해 한국인에게 저급한 실업교육을 장려 • 제국신민양성을 위한 보통교육과 실업·전문교육에만 한정(대학교육 허용안함)
제2차 조선교육령 (1922.2~1938.3)	• 1919년 3·1운동 이후 개정, 반일감정에 대한 회유책 • 문화정치를 표방하여 형식상으로는 일본 학제와 동일하게 융화정책을 사용함. 그러나 이면에 숨겨진 교육정책은 동일한 교육제도와 교육기간을 확충함으로써 일본식 교육을 강화하여 우리 민족의 사상을 일본화 또는 말살하려는 데 있음 • 종래 4년이던 보통학교의 수업연한을 6년으로 연장하고 각급 학교의 교과목 중 종래에는 폐지되었던 국어를 필수 과목으로 함 • 고등보통학교는 5년, 여자고등보통학교 4년, 사범학교 및 대학설립 조항을 둠 • 전문교육은 전문학교령에, 대학교육 및 그 예비교육은 대학령에 의함 • 독립운동가들이 조선교육회를 발기하고 조선민립대학설립운동을 전개하여 종합대학의 설립을 추진하자, 일제가 한국인의 고등교육기관을 봉쇄할 목적으로 경성제국대학 설립 • 일제의 우민화 정책에도 불구하고 제2차 조선교육령 시기에 조선인의 보통학교 재학생 수는 증가함
제3차 조선교육령 (1938.3~1943.3)	• 1938년 3월 일제는 중일전쟁을 일으키고 전시체제를 강화하면서 조선교육령을 다시 개정 • 교명을 일본인 학교와 동일하게 개칭해 교육제도상으로 보아서 한국인과 일본인 간에 차별대우가 철폐되었다고 하였으나 그 실상은 일본인이 사립학교의 교장이나 교무주임의 자리를 차지하도록 하는 방침이었음 • 교육목적을 뒷받침하는 교육내용으로 일본어·일본사·수신·체육 등의 교과를 강화함

SEMI-NOTE

조선교육령
• 일제강점기의 한국인에 대한 일제의 교육방침과 교육에 관한 법령
• 교육방침은 우리 민족에게 이성이 발달할 수 있는 교육기회를 주지 않는 데 있었음
• 일본신민화의 토대가 되는 일본어의 보급, 이른바 충량한 제국 신민과 그들의 부림을 잘 받는 실용적인 근로인·하급관리·사무원 양성을 목적으로 함

제4차 조선교육령(1943.3~해방)
• 목적 : 전시 체제에 따른 황국신민화 교육 강화
• 특징
– 중등교육의 수업연한을 단축하고, 조선어 교육, 한국사, 한국지리 등 완전 폐지
– 창씨 개명, 애국채권의 강매, 신사참배 등을 강요
– 국민학교·중등학교·사범학교·전문학교·대학교 모두 황국신민 양성을 위한 군사기지화
– 전시교육령 공포, 전시비상조치 및 학도전시동원체제의 확립(→ 1943년 징병제·학병제 실시, 1944년 징용령·정신대 근무령 시행)

조선교육령
제1차 조선교육령 (1911.8~1922.2)
▼
제2차 조선교육령 (1922.2~1938.3)
▼
제3차 조선교육령 (1938.3~1943.3)
▼
제4차 조선교육령 (1943.3~해방)

(2) 해방 이후의 교육

① 미군정 시대

ㄱ 교육의 민주화, 민주적 독립국가 수립

ㄴ 조선교육심의회에서 교육이념 제정, 단선형 학제 도입, 2학기제, 남녀 공학, 초등무상의무교육 제안, 사범학교 신설, 사회교육활동 전개(성인을 위한 문해운동 전개), 민간인에 의한 새교육운동 전개

② **정부수립 이후** : 초등무상의무교육의 법적 규정, 교육법 제정(1949.12.31.), 중학교 무상의무교육실시(1985)

03장 교육사회학

01절 　 교육사회학 이론

1. 교육적 사회학의 기초

(1) 교육적 사회학과 교육의 사회학

교육적 사회학	교육목적이나 내용의 사회적 결정(규범적 성격)
교육의 사회학	사회학의 연구방법을 교육에 적용, 교육사회학을 이론화

거시적 접근의 예
어떤 회사에 노사분규가 발생해서 파업 데모가 발생했을 경우 그 파업에 참가한 개개 노동자들을 분석하기보다는 파업의 전체로서의 성격을 나타내는 참가 노조원 수, 격렬성의 정도, 요구사항 등을 분석함. 이는 파업의 전체적 성격이 개인 참가자들의 사고나 감정 및 행동에 미친 영향들과 연관됨

미시적 접근의 예
노사분규의 문제를 분석할 때 집단행동의 전체 성격보다는 참가자 개개인의 참가동기·행동방식·감정상태 등을 분석하고 종합하여 그 분규의 성격을 규명함

(2) 교육사회학 이론의 접근방법

접근방법	의의	유형
거시적 접근	• 사회를 개인과는 독립적으로 존재하는 실체로 파악하여, 사회구조의 분석을 통해 사회의 한 부분인 교육을 설명하고자 하는 입장 • 거시적 접근법에 따르는 이론들은 개인을 사회의 영향아래 움직이는 수동적 존재로 파악	기능이론, 갈등이론
미시적 접근	• 사회구조의 분석보다 행위자를 더 중시하여, 개인(행위자)이 대상에 대해 어떤 의미를 부여하는지를 파악해 교육현상을 설명하고자 하는 입장 • 인간을 객관적 법칙의 지배를 받는 수동적 존재가 아니라, 대상에 의미를 부여하고 스스로 규칙과 제도를 만들어 가는 능동적·주체적인 존재라고 규정	해석적 접근, 신교육사회학

2. 거시적 접근

(1) 기능론

교육의 사회적 기능
• 문화유산 보존 및 전달기능
• 사회통합의 기능
• 사회충원의 기능 : 인격의 선발과 분류, 배치의 기능
• 사회적 지위 이동의 기능 : 수직(사회계층이동)적·수평(직종과 지역)적 기능
• 사회개혁 기능

① 개념 : 사회는 유기체와 같으며 교육은 사회체제를 존속시키기 위한 그 나름의 기능을 담당한다는 이론으로, 구조기능이론, 합의이론, 질서모형, 평형모형 등으로 불리기도 함

② 기능이론

기능이론 종류	특징	대표학자
합의론적 기능주의	학교는 전체 사회 유지를 위한 긍정적 기능(사회화, 선발, 배치) 수행	뒤르켐, 파슨스, 드리븐
기술기능이론	과학기술의 발달로 인한 직업기술 수준의 향상을 학력 상승의 원인으로 강조함	클라크(Clark)

인간자본론	• 교육을 통한 사회 · 경제발전에 필요한 인적 자본 생산(완전노동 시장을 전제) • 교육은 '증가된 배당금'의 형태로 미래에 되돌려 받을 인간자본에의 투자이며, 인간이 교육을 통해 지식과 기술을 갖추게 될 때 인간의 경제적 가치는 증가하게 됨 • 교육수준의 향상 → 개인의 생산성 증대 → 개인의 소득능력 향상(경제적 이익 보장) → 사회 · 경제적 발전	슐츠, 베커
발전교육론	교육은 국가의 정치 · 경제 · 사회발전의 수단, 국가발전을 위하여 교육의 양과 질을 계획적으로 조절할 것을 주장	로스트로, 슐츠
근대화이론	사회심리학적 측면에서 교육을 통한 근대적 가치관 형성 중시(도덕적 근대화를 중시)	맥클랜드, 잉켈스
신기능이론	학교개혁을 통한 교육의 수월성 강조 → 교육팽창을 생태학적 세계체제이론의 관점에서 국제경쟁에 대한 각 국가의 적응과정으로 파악	알렉산더

③ 한계
　㉠ 기능론의 한계 : 사회내부에 엄연히 존재하는 다양한 갈등현상에 무관심하여, 사회내의 개인 간 및 집단 간 대립과 갈등을 정면으로 다루지 못함
　㉡ 교육관에서 기능론의 한계 : 교육을 전통이나 문화를 보존하고 전달하는데만 관심을 가짐으로써 지나치게 보수적 색채를 지님

(2) 갈등론

① 개념 : 사회를 개인 및 집단 간의 끊임없는 경쟁과 갈등의 연속으로 보는 입장으로, 마르크스(Marx)와 베버(Weber)의 이론과 사상에 기초함
② 갈등이론

갈등이론 종류	특징	대표학자
문화적 재생산론	• 학교가 제공하는 교과내용과 사회계급의 관련성을 해명함으로써 문화를 축으로 사회 재생산과정을 설명(학교교육은 지배계급이 선호하는 문화영역을 통해 계급적 불평등을 유지 · 심화시키는 재생산적 기구) • 부르디외(Bourdieu)의 문화재생산이론 　– 특징 : 자본주의 사회에서 문화가 계급적 특권을 반영함으로서 발생하는 문화적 불평등 현상과 그 불평등의 존속에 대한 교육체제의 역할을 분석하기 위해 문화자본(cultural capital)과 습성(habitus)이라는 개념을 제안함 　– 학교교육과 상징적 폭력 : 학교가 지배집단의 문화를 중요한 것으로 규정함으로써 지배집단이 휘두르는 불평등한 사회관계를 정당한 것처럼 합리화시키는 폭력을 행사한다는 것	부르디외 (Bourdieu), 번스타인 (Bernstein)

신기능이론
• 기능이론의 근본적 결점 극복을 위해 제기된 것으로 알렉산더(Alexander)가 대표 인물
• 사회기능의 분화가 사회유지와 발전에 더 효율적이라는 기능주의의 가정을 거부
• 집단 간의 합의를 전제했던 기능주의와는 달리 집단 간의 갈등이 존재함을 인정
• 교육팽창을 생태학적 관점에서 국제경쟁에 대한 각 사회의 적응과정으로 해석

기능론적 교육관
• 교육을 사회와의 연관 속에서 파악하는 거시적 관점을 취하며 교육과 사회와의 관계를 비교적 긍정적, 낙관적으로 봄
• 학교를 한 사회를 유지, 발전시키기 위하여 존재하는 합리적 기관으로 봄
• 사회화 혹은 사회적 선발을 통한 사회질서, 통합, 안정, 발전을 교육의 목적으로 봄

03장 교육사회학

문화자본과 습성
• 문화자본(cutural capital) : 문화는 생산, 분배, 소비되는 경제적 자본의 운동 원리와 비슷하게 문화 시장을 형성할 뿐만 아니라 소유한 문화 형태에 따라 화폐적 가치를 지님
• 습성(habitus) : 행동과 의식을 창출하고 통합하는 원리를 의미하는 것으로, 가정의 계급적 기초에 근거하여 인지된 취미, 행동, 지식의 사회적 법칙을 반영하는 주관적 기준이 됨

간파와 제약

간파의 발전과 표출을 혼란시키고 방해하는 이런저런 장해요소와 이데올로기적 영향으로 간파는 제약을 통해 저지, 중지되기도 함

저항이론의 성립 및 전개

- 저항이론은 재생산이론의 한계를 극복하고자 하는 것으로, 영국의 윌리스(Willis)가 한 문화기술연구에서 처음 제시
- 지루(Giroux), 아론위츠(Aronwitz), 애플(Apple) 등에 의해 이론적으로 더욱 발전

헤게모니

학교, 지식, 일상생활에 대한 통제는 눈에 보이는 경제적 분업과 조작에 의해서뿐만 아니라, 상식적인 사고방식과 실천에 대한 은밀한 영향력 행사를 통해 이루어짐. 이렇게 일상생활과 사회의식 속에 깊이 스며있는 지배집단의 의미와 가치의 체계임

카노이(Carnoy)의 종속이론

- 특징 : 제국주의 관점에서 중심부 국가와 주변부 국가 간의 지배−피지배의 관계와 관련해서 교육의 종속적 성격을 정치·경제학적으로 설명(교육적 종속은 중심부 국가에의 정치·경제적 종속을 초래)
- 학교교육의 사회·생산적 기능 : 자본축적에 필요한 노동력 생산기능, 불평등한 생산관계에 적응하게 하는 사회화 기능, 학교교육의 강제적·억압적 기능

경제적 재생산론		• 자본주의 사회는 성격상 불평등한 관계로 구성되어 있으므로 계급적 갈등이 불가피함. 학교교육을 계급적 갈등을 완화하고 자본주의 사회의 불평등 체제를 유지하는 도구적 수단이라고 봄 • 학교교육이란 자본주의 사회의 계급적 모순을 은폐하고, 불평등한 위계적 관계를 정당화하여 지배계급의 사회적 이점을 유지하며, 재생산 기능을 수행하는 제도적 장치라고 인식하고 있음	보울스(Bowles), 진티스(Gintis)
저항이론 (Resistance Theory)	Willis의 저항이론	• 노동계급의 학생들이 기존의 학교문화에 저항하고 모순을 극복하기 위해 간파를 일상생활 속에서 실천하는 반학교문화 • 간파 : 저항 행동의 주요 요소로, 현실의 모순을 의심하고 그 의도를 파악해서 폭로하는 것을 말함 • 제약 : 노동계급의 학생들은 아무리 노력해도 구조적 불평등 체계로 인해 자신들의 열등한 위치를 벗어날 수 없다고 생각하는 것을 말함	Willis, Apple, Giroux
	Giroux의 저항이론	• 학교와 사회의 관계를 분석할 때 중요한 초점을 제공해주는 이론적·이데올로기적 구성임. 종속 집단이 경험하는 교육실패의 복잡한 방식을 이해하는 데 있어 새로운 이론적 장치를 제공하며, 새로운 사고와 비판적 교육학의 방식을 재구성하는 것이 관심을 갖도록 함 • 교육을 통한 사회변화의 가능성 제시 : 학생들에게 사회의 모순구조를 인식시키고 비판적·자율적인 존재로 키워 저항의지를 극대화함으로써 불평등 구조를 개혁할 수 있음을 인정	
문화적 헤게모니론		학교의 교육과정에는 헤게모니가 깊이 잠재되어 있음. 학교는 문화적·이념적 헤게모니의 매개자로서 보이지 않는 가운데 사회통제를 함	헤게모니의 개념을 처음 도입한 사람은 그람시(Gramsci)임
문화적 제국주의론		카노이는 교육의 국제적 관계를 제국주의적 관점에서 파악하고 국가간의 갈등 현상이 교육에 어떻게 반영되고 있는지를 분석함. 즉, 식민지의 교육이 식민지 국민의 의식을 어떻게 왜곡시켜 지배자들에게 복종하도록 만들었는지를 분석함	카노이(Carnoy)
지위경쟁 이론		막스 베버의 전통에 따라 학교교육의 팽창 과정을 지위, 권력 및 명예를 위한 집단 간 경쟁의 결과로 교육을 설명하려는 이론임	콜린스(Collins)

실력UP 부르디외의 4가지 자본과 문화자본

• 부르디외의 4가지 자본
 – 경제적 자본 : 금전, 토지, 임금 등의 화폐 요소를 의미
 – 사회적 자본 : 특정 집단에 소속되어 사회 관계망을 형성하여 영향력을 미치는 자본. 학맥과 정치사회적 연줄 등을 의미
 – 문화적 자본 : 특정 문화에 계급적 가치가 부여되어 자본적 역할을 수행하는 것
 – 상징적 자본 : 경제적 자본 + 사회적 자본 + 문화적 자본의 결합에서 파생되어 얻어진 신뢰, 위신, 명예, 존경, 명성 등을 의미
• 문화적 자본의 세 가지 형태

아비투스적(습성화된) 문화자본	어릴 때부터 계급적 배경에서 체득된 내면화된 문화자본
객관화된 문화자본	책이나 예술 작품 등 교육내용의 원천이 되는 문화자본
제도화된 문화자본	졸업장이나 자격증 등 교육결과에 대한 사회적 희소가치 분배의 기준이 되는 것

③ 공헌점과 한계
 ㉠ 공헌점 : 기존의 학교제도의 근본적 문제점(예 학교교육을 통한 사회적 불평등의 재생산, 특정문화와 이념의 표준화 등)에 대한 비판을 드러내 주었음
 ㉡ 한계 : 사회구조를 가진 자와 못 가진 자 등의 이분법에 따라 설명함으로써 교육을 가진 자에게만 봉사하는 것으로 규정한 것은 교육의 본 모습을 왜곡한 것임

3. 미시적 접근

(1) 해석적 접근이론

① 개념 : 교육현상을 교육의 주체인 행위자에 초점을 맞추어 실제의 교실상황을 주제로 하여 이에 대한 접근을 시도
② 사회화에 대한 해석적 관점
 ㉠ 미드(Mead)의 상징적 상호작용을 통한 자아형성이론 : 미드(Mead)는 자아가 본질적으로 사회적인 것이라고 보고 자아의 형성을 '중요한 타인', '객체로서의 자아(me)', '주체로서의 자아(I)' 등을 통해 설명

중요한 타인 (significant other)	아동이 사회적 역할을 배울 때 처음에는 부모나 교사와 같이 특정한 사람의 가치나 태도 및 행동을 크게 모방하게 되는데, 이 때 모방의 위치에 있는 사람을 '중요한 타인'이라 함
객체로서의 자아(me)	타인의 가치관이나 태도에 의해 결정되는 수동적인 자아 (객관적이고 사회적인 자아)
주체로서의 자아(I)	다른 사람의 가치관이나 태도를 자신의 판단으로 바꾸어 행동하는 자유롭고, 자율적이며, 창조적인 자아

아비투스(habitus) ★ 빈출개념
• 사고의 구성 틀에 영원히 새겨진 것으로 계급에 기초한 기호·지식·행동의 사회적 문법을 반영함
• 특정 계급적 환경에서 내면화된 지속적 성향이나 태도를 의미함
• 내면화된 문화자본으로서 계급적 행동유형과 가치체계를 반영함

갈등론적 교육관
• 교육을 사회와 연관시키는데 있어 거시적 관점을 취함
• 교육과 사회와의 관계를 비판적으로 봄
• 학교교육은 특정집단의 문화와 이익을 옹호하고 정당화시켜 줌
• 경제적 사회계급, 정치권력, 사회적 지위를 사회계층의 결정요인으로 보고 중시함

쿨리(Cooley)의 거울자아이론
• 자아개념이란 다른 사람들과의 상호작용을 통해 형성되는 것으로, 다른 사람(거울)이 자신을 어떻게 생각하고 판단하느냐의 영향을 받는다는 것
• 다른 사람들이 자신을 귀한 존재라 보고 그렇게 대한다는 생각이 들면 자아개념은 긍정적으로 형성되지만, 자신을 하찮은 존재로 보면 자아개념은 열등한 것으로 고정됨
• 부모, 교사, 또래아이들과 밀접한 관계를 가지며 영향력을 행사하는 거울은 다른 거울들 보다 더 큰 영향을 주게 됨(중요한 거울)

SEMI-NOTE

ⓛ 교사와 학생의 상호작용

- 개요 : 하그리브스(Hagreaves)는 미드(Mead)의 상호작용이론을 정리 · 적용하여 학교를 구성하는 주요 행위자들(교사와 학생)간의 복잡한 상호작용의 모습을 밝히고자 함
- 교사와 학생간의 복잡한 상호작용

교사	• 자아 또는 자기역할개념에 따라 교사의 유형을 결정하며, 그 유형에 따라 교실의 분위기와 수업방식이 달라짐 • 교사가 학생을 끌어들이는 전략으로는 강압적 통제의 원리, 동의창출의 원리, 분할통제의 원리(학생의 성적 또는 남녀에 따라 달리 통제)가 있음
학생	학생은 나름의 이상적 교사상에 따라 교사를 평가하고, 교사를 대하는 태도를 결정

ⓒ 낙인이론

- 본래 일탈행위를 설명하는 이론으로, '일탈행위'의 원인을 개인이나 집단의 특성에 두지 않고, 일탈자(비행학생)와 이에 영향을 주는 사람(낙인자) 간의 상호작용의 결과로 파악
- 교사의 차별적 기대가 학생의 자아개념과 학업성적에 어떤 영향을 미치는지를 연구하는데도 적용됨
- 낙인의 형성단계(하그리브스(Hagreaves)) : 추측 → 정교화 → 고정화

실력UP 맥닐(McNeil)의 방어적 수업

- 맥닐은 교사들이 학급내의 규율을 유지하고자 교과내용을 독특한 방식으로 제시하고 있으며 교수방식도 학생들의 반응을 줄이는 방식으로 진행한다고 보고하며 이와 같은 수업방식을 방어적 수업이라고 지칭
- 내용

단편화	어떠한 주제든지 단편들 혹은 서로 연결되지 않는 목록들로 환원시키는 것
신비화	교사들은 종종 논의의 여지가 있거나 복잡한 주제는 그것에 관한 토론을 막기 위해 신비한 것처럼 다룸. 즉, 그 주제는 매우 중요하지만 알기 힘든 것처럼 보이게 함
생략	학생들이 몰라도 된다고 생각하는 부분이나 한 단원 전체를 생략하고 넘어가는 행위
방어적 단순화	교사들이 학생들의 능력이 모자란다고 여겼을 때 그것을 극복하기 위해 사용하는 전략

낙인의 형성단계(하그리브스(Hagreaves))

- 추측단계 : 교사들이 처음 학생들을 만나 전체적인 첫인상을 형성하는 단계
- 정교화 단계 : 학생이 첫인상에서 보여준 것과 같은지를 확인하는 단계(→ 학생의 행동이 처음의 판단과 불일치하면 첫인상을 바꿀 수 있는 가설검증의 단계)
- 고정화 단계 : 학생들에 대해 비교적 분명하고 안정된 개념을 갖는 단계로, 개념이 고착화 되면 학생에 대한 평가는 바꾸기 어려워짐

교사의 자기개념 유형(하그리브스(Hagreaves))

- 맹수조련사형 : 거칠고 아무 것도 모르는 학생들에게 지식을 가르치고 윤리적 행동을 훈련시켜 길이 잘 든 모범학생으로 만드는 것이 교사의 역할이라 생각하는 유형
- 연예인형 : 풍부한 교수자료나 시청각기법 등을 활용하여 학생들이 학습에 흥미를 느끼고 즐겁게 배우도록 해주는 것이 교사의 역할이라 생각하는 유형
- 낭만가형 : 학생이 학습할 수 있는 여건을 조성하고 학습자 스스로 선택할 수 있도록 다양한 학습기회를 만들어 주는 것이 교사의 역할이라고 생각하는 유형

(2) 신교육사회학 ★빈출개념

① 개념

㉠ 종래 교육사회학이 사회계층과 교육기회배분 등 외형적 문제에만 집착하여 내부의 현상을 등한시하자, 교육내용 및 교육과정을 중요시하는 새로운 경향의 이론이 대두

ⓛ 학교 교육과정 또는 교육내용에 주목하며, 불평등의 문제를 학교 교육 안에서

찾음

ⓒ 학교에서 가르치는 지식의 사회적 성격을 탐구함

② 번스타인(Bernstein)

ㄱ 사회언어학적인 입장에서 학교내부의 불평등 문제에 접근하여, 계층의 언어 사용 형태가 학업성취의 차이를 초래한다고 봄

ㄴ 언어사회화와 사회계급

- 의사소통 방식에서 하류계급의 의사소통 방식의 특징인 '제한된 어법'과 중류계급의 '세련된 어법'은 가정에서의 사회화에 의해 습득되는 것이지만 이런 의사소통의 형태는 학교가 수행하는 사회계급의 재생산 기능과 관련됨

- 세련된 어법(교양어)와 제한된 어법(대중어)의 특징

세련된 어법(교양어)	제한된 어법(대중어)
• 중산층 가정, 아동의 의사소통 유형 – 인간관계중심 – 상황탈피적 – 개방적 의사전달 – 일과 놀이의 동일시 • 문법 규칙이 정확, 문장구성은 복잡하며 논리적 • '우리'라는 말보다 '나'라는 내용 강조 • 구두 언어의 세계(분명한 문맥) • 일반상황중심(추상적, 논리적)	• 하류층 가정, 아동의 의사소통유형 – 지위중심 속성 – 상황부가적 – 폐쇄적 의사전달 – 일과 놀이의 명확한 구분 • 문법적으로 단순, 미완결 상태의 문장 • '우리'라는 말이 '나'라는 말보다 강조 • 비구두언어의 세계(몸짓, 손짓) • 특수상황 중심(구체적, 실증적)

ⓒ 교육과정 분석 : 분류와 구조의 개념을 사용함

ㄹ 교육과정의 유형 : 집합형과 통합형

집합형 코드로 구성된 교육과정	통합형 코드로 구성된 교육과정
과목 간의 전문성이 강조되며 교과내용의 경계선이 뚜렷이 구분됨. 수평적 관계보다 수직적 관계를 추구해 사회의 위계적 계급구조를 반영	교과목 간의 내용 경계선이 구분되지 않으며, 교과목의 통합으로 인한 수평적 관계와 이데올로기적 합의가 내재해 있음

③ 월라스(Wallace)의 교육과정론 : 사회의 이념적 변화에 따라 교육과정의 강조점이 달라진다고 보고 사회적 역사를 혁명기, 보수기, 복고기로 진행된다고 봄

02절 교육과 환경

1. 교육과 사회

(1) 사회화

① 개념 : 사회화란 이기적이고 비사회적 존재인 개인이 집단의식을 내면화함으로써 사회적 존재가 되도록 하는 과정(뒤르켐(Durkheim))

SEMI-NOTE

번스타인의 교수법

번스타인은 두 가지 형태의 교수법을 주장함

보이는 교수법	• 전통적인 지식교육에 해당하는 교수법 • 강한 분류와 강한 구조가 특징이며, 놀이와 공부를 엄격히 구분함
보이지 않는 교수법	• 놀이와 공부를 엄격하게 구분하지 않음 • 통제가 맹목적일 뿐만 아니라 학생들은 특별한 기술을 배울 것이 요구되지 않음. 평가의 준거도 모호함

분류와 구조

• 분류 : 과목 간, 전공분야 간, 학과간의 구분(구분된 교육내용들 사이의 경계의 선명도)

• 구조 : 과목 또는 학과 내 조직의 문제로, 교육내용의 구분이 뚜렷한 정도나 계열성의 엄격성 정도 등 교사와 학생이 가지는 통제력의 정도를 말함

사회화 집단의 유형

• 가정 : 자녀 양육방식이나 구성원의 인간관계 구조, 역할 구조는 사회화에 가장 큰 영향을 줌

• 또래집단 : 스스로의 선택으로 형성된 집단은 상호 지속적 영향력을 행사하게 되므로 아동의 사회화에 영향을 미치게 됨

• 학교 : 학교 전통이나 문화풍토, 학교 사회가 갖는 규범이 사회화의 역할을 수행

• 대중매체
 – 순기능 : 인간의 마음속에 공통의식을 갖게 해주고 경험의 세계를 넓혀 줌
 – 역기능 : 건전한 사고발달에 도움이 되지 않으며 공포심을 유발

② 기능론의 사회화 이론

㉠ 뒤르켐(Durkheim, 교육사회학의 창시자)의 교육 사회화론 ★ 빈출개념

- 사회화로서 교육은 사회에서 요구하는 가치, 규범, 성격 등 성인생활에 필요한 것을 아동에게 전수하여 미래의 사회생활에 원만하게 적용할 수 있도록 도와줌
- 아동에게 도덕적, 지적, 신체적 계발을 중요하게 보았음
- 사회화의 2가지 측면

보편사회화	사회 전체의 기반이 되는 지적 · 도덕적 · 신체적 특성 등을 아동에게 내면화시킴. 교육은 한 사회의 동질성 확보를 위해 집합의식과 보편적 가치를 강조하여 사회적 결속력과 안정을 유지하게 함
특수사회화	산업화가 됨에 따라 사회적 분화가 가속화되면서 발생하는 각 직업에 필요한 지적, 도덕적, 신체적 특성을 마련해 주는 것임. 교육은 각 직업에 필요한 적절한 사회화를 전수하여, 각 직업 간의 유연한 결속력과 운영의 효율을 도모함

㉡ 파슨스(Parsons)의 사회체제이론

- 사회가 균형을 유지하기 위해서는 4가지 기능(A-G-I-L 이론)이 필수적이라고 주장함
- 학교는 한 사회의 문화체제의 하위기구로서 사회문화 형태를 유지 · 존속시키는 잠재유형 유지기능을 담당함
- 학교는 아동들이 장차 성인이 되어 담당하게 될 역할수행에 반드시 필요한 정신적 자세와 자질을 학습하는 곳으로, 뒤르켐의 '특수적 사회화'와 유사한 역할사회화를 담당함

㉢ 드리븐(Dreeben, 규범적 사회화)

독립성	스스로 모든 일을 처리하고 책임을 수행하려는 태도임(과제, 시험부정)
성취성	최선을 다해 자신에게 부여되는 과제를 수행하려는 태도임
보편성	다른 학생들과 모든 것을 공유하는 태도임. 동일연령의 학생들이 같은 학습내용과 과제를 공유하게 함으로써 형성됨
특정성	자신의 흥미와 적성을 고려하는 태도 등을 말함

③ 갈등론의 사회화 이론

㉠ 일리치(Ilich)의 사회화이론

- 학교교육이 특수층의 규범이나 가치를 모든 아동에게 일방적으로 인지시키려고 노력해왔다고 봄
- 학교는 특수층의 가치나 규범을 모든 아동에게 효과적으로 내면화시키기 위해 적절한 물리적 보상체계와 심리적 상벌체계를 활용하고 있음

㉡ 보올스와 진티스(Bowles & Gintis)의 사회화 이론 : 학교는 직업 생산 구조의 사회관계를 그대로 학교현장에 채택하고 있음

(2) 문화와 교육

① 문화 : 사회구성원인 인간에 의해 습득된 지식, 신앙, 예술, 도덕, 관습 및 제반 능력과 습관 등을 포함한 복합된 전체

② 주요개념 ⭐ 빈출개념

문화실조 (cultural deprivation)	인간 발달에서 요구되는 문화적 요소의 결핍과 과잉 및 시기적 부적절성에서 일어나는 지적 · 사회적 · 인간적 발달의 부분적 상실 · 지연 · 왜곡현상을 말함 → 보상교육(결과적 평등관) 실시로 보충(예 농촌의 학생들이 도시의 학생들보다 학업성취도가 떨어지는 현상)
문화기대 (cultural expectation)	문화가 갖는 구속(문화 구속)으로 문화가 그 속에서 태어난 개인에게 문화에 따라 행동할 것을 요구하고 기대하는 것으로 개인들에게 '인간성을 판찍는 압력'으로 작용함
문화지체 (cultural lag)	문화구성 부분 간의 변동 속도의 차이로 인해 생기는 문화적 격차로, 문화요소 간의 부조화 현상을 말함

2. 사회집단과 교육

(1) 집단의 유형

① 공동사회와 이익사회(Tönnies)

공동사회	• 사회 성격 : 정태적, 보수적, 사회에 의존, 보호를 바람 • 교육의 성격 : 사회에 동화 강조, 사회의 표준에 맞는 인간형성
이익사회	• 사회 성격 : 이질적 복합성, 역동적 변화, 유기적 연대성 • 교육의 성격 : 자주성 개발, 실용주의적 생활교육, 창조적 진보적 기능

② 외집단과 내집단(Summer)

외집단	눈으로 직접 관찰이 가능한 집단
내집단	직접 관찰되지 않고 사회성 측정법에 의해 밝혀짐

③ 1차 집단과 2차 집단(Cooley)

구분	1차 집단	2차 집단
전형적 집단	가족, 놀이집단, 동지 집단, 촌락	학교, 공장, 노동조합, 군대, 국가
사회적 특성	인격적, 비형식적 역할과 구조, 자발적, 일반적 목표, 목적의 동일화	비인격적, 형식적 역할과 구조, 공리적, 특정 목표, 목적의 다양성
외형적 조건	영구적, 소규모, 신체적 접근	유동적, 대규모, 사회적 거리

④ **준거 집단(Hyman)** : 한 개인이 자신의 신념 · 태도 · 가치 및 행동방향을 결정하는데 기준이 되는 사회집단

⑤ **3차 집단(Brown)** : 일시적인 동기가 되어 어떤 목적이나 조건 없이 형성된 유동적인 중간집단

SEMI-NOTE

문화실조론의 주장 ⭐ 빈출개념

• 문화실조론은 일단 우수문화, 열등문화 등 문화에 위계가 있음을 전제로 함

• 즉, 백인 또는 도시의 문화가 우수문화이고, 흑인 또는 농어촌의 문화가 열등문화여서, 후자에게는 우수문화가 결핍되어 문화의 실조현상이 나타난다고 봄

• 그래서 후자의 학업성취가 낮으므로, 교육정책적 차원에서 문화실조를 보상해 주는 보상교육의 정책(예 빈곤가정의 결핍된 문화적 환경을 보상하기 위한 프로그램 중 하나가 헤드스타트 프로그램임)이 나오게 됨

• 이 입장에서의 교육평등관이 보상적 평등관임

집단(group)
두 사람 이상 또는 그 이상의 사람들로서 그들 사이에 제도화된 심리적 상호작용의 양상이 이루어지는 집합체

사회성 측정법

• 모레노(Moreno)에 의해 창안되어 테닝스(Tennings)에 의해 발전됨

• 집단 구성원의 역할 행동 분석과 구성원의 상호작용에 의한 견인과 반발의 형태를 분석해 집단의 구조, 응집성, 안정성, 외부 압력에 대한 저항, 사기 및 구성원 개개인의 특성을 알 수 있음

SEMI-NOTE

(2) 동료집단의 유형(Brown)

놀이집단(Play Group)	놀이를 중심으로 맺어지는 무형의 소집단
동류집단(Clique)	동일한 취미, 사회적 지위, 신분을 조건으로 맺어지는 청소년 집단
갱(Gang)집단	강한 동료의식과 집단의식을 지니며, 강력한 힘을 지닌 지도자가 존재하는 집단

3. 학교사회와 교육

(1) 학교와 사회

① 학교의 사회적 기능 : 사회통합과 통제, 사회구성원의 선발과 분류, 사회의 변화 및 혁신
② 학교의 선발방법 : 우리나라 → 중앙집권과 표준화, 만기선발, 대상의 보편주의, 기준의 개인주의(Hopper)에 따라 선발함

(2) 학교교육 비판론

① 라이머(Reimer)의 학교사망론 : 학교교육제도를 비판하며 학교는 순종을 가르치면서 또한 규정 위반을 가르친다고 봄
② 실버만(Silberman)의 학급 위기론
  ㉠ 학교는 일반적으로 질서와 통제로 가득 차 있으며, 특히 공립학교는 억압적이고 하찮은 규칙으로 얽매고 지적이나 미적으로 메말라 있는 환경임
  ㉡ 새로운 학교는 인간교육을 저해하는 요인을 제거한 학교가 되어야 함
③ 일리치의 탈학교교육론
  ㉠ 『탈학교 사회(1971)』에서 학교교육의 개혁보다는 학교폐지를 주장함
  ㉡ 탈학교사회의 형성을 위해 기존의 학교를 대신할 수 있는 학습망(learning society)을 제안함
④ 프레이리(Freire)의 의식화교육론
  ㉠ 전통적인 교육은 인간을 수동적으로 만듦으로써 억압을 더욱 촉진한다고 봄
  ㉡ 침묵의 문화 : 조종, 문화적 침략 등에 의해 피억압자들이 주어진 현실에 지배당하며 길들여져 스스로의 선택 능력을 잃어버리고 억압자들처럼 생활하려는 상태

은행 저축식 교육	교사와 학생 사이의 지배와 복종관계에서 이루어지는 교육으로 학생이라는 텅 빈 저금통장에 교사가 지식이라는 돈을 저축하는 식의 교육
문제 제기식 교육	교사와 학생이 공동 탐구자가 되어 교육을 통해 인간이 의식화되면 의식을 실천하는 존재가 됨

(3) 시험의 기능

① 시험의 사회문화적 성격(Montgomery) : 경쟁촉진 기능, 목표와 유인 기능, 교육과정 결정 기능, 자격부여, 학습 성취의 확인, 미래 학습의 예언

학교의 선발방법

선발형식	• 중앙집권화와 표준화의 정도가 중간인 국가 : 서독, 오스트레일리아, 영국 • 중앙집권화와 표준화의 정도가 낮은 국가 : 미국, 캐나다
선발시기	• 조기선발 : 프랑스, 서독, 영국 • 만기선발 : 미국, 캐나다, 스웨덴 • 소련과 오스트레일리아는 중간 정도에 해당함
선발기준	• 집단주의 : 소련, 스웨덴, 영국, 프랑스 서독 • 개인주의 : 미국, 오스트레일리아, 캐나다
선발대상	• 특수주의 : 서독, 프랑스, 영국 • 보편주의 : 미국, 오스트레일리아, 스웨덴, 소련

일리치(Illich)의 학습 기회망(4가지 학습 통로)

• 교육자료망 : 정규학습에 필요한 자료나 방법에 접근하도록 하는 것
• 기술교환망 : 기술을 가진 사람들의 인명록을 비치하고 정보를 보관
• 동료 연결망 : 탐구를 함께 할 상대를 찾기 위해 그들이 소속되기를 원하는 학습활동을 기술한 것을 모아 두는 의사소통망을 형성하는 것
• 교육자(연장자)망 : 학습자를 도와줄 수 있는 전문가 등의 인명록을 갖추는 것

② 시험의 사회적 기능 : 사회적 선발 기능, 사회의 통제(시험 지식을 통한 사회통제), 지식의 공식화와 위계화 기능, 사회질서의 정당화와 재생산 기능, 문화의 형성과 변화 기능

시험의 순기능과 역기능

시험의 순기능	질적 수준 유지, 학교 간 비교를 가능하게 함, 각 단계별로 이수해야 할 최저학습수준 제시, 교수의 개별적 평가가 지닌 편견 극복
시험의 역기능	암기력을 주로 측정, 교육과정의 일부만을 다룸, 선택적 학습과 선택적 교수를 촉진, 정상적 공부습관을 약화시킴, 시험과 관련된 비정상적 행위 유발, 교육과정 및 교수방법 등에 관한 교육개혁의 장애가 됨

03절 사회이동과 교육 및 학력상승과 학교 팽창론

1. 사회이동과 교육

(1) 사회이동

① 개념 : 사회적 위계 체계 속에서 한 개인이나 집단이 어떤 사회적 지위로부터 다른 사회적 지위로 이동하는 것

② 사회이동의 유형

수직적 이동	지위나 수입이 상하로 변하는 것(예 상승이동(승진, 승급), 하강이동(강임, 감봉)
수평적 이동	지위가 동일한 수준에서 횡적으로 이동하는 것(예 전직, 전보)
세대 내 이동	1세대 내에서의 지위 변화, 생애이동(예 내가 노력해서 노동자에서 경영자로 이동)
세대 간 이동	2세대 간의 지위 변화(예 아버지는 하류층인 반면 나는 상류층)
구조적 이동	산업구조의 변화로 파생되는 이동(예 농부가 산업화되면서 서비스직으로 직종 변화)

(2) 교육과 사회이동

① 터너의 계층이동

경쟁적 이동	개인적 자질과 노력에 의해 결정되는 사회이동
후원적 이동	경쟁방식을 피하고 통제된 선발과정을 통해 결정되는 사회이동

② 기능론과 갈등론의 사회이동

　㉠ 기능론
　　• 학교교육이 사회계층이동에 긍정적, 결정적인 역할을 한다고 보는 입장 → 학교교육은 상승이동으로 통하는 엘리베이터
　　• 블라우와 던컨(Blau & Duncan)의 학교효과모형
　　　- 직업지위획득을 결정하는 결정변수를 아버지의 교육, 아버지의 직업, 본인의 교육, 본인의 첫 번째 직업경험 등 네 가지로 파악
　　　- 교육(본인의 노력)을 받으면 받을수록 좋은 직업을 얻을 수 있으며, 학교교육은 사회적 출세에 결정적인 역할을 하고 있음
　　• 위스콘신 모형(스웰(sewell)) : 가정배경이 어떻게 교육 및 직업적 성취에 영향을 미치는지를 밝히고자 함

호퍼(Hopper)의 유형론
• 신분이동의 정도가 활발하지 못한 사회일수록 학생선발이 조기에 이루어지는 제도가 확립되어 있으므로 미리 학교교육의 기회를 가진 상층의 아동들에게는 유리하나 하층의 아동들은 불리하다고 봄
• 선발시기가 늦어질수록 하층의 아동들도 선발될 수 있는 시간적 여유가 생기므로 계급간의 이동 가능성이 커지는데 비해 상층의 아동들에게는 이점이 감소됨

지위집단이론(지위경쟁이론)

가정배경은 사회진출에 있어 결정적 역할을 담당하며, 학교교육은 사회진출에 있어서 지위집단의 이해관계를 반영하기 때문에 한 개인의 사회진출에 결정적 역할을 담당함

과잉학력 현상

한 사회의 직업 기술 수준과 학력 수준은 일치한다는 기술기능 이론의 주장을 정당화하기 어렵게 만듦

인간자본론

• 교육은 저소득층의 생산성을 향상시켜 이들의 소득을 증대시켜 줌
• 교육의 보편화에 따라 미숙련 노동자의 공급은 줄고 그들의 희소가치로 저소득층의 소득은 증가하며, 교육받은 기술인력의 공급이 증가하면 고소득자의 소득증가는 둔화됨
• 저소득층의 소득은 상승하고 고소득층의 소득은 둔화되므로 소득분배가 평등해짐
• 학교교육은 사회선발과 이동기능을 수행함으로써, 기회균등기능은 물론 결과균등의 역할까지 수행하게 됨

ⓛ 갈등론

• 학교교육은 아무런 기능을 못하며 가정의 사회·경제적 배경에 따라 사회적 지위가 결정
• 보울스와 진티스(Bowles & Gintis)의 학교교육 효과모형
  - 학교교육은 사회적 성취에 어느 정도 영향을 미침
  - 가정환경은 학교교육에 일정한 영향력을 행사하며 개인의 사회적 성취는 가정배경에 의해 좌우됨

2. 학력상승과 학교 팽창론

(1) 학력상승이론

학습욕구이론	학교가 사람들의 학습 욕구를 충족시켜 주는 기관이므로 누구나 학교에 다니기를 희망하여 학습에 대한 강한 욕구로 인해 학력 상승이 발생함(학교팽창의 요인)
대응이론	자본주의 사회의 학교제도는 처음부터 자본주의 경제체제를 유지하고자 고용주의 구미에 맞는 기술 인력을 공급하고 동시에 자본주의에 적합한 사회규범을 주입시키는 핵심장치로 작용하였다고 봄
기술기능이론	과학기술의 부단한 향상으로 인해 작업 기술의 수준이 지속적으로 높아지며, 이에 따라 학력이 높아짐(인간 자본론적 입장)
지위경쟁이론	학력을 지위획득의 중요한 수단으로 간주해서 학력의 경쟁을 초래하며 따라서 개인의 학력이 상승함
국민 통합론	• 1950∼1970년대 세계적인 교육체제의 팽창을 설명하는 이론으로 국가의 형성과 이에 따른 국민통합의 필요성이 교육팽창을 가져옴 • 교육은 모든 국가에서 점점 더 팽창할 뿐만 아니라 교육내용과 조직, 교사 양성 등 교육의 전 과정이 국가의 통제 하에 놓이게 됨

(2) 학교팽창론

① 기능이론(사회내부적 요인과 보편적 이익을 강조)
  ㉠ 근대 산업사회는 체계적인 지식과 기술을 갖춘 인력을 대량으로 요구함
  ㉡ 학교교육을 통해 산업사회가 요구하는 보편성, 특수성, 독립성을 성취지향
② 갈등이론 및 지위경쟁이론(사회내부적 요인과 특수집단의 이익을 강조)
  ㉠ 자본주의 불평등 구조를 유지하고 재생산하며 이를 정당화하기 위한 일종의 사회통제 기제로 제도화됨
  ㉡ 근대 공교육제도는 서로 상충되는 이해관계를 지닌 다양한 지위집단들의 기득권 수호 혹은 합법적인 사회적 지위상승을 위한 경쟁 수단으로 제도화됨
③ 문화전파이론(외부적 요인과 특수집단의 이익을 강조)
  ㉠ 한 사회의 교육제도는 다른 문화로부터 이식되거나 접촉을 통해 형성됨
  ㉡ 근대적 공교육제도는 문화 전파의 원리에 따라 전 세계적으로 확산된 것임

문화전파

특정 사회제도나 관행, 발명품, 행동양식 등의 문화의 구성요소들이 여타의 지역이나 문화권으로 확산되는 현상을 말함

④ 문화제국주의(외부적 요인과 보편적 이익을 강조)
  ㉠ 마르크스주의와 신마르크스주의에 바탕을 두고 특히 제3세계에서의 근대교육체제의 형성 및 그 성격을 설명하는데 있어 세계 체제의 위계구조와 불평등한 노동의 분화를 강조
  ㉡ 제3세계 국가, 특히 제2차 세계대전 이후 신생독립국가에서의 근대적 공교육제도 형성을 설명하는데 유용한 이론으로 간주됨

04절 · 교육평등과 사회평등

1. 교육과 사회 평등

(1) 교육평등관

교육기회의 허용적 평등	• 모든 사람에게 동등한 기회가 주어져야 함 • 신분, 성, 인종, 지역, 종교 등을 이유로 교육기회를 제한하는 일을 금지함으로써 개인이 원하고 능력이 미치는 데까지 교육을 받을 수 있도록 법이나 제도상으로 허용해야 함
교육기회의 보장적 평등	• 제도적 차별의 철폐로는 완전한 교육평등의 실현이 불가능 • 교육평등을 실현하기 위해서는 취학을 가로막는 경제적, 지리적, 사회적 제반 장애를 제거해 주어야 함 • 유럽은 보장적 평등정책을 추구해 중등교육을 보편화하는 한편 무상교육을 실시하고 소외계층의 자녀들에게는 의복, 점심, 학용품 등을 지급
교육과정(조건)의 평등	• 보장적 평등이 이루어졌다 해도 학교의 시설, 교사의 자질, 교육과정 등에 있어서 학교 간의 차이가 없어야 한다고 주장함 • 콜맨 : 교육기회의 평등은 평등하게 효과적인 학교에서의 취학을 의미함, 가정 환경이 지역사회 및 학교와의 사회적 관계를 통하여 학업성취에 영향을 미침(사회자본) • 한국의 고교평준화 정책이 개념적 수준에서는 과정의 평등에 해당함. 하지만 엄밀히 말하자면 학교 시설, 교사의 질, 교육과정의 차이를 없애고 교육조건, 여건의 평등화를 꾀하는 것이 아니라 학생의 학교 간 균등배정을 통한 평등화에 주력하기 때문에 온전한 과정적 평등화를 위한 정책으로 보기는 어려움
교육결과의 평등 (보상적 평등)	• 교육결과 즉 학업성취의 평등을 위한 적극적 조치를 취해야 한다는 입장 • 배워야 하는 것을 배우는 데 목적이 있으므로 교육결과가 같지 않으면 결코 평등이 이루어진 것이 아니라고 봄 • 저소득층 아동들의 기초학습 능력을 길러주기 위해 보상교육을 제공함 • 보상적 평등주의 : 미국의 Head Start Project, 영국의 교육우선지역(Educational Priority Area) 사업, 한국의 농어촌학생특별전형제, 한국의 교육복지우선지원 사업 등

SEMI-NOTE

교육평등에 대한 법적 규정(교육의 기회균등)
• 헌법
  – 제31조 제1항 : 모든 국민은 능력에 따라 균등하게 교육을 받을 권리를 가진다.
• 교육기본법
  – 제4조 제1항 : 모든 국민은 성별, 종교, 신념, 인종, 사회적 신분, 경제적 지위 또는 신체적 조건 등을 이유로 교육에서 차별을 받지 아니한다.
  – 제8조 제1항 : 의무교육은 6년의 초등교육과 3년의 중등교육으로 한다.
  – 제8조 제2항 : 모든 국민은 제1항에 따른 의무교육을 받을 권리를 가진다.
  – 제12조 제2항 : 교육내용 · 교육방법 · 교재 및 교육시설은 학습자의 인격을 존중하고 개성을 중시하여 학습자의 능력이 최대한으로 발휘될 수 있도록 마련되어야 한다.
  – 제28조 제1항 : 국가와 지방자치단체는 경제적 이유로 교육받기 곤란한 사람을 위한 장학제도(獎學制度)와 학비보조제도 등을 수립 · 실시하여야 한다.

교육평등관의 예
• 허용적 평등 : 공교육과 의무교육 실시, 영국의 '인재군' 혹은 '재능예비군'
• 보장적 평등 : 무상의무교육 제도의 확립, 중등교육의 무상화(영국), 단선형 학교 설치, 우리나라의 경우 학교의 지역적 종별 균등배치, 재능이 우수한 학생으로서 학자(學資) 곤란자에게 장학금 지급, 학비보조, 직업을 가진 사람의 수학 기회를 위해 야간제 · 계절제 · 시간제 교육 실시
• 교육과정의 평등 : 교육 평준화 정책
• 보상적 평등 : 특수교육, 농어촌 출신에 대한 정책적 배려, 영재교육, 수준별 수업 운영, 기회균형선발제도, 교육복지우선지원사업

SEMI-NOTE

😎😎 한눈에 쏙~

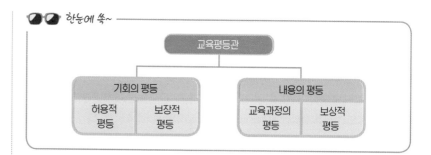

(2) 교육과 사회 평등의 관점

① 평등화론

 ㉠ 해비거스트(Havighurst)의 연구 : 교육은 직업능력 향상을 통한 계층상승에 기여

 ㉡ 블라우와 던컨(Blau & Duncan)의 직업지위획득모형 : 본인의 교육(학력)이 직업지위획득에 가장 중요한 요인 → 교육을 통한 계층상승과 사회평등 기여가 가능함

 ㉢ 인간자본론

  • 교육은 소득 분배 평등화의 중요장치, 완전경쟁시장을 전제

  • 개인의 특성(예 성별·인종·출신지 등)과는 관계없이 개인이 지닌 생산성, 즉 학력이 소득수준을 결정 → 교육은 개인의 생산성 증대 및 소득 증대의 요인임

② 불평등 재생산론

 ㉠ 카노이(Camoy)의 연구

  • 교육수익률(교육의 경제적 가치)의 교육단계별 변화 분석을 통해 교육이 지배층의 이익에 봉사한다는 것을 규명

  • 교육수익률이 낮은 경우(학교발달 후기)는 학교교육기회가 보편화 : 하류층에게도 교육기회 개방 → 가열기능

  • 교육수입률이 높은 경우(학교발달 초기)는 학교교육기회가 제한 : 학교에 대한 경쟁이 치열하여 중상류층이 주로 다니고 하류층은 다니지 못함 → 냉각기능

  • 학교교육은 가진 자에게만 봉사하고 못 가진 자에게는 도움을 주지 못함

 ㉡ 보울즈와 진티스(Bowles & Gintis)

  • 가정배경이 학업성취에 가장 큰 영향을 미치는 요인임

  • 학교교육은 지배층의 이익에 봉사, 불평등 구조를 재생산 → 교육은 계급 간의 사회이동을 불가능하게 함

SEMI-NOTE

실력UP 보울스(Bowles)와 진티스(Gintis)의 대응이론(상응이론)

- 교육은 곧 경제구조나 경제현상과 대응되어 사회계급이나 자본가 집단의 이해를 반영하고 그들이 요구하는 특성을 반영한다고 봄
- 학교교육의 불평등 재생산이 이루어지는 과정을 대응원리로 설명
- 주요 내용
  - 학교는 경제적 생산관계를 재생산하며, 학생들에게 계급적 특징들을 강화하여 불평등한 사회분업구조를 재생산함(학교가 자본주의 사회에 필요한 가치관과 특징을 주입)
  - 교육은 대상에 따라 두 가지 방식으로 나타나는데, 한 집단(노동자가 될 집단)은 순종적이고 능률적인 노동자로 가르치고, 다른 한 집단(경영자나 관리자가 될 집단)은 독립적이고 진취적인 지도자로 기름
  - 대상에 따라 다른 두 가지 교육에 접근할 수 있는 기회가 불평등하게 분배되기 때문에 학교는 결과적으로 계층적 불평등을 존속시키는 기능을 수행

③ 무효과론

ㄱ 내용 : 학교교육은 평등화에 관한 한 의미가 없으며 교육은 사회평등보다 다른 가치를 추구함

ㄴ 젠크스(Jencks)의 연구 : 학교와 평등화는 큰 관련이 없다고 결론을 내림

ㄷ 버그(Berg)의 연구 : 교육 수준이 개인의 직업 생산성에 영향을 준다는 근거를 찾을 수 없다고 주장

ㄹ 치스위크와 민서(Chiswick & Mincer) : 소득분배상황과 교육분배상황의 비교·분석을 통해 양자 사이에 아무 관계가 없음을 확인함

④ 콜맨 보고서(1966)

ㄱ 개요

- 콜맨은 교육기회의 평등은 단지 취학의 평등만이 아니라 평등하게 효과적인 학교에의 취학을 의미하는 것이라고 함
- 학교시설, 교육자료, 교육방법, 교육과정, 교사의 수준 등에 있어 차이가 없어야 함

ㄴ 콜맨 보고서(Equality of Education Opportunity, 1966)

- 콜맨이 교육평등의 학교 격차에 초점을 두고 분석한 콜맨 보고서는 미국의회와 행정부의 의지로 인종과 민족 집단들 간의 교육기회 불평등 정도와 원인을 규명하고 빈곤의 문제를 함께 해결해 보려는 노력에서 수행된 연구임
- 콜맨 보고서는 학업성취를 결정하는 제반 교육조건이 학교에 따라 어떻게 다르며, 이러한 조건의 차이가 실제로 학생들의 성적에 어떻게 반영되었는가를 알아보기 위해 인종 간, 민족 집단들 간의 계층의 차이를 대규모로 분석함

ㄷ 교육결과의 평등

- 교육조건과 학업성취 사이에 관련이 크지 않다는 연구결과와 함께 교육조건을 같게 하여도 교육결과의 평등이 보장되지 않는 것으로 나타나자 교육결과의 평등에 대해서 관심을 갖기 시작함
- 학업성취의 결과가 같아야 한다는 것, 조건의 평등이 아니라 결과의 평등을 위해 교육조건이 달려져야 한다는 것임

03장
교육사회학

콜맨 (보고서) 연구의 목적

- 학업성취도가 낮은 근본적인 원인이 학교의 시설, 교수방법, 교사의 질 등 학교 교육 조건이 열악하기 때문이라는 점에 착안해 교육의 조건과 학업성취의 관계를 밝히고자 하는 것이었음
- 또한 학교가 학생들에게 균등한 교육기회를 제공하는지의 여부를 확인하고자 하였음

콜맨(Coleman) 보고서의 의의

- 가정의 환경적 차이나 상대적인 문화적 결핍이 학업성취의 격차를 가져온다는 문화환경결핍론에 대한 실증적인 증거를 제시
- 교육평등의 관점을 여건의 평등에서 결과의 평등으로 한 차원 높였다는 점에 의의가 있음(→ 이 결과 등장하게 된 교육 평등 정책이 '보상교육')

콜맨(Coleman) 보고서의 시사점

전국에 걸쳐 대규모로 시행된 자료를 분석한 연구결과는 학교의 교육조건들, 즉 학급 크기, 학교 시설, 다양한 교육과정 등의 차이는 학생들의 학업성취에 별다른 영향을 주지 못하며, 오히려 학생들의 가정배경과 또래집단의 영향이 더 크다는 것이었음

콜맨의 가정배경과 관련된 자본

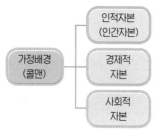

롤즈(Rawls)의 정의론
• 인간은 각기 다른 잠재 능력을 가지고 각자 다른 환경의 가정에 태어남. 이는 순전히 우연의 결과로 마치 '자연의 복권추첨'과 같은 것임
• 그러므로 잠재 능력을 잘 타고났거나 좋은 가정에 태어난 사람은 '복권'을 잘못 뽑아 불리해진 사람에게 어느 정도의 적선을 하는 것이 도리에 맞으며 사회는 마땅히 그러한 방향으로 제반 제도를 수립해야 함(정의는 사회제도의 제1의 덕성임)
• 롤즈의 정의의 원리는 평등한 자유의 원리, 차이의 원리임. 즉 불평등이 존재할 경우 사회적 · 경제적 불평등은 최소수혜자에게 최대 이익이 되도록 조정되어야 하며, 사회적 지위와 업무들은 모든 사람에게 개방되어야 함. 이 원리가 정의론의 핵심 원리임
• 정의론에 근거한 평등관이 '보상적 평등주의'임

실력 UP 콜맨(Coleman)의 가정배경과 관련된 자본

콜맨은 학업성취 결정 요인 가운데 하나인 가정배경은 인간자본, 사회자본, 경제자본 등으로 구성된다고 하였음

인적 자본 (인간자본)	• 부모의 지적 능력 혹은 교육수준 • 교육이나 훈련을 통해 인간에게 체계화된 지식, 기술, 창의력 등과 같은 인간이 구비한 생산력(Schultz)
경제적 자본	학생의 학업성취를 도울 수 있는 물적 자원, 부모의 경제적 자원능력
사회적 자본	• 부모와 자녀 사이의 상호 신뢰와 유대감 • 부모의 교육적 관심, 노력 및 교육적 노하우 • 사회적 자본은 사람들 사이의 사회적 관계에서 형성되는 것으로 가정을 중심으로 정의한다면 좁게는 가정 내 부모와 자녀의 관계이고, 넓게는 부모가 가정 밖에서 맺고 있는 사회적 관계의 전체임. 가정의 사회적 자본은 부모의 친구관계, 어머니의 취업여부, 자녀 교육에 대한 기대수준, 이웃과의 교육정보 교류정도와 같은 변인을 통해 측정됨

2. 롤스의 정의론(a theory of justice)

(1) 제 1원칙인 '평등의 원리'

① 인간의 기본적 권리로서 어떤 정치 · 사회적 조건에 의해 차등되지 않고 모든 사람에게 동등한 대우를 해야 함

② 개인의 자유는 사회 전체의 목적 · 이익을 위해 침해할 수 없는 불가침의 권리임

(2) 제 2원칙인 '차등의 원리'

① 능력주의는 외관상 공정하게 보이지만 사실 사회의 출발선상에서 보이지 않는 계급적 혜택에 의해 좌우되며, 그는 이런 문제를 보완하고자 '사회적 우연성', 즉 계급적 배경의 혜택을 배제하고 누구나 동일한 교육적 출발선상에 놓이게 한 것을 주장함

② 사회적으로 가장 불리한 입장에 있는 사람들의 필요에 특히 신경 쓸 것을 요구함 → 불리한 사람들에게 이익이 되는 방식으로 자원을 분배할 것을 요구함

③ 모든 인간을 평등하게 존중할 것을 요구함 → 불리한 입장에 있는 사람들을 포함하여 모든 사람에게 이득이 될 때에만 자원분배의 불평등이 인정됨

ⓘ나두공

04장 교육심리

교육심리학의 목적
- **일반적 목적** : 교육결과의 효율성 제고, 교육을 통한 개인의 성장을 촉진
- **학문적 목적** : 교육의 심리학적 현상·문제를 이해·기술·설명·통제하는 것

대표학자
- 행동주의 심리학 : 왓슨(Watson), 손다이크(Thorndike), 스키너(Skinner), 파블로프(Pavlov), 헐(Hull), 거스리(Guthrie)
- 인지주의 심리학 : 촘스키(Chomsky), 톨만(Tolman), 브루너(Bruner)
- 정신분석 심리학 : 프로이드(Freud), 에릭슨(Erickson), 융(Jung), 아들러(Adler)
- 인본주의(인간주의) 심리학 : 매슬로우(Maslow), 로저스(Rogers), 올포트(Allport)

매슬로우의 욕구위계설 비판점
- 욕구의 위계체계를 뒷받침할 만한 연구가 부족
- 인간은 반드시 위계에 따라 행동하는 것은 아님

매슬로우의 욕구위계설 교육적 시사점
- 학생을 먼저 인간으로 대하고 그 다음 학생으로 대함
- 학생이 배울 수 있고 그렇게 믿을 수 있는 안전하고 질서 있는 교실을 만듦
- 가르치고 배우는 경험을 학생의 관점에서 생각해 봄

01절 교육심리학의 기초

1. 교육심리학

(1) 교육심리학

① **개념** : 교육과 관련된 여러 현상과 문제를 심리학적 측면에서 이해·기술하려는 경험과학적·기술과학적 학문영역

② **교육심리학의 주요 이론**
   ㉠ **행동주의 심리학** : 학습은 여러 자극과 반응의 연합 과정
   ㉡ **인지주의 심리학** : 학습은 통찰에 의한 인지구조의 변화
   ㉢ **정신분석 심리학** : 학습은 무의식 세계를 분석함으로써 이루어짐
   ㉣ **인본주의(인간주의) 심리학** : 인간 그 자체를 중요시 했을 때 새로운 행동의 변화가 가능

③ **목적** : 교육의 시기와 방법을 결정 → 즉, 교육심리학은 교육목적을 언제 어떠한 방법으로 실현할 것인가에 대한 답을 구하고자 함

심력UP 매슬로우(Maslow)의 욕구위계설

- 인간은 욕구를 추구하는 존재이며, 욕구에는 위계가 존재함 → 저차원의 욕구(결핍욕구)와 고차원의 욕구(성장욕구)
- **욕구위계**
  - 성장과 존재 욕구

자아실현	한 인간으로서의 역할을 충분히 발휘하는 인간이 되고자하는 욕구
심미적 욕구	인생의 질서와 균형, 미적 감각, 모든 것에 대한 사랑을 평가하기
이해와 지적 욕구	광범위한 이론 속에 표현된 관계, 체계, 과정 등에 관한 지식을 통합하기(이해)와 정보와 학문에 접근하기, 일하는 방법을 알기, 사상이나 상징의 의미를 알기(지식)

  - 결핍과 보존 욕구

자존 욕구	독특한 능력과 가치 있는 특성을 지닌 인간으로 인정받기
소속 욕구	타인이 나를 알아주고 그들과 함께 집단 속에서 사귀기
안전 욕구	내일의 의식주를 고려하기
생리적 욕구	지금 당장의 의식주와 신체적 필요를 고려하기

2. 발달의 이해

(1) 발달

① 개념 : 임신에서 시작되어 생애주기를 통하여 계속되는 전체적인 변화의 한 패턴으로 신체적 성장과 유전적이며 생리적 요인에 의존하는 성숙, 그리고 경험이나 학습과 같은 외적 자극과 상황을 포함함

② 발달의 기제 : 적기성, 기초성(초기성), 누적성, 불가역성(불가소성)

(2) 발달 연구의 최근 동향(브론펜브레너(Bronfenbrenner)의 인간발달에 대한 생태학적 접근)

① 인간에 영향을 주는 환경을 생태학적으로 정의하고 체계적으로 환경을 분석함

② 환경을 여러 수준의 체계로 나누고 이들 체계 내에서 개인의 발달을 논함

미시체계	• 가장 소규모의 환경으로, 아동이 직접적으로 접하는 환경(예) 가정, 유치원, 놀이터 등) • 각 개인이 그 체계 안에 있는 다른 사람에게 영향을 주고 또 다른 사람으로부터 영향을 받는 발달의 진정한 역동적 맥락임
중간체계	가정, 학교, 또래 집단과 같은 미시체계들 간의 연결이나 상호관계
외체계	아동이 직접적으로 접촉하지는 않지만 아동에게 영향을 미치는 사회적 환경(예) 이웃, 친척, 부모의 직장, 대중매체, 정치적 · 경제적 · 사회적 의사결정기구(정부기구, 교육위원회, 사회복지기관 등과 같은 청소년 관련기관))
거시체계	미시체계, 중간체계, 외체계가 들어있는 문화, 하위문화, 사회계층 맥락으로, 가장 바깥에 존재하며 가장 넓은 체계의 환경(예) 사회적 가치, 법, 관습, 태도, 얼짱 신드롬 등)
시간체계 (연대체계)	개인의 일생 동안에 걸쳐 일어나는 변화와 사회 · 역사적인 환경의 변화(예) 부모가 이혼한 시점, 동생이 태어난 시점 등)

02절 인지발달 및 성격 · 도덕성 · 언어 발달

1. 인지발달

(1) 인지발달이론

① 피아제(Piaget)의 구성론적 인지발달론

ㄱ 피아제는 우리의 인지가 환경과의 끊임없는 상호작용을 통해 발달한다고 함

ㄴ 도식(schema)이라고 하는 인지구조를 끊임없이 재구성함으로써 주어진 환경에 효과적으로 맞추어 나감

ㄷ 인지기능과 인지구조

• 적응(외적 측면)

- 동화 : 자신의 기존 도식에 맞추어 새로운 지식이나 정보를 수용하는 것

발달의 기제
• 적기성 : 모든 발달은 단계가 있으며, 각 단계에 맞는 과업이 있음
• 기초성(초기성) : 초기경험이 후기발달의 토대가 됨
• 누적성 : 현 단계의 발달이 잘못되면 다음 단계에서 더욱 잘못됨
• 불가역성(불가소성) : 초기 발달의 결핍을 나중에 보상하기가 어려움

발달의 주요 원리
• 분화 통합성
• 연속성
• 상호작용성
• 상호관련성
• 예언 곤란성
• 순서성(방향성)

도식(schema)의 개념과 종류
• 도식(schema) : 사고의 기본단위, 조직화된 행동 및 사고행태를 의미
• 종류

감각운동도식 (감각운동기)	아동들이 어떤 대상이나 경험을 표상하고 거기에 반응할 때 사용하는 체계화된 행동 패턴
상징도식 (전조작기)	아동들이 행동을 하지 않고도 사물이나 사건을 정신적 상징을 이용해 표상하는 것
조작도식 (구체적 조작기 이후)	어떤 논리적인 결론에 도달하기 위해 자신의 사고를 대상으로 행하는 정신적인 활동의 구조를 말하며, 약 7세 이후의 아동들에게 형성되기 시작

04장 교육심리

- 조절 : 자신의 기존 도식을 새로운 지식이나 정보에 부합되도록 변화시키는 것
- 평형 : 현재의 인지구조와 새로운 정보 간의 균형을 회복하는 과정
- 조직화 : 지식ㆍ정보를 순서화하고 체계화
- 인지구조 : 과거의 경험의 축적으로 만들어진 심리적인 틀 → 인지발달은 인지구조의 질적 변화과정(포섭적 팽창)

② 인지발달 단계

단계	연령	주요 특성
감각운동기	출생~2세 (영아기)	• 감각운동적 도식 발달 • 반사행동에서 목적을 가진 행동으로 발전 • 대상 영속성 습득
전조작기	2~7세 (유아기)	• 언어와 상징과 같은 표상적 사고능력의 발달 • 직관적 사고와 중심화 • 자아중심성
구체적 조작기	7~11세 (학령기)	• 구체적인 상황에서의 논리적 사고발달 • 가역성, 유목화, 서열화 개념 습득 • 사회지향성
형식적 조작기	11세이후 (청소년기~)	• 논리적으로 추상적인 문제 해결 • 가설 연역적 추리 가능 • 조합적 추리 가능

② 비고츠키(Vygotsky)의 역사ㆍ사회적 인지발달이론
  ㉠ 비고츠키는 발달 수준을 실제적 발달 수준과 잠재적 발달 수준으로 구분함
    • 실제적 발달 수준 : 아동이 주위의 도움 없이 스스로 문제를 해결할 수 있는 수준
    • 잠재적 발달 수준 : 도움을 받아서 문제를 해결할 수 있는 더 높은 수준
  ㉡ 근접발달영역
    • 혼자서는 문제를 해결할 수 없지만, 성인의 안내를 받거나 친구와 협동하면 성공적으로 문제를 해결할 수 있는 영역
    • 성인이나 뛰어난 동료의 도움(scaffolding)을 통해 발달, 협력학습, 구성주의 학습의 이론적 근거
    • 비계설정(scaffolding) : 근접발달영역에서 제공되는 더 뛰어난 친구나 성인의 도움을 뜻함
  ㉢ 비고츠키는 피아제와 달리 언어가 인지발달에 중요한 역할을 한다고 보며 아동의 자기중심적 언어가 문제해결을 위한 사고의 도구라고 주장함
  ㉣ 비고츠키는 비계설정을 포함하여 대부분의 사회적 상호작용이 언어를 통해 이루어지며 언어는 학습자로 하여금 다른 사람이 이미 가지고 있는 지식에 접근하도록 해 준다고 함
  ㉤ 언어발달 : 사회적 언어 → 자기중심적 언어(사적 언어) → 내적 언어

비계설정(scaffolding)의 구성요소
협동적인 문제해결, 상호주관성, 따뜻한 반응(격려), 자기조절 증진시키기, 심리적 도구(예 기억, 언어)와 기술적 도구(예 인터넷) 활용, 근접발달영역 안에 머물기

언어의 형태(사적 언어와 사회적 언어)

사적 언어 (private speech)	아동이 자신의 행동을 지시하고 조절해 문제를 해결하고자 할 때 사용하는 것으로, 옹알이에서 중얼거림으로, 다시 내적 언어로 발달
사회적 언어 (public speech)	사회의 가치ㆍ사고체계를 담고 있는 것으로, 인지발달의 원판 역할을 함

(2) 피아제와 비고츠키의 비교

구분	피아제(인지적 구성주의)	비고츠키(사회적 구성주의)
아동관	• 꼬마 과학자 • 스스로 세계를 구조화	• 사회적 존재 • 타인과 관계에 영향
지식형성 과정	개인 내적 지식이 사회적 지식으로 확대 또는 외면화됨	사회적 지식이 개인 내적 지식으로 내면화됨
환경	물리적 환경 중시	사회, 문화, 역사적 환경 중시
학습과 발달의 관계	발달에 기초하여 학습이 이루어짐	학습은 발달을 주도함
인지발달과 언어	언어는 인지발달의 부산물임. 인지발달 후 언어발달이 이루어짐	인지발달과 언어발달은 상호 독립적이며, 언어는 학습과 발달을 매개하는 역할을 함
혼잣말	미성숙하고 자기중심적인 성향을 대변하는 표상임	자신의 사고 행동을 지도하기 위한 수단, 문제 해결을 위한 사고의 도구임
경험제공	평형화를 깨뜨리는 경험	발판을 제공하고 상호작용

2. 성격 · 도덕성 · 언어 발달

(1) 성격 발달

① 성격 : 개인의 특정한 행동을 결정하는 생물학적 심리구조(Allport), 어느 한 인간이 갖는 사회적 자극가치(May)

② 프로이드(Freud)의 성격발달론

㉠ 건전한 성격의 아동을 키우기 위해 생리적 본능의 충족을 적절한 시기에 잘 얻도록 도와야 함을 시사

㉡ 각 단계에서 아동이 성적 쾌감을 충분히 느끼지 못해 욕구불만이 생기거나 지나치게 몰두하면 고착 현상을 일으켜 다음 단계로 순조롭게 발달이 이루어지지 못함

㉢ 성격발달단계

• 구강기

구강 빨기 단계	과식, 흡연, 과음, 다변 등 / 의존적 성격
구강 깨물기 단계	손톱 깨물기, 남 비꼬기 등 적대적이고 호전적 성격
욕구충족의 경험	낙천적 성격 형성 → 긍정적 신뢰감 형성

• 항문기

배변훈련 엄격시	대소변 통제에 대한 불안 형성 → 결벽증, 지나친 규율 준수, 인색, 강박, 수전노, 융통성 없는 소극적 성격
배변훈련 허술시	대변을 부적절하게 보는 공격적 성향 → 무절제, 기분파, 반사회적 행동 경향
욕구충족의 경험	독창성, 창조성, 생산성, 자신과 사회의 원만한 관계 형성

SEMI-NOTE

사고와 언어의 발달 과정 비교

• 피아제(Piaget)

• 비고츠키(Vygotsky)

프로이드의 성격구조

원초아 (id)	• 성격의 가장 원초적인 부분으로 신생아가 지니고 있는 최초의 상태 • 쾌락의 원리에 따라 만족을 추구
자아 (ego)	• 출생 후 주위 환경과 상호작용하기 시작하면서 발달하기 시작 • 현실적 원리에 따름
초자아 (super ego)	• 인간의 도덕적 측면을 나타냄 • 부모나 다른 성인들이 아동에게 그 사회의 가치관과 규범을 전수하는 과정에서 발달

프로이드의 성격발달론에 대한 비판점

• 수동적 존재로서의 인간
• 문화적 특수성 경시
• 여성에 대한 편견
• 과학적 정확성의 결여

SEMI-NOTE

• 남근기(성적 갈등 과정에서 초자아 형성 → 발달의 결정적 시기)

오이디푸스 콤플렉스	남아의 어머니에 대한 애정 갈구 현상 → 아버지에 대한 적대감 → 거세불안증 → 동일시(동성애) → 성역할(남성다움) 습득 → 초자아 형성
일렉트라 콤플렉스	여아의 아버지에 대한 애정 갈구 현상 → 어머니에 대한 원망 → 남근 선망 → 동일시(동성애) → 성역할(여성다움) 습득 → 초자아 형성

• 잠복기 : 성적(이성애적) 관심 없음(동성애 시기), 동성 친구와의 학습 및 지적 활동 왕성 → 초등학교 입학 시기
• 생식기 : 이성애 → 부모로부터 독립욕구가 출현

③ 에릭슨(Erikson)의 성격발달이론
　㉠ 프로이드의 성격발달이론을 사회 · 환경적 상황과 연계하여 확대함
　㉡ 에릭슨은 점진적 분화의 원리에 의해 심리사회적 발달이 이루어진다고 보고, 아동의 자아정체감 발달과 사회화에 관심을 기울임
　㉢ 각 단계에는 심리사회적 위기가 있으며 각 단계의 위기를 성공적으로 해결했을 때 성격발달이 제대로 이루어진다고 봄
　㉣ 발달단계

에릭슨의 발달단계	연령	주요한 관계	특징
기본적 신뢰 대 불신감	출생~18개월 (프로이트 : 구강기)	어머니	성격발달의 토대 형성
자율성 대 수치심(의심)	18개월~3세 (프로이트 : 항문기)	부모	혼자 걷기, 배변 훈련 등 자신의 요구와 부모의 요구가 조화를 이룰 때 자율성 발달
주도성 대 죄책감	3~6세 (프로이트 : 남근기)	가족	놀이와 자기가 선택한 목표 행위가 격려를 받을 때 주도성 형성
근면성 대 열등감	6~12세 (프로이트 : 잠복기)	이웃, 학교	가정일보다 학교에서의 성취에 관심, 인정받을 때 근면성 형성 → 자아개념 형성기
자아정체감 대 역할혼미	12~18세 (프로이트 : 생식기)	동료, 지도자	급속한 신체변화와 사회적 욕구에 따라 새로운 자아를 탐색, 내적 동질성 확보시 정체감 형성 → 심리적 유예기(모라토리움)
친밀감 대 고립감	19~24세	친구, 이성, 경쟁자	친구나 애인, 동료 간 관계 만족시 친근감 형성
생산성 대 침체성	25~54세	직장, 가족	후세대의 성공적 발달을 돕는 것이 최대관심
자아통일 대 절망감	54세~	인류	지나온 생애에 대한 성찰의 시기

점진적 분화의 원리
발달이 선천적으로 예정된 시점에 따라 이루어진다는 것으로 어떤 발달이 정해진 시기에 이루어지지 못하면 결함으로 남음

마르샤(Marcia)의 자아정체감 유형
• 자아정체감 : 자기존재나 위치, 역할 및 책임, 능력에 대한 자신만의 분명한 의식
• 위기 : 직업선택이나 가치관 등의 문제로 고민과 갈등을 느끼면서 의문과 방황을 하고 있는 경우
• 참여(수행) : 직업선택이나 가치 및 이념 등에 방향이나 우선권을 확실하게 설정한 후, 그것을 성취하기 위한 적절한 수단이 되는 활동에 능동적으로 참여하고 있는 경우
• 자아정체감의 유형 ★ 빈출개념

정체감 혼미	자신이 누구인지 또는 인생에서 무엇을 하고 싶어 하는지에 대해 어떤 결론에 도달하지 못했을 때 발생
정체감 유실	다른 정체감을 실험해 보거나 다른 선택의 범위를 고려하지 않고 대개 부모의 목표, 가치, 그리고 생활방식을 택하는 상태를 말함
정체감 유예	에릭슨은 유예를 선택을 위한 노력 중에 있는 상태로 봄. 마샤는 유예의 의미를 정체성 위기에 대하여 대처하기 위한 청소년의 활동적 노력도 포함시킴
정체감 성취	현실적으로 선택할 수 있는 것들이 무엇인가를 먼저 고려한 후 선택을 하고 그것을 위해서 추구한다는 것을 의미

(2) 도덕성 발달

① 피아제(Piaget)의 도덕성 발달이론

ㄱ 인지적 접근을 통해 도덕성은 도덕적 추론능력이라고 봄

ㄴ 도덕성 발달(현실적 도덕성 → 자율적 도덕성)

- 전(前) 도덕 단계(3세 이전) : 자기중심적으로 행동하는 단계
- 현실적 도덕 단계(4~10세) : 규율을 절대적으로 간주하는 단계. 이 단계에서 아동 행동의 특징은 행위의 이유를 찾거나 판단함이 없이 규칙에 무조건 복종하며 아동은 부모나 그 밖의 권위 있는 성인을 전지전능한 존재로 여김
- 자율적 도덕 단계 : 스스로 규율을 만들고 규율을 상대적으로 간주하는 단계. 아동은 행동의 이면에 놓여 있는 행위자의 의도를 고려하여 행동의 선악을 판단함

② 콜버그(Kohlberg)의 도덕성 발달이론

ㄱ 콜버그는 도덕적 딜레마나 어려운 결정을 해야 하는 가설적 갈등상황을 제시하고 '어떻게 하겠는가, 왜 그렇게 해야 하는가?'를 질문함

ㄴ 이러한 질문에 대하여 '예, 아니오'라는 응답에 관심을 둔 것이 아니라 왜 그렇게 생각하는지의 이유를 분석함으로써 옳고 그름에 대한 도덕적 판단, 도덕적 추론의 발달 순서를 세 가지 수준으로 구분하였고, 각 수준을 하위 단계로 나누어 설명함

ㄷ 도덕성 발달단계

인습 이전 수준 (전도덕 수준)	1단계 : 복종과 처벌 지향	어떻게 처벌을 면할 수 있을까, 벌인가 칭찬인가 또는 행위를 강요하는 사람이 누구인가에 의해 선악이 판별됨
	2단계 : 개인적 쾌락주의	"나에게 뭐가 좋아?"처럼 아동 자신의 욕구충족이 도덕 판단의 기준이며, 다른 사람의 욕구충족을 고려하지만 자신의 욕구충족을 우선 생각함
인습 수준 (관습적 도덕 수준)	3단계 : 착한 소년/소녀 지향	다른 사람을 기쁘게 하고, 도와주는 행위여부가 선악을 결정하며 타인의 승인을 중요하게 생각함
	4단계 : 사회질서와 권위 지향	법은 절대적이고 사회질서는 유지되어야 함. 개인적인 문제보다 전체를 위한 의무감을 더욱 중요하게 여김. 즉, 주어진 사회질서를 유지하려는 행동이 나타남
인습 이후 수준 (자율 도덕 수준)	5단계 : 사회계약 지향	법의 사회적 유용성에 대한 합리적 고려에 따라 법이 바뀔 수도 있다고 생각함. 인간으로서의 기본 원리에 따라 행동함
	6단계 : 보편적 원리 지향	스스로 선택한 도덕원리에 따른 양심적인 행위가 곧 올바른 행위가 됨

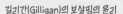

길리간(Gilligan)의 보살핌의 윤리

- 콜버그의 도덕성 발달이론의 한계에 대한 대안으로 길리간은 '보살핌의 윤리'를 제시함
- 길리간은 개인은 자기 이익에 초점을 맞추다가 특정한 개인에 대한 책임과 관계에 근거한 도덕적 추론, 그 다음은 책임감과 모든 사람에 대한 보살핌의 원칙에 근거한 가장 높은 도덕성 수준으로 옮겨간다고 봄

리코나의 모델에서의 도덕적 행동을 촉진하는 4가지 구성 요소

• **자존감** : 학생마다 자존감을 향상시키는 훌륭한 방법을 가지고 있으며 높은 자존감은 도덕적 행동의 가능성을 향상시킴
• **협동학습** : 협동학습은 도덕적 행동, 특히 돕는 행동이나 사회적 행동을 증가시키는 것과 관련됨
• **도덕적 반성** : 도덕적 반성은 도덕적 문제를 토론하고, 읽고, 쓰고, 생각하는 것임
• **참여적 의사결정** : 참여적 의사결정은 교실 생활의 질에 영향을 주는 의사결정에 학생들이 참여하는 것을 말함

언어습득장치(LAD)

촘스키가 제안한 언어습득장치(LAD)는 인간이 언어를 획득할 수 있도록 선천적으로 가지고 태어난 언어 생성기제를 말함. LAD는 외부로부터 들어오는 언어자극을 분석하고 처리하는 지각적·지적 능력을 뜻함

지능

• **개념** : 목적을 향해 행동하고, 합리적으로 사고하며, 환경을 효과적으로 다루는 개인의 집합능력
• **Binet** : 일정한 목적을 세우고 지속하는 경향, 의도한 결과를 성취하기 위해 적응하는 능력, 그리고 자기 비판능력
• **Terman** : 추상적 사상을 다루는 능력
• **Wechsler** : 목적을 향해서 행동하고, 합리적으로 사고하고, 환경을 효과적으로 다루는 개인의 종합적 능력

③ 인지 발달론에서의 도덕성 발달교육 모형

　㉠ 비평형화

　　• 당면한 도덕적 문제를 기존의 인지구조로 해결할 수 없을 때 비평형 상태가 됨

　　• 비평형상태는 다시 인지구조 자체의 변화를 유발시켜 새로운 경험들이 구조 속에 동화할 수 있도록 하므로 도덕발달을 의도적으로 유도하기 위해서는 인지구조의 비평형 상태를 인위적으로 만들어야 함

　㉡ 블렛트 효과(Blatt Effect) : 학생들의 인지적 갈등을 자극하되, 한 단계 높은 단계에 있는 학생들과의 논쟁을 통한 전략

　㉢ 리코나(Lickona) 모델(도덕적 사고에서 도덕적 행동으로)

　　• 학생의 도덕적 사고를 이해하면 도덕적 행동을 촉진할 수 있다는 이론

　　• 도덕적 행동을 촉진하는 4가지 구성 요소 : 자존감, 협동학습, 도덕적 반성, 참여적 의사결정

(3) 언어 발달

① 언어능력의 유전설

　㉠ LAD(언어습득 장치, 촘스키) : LAD는 보편적 문법, 모든 언어에 공통적인 규칙에 관한 지식을 포함하며, 아이가 듣고 있는 언어에 상관없이 LAD는 중요한 어휘를 습득한 아이들이 단어들을 낯설고, 규칙에 매인 말로 조합하고 그들이 듣는 것을 이해하는 것을 가능하게 함

　㉡ LMC(언어생성능력, 슬로빈) : 선천적으로 언어학습 위해 전문화된 인지적 능력과 지각적 능력을 말함

② 피아제의 언어 발달설 : 사고가 언어에 우선, 특히 자기중심적 언어는 자기중심적 사고의 표현(역은 불가능)

③ 비고츠키의 언어 발달설 : 언어가 사고발달 촉진, 내적 언어 중시, 언어발달은 원시적 단계 → 소박한 심리단계 → 자기중심적 언어단계 → 내적 언어단계를 거침

03절　지능과 창의성

1. 지능

(1) 지능이론

① 스피어만(Spearman, 1927))의 이론 : 지능의 요인을 언어·수·도형 문제해결에 공통적으로 작용하는 '일반요인(g요인)'과 특수영역의 문제해결에 사용하는 '특수요인(s요인)'으로 구분

② 서스톤(Thurstone, 1938)의 이론 : 지능을 구성하는 가장 기본적 요인(기본정신능력)으로 언어이해·지각속도·추리·기억·단어유창성·공간시각화요인 등 7가지를 제시

③ 카텔(Cattell, 1963)의 유동적 지능과 결정체적 지능

   ⊙ 2형태설(2층이론) → 일반지능(유동적 지능과 결정체적 지능, 2층)과 특수지능(PMA 등 40여 개의 요인, 1층)

   ⓛ 유동적 지능과 결정체적 지능

유동적 지능	• 실천적 요인(예 유전, 성숙 등 생리적 요인)에 의해 영향을 받는 지능으로 뇌 발달과 비례하는 능력임 • 기억력, 지각능력, 속도, 기계적 암기, 일반적 추리력 등 모든 문화권에서의 보편적인 능력으로 탈문화적 내용에 해당함 • 청소년기까지는 발달하나 그 이후부터는 점차 쇠퇴함
결정체적 지능	• 환경적 요인(예 경험, 학습)에 의해 영향을 받는 지능으로 문화적 환경과 경험에 의해 발달하는 능력임 • 어휘이해력, 수리력, 일반지식, 상식, 논리적 추리력 등 문화적 내용에 해당함 • 교육기회의 확대 등으로 청소년기 이후에도 계속 유지되거나 상승함

④ 길포드(Guilford, 1959, 1988)의 지능구조이론

   ⊙ 기본적 입장

     • 지능요인 : 지적 활동이 '내용차원-조작차원-산출차원'의 3차원으로 이루어져 있으며, 차원별 각 요소들(5개-6개-6개)의 조합으로 180개의 독특한 지능요인을 형성

     • 내용, 조작, 산출 : 내용은 '사고의 대상', 조작이란 '사고하는 방식'이며, 산출을 '사고의 방식과 대상의 결과'라 정의

   ⓛ 지능구조의 요소

내용차원	시각적, 청각적, 상징적, 의미론적, 행동적
조작차원	인지, 기억저장, 기억파지, 수렴적 사고, 확산적 사고, 평가
산출차원	단위, 유목, 관계, 체계, 변환, 함축

⑤ 가드너(Gardner, 1983)의 다중지능이론

   ⊙ 지능은 단일한 것이 아니라 각각 독립적이며, 중요성이 동일한 9개의 지능으로 구성

   ⓛ 지능은 교육 및 훈련을 통해 촉진가능하며, 잠재적 지능의 실현정도는 환경에 의존

   ⓒ 지능의 9가지 유형

수렴적 사고와 확산적 사고

수렴적 사고	어떤 문제에 대해 정해져 있는 대답을 찾아내는 능력
확산적 사고	문제에 대해 가능한 다양한 해답·해결책을 찾아내는 능력(창의력과 유사)

지능의 유형	내용	사례
언어적 지능	단어의 의미와 소리에 대한 민감성, 문장 구성의 숙련, 언어 사용방법의 통달	시인, 연설가, 교사
논리-수학적 지능	대상과 상징·용법, 용법 간의 관계 이해(분류 및 범주화, 패턴 이해, 체계적 추리), 문제 이해 능력	수학자, 과학자
음악적 지능	음과 음절에 대한 민감성, 음과 음절을 리듬이나 구조로 결합하는 방법과 음악의 정서적 측면 이해	작곡가, 연주가, 성악가

다중지능이론(MI) 교육적 시사점

• 개인은 9가지 지능 모두를 소유하고 있으며, 그 중 뛰어난 지능을 발견하여 개발하는 것이 중요(→ 각자의 잠재력을 극대화할 수 있는 교육여건 조성이 필요)
• 대부분의 사람들이 각 지능들을 적절한 수준까지 발달시킬 수 있음
• 각 지능 범주 내에도 지능을 발달시키는 방법이 다양하게 존재
• 9개의 지능개발을 위해 실생활의 활동과 관련된 대안적 평가가 요구됨

공간적 지능	공간적 정보의 정확한 지각, 자신의 지각 변형 능력, 시각경험의 재생능력, 균형·구성에 대한 민감성, 유사한 양식을 감식하는 능력	예술가, 조각가, 기술자, 건축가
신체–운동적 지능	감정이나 의도를 표현하기 위해 신체를 숙련하게 사용하고 사물을 능숙하게 다루는 능력	무용가, 공예인, 운동선수, 배우
대인관계 지능	타인의 기분과 기질, 동기, 의도를 파악하는 능력, 타인에 대한 지식에 따라 행동할 수 있는 잠재능력	정치가, 종교인, 사업가, 행정가
개인 내적 지능	자신의 내적과정과 특성에 대한 이해, 통찰, 통제능력	소설가, 임상가, 종교인
자연관찰 지능	동식물이나 주변 사물을 관찰하여 공통점과 차이점을 분석하는 능력	생물학자, 지리학자, 탐험가, 사냥꾼
실존지능 (영적인 지능)	인간의 존재이유, 삶과 죽음, 희로애락, 인간의 본성 및 가치에 대한 철학적·종교적 사고 능력	종교인, 철학자

⑥ 스턴버그(Sternberg)의 삼원지능이론

ⓐ 개요

• 지능은 삶에 적합한 환경을 의도적으로 선택하거나 조성하고, 그 환경에 적응하는 능력을 말함

• 보다 완전한 지능이 되기 위해서는 개인(IQ), 행동(창의력), 상황(적용력) 등 세 가지 요소를 고려해야 함 → 지능의 역할을 설명하는 성분적(분석적)·경험적(창조적)·맥락적(실천적) 요소 제시

ⓑ 성공지능의 3요소

성분적 요소(분석적 능력, IQ) : 전통적 지능, 구성적 지능	• 메타요소(상위요소) : 문제해결을 계획, 점검, 평가하는 고등 정신과정 → 스피어만의 G요인에 해당 • 수행요소 : 메타요소의 지시를 받아 문제를 해결하는 과정 • 지식획득요소 : 문제를 해결할 수 있는 방법을 학습하는 과정
경험적 요소(창의력, 통찰력) : 자동화능력 + 통찰력	• 선택적 부호화 : 다양한 정보에서 적절한 정보를 결정하는 과정(예 플레밍(Flemming)의 페니실린 발견) • 선택적 결합 : 정보들을 통합한 전체로 구성하는 과정(예 다윈(Darwin)의 진화론) • 선택적 비교 : 새로운 정보와 기억 속에 저장된 정보 사이의 관계를 비교하는 과정(예 케큘러(Keukle)의 벤젠의 분자구조 발견, 케플러(Kepler)의 천체운동 유추)
맥락적 요소(상황적 지능, 실용지능)	현실상황에 적응하거나 환경을 선택하고 변형하는 능력 → 학교교육과는 무관, 일상의 경험에 의해 획득

(2) 지능검사

① 비네(Binet)–시몬검사

ⓐ 최초의 지능검사, 언어성 검사 → 학습부진아 변별 목적

ⓑ 정신연령(MA)을 이용 → 연령척도로 표시

• 일반 지능검사와 특수 지능검사 : 측정 목적에 따라 일반지능을 종합적, 혼합적으로 측정하려는 일반 지능검사(현재 사용되고 있는 대부분의 검사)와 특수한 정신 능력을 독립적으로 측정하려는 특수지능검사로 분류함

• 언어검사와 비언어검사 : 검사 문항이 주로 언어에 의존되어 구성된 언어검사(α검사)와 문항구성이 언어자극을 최대한 극소화시킨 비언어검사(β검사)로 구분함

• 개인지능검사와 집단지능검사 : 검사를 실시할 때 한 번에 피험자 한 사람을 대상으로 검사를 실시하는 개인지능검사와 한 번에 여러 사람에게 동시에 실시할 수 있도록 구성되어 있는 집단지능검사(육군 α검사와 β검사가 시초)로 구분함

• 탈문화검사와 문화구속성검사 : 검사 문항 속에 가능한 한 문화의 내용을 제거하려는 노력에 의한 제한된 탈문화검사와 문화의 내용이 담겨있는 문화구속검사로 구분함(예 K–ABC, CAS, SOMPA, CPM 등)

② 터만의 스탠포드-비네(Stanford-Binet)검사

    ㉠ 비네검사를 토대로 터만(Terman) 교수가 고안한, 언어 중심의 개인지능검사

    ㉡ 비율 IQ : 지적능력을 정신연령(MA ; Mental Age)이라 하고 이를 생활연령

        (CA ; Chronological Age)과 대비시켜 그 비율을 지능지수(IQ)라 명명

③ 웩슬러(Wechsler)검사

    ㉠ 언어성 검사와 비언어성(동작성) 검사로 구성

    ㉡ DIQ 사용(평균 100, 표준편차 15)

    ㉢ WAIS(성인용), WISC(아동용, 7~16세), WPPSI(취학 전 아동용, 4~6세)

(3) 감성지능(EQ)

① 개념 : 자신과 타인의 감정을 정확히 지각 · 인식 · 표현하는 능력 → IQ와는 별개 능력, 가드너(Gardner)의 대인관계지능과 개인내적 지능을 합친 것

② 구성요소

개인내적 지능	감정지각 능력, 감정조절 능력, 동기부여 능력
사회적 지능(대인관계 지능)	공감 능력, 인간관계기술 능력

③ 감정지능을 결정하는 5가지 능력 : 자신의 감정을 정확하게 파악하는 자기 인지력, 분노나 욕구 등의 충동을 조절할 수 있는 자제력과 인내력, 타인의 감정을 헤아리고 파악할 수 있는 공감력, 문제를 일으키지 않고 관계를 잘 유지하는 사회적 능력, 사물의 긍정적인 면에 주목하는 플러스 지향의 능력

2. 창의성

(1) 개념

① 길포드(Guilford) : 새롭고 신기한 것을 낳는 힘을 의미

② 기셀린(Ghiselin) : 창조적 과정은 자유의 상태가 전제되어야 하며 숙달된 이해력과 작용하고 그 후 기능이 작용하므로 혼란에서 행동으로 질서가 세워지며 전통적인 것에서 새로운 것으로 바뀌는 것

③ 칙센트미하이와 울프(Csikszentmihalyi & Wolfe, 2000) : 독창적이고 가치가 있으며 실천할 수 있는 사고 혹은 산출물

(2) 창의성에 대한 학설

① 길포드의 창의적 사고 요인설

사고의 유창성	어휘, 관념, 연상, 표현 등에서 여러 가지 관점이나 해결안을 빠르게 떠올리는 능력
사고의 융통성	자발적, 적응적 융통성으로 주어진 문제 사태를 해결하기 위해 틀에 박힌 사고방식이나 시각으로부터 벗어나 다양한 해결책을 찾아내는 능력
사고의 독창성	비범성, 원격연합, 기교성 등 고정 관념으로부터 탈피하여 스스로 새로운 점을 찾아보려는 성향

SEMI-NOTE

지능지수(IQ)

$$\frac{정신연령(MA)}{생활연령(CA)} \times 100$$

셀로비와 마이어의 감성지능

감성지능은 감정을 정확히 지각하고 표현하는 능력, 감정을 생성하거나 이용하여 사고를 촉진시키는 능력, 감정과 감정지식을 이해하는 능력, 감정 발달과 지적 발달을 촉진시키기 위하여 감정을 조절하는 능력이라고 정의함

창의성의 구성요인

유창성	양의 다양성, 반응속도(예) 각기 다른 반응의 총 개수)
융통성 (유연성)	질의 다양성, 반응의 넓이 (예) 다양한 반응범주의 총 개수)
독창성 (참신성)	반응의 신기성(예) 각기 다른 반응의 사람수 → 남들이 생각하지 못한 다른 반응을 제시하는 사람 수로 통계적으로 결정)
정교성 (치밀성)	사고의 깊이, 결점을 보완하는 능력
조직성	재구성력
지각의 개방성 (민감성)	문제사태에 대한 민감성

스턴버그(Stenberg)와 루버트(Lubart)

- 창의적인 사람은 생각의 영역에서 '싸게 사서 비싸게 파는' 행위를 함. 즉 매우 가치 있다고 여겨지는 결과물을 생산하고, 현재 비싸게 팔 수 있으며 이어서 성장 잠재력을 가진 새로운 혹은 인기 없는 생각으로 이동함
- 창의성을 중다요인으로 보며 다양한 인지적, 개인적, 동기적 그리고 환경적 자원들이 결합되어 창의적인 문제해결을 향상시킨다고 봄
- 창의성의 6가지 요인

지적인 자원들	오래된 문제들을 새로운 방식으로 해결·이해하기 위해 새로운 문제들을 찾아내는 능력, 추구할 만한 가치가 있는지의 여부를 결정하기 위해 자신의 생각들을 평가하는 능력, 생각들의 가치를 다른 사람에게 팔 수 있는 능력
지식	자신이 선택한 분야의 현재 상태에 익숙하기
인지 스타일	자신이 선택한 것에 관하여 새롭고 발산적인 방식으로 사고하는 것을 선호하는 경향성
동기	자신이 성취하려는 분야에 대한 열정, 일에 대한 관심
지지적 환경	재능과 동기를 육성하고 성취에 대해 보상해 주는 환경
성격	발생하기 쉬운 위험을 받아들이고, 불확실성에 직면하여 견뎌내며, 군중을 의식하지 않는 자기 확신을 갖는 자발성

집요성	찾고자 하는 새로운 아이디어를 얻을 때까지 또는 주어진 과제를 해결할 때까지 다각적으로 생각하면서 끈기 있게 노력하는 성향

② 우반의 창의성 구성요소 모형

㉠ 개인적 성향

과제집착력과 집중력	주제, 대상, 상황, 산출물에 집중하는 능력, 안정적 속도, 지구력, 집착력, 열정 등
동기유발	새로움에 대한 필요성, 호기심, 지식과 탐구에 대한 욕구, 의사소통, 자기실현화, 헌신, 책무감, 외적 동기 등
개방성과 모호함에 대한 인내	실험하는 것, 즐기는 것, 위험감수에 대한 적극성, 비추종성, 자율성, 유머, 여행거거나 여유를 가지는 것 등

㉡ 인지적 요소

발산적 사고력	독창성, 정교성, 재구성력, 재조직력, 유창성, 융통성, 문제민감성 등
일반 지식과 사고력	메타인지, 비판적 사고력, 논리적 사고력, 분석적 사고력, 종합력, 기억 연결력, 포괄적 견해 등
특수영역의 지식과 기능	영역별 지식과 기능, 전문성 등

(3) 창의성 개발 방법

브레인스토밍 (Osborn)	누구나 창의력 소유 & 집단 사고 활용 → 비판금지, 자유분방, 양산(量産, 유창성), 결합과 개선(독창성)
체크리스트법	SCAMPER법이라고 함 → 대체, 결합, 적용, 수정, 다르게 활용, 제거, 반대로 또는 재배열
유추(Gordon)	• 아무런 관련이 없어 보이는 요소들을 '비유'로 연결하는 연습을 통해 새로운 생각을 창출 • 유추의 유형 : 대인유추, 직접 유추, 상징적 유추
PMI법	결정을 억누르는 것이 아닌 P(긍정), M(부정), I(재미있고 중립적인 면) 등으로 대안의 모든 측면들을 고려해 본 다음에 결정하도록 함
속성열거법	주어진 문제나 개선을 필요로 하는 물건의 다양한 속성을 목록으로 작성. 각각의 세분된 속성에 주의를 환기하고 그 속성들을 그 문제의 모든 부분을 볼 체크리스트로서 이용
브레인 라이팅	문제해결을 위한 아이디어나 질문에 대한 참가자의 의견을 카드에 직접 작성하고 진행자가 카드를 수집해 게시판 등에 정리하는 아이디어 수집 방법
육색 사고모자	6가지 각기 다른 색으로 만들어진 모자를 쓰고 자신이 쓰고 있는 모자의 색깔이 표상하는 유형의 사고를 하는 것 → 백색(객관적·사실적 사고), 적색(감정적 사고), 흑색(논리적 부정), 황색(논리적 긍정), 녹색(수평적 사고), 청색(메타인지적 사고)
마인드맵	읽고 생각하고 분석하고 기억하는 모든 것을 마음속에 지도를 그리듯이 함

04절 학습 및 적응과 부적응

1. 학습

(1) 개념과 특징

① 개념 : 유기체가 주어진 사태에 반응함으로써 어떤 행동이 발생하거나 변화되는
과정

② 특징 : 학습은 행동의 변화, 학습은 경험에 의한 변화, 행동의 변화는 지속적

(2) 학습의 조건

주체적 조건	지능, 선수학습, 동기, 자아개념, 학습적성, 각성, 불안 등
객체적 조건	학습 집단의 특성, 학습과제 곤란도
방법적 조건	분산법(시간을 짧게 여러 번 나누어서 학습), 집중법, 분습법(학습 자료를 나누어서 학습), 전습법(학습내용을 처음부터 끝까지 한번에 학습)

2. 학습이론 ⭐ 빈출개념

(1) 행동주의 학습이론

① 파블로프(Pavlov)의 고전적 조건화이론

   ㉠ 관련 실험 : 개의 타액분비 실험 → 굶주린 개에게 먹이를 주면서 종소리를 들려주는 연습을 되풀이해 보니 나중에 종소리만 들어도 침을 흘리게 됨

   ㉡ 개 실험 결과의 도식

훈련 전	음식물(UCS)	→	타액분비(UCR)
	종소리	→	무반응 혹은 부적절한 반응
훈련 중	종소리(CS) + 음식물(UCS)의 결합을 통해 종소리(CS)	→	무반응 혹은 부적절한 반응
		→	타액분비(CR)
훈련 후	종소리(CS)	→	타액분비(CR)

   ㉢ 고전적 조건화이론의 적용

   • 정서적 반응의 학습 : 왓슨(Watson)이 1세 아동인 앨버트(Albert)에게 두려움을 가르침

   • 학교학습에서 교과목에 대해 가진 태도는 고전적 조건형성에 의해 학습될 수 있음(예 수학시간에 칠판 앞에서 문제를 푸는데서 오는 불쾌한 감정을 수학과목과 연결시킴. 수학시간을 두려워하도록 조건형성된 학생들은 다른 과목의 학습, 더 나아가 학교의 모든 활동에 대해 공포를 확대시킬 수도 있음)

② 스키너(Skinner)의 조작적 조건화이론

   ㉠ 조작반응을 조건형성시키기 위한 절차 → 손다이크의 효과의 법칙에 기초를 두고 있음

04장

교육심리

학습이론 용어설명

• 중성자극(NS, neutral stimulus) : 유기체의 생리적·자연 발생적인 반응을 일으키지 못하는 자극
• 무조건자극(UCS, unconditioned stimulus) : 본능적, 반사적 생리반응 또는 정서반응을 일으키는 사물이나 사건
• 조건자극(CS, conditioned stimulus) : 조건형성 후 유기체의 정서적·생리적 반응을 일으키는 자극
• 무조건반응(UCR, unconditioned response) : 무조건자극에 의한 본능적 또는 반사적 생리반응 또는 정서반응
• 조건반응(CR, conditioned response) : 조건자극이 제공되었을 때 나오는 유기체의 학습된 반응

고전적 조건형성의 상담(교육) 시의 활용

• 체계적 둔감화 : 울페(Wolpe)의 상호제지이론에서 발달한 상담기법으로, 불안이나 공포를 한번에 직접 대면해 극복하는 것이 아니라, 그것을 제지할 수 있는 즐거운 행동과 조건화하고 강도가 낮은 수준부터 높은 수준까지 점진적으로 접하게 하여 극복하게 하는 방법
• 혐오치료 : 어떤 행동을 제거하기 위해 그 행동을 할 때마다 혐오스러운 자극을 제시하는 것
• 역조건화 : 이미 어떤 반응을 일으키고 있는 (무)조건자극에 새로운 무조건자극을 더 강하게 연합시킴으로써 이전 반응을 제거하고 새로운 반응을 조건형성시키는 것

SEMI-NOTE

ㄴ 관련 실험

- 쥐가 지렛대를 누르면 전깃불이 켜지면서 먹이 접시가 나옴(스키너 상자 (Skinner box))

ㄷ **조작적 조건화이론의 적용**

- 자기 속도 학습의 영역 : 학생이 교수기계나 프로그램 학습교재를 이용해 자기의 이해 속도에 따라 학습하는 것
- 행동수정의 영역 : 바람직한 행동반응에 대해서는 보상을 줌으로써 그 반 응빈도를 증가시키며, 부적절한 행동을 약화하기 위해서는 혐오 자극을 제 공하는 것

③ **고전적 조건화이론과 조작적 조건화이론 비교**

구분	고전적 조건화	조작적 조건화
목적	중립자극에 대한 새로운 반응 형성	반응확률의 증가 또는 감소
조건화 유형	S형 조건화(수동적 조건화)	R형 조건화(능동적 조건화)
절차	조건자극(CS, 종소리)과 무조건 자극(UCS, 먹이)의 결합 : S-S형 연합	반응(R, 지렛대 누르기)과 강화(R, 먹이)의 결합 : R-S형 연합
강화	자극과 동시	반응 후
조건화 과정	한 자극(NS)이 다른 자극(UCS)을 대치함	자극의 대치는 일어나지 않음
학습자 태도	수동적(소극적)	능동적(적극적)
자극의 적용성	특수한 자극은 특수한 반응을 일 으킴	특수한 반응을 일으키는 특수한 자극이 없음
자극의 역할	반응이 인출됨(외부에서 오는 자 극에 의해 반응이 나옴)	반응이 방출됨(어떤 행동이 자발 적 또는 의식적으로 일어남)

조작반응과 반응적 행동

조작 반응	유기체가 환경에 어떤 효과 를 나타내기 위해 스스로 방 출하는 능동적 행동 → 수의 적 반응(예 걷기, 노래 부르 기, 휘파람 불기)
반응적 행동	특정 자극에 의해 유발되는 행동 → 불수의적 행동, 파블 로프 용어(예 종소리를 들으 면 조건화된 개는 침을 흘림)

④ **손다이크(Thorndike)의 시행착오설**

ㄱ **도구적 조건형성이론** : 유기체의 행동(예고양이가 문제상자를 탈출)이 결과 또는 목표(예 먹이 획득, 목적지 도달)에 도달하기 위한 수단 또는 도구가 되 는 것으로, 도구적 행위를 조건화함

ㄴ **결합설 또는 S-R이론** : 행동을 자극(S)과 반응(R)의 결합으로 설명하는 이론 → 학습은 감각경험(자극의 지각)과 신경충동(반응) 간의 연합 또는 결합을 형 성하는 과정

ㄷ **시행착오설** : 시행횟수가 증가함에 따라 목표에 도달하는 시간이 짧아지는 학습 → 시행이 반응위계 또는 습관 가족위계 상의 최상위수준으로 올라가는 학습

ㄹ **학습의 법칙** : 효과의 법칙, 연습의 법칙, 준비의 법칙

손다이크의 시행착오설

시행	목표(예 미로탈출)에 도달하기 위한 여러 가지 반응들(예 줄 을 당기기, 지렛대 누르기) → 만족스런 행동 + 보상
착오	목표 도달에 부적절한 반응들 (예 할퀴기, 야옹야옹 울기, 배 회하기) → 불만족스럽거나 실 패한 행동

합격UP 강화 및 행동수정 방법 ★ 빈출개념

- 강화 유형

정적 강화	행동 후 쾌자극을 제시(예 칭찬, 프리맥의 원리)
부적 강화	행동 후 불쾌자극을 제거(예 청소면제)
1차적 강화	인간이 본능적으로 지니고 있는 욕구를 충족시켜 주는 것
2차적 강화	자극의 기능이 없던 것이 일차적 강화물과 연결되어 자극을 지니게 되는 것

- 바람직한 행동의 증가 방법

프리맥의 원리	불쾌자극을 먼저 제시하고 쾌자극을 나중에 제시함 → 차별적 강화를 이용하여 목표와 근접한 행동을 단계적으로 형성해 나감
토큰 강화	상표를 모아 더 큰 강화자극으로 대체, 상징적 강화물을 활용
행동조형	점진적 접근 + 차별강화 → 새로운 행동을 형성
용암법	특정한 행동 학습에 도움을 주고 점차 도움을 줄여나감으로써 스스로 행동을 학습시키는 방법
행동계약	행동을 이행할 것을 서면으로 약속

- 문제행동의 교정을 위한 방법

벌	아동이 싫어하는 자극물을 주거나(수여성 벌), 좋아하는 것을 박탈(제거성 벌)하여 문제행동을 제거하는 방법
타임아웃(격리)	강화받을 수 있는 장면에서 추방 → 제2유형의 벌
반응대가	바람직하지 않은 행동을 할 때마다 정적 강화물을 회수하는 절차
과잉교정	학습자가 바람직하지 못한 행동을 했을 때 싫어하는 행동을 하도록 하는 처벌기법
심적 포화	문제행동을 지칠 때까지 반복하는 절차
상반행동 강화	문제가 되는 행동과 반대되는 바람직한 행동을 찾아 강화하는 차별강화의 한 방법

(2) 인지주의 학습이론

① 초기 인지주의 학습이론

ㄱ 통찰설(Köhler, Koffka) : 학습이란 객체적으로는 형태 파악 혹은 재체계화이고, 주체적으로는 통찰적으로 행해짐(A-ha-theory)

ㄴ 장이론(Lewin) : 사람은 어느 시점에서 특정한 목표를 추구하려는 내적 긴장에 의해 행동하게 됨 → 개인의 지각은 그 사람의 생활 공간의 한 부분이며, 학습은 생활 공간에서 재조직 혹은 재구성 과정으로 봄

ㄷ 기대형성이론(기호형태설, Tolman)

- 학습
  - 학습은 기대의 형성이며, 유기체의 강화에 대한 기대는 선행하는 반응에

강화계획

- 개념 : 유기체의 행동에 대해 강화의 제시나 중단을 지시하는 규칙이나 절차
- 계속적 강화와 간헐적 강화 : 계속적 강화는 매 행동마다 강화물을 주는 것을, 간헐적 강화는 반응을 보일 때마다 강화물을 제시하지 않고 가끔씩 주는 것을 말함
- 간격강화와 비율강화 : 간격강화는 시간에 따라 강화하는 것을, 비율강화는 반응하는 개수에 따라 강화하는 것을 말함
  - 고정간격강화 : 정해진 시간마다 한 번씩 강화하는 것(예 월급)
  - 변동간격강화 : 시간의 평균마다 한 번씩 강화하는 것(예 정류장에서 버스 기다리기)
  - 고정비율강화 : 정해진 개수의 반응을 보일 때마다 강화하는 것(예 성과급)
  - 변동비율강화 : 평균 개수의 반응을 했을 때 강화하는 것(예 도박)

벌 ★ 빈출개념

- 개념 : 특정 행동반응의 빈도를 억제(감소)시키는 절차 → 그러므로 행동의 강도와 빈도를 높이는 데 있어 벌보다 강화가 효과적임
- 방법
  - 정적 벌 : 행동 후 불쾌자극을 제시(예 체벌)
  - 부적 벌 : 행동 후 쾌자극을 제거(예 타임아웃, 반응대가)

분류		강화자	
		쾌자극	불쾌자극
제시방식	수여	정적 강화	수여성 벌
	박탈	제거성 벌	부적 강화

영향을 줌
- 학습이란 '기호(sign)-형태(gestalt)-기대(expectation)' 혹은 '기호-의미관계'의 형식임
- 학습유형

보상기대	• 동물은 행동할 때 특정목표에 대해 사전인지를 가지고 있어 이렇게 하면 이런 결과가 나타날 것이라는 기대를 가지며, 보상이란 기대에 대한 확인을 말함 • 기대에 못 미치는 보상은 수행을 감소시킴
잠재학습	• 어느 한순간에 유기체에 잠재되어 있지만 행동(수행)으로 나타나지 않는 학습 → 우연적 학습 • 강화 없이도 학습이 일어남. 보상이란 수행변인이지 학습변인이 아님 → 행동주의의 비판 근거
장소학습	학습은 장소에 대한 인지지도를 형성하는 과정임

② 정보처리이론
　㉠ 개념 : 인간이 외부세계로부터 획득하는 정보를 어떻게 지각하고 이해하고 기억하는가를 연구하는 이론
　㉡ 기억구조

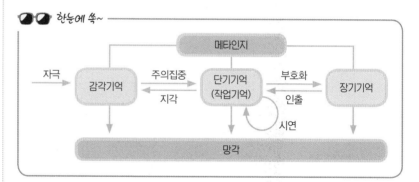

구분	감각기억	단기기억(작업기억)	장기기억
정보의 투입	외부자극	주의집중, 지각	시연(반복, 정교화)
저장용량	무제한	제한(7±2unit)	무제한
정보원	외부환경	감각기억과 작업기억	단기기억에서의 전이
부호형태	원래의 물리적 형태	이중부호(언어적, 시각적)	일화적, 의미적
정보의 형태	감각 → 영상기억(시각정보), 잔향기억(청각정보)	현재 의식하고 있는 정보(음운적)	학습된 혹은 약호화된 정보(조직화 및 유의미성)
일반적 특징	일시적, 무의식적	의식적, 능동적	연합적, 수동적
기억 지속시간	순간적(1~4초 이내)	일시적(20~30초 이내)	규정할 수 없음(무제한)
정보 상실	소멸	치환 또는 소멸	인출실패

- 감각기억(감각등록기)
  - 학습자가 환경으로부터 감각수용기관(귀, 눈)등을 통해 정보를 최초로 저장하는 장소
  - 기억용량은 무제한이나 투입된 정보가 즉시 처리되지 않으면 그 정보는 유실(망각)됨
  - 주의를 받은 자극과 정보만이 다음의 기억저장고인 단기기억으로 전이됨
- 작동기억(작업기억)
  - 정보를 재연하거나 조작하는 실제적 정신활동이 일어나는 기억
  - 정보의 양과 지속시간에 제한이 있음(예 성인의 경우 약 10~20초 정도, 7±2개(5~9개) 정도 저장)
- 장기기억
  - 단기기억에서 적절히 처리된 정보를 영구적으로 저장하는 기억
  - 작동기억 속의 정보가 적절한 조직화(예 암송, 부호화)에 의해 전이된 기억으로서 기억용량과 지속시간이 무제한

실력UP 작동기억(작업기억) 속의 정보를 유지(활성화)하는 방법

- 시연(암송)

시연 (암송)	유지 암송	정보를 마음속에서 반복하는 것, 한 번 사용하고 잊어버리려는 정보
	정교화 암송	기억하고자 하는 정보를 이미 알고 있는 정보, 장기기억 속으로의 정보이동에도 도움

- 작동기억(작업기억)의 한계용량을 극복하는 방법

청킹	• 분리된 항목들을 보다 의미 있는 큰 묶음으로 조합하는 것 • 정보의 개별적 단위를 보다 크고 의미 있는 단위로 묶는 것
자동화	• 자각이나 의식적인 노력 없이 수행할 수 있는 정신적 조작의 사용 • 주의를 많이 요구하는 통제된 정보처리과정이 아닌 자동화된 정보처리과정을 의미
이중처리	시각과 청각의 두 구성요소가 작동기억에서 함께 정보를 처리하는 방법

ⓒ 인지처리과정

주의집중	정보처리의 시작, 감각기억 다음으로 나타나며 실제적인 정보처리가 시작되는 곳
지각	자극에 의미를 부여하고 반응하는 과정
시연	정보의 형태를 바꾸지 않고 소리 내어 혹은 마음속으로 계속해서 반복하는 과정
부호화	• 새로운 정보를 장기기억 속에 저장되어 있는 정보와 관련짓는 인지전략 • 유의미한 부호화를 돕기 위한 방법 　- 정교화 : 새로운 정보에 의미를 추가하여 의미 부여

시연(암송)
- 정보를 마음속으로 계속 되뇌이는 것
- 수업 시에 저장과 재생을 촉진하는 방법
  - 새로운 자료를 의미있게 학습하기 위해서는 학습자의 선행지식·경험을 토대로 관련시킴
  - 새로운 자료는 적당하게 조직하여 제시하고 정교화하도록 격려함

부호화 특수성
- 부호화할 때의 배경 맥락 또는 단서가 인출할 때의 배경 맥락 또는 단서와 최대한 일치해야 한다는 것
- 부호화 특수성이 작용해서 나타나는 현상으로 상황학습과 상태의존학습을 들 수 있음

상황학습	특정 상황에서 학습한 내용은 상황이 바뀌면 잘 인출이 되지 않음
상태의존학습	특정 정서상태에서 학습한 내용은 동일한 상태에서 더 잘 회상됨

부호화	– 조직화 : 별개의 정보들에게 질서를 부여하여 기억하는 것 – 맥락화 : 정보를 장소, 특정한 날에 느꼈던 감정, 함께 있었던 사람 등과 같은 물리적·정서적 맥락과 함께 학습하는 것 – 초과반복학습 : 완전학습 수준 이상으로 학습을 계속하는 것 → 기초학습과제학습에 유용 – 심상형성 : 정보를 시각적인 형태로 변형하는 과정 → paivio의 이중부호화이론 – 기억술 : 장소법, 핵심단어법, 두문자법, 문장작성법, 연결법, 운율법 등
인출	장기기억에 저장되어 있는 여러 가지 정보 중에서 필요한 것을 의식수준에 떠올리는 능력 또는 기술 → 장기기억 속의 정보 탐색 및 재생 과정

ⓔ 정보처리 모델(스완슨(Swanson)의 단순화된 정보처리모형) : 정보저장고, 인지과정, 메타인지로 구성됨

정보저장고	정보를 유지하는 창고로, 컴퓨터의 주기억장치와 하드드라이브와 유사함
인지과정	정보를 변환시키고 한 저장소에서 다른 저장소로 정보를 옮기는 지적 활동으로 주의집중, 지각, 시연, 부호화, 인출을 포함함
메타인지	개인의 인지과정에 대해 스스로 자각하고 그 과정을 조절하는 능력

③ 망각

ⓖ 망각의 연구

• 에빙하우스(Ebbinghaus)의 망각연구(1885) : 무의미철자의 학습을 통해 시간의 경과에 따른 파지량 혹은 망각량의 변화를 연구 → 학습한 직후에 망각이 가장 많이 발생하고 시간이 경과함에 따라 망각의 정도가 완만하게 됨

• 바틀렛(Bartlett)의 연구(1932) : 의미 있는 자료의 기억을 연구하였으며, 피험자들이 세상에 대해 그들 자신이 가지고 있는 지식에 부합되는 방식으로 정보를 재구성한다고 봄

ⓛ 망각이론

간섭설	파지를 방해하는 외부적 영향으로 인한 간섭으로 인해 망각이 촉진됨
기억흔적 쇠퇴설	학습내용이나 정보가 뇌속에 흔적으로 남아있는 기억이 시간의 경과에 따라 점차 쇠퇴함으로써 망각이 발생함
의도적 망각	처음 학습할 때에 의도적으로 기억하지 않으려고 하기 때문에 망각이 발생하는 경우임
단서의존 망각	저장된 정보에 접근하는 적절한 수단, 즉 인출단서가 없기 때문에 기억해 내지 못한다는 이론

(3) 사회학습이론

① 사회학습론 : 인간행동의 학습을 실험적인 상황이 아니라 사회생활 속에서 타인이 행동을 관찰하고 모방한 결과임

② **사회인지이론** : 조작적 조건 형성의 원리를 이용해 모방을 통한 인간의 사회학습을 설명하면서도 인간행동의 목적지향성과 상징화나 기대와 같은 인지 과정의 중요성을 인정함

③ **관찰학습**

ⓐ 모델에 대한 관찰을 통해 일어나는 행동적 · 인지적 · 정의적 변화의 학습

ⓑ 대부분의 인간학습을 실제 모델이나 상징적 모델에 대한 관찰과 모방을 통해 이루어지며, 행동이 변화되지 않아도 학습은 이루어짐

ⓒ 모델링의 유형

인지적 모델링	모델의 시범을 모델의 생각과 행동에 대한 언어적 설명과 함께 보여주는 과정 → 학습자가 전문가의 사고를 배울 수 있게 해 주는 모델링
직접 모델링	모델의 행동을 단순하게 모방하려는 시도(예 정수는 시험공부를 할 때 수빈이를 따라 함)
상징적 모델링	책, 연극, 영화 또는 TV에 등장하는 주인공들의 행동을 모방함(예 10대는 10대 취향의 인기 있는 TV쇼에 나오는 연예인처럼 옷을 입기 시작함)
종합적 모델링	관찰한 행동의 부분들을 종합함으로써 행동을 발전시킴(예 누나가 책을 꺼내기 위해 의자를 사용하는 것과 아빠가 찬장문을 여는 것을 보고, 동생이 의자를 사용해 혼자 서서 찬장문을 엶)
자기 모델링	자기 자신의 행동을 관찰하고 반성한 결과로 일어나는 모방(예 자기장학)

👓👓 한눈에 쏙~

관찰학습의 4가지 구성요소

주의집중	파지	운동재생	동기화
• 모방행동의 특징 • 관찰자 특징	• 상징적 부호화 • 인지적 조직화와 상징적 연습 • 운동적 반복연습	• 신체적 능력 • 요소반응의 이용 능력 • 정확도에 대한 피드백	• 외적 강화 • 대리 강화 • 자기 강화

3. 동기와 학습전략

(1) 학습동기

① **개념** : 학습자로 하여금 특정 학습의 준비 또는 일련의 학습을 지속시키도록 하는 내적 · 외적 조건을 말함

② **내적동기와 외적동기**

내적 동기	흥미, 호기심, 성취감, 만족감 → 인지주의, 인본주의, 사회학습이론에서 강조
외적 동기	상과 벌, 경쟁심 자극, 결과 제시 → 행동주의, 사회학습이론에서 강조

모델링의 효과(기능)

• 관찰자는 타인의 행동을 관찰함으로써 새로운 행동패턴을 획득함

• 그 이전에 학습한 반응을 억제 혹은 약화시킴

• 타인의 행동은 기존의 반응을 촉진시키는 단서 역할을 함

04장

교육심리

관찰학습의 4가지 구성 요소

주의 집중 과정	관찰자들은 온정적이고 유능하며, 강력하다고 여겨지는 모델에 더욱 주의를 집중하는 경향이 있음
파지 과정	주의집중에 덧붙여 학습자는 기억할 수 있는 형태로 관찰된 행동의 표상을 만듦
운동 재생 과정	관찰된 행동을 실제로 수행하는 것을 말함
강화 혹은 동기화	대리강화와 처벌이 보상받은 행동을 수행하고 처벌받은 행동을 회피하는데 인센티브를 제공해 줌

학습된 무기력

- **의미** : 동기유발에서 학생들이 실패를 내적, 안정적, 통제 불가능한 원인으로 귀인하는 경우
- **특징**
  - 학습된 무기력은 실패를 많이 한 학생들이 실패를 피하기 위해 자신이 할 수 있는 일은 아무것도 없다고 믿을 때 발생함
  - 이들은 실패 상황에 직면하게 되면 그것을 자신의 낮은 능력 때문이라고 보고 이를 통제할 수 없다고 귀인시킴
  - 과제를 성공적으로 수행하고서도 성공의 원인이 자신에게 있다기보다는 과제의 용이성, 교사의 도움, 행운 등과 같은 자신이 통제할 수 없는 변인으로 돌림

기대구인과 가치요인

기대구인	과제를 수행했을 때 성공할 수 있는 가능성에 대한 개인의 신념과 판단 (예) "내가 이 과제를 할 수 있을까?"라는 물음에 대한 답)
가치요인	과제의 가치에 대하여 개인이 가지는 신념 (예) "내가 왜 이 과제를 해야 하지?"라는 물음에 대한 답)

유능감 · 자율성 욕구 · 관계 욕구

유능감	환경에 효과적으로 기능하는 능력으로 도전과 호기심에 의해 유발됨
자율성 욕구	필요할 때 환경을 바꾸는 능력으로 통제의 책임 소재나 개인적 원인과 유사함
관계 욕구	사회적 환경 속에서 다른 사람들과 연관되어 있다는 느낌, 그리하여 자신이 사랑과 존경을 받을 가치가 있다는 느낌

③ 학습동기의 귀인이론
  ㉠ 개념 : 개인이 어떤 특정한 상황에서의 성취결과(성공 혹은 실패)에 대하여 그 원인을 무엇이라고 인식하느냐에 따라 그의 행동이 결정된다는 이론
  ㉡ 와이너(Weiner)의 귀인이론 모형 ★빈출개념

원인의 종류	원인의 차원		
	소재	안정성	통제가능성(책임감)
능력	내적	안정적	통제불가능
노력	내적	불안정적	통제가능
재수(운)	외적	불안정적	통제불가능
학습과제의 난이도	외적	안정적	통제불가능

  ㉢ 귀인변경 프로그램 : 안정적 귀인 → 불안정적 귀인, 능력 → 노력 귀인

성공자	• 성공 시 능력 → 긍정적 자아개념 형성 • 실패 시 노력
실패자	• 성공 시 노력 • 실패 시 능력 → 학습된 무기력, 부정적 자아개념 형성

④ 기대×가치이론(Atkinson, Bandura)
  ㉠ 인간은 자신이 성공할 것이라는 기대에 그 성공에 대해 개인이 부여하는 가치를 곱한 값만큼 동기화된다는 이론
  ㉡ 기대구인과 가치요인이 두 가지 핵심요소임
  ㉢ 사회학습이론적 접근
    • 과제난이도 : 적절한 난이도
    • 자기도식 : 자기능력에 대한 긍정적 인지적 평가
    • 내적 흥미 : 기꺼이 참여하도록 유도하는 활동의 특성과 주제의 성격
    • 중요성 : 주제나 활동에 참여했을 때 그것이 자기도식에서 중요한 점을 얼마나 확증해 주는가
    • 효용가치 : 직업이나 미래의 목표를 충족시킨다는 인식
    • 비용 : 과제에 참여함으로써 올 수 있다고 인식되는 부정적인 면

⑤ 데시(Deci)의 자기결정이론
  ㉠ 무엇을 어떻게 할 것인지에 대한 자신의 선택이나 자기통제의 욕구 → 자율성의 욕구
  ㉡ 유발 요소 : 유능감, 자율성 욕구, 관계 욕구
  ㉢ 내재적 동기의 발현 과정 : 무동기에서 외재적 동기를 거쳐 내재적 동기로 발달해 감

동기 유형	조절 방식	인과 소재	관련 조절 과정
무동기	무조절	없음	무능력, 무의도성, 무가치성, 통제의지 결여
외재적 동기	외적 조절	외적	외적 제한에 따름, 순응, 대응, 외적인 보상과 처벌의 강조

	투사(부과)된 조절	약간 외적	자기통제, 자아개입, 내적인 보상과 처벌, 자기 자신 또는 타인으로부터의 인정에 초점을 둠
외재적 동기	동일시(확인)된 조절	약간 내적	개인이 중요하다고 여겨 가치를 둠, 활동이 중요하다고 의식적으로 인식함, 목표를 스스로 인정함
	통합된 조절	내적	목표의 위계적 통합, 일치, 자각
내재적 동기	내적 조절	내적	흥미, 즐거움, 내재적 만족

⑥ 목표지향이론(목표이론)

　㉠ 목표는 개인이 이루고자 하는 성과 또는 성취하려는 욕망임

　㉡ 목표는 크게 숙달목표(학습목표)와 수행목표로 나누어짐

숙달목표 (학습목표)	과제의 숙달 및 향상, 이해 증진 등 학습과정 자체에 가치를 부여하며 자신의 유능감을 발전시키는 것을 중요하게 생각하는 목표유형
수행목표	자신의 유능함과 능력이 다른 사람의 능력과 어떻게 비교되느냐에 초점을 둔 목표, 자신의 능력이 타인에 의해서 어떻게 평가받는가에 관심을 둠

⑦ 학습과 불안의 관계

　㉠ 불안이 높은 학생은 기억 실수의 가능성이 적을 때 기억검사에서 높은 점수를 얻고, 불안이 낮은 학생은 비교적 기억 실수의 가능성이 높을 때 높은 점수를 얻음

　㉡ 지능과 불안의 관계

중간 정도의 지능을 가진 학생	불안 수준이 낮은 학생이 높은 학생보다 성적이 좋음
높은 지능을 소유한 학생	높은 불안이 학업성취를 촉진하는 경향을 보임

　㉢ 불안과 학습의 관계 : 적정 수준의 불안은 학습활동을 활발하게 해주나, 불안이 지나치게 높거나 낮을 때는 학습활동이 극히 저조함

(2) 성취동기

① 개념 : 도전적이고 어려운 과제에 대한 성공적 수행 욕구

② 성공추구동기와 실패회피동기

　㉠ 앳킨슨(Atkinson)의 연구

　　• 성공의 희망 때문에 항상 동기화되는 것은 아니며, 어떤 때는 실패의 두려움 때문에 동기화됨

　　• 성공추구동기와 실패회피동기 중 어느 것이 더 강력한가를 기준으로 학생들을 분류하고, 각 유형의 학생들이 어느 수준의 과제를 선택하는지를 연구

$M_s > M_{af}$ 유형	현실적으로 성공의 가능성이 높은 난이도가 중간 정도의 과목을 선택
$M_s < M_{af}$ 유형	실패했을 경우 어려워 실패했다는 변명을 할 수 있는 가장 어려운 과목에 가장 많이 등록

ⓒ 와이너(Weiner)의 연구 : 'M$_s$>M$_{af}$ 유형'의 학생과 'M$_s$<M$_{af}$ 유형'의 학생이 어떤 과제에서 실패 혹은 성공한 경우, 동일한 과제에 대한 동기수준이 정반대로 변한다는 것을 발견

| M$_s$>M$_{af}$ 유형 | 과제에의 성공은 동일한 과제에 대한 학습동기를 감소시킴 |
| M$_s$<M$_{af}$ 유형 | 과제에의 성공은 동기를 증가시키는 반면, 실패는 동기를 감소시킴 |

(3) 학습의 전이설

① 전이 : 선행학습이 후행학습에 미치는 영향 → 파급효과, 일반화
② 전이이론

전이유형	내용	영향
형식도야설(Locke)	교과(형식)를 통해 일반정신능력을 훈련시킬 때 자연적 전이 발생	교과중심 교육과정
동일요소설(Thorndike)	동일한 요소가 있을 때 유사성이 클 때 전이 발생	경험중심 교육과정
일반화설(동일원리설, Judd)	• 일반원리나 법칙을 알 때, 일정한 학습장면에서 조직적으로 개괄화 또는 일반화해서 다른 장면에 적용할 때 전이 발생 • 수중표적 맞히기 실험(굴절의 원리)	학문중심 교육과정
형태이조설(구조적 전이설, Koffka)	• 어떤 장면 또는 학습자료의 역학적 관계(수단과 목적의 관계)를 이해할 때 전이 발생 • 일반화설의 확장, 쾰러의 닭 모이 실험	학문중심 교육과정, 발견학습(Bruner)

(4) 인지양식

① 인지양식 : 정보를 처리하는 개개인의 전형적인 습관이나 양식, 개인이 사물을 지각하고 인지하는 독특한 반응 양식
② 장의존적–장독립적 인지양식(Witkin) : 잠입도형검사(EET : 숨은 그림 찾기)

장의존적인 학생의 특징	장독립적인 학생의 특징
• 개념이나 자료에 대해 총체적인 관점으로 지각 • 교육과정의 자기화–개념을 자신의 경험과 연결 • 교사로부터 안내와 시범을 원함 • 교사와의 관계를 강화해주는 보상을 요구 • 타인과 활동하기를 선호하고 타인의 감정과 의견에 민감 • 협동하기를 좋아함 • 교사에 의해 구조화된 활동 선호	• 교육과정 자료의 세부사항에 초점 • 사실과 원리에 중점 • 교사와 물리적인 접촉을 별로 원하지 않음 • 교사와의 공식적인 상호작용을 자신에게 부여된 과제에 국한시켜 비사교적인 보상 요구 • 독자적인 활동을 선호 • 경쟁을 좋아함 • 스스로 정보를 구조화

③ 속응적–숙고적 인지양식(Kagan) : 유사도형검사(MFFT : 같은 그림 찾기)

숙고형	반응속도 느림	정답률이 높음	사변적	사려적	언어적	분석적	집중	침착	성취도 높음	보상에 둔감	현재중심
속응형	반응속도 빠름	정답률이 낮음	활동적	불안적	감각적	총체적	산만	흥분	성취도 낮음	보상에 민감	현재중심

④ 메타인지 학습전략

    ㉠ 인지에 대한 인지로, 어떤 과제의 해결에 필요한 적절한 기술의 선택과 그 실행을 조정하고 지시하는 일반적 지식

    ㉡ 메타 인지적 학습전략

자기-질문	교사들은 학생들에게 확산적 질문을 제시하여 답하도록 하거나 그들 자신의 질문을 만들어 내도록 북돋음
KWL 전략	학생들이 자신이 알고 있는 것이 무엇이고, 무엇을 배우고 싶어 하며, 배웠던 것은 무엇이었나를 알도록 하는 전략
IDEAL	인식하기, 정의하기, 조사하기, 행동하기, 보기 등으로 구성되며 효과적이고 효율적인 사고와 문제해결을 위해 중요한 방법
PQ4R 기법	많은 정보를 상대적으로 짧은 시간에 처리할 수 있도록 돕는 방법

⑤ 자기조절학습 전략

    ㉠ 학습전략이란 주로 지식의 습득, 저장과 인출에 관한 전략으로 효율적인 학습을 위해 취하는 모든 방법적 사고 혹은 행동을 말함

    ㉡ 자기 조절학습의 세 측면

초인지적 측면	학습과정 중 다양한 계획을 세우고, 목표를 설정하며, 자기모니터링하고, 자기평가를 함
동기적 측면	자기 효능감을 높이며, 주로 내재적 요인에 귀인하고 과제에 대한 유인가가 높고 적극적인 노력으로 끈기 있게 문제를 해결하려고 함
행동적 측면	효율적인 학습을 위한 정보탐색, 시간관리 및 물리적 환경을 선택하고 구조화하고 창조함

4. 적응(정신위생)

(1) 정신위생과 갈등

① **정신위생** : 넓은 의미로는 정신적 건강의 유지와 증진을 도모하는 것으로 인간의 전인적 발달을 목표로 하는 활동을 말하며, 좁은 의미로는 정신장애자의 치료와 예방을 목적으로 하는 활동을 말함

② 갈등 : 유인성의 정도가 같고 방향이 반대가 되는 상태

(2) 기제

① 기제 : 현실을 욕구불만이 쌓였을 때 이를 비합리적 방법으로 해소하는 것을 말하며 방어기제, 도피기제, 공격기제로 구분함

SEMI-NOTE

04장

교육심리

자기조절 전략

자기평가, 조직화 및 변형, 목표설정 및 계획, 정보탐색, 기록 유지 및 모니터링, 자기 보상, 시연과 기억화, 사회적 도움 추구, 기록 검토

갈등의 유형

접근-접근 갈등	두 개의 +유인성의 중간에 개체가 위치할 때(예 공부를 할 것인가 친구와 놀 것인가 망설이는 경우)
회피-회피 갈등	두 개의 -유인성의 중간에 개체가 위치할 때(예 하기 싫은 일을 강요당하는 경우)
접근-회피 갈등	어느 대상이 +의 유인성과 -의 유인성을 동시에 가질 때(예 하기 싫은 공부에 상점이 걸려 있는 경우)

합리화의 유형

신포도형	어떤 목표를 달성하려고 했으나 실패했을 때 자기는 처음부터 원하지 않았다고 자기 변명을 하는 경우
달콤한 레몬형	현재의 상태를 과시하는 행위로서 이것이야 말로 바로 내가 원하는 것이었다고 변명하는 것
망상형	자기가 원하는 일이 마음대로 되지 않았을 때 허구적인 자신의 능력에 대한 생각으로써 실패의 원인을 합리화시키는 경우

공격기제

직접적 기제	폭행, 싸움, 기물파괴
간접적 기제	욕설, 비난, 조소행위

학업부진의 요인

- 선수학습의 결핍
- 학습 동기의 결여
- 가정환경의 문제
- 또래 집단의 영향
- 비효과적인 공부 방법
- 정신건강
- 교사(교사가 학생을 어떻게 기대하는가, 그리고 학생이 교사에게 느끼는 선호의 경정 등은 교사가 가르치는 교과목에 대한 흥미와 학습 행동에 영향을 미침)

② 방어기제

합리화	구실이나 변명으로 정당화(예 이솝 우화의 신포도 행동, 시험에 실패하고서 교사가 문제를 잘못 출제하였다고 변명하는 경우)
투사	자아의 욕구가 억압당했을 때 그 이유를 외부의 탓을 돌려 긴장을 해소시킴(예 공부 못하는 이유를 가정형편 탓으로 돌리는 경우, 민지는 영민이를 싫어하면서 오히려 영민이가 자기를 싫어한다고 생각)
동일시	타인이나 집단의 가치나 태도, 행동을 따라하기(예 연예인의 옷을 입고 다니면서 흉내내는 경우, 친구따라 강남간다)
승화	억압된 욕구가 사회적으로 보다 바람직한 행동을 발산됨(예 젊어서 미망인이 된 부인이 사회사업에 몰두함, 성직자의 고행)
치환	대상을 다른 사람(제 3자)으로 바꿔 해결(예 누나에 대한 애정이 연상의 여인에게 옮겨가는 경우)
반동 형성	자기 욕구와는 정반대로 행동(예 여학생이 좋아하는 남학생을 넘어뜨리고 도망가는 경우)
부정	고통스러운 환경이나 위협적인 정보를 거부함(예 자녀가 학교에서 도둑질을 했다고 연락을 받은 부모가 뭔가 오해가 있을 것이라며 부정함으로써 자신의 불안으로부터 도피하는 경우)
보상	자신의 결함을 장점으로 보충(예 공부를 못하는 아이가 운동에 열심인 경우)

③ 도피기제

고립	자기 내부로 숨기(예 등교거부 학생, 은둔생활을 하는 자)
퇴행	발달단계 이전 단계로 후퇴(예 동생이 태어났을 때 야뇨(夜尿)를 하는 아이)
백일몽	현실적으로 도저히 만족할 수 없는 욕구나 소원을 상상의 세계에서 찾으려고 함(예 운동선수가 경쟁자를 물리치고 승리자가 되어 우승컵을 타는 모습 상상, 자신을 비참한 처지로 전락시켜 다른 사람의 동정심을 유발하는 것 상상)
억압	의식상 용서받지 못한 소망, 욕구를 의식 하에 억눌러 버리고 의식상은 아무 것도 아닌 것처럼 행동(예 성적 욕구는 사회적으로 제한을 받거나 금기시되기 때문에 무의식 속에 억누르는 경우)
거부	고통스럽거나 위협적인 상황의 존재를 무의식 수준에서 거부 또는 부인해 버림(예 "그것은 잘못된 것 일거야"라며 부인해 버리는 경우)

5. 학교생활 관련 부적응 행동 및 특수학습자

(1) 학교생활 관련 부적응 행동

학업부진	자아 개념을 손상시키며, 신체적 질병이나 정신적 문제를 일으키고, 부모와의 관계를 악화시키며, 좌절에 의한 비행과 탈선의 원인이 되기도 함
상습적 지각	습관적인 지각은 학교생활에 대한 부적응의 한 현상으로 작용
결석	• 자주 그리고 장기적인 무단결석과 같은 행위는 심각한 문제의 징후임 • 원인 : 가출, 친구의 유혹, 가정적 문제(결손, 빈곤, 가정불화 등), 학교의 문제(학업부진, 흥미 상실 등), 유해 환경문제(폭행, 불량배의 위협 등), 학생 개인의 심리적인 문제(이별불안, 학교공포, 대인공포 등)

| 집단따돌림 | 집단따돌림을 당하는 학생은 학교생활에 제대로 적응하지 못함 |

(2) 특수학습자

영재아	능력이 뛰어나고 탁월한 성취를 보일 가능성이 있는 자
학습장애아	비교적 정상적인 지능을 가지고 있으면서도 특정 학습에서 학습문제를 가지고 있는 아동
정신지체아	지능이 평균보다 낮으며(−2SD 이하, 즉 IQ 70 이하), 특히 정신적인 발달이 지체되는 것
행동장애아	학습장면과 관련지어 사회적 갈등, 개인적 불만, 학교성적 부진 등을 지속적으로 나타내는 학습자
주의력결핍 과잉행동장애(ADHD)	• ADHD의 3대 특징 : 주의력 결핍, 충동성, 과잉행동 • 학습장애 : 주의력 부족, 기억력 부족, 집행부의 통제력 부족 • 지도 : 간단하게 말하며 불필요한 단어는 말하지 않음, 시끄러운 곳을 피해서 말함, 복잡한 정보는 짧으면서도 쉽게 이해할 수 있게 나누어 전달 등

주의력결핍 과잉행동장애(ADHD)의 치료방법

• 약물치료가 우선이고 그 밖에 행동치료 등을 병행하는 방법을 사용함
• 치료약물로는 흥분제의 일종인 리탈린(Ritalin)과 덱스암페타민(Dexamphetamine) 등이 사용되며, ADHD의 약 80~90%는 단기적인 효과를 얻을 수 있음

04장

교육심리

9급공무원

교육학개론

나두공

⊕나두공

05장 생활지도 및 상담

SEMI-NOTE

01절 생활지도

1. 생활지도의 기초

(1) 생활지도의 개요

① **개념** : 학생의 건전한 성장과 발달을 촉진하기 위해 생활과정에서 나타나는 현실적 문제를 개인의 특성에 알맞게 지도함으로써 자아실현을 도모하는 일

② **생활지도의 기본 원리** : 수용(무조건적이고 긍정적인 존경, 비소유적 온정), 자율성 존중의 원리, 적응의 원리, 인간관계의 원리(rapport)

(2) 생활지도의 주요활동

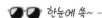 한눈에 쏙~

① **학생조사활동** : 학생들에 대한 정확한 이해와 지도에 필요한 기초자료를 수집하는 활동(표준화 검사에 의한 방법과 임상적 방법에 의한 방법 등)

범위	가정환경, 학업성취도, 학업적성, 지능, 신체 및 정신건강, 교외활동, 학습 및 직업적 흥미, 적성, 성격 등
방법	각종 표준화 심리검사, 학업성취도 검사, 환경조사, 질병조사, 생활사, 가족관계, 교우관계 등 조사

② **정보활동** : 학생들이 필요로 하는 교육정보, 직업정보, 개인적 정보, 사회적 정보 등의 정보와 자료를 제공하여 그들의 개인적 성장과 사회적 적응을 돕기 위한 활동

정보의 유형	내용
교육정보	이수해야 할 교육과정, 특별과정, 입학조건과 상황, 학생 생활의 문제
직업정보	직업의 세계에 관한 정보. 즉 직업과 직위에 대한 타당하고도 유용한 자료
개인 및 사회적 정보	개인과 인간관계에 작용하는 인간 및 물리적 환경의 기회와 영향에 관한 타당하고 유용한 자료

생활지도의 필요성

- 현대과학의 발달에 따른 아동 이해의 필요성이 증대
- 변화하는 사회 속에서 적응능력을 배양시킴
- 민주시민으로서의 자질이 요구됨

표준화 검사와 임상적 방법

표준화 검사에 의한 방법	지능검사, 적성검사, 성격검사
임상적 방법에 의한 방법	관찰법, 면접법, 질문지법, 평정법

생활지도의 영역

- **교육지도** : 학습지도가 아닌 교육지도가 대상 영역
- **직업지도** : 진로인식(초등), 진로탐색(중등), 진로준비(고등), 진로정치(고교 졸업 후, 대학)
- **성격(인성)지도** : 건전한 인성의 조화로운 발달을 도모
- **사회성지도** : 원활한 대인관계나 교우관계 등의 능력 배양
- **여가선용지도** : 여가의 유효적절한 이용에 대한 조언·조력
- **건강지도** : 신체적 발달의 유지와 증진을 위한 적절한 조언·조력

③ **상담활동** : 상담자와 내담자의 독특한 관계와 상담면접의 기술을 통하여 학생들의 문제해결과 성장발달을 촉진하고 조력하는 학습과정

④ **정치활동** : 취업지도, 진학지도, 학과선택 지도 등 자기 자신과 희망하는 진로를 정확하게 이해하여 자기가 있어야 할 제자리를 현명하게 선택하도록 돕는 활동

⑤ **추수활동** : 생활지도를 받을 학생들의 추후의 적응상태를 항상 보살피며 더 나은 적응을 하도록 돕는 활동

2. 생활지도의 실제

(1) 진로교육 과정

한눈에 쏙~

진로인식 단계 → 진로탐색 단계 → 진로준비 단계 → 전문화 단계
초등학교 / 중학교 / 고등학교 / 대학교

(2) 진로발달이론

① **특성요인이론(파슨즈(Parsons), 윌리암슨(Williamson), 헐(Hull))**

　㉠ 개인적 특성, 즉 흥미나 능력이 바로 직업의 특성과 일치되기 때문에 직업을 선택한다는 이론 → 개인차 심리학과 응용심리학에 근거

　㉡ 특징 : 개인의 특성에 대한 객관적 자료와 직업의 특성에 관한 자료를 중시

② **발달이론** : 진로발달을 생애의 전 과정에 걸친 과정으로 파악

　㉠ **진즈버그(Ginzberg)의 직업발달 이론**

환상기(6~11세)	• 직업선택의 문제에서 자신의 능력이나 가능성, 현실여건 등을 고려하지 않고 욕구를 중시하는 시기 • 무엇이든 하고 싶고 하면 된다는 식의 환상 속에서 비현실적인 선택
잠정기(11~17세)	• 개인의 흥미나 취미, 능력과 가치관 등에 따라 직업을 선택하려 하지만 현실 상황을 고려하지 않아 비현실적인 시기 • 흥미단계 → 능력단계 → 가치단계 → 전환단계의 하위단계로 진행
현실기(17세~)	• 직업에서 요구하는 조건과 개인적 욕구와 능력을 결합하여 현실적으로 직업을 선택하는 시기 • 탐색단계 → 구체화단계 → 특수화(전문화) 단계로 진행

　㉡ **수퍼(Super)의 직업발달 이론**

성장기(출생~14세)	가정이나 학교에서 주요 인물과 동일시함으로써 자아개념이 발달
탐색기(15~24세)	학교, 여가활동, 시간에 일 등을 통해 시행착오를 거치면서 자기검증, 역할수행, 직업적 탐색을 함

확립기(25~44세)	자신에게 적합한 직업 분야를 발견하고 그 분야에서 안정적인 위치를 확보하려고 노력
유지기(45~64세)	직업 세계에서 확고한 위치가 확립되어 이를 유지하기 위한 노력을 함
쇠퇴기(65세 이상)	신체적 및 정신적 힘이 쇠퇴함에 따라 작업 활동에 변화가 오고 중단하게 됨으로 새로운 역할을 개발해야 함

③ 욕구이론(Roe)
  ㉠ 매슬로우(Maslow)가 제시한 욕구단계론을 기초로, 개인의 욕구가 직업선택에 큰 영향을 미친다고 봄
  ㉡ 개인의 욕구 차이는 '초기의 가정환경(부모의 양육방식, 즉 부모-자녀 관계)'이 아동기의 욕구 형성에 영향을 주고 그 욕구에 대한 반응으로 직업선택(직업지향성)이 결정된다고 봄
  ㉢ 부모의 양육방식과 자녀의 직업선택

자녀에 대한 정서적 집중	• 과보호적 부모 : 서비스, 예술, 연예활동과 관련된 직업에 관심 • 과요구적 부모 : 법조인, 교사, 학자, 도서관 사서, 예술과 연예관련 직업에 관심
자녀에 대한 회피	• 거부적 부모 : 과학과 관련된 직업에 관심 • 무관심 부모 : 과학과 옥외에서 활동하는 직업에 흥미
자녀에 대한 수용	• 태평한 부모 : 기술직(엔지니어, 항공사, 응용 과학자)이나 단체에 속하는 직업(은행원, 회계사, 점원)을 추구 • 애정적 부모 : 서비스나 비즈니스와 관련된 직업 추구

④ 성격이론(홀랜드(Holland)의 인성이론(RIASEC 6각형 모델))
  ㉠ 개인의 직업선택은 자신의 성격 특성과 환경 특성과의 상호작용에 의해 결정
  ㉡ 성격 유형 : R(실재형), I(탐구형), A(예술형), S(사교형), E(기업형), C(관습형)

진로유형	성격적성	직업
현실적 (실재형)	솔직하며 성실하고 검소하며 말이 적고 직선적이고 단순함. 기계를 만지거나 조작하는 것을 좋아하며 몸을 움직이는 활동을 선호함	기술자, 엔지니어, 기계기사, 정비사, 전기기사, 운동선수, 건축가, 도시계획가 등
지적 (탐구형)	논리적, 분석적이며 탐구심이 많고 합리적이며 정확하고 호기심이 많음. 소극적이며 내성적이고 학문적임	과학자, 의사, 생물학자, 화학자, 수학자, 저술가, 지질학자, 편집자 등
심미적 (예술형)	상상력이 풍부하고 감수성이 강하며, 개방적이고 직관적임. 자유분방하고 개성이 강하며 협동심이 약함	예술가, 시인, 소설가, 디자이너, 극작가, 연극인, 미술가, 음악평론가, 만화가 등
사회적 (사교형)	친절하며 이해심이 많고 남을 도와주며 관대하고 우호적임. 협동적이며 감정적이고 외향적임	교사, 임상치료사, 사회복지사, 보건교사, 간호사, 청소년지도사, 유아원장, 종교지도자, 상담가, 사회사업가 등

설득적 (기업형)	지도성이 있고, 설득적이며, 경쟁적이고 열성적임. 야심이 많고 외향적이며 모험심이 있고 낙천적임	정치가, 기업경영인, 광고인, 영업사원, 보험사원, 판사, 관리자, 공장장, 판매관리자, 매니저 등
전통적 (관습형)	정확하며, 빈틈이 없고, 조심성이 있고 변화를 싫어함. 계획적이고 사무적임	회계사, 세무사, 경리사원, 은행원, 컴퓨터 프로그래머 등

👓👓 한눈에 쏙~

홀랜드의 직업분류에 대한 육각형 모델

— 매우 높은 상관관계
— 어느 정도의 상관관계
--- 매우 낮은 상관관계

⑤ 사회학습이론(크럼볼츠(Krumboltz))

㉠ 교육적 · 직업적 선호 및 기술이 어떻게 획득되며, 교육프로그램, 직업, 현장의 일들이 어떻게 선택되었는가를 설명하기 위해 발달된 이론으로, 진로결정은 학습된 기술로 봄

㉡ 학습이론을 토대로 개인의 성격과 행동은 그의 독특한 학습경험에 의해서 가장 잘 설명될 수 있다고 가정하면서, 진로의사결정에 영향을 미치는 요인들의 상호작용을 규명하고 있음

진로결정요인	유전적 요인과 특별한 능력, 환경적 조건과 사건, 학습경험, 과제접근기술
진로결정요인들의 상호작용 결과	자기관찰 일반화, 세계관 일반화, 과제접근 기술, 행위의 산출

⑥ 의사결정이론

㉠ 겔라트(Gelatt)의 의사결정이론 : 내담자의 결정과정을 돕는 것을 상담의 중요한 목적으로 상정하고 결정은 결과만으로 평가하는 것이 아니라 결정을 내리는 과정을 중시함

㉡ 하렌(Haren)의 진로의사결정 모형 : 인식 → 계획 → 잠정적 시행 → 실행

홀랜드의 진로유형

• 홀랜드는 인성과 직업의 조화를 탐구하여 '인성–적성 적합성 이론'을 제시함 → 퍼스널리티에는 6가지 특징이 있고 이들 특징에 맞는 직업을 갖고 있느냐에 따라 직업 만족도나 이직율이 좌우된다고 보았음(세상의 모든 직업들과 사람들의 직업적 적성은 6가지 유형으로 나누어질 수 있다고 보았음)

• 홀랜드는 성격유형을 직업 환경과 연결시킴으로써 '육각형 모형(Hexagonal Model)'을 제시함 → 두 가지 유형간의 거리가 가까울수록 상호간의 심리적인 유사성이 커지며 거리가 멀수록 다른 특성을 지님

05장

생활지도 및 상담

하렌(Haren)의 진로의사결정 모형

인식 단계	자아개념과 의사결정 유형에 따라 각 대안들을 인식하는 단계로 자아개념의 발달 정도에 따라 각 대안들의 평가가 달라짐
계획 단계	선택된 대안을 바탕으로 개인의 진로 목표를 설정하는 단계
잠정적 시행 단계	내담자가 잠정적으로 의사결정에 임하는 단계
실행 단계	내담자 자신이 결정한 진로를 실행에 옮기는 단계

02절 상담 및 청소년 비행이론

1. 상담의 기초

(1) 상담

① 개념 : 상담자가 내담자에게 전문적 지식과 기술을 가지고 내담자 자신과 환경에 대한 이해를 증진시키고 합리적이며 현실적인 의사결정을 내리도록 하는 전문적 조력 과정

② 개인 상담의 기법

<table>
<tr><td>적극적 경청</td><td>상대방이 중요하고 가치 있는 사람임을 나타내는 반응이며, 말의 내용이나 표면적인 감정뿐만 아니라 표현되지 않은 의미 및 내면의 감정까지도 이해했음을 보여주는 반응</td></tr>
<tr><td>구조화</td><td>상담자가 상담의 시작 단계에서 내담자에게 상담에 필요한 제반 규정(예) 시간제한, 행동제한, 상담자의 역할, 내담자의 역할, 과정 및 목표의 구조화, 보수 등)과 상담에서의 한계에 대해 설명해 주는 것</td></tr>
<tr><td>반영</td><td>내담자의 말과 행동에서 표현된 기본적인 감정 · 생각 · 태도를 상담자가 다른 참신한 말(새로운 용어)로 부언해 주는 것</td></tr>
<tr><td>재진술</td><td>내담자의 말을 그대로 되풀이하는 것으로, 대화의 흐름을 조절해서 내담자가 상담내용의 초점을 유지하도록 도와주고 상담자와 내담자 간의 의사소통을 명료하게 해 줌</td></tr>
<tr><td>명료화</td><td>막연한 것(분명하지 않은 정서 · 사고 · 행동 등)을 분명히 정리하는 것. 명료화의 요령은 내담자의 말을 반복하면서 "~라는 뜻이니?", "~라는 말이니?"라는 질문을 던지는 것임</td></tr>
<tr><td>직면</td><td>내담자가 미처 깨닫지 못하거나 인정하기를 거부하는 생각과 느낌에 대해 주목하도록 하는 것</td></tr>
<tr><td>요약</td><td>둘 이상의 언어적 표현들을 묶어서 진술의 내용 부분을 다른 동일한 의미의 말로 바꾸어 기술하는 재진술과 반영의 확대된 형태임</td></tr>
<tr><td>해석</td><td>내담자로 하여금 자신의 문제를 새로운 각도에서 이해하도록 그의 생활경험과 행동의 의미를 설명하는 것(=재구조화)</td></tr>
</table>

2. 상담이론

(1) 인지적 영역의 상담이론

① 지시적 상담이론(Williamson)

ㄱ 특성 · 요인이론에 기초(내담자는 자기 문제를 독립적으로 해결하지 못함), 진단 중시, 상담의 책임은 상담자(비민주적 상담), 상담의 과학화에 기여

ㄴ 부적응 : 개인의 특성과 환경과의 부적절한 결합

· 상담과정 : 분석 → 종합 → 진단 → 예진 → 상담 → 추후지도

· 상담기술 : 타협의 강요, 환경의 변경, 환경의 선택, 필요한 기술 습득, 태도의 변경

반영과 해석의 비교

· 반영
  - 상담의 초기에 주로 사용함
  - 내담자가 말하지 않은 감정을 추론하여 말함
  - 내담자의 자기 이해를 도와 대화를 촉진함
  - '부드러운 해석'이자 비지시적 상담이론의 기법임

· 해석
  - 상담의 후기에 주로 사용함
  - 내담자가 말하지 않은 방어기제, 생각, 행동양식 등을 추론해서 말함
  - 내담자를 다른 참조체계로 문제를 해결할 수 있도록 도움
  - '강한 해석'이자 정신분석적 상담이론의 기법임

지시적 상담의 6단계

<table>
<tr><td>분석</td><td>내담자에 관한 정보와 자료를 수집하는 일</td></tr>
<tr><td>종합</td><td>분석 단계에서 수집하여 분석한 자료를 유용하게 활용할 수 있도록 정리하는 일</td></tr>
<tr><td>진단</td><td>잠재적인 적응과 부적응을 추구하는 함축성, 학생의 문제와 원인, 의미가 있고 적절한 특성을 간결한 요약으로 이끌어 낼 수 있는 일관성과 유형을 발견하는 일</td></tr>
<tr><td>예진</td><td>진단을 통해 나타난 가능성과 변화의 용이성을 고려하는 일</td></tr>
<tr><td>상담</td><td>상담자가 내담자로 하여금 현재 및 미래의 일상생활에 최적 상태로 적응할 수 있도록 도와주는 일</td></tr>
<tr><td>추후지도</td><td>상담종료 후 내담자에게 상담했던 문제나 새로운 문제가 발생했을 때 또는 상담의 효과를 확인하고자 하는 일</td></tr>
</table>

② 합리적 · 정의적 · 행동주의적 상담(REBT)이론(Ellis)

   ⊙ 인간관 : 인간은 합리적 존재, 사고가 정서와 행동을 결정함 → 종합적 접근

   ⓛ 문제행동의 원인 : 비합리적 · 비현실적 · 자기 파괴적 사고와 신념

   ⓒ 상담과정 : 비합리적 사고를 합리적으로 교정 → ABCDE 기법(A(선행사건, 가치중립적), B(비합리적 신념, 문제원인), C(부정적 정서와 행동, 원인의 결과), D(논박, 상담자의 역할), E(상담의 효과))

   ⓔ 상담기법

인지적 상담기법	암시, 자기방어의 최소화, 대안의 제시, 기분전환 시키기, 인지적 과제(should, must 등의 신념체계 제거 목적), 정확한 언어 사용, 유추 기법, 유머의 사용
정의적 상담기법	합리적 정서 상상, 수치심 제거하기, 역할 연기, 감정적 언어 사용
행동적 상담기법	강화기법, 과제부과, 자극통제

👓👓 한눈에 쏙~

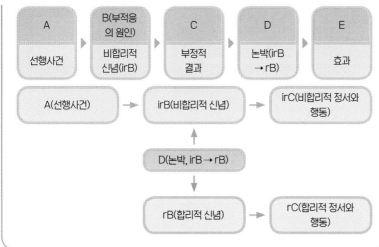

③ 벡(Beck)의 인지상담이론

   ⊙ 우울증에 관한 인지치료이론(인지변화를 통한 심리적 문제 해결 도모) → 불안, 공포증 등 정서적 문제 치료로 확대

   ⓛ 부적응 발생의 원인 : 환경적 스트레스와 부정적 생활사건 → 역기능적 인지도식 → 인지적 오류 → 부정적 · 자동적 사고(인지3제) → 심리적 문제

자동적 사고	어떤 사건에 당면하여 자동적으로 떠오르는 생각, 스트레스를 유발하는 환경적 자극과 심리적 문제 사이에 개입되어 있는 인지적 요소
역기능적 인지도식	현실 적응에 도움이 되지 않는 내담자의 기본적인 생각의 틀과 내용
인지적 오류	어떤 경향이나 사건을 해석하고 받아들이는 과정에서 생기는 추론 또는 판단의 오류, 현실을 제대로 지각하지 못하거나 사실이나 그 의미를 왜곡하여 받아들이는 것(예 흑백논리, 과잉 일반화, 선택적 추상화, 의미 확대 및 의미 축소, 임의적 추론, 사적인 것으로 받아들이기)

합리적 · 정의적 · 행동주의적 상담이론

인간의 감정, 즉 정서적 문제의 원인이 비합리적 신념임을 가정하고 이를 합리적 신념으로 변화시키기 위한 치료기법을 개발함

비합리적인 신념의 특성

• 당위적 사고 : 강한 요구가 포함되어 있는 경직된 사고(반드시 ~해야/이어야 한다)

• 지나친 과장 : '~하면/이면 끔찍하다', '~하면 큰일이다' 등으로 표현되는 사고나 진술로, 재앙화(catastrophizing)라고도 함

• 자기 및 타인 비하 : 한 가지 부정적인 면을 기초로 전체를 부정적인 것으로 생각해 버리는 경향(~한/인 것을 보면 ~는 무가치한 사람이다)

• 좌절에 대한 인내심 부족 : 원하거나 요구하는 것이 주어지지 않았을 때, 그 상황을 견디지 못하고 어떤 행복감도 느끼지 못하는 것을 말함

05장 생활지도 및 상담

벡(Beck)의 인지상담이론의 상담기법

특별한 의미 부여하기, 절대성에 도전하기, 재귀인하기, 인지왜곡 명명하기, 흑백논리 도전하기, 파국에서 벗어나기(탈파국화), 장점과 단점 열거하기, 인지 예행연습, 사고중지, 사고와 감정의 감시법, 증거 탐문, 대안 검토, 재구성하기

④ 개인구념 이론(Kelly)
ㄱ 인간관 : 건설적(구성적) 대안주의, 과학자로서의 인간관
ㄴ 부적응 : 잘못된 구념(배타적 구념, 범주적 구념)을 현실에서 고집할 때 문제 발생
ㄷ 상담 : 잘못된 개인구념을 재개념화(대안적 구념화, 현실적 구념화)하는 과정
ㄹ 상담기법 : 역할실행, 고정역할치료
ㅁ 상담절차(CPC주기 절차) : C(circumspection, 분별, 여러 측면을 검토) → P(preemption, 선점, 양분된 주제로 통합) → C(control, 통제, 하나의 대안을 선택)

(2) 정의적 영역의 상담이론

① 인간중심 상담이론(Rogers, 비지시적 상담이론, 내담자 중심적 상담)
ㄱ 인간관 : 자아실현의 의식(실현경향성) 소유, 성선설, 개인은 적절한 환경이 제공된다면 자기확충을 위한 적극적인 성장력을 지니고 있음
ㄴ 부적응 : 자아의 정의적 측면의 적응 문제, 진정한(현실적) 자기와 이상적 자기와의 괴리, 자기개념과 경험과의 괴리
ㄷ 상담목적 : 내담자의 자아실현(자아통합) 만발기능적 인간
ㄹ 특징 : 진단 단계 배제, 상담의 성공과 실패는 내담자 책임, 래포 형성
ㅁ 상담과정 : 감정의 방출 자기 이해와 통찰 행동 통합
ㅂ 상담방법 : 진실성(일치성, 순수성), 무조건적이고 긍정적인 존경(수용), 공감적 이해

② 정신분석적 상담이론(Freud)
ㄱ 부적응 : 유아기 때의 무의식적 동기와 욕구(id)의 억압이 부적응 초래
ㄴ 상담 : 무의식 세계에 억압되어 있는 갈등을 의식화 → 자아(ego) 기능을 강화
ㄷ 상담방법

자유연상	내담자가 마음에 떠오르는 대로 아무런 억제나 제약 없이 자유스럽게 생각이나 감정을 이야기하도록 하는 방법
저항의 분석	자유연상을 할 때 과거의 중요한 경험을 기억해 내지 못하는 경우가 있는데, 이것은 심리적 저항으로 인해 생긴다고 보고 저항을 분석
꿈의 분석	내담자가 꾼 꿈의 내용에 잠재된 상징적 의미를 찾아내고자 함
전이의 분석	내담자가 지니고 있는 애착·증오·질투·수치 등의 감정과 상념은 대개 아동기에 부모나 가족들에 대해 지니고 있던 것이며, 이것을 상담자에게 전이하여 분석함
해석	무의식 세계에 대한 정보들이 지니는 상징적 의미를 내담자에게 설명해 주는 방법

③ 개인심리 상담이론(Adler, 사회적 관심론 → '개인심리학파' 형성)
ㄱ 프로이트 이론 비판 : 환원론과 결정론, 생물학적 지향성(성욕론) → 인간의 사고와 행동에 영향을 주는 사회적 영향에 관심
ㄴ 인간관 : 태어날 때부터 열등한 존재 → 인간 행동은 본질적으로 열등감의 보상

ⓒ 부적응 : 열등감을 극복하려는 자기중심적인 노력(예 힘, 권력, 우월감, 공격성, 물질적인 삶, 비협동적인 삶의 추구) → 지배형, 기생형, 도피형 생활양식

ⓔ 상담 기법

즉시성	현재 이 순간에 무엇이 일어나고 있는지를 다루는 기법
역설적 의도	내담자가 의도적으로 허약한 사고나 행동을 과장하게 하는 것
자기모습 파악	내담자가 자신을 파악하는 과정에서 자기를 경멸하지 않고 자신의 비합리적 논리나 자기 파괴적 행동을 파악하게 됨
마이더스 기법	상담자가 내담자를 과잉 동정하고 내담자의 행동을 웃음거리로 만들면서 내담자 자신의 깨달음을 유도하는 것
내담자의 스프 (행동)에 침 뱉기	내담자로 하여금 유익하지 못한 목적과 대가를 위해 행하는 행동에 대해서 그것이 손해 보는 행동임을 분명하게 보여 주어 바람직하지 못한 행동을 반복하지 않도록 하는 기법
버튼 누르기	내담자가 유쾌한 경험과 유쾌하지 않은 경험을 번갈아 가면서 생각하도록 하여 각 경험과 관련된 감정에 관심을 갖게 함으로써 자신이 원하는 감정을 선택하여 만들어 낼 수 있음을 인지하게 하는 기법

④ 상호교류 분석이론(Berne)

ⓐ 반운명적 철학 : 인간은 자율적 존재이지만 인생의 초기단계에서 자율성을 훼손당함

ⓑ 인간행동의 동기 : 생리적 동기, 심리적 욕구(자극의 욕구 · 구조의 욕구 · 자세의 욕구)

ⓒ 부적응 : 어버이 자아(P), 어린이 자아(C), 어른 자아(A)가 한 틀에 고정될 때 발생

ⓓ 상담목적 : 자율성 성취 → PAC 자아의 조정 능력 발휘

ⓔ 상담방법

계약	내담자와 상담자의 계약체결을 통해 상담목표에 대한 합의 및 전반적인 상담을 구조화함
자아구조 분석	내담자의 세 가지 자아상태가 어떻게 구성되어 있는지 분석하고 과거 경험 때문에 어른 자아가 기능하지 못하는 원인을 찾아냄
교류패턴 분석	• 내담자가 다른 사람과 어떤 교류를 하고 있는지 알아보는 것 • 교류의 패턴에는 상보적 교류, 교차적 교류, 암시적 교류가 있음 　－ 상보적 교류 : 자극과 반응의 방향관계가 평행을 이루는 의사교류로, 발신자가 수신자에게 기대했던 자아상태에서 반응이 오는 대화 형태임 　－ 교차적 교류 : 자극과 반응이 기대한 자아상태로 되돌아오지 않는 것으로, 자극과 반응의 선이 교차하고 이 시점에서 두 사람 간의 의사소통은 중단됨 　－ 암시적 교류(이면교류) : 말로 표현된 것(사회적 메시지)은 언뜻 보기에 아무렇지도 않으나 실제로 숨겨진 뜻(심리적 메시지)이 상대의 반응을 불러일으키는 교류를 말함(→ 암시교류는 상보교류나 교차교류와 달리 2개 이상의 자아상태를 동시에 포함하는 특징을 가짐)

자극의 욕구 · 구조의 욕구 · 자세의 욕구

• 자극의 욕구 : 타인으로부터 다양한 방식(신체적, 언어적, 긍정적)으로 존재인정을 받고 싶은 욕구 → 인정자극(stroke, 어루만짐)의 욕구

• 구조의 욕구 : 인정받기 위해 자신의 생활과 시간을 조직화하려는 욕구

• 자세의 욕구 : 개인이 일생을 통해 확고한 삶의 자세를 가지려는 욕구 → 생활자세를 형성하고 이를 토대로 생활각본을 형성

자아 상태

인간의 성격은 부모 자아상태, 어른 자아상태, 어린이 자아상태로 구성되어 있음. 세 가지 자아가 어느 한 가지 상황에 따라 개인을 지배함

어버이 자아(P)	주로 부모를 모방 또는 학습하게 되는 태도 및 기타 지각 내용과 행동으로 구성됨. 비판에 의해 교정됨 없이 받아들여 내면화 한 것임
어린이 자아(C)	인간 내면에서 자연스럽게 일어나는 모든 충동과 감정, 그리고 5세 이전에 경험한 사태들에서 느끼게 되는 감정과 그에 대한 반응 양식으로 구성됨
어른 자아(A)	객관적으로 현실을 파악하는 것으로, 외부 세계뿐만 아니라 다른 두 자아를 통해 정보를 수집하고 그 정보를 이용하기 때문에 어른 자아가 기능하는 정도에 따라 개인의 성숙정도가 결정됨

05장 생활지도 및 상담

게임분석	교류의 패턴 중 암시적 교류를 구체적인 게임의 종류 및 만성부정감정 (racket)의 유형과 관련지어 분석하는 것
생활각본 분석	생활각본(생활태도와 관련된 것으로, 개인이 받아들인 부모의 메시지, 아동 자신이 내린 초기결정 및 생활자세 등)을 발견하고 변화시켜 건강한 삶을 살게 하는 것이 교류분석의 궁극적 목적
재결정 (재결단)	내담자의 노력으로 자신의 생활각본이 변화하는 과정을 말하며, 이를 통해 내담자는 정상적 자아상태를 회복하고 긍정적 생활태도(자기긍정–타인긍정)를 취하게 됨

⑤ 실존주의 상담이론(Frankl)

    ㉠ 부적응 : 인간 존재의 불안이나 고통(기대불안) → 실존적 불안(실존적 신경증)

    ㉡ 상담 : 인간 존재의 불안이나 고통의 참된 의미를 찾아 자아실현 성취 → 증상에 대한 태도를 중시

    ㉢ 상담기법

역설지향적 방법	내담자의 증세나 과거의 상태에 중점을 두지 않고 어떤 증상에 대한 내담자의 태도에 관심을 두는 치료기법
방관	인간의 자기초월능력을 활용해, 지나친 자기관찰로부터 자유롭게 하는 기법
호소	의지가 약한 내담자들을 위해 고안된 기법으로, 상담자가 제안한 것을 내담자가 수행하도록 하여 약한 의지를 강화해 주는 것
소크라테스식 대화	상담자가 내담자에게 대화를 통하여 자신의 잠재성, 장단점, 현실, 책임 등을 이해하거나 반성하게 함으로써 자기통찰을 얻도록 돕는 것

⑥ 형태주의 상담이론(Perls)

    ㉠ 부적응 : 대인관계의 문제, 현재 장면에서 형태를 정확히 인식하지 못할 때 발생 → 미해결 과제가 형태의 올바른 인식을 방해(자이가닉 효과)

    ㉡ 상담목표 : 지금 여기(now & here)를 완전히 경험 → 개인의 성장

    ㉢ 핵심개념 : 형태(Gestalt), 전경, 배경, 알아차림, 미해결과제, 접촉

    ㉣ 상담기법

신체자각	내담자의 신체표현을 관찰하고 거기에 초점을 두어 내담자에게 현재 그 상황에서 느끼는 신체감각을 자각하게 해줌
환경자각	내담자에게 주위 환경에 대해 자각하도록 해줌으로써 환경과의 접촉을 증진시킴
언어자각기법	내담자의 언어사용습관을 잘 관찰해 잘못된 습관을 고쳐주는 방법
빈 의자 기법	내면경험을 분명하게 경험하도록 돕는 전략으로, 개인이 바로 체험하지 못하는 감정을 자각하는 데 도움을 줌
대화게임기법	내담자의 마음속에 있는 상반된 극적 사고나 감정을 대화로 엮어보게 함으로써 내담자 자신의 일치되지 못한 면이나 양극성을 수용·통합하게 함
과장하기 기법	내담자의 어떤 행동이나 언어를 과장하여 표현하도록 요구함으로써 내담자 자신의 무의식적 욕구나 감정 혹은 행동을 명료하게 자각하도록 도움

형태주의 상담이론(Perls)의 주요 개념

• 게슈탈트(gestalt) : 부분의 연결로 형성되는 의미 있는 전체로, 개인의 욕구와 감정이 전체로 조직된 것을 의미함

• 전경과 배경 : 사람이 대상을 인식할 때 관심 있는 부분, 즉 욕구와 필요의 초점이 되는 부분은 지각의 중심인 전경으로 떠올리지만, 그렇지 않은 부분은 배경으로 보냄

• 알아차림 : 유기체로서의 자신의 욕구나 감정을 지각하고 그것을 게슈탈트로 형성하여 전경으로 떠올리는 행위를 의미함

• 미해결과제 : 개체가 게슈탈트를 형성하지 못했거나 형성한 게슈탈트가 적절히 해소되지 못해 배경으로 물러나지 못한 상황을 의미하며, 과거의 미해결과제를 현재까지도 전경으로 떠올리고 있으면 현재의 경험과 욕구를 알아차릴 수 없음

• 접촉 : 게슈탈트의 완성을 위한 에너지 흐름이 방해받지 않는 것으로서, 전경으로 떠온 게슈탈트를 해소하기 위해 현재를 그대로 경험하고 환경과 상호작용하는 행위(유기체의 성장에 이바지함)

• 접촉장애 : 현재를 경험하는 것을 방해하고, 왜곡되고 비현실적인 자아상을 실현하여 문제해결을 방해하는 것을 말함

형태주의 상담이론(Perls)에서의 빈 의자 기법

감정적 관계를 갖고 있는 대상이 빈 의자에 앉아 있다고 상상하게 하고, 내담자로 하여금 그 인물과 대화하도록 시켜 그 상황에서 체험되는 감정을 자각하도록 도와주는 것임. 역할을 바꾸어 가며 대화를 할 수도 있어 상대편의 감정에 대한 자각과 이해도 함께 생기는 장점도 있고, 외부로 투사된 개인의 감정을 다시 찾아 자각하는 데 많은 도움을 줌

⑦ 현실치료적 상담이론(Glasser, 현실요법) ★ 빈출개념
 ㉠ 인간관 : 인간은 자율적 통제체제(통제이론) → 인간은 현실적 욕구(예 생존의 욕구, 소속의 욕구, 힘의 욕구, 즐거움의 욕구, 자유의 욕구) 충족을 위해 행동하는 존재, 자기 행동에 책임을 지는 존재(책임적 자아)
 ㉡ 전행동 이론 : 활동, 생각, 느낌, 신체반응 → 활동과 생각은 통제 가능 요소
 ㉢ 3R 중시 : 현실성, 책임성, 옳고 그름(공정성) 중시
 ㉣ 상담 : 비효율적인 삶의 통제자를 보다 효율적인 삶의 통제자가 될 수 있도록 조력하는 과정 → 성공적인 정체감을 계발하여 궁극적인 자율성을 획득
 ㉤ 상담의 절차(WDEP) : 바람(Wants) → 지시와 행동(Direction & Doing) → 평가(Evaluation) → 계획과 활동(Planning)

바람	내담자가 자신의 바람, 욕구, 지각을 탐색하기
지시와 행동	욕구충족을 위한 내담자의 현재 행동에 초점 맞추기
평가	내담자로 하여금 자신의 행동을 평가하도록 하기
계획과 활동	내담자가 자신의 실패행동을 성공적으로 바꾸는 구체적인 계획을 수립하여 활동하기

(3) 행동적 영역의 상담이론

① 상호제지이론(Wolpe)
 ㉠ 파블로프(Pavlov)의 고전적 조건화이론에 기초
 ㉡ 학습된 부적응 행동(불안, 공포)을 제지할 수 있는 다른 이완 행동을 통해 약화
 ㉢ 상담기법 : 주장적 훈련, 체계적 둔감법(불안위계목록 작성-이완훈련-상상을 통한 단계적 이완)
② 행동수정이론(Krumboltz)
 ㉠ 스키너(Skinner)의 작동적 조건화 + 반두라(Bandura)의 사회인지 이론에 기초
 ㉡ 학습된 나쁜 습관(예 지각, 도벽, 거짓말)을 강화와 벌을 이용한 행동수정기법을 통해 문제 해결

(4) 해결중심(Solution Focused) 단기상담

① 내담자가 호소하는 한두 가지 핵심문제를 중심으로 전개
② 해결중심 패러다임 : 문제원인 규명보다 내담자의 자원(예 강점, 성공경험, 예외상황)을 활용, 해결방법에 중점
③ 대화기법 : 경청, 간략한 설명, 열린 질문, 칭찬, 감정이입, 비언어적 행동, 침묵

현실치료적 상담이론의 기본전제
- 인간은 5개의 기본적인 욕구(소속, 힘, 즐거움, 자유, 생존의 욕구)를 충족시키기 위해 노력한다고 가정
- 통제이론에 근거하여, 인간이 자신과 환경을 통제할 수 있고 행동은 물론 자기 자신의 선택에 대해 책임질 수 있는 존재라는 사실을 강조

상호제지이론(Wolpe)의 상담기법
- 자기주장훈련 : 내담자에게 불안 이외의 감정을 표현하도록 하여 불안을 제지하는 기법
- 체계적 둔감법 : 이완된 상태에서 불안을 유발하는 사상이나 장면을 상상하도록 함으로써 불안반응을 둔감화시키는 기법
- 홍수법 : 회피반응을 허용하지 않은 상태에서 불안유발자극에 단시간 내에 집중적으로 혹은 격렬하게 노출시킴으로써 그 공포나 불안을 제거하는 기법
- 근육이완훈련 : 여러 종류의 불안, 특히 무생물에 대한 불안을 제거하는데 가장 적합한 방법으로, 내담자에게 근육을 이완시키게 하는 방법과 긴장과 스트레스를 심리적으로 경감시키는 정신적 심상에 집중하도록 하는 방법이 있음
- 혐오법 : 바람직하지 못한 자극에 대해 혐오자극을 함께 제공함으로써 특정 행동을 하지 않도록 하는 방법

해결중심 단기상담의 특징

- 드쉐이저(S. de Shazer)와 베르그(I. Kim Berg)에 의해 시작된 해결중심 치료는 문제가 아니라 해결에 초점을 두는 방법임
- 과거에 초점을 두는 전통적 치료와는 달리 현재와 미래에 초점을 둠
- 기존의 상담이론과는 다르게 인간은 건강하고, 능력이 있고, 자신의 삶을 향상시킬 수 있는 해결을 구성할 능력을 지닌다고 가정함
- 상담자는 문제보다는 해결에 초점을 두어 내담자를 조력하여 그의 삶을 향상시키고자 함

문화구조와 사회구조

문화구조	가치, 규범과 같이 사람들의 의식이나 태도를 결정하는 요소
사회구조	지위나 역할과 같이 사회의 위계 서열로 나누는 요소

④ 상담과정

첫 상감 이전의 변화에 관한 질문	상담 전 변화가 있는 경우 내담자의 해결능력을 인정하고 그러한 사실을 강화하고 확대할 수 있도록 격려하는 기법
대처질문	문제 이야기에서 해결 이야기를 하도록 돕는 기법으로 아동이 자신의 문제에 대한 모든 설명을 한 것처럼 보이는 시점에서 사용
예외질문	모든 문제상황에는 예외상황이 있다고 보며, 아동의 생활에서 일어난 과거의 경험으로서 문제가 발생할 것이라고 기대하였으나 문제가 발생하지 않은 예외상황을 묻는 질문
기적질문	문제가 떨어져 해결책을 상상하게 하는 기법으로, 기적질문을 통해 상담자는 아동이 바꾸고 싶어하는 것을 스스로 설명하게 함
관계질문	기적이 일어난 후의 내담자 주변에 일어난 변화에 관한 질문
척도질문	아동 자신의 관찰, 인상, 그리고 예측에 관한 것들을 1에서 10점까지의 수치로 측정하도록 하는 것
악몽질문	유일한 문제중심적·부정적 질문으로, 상황의 악화를 통해 해결의 지를 부각시킴

3. 청소년 비행이론

(1) 아노미 이론(Merton)

① 문화목표와 제도화된 수단과의 괴리 → 개혁형, 도피형, 반발형이 비행 유발
② 사회를 구성하는 기본적인 기둥인 '문화구조와 사회구조' 사이에서 발생되는 괴리현상

문화목표	제도화된 수단	적응유형	특징
수용	수용	동조형	열심히 노력해서 문화목표를 달성하려는 사람들 → 이상적 적응 방식(예 학교교육의존 입시집착형)
거부	수용	의례형	문화목표는 거부하나 사회·제도적 수단은 수용하는 사람들(예 무기력 학습형)
수용	거부	개혁형	문화목표의 수용, 제도적 수단은 거부 → 하류층의 경제범죄 행위(예 사교육의존 입시집착형)
거부	거부	도피형	문화목표와 수단을 모두 거절 → 약물이나 알코올 중독자, 자살, 정신병, 학교포기 청소년들(예 도피 반항적 학습거부형)
거부	거부	반발형	문화목표와 수단을 모두 거부하고 새로운 이념·목표·수단을 추구 → 반문화, 급진적 사회운동(예 새로운 학습체제 구축형)

(2) 차별적 접촉 이론(차별교제이론, Sutherland)

① 인간의 행동은 정상적인 행동과 일탈적인 행동 모두 학습된다고 가정
② 법을 위반하는 행동에 대한 허용적인 태도를 배우게 되며, 특히 친밀한 집단 내의

상호작용을 통해서 학습(떼 근묵자흑(近墨者黑) → 상호작용이론, 가장 많이 이용)

(3) 비행하위문화론(Cohen, Cloward & Ohlin)

① 중산층 문화에 대한 반동으로 형성되었으며 법 위반에 대한 허용적인 태도를 형성함

② 비행을 용인하는 하위문화가 하류층 집단에 존재, 문화목표를 달성할 수 없는 하위집단이 비행을 유발 → 아노미 이론 + 차별적 접촉 이론

(4) 낙인이론

① 명명효과(labeling effect)라고도 부름 → 사회적 반응이론

② 타인이 자기 자신을 우연히 비행자로 인식하는 데서 영향을 받아 의도적 · 계속적 비행 발생

③ 상징적 상호작용이론에 토대

④ 교사가 학생을 유형화하는 과정 3단계(Hargreaves) : 모색(추측) 단계 → 명료화(정교화) 단계 → 공고화 단계로 낙인화

(5) 사회통제이론(Hirschi)

① 비행성향을 통제해 줄 수 있는 사회적 억제력이나 유대(떼 애착, 전념, 참여, 믿음)가 약화될 때 비행 발생

② 비행의 결정요인은 비행과 범죄의 동기에 의해서가 아니라 그러한 동기를 통제할 수 있는 통제기제의 여부에 달려있다고 봄(비행통제의 주된 기제는 사회적 유대임)

SEMI-NOTE

편류이론

일상생활에 적응하지 못하고 일탈해서 방황하다가 일정 기간이 지난 후에 다시 제 모습을 찾아 돌아온다는 이론. 일시적인 일탈행위를 저지를 때 청소년들은 빈번히 그들의 비정상적인 행위를 합리화시키려고 하며. 일탈행위와 정상행위를 서로 중화시켜보려고 하는 변명을 중화화라고 함

교실에서의 낙인과정(Hargreaves)

제1단계	교사가 학생을 처음 만나 그들에 대해 가정하기 시작하는 모색 단계
제2단계	교사가 학생에 대한 인상을 명료화하는 단계
제3단계	교사가 학생을 범주화하여 공고화하는 단계

사회통제의 요인

• 중요한 타인에 대한 애착
• 관례적 행위에 대한 전념
• 관례적 행동에 대한 참여
• 도덕적 요소로서의 믿음

9급공무원

교육학개론

나두공

🔵 나두공

06장 교육과정

01절 | 교육과정의 의미와 유형

1. 교육과정의 의미

(1) 교육과정의 개념

① 어원적 의미(라틴어 '쿠레레(Currere)'에서 유래 → '뛴다', 경주로의 뜻)

    ㉠ **전통적 개념** : 마차 경주에서 말들이 따라 달려야 하는 정해진 길(race course)

    ㉡ **현대적 개념** : 경주에서 말들이 정해진 길을 따라 달리면서 갖는 체험의 과정, 경주활동 그 자체, 교육경험을 통한 개인의 의미형성 그 자체(course itself)

교육과정의 어원

명사적 의미	교육내용을 설계, 개발, 전달하고 그 결과를 평가하는 일(Bobbit, Tyler 등)
동사적 의미	교육활동이 일어나고 있는 상황에서 학생의 삶에 주는 의미(Pinar 강조)

> **실력up** **파이너의 쿠레레 방법론**
>
> • "교육과정은 그 어원인 쿠레레에 복귀해야 한다." : 교육과정은 실존적 체험인 그 반성, 개인의 인생행로에 대한 해석임
> • **쿠레레 방법론의 과정** : 개별적 경험의 특별한 의미를 이해하기 위한 정신분석학적 4단계
>
> | 단계 | 의미 |
> | --- | --- |
> | 회귀 (소급) | 과거를 현재화하는 단계 → 자서전적 주인공인 자신의 실존적 경험을 회상하면서 기억을 확장하고 과거의 경험에 관한 정보를 수집하고, 최대한 생동감 있게 묘사하는 단계 |
> | 전진 | 미래에 대한 논의 단계 → 자유연상기법을 통해 아직 현실화되지 않은 자신의 미래의 모습을 상상해 보는 단계 |
> | 분석 | 현상학적 방법을 통해 회귀와 전진을 거친 후에 현재로 다시 돌아오는 단계 → 과거, 미래, 현재라는 세 장의 사진을 동시에 펼쳐 놓은 후, 이들을 연결하고 있는 복잡한 관계를 분석하는 과정으로, 과거의 교육적 경험으로 인해 형성된 자신의 삶을 분석하는 단계 |
> | 종합 | 생생한 현실로 돌아가 내면의 목소리에 귀를 기울이고, 자기에게 주어진 현재의 의미를 자문하는 단계 → 주인공이 과거, 미래, 현재라는 세 장의 사진 속에서 과거 학교 교육이 자신에게 어떤 유익이 되었는지, 지적 호기심이 자기 성장에 도움이 되었는지, 개념에 대한 정교성이나 이해가 제대로 되었는지를 자문자답하는 단계 |

교육과정의 구성요소

교육 목표	기르려는 행동 특성(지적, 정의적, 신체적)
교육 내용	교육선정, 내용조직, 교수방법 결정, 교수자료 정비
학습 경험	학생 속에 일어나는 모든 지적 · 정서적 · 신체적 경험(학생–환경의 상호작용)
학습 결과	기르려는 행동 특성과의 일치도

② **일반적 의미**

    ㉠ 교육목표를 달성하기 위해 무엇을 선정해서, 어떻게 조직하고, 어떻게 가르치고 평가할 것인가에 대한 교육의 전체적인 계획

    ㉡ **교육내용** : 학생이 일정한 목표를 향하여 학습해야 하는 내용

    ㉢ **교육목표를 달성하기 위한 수단** : 인간 행동을 바람직한 방향으로 변화시키는 데 작용하는 계획적인 수단

(2) 교육과정의 수준

① 공약된 교육과정(의도된 교육과정) : 교육부령으로서의 교육과정
② 수업 속에 반영된 교육과정(교사 수준의 교육과정, 전개된 교육과정) : 교사에 의해 재해석되고 교사의 손에 의해 수업행위 속에서 재현됨
③ 학습 성과로서의 교육과정(실현된 교육과정) : 수업을 통해 학생들에게 실제로 실현된 교육과정

(3) 교육과정 논의의 발달과정

① 헤르바르트(Herbart) : 인문교과와 자연교과의 통합
② 스펜서(Spencer) : 현대 교육과정 논의 시초
③ 듀이(Dewey) : 아동중심 교육과정(심리적에서 논리적으로)
④ 보비트(Bobbit) : 교육과정 구성의 과학화(교육을 성인생활을 위한 준비로 보고 교육과정은 성인이 되어 할 일을 미리 준비시켜 주는 과정으로 봄)
⑤ 타일러(Tyler) : 20세기 교육과정 논의의 중심

2. 교육과정의 유형

(1) 교과중심 교육과정

① 개요

교육목적	사회적 존재의 양성
교육목표	전통문화의 전수
교과	인류문화유산의 핵심적인 것을 체계적으로 조직해 놓은 것
교육과정	학생이 학교에서 학습하기로 정해진 교과체계, 즉 교수요목

② 유형

분과형 교육과정	교과가 세분화되어 있으며, 교과 간에 전혀 연관이 없도록 조직된 형태의 교육과정
상관형(관련) 교육과정	교과의 선을 넘지 않으면서도 두개 혹은 그 이상의 교과나 과목을 서로 연관시켜 조직하고 가르치는 교육과정의 형태
융합형 교육과정	각 교과목의 성질을 유지하면서 그 사이에 다소의 공통요인을 추출하여 교과를 재조직한 형태(상관형과 광역형의 과도기적 형태)
광역형 교육과정	관련된 교과들을 하나의 학습영역으로 연결하여 조직하는 형태

③ 교과중심 교육과정의 장·단점

장점	단점
• 문화유산의 전달에 용이 • 체계적이어서 간단명료하고 알기 쉬움 • 교육과정 개편 및 평가·측정에 용이 • 중앙집권적 통제가 용이	• 내용이 고정되어 새로운 지식 확대가 곤란 • 현 생활과 동떨어진 내용을 담고 있음 • 수동적 학습태도를 초래 • 지식암기에 치중해 비판력·창의력 저해

SEMI-NOTE

공약된 교육과정(의도된 교육과정)
교육부령으로 교육과정이 공포되는 것은 일반적으로 각급 학교에서 가르쳐야 할 내용의 수준을 국가적인 수준에서 결정한 것임. 이를 바탕으로 1종 도서, 2종 도서를 편찬하고 각 지역교육청이나 각 학교단위에서 가르쳐야 할 내용의 일반적 지침이 됨

듀이의 아동중심 교육과정
듀이는 교육과정은 심리적인 것에서 점차 논리적인 것으로 진보적으로 조직되어야 한다고 주장함. 심리적인 것이 간 아동의 흥미와 관심을 말하며, 논리적인 것은 교과의 지식과 관계된 것임

교과중심 교육과정의 특징
• 논리적·체계적
• **교사 중심** : 교사는 해당 교과에 정통한 사람으로, 학생보다 월등한 지식을 지님
• 설명(전달) 위주의 교수법
• 한정된 영역의 학습(교과중심)
• **형식도야설에 근거** : 교과를 통해 인간의 능력을 계발

경험주의 교육과정의 특징

• 학습자와 아동중심의 교육
• 학생의 바람직한 성장과 전인교육의 강조
• 생활인 육성을 목표로 한 교육내용의 구성
• 통합된 의미를 체험시키는 교육
• 현장에서의 교재 결정
• 급변하는 사회 적응을 위한 문제해결력 함양을 중시

중핵형 교육과정

• 장점
 - 학생들에게 의미 있고, 중요한 학습 경험의 사용을 촉진
 - 교육내용의 통합을 통해 개인의 통합적 성장을 촉진
 - 문제해결력과 비판적 사고력을 배양
• 단점
 - 교사들의 적절한 준비가 곤란
 - 지식 분야의 전문화에는 부적합

학문중심 교육과정의 발달과정과 등장배경

• 발달과정 : 스푸트니크 위성 발사(1957)에 따른 경험중심 교육과정의 위기로 개최된 1959년 우즈홀 회의의 종합보고서인 브루너(Bruner)의 〈교육의 과정〉에서 시작하여, 브로우디(Broudy), 피닉스(Phenix) 등을 거쳐 발전
• 등장배경
 - 소련의 스푸트니크 위성 발사(1957)에 따른 경험중심 교육과정의 위기감 고조
 - 20세기 후반의 지식·기술의 폭발적 증가
 - 경험중심 교육과정이 아동의 흥미나 욕구를 지나치게 중심함으로써 교육에서 학문의 체계가 경시되고 나아가 국가적인 위기까지 초래했다고 비판하면서 등장

---

(2) 경험중심 교육과정

① 개요

교과조직	아동의 기본적 욕구나 흥미를 중심으로 함
교육내용	아동의 생활에 의미가 있고 아동이 스스로 참여할 수 있는 것으로 구성
교육목표	생활인의 육성과 일상생활의 당면문제 해결능력의 배양
교육과정	• 학교의 지도 하에 학생들이 가지게 되는 모든 경험을 의미 • 학습자의 자발적 행동으로 생기는 경험의 체계에 기초를 둠 • 교재보다는 생활을, 지식보다는 행동을, 분과보다는 종합을 중시함

② 유형

활동형 교육과정	학습자의 흥미와 욕구 등에 기초하여 학습경험을 선정하고 조직하는 형태(예 킬패트릭(Kilpatrick)이 주장한 구안법)
생성(현성)형 교육과정	사전에 계획을 하지 않고, 교사와 학생들이 학습현장에서 함께 학습 주제를 정하고 내용을 계획하여 교육이 이루어지도록 하는 형태
중핵형 교육과정	• 특정내용이나 문제를 중심으로 하고 관련 부분을 주변영역으로 하여 동심원적으로 조직한 형태의 교육과정 • 중핵형의 유형 : 교과중심의 중핵형, 개인중심의 중핵형, 사회중심의 중핵형

③ 경험중심 교육과정의 장·단점

장점	단점
• 학습자의 자발적·적극적 참여 촉진 • 실제 생활문제를 해결하는 생활인 육성 • 민주시민으로서의 자질함양이 용이 • 학교와 지역사회와의 유대를 강화 • 학교생활의 통합을 증진	• 학생들의 기초학력의 저하 우려 • 교육과정 분류의 준거가 불명확 • 미숙한 교사는 실패 가능성이 높음 • 교육과정 운영 및 행정적 통제가 곤란 • 경험의 직접적 적용이 곤란

(3) 학문중심 교육과정

① 개요

교육목적	급변하는 사회에 적극적으로 대처하고 발전의 흐름을 주도하기 위해 학생들에게 학자들이 하는 것과 같은 것, 즉 지식의 기본원리와 학문의 탐구과정을 익히도록 하는 것
교육내용	지식의 원리(지식의 구조), 교과의 기본개념
교육방법	탐구의 과정을 강조

지식의
구조
	• 브루너(Bruner)는 지식의 구조를 각 학문이 가진 독특한 기본개념, 주제, 원리, 공식, 일반화의 아이디어로 파악
	• 표현방식
	  - 작동적 표현 : 동작으로 표현. 피아제의 인지발달 단계에서 전조작기에 해당하며, 이 단계에서 아동의 지적 활동은 주로 경험과 동작에 의존
	  - 영상적 표현 : 구체적 조작기에 해당하며 이때 아동은 조작(操作)의 기초가 되는 내면화된 정신구조가 발달함으로써 직접 눈앞에 보이는 것, 직접 경험한 것에 얽매이게 되며, 그림이나 도형으로 표현해 주면 쉽게 이해

지식의 구조	– 상징적 표현 : 이 단계에서 아동의 지적활동은 가설적 명제를 조작하는 능력을 지니게 되며 가능한 변인들을 생각할 수 있고 나아가 가능한 관계를 추리해내어 그것을 실험이나 관찰로 검증하는 것이 가능. 아동에게 원리나 개념으로 표현해도 이해 가능 • 생성력 : 지식 간에 비교가 쉬운 것 그리고 한 가지 현상을 알면 그것과 관련되는 여러 가지 현상과의 관계를 파악하는 힘 • 경제성 : 머릿속에 기억해야할 정보의 양이 최소화된 것(공식이나 원리)

② 유형 : 나선형 교육과정과 학제형 교육과정 등이 있음

③ 학문중심 교육과정의 장·단점

장점	단점
• 능률적이고 양질의 교육이 가능 • 지식의 전이가 잘되고 생성력이 높음 • 저학년에서 조기교육이 가능 • 학문의 전체적인 구조 파악이 용이	• 지식의 구조는 실생활과 유리된 경우가 많으며, 이해나 학습이 어려움 • 정의적 영역에 소홀 • 교육내용의 선택과 학습가능성의 기준 설정이 미비

(4) 인간중심 교육과정

① 개요

교육과정	학생이 학교생활을 하는 동안에 가지는 모든 경험(→ 학교의 지도와 계획 하에 가지는 경험(표면적 교육과정)과 의도되지 않은 경험(잠재적 교육과정)의 총체를 의미하는 넓은 개념의 교육과정)
교육목적	아동의 전인적인 능력을 계발하여 자아실현을 할 수 있도록 돕는 것(아동은 성장의 가능성을 지닌 주체적 존재)
경험 중시	아동의 성장에 영향을 주는 모든 경험을 중시함

② 인간중심 교육과정의 장·단점

장점	단점
• 내적 동기유발에 효과적임 • 학습활동에서 아동의 자유를 강조 • 개별화, 발견학습이 가능	• 명확한 개념이나 원리를 제시하지 못함 • 학습에서 지나친 개인주의를 강조 • 무계획한 학습운영의 가능성이 높음

실력UP 사회중심 교육과정·행동주의 교육과정·구성주의 교육과정

• 사회중심 교육과정
  – 기능론적 관점 : 학교에서 학생들에게 사회적으로 유용한 지식과 기능을 가르쳐 사회에 마찰없이 적응하도록 돕는 사회적 적응적 입장
  – 갈등론적 관점 : 학교교육을 통해 학생들로 하여금 사회가 지닌 문제와 모순을 깨닫고 이를 극복할 대안을 모색해 보게 하는 사회 개혁적 입장
• 행동주의 교육과정 : 교육과정의 내용은 관찰 가능하고 측정 가능한 행동을 명세화한 진술문, 즉 행동 혹은 성취수행 목표로 진술된 일련의 기능들로 구성
• 구성주의 교육과정 : 지식의 습득과 형성은 개인의 인지적 작용과 개인이 속한 사회에의 참여하는 두 요소의 상호작용에 의해 지속적으로 변화, 수정, 보완을 통해 구성

학문중심 교육과정의 특징
• 교과의 기본적인 개념을 담고 있는 지식의 구조를 중요 내용으로 강조
• 같은 교육내용이 학교·학년에 따라 깊이와 폭이 넓어지는 나선형 조직형태
• 지식의 탐구절차, 실험실 활용 등을 통해 학습자의 능동적 탐구와 발견을 강조
• 학습자가 교과의 구조에 관한 통찰력과 탐구행위를 경험하게 함
• 정보를 제공하는 자원이 아닌 학문적 탐구활동을 보여주는 사람으로서의 교사를 강조

인간중심 교육과정의 등장배경
현대사회의 비인간화 현상의 극복, 교육의 수단화 극복, 학교의 비인간화 극복

인간중심 교육과정의 특징
• 잠재적 교육과정의 중시(표면적 교육과정은 주로 지식·기능의 신장에 영향을 미치지만 잠재적 교육과정은 학생들의 정의적·사회적 발달에 영향을 미친다고 봄)
• 자아실현을 교육목표로 파악
• 인간주의적인 교사를 요구(교육을 인간적 만남과 대화로 보아 교사의 인간적 영향이 중요하다고 봄)
• 인간중심적 교육환경(교육환경의 인간화)을 추구

구성주의 교육과정

교육과정의 구성	전체에서 시작하여 부분으로 나아가며 포괄적인 개념을 중심으로 구성
강조점	• 교육과정 : 학생이 생활과 당면한 문제에서 부딪히는 질문을 존중 • 교육내용 : 학생들의 주체적 지식구성과 학습참여를 강조
교사의 역할	학생들과 상호작용하는 데서 도와주고 같이 배우는 동반적 관계를 강조
교육평가	학습과정을 중심으로 일어나며 학습의 다양한 측면을 학생 작품, 관찰 등 다양한 기법을 동원해서 평가

06장 교육과정

109

타일러의 교육과정 설계 모형

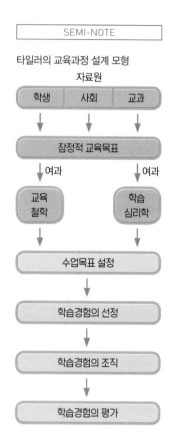

학습경험의 선정 원리(Tyler)
- 기회의 원리
- 만족의 원리
- 학습가능성의 원리
- 일목표 다경험의 원리
- 일경험 다성과의 원리

02절 교육과정 설계 모형

1. 합리적 모형

(1) 타일러(Tyler)의 합리적 모형

① 기본성격

목표의 우위	교육목표를 우위에 두고 교육과정의 모든 다른 측면을 교육목표달성의 수단으로 보는 교육과정 모형
연역적	전체 교과개발에서 시작하여 단원의 개발로 진행
직선적	목표에서 평가로 진행하는 일정한 방향을 가짐
처방적	교육과정 개발자들이 교육과정을 개발할 때 어떤 순서로 어떻게 해결해야 하는가에 대한 절차를 제시함
탈가치 지향	어떤 교육목표에도 적용될 수 있는 탈가치적인 모형을 지향
교육의 결과를 더 중시	교육의 과정보다 결과로서의 반응에만 관심을 가짐
합리적	교육문제에 관심을 가지는 모든 사람들이 타당하게 활동할 수 있음
평가중심	목표 그 자체가 나중에 평가의 준거가 됨
교육목표는 학생의 도착점 행동으로 진술	결과를 더 중시하는 목표모형에서는 교육목표가 교육의 결과 학생이 나타내 보일 구체적인 행동으로 진술되기를 요구함

② 교육과정 설계 절차

㉠ 교육목표의 설정 : 잠정적 목표설정 자원(학생의 심리적 요구, 사회적 요구와 가치, 교과전문가의 견해), 목표거름체(교육철학, 학습심리학), 구체적 목표 진술(이원목표분류)

👓👓 한눈에 쏙~

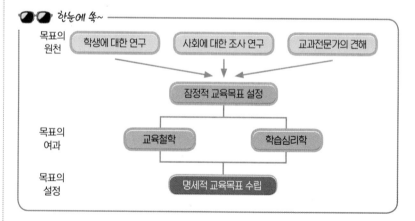

㉡ 학습경험의 선정 : 학습경험은 학습자와 외적 환경과의 상호작용으로 이루어지며, 학습경험의 선정은 교육과정 개발자나 교사의 입장이 아니라 학습자를 중심으로 함

ⓒ 학습경험의 조직 : 선정한 학습경험들을 체계적으로 통합하여 조직

ⓔ 학습경험의 평가 : 교육목표가 교육과정이나 학습지도를 통해 어느 정도 실행되고 있는지를 확인하는 것으로, 교육과정 개발에 있어 매우 중요한 절차가 됨

③ 타일러(Tyler)의 합리적 모형의 장·단점

장점	단점
• 어떤 교과나 수업수준에서도 활용·적용될 수 있는 폭넓은 유용성·실용성을 지님 • 평가의 지침이 되는 교육목표를 명시적으로 밝힘 • 교육과정과 수업을 구분하지 않고 통합적으로 '목표-경험선정-경험조직-평가'를 연결 • 경험적·실증적으로 교육성과를 연구하는 경향을 촉발(경험적 연구 촉발)	• 목표를 내용보다 우위에 두고, 내용을 목표달성 수단으로 전락시킴 • 교육목표를 미리 설정한다는 것은 수업 진행과정 중에 새롭게 생겨날 수 있는 확신적 목표의 중요성을 간과한 것 • 외적으로 드러나는 행동만을 강조함으로써 잠재적 교육과정이나 내면적 인지구조의 변화, 가치와 태도, 감정 변화를 확인하기 어렵게 함 • 교육과정 개발의 실제적 모습을 보여주지 못함

(2) 타바(Taba)의 확장 모형

① 교육현장을 중심으로 한 교육과정 개발 중시
② 귀납적 모형 : 단원 개발에서 출발하여 교과 형성으로 진행
③ 역동적 모형 : 개발과정에서 계속적인 요구진단을 통해 교육과정 요소들과 상호작용
④ 교육과정 개발과정 : 요구진단 → 목표설정 → 내용선정 → 내용조직 → 학습경험의 선정 → 학습경험의 조직 → 평가의 대상·방법·수단의 결정

2. 순환적 모형

(1) 니콜스(Nicholls)의 모형

① 상황의 변화에 따라 새로운 교육과정을 필요로 하는 경우에 교육과정 개발의 논리적 접근을 강조
② 교육과정 개발의 순환적 성질과 예비단계(상황분석)를 강조함
③ 니콜스(Nicholls)의 모형의 개발 단계 : 상황분석 → 목표설정 → 내용의 선정 및 조직 → 방법의 선정 및 조직 → 평가

(2) 휠러(Wheeler)의 교육과정 설계모형

① 교육과정의 각 요소들이 상호 관련되어 있고 상호의존적이며 순환적인 형태를 지님
② 각 단계는 바로 앞 단계의 논리적 발전 형태임

강령

교육과정 개발 활동에 참여하는 사람들이 지닌 교육적 신념, 가치, 각종 교육이론, 교육목적, 교육과정 구성, 교육과정 개발절차, 자기가 속하여 이해관계를 대변해야 하는 집단의 전략, 자신의 숨은 의도 및 선호 등을 총칭

올바른 의미의 숙의

- 주어진 교육과정 문제를 가장 설득력 있고 타당한 방법으로 논의
- 가장 유망한 교육과정 실천 대안을 검토
- 공정하고 균형 잡힌 판단에 이르도록 함

명시적 설계와 함축적 설계

- **명시적 설계** : 대안들을 가려내어 가장 옹호할 만한 해결을 발견한 다음에 만들어지는 모든 토론으로 이루어짐
- **함축적 설계** : 대안들은 고려하지 않은 채 무의식적으로 취해진 그런 행동방침으로 구성됨

학교중심 교육과정 설계모형의 개발과정(순환적)

상황분석
↓
목표설정
↓
프로그램 구성
↓
판단과 실행
↓
모니터링, 피드백, 평가, 재구성
↓
상황분석
⋮

3. 역동적 모형

(1) 워커(Walker)의 숙의 모형

① 특징
　㉠ 교육과정을 개발하고 설계하는 참여자들의 다양한 견해를 반영할 수 있음
　㉡ 교육과정 설계를 특수한 상황에 맞추어야 할 필요성을 강조함(실제적 교육과정 모형)

② 개발단계

토대(platform) 다지기(강령)	교육과정개발 과정에 참가하는 사람들은 교육과정에 대한 어떤 믿음과 가치(강령)를 가지고 이 과정에 참여
숙의(deliberation)	교육과정개발위원들이 각자의 토대에 근거해서 대안을 상의하고, 대안이 가져올 결과를 가늠해 보고 선택을 하는 과정
설계(design)	교육 프로그램의 상세한 계획을 수립하는 단계

③ 장·단점

장점	단점
• 교육과정을 계획하고 개발하는 동안 실제 일어나는 것을 아주 정확히 묘사해 줌 • 교육과정 계획이 합의를 이루지 못한 경우에도 어떻게 진행될 수 있는가를 잘 진술해 줌	• 교육과정 계획과정에 초점이 맞추어져 있어 교육과정 설계가 완성된 후 무슨 일이 어떻게 일어나야 할지에 대한 언급이 부족 • 전문가, 시간, 자금 등이 넉넉하지 않은 소규모 학교에는 적용하기가 어려움

(2) 스킬벡(Skilbeck)의 학교중심 교육과정 설계모형(SBCD)

① 상호작용적(역동적) 모형 : 상황분석 추가 → 학교 내적 상황(학생, 교사)과 외적 상황(지역 사회, 학부모들)의 개별적 특성을 고려

내적 상황	• 학생 : 적성, 능력 및 교육적 요구 • 교사 : 가치, 태도, 기능적 지식, 경험, 특별한 장점과 단점, 역할 • 학교풍토 및 정치적 구조 : 권력분배, 권위관계, 규범에 조화를 이룰 수 있는 방법, 일탈행위의 처리 등을 포함한 물적 자원
외적 상황	• 문화적 사회적 변화 그리고 부모의 기대를 포함한 기대, 고용주 요구, 지역사회의 가치, 인간관계의 변화, 이데올로기 • 교육제도의 요건 및 도전(예 정책, 시험, 지방당국의 기대, 요구 및 압력 등) • 가르쳐야 할 교과의 성격변화 • 교사지원체제의 잠재적 공헌(예 교육대학교, 연구기관 등) • 학교 내의 자원 유입

② 개발과정 : 상황분석 → 목표설정 → 프로그램 구성 → 판단과 실행 → 모니터링, 피드백, 평가, 재구성 → 상황분석 ……

4. 예술적 교육과정 모형·해방적 설계 모형·자서전적 모형(쿠레레 모형)

(1) 아이즈너(Eisner)의 예술적 교육과정 개발모형

① 목표의 설정
- ㉠ 수업과정과 그 후에 드러나는 표출목표(expressive objects)를 중시
- ㉡ 상충적 목표 처리를 위한 예술적 기술과 재능의 중시
- ㉢ 숙의과정 강조 : 교육과정 우선순위에 대한 합의를 끌어내는 예술적 과정에는 숙의과정이 포함되어야 한다고 주장

② 교육내용의 선정
- ㉠ 타일러(Tyler)와 마찬가지로 학생의 흥미, 사회의 요구, 전통적 학문이나 교과 등과 관련된 다양하고 구체적인 요소들에서 선정되어야 한다고 주장
- ㉡ 중요하면서도 교육과정에서 배제되어 왔던 내용(영 교육과정)도 신중하게 고려

③ 학습기회의 유형 : 학생들에게 의미 있고 만족스러운 다양한 학습기회를 제공해야 함

④ 학습기회의 조직 : 적극적 참여가 흥미·목표를 촉진시킬 수 있도록 학습기회를 조직

⑤ 내용영역의 조직 : 내용은 비전통적 방법으로 다양하게 조직·통합되어야 함

⑥ 제시양식과 반응양식 : 은유는 일상적 언어의 양식으로 의사소통되는 것보다 더 강력한 의미를 포함한다고 보고 이를 강조

⑦ 평가절차
- ㉠ 평가는 교육과정 개발과정 전반에 걸쳐있는 활동
- ㉡ 평가모형

교육적 감식안	교육적 상황의 복잡성을 파악하는 능력과 복잡성을 세련되게 개념화하는 능력(예 경험이 많은 교사는 수업상황에서 학습자들의 미묘한 변화의 차이를 알아차릴 수 있는 눈이 있음)
교육 비평	일종의 폭로 기법으로 비판적으로 파헤치고 표현함으로써 대상의 질적 속성을 생생하게 표현해내기 위해 감식안이 포착한 사상이나 사물의 질을 드러내는 예술 활동

(2) 해방적 교육과정 설계(프레이리(Freire))

① 특징 : 교육과정 설계의 중요한 목적은 피억압자들에게 비판적 의식을 길러주는 일

② 설계 단계 : 생성어나 생성적 주제 찾기(1단계) → 평가회 개최 및 기호화(2단계) → '주제연구 서클'을 통한 해석(3단계) → 협업적 연구(4단계)

(3) 자서전적 모형(쿠레레 모형, 파이너(Pinar))

① 특징 : 교육과정 설계는 자아의 구성을 위한 자료 만들기로서의 교육과정이며, 자아는 자서전으로서의 스토리텔링에 의해 계획되고 만들어짐

② 쿠레레의 단계 : 회귀(1단계) → 전진(2단계) → 분석(3단계) → 종합(4단계)

쿠레레의 단계와 학습자 활동

단계	학습자 활동
회귀	회상하는 글쓰기, 인생연보 그리기
전진	자서전적 글쓰기, 마인드 맵, 앙케이트/질문표
분석	집단토의 및 토론, 테이블 대화
종합	한 문장 정리, 자전적 에세이 쓰기

5. 위긴스와 맥타이(Wiggins & McTighe)의 백워드 교육과정 설계 모형

(1) 특징

① 학생의 이해력을 신장하는 교육과정 설계 모형, 거꾸로 설계 모형, 역방향 설계 모형, 백워드 설계 모형 → 전통적 방식과 비교할 때 2단계와 3단계의 순서가 역전되어 있는 모형

② 목표를 마음속에 품고 시작하여 그것을 향해 나아가는 모형으로 설계하는 교육과정

(2) 절차

영속한 이해

객관주의적 사고와 일맥상통하는 것으로 설명, 해석, 적용, 관점, 공감(연민), 자기지식 등의 여섯 가지 측면으로 구성됨. 각각의 이해는 평가의 측면에서 학습자의 진정한 이해의 도달 정도를 판단하기 위한 기준이 됨

바라는 결과의 확인(1단계)	• 바라는 결과의 내용은 '영속한 이해'임 • 이해의 종류와 정의 　− 설명 : 사실이나 사건, 행위에 대해 타당한 근거를 제공하는 능력 　− 해석 : 숨겨진 의미를 도출하는 능력 　− 적용 : 지식을 새로운 상황이나 다양한 맥락에 효과적으로 사용하는 능력 　− 관점 : 비판적인 시각으로 바라보는 능력 　− 공감 : 타인의 감정과 세계관을 수용할 수 있는 능력 　− 자기지식 : 자신의 무지를 아는 지혜 혹은 자신의 사고와 행위를 반성할 수 있는 메타인지 능력
수락할 만한 증거의 결정(2단계)	구체적인 교육과정 내용을 선택하여 우선순위를 정하고 구체적인 평가방법과 도구를 개발함
학습경험과 수업의 계획(3단계)	• 실제 활용할 수 있는 교수 · 학습지도안을 개발함 • 학습경험과 수업계획의 수립은 WHERETO의 원리를 따름 　− W : 교사는 높은 기대수준과 학습방향을 제시 　− H : 학습자들의 도전의식을 고무하며 관심을 이끌어냄 　− E : 수행과제를 투입하면서 주제를 넓게 탐구시킴 　− R : 높은 성취 수준을 수행하고 있는지 점검 　− E : 성취의 증거들 발표하고 전시함 　− T : 개인적인 재능, 흥미, 필요를 반영할 수 있도록 설계 　− O : 최적의 효과성을 위해 조직하기

WHERETO의 원리

• W(Where) : 단원의 방향과 목적
• H(Hold) : 주의환기와 흥미 유지
• E(Explore) : 탐구하고 경험하기
• R(Reflect) : 반성하기, 다시 생각하기, 개정하기
• E(Evaluate) : 작품과 향상도를 평가하기
• T(Tailor) : 학습자에게 맞추기, 그리고 작품을 각 개인에 맞게 개별화하기
• O(Organize) : 효과적인 학습을 위한 내용 조직 · 계열화

03절　일반적인 교육과정의 계획

👓 한눈에 쏙~

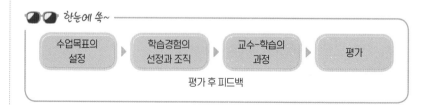

수업목표의 설정 ▶ 학습경험의 선정과 조직 ▶ 교수-학습의 과정 ▶ 평가
평가 후 피드백

1. 수업목표의 설정

(1) 타일러(Tyler)의 수업목표 진술(내용 + 행동)

① 수업목표 진술 : 수업목표 속에는 어떤 내용에 관한 어떤 행동이 표현되어야 함
(예) 영양에 관한 원리를 이해한다, 포유류의 뜻을 말할 수 있다)

② 2원적 수업목표 세목표(수업목표 2원 분류표)

　㉠ 전체 수업목표를 내용과 행동의 두 차원에 따라 표로 분류한 것

　㉡ 행동의 유형을 7가지로 세분화 : 중요사실 및 원리, 정보원에 익숙하기, 자료
해석력, 원리의 적용, 결과보고, 흥미, 사회적 태도

(2) 메이거(Mager)의 수업목표 진술(조건 + 수락기준 + 도착점 행동)

① 수업목표 : 학습자에게서 일어나도록 제안된 변화를 기술한 진술에 의해서 가르
치는 사람과 배우는 사람 간에 서로 의사소통되는 의도

② 수업목표 속에 포함되어야 할 요소 : 수업을 통해 가져오려고 하는 도착점 행동
을 나타내는 동사, 이 행동이 발생되어야 할 중요 조건이나 장면, 이 행동이 성
공적인지 아닌지를 판단하기 위한 수락기준(예) 운동장에서 200m를 35초 이내
에 달릴 수 있다)

(3) 블룸(Bloom)의 수업목표 분류

① 수업목표의 영역을 인지적, 정의적, 운동 기능적 영역으로 분류함

② 수업목표의 영역

인지적 영역	복합성의 원리에 따라 구분 → 지식, 이해, 적용, 분석, 종합, 평가
정의적 영역	내면화의 정도에 따름 → 감수, 반응, 가치화, 조직화, 인격화
운동 기능적 영역	• 블룸은 이 영역을 세분화하지 않음 • 해로우(Harrow)는 관찰, 모방, 연습, 적응 등으로 세분화함

2. 학습경험(교육과정)의 선정과 조직

(1) 학습경험(교육과정)의 선정 원리

기회의 원리(Tyler)	교육목표와의 일관성 → 목표 달성에 필요한 경험을 할 수 있는 기회 제공
만족의 원리(Tyler)	교육목표가 지향하는 학습활동을 통해서 만족감을 느낄 수 있도록 할 것 → 학생들의 흥미와 관심에 기초한 학습경험
가능성의 원리(Tyler)	학생들의 현재 학습능력, 발달 수준에 맞는 학습경험일 것
일목표 다경험의 원리(Tyler)	동일한 목표 달성을 위해 여러 가지 경험을 제공할 것
일경험 다성과의 원리(Tyler)	한 가지 경험으로 여러 가지 교육목표를 동시에 달성할 수 있도록 할 것 → '학습다과율'의 원리
전이의 원리	전이가 높은 교육내용일 것

인지적 영역의 구분
• 지식 : 학습한 내용을 동일한 형태로 상기하는 행동
• 이해 : 지식을 변화, 해석하는 행동
• 적용 : 개념이나 법칙을 문제 사태에 사용하는 행동
• 분석 : 구성 요소나 관계를 분석해서 위계관계를 파악하는 행동
• 종합 : 요소나 부분을 새로운 전체로 구성하는 행동
• 평가 : 가치 판단의 행동

정의적 영역의 구분
• 감수 : 귀를 기울이는 단계
• 반응 : 흥미를 느끼는 단계
• 가치화 : 어떤 행동이나 활동을 가치롭다고 느끼고 여기에 일관된 반응하기
• 조직화 : 어떤 가치들을 일관된 체제로 묶고, 여러 가치들 간의 상호관계를 밝히며 전체를 꿰뚫는 지배적인 가치를 정립하는 단계
• 인격화 : 개개의 가치가 개인이 가진 가치 위계 속으로 흡수되는 단계

06장
교육과정

타당성의 원리	교육내용이 일반목표 달성에 도움을 주는 것이어야 할 것
중요성의 원리	학문을 구성하는 가장 중요한 것을 교육내용으로 선정할 것
유용성의 원리	생활에 유용한 내용으로 선정할 것
교수 · 학습 가능성의 원리	교수자에게는 가르칠 수 있는 내용이어야 하고, 학습자에게는 배울 수 있는 내용이어야 할 것

학습경험의 조직 원리

경험을 조직하는 원리로는 횡적(수평적) 조직 원리와 종적(수직적) 조직 원리가 있으며, 타일러는 횡적 원리에 통합성, 종적 원리에는 계속성과 계열성이 있다고 주장함

범위(scope)

- 학교급별 교육과정의 범위 : 각급 학교에서 배워야 할 내용의 범위는 교과 이름들로 표시되며, 이들 교과들에 배당된 시간 수가 내용의 깊이를 의미함
- 학년별 교육과정의 범위 : 각 학년에 적용되는 교과와 여기에 배당된 시간 수로 표시됨
- 학년별 교과의 범위 : 그것을 구성하는 단원이나 대주제들 속에 포함된 내용으로 구성되며, 여기에 할당된 시간 수가 내용의 깊이를 의미함

계속성 계획의 전개과정

- 교과내용 분야에서의 계속성을 기하는 일
- 각급 학교 수준 간, 그리고 동일한 수준에서의 교과목 상호간에 연계성을 기하는 일
- 개개 학습자의 경험 속에서 계속성을 기하는 일

통합교과의 교육적 기능(Ingram)

인식론적 기능	지식의 팽창과 변화에 대처함
심리적 기능	전인적인 인간발달과 긍정적인 자아개념의 형성에 도움을 줌
사회적 기능	협동심을 길러줌으로써 공동문제의 해결에 대처하는 능력을 길러줌

(2) 학습경험(교육과정)의 조직 원리

횡적 원리	통합성 (integration)	• 여러 가지 학습경험이 서로가 서로를 보강하고 강화할 수 있도록 조직하는 것 • 구성요소들 간에 서로 모순, 갈등, 충돌이 없이 의미 있게 연결되어 상호보조적인 정도를 높도록 조직하는 것 • 범위(scope) : 내용의 폭과 깊이에 관련되는 것으로 어떤 내용을 얼마만큼 폭넓고 깊이 있게 다루어야 하느냐의 문제(예) 음악시간에 악기를 다룰 경우 악기의 범위를 어디까지 다루어야 할 것인가와 관련됨)
종적 원리	계속성 (continuity)	• 동일한 경험요인이 반복되도록 조직하는 것 • 한 두 번의 경험만으로는 의미 있는 학습 성과를 거두기가 어려울 때 계속 반복되도록 조직함 • 동일한 개념이나 지적 기능, 가치에 학습자들이 계속적으로 접할 수 있을 때 누적적(累積的) 효과를 가져옴
	계열성 (sequence)	• 동일한 경험요인이 반복되는 수준을 넘어 계속적인 줄기는 있으되 동시에 그 줄기에 좀 더 넓고 깊은 의미가 붙어갈 수 있도록 조직하는 것. 즉, 선행경험 혹은 내용을 기초로 하여 다음 학습 요소가 깊이와 넓이가 증가하도록 조직하는 것임 • 교육목표를 달성하기 위해서 교육내용이 선수학습 혹은 인지발달 단계와 관련되어야 하고 이전 내용보다 깊이와 넓이가 더 심화 · 확대되어야 함

04절   교육과정의 통합 및 잠재적 교육과정과 영 교육과정

1. 통합교육과정의 의의

(1) 의미

① 교과가 분리 · 독립되어 있는 것들을 상호 관련짓고 통합함으로써 하나의 의미 있는 체계로 발전시키는 노력임

② 시간적, 공간적, 내용 영역에 있어 각기 다른 학습 경험들이 상호 관련지어 지고 의미 있게 모아져서 하나의 전체로서의 학습을 완성시키고 나아가 인격적 성숙을 가져오게 하는 과정 또는 결과

(2) 장점

① 교육내용을 통합하고 개인의 통합적 혹은 전인적 성장에 도움을 줌
② 학생들에게 의의 있고 중요한 학습경험의 사용을 촉진함

2. 통합교육과정의 유형

(1) 교과중심 교육과정 통합

상관형 교육과정	교과의 선을 넘지 않으면서도 두개 혹은 그 이상의 교과나 과목을 서로 연관시켜 조직하고 가르치는 교육과정(각 교과목은 그대로 인정되고 독립된 과목으로 취급)
광역형 교육과정	교과목간의 구분을 해소하고 보다 넓은 영역에서 사실이나 개념 또는 원리를 조직하는 교육과정

(2) 경험중심 교육과정 통합

활동형 교육과정	학습자들의 흥미와 문제가 학습 경험의 선정에서 기본을 이루어 활동을 조직하는 교육과정(예 킬패트릭의 구안법, 듀이의 실험학교 교육과정 등)
현성형(생성형) 교육과정	사전에 계획을 하지 않고 교사와 학생들이 학습 현장에서 함께 학습 주제를 정하고 내용을 계획하여 교육이 이루어지는 교육과정
중핵 교육과정	• 중핵과정과 주변과정이 동심원적으로 조직된 형태 • 생활이나 욕구와 관련된 내용이나 경험이 중심을 이루고, 주변과정은 중핵과정을 둘러싸고 있으면서 계통학습을 하되 몇몇의 영역으로 구분하여 조직됨

(3) 학문중심 교육과정 통합

나선형 교육과정	• 기본 개념이나 핵심적 아이디어를 조직함에 있어 질적으로 향상되면서 양적으로 취급 범위가 넓어지는 입체적인 조직을 이루어 가는 교육과정
	• 나선형 교육과정에서 고려할 사항
	  – 연속성 : 학생에게 가르쳐지는 교과가 학년 수준에 관계없이 동일해야 함
	  – 차이 : 동일한 교과가 해당 학년 수준에 맞게 상이한 형태로 번역되어야 함

간학문(間學問)형 통합	두 개 이상의 학문분야를 결합하거나 상호 관련시킴
다학문(多學問)형 통합	사회나 자연현상 그리고 인간 생활에서 나타나는 문제 또는 주제(인구, 공해, 범죄, 환경 등)와 관련하여 그 해결책을 탐색하는 과정에서 여러 가지 학문이 다양하게 동원됨으로써 이루어짐

상관형의 예
• **사실의 상관** : 역사적 사실을 배경으로 하는 문학작품을 가르칠 때 역사와 문학을 관련시킴
• **원리의 상관** : 두 개 이상의 교과에서 공통적인 원리를 활용하는 것으로 심리학의 공격성의 원리와 역사 속 혁명을 관련시키는 것이 예임

광역형의 예
• 주제법을 활용(예 사회에서 역사, 지리, 정치, 경제, 사회, 문화 등을 주제나 원리에 따라 통합)
• 초등학교의 국어, 수학, 사회, 과학, 체육, 음악, 미술, 실과 등

중핵 교육과정의 유형
• **교과중심 중핵** : 중핵요소를 교과의 범주에서 찾되 교과간의 통합이 가능하도록 광역과목, 통합과목, 문화사 중심의 과목으로 구성함(예 역사를 중핵으로 하고 정치, 경제, 예술, 문학 등의 교과영역을 관련시킴)
• **개인중심 중핵** : 중핵의 요소를 학생 개인의 필요와 흥미에 둠(예 사회에서 자아개발, 인간관계 수립, 인간행동의 이해 등)
• **사회중심 중핵(가장 발전된 형태)**
  – 사회활동이나 사회변동으로부터 나타나는 문제를 분류하여 중핵의 기준으로 삼는 사회 문제 중심형(예 전쟁, 실업, 범죄, 소비 등)
  – 사회 현상을 객관적으로 기술 분석하여 중핵의 기준으로 하는 사회 기능 중심형(예 의사소통, 여가활동, 자연보호, 교통 등)

06장
교육과정

117

잠재적 교육과정의 발생 원천

• 잭슨(Jackson)의 연구 : 학교의 군집성, 평가, 권력 관계(교사와 학교당국의 권위)
• 김종서의 연구 : 우리나라 학교를 대상으로 하는 연구를 통해 학교체제의 네 가지 특성에 해당하는 목적성·강요성·군집성·위계성을 잠재적 교육과정의 원천으로 파악

잠재적 교육과정의 등장배경

잠재적 교육과정은 학교교육의 역기능을 분석하고, 학교교육의 순기능을 확대하려는 교육적 노력에서 비롯됨. 즉, 학교교육이 기능교육과 단편적 지식에 치중하여 가치관 및 윤리의식을 확립하지 못해 인간교육에 실패하고 있다는 각성을 토대로, 교육제도 자체 속에 인간교육을 해치는 요소를 분석하여 이를 바로잡으려는 시도에서 시작됨

잠재적 교육과정의 범위

교과에 의한 바와 관련되지 않은 경험이란 교과에서 의도는 되었으나 의도한 바와 다른 학습결과를 나타낸 경우와, 의도하지 않았으나 교과 이외의 학교생활에서 학생들이 행동에 중요한 변화를 일으키는 경험내용을 포괄함

영 교육과정

영 교육과정의 개념은 아이즈너(Eisner)에 의해서 제시됨(표면적 교육과정과 잠재적 교육과정 이외에 또 다른 교육과정이 있음을 확인하고 이를 영 교육과정이라 부름)

3. 잠재적 교육과정

(1) 의의

① 개념 : 학교에서 사전에 의도되었거나 계획되지는 않았지만 학교생활을 통해 학습되는 모든 경험을 말하며, 잭슨(Jackson)에 의해 개념화됨

② 표면적 교육과정과 잠재적 교육과정의 비교

표면적 교육과정	잠재적 교육과정
• 학교에서 의도적으로 조직되고 가르침 • 바람직한 것 • 교과와 관련, 교사의 지적·기능적 영향 • 주로 지적(知的)인 것과 관련 • 단기적, 일시적 영향	• 학교에서 의도되지는 않았지만 학교생활을 통해 배움 • 바람직한 것과 바람직하지 못한 것 모두 포함 • 학교 풍토와 관련, 교사의 인격적 감화 • 주로 정의적인 것 • 장기적, 반복적 영향

(2) 잠재적 교육과정의 관점

기능론의 입장	• 학생은 교실 내의 일상적인 생활 속에서 은연중에 특정한 사회규범을 배우고 있으며, 학교에서 배우는 사회규범은 그들의 성인생활을 위한 사회화의 일종이라고 봄 • 학교는 잠재적 교육과정을 통해 학생들이 기존의 사회·경제 및 문화에 적응할 수 있는 특정의 사고방식을 받아들이도록 함으로써 사회의 유지와 안정에 기여한다고 봄 • 대표자 : 파슨스(Parsons), 드리븐(Dreeben), 잭슨(Jackson) 등
갈등론의 입장	• 학교는 잠재적 교육과정을 통해 기존의 질서와 지배계급의 이데올로기를 무비판적으로 받아들이게 만든다고 봄 • 학교가 학생들로 하여금 관료주의적 위계구조, 상벌체계와 같은 통제, 권위주의적 억압을 당연하게 받아들이게 하여 이에 순응하고 복종하게 만든다고 주장 • 대표자 : 보올스와 진티스, 애플(Apple), 지루(Giroux) 등
자유주의적 관점	• 학교체제 내에서 숨겨진 성(gender) 역할의 문제가 드러나게 함 • 교육실천 상에 붙박혀 있는 성에 기초한 획일성을 폭로함으로써 성차별의 문제가 해결될 수 있음을 가정 • 대표자 : Keddie, Vallance 등

4. 영 교육과정(Null curriculum) ★빈출개념

(1) 의의

① 개념 : 배울만한 가치가 있는데도 불구하고 공적인 문서에 빠져 학교에서 소홀히 하거나 의도적으로 가르치지 않는 교육내용

② 특징

㉠ 교육과정은 가르칠 내용을 선택 포함시켜 학생들에게 배울 기회를 마련하게 하지만, 일부러 특정 내용을 배제시켜 학생들이 배울 기회를 놓치게 만드는

기능도 수행

ⓒ 사회적으로 금기되는 영역이 영 교육과정이 되기도 함

ⓔ 아이즈너(Eisner)가 『교육적 상상력(1979)』에서 제시함

(2) 아이즈너의 영 교육과정론

① 특징

㉠ 수업의 예술적 측면을 강조해 수업을 위한 행동적 목표의 설정을 반대함

㉡ 수업은 예기치 않은 상황과 우연에 의해 영향을 받으며, 수업의 과정 중에 그 것이 성취할 목표가 생성되기 때문에 수업이 하나의 예술임

② 평가모형

㉠ 아이즈너는 교육목표를 행동목표로 진술하는 접근을 비판하고 새로운 대안적 평가 방법으로 교육적 감식안과 교육비평 모형을 제안함(질적 모형)

㉡ 감식안이 비평의 대상을 제공해준다는 점에서 감식안과 비평간에는 상호관련 성이 있음

SEMI-NOTE

영 교육과정의 구체적 예

• 산업혁명 직후 산업노동력이 필요할 때 학교에서는 읽기와 쓰기는 가르쳤으나, 셈하기는 가르치지 않았음

• 과학교과에서 진화론을 가르쳤으나 창조론은 제외시켰음

• 1960년대 북한이 남보다 경제력이 앞섰던 시기에는 북한의 실정을 가르치지 않았음

• 옛 소련에서는 상대적으로 나은 제도 나 이론이어도 자본주의 경제론을 가 르치지 않았음

• 비록 뛰어난 시라고 해도 '악마의 시' 는 이슬람 문화권에서는 금기시되어 학교에서 가르치지 않았음

05절 교육과정 재개념주의 및 우리나라 교육과정 개발과 정책

1. 재개념주의(Reconceptualism)

(1) 개요

① **역사** : 1970년대 들어와 기존 교육과정에 대한 패러다임(paradigm)의 전환을 의 미함

② **경향** : 교육과정의 이론과 실제에 대한 접근에 관심을 가지며 질적 방법을 통해 교육과정을 이해하고 해석하고자 함

(2) 교육과정의 분류(Pinar)

전통주의	• 과학적 경영 관리론에 기초를 두고, 교육과정은 교육실천에 직접적인 도움을 주는 것으로 간주함 • 지식의 객관성과 중립적인 관점을 강조하며 교육의 목적은 표준화된 행동변화에 초점을 둔다고 봄
개념적-경험주의	스프트니크 사건 이후 미국의 교육개혁에 영향을 준 교육과정론자들로서 교육은 죽은 지식과 잡다한 정보를 전달하는 것이 아니라 과정 자체로 보아야 한다고 주장함(교육과정 전개 과정에서 이론적 논쟁보다는 실제적 문제 강조)
재개념주의	• 해석학·현상학적 접근 : 개인의 교육적 체험의 주관적 의미를 재구성하는 일에 관심을 둠 • 비판적 접근 : 학교 교육과정과 정치·경제·사회적 맥락의 관련성을 비판적으로 검토하는 데 초점을 둠 • 현상학, 실존주의, Neo-Marxsim, 상징적 상호작용론 등의 근거를 바탕으로 질적 연구방법을 사용함

재개념주의의 역사

• 교육과정 재개념화에 대한 필요성을 먼저 맥도날드(Mcdonald)에 의해 강 조되었고 공식적인 용어는 파이너 (Pinar)에 의해서였음

• 파이너(Pinar)는 교육과정의 관심을 개인에게 두어 내적 경험의 탐구에 초 점을 맞추는 일이 교육과정 탐구의 새 로운 출발점이라고 생각하였으며, 교 육과정을 자서전적이고 전기적인 관 점에서 이해하려함

전통주의 · 개념적-경험주의 · 재개념 주의의 대표자

• **전통주의** : 타일러(Tyler), 타바(Taba), 알렉산더(Alexander) 등

• **개념적-경험주의** : 슈왑(Schwab), 슈 버트(Schubert), 존슨(Johnson) 등

• **재개념주의** : 지루(Giroux), 그린 (Green), 애플(Apple), 휴브너 (Huebner), 애니언(Anyon) 등

2. 우리나라 교육과정 개발 절차

(1) 국가적 수준의 교육과정 제정

① 법적 근거(초 · 중등교육법 제23조(교육과정 등)
② 교과용 도서 편찬
  ㉠ 법적 근거(초 · 중등교육법 제29조(교과용 도서의 사용)
  ㉡ 교과용 도서(교과서, 지도서 및 인정도서), 교과서(학교에서 교육을 위해 사용되는 학생용의 주된 교재와 음반, 영상 저작물 및 전자도서), 지도서(학교에서 교육을 위해 사용되는 교사용의 주된 교재와 그 보완교재)

(2) 지역수준의 교육과정 작성

① 시 · 도 교육청 : 시 · 도 교육청 단위에서 교육부장관이 정한 교육과정 범위 내에서 지역 실정에 적합한 내용을 제정
② 시 · 군 교육청 : 시 · 군 교육청 단위에서 학교교육과정 편성 · 운영의 장학자료를 작성 · 제시

(3) 학교단위 교육과정 개발

① 법적 근거(교육부 고시 '교육과정령'에 근거)
② 범위 : 개설교과의 종류 및 과목별 시간 배당, 과목별 주요 학습내용 및 수준, 교과 교육과정에서 제시된 주요 학습내용을 가르치기 위해 사용되는 교과용 도서를 포함한 제반 수업자료

(4) 교사수준 교육과정(교육과정 재구성 활동)

① 교육내용의 재구성
② 교과목의 탄력적인 편성
③ 수업 시간의 탄력적인 운영

3. 교육과정 개발정책

(1) 중앙 집권식 · 분산식 · 절충식

중앙 집권식	교육과정 결정권이 국가 권력 혹은 중앙 정부에 있음
분산식	교육과정 결정권한이 개방, 즉 이를 교사, 학부모, 학생, 지역사회 등에 위임 (공식화된 교육과정이 존재하지 않음)
절충식	국가 수준에서 성취기준을 설정하고 구체적인 적용은 각 지역교육청, 학교, 교사에게 위임

(2) 중앙 집권식과 지방 분산식의 장·단점

구분	중앙 집권식	지방 분산식
장점	• 전국적으로 통일된 교육과정 • 학교급 및 학교 간 교육과정의 연계성 충족 • 질 높은 수준의 교육과정 개발 • 국가와 사회적 대변혁 시기에 총체적 대응에 도움	• 지역과 학교의 특수성에 부합하는 다양한 교육과정 개발 • 교사들의 참여로 전문성 신장 • 상황변화에 신속하고 유연한 대응 • 민주적인 교육풍토 조성
단점	• 교육과정 운영의 획일화·경직화 • 권위주의적 교육풍토 조성 • 즉각적인 수정의 어려움 • 교사배제 교육과정으로 교육과정 사소화 문제 발생	• 질 높은 교육과정 개발의 어려움 • 학교급 및 학교 간 교육과정 연계성 부족 • 교육개혁의 전파가 어려움 • 지역, 학교 간 격차가 심화될 가능성이 높음

교육과정 실행의 관점
• **충실도 관점** : 개발 또는 계획된 교육과정의 취지와 의도대로 학교 및 교실에서 충실하게 전개되고 구현되어야 함
• **상호적응 관점** : 학교가 처한 상황 및 실행과정의 상황 등에 따라 실행하는 교사와의 상호적응 및 조정의 과정을 거치게 된다고 보는 견해
• **교육과정 생성 관점** : 외부에서 개발 및 설계되고 만들어진 교육과정은 하나의 자료일 뿐이고 교육과정은 학생과 교사에 의해 만들어져야 함

06절 우리나라 교육과정의 변천과정

1. 교수요목 시기~제7차 교육과정

(1) 교수요목 시기

① 미군정 학무국에서 초등학교와 중학교 교목 편제와 시간 배당표를 제정함
② 교육과정의 개념상 교수요목과 교육과정을 엄밀히 구분 짓지 않음

(2) 제1차 교육과정(1954~1962)

① 영역 : 교과활동, 특별활동
② 특징 : 교과중심 교육과정, 생활중심의 지향, 특별활동의 편성, 반공 교육과 도의 교육의 강화 등

(3) 제2차 교육과정(1963~1973)

① 영역 : 교과활동, 특별활동, 반공·도덕 활동
② 특징 : 경험중심 교육과정, 반공·도덕활동의 신설, '교과과정'에서 '교육과정'으로 명칭 변경

(4) 제3차 교육과정(1973~1981)

① 영역 : 교과활동, 특별활동
② 기본방침 : 국민교육헌장 이념의 구현, 국민적 자질의 함양, 인간교육의 강화, 지식·기술교육의 쇄신
③ 특징 : 학문중심 교육과정의 성격, 교육과정 구조의 변경(반공·도덕활동이 없어지고, 도덕과가 교과로 독립), 교육과정은 교과활동과 특별활동으로 구성, 교과

교수요목의 성격
• 교과서 지도내용을 상세히 표시하고 기초능력의 배양에 주력
• 분과주의를 채택하고 체계적인 지도와 지격의 배양에 중점
• 홍익인간의 정신에 입각하여 애국애족의 교육을 강조하고, 일제 강점기의 잔재를 정신적, 생활면에서 시급히 제거하기 위해 노력

제2차 교육과정의 부분 개정(1969년 9월 4일)
• 국어과에서 '한자·한문'의 지도내용을 삭제
• 국사 부분을 세계사와 분리
• **특별활동의 영역 변경** : 특별활동을 강화하여 그 영역을 학급활동·학생회활동·클럽활동 등으로 구분
• 기술과목의 신설

SEMI-NOTE

통합교육과정의 실시
제4차 과정에서는 시간표 운영상에
만 도입이 되어 있던 초등학교 저학년
에서의 통합교육과정을 제5차 교육과
정에서 규정하여 실시함

제6차 교육과정 개정의 특징

• 교육과정 결정의 분권화(분권형 교육
과정) : 시 · 도와 학교의 자율재량권
확대
• 교육과정 구조의 다양화 : 다양한 교
과목 개설, 필수과목의 축소 및 선택
과목 확대
• 내용의 적절화 : 학습내용의 양과 수
준을 적절하게 조정해 과도한 학습 부
담을 경감
• 교육과정 운영의 효율화 : 학생의 적
성 · 능력 · 진로를 고려하여 학습과
생활의 기초능력을 신장하고, 평가방
법을 개선

의 변화(국사도 교과로 독립), 여자 기술을 가정으로 개칭, 가정을 가사로 개칭

(5) 제4차 교육과정(1981~1988)

① 영역 : 교과활동, 특별활동
② 특징 : 종합적 · 복합적 교육과정의 성격, 미래지향적 교육과정의 정신을 반영,
인간중심 교육과정의 반영, 통합교육과정의 개념 도입(바른 생활(국어 + 도덕 +
사회), 슬기로운 생활(산수 + 자연), 즐거운 생활(체육 + 음악 + 미술)), 특별활
동의 영역 변화(학급활동 · 학생회활동 · 클럽활동 · 학교행사의 4개 영역에서 학
급활동을 학생회활동에 통합하여 3개의 영역으로 편성)

(6) 제5차 교육과정(1988~1995)

① 영역 : 교과활동, 특별활동
② 교육과정 개정의 중점 : 기초 교육의 강화, 정보화 사회에 대응하는 교육의 강화,
특별활동의 강화, 특수 학급 운영지침 명시, 통합교육과정의 시행

(7) 제6차 교육과정(1992~1997)

① 초등학교 교육과정
  ㉠ 편제 : 교육과정은 교과, 특별활동, 학교재량 시간으로 편성
  ㉡ 특징 : 학교재량시간 신설(3~6학년의 경우 주당 1시간), 학습시간 축소(4~6
    학년은 주당 1시간씩 축소), 교과전담 교사제(4~6학년의 경우 체육 · 음악 ·
    미술은 교과전담제를 원칙으로 함), 1 · 2학년의 통합교과 슬기로운 생활의
    영역 조정
② 중학교 교육과정
  ㉠ 편제 : 교육과정은 교과, 특별활동으로 편성
  ㉡ 특징 : 다양한 선택교과(교과는 필수교과와 선택교과로 하고, 학생의 적성과
    교육상 필요에 따라 주 1~2시간씩 선택과목을 들을 수 있게 함), 학생의 학습
    부담 경감(주당 수업시간을 개정 전 34~36시간에서 34시간으로 축소), 필수
    교과 수 축소(교과 수를 조정하여 필수교과를 13개에서 11개로 축소), 기초과
    학의 강화(2 · 3학년의 수학, 과학 시간 수는 주당 각각 4시간씩으로 확대),
    '가정'과 '기술 · 산업'을 남녀 공통과목으로 통합 이수
③ 고등학교 교육과정
  ㉠ 편제 : 교육과정은 교과(보통교과 + 전문교과), 특별활동으로 편성
  ㉡ 특징 : 교육과정 편성의 분권화(시 · 도교육청과 학교가 교과과정 편성 · 운영
    의 재량권을 가지게 됨), 보통교과와 전문교과의 구분(고등학교의 설립목적
    과 특성에 따라 교과를 선택), 이수과목의 축소(학기당 이수과목 18~20개에
    서 12과목 내외로 축소), 일반계 고등학교의 이수과정 다양화(학생의 적성 ·
    능력 · 진로를 중시하여 일반계 고등학교의 이수과정을 인문 · 사회 · 자연 등
    으로 다양화), 교과 선택의 폭 확대(공통과목 수를 줄이고 선택과목을 확대),
    외국어 교육의 강화(영어회화 과목 신설, 러시아어 신설), 특별활동 강화(단
    체활동을 신설하고 특별활동 이수단위를 12단위에서 16단위로 함)

(8) 제7차 교육과정

① **국민공통 기본교육과정의 편성** : 초1~고1(10년) → 교과(10개 기본 교과), 재량활동(시간), 특별활동(자치, 적응, 행사, 봉사, 계발 활동)

② **학생선택중심 교육과정 도입** : 고2·3(11, 12년) → 교과(교과군 단위 개념 도입), 특별활동

③ **수준별 교육과정 도입** : 교육의 수월성 추구, 획일적·일제식 수업 지양, 소외집단에 대한 보충학습(결과적 평등) 제공 (예) 단계형, 심화보충형 / 과목선택형)

④ **재량활동의 신설 및 확대** : 국민공통 기본교육과정 기간 10년 동안 운영 → 초등학교(1·2학년, 중학교와 고등학교 1학년은 신설, 3~6학년은 확대)

⑤ **질(質) 관리 중심의 교육과정 평가체제 확립** : 스터플빔(Stufflebeam)의 CIPP모형(요구–투입–과정–산출 평가)

⑥ **교과별 학습량의 최적화**(최저 필수 학습요소를 중심으로 교과내용 정선)와 수준의 조정(이수과목 수의 축소와 범위의 적정화)

⑦ **정보화 시대에 대비한 창의성·정보능력 함양** : '기술·가정' 교과 남녀 공통 이수, 컴퓨터 교육의 강화

2. 2009 개정 교육과정과 2015 개정 교육과정

(1) 2009 개정 교육과정

초등학교	• 초등학교 1~2학년 초기 단계에 국어사용 능력 및 수리 능력 미흡 학생에 대한 별도의 프로그램 운영 등 기초·기본교육을 강화 • 지역사회 및 학교의 여건에 따라 저학년 '돌봄 활동' 지원을 강화
중학교	• 집중이수를 통한 학기당 이수과목을 8개 이하로 편성 • 선택과목으로 '진로와 직업'을 신설하고, 중학교 단계에서 진로교육을 강화
고등학교	• 고교 전 과정을 선택 교육과정으로 운영 • 고교단계 핵심 기초과목(국어, 수학, 영어) 이수는 더욱 강화 　– 학생의 적성과 소질에 맞는 맞춤형 교육과정 운영이 가능하도록 학교의 과목 편성권을 대폭 확대(학교자율과정 64단위) 　– 대학과목 선이수제의 과목을 개설할 수 있고, 국제적으로 공인받은 교육과정과 과목을 선택과목으로 인정 • 교과목 개선 　– 교과이기주의에 의해 지나치게 세분화된 교과는 통합(사회 13개 → 9개 과목으로 축소) 　– 학생 수준에 맞춰 '하고 싶은 공부'를 더 깊게, 더 넓게 할 수 있도록 내용상 위계가 있는 교과는 수준별 교과로 재구조화(국어, 과학 등) 　– 교과목(명) 변경 : 역사 → 한국사, 세계 역사의 이해 → 세계사 　– 교과목 개편 : 환경 → 환경과 녹색성장 • 전문교육 강화 : 외국어 계열의 경우, 전문교과 중 전공외국어 이수비율을 50%에서 60%로 변경

제7차 교육과정의 기본방향

• 21세기의 세계화·정보화 시대를 주도할 자율적이고 창의적인 한국인 육성
• **목표** : 건전한 인성과 창의성을 함양하는 기초·기본교육의 충실
• **내용** : 세계화·정보화에 적응할 수 있는 자기주도적 능력의 신장
• **운영** : 학생의 능력, 적성, 진로에 적합한 학습자중심교육의 실천
• **제도** : 지역 및 학교교육과정 편성·운영의 자율성 확대

수준별 수업

수준별 교육과정은 2007 교육과정부터 수준별 수업으로 전환되면서, 수준별 교육과정이 폐지되고 단계형·심화보충형 교과의 구분이 삭제됨. 국어, 사회, 수학, 과학, 영어의 5개 교과에서 수준별 수업을 권장하고 있는데, 수준별 수업이란 단일 교육과정을 기반으로 단위학교에서 학생들의 개인차를 고려하여 수업방법 및 내용의 심도를 달리 처방하는 수업을 말함

2009 개정 교육과정 개정방향

• 학년군, 교과군을 도입하여 여러 학년과 학기에 나누어 배우던 과목을 한 학년, 또는 한 학기에 집중적으로 배우게 하여, 학기당 배우는 과목수를 10~13과목에서 8과목 이내로 축소
• 기존의 창의적 재량활동과 특별활동 5개 영역을 '창의적 체험활동'으로 통합하여 운영
• 학교 안과 밖에서 이루어진 학생들의 창의적 체험활동의 결과는 입학사정관제 등을 통해 상급학교 진학에 반영
• 고교 전 과정을 선택교육과정으로 바꾸고, 학교자율과정을 통해 학생들의 진로에 맞는 진로집중과정을 운영
• 기초교과는 모든 학생들이 반드시 이수하고, 세분화된 선택과목은 수준별·영역별로 재구조화하여 하고 싶은 공부를 깊고 넓게 할 수 있도록 함
• 학교 여건과 특성에 맞춘 교과목을 가르치는 시기를 정하고, 각 교과에 제시된 수업시간도 20% 범위 내에서 증감하여 운영할 수 있게 함

2015 개정 교육과정에서 추구하는 인간상

- 전인적 성장을 바탕으로 자아정체성을 확립하고 자신의 진로와 삶을 개척하는 자주적인 사람
- 기초 능력의 바탕 위에 다양한 발상과 도전으로 새로운 것을 창출하는 창의적인 사람
- 문화적 소양과 다원적 가치에 대한 이해를 바탕으로 인류 문화를 향유하고 발전시키는 교양 있는 사람
- 공동체 의식을 가지고 세계와 소통하는 민주 시민으로서 배려와 나눔을 실천하는 더불어 사는 사람

보통 교과와 전문 교과

보통 교과	• 영역은 기초, 탐구, 체육·예술, 생활·교양으로 구성하며, 교과(군)는 국어, 수학, 영어, 한국사, 사회(역사/도덕 포함), 과학, 체육, 예술, 기술·가정/제2외국어/한문/교양으로 함 • 공통과목과 선택과목으로 구분하여 공통과목은 국어, 수학, 영어, 한국사, 통합사회, 통합과학(과학탐구실험 포함)으로 하며, 선택과목은 일반 선택 과목과 진로 선택 과목으로 구분함
전문 교과	• 전문 교과 I 과 전문 교과 II로 구분함 • 전문 교과 I 은 과학, 체육, 예술, 외국어, 국제 계열에 관한 과목으로 함 • 전문 교과 II 는 국가직무능력표준에 따라 경영·금융, 보건·복지, 디자인·문화콘텐츠, 미용·관광·레저, 음식조리, 건설, 기계, 재료, 화학 공업, 섬유·의류, 전기·전자, 정보·통신, 식품 가공, 인쇄·출판·공예, 환경·안전, 농림·수산해양, 선박 운항 등에 관한 과목으로 함. 전문 교과 II 의 과목은 전문 공통 과목, 기초 과목, 실무 과목으로 구분함

(2) 2015 개정 교육과정(문이과통합 교육과정) ★ 빈출개념

① 총론에 제시된 핵심역량

ㄱ 자아정체성과 자신감을 가지고 자신의 삶과 진로에 필요한 기초 능력과 자질을 갖추어 자기주도적으로 살아갈 수 있는 '자기관리 역량'

ㄴ 문제를 합리적으로 해결하기 위하여 다양한 영역의 지식과 정보를 처리하고 활용할 수 있는 '지식정보처리 역량'

ㄷ 폭넓은 기초 지식을 바탕으로 다양한 전문 분야의 지식, 기술, 경험을 융합적으로 활용하여 새로운 것을 창출하는 '창의적 사고 역량'

ㄹ 인간에 대한 공감적 이해와 문화적 감수성을 바탕으로 삶의 의미와 가치를 발견하고 향유하는 '심미적 감성 역량'

ㅁ 다양한 상황에서 자신의 생각과 감정을 효과적으로 표현하고 다른 사람의 의견을 경청하며 존중하는 '의사소통 역량'

ㅂ 지역·국가·세계 공동체의 구성원에게 요구되는 가치와 태도를 가지고 공동체 발전에 적극적으로 참여하는 '공동체 역량'

② 학교 급별 교육목표

초등학교	• 교육목표 : 학생의 일상생활과 학습에 필요한 기본 습관 및 기초 능력을 기르고 바른 인성을 함양하는 데에 중점을 둠 • 편제 – 초등학교 교육과정은 교과(군)와 창의적 체험활동으로 편성함 – 교과(군)은 국어, 사회/도덕, 수학, 과학/실과, 체육, 예술(음악/미술), 영어로 함(다만, 1·2학년의 교과는 국어, 수학, 바른 생활, 슬기로운 생활, 즐거운 생활로 함) – 창의적 체험활동은 자율 활동, 동아리 활동, 봉사 활동, 진로 활동으로 함(다만, 1·2학년은 체험 활동 중심의 '안전한 생활'을 포함하여 편성·운영함)
중학교	• 교육목표 : 초등학교 교육의 성과를 바탕으로, 학생의 일상생활과 학습에 필요한 기본 능력을 기르고 바른 인성 및 민주 시민의 자질을 함양하는 데에 중점을 둠 • 편제 – 중학교 교육과정은 교과(군)와 창의적 체험활동으로 편성함 – 교과(군)는 국어, 사회(역사 포함)/도덕, 수학, 과학/기술·가정/정보, 체육, 예술(음악/미술), 영어, 선택(한문, 환경, 생활 외국어(독일어, 프랑스어, 스페인어, 중국어, 일본어, 러시아어, 아랍어, 베트남어), 보건, 진로와 직업 등)으로 함 – 창의적 체험활동은 자율 활동, 동아리 활동, 봉사 활동, 진로 활동으로 함
고등학교	• 교육목표 : 중학교 교육의 성과를 바탕으로, 학생의 적성과 소질에 맞게 진로를 개척하며 세계와 소통하는 민주 시민으로서의 자질을 함양하는 데에 중점을 둠 • 편제 – 고등학교 교육과정은 교과(군)와 창의적 체험활동으로 편성함 – 교과는 보통 교과와 전문 교과로 함 – 창의적 체험활동은 자율 활동, 동아리 활동, 봉사 활동, 진로 활동으로 함

실력UP 2015 개정 중점 사항

- 교과의 특성을 고려한 학년군제의 유연화 및 집중이수제 완화
- 창의적 체험활동 개선을 통한 효율적 운영 방안 마련
- 중학교 자유학년제(자유학기제) 운영지침 개발
- 진로 · 적성에 부합하는 고교 진로 선택과목 개설
- 학습의 즐거움을 느낄 수 있도록 단위학교 교육과정 편성 · 운영의 자율권 확대
- 인문 · 사회적 소양 함양 교육 강화
- 예술 · 체육교육 활성화를 통한 인성교육 강화
- 초 · 중등학교 한자교육 활성화
- 사회적 소양 함양 방안
- 과학교육 강화 방안
- 소프트웨어(SW) 교육 강화
- 초 · 중등학교 교육과정에 안전교과 또는 단원 신설
- 범교과 학습 주제 개선

SEMI-NOTE

자유학년제(자유학기제)

- **개념** : 중학교 교육과정 중 한 학년(학기) 동안 학생들이 평가의 부담에서 벗어나 꿈과 끼를 찾을 수 있도록 다양한 참여형 수업을 실시하는 교육과정
- **운영방안**
  - 참여형 프로그램 : 관심과 흥미를 불러오는 체험, 참여형 프로그램 강화(동아리, 선택형 프로그램, 예술/체육 교육 등)
  - 교수 학습방법의 다양화 : 융합, 연계 수업 등
  - 평가 방법의 변화 : 중간/기말 미실시, 학교별 평가방안, 체험 후 진로와 관련된 내용에 대한 학생부 기록 등
- **기대효과**
  - 교육 신뢰 회복과 정상화 : 공교육의 신뢰를 회복하고 일부의 잘못된 학교 풍토를 정상화
  - 자아실현과 인생함양 : 적성에 맞는 자기 계발 및 인성 함양
  - 만족과 행복 : 만족감이 높아지는 행복한 학교생활을 통해 학교 생활이 더욱 기대되고 학교가 가고 싶어지도록 만듦

06장

교육과정

9급공무원

교육학개론

나두공

07장 교수방법 및 교육공학

교수와 학습의 개념

교수	학습
• 학습자의 내적 능력과 적절히 상호작용하는 학습장면에 대한 외적조건의 통제 • 교사가 학생에게 가르쳐 주는 것(교수법, 학습지도법)	• 경험이나 연습의 결과로 발생되는 비교적 영속·지속적인 행동변화 • 새로운 지식이나 태도·기능·생활양식 등을 후천적으로 습득하는 작용

처방적
가장 효과적인 수업절차를 제시함

규범적
학습의 근거나 학습의 조건을 제시함

기술적
학습이 일어난 현상을 있는 그대로 서술함

글레이저(Glaser)의 수업 모형의 의의
• 학습자들의 능력 수준의 개인차를 고려하여 변별적인 학습 프로그램을 제공하는 수업의 개별화를 위한 이론적 근거 마련
• 피드백과 교정이라는 자기 교정 장치를 도입

01절 교수이론과 교수모형

1. 교수와 교수이론의 의미

(1) 교수의 정의

① 코레이(Coray)의 정의 : 학습자가 특정 조건 하에서 특정 행동을 하는 것을 배울 수 있도록 환경을 계획적으로 조정하는 과정

② 가네(Gagné)의 정의 : 학습이 일어날 수 있도록 학습자의 내적·외적 조건을 체계적으로 조정하는 것

(2) 교수이론의 분류

설명적 이론	명제가 "만약 ~이면 ~이다"로 표현하는 것, 즉 "만약에 어떤 학생이 어떤 진술을 여러 번 반복하면 그것을 더 잘 기억하게 된다."와 같이 표현되는 것을 말함
처방적 이론	명제가 "~을 하기 위해서는, ~한 것을 수행하라"는 구조를 가지는 것을 의미함
브루너(Bruner)의 견해	교수이론은 처방적이고 규범적이어야 하지만, 학습이론은 교수이론에 비해 기술적이고 간접적이라고 함

2. 개별화 교수 모형

(1) 글레이저(Glaser)의 수업 모형

① 특징 : 체제이론에 근거하여 수업의 과정을 일련의 단계와 절차의 순환적이고 상호작용적인 흐름으로 파악함

② 수업의 단계

㉠ 수업목표 설정 : 수업이 끝난 뒤 학생들이 보여주어야 할 행동을 구체적인 행동 용어로 진술

㉡ 출발점 행동의 진단 : 특정한 학습과제의 학습을 위하여 필요한 선수 학습정도를 알아봄

㉢ 수업 실시(학습지도) : 일련의 수업과정의 중심 단계로 학습내용을 매개로 교사와 학생들이 상호작용하는 과정

㉣ 학습 성과의 평가 : 총괄평가를 말하는 것으로 수업의 효율성 및 학생의 학업 성취도를 최종 확인

(2) 완전학습 모형

① 캐롤(Carroll)의 학교학습모형

⊙ 개요 : 학교에서 이루어지는 여러 형태의 학습 가운데 특히 지적 학습에 작용하는 중요한 변인들을 추출한 다음, 그 변인간의 상호관계를 토대로 학교학습의 방안을 체계화한 모형으로, 변인들의 조절을 통해 학교학습의 효과를 극대화할 수 있다고 봄

⊙ 학교학습의 5대 변인

학습 지속력	학습자가 스스로 인내력을 발휘해 학습에 보다 많은 시간을 할당하려는 의욕·태도를 의미함(일종의 학습동기)
학습기회	일정 학습과제를 학습할 수 있도록 학습자들에게 허용된 시간을 의미함
적성	최적의 수업조건하에서 주어진 과제를 완전히 학습하는데 필요한 시간으로 보아, 적성이 높으면 과제를 좀 더 빨리 학습해 낼 수 있고, 반대로 적성이 낮으면 학습에 소요되는 시간도 많아진다고 함
수업이해력	학습할 과제의 성질과 학습절차를 이해하는 학습자의 능력을 의미하며, 학습자의 일반지능과 언어능력의 영향을 많이 받음
수업의 질	학습과제를 개개 학생에게 효과적으로 구성하여 제시하는 정도를 의미하며, 교수방법·교구·보조교재의 사용 등이 포함됨

⊙ 의의 : 학습에 필요한 시간을 결정하는 요인인 수업의 질을 높이면 학생들의 수업이해력도 상승하므로 학습에 필요한 시간을 줄일 수 있으며, 학습기회를 충분히 허용하면 학습에 사용한 시간이 늘어나므로 완전학습에 이를 수 있음

② 블룸(Bloom)의 완전학습모형

⊙ 교수의 과정을 적절히 조작하면 완전학습이 가능하다고 보고, 이를 위한 방법을 찾고자 함

⊙ 전학습의 구체적 전략으로서 캐롤(Carroll)의 학교학습모형을 이용하였는데, 적성과 수업이해력, 수업의 질을 높여 학습에 필요한 시간을 줄이고, 학습기회를 충분히 제공하여 학습에 사용된 시간을 늘리면 완전학습을 이룰 수 있다고 봄

⊙ 완전학습을 위해서는 철저한 개별화 수업이 이루어져야 한다고 봄

(3) 프로그램 수업

① 개념 : 특별한 형태로 짜인 학습교재에 따라 학습자료를 제시하고, 학생에게 개별학습을 시켜서 특정한 학습목표까지 무리 없이 확실하게 도달시키기 위한 학습방법

② 특징

⊙ 성취해야 할 도달점 행동을 행동목표로 진술

⊙ 학습과제를 매우 적은 양의 정보와 문항으로 구성된 소단위 프레임으로 분할

⊙ 학습자의 반응에 대한 피드백(feedback)을 즉시 제공

SEMI-NOTE

캐롤(Carroll)의 학교학습모형

$$학습의 정도 = \frac{학습에 사용한 시간}{학습에 필요한 시간} \times 100$$

학교학습의 5대 변인
- 학습에 사용한 시간의 요인 : 학습지속력, 학습기회
- 학습에 필요한 시간의 요인 : 적성, 수업이해력, 수업의 질

완전학습의 개념
학생들의 대부분(약 95%)이 학습과제의 90% 이상을 학습하는 것

프로그램 수업의 연구
1926년 프레시(Pressey)가 처음으로 고안한 교수기계(teaching machine, 학습교재)가 출발점이 되어 발전된 수업형태이며, 스키너(Skinner)의 강화이론과 학습내용조직의 계열성의 원리에 기초를 둠

07장

교수방법 및 교육공학

프로그램 학습의 장·단점
• 장점
 - 학습자가 자신의 능력과 학습속도에 맞추어 학습을 진행할 수 있음
 - 자율학습이 가능(원하는 시간과 장소에서 학습을 할 수 있음)
 - 즉각적인 피드백이 제공되므로 학습의 효과를 높일 수 있음
• 단점
 - 프로그램 자료를 개발하는데 상당한 시간과 노력, 비용이 소요
 - 주어진 프로그램에 의존하는 경우 학습자의 소극적 순응을 조장하여 창의력 증진이나 자기표현의 기회가 상실됨
 - 구성원간의 상호작용적 의사소통을 촉진하지 못함

프로그램 학습의 원리
• 학습자 검증의 원리
• 개인 페이스
• 적극적 반응의 원리
• 즉시 확인의 원리
• 스몰 스텝의 원리

개별화 학습의 이해
• 개별학습은 수업의 초점을 학생 개인에 두고 가급적 모든 학생이 교수목표에 도달할 수 있도록 개인의 능력·학습속도·요구 등을 고려하여 교수방법과 절차, 자료의 선택, 평가 등을 변별적으로 실천하는 수업
• 개별성과 공평성에 입각하여 학생이 갖고 있는 잠재력을 최대한 발현할 수 있도록 함

개인별 안내 교육(IGE)의 특징
• 전통적 학년제를 철폐하고 각 교과영역별로 무학년제를 실시하는 개별화 수업체제임
• 학습은 개별, 소집단, 또는 대집단 활동으로 이루어지며, 교사, 조교 또는 동료로부터 일대일 지도를 받음
• 진단-처방-평가의 단계로 수업을 전개하는 점에서는 IPI와 같으나, 각 학생의 사전성취수준, 진도의 속도, 학습유형 및 동기수준에 초점을 두고 진단하고 처방하는 점이 다름

③ 종류
  ㉠ 스키너(Skinner)의 직선형 프로그램 학습

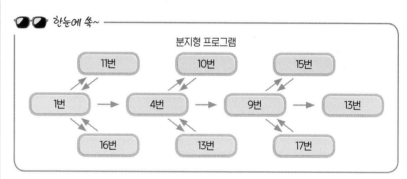

• 학습내용이 하나의 단일한 순서로 계열화되어 있어 모든 학습자가 같은 순서로 학습
• 프로그램이 단계적으로 구성되어 쉽고, 반복학습이 가능해 학습자의 반응이 강화됨
• 결과를 즉시 확인할 수 있게 되어 있어 학습자의 긴장과 불안을 해소해 줌
  ㉡ 라우더(Clauder)의 분지형 프로그램 학습

• 하나의 물음에 3개의 답지가 있고 그 중 2개는 오답으로 되어 있는데, 오답에 반응하면 답지가 지시하는 곳을 찾아가 교정학습을 하고 난 뒤 다시 돌아와 반응을 하도록 구성됨
• 불필요한 반응이나 반복이 감소되므로 학습시간이 단축되며, 교정프로그램을 통해 틀린 이유를 설명해 주므로 오답에 대한 이해와 정확한 반응이 가능

(4) 프로그램 학습에 영향을 받은 개별화 학습의 형태

① 개별처방 교수법(IPI ; Individually Prescribed Instruction)

개요	1964년 미국 피츠버그 대학의 학습연구개발센터에서 글레이서(Glaser)와 볼빈(Bolvin) 등에 의해 개발된 개별처방 교수법
특징	• 교과과정의 연속성-교육과정이 교과별, 수준별로 명세화되어 있음 • 학습자의 진보 또는 성공 여부와 계속적으로 점검, 평가되는 엄격한 평가체제를 사용함 • 학습 진도가 개별적이며, 학습도 독립적으로 이루어짐 • 인쇄 매체, 녹음자료, 학습 키트, 컴퓨터, 교사보조 등을 활용함

② 개인별 안내 교육(IGE ; Individually Guided Education)

개요	1965년 위스콘신 대학의 클로즈마이어(Klausmeier) 등에 의해서 개발된 개별화 교수법

절차	• 교과별로 학습자의 출발점 행동을 사정하며, 학습자별로 구체적인 행동목표를 진술함 • 교과별로 구체적인 행동목표를 진술하며, 다양한 수업 자료와 매체를 비치함 • 각기 다른 역할과 임무를 수행하는 교사 팀을 구성함 • 무학년제의 체제로 수업을 실시함 • 학습자의 출발점 수준, 학습 진척 상황, 목표도달을 지속적으로 사정함 • 다양한 학습을 수행할 수 있는 활동 공간과 자원 센터를 준비함

③ 개별화 수업체제(PSI ; Personalized System of Instruction)

개요	• 1968년 켈러(Keller)가 체계화한 동기화를 통한 개별화 교수 프로그램 • 스키너(Skinner)의 조작적 조건형성의 원리에 기초한 프로그램학습전략을 발전시킨 것으로, 목표성취 교수전략에 따라 학습자의 개별적 학습속도에 맞추어서 학습을 수행
체제 개발 원리	• 학습자 자신의 요구와 능력에 맞는 속도로 학습이 수행됨 • 다음 학습 단원으로 넘어가기 위해서는 현재 학습 단원의 완전한 성취를 보일 수 있어야 함 • 학습자의 학습 흥미를 촉진하기 위한 수단으로서 강의와 시범을 활용함 • 개별 학습자의 학습지도를 위해 책임 교사제를 활용하며, 책임교사는 학습자의 시험과 채점, 필요한 경우 개별 지도를 수행할 뿐만 아니라 교육과정에서 중요하게 고려되어야 할 대인관계의 성장에 도움을 줌

(5) 적성 처치 상호작용 모형(ATI ; Aptitude Treatment Interaction)

① 특징 : 크론백(Cronback)과 스노우(Snow)가 제시한 모형으로, 일반적으로 우수한 수업방식이 모든 학습자에게 최선의 방법이 되는 것은 아니며, 학습의 효과를 낼 수 있는 수업방식은 학습자의 적성에 따라 다르다고 봄(학습자의 적성과 교수방법 간의 상호작용을 전제로 하는 모형)

② 형태

　ㄱ 상호작용이 없는 경우 : 학생의 학습에 관련되는 적성을 충분히 이용한 다양한 교수변인을 투입하는 교수전략이 활용되면 모든 학생의 성적이 증가되고 개인차는 줄어들게 됨

　ㄴ 상호작용이 있는 경우 : 학습자의 특성에 따라 서로 다른 수업 방법이 있을 수 있으며, A 방법은 적성 수준이 높은 학습자에게 유리하고, B방법은 적성 수준이 낮은 학습자에게 유리함

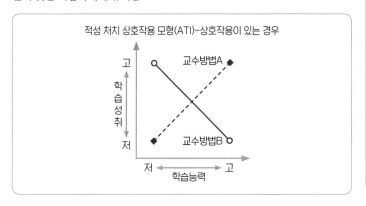

적성 처치 상호작용 모형(ATI)-상호작용이 있는 경우

07장

교수방법 및 교육공학

SEMI-NOTE

개별화 수업체제(PSI)의 특징
• 행동주의 심리학의 원리를 적용·발전시킴
• 학습자는 누구나 특정한 학습 목표에 도달할 수 있다는 완전학습의 가정에 근거를 둠
• 수업진행은 교과목을 주제별로 세분하고, 명세화된 목표, 학습절차, 학습질문 목록 등으로 구성된 학습 자료를 제시함

적성
'한 학습자가 가지고 있는 미래 학습의 잠재력'으로 교수방법에 영향을 주기도 하고 교수방법으로부터 영향을 받기도 함

적성 처치 상호작용 모형의 기본 입장
• 학습자의 능력은 개인차를 지녔으므로 그에 알맞은 방법이 적용되면 효과가 커짐
• 모든 학습자의 성적이 극대화되도록 학습자의 특성과 교수방법을 배합시킬 수 있으며, 학습자의 특성과 투입되는 교수방법 사이에 상호작용이 성립할 수 있음
• 학습자가 지닌 개인차의 특성에 따라 능력별로 프로그램을 적용한다면 학습을 보다 극대화할 수 있음

SEMI-NOTE

③ 적성-처치 상호작용 이론의 적용(snow)

낮은 능력을 가진 학습자가 학습을 잘 수행할 수 있는 교수조건	• 정보처리 부담이 강력하지 않음 • 수행해야할 과제가 단순하거나 작게 나누어져 있음 • 언어보다는 그림이나 기타의 매체를 많이 사용함 • 단순화된 시범, 모형, 시뮬레이션 등을 사용함
높은 일반 능력을 가진 학습자가 학습을 잘 수행할 수 있는 교수조건	• 정보처리 부담이 큼 • 정교하고 특별한 설명이 있음 • 새로운 내용이 포함되어 있음 • 학습자의 자기 주도적 학습을 유도함 • 상대적으로 구조화되어 있지 않고 허용적임 • 그림이나 매체보다는 언어에 의존함

3. 오수벨(Ausubel)의 유의미 수용학습 모형(설명식 교수모형)

(1) 유의미 수용학습 모형의 이해

유의미 수용학습 모형의 기본전제
• 학교교육의 목표는 가능한 많은 지식·정보를 습득하게 하는 것
• 교사는 학습내용을 조직화해서 제시하여 학생들이 지식·정보를 의미 있게 학습하도록 해야 함

① 개념 : 교사가 학습내용을 조직화해서 제시함으로써 학습자들이 지식과 정보를 의미 있게 학습하도록 하는 수업 → 설명적 학습원리, 유의미 학습(↔ 기계적 학습)

② 유의미 학습의 조건(학습과제 변인과 학습자 변인)

ㄱ 과제변인(논리적 유의미성)

실사성	그 어느 명제나 과제를 어떻게 표현하더라도 그 본질이 변하지 않는 성질
구속성	어떤 대상의 성질과 인지구조와 관계가 확고하여 임의로 변경될 수 없는 성질

ㄴ 학습자 조건

유의미 수용학습 모형에서의 선행조직자
• 개념 : 수업의 도입단계에서 새로운 학습과제 이전에 교사가 제시하는 개론적 내용 → 학습과제보다 추상적·포괄적·일반적인 특징을 지님
• 기능 : 학습자의 논리적 조직화 촉진, 새로운 정보나 지식을 포섭
• 종류
 – 설명조직자 : 학습과제와 인지구조 사이에 전혀 관련성이 없을 때 사용하는 것으로, 보다 구체적인 내용을 설명하기 전에 일반적인 관계를 우선하여 설명함으로써 개념의 정착 근거지를 마련해 줌
 – 비교조직자 : 학습과제와 인지구조 간에 어떤 유사성이 있을 때 사용하는 것으로, 양자 간의 유사성과 차이점을 지적하고 전후 과제 간의 상호 변별력을 증대시킬 목적으로 사용함

관련 정착의미(잠재적 유의미성)	학습자의 인지구조에 이미 형성된 것으로 유의미 학습 과정에서는 새로운 개념이 인지구조와 관계를 맺을 수 있는 근거를 제공해 주며, 파지 과정에서는 그 개념의 의미가 저장될 수 있도록 해주는 의미를 말함
학습의욕(유의미 학습태세, 심리적 유의미성)	학습자는 그 과제를 실사적이고도 구속적인 형태로 정착의미에 관련시키고자 하는 의향이 있어야 함
유의미 학습, 잠재적 유의미성, 논리적 유의미성, 심리적 유의미성의 관계	• 유의미 학습 혹은 의미획득은 잠재적 유의성을 지닌 과제와 유의미 학습태세(학습의욕)를 필요로 함 • 잠재적 유의미성은 논리적 유의미성과 관련 정착의미의 유무에 의존됨 • 심리적 유의미성은 유의미 학습 혹은 잠재적 유의미성과 유의미 학습태세의 산물임

한눈에 쏙~

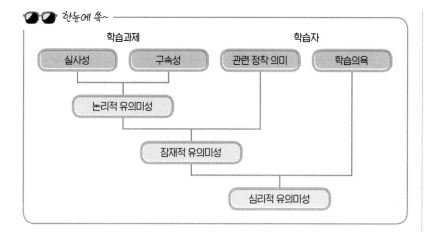

(2) 학습과정

독립변인	매개변인	종속변인
• 유의미한 아이디어의 집합체 • 교사 : 유의미 학습과제 제시	• 기존의 조직된 인지구조(관련 정착 의미) • 포섭과 동화의 인지과정 • 학생 : 기존의 인지구조를 매개로 새로운 학습과제를 포섭, 동화	• 명제의 재생 • 명제의 파지 • 명제의 적용(전이) • 결과 : 유의미 학습의 산물

(3) 포섭

종속적 포섭	• 포괄성이 낮은 학습과제가 포괄성이 높은 인지구조에 포섭
	• 파생적 포섭과 상관적 포섭
	   – 파생적 포섭 : 학습자료가 이전에 학습한 일반적 명제를 지지하거나 예시해 주는 관계에 있을 때 생기는 포섭
	   – 상관적 포섭 : 새로운 학습자료가 기왕에 학습된 명제에 대하여 연장, 정교화, 수정 등의 성격을 지니면서 일어나는 포섭

상위적 포섭	새로운 학습과제가 기존의 인지구조보다 포괄성이 높을 때 발생 → 귀납적 추론을 통해 보다 일반 명제를 학습하는 경우
병렬적 포섭	새로운 학습과제와 기존의 인지구조가 동일 수준에 포괄성을 지닐 때 발생

(4) 유의미 학습의 원리

① 점진적 분화의 원리 : 학습과제의 위계상 상위에 위치하고 있는 포괄적이고 일반적인 지식을 먼저 제시하고, 그 다음에 점진적으로 세부적이고 특수한 것으로 분화시켜 나가야 함

② 통합적 조정의 원리 : 먼저 제시된 학습과제와 그 다음에 제시되는 과제 간의 중요한 유사점이나 차이점을 인식시켜 불일치한 점이 사전에 조정되도록 학습과제를 조직하고 제시해야 함(→ 새로운 학습과제가 기존의 인지구조와 연관될 때 유의미한 학습이 일어남)

선행조직자의 수업모형
• 1단계(선행조직자 제시) : 수업의 목적을 명료화시킴, 선행조직자를 제시함, 학습과제와 학습자의 경험·지식을 연관시킴
• 2단계(학습과제나 자료의 제시) : 자료를 제시함, 관심을 유지시킴, 조직화를 분명히 함, 학습과제를 논리적 순서로 제시함
• 3단계(인지적 조직화의 강화) : 통합원리를 사용, 능동적인 수용학습을 고무함, 주제에 대한 비판적인 접근을 취함, 명료화시킴

수업과정과의 연계
• **수업목표** : 오수벨(Ausubel)은 행동적 수업목표보다 교과의 체계에 의한 내용적 목표를 강조
• **학습자의 개인차** : 인간에는 광범위한 개인차가 있다고 믿으며, 이 개인차는 인지적 기능의 양식, 일반지능, 학습동기, 지적 호기심, 비판능력, 창의적 사고능력 면에서 나타난다고 봄
• **학습과제의 계열화** : 포괄적인 것을 먼저 다루고 다음에 구체적인 개념을 다루는 연역적 접근법을 사용

07장

교수방법 및 교육공학

③ **선행조직자의 원리** : 선행조직자를 제시하여 학습과제의 내용을 이전에 배운 내용과 연결·통합·설명해 주어야 함

④ **학습준비도의 원리** : 학습자의 인지구조를 포함한 발달수준에 맞게 학습경험을 제공해야 함

⑤ **내용의 체계적 제시(조직)의 원리** : 학습과제의 내용이 계열적·체계적으로 조직되어야 하는데, 학습과제가 체계적으로 조직되어 있으면 선행과제에 대한 지식은 후행과제에 있어서 선행조직자의 역할을 하게 되며, 학습의 극대화 용이해짐

⑥ **선수학습 요약·정리의 원리** : 새로운 학습을 시작할 때 이전에 학습한 내용을 요약·정리해 주면 인지구조 내의 기존 개념이 명료해져 안정성을 띠게 되고, 새 학습과제에 대한 변별력이 증가하여 학습이 촉진됨

4. 발견 및 탐구적 교수모형

(1) 브루너(Bruner)의 발견적 교수모형

① **개념** : 교사의 지시 최소화, 학습과제의 최종적 형태(지식의 구조)를 학습자 스스로 찾아내는 방법

② **수업의 목적** : 지적 수월성 → 새로운 정보를 통합하여 사용하는 유목화(사물의 공통점과 차이점을 찾아 분류하고 통합하는 것) 능력의 신장

③ **교수이론의 요소**

학습 경향성	학습하기 전에 학생이 학습에 대해 갖고 있는 경향성으로 학습동기의 개념에 해당함
지식의 구조	• 한 학문을 구성하고 있는 가장 기본적인 아이디어, 개념, 원리, 원칙 등을 말함 • 지식의 구조가 중요하게 고려되는 이유는 표현방식이 다양하다는 것, 경제성이 있다는 것, 그리고 생성력이 높다는 것임
학습계열	학습의 과제를 제시해 주는 순서와 관련되어 있는 것으로 일반적으로 쉬운 내용을 먼저 학습하고 어려운 내용으로, 구체적인 개념을 학습하고 추상적인 학습으로 나아가는 것이 특징임
내적 강화 (내적 보상)	학습결과에 대해 보상을 주는 것을 말하며, 학습자가 스스로 탐구해 가는 발견학습에서 교사는 학습자의 학습정도를 수시로 확인해 주어야 함 → 이를 통해 학습의 방향이 옳게 나아갈 수 있음

④ **발견학습**

○ **의미** : 발견학습은 학습자에게 교과를 최종적 형태로 제공하는 것이 아니라 그 최종형태를 학습자 스스로 조직하도록 하는 학습법

○ **장점**

• 발견학습은 분류체계를 형성하게 하는 것이므로 지식의 파지력·전이력을 증진시킴

• 분류체계 형성을 위한 노력은 학습자가 문제해결능력을 지니게 함

• 문제의 해결은 발견의 기쁨을 가져다주므로 학습자의 내적 동기를 강화시켜 줌

발견식 교수모형의 기본전제

• 인지이론에 근거하여 학습자의 자율성과 주도성을 강조

• 학교학습의 목적을 학습자의 지적 성장, 즉 새로운 정보를 통합하고 사용하는 능력을 증가시켜 주는 것으로 봄

• 학습자는 유목화를 통해 많은 정보를 분류·통합·사용할 수 있게 됨

(2) 마시알라스(Massialas)의 탐구교수 모형

① 특징
  ㉠ 탐구란 탐구한 중요한 아이디어를 발견, 명세화, 시험하고 인간과 그의 환경을 판단하는 과정
  ㉡ 탐구의 심리학적 근거는 게슈탈트(Gestalt) 심리학에서 연유한 장(場)의 이론(Field Theory)임

② 탐구수업의 특징
  ㉠ 공개된 토론분위기 : 수업의 분위기는 다른 견해나 진술을 받아들일 수 있을 정도로 공개적이어야 함
  ㉡ 가설의 중시 : 탐구의 초점과 방향을 정해 주는 가설이 중시됨
  ㉢ 증거를 위한 사실의 사용 : 탐구수업에서는 가설을 입증하기 위해 사실을 사용함

(3) 듀이(Dewey)의 문제해결법

① 특징 : 듀이가 주장한 반성적 사고는 탐구의 기초가 되는 사고를 말하며, 그의 사고 이론은 결국 탐구로 이어짐

② 반성적 사고(문제해결의 단계)

암시	심의(心意)가 가능한 해결 체계를 향해 비약함
지성적 정리 (지성화)	곤란과 혼란한 문제에 대해 해결해야 할 하나의 문제가 감지되어 직접적으로 경험하는 일
가설	지성적 정리의 과정을 통해 나온 감정적인 문제의 답으로 가설은 암시에 비해 지적인 답변이며 잠정적인 것
추리	가설을 설정한 다음 그 가설을 검증하기에 앞서 검증결과를 예견
행동에 의한 검증	가설을 구체적인 혹은 상징적인 행동으로 수행하는 것

5. 가네(Gagné)의 목표별 교수이론

(1) 가네(Gagné)의 수업사태

주의력 획득시키기	• 학습을 시작하기 위해서는 자극이 수용되어야 하고, 수용이 발생하기 위해서는 학습자가 자극에 주의를 기울여야 함 • 시청각적 자극과 같은 주의력 획득도구를 사용하고, 단순한 자극의 변화를 넘어 학습자의 흥미를 유발하는 것이 바람직함
학습자에게 수업목표 알리기	목표달성을 자극하는 동기를 부여하기 위해서 학습자들이 학습이나 수업에 참여한 결과로 무엇을 얻게 되는지 알려줌으로써 기대를 갖게 해야 함
선수학습의 회상 자극하기	• 교사는 새로운 학습과 관련된 선수학습이 무엇인지를 결정해야 하고, 그 다음 그것을 지적해 주거나 다시 회상시켜야 함 • 선수학습이 제대로 되어 있지 않으면 새로운 학습의 시작 전에 다시 가르쳐야 함

SEMI-NOTE

설명식 수업과 탐구수업에서의 사실
전통적 설명식 수업에서는 사실의 획득이 중시되나, 탐구수업에서는 사실이 가설을 입증하는 증거로 사용됨

탐구교수 모형의 장·단점
• 장점
 – 합리적, 비판적인 사고를 할 기회를 더 많이 가지게 됨
 – 학생들이 학습에 능동적으로 참여하게 되므로 긍정적인 자아개념을 형성하게 됨
• 단점
 – 학습지도를 하는데 시간이 많이 소요됨
 – 타당도와 신뢰도가 높은 탐구능력 평가방법의 개발이 어려움

반성적 사고의 특징
• 문제 상황에 빠졌을 때 이를 가장 지성적으로 해결하는 방법
• 마음 속에서 사고의 문제를 발견하고 그 문제를 중시하고 그 문제를 연속적으로 사고하는 것을 말함

가네(Gagné)의 수업사태
다양한 학습상황에서 학습의 외적 조건을 제공한 일련의 절차, 즉 수업하는 절차를 말함. 가네(Gagné)는 학습자의 내부 인지과정에 맞추어 9가지의 수업사태를 계열화하여 제시함

07장
교수방법 및 교육공학

자극제시하기	• 학습자에게 학습할 내용을 제시함 • 새로운 정보의 제시는 학생들에게 새로운 자극의 독특한 특징이 무엇인지를 지적해 줄 수도 있고, 하나의 정의나 규칙의 형태를 띨 수도 있으며, 무엇을 하는 방법에 대한 지식일 수도 있음
학습안내 제시하기	• 학습할 과제의 모든 요소들을 통합시키는데 필요한 방법을 제시함 • 이전 정보와 새로운 정보를 적절히 통합시키고 그 결과를 장기기억에 저장할 수 있도록 학생들은 도움이나 지도를 받아야 하며, 이러한 도움은 통합된 정보가 유의미하게 부호화되는데 초점을 두어야 함 • 학습안내를 제공하는 것은 학습자가 목표에 나타난 특정능력을 보다 쉽게 습득할 수 있도록 돕기 위해서임
수행유도하기	통합된 학습의 요소들이 실제로 학습자에 의해 실행되는 단계로, 학습자가 실제로 새로운 학습을 했는지를 증명하는 기회를 제공함
피드백 제공하기	• 수행이후 수행이 얼마나 성공적이었고 정확했는지에 대한 결과를 알려줌 • 성공적인 수행에는 긍정적 피드백이 제공되며, 이는 수행에 대한 강화의 기능을 함 • 피드백을 통해 학생들은 목표를 달성할 수 있는지를 알게 되며, 수행의 개선이 필요한 학생들은 얼마나 더 많은 연습이 필요한지를 알게 됨
수행평가하기	다음 단계의 학습이 가능한지를 결정하기 위한 수행평가를 실시함
파지와 학습의 전이 증진하기	• 새로운 학습이 다른 상황으로 일반화되거나 적용할 수 있는 경험을 제공함 • 자료를 다시 점검하는 것은 기억을 확실히 하는 데 도움을 줌 • 다양한 상황과 문맥에 적용하는 것은 전이를 도와주는 것으로, 처음에 학습된 특정상황을 넘어 사용될 수 있어야 함

수행유도

수행은 학습자들이 연습문제를 작성하거나, 숙제를 하거나, 수업시간의 질문에 대답하거나, 실험을 완료하거나, 그들이 배운 것을 실습할 수 있는 기회를 제공함으로써 유발될 수 있음

학습의 내적 조건과 외적 조건

• **내적 조건** : 다음 학습에 필수적이거나 보조적인 것으로써 학습자가 이미 습득한 능력들의 획득 및 저장(선수학습 능력의 존재 여부)과 학습자 내부의 인지과정의 측면을 지칭함

• **외적 조건** : 학습자 외부의 교수사태를 통하여 학습자의 내적 인지과정을 활성화시켜주는 다양한 방법들을 지칭함

실력UP **학습단계와 수업사태 간의 관계**

구분	학습단계	수업사태
학습 준비	1. 주의집중	주의집중 시키기
	2. 기대	수업목표의 제시
	3. 장기기억으로부터의 재생	선행학습의 재생자극(사전학습 재생)
획득과 수행	4. 선택적 지각	자극(학습자료) 제시
	5. 의미의 부호화	학습안내(학습정보 제공)
	6. 재생과 반응	성취행동 유도(수행유도)
	7. 강화(피드백)	피드백 제공
학습재생과 전이	8. 재생을 위한 암시(단서)	성취행동 평가(수행평가)
	9. 일반화	파지 및 전이의 촉진

독립변인과 종속변인

• **독립변인**
  - 학습의 외적 조건 : 학습자의 외부에서 주어지는 것으로 교사가 학습자에게 제공해주는 것을 말함(강화의 원리, 접근의 원리, 연습의 원리)
  - 학습의 내적 조건 : 학습자 내부에서 갖추어야할 것을 말함(선행학습, 학습동기, 자아개념)

• **종속변인**
  - 학습의 획득 : 학습의 성과로서 갖게 되는 지식, 기능, 태도 등
  - 학습의 파지 : 학습한 지식이나 기능을 기억하는 것
  - 학습의 전이 : 기억한 지식이나 기능을 다른 장면에 적용하는 것

(2) 학습의 5대 영역

언어정보 (verbal information)	• 정보를 진술하는 능력이며, 사실과 사건들을 구술하거 나 쓰는 능력과 그림을 통해서 사실적 정보를 재생하는 능력도 포함됨 • 블룸(Bloom)의 교육목표분류에서 인지적 영역의 '지식'에 해당	예 애국심의 정의를 진술 함
지적 기능 (intellectual skills)	• 상징을 이용하여 환경과 상호작용하는 능력 • 절차적 지식 혹은 방법적 지식에 해당됨('학습하는 방법 에 관한 학습'과 관련되며, 어떤 존재의 속성과 관계에 관한 단순한 사실적 지식과 구별됨) • 블룸(Bloom)의 교육목표분류에서 인지적 영역의 이해력, 적용력, 분석력, 종합력, 평가력에 해당	예 삼각형의 면적을 계산 함
인지전략 (cognitive strategies)	• 학습자 스스로 학습하고, 기억하고, 사고하는 과정을 관 리하는 전략 • 학습내용의 특정 부분에 선택적으로 주목하고 지각하거 나 상호 무관한 여러 가지 명칭들을 암기할 때, 학습자 가 임의로 그들 간의 관계를 설정하거나 친숙한 이미지 를 부여하여 의미 있게 암기하는 기억술을 활용함	예 중간과제 를 작성하기 위해 새로운 방식의 목록 카드 작성
태도 (attitudes)	• 개인적 행위의 선택에 영향을 주는 정신적 상태를 지칭 하는 것으로, 구체적인 수행을 결정하는 내적인 경향성 을 개념화한 것 • 생활 사태에서 직면하는 무수한 대안들 중에서 어느 것 을 선택하느냐 하는 것은 개인의 가치와 선호, 태도의 문제라고 할 수 있음 • 블룸(Bloom)의 교육목표, 분류체계에서 정의적 영역의 목표에 해당	예 록 콘서트 에 가지 않고 대신 박물관 을 방문할 것 을 선택함
운동기능 (motor skills)	• 바느질을 하거나 공을 던지거나, 기계를 조작하고 다루 는 것과 같은 일련의 행동계열을 수행하는 능력을 말함 • 단순한 하위적 운동기능은 더 복잡한 기능의 부분이 되 는 경우가 많음	예 신발끈 묶 거나 배영을 시범 보임

(3) 목표별 수업의 원리

① **언어적 정보의 수업** : 선행 조직자의 제공, 이름과 명칭의 기호를 의미 있게 하기

② **지적 기능의 수업** : 신호학습, 자극-반응학습(자극반응 연결학습), 운동연쇄학습, 언어연합학습, 변별학습, 개념학습, 원리학습, 문제해결 학습

③ **인지전략의 수업** : 생산적 사고 개발을 위한 연습 기회를 다수 제공

④ **태도의 수업** : 태도를 직접적으로 가르치는 방법은 강화이고, 간접적인 방법은 대리적 강화를 이용하는 것임

⑤ **운동기능의 수업** : 운동기능의 모범적인 시범을 관찰할 기회를 제공

5가지 학습영역의 학습된 능력
• **언어정보** : 저장된 정보의 재생
• **지적기능** : 개인이 환경을 개념화하는 데 반응하도록 하는 정신적 조작
• **인지전략** : 학습자의 사고와 학습을 지배하는 통제 과정
• **운동 기능** : 일련의 신체적 움직임을 수행하기 위한 능력 및 실행계획
• **태도** : 어떤 사람, 대상, 사건에 관해 긍정적이거나 부정적인 행위를 하려는 경향

가네(Gagné)의 목표별 수업의 기본 전제
• **학습위계** : 모든 지식은 위계적으로 구성되어 있기 때문에 차원이 높은 지식을 습득하려면 그보다 낮은 수준의 지식을 미리 습득해야 함(→ 전 단계 학습은 다음 단계 학습에 필수적 선행 조건)
• **학습과제의 분석** : 주어진 학습과제를 효과적으로 학습시키려면 그 학습과제를 면밀히 분석하여 위계적 순서에 맞추어야 함
• **학습 영역의 분류** : 학습되는 능력은 그 성격에 따라 운동기능 · 언어기능 · 지적 기능 · 인지전략기능 · 태도 등의 5가지 영역으로 나누어지며, 각 영역은 각기 다른 학습원리와 조건을 요구함

07장 교수방법 및 교육공학

6. 메릴(Merrill)의 내용요소제시이론(CDT ; Component Display Theory)

(1) 개요

① 메릴은 행동주의적, 인지적, 인간주의적 관점에서 학습과 교수에 관한 모든 지식을 통합하여 처방적 교수이론인 내용요소제시이론을 제시함

② 인지적 영역을 중심으로 하고, 인지적 영역 내에서도 주로 하나의 개념이나 원리와 같은 단일 아이디어들을 가르치는 것과 같은 미시적 수준을 다루고 있음

(2) 수행-내용 행렬표(수업 목표 분류)

<table>
<tr><th>수행
수준 \ 학습
내용</th><th>사실
(임의적 정보)</th><th>개념
(공통적 속성을
지닌 집합체)</th><th>절차
(순서화한 계열)</th><th>원리(인과관계나
상호 관련성에
대한 진술)</th></tr>
<tr><td>발견
(인지전략
수준)</td><td>–</td><td>상 위에 놓인 구슬을 몇 개의 그룹으로 분류해 보아라. 그리고 누구든지 네가 한 것과 같게 분류할 수 있도록 각 그룹의 특성을 밝혀라</td><td>카드를 활용해서 주소록 데이터베이스를 만들고, 이를 컴퓨터 프로그램으로 작성해 보아라</td><td>담배 연기가 인체에 미치는 효과를 분석하기 위한 실험 장치를 만들어 보고, 이를 이용하여 실험 후 그 결과를 보고하라</td></tr>
<tr><td>활용
(지적 지능
수준)</td><td>–</td><td>이 사진에 나타난 산은 단층으로 된 산의 예인가?</td><td>양파의 껍질 세포를 관찰하기 위해 현미경을 사용하는 방법을 시범을 해보아라</td><td>생태계를 중심으로 종(種) 상호간의 의존성과 세대의 순환 등에 대하여 알고 있는 지식을 토대로 몇 가지 가능한 가설을 설정해 보아라</td></tr>
<tr><td>기억
(언어정보
수준)</td><td>지도에서 온천을 나타내는 기호는 무엇인가?</td><td>침엽수의 특성은 무엇인가?</td><td>주민 센터에 가서 주민등록 등본을 떼려면 어떻게 해야 하는가?</td><td>지도를 만들 때 사용하는 세 가지 투사기법에 대해 설명해 보아라</td></tr>
</table>

(3) CDT의 교수처방(자료제시 형태)

① 1차 제시형

㉠ 어떤 내용을 학습하기 위하여 반드시 제시되어야만 하는 수업의 형태

㉡ 메릴을 1차 제시형에서 자료제시 형태를 일반성 G(Generalities)과 사례 eg(exampli gratia)라는 개념을 한 차원으로, 설명적 E(Expository) 제시형과 질문적 I(Inquisitory) 제시형이라는 개념을 또 다른 차원으로 2차원화한 4개의 범주를 사용하여 제안함

수행수준과 학습내용

• 수행수준
 - 기억하기 : 저장되어 있는 정보를 재생하거나 재인하기 위해 학습자가 기억된 정보를 탐색하는 수행
 - 활용하기 : 학생들이 학습한 개념, 절차, 원리 등을 구체적인 실제 상황에 적용해 보는 수행
 - 발견하기 : 학생들이 개념, 절차, 원리 등을 도출해 내는 창조적인 수행

• 학습내용
 - 사실 : 이름, 날짜나 사건, 혹은 특정한 사물과 사건을 지칭하기 위해 사용한 기호들처럼 임의적으로 사물과 사건을 연관지어 명명한 정보
 - 개념 : 공통적인 속성을 지니고 있고 동일한 명칭으로 불리는 사물, 사건, 기호들의 집합
 - 절차 : 특정한 목적을 달성하거나, 특정한 문제를 해결하거나, 산출물을 만드는데 필요한 단계들을 순서화한 계열
 - 원리 : 현상이나 사건을 설명하기 위하여 사용한 인과관계나 상호관련성

수행-내용 행렬표

• 학습과제의 분류 수준을 수행 수준과 내용 유형으로 분류한 이차원적 분류 체계를 제시함(이는 타일러와 블룸의 이원목표 분류표와 유사함)

• 수행 수준은 기억하기, 활용하기, 발견하기의 세 차원으로, 내용 유형은 사실, 개념, 절차, 원리로 구성됨(기억하기는 가네의 언어정보, 활용하기는 지적 기능, 발견하기는 인지전략에 해당함)

• 사실의 활용과 발견은 존재하지 않는데 이는 사실이 일반성과 추상을 지니고 있지 않기 때문임(즉 수행-내용 메트릭스는 10개의 범주로 구분됨)

구분	설명식, 말로 알려주기(E)	탐구식, 질문하기(I)
일반화, 규칙(G)	(EG) 설명식-일반화	(IG) 탐구식-일반화
사례, 예(eg)	규칙, 원리를 설명하기(Eeg) 설명식-사례, 예 사례, 예제를 설명하기	규칙 원리를 탐구하기(Ieg) 탐구식-사례, 예 사례, 예제를 질문하기

② **2차 제시형** : 반드시 제시될 필요는 없지만 1차 제시형과 함께 제시된다면 학습의 효과성과 효율성을 증진시켜 주는 수업의 형태 → 정교화의 형태로 제시(부가적 자료제시 방식)

7. 라이겔루스(Reigeluth)의 수업 정교화 이론

(1) 특징

① 교수설계에 관한 거시적 수준의 이론으로서 여러 개의 아이디어를 어떻게 연결, 계열화하는가에 대한 처방적 교수전략

② 라이겔루스는 교수전략과 방법의 구성 요소를 고려하고 있는데, 교수전략의 체계성을 보여주고자 교수전략을 크게 조직전략, 전달전략, 관리전략으로 구분하였고, 조직전략은 미시적 전략과 거시적 전략으로 구분됨

조직전략	수업 내용을 조직하기 위한 기본 방법을 다룸. 조직전략 중 미시적 전략은 단일한 아이디어(개념, 원리, 절차 등)에 관한 수업을 조직하는 기본 전략이고 거시적 전략은 여러 아이디어간의 순서와 계열성에 관한 방법임
전달전략	학생에게 수업내용을 전달하고, 전달된 내용에 대해 반응하게 하는 방법
관리전략	어떠한 조직 전략과 전달 전략을 언제 사용할 것인가에 관한 기본방법

(2) 정교화 교수 전략

정교화된 계열화	수업내용을 단순에서 복잡한 것으로 조직
선수학습요소의 계열화	선행학습능력을 구비할 수 있도록 수업을 조직
요약자	이미 학습한 내용에 대한 복습 전략
종합	개별 아이디어를 통합하는 전략
비유	새로운 정보를 학습자에게 친숙한 아이디어로 연결시키는 전략
인지전략 촉진자	학습자의 인지전략과 그 인지전략을 활용하는 과정을 자극하고 촉진하는 전략
학습자 통제	학습자 자신이 학습내용과 학습전략을 선택·결정하는 것

8. 켈러(Keller)의 학습동기 유발 수업설계모형(ARCS)

(1) 개요

① 켈러(Keller)는 동기를 '학습자가 목표나 내용을 선택하고 그것을 성취시키려고

07장

교수방법 및 교육공학

SEMI-NOTE

노력하는 정도'라고 정의함

② 학습동기를 유발시키기 위한 주요 요인으로 주의집중, 관련성, 자신감, 만족감의 네 가지를 들고 각각의 요인에 대해 구체적인 교수전략을 제시함

(2) 동기의 구성요소 ⭐빈출개념

주의집중	• 학습동기를 유발하기 위해서는 우선 학습자의 주의력이 유발되고 유지되어야 함 • 학생이 주의력을 기울이게 하는 최선의 방법은 학습자극을 적절히 변화시켜 주는 것
관련성	• 학습자들은 학습활동이 자신의 생활이나 관심영역과 관련이 있다는 것을 알게 될 때 적극적으로 학습활동에 참가하게 됨 • 학습과제와 학습활동이 학습자의 흥미에 부합되면서도 학습자에게 의미와 가치가 있다는 것을 인식시켜 주는 것이 필요
자신감	• 학습동기는 학습자가 학습과제를 성공적으로 마칠 수 있을 것이라는 신념, 즉 자신감을 가지게 될 때 유발됨 • 자신감 향상 전략으로는 학습목표를 분명하게 일러주기, 난이도의 수준에 따라 학습과제를 계열화하기, 학습자에게 개인적 학습조절전략을 적용하기 등이 있음
만족감	• 학습자의 노력의 결과가 자신의 기대와 일치하고 학습자가 그 결과에 만족한다면 학습동기는 계속 유지될 것이며, 그 결과로 학업성취수준도 향상됨 • 만족감 부여 전략으로는 수행한 결과에 대한 다양한 피드백 제공, 학습내용의 일반화·적용, 과제-외적 보상보다 과제-내적 보상의 제공 등이 있음

9. 구성주의 학습이론

(1) 개요

① 지식은 주관적이고 학습자가 스스로 구성해 나간다는 심리학 및 철학적 관점

② 학습자가 스스로 지식을 구성하는 주체로 파악하고, 지식의 변화가능성에 기초한 상대주의적 인식론에 근거한 학습모형

③ 객관주의와 구성주의 교수방법의 비교

구분	객관주의(교사중심)	구성주의(학습자중심)
지식	개인의 정신과 독립적으로 존재하는 고정적이고 확인할 수 있는 객체로서 내부로 전달되는 것	사회적 경험을 바탕으로 개인의 인지적 작용에 의하여 지속적으로 구성, 재구성되어지는 것
목표	초월·범우주적인 진리와 지식의 추구	개인에게 의미 있고 적합한 지식의 구성
교수목적	체계적, 효율적인 지식 전달	비판적 사고, 문제해결력 함양
학습자	수동적 수용자	능동적인 지식 구성자, 구체화, 성찰, 탐구
교사	지식의 전달자	학습 안내자, 촉진자 역할, 모델링, 코칭, 비계설정

동기유발 및 유지 방법

주의 집중	지각적 주의환기의 전략, 탐구적 주의환기의 전략, 다양성의 전략
관련성	친밀성의 전략, 목적지향성의 전략, 필요나 동기와의 부합성 강조의 전략
자신감	학습의 필요조건 제시의 전략, 성공의 기회 제시 전략, 개인적 조절감 증대의 전략
만족감	자연적 결과 강조의 전략, 긍정적 결과 강조의 전략, 공정성 강조의 전략

구성주의 학습이론에서의 기본원리
• **맥락 강조** : 학습은 학습이 일어나는 상황에 의해 영향을 받는 상황 맥락성을 가짐
• **협동학습 강조** : 지식은 사회적 의미의 협상을 통해 구성되므로 타인과 지식을 공유하고 검증하는 과정을 필요로 함
• **비계설정(scaffolding)** : 교사는 학습자의 문제해결을 위해 적절한 도움(비계설정)을 제공
• **성찰과정 제공** : 문제해결과정에서 학습자 스스로 자신의 방법·전략·산출물 등에 대해 분석하고 평가해 볼 수 있는 성찰과정을 제공
• **과정평가, 능력평가** : 평가는 학습과정에서 이루어져야 하며, 학습자가 문제를 해결하고 지식과 기능을 새로운 상황에 적용할 수 있는 능력에 초점을 둠
• **촉진자로서의 교사** : 교사는 지식의 전수자가 아닌 학습의 촉진자로, 주변 환경 및 경험을 기반으로 학생의 의견·관심이 반영된 학습 결과를 유도

실재	인식 주체의 외부에 존재	인식 주체에 의해 결정
문제	학습할 가치가 있다고 객관적으로 검증된 학습내용	실제적·맥락적, 비구조화된 문제

(2) 구성주의 학습모형

① 인지적 도제학습(cognitive apprenticeship) ★빈출개념

ㄱ 특징

- 전통적 도제이론의 원리를 인지적 영역에 적용시킨 것으로, 초보자인 학습자가 전문가인 교사의 학습과제 해결과정을 관찰·모방함으로써 과제해결능력을 습득하게 하는 것
- 학습이나 지식습득은 반드시 체험을 통해 이루어져야 하며, 그 특정 사회집단의 문화적 양상이 내재되어 있는 특정 상황과 맥락에서 이루어져야 함
- 학습자 내부 인지작용과 활동을 자극하는 지속적인 자아성찰을 강조

ㄴ 교수법의 전개(절차)

시범보이기 (modeling)	전문가인 교사가 시범을 보이고 학습자는 관찰(전문가의 수행행동에 초점)
코칭 (coaching)	학습자가 실습을 하고 교사는 격려해 주며 피드백을 제공(학습자의 수행에 초점)
비계설정 (scaffolding)	• 학습자의 능력을 넘어서는 과제 수행에 대한 발판을 제공(교수적 도움) • 학습자가 과제수행에 점차 익숙해짐에 따라 도움을 점차 감소시키다가 필요가 없는 경우 제공하지 않음(교수적 도움중지)
명료화 (articulation)	학습자는 자신이 습득한 지식, 기능, 태도, 사고 등을 종합적으로 연계하여 설명
반성 (reflection)	학습자는 자신이 수행하고 있는 문제해결과정과 전문가의 교수자의 방법과 비교하여 설명
탐색 (exploration)	학습자는 학습한 지식과 기능을 새로운 방식으로 활용하는 방법·가설 등을 탐색(전이단계)

② 문제중심학습(PBL ; problem-based learning)

ㄱ 개요 : 어떤 특정 '상황'을 기반으로 하는 매우 '복잡'하고 '비구조화된' 과제를 중심으로 하여, 문제에 대한 이해나 문제해결을 위한 활동과정에서 산출되는 학습

ㄴ 목적 : 관련분야의 전문적 지식의 습득, 견해의 분명한 제시·설명·반박 능력의 습득, 문제해결능력, 협동학습능력 등

ㄷ 절차와 각 단계에서의 활동(Harvard 의과대학 모형)

제1단계	학생들에게 문제 시나리오를 제시함
제2단계	각 집단별로 문제를 정의함
제3단계	집단별로 학습목표를 확인함
제4단계	학습목표를 달성하기 위해 자기 주도적 개별학습을 진행함

문제중심학습의 특징
- 자기주도 학습 과정과 협동학습 과정을 중시
- 문제해결과정을 통한 반성적 사고활동을 강조
- 실용적이고 학습자와 관련된 실질적인 문제를 다룸
- 안내자로서의 교사 역할

07장

교수방법 및 교육공학

제5단계	집단별로 학습결과를 발표하고 토의하며 목표 달성여부를 확인함(이때 추가적인 개별학습과 토의가 이루어질 수 있음)
제6단계	집단별로 연구결과를 종합하고 요약하며 학생들은 학습결과를 다른 상황에 일반화함

③ 상황학습(situated learning)
ㄱ 개념 : 구성주의 학습에서 강조하는 능동적인 학습자의 참여를 강조하는 이론
ㄴ 특징 : 실제 상황에의 참여를 통한 문제해결과정 및 경험과 학습 → 지식과 상황을 함께 제시

④ 인지적 유연성 이론(Cognitive Flexibility Theory)
ㄱ 개요 : 스피로(Spiro)가 제안한 이론으로, 복잡하고 비정형화된 학습의 특성에 초점을 맞춘 이론
ㄴ 특징
  • 교수원칙은 주제중심의 학습, 다룰 수 있는 정도의 복잡성을 지닌 과제의 세분화, 다양한 소규모의 예들의 제시 등
  • 어떤 과제에 대해 다양한 관점에서 접근하고 이를 과제와 연결해 가능한 많은 예를 다루게 하는 것을 강조

⑤ 정착수업(anchored instruction)
ㄱ 개요
  • 다양한 교수매체(예 Jasper series, 모험담, 이야기 등 비디오 디스크)를 활용하여 실제와 유사한 학습환경 제공
  • 교수–학습 활동이 이야기 · 사례 · 학생들의 관심사와 관련된 주제 또는 문제 등과 같은 정황(상황)을 중심으로 설계됨
  • 학생들의 적극적 참여를 위해 컴퓨터 보조 학습환경 같은 공학적 기법을 활용
ㄴ 특징

학습자 중심 학습	• 의도적으로 학생들의 결점보다는 강점에 기초하여 수업환경을 구성 • 도전적이고 동기유발적인 실제적 문제해결에 참여할 수 있는 기회를 제공
지식중심 환경	• 새로운 지식을 도출하기 위한 탐구의 과정뿐만 아니라 효과적인 문제 해결을 돕는 핵심 아이디어들을 중심으로 조직된 학문적 지식을 습득하도록 도움 • 학생들이 스스로 학습을 점검하고, 안내하고, 주도하도록 유도
평가중심 환경	학생과 교사들이 목표를 설정하고, 피드백을 추구하고, 필요한 교정을 하도록 도움
공동체 중심 환경	학습규칙을 정하고, 공동체로서의 학교, 학교와 지역사회와의 연결을 도모

인지적 유연성 이론
인지적 유연성이란 즉흥적으로 자신의 요구에 따라 여러 가지 방법으로 재구성할 수 있는 능력을 의미함. 즉, 급격하게 변화하는 상황의 요구에 따라 여러 가지 방법으로 적절하게 대처하는 것을 말함

정착수업의 장점
• 다양한 상황에서의 지식 활용
• 새로운 아이디어나 발명의 촉진
• 지식의 함의 파악
• 지식의 구조화

정착수업의 의의
• 학습자가 풍부한 상황, 즉 실질 상황과 비슷한 복잡하고 역동적인 문제 상황이 정교하게 표현되고 있는 상황에서 지속적인 탐구활동을 할 수 있음
• 현대 기술 문명의 장점을 살린 하나의 수업의 틀임

02절 교수-학습의 방법적 원리

1. 학교에서 자주 사용되는 수업 형태

(1) 강의법

① 개념

㉠ 교사 중심의 수업 방식으로, 수업이 교사의 해설이나 설명에 의해 이루어지며, 언어를 통한 교사와 학생의 상호작용이 주된 교수-학습의 형태

㉡ 헤르바르트가 4단계 교수설(명료 → 연합 → 계통 → 방법)에 기초하여 체계화시킴

② 목적 : 교사가 지닌 지식이나 정보의 체계적인 전달

③ 절차 : 학습문제 파악 → 문제의 해결 → 일반화

(2) 질문법(문답법)

① 개념 : 질문과 대답에 의해 학습활동이 전개되는 형태로, 강의법과 함께 오래 전부터 사용되어오던 학습형태(→ 소크라테스의 산파법이나 플라톤의 대화법과 같은 문답법은 귀납적 교수방법의 일종임)

② 질문의 유형

제한형 질문 (폐쇄적 질문)	• 간단한 사실적 응답을 기대하는 질문으로 인지 · 기억 수준을 다루는 질문과 수렴적 수준을 다루는 질문이 있음 • 인지 · 기억 수준의 질문 : 사실, 개념, 정보의 재생을 요구하는 질문(예 과일과 채소의 차이점이 무엇인지 설명해 보시오) • 수렴적 수준을 다루는 질문 : 어떠한 관계를 기술하거나 설명을 요구하는 것으로 정답이나 최선의 대답이 있음(예 왜 이러한 관계는 함수 관계가 아닌가?)
확장형 질문 (개방형 질문)	• 학습자의 다양한 반응을 기대하는 것으로 정답을 설정할 수 없음 • 발산적 사고를 다루는 질문 : 문제의 원인에 대한 다양한 가설과 해결책을 탐색하게 하는 질문(예 한강 유역의 환경오염을 방지하기 위해서 정부는 어떠한 노력을 해야 하는가?) • 평가적 사고를 다루는 질문 : 가장 고차원적인 사고를 드러나게 하는 것으로 인지 · 기억사고, 수렴적 사고, 발산적 사고의 과정을 포함하여 자신의 판단, 가치 선택에 대한 입장을 분명히 하는 것을 요구함(예 정보화 사회가 도래하면 학교교육의 목적을 어떻게 재설정해야 하는가?)

(3) 토의법

① 개념 : 학습자 혼자 힘으로는 해결할 수 없는 문제에 부딪쳤을 때 서로 의견을 교환하고 집단 안에서 함께 생각하여 문제를 해결하도록 도와주는 방법(공동학습의 한 형태로서 민주주의 원칙에 기반을 둠)

강의법의 장 · 단점
• 장점
– 지식과 기능의 체계적 · 논리적 전달
– 수업의 경제성
– 학습동기의 자극(학생의 동기화)
• 단점
– 학생들의 수동적 사고 · 학습의 가능성
– 학습내용의 장기적 파지가 곤란
– 학생 수준에 따른 개별화가 곤란

질문법(문답법)의 장 · 단점
• 장점
– 학습의 문제점을 명백히 해주므로 초점이 분명한 학습활동이 가능
– 질문으로 학습에 자극을 주어 활기차고 적극적인 학습이 가능
– 학습자의 흥미와 동기유발이 가능
– 질문을 통해 학습자 스스로 해결할 수 있는 기회를 제공하여 주체적 학습이 가능
– 학생 스스로의 답변을 유도하므로 습득한 내용의 정리와 정착에 효과적
– 교사와 학생간의 의사소통이 원활해짐
• 단점
– 학생의 능력이 떨어질 경우 설명시간이 길어져 수업이 교사중심으로 흘러 갈 수 있음
– 질문에 응답을 잘하는 우수학생이 중심이 되어 학습부진아들에게 좌절감을 주기 쉬움
– 학생들의 응답이 만족스럽지 않을 때는 학습속도가 지연됨

토의법의 가치
• 인지적 측면 : 학습의 공고화와 내면화, 비판적 사고와 문제해결 능력의 습득
• 심리적 측면 : 소속감과 유대의식을 통한 긍정적 태도, 상호작용을 통한 자아의 각성
• 사회적 측면 : 협력과 참여, 타인에 대한 존중과 의사경청, 타협과 합의, 민주적 질서의식과 기능의 학습

교수방법 및 교육공학

토의식 수업이 적합한 경우
• 비판적 사고 등 고차원적 인지과정을 거쳐야 하는 학습과제를 학습할 때
• 태도의 변화를 목표로 삼는 학습일 때
• 민주적인 질서의식과 기능을 익히게 하고자 할 때
• 도덕적 판단력을 길러 주고자 하는 수업일 때
• 학습자에게 자아개념의 확립과 공동체 의식을 심어주고자 할 때

심포지움이 적합한 경우
• 간결하고 체계적인 방법으로 새로운 자료를 발표하고자 할 때
• 주제와 관련해 보다 객관적인 관점을 제공하고자 하는 경우
• 논쟁문제에 대해 다양한 측면에서의 조망과 이해를 돕고자 할 경우
• 복잡한 문제를 명료화하고 전체와 부분의 관계를 명백히 규명하고자 하는 경우

② **토의법의 유형**

유형	내용	특징
자유토의(free discussion)	자유로운 분위기에서 토의하고 해결책을 마련	–
원탁토의 (round table discussion)	• 토의의 가장 기본적인 형태로 참가 인원은 5~10명 정도의 소규모 집단 구성을 이룸 • 참가자 전원이 상호 대등한 관계 속에서 정해진 주제에 따라 자유롭게 토의	자유토의의 한 형태
배심토의 (패널, panel discussion)	• 어떤 주제에 대해 특별한 지식을 지닌 6명 내외의 전문가들이 탁상에 둘러앉아 주제에 대해 토의하는 형식 • 소수의 선정된 배심원과 다수의 일반 청중으로 구성되어 특정 주제에 대해 상반되는 견해를 대표하는 몇몇 사람들이 사회자의 진행에 따라 토의하며, 청중은 듣기만 하고 때로는 질문이나 발언을 하기도 함	판결식 토의
세미나 (seminar)	• 특정 연구주제에 대해 주관 기관(단체)으로부터 선정된 일단의 전문가들이 사전 연구보고를 작성하여 제출한 후 일정 장소에 모여 공개적으로 발표하고 참여자로부터 질의를 받고 토론하는 기법 • 주제 분야에 권위 있는 전문가들로 구성된 소수집단 토의 → 1명의 주제 발표 후 상호 간 자유로운 질의와 응답으로 진행	질의식 토의
단상토의 (심포지움, symposium)	• 학술적인 면에서 널리 활용되는 기법으로, 보통 3~6명의 초청된 연사들이 사회자의 진행에 따라 강단에서 각기 특정한 주제에 대한 자신의 견해를 밝힘(발표시간은 10~25분 정도로 진행) • 토의 주제에 상이한 의견을 지닌 소수의 전문가가 주어진 시간 동안 자신의 의견을 개진 → 발표자 간 또는 발표자와 청중 간 토의는 원칙적으로 없음	강연식 토의
공개토의 (포럼, forum discussion)	• 공개집회라고도 하며 모든 참석자가 자신의 의견을 발표할 기회를 갖는 공공집회를 뜻함 • 보통 1~3인 정도의 전문가나 자원인사가 10~20분간 공개 연설 후, 청중과 질의응답으로 토의	공론(公論) 식 토의
대담토의 (자유토의, colloquy)	• 사회자가 주제에 대한 소개와 안내에 따라 6~8명 정도의 발언자로 구성, 진행되는 토의기법 • 참석자의 절반 정도는 청중을 대표하고, 나머지 반은 자원인사나 전문가로서 참여	–
대화식 토의	주제의 권위자나 전문가를 교실에 초빙하거나 전문가가 있는 현장에 가서 질의응답 형식으로 얻는 방법	–
버즈학습 (buzz learning)	• 3~6명으로 편성된 집단이 주어진 주제에 대해 6분가량 토의하는 6×6 형태이며, 토의과정이 벌집을 쑤셔 놓은 것처럼 윙윙거린다는 뜻으로 버즈(buzz)라고 함 • 소집단토의(분과토의, 예 6·6법)에서 전체토의로 진행 → 자아관여, 사회적 협동심, 의사표현 능력, 민주적 의사결정능력 신장에 도움	분반식 토의

(4) 시뮬레이션

① **특징** : 학습자에게 실제와 유사한 상황을 제공해 실제에서 부딪힐 수 있는 위험 부담이 없는 학습 환경을 제공

② **적용의 예** : 비행조종이나 화학실험, 영업사원의 연수, 의사결정이 중요한 의과 대학생 등의 학습에 활용

(5) 역할(놀이)학습

① **개념** : 어떠한 문제 상황에서 관찰자가 그 행동을 실제로 하게하고 참여자들이 함께 바람직한 해결방안을 탐색하는 활동

② **특징**

㉠ 학습자의 사회성 개발과 사회집단 간의 대인관계 형성에 영향을 미침

㉡ 학습자들로 하여금 자신의 감정을 탐색하고, 그들의 태도, 가치, 지식에 대한 통찰력을 갖게 하며 그들의 문제해결 기능과 태도를 개발하고 교과내용을 여러 가지 방법으로 탐색하게 하는 도구로 활용될, 실제적인 인간행동의 사례를 제공함

㉢ 학습자들은 역할놀이를 통해 문제 상황을 실연하고 그 실연과정을 토론함으로써 인간관계 문제들을 실제적으로 탐색함

(6) 동료교수

① **개념** : 동료 학습자가 교수자의 역할을 하는 것으로서 내용을 먼저 숙달한 학습자가 그렇지 못한 1~3명의 학습자에게 내용을 가르치는 방법

② **교육적 효과** : 고(高)성취 학생은 저(低)성취 학생을 가르치는 동안 특정 교과내용의 관계성과 의미를 더 심도 있게 파악하게 되고, 저성취 학생은 동료학생으로부터 도움을 받게 됨으로써 동기유발이 더 잘 이루어짐

(7) 비지시적 자율학습법

자율 계약학습	교사와 학습자 간의 학습계약을 근간으로 하여 이루어지는 개별연구의 교수-학습 방법
자아이해의 교육	니일(Neill)이 세운 섬머힐 학교에서 자아이해 교육의 발자취를 찾아볼 수 있음
로저스의 비지시적 교육법	로저스는 비지시적 상담 치유요법을 하나의 교수방법으로 발전시키고, 긍정적인 인간관계 형성이 곧 사람을 성장시키는 기본원리라고 생각해 모든 수업은 근본적으로 인간관계의 개념에 기초해야 한다고 생각함

(8) 인턴십

① **개념** : 2년제 이상의 대학에 재학 중인 학생이 졸업 전에 관심 있는 조직에 일시적으로 근무하여 업무를 체험하는 방법(개인 교수형)

② **특징** : 전문직이나 준전문직에 관한 지식을 학교에서 학습했던 학습자가 실제적인 조직에 참여하여 학교에서 배운 지식을 적용, 활용하며 전문적인 역할을 습득하는데 중점을 둠

07장 교수방법 및 교육공학

2. 협동학습

(1) 협동학습의 이해

① 주어진 학습과제나 학습목표를 소집단으로 구성된 학습자가 공동으로 노력하여 그 목표에 도달하는 방법

② 전통적인 소집단 학습이나 개별학습에서 야기되는 단점을 보완하고 학습자 사이의 협력적인 상호작용을 촉진하기 위해 집단보상과 협동기술을 추가한 교수–학습방법

(2) 협동학습의 모형

① 학생 팀성취 보상법(STAD ; Student Team Achivement Division)
  ㉠ 개요 : 미국의 살빈(Salvin) 등에 의해 기본기능의 습득이나 지식의 이해촉진을 위해 고안된 것으로, '집단보상', '개별적 책무성', '성취결과의 균등분배'라는 협동전략을 택하고 있음
  ㉡ 전개절차 : 교사는 전체학생을 대상으로 학습내용을 소개 → 학생들은 4~5명이 한 팀을 이룬 후 집단활동을 수행 → 학생들은 형성평가를 받고 과거의 점수와 비교해 향상점수를 받음 → 개인별 향상점수를 합산하여 팀점수를 산출 → 향상점수와 팀점수를 공고하고, 최고 득점자와 팀에 보상

② 팀경쟁학습(TGT ; Team Games Tournaments) : STAD모형의 운영방식에 게임의 형식을 도입하여 팀 간의 경쟁을 유도하는 협동학습

③ 과제분담학습 I (Jigsaw I)
  ㉠ 개요 : 미국 텍사스 대학의 아론손(Aronson)과 그의 동료들이 개발한 협동학습모형으로, 학업성취뿐만 아니라 인종 간·문화 간의 교우관계와 같은 정의적 특성의 형성에 관심을 둠
  ㉡ 전개절차
    • 하나의 학습단원을 구성원의 수에 맞게 나눈 후에 학습자들에게 한 부분씩 할당
    • 각 집단에서 같은 부분을 담당한 학생들끼리 따로 모여 전문가 집단을 형성한 후, 분담내용을 토의·학습하고 원 소속집단으로 돌아가 학습내용을 구성원에게 가르침
    • 학생들은 퀴즈를 보고 개인별로 성적을 받으며, 팀점수는 합산하지 않음(개별보상)

④ 과제분담학습 II (Jigsaw II)
  ㉠ 목적 : 직소 I 을 수정하여 개념중심의 학습내용을 가르치려는데 목적을 둠
  ㉡ 직소 I 과의 차이점
    • 직소 I 에서는 학습과제를 몇 개의 소주제로 나눈 후 교사가 일방적으로 부과하지만, 직소 II 에서는 학습자의 흥미를 고려해 부과하거나 학생들이 스스로 분담
    • 직소 I 에서는 개인의 점수만 산출하지만, 직소 II 에서는 STAD에서처럼 향

상점수와 팀점수를 산출하여 그 결과에 따라 보상을 시행

⑤ 자율적 협동학습(Co-op Co-op)

    ㉠ 특징 : 학승들로 하여금 자신이 학습과제를 선택하고 팀 활동을 한 후 팀 동료와 교사에 의한 다면적인 평가를 실시하는 모형

    ㉡ 절차 : 학습 주제 선정 → 학생중심 학급토론 → 모둠 구성을 위한 소주제 선택 → 소주제별 모둠 구성 및 모둠 세우기 활동 → 소주제 정교화와 역할분담 → 개별학습 및 준비 → 모둠 내 미니 주제 발표 → 모둠별 발표준비 및 학급 발표 → 평가와 반성

⑥ 팀보조 개별학습(TAI ; Team Assisted Induvidualization) : 개별화 학습의 단점을 협동학습의 장점으로 보완하기 위한 수업모형으로 학습자 개개인의 학습속도에 따라 학습을 진행하는 개별학습과 팀학습이 혼합된 형태

⑦ 집단탐구 모형(GI ; Group Investigation)

    ㉠ 집단 프로젝트의 수행을 통해 고차적 인지기능을 습득시키는데 초점을 두는 모형으로, 학생 2~6명의 팀으로 집단을 구성하고 구성원들의 공동 협의로 학습과제를 선정

    ㉡ 학습과제와 관련된 하위주제들을 흥미에 따라 선정하고 개인별로 하나씩 맡아서 해결

⑧ 어깨동무 학습(함께하기 학습, LT ; Learning Together)

    ㉠ 팀 구성은 5~6명의 이질적인 학생들로 구성되어 주어진 학습과제를 협동적으로 수행하고, 보상도 집단별로 하며 평가도 집단별로 받음

    ㉡ 협동과제구조와 협동보상구조를 사용함

03절   교육공학 및 교수설계

1. 교육공학의 기초

(1) 교육공학의 이해

① 개념 : 효과적인 교수-학습을 위하여 인적 · 물적 자원을 효율적으로 활용하는 것

② 목적 : 교육의 개별화를 통한 교육효과의 극대화

(2) 교육공학의 영역

영역	의미	하위 범주
설계영역	설계란 학습의 조건들을 분석하면서 구체적인 교수목적을 달성하고자 다양한 방법과 전략을 기획하는 이론과 실제를 말함	교수체제설계, 메시지 디자인, 교수전략, 학습자 특성

자율적 협동학습(Co-op Co-op)의 장 · 단점

· 장점

  – 학습활동의 준비, 활동과정, 결과보고에 이르기까지 교사의 역할이 최소화되는 반면 학생들의 역할과 그들의 자율성이 최대한 반영됨

  – 팀 간에 경쟁을 하지 않는 순수한 협동체제이기 때문에 협동학습 이론에 충실함

· 단점

  – 연구결과에 대한 효과를 아직 일반화하기는 어려움

  – 초등학교 저학년 단계에서는 적용하기 어려움

어깨동무 학습의 장 · 단점

· 장점 : 집단 구성원들이 관련 자료를 같이 보고, 같이 이야기 하며, 생각을 서로 교환할 수 있음

· 단점 : 하나의 집단 보고서에 집단 보상을 함으로써 무임승객 효과, 봉효과와 같은 사회적 빈둥거림 현상이 나타나 상대적으로 다른 협동학습 모형보다 비효과적임

교육공학의 개념

· 일반적 개념 : 효과적인 교수 · 학습을 위해 인간적 · 비인간적 자원을 체계적이고 과학적으로 활용하는 것

· 최근의 개념 : 학습을 촉진하고 수행을 증진하기 위해 적절한 공학적 과정과 자원을 설계 · 개발하고, 이를 활용 · 관리 · 평가하는 것에 관한 연구와 윤리적 실제(AECT, 1994)

교수매체의 개념

· 학습자에게 교수학습 내용을 전달하는 모든 수단이나 방법을 총칭

· 교수학습을 위해 사용하는 시청각 기자재와 수업자료를 총칭

· 코메니우스의 세계도회, TV, 컴퓨터

서책형 교과서	디지털 교과서
· 장비와 프로그램 없이 접근성 용이 · 시간과 비용 절약	· 미디어 활용으로 학습동기 유발 · 공간의 제약이 낮고, 맞춤학습 가능

연구 · 개발영역	설계작업을 통해 산출된 명세서에 근거하여 물리적 형태의 구체적인 교수자료를 만드는 과정(매체제작 분야)	인쇄 테크놀로지, 시청각 테크놀로지, 컴퓨터 테크놀로지, 통합 테크놀로지
활용영역	교수매체의 실제적 활용(학습을 위해 과정이나 자원을 사용하는 것)을 말하며, 교육공학의 다른 영역보다 가장 오래된 영역	• 매체활용 : 학습을 위한 자원의 체계적 활용 • 혁신의 보급 : 새로운 개념의 채택을 목적으로 계획적 전략을 사용 · 실시하는 의사소통의 과정 • 실행과 제도화 : 실행은 교수자료나 전략을 실제 환경에 사용하는 것. 제도란 조직문화의 구조 안에서 교수 혁신을 계속적으로 추진하는 것을 의미함 • 정책과 규제 : 교수공학의 사용과 보급에 영향을 미치는 사회적 규칙과 행위
관리영역	프로그램 조직과 직원 관리, 예산과 시설에 대한 기획 및 집행 등의 업무와 관련된 영역	프로젝트 관리, 자원관리, 전달체제 관리, 정보관리
평가영역	• 교육공학적 과정 및 산물에 대해 가치를 부여하는 활동영역 • 설계 · 개발 · 활용 · 관리과정과 그 결과물의 가치를 결정할 수 있도록 정보를 제공해 주는 것	문제분석, 준거지향측정, 형성평가, 총괄평가

시각 교육의 등장

과학의 발달에 따른 새로운 매체(사진, 필름, 영화 등)의 교육적 활용가치가 인식되면서 1920년대 본격적으로 등장

호반(Hoban)의 시각교재 분류

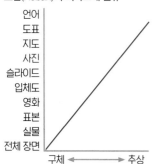

언어
도표
지도
사진
슬라이드
입체도
영화
표본
실물
전체 장면

구체 ◀──────▶ 추상

시청각 교육의 필요성
• 교수의 효율성 증진
• 교재의 구조화
• 인구 증가에 따른 대량 교수체제 확립
• 교사의 개인차에서 비롯된 교수의 평준화
• 사물의 정확한 이해를 통한 건전한 사고력 유발

시청각 교육의 교육적 가치
• 무의미한 언어주의적 학습의 감소
• 구체적인 경험을 제시함으로써 학습동기 유발과 학습의 능률화 도모
• 학습자에게 다양한 시청각 자료를 제공함으로써 경험을 풍부하게 함
• 복잡한 자료를 단순하게 만들어 제공
• 지리적으로 먼 전경이나 사건을 형상화

2. 교육공학의 발달과정

(1) 시각 교육

① 개념 : 구체적 학습경험을 제공할 수 있는 그림이나 모형, 사물 등의 시각자료를 사용해서 학습내용을 표현함으로써 추상적인 개념을 명확히 하는 것

② 특징 : 추상적 개념을 명확히 하고 학습자의 흥미를 유발하는 방법으로 활용

(2) 시청각 교육

① 개념 : 시청각 교재와 교구를 활용함으로써 학습이 효과적으로 이루어지도록 도모하는 교육방법

② 등장 : 1930년대 초 · 중반, 유성영화의 출현과 음향녹음기술, 축음기의 보급 등을 배경으로 등장

③ 목적 : 학습지도 및 교육활동의 효율성 도모

④ 대표적 이론 : 호반(Hoban)의 시각교재 분류, 데일(Dale)의 경험원추모형 등

실력 UP 데일(Dale)의 경험원추모형

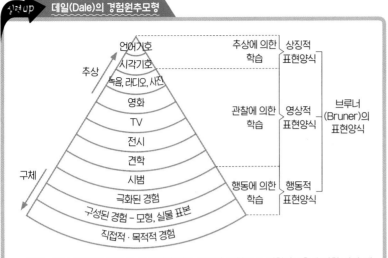

- **개념** : 시청각교재를 구체성–추상성에 따라 분류한 모형으로, 시청각교육에 관한 가장 대표적인 이론
- **분류양식**
  - 원추의 하부에서 상부로 올라갈수록 구체성보다 추상성이 높아짐(→ 추상성이 높아진다고 학습이 어려워지는 것은 아님)
  - 학습에서는 직접 · 목적적 경험, 영상을 통한 경험, 상징적 경험으로 분류함
  - 교재는 학습자의 지적 능력이나 경험에 맞추어 선택
  - 개념을 형성하고자 하면 추상적 개념과 구체적 경험의 적절한 통합이 필요
  - 견학에 의한 학습경험을 경험의 사실성은 높으나 정보의 양은 적고 학습사용 시간이 많아짐
  - 영화나 녹음 등 시청각적 자료나 언어적 기호를 통한 학습은 동일 시간 내에 획득할 수 있는 학습의 양은 많고 시간은 단축됨(예 꽃의 학습)
  - 학습경험의 선정에는 학습자의 준비상태, 능력, 흥미 등에 따라 어느 정도의 구체성, 추상성이 적절한가를 판단해야 함

(3) 시청각 커뮤니케이션

① **개념** : 2차 대전이후 교육을 쌍방적인 커뮤니케이션 과정으로 보는 커뮤니케이션의 개념과 교수–학습과정을 일련의 요소로 구성된 완전한 체제로 간주하는 시청각적 커뮤니케이션으로 발전됨

② **벌로(Berlo)의 커뮤니케이션 모형(S–M–C–R 모형)**

    ㉠ S(sender) 송신자 : 통신기술, 태도, 지식수준, 사회체제, 문화양식

    ㉡ M(message) 전달내용

요소	어떤 내용을 선택할 것인가
내용	전달하고자 하는 것
구조	어떤 순서로 조직할 것인가
처리	어떤 방법으로 전달할 것인가
코드	언어적 코드, 비언어적 코드(몸짓, 눈 맞추기, 표정 등)

S–M–C–R모형의 특징
- 교수–학습 장면을 통신과정이라는 측면에서 종합적으로 제시한 이론 모형(통신과정을 교수와 연결하여 종합화)
- 인간의 다섯 가지 감각을 통신과정의 분석영역으로 제시
- 수신자에게 영향을 미치고 있는 요소들을 세분화하여 제시
- 메시지를 구성하는 세부 요소를 제시하여 메시지 고안에 도움을 줌

ⓒ C(channel) : 시각, 청각, 촉각, 후각, 미각
ⓡ R(receiver) : 통신기술, 태도, 지식수준, 사회체제, 문화양식

3. 교수설계의 개념과 특징

(1) 개념

① 광의 : 교육 프로그램 혹은 교수체제를 개발하기 위해 조직적이고 체계적으로 수행하는 분석, 설계, 개발, 활용, 관리 평가 활동을 의미함
② 협의 : 광의의 교수개발 가운데 특히 개발활동에 초점을 둠

(2) 특징

① 장기적인 차원에서는 교과 전체의 교육과정 설계를, 단기적인 차원에서 수업계획안을 포함함
② 교수–학습 체제 내의 특정 구성 요소를 분리시켜 파악하기 보다는 관련된 구성 요소들을 포괄적으로 고려하는 '총체적' 접근 방식을 취함

4. 교수설계 모형

(1) ADDIE 모형(교수설계의 가장 기본 모형) ⭐빈출개념

요구(need)
어떤 상황의 바람직한 상태와 현재의 상태의 차이로, 요구란 현재의 문제 상황에서 오는 반응적 요구와 더 좋은 미래를 준비하기 위한 미래지향적 요구가 포함됨

과제분석
• 직무분석을 통해 과제목록이 추출되고 타당성이 입증되었을 때 실시됨
• 직무분석의 최종 결과인 과제들을 성공적으로 수행하는데 필요한 과제의 구성요소(지식, 기능 및 태도)들이 무엇인지를 파악하고 이들 간의 논리적 관련성, 즉 과제 구성요소들 사이의 연결고리를 확인하는 과정임

분석	• 요구분석 : 학생들에게 기대하는 바람직한 수준과 학생들의 실제 수행 수준 간의 차이를 분석하여 요구를 파악하는 것 • 학습자 분석 : 학습자의 배경, 선수학습 정도, 직무경험, 적성, 동기, 학습양식 등을 분석 • 환경분석 : 새로운 지식, 기능, 태도 등을 습득하는 학습자의 환경과 습득한 지식, 기능, 태도를 활용하는 수행환경을 분석 • 직무분석 : 어떤 직무에 무엇이 포함되어 있는지를 알아내는 일 • 과제분석 : 특정 과제가 어떻게 수행되는지에 관한 정보를 수집하는 일
설계	분석의 결과로 얻어진 정보들에 기초하여 효과적인 수업 프로그램의 설계명세서를 만들어 내는 것 → 행동적 수업목표의 진술(수행목표의 명세화(예 Mager의 진술방식)), 평가도구 개발(수행목표 속에 명시된 지식, 기능, 태도 등을 달성했는가를 평가하기 위한 수단을 구체화하는 일로, 목표에서 가르치고자 했던 기능을 학습자가 성취했는가를 알아 볼 수 있는 검사문항을 개발하는 것), 교수전략의 계열화(수행목표를 달성하기 위해 학습내용과 학습활동이 제시되고 경험되는 순서를 계열화함), 교수전략과 매체선정의 활동을 통해 교수활동의 청사진 만들기(수행목표를 효과적으로 달성하기 위해 어떤 교수–학습의 내용과 과정을 어떻게 사용할 것인가에 대한 계획을 수립함)
개발	설계명세서에 기초하여 수업 프로그램이나 교수자료를 개발·제작하고, 형성평가를 통해 완성된 자료를 제작해 내는 것 → 교수–학습자료 개발(학습자용 활용 지침서, 교수자료, 검사, 교사용 지침서와 같은 교수 프로그램을 만드는 일), 학습형태·방법·밀도·최적의 성취, 형성평가와 보충·심화(교수 프로그램의 초안이 완성되면 프로그램의 질을 개선하는데 필요한 자료를 수집하는 평가(일대일평가, 소집단평가, 현장평가))

| 실행 | 개발된 교수 프로그램이나 교수자료를 실제 교육현장에서 활용하고 관리하는 과정 → 교수–학습의 질 관리, 교사의 부단한 연수와 의지, 행정적 · 제도적 지원체제 강구 |
| 평가 | 교수 프로그램이나 교수자료의 효과성이나 효율성을 측정하는 과정 → 총괄평가, 프로그램 만족도, 학습자의 지식 · 기능 · 태도 등의 변화정도 및 전이 |

(2) 딕과 캐리(Dick & Carey) 모형

교수목적 확인	목표 리스트나 요구분석의 결과 등으로부터 추출해서 학습자가 학습을 마친 후에 할 수 있게 되기를 원하는 것을 결정하는 일
교수분석	교수목표 설정 후 그 목표가 어떤 학습 유형에 속하는가를 결정하는 일
학습자 및 맥락 분석	본 학습을 진행하기 위해 학습자의 선행 기능 및 학습자의 구체적인 특성을 분석
수행목표 진술	학습이 종결되었을 때 학습자가 수행할 수 있으리라고 기대되는 것을 구체적으로 진술하는 것으로 학습될 성취행동, 그 성취행동이 실행될 조건, 학습이 성공적인지 아닌지를 판단할 수 있는 준거로 구성
평가도구 개발	목표에서 가르치려고 했던 기능을 학습자가 성취했는가를 알아볼 수 있는 검사문항을 개발하는 것
교수전략 개발	교수 프로그램의 최종 목표를 성취하기 위해 이용하고자 하는 전략을 설정하는 일로서 교수 전 활동, 정보제시, 연습 및 피드백, 추후 활동 등이 제시됨
교수자료 개발 및 선정	교수전략에 근거하여 학습자용 활용 지침서, 교수자료, 검사, 교사용 지침서와 같은 교수 프로그램을 만드는 일
형성평가 설계 및 실시	교수 프로그램의 질을 개선하기 위해 필요한 자료를 수집하는 평가(일대일평가, 소집단평가, 현장평가)
교수 프로그램의 수정	형성평가 결과를 바탕으로 교수 프로그램이 가지고 있는 결정을 수정 · 보완함
총괄평가 설계 및 실행	교수 프로그램의 절대적 가치 혹은 상대적 가치를 평가하는 일

(3) 조나센(Jonassen)의 구성주의 수업설계 모형

① 특징 : 구성주의 학습 환경 설계를 위한 원리, 즉 모형 제시하기(modeling), 지도하기(coaching), 발판 제공하기(scaffolding)를 제공하기 전에 학습 환경을 구성하고 있는 요소들을 중심으로 한 모형

② 구성주의 학습 환경의 교수활동

학습활동	교수활동
탐색(exploration)	모형 제시하기(modeling)
명료화(articulation)	지도하기(coaching)
반추(reflection)	발판 제공하기(scaffolding)

07장 교수방법 및 교육공학

151

목표기반 시나리오 모델(GBS 모형)

• 생크(Schank)의 기억이론인 역동적 기억이론을 기반으로 함. 역동적 기억이론은 기억의 단위를 스토리텔링 형태로 진술되는 시나리오 또는 사례로 봄

• 학습자에게 유의미한 목표를 갖고 있고, 스토리텔링의 몰입적 요소와 풍부하고 실제적인 맥락성을 가진 시나리오를 제공하는 체계적 절차를 강조함

(4) 상보적 교수

① 특징 : 단기간에 독해교육의 성과를 얻는데 유용한 구성주의 교수모형

② 교수의 진행 단계

예언하기	토의활동은 텍스트로부터 학습할 내용에 관하여 예언(글의 제목이나 부제목, 주제와 관련된 학생들의 사전 지식과 정보, 유사한 정보에 대한 경험)을 하는 것으로부터 시작함
질문하기	교사는 글의 각 부분별로 토의를 주도할 학생들을 지정하며, 토의 주도 학생은 읽은 내용에 관해 질문하고 다른 학생들은 대답함
요약하기	토의 주도 학생이 토의 내용을 요약하고 교사는 다른 학생들에게 요약에 대해 논평하고 정교화하도록 함
명료화하기	글의 내용 중에 불분명한 부분들(개념, 어휘 등)이 있으면 의미가 명확해질 때까지 토의함. 이 때 학생들은 더 많은 예언을 하거나 교재의 관련부분을 그 의미가 명확해지도록 다시 읽음

04절 교수매체 및 컴퓨터 · 멀티미디어 · 인터넷

1. 교수매체의 이해

(1) 교수매체의 개념과 연구 동향

① 개념 : 교수–학습 과정에서 교사와 학생 또는 학생 상호간에 정보를 전달하는 모든 수단과 방법을 말함

② 교수매체 연구 동향

교수매체의 기능

• 매개적 보조기능 : 교사가 수업의 능률적 진행을 위해 교수매체를 사용하는 것으로, 수업의 표준화, 원활한 의사소통, 흥미유발, 능률적인 수업진행 등이 기능이 있음

• 정보전달기능 : 시공간의 제약을 초월한 정보 전달, 정보의 특성을 고려한 전달

• 학습경험 구성 기능 : 교수매체 그 자체가 학습내용을 포함하고 있음

• 교수기능 : 학습자의 지적 기능 개발, 원활한 지적 활동의 조장

교수매체 비교 연구	• 학습자는 수동적인 인간으로 수업매체를 통해 행동이 변화함 • 학업성취도에 어떤 매체가 더 효과적인지를 탐색
교수매체 선호 연구	• 매체 활용에 대한 태도에 관한 연구 • 학습자들의 정의적 특성 변인들(예 태도, 가치, 신념 등의 정의적 특성 변인들)이 학습에 미치는 효과를 탐색
교수매체 속성 연구	• 인지주의 패러다임에 근거하며 매체가 학업 성취도 또는 인지과정에 어떤 영향을 미치는지를 연구 • 매체가 전달하는 상징체제가 학습자의 인지적 표상, 정보처리과정에 영향을 미침

2. 하이니히(Heinich)의 ASSURE 모형(교수매체 활용의 교수설계 모형, 1996)

(1) 특징

① 하이니히(Heinich)와 레셀(Russel) 등이 교수–학습 과정에서의 효과적인 교수매체 활용을 위해 고안해낸 모형으로, 훈련 현장이나 일선 교사가 수업을 계획하고 수행하면서 활용할 수 있도록 수업 상황을 전제로 개발됨

② 교실상황에서 매체를 효과적으로 활용하기 위한 계획에 초점을 두고 개발된 절차모형

(2) 절차

한눈에 쏙~

ASSURE모형의 절차

학습자 분석 → 목표 진술 → 매체 선정 및 제작 → 매체와 자료의 활용 → 학습자 참여 → 평가와 수정

① **학습자 특성분석(Analyze Learners)**
  ㉠ 학습자 특성에는 일반적 특성, 특별한 출발점 능력, 학습 양식이 있음
  ㉡ 학습자 특성은 교재의 내용 및 제시 방법, 교수매체 효과에 영향을 미침
② **목표진술(State Objectives)**
  ㉠ 학습자가 학습을 마친 후 무엇을 할 수 있는가를 가능한 자세하게 진술
  ㉡ 학습자들이 도달해야 하는 목표 지점은 어디이며, 어떠한 새로운 능력을 발휘할 수 있어야 하는가를 구체적으로 진술
  ㉢ 구체적으로 명확하게 진술된 목표는 학습자의 정확한 인식과 준비를 가능하게 함
③ **교수방법·매체·자료의 선정(Select Methods, Media and Material)**
  ㉠ 주어진 학습 과제를 위한 적당한 교육방법을 결정
  ㉡ 방법을 수행하는데 알맞은 매체의 유형을 선택
  ㉢ 선정된 매체 유형에서 가장 알맞은 특정 자료를 선택·수정·설계 및 제작
④ **매체와 자료의 활용(Utilize Media and Material)**
  ㉠ 제시할 자료들을 지정된 장소에서 미리 시사해 봄으로써 자료의 상태를 알아보고, 학생들의 수준과 목표에 적합한지를 결정
  ㉡ 자료제시 방법과 수업의 주변 환경도 사전에 정비하며, 학습자 역시 미리 준비
⑤ **학습자 참여의 유도(Require Learner Participation)** : 학습자가 배우는 능력을 경험하도록 기회를 제공하는 것으로, 가장 효율적인 학습자가 목표달성을 위하여 실제행동을 하도록 요구하는 것
⑥ **평가와 수정(Evaluate and Revise)**
  ㉠ 교수활동이 끝나면 이에 대한 효과를 평가하고 수정·보강하는 활동으로 지속적인 매체활용을 위한 시발점에 해당됨
  ㉡ 평가는 크게 학습자의 학습목표달성 평가, 교수매체와 교수방법에 대한 평가, 교수-학습과정에 대한 평가로 구성됨

3. 교수매체의 종류와 특징

(1) 칠판

장점	단점
• 교사와 학생이 손쉽게 사용할 수 있음 • 학습내용의 기억을 용이하게 함 • 학습자의 흥미를 집중시킬 수 있음(다양한 색상, 밑줄 등 활용)	• 한 번에 다룰 수 있는 양이 제한됨 • 건강상의 문제가 발생할 수 있음 • 영구적 보전이 불가능함

(2) 괘도 및 융자·자석판

① 괘도 : 학습내용을 요약, 정리하여 복잡한 요인들 간의 관계 및 발전과정, 요인 간 상호작용의 비교·분석이 가능하도록 단순화시킨 시각매체

② 융자·자석판 : 학습내용 및 자료를 자유롭게 붙이기도 하고 떼기도 할 수 있도록 만든 매체

(3) 슬라이드

① 개념 : 사진기로 촬영한 필름이나 투명필름에 그림을 그려 넣은 것을 한 번에 한 장면씩 개별적으로 볼 수 있도록 만든 투사매체

② 특징 : 학습내용에 따라 순서를 조정할 수 있으며, 학습내용을 연속적인 과정으로 제시할 수 있음

(4) OHP(투시물 환등기)

① 개념 : 투시물 자료를 투시환등기 위에 올려놓고 투시된 자료를 보면서 설명할 수 있는 장치

② 특징 및 사용시 유의사항

특징	• 강의실의 조명을 끄지 않고도 크고 선명한 상을 볼 수 있게 해줌 • 교수자가 학습자들을 마주보고 대면수업을 진행할 수 있음 • 교수자와 학습자가 제시물의 각도를 동일하게 느낄 수 있어 현실감이 높음 • 스위치, 초점조절장치, 반사거울 등 3~4가지만 조절하면 되므로 조작이 간단함 • 투시물 자료 외에도 불투명한 물체, 투명한 액체도 제시할 수 있음 • 스크린에 확대 투사되는 큰 영상은 복잡한 것을 시각적으로 쉽게 이해시켜 줌
사용시 유의 사항	• 불필요한 자료가 투시되지 않도록 함 • 너무 많은 자료를 연속적으로 제시하지 않도록 함 • 교수자는 OHP 앞에 앉거나 제자리에 서서 수업을 진행 • OHP는 항상 청결하게 유지하여 스크린에 먼지나 얼룩이 생기지 않도록 함 • 키스톤 현상이 일어나지 않도록 해야 함

OHP의 작동방식

반사식과 투과식으로 나눌 수 있으나 그 작동 원리나 조작법은 거의 유사함. 스위치를 켜고, 투시물 자료를 스테이지 위에 올려놓은 후, 거리를 조절하고 초점조절나사를 이용해 초점을 맞추어 사용함. OHP렌즈의 각도를 움직여 화면조절이 가능함

실물 환등기

• 개념 : 신문, 잡지, 그림 등과 같이 불투명한 자료 제시대 위에 놓인 자료를 스크린 위에 확대하여 투사시켜 제시해 주는 교수매체로 최근에는 투시물 환등기와 겸용으로 사용이 가능하도록 개발됨

• 구성 : 송풍장치, 모터, 자료 제시대, 초점 조절장치 등 비교적 부품 수가 적고 간단하게 구성되어 있음

키스톤 현상

투사매체와 영사막이 적정히 배치되지 않았을 때, 영사막에 제시되는 영상의 양끝이나 좌우가 왜곡되어 사다리꼴이나 평행사변형으로 제시되는 것을 말함

(5) 디지털 카메라

① **개념** : 시각자료를 사진 필름에 저장하는 대신 컴퓨터에 직접 연결하여 이미지를 컴퓨터에 저장하는 것이 가능한 카메라

② **장점** : 디지털 이미지로 사진을 찍을 수가 있기 때문에 일반 카메라처럼 현상, 인화, 스캔과 같은 추가 과정이 필요없음

(6) 파워 포인트 프레젠테이션

① **개념** : 프레젠테이션 전문 작성 프로그램으로 강의나 프리젠테이션을 할 때 일반적으로 사용되는 소프트웨어

② **특징** : 문서 작성이 편리하며 다양한 형태의 그래프 및 개체의 삽입이 자유로움

(7) 컴퓨터 프로젝터

① 그림·사진 등의 정적 자료뿐만 아니라, 애니메이션·동화상 등 멀티미디어 자료를 제시할 수 있음

② 컴퓨터 화면의 모든 동작을 보여 줄 수 있으므로, 컴퓨터 프로그램의 기능이나 소프트웨어의 작동을 보여 줄 수 있음

③ 컴퓨터 화면뿐만 아니라 비디오나 방송 케이블과 연결하여 사용할 수 있어 따로 TV를 갖출 필요가 없음

(8) TV교육방송

① 각급 학교교육을 보충해 주는 역할을 하며 모범적인 교실수업의 형태를 보여줌으로써 교사의 교수기술을 개선함

② 교실에서 활용 가능한 최신의 교수자료를 제공하며 학생들이 직접 경험하기 어려운 지식이나 정보를 간접적으로 경험시켜 학생의 시야를 확대함

③ 장·단점

장점	• 속보성 : 정보를 빨리 전달하는 속보성은 방송의 가장 중요한 특성 • 동시성 : 동시에 여러 사람에게 전달되어 유사한 경험을 할 수 있게 함 • 경제성 : 방송비용과 전국적 시청자의 수를 대비했을 때 경제성이 높음
단점	• 일방적인 정보전달로 교수자와 학습자간의 상호작용이 어려움 • 일상적이고 단순화된 프로그램 구성으로 사고의 폭을 좁히고 독창성을 저하시킴 • 시각적·청각적 정보에 치중하여 언어적 정보와 문자해독능력을 소홀히 함

(9) 화상강의

① **개념** : 먼 거리의 학습자들과 동시에 동화상 자료를 보여주고 실시간에 쌍방향 커뮤니케이션이 가능한 강의 시스템(원격화상 시스템)

② **장점** : 인간 자원에 쉽게 접근할 수 있는 기회가 많으며 정보의 적시 분배가 가능하고 사무 자동화 테크놀러지와의 통합이 용이함

컴퓨터 프로젝터의 구조

• **LCD 패널(LCD Panel)** : 초기에 사용된 것으로, 컴퓨터와 연결된 LCD 패널을 OHP위에 얹어 컴퓨터의 화면을 투사하는 방식

• **빔 프로젝터(Beam Projector)** : 프로젝터 자체를 컴퓨터 화면과 연결하여 사용하는 것으로, 그 밝기와 선명도가 LCD 패널보다 우수하나 가격이 비싸 교실에서는 사용이 어려움

뉴 미디어(new media)

• **특징** : 통합성, 디지털화 그리고 쌍방향성을 특징으로 함

• **분류**
 – 정보전달 수단에 따른 분류 : 뉴 미디어는 정보전달 수단에 따라 패키지계, 유선계, 무선계, 위성계로 구분
 – 정보형태에 따른 구분 : 정보형태에 따라 문자미디어계, 문자미디어계, 음성미디어계, 영상미디어계, 멀티미디어계 등으로 구분

• **유형** : 케이블 TV, 직접 위성방송, 쌍방향 TV, 고화질 TV, 웹 TV, 인터넷 TV 등

컴퓨터 보조수업(CAI)의 장·단점
- 장점
  - 학습자와의 상호작용
  - 교수-학습과정의 개별화
  - 흥미로운 학습경험의 제공
  - 비용이 효과적(수업내용의 복제, 원거리 제공)
- 단점
  - 하드웨어 소요 비용이 높음
  - 그래픽이 실제적이지 못함(해상도의 한계)
  - 코스웨어(courseware, 컴퓨터를 이용한 교육훈련시스템에 사용되는 프로그램과 데이터로 교육 내용을 담고 있는 컴퓨터 소프트웨어)가 다양하지 못하며, 새로운 지식이 축적에 따라 수명이 짧아짐

스토리보드
학습목적을 달성하기 위해 컴퓨터 화면상에 제시될 내용을 상세하게 종이 위에 구성한 것

지침서
코스웨어를 사용하는 사람에게 코스웨어의 활용을 돕기 위한 책자

CMC(컴퓨터 매개 통신)
- 특징 : 컴퓨터를 전화선과 모뎀, 정보통신망과 연결하여 사용자간의 정보 공유와 교환, 의사소통이 가능하도록 하는 시스템
- 요소 : 의사소통에 있어 컴퓨터가 주요 매체가 되며 의사소통이 컴퓨터와 사람보다는 사람과 사람 간에 이루어짐
- 장점 : 많은 양의 최신 정보를 빠른 시간 내에 교환하게 해주며 원격교육을 더욱 발전시킴

(10) CATV

① 개념 : 방송국과 시청자 사이를 동축케이블이나 광케이블 등 유선으로 연결해서 데이터나 프로그램을 송신하는 방송매체
② 효과 : 다양성과 전문성을 지닌 교육 프로그램을 제공하며 교육기회를 확대하고 서비스를 증가시킴

4. 컴퓨터 활용 교육

(1) 컴퓨터 보조수업(CAI ; Computer Assisted Instruction)

① 개념 : 컴퓨터와 학생의 상호작용을 통해 컴퓨터가 직접 교사의 수업기능을 담당하는 교수형태
② 유형 : 반복연습형, 개인교수형, 시뮬레이션형, 게임형

실력up CAI 코스웨어 개발(코스웨어 설계 모형)

제1단계 (분석단계)	개발내용 선정, 목표설정 및 내용분석, 교수 및 동기유발 전략 설정
제2단계 (개발단계)	• 스토리보드 작성 : 화면에 나타날 내용과 그래픽, 화면의 특징, 버튼의 기능, 학습자의 반응에 대한 피드백 등을 나타냄 • 흐름도 작성 : 프로그램이 작동되는 논리 및 순서를 시각화한 것으로 전체적으로 프로그램이 어떻게 진행되는지를 쉽게 파악 가능하게 해 줌 • 프로그래밍 : 스토리보드와 흐름도에 따라서 프로그램을 실제로 만들어 내는 작업
제3단계 (평가단계)	• 지침서 준비, 형성평가, 수정 및 완성

(2) 컴퓨터 관리수업(CMI ; Computer Managed Instruction)

① 개념 : 교사의 업무를 컴퓨터가 관리해주는 것으로 시험과 평가의 절차와 학습자의 성적을 기록하고 관리해주는 성적 관리 프로그램
② CMI의 활용 영역 : 수업설계 및 교육과정 설계, 교육과정 개선을 위한 분석 평가, 학습 진도 성과의 연속 감시와 처방정보를 만들어 학습개선을 위한 평가관리, 교사훈련 및 교사양성을 위한 시스템, 시험 문제은행 데이터 베이스를 이용한 시험 출제 프로그램

(3) 컴퓨터 기반 훈련(CBT ; Computer Base Training)

① 특징 : 기업의 교육훈련 분야에 컴퓨터를 활용하는 것
② 장점
   ㉠ 교육훈련에 포함되는 각종 비용과 시간을 절감시켜 줌으로써 교육의 비용 효용성을 증가시킴

ⓛ 표준화되고 개별화된 프로그램의 제공과 충분한 연습의 기회를 제공함으로써 교육훈련을 효과적으로 수행함

5. 멀티미디어 및 인터넷의 교육적 활용

(1) 멀티미디어

① 개념 : 문자, 그림, 사진, 영상, 애니메이션, 음향, 음악 출판 등이 컴퓨터를 중심의 디지털 방식으로 통합되어 커뮤니케이션과 상호작용이 이루어지는 복합 다중매체

② 교육용 멀티미디어의 장점 : 상호작용이 가능한 학습, 개인차를 고려한 개별화 학습, 시간과 공간을 초월한 학습, 풍부한 학습환경의 제공

(2) 인터넷

① 인터넷상의 컴퓨터 활용 형태 : E-mail, 파일전송(FTP), 원격접속, 뉴스그룹, 토론그룹, 고퍼, 파일검색, 전자대화, 가상환경(MUDS), WWW 등

② 인터넷의 교육적 활용상의 장점 : 개인이나 공인된 기관과 학술단체, 학교 등에서 올리는 문서나 자료 등을 참고하거나 교육 자료로 활용할 수 있음

③ 인터넷의 교육적 활용상의 한계 : 정보접근의 지역적 불균등이 초래될 수 있음

(3) 이러닝(e-learning)

① 개념

㉠ 컴퓨터와 각종 정보통신매체를 기반으로 한 온라인 학습을 교수-학습과정에 적용하면서 나타난 시간과 장소에 대한 제약은 받지 않는 새로운 형태의 교육 방법

㉡ 인터넷이나 인트라넷 등 네트워크 기술과 교육이 접목된 웹기반 교육

㉢ 원격교육의 일종이나, 온라인 교육 또는 사이버 교육과 거의 같은 의미로 사용됨

② 유형

측면	종류
활용 기술의 종류	동영상 강의 기반의 e-Learning, 웹 기반의 e-Learning
면대면 교육 및 학습활동 여부	일반 e-Learning, 블렌디드 러닝
교수-학습방법 유형	개인교수, 반복연습, 시뮬레이션, 교육용 게임, 자료제시, 문제해결

(4) 엠 러닝(m-learning)

① 개념 : 이 러닝에 포함되는 하나의 학습방법으로 electronic 매체 중 모바일 환경으로 구현되는 휴대폰이나 PDA 등과 같은 매체로 이루어지는 학습방법

② 특징 : 자기 주도성, 편재성(언제 어디서나 실시간 학습), 즉시 접속성, 학습공동체 형성, 개인성

멀티미디어의 종류

• 하이퍼미디어 : 컴퓨터상에서 노드와 링크로 구성되어 비순차적, 무선적 검색이 가능한 멀티미디어로 정보간의 연결과 검색을 손쉽게 해줄 수 있으며 학습자가 원하는 학습정보의 연결과 정보의 제시순서를 변경하는 것을 가능하게 해줌

• 상호작용 비디오 : 학습자가 자신의 반응에 따라 각기 서로 다른 과정의 영상과 소리정보를 제공받을 수 있는 시스템으로 멀티미디어를 이용한 교육연구에 촉매역할을 함

• CD-ROM : 4.74인치의 금속성 디스크에 투명한 플라스틱 소재를 입혀 550MB 정도의 많은 정보를 저장하는 광 디스크의 일종으로 취급이 편하고, 물리적인 포맷이 표준화되어 있음

이러닝(e-learning)의 장점

• 상호작용성 : 학생과 교사, 학습자와 학습자, 이러닝 시스템과 학습자 간에 이전보다 긴밀한 커뮤니케이션이 가능해짐

• 접근 용이성 및 편리성 : 정해진 시간과 장소에 구애됨 없이 학습자가 원하는 시간에 교육장에 직접 가지 않고 학습할 수 있음

• 학습자 주도의 학습 및 개별화 학습 : 이러닝을 통해 학습자 자기주도적 학습이 가능해졌으며, 적절한 설계를 통하여 학습자 수준과 흥미에 맞는 학습이 가능해짐

• 비용 효과성 : 전통적 수업에 비해 비용이 절감됨(→ 이러닝은 초기투자비용은 많이 들지만, 만들어진 콘텐츠를 많은 사람이 학습할 수 있다는 점에서 비용 효과성이 있으며, 전통적 집합교육의 고정비용과 기회비용 등을 절감할 수 있음)

유비쿼터스 공간(제3공간)
전자 공간(사이버 공간)과 물리공간의 결합이 이루어지는 새로운 차원의 공간을 의미함

유 러닝(u-learning)의 속성
• **영구적인 학습자원 관리** : 학습자가 의도적으로 삭제하지 않는 이상 결코 그들의 작업내용을 잃지 않음
• **접근성** : 학습자는 어느 곳에서나 자신들이 작성한 문서, 데이터, 비디오 자료에 접속할 수 있으며, 이러한 정보는 학습자의 요청에 의해 제공되므로 자기주도적인 학습이 이루어짐
• **즉시성** : 학습자가 어디에 있든지 학습자는 즉시적으로 원하는 정보를 얻을 수 있음
• **상호작용성** : 학습자는 전문가, 교사, 또래 학습자와 동시적, 비동시적으로 언제나 상호작용할 수 있음
• **학습활동의 맥락성** : 학습은 일상생활 속에 내재되며, 모든 문제나 관련된 지식은 자연스럽고 실생활과 밀접히 연관된 형태로 제시됨

블렌디드 러닝에서 온라인과 오프라인을 통합하는 일반적인 혼합 방식
• 학습공간의 통합으로 오프라인 학습과 온라인 학습을 서로 결합하는 것임
• 학습형태의 통합으로 자기조절학습과 협동학습을 적절히 결합하는 것임
• 학습유형의 통합으로 구조화된 학습과 비구조화된 학습을 적절히 결합하는 것임
• 학습내용의 통합으로 기성형 콘텐츠와 수문형 콘텐츠를 결합하는 것임

(5) 유 러닝(u-learning)

① 개념 : 유비쿼터스 러닝의 약자로, 유비쿼터스 컴퓨팅 기술과 네트워크 기술 기반 환경에서 학습이 이루어지는 것임
② 교육적 특징 : 교육장소가 융통성 있게 다양함, 교수-학습방법이 다양한 맞춤형으로 변화함, 지식 전달체제가 실시간으로 현장성 높게 변화함, 다양한 학습공동체의 출현이 가능함

6. 컴퓨터 중심 매체환경

(1) 오프라인과 온라인 체제

① **오프라인 체제** : 비통신적 환경으로 CD-ROM과 같이 일종의 폐쇄된 상태
② **온라인 체제** : 정보 또는 내용이 통신상에 떠 있는 상태로 정보는 사유(私有)가 아닌 공유임을 기본 전제로 함

(2) 원격교육(우편물로 시작, 현재는 온라인 수업 위주)

① 원격교육이란 교수자와 학습자가 공간적·시간적 분리를 다양한 매체에 의존하여 극복하면서 교수학습 목표를 성취하는 교육활동
② 원격교육의 질은 교수자와 학습자 간의 상호작용을 지원하는 지원체제의 질에 의해 좌우됨(일반교육에서도 지원체제의 영향을 받기는 하지만 원격교육의 경우는 그 영향이 더 커짐)
③ 전통적인 일반 교육에 비해 훨씬 더 많이 학습자 중심의 교육이 이루어지며, 그에 따라 학습통제권이 학습자에게 주어져 성공적인 원격교육을 위해서는 학습자의 자기주도적 학습능력이 일반 교육에 비해 더 많이 요구됨 → 다수대상의 개별학습 촉진
④ 원격교육은 면대면 교수-학습 활동과는 다른 형태의 인프라, 교수설계, 활동, 실행, 평가의 전략을 필요로 함(예 성찰과 협력학습 중심, 수행 중심의 평가)

(3) 블렌디드 학습(Blended Learning, 혼합학습)

① 특징 : e-learning을 효과적인 학습수단으로 하기 위해 온라인과 오프라인에 사용하는 수업 방식의 강점을 적절하게 배합하는 형태
② 구체적 적용방법

탐구학습	과학에서 탐구하는 절차를 e-learning에 적용한 것으로, 가설을 설정하고 검증하는 작업을 온라인 커뮤니티를 통해서 협동학습으로 진행하는 방식
체험학습	주제를 설정한 뒤 오프라인 체험 결과를 온라인상의 학습에 연결하거나 온라인에서 가상 체험활동을 하는 것을 말함
프로젝트 학습	교사가 수행 과제를 주면 모둠별로 온·오프라인 활동을 통해 결과물을 만들어 내는 수업방법
그 외	이 밖에 어떤 쟁점을 놓고 찬반 논쟁을 벌이는 온·오프라인 토론학습, 문제를 주고 해결 방법을 찾아내는 문제 중심 학습 등의 방법도 있음

(4) 플립러닝(Flipped Learning, 거꾸로 교실)

① 개념 : 학생들은 수업 전에 미리 교과서, 동영상 등의 학습 자료를 예습해오고, 강의실에서는 강의 대신 질문, 토론, 협동학습, 보충 및 심화학습 등을 수행

② 특징

유연한 학습환경	학습자들이 학습하는데 시간, 장소, 내용 등에 제한을 받지 않고 다양한 형태로 수행
학습 문화	교수자 중심의 수업에서 학습자 중심의 수업으로 변화
의도된 학습내용	교수자는 수업 시간에 가르칠 내용을 분명하게 제시하고 계획적으로 수업을 설계
전문적인 교수자	교수자의 역할과 전문성에 관한 것으로, 플립러닝에서 교수자는 지속적이고 즉각적인 피드백을 제공하는 조력자로서의 역할을 수행

(5) 웹기반 수업

① 개념 : 학습을 촉진하거나 지원하는 데 필요한 의미 있는 학습환경을 창조하기 위해 웹의 특성과 자원을 활용한 하이퍼미디어 기반의 교육 프로그램

② 특징 : 어떤 통신 수단보다도 많은 양의 최신 정보를 빠른 시간 내에 교류할 수 있도록 함으로써 효과적인 정보 교류의 수단을 제공함

(6) 웹기반 탐구학습

① 개념 : 인터넷에 존재하는 자료들을 통해 학습에 필요한 일부 또는 모든 학습정보를 제공하는 탐구중심 활동

② 특징 : 학습자의 고차원적 인지능력의 향상을 위한 웹기반 탐구 지향적 접근임

(7) 위키피디아(Wikipedia)

① 개념 : 모두가 함께 만들어 가며 누구나 자유롭게 쓸 수 있는 다(多)언어판 인터넷 백과사전

② 특징 : 누구나 편집과 관리에 참여할 수 있으며, 인터넷을 통해 누구나 글을 고칠 수 있는 체계인 위키로 만들어져 있어 집단 지성적 특성을 가지며 개방성을 지님

(8) 무크(MOOC ; Massive Open Online Course, 온라인 공개수업)

① 개념 : 웹 서비스를 기반으로 이루어지는 상호 참여적 및 거대 규모의 교육으로, 비디오나 유인물, 문제집 등이 보충 자료가 되는 기존의 수업들과는 달리, 인터넷 토론 게시판을 중심으로 학생과 교수, 그리고 조교들 사이의 커뮤니티를 만들어 수업을 진행하는 것(온라인 공개수업은 원격교육이 진화한 형태)

② K-MOOC(한국형 무크, 한국형 온라인 공개강좌) : 온라인을 통해서 누구나, 어디서나 원하는 강좌를 무료로 들을 수 있는 온라인 공개강좌 서비스로 2015년에 시작된 한국형 무크

SEMI-NOTE

사물인터넷

정보통신기술 기반으로 모든 사물을 연결해 사람과 사물, 사물과 사물간에 정보를 교류하고 상호 소통하는 지능형 인프라 및 서비스 기술, 즉 인간과 사물, 서비스 세 가지 분산된 환경 요소에 대해 인간의 명시적 개입 없이 상호 협력적으로 센싱, 네트워킹, 정보 처리 등 지능적 관계를 형성하는 사물 공간 연결망을 의미

ICT 활용교육

ICT란 정보기술과 통신기술을 통합한 것으로 정보 기기의 하드웨어, 소프트웨어나 이들 기술을 이용해 정보를 수집, 생산, 보존, 전달, 활용하는 모든 방법으로, ICT 교육이란 ICT를 교육에 적용하는 것을 말함

07장

교수방법 및 교육공학

MOOC의 유형

• cMOOC : 소셜 미디어, 컨텐츠 공유, 재배포 및 공식 평가가 거의 또는 전혀 없는 참가자가 참여할 수 있는 교육에 대한 연결주의 접근 방식임

• xMOOC : 유료 수업 내용, 상대적으로 고전적인 교사-학생 관계 및 공식 평가가 있는 전통적인 교실 모델을 기반으로 함

9급공무원

교육학개론

나두공

08장 교육평가/교육연구법 및 통계

검사의 종류
지능검사, 학업적성검사, 학업성취도 검사, 흥미검사, 직업적성검사 등 측정 내용에 따라 다양함

측정의 예
달리기에서 걸린 시간, 국어시험 점수, 키를 cm로 나타내는 일 등

측정관의 타당도 검증
측정관으로 얻어진 결과의 유의미성은 공인 타당도와 예언 타당도의 형태로 결정됨. 즉, 측정도구의 타당성은 다른 측정이나 평가와 관련하여 결정됨

측정관의 환경적 조건
측정에서 환경이란 성가시고 귀찮은 존재로 간주하고 환경에 어떤 변화가 생겼다면 측정의 정확성을 방해하는 오차변인으로 간주함

평가관의 환경적 조건
환경을 변화의 원천으로 간주함. 환경이란 변화를 일으킬 수 있는 힘으로, 개인은 환경과의 상호작용을 통해 변화한다는 변화관에 핵심을 둠

총평관에서 중요시되는 타당도
- 개인과 환경에 관한 상이한 증거 사이의 합치도, 개인과 환경의 상호작용 분석은 구인에 의존함. 따라서 총평관은 구인 타당도를 중요시함
- 개인과 환경의 구체적인 상호작용을 어느 한쪽의 특성에 관한 정보에 의해 얼마나 예언할 수 있느냐가 중요하므로 예언 타당도에도 관심을 가짐

01절 교육평가

1. 교육평가의 의미

(1) 평가관의 유형

① 검사(test)관 : 인간의 내재된 잠재적 속성은 직접 측정하는 것이 불가능하기 때문에 간접 측정을 해야 하며 이를 위해 사용되는 도구가 검사임

② 측정(measurement)관

개념	• 어떤 대상이나 사건에 대하여 체계적으로 숫자를 부여하는 것 • 여러 가지 특성을 양적으로 기술하는 것, 즉, 수량화하여 나타내는 것
특징	• 인간의 행동특성이 고정적이고 불변하여 안정성이 있으므로 어떤 현상이든 정확하게 측정할 수 있다는 입장 • 어떤 특성을 기술(記述)하고 비교하는 것이 목적 • 측정에 있어 신뢰도와 타당도가 우선하며, 이의 보장을 위해 표준화를 요구 • 측정의 결과는 주로 선발 · 분류 · 예언 · 실험 등의 목적으로 사용되며, 이러한 목적을 위하여 보다 유영하고 정확한 측정단위를 요구

③ 평가(evaluation)관

개념	측정한 결과가 어떤 기준에 비추어 얼마나 바람직한가 하는 가치판단을 하는 것 (평가＝측정＋가치판단)
특징	• 다양한 변화를 판단하고 효과를 기술하는 일련의 절차를 지칭함 • 양적 기술의 측정뿐만 아니라 질적 기술을 포함하며, 양적 · 질적 기술에 대한 가치판단까지 포함함 • 평가에 있어서는 무엇보다 중시하는 것은 타당도 • 평가는 자격판정과 배치, 진급 등을 위해 개인을 분류 · 판단하는 데 주로 활용

④ 총평(assessment)관

개념	개인이 행동특성을 특별한 환경 · 과업 · 상황과 관련하여 의사결정을 하려는 목적으로 행하는 전인적 평가
특징	• 판단을 위하여 다양한 측정방법을 사용하며, 측정에만 의존하지 않고 전체적 · 직관적 · 질적인 평가방법을 사용함 • 총평의 결과는 흔히 예언 · 실험 · 분류에 활용되며, 특히 총평을 통해 환경이 요구하는 준거나 역할에 비추어 개인을 진단하거나 예진하게 됨

(2) 교육평가의 이론적 기초

① 선발적 교육관 : 교육을 통해 달성하고자 하는 교육목적이나 일정한 교육수준에 도달할 수 있는 사람은 어떤 교육방법을 동원하든지 다수 중 일부이거나 소수에 지나지 않는다는 신념을 가진 교육관

② **발달적 교육관** : 모든 학습자에게 각각 적절한 교수–학습 방법만 제시될 수 있다면, 누구나 의도하는 바의 주어진 교육목표를 달성할 수 있을 것이라는 신념을 가진 교육관

③ **인본주의적 교육관** : 모든 교육이 학습자가 원하고, 희망하고, 바라는 것에 의해 이루어져야 한다는 신념을 가진 교육관으로, 교육을 인성적 성장, 통합, 자율성을 통한 자아실현의 과정으로 전제함

실력UP 선발적·발달적·인본주의적 교육관 비교

구분	선발적 교육관	발달적 교육관	인본주의적 교육관
기본 가정	특정 능력이 있는 학습자만이 교육을 받을 수 있음	누구나 교육을 받을 능력을 가지고 있음	
관련된 검사관	측정관	평가관	총평관
교육에 대한 책임	학습자(지능)	교사	학습자+교사
강조되는 평가 대상	학습자 개별 특성	교육방법	전인적 특성
관련된 평가유형	규준지향평가(상대평가)	목표지향평가(절대평가)	목표지향평가(절대평가/평가무용론)

2. 교육평가의 대상과 교육평가의 모형

(1) 교육평가의 대상

인적 대상	학생, 교사, 학부모, 학교 행정가, 학교 경영자, 지역 주민 등
물적 대상	• 소프트웨어 : 교수학습 프로그램, 교육과정, 교재, 교구 등 • 하드웨어 : 시설, 환경, 교육예산, 예산집행관계 등
평가	평가도 평가의 대상이 됨(평가에 대한 평가)

(2) 교육평가의 모형

① **개념** : 평가모형이란 평가를 개념화하는 방식으로 평가의 기준을 무엇으로 보는가에 따라 다양한 평가모형이 가능함

② **목표중심 평가**

  ㉠ 목표를 미리 설정한 후 그 목표가 어느 정도 달성되었는지를 판단하는데 초점을 두며, 평가를 통해 얻어지는 정보를 근거로 교육목표와 교육내용 및 평가절차와 평가도구를 개선하게 됨

  ㉡ **대표적 모형** : 가장 대표적인 것은 타일러(Tyler)의 모형이며, 이외에 프로브스(Provus)의 불일치모형, 하몬드(Hammond)의 평가모형, Metfessel과 Michael의 평가모형 등

교육평가의 기능
• 학습결과의 진단, 확인 및 처방
• 교육과정의 목표, 내용 및 학습지도 방법의 개선
• 학습자의 동기유발
• 학습자 자신의 이해
• 교육계획을 수정, 보완, 개조하는 기능
• 교사 자신의 반성과 평가
• 생활지도와 상담의 자료 제공
• 학급편성, 진급, 진학 및 선발의 근거와 기준

08장

교육평가/교육연구법 및 통계

타일러(Tyler) 모형의 교육과정과 수업계획의 과정
교육목표의 설정 → 학습경험의 선정 → 학습경험의 조직 → 학습성과의 평가

형성평가와 총괄평가

형성 평가	아직 개발 도중에 있거나 진행 중에 있는 수업과정을 증진시 키기 위하여 형성적으로 노력 하는 평가
총괄 평가	이미 끝났거나 완성된 수업과 정의 가치를 총합적으로 판단 하려는 평가

**스크리븐(Scriven) 탈목표모형
(goal-free model)의 의의**

목표에 대한 정보가 전혀 없는 상황에서도 평가를 수행할 수 있다는 것을 입증하였고, 프로그램의 모든 효과를 포괄적인 입장에서 검토할 필요성을 역설함. 목표기준평가를 실시할 때에도 목표 자체의 가치를 판단할 필요성을 강조함으로써 평가의 이론과 실제에 큰 영향을 미침

CIPP모형

③ **스크리븐과 스테이크(Scriven & Stake)의 판단모형**

㉠ 평가 그 자체의 성질 및 평가 그 자체의 유용성 여부의 판단에 관심을 두는 모형으로, 철학자인 스크리븐(Scriven)과 심리측정 이론가인 스테이크(Stake)가 제안한 새로운 평가 관점

㉡ 특징

평가의 외재적 준거 중시	그 동안의 평가가 지나치게 신뢰도 · 객관도 · 평가도구 · 통계적 처리 등의 내재적 준거에 관심을 기울여 왔다고 비판하고, 평가 자체의 효과나 평가의 부작용 및 그 대안 등과 같은 외재적 준거 에 관심을 기울여야 한다고 주장
형성평가와 총괄평가의 구분	스크리븐(Scriven)은 평가의 역할에 따라 평가의 기능을 구별할 것을 제안하여 형성평가와 총괄평가를 구분
목표의 질에 대한 평가	스크리븐(Scriven)은 교육평가가 목표의 성취 수준이나 질만을 따지는데 그치는 것이 아니라, 목표 그 자체의 가치를 평가하는 데도 관심을 가짐
비교평가의 도입	스크리븐(Scriven)은 교육평가가 여러 대안들 중 어느 것이 보다 우수하고 어떤 장점이 있으며, 효과가 무엇인지를 비교해 제시 할 수 있어야 한다고 봄

④ **스크리븐(Scriven) 탈목표모형(goal-free model)**

㉠ 프로그램이 의도했던 효과뿐만 아니라 부수효과까지 포함시킨 실제효과를 평가하는 방식을 탈목표평가라고 하며, 이와 같은 취지에 입각하여 프로그램을 평가하는 접근들을 총칭해서 탈목표모형이라 부름

㉡ 탈목표평가에서는 프로그램에 대한 부수효과를 확인할 때 목표 대신에 표적집단의 요구를 평가의 준거로 사용(요구기반 평가라고도 함)

㉢ 평가에서 고려할 사항

내재적 준거와 외재적 준거	판단을 평가자의 주요 역할로 봄. 판단의 준거를 내재적 준거와 외재적 준거로 구분할 수 있고, 교육평가는 외재적 준거에 관심을 기울여야 하고, 외재적 준거는 의도된 효과뿐만 아니라 의도되지 않은 부수적 효과까지를 포함한다고 봄
형성평가의 중요성	평가의 기능을 형성평가와 총괄평가로 구분하였고, 최종 결과를 확인하는 총괄평가에 중점을 두기보다는 프로그램의 개선에도 관심을 두는 형성평가를 강조
비교평가와 비(非)비교평가	비교평가와 비비교평가를 구별해야 한다고 봄. 교육평가에서는 비 비교평가도 중요하지만 여러 가지 프로그램, 교육목표 등의 대안들 사이에 어느, 것이 보다 우수하며, 어떤 장점이 있는지, 또한 그것의 효과는 무엇인지를 비교해서 제시해 주어야 할 필요가 있다고 봄

⑤ **스터플빔(Stufflebeam)의 의사결정촉진모형(CIPP모형)**

㉠ 평가를 의사결정자에게 필요한 정보를 제공함으로써 의사결정을 도와주기 위한 것으로 봄

㉡ 투입, 과정, 산출을 기준으로 운용되는 체제적 접근을 취하며 의사결정자의 관심, 정보에 대한 요구 및 효율성을 위한 준거에 관심을 둠

ⓒ 4가지 평가유형

상황평가	• 교육목표를 결정하는 합리적 기초나 이유를 제공하기 위해 시행되는 것으로, 요구평가(need assessment)라고 불리기도 함 • 맥락평가를 위해 체제분석, 조사, 문헌연구, 면접, 델파이 기법 등이 사용될 수 있음
투입평가	무슨 자원이 활용 가능한지, 프로그램을 위해 어떤 대안적 전략을 고려해야 하는지를 결정하고, 맥락평가에서 확인한 요구를 만족시키기 위해 어떤 계획이 가장 가능성이 있는지를 결정하는 데 도움을 주기 위해 실시하는 평가
과정평가	• 교수 프로그램을 투입한 다음 목표를 달성하는데 적절한지와 그 효율성이 어떠한 지에 관한 정보를 모니터하고 개선하기 위한 것 • 프로그램이 처음 생각한 것만큼 잘 진행되지 않을 경우 그 문제점과 결함 등에 관한 정보를 수집하여 의사결정자에게 제공하려는 것이 주된 목적
산출평가	프로그램에 의해 성취된 결과를 측정하고 해석하려는 평가

3. 검사문항의 제작과 형태

(1) 검사 문항 제작 시 일반적 유의점

문항제작 시 고려사항	• 교육목표와 교육내용이 무엇인가를 정확히 알아야 함 • 피험자의 독해력과 어휘 수준을 고려해야 함 • 문항유형에 따른 특징, 장·단점, 복잡성 등을 고려해야 함 • 피험자에게 미칠 수 있는 부정적 영향을 고려해야 함
좋은 검사문항의 조건	높은 타당도, 중간 정도의 난이도, 동기 유발 가능성, 낮은 오차(신뢰도), 참신성, 고등정신능력 측정, 문항의 구조화, 편파성 배제

(2) 검사문항의 유형

선택형	• 진위형(2자 택일형) : 피험자에게 진술문을 제시하고 그것의 진위, 정오를 판단하게 하는 문항형식 • 배합형 : 일련의 전제와 답지 그리고 전제와 답지를 배합시키는 지시문의 세 가지로 구성된 문항형식(전제와 답지에는 단어, 어구, 문장, 기호 등 무엇이든 사용 가능) • 선다형 : 문두와 그에 따른 두 개 이상의 답지로 구성되며 피험자가 답을 선택하는 형식으로 객관형 문항 중에서 가장 장점이 많은 문항형식
구성형	• 완성형 : 진술문의 일부분을 비워 놓고 단어, 어구, 숫자, 기호 또는 문장을 써넣게 하는 문항유형 • 단답형 : 간략한 단어, 구, 문장, 숫자, 그림 등 제한된 형태로 대답하게 하는 문항유형 • 논문형 : 학생이 답을 고르는 것이 아닌 스스로 정답을 만드는 형식으로 한 문장이나 여러 문장으로 학생이 반응을 구성할 것을 요구하고 교사가 이 반응을 읽고 답의 정확성과 질을 주관적으로 판단함

SEMI-NOTE

알킨(Alkin)의 CSE모형
• UCLA 대학의 CSE(Center of the Study of Evaluation)의 소장이었던 알킨(Alkin)의 모형으로, 의사결정모형의 일종
• 평가유형을 체제평가 혹은 요구평가, 프로그램 계획평가, 프로그램 시행평가, 개선평가, 프로그램의 확인 평가 등으로 구분

선다형의 장·단점
• 장점
 – 채점의 객관성과 신뢰성이 높음
 – 문항의 내용타당성이 높음
 – 평가하려는 능력의 표본을 포괄적으로 다룰 수 있음
 – 채점과 통계적 분석이 쉬움
• 단점
 – 단순한 상기력 측정에 빠질 위험이 있음
 – 추측의 요인을 제거할 수 없음
 – 표현과 창의의 기회가 제한됨
 – 학습과정에 대한 정보를 제공해 주지 못함

4. 문항분석

(1) 문항분석(문항의 양호도 분석)

① 의미 : 검사의 각 문항이 본래의 기능을 제대로 수행하고 있는지 확인하고 검토해 보는 작업
② 방법 : 질적 분석, 양적 분석

(2) 고전적 검사이론

① 문항 곤란도

개념	한 문항의 쉽고 어려운 정도, 문항의 배열 순서 결정 시 사용 → 전체사례수 중에서 정답을 한 학생의 비율
계산방법	정답에 의한 곤란도(추측요인 배제) : $P = \frac{R}{N} \times 100$(N : 사례 수, R : 정답자 수, W : 오답자 수)
변산범위	0%≤P≤100%(30~70%이면 양호, 50% 이상적)
해석	문항난이도가 높을수록 쉬운 문항

② 문항 변별도

개념	문항 하나하나가 피험자의 상하능력을 변별해 주는 정도, 상위집단과 하위집단의 구별 정도
계산방법	• 변산 : $\dfrac{RH - RL}{\frac{N}{2}}$(RH : 상위집단 정답자수, RL : 하위집단 정답자수, N : 전체 사례수)
해석	• 상위집단 정답자수＝하위집단 정답자수 → 변별도는 0임 • 상위집단이 전원 정답, 하위집단이 전원 오답 → 변별도는 +1임 • 상위집단이 전원 오답, 하위집단이 전원 정답 → 변별도는 −1임(−값을 가지면 '역변별 문항'에 해당) • 변별도가 0이하인 경우는 나쁜 문항임

③ 문항반응분포 : 문항별 학생들의 반응분포, 정답과 오답이 제구실을 하고 있는가를 알아보는 것 → 정답지에 50% 반응, 나머지 오답지에 골고루 반응할 때, 정답지에는 하위집단 학생수보다 상위집단 학생수가 많을 때 이상적

④ 오답지의 매력도 : 각 오답자들의 매력도는 각 오답지에 대한 응답비율에 의해 결정되며, 오답지에 대한 응답비율이 오답지 매력도보다 높으면 매력적인 답지, 그 미만이면 매력적이지 않은 답지로 평가함

⑤ 교수 민감도 : 문항이 교수 효과를 민감하게 반영하고 있는 정도로, 교수-학습을 실시하기 전에 치르는 사전 검사문항과 교수-학습을 실시한 후에 치르는 사후검사문항의 난이도를 비교함으로써 점검할 수 있음

(3) 문항반응 이론

① 의미 : 20세기 중반 이후 이론적 발전을 가져온 것으로 현재 널리 적용되는 이론이며, 검사 점수는 문항 점수들의 합에 의해 계산된다는 이론임

② 이론적 가정

문항 모수치의 불변성	문항마다 고유의 특성이 있으며, 이러한 특성은 문항분석의 대상이 되는 집단이 달라져도 변하지 않음
능력 모수치의 불변성	피검사자의 능력이 검사문항에 따라 달라지는 것이 아니라 고유한 능력 수준을 가짐

③ 문항특성곡선 : 학생(피험자)의 능력수준에 따라 문항을 맞힐 확률을 나타내는 S자형 곡선

문항난이도	문항특성곡선이 오른쪽으로 위치할수록 어려운 문항
문항변별도	문항특성곡선의 기울기가 가파르면 문항변별도가 높아지는 반면에 기울기가 완만하면 낮아지게 됨
문항추측도	높을수록 좋지 않은 문항이며 4지선다형 문항에서 일반적으로 문항추측도는 0.2를 넘지 않음

5. 측정 및 평가도구의 구비요건

(1) 타당도(validity)

① 개념

㉠ 검사도구가 측정하려고 하는 능력이나 특성을 충실하게 재는 정도(검사의 진실성 · 정직성)

㉡ 측정하려고 하는 내용만을 재고, 내용과 관계없는 불순물을 측정하지 않은 정도를 나타내는 지수

㉢ '이 검사가 실제 무엇을 재고 있느냐', '능력, 성질, 특성을 어느 정도로 재고 있느냐'와 관련됨

② 종류

내용타당도 (교과타당도, 안면타당도, 논리적 타당도)	• 개념 : 측정 도구가 가진 내용의 충실도, 즉 검사도구가 수업목표와 수업내용(내적 준거)을 빠짐없이 충실히 측정하고 있는 정도를 말함(과거에는 안면 타당도라는 개념도 사용되었으나 최근에는 사용하지 않음) • 내용 타당도에 영향을 주는 조건 : 선정된 문항이 교육목표나 수업목표에 일치하는가?, 문항이 교과내용을 골고루 포함하고 있는가?, 문항 곤란도가 피험자의 수준에 적합한가?, 문항 표집이 모집단을 적절하게 대표하는가?

예언타당도	• 개념 : 피험자의 미래의 행동이나 특성을 어느 정도 정확하고 완전하게 예언하느냐의 정도(예 입학성적이 높은 학생이 입학 후에도 학업성적이 높으면 그 입학시험의 예언타당도는 높음)
	• 추정방법
	  – 피험자 집단에게 새로 제작한 검사를 실시
	  – 일정기간 후 검사한 내용과 관계가 있는 피험자들의 행위를 측정
	  – 검사 점수와 미래 행위의 측정치와 상관 정도를 추정

문항특성곡선의 형태

피험자의 능력이 높을수록 해당 문항을 맞힐 확률이 증가하므로 성장곡선과 같은 S자 형태임. 문항특성곡선이 오른쪽에 위치할수록 능력 수준이 높은 피험자들에게 기능하는 어려운 문항이 되고, 왼쪽에 위치할수록 능력이 낮은 피험자에게 적합한 쉬운 문항이 됨

타당도와 준거

검사의 타당도를 파악하는 것은 재려고 의도하고 있는 것에 비추어서 판단하는 것이므로, 타당도의 개념 속에는 반드시 준거의 개념이 수반됨

내용타당도의 특징

• 교사 작성 검사에서 가장 중요시해야 하는 타당도
• 내용 타당도 추정 방법은 검사내용 전문가가 검사에서 측정하고자 하는 속성을 제대로 측정하였는가를 전문식에 의해 검증됨(그러므로 내용 타당도는 주관적 판단으로 객관적 자료에 근거하지 않음)

예언 타당도의 특징

• 타당도의 준거는 미래의 행동특성
• 선행검사(점수) X와 준거(미래행동특성) Y와의 상관계수로 표시되는데, 상관계수가 크면 그만큼 예언의 정확성이 크고 예언의 오차가 적다는 것을 의미함
• 높은 예언타당도를 얻기 위한 필요충분조건은 두 평가도구의 신뢰도가 모두 높아야 함

08장 교육평가/교육연구법 및 통계

공인 타당도의 특징
- 같은 시기에 행해진 검사 X와 준거 검사 Y의 두 점수간의 상관계수로 나타냄
- 검사 X와 준거 Y가 본질적으로 동시에 측정됨(즉, 한 행동을 측정한 검사 X와 검사 밖에 존재하는 행동준거 Y 사이가 '현재' 어느 정도 잘 일치하느냐로 판단)
- 준거의 성질이 예언에 있지 않고 공동된 요인이 존재하느냐 여부에 있음(검사 X로 검사 Y가 대체 가능한가 여부)

구인

검사성취에 반영되어 있다고 짐작되는 인간의 가정적·가설적 속성을 말함. 구인들을 측정한 검사점수를 분석하여 이들이 측정하고자 하는 심리적 특성을 제대로 나타내 보여주는지 여부를 판단하는 것이 바로 구인타당도를 확인하는 과정이 됨

타당도와 신뢰도
타당도가 '측정하고자 의도하는 것을 어느 정도 충실하게' 측정하고 있느냐의 개념인 반면, 신뢰도는 '얼마나 정확하게', '얼마나 오차 없이' 측정하고 있느냐의 개념

신뢰도와 타당도의 관계
- 신뢰도는 타당도의 필요조건이며, 충분조건은 아님
- 신뢰도가 낮으면 타당도도 낮음(O)
- 타당도가 높으면 신뢰도가 높음(O)
- **신뢰도가 높으면 타당도도 높음(X)** : 신뢰도가 높아도 다른 요인으로 타당도가 낮을 수 있음
- **타당도가 낮으면 신뢰도도 낮음(X)** : 타당도가 낮아도 신뢰도는 높을 수 있음

공인타당도	• 개념 : 새로운 검사를 제작하였을 때 기존에 타당성을 보장받고 있는 검사와의 유사성 혹은 연관성에 의해 타당성을 검증하는 방법 • 추정방법 – 피험자 집단에게 새로 제작된 검사를 실시 – 동일 집단에게 동일한 시험 상황에서 타당성을 인정받고 있는 검사를 실시 – 두 검사 점수간의 상관계수를 추정 • 공인타당도와 예언타당도의 관계 : 일반적으로 검사도구의 공인 타당도가 예언타당도보다 높게 추정되며 이는 공인타당도는 동시에 추정되는데 비해 예언타당도는 얼마간의 시간이 지난 후에 행위 변수와의 관계를 추정하기 때문임
구인타당도	• 개념 : 한 검사가 조작적으로 정의되지 않은 어떤 특성이나 성질을 측정하려고 했을 때, 검사가 심리적 특성을 구성하고 구인들을 얼마나 잘 포함하였느냐의 정도 • 특징 – 설정된 가설의 입증을 통해 확인되므로 가장 광범위한 증거를 필요로 함 – 측정하고자 하는 구인들을 정의하고, 그 구인들에 관한 논리적인 가설을 뒷받침해 주는 경험적 자료들을 수집함으로써 검증됨 – 조작적으로 정의되지 않고 과학적으로 이론이 제대로 정립되지 않은 새로운 개념 또는 구인을 측정하는 검사에 과학적 이론과 타당성을 부여하는 과정
결과 타당도	검사나 평가를 실시하고 난 결과에 대한 가치판단으로 평가결과의 평가목적과의 부합성, 평가결과를 이용할 때의 목적 도달, 평가결과가 사회에 주는 영향, 그리고 평가결과를 이용할 때 사회의 변화들과 관련
생태학적 타당도	검사의 내용이나 절차가 검사를 실시하고자 하는 피험자들의 사회, 문화적 배경이나 주변 상황에 타당한가의 정도

(2) 신뢰도(reliability)

① 개념

ⓐ 한 검사가 측정하고자 하는 내용을 얼마나 안정적으로 일관성 있게 재고 있는 정도

ⓑ 측정수단으로서의 일관성·일치성을 알아보는 정도이며, 주로 계수로 수량화됨

ⓒ 한 검사가 재려고 하는 측정대상을 어떻게 어느 정도 정확하게 재느냐에 관심을 가지고, 주로 측정과정에 작용하는 오차만을 문제 삼는 검사의 정확성에 관한 개념

② 종류

재검사 신뢰도	하나의 검사를 같은 대상에게 두 번 실시해서 첫 번째 얻은 검사점수와 두 번째 얻은 검사점수가 일치되는 정도를 의미하며, 이를 기초로 해서 상관계수(안정성 계수)를 산출함
동형검사 신뢰도	문항내용은 다르지만 측정내용, 문항수, 문항형식 등이 같도록 만든 두 개의 동형검사를 동일한 대상에게 연속적으로 실시했을 때 두 개의 검사에서 받은 점수가 일치하는 정도를 의미하며, 이 두 검사점수 간의 상관계수(동형성 계수)를 산출함

반분 신뢰도	• 한 개의 검사를 어떤 대상에게 실시한 후 이를 적절히 두 부분으로 나누어서 두 부분에서 얻은 점수들이 어느 정도 일치하는가의 정도를 의미하며, 이 두 점수의 상관계수(동질성 계수)를 산출함 • 검사를 두 부분으로 나누는 방법 　– 전후 절반법 : 한 검사를 검사문항의 배열순서에 따라 전반부와 후반부로 반분하는 방법 　– 기우(寄偶) 절반법 : 검사문항의 번호에 따라 홀수번호 문제와 짝수번호 문제로 나누어 반분하는 방법
문항내적 합치도 (문항내적 일관성)	• 검사에 포함된 문항에 대한 반응(정답 혹은 오답)이 일관성이 있는 정도를 의미하며, 문항 사이의 합치성, 동질성, 일치성을 종합하여 신뢰도를 추정함(동질성 계수) • 측정방법 　– KR–20/21 : KR–20은 문항 점수들이 맞고 틀리는, 즉 1점과 0점의 이분문항으로 주어질 때 신뢰도를 추정하는 공식이고, KR–21은 문항 점수가 연속점수일 때 신뢰도를 추정하는 공식임 　– 크론바흐의 공식 : KR–20 공식의 변형된 형태로 이분문항의 분산이 문항에 정답할 확률과 그렇지 않을 확률의 곱으로 계산됨에 착안하여 신뢰도 계산 공식으로 도출함

신뢰도를 높이는 방법

• 문항수가 많을수록 우연적 오차(추측)에 의한 영향을 적게 받으므로 신뢰도가 높아짐
• 문항의 난이도가 적절할수록 신뢰도가 높아짐
• 문항의 변별도가 높을수록 신뢰도가 높아짐
• 문항의 출제 범위가 좁을수록 신뢰도가 높아짐
• 검사의 시간이 길수록 신뢰도를 높일 수 있음
• 문항표본이 적절할수록(모집단을 잘 대표하도록 표본될수록) 신뢰도가 높아짐
• 검사 환경이 동질적일수록 신뢰도가 높아짐

(3) 객관도(objectivity) ⭐ 빈출개념

① 개념 : 채점이 어느 정도 일관성이 있느냐의 정도를 밝혀주는 것으로, 채점자 신뢰도라고도 함

② 논문형 검사에서 객관도를 높이는 방법

　㉠ 채점의 기준을 미리 정해 두며, 모범 답안지를 만들어 둠

　㉡ 답안지의 내용만 보고 채점하여 편견이나 오차가 작용하지 않도록 함

　㉢ 답안지는 학생단위로 채점하지 말고 문항단위로 채점

　㉣ 가능하면 혼자 채점하지 말고, 여러 사람이 채점해서 평균하도록 함

　㉤ 문항에 따라 점수 비중을 달리 주어야 할 경우는 미리 계획을 세움

채점자 간 객관도와 채점자 내 객관도
한 문항에 대해 여러 사람의 채점 결과가 일치하는 정도를 '채점자 간 객관도'라고 하며, 한 채점자가 같은 문항에 대해 여러 번 채점한 결과의 일치 정도를 '채점자 내 객관도'라고 함

(4) 실용도(usability)

① 개념 : 실용도란 측정도구의 실용적 가치 정도, 즉 측정도구가 경비, 시간 및 노력을 적게 들여서 측정의 목표를 충실하게 달성할 수 있는 정도를 말함

② 실용성을 높이는 방법 : 실시가 용이할수록, 실시시간이 검사내용에 적절할수록, 채점이 용이할수록 실용도는 높아짐

측정도구가 실용도가 있는 경우

• 검사 실시의 용이성
• 채점의 용이성
• 결과의 해석과 활용의 용이성
• 최소한의 시간, 노력, 비용이 가능한 경우

6. 교수-학습 과정에서의 평가와 평가 유형

(1) 실시 시기에 따른 유형

① 진단평가(diagnostic evaluation)

　㉠ 개념 : 특정한 수업을 시작하기에 앞서 학생들의 적성, 선수학습 정도, 경험배경 등을 파악해서 학습 성취율을 증진시키기 위한 평가

ⓛ 실시 목적 : 어떤 교과나 단원의 학습을 위하여 선수(先修)되어야 할 것으로 판단되는 특정 출발점 행동을 학생들이 제대로 갖추고 있는지를 확인함(학습 부진의 원인 진단)

② 형성평가(formative evaluation)
ㄱ 개념 : 교수−학습이 진행되는 과정에서 실시되는 평가로, 학습자의 학습을 증진하고 교사의 교육방법이나 교육내용에 대해 개선하도록 정보를 제공하는 데 중점을 두는 평가
ⓛ 실시목적 : 학습 속조의 조절, 송환(feedback) 효과와 학습동기 유발, 학습 곤란의 진단, 교사의 교수법 개선
ⓒ 유의점
• 정의적 영역은 시간상 다루지 않음
• 가능하면 형성평가는 객관식 문항이 좋음
• 형성평가는 한 교과의 전체 수업목표와 관련된 모든 지식, 운동−기능적 학습 증가를 측정함

③ 총괄평가(summative evaluation)
ㄱ 개념 : 일련의 학습과제나 교과의 학습이 끝난 후에 수업목표의 달성 여부를 총합적으로 판정하기 위해 실시하는 평가, 주어진 학습과제에 대한 일정한 기간(한 단원, 한 학기, 한 학년 등)의 수업이 종결되었을 때, 그동안의 학습성과를 총괄적으로 확인하는 평가형태(월말고사, 학기말고사, 학년말고사 등)
ⓛ 실시목적 및 활용 : 성적 판정, 자격인정, 교수방법에의 활용, 후속학습 성패의 예언, 학생에 대한 피드백, 집단 간 비교

(2) 준거에 따른 유형

① 규준참조평가
ㄱ 개념
• 한 학생의 학업 성취도를 학생상호간의 상대적 비교를 통해서 성적을 결정하는 평가방법(신뢰도 중시)
• 한 학생의 성취가 얼마나 바람직하냐 하는 정도는 주어진 집단의 점수 분포인 규준에 의해 결정되며, 규준참조평가에서 사용되고 있는 상대적 서열에 대한 변환점수의 예로는 백분위나 표준점수 등이 있음
ⓛ 특징
• 한정된 특정 목표를 평가하기보다 광범위한 일반적인 목표를 다룸
• 서로 다른 방법으로 복잡한 자료를 공부한 학생들의 전체적인 성취를 측정하는데 유용
• 최상위에 속하는 소수 응시자들에게만 프로그램이 허가될 경우 적절한 검사임

② 준거참조평가 ★ 빈출개념
ㄱ 개념
• 어떤 기준 또는 교수목표의 달성도에 따라 한 개인의 성적을 결정하는 평가

스크리븐(Scriven)의 형성평가
스크리븐은 형성평가와 총합평가를 개념 상으로 명백히 구분하고, '형성평가란 교수와 학습이 진행되고 있는 상태에서 학생에게 피드백의 효과를 주고, 교과과정을 개선하며, 수업방법을 개선하기 위해 실시하는 평가'로 정의

형성평가의 기능과 절차
• 기능
  − 학습속도의 개별화(학습자 개개인에 맞는 학습)
  − 피드백과 교정, 학습곤란의 진단
  − 학습동기의 촉진, 교수−학습 방법의 개선
• 절차 : 학습과제 세분화 → 목표의 구체적 진술 → 목표의 위계화 → 평가도구의 제작

규준
원점수의 상대적 위치를 설명하기 위하여 쓰이는 척도로써, 모집단을 대표하기 위하여 추출된 표본에서 산출된 평균과 표준편차로 만들어짐

규준참조평가의 장 · 단점
• 장점
  − 집단 내에서의 상대적 위치 파악이 용이
  − 평가가 쉽고 객관성이 유지됨
• 단점
  − 서로 다른 두 집단의 비교가 곤란
  − 수업목표의 달성도 파악이 곤란
  − 학생 개인의 학력증진에 대한 명시가 부족
  − 정의적 목표와 심리 · 운동적 목표를 측정하는데 부적절
  − 지나친 경쟁 조장

방법으로서 목표참조평가라고도 함
- 1963년 글레이저(Glaser)가 처음 사용하였으며, 그는 목표참조검사를 '사전에 구체화된 수행 규준에 의거해서 직접적으로 해석할 수 있는 측정을 하도록 의도적으로 제작된 검사라고 정의'함

ⓒ 특징
- 특정한 목표를 달성하였는지를 측정하는데 유리하며, 일정 점수 이상을 획득한 대상에게 자격증을 부여할 때 주로 사용함
- 준거참조검사의 결과는 학생이 최소한 어떤 조건하에서 무엇을 할 수 있고 무엇을 할 수 없는지 정확히 말해줌

실력UP 규준참조평가와 준거참조평가의 비교

구분	규준참조평가	준거참조평가
검사목적	피험자 서열화	학업성취도 도달 확인
검사범위	광범위한 범위	보다 규명된 영역
문항 난이도	다양한 수준(쉬운 문항과 어려운 수준)	적절한 수준
비교내용	피험자와 피험자	피험자의 능력과 준거
기록	퍼센타일(%), 표준점수(Z, T점수)	원점수와 준거점수
검사 양호도	신뢰도 강조	타당도 강조
용도	선발, 분류, 배치	확인, 교정, 개선
장점	광범위한 영역의 평가가능, 개인차 변별	학습 성과에 부합되는 평가 가능, 경쟁완화, 탐구정신 함양, 지적인 성취동기 자극
단점	상대적 위치만 제공하며 낮은 성적을 받는 학생들이 반드시 존재	학습 성과를 명료화하고 수행표준을 설정하기 어려움

③ 능력참조평가
ㄱ 학생이 지니고 있는 능력에 비추어 얼마나 최선을 다하였느냐에 초점을 두는 평가
ㄴ 학생 개인이 지니고 있는 능력을 얼마나 발휘하였느냐에 관심을 두므로 개인을 위주로 하는 평가방법이라 할 수 있음
ㄷ 우수한 능력을 지녔음에도 불구하고 최선을 다하지 않은 학생과 능력이 낮더라도 최선을 다한 학생이 있을 때, 후자의 성취수준이 낮더라도 더 좋은 평가결과를 얻을 수 있음

④ 성장참조평가
ㄱ 교육과정을 통하여 얼마나 성장하였느냐에 관심을 두는 평가
ㄴ 최종 성취수준에 대한 관심보다는 초기능력 수준에 비추어 얼마만큼 능력의 향상을 보였느냐를 강조하는 평가

SEMI-NOTE

준거참조평가의 장·단점
- 장점
  - 서로 다른 두 집단의 비교 가능
  - 수업목표 달성도 파악이 가능
  - 학생 개개인의 학력증진에 대한 명시 가능
  - 무엇을 알고 무엇을 모르는가 하는 직접적인 정보를 제공
  - 학생들 사이의 지나친 경쟁을 방지
- 단점
  - 평가 기준이 평가자에 따라 다를 수 있음
  - 집단 내에서의 상대적 위치파악이 곤란

능력참조평가와 성장참조평가의 비교

구분	능력참조평가	성장참조평가
교육 신념	개별학습	개별학습
강조점	최대능력발휘	능력의 변화
비교 대상	수행 정도와 소유 능력	성장, 변화의 정도
개인차	고려하지 않음	고려하지 않음
활용도	교수적 기능 강조	교수적 기능 강조

ⓒ 사전능력 수준과 관찰된 시점의 측정된 능력 수준 간의 차이에 관심을 둠

ⓔ 학생들에게 학업증진의 기회를 부여하고 개인화를 강조

7. 수행평가(performance assessment)

(1) 개념과 특징

① 개념 : 습득한 지식, 기능이나 기술을 실제 생활이나 인위적 평가 상황에서 얼마나 잘 수행하는지(doing) 혹은 어떻게 수행할 것인지(how to go)를 서술, 관찰, 면접 등의 다양한 방법을 통해 종합적으로 판단하는 평가로 지식이나 기능에 의한 정답여부나 산출물에만 관심이 있는 것이 아니라 수행과정과 그 결과를 총체적으로 평가함

② 특징

ⓞ 학생이 문제의 정답을 선택하게 하는 것이 아니라, 스스로 답을 구성하거나 행동으로 나타내도록 하는 평가방식

ⓛ 실현하고자 하는 교육목표가 가능한 한 '실제상황' 속에서 직접 달성되었는지를 평가

ⓒ 작품이나 수행행동의 결과나 질뿐만 아니라 과정도 함께 강조하는 평가방식

ⓔ 단편적 영역을 일시적으로 실시하는 평가라기보다는 학생 개개인의 변화·발달과정을 종합적·지속적으로 평가하는 방식

ⓜ 개인 성적이나 개개인을 단위로 평가하기도 하지만, 개개인이 소속된 집단 활동에 대한 평가도 중시함

ⓗ 학생의 학습과정을 진단하고 개별학습을 촉진하는데 그 목적이 있음

ⓢ 학생의 인지적인 영역뿐만 아니라, 정의적인 영역과 신체적인 영역에 대한 종합적이고 전인적인 평가를 중시

(2) 수행평가의 방법

수행평가와 관련된 용어

용어	정의
수행평가	지식이나 기능, 혹은 기술의 수행정도를 측정하는 평가
참 평가	실제 상황에서 수행정도를 측정하는 평가
포트폴리오	개인의 작업이나 작품을 모아 둔 자료집이나 서류철
직접평가	표출되는 행위에 대한 직접 관찰을 통하여 실시하는 평가
대안적 평가	기존의 어떤 평가방법을 대치할 수 있는 평가

참평가

학습자들의 지식과 기술을 학교 밖의 실제 세계에서 사용하는 것과 동일한 방식으로 적용하도록 요구하는 평가. 수행평가와 참 평가는 유사한 개념으로 사용되는데, 구분되는 점은 수행평가가 학습자들에게 평가될 구체적인 행동을 수행하도록 요구하는 경우라면, 참 평가에서 학습자는 요구된 행동을 완성하거나 드러내는 것이 아닌 실제 생활의 맥락에서 행동함

서술형 검사	• 주관식 검사라고도 하며 학생들이 직접 서술(구성)하는 검사의 형태 • 문제 해결의 과정을 제대로 이해하고 있는지를 파악하는데 중점을 두며 질문의 형태도 단편적인 지식을 묻는 것 대신 창의성 등 고등정신능력을 묻는 것이 중시됨
논술형 검사	• 서술형 검사의 일종으로, 서술된 내용의 깊이와 넓이뿐만 아니라 글을 조직하고 구성하는 능력을 동시에 평가 • 학생들의 창의력, 비판력, 조직력, 문제 해결력, 정보수집 및 분석력 등 고등정신능력을 평가할 수 있음
실험 실습법	• 자연과학 분야에서 많이 사용하는 것으로 어떤 과제에 대해 학생들로 하여금 직접 실험 실습을 하게 한 다음 그 결과 보고서를 개인단위 혹은 팀을 구성하여 공동작업 후 제출하게 함 • 평가자는 학생들의 실험 실습 과정을 직접 관찰하고, 제출된 결과 보고서를 동시에 고려해 평가

실기 시험	수행평가 방법으로서 실기 시험은 기존의 실기 시험에서 평가 상황이 통제되거나 강요되는 것이 아닌, 자연스러운 상황에서 여러 번 관찰함으로써 실제 수행 능력을 평가함
구술시험	학생으로 하여금 특정 교육내용이나 주제에 대해 자신의 의견이나 생각을 발표하도록 하여 학생의 준비도, 판단력, 이해력, 의사소통능력 등을 직접 평가하는 방법
면접법	평가자가 학생과 직접 대면하여 평가자가 질문하고 학생이 대답하는 과정을 통해 지필식 시험이나 서류만으로는 알 수 없는 사항을 알아보는 평가방법
찬반 토론법	사회적 · 개인적으로 서로 다른 의견을 제시할 수 있는 주제를 가지고 개인별로 찬반 토론을 하도록 하거나 집단으로 나누어 집단별 찬반 토론을 하도록 함
관찰법	관찰을 통해 정보를 수집하는 측정 방법으로 인간 행동을 연구하는 방법으로 가장 오래된 방법임과 동시에 연구의 기본수단이기도 함
보고서법	• 자기평가 보고서법 : 개별 학생 스스로가 특정 주제나 교수 · 학습 영역에 대해 학습과정이나 학습 결과에 대한 자세한 자기평가 보고서를 작성 · 제출하도록 한 다음, 그것을 이용해 교사가 평가하는 방법 • 동료평가 보고서법 : 동료 학생들이 상대방을 서로 평가하도록 하여 동료평가 보고서를 작성 · 제출하도록 하고, 그것을 이용해 교사가 평가하는 방식
루브릭 평가	• 학생의 수행 수준을 기술적으로 진술해 놓은 평가방법 • 평가준거가 표로 만들어졌을 때 표의 왼쪽 칸에 나와 있는 것이 기준이고, 오른쪽에 그 기준에 속한 단계별 설명이 간략하게 또는 상세하게 적혀 있는 서술식 평가기준임
포트폴리오법	• 자신이 쓰거나 만든 작품을 지속적 · 체계적으로 모아 둔 개인별 작품집이나 모음집을 이용한 평가방식 • 사용목적 : 여러 시점에서 지속적으로 학생의 작품의 질을 평가하며 작품을 통해 학생 각자의 관심과 능력을 표현할 수 있도록 함 • 유형 – 과정중심 포트폴리오 : 학습하는 과정이나 산출물을 만들어 가는 과정의 특징과 범위를 기록하는 학습과정 중심의 평가기법 – 결과중심 포트폴리오 : 학습결과물 자체의 특징과 범위를 기록하고 스스로 평가하는 방법

실력UP **전통적 평가방법과 대안적 평가방법**

구분	전통적 평가방법	대안적 평가방법
학습관	학습결과에 관심	학습과정과 결과에 관심
학습자관	분리된 지식과 기술을 평가	통합된 지식과 기술을 평가
평가형태	지필 검사	수행평가, 포트폴리오, 참 평가
평가내용	단일 속성	다원적 속성(다양한 측면)
평가대상	개인평가 대상	집단평가 강조(협동성)
평가실시	일회적 평가	지속적 평가

구술시험과 면접의 차이점

피험자들에게 특정 주제나 질문을 제시하고 응답하도록 한다는 점에서 면접법과 유사하지만, 면접이 주로 정의적 영역을 중심으로 이루어지는 반면 구술시험은 인지적 영역을 중심으로 이루어진다는 점에서 차이가 있음

면접법의 형태

• 구조화된 면접 : 미리 준비된 질문지에 따라 질문의 내용과 순서를 지키면서 진행되는 면접으로, 모든 피면접자가 동일한 순서로 동일한 문항에 응답함
• 비구조화된 면접 : 면접 계획을 세울 때 면접의 목적만을 명시하고 면접할 내용이나 면접방법은 면접자에게 일임하는 방법으로, 면접의 분위기가 자유롭고 응답의 내용도 자유반응의 형식을 취함
• 반 구조화된 면접 : 사전에 면접에 관해 치밀한 계획을 세우되 실제 면접 상황에서는 융통성 있게 진행하는 방법으로 구조화된 면접과 비구조화된 면접의 장점을 절충한 형태

포트폴리오의 장점 및 교육적 효과

• 학습들은 종합적인 인지능력을 활용하며, 자신들의 학습을 반성하고, 스스로 학습을 구안하며, 다양한 학습의 형태를 활용할 수 있게 되므로 평가를 수업의 과정으로 인식할 뿐만 아니라 수업의 과제와 학교 밖의 자신들의 생활을 관련시키게 함
• 학습들은 한 학기 혹은 한 해 동안 모아 온 작품집에서 작품을 선별하여 평가자에게 제출하기 때문에 학습자의 자기반성과 평가의 과정이 포함됨

08장

교육평가/교육연구법 및 통계

02절　교육연구법 및 통계

1. 교육연구법

(1) 양적 연구와 질적 연구

양적 연구	• 연구의 토대 　– 양적 연구는 관찰 가능한 자료에 입각해 일반법칙을 찾아내려는 자연과학적 · 실증주의적인 패러다임에 근거함 　– 인간의 현상도 자연현상처럼 관찰 가능하고 객관적인 법칙의 지배를 받는다는 전제하에 실증적인 근거를 통해 이를 찾아내고자 함 • 특징 : 자료에 대한 양적 · 통계적 분석, 일반적인 법칙의 도출을 추구
질적 연구	• 연구의 토대 　– 질적 연구는 인간의 현상이 나름대로의 독특성을 지니고 있어 객관적 · 보편적인 법칙의 지배를 받지 않는다고 보는 현상학, 해석학 등에 근거함 　– 인간현상은 자연현상과 달라서 객관적 자료에 의해 수량화될 수 없으며, 이를 지배하는 보편적인 법칙은 없다고 주장 • 특징 : 특정한 인간 현상에 대한 심층적 이해에 초점을 둠, 참여관찰이나 비구조화된 심층면접의 방법을 이용

(2) 양적 연구와 질적 연구의 비교

	양적 연구	질적 연구
연구목적	• 일반적 원리와 법칙을 발견 • 인과관계 혹은 상관관계를 파악	• 특정 현상에 대한 이해를 목적으로 함 • 특정 현상에 대한 해석이나 의미의 차이를 이해하려고 함
연구대상	대표성을 갖는 많은 수의 표본으로 확률적 표집방법을 주로 사용함	적은 수의 표본, 비확률적 표집방법을 주로 사용함
연구자와 연구대상과의 관계	• 가치 중립적임 • 연구자와 연구대상의 관계가 밀접하게 되면 연구 자료가 왜곡될 수 있으므로 거리를 유지	• 가치 개입적임 • 연구자와 연구 대상은 서로 밀접한 관계를 유지
자료수집	• 다양한 측정도구를 사용 • 구조화된 양적 자료를 수집	관찰법, 면접법을 활용한 사례 연구, 문화기술적 연구 등을 이용
자료분석	통계적 분석(기술통계, 추리통계 방법 활용)	질적 분석(내용분석) 혹은 기술통계 분석
일반화	일반화가 가능	일반화 시키기가 곤란함

2. 인간 행동에 관한 연구

(1) 관찰법

① 특징 : 인간 행동을 직접적으로 측정하는 방법으로 언제, 어디서나 학생들의 행동을 있는 그대로 생생하게 파악할 수 있음

② 종류

관찰의 통제 여부	통제적 관찰, 비통제적 관찰
관찰의 조직성 여부	자연관찰, 조직적 관찰
연구 참여 여부	참여관찰, 비참여 관찰

(2) 면접법

① 개념 : 조사자(면접자)가 피조사자(피면접자)와 면담을 해 필요한 자료를 수집하는 방법, 즉 조사자가 피조사자와의 대면적 접촉에 의해 피조사자에 대한 자료를 수집하는 방법

② 특징

ⓐ 정의적 측면을 파악하는 것이 가능하며, 행위 뒤에 숨은 동기 파악이 가능함

ⓑ 학생을 이해하기 위한 자료를 구하는 방법일 뿐만 아니라 학생을 지도하는 방법이 되기도 하므로 생활지도나 정신분석의 기술로도 활용됨

ⓒ 평가 대상에 제한을 받지 않고 널리 활용될 수 있음

(3) 질문지법

① 의미 : 개인의 지각, 감정, 기대, 신념, 동기, 계획 등 주로 내적인 자료를 구하는 방법으로 짧은 시간에 많은 사람을 대상으로 어떤 사회문제나 개인의 의견, 태도 등을 알아보고자 할 때 사용

② 특징 : 시간, 노력, 비용이 절약되며, 생활배경에 대한 사실 발견과 자아의 내성적 자료를 구하는데 유리함

③ 유의점 : 응답 내용의 진위 확인이 어려워 결과 해석에 유의해야 함

(4) 사회성 측정법

① 개념 : 집단 내에서의 개인간의 사회적 위치 및 비형식적 집단형성의 구조를 알아내는 방법으로 모레노(Moreno)가 처음 사용함

② 교우도 : 사회성 측정의 결과를 선택을 주고받는 관계, 배척하고 배척당하는 관계, 선택과 피선택의 우선순위 등을 그림이나 도표로 나타낸 것을 '교우도'라고 함

③ 교우도를 통해 분석해 낼 수 있는 것

ⓐ 집단의 중심 인물 혹은 지도자적 위치에 있는 사람이 누구이며, 그는 어떤 특성을 지닌 인물인가?

ⓑ 전체 집단 내의 소집단은 몇 개이며, 어떤 성격을 지닌 집단들인가?

ⓒ 집단 속에서 서로 어울리지 못하고 고립되어 있는 사람은 누구인가?

ⓓ 두 사람간의 관계형성(서로 선택을 주고받는 관계) 상황은 어떠한가?

08장

교육평가/교육연구법 및 통계

④ **시사점** : 교사는 학생 개인의 사회적 적응을 도울 수 있으며 집단을 조사하거나 재조직하는데 도움을 줌

(5) 평정법

① **개념** : 개인의 어떤 특성을 유목이나 숫자의 연속성 위에 분류하여 측정하는 방법(예 지도력을 평정할 경우, 지도력의 단계를 최상 · 상 · 중 · 하 · 최하 등의 유목에 표시하거나, 1 · 2 · 3 · 4 · 5 등의 숫자로 표시하는 것과 같은 방법임)

② **평정의 오차**

논리적 오차	• 평정요소간 논리적 상관관계에 의한 오차, 즉 어떤 평정요소가 특별히 좋거나 아주 나쁜 점수를 받은 경우 상관관계가 있는 다른 요소도 높게 또는 낮게 평정하는 오차(예 정직성이 높으면 준법성도 높다와 같이 평정자 자신의 모순된 논리적 판단이 평정결과에 그대로 반영되는 경우) • 제거방법 : 객관적인 자료나 관찰을 통하거나 특성의 의미 변별을 정확히 함으로써 제거될 수 있음
집중경향의 오차	• 평정자의 관용의 심리가 작용하여 대부분의 평점이 평정척도의 중앙부에 몰려있는 경향으로 훈련이 부족한 평정자가 저지르기 쉬운 오차 • 제거방법 : 중간 평정척도의 간격을 넓게 잡고 의식적으로 평정의 범위를 상하로 넓히려고 노력해야 함
인상의 오차	• 평정자의 편견이나 선입관이 작용하여 발생되는 오차(→ 성적이 좋은 학생, 잘 아는 학생, 말썽꾸러기 학생 등 자아관여가 되어 있는 학생의 다른 특성의 평정을 보다 좋게 혹은 나쁘게 평정하는 경향) • 제거 방법 : 모든 피험자에 대해 한 번에 한 가지 특성만 평정할 것, 평정 특성을 조작적으로 정의할 것, 강제선택법을 사용할 것 등
표준 오차	• 두 평정자가 평정의 표준을 어디에 두고 평정하느냐에 따른 오차로 동일학생에 대한 평정 결과가 각각 다르게 나오는 경우를 말함(예 7단계 평정에서 한 평정자는 4를 표준으로, 다른 평정자는 3을 표준으로 삼아 두 사람의 평정분포는 전혀 다른 결과를 보일 수 있음) • 제거방법 : 척도에 관한 개념을 분명히 정립하고 평정 항목에 관한 오차를 줄여 제거함
근접의 오차	• 시간적, 공간적으로 가깝게 평정하는 특성 사이에 평점의 상관이 높게 나오는 경우를 말함 • 제거방법 : 비슷한 성질을 띤 측정은 시간적으로나 공간적으로 멀리 떨어지게 하는 것이 좋음
대비의 오차	평정자 자신이 자기가 잘하지 못하는 일 또는 자신이 가지지 못한 요인에 대해서는 좋게, 평정자 자신이 잘하는 일을 피평정자가 못하는 경우에는 나쁘게 평정하는 경우를 말함(→ 인상의 오차와 유사)

(6) 투사법

① **개념** : 개인적인 욕구 · 감정 · 동기 · 가치관 · 인성구조 등이 밖으로 표출될 수 있도록 고안된 자극을 피검사자에게 제시하고, 나타난 반응을 분석하여 인성을 측정하는 방법

SEMI-NOTE

평정법의 유형

• **유목평정척** : 여러 개로 분류된 유목을 정하고, 평정하려는 대상의 행동이나 특성에 가장 잘 맞는다고 생각되는 유목에 표시하는 방법
• **숫자평정척** : 평정하려는 특성의 단계를 숫자로 표시하는 방법으로 가장 많이 사용됨
• **등위법** : 평정하려는 행동의 특성에 관해 평정집단의 개인을 최고에서 최저에 이르기까지 순위를 매기는 방법
• **체크리스트 평정척**
 – 사전에 어떤 행동특성의 일람표를 만들어 그러한 행동특성이 발생하는가 그렇지 않은가를 체크하는 방법
 – 성격에 대해 판단하는 경우, '협동적이다, 게으름뱅이다, 친절하다, 잔인하다, 동정심이 많다' 등의 체크리스트를 만들어 놓고 이에 해당되는 부분에 표시하는 것

투사법의 활용

개인적인 욕구, 감정, 지각 등이 밖으로 드러날 수 있는 자극을 피험자에게 제시함으로써 피험자 자신의 내면적 정신세계를 연구하는 목적으로 사용됨(성취동기, 성격, 상상력 검사 등에 주로 사용함)

② 투사법의 종류

SEMI-NOTE

주제통각검사 (TAT)	• 프로이드(Freud)의 정신분석학에 근거하여 개인이 지니고 있는 인성의 내용을 상상력을 통해 밝히고자 함 • 주제가 있는 30매의 불명료한 그림과 한 장의 백색카드로 구성된 그림을 보여주고 그 반응을 분석함 • 분석방법 : 주인공, 압력, 욕구, 결과, 관심, 주제 등에 관해서 성격 특성을 해석함(객관도가 문제됨)
로르샤흐 (Rorschach) 잉크반응검사	• 스위스의 정신과 의사인 로르샤흐(Rorschach)에 의하여 고안된 투사법의 하나로 잉크방울을 종이 위에 떨어뜨리고 종이를 반으로 접어 나타난 대칭적인 도형의 형태에 대해 피험자가 부여하는 의미를 해석하는 방법 • 검사방법 : 대칭적인 잉크 반점으로 구성된 10개의 카드를 한 번에 하나씩 피험자에게 보여주면서 각각의 그림이 무엇처럼 보이는지, 왜 그렇게 생각했는지 등을 물어봄 → 시간 제한은 없고 채점은 반응한 위치, 반응 형태, 반응 내용, 반응의 독창성이며 이를 바탕으로 정신상태, 상호관계성 등을 해석함(객관도가 문제됨)
로렌쯔바이의 그림좌절 검사	• 그림을 25개 제시하고 비어있는 곳에 반응을 하게 하며 결과에 따라 성격을 진단함 • 결과의 해석은 공격의 방향과 공격의 반응형태에 의함
그림 검사	피험자에게 어떤 그림을 그리도록 한 뒤 그려진 그림을 보고 어떤 특성을 지니고 있는 사람들이 그리는 일반적인 그림의 경향에 의하여 분석하는 정의적 행동 특성의 평가방법 가운데 하나임(예 종이 한 장을 주고 가족에 대해 그리도록 하였을 때 그림을 통해 가족관계를 추측할 수 있음)
페인과 로터의 문장완성 검사 (STC)	• 문항의 양식이 일부분만을 제공한 후 나머지 부분을 피험자가 스스로 채우게 하는 검사로 피험자가 완성한 문장을 검토함으로써 피험자의 현재 심리상태를 파악하는 방법 • 일반적으로 개인의 관심사, 미래의 목표, 교육적 열망, 갈등, 두려움, 욕구 등에 관한 다양한 정보를 얻는데 유용함
단어연상 검사	• 처음에 갈톤(Galton)이 시작하였고 그 뒤 융(Jung)이 일반적인 정서적 도착을 검사하기 위해 100개의 단어를 사용하여 연구함 • 단어 100개를 미리 정상인과 비정상인에게 실시해서 그 반응어의 빈도를 정상과 이상의 준거로 삼고, 피험자를 정상인, 비정상인으로 변별하려는 방법
HTP(House/ Tree/Person)	일종의 투사적 성격검사로서 평가자의 지시에 따라 아동이 흰 종이 위에 집과 나무와 사람을 그리고, 이에 대하여 솔직하고 자유롭게 설명하게 됨 → 이 검사는 친숙한 소재를 통해 아동의 생각이나 내부의 욕구상태, 가족관계, 자아개념, 현재 보이는 정서적 상태 등에 대해 알아볼 수 있음

로르샤흐(Rorschach) 검사의 한계
• 검사의 실시 · 채점을 위해서는 상당한 경험과 기술을 쌓아야 함
• 검사의 채점과 해석이 매우 주관적이어서 신뢰도에 문제가 있음

주제통각검사(TAT)와 로르샤흐(Rorschach) 검사의 비교
• 주제통각검사는 개인의 상상에서 얻은 자료를 기초로 하는 상상적 접근인 반면, 로르샤흐 검사는 무엇을 어떻게 지각하느냐는 지각적 접근임
• 주제통각검사는 인성의 내용, 즉 충동, 욕구, 감정, 갈등, 상상 등을 드러내려 하는 반면, 로르샤흐 검사는 인성의 구조를 드러내려 함

08장
교육평가/교육 연구법 및 통계

(7) 의미분석법

① 의미 : 사람들이 사용하는 어떤 개념은 같은 용어로 표현해도 그 의미가 각기 다를 수 있는데, 사람에 따라 다르게 받아들여지는 개념의 의미를 양극적으로 대비되는 일단의 형용사를 이용하여 측정하고 그 결과를 삼차원의 의미공간에 표시하려는 방법

의미공간의 세 요인
- 평가요인 : '좋은–나쁜, 가치있는–가치없는, 친절한–잔인한' 등과 같은 가치판단적인 형용사군으로 구성
- 능력요인 : '강한–약한, 큰–작은, 굵은–가는' 등과 같은 능력에 관한 형용사군으로 구성
- 활동요인 : '능동적–수동적, 빠른–느린' 등과 같은 활동성과 관련되는 형용사군으로 구성

델타이 기법 활용의 예
- 교육청에서 교육과정 개선을 위해 선정된 교육행정가와 교사들로부터 의견을 추출하기를 원할 때
- 교육청에서 관련자의 요구와 필요성을 상담한 후 건축계획을 결정할 때
- 대학의 장기 확장 계획에서 여러 학과의 의견을 받아들여 우선 순위를 결정할 때
- 교육청에서 각계 각층의 도움을 받아 교육혁신에 관한 종합계획을 수집할 때

문화 기술법의 타당성과 신뢰성
- 타당성 : 연구를 하는 상황이 얼마나 자연적인 상황인가와 관련된 것으로, 인위적으로 조작되거나 연구자나 제3자에 의해 상황이 변화되었을 경우는 연구의 타당성이 상실됨
- 신뢰성 : 연구자 동일한 상황에서 연구를 실시하였을 때 동일한 연구결과를 얻을 수 있는가와 관련된 것으로, 문화 기술적 연구에서 신뢰도를 높이기 위해서는 2인 이상의 연구자가 참여하는 것이 좋음

② 의미공간 : 의미공간은 평가요인, 능력요인, 활동요인을 각각 X, Y, Z축으로 하는 삼차원의 입체를 가상, 각각의 요인은 3단계 · 5단계 · 9단계를 가진 극단적인 형용사에 의해 측정

(8) 내용분석법

① 의미 : 질문지나 검사 혹은 관찰과 같은 방법을 통해서 필요한 정보를 얻기 어려운 상황, 즉 역사적 고찰이나 사망했거나 접근하기 힘든 인물연구 등에 사용됨 (질적 연구)

② 특징
- ㉠ 연구방법은 역사적 기록, 전기, 연설문, 문학작품, 편지, 교과서, 신문 사설 등 다양한 자료들의 내용을 분석함
- ㉡ 관찰에 의한 측정과 유사하나, 관찰법이 인간의 행동을 직접 관찰하는 반면, 내용분석법은 인간이 이미 만들어 놓았거나 남겨 놓은 자료를 관찰한다는 점에서 구분됨

(9) 델타이 기법(Delphi Technique)

① 의미 : 전문가 집단의 의견과 판단을 추출하고 종합하기 위해 동일한 전문가 집단에게 설문 조사를 단계별로 실시해 집단의 의견을 종합하고 정리한 연구방법

② 절차 : 체계적으로 구성된 설문지를 동일한 사람에게 3~4회 반복으로 실시하게 되는데, 각 회의 설문지를 전회의 설문조사 결과에 대한 보고와 함께 제시함으로써 응답자에게 다른 사람의 정보와 의견이 환류될 수 있도록 되어 있음

(10) 일화 기록법

① 의미 : 한 개인의 행동을 타인이 제3자의 입장에서 관찰하고 기록하는 방법으로 일화 기록법은 질적인 방법임

② 특징 : 지적 특성을 연구하거나 평가할 때도 사용되지만, 주로 정의적 학습이나 사회적 행동을 연구하거나 평가할 때 활용됨(예 국가관, 애향심, 효도 등과 같은 연구 내용들에 대해 학생행동의 변화를 수량화할 수 없을 때 활용할 수 있음)

(11) 문화 기술법

① 의미 : 문화 인류학에서 널리 사용되는 방법으로 특정 집단의 구성원들의 생활양식과 문화에 대한 폭넓은 자료를 찾아내기 위해 연구자가 현지에서 장기간 머물면서 참여자의 관점에서 상황을 파악하는 방법

② 기법
- ㉠ 연구자가 특정 집단의 일상 세계에 장기간 참여하여 그들의 삶과 문화를 관찰, 기록, 해석하는 참여 관찰을 시도함
- ㉡ 최근 문화 기술적 연구는 대규모 문화체제의 일부 하위 문화에 초점을 둔 연구가 증가하고 있는 추세

ⓒ 문화 기술적 연구에서 사용하는 면담은 질문의 내용과 방식을 사전에 한정하지 않음으로써 면담자와 피면담자의 재량권을 극대화하는 비구조적 면담, 심층 면담법 등을 사용함

(12) 실험적 연구

① **특징** : 어떤 변인을 조작하여 이를 적용함으로써 나타나는 변화를 관찰하는 연구방법

② **실험연구의 변인**

독립변인	연구자가 임의로 저작하는 변인(처치 변인), 실험결과에 영향을 주는 변인
종속변인	독립변인에 의해 좌우되는 변인으로 연구자가 관심을 가진 변인으로 실험연구에서 처치에 따라 변화가 일어났는지를 규명하는 변인
매개변인	처치변인 이외에 종속변인에 영향을 주는 변인으로, 종속변인에 영향을 주는 독립변인 이외의 변인

③ **실험군과 통제군**

실험군	독립변인을 작용시키는 집단
통제군	조건을 가하지 않고 실험군과 비교하는 집단

④ **실험의 타당성에 영향을 주는 조건**

　　㉠ **내적 타당성** : 연구의 진행과정이 얼마나 타당하게 이루어졌느냐 하는 것

역사	최초의 측정과 두 번째 측정간에 나타나는 실험변인 이외의 사건
선정-성숙 상호작용	피험자의 성숙 요인과 피험자 선발 요인이 상호작용하여 실험의 결과가 달라지는 경우
성숙	사건과 관계없이 시간의 경과 그 자체로 인해 나타나거나 작용하는 피험자 내부의 변화(예 피로함, 나이를 더 먹음, 배고픔 등)
검사	처음에 검사 받은 흔적이 두 번째 검사에 미치는 영향을 말함
도구사용	처음에 사용하는 검사도구와 다음에 사용하는 측정도구가 다른 경우, 또는 처음과 나중의 관찰자나 채점자가 서로 다른 경우에 문제되는 경우
통계적 회귀	집단 선정에 있어서 극단적인 점수를 기초로 하여 선정할 때 나타나는 통계적인 현상
선정	통제집단 또는 실험집단의 피험자가 어떤 사정에 의해 탈락하는 현상

선정-성숙 상호작용

양 집단이 서로 다른 경우 종속변인의 차는 양집단이 처음에 지녔던 차와 양집단의 성숙도의 상호작용에 영향을 받을 수 있음. 처음에는 양 집단이 동질이라 하여도 그 선정이 잘못되어 성숙의 차가 종속변인에 영향을 주는 경우가 있음(예 실험집단은 남학생을, 통제집단은 여학생을 선정하는 경우 사전검사의 측정치는 같아도 사후검사는 성숙의 영향을 받을 수 있음)

　　㉡ **외적 타당성** : 일반화 가능성을 문제 삼아서 이 실험효과는 어떤 모집단에, 어떤 사태에, 어떤 처치변인에, 어떤 측정변인에 일반화할 수 있느냐하는 문제와 관련

검사실시(측정)와 실험처치 (실험조작)간의 상호작용	사전검사의 실시로 인하여 실험처치에 대한 피험자의 관심이 증가되거나 혹은 감소됨으로써 실험결과에 영향을 미치는 경우
피험자의 선정과 실험처치 간의 상호작용 효과	피험자의 유형에 따라 실험처치의 영향을 서로 다르게 받게 되는 경우

외적 타당도의 종류

전집 타당도	실험 대상보다 큰 집단으로 실험 효과가 일반화될 수 있는 정도
생태학적 타당도	실험 결과가 다른 환경 조건에서 어느 정도 일반화될 수 있는가의 정도

실험상황에 대한 반동효과	실험상황과 실제생활 사이의 이질성 때문에 실험의 결과를 일반화하기 어려운 경우
중다처치에 의한 간섭효과	동일 집단이나 한 피험자에 여러 번의 실험적 처리를 하는 경우 실험조작에 익숙진 경우
호오돈 효과(실험조작의 반응효과)	실험집단이 실험집단임을 자각하고 평상시와는 다른 행동을 보임으로써 등장하는 왜곡
표본의 대표성 부족문제	두 집단의 동질성이 있더라도 사회적 대표성이 없는 경우

3. 표집(sampling)

(1) 관련 용어의 개념

모집단(전집, population)	연구의 주된 대상이 되는 목적집단, 표본을 뽑는 모체
표본(sample)	모집단에서 뽑혀진 소집단으로, 실제 연구대상이 되는 부분집단
표집(sampling)	모집단에서 표본을 뽑는 과정
전수조사(population survey)	연구대상집단 모두를 조사하는 방법
표본조사(sampling survey)	모집단의 일부를 표집하여 조사하는 방법

(2) 확률적 표집방법

단순무선표집	• 개념 : 확률표집 중 가장 기본적인 유형으로 제비뽑기와 같이 특별한 선정기준 없이 추출하는 방법(난선표집, 제비뽑기식 표집) • 특징 : 모집단을 구성하고 있는 모든 구성 요소들의 표집확률이 동일하고 특정 구성요소의 추출이 다른 구성요소의 추출에 아무런 영향을 미치지 않음
체계적 표집 (계통표집)	• 개념 : 모집단의 전체 사례에 일련번호를 부여한 후, 일정한 표집 간격으로 연구 대상을 추출하는 방법 • 특징 : 표집이 쉽고 빠른 장점이 있으나, 모집단의 표집들이 무선적으로 배열되지 않을 경우 특정 집단이 상대적으로 많이 추출되어 모집단을 대표하지 못할 수도 있음(표집 편파성 발생)
유층표집	• 개념 : 모집단에 대한 지식을 전제로 모집단을 동질적인 일련의 하위집단으로 구분한 후(층화한 후), 각 하위집단(유층)에서 적절한 표본을 뽑아내는 방법(→ 가장 많이 쓰이는 표집방법) • 특징 : 모집단 내의 하위집단(층)을 알 수 있을 때 사용되며, 선발은 일반적으로 각 층 내에서 무선적으로 이루어짐
군집표집 (다단계 임의표본 추출법)	• 개념 : 모집단을 특징이 다른 몇 개의 하위 집단으로 나누고 이 하위집단을 단위로 표집하는 방법으로, 자연스럽게 형성되어 있는 여러 개의 집단을 분류하고 그 집단들 가운데서 표집의 대상이 될 집단을 먼저 추출한 다음 추출한 집단에 한정하여 표본을 선정 • 특징 : 집단 내부는 이질적이나 집단 간에는 동질적임

표집의 절차

모집단(전집)의 규정 또는 정의
▼
표본의 크기 결정
▼
표집방법의 선정
▼
사전검사 및 실제조사
▼
자료분석과 정리

표집 시 유의사항
• **모집단의 크기** : 모집단이 충분히 큰 경우에는 표본조사가 바람직하고, 모집단이 적을 경우에는 전수조사가 바람직함
• **표본의 크기** : 표본의 오차를 줄이려면 표본의 크기를 전수에 가깝게 크게 잡을수록 좋고, 표집의 방법이 정확하고 정밀해야 함
• **표본과 모집단의 동질성 정도** : 모집단을 구성하고 있는 요소들의 특성이 표본의 특성과 동질적이어야 오차가 줄어듦
• **표집방법에 대한 이해** : 어떤 표집방법을 사용하느냐에 따라서 표본의 크기가 달라지기 때문에 표집방법에 대한 충분한 이해를 한 후에 적절한 방법을 택해야 함

비확률적 표집
모집단의 개별구성요소가 표본에 포함될 확률이 동일하게 하는 것이 필요하지 않거나 또는 불가능할 경우 사용되는 방법

행렬표집	• 개념 : 표본의 추출이 피험자와 문항에 대해 동시에 실시되는 표본추출방법 • 특징 : 어떤 검사에 대한 한 모집단의 능력을 추정하기 위해서는 추출된 모든 표본들이 검사의 모든 문항을 풀지 않아도 됨

실력UP 현장연구(실행연구)

• 개념 : 교육현장의 개선을 위해 교육실천가들이 수행하는 연구
• 현장연구의 방법 : 현장기록, 참여 관찰, 면담, 문답, 녹음, 문서자료, 학생활동의 수집과 분석 등 민속학적 혹은 현상학적 연구법이 적합함(질적 연구)
• 연구문헌 작성방법 : 연구주제 진술방법, 가설 진술, 연구논문의 글쓰기, 인용과 참고문헌

4. 교육통계

(1) 교육통계의 기초

① 개념 : 통계적 방법을 이용하여 교육사상 및 현상을 정확하고 간결하게 기술·설명·예언하는 방법
② 궁극적 목적 : 교육의 합리화

(2) 측정 및 측정 단위

① 측정 : 인간이나 사물의 특성을 구체화하기 위해 수(數)를 부여하는 절차
② 측정 단위의 종류

명명(命名)척도	• 단지 어떤 사물을 지칭하거나 분류하기 위해 부여한 임의의 수치나 기호 • 분류만을 의미하므로 가감승제가 불가능함(예 운동선수의 등번호나 우편번호와 같이 이름이나 기호의 역할만을 수행함)
서열(序列)척도	• 크기나 중요성에 기준하여 측정결과들에 순위나 서열을 매기는 것으로, 명명척도의 분류기능에다 순위를 나타내는 것을 추가한 것 • 단지 순위만을 나타내 주는 것으로, 척도가 나타내는 속성이 정확하게 얼마나 되느냐는 정보는 알려 주지 못함(예 학생을 키 순서로 번호매기는 것, 성적에 따라 수·우·미·양·가로 분류하는 것 등)
동간(同間)척도 (등간척도)	• 수치의 차가 일정한 간격을 가지고 있는 경우로, 측정치의 순위 뿐아니라 측정치들이 얼마나 더 크고 작은 지를 알려줌(명명척도와 서열척도를 포함함) • 수치 간의 간격에 관한 정보만 알려줄 뿐이며 비율의 정보는 알려 주지 못하므로, 척도를 비교하고자 할 때 가감은 가능하지만 승제는 의미가 없음 • 상대영점을 가짐 → '0'이라는 수치가 측정의 대상이 되는 특성이 하나도 없다는 것을 나타내 주는 절대영점(자연영점)이 아님(예 온도계의 눈금, 시험의 원점수, IQ검사의 원점수, 연령 등)

통계학의 유형

• 추리 통계학 : 표집에 따른 오차를 고려하여 표집치를 통해 전집의 모수치를 추정하는 통계적 방법
• 기술 통계학 : 대상이 되는 집단 전체를 다 조사하여 집단의 특성을 파악하는데 이용하는 통계적 방법
• 확률 통계학 : 일어날 사상의 확률을 계산하고, 이에 바탕을 둔 의사결정을 위한 통계학

교육에서 활용되는 척도

• 척도 가운데 교육연구에서 일반적으로 서열척도나 비율척도에 의해 측정된 변수들이 주로 사용됨
• 연구에서는 종속변수가 어떤 척도로 측정하였느냐에 따라 자료 분석 방법이 달라짐

각 척도의 특징

구분	특징
명명 척도	대상의 특성을 구분
서열 척도	대상의 특성에 대한 상대적 위치를 판단
동간 척도	임의영점, 임의단위, 가감(加感)만 가능
비율 척도	절대영점, 임의단위, 가감승제 가능
절대 척도	절대영점, 절대단위, 가감승제 가능

08장

교육평가/교육연구법 및 통계

비율척도	• 분류, 서열, 동간성, 절대영점을 모두 갖춘 이상적인 척도로 절대영점(수가 '0' 일 때 그 속성이 없다는 자연영점)을 가짐 • 측정단위가 가상적 단위이며, 가감승제의 조작이 가능함(예) 길이, 시간, 백분율, 무게, 표준점수 등)
절대척도	영점이 절대 영점이며 측정 단위도 절대 단위임(예) 사람 수, 자동차 수 등이 절대 척도임. 자동차 수를 말할 때 영(0)은 없음을 말하고 두 대, 세 대의 단위에 대해 모든 사람이 협약을 할 필요가 없기 때문임)

(3) 점수의 비교를 위한 통계적 방법

① 원점수 : 검사나 고사의 결과로 채점되어 나온 점수
② 등위점수 : 원점수에 비추어 한 집단의 점수 순서대로 배열해 놓은 점수(1, 2, 3, …등으로 순위 붙이는 방법)
③ 백분위(퍼센타일) : 집단의 인원수를 100으로 잡아 등위를 계산하는 방법
④ 표준점수
　㉠ 의미 : 한 개인의 점수(X)가 분포의 중심이 되는 평균(M)에서 얼마나 떨어져 있는가의 거리를 표준편차(SD)로 재어보는 것
　㉡ 특징 : 가장 신뢰할 수 있는 점수이며, 동간성과 상대적 위치를 파악할 수 있음
　㉢ 표준점수의 종류

Z점수	• 계산공식 : $Z=\dfrac{X-\overline{X}}{SD}$ (X : 원점수, $\overline{X}$: 평균, SD : 표준편차) • 평균을 0, 표준편자를 1로 한 점수로 동간성이 있어 Z점수 상호간에 비교가 가능함 • 가감승제, 점수간의 평균 계산이 가능하며, 대부분 소수점으로 나타나고 분포의 절반은 (−) 부호가 붙음
T점수	• 계산공식 : T=50+10Z • 평균을 50, 표준편차를 10으로 한 점수(M=50, SD=10) • Z점수를 변형한 것으로 소수점과 −부호를 없앤 점수이며, 점수분포는 20~80의 범위임
H점수	• 계산공식 : H=50+14Z • 평균을 50, 표준편차를 14로 한 점수로, 측정 가능한 점수 분포는 0~100점까지임
C점수	• 계산공식 : C=5+2Z • 평균을 5, 표준편차를 2로 한 점수로, 원점수의 분포를 11개로 나누고 최고점이 10, 최하점이 0, 중간점이 5.5인 점수 • T점수보다 단위가 좁고, 표준점수 가운데 가장 이해하기 쉽고, 활용하기 쉬운 점수임

(4) 정규분포곡선

① 개념 : 각 점수 수준에 대한 상대적인 빈도를 나타낸 그래프가 마치 종을 엎어 놓은 모양으로 좌우대칭인 곡선

백분위와 백분위 점수
백분위란 점수의 %(비율)를, 백분위 점수는 백분위에 해당하는 원점수를 말함 (예) 국어시험에서 70점의 백분위가 80인 경우, 백분위 점수는 70점임)

스테나인(stanine) 점수(표준점수의 한 종류)
• 정규분포 상에서 1점부터 9점까지 한 자리 숫자로 크게 묶을 때 적용됨
• stanine란 stay-in-nine 혹은 standard nine의 약자로 정규분포에서 비추어 9개의 척도치로 원점수를 전환해 표시한 점수
• 평균을 5, 표준편차를 2로 함
• 점보다는 구간으로 묶으며 비율로 구간을 나누고 같은 구간에 속해 있으면 같은 점수를 부여하기 때문에 동간척도에 해당함
• 계산방법
－ 2Z+5로 나온 수치를 반올림함
－ 원점수의 분포를 정규분포로 가정하고 가장 낮은 점수부터 높은 점수로 배열한 후 맨 아래의 4%에 1을, 그 다음 7%에 2를, 그 다음 12%에 3을, 그 다음 17%에 4를, 그 다음 20%에 5를 부여하며 상위 4%에 만점인 9를 부여함. 스테나인 점수 1점과 2점을 구분하는 지점의 Z점수는 −1.75이며 2점과 3점을 구분하는 지점은 −1.25임

정규분포곡선의 특징
• x축과 곡선으로 둘러싸인 면적은 1
• 평균치를 중심으로 대칭적이며, 평균치와 중앙치, 최빈치가 일치함
• 예외적으로 너무 높거나 낮은 수치를 갖기도 하지만 결코 극한치에 닿지 않음
• 연속적인 변인분포의 특징이 있음
• 정상분포곡선의 면적은 사례 수를 나타냄

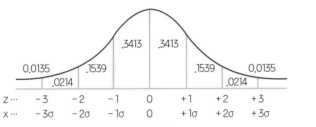

- 평균(M)±1σ 이내에 전체 사례 수의 68.26%가 분포
- 평균(M)±2σ 이내에 전체 사례 수의 95.44%가 분포
- 평균(M)±3σ 이내에 전체 사례 수의 99.74%가 분포

② 정규분포를 가정하는 경우

ㄱ 가슴둘레, 키, 다리의 길이 등 인간의 신체적 특성을 동일한 성(姓)과 연령의 집단으로부터 표집하여 분포를 낼 때 표집의 크기가 크면 클수록 정규분포에 접근함

ㄴ 동일한 물체에 대해 무한대로 반복하여 측정하여 이들의 분포를 내면 정규분포를 이룸

③ 정규분포를 가정하기 어려운 경우

ㄱ 상위나 하위의 한 극단의 분포가 제한을 받는 경우

ㄴ 서로 다른 특성의 집단이 각각 정규분포를 이루고 있는 경우

(5) 집중경향치

① 개념 : 집단의 특성을 하나의 수치로 대표하여 나타내 주는 것, 즉 한 집단을 구성하고 있는 학생들의 특성을 측정하여 이를 점수화했을 때 이 집단의 점수분포를 하나의 값으로 요약·기술해 주는 것

② 종류

중앙치(Mdn ; Median)	• 개념 : 한 분포 안에 포함된 사례 수를 정확하게 2등분하는 척도상의 점에 해당하는 점수로, 분포를 균등하게 하는 점수(사례 수(n)가 홀수인 경우 중앙치는 $\frac{(n+1)}{2}$번째의 점수임) • 특징 : 평균치보다 안정성이 낮고 수리적 조작이 제약됨
최빈치(Mo ; Mode)	• 개념 : 한 점수분포에서 가장 빈도가 많은 점수, 즉 가장 많이 나타나는 점수를 말함 • 특징 : 정규분포에서는 최빈치가 하나뿐이지만, 분포에 따라 최빈치가 여러개 존재할 수 있고, 모든 점수의 빈도가 같을 때는 존재하지 않음
평균치(M ; Mean)	• 개념 : 측정치를 모두 더한 다음 그 집단의 사례 수로 나눈 것 • 특징 : 평균치로부터 모든 점수 차의 합은 0이며, 평균을 중심으로 획득된 편차점수 제곱의 합은 다른 값을 기준으로 하여 획득된 편차점수의 제곱의 합보다 항상 적음 → 평균은 편차범위의 자승화가 최소가 되는 값임(최소자승화의 원리)

중앙치의 용도

- 평균치를 계산할 만한 충분한 시간이 없을 때
- 분포가 심하게 편포되어 있을 때, 또는 극단에(맨 끝) 점수가 하나 둘 있을 때
- 분포의 상반부, 하반부에 관심이 있을 뿐, 중앙에서의 거리에는 관심이 없을 때

최빈치의 용도

- 대표치를 빨리 추정하고 싶을 때
- 대표치를 대략적으로 파악해도 좋을 때
- 가장 흔하게 일어나는 경우를 알고 싶을 때

평균치의 용도

- 가장 신뢰로운 대표치를 원할 때
- 변산도, 상관도 등의 통계적 계산을 해야 할 때
- 분포가 좌우대칭적이어서 정상분포에 가까울 때

③ 분포상의 비교

| M=Mdn=Mo | Mo<Mdn<M | M<Mdn<Mo |
| 정상분포 | 정적편포 | 부적편포 |

㉠ 정상분포 : 'M(평균치)=Mdn(중앙치)=Mo(최빈치)'가 되는 경우로, 'M-Mo' 가 '0'

㉡ 정적편포 : 'Mo<Mdn<M'이 되는 경우로, 'M-Mo'가 '+'가 됨

㉢ 부적편포 : 'M<Mdn<Mo'인 경우로, 'M-Mo' 가 '-'가 됨

(6) 변산도

① 의미 : 측정치의 분포에서 넓이 혹은 분산의 정도를 기술해 주는 지표로 각 점수 의 분산의 정도를 수치로 표시한 것임

② 표준편차(Standard Deviation, SD 혹은 σ로 표시)

㉠ 개념 : 편차(평균치에서 얼마나 떨어져 있는가를 지시해주는 값)를 자승하여 사례 수로 나눈 값의 제곱근

㉡ 계산방법 : $SD=\sqrt{\dfrac{\sum(x-m)^2}{N}}$

㉢ 특징

- 양극단의 점수가 크게 영향을 미치며, 집단에 속한 모든 사례가 영향을 줌
- 각 사례의 점수를 가감해도 변하지 않으며, 각 사례의 점수에 A를 곱하면 A만큼 변함
- 표집에 따른 변화(표집오차가) 가장 적음

(7) 상관도와 상관계수

① 상관도

㉠ 의미 : 한 변인이 변함에 따라 다른 변인이 어떻게 변하느냐의 정도

㉡ 정적 상관과 부적 상관

| 정적(正的) 상관 | 두 변수가 함께 증가, 감소하는 관계를 말함(예 음식 섭취량과 체 중의 증가) |
| 부적(負的) 상관 | 한 변수의 높은 값이 다른 변수의 낮은 값과 관련되어 있는 두 변 수간의 관계를 말함(예 신장과 머리끝부터 천장까지의 거리) |

② 상관계수

㉠ 상관도는 -1.00~+1.00 사이에 위치함

㉡ pearson(피어슨)의 적률상관계수

- 두 변인 간의 변화 정도를 비율로 나타낸 것으로, 두 변인(변수)이 모두 연 속변인이고, 정규분포를 이루며, 동간척도(또는 비율척도)일 때, 두 변인이 선형(線形) 관계에 있을 때 적용됨

- 두 변인의 편차점수의 곱을 전체사례수로 나누어 산출하며, 여러 상관계수의 종류 중에서 가장 엄밀하고 정확하여 일반적으로 사용됨
- 편차점수의 곱으로 산출하기 때문에 극단값(outlier)의 영향을 받으며, 두 변인이 직선일 때 상관이 가장 높고, 타원과 곡선일수록 상관은 낮아짐
- 정상분포를 전제하고 있으므로 원점수를 표준점수(Z, T점수)로 변환하여도 두 변인 간의 상관계수는 달라지지 않음

(8) 변량분석

① 의미 : 여러 개의 모집단으로부터 나온 것으로 가정되는 여러 개의 평균치들이 과연 우연 이상의 의미 있는 차이를 보이는지를 종합적으로 검증해 주는 방법

② 종류

1원적 변량분석	하나의 독립변인에 의한 종속변인의 평균치간의 차를 검증하는 방법 (예) 고등학교 1, 2, 3 학년 학생(독립변수)들의 용돈(종속변수)의 평균 금액의 차를 검증하는 경우
이원변량분석	2개의 독립변인에 의한 영향을 동시적으로 분류하여 분석하는 방법 (예) 학년, 지능(두 개의 독립변수)에 의한 영향을 동시에 분석하는 경우
다변량분석	종속변인이 두 개 이상의 변인으로 합성되어 있을 때 집단 간 차이가 있는지를 검증하는 방법(예) 3가지 교수법에 따라 어휘발달(문자해독력, 어휘수준, 말하는 빈도 수 등이 혼합되어 있음)에 차이가 있는가를 검증하는 경우

9급공무원

교육학개론

나두공

⊕나두공

09장 교육행정 및 교육경영/교육법

SEMI-NOTE

교육행정의 개념

- **행정의 개념** : 행정이란 조직목표 달성을 위한 모든 활동을 조정하고 돕는 행위를 말함
- **교육행정의 개념** : 교육활동을 수행하면서 그 활동을 합리적으로 관리·운영하고 조직적으로 지원·발전시키려는 노력과 활동 등을 총칭하는 개념임

국가통치권론(국가공권설)의 교육행정 분류

국가통치권 중 입법·사법을 제외한 행정작용을 내무·외무·군무·법무·재무 등 다섯 가지로 분류하고, 이 중에 내무행정을 보육행정과 경찰행정으로 분류하여 전자인 보육행정 중에 교육행정을 포함시킴

우리나라의 교육행정 일반원리
법치행정의 원리, 민주성의 원리, 능률성의 원리, 자주성의 원리, 지방분권의 원리 등

01절 교육행정의 의미

1. 교육행정의 이해

(1) 교육행정의 개념

① **국가통치권론(국가공권설)** : '교육에 관한 행정'으로 교육행정이 일반 행정의 한 영역으로 간주되기 때문에 안정성이 있는 반면 중앙집권적인 형태를 띠고, 교육의 전문성과 특수성을 반영하기 어려운 점이 있음

② **조건정비설(기능주의론)** : 교육행정을 교육의 핵심적 기능인 교수와 학습의 효율화를 위해 필요한 인적·물적·재정적 제반 조건을 정비하는 수단적·봉사적 활동이라고 파악하는 입장을 조건정비설이라고 함

③ **협동행위론** : 교육행정을 교육의 목적을 능률적 효과적으로 달성하기 위한 여러 사람의 협동행위로 보는 견해임. Owens는 행정이란 조직의 목적을 성취하기 위해 다른 사람들과 더불어, 그리고 다른 사람들을 통해 일하는 것이라고 정의함

④ **행정과정론** : 순환적인 행정과정의 경로 속에서 행정가가 실제 수행하는 일련의 기능적인 행정행위 요소에 주목함. 이 관점에서의 교육행정은 교육기획, 조직, 장학, 교육인사와 재정, 시설관리 등 교육목적 달성을 위한 일련의 순환적인 조직운영 활동으로 정의될 수 있음

(2) 교육행정의 기능

① **기획(planning)** : 미래를 예측하고 행동계획을 수립하는 일(예 교육기획, 학교기획, 학교경영)

② **조직(organizing)** : 인적·물적 자원을 조직하고 체계화하는 일(예 학교조직, 관료제)

③ **명령(commanding)** : 구성원으로 하여금 과업을 수행하도록 하는 일(예 변혁적 리더십)

④ **조정(coordinating)** : 모든 활동을 통합하고 상호 조정하는 일, 조정이 잘 되면 노력·시간·재정의 낭비를 막고, 각 부서 간의 부조화 및 직원 간의 갈등을 예방할 수 있음(예 의사소통, 갈등조정)

⑤ **통제(controling)** : 정해진 규칙과 명령에 따라 일이 이루어지고 있는가를 확인하는 일(예 장학, 재정관리)

(3) 교육행정의 특성

① **봉사적** : 교사의 심장이 학생의 가슴 속에서 뛰듯 행정을 담당하는 사람의 마음은 국민에게 있어야 함

② **정치적** : 무상급식의 시행, 고교평준화의 유지와 해제 등의 사회적 이슈가 되는

교육현안들은 교육적 가치와 교육논리만으로 해결하기 어려워 정치적 결정에 의지하는 경우가 많음

③ 민주적 : 민주주의 국가운영에서 모든 권력은 국민으로부터 나옴. 교육행정은 조직, 인사, 내용, 운영 등에서의 자율성과 민주성을 중요시함

(4) 교육행정의 원리 ★빈출개념

① 법규면의 원리

자주성 존중의 원리	교육행정이 일반행정으로부터 분리 · 독립되어 독자성과 자주성이 존중되어야 한다는 원리
집권 · 분권의 균형원리 (적도집권의 원리)	중앙집권주의(능률성)과 지방분권주의(민주성)와의 적절한 균형을 유지해야 한다는 원리
기회균등의 원리	성별, 신분, 경제, 정치, 문화, 종교 등 모든 면에서 차별을 두지 않고, 모든 국민이 균등하게 교육의 해택을 누릴 수 있어야 한다는 원리
법치행정의 원리 (합법성의 원리)	모든 교육행정은 법에 의거하여 법이 정하는 범위 내에서 행해져야 한다는 원리
평생교육의 원리	교육은 '요람에서 무덤까지' 평생을 통해 지속되어야 하며, 가정, 학교, 사회를 통하여 일관되기 지속되어야 한다는 원리

② 운영면의 원리

타당성의 원리	목적에 맞고 목적에 비추어 타당한 행정활동이 되어야 하며, 목적과 수단에 괴리가 없어야 한다는 원리
민주성의 원리	교육행정의 실천면에서 독단과 편견을 배제하고 국민의 의사를 반영해야 한다는 원리
능률성의 원리	교육활동에 최소한의 노력과 경비를 투입하여 최대한의 효과를 올려야 한다는 원리
적응성의 원리	새롭게 발전하는 사회에 신축성 있게 대응해 나가야 한다는 원리
안정성의 원리	급격한 환경변화에 대해 교육정책이나 프로그램은 장기적인 안목에서 계속성과 일관성을 유지해야 한다는 원리

2. 교육행정과 교육경영

(1) 행정과 경영

행정	입법 · 사법 · 행정이라는 국가권력의 3권 분립에 의한 헌정체제를 갖추게 된 근대 국가의 성립에 따라 국가의 공권력을 배경으로 공익을 위한 공공조직의 관리
경영	산업혁명 이후 대량생산에 의한 시장경제의 경쟁에 대처하기 위한 자원과 조직의 관리

(2) 차이점

① 행정은 공익을 추구하는데 비해, 경영은 이윤의 극대화를 추구함

09장

교육행정 및 교육경영/교육법

② 행정은 정치권력을 지니고 있어 강제성을 지닌 반면, 경영은 강제성을 지니지 않음
③ 행정은 독자성을 지니고 있어 경쟁력이 없거나 극히 제한되고 비능률적이며 봉사의 질이 저하되기 쉬우나, 경영은 독점성을 지니기 어려워 경쟁성이 높으며 능률적이고 봉사의 질이 높음

02절 교육행정이론의 발달

1. 고전적 조직이론

(1) 과학적 관리론(1910~1920년대)

① 개념 : 절약과 능률을 실현할 수 있는 표준화된 업무절차를 만들어 업무의 양을 설정하고 생산성과 능률성을 향상시키고자 하는 방법에 관한 관리기술을 말함
→ 창시자 테일러(F.W. Taylor)에 의해 체계화되어 테일러시스템이라고도 함
② 과학적 관리론의 원리

시간 연구의 원리	모든 생산적인 노력은 정확한 시간 연구에 의해 측정되어야 하며, 공장에서 행해지는 모든 작업에 대해 표준 시간이 설정되어야 함
성과급의 원리	임금은 산출에 비례하여야 하며, 그 비율은 시간 연구에 의해 결정된 표준에 입각하여야 함
계획과 작업 수행의 원리	경영자는 작업을 계획하고 그 작업 수행을 물리적인 면에서 가능하도록 하는 책임을 노동자로부터 떠맡아야 함
과학적인 작업 방법의 원리	경영자는 작업방법에 관한 책임을 노동자로부터 떠맡아야 하며, 최선의 방법을 결정하고 이에 따라서 노동자를 훈련시켜야 함
관리 통제의 원리	경영자는 경영과 통제에 과학적인 원리를 제공할 수 있는 훈련과 교육을 받아야 함
기능적 관리의 원리	보비트는 학교운영에 있어서 교사나 교육 행정가는 자신들의 수행해야 할 과업이 구체적으로 무엇이며, 과업을 수행하는데 있어 효과적인 방법이 무엇인가를 제시해 주어야 한다고 봄

(2) 페이욜(Fayol)의 행정 관리론

① 개념 : 페이욜은 테일러가 인간을 공장의 기계장치의 일부로 보는 경향과는 달리 작업자보다는 관리자에게 관심을 가짐
② 행정요소 : 행정과정을 생산과 같은 조직 운영에서 분리시켰고, 기업전체의 관리를 어떻게 할 것인가의 법칙적, 원리적 고찰의 결과를 토대로 계획, 조직, 지위, 조정, 통제의 5가지 요소를 제시하였고, 이것을 행정의 과정으로 봄
③ 귤릭과 어윅 : 귤릭(Gulick)은 페이욜의 5가지 요소를 발전시켜 최고관리층의 7대 기능으로 기획(Planning)·조직화(Organing)·인사(Staffing)·기획(Directing)·조정(Coordinating)·보고(Reporting)·예산(Budgeting)을 제시하여, 행정의 관리기술적 특성과 능률·절약을 강조함

SEMI-NOTE

테일러의 과학적 관리의 원리

- **최대의 1일 작업량** : 모든 노동자에게 명확하게 최대의 1일 작업량을 정해주어야 함
- **표준화된 조건** : 노동자들이 과업을 성공적으로 수행할 수 있도록 작업조건과 도구를 표준화해 주어야 함
- **성공에 대한 높은 보상** : 노동자들이 과업을 성공적으로 완수한 경우에는 높은 보상을 해 주어야 함
- **실패에 대한 책임** : 노동자가 과업을 달성하지 못한 경우에는 그 실패에 대한 책임을 지도록 해야 함
- **과업의 전문화** : 노동자에게 주어지는 과업은 일류 노동자만이 달성할 수 있을 만큼 어려운 것이어야 함

페이욜(Fayol)의 5가지 행정요소

계획	앞으로의 전망을 연구하여 운영 계획을 마련하는 것
조직	인적 및 물적 업무 조직을 수립하는 것
명령	직원으로 하여금 각자의 일을 시키는 것
조정	모든 활동을 통합하고 상호 관련짓기
통제	제정된 규칙과 주어진 지시대로 일이 이루어지도록 하는 것

(3) 막스 베버(Weber)의 관료제론

① 개념 : 베버는 권위를 '어떤 특정한 명령이 일정한 집단의 사람들에 의해 준수될 가능성'으로 정의하고, 권위가 정당화되는 방법에 따라 전통적 권위, 카리스마적 권위, 합리적(합법적) 권위로 구분함

② 특징

분업과 전문화	조직의 목적 달성을 위한 과업이 구성원의 책무로서 공식적으로 배분됨
몰 인정성	조직의 분위기가 감정에 좌우되지 않고 엄정한 공적(公的) 정신에 의해 규제됨
권위의 위계	부서가 수직적으로 배치되고 하위부서는 상위 부서의 통제와 감독을 받음
경력 지향성	연공이나 업적 혹은 양자를 조합한 승진 제도를 갖추고 있으며 경력이 많은 사람이 우대됨
규정과 규칙 중시	의도적으로 확립된 규정과 규칙 체계를 통해 활동이 일관성 있게 규제됨

실력up 관료제 모형(막스 베버(Weber))의 순기능과 역기능

관료제의 특징	순기능	역기능
분업과 전문화	빠르고 숙련된 업무처리(전문성)	단조함으로 인한 권태감
몰인정지향성	조직운영의 합리성	구성원의 사기 저하
권위의 위계	조직통솔과 기강확립	의사소통 단절
규율과 규정	조직의 계속성과 통일성	경직성과 목표와 수단 전도
경력 지향	안정적인 업무수행, 유인책	성취와 연공서열 간의 갈등

2. 인간관계론(1930~1940년대) ★빈출개념

(1) 개념

① 조직의 생산성 향상을 위하여 인간의 정서와 감정적·심리적 요인에 역점을 두는 관리기술 내지 방법에 관한 이론

② 관리상의 민주화·인간화를 강조하며, 오늘날 행태과학으로 발전

(2) 메이요(Mayor)의 호손(Hawthorne) 실험

① 개요 : 하버드대학 교수인 메이요(Mayor)를 중심으로 한 연구팀은 서부전기회사의 호손 공장에서 조직 내 인간적 요인에 의해 생산성이 어떻게 달라지는가를 밝히기 위해 실험을 실시(조명실험, 전화계전기 조립실험, 면접프로그램, 건반배선 조립 관찰실험 등)

SEMI-NOTE

관료제론의 주요내용
• **업무의 기능적 분업** : 학교의 업무는 크게 교수-학습 활동을 중심으로 한 수업과 이를 지원하기 위한 각종 행정업무로 나누어짐
• **공식적 직무로서의 교직원 역할의 정의** : 교장과 교감, 교사, 행정직원과 같은 직원의 역할이 명확하게 규정되어 있음 → 부장교사와 같은 학교의 보직교사의 경우, 그 명칭은 관할 지역교육청이 정하고 업무분장은 학교장이 정하도록 규정하고 있음
• **절차 규정에 따른 운영** : 공식적 행위의 목적과 형태를 상술하여 교사의 재량에 제한을 두는 절차가 존재함
• **직책의 위계구조** : 학교조직은 직제표에 따라 명확하고 엄격한 위계구조를 지니고 있음(예 교장-교감-교과담임의 구조, 교장-교감-학급담임의 구조 등)
• **승진구조** : 교사는 전문적 능력에 따라 채용되고, 승진은 연공서열과 업적에 따라 결정됨

인간관계론의 성립배경
• 과학적 관리론과 강압적 관리방식에 대한 반발
• 1930년대 경제대공황 이후 새로운 관리기법의 필요성
• 사회적 능률관의 등장(인간소외의 극복을 위해 인간의 가치를 중시하는 능률관)
• 메이요(Mayor)가 주도한 호손(Hawthorne) 실험의 영향

09장

SEMI-NOTE

인간관계론의 한계
구성원의 사회 · 심리적인 욕구 충족을 지나치게 강조한 나머지 조직의 합리적인 운영과 의사결정을 소홀히 하여 오히려 능률을 저하시키는 결과를 초래했다는 비판을 받음

체제(System)
일반적으로 복수의 구성요소가 상호의 존성·상호작용성과 질서, 통일성을 지니면서 환경과 끊임없이 영향을 주고 받는 전체 또는 실체

체제이론
조직을 구성하는 모든 요소들이 유기적으로 연결되어 체제를 이루고 있다는 전제 하에 행정조직의 과정을 설명하고, 효율적인 관리 · 운영 방법을 모색하는 이론

겟젤스와 텔렌 수정모형
• 겟젤스와 구바의 모형에 인류학적, 사회심리학적, 생물학적 차원을 추가하여 더 다양한 사회적 행동을 설명하고 있음
• 추가된 내용
 – 인류학적 차원 : 사회는 여러 제도들로 구성되어 있으며, 한 제도에 소속된 개인의 행동은 보다 큰 차원의 사회의식에 영향을 받음
 – 생물학적 차원 : 유기로서의 인간의 신체구조와 내적 잠재력이 개인의 인성과 욕구에 영향을 주고 사회적 행동에까지 영향을 미침
 – 조직풍토의 차원 : 어떤 조직이든 특수한 조직풍토 혹은 집단의식이 존재하며, 이들에 의해 개인의 사회적 행위는 아주 다르게 나타남

② 결과
 ㉠ 물리적인 조건보다는 응집력 · 소속감 · 사기 · 인정 등과 같은 인간의 사회적 · 심리적 조건의 변화가 생산성에 중요한 영향을 미침
 ㉡ 조직 내의 비공식조직이 조직에 협력적인가 여부에 따라 생산능률이 크게 좌우됨
 ㉢ 영향 : 비공식 조직의 중시, 민주적 · 인간적 지도성의 중시, 의사소통의 중시, 각종 인사제도의 창안

③ 주요내용

조직관의 변화	공식적 조직보다 비공식적 조직 및 소집단에 대한 관심이 증가
인간관의 변화	기존의 X이론적 인간관과 달리 구성원을 사회적 인간으로 파악하여 Y이론적 인간관이 성립하는 토대가 됨
행정의 인간화 · 민주화	민주적 인사관리 정착에 기여, 민주적 리더십을 강조
집단중심의 사기 중시	개인의 사기보다 집단중심의 사기를 중시
행태과학 및 동기부여이론	행태과학 및 동기부여이론의 발달에 공헌

3. 체제이론

(1) 기원과 특징

① 기원 : 1960년대 이후 학교조직을 이해하는 하나의 방법으로 사용되기 시작
② 특징 : 조직을 종합적이고 체계적으로 조망하는 방식이며 조직을 전체적으로 연구하고 조직의 구성요소들 간의 상호관계 그리고 조직과 외부 환경과의 관계를 탐구함

(2) 겟젤스와 구바(Getzels & Guba)의 사회체제이론

① 의의 : 학교 조직을 사회체제로 보고 그 안에서 이루어지는 사회적 행동을 규명
② 특징
 ㉠ 사회체제 내에서의 인간의 사회적 행동은 조직에서의 역할 기대와 개인의 인성, 욕구의 함수관계로 설명함
 ㉡ 지도자는 이 두 요소를 잘 관리해야 함 → 구성원의 동기적 기대를 만족시켜 주면서 조직의 목적을 달성시키는 관리기능을 해야 함

(3) 카우프만(Kaufman)의 체제접근

① 특징 : 더 적합하고도 실질적인 교육성과를 얻기 위해 논리적으로 문제해결을 시행해 나가는 과정을 말하며 구체적으로는 논리적이고 체제적이며, 자기 수정적인 과정임
② 절차

문제 확인	욕구에 근거를 두고 문제를 확인하며, 문제해결을 위한 요건을 구체적으로 서술하는 단계

대안 결정	필요한 요건을 결정하기 위한 분석을 통해 문제를 해결할 수 있는 목표를 설정하는 단계
해결전략 선정	결정된 대안(목표)을 실현할 수 있는 해결전략을 선택하는 단계
해결전략 시행	실제 해결전략과 도구를 실행하고 적절한 실행자료를 수집
성취효과 결정	문제해결 과정의 성과가 어느 정도 성취되었는지를 평가
수정	제5단계에서 성과가 있는 것으로 평가되면 체제접근의 단계가 일단 끝나지만, 실행대로 이루어지지 않았을 경우 필요한 수정을 함

👓👓 한눈에 쏙~

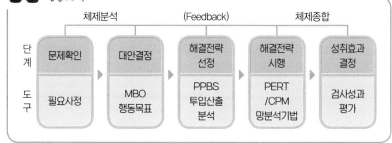

대안이론(1970년대 이후)
• 해석적 관점 : 조직은 객관적인 실체가 아니고 인간에 의해 창조되고 의미가 부여된 사회 문화적 가공물이므로, 가설 연역적 체계나 정교한 통계적 방법만으로는 이해할 수 없다고 주장
• 급진적 관점 : 조직의 비합리적이고 특수한 측면, 즉 주변적이고 소외된 측면에 초점을 맞추어 조직의 문제를 탐구

1. 조직

(1) 개념과 특징

① 개념 : 의식적으로 조정된 두 사람 이상의 활동이나 힘의 체제, 즉 의식적이고 심사숙고된 그리고 유목적적인 조정을 통해 달성되는 활동의 체제

② 특징 : 조직은 의도적으로 형성된 사회집단으로 에치오니(Etzioni)는 회사, 군대, 학교, 병원, 교회 및 형무소 등은 조직체이나 부족, 인종집단, 가족 등은 조직에서 제외시킴

(2) 조직의 분류와 형태

① 조직의 분류

㉠ 블라우와 스콧트(Blau & Scott)의 유형 : 조직 수혜자 기준의 유형

호혜조직(상호조직, 공익결사조직)	조직 구성원이 주된 수혜자가 되는 조직으로, 정당, 노동조합, 이익단체 등이 여기에 해당됨
기업조직(사업조직, 경영조직)	조직 소유자나 투자자가 주된 수혜자가 되는 조직이며, 사기업, 은행, 보험회사, 공장 등이 해당됨
봉사조직 (서비스조직)	조직관 직접 관련되는 고객이 주된 수혜자가 되는 조직이며, 병원이나 학교, 사회사업기관, 상담기관 등이 해당됨

조직의 원리

• 계층의 원리
 – 계층은 조직의 목표를 달성하기 위한 업무를 수행함에 있어 권한과 책임의 정도에 따라 직위가 수직적으로 서열화·등급화 되어 있는 것을 의미
 – 조직구조의 상하관계와 형태를 조직하는 데 요구되는 원리
 – 기능적 분업의 원리(분업의 원리, 전문화 원리)
• 개념 : 조직의 업무를 직능 또는 성질별로 구분하여 한 사람에게 동일한 업무를 분담시키는 것
• 분업화의 목적 : 행정조직의 공동과업을 수행에 있어서 표준화(standardization), 단순화(simplification), 전문화(specialization)라는 3S를 촉진하기 위함

공익조직 (공공조직)	일반대중이 주된 수혜자가 되는 조직을 말하며, 군대나 경찰, 일반행정기관 등이 해당됨

ⓛ 에치오니(Etzioni)의 조직유형 : 권력과 복종의 유형 기준

강제적 조직	• 조직은 강제가 주요 통제수단이며, 구성원은 조직에 대하여 소외감을 느낌 • 강제적 권력, 소외적 관여, 질서목표 • 교도소, 강제수용소, 격리적 정신병원 등이 해당
공리적 조직	• 보상이 주요 통제수단이며, 대다수의 구성원은 타산적으로 행동 • 공리적 · 보수적 권력, 타산적 관여, 경제적 목표 • 사기업, 이익단체, 평시의 군대 등이 해당
규범적 조직	• 규범적 권력이 주요 통제수단이며, 구성원은 조직에 대하여 헌신적 사명감을 지님 • 규범적 · 상징적 권력, 도덕적 · 헌신적 관여, 문화적 목표 • 정치단체, 종교단체, 시민단체 등이 해당

ⓒ 칼슨(Carlson)의 봉사조직유형(조직과 고객이 상호 선택할 수 있는 정도)

유형 Ⅰ (야생조직)	• 조직과 고객이 독자적인 선발권 및 선택권을 갖고 있는 조직 • 살아남기 위하여 경쟁을 하지 않으면 안 됨 • 사립학교와 대학교, 개인병원, 공공복지기관 등이 해당
유형 Ⅱ	• 조직이 고객을 선발할 권리는 없고 고객이 조직을 선택할 권리만 있는 조직 • 미국의 주립대학 등이 해당
유형 Ⅲ	• 조직이 고객선발권을 가지나 고객이 참여선택권을 갖고 있지 않는 조직은 봉사조직 • 이론적으로는 가능하나 실제로는 존재하지 않음
유형 Ⅳ (사육조직)	• 조직이나 고객이 선발권 및 선택권을 갖지 못하는 조직 • 법적으로 존립을 보장받고 있음 • 공립학교, 정신병원, 형무소 등이 해당

② 조직의 형태

㉠ 계선조직과 참모조직

계선조직	참모조직
지휘체계가 분명한 지휘명령을 가진 수직적인 조직	계선조직이 원만하게 그 기능을 수행할 수 있도록 자문, 권고, 협의, 정보수집, 인사, 연구 등의 기능을 수행하는 조직

ⓛ 공식적 조직과 비공식적 조직

공식적 조직	비공식적 조직
전통적인 행정조직으로서 조직의 공식적인 조직도표 혹은 명문화된 기구표에 나타나 있는 조직	공식적 조직 속에서의 대인접촉이나 상호작용의 결과, 감정이나 태도, 가치관 등이 유사한 사람들끼리 모여 자연발생적으로 형성된 자생조직

(3) 학교조직 ★ 빈출개념

① 학교조직에 대한 관점

관료제	• 베버가 체계화한 것으로 운영의 합리성을 최고의 가치로 추구하는 현대적 조직구조 • 특성 : 규칙과 규정, 정책에 기초한 의사결정과 행동의 차원에서 학교조직은 구성원의 행동을 통제하기 위한 일반적 규칙을 사용하고 과제수행에서 일률성을 보장하기 위한 표준을 개발
사회체제	• 겟젤스와 구바가 제시한 것으로 사회체제로서의 학교도 기관의 차원과 개인의 차원을 가짐 • 사회체제로서의 학교조직은 다양한 공식적, 비공식적 사회체제들로 구성됨
이완결합체(Weick)	서로 연결은 되어 있으나 각자가 독립성을 유지, 구조적으로 느슨한 조직 → 연결된 각 사건이 서로 반응하는 동시에 각각 자체의 정체성을 보존하면서 물리적·논리적 독립성을 갖는 조직
조직화된 무질서 (Cohen, March, Olsen)	• 특성 : 목표의 모호성, 불분명한 과학적 기법, 구성원의 유동적 참여 • 의사결정 방식 : 쓰레기통 모형 → 문제, 해결책, 선택기회, 참여자가 우연히 만났을 때 의사결정이 이루어짐(의사결정이 주먹구구식·비합리적으로 이루어짐)

② 민츠버그(Mintzberg)의 조직이론

ㄱ) 조직의 기본 요소 : 운영핵심층(교사), 중간관리층(교장과 교감), 최고관리층(시·도교육감, 교육위원), 기술구조층(교육과정개발 또는 연수 담당 교사), 지원부서층(보건실, 행정실)

ㄴ) 학교조직의 형태 : 단순한 구조, 기계적 관료제(기술구조층이 주도), 전문적 관료제(운영핵심층이 주도), 단순관료제(대부분의 초등학교의 경우), 단순 전문적 관료제(대부분의 중등학교의 경우), 준전문적 관료제

2. 조직문화론·조직 갈등이론·조직풍토

(1) 조직문화론

① 맥그리거(McGregor)의 X-Y이론 : 인간 본성에 따른 동기유발

구분		X이론	Y이론
인간 관점		• 성악설 : 인간은 본성적으로 악함 • 본능적으로 행동함 • 일을 싫어함 • 비관적·염세적 인생관 • 타율적 통제가 필요함 → 강제적·외적 동기 • 개인적·이기적·경쟁적 존재 → 개인중시	• 성선설 : 인간은 본성적으로 선함 • 인본주의에 따라 행동함 • 일을 좋아함 • 낙관적·낙천적 인생관 • 자율적 통제가 가능함 → 자율적·내적 동기 • 집단적·협동적 존재 → 집단공동체 중시

학교조직의 주요부분(Mintzberg)
• **운영 핵심층** : 제품 및 서비스 생산과 직접적으로 관련을 가지는 기본적인 과업과 활동을 수행하는 사람들로 구성
• **전략적 고위층** : 조직의 목적을 달성할 수 있도록 하는 책임을 부여받은 최고 행정가들로 구성
• **중간 관리층** : 고위층과 운영 핵심층을 연계시키는 행정가들로 구성
• **기술 구조층** : 계획을 책임 맡고 있는 행정부서로 구성원들이 과업을 표준화하고 조직을 환경에 적응시키기 위해 기술을 적용하는 분석가들로 구성
• **지원부서** : 조직을 지원해주기 위해 존재하는 세분화된 단위들로 구성(학교의 경우 시설, 재정, 서무, 식당 등이 속함)

학교문화(Steinhoff와 Owens)
• 공립학교에서 발견될 수 있는 4가지의 특유한 문화형질을 통해 가족문화, 기계문화, 공연문화, 공포문화의 4가지로 분류함
• **가족 문화** : 가족으로서의 학교는 애정어리고 우정적이며, 때로는 협동적이고 보호적
• **기계 문화** : 모든 것을 기계적인 관계로 파악하며, 학교는 목표달성을 위해 교사들을 이용하는 하나의 기계로 설명
• **공연 문화** : 교장은 곡마단 단장, 공연의 사회자, 연기주임 등으로 간주되며, 이 문화에서는 공연과 함께 청중의 반응이 중시
• **공포문화** : 교장은 자기 관리를 유지하기 위해 무엇이든지 희생시킬 준비가 되어 있으며, 교사들은 자신의 학교를 밀폐된 상자 혹은 교도소라고 표현

| 경영
전략 | • 권위주의적 리더십 발휘
• 과학적 관리론적 접근
• 강제, 명령, 통제, 금전에 의한 유인,
위협, 벌칙 등을 사용 | • 민주적 리더십 발휘
• 인간관계론적 접근
• 자발적 근무의욕 및 동기 유발 고취
• 사회심리적 욕구충족 중시 |

② 아지리스(Agyris)의 성숙-미성숙 이론

㉠ 조직풍토 개선에 관심

㉡ 성숙한 인간의 욕구와 공식조직의 욕구 간 불일치 해소에 중점(구성원을 성숙한 존재로 대우하는 지도력으로의 전환)

㉢ 조직 속에서 미성숙한 인간으로 취급받게 되면 공격적이 되거나 냉담한 반응을 나타내며, 성숙한 인간으로 취급받게 되면 신뢰적인 인간관계, 집단간 협동, 융통성 증가, 조직의 효율성이 증대됨

(2) 조직 갈등이론

① 역할 갈등의 유형

역할 내 갈등	특정한 역할 수임자의 역할이 역할 전달자의 역할 기대와 양립할 수 없는 경우에 일어남
역할 간 갈등	특정한 역할 수임자가 맡은 복수의 역할에 대한 기대들이 상충하는 경우에 일어남
역할·인성간 갈등	특정한 역할 수임자의 인성이 그의 역할 수행을 방해하는 경우에 일어남 → 즉 역할 요건이 역할 수임자의 개인적 윤리관이나 가치관에 맞지 않을 때 발생

② 학교조직에서 갈등의 형태

계층 갈등	교장과 교감간, 교장·교감과 교사간, 교사와 학생간, 상급생과 하급생간의 갈등
기능 갈등	학교의 업무분장 상에서 일어날 수 있는 부서간의 갈등
계선-참모 간 갈등	서무 담당자와 교원 간, 학교운영위원회와 교장간의 갈등
공식조직 대 비공식조직 갈등	학교의 공식 조직의 목표 수행과 교원들의 각종 비공식적 모임의 역할 수행간의 불일치에서 오는 갈등

(3) 조직풍토

① 헬핀과 크로프트(Halpin & Croft)의 모형

㉠ 교사 대상으로 학교조직풍토 조사 : 조직풍토 기술질문지(OCDQ)

㉡ 교사집단의 특징과 교장의 행동 특성을 '교사들의 지각'을 통해서 기술 → 학교조직풍토를 분류·연구

② 연구결과

교사특성	장애, 사기, 친밀성, 자유방임(일탈)
교장특성	초월성(원리원칙), 배려성, 생산성, 추진성(솔선수범, 신뢰)
학교 풍토 유형	개방 풍토, 자율 풍토, 통제 풍토, 친교 풍토, 친권(간섭) 풍토, 폐쇄 풍토

가장 이상적 조직 풍토	개방 풍토 → 사기 증진 → 추진성(솔선수범)

3. 동기의 내용이론

(1) 허즈버그(Herzberg)의 동기-위생론(2요인설) ★빈출개념

① 만족요인(접근욕구, 개인내적요인)과 불만족 요인(회피욕구, 개인외적요인)

만족요인	동기요인(예) 일 자체, 성취감, 인정, 책임, 발전가능성(성장가능성))
불만족 요인	위생(환경)요인(예) 인간관계, 근무조건, 직무안정성, 봉급)

② 특징 : 위생요인을 좋게 해주는 것이 종업원(교사)이 만족하는 것이 아니며, 불만족이 사라질 뿐임 → 따라서 동기요인을 극대화하고, 위생요인을 제거해주어야 함

실력UP 직무풍요화

- 직무를 수직적으로 확장 → 보다 많은 자유와 권한 부여 → 동기요인 증가
- 허즈버그의 동기-위생이론에 근거한 직무재설계이론으로, 직무를 수직적으로 확장하여 개인에게 보다 많은 자유와 권한, 피드백을 제공함으로써 직무에 대한 부정적 위생 요인은 감소시키고 직무에 대한 동기 요인을 증가시키고자 함
- 풍요화의 방향
  - 높은 수준의 지식과 기술을 요구하는 작업내용 포함
  - 더 많은 자율성과 책임감 부여: 스스로 계획, 지휘, 통제할 수 있도록
  - 성장의 기회를 제공
  - 능력발휘 기회 제공: 직무 속에서 도전, 보람, 흥미, 심리적 보상을 받을 수 있도록 함
- 직무풍요화의 한 방법—수석교사제 : 경력 15년 이상의 교사 중 선발하여 동료 교사 교수·연구 활동을 지원, 학교·교육청 단위에서 수업컨설팅, 교육과정·교수학습·평가방법 개발보급, 교내연수 주도, 신임교사 멘트 역할 등의 업무를 수행

(2) 매슬로우(Maslow)의 욕구위계(5단계, 만족-진행법)

① 종류 : 결핍욕구(생리적 → 안전·보호 → 애정·소속·사회적 → 존경) → 성장욕구(자아실현욕구, 지적욕구, 심미적욕구)

② 수정 : 포터(Porter)의 수정이론(안전·보호 → 애정·소속·사회적 → 존경욕구 → 자율욕구 → 자아실현욕구)

(3) 앨더퍼(Alderfer)의 생존관계성장이론(ERG이론, 불만족-퇴행법)

① 매슬로우(Maslow)의 5단계 욕구위계이론을 생존-관계-성장욕구의 3단계로 재분류

생존욕구	생리적, 안전·보호욕구(물리적 안전욕구)
관계욕구	대인관계적 안전욕구, 애정·소속·사회적 욕구, 타인존경욕구
성장욕구	자기존경욕구＋자아실현욕구

결핍욕구와 성장욕구

결핍욕구	성장욕구
• 회피함으로써 충족됨 • 원하지 않는 긴장의 감소 및 평형의 회복이 목표 • 욕구의 충족은 안도감과 포만감을 유발	• 추구함으로써 충족됨 • 즐거운 형태의 긴장을 유지하려는 것이 목표 • 욕구의 충족은 즐거움과 그 즐거움을 더하려는 욕구를 유발

② 매슬로우(Maslow) 이론과의 비교

공통점	하위수준의 욕구가 충족되면 상위수준의 욕구가 동기 유발의 힘을 얻게 됨
차이점	• 좌절 및 퇴행요소가 있음 → 상위수준의 욕구가 좌절될 때 그보다 낮은 하위수준의 욕구의 중요성이 커짐(불만족-퇴행접근법) • 2~3가지 욕구가 한 번에 충족될 수 있음 • 자기존경욕구(매슬로우(Maslow)의 결핍욕구)를 성장욕구에 포함시킴 • 반드시 하위욕구가 충족되어야 상위욕구가 충족되는 것은 아님 → 하위욕구가 충족되지 않아도 상위욕구가 발생할 수 있음

4. 동기의 과정이론 ★ 빈출개념

(1) 브룸(Vroom)의 기대이론(V(유인가)-I(수단)-E(보상기대))

① 개인의 자각 욕구 : 동기는 유인가(2차적 산출(예 보상, 승진))와 개인의 기대 간의 총합
② 동기의 구성요소 : 유인가(성과, 보상), 수단(보상기대), 성과기대(과업에 관련된 노력이 어떤 수준의 성과를 가져올 것인가에 대한 신념의 강도), 산출(어떤 작업행동의 최종 결과)

(2) 아담스(Adams)의 공정성 이론

① 개인이 타인에 비해 공정하게 대우받는 쪽으로 동기유발
② 방법 : 투입조정, 자기 자신이나 타인의 투입과 성과를 왜곡, 조직 이탈, 성과 조정, 비교대상 변경 등으로 공정성 회복을 위해 행동

(3) 로크(Locke)의 목표이론

① 의미 : 1970년대, 작업동기에 관한 인지과정 접근으로 인간의 동기는 목표가 분명할 때 잘 일어난다는 입장으로 행정에서 목표관리 기법, 수업에서 행동적 수업목표 제시 등과 관련됨
② 목표의 설정과정 : 상황 발생 → 인지 및 평가 → 정서적 반응 → 목표 → 행동
③ 목표와 관련된 요인 : 목표의 구체성, 곤란성, 목표설정에 참여 등

04절 지도성 이론 및 교육기획과 교육정책

1. 지도성 이론

(1) 특성이론

① 지도자는 태어나는 것이지 만들어지는 것이 아니라고 가정(심리학적 접근)

② 지도자와 비지도자와 구별되는 개인의 육체적 및 심리적 혹은 사회적 특성을 확인하는데 관심을 가짐

(2) 상황이론(상황적 특성론, 우발성이론) ★빈출개념

① 피들러(Fiedler)의 우발성이론(상황적 특성론) : 상황의 호의성(지도자와 구성원의 관계, 과업구조, 지도자의 지위권력) 중시 → 상황이 호의적이거나 비호의적일 때는 과업지향적 지도성, 상황이 중간정도일 때는 관계성 지향적 지도성이 효과적임

② 레딘(Reddin)의 3차원 지도성 유형 : 상황에 따른 효과성 → 지도자는 상황에 따라 지도성을 바꿔야 함(지도자의 상황조작 능력 중시)

비효과적 유형(−)	기본적 지도성 유형	효과적 유형(+)
유기자(책임포기자)	분리형(과업−, 관계−)	관료
선교사	관계형(과업−, 관계+)	계발자
독재자	헌신형(과업+, 관계−)	자선적 독재자
타협가	통합형(과업+, 관계+)	경영자

③ 허쉬와 블렌차드(Hersey & Blanchard)의 상황적 지도성이론

㉠ 지도자의 행동은 사회적 맥락에 따라 유동적이고 지도성의 효과도 다름

㉡ 조직구성원의 성숙 수준을 고려해 효과적인 지도성 유형을 제시

㉢ 이 직무 성숙도와 심리적 모형에서 지도성의 효과성을 좌우하는 것은 상황과 적절한 지도성 유형의 결합에 따름

㉣ 성숙도의 수준에 따라서 위임형, 참여형, 설득형, 지시형 등이 있음

실력UP **허쉬와 블렌차드(Hersey & Blanchard)의 상황적 지도성이론**

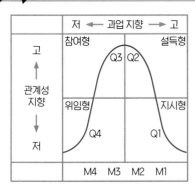

구성원
M1 : 낮은 동기, 낮은 능력
M2 : 높은 동기, 낮은 능력
M3 : 높은 능력, 낮은 동기
M4 : 높은 능력, 높은 동기
지도자
Q1 : 높은 과업 행위, 낮은 관계성 행위
Q2 : 높은 과업 행위, 높은 관계성 행위
Q3 : 낮은 과업 행위, 높은 관계성 행위
Q4 : 낮은 과업 행위, 낮은 관계성 행위

지도성 이론 中 행동이론

• 레빈(Lewin), 리피트(Lippitt), 화이트(White) : 전제형, 민주형, 방임형의 지도성이 아동에 미치는 영향을 연구

• 탄넨바움과 슈미트(Tannenbaum & Schmidt) : 한쪽 끝은 지배자 중심 지도성(전제형), 다른 한쪽 끝은 구성원 중심 지도성(민주형), 그 사이 연속선 상에 설명형(전제형)−판매형−검사형−상담형−참여형(민주형) 등 5가지 지도성 행위를 구분

• Blake & Mouton의 관리망 이론 : 인간관계를 더 중요시하는 측과 직무중심의 지도성을 중시하는 양측에 대한 절충론으로 관리망 이론을 제시하여, 지도성 유형을 무기력형, 사교형, 과업형, 중도형, 팀형 등으로 분류함

지도성 이론 中 상황이론 − 에반스와 하우스의 행로−목표이론

• 기대이론에 기초, 목표달성을 위한 행로를 강조

• 구성 변인 : 지도자의 행위, 상황적 요인(구성원의 특성, 환경적 요인), 구성원의 지각, 효과성

• 지도성의 유형 : 지시적, 지원적, 참여적, 성취지향적, 가치중심적 지도성

지도성 이론 中 교환적 지도성

• 조건부 보상 : 노력에 대해 보상을 한다는 교환적 계약, 좋은 수행에 대한 보상의 약속, 성취의 인정

• 적극적 예외적 관리 : 규칙과 기준으로부터의 이탈을 감시하고 찾아내어 올바른 행동을 취하도록 함

• 소극적 예외적 관리 : 만일 기준에 맞지 않을 때만 관여함

• 자유방임 : 책임을 포기하고 의사결정을 기피함

새로운 지도성 유형 中 카리스마적 지도성

- 의미 : 개인적인 능력과 신념으로 추종자에게 심대하고 비상한 영향을 미치는 사람
- 특성 : 성취 지향성, 자신감, 창의적이고 개혁적이며 영감적인 성향, 고도의 과업참여와 위기 성향, 추종자의 육성과 추종자에 대해 민감하며 배려를 하는 성향, 도덕적이고 비착취적인 권력 행사와 관련하여 사회적 영향력에 대한 고도의 요구

학교장의 지도자 유형(Sergiovanni)
- 기술적 지도자 : 건전한 경영관리자로서의 역할
- 인간적 지도자 : 인간관리자로서의 역할
- 교육적 지도자 : 일선 실무자의 역할
- 상징적 지도자 : 최고 책임자로서의 역할
- 문화적 지도자 : 고위 성직자로서의 역할

2. 새로운 지도성 유형

(1) 변혁적 지도성(Burns & Bass)

① 고차원적인 변화를 지향하여 비전을 설정하고 이에 따른 장기적 전략계획을 수립하며 구성원들을 동기화시켜 그들이 사명감을 가지고 업무를 수행하도록 함으로써 개인의 행복과 조직의 발전을 동시에 추구하는데 초점을 두는 지도성

② Bass가 제시한 핵심 요소

카리스마적 권위	지도자가 솔선수범하여 윤리적, 도덕적 행위를 보여서 구성원으로부터 신뢰와 존경을 받음
특별한 영감	구성원들로 하여금 조직의 과업이 달성되고 발전할 수 있다는 기대와 도전감을 갖도록 하며, 비전을 공유하도록 구성원들을 동기화함
지적 자극	지도자가 새로운 아이디어를 유입함으로써 구성원들에게 도전감을 느끼게 하고 익숙한 문제에 대해 새로운 방식으로 생각해 보게끔 자극하는 것
개별적 배려	성취하고 성장하려는 개개인의 요구에 특별한 관심을 보임으로써 새로운 학습 기회를 만들어 구성원이 잠재력을 계발하고 자신의 개인적 발전으로 모색하며, 그에 대해 책임을 지도록 함

(2) 분산적 지도성

① 배경 : 학교조직의 규모와 복잡성이 증대됨에 따라 학교장 한 사람에게 집중된 지도성에 대한 한계가 지적되면서, 학교경영에 대한 책임은 구성원 모두의 책임이라는 인식으로 분산적 지도성이 등장

② 특징

집단적 지도성 강조	구성원들 간 상호협조와 전문적 지식을 공유하는 집단적 리더십 강조
조직 네트워크 활용	전문적 지식을 공유하는 조직 구성원들의 네트워크와 상황적 변화의 상호작용을 통해 지도성을 실행
조직 내 전문성을 활용	조직 구성원들이 지닌 전문성을 토대로 네트워크로 연결하여 조직 역량의 극대화 추구
상향적이고 비위계적 지도성을 지향	조직의 직급 상 하위자들도 조직의 중대한 의사결정에 참여하도록 함

(3) 초우량 지도성(Manz & Sims)

① 의미 : 구성원들이 스스로 지도자로서의 능력을 개발·활용할 수 있도록 하는 지도자의 능력에 초점을 맞춘 지도성

② 특징
- ㉠ 구성원의 지도자로서의 능력 개발·활용에 초점
- ㉡ 구성원의 자율적 지도성을 개발하여 과업수행을 효율화하고 조직의 생산성을 높일 수 있는 방향으로 일할 수 있도록 역량을 발휘

© 구성원 개개인을 지도자로 성장시킴으로써 지도자의 지도자 육성에 초점

② 지도자의 특성이나 능력보다 구성원 스스로가 지도자로서의 능력을 계발하고 활용할 수 있도록 함

3. 교육기획과 교육정책

(1) 교육기획

① 의미 : 교육목표의 효율적 달성을 위해 가능한 수단과 방법을 선택하는 사전 준비의 과정, 교육적 문제해결에 필요한 최선의 방안을 선택하는 일련의 의사결정 과정

② 교육기획의 접근방법 : 사회수요 접근법, 인력수요 접근법, 수익률 접근법, 국제적 비교에 의한 접근법

(2) 교육정책

① 의미 : 국가의 공권력이나 국민의 동의를 바탕으로 교육목적 달성을 위해 강제하는 기본적인 교육지침

② 형성과정(Campbell)

기본적 힘의 작용 단계	세계적, 전국적인 사회·경제·정치·기술적 힘의 작용
선행운동 단계	국가수준의 위원회나 조사연구 보고서 등에 의해 선도됨
정치적 활동 단계	전국적이거나 지역 단위의 직능단체 등이 앞장서서 전개
공식적 입법 단계	행정부나 입법부 등에 의한 공식적 결정

교육기획의 접근방법

사회수요 접근법	교육에 대한 개인적 또는 사회적 수요(예 취학률)를 기초로 교육기획을 세우려는 방법
인력수요 접근법	경제성장 목표달성에 필요한 인력수요(예 산업사회의 필요 인력)를 예측하여 교육투자 수준을 결정하는 접근법
수익률 접근법	교육에 투입된 경비, 산출된 효과(예 교육 수익률)를 비용으로 계산해 교육투자의 순위결정
국제적 비교에 의한 접근법	여러 나라의 발전단계를 고려해 자기 나라보다 약간 앞선 나라의 교육정책을 바탕으로 교육기획을 수립하는 과정

05절 의사결정 및 교원인사 행정과 장학론

1. 의사결정

(1) 의사결정의 개념과 특징

① 개념 : 행동 노선에 영향을 주는 모든 판단을 말함

② 특징 : 모든 공식조직은 기본적으로 의사결정을 위한 구조, 지위가 높을수록 의사결정의 업무가 많고 실제로 집행하는 일은 적어지며 정책결정과 동일한 의미로도 사용함

(2) 의사결정의 유형

① 정형화된 결정 : 반복적이며 일상적이고 이미 결정의 절차가 마련되어 있는 경우

② 비정형화된 결정 : 새롭고 중요한 결정으로 발견 또는 문제해결의 과정이 필요

수용영역

• 구성원이 의사결정 결과에 대해 아무런 관심이 없어 상급자가 어떤 결정을 내리든지 아무런 의심 없이 그 결정을 받아들이는 영역
• 상급자는 수용영역 내에 있는 사항에 대해서는 하급자들을 의사결정에 참여시키지 않고, 수용영역 밖에 있는 사항에 대해 참여시키는 것이 효과적

의사소통의 원칙

• 명료성
• 일관성
• 적정성
• 적시성
• 분포성
• 적응성과 통일성
• 관심과 수용

2. 의사결정의 참여모형

(1) 호이와 타터(Hoy & Tarter)의 참여적 의사결정의 규범모형

① 교장은 특정 사안에 대한 교사의 관련성과 전문성을 확인하여 해당 교사가 속한 수용영역을 판단하며, 이에 따라 의사결정에 대한 교사의 참여 정도를 다양하게 결정
② 수용영역에 따른 의사결정의 4가지 유형

I 상황	• 민주적 상황 : 참여 유도하여 전원 합의 또는 다수결에 의해 결정 • 갈등적 상황 : 조직목표와 개인목표가 갈등을 일으키는 상황일 경우 제한적 참여
II 상황(전문가상황)	제한적 참여 → 구성원이 의사결정에 때때로 참여하고 참여 정도는 제한
III 상황(이해관계자 상황)	구성원의 참여는 제한됨 → 참여자들 결정에 기여할 수 있는 전문성을 가지지 못할 경우 조직 의사결정은 전문가가 내리게 되므로 참여자들이 좌절감을 느끼기 때문
IV 상황(비협력적 상황)	수용영역 내에 있으므로 참여시킬 필요가 없음

(2) 브리지스(Bridges)의 참여적 의사결정

① 참여허용 범위(상황)-수용영역 밖 및 회색영역(한계영역), 참여허용 기준-적절성(이해관계) 및 전문성(능력)
② 상황에 따른 의사결정 유형 : 수용영역 밖(의회주의형 의사결정), 회색영역(민주적 접근형 의사결정)

구분	상황	참여적 의사결정의 유형
수용영역 밖(외부)	적절성有, 전문성有	구성원을 자주 참여시킴 → 의회주의형 의사결정
수용영역의 한계 영역	적절성有, 전문성無	구성원을 제한적으로 참여시킴(참여시키는 목적은 이해를 구하고, 설득·합의를 도출하여 저항을 최소화하기 위함) → 민주적 접근형 의사결정
	적절성無, 전문성有	구성원을 제한적으로 참여시킴(참여시키는 목적은 질 높은 아이디어나 정보를 얻기 위함) → 민주적 접근형 의사결정
수용영역 안	적절성無, 전문성無	구성원을 참여시킬 필요가 없음

(3) 의사결정의 산출모형

합리적(이상적) 모형 (Reitz)	• 모든 대안을 포괄적으로 탐색 평가하여 조직의 목표와 목적의 달성을 극대화할 수 있는 가장 합리적인 대안을 선택할 수 있다고 보는 입장 • 너무 이상적이고 비현실적인 모형이라고 평가

만족화 모형 (Simon, March)	• 인간이 가지는 한계를 인식하고 인간의 사회심리적인 측면을 고려하여 의사결정 시 최적의 대안을 선택하기보다는 만족할 만한 대안을 선택한다는 것을 강조하는 모형 • 혁신 또는 창의적인 문제해결방안을 기대하기가 어려움
점증적 모형 (Lindbloom, Wildavsky)	• 의사결정 시 현실을 긍정하고 이전의 상태보다 다소 향상된 대안을 추구하는 모형 • 보수적이고 소극적이라는 비판을 받고 있음
혼합모형 (제3의 모형, Etzioni)	합리모형과 점증모형의 약점을 보완하여 전자의 이성적 요소와 후자의 현실적·보수적 특성을 적절히 혼합해 의사결정이 이루어진다고 보는 입장
최적화 모형(Dror)	정책 결정이 합리성에만 근거해서 이루어지는 것은 아니며, 때때로 직관 등 초합리성이 개입되어 이루어짐을 주장한 모형
쓰레기통 모형 (Cohen, March, Olsen)	• 학교조직의 의사결정은 다양한 문제와 해결 방안들 사이의 혼란스러운 상호작용 속에서 비합리적이고 우연적 방식으로 이루어짐 • 조직의 목적은 사전에 설정되는 것이 아니라 자연스럽게 나타남 • 문제와 해결책이 조화를 이룰 때 좋은 의사결정이 이루어짐 • 높은 불확실성을 경험하고 있는 조직에서 가장 많이 일어나는 정책결정 모형

합격UP 의사소통의 기법(조하리의 창)

개방영역 (open area)	• 자기 자신도 알고 있고 타인도 자신에 대해 알고 있는 영역 • 개인에 대한 정보가 자신뿐만 아니라 타인에게도 공개되어 있음 • 개방성과 양립성이 존재하여 방어가 존재하지 않으며, 인간관계와 커뮤니케이션이 막힘이 없음
맹목영역 (blind area)	• 타인은 자기를 알고 있지만 정작 자기 자신은 모르는 영역 • 자기가 알지 못하는 개인의 성격이나 습관 등으로 개인에게 존재하는 맹점부분 • 타인이 맹점부분을 건드리면 우발적으로 화를 낼 수 있고 갈등을 유발할 수 있음
잠재영역 (hidden area)	• 타인은 모르고 자기 자신만 혼자 알고 있는 영역 • 자기에 관한 정보를 타인에게 감추고 타인과 신뢰하는 관계에서만 드러내기도 하지만, 이 부분이 노출되면 타인이 나를 싫어할 수 있을 것이라는 두려움을 갖고 있어 감출 수도 있음
미지영역 (unknown area)	• 자기 자신뿐만 아니라 타인도 모르고 있는 영역 • 이 영역은 인간 내면 깊이 숨겨져 있으므로 심리치료나 잘 알려지지 않았던 정보의 통찰을 통해 다른 영역으로 전이가 가능

SEMI-NOTE

의사소통의 유형

• **하향적 의사소통** : 상의하달(上意下達) 의사소통으로, 위계 또는 명령계통에 따른 지시적 의사소통이 중심을 이룸
• **상향적 의사소통** : 하의상달(下意上達) 의사소통으로, 하급자 주도로 의사소통이 이루어짐
• **수평적 의사소통** : 위계수준이 같은 부서 간에 이루어지는 의사소통으로, 상호작용적·횡적·측면적 의사소통이라고도 함
• **사선적(대각선적) 의사소통** : 조직구조상 집단을 달리하는 사람들 사이의 의사소통
• **포도넝쿨 모형 의사소통** : 비공식적 의사소통으로, 친화관계·학연·지연 등 조직 내부의 인간적 접촉에 의해 자생적으로 형성되는 의사소통

의사소통망의 형태

• **연쇄형** : 정보가 단계적으로 최종 중심 인물에 집결되는 경우로 구성원들 간의 뚜렷하고 엄격한 신분서열 관계가 존재(고리형이라고도 함)
• **수레 바퀴형** : 구성원들 간의 중심 인물이 있어 모든 정보가 집중되는 형태
• **원형** : 개방적인 의사소통 유형으로 중심 인물이 없는 상태에서 의사소통의 목적과 방향이 없고 구성원간의 정보가 전달되는 유형
• **상호 연결형(별형)** : 비공식적인 의사소통에서 형성되는 유형

09장

교육행정 및 교육경영/교육법

SEMI-NOTE

인사 행정
유능한 인적 자원을 확보하고 그들의
능력을 개발하여 그들로 하여금 최선
을 다할 수 있는 제반 여건을 조성하는
과정

교원연수

• **제도적 연수**
  - 직무연수 : 교육의 이론과 방법 및
    직무수행에 필요한 능력배양을 위
    해 실시
  - 자격연수 : 교원의 자격을 취득하기
    위한 것으로 2급 정교사 과정, 1급
    정교사 과정, 전문상담교사과정, 사
    서교사 과정, 1급 보건교사 과정, 원
    장 과정, 원감 과정, 교감과정 및 교
    장과정으로 구분됨

• **자율연수**
  - 교내 자율연수 : 단위학교의 자율연
    수로는 수업연구 발표, 교과협의회,
    동학년 협의회, 기타 특정 주제를
    중심으로 여러 형태의 연수나 학교
    전체 연수 등이 있음
  - 자기주도적 연수 : 대학원 진학, 사
    회교육기관의 수강, 각종 학회 활동
    이나 교직단체 가입하여 활동, 각종
    워크숍 등에 참여함

3. 교육공무원의 분류

교원	초 · 중등교육법과 고등교육법에 의해 규정된 바와 같이 각급 학교(유치원~대학)에서 원아 · 학생을 직접 지도 · 교육하는 자를 말함
교육전문직원	교육기관 · 교육행정기관 · 교육연구기관에 근무하는 장학사 · 장학관 · 교육연구사 · 교육연구관을 말함

4. 교육공무원의 근무조건(교육공무원법 제2조)

임용	신규채용, 승진, 승급, 전직(전직), 전보(전보), 겸임, 파견, 강임(강임), 휴직, 직위해제, 정직(정직), 복직, 면직, 해임 및 파면을 말함
직위	1명의 교육공무원에게 부여할 수 있는 직무와 책임을 말함
전직	교육공무원의 종류와 자격을 달리하여 임용하는 것을 말함(예 초등학교 교감이 장학사가 됨, 초등학교 교사가 중학교 교사가 됨, 중학교 교장이 교육장이 됨)
전보	교육공무원을 같은 직위 및 자격에서 근무기관이나 부서를 달리하여 임용하는 것을 말함(예 중학교 교사가 특성화 고등학교 교사가 됨)
강임	같은 종류의 직무에서 하위 직위에 임용하는 것을 말함
복직	휴직, 직위해제 또는 정직 중에 있는 교육공무원을 직위에 복귀시키는 것을 말함

5. 교육공무원의 징계

(1) 징계사유

① 국가공무원법 및 이 법에 의한 명령에 위반하였을 때
② 직무상의 의무에 위반하거나 직무를 태만한 때
③ 직무의 내외를 불문하고 그 체면 또는 위신을 손상하는 행위를 할 때

(2) 징계종류

파면	공무원으로서의 신분을 박탈하고 공무원직을 5년간 금지
해임	공무원으로서의 신분을 박탈하고 공무원직을 3년간 금지
강등	1계급 아래로 직급을 내리고(고위공무원단에 속하는 공무원은 3급으로 임용하고, 연구관 및 지도관은 연구사 및 지도사로 함), 공무원의 신분은 보유하나 3개월간 직무에 종사하지 못하며 그 기간 중 보수의 3분의 2를 감함
정직	1개월 이상 3개월 이하의 기간으로 하고 정직 처분을 받은 자는 그 기간 중 공무원의 신분은 유지하나 직무에 종사하지 못하며 보수의 3분의 2를 감함(처분기간 동안 경력평정 제외됨)
감봉	공무원으로서의 신분을 유지하고 1~3개월간 보수의 3분의 1을 감함
견책	전과(前過)에 대하여 훈계하고 회개하게 함

6. 장학론

(1) 장학의 개요

① 개념 : 교수-학습의 개선을 위해 교사를 중심으로 한 모든 교육담당자들에게 제공되는 제반 전문적·기술적 지도과정

② 역사 : 관리장학(⑩ 시학(視學)으로서의 장학) → 인간관계론적 장학(⑩ 협동장학(동료장학)) → 수업장학(⑩ 임상장학, 마이크로티칭) → 발달장학(수정주의적 장학, 경영으로서의 장학, 인간자원론적 장학)

(2) 조직수준에 따른 장학 유형 ★빈출개념

① 교육장학(중앙장학, 교육부 장학) : 교육부 내에서 이루어지는 모든 장학행정

② 학무장학(지방장학) : 지방교육행정기관인 시·도 교육청과 그 하급 교육행정기관(하급교육청)에서 이루어지는 장학행정

③ 수업장학(학교장학, 교내 자율장학, 교내장학)
   ㉠ 학교에서 교장을 중심으로 교육과정 운영과 교수-학습 과정 및 교육환경을 개선하기 위하여 교사를 지도·조언하는 장학 → 학교단위의 장학
   ㉡ 목적(핵심) : 수업개선(주로 초임교사, 저경력 교사 등을 대상으로 진행) → 수업장학의 개념과 유사하나 수업장학보다는 보다 광범위한 개념
   ㉢ 유형 : 임상장학, 마이크로티칭, 동료장학, 자기장학, 약식장학, 발전장학, 선택적(차등) 장학, 인간자원장학

④ 임상장학(코간(Cogan)이 개발, 학급단위의 미시적 장학, 수업장학의 한 방법)
   ㉠ 개념
   • 교사의 전문적 성장과 교실수업 기술향상을 목적으로 한 교사와 학생의 상호작용에 초점을 둔 상호작용적, 교사 중심적 장학
   • 교사의 필요에 의하여, 교사의 요청에 의하여, 교사를 중심으로, 교사가 주체가 되어 이루어지는 '교사 중심 장학' → 로저스(Rogers)의 내담자 중심 상담이론의 정신과 목적, 원리에 의해 운영
   • 임상(臨床)은 교사와 장학담당자(⑩ 장학사, 교장, 교감) 간의 대면적 관계성과 교사와 교실 내의 실제 행위에 초점을 둔다는 의미
   ㉡ 목적 : 교사의 전문적 성장과 교실수업의 개선
   ㉢ 특징 : 교사와 장학사 간의 관계는 쌍방적·동료적 관계, 장학사와 교사 간의 친밀한 인간 관계 강조, 교사의 자발적인 노력 강조, 주로 수업분석에 중점을 둔 언어적 상호작용과정

(3) 장학방법에 따른 장학 유형

① 동료장학(협동적 장학, 동료코치)
   ㉠ 소집단(3~4명)의 교사들이 자신들의 성장과 교육활동의 개선을 위해 서로 협동하고 노력하는 동료적 과정
   ㉡ 둘 이상의 교사가 서로 수업을 관찰하고, 관찰사항에 관해 상호 조언하며, 서

SEMI-NOTE

장학 개념의 변화

• 관리 장학 시대(1750~1930) : 장학은 행정의 연장으로 보이며, 권위주의적이고 강제적인 방법으로 장학이 이루어짐

• 협동 장학 시대(1930~1955) : 장학사와의 원만한 인간관계를 통해 교사가 학교에 만족감을 느끼며 헌신하게 함

• 수업 장학 시대(1955~1970) : 교육과정 개발과 장학은 동일시되었고 장학담당자는 각 과목의 전문가로서 교육과정을 편성하고 교사와 함께 새로운 교육 프로그램을 만드는 것이 주요임무가 됨

• 발달론적 장학 시대(현재) : 교사의 전문적 자질의 증진이란 교사 개개인의 가치관과 신념·태도·지적 이해력이라는 내면적 변화와 더불어 교수의 기술, 문제해결능력, 자율적 의사결정능력, 교사 상호 간의 협동적 사고와 교육실제의 개선이라는 외면적 행동의 변화를 의미함

임상장학의 과정

• 계획협의회(=관찰 전 협의회) → 수업관찰(플랜더스(Flanders)의 수업형태 분석법) → 장학협의회(피드백 협의회)

• 피드백 협의회는 '가료제시 → 분석 → 해석 → 대안결정 → 교사의 대안과 전략을 장학'의 순으로 진행

동료장학의 특징

• 교사들의 자율성과 협동성을 기초로 함
• 동료적 관계 속에서 교사들 간에 서로 가르치고 배우는 활동임
• 학교의 형편이나 교사들의 필요와 요구에 기초해 다양하고 융통성 있게 운영
• 교사관계를 증진할 수 있고, 학교 및 학생 교육에 대한 적극적인 자세와 전문적 신장을 도모할 수 있음

커플 장학
경력 2년 미만의 초임교사와 경력교사가 짝이 되어 초임교가가 교직 초기 단계에서 자기정체성을 효율적으로 확립하고 교사로서의 전문성을 계발할 수 있도록 지원하고 조력하는 협력적 장학 형태

선택 장학의 사례(카츠(Katz))
• **임상장학** : 초임교사(생존기, 처음 3년 계속, 그 후 3년마다), 경력교사(갱신기, 3년마다)
• **동료장학** : 높은 동료의식을 가지고 있는 경험 있고 유능한 교사(정착기)
• **자기장학** : 혼자 일하기를 좋아하는 경험 있고 유능한 교사(성숙기)
• **약식장학** : 모든 단계의 교사 또는 위 장학 유형을 선택하지 않는 교사

학교컨설팅
• **개념** : 학교교육을 개선하기 위해 일정한 전문성을 가진 사람들이 학교와 학교구성원들의 요청에 따라 제공하는 독립적인 자문활동
• **기본원리**
 – 자발성 : 학교장이나 교사가 자발적으로 도움 요청
 – 전문성 : 교육 전문가(컨설턴트)에 의한 지도 · 조언 활동
 – 독립성 : 컨설턴트와 의뢰인은 독립적 관계(수직적 관계 ×)
 – 자문성 : 컨설팅은 자문활동에만 한정됨
 – 일시성 : 의뢰인과 컨설턴트와의 관계는 문제해결 때까지만 유효한 일시적 관계
 – 교육성 : 컨설턴트는 의뢰인에게 컨설팅에 관한 교육적 영향력을 행사해야 함

로 전문적 관심사에 대하여 토의함으로써 자신들의 전문적 성장을 위해 함께 연구하는 비교적 공식화된 과정

　ⓒ **방법** : 수업연구 중심 동료장학, 협의 중심 동료장학, 연수 중심 동료장학, 커플 장학

② **자기장학(자율장학)** : 교사 자신이 스스로 전문성 신장을 위해 노력(예 자기평가, 자기분석 → 메타인지적 강화)

③ **약식장학(전통적 장학, 일상장학)** : 학교장이나 교감이 잠깐 수업 참관 후 조언(예 학급순시, 수업참관 → 다른 장학 유형의 보완적 성격)

④ **선택장학(차등장학, 절충적 장학)** : 교사의 발전 정도+교사의 필요 · 요구 · 희망을 고려하여 다양한 형태로 장학(예 임상장학(생존기 · 갱신기), 동료장학(정착기), 자기장학(성숙기), 전통적 장학(모든 교사))

⑤ **마이크로티칭(소규모 수업, 수업장학의 한 방법)**

　ⓐ 교생지도를 위하여 개발된 방법(예 운동선수와 코치가 협동하여 녹화 테이프를 보며 동작을 하나하나 수정해 나감)

　ⓑ 교사양성기관에서 교수기술 향상훈련을 위해 개발된 축소된 수업 : 계획 → 교수 → 관찰 → 비평 → 재계획 → 재교수 → 재관찰 → 재비평의 과정을 반복 · 훈련

　ⓒ 4분에서 20분 정도의 수업시간에 3~10명 규모의 소집단 학생을 대상으로 간단한 내용을 가지고 한두 가지 수업기술 향상에 초점을 둔 축소된 수업 연습

(4) 새로운 장학 유형

① **컨설팅장학(수업컨설팅)**

　ⓐ 교원의 자발적 의뢰를 바탕으로 교사의 전문성을 계발하기 위해 교내외의 전문성을 갖춘 사람들이 제공하는 조언활동, 교원의 전문성은 교과지도, 생활 및 진로지도, 학급운영 등과 관련된 것으로 범위를 설정할 수 있음

　ⓑ 학교컨설팅 중 수업, 학생지도, 교사지도 컨설팅하는 것이 컨설팅장학이며, 수업지도만 컨설팅하는 것을 수업컨설팅이라고 함 → 대표적인 컨설팅장학 실행자로는 학교 내 수석교사, 학교 외 수업전문가(장학사, 교수 등)이 있음

　ⓒ **기본원리**

자발성의 원리	의뢰인이 컨설팅에 관한 의사결정의 주체가 되어야 한다는 의미
전문성의 원리	의뢰 과제의 해결을 위해 해당 분야에 전문성을 가진 컨설턴트에 의해 조언이 이루어져야 함
자문성의 원리	컨설턴트는 의뢰인의 의뢰 내용에 대해 정답을 제시하는 것이 아니라 의뢰인 스스로 문제를 진단하고 해결할 수 있도록 자문을 해 주는 역할을 해야 함
한시성의 원리	의뢰된 과제가 해결되면 컨설팅은 종료되어야 함(컨설팅장학 협약 단계에서 합의한 기간에 컨설팅이 종료되어야 함)
독립성의 원리	컨설턴트와 의뢰인, 컨설팅 관리자의 관계가 서로 독립적이고 수평적이어서 객관적인 의견교류가 가능해야 함
학습성의 원리	컨설팅장학의 의뢰과정이 의뢰인과 컨설턴트에게 학습의 과정이 되어야 함

② 사이버 장학

　　㉠ 개념 : 인터넷 공간(예 학교 또는 교육청 홈페이지, E-mail)을 활용한 장학

　　㉡ 목적 : 정보화 사회에 부응한 전천후 장학체제로의 전환, 현장방문을 통한 장학지도의 대안으로 장학수혜자의 다양한 욕구충족, 학교현장 교육활동의 문제점 및 발전적 대안의 공유

06절　교육재정

1. 교육경비의 분류

(1) 직접 교육비

① 개념 : 교육활동을 위해 지출되는 모든 비용으로 교육재정의 대상이 되는 비용을 말함 → 공교육비(회계절차를 거치는 비용)와 사교육비(회계절차를 거치지 않는 비용)로 구성됨

② 구분

공교육비	공부담 교육비	국가 및 지방자치단체부담 교육비, 학교법인 교육비 등
	사부담 교육비	입학금 및 수업료, 기성회비 및 학생자율경비, 현장학습, 수련활동비, 특기적성활동비, 급식비 등
사교육비	사부담 교육비	교재비, 학용품비, 생활비, 잡비(과외비, 교통비, 하숙비 등)

(2) 간접 교육비

① 개념 : 일정 단위의 교육서비스의 생산에 있어서 직접비용 이외에 소요되는 경비를 말함

② 구분 : 기회비용, 비영리기관으로서의 학교에 대한 조세감면, 건물 시설의 잠재적 임차료와 감가상각비

실력UP　교육재정 제도와 정책 ★빈출개념

- 사립학교의 재원은 학생등록금, 학교법인으로부터의 전입금, 국고 또는 각종 단체로부터의 전입금, 국고 또는 각종 단체로부터의 원조·보조금으로 구성되어 있음
- 사부담 교육비의 종류 : 입학금, 수업료, 기성회비, 학교운영지원비, 학생활동비, 교재대, 유실소득 등
- 국세교육세 : 교육세법에 의하여 세원과 세율이 결정됨
- 지방교육세 : 지방세법에 의하여 세원과 세율이 결정됨

교육재정의 조달
- 중앙정부 : 지방교육재정교부금(보통교부금, 특별교부금)
- 국고보조금 : 비율이 일정하지 않아 안정적이지 못함
- 지방자치단체 : 지방자치단체의 전입금

기회비용(포기소득)

실질적으로 교육활동을 위해 투입되는 경비는 아니지만 피교육자가 교육에 종사하기 때문에 포기해야 하는 포기소득과 같이 다른 용도의 사용을 가정한 경비를 말함

국세와 지방세

국세와 지방세의 구분은 부과징수의 주체를 의미하는 것으로, 실제 재정의 규모와는 다른 개념임. 통상 국세의 경우 국세청, 관세청 등 중앙정부기관을 통해 징수되어 한국은행 국고계좌로 수납되고, 지방세의 경우에는 시, 군, 구를 통해 징수되며, 지방자치단체별 운행계좌를 통해 수납되고 있음

09장
교육행정 및 교육경영/교육법

1차 노동시장과 2차 노동시장

1차 노동시장	높은 보수와 수당, 좋은 작업환경, 승진 기회 등이 존재하는 시장
2차 노동시장	저임금, 저수당, 저훈련, 승진 기회의 부족, 열악한 작업환경, 잦은 해고 등이 존재하는 시장

성과주의 예산제도(PBS)의 장점

• 행정의 투명성 및 신뢰성 확보
• 재정 지출의 효율성 제고
• 행정 서비스의 개선 및 책임행정 구현
• 정부 기능의 핵심역량 강화

기획예산제도(PPBS)의 장·단점

• 장점
  − 계획 지향적인 예산관리 가능
  − 예산의 절약과 지출의 효율화
  − 중앙집권적인 처리를 통해 예산과정에 있어 의사결정 절차의 일원화 가능
• 단점
  − 목표설정 시 의견 조율이 쉽지 않음
  − 정보가 최고의사결정자에게 집중되어 계획기능을 강화함으로써 예산제도에 있어 중앙집권화 성향을 초래할 수 있음

복식 예산제도(DBS ; Double Budgeting System, 자본예산제도)

경상예산과 자본예산으로 구분하여 배분 운영하는 제도 → 예산의 장기적인 균형 도모

2. 교육과 소득

인간자본론	교육 투자의 결과로 지식과 기술의 형태로 인적자본이 형성되면 일터에서의 노동 생산성이 향상되고 그 결과 노동 소득이 향상됨(결과적 평등 실현)
선발가설	교육은 능력에 따라 개인을 분류하고 그 능력에 합당한 교육자격증을 부여하는 역할을 함
이중노동 시장론 (구조론)	소득에 미치는 교육의 영향은 인정되지 않으며 소득은 1차 노동시장과 2차 노동시장 중 어느 부분에 편입되는가에 따라 결정됨
비판론	개인의 소득 불평등은 가정의 사회경제적 배경이 결정하며 교육은 상류층으로 하여금 부를 세습하는 수단이며 장치임

3. 교육예산제도

(1) 품목별 예산제도(LIBS ; The Line Item Budgeting System)

① 지출대상을 품목별(예 인건비, 시설비, 운영비)로 세분화하여 그 한계를 명확히 규정
② 예산의 유용이나 부정 방지(통제지향의 예산제도, 점증주의 방식)

(2) 성과주의 예산제도(PBS ; Performance Budgeting System, 실적예산제도)

① 정부가 지출하는 목적에 중점을 두어 정부가 시행하고자 하는 사업(예 교단 선진화 사업, 교육복지투자우선지역사업)의 비용을 명백히 해 주는 예산제도 : 사업별 분류 → 활동별 분류 → 활동별 단위원가 계산 → 예산액(단위원가×업무량) 산출
② 사업계획별·활동별로 예산과목 구분, 세부사업별로 예산액 표시, 그 집행 성과를 측정·평가 → 예산집행의 효율성 제고
③ 올해의 성과(실적)로 내년 예산을 편성, 관리기능 중심의 예산제도, 점증주의 방식 → 자율성 및 책무성 강화

(3) 기획예산제도(PPBS ; Planning Programming Budgeting System)

① 중·장기적 계획수립과 단기적 예산편성 → 절약과 능률, 효과성, 경제적 합리성, 합목적성, 과학적 객관성 등을 이념으로 함
② 계획기능 중심의 예산제도, 5년짜리 연동예산으로 운용, 중앙집권적 성향이 강함
③ 장기적 기획과 단기적 예산을 세부계획을 통해 유기적으로 연관시켜, 예산배분에 관한 의사결정을 합리적·계량적으로 일관성 있게 행하려는 제도

(4) 영기준 예산제도(ZBBS ; Zero Base Budgeting System)

① 전년도 예산은 근거 없는 것으로 간주, 매 회계연도마다 처음 시작한다는 생각으로 새로이 예산편성하는 제도
② 특징 : 전년도 예산내역을 기준으로 가감하는 점증주의 방식을 탈피하여 예산편성의 신축성을 확대, 예산의 관리기능과 계획기능의 조화 강조, 구성원의 참여 조성, 감축기능 중심의 예산제도, 일몰예산 제도 운영 가능

③ 과정 : 의사결정패키지(요약된 사업계획서) 작성 → 의사결정패키지 순위 부여

④ 장 · 단점

장점	• 학교경영에 전 교직원을 참여하도록 유도할 수 있음 → Y이론 • 창의적이고 자발적인 사업구상과 실행을 유지할 수 있음 • 학교경영 계획과 예산이 일치함으로써 교장의 합리적이고 과학적인 경영을 지원할 수 있음
단점	• 교원들에게 새로운 과업을 부과하게 되고, 제도에 숙달되기 전의 많은 시행착오를 감수해야 함 • 사업이 기각되거나 평가절하되면 비협조적 풍토가 야기될 수 있음 • 의사결정에 전문성이 부족하면 비용 및 인원 절감에 실패할 수 있음

(5) 학교회계 제도

① 의미 : 학교예산이란 일정기간 동안 학교가 교육활동을 실천해 나가는데 필요한 세입과 세출의 체계적인 계획서를 말하며, 학교회계란 계획을 집행하면서 발생하는 일련의 활동에 대한 구체적인 기록으로서 학교에서의 '수입과 지출의 관리와 운용에 관한 예산제도'를 말함

② 회계연도 : 매년 3월 1일에 시작하여 다음해 2월 말일에 종료되며 예산편성, 예산심의, 예산집행, 결산의 과정을 거침

③ 설치 : 학교회계는 국 · 공립의 초등학교 · 중학교 · 고등학교 및 특수학교에 설치함(2001학년부터 시행)

07절   학교경영과 학급경영 및 교사론

1. 학교경영과 학교경영기법

(1) 학교경영

① 의미 : 학교의 교육목적 달성을 위한 물적 · 인적 자원과 조건을 정비하는 활동

② 학교경영 조직

교원조직	• 교과경영 조직 : 학급담임제, 교과담임제 • 교무(教務)분장 조직(교육지도 조직, 수평적 관계 조직) : 교장 → 교감 → 수석교사 → 담임교사(교과교사) • 교무(校務)분장 조직(업무 · 사무 조직, 수직적 관계 조직) : 교장 → 교감 → 보직교사 → 계원교사 • 운영협의 조직 : 교직원의 전문적 참여를 통해 학교운영에 관한 제반 문제 협의(예 전체 교직원회의, 보직교사 회의(부장회의), 기획위원회, 각종 운영위원회, 각종 협의회, 교직원 친목회 등) • 교무회의 : 자문기구의 성격
학생회, 학부모 회조직	자율적 · 민주적 단체 → 후원적, 비영리적

조직개발기법(OD)의 특징
- 사전에 치밀한 계획에 의해 신중하게 검토되어야 함
- 전체 체제의 변화에 초점을 둠
- 변화 당사자가 참여해야 함
- 행동과학을 활용함
- 계속적인 과정으로 실시되어야 함
- 조직 내 집단간의 상호작용에 역점을 둠(집단 지향적)

총체적 질관리(TQM)를 위한 방법
- **수업평가제도** : 수업효과를 비교적 정확하게 측정하여 수업개선을 위한 객관적인 자료 수집
- **학생대표그룹** : 학생대표그룹을 조직하여, 정기적 만남을 통해 학생들의 의견 수렴
- **멘토링** : 경력교사가 신규교사에게 수업경험을 전수(예 커플장학)
- **벤치마킹** : 자신들의 수업을 국내외의 이상적인 수업모형과 비교하여 장점을 탐구하고 수준을 향상

구축원리(Senge)
- **개인적 숙련** : 학교 조직 구성원들이 자신의 비전과 현재 상태 간의 차이를 지각하고, 차이를 메우기 위해 끊임없이 지식, 기술, 태도의 발전을 위해 학습활동을 전개시켜나가도록 해야 함
- **정신 모형** : 각 개인이 무엇을 어떻게 보고 행동할지를 결정하는 인식의 틀로써 하나의 상황에 대해 자신의 정신모형에 따라 다르게 해석함
- **비전 공유** : 조직이 추구하는 방향이 무엇이며, 그것이 왜 중요한지에 대해 모든 구성원들이 공감대를 형성하도록 해야 함
- **팀 학습** : 구성원들이 팀을 이루어 학습하도록 함으로써 개인수준의 학습을 증진시키고, 대화와 토론을 통해 개인이 해결할 수 없는 복잡한 문제나 핵심적인 문제를 해결하도록 함
- **시스템적 사고** : 조직에서 일어나는 여러 가지 사건들을 부분적으로 이해하고 해결하기보다는 전체적으로 인식하고 부분과 부분들 사이의 순환적 인과관계 혹은 역동적 관계로 해석함

(2) 학교경영기법

조직개발기법(OD ; Organization Development)	행동과학의 개념을 사용하여 공식적 및 비공식적 절차, 과정, 규모 또는 구조의 변화에 표면적으로 초점을 맞추고, 체제의 자체평가 연구와 개선을 위해 집중적이고 체계적이고 계획적인 지속적 노력을 하는 복합적 교육전략
목표관리 기법(MBO ; Management by Objectives)	• 교직원이 공동 참여하여 목표를 설정(민주적 학교경영) • 구체적인 목표를 설정(SMART : 구체적, 측정가능한, 달성가능한, 현실가능한, 목표 달성 시점을 포함하여 목표 설정) • 교직원의 합의로 결정하며, 각자 역할과 책임을 명료화하게 진술 • 목표에 따른 자원 및 예산 배분 • 성과측정 및 보상. 정해진 기준에 따라 자체적으로 평가하고 보상
경영정보체제(MIS ; Management Information System)	• 조직의 관리, 분석 및 의사결정 기능을 지원하기 위해 정보를 제공하는 인간과 기계의 통합 시스템 • 주요 처리기능 : 거래 처리 기능, 원본 서류의 유지 기능, 보고서 작성 기능, 상호지원 기능
사업평가검토기법(PERT ; Program Evaluation and Review Technique)	• 생산의 지체·중단 및 갈등을 최소화하고 전반적 직무의 여러 부분을 조정하여 동시에 이루어지도록 하고, 사업의 완료를 촉진하며, 미리 정해진 일을 예정대로 성취하도록 일정계획을 짜고 예산을 편성하는 방법 • 과정 : 사업기획 → 시간 및 자원 추정 → 기본 일정표 작성 → 시간비용 교환관계 분석 → 사업통제
총제적 질관리(TQM ; Total Quality Management)	• 수요자가 요구하는 질을 가장 경제적으로 생산할 수 있도록 생산체제의 모든 단계에 통계적 원리와 기법을 적용하는 것 • 관리의 효율성과 탄력성을 전반적으로 향상시키기 위한 접근방법으로 모든 부서, 모든 활동, 모든 수준의 구성원들을 조직화하고 참여시키는 방법 • 총제적 질 관리가 성공하기 위해서는 지도성, 구성원의 참여, 우수한 공정, 고객중심 등의 4가지 구성요소를 갖추어야 함
영기준 예산제도(ZBBS ; Zero Base Budgeting System)	과거의 실적이나 계획에 관계없이 새로운 관점에서 DP(Decision Package)를 작성하고 그 검토 결과에 따라 동일한 기준에서 신·구 계획을 평가하여 예산의 범위 안에서 순서를 정하고 채택된 계획에 대해서만 예산결정을 하는 제도

실력UP 학습조직(learning organization)
- **의미** : 급변하는 경영 환경 속에서 승자로 살아남기 위해서는 조직원이 학습할 수 있도록 기업이 모든 기회와 자원을 제공하고 학습결과에 따라 지속적인 변화를 이루어 학교의 모습을 지녀야 함
- **구축원리(Senge)** : 개인적 숙련, 정신 모형, 비전 공유, 팀 학습, 시스템적 사고

2. 학급경영

(1) 의미와 원리

① 의미 : 학급의 교육목적을 달성하기 위한 활동 중 교수–학습을 제외한 학급 내의 모든 활동

② 학급경영의 원리 : 타당성, 개별화, 자율화, 사회화, 통합화, 전문화, 협동의 원리

(2) 학급경영의 원칙

교육적 학급경영	모든 학급경영활동이 교육의 본질과 목적(개인의 잠재력 실현, 자아실현)에 부합되도록 운영하라는 원칙
학생이해의 학급경영	학급경영의 구상과 전개가 학생의 이해(학생의 발달단계에 따른 제 특징과 학습능력 및 준비도, 그리고 집단역학과 사회적 심리의 이해)를 기반으로 이루어져야 한다는 원칙
민주적 학급경영	• 민주주의 이념(예 인간존중, 자유, 평등, 참여, 합의 등)에 입각하여 학급을 경영하는 원칙 • 학급 구성원 개개인의 인격이 존중되고, 자유로운 학급분위기가 조성되며, 학생 스스로 결정할 수 있고 책임질 수 있는 자율적 행동을 조성하는 원리
효율적 학급경영	• 효율적이고 능률적으로 학습을 운영하는 원칙 • 학급자원을 경제적으로 사용하여 학급목표를 달성함과 동시에 학급구성원의 심리적 만족을 충족시키는 학급운영이 효율적인 학급경영임

3. 교사론

(1) 교직관의 유형

성직관	소명의식(사랑과 봉사정신), 성인군자적 교사 → 교사의 종교성(윤리성) 중시, 교직기술 경시, 교사의 정치성·노동자성 부정, 물질적 대우 요구를 경시(예 군사부일체, 교직은 천직)
전문직관	교직기술 중시, 자율성(학문의 자유)와 윤리의식 강조
노동직관	정당한 보수와 처우 개선 → 교사의 정치성 및 경제성 중시
공직관	국가공무원 신분에 근거한 것 → 공립학교 교원 및 그에 준하는 사립학교 교원에게도 요구되는 관점

(2) 교원의 기대효과(자기 충족적 예언)

자기 충족적 예언	• 교사가 성적이 올라갈 것이라 기대하는 학생이 실제로 성적이 올라간다는 자기 충족적 예언 주장 • 플라시보 효과(긍정적 자기암시 효과) vs 노시보 효과(부정적 자기암시 효과)
피그말리온 효과 실험	• 학생들의 능력 발휘에 대한 교사의 신념은 학생들의 잠재력에 대한 교사의 기대는 물론 교사 자신의 효능감에도 영향을 미침 • 피그말리온 효과(긍정적 기대효과) vs 골룸효과(부정적 기대효과)

SEMI-NOTE

전문직의 특성(Lieberman)

• 심오한 이론적 배경을 가짐
• 고도의 지성을 요구하는 정신적 활동을 위주로 함
• 장기적인 훈련기간이 필요
• 엄격한 자격기준(예 자격증 제도)
• 표준 이상의 능력신장을 위한 계속적인 이론 규명(예 현직교육)이 있어야 함
• 사회봉사적 기능이 강하며, 자체의 행동을 규율하는 윤리강령을 가짐
• 자신들의 전문성 제고를 위한 전문적 단체를 가짐

(3) 교원의 윤리

사도헌장(師道憲章)	스승이 나아갈 길을 밝힌 헌장
사도강령(師道綱領)	교원이 지켜야 할 규범

08절　교육법

1. 교육법의 기초

(1) 개념

① 교육법은 교육에 관한 법 규범 또는 교육행정에 관한 법규를 통칭하는 개념
② 교육과 법규는 상호보완 · 보충적인 관계를 가지며, 양자의 장점을 잘 조화해 가는 것이 교육법의 목표와 기능의 초점

(2) 교육의 법원

① '헌법'은 교육에 관한 최상위규범으로서 국회의 의결을 거쳐 국민투표에 의해서 제 · 개정되며, 교육에 대해 직접 규정한 헌법 조항은 제31조임
② '법률'은 입법부인 국회에서 정하는 법으로 법률의 명칭은 '~법'이거나 '~에 관한 법률'임 → 대표적인 교육법률로는 '교육기본법, 초 · 중등교육법, 고등교육법, 평생교육법, 교육공무원법, 사립학교법, 지방교육자치에 관한 법률' 등이 있음
③ '명령'은 행정부에서 만든 법으로, 그 중 교육부장관이 만든 법은 교육부령이라고 하고 대통령령의 명칭은 '~시행령', '~규정' 등이며, 부령의 명칭은 '~시행규칙' 등임 → 교육에 관한 대통령령의 대표적인 예는 '초 · 중등교육법 시행령'으로서 법률인 '초 · 중등 교육법'에서 위임한 사항이나 그 시행에 필요한 사항을 규정하고 있음. 부령으로는 '초 · 중등교육법 시행규칙'이 있는데 이 규칙은 '초 · 중등교육법' 및 같은 법 시행령에서 위임된 사항과 그 서행에 필요한 사항을 규정하고 있음
④ '자치법규'는 지방자치단체가 만드는 법으로, 지방자치단체는 의결기구(광역자치단체인 시 · 도 의회와 기초자치단체인 시 · 군 · 구 의회)와 집행기구(자치단체장을 말하는데 광역자치단체장인 시장 · 도지사와 기초자치단체장인 시장 · 군수 · 구청장, 교육특별자치단체장인 시 · 도교육감)로 나뉨 → 이때 지방의회가 만드는 법을 '조례'라 하며, 자치단체장이 만드는 법은 '규칙', 특히 교육감이 만드는 법을 '교육규칙'이라고 함(교육감은 집행기구이지만 두 가지의 입법권을 갖고 있는데, 바로 조례안작성권과 교육규칙제정권임)
⑤ 법의 규율 · 적용범위에 따라 국내법(외국에서는 적용되지 않는 법)과 국제법(국가 간 인정된 법으로서 해당 국가들에게 적용(예 유네스코 현장(조약), 세계무역기구(WTO) 협정 등))으로 나뉨

우리나라 교육법의 구조

- **주요 교육법규** : 헌법, 교육기본법, 초 · 중등교육법, 고등교육법, 지방교육자치에 관한 법률 등
- **기타 교육관련 법령** : 교육공무원법, 교원의 지위 향상 및 교육활동 보호를 위한 특별법, 교육공무원 승진규정, 교육공무원 징계령, 국가공무원 복무규정, 공무원 보수규정, 공무원수당 등에 관한 규정, 교원의 노동조합 설립 및 운영 등에 관한 법률, 영재교육 진흥법, 과학 · 수학 · 정보 교육 진흥법, 산업교육진흥 및 산학연협력촉진에 관한 법률, 도서 · 벽지 교육진흥법 시행규칙, 유아교육법, 장애인 등에 대한 특수교육법, 평생교육법, 학원의 설립 · 운영 및 과외교습에 관한 법률, 지방교육재정교부금법, 교육세법, 국가재정법, 정부조직법, 교육부와 그 소속기관 직제, 대학설립 · 운영 규정, 고등학교 이하 각급 학교 설립 · 운영 규정 등

법 적용의 우선원칙

- **성문법 우선의 원칙** : 제정법으로서 성문법이 존재한다면 우선적으로 성문법을 따라야 함. 예컨대 행정 선례보다는 성문법으로서의 법령이 우선함
- **상위법 우선의 원칙**(대통령령(학교장 학생지도권) > 학생인권조례(체벌금지))
- **신법 우선의 원칙**
- **특별법 우선의 원칙**(노동조합법 < 교원노조법)

실력UP **교육감** ★ 빈출개념

- 교육지원청에 교육장을 두되 장학관으로 보함
- 교육감은 시 · 도의 교육 · 학예에 관한 사무의 집행기관임
- 교육감의 임기는 4년으로 하며, 교육감의 계속 재임은 3기에 한함
- <u>부교육감은 당해 시 · 도의 교육감이 추천한 자를 교육부장관의 제청으로 국무총리를 거쳐 대통령이 임명함</u>
- 교육규칙의 제정에 관한 사항은 교육감의 관장사무에 해당함
- 주민은 교육감을 소환할 권리를 가짐
- 교육감후보자가 되려는 사람은 당해 시 · 도지사의 피선거권이 있는 사람으로서 후보자등록신청개시일부터 과거 1년 동안 정당의 당원이 아닌 사람이어야 함
- 정당은 교육감 선거에 후보자를 추천할 수 없음
- 부교육감은 고위공무원단에 속하는 일반직공무원 또는 장학관으로 보함
- 교육감후보자가 되려는 사람은 후보자등록 신청개시일을 기준으로 지방교육자치에 관한 법률 제10조제2항에 따른 교육경력 또는 교육행정경력이 5년 이상 있거나 양 경력을 합한 경력이 5년 이상 있는 사람이어야 함
- 국회의원 · 지방의회의원 · 교육의원 · 국가공무원 · 지방공무원, 사립학교 교원 및 사립학교 경영자 등은 겸직할 수 없음

(3) 대한민국 헌법 제31조

법 령 헌법

제31조 ① 모든 국민은 능력에 따라 균등하게 교육을 받을 권리를 가진다.
② 모든 국민은 그 보호하는 자녀에게 적어도 초등교육과 법률이 정하는 교육을 받게 할 의무를 진다.
③ 의무교육은 무상으로 한다.
④ 교육의 자주성 · 전문성 · 정치적 중립성 및 대학의 자율성은 법률이 정하는 바에 의하여 보장된다.
⑤ 국가는 평생교육을 진흥하여야 한다.
⑥ 학교교육 및 평생교육을 포함한 교육제도와 그 운영, 교육재정 및 교원의 지위에 관한 기본적인 사항은 법률로 정한다.

① **교육평등(제1항)** : 교육기회를 평등하게 누릴 수 있게 해야 하는데 그 능력에 따라 교육받게 해야 함을 천명하고 있어 '평등의 원칙'과 '차등의 원칙'을 모두 포함하고 있음 → '같은 것은 같게, 다른 것은 다르게 대우한다'는 원칙을 표현한 것으로서 '교육의 적절성'을 실현하기 위한 것임

② **교육의 자주성 · 전문성 · 정치적 중립성 및 대학의 자율성(제4항)** : 교육의 자주성은 '지방교육자치에 관한 법률' 등에 의해 보장되고, 교육의 전문성은 '초 · 중등교육법'상의 교원자격제도 등에 의해 보장되며, 교육의 정치적 중립성은 '지방교육자치에 관한 법률'에서 교육감의 정당가입 기간을 제한하는 등의 규정에 의해 보장, 대학의 자율성은 '고등교육법' 등에 의해 보장됨

③ **평생교육 진흥(제5항)** : '평생교육법'을 제정하여 평생교육의 진흥에 대한 국가 및 지방자치단체의 책임과 평생교육제도와 그 운영에 관한 기본적인 사항을 규정함

지방자치제도

- 지방 교육행정조직이란 지방의 교육행정을 위한 전반적인 조직과 구조를 의미함
- 우리나라의 지방 교육행정조직은 교육 자치를 기본으로 하고 있음
- 교육자치제도란 교육기관이 행하는 자치적 행정제도를 말함
- 교육의 전문성과 중립성을 보장하고 자율적인 교육활동을 전개할 수 있도록 일반 행정으로부터 분리 · 독립하여 자치적으로 교육행정을 실시하는 제도를 말함
- 현행 교육자치제는 시 · 도 단위의 광역 지방교육자치제임
- 교육의 자주성 및 전문성과 지방교육의 특수성을 살리기 위해 지방자치단체의 교육 · 과학 · 기술 · 체육 · 기타 학예에 관한 사무를 관장하는 기관으로서 각 특별시 · 광역시 · 도에 집행기관인 교육감을 두고 있음
- 의결기관으로는 시 · 도 의회가 있음

교육법의 기본원리

- **법률주의의 원리(합법성의 원리)** : 교육행정의 모든 활동이 합법적으로 개정된 법령 규칙 조례 등에 따라야 하는 법률 적합성을 가져야 함
- **민주성의 원리** : 국민의 의사를 행정에 반영하고 국민을 위한 행정을 해야 함(例 다양한 구성원들의 의사를 반영하기 위해 위원회, 협의회 등을 둠)
- **효율성의 원리** : 행정활동에서 최소한의 인적 · 물적 자원과 시간을 들여서 최대의 성과를 거둠
- **자주성의 원리** : 교육이 그 본질을 추구하기 위해 일반행정에서 분리 독립되고 정치와 종교로부터 중립성을 유지해야 함
- **안정성의 원리** : 일단 국민적 합의과정을 거쳐 수립 · 시행되는 교육정책이나 프로그램은 장기적인 안목에서 계속성과 일관성을 유지해야 함
- **기회균등의 원리** : 민주주의의 기본원리로, 교육행정에 있어 가장 강력하게 요청되는 원리
- **전문성 보장의 원리** : 교육행정은 교육을 위한 행정이므로 교육활동의 본질을 이해하고, 교육의 특수성을 체험적으로 인식하고, 교육행정에 관한 이론과 기술을 습득한, 충분한 훈련을 쌓은 전문가가 담당하여야 함

09장

교육행정 및 교육경영/교육법

SEMI-NOTE

④ 교육제도법정주의(제6항) : '초 · 중등교육법, 평생교육법, 지방교육재정교부금법, 교원의 지위 향상 및 교육활동 보호를 위한 특별법' 등이 제정됨

2. 교육기본법과 교원의 지위 향상 및 교육활동 보호를 위한 특별법

(1) 교육기본법

① 제14조(교원)

> **법 령** 교육기본법
>
> 제14조(교원) ① 학교교육에서 교원(教員)의 전문성은 존중되며, 교원의 경제적 · 사회적 지위는 우대되고 그 신분은 보장된다.
> ② 교원은 교육자로서 갖추어야 할 품성과 자질을 향상시키기 위하여 노력하여야 한다.
> ③ 교원은 교육자로서 지녀야 할 윤리의식을 확립하고, 이를 바탕으로 학생에게 학습윤리를 지도하고 지식을 습득하게 하며, 학생 개개인의 적성을 계발할 수 있도록 노력하여야 한다.
> ④ 교원은 특정한 정당이나 정파를 지지하거나 반대하기 위하여 학생을 지도하거나 선동하여서는 아니 된다.
> ⑤ 교원은 법률로 정하는 바에 따라 다른 공직에 취임할 수 있다.
> ⑥ 교원의 임용 · 복무 · 보수 및 연금 등에 관하여 필요한 사항은 따로 법률로 정한다.

② 제15조(교원단체)

> **법 령** 교육기본법
>
> 제15조(교원단체) ① 교원은 상호 협동하여 교육의 진흥과 문화의 창달에 노력하며, 교원의 경제적 · 사회적 지위를 향상시키기 위하여 각 지방자치단체와 중앙에 교원단체를 조직할 수 있다.
> ② 제1항에 따른 교원단체의 조직에 필요한 사항은 대통령령으로 정한다.

(2) 교원의 지위 향상 및 교육활동 보호를 위한 특별법

> **법 령** 교원의 지위 향상 및 교육활동 보호를 위한 특별법
>
> 제4조(교원의 불체포특권) 교원은 현행범인인 경우 외에는 소속 학교의 장의 동의 없이 학원 안에서 체포되지 아니한다.

3. 학교폭력예방법(학교폭력예방 및 대책에 관한 법률)

(1) 학교폭력예방법의 목적

> **법 령** 학교폭력예방 및 대책에 관한 법률
>
> 제1조(목적) 이 법은 학교폭력의 예방과 대책에 필요한 사항을 규정함으로써 피해학생의 보호, 가해학생의 선도 · 교육 및 피해학생과 가해학생 간의 분쟁조정을 통하여 학생의 인권을 보호하고 학생을 건전한 사회구성원으로 육성함을 목적으로 한다.

교육직원 분류
• 국공립 계통 교육직원
  - 교육공무원 특정직: 교원(교장, 교감, 교사, 수석교사), 조교, 특정직 (장학관, 장학사, 교육연구관)
  - 일반직 공무원 : 사무계(일반행정, 교육행정, 사서), 기술, 보건, 정보통신계
  - 기타(별정직):비서관(비서, 고용직)
• 사립계통 교육직원
  - 교원(교장, 교감, 교사)
  - 조교
  - 특별연수(교육행정직원)

(2) 학교폭력예방법의 정의

법령 학교폭력예방 및 대책에 관한 법률

제2조(정의) 이 법에서 사용하는 용어의 정의는 다음 각 호와 같다.
1. "학교폭력"이란 학교 내외에서 학생을 대상으로 발생한 상해, 폭행, 감금, 협박, 약취·유인, 명예훼손·모욕, 공갈, 강요·강제적인 심부름 및 성폭력, 따돌림, 사이버 따돌림, 정보통신망을 이용한 음란·폭력 정보 등에 의하여 신체·정신 또는 재산상의 피해를 수반하는 행위를 말한다.

(3) 주요특징

① 교육감은 학교폭력의 실태를 파악하고 학교폭력에 대한 효율적인 예방대책을 수립하기 위해 학교폭력 실태조사를 연 2회 이상 실시하고 그 결과를 공표해야 함 (퇴학처분은 의무교육과정에 있는 가해학생에 대하여는 적용하지 아니함(중학생))
② 교육감은 제12조에 따른 심의위원회가 처리한 학교의 학교폭력빈도를 학교의 장에 대한 업무수행 평가에 부정적 자료로 사용하여서는 아니됨
③ 교육부장관, 교육감, 지역 교육장, 학교의 장은 학교폭력과 관련한 개인정보 등을 경찰청장, 지방경찰청장, 관할 경찰서장 및 관계 기관의 장에게 요청할 수 있음
④ 제1항에 따라 정보제공을 요청받은 경찰청장, 지방경찰청장, 관할 경찰서장 및 관계 기관의 장은 특별한 사정이 없으면 이에 응하여야 함
⑥ 퇴학처분은 의무교육과정에 있는 가해학생에 대하여는 적용하지 아니함(중학생)
⑦ 제 17조(가해학생에 대한 조치)

법령 학교폭력예방 및 대책에 관한 법률

제17조(가해학생에 대한 조치) ① 심의위원회는 피해학생의 보호와 가해학생의 선도·교육을 위하여 가해학생에 대하여 다음 각 호의 어느 하나에 해당하는 조치(수 개의 조치를 동시에 부과하는 경우를 포함한다)를 할 것을 교육장에게 요청하여야 하며, 각 조치별 적용 기준은 대통령령으로 정한다. 다만, 퇴학처분은 의무교육과정에 있는 가해학생에 대하여는 적용하지 아니한다.
1. 피해학생에 대한 서면사과
2. 피해학생 및 신고·고발 학생에 대한 접촉, 협박 및 보복행위의 금지
3. 학교에서의 봉사
4. 사회봉사
5. 학내외 전문가에 의한 특별 교육이수 또는 심리치료
6. 출석정지
7. 학급교체
8. 전학
9. 퇴학처분
② 제1항에 따라 심의위원회가 교육장에게 가해학생에 대한 조치를 요청할 때 그 이유가 피해학생이나 신고·고발 학생에 대한 협박 또는 보복 행위일 경우에는 같은 항 각 호의 조치를 동시에 부과하거나 조치 내용을 가중할 수 있다.

SEMI-NOTE

학교운영위원회
• 개요
  – 1995년 5월 31일 발표된 교육개혁 방안 중에서 자율과 책무성에 바탕을 둔 학교운영을 위한 구체적인 개혁 방안으로서 교장, 교사 초빙제와 함께 학교운영위원회의 설치가 제안되었음
  – 1995학년도 2학기부터 시험 실시되고 1996년에는 단계적으로 확대 실시하는 것으로 계획되었음
  – 1995년 12월 정기국회에서는 '지방교육자치에 관한 법률'을 개정하여 학교교육위원회의 설치 근거를 마련하였음
• 구성
  – 학교장은 당연직 교직위원으로 하고 기타 위원은 선출함
  – 학부모 위원은 학부모 중에서 민주적 대의절차에 따라 학부모 전체회의에서 직접 선출함
  – 교원 위원은 교원 중에서 선출하되 교직원 전체회의에서 무기명 투표로 선출함
  – 지역위원은 학부모 위원 또는 교원 위원의 추천을 받아 학부모 위원과 교원 위원이 무기명 투표로 선출함
  – 구성 비율은 학부모 40~50%, 교원 30~40%, 지역사회 인사 10~30%로 함
• 역할
  – 국립·공립 학교의 경우 교육공무원법 제29조의3제8항에 따른 공모 교장의 공모 방법, 임용, 평가 등을 심의함
  – 국립·공립 학교의 경우 학교의 예산안과 결산, 학교교육과정의 운영 방법, 학교급식 등을 심의함
  – 국·공립학교에서는 대학입학과 관련된 사항을 심의할 수 있음
  – 학교발전기금을 조성할 수 있음
  – 사립의 특수학교도 구성·운영하여야 함

09장 교육행정 및 교육경영/교육법

215

의무교육

- 국가는 교육기본법 제8조제1항에 따른 의무교육을 실시하여야 하며, 이를 위한 시설을 확보하는 등 필요한 조치를 강구하여야 함
- 지방자치단체는 그 관할 구역의 의무교육대상자를 모두 취학시키는 데에 필요한 초등학교, 중학교 및 초등학교 · 중학교의 과정을 교육하는 특수학교를 설립 · 경영하여야 함
- 지방자치단체는 지방자치단체가 설립한 초등학교 · 중학교 및 특수학교에 그 관할 구역의 의무교육대상자를 모두 취학시키기 곤란하면 인접한 지방자치단체와 협의하여 합동으로 초등학교 · 중학교 또는 특수학교를 설립 · 경영하거나, 인접한 지방자치단체가 설립한 초등학교 · 중학교 또는 특수학교나 국립 또는 사립의 초등학교 · 중학교 또는 특수학교에 일부 의무교육대상자에 대한 교육을 위탁할 수 있음
- 국립 · 공립 학교의 설립자 · 경영자와 제3항에 따라 의무교육대상자의 교육을 위탁받은 사립학교의 설립자 · 경영자는 의무교육을 받는 사람으로부터 제10조의2제1항 각 호의 비용을 받을 수 없음
- 모든 국민은 그 보호하는 자녀에게 6년의 초등교육과 3년의 중등교육을 받게 할 의무를 짐
- 취학아동명부의 작성을 담당하는 읍 · 면 · 동의 장은 입학연기 신청서를 제출받은 경우 입학연기대상자를 취학아동명부에서 제외하고, 입학연기대상자 명단을 교육장에게 통보하여야 함

4. 공교육정상화법(공교육정상화 촉진 및 선행교육 규제에 관한 특별법)

(1) 제1조(목적)

> **법 령** 공교육정상화 촉진 및 선행교육 규제에 관한 특별법
>
> **제1조(목적)** 이 법은 「초 · 중등교육법」에 따라 공교육을 담당하는 초 · 중 · 고등학교의 교육과정이 정상적으로 운영되도록 하기 위하여 교육관련기관의 선행교육 및 선행학습을 유발하는 행위를 규제함으로써 「교육기본법」에서 정한 교육 목적을 달성하고 학생의 건강한 심신 발달을 도모하는 것을 목적으로 한다.

(2) 제8조(선행교육 및 선행학습 유발행위 금지 등)

> **법 령** 공교육정상화 촉진 및 선행교육 규제에 관한 특별법
>
> **제8조(선행교육 및 선행학습 유발행위 금지 등)** ① 학교는 국가교육과정 및 시 · 도교육과정에 따라 학교교육과정을 편성하여야 하며, 편성된 학교교육과정을 앞서는 교육과정을 운영하여서는 아니 된다. 방과후학교 과정도 또한 같다.
> ② 제1항 후단에도 불구하고 방과후학교 과정이 다음 각 호의 어느 하나에 해당하는 경우 편성된 학교교육과정을 앞서는 교육과정을 운영할 수 있다.
>   1. 「초 · 중등교육법」 제2조에 따른 고등학교에서 「초 · 중등교육법」 제24조제4항에 따른 학교의 휴업일 중 편성 · 운영되는 경우
>   2. 「초 · 중등교육법」 제2조에 따른 중학교 및 고등학교 중 농산어촌 지역 학교 및 대통령령으로 정하는 절차 및 방법 등에 따라 지정하는 도시 저소득층 밀집 학교 등에서 운영되는 경우
> ③ 학교에서는 다음 각 호의 행위를 하여서는 아니 된다.
>   1. 지필평가, 수행평가 등 학교 시험에서 학생이 배운 학교교육과정의 범위와 수준을 벗어난 내용을 출제하여 평가하는 행위
>   2. 각종 교내 대회에서 학생이 배운 학교교육과정의 범위와 수준을 벗어난 내용을 출제하여 평가하는 행위
>   3. 그 밖에 이에 준하는 것으로서 대통령령으로 정하는 행위
> ④ 「학원의 설립 · 운영 및 과외교습에 관한 법률」 제2조에 따른 학원, 교습소 또는 개인과외교습자는 선행학습을 유발하는 광고 또는 선전을 하여서는 아니 된다.

5. 지방교육재정교부금법

(1) 제3조(교부금의 종류와 재원)

> **법 령** 지방교육재정교부금법

제3조(교부금의 종류와 재원) ① 국가가 제1조의 목적을 위하여 지방자치단체에 교부하는 교부금(이하 "교부금"이라 한다)은 보통교부금과 특별교부금으로 나눈다.
② 교부금 재원은 다음 각 호의 금액을 합산한 금액으로 한다.
　1. 해당 연도 내국세[목적세 및 종합부동산세, 담배에 부과하는 개별소비세 총액의 100분의 45 및 다른 법률에 따라 특별회계의 재원으로 사용되는 세목(稅目)의 해당 금액은 제외한다. 이하 같다] 총액의 1만분의 2,079
　2. 해당 연도 「교육세법」에 따른 교육세 세입액 중 「유아교육지원특별회계법」 제5조제1항에서 정하는 금액을 제외한 금액
③ 보통교부금 재원은 제2항제2호에 따른 금액에 같은 항 제1호에 따른 금액의 100분의 97을 합한 금액으로 하고, 특별교부금 재원은 제2항제1호에 따른 금액의 100분의 3으로 한다.
④ 국가는 지방교육재정상 부득이한 수요가 있는 경우에는 국가예산으로 정하는 바에 따라 제1항 및 제2항에 따른 교부금 외에 따로 증액교부할 수 있다.

(2) 제11조(지방자치단체의 부담)

> **법 령** 지방교육재정교부금법

제11조(지방자치단체의 부담) ① 시 · 도의 교육 · 학예에 필요한 경비는 해당 지방자치단체의 교육비특별회계에서 부담하되, 의무교육과 관련된 경비는 교육비특별회계의 재원 중 교부금과 제2항에 따른 일반회계로부터의 전입금으로 충당하고, 의무교육 외 교육과 관련된 경비는 교육비특별회계 재원 중 교부금, 제2항에 따른 일반회계로부터의 전입금, 수업료 및 입학금 등으로 충당한다.
② 공립학교의 설치 · 운영 및 교육환경 개선을 위하여 시 · 도는 다음 각 호의 금액을 각각 매 회계연도 일반회계예산에 계상하여 교육비특별회계로 전출하여야 한다. 추가경정예산에 따라 증감되는 경우에도 또한 같다.
　1. 「지방세법」 제151조에 따른 지방교육세에 해당하는 금액
　2. 담배소비세의 100분의 45[도(道)는 제외한다]
　3. 서울특별시의 경우 특별시세 총액(「지방세기본법」 제8조제1항제1호에 따른 보통세 중 주민세 사업소분 및 종업원분, 같은 항 제2호에 따른 목적세 및 같은 법 제9조에 따른 특별시분 재산세, 「지방세법」 제71조제3항제3호가목에 따라 특별시에 배분되는 지방소비세에 해당하는 금액은 제외한다)의 100분의 10, 광역시 및 경기도의 경우 광역시세 또는 도세 총액(「지방세기본법」 제8조제2항제2호에 따른 목적세, 「지방세법」 제71조제3항제3호가목에 따라 광역시 및 경기도에 배분되는 지방소비세에 해당하는 금액은 제외한다)의 100분의 5, 그 밖의 도 및 특별자치도의 경우 도세 또는 특별자치도세 총액(「지방세기본법」 제8조제2항제2호에 따른 목적세, 「지방세법」 제71조제3항제3호가목에 따라 그 밖의 도 및 특별자치도에 배분되는 지방소비세에 해당하는 금액은 제외한다)의 1천분의 36
③ 특별시장 · 광역시장 · 특별자치시장 · 도지사 및 특별자치도지사(이하 "시 · 도지사"라 한다)는 제2항 각 호에 따른 세목의 월별 징수내역을 다음 달 말일까지 해당 시 · 도의 교육행정기관의 장에게 통보하여야 한다.

09장

교육법/교육행정 및 교육경영

ILiberty without learning is always in peril,
learning without liberty is always in vain.

배움이 없는 자유는 언제나 위험하며
자유가 없는 배움은 언제나 헛된 일이다.

− 존 F. 케네디 −

It is confidence in our bodies, minds and spirits that allows us
to keep looking for new adventures, new directions to grow in,
and new lessons to learn - which is what life is all about.
자신의 몸, 정신, 영혼에 대한 자신감이야말로 새로운 모험, 새로운 성장 방향,
새로운 교훈을 계속 찾아나서게 하는 원동력이며, 바로 이것이 인생이다.

– 오프라 윈프리 –